Karl Dietrich Bracher

Die Auflösung der Weimarer Republik

Eine Studie zum Problem des Machtverfalls in der Demokratie

Athenäum/Droste Taschenbücher Geschichte

1978

Unveränderter, mit einer Einleitung zur Taschenbuchausgabe und einer Ergänzung zur Bibliographie (1978) versehener Nachdruck der 5. Auflage 1971 (Ring-Verlag, Villingen, „Schriften des Instituts für Politische Wissenschaft" an der Freien Universität Berlin – jetzt Zentralinstitut für Sozialwissenschaftliche Forschung –).

CIP-Kurztitelaufnahme der Deutschen Bibliothek

Bracher, Karl Dietrich:
Die Auflösung der Weimarer Republik : e. Studie zum Problem d. Machtverfalls in d. Demokratie / Karl Dietrich Bracher. – Unveränd., mit e. Vorw. vers. Nachdr. d. 5. Aufl. (1971). – Königstein/Ts. : Athenäum-Verlag; Düsseldorf : Droste, 1978.
(Athenäum-Droste-Taschenbücher ; 7216 : Geschichte)
ISBN 3-7610-7216-3

1978 Athenäum Verlag GmbH, Königstein/Ts. / Droste Verlag GmbH, Düsseldorf
Lizenzausgabe des Ring-Verlages, Villingen

Gesamtherstellung: Friedrich Pustet, Regensburg
Umschlaggestaltung: Endrikat + Wenn, Aachen
Printed in Germany
ISBN 3-7610-7216-3

INHALT

B) PHASE DES MACHTVAKUUMS: DIE ÄRA PAPEN—SCHLEICHER

EINLEITUNG ZUR TASCHENBUCHAUSGABE (6. Auflage)

In den frühen fünfziger Jahren, als dieses Buch entstand, war das Ende der nationalsozialistischen Diktatur noch in aller Nähe, und mit ihr auch die Katastrophe der Weimarer Republik, aus der Hitler und seine totalitäre Bewegung an die Macht gelangen konnten. Die Auseinandersetzung mit dem Thema besaß eine existenzielle Unmittelbarkeit des Fragens und Antwortens. Heute sind die Zeitgenossen der „Weimarer Katastrophe" nur noch eine Minderheit, und die politischen Fragestellungen, vom Deutschland- und Europaproblem zur Ost-West- und Nord-Südproblematik, haben sich tief gewandelt. Der damaligen Auseinandersetzung um die vielgeforderte „Bewältigung der Vergangenheit" folgte eine umfangreiche historisch-politische Einzelforschung und ein wachsender Streit um theoretische Methoden- und Deutungsfragen, der in die Auseinandersetzung um politisch-ideologische und sozio-ökonomische Interpretationsweisen, schließlich um Faschismus- und Totalitarismustheorien mündete. Die solide Einzelforschung wurde oft genug überfremdet durch die Tendenz, eine generalisierende Kapitalismus- und Demokratie-Kritik als Leitthema der Zeitgeschichte herauszustellen. Gegenüber solch einförmigen Erklärungsmustern gilt es an der Erkenntnis von der Vielfalt der Faktoren und Möglichkeiten im historischen Ablauf festzuhalten. Die sorgfältig differenzierende und vergleichende Betrachtung vermag den Versuchungen monokausaler Geschichtserklärung entgegenzutreten und den tatsächlichen Anforderungen einer empirisch begründeten und wahrhaft offenen Zeitgeschichtsforschung zu entsprechen.

Trotz der größeren Distanz ist nun freilich, auch nach dem Wechsel der Zeiten und Generationen, die Weimarer Republik auf eine oftmals bestürzende Weise aktuell geblieben. Keine der großen Kontroversfragen der Ereignis- und Strukturgeschichte ist bis heute so definitiv beantwortet, wie man es nach so ausgedehnter Spezialforschung hätte erwarten mögen. Im Gegenteil: die Weimarer Republik und ihr Scheitern, der Zerfall und die Auflösung einer Demokratie von innen und außen sind als ein Paradigma, auf das sich die verschiedensten Richtungen der Wissenschaft wie der Politik berufen, durchaus umstritten geblieben. Das tritt im deutschen wie im internationalen Maßstab hervor, wo immer es um den Schutz, die Erhaltung und Funktionsfähigheit der Demokratie gegenüber autoritärer und totalitärer Versuchung und Bedrohung geht. Weimar beschwören die Kritiker wie die Befürworter der Extremistenbekämpfung in der Bundesrepublik: letztere mit guten Gründen, erstere nicht immer ohne Verzerrung der Tatsachen. Weimar erscheint auch am Horizont der Krise, in der sich die italienische Republik seit den siebziger Jahren befindet: Machtvakuum und Lähmung des politischen Prozesses sind die Indikatoren eines Machtverfalls, der extremen Bewegungen von rechts wie von links und der Verheißung „neuer" Ordnungen zugute kommt, welche in Wahrheit Rückfall in autokratische Herrschaftsformen bedeuten.

Der unverändert kontroverse Stand der Forschung und Interpretation zur Problematik der Weimarer Republik tritt an vielen Schwerpunkten in Erscheinung: an dem Streit um den Charakter der Revolution von 1918/19 und um die Demokratie- und Rätefrage; an der Diskussion der Verfassungs- und Machtstruktur, die der politischen Entwicklung die Weichenstellungen vorgibt; an der Debatte um Kontinuität und Bruch der deutschen Geschichte vom Kaiserreich über die Republik zur Diktatur; an der Rolle der Personen und Gruppen im politischen Machtprozeß, die besonders am Anfang und Ende der Republik bestimmend ist und die ständige Verknüpfung von Ereignis- und Strukturgeschichte erfordert; schließlich an den Faktoren des Auflösungsprozesses selbst, der seit 1929/30 scheinbar unaufhaltsam abläuft und doch auf einer Reihe von Entscheidungen beruht, keineswegs unausweichlich ist. Jeder dieser „Fälle" zeigt die Fragwürdigkeit monokausaler oder finaler Erklärungsmuster, aber auch die Notwendigkeit der Erforschung und Erörterung von Nebenlinien, möglichen Alternativen oder „lost causes", die im weiteren Verlauf wieder auftauchen und scheinbar determinierte Entscheidungen relativieren, die Frage nach den Ursachen und Bedingungen, nach Freiheit, Zufall und Notwendigkeit in neues Licht rücken können. Es gibt kein Argumentationsverbot, wie uns die Vertreter endgültiger Geschichtserklärungen weismachen wollen, ob sie nun den „guten" Revolutionsbegriff gegen den „falschen" Totalitarismusvergleich setzen oder kurzerhand Weltgeschichte als Weltgericht verstehen, sofern es in ein bestimmtes Interpretationsschema paßt. Dabei bleibt sich fast gleich, ob die Vorgänge und Zusammenhänge vorweg oder nachträglich als logisch und konsequent oder gar als geschichtsnotwendig und gesellschaftsbedingt ausgegeben werden.

1. Zunächst ist festzustellen, daß noch jede Rätelösung gegen das parlamentsdemokratische Prinzip eines pluralistischen Repräsentativsystems gerichtet war und sich als problematische Doppelherrschaft (wie in Rußland vor der Oktoberrevolution), als Vorstufe zur totalitären Einparteienherrschaft (wie im weiteren Vollzug der Leninschen Machtergreifung) oder als Mittel zur Abstützung einer föderativ-scheindemokratischen, doch oppositionslosen Parteidiktatur (wie heute im jugoslawischen „Modell") erwiesen hat. Die Behauptung der Vereinbarkeit des rätestaatlichen und des parlamentsdemokratischen Prinzips bleibt trotz eingehender Bemühungen auch der empirischen Forschung im Bereich des Hypothetischen. Alle großen historischen Fälle seit der Pariser Kommune lassen im Gegenteil gerade die fundamentale Verschiedenheit erkennen, die eine repräsentativ-pluralistische Parlamentsdemokratie von dem plebiszitär-identitären Demokratiekonzept (Rousseauscher Prägung) mit seinen antipluralistischen, antirepräsentativen, schließlich totalitären Konsequenzen trennen. So erscheint denn auch der parlamentarische Rahmen, den sich selbst die Einparteienregime mit rätestaatlichen Formen geben, als bloße Verhüllung oder Verschleierung, nicht als realdemokratische Synthese — es sei denn im Namen eines Demokratiebegriffs, der auf der Fiktion einer totalen Einheit des Volkes beruhend, Demokratie mit der Diktatur einer Partei oder eines Führers in eins setzt.

2. Für die Beurteilung der Weimarer Republik insgesamt und die Frage nach den Ursachen ihres Scheiterns ergeben sich daraus wichtige Erkenntnisse. Es erscheint nicht länger möglich, die Strukturprobleme und die Leidensgeschichte der ersten deutschen Demokratie als von Anbeginn determinierte Folge einer antirevolutionären Grundentscheidung von 1918/19 zu deuten und abzutun. Die Frage, ob nicht erst eine konsequente, „wirkliche" Revolution anstelle der Parlamentarisierung die Sicherung der Demokratie in Deutschland ermöglicht hätte, enthält keine brauchbare Antwort, mit der man von vornherein auch die Krisen und das Scheitern der Weimarer Republik erklären könnte. Schuld war nicht das Ausbleiben der „vollen" Revolution, deren Maßstäbe und Bezugspunkte ohnehin ungewiß erscheinen, blickt man

auf die diktatorischen Resultate des sozialistischen Revolutionsverständnisses in Rußland, sondern vielmehr das Zögern vor der vollen Parlamentarisierung, vor der eindeutigen Verwirklichung der parteienstaatlichen Demokratie. Neben den Belastungen der Kriegsfolgen und der rechts- wie linksradikalen Gegnerschaft war es der dualistische Geburtsfehler der Weimarer Republik, ihre ambivalente Machtstruktur zwischen Parlaments- und Präsidialsystem, die sich im weiteren Verlauf so verhängnisvoll auswirkte, nicht die Revolutions- und Rätefrage, wie uns eine teils nostalgische, teils agitatorische Geschichtslegende — häufig Hand in Hand mit einer Glorifizierung der diktatorischen Machtergreifung Lenins zum Prototyp einer demokratischen Revolution — suggerieren möchte.

Daß die Verbindung repräsentativer und plebiszitärer Elemente, die ein Grundproblem der modernen Demokratie bildet, sich in der Weimarer Fassung nicht bewährt hat, lag wohl doch an der (auch von Max Weber inspirierten) Präsidialkonzeption. Die parlamentsdemokratische Konsequenz, der Zwang zum Kompromiß ist dadurch verringert worden, daß zwei Wege der Macht- und Regierungsbildung existierten: daß die Parteien sich ihrer Verantwortung entziehen konnten, hingegen der Raum für präsidiale Herrschaft erweitert werden konnte und jedenfalls normale parlamentarische Mehrheitsregierung nicht zur Regel wurde. Diese möglichen Konsequenzen sind dem Eifer der Verfassungsschöpfer entgangen. Sie glaubten Grundelemente aus mehreren politischen Systemen (und Traditionen) zusammenfügen zu können, ohne hinreichend die miteinander divergierenden *rationes constitutionis* zu bedenken, die zur Schwächung oder auch zum Konflikt zumal der beiden volksgewählten Gewalten, Parlament und Präsident, führen konnten. Die durchgängige Negativwirkung der synthetischen Verfassungskonstruktion auf das Verhältnis von Parlament und Regierung behinderte eine Gewöhnung der Parteien an verantwortliche Regierungs- und Oppositionsfunktionen, an Kompromißbildung und Kooperation; sie wirkte nicht der Aufsplitterung des Kräftefelds in Weltanschauungs- und Interessenparteiungen entgegen, solange dies — vor der großen Krise — noch möglich gewesen wäre, solange parlamentarische Mehrheiten noch nicht dem Sog des Links- und Rechtsradikalismus erlegen waren.

3. Auch im Zusammenhang mit den neu aufgeflammten Faschismus- und Totalitarismuskontroversen und der Auseinandersetzung über die ideologische Bestimmtheit und Kontinuität der Hitlerschen Politik bleibt Weimar als besonderes deutsches Problem und zugleich als allgemeinerer Fall der Auflösung einer Demokratie im Zentrum des zeitgeschichtlichen Meinungsstreits. Die Interpretationsprobleme sind sowohl durch die Debatte um die Brüning-Memoiren wie durch die Verschärfung der sozio-ökonomischen Betrachtungsperspektive vertieft worden; empirische Detailforschung, vergleichende Studien und Theoriefragen finden entsprechend der fortschreitenden Demokratiediskussion sehr unterschiedliche Ansatzpunkte. Auch die umstrittene Kontinuitätsfrage, bei der es um Konsequenz oder Widerspruch, um Tradition und Revolution in der deutschen Imperialpolitik zwischen Bismarck und Hitler geht, ist zumal zur Beurteilung der außen- und wirtschaftspolitischen Komponenten der Krise und der antidemokratischen Strömungen von Bedeutung. Bürokratie- und Verbändeforschung, Industrie- und Mittelstandsanalysen haben ökonomistischen Interpretationen Auftrieb gegeben, aber auch scharfe Kontroversen über ihre monokausalen, faschismustheoretischen Folgerungen und über die „Regierbarkeit" moderner Demokratien hervorgebracht.

4. Geblieben ist die Zentrale Frage, um die seit Erscheinen dieses Buches in den fünfziger Jahren gerungen wird: wie zwangsläufig war die Entwicklung, die zu Entmachtung oder Machtverlust der parlamentarisch verfaßten Parteiendemokratie und zum präsidialstaatlichen Übergang in autoritäre, schließlich diktaturförmige Regierungsverhältnisse geführt hat? Die These vom vorrangigen Versagen des Parteienstaats, die meine Kritiker vertreten, prägt der Wende von 1929/30 einen unvermeidbaren Zug auf; sie fußt auf einer Reihe von umstrittenen Annahmen, die der Macht- und Entscheidungsstruktur nicht voll gerecht werden. Ein echter „Parteienstaat" hat auch vor 1930 nicht bestanden; seiner Realisierung wirkte schon das Verfassungsverständnis der meisten deutschen Staatsrechtler und die Doppelnatur des Regierungssystems entgegen, die „überparteiliche" Kabinettsbildungen ermöglichte und Parteien als „extrakonstitutionelle" Gebilde erscheinen ließ. Die Konsequenz der präsidialen Lösung beruhte auf nichtparlamentarischen Entscheidungen, auf einer Ausklammerung des parteidemokratischen Weges; eine Alternative wurde seit 1930 gar nicht mehr versucht, der Zwang zur Koalitionsbildung entfiel; die Flucht aus einer Verantwortung, die unter den Bedingungen der Wirtschaftskrise allen Parteien schwerfallen mußte, hat der ständig mögliche Ausweg in die Präsidialregierung erleichtert. So wurde schließlich zwingend, scheinbar unausweichlich, was noch 1930 nur eine mögliche Option war: das autoritäre Experiment nach dem Wunsch des Reichspräsidenten und seiner Umgebung.

Die Schwere der Gegensätze, die schon 1929/30 bestanden, wird mit solchen Einwänden nicht verkannt. Aber das Ausweichen in die Brüning-Lösung erfolgte zu einem Zeitpunkt, zu dem — anders als nach den nationalsozialistischen Wahlsiegen im Verlauf des Notverordnungskurses — noch parlamentarische Mehrheiten verfügbar waren, freilich nicht abgerufen wurden, weil stets die präsidiale Minderheitsregierung als vermeintlich effektivere, bequemere Lösung bereitstand. Dahinter stand gewiß die ganze Leidensgeschichte der Weimarer Regierungskrisen: doch sind sie nicht einfach im Sinne eines nun definitiven Versagens „des Parteienstaats" zu sehen, sondern viel eher als Folge des Verfassungs-Dualismus und eines Drangs zur (antiparteienstaatlichen) Präsidiallösung, die von einflußreichen Kräften gegen die Parlamentsdemokratie betrieben wurde. Meine Feststellung lautet daher nach wie vor, daß 1930 eine parlamentarische Lösung gar nicht mehr angestrebt wurde, obgleich sie numerisch möglich war. Dieser Sachverhalt geht nicht nur aus der blitzschnellen Regierungsbildung Brünings (betont ohne Beteiligung der Parteien), sondern auch aus der internen Vorgeschichte um Hindenburg und seine Ratgeber hervor, die an einer parlamentarischen Lösung nicht interessiert waren, der Möglichkeit oder Frage einer Alternative also keinen Raum gaben.

An diesem wie mir scheint wesentlichen Unterschied ist nach wie vor festzuhalten: die behauptete Unausweichlichkeit des präsidialautoritären Brüningkurses, die das Parlament in die Sekundärrolle verwies (nolens volens, im wahrsten Sinne des Wortes) und auf die abschüssige Bahn führte, bleibt daher unbewiesen, so unbestreitbar die Krise und die Komplexität der Faktoren ist, die das fatale „Machtvakuum" in der Folge erst besiegelt und in ihm die NS-Machtergreifung erst quasi legal ermöglicht haben. Man kann unsere Kontroverse auch nicht einfach auf einen angeblich grundlegenden Unterschied zwischen historischer und politikwissenschaftlicher Betrachtungsweise zurückführen: es handelt sich vielmehr gerade darum, die Offenheit der geschichtlichen Situation ernst zu nehmen, sowohl im ereignis- wie im strukturgeschichtlichen Sinne.

5. Die Forschungs- und Interpretationsprobleme um die Weimarer Republik und ihren Übergang zur nationalsozialistischen Diktatur bleiben aber auch durch die neu entfachten Diskussionen um Faschismus- und Totalitarismusbegriffe im Zentrum der Aufmerksamkeit. Was immer an Schärfung der Methoden und Erschließung der Quellen geleistet wurde und welche neuen Ausblicke die weitere Vertiefung von zentralen Fragestellungen wie die nach dem Verhältnis von Wirtschaft und Politik, von Innen- und Außenpolitik oder von Mono- und Polykratie im Dritten Reich erbracht hat, sie werden ausdrücklich oder doch implizite bezogen auf jene Diskussionen, die überdeutlich im Zusammenhang einer neuen Politisierung auch der Zeitgeschichte seit Mitte der sechziger Jahre stehen. Daran ist schon zu erkennen, was von der pauschalen Behauptung zu halten ist, Totalitarismusbegriffe seien unwissenschaftlich, da politisch dem „Kalten Krieg" verhaftet: umgekehrt kann vielmehr beobachtet werden, daß die Polemik in demselben Maße zunimmt, in dem Politisierung und Re-Ideologisierung auch die Sozialwissenschaften erfaßt, Polarisierungen aufreißt und vertieft. Dabei läßt sich eine wechselseitige Beziehung fast nach Art kommunizierender Röhren beobachten: der Tendenz zur Diskreditierung des Totalitarismusbegriffes oder seiner Einengung auf Rechtsdiktaturen entspricht die Ausweitung der Faschismustheorien zu einem fast uferlosen Gesamtsyndrom. Kaum eine Bewegung oder ein Regime außerhalb des Kommunismus, die nicht in einen allgemeinen Faschismus-Verdacht einbezogen werden.

Gegenüber der Neigung, den Terminus Faschismus trotz Vorbehalten als Gattungsbegriff auch für Deutschland zu verwenden, bleiben jedoch wesentliche Bedenken bestehen. Jede genauere Betrachtung verlangt letztendlich wieder nach einer Ausdifferenzierung der einzelnen Staaten, Regime, Bewegungen, soll sie für Vergleiche und Analysen anwendbar sein. Spricht man aber neben dem italienischen vom „deutschen Faschismus" oder anderen Faschismen, so hat man unter den Umständen heutigen Wortgebrauchs sachliche wissenschaftliche Klarheit eher verloren als gewonnen und befindet sich überdies bestenfalls wieder bei Einzelphänomenen und Einzelbetrachtungen, die präziser und aufschlußreicher mit jenen Eigenwörtern bezeichnet werden, unter denen sie ihre betont nationale Karriere gemacht haben: in Deutschland stets als Nationalsozialismus und gerade nicht als deutscher Faschismus. Wenn aber der deutsche Hauptfall herausfällt, wird der Allgemeinbegriff Faschismus um so fragwürdiger. Während im Totalitarismusbegriff selbst schon die inhaltliche Bestimmung — Anspruch auf totale Herrschaft, totale Integration und Identität von Staat und Gesellschaft, Regierung und Regierten — enthalten ist, bietet sie der Faschismusbegriff nur dem italienischen Ohr; der Begriff Nationalsozialismus hingegen bringt jene politische Formel selbst zum Ausdruck, mit der solche Bewegungen ihre Suggestivkraft als „dritter Weg", als Synthese der großen Zeitströmungen entfaltet haben (und noch entfalten). Darin liegt ein fundamentaler historischer Einwand, der nicht dadurch abzutun ist, daß man auf den inzwischen praktizierten allgemeinen Wortgebrauch verweist, dem man sich anpaßt: „faschistisch" als politisches Kampfwort ohne nähere historische Bestimmung.

Neben dem Problem der authentischen Selbstbezeichnung und der Tatsache, daß einem generellen Faschismusbegriff die inhaltliche Bestimmung erst einverleibt werden muß, die er als spezifisch italienischer radikal-nationaler und -sozialer Schlüsselbegriff beansprucht, bleibt die tiefe Verschiedenheit bei der sozio-ökonomischen Bestimmung und Begründung, die zumal in den beiden Hauptfällen — Italien und Deutschland — zutage tritt. Soll „der" Faschismus als Entwicklungsdiktatur oder als Phänomen der hochkapitalistitischen Gesellschaft „begriffen" werden? An dieser Hauptfrage sozio-ökonomischer Definitionsversuche, die auch in den Sozialwissenschaften alles andere als geklärt ist, scheitert ein homogener Faschismusbegriff, wenn er auf Südeuropa und den Balkan, auf Deutschland und Westeuropa, schließlich auf Südamerika und Entwicklungsländer gleichermaßen angewandt werden soll. Faschismus- und Totalitarismusthese sind an ihrem heuristischen Wert zu messen, nicht polemisch oder dogmatisch als einzige Erklärungsweise zu postulieren.

Die Umklammerung durch rechts- und links*totalitäre* Bewegungen bildet die eigentliche, tödliche Bedrohung der Weimarer Republik. Insofern kann der Totalitarismusbegriff nicht als zeitgebundenes Kampfmodell abgetan werden, es sei denn, man überfordere ihn als geschlossene „Theorie", statt den entscheidenden Ansatz einer empirischen Totalitarismusinterpretation zu sehen: die moderne Form der Dikatur, ihren umfassenden Monopolanspruch und die pseudodemokratische Legitimierung totalitaristischer Politik. Historisch-politische Begriffsbildung steht und fällt mit ihrer Flexibilität und Modifikationsfähigkeit, zugleich mit der steten Rückbesinnung auf die politische Wirklichkeit und die politische Erfahrung, auf der sie beruht. Die totalitäre Versuchung als Triebkraft und Realität ist eine solche grundlegende Erfahrung unseres Jahrhunderts. Nicht den Vergleich auszuschließen, sondern ihn sorgfältiger zu führen, bestimmt die Rolle und den Wert von Typisierungen, Generalisierungen, Allgemeinbegriffen im Rahmen der Geschichts- wie der Sozialwissenschaften, die dem Problem insofern auch nicht prinzipiell verschieden gegenüberstehen, als sie zuallererst der Offenheit bei der Ermittlung, Darstellung und Erklärung der historisch-politischen Wirklichkeit verpflichtet sind.

Die Auflösung der Weimarer Republik bleibt ein exemplarischer Fall, an dem die Hinfälligkeit einer parlamentarischen Demokratie unter den Belastungen sozio-ökonomischer Krisen und dem Ansturm politisch-ideologischer Sprengkräfte, der Versuchung durch rechts- und linksradikale, antiliberale und totalitäre Tendenzen in Staat und Gesellschaft studiert werden kann. Lähmung und Verfall eines freiheitlichen Gemeinwesens, im Machtvakuum von 1932 zur Hilflosigkeit gegenüber der Diktaturbewegung gesteigert, ist nicht zuletzt eine Folge verwirrter Maßstäbe, geschwächter Abwehrbereitschaft, falscher Illusionen über Toleranz gegen Feinde der Demokratie. Das wird heute wieder in der Situation Italiens und an den Illusionen über eine mögliche Zähmung der „eurokommunistischen" Bewegung, an der erneuten Verkennung pseudodemokratischer Unterhöhlungen der Demokratie auch in der zweiten deutschen Republik sichtbar. Statt in der Demokratisierung der Diktaturbewegung endete der Versuch einer „legalen Zähmung" des Nationalsozialismus in der Diktatorisierung der Demokratie. Vestigia terrent.*

Karl Dietrich Bracher

Bonn, im Juli 1978

* So der Fuchs Äsops vor der Höhle des Löwen: Ich sehe, daß viele Spuren hinein, aber keine hinausführen.

VORWORT

Der Gegenstand der vorliegenden Untersuchung liegt noch durchaus im Bereich des politischen Meinungsstreits, und seine wissenschaftliche Behandlung scheint der Gefährdung unterworfen, die damit verbunden ist. Denn das Schicksal und die Erfahrungen der Weimarer Republik bestimmen ganz wesentlich Gesicht, Struktur und Tendenzen der deutschen Nachkriegspolitik. Das ist schon nach außen hin auf Schritt und Tritt zu erkennen: es gibt kaum eine Maßnahme, kaum eine Diskussion, kaum ein Werturteil im Bereich der gegenwärtigen Politik, die nicht auf das „Beispiel" der Weimarer Republik hin bezogen und an ihren „Lehren" gemessen werden. Schwerer noch wiegt die innere Verknüpfung unseres Denkens und Fühlens mit dieser Epoche, die den ersten Versuch einer konsequenten demokratischen Gestaltung unseres öffentlichen Lebens umschließt, und deren Scheitern im politischen Bewußtsein der Deutschen ein Trauma hinterließ, das auch heute noch nicht ganz überwunden oder in konstruktivem Sinne fruchtbar geworden ist. Die Auflösung der Weimarer Republik durch den Nationalsozialismus ist ein Erlebniskomplex, der auch abseits der Frage nach Verantwortung und Schuld in unserem gegenwärtigen politischen Leben fortwirkt und einer sorgfältigen Diagnose bedarf.

Zu diesem praktischen Bedürfnis, das nicht zuletzt das Problem der psychologischen Fundierung unserer Politik betrifft, tritt ein im engeren Sinne wissenschaftliches Anliegen. Es ist nicht nur die Rankesche Frage, wie es eigentlich gewesen ist, wie es dazu kommen konnte, die eine solche Untersuchung im Bereich der *historischen Forschung* legitimiert. Darüber hinaus umschließt jene Epoche, die der Zeitgeschichte angehört und zugleich so überaus spürbar in unser politisches Dasein hereinwirkt, ein echtes Problem der *politischen Wissenschaft,* die in der Weimarer Republik ein in bestimmten Grenzen „typisches" Modell für die Probleme der Erringung und Erhaltung, des Abbaus und Verlusts politischer Macht erfaßt. In der Tat bieten wenige geschichtliche Perioden ein Bild, das so scharf umgrenzt, in seinen Bestandteilen so anatomisch deutlich, in seinem dynamischen Ablauf so stufenweise verfolgbar und in der schließlichen Verkettung zahlreicher Umstände zu einem Epochenereignis so eindringlich konsequent erschiene. An der Geschichte der Auflösung der Weimarer Republik lassen sich Ansätze zu einer Typologie der Machtverschiebung entwickeln, deren sachliche und methodische Folgerungen für die Beobachtung der Gegenwart wie für die Überprüfung früherer Epochen des Übergangs und der Verschiebung des geschichtlichen Akzents neue Gesichtspunkte und Deutungsmöglichkeiten erschließen könnten.

In diesem Sinne ist hier der Versuch unternommen worden, die Schlußphase jenes Auflösungsprozesses vor dem Hintergrund seines Gesamtverlaufs darzustellen. In systematischen Einzelanalysen *(Erster Teil)* werden zunächst Charakter und Scheitern der demokratischen Kompromißversuche betrachtet und ein Fazit der Machtstruktur an der Schwelle zu jenem Machtverfall der Republik gezogen, über den dann im Zeichen der Regierungen Brüning, Papen und Schleicher der Weg zur nationalsozialistischen Machtergreifung geführt hat *(Zweiter Teil)*. Damit sind auch Schwerpunkte wie Grenzen dieser Studie angedeutet. Sie kann nicht einen lückenlosen Abriß der Geschichte jener Tage bieten und kann auch nicht alles erreichbare Material reproduzieren. Sie bemüht sich vielmehr um die Herausarbeitung und Darstellung jener innenpolitischen Strukturmomente und dynamischen Entwicklungstendenzen, die die Endphase der Weimarer Republik und ihren Übergang zur nationalsozialistischen Diktatur bestimmen.

So verbindet sich in der Analyse der Faktoren, die aktiv oder passiv zum Sieg des Nationalsozialismus beitrugen, die historische Fragestellung mit dem politisch-wissenschaftlichen Interesse für die Erscheinungsformen und Stationen, die der Auflösungsprozeß einer demokratischen Staatsordnung durchläuft. Sie richtet sich auf die Stellung dieser Periode im Rahmen der allgemeinen historischen Konstellation; wenn um der methodischen Klarheit willen eine in diese Entwicklung eingelagerte Periode von wenigen Jahren isoliert wird, so soll doch der Blick für die größeren, auch heute noch schwer überschaubaren Zusammenhänge nicht verloren werden. Eine Machtverschiebung, die sich im Zeitalter der Massendemokratie vollzieht, kann nur bedingt mit politischen Wandlungsprozessen früherer Epochen verglichen werden. Die spezifischen Umstände, Bedingungen, Techniken politischen Lebens und Handelns der Gegenwart, die immer im Blick bleiben müssen, haben ihre bestimmte Geschichte und sind nur von ihr aus in ihrer Funktion und Wirkung zu verstehen.

Es wird darum vieles davon abhängen, wieweit es gelingt, spezifizierende und typologische Betrachtung zu verbinden. Auch die bisher vorliegenden Behandlungen des Gegenstands sind vielfach allzu entschieden nach einer der beiden Richtungen hin orientiert; sie enden allzu bereitwillig bei der deterministischen These von der Unausweichlichkeit der Entwicklung, die oft in persönlicher Selbstrechtfertigung, öfter noch in jener Einseitigkeit der Methode begründet ist. Neben den interessanten Vergleichspunkten und Analogien, die ein Blick auf die Weimarer Republik dem Betrachter der politischen Entwicklung im heutigen Deutschland eröffnet, sind ganz entscheidende Unterschiede festzustellen. Am meisten gilt das für eine Beurteilung der außenpolitischen Situation, ist aber auch für die geistigen und psychologischen Voraussetzungen der deutschen Politik zu vermerken. Ein verlorener Krieg ist leicht dazu angetan, nicht so sehr Anlaß zu innerer Besinnung und realistisch bescheidener Politik als vielmehr Ferment von irrationalen Mißgefühlen zu werden, die sich psychologisch als Ressentiments, soziologisch als Vorurteilsideologie, politisch als reaktionäre Revanchekonzeption auswirken können. Die ernsthafte wissenschaftliche Betrachtung der „Krise“, die mit den Auswirkungen eines verlorenen Krieges gegeben ist, wird heute aber doch weniger als in den Jahren nach 1918 durch solche Gefühle behindert und in Frage gestellt. Ganz offenbar war die Erschütterung nach dem für eine Mehrheit der Bevölkerung unerwartet verlorenen ersten Weltkrieg viel tiefgreifender als nach der objektiv gesehen doch so ungleich größeren Niederlage von 1945. Zwar regt sich erneut eine Publizistik mit rechtsradikal-nationalistischem Imprimatur, doch sind die gegenwärtigen Ressentimentsströmungen keineswegs dem Beispiel der „Nationalen Opposition“ von Weimar vergleichbar; angesichts der schwer wegzudiskutierenden Verwerflichkeit des gestürzten Regimes suchen sich selbst die Unbelehrbaren andere Wege zur Wiedergewinnung des Selbstbewußtseins.

Vor allem aber hat sich das Schwergewicht der wissenschaftlichen Fragestellung entschieden verlagert. So konzentrieren sich die Bemühungen der Historiker nicht mehr auf die Widerlegung einer Kriegsschuldthese, ist die Diskussion der Nationalökonomen nicht auf Reparationsfragen und Autarkieprobleme gerichtet. Dem Staatsrechtler sind die Institutionen der Massendemokratie zum Gegenstand seiner theoretischen Überlegungen wie seiner praktischen Tätigkeit geworden; er verirrt sich nicht mehr im Gestrüpp restaurativer Konstruktionen, hinter denen seinerzeit jene lange Gewöhnung an einen monarchischen Semi-Absolutismus stand, der die Weimarer Republik auch in ihrer staatsrechtlichen Struktur nur als Episode erscheinen ließ. Auch hat die Soziologie aussichtsreichere Anstrengungen unternommen, um viel mißbrauchte soziale und politische Vorstellungen und Begriffe ihrer irrationalen Unbestimmbarkeit zu entkleiden, ambivalente Schlagworte zu entmythologisieren, sie in kritischer Analyse nach ihren Bestandteilen und den ihnen zugrunde liegenden Vorurteilen zu zerlegen und die Einsicht in die soziale Bedingtheit aller Politik zu vertiefen.

So ist endlich auch einer politischen Wissenschaft, die zum Schaden der Weimarer Republik im Deutschland der zwanziger Jahre sich kaum Wirkungsmöglichkeiten zu verschaffen vermochte, das Werkzeug an die Hand gegeben, um die Politik aus der Sphäre des unbegreiflichen Geschehens, der undurchsichtigen Machtmanipulationen herauszuheben auf die Ebene besonnener Betrachtung. Um eine Wiederholung der innenpolitischen Katastrophe von 1930/33 zu vermeiden und die politische Entwicklung nicht wieder in einen Engpaß ähnlich dem hektischen Sog jener Jahre geraten zu lassen, gilt es, die wissenschaftliche Betrachtung der deutschen Politik aus diesen Ansätzen weiter zu entwickeln.

Wissenschaft und Publizistik hatten es in der Weimarer Republik weithin versäumt, der durch Niederlage und unglückliche Kompromisse diskreditierten neuen Staatsordnung einen historisch verständlichen, auf die deutschen demokratischen Traditionen aufbauenden Rahmen zu geben. Der improvisierte Notbau der Weimarer Republik war den Angriffen innerer und äußerer Widersacher preisgegeben, ohne daß auf die Dauer die spärlichen Versuche geglückt wären, die neue Demokratie als sinnvolle Entwicklungsstufe einer einst starken, aber von der Erfolgsphilosophie des Obrigkeitsstaates verdrängten politischen Bewegung zu legitimieren und in den Zusammenhang der deutschen Geschichte aufzunehmen. Das „System" erschien als Bruch einer Tradition, die im politischen Glanz und in der wirtschaftlichen Blüte des wilhelminischen Obrigkeitsstaates ihren letzten Gipfel erreicht hatte. Dieser verhängnisvolle Zustand war freilich nicht minder ein Ergebnis der zwiespältigen Kulturpolitik von Weimar als eine Folge der geistigen Entwicklung im Vorkriegsdeutschland, die die großen Ansätze einer soziologischen und politikwissenschaftlichen Betrachtungsweise verkümmern ließ. Nach ihrer weitgehenden Inanspruchnahme durch die Propaganda des ersten Weltkriegs war die Wissenschaft von dem plötzlichen Zusammenbruch — anders als 1945 — fast ebenso überrascht wie die Masse des Volkes; nur wenige gingen den Weg zum „Vernunft-Demokraten", und das Suchen nach einer Erklärung für die unbegreifliche Niederlage führte oft genug in jenen Bereich der Mythologisierung von Geschichte und Politik, in dem sich die „Dolchstoßlegende" sehr rasch und erfolgreich angesiedelt hatte.

So ist erst heute auch auf breiterer Basis eine „Revision", d.h. eine von den Maßstäben des Obrigkeitsstaates und der nationalistischen Überhöhung freie

Untersuchung und Kritik der Vorgeschichte der Weimarer Republik möglich geworden, die nicht sofort parteipolitischer Verdächtigung anheimfällt oder doch ohne Wirkung auf das allgemeine Geschichtsbild bleibt. Es sind inzwischen namhafte Versuche gemacht worden, die Geschichte der Weimarer Republik und das Problem ihrer Einordnung in die Entwicklung einer demokratischen Tradition in Deutschland aus der klischeehaften Verzerrung zu erlösen und im Lichte nicht nur der politischen Erfahrungen, sondern auch der wissenschaftlichen Gesichtspunkte und Methoden im Zeitalter der Massendemokratien tiefer zu erfassen. Auch die Auflösung der Weimarer Republik und ihre Ablösung durch die nationalsozialistische Machtergreifung ist in Teilanalysen zeitgeschichtlicher oder staatsrechtlicher Art, in zahlreichen Memoiren oder allgemeinen politisch-moralischen Betrachtungen behandelt worden. Eine zusammenfassende Untersuchung hat aber noch immer erhebliche Vorarbeiten über die allgemeine Geschichte und Struktur der Weimarer Republik mit zu leisten. Sie gerät zudem durch die Art der Fragestellung und der durch sie bedingten methodischen Probleme in wissenschaftstheoretische Schwierigkeiten, die auch der vorliegende Versuch noch nicht befriedigend zu lösen vermochte.

Die Arbeit ist in den Jahren 1951 bis 1954 entstanden. Der Verfasser dankt besonders Prof. Dr. H. Herzfeld für seine stets bereitwillig gewährte Unterstützung und für die Geduld, mit der er sich der Lektüre des Manuskripts unterzog; auch Prof. Dr. E. Fischer-Baling und Prof. Dr. E. Fraenkel haben Teile der Niederschrift gelesen und mir dankenswerte Kritik und Anregung vermittelt. Verständnisvolle Förderung erfuhr ich ferner durch den Forschungsstab und die Direktoren des Instituts für politische Wissenschaft, Prof. Dr. O. H. v. d. Gablentz, Dr. A. R. L. Gurland und Prof. Dr. O. Stammer. Das großzügige Entgegenkommen von Dr. F. Frhr. Hiller v. Gärtringen hat mir die Auswertung wichtiger Teile des unveröffentlichten Nachlasses von Kuno Graf Westarp ermöglicht. Von mehreren Archiven und Bibliotheken und besonders vom Institut für Zeitgeschichte in München wurde uns wertvolles Quellenmaterial zugänglich gemacht. Zahlreichen Politikern und Beobachtern der behandelten Epoche danke ich für wichtige Auskünfte. Das 9. Kapitel des I. Teils hat Dr. Wolfgang Sauer verfaßt, mit dem ich während des Entstehens des Buches in ständigem Gedankenaustausch stand; ihm sowie Albrecht Schultz danke ich auch für die Mitarbeit bei den Korrekturen und bei der Herstellung des Registers.

Berlin-Dahlem, Januar 1955 Priv.-Doz. Dr. *K. D. Bracher*

ERSTER TEIL

PROBLEME DER MACHTSTRUKTUR

ZUR ENTSTEHUNG DER WEIMARER REPUBLIK

1. *Das Dilemma der Demokratie im 19. Jahrhundert*

Im Gegensatz zu ihrer grundsätzlichen Anerkennung und praktischen Bedeutung im westeuropäisch-amerikanischen Raum haben Begriff und Wirklichkeit der Demokratie in Deutschland bis zur Gegenwart eine zwiespältige Beurteilung gefunden. Dieser zuletzt in zwei Weltkriegen ausgetragene Unterschied erscheint als eine geschichtliche Auswirkung des Weltereignisses der Französischen Revolution, jenes großen politischen Experiments, in das mit anderen vielschichtigen Motiven die liberalen und demokratischen Ideen und Tendenzen der Aufklärung einmündeten. Der Sieg der bürgerlich-demokratischen Bewegung in Frankreich, den Vereinigten Staaten und auch im Ursprungsland England [1] war Ausdruck eines politischen Emanzipationsprozesses, der die Befreiung des Bewußtseins aus den religiösen, metaphysischen und legitimistischen Bindungen durch den revolutionären Versuch krönte, den Staat als politische und gesellschaftliche Gemeinschaft ausschließlich nach der menschlichen Vernunft zu gestalten. Er vermochte dort den absolutistischen Obrigkeitsstaat zu verdrängen und — zumal in Amerika, wo die Umgestaltung am erfolgreichsten war — einer Tradition rationalen, optimistischen politischen Bewußtseins den Weg zu bereiten.

Im deutschen Bereich dagegen besaß der monarchische Absolutismus wesentlich festere Grundlagen [2]. Im Preußen Friedrichs d. Gr. wie im Österreich Josephs II. waren die Bemühungen zielstrebiger und erfolgreicher gewesen, die inneren Mißstände, deren Übermaß in Frankreich zur Revolution führte [3], durch kontrollierte Reformen von oben zu vermindern und so einem grundsätzlichen Umbau des Staates zuvorzukommen. Zwar hatte man auch in Deutschland mit der revolutionären Bewegung stark sympathisiert: hier war Europa zum letzten Mal auf lange Zeit von denselben Ideen beherrscht und von ähnlichen politischen Bestrebungen getragen. Aber selbst die publizistischen Träger aufklärerischer Reformideen, Politiker, Philosophen, Dichter, begannen sich schon nach wenigen Jahren davon abzuwenden und eine eigene deutsche Lösung zu suchen. Entscheidend wurde, daß die Französische Revolution sich nicht auf eine innenpolitische Umgestaltung, auf den Kampf gegen

S.M.

1 An dieser Grundtatsache ändern auch spätere Modifikationen und zeitweilige Rückfälle nichts; dabei wäre auch auf den Unterschied zwischen europäisch-„kontinentaler" und angelsächsisch-„insularer" Demokratie hinzuweisen: besonders zugespitzt bei Gerhard Ritter, *Die Dämonie der Macht*, 6. Aufl., München 1948, S. 126 ff. u. a.; ders., „Ursprung und Wesen der Menschenrechte", in: *HZ* 169 (1949), S. 253 f., und *Europa und die deutsche Frage*, München 1948, S. 42 ff.

2 Den Unterschied im sozialen und politischen Klima haben besonders die Untersuchungen Rudolf Stadelmanns erwiesen: *Soziale und politische Geschichte der Revolution von 1848*, München 1948; „Deutschland und die westeuropäischen Revolutionen" in: *Deutschland und Westeuropa*, Laupheim 1948, S. 11 ff.

3 Dazu ausführlich die Untersuchungen Martin Göhrings: *Die Ämterkäuflichkeit im Ancien Régime*, Berlin 1938; *Weg und Sieg der modernen Staatsidee in Frankreich*, Tübingen 1947; *Geschichte der Großen Revolution*, Bd. I, Tübingen 1950, S. 89 ff.

absolutistische Mißherrschaft und für die politische Erweckung des Bürgertums in einer sich ständig ausdehnenden Massengesellschaft beschränkt hatte. Um sich ihr Vorhaben zu erleichtern und zugleich dem übernationalen Sendungsgefühl Ausdruck zu verschaffen, suchte sie nach äußeren Erfolgen und begann, die Idee der demokratischen Revolution im Sinne des französischen Nationalinteresses über die französischen Grenzen hinauszutragen. Napoleon, zunächst General solcher Invasionsarmeen, gewann diktatorische Macht über die junge französische Demokratie und dehnte seine Eroberungskriege auf ganz Europa aus. Es geschah noch immer im Namen der fortschrittlichen Revolution, im Namen der Befreiung der Völker vom Joch der absolutistischen Herrschaft. Aber die Begeisterung dafür, der Glaube daran war in Deutschland schnell zerbrochen, als die französische Okkupation sich nicht weniger schwer über die deutschen Staaten legte. Der liberale Freiheitsgedanke verwandelte sich nun — mit einer folgenschweren Wendung ins Außenpolitische — in eine nationale Abwehrideologie gegen den napoleonischen Imperialismus; er wendete sich auch gegen die Revolution, die in den Augen der Zeitgenossen diesen Despotismus hervorgebracht hatte. Es entwickelte sich ein dauerhaftes Mißtrauen zwischen Frankreich und Deutschland, vor allem aber ein Mißtrauen des deutschen Nationalbewußtseins gegen das Prinzip der Demokratie, deren verhängnisvolle Auswirkungen der Verlauf der Französischen Revolution zu erweisen schien. Der Kampf gegen die „westliche Überfremdung", zunächst auf den Bereich der Kulturpolitik beschränkt, setzte nun auch auf der eigentlich politischen Ebene den westlichen Ideen das Schlagwort von der deutschen Eigenwüchsigkeit entgegen.

So begannen mit der Erhebung der Völker gegen Napoleon, die den modernen Nationalismus entfesselte, alte politische und geistige Verbindungen zwischen West- und Mitteleuropa abzureißen: die Aufklärung kam in Deutschland zu keiner der Entwicklung in den westlichen Ländern vergleichbaren politischen Wirkung [4]. Der Übergang in die Romantik und die Entwicklung von der Aufklärung zur idealistischen Metaphysik bezeichnet den Punkt, an dem auch das Staatsdenken Deutschlands in eine isolationistische und zugleich konservativ-universalistische Linie geriet. Demgegenüber führte der positive Ausgang der politischen Aufklärungsbewegung jene Mächte immer näher zusammen, die ein Jahrhundert später Deutschland als geschlossene Front der Westmächte gegenübertreten sollten: sie stützten sich auf ein klares Bewußtsein der Zusammengehörigkeit auf der Grundlage gemeinsamer politischer und staatstheoretischer Überzeugungen, Traditionen und Institutionen. Das national akzentuierte Antiwestlertum, das jetzt in Deutschland zur Herrschaft gelangte, richtete sich gegen alle politischen Einflüsse aus dem Westen, während die politische und soziale Reaktion als bodenständig deutsch auftreten und sich die Philosophie vom deutschen „Eigenwert" eingliedern konnte. Besonders die sozial privilegierte preußische Armee wurde, allen Reformen und Reformversprechungen zum Trotz, in dies Lager getrieben. Im Zuge einer „Militarisierung" der Gesellschaft, die im 18. Jahrhundert den Adel dem absolutistischen Staat gefügig gemacht hatte, suchte man in der Folge auch dem Emanzipationsstreben des Bürgertums von oben die Spitze abzubrechen [5].

4 Vgl. die anregende Studie von Karl Buchheim, *Leidensgeschichte des zivilen Geistes — oder die Demokratie in Deutschland*, München 1951, S. 6 ff. Grundlegend auch Fritz Valjavec, *Die Entstehung der politischen Strömungen in Deutschland 1770–1815*, München 1951, bes. S. 146 ff.

5 Unter „Militarismus" wird hier die militärische Durchorganisierung der innenpolitischen Struktur,

Durch die außenpolitische wie durch die psychologische Entwicklung bedrängt, suchte indessen die demokratische Bewegung nach neuen Wegen zur Verwirklichung der politischen Umgestaltung. Das Prinzip der „Demokratie" muß dabei von der sozialen Wirklichkeit her und nicht nur verfassungsrechtlich verstanden werden. Dann wird besonders deutlich, wie das 19. Jahrhundert recht eigentlich geprägt war durch den ständigen Kampf demokratischer Bestrebungen gegen die politisch und militärisch gestützte Autokratie — eine Autokratie, in die die deutsche Entwicklung immer wieder zurückfiel [6]: unter Bismarck, unter Wilhelm II., in der Zeit der selbstherrlichen Entscheidungen Ludendorffs, mit der präsidialen Autokratie Hindenburgs, endlich unter Hitler.

Auch im Preußen der Steinschen Reformen war zwar ein starker und bewußter demokratisch-oppositioneller Geist lebendig geblieben, der den friderizianischen, sozial privilegierten Militärabsolutismus ablehnte und den zivilistischen westeuropäischen „Gemeingeist" zum Vorbild erhob [7]. Den Versuchen zu einer demokratischen Reform der zivilen Ordnung entsprach der Gedanke einer Heeresreform auf der Grundlage jener allgemeinen Wehrpflicht, die die Französische Revolution zum Sieg geführt hatte. Aber die verheißungsvollen Ansätze erfuhren keine organische Fortsetzung. Die Erhebung in den Freiheitskriegen führte nicht zu dem angekündigten Umbau der Gesellschaftsordnung: viele Reformmaßnahmen wurden zu bloßen Notmaßnahmen erklärt und wieder rückgängig gemacht.

Indessen traf die staatliche Restauration auf eine starke Opposition im katholischen Rheinland und mehr noch im politisch differenzierten Süddeutschland, wo die französischen Reformen während der Besatzungszeit manchen Fortschritt gebracht hatten, der dem Aufstieg eines liberalen Bürgertums und der ausgreifenden industriellen Entwicklung zugute kam. Die Bewegung wuchs mit der Verschärfung der autokratischen Maßnahmen und ging besonders in den neuorganisierten, bald verbotenen studentischen Burschenschaften und in der Turnbewegung eine Verbindung mit den nationaldeutschen Ideen ein, die der Befreiungskampf gegen Napoleon geweckt hatte. Auch in den jungen deutschen Landtagen verstärkten sich die Bestrebungen, über die Befestigung besitzbürgerlicher Repräsentativverfassungen hinaus ein deutsches Reich mit demokratischer Verfassung aufzurichten. Teils knüpften sie an die vornapoleonische Zeit an, teils orientierten sie sich an den Ideen der Pariser Julirevolution, teils war der Blick auf die gemäßigtere konstitutionalistische Entwicklung Englands gerichtet. Die gewaltige Demonstration des Hambacher Nationalfestes, die man die erste große Heerschau der deutschen Demokratie

ganz wesentlich ein soziologisches Phänomen, verstanden, nicht einfach gesteigerte Heeres- und Rüstungspolitik oder außenpolitische Aggressivität (wie etwa Gerhard Ritter, „Das Problem des Militarismus in Deutschland", in: *HZ* 177, 1954, S. 21 ff.). In diesem Sinne Delisle Burns, „Militarism", in: *Encyclopedia of the Social Sciences,* Bd. IX, New York 1950, S. 446 ff.; auch Friedrich Meinecke, *Die deutsche Katastrophe,* Wiesbaden 1946, S. 64 ff.; vgl. ausführlicher u. S. 213 ff.

6 Diese Gegenüberstellung von liberaler „Demokratie" und militärisch gestützter „Autokratie", die Veit Valentin vorschlägt (*Geschichte der deutschen Revolution 1848/49,* Bd. I, Berlin 1930, S. 323; S. 480), ist freilich im einzelnen sorgfältig zu differenzieren.

7 Vgl. Heinrich Heffter, *Die deutsche Selbstverwaltung im 19. Jahrhundert, Geschichte der Ideen und Institutionen,* Stuttgart 1950, S. 93 ff., mit dem Hinweis auf den um die Selbstverwaltung und den Kampf gegen den militärischen Obrigkeitsstaat verdienten Königsberger Polizeidirektor Johann Gottfried Frey, der 1808 als Mitarbeiter des Frhr. v. Stein den Entwurf einer Städteordnung so einleitet: „Wir erwarten überhaupt ganz vergebens, daß der Gemeingeist der Engländer und Franzosen bei uns erwachsen werde, wenn wir nicht dem Militär Schranken anweisen, welche es in allen Ländern, wo Gemeinschaft herrscht, nicht überschreiten darf." Dazu Theodor Winkler, *Johann Gottfried Frey und die Entstehung der Preußischen Selbstverwaltung,* Stuttgart-Berlin 1936, S. 125 ff.

genannt hat [8], setzte zwar noch nicht die republikanische Staatsform, aber doch die Anerkennung der Volkssouveränität und die Bildung einer gemeinschaftlichen Regierung für ganz Deutschland, repräsentative Verfassungen in allen Bundesstaaten, Selbstverwaltung und Abschaffung des Adels auf ihr Programm.
Die fortschrittsgläubige Hoffnung, diese Ziele auf dem Verhandlungswege zu erreichen, sollte sich jedoch nicht erfüllen. Die wachsende Bewegung scheute sich bis zuletzt, dem diskreditierten französischen Vorbild der Revolution zu folgen. Auch zeigten sich Differenzen in der politischen Auffassung der Demokratie: einem gemäßigten Freiheitsliberalismus alter Prägung standen jetzt radikale Bestrebungen egalitär-demokratischer Art gegenüber. Währenddessen wuchs die Unterdrückung: Pressezensur, Verbot der politischen Vereine, Volksfeste, Versammlungen sowie der Farben Schwarz-Rot-Gold und Überwachung der Universitäten; Burschenschafter durften nicht im Staatsdienst angestellt werden, die Redner von Hambach wurden eingesperrt oder mußten emigrieren. Aber die demokratische Bewegung war sich nun ihrer selbst bewußt geworden. Sie breitete sich bald von ihren Hauptstützpunkten im bürgerlich-liberalen Süddeutschland — unterstützt durch die antipreußischen Affekte des politischen Katholizismus zumal im Rheinland — über den ganzen deutschen Raum aus; mit ihrem Sieg, vorbereitet durch den allgemeinen Fortschritt der Verfassungsbewegung, schien sich die deutsche Entwicklung wieder der allgemeinen europäischen Entwicklung einzufügen.
Nach einer neuen Kette europäischer Unruhen brachte schließlich die Nachricht vom Ausbruch der Pariser Revolution von 1848 die lang zurückgehaltene, in unzählige politische und publizistische Initiativen aufgesplitterte Energie zum Ausbruch. Aber nicht der zunächst erfolgreiche Verlauf der deutschen Revolution von 1848, die sich besonders in Preußen gegen die militärische Stütze des Absolutismus richtete, sondern der Zusammenbruch des Versuchs, die beiden großen deutschen Staaten Preußen und Österreich in eine nationale Demokratie einzubauen, wurde entscheidend für das Schicksal der demokratischen Bewegung in Deutschland und damit auch für das Verhältnis des deutschen zum „westlichen" Staatsbewußtsein. In der Frankfurter Paulskirche scheiterte der große Plan an dem Widerstand der alten Gewalten, die eine deutsche Kaiserkrone aus der Hand und von der Gnade des Volkes zurückwiesen: die europäische Entwicklung Deutschlands war abgebrochen. Mit diesem entscheidenden Fehlschlag, der den bürgerlichen Liberalismus von der Sache der Demokratie abgedrängt hat, scheiterte auch der Versuch, die soziale Ordnung so zu reformieren — und ihr eine politisch adäquate Form zu geben —, daß dem Absolutismus der alten Gewalten, der Höfe, des Adels, der Bürokratie und des Militärs, der Rückhalt entzogen würde.
Hier setzte die neue sozialistische Bewegung ein, die bei der Revolution von 1848 noch eine verhältnismäßig untergeordnete Rolle gespielt hatte, aber in der Folge in allen europäischen Ländern an Boden gewann, je weiter die Industrialisierung und Ausweitung der zunehmend politisierten Massengesellschaft voranschritt. Während die liberale und demokratische Bewegung des deutschen Bürgertums sich von dem Schlag von 1848 nicht mehr erholen konnte und sich schließlich dem Obrigkeitsstaat Bismarcks fügte, der die lange ersehnte Einheit erzwang, blieben zunächst nur die als vaterlandslos verfemte

8 Buchheim, *Leidensgeschichte* (Anm. I/4), S. 31; vgl. Veit Valentin, *Das Hambacher Nationalfest*, Berlin 1932.

Sozialdemokratie und das gegen die Unterdrückungsmaßnahmen eines protestantischen Staates kämpfende Zentrum als politische Opposition übrig. Gewiß hat Bismarck bei der Lösung drängender außenpolitischer Probleme und bei der Bewahrung des europäischen Gleichgewichts großes Geschick bewiesen. Aber der unbedingte Vorrang der Außenpolitik und die rücksichtslose Ausnutzung der patriotischen Psychologie unter und durch Bismarck hatten schwerwiegende Folgen für die innenpolitische Entwicklung. Das Bürgertum, das in der ersten Hälfte des Jahrhunderts sein neu erwachtes politisches Bewußtsein gegen die restaurativen Maßnahmen verteidigt und die demokratische Bewegung recht eigentlich getragen hatte, zog sich nun fast ganz von der politischen Verantwortung zurück, um sich der Ausnutzung der wirtschaftlichen Konjunktur zu widmen. Zwar vermochte der moderne Kapitalismus, in den der gewaltige Aufschwung der technisierten Industrie einmündete, die gesteigerten wirtschaftlichen Probleme auch nicht zu lösen; er zersplitterte gleichwohl die liberale Bewegung, der er seinen Aufschwung verdankte, und er verdrängte ihre echten, politischen Energien zugunsten interessenpolitischer Taktik. Es bahnte sich das freilich nicht ungetrübte Interessenbündnis zwischen einem nationalliberalen Industrie- und einem konservativen Agrarkapitalismus an, in dessen Zeichen selbst die drängenden Probleme, die sich aus der Zunahme der Bevölkerung und dem wachsenden politischen Selbstbewußtsein der unteren Klassen für die innere Struktur des Staates ergaben, zurückgestellt oder gar mit Billigung der ehemaligen Vorkämpfer des Liberalismus gewaltsam unterdrückt wurden.

Bismarck selbst hat auch nach seinem Sturz diese Versäumnisse beklagt und in düsterer Vorahnung ihrer Auswirkungen ein entschlossenes Nachholen des Versäumten, besonders eine parlamentarische Kontrolle der Regierung [9], gefordert. Das starke Anwachsen der sozialdemokratischen Partei hätte ein Sturmzeichen sein sollen. Aber darauf reagierten die Träger des Staates mit Unterdrückungsmaßnahmen wie dem Sozialistengesetz oder mit sozialen Reformen, die die Massen mit dem politischen System versöhnen und gleichzeitig die gefürchteten Konzessionen verhindern sollten. Auch wurde in Preußen, das doch den Kurs der Reichspolitik bestimmte [10], eine plutokratische Wahlordnung beibehalten, die den politischen Kräfteverhältnissen keine echte parlamentarische Vertretung zugestand. Da es Bismarck außerdem verstand, den in allgemeiner Wahl bestellten Reichstag weitgehend auszuschalten oder doch nach seinen Wünschen zu dirigieren, blieb die demokratische Bewegung im „Zweiten Reich" trotz der konstitutionellen Verfassung stets in der Defensive gegenüber dem auf eine straff reorganisierte Bürokratie und eine starke Armee gestützten monarchischen *De-facto*-Absolutismus.

In dieser Periode erfuhr der deutsche Liberalismus jene Schwächung, von der er sich nie mehr ganz zu erholen vermochte. Hier setzt der Schwund der demokratischen Mittelparteien ein, der dann auch eine wirkliche Konsolidierung der Weimarer Republik verhindern und den Triumph des Nationalsozialismus ermöglichen sollte. Bismarck hat es als den entscheidenden Fehler des deutschen Bürgertums betrachtet, daß es 1848 aus eigener Kraft ohne Rücksicht auf mächtige deutsche Dynastien und Staaten das nationale Reich gründen wollte. Sein Weg der „Realpolitik" ging über die Zusammenführung der mili-

9 Vgl. seine Ansprache bei einer studentischen Huldigung auf dem Markte zu Jena am 31. Juli 1892; Otto v. Bismarck, *Die gesammelten Werke*, Bd. XIII (Reden), Berlin 1930, S. 473 ff.

10 Richard Thoma, „Das Staatsrecht des Reiches", in: *Handbuch des deutschen Staatsrechts*, Bd. I, Tübingen 1930, S. 80 (Bd. II: Tübingen 1932).

tärischen Aristokratie Preußens mit dem deutschen Bürger. So war der Sieg von 1870/71 ebenso eine Abrechnung der Konservativen mit dem Geist der Revolution wie ein Mittel zur Erweiterung des Zwiespalts zwischen der deutschen und der westlichen politischen Entwicklung gewesen. Und diese nationalen Erfolge trieben Bismarck auch eine liberale Mehrheit zu, die der Gedanke der Einheit und das Erlebnis des Erfolges stärker beeindruckte als der verblichene Glanz demokratischer Ideale. Dieser innere Zusammenbruch des bürgerlichen Selbstbewußtseins gegenüber der nationalen Ideologie bezeichnete einen entscheidenden Bruch der demokratischen Entwicklung in Deutschland. Ein „monarchischer Staat mit demokratischem Zusatz [11]", der sich auf eine feudale Gesellschaftsstruktur und eine starke Bürokratie stützte, wußte jetzt den Bürger mit der bequemen Sicherheit zu zügeln, eine gute, den „Fachleuten" überlassene Verwaltung sei die beste Innenpolitik. Durch Bismarcks Manipulierung der Verfassung, durch soziale und wirtschaftliche Interessen, durch die militärpolitische und geistige Tradition der Herrschaft Preußens war die repräsentativ-demokratische Entwicklung blockiert und hinter die Ansätze der ersten Jahrhunderthälfte zurückgeworfen worden.

Es ist müßig zu fragen, ob 1871 die nationale Einigung auch auf liberaldemokratischer Basis möglich gewesen wäre, ob also Bismarcks Lösung einen folgenschweren Umweg bedeutete. Die Ereignisse um 1848 hatten bewiesen, daß die alten gesellschaftlichen und militärischen, dynastischen und bürokratischen Gewalten dank der deutschen Organisationskraft und Beharrlichkeit, dank der Diskreditierung der Französischen Revolution in Deutschland ein Übergewicht über den Enthusiasmus eines revolutionären Bürgertums behielten. Und inzwischen war als neuer politischer Faktor, der die Situation noch verwirrender machte, das stürmisch anwachsende städtische Proletariat aufgetaucht. Die Erkenntnis, welche Gefahr für die bestehenden Verhältnisse der Sozialismus bot, ließ Bismarck das Bündnis mit dem Bürgertum als Wall gegen die „Roten" um so dringender erscheinen, als diese zunächst Neigung zeigten, mit den Liberalen zusammen gegen die herrschenden Gewalten zu kämpfen. Bismarcks Lösung war plausibel, insofern er die innere Schwäche und Anfälligkeit der bürgerlich-demokratischen Bewegung erkannt hatte: diese Bewegung fand nicht aus dem Zwiespalt heraus, in den sie drei empfindliche Niederlagen — der Verlauf der Französischen Revolution, das Scheitern der bürgerlichen Revolution, Verfassungskonflikt und nationale Einigung — gestürzt hatten. Sie verdrängte die Einsicht, daß ein Sieg des nationalen Gedankens unter den alten Gewalten eine kommende demokratische Lösung nur noch mehr komplizierte [12].

Wie die Verbürgerlichung der deutschen Politik, so war damit auch die demokratische Parlamentarisierung der Monarchie gescheitert und Deutschland auf dem Wege einer Sonderentwicklung, die kaum 50 Jahre später ein verhängnisvolles Ziel erreichen sollte. Mit militärischer Macht, ganz unter der Führung der alten Ordnungsmächte war das Zweite Reich gegründet worden. Auch den Gedanken des Wahlkaisertums, dies Ideal der demokratischen Be-

11 So Werner Naef, *Die Epochen der neueren Geschichte*, Bd. II, Aarau 1946, S. 266. Vgl. Theodor Eschenburg, „Die improvisierte Demokratie der Weimarer Republik von 1919", in: *Schweizer Beiträge zur Allgemeinen Geschichte*, Bern 1951, S. 161 ff. (jetzt gesondert erschienen unter dem Titel: *Die improvisierte Demokratie der Weimarer Republik*, Laupheim 1954, S. 5 ff.).

12 Vgl. zum ganzen Zusammenhang besonders Arthur Rosenberg, *Die Entstehung der deutschen Republik 1871–1918*, Berlin 1928, S. 11 ff.; Friedrich C. Sell, *Die Tragödie des deutschen Liberalismus*, Stuttgart 1953. Zu den psychologischen Aspekten dieses Zusammenbruchs des Liberalismus damals schon Friedrich Naumann, *Die politischen Parteien*, Berlin 1910, S. 12 ff.

wegung, hatten die restaurativen Mächte in ihrem Sinne eingesetzt, und Bismarcks nationale Erfolge, mit Hilfe einer rücksichtslos angewendeten patriotischen Psychologie ausgenützt, beschwichtigten die Bedenken. Ein militärisch gestützter Obrigkeitsstaat hatte die nationale Idee ihres demokratischen Ursprungs entkleidet und ganz für sich in Anspruch genommen, und ein überwiegender Teil der politischen Öffentlichkeit und der Bevölkerung war bereit, diese Entstellung der demokratischen Reichsidee hinzunehmen. Überdies verhinderte die Gegnerschaft der Liberalen gegen Zentrum und Sozialdemokraten auch in der Folge eine Zusammenfassung der demokratischen Kräfte, die noch Einfluß auf Ausbau und Führung des Staates ermöglicht hätte, und Bismarck nützte die nach Kräften geförderten Gegensätze je nach der augenblicklichen Zielsetzung geschickt für seine selbstherrliche Politik aus.

Freilich konnte auch der Glanz der außenpolitischen Erfolge und des wirtschaftlichen Aufschwungs im Zeichen eines rivalisierenden Imperialismus nur notdürftig über die innenpolitische Dauerkrise hinwegtäuschen, die vom Kulturkampf bis zur Revolution von 1918 reichte und ihr außenpolitisches Gegenstück in dem nun einsetzenden allgemeinen Rüstungsfieber fand: eine innere Krise, die niemals gelöst wurde und am Ende das Werk Bismarcks vernichtete. Eine echte Integration und weitertragende politische Einsetzung der vielfältigen innenpolitischen Kräfte war nicht gelungen. Bismarck vermochte zwar im Zeichen des Primats der Außenpolitik die auseinanderstrebenden Tendenzen und Gruppierungen unter der Übergewalt des Militärkaisertums zusammenzuhalten. Aber dies ganz auf ihn selbst zugeschnittene System entwickelte keine tragfähigen Aspekte für die Zukunft; es mußte nach Bismarcks Abtreten, das in Wirklichkeit den Abschluß einer Epoche bedeutete, schließlich in seine verschiedenen Komponenten auseinanderfallen.

Eine Kritik setzt darum an der Tatsache ein, daß die Bismarcksche Verfassung ohne einen Bismarck nicht bestehen konnte, zugleich aber die Ansätze verdrängt hatte, die auf eine demokratisch-parlamentarische Umgestaltung hinwiesen. Vor allem die liberale Bewegung hatte im Verlauf der Bismarckzeit durch ihre opportunistische Schaukelpolitik soviel an Einfluß eingebüßt, daß sie in Zukunft nie mehr die erste Rolle spielen konnte. Zwischen 1874 und 1881 schmolz die national-liberale Reichstagsfraktion auf weniger als ein Drittel ihres ursprünglichen Bestands zusammen, zersplitterte sich der Liberalismus in vier kleinere Parteien. Große Teile ihrer Wählerschaft wanderten nach links und rechts ab, und in der Mitte war alles in Bewegung: der Weimarer Republik sollte die liberale Mitte schwer fehlen, und der Nationalsozialismus hat die politische Orientierungslosigkeit dieser Schichten geschickt für seine Zwecke ausgenützt. Es nimmt nichts von jener Kritik, wenn man immer wieder bemerkt hat, daß die Epigonen Bismarcks das Werk des Meisters verdorben hätten. Bismarck selbst war nach seinem Sturz entsetzt über die allgemeine Unterwürfigkeit und den Mangel an aktiver bürgerlicher Opposition gegen die höfisch-militärische Autokratie Wilhelms II.; er vergaß, daß dies eine Folge seiner selbstherrlichen Manipulierung des deutschen Bürgertums, seiner parlamentsfeindlichen Innenpolitik war.

Seit 1890 fehlte nun auch die überlegene Hand des Staatsmannes, der die Schwierigkeiten des innenpolitisch stagnierenden alten Systems immer noch durch eine erfolgreiche und doch besonnene Außenpolitik zu überbrücken verstanden hatte. Sie wurde Schritt für Schritt aufgegeben, während der fragwürdige innere Kurs im ganzen blieb und die soziale wie die parlamentarisch-demokratische Frage weiter verschleppt wurde. Obwohl Deutschlands außenpolitische Lage seit der Entfremdung von Rußland und mit der unentschlossenen Politik gegenüber dem Westen immer problematischer wurde, hielt Wilhelm II. nach einem kurzen sozialpolitischen Ausflug mit Hilfe mittelmäßiger Ratgeber an seiner autokratischen Stellung, an dem unheilvollen *status quo*, an der demonstrativen Scheidung des Volkes in „Nationale" und „Reichsfeinde" [13] fest, so wenig dies der gespannten Lage und beschleunigten Entwicklung noch entsprechen konnte, die auf soziale und politische Gleichberechtigung durch Demokratisierung von Staat und Gesellschaft hintrieb. Gewiß wurde manches für das Volk, nichts aber durch das Volk getan; die politische Gestaltung hielt auch weiterhin nicht Schritt mit der wirtschaftlichen und sozialen Wandlung. Auch die Parteien, die sich von der Bismarck-Periode nur langsam erholten, zeigten wenig positive Initiative, um endlich durch eine Parlamentarisierung des Staates die Politik auf eine breitere Basis zu stellen und Wilhelms „persönliches Regiment" zu bremsen. In diesen Versäumnissen lag der deutsche Anteil am Ausbruch des ersten Weltkrieges, dieser letzten Zuspitzung der imperialistischen, alle Sprengkräfte der nationalen Machtpolitik verbindenden Gegensätze der Großmächte, die auch die lange angehaltenen innenpolitischen Probleme wieder in Fluß brachte.

2. *Vom Weltkrieg zur Revolution*

Auch in den ersten Jahren des neuen Jahrhunderts wurde noch immer der zeitwidrige monarchische Semi-Absolutismus von der parlamentarischen Mehrheit nicht entschieden angefochten. Zwar führte die Zabernaffäre von 1913 zu einem überwältigenden Mißtrauensvotum des Reichstags gegen die Regierung, doch verhinderten Bismarcksche Verfassungskonstruktion und preußische Tradition jede rechtliche wie praktische Konsequenz. Aus ähnlichen Gründen war es dann auch möglich, daß die entscheidenden Vorgänge zwischen dem Mord von Sarajewo und dem Kriegsausbruch 1914 ohne jede Mitwirkung des Reichstags der Katastrophe zutrieben. Freilich verstärkte sich eine Mißstimmung, die besonders gegen die Unzulänglichkeit und Überheblichkeit des Kaisers selbst gerichtet war. Dies begann sich auch parlamentarisch auszuwirken, als bei der Wahl von 1912 die SPD, diese erste deutsche Partei, die den politischen Gesinnungsverband dauerhaft auch über die Wahlen hinweg zu organisieren verstand und nun die anderen Parteien ebenfalls zu einer Verlagerung des Schwergewichts von der parlamentarischen Tätigkeit zur Parteiarbeit in der Bevölkerung zwang [14], zur stärksten Partei des Reichstags wurde. Diese „Reichsfeinde" besaßen jetzt zusammen mit dem Zentrum eine parlamentarische Mehrheit, die gegebenenfalls durch die Links-Liberalen noch bedeutend verstärkt werden konnte. Hier zeichnet sich schon die parlamentarische Konstellation ab, die gegen Ende des Weltkrieges und bei der Begründung der Republik bestimmend wurde.

Der erste Weltkrieg ist mehr noch ein politisches als ein militärisches Ereignis [15]. Er setzte die lange verdrängten innenpolitischen Probleme in Bewegung. Wohl stellte sich sogar die SPD mit Kriegsausbruch nach inneren

13 Naumann (Anm. I/12), S. 18 ff.
14 *Ebda.*, S. 20 f.; S. 44 ff. über die komplizierte parlamentarische Situation.
15 Dazu jetzt auch die zusammenfassende Deutung bei Hans Herzfeld, *Die moderne Welt 1789–1945* 2. Teil: *Weltmächte und Weltkriege, Die Geschichte unserer Epoche 1890–1945*, Braunschweig 1952, S. 111 ff.

Konflikten an die Seite der übrigen Parteien unter den „Burgfrieden" und bewilligte die Kriegskredite. Bald jedoch wendete sich eine Fraktionsminderheit gegen den Kompromißkurs der SPD, um schließlich in der USPD eine eigene Organisation zu begründen; eine eindeutige Scheidung der kommunistischen von den demokratischen Elementen der Partei erfolgte allerdings erst mit der Gründung des Spartakusbundes [16]. Für die Mehrheitssozialdemokratie hatte diese Spaltung, die sich lange vor der russischen Revolution abzeichnete, zwar ihre Vorteile, da sie ihre Bündnisfähigkeit mit den bürgerlichen Parteien erhöhte. Aber sie vermochte die neue Lage noch nicht für eine wirkliche Parlamentarisierung der Politik, für eine repräsentative Beteiligung auch der breitesten Volksmassen an der Regierung auszunützen. Vielleicht hätte sie schon 1916 das Zentrum und die Linksliberalen für eine Reichstagsmehrheit gewinnen können. Aber der Weltkrieg war nicht nur militärisch, sondern auch politisch der Krieg der verpaßten Gelegenheiten. Der Reichstag verharrte in passiver, unentschlossener Loyalität; er verzichtete weiterhin, wie schon bei Kriegsausbruch, auf eine wirksame Kontrolle der Kriegführung und überließ die Initiative den Militärs. Das Zögern einer oppositionellen Mehrheit machte schon 1916 den Weg zu der Militärdiktatur der Obersten Heeresleitung frei. Ludendorff gewann mit der Kontrolle über den Kaiser die tatsächliche politische Macht und konnte schließlich den Sturz des ihm widerstrebenden Kanzlers durchsetzen. Diese *De-facto*-Diktatur hielt nach dem Zurücktreten der kaiserlichen Macht noch die alte Ordnung gegen die immer stärker werdende demokratische und sozialistische Bewegung an der Herrschaft. Nicht mehr um Wilhelm II., aber um Hindenburg und Ludendorff kristallisierte sich jetzt das obrigkeitsstaatliche „Vertrauen": die führenden Schichten und das Heer waren für die Diktatur reif geworden.

Die unter dem Druck der Öffentlichkeit erfolgte Berufung Hindenburg-Ludendorffs bedeutete — noch ohne jede Verfassungsänderung — schon das Ende des Bismarckschen Systems, eigentlich den Beginn der Revolution. Denn damit ging die autoritäre Machtverfügung nach innen und außen vom Kaiser und seinem Kanzler auf die militärische Gewalt über. Die Autorität Hindenburgs und Ludendorffs in der öffentlichen Meinung war so gewachsen, daß es dem Kaiser machtpsychologisch nicht möglich gewesen wäre, ihnen seinen Willen aufzuzwingen oder gar ihr Druckmittel des Rücktritts nicht anzuerkennen und sie zu entlassen. In dieser Militärdiktatur warfen die Vorgänge bei der Abdankung des Kaisers schon ihre Schatten voraus. Denn Wilhelm II., der im Gegensatz zu seiner verhängnisvollen Aktivität im Frieden seit Kriegsbeginn politisch völlig zurückgetreten war, dachte an keine Gegenwehr. Er hatte damit die Macht der alten Ordnung einer militärischen Diktatur anvertraut, deren Scheitern dann der demokratischen Revolution Platz machte. Auch die kaiserliche Kommandogewalt war nur noch eine Dekoration, kein echter Integrationspunkt der Monarchie, und dies Machtvakuum hatte mit der weiteren Erschütterung des bestehenden Systems den Weg zur militärischen Usurpation freigemacht. Aber auch die neuen Machthaber dachten nicht daran, durch Anerkennung einer repräsentativen Volksvertretung die innenpolitische Lage zu entspannen und die außenpolitischen Möglichkeiten auszuschöpfen oder gar einer drohenden Revolution damit die Spitze abzubiegen und einen organischen Übergang zu vermitteln. Sie schufen vielmehr einer gran-

16 Zu den Vorgängen um die Parteispaltung vgl. u. a. Carl Severing, *Mein Lebensweg*, Bd. I, Köln 1950, S. 198 ff.; S. 206 ff.; zusammenfassend Ossip K. Flechtheim, *Die Kommunistische Partei Deutschlands in der Weimarer Republik*, Offenbach a. M. 1948, S. 7 ff.

diosen Übersteigerung der autoritären Kriegspolitik und einem wirklichkeitsfremden Kriegszielannexionismus gerade in der Schlußphase Raum und psychologische Wirkung. Sie tragen die erste Schuld am inneren Zusammenbruch Deutschlands und an jener Radikalisierung der politischen Gegensätze, die im November 1918 zerstörende Folgen haben und den Neuaufbau der staatlichen und gesellschaftlichen Ordnung nach dem Kriege in verhängnisvoller Weise erschweren sollten.

Ludendorff kann man so den Lückenbüßer zwischen zwei Perioden deutscher Geschichte nennen [17]. Er verhängte einen Belagerungszustand über das gesamte öffentliche Leben und verletzte mit der Eröffnung des uneingeschränkten U-Boot-Krieges, der die Vereinigten Staaten in den Krieg zog, erneut den Primat der Politik, so daß nach dem Fall der russischen Monarchie der ideologische Gegensatz zwischen dem Kreuzzug der Demokratie und den Mächten der Reaktion einen letzten Höhepunkt erreichte, und er boykottierte die Friedensresolution einer Reichstagsmehrheit. Ludendorff war letztlich auch verantwortlich für das Festhalten an einem fiktiven Burgfrieden, der doch gleichzeitig durch die Gründung einer innen- wie außenpolitisch aggressiven „Vaterlandspartei" durchbrochen wurde, für die kurzsichtigen Siegfriedensschlüsse mit Rußland und Rumänien und die unrealistische Expansionspolitik im Osten, die die letzte Chance auf ein günstiges Kriegsende verdarben. Die Machtverhältnisse waren jetzt durch das ständige Neben- und Gegeneinander der oppositionellen Reichstagsmehrheit und eines militärischen Oberkommandos bestimmt, das seinen Willen selbstherrlich durchzusetzen vermochte, ohne daß die politische Machtfrage geklärt worden wäre: ein „Militarismus", der mit dem Primat über die Politik die Idee des „totalen Krieges" zu verwirklichen suchte. Ihm stand die Überlegenheit der parlamentarischen Demokratien des Westens gegenüber, die durch alle Krisen hindurch eine einheitliche politische Führung des Krieges durch verantwortliche Regierungen zu wahren vermochten.

Erst nach dem Scheitern der letzten Offensive im Sommer 1918 machte Ludendorff seine plötzliche Kehrtwendung und forderte überstürzt Friedensverhandlungen, ohne die politischen Instanzen zumal im Parlament rechtzeitig über die Lage unterrichtet zu haben. Nun war die militärische Lage aber so ungünstig geworden, daß weder eine außenpolitische Katastrophe abgewendet noch eine befriedigende Lösung des innenpolitischen Dilemmas durch die lange verweigerte Demokratisierung erwartet werden konnte. Entscheidend wurde, daß die Parlamentarisierung Deutschlands in diesem Augenblick nicht vom Reichstag erkämpft, sondern — als „Revolution von oben" — von Ludendorff überstürzt erzwungen wurde. Deshalb der ebenso seltsame wie für den weiteren Verlauf verhängnisvolle Beginn der deutschen Revolution. Ludendorffs Abtreten zeigte freilich, daß der General nur Diktator geworden war, weil in der allgemeinen Verwirrung seit 1916 keine andere Machtgruppierung, kein konstruktives politisches Prinzip sich verantwortlich durchzusetzen vermocht hatte. Die Berufung einer parlamentarischen Mehrheitsregierung aber erfolgte zu spät, um sich innen- und außenpolitisch noch günstig auszuwirken. Die Frist zur Aufnahme von Verhandlungen war zu kurz bemessen, sie konnten sachlich und psychologisch nicht mehr ausreichend vorbereitet werden, und es gelang auch nicht, die Bedenken der Alliierten gegen die bisherigen

17 Rosenberg (Anm. I/12), S. 122.

Gewalten mit einem Hinweis auf die Parlamentarisierung in Deutschland zu zerstreuen [18].

Jedenfalls hatte die demokratisch-parlamentarische Monarchie endgültig den Militärabsolutismus abgelöst, noch bevor die ersten revolutionären Bewegungen bei der Marine in Kiel einsetzten. Wie würde sich der Kaiser und seine Umgebung verhalten? Was würden die Massen tun, die ein vierjähriger Krieg zermürbt und desillusioniert hatte? Welche Haltung würden die liberalen, welche die sozialistischen Parteien einnehmen, und wie würden die alten Gewalten auf den endgültigen Zusammenbruch ihrer Politik reagieren? Welche Rolle würde die Armee spielen, die schon seit den schweren Verlusten von 1914 nicht mehr als die alte unerschütterliche Stütze der Monarchie gelten konnte, nun sich auch die soziale Struktur des Offizierkorps erheblich gewandelt hatte? Was endlich konnte das besiegte Deutschland von den Alliierten erwarten, die nach Wilsons Proklamation nur den Kampf gegen den deutschen Militärabsolutismus, nicht gegen das deutsche Volk geführt hatten? Würden sie eine neue, gerechtere Ordnung in Deutschland unterstützen? Wie überhaupt würde der deutsche Staat aussehen, der aus den Trümmern der alten Ordnung wachsen wollte? Diese und viele andere Fragen standen vor jedem Deutschen, als die revolutionären Unruhen einsetzten und mit dem Zurückweichen der Armee die politische Umgestaltung sich abzeichnete, die die alten Gewalten fast 150 Jahre lang blockiert hatten. Der Krieg hatte nicht — so sehr es zunächst den Anschein hatte — als ein reinigendes Gewitter gewirkt, das die inneren Spannungen und drängenden Probleme der wilhelminischen Zeit zur Klärung geführt hätte. Die notwendigen Reformen waren zu lange hingehalten worden, vier Kriegsjahre brachten die Fehler und Versäumnisse des Zweiten Reiches, dessen materielle Stärke und äußere Festigkeit eine lange Kraftprobe bestanden, in ihren letzten Konsequenzen zur bitteren Auswirkung, und Zusammenbruch, nicht konstruktive Weiterbildung stand am Ende des Weges, den Bismarck 50 Jahre zuvor unter anderen Voraussetzungen erzwungen hatte.

Schon die Matrosenrevolten des Sommers 1917 waren ein erstes Zeichen der Katastrophe gewesen: damals verurteilte man, statt die durchaus materiellen, noch kaum politischen Ursachen zu ändern. Und nicht nur in der ausgehungerten Heimat, sondern auch im Heer war besonders mit den letzten Anstrengungen der Frühjahrsoffensive 1918 die Mißstimmung gewachsen. Aber alle diese Symptome, auf die sich die Argumente der Dolchstoßlegende stützen sollten, waren doch sekundärer Art. Die Niederlage war ein primär militärisches, keinesfalls durch „Verrat“ und „inneres Versagen“ erklärbares Phänomen [19]. Und über ihre Auswirkung entschied die Erschütterung des alten politischen Systems, die mit der plötzlichen Schwenkung Ludendorffs vom optimistischen Propagandismus auf eine Linie pessimistischer Lagebeurteilung schlagartig offenbar wurde und auch massenpsychologisch den Glauben an die alte Ordnung zerstörte.

Ein besonnener Übergang zur parlamentarischen Neuordnung gelang nun nicht mehr. Angesichts der Verwirrung und Lähmung einer unvorbereiteten Öffentlichkeit und unter dem Druck der siegreichen Alliierten überstürzten sich die Ereignisse, die in diesen Tagen keine politische Machtgruppe mehr zu kontrollieren vermochte. Wenngleich im letzten Stadium des Krieges das

18 Vgl. jetzt Erich Eyck, *Geschichte der Weimarer Republik*, Bd. I, Erlenbach-Zürich-Stuttgart 1954, S. 55 ff
19 Dazu Herzfeld (Anm. I/15), S. 182 ff.; bes. S. 188 f.

demokratische Wilson-Programm eine erhebliche psychologische Wirkung auf die deutsche Öffentlichkeit auszuüben vermocht hatte, so standen selbst hinter dem unmittelbaren Ausbruch der Revolution weniger konkrete politische und soziale Forderungen und Pläne als vielmehr einfach der allgemeine Schrei nach Beendigung eines Krieges, der nun so plötzlich seinen Sinn und seine integrierende Wirkung verloren hatte. Durch zwei letzte Fehler, die sinnlose Flottenaktion des Admirals Scheer, die die Kieler Meuterei auslöste, und die Verzögerung der Abdankung Wilhelms II., die den Sturz der Monarchie selbst nach sich zog, beschleunigten die abtretenden Gewalten noch den Gang der Revolution. In ihre ausgreifende Bewegung mündete nun der lange Kampf um Parlamentarisierung und gleiches Wahlrecht, die innere Radikalisierung der bislang politisch ausgeschalteten Arbeitermassen, die psychologische Wirkung der russischen Revolution, die tiefgehende Enttäuschung und Erschöpfung der Massen angesichts der unerwarteten Katastrophe und die Erbitterung über die planlose Flucht der Machtträger aus der schwersten Verantwortung der Niederlage.

3. Probleme der Neuordnung von 1918

Jeder Krieg bedeutet eine Belastungsprobe der bestehenden staatlichen Ordnung. Dies gilt in besonderem Maße für autoritär regierte Staaten, deren Legitimierung auch verfassungsrechtlich nicht in erster Linie auf die Repräsentation der wesentlichen politischen Tendenzen und Interessen des Volkes gegründet, sondern aus der überpolitisch sanktionierten Tradition bestimmter Autoritätsverhältnisse abgeleitet ist. Die Westmächte besaßen demgegenüber demokratische Grundlagen, die ihnen eine überlegene politische Kriegführung gegen die ideologisch und innenpolitisch verkrampften, isolierten Mittelmächte ermöglichte. Nicht die autoritären Mittel einer halb absoluten Monarchie garantieren — wie man in Deutschland weithin geglaubt hatte — die wirksamste Zusammenfassung der Kräfte im Zeitalter der Massendemokratie und der Volksheere; die stärkere Staatsgesinnung und die bessere, elastischere funktionale Integration aller Kräfte war auf seiten der modernen parlamentarischen Demokratien, so umständlich ihr politischer Mechanismus erscheinen mochte.
Schon bei Kriegsausbruch hatte die verantwortliche deutsche Politik vor dem begrenzten Fachdenken der Militärs kapituliert. Nach diesem für den Charakter der Machtverteilung symptomatischen Vorgang war auch kaum zu erwarten, daß jetzt endlich die innenpolitische Fundierung des Bismarckschen Systems erweitert und vertieft würde, so sehr es durch die schlecht kontrollierte Aktivität des Kaisers, durch die Übermacht des bürokratischen und militärischen Apparats, durch das Übergewicht agrarischer, industrieller und nationalistischer Interessengruppen und durch die Passivität des Parlaments an seinen schwachen Punkten bloßgelegt war und seine Unfähigkeit zur Lösung der sozialen Spannungen und zur Gewinnung einer breiteren Machtgrundlage erwiesen hatte. Die Einbeziehung der Sozialdemokraten, der stärksten Partei, wurde weiter aufgeschoben, obgleich die einstimmige Bewilligung der Kriegskredite auf eine Auflockerung und Umwandlung des geistig, sozial- und verfassungspolitisch stagnierenden Systems hingewiesen hatte. Wer des Kaisers hoheitsvolles: „Ich kenne keine Parteien mehr, ich kenne nur noch Deutsche“ als einen ersten Schritt auf diesem unumgänglichen Weg

betrachtet hatte, sah sich enttäuscht; dieser Appell an das Nationalgefühl sollte erst recht alle Reformversuche abdrosseln und den gefürchteten innenpolitischen Rückwirkungen der Kriegsbelastungen zuvorkommen. Es war der Ruf nach „Überparteilichkeit", der auch in der Weimarer Republik immer dann ertönte, wenn nationalistische Interessengruppen, die doch selbst durchaus nicht überparteilich waren, sich durch das natürliche demokratische Diskussions- und Kontrollbedürfnis bedroht fühlten.

Überdies fehlten dem Demokratisierungsprozeß von unten, der sich unter dem Druck der außerordentlichen Verhältnisse trotzdem angebahnt hatte, wirkungsvolle geistige Vorbereitung und zielbewußte organisatorische Leitung. Gute Verwaltung, die so lange politischen Sinn, echtes staatsbürgerliches Bewußtsein und bewußte Auseinandersetzung mit den drängenden innenpolitischen Problemen ersetzt hatte, war nun nicht mehr genug. Nur eine Minderheit von Politikern und Publizisten war nicht von der kriegsbedingten Überspannung der alten antiwestlichen Ressentiments und von der nationalistisch ausgeweiteten romantischen Ideologie von der deutschen Eigenwüchsigkeit und Einzigartigkeit erfaßt. Vor allem ein kleiner Kreis liberaler Gelehrter hatte nachdrücklich die lange hinausgeschobene Berücksichtigung der innenpolitischen Struktur Deutschlands bei der Organisation und Führung des Staates gefordert [20]. Unter dem Einfluß besonders der sozialistischen Bewegung zeichnete sich überdies ein neuer Typ von Massenparteien ab, der auch in den Parlamenten dem Vorwiegen einer bürgerlichen Honoratiorenelite ein Ende setzte, wesentlich konsequentere und radikalere demokratische Züge trug und mit neuen Formen der Bildung, Führung und Agitation von Parteien eine auch für die moderne Staatsführung wichtige Wandlung in der Technik und Bedeutung öffentlicher Meinungsbildung herbeiführte. Ideologische Führung und Propaganda rückten in den Vordergrund, neue Gesetze der Gruppenbildung, neue Mittel zur Information und Beeinflussung der Massen, zur Demokratisierung wurden wirksam.

Doch alle Bemühungen um eine angemessene Berücksichtigung dieser während des Krieges noch vielfach beschleunigten Entwicklungsprobleme scheiterten, übermächtig blockiert durch institutionelle wie besonders psychologische Faktoren. Den Durchbruch erzwangen nicht sorgfältige politische Reformen oder Einsicht und Entschlossenheit der Parteien, sondern erst die plötzliche Desillusionierung der Öffentlichkeit und der militärische Zusammenbruch des Absolutismus. Denn man muß hinzufügen, daß der Krieg gleichzeitig — mit dem Zurücktreten der „Partei" hinter die „Nation" — die demokratischen Tendenzen verdrängte, soweit sie durch die Parteien getragen wurden. Er verstärkte die oligarchischen Züge der Parteistruktur, und sein politischer und psychologischer Druck unterwarf die Parteispitzen noch nachhaltiger der selbstherrlich-bürokratischen Staatsführung [21]. So war die Entwicklung von 1918 nicht vorbereitet, der Umschlag der Volksstimmung in erster Linie auf die Rettung der Existenz gerichtet. Die Demokratie, deren Republikanisierung auch Ebert trotz persönlichen Bedenken nach den kopflosen Vorgängen im kaiserlichen Hauptquartier nicht mehr verhindern konnte, mußte zudem mit der Liquidation des verlorenen Krieges eine ungeheure Belastung übernehmen. Sie stand nicht zwingend am Ende einer

20 Hier seien besonders Max und Alfred Weber, Georg Jellinek, Hugo Preuß, Walther Schücking, Robert Redslob und Robert v. Piloty genannt.

21 Dazu Robert Michels, *Zur Soziologie des Parteiwesens in der modernen Demokratie, Untersuchungen über die oligarchischen Tendenzen des Gruppenlebens*, 2. Aufl., Leipzig 1925, S. XXII f.

demokratischen Evolution, sondern war „eine Notlösung, ein taktischer Ausweg“ [22], der von vielen wieder verworfen wurde, als der Vertrag von Versailles die Illusionen um den Kriegsausgang zerstörte. Damit war auch die neue Demokratie als Institution sogleich wieder angefochten, wurde für das Elend der Niederlage und ihre Folgen verantwortlich gemacht.

Freilich kann deshalb noch nicht der Revolution selbst jeder Sinn abgesprochen werden, den sie doch als elementares, die Geschichte der Weimarer Republik begründendes und bestimmendes Ereignis besaß. Doch haben die revolutionären Ereignisse zugleich eben die Entstehung einer Dolchstoßlegende im weitesten Sinne, der auch die Begründung der Demokratie betrifft, gefördert. Die Auswirkungen von Versailles müssen deshalb vor allem als psychologische, propagandafähige Potenz gesehen werden [23]. Sie wurde zur Stütze der Gegenrevolutionäre, die angesichts der ungenügenden, improvisierten Demokratisierung sofort wieder feste, fast unangreifbare Positionen zu beziehen vermochten. Die Revolution blieb ein zwielichtiges Ereignis, keine einschneidende Umwandlung der staatlichen Organisation sicherte die Republik, und machtvolle feudale und obrigkeitsstaatliche Einrichtungen konnten sich und ihre Ansprüche mühelos konservieren.

Die Schwäche der Weimarer Republik, die, unter solchen Umständen entstanden, in ihrer Existenz mit der Niederlage des kaiserlichen Deutschland verknüpft und bleibend belastet war, hat einen doppelten Grund. Einmal gelang zu keinem Zeitpunkt eine echte Verankerung des demokratischen Gedankens und eine Vertiefung des Bewußtseins von den geschichtlichen Grundlagen des jungen Staates. Auf der anderen Seite waren die aktiven Gegenkräfte nur scheinbar und für kurze Zeit zurückgedrängt; sie vermochten selbst während der Revolutionswochen ihr Gewicht erheblich in die Waagschale zu werfen und griffen bald wieder auf die politisch passiven Massen über, die sich mit der Niederlage nicht abfanden und von der Propaganda der Kriegs- und Vorkriegszeit nicht losgekommen waren.

So war auch der Kompromißcharakter der Revolution, der Entstehung und Entwicklung der Weimarer Republik bestimmte, nach seiner institutionellen wie soziologisch-psychologischen Gestalt, besonders aber in seinen machtpolitischen Auswirkungen nur scheinbar Ausdruck der demokratischen Lösung jener Spannungen, die seit den Tagen Napoleons die deutsche Politik bewegt und durch die massensoziologischen, die wirtschafts- und sozialpolitischen Auswirkungen der Industrialisierung eine krisenhafte Verschärfung erfahren hatten. Zuletzt noch hatte der alles beherrschende Führer-Mythos um Hindenburg und Ludendorff den leeren politischen Raum erfüllt, den der Autoritätsschwund des kaiserlichen Systems hinterlassen hatte; die Militärdiktatur war in diesem Sinne schon ein pseudodemokratisches Eingeständnis des Kaisers gewesen. Dies hatte aber die Verfassungsentwicklung auf ein fragwürdiges, dem Cäsarismus zustrebendes Nebengeleise geführt; erst die Gewalt der vorwiegend äußeren Umstände schlug die Brücke vom wilhelminischen Scheinparlamentarismus zu der endgültigen Parlamentarisierung, die dann ironischerweise Ludendorff selbst unter dem Eindruck der Niederlage plötzlich ebenso gebieterisch verlangte, wie er sie vorher zu verhindern gewußt hatte.

22 Eschenburg (Anm. I/11), S. 195 (im Neudruck: S. 34). Zum Problem im ganzen jetzt auch Walter H. Kaufmann, *Monarchism in the Weimar Republic*, New York 1953, S. 12 ff.

23 Anders der Großteil des deutschen Schrifttums der Zeit, aber auch noch Ferdinand Friedensburg, *Die Weimarer Republik*, Berlin 1946, S. 24 ff.; Otto Braun, *Von Weimar zu Hitler*, 2. Aufl., New York 1940, S. 5; S. 69 ff. u. a. Vgl. dagegen jetzt das vortreffliche Versailles-Kapitel bei Eyck (Anm. I/18), S. 112 ff.

Äußerlich war die Revolution von 1918 mit der Ablösung der absoluten Monarchie durch die parlamentarische Republik erfolgreich gewesen. Diese Perspektive ist aber historisch wie soziologisch und psychologisch unzureichend. Das Zentralproblem jeder Revolution liegt in der Frage ihrer Legitimierung, der Rechtfertigung des revolutionären „Rechtsbruches" nicht allein durch den erfolgreichen Ausgang, sondern durch eine Umgestaltung des öffentlichen Lebens und eine Neuverteilung der Macht, die den geschichtlichen Tendenzen der innenpolitischen Struktur und den ihnen verbundenen ideologischen und psychologischen Bedürfnissen und Spannungen entspricht und ein echtes Vertrauensverhältnis zwischen politischer Ordnung und Bürgern schafft. Obgleich eine Erhebung aber in den meisten Fällen von elementaren materiellen Mißverhältnissen und Forderungen ausgeht, so setzen die eigentlichen Bemühungen um eine legitime Basis der neuen Ordnung doch weniger an den sozialen und ökonomischen Wurzeln und Triebkräften der Revolution als vielmehr an den konstitutionellen Merkmalen der Umgestaltung an. Der Wandel von der absoluten zur konstitutionellen Monarchie oder zur Republik, von der parlamentarischen Demokratie zum Ständestaat oder zur Diktatur und die zahlreichen verfassungsmäßigen Zwischenformen — dieser mehr „institutionelle" Aspekt der Revolution wird zum Kristallisationspunkt der neuen Legitimität. Er sanktioniert auch die Umgruppierung der Machtverhältnisse und bestätigt die viel differenzierteren Vorgänge im soziologischen und ökonomischen Bereich, die sich zu ihrer geschichtlich-politischen Rechtfertigung nur auf das Wertsystem einer bestimmten Ideologie, nicht aber auf eine gesamtstaatliche Legitimität berufen könnten. Das System politischer Normen, auf das sich ein neugestalteter, um seine Legitimierung ringender Staat gründet, wird deshalb nicht auf der Ebene der Ideologien von Parteien und Gruppen, sondern im Bereich einer bestimmten Staatsform und ihrer politisch-konstitutionellen Kennzeichen bestimmt. So kam den verfassungsrechtlichen Auswirkungen der Revolution und der von ihnen ausgehenden Sanktionierung einer neuen Machtverteilung, einer Wandlung der politischen Funktionsverhältnisse große Bedeutung zu.

Die deutsche Revolution führte in diesem Sinne zur Weimarer Nationalversammlung: der Weg dorthin entschied zunächst über den Charakter des neuen Staates, dessen Manövrierfähigkeit in den folgenden Entwicklungsphasen und Krisen durch den Ereigniszusammenhang und durch die Richtung der innenpolitischen Konstellationen in diesen Monaten eingegrenzt und festgelegt wurde. Daß die hier entstandene neue Ordnung nach ihrer verfassungsrechtlichen Basis und staatspolitischen Legitimierung von einem großen Teil der alten Macht- und Autoritätsträger wie von deren Theoretikern, aber auch von einem großen Teil der Bevölkerung grundsätzlich nicht anerkannt wurde, ist geschichtlich ebenso erklärbar, wie es politisch verhängnisvoll werden sollte. Da war die fatale, politisch blinde Beharrlichkeit „gegenrevolutionärer" Machtgruppen, die daran ihre Bemühungen um die Wiedergewinnung verlorener Positionen knüpften, die sie nur vorübergehend durch einen „Dolchstoß" verraten glaubten. Aber mehr noch: aus der ungeklärten politischen Situation, die eine improvisierte, dann abgebrochene und verfassungsrechtlich wie politisch-psychologisch im Zwielicht verbliebene Revolution hinterlassen hatte, wuchsen ganz neue antidemokratisch-totalitäre Bewegungen hervor, zu deren Einschränkung und politischer Assimilierung weder die formal verfassungsmäßigen noch die psychologisch-pädagogischen, ja, letztlich nicht einmal die direkten machtpolitischen Mittel ausreichten.

In diesem Licht gesehen, resultierte die Revolution von 1918 in einer grundlegenden Umgestaltung der Bismarckschen Verfassung. Dies geschah aber, dem Verlauf und der Verkettung der Ereignisse entsprechend, nicht durch eine vernünftige, zielbewußt durchgreifende Reform, sondern durch eine überaus rasche und radikale „Revolution von oben". Die „unerwartet oktroyierte Demokratie", deren improvisierten Charakter Hugo Preuß am Tag der Ablösung Ludendorffs schon bedauert hatte [24], versetzte die demokratische Reformbewegung in die schwierigste Lage. Dies galt vor allem für die SPD, die zwar an der konstruktiven parlamentarischen Umgestaltung mitgearbeitet hatte und in diesem Rahmen für eine Kontinuität der staatlichen Ordnung und der Regierung angesichts der drohenden bolschewistischen Obstruktion eingetreten war, sich aber gleichzeitig — und gerade deswegen — in die revolutionäre Bewegung der Massen einschalten mußte. Nach Eberts Überzeugung hatte die politische Entwicklung Massen und Führung in Deutschland erst für eine demokratisch-konstitutionelle Monarchie reif gemacht [25]: die Republik kam schließlich nicht nur durch Konflikte innerhalb der SPD und durch machttaktische Rücksichten auf die linksradikale Konkurrenz, sondern vor allem durch die schwankende, politisch wenig zielvolle Haltung des Kaisers und seiner Ratgeber in der Abdankungsfrage zustande. Dies wiederum wirkte auf den Charakter der Revolution zurück. Zunächst waren fast alle politischen Maßnahmen gewissermaßen von einer flüssigen Taktik des Mitgehens, ja, Mitrennens diktiert; die neuen Führungsorgane mußten Schritt halten mit dem unabwendbaren Hauptstrom der revolutionären Bewegung, um ihn eindämmen und die voraus (und gefährlich zur Seite) galoppierenden Pferde der Extremisten zügeln zu können. Alle kurzfristig entworfenen Übergangspläne — wie etwa der einer organisch zu den neuen Verhältnissen überleitenden, den Widerstand der alten Gewalten paralysierenden Regentschaft — fielen dem Tempo und der Eigengesetzlichkeit der einmal in Gang gekommenen revolutionären Bewegung zum Opfer, die nun nur noch durch konsequente Gewaltanwendung oder durch großzügige Konzessionen zum Stehen zu bringen war [26].

Entscheidend bleibt aber doch, daß der Umbau schon vor dem 9. November 1918 in wesentlichen Teilen vollzogen und der Autoritätsschwund des alten Systems schon vor Kriegsende besiegelt war [27]. Die stärkste der revolutionären Kräfte hat man daher mit Grund den ersten Weltkrieg selbst genannt [28]. Er war die entscheidende Belastungsprobe des Alten, und er mobilisierte zugleich durch die gewaltige Ausweitung der politischen und militärischen Erfordernisse die Massen — als Arbeiter wie als Soldaten — und setzte sie von gesteigerten wirtschaftlichen und sozialen Forderungen aus in Richtung auf politische Ziele hin in Bewegung. So beförderte der Krieg einen Demokratisierungsprozeß, der durch kurzsichtige Bekämpfung noch beschleunigt, nicht etwa für die allgemeinen Anstrengungen ausgenützt wurde und auch im Fall

24 Hugo Preuß, „Die Improvisierung des Parlamentarismus", in: *Norddeutsche Allgemeine Zeitung* v. 26. Oktober 1918, abgedr. in: Hugo Preuß, *Staat, Recht und Freiheit*, Tübingen 1926, S. 361 f.

25 Vgl. Prinz Max v. Baden, *Erinnerungen und Dokumente*, Stuttgart 1927, S. 599 f.

26 Zur Revolution besonders noch Friedrich Meinecke, „Die Revolution, Ursache und Tatsachen", in: *Handbuch* (Anm. I/10), I, S. 95 ff.; Arthur Rosenberg, *Geschichte der deutschen Republik*, Karlsbad 1935, S. 9 ff.; Eyck (Anm. I/18), I, S. 63 ff., und die vortreffliche Analyse zeitgenössischer Eindrücke bei Ernst Troeltsch, *Spektator-Briefe, Aufsätze über die deutsche Revolution und die Weltpolitik 1918–1922*, Berlin 1924, S. 1 ff.

27 Rosenberg, *Entstehung* (Anm. I/12), S. 243 f.

28 So Groener im Münchener Dolchstoßprozeß von 1925; vgl. u. Anm. 34.

eines günstigen Ausgangs keine Restaurierung der in Bewegung gekommenen Verhältnisse zugelassen hätte [29].

Die endgültige militärische Niederlage hatte die alte absolutistische Taktik, innere Spannungen durch außenpolitische imperialistische oder nationalideologische Argumente, durch einen Appell ans „Gesamtinteresse" zu verhüllen oder zu unterdrücken, *ad absurdum* geführt. Sie lähmte zunächst auch jene Kräfte, die sich unter dem Zeichen annexionistischer Kriegsziele zusammengefunden und das offiziöse Vaterlandskonzept ihren reaktionären oder expansionistischen Interessen angepaßt hatten. Wie sie in der Zeit ihrer Machtfülle ohne Verständnis über die aufstrebenden Kräfte und Tendenzen der Gesamtgesellschaft hinweggegangen waren, so waren sie im Augenblick ihrer drohenden Ablösung zu keinerlei Gegenwehr fähig und unterstellten sich nun, sofern sie sich den revolutionären Ereignissen nicht ganz entzogen, der neuen Staatsführung, die angesichts der radikalen Alternative Demokratie — Bolschewismus den Sieg der Demokratie erkämpfte. Für die Übergangszeit im Schlepptau der bürgerlichen Liberalen, sahen sie in den Mehrheitssozialdemokraten den letzten Schutzwall für die eigene Existenz und mochten — in ihrem Sinne freilich — der Forderung Friedrich Naumanns zustimmen, man müsse jetzt die Bolschewisten mit den Menschewisten bekämpfen.

So fügten sich Bürokratie, Militärs und politische Gruppen auch der Rechten für den Augenblick stillschweigend der SPD und ihrer gemäßigten Revolution, die eine gewisse Kontinuität zu wahren versprach. Existentielle Abwehrhaltung gegen den Bolschewismus verband sich mit praktischen Einzel- und Gruppeninteressen. Der Verwaltungsapparat blieb, von einer sozialistischen Spitze abgesehen, auch personell weitgehend bestehen. Das Bedürfnis nach Kontinuität und Ordnung angesichts der allgemeinen Notlage des Zusammenbruchs prägte der Revolution jenen konservativen, anpassungsfähigen Zug auf [30], der auch dem neuen Staat selbst einen zwielichtigen, unfertigen und unentschiedenen Charakter verlieh. Denn hier setzte die Reihe jener Bündnisse und Machtkompromisse ein, die der Struktur der Republik ihren Stempel aufprägen und ihr Schicksal in den ersten fünf wie in den letzten drei Krisenjahren ihrer Geschichte entscheidend beeinflussen sollten.

4. Die Kompromißstruktur von Weimar

Die Weimarer Republik war also weder das zwangsläufige Ergebnis einer organisch verlaufenen politischen Entwicklung noch die Errungenschaft einer spontanen, historisch in sich selbst legitimierten Revolution. An ihrem Eingang stand das plötzliche Erlebnis einer kaum erwarteten Niederlage, und ihre erste Basis war ein Notbau aus widerwillig improvisierten Kompromissen. Das Bestehen eines solchen Staatswesens in den inneren und äußeren Schwierigkeiten der Nachkriegszeit mußte davon abhängen, ob aus dem Zusammenwirken zahlreicher Faktoren ein dauerhafter Bau entstehen konnte.

Aus dem spezifischen, keineswegs typischen Charakter der Revolution von 1918, die eine Phase des „förmlichen Bankrotts der Politik gegenüber den

29 Meinecke, „Die Revolution" (Anm. I/26), S. 111; vgl. auch die Schilderungen bei Eugen Schiffer, *Ein Leben für den Liberalismus*, Berlin 1951, S. 209 ff.

30 Hubertus Prinz zu Löwenstein, *Deutsche Geschichte*, Frankfurt a. M. 1950, S. 463 ff.

militärischen Forderungen“ [31] liquidieren mußte, erwuchsen die schwerwiegenden Probleme — oder wurden, soweit sie schon die vorangehende Entwicklung kennzeichneten, besonders deutlich —, an deren Bewältigung die Weimarer Republik gescheitert ist, um der nationalsozialistischen Gegenbewegung zuletzt fast widerstandslos das Feld zu räumen. Man könnte den Charakter der Revolution auch umreißen, indem man sie als einen Versuch in drei Etappen bezeichnete:

1. den verspäteten Versuch, die lange zurückgedrängte demokratisch-parlamentarische Bewegung zur Macht zu bringen und auf sie die Neuordnung des Staates zu stützen;
2. den weitergehenden Versuch einer linksradikalen Minderheit, durch die revolutionäre Eroberung des Staates die gesamte politische und gesellschaftliche Struktur im Sinne der als Vorbild genommenen russischen Oktoberrevolution umzuwandeln, während sich gleichzeitig eine rechtsradikale Minderheit im Schatten antibolschewistischer Abwehrversuche zum Angriff auf die Demokratie überhaupt bereitzustellen suchte;
3. den Versuch, die radikalen Tendenzen abzudämmen und durch ein Bündnis zwischen den alten Ordnungsprinzipien und den vorwärtsdrängenden demokratischen Kräften, das zunächst auf Zeit und für den konkreten Zweck der Wiederherstellung der Ordnung geschlossen worden war, die staatserhaltende Integration der verschiedenen politischen und sozialen Gruppen in einer Reihe von Kompromissen zwischen den widerstreitenden Mächten zu erreichen.

Diese verschiedenen Stufen, die die Revolution durchlief, prägten der Entstehung der Weimarer Republik wie ihrer weiteren Entwicklung den Stempel auf. Sie blieben in der innenpolitischen Auseinandersetzung deutlich erkennbar, und sie enthielten auch die Probleme, die der Republik schließlich zum Schicksal werden sollten, indem sie ihre Widerstandsfähigkeit in wachsendem Maße aushöhlten. Das System der Bündnisse und Kompromisse, das die Umgestaltung der Machtverhältnisse im Übergang von der Monarchie zur parlamentarischen Republik trug [32], war in erster Linie aus dem Bedürfnis nach Ruhe und Ordnung und nach Abwehr der radikalen Strömungen der Revolution erwachsen. Die Abwehr der bolschewistischen Bestrebungen (Stufe 2) erschwerte aber zugleich eine Begründung der Republik in der Erfüllung der geschichtlichen Entwicklung (Stufe 1). Sie drängte die neuen Machtträger gemäßigt sozialistischer und liberaler Observanz zu einer Zwischenlösung: Stufe 3. Es kam auf den verschiedenen Ebenen der wirtschafts-, sozial-, militär-, parteien- und verfassungspolitischen Bewegung zu beweglichen taktischen Verbindungen höchst verschiedenartiger Machtpartner, die, von heterogenen Zwecken und Interessen getrieben, für einen Augenblick der Bedrohung koalierten, sich jedoch prinzipiell nach wie vor feindlich gegenüberstanden und sich nach Abwendung der revolutionären Gefahr durch keine gemeinsamen politischen Ziele und Spielregeln mehr zur Zusammenarbeit angehalten fühlten.

Der Begriff der pluralistischen Demokratie [33], durch den man diese Struktur der Weimarer Republik umschrieben hat, sollte dann von den prinzipiellen

31 Herzfeld (Anm. I/15), S. 106.

32 Auf dies wichtige Strukturmoment hat besonders Franz L. Neumann hingewiesen: *Behemoth, The Structure and Practice of National Socialism*, 2. Aufl., New York 1944, S. 11 ff.; vgl. auch Eschenburg (Anm. I/11), S. 197 ff. (im Neudruck: S. 36 ff.).

33 Zur pluralistischen Theorie vgl. besonders Francis W. Coker, *Recent Political Thought*, New York-London 1934, S. 497–520 (mit Bibliographie).

Gegnern dieses Staates polemisch mißbraucht und im Schlagwort von der unheilvollen Zerrissenheit Deutschlands einseitig zugespitzt werden. Doch bleibt festzustellen, daß jede freie, dem Staatsabsolutismus feindliche Demokratie pluralistischen Charakter besitzt — eben indem sie den individuellen und gruppenmäßigen Interessenkräften freie Entfaltungsmöglichkeiten gewährt. Ihre wichtige Aufgabe ist dann allerdings, die auseinanderstrebenden Kräfte durch den Schutz der demokratischen Spielregeln und Integrationsprinzipien, die auch im Kampf um die Macht und um die Durchsetzung der eigenen politischen Konzeptionen von allen anerkannt werden müssen, von neuem aufeinander hinzuweisen: die Existenz des Staates wird damit nicht auf einer unversöhnlichen Freund-Feind-Spannung, sondern auf einem konstruktiven Kompromiß der gesellschaftlichen Interessen begründet. Erst das Fehlen eines solchen demokratischen Staatsbewußtseins auf breiter Basis und der Mangel an starken, über die Konstellation des Tages hinweg wirksamen Integrationskräften zur Verklammerung der zentrifugalen Anschauungen und Interessen in variablen, aber nie den essentiellen demokratischen Spielraum antastenden Kompromissen — erst die beharrliche Desavouierung der geschichtlich wie durch die demokratische Revolution legitimierten Staatsgrundlagen führte das System der pluralistischen Demokratie in Selbstauflösung und diktaturnahe Krisis, ließ den Kampf um die Macht in die Unterdrückung des politischen und geistigen Pluralismus durch totalitäre Gleichschaltung münden.

1. Der sichtbarste und für den Augenblick bedeutungsvollste Kompromiß zwischen alten und neuen Machtträgern wurde im Bündnis der republikanischen Gewalt mit der bislang auch politisch ausschlaggebenden militärischen Führung geschlossen. Zwar hatte sich Ludendorff vorzeitig der Verantwortung und den Folgen der Niederlage entzogen, die er als Erbschaft dem neuen Staat hinterließ. Doch stand Hindenburg, dessen gewaltiger Nimbus Ludendorffs politische Aktivität ermöglicht und gedeckt hatte, noch an der Spitze der Armee, und seit dem 26. Oktober 1918 ihm zur Seite mit Groener ein gemäßigter, realistisch denkender Nachfolger Ludendorffs. Diese Umbesetzung hatte die Möglichkeit engerer, vertrauensvollerer Zusammenarbeit zwischen den militärischen und politischen Instanzen eröffnet und unter dem Druck der Verhältnisse sehr rasch auch zu der formalen Unterstellung der noch intakten Armee unter die neue staatliche Gewalt geführt. Wesentlicher freilich wurde die Tatsache, daß die Übereinkunft zwischen Ebert und Groener-Hindenburg von militärischer Seite nur als ein Bündnis, als ein betont reserviertes Entgegenkommen aufgefaßt wurde, das nicht dem neuen Staat, sondern in erster Linie dem militärischen Ordnungsbegriff und der Erhaltung oder Wiedergewinnung der überkommenen Strukturprinzipien galt. Es blieb damit nicht nur der revolutionären Bewegung, sondern auch der demokratischen Machtverteilung deutlich entgegengesetzt. Dies Bündnis vom 10. November 1918 war auch nach Eberts späterer Aussage [34] nur auf Abwehr des Bolschewismus und Herstellung der staatlichen Ordnung gerichtet, ohne daß — von einer Anerkennung der tatsächlichen Ablösung der Monarchie durch die Republik sowie der Notwendigkeit einer Einberufung der Nationalversammlung abgesehen — der Status der militärischen Macht und sein Verhält-

34 *Der Dolchstoßprozeß in München Oktober-November 1925*, München 1925, S. 223; vgl. auch das Material bei Hans Herzfeld, *Die deutsche Sozialdemokratie und die Auflösung der nationalen Einheitsfront im Weltkriege*, Leipzig 1928, S. 384 ff.; Reginald H. Phelps, „Aus den Groener-Dokumenten", in: *Deutsche Rundschau* 76 (1950), S. 531 ff.

nis zum neuen Staat im Sinn einer klaren Einordnung und loyalen Anerkennung bestimmt wurde. Daran knüpften denn auch die zentrifugalen und autonomistischen Tendenzen der Reichswehr in der Folgezeit an.

2. Auf einer anderen Ebene, praktisch ohne Beteiligung staatlicher Instanzen, führten gleichzeitig Verhandlungen zwischen den Interessengruppen der Arbeitgeber (Stinnes) und Arbeitnehmer (Legien) zu einem weiteren großen Kompromiß, der die soziale und wirtschaftliche Struktur des neuen Staates betraf. Am 15. November 1918 wurde die „Zentrale Arbeitsgemeinschaft" geschaffen und damit das ausschließliche Recht der Gewerkschaften zur Vertretung der Arbeitnehmerschaft bei lohn-, tarif- und arbeitstechnischen Verhandlungen festgestellt [35]. So wurde ein wesentliches Problem der neuen pluralistischen Machtstruktur, die Neuordnung der sozialen und wirtschaftlichen Machtverteilung, von vornherein den Vereinbarungen, dem Machtkampf verschiedener Interessengruppen überlassen und der Kontrolle durch die gesamtstaatliche Repräsentation weitgehend entzogen. Der Versuch, in einer weiteren Übereinkunft zwischen der Regierung und den Parteien (März 1919) auf dieser Grundlage einen Reichswirtschaftsrat zu schaffen und so die staatlich-politische Kontrolle wiederherzustellen, fand zwar seine formale Anerkennung in der neuen Verfassung (Art. 165), gelangte aber nie über institutionelle, politisch wie ökonomisch unwirksame Ansätze hinaus.

3. Schließlich wurde auch die verwaltungstechnische Struktur des Reiches in seinem Verhältnis zu den einzelnen Staaten mit dem Übereinkommen vom 26. Februar 1919 in eine Kompromißformel gefaßt, die das liberale und sozialistische Konzept vom neugegliederten Einheitsstaat abschwächte, ja, eigentlich fallenließ. Die Zerlegung Preußens in ausbalancierte Provinzen unterblieb, und der ständige Konflikt zwischen Föderalismus und Unitarismus sollte sich neben den militärpolitischen und den wirtschafts- und sozialpolitischen Problemen als eine weitere schwere Belastung der demokratischen Entwicklung erweisen. Das Problem der Reichsreform wurde schon in den Krisen der ersten fünf Jahre, besonders aber in der Schlußphase der Republik, zu einem schweren Trauma. Es belastete die politische und staatsrechtliche Diskussion, bot sich als Vehikel der verschiedenartigsten taktisch-propagandistischen Exzesse an und sollte schließlich mit dem Preußen-Putsch Papens direkt zur Auslösung und Verschärfung der Endkrise beitragen [36].

4. Neben diesen Übereinkünften sanktionierte ein Zusammenwirken jener Parteien, die seit der Friedensresolution von 1917 eine oppositionelle Mehrheit gebildet, dann das Erbe der abtretenden Gewalten übernommen und den bolschewistischen Umsturzversuchen gegenüber die Kontinuität der staatlichen Macht nach ihrer demokratischen Umgestaltung gewahrt hatten, die nachrevolutionäre politische Kompromißstruktur und beschloß als „Weimarer Koalition" die Stabilisierung der staatlichen Verhältnisse mittels einer aus allgemeinen Wahlen hervorgegangenen Nationalversammlung. Erst dies letzte, eigentlich politische Übereinkommen setzte der revolutionären Dynamik im staatlichen Bereich ein Ende und führte zur Konsolidierung der labilen Kompromisse zwischen Altem und Neuem. Dies bedeutete die Legitimierung der „halben Revolution", die diese Improvisationen hervorgerufen hatte, und zugleich die Bestätigung alter Funktionsverhältnisse, die eine fast lückenlose

35 Dazu jetzt auch den Bericht eines auf Arbeitgeberseite Beteiligten: Hans v. Raumer, „Unternehmer und Gewerkschaften in der Weimarer Zeit", in: *Deutsche Rundschau* 80, Heft 5 (Mai 1954), S. 425 ff.

36 Vgl. u. Teil II, Kap. VIII.

Kontinuität der gesellschaftlichen und ökonomischen Verhältnisse garantierte und besonders den bürokratischen Aufbau des Staates unangetastet ließ.
Das Ergebnis war die Weimarer Verfassung. Sie sollte den Integrationspunkt für die auseinanderstrebenden Kräfte und zugleich die tragende Basis für die künftige, in vorläufigen Kompromissen angebahnte gesellschaftliche und politische Struktur bilden. Sie wollte mit der Legitimierung der revolutionären Umgestaltung ein verbindliches System politischer Werte, einen demokratisch-republikanischen Staatsmythos begründen und allgemein machen, in dem die Neuorganisation des politischen Lebens gesichert und mit der Gestalt auch der Zweck des Staates — verbindlich für alle, weil demokratisch legitimiert — bestimmt wäre. Dies ist nie gelungen. Der ausgeprägt liberale Charakter der Weimarer Verfassung verfehlte sowohl die sozialen Probleme des modernen Staates, die der Verlauf der Revolution sichtbar gemacht und im Kompromiß Arbeitgeber—Arbeitnehmer auf die Wirtschaftsdemokratie hingewiesen hatte, als auch die politischen und ideologischen Möglichkeiten wie die pädagogischen Voraussetzungen der allzu plötzlichen Übergangssituation. Kompromiß zwischen den traditionellen politischen und sozialen Gruppen: das war ihr Grundtenor. Sie sanktionierte ein Ideal pluralistischer Demokratie, das vom Mißtrauen des in — fast autonomen — Gruppen organisierten Individuums gegenüber dem Staat getragen war — einem Staat, der mit der Ausweitung und Komplizierung der politischen Funktionsverhältnisse seine Bürger durch unkontrollierbare Machtfülle zu erdrücken drohte, gegen die sie sich durch Vereinigung in möglichst unabhängige Gruppen abzuschirmen suchten. Formal gesehen, stellte die Weimarer Verfassung ein Meisterstück verfassungsrechtlicher Konstruktion dar, doch hat man nicht mit Unrecht bemerkt [37], daß sie nach ihrem politischen Gehalt im wesentlichen die zwischen den sozialen und politischen Gruppen getroffenen Übereinkünfte und Interessenkompromisse sanktionierte.
Damit war der pluralistische Aufbau der deutschen Demokratie in seinen großen Zügen festgelegt. Der Kompromiß, den die Weimarer Verfassung besiegelte und institutionalisierte, drängte die revolutionär-sozialistischen wie die konservativen und nationalistischen Tendenzen gleichermaßen zurück und beschränkte sich auf eine wesentlich passive, ausgleichende Wirkung. Zwar bedeutete der liberale, strikt demokratische Tenor der neuen Ordnung ein Bekenntnis zu der lange verdrängten demokratischen Tradition in Deutschland; die Schöpfer der Weimarer Verfassung knüpften zudem an die Erfahrungen der westlichen Demokratien an und suchten die deutsche Eigenentwicklung dem gemeinabendländischen politischen Bewußtsein zu verbinden, dem sie sich seit der Französischen Revolution in wachsendem Maße — bis zu einem letzten Höhepunkt der Isolierung im Weltkrieg — entfremdet hatte. Doch waren die konstruktiven Strukturprinzipien des neuen politischen Systems, an dessen Wiege eine halbausgetragene, nach Motiven wie Verlauf zwielichtige Revolution Pate stand, von Anbeginn problematisch; sie blieben im Hintergrund, zeitweise wohl umkämpft, bald aber verdrängt oder vergessen [38].
Nach den unendlichen Schwierigkeiten der Wintermonate 1918/19 mit ihren inneren und äußeren Ungewißheiten, mit der Belastung durch die bolschewistische Gefahr wie durch die Aussicht auf einen harten Friedensvertrag

37 Neumann (Anm. I/32), S. 13.
38 Beste Gesamtdarstellung jetzt Willibalt Apelt, *Geschichte der Weimarer Verfassung*, München 1946.

kündigte das Werk der Nationalversammlung eine Konsolidierung der Verhältnisse und eine Festigung der mühsam lavierenden provisorischen Staatsgewalt im demokratischen Sinn an. Doch stand diese Konstituierung der Republik nach wie vor, ja, in verstärktem Maße, unter dem Druck jener Probleme, die ihre Entstehung begleitet und schließlich förmlich erzwungen hatten, die aber jetzt ihr noch schwaches Gefüge zu sprengen, ihre allmähliche Machtverfestigung zu unterhöhlen oder zu überflügeln drohten. Die Konsequenzen der Niederlage legten sich drückend auf die materielle Existenz und das politische Bewußtsein der Bevölkerung. Das System der Notlösungen, das die plötzliche, so unerwartete Revolution beschworen hatte, erwies sich bald als eine schwere Belastung des politischen Neuaufbaus: zunächst galt dies besonders für das Bündnis mit der militärischen Gewalt und den in ihrem Bereich emporwuchernden Freikorps, die bei der Bekämpfung der noch immer flackernden Unruhen mitwirkten und auch für die folgenden Jahre sich unentbehrlich zu machen wußten, so wenig dem neuen Staat ihre ungeteilte Sympathie, geschweige denn ihre oft berufene „nationale" Begeisterung galt. Und die undankbarste Aufgabe der Nationalversammlung, die Unterzeichnung des Versailler Friedensvertrages, belastete die Republik mit dem Odium einer nationalen Demütigung, das, wiewohl von der geschlagenen Monarchie überkommen, gleichwohl den willkommensten Ansatzpunkt für die nach Monaten der Lähmung wieder mit wachsender Lautstärke hervortretenden antirepublikanischen Gruppen bildete.

Während also die staatliche Einheit mit dem Gelingen des Verfassungswerks und dem notdürftigen Funktionieren einer durch schwierigste äußere Verhältnisse, materielle Not, unsichere innere Bündnisse und Kompromisse belasteten Demokratie gewahrt schien, blieb doch die innenpolitische Lage in den folgenden Jahren äußerst gespannt und labil, der exzessive Pluralismus der Interessen- und Weltanschauungsgruppen ohne einen integrierenden Rahmen. Die weitere Entwicklung stand unter der Drohung einer doppelten Gefahr: daß im Interessenkampf entweder eine einzige Gruppe die ganze Macht an sich reißen, oder aber, daß der alle soziale und politische Zusammenarbeit paralysierende Antagonismus der zentrifugalen Kräfte durch eine übermächtige Staatsbürokratie neutralisiert und der demokratische Mechanismus dergestalt außer Kraft gesetzt würde. Die rasch wiedererstarkende Großindustrie, die nach der Dezimierung zum 100 000-Mann-Heer straff und autonom organisierte Reichswehr, die ungebrochene Macht einer von der Neuordnung kaum berührten Bürokratie, die bald wieder in unversöhnliche ideologische Gegensätze zurücksinkenden Parteien, die existentiell verhärteten Gruppen wirtschaftlicher und gesellschaftlicher Interessenrichtung, die sorgsam gehüteten und differenzierten, jede Deklassierung politisch überkompensierenden Prestigebedürfnisse der verschiedenen sozialen Schichten und besonders die wachsende Stärke und Wirksamkeit der monarchisch-konservativen und der nationalistischen Gegenbewegungen, die den echten demokratischen Kompromiß ablehnten: alle diese zentrifugalen Kräfte stellten — direkt oder indirekt — die Machtverteilung der Republik in Frage und vereinigten sich unbewußt, doch nicht minder wirksam, zu einer ständig gärenden, in kritischen Zeitpunkten gefährlich ausbrechenden Koalition höchst ungleicher Partner, der gegenüber der schwache demokratische Staat weder über ausreichende Abwehr- noch über wirksame Integrationsmittel verfügte.

Die folgende Analyse der Machtstruktur der Weimarer Republik wird den Blick auf die wesentlichen Strukturprobleme und Entwicklungstendenzen der zwanziger Jahre, auf jene labile Situation der parlamentarischen Demokratie im Gesamtzusammenhang und unter dem Druck bewußter und unbewußter Gegenströmungen richten, die dann mit dem Einbruch der Weltwirtschaftskrise der Ansturm der autoritären und totalitären Bewegungen traf und ihrer letzten Stützen beraubte. Das System von Kompromissen zwischen Altem und Neuem, auf dessen Tragfähigkeit Übergangslösung wie Neugestaltung beruhte, erwies sich als brüchig. Seine einzelnen Komponenten entwickelten nicht nur keinen echten Integrationswillen, sondern wirkten als zentrifugale Kräfte, die in zunehmendem Maße auseinanderstrebten und den *Machtverlust* der Demokratie, dann das *Machtvakuum* mit dem allgemeinen, keiner demokratischen Lösung mehr fähigen Kampf um die Macht und schließlich die Eroberung der Macht, *Machtergreifung*[39], durch Kräfte zuließen, die die Kompromißregeln der Demokratie überhaupt verneinten und dem freien Gespräch der Parteien, Gruppen und Individuen ein Ende setzten.

39 Zu diesen Begriffen, die den historischen Teil der vorliegenden Arbeit begleiten, vgl. den Versuch einer Stufentypologie bei K. D. Bracher, „Auflösung einer Demokratie, Das Ende der Weimarer Republik als Forschungsproblem", in: *Faktoren der Machtbildung* (Schriften des Instituts für politische Wissenschaft, Bd. II), Berlin 1952, S. 45 ff.

VON DER PARLAMENTARISCHEN DEMOKRATIE ZUM PRÄSIDIALSTAAT

Das Bild der Machtverteilung in einem jungen demokratischen Staat empfängt seine wesentlichen Züge von den geschichtlichen Bedingungen und von den politischen und sozialen Umständen, unter denen er ins Dasein getreten ist. Die schärferen Konturen und der Gesamtcharakter dieses Bildes einer neuen Herrschaftsordnung erschließen sich jedoch erst einer abwägenden Betrachtung der aus der ersten Stabilisierung wachsenden Entwicklungslinien und ihrer Wechselbeziehung zu jener politischen Ausgangslage. So knüpft eine Strukturanalyse der Weimarer Republik an die Lagerung und Verschiebung der Kräfte in der revolutionären Übergangsperiode von der militärabsolutistischen Monarchie zur parlamentarischen Demokratie an und fragt nach ihrer determinierenden Bedeutung für die Machtverhältnisse auf den verschiedenen Sektoren sozialer und politischer Willensbildung. Sie wird sich von diesem Ansatzpunkt fortschreitend auf die Interaktion der Institutionen, Gruppen und Personen im Verlauf der weiteren Stabilisierung und im Stadium des Funktionierens des demokratischen Gefüges richten. Der Charakter der deutschen Revolution von 1918 hat politische Gruppierungen, Strukturprinzipien, Aktions- und Reaktionsweisen vorgeprägt, die in keiner Lebensphase der Republik ganz verschwanden. Doch hat die weitere Entwicklung zu beträchtlichen Modifikationen des politischen Klimas und der allgemeinen Voraussetzungen geführt, aus denen die Ansätze eines vorübergehenden demokratischen Integrationsversuchs wie dann der Prozeß und der Ausgang einer endgültigen Desintegration der Republik erwuchsen. Die wichtigsten Einschnitte, die den Wandlungen wie den neuen Impulsen der politischen Entwicklung ihr Gesicht gaben, liegen bei den Epochenereignissen von 1923 und von 1929/30. In diesem Rahmen werden in den folgenden Kapiteln einige Teilgebiete des demokratischen Organismus untersucht, deren Struktur und Tendenzen, Zusammenspiel und Antagonismus den Zerfall der Weimarer Republik wesentlich beeinflußten. Die prinzipielle Frage nach der „Zwangsläufigkeit" oder „Offenheit" der Entwicklung hat nur dann ihre Berechtigung, wenn sie die Vielzahl der wirklichen Faktoren und Sachmotive, die Vielfalt der möglichen Wirkungsketten sorgfältig und ohne unbillige Vereinfachung überprüft.

1. Der Machtschwund des Reichstags

Die Vorgänge um die Entstehung der Republik haben dem neuen Staat wesentliche Grundlagen seiner weiteren Strukturentwicklung vermittelt; sie haben einen sozialen und politischen Prozeß in Fluß gebracht, der in die spezifische Form, das Funktionieren wie die Problematik der jungen parlamentarischen Demokratie einging. Zahlreiche politische oder halbpolitische Gebilde entwickelten sich in ihrem Rahmen nebeneinander, schlossen gelegentliche Bündnisse und prätendierten die ihnen entsprechenden Staatsvorstellungen; sie näherten sich einander auf verschiedenen Ebenen in notdürftigen Kompromissen, und der Staat selbst stützte sich auf das Gleichgewicht, das durch die wechselnde Verteilung der Macht unter jene „pluralistischen Kräfte" [1] bestimmt war. Mehr noch mit diesen Formen politischer Gestaltung als mit der verfassungsrechtlichen Bestimmung der Kompetenzen des Reichstags oder des Reichsrats [2] hängen die Schwierigkeiten zusammen, die sogleich die durch die Funktionsgesetze einer parlamentarischen Demokratie aufeinander angewiesenen Träger der Macht in ihrer Zusammenarbeit behinderten.

Gewiß hatte die neue Verfassung dem Reichstag die unbestrittene Führung in der Gestaltung der Politik eingeräumt. Mit der „Weimarer Koalition" der Nationalversammlung war auch formal endlich jene parlamentarische Mehrheit an die Macht gekommen, die in Augenblicken offensichtlichen Versagens der kaiserlichen Regierung sich schon im Zweiten Reich wiederholt zusammengefunden hatte, ohne damals über Protestdemonstrationen hinauszukommen und entscheidend in die absolutistischen Befugnisse einer allein dem Monarchen verantwortlichen Regierung eingreifen zu können. Nun war den parlamentarischen Instanzen die Aufgabe zugefallen, die mit dem Zusammenbruch der Monarchie freigesetzten partei- und gruppenpolitischen Kräfte zu binden und ihre vorläufigen, situationsgebundenen Kompromisse für eine konstruktive gesamtstaatliche Politik fruchtbar zu machen. Um so schwerer wirkte sich die Schwäche und Unsicherheit der parlamentarischen Regierungspraxis aus [3], die als ein Instrument zur gerechten Verteilung und rationalen Funktionalisierung politischer Macht sogleich zum Ziel theoretisch-staatsrechtlicher und ideologisch-psychologischer Kritik wie auch praktisch-politischer Opposition wurde — ein Zustand, der in keiner Phase der Weimarer Republik überwunden oder in einem stabilen Gleichgewicht und Zusammenspiel der Kräfte aufgehoben werden konnte. Die Schwäche des neuen Parlamentarismus bildete vielmehr gerade das Gegenstück zu der eigenartigen Struktur und der ideologischen und psychologischen Situation der Parteien und Gruppen.

Bis zur Revolution von 1918 hatte ein fast allmächtiger Staat die Tatsache verdeckt, daß politisches Leben stets von vielfältigen politischen und sozialen Kräften bestimmt wird; nach dem Zusammenbruch des Kaiserreiches trat dies um so stärker und — infolge des raschen Umschwungs — schroffer in Erscheinung. Zu den schweren Belastungen und negativen Erfahrungen aus der Bismarckschen und nachbismarckschen Konfliktszeit kam nun die ungenü-

1 Zum Begriff (polemisch) Carl Schmitt, *Der Hüter der Verfassung*, Tübingen 1931, S. 71 ff. Vgl. auch für die folgenden Ausführungen Otto Kirchheimer, *Weimar – und was dann?*, Berlin 1930, bes. S. 21 ff.

2 Dazu Fritz Stier-Somlo, „Übersicht über die Zuständigkeit des deutschen Reichstages", in: *Handbuch* (Anm. I/10), I, S. 407 ff.; Karl Bilfinger, „Der Reichsrat, Bedeutung und Zusammensetzung" (*ebda.*, S. 545 ff.). Über den antiparlamentarischen Einfluß des Reichsrats: Leo Wittmayer, *Die Weimarer Reichsverfassung*, Tübingen 1923, S. 331 f.; S. 401 ff.

3 Vgl. Richard Thoma, „Die rechtliche Ordnung des parlamentarischen Regierungssystems", in: *Handbuch* (Anm. I/10), I, S. 503 ff.; ders., „Sinn und Gestaltung des deutschen Parlamentarismus", in: *Recht und Staat im Neuen Deutschland*, Bd. I, Berlin 1929, S. 98 ff.; Hugo Preuß, „Zum parlamentarischen Parteienstaat: Parlamentarische Regierungsbildung", in: *Berliner Tageblatt* 50, Nr. 476 v. 9. Oktober 1921, abgedr. in: *Staat, Recht und Freiheit* (Anm. I/24), S. 442 ff.; vgl. auch S. 492.

gende Integration der verschiedenen Strukturelemente nach einer abgebrochenen, nicht eigentlich ausgetragenen Revolution [4]. Die Gegensätze zwischen den ideologischen Gruppierungen, den sozialen und wirtschaftlichen Interessenverbänden, besonders aber den politischen Parteien selbst blieben außerordentlich scharf. Auch verstärkte die Reaktion auf außenpolitische, wirtschaftliche und sozialpsychologische Belastungen eine dauernde Kampfstellung, die unter der ständigen Einwirkung des ideologischen Ferments dann die politische Radikalisierung zum unversöhnlichen Antagonismus zwischen den Gruppierungen übersteigern und im Augenblick der Krise zum plötzlichen Ausbruch bringen sollte. Denn nicht bewegliche „Plattformparteien" nach Art der amerikanischen Parteien, sondern weltanschaulich fundierte Programmparteien organisierten und führten die Massen [5].

Man hat die schweren Probleme, die sich für den Aufbau der neuen Demokratie auf einer solchen Grundlage ergaben, aus einem „falschen Start" zu erklären gesucht, hat beklagt, „daß die Einführung des parlamentarischen Regierungssystems nicht von oben her durch eine starke politische Persönlichkeit erfolgt ist, die die Mehrheit des Reichstags hinter sich hatte" [6]. Diese Erklärung geht ebenso an dem Wesen einer parlamentarischen Demokratie wie an den inneren Möglichkeiten und äußeren Umständen der politischen Lage vorbei, so sehr es zutrifft, daß der außenpolitische Druck eine nationalistische Diffamierung der Republik, dieses scheinbar aus der Niederlage erwachsenen „artfremden" Systems, beförderte [7]. Sie verkennt überdies die verhängnisvolle obrigkeitsstaatliche Tradition des deutschen Staatsdenkens. Bezeichnet doch der Modus der Beratungen und wechselseitigen Abmachungen, auf denen erst eine demokratische Politik aufbauen kann, recht eigentlich den Übergang von der semi-absolutistischen Monarchie zur parlamentarischen Regierungsform — nicht die angeblich überparteiliche Initiative eines „starken Mannes".

Zweifellos gehört dieser Pluralismus [8], die Vielfalt kompetierender Zwischenorganisationen, zu den Grundlagen der modernen Demokratie. Man kann ihre Aufgabe, ihr Lebensgesetz, das Staatsinteresse geradezu in dem „stets aufs neue vorzunehmenden Ausgleich der Interessen aller im Staat vorhandenen gesellschaftlichen Pflichten", nicht in einem absoluten, für immer feststehenden abstrakten „Gesamtinteresse" sehen [9]. In der Weimarer Republik aller-

4 Vgl. o. S. 15 ff.; ferner Friedrich Glum, *Das parlamentarische Regierungssystem in Deutschland, Großbritannien und Frankreich*, München-Berlin 1950, S. 553 ff. An dem „Mangel an legitimer Kontinuität" setzte denn auch die Verfassungskritik selbst ein: so Alexander Graf zu Dohna, „Das Werk von Weimar", in: *Recht und Staat* (Anm. II/3), I, S. 68 ff.

5 Vgl. u. S. 71 ff. Dazu Sigmund Neumann, *Die deutschen Parteien, Wesen und Wandel nach dem Kriege*, Berlin 1932, S. 10 f., und die vergleichenden Bemerkungen zum Charakter der deutschen Parteien bei Herman Finer, *The Theory and Practice of Modern Government*, New York 1949, S. 346 ff.

6 Glum (Anm. II/4), S. 64. Gegen diese nützliche Zusammenstellung der Theorien und Erscheinungsformen des Parlamentarismus in Westeuropa sind auch methodische Bedenken vorzubringen: vgl. dazu die Kritik von Wolfgang Abendroth, „Widersprüche des Parlamentarismus", in: *Außenpolitik* 3 (1952), S. 63 f.

7 Vgl. die Kritik von Hugo Preuß an diesem bald sehr gängigen Schlagwort: „Die ‚undeutsche' Reichsverfassung", in: *Vossische Zeitung*, Nr. 80 v. 16. Februar 1924, abgedr. in: *Staat, Recht und Freiheit* (Anm. I/24), S. 473 ff.

8 Vgl. Neumann (Anm. I/32), S. 10 ff.; S. 44; S. 523; Carl Schmitt (Anm. II/1), S. 73 ff. Zu den verfassungsrechtlichen Aspekten dieses Pluralismus im Hinblick auf die Verteilung der staatlichen Funktionen vgl. die Zusammenfassung bei Richard Thoma, „Grundbegriffe und Grundsätze", in: *Handbuch* (Anm. I/10), II, S. 108 ff., mit einer Diskussion der umfangreichen Kontroversen. Über den notwendig pluralistischen Charakter jeder Demokratie Wilhelm Grewe, „Zum Begriff der politischen Partei", in: *Um Recht und Gerechtigkeit, Festgabe für Erich Kaufmann*, Stuttgart 1950, S. 67 f.; Gerhard Leibholz, „Volk und Partei im neuen deutschen Verfassungsrecht", in: *DVBl.* 1950, S. 196.

9 Hans Nawiasky, *Die Stellung des Berufsbeamtentums im parlamentarischen Staat*, München 1926, S. 12; vgl. Thoma, „Die rechtliche Ordnung" (Anm. II/3), S. 510 f.; auch Hans Kelsen, *Vom Wesen und Wert*

dings wurde das Gegeneinander der sozialen und politischen Gruppen, die sich in ihrer Kompromißfähigkeit als verhängnisvoll eingeschränkt erwiesen, von Anbeginn mit prinzipieller Schärfe ausgetragen und blockierte sogleich den staatlichen Organismus selbst. Es bedeutete eine fortwährende Störung parlamentarischer Regierungstätigkeit und beließ den politischen Parteien, den sozialen Organisationen, den zahlreichen Interessenverbänden und sonstigen außerparlamentarischen Zusammenschlüssen so weitgehende Souveränität, daß scheinbar einheitliche, äußerlich straff disziplinierte, einfach an das Bedürfnis nach staatlicher Souveränität und Einheit appellierende Bewegungen mit ihren Versprechungen, endlich Ordnung und Klarheit schaffen zu wollen, schon vom Organisatorischen her große Wirkung haben mußten.

Ganz allgemein wurde die Machtverfügung der parlamentarischen Demokratie auch nach der ersten Stabilisierung der Verhältnisse nicht hinreichend verankert. Die alte bürokratische Staatsmaschine blieb weitgehend unangetastet [10], und die entscheidenden Stunden standen im Zeichen jenes Bündnisses der Republik mit den Militärs, das in der Folge nicht mehr gelöst werden konnte, ohne daß doch die autonomistische Reserve der Reichswehr wie das Mißtrauen der zivilen Demokratie durch eine konstruktive Zusammenarbeit überwunden wurde [11]. Gerade dies Bündnis schloß die Gefahr eines voreiligen und bequemen Rückgriffs auf die militärische Gewalt im Falle schwieriger Situationen ein: Bequemlichkeit und Angst der zivilen, politische Aspirationen und Interessenpolitik der militärischen Stellen mochten hier zusammenwirken. Dazu trat eine Reihe von weiteren Vereinbarungen zwischen Personen, Gruppen, Institutionen, die sich in scharfer Konkurrenz politische Anerkennung für ihre spezifischen Interessen zu sichern wußten [12].

Weitgehende Ermächtigungen an das Kabinett, die angesichts der Schwierigkeiten der ersten Nachkriegsjahre scheinbar unvermeidlich waren, jedoch besonders den antiparlamentarischen Bestrebungen der Ministerialbürokratie zugute kamen, führten zudem zu einer wesentlichen Schwächung der Legislative. Die Bürokratisierung, quantitative wie qualitative Entfaltung einer festgefügten Fachmannshierarchie, in der man ein unentrinnbares Schicksal aller massendemokratischen Großstaaten sehen mag [13], wurde auf diesem Sektor beschleunigt durch Bestimmungen des Reichstagsstatuts, nach denen das Parlament nur die allgemeinen Prinzipien der Politik festlegte [14]; auch machte der Reichstag von seinem wichtigen Kontrollrecht durch Untersuchungsausschüsse nicht immer hinreichend Gebrauch [15] und ließ das Kabinett mit seinen Ministerien und der Beamtenschaft das komplizierte Geschäft

der Demokratie, 2. Aufl., Tübingen 1929, S. 23: Der Staatswille ist nichts als die Resultante der einander entgegenwirkenden sozialen Kräfte und Interessen; „gerade weil die Demokratie als Parteienstaat den Gemeinschaftswillen nur als Resultante der Parteiwillen entstehen lassen will, kann sie auf die Fiktion eines überparteilichen ‚organischen' Gesamtwillens verzichten".

10 Vgl. Arnold Köttgen, *Das deutsche Berufsbeamtentum und die parlamentarische Demokratie*, Berlin-Leipzig 1928, S. 34 ff.; S. 27 ff. Weiteres u. S. 162 ff.

11 Vgl. u. S. 235 ff.; S. 240 f.

12 Vgl. o. S. 22.

13 So Max Weber, *Gesammelte politische Schriften*, München 1921, S. 151 ff.; ders., *Wirtschaft und Gesellschaft*, Bd. II, 3. Aufl., Tübingen 1947, S. 655 ff., bes. S. 658 ff. Vgl. schon Gaetano Mosca, *Die herrschende Klasse, Grundlagen einer politischen Wissenschaft*, München 1950, S. 78 ff. Ferner Kelsen (Anm. II/9), S. 73 ff.; Köttgen (Anm. II/10), S. 270 ff.; Schiffer (Anm. I/29), S. 237 f. Weiteres u. S. 157 f.; S. 167 f.

14 Kurt Perels, „Der Reichstag, Geschäftsgang und Geschäftsformen", in: *Handbuch* (Anm. I/10), I, S. 449 ff.

15 Dazu Hans Heinrich Lammers, „Parlamentarische Untersuchungsausschüsse", *ebda.*, II, S. 454 ff.; Eugen Schiffer, *Die deutsche Justiz*, Berlin 1928, S. 286 ff.; vgl. jetzt Winfried Steffani, *Entwicklung, Funktion und politische Bedeutung parlamentarischer Untersuchungsausschüsse*, Diss. FU Berlin 1958 (ungedr.).

im einzelnen tun [16]. Die wechselnden parlamentarischen Minister selbst hatten vielfach einen schweren Stand gegenüber dem abgeschlossenen, dauerhaften Beamtentum [17]. Was nützte politische Zielsetzung, wenn der mit den zahlreichen Details seiner ständig wachsenden Aufgaben nicht vertraute Minister die eigenwillige Selbständigkeit der „Fachbeamten" nicht zu durchbrechen oder in seinem Sinne in Bewegung zu setzen vermochte? Bismarck hatte seine Mühe mit dem „liberalen Geheimrat" gehabt [18]; inzwischen waren die Aufgaben noch komplizierter, die Resistenzmöglichkeiten einer „reaktionären" Bürokratie noch größer geworden.

Da die empfindliche Struktur der parlamentarischen Republik und die Gegensätze zwischen den tragenden Parteien oft zu unüberwindlichen Schwierigkeiten bei der Regierungsbildung führten, bildete sich bald die Neigung aus, eine Regierung der „Fachleute", die sich dank ihrem Spezialistentum, ihrer gesellschaftlichen Lage wie ihrer politischen Einstellung des „Vertrauens" der Bürokratie sicherer war, an die Stelle ergebnisloser Koalitionsverhandlungen zu setzen. Damit war wiederum der Reichstag, der die ihm in der Verfassung zugeschriebene Macht nie wirklich erreichte, als Kontrollorgan noch nachdrücklicher angefochten [19]. Nicht weniger wirkten — angesichts der Komplizierung der wirtschaftlichen Zusammenhänge — auch die zunehmenden Eingriffe des Staates in die Wirtschaft sowie die Beeinflussung der Parteien durch Interessenverbände auf eine Verschiebung der Macht von der Legislative zur staatlichen und privaten Bürokratie hin, wo sie parlamentarisch kaum mehr zu kontrollieren war [20].

Nur eine starke Beteiligung des Parlaments an aktiver politischer Arbeit, die über eine bloße, oft rein formale Kontrolltätigkeit hinausgehen mußte, hätte diese Verschiebung aufzuhalten vermocht. Nicht die Effektivität einer eigenwilligen Bürokratie, sondern die Integrationskraft der demokratischen Kräfte in Parlament und Parteien mußte letztlich — als Prüfstein jeder Demokratie — über das Schicksal der Republik entscheiden [21]. Demgegenüber trat in

16 Fritz Poetzsch-Heffter, „Organisation und Geschäftsformen der Reichsregierung", in: *Handbuch* (Anm. I/10), I, S. 511 ff.; Fritz Frhr. Marschall v. Bieberstein, „Die Verantwortlichkeit der Reichsminister", *ebda.*, S. 520 ff. (Zur kritischen Haltung Biebersteins gegenüber der Weimarer Republik vgl. die Aussprache auf der Staatsrechtslehrertagung 1927: *Veröffentlichungen der Vereinigung der deutschen Staatsrechtslehrer* 4, Berlin 1928, S. 87 f. und bes. S. 93.)

17 Vgl. u. S. 166 f. Zum Problem: Erich Zweigert, „Der Beamte im neuen Deutschland", in: *Volk und Reich der Deutschen*, hrsg. von Bernhard Harms, Bd. II, Berlin 1929, S. 463 ff. Für eine beamtenrechtliche Stellung des Kabinetts besonders Arnold Köttgen, „Die Entwicklung des deutschen Beamtenrechts und die Bedeutung des Beamtentums im Staat der Gegenwart", in: *Handbuch* (Anm. I/10), II, S. 5; gegen ihn Gerhard Leibholz, *Das Wesen der Repräsentation unter besonderer Berücksichtigung des repräsentativen Systems* (Beiträge zum ausländischen öffentlichen Recht und Völkerrecht 13), Berlin 1929, S. 81.

18 Vgl. J. Victor Bredt, *Der Geist der deutschen Reichsverfassung*, 1924, S. 154 ff.

19 Vgl. auch die soziologische Analyse der Kabinettsfolge in: Maxwell E. Knight, *The German Executive, 1890–1933 (Hoover Institute Studies*, Series B: Elites, No. 4), Stanford (California) 1952. Glum (Anm. II/4), S. 215 ff., gibt eine ausführliche Darstellung des Dauerdilemmas der Regierungsbildung. Die Folgerungen im Sinne einer scharfen Kritik an der parlamentarischen Demokratie überhaupt werden wie damals auch heute wieder gezogen: z. B. Karl Lohmann, „Parlamentarismus und Publizistik", in: *Tymbos für Wilhelm Ahlmann*, Berlin 1951, S. 211 f.

20 Dazu jetzt auch Hans Reif, „Verfassungsrechtliche Stellung und innere Ordnung der Parteien", in: *Verhandlungen des 38. Deutschen Juristentages, Staatsrechtliche Abteilung*, Tübingen 1951, S. 36 ff. Detaillierte Angaben zur organisatorischen Zusammenarbeit der ministeriellen Bürokratie bei Arnold Brecht and Comstock Glaser, *The Art and Technique of Administration in German Ministries*, Cambridge (Mass.) 1940, S. 24 ff. Zu den Versuchen einer Repräsentation der Wirtschaft im Staat vgl. Friedrich Glum, *Der deutsche und der französische Reichswirtschaftsrat* (Beiträge zum ausländischen öffentlichen Recht und Völkerrecht 12), Berlin-Leipzig 1929; *Der vorläufige Reichswirtschaftsrat 1927–1932*, Berlin 1933 (*1920–1926*, Berlin 1926). Zur frühen Geschichte auch Georg Bernhard, *Wirtschaftsparlamente, Von den Revolutionsräten zum Reichswirtschaftsrat*, Wien-Leipzig 1923, bes. S. 43 ff.

21 Vgl. Neumann (Anm. I/32), S. 80; Max Weber (Anm. II/13), S. 139 ff.; J. F. Volrad Deneke, „Das Parlament als Kollektiv", in: *Zeitschrift für die gesamte Staatswissenschaft* 109 (1953), S. 504 ff.

steigendem Maße die mangelnde Aktivität des Parlaments auf wirklich wesentlichem gesetzgeberischen Gebiet hervor [22]. Die parlamentarischen Instanzen leisteten wenig Widerstand gegen den außerparlamentarischen Machtzuwachs. So kam es denn auch nur selten zu der verfassungsmäßig möglichen Aufhebung präsidialer Notverordnungen — nicht nur, weil diese nur schwer zu ersetzen waren und eine einfache Zurückweisung das allgemeine wirtschaftliche und soziale Leben empfindlich gestört hätte. Für die Endphase wurde charakteristisch, daß die Parteien im Parlament zwar die Notverordnungspolitik einer Minderheitsregierung heftig kritisierten, aus Prestigegründen jedoch keine Lust zeigten, die Verantwortung für konstruktive Initiativen zu übernehmen.

Solche Ansätze zur Durchbrechung der parlamentarischen Struktur der Politik und zur Restituierung des bismarckisch-wilhelminischen Obrigkeitsstaates erwiesen sich deshalb als besonders gefährlich, weil dank der differenzierten Parteienstruktur eine Regierungsbildung nur im Rahmen von Koalitionen möglich war. Auf der Grundlage labiler Kompromisse kam man über parlamentarisch schwache, in der überwiegenden Zahl der Fälle sogar lediglich tolerierte Minderheitskabinette nicht hinaus. Dies bedeutete zugleich, daß wesentliche politische Entscheidungen außerhalb des Kabinetts durch Mehrheitsbeschlüsse der Fraktionen und interfraktionelle Besprechungen getroffen wurden. Bildung der Regierung hieß nicht selbstverständliche Übernahme der Macht durch eine parlamentarische Mehrheitspartei, sondern setzte schwierige, der Öffentlichkeit nicht zugängliche Verhandlungen zur Schaffung eines Regierungsblocks voraus, der von vornherein wenig Festigkeit besaß; solche Verhandlungen gingen sowohl um ein tragfähiges Koalitionsprogramm als auch um die Verteilung der Ministersitze [23]. Der Brauch einer Ablösung der Regierungspartei durch die Opposition und umgekehrt konnte sich infolge der parlamentarischen Mehrheitsverhältnisse nicht herausbilden. Zugleich haben die ständigen Koalitionsschwierigkeiten zusammen mit dem Zwang zur Regierungskontinuität schon zu einem frühen Zeitpunkt die Funktion des Reichspräsidenten bei der Regierungsbildung gestärkt.

In der Tat wurden Kabinettskrisen und Kabinettswechsel selten durch echte parlamentarische Vertrauens- oder Mißtrauensvoten, meist durch die parteipolitisch bedingte Auflösung einer Koalition herbeigeführt, sobald sich die Partner eben durch andere Gruppierungen stärker angezogen fühlten [24]. So traten von den 17 dem Kabinett Brüning vorangehenden Regierungen nur zwei auf Grund eines Mißtrauensvotums, eine auf Grund der Ablehnung eines Vertrauensvotums, dagegen sechs wegen Neuorientierung der Parteien zurück [25]. Einzig um das Zentrum, das auch bis 1932 sämtlichen Kabinetten

22 Dazu Ernst Fraenkel, „Die Krise des Rechtsstaates und die Justiz", in: *Die Gesellschaft* 8, Heft 10 (Oktober 1931), S. 328 f.; Friedrich Dessauer, *Recht, Richtertum und Ministerialbürokratie*, Mannheim-Berlin-Leipzig 1928, S. 17 ff.; S. 95 f.; Ernst Hamburger, „Dialektik der staatsrechtlichen Entwicklung in der Wirtschaftskrise", in: *Die Gesellschaft* 9, Heft 1 (Januar 1932), S. 21 ff.

23 Zur Schwäche der Kabinette Arnold Brecht, *Vorspiel zum Schweigen, Das Ende der Deutschen Republik*, Wien 1948, S. 167 ff.; Finer (Anm. II/5), S. 647 ff.; vgl. jetzt auch Gottfried Eisermann, „Parlament, Parteien und Verbände, Ein Beitrag zur politischen Soziologie", in: *Kölner Zeitschrift für Soziologie* 6 (1953/54), S. 162 ff.

24 Die Versuche, im Bonner Grundgesetz hierfür klarere Bestimmungen festzulegen (stets im Gedanken an das Dilemma der Weimarer Republik), scheinen nur teilweise geglückt: vgl. Walter Jellinek, „Kabinettsfrage und Gesetzgebungsnotstand nach dem Bonner Grundgesetz", in: *Veröffentlichungen* 8 (1950), S. 4 ff.; Hans Schneider (*ebda.*), S. 21 ff.

25 Fritz Poetzsch-Heffter, „Übersicht über die in den Jahren 1924–1928 gestellten Vertrauens- und Mißtrauensanträge", in: *Jahrbuch für öffentliches Recht* 17 (1929), S. 106 ff.; vgl. Glum, *Das parlamentarische Regierungssystem* (Anm. II/4), S. 215 ff.; bes. S. 223 ff. Eine eingehende Analyse der politischen Praxis bei den Kabinettsbildungen bis 1930 gibt Rudolf Wertheimer, *Der Einfluß des Reichspräsidenten auf die*

angehörte, konnten sich wirkliche Mehrheitskoalitionen bilden; aber auch hier war jedem dazu notwendigen Versuch, die Koalitionsbasis nach links oder nach rechts zu erweitern, wenig Dauer beschieden. Die letzte eigentlich parlamentarische Regierung der Großen Koalition von 1928/30, die noch eine bedeutende Reichstagsmehrheit hinter sich hatte, war gerade deswegen — und darin zeigte sich deutlich die verhängnisvolle Situation, in die inzwischen die parlamentarische Praxis geraten war — noch schwächer als die vorangegangenen Minderheits- und Geschäftsregierungen; ihre Bildung erforderte lange Verhandlungen zwischen den verschiedenen Partnern, und sie scheiterte an den Koalitionsschwierigkeiten, die eine Zusammenarbeit der divergierenden politischen und sozialen Gruppen, auch innerhalb der Parteien, mit sich brachte. Gerade in diesem Fall waren überdies die von den Parteien abgeordneten Minister so abhängig von ihren Fraktionen, daß man von einer „zweiten Regierung im Parlament" sprechen kann [26], die sich jedoch nicht verantwortlich fühlte und die Funktionen der legalen Regierung wesentlich behinderte. Es kam zu der Groteske, daß der sozialdemokratische Reichskanzler mit seiner Fraktion gegen seine eigene Vorlage stimmte [27], und schließlich stolperte die letzte Mehrheitsregierung der Weimarer Republik über eine Kontroverse zwischen den beiden Flügelparteien der Koalition (SPD und DVP), die mehr durch innerparteiliche Interessengegensätze als auf der Basis der Regierungsproblematik bestimmt und entschieden wurde; hinter den Schwierigkeiten der parlamentarischen Kabinettsbildung standen nun freilich Wirtschaftskrise, Arbeitslosigkeit und die im Anwachsen von NSDAP und KPD sichtbare Radikalisierung der Massen.

Vor allem war es die doppelte Funktion als Gesetzgebungsorgan und als politisches Integrationsorgan, die der Reichstag in keiner Phase der Weimarer Republik gleichmäßig zu erfüllen vermochte [28]. Die öffentliche Meinung wurde durch eine wachsende Kritik an dem fortgesetzten Regierungswechsel und der offensichtlichen Instabilität der politischen Führung immer stärker dahingehend beeinflußt, sich gegen den ganzen bisherigen Modus der Koalitionsverhandlungen, des Aushandelns von Regierungs- und Gesetzgebungsprogramm, des Tauziehens um Ministerposten zu wenden und das parlamentarische System überhaupt abzulehnen. Die Erinnerungen an eine stabile Monarchie waren noch stark; sie wurden in demselben Maße stärker, in dem das „fremde" parlamentarische System vergleichsweise immer schlechter abzuschneiden schien. Die Propaganda, wenn nicht für monarchische Restauration oder gar autoritäre Diktaturlösungen, so doch für eine Stärkung der Stellung des Reichspräsidenten, konnte sich darauf stützen [29] und der dann unter Brüning und Papen-Schleicher verwirklichten Entwicklung den Weg bereiten.

So bildete die Ausweitung der Funktionen der Bürokratie in Verwaltung und Gesetzgebung nur eine folgerichtige Gegenerscheinung zu jener unzulänglichen parlamentarischen Regierungspraxis, die mit dem Ausbruch der großen Krise und mit dem Auftreten von „unechten", nur im Negativen einigen Mehrheiten im Parlament [30] nicht mehr länger tragbar erschien. Ein wichtiger An-

Gestaltung der Reichsregierung, Wertheim 1929, S. 36 ff. Die Kritik von Karl Loewenstein, „Government and Politics in Germany", in: *Government of Continental Europe*, New York 1948, S. 281 ff., übersieht diesen parlamentarischen Engpaß und ist allzu einseitig auf die Rolle des Reichspräsidenten gerichtet.

26 Glum, *Das parlamentarische Regierungssystem* (Anm. II/4), S. 233.

27 Bei der Panzerkreuzerfrage; vgl. u. S. 264 f.

28 Vgl. Deneke (Anm. II/21), S. 523.

29 Dazu u. S. 44 ff. sowie die Literatur bei Glum, *Das parlamentarische Regierungssystem* (Anm. II/4), S. 233 ff.

30 Zum Begriff Schneider (Anm. II/24), S. 26.

satzpunkt für die Machtsteigerung der Bürokratie auf Kosten des Reichstags wurden die offensichtlichen Lücken im Budgetrecht, das doch, im Kampf des parlamentarischen Prinzips gegen die autoritär-absolutistische Regierungsform um die Herrschaft im Staat entwickelt, in jeder Demokratie das wichtigste Instrument des Parlaments zur Kontrolle der Regierung darstellt [31]. Nicht nur die Stellung des Finanzministers war in der Weimarer Republik sehr stark [32]. Unabhängig vom Parlament und weitgehend auch vom Kabinett vermochten bürokratische Instanzen, besonders im Rechnungshof, sich wesentliche Teile der Haushaltsaufstellung anzueignen oder doch zu beeinflussen [33]. Auch ein solches Budget, das zudem die Finanzangelegenheiten großer staatlicher oder halbstaatlicher Gesellschaften wie Post, Reichsbahn, Bergwerke und Fabriken noch gar nicht mit einschloß, konnte unter Umständen mit präsidialer Notverordnung ohne parlamentarische Mitwirkung durchgebracht werden. Diese Tendenz, die in der Endphase der Republik zum Durchbruch kommen sollte [34], lag besonders auch im Sinn einflußreicher Interessengruppen, wie ja der Reichsverband der Deutschen Industrie zumal durch die DVP beharrlich auf eine Minderung des parlamentarischen Einflusses bei der Budgetfestsetzung hinwirkte [35]. Auch höchste Beamte mochten die Vorstellung vertreten, der Reichstag sei infolge des allgemeinen Wahlrechts keine adäquate Vertretung der eigentlichen Steuerzahler [36], und die „Polykratie" der Träger des öffentlichen Willens müsse gerade auf dem Gebiet der Finanzpolitik einer „einheitlichen" Haushaltsführung weichen [37]. Der in dieser Entwicklung ausgedrückte Zusammenhang von gesellschaftlicher und finanzieller Macht in seiner Bedeutung für eine „metaökonomisch" [38] fundierte Gestaltung der Finanzverfassung und Beeinflussung der Finanzpolitik weist auf den sozialen Funktionscharakter der staatlichen Finanzpolitik überhaupt und auf die Bedeutung auch einer „finanzsoziologischen" Betrachtung der demokratischen Machtstruktur hin [39].

31 So schon in der konstitutionellen Monarchie: Lorenz v. Stein, *Finanzwissenschaft*, Bd. I, Leipzig 1885, S. 206: Das Budget ist der „Hauptausdruck und Träger der verfassungsrechtlichen Freiheit überhaupt". Selbst gegensätzliche Auffassungen konzedierten damals, daß es „im Zentrum des neueren Staatswesens" stehe: so F. J. Stahl bei H. Wagener, Artikel „Budget", in: *Staats- und Gesellschaftslexikon* IV, Berlin 1860, S. 586. Zur geschichtlichen Entwicklung vom administrativen zum konstitutionellen und parlamentarischen Etatrecht Johannes Heckel, „Die Entwicklung des parlamentarischen Budgetrechts und seiner Ergänzungen", in: *Handbuch* (Anm. I/10), II, S. 354 ff.; S. 358 ff.; S. 392 ff. Die politische Bedeutung betonen Hermann Heller, „Der Begriff des Gesetzes in der Reichsverfassung", in: *Veröffentlichungen* 4 (1928), S. 126 ff.; Ottmar Bühler, „Finanzgewalt im Wandel der Verfassungen", in: *Festschrift für Richard Thoma*, Tübingen 1950, S. 3 ff.; Hermann Teschemacher, *Die geistesgeschichtliche Linie in der Entwicklung des finanzwirtschaftlichen Denkens*, Tübingen 1931, S. 19 ff. Jetzt grundlegend Kurt Heinig, *Das Budget*, 3 Bde., Tübingen 1949/51.

32 Sie ist es auch in der Bundesrepublik geblieben. Vgl. Friedrich Karl Vialon, *Haushaltsrecht*, Berlin-Frankfurt a. M. 1953, S. 196; ders., „Die Stellung des Finanzministers", in: *Vierteljahrshefte für Zeitgeschichte* 2 (1954), S. 156 ff.

33 Dazu Friedrich Ernst Moritz Saemisch, „Das Kontrollwesen und die Entlastung", in: *Handbuch* (Anm. I/10), II, S. 446 ff.; Joseph A. Schumpeter, *Kapitalismus, Sozialismus und Demokratie*, 2. Aufl., München 1950, S. 442 f.

34 Vgl. auch Hamburger (Anm. II/22), S. 29 ff., sowie u. Teil II.

35 Vgl. Neumann (Anm. I/32), S. 27.

36 So Johannes Popitz (Staatssekretär im Reichsfinanzministerium) in: *Handwörterbuch der Staatswissenschaft* III, 4. Aufl., 1926, S. 1031. Daran knüpft auch die Kritik Carl Schmitts an: „Demokratie und Finanz" (1927), in: ders., *Positionen und Begriffe im Kampf mit Weimar-Genf-Versailles 1923–1939*, Hamburg 1940, S. 85 ff.

37 Johannes Popitz, *Der Finanzausgleich und seine Bedeutung für die Finanzlage des Reichs, der Länder und Gemeinden*, Berlin 1930, S. 6 f.

38 Der Begriff bei Franz Eulenburg, „Außenhandel und Außenhandelspolitik", in: *Grundriß der Sozialökonomie* VIII, Tübingen 1929, S. 72 f.

39 Dazu grundsätzlich K. F. Mann, „The Fiscal Component of Revolution, An Essay in Fiscal Sociology", in: *The Review of Politics* 1947, S. 331 ff.; ders., „Die Finanzkomponente der politischen Revolutionen", in: *Kölner Zeitschrift für Soziologie* 4 (1951/52), S. 1 ff.: „Die Finanzverfassung kann in hohem Grade

2. Die Kritik am Parteienstaat

Die Tendenz zur Entmachtung des Parlaments drückte sich besonders in der fortwährenden Kritik am Parteienstaat überhaupt aus, die mehr noch als heute weite Kreise der Bevölkerung erfaßt hatte [40]. Sie beherrschte nicht nur die staatsrechtliche und publizistische Diskussion im weitesten Sinne, sondern war als politisches Ressentiment, als Desinteressement schlechthin oder doch als Unzufriedenheit mit dem Charakter des bestehenden Parteiensystems tief genug in der öffentlichen Meinung verwurzelt, um zu einem der wirkungsvollsten Instrumente der gegen den Weimarer Staat überhaupt gerichteten Bestrebungen zu werden. Wohl stand dahinter vor allem eine obrigkeitsstaatliche, antiparlamentarische Tradition, doch wurde die Kritik von den verschiedensten Lagern und Motiven aufgenommen und gefördert.

In einer Unzahl von wissenschaftlichen und scheinwissenschaftlichen Kontroversen wurde um Begriff, Funktion und Bewertung des parlamentarischen Parteienstaats gerungen. Die Schwierigkeit lag nicht so sehr bei einer soziologischen Bestimmung: nach ihr heben sich die Parteien von anderen sozialen Gruppierungen besonders durch ihr Streben nach Machtanteil und politischer Mitbestimmung ab, sind primär in der Sphäre der politischen Herrschaft zu Hause, gehen auf die unmittelbare Eroberung der Staatsapparatur aus und bringen im Konkurrenzkampf um die politische Macht gemeinsame Interessen in übereinstimmendem Handeln zum Ausdruck [41]. Dagegen blieb die staatsrechtliche Bestimmung der Parteien wie ihrer Rolle in der parlamentarischen Demokratie bezeichnenderweise die ganze Geschichte der Republik hindurch umkämpft. Sie wurde je nach dem konkreten Ausgangspunkt der Interpretation, die — ungleich den westeuropäischen Demokratien — weder in der Weimarer Verfassung selbst noch in der vorangehenden Theorie des parlamentarischen Regierungssystems viel Hilfe fand [42], überaus unterschiedlich formuliert.

Die Diskussion ging vor allem von einem Widerspruch zwischen demokratischer Ideologie und politisch-sozialer Wirklichkeit aus [43]. Nach der demo-

als ein Spiegelbild der gesellschaftlichen Kräfteverteilung gewertet werden." In diesem Sinne entschieden schon R. Goldscheid, „Staat, öffentlicher Haushalt und Gesellschaft vom Standpunkt der Soziologie", in: *Handbuch der Finanzwissenschaft*, Bd. I, Tübingen 1926, S. 148 ff. Jetzt vor allem Heinig (Anm. II/31) sowie Herbert Peuckert, *Grundlagen neuzeitlicher Finanzkontrolle*, Göttingen 1952.

40 Vgl. die Zusammenstellung der Argumente bei Wilhelm Grewe, „Parteienstaat – oder was sonst?", in: *Der Monat* 3 (1951), S. 563 ff. Ferner Gerhard Leibholz, „Verfassungsrechtliche Stellung und innere Ordnung der Parteien", in: *Verhandlungen des 38. Deutschen Juristentages* (Anm. II/20), S. 2 ff.; Ottmar Bühler, „Die geistige Lage des neuen deutschen Länderparlamentarismus", in: *Die Wandlung* 1948, S. 334 ff.

41 Max Weber, *Wirtschaft und Gesellschaft* (Anm. II/13), I, S. 167 ff.; vgl. II, S. 631 ff., bes. S. 639 f.; Sigmund Neumann, *Parteien* (Anm. II/5), S. 9; Maurice Duverger, *Les parties politiques*, 2. Aufl., Paris 1954. Vgl. noch Otto Heinrich v. d. Gablentz, *Politische Parteien als Ausdruck gesellschaftlicher Kräfte* (Schriftenreihe der Deutschen Hochschule für Politik, Berlin), Berlin 1952, S. 8 ff.

42 Dazu Glum, *Das parlamentarische Regierungssystem* (Anm. II/4, S. 129 ff.) mit einer vergleichenden Analyse der französischen (S. 97 ff.) und englischen Tradition (S. 65 ff.); vgl. Grewe, „Zum Begriff der politischen Partei" (Anm. II/8), S. 66 ff. mit der Literatur.

43 Dazu Gustav Radbruch, „Die politischen Parteien im System des deutschen Verfassungsrechts", in: *Handbuch* (Anm. I/10), I, S. 285 ff.; ähnlich Richard Thoma, „Das Reich als Demokratie" *(ebda.)*, S. 186 ff.; S. 503 ff.; vgl. Leibholz, *Das Wesen der Repräsentation* (Anm. II/17), S. 98 ff. Besonders die Angriffe Carl Schmitts auf den Parlamentarismus setzten an diesem Punkt ein; so schon die Kritik an Thomas Demokratiebegriff: „Der Begriff der modernen Demokratie in seinem Verhältnis zum Staatsbegriff", in: *Archiv für Sozialwissenschaft und Sozialpolitik* 51 (1924), S. 817 ff. (jetzt *Positionen und Begriffe*, Anm. II/36, S. 19 ff.); ferner: *Politische Theologie*, München 1922, S. 44 f.; *Die geistesgeschichtliche Lage des heutigen Parlamentarismus*, 2. Aufl., München 1926, S. 13 ff.; „Der Gegensatz von Parlamentarismus und moderner Massendemokratie" (Einleitung zu: *Die geistesgeschichtliche Lage*), in: *Positionen und Begriffe* (Anm. II/36), S. 52 ff. Vgl. noch die an eine Auseinandersetzung mit Schmitt

kratisch-liberalen Ideologie mit ihren Axiomen von der Volkssouveränität, von der Identität der Regierten und der Regierenden, von der freien, durch soziologische Bindungen nicht beeinflußten Entscheidung des einzelnen als Wähler wie als Abgeordneter, von der Bildung des maßgebenden politischen Willens im freien Spiel und Kompromiß der Meinungen, hatten die Parteien eigentlich keinen Platz in der Demokratie: in diesem Sinne hatte schon Rousseau sie als eine Verfälschung des allgemeinen Willens aufgefaßt. Die soziale Wirklichkeit einer modernen Demokratie ließ dies Bild jedoch illusorisch erscheinen. Das „souveräne Volk" setzte sich tatsächlich aus Gruppen verschiedener Größe und Struktur zusammen; und „Volkssouveränität" mußte als Herrschaft stärkerer über schwächere Gruppen verstanden werden, die ihrerseits entsprechend auf die politische Willensbildung zurückwirkten [44]. Als soziologisch und gruppenmäßig bestimmte Wesen waren Wähler und Abgeordnete nicht frei, sondern an Parteiapparate, Interessengruppierungen oder andere kollektive Gebilde gebunden und entsprechend beeinflußt und beeinflußbar. Politische Meinungs- und Willensbildung in relativ freier Diskussion fand vorwiegend innerhalb dieser organisatorischen Gruppierungen statt — ein Vorgang, der auch in der Zurückdrängung freier Wählerversammlungen Ausdruck fand. Der Antagonismus im Parlament, das als Instrument der indirekten Repräsentativdemokratie die technisch undurchführbare, arbeitsunfähige und überdies subjektiv-massenpsychologischen Beeinflussungen viel stärker unterworfene „direkte Demokratie" ersetzte und die Spitze eines Systems von Delegationen bildete [45], wies dieselbe kollektive Gebundenheit der Partner auf. Die Entwicklung zum Parteienstaat war insofern unvermeidlich, als jede Meinungs- und Willensbildung im umfassenden Rahmen des Staates sich auf gesellschaftlicher Grundlage und daher mit Hilfe von organisatorischen Zwischenbildungen zwischen Individuum und Gesamtheit vollziehen mußte [46].

Diese praktische Wirklichkeit war weder in der Weimarer Verfassung noch in Aufbau und Normierung der politischen Funktionsverhältnisse genügend berücksichtigt worden. Die theoretische Diskussion biß sich immer von neuem an der Diskrepanz zwischen liberal-demokratischer Ideologie und parteienstaatlicher Wirklichkeit fest, und die unbedachte, allzu optimistische Gleichsetzung dieser Gegensätze machte den Weg für eine grundsätzliche Kritik frei, die mit dem demokratischen Staatsbewußtsein auch Struktur und Funktionieren der demokratischen Wirklichkeit unterhöhlte und in wachsendem Maße in Frage setzte. Dagegen blieben konstruktive Vorschläge zur Demokratisierung auch der Parteien selbst, zu ihrer Einordnung in das Staatswesen und zur verfassungsrechtlichen Feststellung ihrer erstrangigen politischen Rolle und Verantwortung bis zuletzt im Stadium der theoretischen Erörterung stecken [47].

anknüpfende Kritik des Liberalismus bei Ferdinand Tönnies, „Demokratie und Parlamentarismus", in: *Soziologische Studien und Kritiken*, III, Jena 1929, S. 40 ff., und Michels (Anm. I/21), S. 34 ff.

44 Zur Soziologie des Parteienstaates Richard Thoma, „Staat", in: *Handwörterbuch der Staatswissenschaften* (Anm. II/36), VII, S. 744 ff.

45 Vgl. Michels (Anm. I/21), S. 36 ff.

46 Vgl. Hans Nawiasky, *Die Zukunft der politischen Partei*, 1924, S. 22 ff.; Eisermann (Anm. II/23), S. 163 f.

47 Dazu Gerhard Leibholz' Ausführungen auf der Staatsrechtslehrertagung von 1931: „Die Reform des Wahlrechts", in: *Veröffentlichungen* 7 (1932), S. 159 ff., mit der Literatur, bes. S. 187 f.; ders. jetzt: „Verfassungsrechtliche Stellung und innere Ordnung der Parteien" (Anm. II/40), S. 12 ff.; „Der Parteienstaat des Bonner Grundgesetzes", in: *Recht, Staat, Wirtschaft*, Bd. III, Düsseldorf 1951, S. 110 ff., im Hinblick auf ähnliche Probleme und die Lösungsversuche unter dem Grundgesetz, das jetzt endlich im Bruch mit der bisherigen Tradition das verfassungsrechtliche Gewicht der Parteien anerkannt hat; vgl. ders., „Volk und Partei" (Anm. II/8), S. 194 f. Freilich wirft die Kombination der alten repräsentativ-

Die symptomatische Auseinandersetzung um den parlamentarischen Parteienstaat erreichte schon lange vor Ausbruch der Wirtschaftskrise einen beträchtlichen Umfang [48]. Ein Beispiel bot 1927 die Berliner Rektoratsrede eines namhaften Staatsrechtlers, in der sich bei aller Zurückhaltung die Umrisse einer autoritären Staatstheorie abzeichneten, die dann die literarischen und politischen Befürworter der Präsidialregierung und besonders des Papenexperiments aufnehmen konnten. Auch diese Kritik des Parteienstaates setzte ein bei der „reinen" liberalen Auffassung von dem nicht an Parteien, sondern an den Auftrag des ganzen Volkes gebundenen Abgeordneten als dem „Volksboten" [49] — einer Auffassung, die Carl Schmitt in einer gleichnamigen Schrift die (zu überwindende) „geistesgeschichtliche Grundlage des heutigen Parlamentarismus" genannt hatte [50], und die auch die deutschen Verfassungen von 1919 gänzlich beherrschte. Daß in Wirklichkeit der Abgeordnete heute in erster Linie parteibestimmt, nicht mehr frei von außerparlamentarischen Einflüssen und in seiner Meinungsbildung im Parlament nicht von der Diskussion, sondern von den Fraktionsbeschlüssen abhängig sei, glaubte Triepel angesichts des „extrakonstitutionellen" Charakters der Partei vom „rein rechtlichen Standpunkt" her unbedingt kritisieren zu müssen, wenn auch die politische Wirklichkeit mit diesem Standpunkt nicht übereinstimme. Er sah die Frage angeschnitten, ob deshalb nicht der Parteienstaat selbst überwunden werden müsse, und er glaubte dies auch von der Mehrzahl der Betrachter befürwortet [51]. Da eine Rückkehr zum alten Liberalismus nicht mehr möglich ist, so folgerte dieser führende Staatsrechtslehrer, „kann eine Abkehr vom Parteienstaat nur geschehen entweder durch eine Entwicklung aus der Massendemokratie heraus oder durch deren Überwindung. Es ist denkbar, und viele sehen dies schon im Werden, daß sich eine Veredelung der ‚egalitären' Demokratie durch ihre Umwandlung in eine Führeroligarchie vollzieht, so daß an Stelle der unverantwortlichen Parteiorganisationen und der noch unverantwortlicheren, vielfach anonymen Mächte, die sich hinter ihnen verbergen, selbständige und daher verantwortliche Staatsleiter treten." So mündete dieser Gedankengang in den Ausblick auf eine autoritär bestimmte Staatsform, und ihre wichtigste Voraussetzung war für Triepel die Überwindung und Ausschaltung der Parteien: „... auch ihre Stunde wird schlagen. Schon sehen wir allenthalben andere gemeinschaftsbildende Kräfte am Werk [52]."

parlamentarischen mit der modernen parteienstaatlichen Demokratie weitere Fragen auf – vor allem die der Demokratisierung der inneren Ordnung der Partei.

48 Die publizistischen Aspekte sind betont bei Lohmann, „Parlamentarismus und Publizistik" (Anm. II/19, S. 1998 ff.), sowie damals schon bei Carl Brinkmann, „Presse und öffentliche Meinung", in: *Verhandlungen des 7. Deutschen Soziologentags 1930*, Tübingen 1931, S. 9 ff.

49 Heinrich Triepel, *Die Staatsverfassung und die politischen Parteien*, Berlin 1928, S. 15 f. Vgl. dagegen Triepels vorangegangene Rektoratsrede von 1926: *Staatsrecht und Politik*, Berlin 1927, S. 10 ff.

50 Zu Schmitts Stellung gegenüber dem parlamentarischen Parteienstaat vor der Weltwirtschaftskrise vgl. auch seine *Verfassungslehre*, München 1928, S. 304 ff.; S. 213; dazu ausführlich Glum, *Das parlamentarische Regierungssystem* (Anm. II/4), S. 198 ff. Zur Kritik an Carl Schmitt überhaupt jetzt Wilhelm Hennis, *Das Problem der Souveränität, Ein Beitrag zur Literaturgeschichte und gegenwärtigen Problematik der politischen Wissenschaften*, Diss. Göttingen (ungedr.) 1951, S. 38 ff.; Peter Schneider, *Ausnahmezustand und Norm*, Stuttgart 1957; Jürgen Fijalkowski, *Die Wendung zum Führerstaat*, Köln-Opladen 1958.

51 Triepel, *Die Staatsverfassung* (Anm. II/49), S. 33 ff. Auch das Bonner Grundgesetz (Art. 38) hat trotz weitgehender Zugeständnisse an das parteienstaatliche Prinzip (Art. 21) diese Auffassung nicht verlassen: Leibholz, „Verfassungsrechtliche Stellung und innere Ordnung der Parteien" (Anm. II/40, S. 2 ff.), mit einer Kritik an dem klassischen repräsentativen Parlamentarismus (der angesichts der Rolle der politischen Parteien in der Gegenwart zu einem unwirklichen Klischee geworden sei: S. 15 ff.).

52 Triepel, *Die Staatsverfassung* (Anm. II/49), S. 35 f. Unter den staatsrechtlichen Kritikern dieser Zeit ist besonders auch Heinrich Herrfahrdt zu erwähnen, der übrigens noch seine jüngste Kritik am Bonner Grundgesetz auf die Konzeption vom „organischen" Rechtsstaat gründet: „Tragweite der Generalklausel im Artikel 19 Abs. 4 des Bonner Grundgesetzes" in: *Veröffentlichungen* 8 (1950), S. 126 ff., bes. S. 146 ff.;

Solche Gedankengänge erschienen nicht erst mit der Zwangssituation der Krise und mit dem autoritären Kurs der Präsidialregierung selbst. Sie begleiteten überaus vernehmlich schon Entstehung und Anfänge der Republik. Ständig wuchs dann noch die Zahl der Kritiker, die die Realität wie die Notwendigkeit von Gegengewichten gegen die politische Macht der Parteien betonten [53]. Soweit sie sich nicht mit groben Andeutungen und vieldeutigen Hinweisen auf „andere gemeinschaftsbildende Kräfte" begnügten, erblickten sie solche Gegengewichte besonders im Begriff des Gesamtvolkes, das sich in Plebisziten und in der Wahl des Reichspräsidenten parteimäßigen Bindungen entziehen könnte. Dagegen ist freilich zu bemerken, daß solche Akte — wie z. B. die Volksentscheide — eben doch durch Parteien oder parteiähnliche Gruppierungen eingeleitet wurden. Ähnliches gilt von einem anderen „Gegengewicht", der landschaftlichen Gliederung durch föderalistische Tendenzen und Aktivität der Selbstverwaltung: auch sie war doch sehr stark von den parteipolitischen Differenzierungen überlagert. Eher konnte die Bürokratie als wirksames „Gegengewicht" gegen den Parteienstaat erscheinen, da sie von jeher im betonten Gegensatz zur Parteipolitik gestanden und auch nach allgemeiner deutscher Auffassung tatsächlich in der Weimarer Republik noch am wenigsten von ihm assimiliert war [54]. Machte aber nicht ihre im Unterschied zur Vergänglichkeit der Parteimechanismen starke Beharrlichkeit sie als Macht- und Herrschaftsapparat zu einem fast eigengesetzlichen soziologischen Faktor [55], der in sich „Partei" war und kaum den Anspruch auf absolute Überparteilichkeit erheben konnte [56]? Noch weniger Wirklichkeitsgehalt besaßen endlich jene Vorschläge, die auf eine berufsständische Gliederung, einen korporativen Aufbau des Staates ausgingen. Ein wesentlicher Grund lag darin, daß ein geeigneter Schlüssel für die Umrechnung der Mandate oder die Verteilung der Einflußsphären fehlte und daß die entsprechenden ständischen Organisationen fast nur enge, partikulare Interessenpolitik betrieben, die sie für eine gesamtpolitische Funktion wenig fähig machte [57].

Wenn also von einer plausiblen Alternative zur parteienstaatlichen Wirklichkeit der parlamentarischen Demokratie von Weimar nicht die Rede sein konnte, dann mußten alle Anstrengungen darauf gerichtet sein, den gefähr-

vgl. sein Eintreten für eine stärkere Stellung des Bundespräsidenten (*ebda.*, S. 61 f.) mit der fragwürdigen Begründung, der Nationalsozialismus habe sich „gerade nicht über den Reichspräsidenten, sondern als stärkste Partei im Parlament durchgesetzt".

53 Die wissenschaftliche Kontroverse in den ersten Jahren der Republik ist, auch in ihren verschiedenen Gruppierungen, eingehend resümiert bei Glum, *Das parlamentarische Regierungssystem* (Anm. II/4), S. 182 ff. Vor allem Gerhard Anschütz (von der legalistischen) und Richard Thoma (von der soziologischen Seite her) suchten das System der Weimarer Verfassung zu verteidigen.

54 Vgl. u. S. 168 sowie die grundsätzlichen Ausführungen zum Verhältnis von Beamtentum und Parteipolitik bei Köttgen, *Berufsbeamtentum* (Anm. II/10), S. 105 ff.

55 Dieser besondere Charakter des Beamtentums wird (*ebda.*, S. 88 ff.) bewußt bejaht und zur Forderung einer entsprechenden staatlichen Form verdichtet. Am Ausgang der Weimarer Republik kommt Köttgen noch stärker der Überparteilichkeitsideologie des Beamtentums entgegen und macht geradezu den Bestand und das Funktionieren der parlamentarischen Demokratie, eben wie sie die Weimarer Verfassung gemeint habe, von dieser „von der Verfassung gewollten Spannung" abhängig: „Die Entwicklung des deutschen Beamtenrechts" (Anm. II/17), S. 10 ff. Auch hier wird übrigens *implicite* mit der Forderung eines *pouvoir neutre* die noch zu erörternde Expansion und autoritäre Stärkung der Stellung des Reichspräsidenten intendiert.

56 Vgl. Nawiasky, *Berufsbeamtentum* (Anm. II/9, S. 16) und nach ihm Köttgen, *Berufsbeamtentum* (Anm. II/10, S. 109 ff.), die beide freilich das in der Verfassung vorliegende Dilemma in umgekehrtem Sinne durch die weitere Entpolitisierung der Beamten gelöst wissen wollten.

57 Zur Problematik Hermann Teschemacher, *Der Berufsstand im Lichte der Staatslehre und die Rechtsstellung der berufsständischen Organisation im Rahmen des Artikels 165 Reichsverfassung*, München 1933. Als Vertreter der korporativen Staatsrechtsideologie sei neben der Schule Othmar Spanns und den konservativen Publizisten wiederum Heinrich Herrfahrdt genannt, so schon: *Das Problem der berufsständischen Vertretung von der Französischen Revolution bis zur Gegenwart*, Stuttgart-Berlin 1921 S. 181 ff. u. a.

lichen Zwiespalt zwischen demokratischer Ideologie und demokratisch-sozialer Wirklichkeit aufzuheben, aus dem die Kritik der Theoretiker wie der öffentlichen Meinung ihre wirkungsvollen Argumente bezog [58]. Die Weimarer Verfassung — freilich nicht nur sie [59] — war hier nicht klar und realistisch genug gefaßt; sie berücksichtigte in ihren entsprechenden Bestimmungen zu wenig die gegebenen politischen und sozialen Funktionszusammenhänge des neuen Staates. So bot sie Handhaben für die wachsende theoretische und praktische Kritik am demokratischen Mechanismus überhaupt [60], die in dem Kampf vor allem Carl Schmitts gegen das als überholtes liberales Residuum diskreditierte „System" [61], in dem wachsenden Einfluß der Ideologie des autoritären Staates und schließlich in der Ausschaltung der demokratischen Funktionsorgane ihren Ausdruck fand.

Derselbe Eindruck ergibt sich, wenn man die mangelnde Anpassung der staatsrechtlichen Interpretation an die Wirklichkeit der demokratischen Struktur ins Auge faßt. In den Verfassungen, Gesetzen, Geschäftsordnungen, ja, Wahlgesetzen auch der Weimarer Republik blieb das Parteiwesen fast gänzlich unberücksichtigt [62]. Solche Praxis der Ignorierung bestimmte nicht nur die Weimarer Verfassung selbst; auch in die Geschäftsordnungen fand die Wirklichkeit des Parteienstaates nur ganz zögernd gegen die Abwehr und den Willen vieler Staatsrechtler Eingang [63]. Parteien galten weiterhin als soziologische Erscheinungen ohne juristischen Begriffswert. In den Bestimmungen der Weimarer Verfassung über den Ursprung der Staatsgewalt (Art. 1), über die Stellung der Abgeordneten (Art. 21) und über die Regierungsbildung (Art. 130) finden wir die Parteien gänzlich ignoriert, und es ist mit Recht schon seinerzeit darauf hingewiesen worden, daß das anachronistische Festhalten an der Ideologie des Obrigkeitsstaats ganz wesentlich an diesem erstaunlichen Phänomen, das ständig von Gegnern des Parteienstaates benützt wurde, beteiligt war [64]. Nicht die Einsicht, „daß in einem Volk die verschiedensten politischen Rechtsüberzeugungen durch das Mittel der Parteien zur Verwirklichung drängten" [65], sondern Klagen über die pluralistische Zersplitterung der Nation beherrschten weitgehend die öffentliche Meinung in Deutschland.

Dies waren Klagen, die von der geistesgeschichtlich auf Hegel, die Romantik, Konstantin Frantz zurückgehenden, freilich politisch zurechtgestutzten oder mißverstandenen Vorstellung von der Einheit des Volkswillens, dem „Volksgeist" getragen wurden. Von solcher metaphysisch gefaßten Begriffsbildung her, die dann noch nationalistisch übersteigert wurde und deren Richtigkeit entweder gar nicht an der politischen Wirklichkeit geprüft oder durch eine utopische Herrschaftsmystik sanktioniert wurde [66], mochte man die Existenz

58 Vgl. Radbruch (Anm. II/43, S. 288) mit der Literatur; Glum, *Das parlamentarische Regierungssystem* (Anm. II/4), S. 211 f. In diesem Sinne auch Thoma, „Das Reich als Demokratie" (Anm. II/43), S. 190 ff.

59 Zu der Lage in den Vereinigten Staaten und in Frankreich vgl. die bei Grewe, „Zum Begriff der politischen Partei" (Anm. II/8, S. 65 f., Anm. 2) zitierte neuere Literatur.

60 Z. B. Triepel, *Die Staatsverfassung* (Anm. II/49), S. 19 ff.

61 Vgl. o. Anm. 50 und die ausführlichen Paraphrasen bei Glum, *Das parlamentarische Regierungssystem* (Anm. II/4), S. 198 ff.; S. 212 ff., sowie Schmitts Aufsätze aus den Jahren 1923 bis 1933, zusammengefaßt in dem Sammelband: *Positionen und Begriffe* (Anm. II/36), S. 9–203.

62 Hugo Preuß, *Reich und Länder*, aus dem Nachlaß hrsgg. von Gerhard Anschütz, Berlin 1928, S. 269; Radbruch, „Die politischen Parteien" (Anm. II/43), S. 288.

63 Vgl. dazu jetzt Leibholz, „Verfassungsrechtliche Stellung und innere Ordnung der Parteien" (Anm. II/40), S. 12 ff.

64 Radbruch (Anm. II/43), S. 293.

65 Reif, „Verfassungsrechtliche Stellung und innere Ordnung der Parteien" (Anm. II/20), S. 32 f.

66 Wie dies zur Grundlage der Legitimierung diktaturförmiger Herrschaft wurde (wie schon im Zeichen

verschiedener Parteien in einem Volk als einen beklagens- und beseitigenswerten Mißstand empfinden. Überbetonung der staatsrechtlichen, Vernachlässigung einer staatssoziologischen Betrachtungsweise kamen jener weit verbreiteten Skepsis gegen die parteienstaatliche Demokratie entgegen, die nur zu leicht aus dem Begriff der einheitlichen Volkssouveränität die Forderung nach dem Einparteienstaat ableiten mochte, vielleicht ohne sich über die Konsequenz wirklich im klaren zu sein. In diesen alten, aber noch immer lebendigen Theorien, ohne deren Wirksamkeit auch der Aufstieg der NSDAP undenkbar wäre, liegt die geistesgeschichtliche Wurzel des Glaubens an eine mögliche „Überparteilichkeit", der besonders seit Bismarck immer wieder in das bequeme, wirklichkeitsverfälschende Schlagwort: das Vaterland über die Partei! gekleidet wurde. Von daher stammte auch die Auffassung besonders innerhalb der Beamtenschaft, der Parteienkampf sei nichts als böswilliger Hader, also der „Einheit" des Vaterlandes schädlich: eine Auffassung, die völlig übersah, daß gerade der Obrigkeitsstaat ein ausgeprägt kryptoparteiliches Gebilde war, das durch seine Ausschließlichkeit einen um so gefährlicheren Charakter entwickeln mußte [67]. Und diese Illusion verschleierte besonders die für den parlamentarischen Staat natürliche parteiliche Bindung der Kabinettsmitglieder und tendierte dahin, die Minister durch Anwendung des Beamtenbegriffs einer überparteilichen Bürokratisierung zu unterwerfen, die theoretisches Wunschbild bleiben und im Hinblick auf die politische Realität Unzufriedenheit und grundsätzliche Kritik verstärken mußte [68]. Politische Betätigung ist im parlamentarischen Staat an Parteipolitik gebunden; es war ein durchaus zutreffender Witz, eine überparteiliche politische Vereinigung mit einem Rauchklub für nikotinfreie Zigarren zu vergleichen [69].

Es ist überhaupt bezeichnend für die psychologische Situation der Weimarer Republik, daß es in weiten Bereichen der öffentlichen Meinung nie zu einer wirklichen Einsicht in die Notwendigkeit eines kompromißfreudigen Relativismus und einer Ausbalancierung der politischen Anschauungen kam, durch die eine parlamentarische Demokratie am besten dem dynamischen Fluß der politischen Wirklichkeit gerecht werden kann [70]; daß ferner die Entwicklung zu einem parteienstaatlichen Verfassungsrecht hin trotz stillschweigender Anerkennung der Existenz und der politisch-kreierenden Tätigkeit der Parteien doch in entscheidender Weise aufgehalten wurde [71]. Dazu trug auch die

Napoleons III., der marxistisch-leninistisch-stalinistischen Machtkonzeption, dann auch der faschistischen Herrschaftsrechtfertigung), die sich auf solche Einheit des Volkswillens, „Volkssouveränität", stützte: dies wird an anderen Stellen der vorliegenden Arbeit deutlicher ausgeführt.

67 Treffend zur Psychologie der „Überparteilichkeit" damals Rudolf Olden, *Hindenburg oder der Geist der preußischen Armee*, Nürnberg 1948, S. 188: „‚Die Parteien', das sind immer die linken Parteien, ‚überparteilich', ‚über den Parteien stehend', das ist immer rechts, so wie ‚Politik' schlechthin links ist, ‚politisch', parlamentarisch, republikanisch, verfassungstreu. Nur, daß die Hörer schon abgestumpft sind, jeder Friseur, der Nationalisten und Monarchisten rasiert, nennt sich ‚überparteilich'. In diesem Staat, der von lauter Parteileuten regiert wird, ist Partei unter allgemeiner Duldung ein Schmähwort geworden."

68 Dazu Köttgen, *Berufsbeamtentum* (Anm. II/10), S. 98 ff. Ein besonders instruktives Beispiel bietet die Stellung des Reichswehrministers: vgl. u. S. 222 ff.

69 So Theodor Heuss, *Die neue Demokratie*, Berlin 1920, S. 67.

70 Radbruch (Anm. II/43), S. 289; vgl. Kelsen (Anm. II/9), S. 101 ff.; Hans Gerber, „Entwicklung und Reform des Beamtenrechts", in: *Veröffentlichungen* 7 (1932), S. 7. Die antiparlamentarische Kritik von einem absoluten Mehrheitsbegriff her übersieht die Bindung gerade auch der demokratischen Wertüberzeugung an die „absolute" Anschauung von der toleranten Ausbalancierung der Interessen. Sie ist neuerdings wieder aufgenommen bei Lohmann, „Parlamentarismus" (Anm. II/19, S. 201 f.), der sich hier weitgehend auf Carl Schmitt stützt. Vgl. die kritischen Bemerkungen bei Carl Schmitt selbst, *Geistesgeschichtliche Lage* (Anm. II/43), S. 2; *Legalität und Legitimität*, München-Leipzig 1932, S. 30 ff.

71 Entsprechend der Feststellung, daß eine Partei über ihren Charakter als Organisations- und Gesinnungsgemeinschaft hinaus durch den Willen zur politischen Aktion, Machtergreifung, Herrschaftsbehauptung gekennzeichnet sei, erkannte z. B. die Interpretation des Reichswahlgesetzes durch den Staatsgerichtshof nur diejenigen politischen Gruppen als Parteien an, die eine Vertretung im Parlament

Tatsache bei, daß besonders die Interpretationen des Art. 130 die Unklarheit im Verhältnis von Regierung und Beamtenschaft und die Nichtbeachtung des Wesensunterschiedes von Regierung als politischer und Verwaltung als beamtlicher Tätigkeit, die weitgehend vom Obrigkeitsstaat überkommen war, nie zu überwinden vermochten [72]. So blieb das Parlament auch durch den Gang der staatsrechtlichen Erörterung aus jener wichtigen Stellung verdrängt, die es als Organ der Beamtenkontrolle und Verwaltungspublizität, als Instanz zur Ausschaltung ungeeigneter Beamter, als Stätte der Budgetfeststellung und als Forum zur Herbeiführung von Parteikompromissen einzunehmen hat.

Am Ende der zwanziger Jahre war die verfassungsrechtliche Situation hinsichtlich des Verhältnisses von Parteien und Staat völlig im Fluß — eine Tatsache, die in den folgenden Jahren besonders von den neuen „Bewegungen" und ihren Exponenten im Kampf um die Macht ausgenützt wurde. Schon damals hat Carl Schmitt in seiner scharf, freilich in fragwürdigen Sprüngen vorausdenkenden Art das Dilemma schonungslos aufgedeckt, dabei maßlos übertrieben und die Theorie vorbereitet, die im Augenblick des vermeintlichen Versagens der gegebenen Verfassungskonstruktion einsetzen konnte: die Theorie vom *pouvoir neutre* oder *modérateur*, die vom Schlichter der Parteien zum „Hüter der Verfassung" und schließlich zum Diktator gegen und ohne die Verfassung führen sollte [73].

3. *Krise des parlamentarischen Gedankens*

So umstritten das Bild der parlamentarischen Demokratie in der Diskussion der Zeitgenossen erscheint, so problematisch stellt sich einer zusammenfassenden Betrachtung ihre konkrete Funktion als gesamtstaatlicher Rahmen und Integrationspunkt aller politischen und sozialen Kräfte dar. Tatsächlich hat die Geschichte der Weimarer Republik der Theorie des Parlamentarismus einen zweifelhaften Dienst erwiesen und den alten konservativ-obrigkeitsstaatlichen wie den neuen revolutionär-totalitären Gegenbewegungen zahlreiche scheinbar begründete Ansatzpunkte geboten. Die dauernden Schwierigkeiten in der Regierungsbildung veranlaßten schon in den ersten Krisenjahren der Republik außerordentliche Maßnahmen und Eingriffe in die parlamentarische Legislative, die früh auf die in der Stellung des Reichspräsidenten angelegten Entwicklungsmöglichkeiten hinwiesen. Demgegenüber wurden die tatsächlichen Befugnisse des Mehrparteienparlaments, das doch in einer rechtsstaatlichen Demokratie eine zentrale Aufgabe zu erfüllen hat, immer weiter eingeschränkt und abgebaut.

Diese Problematik gehört in den weiteren Rahmen einer fast allgemeinen Krisis und Gefährdung der Macht der Parlamente im Nachkriegseuropa hinein. Sie erlangte unter den spezifischen geschichtlichen und politischen Verhältnissen in Deutschland jedoch ein besonderes Gewicht. Die Ablösung der noch vorwiegend von „Honoratiorenparteien" getragenen liberalen Parla-

oder die begründete Aussicht dazu besaßen. Dazu Sigmund Neumann, *Parteien* (Anm. II/5), S. 11 f., und die Entscheidungen über „Parteifähigkeit" in Fällen aus den Jahren 1927/28 in: Hans Heinrich Lammers und Walter Simons, *Die Rechtsprechung des Staatsgerichtshofs für das Deutsche Reich* I (1920–28), Berlin 1929, S. 309; S. 341 ff.; S. 411 ff. Vgl. auch Radbruch (Anm. II/43), S. 290.

72 Vgl. Köttgen, *Berufsbeamtentum* (Anm. II/10), S. 46; S. 50 ff.; S. 97 ff.

73 Vgl. die angeführten Stellen und dazu Glum, *Das parlamentarische Regierungssystem* (Anm. II/4), S. 213 f.

mentsformen des 19. Jahrhunderts — die wesentlich von einzelnen Persönlichkeiten und ihren losen Zusammenschlüssen bestimmt erschienen — durch strikte Parteienparlamente, in denen sozial geschlossene und in ihrem Abstimmungsverfahren strikt disziplinierte Massenparteien sich gegenüberstanden, trieb den Kampf um klassengebundene Interessen und politische Wandlungsprozesse zu einer Schärfe fort, die auch die integrierende Wirkung einer repräsentativen Abstimmung aller Tendenzen des Volkes wesentlich behinderte, ja, antiparlamentarischen Strömungen und Verhaltensweisen zunehmend Raum und Widerhall verschaffte. In den ersten zehn Jahren der Republik wurde diese empfindliche Struktur des Parlaments von der Mehrheit der Parteien zwar in allen entscheidenden Augenblicken noch geschont; solche Zurückhaltung bedingte jedoch gleichzeitig ein derartiges Maß an parlamentarischer Selbstbescheidung, daß nicht nur die vorhandenen Gegensätze unausgetragen blieben und in gefährlichem Spannungszustand verharrten, sondern auch das Parlament selbst seine Funktion als eigentlicher Ort der Auseinandersetzung und des Ausgleichs wie als entscheidende Instanz zur demokratischen Gestaltung und Kontrolle der politischen Entwicklung und ihrer institutionellen Organe mehr und mehr einzubüßen drohte.

Wenn der Reichstag in Wirklichkeit nie seine verfassungsmäßige Machtsphäre zu erfüllen und im aktuellen politischen Prozeß wirksam zu machen vermochte, so lag dies ebenso in jenen Bedingungen wie in den schwierigen Aufgaben begründet, denen sich ein mit solchen Befugnissen ausgestattetes Organ in den komplizierten, weitgehend von Spezialisten unanfechtbar beherrschten Verhältnissen der modernen Massengesellschaft gegenübersieht. Die vielberufene Krise des Parlamentarismus erwuchs folgerichtig aus solchen Mißverhältnissen; sie führte zuerst in Italien zu einer endgültigen Blockierung der parlamentarischen Regierungsbildung und zum Sieg des autoritären Faschismus, und sie stellte zur selben Zeit auch in Deutschland die Funktionsfähigkeit des neuen Staates ernstlich in Frage. Antiparlamentarische, antidemokratische, totalitäre Bewegungen — in dieser Steigerung wuchsen aus der stagnierenden Unentschlossenheit, Unzulänglichkeit, Wirkungslosigkeit parlamentarischer Regierungspraxis die Kräfte hervor, die in ersten Aufstands- und Umsturzversuchen sich gruppierten und erprobten. Die schwer entwirrbare Folge von Wechselwirkungen wurde gesteigert durch die Tatsache, daß die deutsche Demokratie die Antwort auf jene Existenzbedrohung in Maßnahmen suchte, die zwar die unmittelbare Gefahr abzuwenden und in eine fünfjährige Periode scheinbarer Stabilisierung überzuleiten vermochte, die aber gleichzeitig — als weiterwirkender Vorgang wie als stets gegenwärtiges Zeichen des Autoritäts- und Machtverlustes — den konkreten Raum parlamentarischer Wirksamkeit noch weiter einengten. Der Reichstag erwies sich, auch in den ruhigsten und relativ stabilsten Perioden, als außerstande, seine beiden wichtigsten Aufgaben — nach außen: Gestaltung und Kontrolle der Politik; nach innen: demokratische Austragung und Integration der sozialen und politischen Gegensätze in einem repräsentativen Kompromiß — befriedigend zu erfüllen und in dieser Wirksamkeit allmählich eine dauerhafte und anpassungsfähige Tradition zu entwickeln.

Dies hätte freilich auch eine feste Verwurzelung des neuen demokratischen Wertsystems vorausgesetzt, das von den Volksbewegungen des 19. Jahrhunderts entwickelt und getragen, in der Erschütterung des Zusammenbruchs von 1918 von den obrigkeitsstaatlichen und autoritär-nationalistischen Überlagerungen befreit und in der Weimarer Verfassung scheinbar so einleuchtend gesichert worden war. Daß sich die parlamentarische Demokratie auf ein allgemein anerkanntes demokratisches Lebensgefühl nicht stützen konnte, war trotz der erfolgreichen Abwehr der gegenrevolutionären Putschversuche in den Jahren von 1918 bis 1923 nicht zu verkennen. Kaum minder verhängnisvoll als die unversöhnliche Haltung reaktionär-monarchistischer und nationalistisch-autoritärer Gruppen war dabei auch die enttäuschte Indifferenz der sozialistisch gerichteten Massen, die mit dem unverbindlichen Liberalismus der neuen Verfassung wenig anzufangen wußten und die radikal demokratischen Ansatzpunkte der Revolutionsereignisse verraten glaubten. So erhielt das Parlament seine extremen Flügelparteien, deren Stärke bald einem frei alternierenden Gegenüber der Gruppierungen, einer konstruktiven Opposition den Raum verweigerte und den parlamentarischen Mechanismus schließlich in tödliche Lähmung versetzen sollte. Diese Situation, die heute wieder in den Funktionsschwierigkeiten und Krisen der parlamentarischen Regierungen in Italien und Frankreich sichtbar wird, hat die Arbeitsweise des Reichstags fast ständig bestimmt. Fast jede Regierung hätte der Stützung oder Tolerierung durch alle jene Parteien bedurft, die durch die Einhaltung der parlamentarischen Spielregeln und durch die Anerkennung des demokratischen Regierungssystems überhaupt am Bestand und Funktionieren einer freien politischen Ordnung interessiert waren. Konstruktive, also zur Verantwortung innerhalb der Verfassung bereite Opposition war ein Luxus, den sich eine der demokratischen Parteien allenfalls dann erlauben durfte, wenn gelegentlich eine Erweiterung der Regierungsbasis nach rechts gelang.

Die Auflösung der Weimarer Republik vollzog sich schließlich im Zeichen und unter dem übermäßigen Druck jener unechten, weil nur im Negativen geeinten Opposition, deren Drohung ständig als ein Damoklesschwert über dem schwachen Notbau der Weimarer Republik hing. Ihr Anwachsen zur „unechten Mehrheit" mußte das Parlament in einen Zustand völliger Lähmung und unaufhaltsamer Selbstauflösung versetzen, in dem nur noch überparlamentarische und autoritäre, die demokratische Verfassung zum äußersten strapazierende und schließlich zerbrechende Maßnahmen ein Regieren ermöglichen und einen letzten Rest politisch-staatlicher Integration gewähren mochten. Aber eben dies zerbrach schließlich den demokratischen Rahmen und trieb den grenzenlos übersteigerten Antagonismus der Gruppen einem plötzlichen gewaltsamen Ende zu. Wenn sich demokratische Freiheit zu außerparlamentarischer Willkür, *libertas* zu *licentia* übersteigert, droht sie sich selbst aufzuheben und mit dem allgemeinen Gegeneinander der Interessen- und Machtgruppierungen jene absolute „Ordnung" der Diktatur zu beschwören, die eine Bildung und Verwirklichung des politischen Willens nicht mehr im freien Widerstreit der öffentlichen Meinung und über die Parlamente vollzieht, sondern die Pfeiler ihrer Herrschaft in der Grabesstille des Friedhofs, im Befehlslärm des Kasernenhofs, im gelenkten und befriedigten Massenrausch des *panem et circenses* errichtet.

Der Abbau der parlamentarischen Macht vollzog sich also nicht erst in der Endphase der Weimarer Republik. Nie hat der Reichstag *de facto* seine legislative Machtstellung so auszufüllen vermocht, wie er als Kristallisationspunkt der parlamentarischen Demokratie es hätte tun müssen. Außerparlamentarische Instanzen nahmen ihm Stück für Stück seiner tatsächlichen Gesetzgebungsbefugnisse weg, und die Ermächtigungsgesetze schon der Anfangsperiode bahnten einer Entwicklung den Weg, die den Regierungsverordnungen faktische Gesetzeskraft einräumen und schließlich die Gesetzesinitiative des Reichstags völlig hinter die Notverordnungsmacht der Präsidialregierung zurücktreten ließ, bis ein letztes Ermächtigungsgesetz Hitlers Diktaturkabinett „legalisierte“ und die Selbstauflösung des demokratischen Reichstags zugunsten einer Akklamationsversammlung im Dienste der omnipotenten Regierung besiegelte. Tiefster Grund für diese Entwicklung war jene doppelt unpolitische Haltung, jenes innere Unbeteiligtsein am Staat, das ein Erbe der Bismarckzeit ist: die Verkopplung der „beiden politischen Hauptmängel des Deutschen“ [74] — einer unpolitischen Staatsenthaltung mit einer unpolitischen Machtanbetung.

4. Stellung des Reichspräsidenten: von Ebert zu Hindenburg

Dem Niedergang der Macht des Reichstags, der schon die frühe Geschichte der Weimarer Republik bezeichnet, entsprach eine Machtsteigerung nicht nur der politischen Bürokratie, sondern vor allem auch des Reichspräsidenten. Die Weimarer Verfassung hatte sich bei der Bestimmung der weitgehenden Befugnisse sowie der Volkswahl des Reichspräsidenten teils an dem französischen, teils an dem amerikanischen Vorbild orientiert, ohne freilich an diesem Punkt die Teilung der Gewalten einzuhalten und etwa — wie im Falle der amerikanischen *Presidency* — eine eindeutige Festlegung auf die exekutive Machtsphäre vorzunehmen. Damit war der Dualismus zwischen Staatsoberhaupt und Parlament, in dem einst schon Robert v. Mohl einen Strukturfehler des Konstitutionalismus erblickt hatte, auf neuer Ebene und unter gewandelten politischen und verfassungsrechtlichen Bedingungen auch in der parlamentarischen Republik fortgesetzt. Bedeutende Kritiker wiesen wieder und wieder auf diesen Gefahrenpunkt hin [75], nachdem schon in der Nationalversammlung gegen seine Voraussetzung, die Machtfülle des Reichspräsidenten im Verein mit der direkten plebiszitären Berufung, Bedenken erhoben worden waren. Stärker waren die Momente der Tradition, die Abneigung gegen die Vormachtstellung eines unerprobten und durch tiefe Gegensätze zerrissenen Parlaments, schließlich das Bedürfnis nach einem starken Staatsoberhaupt, einer höchsten Instanz, die angesichts der bedrohlichen inneren und äußeren Krisen der ersten Nachkriegsjahre persönliche Eingriffsmöglichkeiten besitzen und einen klaren Einheitspunkt für die auseinanderstrebenden Kräfte bilden sollte. Solche Gründe hatten auch Ebert bewogen, nach seiner Wahl zum vorläufigen Reichspräsidenten mit den bürgerlichen Parteien und Verfassungskritikern, freilich gegen den Widerstand von Hugo Preuß selbst, eine Entwicklung der Machtverteilung einzuleiten, mit der, wenn schon nicht die Monarchie, so doch ein Grundelement ihrer scheinbaren Stärke und Stabilität auch in der Republik gewahrt blieb [76]. Ähnlich waren in den revolutionären Wochen des Übergangs zur Republik die Überlegungen vieler politischer Betrachter verlaufen, die — wie etwa Friedrich Meinecke — der Erschütterung der Ordnung und der Autorität mit einer konstruktiven Synthese von Altem und Neuem zu begegnen versuchten und in ihren Gedanken

74 Rudolf Smend, *Verfassung und Verfassungsrecht*, München-Leipzig 1928, S. 3.

75 So besonders Thoma, „Die rechtliche Ordnung“ (Anm. II/3), S. 505; vgl. auch Eschenburg, „Die improvisierte Demokratie“ (Anm. I/11), S. 204 (im Neudruck: S. 42). Zum folgenden Bracher, „Auflösung“ (Anm. I/39), S. 86–98.

76 So hat sich gerade Friedrich Ebert selbst seinen Parteigenossen gegenüber für eine weite Ausgestaltung der präsidialen Machtbefugnisse eingesetzt: vgl. die Schilderung bei Philipp Scheidemann, *Memoiren eines Sozialdemokraten*, Dresden 1928, Bd. II, S. 353 ff.

zwischen der Vorahnung eines demokratischen Cäsarismus und dem Projekt einer monarchenähnlichen republikanischen Präsidentschaft hin und her gerissen wurden [77].

Auch die Einrichtung dieser obersten Institution der Republik war also von augenblicklichen politischen Bedürfnissen, von historischen Vorstellungen und von der Gestalt ihres ersten Trägers zugleich bestimmt, auf dessen persönliche Zuverlässigkeit und politische Integrität ihre Bestimmungen und Möglichkeiten zugeschnitten erschienen [78]. Ebert, der Zivilist und Demokrat, wurde Oberbefehlshaber der militärischen Macht, die er gegen ein rebellierendes Land einsetzen und mit der vollziehenden Gewalt betrauen konnte; er konnte den Belagerungszustand verhängen, und er sollte als Symbol der staatlichen Kontinuität und politischen Einheit über dem Antagonismus der Parteien und Interessengruppen stehen. Jenseits aller verfassungsrechtlichen Überlegungen wirkte hier sehr stark die monarchische Tradition weiter: man glaubte an der Spitze auch der Demokratie eine Art „Ersatzkaiser“ [79] nicht entbehren zu können, dessen Gestalt, legitimiert durch ein Plebiszit des ganzen Volkes, traditionelle psychologische Bedürfnisse mit dem konkreten politischen Integrationsanliegen verbinden sollte.

Die politische Wirklichkeit entfernte sich freilich rasch von solchen Überlegungen, obgleich die Theorie vom *pouvoir neutre* die Beurteilung der präsidialen Machtstellung bis zum Ende der Republik weitgehend bestimmte. Tatsächlich war es vor allem die anhaltende parlamentarische Labilität der Regierung, die zur Anlehnung an die starke Machtstellung des Reichspräsidenten geradezu drängte [80]. Während die staatsrechtliche, aber auch die politisch-publizistische Diskussion hier in ähnlicher Weise verlief wie bei der Beurteilung der parteienstaatlich-parlamentarischen Demokratie, zeigte sich die wirkliche Rolle des Reichspräsidenten starken Wandlungen unterworfen. Sie führte schließlich aus der Funktion des „Hüters der Verfassung“ heraus in das politische Wirkungsfeld, wo der Reichspräsident seine Macht unmittelbar zugunsten einer der widerstreitenden Machtgruppen in die Waagschale zu werfen vermochte.

Auch hier stand also ein mißglückter Kompromiß am Anfang, der Altes und Neues, monarchischen Konstitutionalismus und demokratischen Parlamentarismus verbinden [81] und eine symbolische Kontinuität andeuten sollte. In keiner Phase der Entwicklung dieser Institution, an der freilich ständig auch starke Kritik geübt wurde, war ihre erste Voraussetzung — strikt überparteiliche Neutralität des Reichspräsidenten — tatsächlich erfüllt. Schon in der Kampagne der Rechten gegen den ersten Präsidenten, die nur durch den frühen, für die Entwicklung der Republik verhängnisvollen Tod Friedrich Eberts abgebrochen wurde, war diese Voraussetzung *implicite* angefochten. Vor allem aber die Wahl Hindenburgs, die von größter Bedeutung für den weiteren Kurs der Republik werden sollte, stand völlig im Zeichen ideologischer, sozialer und parteipolitischer Auseinandersetzungen; sie bedeutete eine

77 Vgl. besonders die Tagebuchnotiz v. 6. Dezember 1918, in: Friedrich Meinecke, *Straßburg, Freiburg, Berlin, 1901–1919,* Stuttgart 1949, S. 276 f.

78 Dazu die Charakterskizze Eberts bei Siegfried Marck, *Große Menschen unserer Zeit, Portraits aus drei Kulturkreisen,* Meisenheim am Glan 1954, S. 66 ff.

79 Eschenburg, „Die improvisierte Demokratie“ (Anm. I/11), S. 204 (im Neudruck: S. 42).

80 Theodor Eschenburg, „Die Richtlinien der Politik im Verfassungsrecht und in der Verfassungswirklichkeit“, in: *Die öffentliche Verwaltung* 7, Heft 7 (April 1954) und in: *Aus Politik und Zeitgeschichte,* Beilage zur Wochenzeitung *Das Parlament* XXII/54 v. 9. Juni 1954, S. 281.

81 Eschenburg, „Die improvisierte Demokratie“ (Anm. I/11), S. 204 (im Neudruck: S. 42).

politische Entscheidung, beschleunigte schwerwiegende Umgruppierungen und gab — nach dem Zusammenbruch der frühen Umsturzversuche — der Fortdauer und dem neuen Aufschwung restaurativer und autoritärer Gegenbewegungen sichtbaren Ausdruck; sie konnte darum nicht einer unangefochtenen höchsten Spitze der Republik überparteiliche Anerkennung verschaffen, sollte vielmehr bestimmten innenpolitischen Entwicklungstendenzen den Weg bahnen.

Zu der pseudojuristischen kam eine politische, stark auf psychologische Momente gestützte Art der Argumentation. Sie ging davon aus, daß das Verfahren der Regierungsbildung nach parlamentarischer Arithmetik in der öffentlichen Meinung derart diskreditiert und in so hohem Maße für politische und wirtschaftliche Engpässe verantwortlich zu machen sei, daß nicht nur die Arbeitsfähigkeit, sondern auch die Autorität einer Regierung in dem Maße zunehmen müsse, in dem sie vom Reichspräsidenten als dem anderen Repräsentanten des souveränen Volkswillens getragen werde [82]. Der Präsident habe die Einheit des Volkes in der pluralistischen Verwirrung des demokratischen Systems [83] zu retten! Da aber die Zusammensetzung der Präsidialregierung nicht mehr parteipolitisch bestimmt sein sollte, so mußten in der Folge Gruppen und Verbindungen, die auf die Regierungsmitglieder direkten oder indirekten Einfluß — oft auch im Gegensatz zu den Parteien — zu nehmen vermochten, besondere Bedeutung gewinnen, zumal ja auch die Wahl des Präsidenten, dieses vermeintlich überparteilichen „Hüters der Verfassung" [84], von bestimmten Gruppen und Personen organisiert und garantiert werden mußte, von denen er entsprechend abhängig war [85]; auch hatte er bestimmte politische Anschauungen [86], wofür die letzten Jahre, in denen die legislative Macht fast

82 Vgl. etwa die Stellungnahme des Bunds zur Erneuerung des Reichs: *Die Rechte des deutschen Reichspräsidenten nach der Reichsverfassung,* Berlin 1929, S. 43 ff., bes. S. 58 f., wo der Reichspräsident als wichtigste „unparteiische" Stütze des durch Koalitionsbedingungen behinderten Reichskanzlers bezeichnet und eine enge Verbindung zwischen beiden gefordert wird: „Nicht in Fortentwicklung des bisher Gewordenen, aber als Möglichkeit einer zukünftigen Entwicklung könnte sich herausstellen, daß der Reichskanzler immer mehr der Vertrauensmann des Reichspräsidenten wird, indem der Reichspräsident durch die Auswahl des Reichskanzlers, der die Richtlinien der Politik bestimmt, in einem gewissen Sinne doch regiert. Es ließe sich vorstellen, daß auf solcher Grundlage Reichsregierungen entständen, in denen eine Art Mischung des reichspräsidentiellen Einflusses und des Reichstagseinflusses sich vollzöge." Ausdrücklich wird auch hier für eine „Stärkung der Rechte des Reichspräsidenten" geworben, durch die man die politische Zukunft beeinflussen könnte (S. 61 f.).

83 In der Sprache Carl Schmitts, der auch dies aus der Weimarer Verfassung zu ziehen verstand: „Die Weimarer Verfassung hat hier den Versuch gemacht, gerade aus demokratischen Prinzipien heraus gegen die Herrschaft von Parlamentskoalitionen und gegen den Pluralismus sozialer und wirtschaftlicher Machtgruppen ein Gegengewicht zu bilden, die Einheit des Volkes als eines politischen Ganzen zu wahren und die verfassungsmäßige Ordnung vor einem Mißbrauch der Parteien zu schützen" *(Der Hüter der Verfassung,* Anm. II/1, S. 132 ff.; bes. S. 159). Ihm stimmt auch Heinrich Pohl, „Die Zuständigkeiten des Reichspräsidenten", in: *Handbuch* (Anm. I/10), I, S. 483, zu.

84 Besonders Carl Schmitt sieht schon 1929 die Machtstellung des Präsidenten auch gegenüber dem Staatsgerichtshof tatsächlich darin begründet; vgl. *Der Hüter der Verfassung* (Anm. II/1), ebenso die zitierte Schrift des Bunds zur Erneuerung des Reichs (Anm. II/82, S. 78 f.): „Wenn ein vom ganzen Volk gewählter Reichspräsident die Verfassung wahrt, dann wird dem Pluralismus der Parteien und ihrer Kompromisse aus dem demokratischen Prinzip der politischen Einheit des Volkes heraus die Einheit des ganzen Volkes entgegengesetzt und der Versuch gemacht, auf diese Weise die Einheit von Staat und Verfassung gegenüber der Auflösung in einem System von Kompromissen zu wahren. Hier besteht infolgedessen auch nach demokratischen Grundsätzen eine echte Möglichkeit, die Verfassung vor den Gefahren zu schützen, die ihr heute von wechselnden Parlamentsmehrheiten drohen. Wer heute nach einem Hüter der Verfassung ruft, müßte daher zuerst beachten, daß das geltende Staatsrecht einen solchen Hüter bereits kennt und vorgesehen hat. Nach Wortlaut und Sinn der Weimarer Verfassung ist zunächst der Reichspräsident der Hüter der Verfassung." Vgl. Pohl (Anm. II/83), S. 499.

85 Hier sei nur auf die Präsidentenwahl von 1925 und auf die Umstände der Nominierung Hindenburgs durch den „Reichsblock" hingewiesen; vgl. Olden, *Hindenburg* (Anm. II/67), S. 184 ff.; John W. Wheeler-Bennett, *Hindenburg, The Wooden Titan,* London 1936, S. 256 ff.; Eyck (Anm. I/18), I, S. 445 ff.

86 Vgl. die Hinweise bei Braun (Anm. I/23), S. 85; S. 101 ff.; Severing, *Lebensweg* (Anm. I/16), II, S. 314; Heinrich Brüning, „Ein Brief", in: *Deutsche Rundschau* 70 (1947), S. 6 f.; Phelps (Anm. I/34), S. 510; S. 540.

ausschließlich bei Hindenburg liegen sollte, eine Fülle von Beispielen bieten. Die Vorstellung vom „Hüter der Verfassung“ konnte für den Präsidenten und für die Instrumentalisierung der Macht im präsidialen Raum nicht zutreffen; sie war ein beliebtes Schlagwort antiparlamentarischer Theoretiker geworden und übersah bewußt die Bindungen Hindenburgs an Armee und Großagrariertum [87] und seine Rolle nicht als Hüter, sondern als mehr und mehr auch offen proklamierter und ausgenützter „Reformator“ der Verfassung [88]. Zunächst freilich schien Hindenburg durchaus gesonnen und bestrebt, im Rahmen seiner verfassungsmäßigen Rechte und Pflichten zu bleiben und seine Rolle als repräsentatives Haupt einer Republik mit loyaler Haltung und unparteiischer Distanz zu erfüllen. In zahlreichen Fällen bewies er seine strenge Bemühung um diese ihm aufgetragene Aufgabe, und bis zu seiner Wiederwahl im Jahre 1932 hatte er auch weitgehend die demokratischen Kräfte von der Ehrlichkeit seines politischen Wirkens zu überzeugen vermocht. Dann sollte sich freilich zeigen, daß es eines ist, in relativ stabilen Zeiten politische Zurückhaltung zu wahren, ein anderes aber, in Krisensituationen über den eigenen Schatten politischer Grundanschauung und sozialer Bindung zu springen. Denn von da aus fällt nun auch Licht auf frühere Ereignisse und Zusammenhänge, deren symptomatischer Charakter erst nachträglich hervortreten konnte. Bestimmte politische Gruppen hatten die Wahl von 1925 organisiert und finanziert; sie besaßen auch weiterhin enge persönliche Verbindungen zu Hindenburg, der sich ihrem Einfluß nie ganz zu entziehen vermochte und — trotz seinen ernsthaften Bemühungen vor allem in den ersten Jahren — durch Lebensstil, tiefverwurzelte persönliche Neigungen und politische Anschauungen letztlich immer einem sehr bestimmten Kreis von Begriffen, Interessen, Idealen verbunden blieb. Besonders die zwiespältige Rolle, die er bei der Abdankung des Kaisers und der Verbindung mit der jungen Republik gespielt hatte, versetzte ihn in ein Gefühl der Hilflosigkeit und Schuld den alten Freunden und Bindungen gegenüber, das — wohl weitgehend unbewußt — seine Reaktion auf die Aufgaben wie auf die immanenten Gefahren seiner politischen Stellung bestimmte.

Es waren besonders zwei ineinander übergehende Machtgruppen innerhalb bzw. am Rande des neuen Staates, mit denen Hindenburg — als kaiserlicher Offizier wie als preußischer Aristokrat — immer in enger Fühlung, ja, in unmittelbarem Zusammenhang stand: eben jene Machtgruppen, die in gegenseitiger Abhängigkeit und weitgehender Identität die gestürzte Monarchie getragen und bestimmt hatten. Daß die politischen und militärischen Machtmöglichkeiten der ursprünglich auf Ebert zugeschnittenen Präsidentschaft einem sozial einseitig profilierten kaiserlichen Generalfeldmarschall zugefallen waren, mußte die Macht- und Funktionsstruktur der Weimarer Republik an wichtigen Punkten *de facto* in einschneidender Weise verändern, so wenig dies formal und verfassungsrechtlich in Erscheinung treten und so sehr dies zunächst nur als Möglichkeit hinter der zurückhaltenden Haltung Hindenburgs bewahrt scheinen mochte. Denn nun erhielt sowohl die Verbindung der Präsidentschaft mit der Reichswehr als auch ihre gesamtstaatliche Funktion über den Parteien und Interessengruppen einen neuen Akzent, schuf eine von

87 Beispiele bei Neumann, *Behemoth* (Anm. I/32), S. 28; Wheeler-Bennett (Anm. II/85), S. 292 ff.; S. 360 ff.; S. 311 usw.; Olden (Anm. II/67), *passim;* Walter Görlitz, *Hindenburg, Ein Lebensbild,* Bonn 1953, S. 249 ff.

88 Der Ausdruck bei Harlow James Heneman, *The Growth of Executive Power in Germany, A Study of the German Presidency,* Minneapolis 1934, S. 242 f.

den Initiatoren der Weimarer Verfassung nie vorgesehene Zusammenballung verschiedener Machtsphären, die den Aufbau und die Funktionsweise der Republik aufs stärkste verändern und unerwartete Entwicklungsmöglichkeiten eröffnen mußte.

5. Die Diktaturgewalt nach Artikel 48

In diesem Prozeß spielten Einsatz und Ausweitung einer einzigen Verfassungsbestimmung eine entscheidende Rolle. Als seit 1930 das Anwachsen der NSDAP die Unfähigkeit des Reichstags zu konstruktiver Mehrheitsbildung zum endgültigen Zustand machte, fiel dem Reichspräsidenten neben der Exekutive auch die fast ausschließlich legislative Macht zu. Aber auch diese Machtverschiebung großen Stils [89] war kein plötzlicher Vorgang, sondern geschah auf der Grundlage des konstitutionellen Ausnahmerechts, das in der Geschichte der Weimarer Republik von Anbeginn eine bedeutsame, in dieser Wirkung von den Initiatoren der Verfassung freilich kaum vorgesehene Rolle gespielt hatte. Der berühmte Artikel 48 [90] knüpfte an Traditionen der Belagerungs- und Kriegszustandsgesetzgebung an; seine Einfügung in die Verfassung wurde von der Nationalversammlung [91] trotz vielen Bedenken gerade mit der Mehrheit der entschieden demokratisch gesinnten Mitglieder angesichts der damaligen inneren und äußeren Situation des Staates beschlossen, in der eine starke Exekutive das Erfordernis des Tages schien — wie ja auch Eberts Revolutionsregierung bis dahin nur mit quasi-diktatorischen Maßnahmen ihre Funktionen hatte erfüllen können [92]. Dabei war auch diese Einfügung der Ausnahme- und Notverordnungsgewalt des Reichspräsidenten deutlich auf die Gestalt Eberts zugeschnitten und keineswegs als Mittel zur Transzendierung, sondern vielmehr zur ungeschmälerten Erhaltung der Ver-

89 Vgl. Hamburger, „Dialektik der staatsrechtlichen Entwicklung" (Anm. II/22), S. 20 ff.

90 Wortlaut des Art. 48: „Wenn ein Land die ihm nach der Reichsverfassung oder den Reichsgesetzen obliegenden Pflichten nicht erfüllt, kann der Reichspräsident es dazu mit Hilfe der bewaffneten Macht anhalten.
Der Reichspräsident kann, wenn im Deutschen Reiche die öffentliche Sicherheit und Ordnung erheblich gestört oder gefährdet wird, die zur Wiederherstellung der öffentlichen Sicherheit und Ordnung nötigen Maßnahmen treffen, erforderlichenfalls mit Hilfe der bewaffneten Macht einschreiten. Zu diesem Zwecke darf er vorübergehend die in den Artikeln 114, 115, 117, 118, 123, 124 und 153 festgesetzten Grundrechte ganz oder zum Teil außer Kraft setzen.
Von allen gemäß Abs. 1 oder Abs. 2 dieses Artikels getroffenen Maßnahmen hat der Reichspräsident unverzüglich dem Reichstag Kenntnis zu geben. Die Maßnahmen sind auf Verlangen des Reichstags außer Kraft zu setzen.
Bei Gefahr im Verzuge kann die Landesregierung für ihr Gebiet einstweilige Maßnahmen der in Abs. 2 bezeichneten Art treffen. Die Maßnahmen sind auf Verlangen des Reichspräsidenten oder des Reichstags außer Kraft zu setzen.
Das Nähere bestimmt ein Reichsgesetz."

91 Vgl. dazu Fritz Stier-Somlo, *Die Verfassung des Deutschen Reichs vom 11. August 1919*, Bonn 1920, S. 19 ff. Vgl. zur Vorgeschichte der Verfassung in diesem Punkt die Vorarbeiten von Erich Kaufmann, Heinrich Triepel, Hugo Preuß u. a. (in kritischer Auseinandersetzung mit dem amerikanischen, englischen, französischen System) in einer vom Verein „Recht und Wirtschaft" eingesetzten Kommission, zusammengefaßt bei Erich Kaufmann, *Grundfragen der künftigen Reichsverfassung*, Berlin 1919; ferner Pohl (Anm. II/83), S. 498 f.; Johannes Heckel, „Diktatur, Notverordnungsrecht, Verfassungsnotstand mit besonderer Rücksicht auf das Budgetrecht", in: *Archiv des öffentlichen Rechts*, N. F. 22 (1932), S. 257 ff.

92 Vgl. besonders Clinton L. Rossitter, *Constitutional Dictatorship, Crisis Government in the Modern Democracies*, Princeton 1941, S. 32 ff., mit interessanten Vergleichen zwischen den Krisenregierungen im alten Rom und in den westlichen Demokratien, wobei die Entwicklung der Weimarer Republik als extremer Fall von Tendenzen moderner Demokratien gesehen wird; eine Zusammenstellung typischer Erscheinungsformen und wesentlicher Kriterien läßt *constitutional dictatorship* zunächst nur als komplexen Sammelbegriff für verschiedene Institutionen und Verfahrensweisen eines *emergency government* erscheinen. Dazu noch Frederick M. Watkins, *The Failure of Constitutional Emergency Powers under the German Republic*, Cambridge (Mass.) 1939, S. 10 ff.; S. 15 ff. Zum Unterschied des demokratischen Diktaturparagraphen von den Bestimmungen der monarchischen Verfassung: Heckel (Anm. II/91), S. 257 ff.

fassung und zur Bewahrung oder Wiederherstellung der verfassungsmäßigen Ordnung in Krisentagen gemeint [93]. In dieser Weise erfolgte auch die Anwendung des Art. 48 in den ersten Jahren der Republik, wobei freilich die darin liegenden Möglichkeiten und Gefahren ebenso wie die Konsequenzen einer übermäßigen Ausweitung des präsidialen Notverordnungsrechts [94] und der außerordentlichen Ermächtigungen [95] schon früh im Ansatz sichtbar wurden. Daß es sich hier nicht um den Selbstschutz der demokratischen Verfassung, auch nicht — im Zusammenhang mit der pseudomonarchischen Funktion des Reichspräsidenten — einfach um das Fortwirken absolutistischer Traditionen, sondern um die wichtigste Einbruchsstelle für aktive Bestrebungen zur Veränderung der politischen Ordnung im Sinne eines autoritären Staatsaufbaus handeln könnte, machte auch bald die allgemeine Diskussion über das Schlagwort von der „Diktaturgewalt des Reichspräsidenten" deutlich. Damals freilich rechneten selbst die kühnsten Anhänger einer autoritären Lösung nicht mit der Möglichkeit, daß dieser Artikel einmal durch Jahre hindurch zur fast einzigen Stütze aller Regierungsversuche werden und den Übergang zur totalitären Staatsordnung stützen könnte. Sie konnten und wollten es gar nicht, solange die Befugnisse einem Friedrich Ebert zufielen. Auch hier bezeichnete also die Wahl Hindenburgs einen entscheidenden Einschnitt. Wohl waren schon bei der Anwendung des Art. 48 vor allem bei den Unruhen von 1923 weitergehende Kombinationen und Pläne aufgetaucht: man interpretierte die Übernahme der vollziehenden Gewalt durch die Reichswehr als eine Stufe zur Diktatur v. Seeckts, dachte an die Möglichkeit, durch eine vorläufige Suspendierung des demokratischen Mechanismus eine Verlagerung und Neuverteilung der Macht herbeizuführen [96]. Doch scheiterten solche Pläne nicht nur an der Unentschlossenheit und politischen Zurückhaltung v. Seeckts; sie setzten auch eine Fortdauer der innenpolitischen Krise und vor allem eine Beseitigung Eberts voraus, der seine Ausnahmebefugnisse damals auf die militärische Exekutive übertragen hatte. Statt dessen kam es zu jener Stabilisierung der Verhältnisse, in deren Zeichen die einzige relativ ruhige Entwicklungsphase der Republik stand. Nun schien der Einsatz der Ausnahmebefugnisse des Präsidenten, dessen latente machtpolitische Gefahren schon bis dahin immer wieder fühlbar geworden waren, endgültig zum Instrumentarium vergangener Krisenzeiten und Kinderkrankheiten der jungen Republik zu gehören [97]. Daß sich auf ihrer Grundlage in naher Zukunft

93 Vgl. Richard Grau, „Die Diktaturgewalt des Reichspräsidenten", in: *Handbuch* (Anm. I/10), II, S. 274: die Aufgabe der Diktaturgewalt nach Artikel 48 „ist der Schutz des im Rahmen der Weimarer Verfassung sich vollziehenden öffentlichen Lebens und damit der Sicherung und Erhaltung dieser Verfassung selbst"; vgl. auch Rossitter (Anm. II/92), S. 61: „A weapon of reaction from Germany's imperial past had been republicanized and converted into a weapon of democracy".

94 In den 13 Jahren der Republik wurde über 250mal auf den Artikel 48 Bezug genommen. Vgl. Lindsay Rogers *et alii*, „Aspects of German Political Institutions", in: *Political Science Quarterly* 47 (1932), S. 321 ff.; S. 576 ff., und die historisch-verfassungsrechtlichen Gesamtübersichten von Fritz Poetzsch-Heffter, „Vom Staatsleben unter der Weimarer Verfassung", in: *Jahrbuch für öffentliches Recht* 13 (1925), S. 141 ff.; 17 (1929), S. 99 ff.; 21 (1933), S. 129 ff. Dazu noch Walther Schoenborn, „Notverordnungen", in: *Handbuch* (Anm. I/10), II, S. 300 ff. mit historischem Vergleichsmaterial und Kontroversliteratur.

95 Walther Schoenborn, „Sonstige außerordentliche Ermächtigungen", in: *Handbuch* (Anm. I/10), II, S. 310 ff.; Rossitter (Anm. II/92), S. 44 ff.; Herbert Tingsten, *Les Pleins-Pouvoirs*, Paris 1934, S. 287 ff.; Watkins (Anm. II/92), S. 51 ff.; S. 73 ff. zur geschichtlichen Entwicklung (besonders der außerordentlichen Wirtschaftsgesetzgebung), auch S. 130 ff. die vergleichende Übersicht zum Problem der außerordentlichen Gewalt in der modernen Demokratie mit konstruktiven Vorschlägen, die auf stärkere Einschaltung des Parlaments hinauslaufen). Eine Aufstellung der (233) Notverordnungen bis September 1932 bei Rogers (Anm. II/94), S. 576; S. 583 ff.

96 Vgl. dazu das schlüssige Quellenmaterial bei Friedrich v. Rabenau, *Seeckt, Aus seinem Leben 1918–1936*, Leipzig 1940, S. 352 ff. u. a.

97 Interessant ist allerdings die Tatsache, daß einer der damaligen Reichskanzler auch heute eine Lanze

einschneidende politische Veränderungen, ja, der Umsturz der demokratischen Ordnung selbst ereignen würde, konnte erst mit der Präsidentschaft Hindenburgs möglich erscheinen; alle grundsätzlichen Kritiker der parlamentarischen Demokratie verließen den Bereich rein theoretischer Auslegung und Diskussion des Art. 48 erst dann, als er zur Verfügung einer Persönlichkeit stand, die der „Diktaturgewalt des Reichspräsidenten" eine Wendung gegen die Verfassung, gegen die rechtsstaatliche Verteilung und Balance der Macht, gegen den demokratischen Aufbau der staatlichen Ordnung geben und die Entwicklung endgültig über die parlamentarischen Beschränkungen und Kontrollen hinausführen konnte. Die Wahl Hindenburgs wird also gerade von hier aus gesehen zu einem Epochenereignis in der Geschichte der Republik wie des modernen deutschen Staates überhaupt. Es ist nicht so sehr eine Frage der Loyalität und formalen Verfassungstreue Hindenburgs als vielmehr eine Frage der Einschätzung, die sich an seine Herkunft, seine natürlichen Bindungen, seine symbolische Statur knüpfte, daß nun die außerordentlichen Machtbefugnisse der Reichspräsidenten mit anderen Augen betrachtet und mit weit über die ursprüngliche Anwendung hinausgehenden Vorstellungen und Initiativen in Zusammenhang gebracht wurden. Dafür spricht auch der Umstand, daß Hindenburg auch in den letzten Jahren der Republik zunächst vor dem Erlaß von Notverordnungen zurückschreckte und gerade durch den Hinweis auf die Ausnahmegesetzgebung unter Ebert überzeugt wurde.

Hier wird nun deutlich, wie sehr der Gebrauch des Art. 48 in den ersten Jahren der Republik Ansätze und Erfahrungen entwickelt hatte, die unter gewandelten Voraussetzungen, mit dem Übergang der Befugnisse an einen Exponenten antirepublikanischer Staatsauffassung — mochte er selbst auch vom Willen zur Verfassungstreue beseelt sein — den Sinn der Ausnahmegesetzgebung in ihr Gegenteil verkehren und mit ihrem Einsatz die Verfassung selbst und die damit zu schützende demokratische Ordnung umstürzen mochte. Der Vorgang, durch den diese zentrale Bestimmung der Verfassung in die Hände der Gegner der Verfassung geriet, erklärt sich nicht nur durch die Mithilfe der letzten demokratischen Regierungen vor der Kanzlerschaft Papens; er ist auch nicht allein aus der ebenso gewaltigen wie paradoxen Autorität zu verstehen, die Hindenburg, diesem letzten großen Symbol der gestürzten Monarchie, an der Spitze einer zivilistischen parlamentarischen Republik gewährt wurde — eine Autorität, die, zum Mythos übersteigert, in der an echten Symbolen noch armen Demokratie als ein gigantischer Fremdkörper wirken und ihre zentrifugalen Kräfte an einen Punkt außerhalb des konkreten Staates, an einen „unechten" Integrationspunkt ableiten mußte. Dieser Vorgang ist in seiner ganzen Tragweite vor allem auch ganz konkret durch das Versäumnis der parlamentarischen Instanzen möglich geworden, die nie die in der Verfassung ausdrücklich geforderte nähere Bestimmung und Umgrenzung des überaus generell gehaltenen Ausnahmerechts und damit seine klare Funktion im Rahmen und zum Schutz der verfassungsmäßigen demokratischen Ordnung festgelegt haben [98], obgleich die Entwicklung der

für den Artikel 48 bricht: Hans Luther, *Weimar und Bonn* (Schriftenreihe der Hochschule für Politische Wissenschaften München, Heft 11), München 1951, S. 32 ff.

98 Obwohl die Forderung besonders nach den Krisen der ersten fünf Jahre ständig erhoben wurde, so von Hans Nawiasky, „Das Durchführungsgesetz zum Artikel 48 der Reichsverfassung", in: *Das Recht* (September 1924), S. 445 ff., und Richard Thoma, „Die Regelung der Diktaturgewalt", in: *Deutsche Juristenzeitung* 17/18 (1924), S. 654; dagegen Carl Schmitt, *Die Diktatur, Von den Anfängen des modernen Souveränitätsgedankens bis zum proletarischen Klassenkampf*, 2. Aufl., München-Leipzig 1928 (in dieser Auflage mit einem Anhang: „Die Diktatur des Reichspräsidenten nach Art. 48 der Weimarer Verfassung"), S. 254 ff.

Interpretation wie die Pläne und Lösungsversuche bestimmter Parteien und Gruppen im Zeichen der Hindenburg-Ära ganz offensichtlich eine sinnverändernde Ausweitung erstrebten und dann ausnützten.

Die Erweichung, ja, Auflösung verfassungsrechtlicher Betrachtungen, die dann in der opportunistischen Anpassung an die Verfassungsfiktionen der NS-Ära gipfeln sollte [99], wird freilich durch den dialektischen Doppelcharakter der „Verfassung“ selbst stets herausgefordert. Die Spannung zwischen normativ-statischen und situationsgebunden-veränderlichen Elementen, die mit der Entstehung einer normativen Legitimierungsurkunde in einer konkreten geschichtlich-politischen Situation gegeben ist und sowohl in der Zupassung des Art. 48 auf die politische Gestalt Eberts und auf die Übergangskrisen des neuen Staates wie auch in der späteren Wendung der Interpretation und im übermächtigen Einsatz des Art. 48 seit 1930 zutage tritt — diese Spannung forderte eine Revision der Verfassung, zunächst durch Auslegung, geradezu heraus; vollends mußte in Krisenzeiten das Moment der geschichtlichen Veränderlichkeit, unter dem auch jede positive Norm steht, scharf und fordernd hervortreten [100]. So hat sich zumal in der zweiten Hälfte der Weimarer Periode die politisch relevante Kritik an Verfassung und Verfassungspraxis neben dem Problem der Reichsreform [101] besonders auf jene Punkte konzentriert, die — nach der Wahl Hindenburgs — verfassungsrechtliche Ausgangspunkte für eine Fortbildung der parlamentarischen Demokratie zur autoritären Präsidialmonarchie oder aber — wie in den freilich vagen nationalsozialistischen Planungen — zum plebiszitären Cäsarismus bieten mochten [102].

Die gewaltige Steigerung der Exekutivgewalt im Gegensatz zur parlamentarischen Legislative, in der vor allem auch ausländische Betrachter einen entscheidenden Faktor der Auflösung der Republik zu sehen sich gewöhnt haben [103], stand auch insofern im Zusammenhang mit der Gestalt und dem Nimbus des neuen Reichspräsidenten sowie mit der hier angebahnten Macht-

99 Außer dem schon Erwähnten vgl. zur Rolle der Staatsrechtler bei der theoretischen und praktischen Entwicklung des Artikels 48 Rossitter (Anm. II/92), S. 61 ff. („Article 48, in Law and Theory“). Zur Stellung und Auffassung der einzelnen Staatsrechtslehrer Glum, *Das parlamentarische Regierungssystem* (Anm. II/4), S. 177 ff. Sie gipfelt in der Anpassung an die rein opportunistische nationalsozialistische Verfassungstheorie. Besonders bezeichnend sollten werden: Carl Schmitt, „Der Führer schützt das Recht“ [1934 zur Reichstagsrede Adolf Hitlers mit der Selbstrechtfertigung zum 30. Juni 1934], in: *Positionen und Begriffe* (Anm. II/36), S. 199 ff., und (neben anderen) die Werke von Otto Koellreutter, z. B. *Deutsches Verfassungsrecht*, 2. Aufl., Tübingen 1936; *Der deutsche Führerstaat*, Tübingen 1933, und Ernst Rudolf Huber, z. B. *Verfassungsrecht des Großdeutschen Reiches*, Hamburg 1939.

100 In diesem Sinne neuerdings wieder Friedrich August Frhr. v. d. Heydte, „Stiller Verfassungswandel und Verfassungsinterpretation“, in: *Archiv für Rechts- und Sozialphilosophie* 39 (1950/51), S. 461 ff.

101 Vgl. dazu besonders Arnold Brecht, *Federalism and Regionalism in Germany, The Division of Prussia*, New York 1945, S. 73 ff. (mit umfangreicher Literatur); ders., *Vorspiel* (Anm. II/23), S. 82 ff.; Apelt, *Geschichte der Weimarer Verfassung* (Anm. I/38), S. 386 ff.; ein Beispiel zeitgenössischer Literatur zu diesem Problem Walter Jellinek, „Die Wandlungen in den Aufgaben und im Zuständigkeitsverhältnis von Reich und Ländern, Von der Reichsgründung bis zum Jahre 1919“, und Johannes Popitz, „Die Wandlungen in den Aufgaben und im Zuständigkeitsverhältnis von Reich und Ländern auf Grund der Weimarer Verfassung“, beide in: *Recht und Staat* (Anm. II/3), I, S. 127 ff.; S. 152 ff. Vgl. noch die Schrift des Bunds zur Erneuerung des Reichs, *Reich und Länder*, Berlin 1928, mit Literaturverzeichnis (S. 113 ff.), sowie u. Teil II, Kap. VIII.

102 Bibliographie der ausgedehnten Literatur bei Karl Schultes, *Die Jurisprudenz zur Diktatur des Reichspräsidenten nach Art. 48 Abs. II der Weimarer Verfassung*, Bonn 1934, S. IX ff.; Gerhard Anschütz, *Die Verfassung des Deutschen Reiches*, 14. Aufl., Berlin 1933, S. 267 ff.; The Wiener Library, *From Weimar to Hitler, Germany 1918–1933*, Catalogue Series No. 2, London 1951, S. 23 ff.

103 Dazu Carl Joachim Friedrich, „The Development of Exekutive Power in Germany“, in: *American Political Science Review* XXVII (1933), S. 185 ff.; Heneman (Anm. II/88); Watkins (Anm. II/92), S. 22 f.; S. 130 ff. Das extremste Beispiel sollte die Auflösung des Reichstags am 12. September 1932 werden, die ausdrücklich den Widerruf einer präsidialen Notverordnung durch das Parlament verhindern sollte: *RGBl. 1932*, I, S. 441. Vgl. noch Rossitter (Anm. II/92), S. 33 und u. Teil II, S. 550 f.

verlagerung, als nun noch mehr als bisher die den Gebrauch des Art. 48 einschränkende politische Kontrolle durch den Reichstag und Rechtskontrolle durch den Staatsgerichtshof zurücktrat [104]. Im Zeichen des „stillen Verfassungswandels" und einer regen Diskussion über das Problem der Verfassungsänderung schritt nun auch die Interpretation der Voraussetzungen für eine Anwendung der präsidialen Diktaturbefugnisse vom „echten" zum „unechten Gesetzgebungsnotstand" fort: schon im Fall von Differenzen zwischen Exekutive und Legislative sollte ein Eingreifen der Präsidialgewalt möglich sein [105]. Die wichtigste Generalklausel des Art. 48, nach der der Reichspräsident die „nötigen Maßnahmen" treffen kann, bildete jetzt die einzige, fast unbeschränkt auslegbare Richtschnur für den Einsatz der Diktaturgewalt, während Form und Dimension der Maßnahmen ganz dem Ermessen des Reichspräsidenten überlassen blieben [106] und überdies alle noch in der Verfassung des Kaiserreichs und in Länderverfassungen vorgesehenen Einschränkungen fortgefallen waren [107]. Der Begriff der „Maßnahme" konnte hier derart ausgeweitet und mit einem politischen Akzent versehen werden, daß in Wirklichkeit die Beziehung auf die Verfassung sich ganz ins Formale verflüchtigte und einem inhaltlich selbstherrlichen Maßnahme-Begriff unterordnete [108].

So ist die zweite große Notverordnungsperiode nach den fünf in der Gesetzgebung, wenn auch nicht in der verfassungspolitischen Diskussion ruhigen Jahren seit 1925, in denen Gedanken an eine Beseitigung oder eine schärfere Umgrenzung des Art. 48 zwar geäußert, aber angesichts der scheinbaren politischen Beruhigung nicht ernstlich verfolgt worden waren, nicht einfach Ausnahmezustand; diese Periode ist vielmehr Endphase einer Entwicklung, in deren Verlauf immer mehr Interpretation und Handhabung der in der Verfassung als legitim angegebenen Prozesse von der Möglichkeit ausgingen, die Verfassung mit Hilfe ihrer eigenen Bestimmungen außer Kraft zu setzen und durch eine autoritäre Fortbildung, die über die parlamentarische Demokratie hinausweisende Präsidentschaft eines Hindenburg, abzulösen. Nicht einfach eine gegen die Demokratie überhaupt gerichtete Opposition trug die Verantwortung dafür. Der Machtverlust der loyalen Gruppen resultierte auch aus ihrer frühen Resignation gegenüber der Verschiebung der verfassungsmäßigen Initiative, bevor noch eine namhafte äußere Einbuße eingetreten war. In der wachsamen Kontrolle durch den Reichstag lag die wichtigste Be-

104 Grau (Anm. II/93), S. 291 ff. mit Literatur. Ein Vergleich mit dem „Gesetzgebungsnotstand", dem Artikel 81 des Bonner Grundgesetzes, zeigt, wie man der Gefahr im Grundgesetz durch die Beschränkung des Notstands auf technische Krisen der Legislative (ohne Diktaturmacht des Bundespräsidenten) zu entgehen suchte: Hans Schneider, „Kabinettsfrage und Gesetzgebungsnotstand nach dem Bonner Grundgesetz" (Anm. II/24), S. 34 ff. Skeptische Betrachter sehen auch heute Entwicklungen, wie sie der Artikel 48 RV bot, im Bereich des Möglichen. Überhaupt ist unbestreitbar, daß die Weimarer Verfassung das Grundgesetz, wenn auch gerade im umgekehrten Sinne, sehr stark, vielleicht allzu stark bestimmt hat; vgl. dazu Werner Weber, *Weimarer Verfassung und Bonner Grundgesetz*, Göttingen 1949, S. 5 f.

105 Heydte (Anm. II/100), S. 468. Zu Begriff und Problematik auch Hsü Dau-Lin, *Die Verfassungswandlung*, Berlin 1932 (mit Vergleichsmaterial). Der Verfasser ist ein Schüler Rudolf Smends, zu dessen ausgleichender Integrationslehre im Hinblick auf das Problem des Verfassungswandels jetzt auf Horst Ehmke, *Grenzen der Verfassungsänderung*, Berlin 1953, S. 19 ff., bes. S. 54 ff., hinzuweisen ist.

106 So auch die Entscheidung des Reichsgerichts: *RGStr.*, Bd. LV, S. 117 ff.; vgl. Grau (Anm. II/93), S. 278 f.; W. Kronheimer, „Der Streit um den Artikel 48 der Reichsverfassung", in: *Archiv des öffentlichen Rechts* 7 (1924), S. 304 ff.

107 Hugo Preuß, „Reichsverfassungsmäßige Diktatur", in: *Zeitschrift für Politik* 13 (1924), S. 108.

108 So besonders in Carl Schmitts Begriff der „Maßnahme", die keine an die Verfassung gebundene Rechtsnorm, sondern ein sie „durchbrechendes" Vorgehen sei, das „durch eine konkret gegebene Sachlage bestimmt und ganz von sachlichen Zwecken beherrscht ist" *(Veröffentlichungen* 1 [1924], S. 97 ff.). Dagegen ist die Beifügung „nötig" hervorzuheben, die dem Diktator Willkürmaßnahmen verbietet: Gerhard Leibholz, *Die Gleichheit vor dem Gesetz*, Berlin 1925, S. 104.

grenzung der präsidialen Diktaturgewalt; die Ausschaltung der parlamentarischen Kontrolle in den letzten Jahren sollte die letzte Barriere beseitigen und auch die zweite Begrenzung der präsidialen Diktaturgewalt — die ministerielle Gegenzeichnung der Notverordnungen — praktisch bedeutungslos machen.

6. Auf dem Weg zum autoritären Präsidialsystem

So wurde die Endphase der Weimarer Republik zum einzigartigen Beispiel moderner Notverordnungspolitik auf der Grundlage ungewöhnlich flexibler Ausnahmebestimmungen [109]. Allerdings blieb die Frage der Zuständigkeit und Anwendungsmöglichkeit der präsidialen Diktaturgewalt bis zuletzt aufs heftigste umstritten. Eine unvoreingenommene Beurteilung mußte feststellen, daß sowohl Brünings Notverordnungspolitik wie dann besonders Papens Eingriffe in Parlaments- und Länderkompetenzen mit einem unmittelbaren Notstand, wie ihn die Verfassung forderte, kaum zu rechtfertigen waren [110]. Nun blockierte der Einsatz des Art. 48 ebenso das Funktionieren der parlamentarischen Demokratie, wie deren Machtverlust und Lähmung durch den Antagonismus unversöhnlicher Gruppierungen anderseits dem Einsatz der präsidialen Diktaturgewalt noch weitere Rechtfertigung und Antrieb verschaffte.

Die Folge war jene Steigerung der Macht des Reichspräsidenten, die nun auch in der politischen Wirklichkeit den Weg der Weimarer Republik zu einer autoritären Reform der Verfassung und einer monarchenähnlichen Stellung ihres Oberhauptes zu bestätigen schien — jenen Weg, den die theoretisch-staatsrechtliche wie die politische Aktivität der verschiedensten Kritiker und Gegner der parlamentarischen Demokratie in Deutschland zu beschwören und durchzusetzen gesucht hatte. Die Bewegung der Kräfte, die diesen Einbruch in die verfassungsmäßige Machtstruktur der Republik vorbereiteten, anführten und ausnützten, war nach ihrer politischen und sozialen Gestalt nicht nur durch die Regierungs- und Verwaltungssituation überhaupt, sondern ganz wesentlich auch durch eine bestimmte Personalpolitik bedingt und getragen [111].

Die Vorkämpfer eines überparlamentarischen Präsidialstaates, der dem traditionellen Obrigkeitsbedürfnis weiter Volksschichten ebenso entgegenkam wie den hierarchischen Vorstellungen der administrativen Bürokratie, wußten mit dem Fortschreiten jener Entwicklung ihre Kritik an allen parlamentarischen Einrichtungen und Funktionsweisen der Demokratie vor dem geistigen Hintergrund einer historischen, an sich durchaus ernst zu nehmenden Auffassung zu forcieren: jener Auffassung, daß jede Ordnung und Verteilung der Macht aus der konkreten Lage heraus erfolge und unter dem stillschweigenden Vorbehalt der *clausula rebus sic stantibus* stehe, daß alle machtverteilenden Normen, sollen sie nicht zu einem illusorischen Petrefact herabsinken, an die ihnen „Sinn“ gebenden Verhältnisse gebunden seien [112]. So ver-

109 Watkins (Anm. II/92), S. 130 ff.

110 Grau (Anm. II/93), S. 676 ff.: „Eine individualisierte Gefahr muß greifbar drohen." Zum Problem der Notverordnungsgesetzgebung in wirtschaftlichen Krisen (nach dem Vorgang von 1922/23) Fritz Muhr, „Die wirtschaftliche Diktatur des Reichspräsidenten", in: *Zeitschrift für Politik* 13 (1924), S. 483 ff.; vgl. Rossitter (Anm. II/92), S. 41 ff.; Watkins (Anm. II/92), S. 73 ff.

111 Die soziologischen Vorarbeiten für eine solche Untersuchung fehlen noch weitgehend.

112 In diesem Sinn jetzt Heydte (Anm. II/100), S. 463 ff.

schob sich die Diskussion der Staatsrechtler, die angesichts der scheinbaren Stabilität der Verhältnisse im Kaiserreich mit wenigen Ausnahmen überzeugte Monarchisten, Konstitutionalisten, Bismarckianer gewesen waren und sich darum ohnedies nur unter dem Druck der Verhältnisse jetzt um die parlamentarische Theorie zu bemühen begonnen hatten, schon wenige Jahre nach der Revolution nicht nur auf die verfassungstheoretischen Aspekte der außerordentlichen Gewalt, sondern auf die grundsätzliche Frage nach dem politischen Wert und der „zeitgemäßen" Berechtigung der demokratischen Verfassung überhaupt [113]. Wie schon in der Kritik am „Parteienstaat" und besonders an der von den Parteien beherrschten Legislative erstrebten die Revisionisten unter dem Gesichtspunkt vom „stillen Verfassungswandel" [114] unter „legaler" Umgehung direkter Verfassungsänderungen oder revolutionärer Versuche jene Ausschöpfung der potentiellen präsidialen Machtstellung, die einer getarnten Ablösung der parlamentarischen Demokratie den Weg ebnen konnte.

Die Bewegung wurde übrigens auch durch einflußreiche Gruppen unterstützt, deren publizistische Tätigkeit an sich keineswegs auf eine Ablösung, vielmehr auf eine Festigung der Demokratie durch Stärkung des präsidialen Integrationspunktes ausging. In diesem Sinn waren z. B. zunächst die Bemühungen des „Bundes zur Erneuerung des Reiches" gemeint, der von namhaften politischen Persönlichkeiten gestützt wurde, aber auch eine enge Verbindung mit führenden Vertretern des Großgrundbesitzes und der Spitzenverbände der Wirtschaft einging. Auch die Anknüpfung an monarchische Reminiszenzen wie an die amerikanische Präsidialverfassung, mit der die Schriften dieser Gruppe den Weg zur überparlamentarischen Präsidialdemokratie zu popularisieren suchten, legitimierte sich aus der Kritik an „der Auffassung, als habe sich in Deutschland bereits ein unabänderlicher Verfassungsstil gebildet" [115].

Der auch in anderen Demokratien dieser Zeit angebahnte Trend zur Ablösung des parlamentarischen Systems durch eine demokratisch-plebiszitär verhüllte Diktatur [116], in den diese verschiedenartigen Bestrebungen mündeten, wurde mit dem Ausbruch der Krise zum ersten politischen Problem, zugleich zur Lieblingsvorstellung weiter Kreise in Deutschland. Gesteigerte Macht des Reichspräsidenten, dessen Vertrauen allein die Regierung tragen sollte, Unabhängigkeit einer dergestalt autonomisierten Exekutive vom Parteienparlament, übermächtige Rolle des Ausnahmeartikels: dies waren Folgen der lange schwelenden Entwicklung, die nun Hindenburg auch praktisch die ausschlaggebende politische Entscheidungsgewalt zuschob und die endgültige Entmachtung des Parlaments besiegelte. Daran änderte auch nichts, daß, wie schon in den früheren Jahren [117], so noch in der Endphase der Republik die Begrenzung des Art. 48 durch die übrigen Artikel der Verfassung betont und

113 Apelt, *Geschichte der Weimarer Verfassung* (Anm. I/38), S. 416 ff.

114 Zur Begriffsbestimmung Heydte (Anm. II/100), S. 466 ff., zugleich als Kritik des „stillen Verfassungswandels" zwischen 1920 und 1932, der die demokratischen Ansätze der Weimarer Verfassung zunehmend erdrückte; dort (S. 469 ff.) auch über „stillen Verfassungswandel" nach dem Grundgesetz.

115 So in der Schrift: *Die Rechte des deutschen Reichspräsidenten* (Anm. II/82), S. 27, einer populär gehaltenen Broschüre, die eine starke Stellung des Reichspräsidenten befürwortete; dort (S. 103 ff.) auch eingehender Literaturnachweis, der das Ausmaß der Diskussion deutlich macht.

116 Vgl. den Überblick bei Hermann Heller, *Rechtsstaat oder Diktatur?*, Tübingen 1930, bes. S. 18 ff.

117 So Hans Nawiasky, „Die Auslegung des Artikels 48 der Reichsverfassung", in: *Archiv des öffentlichen Rechts* 9 (1925), S. 49; Preuß, „Reichsverfassungsmäßige Diktatur" (Anm. II/107), S. 105. Zusammenfassung und Kritik dieser verfassungsmäßigen Bestrebungen bei Schultes (Anm. II/102), S. 23 ff. (S. 47 ff. über die entgegengesetzte Interpretation Carl Schmitts).

auf einer Tagung der „Vereinigung deutscher Staatsrechtslehrer" Ende 1931 eine entsprechende öffentliche Schlußresolution gegen den autoritären Mißbrauch der Notverordnungspolitik gefaßt wurde [118]. Die Gegner jener „legalistischen Interpretation" — insbesondere Carl Schmitt —, die die zeitweilige Außerkraftsetzung praktisch der ganzen Verfassung für rechtens hielten [119], vermochten sich inzwischen auf die politische Wirklichkeit und die Notwendigkeit einer ausgleichenden Verfassungsreform zu berufen; nun standen mit dem Ausnahmeregime des Schicksalsjahres 1932 und dem Ermächtigungsgesetz von 1933, dem legalen Tod der Weimarer Verfassung, ihre größten Triumphe greifbar vor der Tür.

So zeigte sich gerade an der Expansion einer monarchisch anmutenden, eigenes Machtbewußtsein entwickelnden präsidialen Gewalt die Schwäche der Weimarer Republik nach ihren politischen Grundlagen: das Fehlen jener strukturellen Stabilität und Funktionsfähigkeit, ohne die auch optimale legale Vorkehrungen nichts nützten. Sie durchbrach das Schema der drei Gewalten, beschleunigte deren Fusion und erstrebte die Restauration der politischen Funktionsverhältnisse vor der Gewaltenteilung. Die Volkswahl des Reichspräsidenten, die selbst Hugo Preuß befürwortet und auch später niemand wirksam angefochten hatte [120], erhielt nun eine kaum erwartete Bedeutung; aus ihr mochte sich der integrierende Cäsarismus einer Wahlmonarchie entwickeln, konnte der vielbeschworene Führergedanke sich mit den alten obrigkeitsstaatlichen Bedürfnissen verbinden und der Reichspräsident gegen alle verfassungsrechtlichen Proteste [121] seine über die parlamentarischen Einschränkungen hinausgehenden Möglichkeiten bei der Bildung und Stützung der Regierung selbst gegen die Reichstagsmehrheit in die Waagschale werfen. Denn obwohl die Verfassung ihn zu einem im wesentlichen exekutiven Organ gemacht hatte — was auch durch die Vorschrift ministerieller Gegenzeichnung

118 „Daß es die Aufgabe der Regierungen des Reichs und der Länder sei, strenger als bisher darüber zu wachen, daß das Mittel der Notverordnung nicht mißbraucht werde durch die Einfügung von Bestimmungen, welche weder mit dem Schutze der öffentlichen Sicherheit und Ordnung noch mit der Behebung der gegenwärtigen Notlage auch nur in mittelbarem Zusammenhang stehen", *Veröffentlichungen* 7 (1932), S. 1.

119 Vgl. Carl Schmitt und Erwin Jakobi, „Die Diktatur des Reichspräsidenten", in: *Verhandlungen der Vereinigung der Deutschen Staatsrechtslehrer* 1, Berlin 1924; Schmitt, *Die Diktatur* (Anm. II/98), S. 252 ff. Dagegen Nawiasky, „Die Auslegung" (Anm. II/117), S. 11 ff. Zur Kritik Carl Schmitts jetzt auch Ehmke (Anm. II/105), S. 36 ff.

120 Vgl. Pohl (Anm. II/83), S. 469 f. Preuß selbst verstand unter echtem Parlamentarismus (im Unterschied zum französischen) zwei volksgewählte, aber nicht dualistische, durch die parlamentarische Regierung verbundene Spitzen: Denkschrift vom 3. Januar 1919, veröffentlicht im *Reichsanzeiger* vom 20. Januar 1919; auch in: *Staat, Recht und Freiheit* (Anm. I/24), bes. S. 384 ff. Der Bund zur Erneuerung des Reichs (Anm. II/82, S. 43) knüpfte daran an und leitete von der verschiedenen Amtsdauer von Reichstag und Reichspräsident die angeblich verfassungsmäßige Tatsache her, „daß dem Volk durch eigenen Volkswillen auf einen längeren Zeitraum für die höchsten Entscheidungen ein im höchsten Sinne verantwortlicher Führer gesetzt wird".

121 Drastisch bei Leo Wittmayer, *Demokratie und Parlamentarismus*, Breslau 1928, S. 87 ff.; ders., *Die Weimarer Reichsverfassung* (Anm. II/2), S. 316 f. Wittmayer sprach sich mit Friedrich Giese (*Die Verfassung des Deutschen Reiches*, 2. Aufl., Berlin 1920, S. 161; S. 191) und Hans Nawiasky (*Die Stellung der Regierung im modernen Staat*, Tübingen 1925, S. 7; S. 11) für den Primat des Reichstags gegen Übergriffe der Exekutive aus; er sah im Reichspräsidenten „das seltsamste politische Lebewesen, das die deutsche Erde je betreten hat" (*Weimarer Reichsverfassung*, S. 356), und kritisierte ihn (S. 359 ff.) als „Nachfolger des deutschen Kaisers" und als „plebiszitäres Kontrollorgan des Reichstages"; freilich glaubte er damals (S. 367 ff.) die plebiszitäre Berufung des Reichspräsidenten durch die Zersplitterung des deutschen Parteilebens behindert und schwach – das Gegenteil sollte wahr werden. 1929 konnte die Schrift des Bunds zur Erneuerung des Reichs (Anm. II/82, S. 53 ff.) konstatieren: „Für uns bleibt das Entscheidende, daß die Volksüberzeugung von der hohen Stellung des Reichspräsidenten wächst. Wir wollen dazu beitragen, daß diese Volksüberzeugung in absehbarer Zeit stark genug wird, um die Anwendung der Rechte des Reichspräsidenten aus Artikel 53 zu sichern und um das politische Zusammenspiel des Reichspräsidenten mit dem Reichstag in den von der Verfassung gewollten Bahnen zu gewährleisten."

beim Gebrauch des Art. 48 und das Recht des Parlaments, nach Art. 48 getroffene Maßnahmen mit einfacher Mehrheit aufzuheben, unterstrichen wird [122] —, so gaben ihm doch unbewußte, vielfach gefühlsbestimmte Gewohnheit und deren bewußte politisch-ideologische Verdichtung und Ausnutzung die Macht, als ein wirksames Gegengewicht gegen das Parlament wie gegen das Kabinett aufzutreten [123].

Das Anwachsen der nationalsozialistischen Partei seit 1930 verschob zwar die Mehrheitsverhältnisse im Parlament, verhinderte aber nur noch entschiedener, daß die Regierungsbildung von der neuen Kräftelagerung im Reichstag abhängig gemacht werde. Das Prinzip der Präsidialregierung, lange *implicite* vorbereitet [124], schien nun eigentlich allein bestimmend zu werden. Ein Blick in die Literatur der Zeit zeigt, daß ein Großteil der staatsrechtlichen Betrachter mit aller Bestimmtheit die Auffassung vertrat, dies Prinzip habe dem Sinne der Verfassung und den Absichten ihrer Schöpfer entsprochen. Dagegen bleibt der Verdacht politischer Motivierung. Erscheint es doch überaus zweifelhaft, daß ein solches aus dem Art. 48 hergeleitetes Regierungsprinzip (man denke an seine in der Verfassung ausdrücklich festgelegte transitorische Funktion!) der *ratio constitutionis* entsprochen haben soll, wenn es schließlich in der Ausschaltung und wiederholten Auflösung des Reichstags seinen Ausdruck fand und die Trennung und Ergänzung von Exekutive und Legislative an entscheidenden Punkten aufzuheben begann [125].

Der weitere Ausblick erweist in der Tat, daß hinter den zahlreichen Versuchen, mit logisch-dialektischen Methoden eigene Vorstellungen von einem „zeitgemäßen" Verfassungsrecht in Formulierungen der bestehenden Verfassung hineinzutragen und daraus neue, überraschende, überspitzte Folgerungen zu ziehen, eine greifbare politische Tendenz stand. Sie knüpfte zum Teil an alte, noch vom obrigkeitlichen Staat herrührende Gedanken, zum Teil an den Stimmungsumschwung an, der in den Mittelschichten nach dem Ende der Revolutionsdrohungen von links und mit dem Anwachsen der nationalistischen Agitation von rechts um sich griff. Die Kritik an der „Unlogik der Weimarer Verfassung", die nur scheinbar sachlich fundiert, in Wirklichkeit

122 Auch die ministerielle Gegenzeichnung war in der Nationalversammlung umkämpft; vgl. Thoma, „Das Reich als Demokratie" (Anm. II/43), S. 196; ders., „Der Begriff der modernen Demokratie in seinem Verhältnis zum Staatsbegriff", in: *Hauptprobleme der Soziologie, Erinnerungsgabe für Max Weber*, Bd. II, München-Leipzig 1923, S. 37 ff. Vor der erwähnten Reichstagsauflösung vom 12. September 1932 hatte der Reichstag nur zweimal von diesem Recht Gebrauch gemacht: mit Erfolg am 16. Dezember 1921 und mit der Folge der Reichstagsauflösung und anschließendem Wiedererlaß der Notverordnung am 18. Juli 1930. Die negative Kontrolle durch den Reichstag konnte nicht genügen, wenn gleichzeitig dem Präsidenten das Mittel der Reichstagsauflösung und der legislativen Alleinherrschaft in der Interimszeit zur Verfügung stand. Nur die Forderung einer positiven Zustimmung des Parlaments hätte die verhängnisvolle Ausweitung der Diktaturgewalt vielleicht verhindern können.

123 So Poetzsch-Heffter, „Organisation und Geschäftsformen der Reichsregierung" (Anm. II/16), I, S. 514 ff. Schon in der Nationalversammlung wurde von entschieden demokratisch eingestellten Abgeordneten im Hinblick auf die französischen Erfahrungen das Verlangen geäußert, daß die Kontrollgewalt des Präsidenten eine Allmacht des Parlaments verhindere.

124 Außer den schon erwähnten Argumenten und Bestrebungen vgl. besonders die von konservativer Seite vorgetragene Lehre, der Reichspräsident dürfe unter gewissen Voraussetzungen ohne Reichstagsauflösung eine Reichsregierung in Konflikt mit der Reichstagsmehrheit (also nicht bloß als vorläufige Geschäftsregierung) im Amte halten (im Widerspruch zu Sinn und Wortlaut des Art. 54), bei Heinrich Herrfahrdt, *Die Kabinettsbildung nach der Weimarer Verfassung unter dem Einfluß der politischen Praxis*, Berlin 1927, S. 46 ff.

125 Viele Interpreten erkannten das Recht zu einer solchermaßen kaum begründeten Auflösung des Reichstags nicht in seiner Gefährlichkeit, sondern würdigten es nur als Zeichen einer angeblich echten demokratischen Machtstellung des Hüters der Verfassung; vgl. Pohl (Anm. II/83, S. 486): „Kein anderes seiner Befugnisse gibt dem Reichspräsidenten so wie dieses Auflösungsrecht die Möglichkeit, als Hüter der Verfassung, als Wahrer der Rechte und Freiheiten des Volkes in der deutschen Republik seines hohen Amtes zu walten." Die Versuche gingen sogar dahin, die ministerielle Gegenzeichnung als Bedingung der Auflösung zu beseitigen; dazu schon Heinrich Pohl, *Die Auflösung des Reichstags*, Stuttgart 1921.

jedoch gegen das Wesen der Demokratie und ihre Funktionsformen gerichtet war, fußte auf bestimmten sozialen Bindungen und fand eine Stütze in der aus den Tiefen des gesellschaftlichen Körpers aufsteigenden Mißstimmung, die immer weitere Kreise zog.

Das Konzept vom autoritären Staat gewann unter diesen Umständen ständig an Boden. Im Unterschied zu den fortwährenden Bemühungen Carl Schmitts, darüber hinaus die Vision des totalen Staates staatsrechtlich und soziologisch zu konkretisieren [126], war das Bemühen der Mehrzahl der Kritiker auf eine gemäßigte autoritäre Lösung des staatsrechtlichen Dilemmas gerichtet. Die Ära Papen brachte den Höhepunkt und zugleich das Scheitern solcher Tendenzen; in diese Zeit fielen zahlreiche publizistische wie wissenschaftliche Veröffentlichungen, die ihre Art und Stellung deutlich zum Ausdruck brachten [127]. Wie in diesen Publikationen, so handelte es sich auch in der Diskussion der vorangehenden Jahre keineswegs um bloße Theorie.

Praktisch in den inneren und äußeren Schwierigkeiten der Republik von Anfang an erprobt, theoretisch in zahlreichen staatsrechtlichen und publizistischen Diskussionen gestärkt, psychologisch schließlich mit der Mythisierung Hindenburgs volkstümlich gemacht und als politische Patentlösung dem Bewußtsein eines krisenmüden Volkes vorgestellt, hat sich das Konzept einer „konstitutionellen Diktatur“ in Deutschland doch nie konstitutionell verwirklichen lassen. Es kam wohl nach dem Ausbruch der Wirtschaftskrise mit der umfassenden Wiederaufnahme der Notverordnungsgesetzgebung und im politischen Vakuum der Endphase scheinbar zur vollen Herrschaft, mochte auch damals vielen als einziger Ruhepunkt im verwirrenden Machtkampf der verschiedenen Gruppen, als das einzige konstruktive Prinzip erscheinen. Aber es überschlug sich mit dem Versuch einer konsequenten Realisierung im „Neuen Staat“ der Ära Papen. Diese von einer kleinen Minderheit getragene Restaurationsperiode sollte den illusionären, nach der Ausschaltung oder Pervertierung der parlamentarischen Machtinstrumente und der politischen Radikalisierung einer Mehrheit des Volkes aber um so gefährlicheren Charakter jener Konzeption einer konstitutionellen autoritären Diktatur enthüllen.

Die Nationalversammlung hatte den „Diktaturparagraphen“ zum Schutz der Republik und ihrer Verfassung in den damaligen und noch zu erwartenden Krisenzeiten angenommen. In den folgenden Jahren haben Politiker, Generale, Publizisten und Verfassungsrechtler, aufbauend auf der optimistischen Stimmung der Gründer der Verfassung, mit der Art der Anwendung auch die Weiterbildung der Ausnahmebestimmungen zu rechtfertigen gesucht. Nun war die große Krise gekommen und der Weg theoretisch wie praktisch für den vollen Einsatz der außerordentlichen Gewalt frei geworden. Aber es sollte sich zeigen, daß andere, stärkere Kräfte hinter jenen Bestrebungen standen und sie nun für ihre weiteren Zwecke auszunutzen begannen, die nicht mehr den Schutz der Republik und der Verfassung, sondern ihre Überwindung zum Inhalt hatten. Entwurf und Praxis des autoritären Staates ent-

126 Besonders in der Aufsatzsammlung *Positionen und Begriffe* (Anm. II/36); am wichtigsten die 1931 formulierte Abhandlung „Die Wendung zum totalen Staat“ (S. 146 ff.); auch in: *Der Hüter der Verfassung* (Anm. II/1), S. 73 ff.; ferner: „Weiterentwicklung des totalen Staats in Deutschland“ [Vorträge, gehalten im Winter 1932/33] in: *Positionen und Begriffe* (Anm. II/36), S. 185 ff. Zur nationalsozialistischen Version der Verfassungsentwicklung im „Zwischenreich von Weimar“ vgl. Hans Erich Feine, *Das Werden des deutschen Staates*, Stuttgart 1936, S. 397 ff., bes. S. 432 ff.

127 Hier nur ein Beispiel: Heinz-Otto Ziegler, *Autoritärer und totaler Staat*, Tübingen 1932. Vgl. u. Teil II, S. 472 ff.

wickelten keine eigene lösende oder bewahrende Kraft. Sie sollten nur auflösend wirken und Hitler recht eigentlich den Weg zur „legalen Machtergreifung" frei machen. Die Steigerung der präsidialen Macht ist darum ein entscheidender Faktor auf dem Weg zur Ablösung demokratischer durch autoritäre und totalitäre Herrschaftsformen. Sie kennzeichnet die Endphase eines Prozesses, der lange vor dem Ausbruch der großen Krise begonnen hatte, ja, der in der politisch-gesellschaftlichen Struktur der ersten deutschen Republik vorgezeichnet war. Aber hier wird auch klar, daß die Wirksamkeit des Diktaturparagraphen nur ein Moment im Auflösungsprozeß der Weimarer Republik gewesen ist. Erst schwerwiegende politisch-soziale Strukturfehler und eine Labilität des allgemeinen politischen Bewußtseins hatten die Republik für die Kapitulation vor einem mißbrauchten Artikel der Verfassung reif gemacht [128].

128 Schon Robert v. Mohl hat davor gewarnt, Fehlern im staatsrechtlichen Aufbau die letzte Schuld an einer solchen Entwicklung zu geben: „Der wirkliche Schutz gegen Regierungsübergriffe liegt nicht in der prinzipiellen Versagung von Befugnissen, welche tatsächlich notwendig oder doch sehr nützlich sein können, sondern in der Einsicht und in dem verfassungsmäßigen Sinn des Volkes und seiner Vertreter, welches jede ungerechtfertigte Maßregel alsbald als solche erkennt und dann mit Kraft zurückweist" (Robert v. Mohl, *Staatsrecht, Völkerrecht und Politik*, II, I. Bd., 1862, S. 625).

DIE PARTEIEN IM DEMOKRATISCHEN RAUM

In der Kritik am Parteienstaat von Weimar hatten die prinzipiellen Gegner der parlamentarischen Demokratie mit den Vertretern der zahlreichen wirtschaftlichen und sozialen Interessengruppen, die ihre Anliegen nur in beschränktem Umfang im Rahmen des bestehenden Parteiensystems durchzusetzen vermochten, schon früh eine gemeinsame, wenngleich vorwiegend negative Basis gefunden. Eine Betrachtung der innenpolitischen Gruppierungen lenkt darum den Blick auch auf das gegenseitige Verhältnis, das Ineinandergreifen und den Antagonismus der politischen Willensträger wie der vielfältigen gesellschaftlichen Interessenträger. Seit der Parlamentarisierung Deutschlands im Herbst 1918 und besonders seit der demokratischen Legitimierung der neuen Republik in der Weimarer Nationalversammlung war *de facto* den Parteien die Aufgabe zugefallen, den politischen Ausgleichsprozeß zu vermitteln und auf dem Wege des parlamentarischen Kompromisses in praktische Politik, in eine von der Mehrheit des Volkes anerkannte Gestaltung der gesamtstaatlichen Entwicklung umzusetzen. Daß die Weimarer Verfassung es versäumte, die liberal-repräsentative Parlamentstheorie entsprechend den neuen Gegebenheiten des demokratischen Massenstaates zu revidieren und in klaren Bestimmungen die Funktion der politischen Parteien in diesem Prozeß auch juristisch zu verankern, wurde daher zum ersten Ansatzpunkt für alle Angriffe auf die strukturelle Wirklichkeit der Weimarer Republik. Und diese Lage ermöglichte und verstärkte gleichzeitig die undurchsichtige politische Aktivität der außerparteilichen Gruppen, die sich auf Grund der Partikularität ihrer Interessen gesamtstaatlicher Verantwortung wie politischer Kontrolle zu entziehen und die Kompromißfunktion des Parteienparlaments zu stören wußten.

1. Über Funktion und Charakter der Parteien

Das Parteiensystem der Weimarer Republik hatte das Zwischenspiel der improvisierten Arbeiter- und Soldatenräte abgelöst und war zum Träger der politischen Gliederung des Volkes in einer parlamentarischen Republik geworden. So repräsentierte es von Anbeginn die starken Spannungsverhältnisse der deutschen Innenpolitik. Wohl hatten die Revolutionswochen eine vorübergehende Schrumpfung und Zurückhaltung der konservativen, nationalistischen und reaktionären Gruppen bewirkt. Überdies führte die Abwehr der linksradikalen Umsturzversuche ein engeres Zusammenwirken jener Parteien herbei, die sich schon im kaiserlichen Reichstag bisweilen zu einer oppositionellen parlamentarischen Mehrheit zusammengefunden hatten. Doch stellten schon die Reichstagswahlen von 1920 fast völlig jene Kräfteverhältnisse wieder her, in denen sich die politischen Spannungen der wilhelminischen Zeit ausgedrückt hatten. Nun freilich war die Autorität des Kaisers verschwunden, die sich seinerzeit über den Antagonismus des Parlaments hinweggesetzt und die Gegensätze zwischen den Parteien mit den Proklamationen des „Burgfriedens" und schließlich durch die Militärdiktatur in den Hintergrund gedrückt hatte. Jetzt war die Bildung und Stützung der Regierung allein dem Reichstag und den Kompromißverhandlungen zwischen den Parteien überlassen.

Aber die Neuordnung blieb in den Anfängen stecken. An die Stelle der kaiserlichen Autorität rückte die des Reichspräsidenten, der die Neuordnung ursprünglich lediglich einleiten und stützen sollte, sich aber bald maßgebend in diesen Prozeß einschaltete. Das Oberhaupt der Republik wurde sowohl in den Schwierigkeiten der ersten Stabilisierung wie besonders in den Regierungskrisen der Endphase ohne wesentlichen Widerstand der Parteien an jene Stelle geschoben, die einst der Kaiser über einem zeitweise wohl widerstrebenden, meist jedoch passiven Parlament eingenommen hatte [1].

Diese Entwicklung war zweifellos durch die jede Regierungskontinuität gefährdenden Spannungsverhältnisse im Parlament herausgefordert worden. Sie wurde aber nicht nur durch den Charakter der deutschen Parteienkonstellation, sondern auch durch die Bestrebungen der außerparteilichen und außerparlamentarischen Gruppen gefördert. Ihr Eindringen in die Parteien ebenso wie ihr bewußtes Sichabheben von der vielgeschmähten „Parteipolitik" stellte den parlamentarischen Integrationsprozeß sogleich vor solche Schwierigkeiten, ließ die parteipolitischen Gegensätze so stark hervortreten, daß die Initiative zur Regierungsbildung wie zur legislativen Gestaltung der Politik dem Parlament zu entgleiten und auf undurchsichtige, schwer kontrollierbare Machtbildungen überzugehen drohte.

Wie dies zu einer Unterhöhlung der parteiparlamentarischen Struktur führte, so wirkte es zugleich auch — in schwer entwirrbarer Wechselwirkung — auf Charakter, Organisationsgefüge und Funktion der Parteien wie der Interessenverbände zurück. Während eine Partei nach ihrer historisch gewordenen Erscheinungsform wesentlich dadurch bestimmt erscheint, daß sie — im Unterschied zu bloßen Wählergruppen — den festen organisatorischen Zusammenschluß und das Zusammenwirken einzelner Bürger und Gruppen unter echten politischen Zielsetzungen und mit dem Zweck ihrer Vertretung in entscheidungsfähigen Parlamenten herbeiführt, also eine politische Gesamtauffassung hinsichtlich der Lösung politischer Probleme besitzt [2], suchen die Interessengruppen ihr kryptopolitisches Machtstreben zwar ebenfalls nachdrücklich am Gemeinwohl der Volksmehrheit, ihre Interessen aus einem allgemeinen Interesse zu legitimieren [3]; doch liegt es im Wesen ihrer Bindung an die partikularistischen sozialen, wirtschaftlichen, beruflichen Anliegen bestimmter Schichten und Gruppen, daß sie sich nicht auf jenen Weg beschränken, der über eine „gesamtpolitische" Tätigkeit im Rahmen demokratischer Wahlen und der durch sie berufenen Parlamente führt.

Solche groben Unterscheidungen lassen freilich die vielfältigen Übergänge und Wechselbeziehungen außer acht. Alle Machtbildungen des öffentlichen

1 Vgl. o. S. 43 ff.

2 Zur heute noch (vgl. o. S. 30 ff.) heftig umstrittenen Definitionsfrage Leibholz, „Verfassungsrechtliche Stellung und innere Ordnung der Parteien" (Anm. II/40); vgl. Grewe, „Zum Begriff der politischen Partei" (Anm. II/8).

3 Robert Michels, „Psychologie der antikapitalistischen Massenbewegungen", in: *Grundriß der Sozialökonomik*, IX. Abt., Teil I, Tübingen 1926, S. 324.

Lebens berufen sich im modernen Staat auf das Wohl des Volkes und der Gesamtheit und gründen ihre Aktivität auf ethisch-philanthropische Motivierungen [4], und gleichzeitig bleiben im Raum der modernen Massendemokratie wenige Gebiete, in die nicht politische Maßstäbe und Zielsetzungen eindringen. Der Kreis politischer Verbindlichkeiten und Pflichtzusammenhänge, die Dichte politischer Querverbindungen, der Ausbau und die fast grenzenlose Expansion politischer Machtkerne durch Angliederung und Unterstellung von Vereinigungen und Zusammenschlüssen aller Art haben sich seit der Ablösung des absolutistisch-patriarchalischen Staates, seit der mit dem allgemeinen Wahlrecht vollendeten Einschaltung aller Staatsbürger in den politischen Prozeß, seit dem Sturz einer privilegierten, nicht demokratisch legitimierten Ordnung unendlich erweitert. So hängt ja die Entstehung politischer Parteien im 19. Jahrhundert eng mit dem Bestreben und der Notwendigkeit zusammen, ein gewisses Maß von Klarheit, eine greifbare Gliederung in den unerhört expandierenden Bereich des politischen Lebens hineinzubringen, indem politisch verantwortliche Gruppierungen organisiert und zu Strukturträgern des Staates erhoben werden: frei konkurrierende politische Parteien werden unentbehrlich, sind ebenso „Lebenselement" der Demokratie [5] wie sie Demokratie voraussetzen [6], und ihre bewußte und wirksame Organisation allein erhebt den Zusammenschluß der in der Vereinzelung schwachen Individuen zum politischen Machtfaktor.

Gleichzeitig mit jenem Kampf um die Emanzipation der Parteien, der die politische und soziale Emanzipation des Bürgers, das kollektive Streben der Regierten nach Anteil an der Staatsleitung begleitete und in einem parlamentarisch bestimmten Staat befestigte, hatte sich eine Politisierung sozialer, wirtschaftlicher und weltanschaulicher Gruppierungen vollzogen. Diese Politisierung außerparteilicher Bereiche kam nicht nur der Einflußsteigerung einzelner Interessentrends zugute, die ohne einen massiven, durch politische Querverbindungen gesicherten Zusammenschluß partikularer Kräfte nicht auf eine Berücksichtigung ihrer Wünsche hoffen durften, nachdem im modernen Staat eine direkte Einflußnahme auf Regierungsmaßnahmen und ihre bürokratische Durchführung durch die parlamentarische Struktur der politischen Willensbildung blockiert war. Solche Politisierung, die seit der zweiten Hälfte des 19. Jahrhunderts fast gleichzeitig mit dem Zusammenbruch des deutschen Liberalismus den modernen Typ der Interessenverbände ausgebildet hat [7], wurde sogleich auch von größter Bedeutung für die Entwicklung der Organisation und der Funktionsweise der Parteien selbst, die sich gegen die im politischen Raum konkurrierenden Interessengebilde abgrenzten und der Aktivität mannigfaltiger, politisch oft schwer einschätzbarer beruflich-ständischer Zwischenorganisationen mit Mißtrauen, wenngleich äußerlich werbend gegenüberstanden. Im Verhältnis — allgemein gesprochen — der liberalen Parteien zu Industrie und Gewerbe, der Konservativen zu den Agrarverbänden, der Sozialisten zu den Gewerkschaften offenbarte sich das ambivalente Wechselspiel von Parteien und Interessenverbänden. Wurde doch das politische Gliederungs- und Integrationsanliegen der Parteien durch das den Wähler unmittelbar in seinen existentiell-materiellen

4 Michels, *Parteiwesen* (Anm. I/21), S. 21 ff. Auf diese taktische Identifizierung von Partei und Gesamtinteresse haben schon ältere Soziologen (wie Mosca, Gumplowicz, Pareto, Woltmann) hingewiesen.
5 Richard Thoma, *Über Wesen und Erscheinungsformen der modernen Demokratie*, Bonn 1948, S. 17.
6 So z. B. Dolf Sternberger in: *Die Gegenwart* v. 15. August 1953.
7 Vgl. Naumann, *Parteien* (Anm. I/12), S. 31 f.

Bedürfnissen erfassende Verbandswesen, dessen politischem Gewicht sie sich einfügen, deren Aktivität sie sich assimilieren mußten, fühlbar behindert. So entstand das eigenartige, im einzelnen schwer entwirrbare Zusammen-, Wechsel- und Widerspiel zweier großer Gruppierungstypen, welche die Gliederung und Repräsentation der nach demokratischer Verfassung mündigen Massen im politischen Raum determinierten und dabei immer stärker voneinander abhängig wurden [8].

Auf eine umfassendere Charakterisierung der Parteien muß hier verzichtet werden. Dafür soll auf jene Punkte hingewiesen werden, an denen der endgültige Auflösungsprozeß des parlamentarisch-demokratischen Gefüges der Weimarer Republik einsetzte, um schließlich das freie Wechselspiel der Parteien und Gruppen um Einflußsphären und Entscheidungsmacht durch eine staatlich-diktatorisch reglementierte Zwangsordnung im Dienste einer Partei und einer bestimmten Interessengruppierung zu ersetzen. Es könnte dabei scheinen, daß eine Unterscheidung und Abgrenzung von Parteien und Interessengruppen im dargelegten Sinn sich nur auf formale und verfahrensmäßige Merkmale stützte. Die moderne Parteifraktion ist in der Tat von so vielfältigen wirtschaftlichen, sozialen, kulturellen, religiösen Interessen durchsetzt und oft genug beherrscht [9], daß man fast von einer Identität von Interessenverbands-Vertretern und Abgeordneten sprechen kann [10]. Wenn aber die Parteien im Sinne der ökonomisch-soziologischen Geschichtstheorie gleichfalls als rein wirtschaftliche Interessenverbände einzelner Gesellschaftsklassen betrachtet werden, dann fällt auch die Interpretation des Parlamentarismus, von der hier ausgegangen wurde.

Das Problem ist nicht leicht zu nehmen. Zweifellos erschließen sich die modernen Parteien ebenso einer soziologischen und interessenpolitischen wie einer im engeren Sinne politischen Analyse, sind sie doch in ihrer Entwicklung von dem starken Einfluß bestimmter Gruppen, Stände, Partikularinteressen kaum weniger existentiell getragen als von gemeinschaftsfördernden politischen Ideen. Auch vermehrt die Kontrolle über finanzielle und publizistische Führungsmittel so stark das Gewicht der Parteibürokratie und einer — auch personell — bestimmten Parteistruktur, daß deren Determiniertheit durch Interessenbindungen wie durch bürokratisch erstarrte Mechanismen nicht unterschätzt werden darf. Zwar erweist die Geschlossenheit der sozial heterogenen Zentrumspartei und die Bedeutung klassen- und interessenfremder Elemente auch in allen anderen Parteien [11], daß jenes soziologische Schema in der parteigeschichtlichen Wirklichkeit ebensooft durchbrochen und als theoretische Halbwahrheit entschleiert wird, wie es im Blick auf die Interessengruppen zugleich seine methodische Fruchtbarkeit bewährt. Doch verstärkte sich mit fortschreitender Entwicklung die Einwirkung der Interessengruppen auf die Parteien, deren organisatorische Expansion auf eine umfassende Durchdringung der sozialen und wirtschaftlichen Wirklichkeit hindrängte. Obgleich aber neben den sozialistischen auch die konservativen und liberalen

8 Dazu allgemein E. Ronald Walker, *Von der Wirtschaftstheorie zur Wirtschaftspolitik*, Wiesbaden 1951, S. 125 ff.; Gablentz, *Politische Parteien* (Anm. II/41), S. 14.

9 Robert Morrison MacIver, *Regierung im Kräftefeld der Gesellschaft*, Frankfurt a. M. 1952, S. 104 ff.; S. 119 ff.; Duverger (Anm. II/41), S. 82 ff., und schon Hermann Heller, *Staatslehre*, Leiden 1934, S. 166 ff.

10 Eisermann, „Parlament" (Anm. II/23), S. 169 f.

11 Man denke auch an die Rolle „bürgerlicher" Intellektueller in den sozialistischen Parteien, überhaupt an die Bedeutung der interessenfreien „inneren Überzeugung". Zudem bilden die, die aus äußeren oder ästhetischen Gründen den Emanzipationskampf einer Partei nur ideologisch, nicht soziologisch mitmachen, eine wichtige Gruppe: vgl. Alfred Meusel, „Die Abtrünnigen", in: *Kölner Vierteljahrshefte für Soziologie* 3 (1923), 2/3, S. 155.

Parteien von Anbeginn deutliche und spezifische Interessenbindungen aufwiesen, so waren sie doch keine reinen „Wirtschaftsparteien", gruppierten sich nicht fest nach wirtschaftlichen Schichten. Am ehesten gilt dies noch von den sozialistischen Arbeiterparteien, die ihre Bindung an das Klasseninteresse bewußt als Maß ihrer Politik beizubehalten suchten. Im ganzen gesehen trat aber erst seit dem Augenblick, da Bismarck die staatspolitische Funktion der Parteien zerschlug, das echt politische Anliegen hinter partikularen Interessen und Bedürfnissen der Wählerschaft und vor allem der großen Berufs- und Standesverbände zurück [12]. Und wie in den Parlamenten aus dem ursprünglich relativ freien, nur einem individuellen Wahlkreis verantwortlichen Abgeordneten der Angehörige einer Fraktion wurde, so beschleunigten die Verhältnisse der modernen Gesellschaft die Zentralisierung der Parteien, die nun durch alle verfügbaren publizistischen Mittel den Wähler an sich zu binden suchten: feste Organisation und ausgreifende Agitation waren die Instrumente dieser Entwicklung, und die Unterstützung durch große Interessengruppen wurde zu einer *conditio sine qua non,* die wiederum den Parteien bedeutsame politische Konzessionen und Initiativen auferlegte.

In dieser überaus komplizierten Verflechtung von sozialen und wirtschaftlichen Interessen mit echten politischen Antrieben und Entscheidungen begründet sich jener Charakter der modernen politischen Partei, der sich jeder einfachen soziologischen Erklärung und jeder strikt rationalen Funktionsanalyse entzieht. Diese besonders auch für die Finanzierung der Parteiorganisation von innen und von außen [13] wichtige Verflechtung, nicht ein einseitiges Abhängigkeitsverhältnis zwischen Partei und Interessengruppen, bestimmte die Machtverteilung und die politische Dynamik jener Gruppierungen, von deren Aktivität eine funktionsfähige Gliederung und eine grundsätzliche Festigkeit der parlamentarischen Republik abhingen. Immerhin waren die Abgeordneten des Reichstags ganz überwiegend interessen-, nicht einfach parteigebunden, das Parlament selbst also weitgehend berufsständisch orientiert [14]. Dabei schufen sich die Standes- und Interessenverbände ihre parlamentarische Vertretung ohne Rücksicht auf parteimäßige Grenzlinien, besaßen Querverbindungen durch alle Fraktionen hindurch. Dies gilt insbesonder vom Deutschen Beamtenbund [15], aber auch die agrarischen und kapitalistischen Interessenverbände erfaßten die Parteien von der radikalen Rechten bis zum Zentrum, während auf der anderen Seite die nichtsozialistischen Gewerkschaften kaum weniger Querverbindungen, die sozialistischen dagegen eine ganze Partei zur Verfügung hatten [16].

Freilich bleibt Partei dabei *pars,* ist nicht *totum,* so sehr sie danach streben mag, selbst „Staat" zu werden [17]. Gliedernde Begrenzung auf bestimmte Schichten und Gruppen, nicht Expansion zum Einparteienstaat ist ihr Wesen, und die immanente Tendenz jeder Partei als Machtgebilde, „sich über den ihr genetisch gegebenen oder durch die Grundlagen des Programms gezogenen sozialen Bestand hinaus auszudehnen" [18], bedeutet eine Selbstwiderlegung. Es war dies „Gesetz der Transgression" [19], dessen dynamische, das bestehende

12 Naumann (Anm. I/12), S. 31 f.
13 Dazu Michels, *Parteiwesen* (Anm. I/21), S. 139 ff.
14 Vgl. Ernst Saemisch, „Wer vertritt das Volk?", in: *Die Tat* 21, Heft 12 (März 1930), S. 921 ff.
15 Vgl. auch u. S. 161.
16 Dazu den Überblick bei Saemisch, „Wer vertritt das Volk?" (Anm. III/14), S. 932 ff.
17 Michels, „Psychologie der antikapitalistischen Massenbewegungen" (Anm. III/3), S. 321; Duverger (Anm. II/41), S. 286 ff.
18 Michels, *Parteiwesen* (Anm. I/21), S. 26.
19 *Ebda.*, S. 27.

demokratische Parteiensystem gefährdende Wirkung besonders im Aufstieg der NSDAP und seiner Unwiderstehlichkeit, aber etwa auch im Ausgreifen des Zentrums auf protestantische Wähler [20], in der Expansion des Begriffes der „Werktätigen“ in den sozialistischen Parteien, überhaupt in der Massenwerbung der Wahlkämpfe sichtbar wurde. Der inneren Mobilität und den Fluktuationsbewegungen nach außen wirkte jedoch ein Bedürfnis nach Stabilisierung entgegen, das an der Schwerkraft der sich verfestigenden, durch Spezialisierung und Bürokratisierung „unersetzlich“ gewordenen Parteiapparate einen Halt fand und auch das Verhältnis zu den außerparteilichen Gruppen zu institutionalisieren strebte [21]. Im folgenden Überblick wird daher versucht, durch das Gewirr der Wechselbeziehungen im Parteienfeld der Weimarer Republik gewisse Linien zu ziehen, an denen sich die weitere Funktionsanalyse der politischen Machtstruktur orientieren kann. Der vorläufige und unvollkommene Charakter eines solchen Versuchs mag mit dem Hinweis auf den dürftigen Stand der parteisoziologischen Forschung in Deutschland gerechtfertigt werden.

2. Das Dilemma der SPD

Man kann vereinfachend sagen, daß den Parteien nach Geschichte und situationsgebundener Funktion die Gestaltung der staatlichen Ordnung vermöge einer politischen Integration des von ihnen gruppenweise vertretenen Volkes in seinen Differenzierungen aufgegeben ist. Dadurch hebt sich, wenigstens idealtypisch, ihr Funktionscharakter klar ab von den bloßen Interessenverbänden, die nur die Einzelinteressen bestimmter Machtgruppierungen verteidigen und dabei weitgehend einem negativen Partikularismus folgen, soweit es um die Gestaltung der Staatspolitik geht. Jede demokratische Partei trägt dabei ein Doppelgesicht, hat eine schwierige, in sich spannungsreiche Doppelaufgabe. Sie ist einerseits auf die parlamentarische Technik der Gesetzgebung, der Bildung, Stützung und Kontrolle der Regierung im Staatsmechanismus, anderseits auf die Schaffung von Wahl- und Gesinnungsverbänden draußen in der Bevölkerung gerichtet. Ihr ewiges Dilemma liegt in der Unzulänglichkeit, mit der sie die auseinanderstrebenden individuellen Neigungen der Bevölkerung auf eine politische Linie zu bringen und dann in eine realistische und zugleich staatspolitisch konstruktive Gestaltung der Entwicklung zu übersetzen sucht. Denn eine Volksvertretung hat nicht nur „genau so viel Kraft ..., als sie Volkswillen vertritt“ [22], ihre Wirksamkeit hängt vor allem von der Übersetzung der wahl- und organisationspolitischen Integrationsimpulse in konkrete parlamentarische Arbeit ab: dort politischer Appell, hier staatspolitisch-parlamentarische Technik.

Tatsächlich wurde es zu einem Zentralproblem in der Entwicklung der Weimarer Republik, daß die Koalitionspolitik der Parteien, die allein parlamentarische Regierungspolitik ermöglichen konnte, in steigendem Maße mit der interessenpolitischen Bindung und Durchdringung ihrer Organisation rechnen mußte. Zum hervorragendsten Beispiel wurde der Sturz der letzten Mehr-

20 Martin Spahn, *Das deutsche Zentrum*, Mainz 1907, S. 62 ff.; Neumann, *Parteien* (Anm. II/5), S. 40 f.
21 Zur Bürokratisierung des modernen Parteiapparats Michels, *Parteiwesen* (Anm. I/21), S. 215 ff.; Duverger (Anm. II/41), S. 161 ff.; vgl. dazu und zum folgenden auch Otto Stammer, „Das Elitenproblem in der Demokratie“, in: *Schmollers Jahrbuch* 71 (1951), S. 16 ff. [S. 528 ff.].
22 Naumann, *Parteien* (Anm. I/12), S. 10.

heitsregierung im Frühjahr 1930, und fast zur selben Zeit wurde an der Spaltung der DNVP die Bedeutung jener Verflechtung auch für die innere Organisation und den politischen Kurs der einzelnen Partei weithin sichtbar [23]. Im einen Fall führten die Wünsche der den Parteien verbundenen Interessengruppen, nicht etwa entscheidende politische Differenzen, zum Bruch der Großen Koalition und zur endgültigen tödlichen Dauerkrise der Demokratie; im anderen Fall haben Gegensätze zwischen verschiedenen Interessenflügeln eine Parteikrise ausgelöst, die dann erst Raum für den Austrag echter organisations-, führungs- und koalitionspolitischer Differenzen schuf und nach dem Ausscheiden der Treviranus- und Westarp-Gruppen schließlich die Kräfte für eine Unterstützung der nationalsozialistischen Machtergreifung durch Hugenbergs DNVP freisetzte.

Schon die Ereignisse des Jahrzehnts, das diesem Auflösungsprozeß voraufging, haben die innere Struktur und die funktionale Lagerung der Parteien im Gefüge der parlamentarischen Demokratie immer wieder in Bewegung versetzt. Zwar schien die dem Sturmjahr 1923 folgende Periode jene Klärung und Festigung der Funktionsverhältnisse zu fördern, die dann auch eine Beruhigung im Antagonismus der Parteien, eine kalkulierbare Sicherheit im koalitionsmäßigen Aufbau der Regierungen, eine Kontinuität in der parlamentarischen Arbeit der Fraktionen, ja, eine kooperationswillige Kompromißhaltung der inner- und außerhalb des Parlaments tätigen Interessengruppen begünstigen konnte. Doch erwies sich die Tatsache, daß die Parteibildungen der Republik im ganzen wenig verändert an die Verhältnisse in der gestürzten Monarchie anknüpften, keineswegs als so günstig, wie man in der Hoffnung auf eine dauerhafte Stabilisierung des neuen Staates annehmen mochte [24]. Denn die Parteien des wilhelminischen Staates hatten sich in einer Lage befunden, die von ihrer neuen, durch eine plötzliche und kaum ausgetragene Revolution vermittelten Stellung als erste Träger einer improvisierten Parlamentsdemokratie recht verschieden war. Der überstürzte Funktionswechsel, dem sie sich gegenübersahen, war weder organisatorisch vorbereitet noch durch Anpassung oder Umgruppierung aufgefangen worden. Statt dessen trat vielmehr bald eine Tendenz zur inneren und äußeren Versteifung, ja, zur Rückwendung auf Formen und Inhalte in Erscheinung, die der passiven, in Opposition wie in Zustimmung weitgehend fruchtlosen Rolle von Parteien und Parlament im monarchischen Obrigkeitsstaat entsprochen hatten.

Dies gilt vor allem von den Flügelparteien. Die *SPD* [25], nach Entstehung, Aufbau und politischer Rolle unbedingte Oppositionspartei, schien zwar durch ihre Haltung zur Kriegspolitik und durch die ihr plötzlich zugefallene Verantwortung in innere Bewegung geraten. Eine straffe Organisation als das „Lebensprinzip des Arbeiterstandes", des schwächsten Gliedes der Gesellschaft [26], die Strukturierung der Masse durch einen zahlen- und organisationsmäßig überlegenen, quasi militärischen Zusammenschluß war in ihren traditionellen Formen, in ihrer unangefochtenen Geschlossenheit erschüttert. Doch wurde gegen diesen Differenzierungsprozeß und die ihn begleitenden Führungskonflikte innerhalb der sozialistischen Bewegung, gegen die zentrifu-

23 Vgl. u. Teil II, Kap. I.

24 Dazu u. a. auch Rudolf Heberle, *From Democracy to Nazism, A Regional Case Study on Political Parties in Germany*, Baton Rouge 1945, S. 3 ff.

25 Ihre Wählerbewegung (Reichstagswahlen 1919–1932, in %): 37,9 – 21,6 – 20,5 – 26,0 – 29,8 – 24,5 – 21,6 – 20,4.

26 Michels, *Parteiwesen* (Anm. I/21), S. 32 f.; vgl. auch die Strukturskizze bei Kurt v. Reibnitz, *Im Dreieck Schleicher-Hitler-Hindenburg, Männer des deutschen Schicksals*, Dresden 1933, S. 33 ff.

galen Tendenzen besonders am linken Flügel, die zur Abspaltung von USPD, Spartakusbund, KPD führten, bald eine entschiedene organisatorische und ideologische Verfestigung der Kernpartei eingeleitet. Sie stützte sich auf die in früheren Auseinandersetzungen bewährte innere Disziplin einer umfangreichen, wenngleich meist überschätzten Organisation [27], und sie knüpfte sowohl hinsichtlich der Zusammensetzung des Funktionärskörpers wie der Parteitaktik nach außen und des innerparteilichen Integrationsprozesses entschieden an die Tradition der Vorkriegspartei an. Die Trennung von der KPD, die davon abweichend die neuen Aspekte der russischen Oktoberrevolution zum Leitgedanken ihrer Politik und ihres Aufbaus machte, war damit deutlich vollzogen. Und auch die Abgrenzung gegen die USPD war nach schwierigen Kompromißversuchen in den Revolutionswochen mit so überlegener Sicherheit erfolgt, daß der Zusammenbruch der USPD nach anfänglichen Wahlerfolgen (der freilich mehr der KPD zugute kam) nur eine Frage der Zeit war [28]. Die Beharrlichkeit des Parteiapparates gegenüber innerparteilichen Bewegungen vermochte die Existenz und Reichweite der Massenpartei in die Krise zu sichern und im weiteren Verlauf des Stabilisierungsprozesses noch zu steigern, ja, das Prinzip der Organisation erneut als unabdingbare Führungsgrundlage einer sozialistischen Massenpartei zu bestätigen. Eben dadurch aber wurden zugleich jene in jahrzehntelanger Oppositionshaltung ausgeprägten Züge der Parteitaktik konserviert, die doch im Rahmen einer der politischen Aktivität aller Bevölkerungsschichten gegenüber offenen parlamentarischen Republik vieles von ihrer Wirksamkeit und ihrem Sinn verloren hatten [29].

Obwohl sich jetzt der SPD konkrete Einflußchancen auf allen Gebieten des Staates und der Gesellschaft eröffneten, und obwohl die Tätigkeit begabter, durch Herkunft vom gesellschaftlichen Aufstieg ausgeschlossener Arbeiter in der Partei jetzt mehr als ein „Surrogat für die Möglichkeiten sozialen Aufstiegs" [30] bedeutete, behielt ein fast eigensinniges Gefühl der Diskriminierung auch weiterhin seinen Einfluß auf Stellungnahme und Aktivität der größten Partei. In einer zögernden Unentschlossenheit gegenüber der Republik und ihrer zwielichtigen Koalitionsstruktur lebte das alte Mißtrauen weiter, das dem Verhalten der sozialdemokratischen Protestbewegung gegen die Privilegienhierarchie des „Zweiten Reiches" das Gepräge gegeben hatte. Zwar hatte die Anerkennung des Primats der staatlichen Ordnung über radikale Sozialisierungs- und Umsturzkonzepte in der Partei gesiegt. Aber gerade dieser schweren Herzens hingenommene Verzicht, der von einem Verlust erheblicher Teile der bisherigen Wähler- und Mitgliederschicht an die KPD begleitet war, hielt auch dem neuen Staat und besonders der „reaktionären"

27 Neumann, *Parteien* (Anm. II/5), S. 30 f.; S. 122 über verschiedene Schätzungen, die freilich — je nach Definition des Funktionärbegriffs — sehr auseinandergehen (zwischen 10 000 und — polemische kommunistische Ziffer — 300 000, wobei die 10 000 der Wahrheit am nächsten kommen dürften). Für die Vorkriegsentwicklung vgl. Ernst Drahn, „Sozialdemokratie", in: *Handwörterbuch der Staatswissenschaften*, Bd. VII, S. 533 ff.; Flechtheim (Anm. I/16), S. 5. Zur reichhaltigen Diskussion des Organisationsproblems von sozialistischer Seite sind zu nennen: Alexander Schiffrin, „Parteiapparat und Parteidemokratie", in: *Die Gesellschaft* 7/6 (1930); ders., „Kritik an der Organisation", *ebda.*, 8/8 (1931); ferner (linkssozialistisch): *Die Organisation im Klassenkampf* (Rote Bücher 2), unter Mitarbeit von F. Bieligk, E. Eckstein, O. Jenssen, K. Laumann, H. Wagner, Berlin 1931.

28 Vgl. besonders Eugen Prager, *Geschichte der USPD*, Berlin 1922.

29 Vgl. die sozialdemokratische Selbstkritik in verschiedenen Untersuchungen über Organisation und Apparat in ihrer Auswirkung auf die Parteimentalität: so Kurt Laumann, „Organisation und Apparat", in: *Die Organisation im Klassenkampf* (Anm. III/27), S. 131 ff.; Arkadij Gurland, *Das Heute der proletarischen Aktion*, Berlin 1931.

30 Michels, *Parteiwesen* (Anm. I/21), S. 346.

Reichswehr gegenüber [31] das Mißtrauen wach, um dessen Überwindung Friedrich Ebert als Reichspräsident manche Auseinandersetzung mit seiner Partei auszufechten hatte. Dies Mißtrauen verbaute von allem Anfang einen konstruktiven Einfluß auf den militärischen Machtfaktor der Staatsgewalt, trieb ihn nach rechts. Es behinderte eine den Verlust ausgleichende Ausdehnung der SPD nach der bürgerlich-demokratischen Seite und eine führende Mitwirkung dieser größten republikanischen Partei an den Integrationsaufgaben der neuen Ära, wobei besonders das Koalitionsproblem ständige Spannungen innerhalb der Partei auslöste [32] und nur zeitweise — etwa in der Schöpfung und Aktivität des „Reichsbanners" — zugunsten einer klaren Bereitschaft zur republikanischen Zusammenarbeit entschieden wurde. Es erleichterte dadurch unbewußt die Kritik an der Demokratie selbst und damit die Einflußsteigerung jener Kräfte, die Integrationskraft und politische Funktionsfähigkeit der parlamentarischen Demokratie überhaupt anzweifelten oder ihre Legitimierung als Nachfolgerin der Monarchie mit verfassungsrechtlichen oder *De-facto*-Argumenten grundsätzlich bestritten [33].

Auch der weitere Weg der SPD ist durch dies Dilemma gekennzeichnet. Daß sie — neben der KPD — den ideologisch und organisatorisch geschlossensten Funktionärskörper besaß, dessen Mitglieder planvoll herangebildet und nur langsam Stufe für Stufe größeren Aufgaben zugeführt wurden [34] — das verlieh neben der verhältnismäßig geringen Fluktuation der breiten Mitgliedschaft [35] ihrer Organisationsstruktur einen bürokratisch-verläßlichen, ja, einen an militärischen Prinzipien orientierten militant-schlagfertigen Charakter [36], der größere Schwankungen und Brüche ebenso verhinderte, wie er die Anpassungs- und Expansionsfähigkeit des verselbständigten, institutionalisierten Apparats verminderte. Zwar hatte die SPD auch in den Ländern — zumal in Preußen — maßgebenden Anteil an der politischen Verantwortung; doch erfuhr diese veränderte staatspraktische Einstellung letztlich keine wirksame theoretische Fundierung und wurde weiterhin fast mit bösem Gewissen betrieben oder hingenommen. Die Kluft zwischen Theorie und Praxis in der umstrittenen Sozialisierungsfrage wie in der Einstellung zum Staat und zum Nationalbegriff [37] konnten auch die revisionistischen Nachkriegsprogramme nicht überbrücken: die Angriffe der bürgerlichen Parteien gegen den „Marxismus" wie der KPD gegen den „Verrat am Marxismus" fanden hier ihr dankbares Objekt [38].

31 Vgl. u. S. 239 ff.

32 Zur Charakteristik des rechten und des linken Flügels innerhalb und (mit Gründung der SAP) außerhalb der SPD Neumann, *Parteien* (Anm. II/5), S. 33 ff.

33 Die umfassendste Selbstkritik enthält der in nationalsozialistischer Haft verfaßte Rückblick des jungen SPD-Abgeordneten Julius Leber: „Gedanken zum Verbot der deutschen Sozialdemokratie Juni 1933", in: Julius Leber, *Ein Mann geht seinen Weg, Schriften, Reden und Briefe*, hrsgg. von seinen Freunden, Berlin 1952, S. 185–247.

34 Zur Vorkriegszeit Michels, *Parteiwesen* (Anm. I/21), S. 43 ff.

35 Zahlen im *Jahrbuch der Deutschen Sozialdemokratie*, hrsgg. vom Vorstand der SPD, Berlin 1926 ff. (jährlich) mit umfangreichen Statistiken; vgl. Alwin Saenger, „Sozialismus", in: *Volk und Reich* (Anm. II/17), II, S. 135 f., sowie Duverger (Anm. II/41), S. 123 f.

36 Vgl. die Nachweise und Beispiele bei Michels, *Parteiwesen* (Anm. I/21), S. 52 ff.

37 Ein Beispiel für das Schwanken und die theoretischen Unklarheiten hinsichtlich der „Nation" liefert etwa Hermann Heller, *Sozialismus und Nation*, 2. Aufl., Berlin 1931. Während hier eine irrationale Untermauerung des sozialistischen Staatsbegriffs angestrebt wird, ist dieser in seiner rationalen Form noch ganz bewahrt bei Otto Bauer, *Die Nationalitätenfrage und die Sozialdemokratie*, 2. Aufl., Wien 1924. Die Diskussion beeinflußte besonders nach dem Zusammenbruch der Weimarer Republik die sozialistische Emigrationsliteratur (dazu jetzt die erschöpfende Darstellung bei Erich Matthias, *Sozialdemokratie und Nation, Zur Ideengeschichte der sozialdemokratischen Emigration 1933–1938*, Stuttgart 1952) und bestimmte ganz wesentlich den Weg der SPD in der Schumacher-Ära.

38 Vgl. Neumann, *Parteien* (Anm. II/5), S. 36; S. 123 mit der Literatur.

Die SPD war freilich schon lange keine reine Arbeiterpartei mehr; sie war auf den Weg von der Klassen- zur „Volkspartei" gewiesen, zog noch stärker als im wilhelminischen Staat publizistisch tätige Intellektuelle, Angestellte, Beamte und politisch aktive „Bürgerliche" an, denen — neben den zu „Kopfarbeitern" gewordenen „Handarbeitern" — besonders in Führungsgremien und Parlamentsfraktionen ein beträchtlicher Einfluß zufiel [39]. Es wird dabei deutlich, wie jede, auch die antikapitalistische Massenbewegung ihre Klasseneinheit verliert, sobald sie Partei wird: die Politik ist stärker als die Soziologie. Aber der Schritt zur Volkspartei über die städtisch-klassenmäßige Kampftradition hinaus unterblieb. Die SPD blieb Klassen-, also Standespartei, ein Beispiel für die Interessengebundenheit des deutschen Parteiparlamentarismus. Anders als etwa in England und Skandinavien verzichtete sie auf eine Adaption an die neue politische Situation der Massendemokratie und verharrte im weltanschaulich gebundenen Klassensozialismus. Besonders blieb sie agrarfeindlich und verzichtete in ihren Programmen wie in der politischen Praxis auf eine Erfassung der kleinbäuerlichen Protestbewegung, die dann dem Nationalsozialismus anheimfallen sollte [40].
Auch die vielzitierte „Verbourgeoisierung der Arbeiterpartei" wurde nicht so sehr durch den kleinbürgerlichen Zulauf, besonders in der Wählerschaft, als vielmehr durch die Verbesserung der Lebensbedingungen in der Arbeiterschaft, durch den sozialen Aufstieg ihrer Exponenten und die permanente politische Mitverantwortung zunächst innerhalb, dann auch außerhalb der Parteihierarchie bewirkt [41]. Im ganzen wurde die traditionelle Strukturierung besonders in der mittleren und unteren Funktionärsbürokratie, wo die soziale Rekrutierung und der parteiberufliche Werdegang der Organisationsträger kaum einer Änderung unterworfen wurde, unvermindert bewahrt [42]. Diesem Funktionärstyp entsprach ein rational-nüchterner, ja, oft biederer Charakter der Führung, in der aufklärerischer Eifer den emotionalen Appell verdrängte — oft bis zum Verzicht auf massenpsychologisch wirksame Gefühlspropaganda. Das Festhalten an diesen Prinzipien, die wohl 30 Jahre zuvor ihre große (gerade auch irrationale) Wirkung ausgeübt hatten, machte die SPD im Urteil der (einem neuen Irrationalismus verfallenen) Massen zur Verstandespartei und raubte ihr zunehmend den Gefühlskontakt vor allem mit der Jugend, die schließlich mehr und mehr dem irrationalen Tatappell der radikalen Parteien verfiel. 1930 waren nur 8 % der Mitglieder unter 25 Jahren — eine Zahl, die selbst durch die der Mitglieder über 60 Jahren übertroffen wurde (9 %). Jede vergleichende Analyse des Verhältnisses von Dynamik und Statik in der Parteiorganisation macht deutlich, daß die Tradition fast ungebrochen und ohne Rücksicht auf die Entwicklungsphasen der Weimarer Republik, auf die tatsächliche Position einer deutschen *Labour Party,* einer Arbeitnehmer- eher als einer Arbeiterpartei fortlebte, und daß auch

39 Über diesen allgemeinen Vorgang Michels, *Parteiwesen* (Anm. I/21), S. 310 ff.; S. 340 ff.; für den Wandel in der Mitglieder- und Wählerstruktur Neumann, *Parteien* (Anm. II/5), S. 28 f.; vgl. auch die Skizze der SPD-Führung bei Reibnitz (Anm. III/26), S. 46 ff.

40 Vgl. u. S. 150 f. sowie Sten S. Nilson, „Wahlsoziologische Probleme des Nationalsozialismus", in: *Zeitschrift für die gesamte Staatswissenschaft* 110 (1954), S. 302 ff.; am Beispiel Schleswig-Holsteins: Heberle (Anm. III/24), S. 81 ff. u. a.

41 Zur vieldiskutierten „Verbürgerlichung des Proletariats" vgl. den gleichnamigen Aufsatz von Hans Speier in: *Magazin der Wirtschaft* 7 (1931), S. 591 ff.; S. 633 ff.; Theodor Geiger, „Zur Kritik der Verbürgerlichung", in: *Die Arbeit* 8 (1931), S. 534 ff.; allgemein: Hendrik de Man, *Untersuchung zur Psychologie des Sozialismus,* Jena 1927 und (2. Aufl.) 1931.

42 Zur sozialen Struktur der SPD und ihrer Wählerschaft: Theodor Buddeberg, „Das soziologische Problem der Sozialdemokratie", in: *Archiv für Sozialwissenschaft* 49 (1922), S. 108 ff.

die Gegenstände der Auseinandersetzung nach innen wie nach außen, die parteiliche Taktik und Strategie keine wesentlich neuen Züge aufwiesen [43]. Dies Beharrungsvermögen, das durch eine hohe Durchschnittsdauer der Mitgliedschaft und ein ganz besonders günstiges Verhältnis zwischen Wähler- und Mitgliedschaft noch gefördert wurde [44], erfuhr freilich eine gewisse Modifikation in den obersten Gremien der Partei und in ihren parlamentarischen Körperschaften. Zwar herrschte auch hier zunehmend, und besonders seit dem Reichstag von 1912, der Typ des dem Parteiapparat eng verbundenen Berufspolitikers von langer parteiinterner Schulung und Erfahrung vor [45]. Auch die formal satzungsgemäße Ablösung der Parteivorstände wurde eher als ungewöhnlich, ja, „revolutionär“ denn als „demokratisch“ empfunden und geübt. Formal demokratisch gewählte Führung tendierte zur Stellung auf Lebenszeit, ihre statuarisch fällige Bestätigung wurde zu einer durch organisationstechnische Prozesse gestützten Selbstverständlichkeit [46]. So übertraf die Amtsdauer dieser Führungsgruppen — wie auch in den anderen Parteien — bei weitem die der Staatsführung, die nach demokratischer Auffassung von je auch der Kontrolle durch Wechsel unterworfen sein muß: Unbeweglichkeit und Machtmanipulation der Parteibürokratie wie Traditionalismus und Verehrungsbedürfnis der Massen wirkten hier zusammen. Immerhin blieben greifbare, wenn auch in der Partei selbst hart umkämpfte [47] Einbruchsstellen für befähigte *outsider* andersartiger sozialer Prägung, Ansatzpunkte zu politischer Expansion und sozialer Mobilität, ja, zu sozialem Austausch unter den Klassen und Schichten erhalten. Dafür sorgte nicht nur die intellektuelle Wendigkeit und die publizistische Tätigkeit der vielfach gleichzeitig als Redakteure arbeitenden Abgeordneten. Es lag auch in der Eigengesetzlichkeit einer gehobenen, entproletarisierten Stellung mit ihren Auswirkungen auf persönlichen Lebensstil, Entwicklung der Anschauungen, schließlich in dem dauerhaften Autoritätsanspruch [48] der Führer begründet, die ihre eigene „soziale Revolution“ bereits durchgeführt hatten.

Schon in der Zusammensetzung der Reichstagsfraktion von 1912, die bis zur Revolution die parlamentarische Aktivität der SPD trug, hatten sich jene beiden *trends* ausgeprägt [49]. Da war das Moment der Tradition: 62 der 110 Abgeordneten hatten schon zuvor dem Reichstag angehört und waren zu einem Großteil der mittleren und älteren, in der Parteiorganisation groß gewordenen Generation zuzuweisen; 99 hatten ein Alter zwischen 36 und 65 Jahren, 8 waren älter, nur 3 jünger, und die neugewählten waren durchschnittlich älter als die bisherigen Abgeordneten am Zeitpunkt ihrer ersten Wahl in den Reichstag. Die fortschreitende Überalterung des zunehmend bürokratischen Parteiapparats, der noch zu Ausgang des 19. Jahrhunderts auch jungen Männern raschen Aufstieg gewährt hatte, spiegelte sich in den folgenden Reichs-

43 Vgl. Leber (Anm. III/33), S. 192 ff.; dazu auch Lewis J. Edinger, „German Social Democracy and Hitler's ‚National Revolution' of 1933: A Study in Democratic Leadership“, in: *World Politics* 5, Nr. 3 (April 1953), S. 331 ff.

44 Neumann (Anm. II/5), S. 30 f.

45 Zur Rolle der Traditions- und Treuemomente in dieser Kontinuität vgl. Michels, *Parteiwesen* (Anm. I/21), S. 117 ff.

46 *Ebda.*, S. 123 ff.

47 *Ebda.*, S. 401 ff.

48 Über diesen Vorgang *ebda.*, S. 259 ff.

49 Dazu die Analyse bei John L. Snell, „German Socialists in the last Imperial Reichstag“, in: *Bulletin of the International Institute of Social History Amsterdam* 1952, Nr. 3, S. 196 ff.; die Zahlen im *Reichstags-Handbuch, 13. Legislaturperiode*, Berlin 1912, S. 196–414. Vgl. auch Willy Kremer, *Der soziale Aufbau der Parteien des deutschen Reichstags von 1871 bis 1918*, Emsdetten 1934.

tagen wider [50]. Anderseits standen aber im Kriegsreichstag neben dem Block partei- und gewerkschaftsbürokratischer Funktionäre und Redakteure (53) 19 Schriftsteller, 7 Juristen, 17 Privatunternehmer und 14 Abgeordnete verschiedener Beschäftigung, wobei 24 Exponenten vorwiegend der jüngeren Generation Universitätsbildung aufwiesen. Auch war nach ursprünglicher Berufsausbildung die größte Gruppe von Abgeordneten unter die Handwerker zu rechnen, stammte aus dem gehobenen Arbeiter- oder unteren Mittelstand; dabei spielte die Tätigkeit in der Parteipresse bei der Mehrzahl (etwa 60 %) eine wichtige Rolle.

Im ganzen erweist aber ein berufsstatistischer Vergleich zwischen den älteren und jüngeren Abgeordneten einen Rückgang der „Amateure" und einen Aufstieg der professionellen Parteibürokraten. Hier fällt besonders die Zunahme der Gewerkschaftsfunktionäre auf: eine Tendenz, die sich in der Weimarer Nationalversammlung fortsetzte, wo über die Hälfte der SPD-Abgeordneten Gewerkschaftserfahrung angab und ein volles Drittel von ihnen hauptberuflich der Gewerkschaftsbürokratie angehörte. Die Macht und der politische Stil der Partei- und Gewerkschaftsbeamten beeinflußte mit all den Licht- und Schattenseiten straffer Funktionärsherrschaft [51] auch die parlamentarische Aktivität, den parlamentarischen Stil der Partei und schränkte die taktische Beweglichkeit der Reichstagsfraktion beträchtlich ein, wenngleich ihre Mitglieder, zumal soweit sie nicht hauptamtlich an die Parteikarriere gebunden waren, zu einem Teil an Erfahrungen in den Landtagen, in Distrikts- und Gemeindevertretungen und auf kleineren Verwaltungsposten anknüpfen konnten [52].

So vermochten die sozialdemokratischen Parlamentarier dank der Sicherheit und Langfristigkeit ihrer Stellung unbestreitbar eine gewisse Unabhängigkeit von der Parteileitung zu erlangen, der sie überdies durch Personalunion vielfach bestimmend verbunden waren. Auch gingen Verhalten und Initiative der Fraktion oft genug — auch auf Parteikonferenzen — der Willensbildung der Partei selbst und ihrer weiteren, im außerparlamentarischen Raum wirkenden Organe voran [53]. Dazu kam noch der moderierende Einfluß der stets den praktisch-reformerischen Aspekten zugeneigten sozialistischen Gewerkschaften, deren Mitglieder das Hauptkontingent der SPD-Anhängerschaft stellten [54]. Gerade deshalb aber behielten Gesicht und Rolle der SPD auch in der Weimarer Republik im ganzen jenen oligarchisch-aristokratischen und zugleich konservativ-traditionalistischen Charakter bei, der im Wesen jeder straffen Organisation mit ihrer Differenzierung nach führender Minorität und geführter Majorität, mit ihrer Entwicklung einer Organisationstradition liegt. Auch diese ursprünglich sozialrevolutionäre Bewegung entwickelte die „natürlichen" reformerischen und konservativen Züge, die durch die politisch begründete Hinausschiebung der revolutionären Entscheidung, dann durch die Verwirklichung mancher Forderungen auf dem Wege des sozialen Kompromisses und schließlich durch die Institutionalisierung, das Eigengewicht einer selbstbewußten Parteiorganisation befördert wurden [55].

50 Vgl. Reibnitz (Anm. III/26), S. 41 f.
51 Vgl. Max Weber, „Politik als Beruf", in: *Gesammelte politische Schriften* (Anm. II/13), S. 431 ff.
52 Vgl. die Zahlen bei Drahn (Anm. III/27), S. 538.
53 Michels, *Parteiwesen* (Anm. I/21), S. 173 ff.
54 Dazu Neumann (Anm. II/5), S. 32 f.; S. 123 mit der Literatur.
55 Dazu Flechtheim (Anm. I/16), S. 4.

3. Die Versteifung der Parteistruktur

Die Konsequenzen dieser natürlichen Differenzierung traten im inneren Betrieb aller Parteien zutage. Sie äußerten sich einerseits in einer starken Rückwirkung des parlamentarischen Geschehens auf den innerparteilichen Prozeß, sofern es sich nicht um grundsätzliche Fragen handelte. Sie wirkten aber auch umgekehrt ständig im Sinne einer parteiinstanzlichen Kontrolle und Determinierung des parlamentarischen Verhaltens, das leicht genug seine eigenen Gesetze abseits der allgemeinen Parteistrategie zu entwickeln strebt [56]. Die Krise der DNVP 1929/30 macht deutlich, wie der Parteiapparat dabei am längeren Hebelarm sitzt, indem er mit der Kontrolle über die Kandidatenlisten den Abgeordneten letztlich in der Hand hat [57]. In der Tradition und im Betrieb der deutschen Parteien war denn auch trotz einer tatsächlichen Aktionsüberlegenheit der Fraktion über den Parteiapparat die zweite Tendenz weit stärker entwickelt. Tatsächlich wurde die Theorie, die Fraktion sei ein Abbild der Partei, weitgehend durchbrochen [58].

So trat die Taktik des geschickten politischen Verhaltens nicht nur hinter einer unbeweglichen, dem demokratischen Prinzip des *rotation in office* am wenigsten unterworfenen Parteiorganisations-Bürokratie zurück. Sie ordnete sich vor allem auch der „Strategie" der weitgesteckten und grundsätzlich festgehaltenen Ordnungsvorstellungen und Weltanschauungsziele unter. Das dogmatische Gewicht der marxistischen Lehre in der SPD, die ähnlich unelastische Rolle konfessioneller, wirtschaftspolitischer, nationalideologischer, rassistischer Grundvorstellungen in den anderen Parteien — diese glaubensmäßig akzeptierten Wahrheitskriterien, die nach ihrem geistesgeschichtlichen und soziologisch-politischen Gehalt wie nach ihrer relativen Geltung im Bereich des Politischen gerade von den glühendsten Anhängern selten wirklich gekannt, noch seltener kritisch überprüft und entsprechend ihrem Verhältnis zur politisch-sozialen Wirklichkeit revidiert wurden, sorgten zwar für eine sichere ideologische Verankerung der Parteiorganisation und umgrenzten zusammen mit der Interessenbindung durch materielle Versprechen und Vergünstigungen den Kreis politischer Aktivität, die Reichweite politischer Kompromißfähigkeit auf scheinbar verläßliche Art. Sie schränkten aber gleichzeitig auf dem Boden eines bürokratischen Zentralismus die elastische Beweglichkeit und die offene Koalitionsfähigkeit der Parteien in empfindlicher Weise ein.

Dies ist ein allgemeiner Vorgang: sofern zentralistische Neigungen zuweilen aufkommen mochten, waren sie weniger im demokratischen Instinkt bewußt gewordener Massen als vielmehr im Konflikt von Führungsminoritäten begründet, die lokale Selbständigkeitstraditionen, das Bedürfnis der Minorität nach Autonomie gegenüber der Majorität beim Kampf um die — zentrale — Gesamtführung auszunützen suchten. Das bedeutendste Ereignis dieser Art war die Abspaltung der BVP vom Zentrum. Sie erfolgte zwar im Rahmen der partikularistischen Los-von-Berlin-Tradition und war von monarchischen Vorstellungen beeinflußt, ist aber doch in erster Linie als Führungskonflikt, nicht etwa als innerparteilicher Auflockerungsprozeß zu verstehen. Dies wurde dann besonders im Eintreten der BVP und des Kronprinzen Rupprecht für

56 Dazu allgemein Deneke, „Das Parlament als Kollektiv" (Anm. II/21), S. 513 ff.; Duverger (Anm. II/41), S. 211 ff.

57 Vgl. u. Teil II, Kap. I und II.

58 Vgl. Fritz van Calker, *Wesen und Sinn der politischen Parteien* (Recht und Staat in Geschichte und Gegenwart), 2. Aufl., Tübingen 1930, S. 20.

den preußischen Feldmarschall und gegen den Zentrumsführer, jenem letztlich entscheidenden Votum der Reichspräsidentenwahl von 1925 sichtbar: Hindenburg hatte seinen knappen Sieg über Marx paradoxerweise der zentrumsfeindlichen Stellungnahme der BVP zu verdanken [59].
Die Folgen dieser Starrheit, durch die sich die „Weltanschauungsparteien" der Weimarer Republik von beweglichen „Plattformparteien" etwa US-amerikanischer Art unterscheiden, traten nicht nur in den Dauerkrisen der Weimarer Koalitionspolitik zutage. Sie bestimmten zugleich auch aufs nachdrücklichste die Aktivität der eigentlichen Parteimaschinen beim Kampf um die Gewinnung der Massen, in der Wahlkampagne und in der laufenden publizistischen Einstellung zu den innen- und außenpolitischen Ereignissen des Tages. Auch die demokratische Parteiorganisation in ihrer dauernden Kampfbereitschaft ist strukturell sehr wesentlich an halbmilitärischen, hierarchischen Aufbauprinzipien orientiert [60], während die Massen der Wählerschaft und selbst die organisierten Mitglieder weitgehend passiv bleiben und ihr politisches Bedürfnis in einem ewigen Verlangen nach Führung Ausdruck findet. Die Vermittlung zwischen Wähler und politischer Führung, diese erste Aufgabe der Parteien, erschien denn überhaupt ständig gefährdet und oft verfälscht, jedenfalls überaus unzulänglich [61]. Auch ein flüchtiger Blick auf den Willensbildungsprozeß in der zwischen Massenregung und Regierungstätigkeit eingeschalteten Partei beweist die undemokratischen Züge der innerparteilichen Ordnung, die Tendenz zur oligarchischen Kooptation, zu Nepotismus und Beziehungswirtschaft. Dies bezeichnete sowohl den Organisationsprozeß von unten, die Beschlußfassung auf der schmalen Basis eines zufälligen Ausschnitts der Mitgliederschaft [62], wie auch nach oben die Durchsetzung des Parteiwillens auf der parlamentarischen, wiederum eigenen Bedingungen unterworfenen Ebene. Hie koalitionspolitische, dort massenpsychologische Komplikationen, hie parlamentarisches Solidaritätsgefühl, dort spezielles Gruppenbewußtsein [63]: dazwischen stand die Partei, suchte dem beiderseitigen Druck durch ihre organisatorische und ideologische Führungsstruktur ausgleichend gerecht zu werden.
In der ideologischen Verfestigung dieser Struktur liegt eine der wesentlichsten Ursachen für die Tatsache, daß trotz der Labilität der inneren und äußeren Entwicklung die Frontstellung der größeren Parteien, das Ausmaß und die Richtung ihrer Koalitionsbereitschaft und ihre Stellung zu den aktuellen politischen Fragen beim täglichen Kampf um die Beeinflussung und Gewinnung der verschiedenen Volksschichten kaum eine Änderung erfuhren. Selbst in der Schlußphase der Weimarer Republik, ja, vielleicht gerade in diesen Krisenjahren, sah sich jeder Versuch einer Revision der Grundkonzepte und ihrer politischen Konsequenzen, sofern er nicht durch die praktischen Forderungen einer der Partei unentbehrlichen Interessengruppe unwiderstehlich forciert wurde, auf der Basis eines unverrückbaren Dogmenkatalogs und übermächtiger Vorstellungstraditionen wie von organisationsstrukturel-

59 Dazu die ausführliche, wenngleich etwas apologetische Darstellung bei Karl Schwend, *Bayern zwischen Monarchie und Diktatur, Beiträge zur bayerischen Frage in der Zeit von 1918 bis 1933*, München 1954, S. 303 ff.
60 Vgl. Michels, *Parteiwesen* (Anm. I/21), S. 52 f.
61 Ein wesentliches Moment ist dabei die Überalterung der Parteiführung – in scharfem Kontrast zu der Struktur der totalitären Parteien: vgl. auch A. Mendelssohn-Bartholdy, „The Political Dilemma in Germany", in: *Foreign Affairs* 8 (1930), S. 620.
62 Dazu die Beispiele bei Michels, *Parteiwesen* (Anm. I/21), S. 58 ff.
63 Vgl. Deneke (Anm. II/21), S. 523.

len Oligarchietendenzen hierarchischer Art festgehalten oder doch ins Unwirksame abgebogen [64]. Mit dieser Basis stand und fiel die Struktur, ja, die Existenz der Weimarer Parteien; ihre Erweichung führte auch trotz verschiedenen Ansätzen der letzten Jahre nicht zu jener Auflockerung oder Reform des Parteiwesens, die ein elastischeres Zusammenspiel der die verschiedenen Wähler- und Machtgruppen repräsentierenden Parteien bewirkt hätte.

So wurden die bestehenden Gegensätze im Volk durch dogmatisch versteifte Programmhaltungen nur noch vertieft und in einem Antagonismus von förmlichen „Staaten im Staat" mit eigenen Bürokratien und Ordnungshierarchien übersteigert, bis dann die Staat gewordene Partei, der Partei gewordene Staat mit der nationalsozialistischen Machteroberung verwirklicht war. Und neben die Zurückdrängung aller Kontakte im Bereich des täglichen Zusammenlebens, sofern sie dieser versteiften Parteistruktur widersprachen, trat noch die Behinderung der natürlichen Integrationstendenzen, die aus der persönlichen Fühlungnahme und sachlichen Zusammenarbeit im Parlament, also einem gewissermaßen berufsständischen Sonderbewußtsein der Parlamentarier erwachsen mochten. Wohl bewirkte die Eigengesetzlichkeit der parlamentarischen Institution ein „Umschlagen" des individuellen Handelns [65] angesichts umgrenzter praktischer Aufgaben, die Gesetzgebung und Regierungsbildung stellten. Aber das Eigengewicht der parlamentarischen Tätigkeit mit ihren praktischen Aspekten und Erfordernissen fand ein starkes Gegengewicht in der mißtrauischen Kontrolle der Abgeordneten und der Fraktion durch den Parteiapparat, der durch ideologische, bürokratische und finanzielle Abhängigkeiten wesentlich starrer festgelegt war.

Die schwierigste Frage war darum von Fall zu Fall, ob der notwendige, von der praktischen parlamentarischen Arbeit her viel eher einsichtige demokratische Kompromißvorgang dem jeweiligen Programm genügend Raum, einen tragbaren „Annäherungswert" [66] schaffen konnte, ohne doch den allgemeinen Zweck des Kompromisses, die Zustimmungsbereitschaft anderer Parteien zu verhindern. Die ständigen Krisen der Weimarer Koalitionspolitik demonstrierten nicht nur die Überlagerung der Kompromißstruktur der Parteien durch starre Dogmen und an ihnen orientierte Bürokratien; ihr Verlauf war auch gekennzeichnet durch die ständige Spannung zwischen dem Parteiapparat, der den Blick auf den Wähler gerichtet hielt und über die Macht- und Pressionsmittel des Parteifiskus, der Finanzbürokratie verfügte, und der Fraktion, die den Problemen und Aufgaben der letztinstanzlichen staatlichen Willensbildung verpflichtet war [67].

Das übliche Mittel zur Lösung dieses Dilemmas bestand, im Anschluß an die jeder Partei immanenten oligarchischen Tendenzen [68], meist darin, den Parteiführer als Fraktionsvorsitzenden und — im Fall einer Teilnahme an der Regierung — als leitenden Minister einzusetzen. Trotzdem — und trotz einer ständigen Ergänzung der Fraktion aus den Führungsgremien der Parteiorga-

64 Dies ist nachdrücklich einer parteisoziologischen Richtung entgegenzuhalten, an deren Spitze Robert Michels (besonders *Parteiwesen,* Anm. I/21, S. 465) steht. Michels' These von der bürokratischen „Vertuschung" der großen ideologischen Gegensätze trifft im Raum der deutschen Parteienentwicklung nicht die Wirklichkeit.

65 Dazu Arnold Gehlen, „Probleme einer soziologischen Handlungslehre", in: *Soziologie und Leben,* hrsgg. von Carl Brinkmann, Tübingen 1952, S. 28 ff.

66 Ludwig Bergsträßer, *Geschichte der politischen Parteien in Deutschland,* 7. Aufl., München 1952, S. 10.

67 Vgl. auch Michels, *Parteiwesen* (Anm. I/21), S. 144 ff.

68 *Ebda.,* S. 16 und *passim;* Duverger (Anm. II/41), S. 178 ff.

nisation, trotz einer ausgeprägten, personell gebundenen Führungsstruktur, die auch den demokratischen Parteien eigen war — erreichten die Spannungen zuweilen ein erhebliches Maß. Daß sie den im Raum der Fraktion selbst herbeigeführten Kompromiß, der einer Abstimmung voranging, nur in seltenen Fällen verhindert oder gesprengt haben, war eine Folge des aus dem bürokratisch-autoritären Charakter der Weimarer Parteien fließenden Fraktionszwangs.

In der Tat wurde die Fraktionsdisziplin überaus konsequent gehandhabt und auch befolgt; sie zeichnete besonders die straff organisierten Parteien zur Linken des Parlaments aus [69]. Man hat daraus grundsätzlich eine Kampagne gegen den Fraktionszwang und seine vermeintlichen Ursachen, die Verhältniswahl [70] und die daraus resultierende Befehlsgewalt autoritärer, kraft der Kontrolle über die Kandidatenlisten übermächtiger Parteiapparate, entwickelt und ferner in scharfsinnigen Analysen auf die unvermeidliche Ausbildung und Emanzipierung von schwer kontrollierbaren Führungsoligarchien in jeder modernen Parteiorganisation hingewiesen [71]. Dies geht nun wieder über die Tatsache hinweg, daß eine Atomisierung des Parlaments in „freie" Abgeordnete notwendigerweise bald zu anderen, keineswegs ohne weiteres arbeitsfähigeren Gruppierungen führen müßte. Man muß sich überdies fragen, ob die liberalrepräsentative Vorstellung von einem frei über den Parteien und Interessengruppen stehenden Abgeordneten auch im Zeitalter der industriellen Massengesellschaft und ihrer vielseitigen Bindungszwänge noch einen politischen Wirklichkeitswert besitzt [72]. Neben der kompromißfähigen Blockbildung ist die Kontinuität dieser in sich selbst wiederum durch Kompromisse geeinigten Großgruppen eine Grundvoraussetzung parlamentarischer Arbeit und Regierungspolitik, die nicht durch wechselnde und isolierte Augenblicksentscheidungen „freier" Abgeordneter, sondern nur durch die relative Geschlossenheit und Verläßlichkeit von Parteigruppen und Fraktionsdisziplin garantiert wird.

Auch ganz allgemein ist demgegenüber entschieden zu betonen, daß nicht so sehr technische Auswirkungen des Wahlrechts oder taktische Konsequenzen der parlamentarischen Struktur der deutschen Demokratie die Herausbildung und Stabilisierung eines klar funktionierenden Zweiparteiensystems verhindert haben. Das Problem liegt viel tiefer und ist vor allem in den historischen und soziologischen Bedingungen der deutschen Parteigeschichte begründet. An ihrem Anfang um 1848 standen sich klare Fronten gegenüber, die um einen antibürokratisch-antiabsolutistischen Liberalismus einerseits, um einen diesen reformistischen oder revolutionären Tendenzen entgegengesetzten Konservatismus anderseits gruppiert waren. In dem fast „idealtypischen" Parteiensystem, das sich in dieser politischen Frontbildung abzeichnete, schien die Machtverteilung übersichtlichen Formen, durchsichtigen Parteistrukturen und einem klar umgrenzten Wechselspiel von Regierungsverantwortung und Opposition zuzusteuern [73].

Doch wurde diese Entwicklung in doppelter Weise durchkreuzt: einmal (historisch) durch die außen- und wirtschaftspolitischen Interessentrends, die

69 Vgl. z. B. die Aufstellungen bei Heinz Markmann, „Traktat vom Fraktionszwang", in: *Der Wähler* 3, Nr. 4, S. 141 ff.
70 Vgl. dazu u. Teil II, Anm. III/10.
71 Michels, *Parteiwesen* (Anm. I/21), bes. S. 41 ff.
72 Dazu o. S. 36 und vor allem die zitierten Schriften von Gerhard Leibholz, besonders noch *Der Strukturwandel der modernen Demokratie*, Karlsruhe 1952, S. 13 ff.
73 Dazu Neumann (Anm. II/5), S. 14 ff.

— nachdem die liberal-demokratische Opposition schon vor 1848 erhebliche Differenzierungen aufwies — in die Kapitulation des Liberalismus als Massenbewegung vor dem staatsautoritären Bismarcksystem mündeten; zum andern (soziologisch) durch die Folgen der industriellen Expansion, der die Herausbildung einer neuen sozialistischen Massenpartei klassengebundenen Charakters jenseits des bisherigen Zweiparteienschemas entsprach. Neben die außen-, wirtschafts- und sozialpolitischen traten weiterhin kultur- und konfessionspolitische Gruppierungstendenzen, die sich — wiederum historisch und gesellschaftlich zugleich bestimmt — besonders im Zentrum zusammenschlossen. In diesem Augenblick vermochte auch das Mehrheitswahlrecht der Kaiserzeit das Auseinanderbrechen in ein Vielparteiensystem und in wenigstens drei große Gruppen nicht mehr zu verhindern. Hier wurzelt die Schlüsselstellung des Zentrums, das sich als Zünglein an der Waage quer zwischen das Zweiparteiensystem legte, und die Bemühungen einsichtiger Liberaler, durch eine Einbeziehung der SPD, durch die Mehrheitsbildung „von Bebel bis Bassermann“ [74] wenigstens die Fronten zu beiden Seiten in ihrer ursprünglichen Klarheit und politischen Bedeutung wiederherzustellen und dem Zentrum seinen Platz an der Rechten zuzuweisen, blieben Episode und konnten weder in der Monarchie noch in der Republik das Eigengewicht der neuen, historisch wie soziologisch geänderten Lage aufheben.

Die Vielfältigkeit der Komponenten erschwert freilich eine prägnante Feststellung und Begründung jener Entwicklung; doch muß auch schon in diesen allgemeinen Bemerkungen der komplizierte Strukturcharakter des Weimarer Parteiensystems, diese viel beklagte Gespaltenheit der Innenpolitik auf jene historisch-soziologischen Gründe zurückgeführt werden, die weder durch wahlrechtstechnische Überlegungen noch durch pseudodemokratische Kritik am parlamentarischen System überhaupt auszuschalten sind. Wenn sich heute nach der Bundestagswahl von 1953 neue Möglichkeiten abzuzeichnen scheinen, so kommt auch hier den wahlrechts- und parlamentstechnischen Gesichtspunkten durchaus nur eine zweitrangige, erst durch die jüngsten historischen und soziologischen Veränderungen ermöglichte Bedeutung zu. Es ist übrigens kein Zufall, daß dies nicht mit der Änderung des Wahlrechts oder des parlamentarischen Systems, sondern mit der Modifizierung eines die deutschen Verhältnisse bestimmenden Differenzierungsmoments, mit der teils grundsätzlichen, teils taktischen Annäherung der gespaltenen Konfessionen auf der politischen Ebene zusammenhängt.

Die Verhinderung eines einfachen Wechselspiels von Rechts- und Linksparteien im Reichstag der Weimarer Republik schuf freilich eine Lage, die sich in einer fortschreitenden Vertiefung und Zersplitterung der Gegensätze Luft machte und schließlich den totalitären Sammelbewegungen den Weg erleichterte. Hier ist bei allen angedeuteten Vorbehalten doch die auch in der vielseitigen Diskussion über Verhältnis- und Mehrheitswahlrecht erneuerte Kritik am Parteiensystem der Weimarer Republik insoweit wohl begründet, als sie die Organisations- und Funktionsstruktur betrifft, die allen deutschen Parteien dieser Zeit in mehr oder minder großem Maße eigentümlich, ja, in den angedeuteten Zügen gegenüber der Vorkriegszeit noch wesentlich schärfer ausgebildet worden war.

Für die SPD, deren Struktur in diesem Zusammenhang besonders aufschlußreich erscheint, bedeutete freilich sowohl die Austragung jener Spannungen

74 In diesem Sinn besonders Naumann (Anm. I/12), S. 47 ff. u. a.

wie die Einstellung zur bestehenden Staats- und Gesellschaftsordnung etwas wesentlich anderes als für die übrigen demokratischen Parteien. Festigung und Fortbildung der Weimarer Koalition unter maßgeblicher Beteiligung eines praktisch gerichteten evolutionären Sozialismus — das war die Chance von Weimar. Statt dessen verzeichnen wir ein beharrliches Zögern der SPD, aus der traditionellen Oppositionshaltung hinauszutreten und die Parteistruktur wie ihre ideologisch-marxistischen Leitbilder den neuen Aufgaben anzupassen. Dies verband sich noch einer Empfindsamkeit gegenüber allen Berührungsversuchen zur Rechten wie zur Linken des Parteikerns; Furcht vor dem Verlust bislang zuverlässiger Wählerschichten, dazu ideologische und organisatorische Unbeweglichkeit bestimmten jenes unentschiedene, zweideutige und zuletzt gänzlich passive Verhalten gegenüber den großen politischen Entscheidungen, in das die seit 1890 größte deutsche Partei besonders auch im Parlament immer wieder zurückfiel, bis ihr — noch lange vor dem Triumph der NSDAP — fast widerstandslos Stück um Stück die republikanischen Machtbastionen entrissen wurden [75].

4. Das Problem der DNVP und die demokratische Mitte

Am anderen Flügel des Parteienfelds hatte die *DNVP* [76] nach dem Zusammenbruch der konservativen Monarchieparteien eine Tradition übernommen, die sie mit ähnlicher Grundsätzlichkeit, wenngleich mit andersartigen Organisations- und Strukturformen fortzuführen suchte [77]. Als ein erster organisatorischer Mittelpunkt der gegenrevolutionären Kräfte stand auch diese Partei in der geschichtlichen Kontinuität. Dies wird in der Zusammensetzung der Führungsgremien, in der programmatisch-ideologischen Richtung wie in dem soziologischen und interessenpolitischen Zusammenhang greifbar. Gleichzeitig tendierte die DNVP als antirepublikanische Sammelpartei freilich zu einer Expansion der sozialen Struktur, einer Verlagerung des Schwergewichts der Wählerschaft vom agrarischen Osten in den hochkapitalistischen Westen [78] und trug auch in taktischen Einzelheiten und in einer anfänglichen Kompromißhaltung den neuen Verhältnissen Rechnung. Diese Partei wurde in Fortsetzung der nationalen Sammlungsparolen der „Vaterlandspartei" unter veränderten Bedingungen zum Auffangbecken für Anhänger aller herrschenden Vorkriegsparteien konservativer Schattierung, für Deutsch- und Freikonservative, Völkische, Christlich-Soziale und auch — über den Alldeutschen Verband — für einige Nationalliberale [79]: wie ja am Anfang auch Bestrebungen zu einer Verbindung mit der DVP auftraten [80]. So suchte neben der Landwirtschaft jetzt auch ein erheblicher und überaus einflußreicher Teil der Industrie seine Interessenvertretung in der DNVP [81], wobei auch soziologisch eine bunte Vielfalt von Elementen zusammengefaßt und der alte Gegensatz zwischen

75 Vgl. besonders die Kritik von Leber (Anm. III/33), S. 203 ff. u. a.

76 Ihre Wählerbewegung 1919–1932: 10,3 – 14,9 – 19,5 – 20,5 – 14,2 – 7,0 – 5,9 – 8,8.

77 Zu den Gründungsvorgängen seit Sommer 1918 (vom deutschnationalen Standpunkt): Hans Erdmann v. Lindeiner-Wildau, „Konservativismus", in: *Volk und Reich* (Anm. II/17), II, S. 49 f.; ebenso Axel Frhr. v. Freytagh-Loringhoven, „Deutschnationale Volkspartei", in: *Die geistige Struktur der politischen Parteien Europas*, Berlin 1931, S. 8 ff.; vgl. Reibnitz (Anm. III/26), S. 66 ff.

78 Neumann (Anm. II/5), S. 60.

79 *Ebda.* Zur weiteren Vorgeschichte auch Lindeiner-Wildau (Anm. III/77), S. 43 ff. Vgl. jetzt auch Alfred Kruck, *Geschichte des Alldeutschen Verbandes 1890–1939* (Veröffentlichungen des Instituts für Europäische Geschichte Mainz, Bd. III), Wiesbaden 1954, S. 125 ff.

80 Neumann (Anm. II/5), S. 59.

81 Zur Interessengruppierung der DNVP vgl. die parlamentssoziologischen Notizen bei Saemisch, „Wer vertritt das Volk?" (Anm. III/14), S. 924 ff.

konservativ und liberal weitgehend verwischt erscheint [82]. Der Weg des Alldeutschen Verbandes vom außenpolitisch akzentuierten Nationalliberalismus über eine „liberalreaktionäre" Frontstellung nach innen und (nach 1918) eine vorübergehende Anlehnung an die DVP zum äußersten rechten Flügel der DNVP kennzeichnet zugleich deren soziale Heterogenität und Mobilität. Und der Aufstieg des großindustriellen Alldeutschen Hugenberg zum Parteiführer symbolisiert Art und Richtung dieser Verbindung zwischen Agrar- und Schwerindustrieinteressen, Konservatismus und Liberalismus unter der Generalparole eines restaurativen Nationalismus. Die Vertretung des Mittelstandes wurde zwischen den großen Interessenparolen — Industrie und Landwirtschaft — immer schwächer; sie fiel dann am frühesten dem nationalsozialistischen Rivalen zu.

Obwohl die DNVP (wie zunächst die USPD) vom machtrevolutionären Extremismus in den Reichstagswahlen von 1920 und dann besonders 1924 profitierte, war die gouvernementale Tradition von der monarchischen Zeit her noch so stark ausgeprägt und die Verbindung zur protestantischen Kirche, zur Staatsbürokratie und zum Militär wie vor allem das Interesse an der Erhaltung bedrohter Traditionen und Machtverhältnisse so bestimmend, daß trotz grundsätzlicher Opposition gegen die neue Ordnung und monarchistischer Restaurationsideologie im ersten Jahrzehnt der Republik eine durch die interessenpolitischen Querverbindungen noch geförderte praktisch-parlamentarische Kompromißfähigkeit nie ganz verlorenging [83]. Erst als diese vom wirtschaftlichen Interessenflügel geforderte Politik der zögernden opportunistischen Mitarbeit zu überholenden Erfolgen rechtsradikaler Rivalen führte und gleichzeitig die Funktions- und Widerstandsfähigkeit der parlamentarischen Demokratie entscheidende Einbußen erlitt, setzte der Rückfall in doktrinären Antirepublikanismus ein. Er ging von der Parteiorganisation in ihren Regionalverbänden aus und führte über das eigensinnige, für die politische Realität blinde Machtstreben Hugenbergs zu einem Konflikt zwischen Parteivorstand und Fraktion und zur Spaltung [84], von dort schließlich zur starren Destruktionspolitik der Harzburger Front mit ihrer Verlängerung in den 30. Januar 1933 hinein.

Es ist darum bezeichnend, daß sich auch eine solche, in ihren Grundprinzipien „aristokratische" Partei durch eine verstärkte Demokratisierung gegenüber und innerhalb der allgemeinen Tendenz zur numerisch bestimmten Massenpartei zu behaupten suchte. Ihrem Wesen nach antidemokratisch, auf einem System konservativer Normen beharrend, mußte die DNVP in der Weimarer Republik — ganz unkonservativ — gegen den bestehenden *status quo* eine revolutionäre, besser „gegenrevolutionäre" Aktivität entfalten, die sich nun nicht weniger auf das Prinzip der Volkssouveränität, der Majorität, der demokratischen Organisation oder wenigstens Scheinorganisation als auf konservativen Traditionalismus stützte. Der Umschlag von aristokratisch-exklusiver Cliquenpolitik zur „Volkspartei" und Massenorganisation, der nicht erst in der verhaßten Republik, sondern schon zu Ausgang des 19. Jahrhunderts ein-

82 Dies mochte so weit gehen, daß man auf deutschnationaler Seite die Existenz einer DVP neben der DNVP als widersinnig empfinden zu können glaubte: so z. B. Georg v. Below, „Deutschnationale Köpfe", in: *Charakterbilder aus Vergangenheit und Gegenwart der rechtsstehenden Parteien*, Hrsg. Hans v. Arnim und Georg v. Below, 2. Aufl., Leipzig-Wien 1928, S. 21 f.; vgl. auch Hans Erdmann v. Lindeiner Wildau, *Wir und die Deutsche Volkspartei (Deutschnationale Flugschrift*, Nr. 77), Berlin 1921.

83 Vgl. dazu Kaufmann (Anm. I/22), *passim*, bes. S. 117 ff.

84 Vgl. u. Teil II, Kap. I.

setzte und dem Aufschwung der SPD nach der Aufhebung des Sozialistengesetzes auf breiter Ebene zunächst durch den Antisemitismus Konkurrenz zu machen suchte [85], entsprach eben jener Wandlung des „Konservatismus" nach seinem politischen Begriffsinhalt wie nach seinem Verhältnis zur bestehenden Staatsordnung. Er machte auch den Konservativen nach politischer Taktik und Expansion seines Parteibegriffs zum „Demokraten" und versetzte ihn damit in ein Dilemma, das den ständigen inneren Krisen der DNVP in der Weimarer Republik besonders angesichts parlamentarischer und Koalitionsentscheidungen zugrunde lag, aber auch Aufbau und Delegationsmodus der Parteiorganisation behinderte [86]. Immer wieder kam es zu Abspaltungen besonnener, wirklich politisch denkender Konservativer, die freilich nicht die Neugruppierung einer arbeitsfähigen Rechten nach den Vorstellungen der Volkskonservativen und der christlich-sozial-agrarischen Splitterparteien erreichten, sondern ihre Wähler seit den Wahlen von 1930 den Weg in die nationalsozialistische Sammelpartei gehen sahen.

Das Verhältnis der eigentlichen (strikt autoritären) politischen Ideologie zur notwendigen (taktisch-demokratischen) Augenblickspraxis war bei der DNVP geradezu umgekehrt wie bei den eigentlichen demokratischen Parteien. Der Abgeordnete mußte sich, sollte die DNVP politisch existieren, auf Grund eines von ihm — dem Wesen und Programm der Partei nach — bekämpften Prinzips wählen lassen, er mußte in seinem demokratischen Zeitalter mit ihm wesensfremden Mitteln und Verhaltensweisen um eine Majorität werben, deren innere Legitimität er nicht anerkannte [87]. Hier lag nicht zuletzt auch der Punkt des Übergangs vom „aristokratischen" zum „plebejischen Konservatismus" [88]. Denn das theoretische, organisatorische und praktisch-politische Dilemma der DNVP in der Republik war in der notwendigen, obgleich prinzipienwidrigen Ausweitung der aristokratischen Führungsform zum Rahmen einer Massenpartei begründet, und eben an diesem Punkt vermochte die opportunistische Erfolgstaktik der NSDAP mit der demagogischen Synthese von pseudokonservativen Elitetraditionen und pseudodemokratischen, massenrevolutionären Propaganda-, Organisations- und Führungsmitteln die DNVP und alle benachbarten Gruppierungen schließlich endgültig zu überspielen.

Erst mit dem Aufstieg der NSDAP und den dadurch hochgetriebenen konservativ-autoritären Vorformen der cäsarischen Volksdiktatur kristallisierte sich das auf vielfältige Weise vorangetriebene Konzept der „Gegenrevolution" zu machtpolitisch greifbarer Form: die Demokratie auf demokratischem Wege über den Volkswillen zu beseitigen. Von der nationalsozialistischen Massenpartei erst, die sich konsequent und ohne traditionalistische Bedenken der demokratischen Machtinstrumente zu bedienen wußte, wurden die restaurativen Zwischenkonzepte nach dem Papen-Schleicher-Experiment mühelos in

85 Vgl. Michels, *Parteiwesen* (Anm. I/21), S. 8; Naumann (Anm. I/12), S. 42 f.

86 Neumann (Anm. II/5), S. 61 f.

87 Vgl. dazu schon Friedrich Naumann, *Demokratie und Kaisertum, Ein Handbuch für innere Politik*, Berlin-Schöneberg 1904, S. 92: „Wir verstehen es, wenn Konservative das allgemeine Wahlrecht nicht gut vertragen. Es verdirbt ihnen den eigenen Charakter, denn vor einer Wahlversammlung kann man doch nicht schlechtweg den Grundsatz vertreten: Autorität, nicht Majorität . . . Nur in ständischen Körperschaften, wie im preußischen Herrenhaus oder in der sächsischen ersten Kammer, kann er sich geben, wie er ist. Deshalb ist der heutige Konservative eine Kompromißnatur, ein Herrenmensch mit demokratischen Handschuhen. . . Eine agitierende Aristokratie. Schon dieses ist ein Erfolg der demokratischen Gesamtströmung."

88 Dazu Kurt Stechert, *Wie war es möglich? Der Ursprung des Dritten Reiches in historischer und soziologischer Beleuchtung*, Stockholm 1945, S. 29.

dem Augenblick beiseite geschoben, in dem die Demokratie selbst auch den letzten Rest an Manövrier- und Funktionsfähigkeit eingebüßt hatte. Die DNVP, weder sicher demokratisch noch konsequent autoritär aufgebaut und abgestützt, mußte vor jenem neuen Typ diktatorischer Massenpartei mit demokratischer Geste kapitulieren, dem sie nach dem Zusammenbruch des kaiserlichen Konservatismus — in taktischer Anpassung wie in unbeweglicher Kritik an Republik und Massendemokratie — tastend den Weg bereitet hatte.

Stärkere Verschiebungen und Beweglichkeit kennzeichneten die Gruppierungen der Mitte, die zwar auch bestimmte Parteitraditionen aufnahmen, in ihrer Anpassung an die Verhältnisse und Erfordernisse des neuen Staates aber personell wie organisatorisch eine größere Freizügigkeit und parlamentarische Mobilität als die Flügelparteien entfalteten. Auch für sie gilt freilich wie für die DNVP, daß mehr als die Hälfte der parlamentarischen Vertreter interessenpolitisch-berufsständisch gebunden war. Von den bürgerlichen Parteien trat die *DDP* [89] zuerst und am entschiedensten für die Stabilisierung und den liberalen Ausbau der Republik ein. Während sie als eine „echte Neugründung unter dem Einfluß der Revolution" [90] in Anknüpfung an die linksliberale und freisinnige Tradition der Fortschrittspartei, aber auch eines Teiles der Nationalliberalen, den Übergang zur neuen staatlichen Ordnung rückhaltlos bejahen konnte, freilich in Reaktion auf die dem ersten Triumphe von 1919 folgenden Wahlniederlagen bald auch eine deutlich zurückhaltende Stellung gegenüber der SPD bezog, war dagegen die *DVP* [91], die aus dem Auseinanderbrechen der nationalliberalen Partei den rechten Flügel für ihre Organisation zu retten vermochte, von vornherein mit Residuen einer monarchistischen und imperialistischen Tradition behaftet [92].

Im Sinne der alten Gegensätze zwischen Fortschritts- und Nationalliberalismus unterschied sich die DVP von der DDP besonders durch ihre Betonung einer machtstaatlichen Außenpolitik gegenüber einer liberalen Innenpolitik. Auch die Wandlung des ehemaligen Annexionisten Gustav Stresemann zum führenden Staatsmann der Republik ging davon aus [93]. Sie bezeichnete zunächst auch den weiteren Weg der DVP. Dann freilich verlagerte sich das Gewicht in einem solchen Maß auf eine „antimarxistische" Interessenpolitik des Großbürgertums und besonders der Industrie, daß auch hier eine zu Teilen kompromißbereite Fraktion und ihre Minister schließlich in einen wachsenden, nur durch Stresemanns parteitragende Gestalt notdürftig überbrückten Konflikt mit der Partei selbst und ihrem Interessenhintergrund gerieten: ein Konflikt, der an dem fatalen Bruch der Großen Koalition und endlich — wenn man die Kehrseite betrachtet — an der Zerstörung einer zuverlässigen Wäh-

89 Ihre Wählerbewegung 1919–1932: 18,6 — 8,3 — 5,7 — 6,3 — 3,8 — 3,8 — 1,0 — 1,0.

90 Neumann, *Parteien* (Anm. II/5), S. 46; vgl. Gerhard Ritter, „Allgemeiner Charakter und geschichtliche Grundlagen der politischen Parteibildung in Deutschland", in: *Volk und Reich* (Anm. II/17), II, S. 5 ff.

91 Ihre Wählerbewegung 1919–1932: 4,4 — 13,9 — 9,2 — 10,1 — 8,7 — 4,5 — 1,2 — 1,9.

92 In diesem Sinne wird auch der „Wesensunterschied" von Liberalismus und (kritisch beurteiltem) Demokratismus in der DVP-Schrift Rochus Frhr. v. Rheinbabens, *Liberale Politik im Neuen Reiche*, Karlsruhe 1928, S. 4 ff., scharf betont. Zur Entstehungsgeschichte der liberalen Parteien Otto Nuschke, „Wie die DDP wurde, was sie leistete und was sie ist", in: *Zehn Jahre deutsche Republik, Ein Handbuch für Republikanische Politik*, hrsgg. von Anton Erkelenz, Berlin 1928, S. 24 ff. (DDP-Version), und Wilhelm Kahl, „Der Liberalismus der Deutschen Volkspartei", in: *Volk und Reich* (Anm. II/17), S. 98 ff. (DVP-Version); ebenso schon: *Die Entstehung der Deutschen Volkspartei*, hrsgg. von der Reichsgeschäftsstelle der DVP, 3. Aufl., Berlin 1920.

93 Dazu jetzt Henry L. Bretton, *Stresemann and the Revision of Versailles*, Stanford 1953.

lergrundlage zugleich die transitorische, vorwiegend interessengebundene Struktur der Partei erwies [94].

Ebensowenig konnten die anfängliche Stärke der DDP und die maßgebliche Mitwirkung ihrer zahlreichen politisch und parlamentarisch erprobten Vertreter am ersten Aufbau der Republik — Preuß, Naumann, Haußmann, Max Weber, Rathenau — verdecken, daß der Niedergang des deutschen Liberalismus, der, anders als das Zentrum mit seiner stabilen Organisation und seinen erfahrenen klerikalen Organisatoren, seit seiner Kapitulation vor der Bismarckschen Realpolitik in einen Prozeß steten Machtverlustes geraten war, gerade in der Weimarer Republik, der ersten Verwirklichung der liberaldemokratischen Staatsidee, in ein entscheidendes Stadium getreten war. Er traf zuerst die DDP, nachdem sich das Bürgertum vom ersten Revolutionsschock erholt hatte und teils nach links abwanderte, zum größten Teil aber sich wieder weiter rechts orientierte [95]. Das traditionelle Signum der liberalen Bewegung war ihre organisatorische Schwäche [96]. Straffes Befehlssystem und hierarchische Struktur, die zu den Voraussetzungen der modernen Massenparteien zumal sozialistischer, durch das Gewicht der Zahl geprägter Art gehörten [97], waren ihr nicht nur im 19., sondern auch im 20. Jahrhundert fremd geblieben. Ihre Hauptbedeutung für die neue parlamentarische Republik lag eben in der Beweglichkeit und Koalitionsfähigkeit ihrer Führung wie der sie stützenden Gruppen und Organisationsformen. Schon in den Parteibildungsprozessen der Revolutionswochen waren diese Eigenschaften, auf die sich alle Regierungsversuche der folgenden Jahre stützten, klar hervorgetreten [98].

Aber gleichzeitig muß man im fortschreitenden Zerfall der liberalen Parteien eine unmittelbare Folge mangelnder Organisation und ungenügender Bemühung um die Ausbildung eines kollektiven Machtwillens und eines breiten Mitgliederstammes sehen. So umfaßte in der zweiten Hälfte der zwanziger Jahre die Mitgliederschaft nur etwa 5 % der ständig schrumpfenden Wählerschaft der beiden liberalen Parteien. Wie auch die Theorie des Liberalismus nicht auf die Erfassung der Massen schlechthin, sondern nur der wirtschaftlich und geistig zur politischen Herrschaft herangereiften Schichten von Besitz und Bildung ausging [99], so war einerseits eine ursprüngliche Zurückhaltung gegenüber konsequenter parlamentarischer Demokratie, radikaler politischer Gleichberechtigung und allgemeinem, gleichem Wahlrecht, anderseits eine Vorliebe für die Differenzierungsmöglichkeit eines monarchischen Konstitutionalismus, eine Anfälligkeit für ungehemmte wirtschaftlich-imperialistische Expansion und eine große Vielfältigkeit der Gruppierungen und Interessenbeziehungen kennzeichnend für den individualistischen, zentripetalen Charakter der liberalen Parteibildungen. Um so leichter mußte es für ein straffes Obrigkeitsregime oder für eine straff organisierte Massenpartei sein, durch Eingriffe oder Konkurrenz den individuellen Stil ihrer politischen Aktivität zu stören [100].

Neben der wirtschaftlichen Konstellation ist es diese organisatorische Emp-

94 Zur soziologischen Interessenstruktur Neumann (Anm. II/5), S. 53, und die Abgeordnetenanalyse bei Saemisch, „Wer vertritt das Volk?" (Anm. III/14), S. 927 ff.

95 Neumann (Anm. II/5), S. 46 f., und allgemein Sell (Anm. I/12), S. 393 ff.

96 Dazu Werner Stephan, „Die Organisation der Demokratischen Partei", in: *Zehn Jahre deutsche Republik* (Anm. III/92), S. 543 ff.

97 Michels, *Parteiwesen* (Anm. I/21), S. 50 ff.

98 Nuschke (Anm. III/92), S. 33 ff.

99 Michels, *Parteiwesen* (Anm. I/21), S. 11 ff.

100 Dies wird z. B. auch deutlich in der programmatischen Schrift von Gertrud Bäumer, *Grundlagen demokratischer Politik*, Karlsruhe 1928, S. 50 ff. u. a.

findlichkeit gewesen, die schon die schwache Position des zahlenmäßig zunächst noch so starken Nationalliberalismus im Bismarckreich und seine weitere Passivität in der wilhelminischen Periode erklärlich macht. Sie bestimmte nun Gesicht und Rolle vor allem der DVP in der Weimarer Republik, ohne daß auch der stärker an die demokratische Tradition des Liberalismus anknüpfenden DDP der organisatorische Ausgriff auf die Massen und eine Erhaltung der in den Revolutionswochen errungenen numerischen Machtstellung gelingen wollte. Noch Friedrich Naumann hatte versucht, die natürlichen Gegensätze von Demokratie und militärischer Monarchie zur Synthese eines sozialen Volkskönigtums zu vereinen und mit den zeitgebundenen Formen — nur entfeudalisiert — gleichzusetzen. Die Stellungnahme zur Republik war auch nach dem Ende dieses Traumes noch von seinen 50jährigen Voraussetzungen bestimmt: vom Erbe des schicksalhaften Frontwechsels des Liberalismus und seines politischen Fehlansatzes mit dem Kampf gegen Sozialismus und dem Verzicht auf die politische Emanzipation des Bürgertums und von der Selbstrechtfertigung dieses ideologischen „Umfalls" durch die gefeierte Realpolitik der nationalen Einigung im Zeichen Bismarcks, dessen semiabsolutistische Staatskonstruktion man wider besseres Wissen als Erfüllung auch der alten liberal-demokratischen Ziele hingenommen hatte [101].

Besonders für die DDP gilt überdies, daß ihre ausgleichende Mittelstellung und ihre gemischt soziale Zusammensetzung aus Arbeitnehmern, Beamten, Selbständigen nicht nur eine Chance zu politischer Einflußstärke eröffnete, sondern zugleich ein Moment organisatorischer Schwäche bedeutete. In starker sozialer Spannung standen sich vor allem ein kapitalistisch-bürgerlicher und ein nationalsozialer Flügel gegenüber. Die breite Mittelstandsschicht — zumal auch mittlere Beamte und Lehrer —, die zunächst vermittelnd der Partei ihr Gesicht gegeben hatte, flüchtete nach der Erschütterung durch die Inflation weitgehend in die reinen Interessenparteien [102]. Der innere Ausgleich der Sonderinteressen, die in zahlreichen Ausschüssen, Berufs- und Spitzenorganisationen mit der Partei verbunden waren, wurde durch die auch zahlenmäßig greifbare Schwäche der Parteiorganisation im engeren Sinn erschwert — ein Umstand, der in der DVP mit ihrer geschlosseneren großbürgerlichen Struktur sich doch weniger stark auswirkte [103].

Vor allem aber war die Aufspaltung der bürgerlichen Wählerschaft in zwei Parteien ein folgenschweres Ergebnis der ein halbes Jahrhundert zuvor angebahnten Selbstauflösung des Liberalismus. Auch neuerliche Fusionsversuche wie die liberale Vereinigung von 1925 scheiterten eindeutig, zumal an der Einstellung zur Sozialdemokratie, die für die DDP — im Sinne der alten Konzeption Naumanns — durch einen praktisch-politischen Brückenschlag, für die DVP durch eine klare Abgrenzung von Bürgertum und Arbeiterschaft bestimmt wurde [104]. So bedeutete das Nebeneinander beider Parteien, diese Erneuerung der Vorkriegsspaltung im deutschen Bürgertum, zugleich jene unvermeidbare Klärung der politischen Fronten innerhalb des Bürgertums, die im Zeitpunkt der Parteibildung nicht zu umgehen und später kaum eher rückgängig zu machen war, als selbst diese losen Parteiorganisationen ein gewisses Eigengewicht entwickelt und bestimmte Verhaltensgrundsätze aus-

101 Vgl. Sell (Anm. I/12), S. 227 ff.
102 Neumann (Anm. II/5), S. 48 f.
103 Stephan (Anm. III/96), S. 544 ff.; vgl. die parlamentssoziologischen Bemerkungen von Saemisch, „Wer vertritt das Volk?" (Anm. III/14), S. 931 f.
104 Neumann (Anm. II/5), S. 50; vgl. Kahl (Anm. III/92), S. 102.

gebildet hatten. Man sollte überdies bei einer kritischen Untersuchung der Ursachen, die zum Zusammenbruch der demokratischen Mitte geführt haben, die Rolle der großen Flügelparteien nicht unterschätzen, deren Zögern in Kompromißfragen die Funktionsfähigkeit der Weimarer Republik beeinträchtigte und ihre liberalen Dauerstützen gerade auch in den Augen des krisenängstlichen Bürgertums zunehmend diskreditierte. Die Entwicklung erwies einmal mehr, daß in dem Organisationsgefüge des modernen Parteienstaates das politische Prinzip der Aristokratie notwendig nach pseudodemokratischen Formen, die Form der Demokratie nach aristokratischen Prinzipien tendiert [105].

Ganz im Gegensatz zu jener Entwicklung der liberalen Parteien, die schließlich die Mitte sprengte und in einem Umschlag der fluktuierenden Wählerneigung — und vor allem unter Überspringung der gemäßigten Flügelparteien — eine Mehrheit den extremen Bewegungen zuführte, hat das *Zentrum* [106] auch nach dem Zusammenbruch und nach dem Scheitern der Bemühungen um eine umfassendere „Christliche Volkspartei" die schon im „Zweiten Reich" bewiesene Stabilität auf konfessioneller Basis bis zuletzt behalten [107]. Dies ist nicht nur ein Beispiel für die Macht einer kirchlich-organisatorisch abgestützten Ideologiepartei, die politisch gesehen nur von einer Aktionsplattform getragen war [108], doch ohne detailliertes Programm und selbständige Parteiorganisation dauerhaften Zusammenhalt und Einfluß als ständige Regierungspartei bewahrte [109]. Es beweist auch die politische Kraft einer Kompromißpartei, die nicht auf dem teutonischen Entweder-Oder, sondern auf dem Sowohl-Als-auch, auf dem „Und" stand: „Religion und Vaterlandsliebe, Vaterland und Menschheit, Deutschland und Europa, Zentralismus und Föderalismus, Macht und Recht [110]".

So blieb diese Partei, mit ihrer antiextremen, antidoktrinären Haltung stets nach Ausgleich strebend, der Schlüssel für alle parlamentarischen Gruppierungsversuche, der sie seit der Bismarckschen Epoche gewesen war: nicht immer als ausschlaggebender Faktor, aber doch in dem Sinne, daß nichts geschah, was das Zentrum nicht wollte [111]. Daß es als der eigentliche, im demokratischen Sinne „konservative" Machtfaktor der Republik wirken konnte, war freilich nicht nur in der außerordentlichen ideologischen Stabilität und in der Stärke der Hilfsorganisationen, sondern vor allem in dem erstaunlichen Maß an Anpassungsfähigkeit, in der großen Wendigkeit, Beweglichkeit, Bündnisfähigkeit begründet, die dieser nach Herkunft und Machtbasis konsequentesten und doch vom historischen deutschen Parteitypus so grundlegend verschiedenen „Weltanschauungspartei" das Gepräge gaben. Den Übergang zur Republik [112] vollzog sie mit einem Wechsel des Programmschwerpunkts

105 Michels, *Parteiwesen* (Anm. I/21), S. 16.

106 Wählerbewegung 1919–1932 (mit BVP): 19,7 – 17,9 – 16,6 – 17,3 – 15,1 – 14,8 – 15,9 – 15,0.

107 Vgl. von Zentrumsseite Heinrich Brauns, „Das Zentrum", in: *Volk und Reich* (Anm. II/17), S. 62 ff. Grundlegend zur frühen Geschichte Karl Bachem, *Vorgeschichte, Geschichte und Politik der deutschen Zentrumspartei*, 8 Bde., Köln 1927/31; dazu Leo Schwering, „Carl Bachem", in: *Deutsches Monatsblatt*, Sept. 1958, S. 4. Karl Buchheim, *Geschichte der christlichen Parteien in Deutschland*, München 1953, S. 323 ff. Bibliographien bei Georg Schreiber (Hrsg.), *Politisches Jahrbuch*, München-Gladbach 1925 ff., fortgeführt durch: ders., *Zentrum und Reichspolitik*, Köln 1930.

108 Nach einer Auskunft des ehemaligen Zentrums-Generalsekretärs Vockel (v. 13. Juni 1951) war die politische Leitung weitgehend durch ein Gremium von Landesvorsitzenden bestimmt, die von Zeit zu Zeit zusammenkamen: daher rührt auch die betonte innen- und landespolitische Orientierung des Parteikurses.

109 Dazu Joseph Trautmann, *Organisationshandbuch für Zentrumswähler*, 2. Aufl., Hildesheim 1925.

110 Josef Joos, *Die politische Ideenwelt des Zentrums*, Karlsruhe 1928, S. 13.

111 Naumann, *Parteien* (Anm. I/12), S. 39.

112 Dazu Brauns (Anm. III/107), S. 82.

und der Führungsgremien, deren Zusammensetzung nun deutlich mit dem Übergewicht der Arbeitervertreter unter den Abgeordneten den sozialen Flügel betonte [113]. Die taktische Freiheit auch nach links war so unter den veränderten Verhältnissen ebenso gewahrt wie einst die Verbindung nach rechts zu den konservativen Parteivertretern der Kaiserzeit [114]. Die permanente Regierungsfähigkeit, die bei allen Koalitionsversuchen bis zur Schlußphase berücksichtigt werden mußte [115], ermöglichte der Partei die beharrliche Verfolgung besonders ihrer kulturpolitischen Ziele [116].

Diese ausschlaggebende Stellung des Zentrums war erst dann erschüttert, wenn sich links — wie es 1918 schien — oder rechts von ihm — wie es 1932/33 Wirklichkeit wurde — eine Mehrheit bildete. Übrigens erfaßte auch die Zentrumspartei nur etwa 60 % der nominellen Katholiken [117] — stärker die Frauen und weitgehend wohl die „Kirchgänger", die praktizierenden Katholiken, die z. B. in Preußen bis zu 90 % Zentrum wählten. Jedoch kamen auch die übrigen katholischen Wähler mehr den Links- als den Rechtsparteien zugute, wenngleich mit Martin Spahn ein Teil der katholischen Konservativen ins weimarfeindliche deutschnationale Lager hinüberschwenkte. Demgegenüber setzte sich etwa 1924 die Wählerschaft der DNVP zu 80 %, die der DVP zu 87 %, die der SPD zu 78 %, die der Demokraten zu 74 % und die der Kommunisten zu 69 % aus nominellen Protestanten zusammen [118].

Die Zusammenarbeit mit der SPD nach der Revolution wurde noch durch historische Berührungspunkte erleichtert: beide Parteien waren in entschiedener Oppositionsstellung zum Bismarckschen Staat entstanden und hatten im Kulturkampf und im Sozialistengesetz, in der Behauptung gegen absolutistische Unterdrückung ihre innere und äußere Bewährung, ihren legitimierenden Mythos gefunden. Das „Bündnis" zwischen Zentrum und Sozialdemokratie gehörte auch nach der Einstellung der Kampfmaßnahmen zu den Angstträumen Bismarcks [119], wenngleich es zu seiner Verwirklichung noch eines verlorenen Krieges und der Beseitigung der bisherigen Regierungsgrundlagen bedurfte. Dazu kamen sozial bedingte antiliberale und antikapitalistische Tendenzen, die das Zentrum, vor allem seinen wachsenden linken Flügel, auch in der Periode der Regierungsbeteiligung wirtschafts-, sozial-

113 Neumann, *Parteien* (Anm. II/5), S. 39. Dazu jetzt vor allem die materialreiche Studie von Helga Grebing, *Zentrum und katholische Arbeiterschaft 1918–1933, Ein Beitrag zur Geschichte des Zentrums in der Weimarer Republik*, Diss. Berlin 1952 (ungedr.), *passim*, bes. S. 20 ff.: Nach der Wahl zur Nationalversammlung umfaßte die Zentrumsfraktion 26 (vorher 5) Gewerkschaftler, nur 8 (vorher 17) Vertreter der Landwirtschaft und nur 2 (vorher 5) Vertreter der Industrie, während die Zahl der Repräsentanten von Beamtenschaft und Justiz (22 statt 23) konstant blieb. Ähnlich war die Lage in der verfassunggebenden preußischen Landesversammlung.

114 Zu den Versuchen einer Erweiterung nach links programmatisch: Heinrich Teipel, *Wir müssen aus dem Turm heraus, Gedanken zur Krise des deutschen Parteiwesens*, Berlin 1925.

115 Man denke noch an die Koalitionsverhandlungen zwischen Zentrum und NSDAP im Sommer 1932: vgl. u. Teil II, Kap. IX.

116 Dazu besonders Georg Schreiber, *Deutsche Kulturpolitik und der Katholizismus*, Freiburg i. Br. 1922; jetzt ders., *Zwischen Demokratie und Diktatur, Persönliche Erinnerungen an die Politik und Kultur des Reiches (1919–1944)*, Regensberg-Münster 1949, und noch Anton Rheinländer, *Zentrum und Schulpolitik seit Weimar*, Berlin 1924.

117 Noch niedrigere Ziffern (für 1932) bei Brecht, *Federalism* (Anm. II/101), S. 42.

118 Johannes Schauff, *Die deutschen Katholiken und die Zentrumspartei, Eine politisch-statistische Untersuchung der Reichstagswahlen seit 1871*, Köln 1928; vgl. Brauns (Anm. III/107), S. 65. Über die Bemühungen um die Ausweitung des Zentrums zu einer allgemeinen christlichen Partei und den protestantischen Anteil Buchheim, *Geschichte* (Anm. III/107), S. 232 ff. Parteioffiziös damals: Heinrich Brauns, „Zentrum und evangelischer Volksteil", in: *Der Zusammenschluß*, Heft 11 (Februar 1927), S. 32 ff.; vgl. andere Aufsätze dieser 1926 von Exponenten beider Konfessionen gegründeten Zeitschrift, die freilich keine lange Lebensdauer hatte.

119 Vgl. etwa Otto v. Bismarck, *Erinnerung und Gedanke*, Bd. II, Kap. 10 (*Die gesammelten Werke*, Anm. I/9, XV), S. 549 ff.

und kulturpolitisch in der Opposition gehalten und keiner entschiedenen Bindung an Staat und Staatsform zugeführt hatten [120]. Anders als der staatstragende Protestantismus war der politische Katholizismus durch den Zusammenbruch der Monarchie deshalb wenig berührt und vermochte sich schnell und sicher auf den Boden der Tatsachen zu stellen: keiner anderen Partei gelang das in ähnlicher Weise. Nur dem Problem des bayerischen Föderalismus zeigte sich die Integrationskraft des Zentrums nicht gewachsen; doch blieb nach der Abspaltung die Bayerische Volkspartei, von einem betonten Föderalismus und einer stärkeren Tendenz nach rechts abgesehen, nach Organisationsstruktur und politischer Position dem übrigen Zentrum durchaus ähnlich [121].

Freilich war die parlamentarische Beweglichkeit des Zentrums, das nach seiner soziologischen Differenzierung wie ein verkleinertes Spiegelbild der Weimarer Republik erscheint [122], indem es die Abschattierung der Standpunkte und Interessen der verschiedenen Parteien vereinte und ihren Antagonismus beispielhaft in sich austrug [123], an entscheidenden Punkten begrenzt durch die primär religiöse Bindung und eine grundsätzliche, trotz allen taktischen Rücksichten vor allem bei den Wahlen auftretende Frontstellung gegen den säkularen Sozialismus der SPD. Das Mißtrauen gegenüber einem areligiösen Marxismus wie gegenüber einem konsequenten Demokratismus, nicht zuletzt auch die Gegensätze zwischen christlichen und sozialen Gewerkschaften, verstärkte in dieser klassischen „Partei der Mitte" bald wieder eine traditionelle Tendenz nach rechts, die schon in den ersten Versuchen zur Einbeziehung der DNVP in die Regierung sichtbar geworden war [124]. In der Anlehnung an die päpstlichen Enzykliken klangen vernehmlich ständestaatliche Konzeptionen an, und schließlich setzten sich mit den Regierungsversuchen Brünings, dessen Entwicklung vom christlichen Sozialisten zum Vertreter eines gemäßigt autoritären Konservatismus für diese Wandlung bezeichnend ist, die skeptische Beurteilung der säkularisierten Parlamentsdemokratie und ein autoritärer Reformismus durch. Die Niederlage des christlichen Gewerkschaftsführers Stegerwald auf dem Kölner Parteitag von 1928, die mit Kaas einen Vertreter des rechten Zentrumsflügels an die Spitze der Partei brachte, sollte die Bedeutung einer endgültigen Entscheidung gewinnen [125].

Diese Tendenz wurde freilich noch lange durch das Verbleiben des Zentrums in der preußischen Linkskoalition ausbalanciert, bis sie im Schicksalsjahr 1932 von militanten autoritätsstaatlichen Säkularbewegungen überholt und in einer alle Reformversuche abschneidenden totalitären Diktatur aufgehoben wurde; sie fand schließlich nur im benachbarten Österreich, im autoritären katholischen Ständestaat Dollfuß' und Schuschniggs ihren Ausdruck. Immer-

120 Zur Staatsauffassung Godehard Josef Ebers (Hrsg.), *Katholische Staatslehre und volksdeutsche Politik*, Freiburg i. Br. 1929; Alois Dempf, *Demokratie und Partei im politischen Katholizismus*, Wien 1932. Vgl. die Literatur zu den sozial- und wirtschaftspolitischen Konzeptionen des Zentrums bei Neumann (Anm. II/5), S. 125.

121 Vgl. Anton Pfeiffer, *Gedankenwelt und Tätigkeit der Bayerischen Volkspartei*, München 1922; Konrad Beyerle, *Föderalistische Reichspolitik*, München 1924, und jetzt Schwend (Anm. III/59), S. 58 ff.; S. 122 ff.; Buchheim, *Geschichte* (Anm. III/107), S. 347 ff.; S. 368 ff.; Werner Gabriel Zimmermann, *Bayern und das Reich 1918–1923, Der bayerische Föderalismus zwischen Revolution und Reaktion*, München 1953, S. 37 ff. u. a.

122 Zur interessenpolitisch-berufsständischen Bindung der Abgeordneten Saemisch, „Wer vertritt das Volk?" (Anm. III/14), S. 929 ff.

123 Schon Naumann, *Parteien* (Anm. I/12), S. 40, charakterisiert sie als „das Parlament im Parlament". Vgl. auch die Strukturskizze bei Reibnitz (Anm. III/26), S. 58 ff.

124 Vgl. jetzt Grebing (Anm. III/113), S. 261 ff. (Abschnitt C: „Die Rechtsentwicklung im Zentrum").

125 Dazu auch Adam Stegerwald, *Wohin gehen wir?*, Würzburg 1946, S. 24 ff.

hin wurde es zu einem für die Schlußphase der Weimarer Republik bestimmenden Ereignis, daß der erste Versuch zur Lösung des durch den Sturz der Großen Koalition geschaffenen Dilemmas, der die Begründung einer den rechten Parlamentsflügel einschließenden Koalition erstrebte, von derselben Partei getragen war, die das Gewicht ihrer inneren Geschlossenheit und ihrer taktischen Manövrierfähigkeit in den ersten Jahren der Republik zugunsten einer Regierungsfähigkeit der SPD und einer steten Kontinuität demokratischer Block- und Regierungsbildung in die Waagschale geworfen hatte.

5. Die Schwäche des demokratischen Parteiensystems

Diese Skizze des Parteiensystems von Weimar läßt erkennen, wie sich zwischen den dogmatisch verfestigten und nur bedingt regierungsfähigen Flügeln, die von den beiden größten Parteien gebildet werden (denn die DNVP stand 1924 bis 1930 an zweiter Stelle), eine Anzahl taktisch beweglicher Parteibildungen um die Arbeitsfähigkeit des Parlaments und die Integration der Interessen bemühte. Es gelang ihnen freilich nicht, ihre Basis zu verbreitern und den dauerhaften Anschluß der rechten wie der linken Flügelgruppe an die Koalitionsmitte zu sichern. Mit Brünings Sturz und dem Papenputsch scheiterten endgültig die bilateralen Integrationsversuche, die besonders das Zentrum mit einer Rechtskoalition im Reich und gleichzeitig einer Linkskoalition in Preußen in den Krisenjahren zu unterbauen suchte.

Aus dieser Zwangslage der demokratischen Mitte, die ein grundsätzliches Problem der parlamentarischen Demokratie bezeichnet [126], ergaben sich wiederum Rückwirkungen auf die Bildung der öffentlichen Meinung und die Wählergruppierung, die eine schwache Parteiorganisation und -tradition auf die Dauer nicht aufzufangen vermochte. Daß die DNVP in Fortführung der konservativen, vor allem gegen den Liberalismus gerichteten Parteitradition in vielem ein protestantisch-konfessionelles Gegenstück zum Zentrum war, sicherte ihr doch nie eine ähnliche Stabilität. Schon zahlenmäßig bedeutete das Zentrum unvergleichlich mehr innerhalb des Katholizismus als die DNVP innerhalb des Protestantismus, die auch soziologisch gesehen nur eine protestantische Minderheit umfaßte und sich nicht so sehr aus ausgesprochen politischen als aus vielfältigen sozial-restaurativen Interessen- und Ideologiekomplexen rekrutierte. Alle anderen Versuche, den protestantischen Konservatismus zu organisieren, blieben in der Zersplitterung stecken: dies war auch das Schicksal des Christlich-Sozialen Volksdienstes, der sich zwischen Zentrum und DNVP eingeschoben und vor allem in Süddeutschland verankert hatte [127].

Während so das Zentrum seine Stabilität als straff um einen Kern gruppierte, soziologisch bunte „Volkspartei“ bis zuletzt bewahrte, gerieten nicht nur DDP und DVP, sondern auch die gemäßigte konservativ-christliche Rechte und die DNVP in den Sog eines Umbildungs- und Auflösungsprozesses, der schließlich sogar die SPD in ihrer politischen Aktivität lahmlegte, wenn er auch nicht ihre Organisation zu erschüttern vermochte. KPD und NSDAP wurden die beiden Machtpole dieser Dynamik; in ihren traditionslos-militanten Organisationen sammelte sich die Bewegung, die, von der Weltwirtschaftskrise schließlich freigesetzt, das Parteisystem der parlamentarischen Demokratie

126 Man vgl. etwa die in manchem parallele Situation der französischen und der italienischen Republik heute.
127 Dazu jetzt aufschlußreiches Material bei Buchheim, *Geschichte* (Anm. III/107), S. 375 ff.

zersprengte, seine Mitte auslöschte und auch die bisherigen Flügelparteien — die passive SPD zuerst, die pseudoaktive DNVP in der Folge — gewaltsam zusammendrängte und einen fast widerstandslos hingenommenen Tod sterben ließ.

Zu einer wesentlichen Bedeutung im Rahmen dieser krisenhaften Entwicklung des Weimarer Parteiensystems gelangten vorübergehend auch jene zahlreichen „unechten Parteien" [128], deren Zersplitterungseffekt das Integrationsanliegen der parlamentarischen Parteien im Raum der öffentlichen Meinung und der Wählerschaft empfindlich störte und — mit der Verwandlung der politischen Auseinandersetzung in einen Antagonismus unversöhnlicher Einzelinteressen und Ressentimenthaltungen — eine mehrheitsbildende Zusammenarbeit nachhaltig behinderte. Sie trieben die traditionelle Standes- und Interessenbindung der Parteien bis in ihre extremste, schon fast apolitische Form fort. Besonders in Gestalt der Wirtschaftspartei, der „Reichspartei des deutschen Mittelstandes" [129], erreichten sie vorübergehend eine beträchtliche Stärke, während andere parteiförmige Interessengruppen — Christlich-Nationale Landvolkpartei, Deutsche Bauernpartei, Volksrechtspartei, Deutsch-Hannoversche Partei — parlamentarische Splitter blieben. Für die prinzipiellen Kritiker der „Parteipolitik" überhaupt wurden gerade diese Verbände zum vornehmsten Kampfargument, obwohl doch ihre zentrifugale Tätigkeit am deutlichsten gegen das Wesen der politischen Partei gerichtet war und fast unverhüllt den Methoden der Interessengruppen folgte, um dann unter dem Eindruck der Wirtschaftskrise eine plötzliche Wendung zur traditionellen Einigungsideologie der NSDAP zu vollziehen — ein Umschlag, der den Interessen- und zugleich Gefühlscharakter der Splitterparteien, ihre nach Entstehung und Richtung eigentlich apolitische Struktur erwies.

Eine umfassende historische Betrachtung, die den Parteien als „Zwischenorganisationen zwischen der Bevölkerung und der Volksvertretung" [130], ihrer geschichtlichen Bedeutung für das politische Erwachen aller Volksschichten gerecht werden will, wird freilich den spezifischen Charakter des deutschen Parteiensystems an den weiteren Bedingungen der Vorgeschichte und der allgemeinen Situation der Weimarer Republik zu messen haben. Mehr als in anderen Ländern komplizierte die geopolitische Lage, die Übermacht außenpolitischer Problemstellungen in Deutschland auch die Parteistruktur und lähmte ihre Bewegungsfreiheit. Stärker auch als anderswo trat das Parteienparlament — im Unterschied etwa zu dem aus dem Ständewesen organisch erwachsenen englischen Parlament — als revolutionäre Neuschöpfung in Erscheinung. Und fühlbarer als in Staaten von bedächtig-zielbewußter, erfolgreicher demokratischer Tradition wirkte jener im 19. Jahrhundert aufgebrochene Gegensatz zwischen Obrigkeits- und Volksstaat, den auch die Revolution von 1918 nicht zu beseitigen, die Struktur der Weimarer Republik kaum zu verdecken vermochte, auf die Stellung der Parteien zum bestehenden Staat ein.

In dem theoretischen, ideologischen Charakter der parteibildenden Programme wie der programmatischen Parteien in Deutschland wurden geschichtliche Grundlagen einer politischen Entwicklung wirksam, die auf keiner selbstverständlichen demokratischen Willensbildung, sondern vielmehr auf einem

128 Ritter, „Allgemeiner Charakter" (Anm. III/90), II, S. 4.
129 Die Wählerbewegung (1919–1932): 0,9 – 0,8 – 2,4 – 3,3 – 4,5 – 3,9 – 0,4 – 0,3. Die Abgeordneten sind meist selbständige Geschäftsleute und zugleich in ihren Berufsorganisationen tätig.
130 Naumann, *Parteien* (Anm. I/12), S. 3.

beharrlich unterdrückten, schließlich durch einen äußeren Zusammenbruch entbundenen Widerstreit oppositioneller Gruppierungen beruhte. Mit den politischen konnten sich in der Weimarer Republik zugleich soziale und ideologische Rivalitäten institutionell entfalten, die die Ausbildung nicht nur staatstragender Eliten, sondern auch politisch arbeitsfähiger Großgruppierungen aufs äußerste erschwerten. Die vielfältig partikularen Interessengruppen wußten die Gelegenheit, in das durch den grundsätzlichen Antagonismus der Parteien neutralisierte Machtvakuum einzudringen, wohl auszunützen. Im Bereich der wirtschaftlichen Interessenpolitik, deren Organisationen die Parteien in den Dienst ihres Machtwillens zu stellen und damit ihrer eigentlich staatspolitischen Aufgabe zu entfremden drohten, wurde diese Tendenz besonders deutlich wirksam.

DER AUFSTIEG DER TOTALITÄREN PARTEIEN

Die Wahlen von 1930 und 1932 zersprengten nicht nur die demokratische Mitte der Weimarer Republik. Sie trieben zugleich die schwindenden gemäßigten Flügelparteien in die Isolierung. Die parlamentarische Kehrseite war, daß kompromißunfähige Gruppen zur „unechten Mehrheit" anschwollen und die koalitionsfähigen Parteien sich in eine Minderheit verwandelten. Der Zustand absoluter Aktionsunfähigkeit der Demokratie, der sich im Reichstag wie in den Länderparlamenten seit dem Herbst 1930 abzeichnete, folgte aus dem Aufstieg radikal antidemokratischer Gruppen zur Linken und zur Rechten des Parteienfelds. Für das Schicksal der Weimarer Republik wurde es entscheidend, daß diese Gruppen von vornherein darauf festgelegt waren, sich im Parlament antiparlamentarisch zu verhalten, die sozialpsychologische Integrationsfunktion, die politisch-praktische Gesetzgebungstechnik, die Solidaritätswirkung des Parlaments [1] zu blockieren und damit den Parlamentarismus selbst *ad absurdum* zu führen.

1. Merkmale des totalitären Radikalismus

Die beiden Parteien, denen schließlich die völlige Lähmung des parlamentarischen Mechanismus gelang, verdankten — jede auf ihre Weise — Entstehung und Profil dem Problemzusammenhang der Revolution von 1918. Die *KPD* hatte sich endgültig konstituiert, als die Revolution in parlamentarische Kanäle geleitet und die Kompromißlösung der Weimarer Republik dem sowjetrussischen Vorgang bewußt entgegengesetzt wurde. Hier trennte sich der Weg der Räterevolutionäre von dem der koalitionswilligen, dem parlamentarischen Gedanken ergebenen Mehrheits-Sozialdemokraten. Die *NSDAP* hingegen kristallisierte sich nicht um das Zuwenig, sondern vielmehr um die Tatsache der Revolution überhaupt. Zwar war dies Ereignis von den konservativ-monarchischen Gruppen insgesamt geschichtlich nicht anerkannt worden. Doch entfalteten über deren allgemeine Opposition hinaus erst die extrem nationalistischen Sondergruppen jene gegenrevolutionäre Aktivität, die sich gegen jeden auch nur taktischen Kompromiß mit der Weimarer Republik als Frucht der Revolution und des verlorenen Krieges richtete.

Schon der äußeren Konstellation nach zeigen also Entstehung und innenpolitischer Ort der KPD und der NSDAP gewisse Ähnlichkeiten, die auch ein Blick auf die Organisationsformen bestätigt. Die äußere Abgrenzung gegen die parlamentarischen Flügelparteien, die SPD im einen, die DNVP im anderen Fall, die der Gründung und Entwicklung der extremen Parteien erst Dauer

1 Dazu o. S. 71 ff. und die allgemein typologischen Bemerkungen bei Deneke (Anm. II/21), S. 517 ff.

und Geschlossenheit verlieh, die innere Gruppierung um die Kritik am Zuviel oder Zuwenig der Revolution, die ihre unversöhnliche Kampfstellung gegenüber der Republik bestimmte, die Orientierung an dogmatisch festgehaltenen, zugleich massenpropagandistisch geschickt manipulierten Leitbildern von äußerster Einfachheit und Gleichförmigkeit, die gleichwohl elastisch differenziert und den primitivsten materiellen wie psychischen Interessen einer potentiellen Massengefolgschaft angepaßt wurden [2]: solche Merkmale kennzeichneten Charakter und Aufstieg jener Parteien, die dem Pluralismus der Demokratie mit einer geschlossenen Befehlsstruktur, der parlamentarischen Kompromißdynamik mit einem einheitlichen Diktaturkonzept begegneten und die Herausbildung einer im Wechselspiel von Koalition und Opposition begründeten demokratischen Kontinuität von vornherein blockierten. Dadurch war der natürliche innere Bewegungsprozeß der Demokratie, politischer Ausdruck der sozialen Mobilität in einem freien Gemeinwesen, in seinen legitimen, politische Freiheit nie antastenden Ausdrucksformen beschränkt. Zugleich wurde die Dynamik über die Schranken der parlamentarischen Parteien, die weder nach links noch nach rechts einer im demokratischen Sinn mehrheits- oder oppositionsfähigen Blockbildung Dauer verschaffen konnten, hinausgetrieben in transparlamentarische Gebiete, um schließlich in den Bereich absolut-totalitärer, kompromißfeindlicher politischer Erlösungsreligionen zu münden [3].

Die Parallelen zwischen Nationalsozialismus und Kommunismus, die an der Einstellung zur Weimarer Republik, an den folgenden Verwirklichungsversuchen nationalsozialistischer und kommunistischer Totalitarismuskonzepte ihren Anhaltspunkt finden, können freilich nicht allzuweit über das Kriterium formaler oder organisationstaktischer Ähnlichkeit hinaus fortgeführt werden. Selbst nach ihrer inneren Parteistruktur wiesen KPD und NSDAP wichtige Unterschiede auf, die sich der Rückführung auf eine einfache „jakobinische" [4] Tradition, der Vereinfachung durch moralische oder politische Schlagworte insofern entziehen, als „totalitär" in der Anwendung auf jede der beiden Par-

2 Vgl. u. S. 152 ff. sowie die zeitgenössische Kritik von Wilhelm v. Schramm (*Radikale Politik, Die Welt diesseits und jenseits des Bolschewismus*, München-Leipzig 1932, S. 40 ff.), der allerdings den politischen Radikalismus nicht durch eine Stärkung der Demokratie, sondern durch einen romantisch-christlichen Universalismus zu überwinden empfiehlt.

3 Zum Begriff Waldemar Gurian, „Totalitarian Religions", in: *The Review of Politics* 14 (1952), S. 3 ff. Über die Gefahr einer Korruption der die demokratische Ordnung tragenden öffentlichen Meinung und eines Abgleitens der Macht auf demokratiefeindliche Instanzen Karl Mannheim, *Ideology and Utopia*, London 1951, S. 30–45; ders., *Freedom, Power, and Democratic Planning*, London 1951, S. 3–26, S. 41–77 und *passim;* Erich v. Kahler, „Das Problem der Demokratie", in: *Synopsis, Festgabe für Alfred Weber*, Heidelberg 1948, S. 193 ff.; Otto Stammer, „Herrschaftsordnung und Gesellschaftsstruktur", in: *Schmollers Jahrbuch* 71 (1951), S. 269; grundlegend zur „Einheitspartei" Duverger (Anm. II/41), S. 286 ff.

4 Die geistreiche Kritik von Emil Franzel, „Die restaurativen Tendenzen der Epoche", in: *Neues Abendland* 6 (1951), S. 529 ff., ist zu sehr einseitige Rechtfertigung der konservativen, ja, der monarchistischen Position, zu primitiv verdammende Verallgemeinerung bei der Identifizierung von sozialistischer und faschistischer Revolutionsideologie (Nationalsozialismus als linksradikale Bewegung!), um auch nur in ihren richtigen Ansätzen relevant zu sein; sie läuft mit ihrer Proklamation einer echt „konservativen Rechten" unter Denunzierung der übrigen Richtungen als „Jakobinertum" auf eine Rechtfertigung der „konservativen Komponente des Rechtsradikalismus hinaus (bei Franzel Francos, ja, des italienischen Faschismus; der Rest – einschließlich des „eigentlichen" Nationalsozialismus – wird nach „links" verbannt), verurteilt demgegenüber nicht nur kommunistischen, sondern auch „liberalen" Sozialismus und „Formaldemokratie" (S. 534 ff.) und gipfelt in einer völligen Begriffsverwirrung. Man wird weder um den reaktionären Charakter nationalsozialistischer Herrschaftsordnung (besonders in der Wirtschaft) und Ideologie (politische Romantik) noch um die Tatsache der politischen und geistigen Unterstützung der nationalsozialistischen Machtergreifung durch restaurative und konservative Gruppen, zuletzt durch eine „Rechtskoalition", herumkommen. Und schließlich ist bei allen berechtigten Zweifeln an jenen herkömmlichen Einteilungsprinzipien für unsere Untersuchung doch auch die Tatsache zu bedenken, daß man sich mit den Bezeichnungen „links" und „rechts" nicht nur an die parlamentarische Wirklichkeit, sondern auch an die von den betroffenen Gruppen gewollte Einordnung, an ihr politisches Selbstbewußtsein hält.

teien etwas Verschiedenes bedeutet. Während die KPD die traditionelle Apparatstruktur der sozialistischen Parteien zum äußersten Extrem einer hierarchischen Kontrollapparatur ausbaute und diese einer internationalen Befehlsstelle zur bedingungslosen Verfügung unterwarf, entwickelte die NSDAP in konsequentester Fortbildung der oligarchischen Tendenzen der modernen Parteiorganisation eine autonome, strikt auf eine Person ausgerichtete Befehlsstruktur, deren Rückgrat der Messianismus nicht so sehr — wie in der KPD — einer weltverändernden Idee als vielmehr eines allwissenden Führers bildete. Im Rahmen dieser Struktur der NSDAP mochte auch das Verhalten der einzelnen Anhänger und selbst der Funktionäre zunächst viel weniger eingeengt und gleichgeschaltet erscheinen, als dies innerhalb der dichten, anonym gelenkten kommunistischen Organisation der Fall war. Der Voluntarismus des Parteigängers, dem in der KPD die Fesseln der philosophisch begründeten weltrevolutionären Providenz angelegt waren, wurde in der NSDAP bewußt entfesselt zur Verherrlichung und zur aktiven Nachfolge eines Führers, der allein die philosophisch für sich vage Idee verkörpert und so, personifiziert, zum Sieg führt [5].

Die hier gezogenen Hauptlinien bedürfen freilich, soweit sie nicht im weiteren Verlauf der Untersuchung am geschichtlichen Gegenstand erläutert und modifiziert werden, schon jetzt einer etwas schärferen Bestimmung. Wichtig ist vor allem, daß die KPD aus den jahrzehntelangen inneren Auseinandersetzungen [6], ideologischen Spannungen und politisch-taktischen Positionskrisen einer großen Oppositionspartei herausgewachsen ist und ihre Eigenständigkeit im Augenblick des Übergangs der SPD zur Regierungspartei gewonnen hat, — ob man nun diesen Augenblick schon im „Burgfrieden" von 1914 sieht oder sich auf den Abschluß dieses Prozesses mit der Revolution und die Errichtung der Weimarer Republik bezieht. Die NSDAP war demgegenüber eine eindeutige Neugründung, eine „Volkspartei" neuen Stils. Zwar umschlossen ihre geschichtlichen Wurzeln eine Fülle politischer und ideologischer Komponenten. Doch besaß das neue Gebilde keine augenfällige organisatorische und parteistrukturelle Tradition und war auch nicht bemüht, eine solche Tradition zu proklamieren, während doch für die KPD die Berufung auf die wahre Fortführung einer reformistisch „verfälschten" SPD-Tradition zu den zentralen Argumenten der Selbstlegitimierung gehörte. Dazu kommt noch, daß die KPD konsequenter als jede andere Partei ihre militant-autoritäre Organisation an den soziologisch begrenzten Ideen des Klassenkampfes und der Klassendiktatur orientierte, während die NSDAP von Anbeginn die Ideologie der politisch-weltanschaulichen Sammelbewegung, den nationalistischen Mystizismus einer alle Klassen umspannenden Einheitspartei in den Vordergrund rückte.

Freilich näherten und überschnitten sich die scheinbar extrem entgegengesetzten Ausgangslinien sehr deutlich auf der Ebene des taktischen Operierens im konkreten politischen Raum. Wenn die KPD über die Diktatur der Klasse zur Einheitspartei im nun klassenlosen Staat und die NSDAP über die Diktatur

5 Vgl. Christoph Ertel, *Der Kollektivmensch, Eine Auseinandersetzung mit den totalitären Systemen*, Limburg/Lahn 1949, S. 162 ff. Die verdienstvolle, instruktive Analyse vermeidet nicht ganz die Gefahr der Verallgemeinerung. Diese Neigung beeinträchtigt auch andere Analysen der totalitären Ideologie: so z. B. Hans Trumpler, *Der Kampf um die Seele des Menschen, Eine kritische Studie über die Ideen als innere Kräfte des menschlichen Zusammenlebens*, Heidelberg 1952, S. 47 ff. Beide Studien sehen im Aufstieg des Totalitarismus vor allem eine Folge der „Entchristlichung" der Politik.

6 Nicht erst seit 1914, wie die kommunistische Legende will: so die KPD-offizielle *Illustrierte Geschichte der Deutschen Revolution*, Heft 4, Berlin o. J. [1927–1930], S. 99 ff. [verantwortlich für den Inhalt: Paul Merker]. Dazu Flechtheim (Anm. I/16), S. 2 f.

der Einheitspartei zur Aufhebung des innenpolitischen Antagonismus durch einen nach außen gerichteten sozialen Imperialismus strebte, so scheinen damit, in konsequenter Fortführung der ideologischen Leitbilder, die Fronten gegenüber der Anfangsposition seltsam vertauscht. Hier werden gleichzeitig doch recht verwandte Ausgangspunkte sichtbar. Die Rolle einer revolutionären Intelligenz bei der Entfesselung und Ausnützung tiefer sozialer Mißgefühle wies — dem massenpsychologischen Erscheinungsbild nach — bei beiden extremen Parteien Ähnlichkeitsmerkmale auf, die der äußeren Diskrepanz der ideologischen Motive ihr Gewicht weitgehend nahmen und das Gegeneinander der politischen Kampfführung auf die Ebene der vorwiegend formalen Machtkonkurrenz, des nach tatsächlichem prolitischem Gehalt fast bedeutungslosen Kampfes um die Macht *per se* verschoben [7].

Es muß allerdings einschränkend betont werden, daß eine solche Betrachtungsweise von der historischen Erfahrung, von der vergleichenden Wertung der schließlichen Verwirklichungsversuche der beiden totalitären Bewegungen ausgeht. Dem Blick der unmittelbar betroffenen Zeitgenossen stellten sich Existenz und Aktivität der KPD und der NSDAP zumeist recht gegensätzlich, ja, als wirklich extreme Ausdrucksformen zweier grundverschiedener Tendenzen des Zeitalters dar. Dem entspricht auch die Wirkung dieser Parteien auf die Entwicklung der parlamentarischen Situation. Erst in der Endphase der Weimarer Republik wurden Konstellationen möglich, in denen sich eine Identität der beiden totalitären Parteien in einer antiparlamentarischen „Mehrheit" im Parlament ausdrückte. Ihr indirektes, oft zwangsläufiges Zusammenwirken bei vielen negativen, gegen die parlamentarische Demokratie überhaupt gerichteten Initiativen bestätigte nun auch die Gefährlichkeit, mehr noch die Sinnlosigkeit jener Bemühungen, die mit Schlagworten wie „antikommunistische" oder „antifaschistische Front" die KPD gegen die NSDAP, die NSDAP gegen die KPD auszuspielen trachteten. Auch hier rächte sich jene Überschätzung der ideologisch-weltanschaulichen Ausgangs- und Endpositionen, jene Unterschätzung der konkreten Arbeits- und Verhaltensweisen nach innen (Parteiorganisation) wie nach außen (parlamentarische Kompromißfähigkeit), die dem deutschen Parteienbetrieb überhaupt ihren Stempel aufdrückten und eine zeitgenössische Beurteilung der wirklichen Position und politischen Bedeutung der extremen Parteien in ihrer totalitär-strukturellen Identität so verhängnisvoll erschwerten.

Es war schließlich beiden totalitären Parteien in der Weimarer Republik eigen, daß sie nicht die Revolution in Permanenz erklären und sich zugleich eine stabile, an praktischer Tagespolitik interessierte Anhängerschaft erhalten konnten. Ihre Wirkungsmöglichkeit in und gegenüber dem bestehenden Staat war durch die revolutionär-totalitäre Organisations- und Aktionsstruktur beschränkt, und keine graduellen Erfolge in der politischen Wirklichkeit vermochten die Vision einer neuen Ordnung der Zukunft zu unterbauen. Solche Erkenntnis hatte die SPD schließlich doch mitten in die Aufgaben der neuen Republik hineingeführt, sie zu einer reformistischen Partei gemacht und eine entschiedene Grenzlinie gegenüber der KPD ziehen lassen. Auch die NSDAP fand sich in der Endphase der Weimarer Republik diesem Dilemma gegenüber,

7 Dem entspricht die Tatsache, daß gerade auch in der Intelligenz das Schlagwort von der „einzigen" Alternative Kommunismus–Faschismus große Wirkung entfaltete. Ein lehrreiches Beispiel bietet die „Bekehrung" eines liberalen Literaten zum Kommunisten: Arthur Koestler, *Pfeil ins Blaue, Bericht eines Lebens, 1905–1931*, Wien-München-Basel 1953, S. 295 ff.; dazu meine Besprechung: „Wege zum Kommunismus", in: *Politische Literatur* 3 (1954), S. 706 ff. Zu den typischen Zügen des Vorgangs auch die Bekehrungsberichte in: *Ein Gott, der keiner war*, Konstanz-Zürich-Wien 1950, S. 7 ff.

und selbst die taktische Linie der KPD mußte schließlich Rücksicht auf das aktionshemmende Eigengewicht der wachsenden Anhängermassen nehmen. Ungleich mehr noch als die DNVP verharrten die totalitären Bewegungen ganz bewußt in der paradoxen Situation, daß sie eine revolutionäre Verachtung der parlamentarischen Willensbildung postulierten und doch die steigenden parlamentarischen Wahlziffern als Zeichen der eigenen inneren Kraft akzeptierten. Man durfte darin freilich nicht, wie illusionistische Zeitgenossen bis zu den höchsten Spitzen der Republik, ein echtes Einschwenken auf demokratische Maßstäbe und Spielregeln erblicken, sondern mußte es als eine Verstärkung des wichtigsten psychologischen Kampf- und Manipulationsmittels im totalitären Bereich der plebiszitären Akklamation verstehen. Auch dies war, ungleich stärker als in allen anderen Parteien, das Werk einer exklusiven, militanten Minderheit. Sie trug die pseudodemokratische Bewegung des Rechts- und Linksradikalismus, manipulierte ihre Zustimmung und kontrollierte ihre Willensbildung, um im entscheidenden Augenblick das beharrliche Eigengewicht der Anhängerschaft ausschalten und deren divergierende Tageswünsche dem revolutionären „Allgemeinzweck", dem eigenmächtigen Diktum einer Führungsclique, der totalitären Gleichschaltung aller Lebensbereiche unterordnen zu können.

2. *Entwicklungszüge der KPD*

Wenn sich die *KPD*[8] auch als Trägerin der revolutionären Tradition gegen den vielgeschmähten parlamentarischen Reformismus der Nachkriegs-SPD abzugrenzen und als „unmittelbare Nachfolgerin des ... radikalen Flügels in der Vorkriegssozialdemokratie" zu bezeichnen pflegte[9], so war sie in ihrer organisatorischen Entstehung und weiteren Parteilinie doch entscheidend geformt von den konkreten Erfahrungen der russischen Oktoberrevolution (und schon des Aufstandsversuchs von 1905/06); deren Vorbild hatte erst die Aktivität in der deutschen Revolution mit all ihren Folgen für den Parteikurs in der neuen Republik stimuliert. Das Moment der Tradition wurde auch durch den im Parteinamen symbolisierten Rückgriff auf die Terminologie des *Kommunistischen Manifests* herausgestellt[10], und die Betonung einer eigenständigen Verwurzelung der KPD in der deutschen Arbeiterbewegung spielte in der Selbstrechtfertigung vor den Massen und in den ideologischen Grenzkämpfen mit den übrigen sozialistischen Gruppen eine bedeutende Rolle.
Diese „Urtradition" bestimmte aber, ganz im Gegensatz zur traditionsgebundenen Unbeweglichkeit der SPD, zu keinem Zeitpunkt die elastisch und zugleich geschlossen gesteuerte kommunistische Parteitaktik und trat insbesondere bei den zahlreichen Kursschwenkungen ganz in die Bedeutungslosigkeit zurück. Nicht der charismatisch verklärte Wille des dominierenden Parteiführers, auch nicht so sehr die „Selbstbewegung" einer bürokratisch gewichtigen Parteiorganisation, als vielmehr eine von außen gesteuerte Machtstrategie gab der „Klassenbewegung" ihre Richtung. Sie machte die KPD, die nach Umfang wie nach Reaktionsstruktur ohnehin nicht die Bewegung einer „Klasse" zu repräsentieren vermochte, zum Vehikel einer kleinen, exklusiven Gruppe von oligarchischen Umsturz- und Gewaltspezialisten, zu einer aus den

8 Ihre Wahlbewegung 1920–1932: 2,1 – 12,6 – 9,0 – 10,6 – 13,1 – 14,3 – 16,9.
9 So Ernst Meyer (kommunistischer preußischer Landtagsabgeordneter), „Kommunismus", in: *Volk und Reich* (Anm. II/17), II, S. 142.
10 Vgl. Flechtheim (Anm. I/16), S. 2.

Impulsen zumal einer klassenlosen Intelligenz erwachsenen Organisation der Berufsrevolutionäre.

Der Aufbau der kommunistischen Organisation, die den Gesetzen des politischen Despotismus und des intellektuellen Dogmatismus folgte und sich in erster Linie dadurch, nicht etwa durch die soziale Zusammensetzung von den sozialistischen Parteien unterschied [11], wurde im Verlauf der Weimarer Republik nicht unbeträchtlichen Veränderungen unterworfen. Sie vollzog sich in engem Zusammenhang mit den taktischen und strategischen Kursschwankungen der Komintern, die angesichts des revolutionären Versagens des westlichen Sozialismus die Erfahrungen der erfolgreichen russischen Revolution auf den Westen zu übertragen suchte [12]. Die unmittelbare Nachkriegszeit hatte für die kommunistischen Umsturzversuche in Mittel- und Mittelosteuropa mit einer Kette von Niederlagen geendet. Nirgends hatten gewaltsame Aktionen die Stabilisierung bürgerlicher Demokratien, ja, nicht die faschistische Machtergreifung in Italien zu verhindern vermocht. Nach der Gründung der Komintern im März 1919 besaß in der Tat die russische Version des Kommunismus eindeutig die Führung. Ihre politisch unrealistische Handhabung des revolutionären Spielzeugs führte freilich über eine Fülle von Mißerfolgen zur empfindlichen Schwächung durch Abspaltung linkssozialistischer Sekten. Eine weitere Folge war jene nicht mehr abreißende Reihe von Säuberungen, die mit ihren ständigen Rivalitäten, ihrem steten Bedürfnis nach Sündenböcken zum wesentlichen Kennzeichen des innerparteilichen Lebens der KP wurde [13]. Auch in den folgenden Jahren konnten die zahlreichen Kurswechsel der Komintern von „links" nach „rechts" und umgekehrt weitere internationale Mißerfolge nicht verhindern. Die ultralinke Taktik schließlich schien den Bedingungen der Weltwirtschaftskrise zu entsprechen und brachte besonders in Deutschland auch zunächst erhebliche Gewinne. Sie erleichterte aber gerade hier letztlich die nationalsozialistische Machtergreifung und machte darum in den übrigen europäischen Ländern einer scheinbar koalitionsfähigen Volksfronttaktik Platz. Über allem aber blieb die Komintern, die an die Stelle der gescheiterten Revolution im Westen die Verherrlichung der russischen Revolution setzte, recht eindeutig ein Instrument Moskaus: zunächst ein Instrument der Fraktionskämpfe, dann der Außenpolitik Rußlands [14].

Jede Betrachtung der KPD im Rahmen der deutschen Entwicklung findet daher ihre Grenzen in dem „internationalen" Charakter und Marschkurs dieser Partei. Damit ist die Anpassungsfähigkeit der „nationalen" Parteilinie ebensowenig bestritten wie die ambivalente Vielseitigkeit des weltrevolutionären Konzepts, das in verschiedener Weise benutzt, oft genug zurückgestellt oder modifiziert und nicht selten als ideologische Verhüllung für sehr reale partikulare Machtanliegen seines konkreten Inhalts vorübergehend ganz entkleidet wurde. Auf eine Betrachtung dieser internationalen Zusammenhänge des Weltkommunismus muß hier verzichtet werden [15]. Die Beschränkung auf das deutsche Phänomen nach seiner unmittelbaren Erscheinungsform und Wirksamkeit innerhalb der politischen Struktur der Weimarer Republik bedeutet, daß manche Züge der Motiv- und Lenkungsstruktur der KPD gerade

11 Vgl. André Rossi, *A Communist Party in Action*, New Haven 1949, S. 193 ff.; Massimo Salvadori, *The Rise of Modern Communism* (Berkshire Studies in European History), New York 1952, S. 97; S. 43 ff.
12 Dazu noch immer am besten Franz Borkenau, *The Communist International*, London 1938, S. 21 ff. u. a.
13 Am Beispiel der KP Ungarns: Borkenau (Anm. IV/12), S. 171 ff.
14 *Ebda.*, S. 417 ff.
15 Die neuere wissenschaftliche Forschung darüber ist zusammengefaßt bei Ossip K. Flechtheim, „Der Weltkommunismus – gestern und heute", in: *Politische Literatur* 2 (1953), S. 247 ff.

zu wichtigen Zeitpunkten während der Endphase, ja, ein gut Teil ihres Verhaltens gegenüber der nationalsozialistischen Machtergreifung selbst im Halbdunkel bleiben. Um so schärfer tritt dadurch aber der isolierte Charakter der kommunistischen Parteilinie inmitten der innenpolitischen Dynamik der Weimarer Republik zutage, der auch durch das Anwachsen der Partei seit 1928, also etwa durch einen gesteigerten Einfluß und ein gewisses Eigengewicht der Wählerwünsche, kaum modifiziert wurde. Selbst in diesem äußersten Fall bewährte sich die im Wettbewerb mit der militanten NSDAP-Organisation noch gestraffte Befehls- und Subordinationsstruktur der ferngesteuerten, durch pseudoreligiöse Erwartungskonzepte getragenen Kaderpartei, an der auch eine erweiterte Massenbasis wenig geändert hat [16].

Mit dem Scheitern der revolutionären Umsturzversuche (1918—1923) und der Stabilisierung der parlamentarischen Republik, die den Weg zur Macht über eine autoritäre Räteverfassung vorläufig verlegt und der KPD gewaltige, selbst nach 1930 kaum wieder ausgeglichene Verluste gebracht hatte, war die KPD taktisch auf den Weg der mühsamen legalen Beeinflussung und Gewinnung der Massen eingeschwenkt. Nachdem eine Boykottierung der Nationalversammlung fehlgeschlagen war, begann auch diese Partei ihre Anstrengungen auf die Wahlen und eine parlamentarische Beeinflussung der Politik zu richten, ohne daß freilich demokratische Rückwirkungen auf das Funktionieren oder die Kompromißfähigkeit der Partei sichtbar wurden. Der Heidelberger Parteitag der KPD vom Oktober 1919, auf dem die Teilnahme an den Parlamentswahlen und die Mitarbeit in den freien Gewerkschaften beschlossen worden war, hatte zwar Widerspruch gefunden; dies führte aber nur zu geringfügigen Abspaltungen und dafür zu einer Vereinigung mit dem Linksflügel der USPD, wobei sich die neue, zentrale Dachorganisation der kommunistischen Internationale bewährte.

Auch die folgenden Aufstandsaktionen standen schon im Zeichen des Übergangs zu einer demokratisch-parlamentarischen Existenz. Wie immer man die unmittelbaren Absichten der KPD-Führung und der Kominternlenkung beurteilen mag, ihre weitere Strategie war deutlich auf Gewinnung einer Massenbasis auf Kosten der zögernden und durch Regierungsbeteiligung gehandikapten SPD gerichtet, gegen die auch weiterhin in erster Linie der Kampf geführt wurde [17]. Das Sturmjahr 1923 führte den kritischen Punkt dieses Übergangs und mit dem Zusammenbruch der Aktionen im Ruhrgebiet, in Sachsen und in Thüringen jenen endgültigen Wechsel zu einer pseudodemokratischen Taktik herbei, den zur gleichen Zeit auch die im ersten Anlauf gescheiterte NSDAP vollzog. Diese wechselnden Phasen wurden in der KPD aber nicht von einer personell stabilen Führungsgruppe elastisch gehandhabt, um schließlich als bewußte, aufrüttelnde Prüfungszeit in den Mythos der um den einzigen Führer gruppierten Parteigeschichte, der „Kampfzeit" einzugehen. Anders als die NSDAP bewältigte die KPD die Aktions- und Organisationskrise dieser Jahre durch eine Folge von rigorosen Umbesetzungen in den Führungsgremien [18]: damit, durch Ausschluß oder Selbst-

16 Zur pseudoreligiösen Komponente des Kommunismus und seiner quasi-kirchlichen Struktur vgl. auch Ertel (Anm. IV/5), bes. S. 204 ff.

17 Aus der uferlosen Literatur sei genannt: *Die SPD eine bürgerliche Partei*, hrsgg. von der KPD, Sektion der Kommunistischen Internationale, Berlin 1924, S. 3 ff.; S. 62 f.

18 Dazu das freilich durch apologetische Tendenzen verzerrte Werk von Ruth Fischer, *Stalin und der deutsche Kommunismus, Der Übergang zur Konterrevolution*, Frankfurt a. M. 1950; vgl. besonders auch die aufschlußreichen Kapitel über Parteiorganisation (S. 267 ff.) sowie über Agitation und Propaganda der KPD (S. 739 ff.).

kritik der „Schuldigen", wurde die Erschütterung des Glaubens an die Führung und Planung der Partei abgefangen. Auf solche Weise war auch, ohne daß die Machtzusammenhänge hinter den personellen und organisatorischen Veränderungen im einzelnen sicher greifbar wurden, die Allmacht einer weitgehend anonymen Gesamtlenkung in der neuen Ära des propagandistischen Kampfes um die Massen, der parlamentarischen Obstruktion, der taktischen Abwartehaltung und der demokratischen Infiltration sichergestellt.

Die zahlreichen Auseinandersetzungen ideologischer und parteitaktischer Art, die der Entwicklung der KPD in dieser zweiten Phase ihren Stempel aufprägen, sind deshalb nicht ohne weiteres als Zeichen einer sektiererischen Schwäche, eher als kampftechnische Diskussionen aufzufassen. Wenn auch ein beschwörender Hinweis auf vergleichbare Erscheinungen im vorrevolutionären russischen Sozialismus, wie ihn die endzeitliche Erwartung eines zeitgenössischen KPD-Ideologen verstehen mochte [19], den tatsächlichen Charakter der pseudodemokratischen Konflikt- und Kompromißerscheinungen im Kommunismus vor der Wirtschaftskrise keineswegs treffen konnte, so darf doch die Bedeutung, die diese Jahre für den Konsolidierungs- und Reorganisationsprozeß der KPD so gut wie der NSDAP besaßen, im Hinblick auf die weiteren raschen Erfolge und besonders deren organisatorische wie ideologische Bewältigung nicht unterschätzt werden. Auch die interne Struktur der Partei, in der die von Moskau gesteuerten Politbüros bald die Zentralkomitees überflügelten, war durch zunehmende Zentralisierung und zugleich weitere Oligarchisierung bestimmt. In ihrem Verlauf wurde die Selbstbestimmung der Bezirke beschnitten, ihre Führung vom Politbüro ernannt und die politische Mitwirkung der Anhängerschaft — im Zuge einer Ersetzung der Mitgliederversammlungen durch besser kontrollierbare und agitatorisch wirksamere Betriebs- und Straßenzellen — weitgehend ausgeschaltet [20]. An die Stelle des selbstbewußten Berufsrevolutionärs trat jetzt eine Schicht selbstlos-ergebener mittlerer Funktionäre, während die Mitgliedschaft selbst dauernd fluktuierte [21] und niemals das Gros der Arbeiter oder Arbeitslosen erfaßte, auch nicht auf dem Höhepunkt der Wirtschaftskrise.

Auch hier bleibt zu betonen, daß die Deutung der Katastrophe von 1932/33 nicht so sehr von immer neuen Hinweisen auf den verschwommenen Sammelbegriff der „Weltwirtschaftskrise" ausgehen sollte. Viel wichtiger erscheint, so weit die determinierenden Faktoren überhaupt durch Analyse jenseits einer bloßen Beschreibung zu erfassen sind, eine Einsicht in die politischen Strukturprobleme der Weimarer Republik und ihre fatalen Einbruchstellen für autoritäre und totalitäre Gegenbewegungen. Denn die zahlreichen, einander vielfältig überschneidenden und sich wechselseitig bedingenden Aspekte der Krise erlangten ihre Bedeutung doch vor allem durch die übergreifende Tatsache, daß aufnahme- und aktionsfähige Kaderorganisationen zur Linken und zur Rechten des demokratischen Parteiensystems und der halbdemokratischen und autoritären Gruppen bereitstanden, um über eine Skala geschickt zubereiteter, jahrelang erprobter und durchdachter Interessen- und Gefühlsappelle die durch parlamentarisch-politische Krisenerscheinungen und wirtschaftliches Elend radikalisierten Massen psychologisch zu erfassen, ideologisch zu mobilisieren, organisatorisch in Marsch zu setzen.

19 Meyer (Anm. IV/9), S. 148.
20 Dazu Einzelheiten bei Borkenau (Anm. IV/12), S. 357 ff.
21 Vgl. Kaasch, „Die soziale Struktur der KPD 1928", in: *Die Kommunistische Internationale* 9 (1929), S. 1050 ff.; ferner Walter Rist, „Die KPD in der Krise", in: *Neue Blätter* 2, September 1931.

Innerhalb der KPD wurde dieser Konsolidierungsprozeß auch pseudodemokratisch auf der weiten Ebene der Mitgliederschaft betrieben, die an den Auseinandersetzungen wenigstens scheinbar teilnimmt. Dies gab wohl Raum für verstärkte politische Schulung, bedeutete aber keineswegs eine demokratische Beeinflussung der gesteuerten Parteilinie „von unten". Ebenso wichtig ist die Tatsache, daß die politisch jeweils passende Fassung des marxistisch-leninistischen Diktaturkonzepts nun nicht mehr ungeduldig gegen, sondern elastisch-abwartend über oder gar neben die parlamentarisch-demokratische Wirklichkeit gesetzt und dieser in den antifaschistischen Kampfparolen sogar ein zeitweiliger Schutz seitens der KPD verheißen wurde. Damit war nicht die Idee des Klassenkampfes und der geschichtlich unabwendbaren und darum notwendigen Diktatur des Proletariats aufgegeben. Doch lenkte es die Aufmerksamkeit des Führungs- und Funktionärkorps stärker auf die konkreten Einzelheiten, die politischen und psychologischen Bedingungen und Möglichkeiten hin, die die Weimarer Republik für einen ersten Fortschritt auf begrenzte Ziele hin gewährte und die man im endzeitlichen Taumel der Revolutionsjahre zum Schaden der Partei außer acht gelassen hatte.
So waren es Jahre der Kleinarbeit, der kritischen Selbstbeobachtung, der wechselvollen, freilich wenig erfolgreichen Bemühung um die Gewerkschaften, Jahre der Geduld in Erwartung des unvermeidlichen kapitalistischen Zusammenbruchs und imperialistischen Endkrieges [22], nach denen der Einbruch der Krise die KPD nicht weniger vorbereitet traf als ihre Konkurrenzpartei zur äußersten Rechten. Im Zuge einer Abschwächung der Kampftaktik wurde selbst die Revolution durch eine Bejahung begrenzter Reformen ideologisch ferner gerückt, wenngleich man — schon der agitatorischen Abgrenzung gegen die SPD wegen — eine auch nur vorübergehende realistischere Revision der Ziele nie zugab [23]. Ebenso betrieb die KPD ihre taktische Agitation für die „proletarische Einheitsfront" wohl auf den verschiedensten Ebenen, versuchte auch gleichzeitig über eine Neubelebung des „Nationalbolschewismus" ihren Appell zu erweitern [24]; sie gab aber ihre prinzipielle Position der Koalitionsfeindlichkeit im parlamentarisch-demokratischen Sinn und ihren Anspruch als alleinige Trägerin unverfälschter sozialistisch-revolutionärer Tradition nicht auf. Wie die eigentliche Führung, so besaß auch das Gros der KPD in dieser Phase entsagungsvoller, oft scheinbar erfolgloser Kleinarbeit vor der großen Krise ihre innere Stütze in jener Internationalität, deren straffe Disziplin die einzelnen nationalen Parteien gleichsam als Provinzorganisationen rasch und reaktionsfähig in jede revolutionäre Entwicklung einzuschalten vermochte, die nach dem *Kommunistischen Manifest* „den gewaltsamen Umsturz aller bisherigen Gesellschaftsordnung" herbeiführen mochte. Man wartete auf die neue Krise der bürgerlichen Demokratie, in der man die Diktaturpropaganda der Rechtsopposition für sich würde ausnützen und durch das Konzept einer proletarischen „Diktatur *durch* Demokratie" [25] überspielen können.

22 Solche Erwartungen mochten sich schon 1929 zu der grotesken Prognose eines Krieges zwischen England und den USA versteigen: so Meyer (Anm. IV/9), S. 150.

23 *Ebda.*, S. 151 f.

24 Vgl. dazu (von jungkonservativer Seite aus) Wolfgang Herrmann, „Das Schicksal des deutschen Kommunismus", in: *Die Tat* 23, Heft 11 (Februar 1932), S. 894 ff.

25 So von allerdings menschewistisch modifiziertem Standpunkt aus Mark Abramowitsch, *Diktatur oder Demokratie? nein: Diktatur durch Demokratie!*, Berlin 1932, S. 8 ff.

3. *Der Aufstieg der NSDAP*

Während die KPD sich als „Klassenpartei" begriff, hatte sich die *NSDAP*[26] von Beginn als „Sammelpartei" deklariert. Sie vermochte diese Parole auch nach sektenhaften Anfängen und nach einer zehnjährigen Periode der organisatorischen Ausbildung und Verfestigung vom Programm in die Wirklichkeit umzusetzen. Wenngleich die konkreten Ursprünge dieser Partei noch mancherlei Aufklärung bedürfen und meist allzu einseitig aus einer Analyse der ideologischen Komponenten abgeleitet werden, treten doch die für das Weimarer Parteiensystem und seine Entwicklung wesentlichen Züge deutlich hervor.

Als extreme Protestbewegung unterschied sich der Nationalsozialismus vom Kommunismus nicht nur durch eine grundsätzlich andere Einstellung zur politisch-sozialen Gliederung des Volkes. Er bekämpfte auch die Republik mit einer Reihe von Argumenten, die trotz ihrer antikapitalistischen Ausstattung und ihrem revolutionären Fermentgehalt nicht so sehr auf den Sturz als auf die straffere Durchorganisierung und hierarchisch-befehlsautoritäre Grundlagen- und Machterweiterung der traditionellen Gesellschaftsordnung, des bürokratischen Obrigkeitsstaates gerichtet waren. Eine Betrachtung der Programme und der ideologischen Äußerungen ist in diesem Zusammenhang von geringem Belang[27]. Die Stellung der NSDAP im deutschen Parteigefüge ist viel eher von ihrer organisatorischen Erscheinungsform, von ihren soziologischen Ansatzpunkten und von ihren psychologischen Manipulationspunkten her zu bestimmen. Dann verbietet sich auch jene Vereinfachung des Phänomens, die vor allem im Schlagwort vom „reaktionären" Charakter des Faschismus zum Ausdruck kommt — einem Schlagwort, das dem kommunistischen Weltschema (dem es entstammt) allzu bereitwillig Vorspann leistet. In Wirklichkeit stehen beide Bewegungen ebenso weit außerhalb der Begriffe „reaktionär" und „fortschrittlich" oder konservativ, liberal, sozialistisch wie diese selbst das Wesen der primär machtpolitischen, inhaltlich ständig manipulierten Kraftentfaltungen der totalitären Parteien verfehlen[28].

Die NSDAP begann — ähnlich den freilich kärglichen Neuansätzen des Rechtsradikalismus von heute — nicht einfach als Protest-, sondern als Ressentimentbewegung. Ihren Kern bildete eine kleine Minderheit von Enttäuschten, die durch die militärische Niederlage und das „Zuviel" einer demokratischen Umwälzung überhaupt erst zur Politik gelangten. Auch in der organisierten Anhängerschaft der Massenpartei seit 1930, und besonders natürlich im Funktionärkorps spielten sie eine wesentliche Rolle: unbalancierte, schlecht anpassungsfähige Menschen, die innerhalb ihres Standes, ihrer Familie sich als Außenseiter fühlten und in ihrem Ehrgeiz bis zur Neurose verletzt waren[29]. Daneben proletarisierte Intellektuelle, die erst durch die Verbindung mit einer brutalen, von sozialen Ressentiments getragenen Massenbewegung zu einer politischen Wirkung gelangten[30], wie sie etwa im Phänomen Goebbels Ausdruck fand.

26 Ihre Wahlbewegung 1924–1932: 6,6 — 3,0 — 2,6 — 18,3 — 37,3 — 33,1.

27 Vgl. besonders die Analyse bei Theodor Heuss, *Hitlers Weg, Eine historisch-politische Studie über den Nationalsozialismus*, Stuttgart-Berlin-Leipzig 1932, S. 19 ff.

28 Zur zeitgenössischen Beurteilung vgl. die Zusammenstellung des publizistischen Materials in: *Zwischenspiel Hitler (Berichte zur Kultur- und Zeitgeschichte)*, Wien-Leipzig 1932, S. 83 ff.; S. 213 ff.

29 Vgl. besonders die Analysen bei Daniel Lerner *et alii*, *The Nazi Elite* (Hoover Institute Studies, Series B: Elite Studies, No. 3), Stanford (California) 1951, S. 9 ff. und *passim*. Ferner Karl Gustav Specht, *Die Nationalsozialistische Arbeiterpartei als organisiertes soziales Gebilde*, Diss. Köln 1948 (ungedr.), S. 17 ff.

30 Vgl. Robert Michels, „Historisch-politische Untersuchungen zum politischen Verhalten der Intellek-

Adolf Hitler selbst, in dem eine Jugend der *frustrations* psychopathische Haßgefühle gegen Judentum, Marxismus und liberalen Parlamentarismus geweckt hatte und der, nachdem ihm der Weltkrieg das Erlebnis einer selbstbewußten Existenz vermittelt hatte, unter dem Eindruck der Enttäuschung von 1918 „beschloß, Politiker zu werden“ [31], verkörperte in diesem Sinne fast alle für die Genesis der „Bewegung“ wesentlichen psychologischen, ideologischen und auch gesellschaftlichen Motive und Antriebe. Schon eine Betrachtung seines Bekenntnisbuches *Mein Kampf*, in diesem Sinne durchgeführt, kann die Komponenten zutage fördern und ideologienkritisch bloßlegen, die dem Entstehen der NSDAP, der Zusammensetzung ihrer Führung, ihrer Auffassung und Manipulierung des Verhältnisses von Ideologie und Wirklichkeit das Gepräge geben. Die außerordentliche Vielfältigkeit der Motive und Wunschvorstellungen, auch der politischen und soziologischen Bestandteile des Nationalsozialismus, besonders dann in der Phase der Massenpartei, die der unilateralen Geschlossenheit des Kommunismus diametral entgegengesetzt scheint, wurde nicht nur durch die integrierende Wirkung des Führermythos und der militärischen Kampforganisation, sondern auch durch den ähnlichen Ursprung und Charakter der Protest- und Ressentimentgefühle neutralisiert. Mehr noch: die Bereitschaft zur Unterwerfung machte die Träger dieser Pluralität von Mißgefühlen schließlich zu wirksamen Überträgern, die der nationalsozialistischen Ideologie auf allen Gebieten des politisch-gesellschaftlichen Zusammenlebens Eingang und Widerhall verschafften.

Nach dem Einbruch der Wirtschaftskrise sollte diese Elastizität und zugleich Integrationsfähigkeit des Parteirahmens, der ungleich dem kommunistischen Gegenstück durch programmatische oder soziologische Fixierungen kaum behindert war, der fast mühelosen Aufnahme überaus heterogener Elemente entgegenkommen. Bis zur Durchpolitisierung aller Lebensbezirke wurde hier in virtuoser Weise jene wichtige Aufgabe der Politisierung der Interessen geleistet, die den demokratischen Parteien so schwer gelang und für ihre schwache Verwurzelung im öffentlichen Leben und Denken, für ihre ungenügende Erfassung der machtpolitischen Potenzen im Raum der Republik, für ihr ambivalentes Verhältnis zu den Interessengruppen verantwortlich war. In der nur massenpsychologisch erklärbaren, durch einen aggressiven Nationalismus überwölbten irrationalen Zukunftsvision des „Dritten Reiches“ dagegen glaubte jeder der so verschiedenartigen Anhänger sich und seine Interessen angesprochen, vertreten, der Durchsetzung nahe [32].

Diesem letzten Stadium der Massenmissionierung durch eine politische Glückseligkeitsreligion, geschichtlich verständlich auch aus der Blockierung und Diskreditierung der deutschen Parteienentwicklung seit der Bismarckzeit, war eine Kette von ökonomischen und psychologischen Belastungen — aufs Konto der Republik — vorangegangen. Ihre Ausnützung setzte aber die Ausbildung einer stabilen, wirkungsvollen Kaderorganisation voraus, die auch die Jahre der Stabilisierung nach den Fehlschlägen der ersten Putschversuche zu überdauern vermochte [33]. Man sollte nicht vergessen, daß nach 1923 die inner- wie

tuellen", in: *Schmollers Jahrbuch* 57 (1953), S. 56; ders., „Zur Soziologie der Bohème und ihrer Zusammenhänge mit dem geistigen Proletariat", in: *Jahrbücher für Nationalökonomie und Statistik* 136 (1932), S. 801 ff.

31 Adolf Hitler, *Mein Kampf*, München 1933, S. 225.

32 Vgl. Walter Dirks, „Der Nationalismus der Nationalsozialisten", in: *Rhein-Mainische Volkszeitung*, Nr. 91 v. 21. April 1931.

33 Dazu u. a. die Erinnerungen des NS-Funktionärs und nachmaligen Gleichschaltungskommissars von Berlin, Julius Lippert, *Im Strom der Zeit, Erlebnisse und Eindrücke*, Berlin 1942, bes. S. 112 ff. Zusammenfassend Specht (Anm. IV/29), S. 42 ff.

außerparlamentarische Rolle der kleinen NSDAP Episode erschien [34], um dann erst 1929/30 erneut in den Mittelpunkt des Meinungsstreits zu rücken.
Das vage Programm, offensichtlich kaum verbindlich für Führung wie Anhängerschaft, bot außer nationalistischen, antikapitalistischen, antisemitischen und antiparlamentarischen Schlagworten wenig konkrete Anhaltspunkte, und zu politisch verantwortlicher Betätigung und Erprobung fehlte die Gelegenheit. Wohl proklamierte man die 25 Punkte als „unabänderlich" [35]; aber gleichzeitig konnte Goebbels erklären: „Wenn ich die Partei gegründet hätte, würde ich überhaupt kein Programm aufgestellt haben [36]."
Vor allem machte sich die „Bewegung" die weit verbreitete, oft berechtigte Kritik am demokratischen Parteiensystem zunutze: ihre radikale Kampfansage fand die Unterstützung des entwurzelten Mittelstandes, der politisch unerfahrenen Jugend, der professionellen Abenteurer und der extremen Gegenrevolutionäre. Sie wirkte um so mehr, als die neue Partei trotz einer unerhört rational organisierten und disziplinierten Struktur doch das antibürokratische Prinzip des „Führergedankens" mit seinem irrational gestützten Aktionsstil verkündete [37]. Und sie machte es sich leicht, indem sie an die Stelle verbindlicher Gedanken und Bemühungen im konkreten politischen, wirtschaftlichen und sozialen Raum die demagogische Phrase setzte: „Nationalsozialismus ist das Gegenteil von dem, was heute ist [38]."
Aber für die Massenpartei von 1930—1933 bedeutete dies Noch-nicht-Festgelegtsein in Theorie und Praxis zweifellos ein entscheidendes Moment der Anziehung und der Stärke. „Ein Nationalsozialist muß in allen Sätteln reiten können" [39]: dies war das offene Rezept. Die Schwierigkeit für jede Beurteilung lag damals und liegt noch heute, da der rein machtpolitische Manipulationscharakter der nationalsozialistischen „Weltanschauung" sich in seinen totalitären Endformen demonstriert hat, in der alle Bereiche umfassenden politischen Dynamik und Elastizität dieser scheinbar so undogmatischen, mit einem ins letzte gesteigerten politischen Opportunismus operierenden Bewegung. Denn dieser deutschen und doch — an dem Charakter der bisherigen Parteienentwicklung in Deutschland gemessen — so undeutschen Übersteigerung der parteiförmigen Massenbewegung gegenüber versagten dem zeitgenössischen Betrachter der Weimarer Republik alle gewohnten Maßstäbe und Begriffe. Erst die Erfahrungen der nationalsozialistischen Herrschaft selbst haben Beurteilungskategorien vermittelt, die eine schlüssigere Analyse der NS-Programmatik, eine schärfere Umschreibung der Organisationsstruktur, eine geschichtliche Einordnung des Gesamtphänomens in den politischen Zusammenhang ermöglichen.
Den Zeitgenossen trat die NSDAP als eine vorwiegend im Negativen profilierte, militant geschlossene Gesinnungsgemeinschaft entgegen, die mit unermüdlicher Geduld Kampf gegen Novemberrevolution und Parlamentaris-

34 Man vgl. Wilhelm Frick, *Die Nationalsozialisten im Reichstag 1924–1928* (NS-Bibliothek, Heft 4), München 1928, S. 5 ff.; Rudolf Buttmann, *Bayerische Politik 1924–1928* (*ebda.*, Heft 5), München 1928, S. 8 ff.

35 „In vollster Überlegung hat die Generalmitglieder-Versammlung am 22. Mai 1926 beschlossen: ‚Dieses Programm ist unabänderlich.' Es heißt dies nicht etwa, daß jedes Wort genau so stehen bleiben muß, wie es steht ..."; Gottfried Feder, *Das Programm der N.S.D.A.P. und seine weltanschaulichen Grundgedanken* (NS-Bibliothek, Heft 1), 66.–70. Aufl., München 1932, S. 22.

36 Goebbels im Gespräch mit dem enttäuschten, zur KPD übergehenden Leutnant Scheringer, der im Leipziger Prozeß 1930 wegen nationalsozialistischer Agitation verurteilt worden war (vgl. u. S. 251 f.): *Vossische Zeitung*, Nr. 158 v. 4. Juli 1931.

37 Vgl. Heberle (Anm. III/24), S. 6 f.

38 Gregor Strasser, Rede im Berliner Sportpalast vor der NSBO am 20. Oktober 1932.

39 Joseph Goebbels, „Kommunalpolitik", in: *Der Angriff* v. 1. Dezember 1929.

mus, gegen „Dolchstoß" und Versailles, gegen „Kapitalismus" und rationalistischen Materialismus, gegen Marxismus und demokratischen Liberalismus [40] und vor allem gegen das „Judentum" predigte [41]. Dies waren nie näher präzisierte neurotische Punkte der Republik, in denen „irgendwo" jeder zweite Bürger die Wurzel seines Mißgefühls oder seiner Schwierigkeiten erblicken mochte [42]. Auch der „Sozialismus" war eine taktische, nationalistisch überhöhte Sammelparole und entzog sich allen konkreten Bestimmungen, die über die Polemik gegen jede sachlich-inhaltliche Festlegung hinausführen könnten [43]. In diesen Negationen ist die „Bewegung" groß geworden, mit ihnen erfaßte sie die Menschen, denen die bisherigen politischen Gruppierungen an irgendeinem Punkt nicht zu genügen vermochten. Diese Partei schien vielen zum Gewissen der Zeit und ihrer Krise zu werden, deren Kind sie war. Daß sie ihr Maß nicht in sich trug und zudem das Maß der freiheitlichen Demokratie und ihrer äußersten Grenzen nicht anerkannte, entging nur zu oft solcher Betrachtung.

Von Politikern, Presse und *pressure groups* belächelt, nicht beachtet oder totgeschwiegen, wurde die NSDAP erst bei den Kommunalwahlen von 1929 recht unerwartet wieder zu einem nennenswerten Objekt der politischen Kalkulationen. Plötzlich saßen überall nationalsozialistische Stadtverordnete. Mächtige Exponenten von Wirtschaft und Politik wurden aufmerksam, mißtrauisch, dann jedoch leutselig, als sich Hitler als ein brauchbarer „Trommler" gegen Gewerkschaften und System erwies. Man erlebte mit Frick in Thüringen den ersten nationalsozialistischen Minister: die radikale Bewegung schien sich also willig einzufügen, wenn man ihr nur einige harmlose Konzessionen machte, die — wie neue Schulgebete, Antijazzgesetze, Rassenprofessur — mehr ideologische als tatsächliche Bedeutung besaßen. Diese Art von „Sozialismus", die in Wirklichkeit in der Tradition eines demagogischen Sozialimperialismus verharrte [44], verlor ihren Schrecken für die „nationale" Wirtschaft. Bald kamen denn auch namhafte Gunstbezeigungen, nachdem bislang nur einzelne Industrielle wie Fritz Thyssen und Emil Kirdorf größere finanzielle Hilfe geleistet hatten [45]. So glaubte man — das war auch die Meinung der konservativ-nationalen Publizistik — den jugendlichen Radikalismus dieser aufstrebenden Partei abfangen und für eigene Zwecke, vor allem für einen militanten „Anti-Marxismus" einspannen zu können [46].

40 Vgl. die umfangreiche Zitatsammlung bei Werner Siebarth, *Hitlers Wollen, Nach Kernsätzen aus seinen Schriften und Reden*, München 1935, S. 91 ff. („Das liberalistisch-marxistische Grundübel").

41 Hitlers Äußerungen *ebda.*, S. 121 ff.

42 Dazu Neumann (Anm. II/5), S. 73 ff.

43 Vgl. etwa Joseph Goebbels, „Die nationale Opposition", in: *Der Angriff* v. 19. Dezember 1931: „Unser Sozialismus ist das Ergebnis eines nationalen Gerechtigkeitsgefühls . . . Wir sind weder eine Rechts- noch eine Linkspartei und haben in unserer politischen Weltanschauung nichts mit bürgerlichen oder marxistischen Rückständen zu tun. . ." Zum nationalsozialistischen Sozialismus-Begriff Heuss, *Hitlers Weg* (Anm. IV/27), S. 76 ff.

44 Dies findet in den Bekundungen auch schon vor Beginn der „Legalitäts"-Phase (1930) seinen Ausdruck. So etwa Joseph Goebbels, „Warum sind wir Nationalsozialisten?", in: *Der Angriff* v. 9. Juli 1928: „Der Sozialismus wird Wirklichkeit werden, wenn dieses Vaterland frei gemacht ist." Zu Begriff und Ideologie des Sozialimperialismus besonders Franz L. Neumann (Anm. I/32), S. 184 ff.: Ablenkung der Massen vom inneren Protest auf ein äußeres Ziel hin.

45 Dazu Fritz Thyssen, *I paid Hitler*, London 1941, S. 19: „For ten years before he came to power I supported Hitler." Thyssen hatte Hitler auf Kirdorfs Anregung den Bau des „Braunen Hauses" in München ermöglicht (*ebda.*, S. 129) und außerdem einzelne NSDAP-Führer wie Göring unterstützt (S. 131).

46 Vgl. Rolf Boelke, „Die Spaltung der Nationalsozialisten", in: *Die Tat* 22, Heft 5 (August 1930), S. 364 f. Ein Beispiel für die snobistische Unterschätzung Hitlers in diesem gebildet konservativ-revolutionären Kreis ist Max Rothe, „Adolf Hitler", in: *Die Tat* 21, Heft 10 (Januar 1930), S. 780 ff.: „. . . Wenn man die 746 Seiten Autobiographie hinter sich gebracht hat, weiß man genau, der Mann tut keiner Fliege etwas. Den Beweis dafür hat er im Jahre 1923 erbracht. . ." und weitere Prophezeiungen solcher Art in der anschwellenden polemischen Hitler-Publizistik dieser Monate.

Tatsächlich bestätigte die politische Wirkung der Wirtschaftskrise, daß nun die wirtschaftlichen Strukturveränderungen und sozialen Umschichtungen, die bislang den Aufstieg des Sozialismus gefördert hatten, der Gegenbewegung des „Nationalfaschismus" zugute kamen. Mit Grund betonte die sozialistische Selbstkritik, daß der demokratische Sozialismus nach dem Scheitern der Sozialisierungsexperimente starke politische Triebkräfte außer acht gelassen hatte, die jetzt vom Nationalsozialismus aufgenommen wurden: der Drang zu Mythos und Utopie, der Protest gegen erstarrte Institutionen, die Aktivierung der Massen, das Verlangen nach starken Führerpersönlichkeiten, die Bedürfnisse der durch Not und Verzweiflung politisch aufgelockerten Massen nach einer Heroisierung ihres eigenen Dilemmas in leicht faßlicher, symbolisch-suggestiver Gestalt [47]. Nicht eine Verschwörung von „Monopolkapitalismus" und „Militarismus" allein, sondern sehr wesentlich das Versagen des Sozialismus im Verein mit dem Niedergang eines echten Liberalismus beförderte den Aufstieg der Massenbewegung neuen Stils.

4. *Nationalsozialistische Ideologie*

Das Phänomen des Nationalsozialismus war keineswegs in dem Maß national begrenzt und eigentümlich deutsch, wie dies die konkrete Fassung und die terminologische Ausbildung der ideologischen Leitbilder zunächst nahelegen mochte: eine Anschauung, mit deren Hilfe noch bis zur Gegenwart manche, die mit dem Antinazismus eine weitgehende Kritik am geschichtlichen Deutschland verbinden, gewissermaßen einen „*inverted racialism*" betätigen [48]. Die über die restaurativen oder reaktionären Tendenzen der Nachkriegszeit weit hinausgehende Bewegung gegen den demokratischen Parlamentarismus erreichte allerdings ihre beste organisatorische Ausbildung und ihre breiteste Wirkung und Verwirklichung schließlich im Deutschland des alldeutschen, des völkischen, des nationalsozialistischen Rechtsradikalismus [49]. Sie kam aber nicht nur in Italien — und dort früher und in vielem zunächst auch für die Entwicklung des Nationalsozialismus richtunggebend — zu ähn-

47 So besonders Hendrik de Man, *Sozialismus und Nationalfascismus*, Potsdam 1931, *passim*.

48 Man hat gerade im Ausland davor gewarnt, mit Kollektivurteilen über den unrettbar autoritären Grundcharakter des deutschen Volkes, die sich unmittelbar nach dem deutschen Zusammenbruch von 1945 im In- und Ausland die Erklärung der Katastrophe etwas zu leicht gemacht haben, wieder in eine Art von *inverted racialism* zu verfallen, so Eugen N. Anderson, „Freedom and Authoritarianism in German History", in: Gabriel A. Almond, ed., *The Struggle for Democracy in Germany*, Chapel Hill (N. C.) 1949, S. 3 ff.: „Taken as a whole, German historical tradition is rich enough to supply evidence in support of any thesis about the German people" (S. 4); vgl. die folgende historische Skizze des wachsenden *authoritarianism* (faktische und psychologische Argumente). Dazu ferner Brecht, *Vorspiel* (Anm. II/23), S. 31 ff.; S. 163 ff.; C. Mayer, „On the Intellectual Origin of National Socialism", in: *Social Research* 9 (1942), S. 225 ff. Diese abgewogenen Betrachtungen stechen wohltuend ab von der giftigen These eines englischen Historikers der Weimarer Republik, der sein Buch mit dem Schlagwort von der „Verschwörung" auch aller Weimarer Politiker (besonders Stresemanns) gegen das Abendland eröffnet: „There was a direct and logical road from the Republican constituents of 1919 to the totalitarian tyranny of Hitler. Weimar was the overture to Berchtesgaden" (Godfrey Scheele, *The Weimar Republic, Overture to the Third Reich*, London 1946, S. 17 ff. und die ganze Einleitung). Es lohnt sich nicht, in eine Auseinandersetzung mit den zahlreichen unqualifizierten, ja, propagandistischen Behauptungen einzutreten, die dies an sich material- und gedankenreiche Werk praktisch wertlos machen (vgl. noch S. 23, S. 28 ff., S. 345 usw.). Zum Problem der Vorgeschichte im ganzen Meinecke, *Die deutsche Katastrophe* (Anm. I/5), und Ritter, *Europa und die deutsche Frage* (Anm. I/1), S. 194 ff.; jetzt besonders mehrere Artikel des großen Sammelwerkes *The Third Reich*, London 1955.

49 Zur Art und Abgrenzung der alldeutschen Einflüsse auf die NSDAP jetzt Kruck (Anm. III/79), S. 192–207 („Die Alldeutschen und Hitler"). Interessant ist der Nachweis, daß Hitler 1920 noch kaum antisemitische Agitation betrieb und dies offenbar sehr wesentlich auf alldeutsches Betreiben 1921 aufnahm, gerade in dieser Beziehung ist die NSDAP der Frühzeit durchaus ein Kind der Alldeutschen und des Justizrats Claß.

licher Entfaltung [50], sondern erwies sich nach ihren wesentlichen Ansätzen als ein intereuropäisches Phänomen.

Die nationalsozialistische Bewegung hat drei Hauptwurzeln. Ideologisch lebte sie vom Nationalismus und (nach innen) vom Antiparlamentarismus, vom Protest also nach außen bzw. nach innen. Ökonomisch gesehen war sie in jener „Panik des Mittelstands" verwurzelt [51], die den Kampf gegen wirtschaftliches, soziales und prestigemäßiges Absinken auf die Ebene von Chauvinismus und Imperialismus zu verschieben neigte. Psychologisch endlich machte sich die „Bewegung" vor allem das Generationsproblem und die romantische Proteststimmung der Jugend zunutze [52]. Über allem stand eine Einheitsideologie, die die Heterogenität der sozialen Bindungen und Interessen der Anhänger, den Antagonismus der Kleinbürger, Kleinbauern, unzufriedenen Intellektuellen, nationalistischen Abenteurer in einer mystischen Gemeinschaft aufzuheben [53] und ihre Aggressivität mit um so stärkerer Kraft nach außen zu wenden suchte.

Die Stellung des Nationalsozialismus bestimmt sich demnach innenpolitisch durch die prinzipielle, wenn auch immer wieder taktisch aufgelockerte Ablehnung des Parlamentarismus und seiner Funktionsgrundlagen [54]. Dafür ist das Gesicht der Führungsgruppe wichtig, deren Träger kaum parlamentarische Erfahrung besaßen und weder in den alten Parteien noch in Gewerkschaften oder Berufsorganisationen echte politische Erfahrung erworben, den demokratischen Kompromißprozeß als Grundlage politischer Gestaltung in Aktion erlebt hatten. Sie verstanden Politik als Kampf, nicht als soziale Integration auf der Basis einer kompromißfördernden Diskussionsbereitschaft und der inneren Anerkennung demokratischer Spielregeln [55]. Dieser Kampf stand unter dem Gesetz des „sozialen Imperialismus": nach innen gegen „Marxismus" und Juden, nach außen für nationalistische Revision und Expansion. So wurde außenpolitisch die radikale Ablehnung aller im Verfolg des verlorenen Krieges übernommenen internationalen Verbindlichkeiten von Versailles bis zum Young-Plan herausgestellt. Dies war besonders gegen Frankreich gerichtet, wobei vage Projekte eines Bündnisses mit Italien und England, nicht dagegen mit Rußland, Rückhalt bieten sollten [56].

In der Wirtschafts- und Sozialpolitik proklamierte man wohl entschieden die Bekämpfung des Kommunismus, bezog aber zugleich eine überaus schillernde „sozialistische", nationalistisch-antisemitische und rein emotionale Gesichtspunkte verbindende Einstellung zum Problem des „Kapitalismus". Zwar überwog zunächst eine radikale Kritik [57]. Gerade hier spielten regionale und sozialagitatorische Gesichtspunkte eine wesentliche Rolle. Sie bedingten Unter-

50 Vgl. etwa Robert Michels, *Sozialismus und Faschismus in Italien*, München 1925, S. 189 ff.; Ignazio Silone, *Der Faschismus*, Zürich 1934, S. 75 ff.; Erwin v. Beckerath, *Wesen und Werden des faschistischen Staates*, Berlin 1927, S. 24 ff.; S. 139 ff. u. a.

51 Theodor Geiger, „Panik im Mittelstand", in: *Die Arbeit* 7 (1930), S. 648.

52 Dazu Carl Mierendorff, „Was ist Nationalsozialismus?", in: *Neue Blätter für den Sozialismus* 2, Heft 4 (April 1931).

53 Vgl. auch die soziologische Analyse der NS-Mitgliedschaft bei Reinhard Bendix, „Social Stratification and Political Power", in: *The American Political Science Review* 46 (1952), S. 370 f.

54 Hitler (Anm. IV/31), S. 379: „Damit ist die Bewegung aber antiparlamentarisch, und selbst ihre Beteiligung an einer parlamentarischen Institution kann nur den Sinn einer Tätigkeit zu deren Zertrümmerung besitzen, zur Beseitigung einer Einrichtung, in der wir eine der schwersten Verfallserscheinungen der Menschheit zu erblicken haben. . ." Vgl. Frick (Anm. IV/34), S. 5 ff.

55 Dazu Heberle (Anm. III/24), S. 10 f.

56 Zusammenfassend Heuss, *Hitlers Weg* (Anm. IV/27), S. 96 ff.

57 So etwa Goebbels, „Warum sind wir Nationalsozialisten?" (Anm. IV/44): „Machen wir dem Mann von links klar, daß Nationalismus und Kapitalismus . . . nichts miteinander gemein haben, . . . sich zueinander verhalten wie Feuer und Wasser." Vgl. ders., „Kapitalismus", in: *Der Angriff* v. 15. Juli 1929.

schiede, die in der verschwommenen Polemik des Ingenieurs und NS-Wirtschaftspolitikers Gottfried Feder gegen die „Zinsknechtschaft“ [58] und auch während der späteren Phase des straffen Parteizentralismus in den Schriften faschistisch-ständischer Ideologen [59] sowie in der nationalsozialistischen Presse selbst [60] zutage traten. Da wurden phantastische Vorstellungen von allgemeiner Gewinnbeteiligung und vielfältige Hoffnungen auf Neuverteilung der Kriegs- und Inflationsgewinne genährt, sozialistische Mitbeteiligung am Betrieb und höhere Löhne für Arbeiter, Aufschwung des Handwerks durch Vereinfachung der Großbetriebe, Ausschaltung der Konkurrenz der Warenhäuser für den Geschäftsmann, Löschung der Hypotheken und Steuersenkung für Hausbesitzer und Landwirte, Aufschwung der Schwerindustrie im Zuge der „Wehrhaftmachung“ versprochen: an jedes Interesse war appelliert. Aber am Schluß stand dann der Satz: „Wie später in einem nationalsozialistischen Staat die Frage der Gewinnbeteiligung gelöst werden wird, steht hier nicht zur Besprechung [61].“ Nicht nur die verschiedenartigen Komponenten der Parteistruktur, sondern auch Fragen der konkreten politischen Taktik führten dazu, daß seit 1930 die „antikapitalistische“ Ideologie der Gebrüder Strasser und Gottfried Feders durch Hitlers opportunistische Hinneigung zum kapitalistischen, gewerkschaftsfeindlichen Unternehmertum tatsächlich — wenn auch nie offen — verdrängt wurde. Dem entsprach der Abgang Otto, dann auch Gregor Strassers und die Ersetzung Gottfried Feders durch den von Schacht empfohlenen Wirtschaftsredakteur Walter Funk, der konkrete Beziehungen zur Schwerindustrie besaß. „Sozialismus“ war jetzt ganz auf einen vagen Appell an die nationale, gemeinschaftsbewußte „Wirtschaftsgesinnung“ abgeschoben [62].

Ebenso vieldeutig und in sich widersprüchlich wie die „Brechung der Zinsknechtschaft“, die Errichtung einer nach Mussolinis Experimenten schielenden „ständischen Wirtschaftsordnung“ [63] als Patentlösung der sozialen, nationalen und jüdischen Frage zugleich oder wie der Begriff des „Privateigentums“ [64] waren alle parteioffiziösen Äußerungen und Publikationen zu Fragen der praktischen Politik. Wirksam wurden sie nur in ihrer radikal negativen Beurteilung der gegenwärtigen Zustände und in der Organisierung der alten

58 Gottfried Feder, *Kampf gegen die Hochfinanz*, München 1934 (Aufsätze seit 1919), S. 11 ff.; ders., *Der deutsche Staat auf nationaler und sozialer Grundlage, Neue Wege in Staat, Finanz und Wirtschaft*, München 1924, S. 80 ff. (16./17. veränderte Aufl. 1933, S. 69 ff.). Von ihm geht auch – mangels eigener Vorstellungen – Hitler in seinen vagen Äußerungen aus: Anm. IV/31, S. 224 f.

59 Z. B. Hans Reupke, *Unternehmer und Arbeiter in der faschistischen Wirtschaftsidee*, Berlin 1931, bes. S. 51 ff. (als Versuch einer Abschwächung der antikapitalistischen Parolen).

60 Man vgl. etwa den Tenor des Münchner *Völkischen Beobachters* mit dem radikaleren Ton des Berliner *Angriff*.

61 Feder, *Das Programm der NSDAP* (Anm. IV/35), S. 46; kritisch zur Inhaltlosigkeit und bedenkenlosen Wandlungsfähigkeit: Carl Landauer, „Das nationalsozialistische Wirtschaftsprogramm“, in: *Der deutsche Volkswirt* 4 (1930), S. 1764 ff.; ders., „Neue nationalsozialistische ‚Wirtschaftstheorien‘“, *ebda.*, 5 (1931), und die Zusammenstellung der publizistischen Äußerungen in: *Zwischenspiel Hitler* (Anm. IV/28), S. 231 ff.; vgl. besonders noch Heuss, *Hitlers Weg* (Anm. IV/27), S. 74 ff.

62 So Hans Reupke, *Der Nationalsozialismus und die Wirtschaft*, Berlin 1931, S. 48; vgl. S. 14: „Es handelt sich nicht darum, den Kapitalismus zu stürzen, sondern . . . ihn mit neuem Gemeinschaftsgefühl zu erfüllen.“

63 Dazu Hans Buchner, *Grundriß einer nationalsozialistischen Volkswirtschaftslehre* (Nationalsozialistische Bibliothek, Heft 16), 4. Aufl., München 1932, S. 32 f. Allgemein zur Fiktion des nationalsozialistischen Ständestaats Franz L. Neumann (Anm. I/32), S. 222 ff.; Heuss, *Hitlers Weg* (Anm. IV/27), S. 55 ff.

64 Den vor allem Feder festhält: *Der deutsche Staat* (Anm. IV/58), Aufl. 1924, S. 5 f.: „Die Frage einer Neugestaltung des Bodenrechts im Sinne der Bodenreform bedarf noch sehr eingehender Klärung. . .“ (ebenso Aufl. 1933, S. 8); vgl. S. 47 (S. 44). In anderen Äußerungen von Joseph Goebbels (*Der Nazi-Sozi, Fragen und Antworten für den Nationalsozialisten*, München 1931, S. 15) erscheint der Begriff des Privateigentums durchaus angefochten, um dann zu enden bei einem vagen: „Jedem das Seine“: Goebbels, „Sozialismus und Eigentum“, in: *Der Angriff* v. 14. November 1929.

Ressentiments wie — mit der Verschärfung der Wirtschaftskrise — der wachsenden Mißgefühle, die angesichts der Funktionsstörungen der parlamentarischen Demokratie und des sie stützenden Parteisystems radikalen Lösungen jenseits der bestehenden Ordnung zutrieben. Entsprechend verschwommen hielten sich alle Äußerungen über die konkrete Politik auch im kleinen praktischen Rahmen [65] und besonders über die künftige nationalsozialistische Staatsform [66]. Obwohl die „Diktatur" im Parteiprogramm fehlte, war sie doch das erste Gegenargument gegen den verhaßten Parlamentarismus: meist sprach man vorsichtigerweise von einer „vorübergehenden Diktatur", bis die neuen Ideen durchgesetzt und in eine autoritär-ständische, freilich nie schärfer umrissene Ordnung eingegangen seien [67]. Oder man befürwortete die „Überantwortung der Politik an ein politisches Gremium, das auf Grund des Gesetzes der Kraft und der Auslese zusammengefügt wird". Jedenfalls: „Schluß mit dem demokratischen Parlamentarismus [68]!" Dann wieder war von einem Ständeparlament die Rede, das nur Wirtschafts-, keine Staatspolitik treiben dürfe, und stellte daneben einen Senat, ein vom Diktator-Kanzler auf Lebenszeit berufenes Herrenhaus, das seinerseits (!) den Kanzler wählt [69]. Diese getarnte Diktatur war freilich nur eine der greifbaren Konzeptionen; wieweit Goebbels und vollends Hitler damit etwas Verbindliches meinten, blieb ebenso offen wie die Frage der Staatsform selbst [70]. Denn gleichzeitig verstand es Hitler, durch entsprechende Äußerungen auch die Monarchisten und nicht zuletzt den Kronprinzen selbst in sein Spiel einzusetzen [71]. Nicht weniger unbestimmt blieb aus taktischen Gründen nach außen hin auch die Stellungnahme zur Streitfrage Föderalismus—Zentralismus gehalten [72], während mit dem Bekenntnis zum „positiven Christentum" zugleich alle taktisch unbequemen Folgerungen einer „nationalsozialistischen Weltanschauung" vermieden und die Kirchen beruhigt, Konfessionskonflikte tunlichst verhindert wurden [73].

65 Vgl. etwa Karl Fiehler, *Nationalsozialistische Gemeindepolitik* (Nationalsozialistische Bibliothek, Heft 10), München 1929.

66 Dazu besonders Heuss, *Hitlers Weg* (Anm. IV/27), S. 46 ff.

67 Gregor Strasser, „Sozialreaktion?" (15. November 1931), in: *Kampf um Deutschland*, München 1932, S. 308 f.: „Von Anfang ihrer Geschichte an hat die NSDAP prinzipiell sich zu einem ständischen Ausbau unseres Staates bekannt, ohne sich deswegen in irgendeiner Form mit dem zu identifizieren, was an Formulierungen und Vorarbeiten und Vorschlägen auf diesem Gebiet zur Zeit vorliegt. Auch hier werden wir unsere Vorschläge dann zur Kenntnis des deutschen Volkes bringen, wenn wir vorher . . . die Möglichkeit geschaffen haben, sie von der Basis eines nutzlosen Palavers zu der Entscheidung von Gesetzen emporzuheben . . ." Zur (negativen) Stellungnahme im „Dritten Reich": Justus Beyer, *Die Ständeideologien der Systemzeit und ihre Überwindung* (Forschungen zum Staats- und Verwaltungsrecht, hrsgg. von Reinhard Höhn, Bd. VIII), Darmstadt 1941, S. 302 ff.

68 Joseph Goebbels, „Revolutionäre Forderungen", in: *Der Angriff* v. 6. August 1928 (abgedr. in: *Der Angriff, Aufsätze aus der Kampfzeit*, München 1935, S. 171).

69 Goebbels, *Der Nazi-Sozi* (Anm. IV/64), S. 20 f.

70 Vgl. etwa Feder, *Der deutsche Staat* (Anm. IV/58, Aufl. v. 1924), S. 47 (Aufl. v. 1933: S. 45): „Die dem deutschen Wesen entsprechende Staatsform ist die in einer obersten Spitze vereinigte souveräne Staatsführung. Ob diese oberste Spitze durch einen vom Volk zu wählenden Monarchen besetzt wird, oder durch 2 oder 3 verantwortliche Reichsbeamte, muß späterer Volksabstimmung überlassen bleiben." Später (1932) werden die „höchsten Reichsbeamten" durch „einen Präsidenten" ersetzt (Feder, *Das Programm*, Anm. IV/35, Fassung von 1932, S. 38). Die zitierte Schlußphrase ist die einzige Verbeugung vor dem Majoritätswillen der „Volksabstimmung" (die im Programm sonst nicht vorkommt).

71 Das gelang ihm dann vor allem seit 1931: vgl. u. Anm. XI/121. Dagegen berichtet die Kronprinzessin Cecilie, Hitler sei „lange vor 1933", wohl um 1925/26, in Cecilienhof erschienen und habe dem Kronprinzen erklärt, er sehe in der Herstellung der Monarchie die Krönung seiner Bestrebungen. Hitlers Auftreten sei damals aber noch (!) so armselig gewesen, daß der Kronprinz dies mit äußerster Zurückhaltung aufgenommen habe: Kronprinzessin Cecilie, *Erinnerungen an den Kronprinzen*, Biberach 1952, S. 133 f. (mit stark apologetischen Verzeichnungen); vgl. auch Paul Herre, *Kronprinz Wilhelm, Seine Rolle in der deutschen Politik*, München 1954, S. 195 f.

72 Dazu Heuss, *Hitlers Weg* (Anm. IV/27), S. 50 ff.

73 Zu dieser Frage damals Heuss, *ebda.*, S. 105 ff., und jetzt ausführlich Hans Buchheim, *Glaubenskrise im Dritten Reich, Drei Kapitel nationalsozialistischer Religionspolitik*, Stuttgart 1953, S. 35 ff.

Nach der Programmatik antikapitalistisch und zugleich antiproletarisch, konservativ [74] und zugleich revolutionär, vermochte die NSDAP soziologisch zunächst vor allem den vom Spätkapitalismus gefährdeten und der Proletarisierung widerstrebenden Mittelstand zu erfassen [75], dessen strukturelle Beunruhigung im Zwang der Verhältnisse nach Ausdrucksmöglichkeiten neuer Art strebte. Hier suchten proletarisierte Schichten im Kampf gegen eine nüchterne Welt ihr verlorenes soziales Prestige wiederzugewinnen, und ihre Zuflucht war — da Kapitalismus und Kommunismus sie von beiden Seiten bedrängten — eine Mischung von restaurativen und revolutionären Wunschvorstellungen, die jenseits der nüchternen republikanischen Wirklichkeit lagen. Sie besaßen von allen Sozialschichten die größte Aufnahmebereitschaft für jene irrationalen Ideologismen, mittels derer der Nationalsozialismus eine neue Sinngebung des Daseins, neues nationales und soziales Prestige verhieß. Er knüpfte an den traditionellen Antisemitismus des Kleinbürgertums an [76], und er verstand sich mit der vagen Parole der „Bodenreform" [77] und einem Appell an den agrarischen Antisemitismus [78] in die landwirtschaftliche Protestbewegung einzuschalten, die schon vor Ausbruch der großen Krise in weiten Gebieten Norddeutschlands um sich griff. Die Partei erzielte dann auch ihre größten Wahlerfolge ab 1929 in den agrarisch bestimmten Gebieten Schleswig-Holsteins und Niedersachsens, während sie in den Großstädten nie die „rote" Vorherrschaft zu brechen vermochte [79].

Von besonderer Bedeutung wurde die jugendliche Anhängerschaft, die der romantische Radikalismus, der Gefühlsappell der „Bewegung" anzog; auf sie steuerte auch die Jugendbewegung zu, die in den demokratischen Parteien kaum Fuß zu fassen vermochte und in der NSDAP das konsequenteste Bekenntnis zum Führergedanken wiederfand: „Nationalsozialismus ist organisierter Jugendwille" — so tönte die offizielle Parole [80]. Während die eigentlichen Kriegsteilnehmer zwar die frühe Organisation und die Führung der Partei trugen, in größerer Zahl aber zum Stahlhelm fanden, bestimmte die Nachkriegsjugend — vor allem auch auf den Universitäten [81] — in steigendem Maße das Gesicht der militanten Parteianhängerschaft und verschaffte dem strikten Führungs- und Subordinationsprinzip den unangefochtenen Primat in der Organisationsstruktur. Auf sie konzentrierte sich die nationalsozia-

74 Zur Abgrenzung gegen den Konservatismus preußischer Prägung Heberle (Anm. III/24), S. 13 ff.

75 Dazu Sigmund Neumann (Anm. II/5), S. 78 ff., und u. S. 146 ff.

76 Vgl. Hitler (Anm. IV/31), S. 628: „Die nationalsozialistische Bewegung . . . hat es vor allem fertiggebracht, dieses Problem [die Judenfrage] aus dem engbegrenzten Kreise oberer und kleinbürgerlicher Schichten herauszuheben und zum treibenden Motiv einer großen Volksbewegung umzuwandeln."

77 Dazu o. S. 102 f. Vgl. die Schrift eines sympathisierenden Staatswissenschaftlers: Ludwig D. Pesl, *Nationalsozialismus und Bodenreform*, Berlin 1932, bes. S. 5 ff.; S. 38 ff. mit einer Zusammenstellung der parteioffiziellen Äußerungen und einer Abgrenzung gegen die „marxistische" Bodenreformbewegung Adolf Damaschkes. Die offizielle Stellungnahme der NSDAP ist besonders in einer Mitte Juni 1931 beginnenden und im August von Darré wiederaufgenommenen Artikelserie des *Völkischen Beobachters* niedergelegt, die freilich über eine allgemeine Polemik gegen Damaschke nicht hinausführt. Dagegen hatte Darré schon am 15. August 1930 in einem geheimgehaltenen „Entwurf zu einem Plan für das Arbeitsgebiet einer agrarpolitischen Abteilung bei der NSDAP" und zum „Ausbau eines agrarpolitischen Netzes über das Reichsgebiet" Hitler darauf hingewiesen, „wie der Landstand im heutigen Kampfe gegen den Staat einzusetzen ist", und darüber hinaus seinerseits Gedanken über die „biologische" und politische Bedeutung des Bauerntums für eine gewaltsame Ostexpansion entwickelt: *Nürnberger Dokumente* (ungedr.), Doc.Nr. NG-448 (Hauptarchiv Berlin, Rep. 335, Fall 11, Nr. 550, S. 34–48).

78 Vgl. die Anweisung der *Führer- und Schulungsbriefe* für Funktionäre der NSDAP v. 15. März 1931: „Die naturgegebene Feindschaft des Bauern gegen den Juden, seine Feindschaft gegen den Freimaurer als Judenknecht muß bis zur Raserei aufgestachelt werden" (nach: *Berliner Tageblatt*, Nr. 136 v. 21. März 1931).

79 Zur Bauernbewegung u. S. 150 f.; zur Wahlstatistik u. Teil II, S. 567 ff.

80 Otto Dietrich, *Mit Hitler in die Macht*, München 1934, S. 135.

81 Dazu den Exkurs u. S. 132 ff.

listische Werbung [82]. Einsatz, Bewährung, Hingabe an die irrationalen Gewalten statt Diskussion und Kompromiß waren die Werte, die gerade ihr zum Maßstab für die Kritik an Liberalismus, Demokratismus, Parlamentarismus, besonnener Erfüllungs- und Ausgleichspolitik wurden [83].

Denn diese Jugend sah und erfuhr mit Empörung die schweren und oft ungerechten Existenzbedingungen, die vielfältigen Beschränkungen der Gegenwart. Sie begrüßte in der „Bewegung" darum ein Ventil für ihr durch Arbeitslosigkeit und Zukunfts-Ungewißheit pervertiertes Aktionsbedürfnis. Sie besaß keine Einsicht in die historischen Bedingungen und politischen Möglichkeiten der Weimarer Republik. Sie protestierte gegen die scheinbare Untätigkeit der Politiker aus der älteren Generation. Sie glaubte darum, daß ihr nur in dieser extremen Protestbewegung — und in der KPD — die Chance eines schnellen Aufstiegs geboten sei. Hier war eine Organisation, die den „ganzen Mann" verlangte, die „Alten" schuldig sprach [84] und das Bedürfnis nach einer Gemeinschaft befriedigte, eine „Bewegung", die diese „laue Gegenwart", die von der Krise zersetzte bürgerliche Ordnung in der Tat und unter einer entschlosseneren Führung zu überwinden versprach. Gemeinschaft: das hieß ihnen nun „Sozialismus"; Tat und Führung: das bedeutete „Nationalismus". Die „falsche Front" Sozialismus—Nationalismus sollte zerschlagen, der Sozialismus vom „marxistischen" Internationalismus, der Nationalismus vom Kapitalismus gelöst werden [85]: die tönende Synthese des Nationalsozialismus formte aus naiven Utopien sozialer Freiheitsbegeisterung das willenlose Kollektivum, erlöste die Fragenden im Kadavergehorsam einer fraglosen Führerdiktatur. So wurde der Gemeinschafts- und Führergedanke der Jugendbewegung, der vor allem die kleine Einheit gepflegt hatte, in eine zentralistisch-bürokratische Kollektivorganisation pervertiert. Denn so betont gerade die Hitler-Jugend Terminologie und Stil der Jugendbewegung übernahm, so wenig entsprach ihre uniforme Organisation dem individualistischen Grundprinzip der bündischen Gruppen [86].

Konnte die Partei die innere Unwahrheit des Programms, die Zwiespältigkeit der Struktur verhüllen und die Fiktion ihrer Existenz behaupten, bis ihr Tag gekommen war? Gehörten ihre Führer nicht einer gescheiterten Zwischengeneration an, die nur Ressentiment und Enttäuschung zur Politik geführt hatte? Stand nicht das ganze Programm auf negativen „Werten" wie Antisemitismus, Antiparlamentarismus, schrankenlosem Nationalismus und Imperialismus, während die ersten politischen Probleme — Republik oder Monarchie, Einheits- oder Bundesstaat, Sozialismus und Kapitalismus, Revolution

82 Vgl. die entsprechenden Äußerungen Adolf Hitlers in: Siebarth (Anm. IV/40), S. 129 ff. 1931 waren 38 % der Parteimitglieder unter 30 Jahre alt – in der SPD nur 19 %: Hans H. Gerth, „The Nazi Party: Its Leadership and Composition", in: *American Journal of Sociology* 14 (1940), S. 530.

83 Dazu auch Hermann Heller, *Europa und der Faschismus*, Berlin-Leipzig 1931.

84 Vgl. Heberle (Anm. III/24), S. 9 ff.; Heuss, *Hitlers Weg* (Anm. IV/27), S. 156 ff., und u. S. 116 ff. Ein Beispiel für viele: Gregor Strasser, „Macht Platz, ihr Alten!" (8. Mai 1927), in: *Kampf um Deutschland* (Anm. IV/67), S. 171 ff.: „Ob sie Scheidemann heißen und Wels, ob Dernburg oder Koch, ob Bell und Marx, Stresemann und Rießer, ob Hergt und Westarp – das sind die gleichen Männer, die wir kennen aus jener Zeit vor dem Krieg, wo sie versagten in der Erkenntnis der Notwendigkeiten für das Leben des deutschen Volkes; die wir kennen aus den Jahren im Krieg, wo sie versagten in dem Willen zur Führung und zum Sieg; die wir kennen aus den Jahren der Revolution, wo sie versagten im Charakter und gleichmäßig im Können, im Nützen einer heroischen Stunde, die, wenn sie große Menschen gefunden hätte, groß hätte werden können für das deutsche Volk – die aber klein und gemein wurde, weil die führenden Menschen klein und gemein waren."

85 Gregor Strasser, „Gegen Marxismus und Reaktion" (21. Oktober 1928), *ebda.*, S. 222 ff.; vgl. Joseph Goebbels, „Warum sind wir Sozialisten?", in: *Der Angriff* v. 16. Juli 1928; ders., „Warum Arbeiterpartei?", *ebda.*, v. 23. Juli 1928.

86 Vgl. u. S. 118 ff.

und Legalismus, Bodenreform und Schutz des Privateigentums — weder präzisiert noch wirklich durchdacht wurden [87]?

5. Organisation, Propaganda und Taktik der NSDAP

Diese allgemeinen Bemerkungen, die noch der Ergänzung durch soziologische und ideologienkritische Untersuchungen bedürften [88], sind nun freilich nur im Blick auf die weitere Entwicklung in der Endphase gerechtfertigt. Sie treffen das Problem des demokratischen Auflösungsprozesses auch nur, wenn das praktisch-politische Gewicht der skizzierten Erscheinungsformen von der nationalsozialistischen Parteiorganisation selbst, von ihren strukturellen, taktischen und führungstechnischen Merkmalen her bestimmt wird. Denn die heterogene Anhängerschaft — Kleinbürger, Bauern, revolutionäre Jugend, verbitterte Militärs [89], Aristokraten, Teile der Arbeiterbewegung wie der Bürokratie und schließlich un- und antipolitische Nichtwähler — fand sich von einer straffen, nach mancherlei Kämpfen und Umwegen strikt zentralisierten Kaderorganisation aufgenommen und dem unkontrollierbaren, nur glaubensmäßig nachvollziehbaren Willen eines Führers unterworfen. In der Stabilisierungsperiode der Partei hatte Hitler auch die letzten, in den ersten Auflagen von *Mein Kampf* (1925) noch konzedierten demokratischen Merkmale der Führungsstruktur zugunsten einer konsequenten Delegierung und Kommandierung von oben beseitigt, die „germanische Demokratie" durch die „unbedingte Führerautorität" ersetzt [90]. Im zweiten Band (1927) rühmte sich Hitler selbst der systematischen Umwandlung einer ursprünglich (1920/21) noch durch demokratische Majoritätsbeschlüsse „verdorbenen" Organisation in eine autoritäre Führerpartei, die „an Stelle von Ausschußbeschlüssen das Prinzip der absoluten Verantwortlichkeit" — also die absolute Willkür des Führers — setzt [91].

Alle noch folgenden Richtungskämpfe wirkten nur auf eine weitere Festigung dieser autoritären Parteistruktur hin. Mit ihr war auch die besonders für die DNVP so charakteristische und zugleich problematische Verbindung von autoritären und demokratischen Führungs- und Strukturprinzipien eindeutig beseitigt, um einem durchgängig militärisch modellierten oder aber (da keine umfassendere außerorganisatorische Instanz anerkannt wurde) pseudoreligiös legitimierten Absolutismus Platz zu machen [92]. Militärische

87 Vgl. auch die Zusammenstellung der publizistischen Diskussionen in: *Zwischenspiel Hitler* (Anm. IV/28), S. 179 ff.

88 Vgl. dazu auch Franz L. Neumann (Anm. I/32), S. 37 ff. Gute Ansätze bietet auch Specht (Anm. IV/29), S. 57 ff.

89 Sie werden besonders durch eine expansive Wehrpropaganda angezogen: ein Beispiel ist die Schrift des Obersten a. D. und nachmaligen Arbeitsdienstführers Konstantin Hierl, *Grundlagen einer deutschen Wehrpolitik*, München 1931.

90 Ich zitiere als Beispiel lediglich die später abgeänderten Sätze: 3. Aufl. 1928, Bd. I, S. 364 f. [Volksausgabe, 1933, S. 378 f.], „Die Bewegung vertritt im kleinsten wie im größten den Grundsatz der germanistischen Demokratie: Wahl des Führers, aber unbedingte Autorität desselben" [„Die Bewegung vertritt im kleinsten wie im größten den Grundsatz der unbedingten Führerautorität, gepaart mit höchster Verantwortung"]. „Der erste Vorsitzende einer Ortsgruppe wird gewählt, allein dann ist er der verantwortliche Leiter derselben" [„Der erste Vorsitzende einer Ortsgruppe wird durch den nächsthöheren Führer eingesetzt: er ist der verantwortliche Leiter der Ortsgruppe"]. „Immer wird der erste Vorsitzende gewählt, allein damit auch mit unbeschränkter Vollmacht und Autorität bekleidet. Und das gleiche gilt endlich für die Leitung der Gesamtpartei. Der Vorsitzende wird gewählt, er aber ist der ausschließliche Führer der Bewegung" [„Immer wird der Führer von oben eingesetzt und gleichzeitig mit unbeschränkter Vollmacht und Autorität bekleidet. Nur der Führer der Gesamtpartei wird aus vereinsgesetzlichen Gründen [!] in der Generalmitgliederversammlung gewählt. Er ist aber der ausschließliche Führer der Bewegung"].

91 Hitler (Anm. IV/31), S. 659 ff.

92 Dazu Ertel (Anm. IV/5), S. 112 ff.

Disziplin und hierarchische Stufung gaben dem raffiniert eingebauten Glanz der Tradition und den geschickt in Symbole übersetzten Zukunftsvisionen einer eigentlich geschichtslosen, jedenfalls jeder echten sozialen Verwurzelung entbehrenden Sammelpartei den festen Rahmen und den organisatorischen Rückhalt. Nun erst wurde das bunte Konglomerat von Wünschen, Interessen, politischen Glaubensbedürfnissen und ideologischen Schwärmerkomplexen zur sicheren Waffe im Kampf um die Macht, zum tragfähigen Vehikel politischer Aktion, zur unwiderstehlichen Legitimationsurkunde revolutionärer Staatsgestaltung in der Hand einer kleinen Elite.

Ohne Zweifel war die erstaunliche Wirkung der nationalsozialistischen Propaganda bei aller Virtuosität im Einsatz propaganda- und organisationstechnischer Mittel ganz wesentlich ein religionspsychologisches Phänomen [93]. Wie der Begriff des „Glaubens" eine zentrale Funktion in den Postulaten und Selbstbestätigungen nationalsozialistischer Politik besaß, so bildete auch die „weltanschauliche" Begründung der Bewegung und ihrer Ziele das Rückgrat aller Argumentationen, die sich dem Zugriff rationaler Kritik durch den ständigen Anruf pseudoreligiöser Instanzen entzogen. Es waren die Instanzen einer biologischen Mystik: aus dem „Singen ihres Blutes" [94] sollte den Gläubigen die fanatische Kraft zur Tat erwachsen. Ob man die Wirkung solcher „politischen Religionen" nun allgemein auf das Glaubensbedürfnis der entwurzelten Massen in einer säkularisierten Welt oder in erster Linie auf konkrete politische, wirtschaftliche und soziale Nöte und Wunschvorstellungen im Nachkriegsdeutschland der Krisen, der Enttäuschungen und Ressentiments zurückführen mag: es war jedenfalls möglich, daß sich in der NSDAP schon bald Formen der hymnischen Verehrung des Führers ausbildeten, die den psychologischen und literarischen Byzantinismus des „Dritten Reiches" vorausahnen ließen [95]. Gewiß wurden solche Formen ganz bewußt zur Manipulierung, Gleichschaltung und metaphysischen Stützung der totalitären Führerstruktur der Bewegung eingesetzt. Aber sie fanden doch in einer demokratisch freien Gesellschaft ihren wachsenden Widerhall, und sie bewährten sich als wirksamste Mittel einer Propaganda, die nicht nur Gewinn und Größe, sondern auch mit steigendem Erfolg Erlösung und Geborgenheit verkündete und — schon vor 1933 — in grotesken Beweisen religiöser Ergebenheit ihre glaubensbildende Wirkung erfuhr [96].

So stand seit den frühesten Anfängen der Partei der „Führer" Adolf Hitler, der alle Konkurrenten souverän zu überspielen und aus dem sektenhaften Verein — einem unter vielen — eine straffe Organisation zu schaffen vermochte, als absoluter Kristallisationspunkt in und über der Bewegung. Allei-

93 Vgl. Gurian (Anm. IV/3), S. 3.

94 Strasser, *Kampf um Deutschland* (Anm. IV/67), S. 222.

95 Z. B. Joseph Goebbels, „Wenn Hitler spricht", in: *Der Angriff* v. 19. November 1928 (*Der Angriff*, Anm. IV/68, S. 217 f.): „Werke des Talents sind Ergebnisse von Fleiß, Ausdauer und Begabung. Das Genie ist selbstschöpferisch allein durch die Gnade. Im Instinkt wurzelt die tiefste Kraft des wahrhaft großen Menschen. Er vermag manchmal nicht einmal zu sagen, warum alles so ist. Er begnügt sich damit: es ist so. Und dann ist es so. Was Fleiß und Wissen und Schulweisheit nicht zu lösen verstehen, das kündet Gott durch den Mund derer, die er auserwählt hat. . . Erkennen mögen viele, organisieren noch mehr, aber aus einer schicksalhaften Erkenntnis durch die Gewalt des Wortes politische Zukunftswerke aufzubauen, das kann heute in Deutschland nur er. Viele sind berufen, aber wenige nur auserwählt. Wir alle sind unerschütterlich davon überzeugt, daß er ihr Wortführer und Wegweiser ist. Darum glauben wir an ihn. Über seiner mitreißenden menschlichen Gestalt sehen wir in diesem Manne die Gnade des Schicksals wirksam sein und klammern uns mit allen unseren Hoffnungen an seine Idee und damit verbunden an jene schöpferische Kraft, die ihn und uns alle vorwärts treibt. . ."

96 Vgl. dazu Reibnitz (Anm. III/26), S. 19 ff., der auf Todesanzeigen wie die folgende verweist: „Im Glauben an Adolf Hitler und Deutschlands Zukunft verschied gestern unser lieber Vater. . ." Dazu überhaupt Ertel (Anm. IV/5), S. 155 ff. u. a.

niger Diktator, „charismatischer Führer" im Sinne Max Webers, Spitze im hierarchischen Aufbau und Richtpunkt für alles Handeln und Denken, bestimmte er auch personalpolitisch bis in die lokalen Instanzen hinein Aufbau, Gesicht und Taktik des Ganzen. So zentralistisch-militärisch der Apparat aufgebaut war [97], er blieb doch gleichzeitig in zahllose rivalisierende Instanzen aufgesplittert, die fast nur durch die Gestalt des „Führers" zusammengehalten wurden [98]. Eben dies war eine wesentliche Grundlage der Machtstellung und der Manipuliermöglichkeiten Hitlers innerhalb wie außerhalb der Partei.

Vor allem aber im „innerlichen" Sinn wurde Hitler als der absolute Führer, der Offenbarer eines neuen Lebenssinns herausgestellt [99], der Heiland, dem das Hingabe-, Dienst- und Subordinationsbedürfnis oder die Verantwortungsmüdigkeit der Anhänger galt, der dies Bedürfnis allein aufzufangen und in die erlösende politische Tat umzusetzen, seiner endgültigen Befriedigung zuzuführen vermochte. Er war die Inkarnation der „Volksgemeinschaft" [100], der Quell allen Rechts, mehr als jeder Monarch frei von allen rechtlichen und sittlichen Begrenzungen: dank Intuition und Führergabe hatte er „immer recht", war an die Schranken des Rechtsstaats nicht gebunden, sondern nur den Interessen der „Volksgemeinschaft" verpflichtet — deren unanfechtbarer Interpret er (als ihre Emanation) zugleich war [101]. Er war darum selbst dem eigenen Gefolge gegenüber keinen Regeln des Rechts verpflichtet [102]. Dies Sendungsbewußtsein vermochte selbst das monarchische Legitimitätsbewußtsein zu überspielen: Adolf Hitler wurde schließlich auch in den Augen eines Hohenzollernprinzen zum gottgesandten Führer [103]. Um ihn kreiste darum, ungleich allen anderen Parteien, die ganze dem Nationalsozialismus geltende Diskussion. Seiner Person, seiner Rede, seiner Autorität galt die Sehnsucht oder auch die Kritik, die doch eines anzuerkennen hatte: das Organisationstalent.

Der Parteiapparat, der nach dem Wiederaufbau der NSDAP zwischen 1927 und 1929 um das Siebenfache auf etwa 120 000, bis zum Sommer 1930 auf rund 300 000 [104], bis Anfang 1932 auf fast 800 000 Mitglieder anwuchs [105], hatte sich nach dem Scheitern des regionalen Staatsstreiches von 1923 nur noch fester und schlagkräftiger, wenngleich im bescheidenen Rahmen der kleinen Kampfpartei, zu entwickeln vermocht. Eine straff zentralistische Organisation übertraf bald die Bürokratie selbst des SPD-Apparats, konnte sich dann allerdings der Gefahr der Bürokratisierung und — auf weitere Sicht — der vielbekämpften „Verbonzung", dem Eigengewicht der Institutionalisierung auch nicht ganz entziehen. Doch vollzog sich dieser Vorgang zunächst in der Form einer eigentümlichen Mischung von bündischer, militärischer und Partei-

97 Dazu Alan Bullock, *Hitler, A Study in Tyranny*, London 1952, S. 151 ff.

98 Dieser wichtige Gesichtspunkt ist in dem sonst an Fehlern und schiefen Urteilen reichen Buch von Walter Görlitz und Herbert A. Quint, *Adolf Hitler, Eine Biographie*, Stuttgart 1952, S. 266; S. 283, gut herausgestellt; vgl. auch K. D. Bracher, „Das ‚Phänomen' Adolf Hitler", in: *Politische Literatur* 1, Heft 5/6 (Dezember 1952), S. 208 ff.

99 Vgl. auch Walter Ehrenstein, *Dämon Masse*, Frankfurt a. M. 1952, S. 36 ff.

100 Vgl. zum „Gemeinschaftsgedanken" Heberle (Anm. III/24), S. 18 ff.

101 Zur organisatorischen Auswirkung dieses Prinzips auf die Führungsstruktur Gerth (Anm. IV/82), S. 517 ff.

102 Vgl. die zusammenfassende Diskussion besonders auch der Konsequenzen für die Jurisdiktion des „Dritten Reiches" bei John Brown Mason, „The Judicial System of the Nazi Party", in: *The American Political Science Review*, Februar 1944, S. 89 ff.

103 So legte Prinz August Wilhelm in einer öffentlichen Versammlung zu Braunschweig das Bekenntnis ab, daß dort, wo ein Hitler führe, sich ein Hohenzoller getrost einreihen könne: Hitler sei dem deutschen Volk von Gott gesandt („Von Gott gesandt" in: *Berliner Tageblatt*, Nr. 281 v. 17. Juni 1931).

104 Walther Oehme und Kurt Caro, *Kommt „Das Dritte Reich"?*, Berlin 1930, S. 16; vgl. Bullock, *Hitler* (Anm. IV/97), S. 134; S. 152.

105 Hitlers Neujahrsaufruf 1932, bei Neumann, *Parteien* (Anm. II/5), S. 134; Bullock (Anm. IV/97), S. 171.

struktur; statt der ideologisch-programmgebundenen Unbeweglichkeit, die in den anderen Parteien wirksam war, führte hier die byzantinische Ergebenheit dem „Führer" gegenüber zu Nepotismus und organisatorischer Erstarrung.

Denn die straff autokratische Organisation der Parteimaschinerie modernen Stils, mit deren wesentlicher Hilfe die NSDAP ihren in der Parlamentsgeschichte einzigartigen Aufstieg vollzog, ordnete alle Außenseiter-Spontaneität dem Willen des unabsetzbaren Führers unter [106]. Mit der Beseitigung des Majoritätsprinzips war auch organischen inneren Verschiebungen, echter Flügelbildung, demokratischer Austragung innerparteilicher Differenzen fast jede Ausdrucks- und Durchsetzungschance verbaut. Unbedingte Disziplin und strikte Befehlsstruktur von oben nach unten erzeugten einen unterwürfigen Fatalismus der Mitgliedermassen wie der Apparatträger, dem die mystische Vorsehungsgabe des einzigen Führers in souveräner Ausbeutung dieser pseudoreligiösen Situation seine Richtung gab [107]. Die Geschlossenheit der Parteiorganisation mußte, bis zur Aufgabe jeder individuellen Urteils- und Entscheidungsfähigkeit, die bedingungslose Ausführung aller Befehle garantieren. Und mit ihrer Hilfe wurde nun die neue „Weltanschauung" mit allen Mitteln auf die Straße getragen, um so wenn nicht die Sympathie, so doch die Aufmerksamkeit aller auf sich zu lenken.

In diesem Idealtyp der totalitären Partei war jede Revision selbst eines nachteiligen Beschlusses im Interesse einer absoluten Subordinationsstruktur, die auch im Angesicht offensichtlicher Fehlentscheidungen gewahrt bleiben sollte, mindestens theoretisch ausgeschlossen [108]. Nicht nur die sklavische Abhängigkeit der von oben manipulierten Unterführer, sondern auch die scharfen Unterschiede in der Behandlung und Besoldung der Funktionäre manifestierten die antidemokratischen Züge der Parteistruktur wie zugleich ihren rücksichtslos zweckgerichteten Charakter. Dazu kam das Mittel der Mitgliedersperre und der Säuberungen nach bolschewistischem und faschistischem Vorbild — Maßnahmen, die mit der ursprünglichen Höchstbegrenzung der NSDAP auf eine Million Mitglieder in Einklang standen [109], dann freilich nur noch in abgemilderter Form durchgeführt wurden, als 1929/30 mit dem verstärkten parlamentarischen Legalitätskurs das Konzept eines gewaltsamen Umsturzes zurückgestellt und der plötzlichen Gunst der Umstände folgend der Übergang von der revolutionären Kaderpartei zur evolutionären Volks- und Massenbewegung vollzogen wurde [110]. Nun freilich erfuhr die dichte Or-

106 Zu dieser Parteistruktur auch Heuss, *Hitlers Weg* (Anm. IV/27), S. 115 ff., und besonders Carlo Mierendorff, „Gesicht und Charakter der National-Sozialistischen Bewegung", in: *Die Gesellschaft* 7 (1930), S. 489 ff. Vgl. noch Specht (Anm. IV/29), S. 59 ff.; S. 64 ff.

107 Z. B. Joseph Goebbels, „Der Führer", in: *Der Angriff* v. 22. August 1929 (*Der Angriff*, Anm. IV/68, S. 214 ff.): „Der Führer muß alles können... Der Führer ist gewissermaßen der Maschinenmeister an dem Räderwerk einer bis ins kleinste funktionierenden politischen Organisation."

108 Man vgl. etwa Joseph Goebbels, „Maulhelden", in: *Der Angriff*, Nr. 54 v. 6. Juli 1930. Dazu allgemein Bendix (Anm. IV/53), S. 371 ff.

109 Hitler (Anm. IV/31), S. 653: „Der Sieg einer Idee wird um so eher möglich sein, je umfassender die Propaganda die Menschen in ihrer Gesamtheit bearbeitet hat und je ausschließlicher, straffer und fester die Organisation ist, die den Kampf praktisch durchführt. Daraus ergibt sich, daß die Zahl der Anhänger nicht groß genug sein kann, die Zahl der Mitglieder aber leichter zu groß als zu klein wird." Oder S. 655 ff.: „Organisationen, also Mitgliederzahlen, die über eine gewisse Höhe hinauswachsen, verlieren allmählich ihre Kampfkraft und sind nicht mehr fähig, die Propaganda einer Idee entschlossen und angriffsweise zu unterstützen beziehungsweise auszuwerten..."

110 Immerhin bemerkt Goebbels noch im Hinblick auf die „Mitläufermillionen" von 1930, daß dies „gut ist zum Wählen, aber nur schlecht zum Kämpfen. Es ist an der Zeit, daß wir aus diesen Mitläufermillionen das heraussondern, was für uns kämpferisch brauchbar ist, und mitleids- und erbarmungslos das abstoßen, was uns belasten könnte" („1931", in: *Der Angriff* v. 31. Dezember 1930).

ganisation erst recht jene Durchreglementierung bis in kleinste Einzelheiten, die sie dem totalitären Parteiapparat der feindlichen KPD doch so ähnlich machte. Vor allem im System der „Straßenzellen" wurde das kommunistische Vorbild überaus deutlich. Sie garantierten ebenso eine strikte Kontrolle von oben wie — im Falle eines Verbots — die Möglichkeit illegaler Aktivität in dezentralisierten, doch lenkbaren Kleingruppen. Dazu kamen die zahlreichen Hilfsorganisationen, die der „totalen Erfassung des Menschen" in seinen Sonderwünschen, Berufs- und Altersinteressen dienen: Jugend- und Frauenbünde, die besonders erfolgreichen Studentenorganisationen, die Lehrer-, Juristen-, Ärztebünde usw.

Das wesentliche Kennzeichen für den Typus der „neuen Partei" war ihr nicht bloß militanter, sondern militärischer Charakter, der im autoritären Instanzenzug, in der Befehlsform der Verlautbarungen und in allen äußeren Formen wie vor allem in der Bedeutung des Drillgedankens, in der Tätigkeit der SA und ähnlicher Kampf- und Elitebünde innerhalb der NSDAP hervortrat. Es ist schwer abzuwägen, wieweit die militärisch-kämpferische Fassade der Partei und ihrer Eliteformationen nur psychologische Einschüchterung war oder wieweit wirkliche Schlagkraft dahinterstand; auf die Zeitgenossen übte die meist recht harmlose Soldatenspielerei jedenfalls eine beträchtliche Wirkung aus [111]. Gewiß entwickelte die Aktivität solcher Verbände eine gewisse Eigengesetzlichkeit, deren revolutionäre Richtung und Spitze immer wieder mit der opportunistischen Legalitätstaktik der Partei selbst kollidierte, um schließlich nach verschiedenen Revolten und Umbildungen erst auf dem Weg zur „zweiten Revolution" von 1934 einer rücksichtslosen Gleichschaltung unterworfen zu werden [112].

So wichtig die militärische Komponente für die weltanschauliche Position, den politisch-psychologischen Appell und die organisatorische Struktur der Partei war, so entschieden wurde sie aber doch kontrolliert durch eine bewußte Anpassungstaktik, die seit der Geburt der Massenpartei 1929/30 auch die revolutionäre Theorie einer äußerlich bedeutsamen Revision unterwarf. Damit wurde vor allem die Gefahr eines Verbotes und einer Verfolgung, zu der die unentschlossenen Träger der Republik alle Handhaben gehabt hätten [113], bedeutend vermindert, und erst damit war der Weg frei zur Gewinnung jener breiten bürgerlichen Schichten, die einen starken, aber nicht revolutionären Nationalismus, einen antibolschewistischen, aber nicht sozialistischen „Sozialismus" wollten. Mit ähnlichen Mitteln, wenn auch mit geringerem Erfolg, wurde auch die Infiltration und Dekomposition der Gewerkschaften betrieben: besonders dann in der seit September 1931 laufenden „Hib-Aktion", die der bis dahin noch schwachen NS-Betriebszellenorganisation selbst aus der Arbeiterschaft einigen Zuwachs brachte [114]. Scheinbar war damit — wie mancher außenstehende Betrachter glauben mochte, der die Möglichkeit der „legalen Machtergreifung" durch eine totalitäre Massenpartei

111 Einzelheiten über die organisatorischen und disziplinären Schwierigkeiten des SA-Militärbetriebs bei Oehme-Caro (Anm. IV/104), S. 30 ff.

112 Dazu jetzt Hermann Mau, „Die ‚Zweite Revolution' – Der 30. Juni 1934", in: *Vierteljahrshefte für Zeitgeschichte* 1 (1953), S. 119 ff.

113 Z. B. nach § 129 *StGB* („staatsfeindliche Verbindung") und § 86 („hochverräterisches Unternehmen") sowie § 4 Ziffer 1 des *Republikschutzgesetzes* („Untergrabung der verfassungsmäßigen Staatsform").

114 Vgl. Joseph Goebbels, „Hinein in die Betriebe!", in: *Der Angriff* v. 29. August 1931. Auch dies mit der ideologischen Verbrämung: „Ihr oberstes Ziel besteht darin, den Proletarier, vor allem den marxistischen, wieder in die deutsche Volksgemeinschaft einzugliedern." Dazu die vom Deutschen Metallarbeiterverband herausgegebene Reihe: *Der Nationalsozialismus in Theorie und Praxis*, 7. Ausg., Januar 1933 (Berlin).

übersah [115] — auch Hitlers revolutionäres Umsturzkonzept noch von 1927 [116] widerlegt und die Partei in ihrem ursprünglichen Elan ernstlich erschüttert. Die Abspaltung der revolutionären Sozialisten Otto Strassers im Sommer 1930 bezeichnete am deutlichsten und scheinbar endgültig die Verbürgerlichung der revolutionären Kampfpartei. Diese Pseudodemokratisierung blieb freilich an der Oberfläche, um im Augenblick der Machtergreifung ihres opportunistischen Antriebs beraubt zu werden und die nun überflüssig gewordenen demokratischen Verhüllungen abzustreifen [117].

Gerade im Schutze solcher Taktik verstand es die NSDAP jedoch virtuos, die propagandistischen Mittel der modernen Massenbeeinflussung einzusetzen, ihre vage Theorie in knappe und einprägsame Leitsätze und Schlagworte zu fassen, Tatsachen durch suggerierende Wiederholung reklameähnlich zu verwurzeln, mit Symbolen irrationale, unterbewußte Regionen einzubeziehen und die Dynamik der Bewegung auf prägnante Feindbegriffe hin auszurichten und im Fluß zu halten. Dazu traten hemmungslose Denunzierung und Gewalt: all das im Dienste einer systematischen Demagogie, die auf den einzelnen abstoßend wirken mochte, die Massen aber gewann, nachdem sie einmal in Bewegung geraten waren. Denn der ohne Rücksicht auf Geschmack und Trommelfell forcierten Übertragung wirtschaftlicher Reklametechnik auf die politische Werbung, die ein Trommelfeuer weniger, haftender Stereotype und Leitmotive auf das rationaler Selbstkontrolle weitgehend entzogene Unterbewußtsein richtete, verdankte die Partei vornehmlich ihren sprunghaften Aufstieg. Jetzt erwies sich auch, wie wichtig die Periode scheinbaren Stagnierens für die Schulung der Führer im Rahmen eines noch kleinen manipulierbaren Parteiapparats und für die Erprobung und die Ausbildung der psychotechnischen Methoden gewesen war. Im Augenblick der krisenhaften Verschärfung der wirtschaftlichen, sozialen und politischen Probleme standen die Instrumente bereit, mit denen der psychischen Anfälligkeit der Massen, ihrem Bedürfnis nach Geborgenheit Kausalketten von stereotypen Begründungen, Auswegen und Heilmitteln vorgestellt und mühelos plausibel gemacht, zugleich ihrer formbaren politischen Labilität straffe Zügel angelegt werden konnten [118]; diese wiederum liefen, während der bedrängte einzelne noch zu wählen und ihren Zug in seinem Sinne zu beeinflussen glaubte, über einen disziplinierten, politisch wie personell dem Mitgliederwillen entzogenen Parteiapparat in der Hand des einen, omnipotenten Lenkers zusammen, dessen Machtvisionen allein Richtung, Weg und Gangart bestimmten.

So stand der Einfalt und Primitivität nicht nur der Hitlerschen, sondern fast der ganzen nationalsozialistischen Ideen und Programme, Thesen und Revo-

115 So vor allem Curzio Malaparte, *Der Staatsstreich*, Leipzig 1932, S. 219 ff. („Ein Diktator, der es nicht wird: Hitler"); vgl. auch die zeitgenössische Besprechung von Otto Kirchheimer in: *Die Gesellschaft* 9, Heft 1 (Januar 1932), S. 80 ff.

116 Hitler (Anm. IV/31), S. 653 f.: „Wenn die Propaganda ein ganzes Volk mit einer Idee erfüllt hat, kann die Organisation mit einer Handvoll Menschen die Konsequenzen ziehen. . . Der durchschlagendste Erfolg einer weltanschaulichen Revolution wird immer dann erfochten werden, wenn die neue Weltanschauung möglichst allen Menschen gelehrt und, wenn notwendig, später aufgezwungen wird, während die Organisation der Idee, also die Bewegung, nur so viele erfassen soll, als zur Besetzung der Nervenzentren des in Frage kommenden Staates unbedingt erforderlich sind." Oder noch Goebbels' Hymne auf den nationalsozialistischen Revolutionär, der „vulkanische Leidenschaften entfesseln, Zornesausbrüche wecken, Menschenmassen in Marsch setzen, Haß und Verzweiflung organisieren, mit eiskalter Berechnung, sozusagen mit legalen Mitteln" werben kann: „denn darauf kommt es jetzt an. . . An die revolutionäre Kraft der Bewegung glauben, auch wenn sie honett und friedlich in scheinbar bürgerlichen Pfaden wandelt" (*Der Angriff* v. 18. Februar 1929).

117 Vgl. u. S. 636 ff.

118 Vgl. Ehrenstein (Anm. IV/99), S. 43 ff. u. a.

lutionsrezepte, Visionen und Machtkonzepte, die den unbefangenen Leser abstoßen mochte, eine Beherrschung des Schlagworts und eine besonders auch im Einsatz des Plakats für die Massenwirkung ebenso unermüdliche wie wendige und in den Mitteln wechselreiche Propaganda zur Seite [119]. Ihr war die ganze Skala politischer Philosophismen nur brauchbares Material und Vehikel zur Einflußentfaltung. Ihr bedeutete auch ein politisches Ordnungskonzept, und sei es die zum Absoluten erhobene nationalsozialistische „Volksgemeinschaft", nur eine Stufe und Station, ein das noch immer aufsässige Individuum beschwichtigender, tröstender, zugleich geschickt weiter weisender Halt auf dem Weg zur totalen Beherrschung und Manipulierung aller Gedanken und Gefühle. Der Raum der Freiheit, den echte Ideen — gerade auch im Bereich des Politischen — durch das ihnen innewohnende Gesetz der konkurrierenden Auseinandersetzung mit anderen Ideen und mit dem Problem der menschlichen Aktion in der Welt, durch die Erschließung neuer Bereiche des Denkens, Fühlens und Handelns, durch den wagenden Schritt des einzelnen und seiner Gesellschaft nach vorn zu erweitern streben — dieser Raum wurde durch den rein instrumentalen Einsatz zusammengestückter, in lärmenden emotionalen Appellen vorgetragener Ideenfetzen systematisch durchsetzt, aufgesplittert, von den zahlreichen Stützpunkten der Propaganda, die alle Äußerungen an sich zog und verformt wieder entließ, dichter und dichter kontrolliert; bis dieser Zustand selbst, zur Existenzform geworden, sich der überschauenden Kontrolle und Überlegung des Existierenden entzog und nur noch der letzte Zweck, die omnipotente Macht ohne konstruktiven Inhalt, der schrankenlose Raum zur Entfaltung der Willkür des Machtträgers blieb.

Diesen Prozeß hatte Hitler selbst in seiner unmißverständlichen, mit brutaler Offenheit vorgetragenen Würdigung und Analyse der modernen Parteipropaganda umrissen [120]. Ihr erstes Gebot war: „Volkstümlichkeit". Es wurde durch die Primitivität monoton skandierter Schlagworte nach allen Seiten erfüllt: ihre Beweglichkeit und Anpassungsfähigkeit auf jeder Stufe des Weges zur totalen Meinungs- und Bewegungskontrolle und ihre Ausdehnungsfähigkeit — besonders angesichts der Erweiterung der NSDAP zur Massen- und Sammlungspartei — auf höchst verschiedene soziale und politische Ebenen, auf heterogene Gefühls- und Denkweisen, auf ein ganzes Universum von Wunschvorstellungen, von Bindungs- und Reaktionsweisen profitierte gleichzeitig von der manipulierbaren Verschwommenheit der Leitbilder wie der Terminologie. Das tragende Rückgrat der nationalsozialistischen Machtphilosophie war jene Verachtung der „Masse", auf die sich von je alle autoritären und totalitären Bewegungen gestützt haben. Sie trägt auch die Sätze, in denen Hitler mit eindeutiger Logik seine Überlegungen zusammenfaßte: „Jede Propaganda hat volkstümlich zu sein und ihr geistiges Niveau einzustellen nach der Aufnahmefähigkeit des Beschränktesten unter denen, an die sie sich zu richten gedenkt. Damit wird ihre rein geistige Höhe um so tiefer zu stellen sein, je größer die zu erfassende Masse der Menschen sein soll [121]." Denn: „Die Aufnahmefähigkeit der großen Masse ist nur sehr beschränkt, das Verständnis

119 Dazu grundsätzlich und mit zahlreichen plastischen Beispielen, auch im Vergleich zu der Plakatpropaganda der übrigen Parteien Friedrich Medebach, *Das Kampfplakat, Aufgabe, Wesen und Gesetzmäßigkeit des politischen Plakats, nachgewiesen an den Plakaten der Kampfjahre von 1918–1933* (Zeitung und Zeit, Neue Folge, Reihe A, Bd. 19), Berlin 1941. Dabei wird (bei allen zeitbedingten Einschränkungen des Kommentars) deutlich, daß KPD und NSDAP in Gestaltung und Einsatz der Plakatpropaganda weitaus an erster Stelle stehen (S. 33 ff.; S. 66 ff.), während gerade auch die DNVP weit zurückbleibt (S. 111 ff.).

120 Hitler (Anm. IV/31, 1934), S. 375 ff.

121 *Ebda.*, S. 197; vgl. dazu auch Reibnitz (Anm. III/26), S. 13 ff.

klein, dafür jedoch die Vergeßlichkeit groß. Aus diesen Tatsachen heraus hat sich jede wirkungsvolle Propaganda auf nur sehr wenige Punkte zu beschränken und diese schlagwortartig solange zu verwerten, bis auch bestimmt der Letzte unter einem solchen Worte das Gewollte sich vorzustellen vermag[122]."

Hier wird denn auch deutlich, wie sehr Hitlers Stärke im Formalen, in der Beherrschung der Manipulationsformen lag. Der banale, auf irrational verbrämte Wunschvorstellungen abgehobene Inhalt, der, in hundertfachen Variationen wiederholt und auf kurze Formeln gebracht, die rücksichtslose Virtuosität der formal-propagandistischen Mittel erst rechtfertigen soll, trat dahinter zurück, wenngleich seine eklektischen geistes- und ideologiengeschichtlichen Komponenten ihre psychische Wirkung selbst auf Teile der Intelligenz nicht verfehlten. Mit einem brutalen Entweder-Oder appellierte die Propaganda an das primitive Vereinfachungsbedürfnis der Zuhörer. So etwa: „Es gibt ... nur zwei Möglichkeiten: entweder Sieg der arischen Seite oder ihre Vernichtung und Sieg der Juden[123]."

Der Einsatz solcher Mittel wurde so rationell wie möglich betrieben. Sachlichkeit bedeutete Verschwendung, die Suggestionskraft des gesprochenen, in schriftlicher Form viel blasseren Wortes stand im Vordergrund[124], und „Fanatismus" — ein Schlüsselwort der Hitlerschen Terminologie —, Erregung von Massenhysterie[125], Entwicklung eines besonderen Stils der Massenversammlung waren die vorzüglichen Waffen, hinter denen die Presseaktivität als durchaus sekundärer Faktor in der Meinungsbildung der Massen stark zurücktrat[126]. Entsprechend dem Hitlerschen Massenbegriff war die systematische Schwächung der menschlichen Widerstandskraft — analog den Prinzipien des militärischen Drills — erste Voraussetzung für eine erfolgreiche „Integration" divergierender Willensimpulse. An die Stelle des rationalen Ausgleichs der Meinungen und Interessen im demokratischen Kompromiß setzte der „große Vereinfacher" die „magische Wirkung seines Wortes", vor

122 Hitler (Anm. IV/31), S. 198; vgl. auch S. 200: „Die Aufgabe der Propaganda ist z. B. nicht ein Abwägen verschiedener Rechte, sondern das ausschließliche Betonen des einen eben durch sie zu vertretenden. Sie hat nicht objektiv auch die Wahrheit, soweit sie den anderen günstig ist, zu erforschen, um sie dann der Masse in doktrinärer Aufrichtigkeit vorzusetzen, sondern ununterbrochen der eigenen zu dienen." „Propaganda ist jedoch nicht dazu da, blasierten Herrchen laufend interessante Abwechslung zu verschaffen, sondern zu überzeugen, und zwar die Masse zu überzeugen. Diese aber braucht in ihrer Schwerfälligkeit immer eine bestimmte Zeit, ehe sie auch nur von einer Sache Kenntnis zu nehmen bereit ist, und nur einer tausendfachen Wiederholung einfachster Begriffe wird sie endlich ihr Gedächtnis schenken. Jede Abwechslung darf nie den Inhalt des durch die Propaganda zu Bringenden verändern, sondern muß stets zum Schlusse das gleiche besagen. So muß das Schlagwort wohl von verschiedenen Seiten aus beleuchtet werden, allein das Ende jeder Betrachtung hat immer von neuem beim Schlagwort selber zu liegen. Nur so kann und wird die Propaganda einheitlich und geschlossen wirken" (S. 203).

123 Rede Adolf Hitlers am 12. April 1922 in München: Siebarth (Anm. IV/40), S. 121. Vgl. Hitler (Anm. IV/31), S. 225: „Mit dem Juden gibt es kein Paktieren, sondern nur das harte Entweder-Oder."

124 Vgl. besonders Hitler, *ebda.*, S. 525 ff.

125 Z. B. *ebda.*, S. 371: „Der Glaube ist schwerer zu erschüttern als das Wissen, Liebe unterliegt weniger dem Wechsel als Achtung, Haß ist dauerhafter als Abneigung, und die Triebkraft zu den gewaltigsten Umwälzungen auf dieser Erde lag zu allen Zeiten weniger in einer die Masse beherrschenden wissenschaftlichen Erkenntnis als in einem sie beseelenden Fanatismus und manchmal in einer sie vorwärtsjagenden Hysterie."

126 Vgl. dazu auch Emil Dovifat, „Neue Aufgaben der deutschen Publizistik", in: *Krisis, Ein politisches Manifest*, Weimar 1932, S. 256 ff. Die verhältnismäßig dürftigen Pressemittel der NSDAP beweisen überdeutlich diese allgemeine Erscheinung, die auch im „pressewidrigen" Aufstieg der *Labour Party* und im geringen Einfluß der großen demokratischen Presse der Weimarer Republik auf die wirkliche Parteien- und Bewußtseinssituation sichtbar wird. Erst seit 1930 tritt hier eine Wende ein; damals verfügt die NSDAP über 12 (außer *VB* und *Angriff* kleine) Tageszeitungen (gegen 170 der SPD), 34 Wochenblätter, wenige Monatszeitschriften, eine illustrierte Zeitung (und eine Parlamentskorrespondenz) mit einer Gesamtauflage von kaum 700 000. Die (indirekte) Unterstützung durch wohlwollende Berichte in der breiten „nationalen Presse" hat wohl wesentlich mehr Zuläufer von Hugenberg zur Hitlerschen Idealkonkurrenz wechseln lassen.

der aller Widerstand zusammenbricht [127], trat die gewaltsame Herrschaft eines „stärkeren Willens", die sich wirksamer äußerer wie innerer Mittel zur Betäubung und Berauschung bediente und sogar das Nachlassen der geistigen und willensmäßigen Spannkraft am Abend in Rechnung stellte [128]. Allein „der Agitator" von solchen Fähigkeiten, verkündete Hitler, ist „ein großer Führer; seine ganze Wirkung und Macht liegt in der Virtuosität, mit der er Massen zu bewegen vermag" [129]. In letzter, den rein formalen, denkfeindlichen Charakter der nationalsozialistischen Führerphilosophie enthüllender Prägnanz gesagt: „Die Gabe, Ideen zu gestalten, hat mit Führerfähigkeit gar nichts zu schaffen [130]."

So arbeitete alles für die Propaganda, deren Ziel die unbegrenzte Expansion der Anhängerschaft, eine breite Basis pseudodemokratischer Zustimmung war, während die Organisation dann erst die elitemäßig begrenzte Mitgliedschaft erfaßte, schulte, in die Reihen der autoritär gegliederten, oligarchischen Kader- und Kampfverbände der Partei hineinschweißte und damit zu aktiven Trägern der propagandistischen Expansion machte [131]. Hinter allem stand ein rücksichtsloser Wille zur Macht, der die Anhänger in einem ständigen Rausch des Kampfes hielt: „Wir gieren nach Macht, und wir nehmen sie, wo wir sie bekommen können... Sehen wir irgendwo eine Möglichkeit, uns hineinzuschieben, dann herein!... Wer uns einmal an den Rockschößen hängen hat, der wird uns nicht mehr los [132]."

Nun freilich, nachdem 1930 die ersten großen Wahlerfolge errungen waren, mußte die neue Position gehalten und erweitert werden. Würden die erprobten Mittel ausreichen und ein Übergang zu konkreten Planungen und Beweisen konstruktiver Politik gelingen? Würde nach den negativen Demonstrationen der Kritik und der steigenden Macht der positive Einsatz die vage Programmatik klären und konkretisieren? Oder würden schließlich die inneren Widersprüche der taktisch manipulierten Sammelbewegung bei der Begegnung mit einer nüchternen politischen Aufgabe, mit den echten, fließenden Problemen der Wirklichkeit aufbrechen und die „parlamentarisierte" NSDAP doch wieder, aufgelöst in ihre sozialen und politischen Bestandteile, zur Splitterpartei in einer wiedergenesenen parlamentarischen Demokratie herabsinken lassen [133]? Es sprach manches dafür, daß diese Partei, die jetzt ausschließlich auf zwei Augen stand, doch schließlich am Pluralismus ihrer Kom-

127 So Goebbels, „Wenn Hitler spricht" (Anm. IV/95), S. 217 f.: „Wenn Hitler spricht, dann bricht von der magischen Wirkung seines Wortes aller Widerstand zusammen. Man kann nur sein Freund oder sein Feind sein... Er ist der große Vereinfacher." Vgl. auch die Zusammenstellung publizistischer Äußerungen zu Hitlers Redetechnik in: *Zwischenspiel Hitler* (Anm. IV/28), S. 148 ff.

128 Hitler (Anm. IV/31), S. 530 ff. (über die Notwendigkeit einer Dekomposition der Widerstandskraft, einer Schwächung der Willensfreiheit), bes. S. 531 f.. „Morgens und selbst tagsüber scheinen die willensmäßigen Kräfte der Menschen sich noch in höchster Energie gegen den Versuch der Aufzwingung eines fremden Willens und einer fremden Meinung zu sträuben. Abends dagegen unterliegen sie leichter der beherrschenden Kraft eines stärkeren Wollens. Denn wahrlich stellt jede solche Versammlung einen Ringkampf zweier entgegengesetzter Kräfte dar. Der überragenden Redekunst einer beherrschenden Apostelnatur wird es nun leichter gelingen, Menschen dem neuen Wollen zu gewinnen, die selbst bereits eine Schwächung ihrer Widerstandskraft in natürlichster Weise erfahren haben, als solche, die noch im Vollbesitz ihrer geistigen und willensmäßigen Spannkraft sind."

129 *Ebda.*, S. 650.

130 *Ebda.*, S. 650 f.

131 *Ebda.*, S. 651 ff.

132 Goebbels, „Kommunalpolitik" (Anm. IV/39).

133 Zu dieser Problematik besonders auch Heuss, *Hitlers Weg* (Anm. IV/27), S. 71 ff.; S. 136 ff.; vgl. die Hitler-Kritik des abtrünnigen Weigand v. Miltenberg [Herbert Blank], *Adolf Hitler Wilhelm III.*, Berlin 1931; ders., *Schleicher, Hitler? – Cromwell!, Der Rhythmus in der Geschichte*, Leipzig 1932, und die übrige Publizistik des Otto-Strasser-Kreises: u. Teil II, S. 321 ff.

ponenten zerbrechen würde [134]. Der Abfall Otto Strassers, dann der beiden im Leipziger Reichswehrprozeß verurteilten Offiziere Scheringer und Wendt, schließlich die SA-Revolte Stennes' und ganz zuletzt die Initiative Gregor Strassers waren Sturmzeichen. Aber die totalitäre Organisation, Hitlers skrupellose Legalitätstaktik und der Rausch des geschickt manipulierten Führermythos sollten das Feld behaupten.

134 Vgl. dazu auch Rolf Boelke, „Die Krise der Nationalsozialisten", in: *Die Tat* 23, Heft 2 (Mai 1931), S. 127 ff.

MILITANTE BEWEGUNGEN IM POLITISCHEN RAUM

Das Schlagwort von der Krise der Demokratie und des Parlamentarismus, das in der Endphase der Weimarer Republik die Diskussion auf fast allen Gebieten des öffentlichen Lebens beherrschte, war vor allem gegen Wesen und Funktion der traditionellen Partei gerichtet. Der schwindenden Bewegungs-, Aufnahme- und Regenerationsfähigkeit der demokratischen Parteien entsprach ein wachsendes Verlangen nach neuen, romantisch-organologisch begründeten Formen politischer Repräsentation: statt Partei „Bewegung" oder „Bund" [1], statt Gesellschaft „Gemeinschaft", statt demokratischer Organisation autoritäre Gefolgschaftsstruktur, statt parlamentarischen Ausgleichs revolutionärer Kampf, statt freier Entscheidung fraglose Unterordnung, statt Pluralismus totale Einheit. Dahinter stand vor allem jener allgemeine Protest gegen die herrschende Hierarchie der „Alten", der als Ausfluß des Generationsproblems überzeitlichen Charakter besaß, als Folge der spezifischen Nachkriegssituation aber eine besondere Intensität erreichte. Er wurde zur Grundlage einer ideologischen Bewegung, die in der „Sendung der jungen Generation" und im Bruch mit der Herrschaft der „Alten" [2] die Lösung aller sozialen und politischen Probleme der Zeit erblickte. Tatsächlich war in der Politik wie in der Wirtschaft das Problem der „Überalterung" auch nach der Revolution nicht gelöst. Auch hatte der Weltkrieg und das Phänomen der „Frontgeneration" eine zeitgerechte Lösung der ohnehin zu allen Zeiten schwierigen Nachwuchs- und Ablösungsfrage noch erheblich kompliziert [3].

1. *Jugendbewegung und Bünde*

Die ersten Ansätze dieser Entwicklung waren mit dem Phänomen der *Jugendbewegung* aufs engste verbunden. Von der Gründung des „Wandervogels" 1901 bis zur Auflösung der kurzlebigen Gesamtorganisation, des „Großdeut-

1 Vgl. Werner Kindt, „‚Bund oder Partei?' in der Jugendbewegung", in: *Das Junge Deutschland* 26, Heft 12 (Dezember 1932), S. 397 ff.; Hermann Schmalenbach, „Die soziologische Kategorie des Bundes", in: *Die Dioskuren, Jahrbuch für Geisteswissenschaften*, Bd. I, München 1922, S. 40 ff.; jetzt auch die Erinnerungen von Friedrich Hielscher, *Fünfzig Jahre unter Deutschen*, Hamburg 1954, S. 118 ff., und die grundlegende begrifflich-soziologische Analyse bei Duverger (Anm. II/41), S. 149 ff.

2 Programmatisch z. B. das Buch von Günther Gründel, *Die Sendung der jungen Generation*, München 1932, 2. Aufl. 1933.

3 Vgl. auch die soziologischen Details bei Felix Pinner [Frank Fernland], *Deutsche Wirtschaftsführer*, Berlin-Charlottenburg 1924, S. 244 ff.; Ferdinand Fried, *Das Ende des Kapitalismus*, Jena 1931, S. 128 ff. (nicht ganz zuverlässig); Robert Michels, *Umschichtungen in den herrschenden Klassen nach dem Kriege*, Stuttgart-Berlin 1934, S. 99 ff. Bemerkenswert auch durch das Erscheinungsdatum ist die (an sich durchaus NS-freundliche) Polemik gegen „aktivistische Besessenheit" und Verhimmlung der Jugend bei Karl Rauch, *Schluß mit „junger Generation"!*, Leipzig 1933.

schen Bundes“ 1933, schloß besonders die „nationale Jugendbewegung“ [4] eine unübersehbare Folge von Gründungen, Zusammenschlüssen, Entzweiungen und Versöhnungen in sich, die alle von einem unüberwindlichen Spannungsverhältnis zur sozialen Wirklichkeit und von einer Distanz zum Raum politischer Entscheidung bestimmt waren, bis sie dann der Nationalsozialismus in ihrer Wehrlosigkeit traf und fast mühelos ausschaltete [5]. Denn nicht ein politisches Interesse, sondern ein irrationales Erlebnis der jugendlichen Gemeinschaft stand im Mittelpunkt der Jugendbewegung; seine Richtung war gegeben durch das soziologische Problem der Generation, durch den Protest gegen die eingeengte spätbürgerliche Lebensform im Zeichen der industriellen Massengesellschaft, gegen die Großstädte, aus denen sie stammt. Sie fand ihren Ausdruck in der ungewöhnlichen Lebenslage der „Fahrt“ als einer nicht einfach ästhetischen, sondern sozialen Erfahrung. Dies Erlebnis echter menschlicher Solidarität wurde wieder und wieder in den unzähligen Bünden wiederholt, die es zeugte und mit den eigenwilligsten Strukturformen ausstattete. Meist klein, selbstgenügsam und durch ihren starren Anspruch Mitläufer ausschließend, strahlten solche Bünde kaum Wirkung nach außen aus, und ihr mangelnder Zusammenhang mit der wirklichen Umwelt drängte auch die revolutionären Ansätze in sich selbst zurück. Zugleich wuchs die Spannung, die sie — antibürgerliche bürgerliche Jugend — von der Ordnung ihrer Zeit, ihren pädagogischen, sozialen und politischen Werten trennte. Die Flucht aus der Großstadt trug freilich sentimentale Züge; sie war eine Flucht aus der Zeit und führte in die Nähe einer romantischen Verherrlichung der bäuerlichen, der natürlichen und „volkhaften“ Lebensordnung, die sich im Gegensatz zum bürgerlichen „Staat“ der Gegenwart noch erhalten habe [6] — ob dies nun wilhelminische Monarchie oder Weimarer Republik war.

Dem irrational-romantischen Charakter dieser Bewegung, in der auch erotisch-männerbündische Momente eine erhebliche Rolle spielten [7], entsprach ihre Programmatik, ihr amorphes Gesicht nach außen, ihre Unsicherheit allen konkreten Fragen gegenüber, so ausgebreitet ihr literarischer Niederschlag erscheinen mochte [8]. Sie wuchs nicht in größere soziale Aufgaben und Organisationen hinein, sie befriedigte sich selbst, ohne die Ansätze zu sozialer Reife fortzuentwickeln. Die ihr Entwachsenden gerieten um so entschiedener in die Krisenzone der lange vermiedenen Auseinandersetzung mit der Umwelt, der sie einst entflohen waren. Sie standen vor einem gesinnungswidrigen Kompromiß oder einem entscheidenden Bruch mit der existierenden Ordnung, wenn sie dem Problem nicht auswichen und auf Anschluß und Kontakt mit der sozialen

4 Dazu Ernst Kemmer, „Deutsche Jugendbewegung“, in: *Süddeutsche Monatshefte* 23, Heft 9 (Juni 1926), S. 153 ff. Vgl. die Selbstdarstellung einzelner Gruppen (einschließlich der Hitlerjugend) in der Schriftenreihe: *Handbuch der deutschen Jugendbewegung*, hrsgg. von Karl O. Paetel, Flarchheim/Thür. 1930.

5 Vgl. besonders Hermann Mau, „Die deutsche Jugendbewegung, Rückblick und Ausblick“, in: *Zeitschrift für Religions- und Geistesgeschichte* 1 (1948), S. 135 ff. Die umfassendste Gesamtwürdigung mit dem Akzent auf den geistesgeschichtlichen Aspekten gibt Howard Becker, *Vom Barette schwankt die Feder, Die Geschichte der deutschen Jugendbewegung*, Wiesbaden 1949 (kürzere, aber mit Belegen versehene englische Ausgabe unter dem Titel: *German Youth – Bond or Free*, Oxford 1947), bes. S. 119 ff.; vgl. die Literatur S. 288 ff., ferner bei Karl Krauße, *Die Jugendbewegung im Spiegel deutscher Dichtung*, Würzburg 1939, S. 151 ff.; frühere Literatur bei Victor Engelhardt, *Die deutsche Jugendbewegung als kulturhistorisches Phänomen*, Berlin 1923, S. 123 ff.

6 Krauße (Anm. V/5), S. 32 ff.; S. 49 ff. usw.

7 Darauf gründen sich (mit unbewiesenen Verallgemeinerungen allerdings) vor allem die bekannten Analysen von Hans Blüher: *Die deutsche Wandervogelbewegung als erotisches Phänomen*, Berlin 1912; *Die Rolle der Erotik in der männlichen Gesellschaft*, 2 Bde., Jena 1919; *Der Charakter der Jugendbewegung*, Lauenburg 1921; *Führer und Volk in der Jugendbewegung*, Jena 1919.

8 Vgl. besonders die ausgedehnte, wenngleich sehr einseitig nationalsozialistisch interpretierte Zusammenstellung bei Krauße (Anm. V/5).

Wirklichkeit verzichteten [9]. In resignierender Umkehr fanden sich die meisten nun mit den materiellen Gegebenheiten ab, die den Arbeitersohn von vornherein von der Entfaltung jugendbewegter Bedürfnisse ausgeschlossen und alle Erweiterungsversuche vereitelt hatten. Wenige Versuche, den Rückweg in die „Bürgerlichkeit" durch konstruktive Fortbildungen zu ersetzen, mußten an der sozialen und politischen Unverbindlichkeit der bündischen Grundstruktur scheitern.

Im ganzen vermochte die Jugendbewegung ihre Anliegen nie zur politischen Formel zu konkretisieren. Sie blieb mit ihrem gestaltlosen Konglomerat von sozialistischen und liberalistischen, nationalistischen und weltbürgerlichen, militaristischen und pazifistischen, christlichen und antichristlichen Gedanken doch eigentlich außerhalb der wirkenden politischen Kräfte der Zeit, um schließlich nach manchem gescheiterten Versuch zu politischem Anschluß von der Konkurrenz der in vielen Äußerlichkeiten sie imitierenden „nationalen Verbände" und Wehrbünde ganz abgedrängt zu werden. Der Sieg des Nationalsozialismus, der viel „abgesunkenes Jugendbewegungsgut" absorbierte [10], im übrigen zahlreiche ideologische und stilistische Berührungspunkte aufwies und sich von Beginn an mit wechselndem Erfolg um einzelne Bünde bemühte [11], bedeutete die Auflösung und Pervertierung der Bewegung. Sie fiel nun, nicht ohne Mitwirkung mancher Überläufer, dem ihr fremden soziologischen Prinzip der Organisation, der konsequenten Politisierung zum Opfer, der sie so lange in die Isolierung zu entfliehen gesucht hatte.

Ideologisch wie organisatorisch enger an die politische Aktivität der Parteien oder Institutionen angelehnt waren die katholischen Jugendbünde [12], während die protestantischen Gegenerscheinungen wieder stärkere Zersplitterung zeigten [13]. Besonders aber die parteinahen Bünde der (1920 gegründeten) Jungsozialisten, die zunächst stark anwachsende sozialistische Arbeiterjugend und die kommunistische Jugendbewegung [14] erblickten, anders als die rechtsbürgerliche Jugendbewegung, ihre erste Aufgabe in der Heranführung der Jugend an die politische Wirklichkeit und ihre Probleme, so sehr auch sie soziologisch und geistesgeschichtlich in den Zusammenhang der allgemeinen Jugendbewegung hineingehörten. Man darf bei der Beurteilung allerdings nicht die relative Schwäche auch dieser zwecknäheren Organisationen übersehen: selbst die sozialistische Arbeiterjugend erreichte nur zeitweise einen Höhepunkt von etwa 100 000 Mitgliedern, also etwa 3 % der arbeitenden Jugend überhaupt. Besonders aber die liberalen Parteien der Mitte gewannen keinen tragfähigen Kontakt zu dem Phänomen der Jugendbewegung — eine Tatsache, die ihre innere und äußere Schwäche gegenüber der „Nationalen Oppo-

9 Mau (Anm. V/5), S. 142 ff.

10 *Ebda.*, S. 146, wo auf Begriffe wie Gau, Kluft, Fahrt, Heimabend usw. verwiesen wird.

11 Vgl. Becker (Anm. V/5), S. 159 ff., auch zum Nachleben und zur Widerstandsrolle der Jugendbewegung innerhalb wie außerhalb der HJ. Noch betonter im Sinne der Widerstandsrolle die materialreiche Untersuchung von Ernst Michael Jovy, *Deutsche Jugendbewegung und Nationalsozialismus, Versuch einer Klärung ihrer Zusammenhänge und Gegensätze*, Diss. Köln 1952 (ungedr.), S. 9 ff.; S. 128 ff.; S. 244 ff.; S. 298 ff.

12 Vgl. P. Theo Hoffmann, S. J., „Katholische Jugendbewegung", in: *Süddeutsche Monatshefte* 23, Heft 9 (Juni 1926), S. 163 ff.

13 Leopold Cordier, „Jugendbewegung und Protestantismus", *ebda.*, S. 169 ff. mit einer Übersicht über die Gliederung (S. 173 ff.). Vgl. auch die umfassende Analyse der verschiedenen Gruppen: *Die neue Jugend* (*Forschungen zur Völkerpsychologie und Soziologie*, Bd. IV), hrsgg. von Richard Thurnwald, Leipzig 1927 (1. und 2. Hälfte).

14 Dazu Walter G. Oschilewsky, „Der Hofgeismarkreis der Jungsozialisten", in: *Süddeutsche Monatshefte* 23, Heft 9 (Juni 1926), S. 180 ff.; Ernst Drahn, „Die sozialistische Arbeiterjugend", *ebda.*, S. 187 ff. (mit Statistiken); „Die kommunistische Jugendbewegung", von einem Kommunisten, *ebda.*, S. 197 ff. (Literatur S. 205 ff.).

sition" wesentlich bestimmte und auch durch die mißglückte Fusion des Jungdeutschen Ordens mit der DDP (1930) nicht mehr ausgeglichen wurde [15]. Statt dessen trugen Kampfbünde und Wehrverbände die dynamischen Bedürfnisse der Jugend in die vorderste Front des politischen Antagonismus, übersteigerten und verzerrten die Gegensätze zu einer allgemeinen Kampfsituation. Erwachsen aus den Freikorps und den Selbstschutzverbänden der Revolutionsjahre und getragen durch Kriegsmythenbildung und Dolchstoßideologie, mündeten diese Bestrebungen in monarchische Restaurations- oder häufiger noch in autoritäre Führergedanken und gerieten schließlich, aller politischen Eigenwüchsigkeit zum Trotz [16], in den Sog des Nationalsozialismus, der dem autoritären Gemeinschaftsideal die klarste und schlagkräftigste Form in der politischen Wirklichkeit zu schaffen, alle Wesenszüge in sich zu vereinigen schien: eine glorifizierte Führerpersönlichkeit, autoritären Aufbau von oben nach unten, straffe Hierarchie und disziplinierte, bedingungslose Unterordnung, durchgängige Befehlsstruktur und — an Stelle rational begründeter Repräsentanz — die akklamatorische Rechtfertigung einer „selbstverantwortlichen" Führung.

Dies waren Organisationsprinzipien, die nüchterne Sachgerichtetheit durch die mystische Verbundenheit eines Glaubensbundes, einer von irrationalen Visionen getragenen Gesinnungsgemeinschaft ersetzten und die prosaische, garstige Tagespolitik durch die im „Führer" verkörperte *volonté générale* in die Sphäre harmonischer „Volksgemeinschaft" zu heben versprachen. Hier fand der Protest der Jugend gegen die „Alten", denen sie entweder die Schuld am Krieg (so die „linken" Bünde) oder an der Revolution aufbürdete (so ihr „nationales" Gegenstück), einen organisierten Ausdruck. Der Altersaufbau der radikalen Parteien unterstrich diese Parolen, die oft zugleich eine die bildungsskeptische „Tat" gegen „relativisierendes Wissen" setzende Wendung nahmen [17] und in dieser Form besonders auch auf den Universitäten und im Rahmen der studentischen Aktivität frühen Widerhall fanden [18]. Auch hier blieben sie freilich nicht im Bereich der Ideen und der politischen Sekten. In der Hand machtbewußter „Eliten" wurden sie zu Mitläufern oder Wegbereitern eines „selbstverantwortlichen" Totalitarismus, der die Richtung und den Inhalt der *volonté générale* nach eigenem Ermessen zu bestimmen und die legitimierenden Akklamationen in seinem Sinn zu manipulieren wußte. Ansätze dazu lagen schon in der selbstgewählten Isoliertheit und Exklusivität solcher Bünde und in ihrer aristokratisch-oligarchischen Organisations- und Herrschaftsstruktur. Auch wenn man von den tieferen geistigen, psychischen

15 Vgl. besonders auch die Übersicht „Jugendverbände in der Krise der Gegenwart", in: *Das Junge Deutschland* 26, Heft 5–7 (Mai–Juli 1932), S. 125 ff.; S. 165 ff.; S. 197 ff. Zur Fusion von 1930 u. Teil II, S. 316 ff.

16 Dieser Prozeß ist besonders auch in der zentralen „überbündischen Zeitschrift des Reichsausschusses der Deutschen Jugendverbände" zu verfolgen: *Das Junge Deutschland*, Jahrgänge 24–27 (1930–1933). Hier können nur wenige Aufsätze dieser von Hermann Maaß, seit April 1933 dann von Baldur v. Schirach herausgegebenen Monatszeitschrift herangezogen werden. Es sei besonders auf die Übersichten über „Entwicklungen und Wandlungen in den Jugendverbänden" hingewiesen, die Josepha Fischer für die Endphase anstellt: *ebda.* 24 (1930), S. 1 ff.; 25 (1931), S. 49 ff.; 26 (1932), S. 38 ff.; 27 (1933), S. 41 ff.

17 Ein Beispiel für unzählige Bekundungen dieser Art ist die von Stahlhelmseite kommende Schrift von Helmut Frank, *Wir brechen die Bahn*, Leipzig 1926, S. 151 ff.: statt grüblerischer, tathemmender Geistestiefe solle die Jugend bewußt den unverbildeten Aktivismus, die „gesunde Oberflächlichkeit auf ihr Panier" erheben, die wahren politischen Erfolg verbürge. Kraft und Leistung statt Geburt und Bildung – das ist das einfache neue Rezept. Vgl. dazu auch Michels, *Umschichtungen* (Anm. V/3), S. 100 ff. und – als Beispiel der nationalsozialistischen Agitation auf diesem Sektor – der (o. Anm. IV/84) zitierte Aufsatz von Gregor Strasser („Macht Platz, ihr Alten"), wo die Fehler des Vorkriegs, des Kriegs, der Niederlage, der Revolution auf die Herrschaft der „Alten" zurückgeführt werden.

18 Vgl. den Exkurs u. S. 132 ff.

und ideologischen Wurzeln und Motiven absieht [19], war die Existenz der autoritär strukturierten Bünde deutlich gegen das traditionelle Parteiensystem und seine politische Funktion gerichtet. Sie entstanden in dem weiten politischen Raum, den das problematische und doch so zwangsläufige Kompromißsystem der jungen Republik nicht zu erfassen vermocht hatte. Dabei orientierten sie sich nicht so sehr an Vorformen und Traditionen der wilhelminischen Zeit, sondern verbanden die unmittelbaren Erfahrungen der Revolutionszeit mit den Modellen besonders des italienischen Faschismus und des russischen Bolschewismus. Während die Arbeiterschaft in den Gewerkschaften und den Arbeiterparteien die Bindung und Organisation fand, die ihre Emanzipationsbewegung trug, hatten weder die bürgerlichen Parteien noch die DNVP den breiten Mittelstand aufzunehmen und zu binden, seine politischen und sozialen Bestrebungen zu integrieren vermocht. So hatte statt dessen die Jugendbewegung die Wendung der in ihrer Selbständigkeit bedrohten Mittelschichten gegen die kapitalistische Umformung der Gesellschaft aufgefangen und in eine Auflehnung gegen die bestehende Gesellschaft und ihren Staat übersetzt. Im Erlebnis des Weltkrieges waren dieser „inneren Opposition“ neue Impulse zugewachsen, die unter dem Eindruck der Niederlage, des Bürgerkriegs und einer in Krisen improvisierten Behelfspolitik sich dem militanten Nationalismus der Freikorps, der Ideologie des „Im-Felde-unbesiegt“, der grundsätzlichen Opposition gegen die glanzlose Tageswirklichkeit der neuen parlamentarischen Demokratie und ihr „Parteiengezänk“ zugehörig fühlten. Statt der Revolution ein Zusammenbruch, statt der Neuordnung mühselige Kompromisse: die Klärung war ausgeblieben und mit ihr der Einbau der Enttäuschten, der politisch Heimatlosen, die aus den rechtsgerichteten Freiwilligen- und Einwohnerwehren, Selbstschutzverbänden und Freikorps auch nach den Revolutionsjahren nicht den Weg zur Republik fanden [20].

Prinzipiell distanzierten sich diese Verbände von jeder „Parteipolitik“; sie betonten die rein „vaterländische“ Grundlage ihrer Schutzorganisation und eine freilich nie durchgehaltene „Überparteilichkeit“ nach links wie nach rechts [21]. Daß sich diese reichlich deklamatorische „Neutralität“ gerade gegen die Parteienstruktur der Republik selbst richtete, war freilich nicht zu verkennen. So chaotisch oder doch verschwommen und undurchsichtig sich Organisation und Gruppierung der zahlreichen Verbände darstellten, so schwierig gestaltete sich auch ihre Kontrolle durch den Staat, der sie zwar angeregt, ja, sanktioniert hatte, nicht aber zu lenken vermochte. Neben kurzlebigen Zweckvereinigungen entstanden früh ausgesprochene Gesinnungsgemeinschaften, die um einen politischen Kern dauerhaftere Formen über den unmittelbaren Zweck hinaus entwickelten und schließlich als ideologisch profilierte Kampfbünde im politischen Raum tätig und wirksam wurden. Obgleich keine echte Konkurrenz der Parteien, stellten Verbände oder Bünde wie Stahlhelm, Wehrwolf, Bund Oberland, Jungdeutscher Orden bald genug Machtfaktoren dar, die zum Ferment der fluktuierenden außerparlamentarischen Kräfte wurden und die Parteien zur Aufmerksamkeit zwangen. Die Gründung des Rotfront-

19 Vgl. auch Gerhardt Neumann, „Die geistige Krise“, in: *Das junge Deutschland* 26, Heft 9 (September 1932), S. 269 ff.

20 Einzelheiten bei Ernst H. Posse, *Die politischen Kampfbünde Deutschlands*, 2. Aufl., Berlin 1931, S. 10 ff., und jetzt besonders Robert G. L. Waite, *Vanguard of Nazism, The Free Corps Movement in Postwar Germany 1918–1923*, Cambridge (Mass.) 1952, S. 17 ff. u. a.

21 Vgl. § 3 der Satzung der „Organisation Escherich“ (bei Posse, Anm. V/20, S. 12); dazu Günther Axhausen, *Organisation Escherich*, Leipzig-Berlin 1921.

kämpferbundes durch die KPD, des Reichsbanners durch die Parteien der Weimarer Koalition, in gewissem Sinne auch der SA durch die NSDAP war nicht zuletzt eine Gegenmaßnahme gegen das organisatorische Erstarken der Wehrverbände, ihre wachsende Entfremdung von den Parteien und ihre politisch-psychologische Konkurrenzfähigkeit. Freilich fehlte diesen Parteiarmeen dann trotz ihrer paramilitärischen Struktur der isoliert-bündische Charakter.

Mit der Stabilisierung der Republik erfolgte eine entsprechende organisatorische Umbildung der Freikorps. Sie entfernten sich weiter vom Staat, der sie nicht mehr brauchte, und sie zogen sich auf ihre eigene politische Gemeinschaft zurück. In ihr kultivierten sie die jetzt mystisch verklärten Kampfjahre und sanken in eine Isoliertheit, in die innere und äußere Opposition gegenüber der unheroischen republikanischen Staats- und Parteienentwicklung zurück. Oder aber sie suchten und fanden, wie besonders dann der Stahlhelm, Anschluß an jene direkte politische Gegenbewegung gegen die Weimarer Republik, die über die Harzburger Front der NSDAP den Weg ins „Dritte Reich" bahnte.

2. *Die Entwicklung des Stahlhelms*

Nach Größe und politischer Aktivität stand der *Stahlhelm* an erster Stelle. An seinem Weg wird auch die Entwicklung der Wehrverbände von der politischen Selbstdistanzierung zur Anlehnung an die Rechtsopposition und zum Übergreifen auf das Tätigkeitsfeld der politischen Parteien besonders deutlich. Schon mit ihrer Gründung zu Weihnachten 1918 [22] geriet diese Kriegsteilnehmervereinigung in den Sog der politischen Kämpfe und fühlte sich als Waffe gegen die „Schweinerei der Revolution" [23]. Auch zeigte der Stahlhelm seit der Wahl Seldtes zum 1. Vorsitzenden im März 1920 die schwarz-weiß-roten Farben und stellte sich so nicht nur gegen die Revolution, sondern auch gegen die Republik; jedenfalls, soweit er zunächst mit Regierung und Behörden zusammenarbeitete, grundsätzlich allein gegen die linksrevolutionären „Internationalisten". In schnellem Anwachsen, zunächst um Magdeburg, Seldtes Wohnsitz, dann im weiteren preußischen Raum, gewann der Stahlhelm schon 1920/21 Massengrundlage und politisches Profil.

Waren die ideologischen Äußerungen der Führung zunächst nur ganz allgemein national-pathetisch gehalten [24], so schloß doch der erste „Frontsoldatentag" vom März 1920 mit dem Bekenntnis zu den schwarz-weiß-roten Bundesfarben. Mit den oft von politischen Zusammenstößen begleiteten Fahnenweihen ging die weitere Organisierung Hand in Hand. Die Empörung über den Rathenau-Mord bewirkte zwar 1922/23 vorübergehend Verbote, doch stieg bei den folgenden „Frontsoldatentagen" die Beteiligung bis auf 135 000 Stahlhelmer, während die Gesamtorganisation gleichzeitig nach eigenen (wohl

22 Die konstituierende Sitzung des Gründungsausschusses fand am 25. Dezember 1918 statt: vgl. dazu und zur weiteren Geschichte Walter Kettner und Heinrich Hildebrand, Hrsg., *Stahlhelm-Handbuch*, Im Auftrage des Bundesamts auf Grund amtlichen Materials hrsgg., Berlin 1927, S. 5 ff.

23 *Ebda.*, S. 6.

24 Vgl. Seldte auf der Gründungstagung vom 20./21. September 1919: „Wir waren bereit zu opfern. Wir haben im Graben gestanden und den hundertfachen Tod über uns wegbrausen lassen, wir haben die Waffen getragen und uns selbst zum Opfer gebracht. – Aus diesen Opfern heraus, aus dem Denken heraus, das unsere Sehnsucht gewann, wollen wir aufbauen. Wir wollen aufbauen, getragen von dem starken und festen Gefühl, daß sich unsere Energie einem idealen vaterländischen Ziele zuwendet. Wir streben einem guten Ziele zu, und der Gedanke, für dieses Streben nur die besten und reinsten Mittel anzuwenden, macht uns stark und bringt uns den Sieg!" (nach Posse, Anm. V/20, S. 22).

übertriebenen) Angaben einen Höhepunkt von 1 Million Mitgliedern erreichte (1927/28) [25]. Der Stahlhelm wurde zur nationalen Sammlungsbewegung, die verwandte Bünde aufnahm und, über den Rahmen des Frontkämpferbundes hinausgreifend, auch Jugend- und Frauengruppen bildete. Er erfuhr bald eine bewußte Förderung durch die Reichswehrführung, in deren Augen er lange als eine Art Ersatz für die verlorene wehrpolitische Massenbasis galt. In bewußter Fortbildung der Dolchstoßlegende proklamierte er sich als „Bund der schlachterprobten, unbesiegt heimgekehrten deutschen Frontsoldaten und der von ihnen zum Geiste der Wehrhaftigkeit erzogenen deutschen Jungmannen“ [26]. Hier fiel auch zum ersten Male die Parole von der „nationalen Machtergreifung“, die dann ihren Weg in den Sprachschatz der „nationalen Opposition“ antreten und über Harzburg schließlich dem Propaganda-Arsenal der NSDAP einverleibt werden sollte. Nun, um 1929, war der exklusive Rahmen des Bundes endgültig durchbrochen und mit dem ideologischen wie organisatorischen Expansionsstreben der Schritt vom „Frontkämpfer“ zum Streiter der „Nationalen Opposition“, die politisch verstandene Identifizierung beider Begriffe, die volle Politisierung vollzogen. Der Ruf nach dem großen und starken Mann und nach dem deutschen „Lebensraum“ [27] umschloß nun mehr als ein militärisch-bündisches Idealbild und einen Protest gegen die wehrrechtlichen Bestimmungen von Versailles. Er drückte eine politische Anschauung, eine die Republik und ihre demokratische Struktur bekämpfende Zielvorstellung aus.

Hier wird deutlich, wie sich der von den Parteien ungenügend bewältigte Politisierungsprozeß des öffentlichen Lebens in der Weimarer Republik nun neben ihnen und gegen sie, neben ihrem Staat und gegen ihn vollzog. Im Stahlhelm war erstmals die Überwindung, besser vielleicht: die politische Erweiterung der sektenhaften Tendenzen gelungen, die in der sterilen Selbstabschließung der außerparteilichen Bünde wirksam waren. Mit diesem Übergang vom isolierten Bund zu einem echten politischen Machtfaktor gruppierten sich die Kräfte, die man beim Neubau der Republik beiseite gelassen hatte — im Glauben, sie zunächst benützen und dann noch einordnen zu können —, zu einem militanten, auch auf weite Kreise des Bürgertums übergreifenden Staat im Staate. Ihr weiterer Zusammenschluß und ihr Einsatz unter einer bewußten Führung konnte die Weimarer Republik, die sie nicht mehr als ihren Staat anerkennen wollten, in eine neue, nun von rechts inszenierte Bürgerkriegssituation bringen.

Die Verschiebung des Feindbegriffes von den zunächst bekämpften „Roten“ auf den Weimarer Staat und seine Parteien ist typisch für alle Gruppen dieser Art, die zum Schutz der „Ordnung“ gegenüber den extremen Revolutionsbewegungen und in Zusammenarbeit mit republikanischen Instanzen entstanden waren, nun aber ihre praktische Funktion verloren hatten. Die allgemeine

25 *Ebda.*, S. 23. Vgl. zur Entwicklung des Stahlhelms auch die persönlichen Bemerkungen Severings (Anm. I/16), II, S. 179 ff.

26 Berliner Stahlhelmbotschaft vom 8. Mai 1927: *Stahlhelm-Handbuch* (Anm. V/22), S. 13 ff. Als Grundsätze werden hier proklamiert: Kampf gegen Weichlichkeit, starke Außenpolitik (Lebensraum), Stärkung der präsidialen Macht, keine Parteipolitik, aber Wahrung der Interessen des Frontsoldaten (!), Ablehnung des Marxismus, aber für notwendigen Interessenausgleich, gegen Verstädterung und für Siedlungspolitik, gegen Überfremdung und sittliche Verwilderung, Kampf um diese Ziele nur mit recht- und gesetzmäßigen Mitteln.

27 Man vgl. etwa den Aufruf des Stahlhelm-Landesverbands Brandenburg v. 2. September 1928: „Wir hassen mit ganzer Seele den augenblicklichen Staatsaufbau, seine Form und seinen Inhalt, sein Werden und sein Wesen . . ., weil er uns die Aussicht versperrt, unser geknechtetes Vaterland zu befreien und das deutsche Volk von der verlogenen Kriegsschuld zu reinigen, den notwendigen Lebensraum im Osten zu gewinnen, das deutsche Volk wieder wehrhaft zu machen. . .“ Bei Wilhelm Kleinau, *Soldaten der Nation, Die geschichtliche Sendung des Stahlhelms*, Berlin 1933, Anhang S. 56 ff.

Oppositionsstimmung, der die Führung immer beredteren Ausdruck verlieh [28] und die besonders die großen monarchistisch-militaristischen Schaustellungen der „Frontsoldatentage" beherrschte, verdichtete sich allmählich zu konkreten politischen Forderungen und Plänen, deren Leitgedanke die Durchdringung und Aushöhlung der Republik war [29]. Dahin gehörte der Kampf gegen den Eintritt in den Völkerbund [30] und gegen die „westlerische" Erfüllungspolitik, die Revanchepropaganda besonders gegen Frankreich, oft verbunden mit einer Neigung zu russophiler Außenpolitik und zum faschistischen Italien. Dem zur Seite ging die Kampagne gegen die seit der Revolution gesteigerte „Überfremdung" des deutschen Lebens, die Ablehnung der westlichen Demokratien — als Demokratien wie als äußere „Feinde" —, der Kampf gegen den „Internationalismus" und die „mehr international als national gerichtete Demokratie" [31], sowie ein mehr oder minder offener Antisemitismus. In den Mittelpunkt rückte schließlich die Forderung nach Ersetzung des parteipolitischen Parlamentarismus, der „Willkür parlamentarischer Notverständigungen und Zufälligkeiten" [32], durch eine autoritäre, „unabhängige" Staatsführung. Auf dieser Grundlage schwenkte der Stahlhelm dann auch mit dem „Volksbegehren" von 1929 in die Hugenberg-Hitler-Front ein — eine entscheidende Kapitulation vor der extremen nationalistischen Opposition, die dann auch der Existenz dieses Bundes im „Dritten Reich" ein Ende setzen sollte, so wenig sie den vielfältigen Meinungsschattierungen innerhalb des Stahlhelms und seiner Führung [33] Rechnung trug.

Konfessionell gesehen vorwiegend protestantisch, soziologisch besonders den Habitus des Vorkriegsbürgers und Vorkriegsmilitärs vertretend und erhaltend, nahm der Stahlhelm der sozialen und der Arbeiterfrage gegenüber eine zwiespältige Haltung ein. Zwar galt sein Kampf dem klassenkämpferischen „Marxismus", diesem vagen Allgemeinbegriff, in den die Angst vor dem linksrevolutionären Bürgerkrieg und die Ablehnung sozialistischer Gewerkschaften projiziert wurde. Doch stand dem eine vorsichtig positive, freilich nicht minder vage Einstellung zum reformistischen Sozialismus gegenüber. Mit der Propagierung des Wirtschaftsfriedens und dem Mißtrauen gegen den Streik, der als Mittel des bolschewistischen „Bürgerkriegs" diskreditiert wurde, blieben die unternehmerfreundlichen, ja, sozialreaktionären Neigungen allerdings praktisch im Vordergrund [34]. Der unbestimmte, restaurative Begriff eines „deutschen Kapitalismus" als wirtschaftspolitisches Leitbild rückte auch den Stahlhelm in die Nähe der sozialimperialistischen Propaganda der DNVP und der NSDAP, nach der die Lösung der sozialen und wirtschaftlichen Frage primär auf der Ebene außenpolitischer Expansion, nicht echter innenpolitischer Reformen zu erwarten und zu betreiben war [35]. Auch die

28 Vgl. etwa die Äußerung des 2. Bundesführers Duesterberg: „Wir lieben diesen Staat mit der gleichen Leidenschaft, die einen Bebel, einen Ebert oder Scheidemann einst für das deutsche Kaiserreich beseelte" (Bericht der *Kölnischen Zeitung* v. 1. Juni 1929 über den 10. Frontsoldatentag in München).

29 Dazu Posse (Anm. V/20), S. 27 f.

30 Entschließungen des Bundes-Vorstands v. 4. Juli 1925, *ebda.*, S. 38.

31 Hamburger Stahlhelmbotschaft v. 3. Juni 1928, bei Kleinau (Anm. V/27), Anhang S. 51 ff.

32 Berliner Stahlhelmbotschaft v. 8. Mai 1927 in: *Stahlhelm-Handbuch* (Anm. V/22), S. 13 ff.

33 Hier standen sich besonders Seldte und Duesterberg gegenüber, die, aus verschiedenem Milieu kommend, eine oft gegensätzliche politische Zielsetzung verfochten: vgl. dazu besonders Theodor Duesterberg, *Der Stahlhelm und Hitler*, Wolfenbüttel-Hannover 1949, S. 13; S. 38 ff.

34 Vgl. Hamburger Stahlhelmbotschaft v. 3. Juni 1928 bei Posse (Anm. V/20), S. 37.

35 Vgl. etwa die Berliner Stahlhelmbotschaft v. 8. Mai 1927: „Die wirtschaftliche und soziale Not unseres Volkes ist verursacht durch den Mangel an Lebens- und Arbeitsraum. Der Stahlhelm unterstützt jede Außenpolitik, welche dem deutschen Bevölkerungsüberschuß Siedlungs- und Arbeitsgebiete eröffnet und welche die kulturelle, wirtschaftliche und politische Verbindung dieser Gebiete mit dem Kern- und Mutterlande lebendig erhält" *(ebda.*, S. 33).

praktisch-gewerkschaftlichen Bemühungen, mit denen der Stahlhelm durch seine Arbeitnehmerorganisation zu tun hatte, waren vom Ideal der berufsständischen Staats- und Sozialstruktur getragen und in erster Linie dem Kampf gegen den „Marxismus", also hier gegen die freien Gewerkschaften, gewidmet [36]. Immerhin war ein gewisser Einfluß auf diesem Sektor, der durch die wirtschaftlich-sozialen Protektionsmöglichkeiten wohlsituierter Stahlhelmmitglieder gefördert wurde, nicht zu verkennen, obwohl die propagandistisch zu verstehenden Statistiken des Stahlhelms, die bis zu 65 % der Mitglieder als „Arbeiter" auswiesen, sicherlich nicht ernst zu nehmen sind [37]. So ging die Entwicklung dieser neben den Gewerkschaften größten außerparteilichen Organisation vom Selbstschutz- und Kriegsteilnehmerverein über den Wehrverband zum ausgeprägt politischen, an radikal oppositionelle Parteien angelehnten Massenbund Hand in Hand mit einer politischen Radikalisierung. Die Wahl des ehemaligen Oberstleutnants i. G. Duesterberg zum gleichberechtigten zweiten Bundesführer (1926) indizierte den schärferen Kurs. Er führte durch die engere Verbindung mit anderen nationalistischen Bünden in den „Vereinigten Vaterländischen Verbänden" [38] zur Sammelbewegung der außerparteilichen Rechtsopposition, zur Front der „großen nationalen Rechten", die mit ihrem Kampf um die „Befreiung der Staatsführung" [39] über die Volksbegehren gegen Young-Plan und Preußen-Parlament direkt in die Harzburger Front, schließlich ins „Dritte Reich" mündete. Hier sollte der Stahlhelm freilich, obgleich er seinen Führer ins Hitler-Kabinett entsandte, ebenso rasch und ruhmlos der schlagkräftigeren Konkurrenz der SA erliegen, wie die DNVP der NSDAP ihr ureigenstes Feld überlassen mußte. Seldtes „schlachtentscheidende Frontinfanterie" räumte nach einem fühlbaren Kräfteschwund der „leichten Heereskavallerie" der SA [40] kampflos das Feld, das sie ihr in der Endphase der Republik mit viel Aufwand und Entgegenkommen bereitet hatte. Es wurde nicht zuletzt ein Sieg der aktionsfreudigen Jugend über die pensionierten Offiziere, ein Sieg des revolutionär-totalitären über den restaurativ-monarchischen Nationalismus [41]. Die verhängnisvolle Situation der Republik aber gegenüber dieser Entwicklung wird am eindrucksvollsten beleuchtet durch die Tatsache, daß ihr Oberhaupt Hindenburg nicht nur Ehrenmitglied, sondern — wie seine wiederholten Interventionen bewiesen [42] — bewußter und innerlich abhängiger Protektor des Stahlhelms war.

3. *Militante und gemäßigte Kampfverbände*

Aus der fast unübersehbaren Fülle der aus Jugendbewegung, Fronterlebnis und Freikorpsgeist wachsenden Bünde [43] seien hier nur noch einige politisch

36 So ihr Organisator, der ehemalige sozialdemokratische Redakteur B. Rauch im *Stahlhelm* v. 27. April 1930.

37 Posse (Anm. V/20), S. 31.

38 Vgl. die Übersicht (mit organisatorischen Details) bei Rüdiger Graf v. d. Goltz, „Die vaterländischen Verbände", in: *Volk und Reich* (Anm. II/17), II, S. 155 ff.

39 So die Entschließungen des Bundesvorstands v. 19. Januar 1930 bei Posse (Anm. V/20), S. 38.

40 So noch selbstbewußt Franz Seldte in: *Der Stahlhelm* v. 4. Mai 1930.

41 Seit 1929 zeigte auch der Kronprinz mit Familie offene Sympathien für die Schaustellungen des aktivierten Stahlhelms, dem er innerlich schon immer nahegewesen war. Der Tod Stresemanns beseitigte die Hemmung, die seiner Rückkehr in die Politik ganz wesentlich entgegengestanden hatte: Vgl. Herre (Anm. IV/71), S. 196 f.

42 Vgl. etwa u. Teil II, S. 308; S. 408 f.

43 Eine Aufzählung der „Vaterländischen Verbände" (Stand 1929) mag einen Eindruck vermitteln. Aus der Vorkriegszeit bestanden fort: Alldeutscher Verband, Bund für Nationalwirtschaft und Werksgemein-

profilierte, wenngleich zahlenmäßig nicht sehr bedeutende Organisationen erwähnt, deren straffe Struktur und militante Ideologie ihr Teil zur Sammlung der nationalistisch-antiparlamentarischen Opposition und letztlich zu dem Sieg der totalitären Bewegungen beitragen sollten. Keine hat freilich so wirksam wie der Stahlhelm den Übergang zur allgemeinen politischen Aktivität und zur Kollaboration mit der „Nationalen Opposition" vollzogen. Als Petrefakte der Revolutionszeit überdauerten sie die Jahre der Stabilisierung, ohne mit dem Einbruch der Krise erneut die frühere Aktivität entfalten zu können, die nun vor allem die Organisationen der NSDAP übernahmen. Wichtiger als ihre schwankende politische Rolle war ihr Beitrag zu der militant-nationalistischen Oppositionsstimmung, die nun auch breite Schichten der Nachkriegsgeneration erfaßte. Auch hier freilich erlangten sie wenig eigenen Einfluß, wirkten nur als partikulares Ferment einer antiparlamentarischen, auf militärische Führungs- und Subordinationsprinzipien zurückgreifenden Bewegung [44], die die DNVP und dann viel erfolgreicher die NSDAP zu absorbieren oder doch instrumental zu manipulieren und ihrem konkreten Kampf um die Macht nutzbar zu machen verstand.

Neben wenig profilierten Offiziers- und Vaterlandsverbänden standen geschlossene Organisationen wie der in Mitteldeutschland tätige *Wehrwolf* und der in Franken zentrierte *Bund Oberland.* Beide Verbände konzentrierten sich mehr auf die geistige und wehrsportliche Schulung der einzelnen Mitglieder als — wie im Stahlhelm und den Wehrverbänden der Parteien — auf Massenaufmärsche, Fahnenweihen oder Paraden. Ihre Struktur war nach Beendigung der Freikorpstätigkeit durch strenge Auswahlprinzipien und systematische Ausbildung straffer Kern- und Führergemeinschaften bestimmt, ihre Programme beschränkten sich auf die Ablehnung der Ordnung von Versailles und die Umgestaltung und Erweiterung der „Novemberrepublik" zu einem Führerstaat. Ihre romantische Erwartung galt Moeller van den Brucks „Drittem Reich", verstanden als Vollendung eines Großdeutschland jenseits von kapitalistischem Liberalismus, marxistisch-demokratischem Parlamentarismus und republikanischer Gleichmacherei [45], das mit der Lösung der „Raumfrage" zugleich der drohenden Rassenüberfremdung und der Verstädterung ein Ende setzt. Im Kampf des Geistes und der Waffen sollte dies „Dritte Reich" mit seinem Raumkern in seiner nordischen Lage verharren, aber doch raumweit sein, so weit, daß es „jeden rasseverwandten Mann, der in diesem Raum leben will, auch wirklich mit seinen Grenzen, unter seiner Flagge schützend umschließt" [46].

schaft, Deutscher Ostmarkenverein, Deutscher Kolonialverein, Deutscher Flottenverein, Deutscher Wehrverein, Jungdeutschlandbund mit zahlreichen Unter- und Nebenorganisationen. Die Nachkriegszeit sah folgende Neugründungen (z. T. wieder aufgelöst oder verboten): Deutscher Offizierbund, Nationalverband Deutscher Offiziere, Marine-Offizier-Verband, Reichsoffizierbund, Reichsbund ehemaliger Kadetten, Preußenbund, Deutscher Hochschulring (mit Altherrnschaft), Deutsche Adelsgenossenschaft; Stahlhelm, Wehrwolf, Bund Oberland, Jungdeutscher Orden, Deutschorden, Deutschbanner Schwarz-Weiß-Rot, Frontkämpferbund Westküste, Niedersachsenring, Bund Bayern und Reich, Bund Wiking, Rhenania, Olympia, Reichsverband der Baltikumkämpfer, Deutscher Reichskriegerbund Kyffhäuser, Ring der Flieger, Bund Deutscher Marinevereine, Tannenbergbund, Deutsch-Völkischer Offizierbund sowie Frauenbünde. Nach Goltz (Anm. V/38), S. 155 ff. Dazu kamen die aus der Jugendbewegung erwachsenden Gruppen und Grüppchen des „Neuen Nationalismus", die – oft schwankend zwischen Rechts- und Linksradikalismus – durch Namen wie Nieckisch, Schauwecker, Jünger, Kleinau, Paetel, Hielscher, F. W. Heinz u. a. gekennzeichnet sind. Vgl. zusammenfassend etwa: *Sozialrevolutionärer Nationalismus (Schriften der „Kommenden")*, hrsgg. von Karl O. Paetel, ohne Ort und Jahr [1930], mit dem Schrifttum S. 82 ff.

44 Vgl. dazu etwa Hans Zehrer, „Das Ende der Parteien", in: *Die Tat* 24 (1932), S. 74 ff.

45 Arthur Moeller van den Bruck, *Das Dritte Reich*, Berlin 1923. Vgl. auch *Das Recht der jungen Völker*, Sammlung politischer Aufsätze, hrsgg. von Hans Schwarz, Berlin 1932.

46 Zitate aus der Oberlandzeitschrift *Das Dritte Reich* bei Posse (Anm. V/20), S. 46 ff.

In solchen Gedankengängen war schon die bezeichnende Verschwommenheit der pseudowissenschaftlichen Allgemeinbegriffe — nordisch, rasseverwandt, Raum — mit der aggressiven Ideologie eines kaum verhüllten Sozialimperialismus verbunden, in einer Weise, wie sie dann nationalsozialistische Raum- und Rassenwissenschaft verbindlich machen sollte. Das „Sakral des Volksbodens" und eine „heroische" Führerschicht: dies waren die beiden Grundelemente einer wehrbündischen Weltanschauung, die im neuen Volksstaat eine Verwirklichung ihres ständischen Gefolgschafts- und Führergedankens erstrebte. Besonders in dem von Fritz Kloppe, einem Reservehauptmann und Studienrat, gegründeten und geführten „Wehrwolf, Bund deutscher Männer und Frontkrieger", trugen diese Bestrebungen eine stark völkische, antisemitische wie antikapitalistische, außenpolitisch russophile Note. Sie ordneten sich zwar 1929 nicht der Volksbegehrens-Front Hugenberg-Hitler ein. Doch versuchte der Wehrwolf, sich selbständig in die Gemeindewahlen von 1929 einzuschalten. Auch dabei wurde seine Propaganda von radikal antirepublikanischen und antikapitalistischen Parolen angeführt [47]. Sie verkündete die Errichtung des „Dritten Reiches", das gegen das traditionelle Parteiensystem, auch gegen die „nationalen Parteien" von unten über die Eroberung der Gemeinden geschaffen werden sollte: in den Gemeinden müsse ein neues Führergeschlecht „nach dem über kurz oder lang kommenden Zusammenbruch des heutigen schein-demokratischen Systems" zum Staatsbürger heranwachsen [48].

Einen anderen Weg nahm der nach Umfang und politischer Stellungnahme wesentlich bedeutsamere *Jungdeutsche Orden*. Er erscheint ganz als das persönliche Werk seines „Hochmeisters" Artur Mahraun (1890—1949), der, aus ostpreußischer, dann nach Kassel übersiedelter Beamten- und Offiziersfamilie stammend, früh unter dem Einfluß der Jugendbewegung stand, den Krieg als aktiver Offizier mitmachte und gleich anderen bündischen Führern auch nach den Jahren der Freikorps- und Selbstschutzzeit nicht ins bürgerliche Leben zurückkehrte, sondern recht eigentlich das soldatische Leben im politischen Bereich fortsetzte [49]. Mit der Gründung seines Freikorps in Kassel erstrebte er vor allem eine Fortbildung der „Grabenwerte", die Wirkung von Persönlichkeit und Korpsgeist auf das politische Leben und die staatliche Gemeinschaft, die politische Verwirklichung des über Stand, Klasse, Interesse hinwegreichenden bündischen Gemeinschaftsgedankens [50]. Wenngleich diese stark romantisch gefärbten, mit oft starrem nationalem Sendungsbewußtsein vorgetragenen Ideen in den Schriften Mahrauns und anderer „Ordensbrüder" selten eine über das Pathos heroischer oder lebensphilosophischer Formulierungen hinausgehende Konkretisierung erfuhren, so drängte die sorgfältig aufgebaute Organisation doch weit fühlbarer als andere Wehrverbände positiven

47 *Der Wehrwolf* v. 1. November 1929 mit dem Aufruf gegen „jene verwässerten Sozialdemokraten, die die stolze Geschichte des Kampfes ihrer eigenen Partei vergaßen und in lächerlicher Kleinbürgerlichkeit sich noch immer den Namen von Arbeiterführern anmaßen"; gegen „jene schleimige, spießige, liberale, demokratische Gesellschaft, die auf den Namen ‚Bürgertum' pocht und die die Angst vor dem Verlust ihres Hab und Gutes nur zu Wahlzeiten aufruft, während sie sonst mault und fault"; gegen „diese Kaste von ‚Hochwohlgeboren', von jenen Plutokraten, die die Menschen nur danach beurteilen, wie sie am gefügigsten sich kommandieren lassen und sich als geeignete Ausbeutungsobjekte nutzbar machen lassen" (*ebda.*, S. 50).

48 *Ebda.*, S. 51.

49 Zur Biographie Artur Mahrauns Vera Gebhardt, *Ideen und Politik des Jungdeutschen Ordens unter besonderer Berücksichtigung des Versuches zur Gründung einer neuen Mittelpartei: „Volksnationale Reichsvereinigung", „Deutsche Staatspartei"*, Diss. Hamburg 1952 (ungedr.), S. 4 ff. Vgl. jetzt auch Klaus Hornung, *Der Jungdeutsche Orden*, Düsseldorf 1958, S. 11 ff.

50 Besonders Artur Mahraun, *Das Jungdeutsche Manifest*, Berlin 1927, S. 10 u. a.

politischen Gestaltungsaufgaben zu [51]. Sie löste sich früh von den kapitalistisch-interessenpolitischen Bindungen der Schutzverbände und Bünde — sichtbar etwa im Abrücken von der „Organisation Escherich", von der „Orgesch-Bürokratie" und ihrer Abhängigkeit von „Reaktion und Plutokratie" [52] — und machte sich, indem Mahraun selbst die DNVP verließ, politisch und finanziell unabhängig. Sie distanzierte sich, obwohl zeitweilige Verbote vorübergehend eine stärkere Frontstellung gegen die Republik nach sich zogen, ebenso entschieden von dem völkischen Fanatismus der extremen Rechten, dem sich die meisten anderen Bünde nicht zu entziehen vermochten. Die Nachbarschaft zur Jugendbewegung war unverkennbar, so stark die Unterschiede in der Altersgliederung und in der politischen Zielsetzung erscheinen mochten [53]. Bürgertum und Offizierkorps kritisierte Mahraun ob ihrer Zusammenarbeit mit dem klassenkämpferischen Hochkapital, den Stahlhelm wegen seiner Soldatenspielerei; daran änderte auch eine vorübergehende Annäherung im Januar 1925 nichts.

Immer weiter entfernte sich der Jungdeutsche Orden nicht nur von der DNVP, sondern auch von den durch Führerkonflikte, soziale und regionale Differenzen aufgesplitterten Bünden, und während der Stahlhelm Anlehnung an die „nationalen Parteien" suchte, die NSDAP den äußeren Charakter einer parlamentarischen Partei annahm, wandte sich der „Jungdo" mit außenpolitischer Konsequenz und in Annäherung an die DVP [54] gegen den russisch gelenkten Kommunismus und in der Folge, anders als der antibolschewistisch und zugleich russophil operierende Stahlhelm, die NSDAP und die Mehrzahl der Bünde, dem Konzept einer westlichen Richtung der deutschen Außenpolitik zu. In einem deutsch-französischen Bündnis nach dem Vorbild der industriellen Verflechtung beider Staaten sah der Orden schließlich die Grundlage für den deutschen Wiederaufstieg: ihm werde dann ein gesichertes Frankreich auch die wehrpolitische Basis nicht versagen. Mit diesem außenpolitischen Konzept, das im Gegensatz zu den italo- und russophilen Vorstellungen der benachbarten Bünde und Parteien stand, geriet der Jungdo in einen scharfen und verlustreichen Kampf mit den gefühlsmäßig antifranzösischen bündischen Gruppen und rückte schließlich endgültig in die Nähe der republikanischen Politik insbesondere Stresemanns.

Auch die innenpolitischen Vorstellungen Mahrauns boten wesentlich konkretere Ansatzpunkte als die der übrigen völkisch-nationalistischen, antiparlamentarischen Gruppen. Zwar blieb ein betonter Nationalismus „als Vorbedingung der Einheit und Stärke eines Volkes" [55] im Vordergrund. Auch zeigte das Organisationsprinzip der „Bruderschaften", schon äußerlich sichtbar in Anreden wie „Bruder" und „Ihr", Züge von traditionalistischer, fast religiöser Sektiererei. Doch im Kampf gegen die „getarnten Mächte" gerade hinter der „nationalen Rechten", die er in Finanziers und Drahtziehern wie Hugenberg und Claß verkörpert sah, trat der Jungdo mit seinen politisch-staatlichen Forderungen nicht etwa für eine Restauration der Monarchie, sondern für eine unmittelbare demokratische Erfassung und Gliederung der

51 Man vgl. dazu die zahlreichen Äußerungen Mahrauns, die Gebhardt (Anm. V/49), S. 8 ff., zusammenträgt.
52 Artur Mahraun bei Posse (Anm. V/20), S. 53. Sowie seine propagandistische Schrift *Gegen getarnte Gewalten, Weg und Kampf einer Volksbewegung*, Berlin 1928.
53 Vgl. Kurt Pastenaci, „Der Jungdeutsche Orden und die deutsche Jugendbewegung", in: *Süddeutsche Monatshefte* 23, Heft 9 (Juni 1926), S. 177 ff.
54 Vgl. Otto Friedländer, „Die ideologische Front der nationalen Opposition", in: *Sozialistische Monatshefte* 35 (1929), Heft 1, S. 208.
55 Artur Mahraun, „Die Arbeit des Jungdeutschen Ordens", in: *Rüstzeug* 1, Kassel o. J. [1921], S. 9.

amorphen, von Demagogie und Propaganda verführten Massen ein. Zu diesem Zweck sollten „Nachbarschaften" von je etwa 2000 Bürgern das parteienstaatliche System ablösen. Ihre Führer sollten, wie das schon im „Kursystem" des Ordens praktiziert wurde [56], gewählt werden und wiederum die höheren Führer der Bezirke, der Gaue, der Stammgebiete wählen — bis zum „Reichsführer", wobei zur Verhinderung einer nur auf Demagogie aufgebauten Hierarchie die übergeordneten Führer jeweils ihre Zustimmung geben müßten [57].
Neben diesem im *Jungdeutschen Manifest* entworfenen Idealstaat mit seinem schon begrifflich von mittelalterlicher Romantik zehrenden Strukturkonzepten [58], einer Verbindung von demokratischen und autoritären Ideen, schaffte sich der Jungdo schließlich 1929/30 in seiner *Volksnationalen Reichsvereinigung* eine organisatorische Plattform für direkte, auch parlamentarische innenpolitische Aktivität [59]. Es war eine Entwicklung, die auch im Eintreten für Hindenburg als republikanische Autorität [60] auf den Orden selbst stark zurückwirkte und ihm mit einer realistischen Modifikation der ideologischen Fernziele durch konkrete Nahziele einen deutlicheren politischen Ort in der Republik anzuweisen schien [61]. Denn nun fand der Orden mit seinem trotz kämpferischem Pathos sachlichen und fairen praktischen Bemühen ein gewisses Echo in bürgerlich-demokratischen Kreisen. Er weckte Hoffnungen auf eine Erneuerung der schwindenden, parteimüden Mitte ohne das Radikalmittel der Revolution oder der Diktatur [62] und auf eine Erfassung vor allem der Jugend des Mittelstandes, die mehr und mehr zu den antidemokratischen Gruppen abzuwandern drohte.
Soziologisch durch den Appell an das „solide und schaffende Bürgertum" ausgewiesen [63] und viel mehr als etwa der Stahlhelm auf individualistisch-antiplutokratisches Handwerker- und Kleinstadtbürgertum gestützt, altersmäßig die Generation um 1890 umfassend (doch auch mit Jugendgruppen und sogar — vorwiegend sozial tätigen — „Jungdeutschen Schwesternschaften"), schien der Jungdo zwischen den Fronten von links und rechts trotz manchen Rückständen unrealistischer bündisch-nationalistischer Ideologie und trotz einer geringen aktiven Mitgliederzahl (von höchstens 35 000) direkte politische Bedeutung zu gewinnen, als die bürgerlichen Sammelparolen im Sommer 1930 zu einer Einigung der Mitte in der neuen Staatspartei aufriefen. Würde diese Abwendung von der sterilen Kritik am „Parteiismus" der parlamentarischen Demokratie, dieser Aufruf zur Überwindung der Zersplitterung in einer „neuen Front" [64] im letzten Augenblick auch anderen Bünden den Weg zur Republik zeigen und den Erfolgen der NSDAP in den bürgerlich-nationalen

56 Vgl. Mahraun, *Jungdeutsches Manifest* (Anm. V/50), S. 135.
57 Man hat den Orden darum treffend als eine demokratische Bewegung definiert, die auf eine organische Staatstheorie gegründet und in bündisch-faschistische Formen gekleidet ist: Heberle (Anm. III/24), S. 56, Anm. 54.
58 So war der Bund dem Deutschen Ritterorden nachgebildet: die lokale „Bruderschaft" unterstand einem „Großmeister", es folgt die „Ballei" unter dem „Komtur" (etwa ein Regierungsbezirk), dann die „Großballei" unter dem „Großkomtur"; die Spitze bildet das „Großkapitel" als Zusammenfassung der Großkomture, in dem freilich die Autorität Mahrauns, des „Hochmeisters", faktisch das entscheidende Gewicht besaß.
59 Artur Mahraun, *Der Aufbruch, Sinn und Zweck der volksnationalen Reichsvereinigung*, Berlin 1929, bes. S. 44. Zu ihrer im Sinne einer unmittelbaren Demokratie aufgezogenen Organisationsform: *Volksnationale Reichsvereinigung, Der 1. Reichsvertretertag am 5./6. 4. 30*, Berlin 1930, S. 46 ff. Vgl. u. S. 291.
60 Z. B. Artur Mahraun, *Die neue Front, Hindenburgs Sendung*, Berlin 1928, S. 74.
61 Zum Programm der Volksnationalen Reichsvereinigung jetzt auch Gebhardt (Anm. V/49), S. 31 ff.
62 Mahraun, *Jungdeutsches Manifest* (Anm. V/50), S. 201 ff.
63 Vgl. Posse (Anm. V/20), S. 58.
64 So Mahraun auf einer Kundgebung 1929 in Dortmund: nach Erich Eggeling, *Partei oder Bewegung, Der jungdeutsche Kampf um die Staatspartei*, Berlin 1930, S. 4.

Schichten entgegenwirken, die sich seit dem Beginn der Krise abzeichneten? Würde dieser „neuen Front" die Sammlung und Organisierung der Wähler zwischen den Klassenkampfkonzepten der Linken und der Diktaturpropaganda der erstarkenden „Nationalen Opposition" gelingen, für die sich nun auf den „volksnationalen" Kundgebungen des Jungdo auch Politiker der Mittelparteien einsetzten [65]? An der Bewegung im Parteienfeld, die von der DNVP sich über alle Mittelparteien erstreckte und auf die Brüning bei seinen ersten Regierungsversuchen so große Hoffnungen setzte, hatte der Jungdeutsche Orden seinen wesentlichen Anteil.

4. Der Aufstieg der Parteiarmeen

Der Fülle von halbpolitischen Bünden, die in sektiererischer Vielfältigkeit im weiten Raum der Rechtsopposition operierten, standen parteiorganisatorisch direkt gebundene Kampfverbände gegenüber, die nicht als selbständige Bünde um eine Auseinandersetzung mit dem Führerproblem bemüht waren, sondern als zweckbedingte Instrumente in der Hand übergeordneter Parteiapparate der Durchsetzung praktisch-politischer Ziele dienen sollten. Auf der Linken schien der straffe Parteiapparat und die Disziplin der SPD, der KPD, der Gewerkschaften die Gründung eigener Kampfbünde zu erübrigen. Auch der Aufruf des *Vorwärts* zum Eintritt der Arbeiter in die Bürgerwehren [66], der die Beherrschung dieser Organisation durch reaktionäre und antirepublikanische Kräfte verhindern sollte, blieb Episode, Gegengründungen wie die Arbeiterwehren der ersten Jahre dienten im Gegenteil vor allem dem Schutz gegen die rechtsputschistischen Wehrverbände und befanden sich in direkter Abhängigkeit von den republikanischen Parteien, besonders der SPD.
Erst mit dem weiteren Erstarken der rechtsoppositionellen Kampfverbände und einer unmittelbaren Putschgefahr 1922/23 nahmen diese Abwehrbestrebungen breitere Formen an, um schließlich über die „republikanische Notwehr" und andere Vorläufer wie den „Neuen Stahlhelm" Schlesiens — in direkter Gegenstellung gegen den schwarz-weiß-roten Stahlhelm — 1924 in das *Reichsbanner Schwarz-Rot-Gold,* den „Bund deutscher Kriegsteilnehmer und Republikaner" einzumünden [67]. Die in den Morden an Erzberger und Rathenau beispielhaft sichtbare Agitation rechtsradikaler Kampfverbände schuf erst die Fronten, an denen sich eine solche Organisation auf breiter republikanischer Basis orientieren und ein einheitliches Gesicht gewinnen konnte. Nur so ist auch der Anschluß des Zentrums und der DDP an die Reichsbannerfront zu erklären, die jedoch, aus den Arbeiterwehren erwachsen, vor allem zur Verbreiterung und Stärkung der Grundlage der SPD beitrug.
Nicht ein von der Führerideologie getragener Bund, sondern eine staatsloyale, verfassungsstützende Massenorganisation, die sogar im Ausland Ortsvereine bildete, machte hier den oppositionellen Wehrverbänden mit Hilfe äußerlich ähnlicher militärischer Formen und straffer technischer Gliederung wirksame Konkurrenz im Werben um die aktivistische Kriegs- und Nachkriegs-

65 Auf der Dortmunder Kundgebung etwa sprachen Fritz Baltrusch vom Arbeiterflügel der DNVP, Erich Koch-Weser als Vorsitzender der DDP, Gustav Schneider als Führer des dieser Partei nahestehenden GdA (Gewerkschaftsbund der Angestellten), Ernst Lemmer von der DDP und vom Reichsbanner sowie Rochus Frhr. v. Rheinbaben (DVP). Vgl. weiteres u. Teil II, S. 317 f.

66 *Vorwärts* v. 30. November 1919.

67 Dazu besonders Friedrich Otto Hörsing (Bundesvorsitzender des Reichsbanners), „Das Reichsbanner Schwarz-Rot-Gold", in: *Volk und Reich* (Anm. II/17), II, S. 178 ff.; Posse (Anm. V/20), S. 59 ff.

generation, „insbesondere die Kriegsteilnehmer“ [68]. Ihr Kampf galt zwar in erster Linie der destruktiven Tätigkeit antirepublikanischer Parteien und ihrer militanten Hilfsorganisationen. Er richtete sich aber zugleich auch gegen das auflösende Sektierertum und die völkisch-autoritären Utopien der Bünde, die nach Erkämpfung eines paradoxerweise jetzt vom Reichsbanner verteidigten Zustandes über ihre ursprüngliche praktische Bestimmung hinaus ins unerforschte Niemandsland des romantisch-heroisch verklärten Führerstaates, zu Visionen von der überdemokratischen Diktatur der Volksgemeinschaft vorstießen. Das Reichsbanner verlegte ihnen die Straße zu direkten Putsch- und Verwirklichungsversuchen und zwang sie auf den schmalen Weg der legalen Umbildung und geistigen Einwirkung, in die bescheidene Rolle zersplitterter Minoritäten, die schließlich von den parteipolitischen Umbildungen der Endphase, von der „Nationalen Opposition“ absorbiert wurden.
Die Massenorganisation des Reichsbanners, der man offiziell Mitgliederzahlen bis zu 3,5 Millionen zugeschrieben hat [69], hatte nicht ihresgleichen in irgendeiner Demokratie der Zeit. Ihre Existenz bezeichnete die Schärfe des politischen Antagonismus und zugleich die ständige innenpolitische Bedrohung der Republik. Sie widerlegte aber auch das Schlagwort von der „Republik ohne Republikaner“ und von der Republikfeindlichkeit der „Frontsoldaten“. Die Erhaltung der demokratischen Verfassung erwies sich wieder einmal nicht als ein verfassungsrechtliches Problem, sondern als eine Aufgabe der öffentlichen Meinungsbildung, als eine konkrete Machtfrage. Schon durch ihr bloßes Dasein, aber auch durch machtvolle Kundgebungen, politische Erziehung, intensive Wahlarbeit, zuverlässigen Versammlungsschutz und Jugendarbeit konnte eine militante republikanische Organisation Waffe und Integrationspunkt sein, ja, mochte auf eine Zukunft als staatsbürgerliche Volksbewegung im Dienste republikanischer Erziehung hoffen [70]. Von dieser Einsicht war der Einsatz des Reichsbanners getragen, dessen Organisation zwar demokratisch aufgebaut und durchgängig von den Parteien der Weimarer Koalition kontrolliert [71], dabei aber doch auf militärische Schlagkraft und zweckgerechtes Funktionieren angelegt war. Freilich war 1930 dann ein Stadium der allgemeinen politischen Entwicklung erreicht, in dem mit dem Bekenntnis des Zentrums zur „konservativen Erneuerung“ und Einbeziehung der Rechten, mit der Annäherung des Jungdo an die bürgerliche Mitte und die DDP diese Parteien das Reichsbanner mehr und mehr der SPD und den Gewerkschaften überließen. Hier löste sich ein wichtiges Band, das die Zusammenarbeit der Weimarer Parteien angesichts der innenpolitischen Kampfsituation getragen hatte.
In den freiwerdenden Raum drang mehr und mehr die Aktivität der *SA* ein, die dem Machtzuwachs der NSDAP seine Geltung auch auf der Straße verschaffte und durch die Drohung der Gewalt und des Terrors den Bürger einzuschüchtern wußte. Dabei schien gerade die SA, die in der Endphase der Weimarer Republik zum fast einzigen machtvollen Gegner des Reichsbanners in der Öffentlichkeit der Versammlungen, Aufmärsche und Straßenkämpfe werden sollte, lange im Schatten der Massenbewegung des Stahlhelms zu stehen. Auch in ihr setzte sich aber schließlich die stärkere Wirksamkeit und

68 Vgl. den § 1 der Satzungen des Reichsbanners von 1926 bei Hörsing (Anm. V/67), S. 181.
69 Vgl. Posse (Anm. V/20), S. 65.
70 So etwa: *Das Reichsbanner Schwarz Rot Gold*, Beiträge von Paul Löbe, Philipp Scheidemann, Wilhelm Sollmann, Fritz Koch, Robert Breuer, Arno Scholz u. a., Magdeburg o. J. [1924].
71 Vgl. den § 25 des Statuts bei Hörsing (Anm. V/67), S. 183 f.

konkretere Zielsetzung der Parteiarmee gegenüber allen alliierten Bünden und Kriegervereinen der „Nationalen Opposition“ durch [72]. Als „physisches“ Machtinstrument der NSDAP wollte sie Hitler aufgebaut und eingesetzt wissen, und erst seit den dramatischen Ereignissen von 1930 trat ein bündischer Eigencharakter wieder zeitweilig stärker hervor [73].

Ähnlich der SA bildete endlich auch der *Rote Frontkämpferbund* die militärische Kampforganisation einer Partei, der KPD. Entstanden nach dem Scheitern der direkten Revolutionsbestrebungen 1924 im selben mitteldeutschen Raum wie Stahlhelm und Reichsbanner (Halle), entwickelte er sich aus den örtlichen Kampfgruppen der Revolutionsjahre zu einem zentral gelenkten Stoßtrupp der KPD, der freilich von den Säuberungen und Verlusten der Partei fühlbar betroffen wurde und nie die Stärke seiner Konkurrenten erreichte [74]. Anders als die Wehrverbände und auch das Reichsbanner, das die Gründung des RFB eigentlich erst auslöste, am ehesten der SA vergleichbar, hat diese Organisation kein politisches Eigenleben zu entwickeln vermocht und diente mit der Jugendorganisation „Rote Jugendfront“ und der „Roten Marine“ in erster Linie der Werbung und Gewinnung weiterer Arbeiterschichten für die KPD-Organisation. Der Eintritt in den RFB war denn auch vor allem als der erste Schritt zum Eintritt in die KPD gedacht.

Der Bund fühlte sich als Träger des Machtkampfes der „Roten“ gegen die „Weißen“, des Proletariats gegen die Reaktionäre, die nach seiner Auffassung von den rechten Bünden bis hinein ins Reichsbanner dominierten. Er blieb dabei im Grunde eine Vorstufe zur Partei, ohne echte eigene Aufgabe ihr instrumental untergeordnet und so nicht einmal des geringen Maßes an politischer Spontaneität und Wirksamkeit fähig, das sich selbst die SA — ähnliche Zuträgerorganisation der NSDAP — bis zur „Röhm-Revolte“ von 1934 noch zu sichern verstand. Durch eine vollständige personelle und materielle Beherrschung des RFB wußten die KPD und in ihr die von Moskau jeweils mit der Macht betrauten Funktionäre alle Ansätze in dieser Richtung, die sich auf Führerautorität und Gruppenbildung im Bund und auf die Beeinflußbarkeit seiner noch weniger geformten Mitgliedermassen stützen mochten, nach dem Belieben der Parteilinie zu manipulieren oder abzudrosseln. Dem Kurs entsprechend haben denn auch Taktik und Parolen des RFB gegenüber der SPD und dem Reichsbanner gewechselt. Obwohl er beharrlich die sozialistische Einheitsfront, die revolutionäre Aktionseinheit von unten, die Verbrüderung mit den proletarischen Mitgliedern des Reichsbanners und dessen Unterwanderung zu erreichen suchte, dominierte doch eine militante Frontstellung gegen die übermächtige Konkurrenz des Reichsbanners [75].

Nachdem er bis auf etwa 150 000 Mitglieder angewachsen war, erlebte der RFB seit 1927 einen fühlbaren Rückgang, in den dann 1929 das allgemeine Verbot fiel [76]. Es ist schwer, seine politische Wirksamkeit in der Zeit der Illegalität abzuschätzen. Sicherlich wurden die organisatorischen Schwierig-

72 Zur strikten Abgrenzung der SA von allen Bünden und Wehrverbänden besonders Hitler (Anm. IV/31), S. 603 ff. Hitler bezeichnet es als die „höchste Aufgabe“, in der SA „ein Instrument zur Vertretung und Stärkung des Weltanschauungskampfes der Bewegung zu schaffen“. Die Partei „darf weder dulden, daß die SA zu einer Art Wehrverband noch zu einer Geheimorganisation herabsinkt“ (*ebda.*, S. 620). Ähnliche Bekundungen in: Siebarth (Anm. IV/40), S. 77 ff. Vgl. dazu auch Heuss, *Hitlers Weg* (Anm. IV/27), S. 124 ff., und Specht (Anm. IV/29), S. 29 ff., sowie Mau, „Zweite Revolution“ (Anm. IV/112), S. 120 ff.

73 Details zum damaligen Stand: Oehme-Caro (Anm. IV/104), S. 30 ff.

74 Dazu Posse (Anm. V/20), S. 68 f.

75 Vgl. auch Ernst Thälmann, „Fünf Jahre Roter Frontkämpferbund“ (1928), in: *Kampfreden und Aufsätze*, hrsgg. von der KPD [Berlin 1932], S. 26 ff.

76 *Deutscher Reichsanzeiger und Preußischer Staatsanzeiger*, Nr. 105 v. 7. Mai 1929.

keiten durch die psychologische Anziehungskraft des Geheimverbandes gerade im Angesicht der Auflösung der so weithin diskreditierten und vom RFB leidenschaftlich bekämpften Weimarer Republik einigermaßen aufgewogen. Immer wieder versicherte die verbotene Zeitung des RFB aus dem anonymen Dunkel der illegalen Geheimarbeit den nun wachsenden kommunistischen Massen wie ihren Gegnern: „Wir sind da, und wir bleiben da [77].“ In den Straßen- und Saalschlachten mit der SA war denn auch einiges davon zu spüren, obgleich der Sieg der NSDAP dann auf keine geschlossene Gegenwehr des RFB — sowenig wie des Reichsbanners und der Gewerkschaften — traf.

5. *Exkurs: Die Radikalisierung der Studentenschaft*

Das allgemeine Signum der skizzierten Entwicklung ist die Tatsache, daß ein wichtiger Teil der Jugend soziale Aktivität nicht im Raum der Demokratie, sondern neben und gegenüber dem bestehenden System entfaltete. Dies möge noch ein kurzer Blick auf das wichtige Problem der Studentenschaft verdeutlichen.

Im Bereich des akademischen Nachwuchses wurde der psychologische Machtverlust der Republik besonders eindringlich sichtbar. Ein großer Teil gerade des Akademikerstands fühlte sich den sozialen Umwälzungen der Zeit gegenüber weitgehend als unterlegene Schicht, stand dem Neuen ablehnend gegenüber, wenngleich sich namhafte Professoren entschieden zur Republik bekannten [78]. Zunächst prägten Kriegsstudenten das Bild der deutschen Universitäten, ihnen folgten epigonenhaft die jüngeren Studenten [79]. Die berufliche Zukunft erschien ungesichert, das traditionelle Prestige gemindert, und die nüchterne, gebrechliche, graue Republik entsprach nicht den alten Vorstellungen von Ordnung und Geltung, die man mit dem Staatsbegriff verband. In Opposition gegen den republikanischen Liberalismus gewannen völkisch-nationalistische Vorstellungen und erstmals auch ausgesprochen parteipolitische Organisationen an Raum. Besonders die extremen Rechtsgruppen machten schnelle Fortschritte, während die demokratischen Verbände kaum Aktivität entfalteten, die katholische Studentenschaft in geschlossener Statik verharrte [80]. Der 1926 gegründete NS-Deutsche Studentenbund Baldur v. Schirachs erlangte freilich erst durch das Zusammenwirken mit anderen Rechtsgruppen und vor allem durch ihre geschickte Ausnützung ein beträchtliches Gewicht. Er vermochte schließlich nicht nur die weitgehend völkisch-nationalistisch gerichteten Korporations- und Burschenschaftsverbände [81], sondern auch den zunehmend radikalisierten Oberverband der „Deutschen Studentenschaft“ vor seinen Wagen zu spannen, während republikanische Gegen-

77 Zitiert bei Posse (Anm. V/20), S. 71.

78 Vgl. z. B. Wilhelm Kahl, Friedrich Meinecke, Gustav Radbruch, *Die deutschen Universitäten und der heutige Staat* (Referate auf der Weimarer Tagung deutscher Hochschullehrer am 23. und 24. April 1926), Tübingen 1926, bes. die Entschließung S. 38 f. Zur Problemlage von der deutschen Geschichtsschreibung her jetzt Hans Herzfeld, „Staat und Nation in der deutschen Geschichtsschreibung der Weimarer Zeit“, in: *Veritas, Justitia, Libertas, Festschrift zur 200-Jahrfeier der Columbia University New York*, Berlin 1953, S. 130 ff., und Meinecke, Einleitung zu Troeltsch (Anm. I/26), S. III (1923).

79 Vgl. Michael Doeberl, „Hochschule und auswärtige Politik“, in: *Das akademische Deutschland*, Bd. III, Berlin 1930, S. 143; Justus W. Hedemann, „Die geistigen Strömungen in der heutigen deutschen Studentenschaft“, *ebda.*, S. 386; Franz Schnabel, *Zehn Jahre nach dem Kriege*, Rede, gehalten bei der Neujahrsfeier der Badischen Staatsregierung am 1. Januar 1929, Karlsruhe 1929, S. 4 ff.; Paul Schulze-Sysmank, *Das deutsche Studententum von der ältesten Zeit bis zur Gegenwart*, München 1931, S. 468 ff.

80 Dazu die Übersicht bei Rudolf Smend, „Hochschule und Parteien“, in: *Das akademische Deutschland* (Anm. V/79), S. 153 ff.

81 Charakteristisch dafür die Äußerungen in: *Corpsstudentische Monatsblätter, Zeitschrift des Weinheimer Senioren-Convents* 39 (1931), bes. S. 253 ff.; S. 300 ff.; S. 454 ff.; S. 491 ff. u. a.

gründungen wie der „Deutsche Studentenverband" nicht zuletzt auch an der unbegreiflicherweise ablehnenden Haltung der internationalen Studentenkonföderation scheiterten [82].

Eine Haltung der politischen Gleichgültigkeit war zunächst für die Mehrheit der Studentenschaft charakteristisch gewesen, bis dann der neuerliche Aufstieg der „Nationalen Opposition" gerade auf diesem Boden seinen fühlbarsten Ausdruck gewann. Der fehlende Kontakt einer Jugend — die auf führende Stellungen hinstrebte! — mit dem demokratischen Staat [83] manifestierte sich in einer langen Reihe von Skandalen und Unruhen, die seit 1928 mehr und mehr in nationalistische Kanäle gerieten. Nicht der Verfassungstag der Republik, der nie Symbolkraft erlangte, sondern — mit dem krampfhaft festgehaltenen Bismarckmythos — die „Reichsgründungsfeier" am 18. Januar bestimmte das politische Profil der höchsten Bildungsstätten, und in diesem Rahmen konnten neben einigen schwächeren sozialistischen und republikanischen Gruppen die rechtsgerichteten Studentenvereinigungen bald ein entscheidendes, tonangebendes Übergewicht in der zentralen Organisation des AStA, den Allgemeinen Studentenausschüssen gewinnen. Staatliche Gegenmaßnahmen gegen diese Entwicklung blieben zu schwach; während der preußische Kultusminister Becker noch einige Initiative entwickelte, ließ man besonders im zweitgrößten Land, in Bayern, den Dingen fast völlig ihren Lauf. Die „akademische Freiheit" erwies sich zunehmend als ein Faktor, der nur der einen Seite zugute kam, und mit den AStA-Wahlen von 1929 begann ein „Sturm auf die Hochschulen" [84], der die allgemeine politische Entwicklung noch vorwegnahm.

Überall waren die nationalsozialistischen Gruppen im Vordringen, zunächst vor allem auf Kosten der deutschnationalen, bald aber auch der gemäßigten Verbände: in Leipzig verfünffachten sich schon zu Beginn des Jahres 1930 ihre Sitze, in Greifswald setzten sie sich wenig später an die Spitze aller Gruppen, auch in allen übrigen Universitäten waren sie in starkem Vordringen, und nur die vorwiegend katholischen Hochschulen zeigten vorläufig einige Widerstandskraft [85]. Früher noch als auf der Ebene der Jugendbünde

82 Schulze-Sysmank (Anm. V/79), S. 481 ff.

83 Vgl. die scharfe, aber nicht unzutreffende Kritik an den Versäumnissen der Republik bei Leopold Dingräve, „Warum sind die Studenten so?", in: *Die Tat* 21, Heft 11 (Februar 1930), S. 841 ff.

84 So die Schlagzeile der *Central-Verein-Zeitung* (Berlin), Nr. 48 v. 29. November 1929 zu einer Analyse der AStA-Wahlen; vgl. *Der Tag*, Nr. 280 v. 23. November 1929.

85 *Neue Leipziger Zeitung*, Nr. 240 v. 23. Juli 1930. Vgl. die Zusammenstellung bei Kurt Hirche, „Der Faschismus der Studentenschaft", in: *Die Hilfe* 37, Heft 5 v. 31. Januar 1931, sowie in: *Die Tat* 23, Heft 1 (April 1931), S. 65:

Nationalsozialistische Stimmen (in %)

		1929/30	1930/31
München	Universität	18,4	33,3
	Techn. Hochschule	20,0	36,6
Erlangen		51,0	76,0
Hannover		5,0	15,0
Würzburg		30,0	40,0
Breslau		25,4	70,9
Berlin	Techn. Hochschule	38,0	66,6
	Tierärztl. Hochsch.	30,0	50,0
Gießen		34,2	56,0
Braunschweig		33,3	45,0
Karlsruhe		12,0	48,0
Darmstadt		18,0	43,6
Greifswald		53,0	60,0
Hamburg		16,6	41,7
Bonn		8,8	19,0
Rostock		27,2	63,6
Jena		30,0	66,6
Königsberg			50,0

errang die NSDAP auch im Bereich der Korporationen durch Infiltration und Assimilierung weitgehende Erfolge, obgleich die akademischen Linksgruppen ihren Bestand zu halten vermochten. Dabei stand die Aktivität ihrer Anhänger in einem wirksamen Kontrast zu der üblichen Teilnahmslosigkeit der gemäßigten oder politisch uninteressierten Studentenschaft — eine Tatsache, die den radikalen Gruppen auch hier ein zahlenmäßig nicht gerechtfertigtes Übergewicht verlieh [86]. Diese Aktivität wurde von der nationalsozialistischen Parteipresse mit allen Mitteln unterstützt — etwa, indem sie der deutschnationalen Studentenschaft Paktieren mit der SPD, der „Sklarek-Partei", vorwarf [87]. Oder man provozierte die Universitätsbehörden und verstand die damit aufgereizten Studenten für sich zu gewinnen, so daß die Toleranz der verantwortlichen Instanzen die studentische Selbstverwaltung der AStA schon 1930 zu einem wahren „Tummelplatz für die nationalsozialistischen Unternehmen" werden ließ [88] — mit dem Erfolg, daß die AStA-Wahlen von 1930 sich zu einem großen Triumph des Rechtsradikalismus gestalteten, noch bevor die NSDAP ihren Durchbruch in den Reichstagswahlen von 1930 erzielt hatte [89]. In München waren die Dinge schon jetzt so weit gediehen, daß der AStA der TH dem damaligen thüringischen Minister Frick einstimmig in einer Adresse für die Berufung Hans F. K. Günthers auf einen Lehrstuhl für Rasseforschung in Jena dankte und die Errichtung solcher Professuren auch an den übrigen Hochschulen forderte [90]. Die Entwicklung steigerte sich bei ungewöhnlich hoher Wahlbeteiligung im folgenden Jahr (1931) weiter: der NSDStB verfügte jetzt an zahlreichen Hochschulen praktisch schon über eine Mehrheit der AStA-Sitze, wobei die Technischen Hochschulen die Universitäten noch wesentlich überflügelten und die deutschnationalen Gruppen die schwersten Verluste erlitten. Damit war freilich ein Höhepunkt erreicht: 1932 traten die ersten Verluste ein, die sich nun wieder zugunsten der deutschnationalen Verbände auswirkten. Besonders der Rückgang der NSDAP im November dieses Jahres spiegelte sich an den Universitäten deutlich wider [91].

*

Jedenfalls war der außerparteiliche und außerparlamentarische Raum der Weimarer Republik erfüllt von dem Gegeneinander und Durcheinander politischer, semipolitischer, semimilitärischer Gruppen, Bünde, Organisationen, als mit dem Sturz der Großen Koalition, dem Beginn des präsidialen Notverordnungsregimes und mit den Sturmwahlen vom September 1930 die lange schwelende Krisis des parteienstaatlichen Parlamentarismus offen ausbrach.

86 Vgl. auch die Kritik in der *Bayerischen Hochschulzeitung* 5 v. 5. Dezember 1929. Weitere Nachweise zu den Vorgängen besonders in München bei Ludwig Franz, *Der politische Kampf an den Münchener Hochschulen von 1929 bis 1933 im Spiegel der Presse*, Diss. München 1949 (ungedr.), S. 51 ff.

87 „Sozialdemokratisches Lob für den Münchener Waffenring" in: *Völkischer Beobachter*, Nr. 281 v. 2. Dezember 1929.

88 So *Frankfurter Zeitung*, Nr. 466 v. 26. Juni 1930.

89 Vgl. etwa die Ergebnisse der Münchener AStA-Wahlen v. 3. Juli 1930: *Bayerische Staatszeitung*, Nr. 152 v. 5. Juli 1930; Franz (Anm. V/86), S. 58. Ferner Kurt Hirche, „Nationalsozialistischer Hochschulsommer", in: *Die Hilfe* 37, Heft 33 v. 15. August 1931.

90 Vgl. *Frankfurter Zeitung*, Nr. 504 v. 10. Juli 1930. Frick hatte die Berufung des „Rasse-Günther" gegen den Willen der Hochschulbehörden durchgesetzt.

91 Einzelheiten bei Franz (Anm. V/86), S. 71 f. Zu den zahlreichen nationalistischen Studentenkrawallen dieser Jahre vgl. z. B. *ebda.*, S. 73 ff. (Krawalle gegen Prof. Nawiasky in München), sowie die Auseinandersetzung über Prof. Dehn in: *Kirche und Völkerversöhnung, Dokumente zum Halleschen Universitätskonflikt*, mit Nachwort von D. Günther Dehn, Berlin o. J. [1931], und — als Gegenstück — die Kampagne der *Halleschen Universitätszeitung*, besonders Nr. 4 und Nr. 5 v. 3. und 15. Februar 1932; *Die Sturmfahne, Hochschule und Nationalsozialismus*, hrsgg. vom NSDStB, Kreisleitung IV [Mitteldeutschland], Januar 1932; *Corpsstudentische Monatsblätter* 39 (1931), S. 496 ff. In diesem Fall (Frage der Kriegsdienstverweigerung aus christlichen Motiven) zogen nationalsozialistische und deutschnationale Verbände am selben Strang, ebenso im Fall der Professoren Gumbel (Heidelberg), Cohn (Breslau) und Theodor Lessing.

IDEOLOGIE UND SOZIALSTRUKTUR

Hinter der organisatorischen und institutionellen Struktur der Weimarer Republik waren — das ergab die Betrachtung — Vorstellungskomplexe wirksam, die als Antriebe wie als Instrumente und Träger der politischen Aktivität und der gesellschaftlichen Umschichtung eine schwer abschätzbare Bedeutung besaßen. Man überschätzt auch nicht die Stärke der weltanschaulichen Gruppierungen und ihre echte politische Bewegungskraft, wenn man betont, daß der Antagonismus tiefgreifender ideologischer Konzepte und Strebungen dem starren, doktrinären Charakter des deutschen Parteiensystems samt allen kryptoparteilichen Gruppierungen erst seinen eigentümlichen Stempel aufgeprägt hat. Die kompromißbehinderten Weltanschauungs- und Klassenparteien so gut wie die prinzipiell kompromißunfähigen Kampfbewegungen stützten ihren sozialen Zusammenhalt, ihre institutionelle Abgrenzung und ihre politische Aktivität nicht so sehr auf eine Einsicht in die praktischen Ausgleichsprobleme einer funktionierenden Demokratie als vielmehr auf prinzipielle Erwägungen geschichtlich-traditionalistischer, psychologischer und machtpolitischer Natur.

Jeder Versuch, das verwirrende Durcheinander von Forderungen, Behauptungen, Schlagworten, Verkündigungen zu sichten, das die politische Szene beherrscht und als das Arbeitsfeld der Parteien und Verbände erscheint, stößt auf erhebliche Schwierigkeiten geistesgeschichtlicher und ideologienkritischer Kategorien- und Begriffsbildung. Will man über eine rein literarische Gruppierung und Interpretation der Motive hinauskommen und sich nicht auf eine ideengeschichtliche Einordnung der Gedanken und Konzeptionen beschränken [1], so darf auf eine Bestimmung des politischen Gewichts, eine Zuordnung der Ideologien zu den verschiedenen Trägern und Komponenten der politischen Machtkämpfe nicht verzichtet werden. Besonders die rationalen und die emotionalen Bestandteile der politischen Ideen und der von den Parteigruppen daran entwickelten kollektiven Ideologien bedürfen der Unterscheidung und gegenseitigen Abwägung. Sie waren vor allem auf Wirkung, auf die Gestaltung einer gesellschaftlichen Wirklichkeit und auf Formung, Erhaltung oder Veränderung der gegebenen Machtverhältnisse gestellt, und erst der politisch relevante Zusammenklang individuell gedachter und gewagter Ideen mit kollektiven Willensrichtungen in der sozialen Wirklichkeit sowie ihre publizistische Ausprägung und Wirkung in der Öffentlichkeit [2] verschafften ihnen jenes Profil, das zu geschichtlicher Bedeutung gelangen sollte.

1 Wie sie etwa für den Bereich der konservativen Ideologie das als bibliographisches Kompendium verdienstvolle Buch von Armin Mohler bietet: *Die Konservative Revolution in Deutschland 1918–1932. Grundriß ihrer Weltanschauungen,* Stuttgart 1950.

2 Gute Ansätze bietet Wilhelm Carlé, *Weltanschauung und Presse, Eine soziologische Untersuchung,* Leipzig 1931, S. 11 ff.

1. Krise des politischen Bewußtseins

Die verschiedenen Strömungen des politischen Bewußtseins in der Weimarer Republik bewegten sich in enger Wechselwirkung mit den sozialen Auseinandersetzungen und Strebungen. Sie knüpften dabei aber weitgehend an die Formen an, die das 19. Jahrhundert im Verfolg der Französischen Revolution, der nationalen und liberalen Bewegung und der einschneidenden sozialen Strukturwandlungen des politischen Lebens seit der industriellen Revolution ausgebildet hatte: Formen, die sich der fortschreitenden Expansion des Massenstaates, seiner ersten großen Totalmobilisierung im ersten Weltkrieg, schließlich der Krise des europäischen Staatensystems und besonders der zweideutigen Situation der neuen deutschen Republik anzupassen suchten [3]. Seit der Säkularisierung und Rationalisierung des politischen Denkens war der selbstgenügsame Staat zum höchsten Wert geworden. Auf seine Bestimmung konzentrierten sich die Überlegungen und Anstrengungen der Betrachter, ob sie ihm nun eine passiv-schützende (wie im liberalen „Nachtwächterstaat"), eine hierarchisch-ordnende (wie im konservativen Ständestaat) oder eine aktiv ändernde und kontrollierende Rolle im sozialistischen Sinn zuschreiben mochten. Seine Aufgabe bestand für sie — nach den entscheidenden Anregungen der naturrechtlichen, demokratischen und rationalistischen Pioniere — in der Verwirklichung jener „natürlichen Ordnung", die eine den modernen Existenz- und Denkbedingungen entsprechende Fortbildung der traditionalen und religiösen Sanktionen der politischen Herrschaft, ihre Verwandlung in rational begründbare Herrschaftsformen herbeiführen sollte.
Dies waren Gedanken, die den sozialen und politischen Emanzipationsbewegungen der ausgreifenden modernen Gesellschaft zur Begründung und Legitimierung ihrer Machtbestrebungen dienten; gegen sie richtete sich denn auch die energische Abwehr eines Konservatismus, der in diesem Kampf erst seiner selbst bewußt und als Ideenkreis auch theoretisch greifbar wurde. Angesichts der gewaltigen Bevölkerungszunahme, der umwälzenden Expansion der Wirtschaft und der Wandlung der Arbeitsverhältnisse schienen die traditionalistischen Legitimitätskonzepte zwar gegenüber dem Anspruch der Volkssouveränität als der Grundlage und Sanktion aller politischen Herrschaft und Gestaltung zunächst hoffnungslos in die Defensive zu geraten. Die Verdiesseitigung politischer Macht nach dem Rezept Machiavellis mündete in den Siegeszug der demokratischen Bewegung, dem — unbeschadet ihrer äußeren Staatsform — alle modernen politischen Systeme schließlich Einlaß gewähren mußten. Das Recht zum Widerstand, ja, zur Revolution gegen den Mißbrauch traditionsgeheiligter Herrschaftsrechte bildete den Ausgangspunkt für die liberale, dann die sozialistische Ideologie der Grundrechte, für die im Freiheits- und Gleichheitsanspruch aller Menschen begründete Definition des Staates als Ausfluß des Willens aller seiner Bürger, für die Rechtfertigung der Volkssouveränität gegenüber einer eigenwilligen Fürstensouveränität.
Liberalismus wie Sozialismus, die beiden Entwicklungselemente der Demokratie, stießen aber im Verlauf dieser Differenzierung, dieser Auseinandersetzung mit den konkreten politischen Problemen einer erweiterten Welt auf den verstärkten Widerstand einer nur langsam, oft nur scheinbar nachgebenden konservativen Kampfstellung [4], aus deren Tiefe bald energische Gegen-

3 Vgl. dazu den Überblick bei Hermann Heller, *Die politischen Ideenkreise der Gegenwart*, Breslau 1926, S. 19 ff.; ferner die kurze Zusammenfassung bei Trumpler (Anm. IV/5), S. 40 ff.
4 Dazu Karl Mannheim, „Das konservative Denken", in: *Archiv für Sozialwissenschaft und Sozialpolitik*

angriffe erfolgten. Es war vor allem der legitimistische und autoritäre Gedanke, der sich dem Siegeszug der demokratischen Idee in Abwehr und Angriff entgegenstellte. Seine Wirksamkeit wurde durch die Stoßkraft quergelagerter Ideologien noch verstärkt, die nach beiden Seiten ihre Waffen entsandten: als mächtigster dieser Gedankenkreise beherrschte der Nationalismus revolutionärer wie besonders restaurativer Ausprägung das Feld der Auseinandersetzungen, die dann nach dem Sturz der geheiligten Monarchie und der nationalen Niederlage auf dem Boden einer vielumkämpften Republik eine letzte Steigerung erfuhren [5].

Die Literatur und Publizistik der Zeit hat den Eindruck dieses noch ständig wachsenden Konflikts der Ideen und Ideologien in das Schlagwort von der „Krise der modernen Welt" zusammengefaßt. Wenn auch der Antagonismus der politischen Weltanschauungen, der dann in der Katastrophe des zweiten Weltkriegs seinen Ausdruck, freilich nicht seine Lösung finden sollte, eine weltpolitische Erscheinung war, so kam doch der deutschen Spielart der Krise und im Zusammenhang damit eben auch dem vielberufenen, zwielichtigen „deutschen Charakter" [6] ein besonderer Anteil zu. Denn mit dem Zusammenbruch von 1918 war, ganz anders als 1945, keineswegs eine endgültige Niederlage anerkannt, aus der das allgemeine politische Bewußtsein nüchtern die entsprechenden Konsequenzen gezogen hätte [7]. Ungeduld und Empörung begleiteten und erschwerten den Aufbau der deutschen Demokratie und ihre den tatsächlichen Machtverhältnissen entsprechende Einordnung in die europäische Politik. Solche Gärungsmomente wurden sogleich von den Dolchstoßideologien der geschlagenen Rechten wie von den Revolutionsprophetien der enttäuschten Linken genutzt, zu einer Philosophie des „neuen Nationalismus" verdichtet und von den Gegnern der Republik bewußt verstärkt, um die Konsolidierung einer realistischen Kompromißlösung zu verhindern, die Dinge im Fluß zu halten und autoritären und totalitären Zukunftsvisionen den Weg zu bereiten [8]. Der Meinungsmarkt wurde, allen Gegenanstrengungen besonnener Politiker und Betrachter zum Trotz, von einer Flut aggressiver Kampf- und Wunschäußerungen überschwemmt, die, statt einer kritischen Bilanz der jüngsten Geschichte und ihrer politisch-ideologischen Folgerungen Raum zu schaf-

57 (1927), Hefte 1 und 2; Peter Richard Rohden, „Deutscher und französischer Konservatismus", in: *Die Dioskuren* (Anm. V/1), III (Grundideen des politischen Lebens der Gegenwart), S. 94 ff.

5 Dazu auch die allgemeinen Bemerkungen von Reinhard Wittram, *Nationalismus und Säkularisation, Beiträge zur Geschichte und Problematik des Nationalgeistes*, Lüneburg 1949, bes. S. 72 ff. Für einen Teilbereich bietet die Untersuchung von Kaufmann (Anm. I/22) Ansatzpunkte. Sie bleibt allerdings nach Gesichtspunkten wie Quellen eng auf den deutschnationalen Monarchismus beschränkt und verzichtet auf eine umfassende soziologische und psychologische Würdigung ihres Gegenstands.

6 Vgl. Willy Hellpach, *Der deutsche Charakter*, Bonn 1954, bes. S. 108 ff. Dazu jetzt auch die umfassendste Gesamtinterpretation von französischer Seite: Edmond Vermeil, *L'Allemagne contemporaine, sociale, politique et culturelle*, T. II: *La Republique de Weimar et le Troisième Reich (1918–1950)*, Paris 1953. Zur Gegenwart fortgeführt von Alfred Grosser, *Western Germany from Defeat to Rearmament*, London 1955 (zuerst französisch u. d. T. *L'Allemagne de l'Occident*, Paris 1954).

7 Für die geistig-psychologische Ausdrucksform dieses Dilemmas sei etwa hingewiesen auf Gerth Schreiner, *Die Republik der vierzehn Jahre*, Bilthoven (Holland) 1939, S. 32 ff. (besonders auch zur Jugendbewegung, Pädagogik und Literatur). Als nationalistisches Gegenstück zu dieser demokratischen Kulturbilanz, der z. B. noch Bernard v. Brentano, *Kapitalismus und schöne Literatur*, Berlin 1930, zur Seite gestellt werden könnte, sei etwa die Schrift von Friedrich v. d. Leyen, *Die Forderung des Tages – Das neue Reich, Eine Übersicht über die deutsche Dichtung der letzten Zeit* (1925/30), Jena 1931, genannt; dort wird der „Deserteurgesinnung" die „echte" deutsche Dichtung gegenübergestellt, die „sich die deutschen Fahnen zurückholen" will (S. 38). Zur Problematik der deutschen Geschichtsschreibung in diesem Zusammenhang jetzt Herzfeld (Anm. V/78), S. 130 ff.

8 Eine zeitgenössische Würdigung des reaktionären Grundcharakters dieser Philosophie des „neuen Nationalismus" findet sich in dem Buch von Walter Gerhart [d. i. Waldemar Gurian], *Um des Reiches Zukunft, Nationale Wiedergeburt oder politische Reaktion?*, Freiburg i. Br. 1932 (eine Analyse des deutschen politischen Bewußtseins nach dem ersten Weltkrieg), bes. S. 199 ff.

fen, der ungeduldigen Auflehnung gegen die Ergebnisse des Krieges ständig neue Nahrung gaben [9].

Der Prozeß einer selbstbewußten, oft überheblichen Abschirmung des nationalen Denkens besonders gegen die Erfahrungen und Anregungen der westlichen Demokratien, der den deutschen Liberalismus des 19. Jahrhunderts seiner innenpolitischen Form- und Reformkraft beraubt [10] und seine Spuren auch in der Entwicklung des Sozialismus hinterlassen hatte — dieser Prozeß wurde durch die trotzige Reaktion auf eine nicht erwartete und nicht anerkannte Niederlage mit all ihren inner- wie außenpolitischen Konsequenzen noch beschleunigt. Er trieb die Auseinandersetzungen zwischen den großen politischen Strömungen in den engen Raum nationaler Isolierung, in dem sie unvermittelt, fast ohne Ausweichmöglichkeiten und mit ungehemmter Intensität aufeinanderprallten. Selbst die Vertreter einer besonnenen Erfüllungspolitik schreckten unter solchen Umständen von dem offenen Bekenntnis zu jener nüchternen Beurteilung der internationalen Lage zurück, die die Relativität oder den gefährlich utopischen Charakter der radikalen politischen Forderungen und Versprechen von links und besonders von rechts aufgewiesen hätte. Fast in jeder Phase der Weimarer Republik wußten die radikalen Ideologien sich Raum zu schaffen, und wenn ihr Einfluß auf die konkrete parlamentarische Politik in den fünf Jahren der äußeren Beruhigung und Prosperität auch scheinbar zurückging, so bewiesen doch die ständigen Regierungskrisen die Fortdauer der ideologischen Konfliktsituation kaum weniger deutlich als der Weltanschauungskampf einer uferlosen politischen Publizistik, der beharrlich alle Veränderungen begleitete [11].

2. *Ideologische Strömungen*

Die ideologischen Gegensätze der Nachkriegszeit gruppierten sich über alle traditionellen Differenzierungen hinweg einer umfassenderen Frontstellung ein, in der sich zwei große Formen der Machtstruktur: Demokratie und Diktatur, unversöhnlich gegenüberstanden. Der erste Weltkrieg hatte sich immer deutlicher aus einer national-imperialistischen Auseinandersetzung zu einer ersten Machtprobe zwischen ideologischen Fronten entwickelt, die durch verfassungstheoretische Strukturmerkmale nur äußerlich gekennzeichnet, in Wirklichkeit auf Probleme der soziologischen Struktur und der innenpolitischen Lebensform der Staaten bezogen waren. Durch den Ausgang des Krieges wurden sie zum entscheidenden Hebel der weiteren politischen Auseinandersetzungen. Zunächst schien das demokratische Prinzip einen vollständigen Sieg über die semiabsoluten Monarchien Europas errungen zu haben. Wo 1914 noch 17 Monarchien 3 Republiken gegenüberstanden, hatte sich das Verhältnis 1918 auf 13 : 13 verschoben; später sollten sich noch die Türkei, Spanien und zeitweise auch Griechenland auf die Seite der Republiken schlagen. Aber solche formalen Unterscheidungsmerkmale traten bald zurück hinter den tieferen Gegensatz zwischen Demokratie und Diktatur, um einer Entwicklung Platz zu machen, in deren Verfolg sich schließlich bis Ausbruch

9 Ein Beispiel für viele: Edmund Schultz und Friedrich Georg Jünger, *Das Gesicht der Demokratie*, Leipzig 1931 (besonders die Einleitung Jüngers, S. 1 ff.).

10 Dazu jetzt Sell (Anm. I/12), S. 49 ff.; S. 209 ff.; S. 254 ff. u. a.

11 Dazu die Analysen bei Carlé (Anm. VI/2), S. 51 ff. Vgl. auch Sydney L. W. Mellen, „The German People and the Postwar World, A Study Based on Election Statistics, 1871–1933", in: *The American Political Science Review* 37 (August 1943).

des Zweiten Weltkriegs nur noch in 9 Staaten, davon 6 Monarchien und 3 Republiken, die Demokratie klassischer Prägung behaupten sollte [12].
Im Augenblick ihres Triumphes war die moderne Demokratie in ihre schwerste Krisensituation geraten. Tatsächlich hatten Verlauf und Ausgang des Krieges diese Entwicklung entscheidend beschleunigt. Allgemeines Stimmrecht, Frauenstimmrecht, Parlamentarismus sollten eine tragfähige demokratische Neuordnung verbürgen; sie wurden jedoch unter dem Eindruck der aus der Kriegszeit nachwirkenden Spannungen, der psychologischen wie wirtschaftlichen und sozialen Belastungen zum Ansatzpunkt und wirksamen Hebel von Gegenbewegungen, die gerade dem Sieg der Demokratie oder — wie besonders in Deutschland — ihrer Rolle als Nachfolger geschlagener Monarchien die ungeteilte Verantwortung für alle Schwierigkeiten der Gegenwart aufzubürden suchten. Nicht der Bankrotteur, der Liquidateur wurde schuldig gesprochen. Die nun an der politischen Verantwortung beteiligten Massen hatten im Kriege die Wirksamkeit rigoroser Maßnahmen von oben und autoritärer Machtkonzentration kennengelernt und sich an diktaturähnliche Regierungen gewöhnt. So stieß die Forderung nach einer ähnlich straffen, zentralisierten, von schwierigen und langwierigen parlamentarischen Verhandlungen unabhängigen Regierung sogleich auf lebhaften Widerhall. Der starke Führer, die große Einheitspartei als Retter aus der allgemeinen Not, aus dem zermürbenden, scheinbar sinnlosen Interessen- und Ideenantagonismus der Gegenwart: dies waren Gedanken, die in Fortbildung erster Ansätze in der Ludendorffschen Militärdiktatur und in den Bestrebungen der Vaterlandspartei eine empfindliche Schwächung der liberal-demokratischen und ein gewaltiges Anwachsen der nationalistisch-restaurativen Kräfte schon in den Wahlen von 1920, im weiteren eine Verstärkung der radikalen Ambitionen bis zu den Umsturzversuchen von 1920/21 und 1923 herbeiführten und erst nach Konsolidierung von Währung und Wirtschaft in ihrer unmittelbaren politischen Wirksamkeit zeitweilig zurücktraten [13].
Während die deutsche Republik, unter schweren Krisen freilich, zunächst ihre demokratisch-freiheitliche Struktur zu behaupten schien, hatten sich schon in zwei großen europäischen Staaten, in Sowjetrußland und im faschistischen Italien, die diktaturstaatlichen Tendenzen durchgesetzt und mit der Errichtung des totalitären Einparteienregimes die ungeteilte, höchstens von innerparteilichen Differenzen bedrohte Macht errungen. Zehn Jahre noch hielt Deutschland am Experiment der parlamentarischen Demokratie fest, bis auch hier auf der Grundlage eines verletzten, romantisch übersteigerten Nationalgefühls und zugleich weltpolitischen Sendungsbewußtseins, aus dem Trieb zum modernisierten, behauptungsfähigen Großstaat heraus und mit den Mitteln intensiver Massenpropaganda, raffiniert manipulierter Plebiszite und gelenkter Einigungsbedürfnisse die Idee der Demokratie bis zum äußersten Mißbrauch ihrer Massenbasis denaturiert und zum Instrument eines sakral

12 Vgl. dazu Herzfeld, *Die Moderne Welt, 1798–1945*, II. Teil (Anm. I/15), S. 210; Maurice Baumont, *La Faillité de la Paix*, Bd. II, Paris 1951, S. 551.

13 Wie stark die Führerideologie über die Grenzen der nationalistischen Diktaturbewegungen hinaus in das bürgerliche und konservativ-christliche Staatsdenken vordrang, beweist eine ganze Literatur über den „schöpferischen, starken Mann", die gegen Ende der Republik den politischen Meinungsmarkt geradezu beherrschte. Ein Beispiel ist der Sammelband *Das Erbe der Väter, Wegweiser zum Geistesvermächtnis deutschen Führertums*, hrsgg. von Karl August Walther und Albert Böhme, Stuttgart o. J. An den zahlreichen Beiträgen, die das Problem der Krise vor allem von der „Führernot" her deuten, beteiligten sich mit vielen anderen Hindenburg, Hans Luther, Dietrich Schäfer, Admiral Scheer, Mahraun, Spengler, Seldte, Spranger, Stapel usw. Als ein Gegenstück sei genannt: Martin Leinert, *Volksstaat oder Diktatur, Eine Untersuchung auf dem Grunde der deutschen Tradition*, Gotha 1930, S. 48 ff. Vgl. auch den Sammelband *Prozeß der Diktatur*, hrsgg. von Otto Forst de Battaglia, Zürich-Leipzig-Wien 1930, S. 81 ff. u. a.

sanktionierten Führers und seiner monopolisierten Kontrollapparate geworden war.

Unter den Weltanschauungslehren, deren sich die Diktatur- und Führerideologie des Nationalsozialismus bediente [14], entfaltete der Rassengedanke und seine primäre Spielart, der Antisemitismus, eine besonders rege Wirksamkeit. Vor die religiöse Isolierung und Diskriminierung des Judentums hatte sich mit der Emanzipationsbewegung des 18. und 19. Jahrhunderts jene Front wirtschaftlicher und sozialer Ressentiments geschoben, die dann in eine neue Welle superrationaler, pseudowissenschaftlicher Attacken, in die biologistische Verfolgungsreligion des Rassenantisemitismus einmündete. Welche Rolle diese Strömung und ihre rücksichtslose Nutzung und Aufpeitschung bei der Ausbildung und beim schließlichen Sieg des Totalitarismus in Deutschland gespielt hat, ist inzwischen wiederholt nachgewiesen worden [15]. Man wird darum nicht nur die späteren — folgerichtigen — Exzesse des Antisemitismus in der planmäßigen Ausrottungspolitik der „Endlösung" [16], sondern auch schon seinen Umfang und seine Wirksamkeit im ideologischen Antagonismus der Weimarer Republik zum Maßstab der Beurteilung machen müssen. Denn seine diskriminierende, an die primitivsten Egoismen und Kampfinstinkte der Massen appellierende Intoleranz widersprach nicht nur dem demokratischen Kompromißgedanken, sie wurde auch ganz allgemein zum Kristallisationspunkt der Unzufriedenheitsgefühle, zum Richtpunkt wie zum Vehikel und Übungsplatz propagandistischer Kampfführung und ideologischer Exklusivität in allen politischen Bereichen [17].

Tatsächlich hat der Antisemitismus die größte politisch-weltanschauliche Durchschlagskraft in Deutschland entwickelt: dies Faktum können Hinweise auf die wirtschaftliche und soziale Struktur nur unvollkommen erklären, es erweist vielmehr gerade die taktische und strategische Bedeutung des Antisemitismus für die Zerstörung eines demokratischen Gesellschafts- und Staatsbewußtseins durch totalitäre Verhaltens- und Gestaltungskonzepte. Es war der bequeme Ausweg einer „Sündenbock-Philosophie", den die totalitären Bewegungen mit ihrer aufs äußerste zugespitzten Freund-Feind-Ideologie dem vom sozialen, geistigen, religiösen Krisenbewußtsein bedrängten Zeitgenossen anboten. Das uralte psychisch-rituelle Bedürfnis, die Gründe für Mißbehagen und Mißerfolge, Angst und Zorn auf bestimmte, scharf umrissene und bequem greifbare Minderheits-Gruppen zurückzuführen, das allen Verfolgungen zugrunde liegt [18], wurde schließlich zum Komplement der Krise, zur schärfsten Waffe in der Hand der *terribles simplificateurs*. Enttäuschung,

14 Zum Problem der geistesgeschichtlichen Grundlagen des Nationalsozialismus Edmond Vermeil, „The Origin, Nature and Development of German Nationalist Ideology in the 19th and 20th' Centuries", in: *The Third Reich* (Anm. IV/48), S. 3 ff., und der ganze I. Teil dieses Werkes. Ferner Friedrich Glum, *Philosophen im Spiegel und Zerrspiegel, Deutschlands Weg in den Nationalismus und Nationalsozialismus*, München 1954, bes. S. 15 ff.; S. 77 ff.; S. 220 ff. Zu den sozial- und religionspsychologischen Aspekten vgl. Ertel (Anm. IV/5), S. 25 ff.

15 Dazu jetzt vor allem Hannah Arendt, *The Origins of Totalitarianism*, New York 1951, bes. S. 301 ff. Das Werk ist freilich nicht immer zuverlässig fundiert und zugleich etwas einseitig auf die Ableitung des „Totalitären" überhaupt aus dem Antisemitismus ausgerichtet. Vgl. auch Eva G. Reichmann, *Hostages of Civilization, The Social Sources of National Socialist Antisemitism*, Boston 1951.

16 Umfassende Behandlung bei Gerald Reitlinger, *The Final Solution, The Attempt to Exterminate the Jews of Europe 1939–1945*, London 1953, bes. S. 183 ff.

17 Einen instruktiven Querschnitt durch alle Fronten der Diskussion vermittelt z. B. der Sammelband *Der Jud ist schuld . . .?, Diskussionsbuch über die Judenfrage*, Teil I und II, Basel 1932. Aus allen politischen und weltanschaulichen Lagern sind hier Analysen, Bekenntnisse und Propagandismen zusammengetragen.

18 Vgl. hierzu auch die theoretischen Bemerkungen bei Elisabeth Liefmann, „Der Sündenbock und der Schatten", in: *Frankfurter Hefte* 8, Heft 10 (Oktober 1953), S. 745 ff.

Anpassungsschwierigkeiten, Nichtanerkennung realer Probleme und ebenso verständliche wie irrationale Aggressivität mündeten hier in Haßgefühle, die in kollektiver Wendung nach außen drängten und so der mühsameren innermenschlichen Auseinandersetzung zu entfliehen suchten. Die Unterdrückung sachgebundener Auseinandersetzung und die Verdrängung echter Problematik erzeugte Stauungen, die sich in aggressivem Verhalten nach außen Luft schufen; wie er einst im Ketzer die eigenen religiösen Zweifel, in der Hexe die Widrigkeiten des eigenen Lebens bekämpft hatte, so verlegte der kollektivierte Mensch nun in den emotionalen Kampf gegen andersartige Gruppen und Lebensformen seine eigenen Konflikte und suchte sein Gefühl der Existenzbedrohung in der Flucht vor sich selbst zu vergessen, im Rausch der Diskriminierung, der Verfolgung, der Vernichtung anderer, der „Fremdartigen", zu kompensieren.

Durch seine auch in das säkularisierte Zeitalter nachwirkende religiöse Verwurzelung ist der Antisemitismus vor allen anderen Verfolgungsreligionen zum extremsten Gefäß solcher sozialpsychischer Vorgänge geworden. Er ist sachlich so wenig begründet und zugleich psychisch so wohl fundiert, daß man schon im 19. Jahrhundert sagen konnte: „Wenn es keine Juden gäbe, so müßten die Antisemiten sie erfinden [19]." An die Stelle der religiösen war mit dem Siegeszug der säkularisierten Popularwissenschaft die biologische Begründung im Rassenantisemitismus getreten: sie führte allen wissenschaftlichen Widerlegungen zum Trotz die einmal ausgelösten, nun scheinwissenschaftlich drapierten Affekte einer letzten, noch heute nicht überwundenen Steigerung und praktischen Auswirkung zu. Das neurotische Schwanken zwischen Angst, Unsicherheit, fehlendem Selbstbewußtsein, Beeinflußbarkeit einerseits und überkompensierter Selbsterhöhung anderseits bildete auch den tiefenpsychologischen Antrieb jener totalitären Massenbewegungen, die die Ausgleichs- und Kompromißstruktur der Weimarer Republik zu sprengen suchten. Der Katalog der Feindvorstellungen, dies Sammelsurium von „Sündenböcken", das die nationalsozialistische Agitation an die Stelle von konstruktiven Gestaltungskonzepten setzte, wurde auf solcher Grundlage zum mystischen Integrationspunkt divergierender Interessen- und Wunschvorstellungen. Hier waren dem Aggressionsbedürfnis seine klar umrissenen Ziele gegeben, war der Mensch in der Geborgenheit diktatorischer Führungs- und Subordinationsstruktur zugleich der Pflicht zu konstruktiver Zielsetzung und echter Selbstverantwortung entbunden.

Die psychisch bedingte Herausbildung dieser Kampf- und Feindphilosophie, die in den Anti-Schlagworten der nationalsozialistischen Propaganda ihre bündigste negative Formulierung fand, vollzog sich allerdings im konkreten Raum soziologischer Bewegung und Umschichtung. Mehr noch als anderswo fühlte sich der Bürger der Weimarer Republik dem Druck unerwarteter und scheinbar unverdienter sozialer und wirtschaftlicher Notlagen ausgeliefert. Die Inflation beschleunigte den im Krieg angebahnten Prozeß; mit dem Beginn der Wirtschaftskrise schien er einem Gipfel der Existenzbedrohung zuzutreiben. Hand in Hand mit dem Substanzverlust einer bürgerlichen Welt schwand das Sekuritätsgefühl des liberalen Bürgertums, stieg seine Resignation und zugleich seine Anfälligkeit für „neue Lösungen" [20], für die ver-

19 So Hermann Bahr, zit. *ebda.*, S. 750. Zum wissenschaftlichen „Gehalt" des Rassenantisemitismus vgl. jetzt auch Hans Nachtsheim, „Biologie und Totalitarismus", in: *Veritas* (Anm. V/78), S. 295 ff.

20 Instruktiv für die kultursoziologischen Bedingungen dieser Situation ist besonders eine zeitgenössische Essaysammlung von Heinrich Mann, *Das öffentliche Leben*, Berlin-Wien-Leipzig 1932, S. 51 ff.; S. 115 ff.; S. 257 ff. u. a.

schwommenen Parolen einer „konservativen Revolution", einer inhaltlos-dynamischen „Revolution von rechts" [21]. Die in einer erweiterten staatlichen und wirtschaftlichen Bürokratie aufsteigenden Angestellten wuchsen, soziologisch gesehen, nur scheinbar dem schwindenden bürgerlichen Mittelstand zu; in sich sehr ungleichartig, gelangte diese ständig anschwellende Zwischenschicht zu keiner der soziopolitischen Vorkriegsordnung entsprechenden politischen Gruppierung, während gleichzeitig die fortschreitende Industrialisierung und Demokratisierung dem Sozialismus überall die Tür zur Beteiligung an der politischen Macht öffnete. Die Arbeiterschaft wurde, je mehr sich nun auch ihre äußere Lage besserte und ihr politisches Selbstbewußtsein verfestigte, zum wesentlichen Mitträger der parlamentarischen Demokratie. Auch sie freilich blieb höchst empfindlich gegenüber wirtschaftlichen Schwankungen und mußte schließlich erleben, daß die Geißel der Arbeitslosigkeit politisch schwerer wiegt als gewerkschaftliche Organisation und Streikdrohung. Hinter der gärenden Unzufriedenheit aller Gruppen aber stand die geringe Bindung der Bürger an den nüchternen, symbolarmen Staat, den die puristischen „Unpsychologen von Weimar" [22] fast unwillig, gedrängt mehr durch die Ereignisse als vom eigenen Willen, improvisiert hatten, ohne den psychischen Bedürfnissen der Menschen gerecht zu werden, die nun aus der politischen Wirklichkeit flüchteten — nach rückwärts oder aber nach vorn.

3. Soziale Umschichtungen und Krise des Mittelstands

Überblickt man die soziale Situation nach ihren politischen Auswirkungen, so treten die kollektiven wie die individuellen Ansatzpunkte der psychischen Reaktionsfolgen, in deren Verlauf die totalitären Bewegungen zum Massenphänomen, ihre ideologischen Schemata zur erlösenden Formel wurden, deutlich in Erscheinung. Die tiefgreifenden Umschichtungen im industriell-kapitalistischen Zeitalter manifestierten sich am greifbarsten in der gewaltigen Bevölkerungszunahme: in Deutschland führte sie von 24,8 Millionen im Jahre 1816 auf 67 Millionen im Jahre 1914, um dann freilich durch Kriegsverluste und Geburtenrückgang fühlbar abzuklingen [23]. Schwerwiegende Rückwirkungen hatte gleichzeitig auch die räumliche Umschichtung der expandierenden Bevölkerung, ihr Zug zu den Brennpunkten des Wirtschaftslebens, von Land zu Stadt [24], von Ost nach West, und die Herausbildung von großstädtischen Millionenkomplexen. Aus dem Streben nach besseren Erwerbs- und Lebensbedingungen entspringend und mit der Bevölkerungsdichte die soziale und regionale Mobilität der Bevölkerungsbewegung erhöhend, wurde solche Binnenwanderung [25] zu einem wesentlichen Faktor der Ausgleichs- und Zentra-

21 Programmatisch Hans Freyer, *Revolution von rechts*, Jena 1931, S. 53: „Das revolutionäre Prinzip ... ist seinem Wesen nach keine Struktur, keine Ordnung, kein Aufbau. Sondern es ist reine Kraft, reiner Aufbruch, reiner Prozeß. Die Frage, zu welcher Form es sich fügen wird, wenn es am Ziel seiner Bewegung ist, ist nicht nur falsch sondern feige [!]. Denn es kommt gerade darauf an, daß das neue Prinzip das aktive Nichts in der Dialektik der Gegenwart, also die reine Stoßkraft zu bleiben wagt; sonst ist es über Nacht eingebaut und kommt nie zu seiner Aktion. . ." S. 72: „Eben darum ist die Revolution von rechts . . . mehr als eine Bewegung, die im alten System zur Macht drängt. Eben darum ist die Revolution von rechts der Inhalt der Zeit."

22 So Julius Lebers scharfe Kritik: *Ein Mann* (Anm. III/33), S. 223. Vgl. auch Trumpler (Anm. IV/5), S. 82 ff.

23 Vgl. dazu Friedrich Zahn, „Die Entwicklung der räumlichen, beruflichen und sozialen Gliederung des deutschen Volkes seit dem Aufkommen der industriell-kapitalistischen Wirtschaftsweise", in: *Volk und Reich* (Anm. II/17), I, S. 221 ff., mit reichem Material und instruktiven Tabellen.

24 So wohnten 1871 36 %, 1925 über 64 % der Bevölkerung in den Städten. Dazu die Tabellen bei Zahn (Anm. VI/23), S. 228.

25 Vgl. die Tabelle 5, *ebda.*, S. 226 f.

lisierungstendenzen innerhalb des geschichtlich vielfältigen deutschen Gesamtstaates und wirkte teilweise selbst auf eine Verwischung der tiefen konfessionellen Spaltung hin. Die innersoziologischen Folgen der Bevölkerungsumschichtung werden gern mit dem methodisch freilich sehr unscharfen und oft irreführenden Schlagwort von der „Vermassung" bezeichnet [26]. Gewiß bildeten die sozialpsychologischen Phänomene, die dieser Begriff zu umschreiben sucht, eine wichtige Grundlage der neuen Ideologie, des Siegeszugs der politischen Religionen überhaupt. Doch sollte man nicht vergessen, daß die totalitäre Bewegung weniger von den Großstädten als von den konkurrierenden Landgebieten und Kleinstädten ausging, wo die neuen städtisch-industriellen Integrations- und Zivilisationsformen noch nicht akzeptiert waren.

Hinter den angedeuteten Entwicklungstendenzen stand also bestimmend die wirtschaftliche Expansion. In Deutschland manifestierte sie sich in der Zunahme der Erwerbstätigkeit und in der Verschiebung ihres Schwergewichts auf die Großbetriebe [27]. Gleichzeitig wurde sie sichtbar im erhöhten Frauenerwerb besonders in der Angestelltenschaft [28], zugleich einem Symptom der Verarmung und Krisenanfälligkeit der Mittelschicht, aber auch des Strebens der Frau nach „Selbstbefreiung" [29]; dann im Berufswandel überhaupt, speziell in der Überflügelung der Agrarbasis durch die Industrieschicht; im Aufstieg einer starken Angestellten- und Managerschicht, zugleich in der Zunahme des Zwischenhandels und in wachsender Spezialisierung; schließlich — aufs ganze gesehen — im Verblassen eines ausgeprägten Berufsbewußtseins und in der Verlegung des Lebensgefühls ins außerberufliche Dasein. Die soziale Umschichtung, die sich hier anbahnte [30], stand im Zeichen des weiteren Abbaus ständischer Rangordnung und Abstufung; sie tendierte auf formale Gleichheit aller Berufstätigen hin, während gleichzeitig die Vermögens- und Einkommensunterschiede neue Abhängigkeiten und soziale Trennungslinien schufen, die über die Berufsgliederung hinweg ihrerseits neue soziale Differenzierungsprozesse nach sich zogen [31].

Da war die Führerschicht der kapitalistischen Unternehmer und Betriebsleiter, die den grundbesitzenden Adel und das wohlhabende Bürgertum materiell wie sozial überflügelte [32]. Diese einflußreiche Oberschicht, deren Gewicht durch die Folgen des Krieges und der Inflation noch erhöht wurde, verdrängte den traditionellen Mittelstand weitgehend aus seiner tragenden Stellung und bedrohte besonders seine gewerbliche Komponente und die Existenz des kleinen Geschäftsmannes [33]. Der soziale Abstand dieser Konjunkturritter und

26 Zur Kritik des Begriffes vgl. M. G. Lange, *Totalitäre Erziehung, Das Erziehungssystem der Sowjetzone Deutschlands* (Schriften des Instituts für politische Wissenschaft, Bd. III), Frankfurt a. M. 1954, S. 15 ff.

27 Zu den sozialen Auswirkungen dieses Vorgangs besonders: *Die Angestellten in der Wirtschaft, Eine Auswertung der amtlichen Berufszählung von 1925*, hrsgg. vom Allgemeinen Freien Angestelltenbund [Schriftleitung Otto Suhr], S. 7 ff.

28 Dazu Steffi M. Tarrasch, *Die weiblichen Angestellten, Das Problem ihrer Organisation*, Diss. Heidelberg 1931, S. 4 ff.; S. 20 ff.; vgl. Susanne Suhr (Bearb.), *Die weiblichen Angestellten, Eine Umfrage des Zentralverbandes der Angestellten*, Berlin 1930 (mit interessantem Material zur Umschichtungskrise des Mittelstands und speziell der sozial fast ungeschützten weiblichen Angestelltenschaft); Otto Reise, „Die weibliche Angestellte", in: *Das Junge Deutschland* 25, Heft 2 (Januar 1931), S. 72 ff.; *Die Angestellten* (Anm. VI/27), S. 84 ff.; dort ist eine Gesamtzunahme der weiblichen Erwerbstätigkeit um 35 % errechnet (1907–1925).

29 Ludwig Heyde, „Frau und Gewerkschaft", in: *Internationales Handwörterbuch des Gewerkschaftswesens*, Berlin 1930/32.

30 Vgl. die Tabellen in: *Die Angestellten* (Anm. VI/27), S. 10 ff.; S. 21.

31 Dazu besonders Richard Lewinsohn, *Die Umschichtung der europäischen Vermögen*, Berlin 1925, S. 44 ff. u. a.; Fried (Anm. V/3), S. 68 ff.

32 Vgl. Carl Brinkmann, „Die Aristokratie im kapitalistischen Zeitalter", in: *Grundriß der Sozialökonomik*, Bd. IX, 1, Tübingen 1926, S. 22 ff.

33 Vgl. A. R. L. Gurland, Otto Kirchheimer, Franz L. Neumann, *The Fate of Small Business in Nazi*

„Neureichen" gegenüber den Verlustträgern der Inflation in den Mittelschichten hatte sich erheblich vergrößert; dies führte dort zu einer heftigen, von den radikalen Bewegungen ideologisch und propagandistisch bewußt intensivierten Erbitterung und Ressentimentstimmung [34]. Von unten aber drängte die proletarische Arbeiterschicht zur Mitte vor. Sie drückte mit fortschreitender Betriebskonzentration und Verfeinerung des Produktionsprozesses die Angestelltenschaft mehr und mehr nach oben, während gleichzeitig der Bauernstand seine Stellung auch mittels allmählicher Technisierung und Rationalisierung nur schwer zu behaupten vermochte und überaus krisenanfällig blieb. Berufs- und Interessenverbände organisierten und beschleunigten die Bewegung zur Umschichtung und Neugruppierung der Gesellschaft, die zugleich mit der Durchorganisierung der sozialen Klassen den politischen Antagonismus noch weiter verschärfte [35].

Zahlenmäßige Feststellungen sind freilich infolge der pauschalen, nur die betriebstechnische Hierarchie ausdrückenden Gliederung der offiziellen Statistik (in Selbständige, Angestellte, Arbeiter und mithelfende Angehörige) recht schwierig. Erst wenn man darüber hinaus die (erstmals 1925 durchgeführte) Sonderauszählung der Berufe berücksichtigt [36], ergibt sich ein schärferes Bild der Berufs-Sozialstruktur, ohne daß eine exakte statistische Umgrenzung von Klassen bzw. Schichten möglich erscheint [37]. Denn auch hier bleiben die sozialpsychologischen Spannungen, Überschneidungen und Übergänge unberücksichtigt, die erst der politischen und ideologischen Situation das Gepräge gaben [38]: es fehlen die Personen ohne eigentliche Berufe, die Groß- und Kleinrentner, vor allem aber jene „Deklassierten", die überwiegend den Mittelschichten entstammten, ihrer Einkommenslage nach aber nicht mehr dazugehörten [39]. Die psychologische Sonderlage solcher Gruppen, die dem wirtschaftlichen Strukturwandel ausgeliefert waren und ihrer Zwangslage durch die Flucht in reaktionäre oder revolutionäre Ideologien zu entrinnen suchten, wirkte in Krisenzeiten sehr stark auf den bedrängten Mittelstand überhaupt ein.

Gewiß bedeutet das Moment der sozialen Mobilität, des fluktuierenden Auf- und Abstiegs von einzelnen und Gruppen eine *conditio sine qua non* der modernen Demokratie. Es wird aber in seinen sozialpsychologischen Auswirkungen zu einem unberechenbaren Gefahrenherd, sobald die demokra-

Germany (Senate Committee Print No. 14), Washington 1943, S. 3 ff. u. a. Zur Problematik des Klassen- und Schichtbegriffs, gemessen an der damaligen gesellschaftlichen Gliederung, Theodor Geiger, *Die soziale Schichtung des deutschen Volkes*, Stuttgart 1932, S. 2 ff.; S. 8 ff.; S. 12 ff.; S. 30 ff.

34 Vgl. etwa die Kritik an den „Kriegs- und Revolutionsgewinnlern" von Stahlhelmseite: Helmut Franke, *Staat im Staate, Aufzeichnungen eines Militaristen*, Magdeburg 1924, S. 51. Die politischen und literarisch-publizistischen Äußerungen dieser Gattung sind Legion.

35 Vgl. (besonders zur Begriffsbildung) auch Michels, *Umschichtungen* (Anm. V/3), S. 4 ff.

36 Vgl. Zahn (Anm. VI/23), S. 275 mit der Tabelle 13.

37 Geiger, *Soziale Schichtung* (Anm. VI/33), S. 12; zu Begriff und Umfang der Angestelltenschaft: *Die Angestellten* (Anm. VI/27), S. 12 ff.

38 So macht z. B. Geiger (Anm. VI/33), S. 24, einen Versuch, das traditionelle Schema weiter zu differenzieren. Zur Gesamtsituation auch Joseph A. Schumpeter, „Das soziale Antlitz des Deutschen Reiches", in: *Bonner Mitteilungen* Nr. 1 (1929), S. 3 ff.; jetzt in: *Aufsätze zur Soziologie*, Tübingen 1953, S. 214 ff.

39 So konnte man aus der Zählung von 1926 das „Proletariat", soweit man darunter die erwerbstätige Bevölkerung mit einem Einkommen unter 1500 RM versteht, auf 72,6 % berechnen; es würde dann mehr als die Hälfte des gewöhnlich mit etwa 50 % der Bevölkerung angesetzten „Mittelstands" noch einschließen: vgl. Geiger (Anm. VI/33), S. 28 f. Mit einem nach vorwiegend ökonomischen Gesichtspunkten errichteten Schema kommt man auf Grund derselben Zählung zu folgenden Ziffern:

„Kapitalisten"	0,92 %
„Mittelstand"	25,68 %
„Proletariat"	73,40 %

Berufszugehörige der Gesamtbevölkerung. Vgl. die Aufrechnungen *ebda.*, S. 20; S. 72 ff.

tische Gesellschaft in wirtschaftliche und politische Krisen gerät und die Ressentiments der Deklassierten in der Krisenangst auch relativ stabiler Schichten Unterstützung finden. Denn während ein schneller individueller Aufstieg — anders als in der offenen amerikanischen Gesellschaft — im Deutschland der Weimarer Republik fast nur auf dem schmalen politischen Sektor möglich war [40] und sonst, soweit es sich um die Durchbrechung der Schichtgebundenheit und nicht um den normalen beruflichen Aufstieg, um den generationsweisen Schichtwechsel oder um ein „soziales Konnubium" handelte [41], durch die erheblichen Anforderungen an Besitz und Bildung blockiert wurde, haben die Auswirkungen moderner Kapitalverflechtung mit ihren wirtschaftlichen und politischen Aspekten mehrfach katastrophale Abstiegsbewegungen nach sich gezogen.

Die ganze Periode von 1920 bis 1933 war beherrscht von dem Anwachsen der wirtschaftlichen Großverbände. Fast im selben Maße büßte der alte Mittelstand der kleinen unabhängigen Unternehmer seine finanziellen Reserven, seinen wirtschaftspolitischen Einfluß, sein Sicherheitsgefühl ein [42]. Angesichts dieser Entwicklung vermochte der deutsche Mittelstand das durch die Inflationskatastrophe ausgelöste Krisenbewußtsein nicht zu überwinden. Er beantwortete neue Krisensymptome mit der Flucht in eine Welt politischer Ideologismen, die jedem einzelnen und jeder Gruppe wirtschaftlichen Schutz und Wiederherstellung des verlorenen oder bedrohten sozialen Prestiges verhießen [43]. Dazu kam noch, daß die soziale Struktur der Mittel- und Unterschichten, ja, auch teilweise der Oberschicht einer deutlichen Nivellierungstendenz unterworfen war, die auf den Typus des auch relativ dominierenden technisch-kaufmännisch-bürokratischen Angestellten hindrängte [44]. Auch diese Angleichungsbewegung, dies Streben nach fester Stellung in einer bürokratisch gesicherten und geregelten Gesellschaft schloß zugleich eine erhöhte Anfälligkeit gegenüber konjunkturellen und strukturellen Beschäftigungskrisen ein.

Zum entscheidenden Merkmal der sozialen Struktur der Weimarer Republik wurde schließlich die Tatsache, daß entgegen Marxscher Erwartung im Siegeszug des Hochkapitalismus nicht einfach die Mittelschichten versunken sind, um einem direkten Gegenüber von Kapitalisten und Proletariat Platz zu machen [45]. Auch jetzt noch behauptete sich vielmehr ein breiter, in sich äußerst divergierender und gegensätzliche Interessen, ja, Arbeitgeber- wie Arbeitnehmerideologien umschließender Mittelstand als Eigenerscheinung, der sich bewußter denn je vom Proletariat abhob; besonders verharrte sein Standesbewußtsein allen Niedergangssymptomen zum Trotz in entschiedenem Widerstreit zu den Ideologien und Erwartungen eines proletarisch-revolutionären Sozialismus [46]. Dem entspricht auch die Tatsache, daß — während das „Pro-

40 Michels, *Parteiwesen* (Anm. I/21), S. 340 ff.; ders., *Umschichtungen* (Anm. V/3), S. 63 ff.; S. 79 f.

41 Besonders hoch ist bei Michels (*Umschichtungen,* Anm. V/3, S. 96 ff.) gerade der soziale Aufstieg der Frau durch Einheirat in höhere Schichten bewertet.

42 Vgl. Heberle (Anm. III/24), S. 5.

43 Dazu auch die psychoanalytisch gefärbten Bemerkungen von Harold D. Lasswell, „The Psychology of Hitlerism as a Response of the Lower Middle Class to Continuing Insecurity", in seinem: *The Analysis of Political Behavior,* London 1949, S. 235 ff.

44 Dazu auch die statistischen Vergleiche zwischen Arbeitern, Angestellten und Selbständigen in den einzelnen Wirtschaftszweigen in: *Die Angestellten* (Anm. VI/27), S. 48 ff.; S. 93 ff.

45 Vgl. die entsprechenden Stellen im *Kommunistischen Manifest* sowie im *Erfurter Programm* der SPD bei Emil Grünberg, *Der Mittelstand in der kapitalistischen Gesellschaft, Eine ökonomische und soziologische Untersuchung,* Leipzig 1932, S. 121.

46 Dazu Gurland-Kirchheimer-Neumann (Anm. VI/33), S. 21 ff. Vgl. auch Gerhard Albrecht, *Die sozialen Klassen,* Leipzig 1926, S. 40: „Ein kleiner Handwerker mit ebenso geringem Einkommen wie ein Industriearbeiter, oder ein völlig vermögensloser Privatgelehrter, Schriftsteller oder Künstler mit dem gleichen

letariat“ hier fast gänzlich fehlte — der akademische Nachwuchs sich in zunehmendem Maße vor allem aus dem kleinen Mittelstand rekrutierte, während noch zu Ausgang des 19. Jahrhunderts hier die Söhne von Akademikern dominiert hatten [47].

So wurde der Mittelstand gerade von seiner Krisenempfindlichkeit her zu einem entscheidenden Faktor der weiter ausgreifenden politischen Bewegungen und Verschiebungen [48]. Die ideologischen Vorstellungen, die diese nicht nur nach Vermögen und Einkommen, sondern auch nach Begriffen der Berufsehre, des sozialen Ranges, der Bildung und Lebenshaltung, der Berufs- und Arbeitsteilung besonders profilierte Schicht entwickelte [49], waren zunächst noch stark an den wirtschaftlichen, sozialen und politischen Formen der Vorkriegszeit orientiert. Sie gerieten dann aber, zumal nach dem Scheitern einer parlamentarischen Mittelstandspolitik in Interessenparteien wie der Wirtschaftspartei, zunehmend in den Sog des nationalistischen und autoritären Revisionismus, der die Lösung bedrohlicher Existenzprobleme in einen starken Staat jenseits der kompromißgebundenen parlamentarischen Demokratie verlegte. Zwar bemühten sich ausgebreitete Berufs- und Standesorganisationen, die Sonderexistenz zu bewahren und zu unterstreichen, die weitere Auflösung zu verhindern und mit allem Nachdruck die Interessen zu vertreten. Doch wurde die Diskrepanz zwischen ökonomischer und gesellschaftlicher Bedeutung, zwischen wirtschaftspolitischer Realität und soziologisch-ideologischem Anspruch, zwischen der Klassenlage und einem stärkeren „Standesbewußtsein“ immer tiefer. Sie erreichte schließlich im Verlauf der großen Wirtschaftskrise von 1930—32 einen äußersten Zerreißpunkt [50]. Nun schlug das wirtschaftliche in ein politisches Krisengefühl und in Aggressionshaltungen um, deren Dynamik die vorwiegend an die Existenzkrise des Mittelstandes appellierenden Versprechungen des Nationalsozialismus in ihrem Sinne einzusetzen vermochten.

Tatsächlich erweist schon ein Blick auf die Vermögens- und Einkommensverhältnisse in Gewerbe wie in Angestellten- und Beamtenschaft, daß das soziale Gewicht des Mittelstandes weit größer war, als es seiner wirtschaftlichen Lage entsprach [51], wie eben für die soziale Mentalität die Art des Einkommens weniger ausschlaggebend ist als die Frage, wer mit wem am Stammtisch sitzt [52]. Der Nationalsozialismus konnte nicht so sehr als nationalistisch-totalitäre Partei denn als vermeintlicher Rettungsanker eines zwischen wirtschaft-

Einkommen wie diese beiden, sie alle gehören nur wegen der Einkommensgleichheit noch keineswegs klassenmäßig zusammen.“ Zur Kritik dieser Situation von seiten des sozialistischen Angestelltenbundes (AfA) Siegfried Aufhäuser, *Ideologie und Taktik der Angestelltenbewegung*, Berlin 1931, S. 7 ff.

47 Besonders nachdrücklich behandelt bei Michels, *Umschichtungen* (Anm. V/3), S. 58 ff.: auch in diesem Falle spielen Prestigeerwägungen, gekoppelt mit der wachsenden Krisenlage des kleinen Mittelstands, eine wesentliche Rolle, so wenig dies angesichts der akademischen Arbeitslosigkeit ökonomisch gerechtfertigt erscheinen konnte.

48 Vgl. auch Horst Grueneberg, „Mittelstandspolitik – Staatspolitik“, in: *Die Tat* 23, Heft 3 (Juni 1931), S. 191 ff.

49 Zu dieser Bestimmung schon Gustav Schmoller, *Was verstehen wir unter dem Mittelstande*, Göttingen 1897, S. 6. Reiches Material zur damaligen Problematik des Mittelstandsbegriffes bei Grünberg, *Der Mittelstand* (Anm. VI/45), S. 124 ff.

50 *Ebda.*, S. 122 ff.

51 Für die Einkommensverhältnisse im Einzelhandel vgl. etwa Joachim Tiburtius, „Umsatzbewegung und Wettbewerbsregelung im Einzelhandel“, in: *Wege zur Arbeit* 1, Heft 2 v. 25. Mai 1932, S. 42 ff.; weitere Diskussion von Detailuntersuchungen bei Grünberg (Anm. VI/45), S. 125 ff. Für die Angestellten besonders noch: *Die wirtschaftliche und soziale Lage der Angestellten – Ergebnisse und Erkenntnisse aus der großen sozialen Erhebung des GdA*, Berlin 1931, S. 98 ff.; bes. S. 106 ff. Die Ergebnisse dieser und der von anderen Organisationen angestellten Erhebungen sind auch zusammengefaßt bei Heinrich Geiger, „Was verdient heute der Angestellte“, in: *Die Tat* 21, Heft 11 (Februar 1930), S. 836 f.

52 Geiger, *Soziale Schichtung* (Anm. VI/33), S. 99 f.

licher Realität und sozialem Prestigeanspruch hin- und hergerissenen Mittelstandsschiffs zur Massenbewegung werden [53]. Freilich muß man einschränkend sogleich die tiefen Differenzierungen innerhalb der Mittelschichten und besonders innerhalb der ihnen eigenen Bewußtseinslage in Betracht ziehen. Man könnte zunächst historisch zwischen einem vorkapitalistischen und einem kapitalistischen Mittelstandsbegriff unterscheiden; man muß aber noch weiter differenzieren und die gewaltigen Unterschiede in materieller Situation wie in Funktions- und Prestigelage berücksichtigen, die sich zwischen den kleinen Selbständigen und ihren Angestellten, wiederum zwischen diesen und den Angestellten der Großbetriebe, schließlich im Hinblick auf politische Funktionäre und — *last not least* — die Staatsangestellten und Beamten auftaten. Da waren Arbeitgeber- und Arbeitnehmer-, großkapitalistische, kleinkapitalistische, sozialreformerische und staatssozialistische Interessen, die einander auf dem Boden der realen Politik aufs äußerste widerstrebten und von der Dynamik der wirtschaftlichen und sozialen Entwicklung ständig in Bewegung gehalten wurden.

In der Sphäre des sozialen Bewußtseins, eines existentiellen Standesgefühls, suchten diese Schichten unter dem Eindruck der gespannten Wirtschaftslage der Weimarer Republik wie der fortgehenden Tendenz zu immer größerer wirtschaftspolitischer Verflechtung und funktionaler Abhängigkeit fieberhaft nach einem Bollwerk gegen die drohende Proletarisierung, nach einer Lösung der Diskrepanz zwischen ökonomischer Lage und sozialideologischem Anspruch [54], nach einem Retter der ständischen Sonderexistenz — wenn nötig und möglich, jenseits der enttäuschenden Demokratie, der man die Schuld an der Krise gab. Es war, wie schon die Verfasser des *Kommunistischen Manifests* beobachtet hatten, viel eher eine konservative als eine revolutionäre Ideologie, die aus solchen Antrieben erwuchs [55].

Die militante Mittelstandsideologie wurde zum Ausdruck des Widerstands gegen ein weiteres Absinken jener Schichten, die von den wirtschaftlichen und gesellschaftlichen Strukturwandlungen seit dem Weltkrieg am stärksten betroffen waren. Aus ihrer sozialen Erinnerung wie aus der Tatsache, daß sich ihr Nachwuchs vorwiegend aus ehemals unabhängigen, mit höherem Lebensstandard, größerer wirtschaftlicher Sicherheit und selbstverständlichem sozialem Prestige ausgestatteten Schichten rekrutierte [56], entwickelten sie starke Antriebe sozialer und schließlich — da der bestehende Staat ihrem Abwehrkampf nicht Rechnung zu tragen vermochte — politischer Erbitterung und Empörung. Man hatte nicht vergessen, daß man noch wenige Jahrzehnte

53 Vgl. auch Bendix (Anm. IV/53), S. 367 ff.

54 Dazu M. Victor, „Verbürgerlichung des Proletariats und Proletarisierung des Mittelstands", in: *Die Arbeit* (1931), Heft 1; Rudolf Küstermeier, „Die Proletarisierung des Mittelstandes und die Verwirklichung des Sozialismus", *ebda.* (1931), Heft 10. Zur Kritik: Theodor Geiger, „Zur Kritik der arbeiterpsychologischen Forschung", in: *Die Gesellschaft* 8 (1931), S. 237 ff. Vgl. Heinrich Geiger, „Die Stoßkraft der Angestellten", in: *Die Tat* 21, Heft 10 (Januar 1930), S. 758 ff.; dort auch organisationspolitische Details zu den Umgruppierungs- und Auflösungserscheinungen in der Angestelltenschaft.

55 *Das Kommunistische Manifest*, Mit Vorreden von Karl Marx und Friedrich Engels, Vorworten von Karl Kautsky und Johannes Schult, Hamburg 1946, S. 43: „Die Mittelstände, der kleine Industrielle, der kleine Kaufmann, der Handwerker, der Bauer, sie alle bekämpfen die Bourgeoisie, um ihre Existenz als Mittelstände vor dem Untergang zu sichern. Sie sind also nicht revolutionär, sondern konservativ. Noch mehr, sie sind reaktionär, sei suchen das Rad der Geschichte zurückzudrehen. Sind sie revolutionär, so sind sie es im Hinblick auf den ihnen bevorstehenden Übergang ins Proletariat. . ."

56 Vgl. besonders: *Sozialer Auf- und Abstieg im Deutschen Reich*, Heft 117 der Beiträge zur Statistik Bayerns, hrsgg. vom Bayerischen Statistischen Landesamt [Friedrich Zahn], München 1930, S. 83 ff. Diese Statistik ergibt, daß sich „ein ununterbrochener Strom aus den selbständigen mittelständischen Schichten in die unselbständigen [ergießt], während umgekehrt der Übertritt (persönlich oder durch Nachwuchs) von den unselbständigen zu den selbständigen Schichten erfahrungsgemäß verhältnismäßig selten ist" (S. 94).

zuvor entweder selbständiger, freier „Bürger“ gewesen war oder doch als Arbeitnehmer eine durch Tätigkeit und Status klar von dem eigentlichen Proletariat abgehobene Existenz besessen hatte.
Die bestürzende Schnelligkeit dieser Entwicklung, die primär in den wirtschaftlichen Strukturveränderungen begründet war, aber nur zu gerne mit den politischen Veränderungen in einen ursächlichen Zusammenhang gebracht wurde, verstärkte noch die allgemeine Ratlosigkeit und politische Anfälligkeit der Mittelschichten. Auch waren die Abwehrgefühle, die mehr und mehr aggressive Form annahmen, natürlicherweise in den sozialen Grenzgebieten viel ausgeprägter, die Selbstdistanzierung kleinbürgerlicher Lebens- und Bewußtseinshaltung von den Unterschichten und ihr Stolz auf ihr Bürgertum viel betonter, als es je der Großbürger dem Proletariat gegenüber nötig zu haben glaubte. Dies galt auch von der bürgerlichen Jugend, die eine Wirtschaftskrise aus ihren traditionellen Orientierungsgleisen warf [57]. Es galt schließlich kaum weniger von den aus der Arbeiterschaft Aufgestiegenen [58], die den Erfolg ihres Aufstieges nicht durch ein Absinken ihres neuen Standes gefährdet sehen wollten und sich in Lebenszuschnitt und sozialer Ideologie möglichst schnell der Anziehungskraft und dem Prestigeanspruch ihrer nun bürgerlichen Existenz anzupassen suchten. Im Wohnbedürfnis schon manifestierte sich der neue Standes- und Kulturanspruch, der nun in einen so krassen Konflikt mit der ökonomisch wirklichen Existenzlage geriet und mit einem tiefen Gefühl des Ungenügens, der Unruhe, der ungeduldigen Erwartung das Kleinbürgertum dem Appell einer politischen Religion, dem Abenteuer einer alles versprechenden autoritären Neuordnung in die Arme trieb.

4. *Abwehrideologie und Radikalisierung*

Diese knappen Beobachtungen zum Problem der sozialen Dynamik in ihrer psychisch-ideologiewertigen Bedeutung sollten zugleich einen Eindruck von der ständigen Spannung zwischen allgemeiner Ideologie und spezifisch standortgebundener, sozialer Mentalität vermitteln. Das Phänomen des „falschen Bewußtseins“, das uns im Krisengefühl der Mittelschichten entgegentritt, bezieht sich auf den Unterschied zwischen tatsächlicher, vor allem ökonomisch begründeter Soziallage und tradierten oder projizierten Prestigebedürfnissen. Es ist freilich insofern eine durchaus natürliche Erscheinungsform und keineswegs einfach Zeichen der Krise oder Auflösung einer Schicht, als erst Spannungen solcher Art die Bewegungs- und Wirkungskraft, ja, überhaupt das Wesen einer Ideologie begründen. Die marxistische Überbau- und Bewußtseinstheorie zeigt hier eine entscheidende Lücke. Sie wendet den Begriff des „falschen Bewußtseins“ nur auf die feindlichen Klassen und ihre Ideologien, die als Verteidigungs- und Täuschungsmittel im Angesicht des schon stattfindenden Zusammenbruchs interpretiert werden, nicht aber auf die dialektische Spannungslage der eigenen Kampf- und Verbesserungsideologie an. Überdies übersieht sie dabei geflissentlich die Rückeinflüsse der Ideologie auf die Gestaltung der Einzelexistenz. Demgegenüber muß festgehalten werden, daß gerade der „doppelte Charakter der Klasse“ als ökonomisches und zu-

57 Dazu das Plädoyer von Alfred Kantorowicz, „Zwischen den Klassen“, in: *Die Tat* 21, Heft 10 (Januar 1930), S. 765 ff.

58 Nach der GdA-Erhebung (*Wirtschaftliche und soziale Lage,* Anm. VI/51, S. 43) etwa 25 % der Angestellten; wahrscheinlich jedoch wesentlich mehr, wenn der sozialistische AfA-Bund stärker berücksichtigt wird.

gleich soziales Aggregat [59] soziologisch wie politisch, zumal in Perioden der Umschichtung und Krise, von erstrangiger Bedeutung ist.

Nun ist der genauere Zusammenhang zwischen sozialer Lage, der darin wurzelnden Mentalität und der ihr angepaßten Gesamtideologie, die verschiedenste Bewußtseinsnuancen umspannt und auch mit außersozialen, die ganze Skala geistiger Traditionen und psychischer Beeinflussungs- und Integrationsmittel aufbietenden Antrieben arbeitet, ungemein vielfältig und schwer überschaubar. Erst die suggestiven, überredenden, verführenden Mächte führen Einzelinteresse und Einzelbewußtsein zusammen und statten sie mit kollektiver Stoßkraft aus. Und erst sie bewirkten durch ideologische Integration und Gleichschaltung eine Politisierung der sozialen Situationen, Mentalitäten und Bewegungen. Nähere Bestimmungen sind allerdings sehr schwierig: nicht allein wegen des Mangels an sozialstatistisch unterbauten Wahl- und Parteianalysen. Ist schon das Gewicht der führenden Persönlichkeiten sowie der wirksamen Organisations- und Agitationsmethoden kaum einschätzbar, so stellt uns dies Problem der exakten sozialen Zuordnung und begrifflichen Umgrenzung einzelner Schichten, auch in ihren historischen und regionalen Differenzierungen, schließlich die Vielfalt der Verflechtungen und der dynamische Charakter der Entwicklung überhaupt vor unlösbare Aufgaben. Ohne detaillierte Beschreibung und breite Analyse des Lebens- und Bewußtseinsduktus aus unzähligen Daten der Alltagsexistenz sind gültige Aussagen nur beschränkt möglich. Daran ändern auch die inzwischen zugänglich gewordenen Lebensbeschreibungen und Memoiren wenig [60]; ihre Zufälligkeit erschwert eine über die idiographische Zusammenordnung hinausgehende vergleichende Auswertung im soziographischen Sinn.

Beschränkt man sich auf die großen Züge der Entwicklung [61], so beobachtet man in der verschwindend kleinen, aber gewichtigen kapitalistischen Schicht (Geiger zählt 15 000 „Hochkapitalisten“) ein selbst durch die Wirtschaftskrise kaum erschüttertes Festhalten am vielbeschimpften, oft totgesagten und doch durch immer neuen individuellen Aufstieg wieder aufgefrischten Kapitalismus [62]. Daran ändern auch die schon vor 1930 hartnäckig behaupteten Gerüchte von der finanziellen Unterstützung der „antikapitalistischen“ NSDAP durch die kapitalistische Wirtschaft nichts; viel eher war dies gegen eine übermäßige Vertrustung und besonders gegen die wirtschaftsdemokratischen Bestrebungen und Machtpositionen der Gewerkschaften gerichtet. Je kleiner und persönlicher freilich das Unternehmertum, desto ausgeprägter entwickelte sich die Abwehrideologie nicht nur gegen die Gewerkschaften, sondern besonders gegen einen monopolistischen, anonymen Großkapitalismus, gegen die technische Entwicklung, die Trusts und Warenhäuser gleichermaßen [63]. Dieser Front fügten sich das Großagrariertum mit seinen feudalistisch-patrimonialen Traditionen, dem zeitweiligen Bündnis mit dem liberalen Großindustrialismus mehr und mehr entfremdet, aus verwandten ständischen Vorstellungen

59 So Michels, *Umschichtungen* (Anm. V/3), S. 13.

60 Vgl. K. D. Bracher, „Die Weimarer Republik im Spiegel der Memoiren“, in: *Politische Literatur* 2, Heft 9 (1953), S. 339 ff.

61 Die deutsche soziologische Forschung hätte hier, wenn sie ihre begriffs- und klassifizierungstheoretischen Interessen einmal zurückstellte, noch viel zu leisten. Bis jetzt bieten die besten Ansätze noch immer Theodor Geiger (*Soziale Schichtung*, Anm. VI/33, S. 82 ff.) und Michels (*Umschichtungen*, Anm. V/3, S. 42 ff.).

62 Vgl. auch Paul Jostock, *Der Ausgang des Kapitalismus*, München 1928, S. 190 ff.

63 Dazu Leonhard Fritzsching, „Der Mittelstand als Klasse, Zur Wirtschaft des nichtkapitalistischen Unternehmers“, in: *Schmollers Jahrbuch* 1930, Heft 4, S. 109 ff. Vgl. auch Ferdinand Fried, „Der mittlere Unternehmer“, in: *Die Tat* 21, Heft 11 (Februar 1930), S. 807 ff.

heraus ein, so groß auch die geistigen, psychischen, politischen und sozialen Unterschiede sein und bleiben mochten. Darin wurde im Verlauf der Weimarer Republik tatsächlich auch soziologisch jene Schrumpfung, jene „Krise des Kapitalismus" fühlbar, die sich im Rückgang der DVP und im Fehlen einer großen, den Gedanken der freien kapitalistischen Wirtschaft vertretenden Partei politisch anzeigte und die kapitalistischen *pressure groups* nach verstärkter Beeinflussung der antimarxistischen „Nationalen Opposition" streben ließ.

Im kleineren Unternehmertum, wo sich in vielfältigem Ineinander und Nebeneinander verschiedene historische und soziale Schichtungen ständischer und kleinkapitalistischer Observanz gegen die Verdrängung nach unten zäh zu wehren suchten, erfolgte der Anschluß an solche „antikapitalistischen" Bewegungen, sichtbar im Niedergang der DDP, aus recht andersartigen, gewissermaßen „antiproletarischen" Motiven [64]. Dies gilt vorzüglich für das stark überbesetzte und darum von der Deflationskrise besonders betroffene kleinere Händlertum, das — im Unterschied zum Handwerk und auch zum alteingesessenen Kaufmannsstand — ohne eigentliche Vorbildung und für proletaroide Entwicklungstendenzen überaus anfällig war. Es gilt aber auch vom Bauern, dessen strenge Ortsgebundenheit und relative Autarkie sich in einem nicht ganz vorurteilslosen Selbstbewußtsein gegenüber Städtern und Nichtagrariern überhaupt ausdrückte; oft war dies gekoppelt mit Neidgefühlen gegenüber dem Gehalts- und Lohnempfänger, den er — ohne die andersartigen Bedingungen zu berücksichtigen — mehr Bargeld verdienen und verbrauchen sah.

Der Zusammenhang der bald auch den Rahmen der 1929 gegründeten „Grünen Front" [65] sprengenden agrarischen Protestbewegung mit dem Aufstieg des Nationalsozialismus war überhaupt von besonderer Bedeutung. Es ist kein Zufall, daß die NSDAP seit 1929 in den landwirtschaftlich bestimmten Gebieten vor allem Schleswig-Holsteins und Niedersachsens ihre tiefsten Einbrüche erzielte und dort — anders als in den Städten — schon vor 1933 in vielen Dörfern eine monopolartige Stellung errang. Eine Regionaluntersuchung hat am extremen Beispiel Schleswig-Holsteins die spezifischen und typischen Erscheinungsformen jenes Prozesses aufgewiesen, der zur Zersetzung der liberalen und der interessenpolitisch-regionalen Parteien und Verbände auf dem platten Lande geführt hat [66] und schließlich durch die opportunistische NS-Agrarideologie in nationalsozialistische Kanäle geleitet wurde [67]. Die NS-Führung hat hier sogar einen Hebel zur gewaltsamen Machtergreifung erblickt [67a]. Der Verfall der Interessenparteien in der Krise kam auch auf diesem Sektor ganz überwiegend der NSDAP zugute, wobei sich vor allem die selbständigen protestantischen Kleinbauern und die „Kätner", weniger die Großgrundbesitzer (DNVP) und fast gar nicht die Landarbeiter

64 Dazu auch A. R. L. Gurland, „Technological Trends and Economic Structure in National Socialism", in: *Studies in Philosophy and Social Science* 9, No. 2, New York 1941, S. 240 ff.

65 Dazu Fritz Reichardt, *Andreas Hermes*, Neuwied 1953, S. 118 ff., und u. S. 186.

66 Heberle (Anm. III/24), S. 32 ff.; vgl. u. Teil II, S. 568.

67 Nilson (Anm. III/40), S. 298 ff., mit Hinweisen auf agrarfaschistische Phänomene in anderen Ländern, bes. den amerikanischen Populismus und seine Nachfolger (Huey Long): vgl. David J. Saposs, „The Rôle of the Middle Classes in Social Development: Fascism, Populism, Communism, Socialism", in: *Economic Essays in Honor of Wesley C. Mitchell*, New York 1935, S. 408 ff.; Heberle, *Social Movements*, New York 1951, S. 257 ff.

67a Vgl. Darrés Denkschrift für Hitler (Anm. IV/77), wo die Eroberung der Stadt über einen „organisierten bäuerlichen Käuferstreik" oder über einen „Nahrungsmittelboykott, der Hand in Hand mit städtischen Nationalsozialisten organisiert ist", als „Waffe gegen eine verstädterte Republikregierung" angepriesen wird, der „auf die Dauer kein Maschinengewehr der Schutzpolizei oder der Reichswehr gewachsen ist".

(SPD - KPD) als anfällig erwiesen [68]: auch dies eine Parallele zu den Vorgängen im städtischen Mittelstand.
Eine traditionelle Domäne der liberalen und sozialistischen Parteien und vor allem aber des bürgerlichen „Bauernvereins" und der „Schleswig-Holsteinischen Landespartei", z. T. auch des „Landvolks", wurde so schon im Sommer 1932 zu einem Mehrheitsgebiet des Rechtsradikalismus. Die „grüne Demokratie" fand mit ihren antikapitalistischen Ressentiments gegen die „goldene Demokratie" [69] über die militante Protestbewegung Klaus Heims [70] und über Aktionsgruppen bäuerlicher Schuldner zur nationalsozialistischen Blut- und Bodenideologie, die an die Stelle der international-kosmopolitischen, kommerziellen Gesellschaft den national-autarken Bauernstaat zu stellen versprach, in dem der „Nährstand" wieder auf den ersten Platz rücken sollte [71]. Mit den ständischen Interessen, die im Augenblick der Krise zum Generalnenner eines agrarischen Existenzkampfes gegen das „Kapital" und den „liberalen" Staat überhaupt wurden, verband sich in diesem Fall noch ein traditioneller antipreußischer Föderalismus [72]. Der Kampf gegen das „System" mündete so in die radikale nationalsozialistische Kampagne gegen die Demokratie von Weimar, und die bäuerliche Mittelstandsbewegung, agrarisches Äquivalent des städtischen Kleinbürgertums, rückte in seine vorderste Front.
Dabei war den Trägern des alten Mittelstands mit den schon weiter abgesunkenen „Proletaroiden" die betonte Defensivstellung gemeinsam, die oft den Blick für durchaus gegebene Verbesserungsmöglichkeiten verbaute, weil sie die prestigemäßigen Konsequenzen scheute. Die besondere Krisenlage lag also nicht so sehr in der objektiven Entwicklung der ökonomischen Möglichkeiten als vielmehr in einem subjektiven, in den gesellschaftlichen Umschichtungen des massendemokratischen Zeitalters überhaupt begründeten Krisenbewußtsein beschlossen [73]. Ständig nahm das Gewicht des alten Mittelstands innerhalb der expandierenden Bevölkerung ab, und seine nervöse, für radikale Parolen anfällige Gereiztheit rührte nicht weniger von jener Geltungseinbuße als von wirtschaftlichen Bedrängnissen her [74]. Es war ein allgemeines Sekuritätsbedürfnis, das nach dem Katastrophenerlebnis der Inflation auf die neue Krise betont politisch reagierte, nachdem es der Demokratie so lange in apolitischer berufsständischer Isolierung gegenübergestanden hatte [75]. Und es suchte darum — die „neue" Partei.
Eine besondere Rolle innerhalb dieser wachsenden Krisenmentalität spielte

68 Heberle, *From Democracy to Nazism* (Anm. III/24), S. 39; S. 112 ff.
69 So z. B. schon die Rede des Landesparteilers Iversen-Munckbrarup in Rendsburg v. 1. Januar 1921 (zitiert nach *Der Schleswig-Holsteiner* v. 8. Januar 1921).
70 Zur Beleuchtung der Atmosphäre damals schon der Roman von Hans Fallada, *Bauern, Bonzen und Bomben*, Berlin 1931. Wie stark diese terroristische bäuerliche Selbstschutzbewegung mit der nationalistischen Opposition liiert war, wird auch aus dem saloppen Bericht Ernst v. Salomons deutlich: *Der Fragebogen*, Hamburg 1951, S. 265 ff.
71 Vgl. „Adolf Hitlers Programm", Aufruf zur Wahl am 31. Juli 1932: „Rettung des Bauernstandes heißt Rettung der deutschen Nation" (zitiert nach Siebarth, Anm. IV/40, S. 139. Dort auch weitere Äußerungen dieser Art).
72 Vgl. Heberle, *From Democracy to Nazism* (Anm. III/24), S. 48 ff. Dort auch eine gute Analyse der ideologischen und organisatorischen Symbiose.
73 Am ehesten noch werden Einkommenslage und Klassenempfinden dort identisch, wo der Beruf ohne tiefere Vorbereitung, ohne ein Gefühl der persönlichen Zugehörigkeit ausgeübt und entsprechend leicht gewechselt werden kann: Max Weber, *Die Wirtschaft und die gesellschaftlichen Ordnungen und Mächte*, Tübingen 1921, Bd. I, S. 177; vgl. Michels, *Umschichtungen* (Anm. V/3), S. 7 f. Diese Einschränkung wirkte sich aber in der gegebenen deutschen Situation der (ideologisch) geschlossenen Berufssphären verhältnismäßig wenig aus.
74 Geiger, *Soziale Schichtung* (Anm. VI/33), S. 88 ff.
75 Vgl. Grueneberg (Anm. VI/48), S. 192 ff.

der „neue Mittelstand" der Beamten, Akademiker und Angestellten [76]. Die spezifische ökonomisch-soziale und staatspolitische Lage des pensionsfähigen Beamtentums rechtfertigt in unserem Fall eine gesonderte soziologische Betrachtung [77]. Ihm war der öffentliche Angestellte oft sehr nahegerückt [78], ohne aber die Verbindung zum Angestellten der Wirtschaft ganz zu verlieren. Besonders wurde die Auflösung des akademischen Standes und seines Prestiges zum Symptom jener wirtschaftlichen und sozialen Nivellierungsbewegung, die im gewaltig angewachsenen Angestelltenheer ihr Ziel fand und dieser Gruppe eine so vielgesichtige, von den verschiedensten sozialen Tendenzen, Prestigegefühlen und Ressentiments bestimmte Gestalt gab [79]. Neben den individuellen kaufmännischen Angestellten war der „branchen-indifferente" Büroangestellte getreten [80]; die Differenzen auch im sozialen Bewußtsein etwa eines Büroarbeiters verglichen mit einem großen Abteilungsleiter sind kaum zu überschätzen [81]. In seiner Buntheit war dieser neue Bevölkerungsblock schichttypisch zwar noch kaum profiliert, vereinte noch die verschiedensten traditional wie sozial fluktuierenden Elemente und Mentalitäten in sich. Er tendierte aber doch in Anknüpfung an die historischen Grundlagen wie in der Selbstdistanzierung von der Arbeiterschaft und in der erstrebten Nähe zur Beamtenschaft zu einem ständischen Bewußtsein, das die von den neuen Angehörigen eingebrachten Mentalitäten zu absorbieren strebte [82]. Auch diesem Phänomen wurde übrigens die alte Zweiklassentheorie, die auch der Marxismus aufgenommen hat, in keiner Weise gerecht [83]. Bedeutsam war vielmehr gerade die Differenzierung, die vielfältige Durchbrechung jenes groben Schemas. Denn daraus eben ergaben sich Spannungen von politisch erheblicher Wirkung, eine ideologische Unsicherheit, mögliche Einzugsfelder „falscher Ideologien", die besonders seit dem Einbruch der Wirtschaftskrise von dem Drang nach organisatorischer Solidarität, von den gewerkschaftlichen Formen der Interessenvertretung nur noch oberflächlich überdeckt wurden [84].

5. *Der Einbruch der NSDAP in den Mittelstand*

Der erfolgreiche Angriff der nationalsozialistischen Ideologie auf den Mittelstand, der sich seit 1929 abzeichnete, hing eng mit der vielbeschworenen „antikapitalistischen Stimmung" gerade dieser Schichten zusammen [85]. Freilich muß von der allgemeinen Frontstellung gegen den anonymen Hochkapitalismus die traditionsmittelständische Konzeption eines persönlichen, oft romantisch verklärten Alt- und Kleinkapitalismus abgehoben werden. Nicht

76 Dazu Emil Lederer und Jakob Marschak, „Der neue Mittelstand", in: *Grundriß der Sozialökonomik* (Anm. VI/32), IX, 1, S. 120 ff.

77 Vgl. u. Kap. VII.

78 Zur begrifflich-soziologischen und zahlenmäßigen Abgrenzung: *Die Angestellten* (Anm. VI/27), S. 15 ff.

79 Vgl. auch Karl Höfchen, *Der Stand angestellter Akademiker in Volk und Wirtschaft, Eine soziologische Denkschrift* (Sozialpolitische Schriften des Bundes angestellter Akademiker technisch-naturwissenschaftlicher Berufe, 1. Folge, Heft 8), Berlin 1925.

80 Geiger, *Soziale Schichtung* (Anm. VI/33), S. 101.

81 Vgl. den Versuch einer statistischen Unterbauung dieser Differenzierung in: *Die Angestellten* (Anm. VI/27), S. 30 ff.

82 Dazu auch Karl Dreyfuß, *Beruf und Ideologie der Angestellten*, München-Leipzig 1933; F. Fischer, *Die Angestellten, ihre Bewegung und ihre Ideologien*, Diss. Heidelberg 1931.

83 Vgl. Michels, *Umschichtungen* (Anm. V/3), S. 19 ff.

84 Dazu aufschlußreiches soziologisches Anschauungsmaterial (von Berliner Großbetrieben), aus dem die Situation und die extremen Konsequenzen der Angestelltenmentalität im Großkapitalismus vor der Wirtschaftskrise deutlich werden, bei Siegfried Kracauer, *Die Angestellten, Aus dem neueren Deutschland*, Frankfurt a. M. 1930, bes. S. 105 ff. (über die Probleme der Schichtmentalität).

85 Zum folgenden Geiger, Soziale Schichtung (Anm. VI/33), S. 106 ff.; bes. S. 109 ff.

einem Sozialismus, sondern dem Schutz des Kleinbesitzes vor den wachsenden Übergriffen des Großkapitals galten die Wünsche: das Bürgertum geriet entgegen den marxistischen Erwartungen nicht in den ideologischen Bereich des Sozialismus. Man kann deshalb allgemein sagen, daß — bei manchen Übergängen — die desparaten Elemente des Mittelstands in Krisenzeiten der faschistischen, die der Arbeiterschaft der kommunistischen Parole zu folgen geneigt sind [86]. Am Eigentumsgedanken, der freilich auch schon auf die „alteingesessene" Industriearbeiterschaft, auf viele industriell-agrarische Mischexistenzen übergriff, schieden sich die Geister. Gerade hier aber verstand die nationalsozialistische Agitation besonders elastisch und attraktiv zu operieren, ohne zugleich die gewerkschaftlich-antikapitalistischen Stimmungen der mittelständischen Arbeitnehmerschaft außer acht zu lassen, der zuerst der Appell der „Arbeiterpartei" gegolten hatte. Mit der Parole vom Zweifrontenkampf des „idealistisch-nationalen" Volkes gegen die verderblichen „Fremdmächte" des proletarischen wie des kapitalistischen Materialismus wurde der Primat des politischen vor dem wirtschaftlichen Denken, des staatsnationalen „Idealismus" vor dem ökonomischen Materialismus proklamiert.

Der wachsende Druck von beiden Seiten, vom nivellierenden Sozialismus wie von erdrückenden kapitalistischen Großorganisationen her, hatte die Mittelschichten in äußerste Bedrängnis gebracht und ihre Gruppierungen in hoffnungslos entmachtete „Interessentenhaufen" zersplittert. Hier aber war ein Programm, das die Spannung zwischen wirtschaftlicher Lage und sozialem Prestige zugunsten des letzteren aufzuheben und einer sozialimperialistischen Lösung zuzuführen versprach. Es ist ganz offensichtlich, daß die nationalsozialistische Massenpropaganda sich in der Schlußphase viel betonter, ja, fast ausschließlich an die Mittelstände richtete [87], nachdem der Einbruch in die gewerkschaftlich unterbauten Arbeiterparteien — von den Arbeitslosen abgesehen — auch im Augenblick der gewaltigsten Wahlerfolge mißglückt erscheinen mußte. Diese Konzentration der Werbung auf eine Schicht, die fraglos eine Schlüsselstellung besaß [88], brachte die locker gefügten Mittelparteien, mit Ausnahme des Zentrums, der Desintegration nahe. Sie mobilisierte überdies zahlreiche Neuwähler und Nichtwähler für sich, um dann freilich auf jene soziologisch bedingten Grenzen zu stoßen, die 1932 der weiteren Ausdehnung der NSDAP ein Ende setzten.

Daß die NSDAP zwar nicht, wie das ihre Ideologie beanspruchte, zur umfassenden Volksbewegung aller Schichten wurde, aber doch zur gewaltigen Sammelpartei der seit 1918 fluktuierenden, durch Krieg und Inflation einem tiefgreifenden Dekompositionsprozeß ausgesetzten Mittelschichten im umfassendsten Sinn des Wortes anzuwachsen und der Republik ihre breiten bürgerlichen Stützen abzubauen vermochte [89], liegt nun tatsächlich nicht nur an den recht unqualifizierten wirtschaftlichen Versprechungen. Der heterogene und spannungsgeladene Charakter bürgerlich-mittelständischer Wirtschaftsmentalität setzte solchen Einigungsbemühungen auf wirtschaftsideologischer Ebene ohnehin natürliche Grenzen [90]. Deshalb erfaßte auch die zeitgenössische

86 Vgl. auch Nilson (Anm. III/40), S. 295 f.

87 Bezeichnend ist die Verheißung eines neuen ständischen Zeitalters, mit der die 107 nationalsozialistischen Abgeordneten des Reichstags von 1930 parteioffiziell eingeführt werden: „17 Angehörige des Nährstandes, 44 Angehörige des Mehrstandes, 20 Angehörige des Lehrstandes, 6 Angehörige des Wehrstandes. . ."

88 Vgl. Grueneberg (Anm. VI/48), S. 191 ff.

89 Vgl. Lasswell, „The Psychology of Hitlerism" (Anm. VI/43), S. 235 ff.; dazu auch noch die Bemerkungen bei Michels, *Umschichtungen* (Anm. V/3), S. 103 ff. u. a.

90 Vgl. auch die Analysen bei Gurland-Kirchheimer-Neumann (Anm. VI/33), S. 40 ff. u. a.

sozialistische Interpretation, die die NSDAP rein soziologisch-ökonomisch als eine bürgerlich-bäuerliche Reaktionsbewegung deutete [91], nur die eine Wurzel des Phänomens und versagte schließlich vor der Aufgabe, es ideologisch zu entschleiern und politisch wirksam abzufangen. Wichtig ist vielmehr, daß mit dem Appell an den „nationalen Idealismus" des Mittelstandes gerade solche ideologischen Attraktions- und Bindungsmittel eingesetzt wurden, die eine Integrationswirkung jenseits der vielgestaltigen unmittelbaren Interessenrichtungen versprachen. Nicht als eine sozial geschlossene Interessenbewegung des Mittelstands, als eine Klassenbewegung also, sondern gerade als eine betonte Einigungsbewegung verschiedenster antagonistischer Gruppen entwickelte der Nationalsozialismus — wie der Faschismus — seine Dynamik und Anziehungskraft [92]. Daß er über durchaus heterogene Interessen, Überlegungen und Gefühle hinweg diese Bindekraft entwickeln konnte, hängt mit der begeisterungsarmen, nur vom militärischen Zusammenbruch vorangetriebenen Entstehungsgeschichte der Republik zusammen. Während die vorwiegend sozialdemokratische Arbeiterschaft vom Vorwurf der anationalen Haltung sich auch in der demokratischen Republik nicht freizumachen vermochte und lediglich — da ihr der wilhelminische Obrigkeitsstaat keine tiefergehende patriotische Tradition vermittelt hatte — eine nüchtern-handfeste, gegenwarthafte Staatsgesinnung entwickelte, unterwarfen sich große Teile der gegen sozialen Abstieg und Minderwertigkeitskomplex kämpfenden Mittelschichten jetzt erneut dem Bedürfnis nach einem pathetisch-verherrlichenden Vaterlandsmythos, den die sachliche Erfüllungspolitik der Republik mit ihren vielfältigen, die politische Abhängigkeit dokumentierenden internationalen Verpflichtungen nicht glanzvoll und augenfällig genug restituieren konnte [93]. Daran knüpfte der Nationalsozialismus an, nicht ohne gleichzeitig viele frühere Zugeständnisse an sozialistisches Wirtschaftsdenken abzubauen und sich mit dem Verzicht auf Eroberung der Arbeiterschaft mehr auf den partikularen Antikapitalismus des kleinen und mittleren Bürgertums zu konzentrieren. Diese Entwicklung rief freilich innerparteiliche Richtungskrisen hervor, wie sie etwa in der Abspaltung des sozialistischen (Otto-)Strasserflügels im Sommer 1930 Ausdruck fanden [94]. Aber die nationalsozialistischen Ideologen gingen nun mit ihrem Nationalismuskonzept weit über diesen traditionalistisch-konservativen Patriotismus des bürgerlichen Mittelstands hinaus. Sie erhoben einen blutsbegründeten, zutiefst ungeschichtlichen Nationalbegriff zum übergreifenden *absolutum.* Träger dieses „Nationalismus" war die aktivistische, revolutionär gesinnte Nachkriegsjugend, der „nationale Revolution" nicht eine Wiederbeschwörung der glorreichen Erinnerung des Kaiserreichs oder eine Restituierung „bürgerlichen" Prestiges in einer nivellierten Gesellschaft, sondern ein Triumph bedingungsloser Machtpolitik, geschichtsfeindliche Wegwendung vom Geist als dem Träger geschichtlicher Kontinuität bedeutete. Sie, der der Krieg und nicht das politische Dasein vorher bewußtes, bestimmendes

91 So z. B. Günter Keiser, „Der Nationalsozialismus, eine reaktionäre Revolution", in: *Neue Blätter für den Sozialismus* 2, Heft 6 (Juni 1931).

92 Dies auch die Zentralthese von Bendix (Anm. IV/53), S. 370 ff.

93 Zu der genannten Literatur besonders noch de Man, *Sozialismus und Nationalfascismus* (Anm. IV/47). Hier ist der „Nationalfaschismus" durch die Neigung charakterisiert, „auch in der Stellung zu wirtschaftlichen Fragen außerwirtschaftliche Kategorien entscheiden zu lassen. Die Hauptrolle spielt hier die Ablenkung der wirtschaftlich-sozialen Ressentiments auf rassenmäßige Ressentiments, wie beim Antisemitismus, und auf national-politische Ressentiments, wie beim Nationalismus. Der Nationalismus ist das seelische Sicherheitsventil für ein soziales Minderwertigkeitsgefühl, die Ausgleichsform par excellence für die bedrohte kollektive Selbstschätzung. . ." (S. 16).

94 Vgl. u. Teil II, S. 321 f.

Erlebnis und erster Orientierungspunkt war, hatte die Führung innerhalb der NSDAP. Der Sieg ihrer Blutromantik über den geschichtlichen Patriotismus des Bürgertums war, wenn nicht ein vielfältiges Mißverständnis, so jedenfalls Ausdruck der sozialen Unsicherheit und politisch-ideologischen Verwirrung, Schwäche, Heimatlosigkeit.

In erster Linie gegen den bestehenden, nicht *für* den noch kaum entworfenen nationalsozialistischen Staat entschied sich der Angestellte, Bürger, Bauer, der nun die NSDAP als radikalste Oppositionspartei und zugleich lärmendste antikommunistische Bewegung wählte. Sie wurde zur großen Mittelstandspartei, ob sie dies mit dem Einsatz nationalistischer oder ständisch-romantischer, antikapitalistischer oder klassenkampffeindlicher Formeln erreichte; darüber hinaus konnte sie nur noch auf Neu- oder Nichtwähler, auf verzweifelte Arbeitslose und instinktsichere Opportunisten zurückgreifen. Sie nährte die Hoffnungen auf eine ständische Ordnung, in der — natürlich ganz im mittelständischen Interesse, denn wie wollte man Arbeiterschaft oder Großkapitalisten ständisch gliedern? — vor allem auch die ihrer wirtschaftlichen Grundlage beraubten Prestigebedürfnisse befriedigt würden. „National", das bedeutete in diesem mittelständischen Sinne antiproletarisch, „sozialistisch", das hieß in diesem Sinne antiplutokratisch [95].

Eben hier kam die NSDAP auch dem Geltungsanspruch des „neuen Mittelstandes" gegenüber den Nivellierungstendenzen der Klassengesellschaft entgegen. Sie bestärkte auch ihn in jenem verzweifelten Zweifrontenkampf gegen Kapital und Proletariat, der so wesentlich Nährboden faschistischer Bewegungen ist [96]. Allerdings blieb dieser neue Mittelstand der Angestellten in seinen politischen Affiliationen durchaus gespalten. Einer starken sozialistischen Minderheit, organisiert im AfA-Bund, standen vor allem die „nationalen" Angestellten gegenüber (DHV), die dem linken Flügel der DNVP zuneigten, um seit 1930 dann der NSDAP zuzufallen. Jedenfalls blieb auch hier die liberale Mitte im Hintertreffen.

Gegenüber der drohenden Nivellierung hat das Ständeprinzip als Gegengewicht seine Anziehungskraft freilich auch für die Angestellten. Es hat sie mehr noch für die Beamtenschaft, die nur in ihren höheren Exponenten selbstverständliches Prestige zu wahren, in ihren schlechtbezahlten mittleren und unteren Schichten hingegen den erstrebten Standesanspruch kaum zu behaupten vermochte. Gewiß beschwor jede verbindliche Formulierung der nationalsozialistischen Parteiziele, jedes konkrete Eingehen auf die angesprochenen Interessen hinter den ideologischen Wunschbildern wieder die vielfältigen Unterschiede und Spannungen innerhalb der Mittelschichten herauf und machte besonders die gewerkschaftlichen Instinkte und Neigungen der „gehobenen" Arbeitnehmerschaft mißtrauisch gegen die berufsständische Lösung [97]. Die NSDAP schien hier mit ihrer antisozialistischen Wendung dem Verlust eines Teils der Angestellten zuzutreiben und allmählich von der Vielfalt der in ihren Schoß getriebenen Interessenkomponenten ernstlich bedrängt und zu klaren Stellungnahmen gezwungen zu werden.

95 Vgl. Eduard Heimann, „Was will der Nationalsozialismus?", in: *Neue Blätter für den Sozialismus* 2, Heft 4 (April 1931).

96 Interessantes Vergleichsmaterial bietet die Untersuchung der boulangistischen Diktaturbewegung, der „mouvements plébiscitaires" in Frankreich: bei André Siegfried, *Tableau politique de la France de l'Ouèst sous la Troisième République*, Paris 1913, S. 431.

97 Die tiefe „Verschiedenartigkeit der wirtschaftsgesellschaftlichen Standorte zwischen ‚altem' und ‚neuem' Mittelstand als Motiv der sozialen Meinungsbildung" ist vor allem bei Geiger, *Soziale Schichtung* (Anm. VI/33), S. 122 ff. und bes. S. 131 f., herausgearbeitet.

Es war die Frage, wie lange und in welcher Form die vielgestaltigen Mittelschichten unter einem ausgesprochenen Agitationsprogramm zusammengehalten werden könnten. Besonders 1932 wurden Grenzen und erste Verfallserscheinungen der Bewegung sichtbar, und viele Zeitgenossen glaubten sie mit dem allmählich sichtbaren Rückgang der Wirtschaftskrise oder mit einer verantwortlichen Regierungsbeteiligung, die die zurückgehaltenen positiven Intentionen entblößen würde, der Auflösung nahe. Da gelang in letzter Minute der Sprung zur totalen Macht, der die NSDAP bald jeglicher demokratischen Verantwortung ihrer praktischen Politik enthob. Im Zeichen des neuen Aufschwungs der Weltwirtschaft konnte sie nun doch manche der Versprechen scheinbar erfüllen, die ihre Agitation so großzügig erteilt hatte. Daß die Strukturkrise des Mittelstands auch im „Dritten Reich" in Wirklichkeit nicht etwa durch eine „ständische Neuordnung" ernsthaft behoben wurde [98], war dann ohne Belang. Denn die Mittelstandsparolen hatten 1933 ihre Schuldigkeit getan: mit den politischen Machtmitteln, die sie in rücksichtslosem Zugriff errang, konnte die NSDAP an die Stelle einer mühsam lavierenden Taktik der werbenden Sammelpartei das straffe Machtmonopol der totalitären Staatspartei setzen.

98 Dies wird überzeugend nachgewiesen in: Gurland-Kirchheimer-Neumann (Anm. VI/33), *passim;* vgl. auch Franz L. Neumann (Anm. I/32), S. 282 ff. u. a.

DAS PROBLEM DER BÜROKRATIE

Eine Betrachtung der Weimarer Republik sieht sich auch heute noch der Tatsache gegenüber, daß die Rolle der Beamtenschaft und im weiteren Sinne der Bürokratie im Rahmen der politischen Gesamtstruktur vorwiegend in ihrer staatsrechtlich-theoretischen, kaum jedoch in ihrer politisch-soziologischen Bedeutung gewürdigt wird [1]. Selbst die antibürokratische Literatur beschränkt sich in ihren Untersuchungen meist auf flüchtig herangezogene Beispiele, die selten in ihrer historischen und soziologischen Bedingtheit und Bezogenheit situationsgemäß erfaßt wurden. Erst wenn man den Begriff des Beamten politisch und soziologisch differenziert [2], wird jedoch die Bedeutung der Existenz- und Interessengebundenheit dieser sozialen Gruppe gegenüber dem Staat und innerhalb der Gesellschaft sichtbar, auch insofern sie die augenfälligen Existenzbedürfnisse wie Anstellung, Besoldung und Pension überschreitet [3].

1. Grundlinien der Problematik

Es war für die Verhältnisse der Weimarer Republik kennzeichnend, daß die Verwaltung weitgehend Juristenmonopol war und daß die praktische Auslese auf mancherlei unkontrollierbare Protektions- und Interessenmechanismen zurückgriff, wobei gesellschaftliche Beziehungen, wie sie z. B. die aristokratische Korporation des Kösener S. C. bot, eine große Rolle spielten [4]. Das aka-

1 Auch die Untersuchung von Hans Maus, *Die soziologischen Formkräfte und Auswirkungen der deutschen Bürokratie als Sozialgebilde*, Diss. Heidelberg 1950 (ungedr.), bleibt im wesentlichen bei einer allgemeinen Begriffsbildung stehen. Vgl. die Übersicht bei Köttgen, „Die Entwicklung des deutschen Beamtenrechts" (Anm. II/17), S. 1 ff. Über den Begriff der Bürokratie jetzt Arnold Brecht, „How Bureaucracies Develop and Function", in: *The Annals of the American Academy of Political and Social Science* 292, March 1954, S. 1 ff. Der ganze Band *(Bureaucracy and Democratic Government)* ist für eine vergleichende Betrachtung wichtig.

2 Zu den Schwierigkeiten seiner Bestimmung und Abgrenzung gegenüber jenen anderen politischen Elementen des parlamentarischen Staates, zu denen er in einem teilweise beabsichtigten Spannungsverhältnis steht, vgl. Köttgen, *Berufsbeamtentum* (Anm. II/10), S. 139 ff.

3 Vgl. Oskar Aust, *Die Reform der öffentlichen Verwaltung in Deutschland*, Berlin 1928, S. 142 ff., sowie die Beobachtungen von Arnold Brecht, *Das deutsche Beamtentum von heute* (Deutsche Gesellschaft für Personalwesen e. V.), 1951, S. 28 über die politische Wirkung der Brüningschen Gehaltskürzungen. Ferner Köttgen, „Beamtenrecht" (Anm. II/17), S. 2 ff.; S. 6 ff., und ders., „Beamtenrecht und Arbeitsrecht", in: *Mitteilungen des Jenaer Instituts für Wirtschaftsrecht* 16 (November 1928), S. 7 ff. zu den geschichtlichen und soziologischen Aspekten der „patriarchalischen", auf eine korporativ-ständische Ordnung hin tendierenden Sonderstellung des Beamtentums gegenüber den übrigen Arbeitnehmergruppen; besonders auch zu den juristischen Abgrenzungsfragen gegenüber den Angestellten und zur Verschiedenheit der deutschen von den englischen Verhältnissen. Vgl. auch Max Weber, *Wirtschaft und Gesellschaft* (Anm. II/13), S. 654 f., zur Bedeutung der „Lebenslänglichkeit des Gehalts" und der „Laufbahn". Es ist übrigens bezeichnend für die Wichtigkeit der hier versuchten Betrachtungsweise, daß die Staatsrechtslehrertagung vom Oktober 1931 zwar das Beamtenrecht zum Gegenstand ihrer Diskussion hatte, im Grunde aber fast unversehens das Verhältnis des Beamten zur Politik in den Mittelpunkt rückte.

4 Dazu: *Deutsche Berufskunde, Ein Querschnitt durch die Berufe und Arbeitskreise der Gegenwart*, hrsgg. von Otto Heinrich v. d. Gablentz und Carl Mennicke, Leipzig 1930, S. 400 ff. (mit Bemerkungen zur regionalen Differenzierung des Begriffs und Typus des Beamten); S. 426 ff.

demische Monopol sollte dann auch vom Nationalsozialismus nur unwesentlich durchbrochen werden [5]. Auch die Bürokratie der Industrie, der Arbeiterbewegung, der Kirche, der Schule und der Presse tendierte zwar auf eine gewisse Exklusivität hin. Sie hatte jedoch vor der staatlichen Bürokratie bessere Auswahlprinzipien, ein klareres Bewußtsein ihrer Aufgaben und ein bejahendes Verhältnis zu ihren Funktionen und deren Trägern voraus [6]: „das großartigste Beispiel einer demokratisch ausgewählten, aristokratisch herrschenden und monarchisch beherrschten Bürokratie" bot die Organisation der katholischen Kirche [7].

Das Bild, das die antibürokratische Literatur von dem Gegeneinander einer freien Gesellschaft und einer zahlen- wie machtmäßig ständig anwachsenden bürokratischen Kaste zeichnet [8], ist freilich unscharf und unterschätzt Übergänge wie gegenseitige Durchdringung beider Gruppen [9]. Bürokratisierung im strengen Wortsinn ist eine Entwicklung, die mit der Ausweitung und Komplizierung des modernen Staates immer weitere Fortschritte macht. Sie greift von der öffentlichen auf die private Sphäre, vom Staat auf die Gesellschaft über und äußert sich besonders in der Ablösung unmittelbarer durch mittelbare Bindungen, im hierarchisch-monokratischen Kompetenzenaufbau, im Überhandnehmen des Funktionärtums und in der mechanistischen Rationalisierung aller Beziehungen [10]. Die Bürokratie bemächtigt sich fast aller sozialen Lebenserscheinungen, wird selbst zu einem unentbehrlichen Machtstand mit einer festen, alle Standesmitglieder umfassenden Herrschaftsbeziehung, zu einer Interessengemeinschaft der Funktionäre, deren sich in der Folge die verschiedensten politischen und gesellschaftlichen Mächte als Instrument bedienen können.

Wir beschränken uns hier auf einige Aspekte dieses Prozesses, der ein durchaus ambivalentes Gesicht hat und sich positiv wie negativ auswirken kann [11]. Die verschiedenen Typen des Beamten sind keineswegs immer nach Stellung und Funktion, sondern vielfach eher nach der psychologisch-politischen Haltung bestimmbar, die allerdings weitgehend von der sozialen Situation des Betreffenden abhängt. Herkunft, Bildungspatente, Einkommen und Standesüberlieferungen sind wichtige Faktoren bei der Herausbildung eines deutschen Beamtentypus, der im ganzen doch recht einheitlich erscheint und in

5 Franz L. Neumann (Anm. I/32), S. 370 u. a.

6 Vgl. auch Otto Heinrich v. d. Gablentz, „Industriebürokratie", in: *Schmollers Jahrbuch* 50 (1926), S. 44 ff.; Aust (Anm. VII/3), S. 95 ff.

7 Vgl. Erwin Kleinstück, *Vom Wesen des deutschen Beamtentums* (Einzelschriften zu Politik und Wirtschaft, 7), Berlin 1927, S. 19.

8 1927 betrugen allein die persönlichen Verwaltungskosten (in RM) pro Kopf der Bevölkerung in:

Preußen	39	Baden	53
Bayern	54	Hamburg	141
Hessen	64	Bremen	115 usw.
Württemberg	50		

Nach J. Kreppel, *Handwörterbuch für Politik und Wirtschaft der Gegenwart*, Bd. I, Wien 1930, S. 515 f., der nachweist, daß in Frankreich die Bürokratisierung noch weiter fortgeschritten war.

9 Die schärfste Kritik kommt von liberaler Seite: vgl. besonders Ludwig v. Mises, *Bureaucracy*, New Haven 1944.

10 Vgl. auch Robert K. Merton, „Bureaucratic Structure and Personality", in: *Social Forces* 18 (1940), S. 560 ff. (auch in: *Reader in Bureaucracy*, ed. by Robert K. Merton *et alii*, Glencoe [Ill.] 1952, S. 361 ff.). Schon Max Weber, *Wirtschaft und Gesellschaft* (Anm. II/13), II, S. 661 ff., hat darauf hingewiesen, wie sehr gerade bürokratische Organisation und Perfektionsideale des modernen kapitalistischen Wirtschaftsverkehrs mit ihrer Forderung nach beschleunigter, präziser, kontinuierlicher Erledigung der Amtsgeschäfte die Entwicklung einer straffen, spezialisierten bürokratischen Organisation des Staates beeinflußt und bedingt haben. Zum Begriff schon Joseph Olszewski, *Bürokratie*, Würzburg 1904, S. 70.

11 Vgl. Max Weber, *Wirtschaft und Gesellschaft* (Anm. II/13), II, S. 650 ff.; Franz L. Neumann (Anm. I/32), S. 368; ders., „Approaches to the Study of Political Power", in: *Political Science Quarterly* 65 (1950), S. 161 ff.

dieser Form die Struktur der Bürokratie überhaupt kennzeichnet [12]. Auch Gliederung und Politik der Beamtenverbände in der Weimarer Republik vermitteln für Differenzierungen, die über die Trennung nach höheren, mittleren und niederen Beamten hinausgehen, wenig Anhaltspunkte; sie lassen nur erkennen, daß — wie die Angestellten — die Beamtenschaft zahlenmäßig ständig anwuchs und — mehr noch als jene — sich überwiegend in antigewerkschaftlich-„nationalen" Verbänden organisierte [13]. Am aufschlußreichsten sind noch politische Auffassungen und Äußerungen der höheren Beamten. Dagegen können die sogenannten politischen Beamten, deren Zahl ständig zurückging, der Art ihrer Stellung nach eher als besonders exponierte Vertreter und nicht als typisch für die Beamtenschaft gelten, die in der Mehrheit diesen nach parteipolitisch-parlamentarischen Gesichtspunkten berufenen „Außenseitern" sehr kritisch gegenüberstand [14].

Man könnte aus dem auffallenden Fehlen wissenschaftlicher Untersuchungen über soziale Bindungen und vor allem über politische Aktivität der Beamtenschaft auf ihre offensichtliche Zurückhaltung schließen [15]. Doch hatte diese „Neutralität" wie das ebenso beliebte Ideal der „Unparteilichkeit" auch wesentliche negative Gründe und Auswirkungen. Sie verhinderte unter Berufung auf die notwendige Technisierung des Staates und die technische Überlegenheit des bürokratischen Mechanismus, des Fachbeamtentums ähnlich wie bei der Armee ein wirkliches Hineinwachsen in die politischen Funktionsverhältnisse, wirkliche Integration, und sie deckt gleichzeitig die bewußt dagegen gerichteten Bestrebungen [16]. Der Schluß von den mangelnden Nachrichten auf eine Irrelevanz des Problems übersieht zudem die außerordentlichen Schwierigkeiten, denen sich jede politisch-soziologische Untersuchung der Bürokratie gegenüberfindet.

Der Beamte stand nach der in Deutschland unvermindert vorherrschenden

12 Max Weber, *Wirtschaft und Gesellschaft* (Anm. II/13), II, S. 652; S. 675; Gablentz, *Berufskunde* (Anm. VII/4), S. 440.

13 Vgl. die Aufstellungen bei Maus (Anm. VII/1), S. 133 ff.:

„Neutral":	Deutscher Beamtenbund	827 000
	Reichsbund der höheren Beamten	101 000
	Sonstige	113 000
Christlich-national:	Gesamtverband deutscher Beamtengewerkschaften	390 000
Freiheitlich-national:	Ring deutscher Beamtenverbände	56 000
	Allgemeiner Eisenbahnbeamtenverband	82 000
Wirtschaftsfriedlich:	Reichsbund deutscher Berufsbeamten	6 000
Demgegenüber		
Freigewerkschaftlich:	Allgemeiner Deutscher Gewerkschaftsbund	354 000

Zur Rivalität der Verbände vgl. Hans Völter, „Berufsbeamtentum und ADB", in: *Das Beamtentum im neuen Staat*, Berlin 1930, S. 19 ff.; Neumann, *Behemoth* (Anm. I/32), S. 379.

14 Zur Bedeutung der politischen Beamten, besonders der Staatssekretäre, einschränkend Gerhard Lassar, „Reichseigene Verwaltung unter der Weimarer Verfassung", in: *Jahrbuch für öffentliches Recht* 14 (1926), S. 42; Bredt (Anm. II/18), S. 173 ff.; Köttgen, *Berufsbeamtentum* (Anm. II/10), S. 152 ff. Statistische Zusammenstellungen des preußischen Innenministeriums weisen aus, daß am 1. Oktober 1929 von 539 politischen Beamten 155 parteilos waren oder der DNVP, 105 der SPD, 113 dem Zentrum, 95 der DVP, 71 der DDP angehörten: Albert Grzesinski, „Republik und Beamter" (Rede auf dem mitteldeutschen Beamtentag des ADB in Magdeburg am 1. Dezember 1929), in: *Das Beamtentum im neuen Staat* (Anm. VII/13), S. 13. Vgl. Reibnitz (Anm. III/26), S. 172.

15 Neben den allgemeinen Bemerkungen Max Webers zum Problem der Bürokratie und des Bürokratismus und seinen Vorarbeiten in *Wirtschaft und Gesellschaft* (Anm. II/13), I, S. 126 ff.; II, S. 650 ff., überwiegen die systematisch-formal gehaltenen Arbeiten. Köttgens Schrift (*Berufsbeamtentum*, Anm. II/10) verfolgt vorwiegend juristische Ziele; er gewinnt grundsätzliche, durch den Vergleich mit der vorangegangenen Monarchie und mit den Verhältnissen in anderen Ländern wertvolle Gesichtspunkte, die sich freilich dem genaueren Zugriff entziehen (z. B. S. 77 oben). Vgl. ferner Nawiasky, *Berufsbeamtentum* (Anm. II/9), dessen Grundthese (S. 16) die Distanzierung des Berufsbeamten von der Parteipolitik ebenfalls fordert. Eine umfangreiche Bibliographie zum Bürokratieproblem besonders im Übergang zur nationalsozialistischen Periode bietet Kurt Jeserich, *Das kommunal-wissenschaftliche Institut der Universität Berlin*, Berlin 1936.

16 Dazu Brecht, *Beamtentum* (Anm. VII/3), S. 55; Neumann, *Behemoth* (Anm. I/32), S. 371.

Auffassung in einem besonderen Treue- und Gehorsamsverhältnis zum Staat [17]. Nach der Weimarer Verfassung (Art. 130, Abs. 2) besaß er Freiheit der politischen Überzeugung und Äußerung sowie Vereinigungsfreiheit nur, insofern diese nicht mit der geforderten Loyalität gegenüber der Obrigkeit kollidierte. Das bedeutet auf jeden Fall „eine gewisse politische Resignation" [18] von wenigstens eineinhalb Millionen Staatsbürgern, die doch auf der anderen Seite tatsächlich oder potentiell wesentlich in den politischen Prozeß eingeschaltet waren [19]. Als Angestellter des Staates war der Beamte direkter Träger des staatlichen Mechanismus und von dessen Funktionieren unmittelbar abhängig; er stand nicht — wie etwa Parteien und Interessenverbände — aus seiner Bestimmung heraus in einem dialektischen Verhältnis zum Staat, brachte nicht in derselben Form wie diese seine Interessen zum Ausdruck, befand sich überdies in natürlicher Spannung zur kapitalistischen Gesellschaftsform [20]. Obwohl die deutsche Beamtenbürokratie sich in Übereinstimmung mit der allgemeinen Vorstellung aber nach wie vor im betonten Gegensatz zu den parteipolitischen Kräften als den überparteilichen Repräsentanten der ideellen Grundlagen der Staatsorganisation betrachtete [21], so ermöglichte doch die Wählbarkeit der Beamten in parlamentarische Ämter, die der Reformeifer sozialistischer und liberaler Politiker nach der Revolution mit dem Postulat der politischen Gleichberechtigung bestätigt hatte [22], jetzt einem erheblichen Teil auch ein aktives Eingreifen in die Parteipolitik [23]. Die Beamtenverbände unterstützten entsprechende Kandidaturen in verschiedenen Par-

17 So weist auch Hans Gerber (Anm. II/70, S. 36 f.) auf die anhaltende Tendenz hin, das Beamtenproblem im Kern als „Gesinnungsproblem" zu sehen.

18 Köttgen, *Berufsbeamtentum* (Anm. II/10), S. 112; Gerber (Anm. II/70), S. 49 ff., betont dagegen die Kollisionspunkte, die durch die Doppelbeziehung der Beamten zum politischen Funktionskreis gegeben war: als abhängige Beamte und als unabhängige Aktivbürger. Vgl. auch Adolf Merkl, *ebda.*, S. 96 ff. zum Problem der politischen Rechte der Beamten.

19 *Deutsche Wirtschaftskunde*, Statistisches Reichsamt, Berlin 1930, S. 54: Reichs-, Landes- und Kommunalverwaltungen (mit Lehrern und Geistlichen) 800 000, Reichsbahn 330 000, Reichspost 250 000, übrige Verwaltungen 100 000, Richter (1929; S. 384) 9700.

20 Dazu Kurt Wiedenfeld, *Kapitalismus und Beamtentum*, Berlin-Leipzig 1932, S. 10 ff.

21 So Köttgen, „Beamtenrecht" (Anm. VII/3), S. 6 ff., mit der Literatur; dagegen Leibholz, *Repräsentation* (Anm. II/17), S. 72 ff. (Begriff der Repräsentation: S. 25 ff.); ebenso Hermann Heller, *Die Souveränität*, Berlin-Leipzig 1927, S. 75; Carl Schmitt, *Verfassungslehre* (Anm. II/50), S. 212 ff.; auch Max Weber, *Wirtschaft und Gesellschaft* (Anm. II/13), I, S. 170 ff. Die tatsächliche Existenz und große Bedeutung dieser Überzeugung besonders innerhalb der höheren Beamtenschaft ist aber unbestreitbar, so schwierig auch ihre formalrechtliche Begründung angesichts der Abhängigkeit und der Subordinationspflicht des Beamtentums sein mag; daß diese formalrechtliche Abhängigkeit mit der fortschreitenden Schwächung des parlamentarischen Systems zudem praktisch an vielen Stellen durchbrochen wurde, ist o. S. 29 ff. angedeutet worden. Solche „repräsentativen" Vorgänge (in Wirklichkeit der konkrete politische Machtzuwachs des Beamtentums) spielen sich eben nicht auf der juristischen Ebene ab. Dagegen hebt Köttgen („Beamtenrecht", Anm. VII/3, S. 9) im Sinne seiner Auffassung von dem ideell-repräsentativen Charakter des deutschen Beamtentums (und im Interesse der selbstbewußten, eine eigene soziologische und politische Spontaneität stützenden Beamtenideologie) dieses überscharf gegen jedes andere Arbeitnehmerverhältnis ab, ohne die politisch-soziologische Kehrseite dieser Erscheinung genügend zu würdigen. Dagegen besonders Leibholz, *Repräsentation* (Anm. II/17), S. 138. Gewisse terminologische Möglichkeiten bietet vielleicht die freilich auch nur grobe, die Nuancen verwischende Unterscheidung von persönlichen und institutionellen Organen im modernen Staat, nach der Gerber (Anm. II/70, S. 9 ff.) die verfassungsmäßige Einordnung der Beamten vorgenommen hat; sie kann auch das Nebeneinander (und Ineinander) des rechtlichen und des politischen Funktionsbereiches bezeichnen. Freilich enthält auch fast jeder Verwaltungsakt eben ein Stück Politik.

22 Vgl. jetzt die Kritik an dieser Entwicklung bei Theodor Eschenburg, *Der Beamte in Partei und Parlament*, Frankfurt a. M. 1952, S. 78–139 („Nachteile und Vorzüge der parteipolitischen Betätigung des Beamten") mit einer umfassenden Gegenüberstellung der Argumente und relevanten Beispielen. Zu den Gefahren und der inneren Problematik dieser Art von Politisierung der Bürokratie, die zwischen dem Beamten im Dienst und im Privatleben unterscheidet, vgl. damals Köttgen, *Berufsbeamtentum* (Anm. II/10), S. 106 ff.; auch hier sind aber die sozialen Implikationen, die in einem Beiseiteschieben des Grundsatzes der politischen Gleichberechtigung liegen mußten, zu wenig berücksichtigt.

23 Unter dem Gesichtspunkt der gegenwärtigen Verhältnisse ist der „Fragenkomplex des passiven Wahlrechts sowie der parteipolitischen Betätigung der Beamten als ein bedeutsames Teilproblem unseres öffentlichen Lebens" am besten behandelt bei Eschenburg, *Der Beamte* (Anm. VII/22), S. 5 ff.

teien, um dadurch eine möglichst breite Einflußbasis zu gewinnen: so besaß etwa der Deutsche Beamtenbund parlamentarische Querverbindungen durch sämtliche Parteien [24]. Der Einfluß der Beamtenschaft in allen legislativen Körperschaften und Ausschüssen war denn auch erheblich und wurde besonders aktiv bei der Behandlung von Fragen des öffentlichen Dienstes [25].
Eine Schlüsselposition innerhalb des höheren Beamtentums hatte die Ministerialbürokratie inne; ihre Macht wuchs in den letzten Jahren der Republik in dem Maße, in dem die Macht der direkten Organe der parlamentarischen Demokratie abnahm. Staatssekretäre, Ministerialdirektoren und Ministerialräte hielten den Ressortbetrieb zusammen; sie fühlten sich mit Grund als ruhender Pol in der Flucht der Kabinette, im Wechsel demokratischer Politik [26]. Oft verwalteten sie monatelang selbständig die Ministerien: wie etwa Zweigert als Staatssekretär des Innern oder Trendelenburg als Staatssekretär des Wirtschaftsministeriums. Vor allem die zunehmend ausgebreitete Praxis der übertragenen Gesetzgebung und der Notverordnungspolitik sowie der schwindende parlamentarische Einfluß auf Budgetpolitik und Verwaltung kamen dieser Entwicklung zugute [27]; die energischen Forderungen nach einer vereinfachenden Verwaltungsreform beriefen sich ständig auf die kostspieligen Kompetenzschwierigkeiten, die daraus für alle Teile erwuchsen [28]. Nicht weniger bedeutsam wird die Tatsache, daß auch die Richterschaft aus der politischen Neutralität vielfach in eine legalisierte Aktivität hineintrat. Nach ihren Konsequenzen in der Endphase der Republik wirkte diese Neigung auf Erweiterung jener Kluft zwischen der politischen Konzeption vom Richterbeamtentum und der *ratio constitutionis* hin, die schon in zweifelhaften politischen Gerichtsentscheidungen der ersten Jahre der Weimarer Republik verschiedentlich sichtbar aufgebrochen war [29]. Die Frage nach den Ursachen und Erscheinungsformen dieses Mißverhältnisses, das sich keineswegs auf ausnahmsweise Abweichungen im konkreten Fall beschränkte, sondern allgemeineren Charakter annahm, führt auf das politisch-soziologische Zentralproblem der Untersuchung hin. Ihre Beantwortung erfordert einige allgemeine historische Bemerkungen [30].

24 Von den 31 Reichstagsabgeordneten (!) dieses Verbands im Reichstag von 1930–1932 saßen 9 in der Fraktion der NSDAP, 3 in der DNVP, 2 im Christlich-Sozialen Volksdienst, 1 in der Volksrechtspartei, 1 in der Wirtschaftspartei, 2 in der DVP, 6 im Zentrum, 6 in der SPD, 1 in der KPD. Vgl. Grueneberg (Anm. VI/48), S. 203.

25 Vgl. Brecht, *Beamtentum* (Anm. VII/3), S. 55, der darin eine Störung des Prinzips der Gewaltenteilung sieht. Wichtig für die politische Aktivierung sind die besonderen Erleichterungen (Urlaub, Besoldung, Beförderung usw. nach Art. 39 RV) für parlamentarisch tätige Beamte. Vgl. überhaupt die Diskussion auf der Staatsrechtslehrertagung 1931 (Anm. II/47), S. 111 ff. und S. 115; Willibalt Apelt hielt hier „Entpolitisierung" für unrealistisch und die bürokratische Ansicht, der „Fachbeamte" sei ein besserer Diener des Rechtsstaats als der Parteibeamte, für einseitig und gefährlich. „Entpolitisierung" im Sinne der autoritären Staatsidee vertraten in der Diskussion besonders Otto Koellreuter, Heinrich Herrfahrdt (*ebda.*, S. 117) und Erwin Jakobi (*ebda.*, S. 121 ff.).

26 Vgl. auch Reibnitz (Anm. III/26), S. 155 ff.

27 Neumann, *Behemoth* (Anm. I/32), S. 371. Vgl. o. S. 32 ff.

28 Dazu Bill Drews, „Probleme der Verwaltungsreform", in: *Recht und Staat* (Anm. II/3), II, S. 19 ff.

29 Vgl. u. S. 174 ff. Zu der Sonderstellung des Richtertums im Rahmen des Beamtentums: Köttgen, *Berufsbeamtentum* (Anm. II/10), S. 78 ff. Dagegen betont Gerber (Anm. II/70 S. 8 ff.) die auch die Richter umfassende grundsätzliche Einheitlichkeit des Berufsbeamtentums. Richtiger dürfte ein mittlerer Weg sein, der die vorhandenen graduellen Unterschiede nicht übergeht.

30 Vgl. auch die historischen und politisch-soziologischen Beobachtungen zur politischen Stellung des Beamtentums in der Monarchie von 1870 und in der parlamentarischen Demokratie der Weimarer Republik bei Eschenburg, *Der Beamte* (Anm. VII/22), S. 39 ff. Besonders wichtig für den angeschnittenen Problemkreis überhaupt jetzt Herbert v. Borch, *Obrigkeit und Widerstand, Zur politischen Soziologie des Beamtentums*, Tübingen 1954.

2. *Kampf um das Berufsbeamtentum*

Der Einbau des vom monarchischen Absolutismus geschaffenen Berufsbeamtentums [31] in die parlamentarische Demokratie war von vornherein behindert durch die starke ständische Bindung dieser weitgehend bewußt aus dem Volksganzen gelösten sozialen Gruppe, die allein zusammen mit dem Adel den Abbau des Ständestaats überdauert hatte [32]. Nach der absolutistischen Reform des Beamtenwesens durch die Maßnahmen des preußischen Innenministers von Puttkamer in der Bismarckzeit war die traditionell aufgeklärte, vielfach antifeudale Haltung dieser Schicht durch die hierarchische Geschlossenheit einer Kaste abgelöst worden, die eine oft bis ins Groteske gehende Gleichartigkeit der Gewohnheiten und Anschauungen und nicht zuletzt eine verhältnismäßig uniforme Einstellung zu politischen Fragen, zur konservativen Obrigkeit besaß [33]. Der Monarch stand bestimmend an der Spitze der strikt organisierten exekutiven Hierarchie [34], die auch — und nicht das Parlament — das „Reservoir für den Ministernachwuchs" bildete [35]. Der Ruf nach der „Entpolitisierung des Beamtentums" geht auf diese Zeit zurück; er hat vor und nach der Revolution auch in Max Webers Kritik an der konservativen Patronage und politischen Exklusivität des Beamtentums Ausdruck gefunden [36].

31 Zur Geschichte des Berufsbeamtentums vgl. den umfassenden Überblick bei Borch (Anm. VII/30), S. 23 ff.; Maus (Anm. VII/1), S. 9 ff., bes. S. 43 ff.; Gustav Schmoller, *Der deutsche Beamtenstaat vom 16. bis 18. Jahrhundert*, Leipzig 1894, S. 2 ff.; Finer (Anm. II/5), S. 724 ff.

32 Vgl. Lorenz v. Stein, *Die Verwaltungslehre*, Teil I, Abtlg. 1, *Die vollziehende Gewalt*, 2. Auflage, 1889, S. 226: „In der That liegt die wesentliche Selbständigkeit der Beamteten wesentlich darin, daß seine individuellen Rechte den Charakter von Standesrechten haben. . ." Ein Blick auf die Zusammensetzung des Beamtentums um die Jahrhundertwende macht dies auch soziologisch deutlich. Man vergleiche die Daten für die Jahre 1895 bis 1911 aus den Akten des preußischen Innenministeriums bei Grzesinski, „Republik und Beamter" (Anm. VII/14), S. 10 ff. (mit Beispielen): in dieser Periode gehörten 34 % sämtlicher höherer Verwaltungsbeamten dem Adel an, wobei dessen Anteil an den politischen Posten nach der Ranghöhe stieg, dagegen bei den Fachbeamten niedriger war. Zu diesem Bild gehört auch, daß der katholische Anteil nicht dem absoluten Bevölkerungsanteil entsprach und daß die höheren Verwaltungsbeamten zu über 70 % aus Offiziers-, Landwirts- und höheren Beamtenfamilien stammten. Vgl. auch die Aufstellung im *Kirchlichen Handbuch* XII (1924), S. 404 ff. Danach waren noch 1924 von:

18 Staatssekretären	2 katholisch
39 Ministerialdirektoren	10 katholisch
307 Ministerialräten	25 katholisch
159 Oberregierungsräten	19 katholisch
157 Regierungsräten	25 katholisch

von 680 höchsten Reichsbeamten 81 (11,9 %) katholisch, während der Anteil der Katholiken an der Gesamtbevölkerung über 33 % betrug.

33 Köttgen, *Berufsbeamtentum* (Anm. II/10), S. 87 ff.; vgl. Schmoller, *Der deutsche Beamtenstaat* (Anm. VII/31), S. 16; Wittmayer, *Weimarer Reichsverfassung* (Anm. II/2), S. 87 ff.

34 Man vgl. zur Lage unter dem kontinentalen konstitutionellen Regime Robert v. Mohls zeitgenössische Polemik: „Die Staatsgewalt nach ihrem ganzen Begriffe und in vollständiger Fülle steht den erblichen Fürsten aus eigenem angestammten Rechte zu. Namentlich sind die Beamten dazu bestimmt, den vom Staatsoberhaupt ausgehenden Willen zu vollziehen. Die obersten derselben, die Minister, sind die bedingungslose persönliche Wahl des Fürsten und können auch von ihm nach Belieben entfernt werden. . . Die Volksvertretung hat nur ein Beschwerderecht und ein Mitwirkungsrecht zu bestimmten Regierungshandlungen. . . In diesem Dualismus liegt eine große Gefahr." Das einzige Mittel zu seiner Überwindung sei die Einführung des parlamentarischen Systems. Robert v. Mohl, *Das Repräsentativsystem, seine Mängel und die Heilmittel, Politische Briefe*, abgedr. in: *Staatsrecht, Völkerrecht und Politik* (Anm. II/128), I, S. 393 ff. Vgl. Gerber (Anm. II/70), S. 12 ff. Freilich standen dem schon damals Theorien gegenüber, die unter dem Einfluß liberaler Strömungen auf die Überzeugung von der Unabhängigkeit, Eigenverantwortlichkeit, schließlich „Neutralität" des Beamtentums im pluralistischen Parteienstaat hinführten.

35 Eschenburg, *Der Beamte* (Anm. VII/22), S. 33 mit einem Überblick über die Situation des Beamten in der deutschen konstitutionellen Monarchie.

36 Max Weber, „Beamtenherrschaft und politisches Führertum", in: *Gesammelte politische Schriften* (Anm. II/13), S. 147 ff. Dazu auch seine Abhandlung: „Parlament und Regierung im neugeordneten Deutschland", *ebda.*, S. 126 ff., die das Unglück der deutschen Politik in der Unterdrückung einer Entwicklung des parlamentarischen Systems sah; dieses sei als „westeuropäisch" diskreditiert und zu der deutschen Staatsidee in Gegensatz gesetzt worden, die im Grunde nichts als die Verherrlichung des

In der Tat war die vorwiegend konservative Grundhaltung des Beamtentums, ein Faktum der Vorkriegszeit [37], auch ohne Zusammenhang mit Parteien durch Struktur und Stellung des Standes gegeben [38]. Regierung und Verwaltung bildeten eine geschlossene politische Einheit [39]. Konnte das deutsche Beamtentum, dessen fachliche Fähigkeit auch seine ausländischen Bewunderer gefunden hat, sich in den geänderten Verhältnissen zurechtfinden und ein entsprechendes Verhältnis zu der neuen staatlichen Struktur einer parlamentarischen Demokratie gewinnen? Wie würde sich die den bisherigen Verhältnissen entsprechende Anschauung von der Überparteilichkeit einer monarchischen Exekutive auswirken, was würde aus dieser Standesideologie, in deren Rahmen bisher der Beamte allein seine Aufgabe, gegenüber den partikularen Tendenzen des Partei- und Interessenwesens die universalen „staatspolitischen" Belange wahrzunehmen, erfüllt hatte [40]?

Der Kampf um das Berufsbeamtentum [41], das aus geschichtlichen Gründen mit der Struktur der kontinentalen Staaten eng verbunden war, setzte denn auch in der Republik sofort ein: ein Kampf, wie er ja ein halbes Jahrhundert früher unter ähnlichen Bedingungen in Frankreich [42], aber auch in den Vereinigten Staaten, in der Schweiz und in Österreich lange erbittert geführt worden ist [43]. Denn auch in Demokratien hängen die Menschen von bürokratischen Organisationen ab. Wohl wirkt von unten die Selbstverwaltung auflockernd, doch bleibt die Gesellschaft bürokratisch verklammert. Dies um so stärker, je mehr die innen- und außenpolitischen Reibungen eine einheitliche

Berufsbeamtentums und des beamteten Ministers gewesen sei (S. 134). Überhaupt führt Max Weber die Machtlosigkeit des Parlaments ganz wesentlich auf den reinen Beamtencharakter der Ministerstellungen zurück (S. 165) und fordert demgegenüber eine „durch die effektive Parlamentskontrolle erzwungene Publizität der Verwaltung" als „die Vorbedingung jeder fruchtbaren Parlamentsarbeit und politischen Erziehung der Nation" (S. 174). Ein damals schon proklamierter „parlamentsloser Sozialismus" oder eine „parlamentslose Demokratie" sei nur eine gänzlich reine Form der uns wohlbekannten kontrollfreien Beamtenherrschaft (S. 213 f.).

37 Vgl. Hans Delbrück, *Regierung und Volkswille*, 1914, S. 183; Eschenburg, *Der Beamte* (Anm. VII/22), S. 34.

38 Georg Jellinek, *Allgemeine Staatslehre*, 3. Aufl., Berlin 1929, S. 288 f.; S. 34. Köttgen, *Berufsbeamtentum* (Anm. II/10), S. 35 ff., betont zu stark das Moment der „Zufälligkeit" bei der Übereinstimmung zwischen konservativer Parteipolitik und staatlicher bzw. Beamtenpolitik. Zur Problemlage auch Willibalt Apelt in der Diskussion auf der Staatsrechtslehrertagung 1931 (Anm. II/47), S. 114 f.

39 Eschenburg, *Der Beamte* (Anm. VII/22), S. 34. Zur geschichtlichen Entwicklung der soziologisch-politischen Funktion des Beamtentums in Preußen-Deutschland besonders Borch (Anm. VII/30), S. 118 ff.

40 Zur besonderen Problematik der „Überparteilichkeit" im Übergang von der Monarchie zur Republik Köttgen, „Beamtenrecht" (Anm. VII/3), S. 10 f. Sie wird trotz den augenfälligen Gefahren von der Mehrzahl der theoretischen Betrachter festgehalten: der Mangel einer vorwiegend formal-juristischen Betrachtungsweise gegenüber einem primär soziologisch-politischen Problem wird hier besonders sichtbar. So z. B. Kelsen (Anm. II/9), S. 73; S. 76 (der in dieser zweiten Auflage radikal seinen Standpunkt revidiert hat); ders., *Die politischen Parteien im modernen Staat*, 1926, S. 78 ff.; Nawiasky, *Berufsbeamtentum* (Anm. II/9), S. 12 ff.; Merkl (Anm. VII/18), S. 75 ff. So rückt die Kritik an der parlamentarischen, parteienstaatlichen Demokratie in einen Zusammenhang mit der Diskussion über das Berufsbeamtentum, als dessen Hauptaufgabe es nun bezeichnet wurde, Stabilität und Kontinuität der Staatsleitung zu gewährleisten und als neutrales Element gegenüber den parteipolitischen Gewalten, als „Hüter der Verfassung" und „Wahrer der nationalen Verantwortlichkeit" (zusammen mit anderen „unabhängigen und neutralen" Gewalten) zu fungieren: so Carl Schmitt, *Hüter der Verfassung* (Anm. II/1), S. 149 ff.; etwas zurückhaltender Köttgen, *Berufsbeamtentum* (Anm. II/10), S. 57 ff.; S. 93 ff.; Zweigert (Anm. II/17), S. 463; Friedrich Giese, *Das Berufsbeamtentum im deutschen Volksstaat*, Berlin 1929, S. 31; Hermann Heller, „Das Berufsbeamtentum in der Deutschen Demokratie", in: *Neue Rundschau* 1930, S. 726; S. 752 f. Gegen die gefährlichen Konsequenzen einer illusorischen „Entpolitisierung" des Beamtentums Gerber (Anm. II/70), S. 8 ff.; S. 29 ff.; S. 125 f.; die Beamten stehen durchaus in einer Beziehung zu politischen Entscheidungen: sie treiben „sachliche Politik" (im Unterschied zu „Parteipolitik"), die nur durch legale politische Vorentscheidungen bestimmt sein darf.

41 Zum Begriff mit besonderer Berücksichtigung der Verhältnisse der Republik: Völter (Anm. VII/13), S. 19 ff.; Zweigert (Anm. II/17), S. 460 ff. Im Sinne der Überparteilichkeitsideologie: Hermann Hieronimi, *Berufsbeamtentum und Politik*, Würzburg 1933, S. 1 ff.

42 Wilhelm Hasbach, *Die moderne Demokratie*, 2. Aufl., Jena 1921, S. 197 ff.

43 Dazu Köttgen, *Berufsbeamtentum* (Anm. II/10), S. 189 ff. Zu den Verhältnissen in Österreich, die den deutschen am ähnlichsten waren, Merkl (Anm. VII/18), S. 55 ff.

Befehlsgewalt zu fordern scheinen. Gleichzeitig wird der politische Wille zur Selbstverwaltung geschwächt, an ihre Stelle tritt der Oberbürgermeister als bürokratischer „Führer“. Eine unmittelbare Gefahr für die Demokratie selbst entsteht [44]. Die Haupteinwände, die übrigens jede Art der Bürokratisierung (auch innerhalb der Parteien) betreffen, galten dem ungenügenden Kontakt der „Staatsdiener“ mit den sozialen Gemeinschaftsformen, ihrer Entfremdung vom Volk, das nur noch als Objekt genommen werde, der Ausbildung eigenmächtiger, irrational verbrämter Führungsansprüche [45]. Zwar standen Bemühungen um den Vorrang der Eignung vor der Herkunft sowie um ein honoratiorenmäßiges Ehrenbeamtentum [46] oder ein demokratisches Wahlbeamtentum eine Zeitlang im Mittelpunkt der revolutionären Reformbestrebungen [47]. Sie wurden aber nicht nur von den restaurativen Gruppierungen bekämpft, sondern auch von Preuß und grundsätzlicher noch von Max Weber mit dem Hinweis auf die besondere Notlage des Staates zurückgewiesen.

So verkümmerten denn die Ansätze zur Ausdehnung der Zahl und der Kompetenzen „politischer“, absetzbarer Beamten in der Folge wieder fast gänzlich; diese Praxis wurde im Reich und in den Ländern verschieden gehandhabt, kam jedoch nie zu großer Bedeutung [48]. Die für das Funktionieren jeder Demokratie wesentliche Frage, ob und wieweit die Besetzung der Exekutivposten in den Aufgabenbereich der Parteien fällt, wurde nie endgültig beantwortet, und die Umbildung der Exekutive unterblieb aus denselben Gründen, die jede Schwächung des traditionellen Staatsgefüges auch in anderer Hinsicht zu verbieten und eine Lösung der Probleme durch weitgehende Kompromisse der jungen Demokratie mit den alten Ordnungsmächten nahezulegen schien [49]. Auch grundsätzliche Bedenken etwa gegen die „Politisierung“ der Kommunalwahlen im Falle des Wahlbeamtentums [50] trugen dazu bei, daß in der Weimarer Verfassung bis in die Regierung selbst hinein das Berufsbeamtentum verankert und nur ganz ungenügend der Kontrolle und dem Einfluß des Parlaments unterworfen wurde [51].

Dieser Kompromiß, der im einzelnen sowohl in der Weimarer Verfassung wie in den Länderverfassungen nicht klar genug ausgedrückt war, ließ aber eine Kluft zwischen Legislative und ihren Exekutivausschüssen und einem unbeeinflußbaren Teil der Exekutive bestehen; sie wurde besonders durch die Unabsetzbarkeit der Beamten (nach Art. 129 der Verfassung) vertieft und mußte mit der Bürokratisierung des Kabinetts durch die Doppelstellung der

44 Dazu Maus (Anm. VII/1), S. 99 f. Vgl. die grundsätzlichen Bemerkungen zur Stellung der Bürokratie in der Demokratie bei Neumann, *Behemoth* (Anm. I/32), S. 78 ff.

45 Vgl. auch Eric Josephson, „Irrational Leadership in Formal Organisations“, in: *Social Forces* 31 (1952), S. 109 ff. (mit weiterer amerikanischer Forschung).

46 Vgl. Hans Peters, „Ehrenbeamte“, in: *Handbuch* (Anm. I/10), II, S. 100 ff., mit der umfangreichen Literatur.

47 Zu diesen Versuchen auch Wittmayer, *Weimarer Reichsverfassung* (Anm. II/2), S. 82 ff.; Kelsen, *Vom Wesen und Wert der Demokratie* (Anm. II/9), S. 23 f.; Schiffer, *Die deutsche Justiz* (Anm. II/15), S. 31 ff.; Grzesinski (Anm. VII/14), S. 12 ff.

48 Z. B. besaß Thüringen 1923 fast nur „politische“ höhere Beamte, gegen Ende der Weimarer Republik waren sie dort auf ein Mindestmaß reduziert, in Württemberg und Bayern ganz beseitigt. Vgl. Arnold Köttgen, „Sonstige Sonderregelungen der Rechtsverhältnisse von Berufsbeamten“, in: *Handbuch* (Anm. I/10), II, S. 97.

49 Dazu im Sinne des Berufsbeamtentums Zweigert (Anm. II/17), S. 460 ff. Dem entspricht die konservative Linie eines Standardwerkes der Kaiserzeit wie der Weimarer Republik: Robert Graf Hue de Grais, *Handbuch der Verfassung und Verwaltung*, Berlin 1926 (23. Aufl.).

50 In diesem Sinne Heuss, *Die neue Demokratie* (Anm. II/69), S. 90.

51 Vgl. Stegerwald (Anm. III/125), S. 42 ff., der sich schon damals scharf gegen das „Massenberufsbeamtentum“ gewendet und statt dessen eine stärkere Verwendung des politischen Beamten sowie eine Überführung vieler Berufsbeamten in den Angestelltenstatus gefordert hat. Ähnlich schon R. Schmidt, „Volksstaat und Obrigkeitsstaat“, in: *Zeitschrift für Politik* 15 (1926), S. 193 ff. Dagegen Köttgen, *Berufsbeamtentum* (Anm. II/10), S. 62 ff.; auch Gerber (Anm. II/70), S. 4 ff.; Giese, *Berufsbeamtentum* (Anm. VII/40), S. 26.

Minister (als unmittelbare Staatsorgane und zugleich Angehörige des Beamtentums) fortwährende Komplikationen schaffen [52]. Manche „gefühlsehrlichen" Sozialisten und Demokraten gingen bei der Suche nach einem Ausweg aus diesem Dilemma bis zu Gedanken an einen parlamentslosen Sozialismus oder eine parlamentslose Demokratie: doch hat schon 1917 Max Weber auf die Nachteile einer solchen „rein passiven Demokratisierung" hingewiesen, die „eine gänzlich reine Form der uns wohlbekannten kontrollfreien Beamtenherrschaft, die sich ‚monarchisches Regiment' nennen würde", zur Folge hätte [53].

So verharrte eine im modernen Verwaltungsstaat ständig anwachsende Bürokratie mit ihren vordemokratischen Traditionen in einer latenten Gegenstellung zur parlamentarischen Demokratie, zum Parlament, zu den Parteien und ihren direkten Organen [54]. Je weniger dieser Zustand die privilegierten Rechte des Beamtentums berührte [55], desto mehr wirkte er sich auf dem politischen Gebiet aus. Die paradoxe Situation trat schon deutlich genug in jenem Artikel 130 der Weimarer Verfassung hervor, der die Beamten als „Diener der Gesamtheit, nicht einer Partei" deklariert, um (in ähnlicher Widersprüchlichkeit wie bei der Bestimmung des Abgeordneten) fortzufahren: „allen Beamten wird die Freiheit ihrer politischen Gesinnung gewährleistet" [56]. Auch hier, wie bei der Übergehung der Parteien, versagte die Verfassung vor der politischen Wirklichkeit, ließ dem Widerspruch eines politisch tätigen und zugleich neutralen Dieners einer ständig wechselnden Parteienregierung freien Lauf und entfachte eine ausgedehnte politisch-publizistische Diskussion, deren Grundtenor die Fragwürdigkeit der Weimarer Lösung war. Immerhin verstärkte sich auch in der wissenschaftlichen Behandlung der beamtenrechtlichen Probleme das Bestreben, statt der verwaltungsrechtlichen die verfassungsrechtliche Bedeutung des Gegenstandes in den Vordergrund zu schieben und zum Ausgangspunkt und Maßstab der Beurteilung zu machen. So blieb die Frage, wie sich das Beamtentum als eine Grundeinrichtung des Staates in den Gesamtzusammenhang der Verfassung einfüge, weiterhin im Mittelpunkt des Interesses [57]. Wenigstens eine entschieden demokratische Orientierung überhaupt mußte man von diesem Beamtentum verlangen, wenn man ihm rechtlich schon die parteipolitische Neutralität im Dienst einer universal zu fassenden Staatsräson [58] und als Instrument einer bewundernswert durchtechnisierten Verwaltung [59] zuerkannt hatte.

52 Vgl. Gerber (Anm. II/70), S. 47 f.; Köttgen, *Berufsbeamtentum* (Anm. II/10), S. 42 ff.; S. 95 ff. (auch zu den dadurch bedingten Schwierigkeiten im Verhältnis Reichstag–Regierung). Ders., „Beamtenrecht" (Anm. VII/3), S. 5; S. 9 f.; Zweigert (Anm. II/17), S. 464 ff. Besonders Leibholz, *Repräsentation* (Anm. II/17), S. 81, betont den nicht beamtlichen Charakter des Kabinetts in der parlamentarischen Demokratie. Zur Frage des ministeriellen Pensionsrechts Wilhelm Keil, *Erlebnisse eines Sozialdemokraten*, Bd. II, Stuttgart 1948, S. 372 ff.

53 Max Weber, „Parlament und Regierung im neugeordneten Deutschland" (Anm. VII/36), S. 213 f.; vgl. o. Anm. VII/36.

54 Zweigert (Anm. II/17), S. 463 ff.; Schiffer, *Ein Leben für den Liberalismus* (Anm. I/29), S. 237 ff.

55 Auch an dem Unterschied zwischen Beamtenrecht und Arbeitsrecht wurde festgehalten [vgl. Nawiasky, *Berufsbeamtentum* (Anm. II/9), S. 14 f.; Giese, *Berufsbeamtentum* (Anm. VII/40), S. 19 ff.; Gerber (Anm. II/70), S. 23 ff.], obwohl es an Versuchen zu einer Eingliederung des Beamtenrechts in das Arbeitsrecht besonders von seiten des ADB, etwa in seinem Entwurf eines Beamtengesetzes (Berlin 1926) nicht gefehlt hat. Vgl. Hugo Sinzheimer, *Grundzüge des Arbeitsrechts*, Jena 1921, S. 6; Lutz Richter, *Arbeitsrecht als Rechtsbegriff*, Leipzig-Erlangen 1923, S. 26; ders., *Grundverhältnisse des Arbeitsrechts*, Berlin 1928, S. 17; S. 35; ferner Richters Diskussionsbeitrag in Erwiderung auf die Thesen Gerbers, in: *Veröffentlichungen* (Anm. II/47), S. 108 f.

56 Dazu Eschenburg, *Der Beamte* (Anm. VII/22), S. 43.

57 Vgl. Gerber (Anm. II/70), S. 3 ff.; S. 9 f. mit der Literatur.

58 Zum Begriff Friedrich Meinecke, *Die Idee der Staatsraison in der neueren Geschichte*, München-Berlin 1924, bes. S. 23. Zum Problem des Staatszwecks auch Richard Thoma, „Staat" (Anm. II/44), S. 755; mit

Hier zeigte sich die Resistenzkraft besonders der Ministerialbürokratie. Wir sehen diese einflußreichste Zentralgruppe des Beamtentums selten ausdrücklich zu den eigentlichen Problemen der Demokratie Stellung nehmen; ihre Tendenz und ihr Anliegen gingen im wesentlichen dahin, politische Probleme auf verwaltungstechnische Aufgaben zu reduzieren, Gesetze durch Überspezialisierung zu „juristischen Logarithmentafeln“ [60] zu machen und so der Legislative zu entziehen, kurz, alles Leben in Verordnungen zu spannen. Die Schwäche der parlamentarischen Kontrolle wie der ministeriellen Vorgesetzten verstärkte diese vorwiegend technologische Einstellung [61], die auch mannigfachen politischen Intrigen, ja, oft genug „bürokratischer Sabotage“ Raum bot [62]. Ihr mußte denn auch das autoritäre Staatsbild einer auf technischer Leistungsfähigkeit aufgebauten Ordnung, die förmliche Vergottung eines hierarchisch gestrafften Obrigkeitsstaates näherliegen als eine bewegliche, sozial offene demokratische Staatskonzeption. Personalpolitik und Verhalten der Ministerialbürokratie trugen dann besonders auch in den Jahren des Übergangs zur nationalsozialistischen Herrschaft jenen exklusiven, kritisch-abwartenden Charakter, durch den die Haltung der Beamtenschaft schon im Übergang zur Republik gekennzeichnet war [63]. Er wurde noch durch die Kämpfe um die Besoldungsordnung verstärkt, die auch der „überparteilichen“ Beamtenschaft interessenpolitische Initiativen „ihrem“ Staat gegenüber auferlegten, die „Überparteilichkeit“ zur Fiktion machten [64].

Die außerordentliche Bedeutung der Beamtenpolitik angesichts dieser Lage wurde von republikanischer wie von antirepublikanischer Seite gleichermaßen erkannt, die beide ständig — jede in ihrem Sinne — die „Purifikation des Beamtenstandes“ [65] forderten. Nur die eine Seite kam aber mit den Maßnahmen Papens in Preußen nach dem 20. Juli 1932 und mit dem nationalsozialistischen „Gesetz zur Wiederherstellung des Berufsbeamtentums“ vom 7. April 1933 zur Geltung [66]. Dabei boten schon die Maßnahmen Fricks in Thüringen

Betonung der subjektiven und irrationalen Komponente Carl Schmitt, *Geistesgeschichtliche Lage* (Anm. II/43), S. 56 ff.; zusammenfassend Köttgen, *Berufsbeamtentum* (Anm. II/10), S. 58 ff. Vgl. auch Max Weber, *Wirtschaft und Gesellschaft* (Anm. II/13), II, S. 664.

59 Vgl. dazu die detaillierte Studie von Brecht und Glaser (Anm. II/20), die nicht nur die Verwaltungstechnik in den Ministerien der Weimarer Republik untersucht, sondern besonders auch ihre politische Bedeutung im Übergang von der Demokratie zur Diktatur aufweist und zu der allgemeinen Entwicklung (vor allem in den Vereinigten Staaten) in Beziehung setzt.

60 Fritz Fleiner, *Die Institutionen des deutschen Verwaltungsrechts*, Freiburg 1928, S. 199.

61 Die Überlegenheit des „Fachmanns“ gegenüber den „Dilettanten“ wird in der Bürokratie noch gesteigert durch das Mittel der Geheimhaltung. Vgl. Max Weber, *Wirtschaft und Gesellschaft* (Anm. II/13), II, S. 671 ff. „Bürokratische Verwaltung ist ihrer Tendenz nach stets Verwaltung mit Ausschluß der Öffentlichkeit. Die Bürokratie verbirgt ihr Wissen und Tun vor der Kritik, soweit sie irgend kann.“ Hier liegt ein wesentlicher Faktor ihrer Machtstellung.

62 Vgl. die Beispiele bei Reibnitz (Anm. III/26), S. 158 ff. Zum Begriff Alvin Gouldner, „The Problem of Succession and Bureaucracy“, in: *Studies in Leadership*, New York 1950, S. 644 ff.; Arnold Brecht, „Bureaucratic Sabotage“, in: *Annals of the American Academy of Political Science*, Jan. 1937, S. 48 ff.

63 Vgl. Neumann, *Behemoth* (Anm. I/32), S. 371 f. Zur Organisation der deutschen Ministerien unter diesem Gesichtspunkt besonders Brecht-Glaser (Anm. II/20), S. 6 ff.

64 Dazu Maus (Anm. VII/1), S. 77 ff.

65 Vgl. den gleichnamigen Artikel von Hermann Martin in: *Die Justiz* 5 (1929), S. 404 ff., und die Bemerkungen und Vorschläge von Schiffer, *Die deutsche Justiz* (Anm. II/15), S. 152 ff. zur Verwaltungsreform (S. 186 ff. zur Justizreform).

66 So wurden 1933 teilweise ein Viertel und mehr der Verwaltungsbeamten in den höheren Stellen vieler Behörden entfernt und vor allem maßgebende Posten wie Personalreferenten, Oberpräsidenten, Regierungspräsidenten und Landräte mit genehmeren Elementen besetzt, die alten Polizeibeamten vielfach in die vergrößerte Reichswehr gesteckt und an ihrer Stelle SA-Männer eingestellt; vgl. Brecht, *Beamtentum* (Anm. VII/3), S. 3; Rudolf Diels, *Lucifer ante portas, Es spricht der erste Chef der Gestapo*, Stuttgart 1950, S. 172, behauptet gar, die Nationalsozialisten seien eine verschwindende Minderheit in der Beamtenschaft Preußens gewesen. Dagegen zieht Neumann, *Behemoth* (Anm. I/32), S. 380, aus der Zahl der Entlassungen negative Schlüsse hinsichtlich der politischen Einstellung des Beamtentums; dort auch weitere Zahlen zur einseitig nationalsozialistischen Reorganisation des Beamtentums.

1930 ein Vorspiel, das über die Intentionen der NSDAP und deren verwaltungstechnische Unzulänglichkeit und Willkür kaum Zweifel lassen konnte [67]. Im Anschluß an ein mit knapper einfacher Mehrheit durchgebrachtes Ermächtigungsgesetz, das der Regierung ein außerordentliches Gesetzgebungsrecht auf dem Gebiet der ganzen inneren Verwaltung einschließlich der Verwaltungsgerichtsbarkeit und der Polizei zusicherte, sollten schon damals „die gesamte Landesverwaltung, der gesamte Behördenaufbau zur Vereinfachung und Verwirklichung der Verwaltung umgebildet werden" [68]. Das gab aber (nach § 3, Abs. 1, dieses Gesetzes) die Möglichkeit, fast alle Beamten nach Belieben abzubauen. Es ist einzusehen, wie sehr allein die Möglichkeiten, die sich in diesem Ermächtigungsvorspiel für die Zukunft ankündigten, die politische Haltung vieler Beamten beeinflussen mußten [69].

3. *Bürokratie und Republik*

Die echte Problematik dieser Übergangssituation ist schon von zeitgenössischen Betrachtern nachdrücklich empfunden und formuliert worden [70]. Dennoch beugte man sich fast allgemein der Einsicht, daß auch die neue Demokratie als moderner Verwaltungsstaat auf ein qualifiziertes Beamtentum nicht verzichten konnte. In den Worten Max Webers: „Es hat eine Zeit gegeben, wo die Demokratie eine Hauptaufgabe in der Verhinderung der Entstehung eines Beamtenstandes mit festen Ehrbegriffen sah. Sie ist für immer dahin. Möge die Demokratie nicht glauben, ein Beamtentum ohne Amtsehre werde fähig sein, die hohe Integrität und Fachqualität des bisherigen deutschen Beamtentums erhalten zu können [71]." Dieser scharfe Gegner nicht nur des persönlichen Regimes, sondern auch des Beamtenstaats konnte sicherlich nicht im Verdacht einer Überschätzung des Berufsbeamtentums stehen. Er unterschätzte nur das Gewicht der Tatsache, daß die Revolution zwar den schon in der Vorkriegs-

67 Vgl. Hermann L. Brill, „Kämpfe um den Rechtsstaat", in: *Die Justiz* 6 (1930), S. 98 ff. Dazu jetzt auch die Erinnerungen des thüringischen DVP-Abgeordneten Georg Witzmann, *Thüringen von 1918–1933*, Meisenheim 1958, S. 153 f.

68 *Ebda.*

69 Zum rechtlichen Problem des Beamtentums (Disziplinarrecht) und seinen Gefahren (Mißbrauch der Dienstaufsicht zu politischem Einfluß und Abhängigkeit) Köttgen, *Berufsbeamtentum* (Anm. II/10), S. 35 ff. Ein Beispiel für die damit verbundenen Schwierigkeiten, besonders angesichts der Aktivität der NSDAP, bietet das Disziplinarverfahren des Badischen Ministeriums für Kultus und Unterricht gegen einen aktiv in der NSDAP tätigen Lehrer, das schon 1930 die Gefahr für das „neutrale" Beamtentum deutlich macht. Dazu die Gutachten von Anschütz und Glockner, „Die politische Betätigung des Beamten", Sonderdruck der *Badischen Schulzeitung*, Nr. 50/51/52 (1930): wichtig auch als grundsätzliche zeitgenössische Auseinandersetzung mit dem Problem der Legalität der NSDAP und ihres Einflusses auf das Berufsbeamtentum. Die Verbote einer aktiven Tätigkeit von Lehrern für die NSDAP und die KPD in Preußen (Juni 1930) und Baden (Juli 1930) wurden aber nicht konsequent durchgeführt. Sie wurden auch ständig als verfassungswidrig angefochten (so im Organ des rechtsstehenden DBB, *Der Beamtenbund*, 1930, Nr. 51).

70 Vgl. etwa Wittmayer, *Weimarer Reichsverfassung* (Anm. II/2), S. 353: „Das ist der große, wahre und echte Zwiespalt, der die Demokratisierung und Parlamentarisierung Deutschlands und nicht allein Deutschlands durchzieht, und um so schwerer wiegt, als der Berufsbeamte sich nicht bloß halb und halb als Fremdkörper darstellt, sondern auch seine eigenartige, wenn schon nicht fremde Seele mitbringt, die sich von der herrschaftlich gebliebenen Form des Dienstes und der im großen und ganzen unveränderten Technik und Arbeitsweise erhält, die für die Form des öffentlichen Rechts, für die Sprache der Gesetzgebung, für Form und Ausdruck der Verwaltung bestimmend bleibt. In dieser Fremdseele lebt und webt daher vielleicht noch immer die Vorstellung von einer selbständigen, von aller Zerklüftung unabhängigen Bestimmbarkeit des allgemeinen Wohls und damit die Neigung, die eigenen aus früheren Staatszeiten und Staatsformen übernommenen Anschauungen zum Range eines absoluten Staatsideals zu erheben, was kurz gesagt lediglich darauf hinauslaufen muß, sich mit dem Staat schlechthin zu identifizieren."

71 Max Weber, „Deutschlands künftige Staatsform", in: *Gesammelte politische Schriften* (Anm. II/13), S. 371; vgl. auch „Beamtenherrschaft und politisches Führertum", *ebda.*, S. 139 ff. Ähnlich Heller, „Das Berufsbeamtentum" (Anm. VII/40), S. 723: „Heute ist die Unentbehrlichkeit des Berufsbeamtentums in der deutschen Demokratie unbestritten."

zeit sich abzeichnenden Verlust des unbedingt gültigen monarchischen Integrationspunktes besiegelte, das Beamtentum aber trotz seiner äußeren Hinwendung zum neuen Staat [72] nur schwer den Ersatz in einem echten Verhältnis zur parlamentarischen Demokratie und ihren sozialen und politischen Anliegen fand. Auf weitere Sicht hin war die Frage nach der politischen Einordnung des Beamten in ein gewandeltes Staatswesen, das Problem der „Symbiose zwischen Demokratie und Beamtentum" [73] mit einer unter dem Zwang der Verhältnisse von 1918 erfolgten Hinwendung der Beamtenschaft zur Republik und mit der taktischen Entscheidung aller demokratischen Parteien für ein allgemeines Berufsbeamtentum [74] nicht gelöst. Es konnte in jeder politischen Krise sich schwerwiegend auswirken.

Neben Parlament und Regierung blieb so die Bürokratie ein drittes Staatsorgan, das zwar in dieser Eigenschaft verfassungsmäßig ebensowenig wie die Parteien anerkannt wurde, das aber gerade angesichts der Rivalitäten zwischen den labilen politischen Instanzen seine stabile Sicherheit und Geschlossenheit in die Waagschale zu werfen und seine beherrschende Position im Funktionszusammenhang auch der Demokratie zu behaupten vermochte. Demgemäß suchten nun, nachdem eine verfassungsmäßige Ortsbestimmung der exklusiven Bürokratie in der parlamentarischen Demokratie ausgeblieben war, die Parteien und Interessenverbände auf ihre Weise Einfluß auf die politische Struktur der Beamtenschaft [75] oder aber — dies der umgekehrte Weg — auf ihre Berufsorganisationen zu gewinnen [76]. Das entsprach dem verständlichen Bestreben der republikanischen Parteien, die innere Sicherung des neuen Staates über eine Besetzung der wichtigsten Stellen mit überzeugten Demokraten noch nachträglich zu erreichen. Es entsprach aber zugleich auch den interessengebundenen, restaurativen oder schlechthin republikfeindlichen Bestrebungen jener Gruppen, die angesichts der allmählichen Stabilisierung des neuen Staates die Demokratie mit demokratischen Mitteln — von den bedeutsamen Ansatzpunkten aus, die das improvisierte Kompromißsystem der Republik belassen hatte — überwinden zu können hofften [77].

Der Einfluß der Parteien auf die Besetzung der Bürokratie soll also gewiß nicht unterschätzt werden. Wenn auch exakte Feststellungen verständlicherweise nicht möglich sind, so sei doch auf die Personalreferenten in Parteien und Fraktionen hingewiesen, die zeitweilig eine beträchtliche Aktivität zu entfalten und wichtige Teile der Berufsbeamtenschaft zu kontrollieren vermochten [78]. Es entwickelte sich vielfach der Brauch der „Quotierung", der koalitionsmäßigen Verteilung bestimmter Schlüsselposten in Reich und Ländern, auch zur Versorgung verdienter Parteimitglieder [79], es gab besonders unter den Landratsämtern traditionelle Domänen, und diese Tendenz griff auf die Justiz über [80]. Dies war aber schon eine bedenkliche Kehrseite des Di-

72 Dazu sehr optimistisch Thoma, „Der Begriff der modernen Demokratie in seinem Verhältnis zum Staatsbegriff" (Anm. II/122), II, S. 58.

73 Wittmayer, *Weimarer Reichsverfassung* (Anm. II/2), S. 90.

74 Zweigert (Anm. II/17), S. 462 ff.

75 Vgl. jetzt auch Eschenburg, *Der Beamte* (Anm. VII/22), S. 134 ff. („Die Vorzüge der politischen Betätigung des Beamten").

76 Ein Beispiel dafür ist die Schrift des der SPD nahestehenden ADB: *Organisationsfrage der Beamten und Sozialdemokratische Partei,* Berlin 1930 (mit Polemik gegen den rechtsstehenden DBB).

77 Von den Abgeordneten des Reichstags, die dem Beamtenstand angehörten (beinahe ein Drittel), stellte gerade die DNVP die relative Mehrheit; vgl. Braun (Anm. I/23), S. 232.

78 Beispiele bei Eschenburg, *Der Beamte* (Anm. VII/22), S. 47 ff.

79 Vgl. die Beispiele bei Severing (Anm. I/16), I, S. 353; S. 288.

80 Schiffer, *Die deutsche Justiz* (Anm. II/15), S. 41. Hans-Karl Behrend, „Zur Personalpolitik des preußischen Ministeriums des Innern", in: *Jb. f. d. Gesch. Mittel- und Ostdeutschlands* VI (1957), S. 173 ff.; Eberhard Pikart, „Preußische Beamtenpolitik 1918–1933", in: *Vierteljahrsh. f. Zeitgesch.* 6 (1958), S. 199 ff.

lemmas[81], und die Ansatzpunkte, die sich der nationalsozialistischen Manipulierung der Bürokratie auch von hier aus boten, dürfen keineswegs übersehen werden[82]. Denn das Bemühen um parteipolitische Demokratisierung, das aus der Not eine Tugend zu machen bestrebt war, griff selbst auf die Gemeindeverwaltung über und setzte neben die bisherige „Vetterleswirtschaft" und kryptoparteiliche Patronage eine Politisierung auch des regionalen und lokalen Beamtenwesens.

Diese bedenklichen Teilentwicklungen sind jedoch nur zu verstehen, wenn man immer wieder feststellt, daß auf eine eigentliche „Demokratisierung", die den geschlossenen Beamtenstand durch eine allgemeine Zugänglichkeit der Ämter und einen größeren Einfluß der öffentlichen Meinung bei der Kontrolle der bürokratischen Herrschaftsgewalt abgelöst hätte[83], von vornherein verzichtet worden war. Wir sahen, daß dies teilweise an der Verfassung lag, die den eigenartigen Bedingungen der Beamtenschaft Rechnung tragen und diese durch weitgehende Kompromisse an die neue Staatsstruktur, an die erstmals gewonnene Vereinigung von Staat und Volk und ihr Ethos vom Dienst an der Gesamtheit heranführen wollte. Zugleich hat die Staatsmüdigkeit der Nachkriegszeit, aus der nicht zuletzt die inneren Krisen herauswuchsen, und besonders die so allgemein berufene „Krise der Staatsidee" überhaupt, die in den letzten Jahren der Weimarer Republik die immer latent vorherrschende Forderung nach dem „autoritären", absolute Wertvorstellungen setzenden Staat zu einem so wirkungsvollen Schlagwort werden ließ[84], die politische Indifferenz der Beamten verstärkt, soweit nicht der Umbruch von 1918 schon ihren inneren Konnex mit dem Staat gelöst, das Streben nach parteipolitischer Neutralisierung nicht gänzlich politisches Verantwortungsbewußtsein durch eine detachierte Fachmannsideologie ersetzt hatte[85].

Allgemeine Überschätzung der bürokratischen *efficiency*, deren Maßstäbe auch auf die einem geschlossenen Beamtenstand gegenüberstehenden Minister angewandt wurden; gleichzeitige Unterschätzung des „Politischen", dessen umfassenderer Charakter und weitere Funktion eben nicht in bürokratischer Vorbildung, bürokratischem Denken aufgehen kann: dies waren die auch sehr stark psychologisch bestimmten Gründe, die eine Verbeamtung selbst der Regierung zu einer weitverbreiteten Zielvorstellung machten. Eine Tendenz zur Verselbständigung der politisch nicht genügend integrierten Bürokratie — die nur zu leicht in den Dienst einer kryptoparteilichen Machtpolitik gerät[86] — und ein ständiger Machtzuwachs der Exekutive waren die Kehrseite dieser Entwicklung, die sich Hand in Hand mit der Kritik am parlamentarischen System, der Zunahme der präsidialen Gewalt und dem Überhand-

81 Darüber ausführlich Eschenburg, *Der Beamte* (Anm. VII/22), bes. S. 139 ff.

82 Vgl. Glum, *Das parlamentarische Regierungssystem* (Anm. II/4), S. 376.

83 Zum Problem der Demokratisierung der Bürokratie Max Weber, *Wirtschaft und Gesellschaft* (Anm. II/13), II, S. 667 f.

84 Vgl. auch die Diskussion bei Köttgen, „Beamtenrecht" (Anm. VII/3), S. 18 f., im Sinne einer gemäßigt autoritären korporativen Lösung.

85 Einzige Ausnahme ist der wirkungsvolle Widerstand der Ministerialbürokratie gegen den Kapp-Putsch: vgl. Borch (Anm. VII/30), S. 214 ff. Für die Haltung unterer Beamter ist dagegen die Episode aufschlußreich, die Salomon (Anm. VI/70, S. 311) mit dem üblichen zynischen Selbstbewußtsein aus seiner Gefängniszeit Ende 1929 über die damalige Stimmung und politische Einstellung der Gefängnisbeamten erzählt. Der Wandel in der Dienstauffassung habe die Art ihres Sympathisierens mit den Gegnern ihres Staates, selbst mit Kommunisten, gezeigt; dagegen hätten sie sich offen über die „kriminell gestrauchelten Stützen des Weimarer Systems" wie die im gleichen Gefängnis untergebrachten Angeklagten des Sklarek-Prozesses lustig gemacht. Der Oberwachtmeister fand Salomons politische Ansichten „goldrichtig" und sein Bombenlegen am Reichstag „prima"; er habe bloß die schlechte Ausführung bedauert, die nicht die ganze „Quasselbude" samt Inhalt hochgejagt hätte!

86 Max Weber, *Wirtschaft und Gesellschaft* (Anm. II/13), II, S. 670.

nehmen des Notverordnungsrechts vollzog. In der Ära Papen wurden das Übergewicht und das politische Heraustreten der Bürokratie aus der Deckung der „Neutralität“, die in Brünings Notverordnungsregime wenigstens formal noch gewahrt blieb, zu einem politischen Faktum ersten Ranges [87]. Der Nationalsozialismus hat dann den für die Struktur der modernen Gesellschaft charakteristischen Prozeß der Bürokratisierung bis zum Extrem fortgeführt. Während die Demokratie noch gewisse Möglichkeiten der Wahl zwischen konkurrierenden Organisationen gelassen hatte, wurde mit der totalitären Umwandlung zur Einparteiengesellschaft, ideologisch unterbaut durch den exzessiven Führergedanken und das nebulose Prinzip der Volksgemeinschaft, die Bürokratie autoritärer Körperschaften besonders in Partei und Staat allherrschend [88].

4. *Auf dem Weg zum „Dritten Reich“*

Die natürliche, fach- und standesbedingte Skepsis des Beamtentums gegenüber einem politischen System, das „seinen“ Staat in ein ungeordnetes, ständig in Bewegung befindliches Objekt des Parteienpluralismus zu verwandeln schien, verband sich mit traditionellen beruflichen Existenzinteressen. Sie wurde schließlich zu einem wichtigen, wenngleich schwer greifbaren Faktor im Prozeß der Auflösung der Weimarer Republik. Denn die Kritik an der parteistaatlichen Beeinflussung und Manipulierung der Bürokratie, die mit einem gewissen Recht an offensichtlichen Auswüchsen ansetzte, ging durchaus parallel mit den Bemühungen um einen überdemokratischen *pouvoir neutre*, sei es durch Steigerung der präsidialen Macht, sei es durch Einschränkung des Parteienkoalitionswesens und der Parlamente. Einsetzend bei den widersprüchlichen Bestimmungen der Weimarer Verfassung (Art. 130), schob sie den Gedanken der Inkompatibilität [89], der Unvereinbarkeit von Beamten- und Abgeordnetenstellung, von administrativer und parteipolitischer Aktivität beiseite [90]. Sie gipfelte zunächst in der Forderung eines permanenten, also parteiunabhängigen Staatssekretärs nach englischem Muster, der die stabile Stütze des Berufsbeamtentums in jedem Ministerium bilden und die Nachteile der parlamentarischen Kabinettswechsel für die Kontinuität der Verwaltung abschwächen sollte [91]. Jedoch zeigte sich bald, daß solche Gedankengänge gerade den Gegnern der Republik willkommene Ansatzpunkte bieten und der Kritik Carl Schmitts [92] wie schließlich den Eingriffen Papens gute Argumente liefern konnten.

Die Kritik an der Tatsache, daß durch das Eindringen mächtiger, von Parteien und Interessengruppen gestützter Personen in die Beamtenhierarchie die bürokratische Subordinationsstruktur gesprengt und partikularer Ämterschacher begünstigt wurde [93], muß doch zugleich am Wirklichkeitswert der

87 Vgl. auch Hatto Gynther Bölling, „Die Krise der Bürokratie“, in: *Die Tat* 24, Heft 7 (Oktober 1932), S. 536 ff.

88 Vgl. Neumann, *Behemoth* (Anm. I/32), S. 368 ff.; Finer (Anm. II/5), S. 808 ff.

89 Die umfassendste Begründung dieses Gedankens damals bei Werner Weber, „Parlamentarische Zusammenarbeit“, in: *Archiv des öffentlichen Rechts*, N. F. 19 (1930), S. 161 ff.

90 In diesem Sinn Nawiasky, *Die Stellung des Berufsbeamtentums* (Anm. II/9), S. 16; Köttgen, *Berufsbeamtentum* (Anm. II/10), S. 265 f.; auch Braun (Anm. I/23), S. 232; jetzt vor allem Eschenburg, *Der Beamte* (Anm. VII/22), S. 34 ff.; S. 41 ff.; S. 50 ff.

91 Köttgen, *Berufsbeamtentum* (Anm. II/10), S. 244 ff.

92 Der in seiner *Verfassungslehre* wie im *Hüter der Verfassung* für Inkompatibilität eintritt.

93 Werner Weber (Anm. VII/89), S. 220 ff.; aber von sozialdemokratischer Seite auch Heller, „Das Berufsbeamtentum“ (Anm. VII/40), S. 721 ff. Für die Richter Schiffer, *Die deutsche Justiz* (Anm. II/15), S. 57.

Alternativlösung — „Neutralisierung" — gemessen werden. Hier lag ein echtes Problem. Und da hat die historisch-politische Erfahrung viel eher die ungenügende demokratische Integration als etwa eine — ohnehin schwache — parteiparlamentarische Kontrolle der Bürokratie oder ein dadurch bedingtes Versagen ihrer hierarchischen Subordinationsstruktur unter die Gründe der Schlußkatastrophe der Weimarer Republik zu rechnen. Freilich: man schwieg das Problem einfach tot, und dies war die schlechteste aller Lösungen.

Auch ein neues, absolutistisch geordnetes System würde unter diesen Umständen die wenn nicht gesinnungsmäßige, so doch technische Unterstützung der Bürokratie finden. Der Nationalsozialismus sollte denn auch nicht am Mangel an qualifizierten Kräften für staatliche und kommunale Verwaltung scheitern, wie die Vertreter des: „laßt sie nur an die Macht, sie werden sich totlaufen!" geglaubt hatten. Denn der Gedanke des nur fachlich geschulten, unpolitischen Berufsbeamtentums hatte eine kaum bestrittene Herrschaft in fast allen politischen Gruppen, in der Praxis wie in der Theorie behauptet. Er hatte innerhalb der Demokratie und besonders mit der zunehmenden Lähmung ihrer normalen Funktionsweise, mit der Ausweitung der Exekutive gegenüber Parlament und Parteien seinen Anspruch und sein Gewicht sogar noch erheblich zu steigern vermocht. Das „Einschnappen" [94] des unentbehrlichen bürokratischen Mechanismus sollte bei der Machtübernahme von 1933 ebenso reibungslos und ohne wesentliche formale Änderungen vor sich gehen wie schon bei der Ablösung der Monarchie durch die parlamentarische Demokratie anderthalb Jahrzehnte zuvor oder schon bei der Entlassung Bismarcks, der doch im Laufe 20jähriger Herrschaft seine Ministerkollegen in bedingungslose bürokratische Abhängigkeit gebracht hatte.

Wir hatten immer wieder zu fragen, wieweit jene Beamtenideologie überhaupt realistisch war, wieweit nicht schon unter der Monarchie eine unpolitische Überparteilichkeit in Wirklichkeit die größere Gefahr der Kryptoparteilichkeit beschworen hatte. Nun sollte die Kehrseite dieses Phänomens sichtbar werden: „Der Berufsbeamte ist dazu erzogen, unter allen Umständen eine Sache, die von ihm verlangt wird, zustande zu bringen. Er hat nicht gelernt, auch einmal zu sagen, ‚nein, das mache ich nicht, sucht Euch dazu einen andern!'. Das ist aber ein Nachteil, und deshalb bestreite ich, daß der fachlich geschulte Berufsbeamte stets fester steht als der politische Beamte." So ein Einwurf bei der Diskussion auf der Staatsrechtslehrertagung zu Ende des Jahres 1931 [95]. Die Entwicklung der folgenden Monate war Probe; die nationalsozialistische Machtergreifung sollte das Problem auf gewaltsame Weise lösen. Die Ambivalenz der modernen Bürokratisierung und die Problematik des Berufsbeamtentums in der Demokratie war damit in Deutschland vorläufig nach der negativen Seite hin entschieden.

Damit war freilich nicht etwa der monarchische Beamtenstaat des „Zweiten Reichs" wiederhergestellt. Jene Einheitlichkeit der konservativen Gesinnung, die im Bismarckschen Verwaltungsstaat das Übergewicht der monarchischen Staatsführung über das demokratisch-parlamentarische Element gestützt hatte, hat im modernen Einparteienstaat einer durch Zwang ständig aufs neue

94 Der Begriff bei Max Weber, *Wirtschaft und Gesellschaft* (Anm. II/13), S. 669 f. Zum Beharrungsvermögen der bürokratischen Prozedur unter demokratischen wie unter totalitären Verhältnissen Brecht-Glaser (Anm. II/20), S. 19 ff., und die allgemeinen Bemerkungen zu dem „übertragbaren Wert" der Verwaltungstechnik bei Charles Edward Merriam, *Prologue to Politics*, 1939, S. 79 f.

95 Apelt in: *Veröffentlichungen* 7 (Anm. II/47), S. 115; vgl. noch Brecht, „Bureaucratic Sabotage" (Anm. VII/62), S. 48 ff., und Borch (Anm. VII/30), S. 6 ff.; S. 164 ff., der die Widerstandspflicht gerade aus der einzigartigen Machtstellung der Bürokratie herleitet.

zu erzwingenden und zu behauptenden Ausrichtung der Bürokratie Platz gemacht. Hier waren alle rechtsstaatlich-konstitutionalistischen Schranken beseitigt, und während nun jedes Gegengewicht zur absolutistischen Staatsführung fehlte, erfuhr das Prinzip der parteipolitischen Neutralisierung, dessen Implikationen gerade den Kritikern der Demokratie zahlreiche Argumente gegen die „Parteipolitik" geliefert und die Ablösung der Republik so wesentlich erleichtert hatten, eine äußerste Widerlegung in der nationalsozialistischen Beamtenpolitik [96]. So setzte gerade unter Hitler, dessen Propaganda sich doch aller Argumente gegen die „parteipolitische Korruption des Systems" zu bedienen gewußt hatte, ein durch Spitzelsystem und raffinierten Terror gestützter Politisierungsprozeß des Beamtentums ein, dessen Ausrichtung auf die *eine* Partei alle früheren Entwicklungstendenzen in den Schatten stellen sollte.

5. *Die „Politisierung der Justiz"*

Im Zusammenhang mit dem Problem der exekutiven Bürokratie in der Demokratie spielen auch die unter dem Schlagwort von der „Politisierung der Justiz" zusammengefaßten Erscheinungen eine wichtige Rolle [97]. Dieser fragwürdige Begriff läßt freilich die Einsicht außer acht, daß die Justiz dem Bereich des „Politischen" überhaupt angehöre. Seine Unklarheit symbolisiert die Unsicherheit und Verwirrung der Maßstäbe [98], die infolge der mangelnden Beziehung der Beamten auf eine konkrete Staatsidee, auch infolge der mangelnden Fähigkeit oder Bereitschaft vieler Juristen, ihre Wissenschaft und Praxis im richtigen sozialen und politischen Zusammenhang zu sehen [99], das Rechtswesen der Republik kennzeichnete. Da die Justiz, die dank ihrer Doppelfunktion als unmittelbares Staatsorgan und als ausführendes bürokratisches Organ der Justizverwaltung eine unklare Zwischenstellung einnahm [100], zumal nach deutscher Auffassung sich auf überpragmatische Begründungen

96 Vgl. Eschenburg, *Der Beamte* (Anm. VII/22), S. 38; S. 58 f.

97 Aus der Fülle der Zeugnisse republikanischer Kritik seien vor allem hervorgehoben: Ernst Fraenkel, *Zur Soziologie der Klassenjustiz*, Berlin 1927; Kirchheimer (Anm. II/1); *Acht Jahre politische Justiz, Das Zuchthaus – die politische Waffe*, Eine Denkschrift der deutschen Liga für Menschenrechte e. V., Berlin 1927 (mit Bibliographie); Emil Julius Gumbel, *Vier Jahre politischer Mord*, Berlin 1922; *Denkschrift des Reichsjustizministeriums zu: Vier Jahre politischer Mord*, hrsgg. von E. J. Gumbel, Berlin 1924. Dazu neben vielen anderen besonders die zahlreichen Artikel in: *Die Justiz, Zeitschrift für Erneuerung des Rechtswesens; Das Tagebuch*, Wochenschrift, hrsgg. von Stefan Großmann und Leopold Schwarzschild; *Die Weltbühne*, hrsgg. von Carl v. Ossietzky und Kurt Tucholsky. An Gegenschriften von republikfeindlicher Seite sind vor allem zu nennen: Gottfried Zarnow (Pseud.), *Gefesselte Justiz, Politische Bilder aus deutscher Gegenwart*, 2 Bde., München 1931/32; Rüdiger Graf v. d. Goltz, *Tribut-Justiz, Ein Buch um die deutsche Freiheit*, Berlin 1932.

98 Rudolf Laun, „Der Staatsrechtslehrer und die Politik", in: *Archiv für öffentliches Recht* 43 (1922), S. 195: „Ebenso sehen wir heute, daß der Vorwurf der Parteipolitik mit gleichem Recht von jedem gegen jeden erhoben werden kann. Die Sozialdemokratie beschuldigt Richter und Beamte der Klassenjustiz wegen derselben Tätigkeit, die den Anhängern der Rechten als objektiv und ‚über den Parteien stehend' erscheint, umgekehrt bezichtigt ebenso die Rechte die Funktionäre der Linken der ‚Parteipolitik' auch dann, wenn sie nichts anderes tun, als was vor 1918 die konservative Bürokratie getan hat, nämlich für die Aufrechterhaltung der gegebenen Machtverteilung wirken. Am sonderbarsten ist wohl der irrige Gebrauch, den man mit dem Schlagwort ‚Entpolitisierung' treibt. Man fordert z. B. Entpolitisierung der Verwaltung, meint aber in Wahrheit Besetzung der Verwaltungsstellen mit den Anhängern einer ganz bestimmten positiven politischen Anschauung und keineswegs Übertragung dieser Ämter an neutrale Individuen." Vgl. Helmuth Mende, „Die Rechtsverhältnisse der übrigen Amtsträger des Reichs und der Länder", in: *Handbuch* (Anm. I/10), II, S. 85, auch als Beispiel für die in der Zunft vorherrschende Forderung nach „parteipolitischer Unabhängigkeit" der Justiz. Zur Problematik allgemein auch Max Weber, *Wirtschaft und Gesellschaft* (Anm. II/13), II, S. 653 f.

99 Zu diesem Problem jetzt auch die Bemerkungen von Wolfgang Abendroth, „Das Problem der politischen Wissenschaft", in: *Gewerkschaftliche Monatshefte* 1 (1950), S. 224.

100 Köttgen, *Berufsbeamtentum* (Anm. II/10), S. 18; vgl. Schiffer, *Die deutsche Justiz* (Anm. II/15).

ihrer Stellung und Tätigkeit zu stützen vermochte, konnte sie trotz der Abnahme des Glaubens an ein metaphysisches Gerechtigkeitsprinzip in der modernen Gesellschaft [101] zu einem psychologisch besonders wirkungsvollen Instrument bei der Bildung und Lenkung der öffentlichen Meinung werden.

Da jede Rechtsordnung durch ihre Gestaltung direkt auf eine Machtverteilung innerhalb der betreffenden Gemeinschaft einwirkt [102], ist Mißbrauch der Justiz in jedem Rechtssystem möglich. Auch in der Weimarer Republik wurde dies sogleich fühlbar [103]; darauf wirkte nicht zuletzt die Zunahme der Macht des Richters hin, die in der Tendenz zur fachlichen Spezialisierung und zur gesellschaftlichen Abschließung des akademischen Juristenstandes von je beschlossen lag. Eine eigenwillige Personalpolitik verstärkte noch jene Erweichung und Auflösung des Rechtsbegriffes, die in den politischen Prozessen wie in der verfassungsrechtlichen Entwicklung Ausdruck fand [104]. Während die Ausbildung des Richters seinen lebendigen Zusammenhang mit dem gesellschaftlichen und politischen Geschehen vernachlässigte, ermächtigte ihn das vielumkämpfte richterliche Prüfungsrecht dazu, die Gesetze auf ihre Vereinbarkeit mit der Verfassung und besonders mit den sehr allgemein gehaltenen Grundrechten kritisch zu beurteilen [105]. Hatte es unter der Monarchie oft als Kontrolle in demokratischem Sinne gewirkt, so verstärkte das Prüfungsrecht unter den gewandelten politischen Verhältnissen umgekehrt eine Neigung zum Konflikt mit den demokratischen Organen und Prozessen. In entsprechender Weise hatte sich die Stellungnahme der Parteien und auch der öffentlichen Meinung gewandelt; die liberalen und sozialistischen Gruppen wurden aus Vorkämpfern zu Gegnern des Prüfungsrechts, während es bei konservativen und restaurativen Gruppen wachsenden Anklang fand [106].

Diese politische Machterweiterung des Richteramts wurde noch gestützt durch die Tätigkeit eines Staatsgerichtshofs, der juristische Entscheidungen zu erstrangiger politischer Bedeutung erhob [107]. Realistische und skeptische Beob-

101 *Ebda.*, S. 130 ff.

102 Vgl. Max Weber, *Wirtschaft und Gesellschaft* (Anm. II/13), II, S. 631.

103 Vgl. dazu Neumann, *Behemoth* (Anm. I/32), S. 20 ff.; Gablentz, *Berufskunde* (Anm. VII/4), S. 404. Zu verweisen ist auch auf die zusammenfassende Behandlung bei Philipp Loewenfeld, *Das Strafrecht als politische Waffe*, Berlin 1933.

104 Gablentz, *Berufskunde* (Anm. VII/4), S. 400 ff.

105 Dazu grundsätzlich und mit Einzelheiten über verfassungsrechtliche Aspekte, politische Implikationen, konkrete Praxis und konstitutionelle Projekte in Reich und Ländern sowie im Ausland Ernst v. Hippel, „Das richterliche Prüfungsrecht", in: *Handbuch* (Anm. I/10), II, S. 546 ff. Der Verfasser steht selbst positiv zum Prüfungsrecht und stellt besonders die Argumente *pro* und ihre zahlreichen Vertreter zusammen, ohne bei der Würdigung der Argumente die politischen Gefahren genügend zu berücksichtigen. Aus den umfangreichen Literaturangaben ist immerhin ein Bild der Fronten zu gewinnen (S. 554 f.). Vgl. Max Layer und Ernst v. Hippel, „Überprüfung von Verwaltungsakten durch die ordentlichen Gerichte", in: *Veröffentlichungen* 5 (1929), S. 124 ff.; S. 178 ff.; S. 203 ff. (Diskussionen); auch Rossitter (Anm. II/92), S. 70 (besonders in Beziehung auf den Artikel 48), und die vergleichende Übersicht bei Finer (Anm. II/5), S. 144 ff. („Government by Judges"); bes. S. 153 f. Jetzt (mit historischen Beispielen und Vergleichen der Anwendung auch in Österreich und den Vereinigten Staaten): Hans Spanner, *Die richterliche Prüfung von Gesetzen und Verordnungen*, Wien 1951, bes. S. 4 ff.; S. 22 ff. (der Verfasser gehört zur Kelsenschen Richtung).

106 Vgl. Merkl in der Diskussion der Staatsrechtslehrertagung 1928 (*Veröffentlichungen* 5, vorige Anm.), S. 219 f., und besonders Richard Thoma, „Das richterliche Prüfungsrecht", in: *Archiv für öffentliches Recht* 43 (1922), S. 667 ff. Vgl. ders.: „Zur Frage des richterlichen Prüfungsrechts", in: *Deutsche Juristenzeitung* 1924, Sp. 729 f., und 1925, Sp. 573 f.; R. D. Masters, „The Relation of International Law to the Law of Germany", in: *Political Science Quarterly* 45 (1930), S. 390 ff.

107 Vgl. die Kontroverse von Heinrich Triepel und Hans Kelsen, „Wesen und Entwicklung der Staatsgerichtsbarkeit", in: *Veröffentlichungen* 5 (Anm. VII/105), S. 3 ff.; S. 30 ff.; S. 88 ff. (Diskussion). Ihr politischer Charakter zeigt sich am deutlichsten in der Ausdehnung des gerichtlichen Verfahrens auf Ministeranklage und im Verfassungsstreitverfahren (*ebda.*, S. 17 ff.); vgl. Thoma, *ebda.*, S. 107 ff. Dazu jetzt auch Martin Drath, „Die Grenzen der Verfassungsgerichtsbarkeit", in: *Veröffentlichungen* 9 (1951), S. 17 ff. Weiterhin Ernst Friesenhahn, „Die Staatsgerichtsbarkeit", in: *Handbuch* (Anm. I/10), II, S. 523 ff. mit der Kontroversliteratur (Verfasser gehörte zu den Autoren des konservativen *Ring:* vgl. seinen scharfen

achter konnten feststellen, wie dadurch eine Art von „justizförmiger Politik" Einfluß gewann [108], die in dem staatsgerichtlichen Verfahren Reich—Preußen im Jahre 1932 ihren Höhepunkt erreichen sollte. Carl Schmitts Angriffe richteten sich (in der für ihn typischen Vermischung rational korrekter Beobachtung mit konfessionsartig vorgetragenen subjektiven Schlüssen) gerade auch gegen die „krampfhafte Fiktion", die Staatsgerichtsbarkeit brauche nicht auf das Gebiet der Politik überzugreifen, da ein politisches Problem durch die Erörterung in einem staatsgerichtlichen Verfahren juristifiziert werden könne [109]. Obwohl unter dem Nationalsozialismus dann in anderer Weise ausgenützt, war die Kritik doch durchaus relevant, die in dieser wachsenden Machtstellung des Richters eine gefährliche Politisierung der Justiz erblickte [110]. Wohl könnte man hier auch auf die Machtstellung des *Supreme Court* in den Vereinigten Staaten verweisen; es kam eben über die theoretischen Einsichten einer ausgedehnten Diskussion hinaus alles auf die politische Einstellung des Richters zum Staat überhaupt und zu seinem demokratischen Funktionieren an. In vielen wichtigen Fällen erschien diese Einstellung aber durch erhebliche Skepsis gegenüber den Trägern und Organen der Demokratie bestimmt.

Besonders in der Durchführung der politischen Prozesse trat die Tendenz zur Ermessensüberschreitung hervor, die durch das politische Interesse der Richter gegeben war [111]. Sowohl für die Haltung der Justiz wie für die politische Atmosphäre der Öffentlichkeit sind die Fälle aufschlußreich, die durch einseitige Beweiswürdigung, unangemessenes Strafmaß oder fragwürdige Amnestieanwendung auffallen mußten [112]. Früh geriet die weitgehend von einer politischen Minderheit bestimmte Rechtsprechung mit der demokratisch kontrollierten Verwaltungspolitik in einen Konflikt, der staatliche wie individuelle Belange ernstlich gefährden konnte [113]. Ein Vergleich der Verfahren und Urteile gegen links- und rechtsradikale Gruppen legt den Schluß nahe, daß die oft deutliche einseitige Politisierung der Justiz bis in die höchsten Instanzen fortschritt [114].

Freilich war nicht eine offene Verletzung der juristischen Interpretationsgrundsätze, sondern die innere Einstellung der Richter zur Republik dafür in erster Linie verantwortlich. Weite Kreise der Öffentlichkeit kritisierten das

Angriff gegen den Staatsgerichtshof in *Ring* 4, Heft 35, August 1931, S. 659 ff.). Ferner Franz W. Jerusalem, *Die Staatsgerichtsbarkeit*, Tübingen 1930. Über die personellen und politischen Probleme jetzt auch die Erinnerungen von Gustav Radbruch, *Der innere Weg*, Stuttgart 1951, S. 162 ff.: dort weitere Bemerkungen über die politische Stellung und Beeinflussung der Justiz besonders in den ersten Jahren der Republik.

108 Entsprechende Formulierungen besonders bei Schmitt, *Hüter der Verfassung* (Anm. II/1), S. 22 ff.; S. 52 f.; S. 70.

109 *Ebda.*, S. 31; S. 26 ff.; S. 37 ff.; S. 50 ff.

110 Vgl. Tiggls, *Die Stellung des Richters im modernen Staat*, Berlin 1935, S. 147.

111 Zur Beeinflussung der Justiz und Einseitigkeit des Strafmaßes vgl. die Statistiken bei Emil Julius Gumbel, *Laßt Köpfe rollen, Faschistische Morde 1924–1931*, Berlin 1931; ders., *Vier Jahre politischer Mord* (Anm. VII/97), S. 73 ff. mit einer Soziologie der politischen Morde (S. 87 ff.); ders., „Strafvollzugsstatistik", in: *Die Justiz* 5 (1929), S. 690 ff.

112 Weiteres Material bei Alfred Delmar, „Richterliche Unabhängigkeit und politische Justiz", in: *Die Justiz* 4 (1928), S. 464 ff.; S. 657 ff.; S. 595 mit einer eingehenden Diskussion der politischen Bedeutung der hier geschilderten Prozesse. Vgl. Schiffer, *Die deutsche Justiz* (Anm. II/15), S. 13 ff. Weitere Literatur in: *The Wiener Library* (Anm. II/102), S. 52 ff.

113 Zur heißumkämpften Richterwahl Schiffer, *Die deutsche Justiz* (Anm. II/15), S. 31 ff.

114 Man vgl. die laufenden Beobachtungen in der Zeitschrift *Die Justiz*, besonders auch im Zusammenhang mit der Kontroverse über das Volksbegehren zum Young-Plan: *Die Justiz* 5 (1929), S. 124 ff.; S. 222 ff.; dazu auch Severing, *Lebensweg* (Anm. I/16), II, S. 190. Vgl. Erwin Bumke, *Ausgewählte Entscheidungen der Staatsgerichtsbarkeit* I, S. 31 ff., und die Bemerkungen von Schiffer, *Die deutsche Justiz* (Anm. II/15), S. 52 ff. über die außerdienstliche Aktivität der Richter und (S. 132 ff.) über die obrigkeitsstaatliche Tradition der Rechtshypertrophie.

ungleiche Vorgehen nicht nur der Regierung, sondern vor allem der Justiz gegen Bayerische Räterepublik und Kapp-Putsch 1920, gegen das Linksregime in Sachsen und das Rechtsregime bzw. den Hitler-Putsch in Bayern 1923 [115]. Nicht minder einseitig wirkte die Tatsache, daß jede Kritik, die liberale, pazifistische oder sozialistische Politiker und Publizisten an der illegalen Institution der Schwarzen Reichswehr und anderen Erscheinungen eines militaristischen Rechtsradikalismus übten, als Landesverrat geahndet wurde [116], während es dagegen in den Feme-Prozessen zu erstaunlich milden Strafen kam [117]. Auch im Leipziger Hochverratsprozeß gegen nationalsozialistische Offiziere bewiesen die Ladung Hitlers als „Zeuge", die Durchführung des Prozesses selbst und die unverständlichen Unterlassungen der Reichsanwaltschaft in der Hauptverhandlung die politische Anfälligkeit oder doch Schwäche der höchsten Spitzen der Justizbürokratie. Hitlers zweistündige Polemik gegen die bestehende Demokratie blieb unbeantwortet und ungeahndet, obwohl sie unmittelbar in den Bereich des Republikschutzgesetzes fiel [118]. Und auch in der Folge wurden angesetzte Hochverratsprozesse gegen die NSDAP wieder und wieder verschleppt oder mit dem Hinweis auf die kommunistische Gefahr abgesetzt: so etwa 1932 im Fall der berüchtigten Boxheimer Dokumente [119]. Die politische Wirkung solcher Erscheinungen mochte schließlich auch ganz unbewußt befördert werden: einseitige Urteile in politischen Fällen erfüllten die zu Unrecht Behandelten mit Haß, die Begünstigten mit skeptischer Verachtung und machtrealistischer Einschätzung der Justiz [120]. Besonders die deutschnationale und die nationalsozialistische Propaganda machten sich diese Stimmung paradoxerweise zu scharfen Angriffen gegen die „marxistische Fesselung und Verseuchung" der Justiz zunutze [121]. 25 Sammelamnestien und zahlreiche Einzelbegnadigungen konnten nur noch weiter darauf hinwirken, den Sinn für politische Verbrechen abzustumpfen [122]. Das alles spielte sich vor dem Hintergrund jener Entwicklung ab, die ein Anwachsen der Macht der Richter zuungunsten des Parlaments und der demokratischen Kontrollinstanzen einschloß.

Schon aus diesen knappen Bemerkungen wird deutlich, welcher Rang jenen Bemühungen um eine klare politische und soziale Ortsbestimmung der Justiz im Rahmen der Demokratie zukam, die sich um die Forderung nach einer demokratischen Rechtsordnung und einer Justizreform gruppierten. Auch

115 Vgl. die liberale *Frankfurter Zeitung* v. 18. Oktober 1923 (besonders als Kritik an Stresemanns nicht ganz unparteiischer Politik der außerordentlichen Maßnahmen). Am stärksten ist die Kritik natürlich auf seiten der SPD; dazu Watkins (Anm. II/92), S. 46 ff.; S. 36 ff. (über die bezeichnende Zurückhaltung bei Maßnahmen nach Art. 48, sobald sie sich gegen die Rechtsradikalen richteten). Zu der Kritik an den Exekutionsorganen nach Art. 48, besonders an der Reichswehr, vgl. u. S. 237 ff; auch Rossitter (Anm. II/92), S. 40.

116 Vgl. die „Landesverratsstatistik" von Emil Julius Gumbel in: *Menschenrechte* 3 (1928), S. 1–8, sowie die Kritiken von Ossietzky, Hiller und Tucholsky in der *Weltbühne*.

117 Emil Julius Gumbel, *Verräter verfallen der Feme*, Berlin 1929, S. 386 ff.; ders., „Feme-Literatur", in: *Die Justiz* 4 (1928), S. 532–546.

118 Zum Leipziger Prozeß (1930) John W. Wheeler-Bennett, *The Nemesis of Power, The German Army in Politics 1918–1945*, London 1953, S. 213 ff.; vgl. K. D. Bracher, „Auflösung einer Demokratie" (Anm. I/39), S. 80 ff., sowie u. S. 251 f.

119 Vgl. u. Teil II, S. 381 ff., sowie Gustav Radbruch in: *Die Justiz* 6 (1932), S. 187; Loewenfeld (Anm. VII/103), S. 36.

120 Vgl. Schiffer, *Die deutsche Justiz* (Anm. II/15), S. 11 ff.; S. 60 ff. über die „Vertrauenskrise zwischen Volk und Justiz" (mit Einzelheiten).

121 Ein Gegenstück zu den zitierten Schriften von Gumbel sind die Bücher von Zarnow (*Gefesselte Justiz*, Anm. VII/97), Friedrich Grimm (zur Femebewegung) oder Rüdiger Graf v. d. Goltz, dem Verteidiger Goebbels' gegen Hindenburg (*Tribut-Justiz*, Anm. VII/97).

122 Vgl. Friedensburg (Anm. I/23), S. 183 f.; S. 252. Ein Beispiel für viele ist Ernst v. Salomons frivoler Bericht über die Stimmung in den Geheimbünden anläßlich des Rathenau-Mords: *Die Geächteten*, Berlin 1933, S. 267 ff.; *Der Fragebogen* (Anm. VI/70), S. 129 ff.

hier hatte das Ereignis der Revolution und der Kompromißbau von Weimar den Kreis der grundsätzlichen Probleme vorgezeichnet. Die Legitimierung der neuen Staatsordnung auf der *De-facto*-Grundlage eines revolutionären Übergangs von der Monarchie zur Republik ließ eine Fülle von verfassungsrechtlichen Fragen offen. Sie stellte zugleich die Revolution als Rechtsproblem in den Mittelpunkt einer rechtspolitischen Diskussion, bei der besonders die Gegner der Republik ihre Argumente geltend machen konnten. Wer sich nicht mit den politischen Ereignissen und ihrem geschichtlichen Sinn abfinden wollte, zweifelte einfach die Legitimität der veränderten Rechtsgrundlagen und die notwendige Umwertung einer Reihe wichtiger Begriffe an, ohne sich dabei die Mühe zu nehmen, die alten Vorstellungen und Schablonen in ein tragbares Verhältnis zu der gegebenen Situation zu setzen.
Zweifellos lagen hier echte innere und äußere Schwierigkeiten, die durch die ambivalente Behandlung der Bürokratieprobleme nicht eben gemindert wurden. Es mußte aber doch einsichtig sein, wie wenig in Wirklichkeit die Argumente der Dolchstoß- und Putschlegenden das Wesen der Revolution von 1918 und des Durchbruchs der demokratischen Bewegung, zugleich die echte Tragweite der Abdankung des monarchischen Systems in allen deutschen Staaten treffen konnten. Die Grundlage der Weimarer Republik bildete nicht ein Bruch oder eine Vernichtung, sondern eine gewaltige Erweiterung der Rechte des einzelnen wie der politischen und sozialen Gruppen. Das darin durchgebrochene Entwicklungsgesetz der modernen Gesellschaft und ihrer staatlichen Form, nicht der Erfolg eines willkürlichen Rechtsbruchs legitimierte die veränderten Bedingungen und Aufgaben, denen sich auch die Justiz in der Republik gegenüberfand. Das hinderte nicht, daß die tiefergehenden Auseinandersetzungen um den neuen Staat gerade auch an jenen neuralgischen Punkten ansetzten, die besonders die juristische Behandlung politischer Fragen schonungslos offenlegten.
Die Entwicklung verlief ähnlich wie bei der Bürokratie im engeren Sinn. Der Gedanke der „Unabhängigkeit der Justiz“, als Gemeinplatz doppelt gefährlich und geeignet, tatsächliche Bindungen und Zusammenhänge zu verschleiern, wurde zum Leitbild derselben ehrlichen Reformer wie jener unehrlichen Republikgegner, die auch die „Überparteilichkeit“ der Bürokratie auf den Schild erhoben hatten. Eine demokratische Justizreform war die Forderung der Stunde. Aber sie durfte nicht utopischen Leitbildern nachhängen, um dann deren halbe Verwirklichung zur Zielscheibe der grundsätzlichen Angriffe werden zu lassen. Sie mußte vor allem realistisch das gegebene Maß an Bindungen und Verpflichtungen erkennen, denen die Träger des Rechts unterworfen waren, um die nötigen Kontrollen gegenüber der Ermessensfreiheit einer bürokratisch „unabhängigen“ Justiz aufzurichten.
Diese Aufgabe wurde gesehen, aber versäumt. Die Oberhand behielt die Theorie, nach der — wie die Bürokratie — die Justiz, als ein weiterer *pouvoir neutre, per se* vom Fluß der politischen Entwicklungen und Entscheidungen detachiert sei. Dies entsprach der weitverbreiteten Meinung, man könne und müsse der Betrachtung und Analyse politischer Phänomene die Annahme eines dem Verhältnis von Recht und Macht analogen Wesensunterschieds von statischem und dynamischem Prinzip zugrunde legen. Besonders im Rahmen der Verfassungsgerichtsbarkeit ergaben sich Möglichkeiten und Beispiele dafür, wie im Schutze der Fiktion von der selbständigen Stellung des Rechts im Staat der Charakter des Rechts als einer Funktion der politischen Macht ausgenutzt werden mochte. Dies zeigte sich seit Beginn der Notverordnungs-

politik auch bei den Maßnahmen nach Artikel 48, wo das Ermessen des Reichspräsidenten selbst vom Gericht nicht nachgeprüft wurde, solange es sich nicht als „offensichtlicher" Mißbrauch oder offensichtliche Überschreitung darstellte. Das Urteil beruhte also nicht auf der Kenntnis des gesamten Tatbestandes, sondern nur eines Teiles desselben. Der unbekannte Teil, das Ermessen, die Absicht, der Zweck wurde als angemessen, richtig und korrekt, damit als verfassungsmäßig unterstellt und folglich juristisch im Urteil nicht berücksichtigt. Der Grund hierfür war weitgehend politisch. So ging das Argument des Staatsgerichtshofs anläßlich der Prüfung der mit der Reichsexekution gegen Preußen 1932 verbundenen Maßnahmen dahin, man dürfe es nicht riskieren, daß auf Grund einer Nachprüfung des Ermessens Dinge zutage treten, die das Ansehen und damit den Bestand der Staatsautorität gefährden könnten [123]. Dadurch aber, daß das juristische Urteil einen politisch imponderablen Bestandteil hatte, wurde der „reine" Rechtsspruch zum mehr oder minder einseitigen politischen Akt.

Welche Entscheidung damit in die Hand der Richter gelegt war, wird auch deutlich an dem erstaunlichen Vordringen der Generalklauseln in diesen Jahren. Mit der Auflockerung strenger Rechtssätze im Sinne einer Ausweitung der Deutungs- und Interpretationsmöglichkeiten geriet die alte Spannung zwischen festumrissenen Einzelsätzen und unbestimmten Generalklauseln in ein Stadium, das diesem eine wichtige politische Funktion vermittelte [124]. Als eine Begleiterscheinung der Politisierung der Justiz wirkte der Drang zur Generalklausel besonders auch in die politische Sphäre des Verwaltungs- und Staatsrechts hinein. Er wuchs in Reaktion auf die kritisierte Vielfalt unkontrollierbarer pluralistischer Kräfte im politischen Raum, in der besonders die Gegner der Republik deren „empirisch wirklichen" Zustand sahen. Man hatte diesen Staat als ein „Kompromißobjekt sozialer und wirtschaftlicher Machtgruppen, ein Agglomerat heterogener Faktoren, Parteien, Interessenverbände, Konzerne, Gewerkschaften, Kirchen usw., die sich untereinander verständigen", denunziert [125]. Zwar protestierten besonnene Betrachter bis zuletzt und unter Hinweis auf das faschistische Italien gegen die Forderung vieler Staatsrechtler, diesen Pluralismus durch eine autoritäre Staatsführung zu überwinden. Das hinderte nicht, daß die Sehnsucht nach dem totalen Staat, der Schrei nach Diktatur als Lösung des Dilemmas immer stärker wurde und gemäßigtere Vertreter wenigstens die Stärkung einer überparteilichen Stelle, einer „neutralen" Gewalt befürworteten. Man setzte angesichts der deutschen Tradition vor allem beim Berufsbeamtentum ein, das man aus der „parteipolitischen Verseuchung" lösen und vom politischen Führertum der Minister trennen wollte, um in dem pluralistischen Durcheinander eine Säule der „Unparteilichkeit" zu errichten [126].

Die Bemühungen um einen „autoritativen" Ausgleich zwischen den verschiedenen regulären oder irregulären Gewalten bedienten sich der verstärkten Anwendung juristisch-politischer Generalklauseln, deren Universalität in Wirklichkeit zweideutig, einseitiger Interpretation zugänglich war und kei-

123 Vgl. besonders: *Preußen contra Reich vor dem Staatsgerichtshof, Stenogrammbericht der Verhandlungen vor dem Staatsgerichtshof in Leipzig vom 10.–14. und vom 17. Oktober 1932,* hrsgg. und eingeleitet von A. Brecht, Berlin 1933, S. 513 ff. u. a. Dazu ausführlich u. Teil II, S. 558 f.

124 Vgl. Justus W. Hedemann, *Die Flucht in die Generalklauseln, Eine Gefahr für Recht und Staat,* Tübingen 1933, S. 3 ff.; Neumann, *Behemoth* (Anm. I/32), S. 446 ff. zur sozialen Begründung dieser Tendenz.

125 So Carl Schmitt, 1930, zitiert bei Hedemann (Anm. VII/124), S. 46.

126 Koellreutter, zitiert *ebda.*, S. 47.

neswegs durchgängig auf der unterstellten Zustimmung der Gesellschaft beruhte. Ein extremes Beispiel sollte die Generalklausel vom „gesunden Rassenempfinden“ werden [127]. Die Form solcher Ausgleichungen durch Generalklauseln, die die Bloßstellung eines Gegeneinanders vermeiden sollten, war für die Weimarer Republik vor allem durch die sogenannte Ermächtigungs- und Notverordnungsgesetzgebung bestimmt. Ermächtigungslegislation und präsidiale Notverordnung aber beruhten gleichermaßen auf jenem Artikel 48, dessen Grundlage die Generalklausel von der „Wiederherstellung der öffentlichen Sicherheit und Ordnung“ war.

Nach der nationalsozialistischen Machtergreifung wurde diese Gefahr für alle kritischen Beobachter schonungslos deutlich: „Offen zutage liegen die literarischen Bestrebungen, den Staat auch aus der Umklammerung solcher letzter Formeln zu lösen und ihn zum nackten Gewalt- oder Machtstaat zu deklarieren. Dann also würden seine Organe an nichts mehr, weder an Treu und Glauben noch an Sicherheit und Ordnung, gebunden sein [128].“ Jetzt setzte also ein unkontrollierbarer „Staat“ als oberste Macht selbst die Generalklauseln für sein eigenes Verhalten; mit dem Zusammenfließen von Beweglichkeits- und Machtfaktor hörte die Generalklausel auf, Maßstab zu sein, und wurde zur einseitig und unkontrollierbar geführten Waffe. Die politische Ausweitung der Generalklausel mußte konsequent zur Auflösung des Rechtsstaates führen, wenn sich der Träger der Macht des Unterschieds zwischen den wirklichen staatsnotwendigen Fragen und einem unantastbaren System von Grundrechten, ja, der unverzichtbaren Beschränkung aller Notmaßnahmen durch eine demokratische Rechtsordnung nicht bewußt blieb. Vielleicht hätte dies vertrauensselig auf das politische Ermessen und Verhalten eines einzelnen Menschen gestützte Postulat, von dem die Verfechter eines gemäßigt autoritären Präsidialsystems ausgingen, die Anwendung der Generalklauseln noch in einem erträglichen Maß zu halten vermocht. So fragwürdig aber jene Unterscheidung und die Möglichkeit ihrer Realisierung erscheinen mußte, so sichtbar wurde sie schon von der letzten Führung der Republik beiseitegeschoben; von Hitler vollends ist sie nicht übernommen und nie anerkannt worden.

127 Zu dieser Problematik Neumann, *Behemoth* (Anm. I/32), S. 440 ff.

128 Hedemann (Anm. VII/124), S. 51 f.; vgl. S. 73 ff. und Neumann, *Behemoth* (Anm. I/32), S. 443 ff.

ZUR WIRTSCHAFTSPOLITISCHEN MACHTSTRUKTUR

Die besonderen Strukturprobleme der Weimarer Republik, die zugleich Einblicke in das Problem der Verteilung, Behauptung, Verschiebung der Macht, in das Ineinander von Partei- und Interessenpolitik in einer Demokratie gestatten, wirkten sich auch bestimmend auf Charakter und Entwicklung der Wirtschaftspolitik aus. Die enge Verflechtung von Wirtschaft und Politik und durch sie die einflußreiche Aktivität der Interessenverbände gehört zu den wichtigen Kennzeichen der modernen Entwicklung. Sie erweist zugleich recht augenfällig die Problematik einer demokratischen Ideologie, deren Gleichheitspostulat der differenzierenden Wirklichkeit nicht gerecht zu werden vermag und deren Freiheitsgedanke das Maß der konkreten Bindungen im politischen, sozialen und ökonomischen Raum zu unterschätzen geneigt ist. Es war denn auch die Frage nach dem Verhältnis von Wirtschaft und Politik, der ideologisch aufgebauschte Anspruch auf „Eigenständigkeit" der Wirtschaft, das Problem ihrer konkreten Einflußmöglichkeiten und verhüllten Machtansprüche an die Politik, die eine gewichtige Rolle gespielt haben: nicht nur in der theoretischen Auseinandersetzung, sondern vor allem auch in der Herausbildung der politischen Fronten und der organisierten Gruppen zur kollektiven Selbstbehauptung des in der Vereinzelung dem Stärkeren ausgelieferten Individuums.

1. Die Politik der Interessengruppen

Starke Zentralorganisationen bestimmten die wirtschaftspolitische Struktur der Weimarer Republik. Die Interessen von Handel, Industrie und Landwirtschaft waren in großen Reichsverbänden, den „Spitzenverbänden der deutschen Wirtschaft", zusammengefaßt und vertreten [1]. Neben dem Reichsverband der Deutschen Industrie [2], der im Februar 1919 ausdrücklich zur Förderung der Interessen und der „Macht ... der deutschen Industrie" gegründet wurde, standen der Reichslandbund (großagrarisch) sowie die Vereinigung der deutschen Bauernvereine (christliche Regionalvereine) [3] und die Deutsche Bauernschaft (Kleinbauern), die Verbände des Groß- und Überseehandels, des Einzelhandels und die Vereinigung deutscher Banken. Arbeitsrechtlich

1 Vgl. die Zusammenstellung von Arbeitgeberseite bei Alfred Kuhlo, *Die Organisation der deutschen Industrie,* Berlin 1928, S. 59 ff. Ferner den Überblick bei Robert A. Brady, *Business as a System of Power,* New York 1943, S. 25 ff.; Gurland, „Technological Trends" (Anm. VI/64), S. 227 ff.

2 So der Bericht in: *Veröffentlichungen des Reichsverbandes der Deutschen Industrie,* Heft 1 (Mai 1919), S. 17 ff. Dem ersten Präsidium gehörten u. a. an: Bosch, Duisberg, Frowein, Hugenberg, v. Siemens, Stinnes und als Vorsitzender der Krupp-Direktor Sorge.

3 Dazu jetzt die Biographie des Präsidenten der Vereinigung (1928–1933): Reichardt, *Andreas Hermes* (Anm. VI/65), S. 112 ff. Weiteres zur agrarischen Interessenpolitik u. S. 186.

entsprach ihnen die Vereinigung deutscher Arbeitgeberverbände. Es waren komplizierte Großorganisationen, überdimensionale *pressure groups*, die Querverbindungen durch alle bürgerlichen Parteien hielten und von einer Wirtschaftsbürokratie nicht unähnlich der Ministerialbürokratie getragen wurden. Ihnen standen die Spitzenverbände der Gewerkschaften und sonstigen Arbeitnehmerorganisationen gegenüber, die — soweit es ihre Funktion als *pressure groups* anging — ähnliche Merkmale entwickelten. Das Bild ist besonders verwirrend durch die Unzahl von Querverbindungen und Zusammenschlüssen auf den verschiedensten wirtschaftspolitischen und wirtschaftstechnischen Ebenen, die alle auf eine Rolle als Staat im Staate hin tendierten: so die Syndikate, Trusts, Kartelle.

Gegen Ende der zwanziger Jahre verschärften sich erneut die Probleme vor allem der sozialen Struktur, die schon durch den Krieg, durch die tatsächlichen Machtverschiebungen wie die unausgenützten Möglichkeiten der Revolution von 1918 und endlich durch die Inflation eine materiell wie psychologisch spürbare Ausweitung erfahren hatten: die Sozialpolitik fand sich notwendigen Entscheidungen gegenüber. „Krisis der Sozialpolitik“ [4] wurde zu einem ersten Schlagwort sowohl der kapitalistischen Interessenrichtung, die auch unter veränderten Voraussetzungen weitgehend die Linie der Vorkriegspolitik zu verfolgen suchte, wie der sozialistischen, nach der Revolution dem neuen Staat zugewandten Bestrebungen, die auf den weiteren Umbau der in Bewegung gekommenen Wirtschaftsgesellschaft ausgingen [5]. Die gewandelten politischen Machtverhältnisse hatten Verschiebungen und Gewichtsverlagerungen zwischen den alten sozialpolitischen Fronten, zugleich neue Möglichkeiten zu ihrer Kontrolle und Beeinflussung angebahnt, und die Frage nach dem Verhältnis der Sozialpolitik zur politischen und wirtschaftlichen Struktur der Gesellschaft war in neuer Form gestellt. Tatsächlich hatte der Kampf um die Führung der Arbeiterbewegung längst zu einer Politisierung der Gewerkschaften und zur Steigerung ihres Einflusses auf Parlament und Regierung geführt. Auch die Gegenseite stellte sich darauf ein. Die sozial- und wirtschaftspolitischen Initiativen gerade auch der Parteien wurden jetzt weitgehend außerhalb des Parlaments in den Büros der Arbeitgeberverbände und der Gewerkschaften formuliert und verhandelt. In der Tätigkeit dieser Verbände, die damit Entscheidungen von weittragender politischer Bedeutung zu treffen hatten, manifestierte sich die tatsächliche Verknüpfung von Politik und Wirtschaft [6]. Wenn nun die Führung weitgehend bei der Wirtschaft und dabei seit dem Ende der Inflation besonders bei der Schwerindustrie lag, so mußte die Konjunkturlage Rückwirkungen auf die Sozialpolitik haben [7]. Der

4 Vgl. den Überblick über die Diskussion dieses Problems und die Gruppierungen bei Ludwig Preller, *Sozialpolitik in der Weimarer Republik*, Stuttgart 1949, S. 208 ff. Ferner Bernhard Otte, „Die Krise der Sozialpolitik“, in: *Krisis* (Anm. IV/126), S. 131 ff.; *Deutsche Sozialpolitik 1918–1928, Erinnerungsschrift des Reichsarbeitsministeriums*, Berlin 1929.

5 Zur Gewerkschaftspolitik in den Nachkriegswirren Theodor Cassau, *Die Gewerkschaftsbewegung, ihre Soziologie und ihr Kampf*, Halberstadt 1925, S. 44 ff.; S. 253 ff.; S. 309 ff. u. a. Der Großteil dieser grundlegenden Schrift beschäftigt sich allerdings mit der Vorkriegsentwicklung und mit systematischen Fragen.

6 Vgl. Richard Woldt, „Die deutschen Gewerkschaften in der Nachkriegszeit“, in: *Strukturwandlungen der Deutschen Volkswirtschaft*, hrsgg. von Bernhard Harms, 2. Aufl., Berlin 1929, Bd. I, S. 503 ff.; S. 520; Margarete Bischke, *Entwicklungstendenzen der modernen deutschen Gewerkschaftsbewegung*, 1930, mit der Literatur. Jetzt auch Theodor Picker, „Die Gewerkschaft als politische Organisation“, in: *Gewerkschaftliche Monatshefte* 2 (1952), S. 76 ff. mit einer Kritik am traditionellen deutschen „etatistischen Irrtum“ – nur die Parteien als politische Organisationen anzusehen – und einer Abgrenzung der Funktionen von Partei und Gewerkschaft.

7 Allgemein Friedensburg (Anm. I/23), S. 309 ff.; einzelnes Preller (Anm. VIII/4), S. 173 ff.

sozialpolitische Antagonismus zwischen Arbeitgeber- und Arbeitnehmergruppen wurde nach Verteilung und Einsatz der Kräfte von der Wirtschaftslage bestimmt.

So war es nur natürlich, daß zumal seit dem Ausbruch der Wirtschaftskrise 1929 ein Mißverhältnis zwischen Geltung und Organisation der Gewerkschaften und ihren machtpolitischen Möglichkeiten sichtbar wurde. Eine zunehmende Arbeitslosigkeit erschöpfte ihre finanzielle Kraft und erschütterte gleichzeitig den Glauben der Arbeiterschaft, sie besitze in den Gewerkschaften eine Sicherung ihrer Existenz. Diese Entwicklung wurde durch den mangelhaften direkten Kontakt eines zu sehr verselbständigten bürokratischen Apparats mit den von ihm vertretenen Menschen und ihren Problemen noch verstärkt, mochte auch die Gewerkschaftspresse bis zuletzt und inmitten der Angriffe von rechts und links einen bemerkenswerten Einfluß behalten [8]. Enttäuschte Erwartungen, Unsicherheit von Organisation und Organisierten, labile Passivität waren die Folge, obgleich die Mitgliederzahlen bis zuletzt kaum absanken [9]. Das gilt von den sozialistischen wie von den christlichen Gewerkschaften und den Hirsch-Dunckerschen Gewerkvereinen. Es gilt ebenso von den Angestelltenverbänden und Beamtenorganisationen, die unter diesen Umständen in Bewegung gerieten.

Der tatsächliche Machtverlust vor allem der Gewerkschaften wurde noch gefördert durch zunehmende Rationalisierung und ausgreifende Konzentration der Industrie [10]. Traditionsgebundenheit, eigengewerkschaftlicher „Kapitalismus“ [11] und Bürokratisierung machten die Arbeitnehmerverbände, die seit 1918 mit dem Staat und in traditioneller Wechselbeziehung vor allem mit der SPD zusammenarbeiteten [12], noch unbeweglicher und führten zu einem deutlichen Machtschwund schon vor Einbruch der Wirtschaftskrise. Wir fassen ihn vor allem im Rückgang der Streikbewegung, die nun weitgehend durch die Überkontrolle der großen wirtschaftlichen Einheiten und entsprechend starke Arbeitgeberorganisationen kompensiert werden konnte. Gegenüber der wachsenden staatlichen Intervention mußten entweder Streiks als staatsfeindlich oder — im Falle staatlicher Regelung — gewerkschaftliche Organisationen als überflüssig erscheinen. Eine besondere Rolle spielten die Veränderungen in der sozialen Schichtung, vor allem mit der Zunahme nicht-

8 Dazu Ernst Drahn, „Zur Quellenkunde für eine Geschichte der deutschen Gewerkschaftspresse“, in: *Jahrbücher für Nationalökonomik und Statistik* 136, 3. F. 81 (1932), S. 881 ff.; polemisch Ludwig Sabel, „Wirtschaftliche Gewerkschaftsunternehmungen“, *ebda.* 82 (1932), S. 90.

9 Einzelheiten zur Stärke der Organisationen bei Preller (Anm. VIII/4), S. 182 ff. Vgl. Carl Rothe, *Die Front der Gewerkschaften*, Jena 1932, Anhang, S. 204, und die Zahlen bei Ferdinand Fried, „Kapital und Masse“, in: *Die Tat* 22, Heft 10 (Januar 1931), S. 790. Von der Arbeiterschaft war fast die Hälfte, von den Angestellten und Beamten nur ein Viertel organisiert; die ersteren weit überwiegend, die beiden letzteren nur knapp zur Hälfte sozialistisch.

10 Vgl. u. S. 195 ff. sowie Ludwig Heyde, „Rationalisierung und Arbeiterschaft“, in: *Strukturwandlungen* (Anm. VIII/6), S. 287 ff. Elisabeth Schalldach, *Rationalisierungsmaßnahmen der Nachinflationszeit im Urteil der Freien Gewerkschaften*, Jena 1930, S. 84 ff.; *Wirtschaftsdemokratie, ihr Wesen, Weg und Ziel*, hrsgg. im Auftrag des Allgemeinen Deutschen Gewerkschaftsbundes von F. Naphtali, 1928, S. 28 ff., und Robert A. Brady, *The Rationalization Movement in German Industry*, Berkeley (Calif.) 1933.

11 Vgl. das Material bei Otto de la Chevallerie, *Die Gewerkschaften als Unternehmer*, Berlin 1930. Dazu auch die Kritik bei Fritz Leinweber, „Der Kapitalismus der Gewerkschaften“, in: *Die Tat* 22, Heft 5 (August 1930), S. 344 ff. Die Bewegung zur Errichtung eigener Banken und Versicherungen griff von den Angestelltenorganisationen auf alle Arbeitnehmerverbände über und wurde zu einem Wirtschaftsfaktor erster Ordnung: auch darin, ebenso wie im (Konsum- und Produktiv-)Genossenschaftswesen, fand jene Tendenz zur Konsolidierung einer Zwischenposition zwischen „Kapital und Arbeit“ ihren Ausdruck, die recht eigentlich eine Widerlegung der marxistischen Soziologie auf der Ebene der Gewerkschaftspolitik bedeutete. Weiteres vgl. u. S. 193 f.

12 Vgl. Gerhard Kessler, „Die Lage der deutschen Arbeiterschaft seit 1914“, in: *Strukturwandlungen* (Anm. VIII/6), I, S. 455 ff.; S. 473 f.; Neumann, *Behemoth* (Anm. I/32), S. 17 ff.; S. 411 ff.; Cassau (Anm. VIII/5), S. 54 ff.; zum Auf und Ab im Verhältnis SPD–Gewerkschaften bis 1925 S. 284 ff., bes. S. 294 ff.

organisierter ungelernter Arbeiter und Frauen und mit der stärkeren Differenzierung in besser bezahlte Vormänner, Angestellte usw. Dazu kam nun die wachsende Arbeitslosigkeit, die mit ihren psychologischen Konsequenzen sozialer Enttäuschung und politischer Radikalisierung ein rationales Funktionieren der Gewerkschaftsorganisationen immer stärker blockierte. Ihre Handlungsfreiheit wurde aber nicht nur durch „sozial-kapitalistische" Sprengungsaktionen [13], sondern auch durch die ständige Auseinandersetzung mit den Kommunisten weiterhin eingeengt. Tatsächlich ging die KPD, die ja an dieselben Schichten appellierte, nach dem Scheitern eigener Gewerkschaftsgründungen erneut auf Eroberung der bestehenden Gewerkschaften aus [14] und konnte in der Krisenzeit ihren Einfluß erheblich vermehren. Die Folge war jene Unsicherheit in der Stellung zur Wirtschaftspolitik und in der politischen Haltung [15], die sich in einer ratlosen Tolerierungspolitik gegenüber dem Kabinett Brüning und anschließend in einer ebenso ratlosen Oppositionsstellung gegen die Experimente Papens und Schleichers auswirken sollte. Abwehr und Angriffe gegen den Kommunismus wurden unter diesen Umständen schließlich willkommener Vorwand zur Bekämpfung auch der Gewerkschaften, die weder mit ihrer Zersplitterung noch mit der alten Problematik des „Reformismus" fertig wurden [16].

Noch deutlicher wurde der Zusammenhang von Wirtschaft, Sozialpolitik und allgemeiner Politik an der Aktivität der Arbeitgeberverbände. Vor dem Ersten Weltkrieg hatten die Unternehmer einen offenen Kampf gegen die Gewerkschaften geführt, in dem sie von den Regierungen durchaus unterstützt worden waren. Besonders die sozialistischen Gewerkschaften waren als ein Teil der vermeintlichen sozialdemokratischen Umsturzbewegung betrachtet und darum als legitime Vertreter der Arbeiterschaft nie anerkannt worden. Beamten und Angestellten des Staates war die Mitgliedschaft untersagt, das Koalitionsrecht wurde durch vielfache Schikanen modifiziert, und gewerkschaftliche Organisierung war oft genug ein Grund zur Entlassung der Arbeiter. Doch wurden solche Erscheinungen durch die wirtschaftliche Konjunktur und den sich ständig hebenden Lebensstandard der gesamten Bevölkerung weitgehend wieder ausgeglichen. Der Weltkrieg selbst beschleunigte die Emanzipationsbestrebungen; aber gleichzeitig führte er im Zeichen des „Burgfriedens" zu einer Annäherung der Sozialpartner in „Arbeitsgemeinschaften". Damit war die Anerkennung der Gewerkschaften auch seitens des Staates

13 Vgl. z. B. die Forderung einer „sozialkapitalistischen deutschen Gewerkschaft" im Sinne einer ständischen Neuordnung in dem bei Scherl (Hugenberg) erschienenen Buch von Gustav Hartz, *Irrwege der deutschen Sozialpolitik und der Weg zur sozialen Freiheit*, Berlin 1928, S. 228. Eine gute Untersuchung des Vordringens einer antisozialistischen, zum Teil antigewerkschaftlichen *middle-class-ideology* im Verfolg dieser Entwicklung bietet Hans Speier, „The Salaried Employee in Modern Society", in: *Social Research* 1934, S. 118 f. Das Gegenbild ist die unsichere Haltung der offiziellen Gewerkschaftsleitung gegenüber dem Arbeitslosenproblem schon vor Ausbruch der Krise. Rationelle Modernisierung der Wirtschaft wurde grundsätzlich bejaht, wenn auch in der organisatorischen Durchführung im einzelnen kritisiert, soziale Härten wurden als vorübergehend hingenommen: vgl. z. B. Fritz Tarnow, *Warum arm sein?*, Berlin 1929; in diesem Sinn auch Leipart, Naphtali und Eggert; Einzelheiten bei Schalldach (Anm. VIII/10), S. 26 f.; S. 75 ff.; S. 118 ff.; S. 132 ff. Auch die Denkschrift *Gegenwartsaufgaben deutscher Wirtschaftspolitik* (1926), als Entgegnung auf eine Denkschrift des Reichsverbands der Deutschen Industrie (1925) vom ADGB, AfA und ADB der Reichsregierung eingereicht, ist für diese zwiespältige Haltung aufschlußreich.

14 Vgl. Cassau (Anm. VIII/5), S. 295 ff.; Flechtheim, *Die KPD* (Anm. I/16), S. 139 ff.; S. 160 ff. Zur Frage der Einheitsfront SPD–KPD und einer Aktion der Gewerkschaften z. B. Fritz Sternberg, *Der Niedergang des deutschen Kapitalismus*, Berlin 1932, S. 382 ff.; Stechert (Anm. III/88), S. 349 ff.

15 Z. B. die durch die ständige Auseinandersetzung mit den Kommunisten bedingte Schwäche in der Stellung zur Rationalisierung innerhalb der einzelnen Fachverbände und Betriebe: vgl. Schalldach (Anm. VIII/10), S. 169 f.

16 Dazu auch Adolf Sturmthal, *The Tragedy of European Labor 1918–1939*, New York 1943, S. 83 ff.

nicht mehr aufzuhalten; sie wirkten in kriegswirtschaftlichen Organisationen mit und erreichten die Tolerierung und Respektierung ihrer Betriebsausschüsse. Noch immer bemühten sich die Arbeitgeberverbände, dies nur als vorübergehende, kriegsbedingte Konzession zuzulassen — besonders, als gegen Kriegsende die antagonistischen Ideologien des Klassenkampfes bzw. des „Herr-im-Hause"-Standpunktes wieder schärfer aufeinanderprallten. Aber die organisatorische und persönliche Berührung war eindringlich genug gewesen, um die Zusammenarbeit auch weiterhin zu sichern und noch vor der Revolution in einer großen paritätischen „Zentralen Arbeitsgemeinschaft" zu verankern [17].

Die Gewerkschaften hatten ihr erstes Ziel erreicht, als ihnen die Arbeitgeberexponenten hier die legitime Vertretung der Arbeiterschaft, unbeschränktes Koalitionsrecht, Verzicht auf „gelbe Gewerkschaften" und strikte Parität in Fragen des Arbeitsnachweises, der Schlichtungsinstanzen, der Tarifverträge sowie in allen durch den Übergang zur Friedenswirtschaft bedingten Vorhaben einräumten [18]. Aber der Pakt zwischen Hugo Stinnes und Carl Legien, der so, nicht zuletzt durch die geschickte persönliche Vermittlung Hans v. Raumers, zustande kam [19] und zunächst einen ersten Machtfaktor der jungen Republik darstellte, wurde bald durch die wenig wirkungsvolle gesetzliche Organisation des Reichswirtschaftsrats verwässert, während gleichzeitig interessengebundene wirtschaftspolitische Überlegungen unter dem Eindruck der Inflation zu neuen Konflikten und zum Wiederaufleben des alten Antagonismus führten. Die wirkliche „Zusammenarbeit" war zu kurz und organisatorisch wie psychologisch zu wenig fundiert gewesen. Jetzt brachen die Interessengegensätze der Vorkriegszeit in neuen Formen und unter den neuen staatlichen Verhältnissen wieder auf, und Ende 1923 wich die „Zentrale Arbeitsgemeinschaft" endgültig der verschärften Kampfstellung.

Diese Entwicklung hatte schon unmittelbar nach dem Kriege in dem Versuch eines Zusammenschlusses der „Vereinigung deutscher Arbeitgeberverbände" und des „Reichsverbandes der Deutschen Industrie" als wirtschaftspolitischem Instrument der Unternehmer ihren Ausdruck gefunden [20]. Schon bei der Gründung des „Reichsverbandes" 1919 war — mit einer gewissen Hoffnung doch — bedauert worden, „daß der Grundsatz der Anerkennung der Gewerkschaften als der legitimierten Vertretung der organisierten Arbeiterschaft kaum jemals wieder zu erschüttern ist" [21]. Es ist kaum zu verkennen, daß „die Zusammenarbeit mit den Arbeitnehmern in der Lösung wirtschaftlicher und sozialer Fragen" [22] von diesem Gremium nur unter dem Druck der revolutionären

17 Vgl. o. S. 22. Dazu jetzt auch die Bemerkungen des damaligen Leiters des Zentralverbandes der elektrotechnischen Industrie und (1920/21, 1923) Reichsschatz- und Reichswirtschaftsministers Hans v. Raumer (Anm. I/35), S. 425 ff. (mit einer authentischen Schilderung der Vorgänge um die „Zentrale Arbeitsgemeinschaft" von Arbeitgeberseite).

18 Vgl. auch: *Zur Sozialisierungsfrage, Die Arbeitsgemeinschaft der industriellen und gewerblichen Arbeitgeber und Arbeitnehmer Deutschlands* (vier Referate, erstattet auf dem zehnten Deutschen Gewerkschaftskongreß zu Nürnberg), Sonderdruck Berlin 1919, S. 55 ff.

19 Raumer (Anm. I/35), S. 428 ff. Raumer war gleichzeitig Abgeordneter der DVP.

20 Geplant war ihre Personalunion unter dem Krupp-Direktor und ersten Vorsitzenden des „Reichsverbands" Sorge; vgl. *Soziale Praxis* 29, Sp. 275. Zur Organisation der Arbeitgeberverbände noch Neumann, *Behemoth* (Anm. I/32), S. 235 ff. u. a.; Preller (Anm. VIII/4), S. 197 f.

21 *Veröffentlichungen des Reichsverbandes der Deutschen Industrie* (Anm. VIII/2), S. 17. Es ist auch bezeichnend, daß damals die Zustimmung zur „Zentralen Arbeitsgemeinschaft" vor allem durch den beschwichtigenden Hinweis auf den provisorischen Charakter ihrer Satzung gerechtfertigt wurde *(ebda.,* S. 23).

22 *Ebda.*, S. 23. Bemerkenswerterweise ist damit auch das im weiteren (und bis heute) heftig umkämpfte wirtschaftliche neben dem sozialen Mitbestimmungsrecht durchaus anerkannt: „. . . die Arbeitnehmer sollen auch an der Beratung wirtschaftlicher Fragen beteiligt werden. Anders geht es in Zukunft nicht" (so Abraham Frowein, *ebda*).

Umstände gebilligt wurde. Eine direkte Folge der neuen Aktivität der Arbeitgeber war die wachsende Bemühung um Einfluß auf die Regierungspolitik; sie suchten vor allem die Probleme der Inflation und der Reparationsregelung entsprechend auszunützen. Das taktische Übergewicht dieses Lagers äußerte sich auf sozialpolitischem Gebiet etwa bei Gelegenheit des Ruhreinbruchs von 1923, als die Industrie die Ablehnung der Demobilisierungsvorschriften mit dem Versuch einer Änderung der geltenden Arbeitszeitgesetzgebung im Sinne des alten „Herr-im-Hause"-Standpunkts verband [23].

In den Jahren der Stabilisierung ging der Kampf um die Massen, der nur schwach von bürgerlichen Minderheitsregierungen und wechselnden parteipolitischen Auseinandersetzungen verdeckt wurde, von den Parteien immer mehr zu den großen Wirtschaftsorganisationen über; er mündete nur scheinbar in ein stabiles Gleichgewicht der Kräfte ein [24]. Denn es war vor allem eine Periode der Stabilisierung und Machterweiterung der Großindustrie, zugleich eine Periode gesteigerter monopolistischer Entwicklung, wie sie in der Gründung umfassender Konzerne wie der Vereinigten Stahlwerke und der I. G. Farben ihren Ausdruck fand [25]. Auch eine in diesen Jahren veröffentlichte Denkschrift des „Reichsverbandes" stand im Zeichen wachsender Machtansprüche auf steuer-, betriebs- und kartellpolitischem Gebiet, so versöhnlich und gemäßigt Ton und Form noch gehalten waren [26]; dies gilt auch für die Kritik an den sozialpolitischen Verpflichtungen der Unternehmerschaft, während die Frage der Mitbestimmung hier überhaupt keine Erwähnung mehr fand und die Frage der Wirtschaftsdemokratie in gänzlich ablehnendem Sinne beantwortet wurde [27].

Mit dem Beginn der Krise und unter Ausnützung der Deflationspolitik erfolgten darum neue Einbruchsversuche. Sie gingen auf die Beseitigung der Allgemeinverbindlichkeitserklärung und Unabdingbarkeit der Tarifverträge und besonders auf Abbau der Leistungen in der Arbeitslosenversicherung aus, deren Höhe ja unmittelbar mit der Lohnbildung zusammenhing. Dahinter stand die Einsicht in die gewaltige politische Bedeutung des Arbeitsrechts, das weit über die sozialpolitischen Implikationen hinaus eine wichtige Rolle beim Sturm auf die Republik selbst spielen sollte [28]. Entsprechende Äußerungen maßgebender Exponenten stießen verhüllt oder offener schon in diese Richtung vor. Sie argumentierten mit dem „unerläßlichen Gleichgewicht zwischen den sozialen Bedürfnissen auf der einen und den wirtschaftlichen Gegebenheiten auf der anderen Seite" [29], und sie polemisierten gegen die „staatliche

23 Einige Details bei Stegerwald (Anm. III/125), S. 45; vgl. Preller (Anm. VIII/4), S. 199 ff.; S. 31; Hirsch, *Strukturwandlungen* (Anm. VIII/6), I, schließt S. 224 seine Betrachtung des Strukturwandels der Industrie mit der Feststellung ab: „Die deutsche Industrie beherrscht praktisch die deutsche Politik, die innere wie die äußere. . . Der Versuch, die politische Bestimmung vorwiegend auf die Arbeiterschaft zu übertragen, ist auf eigentümlichen Wegen im Reiche teilweise gescheitert. . ."

24 Vgl. die optimistischen Prognosen unternehmernaher Wissenschaftler wie damals auch Joseph A. Schumpeter, „Der Unternehmer in der Volkswirtschaft von heute", in: *Strukturwandlungen* (Anm. VIII/6), I, S. 303 ff.; S. 324. Die Beruhigung spiegelt sich auch in den Verlautbarungen des „Reichsverbands" wider, wo Duisberg als Nachfolger Sorges die Republik und ihre Verfassung der Loyalität der Unternehmerschaft versicherte: *Veröffentlichungen des Reichsverbandes der Deutschen Industrie,* Heft 28 (Juli 1925), S. 10 ff.; vgl. Heft 25 (Mai 1925), S. 20 (Zusammenarbeit Unternehmer–Arbeiter).

25 Dazu u. S. 195 ff.

26 „Deutsche Wirtschafts- und Finanzpolitik", in: *Veröffentlichungen des Reichsverbandes der Deutschen Industrie,* Heft 29 (Dezember 1925).

27 Vgl. besonders den von führenden Wirtschaftlern und namhaften Akademikern bestrittenen Sammelband: *Das Problem der Wirtschaftsdemokratie, Zur Düsseldorfer Tagung des Reichsverbandes der Deutschen Industrie,* hrsgg. von der *Deutschen Bergwerkszeitung,* Düsseldorf 1929.

28 Dazu Ernst Fraenkel, „Die politische Bedeutung des Arbeitsrechts", in: *Die Gesellschaft* 9, Heft 1 (Januar 1932), S. 36 ff.

29 August P. E. v. Borsig auf der Mitgliederversammlung der Vereinigung der Arbeitgeberverbände 1928: *Soziale Praxis* 38, Sp. 400; vgl. *ebda.* 39, Sp. 64.

Zwangslohnpolitik", die „übertriebene Ausweitung der Sozialversicherung" und die „Überspannung des Fürsorgeprinzips" [30]. Die Entwicklung ging in einer Richtung weiter, die angesichts der apodiktischen Übergriffe der Brüningschen Notverordnungspolitik mit den Bestrebungen rechtsstehender Verfassungsrechtler zusammentraf, den Begriff der Wirtschaftsdemokratie überhaupt einer scharfen Kritik zu unterwerfen [31].

Freilich muß eine genauere Betrachtung, die auch die sozialen Bedingtheiten näher ins Auge faßt, das Bild dieser Fronten wesentlich differenzieren [32]. Es ist vor allem jener Flügel der Unternehmerschaft zu berücksichtigen, der durch Namen wie Stresemann und Silverberg bezeichnet werden könnte und im wesentlichen Export-, Chemie- und Elektro- sowie Fertigwarenindustrie umfaßte. Silverbergs Gestalt und Wirken ist uns durch ein vor kurzem erschienenes Buch greifbarer geworden [33], das einen Blick in sonst schwer zugängliche Hintergründe, Machtverhältnisse, Tendenzen des wirtschaftspolitischen Geschehens erlaubt [34]. Als Exponent gemäßigten kapitalistischen Unternehmertums war Silverberg besonders auf der Dresdener Mitgliederversammlung des Reichsverbandes der Deutschen Industrie 1926 für eine weitere Bemühung um jenes Gleichgewicht der Kräfte eingetreten, das nach der Revolution und wieder nach der Inflation die Wirtschaftspolitik und ihre Einschaltung in die allgemeine Politik bestimmt hatte. Seine Feststellung, daß sich die deutschen Unternehmer auf den Boden des heutigen Staates und der Reichsverfassung gestellt hätten, schloß das Bekenntnis ein, es könne „nicht ohne die Arbeiterschaft regiert werden", und zielte auf eine Fortsetzung der kompromißbereiten Zusammenarbeit mit den Gewerkschaften hin [35].

Dagegen stand vor allem die politische Linie der Schwerindustrie, für die Thyssen im Langnam-Verein Silverberg antwortete, indem er, der seit 1923 die NSDAP unterstützte, die Verquickung wirtschaftlicher und politischer Vertretung der Arbeiterinteressen kritisierte und das sozialpolitische Anliegen durch das sozialimperialistische Schlagwort ersetzte, die Seele des Arbeiters sei weder sozialistisch noch klerikal, sondern deutsch [36]. Auf derselben Linie lag die vieldeutige Bemerkung, mit der die Hauptausschußsitzung des „Reichsverbandes" am 12. Februar 1926 eingeleitet wurde: alle Industriellen hätten den Wunsch, „daß wir das in Deutschland wiederbekommen, das wir vor dem Kriege hatten" [37].

Der Weg wichtiger Teile der Industrie in die „Nationale Opposition" wurde endgültig frei, als auf der Düsseldorfer Mitgliederversammlung des „Reichs-

30 Vgl. die Nachweise bei Preller (Anm. VIII/4), S. 200 ff.

31 Dahin gehört auch die Schrift des nachmaligen nationalsozialistischen Verfassungsrechtlers Ernst Rudolf Huber, *Das Deutsche Reich als Wirtschaftsstaat* (Recht und Staat in Geschichte und Gegenwart, Heft 85), Tübingen 1931, in der schon der Autoritätsstaat Papenscher Prägung mit seinen wirtschaftspolitischen Aspekten vorentworfen wird. Zur Stellung der Gewerkschaften: *Wirtschaftsdemokratie* (Anm. VIII/10), bes. S. 175 ff.; vgl. Schalldach (Anm. VIII/10), S. 90 ff.; Cassau (Anm. VIII/5), S. 309 ff.

32 Dazu Gablentz, *Berufskunde* (Anm. VII/4), bes. S. 104 ff.; Geiger, *Soziale Schichtung* (Anm. VI/33), mit besonderer Berücksichtigung der Verschiebungen in den Mittelschichten (bes. S. 109 ff.); Cassau (Anm. VIII/5), S. 26 ff.; S. 340 ff.; Sternberg (Anm. VIII/14), S. 353 ff.

33 Paul Silverberg, *Reden und Schriften*, hrsgg. von Franz Mariaux, Köln 1951, mit einer umfangreichen Einleitung über Situation, Gruppierungen und Querverbindungen der deutschen Unternehmer. Vgl. auch die Personenskizzen bei Reibnitz (Anm. III/26), S. 174 ff.

34 Das Konfessionsbuch von Thyssen, *I paid Hitler* (Anm. IV/45), von einem geschickten Interviewer nicht ganz einwandfrei zusammengestellt und von Thyssen selbst nachträglich zum großen Teil widerrufen, ist in diesem Zusammenhang eine Enttäuschung.

35 Silverberg am 4. September 1926: *Veröffentlichungen des Reichsverbandes der Deutschen Industrie*, Heft 32 (September 1926), S. 55 ff. Es ist kaum zweifelhaft, daß Silverberg damit die aggressiven Äußerungen auf der Frühjahrstagung des „Reichsverbandes" zurückweisen wollte.

36 *Soziale Praxis* 35, Sp. 1125.

37 Frowein in: *Veröffentlichungen des Reichsverbandes der Deutschen Industrie*, Heft 30 (April 1926), S. 6.

verbandes“ vom September 1929 der erste Vorsitzende Duisberg einen scharfen Angriff auf die „sozialistische“ Tendenz der Regierung Müller unternahm [38] und demgegenüber in mehreren Referaten der „nationale“ Primatanspruch des industriellen Unternehmertums angemeldet wurde, nicht ohne daß scharfe Worte gegen Demokratie und „Staatssozialismus“ fielen [39]. Die Äußerungen aus den Jahren 1930—1932 setzten diese aggressive Tendenz fort; sie indizierten auch die verstärkte sozialpolitische Kampfstellung [40]. Schwierigkeiten und Sturz des Kabinetts Müller, das auf die Unterstützung der Gewerkschaften und der Unternehmerschaft gleichermaßen gegründet war, spiegelten die neue Vertiefung der Gegensätze zwischen den wirtschaftspolitischen Fronten selbst in kleineren sozialpolitischen Fragen wider und drückten zugleich das politische Gewicht der Interessengruppen und die Richtung der sich anbahnenden Machtverschiebung überhaupt aus. Die verschärfte Kampfstellung bewirkte jetzt auch eine gegensätzliche Einstellung zu anderen wichtigen Problemen, unter denen der innenpolitische Ausgleich der im Young-Plan festgelegten Reparationslasten und die Frage der Bereinigung der wachsenden Finanznot an erster Stelle standen [41].

Gleichzeitig führte der Beginn der Wirtschaftskrise zu einer Intensivierung der agrarischen Interessenpolitik. Ihr sichtbarer Ausdruck war der Zusammenschluß der landwirtschaftlichen Interessengruppen zur „Grünen Front“. Der Deutsche Landwirtschaftsrat, der Reichslandbund, die Deutsche Bauernschaft und die Vereinigung der christlichen deutschen Bauernvereine gründeten im März 1929 eine Spitzenorganisation, die sogleich mit inner- und außerparlamentarischen Mitteln [42] und in einem Zweifrontenkrieg gegen Industrie und Handel wie gegen die Gewerkschaften die traditionellen Schutzzollforderungen verfocht und dabei für die Bildung und das Schicksal der Regierung Brüning von gewaltiger Bedeutung werden sollte. Die „Grüne Front“ entwickelte in der Tat eine „einheitliche Stoßkraft“ [43], die bei der Berufung und beim Sturz Brünings, dann auch Schleichers erheblich ins Gewicht fiel und so teils wohl ohne, teils aber auch mit Willen ihrer Exponenten die Auflösung der Weimarer Republik vorantrieb.

Damit ist die wirtschafts- und sozialpolitische Frontstellung nur in großen Zügen umrissen. Eine schlüssige Gesamtuntersuchung steht noch aus [44]. Im-

38 Duisberg am 20. September 1929, *ebda.*, Heft 48 (Oktober 1929), S. 5 f.

39 *Ebda.*, in den Referaten von Dr. Katte (I. G. Farben): „Die Aufgaben der Industrie im öffentlichen und kulturellen Leben der Nation“ (bes. S. 47); Dr. Werner Kehl (Deutsche Bank): „Die Bedeutung des internationalen Kapitalmarktes für Deutschland“ (bes. S. 64); auch August Weber (DDP): „Unternehmertum und Kapitalismus“ (bes. S. 65; S. 71 f.).

40 Vgl. Preller (Anm. VIII/4), S. 203 f.; Hjalmar Schacht, *Grundsätze deutscher Wirtschaftspolitik*, Oldenburg 1932, S. 10, der seit 1930 den Kampf „gegen das System“ an wichtigen Stellen trägt: dazu jetzt Edward N. Peterson, *Hjalmar Schacht, For and against Hitler, A political economic Study of Germany 1923–1945*, Boston 1954. Es sei in diesem Zusammenhang hingewiesen auf jüngste Versuche von seiten der Arbeitgeberverbände, den Zusammenhang zwischen nationalsozialistischer Machtergreifung und Industrie zu bagatellisieren: vgl. Dr. O. [wohl P. Osthold], „Hitler und die Unternehmer“, in: *Der Arbeitgeber* 23 (Dezember 1951), S. 5 ff.

Vgl. u. Teil II, S. 258 ff.; ferner Preller (Anm. VIII/4), S. 392; Helga Timm, *Die deutsche Sozialpolitik und der Bruch der Großen Koalition im März 1930* (Beiträge zur Geschichte des Parlamentarismus und der politischen Parteien 1), Düsseldorf 1953.

Vgl. Reichardt (Anm. VI/65), S. 118: „Der Kampf wurde noch dadurch besonders erschwert, daß eine für das Bauerntum überaus ungünstige Kräfteverteilung in dem seinerzeit [1928/29] für die Gesetzgebung maßgeblichen Parlament, dem Reichstag, und in der Reichsregierung vorhanden war.“ Damit wird dann ganz offen die Gründung und die – für die Brüning-Ära so bedeutungsschwere – Aktivität der „Grünen Front“ erklärt (S. 119 ff.).

So mit etwas naivem Stolz *ebda.*, S. 19. Vgl. dann u. Teil II, S. 261 u. a.

Der Versuch von Cassau (Anm. VIII/5), S. 124 ff.; S. 340 ff. reicht nur bis 1925. Die eingehenden Analysen von Preller (Anm. VIII/4) und Timm (Anm. VIII/41) verzichten auf eine soziologische Begründung, während Gablentz, *Berufskunde* (Anm. VII/4), mehr von einer ständischen, berufsmäßig geglie-

merhin wird das Ausmaß der Schwierigkeiten deutlich, denen sich die neue Regierung Brüning gegenüberfinden sollte. Zugleich sind die sozialen und psychologischen Einsatzmöglichkeiten angedeutet, die sich den nun angreifenden radikalen Bewegungen für ihren Sturm auf die Weimarer Republik, der kommenden nationalsozialistischen Herrschaftsordnung aber für eine Unterwerfung und Instrumentalisierung der wirtschafts- und sozialpolitischen Potenzen im Sinne ihrer Machtziele boten [45].

2. *Der Einbruch der Wirtschaftskrise*

Eine abwägende Beurteilung der interessenpolitischen Auseinandersetzungen und Machtkonflikte im ökonomischen Bereich setzt einen Blick auf die wirtschaftspolitische Lage selbst beim Ausbruch der Weltwirtschaftskrise voraus. Denn die große Krise von 1929/1930 traf auf die schwachen Punkte der wirtschaftlichen Struktur und bedingte eine Art der Wirtschaftspolitik, die die alten Gegensätze der Gruppen vertiefte, mit deren Übergreifen in den vordersten politischen Raum aber wiederum die gegebenen Schwierigkeiten der Regierung vermehrte [46].

Am Ende der zwanziger Jahre begann sich die vergrößerte Produktionskapazität der deutschen Industrie fühlbar auszuwirken. Ihr Umbau nach der Inflation zielte besonders auf eine starke Rationalisierung hin, über deren zwiespältigen Charakter die Meinungen schon damals sehr geteilt waren [47]. Diese Rationalisierung, mit der auch die Auffassung von einer früher einsetzenden deutschen Sonderkrise [48] und von der deutschen Wirtschaft als dem schwäch-

derten Typologie ausgeht. Geiger, *Soziale Schichtung* (Anm. VI/33), bietet wertvolle terminologische Klärungen; er arbeitet besonders den Schichtbegriff und hier vor allem das Erscheinungsbild der Mittelschicht heraus.

45 Zur Organisation der Macht der Industrie im Übergang zur nationalsozialistischen Epoche und im folgenden Prozeß der Unterordnung vgl. vorläufig Brady, *Business* (Anm. VIII/1), S. 22 ff. mit der Literatur; Neumann, *Behemoth* (Anm. I/32), S. 235 ff.; ferner Hermann Levy, *Industrial Germany, A Study of its Monopoly Organizations and their Control by the State*, Cambridge 1935; Horst Wagenführ, *Kartelle in Deutschland*, Nürnberg 1931, und die weiteren Untersuchungen von Robert A. Brady: *The Spirit and Structure of German Fascism*, New York 1937, bes. S. 296 ff.; „Policies of National Manufacturing Spitzenverbände" in: *Political Science Quarterly* 56 (1941), S. 199 ff.; S. 379 ff.

46 Vgl. die allgemeine Darstellung bei Friedensburg (Anm. I/23), S. 201 ff.; S. 298 ff. Jetzt auch Andreas Predöhl, „Die Epochenbedeutung der Weltwirtschaftskrise von 1929 bis 1931", in: *Vierteljahrshefte für Zeitgeschichte* 1 (1953), S. 97 ff., und die Übersicht bei Werner Gebauer, „Wirtschaftspolitische Probleme der Weimarer Republik in neueren Darstellungen", in: *Jahrbuch für Sozialwissenschaft* 2 (1951), S. 223 ff.

47 Positiv z. B. August Sartorius v. Waltershausen, *Die Umgestaltung der zwischenstaatlichen Wirtschaft, Ein geschichtlicher Überblick 1914–1932*, Jena 1935, S. 107 mit einem Teil der (unternehmernahen) Nationalökonomen. Die negativen Auswirkungen sind sehr stark betont bei Carl Steuermann, *Weltkrise – Weltwende, Kurs auf Staatskapitalismus*, Berlin 1931, S. 78; Stechert (Anm. III/88), S. 286 f. u. a. Viele, besonders ausländische Betrachter (nur ein Beispiel: Scheele, Anm. IV/48) sowie der SPD und den Gewerkschaften nahestehende Autoren machen die Rationalisierung für Wirtschaftskrise, Absatzschwierigkeiten und Arbeitslosigkeit verantwortlich. Vgl. aber dagegen Neumann, *Behemoth* (Anm. I/32), S. 15 f.; Brady, *Rationalization Movement* (Anm. VIII/10), S. 336 ff.; Schalldach (Anm. VIII/10), bes. S. 20 ff., und die Zusammenstellung der Argumente bei Emil Lederer, *Technischer Fortschritt und Arbeitslosigkeit*, Tübingen 1931, S. 6 ff.; ders., *Wirkungen des Lohnabbaus*, Tübingen 1931, S. 11 ff. Danach ist festzustellen, daß besonders der starke reformistische Flügel der Gewerkschaften nicht durchweg negativ der Konzentrations- und Rationalisierungsbewegung gegenüberstand. Zur weltwirtschaftlichen Stellung der deutschen Industrie vor der Krise: Franz Eulenburg, „Die deutsche Industrie auf dem Weltmarkte", in: *Strukturwandlungen* (Anm. VIII/6), I, S. 389 ff.; Edgar Salin, „Standortsverschiebungen der deutschen Wirtschaft", *ebda.*, S. 83 ff.; Julius Hirsch, „Wandlungen im Aufbau der deutschen Industrie", *ebda.*, S. 202 ff. Weitere Literatur in: *The Wiener Library* (Anm. II/102), S. 35 ff.

48 In diesem Sinne besonders Friedrich Wilhelm Bitter und Arnold Zelle, *Die Krankheit Europas, Handbuch für die deutsche Freiheitspolitik*, Freiburg i. Br. 1932, S. 42 (auf die sich auch Schacht stützt). Ähnlich Max Sering, *Die Weltkrise und die Neuordnung Europas*, Berlin 1932, S. 32, der die englisch-amerikanische Krise auf konjunkturelle, die kontinentale dagegen auf rein politische Gründe zurückführt. Das Schema ist sehr einfach: für Frankreich sind die Militärausgaben, für Deutschland die Tribute und die sonstigen politischen Lasten zu schwer. So auch Schacht, *Grundsätze* (Anm. VIII/40), S. 11 f.; S. 15; die deutsche Sonderkrise ist für ihn dadurch bedingt, daß Krieg, Inflation und „Marxismus" die deutsche

sten Glied des Kapitalismus begründet wurde [49], war wesentlich mit Hilfe amerikanischer Anleihen durchgeführt worden. Aber das zur Finanzierung des amerikanischen Wirtschaftsaufschwungs während und nach dem ersten Weltkrieg geschaffene *Federal Reserve Board* reichte bald zur Befriedigung selbst der amerikanischen Kreditbedürfnisse nicht mehr aus. So traf die Unterbrechung der Kreditzufuhr von Europa nach Amerika, die ausgerechnet durch Diskonterhöhungsmaßnahmen der wohlfundierten Bank von England ausgelöst wurde, mit der Expansion der Industrie die allgemeine Blüte der amerikanischen Wirtschaft [50]. Die folgende Kreditkrise, die als Abwicklung der zwischen 1924 und 1929 eingetretenen internationalen Kreditverflechtung — bis zu ihrem schließlichen Zusammenbruch — aufzufassen ist [51], verwandelte sich in eine Absatzkrise; diese wirkte sich in einer Produktionskrise aus; es folgte die Krise der Rohstoffmärkte und der Landwirtschaft. In mehr als einer Beziehung von dem verschuldeten Europa ausgehend [52], wirkte die Depression nun dorthin aufs stärkste zurück und löste in der Folge eine allgemeine Zurückziehung der Gelder aus [53], die als kurzfristige Darlehen gegeben, aber langfristig angelegt worden waren [54]. Besonders die zu einem sehr großen Teil mit ausländischen Kapitalien arbeitende deutsche Wirtschaft wurde davon betroffen. Die wechselseitige Verflechtung der politischen und wirtschaftlichen Ereignisse zeigte sich etwa an der Tatsache, daß das Anschwellen der nationalsozialistischen Stimmen im September 1930 eine Panik auf den internationalen Geldmärkten erzeugte und zum sofortigen Abbruch der Genfer Wirtschaftsverhandlungen durch den französischen Außenminister Briand führte [55].

Das Dilemma hatte also die verschiedensten Aspekte und Wirkungen. Neben den Problemen der Darlehenspolitik mit ihren weltwirtschaftlichen Implikationen stand die durch die Rationalisierung bewirkte Spannung zwischen der

Wirtschaft ihrer Reserven beraubt haben. In solchen Verallgemeinerungen bewegten sich die Argumente der nachmaligen „nationalen Opposition" überhaupt. Dagegen wurden von Gewerkschaftsseite nicht Versailles und Reparationen, sondern die innere Struktur der deutschen Wirtschaft als Hauptursache des wirtschaftlichen Dilemmas angesehen: vgl. die Äußerungen führender Gewerkschaftler bei Schalldach (Anm. VIII/10), S. 22 f.

49 Sternberg (Anm. VIII/14), S. 302 ff.

50 Vgl. Waltershausen (Anm. VIII/47), S. 216; S. 236 ff.; David Lloyd George, *Die Wahrheit über Reparationen und Kriegsschulden*, Berlin 1932, S. 175 f. Zur Konjunkturlehre in diesem Zusammenhang Ernst Wagemann, *Struktur und Rhythmus der Weltwirtschaft*, Berlin 1931, S. 3 ff. (systematisch); S. 298 ff.

51 Beste zusammenfassende Darstellung bei Rudolf Stücken, *Deutsche Geld- und Kreditpolitik 1914–1953*, Tübingen 1953, S. 47 ff. Vgl. *Wirtschaft und Statistik*, Sonderheft 1933; dort auch Einzelheiten über die Zahlungsbilanz mit Teilbilanzen. Zur Höhe der im Ausland aufgenommenen Kapitalien bis 1931 und zur Abwicklung der Kreditverflechtung vgl. die verschiedenen Schätzungen in: Bank für Internationalen Zahlungsausgleich, *Das dem beratenden Sonderausschuß aus amtlichen deutschen Quellen zur Verfügung gestellte Material*, Basel, Dezember 1931, S. 5. Von amerikanischer Seite: Cleona Lewis, *America's Stake in International Investments*, Washington 1938, S. 376 ff.; S. 449; S. 557 ff. Zum Schuldenproblem vgl. die Aufstellungen bei Waltershausen (Anm. VIII/47), S. 170 f.; ferner Sering, *Weltkrise* (Anm. VIII/48), S. 7 ff., der besonders die Lage der Landwirtschaft berücksichtigt, jedoch nicht ohne nationalistische Argumente und Akzente arbeitet. Das Kapitalproblem, besonders seit der Stabilisierung, behandelt mehr von der grundsätzlichen Seite her Erich Welter, *Die Ursachen des Kapitalmangels in Deutschland*, Tübingen 1931, bes. S. 140 ff.

52 Dies die Grundthese der Erinnerungen des damaligen amerikanischen Präsidenten: *The Memoirs of Herbert Hoover, The Great Depression, 1929–1941*, London 1953, S. 2 ff.

53 Die These von der Schuld der amerikanischen Banken wird besonders nach 1933 ausgebaut; vgl. z. B. Philipp Hövel, *Grundfragen deutscher Wirtschaftspolitik*, Berlin 1935, S. 16.

54 Dazu das Material in dem Bericht an die BIZ (Anm. VIII/51), S. 70 ff. u. a.; vgl. J. Landmann, „Kurzfristige Auslandsverschuldung – ein Problem der inneren Kapitalpolitik", in: *Archiv für Sozialwissenschaft und Sozialpolitik* 65 (1930), S. 5 ff.; Franz Gutmann, „Auslandskredite und Auslandsverschuldung", in: *Wirtschaftsprobleme der Gegenwart* 8, Berlin 1930, S. 1 ff. mit der Literatur. Für die Landwirtschaft, wo diese Situation zu Realkrediten (Osthilfe) drängte, vgl. Max Sering, *Deutsche Agrarpolitik auf geschichtlicher und landeskundlicher Grundlage*, Leipzig 1934, S. 109 ff.

55 Vgl. etwa Julius Curtius, *Sechs Jahre Minister der deutschen Republik*, Heidelberg 1948, S. 170, sowie u. Teil II, S. 328.

Steigerung der Produktivität, der Überfüllung der Märkte und dem Überangebot von Waren einerseits [56], der massenhaften Entlassung und dem allgemeinen Lohnabbau, also Rückgang der Kaufkraft und sinkendem Warenabsatz anderseits [57]. Die Krise war Ausdruck dieses Widerspruchs, den damals die Betrachter von links und von rechts als einen unheilbaren strukturellen Widerspruch des kapitalistischen Wirtschaftssystems überhaupt deuten zu können meinten. Im Ansatz ähnelten sich sogar die Argumente dieser recht verschiedenartigen „Antikapitalisten". Nach sozialistischer Auffassung hat der Kapitalismus die entscheidende wirtschaftliche Aufgabe, mit dem Produktionsproblem auch das Absatzproblem zu lösen, zur erfolgreichen rationellen Warenherstellung auch den Warenvertrieb in ein angemessenes Verhältnis zu setzen, nicht zu erfüllen vermocht [58]: so ist die Wirtschaftskrise, die den „Altweibersommer" des Kapitalismus abschließt, als eine politische Krise aufzufassen. Und von der anderen Seite zog eine ähnlich radikale Kritik noch weitergehende Folgerungen für die psychologische, politische Situation überhaupt: vor allem der konservativ-nationale „Tatkreis" entfesselte in diesem Augenblick, in dem ein wirtschaftlicher *circulus vitiosus* das soziale und allgemeine politische Gefüge zu erschüttern schien, eine rücksichtslose Kampagne gegen den Kapitalismus. „Das System hat sich verrannt", das war die Schlußfolgerung [59]. Die Menschen, die Gruppen und Ideologien reagierten auf diese Grundstimmung politisch. Sie setzten sich in einer Richtung in Bewegung, die bisherige Struktur und bisherigen Rahmen der Machtverteilung zu sprengen schien. Auch *post festum* hat man von der nationalsozialistischen Ära aus die Wirtschaftskrise auf rein politische Ursachen zurückgeführt und betont, daß diese Krise nicht wie ein üblicher Konjunkturabschwung durch den Automatismus der Wirtschaft selbst, sondern nur durch „politische Maßnahmen" überwunden werden konnte [60].

Eine ins einzelne gehende Untersuchung der „großen Krise" muß noch zurückgestellt werden [61]. Wir gewinnen ein äußeres Bild der wirtschaftlichen Schwin-

56 Nach Berechnungen des *Instituts für Konjunkturforschung* (Wochenbericht 6, Heft 14) stieg in der deutschen Wirtschaft die Produktionsleistung je Arbeitsstunde zwischen 1925 und 1932 durchschnittlich um etwa 42 %. Die Ursachen dafür lagen außer in der technischen und organisatorischen Vereinfachung auch in der Verschiebung zu den rentabelsten Betrieben und produktivsten Arbeitskräften hin. Vgl. dazu die *Geschäftsberichte der Reichskreditgesellschaft AG* für das zweite Halbjahr 1933, S. 28; Hövel (Anm. VIII/53), S. 19.

57 Das Bild der Rationalisierungsbewegung wäre im einzelnen zu differenzieren; sie zeigte auf den verschiedenen Gebieten ein sehr unterschiedliches Tempo und wirkte sich zunächst in Konkursen oder Zusammenlegungen unorganisch aufgebauter Konzerne, zunehmend aber in Arbeiterentlassungen aus. Dazu u. a. Max Sering, *Deutschland unter dem Dawes-Plan*, 1928, S. 149; Schalldach (Anm. VIII/10), S. 10 ff. Daten über Rationalisierung der größten Aktiengesellschaften, soweit ihre Kurse bei der Berliner Börse notiert wurden, z. B. für 1926 in: *Halbjahresberichte der Reichskreditgesellschaft AG*, 1. Halbjahr 1927, S. 34 ff. (zusammengestellt aus Geschäftsberichten und Generalversammlungen). Über das Problem allgemein auch Oskar Weigert, „Die Organisation des Arbeitsmarkts", in: *Strukturwandlungen* (Anm. VIII/6), I, S. 490 f. Zur Rückwirkung auf die Landwirtschaft Fritz Beckmann, „Landwirtschaftliche Absatzfragen", *ebda.*, S. 149 ff.; Hans Schlange-Schöningen, *Acker und Arbeit*, Oldenburg 1932, S. 45; S. 58.

58 Sternberg (Anm. VIII/14), S. 323 u. a.; vgl. auch Steuermann (Anm. VIII/47), S. 62 ff.; Moritz J. Bonn, *Das Schicksal des deutschen Kapitalismus*, Berlin 1930, *passim*, bes. S. 52 über den spezifisch deutschen, „autoritären Kapitalismus".

59 Z. B. Ferdinand Fried, „Zusammenbruch der Weltwirtschaft", in: *Die Tat* 22, Heft 8 (November 1930), S. 591. Zum „Tatkreis" Hans Paul Brunzel, *Die „Tat" 1918–1933, Ein publizistischer Angriff auf die Verfassung von Weimar innerhalb der „konservativen Revolution"*, Diss. Bonn 1952 (ungedr.), S. 56 ff.

60 Hövel (Anm. VIII/53), S. 4 ff.; S. 20. Als „politische Ursachen" sind hier freilich im Sinne der nationalsozialistischen These ausschließlich die „Reparationstribute" genannt; aus ihnen ergeben sich nach dieser Auffassung alle folgenden wirtschaftlichen und politischen Konsequenzen.

61 Es sei besonders verwiesen auf die ungedruckte Diss. von Ludwig Mühlich, *Die Reichsfinanzpolitik in der Weltwirtschaftskrise 1929–1932*, Tübingen 1950; ferner auf Stücken (Anm. VIII/51), S. 77 ff., und auf Wilhelm Grotkopp, *Die große Krise, Lehren aus der Überwindung der Wirtschaftskrise, 1929–1932*, Düsseldorf 1954, S. 1 ff.

gungen und des Gangs der Krise bei einer Betrachtung der Konjunkturentwicklung [62]. Der Rhythmus des Konjunkturverlaufs wird auch aus einer Analyse der wirtschaftlichen Teilgebiete sichtbar; die Konformität der Bewegungen zeigt sich an den Produktionsvolumina, den Geldsätzen und der Kursentwicklung. Dasselbe gilt für die Lage auf dem Geld-, Kapital- und Arbeitsmarkt, die entsprechend der Entwicklung der Sozialausgaben und des Lebensstandards Sozialpolitik und besonders Arbeitslosenproblem bestimmte [63]. Es kam hinzu, daß die deutsche Finanzpolitik angesichts dieser Situation in zunehmendem Maße zu Aushilfen greifen mußte, die wiederum negativ auf die Wirtschaft zurückwirkten; diese Finanzpolitik war zudem durch ein überkompliziertes, unrationelles Steuer- und Verwaltungssystem behindert. Ein Gesamtüberblick über die deutschen Wirtschaftszahlen würde diese Teilanalyse nach jeder Richtung bestätigen und nicht zuletzt auf die sozialen Rückwirkungen hinweisen. Dabei müßte die Begründung allerdings weiter ausholen und wenigstens mit dem Ende des ersten Weltkriegs einsetzen, um das Zusammentreffen konjunktureller und struktureller Momente aufzuweisen, das die Krise kennzeichnete [64]. Das Erbe des Krieges, die territorialen Verschiebungen, das Reparationsproblem, das mehr ein Problem des Transfers als der Aufbringung war [65] und dessen psychologische Aspekte an Bedeutung noch vor den sachlichen standen [66], schließlich die neuerliche Verschuldung der Landwirtschaft nach ihrer Sanierung in der Inflation, ihr stürmisches Drängen nach Schutzzöllen und staatlicher Hilfe zur Abwehr einer wachsenden Absatzkrise [67]: alle diese Probleme trafen mit voller Schwere in

62 Zum Ablauf der Konjunkturentwicklung vgl. den Exkurs u. S. 199 ff. Das korrekte Zahlenmaterial findet sich in den *Berichten des Instituts für Konjunkturforschung;* die damit verbundenen Prognosen sind weitgehend fragwürdig; vgl. auch die *Halbjahresberichte der Reichskreditanstalt AG* mit den ständigen Konjunkturanalysen. Dazu noch Waltershausen (Anm. VIII/47), S. 221 ff., bes. S. 239 ff. über die weltwirtschaftlichen Aspekte der Konjunkturentwicklung und deren Verknüpfung mit der Arbeitslosigkeit; Wagemann (Anm. VIII/50), *passim,* als die ausführlichste zeitgenössische Konjunkturlehre, bes. S. 318 ff. über die konjunkturellen und strukturellen Ursachen der Weltwirtschaftskrise.

63 Vgl. auch Welter (Anm. VIII/51), S. 155 ff. zum Verhältnis von Kapitalbedarf, Arbeitsmarkt und Wirtschaftspolitik (einzelne Zweige); jetzt Stücken (Anm. VIII/51), S. 82 ff.

64 Mit den strukturellen Momenten des Wandels seit der Vorkriegszeit befaßt sich besonders der am Vorabend der Krise erschienene Sammelband von Harms *(Strukturwandlungen,* Anm. VIII/6) mit Aufsätzen von Theoretikern und Praktikern aus allen Lagern. Für Harms selbst *(ebda.,* S. 3 ff.) ist der Strukturwandel im wesentlichen bedingt einmal durch die Gebietsabtretung mit dem Verlust und der Verschiebung des Verhältnisses von agrarischer und industrieller Produktivkraft, zum anderen durch die Wandlung der Finanzpolitik. Vgl. auch die grundsätzliche Untersuchung der Kapitalkrise bei Welter (Anm. VIII/51), S. 146 ff., der besonders die Kapitalfehlleitung durch die Entschuldung in der Inflation kritisiert.

65 Vgl. dazu: *Das Reparationsproblem, Verhandlungen und Gutachten der Konferenzen von Pyrmont und Berlin 1928,* hrsgg. von Edgar Salin, 2 Bde., Berlin 1929; jetzt Richard Castillon, *Les Réparations Allemandes, Deux Expériences 1919–1932, 1945–1952,* Paris 1953, S. 47 ff.; Hans Ronde, *Von Versailles bis Lausanne, Der Verlauf der Reparationsverhandlungen* nach dem Ersten Weltkrieg, Stuttgart-Köln 1950. Ferner George (Anm. VIII/50) und die vehementen Angriffe bei Hjalmar Schacht, *Das Ende der Reparationen,* Oldenburg 1931, S. 192 ff. Literatur in: *The Wiener Library* (Anm. II/102), S. 19 ff.

66 Vgl. dazu z. B. auch die Bemerkungen von George (Anm. VIII/50), S. 187 f., und die revisionistische Literatur in: *The Wiener Library* (Anm. II/102), S. 14 f.

67 Dazu schon 1929 Fritz Beckmann, „Landwirtschaftliche Kreditfragen", in: *Strukturwandlungen* (Anm. VIII/6), S. 160 ff.; Sering, *Agrarpolitik* (Anm. VIII/54), S. 113 ff.; Konstantin v. Dietze, *Die gegenwärtige „Agrarkrisis",* Berlin 1930, S. 31 ff. (der Verfasser vertritt gemäß seiner Auffassung von der primären Bedeutung der Reparationen die These vom Primat der exogenen vor der endogenen Agrarkrisis). Vgl. dagegen Welter (Anm. VIII/51), S. 169 ff.; S. 200 mit Angaben über die private wie staatliche Kapitalfehlleitung in der Landwirtschaft (Unterstützung von Defizitbetrieben statt neuer produktiver Anlagen): mit dem Osthilfestreit sollte darin ein Höhepunkt erreicht werden. Dazu noch Fritz Beckmann, *Die Kreditwirtschaft,* Bd. I, Leipzig 1927, S. 175; W. M. Frhr. v. Bissing, *Der Realkredit der deutschen Landwirtschaft,* Berlin 1930, S. 189; Hermann Dietrich, *Ein Jahr Agrarpolitik,* Berlin 1929, S. 4; Schlange-Schöningen (Anm. VIII/57), S. 27. Zur Wirkung der Preisschere, also des Nachhinkens der Preise der Agrarprodukte, vgl. Waltershausen (Anm. VIII/47), S. 109 f. mit vergleichenden Zahlen. Die notwendige Rationalisierung der landwirtschaftlichen Genossenschaften bildete eine weitere Belastung der Finanzpolitik; dazu Sering, *Agrarpolitik* (Anm. VIII/54), S. 99 ff.; S. 19 ff. zur Rückwirkung der industriellen Rationalisierung auf die Landwirtschaft, die nicht nur als Ernährungsbasis, sondern auch als Absatzgebiet

dem Augenblick zusammen, als Kreditabziehungen und Preisstürze die Produktion entscheidend reduzierten, als mit der politischen Skepsis und in Reaktion auf die hohe Besteuerung eine Kapitalflucht aus Deutschland einsetzte und als die Rationalisierung sich endgültig in einer sprunghaften Steigerung der Arbeitslosigkeit auswirkte, die sogar auf die Bürokratie übergriff [68]. Eine Erhöhung der Ausfuhr als Lösung der Produktionskrise wurde nicht zuletzt durch die einfuhrhemmenden Maßnahmen des Auslandes blokkiert [69] und mußte auch schon an der ungünstigen Kostenlage scheitern, die die deutschen Erzeugnisse in der Absatzfähigkeit auf dem Weltmarkt behinderte [70].

Es genügt aber keineswegs, die Betrachtung auf diese äußerlichen, gleichsam wirtschaftstechnischen Gesichtspunkte zu gründen. Auch in verfeinerter Form würde sie nur zu einer Wiederaufnahme der alten und vielstrapazierten These von der hoffnungslosen Blockierung der deutschen Wirtschaft durch Kriegsfolgen, durch „böswilligen“ oder „verantwortungslos-leichtsinnigen Egoismus“ des Auslands und durch die „vertrauensselige“ Erfüllungspolitik der eigenen Regierung führen [71]. Auch der fatalistische Hinweis auf die weltwirtschaftlichen Aspekte der Katastrophe, ob er nun einfach mit dem nur zu leicht in nationalistische Schlagworte abgleitenden Argument von der Fehlpolitik der Reparationen oder mit der dogmatisch übertriebenen These von den „Strukturfehlern des Kapitalismus in seiner Endphase“ arbeitet, läßt die Betrachtung nur wieder in dem Slogan von der Unabänderlichkeit der Entwicklung enden. Das Schlagwort vom „Ende des Kapitalismus“, auf dem sich eine umfangreiche Literatur von rechts wie von links gründete [72], wurde Prämisse und Schlußfolgerung von Analysen, die wegen ihres aprioristischen Ausgangspunkts kaum einsichtiger waren als die rein deskriptiven, auf eine Deutung verzichtenden Darstellungen der äußeren Erscheinungsformen der Krise. Wenn man über die Feststellungen äußerer Tatbestände hinausgelangen will, dann muß der Rahmen weiter gespannt werden. Das bedeutet, daß auch Gang und Wirkung der Wirtschaftskrise im Rahmen einer politisch-wissenschaftlichen Gesamtanalyse erfaßt und gedeutet werden müssen. Die Aufreihung der Faktoren führt auf eine Untersuchung der Machtstruktur, ihrer Organisationsformen und besonders ihrer politisch relevanten Tendenzen zurück. Eine Beurteilung wirtschaftlicher Vorgänge darf die enge Verflechtung aller politischen Sektoren nicht aus dem Auge lassen.

für industrielle Erzeugnisse fungiert. Vgl. Sering, *Deutschland unter dem Dawes-Plan* (Anm. VIII/57), S. 164 ff. Zum Einfluß der Gewerkschaften auf die Landarbeiter im Zusammenhang mit dem Rationalisierungsproblem Schalldach (Anm. VIII/10), S. 154 ff.

68 Vgl. Wilhelm Kalveram, „Rationalisierung der kaufmännischen Betriebsorganisation“, in: *Strukturwandlungen* (Anm. VIII/6), S. 279 f. zu den sozialen Folgen.

69 Vgl. das Material in dem Bericht an die BIZ (Anm. VIII/51), S. 19 ff.; S. 41 ff.; Waltershausen (Anm. VIII/47), S. 307; vgl. S. 184.

70 *Der deutsche Außenhandel unter Einwirkung volkswirtschaftlicher Strukturwandlungen* (Veröffentlichungen des deutschen Enquête-Ausschusses, bearbeitet und hrsgg. vom Institut für Weltwirtschaft und Seeverkehr an der Universität Kiel 20, 1932).

71 So alle Kritiker der sogenannten „Erfüllungspolitik“, z. B. Hjalmar Schacht noch in seiner vorletzten Schrift: *Abrechnung mit Hitler*, Hamburg 1948, S. 43, wie schon in zeitgenössischen polemischen Schriften: *Grundsätze* (Anm. VIII/40); *Das Ende* (Anm. VIII/65); *Nicht reden – handeln! Rede vor der Bremer Handelskammer*, 3. Dezember 1930, usw. Dann Bitter-Zelle (Anm. VIII/48), S. 35 ff.; Sering, *Weltkrise* (Anm. VIII/48), S. 35 u. a.

72 Am lautesten tönen die Kassandra-Rufe des Tatkreises: Heft für Heft stößt Ferdinand Fried in dieses Horn, bis er sein gleichnamiges Buch beisammen hat (1931). Vgl. für die andere Seite Sternberg (Anm. VIII/14); Steuermann (Anm. VIII/47) u. a.

3. Strukturelle Probleme der Wirtschaftsentwicklung

Die wirtschaftspolitische Entwicklung Deutschlands vor der großen Krise hat ihre allgemeinen so gut wie ihre speziellen Aspekte. Wenn man dabei — wie üblich — die konjunkturellen von den strukturellen Zusammenhängen unterscheiden und in ihrer Wechselbeziehung den *agens* der Entwicklung erkennen wollte, so würde es nützlich sein, diese Unterscheidung inhaltlich schärfer zu bestimmen und nicht nur nach ihrem ökonomisch-technologischen, sondern auch nach ihrem soziologisch-politischen Gewicht auszumessen. Das strukturelle Gefüge der deutschen Wirtschaft in ihrer Verflechtung mit der politischen Struktur, in ihrer Bedeutung für die politischen Machtbildungsprozesse erscheint dann wesentlich durch jene ökonomischen Konzentrationsvorgänge geformt, die zunehmend in alle Bereiche des öffentlichen wie selbst des privaten Lebens hineinwirkten. Tatsächlich stand der wirtschaftliche Niedergang der Mittelschichten im Nachkriegs- und Inflationsdeutschland und die daraus resultierende politische Labilität der breiten Masse des Bürgertums damit in engster Verbindung. Jede Betrachtung der Wirtschaftsstruktur, soll sie ein allgemeineres Verständnis der politischen Entwicklung fördern, wird über wirtschaftstechnische Feststellungen hinaus vor allem den organisatorischen Grundlagen und Konsequenzen jenes Konzentrationsprozesses ihre Aufmerksamkeit zuwenden. Denn mit den Vereinigten Stahlwerken, den Vereinigten Oberschlesischen Hüttenwerken, der I. G. Farben und zahlreichen Zusammenschlüssen ähnlicher Größenordnung sah sich die Weimarer Republik wirtschaftlichen Machtgebilden von bisher unerhörtem Umfang und schwer abwägbarem politischen Gewicht gegenüber [73]. Freilich erschwert das Fehlen gründlicher und verläßlicher Vorarbeiten eine zusammenfassende Skizze der wesentlichen Erscheinungen [74].

Deutlicher gezeichnet findet man das Bild der konjunkturellen Bedingungen, auf denen die Entwicklung der Wirtschaft und ihre Rückwirkung auf die Politik beruhte. Auch hier freilich beginnen die Schwierigkeiten in dem Augenblick, wo man den Blick von den allgemeinen weltwirtschaftlichen Zusammenhängen und von den deterministisch hingenommenen Kolumnen der Produktions-, Preis-, Absatz-, Export- und Importzahlen weg und den inneren, wiederum organisatorisch-politisch bestimmten Ursachen- und Motivketten zuwendet. Unter diesen Umständen erscheint in der vorliegenden Arbeit eine Vernachlässigung der traditionellen Unterscheidungskriterien zugunsten einer verstärkten Blickrichtung auf die Wirtschaft und Politik verbindenden strukturell-konjunkturellen Zwischenerscheinungen geboten; nur mit dieser Einschränkung wird auch die Vorgeschichte der Wirtschaftskrise von 1930 herangezogen.

Die Wirtschaftsstruktur der Weimarer Republik war entscheidend geprägt von den Zwängen wie von den Stimulantien, die der Weltkrieg dem wilhel-

73 Vgl. die Literatur zur Definition des Kartell- und Konzernbegriffs bei Rolf Wagenführ, *Konjunktur und Kartelle*, Berlin 1932, bes. S. 4. Dazu und zur Kartellentwicklung in der Weimarer Republik besonders auch Arnold Wolfers, „Das Kartellproblem im Lichte der deutschen Kartelliteratur", in: *Schriften des Vereins für Sozialpolitik*, Bd. CLXXX (Das Kartellproblem, Teil II), hrsgg. von Emil Lederer, München-Leipzig 1931, S. 128 ff. Zur ausgeprägten Konzentrationsbewegung im größten deutschen Industriegebiet Wilhelm Helmrich, *Das Ruhrgebiet, Wirtschaft und Verflechtung = Veröffentlichungen des Provinzialinstituts für Westfälische Landes- und Volkskunde*, Reihe I, Heft 3 (zugleich: *Schriften der volks- und betriebswirtschaftlichen Vereinigung im Rheinisch-Westfälischen Industriegebiet*, Hauptreihe, Heft 4), Münster i. W. 1949, bes. S. 209 ff. (Entwicklung bis 1937).

74 Vgl. die Zusammenstellung bei Gurland, „Technological Trends" (Anm. VI/64), S. 227 ff. (mit weiteren Literaturnachweisen). Ferner Brady, *Business* (Anm. VIII/1), S. 25 ff.; Calvin B. Hoover, *Germany enters the Third Reich*, New York 1933, S. 3 ff.

minischen Kapitalismus auferlegt hatte. Zunächst verhinderten die schwierigen Verhältnisse und die einschneidenden außenpolitischen Bedingungen der ersten Nachkriegszeit ebenso eine wirksame Regulierung der kriegswirtschaftlichen Entartungen, wie die Zurückdrängung des revolutionären Extremismus gleichzeitig einen bürokratischen Ausbau oder eine sozialistische Umwandlung der kapitalistischen Staatswirtschaft blockierte. Das System von Kompromissen, dem die neue Republik Existenz und Struktur verdankte, gab auch der sozial- und wirtschaftspolitischen Entwicklung eine höchst ambivalente Grundlage. Besonders Ruhrkampf und Inflation erwiesen aufs sichtbarste, daß weder von einem gesunden Ausgleich der wirtschaftlichen Machtbildungen noch von einem stabilen Gleichgewicht zwischen Gewerkschaften und Wirtschaftspotentaten, von einer die politische Demokratie stützenden Wirtschaftsdemokratie die Rede sein konnte. Die Autorität des Reichswirtschaftsrats, der als demokratisches Organ zum Ausgleich des wirtschaftsständischen Antagonismus die Basis der parlamentarischen Demokratie in die Wirtschaftssphäre hinein erweitern sollte, wurde in allen politisch relevanten Fragen und Entscheidungen von den Interessenverbänden und ihren konkreten Machtexponenten souverän überspielt und beschränkte sich bald auf rein formale, politisch bedeutungslose Anliegen. Sowohl durch massiven Einfluß auf die Parteien und durch ein System politisch-wirtschaftlicher Personalunion als auch durch Querverbindungen zu bürokratisch geprägten Regierungskommissionen und durch eine, im Sinne der „Fachmannsideologie" getarnte, direkte Einflußnahme auf wirtschaftspolitische Verhandlungen und Entscheidungen — also sowohl durch demokratisch verhüllte wie durch bürokratisch-„fachmännisch" gerechtfertigte Direktinitiativen entzogen sich die Machtgebilde der Wirtschaft der Minimalkontrolle durch eben die demokratischen Instanzen, die sie gleichzeitig im politischen Raum aufzusuchen und zu beeinflussen verstanden. Diese ständige Umwandlung von Politik in Interessenpolitik, von Interessenpolitik in Politik war ebensoweit vom Ideal eines kapitalistischen Liberalismus entfernt wie der Prozeß der Konzentration, der monopolistischen Kartell- und Konzernbildung [75], der die politisch-ökonomischen Transmissionsvorgänge abstützte und ihnen einen oligarchischen Charakter verlieh.

Eine politische Kritik am „Monopolkapitalismus", wie sie besonders die marxistischen Theoretiker in oft allzu vereinfachender Form solchen Vorgängen widmen, sollte freilich nicht die erheblichen, oft genug qualitativen Differenzierungen übersehen. Sie sollte vor allem nicht vergessen — was zu Marx' Zeiten noch nicht absehbar war —, daß mit der Tätigkeit der Gewerkschaften eine reformistische Gegenbewegung von politisch vergleichbarer Macht mit ähnlichen Mitteln der Beeinflussung und Monopolisierung dieser Entwicklung entgegengetreten ist und damit ihre Träger oft gerade zu immer neuen Bemühungen zur Stärkung ihrer Position getrieben hat [76]. Die ständige Wechselwirkung, auf der dieser Vorgang beruht, wurde nun freilich durch objektive politische und wirtschaftspolitische Ereignisse und Erfordernisse durchkreuzt. Insofern sind die konjunkturellen wie strukturellen Bedingungen, die der Versailler Vertrag und das System der Reparationen auferlegt hat, durchaus mit Recht unter die wesentlichen Faktoren in der Vorgeschichte der großen Wirtschaftskrise zu rechnen. Nur hat ein Großteil der Betrachter

75 Zur Begriffsklärung jetzt auch Guido Fischer, *Allgemeine Betriebswirtschaftslehre*, Stuttgart 1947, S. 31 ff.
76 Vgl. u. S. 198 f.

in der Weimarer und vollends in der NS-Zeit aus nationalistischen oder interessenpolitischen Motiven heraus — wer wollte das im einzelnen entwirren! — diese Gelegenheit benützt, um die inneren Struktur- und Funktionsprobleme der Wirtschaft in ihrem Verhältnis zur Politik einer parlamentarischen Demokratie durch pointierte Hinweise auf außenpolitische und weltwirtschaftliche Fakten zu verdrängen oder ihre Patentlösung auf einem nationalistischen Einigungsmythos aufzubauen. Auch in der Urteilsbildung auf diesem Sektor feierte die These vom Primat der Außenpolitik ihre verhängnisvollen Triumphe. Denn sie trieb die Expansionshoffnungen der an ihren Strukturfehlern laborierenden Wirtschaft und die Unzufriedenheit der davon abhängigen und doppelt gefährdeten Massen in eine Richtung, die in der außenpolitischen Aggressions- und Lebensraumideologie des Nationalsozialismus einen letzten Ausdruck fand und so einer extremistischen Sekte den plötzlichen Aufschwung zur „Volksbewegung" ermöglichte.

In Wirklichkeit sind die inneren Strukturzusammenhänge auf dem Gebiet der Wirtschaft, deren traditionelle oder bewußte Verschleierung diese Wendung zum sozialen Imperialismus des „Dritten Reichs" erleichterte [77], von den weiteren Belastungen des verlorenen Krieges zwar beeinflußt, aber keineswegs entscheidend bestimmt worden. In der Inflation gipfelten — Ursache ebenso wie Folge dieser Finanzkatastrophe auf Kosten der wirtschaftlich schwächeren Schichten — die gigantischen Nachkriegserfolge geschickter Wirtschaftsmanager, deren Prototyp Hugo Stinnes darstellt. Die hier angebahnte Entwicklung mündete nach manchen Zusammenbrüchen und Umwandlungen in ein System von Kartellen und Konzernen ein, die das ganze Wirtschaftsleben gerade in seiner Beziehung zur Politik mit einem Netzwerk von oligarchisch strukturierten Organisationen und einflußreichen Interessenverbindungen überzogen [78]. Ihre monopolistische, schwer kontrollierbare Macht erstreckte sich ebenso auf den Arbeitsmarkt wie auf die Organe der Demokratie, und sie stützte sich psychologisch auf das traditionelle Argument von der maximalen Effektivität der Konzentrationspolitik.

Die tatsächlichen Maßnahmen gegen diese Entwicklung waren auffallend schwach; sie wurden besonders auch durch vermeintlich nationalpolitische Gesichtspunkte gehemmt. Wenn von einer umfassenden Antitrustgesetzgebung nie ernstlich die Rede war, so trug dazu die deterministische Überzeugung von der Unausweichlichkeit dieser „letzten Übersteigerung" des Kapitalismus auf seiten der KPD, aber auch der SPD ihr gut Teil bei, wobei besonders in den Gewerkschaften und im gemäßigten Flügel der SPD sich die hoffnungsvolle Meinung entwickeln mochte, daß in diesem Stadium der Kapitalismus ungewollt schon den freien Wettbewerb aufgegeben und die sozialistische Planwirtschaft vorbereitet habe: in die bestehende Wirtschaft, so meinte ein führender sozialdemokratischer Wirtschaftstheoretiker 1927 [79], brauche sich nur der Staat einzuschalten, um ein vorbildliches demokratisches Wirtschaftssystem herbeizuführen.

Auch eine große Zahl akademischer Wirtschaftswissenschaftler plädierte,

77 Dazu Gurland, „Technological Trends" (Anm. VI/64), S. 229 ff.

78 Vgl. auch Gurland-Kirchheimer-Neumann, *The Fate of Small Business* (Anm. VI/33), S. 1 ff. Zur juristischen Form der Konzernentwicklung Richard Rosendorff, *Die rechtliche Organisation der Konzerne*, Berlin-Wien 1927, S. 11 ff.

79 Rudolf Hilferding, „Die Aufgaben der Sozialdemokratie in der Republik", in: *Protokoll Sozialdemokratischer Parteitag Kiel*, Berlin 1927, S. 165 ff. Vgl. auch Brady, *Rationalization Movement* (Anm. VIII/10), S. 336 ff. Zur wirtschaftstheoretischen sozialistischen Literatur, die Kartelle als Vorstufe zur Verstaatlichung interpretiert, vgl. Wolfers (Anm. VIII/73), S. 135 ff.

freilich aus recht unterschiedlichen wirtschaftstheoretischen, sozialpolitischen und praktisch politischen Gedankengängen heraus, für die interventionistische Einschaltung des Staates in eine Kartellpolitik, die mit ihrer Tendenz zur Marktunabhängigkeit alle ökonomischen Spielregeln freier Marktpolitik tangierte, ja, die liberalen Voraussetzungen, auf denen die Nichteinmischung des Staates beruht, geradezu aufhob [80]. Es ging hierbei nicht nur um die eventuelle Wiederherstellung solcher wirtschaftsliberaler Voraussetzungen, sondern ganz wesentlich um die politische Seite des Konzentrationsprozesses, um die machtpolitischen Tendenzen einer Kartellentwicklung, die das monopolistische Kartell zum Staat im Staat werden ließen, die gesamtstaatliche Politik in den Dienst einseitiger mächtiger Gruppeninteressen zu stellen drohten. Auch hier wie in den Kontroversen um die Errichtung eines staatlichen Kartellamts [81] wird die enge Verbindung von Wirtschaft und Politik deutlich: zu den ökonomisch-rationalen treten die unmittelbar politischen Gründe staatlicher Intervention. Denn über die Wirtschaftspolitik hinaus vermochten die privat-monopolistischen Kartellinteressen stärksten Einfluß auf die staatliche Innen- und Außenpolitik auszuüben und zudem die sozial- und rechtspolitische Gesamtlage zu modifizieren [82]: und dies alles weder auf dem Weg des „freien Wettbewerbs" noch mit Hilfe demokratischer Mechanismen, sondern in Ausnützung elastisch-expansiver Monopolstellungen. Man mußte sich auf der anderen Seite aber auch fragen, ob nicht das seit der Inflation bestehende, aber bisher kaum geübte staatliche Interventionsrecht „gegen den Mißbrauch wirtschaftlicher Machtstellung" in der Hand eines politisch undemokratisch-autoritären, wirtschaftlich antiliberalen Regimes und im Zeichen einer allgemeinen Krise schließlich zum Werkzeug werden mochte, das sich gegen die politische Demokratie überhaupt kehren und ein staatlich-totalitäres Rüstungssystem schaffen konnte [83].

4. *Die Konzentrationsbewegung*

So lag hier eine weitere Einbruchstelle für autoritäre Entwicklungen, deren Bedeutung — wie auch im Falle des Parteienparlamentarismus und der präsidialen Gewalt — schon deshalb weit über den speziellen (hier ökonomischen) Aspekt hinausging, weil die Gegenmaßnahmen einer staatlichen Kartellpolitik unter der Schwäche der parlamentarischen Instanzen und der ambivalenten Struktur der Exekutive nicht weniger litten als die Tätigkeit der übrigen Kontrollorgane der Weimarer Republik. Alle staatlichen Mittel zur Begrenzung der Konzentrationsbewegungen — Verbote, Kontrolle der inneren Kartellpolitik gegenüber den Mitgliedern, Investitionskontrolle, Schutz der Außenseiter und Gegenkontrahenten gegenüber äußerer Kartellzwangspolitik, Kontrolle der Preispolitik und der Publizität der Monopolbildungen — waren dadurch ständig in Frage gestellt, ja, erscheinen durch die interessen-

80 Z. B. Emil Eggmann, *Der Staat und die Kartelle, Eine internationale vergleichende Untersuchung* (Züricher volkswirtschaftliche Forschungen, Bd. XXXV), Zürich 1945, S. 87 f., und die Übersicht über die Diskussion bei Wolfers (Anm. VIII/73), S. 130 ff.

81 Wolfers (Anm. VIII/73), S. 136 f.

82 Zu den politischen Auswirkungen industrieller Großkonzentration und den staatlichen und gewerkschaftlichen Gegenmaßnahmen vgl. die Bemerkungen des damaligen Ministerialdirektors im Wirtschaftsministerium, Hans Schäffer, „Kartelle und Konzerne", in: *Strukturwandlungen* (Anm. VIII/6), I, S. 327 ff.; S. 359 f.

83 So nachträglich Gurland, „Technological Trends" (Anm. VI/64), S. 230 ff.; Neumann, *Behemoth* (Anm. I/32), S. 16. Zu diesen Perspektiven schon damals Theodor Willy Stadler, *Kartelle und Schutzzoll*, Berlin 1933, S. 6; zur Diskussion in der Weimarer Republik Wolfers (Anm. VIII/73), bes. S. 140 ff.

politischen Querverbindungen zur politischen Spitze oft genug ins Unwirksame verfälscht. Hinzu kam, daß demgegenüber die vom Staat selbst im Interesse einer einheitlichen Außenhandels- und Preispolitik geförderten Kartelle dem entschiedenen Widerstand der privaten, kontrollentzogenen Zusammenschlüsse begegneten — eine Tatsache, die wiederum in Umkehrung der Argumentation von Verfechtern einer Zwangskartellpolitik als ein Zeichen für das Fortbestehen einer gereinigten, aber grundsätzlich unangetasteten Marktpolitik gewertet werden mochte [84].

Eine summarische Beurteilung der Gesamtsituation ist durch den theoretischen, die konkreten Verhältnisse vielfach verhüllenden Charakter der in sich sehr unterschiedlichen Diskussion des Konzentrationsproblems überaus erschwert [85]. Den liberal-wirtschaftlichen wie den sozialpolitischen und allgemein politischen Einwänden gegenüber dem „Monopolkapitalismus" stand starr und doch ungemein wirkungsvoll dessen ökonomisch-rationale Selbstrechtfertigung entgegen, die nur von der wirtschaftlichen Effektivität der Kartell- und Konzernentwicklung im Rahmen der allgemeinen Rationalisierungsbewegung ausging und erst in zweiter Linie die Gewinn-, Lohn- und Preisentwicklung und ihre Verteilung auf die Bevölkerung in Betracht zog, während sie vollends die Frage ihrer Auswirkung auf die politische Machtverteilung ganz in den Hintergrund verdrängte [86]. Ausbruch und Verlauf der Wirtschaftskrise rückten auch hier die enge Verquickung von Wirtschaft und Politik in ein deutlicheres Licht und erwiesen schließlich die Schwäche der politischen Struktur einem Wirtschaftssystem gegenüber, das nun seine strukturell und konjunkturell bedingten Schwierigkeiten auf die politische Ebene verschob und den demokratischen Mechanismus von unten, vom bedrängten Arbeiter, Angestellten, kleinen Geschäftsmann, von einer scheinbar ausweglosen Arbeitslosigkeit her ins Wanken brachte.

Es ist deshalb notwendig, das Problem des Monopolismus in seinem Zusammenhang mit der konjunkturellen, für die allgemeinen sozialen und politischen Verhältnisse so einschneidenden Entwicklung zu verstehen. Anderseits muß jede Betrachtung des Konjunkturverlaufs von der bestimmenden Beeinflussung ausgehen, die er durch die mannigfachen europäischen Wirtschaftsbindungen, insbesondere durch die Politik der Monopole und die „politischen" Löhne und Preise erfuhr [87]. Die Zunahme der kartellähnlichen Bindungen, ein europäisches, keineswegs spezifisch deutsches Phänomen [88], ging zwar Hand in Hand mit einer scheinbaren Verfestigung der Preis- und Lohnstruktur [89]. In Wirklichkeit wurden damit jedoch an die Stelle einer elastischen Anpassung an die Konjunkturbewegung, wie sie etwa die „freien Preise" zeigen, nur eben die verspäteten und ruckartigen Reaktionen der Monopole

84 Kurt Wiedenfeld, *Kartelle und Konzerne* (Moderne Wirtschaftsgestaltung, Heft 10), Berlin-Leipzig 1927, S. 17 f.

85 Vgl. schon die verschiedenartigen Definitionen des Kartell- und Konzernbegriffs bei Richard Passow, *Kartelle*, Jena 1930; Oskar Klug, *Das Wesen der Kartell-, Konzern- und Trustbewegung*, Jena 1930; Tschierschky, *Kartellorganisation*, Berlin-Wien 1928; Jakob Herle und Max Metzner, *Neue Beiträge zum Kartellproblem*, Berlin 1929. Dazu auch die zitierten Schriften von Rosendorff, Stadler, Wiedenfeld, Eggmann, bes. Wagenführ und Wolfers mit der Literatur.

86 Vgl. etwa Wiedenfeld (Anm. VIII/84), S. 30 ff., und besonders natürlich die zitierte Schrift von Herle (Geschäftsführer des Reichsverbandes der Deutschen Industrie) und Metzner (Leiter der Kartellstelle daselbst): eine Apologie der Kartellpolitik *per se*.

87 Dazu Wagenführ, *Konjunktur* (Anm. VIII/73), S. 1 ff.

88 Vgl. Paul Th. Fischer und Horst Wagenführ, *Kartelle in Europa*, Nürnberg 1929, und das wichtigste Quellenwerk: *Konzerne, Interessengemeinschaften und ähnliche Zusammenschlüsse im Deutschen Reich Ende 1926*, hrsgg. vom Statistischen Reichsamt, Berlin 1927. Ferner Robert Michels, „Die internationalen Trusts und Kartelle", in: *Jahrbücher für Nationalökonomik und Statistik* 137, 3. F. 82 (1932), S. 815 ff.

89 In diesem Sinn verständlicherweise besonders Herle-Metzner (Anm. VIII/85), S. 16 ff.

und Quasimonopole gesetzt [90]. An diesem Phänomen ist allerdings die Bürokratisierung der Lohn- und Gehaltspolitik von Gewerkschaften und Staat kaum weniger beteiligt als die Machtpolitik der wirtschaftlichen Konzentrationen [91].

Überhaupt war die Wirkung der Monopolstruktur auf den Konjunkturverlauf der Wirtschaftskrise trotz ihrer stabilen Preispolitik eher verwirrend als verfestigend. Sie intensivierte letztlich — entgegen den Erwartungen — die Schwankungen, indem sie ihre Dauer vergrößerte, die Depression zur Krise verschärfte [92] und dann ihrem ersten Abklingen 1932 noch nicht bzw. erst zu spät gerecht zu werden vermochte: eine Tatsache, deren politische Folgen nicht zuletzt den Sieg des vom Wirtschaftselend emporgetragenen Nationalsozialismus in letzter Minute noch herbeiführten. Es konnte freilich nicht genügen, wenn man in sehnsüchtigem Rückblick die „Zerstörung der Wirtschaft durch die fixen Kosten" beklagte [93] und die nach Beschäftigung rufende „ungesättigte Betriebsbereitschaft" in der Krise darauf zurückführte [94]: die Expansion der wirtschaftlichen Dimensionen in der Massengesellschaft verlangt nun einmal nach zusammenfassenden Regelungen von Produktion und Absatz. Aber auch der Ausweg, unrentable Betriebe stillzulegen, der dann in der Krise immer wieder gefordert wurde [95], geht mit seinen unsozialen, das liberalistische Prinzip überspitzenden und auch politisch gravierenden Wirkungen an dieser Wirklichkeit vorbei.

Ein Vergleich der Produktionszahlen in den Kartellen mit den Preisreihen erweist jedenfalls, daß diese zwar selbst zu einem Zeitpunkt scharf absinkender Nachfrage verhältnismäßig stabil blieben, daß sich aber dann auch der Aufschwung erheblich verzögerte [96]. Durch Absprachen, interne Kontrollen und betonte, staatlich gestützte Schutzzollpolitik [97] isolierte sich in den Kartellen und Syndikaten eine Wirtschaft innerhalb der Wirtschaft, und die Erscheinung des „Staats im Staat", die für die Rolle der Interessengruppen wie der Bürokratie oder der Reichswehr in der Weimarer Republik kennzeichnend ist, störte auch auf ökonomischem Gebiet den Aufbau und die Funktionsfähigkeit, die Elastizität der Demokratie. Diese politische Wirkung kann hier festgehalten werden, auch wenn nähere Feststellungen durch die Unsicherheit der Definitionen und die Unübersichtlichkeit der — weitgehend peinlich geheimgehaltenen — inneren Zusammenhänge der Kartelle und Konzerne erschwert sind: es ist bezeichnend, daß die von der deutschen Sozialisierungskommission geplante Kartell- und Trust-Enquete nie durchgeführt und nur informatorische Ansätze durch den 1926 eingesetzten Enquete-Ausschuß erreicht werden konnten [98]. Die Tatsache bleibt, daß kartellähnliche Verbände zum Zweck

90 Vgl. Wagenführ, *Konjunktur* (Anm. VIII/73), S. 19 ff. mit den Tabellen.

91 Zur „reinen" liberalen Kritik an dieser Entwicklung, die sich gegen die Monopolisierungserscheinungen auf Arbeitnehmer- wie (etwas milder) auf Arbeitgeberseite richtet, vgl. Gustav Cassel, *Neuere monopolistische Tendenzen in Industrie und Handel* (Memorandum für die Weltwirtschaftskonferenz in Genf 1927), Berlin 1927, *passim*, bes. S. 67 ff.

92 Für Einzelheiten vgl. Wagenführ, *Konjunktur* (Anm. VIII/73), S. 32 ff.; Stadler (Anm. VIII/83), S. 2 f.

93 So Hermann Schmalenbach, „Die Betriebswirtschaftslehre an der Schwelle der neuen Wirtschaftsverfassung" (Vortrag v. 3. August 1928), in: *Zeitschrift für Handelswissenschaft und handelswissenschaftliche Forschung*, 1928, S. 241 ff.

94 Ders., *Grundlagen der Selbstkostenrechnung und Preispolitik*, 5. Aufl., Leipzig 1930, S. 97.

95 Vgl. Jakob Metzner, „Kostensenkung durch organisierte Betriebsstillegung", in: *Wirtschaftsdienst* 16, Heft 23 (5. Juni 1931), S. 961 ff.

96 Vgl. die Ziffern bei Wagenführ, *Konjunktur* (Anm. VIII/73), S. 41 ff., sowie Stadler (Anm. VIII/83).

97 Dazu und besonders zu dem damit verbundenen Funktionswandel des Zolls Stadler (Anm. VIII/83), S. 2 ff.

98 Die beste Materialsammlung, doch ohne politische Analyse, bietet Wagenführ, *Kartelle* (Anm. VIII/45).

der monopolistischen Beherrschung des Marktes [99] — so schwierig eine auch nur annähernd statistische Erfassung ist — die wirtschaftspolitische Situation nicht nur in allen Sektoren der Industrie, sondern auch in der Landwirtschaft, im Handwerk [100], im Baugewerbe, aber auch im Film, im Buchwesen, im Verkehr, im Bank- und Versicherungswesen und vor allem auch im politisch so bedeutsamen Zeitungswesen [101] weitgehend bestimmten. Am stärksten gilt dies ursprünglich vom Bergbau, der jedoch immer mehr unter staatlichen Einfluß geriet und im Zuge der Sozialisierungsbestrebungen seit 1918 gemeinwirtschaftlichen Kompromißformen, gemischt zusammengesetzten staatlich-privatwirtschaftlichen Kontrollen unterworfen wurde [102]. Dagegen beherrschten auf dem Sektor der Eisen- und Stahlindustrie autonome Großverbände fast gänzlich die Produktions-, Absatz- und Preisentwicklung [103], auch im Sinne von Schutz- und Autarkiebedürfnissen gegenüber der Auslandskonkurrenz [104]; ähnlich war die Lage in der chemischen Industrie, wo aus naheliegenden Gründen die Publizität der Organisation besonders zu wünschen übrig ließ [105]. Am ehesten ist noch aus der Fachgruppengliederung des Reichsverbandes der Deutschen Industrie eine zahlenmäßige Übersicht zu gewinnen, die freilich noch nichts über Umfang, Gewicht und weitergehende Querverbindungen der Monopolbildungen aussagt [106].

Es wurde angedeutet, daß der Konzentrationsbewegung zwar der Zusammenschluß der Arbeitnehmer und ihre Einflußsteigerung auf Lohn-, Preis- und Arbeitsmarktpolitik entgegentrat, daß dieser Machtkonflikt aber keineswegs eindeutig die monopolistische Weiterentwicklung des Kapitalismus blockierte, sie im Gegenteil weitgehend — wenn auch indirekt — fördern mochte. Man konnte darum so weit gehen, in Kartellen und ähnlichen Gruppierungen auf der einen, Gewerkschaften auf der anderen Seite Ansätze neuer ständischer Gebilde und Bindungen zu sehen [107]. Freilich sind die Gewerkschaften mit jenen vom ursprünglichen kapitalistischen Konkurrenzprinzip abweichenden Organisationserscheinungen der wirtschaftlichen Konzentration insofern nicht ohne weiteres vergleichbar, als ihre Tätigkeit nicht um einfache Sachmechanismen, sondern um die gerechte Wertung der menschlichen Arbeitskraft — ganz menschlich gesehen — bemüht war [108]. Nur wenn man unterstellt, daß diese Arbeitskraft denselben Marktgesetzen unterliegt wie alle übrigen Waren, wäre ein Vergleich oder gar eine Gleichsetzung der Gewerkschaften mit den monopolistischen Trustbildungen möglich, wie dies von Apologeten des „Monopolkapitalismus“ mit Hinweis auf die Organisations- und Kampfformen

99 Vgl. auch Robert Liefmann, *Konzerne, Kartelle, Trusts*, 8. Aufl., Stuttgart 1930, S. 9.

100 Zur Konzentrationsbewegung innerhalb des Handwerks (mit Abbau des ständischen Konservatismus) bes. Grünberg, *Der Mittelstand* (Anm. VI/45), S. 66 ff. u. a.; ferner: Hrsg. Ausschuß zur Untersuchung der Erzeugungs- und Absatzbedingungen der deutschen Wirtschaft (Enquête-Ausschuß), III. Unterausschuß, 8. Gruppe, *Das Deutsche Handwerk*, Berlin 1930, Bd. I, S. 220 ff. u. a. mit dem umfassenden statistischen Material.

101 Vgl. Rolf Strüder, *Der ökonomische Konzentrationsprozeß im deutschen Zeitungswesen unter besonderer Berücksichtigung der Provinzpresse, Ein wirtschaftsgeschichtlich-soziologischer Versuch*, Diss. Heidelberg 1933, bes. S. 21 ff.; S. 37 ff.; S. 71 ff. Ferner Ludwig Bernhard, *Der „Hugenberg-Konzern“, Psychologie und Technik einer Großorganisation der Presse*, Berlin 1928, S. 65 ff.; S. 94 ff. u. a.

102 Wagenführ, *Kartelle* (Anm. VIII/45), S. 23 ff.

103 Vgl. die Organisations- und Mitgliederzahlen, getrennt nach Sparten, *ebda.*, S. 10 ff.

104 Für ein Beispiel vgl. Kurt Stallmann, *Der Stahlwerksverband in seinen internationalen Beziehungen*, Diss. Berlin 1935, S. 4 ff.

105 Wagenführ, *Kartelle* (Anm. VIII/45), S. 239.

106 Vgl. die Tabellen *ebda.*, S. XIV.

107 Hans Franke, „Der Wesenswandel der Gewerkschaften“, in: *Jahrbücher für Nationalökonomik und Statistik* 133, 3. F. 78 (1930), S. 555 ff.

108 Fritz Marbach, *Kartelle, Trusts und Sozialwirtschaft*, Berlin 1932, S. 8 ff.

eines „Gewerkschaftsmonopolismus“ getan wurde [109]. Daß die Gewerkschaften im Zuge der Verfestigung ihrer Organisation, im Bemühen um Milderung der den Arbeitern aus dem Produktionsmonopol erwachsenden wirtschaftlichen und moralischen Nachteile dann ein bürokratisches wirtschafts- und machtpolitisches Eigengewicht erlangten, das die Unternehmerorganisationen zu weiteren wirtschaftlichen und politischen Konzentrationsbewegungen forttrieb, war freilich eine von den Gewerkschaftsapologeten mit nicht weniger Emphase verschleierte oder bagatellisierte Folge [110].
Hier werden die tiefen Verschiedenheiten zwischen dem liberalen und dem sozialistischen Monopolismusbegriff ganz deutlich. Die Fronten standen sich in der Frage der Vergleichbarkeit oder Unvergleichbarkeit von Arbeitskraft und sachgebundenen Wirtschaftszahlen sowie in der Frage der Organisationsformen und Kampfregeln bei der Austragung dieses Konfliktes am schärfsten gegenüber. Der liberalen These von der Identität von Gewerkschafts- und Unternehmermonopolismus setzten die sozialistischen Theoretiker ihr sozialanthropologisch begründetes Nein entgegen. Und auch hier trifft die Einsicht in die sozialpolitischen und allgemein politischen Konsequenzverflechtungen der Wirtschaft auf den Gedanken der „Eigengesetzlichkeit der Wirtschaft“, die soziologische und politisch-wissenschaftliche auf die rein wirtschaftstechnologische Betrachtungsweise. Sie gipfelte in jenen Konflikten zwischen unternehmer- und gewerkschaftsnahen Machtapparaten, die zum Sturz der letzten demokratischen Mehrheitsregierung führten und — bis zu ihrer gewaltsamen Lösung im totalitären Staatsdirigismus — von den autoritativen Eingriffen noch mühsam überbrückt wurden.

5. *Exkurs: Konjunkturverlauf in der Wirtschaftskrise* [111]

Der im Verlauf des Jahres 1928 einsetzende Abschwung beendete den deutschen Konjunkturaufschwung von 1926/27. Er begann auffallenderweise ohne eine Krise im Kulminationspunkt; auch eröffnete „regelwidrig“ zuerst die Konsumgüterproduktion den Abstieg, während der Index der Produktionsgüterherstellung noch bis Mitte 1929 anstieg, so daß man geradezu von einer kurzen Sonderkonjunktur sprechen konnte. Erst mit diesem Zeitpunkt ging auch hier der Produktionsumfang zurück. Diese Erscheinung war teils durch die außergewöhnliche Strenge und Dauer des Winters 1928/29, die einen Teil der Investitionen in die folgenden Monate drängte, teils durch die günstige Lage auf dem Weltmarkt bedingt, die eine erhebliche Ausdehnung der Ausfuhr gestattete; auch wurden große Anstrengungen gemacht, die zu Zeiten gesicherter Kapitalversorgung aufgestellten Investitionsprogramme durchzuführen. Im Herbst 1929 waren jedoch die Reserven, die hierfür herangezogen werden konnten, erschöpft.
Die Aufschwungsbewegung im Ausland wirkte also zunächst konjunkturstützend. Sie verhinderte aber im weiteren Verlauf eine ausreichende Kapitalversorgung, die wichtigste Stütze der Inlandskonjunktur. Der Kapitalbedarf der Gläubigerländer stieg und wirkte auf eine Entblößung von Kapi-

109 Zum Begriff Cassel (Anm. VIII/91), S. 76. Vgl. auch Johann Fiedler, *Konzentrationsbewegung der Gewerkschaften*, Wien 1924, S. 41 u. a.; Franke (Anm. VIII/107), S. 557 ff.
110 Vgl. Sabel (Anm. VIII/8), S. 90 ff.
111 Der Exkurs stellt einen kurzen Auszug aus Untersuchungen dar, die unter Mitarbeit von Dipl.-Volkswirt Klaus Walper an Hand der Aufstellungen folgender Zeitschriften unternommen wurden: *Die Wirtschaftskurve; Zeitschrift für das gesamte Kreditwesen; Vierteljahrshefte des Instituts für Konjunkturforschung* [I. f. K.]; *Statistische Praxis.*

taldispositionen hin, besonders in Deutschland, wo große Mengen leichtbeweglicher Auslandskredite sehr locker saßen und auf Veränderungen der Zinsgefälle leicht reagierten. Seit Herbst 1929 verminderte sich der Auftragsbestand in fast allen Teilen der Industrie: ein allgemeiner Rückgang der industriellen Beschäftigung setzte ein, der durch die noch immer günstige Exportlage verlangsamt, jedoch nicht aufgehalten wurde. Die Jahresproduktion 1929 lag unter der des Vorjahres. Dieser Rückgang wog um so schwerer, als er in eine Zeit fiel, in der die übrigen Industrieländer eine erhebliche Ausdehnung des inländischen Marktes zu verzeichnen hatten.

Entwicklung der industriellen Produktion

		Deutschland I. f. K.	U. S. A. Fed. Res. B.	England Board of Trade	Frankreich Stat. gen.
1928	1. Quartal	128,4	109	109	119
	2. Quartal	121,6	110	104	125
	3. Quartal	117,6	113	100	129
	4. Quartal	[112]	113	108	132
1929	1. Quartal	120,6	118	110	137
	2. Quartal	126,1	125	112	140
	3. Quartal	123,5	124	110	139

Die erste Hälfte des Jahres 1930 war durch einen allgemeinen, keinen Gewerbezweig verschonenden Rückgang der Beschäftigung in Deutschland gekennzeichnet. Der Auftragseingang blieb noch stärker hinter der Produktion zurück, die durch ältere Aufträge noch gestützt war. Der Index der industriellen Produktion zeigte nach der Berechnung des Instituts für Konjunkturforschung (1928 = 100) ein schnelles Absinken seit Mitte 1929.

	1926	1927	1928	1929	1930
1. Quartal	72,2	93,1	101,9	95,0	93,6
2. Quartal	74,8	101,3	103,6	109,1	84,6 [113]
3. Quartal	79,8	102,7	103,0	103,3	
4. Quartal	89,0	103,4	91,5 [114]	99,1	

Im zweiten Halbjahr 1930 setzte der Rückgang der industriellen Produktion auch im Ausland ein. Selbst die wenigen europäischen Länder, die in der ersten Jahreshälfte dem allgemeinen Rückgang Widerstand zu bieten oder, wie Frankreich, darüber hinaus ihre industrielle Produktion noch zu steigern vermochten, mußten jetzt, wenn auch langsamer, ihre Produktion vermindern.

In Deutschland war der Rückgang der Aufträge weiterhin stärker als der Rückgang der Erzeugung; die Vorräte von Fertigwaren bei den Produzenten stiegen. Der Produktionsrückgang in der Industrie betrug nach den Index-

112 Infolge Eisenaussperrung nicht verwendbar.
113 Durchschnitt April/Mai 1930.
114 Durch Eisenaussperrung beeinflußt.

berechnungen des I. f. K. in Deutschland gegenüber dem Jahr 1929 etwa 33 %: er war geringer als in den Vereinigten Staaten, größer als in England und anderen europäischen Kapitalüberschußländern, geringer oder etwa ebenso gering wie in anderen europäischen Kapitalbedarfsländern. Der Produktionsumfang in den letzten Monaten des Jahre 1930 ragte über den tiefsten Stand während des Konjunkturabschwungs von 1925/26 noch um etwa 10 % hinaus und glich etwa dem Umfang des Jahresdurchschnitts von 1926.
Erheblichen Schwankungen unterlag in der Folge die Investitionsrate. So ergab sich für die ersten sechs Monate des Jahres 1931 aus den Beschäftigungs- und Auftragsziffern in der Eisen- und Maschinenindustrie sowie auf dem Baumarkte oder auch aus der Arbeitslage in der Produktionsmittelindustrie, daß die Investitionen in der Höhe von einem Drittel bis zur Hälfte ihres Umfanges von 1928/29 erhalten wurden. Eine Tabelle, bei der die Saisonschwankungen ausgeschaltet, d. h. den Ziffern der wirklichen Produktionsbewegung die saisonbereinigten Ziffern gegenübergestellt sind, läßt die Richtung der Konjunkturbewegung deutlicher hervortreten. Sie zeigt, daß in den ersten fünf Monaten des Jahres 1931 der sehr niedrige Stand der Erzeugung kaum zurückging. Der von den Kapitalabzügen des Auslandes ausgehende Druck machte sich erst in den folgenden Monaten bemerkbar.

Deutscher Produktionsindex (1928 = 100)

	Januar	96,9	93,7	67,7	99,3	96,0	69,4
	Februar	92,6	91,0	68,8	93,9	92,3	69,8
	März	100,3	90,9	72,2	100,3	91,1	72,3
	April	108,4	92,3	74,0	107,5	91,6	73,4
	Mai	107,8	88,4		106,2	87,1	
	Juni	107,9	82,0		107,2	81,4	
Monats-	3. Quartal	102,4			101,8	79,2	
durchschnitt	4. Quartal	98,5			98,4	75,0	
	d. Jahres	101,4	83,6		101,4	83,6	

Die Kapitalabziehungen aus Deutschland und den meisten übrigen mitteleuropäischen Ländern, die sich im zweiten Vierteljahr 1931 verstärkten, hatten einen neuen, jähen Abfall der Beschäftigungszahl zur Folge. Während sich die industrielle Produktion in Deutschland, soweit sie am Produktionsindex gemessen werden kann, im ersten Vierteljahr des Jahres 1931 auf 70,2 %, im zweiten auf 74,9 % belief, ist sie im dritten auf 68,4 % gesunken und betrug im Oktober nur noch 65,3 % der im Jahre 1928 erreichten Höhe. Schaltet man die saisonmäßigen Einflüsse aus, dann wird die Entwicklung durch die Ziffern 71,1 % im ersten Vierteljahr, 74,1 % im zweiten Vierteljahr, 68,0 % im dritten Vierteljahr und 74,7 % im Oktober gekennzeichnet. Im letzten Vierteljahr hat sich die Abwärtsbewegung zunächst wieder verlangsamt, um zum Jahresschluß einer weiteren — zum Teil saisonmäßig bedingten — Produktionseinschränkung Platz zu machen. Die konjunkturellen Produktionsschwankungen rührten also weitgehend von den Schwankungen der Investitionstätigkeit und von den ihr entsprechenden Schwankungen in der Herstellung von Investitionsgütern her; diese Bewegungen aber zogen Schwankungen der allgemeinen Kaufkraft und infolgedessen der Lebenshaltung und der Produktion auch an Verbrauchsgütern nach sich. Die In-

vestitionstätigkeit nahm Ende 1931 in einem Maße ab, daß selbst Ergänzungsinvestitionen unterblieben.
Der Beschäftigungsrückgang in der zweiten Jahreshälfte 1931 zeigte sich fast ausschließlich bei den Produktionsmittelindustrien, während die Industrien der Verbrauchsgüter keine nennenswerte Produktionseinbuße mehr erfuhren.

Deutsche industrielle Produktion

Monatsdurchschnitt 1928 = 100

	1. Quartal 1929	2. Quartal 1929	3. Quartal 1929	4. Quartal 1929	1. Quartal 1930	2. Quartal 1930	3. Quartal 1930	4. Quartal 1930	1. Quartal 1931	2. Quartal 1931	Juli 1931	Aug. 1931	Sept. 1931	Okt. 1931
Gesamtindex:	96,6	108,4	102,4	98,5	91,9	87,6	79,7	75,2	70,2	74,9	71,7	66,6	66,9	65,3
davon:														
Produktionsmittel:	97,3	115,6	109,5	101,0	92,2	85,5	77,8	72,3	65,8	69,1	66,3	61,7	59,0	56,2
Verbrauchsgüter:	95,4	94,8	89,9	94,0	91,4	91,2	82,8	80,2	76,1	84,9	81,1	75,1	80,7	81,2
Gesamtindex nach Ausschaltung der Saisonbewegung:	97,9	107,0	101,8	98,4	93,1	86,7	79,2	75,0	71,1	74,1	71,8	66,5	65,7	64,7

Ein Vergleich mit der internationalen Produktionsentwicklung läßt darüber hinaus noch erkennen, wie sehr die plötzlichen Kapitalabziehungen aus Mitteleuropa die gesamte Weltwirtschaft erschüttert haben. Der allgemeine Rückschlag war besonders stark in den Vereinigten Staaten, in Deutschland und Österreich.

Industrielle Produktion in verschiedenen Ländern

Monatsdurchschnitt 1929 = 100

Monatsdurchschnitt	Deutschland	USA	England	Frankreich	Schweden	Österreich	Polen
1925	78,2	88,2	–	77,0	78,6 [115]	–	72,7
1926	75,4	90,8	–	89,2	80,8	76,4	71,3
1927	95,9	89,1	96,2	78,4	85,2	89,6	88,7
1928	98,6	94,1	94,3	91,4	81,5 [115]	100,5	100,3
1929	100,0	100,0	100,0	100,0	100,0	100,0	100,0
1930	82,4	80,7	100,7	100,7	97,1	82,5	82,4
1930 1. Quartal	90,6	90,8	99,3	103,4	109,7	87,5	84,8
2. Quartal	86,4	88,5	92,2	103,6	101,8	89,3	80,0
3. Quartal	78,6	75,6	89,0	98,6	93,2	79,7	82,3
4. Quartal	74,2	69,5	88,5	97,1	90,4	73,6	82,2
1931 1. Quartal	69,2	71,4	85,0	95,5	88,4	66,0	72,0
2. Quartal	73,9	73,7	82,2	92,5	81,5	69,3	72,2
3. Quartal	67,5	66,7	80,1	87,1	80,0	63,0	71,5
Oktober	64,4	60,5	–	84,2	81,5	63,0	—

Im ersten Halbjahr 1932 kam die Abwärtsbewegung endlich zum Stillstand, ohne daß von dem verlorenen Gebiet jedoch schon etwas zurückgewonnen werden konnte.

115 Durch Arbeitsstreitigkeiten beeinflußt.

Industrielle Produktion 1932

1928 = 100

	Januar	Februar	März	April	Mai
Gesamtindex	52,9	55,1	56,7	56,5	59,2
davon:					
Produktionsgüter	40,8	42,1	44,7	46,6	52,6
Verbrauchsgüter	74,0	75,9	77,5	73,8	70,7
Gesamtindex nach Ausschaltung der Saisonbewegung	54,2	55,9	56,8	56,1	58,3

Dagegen ließ das zweite Halbjahr 1932 in Deutschland und in den meisten übrigen Ländern eine entscheidende Wendung zum Besseren erkennen: sie fand ihren Ausdruck zum Teil in einer Erhöhung der Produktion, zum Teil im Aufhören des jahrelangen Produktionsrückgangs.
Über die Bewegung der industriellen Produktion im allgemeinen unterrichtet die nachfolgende Übersicht der vom I. f. K. veröffentlichten Indexziffern. Zu ihrer Beurteilung ist einschränkend zu bemerken, daß sie auf der Produktionsbewegung einzelner wichtiger Industriegruppen aufgebaut ist, deren geringe Produktionshöhe die Schwankungen stärker widerspiegelt, als der wirklichen Gesamterzeugung entsprechen dürfte.

Industrielle Produktion 1932

1928 = 100

	1. Quartal	2. Quartal	Juli	August	September	Oktober	November
Gesamtindex	55,0	57,7	53,1	52,3	56,2	59,9	62,9
davon:							
Produktionsgüter	42,8	49,3	44,5	42,6	45,3	49,1	50,1
Verbrauchsgüter	76,1	72,2	68,1	69,3	75,4	82,1	85,1
Gesamtindex nach Ausschaltung der Saisonbewegung	55,7	57,1	53,2	52,2	55,2	59,3	52,3

Diese Wendung zum Besseren wurde seit der Jahresmitte in den Gläubigerländern ebenso wie in Schuldnerländern, wenn auch in verschieden starkem Umfange, durchaus spürbar. Die vom I. f. K. errechnete Indexziffer über die Bewegung der industriellen Weltproduktion wies seit der Jahreswende 1932 eine Besserung von etwa 6 % auf, womit bei einem Stande von zwei Drittel der Produktionsgröße von 1929 der Erzeugungsumfang des letzten Vorkriegsjahres wieder erreicht war. Von den größeren Industrieländern machte allein England eine Ausnahme, dessen Ziffern ein stärkeres Absinken der Produktion anzeigten und gerade im dritten Viertel des Jahres 1932 einen neuen Tiefstand erreichten.

Industrielle Produktion in verschiedenen Ländern

Monatsdurchschnitt 1929 = 100

Monats-durchschnitt	Welt-[116] prod.	Dtsch.	USA	Engl.	Frankr.	Schwed.	Öster.	Polen	Belgien
1928		98,6	94,1	94,3	94,1	99,1	97,5	100,3	99,4
1929	100,0	100,0	100,0	100,0	100,0	100,0	100,0		
1930	84,9	82,4	81,4	92,4	100,8	96,3	84,8	82,0	84,2
1931	72,3	69,1	68,6	83,5	89,3	85,3	74,3	69,5	76,1
1930 1. Quartal	91,3	90,6	89,8	99,3	103,4	–	–	86,5	94,3
2. Quartal	88,7	86,4	85,6	92,2	103,6	–	–	80,7	86,3
3. Quartal	82,1	78,6	77,1	89,0	98,3	–	–	81,7	78,0
4. Quartal	77,6	74,2	72,9	86,6	97,1	–	–	79,4	78,3
1931 1. Quartal	74,3	62,2	72,0	85,0	95,5	–	76,1	73,1	79,0
2. Quartal	74,9	73,9	72,9	82,2	92,5	84,1	73,3	72,2	76,1
3. Quartal	71,7	67,7	66,9	80,0	87,1	86,6	73,4	70,2	77,1
Juli	74,7	70,7	69,5	–	88,5	87,2	74,6	71,7	77,2
August	71,3	66,6	66,1	–	87,1	85,3	71,1	70,1	76,8
September	69,1	66,1	64,4	–	85,6	87,2	74,3	68,8	75,9
4. Quartal	67,8	61,6	61,9	86,9	82,0	89,0	75,5	62,5	73,4
1932 1. Quartal	63,1	54,2	58,8	85,1	72,3	88,7	71,9	52,4	67,5
2. Quartal	57,5	56,9	51,4	84,3	67,3	78,0	64,6	54,7	63,5
Juli	57,2	52,4	49,2		65,9	67,9	57,0	54,3	47,8[117]
August	57,5	51,6	50,8	78,1	66,6	74,3	60,5	54,8	47,4[117]
September	60,1	55,4	55,0		67,3	55,2	60,5	53,4	64,1
Oktober		59,1	55,1		68,0	74,3	64,1	56,3	65,3
November		62,0							

Nach diesem Überblick war der Tiefpunkt der industriellen Erzeugung in Deutschland in der Mitte des Jahres 1932 erreicht. Im Verlaufe des zweiten Halbjahres trat dann eine geringe Zunahme der Produktion ein, jedoch ging die monatsdurchschnittliche Erzeugung des zweiten Halbjahres kaum über die des ersten hinaus. Wenn auch die Erzeugung von Industriegütern im Jahre 1932 nur unwesentlich den Stand, der zur Bestreitung der notwendigsten Ersatzinvestitionen erforderlich sein dürfte, überschritt, so war doch die unter Schwankungen sich vollziehende Steigerung der Erzeugung von Produktionsgütern ein unverkennbares Anzeichen für den Tendenzumschwung, der sich seit dem dritten Vierteljahr des Jahres 1932 angebahnt hat.

Dieser Tendenzumschwung kam dann 1933 und in den folgenden Jahren voll zur Auswirkung. Bei Berücksichtigung des saisonbereinigten industriellen Produktionsindex führte er von dem im August 1932 erreichten Tiefpunkt von 58,5 schon im September 1933 auf 70,8, um im November 1933 auf 71,5 zu steigen. Eine besondere Steigerung ließ die Erzeugung von Produktionsgütern erkennen, die von August 1932 bis Oktober 1933 um rund 32 % stieg, während in der gleichen Zeit die Verbrauchsgütererzeugung um 12 % zunahm. Dieser Aufschwung der industriellen Produktion war kein spezifisch deutsches, sondern ein weltwirtschaftliches Phänomen, das sich besonders in den Vereinigten Staaten in einem sprunghaften Anstieg des Produktionsindex äußerte. Daß er zeitlich mit der Machtergreifung durch eine bereits im Abstieg begriffene NSDAP zusammenfiel, die in der Opposition nur von einer Verschlechterung der allgemeinen wirtschaftlichen Verhältnisse, als Regierungspartei dagegen von dem neuen Aufstieg der Konjunktur profitieren konnte, gab dem Umschwung seine weltpolitische Bedeutung.

116 Ohne Rußland.
117 Durch Arbeitsstreitigkeiten beeinflußt.

DIE REICHSWEHR *

Zum Verständnis des Wesens der Reichswehr als Institution und der Rolle, die sie in der Weimarer Republik gespielt hat, ist es notwendig, sich über die Wurzeln klarzuwerden, aus denen sie entstand, und die Voraussetzungen zu kennen, die bei ihrem Aufbau berücksichtigt werden mußten [1]. Drei Faktoren sind hierfür maßgebend: der erste liegt in den absolut bindenden Vorschriften, die der *Vertrag von Versailles* in militärischer Hinsicht machte; der zweite war durch die revolutionäre politische Situation Deutschlands in den Jahren 1918/19 und die aus ihr entstandene *Bürgerkriegsarmee* gegeben; der dritte aber war nicht kollektiver Art, sondern eine Person, die eine Macht für sich darstellte: der *General von Seeckt*, der von 1920 bis 1926 als Chef der Heeresleitung entscheidenden Einfluß auf die Entwicklung der Reichswehr nahm. Die Zusammenstellung dieser drei für die historische Form der Reichswehr bestimmenden Faktoren genügt schon, um die entscheidende Problematik der Reichswehr aufzudecken; denn unter ihnen fehlt derjenige, der nicht fehlen dürfte, solange eine Armee das Werkzeug eines bestimmten Staates bleiben soll: die zivile politische Führung.

1. *Der Vertrag von Versailles: wehrpolitische Aspekte*

Die militärischen Bedingungen des Friedensvertrages, zu deren Erfüllung sich die deutschen Bevollmächtigten am 28. Juni 1919 durch ihre Unterschrift im Auftrage des neuen deutschen Staates bereit erklärten, sind niedergelegt in Teil V der Vertragsurkunde unter dem Titel „Bestimmungen über Landheer, Seemacht und Luftfahrt" [2]. Sie sind so oft geschildert worden, daß hier auf eine detaillierte Wiederholung verzichtet werden kann. Es ist bekannt, daß die Effektivstärke des Heeres auf die durchaus ungenügende Zahl von 100 000 Mann einschließlich 4000 Offiziere, die der Marine auf 15 000 Mann, einschließlich 1500 Offiziere, begrenzt wurde; daß als Heeresverfassung das langdienende Berufsheer vorgeschrieben, die Bildung jeglicher Reserven verhindert und die Durchführung von Mobilmachungsvorbereitungen verboten

* Als Verfasser dieses Kapitels zeichnet Wolfgang Sauer verantwortlich.

1 Die hier gezogenen Schlußfolgerungen basieren auf einem Material, das zu umfangreich ist, als daß es in dem zur Verfügung stehenden Raum ganz ausgebreitet werden könnte. Es ist jedoch beabsichtigt, das später in einer ausführlichen Publikation nachzuholen. Eine Vorstudie hierzu war: Bracher, „Auflösung einer Demokratie" (Anm. I/39), S. 39–98; bes. S. 62 ff. Das dort vorgelegte Material ist im folgenden nur soweit berücksichtigt, als es unentbehrlich war.

2 Den amtlichen deutschen Text bringt: *Der Friedensvertrag von Versailles nebst Schlußprotokoll und Rheinlandstatut*, Neue durchgesehene Ausgabe in der durch das Londoner Protokoll vom 30. August 1924 revidierten Fassung, Berlin 1925, S. 90–108. Weitere Literatur bei Fritz Berber, *Das Diktat von Versailles, Entstehung – Inhalt – Zerfall* (Veröffentlichungen des Deutschen Instituts für Außenpolitische Forschung, Bd. III), Essen 1939, S. 1044.

wurde; daß die Reichswehr weder Luftwaffe noch chemische Waffen, weder Panzer noch schwere Artillerie haben durfte; und daß ihr schließlich einschneidende Beschränkungen in der Führungsorganisation (Verbot des Großen Generalstabes), im Militärbildungs- und Befestigungswesen sowie in der Rüstungsindustrie auferlegt wurden. Weniger bekannt, aber für die Beurteilung der Versailler Bedingungen wichtiger als diese sehr in die Augen springenden Restriktionen ist die Tatsache, daß auch eine strenge Kontingentierung der *zugelassenen* Waffen — Handwaffen, schwere Infanteriewaffen, leichte Geschütze — und der für sie benötigten Munitionskategorien vorgeschrieben war [3]. In beiden Fällen gingen die zugelassenen Mengen kaum über die Erstausstattung für das 100 000-Mann-Heer hinaus; irgendeine ins Gewicht fallende Reservenbildung war nicht möglich, jedenfalls sofern man sich deutscherseits um eine strikte Einhaltung der Versailler Vorschriften bemühte [4]. Und da letztere der deutschen Rüstungsindustrie zugleich ebenso enge Grenzen gezogen hatten, war auch eine kurzfristige Ausweitung der Produktionskapazität und damit ein reibungsloser Nachschub für den unter den Bedingungen der modernen Materialschlacht enormen Verbrauch an Waffen und Munition im Ernstfall nicht möglich [5].

Aus diesen Überlegungen ergibt sich, daß die Reichswehr, wenn sie unter strikter Einhaltung der Versailler Bedingungen aufgebaut wurde, auch im günstigsten Falle — d. h. gegen einen Gegner, der selbst über keine nennenswerte Luft- und Panzerwaffe verfügte und keine chemischen Kampfmittel einsetzte — nicht die Aussicht hatte, einen ernsthaften Waffengang über das Anfangsstadium hinaus durchzuhalten; im Höchstfalle hätte man vielleicht mit etwa acht bis zehn Tagen organisierten Widerstandes rechnen können [6]. Mit einem Wort, in der Versailler Form war die Reichswehr nach außen hin überhaupt nicht einsatzfähig, zumindest nicht unter den Bedingungen der Außenpolitik alten Stils, wie sie bis zum Ersten Weltkrieg geherrscht hatte. Das führt zu der Frage, welchen Zweck ihr denn die Schöpfer des Versailler Vertrages überhaupt zugedacht hatten. Studiert man daraufhin den Vertragstext, so findet man die Antwort im Artikel 160, in dem es heißt: „Das Heer

3 *Friedensvertrag* (Anm. IX/2), Übersicht 2 und 3 (S. 98), sowie Artikel 164–170.

4 Über die zugelassenen Reserven orientiert Artikel 164. Darüber hinaus gewährte das Protokoll von Spa vom 9. Juli 1920 eine geringe Vermehrung der Reserven an Infanteriewaffen. Vgl. den Katalog der alliierten Zugeständnisse im Nachtrag zu der sogenannten „Entwaffnungsnote" v. 6. Juni 1925, abgedr. im *Berliner Tageblatt*, Nr. 264 v. 6. Juni 1925 (Morgenblatt der Berliner Ausgabe).

5 Die Bestimmungen über die deutsche Rüstungsindustrie finden sich in den Artikeln 166, 168, 170. Weitere Einzelheiten bei Charles Nollet, *Une expérience de désarmement, cinq ans de contrôle militaire en Allemagne*, Paris 1932, S. 177 ff.; bes. S. 183, und bei Georges Castellan, *Le réarmement clandestin du Reich 1930–1935, Vu par le 2e Bureau de l'État-Major Français*, Paris 1954, S. 254 f. Was das Problem der Kapazitätsausweitung betrifft, so berechneten selbst alliierte Fachleute, daß die deutsche Industrie ein volles Jahr brauchen würde, um für Schußwaffen und Munition die Höchstproduktion des Jahres 1918 wieder zu erreichen. Vgl. Scheele, *The Weimar Republic* (Anm. IV/48), S. 111 f. Dabei ist zu berücksichtigen, daß die alliierten Experten ihre Berechnungen in Kenntnis der deutschen Vertragsübertretungen anstellten, während in den vorliegenden Überlegungen die strikte Einhaltung des Friedensvertrages zugrunde gelegt wurde. Vgl. auch Rolf Wagenführ, Hrsg., *Kriegswirtschaft*, Berlin 1935, S. 37 und *passim* (Ausführungen des französischen Generals Debeney); Hans Rohde, „Die Umstellungsdauer der Industrie", *ebda.*, S. 90–93; Max Graf Montgelas, „Das Kriegspotential B", in der von der Interparlamentarischen Union angestellten Untersuchung *Wie würde ein neuer Krieg aussehen?*, Zürich-Leipzig 1932, S. 130–152, bes. S. 148 ff. Alle diese Untersuchungen basieren auf dem amerikanischen Beispiel aus dem ersten Weltkrieg, in dem die Umstellungsdauer 12 bis 20 Monate betrug.

6 Diese Berechnung beruht auf einer Schätzung des Munitionsverbrauchs im Weltkrieg auf Grund von Angaben, die bei Otto Riebicke, *Was brauchte der Weltkrieg?, Tatsachen und Zahlen aus dem deutschen Ringen 1914/18*, Leipzig 1936, S. 92, gemacht werden. Danach sind in der deutschen Offensive zwischen Soissons und Reims 1918 am ersten Angriffstag auf 38 km Frontbreite in etwa 4½ Stunden ca. 1800 Schuß pro Batterie verschossen worden. Demgegenüber standen der Reichswehr auf Grund des Versailler Vertrages pro Batterie etwa 3600 Schuß zur Verfügung. Man wird nicht annehmen dürfen, daß diese Menge länger als eine Woche hätte reichen können.

ist nur für die Erhaltung der Ordnung innerhalb des deutschen Gebiets und zur Grenzpolizei bestimmt." Danach sollte also die Reichswehr gar nicht der eigentlichen Kriegführung dienen, sondern lediglich eine Art erweiterter Bereitschaftspolizei, etwa analog dem heutigen Bundesgrenzschutz, darstellen. Im Lichte dieser Zweckbestimmung gesehen war sie dann allerdings erstaunlich weitgehend „militarisiert" [7].

Zum Verständnis dieses Widerspruchs ist ein kurzer Blick auf die Entstehungsgeschichte des Versailler Vertrages und die für ihn bestimmende gesamtpolitische Konzeption erforderlich. Der Versailler Vertrag war die Resultante zweier divergierender Kräfte. Auf der einen Seite stand die außenpolitische Konzeption Frankreichs, die sich wie im 19. Jahrhundert vornehmlich an dem *sacro egoismo* des wirklichen oder vermeintlichen nationalen Interesses orientierte; auf der anderen die Konzeption Wilsons, der — ausgehend von der Erkenntnis, daß die Politik des nationalen Egoismus notwendig in eine internationale Anarchie münden müsse — eine überstaatliche Organisation in Form eines Völkerbundes errichten wollte. Die Geschichte der Pariser Friedenskonferenz ist, wie man weiß, die Geschichte des Kampfes zwischen diesen beiden Konzeptionen. In ihm vermochte sich Frankreich weitgehend durchzusetzen, nachdem es ihm gelungen war, die Unterstützung Englands und Italiens zu gewinnen und Wilson zu isolieren.

Doch war der Sieg Frankreichs nicht vollständig. So wurde der Völkerbund tatsächlich gegründet und die Gründungsakte in den Vertragstext mit aufgenommen, aber auch viele der Detailbestimmungen trugen ein zwiespältiges Gesicht. Dies gilt auch vom militärischen Teil des Vertrages. Wenn es in dessen berühmter Präambel heißt, daß die Abrüstung Deutschlands „die Einleitung einer allgemeinen Rüstungsbeschränkung aller Nationen ermöglichen" solle, so entspricht das genau der Forderung Wilsons im vierten seiner vierzehn Punkte: „Austausch angemessener Bürgschaften dafür, daß die Rüstungen der Völker auf das niedrigste, mit der *inneren* Sicherheit zu vereinbarende Maß herabgesetzt werden [8]." Von hier aus gesehen stellt dann die im Artikel 160 gegebene Zweckbestimmung des deutschen Heeres nichts als die Anwendung der allgemeinen Richtlinien Wilsons auf den konkreten Fall dar. Aber im Militärausschuß der Pariser Konferenz, der die Details festzulegen hatte, dominierten die englischen und, in der Person Fochs, vor allem die französischen Generale. Sie aber dachten verständlicherweise in den Begriffen des nationalen und militärischen Interesses, und so nahm das, was nach Wilsons Vorstellungen eine Art erweiterter Polizei sein sollte, unter den Händen der Generale doch wieder die Form einer, nun allerdings verkrüppelten Armee an.

Zu diesem außenpolitisch-technischen Problem kommt dann noch das innenpolitische [9]. Es war ein sowohl den französischen wie auch den englischen

7 So war unter dem Gesichtspunkt des Artikels 160 z. B. das Verhältnis von Geschützen und Minenwerfern (323 : 252) nicht zweckentsprechend. Da letztere für Bürgerkriegszwecke besser als Geschütze verwendbar sind, wäre ein umgekehrtes Verhältnis wünschenswert gewesen. Auch könnte man die Frage aufwerfen, ob für eine Polizei- und Grenzschutztruppe ein eigenes Ministerium und die Gliederung in Divisionen erforderlich gewesen wäre. Allgemein auch Otto Geßler, „Der Aufbau der neuen Wehrmacht", in: *Zehn Jahre deutsche Geschichte 1918–1928*, Berlin, 2. Aufl., o. J. [1928?], S. 87–102, bes. S. 88.

8 Auszeichnung vom Verfasser. Vgl. auch den Artikel VIII der Völkerbundssatzung, der allerdings die Beschränkung auf die innere Sicherheit fallen läßt. Karl Ludwig v. Oertzen, „Das Abrüstungsproblem", in: Heinrich Schnee und Hans Draeger, Hrsg., *Zehn Jahre Versailles*, Bd. II, Berlin 1929, S. 105 ff. Umfassend orientiert Karl Schwendemann, *Abrüstung und Sicherheit, Handbuch der Sicherheitsfrage und der Abrüstungskonferenz*, 2. Aufl., Bd. I, Leipzig o. J. [1933].

9 Zum folgenden vgl. Jacques Benoist-Méchin, *Histoire de l'armée allemande*, Bd. I, Paris 1936, S. 352 ff.

Generalen dringendes Anliegen, die neue deutsche Streitmacht möglichst zu demokratisieren, weil beide auf diese Weise hofften, einen der gefährlichen dynamischen Faktoren im politischen Leben Deutschlands ausschalten zu können. Aber beide wollten dies Ziel mit ganz verschiedenen Mitteln erreichen. Die Engländer schlugen eine der englischen nachgebildete Heeresverfassung mit kleinem, langdienendem Berufsheer vor; sie nahmen dabei an, daß die Offiziere eines solchen Heeres, ähnlich wie in England, nach einiger Zeit „verbeamten" und dadurch kriegerischen Abenteuern abgeneigt sein würden, vergaßen aber, daß die demokratische Verfassung in England im Gegensatz zur Weimarer Republik durch eine zumindest dekorative Monarchie gekrönt und dadurch eine Bindung des „monarchischen" Berufsheeres an den demokratischen Staat möglich wird. Demgegenüber lehnten sich Fochs Vorschläge an die liberalen Ideen an und harmonierten daher auch in verblüffender Weise mit den aus der gleichen Quelle fließenden wehrpolitischen Forderungen der deutschen Sozialdemokratie [10]. Foch forderte ein kurzdienendes Milizheer von ursprünglich 500 000, dann 200 000 Mann auf der Basis der allgemeinen Wehrpflicht. Die damit gegebene Gefahr einer militärischen Ausbildung weiterer Volksschichten hielt er für „infiniment moins grand que celui qui découlerait d'une armée de métier qui deviendrait rapidement la citadelle de l'esprit prussien, s'identifierait avec l'Allemagne traditionelle et finirait par dicter ses conditions au gouvernement" [11].

Rückblickend muß man den Scharfblick Fochs bewundern, mit dem er bezüglich der ideologischen, sozialen und politischen Konsequenzen der „armée de métier" genau das voraussagte, was später eintraf. Doch konnte Foch sich bei den endgültigen Beratungen gegenüber Lloyd George nicht durchsetzen, da Clémenceau ihm in den Rücken fiel und die Engländer unterstützte. „Cette décision", bemerkt Benoist-Méchin, „va avoir une portée incalculable: elle va doter la jeune république allemande d'une armée monarchique [12]."

Mit diesen Bemerkungen ist die Problematik der militärischen Bedingungen des Versailler Vertrages annähernd umschrieben: auf der einen Seite das Schwanken zwischen den beiden Polen Armee und Polizei, auf der anderen Seite eine Heeresverfassung, die den Versuchen zur Demokratisierung der Armee nachhaltigen Widerstand entgegensetzen konnte. Waren deshalb die historischen Konsequenzen — geheime Aufrüstung und antidemokratischer Geist der Reichswehr — unausweichlich? Man wird das nicht behaupten können, ohne die Vielfalt der Möglichkeiten, die auch in dem Versailler Rahmen noch lagen, gewaltsam einzuschränken; vielmehr ist es durchaus denkbar, daß sich aus diesem Rahmen eine alle Seiten zumindest halbwegs befriedigende Lösung hätte entwickeln lassen. Was die außenpolitische Seite des Problems betrifft, so hätte eine Lösung allerdings nur unter zwei Voraussetzungen erfolgen können. Die erste ist, daß sich der Völkerbund zu einem wirklich funk-

10 Vgl. Punkt 3 des Erfurter Programms von 1891: „Erziehung zur allgemeinen Wehrhaftigkeit. Volkswehr an Stelle der stehenden Heere. . ." usw. *Sozialistische Dokumente: Das Erfurter Programm. Sein Werden und seine Kritik*, Offenbach/M. 1947, S. 130. Auch Benoist-Méchin weist auf diesen Zusammenhang hin (Anm. IX/9), I, S. 355, Anm. 1. Diese Anmerkung ist bezeichnenderweise in der 1939 erschienenen deutschen Ausgabe nicht enthalten, vgl. Jacques Benoist-Méchin, *Geschichte des deutschen Heeres seit dem Waffenstillstand 1918–1938*, hrsgg. von Carl Henke, Bd. I, Berlin 1939 (mehr nicht erschienen), S. 223.

11 Note Fochs vom 1. Januar 1919, gerichtet vom Großen Hauptquartier der Alliierten Armeen an die französische Regierung, Benoist-Méchin (Anm. IX/9), I, S. 354 f.

12 *Ebda.*, S. 359. Da Foch mit seinen Plänen nicht durchdrang, widersetzte er sich nun der Festlegung der Effektivstärke auf 200 000 Mann, so daß es im Verlauf der weiteren Verhandlungen zu einer Verminderung zuerst auf 140 000, dann auf 100 000 Mann kam, in die schließlich auch noch die 4000 Offiziere mit eingeschlossen wurden. *Ebda.*

tionierenden Instrument der internationalen Politik hätte herausbilden und in diesem Rahmen das Ideal einer effektiven Abrüstung wenigstens annähernd und in nicht allzulanger Zeit hätte verwirklichen müssen. Dazu wäre aber vor allem erforderlich gewesen, daß das Ursprungsland der Völkerbundidee, die Vereinigten Staaten, als mächtiger Pfeiler in den Völkerbund eingetreten wäre. Die zweite Voraussetzung lag bei Deutschland. Deutschland hätte das Wilsonsche Konzept zur Grundlage seiner Politik machen und innerhalb des Völkerbundes zusammen mit den kleineren und mittleren Neutralen sowie mit den Vereinigten Staaten einen Block bilden müssen, um so im Völkerbund einen Kristallisationskern zu schaffen und die Abrüstungspolitik voranzutreiben. Militärisch hätte das bedeutet, daß Deutschland die eigene Abrüstung nicht nur materiell, sondern auch geistig hätte durchführen und der Reichswehr eine Form geben müssen, die der Zweckbestimmung des Art. 160 entsprach [13].

Beide Voraussetzungen wurden nicht erfüllt. Der Sturz Wilsons und die anschließende Periode der Isolationspolitik zerstörten die Hoffnungen auf einen Beitritt der Vereinigten Staaten zum Völkerbund [14], und in Deutschland vermochten die demokratischen Kräfte, die an sich dem Wilsonschen Konzept gegenüber aufgeschlossen waren, sich nicht durchzusetzen, obwohl sie *de jure* die Macht in der Hand hatten. Da sich auch England, ähnlich wie die Vereinigten Staaten, zurückhielt, trat an die Stelle der erhofften Bändigung der nationalen Egoismen durch eine überstaatliche Organisation die altgewohnte Machtpolitik kontinentaler Prägung, in deren Rahmen es Frankreich gelang, die erste Rolle zu spielen, den Völkerbund zum Instrument seiner doppelgesichtigen „Sicherheits"- und Hegemonie-Politik zu machen und das allgemeine Abrüstungsprojekt in einem Maße zu verzögern, das seine Verwirklichung ernsthaft gefährdete.

Es ist für die damalige Situation bezeichnend, daß die Gründe für das Scheitern der Völkerbundspolitik nicht so sehr in außenpolitischen Aspirationen und aggressiven Tendenzen der einzelnen Länder als vielmehr in der weitgehenden Unfähigkeit zu suchen sind, die die politische Führung der Völker hinsichtlich der praktischen Durchführung der revolutionären Völkerbundidee an den Tag legte. Die Wehrpolitik der Weimarer Republik ist ein Modellfall dafür. Die außenpolitische Lage Deutschlands unmittelbar nach Abschluß des Friedensvertrages konnte, objektiv betrachtet, die Zweckmäßigkeit einer neuen deutschen Wehrmacht in Frage stellen [15]. Gewiß bestanden Gefahren, die man nicht ignorieren konnte; es war offensichtlich, daß Frankreich mit dem Ergebnis des Friedensvertrages nicht voll zufrieden war, und im Osten gab es in Polen einflußreiche Kräfte, die ähnlich dachten. Man mußte damit

13 In derselben Richtung argumentiert jetzt auch Erich Kordt, *Nicht aus den Akten... Die Wilhelmstraße in Frieden und Krieg, Erlebnisse, Begegnungen und Eindrücke 1928–1945*, Stuttgart 1950, S. 42 ff. Er macht mit Recht darauf aufmerksam, daß sich auf diese Weise vermutlich auch eine Revision der nichtmilitärischen Vertragsbestimmungen leichter hätte erreichen lassen.

14 Der Rückzug der Amerikaner wurde von den Alliierten schon sehr bald bedauert, vgl. Lloyd George, *Die Wahrheit über Reparationen* (Anm. VIII/50), S. 39 f. (Folgen für die Reparationsverhandlungen), und Nollet (Anm. IX/5), S. 12 (Folgen für die militärische Kontrolle). In Amerika kam die Einsicht erst im zweiten Weltkrieg zum Durchbruch, so u. a. bei Walter Lippmann, *U. S. Foreign Policy, Shield of the Republic*, New York 1943, bes. S. 55. Lippmann befürwortet Triple-Alliance USA–England–Frankreich als Kern des Völkerbundes. Nach dem zweiten Weltkrieg sind die nachteiligen Folgen der amerikanischen Isolationspolitik auch in Deutschland betont worden; vgl. Ludwig Dehio, *Gleichgewicht oder Hegemonie, Betrachtungen über ein Grundproblem der neueren Staatengeschichte*, Krefeld 1948, S. 210 ff.

15 Zur deutschen Außenpolitik allgemein: Ludwig Zimmermann, *Deutsche Außenpolitik in der Ära der Weimarer Republik*, Göttingen 1958; stoffreich, aber weitgehend kompilatorisch Heinrich Euler, *Die Außenpolitik der Weimarer Republik 1918–1923*, Aschaffenburg 1957; ausgewogen im Urteil Eyck, *Geschichte der Weimarer Republik* (Anm. I/18).

rechnen, daß von beiden Seiten Versuche unternommen werden würden, unerfüllte Hoffnungen noch nachträglich zu befriedigen. Unter diesen Umständen wäre es verständlich gewesen, wenn ein militärisch nicht gebundenes Deutschland sich durch Schaffung einer ausreichenden Abwehrkraft zu sichern versucht hätte. Aber Deutschland war militärisch nicht ungebunden, und die ihm auferlegten Bindungen schlossen eine wirkungsvolle Landesverteidigung aus. Wollte man dennoch am Prinzip der militärischen Sicherung festhalten, so blieb nur der Weg über geheime Aufrüstungsmaßnahmen. Dieser Weg mußte aber sehr problematisch sein, da die geheimen Vorbereitungen angesichts der scharfen interalliierten Kontrolle [16] militärisch unzureichend bleiben und darüber hinaus wegen der Unmöglichkeit absoluter Geheimhaltung im Auslande ein Mißtrauen erregen mußten, das für die deutsche Außenpolitik eine schwere Belastung dargestellt hätte. Damit aber wäre dann das ursprüngliche Ziel militärischer Sicherungsmaßnahmen — die Stärkung der außenpolitischen Stellung Deutschlands — verfehlt worden.

Dazu kamen noch gefährliche innenpolitische Rückwirkungen. Nicht nur sah sich die Reichswehr gezwungen, sich an die republikfeindlichen Wehrverbände zu wenden, um in ihrem Sinne zuverlässige und verschwiegene Helfer zu gewinnen, sie geriet überdies in einen schweren rechtlichen Konflikt, da der Friedensvertrag zugleich deutsches Reichsgesetz war und geheime Aufrüstungsmaßnahmen nicht nur der völkerrechtlichen, sondern jeder rechtlichen Grundlage überhaupt entbehrten. Die Reichswehr half sich, indem sie die illegalen Maßnahmen als „Privatarbeiten" und die daran Beteiligten als „freiwillige Arbeitsgemeinschaft" deklarierte, aber juristisch handelte es sich, wie militärische Experten selbst feststellten, um einen „Zusammenschluß von Personen zum Zwecke einer gemeinsamen Gesetzesverletzung" [17]. Eine solche Erziehung zur Illegalität und Konspiration mußte eine schwerwiegende Verwirrung der Rechts- und Moralbegriffe zur Folge haben.

Mußte es unter diesen Umständen nicht ratsam sein, auf militärische Sicherung zunächst zu verzichten und die Abwendung der drohenden Gefahren auf politischem Wege anzustreben? Die politische Lage stellte dem keine unüberwindlichen Hindernisse entgegen, ja, wenn man die damalige Situation mit der voraufgehenden und mit der heutigen vergleicht, wird man sagen können, daß in ihr einmalige Chancen für die Durchführung einer solchen Politik bestanden haben. Weder gab es, wie vor 1914, ausgesprochen imperialistische Bestrebungen, noch, wie heute seit 1947/48, einen „kalten Krieg" zwischen ideologischen Fronten. Die größten Schwierigkeiten lagen in dem wirtschaftlichen und psychologischen Trümmerberg, den der Krieg hinterlassen hatte, und gerade ihnen gegenüber war eine unerschütterliche Verständigungspolitik das allein geeignete Mittel; der deutliche, wenn auch zeitlich begrenzte Erfolg der Stresemannschen Politik ab 1925 ist ein Beweis dafür [18]. Sollten auf diesem Wege aber dauerhafte Ergebnisse erzielt werden, so waren zwei Voraussetzungen unerläßlich: erstens mußte die Regierung eine klare, auf die konkrete Situation bezogene Konzeption entwickeln und sie mit taktischem Geschick, Geduld und Festigkeit zu verwirklichen suchen, und

16 Dazu vgl. *Friedensvertrag* (Anm. IX/2), Art. 203–210, und Nollet (Anm. IX/5).

17 Rechtsgutachten vom 7. 1. 1927 und Memorandum des Oberstleutnants v. Bonin vom 18. 1. 1927, ungedr.; vgl. u. Anhang IV.

18 In krassem Gegensatz dazu steht der eklatante Mißerfolg der Widerstandspolitik des Kabinetts Cuno zur Zeit der Ruhrbesetzung. Weder die Existenz der Reichswehr, noch selbst die verzweifelten Rüstungsanstrengungen Seeckts im Jahre 1923 haben auf Frankreich auch nur den geringsten Eindruck gemacht.

zweitens bedurfte diese Regierungspolitik eines festen Rückhalts in einem genügend großen Teil des Volkes.

Diese Bedingungen waren in Deutschland weder im Sommer 1919 noch späterhin gegeben. Obwohl die Sozialdemokratische Partei, die von allen deutschen Parteien vielleicht am meisten zu einer waffenlosen Verständigungspolitik neigte, in dem damals amtierenden Kabinett Bauer die beherrschende Rolle spielte [19], war es doch gerade dieses Kabinett, das mit der Einsetzung der sogenannten „Vorkommission für das Friedensheer" schon eine Woche nach Unterzeichnung des Friedensvertrages den ersten Schritt zum Wiederaufbau einer neuen Wehrmacht tat [20]. Und dies, obwohl damals in Gestalt der „Vorläufigen Reichswehr" ein Instrument vorhanden war, das, in seinem größeren Teil für Bürgerkriegszwecke geschaffen, bereits wesentliche Keime für die Fortbildung zu einer Polizeitruppe in sich trug [21]. Wenn die Regierung sich dessenungeachtet für die Schaffung einer neuen Armee entschied, so lag das zunächst einmal daran, daß offensichtlich selbst ihre sozialdemokratischen Mitglieder — hier ist vor allem an Noske zu denken — nicht anders als in den Begriffen der klassischen, auf militärische Sicherung bedachten Außenpolitik zu denken vermochten oder wenn doch, angesichts der bereits wieder mächtig anschwellenden nationalistischen Propaganda nicht den Mut zur Unpopularität hatten [22]. Hinzu kommt, daß in den Reihen der sozialdemokratischen Spitzenfunktionäre in bezug auf militär-technische Fachprobleme ein Wissensstand herrschte, den man nur als Ignoranz bezeichnen kann. So ist man sich in diesen Kreisen offensichtlich nicht darüber klar gewesen, daß der Wiederaufbau einer neuen Wehrmacht, wenn anders er überhaupt einen Sinn haben und die neue Armee nicht zu einer bloßen, militärisch nutzlosen Soldatenspielerei auf Kosten der Steuerzahler verurteilen sollte, unweigerlich über den Rahmen der Versailler Bedingungen hinausgreifen und damit die obengenannten außenpolitischen Komplikationen nach sich ziehen mußte.

All das, was der Regierung mangelte — klare Zielsetzung, Festigkeit und Entschiedenheit sowie Unterstützung in wirtschaftlich starken Schichten des Volkes —, besaß ihr Gegenspieler in Gestalt des ehemals kaiserlichen Offizierkorps um so mehr. Er hatte sich von seinem Zusammenbruch im November 1918 überraschend schnell erholt und war, nicht zuletzt dadurch, daß es sich beim Aufbau der „Vorläufigen Reichswehr" als unentbehrlich erwiesen hatte, bereits wieder zu einer *pressure group* ersten Ranges aufgestiegen. Die Offiziere aber wollten eine neue Armee schaffen und drängten deshalb schon sehr bald darauf, das neuentstandene Heer aus den inneren Kämpfen herauszuhalten [23]. Und da die Regierung in ihrer militärpolitischen Ratlosigkeit keine

19 Die hier in Frage kommenden Ressorts – Außen- und Wehrministerium – waren sogar ausschließlich von der SPD besetzt; das erste leitete Hermann Müller, das zweite Noske. Überdies saß Grzesinski (der spätere Polizeipräsident von Berlin) als Unterstaatssekretär im preußischen Kriegsministerium; vgl. seinen Bericht: Albert Grzesinski, *Inside Germany,* New York 1939.

20 Über diese Kommission vgl. u. a. Friedrich v. Rabenau, *Seeckt, Aus seinem Leben 1918–1936,* Leipzig 1940, S. 196; S. 466 ff.

21 In der Tat ist aus ihr auch die spätere Schutzpolizei hervorgegangen. Dazu im allgemeinen Friedensburg (Anm. I/23), S. 245. Einzelbeispiele bei Gustav Noske, *Von Kiel bis Kapp, Zur Geschichte der deutschen Revolution,* Berlin 1920, S. 113, und Edgar v. Schmidt-Pauli, *Geschichte der Freikorps 1918–1924,* Stuttgart 1936, S. 357; S. 362. Von französischer Seite: Nollet (Anm. IX/5), S. 208 f.

22 Über Noske als Reichswehrminister vgl. seine beiden Memoirenwerke *Von Kiel* (Anm. IX/21) und *Erlebtes aus Aufstieg und Niedergang einer Demokratie,* Offenbach/M. 1947. Über Hermann Müller auch Nollet (Anm. IX/5), S. 135 f.

23 Vgl. die Rede General Reinhardts vor der Nationalversammlung am 19. 2. 1919; Eduard Heilfron, Hrsg., *Die deutsche Nationalversammlung,* Berlin 1921, Bd. I, S. 416 ff.; vgl. auch Fritz Ernst, Hrsg., „Aus dem Nachlaß des Generals Walther Reinhardt", in: *Welt als Geschichte* 18 (1958), S. 61.

Alternativ-Konzeption anzubieten hatte, hatten die Bestrebungen der Offiziere auch Erfolg. Zu einer ernstzunehmenden Erörterung des grundlegenden Problems: militärisches oder politisches Sicherheitssystem, scheint es nicht gekommen zu sein [24]; die Regierung überließ die Initiative dem „zuständigen Ressort", d. h. dem von seinen militärischen Ratgebern weitgehend abhängigen Reichswehrminister Noske, und das Ergebnis war die Schaffung einer Armee, von der im Augenblick niemand außer den Offizieren hätte sagen können, welche Dienste sie Deutschland leisten sollte [24a].

2. *Tradition und Revolution*

Unter dem Druck des Offizierkorps hatte sich das Kabinett Bauer zwar für den Aufbau einer neuen Wehrmacht entschieden; doch war man ursprünglich weder bei der SPD noch bei den anderen Parteien der Weimarer Koalition gewillt, sich den Einfluß auf eine demokratische Gestaltung der Heeresverfassung nehmen zu lassen. Und das war in der Tat das entscheidende Problem. Wenn man schon eine neue deutsche Wehrmacht schaffen wollte, so mußte man dafür sorgen, daß sie wenigstens ein williges Instrument in der Hand des neuen Staates war. Indem der Versailler Vertrag die Form des Berufsheeres vorschrieb, legte er diesem Vorhaben anerkanntermaßen große Hindernisse in den Weg; sie waren aber nicht unüberwindlich, sofern es nur gelang, ein zuverlässiges republikanisches Offizierkorps zu schaffen.
Damit ist das Kernproblem umschrieben, das in der Weimarer Republik im Bereich der inneren Militärpolitik zu lösen war: die Herstellung der Interessensolidarität zwischen Offizierkorps und Gesamtstaat [25]. Der Offizier ist nicht nur militärischer Führer, d. h. menschlich-technischer Leiter des Kampfes und der Vorbereitung dazu, er ist darüber hinaus auch — wenigstens in den Staatensystemen der Neuzeit seit dem Absolutismus — politischer Amtsträger; denn er ist der Verwalter des einzigen Machtmittels des Staates, mit dem Gewaltanwendung und Zerstörung im großen Umfange möglich sind. Selbstverständlich sollen Gewaltanwendung und Zerstörung nur dem Schutz und der Erhaltung des eigenen Staates dienen, aber die Geschichte zeigt, daß in den Waffen wie in allen Zerstörungsmitteln ein potentieller „Bumerang-Effekt" liegt, so daß sich die zerstörende Wirkung auch häufig gegen den eigenen Staat richten kann. Gerade die deutsche Geschichte bietet von der wilhelminischen Zeit bis zum Jahre 1945 klassische Beispiele dafür. Daher ist es seit jeher eine Hauptsorge der Regierungen gewesen, das Offizierkorps als den Verwalter dieses gefährlichen Machtmittels besonders eng an sich zu binden und mit ihm eine wirtschaftliche und ideelle Interessensolidarität herzustellen, die die Emanzipation des Militärs möglichst verhindert.
Die Lösung, die man im preußisch-deutschen Kaiserreich für dieses Problem

24 Kordt (Anm. IX/13), S. 42 ff., erwähnt aus der Zeit nach 1928 Diskussionen über diese Fragen im Auswärtigen Amt; sie blieben rein akademisch. Vgl. auch Geßler (Anm. IX/7), S. 88, und Groeners Denkschrift vom November 1928; Wolfgang Wacker, *Der Bau des Panzerschiffes „A" und der Reichstag*, Tübingen 1959, S. 35 ff.

24a In der Literatur wird die Fragwürdigkeit der geheimen Aufrüstung weitgehend anerkannt, die hier skizzierte Alternativlösung aber als „utopisch" verworfen. Darin liegt ein Widerspruch, der noch der Auflösung bedarf. Vgl. Hans Herzfeld in: *Vierteljahrsh. f. Zeitgeschichte* 4 (1956), S. 375 f.; Zimmermann (Anm. IX/15), S. 80; Klaus Epstein in: *Journal of Modern History* 31 (1), 1959, S. 62 f. — Die Mitteilungen Erich v. Mansteins, *Aus einem Soldatenleben 1887–1939*, Bonn 1958, S. 110 ff., zeigen, daß sich sogar die Strategie der geheimen Aufrüstung auf den Völkerbund stützen mußte.

25 Zum folgenden vgl. Max Weber, *Wirtschaft und Gesellschaft* (Anm. II/13), 3. Aufl., insbes. S. 154 und S. 686 ff. (zum Begriff der Interessensolidarität). Außerdem Mosca (Anm. II/13).

gefunden hatte, wurde vom Offizierkorps als ideal betrachtet. Sie beruhte im wesentlichen auf zwei Angelpunkten: (1) einer militarisierten Gesellschaftsordnung, die das Offizierkorps zwar nicht wirtschaftlich, aber prestigemäßig an die Spitze der sozialen Schichtenpyramide stellte, und (2) einer personalen Loyalitätsbindung an den Monarchen.

Man hat neuerdings den Begriff des Militarismus dahingehend zu definieren versucht, daß er nur die einseitige Abhängigkeit der aktuellen Politik eines Staates (oder Staatsmannes) von militärisch-technischen Rücksichten bzw. das Vorhandensein einer regelrechten Militärdiktatur umfaßt [26]. Aber diese Definition ist zu eng; sie erfaßt nur die eine Seite des Phänomens. Die andere, mindestens ebenso wichtige, ist in dem soziologischen Faktum der Prävalenz des Militärs (oder militärischer Strukturformen) innerhalb der Sozialordnung zu suchen [27]. Daher muß auch eine solche Politik als militaristisch bezeichnet werden, die die Schaffung oder Erhaltung einer militarisierten Sozialordnung zum Ziel hat — ein Aspekt, den man nicht wahrnimmt, wenn man nur mit der erstgenannten Bestimmung des Militarismus-Begriffs arbeitet [28]. Eine derart militarisierte Gesellschaftsordnung findet sich in klassischer Form im preußisch-deutschen Kaiserreich. In ihr war das Offizierkorps nicht nur der „erste Stand", die bevorzugte Elite, es übte darüber hinaus auch einen militarisierenden Einfluß auf die übrigen Gesellschaftsschichten aus, derart, daß sozialer Aufstieg im wesentlichen nur durch Anpassung an die sozialen Verhaltensnormen des Offizierkorps möglich war [29]. In Verteidigung gegen die bürgerlich-liberalen Angriffe während des 19. Jahrhunderts war diese Eliteposition des Offizierkorps nach und nach auch ideologisch fundiert worden. Anknüpfend an romantische Spekulationen der preußischen Reformer über den hohen ethischen Wert des Soldatendienstes hatte man eine eigene Staatstheorie entwickelt, die in der Idee von der „staatsbildenden Kraft des Heeres" gipfelte. Das muß in erster Linie sozialpädagogisch verstanden werden: das Idealbild des Offiziers und Soldaten sollte zugleich als Modell für den idealen politischen Menschen Geltung haben, das Heer zur „Schule der Nation zum Staat" werden [30].

26 So in Fortführung einer alten Tradition Gerhard Ritter, „Das Problem des Militarismus in Deutschland", in: *HZ* 177 (1954), S. 21 ff. In: *Staatskunst und Kriegshandwerk*, Bd. I, München 1954, hat Ritter seine These ausgeführt und materiell zu stützen versucht.

27 Hierbei sind freilich historisch verschiedene Stufen zu beobachten: Die Struktur der ständischen Gesellschaft z. B. läßt zwar ein gehobenes Prestige des Militärstandes selbst und die vordringliche Befriedigung seiner und der militärpolitischen Bedürfnisse zu (Preußen im 18. Jahrhundert), nicht aber, wie seit der Französischen Revolution, eine Militarisierung auch der übrigen Stände oder Klassen. Vgl. Hans Speier, „Militarism in the Eighteenth Century", in: Speier, *Social Order and the Risks of War*, New York 1952, S. 230–252.

28 So kommt Ritter zu der Feststellung, daß Preußen unter Friedrich Wilhelm I. nicht militaristisch gewesen sei, weil dieser keine Kriege führen wollte. Vgl. auch die Kritik Ludwig Dehios, „Um den deutschen Militarismus", in: *HZ* 180, S. 43–64. Weitere Literatur bei Bracher (Anm. I/39), S. 63, Anm. 48. Außerdem Otto Hintze, „Staatsverfassung und Heeresverfassung", in: *Gesammelte Schriften*, Bd. II, sodann das Kapitel „Militarismus und Hitlerismus", in: Friedrich Meinecke, *Die deutsche Katastrophe* (Anm. I/5), 2. Aufl., S. 64–78, und Wolfgang Sauer, Artikel „Militarismus", in: Ernst Fraenkel und Karl Dietrich Bracher, Hrsg., *Staat und Politik*, Frankfurt a. M. 1957 (*Fischer-Lexikon*, Bd. 2), S. 190 bis 192.

29 Aus der Fülle der zu diesem Thema erschienenen Literatur seien hier nur erwähnt: Ernst Troeltsch, „Das Ende des Militarismus", in: *Spektator-Briefe* (Anm. I/26), S. 1–12; Heinz-Erich Fick, *Der deutsche Militarismus der Vorkriegszeit, Ein Beitrag zur Soziologie des Militarismus*, Potsdam 1932; Herbert Rosinski, *The German Army*, Washington 1944. Eine neuere, wenn auch noch nicht ausgereifte Darstellung bei Walter Görlitz, *Der deutsche Generalstab, Geschichte und Gestalt 1657–1945*, Frankfurt/M. 1950. Besser jetzt Gordon A. Craig, *The Politics of the Prussian Army 1640–1945*, Oxford 1955.

30 Den Einfluß der Romantik als ideologisches Hilfsmittel der Militarisierung betont u. a. Alfred Vagts, *A History of Militarism, Romance and Realities of a Profession*, London 1938, S. 15 f. Der hier angedeutete Prozeß hatte freilich bis 1914 noch nicht seinen Höhepunkt erreicht; die Vorstufen (das Heer als „Ordnungsfaktor"; sozialpädagogische Funktion zunächst nur akademisch diskutiert) sind zum

Dieses System ist bekanntlich schon in der preußischen Monarchie heftigen Angriffen von seiten der Liberalen ausgesetzt gewesen, die in der Kaiserzeit durch die Sozialdemokraten fortgesetzt wurden. Unter ihrem Druck verband sich das Offizierkorps eng mit der gleichfalls angegriffenen Monarchie, und so entstand der zweite Angelpunkt des preußisch-deutschen Militärsystems: der liberalen Forderung nach dem Verfassungseid setzte man die betonte Pflege der angeblich für den Soldaten leichter begreiflichen persönlichen Treuebindung an den Monarchen entgegen. Dabei konnte man zwar weitgehend an feudale, in dem vorwiegend aristokratischen Offizierkorps noch immer lebendige Vorstellungen anknüpfen, aber es ist doch für die Situation bezeichnend, daß jetzt der für jedes Loyalitätsverhältnis grundlegende Charakter der Doppelseitigkeit der Bindung verlorenging und mehr und mehr dem absoluten politischen Gehorsam des Offiziers gegenüber seinem „Obersten Kriegsherrn" Platz machte [31]. Es war die Geburtsstunde des „unpolitischen Offiziers", der für seine Treue vom Monarchen nur die eine Gegenleistung forderte, daß er ihn vor dem tödlichen Angriff der neuerwachten politischen und sozialen Kräfte des Zeitalters schütze. Der Monarch wurde zu dem, was Seeckt später einmal den „starken Königsschild" genannt hat; in seinem Schutz bezog das Offizierkorps nun eine Igelstellung, um sich ganz seinen Fachaufgaben widmen und die Augen vor den revolutionären Wandlungen der Zeit verschließen zu können [32].

Das Mißverhältnis zwischen der Atrophie der politischen Funktion des Offizierkorps und seinem Anspruch auf soziale Vorrangstellung konnte im Frieden noch einigermaßen überbrückt werden, obwohl sich schon hier der zunehmende Mangel an politischer Bildung [33] und die einseitige Ausrichtung auf rein handwerklich-technische Perfektion nachteilig bemerkbar machte. Der Weltkrieg mit seinem in jeder Hinsicht — politisch, militärisch, sozial und

erstenmal dargelegt bei Reinhard Höhn, *Verfassungskampf und Heereseid, Der Kampf des Bürgertums um das Heer (1815–1850)*, Leipzig 1938. Den militärisch-autoritären Akzent seiner Darstellung hat Höhn heute korrigiert, vgl. ders., „Wehrordnung und moderne Gesellschaft", in: *Menschenführung, Personalauslese, Technik in Wirtschaft und Armee* (Lebendige Wirtschaft, Veröffentlichungen der Volkswirtschaftlichen Gesellschaft e. V., Bd. IV), Darmstadt 1954, S. 7–75. Voll ausgebildet findet sich die Idee von der „staatsbildenden Kraft des Heeres" bei Ernst Rudolf Huber, *Heer und Staat in der deutschen Geschichte*, 2. Aufl., Hamburg 1938.

31 Zum Grundsätzlichen sei, um Mißverständnisse zu vermeiden, bemerkt, daß die Masse der Soldaten in normalen Situationen selbstverständlich auch politisch unbedingt gehorchen muß. Aber auch dem Durchschnitts-Soldaten muß der Sinn für jene Grenzfälle geschärft werden, in denen der Mensch als Individuum zu einer Entscheidung aufgerufen ist, die ihm niemand, am wenigsten ein Vorgesetzter, abnehmen kann; vgl. auch Hermann Foertsch, *Schuld und Verhängnis, Die Fritsch-Krise im Frühjahr 1938 als Wendepunkt in der Geschichte der nationalsozialistischen Zeit* (Veröffentlichungen des Instituts für Zeitgeschichte Nr. 1), Stuttgart 1951, S. 16; außerdem die Diskussion zum 20. Juli 1944, z. B. Herbert Kraus, Hrsg., *Die im Braunschweiger Remerprozeß erstatteten moraltheologischen und historischen Gutachten nebst Urteil*, Hamburg 1953; Gerhard Ritter, „Zur Frage der militärischen Widerstandspflicht", in: *Merkur* 8 (1954), S. 660–670. Die vielfachen Mißverständnisse in der heutigen Gehorsamsdiskussion (so z. B. Walter Görlitz in einer Zuschrift an den *Monat* 6 [1954], S. 407: der preußische Gehorsam sei „immer eine Gewissensentscheidung in sittlicher Freiheit" gewesen) ergeben sich u. a. auch daraus, daß der *militärisch-sachliche* Gehorsam (d. h. in der Kampfhandlung) im Gegensatz zum *politischen* Gehorsam nicht verabsolutiert, sondern durch Moltkes „Auftragstaktik" aufgelockert wurde. Dazu jetzt Hans Doerr, „Truppenführung und Feldherr", in: *Wehrwissenschaftliche Rundschau* 4 (1954), S. 97–104; bes. S. 99 ff.

32 Seeckts Ausspruch bei Rabenau (Anm. IX/20), S. 575. Eine anregende Skizze der soziologischen Situation des wilhelminischen Offizierkorps liefert Gustav Hillard [d. i. Gustav Steinbömer], *Herren und Narren der Welt*, München 1954, bes. in den Kapiteln II–VII. Außerdem Moriz v. Faber du Faur, *Macht und Ohnmacht, Erinnerungen eines alten Offiziers*, Stuttgart 1953, und die sonstige Memoirenliteratur. Eine zusammenfassende Untersuchung bei Karl Demeter, *Das deutsche Offizierkorps in seinen historisch-soziologischen Grundlagen*, Berlin 1930. Hier auch Material über die Exklusivitäts-Tendenz bei der Auswahl des Offiziernachwuchses.

33 Über den Mangel allgemeiner und besonders politischer Bildung vgl. Meinecke (Anm. IX/28), S. 66 f., und Hillard (Anm. IX/32), S. 48 f.; S. 135 f.; S. 198 ff. Ein unreflektiertes, aber eben darum um so eindrucksvolleres Zeugnis bei Otto Frhr. v. Dungern, *Unter Kaisern und Kanzlern*, Coburg 1953, S. 15 ff.; S. 19 ff.

wirtschaftlich — revolutionären Verlauf stellte das System dann aber auf eine Belastungsprobe, der es nicht mehr gewachsen war. Mußte schon der Verlust des Krieges den Führungsanspruch des Offizierkorps in Frage stellen, so zeigte der Ausbruch der Revolution darüber hinaus, daß das Offizierkorps auch in der Verteidigung seiner Eliteposition gegen innere Angriffe versagte. Die Gewöhnung an unbedingten Gehorsam gegenüber dem Träger der Krone machte es unfähig, in einem Augenblick, als der Kaiser in seiner Ratlosigkeit keine Entscheidung zu treffen vermochte, eine eigene Initiative zur Rettung der Monarchie zu entwickeln, und der Mangel an politischer Bildung verwehrte ihm die Einsicht in die positiven Aspekte der Revolution, so daß es sich auch nicht entschließen konnte, ins revolutionäre Lager überzugehen. So stand es, des Schutzes des „Königsschildes" beraubt, dem allgemeinen Zusammenbruch alter Ordnungen und dem Aufbruch neuer vulkanischer Kräfte hilflos gegenüber [34]. Die traditionelle, jahrzehntelang so bewußt gepflegte ideologische Konformität aller seiner Mitglieder, die einen wesentlichen Grundstein seiner Machtstellung gebildet hatte, drohte sich aufzulösen, und es schien, daß seine Tage bei folgerichtigem Fortschreiten der Entwicklung gezählt seien.

Aber die Entwicklung verlief nicht in diesem Sinne „logisch", da das neue Regime den Vorteil, der ihm aus der Erschütterung der Position des Offizierkorps zugewachsen war, nicht auszunutzen vermochte. Gewiß spielten dabei die Schwierigkeiten der Lage eine erhebliche Rolle, auf Grund deren die revolutionäre Regierung dringend einer bewaffneten Macht bedurfte. Das allein aber erklärt noch nicht, warum ausgerechnet das kaiserliche Offizierkorps mit dem Aufbau dieser bewaffneten Macht betraut und diese „monarchistisch" geführte Armee — die sogenannte „Vorläufige Reichswehr" — ab Frühjahr 1919 in ungewöhnlichem Maße auch als inneres Exekutivorgan eingesetzt wurde. Der Grund dafür — und damit der eigentlich entscheidende Grund für die „Unlogik" der Entwicklung — ist darin zu suchen, daß die Revolution vom November 1918 gar keine echte Revolution gewesen war; sie war eher ein Zusammenbruch der Kräfte als ein bewußter Anlauf zur Neuordnung von Staat und Gesellschaft. Der Sozialdemokratie war die Macht überraschend in den Schoß gefallen; sie hatte sie, zumindest in diesem Augenblick, gar nicht gewollt, und nun zeigte sich, daß sie ihr auch nicht gewachsen war.

Im militärischen Bereich trat das in der verfehlten Militärpolitik der neuen Regierung oder besser: in dem Fehlen einer Militärpolitik überhaupt hervor. Weder hatte man eine klare militärpolitische Konzeption noch war ein Stab von militärischen Fachleuten bereitgestellt, der als Kristallisationskern eines neuen militärischen Führerkorps dienen konnte [35]. Diese Fehler fielen zwar vor allem den Sozialdemokraten zur Last, aber die Gerechtigkeit verlangt, zu berücksichtigen, daß Ebert und seine Mitarbeiter vergleichsweise unschuldig

34 An den Kern dieser Problematik rührt, soweit man sieht, nur Erich Otto Volkmann, *Revolution über Deutschland*, Oldenburg i. O. 1930, S. 48 f. und *passim*. Tiefen Einblick in die verzweifelten Versuche der preußischen Paladine, nachträglich zu erklären, warum sie nicht ihrer Pflicht gemäß auf den Stufen des Thrones für ihren Monarchen gefallen waren, gewährt das Westarp-Protokoll v. 27. Juli 1919 und seine Vorgeschichte; vgl. Kuno Graf Westarp, *Das Ende der Monarchie am 9. November 1918*, Stollhamm-Berlin 1952. Ergänzend dazu Dorothea Groener-Geyer, *General Groener, Soldat und Staatsmann*, Frankfurt/M. 1955, S. 171 ff., und Wilhelm Groener, *Lebenserinnerungen, Jugend, Generalstab, Weltkrieg*, Göttingen 1957.

35 Vgl. die Kritik von Arthur Rosenberg, *Geschichte der deutschen Republik* (Anm. I/26), S. 43 ff. Ausführlicher jetzt Wolfgang Sauer, *Militär- und Zivilgewalt in der Revolution, Das Bündnis Groener-Ebert November-Dezember 1918* (erscheint demnächst).

daran waren [36]; sie büßten jetzt für die Versäumnisse, die sich die sozialdemokratische Gründergeneration hatte zuschulden kommen lassen. Zwar war die SPD — im Gegensatz zu den Behauptungen der konservativen, nationalliberalen und militärischen Polemiker — nie grundsätzlich „wehrfeindlich" gewesen; aber sie hatte doch in den Jahrzehnten des Kaiserreichs eine merkwürdige Scheu gezeigt, ihre an der frühliberalistischen „Volksbewaffnungs"-Ideologie orientierte wehrpolitische Konzeption in realistischer Weise den gewandelten Verhältnissen anzupassen [37]. Hier wirkte sich der grundlegende Zwiespalt aus, der der politischen Position der Sozialdemokratischen Partei von Anfang an anhaftete und ihre Politik auch in anderen Fragen lähmte. Klassenkampforganisation oder nationale Arbeiterpartei — das war das Dilemma, das die SPD bis zum Jahre 1918 nicht zu überwinden vermocht hatte und das zu überwinden im Grunde auch in der Weimarer Republik nicht gelang. In wehrpolitischer Hinsicht bedeutete das, daß sie als Klassenkampforganisation jeden Krieg ablehnte, der nicht den Interessen des „internationalen Proletariats" diente, und daß sie darüber hinaus auch jeden Beitrag zur militärischen Stärkung Deutschlands verweigerte, solange ein innenpolitisches System existierte, das in ihren Augen als „Klassenherrschaft" angesprochen werden konnte. Als nationale Arbeiterpartei dagegen konnte sie sich der Einsicht nicht verschließen, daß ein Krieg möglicherweise die ohnehin nur sehr lockere Einheit des internationalen Proletariats zerstören und dessen verschiedene nationale „Sektionen" gegeneinanderführen könnte. Dann aber mußte die Verteidigung des deutschen Staatswesens im Kriege und die Vorsorge dafür im Frieden im Interesse auch der deutschen Arbeiterschaft liegen.

Die hier geforderte grundsätzliche Entscheidung wurde jahrzehntelang ängstlich umgangen und durch die vage, praktisch unbrauchbare Kompromißformel der „Volksbewaffnung" ersetzt [38]. Solange die SPD durch das politische System des Kaiserreiches in eine „ewige Opposition" verbannt war, ließ sich das noch einigermaßen durchführen. Als dann aber Weltkrieg und Zusammenbruch nicht nur die Brüchigkeit der Illusion vom internationalen Proletariat, sondern auch die Fragwürdigkeit der Volksbewaffnungsideologie erwiesen, war die Parteiführung zu einer realistischen Reaktion nicht mehr in der Lage. Die Chance, die inneren Spannungen im Offizierkorps bis zur Spaltung zu treiben und die kompromißbereiten Teile unter Ausscheidung der für den neuen Staat unverdaulichen Elemente und unter Zuführung „frischen Blutes" aus anderen sozialen Schichten zum Aufbau eines neuen militärischen Führerkorps zu verwenden, wurde verpaßt, und so blieb angesichts des Druckes innerer wie äußerer Gefahren nur die eine Möglichkeit, das Offizierkorps in seiner bisherigen Form insgesamt zu übernehmen und ihm den Aufbau der Armee zu übertragen [39]. Das war um so folgenschwerer, als dieser Vorgang

36 Auf Eberts Vorstellungen vom Militärwesen wirft es ein Licht, daß er der geistige Urheber des „Volkswehrgesetzes" v. 12. Dezember 1918 war; vgl. Friedrich Ebert, *Schriften, Aufzeichnungen, Reden,* Dresden 1926, Bd. II, S. 110 f., und Hermann Müller, *Die November-Revolution, Erinnerungen,* Berlin 1928, S. 173 f.

37 Allgemein Rosenberg, *Entstehung der deutschen Republik* (Anm. I/12); im bes. jetzt Reinhard Höhn, *Sozialismus und Heer,* 3 Bde., Bad Homburg v. d. H.-Berlin-Zürich (bisher ersch. Bd. I u. II, 1959). Gerhard Schulz, *Die deutsche Sozialdemokratie und die Entwicklung der auswärtigen Beziehungen vor 1914,* Diss. Berlin 1952 (ungedr.).

38 Für die strukturellen Gründe dieser Beharrungstendenz vgl. Michels, *Parteiwesen* (Anm. I/21). Auf die „innere Strukturverwandtschaft zwischen Armee und Sozialdemokratie" im Kaiserreich weist Hillard (Anm. IX/32), S. 137, hin. Vgl. auch o. S. 66 ff.

39 Überdies sträubte sich Noske ohne ersichtlichen Grund selbst in zweifelsfreien Fällen gegen Selektions-

nicht auf den militärischen Bereich beschränkt blieb, sondern auch in dem der zivilen Exekutive eine Entsprechung fand. So ergab sich die Lage, daß die „revolutionäre" Regierung durch ihre Unfähigkeit, einen eigenen Exekutivapparat aufzubauen, den bereits bestehenden, aber politisch an die Monarchie gebundenen, übernehmen mußte. Und da sich sehr bald herausstellte, daß das neue Regime auch nicht über eine wirklich geschlossene und eindrucksvolle Mehrheit in der Nation verfügte, entstand für die Regierung die Gefahr, in Abhängigkeit von dem monarchistischen Exekutivapparat zu geraten.

Diese Gefahr wurde allerdings erst dadurch wirklich bedrohlich, daß der monarchistische Exekutivapparat aus sich heraus eine eigene politische Spontaneität entwickelte; Beamte und Offiziere bildeten alsbald *pressure groups,* die in gewissem Grade eigene politische Ziele verfolgten — ein Vorgang, der nicht nur für die Geschichte der Weimarer Republik wesentlich, sondern auch für die politische Wissenschaft im allgemeinen instruktiv ist, bietet sich hier doch die Möglichkeit zum Studium des Verhaltens einer Funktionärsschicht, die, in einem spezifischen politischen System entstanden, in ein anderes verpflanzt wird.

Das Beispiel des Offizierkorps, das hier zugleich stellvertretend für die zivile Bürokratie und daher etwas ausführlicher behandelt werden soll, zeigt zwei Merkmale dieses Verhaltens: (1) die Tendenz, die ideelle und soziale Einheit der Mitglieder aufrechtzuerhalten, verbunden mit dem Bestreben, aus den eigenen Reihen heraus eine politische Spitze auszuscheiden, die die Interessenvertretung nach außen übernehmen konnte [40], und (2) eine fortlaufende Reihe von Versuchen zur Verschleierung der eigenen politischen Position und Zielsetzung. Obwohl in der „unpolitischen" Haltung des Vorkriegs-Offizierkorps bereits gewisse Ansätze zu beiden vorhanden waren, hat es freilich noch eine gewisse Zeit gedauert, bis sich diese Züge in den revolutionären Wirren voll ausgebildet und durchgesetzt hatten.

Daß das überhaupt gelang, ist der Tatsache zu verdanken, daß das Offizierkorps die „Schrecksekunde" des 9. November sehr schnell überwand. Hindenburgs Entschluß, an der Spitze der Armee zu bleiben, lieferte dem Offizierkorps einen „Loyalitäts-Pol", der den Zusammenhalt zumindest provisorisch gewährleistete [41], und Groeners Entschluß, mit dem neuen Regime in Verbindung zu treten, bot eine politische Zielsetzung. Sie erhielt ihren besonderen Akzent dadurch, daß Groener in der Überzeugung, daß das Schicksal der Monarchie in Deutschland endgültig besiegelt, die Potenz des preußisch-deutschen Offizierkorps aber als nationale Elite für einen künftigen Wiederaufbau Deutschlands unentbehrlich sei, auf Mitwirkung des Offizierkorps bei der Bildung des neuen Staates drängte. Sollte das gelingen, so mußte freilich die Frage geklärt werden, ob es möglich sei, die preußische Tradition ihrer monarchischen Attribute zu entkleiden und das republikanische Regime zum Einbau der republikanisierten Tradition in den neuen Staat zu veranlassen. Groener glaubte, dies Problem lösen zu können, indem er den Nationalgedanken mobilisierte — das Schicksal der Nation oder, wie er sich ausdrückte,

maßnahmen; vgl. Noske, *Von Kiel* (Anm. IX/21), S. 170 f.; *Erlebtes* (Anm. IX/22), S. 129 ff.; berechtigte Kritik an Noske übt Rosenberg, *Geschichte* (Anm. IX/35), S. 71.

40 Das hatte schon Max Weber (Anm. II/13), S. 154, als die Bedingung jeder planvollen Obstruktion des „Verwaltungsstabes" gegen den „Herrn" bezeichnet. Auch sonst ist Max Weber für die Grundlegung des folgenden heranzuziehen. Speziell zum Problem der Eliten: Otto Stammer, „Das Elitenproblem in der Demokratie", in: *Schmollers Jahrbuch* 71 (1951), S. 513–540.

41 Vgl. Dietrich v. Choltitz, *Soldat unter Soldaten,* Konstanz-Zürich-Wien 1951, S. 11: „Seine Person trat gleichsam an die Stelle des Monarchen." Ähnlich *OKH* (Anm. IX/21), S. 3.

des „Reiches", stehe höher als das der Monarchie, argumentierte er — und sich seiner als Klammer für Offizierkorps und sozialdemokratische Arbeiterschaft bediente [42]. Das zielte offensichtlich auf eine sofortige und definitive Integration ab, die dann auch im Frühjahr 1919 in Gestalt des Noskeschen Experiments eines „Preußischen Sozialismus" [43] versucht wurde.

Aber das Experiment scheiterte. Es war angesichts der bloßen Oberflächenwirkung des Novemberumsturzes zu revolutionär, um die in jahrzehntelangem Kampf während des Kaiserreiches festgefahrenen Fronten überbrücken zu können. Überdies verfing sich der Groenersche Versuch zu einer „Fortsetzung des Kaiserreiches mit anderen Mitteln" [44] in dem Kampf zwischen Demokratie und Diktatur und wurde in ihm zerrieben. Die sozialdemokratische Arbeiterschaft distanzierte sich je länger, je mehr von Noske, und im Offizierkorps zeigten sich in dem Maße, in dem das volle Gewicht der von Groener im Namen des Offizierkorps übernommenen politischen Verantwortung offenbar wurde [45], erneute Spaltungstendenzen. Es kam zu verschiedenen Gruppenbildungen, deren unterirdische Animosität eine viel ernstere Situation als 1918 heraufbeschwor [46].

Dabei lassen sich drei verschiedene politische Richtungen unterscheiden, jede vertreten durch eine mehr oder minder ausgeprägte Gruppe von Offizieren. Die erste kann als die Gruppe der „Reaktionäre" bezeichnet werden. Sie leugnete grundsätzlich die Möglichkeit, die Tradition des Offizierkorps von ihren monarchischen Attributen zu trennen, und erstrebte dementsprechend die Restauration der Monarchie. Ihren Anhang fand sie hauptsächlich in den Reihen der älteren Offiziere; ihr aktivster Vertreter war der General v. Lüttwitz [47]. Die zweite suchte aus einer stark gefühlsmäßig bedingten Ablehnung sowohl der Restauration als auch der bürgerlichen Demokratie heraus nach „etwas ganz Neuem" und setzte sich aus meist jüngeren Frontoffizieren zusammen, wie sie sich unter den typischen Freikorpsführern nach Art eines Oberleutnant Roßbach oder Kapitän Ehrhardt fanden. Sie schien in keine der damals bekannten politischen Schablonen zu passen; doch zeigte die weitere Entwicklung, daß sie hauptsächlich die Vorkämpfer des modernen Massenradikalismus faschistischer Prägung waren, Teile jenes Fundaments also, auf dem später die totalitäre Diktatur ihr Gebäude errichtete [48]. Diesen

42 Über die Ziele Groeners vgl. zunächst seine eigenen Äußerungen: Aussage im Münchener Dolchstoßprozeß 1925, in: Hans Herzfeld, *Die deutsche Sozialdemokratie und die Auflösung der nationalen Einheitsfront im Weltkriege*, Leipzig 1928, S. 384 ff.; Reginald H. Phelps, „Aus den Groener-Dokumenten", in: *Deutsche Rundschau* (Anm. I/34), und Groener, *Lebenserinnerungen* (Anm. IX/34). Auf dem Groenerschen Nachlaß beruhen die Darstellungen von Volkmann (Anm. IX/34), S. 64 ff. und *passim* (S. 65: Elite-Idee), und Groener-Geyer (Anm. IX/34). Die alte Streitfrage, welche Ziele Ebert seinerseits mit dem „Bündnis" verband, ob und inwieweit er seine Anhänger getäuscht hat – vgl. z. B. die Zweifel Rosenbergs an den Behauptungen Groeners von 1925, *Geschichte* (Anm. IX/35), S. 45 –, darf heute als zugunsten Eberts geklärt gelten; vgl. Sauer, *Militär- und Zivilgewalt* (Anm. IX/35).

43 So Noske selbst unter Berufung auf Oswald Spenglers *Preußentum und Sozialismus;* vgl. Noske, *Erlebtes* (Anm. IX/22), S. 89.

44 Bonmot einer republikanischen Zeitung anläßlich der Wahl Hindenburgs zum Reichspräsidenten; Rabenau (Anm. IX/20), S. 416, Anm. 1.

45 Der entscheidende Wendepunkt war die Annahme des Vertrages von Versailles: Volkmann (Anm. IX/34), S. 268 ff.; S. 298 ff.; S. 315 ff.; John W. Wheeler-Bennett, *The Nemesis of Power, The German Army in Politics 1918–1945*, London 1953, S. 45 ff.; S. 53 ff.; S. 60 ff.; *Reinhardt-Nachlaß* (Anm. IX/23).

46 Freilich kann der Begriff der Gruppe hier nur in eingeschränktem Sinn verwendet werden. Es waren mehr Tendenzen und wenig profilierte Neigungen, die sich aus der Masse der zwischen Opportunismus und emotionaler Ablehnung der „herrschenden Zustände" schwankenden Offiziere heraushoben. Sie wurden überdies modifiziert durch persönliche Rivalitäten im Kampf um die Spitzenstellungen des neuen Heeres (vor allem zwischen Lüttwitz–Reinhardt–Seeckt); vgl. Rabenau (Anm. IX/20), S. 187 ff.; S. 201 f.

47 Walther Frhr. v. Lüttwitz, *Im Kampf gegen die November-Revolution*, Berlin 1934.

48 Die Literatur über die Freikorps ist schlechthin unübersehbar. Eine kleine Auswahl: zusammenfassende Darstellungen mit nationalsozialistischem Akzent sind Schmidt-Pauli (Anm. IX/21) und Friedrich Wilhelm

beiden Gruppen, denen ein starker, emotionell bestimmter Aktionsdrang eigen war und die sich daher sehr bald in dem Streben nach einer schnellen Änderung der bestehenden politischen Verhältnisse vereinigten, trat eine dritte gegenüber, deren Mitglieder mehr der Stimme der Vernunft zu folgen geneigt waren und sich vornehmlich aus den Reihen des Generalstabes rekrutierten. Sie hatte ihrerseits zwei Flügel: den „linken", zum Konformismus neigenden, bildete der Chef der Heeresleitung Reinhardt mit den engeren Anhängern Groeners — unter ihnen auch Schleicher, der bereits damals eine nicht unerhebliche Rolle gespielt zu haben scheint [49]; „rechts" stand der General v. Seeckt, der mit dem 3. Juli 1919 an die Spitze des Generalstabes getreten war. In seinem politischen Denken stärker traditionsgebunden als jene, zweifelte er daran, daß sich die Groenersche Konzeption in Zusammenarbeit mit dem bestehenden Regime würde durchführen lassen, und neigte daher zum Abwarten, zum „Attentismus" [50].
Diese Spannungen kamen schließlich im Kapp-Putsch zum offenen Ausbruch, in dem die ersten beiden Gruppen ihre Ziele mit Waffengewalt durchzusetzen versuchten, während die dritte unter dem Einfluß Seeckts „neutrale" Zurückhaltung bewahrte [51]. Das Scheitern des Putsches bestätigte zwar die Ansicht Groeners, daß die Option der Massen gegen die Monarchie und für die Demokratie vom Offizierkorps akzeptiert werden müsse; zugleich aber schloß die Tatsache, daß das bisherige Mißtrauen der Arbeiterschaft durch den Putsch selbst in offene Feindschaft verwandelt worden war, jede Möglichkeit eines Kompromisses aus und entzog damit der Groener-Noskeschen Konzeption den Boden. Das Dilemma wurde vollständig, als sich unmittelbar nach dem Putsch zeigte, daß die demokratischen Kräfte auch jetzt noch nicht in der Lage waren, von sich aus energische und erfolgversprechende Schritte zur Republikanisierung der Armee zu unternehmen [52].

v. Oertzen, *Die deutschen Freikorps 1918–1923*, 6. Aufl., München 1939. Curt Hotzel, „Der antibürgerliche Affekt", in: *Deutscher Aufstand, die Revolution des Nachkriegs*, hrsgg. von Curt Hotzel, Stuttgart 1934, S. 345–355, wirft ein Schlaglicht auf die politischen Motive der Freikorps. Robert G. L. Waite, *Vanguard of Nazism, The Free Corps Movement in Postwar Germany 1918–1923*, Cambridge (Mass.) 1952, zieht die Verbindungslinie von der deutschen Jugendbewegung über das „Fronterlebnis" bis zum Nationalsozialismus. Vgl. jetzt auch Harold J. Gordon, *The Reichswehr and the German Republic 1919–1926*, Princeton (N. J.) 1957. Als umfassendes Stimmungsbild und detailreiche Stoffsammlung ist wichtig: Ernst v. Salomon, *Das Buch vom deutschen Freikorpskämpfer*, Berlin 1938.

49 Zu Schleichers Rolle in der Revolutionszeit jetzt auch Phelps, „Groener-Dokumente" (Anm. IX/12), S. 531 ff., bes. S. 535; vgl. auch Volkmann (Anm. IX/34), S. 130; S. 149 ff.; S. 164. Die Darstellung bei Hans Rudolf Berndorff, *General zwischen Ost und West*, Hamburg 1951, S. 37 ff., übertreibt Schleichers Rolle.

50 Für die Situation im Lager dieser dritten Gruppe ist der Bericht bezeichnend, den Rabenau (Anm. IX/20), S. 117 ff., über den Zusammenstoß zwischen Schleicher und Seeckt bei einer Konferenz am 20. Dezember 1918 gibt. Vgl. auch Phelps, „Groener-Dokumente" (Anm. IX/42), S. 535 f., und Görlitz (Anm. IX/29), S. 301, der den Gegensatz auf die Formel: Realpolitik–Machtpolitik bringt. Bezeichnend ist weiterhin, daß Seeckt und Reinhardt in ihrer Haltung zur Tradition differierten; vgl. Rabenau (Anm. IX/20), S. 484 f. Gegenüber der Lüttwitzschen aggressiven Konspiration allerdings distanzierte sich auch Seeckt (*ebda.*, S. 216; S. 218–221; S. 225); ferner Lüttwitz (Anm. IX/47), S. 101 ff.; S. 118 f.; S. 122 f. – Zwischen Groener und Reinhardt bestand obendrein ein persönlicher Gegensatz; vgl. Groener, *Lebenserinnerungen* (Anm. IX/34); *Reinhardt-Nachlaß* (Anm. IX/23) und Groener-Geyer (Anm. IX/34), S. 147 ff.; S. 169; S. 182 f.; S. 359 f.

51 Der Einfluß Seeckts wirkte sich direkt freilich nur in Berlin aus; daß der Generalstab zusammen mit den durch ihn geschulten Kommandeuren weitgehend die gleiche Haltung einnahm, beruht auf der Gemeinsamkeit des politischen Weltbildes, das im Generalstab eine Sonderform angenommen hatte; vgl. Rudolf Stadelmann, *Moltke und der Staat*, Krefeld 1950, und u. S. 247. Für den soziologischen Ort dieses politischen Denkens ist es bezeichnend, daß der Generalstab mit seiner Haltung im Kapp-Putsch an die Seite der Ministerialbürokratie trat; vgl. Borch, *Obrigkeit und Widerstand* (Anm. VII/30), bes. S. 214 ff.

52 Vgl. darüber auch die militärischen Berichte, u. a. „Die Wirren in der Reichshauptstadt und im nördlichen Deutschland 1918–1920", in: *Darstellungen aus den Nachkriegskämpfen deutscher Truppen und Freikorps*, Bd. VI, Berlin 1940, S. 140, und Rabenau (Anm. IX/20), S. 230. Von sozialistischer Seite z. B. Grzesinski (Anm. IX/19), S. 102 f. Über die Gründe für den Mißerfolg der demokratischen Initiative vgl.

Dies war die Stunde Seeckts, der nun den Posten des Chefs der Heeresleitung usurpierte [53] und das attentistische Programm zur Grundlage des Neubaus der Reichswehr machte. Das bedeutete, daß bei grundsätzlichem Festhalten an den Zielen Groeners — die jetzt allerdings durch Seeckts besonders betonte Auffassung der Tradition variiert wurden — deren sofortige Verwirklichung sistiert und durch den Seecktschen Plan eines schrittweisen Vorgehens ersetzt wurde, wobei als erster Schritt der Aufbau der Armee nach den traditionellen Richtlinien unter gleichzeitigem Verzicht auf alle weiterreichenden politischen Aspirationen ins Auge gefaßt wurde [54]. Auf dieser Basis kam es zu einem Kompromiß mit dem bestehenden Regime, in dem dieses das Offizierkorps in der Führung der Armee bestätigte und ihm freie Hand beim Aufbau der Armee zusicherte. Als Gegenleistung gegen die so gewährte Autonomie im militärpolitischen Bereich erhielt es vom Offizierkorps eine formelle Loyalitätserklärung und die Zusage, daß man sich politisch nicht mehr betätigen werde; die Reichswehr zog sich offiziell aus der Politik zurück und erklärte sich als „unpolitisch". In einem Austausch von Erlassen bekräftigten Seeckt und Ebert kurz nach dem Kapp-Putsch diese Regelung; ihre endgültige, wenn auch nicht vollständige Fixierung erhielt sie in den politischen Bestimmungen des Wehrgesetzes vom 23. März 1921 [55]. Damit war der Versuch zur Herstellung der Interessensolidarität zwischen Offizierkorps und Staat aufgegeben und durch eine Verlegenheitslösung ersetzt worden. Sie trug den Charakter eines Waffenstillstandes, den die beiden feindlichen Brüder im Bewußtsein ihrer augenblicklichen Schwäche und mit dem Ziel abschlossen, eine Sanierung des Staatsorganismus und damit zugleich eine Festigung ihrer beiderseitigen Machtpositionen vorzunehmen.

3. *Aufbau der Führungsorganisation*

Die praktische Durchführung dieser Vereinbarungen erforderte freilich noch eine Reihe besonderer Maßnahmen. Wie zu Zeiten des „Bündnisses" Groener-Ebert vom November 1918 trat die Reichswehr auch jetzt als selbständiger innenpolitischer Machtfaktor auf, nur mit dem Unterschied, daß Seeckt, so sehr auch er diesen Zustand grundsätzlich als ein Provisorium ansah, jetzt mit einem längeren Zeitraum seines Bestehens rechnete. Damit mußten sich auch die Gefahren vervielfachen, an denen bereits die Bemühungen Groeners und Noskes gescheitert waren. Die Möglichkeit neuer politischer Gruppenbildungen im Offizierkorps war ebenso naheliegend wie die Gefahr, daß die Reichs-

Edward Hallet Carr, *German-Soviet Relations between the Two World Wars 1919–1939*, Baltimore 1951, S. 30.

53 Vgl. Rabenau (Anm. IX/20), S. 226 ff. Seeckt stützte sich dabei auf eine offenbar kleine aber aktive Gruppe von Offizieren, die in den Berliner Dienststellen Schlüsselstellungen innehatten und seine „Machtergreifung" psychologisch vorbereiteten (*ebda.*, S. 223 f.; S. 225 f.; S. 233).

54 Seeckts taktische Zielsetzung formuliert Rabenau (Anm. IX/20), S. 234. Über seine weitergehenden politischen Ziele vgl. die Hinweise o. Anm. IX/50 und Rabenau (*ebda.*, S. 359 ff.; S. 369; S. 394 ff.; S. 558 u. a.); außerdem Hans Herzfeld, *Das Problem des deutschen Heeres 1919–1945 (Geschichte und Politik*, Heft 6), Laupheim/Württbg. o. J. [1952]; Wheeler-Bennett (Anm. IX/45), S. 95 ff. Materialreich, aber in Auswertung und Urteil unzureichend Gordon (Anm. IX/48); vgl. Wolfgang Sauer in: *Neue Politische Literatur* 4, 1 (1959), Sp. 28 ff. – Seeckts eigene Schriften: *Gedanken eines Soldaten*, 2. Aufl., Leipzig 1935; *Die Reichswehr*, Leipzig 1933; *Die Zukunft des Reiches, Urteile und Forderungen*, Berlin 1929; *Deutschland zwischen West und Ost*, Hamburg 1933.

55 Über die Motive Eberts: Technische Unentbehrlichkeit der Offiziere und „Verständigungspolitik nach innen" vgl. auch Geßler (Anm. IX/7), S. 93. Der Erlaß Seeckts v. 18. April 1920 bei Rabenau (Anm. IX/20), S. 238 ff., und Gerhard Thomée, *Der Wiederaufstieg des deutschen Heeres 1918–1939*, Berlin 1939, S. 47 f. (beide bringen sich ergänzende Auszüge). Der Erlaß Eberts: „Die Wirren" (Anm. IX/52), S. 140. Außerdem Ebert (Anm. IX/36), II, S. 198 f.; S. 203.

wehr im Verlauf neuer revolutionärer Bewegungen wiederum zu einer von vornherein aussichtslosen Begegnung mit den Volksmassen gezwungen werden könnte. Die Abwehr dieser Gefahren suchte Seeckt durch ein kompliziertes System von Maßnahmen zu erreichen, die im Kern darauf hinausliefen, den Kontakt zwischen Wehrmacht und Staat möglichst auf die gouvernementale Ebene zu beschränken. Diese war ein begrenztes, relativ leicht überschaubares Feld, auf dem man das Wiederauftreten der gefürchteten dynamischen Bewegungen — sei es in der Armee, sei es im zivilen Bereich — frühzeitig erkennen und sie dann kanalisieren und abfangen zu können hoffte. Nur so schien es möglich zu sein, die Reichswehr aus der „Drecklinie" einer ihr wesensfremden Politik herauszunehmen und ihren ungestörten Auf- und Ausbau zu sichern.

Drei Voraussetzungen mußten dafür geschaffen werden: (1) Umgestaltung der Spitzenorganisation der Reichswehr in ein politisches Führungs- und Kontrollorgan der Heeresleitung, durch das die Kontrolle über die Armee gewährleistet, politische Einflüsse des „wesensfremden" Regimes abgewehrt und dennoch das notwendige Mindestmaß an Kontakt mit den Staatsorganen gehalten werden konnte; (2) Aufrichtung der politischen Autorität der militärischen Führung gegenüber Offizierkorps und Armee; (3) Ausbildung einer den politischen Zielen des Offizierkorps dienenden Strategie und Taktik im innenpolitischen Kampf. Die Verwirklichung dieser Voraussetzungen wurde von vornherein durch zwei Umstände gefördert, an deren Zustandekommen die Reichswehrführung entweder gar nicht oder nur mittelbar beteiligt war: erstens ließ sich das vom Versailler Vertrag vorgeschriebene kleine, langdienende Berufsheer durch die militärische Führung leichter kontrollieren als ein „Volksheer" der allgemeinen Wehrpflicht. Zweitens wurde die militärische Selbstkontrolle begünstigt durch die Tatsache, daß die immerhin beträchtlichen föderalistischen Strukturelemente, die das kaiserliche Heer noch aufgewiesen hatte, in der Weimarer Verfassung und im Wehrgesetz vom 23. März 1921 auf Rudimente von kaum mehr als dekorativem Wert reduziert worden waren, so daß der direkte und ausschließliche Oberbefehl schon im Frieden vom Reichswehrministerium ausgeübt werden konnte [56].

Bei der staatsrechtlichen Konstruktion der Spitzenorganisation der republikanischen Wehrmacht hatten sich die demokratischen Gesetzgeber bemüht, den zivilen Einfluß zu sichern und eine wirksame Kontrolle durch die republikanischen Staatsorgane zu garantieren. Die beiden grundlegenden Rechtsinstrumente — die Reichsverfassung vom 11. August 1919 (RV) und das Wehrgesetz vom 23. März 1921 (WG) — schrieben vor, daß dem Reichspräsidenten der Oberbefehl über die gesamte Wehrmacht des Reiches (Art. 47 RV) sowie das Ernennungsrecht für die Offiziere (Art. 46 RV) zukommen und daß unter ihm und in seinem Auftrag der Reichswehrminister die „Befehlsgewalt" über die Reichswehr (Reichsheer und Reichsmarine) [57] ausüben, d. h. praktisch die Geschäfte führen sollte (§ 8 WG). Und da beide — Reichspräsident und Reichswehrminister — verfassungsrechtlich nicht unter den Begriff des Soldaten (§ 1 WG), wohl aber unter den des gesetzmäßigen Vorgesetzten fielen (§ 8 WG),

56 Zur Beseitigung der föderalistischen Struktur vgl. Geßler (Anm. IX/7), S. 90 (mit offenherzigem Hinweis auf die dadurch gegebenen Tarnungsmöglichkeiten). Den Vorteil der Zentralisation betont Rabenau (Anm. IX/20), S. 385.

57 So die offiziellen Bezeichnungen. Im folgenden wird nach dem Sprachgebrauch verfahren, der Reichswehr=Reichsheer setzt. Die Marine wird hier nur gelegentlich behandelt, da die Marineleitung politisch wesentlich zurückhaltender war als das Heer; überdies fiel sie auch rein zahlenmäßig nicht so ins Gewicht (15 000 Mann einschließlich 1500 Offiziere).

schien mit dieser Regelung der Befehlsbefugnisse der zivile politische Einfluß auf die Wehrmacht sichergestellt [58].

Und doch hatte die militärische *pressure group* im Reichswehrministerium schon bei der Abfassung dieser Bestimmungen ihren ersten Sieg erfochten. Denn es war ihr gelungen, gewisse anfängliche Versuche zum Einbau eines parlamentarischen Staatssekretärs im Reichswehrministerium zu vereiteln und die entsprechende Funktion einem Militär zu übertragen. Als dann später im Jahre 1929 von seiten des Reichstages ein ähnlicher Versuch unternommen wurde, verfuhr die Reichswehrführung auf die gleiche Weise: das Ministeramt wurde geschaffen und mit seiner Leitung General v. Schleicher beauftragt [59].

Nachdem so alle Versuche einer direkten Einflußnahme des Parlaments auf die militärische Führung abgewehrt worden waren, kam es darauf an, auch die indirekten Wege und unterirdischen Kanäle abzuriegeln. Das Parlament als die wichtigste Institution des demokratischen Staates mußte von der Mitbestimmung in militärpolitischen Fragen so weit wie irgend möglich ausgeschlossen werden; nur der Regierung und dem Reichspräsidenten gegenüber wollte man Verantwortung übernehmen, nur mit ihnen verhandeln. Von diesem Grundgedanken aus und nicht ohne persönlichen Ehrgeiz verfolgte Seeckt das Ziel, die politische und militärische Macht im Reichswehrministerium nach Möglichkeit in die Hände des obersten militärischen Führers zu spielen, diesen in direkten Kontakt mit Reichspräsident und Kabinett zu bringen und den Reichswehrminister unter weitgehender Entfremdung von seiner ursprünglichen Funktion zu einem Werkzeug der militärischen Führung zu machen.

Dazu mußte freilich die Stelle eines obersten militärischen Führers überhaupt erst geschaffen werden. Im Versailler Vertrag war sie bewußt ausgespart worden, und auch auf deutscher Seite hatte man sie zunächst nicht ins Auge gefaßt. Der „Chef der Heeresleitung" sollte ursprünglich nur ein fachlicher Berater des Reichswehrministers sein; dem Minister verblieb die ungeschmälerte Befehlsgewalt über die militärischen Kommandostellen [60]. Seeckts Ziel war es nun, dies Verhältnis von Reichswehrminister und Chef der Heeresleitung umzukehren. Da dem aber staatsrechtliche Bedenken entgegenstanden [61], bediente er sich der einigermaßen sophistischen Unterscheidung von

58 Literatur zur Weimarer Verfassung vgl. o. S. 27 ff. Zum Wehrgesetz: *RGBl.* 1921, S. 329; S. 787 (Abänderungsgesetz v. 18. Juni 1921). Kommentare von militärischer Seite: Friedrich Hossbach, *Zwischen Wehrmacht und Hitler 1934–1938*, Wolfenbüttel-Hannover 1949, S. 62 ff.; S. 88 ff.; Foertsch (Anm. IX/31), S. 150 ff.

59 Für 1919 liegen die Fakten noch nicht ganz klar; einige wesentliche Hinweise bei Grzesinski (Anm. IX/19), *passim.* Vgl. auch Benoist-Méchin (Anm. IX/9), II, Paris 1938, S. 128; S. 130 f., sowie die Literatur bei Bracher (Anm. I/39), S. 66 f. Der Gedanke eines parlamentarischen Staatssekretärs schon in Groeners Entwurf „Zur Organisation der Obersten Militärbehörden" vom 5. Mai 1919; vgl. Dorothea Groener-Geyer, „Groeners Entwurf", in: *Die Gegenwart* 9 (1954), S. 108–110, und dieselbe, *General Groener* (Anm. IX/34), S. 146 ff. Jetzt auch Hans Meier-Welcker, „Die Stellung des Chefs der Heeresleitung in den Anfängen der Republik", in: *Vierteljahrshefte für Zeitgeschichte* 4 (1956), S. 145 ff., dessen Kritik an der Behauptung von Groeners Urheberschaft freilich entgegenzuhalten ist, daß man bei Referentenentwürfen auch den auftraggebenden Vorgesetzten als Autor gelten zu lassen pflegt, was hier um so mehr berechtigt erscheint, als der Entwurf nach M.-W. „die Auffassung Groeners wenigstens teilweise wiederzugeben scheint" (S. 147). Für 1929 s. u. S. 226.

60 Zur Stellung des Chefs der Heeresleitung vor 1920 vgl. den Erlaß des Reichswehrministers v. 20. September 1919: „Vorläufige Regelung der Befehlsbefugnisse und Arbeitsgebiete der obersten Kommandostellen in der Reichswehr vom 1. 10. 1919 ab", Abschrift im *BHSt.* Diese Regelung war nicht, wie militärische Autoren später behaupteten (so z. B. Burkhart Mueller-Hillebrand, *Das Heer 1933–1945*, Bd. I: „Das Heer bis zum Kriegsbeginn", Darmstadt 1954, S. 100, und Hossbach, Anm. IX/58, S. 69 f.), allein durch den Versailler Vertrag erzwungen; vgl. z. B. die rein innenpolitischen Argumente Groeners in seinem Entwurf v. 5. Mai 1919; Groener-Geyer, „Groeners Entwurf" (Anm. IX/59).

61 Durch VO v. 20. August 1919 (*RGBl.*, S. 1475) hatte der Reichspräsident dem Reichswehrminister die Ausübung des Oberbefehls, durch Erlaß v. 16. November 1919 auch die des Ernennungs- und Entlas-

„Befehlsgewalt" und „Kommandogewalt". Diese sollte dem Chef der Heeresleitung zufallen und den Oberbefehl über alle Truppen und Einrichtungen der Reichswehr sowie den entscheidenden Einfluß auf die Personalien der Offiziere umfassen; jene sollte Sache des Ministers sein und sich im wesentlichen auf Verwaltungsbefugnisse beschränken. Die so erstrebte Aufspaltung des Reichswehrministeriums in einen „kommandoführenden Stab" und eine Verwaltungsbehörde bekam dann weiter ihre politische Bedeutung durch Seeckts Forderung, daß der Chef der Heeresleitung „unbedingt und allein ... ohne jede politische Bindung" die Interessen der Reichswehr zu vertreten habe, während der Reichswehrminister (in der Wiedergabe Rabenaus) „vor allen Dingen dazu da [sein sollte] ..., politische Wirrnisse von der Truppe fernzuhalten" [62].

In der Tat hat Seeckt dies Ziel auch erreicht, aber es ist bezeichnend, daß das in der offiziellen Gesetzgebung der Republik so gut wie überhaupt nicht in Erscheinung tritt. Nach detaillierten Angaben über Stellung und Funktion des Reichswehrministers (s. o.) beschränkt sich das Wehrgesetz auf die unverbindliche Feststellung: „An der Spitze des Reichsheeres steht ein General als Chef der Heeresleitung. . ." [63] — eine Formulierung, deren Sinn man erst versteht, wenn man die interne, offenbar rein auf dem Verordnungswege getroffene Regelung kennt. Sie kam den Seecktschen Intentionen so weitgehend entgegen, daß sie nicht nur den militärischen Oberbefehl in die Hände des Chefs der Heeresleitung legte, sondern auch eine Auslegung zuließ, die diesen in gewissem Umfang als politischen Berater des Reichswehrministers erscheinen ließ [64].

Die Schwächung der Position des Reichswehrministers, die darin zum Ausdruck kam, öffnete für den Chef der Heeresleitung den Weg in die Kabinettsitzungen [65] und vor allem zum Reichspräsidenten. Dessen von der Weimarer Verfassung sehr gestärkte, mit halbmonarchischen Attributen ausgestattete Stellung hatte die Aufmerksamkeit der Reichswehrführung schon sehr früh auf sich gezogen, schien sich doch hier eine Möglichkeit für die Umgestaltung im Sinne des Offizierkorps zu ergeben. Daher das Bestreben, die Reichswehr

sungsrechts der Offiziere an den Reichswehrminister delegiert; Anschütz, *Verfassung* (Anm. II/102), S. 238 f.

62 Vgl. die Schilderung der Entwicklung von Seeckts Ideen 1919/20 bei Rabenau (Anm. IX/20), S. 466 ff., mit den sehr aufschlußreichen Kommentaren Rabenaus, die den ganzen Umfang der Motivation abstecken. Dagegen ist jetzt eingewendet worden (Meier-Welcker, Anm. IX/59), Seeckt habe hier aus fachlichen Gründen und persönlichem Ehrgeiz gehandelt und keine politische Sonderstellung der Reichswehr angestrebt; diese sei vielmehr erst nach 1920 durch das „Übergewicht der persönlichen Autorität Seeckts" entstanden. Dies ist (1) aus inneren Gründen unwahrscheinlich (aus persönlicher Autorität ergeben sich erst dann politische Folgen, wenn sie politisch aktiviert wird!), findet (2) in den von M.-W. zitierten Quellen keine Evidenz (vgl. z. B. *ebda.*, S. 155 ff.) und ignoriert im übrigen die Tatsache, daß Seeckts Pläne in *jedem* Falle, gleichgültig aus welchen Motiven, auf Reduktion der zivilen Kontrolle gerichtet waren.

63 Wehrgesetz, § 8, Abs. 2.

64 Wie es im einzelnen dazu kam, bleibt auch in diesem Fall ungeklärt; Hinweise bei Rabenau (Anm. IX/20), S. 245 f. Über den Inhalt dieser – in ihrem staatsrechtlichen Charakter von Rabenau nicht näher gekennzeichneten – „Regelung" vgl. *ebda.*, S. 472 f.; S. 479. Im Zusammenhang mit den Verhandlungen über den Locarno-Pakt und die Beendigung der alliierten Militärkontrolle im Jahre 1925 haben die Alliierten das Problem des Chefs der Heeresleitung noch einmal aufgeworfen; vgl. „Entwaffnungsnote" (Anm. IX/4) und Rabenau (Anm. IX/20), S. 421 f. Unter der Einwirkung Stresemanns mußte Seeckt die VO des Reichspräsidenten v. 28. Januar 1926, *HVBl.*, S. 9, zulassen, die die Verhältnisse von 1919 wiederherstellte, was aber sofort durch den § 5 der Geschäftsordnung für das Reichswehrministerium wieder korrigiert wurde; Groener-Geyer, „Groeners Entwurf" (Anm. IX/59). Überdies wurde Seeckt mit Wirkung vom 1. Januar zum Generalobersten ernannt; er war damit rangältester Offizier des Heeres; Rabenau (Anm. IX/20), S. 427. Zur Frage der politischen Beratung vgl. die Interpretation Rabenaus, *ebda.*, S. 473, Anm. 1. Zu dem Gesamtproblem auch Rosinski (Anm. IX/29), S. 158 ff.

65 Vgl. Rabenau (Anm. IX/20), S. 341; S. 394; S. 436; S. 538 und *passim*. In bezeichnendem Gegensatz dazu Seeckts Fernbleiben von den Reichstagssitzungen, s. u. S. 225.

vor allem an den Reichspräsidenten zu binden. So findet sich im System der Dienstwege, die aus dem militärischen Bereich bis hinauf zum Reichspräsidenten führten, ein besonderer, der sogenannte „unmittelbare militärische Vortragsweg" eingerichtet, der vom Chef der Heeresleitung unter Umgehung von Reichswehrminister und Reichskanzler unmittelbar zum Reichspräsidenten lief [66]. Zwar diente er offiziell nur der Erörterung militärisch-technischer Fragen, auch konnte er ohne Information des Ministers nur dann benutzt werden, wenn es sich um laufende Angelegenheiten handelte [67], aber es leuchtet ohne weiteres ein, daß ein ehrgeiziger Chef der Heeresleitung, der sich das Vertrauen des Reichspräsidenten zu sichern verstand, auf diesem Wege auch eine gewisse politische Wirksamkeit entfalten konnte. Und Seeckt hatte sich das Vertrauen Eberts gesichert, von der Amtszeit Hindenburgs ganz zu schweigen, wo das Verhältnis zwischen Wehrmacht und Reichspräsident natürlich auf einer besonders stabilen Vertrauensbasis ruhte [68].

Unter diesen Umständen war es von Bedeutung, daß nach der Verfassung der Reichswehrminister für seine Amtsführung gleichermaßen des Vertrauens des Reichspräsidenten wie des Reichstags bedurfte (Art. 54 und 53 RV). Hier lag ein Ansatzpunkt, um die Bindung an das Parlament weiter zu lockern. Die militärischen Kronjuristen konstruierten aus der Tatsache, daß der Reichspräsident Oberbefehlshaber der Wehrmacht war, ein besonderes Abhängigkeitsverhältnis des Reichswehrministers [69]. Obwohl das durchaus verfassungswidrig war, wurde in der politischen Praxis danach verfahren; der Reichswehrminister entwickelte sich zu einem Fachminister, der von den politisch-parlamentarisch bedingten Veränderungen der Kabinettzusammensetzung weitgehend unabhängig blieb [70]. Durch den Chef der Heeresleitung der militärischen Befehlsgewalt entkleidet, durch den Reichspräsidenten in seiner politischen Verantwortlichkeit geschwächt, wurde er zu einer Art absetzbarem Verwaltungsbeamten, der von der Gnade des obersten militärischen Führers abhängig war, solange dieser ein gutes Verhältnis zum Reichspräsidenten aufrechtzuerhalten verstand [71].

Damit hatte der Chef der Heeresleitung, gestützt auf den militärischen Ober-

66 Foertsch (Anm. IX/31), S. 219 (graphische Darstellung).

67 *Zeugenbefragung* Nr. 2 (General Foertsch, 28. und 31. Januar 1953). Anderseits waren „bei den militärischen Vorträgen . . . grundsätzlich keine politischen Berater anwesend"; Foertsch (Anm. IX/31), S. 26.

68 Die Tatsache des Vertrauensverhältnisses bestätigt auch Severing, *Lebensweg* (Anm. I/16), S. 100 f. Die militärische Version vom Verhältnis Seeckt–Ebert vgl. bei Rabenau (Anm. IX/20), S. 365; S. 367; S. 410 f. und *passim*. Dort auch Beispiele für die Benutzung des unmittelbaren militärischen Vortragswegs; ebenso bei Foertsch (Anm. IX/31), S. 26, und Werner Conze, „Zum Sturz Brünings", in: *Vierteljahrshefte für Zeitgeschichte* 1 (1953), S. 267 (Aktennotiz von Erich Frhr. v. d. Bussche-Ippenburg v. 25. Januar 1952). Für das Verhältnis Seeckt–Hindenburg vgl. u. Anm. IX/75.

69 Gutachten (undatiert; nach 1928) des Chefs der Rechtsabteilung im Reichswehrministerium. Darin wird, ungeachtet des Gegenzeichnungszwanges (nach Art. 50 RV) zwischen Reichswehrminister und Reichspräsidenten ein Vorgesetztenverhältnis konstatiert. Die Verfassungsinterpretation des Reichsjustizministeriums wandte sich schon früh dagegen (Memorandum des Reichsjustizministers Radbruch v. 12. Oktober 1923); Groener-Geyer, „Groeners Entwurf" (Anm. IX/59). Auch Anschütz, *Verfassung* (Anm. II/102), S. 271 ff.; S. 276 ff., weiß nichts von einer Sonderstellung des Reichswehrministers. Daher gibt auch Foertsch (Anm. IX/31), S. 151, die *militärische* Verfassungsinterpretation, wenn er schreibt, daß der Reichswehrminister „das besondere Vertrauen des Reichspräsidenten als des Oberbefehlshabers der Wehrmacht haben mußte". – Auch war dem Reichspräsidenten ein (umstrittenes) Militärverordnungsrecht übertragen worden; vgl. WG, § 11.

70 Den zwanzig Reichskabinetten von 1919 bis 1933 stehen in der gleichen Zeit nur vier Reichswehrminister gegenüber. Dazu und zum folgenden jetzt Otto Geßler, *Reichswehrpolitik in der Weimarer Zeit*, Stuttgart 1958. Vgl. auch Thomée (Anm. IX/55), S. 97, und Heinz Brauweiler, *Generäle in der deutschen Republik, Groener, Schleicher, Seeckt*, Berlin 1932, S. 64.

71 Geßler (Anm. IX/7), S. 95, deutet den Druck an, dem er von seiten Seeckts ausgesetzt war: „. . . völlige Tatenlosigkeit [in der Vertretung militärischer Interessen hatte] die ernste Gefahr von Krisen in der militärischen Kommandoführung gebracht. . ." Das zielt auf die Seecktsche Praxis, wie weiland Hindenburg und Ludendorff mit Abschiedsgesuchen zu drohen; vgl. Rabenau (Anm. IX/20), S. 245.

befehl und das Vertrauen des Reichspräsidenten, militärisch wie politisch die Schlüsselstellung im Reichswehrministerium inne; der Minister als der eigentliche Hausherr war zu einer „Randfigur" [72] geworden, als welcher ihm im wesentlichen nur noch die Vertretung der Interessen der Reichswehr vor dem Parlament und gegenüber der Öffentlichkeit verblieb. In dieser Funktion war er allerdings auch unentbehrlich, denn Seeckt wußte wohl, daß die Machtverteilung im Reichswehrministerium in dieser Form nur aufrechtzuerhalten war, wenn sie der Öffentlichkeit verborgen blieb [73]. Daher stellte er denn auch gewohnheitsrechtlich den Grundsatz auf, daß der Chef der Heeresleitung vom Reichstag nicht zitiert werden könne [74]; das Parlament konnte den eigentlich entscheidenden Mann nie stellen, sondern stieß immer nur auf den Schutzschild „Reichswehrminister".

Daneben hatte dies System freilich noch einen zweiten schwachen Punkt: seine Existenz war weitgehend eine Frage der Persönlichkeiten. Nicht nur hing das so wesentliche Vertrauen zwischen Chef der Heeresleitung und Reichspräsident ganz von den jeweiligen Amtsinhabern ab, es kam auch entscheidend darauf an, daß es gelang, den Posten des Chefs der Heeresleitung immer mit einem Mann zu besetzen, der in gleicher Weise wie Seeckt militärische und politische Autorität in sich zu vereinigen vermochte. In der Tat hat Seeckts Rücktritt im Jahre 1926 [75] eine nicht unerhebliche Betriebsstörung zur Folge gehabt, da sein Nachfolger, der General Heye, diesen Ansprüchen nicht genügte. Der damalige Reichswehrminister Geßler scheint die sich hier bietende Chance erkannt zu haben; jedenfalls machte er mit der Bildung der „Wehrmachtabteilung" als einer ihm unmittelbar unterstehenden politischen Führungsinstanz und mit seiner vermutlich entscheidenden Beteiligung am Sturz Seeckts beachtliche Anstrengungen, um sich mehr Ellbogenfreiheit zu verschaffen [76]. Aber alsbald entfaltete die neugegründete Wehrmachtabteilung unter der Leitung ihres von Geßler selbst ernannten Chefs Schleicher eine eigene politische Initiative, überspielte Geßler und riß die Zügel der Militärpolitik mehr und mehr an sich. Es bedurfte nur noch der Panne des „Phoebus"-Skandals, um Schleicher die Mittel an die Hand zu geben, Geßler zu stürzen und sich in Gestalt von Groener einen Nachfolger zu suchen, der seine Auffassungen teilte und der ihm überdies politisch-taktisch nicht gewachsen war [77].

72 So Groener-Geyer, „Groeners Entwurf" (Anm. IX/59).

73 Vgl. Rabenau (Anm. IX/20), S. 244 f. Geßler (Anm. IX/7), S. 95, schreibt rückblickend: „Was von seiten des Chefs der Heeresleitung für absolut erforderlich gehalten wurde, wurde gebilligt und politisch gedeckt." Seeckt („Bemerkungen über meine Verabschiedung" v. 14. Oktober 1926) ebenso: „Solange er [Geßler] nicht hinderte und die Interessen der Armee im Parlament mit nicht zu leugnender Geschicklichkeit vertrat, hatte ich keinen Grund, mir einen anderen Minister zu wünschen": Rabenau (Anm. II/96), S. 559. Dazu Geßler, *Reichswehrpolitik* (Anm. IX/70), S. 285 ff., und Foertsch, *Befragung* (Anm. IX/67).

74 Brauweiler (Anm. IX/70), S. 40. Vgl. auch Rabenau (Anm. IX/20), S. 259 (Brief Seeckts v. 20. März 1921).

75 Dazu außer dem einschlägigen Kapitel bei Rabenau (Anm. IX/20), S. 533 ff., jetzt auch Reginald H. Phelps, „Aus den Seeckt-Dokumenten", in: *Deutsche Rundschau* 78 (1952), S. 881 ff., und Geßler, *Reichswehrpolitik* (Anm. IX/70), S. 301 ff. Über das Verhältnis Seeckt-Hindenburg vgl. *ebda.*, S. 888 f.

76 Die Wehrmachtabteilung war nach Zusammensetzung und Aufgabenstellung weitgehend identisch mit der „Militärpolitischen Gruppe", die, von Anfang an unter der Leitung Schleichers stehend, bisher als „T 1 III" dem Truppenamt (T), Heeresabteilung (1), unterstellt gewesen war und für den Chef der Heeresleitung (offiziell auch für den Minister) politische Fragen zu bearbeiten hatte. Sie wurde jetzt aus dem Truppenamt herausgezogen und unter Vereinigung mit der bisherigen Pressestelle des Ministers („Nachrichtenstelle") sowie unter Erweiterung ihres Aufgabenkreises auch auf die Marine (daher „Wehrmacht"-Abtlg.) dem Minister direkt unterstellt; vgl. Foertsch, *Befragung* (Anm. IX/67). Über die Folgen für Seeckts Stellung vgl. seine Äußerung bei Rabenau (Anm. IX/20), S. 559 f.

77 Schleichers Mitwirkung am Sturz Geßlers wird von Blomberg in seinen noch unpublizierten Memoiren (jetzt in USA) behauptet; vgl. Telford Taylor, *Sword and Swastika, The Wehrmacht in the Third Reich*, London 1953, S. 60; S. 392 (Anm. 13). Ebenso Wheeler-Bennett (Anm. IX/45), S. 194 f. – Geßler,

Damit war das Ziel, auf das Schleicher hinsteuerte, klar: er wollte die durch Seeckts Rücktritt ausgelöste Betriebsstörung in der Reichswehrpolitik beheben, indem er die politische Führungsinstanz von dem — gewissermaßen im Augenblick nicht disponierten — Chef der Heeresleitung auf die Wehrmachtabteilung, die jetzt zum Ministeramt erweitert wurde [78], verlagerte. Gewiß spielte dabei Schleichers Ehrgeiz eine Rolle, aber die sachlichen Motive überwogen. Schon unter Seeckt hatte er einen großen, in seiner Reichweite schwer abschätzbaren Einfluß ausgeübt [79]; jetzt nach dessen Sturz konnte er sich mit Recht als der einzige betrachten, der im Offizierkorps die Fähigkeiten hatte, das komplizierte Spiel der Seecktschen Politik fortzusetzen. Und da er weder nach Dienstalter noch nach militärischer Vorbildung für den Posten des Chefs der Heeresleitung in Frage kam, blieb nichts anderes übrig, als die unter Seeckt gegebene Personalunion von militärischer und politischer Macht des Offizierkorps zu lösen. Voraussetzung dafür war allerdings, daß der Posten des Chefs der Heeresleitung nun mit einem Mann besetzt wurde, der sich mit dieser Teilung der Kompetenzen abfand und auf die Entfaltung einer eigenen politischen Initiative verzichtete; sonst drohte die seit dem Kapp-Putsch gebannte Gefahr eines Schismas innerhalb des Offizierkorps von neuem. Als daher im Lauf des Jahres 1929 deutlich wurde, daß Heye sich mit der Minderung seiner Stellung nicht abfinden würde, wurde er zum Rücktritt gezwungen (1. Oktober 1930) [80] und unter Umgehung aussichtsreicher, aber für Schleicher unbequemer Bewerber [81] in dem Generalmajor Kurt v. Hammerstein-Equord ein enger Freund Schleichers zum Chef der Heeresleitung ernannt. Damit war die alte Einheit von politischer und militärischer Führung der Reichswehr der Sache nach aufrechterhalten, aber die Abhängigkeit ihrer innenpolitischen Machtstellung von Personen war dadurch verstärkt worden. Hatte das System Seeckt auf zwei Personen beruht — Chef der Heeresleitung und Reichspräsident —, so fügte ihnen das System Schleicher jetzt in Gestalt des Chefs des Ministeramts noch eine weitere hinzu [82]. Wenn es dessenungeachtet selbst die Stürme des Jahres 1932 im großen und ganzen unerschüttert überstanden hat, so verdankt es das im wesentlichen dem Glücksfall, daß die Konstellation der führenden Personen — Hindenburg-Schleicher-Hammerstein — bis zum Januar 1933 erhalten blieb [83].

Reichswehrpolitik (Anm. IX/70), S. 423 ff., dementiert diese Version. Aufstieg Schleichers: Hossbach (Anm. IX/58), S. 88 ff., und Görlitz (Anm. IX/29), S. 369. Ernennung Groeners: Wheeler-Bennett (Anm. IX/45), S. 195, und Groener-Geyer, *General Groener* (Anm. IX/34), S. 239; S. 241 f.

78 Zur Schaffung des Ministeramts vgl. Hossbach (Anm. IX/58), S. 88 ff. Sie war zugleich als eine Abwehr gegen Versuche zur Einsetzung eines parlamentarischen Staatssekretärs gedacht. Vgl. Foertsch, *Befragung* (Anm. IX/67).

79 Vgl. Rabenau (Anm. IX/20), S. 256, Anm. 4; S. 265; S. 413; Foertsch, *Befragung* (Anm. IX/67), bestätigt das mit persönlichen Erinnerungen.

80 Über Heyes Rücktritt und seine Vorgeschichte orientiert ein persönlicher Schriftwechsel zwischen Heye einerseits und Schleicher und Groener anderseits aus der Zeit v. 3. November 1929 bis 7. Januar 1930, dessen Originale sich im Besitz des Instituts für Zeitgeschichte, München, befinden.

81 Hierzu rechnete in erster Linie der General Joachim v. Stülpnagel. Seine Zurücksetzung gewinnt eine interessante Beleuchtung dadurch, daß Stülpnagel nach dem Zeugnis Groeners offene Hinneigung zum Nationalsozialismus gezeigt haben soll; Phelps, „Groener-Dokumente" (Anm. IX/42), S. 27. Zu diesen „Cliquenkämpfen" jetzt Waldemar Erfurth, *Die Geschichte des deutschen Generalstabes 1918–1945*, Göttingen 1957, S. 110 ff.

82 Im Grunde waren es sogar vier, wenn man den Reichswehrminister als aktiven Mitspieler hinzurechnet, doch zeigen die Vorgänge um das SA-Verbot im April 1932, daß im Konfliktsfalle der Chef des Ministeramts am längeren Hebel saß. Erst nach 1933 kam es – wie Hossbach (Anm. IX/58), S. 68; S. 89 ff., betont – zu einer Stärkung der Position des Ministers. Dabei wirkte aber entscheidend mit, daß Blomberg als Reichskriegsminister von seiten der politischen Führung sowohl unter Kontrolle gehalten als auch mit Rückendeckung versehen wurde, ein Umstand, der ein bezeichnendes Licht auf die Fehler der Weimarer Republik wirft.

83 Zu dem Gesamtproblem vgl. auch die Kritik von Hossbach (Anm. IX/58), S. 64 ff.; S. 88 ff.; bes. auch

4. Die innere Struktur der Reichswehr

Neben die machtpolitische Beherrschung der Spitzenorganisation mußte als unentbehrliche Ergänzung die Aufrichtung der militärischen und politischen Autorität der Heeresleitung gegenüber Offizierkorps und Armee treten. Unter normalen Verhältnissen genügt die erste; die politische Autorität ergibt sich dann folgerichtig aus dem Vertrauen, das die Staatsführung demonstriert, indem sie den obersten Soldaten mit der Führung der Armee beauftragt. Für Seeckt lagen die Dinge aber anders. Erstens durfte er des Vertrauens des herrschenden politischen Regimes durchaus nicht absolut sicher sein; seine Machtstellung beruhte, wie gezeigt worden war, im wesentlichen auf dem rein individuellen Vertrauensverhältnis zum Reichspräsidenten. Zweitens aber konnte und wollte er das Vertrauen des Regimes nicht akzeptieren, selbst wenn es ihm geboten worden wäre. Denn es war ja sein Ziel, die politische Existenz der Reichswehr auf eine möglichst unabhängige Basis zu stellen. So blieb nur der Ausweg, die militärische Führung (d. h. Heeresleitung) auch mit einer selbständigen politischen Autorität auszustatten.

Diese Aufgabe zerfiel für Seeckt in zwei Teile: erstens die unmittelbare Erzwingung des politischen Gehorsams, zweitens die Entwicklung einer eigenen politischen Ideologie der Reichswehr, verbunden mit soziologischer und ideologischer Immunisierung gegenüber den Ausstrahlungen des bestehenden Regimes. Der politische Gehorsam konnte, da die Struktur des militärischen Instruments keine Diskussion zuläßt, nur absolut sein; die Partei „Reichswehr“ mußte zu den totalitären Parteien gehören. Daher bemühte sich Seeckt, die aus der Kaiserzeit vertraute Haltung des „unpolitischen“ Offiziers wiederzubeleben. In wiederholten Erlassen forderte er mehr oder minder ausgesprochen den bedingungslosen politischen Gehorsam der Reichswehrangehörigen und verwies sie für ihren militärischen Dienst auf den Weg „ernster Pflichterfüllung und aufopfernder, stiller Arbeit im Dienste der Allgemeinheit und des Vaterlands“ [84]. Aber während der unbedingte politische Gehorsam, so fragwürdig er an sich war, in der Kaiserzeit wenigstens noch dem Staatsoberhaupt gegolten hatte, sollte er jetzt eben der militärischen Führung entgegengebracht werden. Er sei für die Soldaten nötig, so hieß es in einem der Seecktschen Erlasse ganz offen, damit die Reichswehr „ein zuverlässiges Instrument in der Hand *ihrer* Führung“ bleibe [85].

Die Verwirklichung dieses Grundsatzes unterstützte Seeckt durch eine Personalpolitik, die die unruhigen, zur Selbständigkeit des Denkens und zur Entfaltung politischer Aktivität neigenden Elemente im Offizierkorps ausbootete.

S. 172: Ausschaltung des politischen Einflusses des Chefs der Heeresleitung und Stärkung des politisch gebundenen Reichswehrministers erschwert unter Hitler nachhaltigen Widerstand des Heeres. Diese Argumentation beruht – abgesehen davon, daß sie die Weimarer Verfassung ignoriert und den Clausewitzschen Grundsatz der Trennung von Militär und Politik aufgibt – auf einer falschen Einschätzung der Bedeutung von Institutionen; der nach eigenem Urteil völlig unpolitische General v. Fritsch wäre Hitler auch dann unterlegen, wenn er Seeckts Machtstellung besessen hätte.

84 Erlaß des Reichswehrministeriums, Chef der Heeresleitung, v. 22. September 1924. Hier auch die ausdrückliche Berufung auf die Tradition der unpolitischen Haltung; vgl. Rabenau (Anm. IX/20), S. 492; kritisch auch Foertsch (Anm. IX/31), S. 16.

85 Erlaß Seeckts an die Kommandeure der Reichswehr v. 4. November 1923; Rabenau (Anm. IX/20), S. 371 (Hervorhebung vom Verfasser). In diesen Zusammenhang gehört auch das berühmte Seeckt-Wort: „Die Reichswehr steht hinter mir!“ Vgl. *ebda.*, S. 341 f. Über einen ähnlichen Erlaß v. 31. Januar 1923 und seine verschärfte Neufassung v. 29. April 1927 vgl. den Abdruck des Reichsgerichtsurteils im Hochverratsprozeß gegen die Ulmer Reichswehroffiziere in: *Die Justiz* 6 (1930), S. 191 ff. Demgegenüber hatte das Wehrgesetz dem Soldaten nur die politische Betätigung untersagt (§ 36 WG). Einblick in die Atmosphäre gibt Hermann Teske, *Die silbernen Spiegel*, Heidelberg 1952, S. 27 ff.; S. 51. Vgl. auch Hossbach (Anm. IX/58), S. 173 f.; Choltitz (Anm. IX/41), S. 18.

Die Heeresverminderung, die nach dem Kapp-Putsch und der Konferenz von Spa (Juli 1920) unvermeidlich geworden war und in deren Rahmen die rund 34 000 aktiven Offiziere der alten Armee [86] auf 3797 reduziert werden mußten, schuf eine bequeme und unauffällige Gelegenheit zu einer solchen Reinigungsaktion. Es ist bekannt, daß Seeckt bei der Auswahl der Offiziere vor allem die Generalstabsoffiziere bevorzugte [87]. Dafür waren gewiß in erster Linie technische Gründe maßgebend [88], doch spielten auch politische Gesichtspunkte mit. Denn im Generalstab fand sich ja, wie man sich erinnert, die Masse der Konformisten und Attentisten. Sie und die „unpolitischen", d. h. opportunistischen, in erster Linie technisch-fachlich interessierten Elemente bildeten nun das Gros des Reichswehroffizierkorps, während man sich der aktiven Monarchisten Lüttwitzscher Prägung und vor allem der unruhigen, schwer lenkbaren Freikorpselemente entledigte [89].

Den Schlußstein in dem Gebäude der politischen Autorität bildete die Persönlichkeit Seeckts selbst. Als er das Amt des Chefs der Heeresleitung übernahm, war er in der Armee noch weithin unbekannt, und unter denen, die ihn kannten, d. h. vornehmlich unter der Generalität, hatte er noch viele Gegner, enttäuschte Rivalen und politisch Andersdenkende [90]. Wenn er sich dessenungeachtet sehr bald durchsetzte, so verdankt er das nicht nur der beschriebenen Personalpolitik, sondern auch seiner genauen Kenntnis der Psyche des Offizierkorps sowie der Macht seiner eigenen Persönlichkeit; die erste lehrte ihn, daß das Offizierkorps, seit Generationen an die persönliche Bindung an den Monarchen gewöhnt, jetzt in der Republik schwer unter deren Fehlen litt; die zweite gab ihm die Mittel an die Hand, diesem Mangel wenigstens provisorisch abzuhelfen. Aristokrat und Weltmann alter Schule, ausgestattet mit einer intellektuellen und musischen Bildung, die die Offiziere nach ihren Maßstäben als durchaus ungewöhnlich ansehen mußten, dazu ein militärischer Fachmann von anerkanntem, in Krieg und Frieden bewährtem technischen Können — aus all diesen Elementen formte er durch ständige Arbeit an sich selbst und durch entsprechendes Auftreten sowohl gegenüber seinen Untergegebenen wie nach außen das Bild des militärischen Führers *par excellence*, wie es den Vorstellungen der preußischen Tradition entsprach [91]. Und da er

86 So die Angabe Rabenaus (Anm. IX/20), S. 457.

87 Schon 1919 hatten Groener und vor allem Seeckt auf Noske einen entsprechenden Druck auszuüben versucht; vgl. Rabenau (Anm. IX/20), S. 200 f.; Groener, *Lebenserinnerungen* (Anm. IX/34), S. 513 ff., und Groener-Geyer, *General Groener* (Anm. IX/34), S. 359 f.; S. 387. Eingehend auch Franz Woertz, „Die Verschwörung der Offiziere", in: *Die Tat* 22 (1930), S. 612 (ein offenbar vom Reichswehrministerium inspirierter, mit verläßlichem Zahlenmaterial ausgestatteter Artikel über die Situation des Offizierkorps zur Zeit des Leipziger Prozesses).

88 Die technischen Rücksichten betonen Woertz (Anm. IX/87), S. 612, Rabenau (Anm. IX/20), S. 458, und Seeckt, *Reichswehr* (Anm. IX/54), S. 65 f. Für die Kritik innerhalb der Reichswehr vgl. Choltitz (Anm. IX/41), S. 25 f. Bestätigt durch Foertsch, *Befragung* (Anm. IX/67) und *Zeugenbefragung* Nr. 3 (ein der damals jüngeren Generation angehörender Reichswehroffizier).

89 Den politischen Gesichtspunkt bei der Auswahl deutete auch Seeckt, *Reichswehr* (Anm. IX/54), S. 66, an. Für rückschauende Kritik an dem „beamtenmäßigen" Charakter des Reichswehroffizierkorps vgl. Leo Geyr v. Schweppenburg, *Gebrochenes Schwert*, Berlin 1952, S. 54; ähnlich Teske (Anm. IX/85), S. 20 f.; S. 27 ff.; S. 51. Auch Hossbach (Anm. IX/58), S. 162 ff., leugnet das nicht, verfällt aber dem Irrtum, die charakterstärkende Ausbildung des Generalstabes und die von Seeckt geforderte und geförderte Allgemeinbildung als Gegengewicht zu werten. Letztere sparte aber den Bezirk politisch *selbständigen Denkens* aus; so ausdrücklich Choltitz (Anm. IX/41), S. 18, und Foertsch (Anm. IX/31), S. 16; erstere führte in ihrer Beschränkung auf das Technische nur zu dem gleichen Antagonismus zwischen politischem und militärischem Gehorsamsbegriff, wie er schon in der kaiserlichen Armee bestanden hatte (vgl. o. Anm. IX/31).

90 Rabenau (Anm. IX/20), S. 227; S. 231 mit charakteristischen Beispielen für die Angriffe auch von seiten der ausgeschiedenen, streng preußisch-monarchistischen Offiziere, die natürlich in gewissem Umfang auch auf die Reichswehr zurückwirkten.

91 Für den Eindruck kultivierter Bildung, den Seeckt verbreitete, vgl. den Bericht seines Adjutanten Köstring: Rabenau (Anm. IX/20), S. 548; die psychologisch richtige Behandlung des Offizierkorps *ebda.*,

auch eine diesen Vorstellungen entsprechende Politik betrieb, erkannten ihn die Offiziere sehr bald als ihr politisches Oberhaupt an; Seeckt wurde ihnen zu einer Art Ersatz für den „Königsschild", der ihnen am 9. November 1918 verlorengegangen war [92].

So hatte Seeckt freie Hand, um die Reichswehr nach seiner Konzeption aufzubauen und d. h. ihr eine der preußischen Tradition entsprechende Gestalt zu geben. Damit erfüllte er sein und des Offizierkorps Hauptanliegen; es war eben das Ziel, um deswillen er das ganze kunstvolle und, wie man zugeben wird, künstliche Gebäude, das bisher beschrieben wurde, aufgeführt hatte. Zugleich aber war die Pflege der Tradition auch die Grundlage dieses Gebäudes, denn sie lieferte der Reichswehr so etwas wie eine politische Ersatzideologie, die ihrem Widerstand gegen den Weimarer Staat den Rückhalt gab. Die praktischen Maßnahmen betrafen zunächst die Wiederherstellung des traditionellen inneren Gefüges der alten Armee. Die Aufrechterhaltung nicht nur des besonderen, sondern auch des allgemeinen Vorgesetztenverhältnisses [93], das Disziplinar- und Beschwerderecht, das Waffentragen außer Dienst, die Ehren- und Heiratsordnung für Offiziere — all das waren Punkte, die Seeckt in Übereinstimmung mit dem Offizierkorps als unerläßliche Voraussetzungen militärisch-technischer Effektivität betrachtete. Er hat dabei einige Konzessionen machen und auch den technischen Besonderheiten des Berufsheeres Rechnung tragen müssen, aber in den Hauptpunkten hat er sich durchgesetzt, ja, in einigen Fällen ist es ihm sogar gelungen, unvermeidliche Konzessionen bei offizieller Beibehaltung insgeheim zu annullieren [94]. Darüber hinaus hat er durch eine Reihe von Maßnahmen von ausgesprochenem Symbolwert dafür Sorge getragen, daß die Konzessionen, die er machen mußte, im Bewußtsein des Offizierkorps und der Armee den ephemeren Charakter erhielten, den allein er ihnen zubilligte. Als Maßnahme dieser Art ist vor allem die Schaffung der „Traditionstruppenteile" zu werten, deren Sinn bekanntlich darin bestand, daß die einzelnen Kompanien, Schwadronen und Batterien der Reichswehr die Tradition bestimmter Truppenteile der kaiserlichen Armee zur Fortführung zugewiesen erhielten [95], was zugleich den Rahmen für die

S. 277 (zielbewußtes „Vorschieben" der eigenen Person als Ersatz für Monarchen); S. 237; S. 262; S. 283 ff.; und für sein Auftreten gegenüber der zivilen Umwelt *ebda.*, S. 374; S. 312; S. 436. Zusammenfassend Choltitz (Anm. IX/41), S. 17; anregende Gesichtspunkte bei Faber du Faur (Anm. IX/32), S. 155 f.

92 Der Ausdruck „politisches Oberhaupt" fiel in der *Befragung* Nr. 3 (Anm. IX/88). Vgl. auch Hossbach (Anm. IX/58), S. 173: „Seeckt war der Monarch des Heeres gewesen"; Faber du Faur (Anm. IX/32), S. 125 f.

93 Das „besondere Vorgesetztenverhältnis" besteht zwischen dem Untergebenen und seinen *direkten* Vorgesetzten: seinem Kompaniechef, Bataillonskommandeur usw., ist also gebunden an die *Funktion*, das „allgemeine Vorgesetztenverhältnis" besteht zwischen dem Untergebenen und allen ihm im *Range* übergeordneten Vorgesetzten – ein Relikt ständisch-feudaler Gesellschaftsordnungen; vgl. die VO des Reichspräsidenten über das Rang- und Vorgesetztenverhältnis der Soldaten des Reichsheeres v. 10. 12. 20, *HVBl.*, S. 989.

94 Zu Vorstehendem vgl. vor allem das einschlägige Kapitel bei Rabenau (Anm. IX/20), S. 454 ff., bes. S. 484 (Heiratsordnung); S. 487; S. 490 (Erweiterung der Disziplinarbefugnisse, um Ausfall der Militärgerichtsbarkeit abzuschwächen; vgl. auch Geßler, Anm. IX/7, S. 99); S. 487 ff. (Aufrechterhaltung von Ehrengerichten für Offiziere, allerdings unter anderem Namen). Ein besonderes Beispiel ist die Neutralisierung der „Heeres"- und „Marinekammern" (§ 10 WG); vgl. Rabenau (Anm. IX/20), S. 256 f., und das vertrauliche Schreiben des Generalmajors v. Lossow (damals Kommandeur der Infanterieschule München) v. 18. November 1920 (Abschrift ohne Angabe des Adressaten im *BHSt*). – Zu den besonderen Maßnahmen, die als Folge des Berufsheeres notwendig wurden, gehört die Vorbereitung der Soldaten auf einen Zivilberuf in den „Heeresfachschulen"; vgl. Albert Benary, *Unsere Reichswehr, Das Buch von Heer und Flotte*, Berlin 1932, S. 157 ff. (das Buch erhält durch ein Geleitwort von Reichswehrminister Groener offiziösen Charakter), und Erich Marcks, „Das Reichsheer von 1919 bis 1935", in: Karl Linnebach, *Deutsche Heeresgeschichte*, 2. Aufl., Hamburg 1943, S. 383.

95 Eine vollständige Liste der Traditionstruppenteile bei Friedrich Stuhlmann, *Deutsche Wehrmacht*, Berlin 1933, S. 35 ff. (Das Werk wird durch ein Geleitwort von Reichswehrminister v. Schleicher ebenfalls

Pflege jenes militärischen und politischen Gedankengutes abgab, das die ideologische Grundlage der alten Armee gebildet hatte und das jetzt in der Dolchstoß-Legende [96] eine zeitbedingte Ergänzung fand. Sie diente der Aufrechterhaltung der Elitetheorie [97], die ja eines der Kernstücke jener ideologischen Grundlage der alten Armee war und die durch den Ausgang des Weltkrieges grundsätzlich in Frage gestellt worden war.

Von besonderer Wichtigkeit war in diesem Zusammenhang der soziologische Aspekt. Der Nachwuchs für Offiziere und Mannschaften sollte nach Seeckts Absicht sozial homogen in dem Sinne sein, daß er vornehmlich in Bevölkerungskreisen gesucht wurde, von denen man Verständnis für die Traditionspflege der Reichswehr erwarten konnte [98]. Begünstigt durch die Kleinheit der Armee und den entsprechend geringen Nachwuchsbedarf, wählte man daher die Offizieranwärter vornehmlich aus denjenigen Schichten, die auch in der Kaiserzeit das Gros des Offizierkorps gestellt hatten: Offiziere, Beamte, Bildungsbürgertum. Besonders die ersten wurden bevorzugt, so daß der Prozentsatz an Söhnen aus Offiziersfamilien im Vergleich zur Vorkriegszeit erheblich anstieg — eine Tendenz zur „Inzucht", die durch das verständliche Nachlassen des Andrangs aus Kaufmanns- und Industriellenkreisen noch deutlich unterstrichen wurde [99]. Ebenso auffällig ist, daß die Reichswehr dem steigenden Andrang adliger Offiziersbewerber bereitwillig ihre Tore öffnete, was den ohnehin schon beträchtlichen Prozentsatz an adligen Offizieren — im Durchschnitt der Jahre 1920 bis 1932 = 21,0 % gegenüber 0,14 % der Gesamtbevölkerung [100] — gegen Ende der Weimarer Zeit noch erhöhte (1932 = 23,8 %, also fast ein Viertel des Offizierkorps) [101]. Darüber hinaus verteilten

als offiziös charakterisiert.) Zur Theorie und Praxis der Traditionstruppenteile vgl. Seeckt, *Reichswehr* (Anm. IX/54), S. 59 ff.

96 Die Dolchstoßlegende war selbstverständlich nicht Bestandteil der offiziellen Reichswehrideologie; wie mühsam aber diese Zurückhaltung gewahrt wurde, zeigt Horst v. Metzsch, *Wehrwende? Ein Buch für Soldaten und Nichtsoldaten*, Berlin 1930, S. 75; S. 78 ff.; S. 91; S. 99 ff. (M. leitete von 1923–1927 die Inspektion des Erziehungs- und Bildungswesens). Vgl. auch Alexander Griebel, „Geschichte – Geheime Kommandosache", in: *Deutsche Rundschau* 78 (1952), S. 1024–1027, sowie die Korrekturen dazu von Wolfgang Foerster und Fritz T. Epstein, *ebda.*, 79 (1953), S. 187–197.

97 Vgl. die „Leitsätze für den Unterricht über die Berufspflichten der Wehrmacht" v. 8. November 1919, *HVBl.*, S. 377; Seeckt, *Reichswehr* (Anm. IX/54), S. 140; Thomée (Anm. IX/55), S. 98; Brauweiler (Anm. IX/70), S. 71 (für Groener). Systematisch ausgebaut (ausdrücklich im Sinn der sozialpädagogischen Funktion der Armee) in dem Rückblick von Marcks (Anm. IX/94), S. 371.

98 Vgl. insbes. Seeckt, *Reichswehr* (Anm. IX/54), S. 68 f.

99 Hierzu die Statistik bei Woertz (Anm. IX/87), S. 611 ff. Danach stammen unter den Offiziersanwärtern

aus Familien von	1912/13	1926/27
1. aktiven bzw. inaktiven Offizieren	24 %	48 %
2. höheren Beamten, Geistlichen, Rechtsanwälten, Zivil- und Militärärzten und Professoren	40 %	30 %
3. Kaufleuten und Fabrikbesitzern	15 %	7 %

(zusammengefaßte und auf Prozente umgerechnete Wiedergabe der von Woertz mitgeteilten Zahlen). Diese Daten werden bestätigt durch ein *accidental sample* von 63 Personalnachweisen von Offizieren, die entweder vor 1933 Offizier geworden oder zu dieser Zeit als Offizieranwärter eingetreten sind (die Daten der Ernennung bzw. des Eintritts erstrecken sich über die Zeit von 1921–1932); Personalnachweise im *Personenstandsarchiv II des Landes Nordrhein-Westfalen*, Kornelimünster. Danach ergeben sich für die obigen Kategorien folgende Prozentzahlen: 1. = 34,93 %; 2. = 36,50 %; 3. = 9,52 %.

100 Errechnet nach Angaben über die Gesamtzahl der deutschen Adligen bei Wilhelm Karl Prinz zu Isenburg, „Zur Statistik des deutschen Adels", in: *Deutsches Adelsblatt* 55 (1937), S. 33 ff., und der Einwohnerzahl des deutschen Reichsgebiets; *Statistisches Jahrbuch für das Deutsche Reich*, Berlin 1936, S. 5.

101 Diese und die folgenden Zahlen sind an Hand der gedruckten Ranglisten 1920–1932 errechnet worden; vgl. (1) *Stellenbesetzung für das Reichsheer (100 000-Mann-Stärke)*, Berlin 1920 und 1921; (2) *Dienstaltersliste der Generale und Stabsoffiziere; Dienstaltersliste der Hauptleute und Rittmeister, Oberleutnante und Leutnante*, beide Berlin 1922; (3) *Rangliste des deutschen Reichsheeres*, Berlin 1923–1932. Die Erhöhung des Adelsprozentsatzes scheint statistisch unerheblich; sie ist es aber nicht, da sie auf einer starken Steigerung des Adelsprozentsatzes unter den neu eingestellten Offizieren beruhte: von 1923–1929 = durchschnittlich 17,4 %; 1930 = 30,4 %; 1931 = 25,7 %; 1932 = 35,9 %! Dem entsprach eine Verschiebung in den Rangklassen:

sich die adligen Offiziere innerhalb der Armee in einer Weise, die man nur als glatte Nachahmung der alten Armee bezeichnen kann: Bevorzugung der „guten Garnisonen" und der Traditionstruppenteile der ehemaligen Garderegimenter; Konzentration bei der Kavallerie und in den preußisch-norddeutschen Kontingenten; Abneigung gegen die technischen Truppenteile und entlegene Garnisonen (Ostpreußen!) — all das sind Züge, wie sie bereits aus dem Offizierkorps der Kaiserzeit hinreichend bekannt sind [102].

Nicht anders als im Offizierkorps lagen die Verhältnisse bei den Mannschaften. Hier wirkten subjektive wie objektive Faktoren — alteingewurzelte Vorstellungen über das beste „Soldatenmaterial" und das Angebot an Freiwilligen — zusammen, um einen unverhältnismäßig hohen Prozentsatz ländlichen Ersatzes in die Reihen der Reichswehr zu bringen [103]. Er wurde zudem durch ebenso unauffällige wie sorgfältige Ausleseverfahren von allen sozialistischen Bestandteilen gereinigt, und so kam es zu einer der seltsamsten Paradoxien der deutschen Geschichte: während das antisozialistische Kaiserreich auf Grund der allgemeinen Wehrpflicht auch die sozialdemokratische Arbeiterschaft in seine Armee aufgenommen hatte, bekam die deutsche Republik, die von eben dieser Arbeiterschaft vornehmlich getragen wurde, ein mehr oder weniger „sozialistenreines" Heer [104].

Auch im außerdienstlichen gesellschaftlichen Verkehr bewegte sich die Reichswehr in ähnlichen Bahnen. Daß sie bewußt nach einem engen Kontakt mit den verschiedenen Kriegervereinen und Veteranenorganisationen der alten Armee strebte, war verständlich [105], und daß große Teile des Offizierkorps vielfältige persönliche Beziehungen zu den führenden Schichten der Kaiserzeit

1920: Generale = 50,0 %; Stabsoffiziere = 31,5 %; Hauptleute und Rittmeister = 22,2 %; Oberleutnante und Leutnante = 17,6 % (Leutnante allein = 16,8 %),
1932: Generale = 50,0 %; Oberleutnante und Leutnante = 24,0 % (Leutnante allein = 27,9 %); Stabsoffiziere = 20,1 %; Hauptleute und Rittmeister = 17,4 %.
Demgegenüber ist der Nachweis Gordons (Anm. IX/48, S. 201), daß der Adelsanteil zurückgegangen sei, unerheblich, denn er beruht auf einem Vergleich der Ranglisten von 1907 bis 1925. Die Zunahme setzte aber erst ab 1925/26 ein.

102 Beispielsweise 1932: Durchschnitt = 23,8 %. *Waffengattungen:*

Stäbe etc.	19,3 %; aber Berliner 3. Division	= 42,9 %
Infanterie	17,3 %; aber I. R. 9. (Gardetradition)	= 46,7 %
	I. R. 2. (Ostpreußen)	= 9,9 %
Kavallerie	47,3 %; aber R. R. 4. (Gardetradition)	= 61,1 %
	R. R. 1. (Ostpreußen)	= 31,5 %

Artillerie 12,8 %; Pioniere 6,1 %; Nachrichtenabteilungen 10,3 %; Fahr-Abteilung 5,1 %; Militärärzte 0,37 %; Veterinäre 1,09 %.
Länderkontingente:
Preußisch-norddeutsche 25,3 %; mitteldeutsche (Thüringen, Anhalt) 11,8 %; Bayern 12,6 %; Sachsen 16,0 %; Württemberg 12,1 % usw.
– Für die analogen Verhältnisse der kaiserlichen Armee vor 1914 vgl. Demeter (Anm. IX/32), S. 35 ff.

103 Zur Bevorzugung von Freiwilligen aus ländlichen bzw. handwerklichen Schichten vgl. Severing, *Lebensweg* (Anm. I/16), II, S. 4, und Choltitz (Anm. IX/41), S. 24 f.; als offiziöses Urteil: Kurt Hesse, *Miliz*, Hamburg 1933, S. 22. Über den Andrang von Freiwilligen vgl. Benary (Anm. IX/94), S. 87 (Mangel technisch vorgebildeten Ersatzes bei den Pionierbataillonen); außerdem: Geßler (Anm. IX/7), S. 96; Rabenau (Anm. IX/20), S. 478 f.; Choltitz (Anm. IX/41), S. 27, sowie *Befragung* Nr. 3 (Anm. IX/88). Für statistische Angaben vgl. Stuhlmann (Anm. IX/95), S. 87 f.: 54 % der *Bewerber* städtischer, 46 % ländlicher Herkunft; 53 % der *bereits dienenden* Unteroffiziere und Mannschaften städtischer, 47 % ländlicher Herkunft. Gesamtverhältnis von Stadt- und Landbevölkerung im Deutschen Reich: 65,1 % zu 34,9 %; *Statistisches Jahrbuch für das Deutsche Reich*, Berlin 1933, S. 14.

104 Allgemein Seeckt, *Reichswehr* (Anm. IX/54), S. 94 f.; S. 97 f. Ausführlich *Befragung* Nr. 3 (Anm. IX/88). Gewährsmann war selbst Annahmeoffizier in einem bayerischen Infanterieregiment. Dort sicherte man sich gegen das Eindringen von Sozialdemokraten und Angehörigen von KPD bzw. NSDAP durch entsprechende Zusammenarbeit mit der – in Bayern rechtsgerichteten – Polizei und durch Nachfragen bei Pfarrer und Lehrer des Heimatortes, wobei im Falle divergierender Antworten der Pfarrer bezeichnenderweise den Ausschlag gab. Vgl. auch u. Anm. IX/105 und Craig, *Prussian Army* (Anm. IX/29), S. 299.

105 Vgl. Seeckt, *Reichswehr* (Anm. IX/54), S. 61 f., und Thomée (Anm. IX/55), S. 43 f.; detailliertere Angaben bei Benary (Anm. IX/94), S. 145 f. Diese Verbindungen wurden dann auch ausgenutzt, um sich einen ideologisch konformen Ersatz zu sichern; ein bezeichnendes Einzelbeispiel *ebda.*, S. 135.

bis hinauf zu den Dynastien und den Hohenzollern unterhielten, war in gewissem Sinne unvermeidlich [106], wenn beides auch nicht gerade zur Förderung der republikanischen Gesinnung beitrug. Daneben aber bestand auch eine deutliche Tendenz zur Distanzierung von allen denjenigen Kreisen, die als die Träger des republikanischen Staates angesehen werden mußten, und das war weniger zwangsläufig [107]. Denn es wurde mindestens angeregt durch die planmäßige Sabotage, mit der Seeckt allen Versuchen zu symbolischer oder tatsächlicher Verknüpfung von Reichswehr und Republik begegnete. Nicht nur daß er sich mit Erfolg gegen die Stiftung eines republikanischen Verdienstordens und gegen die Abnahme von Paraden sowie die Besichtigungen von Manövern durch den Reichspräsidenten Ebert wehrte, es gelang ihm sogar, die Farben Schwarz-Weiß-Rot für die Reichskriegsflagge durchzusetzen, so daß National- und Kriegsflagge der deutschen Republik nun zwei verschiedene Farbenzusammenstellungen aufwiesen — ein in der Geschichte der Staatssymbole wohl einzig dastehender Fall. In der gleichen Linie lag es, wenn Seeckt den alljährlich am 11. August stattfindenden Verfassungsfeiern demonstrativ fernblieb [108].

Schlimmer noch war, daß man auch im politischen Unterricht für die Soldaten ähnlich verfuhr. Eine klare Antwort auf die Frage nach dem Verhältnis zum bestehenden Staat und seiner Verfassung wurde umgangen; statt dessen verwies man auf die Vergänglichkeit der Staatsformen und stellte ihnen die „Idee des Staates“ als das einzig Bleibende gegenüber — eine Flucht ins Abstraktum, die um so gefährlicher war, als diese „Idee“ niemals definiert wurde [109]. Das unvermeidliche Ergebnis dieser Ausweichtaktik mußte sein, daß in der Reichswehr mindestens ein Gefühl der Unsicherheit und Unklarheit hinsichtlich der politischen Abhängigkeitsverhältnisse entstand und daß der langdienende Berufssoldat der Reichswehr, für den mangels einer zivilen Berufsvorbildung und angesichts der chronischen Krisenlage des Arbeitsmarktes ein vorzeitiges Ausscheiden aus der Wehrmacht gleichbedeutend mit Aufgabe der wirtschaftlichen Existenz war, sich blindlings seinen militärischen Vorgesetzten fügte, mochten sie ihn führen, wohin sie wollten [110].

Damit aber stellt sich das Problem der Erhaltung der preußischen Tradition von neuem. Denn war es nicht einer der Elementarsätze dieser Tradition, daß Soldaten keine Landsknechte, Condottieri und politischen Freibeuter, sondern Diener eines bestimmten Staates, ja, die Verkörperung des Staatsdieners *par*

106 Darüber vgl. jetzt Phelps, „Seeckt-Dokumente“ (Anm. IX/75), S. 882 ff., und Groener-Geyer, *General Groener* (Anm. IX/34), S. 400 f. Für das Grundsätzliche vgl. Seeckts Äußerung bei Rabenau (Anm. IX/20), S. 542. Allgemein zu diesem Thema: Herbert v. Böckmann, *Die Wandlung des deutschen Soldaten*, Berlin 1951, S. 37.

107 Vgl. das Beispiel bei Geyr v. Schweppenburg (Anm. IX/89), S. 39. Für die unterschiedliche Auslegung bzw. Anwendung der betreffenden rechtlichen Vorschriften vgl. Brauweiler (Anm. IX/70), S. 61 f. (*für* Rechts), und Thomée (Anm. IX/55), S. 67 (*gegen* Links).

108 Vgl. Rabenau (Anm. IX/20), S. 199; S. 261 f.; S. 275, und Görlitz (Anm. IX/29), S. 322. Zu den schwierigen Problemen, die das Nebeneinander zweier Fahnen heraufbeschwor, vgl. auch Anschütz, *Verfassung* (Anm. II/102), S. 46 ff.

109 So schon Seeckt, vgl. Rabenau (Anm. IX/20), S. 193; S. 199; S. 394 und *passim;* aber auch Groener und Schleicher haben diese Praxis weitergeführt, vgl. z. B. Groeners Äußerungen bei Phelps, „Groener-Dokumente“ (Anm. IX/42), S. 916 ff., und Brauweiler (Anm. IX/70), S. 67 f. So auch der „Leitfaden für Erziehung und Unterricht“ (1931 vom Reichswehrministerium hrsgg.), der sich bemühte, „dem Soldaten fremde Begriffe – Verfassung, Demokratie und Republik – durch ihm geläufigere Vorstellungen wie Reich, Volk, Vaterland und Staat“ zu ersetzen; vgl. Thomée (Anm. IX/55), S. 97 f.

110 Vgl. die Bemerkungen von Thomée (Anm. IX/55), S. 82, Teske (Anm. IX/85), S. 28, und Faber du Faur (Anm. IX/32), S. 183. Darüber hinaus zeigte sich dann das Bestreben, die unklare Haltung der Vorgesetzten von sich aus zu interpretieren: „Mancher davon [von Seeckts Untergebenen] wird gedacht haben, so etwas rechtsradikale Gesinnung ist geeignet, beim obersten Vorgesetzten gut Wetter zu machen trotz aller scharfen Befehle, die er tatsächlich erlassen hat, die aber niemand ernst genommen hat“ (Brief Groeners v. 26. 4. 1931); vgl. Phelps (Anm. IX/42), S. 1016.

excellence (Elitetheorie!) sein sollten? Und verstießen nicht die geschilderten Ergebnisse der Seecktschen Art, die Tradition zu erhalten, gerade gegen diesen Grundsatz? Gewiß waren die Soldaten der Reichswehr keine Landsknechte und Söldner im Sinne des 15./16. bzw. 18. Jahrhunderts; der Mensch des 20. Jahrhunderts ist differenzierter, seine Lage komplizierter. Soldaten ohne irgendeine Form von Staatsbewußtsein gibt es wohl kaum noch; aber wenn die Reichswehr dem Weimarer Staat mit einer so ausgesprochenen *reservatio mentalis* diente, wenn ihr Staatsbewußtsein geteilt war — vernunftmäßig an die Republik, gefühlsmäßig an die Monarchie gebunden —, so lag darin ein Keim, dessen Fortentwicklung zwangsläufig zu einer modernen Form von Landsknechts- und Söldnertum führen mußte. Man braucht nur Namen wie Keitel und Schleicher zu zitieren, um anzudeuten, was damit gemeint ist: der Typ des bürokratisch-technischen Spezialisten ohne politische Bindung und, als sein Korrelat, der des politischen Militärs mit Neigung zu Intrige und Konspiration: Colleoni und Wallenstein. Seeckt persönlich stand wohl darüber, aber sein System war darauf angelegt, solche Typen hervorzubringen, den einen mehr in der Truppe, den andern mehr im Bereich der Stäbe und vor allem des Reichswehrministeriums [111].

Daß man sich damit in Gegensatz zur preußischen Tradition setzte, ist offensichtlich. Aber wie kam es, daß ein System, das sich die Erhaltung dieser Tradition ausdrücklich zum Ziel setzte, zu einem so gegensätzlichen Ergebnis führte? Die Antwort kann nur lauten: weil Seeckt die grundlegende Aufgabe, die sich dem Offizierkorps nach dem Sturz der Monarchie stellte — nämlich Erhaltung der Essenz der preußischen Tradition durch Verzicht auf ihre Akzidentien —, in der falschen Richtung zu lösen versuchte. Denn wie die Analyse seiner Maßnahmen zeigt, glaubte er offenbar, die allgemein menschlichen, politischen und moralischen Grundsätze und das militärische Berufsethos — also die eigentliche Essenz der preußischen Tradition — nur in Verbindung mit einer bestimmten soziologischen Struktur der Armee aufrechterhalten zu können. Aber diese soziologische Struktur war überaltert; schon im Kaiserreich hatte man sie nur mit dem Mittel des absoluten politischen Gehorsams aufrechterhalten können, und im Weltkrieg führte die Diskrepanz zwischen ihr und der ihr entsprechenden politischen Verfassung einerseits und der veränderten tatsächlichen Gesellschaftsordnung anderseits zur Katastrophe. Sie war es daher, die als Ballast hätte abgeworfen werden müssen, wenn das Offizierkorps sich selbst und die Essenz seiner Tradition hätte erhalten wollen; als Alternative blieb bloß die Abdankung.

Wenn Seeckt einen dritten Weg zu gehen versuchte, so bedeutete das im Grunde ein Ausweichen vor der hier geforderten Entscheidung. Schon das war, genau genommen, ein Bruch mit den essentiellen Werten der preußischen Tradition, der ja auch in Seeckts Politik während und nach dem Kapp-Putsch deutlich zutage tritt: eine neutrale Haltung gegenüber dem Staat, wie sie Seeckt angesichts des Ausbruches des Putsches einnahm, gab es im traditionellen Begriffssystem des preußischen Offiziers nicht, und die auf eine regelrechte Offiziersjunta gestützte Usurpation des höchsten militärischen Amtes der Republik durch Seeckt muß selbst Rabenau als einen Vorgang bezeichnen, „wie ihn wirklich die Heeresgeschichte Preußen-Deutschlands kaum jemals gesehen hat“ [112]. Wie aber konnte man hoffen, die preußische Tradition zu

111 Ähnlich Herzfeld (Anm. IX/54), S. 9 f.
112 Rabenau (Anm. IX/20), S. 227. Vgl. o. S. 220.

erhalten, wenn man damit begann, sie zu verraten? In der Tat gewann man denn auch nicht die preußische Tradition, sondern landete beim Traditionalismus; die Reichswehr wurde, um mit den Worten des Generalfeldmarschalls v. Mackensen zu reden, „das Fleisch und Blut gewordene Denkmal unserer unvergleichlichen alten Armee. . ." [113] und produzierte zugleich Offiziere wie einen General v. Blomberg, der es wagen konnte, zu erklären, die Ehre des preußischen Offiziers sei es gewesen, korrekt zu sein, die des deutschen Offiziers müsse es werden, verschlagen zu sein [114]. Die Haltung Blombergs mag ein Extrem gewesen sein, aber sie deutet den Substanzverlust und die Degeneration der Werte an, die das Seecktsche System des Traditionalismus mehr und mehr zur Folge hatte [115]. Und was in der Zeit der Weimarer Republik noch wie eine schleichende Krankheit gewesen war, wurde unter dem nationalsozialistischen Regime zur offenen Katastrophe. Der ersten gegenüber, die doch trotz all ihren Mängeln noch immer ein Rechtsstaat gewesen war, bewahrte das gesamte Offizierkorps seine oppositionelle Haltung; dem andern aber, das nicht nur in sich verbrecherisch war, sondern das auch ihm, dem Offizierkorps selbst, moralisch das Rückgrat brach, folgte es in die totale Katastrophe. Darum ist die Berufung auf den Fahneneid, mit der sich die Militärs schon vor dem Nürnberger Gerichtshof verteidigten, fragwürdig. Mag der Nürnberger Prozeß juristisch problematisch sein, so hat er doch immerhin das eine gezeigt, daß die dort angeklagten Offiziere nicht zu den Bewahrern, sondern zu den Zerstörern der preußischen Tradition gehörten.

Aber das ist nur der eine Aspekt des Problems. Wenn Seeckt der grundlegenden Entscheidung, die dem Offizierkorps in der Revolution 1918 gestellt worden war, ausgewichen war, so hatte er damit nicht nur die preußische Tradition, sondern auch die Einheit des Offizierkorps erhalten wollen. Aber schon zur Zeit der Weimarer Republik begegnete das wachsenden Schwierigkeiten [116]; sie nahmen unter Hitler immer mehr zu, bis sie schließlich am 20. Juli 1944 zur Explosion führten. Da zeigte sich, daß es im Offizierkorps noch Männer gab, die die schwere Hypothek des Seecktschen Traditionalismus abzuschütteln und den überzeitlichen Kern der traditionellen Werte des preußischen Offizierkorps zu demonstrieren vermochten, indem sie sich für Recht und Menschenwürde selbst dann einsetzten, wenn sie ohne Aussicht auf Erfolg und mit verkehrter Front zu kämpfen gezwungen waren. Ihr Opfer kam freilich zu spät, um das Gericht der Alliierten zu verhindern; aber es bewirkte, daß das Nürnberger Urteil nicht das deutsche Soldatentum und nicht die preußische Tradition, sondern nur das Seecktsche System traf. Hält man sich diese Zusammenhänge vor Augen, so fällt es schwer, dem harten Urteil entgegenzutreten, das Noske nach 1945 über General v. Seeckt gefällt hat: Seeckt habe sich dauernd als den alleinigen Schöpfer der Reichswehr feiern lassen; in Wahrheit habe er sie nur verdorben [117].

113 Brief Mackensens an Seeckt v. 2. Mai 1925; vgl. Rabenau (Anm. IX/20), S. 415.

114 Hermann Rauschning, *Die Revolution des Nihilismus*, 4. Aufl., Zürich 1938, S. 213.

115 Zur Persönlichkeit Blombergs vgl. die Urteile bei Foertsch (Anm. IX/31), S. 30 f., und u. Teil II, S. 622 ff. Für die Umwertung der traditionellen Werte typisch ist die milde Behandlung, die Seeckt, der „Fanatiker der Disziplin", den Münchener Waffenschülern von 1923 angedeihen ließ. Vgl. Rabenau (Anm. IX/20), S. 378, und, aus der Perspektive der Betroffenen, Teske (Anm. IX/85), S. 29 f. Allgemein zur Degeneration der Werte Hans Ernest Fried, *The Guilt of the German Army*, New York 1943, S. 235 ff., wo nur der Zusammenhang mit dem Nationalsozialismus zu primitiv konstruiert ist.

116 Vgl. u. S. 240; S. 251 f.

117 Noske, *Erlebtes* (Anm. IX/22), S. 178.

5. Politische Taktik und Strategie der Reichswehr

Die autonome Machtstellung, die sich Seeckt und das Offizierkorps durch die geschilderten Maßnahmen im militärischen Bereich geschaffen hatten, mußte, um krisenfest zu sein, noch gegenüber dem zivilen Bereich abgeschirmt bzw. in diesem Bereich selbst begründet werden. Die Widersprüchlichkeit dieser zweifachen politisch-taktischen Zielsetzung war eine logische Folge der zwiespältigen Haltung der Reichswehr zum Weimarer Staat, die die Reichswehr einerseits zu der parteipolitisch unabhängigen, allein den Weisungen der Regierung folgenden Haltung des loyalen Staatsdieners verpflichtete, wie sie in jedem geordneten Staatswesen vom Exekutivapparat verlangt wird, sie anderseits aber auch veranlaßte, ständig mit einem Auge nach Möglichkeiten zur Lösung dieser Loyalitätsbindung Ausschau zu halten [118].
Es war der Inhalt des sogenannten „Überparteilichkeitsprinzips", das bekanntlich die Politik der Reichswehr bis zum Ende der Republik und in gewissem Sinne sogar noch in der nationalsozialistischen Zeit bestimmte. Es erschöpfte sich, wie man sieht, nicht in der neutralen Haltung gegenüber den gleichsam „legitimen" Interessenkämpfen, die auf dem Boden der Weimarer Verfassung ausgetragen wurden, sondern beinhaltete auch eine neutrale Haltung gegenüber dem noch immer andauernden Kampf um diese Verfassung selbst. Das aber war keine echte Überparteilichkeit mehr — eine solche war auch schlechthin unmöglich, denn über der verfassungsmäßigen Regierung und der verfassungsfeindlichen Opposition gab es ja gar keine höhere Instanz mehr —[119], sondern selbst die Haltung einer Partei, die nur einstweilen aus taktischen Rücksichten auf die Geltendmachung ihres Standpunktes verzichtet hatte [120].
Hier lag eine Quelle schwerwiegender Konflikte, unter denen der Fall, daß die Reichswehr auf Befehl der Regierung gegen eine revolutionäre Bewegung eingesetzt werden könnte, mit der sie innerlich harmonierte, nur ein Extrem war; als ein permanentes Problem ergab sich daneben die Notwendigkeit, etwaige Ansätze zur Festigung des demokratischen Regimes zu bekämpfen oder doch mindestens nur so weit zuzulassen, als sie die eigene Machtposition nicht gefährdeten. Die Weimarer Republik mußte, solange sie nicht durch etwas „Besseres" ersetzt werden konnte, genau in der Form erhalten werden, in der sie aus dem Kapp-Putsch hervorgegangen war, d. h. ohne weitere Schwächung, aber auch ohne Stärkung [121].

118 Bei Seeckt: Überparteilichkeits-Erlasse (vgl. o. S. 227) und Versuche zur „kalten" Liquidierung des Weimarer Staates; vgl. Rabenau (Anm. IX/20), S. 323–391; S. 398 f.; S. 401; S. 407 f.; S. 410 ff.; Phelps, „Seeckt-Dokumente" (Anm. IX/75), S. 889; S. 1013 ff.; jetzt auch George W. F. Hallgarten, *Hitler, Reichswehr und Industrie*, Frankfurt a. M. 1955, S. 20 ff., mit neuem Material über Seeckts Kooperation mit schwerindustriellen Kreisen im Jahre 1923. Ähnlich in der Epoche Schleichers; vgl. Thilo Vogelsang, „Neue Dokumente zur Geschichte der Reichswehr 1930–1933", in: *Vierteljahrshefte für Zeitgeschichte* 2 (1954), S. 397–436.

119 Auch der Reichspräsident stand nicht über *diesen* „Parteien", denn er war ja selbst an die Verfassung gebunden. Aber eben hier setzte die interessengebundene Verfassungsinterpretation der Reichswehr an, um den Reichspräsidenten seiner legalen Funktion zu entfremden und ihn zum Ersatz bzw. „Verweser" der Monarchie zu machen. Die Formel des Fahneneids (Wortlaut bei Anschütz, *Verfassung*, Anm. II/102, S. 656) leistete dem Vorschub; vgl. Thomée (Anm. IX/55), S. 97.

120 Nirgends wird so deutlich wie hier, daß die Reichswehr den bestehenden Staat im Grunde als illegitim betrachtete. So auch ist der von seiten der Offiziere so häufig gebrauchte Terminus „Parteienstaat" zu verstehen: er leugnet, daß es einen allgemeinverbindlichen Staatsbegriff gebe; vgl. Rabenau (Anm. IX/20), S. 469 f.: „Die Armee war ein Rest, freilich der und das beste [Elitetheorie!]. Sie war schon vor dem Kriege ein Rest gewesen, nämlich ein absolutistischer im konstitutionellen Staate. . . Jetzt war sie . . . ein monarchischer Rest in einem parlamentarischen Parteienstaat. . ." Ähnlich auch *ebda.*, S. 493 f. und S. 287, wo es heißt: „Der Soldat war für diese Regierung geliehen, nicht ihr Besitz."

121 Worauf es der Reichswehrführung ankam, war lediglich die Abwehr einer *gewaltsamen* Verfassungsänderung: die Reichswehr dürfe „nicht in die Lage gebracht werden, gegen Gesinnungsgenossen für eine ihr wesensfremde Regierung zu kämpfen"; sie könne aber auch „nicht dulden, daß von unverantwortlicher

Wollte man diese Politik in der Praxis durchhalten, so konnte das nur unter zwei Voraussetzungen gelingen: (1) der Schein der echten Loyalität mußte aufrechterhalten und jede eigene politische Aktivität sorgfältig getarnt werden, und (2) mußte versucht werden, zwischen den verschiedenen, um die Grundlagen des Staates ringenden Kräftegruppen ein *Balance-of-power*-System zu errichten, demgegenüber die Reichswehr je nach Bedarf als desinteressierter Neutraler, ausgleichende „dritte Kraft" oder *supremus arbiter* auftreten konnte. Gelang dies, so hatte das Offizierkorps damit zugleich die Garantie, daß eine etwa in Gang kommende Neuordnung des Staatswesens nicht ohne seine Beteiligung vollendet werden konnte [122].

Der Tarnung der politischen Aktivität diente hauptsächlich das schon genannte Mittel der Beschränkung des politischen Kontakts zwischen Wehrmacht und Staat auf die gouvernementale Ebene. Zu den oben beschriebenen grundlegenden Maßnahmen, wie Erzwingung des unbedingten politischen Gehorsams der Soldaten gegenüber der Reichswehrführung und Ausschluß des Parlaments von jedem verantwortlichen Einfluß auf das Reichswehrministerium, traten andere, die in einer reichhaltigen Skala auf die jeweilige Situation abgestimmt wurden: kaltblütige Dementis, Bagatellisierungsversuche, bewußte Irreführung der öffentlichen Meinung, geschicktes Ausnutzen von Einflußmöglichkeiten hinter den Kulissen [123] und, wo das alles nichts half, rücksichtsloser Einsatz der Justiz (Landesverratsprozesse!) [124]. Zur Argumentation berief man sich hauptsächlich auf die „Überparteilichkeit" (in allen innenpolitischen Fällen) oder das „nationale Interesse" (in rüstungstechnischen und außenpolitischen Fragen) — beides fast immer mit Erfolg, da dem ersten die starke Neigung der Weimarer Politiker zu formalistischem Denken [125], dem zweiten die selbst in den Reihen der SPD nicht ganz erloschenen nationalen Ressentiments entgegenkamen [126].

und unberufener Seite mit Gewalt eine Änderung herbeizuführen unternommen wird", schreibt Seeckt in einem Briefe an Kahr v. 5. November 1923; Phelps, „Seeckt-Dokumente" (Anm. IX/75), S. 1014. Ganz ähnlich die vielzitierte Äußerung Hammersteins gegenüber Hitler: „Wenn Sie legal zur Macht kommen, soll es mir recht sein. Im anderen Falle werde ich schießen" (Foertsch, Anm. IX/31, S. 21). So verstand also die Reichswehr ihre Pflicht zum Schutze des Staates rein formalistisch, während sie zugleich eine „kalte" Verfassungsänderung zu dulden oder gar zu fördern bereit war, sofern sie nur von ihren Gesinnungsgenossen ausging und die demokratischen Elemente der Weimarer Verfassung beseitigte. Dies muß namentlich gegenüber Wheeler-Bennett, *Nemesis* (Anm. IX/45), betont werden, der (S. 105 ff.; S. 115 ff.) Seeckt die Absicht der Stärkung der Republik zuspricht und ihn sogar in dieser Hinsicht in einem Atemzuge mit Stresemann nennt, während er ihn scharf von Schleicher, „the evil genius of the later Weimar Period", abhebt (S. 182; S. 200 f. und *passim*). Vgl. auch die Kritiken von Otto-Ernst Schüddekopf, „Wehrmacht und Politik in Deutschland", in: *Politische Literatur* 3 (1954), S. 232–241, und Hans Herzfeld, „Das deutsche Heer als geschichtliches Problem", in: *Zeitschrift für Politik* 1 (1954), S. 373–395. Mehr Aufmerksamkeit verdient die im Urteil abgewogenere Darstellung von Craig, *Prussian Army* (Anm. IX/29).

122 Die Reichswehr „glitt so ... in die Rolle einer Schutzmacht für eine zunehmend autoritäre Staatsführung"; Foertsch (Anm. IX/31), S. 17.

123 Ein klassisches Beispiel für die Irreführung der öffentlichen Meinung sind die wiederholten Erklärungen Geßlers, daß die „Schwarze Reichswehr" nicht mehr existiere, vgl. z. B. Gumbel, *Verräter verfallen der Feme* (Anm. VII/117), S. 236 f. Das traf nur wörtlich zu; denn die illegalen Rüstungsmaßnahmen waren seitdem in anderer Form fortgesetzt worden (vgl. u. S. 243 ff.). Ein beliebtes Mittel war auch das Hinauszögern und schließliche Versandenlassen parlamentarischer Untersuchungen; vgl. Rabenau (Anm. IX/20), S. 274 f. und S. 431 f. Charakteristisch für die Taktik hinhaltenden Widerstandes sind Vorgeschichte und Auswirkung des Abkommens Geßler–Severing von 1923, vgl. Severing, *Lebensweg* (Anm. I/16), II, S. 117 ff.; S. 129 ff.

124 Zu den Landesverratsprozessen vgl. u. a. die instruktiven Zahlenangaben bei Emil Julius Gumbel, „Landesverrats-Statistik", in: *Die Justiz* 3 (1927), S. 386 ff. Vgl. auch Severing (Anm. I/16), II, S. 190 f. über die ungleiche Behandlung von Rechts und Links durch die Gerichte.

125 Beispiele sind u. a. Geßler (Anm. IX/7), S. 98, und nicht zuletzt Ebert; vgl. o. Anm. IX/55. Auch Groener scheint das Postulat der Überparteilichkeit zumindest anfangs ernster genommen zu haben als seine Ratgeber im Reichswehrministerium; vgl. Phelps, „Groener-Dokumente" (Anm. IX/42), S. 916 f.

126 Severing z. B. bekennt selbst von sich, daß er erst nach und nach „von [seinem] vielleicht übertriebenen Autoritätsglauben an die Vorzüge und die Unfehlbarkeit der Offiziere ... kuriert" wurde; Severing (Anm. I/16), II, S. 111; ähnlich Braun (Anm. I/23), S. 204 f.

Ungleich schwieriger war die Aufgabe, der Reichswehr in dem Kampf der Weimarer Republik mit ihren innenpolitischen Gegnern eine unabhängige Position zu sichern und die feindlichen Lager in einer annähernden Gleichgewichtslage zu halten. Die besondere Schwierigkeit lag für die Reichswehrführung in ihrer unklaren politischen Zielsetzung, die einerseits ein temperiertes innenpolitisches Klima, eine echte Befriedung, erstrebte und daher allen radikalen Experimenten abhold war, sich aber anderseits die Verwirklichung dieses Ziels nur in der — ungeeigneten — Form des autoritären Obrigkeitsstaates vorzustellen vermochte. Die politischen Fronten in Deutschland waren an sich klar: auf der einen Seite die gemäßigten demokratischen Kräfte mit der SPD als Kern, auf der andern die radikale verfassungsfeindliche Opposition von links (KPD) und rechts (DNVP, völkische Gruppen und später NSDAP, Wehrverbände). Aber unter dem noch immer von der überholten Parlamentsgeographie „Links-Rechts" bestimmten Blickwinkel der Reichswehr verschwammen diese klaren Linien, die SPD rückte in die Nähe der KPD; die divergierende Entwicklung von Bolschewismus und Sozialismus wurde nicht genügend beachtet, während man zugleich die bolschewistische Gefahr ebenso wie die Ansätze von Radikalisierung in der SPD weitaus überbewertete. Demgegenüber sah man in den der eigenen Ideologie verwandten autoritären Tendenzen der Rechtsopposition mit ihrem „nationalen" Akzent die Gewähr dafür, daß sie gegen die Gefahr der Radikalisierung immun bleiben würden [127].

Unter diesen Umständen konnte die Herstellung eines *Balance-of-power*-Systems nur unvollkommen gelingen. Man versuchte zwar, sich gegen den Radikalismus von Links und von Rechts ebenso wie gegen die staatstragenden demokratischen Kräfte der Mitte abzuschirmen. Aber während man auf die „Flankendeckung" gegen Sozialismus und Demokratie sehr viel Sorgfalt verwendete [128], blieb in der Abwehrmauer gegen die bürgerlich-„nationalen" Kräfte ein Loch, durch das immer wieder zündende Funken auf die Reichswehr übersprangen und deren Führung häufig in die Lage des Zauberlehrlings versetzten, der die Geister, die er rief, nicht mehr los wird [129]. Man versuchte auch mit dem altbewährten Mittel aller Gleichgewichtspolitik, dem „wechselseitigen Belasten der Schultern" [130], zu arbeiten, gelangte aber nur zu einer Schwächung der demokratisch-gemäßigten Kräfte, während man eine wirkliche Kontrolle über die rechtsradikalen Bestrebungen nicht erreichte.

Am deutlichsten kamen diese Schwächen der Reichswehrpolitik auf ihrem ureigensten Gebiet, der Anwendung von Waffengewalt, zum Ausdruck. Man

127 Zur Überbetonung der kommunistischen Gefahr vgl. die Äußerungen Schleichers und Hammersteins bei Vogelsang (Anm. IX/118), S. 406 f.; S. 410; und die Beurteilung von Schleichers Einstellung zur KPD durch Generalmajor a. D. Hans Hennig v. Holtzendorff: Conze (Anm. IX/68), S. 269. Über das schwankende Verhältnis zum Rechtsradikalismus vgl. u. S. 245 f.; S. 248 ff.

128 Hierzu und zum folgenden vgl. auch die ausgezeichnete Interpretation der Reichswehrpolitik bei Rudolf Fischer, *Schleicher, Mythos und Wirklichkeit*, Berlin 1932. Aller Wahrscheinlichkeit nach von Schleicher inspiriert, legt sie den Gedanken nahe, daß Schleicher an der Konzipierung der Überparteilichkeitspolitik schon unter Seeckt maßgebend beteiligt war (beides bestätigt auch Foertsch, *Befragung*, Anm. IX/67), wenn man auch zweifeln darf, ob Seeckt den Schleicherschen Intentionen immer folgte. Das Bestreben zur Flankendeckung gegen den Sozialismus irritierte die Reichswehrführung in ihrem Verhalten gegenüber dem Nationalsozialismus nicht wenig; *ebda.*, S. 51, und Vogelsang (Anm. IX/118), S. 406.

129 Klassisches Beispiel dafür ist Seeckts Politik im Jahre 1923; dazu jetzt Hallgarten (Anm. IX/118), bes. S. 23 ff.

130 Beispiele bei Brauweiler (Anm. IX/70), S. 60 ff. Vgl. auch den Brief Schleichers an Groener v. 25. März 1932: „Nach den Ereignissen der letzten Tage [Angriffe der SPD auf die Reichswehrpolitik] bin ich doch ganz froh, daß es in Gestalt der Nazis, die auch keine guten Brüder und mit äußerster Vorsicht zu genießen sind, ein Gegengewicht gibt. Wenn sie nicht da wären, müßte man sie geradezu erfinden. . ."; Gordon A. Craig, „Briefe Schleichers an Groener", in: *Die Welt als Geschichte* 11 (1951), S. 130.

konnte dem bestehenden Staat den militärischen Schutz nicht ganz versagen, tendierte aber dahin, ihn nur in einer Weise zu leisten, die die Reichswehr in den Augen der gesinnungsverwandten Rechtsparteien nicht diskreditierte. Dementsprechend suchte man ihn auf die Abwehr außenpolitischer Gefahren, also die eigentliche Landesverteidigung, zu beschränken [131]; wo Einsatz im Innern notwendig wurde, war man gegen Unruhen von Links schnell bei der Hand und griff mit — oft nicht gerechtfertigter — drakonischer Strenge durch, während man Unruhen von Rechts sehr lax zu behandeln liebte und sich statt der Waffen lieber der Methode des „Abfangens" bediente [132]. In echt militärisch-gouvernementaler Verkennung der Dynamik, die sich in modernen Massenbewegungen zu entwickeln vermag, versuchte die Reichswehrführung in solchen Fällen, die Führer dieser Organisationen und Bewegungen auf ein von ihr vorgezeichnetes Programm festzulegen oder doch wenigstens an ein bestimmtes taktisches Vorgehen zu binden. Auf diese Weise hoffte man dann, mit den Führern auch die Gefolgschaft in die Hand bekommen und kanalisieren zu können. So auch scheint man sich in Kreisen der führenden Offiziere die Mitwirkung der Reichswehr bei einer eventuellen Neuordnung des Staates gedacht zu haben: zunächst Aufrechterhaltung der Neutralität nach außen und lenkende Eingriffe hinter den Kulissen, dann, im letzten Augenblick, öffentliche Option zugunsten der auf die Errichtung einer gemäßigten Diktatur festgelegten Rechtsbewegung.

Überblickt man die politische Grundeinstellung und Taktik der Reichswehr im ganzen, so kann man nicht umhin, zuzugeben, daß beides den politischen Zielen des Offizierkorps mit merklichem Geschick angepaßt war. Das Überparteilichkeitsprinzip bot die Möglichkeit, mit dem herrschenden Regime einen Burgfrieden zu schließen, der offene und direkte Angriffe gegen das Offizierkorps zumindest sehr erschwerte, der aber der Reichswehrführung zugleich freie Hand ließ, im Rahmen der gebotenen Möglichkeiten an der Schwächung der parlamentarischen Demokratie und der Förderung aller auf autoritäre Reform gerichteten Tendenzen zu arbeiten [133]. Aber freilich enthielt dieses System auch eine Reihe nicht zu unterschätzender Risiken. Da war das Problem, ob sich unter den führenden Offizieren immer Persönlichkeiten finden würden, die geeignet waren, das sehr komplizierte Spiel der Reichswehrpolitik fortzusetzen; da waren die psychologischen Belastungen, die für die Offiziere und Soldaten aus der allen traditionellen Begriffen widersprechenden politischen Haltung der Reichswehr erwuchsen; und da war schließlich und vor allem die Frage, ob es auf die Dauer gelingen würde, das politische

131 Diese Tendenz setzte ja schon sehr früh ein (vgl. o. S. 211) und blieb von da an ständiges Ziel der Reichswehrpolitik, wobei neben der Gefahr, allzu oft und offen gegen die „nationalen" Gesinnungsgenossen auftreten zu müssen, auch das Bestreben mitsprach, möglichst wenig Präzedenzfälle im Sinne des Artikels 160 des Friedensvertrages (vgl. o. S. 206 f.) zu schaffen; vgl. auch Rabenau (Am. IX/20), S. 211 f. („Der Soldat ist nicht dazu da, inneren Streit zu schlichten, das ist Sache der Polizei"); S. 258; S. 267; S. 269. Dagegen Nollet (Anm. IX/5), S. 215. Für die Periode Schleichers vgl. u. Teil II, S. 589 ff.

132 Ansatzweise schon im Kapp-Putsch zu verfolgen; vgl. Rabenau (Anm. IX/20), S. 234 ff.; Severing, *Lebensweg* (Anm. I/16), I, S. 262 ff.; Karl Brammer, *Verfassungsgrundlagen und Hochverrat, Beiträge zur Geschichte des neuen Deutschlands*, Berlin 1922. Noch schärfer 1923: Einsatz der Reichswehr gegen das linksradikale Sachsen und Thüringen; Zurückhaltung gegenüber dem rechtsradikalen Bayern.

133 Da die Überparteilichkeitspolitik der Reichswehr zu weiten Teilen Verschleierungstaktik war, gebar sie zugleich auch eine regelrechte Verschleierungs-Terminologie; ein Beispiel dafür ist neben dem Begriff der „Überparteilichkeit" selbst und dem des „Parteienstaats" (vgl. o. Anm. IX/120) u. a. auch der der „staatsfeindlichen Gesinnung" (z. B. Seeckt, *Reichswehr*, Anm. IX/54, S. 98). Den Staatsbegriff, auf den Seeckt sich dabei bezieht, erläutert er selbst an anderer Stelle (*Die Zukunft des Reiches*, Anm. IX/54, S. 99): Preußen sei „nach Werden und Charakter *der* Staat deutscher Art, das Bild des Staates an sich" (Auszeichnung i. Orig.).

Spiel auf die gouvernementale Ebene zu beschränken und vor den Augen einer wachsamen Öffentlichkeit zu tarnen.

Unter solchen Umständen mußte die Zeit, während der die Reichswehr dies Spiel durchzuhalten vermochte, von entscheidender Bedeutung werden. Nun scheint Seeckt ursprünglich erwartet zu haben, daß sich das Weimarer System nur eine kurze Zeit würde halten können, daß es namentlich den von ihm, Seeckt, für die nahe Zukunft erwarteten kriegerischen Verwicklungen nicht gewachsen und daß dann die Gelegenheit für eine Umwandlung des Staates im Sinne des Offizierkorps gekommen sein würde [134]. Eine solche Annahme würde das Wagnis, das Seeckt mit der Errichtung des Überparteilichkeitssystems unternahm, verständlicher machen. Es bleibt dann aber die Frage, warum er dies System aufrechterhielt, als es in den Jahren 1924/25 klar wurde, daß die Rechnung auf eine baldige neue revolutionäre Entwicklung weder hinsichtlich einer weiteren Schwächung des Weimarer Staates noch hinsichtlich neuer kriegerischer Verwicklungen aufging. Die wahrscheinlich richtige Antwort ist die, daß Seeckt zu einem so grundlegenden Wechsel seiner Politik weder subjektiv noch objektiv in der Lage war. Er selbst war zu alt, um sich zu ändern, und das von ihm geschaffene System des Traditionalismus und der Überparteilichkeit hatte sich in den Jahren seines Bestehens doch schon so sehr verfestigt, daß es zu seiner Beseitigung einer Reform an Haupt und Gliedern bedurft hätte [135]. Damit aber mußten sich die obengenannten Risiken über kurz oder lang zu einer Krise steigern.

6. Schleicher und das Rüstungsproblem

Wenn es richtig ist, daß die Mängel des Seecktschen Systems u. a. auch in seinem provisorischen Charakter begründet waren, so mußte darin für das Weimarer Regime theoretisch eine Chance liegen, die Versäumnisse der Revolutionszeit nachzuholen. Das Seecktsche System war, wie man sich erinnert, nicht ohne den Verzicht der republikanischen Machthaber auf eine eigene Militärpolitik möglich geworden, ja, in diesem aus der allgemeinen Schwäche des Staates und dem Mangel einer technisch brauchbaren militärpolitischen Konzeption resultierenden Verzicht lag die eigentliche Bedingung seiner Existenz [136]. Gelang es dem republikanischen Regime, diese Fehler und Mängel zu beseitigen, so mußte es auch möglich sein, das überparteilich-traditionalistische System der Reichswehrpolitik zu erschüttern.

Unter diesem Gesichtspunkt ist es bedeutsam, daß in dem gleichen Zeitraum, in dem die Republik ihre größte Konsolidierung erfuhr, die Reichswehr zugleich eine Schwächeperiode durchlief [137]. Von der Führungskrise, die die

134 Vgl. Rabenau (Anm. IX/20), S. 195; S. 213 f.; S. 251 ff.; S. 255; S. 261; S. 283; S. 288 ff.; S. 298 f.; S. 302 f.; S. 318 (Antwort auf Brockdorff-Rantzaus Memorandum zur Rußlandfrage, 9. September 1922), vor allem aber S. 324 ff. (Seeckts Haltung gegenüber der Ruhrbesetzung 1923).

135 Darauf scheint das Nachlassen der politischen Aktivität Seeckts ab 1924 hinzuweisen; vgl. Rabenau (Anm. IX/20), S. 409 f.; S. 413; S. 422 f. Die Verfestigung des Überparteilichkeitssystems deutet ebenfalls Rabenau an: *ebda.*, S. 491 ff.

136 Dies muß auch insofern betont werden, als die Überparteilichkeitspolitik der Reichswehr dadurch eine gewisse Zwangsläufigkeit erhielt, wie sie ja denn auch dem machtpolitisch und propagandistisch geschickt und nachdrücklich vorgetragenen Angriff des Nationalsozialismus nicht standhielt. Von hier aus muß auch die These Borchs, *Obrigkeit und Widerstand* (Anm. VII/30), daß dem bürokratischen Exekutivapparat in der modernen Demokratie eine Widerstandsfunktion gegenüber totalitären Umsturzversuchen zukomme, in Frage gestellt werden, es sei denn, es gelänge, das kontinentale Berufsbeamtentum und Berufsmilitär mit seiner obrigkeitsstaatlichen Tradition gründlich zu reformieren.

137 Allgemein Severing, *Lebensweg* (Anm. I/16), II, S. 109; im besonderen Rabenau (Anm. IX/20), S. 481 ff. Die erwähnte Machtminderung Seeckts scheint ein erstes Anzeichen dieser Krise gewesen zu sein.

Reichswehr nach dem Abgange Seeckts in den Jahren 1925—28 durchmachte, ist schon gesprochen worden. Sie fiel zusammen mit einer Art allgemeinen politischen „Defaitismus" des Offizierkorps. Die Hoffnungen des Monarchismus, die nach der Wahl Hindenburgs zum Reichspräsidenten noch einmal starken Auftrieb bekommen hatten, schienen nun, nachdem dieser sich auf eine streng verfassungsmäßige Amtsführung beschränkte, vergeblich zu sein [138], und die wirtschaftliche Stabilisierung beseitigte scheinbar auch die Aussicht auf eine Umbildung der Republik im autoritären Sinne. Die Verständigungspolitik Stresemanns, die seit Locarno und dem Eintritt Deutschlands in den Völkerbund merkliche Erfolge zu zeitigen begann, ergänzte dies Bild im Bereich der Außenpolitik. Die Frage, ob es angesichts dieser Tatsachen für die Reichswehr nicht geraten sei, sich auf eine einstweilen unbeschränkte Dauer des Versailler Status einzustellen und auch mit der Republik Frieden zu schließen, schien um so berechtigter, als sich die nachteiligen Folgen der selbständigen Politik der Reichswehr auch im technischen Bereich andeutungsweise zu zeigen begannen: die Aufrüstung — von der noch zu sprechen sein wird — geriet in eben dieser Zeit in eine Sackgasse, und im Reichswehrministerium mußte man eine wachsende Tendenz zur Bürokratisierung in Offizierkorps und Armee feststellen [139].

Damit war für die Republik noch einmal eine Chance zum Eingreifen gegeben. Aber obwohl diese erkannt worden zu sein scheint und obwohl von seiten der Exekutive wie der Legislative verschiedene Versuche, sie auszunutzen, feststellbar sind — hier ist u. a. an die bereits erwähnte Initiative Geßlers zu erinnern; auch die z. Z. Hermann Müllers im Reichskabinett geführten Verhandlungen über die Eindämmung der geheimen Aufrüstung [140] sowie die verschiedenen Vorstöße der SPD zur „Republikanisierung" der Reichswehr wären hier zu nennen [141] —, trotz alledem kam eine effektive Kontrolle nicht zustande. Der Grund dafür liegt darin, daß alle diese Aktionen mehr oder minder Einzelvorstöße blieben und daß auch jetzt keine brauchbare militärpolitische Alternativkonzeption zu der der Reichswehr entwickelt wurde. Nicht einmal innerhalb der einzelnen Parteien bestand Einigkeit über das erstrebenswerte Ziel — die SPD ist ein Musterbeispiel hierfür —, ganz zu schweigen von der Einigkeit unter den Parteien und zwischen Parlament und Regierung [142]. Zwar gab es in beiden Richtungen Ansätze — auch hier ist

138 Allgemein Brauweiler (Anm. IX/70), S. 22 ff. Details bei Phelps, „Seeckt-Dokumente" (Anm. IX/75), S. 1017; vgl. auch u. Teil II, S. 279 ff., und die Äußerungen Geßlers im Reichstag am 3. März 1926, *Reichstagsprotokolle* 389, S. 5907.

139 Sehr instruktiv dafür die von Rabenau (Anm. IX/20), S. 482 f., auszugsweise abgedruckte Denkschrift der Heeresorganisationsabteilung (Nr. 958/26 geh. v. 6. November 1926), die die Beschränkung auf den *status quo* empfiehlt. Möglich ist, daß damit nach dem kurz vorher erfolgten Rücktritt Seeckts (8. Oktober) die „Fronde gegen Seeckt" (dazu Phelps, „Seeckt-Dokumente", Anm. IX/75, S. 889 f.) zu Worte kam. Dann wird man zu ihr außer den dort genannten Schleicher, Stülpnagel (Joachim) und Bussche-Ippenburg auch den damaligen Chef der Heeresorganisationsabteilung, Oberstleutnant v. Bonin, rechnen müssen (über ihn auch Anm. IX/17 und IX/169). Haupt dieser Fronde scheint Schleicher gewesen zu sein; vgl. *ebda.* und Rabenau (Anm. IX/20), S. 413 und S. 551. Interessante Einblicke auch bei Erfurth (Anm. IX/81), S. 110 ff.

140 Vgl. u. S. 244 f.

141 Hierzu jetzt die im Manuskript vorliegende Dissertation von Gustav Adolf Caspar, *Die Sozialdemokratische Partei Deutschlands und das deutsche Wehrproblem in den Jahren der Weimarer Republik* (Berlin 1954), bes. S. 90 ff. und S. 152 f.; außerdem Rabenau (Anm. IX/20), S. 431 f.; S. 496 f., und Severing, *Lebensweg* (Anm. I/16), II, S. 103 ff. Unmittelbaren Einblick gewährt das Eggerstedt-Protokoll über eine Sitzung zwischen Mitgliedern der Reichsregierung und SPD-Führern am 1. Dezember 1926 (zur Verfügung gestellt von Robert W. M. Kempner) in: *Der Monat* 1 (März 1949), S. 103 ff. Weiteres Material bei Otto Ernst Schüddekopf, *Heer und Republik, Quellen zur Politik der Reichswehrführung 1918–1933*, Hannover-Frankfurt/M. 1955.

142 Für die Verhältnisse in der SPD ist es bezeichnend, daß es der Partei nicht einmal gelang, eine klare Stellung zur Wehrverfassung einzunehmen, obwohl die Vorschriften des Versailler Vertrages keine

wieder die SPD zu zitieren, die im Jahre 1929 Versuche zur Formulierung eines parteioffiziellen Wehrprogramms unternahm [143] —, aber schon das Datum 1929 deutet den Grund an, warum diese Ansätze steckenblieben: man ließ sich auf allen Seiten zuviel Zeit und operierte in Verkennung der Dringlichkeit des Problems zu umständlich. Als dann seit 1930 die entscheidende Krise einsetzte, war man noch nicht einmal so weit, daß sich heute ein Urteil über die Erfolgsaussichten der eingeleiteten Schritte abgeben ließe [144].

So blieb die in der Schwäche der Reichswehr liegende Chance ungenutzt, und es war jetzt nur die Frage, in welcher Richtung sich die Dinge weiterentwickeln würden. Denn wenn die tatsächliche historische Entwicklung — aus der Rückschau betrachtet — seit 1930 in gerader Linie auf die Machtergreifung des Nationalsozialismus zuzulaufen scheint, so war das doch vom Standpunkt der Zeit aus gesehen auch jetzt noch nicht unvermeidlich. Denn es bestand damals ja durchaus noch die Möglichkeit, daß die Ansätze zur Bürokratisierung des Berufsheeres und zur Resignation in politischer Hinsicht sich innerhalb des Offizierkorps trotz dem Versagen der zivilen politischen Führung fortentwickelten, wie man denn überhaupt die Impulse, die die Überparteilichkeitspolitik der Reichswehr aus der soziologischen Eigenart des modernen Spezialistentums erhielt, nicht unterschätzen darf [145]. Zwar war das Seecktsche System ein Provisorium, aber auch die stabilen politischen Verhältnisse gehen häufig aus Provisorien hervor. Wenn die hier angedeutete Möglichkeit sich nicht realisierte, so hatte das vor allem zwei Gründe: (1) daß die Tendenzen zur Beschränkung auf den rüstungstechnischen Status von Versailles, die innerhalb der Reichswehr bestanden, sich nicht durchsetzen konnten; selbst wenn das Offizierkorps auf die Dauer bereit gewesen wäre, auf seine innenpolitischen Ziele zu verzichten, die Forderung nach Beseitigung der Versailler Restriktionen gab es nicht auf [146]. Und (2) zog mit der Wirtschaftskrise von 1929 eine allgemeine Staatskrise herauf, die keine halben Lösungen mehr zuließ und eine klare Entscheidung forderte.

Diskussion darüber zuließen; vgl. auch Caspar (Anm. IX/141), S. 21 ff. Kritik an der mangelnden Einigkeit der Parteien und zwischen Parlament und Regierung bei Severing, *Lebensweg* (Anm. I/16), II, S. 105 f.

143 Dazu Caspar (Anm. IX/141), S. 221 ff. Dort auch eine Übersicht über die Gruppierungen innerhalb der SPD anhand der Debatten um das Wehrprogramm auf dem Magdeburger Parteitag 1929. Dabei zeigt sich, daß die Masse der SPD-Anhänger in der Wehrfrage tief gespalten war: die schließliche Annahme der „Richtlinien" (auf ein verbindliches Wehr*programm* hatte man sich nicht einigen können) erfolgte mit 242 gegen 147 Stimmen. Zieht man von der Mehrheit die Stimmen der Funktionäre (70) ab, die ihr Mandat nicht durch die lokale Parteiorganisation erhalten hatten, so reduziert sie sich auf nur 25 Stimmen. Dazu auch Julius Leber, *Ein Mann geht seinen Weg* (Anm. III/33), S. 139 ff., und u. Teil II, S. 264.

144 Bezeichnend hierfür ist, daß eine ernsthafte Auseinandersetzung über ein Wehrprogramm in der SPD erst 1929 erfolgte, d. h. drei Jahre nach der oben geschilderten SPD-Initiative von 1926. Damit gewinnt die Behauptung, daß die SPD bei dieser und anderen Gelegenheiten primär innenpolitische Ziele verfolgte, an Wahrscheinlichkeit; vgl. Vogelsang (Anm. IX/118), S. 398, Anm. 4.

145 Eine symptomatische Äußerung Kesselrings dazu: „Ich habe mich während meines langen Soldatenlebens nie innerlich so von fremden Einflüssen freihalten und bewegen können, wie . . . während der Aufbaujahre der Luftwaffe ab 1933" (als Göring in seiner Eigenschaft als Oberbefehlshaber der Luftwaffe die dienstliche Tätigkeit Kesselrings „gegen jeden Eingriff von politischer Seite" abgeschirmt habe). Vgl. Albert Kesselring, *Soldat bis zum letzten Tag*, Bonn 1953, S. 26. Vgl. auch die allgemeinen Bemerkungen Max Webers dazu, oben Anm. VII/61.

146 Neben außenpolitischen Gesichtspunkten – militärisches Fundament der „Bündnisfähigkeit" Deutschlands – wären hier auch wirtschaftlich-soziale Ziele – Verbesserung der materiellen Existenz und vor allem Erweiterung der Aufstiegschancen – als Motive zu erwähnen. Der Raummangel verbietet eine detaillierte Analyse dieses nicht unwichtigen Punktes; die Grundhaltung des Offizierkorps bezeichnet etwa eine Bemerkung Seeckts aus einer Manöverbesprechung im September 1926, in der er im Anschluß an skeptische Betrachtungen über die Möglichkeit einer Verständigung mit Frankreich feststellt: „Meine Aufgabe in der Zukunft wird jedenfalls sein, darüber zu wachen, daß den Lebensnotwendigkeiten des Heeres daraus kein Schaden erwächst"; vgl. Rabenau (Anm. IX/20), S. 549. Hinweise auch bei Woertz (Anm. IX/87), S. 614 f.; *Justiz* (Anm. IX/85), 6, S. 193, und „Die Aufgaben der Armee" (anonym) in: *Die Tat* 24 (März 1933), S. 1038.

Wie bereits erwähnt, hatte die Reichswehr schon unter Seeckt weitgehend selbständig mit Vorbereitungen zu einer Wiederaufrüstung begonnen. Nachdem der Versuch, mit Einverständnis und Unterstützung der Regierung auf diplomatischem Wege eine Revision des Versailler Vertrages noch vor der vollen Ausführung der militärischen Klauseln zu erreichen, auf der Konferenz von Spa (Juli 1920) gescheitert war [147], hatte Seeckt zwar zunächst die strikte Durchführung des Vertrages gegenüber dem Offizierkorps durchgesetzt, wobei es ihm vor allem um eine möglichst schnelle Beseitigung der vom Friedensvertrag vorgeschriebenen militärischen Kontrolle ging [148]. Zugleich aber hatte er einen Plan für die Wiederaufrüstung ausgearbeitet, der zwei Wege vorsah: einmal die Möglichkeit einer Revision des Versailler Vertrages auf politischem Wege und daran anschließend eine offene und legale Aufrüstung, und zum andern den Fall, daß Deutschland durch kriegerische Verwicklungen gezwungen sein könnte, den Vertrag einseitig zu brechen und eine kurzfristige Vermehrung seiner militärischen Machtmittel vorzunehmen [149].
In den Jahren vor 1923 versuchte Seeckt tatsächlich auf dem ersten Weg voranzukommen. Doch blieb ihm der Erfolg versagt, weil nach den politischen und technischen Maßstäben, die die Reichswehrführung ihren Berechnungen zugrunde zu legen pflegte, das erstrebte Ziel in relativ kurzer Frist hätte erreicht werden müssen, und das war auf Grund der außenpolitischen Lage nicht möglich [150]. Hinzu kam, daß Seeckt zahlreiche von unteren Instanzen der Reichswehr ausgehende Versuche zur Umgehung des Versailler Vertrages — darunter am gewichtigsten die Schaffung eines Grenzschutzes im Osten [151] — teil aus mangelnden Kontrollmöglichkeiten, teils aus überpessimistischer Beurteilung der außenpolitischen Lage tolerierte [152]. Da dies der Interalliierten Militär-Kontroll-Kommission natürlich nicht verborgen blieb und so das Mißtrauen der Entente in die deutsche Bereitwilligkeit zur Ausführung der militärischen Vertragsbestimmungen wachgehalten wurde, war selbst Seeckts Nahziel — die baldige Beseitigung der militärischen Kontrolle — nicht zu erreichen [153].
Der unter diesen Umständen schon 1922 gefaßte Entschluß, vom legalen Weg

147 Es handelte sich um den Versuch, den Status von 200 000 Mann, der bis dahin aufrechterhalten worden war, weiter zu bewahren; vgl. Rabenau (Anm. IX/20), S. 279 ff.; Nollet (Anm. IX/5), S. 137; S. 197 f.; S. 204; Eyck, *Geschichte der Weimarer Republik* (Anm. I/18), S. 224 ff., und Craig, *Prussian Army* (Anm. IX/29), S. 389 ff.; S. 397 ff.

148 Rabenau (Anm. IX/20), S. 293 f.; S. 445; S. 451; Nollet (Anm. IX/5), S. 141 f.

149 „Grundlegende Gedanken für den Wiederaufbau unserer Wehrmacht", Januar 1921; teilweise abgedr. bei Rabenau (Anm. IX/20), S. 474 f. Für den ersten Fall plante Seeckt eine allmähliche Vergrößerung der Armee auf 63 Divisionen durch laufende Verdoppelung der Stämme (7 – 14 – 21 usf. Divisionen). Im zweiten Fall Aufruf eines Volksaufgebots; Umwandlung der 7 vorhandenen Divisionen in Stämme usw.

150 Vgl. Rabenau (Anm. IX/20), S. 456 („Heere müssen organisch wachsen"; deshalb Bewahrung des „ideellen und berufstechnischen militärischen Gutes" der alten Armee als Grundlage für einen Neubau). So übernahm Seeckt z. B. zahlreiche Offiziere in die Reichswehr, für die dort auf Grund ihrer bisherigen Funktionen keine Verwendungsmöglichkeit bestand – eine Maßnahme, die offensichtlich kurzfristig berechnet war; vgl. *ebda.*, S. 527 ff. (Übernahme von 180 Fliegeroffizieren); Seeckt, *Reichswehr* (Anm. IX/54), S. 65 f. (allgemein) und S. 82 ff. (Notwendigkeit baldiger Verabschiedung zur Aufrechterhaltung eines Minimums an Aufstiegschancen in dem kleinen Heer); Nollet (Anm. IX/5), S. 199 f. Ein weiteres Problem war das der „weißen", d. h. nicht ausgebildeten Rekrutenjahrgänge; dazu *ebda.*, S. 143, und Mueller-Hillebrand (Anm. IX/60), S. 29 ff.; S. 141.

151 Eine zeitgenössische, aber offenbar wohlinformierte Übersicht bei Friedrich Felgen, „Die Schwarze Reichswehr und Oberleutnant Schulz", in: F. Felgen u. a., *Die Femelüge*, München 1928, S. 7 ff. Ähnlich Walther Luetgebrune, *Wahrheit und Recht für Feme, Schwarze Reichswehr und Oberleutnant Schulz*, München 1928, S. 15 ff. Ergänzend Rabenau (Anm. IX/20), S. 200; S. 266; Thomée (Anm. IX/55), S. 72 f., und Severing, *Lebensweg* (Anm. I/16), II, S. 117 ff. (mit ausführlichen Details).

152 Zu der sowohl von unteren Instanzen der Reichswehr wie von Freikorps-Nachfolgeorganisationen ausgehenden Initiative – ein noch sehr dunkles Kapitel – vgl. u. a. Thomée (Anm. IX/55), S. 68 f.; S. 72 f.; Rabenau (Anm. IX/20), S. 292; S. 294; S. 300 f.

153 Dazu Nollet (Anm. IX/5), S. 138 ff.

abzuweichen und unter strengster Geheimhaltung nicht nur gegenüber dem Ausland, sondern auch gegenüber der Reichsregierung mit illegalen Vorbereitungen zur Wiederaufrüstung zu beginnen, blieb zunächst im Ansatz stecken, weil die Entwicklung des Jahres 1923 nach Seeckts Beurteilung unvermeidlich zum Kriege zu führen und damit die Tür für den zweiten der beiden ursprünglich von ihm ins Auge gefaßten Wege — offener Bruch des Friedensvertrages — zu öffnen schien. Aber diese Rechnung ging bekanntlich nicht auf, und überdies stellte sich auch heraus, daß die eingeleiteten Mobilmachungsmaßnahmen technisch nicht befriedigend waren [154]. Daher kehrte man in den Jahren 1924/25 wieder zu dem Plan der langfristigen, illegalen Rüstungsvorbereitungen zurück, bemühte sich jetzt aber, die Zustimmung der Regierung dazu zu erlangen, da ohne sie die umfassenden Pläne, die das Truppenamt ausgearbeitet hatte, nicht durchführbar waren. Doch Stresemann, der hierin mit Recht eine Gefährdung seiner Außenpolitik erblickte, opponierte, und so blieb Seeckt, da er auf Rüstungsvorbereitungen nicht ganz verzichten wollte, nur die Möglichkeit, sie in rudimentärer Form fortzusetzen [155].

Dies und eine Reihe von öffentlichen Skandalen — Fememordprozesse, Scheidemanns Enthüllungen über die Rußlandpolitik, Phoebus-Skandal —, die in den Jahren 1926—28 die geheimen Machenschaften der Reichswehrführung und ihre innen- wie außenpolitische Problematik enthüllten [156], führten zu der erwähnten Krise der Rüstungsmaßnahmen. Aber inzwischen war Schleicher zum Leiter der Reichswehrpolitik aufgestiegen, und er war es nun, der die Krise überwand und die Reichswehr auf die Fortführung der Vorbereitungen für eine Wiederaufrüstung festlegte. Denn während bei Seeckt das Motiv der Ausweitung von Deutschlands militärischem Potential unlösbar mit dem der Erhaltung der Tradition verknüpft war — von hier aus führt auch ein Weg zum Verständnis der Seecktschen Theorie eines zahlenmäßig begrenzten „Eliteheeres" [157] —, lagen die Dinge bei Schleicher anders; seiner modernen, unbekümmerten Denkungsart erschien die vollständige Konservierung dessen, was Seeckt unter preußischer Tradition verstanden hatte, nicht so wichtig wie die Lösung des Rüstungsproblems, der zuliebe er auch bereit war, Mittel und Formen zu akzeptieren, die den traditionellen Vorstellungen des Offizierkorps widersprachen, wenn sie nur einen Erfolg garantierten [158]. Infolgedessen wurde das Rüstungsproblem nun, seit etwa 1927/28, zum eigentlichen Motor der Reichswehrpolitik.

154 Vgl. Thomée (Anm. IX/55), S. 73 ff., und das einschlägige Kapitel bei Rabenau (Anm. IX/20), S. 321 ff., sowie die o. Anm. IX/151 zitierte Literatur über die Schwarze Reichswehr. Ergänzend auch die Schriften von Gumbel, bes. *Verräter verfallen der Feme* (Anm. VII/117), die freilich trotz reicher Detailkenntnis keine Durchdringung der technischen Probleme bieten. Über das Scheitern der Mobilmachungspläne Seeckts vgl. Rabenau (Anm. IX/20), S. 327. Zum Gesamtproblem Hallgarten (Anm. IX/118), S. 20; S. 23 ff.

155 Dazu Rabenau (Anm. IX/20), S. 421 f.; S. 425; S. 480 f.; S. 496; vgl. Thomée (Anm. IX/55), S. 75 f.; Mueller-Hillebrand (Anm. IX/60), S. 16 f., und Hans W. Gatzke, *Stresemann and the Rearmament of Germany*, Baltimore 1954. Details bei H. Ebeling, *The Caste, The Political Role of the German General Staff between 1918 and 1938*, London 1948, S. 24 f. (E. soll nach Angaben eines Gewährsmannes 1925/26 in der „Landesschutz-Organisation" tätig gewesen sein).

156 Zu den Femeprozessen vgl. die o. Anm. IX/151 zitierte Literatur sowie Rabenau (Anm. IX/20), S. 325 ff.; S. 424 ff.; S. 458 ff.; ferner Severing, *Lebensweg* (Anm. I/16), II, S. 135, und Braun (Anm. I/23), S. 208 f. Über den Phoebus-Skandal vgl. Kapitän z. S. Schüssler, „Der Kampf der Marine gegen Versailles 1919–1935" (Denkschrift 1937), in: *Nürnberger Dokumente* XXXIV, S. 530–607, bes. S. 552 ff., und Geßler, *Reichswehrpolitik* (Anm. IX/70), S. 443 ff.

157 Vgl. Hans v. Seeckt, *Landesverteidigung*, Berlin 1930, und ders., „Moderne Heere" und „Grundsätze moderner Landesverteidigung", beides in: *Gedanken* (Anm. IX/54), S. 51 ff. und S. 62 ff.

158 Das betrifft neben den bereits erwähnten politischen Anschauungen vor allem seine Bereitschaft, notfalls auch die Milizverfassung zu akzeptieren; vgl. Rabenau (Anm. IX/20), S. 461 f. Näheres darüber u. Anm. IX/183.

Die Aufhebung der alliierten Militärkontrolle, die mit dem 30. Januar 1927 auch *de jure* vollzogen wurde, schuf eine erste Voraussetzung dafür[159]. Die geheimen Maßnahmen innerhalb Deutschlands konnten nun mit größerer Freiheit durchgeführt werden. Darüber hinaus aber mußten sie, wenn anders sie zu voller Wirksamkeit gelangen sollten, von den Fesseln der Illegalität befreit werden. Dazu war zunächst die unter Seeckt mißlungene Verständigung mit der Reichsregierung nachzuholen, welch letztere dann als zweiten Schritt die Revision der militärischen Klauseln des Versailler Vertrages auf diplomatischem Wege vorantreiben sollte[160].

Die Durchführung dieses Plans begegnete aber einigen Schwierigkeiten. Reichsregierung und Parlament waren auf Grund jener Skandalaffären aus ihrer Lethargie erwacht, und so stieß die von Groener und Schleicher ausgehende Initiative mit einer entgegengesetzten von ziviler Seite zusammen[161]. Es kam daher zunächst nur zu einem Kompromiß, in dem die Reichswehrführung zwar die Deckung der Regierung für ihre bisherigen Maßnahmen erlangte, dafür aber die Einschränkung geplanter Vorhaben zusagen[162] und eine detaillierte Kontrolle der Finanzgebarung durch Finanzministerium, Rechnungshof und Haushaltsausschuß des Reichstages in Kauf nehmen mußte[163]. Als dann die Debatte um den Panzerkreuzer „A" deutlich machte, daß man seitens der Reichswehrführung bei der gegenwärtigen Zusammensetzung der Regierung (Große Koalition) mit einem weiteren Entgegenkommen nicht rechnen konnte, begann Schleicher sich vom Kabinett Müller zu distanzieren und auf dessen Sturz hinzuarbeiten[164].

159 Nollet (Anm. IX/5), S. 156; Benoist-Méchin (Anm. IX/9), II, S. 349 f.; Rabenau (Anm. IX/20), S. 454.

160 In einem Brief an Groener v. 3. September 1928 spricht Schleicher von seiner Absicht, „im Herbst die Frage des Landesschutzes grundlegend aufzurollen und die Zustimmung des Kabinetts zu unserer Auffassung einzuholen"; vgl. Craig, „Schleicher-Briefe" (Anm. IX/130), S. 126; vgl. auch Braun (Anm. I/23), S. 267 f. (nicht näher datierter Vorstoß Groeners und Schleichers zur Verständigung mit der preußischen Regierung über den Grenzschutz).

161 So hat z. B. der damalige Reichsinnenminister Severing seinerseits Groener zur Aufdeckung der Karten gedrängt; Severing, *Lebensweg* (Anm. I/16), II, S. 137. Auch der Phoebus-Skandal übte seine Wirkung in dieser Richtung; vgl. Schüssler in: *Nürnberger Dokumente* (Anm. IX/156), S. 598 ff.

162 Über die Kabinettssitzung vom 18. Oktober 1928 (Bericht Groeners und der Chefs der Heeres- und Marineleitung über Etatverschleierungen und formelle Verstöße gegen den Versailler Vertrag) vgl. *Nürnberger Dokumente*, Bd. XIII, S. 684 f., und Bd. XIV, S. 285 f. Daran scheinen sich längere Verhandlungen angeschlossen zu haben, die im Jahre 1929 in einem Beschluß der Reichsregierung resultierten, wonach die Richtlinien des Abkommens Geßler–Severing v. 30. Juni 1923 auf alle deutschen Länder (mit Ausnahme der Westprovinzen) ausgedehnt wurden; vgl. Severing, *Lebensweg* (Anm. I/16), II, S. 137 f.; Braun (Anm. I/23), S. 267 f.

163 Die Regelung der Etatfrage liegt heute auf Grund der Nürnberger Dokumente einigermaßen klar: da im Unterschied zu anderen Ressorts die Einzelposten des Reichswehr-Etats in ihrer Mehrzahl „übertragbar" waren (vgl. Braun, Anm. I/23, S. 206), wurden verschiedene dieser – vom Versailler Vertrag genehmigten – Posten vom Reichswehrministerium in der dem Reichstag vorgelegten Etataufstellung überhöht. Nachdem der Etat votiert war, wurden dann die Mehrbeträge aus ihm „herausgeschnitten" und zu einem Sonderetat für geheime Rüstungszwecke vereinigt. Die reine Tatsache dieses Verfahrens scheint zumindest einigen Kabinetten – Cuno 1923 – (oder doch einigen Ressorts) auch schon *vor* 1928 bekannt gewesen zu sein, ohne daß doch von ihnen eine Kontrolle darüber ausgeübt wurde. Eben das änderte sich ab 1928, anscheinend durch Einschaltung der obengenannten Zivilbehörden schon *vor* der Etatdebatte im Reichstag. Daneben verwalteten bis 1928 verschiedene Dienststellen von Heer und Marine sogenannte „schwarze Fonds" (aus z. T. privaten Quellen stammend), doch waren sie so dezentralisiert, daß z. B. bei der Marine nicht einmal deren eigene Haushaltsabteilung einen genauen Überblick hatte. Nach 1928 wurden diese Fonds aufgelöst und in den Sonderetat überführt. Vgl. Schüssler (damals Referent in der Marinehaushaltsabteilung), *Nürnberger Dokumente* (Anm. IX/156), S. 598 ff. Flottenintendant Thiele, „Die Entwicklung des Marinehaushalts von 1930 bis 1939" (Vortrag vom 12. 7. 1944), *ebda.*, Bd. XXXV, S. 569–599. Außerdem Helm Speidel, „Reichswehr und Rote Armee", in: *Vierteljahrshefte für Zeitgeschichte* 1 (1953), S. 9–45, bes. S. 22 ff.; Erich Frhr. v. d. Bussche-Ippenburg, „Äußerung über die schwarzen Mittel der Reichswehr" (26. 11. 1951), Niederschrift im Institut für Zeitgeschichte, München, und Thomée (Anm. IX/55), S. 74 f.

164 Hier mag auch das negative Ergebnis der Bemühungen der SPD-Führung, zu einem positiven Wehrprogramm zu kommen, mitgespielt haben (vgl. o. S. 240 f.). Jedenfalls hatte Schleicher auf diese Bemühungen große Hoffnungen gesetzt; vgl. Craig, „Schleicher-Briefe" (Anm. IX/130), S. 126 f., und Groener-Geyer, *General Groener* (Anm. IX/34), S. 305.

Dabei spielte allerdings auch noch ein anderer Faktor mit. Die geheime Aufrüstung der Reichswehr hatte zwei Aufgaben zu lösen: (1) die personelle Vermehrung der Armee sowie die Bereitstellung ausgebildeter Reserven, und (2) die Entwicklung, Erprobung und Beschaffung der durch den Versailler Vertrag verbotenen Waffen sowie die Ausweitung der Produktionskapazität der deutschen Rüstungsindustrie. Während das letzte ein hauptsächlich technisches Problem war und nur durch die Verlegung der Erprobungsstätten nach Rußland in den politischen Bereich übergriff [165], war das erste wesentlich innenpolitischer Natur. Denn durch die Notwendigkeit zur Geheimhaltung sah sich die Reichswehrführung gezwungen, die Freiwilligen, die sie für Grenzschutz und Reservenausbildung brauchte, in Bevölkerungskreisen zu suchen, die sie in ihrem Sinne als verläßlich und vertrauenswürdig betrachten konnte. Das aber war nur bei dem rechtsgerichteten Bürgertum, beim Mittelstand sowie bei der Landbevölkerung der Fall, d. h. bei eben den Schichten, denen die Reichswehr ohnehin schon gesinnungsmäßig und sozial nahestand.
Wenn sich daraus eine weitere Versteifung der distanzierten Haltung der Reichswehr gegenüber dem Weimarer Staat — und damit eine Gefährdung des Überparteilichkeitsprinzips! — ergab [166], so war man sich doch in der Reichswehrführung schon zu Zeiten Seeckts der damit verbundenen wehrpolitischen Problematik klar. Denn dieselben Kreise, die der Reichswehr die Menschen für die geheime Ausbildung von Reserven lieferten, bildeten zugleich die personelle Grundlage für die „nationalen Verbände“, Freikorps-Nachfolgeorganisationen und Wehrverbände, d. h. für Organisationen, die der Reichswehrführung wegen ihrer politischen Eigenständigkeit und divergierenden militärischen Struktur ein ständiger Dorn im Auge waren, hatte sie doch Grund zu fürchten, daß sich aus ihnen eine mit der Reichswehr rivalisierende bewaffnete Macht bilden könnte. Um dieser Gefahr vorzubeugen, hatte schon Seeckt versucht, lediglich die Mitglieder der Wehrverbände als Einzelpersonen für die Grenz- und Landesschutzaufgaben zu gewinnen, die Verbände als solche aber von der Mitarbeit auszuschließen [167]. Diese Taktik, die in ihrer Doppeldeutigkeit der grundsätzlichen Einstellung der Reichswehr gegenüber der verfassungsfeindlichen Opposition von rechts genau entsprach, führte jedoch zu keinen befriedigenden Ergebnissen; häufig genug war die Reichswehr nicht frei in ihren Entschlüssen und mußte sich gegen ihren Willen der Wehrverbände bedienen — so am deutlichsten in Gestalt der im Jahre 1923 geschaffenen „Schwarzen Reichswehr“ —, mit dem Ergebnis, daß diese dann die Überparteilichkeit der Reichswehr schwer erschütterten und nur durch Anwendung von Waffengewalt in ihre Grenzen zurückgewiesen werden konnten [168].

165 Weder das Problem der Rüstungsindustrie noch das der Rußlandpolitik können hier behandelt werden. Im Gegensatz zum ersteren hat das letzte in Öffentlichkeit und Wissenschaft seit 1945 ein Interesse gefunden, das in keinem Verhältnis zu seiner wahren – politischen wie militärischen – Bedeutung steht und wohl mehr durch die außergewöhnlichen Begleitumstände angeregt ist. Neben der bei Bracher (Anm. I/39), S. 78 ff., zitierten Literatur vgl. jetzt auch u. a. Hans Rothfels in der Einleitung zu Speidel (Anm. IX/163), S. 9 ff.; Craig, *Prussian Army* (Anm. IX/29), S. 408 ff.; Herbert Helbig, *Die Träger der Rapallo-Politik*, Göttingen 1958; Hans W. Gatzke, „Russo-German Military Collaboration During the Weimar Republic“, in: *The American Historical Review* 63 (1958), S. 565–597.

166 Vgl. auch die Argumentation Brauweilers (Anm. IX/70), S. 61 f.

167 Schon in seinen „Grundlegenden Gedanken. . .“ vom Januar 1921 (o. Anm. IX/149) hatte Seeckt gefordert: „Sonderverbände außerhalb des Heeres zur Organisation des Volksaufgebotes [im Fall des Notstandes] sind abzulehnen. . .“ (Rabenau, Anm. IX/20, S. 475). Ganz ähnlich forderte Schleicher in der Kommandeur-Besprechung v. 25. Oktober 1930: „Jeder einzelne nationale Mann soll für L[andes]-schutz willkommen sein, ‚Verbände‘ sind als unbrauchbar abzulehnen“ (Vogelsang, Anm. IX/118, S. 404).

168 Vgl. Craig, *Prussian Army* (Anm. IX/29), S. 403 f., und u. S. 248 f.

Darüber hinaus empfand man in der Reichswehrführung die enge Bindung an die „nationalen" Bevölkerungskreise auch aus einem andern Grund als ungenügend. Die Erfahrung der Novemberrevolution hatte dem Offizierkorps mit schmerzhafter Deutlichkeit vor Augen geführt, daß eine wirkungsvolle Landesverteidigung unter den Verhältnissen des 20. Jahrhunderts nur möglich war, wenn sie von der Wehrbereitschaft des ganzen Volkes getragen wurde. Unter diesem Gesichtspunkt sah man die Distanzierung namentlich der Arbeiterschaft als ein wesentliches Handicap der geplanten Aufrüstung an und beschäftigte sich ausgiebig mit der Frage, wie hier Wandel geschaffen werden könnte [169]. Zu Zeiten Seeckts hatte man sich, getragen von der Hoffnung auf eine zivile politische Bewegung, die die Arbeiterschaft für die „nationalen" Ziele gewinnen würde, auch in dieser Frage auf eine abwartende Haltung beschränkt. Hier bahnte Schleicher nun einen grundlegenden Richtungswechsel an. Nachdem er sich — wie erwähnt — von Seeckts politischer Linie gelöst hatte, entwickelte er ein eigenes Programm, das innenpolitisch auf Annäherung an die SPD, außenpolitisch auf Anpassung an den Stresemannschen Kurs gerichtet war. Mit der Übernahme des Reichswehrministeriums durch Groener und dem Regierungsantritt des Kabinetts Müller schien sich zunächst die Möglichkeit zu eröffnen, dies Programm zu realisieren. Aber ähnlich wie in den grundsätzlichen Fragen der Rüstungspolitik erwiesen sich diese Hoffnungen auch in der Frage der „Wehrbereitschaft" als trügerisch. Im Gegenteil, der sich allmählich abzeichnende und für die Augen der Reichswehrführung besonders in Gestalt der SA bedeutungsvolle Aufstieg des Nationalsozialismus, der überdies mit einem allgemeinen Anschwellen der Rechtsbewegung zusammenfiel, legte nun die Frage nahe, ob damit nicht die Hoffnungen, die das Offizierkorps zur Zeit Seeckts in das Entstehen einer nationalen Massenbewegung gesetzt hatte, nun unerwartet doch in die Nähe der Erfüllung gerückt waren. Sollte es mit Hilfe des Nationalsozialismus vielleicht möglich sein, den Gedanken der Wehrbereitschaft auch in die Reihen der Arbeiterschaft zu tragen?

7. *Die Reichswehr in der Staatskrise*

Schleicher hatte an dem Sturz des Kabinetts Müller und der Inthronisation der Regierung Brüning in der Absicht mitgewirkt, seiner Rüstungspolitik eine nachhaltigere Förderung von seiten der Regierung zu verschaffen, und man muß folgern, daß Brüning ihm in den seiner Kabinettsbildung voraufgehenden Verhandlungen entsprechende Zusagen — Förderung der Wehrbereitschaft, innen- und außenpolitische Deckung der laufenden Rüstungsmaßnahmen, energische diplomatische Vorstöße in Richtung auf Herstellung der militärpolitischen Gleichberechtigung Deutschlands — gemacht hat. In der Tat kamen die Dinge während seiner Regierungszeit nach allen Richtungen hin in Fluß, so daß die Reichswehrführung bereits im Frühjahr 1932 den Zeitpunkt für gekommen hielt, um das Stadium der Vorbereitungen zu

169 Vgl. Caspar (Anm. IX/141), S. 148. Bezeichnend ist auch das Beispiel des obenerwähnten Oberstleutnants v. Bonin, der sich als Chef des Stabes der 1. Division in Ostpreußen (1929–1930) bemühte, nicht nur die Rechtsverbände, sondern auch das Reichsbanner zum Grenzschutz heranzuziehen. Er arbeitete dabei übrigens in der letzten Zeit unter Blomberg, fand Widerstand und wurde abberufen; doch soll nicht Blomberg, sondern der Protest der ostpreußischen Agrarier dies durchgesetzt haben; vgl. Foertsch, *Befragung* (Anm. IX/67), und Hermann Schützinger, „Die ‚Machtergreifung'", in: *Deutsche Rundschau* 70 (1947), S. 97 f. Für Groener jetzt auch Groener-Geyer, *General Groener* (Anm. IX/34), S. 254; S. 313.

verlassen und mit der effektiven Durchführung der Aufrüstung zu beginnen.

Aber damit war für Schleicher das Problem noch nicht gelöst. Die Aufrüstung mit ihren Folgen — Vermehrung der Armee, allgemeine Wehrpflicht usw. — mußte das komplizierte *Balance-of-power*-System, das Seeckt zwischen der Reichswehr und dem Weimarer Staat errichtet hatte, grundlegend erschüttern. Daher konnte das Projekt der Aufrüstung nur gelingen, wenn es von einer entsprechenden Umgestaltung der Staatsordnung begleitet wurde, in deren Rahmen dann auch das Verhältnis zwischen Heer und Staat eine neue Grundlage erhalten mußte. Auch dieses Problem hatte schon Seeckt beschäftigt, wobei übrigens Schleicher bereits in entscheidender Weise mitgewirkt zu haben scheint [170]. Man ging dabei von der Annahme aus, daß das parlamentarische System eine effektive Kräftekonzentration des Staates weder im Frieden noch im Kriege gewährleiste, und lehnte es daher grundsätzlich ab. Man verkannte dabei das Wesen dieses Systems mit seiner Trennung von Willensbildung (Beschlußfassung) und politischer Aktion und meinte, daß es eine einheitliche und deutliche Willensbildung überhaupt nicht zulasse. Dieser Irrtum beruhte weitgehend auf der althergebrachten, aus der monarchischen Vorstellungswelt abgeleiteten Identifikation von „starkem Staat" und straffem Befehlssystem [171]; er wurde aber auch beträchtlich durch die konkreten Erfahrungen mit dem Weimarer Staat gestützt, dessen Schwächen gerade auf dem Gebiet der Willensbildung lagen und der daher immer wieder gezwungen war, sich zur Durchsetzung auch seiner innenpolitischen Ziele des militärischen Instruments zu bedienen [172]. Infolgedessen kehrte man sich in der Reichswehrführung vom demokratisch-parlamentarischen System ganz ab und arbeitete seit der Krise des Jahres 1923, in der diese Mängel zum erstenmal in ihrem vollen Umfang in Erscheinung traten, auf eine Beseitigung der Demokratie selbst hin, erstrebte allerdings auf Grund der tiefgehenden Abneigung gegen radikale Lösungen nur eine evolutionäre Umwandlung des Staates in Richtung auf eine plebiszitäre Demokratie mit „starker Spitze". Den Ansatzpunkt dazu glaubte man im Reichspräsidenten gefunden zu haben, den die plebiszitäre Fundierung seiner Stellung zu einem Gegengewicht gegen das Parlament machte und dem im Artikel 48 der Verfassung — in Verbindung mit dem Oberbefehl über die Reichswehr — zugleich ein Mittel zur Ausübung diktatorischer Vollmachten an die Hand gegeben war [173].

Das Konzept der „Präsidialregierung", das sich auf diese Weise auch in der Reichswehrführung herausbildete, war freilich in den Jahren der Stabilisierung etwas zurückgetreten; selbst die Wahl Hindenburgs zum Reichspräsi-

170 Vgl. o. S. 226.

171 Die Wurzeln dieses Irrtums gehen auf den älteren Moltke zurück, der – wie jetzt Stadelmann (Anm. IX/51) in überzeugender Weise nachgewiesen hat – seine politischen Vorstellungen am Denkmodell des aufgeklärten, aber autoritären Obrigkeitsstaates josephinischer und preußisch-vormärzlicher Prägung orientierte und im Generalstab auch hierin schulebildend gewirkt hat. Das Groener-Schleichersche Konzept der Präsidialregierung bedeutet im Grunde nichts anderes als den Versuch, die Moltkesche Idee ohne ihre monarchischen Vorzeichen zu verwirklichen. Dazu grundsätzlich auch die Ausführungen von Marcks (Anm. IX/94), S. 320 ff.

172 In der Tat ist während der vierzehn Jahre der Weimarer Republik nur fünfeinhalb Jahre ohne – zivilen oder militärischen – Ausnahmezustand regiert worden; in der übrigen Zeit war die Reichswehr entweder aktuell oder potentiell tatsächlich so etwas wie „die einzige Klammer der Reichseinheit"; vgl. Ernst Rudolf Huber, *Quellen zum Staatsrecht der Neuzeit*, Bd. II: „Deutsche Verfassungsdokumente der Gegenwart (1919–1951)", Tübingen 1951, S. 6 und S. 126 ff.

173 Dazu die in der Heeresleitung (wahrscheinlich von Schleicher) ausgearbeitete „Denkschrift über den militärischen Ausnahmezustand" v. 12. August 1924 (dem Reichspräsidenten und dem Reichskabinett am 11. September 1924 vorgelegt); auszugsweise abgedr. bei Brauweiler (Anm. IX/70), S. 43 ff., und Fischer (Anm. IX/128), S. 39 ff. Vgl. auch Schüddekopf, *Heer und Republik* (Anm. IX/141), S. 201 ff.

denten schien seine Verwirklichung zunächst nicht gefördert zu haben. Immerhin war damit eine sehr wesentliche Voraussetzung wenigstens latent gegeben: der Reichspräsidentenposten war in der Hand eines Mannes, der das absolute Vertrauen der Reichswehr genoß und von dem sie erwarten durfte, daß er ihre politischen Wünsche erfüllen würde, wenn er dazu in die Lage versetzt wurde. Aber erst als Schleicher sich zur Aktivierung seiner Rüstungspolitik entschloß und dabei auf den Widerstand der SPD und der parlamentarischen Regierung stieß, ergab sich für die Reichswehr die Notwendigkeit, die Verwirklichung des Konzepts der Präsidialregierung ernsthaft ins Auge zu fassen. Sie wurde darin um so mehr ermutigt, als das Anwachsen der Rechtsbewegung etwa gleichzeitig bemerkbar wurde, so daß Aussicht zu bestehen schien, daß man einem Präsidialkabinett auch eine entsprechende Fundierung in den Parteien und damit die sehr erwünschte *De-facto*-Legitimität geben konnte [174]. Damit trat die große Frage an Schleicher heran, ob jetzt nicht der Zeitpunkt gekommen sei, um die von Seeckt geschaffene überparteiliche Position der Reichswehr aufzugeben und nicht nur gelegentlich und zufällig, wie bisher, sondern bewußt und planmäßig in das politische Spiel einzugreifen, damit die im zivilen Bereich entstandene Bewegung in ihrer Richtung gehalten und Rückschläge vermieden werden konnten.

Schleicher ahnte nicht, was er tat, als er den Entschluß faßte, diese Frage positiv zu beantworten [175]. Zweifellos hatte er nicht die Absicht, die Reichswehr offen in der Innenpolitik einzusetzen; vielmehr operierte er entsprechend den bisherigen taktischen Grundsätzen unter vorläufiger Aufrechterhaltung des Überparteilichkeitsprinzips nach außen hinter den Kulissen. Auch erstrebte er, wie gesagt, keine totalitäre Diktatur, und selbst eine Militärdiktatur scheint er, wenn überhaupt, so nur als einen eventuellen Übergangszustand ins Auge gefaßt zu haben. Aber sowohl diese Zielsetzung wie die dazu verwandte Taktik erwiesen sich sehr bald als unrealistisch. Denn als Folge der Wirtschaftskrise setzte nun jene Radikalisierung des politischen Lebens in Deutschland ein, die im Aufstieg des Nationalsozialismus ihren deutlichsten Ausdruck fand. Sie fuhr mit voller Wucht in das komplizierte Spiel der Reichswehrpolitik hinein, zerriß die feinen Fäden, die Schleicher gesponnen hatte, und zwang ihn zu Entscheidungen, denen er und das Instrument, dessen er sich bediente, nicht gewachsen waren.

Das Phänomen des Rechtsradikalismus war, wie erwähnt, den führenden Offizieren der Reichswehr nichts Unbekanntes mehr. Namentlich in den Jahren 1920—23 waren sie durch die illegalen Rüstungen mehrfach mit ihm in Berührung gekommen [176]. Auch zu der NSDAP hatten in dieser Zeit Beziehungen bestanden, wenn diese sich auch, was vielfach übersehen wird, seitens der Reichswehr auf das Wehrkreiskommando VII in München beschränkten und in der weitgehenden Form, in der sie tatsächlich bestanden, von der Heeresleitung in Berlin nicht gebilligt wurden [177]. Und selbst die leitenden Offiziere

174 Vgl. Gordon A. Craig, „Reichswehr and National Socialism, The Policy of Wilhelm Groener", in: *Political Science Quarterly* 63 (1948), S. 194—229.

175 Im folgenden wird nur ein kurzer Abriß der ferneren Entwicklung gegeben, um die anschließende ausführliche Darstellung im Teil II von der Seite der Reichswehr her zu profilieren.

176 Eine quellenmäßig fundierte zuverlässige Darstellung des Münchener Putsches — wie überhaupt der ganzen zwielichtigen Untergrundbewegungen der Jahre 1920—1923 — liegt leider noch nicht vor. Auch die Darstellung der Verhältnisse in Bayern bei Wheeler-Bennett, *Nemesis* (Anm. IX/45), S. 157 ff., kann diesen Anspruch wegen des unzureichenden Quellennachweises nicht erheben — ein Mangel, an dem das Werk auch sonst stellenweise leidet.

177 Namentlich die vielzitierte Äußerung Seeckts über sein Zusammentreffen mit Hitler am 11. März 1923 (Rabenau, Anm. IX/20, S. 347 f.): „Im Ziele waren wir uns einig, nur der Weg war verschieden", darf

in München wurden durch die Vorgänge vom 8./9. November 1923 belehrt, einen wie gefährlichen Gegenspieler sie sich ausgewählt hatten. Sie waren durch das Bild einer „nationalen" Bewegung fasziniert worden, die, wie sie meinten, die gleichen Ziele verfolgte wie sie selbst und die vor allem eine Massenbewegung war, was bei ihnen den folgenschweren Irrtum auslöste, daß sie „die Arbeiter" hinter sich hätte oder wenigstens Aussicht bot, dies zu erreichen. Eine solche Bewegung aber suchten sie ja gerade [178]. Auf der andern Seite verhehlte man sich schon 1923 nicht, daß die staatsmännischen Qualitäten Adolf Hitlers in einem auffallenden Gegensatz zu seinen Fähigkeiten als Agitator standen und daß auch in dem radikalen Klima seiner Bewegung Gefahren lagen. In diesem Dilemma griff man, da man sich die scheinbar so lockenden Chancen nicht entgehen lassen wollte, zu dem Aushilfsmittel des „Abfangens", d. h. man wollte Adolf Hitler als „Trommler" benutzen, um ihn dann im entscheidenden Augenblick abzuservieren und seine Bewegung in geordnete Bahnen zu lenken [179]. Das Ergebnis war, daß der so sträflich unterschätzte Agitator alle diese klugen Berechnungen über den Haufen warf und schließlich nur noch durch Einsatz von Waffengewalt aufgehalten werden konnte.

Damit war die Gebrechlichkeit der „Abfange"-Methode eigentlich eindeutig dargetan. Aber obwohl dies Exempel noch durch andere Debakel ähnlicher Art erhärtet worden ist [180] — der Leipziger Hochverratsprozeß gegen die drei Ulmer Artillerieoffiziere malte noch in elfter Stunde ein deutliches Menetekel an die Wand! —, zog die Reichswehrführung aus allen diesen Erfahrungen keine Lehren. Vielmehr geriet Schleicher nun in das gleiche Dilemma wie die Münchener Offiziere im Jahre 1923; er sah wohl die Gefahren, aber der Wunsch nach einer nationalen Massenbewegung trübte seinen Blick und ließ ihn die Anzeichen von Mäßigung, die die nationalsozialistische Bewegung teils zufällig, teils in bewußter Täuschungsabsicht zur Schau stellte, überschätzen [181]. Hinzu kam, daß er sich in der Ära Seeckt eine Methode des Finassierens und Intrigierens angewöhnt hatte, deren damalige Erfolge ihn zu dem Irrtum verführten, politische Praxis erschöpfe sich in einem derartigen Spiel und ein Staat von 60 Millionen lasse sich auf die Dauer mit solchen Mitteln lenken [182].

nicht überbewertet werden, da Rabenau aus einleuchtenden Gründen seinerseits ein Interesse daran hatte, es zu tun. Daneben steht allerdings die – sicher nicht unberechtigte – These Rabenaus von der „Idealkonkurrenz", die 1923 zwischen Berlin und München bestanden habe (*ebda.*, S. 345).

178 Vgl. dazu die vertrauliche Denkschrift *Der Putsch am 8. November 1923, Vorgeschichte und Verlauf*, die im Wehrkreiskommando VII, München, im Anschluß an den Putsch hergestellt und offenbar in apologetischer Absicht an die Vorsitzenden der bayerischen Offiziersvereine versandt wurde. Daraus geht hervor, daß es „insbesondere die in der [Hitler-] Bewegung steckende werbende Kraft für die nationale Einstellung der Arbeiterschaft" war, die die leitenden Offiziere in München davor zurückhielt, rechtzeitig gegen Hitler einzuschreiten (*ebda.*, S. 3, rechte Spalte).

179 Vgl. die Urteile über Hitler und seine Bewegung sowie die politische Zielsetzung des Wehrkreisbefehlshabers, General v. Lossow: „. . . Die Unterstützung einer Rechtsregierung auch im Reiche durch Ludendorff [sei] erwünscht, ebenso sollten die Fähigkeiten Hitlers auf dem Gebiet der nationalen Propaganda ausgenützt werden" (*ebda.*).

180 Hier ist u. a. an den Buchrucker-Putsch v. 1. Oktober 1923 zu erinnern. Dazu Ernst Buchrucker, *Im Schatten Seeckts, Die Geschichte der Schwarzen Reichswehr*, Berlin 1928.

181 Dazu neben den älteren Publikationen von Craig, „Reichswehr" (Anm. IX/42), und Phelps, „Groener-Dokumente" (Anm. IX/42), bes. 76, S. 1016 ff., und 77, S. 19 ff., jetzt auch das reiche und sehr instruktive Material bei Vogelsang (Anm. IX/118), z. B. S. 410 (Bemerkung Hammersteins v. 24. April 1931 über Hitlers Legalitätsbeteuerungen: „Er will dies wirklich, nicht nur scheinbar!") und *passim*.

182 Dazu sehr ausführlich Fischer (Anm. IX/128), S. 14 ff., der auch die Reichweite und Solidität der politischen Fähigkeiten Schleichers kritisch beleuchtet („das war der Fehler der politischen Schule, die General Schleicher durchlief, daß sie ihm keinen Gegner von dem Ausmaß Clémenceaus bescherte. . .", S. 23). Das eigentliche Problem – Hilflosigkeit der Schleicherschen Methoden angesichts von Massenbewegungen – ist damit freilich nicht gesehen. Hinweise dafür bei Braun (Anm. I/23), S. 432 (Kritik an der Schleicher-

So glaubte sich Schleicher auch weiterhin berechtigt, die Rücksicht auf die inzwischen energisch vorangetriebene Aufrüstung voranstellen und auch das Phänomen des Nationalsozialismus vornehmlich unter diesem Gesichtspunkt beurteilen zu können. Bis weit ins Jahr 1932 verharrte er in dieser Einstellung — seine Haltung gegenüber dem SA-Verbot z. B. erfährt eine bemerkenswerte Beleuchtung durch die jetzt aus französischen Quellen bekannt gewordene Tatsache, daß der von der Organisationsabteilung im Truppenamt ausgearbeitete Plan zur Verdreifachung der Armee am 2. März 1932 vorlag und vom Chef der Heeresleitung im Laufe des März oder April genehmigt wurde [183] —, und wenn Schleicher überhaupt zu der Einsicht gekommen sein sollte, daß es sich bei den innenpolitischen Spannungen der Jahre 1931 und 1932 um eine Krise handelte, die nicht nur die Grundlagen der Demokratie, sondern die des Rechtsstaates schlechthin in Frage stellte und daher eine Zurückstellung auch der rüstungspolitischen Rücksichten forderte, so kam diese Einsicht jedenfalls zu spät. In Gestalt des Nationalsozialismus standen der Reichswehr jetzt Kräfte gegenüber, die sich nicht vom Sessel irgendeines Ministeriums, auch nicht von einer militärischen Kommandobehörde aus lenken ließen, sondern die, einmal in Bewegung gesetzt, ihren eigenen Gesetzen folgten und nur zu bremsen waren, wenn man ihnen mit dem entschiedenen Willen zum Einsatz der staatlichen Machtmittel entgegentrat. Da Schleicher diese Entschlossenheit, solange es noch Zeit war, vermissen ließ, verlor er die Initiative und wurde Schritt für Schritt in eine Lage manövriert, in der er sich schließlich zu ganz anderen Maßnahmen gezwungen sah, als er ursprünglich beabsichtigte. Hatte er anfangs das Gewicht der Reichswehr nur in medizinischen Dosen und überdies sorgfältig getarnt im politischen Kampf einsetzen wollen, so zwang ihn die Wucht des nationalsozialistischen Ansturms und das Versagen aller andern Staatsorgane einschließlich der Parteien, aus den Kulissen hervorzutreten. Jahrelang hatte er durch seine Sprachrohre die These von der Reichswehr als dem *„rocher de bronce"*, auf dem allein der Staat sicher ruhe, verkünden lassen. Nun, im Jahre 1932, war es tatsächlich so weit; alle andern „Stützen des Staates" waren, nicht ohne Schleichers Mithilfe, geschwächt oder gar zerbrochen, einzig die Reichswehr stand noch, scheinbar, unerschüttert da. Sie mußte nun zu einem Kampf antreten, in dem sie, wenn er nicht mit dem ihr gemäßen Mittel der Anwendung von Waffengewalt geführt wurde, unweigerlich unterliegen mußte [184].

Aber die Anwendung von Waffengewalt kam nicht zustande, denn Schleicher

schen Idee, die NSDAP zu spalten). Wichtig auch die Bemerkungen von Groener-Geyer, *General Groener* (Anm. IX/34), S. 248 f.; S. 336 f.

183 Vgl. Castellan (Anm. IX/5), S. 82 ff. Die Darstellung Castellans macht zum ersten Mal das beim „Deuxième Bureau" des französischen Generalstabes gesammelte Nachrichtenmaterial in einer imponierenden Fülle zugängig; erstaunlicherweise fehlt aber jede Konfrontation mit dem seit 1945 bekanntgewordenen deutschen Material. Daher ist Ergänzung und Korrektur durch die autoritativen Angaben Mueller-Hillebrands (Anm. IX/60), S. 16 ff., notwendig. Danach wurden ab 1930 direkte Vorbereitungen für die Verdreifachung des Heeres getroffen. Die dabei aufgetretenen Mängel sollten durch das im Jahr 1932 aufgestellte „2. Rüstungsprogramm" (Etat: 484 Millionen RM) beseitigt werden (Durchführungsdauer: 1. 4. 1933 – 31. 3. 1938); *ebda.*, S. 18 ff. Dieses Rüstungsprogramm sah übrigens nicht die Umwandlung der Reichswehr in, sondern ihre Ergänzung durch eine Miliz vor, und auch das nur als Übergangszustand; Castellan (Anm. IX/5), S. 84 f.; die Umwandlung der gesamten Reichswehr in eine Miliz war nur für den Fall vorgesehen, daß eine internationale Abrüstung zustande kam; Heinrich Brüning, „Ein Brief", in: *Deutsche Rundschau* 70 (1947), S. 3 f.; außerdem: Hans Meier-Welcker, *Deutsches Heerwesen im Wandel der Zeit*, Arolsen 1954, S. 102.

184 „The essential fact in the Germany of 1932 was that Hitler intended to use force, if necessary, to overthrow the Weimar Republic, and that no party which was unprepared to use force counted any longer in German politics"; Carr (Anm. IX/52), S. 107. Dazu jetzt Helmut Krausnick, „Vorgeschichte und Beginn des militärischen Widerstands gegen Hitler", in: *Das Parlament*, Beilage: „Aus Politik und Zeitgeschichte", B XXXXVII/54, S. 614.

war schließlich selbst unsicher geworden, ob die Armee der ihr damit zugemuteten Aufgabe noch gewachsen war [185]. Das waren durchaus berechtigte Zweifel, und nicht nur in dem Sinne, in dem Schleicher sie hegte, nämlich hinsichtlich des Kräfteverhältnisses. Die numerische Unterlegenheit der Reichswehr gegenüber einem vereinigten Angriff der Rechts- und Linksradikalen — NSDAP und KPD — wäre wohl wettzumachen gewesen, wenn nur ihre psychische Kampfbereitschaft noch unerschüttert gewesen wäre. Aber gerade in dieser Hinsicht war seit Seeckts Zeiten ein folgenschwerer Wechsel eingetreten. Seeckts Autorität hatte es erreicht, daß Offizierkorps und Mannschaften wenigstens ihm selbst unbedingten politischen Gehorsam leisteten, doch seit seinem Abgang hatte sich das geändert. Keiner seiner Nachfolger vermochte eine gleiche Autorität wie er zu erlangen, Schleicher mit seiner notorischen „Truppenfremdheit" am allerwenigsten [186]. So setzten denn ab 1926/27 wieder Gruppen- und Frontenbildungen im Offizierkorps ein, deren bemerkenswerteste Kennzeichen die Radikalisierung der jüngeren Jahrgänge und damit die Regeneration jener Richtung aus den Revolutionstagen war, deren sich Seeckt durch die Ausbootung der Freikorps endgültig entledigt zu haben glaubte.

Diese Dinge wurden im Jahre 1930 in dem bereits erwähnten Leipziger Hochverratsprozeß wie durch ein Schlaglicht beleuchtet [187]. Denn für den Tieferblickenden trat dabei der eigentliche Anklagepunkt — hochverräterische Beziehungen dreier junger Offiziere des Ulmer Artillerieregiments zur NSDAP — gegenüber der Tatsache zurück, daß das eigentliche Motiv der Angeklagten in einer zunehmenden Entfremdung zwischen den Truppenoffizieren vor allem der jüngeren Generation und dem Reichswehrministerium zu suchen war. Was die Angeklagten zum Handeln bewogen hatte, war nicht so sehr die allgemeine politische Situation Deutschlands, von der sie offenbar nur recht unvollständige Vorstellungen hatten, sondern vielmehr ihr deutliches Gefühl, daß das Reichswehrministerium als politische Führungsinstanz versagt hatte und sie daher in ihren Gewissensbedenken zur Selbsthilfe gezwungen seien [188]. Daß das eine Folge der Annäherungsversuche war, die Groener und Schleicher zu Anfang des Kabinetts Müller gegenüber dem Weimarer System gemacht hatten, hätte Schleicher zu denken geben müssen. So wie die Dinge lagen, war die Reichswehrführung offenbar nicht mehr frei in ihren Entschlüssen, und, was das Bedenklichste war, selbst das Prestige Hindenburgs konnte ihr in gewissen Situationen anscheinend keinen Rückhalt geben [189].

185 Über das Ottsche „Kriegsspiel", mit dem Schleicher den Nachweis erbringen wollte, daß die Reichswehr einem gemeinsamen Aufstand von KPD und NSDAP nicht gewachsen war, vgl. jetzt noch Vogelsang (Anm. IX/118), S. 427 (Ausführungen Schleichers als Reichskanzler vor den Gruppen- und Wehrkreisbefehlshabern im Dezember 1932).

186 Das Handicap, das Schleicher daraus in seinem Verhältnis zum Offizierkorps erwuchs, ist nicht gering anzuschlagen; es wird von allen Zeugen ausnahmslos bestätigt; Foertsch, *Befragung* (Anm. IX/67); v. Holtzendorff in: Conze (Anm. IX/68), S. 267; Hossbach (Anm. IX/58), S. 89; Groener-Geyer, *General Groener* (Anm. IX/34), S. 273 f. u. a.

187 Zum Leipziger Prozeß hauptsächlich Phelps, „Groener-Dokumente" (Anm. IX/42), S. 915 ff.; Vogelsang (Anm. IX/118), S. 401 ff. (Bericht Schleichers v. 25. Oktober 1930) und Schüddekopf, *Heer und Republik* (Anm. IX/141), S. 265 ff. Der Text des Urteils (mit eingehender Darstellung der Straftaten) abgedr. in: *Justiz* (Anm. IX/85). Außerdem Groener-Geyer, *General Groener* (Anm. IX/34), S. 270 ff.; S. 397 ff.

188 So wurde dem Reichswehrministerium vor allem der „Linkskurs" vorgeworfen, den es angeblich seit der Verabschiedung Seeckts und Geßlers steuere, vgl. *Justiz* (Anm. IX/85), S. 192 ff., und die Verteidigung Schleichers dagegen bei Vogelsang (Anm. IX/118), S. 404. Außerdem: *Befragung* Nr. 3 (Anm. IX/88) und Foertsch, *Befragung* (Anm. IX/67). Vielleicht ist auch die große Rede, die Adolf Hitler unter dem Thema „Wir und die Reichswehr" am 15. März 1929 in München hielt und mit der er die Reichswehr moralisch unter Druck zu setzen versuchte, von Einfluß auf die Motive der angeklagten Offiziere gewesen. Vgl. Krausnick (Anm. IX/184), S. 612 f.

189 Es fällt auf, daß die Person Hindenburgs weder in den Verhandlungen des Prozesses selbst, noch in den Diskussionen, die sich in Presse, Parlament und Publizistik daran anschlossen, irgendeine Rolle spielt;

Gewiß wird man darin in erster Linie Nachwirkungen der Seecktschen Politik zu sehen haben, aber gerade daran wird klar, worin der eigentliche Fehler der Politik Schleichers lag. Das Schicksal der Reichswehr hing jetzt offenbar davon ab, ob es gelang, das traditionalistische, quasi-überparteiliche System Seeckts mit seinen offenbaren Mängeln einer gründlichen Reform zu unterwerfen. Da Schleicher dieser Aufgabe auswich und statt dessen im Interesse seiner Rüstungspläne fortfuhr, zwischen den wirklichen Fronten Demokratie—Diktatur hindurch einen ebenso ausgeklügelten wie praktisch unbeschreitbaren Mittelweg zu suchen, vermochte er die Kluft, die zwischen der Truppe und dem Reichswehrministerium aufgerissen war, nicht zu überbrücken. Alle seine Bemühungen, durch seine sogenannten „Wanderprediger" Stimmung für sich und seine Politik zu machen, blieben erfolglos, denn die Politik, die hier propagiert wurde, wurde nicht verstanden [190]. Damit ist freilich die Frage, ob der militärische Gehorsam einem Bürgerkrieg im Jahre 1932 standgehalten hätte, noch nicht beantwortet. Sie läßt sich auch nicht definitiv beantworten, da die Probe aufs Exempel nicht gemacht wurde. Nur soviel läßt sich sagen, daß die einzige Chance, den Gehorsam im Falle des Bürgerkriegs aufrechtzuerhalten, an der Autorität Hindenburgs und nicht an der Schleichers hing. Und auf Grund der Erfahrungen des Leipziger Prozesses muß man hinzufügen, daß diese Chance angesichts der unabsehbaren Folgen eines Bürgerkrieges nur sehr gering war [191].

*

Der Überblick über die Geschichte der Reichswehr in der Weimarer Republik zeigt, daß es dem Offizierkorps ungewöhnlich große Mühe kostete, sich mit dem durch die Revolution von 1918 eingetretenen politischen und sozialen Wechsel abzufinden. Er zeigt aber ebenso, daß die Offiziere nicht schlechthin unbelehrbar waren und daß die Chance, den aus eingewurzelten politischen

die Angeklagten selbst ließen sich lediglich von ihrer Sorge leiten, daß sie im Falle eines etwaigen Rechtsputsches – den sie als über kurz oder lang unvermeidlich ansahen (*Justiz*, Anm. IX/85, S. 206, und *passim*) – gegen ihre eigenen Gesinnungsgenossen schießen müßten. Die Frage, ob sie dabei durch die Autorität Hindenburgs gedeckt werden würden oder nicht, erörterten sie überhaupt nicht.

190 Diese „Wanderprediger" (oder „Wanderredner") waren Offiziere, die Schleicher mit dem Auftrag zur politischen Orientierung der Truppe in die Standorte schickte; vgl. Foertsch, *Befragung* (Anm. IX/67). Über die Widerstände gegen die „Wanderredner" vgl. Vogelsang (Anm. IX/118), S. 402, und Hossbach (Anm. IX/58), S. 173. Hier manifestierte sich die einzige Änderung, die Schleicher am Seecktschen System vornahm: „Seeckts Standpunkt war: *Ich* mache die Politik, und die Offiziere haben zu gehorchen. Schleichers Standpunkt war an sich derselbe, nur sah er ein, daß die Offiziere seine Politik auch kennen müßten"; Foertsch, *Befragung* (Anm. IX/67). Dazu jetzt auch Groener-Geyer, *General Groener* (Anm. IX/34), S. 260 f.; S. 268; S. 273 f. Parallel damit lief eine stärkere publizistische Aktivität. Beispiele bei Fischer (Anm. IX/128), S. 19 ff., und o. Anm. IX/87, 94 u. 95.

191 Wenn auch seitens der militärischen Apologetik die Tendenz besteht, die Zuverlässigkeit der Reichswehr als Truppe auch für das Jahr 1932 noch zu behaupten – so z. B. Hossbach (Anm. IX/58), S. 173 –, so muß das doch mindestens in Frage gestellt werden. Gegen einen von Hitler inszenierten Putsch wäre die Reichswehr vielleicht, durch die Autorität Hindenburgs gedeckt, einsatzfähig gewesen; ob aber die Autorität Hindenburgs auch für den Fall einer *unprovozierten* staatlichen Aktion gegen die Nationalsozialisten ausgereicht hätte, um eine loyale Durchführung durch die Reichswehr zu gewährleisten, muß angesichts der Haltung der Reichswehr beim SA-Verbot – darüber u. Teil II, Kap. VI – sehr fraglich erscheinen. Hier kam jedenfalls zum Ausdruck, daß sich die nationalsozialistische Infektion der Reichswehr seit dem Leipziger Prozeß zumindest nicht vermindert hatte, und eine aufmerksame Durchforstung der Quellen liefert zahlreiche Einzelhinweise dafür, z. B. Phelps, „Groener-Dokumente" (Anm. IX/42), S. 922; Conze (Anm. IX/68), S. 274 (Urteil von Schleichers ehemaligem Adjutanten v. Noeldechen); Foertsch (Anm. IX/31), S. 21 f. (über Beck und Stauffenberg); S. 31 f. (über Reichenau); S. 33 f. (über die Marine); *Befragung* Nr. 3 (Anm. IX/88; über Verhältnisse in Bayern); Eugen Ott (Notizen im Institut für Zeitgeschichte, München) über Becks Kritik an der vorsichtigen Schleicher-Linie gegenüber dem Nationalsozialismus; Teske (Anm. IX/85), S. 31 (über Henning v. Tresckow); Faber du Faur (Anm. IX/32), S. 128 ff.

Vorstellungen und sozialen Interessen resultierenden Widerstand gegen die demokratische Staats- und Gesellschaftsordnung zu überwinden, mehrmals gegeben war. Daß diese Gelegenheiten nicht genutzt wurden, fällt in erster Linie den demokratischen Kräften zur Last, die es nicht verstanden, eine brauchbare wehrpolitische Alternative zu der der Reichswehrführung zu entwickeln und auf dieser Grundlage eine Personalpolitik zu betreiben, die die aufgeschlossenen von den renitenten Teilen im Offizierkorps trennte und die ersten unter allmählicher Ausscheidung der letzten als Kern für den Aufbau eines demokratischen Offizierkorps verwendete.

Aber das Versagen der politischen Führung befreit das Offizierkorps nicht von der Mitverantwortung. Indem es seine „überparteilich"-neutrale Haltung einnahm, wirkte es wie ein erratischer Block, der der inneren wie äußeren Konsolidierung der Republik im Wege lag und damit ihre Abwehrkraft gegen innere Feinde schwächte. Zudem verleugnete es auf diese Weise die besten Werte seiner Tradition, von der seine Existenz abhing, und legte den Grund für seinen inneren Zusammenbruch zur Zeit des „Dritten Reiches". Es wäre daher selbst im Interesse des Offizierkorps besser gewesen, wenn die der Republik feindlichen Offiziere der eigentlichen soldatischen Tradition gefolgt wären und den Dienst für einen Staat, den sie nicht anerkennen wollten, von sich aus quittiert hätten. Daß sie es nicht taten, zeigt, daß sie entweder nicht bloß ihrem militärischen Beruf nachgehen, sondern auch Politik treiben wollten, oder aber sich von materiellen oder rein fachlichen Interessen leiten ließen.

Die schwerste Verantwortung trifft aber das Offizierkorps für seine Haltung gegenüber dem aufsteigenden Nationalsozialismus. Freilich kann eine ernsthafte Betrachtung sich niemals jenen Verallgemeinerungen anschließen, die — wie seit 1945 im In- und Ausland so oft geschehen — dem Offizierkorps die Alleinschuld an der nationalsozialistischen Machtergreifung aufbürden oder ihm gar unterstellen, daß es von langer Hand auf die Errichtung der nationalsozialistischen Diktatur hingearbeitet habe, so daß der 30. Januar 1933 gleichsam nur der Schlußstein eines Gebäudes wäre, an dem die Reichswehr seit 1918 unablässig gearbeitet hätte. Derartige Thesen übersehen, von allem anderen abgesehen, die Zwangsläufigkeiten, die namentlich in der Endphase ab 1930 für die Reichswehr dadurch entstanden, daß sie, nachdem alle zivilen Staatsorgane sich als brüchig erwiesen hatten, als einzige noch funktionsfähige Macht auf ungewohntem Feld zu einem ungleichen Kampf mit dem Nationalsozialismus antreten mußte. Aber abgesehen davon, daß die Reichswehr an der Schwächung der Staatsorgane, wenn auch in anderer Absicht, mitgewirkt hatte, ist es vor allem ihr Versäumnis gewesen, daß ihre Führung aus den Erfahrungen von München 1923 und Leipzig 1930 keine oder nicht die richtigen Lehren gezogen hatte. Infolgedessen war sie für die Entscheidungsstunde nicht vorbereitet und versagte wie alle anderen Staatsorgane auch.

ZWEITER TEIL

STUFEN DER AUFLÖSUNG

A. PHASE DES MACHTVERLUSTS: DIE ÄRA BRÜNING

DIE BILDUNG DER REGIERUNG BRÜNING

Als im Frühjahr 1930 die Regierung der Großen Koalition endgültig zusammenbrach, hatte nicht nur die Einsicht in die Strukturfehler der Republik, sondern vor allem die ständig geschürte Vorstellung von der Unfähigkeit parlamentarischer Koalitionsregierungen eine solche Stärke erreicht, daß der Weg für andere Lösungen frei zu werden schien. Die Ernennung Brünings zum Reichskanzler bezeichnet den entscheidenden Einschnitt, an dem eine Betrachtung der Schlußphase der Weimarer Republik und der unmittelbaren Vorgeschichte der „Machtergreifung" einsetzen muß. Es bedeutet dabei freilich eine einseitige Akzentuierung gewisser Züge — sei es aus der Agitation jener Tage, sei es aus der vereinfachenden Sicht der späteren Ereignisse heraus —, wenn man in der Ära Brüning nur noch das autoritäre Vorspiel zur nationalsozialistischen Diktatur sieht und die Geschichte der Republik mit dem Sturz des Kabinetts Müller beschließt[1]. Und doch werden schon in der Vorgeschichte der Regierungsbildung von 1930[2], in den sie bestimmenden Konzeptionen und in der taktischen Linie des neuen Kabinetts den Parteien, dem Parlament und der Öffentlichkeit gegenüber Tendenzen erkennbar, die sie deutlich genug von allen vorangegangenen Perioden abheben.

1. *Das letzte Kabinett der Großen Koalition*

Die letzte parlamentarische Mehrheitsregierung war 1928/29 nur unter langwierigen Verhandlungen und über verschiedene Zwischenstufen zustande gekommen, vermochte sich dann aber vielen inneren Schwierigkeiten zum Trotz länger als alle anderen Koalitionsregierungen zu behaupten[3]. Der Wahlsieg vom Mai 1928 hatte die SPD noch einmal auf einen Höhepunkt der Macht geführt[4] und ihr nach langen Jahren schwankender Zurückhaltung den Entschluß zur verantwortlichen Kabinettsbeteiligung aufgedrängt, dem schließlich auch der merklich zusammengeschmolzene „Bürgerblock" beitrat, nachdem er seit 1923 zeitweilig mit der DNVP, öfter noch als Minderheitskoalition regiert

1 So etwa Arthur Rosenberg, *Geschichte der deutschen Republik*, Karlsbad 1935, S. 6; S. 239.

2 Dazu Helga Timm, *Die deutsche Sozialpolitik und der Bruch der Großen Koalition im März 1930* (Beiträge zur Geschichte des Parlamentarismus und der politischen Parteien I), Düsseldorf 1953, bes. S. 149 ff. Vgl. auch Werner Conze, „Die Krise des Parteienstaates in Deutschland 1929/30", in: *Historische Zeitschrift* 178 (1954), S. 47 ff., sowie jetzt (zu den verfassungspolitischen Aspekten) Klaus H. Revermann, *Die stufenweise Durchbrechung des Verfassungssystems der Weimarer Republik in den Jahren 1930–1933*, Diss. Köln 1958 (ungedr.).

3 Dazu noch immer die treffliche, wenngleich scharf zugespitzte Skizze bei Rosenberg (Anm. I/1), S. 215 ff. Ausführlicher jetzt Timm (Anm. I/2), S. 79 ff.; S. 118 ff. Ferner Wilhelm Keil, *Erlebnisse eines Sozialdemokraten*, Bd. II, Stuttgart 1948, S. 335 ff.

4 Vgl. den zusammenfassenden Überblick bei Friedrich Stampfer, *Die vierzehn Jahre der ersten deutschen Republik*, Offenbach 1947, S. 517 ff. Dort auch die aufsteigenden Mitglieder- und Organisationszahlen der SPD und der sozialistischen Gewerkschaften.

hatte. Im Blick auf die außenpolitischen Aufgaben und Möglichkeiten gelang es dem Einfluß Stresemanns, die innenpolitischen Bedenken seiner Partei, der DVP, zu überwinden. In einer Großen Koalition unter dem sozialdemokratischen Fraktionsvorsitzenden Hermann Müller[5] hoffte er, eine tragfähige Basis für seine auf Locarno und Völkerbundseintritt aufbauende Rehabilitierungs- und Befreiungspolitik zu gewinnen. Die Zusammenarbeit mit der DNVP war in diesem Punkt immer schwierig gewesen, und nach der Wahlniederlage von 1928 hatte sich die Haltung dieser Partei, die zwischen politischer Mitarbeit und Ablehnung der Republik, zwischen wirtschafts- bzw. machtpolitischen Interessen und Angst vor der radikal nationalistisch-antirepublikanischen Konkurrenz schwankte, noch beträchtlich versteift[6].

Das Kabinett Müller schien über eine breite parlamentarische Mehrheit zu verfügen, die vor allem die Außenpolitik Stresemanns stützen sollte. Aber es war zugleich mit schweren innenpolitischen Spannungen belastet[7], die mit dem Tod des unermüdlichen Außenministers in aller Schärfe aufbrachen. Jetzt wurden die wirtschaftlichen und sozialpolitischen Interessen der DVP nicht mehr von dem praktischen Kompromißdenken Stresemanns gebändigt, der in aufreibendem Bemühen seine Partei koalitionsoffen, ihre großindustrielle Interessenpolitik geschmeidig, ihre Auseinandersetzung mit dem Sozialismus im Rahmen der politischen Vernunft zu halten gesucht und dabei immer wieder den Gedanken an eine große, republiktragende Partei der gemäßigten bürgerlichen Mitte erwogen hatte: denn auch die zusammengeschrumpfte DDP konnte diese Funktion längst nicht mehr erfüllen. Die innenpolitischen Kompromisse, die Stresemann, unterstützt durch das Zentrum, seiner eigenen Partei zugunsten der Erhaltung der Großen Koalition abzuringen vermochte, waren zu sehr an seine eigene Person gebunden, um ihn überleben und den Ansturm der Weltwirtschaftskrise auffangen zu können. Mit ihm fiel auch der Glaube an eine sicher fundierte demokratische Regierung, in der gemäßigte Sozialisten und mittleres Bürgertum zusammenwirken und Kommunisten sowie radikale Nationalisten ohne Gefahr ausgeschaltet werden könnten.

Nachdem auch die verschiedenen Anläufe zur Bildung einer parallelen Großen Koalition in Preußen, die mit der Einbeziehung der DVP zweifellos die Lage der Reichsregierung erleichtert und gestärkt hätte, am Widerstand Brauns wie der preußischen DVP gleichermaßen — und trotz beharrlichen Vermittlungsversuchen Stresemanns, dann auch der Kaasschen Zentrumsrichtung — gescheitert waren[8], entschied sich das Schicksal der Großen Koalition an einer scheinbar geringfügigen Differenz der beiden Flügel (SPD und DVP) über die Höhe der Beiträge zur Sozialversicherung. Eine eingehende Betrachtung erweist allerdings, daß neben beträchtlichen innenpolitischen Meinungsverschiedenheiten allgemeiner Art gerade die lange verschleppten Probleme

5 Die SPD zog damals auch eine Kandidatur des preußischen Ministerpräsidenten Otto Braun in Erwägung, in dessen Hause die ersten Besprechungen von SPD und sozialistischen Gewerkschaften stattfanden. Dies wäre freilich einer Personalunion von Reichskanzler und preußischem Ministerpräsidenten gleichgekommen – eine Lösung des Reichsreformproblems im sozialdemokratischen Sinn, der Zentrum und DVP nicht zugestimmt hätten; auch hat nach Brauns Angaben der SPD-Vorstand sich für Müller, der „selbst auch gern wollte", eingesetzt; vgl. Otto Braun, *Von Weimar zu Hitler*, 2. Aufl., New York 1940, S. 245 f. Zitiert wird nach dieser und nicht der 3. Auflage (Hamburg 1948), die zahlreiche, z. T. parteibedingte Kürzungen erfahren und dadurch neben manchen Details von Quellenwert auch manche originellen Wendungen und Akzente eingebüßt hat: dazu auch Ludwig Bergsträßer, „Textkritisches zu den Erinnerungen von Otto Braun", in: *HZ* 171 (1951), S. 656 f.

6 Vgl. u. S. 276 ff. Auch in der jüngsten Verteidigungsschrift für Hugenberg wird betont, die DNVP sei „von der Zentrumspartei und von Dr. Stresemann dauernd taktisch überspielt" worden: *Hugenbergs Ringen in deutschen Schicksalsstunden*, hrsgg. von Borchmeyer, Detmold 1951, Heft 1, S. 2.

7 Einzelheiten bei Timm (Anm. I/2), S. 87 ff.

8 Die Version Brauns findet sich bei Braun (Anm. I/5), bes. S. 272 ff.; S. 288 ff.

der Sozialpolitik fast folgerichtig in dem Augenblick zur Entscheidung drängten, als nicht mehr die außenpolitische Visionskraft Stresemanns die beiden Kontrahenten der Arbeitgeber- und Arbeitnehmerinteressen zusammenzwang und als zugleich die Verschärfung der weltwirtschaftlichen Krisenerscheinungen eine klare, vorausschauende Behandlung der wirtschafts- und sozialpolitischen Problematik forderte. Gleichzeitig wurde die scheinbar ausweglose Situation aber auch zur Kulisse für Bestrebungen, die lange gehegten und oft geäußerten Pläne der Reform und Modifikation des Parlamentarismus, insbesondere zur Schaffung eines effektiveren Regierungsmodus, endlich einzuleiten. Man meinte damit den dauernden Koalitionsschwierigkeiten ebenso wie den neuerlichen wirtschafts- und sozialpolitischen Problemen entschieden begegnen, zugleich aber auch revisionistischen Wünschen weiter Kreise der Mitte und der Rechten entgegenkommen zu können, in deren Augen der demokratische Parteienstaat von 1918 und mit ihm die Weimarer Republik nicht nur für die schmerzlichen Erinnerungen der Revolution und für die allzu langsame, allzu schwächliche, allzu nüchterne Erfüllungs- und Rehabilitierungspolitik, sondern vor allem für den verwirrenden, oft abstoßenden, jedenfalls jeder Interessen- und Gesinnungsgruppe auf ihre Weise lästigen innenpolitischen Antagonismus verantwortlich zu machen war. Die Diskreditierung der „Parteipolitik" hatte ein Ausmaß und eine Schärfe der Überzeugungskraft erreicht, daß jede fühlbare Verschlechterung der Existenzbedingungen und des sozialen Prestiges, jede ernsthafte psychologische Belastung auch nach der kurzen Periode der Stabilisierung jenen verfassungsrechtlichen, soziologischen, wirtschaftspolitischen, ideologischen Argumenten praktische Durchschlagskraft verschaffen konnte, die dem fortdauernden Zweifel oder gar der aggressiven Kritik an dieser Republik Raum und Rückhalt gaben.

Auch die so mühsam zusammengehaltene Regierung Müller hatte nicht daran denken können, durch energische innenpolitische Maßnahmen solcher destruktiven Dauerkritik ihre kryptopolitischen Machtpositionen in Publizistik und Wissenschaft, in Wirtschaft und Gesellschaft, in Bürokratie und Reichswehr, in Verbänden und *pressure groups,* ja, im Reichspräsidentenpalais zu entreißen und damit zugleich auch die unleugbaren außenpolitischen Erfolge ins rechte Licht zu rücken und als Erfolge beharrlicher republikanischer Arbeit zu legitimieren. Die Machtverhältnisse erlaubten dies — nach demokratischem Brauch wie nach den tatsächlichen Möglichkeiten — jetzt nicht mehr, mochte die Wahl von 1928 auch einen scheinbar sicheren Sieg der demokratischen über die versteckt oder offen antirepublikanischen Parteien erbracht haben. Schwerer denn je lasteten die historischen Fehlentwicklungen des 19. Jahrhunderts und die Versäumnisse des demokratischen Neubaus nach 1918 auf der Struktur und dem Mechanismus der Republik, die sich nun unversehens, wenn auch nicht unerwartet, ihrer größten Belastungsprobe unterworfen fand. Zu kurz war die Frist zur Gewöhnung an die neue politische Form gewesen, zu lebendig noch die Erinnerung an die gesicherte Vorkriegszeit und die blinde Enttäuschung über die nüchterne Gegenwart, als daß nicht jede Krisenerscheinung, mochte sie gleich im größeren Zusammenhang der Nachkriegsprobleme stehen, die Massen zur Empörung gegen die in Kompromissen mühselig ausbalancierte Parteipolitik, zur sehnsüchtigen Erwartung einer starken, unkomplizierten Ordnung, einer entschlossenen, autoritären Führung treiben konnte.

Die Diskussion um den Young-Plan seit dem Sommer 1929 war das erste Ereignis, an das die bewußte politische Sammlung und der berechnende propagandistische Ausbau solcher Stimmungen anknüpfen konnte. Hier formierte sich recht eigentlich der Aufmarsch der „Nationalen Opposition", der bald genug die Republik selbst in die Verteidigung drängen und ihre ganze Schlußphase beherrschen sollte. Als letzte Tat Stresemanns bezeichnet der Young-Plan eine wichtige Etappe auf dem Weg zur endgültigen Liquidierung der Reparationen und zur Wiederherstellung der inneren und äußeren Souveränität Deutschlands: Aufhebung der alliierten Kontrollen und — ein Jahr später — Räumung des besetzten Rheinlands. Mochten auch die finanziellen Verpflichtungen noch immer schwer sein, sie verbürgten doch zugleich die unentbehrlichen ausländischen Kredite, schufen endlich finanztechnische Klarheit und eröffneten zudem einen Ausblick auf elastische Handhabung und weitere Revision der Vereinbarungen: der Young-Plan war das „kleinere Übel"; mehr konnte im Augenblick nicht erreicht werden[9].

Etwas anderes aber war es um die politische Wirkung dieses Stresemannschen Vermächtnisses. Was eine weitere Stufe im Prozeß der Ablösung nicht nur der wirtschaftlichen, sondern der psychologisch viel schwerer wiegenden politischen Kriegslasten sein und damit auch die innere Festigung der Republik gegen nationalistische Diffamierung und Umsturzpläne vollenden sollte, das wurde zum ersten Sturmzeichen der Krise, zum Kristallisationspunkt der grundsätzlichen Opposition gegen das „System" von Weimar. Die „Verständigungspolitik", Stresemanns strategisches Mittel zur äußeren Befreiung und zur inneren Konsolidierung der Republik in zäher, aber friedlicher Auseinandersetzung mit den ehemaligen Gegnern, die nun zu europäischen Partnern werden würden — diese Verständigungspolitik geriet nun in den Kausalzusammenhang der beginnenden Wirtschaftskrise. Hier vollzog sich eine neue Radikalisierung der „öffentlichen Meinung"[10], der Young-Plan wurde zum Inbegriff jener Feindvorstellungen, hinter denen sich die in ihren positiven Entwürfen so schwankende und zersplitterte „Nationale Opposition" zu formieren vermochte. Noch war zwar eine Mehrheit der Bevölkerung für politische Demonstrationen, die die Demokratie mit demokratischen Mitteln bedrohen konnten, nicht in Bewegung zu bringen: der Volksentscheid gegen den Young-Plan wurde nicht zuletzt dank den entschiedenen Abwehrmaßnahmen besonders der preußischen Regierung ein Mißerfolg, der keine konkreten Ergebnisse und Folgen zu haben schien, solange die Periode der Stabilisierung auch psychologisch noch nachwirkte[11]; nicht nationale Prestigefragen, sondern Fragen der

9 Werner Conze, „Die Weimarer Republik", in: *Deutsche Geschichte im Überblick*, hrsgg. von Peter Rassow, Stuttgart 1953, S. 652. Vgl. die sachliche Abwägung der Vor- und Nachteile bei Hans Ronde, *Von Versailles bis Lausanne, Der Verlauf der Reparationsverhandlungen nach dem ersten Weltkrieg*, Stuttgart-Köln 1950, S. 153 ff. Dazu auch Timm (Anm. I/2), S. 140 ff.; Julius Curtius, *Sechs Jahre Minister der deutschen Republik*, Heidelberg 1948, S. 109 ff.; Stampfer (Anm. I/4), S. 540 ff.; Hjalmar Schacht, *76 Jahre meines Lebens*, Bad Wörishofen 1953, S. 295 ff. Hugenbergs kurzsichtige Beurteilung wiederholt in: *Hugenbergs Ringen* (Anm. I/6), S. 5 f.; S. 56 ff. Die Kontroverse über die Auswirkungen des Young-Plans ist auch in jüngsten Publikationen wieder aufgelebt: auch Heinrich Brüning, „Ein Brief", in: *Deutsche Rundschau* 70 (1947), S. 4 f., betont jetzt die negativen Folgen. Damals schon Hjalmar Schacht, *Das Ende der Reparationen*, Oldenburg 1931, mit seiner Kritik an der Regierung und besonders an Curtius (S. 84; S. 115 ff. u. a.) und einer polemischen Interpretation des Young-Plans – nach Schachts „kopernikanischer Wendung" (S. 201 ff.). In Verteidigung: Julius Curtius, *Der Young-Plan, Entstellung und Wahrheit*, Stuttgart 1951, in ständiger Auseinandersetzung mit Schacht (S. 28; S. 43 ff.; S. 78 ff.). Zur französischen These, die das andere Extrem darstellt, André François-Poncet, *Von Versailles bis Potsdam*, Mainz-Berlin 1949, S. 159 ff.; hier wird die deutsche Wirtschaftskrise als ein bewußtes Mittel zur Hintertreibung der Reparationen betrachtet. Abgeschwächt (mit Akzent auf der Unterstüzung des Nationalsozialismus durch die Großindustrie): Charles Bettelheim, *L'Economie Allemande sous le Nazism, Un Aspect de la Décadence du Capitalisme*, Paris 1946, S. 6 ff.; auch J.-J. Lederer, „La sidérurgie européenne et les cartels avant le plan Schuman", in: *Politique Etrangère* 16 (1951), S. 397 ff., bes. S. 402 f.

10 Dazu jetzt auch Gerhard Zwoch, *Die Erfüllungs- und Verständigungspolitik der Weimarer Rupublik und die deutsche öffentliche Meinung*, Diss. Kiel 1950 (ungedr.), S. 75 ff.

11 Einzelheiten bei Stampfer (Anm. I/4), S. 531 ff.; vgl. Otto Braun (Anm. I/5), S. 257 ff.

täglichen Existenz beherrschten noch in erster Linie Gedanken und Erwartungen der breiten Mehrheit. Dies blieb erst einer bewußten, zweckgerichteten Mobilisierung der Gefühle — auch hier auf der Grundlage materieller Versprechungen — vorbehalten.

Der Tod Stresemanns fiel mit dem Zusammenbruch der New Yorker Börse zusammen. Dies weltgeschichtliche Ereignis zeitigte auch für Deutschlands Lage auf den Exportmärkten, für den Rückzug der ausländischen Gelder und also für die industrielle Situation, für das Ansteigen der Arbeitslosigkeit und die Absatzkrise der Landwirtschaft sogleich deutliche Rückwirkungen[12]. Von allen Seiten setzten die Angriffe der Interessenverbände ein, wobei besonders auch die im März 1929 neu formierte „Grüne Front" der Landwirtschaft eine intensive parlamentarische wie außerparlamentarische Aktivität entfaltete[13]. Die Regierung hatte schon 1929 einen fühlbaren Rückgang an Steuereinkünften zu verbuchen, und überall erhob sich der Ruf nach Sparsamkeit, der sogleich in die alte innenpolitische Streitfrage einmündete, auf wessen Kosten dies geschehen und wie man die Lasten verteilen sollte[14]. So war der Winter 1929/30 erfüllt von dem Konflikt des sozialistischen und des kapitalistischen Flügels innerhalb der Koalition, nachdem Stresemann einen Tag vor seinem Tod noch einmal einen Kompromiß zwischen DVP und SPD erreicht hatte.

Sichtbar waren die Gegensätze schon im Laufe des Jahres 1928 aufgebrochen, als die Schwerindustrie ihre Monopolstellung zu Preiserhöhungen auszunützen und gleichzeitig die gewerkschaftlichen Lohnforderungen mit Aufhebung der Tarifverträge und Aussperrung der Arbeiter zu beantworten suchte[15]. Die große Aussperrung der nordwestlichen Gruppe der Eisen- und Stahlindustrie, die etwa 250 000 Arbeiter betraf und sehr wesentlich zur Radikalisierung beitrug, war in Wirklichkeit viel kostspieliger als alle Lohnforderungen. Sie gipfelte in der ersten offenen Auflehnung der Unternehmerschaft gegen die staatliche Schlichtungsordnung. Dadurch nahm der mit wirtschaftlichen Argumenten geführte Kampf einen eminent politischen Charakter an[16]; seine von SPD und Zentrum veranlaßte Erörterung im Reichstag führte die DVP zu heftiger Kritik an der staatlichen Lohnschutzpolitik[17] und an der Verbindlichkeitserklärung des sozialdemokratischen Reichsarbeitsministers Wissell, während inzwischen schon die wirtschaftlichen Folgen der Aussperrung fühlbar wurden. Zwar kam es schließlich unter Mitwirkung des DVP-Wirtschaftsministers Curtius sowie des SPD-Innenministers Severing[18], nicht zuletzt auch durch die Vermittlung eines Pioniers der ehemaligen „Zentralen Arbeitsgemeinschaft"[19], noch einmal zum Kompromiß in einem Sonderschiedsspruch. Doch blieb die Unzufriedenheit auf beiden Seiten groß, zumal bei den

12 Dazu jetzt Andreas Predöhl, „Die Epochenbedeutung der Weltwirtschaftskrise von 1929 bis 1931", in: *Vierteljahrshefte für Zeitgeschichte* 1 (1953), S. 98 ff.; Wilhelm Grotkopp, *Die große Krise, Lehren aus der Überwindung der Wirtschaftskrise 1929–32*, Düsseldorf 1954, S. 11 ff.

13 Dazu Fritz Reichardt, *Andreas Hermes*, Neuwied 1953, S. 119 ff.

14 Vgl. auch Keil (Anm. I/3), II, S. 353 ff.; S. 359 ff. (Keil war Obmann der SPD-Mitglieder im Haushaltsausschuß des Reichstags).

15 Dazu Ludwig Preller, *Sozialpolitik in der Weimarer Republik*, Stuttgart 1949, S. 360; Timm (Anm. I/2), S. 99 ff.; Keil (Anm. I/3), II, S. 351 f.

16 Es ist in diesem Zusammenhang bemerkenswert und nicht ohne bittere Ironie, daß der Großindustrielle Emil Kirdorf seit 1929 der NSDAP beträchtliche Gelder aus dem Fonds des „Bergbaulichen Vereins" und der Gruppe Eisen „Nord-West" zukommen ließ. Dazu Konrad Heiden, *Adolf Hitler*, Zürich 1936, S. 260; George W. F. Hallgarten, „Adolf Hitler and German Heavy Industry 1931–1933", in: *The Journal of Economic History* 12 (1952), S. 224.

17 So Moldenhauer, *Reichstagsprotokolle* v. 13. November 1938, S. 288.

18 Vgl. Carl Severing, *Mein Lebensweg*, Bd. II, Köln 1950, S. 171 ff.

19 Hans v. Raumer, „Unternehmer und Gewerkschaften in der Weimarer Zeit", in: *Deutsche Rundschau* 80, Heft 5 (Mai 1954), S. 433 f.

verschiedenen, sich durchaus widersprechenden Gerichtsurteilen die Unsicherheit der Arbeitsgerichtsbarkeit offenbar geworden war[20]. Die Auseinandersetzung um das staatliche Schlichtungswesen ging fort: zunächst im Zeichen der Opposition der Unternehmer, die das bestehende kollektivrechtliche Tarifsystem wieder durch das Prinzip des freien, d. h. von den Gewerkschaften nicht kontrollier- und vertretbaren Arbeitsvertrages zu verdrängen suchten, unter Brüning dann im Zeichen ihrer Einwirkung auf die Schlichtungsinstanzen selbst.

Der Konflikt brach von neuem und nun auf der politischen Ebene der Großen Koalition auf, als die steigende Arbeitslosigkeit immer größere Sozialleistungen erforderte, die wirtschaftlichen Krisenerscheinungen aber in einer Verringerung der Steuereinkünfte ihren Niederschlag fanden. Eine ausgedehnte Kampagne der Arbeitgeberverbände wirkte sich in wiederholten Vorstößen der DVP-Fraktion aus, die in einer prinzipiellen Reform, d. h. im Abbau der Sozialleistungen, das einzige Mittel zur Behebung der Finanzschwierigkeiten erblikken wollte. Demgegenüber unterstützte die SPD die Forderung der Gewerkschaften, die finanzielle Sanierung nicht — und gerade jetzt nicht — in erster Linie auf Kosten der Arbeitslosenversicherung durchzuführen; sie verlangte eine Erhöhung der Beiträge (die ja immerhin zur Hälfte vom Arbeitnehmer getragen wurden) und die Aufrechterhaltung der Versicherungsleistungen[21]. Im Grunde ging die Diskussion mit den Kampfparolen „Leistungsabbau" auf der einen, „Beitragserhöhung" auf der anderen Seite um den Rechtsanspruch der Arbeitslosen auf Unterstützung überhaupt, ja, um die hart errungene Anerkennung des „Lebensrechts" und der „Würde" des Arbeiters gegenüber einer selbstherrlichen „autonomen Wirtschaft"[22], wobei sich die Fronten allmählich auch parteipolitisch klar abzeichneten und mitten durch die Große Koalition gingen. Selbst der maßvolle Wirtschaftsminister Curtius konnte sich der Stellung seiner Fraktion in diesem Punkt nicht entziehen[23], und als nach einem letzten Kompromiß im Oktober 1929[24] weitere Vertagungen der Neuregelung nicht mehr möglich erschienen, mündeten in diesen Konflikt die grundsätzlichen und viel weiterreichenden Auseinandersetzungen zwischen Arbeitgeber- und Arbeitnehmerverbänden, zwischen Kapital und Arbeit, zwischen monopolistischer Wirtschaft und interventionistischem Staat[25], schließlich auch zwischen parlamentarischer Demokratie und autoritär-ständischen Diktatur-Erwartungen ein. Auch von seiten des „Reichsverbandes" wurden jetzt immer mehr Stimmen laut, die der Ersetzung der Demokratie durch ein unternehmerfreundliches, parlamentsfrei handlungsfähiges Verordnungsregime das Wort redeten[26].

20 Dazu Clemens Nörpel, „Schlichtungswesen und Rechtspolitik", in: *Gewerkschaftszeitung* 39 (1929), Nr. 7, S. 97.

21 Vgl. Stampfer (Anm. I/4), S. 549 ff.; Keil (Anm. I/3), II, S. 357 ff. Weitere Nachweise bei Timm (Anm. I/2), S. 124 ff.

22 Eduard Heimann, „Der Sinn der Arbeitslosenversicherung", in: *Soziale Praxis* 37, Heft 25 (Juni 1927), Sp. 617 ff.

23 Vgl. etwa seine Kritik an der geplanten Beitragserhöhung und die scharfe Entgegnung eines Gewerkschaftsexponenten: *Reichstagsprotokolle* v. 5. Juni 1929, S. 2089; v. 6. Juni 1929, S. 2105.

24 Es waren die letzten Anstrengungen Stresemanns, daß mit einem Kompromiß über die Beitragserhöhung von 3 % auf 3½ % und der Beibehaltung der Unterstützungssätze die Große Koalition noch einmal gerettet wurde. Wenige Stunden vor seinem Tode brachte er seine Partei noch einmal zum Einlenken.

25 Vgl. bes. die Denkschrift „Aufstieg oder Niedergang", in: *Veröffentlichungen des Reichsverbandes der Deutschen Industrie*, Heft 49 (Dezember 1929). Einer scharfen Kritik an der verfehlten Wirtschafts- und Finanzpolitik der Regierung, die die Forderungen des „Reichsverbandes" nicht erfüllt habe (S. 5 ff.), folgt die kaum verhüllte Forderung nach Lohnabbau, Begünstigung des „schaffenden Kapitals", Reduzierung der Sozialversicherung, Senkung der hohen, Erhöhung der niederen Steuern und der Verbrauchersteuern usw. (S. 11 ff.).

26 Bemerkenswert ist dafür schon die außerordentliche Mitgliederversammlung des „Reichsverbandes" am

Die Problematik der modernen sozialpolitischen Gesetzgebung und die eminent politische Bedeutung des Arbeitsrechts[27] wurden jetzt zu Prüfsteinen für die gesamte demokratische Innenpolitik, ja, für den Bestand der Demokratie überhaupt. Während mit der drohenden Machtminderung der Gewerkschaften radikale Parolen in der Arbeiterschaft Raum gewannen und der KPD erheblichen Zulauf verschafften, verfestigte sich gleichzeitig der Standpunkt der Arbeitgeberschaft, die in der „künstlichen" Hochhaltung der Löhne und Versicherungssätze die Hauptursache für die vermehrten wirtschaftlichen Schwierigkeiten sahen. Der Industrieflügel der DNVP trug mit seiner Aktivität das Seine bei, um die DVP in ihrer Haltung zu bestärken und die stürmischen Reichstags- und Kabinettsverhandlungen noch zu erschweren, während auf der anderen Seite die KPD auf die SPD einen analogen Druck auszuüben vermochte[28]. Dies starre Gegenüber, diese Antinomie von speziellen Wirtschaftlichkeits- und sozialen Gerechtigkeitsmotiven, der die politische Integrationskraft der Großen Koalition jetzt nicht länger gewachsen war, blieb für die Endphase der Weimarer Republik bestimmend.
Der Bruch schien schon zu Ende des Jahres 1929 unvermeidlich, als auch der Reichsbankpräsident Schacht, der zunächst den Young-Plan unterzeichnet hatte, den demokratisch-erfüllungspolitischen Kurs demonstrativ verließ, aus seiner sachlichen Verantwortung in die Öffentlichkeit flüchtete und — gleichzeitig mit allgemeinen Angriffen auf Hilferdings Finanzpolitik vor allem aus Kreisen der DVP — der Regierung weitere Darlehen versagte[29]. Noch bemühte sich zwar die SPD, durch Kompromisse die Lage zu retten und die jetzt auch im demokratischen Lager erörterte autoritäre Präsidiallösung zu verhindern: sie opferte ihren Finanzminister Hilferding[30], der im Januar 1930 durch den DVP-Abgeordneten Moldenhauer ersetzt wurde. Doch begann nun selbst die Führung des sozialistischen ADGB, die 1928 ganz wesentlich an der Regierungsinitiative der SPD beteiligt war und trotz Vorbehalten die Große Koalition begrüßt hatte[31], ihren Einfluß auf Fraktion und Minister der SPD im Sinne der innerparteilichen Opposition gegen die Koalitionspolitik geltend zu machen.

12. Dezember 1929 in Berlin, auf der über die (vorige Anmerkung) zitierte Denkschrift beraten wurde: *ebda.*, Heft 50 (Januar 1930). Dabei wurde bezeichnenderweise Schacht mit (hier ungewohnt) „stürmischem, langanhaltendem und wiederholt einsetzendem Beifall" begrüßt (S. 5). Hierbei erklärte der Vorsitzende des Verbandes sächsischer Industrieller (Direktor Wittke) in einer längeren Diskussionsrede, daß die deutsche Parteiendemokratie einer „festen" und „beständigen" Ordnung im Sinne der industriellen Forderungen im Wege stehe. Man müsse deshalb über das Parlament hinweggehen und „durch Verordnungen den Zustand ... schaffen, den die fehlende Gesetzgebung uns nicht schaffen kann. Ich stehe durchaus nicht isoliert da, wenn ich sage: Ein Ermächtigungsgesetz kann vielleicht noch die einzige Hilfe sein, die aus diesem Zustand hinausführt" (S. 38).

27 Vgl. auch Ernst Fraenkel, „Die politische Bedeutung des Arbeitsrechts", in: *Die Gesellschaft* 9, Heft 1 (Januar 1932), S. 36 ff.; S. 43 ff.

28 Genaueres bei Timm (Anm. I/2), S. 130 ff.

29 Vgl. Curtius, *Young-Plan* (Anm. I/9), S. 57 u. a.; Schacht, *Das Ende* (Anm. I/9), S. 102 ff.; S. 108; ders., *76 Jahre* (Anm. I/9), S. 301 ff., mit einer ebenso einseitigen wie arroganten Selbstverteidigung: als er aus Paris zurückkehrte, habe ihm seine Frau schon auf dem Bahnhof zugerufen: „Du hättest niemals unterzeichnen dürfen!" Dem entsprachen dann Schachts weitere Intrigen (S. 321 ff.). Zur politisch-psychologischen Bedeutung der Schachtschen Eskapade damals schon Gustav Stolper, „Verantwortung", in: *Der deutsche Volkswirt* 4 (1929/30), I, S. 331 ff.

30 Am Sturz Hilferdings war auch Keil wesentlich beteiligt: *Erlebnisse* (Anm. I/3), I, S. 360 ff. Nach sozialdemokratischer Darstellung sollte das Ressort zunächst wieder von der SPD besetzt werden. Der dafür vorgesehene Finanzsachverständige Paul Hertz lehnte es aber nach verschiedenen Verhandlungen mit seiner Fraktion und dem Reichskanzler ab, sich an das vorgesehene Steuersenkungsprogramm zu binden, und schlug die Betrauung eines DVP-Ministers vor, „weil gerade von dieser Partei die größten Schwierigkeiten bei dem Versuch, geordnete Reichsfinanzen zu schaffen, gemacht werden" (*Sonderausgabe 6 der Sozialdemokratischen Parteikorrespondenz* [1930], S. 11).

31 Vgl. etwa: *Protokolle der Verhandlungen des 13. Kongresses der Gewerkschaften Deutschlands*, Hamburg 1928, bes. S. 79 f.

Zudem waren schon 1928 auch innerhalb der SPD ähnliche Gegensätze zwischen Parteiorganisation, Fraktion und Kabinettsmitgliedern wie in der DVP Stresemanns aufgebrochen. Besonders der Bau jenes Panzerkreuzers, gegen den man im Wahlkampf agitiert hatte, um ihn nun unter einem sozialdemokratischen Reichskanzler bewilligt zu sehen, wurde zu einer heißumkämpften Streitfrage[32]. Als die SPD-Fraktion im November 1928 die Einstellung des Baus beantragte und so offen — und unter Verhängung der Fraktionsdisziplin[33] — gegen Regierungsmaßnahmen ihres 1. Vorsitzenden Stellung nahm, mußte nach selbstverständlichem SPD-Brauch Reichskanzler Müller mit seinen sozialdemokratischen Ministerkollegen gegen die eigene Regierungsvorlage stimmen: die Regierung wurde nur gerettet, weil der Antrag der Linken von der Reichstagsmehrheit schließlich doch noch abgelehnt wurde. Seither war eine in allgemeine Mißstimmung mündende innerparteiliche Opposition gegen die sozialdemokratische Koalitionspolitik nicht mehr zur Ruhe gekommen. Zwar vermochte sich Müllers nüchterner Wirklichkeitssinn in den erregten koalitions- und militärpolitischen Auseinandersetzungen auf dem Magdeburger Parteitag 1929 noch einmal durchzusetzen[34]; er warnte eindringlich vor einer Wiederholung dieser grotesken Majorisierung der eigenen Regierung, die „keine Parlamentskrise, sondern eine Krise des Systems“ bedeutete[35]. Aber der kranke Kanzler erreichte nur eine recht schwache Entscheidung für das kleinere Übel, einen Kompromiß der realistischen Resignation, der an neuen Spannungen schnell genug zerbrechen mochte, zumal starke Kräfte in der Partei — in Verkennung der politischen, sozialen und psychologischen Lage — das Klassenkampfideal weiterhin in der Fassung des Kieler Parteitages über das Bekenntnis zur Republik und zur Zusammenarbeit mit dem demokratischen Bürgertum stellten[36]. Die SPD, deren unklare, wenig konstruktive Stellung zu den militärpolitischen wie militärpsychologischen Problemen der Republik hier einmal wieder zu bedenklichen Konsequenzen führte[37], zeigte sich ebenso koalitionsmüde wie

32 Man vgl. z. B. die heftige Kritik, die auf einer gemeinsamen Sitzung von Partei- und Fraktionsvorstand am 15. August 1928 an dem eigenen Minister geübt wurde: „Die Vorstände der SPD und der sozialdemokratischen Reichstagsfraktion bedauern lebhaft, daß die sozialdemokratischen Minister nicht die Möglichkeit gefunden haben, in der Kabinettssitzung durch Abstimmung klar zum Ausdruck zu bringen, daß sie – in Übereinstimmung mit der gesamten Partei – entschiedene Gegner des Panzerkreuzers A sind, sich vielmehr auf formalrechtliche Argumente gestützt haben“, in: *Jahrbuch der Deutschen Sozialdemokratie*, hrsgg. vom Vorstand der SPD, Berlin 1928, S. 124; vgl. auch *Vorwärts*, Nr. 383 v. 15. August 1928. Zur Kontroverse zwischen Braun (der sich im Reichsrat gegen den Panzerkreuzer einsetzte) und Müller vgl. Otto Braun (Anm. I/5), S. 250 ff. Ferner Severing (Anm. I/18), II, S. 157 ff.; Keil (Anm. I/3), II, S. 341 ff. (der sich für Müller aussprach).

33 *SPD-Jahrbuch* (Anm. I/32), 1928, S. 13. Vgl. die Diskussionen auf dem SPD-Parteitag von 1929 mit der Feststellung des Fraktionsvorsitzenden Breitscheid, daß die SPD-Minister „sich in allererster Linie als zu uns gehörig und erst in zweiter Linie als Mitglied des Kabinetts fühlen“ müssen: *Protokoll Sozialdemokratischer Parteitag Magdeburg 1929*, Berlin 1929, S. 160; vgl. S. 40.

34 *Ebda.*, S. 83: „Der Reichskanzler, der die Politik bestimmt, darf nicht gegen seine eigene Vorlage stimmen.“ Schleicher hielt damals eine Spaltung der SPD für möglich. So noch in einem Brief vom 18. August 1928, bei Gordon A. Craig, „Briefe Schleichers an Groener“, in: *Die Welt als Geschichte* 11 (1951), S. 124.

35 *Parteitag Magdeburg* (Anm. I/33), S. 79; vgl. S. 41.

36 *Protokoll Sozialdemokratischer Parteitag Kiel 1927*, Berlin 1927, S. 272. Antrag der Opposition (abgelehnt mit 255 gegen 83 Delegierte): „. . . Die Kampffront in der deutschen Republik bildet sich nicht mehr unter der Parole: hie republikanisch – hie monarchisch, sondern: hie sozialistisch – hie kapitalistisch. Der Parteitag beschließt, diese Opposition ohne Rücksicht auf bürgerliche Parteien im Geiste des proletarischen Klassenkampfes mit allen parlamentarischen und außerparlamentarischen Mitteln zu führen.“

37 Besonders instruktiv die stürmischen Diskussionen des *Parteitags Magdeburg* (Anm. I/33), *passim*, bes. S. 105–154. Dazu auch Stampfer (Anm. I/4), S. 525 ff.; Keil (Anm. I/3), II, S. 345 ff. Zu den energischen Befürwortern einer realistischeren Reichswehrpolitik entgegen der doktrinären SPD-Tradition gehörte damals neben Keil, Severing, Haubach, Schöpflin besonders auch der junge Abgeordnete Julius Leber; vgl. seine Ausführungen auf dem *Parteitag Magdeburg* (Anm. I/33), S. 127 ff., und seine publizistischen Äußerungen in: Julius Leber, *Ein Mann geht seinen Weg, Schriften, Reden und Briefe*, hrsgg. von seinen Freunden, Berlin 1952, S. 58 ff. und bes. S. 143 ff.; S. 180 f., sowie den in nationalsozialisti-

ihre bürgerlichen Partner, als mit Verschärfung der Wirtschaftskrise die Spannungen innerhalb der Regierung einen neuen Höhepunkt erreichten.

2. Krise der Regierung Müller

Der Winter 1929/30 stand im Zeichen vielfältiger Finanz- und Sozialreformpläne, die die Möglichkeiten einer Regierung im gespannten politischen Rahmen der Großen Koalition überstiegen[37a]. Noch einmal gelang es dem Kabinett trotz seiner Desavouierung durch Schacht in den Reichstagsdebatten vom Dezember 1929, die lockere Kooperation der auseinanderstrebenden Parteien und Interessen und damit auch die Aktionsfreiheit für die Haager Schlußkonferenz zu retten: doch stellten sich nun schon Teile der DVP ganz offen gegen die Regierung, während sich gleichzeitig die BVP und der linke Flügel der SPD von ihr distanzierten. Zwar hielt der Schlußkampf um die Ratifizierung der Young-Gesetze noch eine demokratische Mehrheit zusammen. Aber die Entscheidung war selbst nach dem Rücktritt des auch in seiner Partei isolierten Finanztheoretikers Hilferding[38] nur aufgeschoben. Die Arbeitslosigkeit wuchs unaufhaltsam an und gleichzeitig, sie bedingend, die durch Schachts Drosselungsmaßnahmen noch gesteigerte Kreditnot besonders der öffentlichen Wirtschaft, die ihre Notstandsarbeiten fast ganz einstellen mußte.

Während Schachts intransigente Intrigen, die zeitweise das Gewicht einer unkontrollierbaren Nebenregierung erlangten, beinahe die Haager Schlußkonferenz und damit den Young-Plan zum Scheitern brachten[39], führte der innenpolitische Kampf um seine Annahme, d. h. um die Annahme seiner finanzpolitischen Konsequenzen, erneut auf die sozialpolitische Problematik hin. Nach der hartnäckigen Ansicht des Zentrums war eine echte Lösung des Dilemmas nur durch ein Junktim, eine Verknüpfung zwischen Young-Plan und Sozial- bzw. Finanzreform möglich. Bislang hatte das Zentrum als wichtigstes Bindeglied der Koalition gewirkt. Unter seinem Finanzsachverständigen und Fraktionsführer Heinrich Brüning, der trotz seiner christlich-gewerkschaftlichen Vergangenheit dem konservativen Flügel näherstand, tendierte es nun jedoch stärker nach rechts, ja, in Richtung auf autoritäre Lösungen[40].

Die Diskussion über die Deckung des gewaltig angewachsenen Defizits, die den Februar 1930 erfüllte, fiel indes immer wieder auf die Frage der Arbeitslosenversicherung zurück, so sehr Vorschläge zur Einsparung am überhöhten

scher Haft verfaßten Rückblick, S. 224 ff. Welche Erwartungen auch Schleicher mit diesen Ansätzen verband, geht schon aus seinem Brief an Groener vom 8. September 1928 hervor: Craig (Anm. I/34), S. 127.

37a Dazu besonders Ludwig Mühlich, *Die Reichsfinanzpolitik in der Weltwirtschaftskrise 1929–32*, Diss. Tübingen 1950 (ungedr.), S. 29 ff.

38 Vgl. o. Anm. I/30 und die Bemerkungen über eine Begegnung mit Hilferding bei Gustav Noske, *Erlebtes aus Aufstieg und Niedergang einer Demokratie*, Offenbach/M. 1947, S. 309. Ein Beispiel für die allgemeinen Angriffe auf Hilferding (von liberal-demokratischer Seite): Gustav Stolper, „Kapitulation", in: *Der deutsche Volkswirt* 4 (1929/30), I, S. 435 ff.

39 Dazu die kontroversen Interpretationen bei Schacht, *Das Ende* (Anm. I/9), S. 109 ff.; *76 Jahre* (Anm. I/9), S. 321 ff., und Curtius, *Young-Plan* (Anm. I/9), S. 78 ff., von denen unbedingt die letztere sachlich stichhaltiger ist.

40 Schon die Ablösung des Parteivorsitzenden Marx durch den Prälaten Kaas auf dem Zentrumsparteitag vom Dezember 1928 war deutlich gegen die demokratisch-soziale Richtung um Wirth und Joos gerichtet und hatte diese Kursänderung indiziert. In scharfer Kampfabstimmung hatte damals die konservativ-klerikale Richtung knapp gesiegt, die sich immer wieder für eine stärkere Anlehnung nach rechts ausgesprochen hatte. Vgl. auch Otto Braun (Anm. I/5), S. 270; Stampfer (Anm. I/4), S. 530 f. Diese Stimmung spricht z. B. aus einem Brief des Zentrumsabgeordneten und württembergischen Staatspräsidenten Eugen Bolz an seine Frau aus den ersten Oktobertagen 1929: „Ich gehe weiter und sage: die Parteien sind gar nicht imstande, die großen innenpolitischen Fragen, vor deren Entscheidung wir stehen, zu meistern." Abgedr. in: Max Miller, *Eugen Bolz, Staatsmann und Bekenner*, Stuttgart 1951, S. 357 (eine etwas zu epideiktisch geratene Biographie).

Wehretat, zur Erhebung eines Notopfers von den bislang durch die Krise noch nicht betroffenen Beamten und Angestellten u. a. m. die Lösungsversuche auf eine breitere Basis zu stellen suchten — Gedanken, gegen die sich zuletzt nur noch die DVP ausdrücklich wendete. Der Bruch wurde durch eine Kompromißvorlage der Regierung am 5. März noch einmal verzögert, nach der nur der umkämpfte Beschluß zur Beitragserhöhung strittig zu bleiben schien. Doch schließlich behielt der nicht zuletzt auch durch Hugenbergs publizistische Machtmittel[41] geförderte Druck der Arbeitgeberverbände auf die DVP die Oberhand[42], und Schachts plötzlicher, provokatorisch wirkender Rücktritt war nur noch ein weiteres Moment in der Regierungskrise, die trotz oder gerade nach der Ratifizierung des Young-Plans nun nicht mehr zum Abklingen kam[43].

Die letzten Bemühungen, das Widerstreben der auf ihren prinzipiellen Erwägungen beharrenden Flügelparteien doch noch in einer praktisch-politischen Kompromißlösung aufzuheben, standen im Zeichen wiederholter Interventionen des Zentrums und — ganz allgemein — des Tauziehens der Minister mit ihren Fraktionen. Während aber Curtius und Moldenhauer sich in den ersten Märztagen noch für die erwähnte Kompromißvorlage der Regierung auch gegen die Mehrheit ihrer Fraktion aussprachen und der DVP-Parteitag vom 22./23. März noch alles offenließ, verließ Moldenhauer wenig später diesen Standpunkt und löste in der entscheidenden Kabinettssitzung vom 27. März den Rücktritt der nun auch in sich gespaltenen Regierung aus, auf den die parlamentarische Situation längst hingedeutet hatte.

Die bis zur letzten Minute andauernden Vermittlungsversuche wurden vor allem von Brüning vorangetrieben. Noch am 27. März schien er mit einem vorsichtigen Kompromißvorschlag Erfolg zu haben, gewann dann aber mit Müller, Severing, Schmidt und Hilferding doch nur eine regierungsnahe Minderheit der SPD-Fraktion, während die Mehrheit der strikten Opposition der Gewerkschaften folgte. Auch Arbeitsminister Wissell stimmte in diesem Sinne — als einziger sozialdemokratischer Minister — gegen den Kabinettsbeschluß zur Annahme des aufschiebenden Brüning-Kompromisses. Hinter ihm stand besonders der ADGB, den die steigende Krise, die an den Gewerkschaftsfinanzen wie an der Schlagkraft der gewerkschaftlich geschulten und erfaßten Arbeiter zehrte, in ein Gefühl wachsender Unsicherheit und Existenzfurcht versetzt hatte. Im Verein mit der ohnehin aus der Koalition hinausdrängenden „linken Opposition" lehnte die zu über einem Drittel aus Gewerkschaftsführern bestehende SPD-Fraktion jetzt den Kompromißvorschlag ab und hielt an der ursprünglichen Regierungsvorlage fest[44]. Zwar verkannte man nicht, daß Brüning gleichzeitig in fortdauernden Gerüchten als der „kommende Mann" betrachtet wurde und tatsächlich schon vorher Fühlung mit den Kreisen um Hindenburg und mit den aus der DNVP hinausstrebenden gemäßigten Konservativen um Gottfried Treviranus, seinem persönlichen Freund, aufgenommen hatte. Aber man vergaß, daß auf dem stürmischen Magdeburger Parteitag der

41 Der Sturm auf die Arbeitslosenversicherung, die man für alle Finanzschwierigkeiten verantwortlich machte, wurde durch eine Masse von Denk- und Propagandaschriften vorangetrieben; für Popularisierung sollte besonders ein pseudowissenschaftliches Buch aus Hugenbergs unmittelbarer Umgebung sorgen, das, in Massen verbreitet, die Ersetzung der ganzen Sozialversicherung durch allgemeinen Sparzwang und eine „sozialkapitalistische Gewerkschaft" im Sinne einer ständischen Neuordnung propagierte: Gustav Hartz, *Irrwege der deutschen Sozialpolitik und der Weg zur sozialen Freiheit*, Berlin (Scherl) 1928, bes. S. 228.

42 Vgl. z. B. die *Frankfurter Zeitung* v. 7. März 1930: „Es scheint, daß jetzt alle diejenigen Kräfte, die weniger aus sachlichen als aus politischen Gründen auf die Sprengung der gegenwärtigen Koalition hinarbeiten, ihre Bemühungen auf die DVP konzentrieren, um die Fraktion durch einen Telegrammsturm aus dem Lande und durch anderen Druck von außen zur Ablehnung zu zwingen."

43 Text des Haager Reparationsabkommens v. 20. Januar 1930 in: *RGBl.*, 1930, II, S. 83.

44 Zu den Vorgängen im einzelnen vgl. Stampfer (Anm. I/4), S. 561 ff.

Fraktionsführer Breitscheid zwar auf die große Bedeutung des Versicherungskonflikts hingewiesen[45] und Stampfer präzisiert hatte, daß „Partei und Regierung ... zwei, aber Partei und Gewerkschaften ... eins" seien[46], daß aber derselbe Breitscheid vor den auflösenden Wirkungen auf die deutsche Demokratie gewarnt hatte, die ein neuer Regierungssturz zeitigen mußte. Angesichts der gesteigerten Aktivität der Befürworter einer autoritären Präsidial- und Notverordnungsregierung hätten die fast prophetischen Worte, die damals gefallen waren[47], SPD und Gewerkschaften vor einer negativen Entscheidung warnen müssen, die nur Demonstration sein konnte, ihnen gleichzeitig jedoch die politische Waffe einer demokratisch-parlamentarischen Mitbeteiligung an künftigen Regierungsentscheidungen aus den Händen nehmen würde.

Es war ein folgenschwerer Entschluß, den die SPD mit Rücksicht auf die Wähler nicht minder als auf sozialpolitische Prinzipien, sicher aber ohne genügendes Abwägen der weitreichenden politischen Konsequenzen gegen den Rat Müllers und im Sinne Wissells faßte[48]. Man räumte endgültig jener autoritären Minderheitsregierung den Platz, die als einzige Übergangslösung übrigblieb; daß sie die Übergangsstufe zum totalen Staat und nicht die kontrollierte Notstandsdiktatur auf dem Weg zur Rekonsolidierung der Demokratie wurde, sollte oft beklagt, aber kaum mehr wirkungsvoll bekämpft werden. Die Regierung Müller stürzte auch nicht über ein Mißtrauensvotum des Reichstags, das wenigstens die folgenschwere Bedeutung des Ereignisses fühlbarer gemacht und die Überlegungen über den Stand der deutschen Demokratie vertieft hätte. Sie fiel als ein Beispiel des problematischen Funktionsverhältnisses zwischen den Fraktionen und ihren Ministern, zwischen Taktik und Strategie der Parteipolitik auf der einen, der Regierungspolitik auf der anderen Seite. Mit der Ablehnung einer weiteren Aussetzung der Versicherungsfrage durch Moldenhauer und die Zentrumsminister war ihr Schicksal auch ohne das Votum des Reichstags entschieden, der Bruch in dieser Form ein Ergebnis des „Sieges" aller Fraktionen: ein Pyrrhus-Sieg, der den Reichstag selbst weiterer Koalitionsmöglichkeiten beraubte und in seiner politischen Wirksamkeit sogleich — und, wie sich zeigen sollte, endgültig — aus dem legitimen Bereich der Regierungskontrolle hinausdrängen sollte. Die Demokratie hatte sich ihrer eigensten Grundlagen begeben, als ihre Träger an die Stelle praktikabler Kompromisse unbewegliche Prinzipien, an die Stelle einer kooperativen Regierungspolitik das Diktum einer von Interessengruppen und Wählertaktik bestimmten Fraktionspolitik und interfraktioneller Verhandlungen[49] setzen zu können glaubten. Es war nicht Ausdruck der Stärke, sondern gerade der Schwäche des Parlaments in der Weimarer Republik, dem nach diesem verzweifelten Aufbäumen der Parteiaktivität die Zügel der politischen Kontrolle vollends entglitten.

Eine Betrachtung dieser dramatischen, wenngleich nach außen wenig sichtbaren Ereignisse legt freilich den Schluß nahe, daß gerade Brünings Vermitt-

45 *Parteitag Magdeburg* (Anm. I/33), S. 165.
46 *Ebda.*, S. 174.
47 *Ebda.*, S. 170: „... dann kommt wirklich eine Krise des Parlamentarismus, dann wirklich die Ausnutzung gewisser Verfassungsbestimmungen, die dem Sinn der Demokratie nicht entsprechen, die aber nun einmal nach ihrem Wortlaut in die Verfassung gekommen sind, um die Ausnutzung durch gewisse Desperados der Bestimmungen, die u. U. dem Reichspräsidenten ein Recht geben könnten, das im Grunde mit der Demokratie nicht im Einklang steht. Dann könnten wir eine Art Beamtenkabinett erhalten, das an sich vielleicht schon die verschleierte Diktatur wäre. . ."
48 Vgl. Leber, *Ein Mann* (Anm. I/37), S. 233, und die scharfe Kritik August Rathmanns in: *Neue Blätter für den Sozialismus*, September 1930, S. 389; ferner Stampfer (Anm. I/4), S. 561 ff.
49 Vgl. die Kritik bei Severing (Anm. I/18), II, S. 239 f.

lungsaktion schließlich jene Basis aufgeweicht und neuen interfraktionellen Interventionen ausgesetzt hat, die mit der Regierungsvorlage vom 5. März das Kabinett noch einmal getragen hatte. So schwer es ist, vor Erscheinen der wiederholt angekündigten Erinnerungen Brünings die Motivstruktur der Beteiligten objektiv zu erfassen, so stark sprechen doch die unmittelbar folgenden Geschehnisse dafür, daß sich der Bruch der Großen Koalition nicht nur auf der Ebene legaler, parlamentarischer Entscheidungen, sondern wenigstens ebenso entschieden im Bereich außerparlamentarischer, interessen- und personalpolitischer wie ideologieträchtiger Aktivität vorbereitete. Brünings Unterredungen mit Hindenburg zu Beginn des Jahres sowie während der 2. Lesung des Young-Gesetzes[50], die offenbar von Treviranus vermittelt und von der Umgebung des Reichspräsidenten gefördert wurden, gehörten in den Rahmen der wachsenden Bemühungen um einen „starken Mann", der eine antisozialistische Regierung der Mitte und der Rechten, vielleicht eine Präsidialdiktatur ohne Parlament tragen könnte. Es ist kein Zweifel, daß in Hindenburgs Nähe vor allem General v. Schleicher und mit ihm Groener den Einfluß der Reichswehr in dieser Richtung geltend machten[51]; offen bleibt nur die Frage, ob Brüning selbst mit seiner Intervention in letzter Minute neben dem Sturz der Regierung auch eine Änderung des Systems ins Auge faßte[52]. Möglicherweise haben die politischen Vereinbarungen und Tendenzen, die bei Brünings überraschend schneller Kabinettsbildung zutage traten, bereits seinen Kompromißvorschlag beeinflußt und so zur Annäherung Zentrum—DVP und zur schließlichen Isolierung der SPD geführt, der nun die „Schuld" an der Regierungskrise zufallen mochte. Dies war nicht nur die Meinung von Gewerkschafts- und SPD-Politikern, die sich damit die intransigente Haltung des Zentrums in der Schlußphase erklärten[53], es findet auch im Blick auf den Charakter der neuen Regierung und vor allem auf das Gewicht und die mehr und mehr hervortretenden Absichten ihrer außerparlamentarischen Stützen seine Bestätigung.

Wenn aber Brünings ganzes Streben nach ständig erneuerten Beteuerungen der Gesundung des Parlaments und der Demokratie galt, dann mußte er sich gegen die Kräfte zu behaupten wissen, die ihn auf dem Weg zu einer autoritären Umwandlung der Republik zu benützen und in ihm die Demokratie durch die Demokratie außer Kraft zu setzen suchten. Würde er den Einfluß auf Hindenburg und die Verfügung über die aus seiner Umgebung ihm zugespielten außerparlamentarischen Machtmittel behalten und in sorgfältiger Beachtung der äußersten Grenzen eindeutig für die Wiederherstellung einer demokratischen Funktionsfähigkeit nach Überwindung der inneren und äußeren Krisenlage einsetzen können? Was mit dem gewaltigen Anwachsen der NSDAP kam und was zugleich in der Aktivität der „Nationalen Opposition", in den verfassungsrechtlichen und ideologischen, den wirtschafts- und sozialpolitischen sowie den außenpolitischen Restaurations- und Ressentimentsstimmungen der

50 Also zwischen 6. und 8. März 1930. Vgl. Curtius, *Sechs Jahre* (Anm. I/9), S. 161, über diese Unterredung, „in welcher der Reichspräsident ihm die Garantie für die Durchführung der Finanzsanierung durch Anwendung aller verfassungsmäßigen Mittel gab und – worüber niemals Näheres bekannt geworden ist – ihn wohl schon damals zum künftigen Reichskanzler designierte. Denn darüber war kein Zweifel, daß der Reichspräsident und seine Umgebung sich von der sozialdemokratischen Führung der Reichsregierung lossagen wollten."

51 Brief Groeners an seinen Jugendfreund, den General a. D. Alarich [Spitzname für: Gerold] v. Gleich v. 24. März 1930: „Was in meinen schwachen Kräften steht, werde ich tun, um den sich anbahnenden Kurswechsel zu beschleunigen" (Reginald H. Phelps, „Aus den Groener-Dokumenten", in: *Deutsche Rundschau* 76, 1950, S. 1014). Vgl. jetzt auch Dorothea Groener-Geyer, *General Groener, Soldat und Staatsmann*, Frankfurt a. M. 1955, S. 262 f.

52 Vgl. Leber (Anm. I/37), S. 233.

53 So vor allem Keil (Anm. I/3), II, S. 370 f.; S. 383 ff. mit einigen Details.

Republik seit ihrer Entstehung mit allen Mitteln und Argumenten widerstrebt, sie in immer neuen Ausbruchsversuchen zu überwinden gesucht hatte — das erwies sich letztlich als stärker denn die Planungen einer bürokratisch-autoritären Zwischenregierung. Es hatte sich inzwischen seine mächtigen Ausgangspositionen geschaffen und sah nach dem Sturz der letzten parlamentarischen Mehrheitsregierung ein kaum noch begrenztes Wirkungsfeld vor sich.

Die Neutralisierung des Parlaments schien ein entscheidendes Hindernis auf diesem Wege zu beseitigen; sie war aber gerade die Existenzgrundlage der neuen Regierung, die mit dem bürokratisch gebundenen Blick auf die nächsten „Ordnungsaufgaben" und auf die materiellen Komplikationen der Krise den weiteren Umkreis demokratischer Seinsbedingungen zunehmend aus den Augen verlor. Auf der schmalen Basis einer einzigen Verfassungsbestimmung und eines „persönlichen Vertrauens" operierend, entfremdete sie sich den Massen, die sie nicht zu tragen brauchten, und ignorierte zugleich die umfassenden Bewegungen, die sich neben und gegen ihren Staat fast ungestört und ohne die Last politischer Verantwortung entfalten konnten. Die Regierung der „Fachleute", die an die Stelle des politisch erarbeiteten Kompromisses die autoritäre Verordnung setzen zu können glaubte, würde sich zwar der parlamentarischen Kontrolle weitgehend entledigen. Sie stand aber unter der Kontrolle ihrer außerparlamentarischen Legitimitätsspender, um schließlich wieder einer politischen Machtkonzentration zu weichen, die nun freilich wohl ihre autoritären Mittel bis zur letzten Zerdehnung der Verfassung benützte, gleichzeitig aber ihre präsidialen, restaurativen, antirepublikanischen Hintermänner noch selbst dem bürokratischen Mechanismus des totalen Staates unterwarf.

Trotz diesen allgemeineren Aspekten muß man jedoch, solange nicht die Rolle der präsidialen Opposition, der militanten agrarischen Interessenpolitik[54] und Brünings selbst beim Sturz der Großen Koalition völlig geklärt ist, den Regierungswechsel nach den speziellen politischen Umständen beurteilen. In der Tat liefert der Streit um die Arbeitslosenversicherung genügend Erklärungsmomente, zumal er in der grob vereinfachenden Agitation der beiden Kontrahenten zu einem Streit zwischen „Sozialismus" und „Kapitalismus" geworden war — sowenig solche Schlagwörter, die in den undifferenzierten Vulgärslogans vom „Marxismus" und vom „Monopolkapitalismus" gipfelten, die komplizierte Interessenlage treffen und die Tatsache zum Ausdruck bringen mochten, daß es hier um die entscheidende Frage des Primats und der „Autonomie der Wirtschaft" auf der einen, der demokratischen, sozialen Staats- und Gesellschaftsordnung auf der anderen Seite ging. So war es ein echter, freilich auch mit traditionellen Begriffen wie Arbeiterschaft und Bürgertum kaum noch erfaßbarer Machtkampf mit all seinen soziologischen und ideologischen Hintergründen, der Leben und Sterben der Koalition bestimmte und die bis zuletzt kooperationswilligen Kabinettsmitglieder schließlich der Kampfstimmung ihrer Fraktionen und Parteien unterwarf.

Die Schuld der schwankenden SPD wie besonders der „intransigenten Gewerkschaften"[55] lag darin, daß sie den Bruch der Koalition hinnahmen, obwohl

54 Die neugebildete „Grüne Front" hatte besonders in Teilen des Zentrums und der DNVP ihren Rückhalt. Ihr Einfluß auf den Regierungswechsel wird auch bei Timm (Anm. I/2) übergangen. Gewisse (unfreiwillige) Einblicke in ihre Aktivität erlaubt jetzt Reichardt, *Andreas Hermes* (Anm. I/13), S. 120 ff.: man drängte schon im März 1929 energisch auf eine Änderung der Zusammensetzung von Parlament und Regierung und nahm sich überdies die „Behörden" in Berlin vor. Auch die Spaltung der DNVP u. S. 284 ff.) und die Berufung Schieles, des Präsidenten des Reichslandbunds, in die neue Regierung deutet auf solche Zusammenhänge hin. (Weiteres u. S. 277 ff.)

55 So auch Stampfer (Anm. I/4), S. 562, bei der Schilderung der dramatischen Vorgänge innerhalb der SPD und zwischen SPD und Gewerkschaften.

sich deutlich genug die Gefahr abzeichnete, daß ihre künftigen Einflußmöglichkeiten auf die politische Gestaltung mit der Verdrängung parlamentarischer Regierungsformen gänzlich abgeschnitten würden. Es war freilich eine „tragische" Schuld, die in dem Dilemma einer an den Willen ihrer Mitgliederschaft gebundenen und um die Bewahrung ihrer Einheit ringenden Partei begründet war. Aber um das Letzte zu retten, würde sie mit einer halbautoritären Regierung auch den Abbau der Sozialleistungen tolerieren müssen, ohne noch maßgeblich eingreifen zu können — nur, um das Schlimmste zu verhindern. Der Sieg der doktrinären Linksopposition innerhalb der SPD war nur mit der Unterstützung der interessengebundenen, politisch kurzsichtigen Gewerkschaften zustande gekommen. Seine Folge war eine völlige Selbstausschaltung der stärksten demokratischen Partei und mit ihr des Reichstags, der ein halbes Jahr später auch theoretisch die letzte Chance zur Bildung selbst einer Großen Koalition verloren hatte. Der Sieg der interessenpolitischen und ideologisch-marxistischen Prinzipien über den kompromißfähigen Realismus[56] bedeutete auf der politischen Ebene ein parteistrategisches Versagen, eine schwere Niederlage, von der sich die SPD nicht mehr erholen sollte[57]. Denn die Opfer, die sie nun zu bringen hatte, waren weit größer und gefährlicher als jene Kompromißbereitschaft, die das parlamentarische System gerettet hätte. Mit ihrer rein defensiven Haltung hatten Partei und Gewerkschaften der großen konstruktiven Aufgabe gegenüber, die Wirtschaftskrise und Krise der parlamentarischen Demokratie stellten, schon jetzt deutlich versagt[58]. Der 27. März 1930 wurde zum „schwarzen Tag der Sozialdemokratie und der deutschen Demokratie überhaupt"[59].

Entscheidend aber war letzten Endes doch die Haltung der DVP und der hinter ihr stehenden „Wirtschaft"[60]; sie drängte nicht nur aus einer Koalition, sondern aus einem Modus parlamentarischer Regierungsführung heraus, der ihr, die keine starke Wählerschaft hinter sich zu sammeln vermochte, nicht die ihrem wirtschaftspolitischen Gewicht entsprechende politische Vertretung und Mitbestimmung zu garantieren schien. Da eine starke Partei der bürgerlichen

56 Vgl. bes. die scharfe Kritik an den marxistisch-doktrinären Bindungen bei Leber (Anm. I/37), S. 210 ff.

57 Bes. Otto Braun (Anm. I/5), S. 292, betont in bitteren Worten, die in der deutschen Ausgabe seiner Erinnerungen (S. 165) gestrichen sind, den „sturen Gewerkschaftsdoktrinarismus Wissells, der hier jenen radikalen Fraktionsflügel auf seiner Seite hatte, der, stets nach den Kommunisten schielend, ohnehin aus der Regierungsverantwortung herausstrebte". Vgl. Leber (Anm. I/37), S. 233. Dies ist auch die nachträgliche Einsicht des SPD-Kronjournalisten Stampfer, der 1929 entschieden festgestellt hatte (*Parteitag Magdeburg*, Anm. I/33, S. 174): „Sollte einmal die verhängnisvolle Situation eintreten, daß wir in einer sozialpolitischen Frage, wie es die Arbeitslosenversicherung ist, zu entscheiden haben zwischen der Regierung auf der einen Seite und den Gewerkschaften auf der anderen Seite, dann kann über die Entscheidung gar kein Zweifel bestehen. In solchem Fall würden wir nach dem Grundsatz handeln müssen: Partei und Regierung sind zwei, aber Partei und Gewerkschaften sind eins." Nach dem Zusammenbruch der Republik aber räumt er ein (*14 Jahre*, Anm. I/14, S. 559): „... Da es nicht um eine sozialpolitische Einzelfrage ging, sondern um eine politische Entscheidung von höchster Bedeutung, hätte die Partei die Führung haben müssen... Der Kampf um die Arbeitslosenversicherung und um den Tariflohn war notwendig. Richtig konnte er aber nur geführt werden, wenn sich die Verteidiger, Partei und Gewerkschaften, der großen Zusammenhänge bewußt blieben..." Gerechtfertigt wird die Entscheidung nach wie vor von Keil (Anm. I/3), II, S. 369 ff.

58 Vgl. noch Paul Sering, *Jenseits des Kapitalismus*, Lauf bei Nürnberg 1946, S. 86.

59 So Leber (Anm. I/37), S. 220: „Denn an diesem Tage widerlegte die deutsche Demokratie sich selbst, charakterisierte sich die Sozialdemokratie als noch immer unfähig zur Staatsführung."

60 Bezeichnend ist dafür die Stellungnahme der *Deutschen Allgemeinen Zeitung [DAZ]*, eines Blattes, das besonders von der Eisenindustrie (daneben von Schiffahrt und Banken) getragen wurde. Schon in der Neujahrsbetrachtung (1. Januar 1930) wird hier gegen die „rote Mißwirtschaft" der Großen Koalition polemisiert und das Jahr 1930 als Jahr der „Entscheidung" bezeichnet. Und ein Leitartikel vom 3. März 1930 (Nr. 104) sieht die Regierung Müller „am Grabe" und fordert die endgültige Sprengung der Koalition, damit endlich Finanzreform, „Wiederherstellung der Rentabilität", „Förderung der Kapitalbildung" durchgesetzt werden könnten. Zwei Tage später (5. März 1930) wird dann versichert, daß „die Wirtschaft geschlossen zu der großen Linie stehe", die in jenem Artikel entwickelt worden sei.

Mitte fehlte, verschob man den interessenpolitischen Machtkampf auf die außerparlamentarische Ebene, wo nicht mehr die Zahl der Stimmen, sondern die Macht des Einflusses und der Querverbindungen maßgebend sein würde. Dies aber bedeutete nun mehr als eine Überbrückung der wirtschaftlichen Notlage: es bedeutete die Erweiterung des prinzipiellen Interessenkampfs um die Erhaltung des kapitalistischen Wirtschafts- und Gesellschaftssystems zu einem Angriff auf das demokratische „System“ der Weimarer Republik.

3. Pläne um eine Präsidialregierung: Brüning

Der Rücktritt der Regierung ließ die Parteien in einem ernsten parlamentarischen Dilemma zurück. Die führende SPD zog sich bewußt zurück, wenngleich gegen den Widerstand eines starken gouvernementalen Flügels[61], und die DNVP verharrte in grundsätzlicher Opposition; die Mittelparteien aber konnten diesmal kaum, wie schon so oft, ein Minderheitskabinett bilden, da weder von der linken noch von der rechten großen Flügelpartei die dazu erforderliche Tolerierungspolitik erwartet werden durfte. Außerparlamentarische Fachmannsregierung auf Notverordnungsbasis[62] oder Versuch zur Einbeziehung der Rechtsopposition[63]: dies schien die düstere Alternative, die im Lager der Mitte und besonders natürlich von der deutschnationalen Presse erwogen wurde[64]. Der selbstmörderische Entschluß der demokratischen Parteien hatte den Boden für eine Lösung bereitet, die auf außerparlamentarische Hilfsmittel und gleichsam wilhelminische Regierungsformen zurückgriff[65]. Der Gedanke eines „unabhängigen Beamtenkabinetts“ war in Hindenburgs Umgebung wieder und wieder erwogen und erstrebt worden[66]. An der Stelle des Kaisers stand ein monarchischer Feldmarschall, die Regierung selbst hatte bürgerlichen Charakter. Aber kaum zwei Jahre später war eine Restauration der Monarchie schon in den Bereich der offiziellen Planungen gerückt[67], und im Kabinett v. Papen strebte auch die konservative Aristokratie wieder vorübergehend an ihren alten Platz.

Die Verfassung bot für eine solche Entwicklung den Artikel 48, den „Diktaturparagraphen“. Seine Anwendung war bislang freilich auf Fälle der akuten Bedrohung der Verfassung und der parlamentarisch-demokratischen Ordnung

61 Bezeichnend ist vor allem die Stellungnahme Brauns, der als preußischer Ministerpräsident die gefährlichen Rückwirkungen dieses Kurswechsels und ihre Konsequenzen nicht nur für die Regierungssituation der Republik und Preußens, sondern auch für die Partei selbst besonders deutlich spüren mußte. Vgl. Otto Braun, *Von Weimar* (Anm. I/5), S. 295: „Ich habe mich gegen diese Taktik gewandt. Denn war die Partei – nach meiner Auffassung ohne zwingenden Grund – aus der Regierungsverantwortung ausgeschieden, so mußte sie der neuen Regierung eine Chance geben, durfte nicht bereits am ersten Tage auf ihren Sturz hinarbeiten. Ihre Opposition konnte später in sachlicher Stellungnahme zu den Maßnahmen der Regierung hinreichend zum Ausdruck kommen. So mußte sie vorgehen, selbst auf die Gefahr hin, daß ihre Stimmenthaltung bei der Abstimmung über Mißtrauensanträge der Kommunisten oder Nationalsozialisten von ihren Anhängern mißverstanden wurde.“ Noch schärfer die Kritik von Leber (Anm. I/37), S. 218 ff.

62 Vgl. die demokratische *Frankfurter Zeitung*, Nr. 234 v. 28. März 1930: „Jetzt ist alles dunkel und ins Ungewisse gerückt. Finanzordnung durch Artikel 48 oder Beamtenkabinett mit unklarer Mehrheit? Wir stehen vor folgenschweren Entwicklungen.“

63 So erwog die *Kölnische Zeitung*, Nr. 173 a v. 28. März 1930, die „Ausschöpfung aller parlamentarischen Möglichkeiten... Zu diesen parlamentarischen Möglichkeiten gehörte auch der Versuch, die Rechtsopposition zur Verantwortung zu zwingen.“

64 Z. B. *Hamburger Nachrichten*, Nr. 147 v. 28. März 1930.

65 Vgl. Stampfer (Anm. I/4), S. 567.

66 In Hindenburgs Nachlaß ist z. B. eine bei Walter Görlitz, *Hindenburg, Ein Lebensbild*, Bonn 1953, S. 296 ff., wiedergegebene Notiz „Zur politischen Lage“ v. 10. Dezember 1927 enthalten, in der eine scharfe Kritik an der Außen- und Innenpolitik, an Gewerkschaften und SPD zu der Forderung nach einem „entschlossenen Beamtenkabinett“ fortentwickelt wird.

67 Vgl. u. S. 392 ff.

beschränkt gewesen. Obgleich die kritische wirtschaftliche und finanzielle Lage, an der die Koalition gescheitert war, energische Regierungsmaßnahmen nahelegte, war eine Anwendung des Artikels 48 zur Sanierung der Reichsfinanzen verfassungsrechtlich höchst problematisch — ganz abgesehen von den kaum vermeidbaren politischen Konsequenzen. Denn in der gegebenen Situation mochte ein solcher Schritt die länger dauernde Ausschaltung des Parlaments zur Folge haben und damit, auch ohne es noch zu wollen, jenen Tendenzen Auftrieb und konkrete Wirkung verschaffen, die im Streit um die Republik auf der Seite der autoritären Reform, der Umwandlung des parlamentarischen Parteienstaats zum autoritären Präsidialstaat oder gar zur Führerdiktatur gestanden hatten[68].

Der Gegenstand war verfassungsrechtlich wie politisch ohnehin höchst umstritten, da eine nähere Bestimmung der präsidialen Ausnahmebefugnisse den Bestimmungen der Verfassung zum Trotz nie zustande gekommen war. Während die SPD in der gegenwärtigen Situation seine Anwendung für verfassungswidrig hielt, entsprach sie den auf präsidiale Machterweiterung gerichteten Intentionen der ursprünglich monarchischen DVP — und der hinter ihr stehenden Großindustrie[69] — ebenso wie den christlich-ständischen Ordnungskonzeptionen des rechten Zentrumsflügels. Auch Hindenburg selbst hatte sich schon im November 1926 dem damaligen Reichskanzler Marx gegenüber gegen ein Ausführungsgesetz zum Artikel 48 gewendet[70]; er bezeichnete es damals als eine Schmälerung seiner daraus fließenden Rechte und riet zu einer weiterhin dilatorischen Behandlung, bis der Staat gefestigt und eine Verfassungsreform durchgesetzt sei. Die überraschend schnelle Bildung der Regierung Brüning ist nur im Hinblick auf diese Möglichkeiten zu erklären. Tatsächlich war nach Brünings eigener Angabe schon unter Müllers Reichskanzlerschaft der Einsatz des Artikels 48 erwogen worden, wenn auch die weitergehende Behauptung, Müller selbst hätte Hindenburg für den Fall einer parlamentarischen Ablehnung der Finanzgesetze die Notverordnung empfohlen, bis jetzt keine Bestätigung gefunden hat[71]. Wichtiger ist, daß Brüning selbst ganz offensichtlich geraume Zeit vorher schon mit den Plänen zur Errichtung einer starken, vom Parlament weitgehend unabhängigen Regierung in Fühlung gekommen war. Das waren Gedanken, die jetzt im Zentrum überhaupt einen starken Widerhall

68 Einzelheiten o. Teil I, S. 43 ff.

69 Vgl. auch o. Anm. I/60.

70 Hindenburgs Schreiben vom 26. November 1926, das auch Külz (Reichsinnenminister) und Geßler (Reichswehrminister) zugeleitet wurde, bezog sich auf einen vorliegenden Referentenentwurf: vgl. Görlitz (Anm. I/66), S. 298 f.

71 Brüning („Brief“, Anm. I/9, S. 1 ff.) behauptet, daß Müller damit Hindenburgs Widerstreben gegen die Unterzeichnung des Young-Plans beseitigt und eine Praxis wiederaufgenommen hätte, „die in den kritischen Jahren 1923 und 1924 üblich geworden war“, daß aber Hindenburg im Augenblick der Regierungskrise selbst nicht auf dem Notverordnungswege Maßnahmen erlassen wollte, die ihm Müller zwar vereinbarungsgemäß vorgeschlagen, die aber dessen eigene Partei abgelehnt hätte. Aus diesen nicht sehr deutlichen Bemerkungen geht zwar hervor, daß Brüning noch heute die Analogie der Situation von 1923/24 und von 1930, also die verfassungsmäßige Berechtigung der Notverordnungspolitik, annimmt, es wird aber verschwiegen, welche Verhandlungen im Kabinett bzw. von Brüning selbst – und unabhängig davon – in dieser Richtung vorher gepflogen worden sind. Solche Diskussionen innerhalb der Regierung erwähnen zwar Wirth (Zentrum) und Scholz (DVP) in der Reichstagsdebatte v. 18. Juli 1930 (*Reichstagsprotokolle*, S. 6505 bzw. S. 6517), doch mögen ihre Feststellungen von der aktuellen Situation jener Tage nicht unbeeinflußt gewesen sein; jedenfalls erklärt Severing (*Lebensweg*, Anm. I/18, II, S. 247) ausdrücklich, daß das Kabinett Müller niemals eine Ermächtigung zum Gebrauch des Artikels 48 gefordert und daß nur er selbst im Frühjahr 1924 Hilferding (der es empört zurückgewiesen habe) die Vorlage eines langfristigen Sanierungsprogramms, eventuell mit Hilfe des Artikels 48, geraten habe. Hier steht allerdings auch der offenherzige Satz: „Mir erschienen . . . Steuergesetze sozialen Charakters und Sanierungsmaßnahmen zur Konsolidierung der Reichsfinanzen wichtiger als Vorzüge oder Mängel ihrer Rechtsgrundlagen.“ Dies wird der bürokratische Standpunkt der Regierung Brüning selbst und beweist doch zugleich, daß wenigstens der Gedanke an Notverordnungen schon im Bereich der Regierung Müller (deren Innenminister Severing war) eine Rolle gespielt hatte.

fanden[72]. Brüning hatte sich unter diesen Umständen als Fraktionsführer des Zentrums vor der Abstimmung über die Young-Plan-Gesetze schon am 11. März 1930 von Hindenburg die Durchführung der Finanzreform „mit allen verfassungsmäßigen Mitteln", also unter Einschluß des Artikels 48, garantieren lassen; er vollzog und sicherte dann auch seine Regierungsbildung deutlich auf dieser Grundlage, wobei sein umkämpfter Kompromißvorschlag in letzter Minute wenigstens der Wirkung nach den endgültigen Bruch der Koalition mit verursachte.

Die Vereinbarungen zwischen Brüning und dem Kreis um Hindenburg besaßen jedenfalls in diesem Augenblick schon einen verhältnismäßig konkreten Charakter. Sie traten in der Beauftragung Brünings zu einer Regierungsbildung, die Hindenburg ausdrücklich nicht auf der Basis koalitionsmäßiger Bindungen aufgebaut wissen wollte[73], deutlich hervor; sie bedingten die Hereinnahme der ehemaligen Deutschnationalen Treviranus und Schiele ins Kabinett; sie fanden ihren Niederschlag auch in der Regierungserklärung selbst, die als „letzter Versuch ..., die Lösung mit diesem Reichstag durchzuführen", angekündigt wurde, ohne mehr als Zurückhaltung in der Anwendung des Artikels 48 zu versprechen. Seit in den Sommerwochen 1929 Groener als amtierender Reichskanzler für den erkrankten Hermann Müller seinen politischen Berater Kurt v. Schleicher zur direkten politischen Unterstützung selbst in Kabinettssitzungen herangezogen hatte, war dieser versierte Reichswehrpolitiker mit seinen alten Verbindungen zu Hindenburg zum Mittelpunkt von Bestrebungen geworden, die für den Fall eines Bruchs der schwankenden Koalition eine nach rechts erweitere, aber nicht mehr parlamentarisch gebundene Regierung bereitzuhalten suchten: eine Regierung, die für die Reichswehr bequemer sein und zugleich effektiver arbeiten würde[74]. Die Kampagne alter Freunde gegen den Young-Plan trug ihrerseits dazu bei, Hindenburg selbst für eine Änderung der Regierungsbasis und für einen eventuellen Einsatz der präsidialen Diktaturgewalt zu gewinnen[75]; seinem Zögern ebenso wie Brünings Bedenken wurde der Hinweis auf die Notverordnungspolitik Eberts entgegengestellt[76], an dessen Verfassungstreue Hindenburg sich nach wie vor bewußt orientierte. Brünings Widerstand gegen eine Notverordnungspolitik, die, einmal begonnen, nach Lage der Dinge und nach dem umfassenden Charakter der Reformpläne auf

72 Vgl. den Brief des Abgeordneten Bolz an seine Frau v. 11. März 1930 (!): „Jeder fühlt die Schwäche und Ohnmacht. Ohnmacht unseres ganzen Regierungssystems. Ich bin längst der Meinung, daß das Parlament die schweren innerpolitischen Fragen nicht lösen kann. Wenn ein Diktator für zehn Jahre möglich wäre – ich würde es wünschen" (Miller, *Bolz*, Anm. I/40, S. 367 f.).

73 So dann der Text der offiziellen Meldung zur Regierungsbildung Brünings: „Hierbei brachte der Herr Reichspräsident zum Ausdruck, daß es ihm angesichts der Schwierigkeiten der parlamentarischen Lage nicht zweckmäßig erscheine, die künftige Regierung auf einer koalitionsmäßigen Bindung aufzubauen" (*DAZ*, Nr. 148 v. 28. März 1930).

74 So schrieb Groener am 4. Januar 1930 an v. Gleich: „Mein Kardinal in politices [Schleicher] hatte unterdessen ausgezeichnete Arbeit hinter den Kulissen geleistet und den Boden für die zukünftige Entwicklung vorbereitet " (Phelps, Anm. I/51, S. 1013). Vgl. auch Groener-Geyer (Anm. I/51), S. 263.

75 An ihrer Spitze stand einmal mehr v. Oldenburg-Januschau, der in einem Brief an Graf Westarp am 16. Juni 1929 schon schrieb: „Wenn die Regierung aufplatzt, was in jedem Augenblick noch *vor* dem Herbst wegen der Arbeitslosen-Versicherung geschehen kann, wäre der § 48 das einzig Richtige." Und schon in einem Brief vom 23. Januar 1929: „Wenn bald der Feldmarschall sich entschließen könnte, den Spuren Eberts zu folgen und allein zu regieren." Beide Briefe in den *Westarp-Akten* (vgl. u. Anm. I/89).

76 Die verfassungsrechtliche Problematik, die mit dem Einsatz des Artikels 48 schon 1923 gegeben war und auf die gegenwärtige Situation noch viel eher zutraf, hatten Hans Luthers Bemerkungen über das Stabilisierungsgesetz mit entwaffnender, Severings Meinung (vgl. o. Anm. 71) vorwegnehmender Offenheit schon aufgewiesen; vgl. *Die Stabilisierung der Mark* (1928), zitiert nach Rosenberg, *Geschichte* (Anm. I/1), S. 236: „Es mag zugegeben werden, daß bei der Entstehung dieses Paragraphen zunächst nur an polizeiliche oder sonstige, die äußere Ordnung betreffende Maßregeln gedacht worden ist. Tatsächlich hat sich dieser Paragraph aber als sehr nützlich erwiesen, um in Fällen dringendster Not auch wirtschaftliche, insbesondere steuerliche Maßregeln zu ergreifen."

Jahre ausgedehnt werden müßte, wich schließlich dem Eingreifen Hindenburgs und den beständigen Interventionen seiner Umgebung, besonders Schleichers [77]; man nahm im Dezember 1929 sogar Verhandlungen mit Hugenberg auf, der freilich die Situation noch nicht reif für einen diktatorischen „Rettungsversuch" durch die DNVP fand und trotz innerparteilicher Schwierigkeiten seine wütende Agitation gegen den Young-Plan, Regierung und Reichspräsidenten fortsetzte — denselben Hindenburg, den die Verfechter des autoritären Präsidialstaats gegen die parlamentarische Demokratie auszuspielen suchten.
In diesem Durcheinander der politischen Fronten schien Hindenburg loyal zur Verfassung zu stehen und, in völliger Umkehrung der Konstellation, die 1925 seine Wahl bestimmt hatte, zum Symbol der Rettung der Republik zu werden. Dies mag eine psychologische Erklärung für den Entschluß Brünings liefern, sich schließlich doch der geplanten halbautoritären Zwischenlösung zur Verfügung zu stellen. Da Hugenbergs Haltung und der Fortgang der deutschnationalen Agitation eine Lösung mit der Rechtsopposition politisch wie psychologisch ausschloß (Hindenburg hat Hugenberg seine damalige Haltung nie mehr vergessen), die Reichswehrführung aber im Konflikt der Koalitionsregierung die Gefahr eines Bürgerkriegs erblickte, nahm der Schleicher-Groenersche Brüningplan auch in Hindenburgs Überlegungen rasch Gestalt an [78]. Es war ein Kompromiß der verschiedenen Projekte, die den Kontrahenten angesichts der Krisenlage der parlamentarischen Mehrheitsregierung vorschwebten: nicht Regierung gegen das Parlament, aber doch relative Unabhängigkeit und Einschaltung außerparlamentarischer Hilfsmittel für den Fall parlamentarischen Widerstands, nicht Präsidialdiktatur, aber doch engste Zusammenarbeit mit dem Präsidenten, der aus seiner konstitutionellen Zurückhaltung heraustreten und durch direkten Eingriff (Artikel 48 oder Reichstagsauflösung) einen parlamentarischen Engpaß der Regierung erweitern mochte, nicht Ausschaltung der mehrheitsunfähigen Parteien, aber nur lose Zusammenarbeit mit einer von Fall zu Fall gewonnenen Tolerierungsmehrheit. Man glaubte, für diesen Kurs den richtigen Mann gefunden zu haben [79].
Heinrich Brüning entstammte westfälischem Mittelstand; er war erst 45 Jahre alt, als er nach einer steilen Karriere zur Schlüsselfigur des neuen Kurses wurde. In seinem Wesen vereinigten sich romantische und sachlich-wissenschaftliche Züge, tiefe katholische Überzeugung und nüchterne politische Einsicht zu einem fast asketischen Arbeitsethos, das sich freilich mehr an der Sache selbst als an ihrer notwendigen psychologisch-taktischen Vorbereitung, Popularisierung und Durchsetzung im Feld des öffentlichen Meinungsstreits bewährte. Er hatte mit Auszeichnung Staats- und Wirtschaftswissenschaften studiert, dann trotz beschränkter Tauglichkeit 1915 gegen viele Widerstände seine Einberufung durchgesetzt, sich als „Frontoffizier" bewährt und als Angehöriger der Gruppe Winterfeldt bis zuletzt seine Kompanie gegen die Revolution zusammengehalten — eine Tatsache, die er zum Unbehagen der ihn stützenden

77 Nach Gottfried R. Treviranus („Die Wurzeln des Übels", in: *Das Parlament* 3, Nr. 4 v. 28. Januar 1953, S. 1 f.) hatte Schleicher bei einer Besprechung um Weihnachten 1929 vergeblich versucht, Brüning für den Gedanken eines Präsidialkabinetts ohne parlamentarische Verantwortung zu gewinnen.

78 Vgl. auch Hans Schlange-Schöningen, *Am Tage danach*, Hamburg 1946, S. 35.

79 In seiner nachträglichen Darstellung vom Oktober 1932 begründete Groener seine und Schleichers Bestrebungen mit der Hoffnung, durch eine Präsidialregierung den Wünschen der Rechten entgegenzukommen, ohne den Reichstag ganz auszuschalten: deshalb sei die Berufung Brünings, der das Zentrum hinter sich hatte, in seinen wirtschaftspolitischen Anschauungen der DVP entgegenkam und nach seiner militärischen Vergangenheit für Hindenburg akzeptabel sein mußte, als der geeignete Weg zur Lösung der nationalen Krise und zur Überwindung des innenpolitischen Engpasses erschienen: vgl. Gordon A. Craig, „Reichswehr and National Socialism, The Policy of Wilhelm Groener", in: *Political Science Quarterly* 63 (1948), S. 209.

SPD mehrmals in die öffentliche Debatte warf. Seine sachliche Denkart führte ihn zwar im weiteren Verlauf der Revolution rasch zu unabhängiger politischer Urteilsbildung und, statt in die Freikorps, zu aktiver Tätigkeit als Geschäftsführer in Stegerwalds christlichen Gewerkschaften; seit 1924 saß er in der Reichstagsfraktion des Zentrums, wo er sich schnell in aller Augen als hervorragender Finanzsachverständiger qualifizierte. Ende 1929 rückte Brüning schließlich zum Fraktionsvorsitzenden auf. Doch blieben romantische Erinnerung und patriotischer Stolz, die den nüchternen Politiker den Traditions- und Symbolreichtum der Monarchie nicht vergessen und Gedanken an eine konservativ-autoritäre Reform der krisenerschütterten Republik in ihm wachsen ließen[80] — eine Neigung, die durch seine bei der Ruhrbesetzung bewährte Begabung für Organisation und sein wissenschaftliches Bedürfnis für bürokratisch überschaubare Ordnung und rationale Lenkung des politischen Pluralismus verstärkt wurde. Dazu trat seine erneute Berührung mit dem militärischen Bereich, als er im Sommer 1929 die Verabschiedung des Militärbudgets von 1928/29 unterstützte und so die Aufmerksamkeit Groeners und Schleichers auf sich zog[81], die sich von ihm eine Förderung der Reichswehr-Interessen und zugleich eine Lösung des jetzt schon fühlbaren nationalsozialistischen Problems auf politischer Ebene versprachen[82].

Nach verschiedenen vergeblichen Versuchen verdichteten sich diese im Verein mit Meißner und Brünings Freund Treviranus vorgetragenen Bemühungen im Dezember 1929 zu dem Plan einer „unabhängigen" Regierung Brüning. Zunächst lehnte der Kandidat zwar entschieden ab und verwies auf den legalen Weg einer Berufung des Oppositionsführers Hugenberg sowie auf seine Loyalitätspflicht Müller gegenüber. Bald zeigte sich aber, daß er sich Hindenburgs Appell an den „Frontoffizier" auf die Dauer nicht entziehen würde. In einer langen Unterredung, zu der ein Routineempfang des neuen Fraktionsvorsitzenden den Anlaß gab, suchte der Marschall durch einen Hinweis auf das Loyalitäts- und Pflichtgefühl des ehemaligen Leutnants Brünings starke politische Hemmungen zu beseitigen[83]. Als nun im Februar 1930 in den Diskussionen über die Finanzreform Hindenburgs privates Eingreifen für Osthilfe und Landbund publik zu werden drohte, wandte er sich erneut an Brüning und veranlaßte dessen aufschiebenden Kompromißvorschlag. Damit aber hatte sich Hindenburg offensichtlich, zur Bestürzung der beiden durchaus befreundeten Politiker, bereits von Müller zu Brüning gewendet[84]. Die Stellung Müllers auch in der

80 Vgl. bes. die Charakteristiken von Moritz J. Bonn, *So macht man Geschichte, Bilanz eines Lebens*, München 1953, S. 305 f.; André François-Poncet, *Als Botschafter in Berlin 1931–1938*, Mainz 1949, S. 17; Kurt v. Reibnitz, *Im Dreieck Schleicher–Hitler–Hindenburg, Männer des deutschen Schicksals*, Dresden 1933, S. 60 ff., und die zeitgenössischen Biographien von Rüdiger Robert Beer, *Brüning*, Berlin 1931, und Alphons Nobel, *Brüning*, Leipzig 1932.

81 Dieser Zusammenhang wird von Brüning selbst bestätigt („Brief", Anm. I/9, S. 2), der aus diesem Grund damals zu einem Gespräch mit Schleicher zusammentraf. Für die hier angedeuteten, freilich noch nicht befriedigend bestätigten Zusammenhänge vgl. das an intimen, aus der Bekanntschaft mit Brüning und anderen Hauptakteuren geschöpften Details reiche Werk von John W. Wheeler-Bennett *(Hindenburg: The Wooden Titan*, London 1936, bes. S. 327 ff.), das freilich weder kritisch belegt noch ganz frei von journalistischen Ungenauigkeiten ist.

82 So berichtet Brüning („Brief", Anm. I/9, S. 2), in dem zitierten Gespräch im Sommer 1929 habe Schleicher ihm seine Beunruhigung über den wachsenden Einfluß der NSDAP auch in der Reichswehr mitgeteilt. Vgl. Groeners Urteil im Brief an v. Gleich v. 21. Juli 1930 (Phelps, Anm. I/51, S. 1015): „Brüning ist ein sehr kluger, überlegender, feiner Kopf, dem die vatikanische Gewandtheit im Blute liegt. . . Wir von der Reichswehr sind froh an ihm, weil er als alter Frontkämpfer ein sehr warmes Herz für die junge Wehrmacht hat."

83 Beer (Anm. I/80), S. 54, zitiert den Brief Brünings an einen Freund: „Dem Appell des Herrn Reichspräsidenten an mein soldatisches Pflichtgefühl konnte ich mich aber letzten Endes nicht entziehen."

84 Ein Vergleich mit der entsprechenden Entwicklung in England (1931), wie ihn Arnold Brecht *(Vorspiel zum Schweigen, Das Ende der Deutschen Republik*, Wien 1948, S. 51) anstellt, ist daher irreführend. Gewiß: dort trat der Premierminister MacDonald aus der Labour Party aus und blieb im Amt, um selbst

eigenen Partei war jetzt sachlich wie psychologisch entscheidend geschwächt und der Bruch der Koalition also auch von dieser Seite her nicht mehr abzuwenden, vollends dann, wenn Hindenburg tatsächlich dem Reichskanzler Müller den möglichen Einsatz des Art. 48 verweigert hätte, um ihn Brüning wenige Stunden darauf anzubieten — mit der Alternative seines eigenen Rücktritts.

4. Die erste Spaltung der DNVP

Das kommende „sozialistenreine“ [85] Kabinett sollte freilich in den Augen seiner Initiatoren eine Stärke besitzen, die nicht nur in dem persönlichen Interesse Hindenburgs, der Unterstützung seitens der Kamarilla, dem Wohlwollen der Reichswehrführung und der Verfügung über das Instrument der Notverordnung begründet war. Es wurde nach seiner ganzen Anlage sogleich auf eine Bewegung auf der rechten Seite des Parteienfelds abgestellt, die Aussicht auf eine neue, kompromißfähige Konstellation der politischen Kräfte bieten, die Zusammenarbeit mit der SPD entbehrlich machen und schließlich einer Regierung der Mitte und der gemäßigten Rechten die sichere Mehrheit auch im Parlament verschaffen mochte [86]. Bisher hatte die starre, nur vorübergehend aufgelockerte Opposition der DNVP jedem Versuch dieser Art die Dauer versagt. Inzwischen waren aber dem diktatorischen Machtgebaren des neuen Parteiführers Hugenberg ernste Widerstände in seinen eigenen Reihen entgegengetreten. Der Konflikt erwuchs aus jenen Spannungen zwischen der Parteiorganisation und ihrer parlamentarischen Vertretung, die für die innere Dynamik der modernen Massenparteien überhaupt typisch sind [87]. In der DNVP, deren verschiedenartige Elemente nie zu einer wirklichen Verschmelzung gefunden hatten, erreichten sie aus verschiedenen Gründen eine besondere Intensität, die 1929/30 zur Sprengung der Partei zu führen schien.

Helfferichs Nachfolger in der Parteiführung, zunächst Hergt, dann Graf Westarp, hatten nie über dessen Autorität als Parteiführer verfügt. Schon 1924 hatte die Abstimmung über den Dawes-Plan ernste Unstimmigkeiten in der Haltung der DNVP-Fraktion aufgedeckt. Auch in den folgenden Jahren war es zu Differenzen über die Frage des taktischen Verhaltens und der Regierungs-

die Krisenmaßnahmen in einer nationalen Koalitionsregierung durchzuführen, während umgekehrt Müller, obgleich er die Anschauung seiner Partei mißbilligte, die Regierung verließ und in der Partei blieb. Aber es war nach dem Vorangegangenen klar, daß Hindenburg ihn nicht mehr halten würde und eine „nationale Regierung“ Müller – anders als in England – an der Intransigenz der deutschen Rechten scheitern würde. Müller hatte nicht die Entscheidungsfreiheit MacDonalds.

85 Der Ausdruck bei Otto Braun (Anm. I/5), S. 295.

86 Dazu Groeners Brief an v. Gleich v. 4. Januar 1930 (Phelps, Anm. I/51, S. 1013 f.): „Mit den vielen Deutschnationalen, die sich gegen Hugenbergs Führung der Partei auflehnten, unterhalte Groener ‚die besten Beziehungen‘ . . . diese Partei muß endlich wieder bündnis- und regierungsfähig werden . . . es läßt sich vielleicht bei Verstand und Weisheit der bürgerlichen Parteien eine Regierung finden, die durch das Schwarze Meer der Zukunft das Reich durchsteuern kann. . . Von den Schlagworten: gegen Marxismus oder für Kapitalismus halte ich gar nichts. . . Wir können weder gegen die eine noch gegen die andere Seite regieren, das ist unser Schicksal, seit der Industrialisierung in den 90er Jahren. Das haben auch die letzten 10 Jahre deutlich genug gezeigt, das sehen auch die besten Köpfe in beiden Lagern ein. . . . Vorläufig bin ich froh, wenn bei den Deutschnationalen Treviranus, Lindeiner, bei den Volksparteilern Moldenhauer, Scholz und auch Curtius (wegen des Ausgleichs der Kräfte), beim Zentrum Kaas und Brüning, bei den Demokraten Dietrich, Koch, Külz sich in ihren politischen Anschauungen vor allem in der *praktischen* Politik nähern, da vermutlich der ganz ausgezeichnete gegenwärtige Kanzler Müller seine Partei auf die Dauer nicht hinter sich haben wird. Das liegt daran, daß die Sozialdemokratische Partei fürchtet, wenn sie mit den Bürgerlichen die Finanzreform schluckt, die Masse ihrer Wähler an die Kommunisten zu verlieren. Ich rechne damit, daß in einem nicht zu fernen Zeitpunkt die Sozialdemokratie wünscht, in die Opposition zu gehen und dadurch für die nächsten Wahlen, auf die man ja immer gefaßt sein muß, sich vorbereiten will. Scheidet die Sozialdemokratie aus, so müssen die Deutschnationalen bereit sein. Dank Hugenberg sind sie es vorläufig nicht.“

87 Vgl. die Bemerkungen o. Teil I, S. 69 ff.

beteiligung der Partei gekommen, die grundsätzlich antiparlamentarisch, in ihrer politischen Aktivität aber auf die parlamentarischen Mittel des Machtkampfes und der Machtbeteiligung angewiesen war. Im Verlauf dieser Auseinandersetzungen hatte es der alldeutsche Großindustrielle Alfred Hugenberg als der große Gegenspieler verstanden, die Parteiorganisation mehr und mehr von seinen ökonomischen und publizistischen Machtmitteln abhängig zu machen und zu radikalisieren, um sich schließlich sogar in der Reichstagsfraktion, die ihrer Natur nach praktischem Kompromißverhalten zugeneigt war, eine wachsende Anhängerschaft zu erwerben [88]. Mit der Wahlniederlage von 1928 sah er den Augenblick zum Generalangriff auf die alte konservative Führung des Grafen Westarp gekommen [89].

Der Rückgang der deutschnationalen Wählerschaft kam auch der Partei selbst nicht unerwartet. Die schwankende Haltung in der Frage der Regierungsbeteiligung und der konstruktiven Politik im republikanischen Rahmen hatte nicht nur auf die unmittelbaren Anhänger, sondern auch auf angegliederte oder kooperierende Interessenverbände ungünstig gewirkt. Die zentrifugalen Tendenzen zogen nach „links" wie nach „rechts" zugleich. Sie beförderten vor allem die Zersplitterung der konservativen Stimmen in zahlreiche agrarische und mittelständische Gruppen [90]. So hatte der Direktor des Pommerschen Landbundes anläßlich des Jahreswechsels 1927/28 einen besorgten Brief an Westarp gerichtet, in dem neben finanziellen Erwägungen und speziellen Interessenwünschen die organisatorischen Schwierigkeiten der DNVP zur Sprache kamen [91]: das mangelnde Selbstvertrauen der Führung weise darauf hin, „daß die Bewegung als solche in mancher Beziehung demokratischer geworden ist als die Demokratie selbst"; sie sei zu stark dezentralisiert, und die Reichsleitung trete zu sehr hinter den eigentlichen Länderleitungen zurück [92]. Die Vorschläge zielten auf zentralistische Straffung und Stärkung (auch mit finanziellen Mitteln) der Reichstagsfraktion, auf besseren Einsatz der individuellen Auslandsverbindungen („insbesondere der russischen") und der Presseverbindungen und schließlich auf eine betontere Vertretung der agrarischen Interessen hin. Dies sollte der bedrohlichen Konkurrenz durch parteimäßig anders orientierte Landbünde entgegenwirken und den selbst im Pommerschen Landbund bedrohten Primat der DNVP unter den landwirtschaftlichen Organisationen sichern [93].

Auch von anderer Seite wurde jetzt das Versagen der DNVP ihrer interessenpolitischen Aufgabe gegenüber kritisiert. So protestierte noch vor der Wahl die

88 Dazu Otto Kriegk, *Hugenberg*, Leipzig 1932, S. 22 ff., bes. S. 79 ff.; Ludwig Bernhard, *Der „Hugenberg-Konzern", Psychologie und Technik einer Großorganisation der Presse*, Berlin 1928, *passim*, bes. S. 94 ff. Beide Bücher stammen aus dem Hugenberg-Lager.

89 Die folgende Darstellung der Spaltung der DNVP beruht auf den unveröffentlichten Aufzeichnungen und Korrespondenzen des 1945 gestorbenen Grafen Westarp. Der Verfasser dankt die Einsicht der Vermittlung und freundlichen Hilfe vor allem des Enkels Friedrich Frhr. Hiller v. Gärtringen und der Tochter Gräfin Adelgunde Westarp. Der Nachlaß wird im folgenden als *Westarp-Akten* zitiert. Vgl. auch noch Stampfer (Anm. I/4), S. 528 ff.; Walter H. Kaufmann, *Monarchism in the Weimar Republic*, New York 1953, S. 181 ff.

90 Vgl. Rosenberg, *Geschichte* (Anm. I/1), S. 217 f.

91 *Westarp-Akten:* Brief des Majors a. D. v. Dewitz an Westarp v. 4. Januar 1928.

92 *Ebda.:* „Diese Organisationsform, die dem innersten Wesen unserer Bewegung, unserer Traditionen und den Erfordernissen der Zukunft widerspricht, versagt genauso wie unser Staatswesen überhaupt. Deshalb energische Abkehr von irgendwelchen Selbstbestimmungsrechten der Landesverbände. Meine sämtlichen Beobachtungen aus landwirtschaftlichen Kreisen bestätigen, daß man schließlich demokratische Allüren draußen nur dann ins Kraut schießen läßt, wenn man nicht mit einer gewissen Brutalität den Herren draußen den eigenen Willen aufzwingt."

93 *Ebda.:* Dewitz weist ausdrücklich auf die Schwierigkeiten im Pommerschen Landbund hin, den er „einseitig auf die Deutschnationale Partei eingestellt hatte". Vgl. auch die Bemerkungen über die Aktivierung der agrarischen Interessenpolitik (die dann zur Gründung der „Grünen Front" führte) bei Reichardt, *Hermes* (Anm. I/13), S. 118 ff.

Vereinigung der deutschnationalen höheren Ministerialbeamten, die sich auf die Stimmung der gesamten höheren Beamtenschaft berief, gegen ihre ungenügende Vertretung in der Fraktion und drohte mit Abwanderung oder interessenpolitischem Anschluß an andere Gruppen[94]. Vor allem wurde beklagt, daß trotz der vielumkämpften und offenbar besonders von der deutschnationalen Beamtenschaft geforderten Regierungsbeteiligung die deutschnationalen Minister entgegen den Versprechungen Westarps[95] „Außenseiter" und Angehörige der Koalitionsparteien anstelle der alten deutschnationalen Beamten begünstigt hätten; der aktiven Personalpolitik der anderen Parteien setze die DNVP nur ihr wirkungsloses „Überparteilichkeitskonzept" entgegen[96]. Dies ist zugleich ein interessanter Hinweis auf die Wechselwirkung von Interessen- und Parteipolitik und ihre Konsequenzen für das praktisch-parlamentarische Verhalten auch einer prinzipiell antiparlamentarischen Partei, sofern sie in die politische Verantwortung eingeschaltet wird[97].
Der Wahlausgang selbst führte zu einer Flut von Erklärungen und Kritiken, in denen die negative Rolle des Stahlhelms, die Konkurrenz der Bauernparteien, der Mittelstands- und Aufwertungspropaganda, der evangelischen Parteisplitter hervorgehoben wurde; dazu gehörten auch Klagen des Arbeiterflügels, die gegen die Aussperrungspraxis, das Übergewicht der Großgrundbesitzer in der Parteivertretung, die ungenügende finanzielle Unterstützung des Deutschnationalen Arbeiterbundes gerichtet waren und eine verstärkte Berücksichtigung der Arbeiterinteressen in den Landesverbänden und in der Parteipresse forderten[98]. Die zentrifugalen Tendenzen innerhalb der interessenmäßig keineswegs homogenen Partei mündeten mehr und mehr in den schwelenden

94 Im Namen dieses 1926 gegründeten Verbandes protestiert Ministerialrat Lammers in einem Brief an Westarp v. 13. April 1928 *(Westarp-Akten)*, den dieser erheblich später (2. Oktober 1928) an den Vorsitzenden des Fraktionsausschusses für Beamtenfragen, Gottheiner, weiterreicht.

95 *Ebda.:* Westarp habe schon in einer Sitzung des Vereins am 23. Oktober 1926 versichert, daß „bei einer Regierungsbeteiligung der Partei die Belange der deutschnationalen Ministerialbeamten entschieden gewahrt werden würden und daß die Personalfragen der Beamtenschaft eine der wichtigsten Aufgaben der künftigen deutschnationalen Minister zur Erlangung einer deutschnationalen Machtstellung in den Ministerien sein werden".

96 *Ebda.:* Den ausgedehnten Klagen über Zurücksetzung, ungenügende Förderung, Überheblichkeit des Parlamentariers gegenüber dem Beamten wird betont v. Keudells Äußerung vor dem Reichstag gegenübergestellt, die Frage der Parteizugehörigkeit der Beamten sei für ihn „völlig nebensächlich" *(Reichstagsprotokolle* v. 23. März 1928, S. 13 667).

97 Vgl. dazu die allgemeinen Bemerkungen zu den taktischen Problemen, die sich der DNVP *ex origine* stellten: o. Teil I, S. 75 ff.

98 *Westarp-Akten:* Neben vielem anderen ist ein masch. schriftl. Memorandum des Deutschnationalen Arbeiterbundes (28 Seiten) an Westarp v. 12. Juni 1928 zu erwähnen, das Betrachtungen über die Motive der Arbeiterwähler und Details zur deutschnationalen Arbeiterpolitik enthält. Es wird beklagt, daß der Etat für die Bismarck-Jugend fast doppelt so hoch sei wie die für den Arbeiterbund gegebenen Mittel; daneben finden sich aufschlußreiche soziologische Betrachtungen zur Psyche der Arbeiter (z. B. der Heimarbeiter) und zur Erfassung der Jungwähler sowie eine Aufrechnung der geschätzten Gewinne und Verluste innerhalb der Wahlbewegung von 1928:

	ca. Tausend
Verluste der DNVP an:	
Wirtschaftsparteien (Mittelstandsgruppen)	240
Bauernparteien	420
Aufwertungsgruppen	450
SPD	300
Verstorbene (nicht durch Jungwähler ersetzt)	250
Nichtwähler	200
NSDAP	120
Evangelische Gruppen	40
Zersplitterte Gruppen	120
Gewinne der DNVP von:	
Zentrum	60
Völkische	150
DDP – DVP	mehr Gewinne als Verluste
Bisherige Nichtwähler	130

Konflikt um die beherrschenden Machtpositionen und Organisationsmittel, in dem sich zunächst Hugenberg und Treviranus gegenüberstanden, bis dann Westarp, nach der Brüskierung seiner Vermittlungsversuche durch Hugenberg, selbst in den Strudel der Auseinandersetzungen gerissen wurde[99]. Es war nicht nur die gouvernementale Tradition der konservativen Partei, es waren auch ihre zahlreichen Interessenverbände — Industrie, Landbund, Gewerkschaften —, die zur Mitarbeit am Staat drängten und schon zweimal eine Regierungsbeteiligung auch im Rahmen der Republik durchgesetzt hatten. Auch jetzt standen Wirtschaftsverbände gewerkschaftlicher und agrarischer Richtung im Vordergrund des Konflikts, und auch die Rückwirkungen ihrer Bestrebungen auf die Industrie waren beträchtlich, bis schließlich zwei Jahre später maßgebende Vertreter der Großgrundbesitzer Westarps Austritt folgten[100].
Der Konflikt war so Ausdruck persönlicher wie organisations- und interessenpolitischer Differenzen, während gleichzeitig das fatale Schwanken der Parteilinie zwischen vollständiger Isolierung und bedingter Mitarbeit in eine Krise der Parteitaktik geführt hatte. Entschiedener denn je standen die Befürworter einer absoluten Oppositionshaltung, die auf Umsturz zielte und bis zur Verweigerung des Heeresetats gehen wollte[101], den Vertretern eines zu beschränkter parlamentarischer Kooperation bereiten Kurses gegenüber[102]. Die Krise, die sich nun abzeichnete, war Ausdruck des wachsenden Widerstands vor allem jüngerer und konstruktiv-konservativer Kräfte gegen die erdrückende Machtsteigerung der in starrer Negation verharrenden alldeutschen Hugenberggruppe[103]; sie erreichte ihren Höhepunkt mit der Abspaltung der Volkskonservativen, die endlich die unfruchtbare Starrheit jener Alternative überwinden und nach den mißglückten Versuchen von 1925 und 1927/28 einer aktiven Regierungsbeteiligung den Weg bereiten wollten[104].
Die endgültige Frontstellung der beiden Parteiflügel war schon seit Locarno sichtbar geworden; man könnte sie mit dem Gegenüber einer Hindenburg- und einer Hugenberg-Richtung umschreiben, deren latente Auseinandersetzungen sich nach der Wahlniederlage sichtbar auf die höchste Parteispitze ausdehnten. Der glorifizierte Hindenburg selbst, als Oberhaupt der bekämpften Republik, war, anders als man bei seiner Wahl gehofft hatte, eine unbequeme Mahnung an die „fahnenflüchtige" Opposition. Bei der Diskussion über das Wahlergebnis von 1928 schließlich schob jede Seite der anderen die Verantwortung zu, wobei den Radikalen die Schuld am Verlust der gemäßigten Wähler, den Kooperationswilligen die Schuld am Verlust von Nicht- und Neuwählern gegeben wurde. Der eigentliche Grund freilich dürfte nicht zuletzt in der beginnenden

99 Vgl. dazu die ungedruckte Staatsexamensarbeit von Johann Gildemeister, *Die Politik der Deutschnationalen Volkspartei vom Oktober 1929 bis Mai 1932 mit besonderer Berücksichtigung der Abspaltung der Volkskonservativen*, Universität Hamburg, Oktober 1951. Diese Studie ist freilich ziemlich unkritisch im Sinne der gedruckten volkskonservativen Literatur geschrieben, die zwar viel zitiert, aber kaum analysiert wird. Gründlichere Arbeiten über die Geschichte der DNVP sind von verschiedenen Seiten in Vorbereitung.

100 Vgl. u. S. 310 ff.; dazu auch William Halperin, *Germany tried Democracy*, New York 1946, S. 432.

101 Axel Frhr. v. Freytagh-Loringhoven, „Deutschnationale Volkspartei", in: *Die geistige Struktur der politischen Parteien Europas*, Berlin 1931, S. 11 ff.; Sigmund Neumann, *Die deutschen Parteien*, Berlin 1932, S. 61. Dazu auch die *Deutschnationale Flugschrift*, Nr. 328, Berlin 1928.

102 Dazu Kuno Graf Westarp, *Am Grabe der Parteienherrschaft, Bilanz des deutschen Parlamentarismus von 1918 bis 1932*, Berlin 1932, S. 68 ff.

103 Vgl. auch Hermann Ullmann, *Durchbruch zur Nation*, Jena 1933, S. 274. Zur wichtigen Rolle der Alldeutschen und zur Steigerung ihres Gewichts in diesem Zusammenhang Alfred Kruck, *Geschichte des Alldeutschen Verbandes 1890–1939*, Wiesbaden 1954, S. 169 ff. (Veröffentlichungen des Instituts für Europäische Geschichte, Mainz, Bd. III).

104 *Der Niedergang der nationalen Opposition, Ein Warnruf aus den Reihen der Jugend* (zitiert nach Gildemeister, Anm. I/99, S. 6 f.). Vgl. schon vorher programmatisch Georg Quabbe, *Tar a Ri, Variationen über ein konservatives Thema*, Berlin 1927, S. 10.

Umstrukturierung der Mittel- und Rechtsparteien zu suchen sein, die den aufkommenden Interessenparteien, besonders der Wirtschafts- und der christlich-nationalen Bauern- und Landvolkpartei, Boden überlassen mußten.
Während der Hugenberg-Flügel als Konsequenz der Wahl Westarps Rücktritt forderte, brach ein neuer Konflikt ideologischer Natur aus, hinter dem nicht minder deutlich jene allgemeineren politischen Differenzen standen. Im Juni 1928 veröffentlichte der Abgeordnete Walther Lambach, ein Exponent der jüngeren, gewerkschaftsnahen Konservativen aus dem Bereich des DHV, einen Aufsatz über die monarchische Frage[105], der sogleich viel Staub aufwirbelte und die Dinge ins Rollen brachte. Denn mit der Frage nach der Gültigkeit der monarchistischen Ideologie, deren konkrete Zugkraft in der Vorstellungswelt der jüngeren Generation ganz offensichtlich verblaßt war[106], erhielt die innerparteiliche Kontroverse über die Einstellung zur Republik neuen Auftrieb, und das Projekt einer „volkskonservativen", Monarchisten und Republikaner auf der höheren politischen Ebene eines wahren Konservatismus vereinigenden Partei fand hier zum ersten Mal seine konkrete Formulierung[107]. Sofort trafen Begeisterung und Entrüstung aufeinander[108], und die Macht- und Interessenambitionen des großindustriellen Hugenberg-Flügels benützten den Anlaß zum entscheidenden Schlag zunächst gegen den Arbeitnehmerflügel der DNVP, dann auch gegen die gemäßigteren Deutschnationalen und Westarp selbst.
Dieser war als Parteivorsitzender in eine äußerst schwierige Lage gekommen, zumal ihn Vertreter der koalitionswilligen Deutschnationalen wie der ehemalige Minister Schiele gerade „als Träger der monarchistischen Tradition innerhalb der Partei" zu einer Äußerung drängten, nach der „auch nationale Republikaner Heimatrecht in der Partei haben" — aber nicht als ein Novum, sondern als etwas, „was immer zu Recht bestanden hat"[109]. Westarps Vermittlungsversuche vermochten zwar die drohende Gefahr einer Spaltung noch einmal abzuwenden, indem sie die Frage der Monarchie hinter das Ziel einer großen nationalen Rechten zurückstellten[110]. Doch bekämpfte Schiele in seiner

105 Walther Lambach, „Monarchismus", in: *Politische Wochenschrift* 4, Nr. 24 v. 14. Juni 1928.

106 Der ständige Rückgang der monarchistischen Ideologie wird an der Tatsache sichtbar, daß derselbe Lambach noch zwei Jahre zuvor die monarchische Ordnung als Garanten des sozialen Fortschritts gepriesen hatte: *Deutschnationale Flugschrift*, Nr. 268, Berlin 1926.

107 So wurde hier auch das Wort „volkskonservativ" zum ersten Mal wiederholt gebraucht.

108 Vgl. dazu: *Einige Stimmen aus der durch den Aufsatz von Walther Lambach, MdR., in Gang gebrachten öffentlichen Aussprache,* als Manuskript gedruckt 20. Juli 1928 (DHV), S. 1 ff.

109 *Westarp-Akten:* Brief Schieles an Westarp v. 25. Juni 1928. In einem zur Veröffentlichung beigefügten Aufsatz („Über deutschen Monarchismus") überblickt Schiele die Versuche der vergangenen vier Jahre, eine Rechtsregierung auch in der Republik und mit Hilfe der DNVP zu stabilisieren: die starren Doktrinäre hätten dies als „Verrat an den großen Traditionen der Partei, insbesondere des Monarchismus", sabotiert und dadurch die DNVP in einen nicht nur taktisch-parteipolitisch zu beurteilenden Zwiespalt gestürzt. Wichtige Argumente in Schieles Forderung nach einem kompromißbereiten nationalen Konservatismus sind der Hinweis auf Hindenburg, auf die bürgerliche Eingliederung der württembergischen und bayerischen Monarchen und auf die Verderblichkeit eines mit ausländischen Waffen arbeitenden Royalismus französischer Art, sowie die Einsicht in die nationale Pflicht gerade der traditionell staatsbewußten Schichten, die über die dynastische Anhänglichkeit zu stellen sei. Die Monarchie bleibe die beste Staatsform; ihr könne die DNVP aber nur durch parlamentarische Mitarbeit und nicht durch einen negativen, gerade von der Propaganda der Gegner aufgeputzten Monarchismus den Weg bahnen. Daß gerade Schiele als Präsident des Reichslandbunds und exponierter Vertreter der „Grünen Front" aktiv in die Auseinandersetzung eingriff, um dann in die Regierung Brüning als Landwirtschaftsminister einzutreten, gibt zugleich einen Hinweis auf die Rolle der agrarischen *pressure groups* bei der kommenden Parteien- wie Regierungsumbildung. Zu den Hintergründen jetzt auch (freilich nur indirekt) Reichardt, *Hermes* (Anm. I/13), S. 118 ff.

110 *Westarp-Akten:* Westarps Antwort an Schiele v. 27. Juni 1928. Vorangegangen war am 26. Juni 1928 ein Telefongespräch, nach dem ein Schlüsselsatz in Schieles Aufsatz gestrichen wurde („Es hat niemals ein Zweifel darüber bestanden, daß jeder national denkende Deutsche, auch wenn er kein Monarchist aus Überzeugung ist, in dieser Partei willkommen ist — also auch nationale Republikaner"). Dafür betont Schiele noch einmal die Rangordnung: national — monarchistisch — dynastisch, weist auf die vielen nichtmonarchistischen Parteianhänger besonders in Thüringen und Westdeutschland, in bestimmten Berufs-

weiteren Korrespondenz mit Westarp jede Verstärkung der monarchischen Parole als unehrliche und schädliche Demagogie; er verwies auf die Möglichkeit eines deutschnationalen Reichskanzlers und forderte dafür — nach preußischer Tradition — den Primat der Staatsraison vor den dynastischen Ambitionen, der die deutschnationalen Beamten von ihrem Zwiespalt bei der Leistung des republikanischen Beamteneids befreien würde. Schiele hielt wohl eine Auflösung des Parlamentarismus für möglich, „aber noch lange keine monarchische Restauration, sondern entweder eine Restauration oder Verwandlung der Republik im konservativen Sinn von rechts — oder eine Diktatur Severing-Stresemann", eventuell auch nach einer neuen Wahl eine große regierende Rechte unter deutschnationaler Führung, aber nicht mit monarchischer Parole[111].

Die vermittelnde Unbestimmtheit und Zurückhaltung, mit der Westarp — auch noch lange nach seiner Lösung von der DNVP — die monarchische Frage behandelte[112], hat freilich den auf Entscheidung drängenden Machtgruppen innerhalb der Partei nur noch weiteren Raum zur Entfaltung ihrer Auseinandersetzung gewährt. Besonders Hugenberg selbst forderte die Reinigung der Partei und sagte dem Lambach-Flügel den Kampf an[113]. Westarps Rücktritt als Parteivorsitzender auf einem geheimen Vertretertage der Partei am 20./21. Oktober 1928[114] bedeutete einen Rückschlag für die gemäßigten und christlichsozialen Gruppen, dem sogleich eine verstärkte Aggressivität Hugenbergs nachdrängte. Noch war freilich die Machtfrage keineswegs entschieden. Im DHV, der als größte Angestelltengewerkschaft einen bedeutenden Einfluß auf den übergeordneten christlich-nationalen DGB ausübte, schienen die hugenbergfeindlichen Kräfte einen erheblichen materiellen und ideologischen Rückhalt zu besitzen. Die berufsständisch orientierte Vereinigung war in allen bürgerlichen Parteien vertreten, sie besaß bedeutende publizistische Mittel[115] und

ständen sowie unter der Jugend hin und besteht auf seinem Gedanken: „Der Weg zu einem deutschen Kaisertum führt durch die nationale Republik hindurch." Freilich wird eine „nach entsprechender interner Vorbereitung" zu treffende öffentliche Feststellung dieser Art („Die nationale Befreiung ist die Leitidee der Partei. Auch nationale Republikaner haben Heimatrecht in der Partei") von Westarp abgelehnt: Man könne dies wohl praktisch vertreten, die Erwähnung der „Republikaner" aber würde die „Preisgabe des monarchischen Gedankens als eines der wesentlichen Kernpunkte unseres Programms" bedeuten und müsse von Schiele als Landesverbandsvorsitzendem gerade angesichts der Lambach-Spannungen vermieden werden – auch wenn zuzustimmen sei, daß „der nationale Gedanke auch für unsere monarchische Einstellung das Entscheidende ist".

111 *Westarp-Akten:* Brief Schieles an Westarp v. 30. Juni 1928. Die Monarchie sei als „heilige Erinnerung" besonders in der Erziehung und als „Fernziel für die Zukunft der Nation" zu bewahren, aber nur in „schrittweiser Verbesserung der gegenwärtigen Verfassung auf dem verfassungsmäßigen Weg zu erreichen", wozu besonders die „Eroberung der höchsten Ämter in legaler Form" gehöre. Dagegen sei zur Vermeidung gewissenszerstörenden Zwiespalts „die praktische politische Arbeit . . . eine republikanische". Schiele knüpft mit diesen Vorstößen an frühere Äußerungen an, bes. *Schwarz-Weiß-Rot als Symbol* (Naumburger Wahlflugschriften, Nr. 2), Wende 1926/27.

112 So beantwortete er die Aufforderung der „Arbeitsstelle für konservatives Schrifttum" (Karl Ludwig Frhr. v. Guttenberg), zum 13. Jahrestag der Revolution eine eindeutige Erklärung zur Monarchie abzugeben (*Westarp-Akten,* Brief an Westarp v. 2. November 1931), mit dem Hinweis auf sein grundsätzliches, im einzelnen aber unbestimmt gehaltenes Bekenntnis zur „konstitutionellen selbständigen Regierungsgewalt . . . aus eigenem historischen Recht", das schon 1927 den „monarchischen Gedanken . . . nicht als Wahlparole für die praktische Politik", sondern „als ideales Hochziel der Zukunft" bezeichnet und vielseitige Parteiziele für eine vielseitig zusammengesetzte Partei gefordert hatte (*ebda.,* Brief an H. v. Schimpff [Schlesien] vom 23. November 1927 auf dessen Anfrage betr. einer geplanten Bürgerblockkoalition mit dem Zentrum).

113 Vgl. seinen Artikel „Block oder Brei" in: *Berliner Lokalanzeiger* v. 26. und 28. August 1928. Dazu Kaufmann (Anm. I/89), S. 195 f.

114 Die Hugenbergsche Version in: *Hugenbergs Ringen* (Anm. I/6), I, S. 2. Diese Darstellung verschweigt gänzlich die interessanten politischen Hintergründe und die Machtbedingungen der Hugenbergschen Taktik. Zur Gegenseite Schlange-Schöningen (Anm. I/78), S. 32 f. Die Rede des neugewählten Parteivorsitzenden Hugenberg am 21. Oktober 1928 auf der Parteivertretertagung („Die politische Lage Deutschlands und unsere Aufgaben") in: *Deutschnationale Schriftenvertriebsstelle,* Flugblatt Nr. 503.

115 So gründete der DHV 1920 die Hanseatische Verlagsanstalt (finanzierte dabei Wilhelm Stapels *Deutsches*

wußte ihren wirtschaftlichen Interessen politisches Gehör zu verschaffen. Mit Hugenbergs Aufstieg war nun ihr beträchtlicher Einfluß auf die DNVP und vor allem die Aussicht auf konkrete Beteiligung an der staatlichen Willensbildung ernstlich bedroht, und so fanden sich die politischen Intentionen der rebellischen Volkskonservativen um Treviranus und die materiellen und organisatorischen Mittel und Interessen des DHV zusammen. Es muß offen bleiben, wieweit schon Lambachs Vorstoß, der durch den Appell an die konservativnationalen Republikaner zweifellos den gewerkschaftlichen Flügel der DNVP stärken sollte, darauf zurückzuführen ist. Der spätere Bruch zwischen DNVP und christlichen Gewerkschaften[116] bahnte sich jedenfalls hier an, ohne daß es freilich der DHV-Führung gelang, die politische Option für die Volkskonservativen für ihre rund 300 000 Mitglieder verbindlich zu machen und deren Weg zu Hitler schon in der Septemberwahl 1930 zu verhindern[117].

Das aggressive Vordringen des Hugenberg-Flügels erreichte inzwischen seinen ersten Höhepunkt mit der erbitterten Diskussion um den Young-Plan: bei der Formulierung des demagogischen „Freiheitsgesetzes" im Rahmen eines von DNVP, NSDAP, Stahlhelm und Alldeutschen eingeleiteten Volksbegehrens[118] setzten sich die radikalen Agitationsparolen Hugenbergs durch — gegen Hindenburg und ganz im Sinne Hitlers[119], der hier zum ersten Male Salonfähigkeit und politisches Gewicht erlangte. Besonders der § 4 dieses „Freiheitsgesetzes", in dem die Bestrafung aller an der Annahme des Young-Planes beteiligten Regierungsmitglieder als Landesverräter gefordert wurde, war Gegenstand des innerparteilichen Kampfes[120]. Jetzt wurde die Parole von der „Nationalen Opposition" wieder aufgenommen, die vor sieben Jahren nach dem Rathenau-Mord zerbrochen war, als sich die DNVP von den völkischen Gruppen und Nationalsozialisten distanziert, sich über Ruhrkampf, Dawes-Plan und Regierungsbeteiligung zeitweilig koalitionsbereit der bürgerlichen Mitte genähert und der kleinen radikalen NSDAP gegenüber eine dem Verhältnis von SPD und KPD vergleichbare Stellung eingenommen hatte[121]. Jetzt erhielt der schwindende Einfluß der alldeutschen Gruppe einen neuen Auftrieb[122]. Hugenbergs „Machtübernahme" bedeutete eine entscheidende Wendung zur rechtsradikalen Blockpolitik. Sie ließ die noch in der Wahl von 1928 zur Splitterpartei dezimierte NSDAP dank ihrer rücksichtslosen Demagogie zum einflußreichen Partner einer nach Mitteln wie Beziehungen überaus gewichtigen politischen Bewegung werden, ohne daß Hugenberg Kontrolle über die Methoden und Ziele der NSDAP zu gewinnen vermochte. Im „Reichsausschuß für das deutsche Volksbegehren" gegen den Young-Plan stand Hitler gleichberechtigt neben Hugenberg, Seldte und Claß[123], obwohl die nationalsozialistische

Volkstum, das für die volkskonservative Bewegung wichtig werden sollte) und erwarb 1928 den Verlag Georg Müller, 1931 den Verlag Albert Langen: vgl. Gildemeister (Anm. I/99), S. 81.

116 Am entschiedensten festgestellt dann in: *Die Abtrünnigen, Geschichte einer Absplitterung, die die Festigung der Partei brachte (Deutschnationales Rüstzeug,* Nr. 16), Berlin 1930, S. 28 f.

117 Vgl. Neumann (Anm. I/101), S. 70.

118 Einzelnes bei Kaufmann (Anm. I/89), S. 191 ff. Vgl. auch *Der Stahlhelm* 11, Nr. 23 v. 9. Juni 1929; *ebda.,* Nr. 28 v. 14. Juli 1929. Auch der großindustrielle „Langnamverein" stellte sich hinter die Initiative *(ebda.).*

119 Eindrucksvolles Quellenmaterial zu den Versuchen einer massiven Beeinflussung Hindenburgs bei Görlitz (Anm. I/66), S. 310 ff.

120 Der berüchtigte § 4 des „Gesetzes gegen die Versklavung des deutschen Volkes" („Freiheitsgesetz") stellt Reichskanzler, Reichsminister und deren Bevollmächtigte, die auswärtigen Mächten gegenüber neue Lasten und Verpflichtungen auf Grund der „Kriegsschuldenanerkenntnis" übernehmen (einschließlich des Young-Plans) unter Zuchthausstrafe: *Reichstagsdrucksache* Nr. 1429, IV. Wahlperiode 1928/29, Anlage 1; vgl. *Deutscher Reichsanzeiger und Preußischer Staatsanzeiger,* Nr. 281 v. 2. Dezember 1929.

121 Stampfer (Anm. I/4), S. 546 ff.

122 Dazu Kruck (Anm. I/103), S. 172 ff. u. a.; Kaufmann (Anm. I/89), S. 186 f.

123 Vgl. zu dieser Allianz Alan Bullock, *Hitler, A Study in Tyranny,* London 1952, S. 131 ff.; zu ihrer alldeutschen Komponente Kruck (Anm. I/103), S. 167–176.

Propaganda ihre Kampagne gegen die „Reaktion", gegen Stahlhelm und DNVP auch jetzt kaum milderte[124]. Die innere und äußere Problematik einer „Nationalen Opposition" war schon zu diesem Zeitpunkt nicht weniger deutlich als in der Phase der Harzburger Front und dann der nationalsozialistischen Machtergreifung. Nicht so für Hugenberg und seine Gruppe[125]. Hitlers im September 1929 publizierter „Entwurf eines Gesetzes gegen die Versklavung des deutschen Volkes", der ein reines Mittel der Demagogie war — er hätte ja nur ein Weiterbestehen des Dawes-Plans bedeutet — wurde denn auch zum Anlaß der endgültigen Scheidung der Fronten innerhalb der DNVP. Hinter der Kontroverse, die sich daran knüpfte, standen die zur Entscheidung drängenden innerparteilichen Machtkonflikte: da sich Hugenberg auch als Parteivorsitzender durch Westarps verbleibende Machtposition in der Fraktion behindert und bedroht sah, trieb er den Führungskonflikt auf die Spitze und spielte — unter Ausnützung der alten, in allen Parteien bestehenden Spannungen zwischen Parteiorganisation und parlamentarischer Vertretung — seine Macht über die Parteiorganisation gegen den starken Westarp-Flügel in der Reichstagsfraktion aus. Schon im Mai 1929 machten Hugenbergs Anhänger in Landesverbänden und Parteivorstand ernsthafte Vorstöße, die vor allem das Problem der getrennten Führung von Fraktion und Partei aufwarfen und die Unstimmigkeiten aus der Abwendung Westarps vom deutschnationalen Führerprinzip begründeten[126]. Zwar dementierte Westarp die Gerüchte, nach denen der Einfluß des Parteivorsitzenden auf die Fraktionsführung ausgeschaltet werden sollte; er bestand aber auf der primären Verantwortung und Selbstbeweglichkeit seiner Fraktion bei etwaigen Regierungskrisen.

Diese ständigen Interventionen materialisierten sich im Fraktionskonflikt um den erwähnten Landesverratsparagraphen des „Freiheitsgesetzes", mit dem Westarp selbst in einer privaten Niederschrift von 1930 den eigentlichen Beginn der Spaltung datiert[127]. Nach seiner detaillierten Darstellung, die zugleich typologisch bedeutsame Einblicke in die persönlichen Nuancen eines aus der Spannung zwischen Fraktionspraxis und Parteiapparat erwachsenden Spaltungsvorgangs vermittelt, sprachen sich im September 1929 zunächst vier Abgeordnete gegen die Annahme des „Freiheitsgesetzes" aus (v. Keudell, Klönne, Hoetzsch und v. Lindeiner-Wildau). Nachdem mit knapper Not die zur Anberaumung eines Volksentscheids notwendigen Eintragungen erreicht worden waren[128], mußte das „Freiheitsgesetz" vor den Reichstag, wo eine größere

124 Dies bestätigt ein Blick auf Goebbels' Kampagne gegen die „Reaktion", etwa in den Artikeln „Die Aufgeregten", in: *Der Angriff* v. 8. Oktober 1928; „Der Kampf beginnt?", *ebda.*, v. 27. Oktober 1929 (gegen den Stahlhelm); „Einheitsfront", *ebda.*, v. 27. Mai 1929; „Gegen die Reaktion", *ebda.*, v. 13. Mai 1929; „Literaten", *ebda.*, v. 29. April 1929 (gegen Heinrich v. Gleichen und den „Ring"), abgedr. auch in: *Der Angriff, Aufsätze aus der Kampfzeit*, München 1935, S. 282 ff.

125 Ihre Version ist mit beweglicher Apologetik jetzt wiederholt in: *Hugenbergs Ringen* (Anm. I/6), I, S. 6 ff.: dort findet sich auch die unhaltbare Behauptung, die NSDAP habe „beim Volksbegehren nur mit halber Kraft mitgearbeitet".

126 Z. B. *Westarp-Akten:* Brief v. Natzmers (Landesverband Ost-Hannover) v. 7. Mai 1929 und die Antwort Westarps v. 14. Mai 1929. Darüber ist *ebda.* ein umfangreicher Schriftwechsel greifbar, aus dem noch das Telegramm v. Dziembowskis an Westarp (3. Mai 1929) angeführt sei: „beschluß reichstagsfraktion bedeutet absage an fuehrerprinzip abgeordnete die diesen veranlaßt oder ihm beigetreten sind haben sich in demokratisch parlamentarisches system eingereiht und stehen damit im gegensatz zu deutschnationalen grundsaetzen als mitglied des parteivorstandes erhebe ich gegen diese schwere schaedigung unserer grundsaetze entschiedensten einspruch". Dazu Westarps Antwort (4. Mai 1929): „Ihr Telegramm ist mir unverständlich und zeigt, daß Sie den von mir und der Mehrheit der Fraktion eingenommenen Standpunkt und seine Gründe nicht kennen. Ich darf mir vorbehalten, in den weiteren Aussprachen im Parteivorstand, die ja leider nicht ausbleiben werden, diese meine Ansicht zu begründen."

127 *Westarp-Akten:* Niederschrift Westarps über die Spaltung der DNVP.

128 Es kam zu 4,13 Mill. Eintragungen, während für die dahinterstehenden Parteien der Rechten noch im Mai 1928 6,89 Mill. Wähler gestimmt hatten. Auch die Volksabstimmung selbst (22. Dezember 1929) brachte es trotz exzessiver Propaganda nur auf 5,84 Mill. Stimmen, während das „Freiheitsgesetz" mehr

Minderheit von deutschnationalen Abgeordneten nun auch offen gegen den Hugenberg-Kurs Front machte[129]. Lange bevor der Hugenberg-Flügel durch Freytagh-Loringhoven in der Reichstagsdiskussion vom 6. Dezember das „Freiheitsgesetz" zu einem Generalangriff auf das Weimarer „System" ausweiten konnte[130], gab auch Westarp am 3. Oktober seine Bedenken vor der Fraktion bekannt. Da er aber im ganzen doch noch für das „Volksbegehren" eintrat, unternahmen v. Lindeiner und andere Abgeordnete kurz vor Abschluß der Listenauslegung einen neuen Vorstoß. Sie forderten Westarp zu einem auf Führungswechsel drängenden Protest gegen Hugenbergs Politik auf dem bevorstehenden Kasseler Parteitag auf. Westarps Zurückhaltung, die auch Schiele und Hergt teilten, begegnete die Lindeiner-Gruppe mit der Sezessionsdrohung[131].

Nun wurde Hugenberg selbst aktiv und beantragte eine Einberufung der Fraktion noch vor dem Parteitag auf den 18. November 1929. Wieder versuchte Westarp zu vermitteln, indem er anläßlich einer Zusammenkunft bei Schiele (13. November) Lindeiner zur Vermeidung einer Diskussion des ominösen § 4 in der Fraktion veranlaßte. Auf der anderen Seite warnte er im Verein mit Schiele Hugenberg bei der Besprechung des Parteitagsprogrammes (14. November) vor einer Festlegung auf die Ansicht, daß nach Annahme des Young-Plans eine Beteiligung an der Regierung oder eine Zusammenarbeit mit der parlamentarischen Mitte nicht mehr in Frage komme. In der Fraktionssitzung selbst (18. November) zeigte sich Hugenberg zwar elastischer, ohne daß eine allgemeine Verstimmung vermieden und Hugenbergs These von der Uneinigkeit der Fraktion widerlegt worden wäre. Der Streit um den § 4, in dem die gemäßigten Abgeordneten mit Recht ein verhängnisvolles Entgegenkommen des Hugenberg-Flügels gegenüber den Nationalsozialisten erblickten, wurde auch hier wieder als Führerkrise (so Schlange-Schöningen) empfunden; während die Mehrheit der Fraktion ein Abrücken von der NSDAP forderte, wurde die Sitzung nach siebenstündiger Konfliktstimmung abgebrochen. Aber die am 21. November folgende Vorstandssitzung, auf der Westarp sich gegen die ständigen Eingriffe des Vorstands in die Fraktion verwahrte, brachte ebensowenig Klärung wie der von unausgetragenen Spannungen erfüllte Kasseler Parteitag selbst, wo Hugenberg sein kompromißloses „Nein" gegenüber dem „System" zur allgemeinen Parole erhob[132]. Nun trieben die Dinge endgültig einem dramatischen Höhepunkt entgegen.

Die erste große Spaltung der DNVP vollzog sich zwischen dem 27. November und dem 4. Dezember 1929[133]. Im Vordergrund stand weiterhin die Auseinan-

als 21 Mill. Stimmen erfordert hätte; vgl. Fritz Poetzsch-Heffter, „Vom Staatsleben unter der Weimarer Verfassung, III. Teil", in: *Jahrbuch des öffentlichen Rechts der Gegenwart* 21, 1933/34, S. 200 f. Zur Kampagne selbst vgl. Zwoch (Anm. I/10), S. 90 ff.

129 Vgl. auch Curtius, *Sechs Jahre* (Anm. I/9), S. 109 ff. (Rede vom 29. November 1929 gegen das Volksbegehren).

130 *Deutschnationale Flugschrift*, Nr. 342, Berlin 1929, S. 3 f.

131 Zu den Vorgängen im einzelnen (auch für das Folgende) Westarps Niederschrift, *Westarp-Akten.*

132 *Deutschnationale Flugschrift*, Nr. 339, Berlin 1929, S. 3–11.

133 Westarps Niederschrift, *Westarp-Akten*: Chronologie der Spaltung (1929)

27. 11. (18 Uhr)	Besprechungen im Kontinental-Hotel (Vors. Lindeiner)
28. 11. (16–21.30 Uhr)	Fraktionssitzung
29. 11. (20–3 Uhr)	Fraktionssitzung
30. 11.	Abstimmung über § 4 (Plenum)
(gegen 4 Uhr)	Veröffentlichung der Erklärung von Hartwig, Lambach, Hülser
3. 12. (10 Uhr)	Vorstandssitzung
(18–21 Uhr)	Fraktionssitzung: Austritt Hartwigs und Genossen
(23 Uhr)	Austritt Treviranus, Lejeune, Klönne
	Austritt Lindeiner, Schlange, Keudell, Hoetzsch, Mumm, Behrens
4. 12. (14 Uhr)	Besprechung Hugenberg–Westarp
	Fraktionssitzung mit Niederlegung des Vorsitzes

dersetzung um jenen § 4, an dem das Gegenüber von konstruktiver und absoluter Oppositionshaltung innerhalb der Partei zum offenen Konflikt und zugleich das Verhältnis zum nationalsozialistischen Radikalismus zur politischen Gewissensfrage geworden war. Am 27. November betonte Westarp vor einer von Lindeiner veranlaßten Zusammenkunft von 20 erregten Abgeordneten seine Verständigungsbereitschaft gegenüber jeder Fraktionsgruppe, verurteilte aber gleichzeitig die Beeinflussung der Fraktion von außen, wie sie in drohenden Schreiben der Landesverbände an ihre Abgeordneten erfolgte; er erreichte schließlich Zustimmung zu seinem Vorschlag, die Einigkeit der Partei nicht durch eine Ablehnung des § 4 zu gefährden und sich auf eine Stimmenthaltung zu beschränken, die er dann decken würde. In der Fraktionssitzung vom 28. November unternahm die Gegenseite, wo vor allem Quaatz hervortrat, mit der Forderung nach geschlossener Zustimmung einen scharfen Angriff auf die Lindeiner-Gruppe und auf Westarps Kompromißversuche; auch Hugenberg zog seine in Kassel gegebene Zustimmung zur Enthaltungsparole zurück.
Der Widerstand versteifte sich am folgenden Tag; nach zahlreichen Reden, die an die Einigkeit der Partei appellierten, setzten die beiden Gruppen ihre Verhandlungen schließlich getrennt fort. Während noch immer die Presse sorgfältig ferngehalten wurde und die Hugenberg-Gruppe im Fraktionszimmer blieb, ging die „Enthaltungsgruppe" mit Westarp ins benachbarte Zimmer und beschloß dort über ihre unveränderte Haltung [134]. Ihr Enthaltungsbeschluß wurde anschließend von der Hugenberg-Gruppe abgelehnt (30:16), die in weiteren erregten Diskussionen Fraktionszwang verlangte. Nach erneuten getrennten Verhandlungen schien sich Hugenberg durchzusetzen. Da löste die über die Telegraphen-Union lancierte Veröffentlichung einer gegen Hugenberg gerichteten „besonderen Erklärung" durch die Abgeordneten Hartwig, Lambach und Hülser wenige Stunden später (30. November) die Einleitung eines Ausschlußverfahrens aus, das Hugenberg mit 65:9 Stimmen im Parteivorstand durchsetzte. Die Entscheidung war gefallen.
Daran änderte nichts, daß Westarp unter Kritik beider Seiten den am 1. Dezember erfolgten Austritt der Drei zu isolieren suchte. Denn nun brachte „die Behandlung des Falles Treviranus die Gesamtkrise zum Ausbruch" [135]. Nachdem er schon lange von der Umgebung des neuen Parteivorsitzenden als einer der Führer der „Hugenberg-Opposition" abgestempelt worden war, hatte Treviranus seit dem Sommer 1928 für Westarp Partei ergriffen, nicht ohne daß ihn die Gegenseite durch Verleumdungen aus seinen politischen Funktionen hinausdrängen wollte. Dies erreichte seinen Höhepunkt mit der Austrittserklärung vom Anfang Dezember 1929, die Treviranus mit dem politischen Mißbrauch eines Privatbriefes (in dem er Kritik an Hugenberg geübt hatte) durch Hugenberg und mit dem Ausschluß der drei ihm nahestehenden Abgeordneten Hartwig, Lambach und Hülser begründete. Zunächst faßte er in einer *Deutschnationalen Arbeitsgemeinschaft* 12 Abgeordnete zusammen, die sich (in einer Erklärung vom 21. Dezember) weigerten, ihr Mandat niederzulegen; besonders Treviranus selbst fühlte sich als Vertreter der Landbünde seines Wahlkreises und als Verbindungsmann zum Stahlhelm und zum Marineoffiziersverband durchaus zu selbständigem Vorgehen legitimiert.

134 Nach Westarp, *ebda.*, gehörten zu dieser Gruppe folgende Abgeordnete: Schiele, v. Lindeiner, Schlange, Klönne, Rademacher, Hülser, Lambach, v. Keudell, v. Dryander, Lejeune-Jung, Treviranus, Mumm, Fromm, Strathmann; (krank oder abwesend: Reichert, Hartwig).

135 *Ebda.* Zum folgenden vgl. den zeitgenössischen Bericht von Treviranus (*Rückblick*, als Manuskript gedruckt, „nur für den persönlichen Gebrauch des Empfängers") in den *Westarp-Akten*.

Angesichts der unlösbaren inneren Spannungen der DNVP[136], die der Absplitterung der Wirtschaftspartei und konservativer Gruppen, der christlich-nationalen Bauern- und Landvolkpartei sowie des Christlichen Volksdienstes Vorschub leisteten, suchte Treviranus schließlich durch den Ausbruch aus der Hugenberg-Linie auf einen konstruktiven „Neuen Weg" wieder an das konservative Programm von 1919 anzuknüpfen. Zwar ließ er die Möglichkeit einer „Wiedervereinigung" offen, doch ging sein Reformationsprogramm von der eindeutig gegen Hugenberg gerichteten Kritik an der „Übersteigerung der Parteidisziplin [aus], die nach rein demokratischen Methoden der Mehrheitsabstimmung eine Einheit vorzutäuschen suchte, statt Gewissens- und Meinungsfreiheit als Beweis der inneren Stärke gelten zu lassen"[137]. Dem stellte er ein Programm entgegen, das von der Umgebung Hindenburgs aufgenommen und als Grundlage für den gesamtpolitischen Umformungsprozeß im Zeichen der neuen Regierung Brüning betrachtet wurde[138].

Wie im Falle Treviranus die Vermittlungsversuche Westarps und selbst einiger Hugenberg-Leute (Schmidt-Hannover, Stubbendorf, Quaatz) scheiterten, so zeigte sich Hugenberg auch weiterhin Westarps Bemühungen unzugänglich. So folgten die Austrittserklärungen vom 3. und 4. Dezember und der Entschluß Westarps zum Rücktritt von der Führung einer zerfallenden Fraktion. Den widersprechenden Hugenberg beschuldigte Westarp der Untergrabung der Fraktionsführung, gleichzeitig wies er auf die geänderten Mehrheitsverhältnisse hin, die seine Geschäftsführung nicht mehr stützten, ihn nicht mehr zum „Repräsentanten des Fraktionswillens" machten. Wenige Stunden später erfuhr Westarp von seinem Nachfolger Oberfohren, daß in vorhergehenden Besprechungen mit Hugenberg sein Rücktritt gefordert, dann aber doch zurückgestellt worden sei. Es ist von großer Bedeutung geworden, daß Westarp trotz allem noch in der Fraktion blieb[139] und die Spaltung entgegen den Befürchtungen des Hugenberg-Flügels doch auf die Absplitterung von 12 Reichstagsabgeordneten beschränkt blieb[140]. Der Entschluß zur endgültigen Trennung ein

136 Vgl. auch die Skizze bei Kaufmann (Anm. I/89), S. 188 ff. Ferner die volkskonservative Schrift von Hermann Ullmann, *Die Rechte ist tot – es lebe die Rechte*, Berlin 1929, *passim*.

137 *Westarp-Akten:* Treviranus-Manuskript (*Rückblick*, Anm. I/135). Auch Treviranus betont den inneren Zwiespalt einer „monarchischen Partei, die mit den Mitteln des Parlamentarismus in der Republik zur Macht streben mußte", die Versailles ablehnt und die völkerrechtlichen Verträge doch anerkennen mußte.

138 Aus dem Treviranus-Manuskript (*ebda.*) seien dafür einige Sätze wiedergegeben, die Stil, Richtung und Grundgedanken der konzipierten konservativen Neuordnung erkennen lassen: „Parteienge hat mit dem Hang zum Kompromißzwang, zu Programm- und Tagespolitik die Menschen abgestoßen; Parteidisziplin, die wie ein Exerzierreglement gehandhabt wurde, die Verdrossenheit verstärkt. Wirtschaftsinteressen, berufsständische Wünsche führten zu Trennungen, zu immer neuen Gebilden. Nur die Linke vermochte mit der Wucht des Parteiapparates Machtstellungen in Staat und Wirtschaft auszubauen. Wenn die anderen Parteien sich genügend festgerannt hatten, wurde stets der Versuch gemacht, der marxistischen Einheit als Ideologie die Parole einer staatsbürgerlichen Sammlung entgegenzusetzen. Das mußte scheitern, weil es an der Tatsache vorbeiging, daß eine überkommene sogenannte bürgerliche Lebensführung nur einer kleinen Minderheit in unserem Volke in den Nöten der Nachkriegszeit erhalten blieb. Kein Wunder, daß sich weite Kreise, nicht am wenigsten die Jugend, zu den Flügelparteien drängen, die im Kreise der politischen Gruppen wiederum benachbart sind in radikaler Zielsetzung. Wir vermissen aber hier neben der Negation schöpferische Kräfte. Vielleicht bleibt eine wirkliche Revolution für unser Volk der letzte Ausweg aus der Umklammerung kurzsichtiger Gläubiger. Darüber wollen wir heute nicht rechten. Der Ruf nach der Diktatur kann auf die Dauer nicht das eigentliche Nachdenken ersetzen. Darum müssen wir an die Arbeit gehen, Autorität auf den Wegen zu bilden, die die geltende Verfassung freiläßt, aber auch ohne Scheu vor einer Umgestaltung des staatlichen Lebens und einer Gemeinschaft, die neue Kräfte freimacht. Wir gehen dabei vom Menschen aus, lassen wachsen, konstruieren nicht blutleere Gebilde, die kein Leben tragen, mögen sie noch so durchdacht und rationell wirtschaftlich sein."

139 Falsch – wie in zahlreichen anderen Details – Görlitz (Anm. I/66), S. 313, der behauptet, 21 Abgeordnete hätten mit Westarp (!) die DNVP verlassen.

140 Die Namen der ausgetretenen Reichstagsabgeordneten vermitteln zugleich einen Eindruck von dem interessenpolitischen und ideologischen Gesicht der Gegenbewegung: Lambach (DHV), Hartwig (Vorsitzender des Deutschnationalen Arbeiterbundes), Hülser (Führer der Deutschnationalen Landarbeiter), Schlange-Schöningen (Reichslandbund, hinter ihm der noch nicht ausgetretene Schiele), Klönne (kleiner

halbes Jahr später sollte bei weitem nicht jene Wirkung mehr ausüben, die eine konsequente Distanzierung des gesamten Westarp-Flügels zu diesem Zeitpunkt gehabt hätte.
So erreichte die Austrittsbewegung, von Hugenberg wütend bekämpft und der Linkstendenz verdächtigt[141], kaum einen politisch relevanten Umfang. Sie griff wohl auch auf die Landtage sowie auf namhafte Vertreter von Landwirtschaft und Industrie über, wurde aber sogleich durch Hugenbergs gut funktionierende Partei- und Pressemaschine gebremst[142]. Von den Abtrünnigen bildeten Lambach, Hartwig, Hülser, Mumm und Behrens als Mitglieder der christlich-sozialen Reichsvereinigung eine christlich-soziale Gruppe, die später mit dem (südwestdeutschen) Christlichen Volksdienst zum *Christlich-Sozialen Volksdienst* verschmolz, Schlange-Schöningen schloß sich der Landvolkpartei an, während die Deutschnationale Arbeitsgemeinschaft der restlichen Abgeordneten zunächst mit der Landvolkfraktion in der Christlich-Nationalen Arbeitsgemeinschaft kooperierte, um dann am 28. Januar 1930 die *Volkskonservative Vereinigung* zu gründen[143].

5. *Das Projekt eines Rechtsblocks und die Anfänge der Regierung Brüning*

Die Krise der Großen Koalition ließ diese Vorgänge, die mit dem Engpaß der Regierung Müller und den Umbildungsprojekten der Umgebung Hindenburgs zweifellos — und nicht nur durch die Gestalt Treviranus' — in engem Zusammenhang standen, weit über ihren äußeren Umfang hinaus wirken und ein wohl ausschlaggebendes Gewicht für die Bildung der Regierung Brüning gewinnen. Die erstrebte Erweiterung nach rechts setzte eine Mitarbeit der kompromißfähigen Teile der DNVP voraus. So wurde der skizzierte innerparteiliche Machtkampf zugleich auf bedeutsame Weise durch allgemein staatspolitische Gesichtspunkte beschleunigt.
Dies war schon in einem Gespräch vom März 1929 deutlich geworden, in dem Hindenburg mit Westarp die Möglichkeiten einer Einbeziehung der Rechten in eine neue Regierung erörtert und die intransigente Haltung Hugenbergs kritisiert hatte[144]. Westarp war auf Hindenburgs Frage, ob er angesichts der ständigen Regierungskrisen einschreiten sollte, für Abwarten gewesen, hatte auch für den Fall eines Rücktritts von Müller „keinen positiven Vorschlag" geäußert[145]. Darauf hatte Hindenburg eine Reihe von Namen genannt, die den Umkreis der damaligen Erwägungen beleuchteten, freilich Brüning noch nicht einschlossen. Zu Luther bestehe keine große Neigung; Groener habe — meinte Hindenburg — zu viele Gegner; auch der Name Schleicher fiel[146]; v. Lindeiner

Fabrikbesitzer mit sozialen Neigungen), Lejeune-Jung (katholischer Industriesyndikus), Treviranus, v. Lindeiner-Wildau, v. Keudell (Führer des kooperationswilligen jungkonservativen Flügels), Prof. Hoetzsch (als Historiker außenpolitischer Experte), D. Mumm, Behrens (Christlich-Soziale).

141 Vgl. etwa *Deutschnationale Flugschrift*, Nr. 345, S. 13, wo die Volkskonservativen als weimartreue „Tory-Demokraten" ohne völkische und monarchische Bindungen denunziert werden.

142 Z. B. erreicht Hugenberg, daß sich der erweiterte Vorstand von Hessen-Nassau mit 103 : 6 Stimmen gegen seinen Abgeordneten v. Lindeiner ausspricht; vgl. Gildemeister (Anm. I/99), S. 23 f.

143 Zu den konservativen Neugruppierungen Kaufmann (Anm. I/89), S. 193 ff.; Neumann (Anm. I/101), S. 70. Speziell zum Christlich-Sozialen Volksdienst Karl Buchheim, *Geschichte der christlichen Parteien in Deutschland*, München 1953, S. 394 ff.

144 *Westarp-Akten:* Westarps Notiz über eine Besprechung bei Hindenburg (am 18. März 1929, nachmittags 5.30 Uhr bis 6.15 Uhr).

145 Bezeichnend für Hindenburgs ständige psychische Unsicherheit gegenüber der Rechtsopposition, die letztlich zum Sturz aller Regierungen seit 1930 beigetragen hat, ist dabei seine Äußerung zu Beginn und am Ende des Gesprächs, er wolle von rechts „keine Vorwürfe wegen Untätigkeit erleiden".

146 *Ebda.*, Westarp auf Hindenburgs Frage: „Kenne ihn zu wenig, um mich unbedingt auf nein oder ja festzulegen, habe seit Jahren beobachtet, daß er bei Krisen kriegsspielmäßig sich ein Bild über mögliche Entwicklung sucht."

habe — versicherte Westarp — zwar seine Unterstützung, wohl aber nicht die Hugenbergs und seines Parteiapparates; Hugenberg selbst, erklärte wiederum Hindenburg, komme „als zu weit rechts stehend ... als Kanzler nicht in Betracht“[147]. Als Außenminister wurden neben Stresemann, der hier schon deutlich verdrängt erscheint, Neurath oder F. H. v. Rosenberg (Außenminister 1922/23) genannt, während Kaas von Hindenburg abgelehnt wurde[148]. Gegen Seeckt und andere Generale zeigte Hindenburg Bedenken: dies könne als Zeichen für die Absicht diktatorischer Gewalt genommen werden. Vor allem aber betonte Hindenburg schon damals die Grundkonzeption, die der Regierungsverschiebung nach rechts ein Jahr später zugrunde liegen sollte. Man müsse, meinte er, ohne und gegen die Sozialdemokraten regieren. „Dann werde man auch vor einer Persönlichkeit, die auf die Absicht von Gewaltanwendung schließen lasse, nicht zurückschrecken dürfen.“ Den Gedanken an Noske wies dagegen Westarp mit dem Hinweis auf dessen schwache Stellung in der SPD zurück[149]. Zuletzt wurde mit der abschließenden Frage Hindenburgs nach seinen verfassungsmäßigen Befugnissen im Kern schon die Form der nächsten Regierungsbildung und einer schließlichen Präsidialregierung berührt. Westarps Hinweise auf den Brauch vorhergehender Fraktionsverhandlungen beantwortete Hindenburg mit der entschiedenen Feststellung, er „beabsichtige nicht noch einmal, nach diesem Brauch zu verfahren“, und wolle dann lieber von seiner Auflösungsbefugnis Gebrauch machen.

Vor dem Hintergrund dieses Gesprächs gewinnen die folgenden Vorbereitungen von seiten Hindenburgs wie der Deutschnationalen deutlicheres Profil. Zwar versagte sich Hugenberg mit verstärktem Nachdruck jeder positiven Mitarbeit an einer gemäßigten Lösung, während nun fast täglich bei Hindenburg die empörten Protestbriefe konservativer Freunde und „Kriegskameraden“ einliefen, die eine rechtsgerichtete Regierung und den Kampf gegen den Young-Plan forderten[150]. Aber als das krisenreiche Zwischenspiel der Großen Koalition einer Rechtstendenz der DVP und des Zentrums Platz machte und die SPD freiwillig in die Opposition zurücksank, schien eine Neugruppierung der politischen Kräfte zwischen der regierungsunfähigen Hitler-Hugenberg-Front und der schwindenden Mitte möglich, die, wie man hoffte, einer allmählichen Einbeziehung der Rechten in die gemäßigten Reformpläne und einer großen „neuen Partei“ der bürgerlichen Mitte den Weg ebnen würde[151]. Nachdem Hugenberg schon im Dezember 1929 eine Regierungsbeteiligung abgelehnt und Hindenburg nachdrücklich mit Brüning Fühlung aufgenommen hatte[152], trat Meißner im Januar 1930 erneut an Westarp heran. Er teilte ihm

147 *Ebda.* Bei dieser Gelegenheit präzisiert Westarp sein Verhältnis zu Hugenberg folgendermaßen: „Hugenberg hat ein anderes System als ich, indem er Minderheiten und Andersgesinnte schroffer behandelt als ich es tat. Ob er damit auf die Dauer durchhalten wird, läßt sich noch nicht übersehen. Augenblicklich sind einige Mißstimmungen, wenn daraus eine Opposition erwächst, so ist sie z. Zt. noch im Anfangsstadium. Die Dauerangriffe der Jungdeutschen und von links bleiben bei ihrer Zähigkeit nicht ganz ohne Eindruck. Ich habe ihm anfangs gesagt, zu Zeiten der Opposition sähe ich keinen Anlaß zu Differenzen, das brauche nicht unter allen Umständen, könne aber anders werden, wenn sich später einmal nach einer Wahl die Möglichkeit einer Teilnahme an der Regierung ergäbe.“

148 *Ebda.*: „Ich werde doch keinen Richelieu machen. Im übrigen ziehe ich Berufsdiplomaten den Laien vor, die ... im Reichstag über die Außenpolitik reden, ohne im Geschäft selbst drinzustecken.“

149 *Ebda.*, Westarp: „Die Ernennung sogenannter vernünftiger Sozialdemokraten verfehle ihren Zweck insofern, als gerade diese Leute die Sozialdemokratie nicht mitbrächten, und schaffe auf der anderen Seite Mißtrauen und eine unklare Situation.“

150 Vgl. dazu die interessanten Einzelheiten bei Görlitz (Anm. I/66), S. 310–320.

151 So bes. auch Hans Zehrer, „Grundriß einer neuen Partei“, in: *Die Tat* 21, Heft 9 (Dezember 1929), S. 641 ff. Zur politischen Stellung und Aktivität dieser Zeitschrift und ihres Kreises jetzt Hans Paul Brunzel, *Die „Tat“ 1918–1933, Ein publizistischer Angriff auf die Verfassung von Weimar innerhalb der „Konservativen Revolution“*, Diss. Bonn 1952 (ungedr.), S. 15 ff.; S. 57 ff.

152 Vgl. o. S. 272 ff.

mit, man rechne für Februar oder März mit einer Regierungskrise, und bat ihn zu einer Unterredung, in der Hindenburg vertraulich die Aussichten einer Westarp-Regierung auf Unterstützung durch die DNVP besprechen wollte. Gleichzeitig äußerte er seine Befürchtung, daß nach der ablehnenden Haltung Hugenbergs, den er am 6. Januar 1930 erneut befragt habe, die Bildung einer antiparlamentarischen und antimarxistischen Regierung an der DNVP scheitern und Hindenburg wieder nicht von der SPD loskommen werde.

Auch über diesem Gespräch[153] lag der Schatten Hugenbergs[154], der nach Westarps resignierender Einsicht die Mehrheit auch der Fraktion kontrollierte, wenngleich Westarp seine eigene, kooperationswillige Gruppe als eine starke Minderheit, etwa 30:35 Abgeordnete, betrachten konnte. Er erwähnte besonders Schiele, der über eine „Hausmacht" verfüge, freilich gleichfalls Schwierigkeiten in seinem Landbund habe. Eine weitere Komplikation sah Westarp in der Ablehnung Hugenbergs durch Brüning und Hermes[155], bejahte aber zugleich den Plan Hindenburgs, einen Appell an die DNVP zu richten. Nach einer Mißbilligung des Volksbegehrens, dessen § 4 er nicht ernst nehmen wollte, bejahte Hindenburg gegen Westarps Widerspruch den Young-Plan, lobte Curtius und Moldenhauer und kritisierte zugleich die übergroße Vertraulichkeit Stresemanns gegenüber Chamberlain und Briand; er habe ihn oft ermahnt, schärfer aufzutreten. Wichtiger aber ist Hindenburgs verdrossene Klage über die unzulänglichen Machtmittel seiner komplizierten Stellung; indem er quasi prophetisch hinzufügte, in zwei Jahren gehe er auf sein Gut und vertrete entschiedene Opposition, fiel Hindenburg auch Westarp gegenüber auf sein altes Mittel der Rücktrittsdrohung zurück. Während Hindenburg die „kommende Regierung" nur mit der Nebenbemerkung streifte, er denke an Berufsbeamte, wurde sie Westarp anschließend noch von Meißner als antiparlamentarisch und antimarxistisch vorgezeichnet; sie müsse vor allem eine Wandlung in Preußen herbeiführen, durch die vielleicht Hugenberg doch noch auf ihre Seite gezogen werden könnte. Noch einmal stellte Westarp fest, daß ein Eintritt der DNVP in eine Koalitionsregierung nicht zu erwarten sei, daß man ein Hindenburg-Kabinett aber vielleicht abwartend tolerieren werde. Und noch einmal betonte Meißner, die DNVP müsse das Kabinett innerlich billigen und das zum Ausdruck bringen, wenn nicht die Gelegenheit verpaßt und Hindenburg gezwungen werden solle, weiter mit sozialistischen Ministern zu arbeiten[156].

Die Vorbereitungen, die Meißner als getreuer Diener und zugleich guter Souffleur seines Herrn derart mit vorangetrieben hatte, mündeten am 30. März in ein von Zentrum, BVP, DVP und DDP getragenes Minderheitskabinett. Sein bemerkenswertes Kennzeichen war die Einbeziehung von Treviranus und Schiele; auch dieser legte jetzt sein deutschnationales Mandat nieder und erreichte auch nach anfänglichen Schwierigkeiten durch persönliches Eingreifen

153 *Westarp-Akten:* Notiz über vertrauliche Besprechung mit Hindenburg am 15. Januar 1930 (11.30 Uhr bis 12.20 Uhr), eingeladen durch Meißner.

154 Hindenburg erwähnt bei dieser Gelegenheit sein Gespräch mit Hugenberg nach dessen Übernahme der Parteiführung, bei der er die Gleichberechtigung der Landwirtschaft neben der Industrie und die Einigkeit der Partei gefordert habe.

155 Auch hieran wird die erhebliche Rolle der landwirtschaftlichen *pressure groups* deutlich: vgl. auch Reichardt, *Hermes* (Anm. I/13), S. 120 ff. Den stärksten Druck allerdings übte die ostdeutsche Landwirtschaft aus; vgl. die im Januar 1930 an Hindenburg, die Reichs- und Preußische Regierung über den Reichstag und Preußischen Landtag gerichtete Denkschrift: *Die Not der preußischen Ostprovinzen*, hrsgg. von den Landeshauptleuten der Provinzen Ostpreußen, Grenzmark Posen-Westpreußen, Pommern, Brandenburg, Niederschlesien und Oberschlesien (als Handschrift gedruckt).

156 Diese Szene rückt zugleich die apologetisch verzeichnete, allzu lakonische Schilderung, die Otto Meißner vom Regierungswechsel gibt (*Staatssekretär unter Ebert, Hindenburg, Hitler*, Hamburg 1950, S. 185 ff.), ins rechte Licht.

Hindenburgs die Durchsetzung seiner agrarischen und Osthilfe-Programmpunkte. Dazu trat noch der ehemalige Freikonservative Prof. Bredt (Wirtschaftspartei), während Verhandlungen mit v. Keudell schon am 28. März offenbar fehlschlugen oder zunächst zurückgestellt wurden. Die Regierungsbildung schien freilich die Initiatoren nicht ganz zu befriedigen, da neben Groener nur Treviranus und Schiele von parlamentarischen Bindungen frei waren, sieben Minister aber aus dem Kabinett Müller übernommen wurden. Immerhin waren nicht die üblichen interfraktionellen Besprechungen vorangegangen, und die neue Regierung stellte sich schon in ihrer ersten Erklärung als im Machtspruch Hindenburgs[157] und in der Konzeption seiner Ratgeber begründet, als die erste Form des „Präsidialkabinetts“[158] dar. Auch ließ die DNVP zunächst die Regierungserklärung ohne stärkere Opposition passieren, und Hugenbergs schwankende Stellungnahme gab deutliche Zeichen der fortdauernden inneren Aufspaltung, von der sich die neue Regierung und besonders ihre außerparlamentarischen Gönner noch immer eine breitere Basis auf der Rechten erhoffen mochten, wenn dies gleich im ersten Versuch nur teilweise geglückt war.

Die Versprechungen Brünings zur Förderung besonders des gewerblichen Mittelstands und der Landwirtschaft, seine Ankündigung von Sparmaßnahmen in der öffentlichen Verwaltung und seine auf der Drohung mit „außergewöhnlichen Mitteln“ begründete Kritik an „parteipolitischen Erwägungen“ trafen zunächst nur auf die Opposition der Linksparteien, für die Breitscheid die Art der Regierungsbildung, ihre antiparlamentarische, auf die Diktatur weisende Blickrichtung und ihre von Schiele-Hindenburg inspirierte Landwirtschaftsneigung attackierte[159]. Dagegen war Hugenbergs grundsätzliche Kritik an dieser auf eine weitere Spaltung der DNVP angelegten Regierung äußerst gewunden; er begnügte sich mit der salomonischen Ankündigung, seine Partei werde die sozialistischen und kommunistischen Mißtrauensanträge ablehnen und nicht einem ihr nahestehenden Wirtschaftsverband wie dem Reichslandbund in den Arm fallen, wenn er im Augenblick der höchsten Not der Landwirtschaft und des Ostens die Verantwortung übernehmen wollte[160]. So kam mit seiner reservierten Tolerierung die parlamentarische Bestätigung der Regierung zunächst doch zustande, während die NSDAP gegen den Kompromißbeschluß mit dem Austritt aus dem „Reichsausschuß“ der „Nationalen Opposition“ demonstrierte.

Wenig später begründete Brüning auf einer Tagung des Zentrums-Reichsausschusses seine regierungspolitischen Absichten durch eine Kritik an der mangelnden Kompromißbereitschaft der SPD und an der „ungesunden Entwick-

157 Es war kein Zufall, daß dem die amtliche Meldung von der Beauftragung Brünings entsprach, die offensichtlich ganz bewußt in dieser ungewöhnlichen Form der Kampfansage an Parlament und Koalitionspolitik lanciert wurde: vgl. o. S. 273 sowie Poetzsch-Heffter, „Vom Staatsleben“ (Anm. I/128), S. 157 f.

158 Zu diesem Begriff vgl. auch Horst Hausen, *Das Prädialkabinett, Eine staatsrechtliche Betrachtung der Kabinette von Brüning bis Hitler*, Erlangen 1933.

159 Breitscheid, *Reichstagsprotokolle* v. 2. April 1930, S. 4734 CC. Bezeichnend für die einseitige, oft naive Art seiner Wertungen ist, daß Wheeler-Bennett (*The Nemesis of Power, The German Army in Politics 1918–1945*, London 1953, S. 224) noch heute mit lebhafter Zustimmung bescheinigt, das Kabinett Brüning habe „the added advantage of being united and disciplined“ (!) gehabt. Er begrüßt besonders die „former front-line fighters“ und die sechs Träger des Eisernen Kreuzes unter den Ministern und glaubt – ganz im Sinne der Überparteilichkeits-Fiktion dieser Tage – daraus und aus dem unabhängigen Charakter der Regierung schließen zu können, daß sie weniger von Koalitionshindernissen und Intrigen behindert war. Die Kehrseite sieht dieser Verehrer der Brüning-Lösung nicht. Dazu jetzt besonders Hans Herzfeld, „Das deutsche Heer als geschichtliches Problem“, in: *Zeitschrift für Politik* 1 (1954), S. 374 ff.

160 *Reichstagsprotokolle* v. 3. April 1930, S. 4771. Zu dieser Sitzung auch Keil (Anm. I/3), II, S. 385 ff.

lung des Parlamentarismus"; er wies dabei unter Androhung der Reichstagsauflösung erneut auf das präsidiale Notverordnungsrecht zur Sanierung von Parlament und Demokratie hin[161]. Während dann Brünings Steuer- und Dekkungsvorlagen und Schieles landwirtschaftliche Protektionsmaßnahmen nach mühsamen Einzelverhandlungen mit Parteien und Interessengruppen knappe Zustimmung fanden[162] und dabei eine deutschnationale Mehrheit unter Westarp gewinnen konnten, während auch die Bestrebungen zur Umbildung der preußischen Regierung analog der Brüning-Kaas-Lösung in Äußerungen des Berliner Zentrumorgans *Germania* (auf das v. Papen Einfluß besaß) neuen Auftrieb erhielten[163], nahmen jene Umgruppierungen zwischen der Mitte und einer radikalen Rechtsopposition, jene Auflockerung der Fronten[164], auf die die neue Regierung letztlich ihre Hoffnungen setzte, ihren scheinbar verheißungsvollen Fortgang. Am 6. April veranstaltete die neue Volksnationale Reichsvereinigung Mahrauns[165] eine öffentliche Kundgebung; ihr folgte die erste Reichstagung des Christlich-Sozialen Volksdienstes in Kassel, auf der der württembergische Landtagsabgeordnete Bausch im Hauptreferat die „junge Bewegung" zur Loyalität dem gegenwärtigen Staat gegenüber aufrief und die volkskonservative Bewegung sowie die vom Jungdo kommenden „volksnationalen Kräfte" begrüßte, freilich zugleich den „eigenen Weg" des Volksdienstes betonte[166]. Alle diese Versuche waren begleitet von lebhaften Plädoyers für eine Umgestaltung des Parteiwesens im Sinne der bündischen Idee, aber zugleich der entschiedenen Bejahung des republikanischen Staates als Arbeitsgrundlage der gegenwärtigen Politik[167].

In der DNVP selbst ging die innere Krise weiter. Wohl hatten am 8. und 9. April Fraktion und Parteivorstand Hugenberg einstimmig bestätigt. Doch zwei Wochen später entzündete sich der fortschwelende Konflikt von neuem: auf der Vorstandstagung in Berlin am 25. April kritisierte die Parteiführung in scharfer Wendung gegen die Mehrheit der Abgeordneten deren Zustimmung zu Brünings Steuergesetzen[168], legte die Oppositionsstellung der DNVP gegen das Brüning-Kabinett fest und verlangte erneut „unbedingte Zusammenarbeit

161 Brüning (zit. bei Egelhaaf, *1930*, S. 128 f.) geht von der Schwäche des alten Kabinetts aus, die echte Reformmaßnahmen verhindert und die Verantwortung mehr und mehr von der Regierung auf die Parteiführer abgeschoben habe. Mit der Arbeitsunfähigkeit des Parlaments aber wachse automatisch die Macht des Reichspräsidenten, der für den Fall des Versagens des Parlaments andere verfassungsmäßige Mittel habe; seine ganze Autorität stehe hinter dem jetzigen Kabinett und zugleich sein Wunsch, die jungen Kräfte auf der Rechten, die sich auf den Boden des jetzigen Staates zu stellen gewillt seien, möchten Zeit haben, um Wurzel zu schlagen und eine kräftige Partei werden. „Wir" stünden „vor neuen Einschnitten in unserer Geschichte", müßten eine „unsoziale" Sparsamkeit üben und: „Wenn es nicht gelingt, im Parlament die notwendigen Aufgaben zu erfüllen, muß das deutsche Volk selbst die Entscheidung in einem neuen Wahlkampf in die Hand nehmen."

162 *Reichstagsprotokolle* v. 12. April 1930, S. 4939 ff.; *ebda.* v. 14. April 1930, S. 4993 ff. Wieder stellt Brüning dem die Drohung entgegen, die Regierung werde im Falle der Ablehnung ihre Maßnahmen auf anderen Wegen durchsetzen": *ebda.*, v. 12. April 1930, S. 4921 A.

163 Einzelheiten bei Otto Braun (Anm. I/5), S. 296 ff.

164 Hermann Wentz, „Die Auflockerung der Fronten", in: *Die Tat* 21, Heft 12 (März 1930), S. 915 ff. Dort auch Details zu den konservativen Neugruppierungen.

165 Vgl. o. S. 127 f.

166 Unter Vorsitz von Mumm nahmen daran auch v. Keudell, Behrens, Hartwig, Hülser teil; Schultheß, *1930*, S. 114 f.

167 In diesem Sinne etwa Adolf Grabowsky, „Das Problem der Parteiumbildung", in: *Die Tat* 21, Heft 10 (Januar 1930), S. 750 ff.

168 Tatsächlich dementiert Westarp in einer kurz danach verfaßten Niederschrift (vgl. u. Anm. I/181) zwar die Existenz einer „Gruppe Westarp" vor der Abstimmung vom 14. April, bestätigt aber, daß die Brüning-Schiele zustimmende Fraktionsmehrheit ihn am 14. April abends gebeten habe, sie vor dem Parteivorstand zu vertreten. Westarps Zwischenstellung geht auch – mit der entsprechenden Tarnung – aus seiner programmatischen Stellungnahme zu der Abstimmung hervor: Graf Westarp, „Agrarprogramm und Steuervorlagen", in: *Neue Preußische Kreuzzeitung* Nr. 108 v. 17. April 1930. Vgl. auch Westarps vorangegangenen Aufsatz: „Das Kabinett Brüning und die Deutschnationalen", *ebda.*, v. 6. April 1930.

von Partei und Fraktion und geschlossenes Auftreten bei den entscheidenden Parteiabstimmungen". Und wieder verwahrte sich Westarp in seinen (natürlich nicht publizierten) Ausführungen dagegen, „die Abstimmungen der Fraktion der Entscheidung des Parteivorsitzenden zu unterwerfen", sprach sich gegen eine pauschale Verwerfung des Brüning-Experimentes aus und gab seiner Empörung über die schamlose Kampagne Ausdruck, die in der eigenen Presse („auf die man Herrn Hugenberg maßgeblichen Einfluß zuzuschreiben pflegt") und von parteiamtlichen Stellen gegen die für Brüning stimmende Fraktionsmehrheit entfesselt worden sei[169]. Am 2. Mai betonten 28 Reichstagsabgeordnete in einem Schreiben an Hugenberg ihre Entschlossenheit, sich volle Handlungsfreiheit vorzubehalten[170].

Die Möglichkeit einer viel größeren Sezession, wie sie im Dezember schon v. Lindeiner vorbereitet hatte[171], schien nun in greifbare Nähe gerückt. Damals konnte noch ein Großteil der an Lindeiners Verhandlungen Beteiligten[172] davon überzeugt werden, daß die sachlichen Gründe, wie sie der Konflikt um den § 4, der Austritt der drei Christlich-Sozialen und der Fall Treviranus boten, zum Austritt nicht ausreichten; man behielt die Sezession wohl im Auge, „wollte aber erst sachliche Differenzen zum Anlaß nehmen, die eintreten würden, wenn es sich um die Stellungnahme zu einer neuen Hindenburg-Regierung handeln werde"[173]. Dies war nun der Fall, und neben den hinter dem Schiele-Programm stehenden wirtschaftspolitischen, nach Regierungsbeteiligung drängenden Interessen[174] trieben auch taktische Erwägungen zum Bruch. Brünings Kurs mochte, wie die Umstände und Vollmachten der neuen Regierung andeuteten, bald zu Neuwahlen führen. Dann aber würde Hugenberg ohnedies mittels systematischer Bearbeitung der Wahlkreise durch seinen organisatorischen und publizistischen Apparat die Wiederaufstellung aller ihm nicht unbedingt ergebenen Abgeordneten zu verhindern wissen[175]. Westarps Warnungen wurden von den meisten als verhängnisvolles Zaudern kritisiert. Tatsächlich besaß Westarps Zurückhaltung im Angesicht des unvermeidlichen Bruches auch in seiner eigenen, durchaus realistischen Einsicht in Stand und Gang der Dinge keinen Anhalt mehr. Wohl ging es ihm um den psychologisch wie organisatorisch richtigen Augenblick zur Trennung. Aber wenn er statt einer Parteineugründung „bei einer wirklich unvermeidlich werdenden Trennung ... den Apparat und die Firma" behalten, jedenfalls den „Anlaß so gewählt" sehen wollte, „daß wir von dem Apparat möglichst viel hinüberbekämen", so stand er damit

169 *Westarp-Akten:* Notizen zur Sitzung des Parteivorstands am 25. April 1930. Westarp beklagt sich bei dieser Gelegenheit nachdrücklich über die Tätigkeit der deutschnationalen Pressestelle und die gegen die Fraktionsmehrheit gerichteten Parteirundschreiben; besonders das Parteirundschreiben 12 a, das von „Täuschung des Vertrauens, ... Imstichlassen der Führung, ... Sabotage der Erfolgsaussichten der Partei und ... Schädigung ihres Ansehens" gesprochen habe, sei auf Hugenbergs ausdrückliche Weisung (vom 18. April) an ca. 3600 Adressen verschickt worden: da diese Ausdrücke wörtlich dem Ausschlußparagraphen des Parteistatuts entnommen seien, stellten sie eine entsprechende Androhung dar und machten eine weitere Mitarbeit problematisch. Die Angriffe des Rundschreibens hatten sich vor allem gegen den Reichslandbund gerichtet, dessen Politik zu einer Stärkung der Mitte geführt habe.

170 Neben Westarp u. a. Bazille, Dryander, Koch, Leopold, Lind, Rademacher, Reichert, v. Richthofen, Schultz-Bramberg, Wallraf.

171 *Westarp-Akten,* Private Niederschrift Westarps (vgl. o. Anm. 127): „... er rechnete mit etwa 30 Ausscheidenden. Dem dringenden Zureden von Schiele und mir gelang es, das zu verhüten."

172 *Ebda.:* Westarp nennt Rademacher, Reichert, Lind und „die Bauern", Strathmann und „die Franken", Dryander u. a.

173 *Ebda.*

174 Diese Motive wurden vor allem von der wütenden Hugenberg-Kampagne gegen die abtrünnigen „Speckpolitiker" angegriffen: so z. B. *Deutschnationales Rüstzeug,* Nr. 16, Berlin 1930, S. 78; S. 17; vgl. Neumann (Anm. I/101), S. 64.

175 So Rademacher bei Westarp, *Westarp-Akten.* In der u. Anm. 181 zitierten Niederschrift hebt Westarp besonders die Aktivität der Hugenberg-Leute in der Hauptgeschäftsstelle und der Pressestelle (mit der *Deutschen Zeitung* und den alldeutschen Blättern) hervor.

nicht nur in hoffnungsloser Isolierung zwischen Hugenberg und den Sezessionisten, die eine Trennung jetzt für unvermeidlich hielten[176]. Er befand sich auch im Zwiespalt mit seiner eigenen Einsicht, daß der Druck der Parteiführung auf die Abgeordneten durch Mobilisierung des Wahlkreises[177] oder das faktische Vetorecht des Parteivorsitzenden, wie es spätestens seit dem 25. April bestand, auch gegen eine Mehrheit der Fraktion ständig wuchs und bald auch die Fraktion vollständig kontrollieren würde.

Es sollte sich allerdings bald genug zeigen, daß auch Westarps taktische Erwägungen und Befürchtungen nicht ganz unberechtigt waren. Sie gingen dahin, daß Brüning viel eher durch eine Aktivität der Abgeordneten innerhalb der Fraktion gegen Hugenberg zu halten sei als durch eine neue Fraktion von 25 bis 30 Abtrünnigen, die von den Zurückgebliebenen keine Stimme mehr für die Regierung gewinnen könnten[178]. Auf der anderen Seite drängte jetzt auch Schiele zu einer Neugründung. Er hatte Westarp gegenüber schon vor dem 25. April „die Beseitigung Hugenbergs als das in erster Linie erstrebenswerte Ziel bezeichnet und für den Fall, daß er, wie wahrscheinlich, nicht rechtzeitig erreichbar sei, den Plan einer konservativen Volkspartei entwickelt, der es vielleicht eher noch als der DNVP gelingen könne, die Bauernpartei und die unvermeidlich kommenden weiteren Landbundlisten wieder einzugliedern“[179]. Aber auch in einer am 28. April stattfindenden Besprechung bei Schiele, an der noch die schwerindustriellen Abgeordneten Rademacher, Reichert und Leopold teilnahmen, wies Westarp erneut auf die schwache Position einer neugegründeten Partei unter den gegenwärtigen Umständen hin. Auch die auf seiner Seite stehenden Landesverbandsvorsitzenden hatten ihm noch am 26. April erklären müssen, daß es nicht gelingen würde, den Großteil der Parteiorganisation mit herüberzuziehen[180]. So wurde die Entscheidung weiter aufgeschoben, während Westarp, der jetzt wenigstens die *Kreuzzeitung*[181] dem Zugriff Hugenbergs zu entziehen suchte[182], sich immer neuer Attacken erwehren mußte.

176 So wünschte etwa Wallraf, „die Regierung möge uns bald Anlaß zu einer grundlegenden Abstimmung geben, bei der der sachliche Konflikt mit Hugenberg ausbreche“: bei Westarp, *ebda.*

177 In der u. Anm. 181 zitierten Niederschrift gibt Westarp dieser Einsicht unmißverständlichen Ausdruck, wenn er die Maßnahmen Hugenbergs gegen die Fraktionsmehrheit (vom 14. April) als selbstherrliche Unterdrückung der Verantwortung des Abgeordneten seinem Gewissen, seinem Wahlkreis, den hinter ihm stehenden Kreisen und den anderen Parteien gegenüber kritisiert. Besonders aber teilt er den Eindruck vieler Abgeordneter, daß Hugenbergs Apparat ihre Stellung im Wahlkreis im Hinblick auf eine kommende Wahl systematisch untergrabe – nur weil sie „hinsichtlich der politischen Taktik und Methoden einen anderen Standpunkt vertreten haben als Herr Hugenberg“.

178 Westarp, *ebda.*: „Blieben wir in der Fraktion, so wären Mehrheiten wie die vom 12. und 14. April eher erreichbar“, die immerhin 4 bzw. 6 Stimmen betragen hatten.

179 *Ebda.*

180 Westarp, *ebda.*: „Am 25. April hatten außer Winckler und Kries die Landesverbandsvorsitzenden v. Gossler, Graf Schulenburg (Filehne), v. Zitzewitz, v. Waldow, Meyer (Magdeburg), Jäntzsch (Dessau) und Wesenfeld mit uns gestimmt. Ich legte einigen von ihnen am 26. abends bei Mitscher die Frage vor, ob sie, wenn der Bruch unvermeidlich sei, den Parteiapparat mit hinüberbringen würden. Gossler erklärte das höchstens für 5–6 Kreisvereine für möglich; v. Zitzewitz meinte, Pommern sei durchaus nicht reif und werde auseinanderfallen, Meyer beschwor mich, den Bruch zu vermeiden. Auch in seinem Landesverband stehe die Mehrheit hinter Hugenberg. Nur Wesenfeld bejahte meine Frage.“

181 Ein Beispiel ist dafür eine zweite, wohl ebenfalls Anfang Mai 1930 verfaßte Niederschrift (*Westarp-Akten*, Niederschrift über Vorgänge in Partei und Fraktion April 1930), die Westarp an Frhr. v. Richthofen-Wertschütz, Graf Seydlitz-Albersdorf und vor allem an Major a. D. Foertsch von der *Kreuzzeitung* schickt. Auch hier verwahrt sich Westarp gegen den Vorwurf, er wolle als Führer einer Fronde gegen Hugenberg seine Stellung wiedererobern, und betont, der Widerspruch gegen Hugenbergs Methoden und Politik sei in der Fraktion ohne sein Zutun entstanden und habe zu einer aktuellen Abspaltungsgefahr geführt: „eine Tatsache, mit der zu rechnen ist und die ich ständig abzumildern suche“. Und auch hier verbindet Westarp eine bemerkenswert klare Einsicht in die Probleme mit einer entschiedenen Kompromißstimmung.

182 Diese schien zunächst im Konflikt mit Hugenbergs Parteidiktatur ebenso den volkskonservativen Bestrebungen zuzuneigen wie die Treviranus und dem späteren Papen-Gefolge nahestehende Zeitschrift *Der Ring*. In einem Brief an Westarp (*Westarp-Akten*, 8. April 1930) hatte v. Gleichen vom *Ring* ein

Inzwischen bahnte sich eine Entwicklung der allgemeinen Verhältnisse an, die die anfangs nicht ungünstige Konstellation der politischen Kräfte zum Nachteil Brünings verschob und in die lange erwartete Krise der parlamentarischen Demokratie mündete. Die Bewegung, die sie in der Wählerschaft und zwischen den Parteien und *pressure groups* auslöste, sollte bis zur nationalsozialistischen Machtergreifung nicht mehr zur Ruhe kommen und die Auflösung der Republik recht eigentlich von einer konjunkturellen Möglichkeit zu einer strukturellen Wirklichkeit werden lassen.

Gespräch mit Treviranus berichtet, der wohl nach wie vor Hugenbergs Apparat unterschätzte, nun aber doch für eine stärkere Stützung des Kabinetts von rechts eintrete, der Heranziehung der *Kreuzzeitung* (allerdings gegen Foertsch) zustimme und eine auch aus wirtschaftlichen Gründen zweckmäßige Zusammenarbeit zwischen *Ring* und *Kreuzzeitung* billige, wie sie schon anläßlich eines Setzerstreiks stattgefunden habe.

AUF DEM WEG ZUM AUTORITÄREN STAAT

1. Die Stellungnahme der Parteien

Die neue, auf Hindenburgs ausdrücklichen Wunsch nach rechts orientierte Regierung[1] war ein Minderheitskabinett. Doch schienen sich ihre parlamentarischen Voraussetzungen zunächst günstig zu entwickeln, so daß der vorgesehene Einsatz außerparlamentarischer Mittel eine Drohung bleiben mochte. Entscheidend war dafür die weitere Entwicklung der deutschnationalen Stellungnahme. Es kann als sicher gelten, daß die Mehrzahl der agrarischen Abgeordneten abgesprungen wäre, wenn die Fraktion, wie es Hugenberg kategorisch verlangte, dem Mißtrauensvotum der KPD, SPD und NSDAP gegen Brüning am 3./4. April 1930 beigetreten wäre. Dasselbe traf nach Westarps zeitgenössischer Meinung für die Abstimmungen vom 12. und 14. April zu. Nicht nur hatten die großen Agrarorganisationen fast einhellig das Schiele-Programm befürwortet; auch ein Teil des industriellen Flügels war für ein Tolerierungsvotum der Fraktion eingetreten: eine Reichstagsauflösung aber hätte zu diesem Zeitpunkt zur Zersplitterung in mannigfache Landeslisten und zum Verlust nicht nur zahlreicher Mandate, sondern der agrarischen Grundlage der DNVP geführt[2]. Tatsächlich hatte Hugenberg von Anfang an auf eine Auflösung des Reichstags hingearbeitet. Schon bei den Auseinandersetzungen, die der Bestätigung der Regierung Brüning vorangingen, begründete dies sein Anhang der Fraktion gegenüber mit dem Vorwand, man dürfe den Sozialdemokraten keine Zeit lassen, „sich agitatorisch von der Verantwortung für ihre Regierungstätigkeit zu erholen". In Wirklichkeit ging es Hugenberg vor allem darum, einer Neuorganisierung der ausgeschiedenen deutschnationalen Gruppen und weiteren Abspaltungen zuvorzukommen — eine Absicht, die auch nach dem 3. April keineswegs aufgegeben wurde[3]. Im Zeichen solcher parteiinternen Bestrebungen, die ohne Rücksicht auf das allgemeine politische Risiko einer neuen Wahl und gegen die ständigen Warnungen des Westarp-Flügels vorangetragen wurden, stand der Kampf um die Etat- und Deckungsvorlagen des Brüning-Kabinetts.

1 So auch Stegerwald, Brünings Mentor aus den christlichen Gewerkschaften und jetzt sein Arbeitsminister, in einem nachgelassenen Brief: „Hindenburg wollte ab 1930 den Kurs auf ‚rechts' gedreht wissen." Nach Josef Deutz, *Adam Stegerwald, Gewerkschaftler, Politiker, Minister 1874–1945, Ein Beitrag zur Geschichte der christlichen Gewerkschaften in Deutschland*, Köln 1952, S. 132.

2 Vgl. *Westarp-Akten:* 2. Niederschrift Westarps über „Vorgänge in Partei und Fraktion" (Anm. I/181). Westarp nennt besonders die Landwirtschaftskammer und den Reichslandbund, dessen Bundesvorstand zunächst mit fast allen Landesverbänden hinter Schiele getreten war.

3 Vgl. *ebda.:* „Auch nachdem der Herr Parteivorsitzende am 3. April das Mißtrauensvotum abgelehnt hatte, ist ein ausdrücklicher Verzicht auf den Gedanken sofortiger Herbeiführung der Auflösung nicht ausgesprochen worden, und die Mitglieder der Fraktionsmehrheit standen durchaus unter dem Eindruck, daß die Minderheit der Fraktion an dem Plan festhalte, durch Ablehnung der Steuern noch vor Ostern die Auflösung herbeizuführen." Es ist geradezu grotesk, daß die Hugenberg-Apologetik heute sich zugute hält, daß die Zurückweisung der KPD-SPD-Mißtrauensanträge „unter Führung Hugenbergs und Oberfohrens . . . das Kabinett Brüning gerettet hat": so *Hugenbergs Ringen* (Anm. I/6), I, S. 10 f.

Er beherrschte die innenpolitische Szene zwischen Mai und Juli, blieb aber bis zur entscheidenden Abstimmung am 16. Juli unentschieden, da die Brüning unterstützende Westarp-Gruppe zahlenmäßig schwankte und noch immer auf ein partielles Einlenken Hugenbergs hoffte.

Die Situation auf der fluktuierenden Rechten war nach wie vor höchst verworren. Die bedeutendste neue Gruppe stellte die Christlichnationale Arbeitsgemeinschaft dar, die sich aus Abgeordneten der Christlichnationalen Bauern- und Landvolkpartei (10 Abgeordnete), der neuen Volkskonservativen Vereinigung (8) und des Christlich-Sozialen Volksdienstes (4) zusammensetzte. Auf ihrer ersten öffentlichen Kundgebung am 28. Januar hatten die Volkskonservativen die Sammlung konservativer Kräfte jenseits doktrinärer, politisch negativer Parteien gefordert (Treviranus) und das Ideal der Tory-Demokratie proklamiert (Hoetzsch). Auch die übrigen Redner — Lambach, Edgar Jung, Gereke, Klönne und Schlange-Schöningen — sprachen sich zwar für eine Erneuerung des Parteiwesens aus, stellten sich jedoch auf den Boden der geltenden Verfassung, für deren „Fortentwicklung im christlich-konservativen Sinne" sie arbeiten wollten[4].

Während die DNVP auch nach der stürmischen Tagung des Parteivorstands am 25. April, auf der einige Landesverbände den Ausschluß von Westarp, Wallraf, Dryander und anderen regierungsfreundlichen Abgeordneten forderten, nicht zur Ruhe kam, wurde nun auch das Zentrum des Parteienfelds durch ernsthafte Bestrebungen nach einer starken „Staatspartei der Mitte" in Bewegung versetzt. Dazu gehörte die neue politische Aktivität des Jungdeutschen Ordens. Ein weiteres symptomatisches Ereignis war der Protest Willy Hellpachs, der mit der Niederlegung seines Reichstagsmandats und mit dem Rücktritt von der Parteileitung der DDP für eine große bürgerliche Partei mit Einschluß der Volkskonservativen zu demonstrieren suchte: dies richtete sich vor allem gegen eine „Linkstendenz" der DDP, nachdem in der Tat Proteste gegen den Verbleib Dietrichs in einem auf Schieles Agrarpolitik festgelegten Kabinett laut geworden waren. Hellpach fand auf der Hallenser Tagung des demokratischen Parteiausschusses, die sich Anfang Mai mit diesen Fragen befaßte, freilich ebensowenig Zustimmung wie die antibesitzbürgerliche Jungdopropaganda; immerhin hielt die Partei an einer Kabinettsbeteiligung fest[5].

Die DVP hatte schon auf ihrem Parteitag am 22./23. März (Mannheim) im Bekenntnis des neuen Vorsitzenden Scholz zu Hindenburg die Regierungsbildung auf präsidialer Grundlage vorweg sanktioniert und in einem Sammlungsaufruf alle die bürgerlichen Parteien, die mit der DVP gemeinsam positive und staatserhaltend politische Arbeit leisten wollten, zum engeren Zusammenschluß aufgefordert. Mit der Anerkennung, daß „die Gruppe der Mitte, Zentrum, Demokraten, Bayerische Volkspartei mit uns in der Bejahung des Staates, wie er ist, übereinstimmt", verband Scholz eine Kritik an den restaurativen, den Antirepublikanismus über die Liebe zum Staat stellenden Tendenzen der DNVP. Er wandte sich zwar auch gegen den mehr „roten" als schwarzrotgoldenen Antikapitalismus der SPD, stellte aber doch fest, daß ein Regieren gegen oder auch nur ohne die SPD auf die Dauer nicht möglich sei[6]. Zunächst freilich zeitigten die in Besprechungen mit der DDP, der Wirtschaftspartei, den Volkskonservativen und dem Jungdo vorangetragenen Bemühungen um eine große parlamentarische Arbeitsgemeinschaft wenig Erfolg. Und gleichzeitig

4 Schultheß, *1930*, S. 10 ff. Text des Aufrufs auch in: *Germania*, Nr. 45 v. 28. Januar 1930.
5 Schultheß, *1930*, S. 120 f.; vgl. S. 59.
6 *Ebda.*, S. 83 ff.

hatte die fortschreitende Wirtschaftskrise die der DVP nahestehenden Arbeitgeberverbände in ihrer interessenpolitischen Haltung so versteift, daß auch die von den Gewerkschaften neuerlich angeregten Vermittlungsversuche im Geist der ehemaligen „Zentralen Arbeitsgemeinschaft“ jetzt keinen Erfolg mehr hatten[7].

Auch für das Zentrum, das im Kabinett Brüning erneut zur ausschlaggebenden Partei geworden war, erschien die Lage keineswegs problemlos. Seine preußische Sektion, die am 11. Mai in Berlin tagte, war nicht gewillt, die Koalition mit der SPD aufzugeben und eine Gleichschaltung der preußischen Koalitionsverhältnisse vom Reich aus gutzuheißen. Es sollte sich denn auch zeigen, daß der politische Kontakt, der damit entgegen dem ausgesprochenen Wunsche einer Mehrheit in der Reichstagsfraktion und den Bemühungen von Brüning und Kaas mit der SPD wenigstens in Preußen aufrechterhalten wurde[8], für die weitere Existenz der Brüning-Regierung und ihre Tolerierung durch die größte Partei von erheblicher Bedeutung war.

Die Stellungnahme der SPD gegenüber der neuen Regierung geriet schon jetzt in ein fühlbares Dilemma. Sie war besonders durch die Spannung zwischen sozialpolitischen Oppositionsparolen und der Sorge um den Bestand des parlamentarischen Systems überhaupt behindert. Das dramatische Ausscheiden der Partei aus der Großen Koalition war gegen den Willen Hermann Müllers erfolgt, und dieser beteiligte sich auch ebensowenig wie Braun und Hilferding am Mißtrauensvotum gegen Brüning. Die Oppositionswilligen hatten wohl einen vorläufigen Teilsieg errungen; aber nur mit fühlbarer Unsicherheit vermochte die Partei sich in eine Situation zu finden, in die sie sich wider besseres Wissen hatte hineinmanövrieren lassen. Schon jetzt mußte sie für den Fall einer Regierungsniederlage eine Notverordnungsperiode befürchten, in der sie mit der KPD auf der einen, der Hugenberg-Gruppe und der NSDAP auf der anderen Seite einem überaus brüchigen Bürgerblock gegenüberstehen würde. Auch die scharfe publizistische Polemik konnte über die innere Problematik der sozialdemokratischen Stellungnahme, die durch die Verbindung der SPD mit Zentrum und DDP im Reichsbanner und in Länderregierungen, besonders in Preußen, noch weiter kompliziert wurde, nicht hinwegtäuschen[9].

Eindeutig negativ blieb die Position der KPD. Sie proklamierte gleich zu Beginn des Jahres den Eintritt in „eine revolutionäre Kampfzone“, wobei sich nach ihren Ankündigungen die Massenbewegung der Arbeitslosen vor allem gegen die Unterdrückungsversuche der „Sozialfaschisten“ von der SPD richten werde und die Partei notfalls für eine „unterirdische“ Tätigkeit gerüstet sei. Ernst Thälmann, der lange vor dem Bruch der Großen Koalition schon die Diagnose sich vereinfacht und erklärt hatte, daß „in Deutschland der Faschismus herrscht“[10], reiste jetzt zum Befehlsempfang nach Moskau, um dann mit

7 Sie liefen über einen Begründer der ZAG: v. Raumer, „Unternehmer und Gewerkschaften“ (Anm. I/19), S. 434.

8 Dazu auch *Westarp-Akten:* Brief Westarps an Eisenhart v. 23. August 1930 (Antwort auf dessen Brief v. 20. August 1930). Westarp bestätigt, daß Brüning und Kaas die Loslösung von der SPD in Preußen betrieben, aber durch die Preußenfraktion (unter Heß) und den linken Flügel der Reichstagsfraktion behindert seien; er betont seinerseits, daß dies Problem psychologisch nicht durch grobe „agitatorische Logik“ nach dem Rezept Hugenbergs, sondern eben gerade durch eine Unterstützung der Zentrumspolitik im Reich zu lösen sei. Über die noch allzuwenig gewürdigte Bedeutung Heß' vgl. jetzt Leo Schwering in: *Deutsches Monatsblatt*, Febr. 1957, Rheinische und Westfälische Ausg., S. 5.

9 Vgl. besonders die scharfe Kritik, mit der Julius Leber in einer Lübecker SPD-Versammlung am 16. April 1930 den Austritt aus der Regierung begleitete. Er habe den Erwerbslosen nicht geholfen, der Demokratie geschadet und entspreche nicht dem Willen der Wähler von 1928: „Wir müssen in Zukunft viel konsequenter wissen, was die Macht im Reich und in der Republik bedeutet, und mehr Rücksicht nehmen auf die Festigkeit der Demokratie“ (Leber, Anm. I/37, S. 64 f.).

10 *Reichstagsprotokolle* v. 11. Februar 1930, S. 3940.

dem Aufruf „zum Endkampf für die Befreiung der Arbeiterschaft, zum Sturz des Kapitalismus, für die proletarische Diktatur", für eine „Verteidigung unseres sozialistischen Vaterlandes, der Sowjetunion", für den „Kampf gegen den Sozialfaschismus" und für „die deutsche und die Weltrevolution" wiederzukehren[11]. Doch kam es zunächst zu keinen nennenswerten Aktionen, sowenig die oppositionelle Grundhaltung gegenüber allen Manifestationen der parlamentarischen Demokratie auch im Kampf gegen die neue Regierung nennenswerte Modifikationen erfuhr.

Weit mehr noch als der KPD kam der NSDAP die tiefe Unzufriedenheit mit den wirtschaftlichen und politischen Verhältnissen zugute. Ihr Aufstieg bezeichnete bald sichtbar das Scheitern des Hindenburg-Brüning-Planes, unter Ausschluß der SPD eine tragfähige Koalition der Mitte und der Rechten zu stabilisieren. Schon die Agitation für das Hugenbergsche Volksbegehren hatte der Partei Prestige und Anhänger, dazu auch in wachsendem Maß die finanzielle Unterstützung einer mit der „Erfüllungspolitik" unzufriedenen Wirtschaft gewonnen[12]. Noch verfügte die politische Beobachtung zwar nicht über die Mittel der Meinungsforschung und Wahlanalyse, die eine zureichende Einsicht in Art, Tempo und Richtung der nationalsozialistischen Expansion vermittelt hätten. Vielleicht hätten dann weder Hindenburgs Ratgeber noch Brüning selbst für die Durchsetzung ihrer Pläne jene Umwälzung der parlamentarischen Mehrheitsverhältnisse in Kauf genommen, die der Zerschlagung des alten, noch durchaus arbeits- und koalitionsfähigen Reichstags folgte. Immerhin wiesen die Ergebnisse mehrerer regionaler Wahlen deutlich genug auf die Bewegung hin, die einer Schwächung der DNVP und dem Schwund der Mittelparteien das geradezu sensationelle Anwachsen der NSDAP in allen Ländern entgegenstellte, während gleichzeitig auch die KPD, z. T. auf Kosten der SPD, weitere Zunahmen zu verbuchen hatte. Dieser Trend war deutlich zum ersten Mal bei den thüringischen Landtagswahlen vom 8. Dezember 1929 in Erscheinung getreten, wo die NSDAP auf 11,3 % (1927: 4,6 %) gestiegen war und mit Frick auch ihren ersten „republikanischen" Minister verbuchen konnte. Und in den sächsischen Juniwahlen 1930 vermochte sich wohl die SPD zu behaupten; dafür verloren vor allem DNVP und DVP an die auf 14,4 % ansteigende NSDAP.

Die Entwicklung war also deutlich, und der Bruch zwischen NSDAP und Stahlhelm, die seit Juni 1930 in offene Konkurrenz zueinander traten, war Ausdruck der zunehmenden Spannungen innerhalb der „Nationalen Opposition". In ihnen manifestierte sich jene Kräfteverschiebung auf der Rechten überhaupt,

11 Ernst Thälmann, Rede auf dem Reichsjugendtag in Leipzig, in: *Die Rote Fahne* v. 23. April 1930, abgedr. in: Ernst Thälmann, *Kampfreden und Aufsätze*, hrsgg. von der KPD (März 1932), S. 63 ff.

12 So schwer greifbar hier genauere Angaben sind, so sicher ist doch, daß sich neben der langjährigen finanziellen Unterstützung der NSDAP durch Großindustrielle wie Thyssen und Kirdorf mit dem Ausbruch der Wirtschaftskrise und der Einreihung Hitlers in die „Nationale Opposition" neue Quellen erschlossen: vgl. dazu Heiden (Anm. I/16), S. 260; Fritz Thyssen, *I paid Hitler*, New York 1941, S. 129 ff.; zusammenfassend Hallgarten (Anm. I/16), S. 222 ff., sowie Bullock (Anm. I/123), S. 154 ff., der die Ergebnisse des Nürnberger Prozesses, besonders die Vernehmung Funks auswertet. Damit ist freilich nur *eine* Komponente des nationalsozialistischen Phänomens berührt, die sich zudem vorwiegend auf der organisatorisch-propagandistischen, nicht aber auf der soziologischen Ebene auswirkte. Naiv sind die Versuche, auf einer quellenkritisch unfundierten Kompilation heterogener Nachrichten oder sekundärer Zitate eine Deutung des „Faschismus" zu errichten, die Hitler ganz als das Produkt schwerindustrieller Machtambitionen erklärt: so vor allem die wissenschaftlich wertlose Streitschrift von Albert Norden, *Lehren deutscher Geschichte, Zur politischen Rolle des Finanzkapitals und der Junker*, (Ost-)Berlin 1947, S. 88 ff.; trotz aller Einseitigkeit und schwachen Fundierung etwas aufschlußreicher jetzt Fritz Klein, „Zur Vorbereitung der faschistischen Diktatur durch die deutsche Großbourgeoisie (1929–1932)", in: *Zeitschrift für Geschichtswissenschaft* 1 (1953), S. 874 ff. [Ost-Berlin]. Ein nettes Beispiel für die demagogische Sorglosigkeit dieser Art von Forschung bietet Kleins Anm. 15, wo die Beiträge Kirdorfs an die NSDAP in DM [sic!] „berechnet" werden. Weiteres u. S. 389 f. u. a.

die dem sichtbaren Schrumpfungsprozeß der in sich zersplitterten Deutschnationalen entsprach und schon jetzt den Plänen einer „konservativen Erneuerung", diesem Grundkonzept der Brüning-Ära, ihren konkreten Boden entzog. Eine aufmerksame Beobachtung der innenpolitischen Machttrends konnte eigentlich keinen Zweifel über Ausgang und Folgen einer neuerlichen Wahlentscheidung lassen. Die Frage war, wie sich die Regierung mit dieser Tatsache auseinandersetzen und welche politischen Maßnahmen auch jenseits der wirtschafts- und sozialpolitischen Überlegungen sie ihr entgegensetzen würde.

2. *Brünings Bruch mit dem Reichstag*

Die erste Aufmerksamkeit der neuen Regierung galt dem Problem der Reichsfinanzen, über dem die Große Koalition zerbrochen war. Durch halbe Maßnahmen, Improvisationen und Verschleppung erheblicher Fehlbeträge von einem Etatjahr ins andere waren die finanztechnischen Auswirkungen der Wirtschaftskrise derart verstärkt worden, daß der Rückgang der Steuereingänge, dem der steigende Zuschußbedarf der Arbeitslosenversicherung gegenüberstand, schon jetzt eine Katastrophe heraufzubeschwören schien. Moldenhauer konnte eine weitere Steuererhöhung nicht vermeiden; seine Maßnahmen schienen in mühseligem Tauziehen mit den betroffenen Wirtschaftszweigen und Interessengruppen innerhalb und außerhalb der Regierungsparteien zunächst wenigstens beschränkte parlamentarische Billigung zu finden. Von einem Ausgleich des Reichshaushalts konnte auch dann noch keine Rede sein. Inzwischen richtete sich der Protest der Linken besonders gegen die Steigerung der landwirtschaftlichen Zölle, die zwar die Krise der eigenen Landwirtschaft mildern, zugleich aber die Situation der Konsumenten verschlechtern und damit die allgemeinen Absatzschwierigkeiten, dies Kernproblem der Wirtschaftskrise, noch erhöhen würden. Auch von liberaler Seite verstärkte sich die Kritik[13]. Dazu kamen die alten und neuen Gegensätze zwischen den agrarischen und industriellen Interessen in den Parteien der Mitte und der Rechten.

Der parlamentarische Kampf um den verspätet eingebrachten Haushalt für 1930 setzte am 2. Mai mit der ersten Lesung ein[14]. Moldenhauer eröffnete ihn mit einem Hinweis auf die Höhe des Fehlbetrages von 1929 und auf die gewaltig gesteigerten Neubelastungen. Sein Sanierungsplan ging von einer Entlastung der „Wirtschaft", vor allem von der baldmöglichen Steuersenkung als Antrieb zur Kapitalbildung aus[15]. Sogleich sollte sich freilich erweisen, daß das Budget auch in der vorgesehenen Form nicht balanciert gehalten werden konnte. Am stärksten wirkte sich wiederum der Mehrbedarf der Arbeitslosenversicherung aus. Selbst in den ersten Sommermonaten blieb die Erwerbslosigkeit weit über dem kalkulierten Durchschnitt, während die erhöhten Ausgaben noch immer nicht durch eine — seit dem Sturz Müllers zurückgestellte — Beitragserhöhung zur Sozialversicherung ausgeglichen wurden. Der Vorstand der Reichsanstalt für Arbeitslosenversicherung erklärte nun mit aller Bestimmtheit, daß trotz vielseitigen Verbesserungs- und Sparplänen eine Erhöhung der Beiträge nicht nur um $^1/_2$ % (wie seinerzeit von der SPD gefordert), sondern um 1 % unvermeidlich sei. Gleichzeitig hielt der Steuerrückgang stetig

13 Man vgl. die zeitgenössischen Kommentare von Gustav Stolper: „Resignation", in: *Der deutsche Volkswirt* 4 (1930), S. 1071 (9. Mai 1930); „Planlosigkeit", *ebda.*, S. 1179 (30. Mai 1930); „Notprogramm?", *ebda.*, S. 1255 (13. Juni 1930).
14 *Reichstagsprotokolle* v. 2. Mai 1930, S. 5013 ff.
15 Gesetz zur Vorbereitung der Finanzreform v. 28. April 1930: *RGBl., 1930*, I, S. 145 f.

an. Bereits am 30. Mai mußte Moldenhauer im Haushaltsausschuß zu den Rückständen von 1926—1929 einen neuen Fehlbetrag von 700 Millionen RM errechnen, und die Sparpläne griffen nun in den Überlegungen der Regierung wie in den politischen Diskussionen auch auf den Reichswehrhaushalt über: der Neubau des Panzerkreuzers B wurde schon am 23. Mai gegen den Widerstand der Rechten abgelehnt und der Reichswehretat selbst zum Gegenstand scharfer Diskussionen. Der Juni brachte neben neuen Vorschlägen der Regierung zu Steuererhöhungen auch die Wiederaufnahme des Notopfergedankens in einer „Reichshilfe" der Festbesoldeten.

Die Widerstände gegen solche Maßnahmen, besonders in den betroffenen Mittelschichten, wuchsen zusehends[16], bis die Auseinandersetzung schließlich im Zusammenhang mit dem umstrittenen Verhältnis zwischen Lohn- und Preisgefüge zu ernsthaften Meinungsdifferenzen zwischen der DVP und ihrem Finanzminister Moldenhauer und zu dessen Rücktritt führte. Nach Ablehnung des Notopfers hatte er neue Verhandlungen mit seiner Fraktion begonnen. Ihr industrieller Flügel forderte jedoch ein Gesetz zur Aufhebung der langfristigen Tarifverträge, um so einen allgemeinen Lohnabbau einzuleiten. Das lehnte Moldenhauer ab, worauf dieser Flügel seine Abberufung forderte: der Rücktritt am 18. Juni kam einem Fraktionsbeschluß zuvor.

Auch unter dem Nachfolger Hermann Dietrich, der bisher das Wirtschaftsministerium verwaltet hatte, änderte sich nichts an dieser Entwicklung, und die Ministerreden Stegerwalds, Brünings und Dietrichs von Ende Juni ließen das Bild der wirtschafts-, finanz- und sozialpolitischen Situation immer düsterer erscheinen. Alarmierender Rückgang des ausländischen Kapitalzustroms, Kapitalflucht ins Ausland und Einlösung kurzfristig gegebener, aber langfristig angelegter Darlehen und Schulden auf der einen, ständig steigende Soziallasten auf der anderen Seite vertieften ein Dilemma, aus dem nach Ansicht der Regierung nur drakonische Maßnahmen in allen Bereichen herausführen konnten. Daß sie nach wie vor nicht gegen eine — wie man hoffte — „kapitalbildende" Wirtschaft, sondern gegen eine Erhöhung der Sozialausgaben gerichtet schien, machte sie in den Augen der Linksparteien verdächtig. Diesem Vorwurf des „sozialreaktionären Kurses" setzte aber zur gleichen Zeit die Gegenseite ihre Kritik an der „zwangswirtschaftlichen" Steuer- und Kapitalpolitik der Regierung entgegen; ihre Forderung galt der Beseitigung der „Selbstkostenüberhöhung", soweit sie aus übertriebener verwaltungsmäßiger Festsetzung der Preise wie der Löhne herrührte[17].

Brünings eigener Weg freilich orientierte sich ungeachtet der wachsenden innenpolitischen Komplikationen an jenem Ideal der „rücksichtslosen Sanierung der Finanzen", dem er alle anderen Probleme untergeordnet sah. Hier wirkte der „Fachmann", für den es nur *eine* richtige, mit wissenschaftlicher Gründlichkeit und Unnachsichtigkeit zu verfolgende Lösung der Finanzkrise, der Depression, der Arbeitslosigkeit, der politischen Radikalisierung und schließlich auch des parlamentarischen Engpasses der Demokratie gab: ökonomisch das Sparprogramm der Deflation, politisch die Nötigung eines aufgespaltenen Parlaments zur geduldigen Zustimmung oder aber seine autoritär gehandhabte Ausschaltung.

16 Besonders auch von liberaler Seite: vgl. die eben zitierten Artikel Stolpers.

17 Vgl. etwa die Kritik bei Alexander Rüstow, „Selbstkostensenkung, Lohnabbau und Preisabbau" (11. Juli 1930), in: *Der deutsche Volkswirt* 4 (1930), S. 1403, die sich gegen die Überbetonung tarifgebundener Löhne und Gehälter, Steuern und öffentliche Abgaben, monopolistische Preise, überhöhte Zollpolitik usw. richtet. Die Krise wird hier mit der übertriebenen bürokratischen Fixierung marktgebundener Kostenelemente begründet. Dazu Mühlich (Anm. I/37a), S. 59 ff.; Grotkopp (Anm. I/12), S. 19 ff.

Die rigorosen Finanzvorschläge passierten am 3. Juli den Reichsrat, und auch im Reichstag schien ein Kompromiß zwischen den tragenden Parteien der Mitte nicht unmöglich. Aber auf der Rechten, bei der die Entscheidung liegen mußte, blieben die Fronten weiterhin gespalten. In den am 7. Juli beginnenden Reichstagsberatungen lehnte Oberfohren als Fraktionsvorsitzender der DNVP alle Steuervorschläge ab[18]; gleichzeitig kritisierte auf der anderen Seite die SPD durch Hertz das Sparprogramm als durchaus ungenügend[19]. Während der Haushaltsausschuß die Auseinandersetzung fortführte, schlug Brüning dem Parlament noch weitere Maßnahmen zur Deckung der Arbeitslosenversicherung vor: er konnte aber nicht verhindern, daß sich die sozialdemokratische Opposition nur noch nachhaltiger versteifte.

So rückten die entscheidenden Abstimmungen heran. Ihr Ausgang schien höchst unsicher, aber es zeigte sich, daß Brüning an keine politischen Alternativen dachte und an den ursprünglichen Konzeptionen, in deren Zeichen seine Regierungsbildung gestanden hatte, ebenso festhielt wie an den speziellen finanz- und wirtschaftspolitischen Überlegungen, die er nach wiederholter Erklärung ohne Rücksicht auf innenpolitische Konsequenzen „mit allen verfassungsmäßigen Mitteln" durchzusetzen gewillt war. Die Warnungen und Besorgnisse aller demokratischen Parteien angesichts einer Ausschaltung und Auflösung des Reichstags, die Hinweise auf die destruktive Agitation des offensichtlich stürmisch anwachsenden nationalsozialistischen Radikalismus, die Befürchtungen hinsichtlich der totalen Arbeitsunfähigkeit eines neuen Reichstags, der die Aufregung und Kopflosigkeit der deutschen Szene im Zeichen der Wirtschaftskrise widerspiegeln würde: all das schien in Brünings Denken und Planen hinter den Möglichkeiten und Chancen zur Durchsetzung seiner finanzökonomischen Pläne auf dem rücksichtslosen Verordnungsweg zurückzutreten[20].

So wurde schon vor den entscheidenden Abstimmungen vom 16. und 18. Juli deutlich, daß der parlamentarische Rückhalt der Regierung nicht ausreichen und die Hoffnung auf eine Einbeziehung der DNVP sich nur ungenügend verwirklichen würde. Obwohl der Reichstag noch immer eine klare republikanische Mehrheit besaß und sich Brünings Pläne einer Rechtskoalition dieser Tatsache gegenüber ganz offensichtlich als irreale Spekulation erwiesen, beschritt der Reichskanzler nun zur Verwirklichung seiner starr festgehaltenen Reformkonzepte den oft angedrohten autoritären Weg gegen oder ohne das Parlament. Wohl versuchte die SPD einen kompromißbereiten Vorstoß mit der Bemerkung, es habe Wege gegeben und gebe sie noch, um die von allen Seiten als notwendig erkannte Gesundung des Finanzwesens auf andere Weise zu erreichen; das Kabinett habe nicht einmal ernstlich geprüft, ob eine Mehrheitsbildung auf anderer Grundlage als der von ihm gewünschten zu erreichen gewesen wäre. In der Tat vermochte die SPD auch mit einem Vorschlag zur Kürzung der Pensionen, dem mit Zentrum und KPD die Mehrheit zustimmte, einen gewissen Beweis zu dieser Behauptung zu erbringen[21].

Aber dies geschah am 17. Juli, als es schon zu spät war. Denn am 15. Juli hatte Brüning die entscheidende Reichstagsdebatte über die Finanzmaßnahmen mit erneuter Androhung „aller verfassungsmäßigen Mittel", also ohne Erwägung

18 *Reichstagsprotokolle* v. 7. Juli 1930, S. 6204 f.

19 *Ebda.*, S. 6198 ff.

20 Vgl. den Brief von Eugen Bolz über eine Besprechung mit Brüning (Ende Juni 1930): „Er ist entschlossen, bis zum äußersten zu gehen, und ist dabei tief erfüllt von dem Bewußtsein der Schicksalsstunde, in der das deutsche Volk sich befindet" (Miller, Anm. I/40, S. 374).

21 *Reichstagsprotokolle* v. 17. Juli 1930, S. 6774. Über die kompromißbereite Einstellung der SPD Stampfer (Anm. I/4), S. 573 ff., und Keil (Anm. I/3), S. 388 ff.: ihr neigte auch Dietrich zu, der sich aber gegen Brünings Rechtsblock-Plan nicht durchzusetzen vermochte.

politischer Verhandlungs- und Kompromißmöglichkeiten eröffnet[22]. Er blieb dabei, auch nachdem die SPD unter ausdrücklichem Hinweis auf die Konsequenzen der antiparlamentarischen Regierungstaktik[23] sich zunächst noch einmal mit Stimmenthaltung begnügt und damit die Annahme des ersten Teils der Regierungsvorlage zwar ermöglicht, aber weitere Verhandlungen gefordert hatte, die eine unter diesen Umständen unbegründete Anwendung des Artikels 48 überflüssig machen würden. Wilhelm Keil als ihr Redner konstatierte die Sackgasse, in die sich die Regierung hineinmanövriert habe; er bestand auf einer möglichen parlamentarischen Lösung, die allerdings einen Verzicht auf die Rechtsblockhoffnungen einschließen würde[24]. Auch in der liberalen Mitte waren schon nachdrückliche Warnungen — in diesem Fall gegen den Mißbrauch des Artikels 48 für eine überhöhte Steuerpolitik — laut geworden[25].

In der Abstimmung des 16. Juli unterlag die Regierung mit 193:256 Stimmen der Opposition von KPD, SPD, NSDAP und einer Mehrheit der DNVP. Brüning erklärte darauf[26], die Regierung lege auf Fortführung der Verhandlungen über die Deckungsvorlagen keinen Wert mehr, und beschritt sofort den Weg der präsidialen Notverordnung[27]. Der demokratische Weg des politischen Kompromisses war auch nach außen hin verlassen, nachdem ihm die Regierung recht eigentlich schon ihrer Entstehung nach entsagt hatte, ohne daß ihre Hoffnung auf Einbeziehung der deutschnationalen Rechten auch nur annähernd in Erfüllung gegangen war. In konsequenter Folge reihte sich nun dem sozialdemokratischen Antrag auf Außerkraftsetzung der Notverordnungen, der mit einem Mißtrauensantrag gekoppelt war[28], die stürmische Diskussion des 18. Juli und die erneute Niederlage Brünings an, der daraufhin durch präsidiales Dekret die Auflösung des Reichstags verfügte[29].

Der verhängnisvolle Wendepunkt war in dem Augenblick erreicht, als die Ablehnung der Deckungsvorlage brüsk und ohne weitere Verhandlungsversuche mit dem Erlaß der Notverordnung nach Artikel 48, der folgende Aufhebungsantrag des Reichstags an Ort und Stelle mit der Reichstagsauflösung beantwortet und die durchgefallene Notverordnung am 26. Juli kaum verändert von Hindenburg erneut in Kraft gesetzt wurde[30]. Die in dieser Notverordnung „zur Behebung finanzieller, wirtschaftlicher und sozialer Notstände" dekretierten Maßnahmen gingen noch weiter als die vom Reichstag abgelehnten Vorschläge; sie umfaßten außer einschneidenden Reformplänen auch das gesamte Haushaltsgesetz für 1930. Mit dem bürokratischen Verordnungsregime war die autoritäre Umwandlung der Demokratie in ihre erste Phase getreten. Mit der

22 *Reichstagsprotokolle* v. 15. Juli 1930, S. 6375.
23 *Ebda.*, S. 6400 (Keil).
24 *Ebda.*; vgl. Keil (Anm. I/3), II, S. 389 ff.
25 Z. B. Gustav Stolper, „Wie lange noch?", in: *Der deutsche Volkswirt* 4 (1930), S. 1435 ff. (8. Juli 1930).
26 *Reichstagsprotokolle* v. 16. Juli 1930, S. 6407 (Abstimmung und Brüning-Erklärung).
27 *RGBl.*, *1930*, I, S. 207; S. 212.
28 *Reichstagsprotokolle* v. 18. Juli 1930, S. 6501 ff.
29 *Ebda.*, v. 18. Juli 1930, S. 6523. Bezeichnend für den offen antiparlamentarischen Charakter des Vorgehens ist auch die Tatsache, daß es gerade mit jenem Aufhebungsbeschluß des Reichstags begründet wurde, der doch die einzige verfassungsmäßige Einschränkung des Artikels 48 darstellte. Die präsidiale Auflösungsverordnung, die Brüning dem Reichstag verlas, zeigt zum ersten Mal jene verhängnisvolle Verkoppelung von Diktatur- und Auflösungsgewalt, Art. 48 und 25, die zwei Jahre später dann die parlamentarische Grundordnung der Weimarer Republik *ad absurdum* führen sollte: „Nachdem der Reichstag heute beschlossen hat, zu verlangen, daß meine auf Grund des Art. 48 der Reichsverfassung erlassenen Verordnungen vom 16. Juli außer Kraft gesetzt werden, löse ich auf Grund des Art. 25 der Reichsverfassung den Reichstag auf" (*RGBl.*, *1930*, I, S. 299).
30 *RGBl.*, *1930*, I, S. 311. Vgl. auch Keil (Anm. I/3), II, S. 393: „Wahrscheinlich hätte eine der [in der Notverordnung enthaltenen] Abweichungen schon genügt, unsere Unterstützung zu erlangen, wenn Brüning sie gewollt hätte. . . Aber Brüning wollte keine sozialdemokratische Unterstützung, er wollte den errechneten Teil der Deutschnationalen für sich gewinnen."

Reichstagsauflösung selbst aber war dazu noch eine Rückkehr zur parlamentarischen Demokratie abgelehnt und die Tür zu einer Entwicklung aufgerissen, die über die Bewegungsunfähigkeit des Parlaments zur kompromißunfähigen Opposition einer „unechten Mehrheit" rechts und links der schrumpfenden Weimarer Parteien führen sollte.

Die letzte Abstimmung war allerdings knapp genug verlaufen (236:222)[31]. Zum letzten Mal hatte Brüning jenen Plan zur Gewinnung einer deutschnationalen Mehrheit erprobt, der die ersten Schritte seiner Regierungsbildung getragen hatte: er war endgültig gescheitert. Auch in einer Unterredung am 17. Juli mit Hugenberg und Oberfohren, deren Partei doch die präsidiale Machterweiterung stets mit Emphase vertreten hatte, war Brüning mit seinem strikten Verharren auf sofortiger Entscheidung nicht weitergekommen: Hugenberg, der sich der Schlüsselstellung seiner Fraktion bewußt war, bot eine dreimonatige Vertagung der Abstimmung an und forderte für die Zwischenzeit die Umwandlung des Kabinetts in eine „wirkliche" Rechtsregierung sowie die Umgestaltung der preußischen Regierung[32]. Und die regierungsfreundliche Stellungnahme Westarps, der endlich aus seiner zögernden Haltung offen heraustrat und Brünings Notverordnungsprogramm billigte[33], vermochte nun die Situation nicht mehr zu retten. Damit war vielmehr die DNVP endgültig auseinandergebrochen, der Versuch ihrer Umwandlung in eine große, konstruktive konservative Partei unwiderruflich gescheitert. Zwar hatte mit Westarp eine stattliche Reihe von Abgeordneten die Regierung unterstützt (25) oder sich der Stimme enthalten (5); zu ihnen kamen am 8. August noch 7 Abgeordnete vom landwirtschaftlichen Flügel der preußischen DNVP-Landtagsfraktion. Aber sie standen fast ohne organisatorische Mittel und zugleich ohne klare politische Orientierungsmöglichkeiten dem unmittelbar einsetzenden Machtkampf gegenüber, der sie fast alle von der parlamentarischen und bald auch von der politischen Wirksamkeit ausschalten sollte.

3. Autoritärer Kurs und Machtverlust

Die wirtschaftlichen und sozialen Probleme, denen sich die Regierung zu diesem Zeitpunkt gegenübersah, hatten allerdings einen Spannungsgehalt erreicht, der äußerste Gegenmaßnahmen und einschneidende Interventionen auch von staatlicher Seite notwendig zu fordern schien. Die soziale Umschichtung, die sich nicht zuletzt in einer anhaltenden Zunahme der Lohn- und Gehaltsempfänger gegenüber den (weniger krisenempfindlichen) festen Kapitalbesitzern auswirkte, war zwar in den Jahren der Stabilisierung Hand in Hand mit neuer Kapitalbildung gegangen. Diese Verfestigung des wirtschaftlichen und sozialen Gefüges wurde aber durch die hohen Steuern und — mit dem Fortgang der Krise — durch die steigenden sozialen Lasten beeinträchtigt. Wohl erschien die Handelsbilanz einigermaßen ausgeglichen, aber die Zahlungsbilanz war durch Reparationslasten, Auslandsschulden und Kapitalflucht ungünstiger denn je. Einem Rückgang der Kapitaleinfuhr standen schon 1929 gewaltig angewachsene Zinsverpflichtungen gegenüber, während die Verschuldung der öffentlichen Hand in Reich, Ländern und Gemeinden zum weltwirtschaftlich bedingten Absinken der Produktion und zur Absatzkrise besonders im Gewerbe in

31 *Reichstagsprotokolle* v. 18. Juli 1930, S. 6523. Ein mißlicher Druckfehler macht bei Otto Braun (Anm. I/5), S. 305, daraus ein 236 : 121!

32 Die Version Hugenbergs in: *Hugenbergs Ringen* (Anm. I/6), I, S. 11.

33 *Reichstagsprotokolle* v. 18. Juli 1930, S. 6517.

wechselseitigem Verhältnis stand. Allgemeine Mißstimmung und ein tiefes Gefühl der Unsicherheit verbreiteten sich in allen Schichten, nachdem auch die Landwirtschaft in bedrohliche Preisschwierigkeiten geraten und die Arbeitslosigkeit, folgenschwerste soziale Konsequenz dieser Entwicklung, seit Monaten scheinbar unaufhaltsam angestiegen war.

Brünings Reformplan erstrebte vor allem einen vollkommen ausgeglichenen Haushalt, die Verselbständigung der Arbeitslosenversicherung, allgemeine Sparsamkeit und Vereinfachung, eine den Produktionsprozeß ankurbelnde und die Kapitalbildung fördernde Steuerpolitik, die Vorbereitung eines endgültigen Finanzausgleichs zwischen Reich, Ländern und Gemeinden, eine Senkung der Preise und den Schutz der Landwirtschaft. Die Frage war, wie dieses noch sehr allgemeine „Sanierungsprogramm" im Raum der politischen Wirklichkeit placiert werden könne. Und hier erwies sich denn auch sogleich der autoritäre Charakter der neuen Regierung.

Schon die ersten Maßnahmen Brünings, ja, seine ganze Regierungskonzeption standen im Zeichen der Unterordnung politischer Gesichtspunkte unter eine bürokratische Bewältigung jener ökonomischen Probleme, die in der Weltwirtschaftskrise eine selbst in den ersten Nachkriegsjahren nicht erlebte Intensität erreichten. Die Regierung Müller war an dem langdauernden Konflikt zwischen wirtschaftlichen, sozialen und politischen Aspekten der wachsenden Krisenlage zerbrochen; im Kampf ihrer beiden Flügelpartner hatten schließlich die Befürworter des wirtschaftspolitischen Primats einen Teilsieg davongetragen. Daran suchte Brüning mit aller Entschiedenheit anzuknüpfen, und darin fand er zunächst auch den Beifall der unternehmernahen Presse, die eine Regierung der — wenn nötig „unpopulären" — „Autorität" forderte[34]. Der Grundtenor seiner Regierungstätigkeit war denn auch von Anfang an die konsequente, wenn nötig auch über die parlamentarischen Hemmnisse und Kontrollen hinwegschreitende bürokratisch-technologische Behandlung des Budget- und Kapitalproblems, an dem die Große Koalition gescheitert war. Hier genügt nicht ein Hinweis auf die hinter seinem Lösungsversuch stehenden politischen und wirtschaftlichen Interessengruppen[35]. Es entspricht vielmehr dem Charakter der Maßnahmen wie der Mittel zu ihrer bürokratischen, aparlamentarischen Durchführung, daß der auf striktes Durchhalten angelegten Methode alle politischen, sozialen und psychologischen Kompromißmöglichkeiten untergeordnet werden, mit denen eine Regierung sonst — ob demokratisch oder totalitär — zu rechnen hat. Allein das Prinzip des Durchhaltens einer sorgfältig zubereiteten, eingleisigen, keinen taktischen Erwägungen zugänglichen Konzeption beherrscht den bürokratischen Staat, der sich von der parlamentarischen Demokratie durch die Nichtbeachtung der Kompromiß- und Integrationsmecha-

34 Vgl. *DAZ*, Nr. 152 v. 31. März 1930: „Die Zeit für Experimente und halbe Maßnahmen ist vorbei. Eine tiefe Sehnsucht nach Leitung und Autorität geht durch das Volk. . . Es ist nicht mehr entscheidend, ob ‚populär' oder ‚unpopulär' regiert wird. Es muß endlich *gut* regiert, es muß endlich überhaupt regiert werden." Zur Kritik der „Sparpolitik" vgl. Mühlich (Anm. I/37a), S. 59 ff.

35 Wie sehr gerade auch die „Grüne Front" in diese Richtung drängte, beweist folgende bezeichnende Äußerung, die als offiziöser Kommentar eines gemäßigten, brüningtreuen Exponenten gelten kann: „Das Gesetz zum Schutz der Landwirtschaft vom 15. April 1930 kam auf verschiedenen Gebieten den Forderungen der Grünen Front weit entgegen und verstärkte somit den Schutz der deutschen Landwirtschaft. Das Gesetz brachte die von der Grünen Front immer wieder geforderte *Ausschaltung des Parlaments* [im Original gesperrt] bei der Festsetzung der Zollsätze für Roggen, Weizen, Hafer und Gerste; es gab der Reichsregierung die Ermächtigung und legte ihr gewissermaßen auch die Verpflichtung auf, die Getreidezölle entsprechend den wirtschaftlichen Verhältnissen [?] zu regeln . . ., ohne durch gesetzgeberische Vorlagen an schnellen Entscheidungen gehindert zu sein." So Reichardt (Anm. I/13), S. 122. Vgl. auch die Bemerkungen (S. 122 ff.) zu den weiteren Erfolgen der agrarischen *pressure groups* in dieser Richtung, die natürlich mit „nationalwirtschaftlichen Gründen" gerechtfertigt und aus der Interessensphäre in die allzu oft strapazierte „nationale" Sphäre gehoben werden.

nismen in einer sozial und politisch pluralistischen Gesellschaft, von der totalitären Diktatur durch den ebenso entschiedenen Verzicht auf demagogische oder terroristische Massenführungsmittel unterscheidet.

In Brüning, dem im Grunde „autoritären Konservativen“ [36], der nach seinen geistigen Fähigkeiten alle Vorgänger überragte, besaß ein solches Regierungssystem zweifellos einen fachlich wie charakterlich qualifizierten Führer; es konnte überdies auf einen Reichspräsidenten zählen, der sich über alle politischen Bedenken mit einem forschen Leitsatz der preußischen Felddienstordnung hinwegzusetzen pflegte [37]. Erst unter Papen und Schleicher sollte es seine immanente Widersprüchlichkeit in verhängnisvoller Weise offenbaren. Den schweren wirtschafts- und sozialtechnischen Problemen, die eine in diesem Ausmaß noch nicht erlebte Krise des ökonomischen und gesellschaftlichen Gefüges aufwarf, mit allen Mitteln sachlicher und persönlicher Autorität und ohne Rücksicht auf partielle „kurzsichtige“ Interessen zu Leibe zu gehen — dies war die Absicht Brünings selbst wie der Politiker und Sachverständigen, die ihn kannten und schätzten. Er mußte aber sogleich auf eine politische Wirklichkeit stoßen, in der die Idee einer bürokratischen Sachbezogenheit nur zur kryptoparteilichen Illusion entarten oder — wenn der Gesichtspunkt der „Überparteilichkeit“ wirklich nach Kräften gewahrt würde — zur Selbstdistanzierung und damit zur Wirkungslosigkeit aller Maßnahmen, zur gefährlichen Entfremdung der Regierung von der Bevölkerung, schließlich zu deren Radikalisierung gegenüber einem in nüchterner Anonymität und ohne Publizitätserwägungen wirkenden bürokratischen Regime führen konnte. Der unzugängliche Beamte hinter dem Schalter, der eine unbequeme, ferne, nur in ihren allem wirkungsvollen Widerspruch entzogenen Verordnungen greifbare Macht vertritt, erregt auch mit objektiv sachverständigen Anordnungen und Auskünften den Mißmut des „abgefertigten“ Publikums; es glaubt sein partielles Interesse verletzt, ohne Aussicht auf wirkungsvolle Kontrolle oder doch Aufklärung zu haben.

Die obrigkeitsstaatliche Tradition gerade in Deutschland mochte freilich noch stark genug sein, um einer nach solchen Rezepten operierenden Fachregierung Raum und Autorität gegen das Parlament und die Parteien — aber auch gegen die ihnen verbundenen Interessengruppen? — zu schaffen. Dies wenigstens war die Meinung jener Theoretiker und Agitatoren gewesen, die schon in den vorangegangenen Jahren dem Antagonismus der parlamentarischen Demokratie die Übersichtlichkeit und Sachbezogenheit einer autoritären Ordnung entgegengestellt hatten. Im Kabinett Brüning mochten sie einen ersten Anfang begrüßen. So kursierte z.B. in konservativen Kreisen, die anders als Hugenberg diesem konkreten Versuch einer politischen Reform positiv gegenüberstanden, um Pfingsten 1930 die vertrauliche Denkschrift eines Generaldirektors Eichhorn aus Hildesheim; sie war auch Hindenburg zugetragen worden, hatte dessen Billigung gefunden und beeinflußte die Überlegungen der Westarp-Gruppe [38]. Mit der bekannten Argumentation wurde hier von dem Verfasser, der zu den Protagonisten einer auch auf die innere Verfassung der

36 So Bonn (Anm. I/80), S. 306.

37 Hindenburg hat später die Unterzeichnung der Notverordnungen mit der bezeichnenden Bemerkung gerechtfertigt: „Ich habe hierbei nach dem guten alten Grundsatz der preußischen Felddienstordnung gehandelt, die besagt, daß ein Fehlgriff in der Wahl der Mittel nicht so schlimm ist, als das Unterlassen jeglichen Handelns“ („Persönliche Darlegung des Herrn Reichspräsidenten über die Vorgänge und Vorgeschichte seiner Wiederkandidatur“, vertraulich vom 25. Februar 1932, in: *Westarp-Akten*).

38 *Westarp-Akten:* K. Eichhorn, „Zur innerpolitischen Lage des deutschen Reiches“ (vertraulich), mimeogr., etwa Pfingsten 1930.

Republik ausgedehnten Reichsreform gehörte[39], die Parteidemokratie als verfassungswidrig erklärt, den „Parteiinteressen der Mehrheitsparteien" das selbständige, auf Autorität und Souveränität beruhende „Staatsinteresse" gegenübergestellt und das Anliegen der Präsidialregierung in die Frage gefaßt: „Wie ist der Mißbrauch der Verfassung durch die Parteien zu beseitigen?" Mit der Stärkung der präsidialen Rechte bei der Regierungsbildung und Beamtenberufung wurde unter Hinweis auf die Bestrebungen des Bundes zur Erneuerung des Reiches der Kampf gegen den „Parteienkuhhandel" juristisch begründet. Dabei sollte nicht der aussichtslose Weg der Verfassungsänderung, dem die legale Zweidrittelmehrheit fehlen würde, sondern der Weg über den Reichspräsidenten beschritten werden. Der Verfasser fand freilich nicht die Zustimmung Westarps[40], wenn er in einer Erweiterung des Artikels 53 der Weimarer Verfassung[41] den Hebel zu einer „verantwortlichen, starken und von den Parteien unabhängigen Staatsregierung" erblickte und hoffte, daß dann die Entwicklung später von selbst die Verfassungsänderung bringen werde, „die die Praxis als erforderlich erweist".

Auch diese Gedanken, die ideologisch im Bismarckkult, interessenpolitisch in einer Gleichschaltung der eigenwilligen demokratisch-parlamentarischen Preußenregierung begründet waren und auf die Papensche Gewaltlösung vom 20. Juli 1932 vorauswiesen[42], mündeten also in die Konzeption des autoritären Staates. Ihn sollte ein „Geschäftsministerium aus im Staatsdienst bewährten Männern" regieren, das seine Mehrheit — wie Bismarck — von Fall zu Fall finden und sich dem Zwist und der Opposition der ausgeschalteten Parteien gegenüber vermöge der Autorität eines Reichspräsidenten wie Hindenburg — hier liegt wieder deutlich der interessenpolitische Akzent! — als stetige, überlegene Macht behaupten könnte. Es war das antiparlamentarische Konzept des „starken Staates" in Gestalt einer „nationalen demokratischen Diktatur"[43], das aus der ersten Phase der Brüning-Ära seine weitergesteckten Erwartungen entwickelte. Solche Vorstellungen und Erwartungen, die auch von der Reichswehrführung geteilt wurden[44], entsprachen wohl nicht der Meinung und den Absichten Brünings. Aber seiner tiefen Überzeugung von der Notwendigkeit starker, den Zufälligkeiten des parlamentarischen Meinungsstreits und der politischen Kräfteverschiebungen zeitweilig entzogener Maßnahmen zur Überwindung des wirtschaftlichen Engpasses drängten sich doch ähnliche Gedanken auf — Gedanken, die aus den Strukturproblemen der Weimarer Republik und der unermüdlichen Aktivität ihrer höchst verschiedenartigen, aber der Verneinung der parlamentarischen Demokratie vereinten Gegner fast folgerichtig erwuchsen. Brünings Entschluß schuf einen gefährlichen Präzedenzfall, der

39 Vgl. ders., „Die Parteien und die Verfassung", in: *Die Reichsreform*, Märzheft 1930.

40 *Westarp-Akten:* Anmerkung Westarps zu der Eichhorn-Denkschrift (30. Juli 1930). Westarp spricht sich hier gegen eine Erweiterung des Artikels 53 WV aus, billigt aber die Grundzüge. Er fügt hinzu: „Das Kabinett Brüning leidet unter dem ersten Fehler, daß es parteimäßig aufgezogen ist. Sein jetziges Vorgehen aber scheint mir ein Anfang auf dem richtigen Wege zu sein. Deshalb konnte ich mich auch nicht entschließen, für die Aufhebung der Notverordnung zu stimmen."

41 Eichhorn (Anm. II/38, *ebda.*) schlägt vor, zu: „werden vom Reichspräsidenten ernannt und entlassen" den Zusatz treten zu lassen: „ebenso der Ministerpräsident von Preußen". Wie das ohne Verfassungsänderung möglich sei, verschweigt der Verfasser freilich; hier setzt dann auch Westarps negative Stellungnahme an.

42 Vgl. dazu u. S. 491 ff.

43 In diesem Sinne etwa auch Horst Grueneberg, „Warum Diktatur?", in: *Die Tat* 22, Heft 5 (August 1930), S. 321 ff.

44 Brief Groeners an v. Gleich v. 21. Juli 1930 (Phelps, Anm. I/51, S. 1015): „Im ganzen marschiert das Kabinett sehr gut, wenn ich auch nicht mit allem und jedem einverstanden bin. Bisher ließ man die Parteien immer noch zu sehr mitreden, aber vielleicht war es eine kluge Taktik von Br., die Parteien durch ihr eigenes Verhalten ad absurdum zu führen."

ihnen Argumente und Ansatzpunkte zu viel weitergehenden Plänen und Aktionen verschaffen sollte[45].

Das hier berührte Problem liegt letztlich in dem rein technologischen Charakter von Brünings Lösungsversuchen begründet[46]. Wenn man noch heute die Auflösung der Weimarer Republik und den Sieg des Nationalsozialismus weitgehend als eine Folge der ökonomischen Notlage interpretiert und die Katastrophe also in erster Linie mit wirtschaftswissenschaftlichen Überlegungen begründet[47], so folgt man damit durchaus der Auffassung, nach der Brüning selbst in streng methodischer Scheidung die politischen den wirtschaftlichen Gesichtspunkten unterordnen zu können glaubte. Daß er seinen konsequenten Anstrengungen zum Trotz gescheitert ist an den machtpolitischen Gegebenheiten und Imponderabilien, die er durch ein präzises Netz von Verordnungen wenigstens zeitweilig gebannt zu haben glaubte, beweist die Einseitigkeit einer solchen Betrachtungsweise. Indem Brüning am 18. Juli 1930 den Widerstand einer Zufallsmehrheit[48] gegen seine Pläne mit dem Kampf gegen das Parlament beantwortete und einer aufgewühlten Bevölkerung die in solcher Lage fast provokatorische Zumutung vorzeitiger Neuwahlen auferlegte, opferte er alle politischen Rücksichten und taktischen Bedenken der konsequenten Verfolgung seiner wirtschaftspolitischen Erwägungen. Er konnte nicht hoffen, mit der Wahl eine sichere parlamentarische Grundlage zu gewinnen. Er wußte auch, wie lange er auf eine Auswirkung der eingeleiteten Maßnahmen warten mußte. Was endlich, wenn ein neuer Reichstag erneut die Aufhebung der Notverordnungen verlangen würde? So gesehen, mochte Brüning mit dem Entschluß vom Juli 1930 dem kommenden Parlament eine drohende Aufforderung zur Tolerierung, also zur Selbstausschaltung nahegelegt haben. Damit hatte er wohl tatsächlich einen begrenzten Erfolg. Er tauschte aber die Gefährdung der Pläne durch ein vorwiegend demokratisches Parlament gegen eine ungleich größere Gefahr ein, die, in dieser Tragweite kaum begriffen, nun den politischen Horizont mehr und mehr verdüsterte und schließlich alle wohlgeplanten ökonomischen Maßnahmen zur Rettung der Weimarer Republik illusorisch machen sollte: den Aufstieg der prinzipiell gegen die Republik stehenden NSDAP zur ersten politischen Großmacht auf der Straße und im Parlament.

Die wirkliche Lage der Republik und ihrer Repräsentanten gegenüber der „Nationalen Opposition" war im übrigen auch an den Umständen sichtbar geworden, unter denen sich die Feiern anläßlich der vorzeitigen Räumung des besetzten Rheinlandes am 30. Juni vollzogen hatten. Dies Ereignis, Folge der beharrlichen Erfüllungspolitik und der Unterzeichnung des Young-Planes,

45 Brecht (Anm. I/84), S. 52 ff.

46 Um Mißverständnisse auszuschließen, sei schon an dieser Stelle generell gesagt, daß die Kritik an Brünings Notverordnungspolitik etwas prinzipiell anderes ist als die unerfreuliche Auseinandersetzung mit selbstgefälligen Memoirenschreibern wie Meißner und Papen. Denn Brüning ist – ungleich den meisten Politikern seiner Zeit – bereit und in der Lage, Fehlkonzeptionen zu revidieren und aus den Folgen einer historisch gewordenen Notverordnungspolitik brauchbare Schlüsse zu ziehen. So, wenn er im Februar 1953 im Rahmen eines Vortragszyklus der Bonner Justiz die große Gefahr betonte, die darin liege, daß kritische Situationen durch Verwaltungsanordnungen der Bürokratie statt durch Gesetze gemeistert werden: „Bei einer übergroßen Bürokratie hört der Rechtsstaat auf" (zitiert nach: *Die Neue Zeitung*, Westdeutsche Ausgabe, v. 27. Februar 1953, S. 2, Sp. 5).

47 So nicht nur die sozialistisch-ökonomistische These (Kurt Stechert, *Wie war es möglich?, Der Ursprung des Dritten Reiches in historischer und soziologischer Beleuchtung*, Stockholm 1945, S. 280 ff.; S. 301 f.; Fritz Sternberg, *Der Niedergang des deutschen Kapitalismus*, Berlin 1932, S. 371 ff. usw.), sondern auch die deutschnationale Apologetik: „Die NSDAP war also geradezu das Fieberthermometer der deutschen Wirtschaftskrise" (*Hugenbergs Ringen*, Anm. I/6, I, S. 8). Nicht viel anders die liberale These: Gustav Stolper, *Deutsche Wirtschaft 1870–1940*, Stuttgart 1950, S. 114 ff. Und schließlich auch der Standpunkt der expansionistischen Theoretiker: Grotkopp (Anm. I/12), S. 84 f.

48 So Brüning, „Brief" (Anm. I/9), S. 12.

wurde ebensowenig wie das Ende der Reparationen zwei Jahre später[49] zu einer psychologischen Stütze republikanischer Politik, wie Stresemann — und im zweiten Falle Brüning — so zuversichtlich gehofft hatte. Es wurde vielmehr zu einem neuen Tummelplatz und Agitationsstück derselben „Nationalen Opposition", die seine Voraussetzungen, Stresemanns mühsamen außenpolitischen Weg nach Locarno und den Kompromißkurs in der Reparationsfrage, seit je und mit allen Waffen bekämpft hatte. Schon der offizielle Regierungsaufruf erwähnte mit keinem Wort Stresemann: ein bewußtes Zurückweichen vor der nationalistischen Kampagne, das — in einem erneuten Ausbruch des Dualismus Preußen—Reich — zu einem gesonderten Aufruf der preußischen Regierung und zu einem Konflikt Brauns mit Hindenburg führte[50].
Inzwischen suchte nämlich der Stahlhelm die agitatorische Initiative bei den Befreiungsfeiern an sich zu reißen, obwohl dem das gegen seine militärische Betätigung in Rheinland-Westfalen gerichtete Verbot vom 8. Oktober 1929 entgegenstand. Auf dem Weg über ihr Ehrenmitglied Hindenburg verstand es die Stahlhelmführung, Otto Braun unter Druck zu setzen; bevor noch ein Kompromiß erreicht war, intervenierte Hindenburg selbst, indem er mit Wissen Brünings und zugleich reichsamtlich in einem Offenen Brief für den Fall der Aufrechterhaltung des Verbots seine Teilnahme an den Feierlichkeiten verweigerte[51]. Diese Pression warf ein Licht auf die eigentliche politische Stellung Hindenburgs; der Offene Brief des Reichspräsidenten an den preußischen Ministerpräsidenten war zugleich angesichts der zunehmenden Radikalisierung und des bevorstehenden Wahlkampfes ein schwerer Schlag gegen die republikanische Struktur selbst. Auch ist der Gedanke nicht von der Hand zu weisen, daß dahinter die ständigen Bestrebungen zur Sprengung der preußischen Koalition standen. Brauns Kompromiß mit Seldte und Duesterberg, der am 16. Juli zustande kam, überbrückte die teils peinliche, teils gefährliche und jedenfalls agitatorisch weidlich genützte Wirkung der Hindenburgschen Intervention, die nach Brauns persönlichem Eindruck gar nicht Hindenburgs Initiative entsprang[52].
Auch hier aber hatte die Republik in entscheidender Stunde eine psychologische Niederlage erlitten, die nicht ohne Eindruck auf das Selbstbewußtsein ihrer Gegner wie der Wähler überhaupt bleiben konnte. Sie warf nicht nur ein bezeichnendes Licht auf Hindenburgs Bindungen, sondern beleuchtete auch Brünings Zurückhaltung echten politischen Entscheidungen gegenüber und seine damals noch nicht betrogene Neigung, an die Stelle der konstruktiven innenpolitischen Auseinandersetzung sein Vertrauensverhältnis zu dem „Antikatholiker" Hindenburg zu setzen und sich so gegen alle seinen Plan bedrohenden demokratisch-parlamentarischen Hindernisse abzuschirmen. Nicht zuletzt bestärkten die Vorgänge um die Räumung des Rheinlandes die ausländischen Beobachter in dem Eindruck, daß man von Deutschland keinen Dank für Zugeständnisse, sondern nur nationalistische Ungeduld und immer weitere Forderungen zu erwarten habe[53].

49 Vgl. u. S. 489 f.
50 Einzelheiten bei Otto Braun (Anm. I/5), S. 298 ff. Das Büro des Reichspräsidenten und die Reichskanzlei hatten Braun auf seine Forderung nach Änderung des Aufrufs zunächst die Unmöglichkeit vorgehalten, alle beteiligten Staatsmänner seit Rathenau aufzuzählen(!); schließlich schützte man Zeitnot vor.
51 *Ebda.*, S. 300 ff. mit Angaben über Brauns Antwortbrief an Hindenburg, die in der deutschen Ausgabe fehlen.
52 Für den ganzen Zusammenhang ist Brauns Schilderung seiner Aussprache mit Hindenburg im Beisein Brünings aufschlußreich (*ebda.*, S. 302 f.).
53 So verzeichnen auch die deutschen Informationen aus Paris vorher wohl das Nachlassen der Versailles-Stimmung, nach dem 30. Juni aber die französische Enttäuschung über das Ausbleiben einer deutschen

4. Um die Konservative Volkspartei

Die Auflösung des Reichstags kam vor allem den stürmischen Forderungen der Nationalsozialisten entgegen. Sie wirkte sich am ungünstigsten für die Parteien und Kräftegruppen aus, die Brünings Sammlungsprogramm in zögernder Bereitschaft mitgetragen hatten. Die unzureichende Beurteilung und Berücksichtigung der allgemeinen politischen Lage hatte unter diesen Umständen sogleich ihre fühlbaren Auswirkungen. Fast grotesk muß der Aufruf anmuten, in dem die Regierung die verhängnisvolle Situation noch ausdrücklich beschwor, nachdem ihre eingleisige Taktik in der trügerischen Hoffnung auf eine neue politische Machtverteilung die bisherigen parlamentarischen Verhandlungsmöglichkeiten zerschlagen und die Radikalisierung eines widerspenstigen Reichstags beschleunigt hatte. Da hieß es: „Der Reichstag hat die Mittel verweigert, deren das Reich zur Durchführung seiner Aufgaben bedarf." Hatte aber nicht gerade der Reichstag die politische Willensbildung jenes „Reiches" zu repräsentieren, auf die sich nun eine bürokratische Minderheitsregierung kraft eigener Fachmannsideologie berief? Und es war nicht eine blinde Herausforderung des aufgewühlten Mißmuts und der radikalen Existenzangst jener Massen, die man auch bisher nicht anzusprechen vermocht hatte, wenn man in Verkennung der eigenen Situation und der schweren Verantwortung das unzweifelhafte Diktum der Opposition mit dem Aufruf provozierte: „An das deutsche Volk ergeht jetzt der Ruf, selbst über seine Zukunft zu entscheiden[54]."

Der Wahlkampf setzte sofort ein. Er konzentrierte sich vor allem auf die Werbung jener Jungwähler- und Nichtwählermassen, die ihrer sozialen und wirtschaftlichen Gefährdung, ihrer psychologisch und ideologisch vertieften Mißstimmung angesichts der in der Wirtschaftskrise intensivierten Interessenkämpfe eine politische Wendung zu geben geneigt waren. Es war die Ablehnung der noch in den letzten Ereignissen scheinbar *ad absurdum* geführten parlamentarischen Politik, die Abwendung vom Gedanken des konstruktiven Kompromisses, des Ausgleichs und der Kontrolle von Interessen und Ideologien nach den Spielregeln demokratischer Kooperation, die jetzt auch uninteressierte Wähler mobilisierte — eben jene Wähler, an die auch Brüning appellieren zu können glaubte, nachdem er über das Parlament hinweggeschritten war und mit der Anwendung des Artikels 48 die Möglichkeit einer autoritären, parlamentsfernen Lösung angedeutet hatte. Der Gedanke an eine solche Lösung, der die Peripherie der an ihren Strukturfehlern laborierenden Weimarer Republik dauernd beherrscht hatte und nun mit dem wirtschaftlichen und sozialen Krisengefühl ins innere Gefüge der Republik einzubrechen begann, kehrte sich freilich gegen die „autoritäre" Regierung selbst. Brüning hatte die Arbeitslosigkeit nicht zu bremsen vermocht und den verbliebenen Wohlstand entgegen allen Versprechungen überdies mit neuen Steuern bedroht: die „Reichshilfe" der Beamten (die inzwischen durch Notverordnung inauguriert war), die Ledi-

Anerkennung: Ernst Deuerlein, „Die informatorischen Aufzeichnungen des Auswärtigen Amtes 1918–1933, Eine bisher unbekannte Geschichtsquelle", in: *Außenpolitik* 4, Heft 6 (Juni 1953), S. 379. Bericht des britischen Botschafters in Berlin, Sir Horace Rumbold, an seinen Außenminister Arthur Henderson v. 3. Juli 1930, in: *Documents on British Foreign Policy, 1919–1939*, ed. by E. L. Woodward and Rohan Butler, London 1949 ff., 2nd series, vol. I, S. 485 ff.: „It is an unattractive feature of the German character to display little gratitude for favours received, but when the receipt of favours is followed up by fresh demands, there are grounds for feeling impatient." Zur Beurteilung Rumbolds jetzt auch Franklin L. Ford, „The Observers in Berlin: Rumbold, Dodd, and François-Poncet", in: *The Diplomats, 1919–1939*, ed. by Gordon A. Craig and Felix Gilbert, Princeton 1953, S. 438 ff.

54 Bei Poetzsch-Heffter, „Vom Staatsleben" (Anm. I/128), S. 158.

gensteuer und die Bürgerabgabe boten der Agitation nicht minder wirkungsvollen Stoff als die „Versklavung" durch den Young-Plan, auf die man alle wirtschaftlichen Schwierigkeiten und nationalen Enttäuschungen zurückführen mochte, oder die der Linken verdächtige „Reform" der Sozialversicherung.
So brachte der Wahlkampf recht eigentlich einen Frontalangriff gegen eben jene Regierung, die doch mit seiner Hilfe politischen Raum und eine bessere Konstellation der Kräfte gewinnen wollte. Mit dem Schwund der Mitte und der gemäßigten Rechten, aus dem sich allein das Zentrum unversehrt retten sollte, brach die vornehmste Hoffnung der Initiatoren des Brüning-Planes von 1929/30 zusammen. Diese Entwicklung wurde schon sehr schnell sichtbar. Die Austrittsbewegung im Anschluß an die große Spaltung der Partei nach der Reichstagsauflösung erschütterte zwar die DNVP in ihren Grundfesten; sie kam aber viel zu spät, um für die Wahlen in einem für Brüning günstigen Sinne ins Gewicht zu fallen. Hugenberg selbst entfesselte eine scharfe Kampagne gegen alle demokratischen Parteien, insbesondere gegen das Zentrum, machte den Young-Plan für alles verantwortlich und leistete mit dem Schlachtruf: macht mir den rechten Flügel stark! weiterhin den Nationalsozialisten halbbewußte Wahldienste. Bei einer Wahlrede in Stuttgart (4. September) errechnete er für sich und die NSDAP 100—150 Mandate, wenn er auch wenig vorher — nicht ohne Selbstbewußtsein — erklärt hatte: „Die Gefahr der nationalsozialistischen Bewegung ist mir völlig klar[55]."
Dagegen zerschlugen sich Westarps Hoffnungen, doch noch die konservativen, bodenständigen und rechtsgerichteten Kreise des Volkes einer geschlossenen parlamentarischen Einheit entgegenzuführen[56]. Statt dessen zogen drei konservative Gruppen nebeneinander in den Wahlkampf: neben der am 23. Juli konstituierten Konservativen Volkspartei (mit Treviranus, Hoetzsch, v. Lindeiner, Graf Westarp, Lambach)[57] die Christlichnationale Bauern- und Landvolkpartei (mit Schiele, Gereke, Hepp, Hoefer) und der Christlich-Soziale Volksdienst (mit Mumm, Behrens, Hülser). Sie hatten zwar zahlreiche soziologische, interessenpolitische und ideologische Berührungspunkte, stimmten nach politischer Taktik und programmatischer Plattform weitgehend überein und bekannten sich zu einem gemäßigten, im Rahmen des bestehenden Staates kooperationswilligen Konservatismus, der sich scharf von der „unbelehrbaren deutschnationalen Hugenberg-Gruppe"[58] distanzierte und auch den Reichslandbund unter Schiele im Rahmen der Landvolkpartei für sich zu gewinnen vermochte. Doch blieben alle weitergehenden Fusionsversuche in politisch-taktischen Ansätzen stecken, obwohl jetzt die ganze Mitte des Parteienfelds in Bewegung geraten war. Hier viel mehr denn zwei Jahre später fiel recht eigentlich die Entscheidung über das innenpolitisch-parlamentarische Schicksal der Weimarer Republik.
Aus den Aufzeichnungen und Korrespondenzen des Grafen Westarp werden die Schwierigkeiten in einer für die zwischenparteiliche Situation und für die deutsche Parteienentwicklung überhaupt symptomatische Weise deutlich. Westarps letzte, so lange und zäh festgehaltene Hoffnungen auf Verwirklichung der ursprünglichen Reformpläne und Einschaltung der DNVP in den Brüning-Kurs hatten sich zerschlagen, als Hugenberg seinen Befehl vom 25. April zur grundsätzlichen Opposition gegen alle, auch die agrarischen Pläne

55 Hugenberg an den Parteivorstand am 24. Juli 1930: *Hugenbergs Ringen* (Anm. I/6), I, S. 63.
56 *Kreuzzeitung*, nach Egelhaaf, *1930*, S. 182.
57 Der Gründungsaufruf der KVP ist außerdem noch unterschrieben von Max Habermann, v. Kameke, v. Lettow-Vorbeck, Rademacher, Dähnhardt, v. Dryander, Anna v. Gierke, Georg Hartmann, Lejeune-Jung, Miltzow, Rümmele, Graf v. d. Schulenburg-Tressow, Erna Tischbein, Hermann Ullmann.
58 Z. B. Wahlaufruf der Landvolkpartei, Egelhaaf, *1930*, S. 183.

der Regierung aufrechterhielt, selbst den von der DNVP doch bislang stets befürworteten Notverordnungskurs ablehnte und dabei sogar dem Mißtrauensantrag der SPD zustimmte: die starre Verhandlungstaktik Hugenbergs und Oberfohrens verhinderte so eine graduelle Änderung des parlamentarischen Systems[59] und machte zugleich jede Aussicht auf innerparteiliche Verschiebungen oder gar Führungs- und Kurswechsel endgültig zunichte[60]. Nach dem Erlaß der ersten Notverordnung war auch für die lange zögernde Westarp-Gruppe eine weitere Unterordnung unter Hugenbergs Oppositionskurs unmöglich geworden. Vor der entscheidenden Abstimmung vom 18. Juli hatte Westarp im Auftrag von zunächst 21 Abgeordneten eine Erklärung vor der Fraktion abgegeben, in der er, der Spaltungskonsequenz bewußt, seine Zustimmung zur Notverordnung ankündigte[61]. Wenige Tage später, am 24. Juli, fand die Spaltung mit einer Entschließung des Parteivorstands, die Hugenbergs Haltung billigte und alle für den Brüning-Kurs stimmenden Abgeordneten verurteilte, auch formal ihre Bestätigung: in einer scharfen, von Oberfohren unterstützten Rede begründete Hugenberg vor dem Vorstand der DNVP seine Opposition gegen Brüning, stellte den „Kampf gegen den Marxismus" allen Erwägungen einer nationalsozialistischen Gefahr voran und vollzog mit dem Schlagwort von der „Einigkeit der Fraktion" offiziell seinen Bruch mit den Westarp-Treviranus-Gruppen[62].

59 *Westarp-Akten:* Vorbereitung eines Interviews für die *Schlesische Zeitung*, Breslau (o. D.).

60 Zusammenfassend *Westarp-Akten:* Brief Westarps an Frau v. Waldow (geb. v. Hindenburg), etwa August 1930: „Auf die Frage Eurer Exzellenz, warum wir nicht Herrn Hugenberg veranlaßt hätten, vom Parteivorsitz zurückzutreten, um so in der Partei bleiben zu können, kann ich antworten, daß es über Jahr und Tag mein Ziel gewesen ist, die Politik der Partei von innen heraus zu ändern. Bei der Festigkeit der Überzeugung und des Willens, mit der Herr Hugenberg an seinen Ideen festhält, kam sein Rücktritt nur dann in Frage, wenn aus dem Lande heraus eine starke Mehrheit in Vorstand und Parteivertretung sich gegen ihn gewendet hätte. Das ist aber bis jetzt nicht der Fall gewesen und konnte nicht weiter abgewartet werden, weil die sachlichen Entscheidungen im Reichstage nicht aufgeschoben werden konnten. Sowohl im April wie im Juli sah ich voraus, daß die Haltung, die Herr Hugenberg von der Fraktion erzwingen wollte, die Trennung des Landbundes und damit des überwiegenden Teiles des Landvolkes selber von der Partei herbeiführen müßte. Das war einer der Hauptgründe, die uns zu unserer Abstimmung veranlaßt haben, während andererseits nach dem ausgesprochenen Willen des Parteivorsitzenden diese Abweichung von der Politik des Vorsitzenden mit Ausschluß bedroht war und deshalb zu unserer Trennung von der Partei führen mußte."

61 *Westarp-Akten:* Westarp an die deutschnationale Reichstagsfraktion, Wortlaut der Erklärung in der Fraktionssitzung am 18. Juli 1930 (9 Uhr) zu Protokoll der Fraktion: „Die nachfolgende Mitteilung mache ich im Auftrage einer Anzahl von Fraktionsmitgliedern, und zwar zurzeit 21. Die Zahl ist noch nicht endgültig, weil einige Erklärungen noch ausstehen. Wir sind entschlossen, in der heutigen Reichstagssitzung gegen die Annahme des sozialdemokratischen Antrages auf Aufhebung der wesentlichen Notverordnung zu stimmen und diese Haltung im Plenum mit einer kurzen Erklärung zu begründen. Wir sind uns bewußt, daß nach dem Parteivorstandsbeschluß vom 26. April und nach der Erklärung, die der Herr Parteivorsitzende noch in letzter Zeit in der Fraktion abgegeben hat, dieses Verhalten Trennung von Fraktion und Partei bedeutet. Deshalb wollen wir den Schritt nicht tun, ohne ihn vorher in der Fraktion mitzuteilen und an die Fraktion in letzter Stunde die dringende und ernste Bitte zu richten, erwägen zu wollen, ob sich diese Konsequenzen nicht doch durch eine Änderung der Haltung der Fraktion zu der Notverordnung vermeiden läßt. Das scheint uns um so eher möglich zu sein, als auch der vom Herrn Partei- und Fraktionsvorsitzenden der Regierung gemachte Vorschlag einer Vertagung der Abstimmung bis zum Herbst die praktische Folge gehabt hätte, die Notverordnung einstweilen in Kraft treten und die darin vorgesehenen Steuern erheben zu lassen."

62 *Westarp-Akten:* „Mitteilungen Nr. 17 der Parteizentrale"; der Verteiler (zusammen 1971 Exemplare) gibt einen Hinweis auf die der DNVP damals (26. Juli 1930) angeschlossenen Gruppen und ihre zahlenmäßige wie propagandatechnische Stärke:

	Exemplare
Neben Landesverbänden, Kreisvereinen etc. Bismarckbund	(1)
Reichsausschuß für deutschnationale Rechtsanwälte und Notare	(1)
deutschnationale Arbeitergruppen bei den Landes- und Kreisverbänden	(192)
Reichsausschuß für Heilberufe (Dr. Hoedenkamp)	(1)
Arbeitsausschuß deutschnationaler Industrieller (Scheibe)	(1)
Völkischer Reichsausschuß	(1)
deutschnationale Studentengruppen	(23)
Bundesvorstand und Gruppen des deutschnationalen Lehrerbundes	(12)
Einzelempfänger	(207)

Sogleich wurde nun eine heftige Kampagne gegen die mögliche Idealkonkurrenz der DNVP gestartet, die auch in Westarps Korrespondenz ihren Niederschlag fand. Oldenburg-Januschau, der Junker alten Stils und Freund Hindenburgs, nun deutschnationaler Spitzenkandidat, suchte noch vor dem Bruch Westarp mit massiven Interessenargumenten unter Druck zu setzen[63]. Von anderer Seite wurde Westarp der unbewußten Förderung einer angeblich gegen die Protestanten gerichteten Spaltungsstrategie Brünings verdächtigt[64]. Besonders massiv waren die Vorwürfe der „Disziplinlosigkeit", auf denen die deutschnationalen Argumente gegen die Spaltung in Anlehnung an militärisch-feudale Vorstellungen ruhten. Sie gaben Westarp Gelegenheit, noch einmal die grundsätzliche innere Verschiedenheit seiner Partei- und Fraktionsführung von Hugenbergs diktatorischer Führung zu betonen — einer Führung, die sich nicht durch Überzeugung und Appell, sondern durch Wahlkreispression und Diktum des Parteivorstands durchgesetzt und seit Anfang 1929 mit ständigen Ausschlußdrohungen gearbeitet habe. Den letzten Anstoß zu seiner Trennung nach dem Votum vom 14. April und vom 18. Juli habe, so betonte Westarp zugleich, die Tatsache gegeben, daß Hugenberg und die Mehrheit des Parteivorstandes eine Haltung gefordert hätten, die zur Trennung der Landwirtschaft von der Partei und zu ihrer Beschränkung auf den Reichslandbund führen mußte. Diese verhängnisvolle berufsständische Isolierung durch die Gründung „einer anderen konservativen Partei" zu verhindern, betrachtete er als die vordringliche Aufgabe[65].

Während Westarp jetzt die an einer Änderung der preußischen Koalitionsverhältnisse interessierten Großagrarier davon zu überzeugen suchte, daß eine Trennung von Zentrum und SPD nicht durch Hugenbergs Ultimaten und eine „dem Zentrum gegenüber angewandte Taktik feindseliger Bedrohung", sondern nur in verantwortlicher politischer Mitarbeit zu erreichen sei[66], präzisierte er als sein erstes neues Ziel die Überwindung der von Hugenberg verschuldeten Trennung des Landvolks von der alten Partei, die er gemeinsam mit Schiele in einer Fusion von Landvolk und Konservativer Volkspartei erreichen wollte[67]. Die Widerstände waren freilich von Anfang an erheblich[68]. Auch hatte der Vorgang der Spaltung selbst zwar großes Aufsehen erregt und Widerhall

63 *Westarp-Akten:* v. Oldenburg-Januschau an Westarp, v. 13. Juli 1930. Hauptargument dieses auch stilistisch aufschlußreichen Briefes ist die Feststellung, daß die DNVP bei Neuwahlen nach dem 14. April wohl verloren, Westarp also wohl zu Recht den Regierungssturz verhindert hätte, daß jetzt aber das enttäuschende Versagen des Landwirtschaftsprogramms jede Unterstützung Brünings verbiete. Wenn O. fortfährt, daß ohne eine Regierungsänderung in Preußen jede Osthilfe sabotiert werde, so legt er nicht nur seine interessenpolitischen Karten auf, sondern gibt auch jenen lange gehegten Absichten erneut Ausdruck, die zwei Jahre später mit seiner eigenen tätigen Mitwirkung im Papen-Putsch gegen Preußen ihre Verwirklichung finden sollten. Die „Stoßkraft" der Gruppe Westarp müsse gerade jetzt in der Partei bleiben: „Ich würde an Ihrer Stelle jetzt dem Brüning die Pistole auf die Brust setzen. Entweder Zertrümmerung der Regierung in Preußen mit Einzug der Rechten dort in die Regierung oder Sturz der Reichsregierung. Unter dieser Alternative wird, wie ich annehme, die Fraktion mit Hugenberg an der Spitze einen großen Erfolg haben so oder so, d. h. viel mehr jetzt als bei den Neuwahlen. Und nun Schluß. Mit der sozialdemokratischen Regierung in Preußen ist eine wirkliche Osthilfe nicht zu schaffen."

64 So *Westarp-Akten:* Brief Dr. Hoelschers (Ulm, württembergischer Landtagsabgeordneter) an Westarp v. 25. Juli 1930. H. bedauert die Spaltung und fragt, ob „Brüning von den Gegensätzen in der Fraktion so frühzeitig Kenntnis erhalten hat, daß er bei seiner Politik damit rechnen konnte, daß ein Teil der Fraktion gegen die Fraktionsmehrheit stimmen würde". Westarp verneint in seiner Antwort v. 28. Juli 1930 (*ebda.*) diese Frage, betont aber: „Davon, ob er mit dieser Annahme auf Grund der allgemeinen Kenntnis gerechnet hat, die er sich seit den Vorgängen vom April und deren Behandlung in der Öffentlichkeit gebildet hat, weiß ich nichts."

65 *Westarp-Akten:* Antwort Westarps an Graf Eulenburg v. 1. August 1930 auf dessen scharfe Kritik an Westarps „Disziplinlosigkeit" (Brief Eulenburgs v. 29. Juli 1930).

66 *Ebda.*

67 *Westarp-Akten:* Brief Westarps an v. Oldenburg-Januschau v. 1. August 1930.

68 Westarp klagt vor allem über den Widerstand von seiten Hepps: *ebda.* Zu den Bündnisversuchen auch Kaufmann (Anm. I/89), S. 196 f.

und Nachfolge in einflußreichen konservativen Kreisen gefunden, den volkskonservativen Bestrebungen aber doch wenig konkrete Hilfe für ihr in einem Wahlkampf doppelt schwieriges Vorhaben zugeführt. Wohl hatte Westarp sofort Besprechungen aufgenommen und auch mit dem Herausgeber der Herrenklub-Zeitschrift *Ring* über Programmfragen konferiert, dabei aber die Lage sehr nüchtern beurteilt[69]: beiden war klar, daß die Reichstagsauflösung die abgespaltene Rechte in Zersplitterung und Verwirrung entlassen hatte und die Konkurrenz mit dem intakten Apparat Hugenbergs verlustreich sein mußte. Zugleich aber würde ein Mißerfolg den Sinn, den Brüning den Neuwahlen gegeben hatte, in sein Gegenteil verkehren. Es konnte für einen aufmerksamen Beobachter kein Zweifel bestehen, daß die Verluste der gefährdeten Mitte vor allem der NSDAP zugute kommen würden und deshalb ein Zusammenschluß der Brüningschen Koalitionspartner vordringlich sei[70]. Darauf beruhten auch die Hoffnungen, die Treviranus, Schleicher und Groener im Bemühen um einen „Hindenburg-Bund" der Mitte und der gemäßigten Rechten auf die Wahl setzten[71]. Sie sollten sich schnell zerschlagen, ein Jahr später aber erneut auftauchen, um gerade in der Schlußphase der Regierung Brüning eine bedeutungsvolle Rolle zu spielen[72].

Die neue *Konservative Volkspartei*, an die sich ein Teil dieser Hoffnungen knüpfte, stand jedenfalls auf recht schwachen Füßen[73]. Der DHV bot „die einzig wirklich greifbare Grundlage der Organisation", drohte aber zugleich die Partei in eine Richtung abzudrängen, die Westarps eigentlicher Absicht, dem Zusammenschluß mit dem Landvolk, zuwiderlief[74]. Nur umfassende Listengemeinschaften und Absprachen über eine spätere Fraktionsgemeinschaft konnten einige Aussicht auf Erfolg eröffnen. Verhandlungen über gemeinsame Reichslisten, die Westarp vor und nach dem 18. Juli mit Schiele führte, zeitigten jedoch nur mühsame Fortschritte, und selbst die Mobilisierung namhafter Hugenberg-Gegner brachte mehr Schwierigkeiten als politische Wirkung[75]. Auch nach ersten Verhandlungserfolgen — gemeinsame Reichsliste mit dem Landvolk — war die Konservative Volkspartei noch weit von jenem „Zusammenschluß der Rechten" entfernt, durch den Westarp „gerade auch die Landwirtschaft aus ihrer berufsständischen Isolierung in eine rechtsgerichtete Staatspartei hineinzuführen" und damit schließlich doch noch die DNVP auf einen konstruktiven Weg zu zwingen hoffte[76]. Es erwies sich als überaus

69 *Westarp-Akten:* Brief Heinrich v. Gleichens an Westarp v. 20. Juli 1930, der an eine Konferenz mit Westarp im Hotel Kaiserhof anknüpft.

70 *Ebda.*, Anlage: „Information zur Beurteilung der innerpolitischen Lage" v. 24. Juli 1930. Vgl. auch Heinrich v. Gleichen, „Kein Bruderkrieg", in: *Der Ring* 3, Heft 30 v. 27. Juli 1930, S. 513 f.; dort wird die verzweifelte Zersplitterung der gemäßigten Rechten beklagt und unter dem Motto: „Wahlschlachten entscheiden nicht mehr über Deutschlands Schicksal!" erneut eine außerparteiliche Lösung der Staatskrisis verlangt.

71 Brief Groeners an v. Gleich v. 21. Juli 1930 (Phelps, Anm. I/51, S. 1014 f.): „Einige Auguren sagen voraus, daß die Hugenbergianer von den Nazis und dem neuen Hindenburg-Bund zerrieben werden. Freund Treviranus betreibt bereits mit unserer Assistenz den Schlachtplan . . . Der obengenannte Bund soll für die Wahl eine lose Vereinigung vom Landbund bis zu den Demokraten werden. Ich mache noch ein Fragezeichen dahinter. Qui vivra, verra. Ich kann's erwarten und überlasse dem Kardinal den Wahlschwindel anzurühren."

72 Vgl. u. S. 401 f.

73 Das gilt besonders von der Wahlfinanzierung, die trotz ausdrücklicher Sympathie einflußreicher Kreise nur recht ungenügend gesichert werden konnte; schon die Kalkulation der potentiellen Geldgeber ließ den Mißerfolg der Partei vorausahnen. Vgl. auch die mündlichen Aussagen Beteiligter bei Gildemeister (Anm. I/99), S. 80 f.

74 *Westarp-Akten:* Brief Westarps an Wallraf v. 28. Juli 1930 und besonders Westarps Memorandum: „Meine Verhandlungen zwischen dem 18. Juli und 18. Oktober 1930" (*ebda.*).

75 *Ebda.:* Brief Westarps an Wallraf v. 28. Juli 1930.

76 *Ebda.:* Brief Westarps an Frau Annette Helfferich (geb. v. Siemens) v. 30. Juli 1930. Westarp drückt seine Überzeugung aus, daß auch Helfferich Front gegen Hugenberg gemacht hätte, und fährt dann fort: „Über die Neugründung möchte ich berichten, daß ich es mir im Einvernehmen mit Schiele zur be-

schwierig, den Strom der vielfältigen Interessen, Ideen und Erwartungen, die an die neue Partei herangetragen wurden, in ein Bett zu lenken oder wohlwollend abzubiegen[77]. Im ganzen ist die interparteiliche Bewegung dieser Integrationsaufgabe gegenüber gescheitert[78], und es wurde schon während des Wahlkampfes immer deutlicher, daß die Gruppendynamik innerhalb des „Brüning-Blocks" letztlich nur der nationalsozialistischen Einigungspropaganda zugute kam.

So blieb die vieldiskutierte, von den Volkskonservativen hoffnungsvoll umworbene „Grüne Front" der konservativen Landwirtschaft in zahlreiche Gruppen aufgesplittert. Teils verharrte sie — allen vorangegangenen Interessenkonflikten zum Trotz — bei der DNVP, teils suchte sie in der Landvolkpartei, teils auch im Christlich-Sozialen Volksdienst und bei den Deutsch-Hannoveranern eine direkte Interessenvertretung. Ebenso blieben Bemühungen der Reichslandbundführung um eine geschlossene Wahlfront der Landwirtschaft im volkskonservativen Rahmen fast ohne Ergebnis. Auch hier ging dem „Brüning-Block" der gemäßigten Rechten vieles an die Versprechungen der Nationalsozialisten verloren. Mit den Verhandlungen über ein „politisches Zusammengehen auf weiterer Grundlage" eines Hindenburg-Programms[79] zerschlugen sich zugleich die Hoffnungen, die die Initiatoren der Brüning-Lösung auf die Wirksamkeit der Querverbindungen innerhalb der gemäßigten Rechten gesetzt hatten. Gerade die Möglichkeiten des in vielen politischen Gruppen vertretenen DHV, der gleichzeitig über den DGB Verbindungen nicht nur zu den katholischen Gewerkschaften und zum Zentrum, sondern auch zu den sozialistischen Gewerkschaften besaß, hatten den Hugenberg-Flügel mit besonderem Mißtrauen erfüllt und seinen Entschluß zum Bruch mit Lambach noch beschleunigt[80]. Bei der Spaltung vom Dezember 1929 selbst wie bei der Bildung der neuen Regierung waren zwar die Querverbindungen innerhalb des DGB zur Auswirkung gekommen, in dem Brüning eine führende Rolle gespielt hatte — um dann als konservativer Exponent der christlichen Gewerkschaften die Einbeziehung der ihm wohlbekannten deutschnationalen DGB-Exponenten sowie ihrer politischen Freunde in sein Regierungsprojekt zu

sonderen Aufgabe gemacht habe, den Zusammenschluß der Rechten wieder herbeizuführen. Nur um dieser Aufgabe willen bleibe ich im politischen Leben. Wir werden nur langsam und mit großen Schwierigkeiten vorwärtskommen. Ein, wie ich hoffe, aussichtsreicher Schritt zu diesem Ziele, gerade auch die Landwirtschaft aus ihrer berufsständischen Isolierung in eine rechtsgerichtete Staatspartei hineinzuführen, ist es, daß wir gerade gestern die gemeinsame Reichsliste für die Konservative Volkspartei und das Landvolk erreicht haben. Der nächste Schritt zu dem Zusammenschluß soll die Fraktionsgemeinschaft sein. Die Annäherung an die DNVP bleibt das weitere Ziel. Es ist natürlich besonders schwer zu erreichen, und ich zweifle daran, ob es unter der jetzigen Führung überhaupt möglich sein wird, ihm näherzukommen." Vgl. auch Westarp in: *Kreuzzeitung*, Nr. 205 v. 24. Juli 1930.

77 Z. B. *Westarp-Akten:* Brief von Eugen Frhr. v. Reibnitz an Westarp (o. D.). Dort wird „Volkspartei Schwarz-Weiß-Rot" als Name für die neue Westarp-Partei vorgeschlagen. Nur so sei noch an die Massen heranzukommen, die entweder schwerfällig bei den Parteiapparaten blieben oder entschieden radikalisiert seien: „In dem kurzen Programm müßte an der Spitze Verfassungsänderung und Wiederaufnahme der alten Farben gefordert werden. Die Wahlpropaganda selbst erleichtert sich durch reichliche Verwendung der schwarz-weiß-roten Farben." Einem anderen Interessenten versichert Westarp (*Westarp-Akten:* Brief an Walther Werner, Bankvorsteher a. D., Berlin, v. 16. August 1930), daß sie die Entschädigung der Ostvertriebenen und das Kleinrentnergesetz mit Nachdruck betrieben, daß „die antisemitisch denkenden Kreise . . . in der Konservativen Volkspartei auf völlige Befriedigung der völkischen und nationalen Belange rechnen können", daß „die Gleichberechtigung der evangelischen Kirche in den Auseinandersetzungen mit dem Staat" vertreten und bei künftigen Regierungsbildungen „die Macht der Sozialdemokratie im Reiche und in Preußen" eingeschränkt werden soll.

78 Das mühselige Tauziehen um die Kandidatenaufstellungen verdeutlicht Westarps o. Anm. II/74 zitiertes Memorandum („Meine Verhandlungen . . .").

79 *Ebda.*

80 Die Kampagne von Hugenbergs Seite war wesentlich auf die Unterstellung katholisch- oder sozialistisch-gewerkschaftlicher Machenschaften im deutschnationalen Arbeitnehmerflügel abgehoben: so z. B. v. Freytagh-Loringhoven (Anm. I/101), S. 53; Leo Wegener, *Hugenberg, Eine Plauderei*, Berlin 1930, S. 9; *Die Abtrünnigen* (Anm. I/116), S. 12 u. a.; Kriegk (Anm. I/88), S. 82 ff.; Nobel (Anm. I/80), S. 40.

betreiben —[81], in dem ferner der volksparteiliche Reichstagsabgeordnete Bechly als Vorsitzender des DHV die Verbindung zur DVP gehalten hatte. Dazu waren Querverbindungen gekommen, die in den konservativen Klubs der Berliner Motzstraße 22 zusammenliefen und zwei Jahre später bei den Planungen und Spekulationen um Papens Präsidialregierung eine wichtige Rolle spielen sollten[82]; von solchen Klubs, die Gelder von den verschiedenen Rechtsparteien bezogen, ohne sich selbst zu binden, waren Impulse ausgegangen und Verbindungen geknüpft oder gehalten worden, die sich mit den allgemeinen interessenpolitischen Intentionen hinter der Brüningschen Regierungsbildung zu vereinigen suchten und direkten Zugang zu Schleicher und zum engsten Hindenburg-Kreis besaßen[83].

Aber auf die Entwicklung der politischen Gruppierungen und das Ergebnis der Wahl von 1930 hatten diese von den Initiatoren einer gemäßigt autoritären Notverordnungsregierung intensiv eingesetzten und hoffnungsvoll betriebenen Querverbindungen wenig direkten Einfluß. Sie verblieben im Dunkel der Intrigen, im Bereich der luftigen Ideen oder im Raum der Einzelaktionen und vermochten weder die Ausschaltung der demokratischen Linken noch den Zusammenschluß der bürgerlichen Mitte mit der kooperationswilligen Rechten in der Wirklichkeit der Massendemokratie, auf der konkreten Ebene des politischen Machtkampfes zu erreichen. Ihr konservativ-aristokratischer Elitegedanke, den mit dem *Ring* des Herrenklubs, mit dem jungkonservativen Kreis um *Die Tat* und dem späteren Papen-Mentor Edgar Jung ein umfängliches Schrifttum zu propagieren und als echte Alternative zum diskreditierten Parteienparlamentarismus plausibel zu machen suchte[84], wurde von der handfesten personalistischen Diktaturpropaganda des Nationalsozialismus schon jetzt souverän überspielt.

81 Vgl. Nobel (Anm. I/80), S. 47.

82 Vgl. u. S. 471 ff. Für die Bedeutung dieser Querverbindungen, die auch Westarps Kontakt mit dem *Ring*, einem ihrer Organe, einschließen (vgl. o. S. 313), ist der bei Armin Mohler (*Die Konservative Revolution in Deutschland 1918–1932, Grundriß ihrer Weltanschauungen*, Stuttgart 1950, S. 92 f.) abgedruckte nachträgliche Bericht eines Beteiligten aufschlußreich. Danach saßen in der Berliner Motzstraße der Juniklub (Heinrich v. Gleichen, bis zu seinem Tod Moeller van den Bruck, Rudolf Pechel), das Politische Kolleg (Martin Spahn), der Volksdeutsche Klub (Karl Christian v. Loesch, auch Pechel), die Großdeutsche Jugend (Admiral Adolf v. Trotha), die Zeitschrift *Das Gewissen* (Eduard Stadtler von der antibolschewistischen Liga); Beziehungen bestanden über Spahn zum Hochschulring (dem Politischen Kolleg angegliedert), zu Hugenberg (der mit der Drohung der Abwanderung nach links „zu Geldzuwendungen herangezogen" wurde), zur DVP und zu den Völkischen (über v. Gleichen). Zusammenfassend (*ebda.*, S. 93): „Ohne eine Partei bilden zu wollen, aber bestrebt, innerhalb der Parteien Fuß zu fassen und diese zu lockern, gelang es der Motzstraße, einen sehr erheblichen politischen Einfluß auf die Tagespolitik zu gewinnen. Die äußere Form ähnelte etwas der des englischen Klubs, die Parteien rechneten ihrer jüngeren Mitglieder wegen durchaus mit dem Kreise, suchten aber zugleich ihrerseits seine innere Geschlossenheit zu beeinträchtigen." Weitere Einzelheiten bei Wilhelm Wunderlich, „Die Spinne", in: *Die Tat* 23, Heft 10 (Januar 1932), S. 841 ff. Zu den politischen Salons vgl. auch v. Reibnitz (Anm. I/80), S. 200 ff.

83 Vgl. die Bestätigung aus dem Herrenklub–Papen-Kreis selbst: Walter Schotte, *Das Kabinett Papen, Schleicher, Gayl*, Leipzig 1932, bes. S. 17.

84 Dazu u. S. 472 ff. Neben dem Kronzeugen Moeller van den Bruck, dessen propagandistischer Mißbrauch und dann weltanschauliche Diskreditierung durch den Nationalsozialismus symptomatisch für diesen Sachverhalt ist, steht an erster Stelle das voluminöse Kompendium ständisch-aristokratischer Philosophismen gegen die Massendemokratie: Edgar J. Jung, *Die Herrschaft der Minderwertigen, ihr Zerfall und ihre Ablösung durch ein Neues Reich*, Berlin 1929 (2. Aufl. 1930). Es ist in diesem Zusammenhang nicht möglich, der jungkonservativen bzw. konservativ-revolutionären Literatur eine eingehende Untersuchung zu widmen, so wichtig es wäre, über die allzu einseitig literar-philosophisch gehaltene Studie Armin Mohlers (Anm. II/82) hinaus besonders etwa die Aktivität des sogenannten „Tat-Kreises" politisch-wissenschaftlich zu analysieren. Hier sei er nur durch seine Programmatik charakterisiert: „Das Ende der Weltwirtschaft, der autoritäre Staat, die Planwirtschaft, die Autarkie, die Südostpolitik und die Notwendigkeit einer Vereinigung zwischen Nationalismus und Sozialismus, rechts und links, zu einer neuen Volksgemeinschaft" – dies sind die wichtigsten Schlagworte („Der Weg der Tat", in: *Die Tat* 24, Heft 6 [September 1932], S. 517); sein politischer Ort ist durch die Nähe zu Schleichers Reichswehr und zu dem volkskonservativen Experiment bezeichnet, sein Gewicht steht hinter dem des Herrenklubs (vgl. o. Anm. II/82) zurück.

5. *Bewegung im Parteienfeld*

Die alten Bestrebungen, die bürgerliche Mitte durch Blockbildung gegen die Bewegungen auf den äußersten Flügeln des Parteienfelds abzuschirmen und zu einem stabilen Bollwerk der liberalen Demokratie zu machen, hatten auch zu den ernsthaften Plänen Stresemanns gehört[85]. Sie traten im Angesicht der Neuwahlen in ihr entscheidendes Stadium. Während die nach rechts neigende DVP mit der Wirtschaftspartei und den Volkskonservativen in einem gemeinsamen Wahlaufruf vom 21. August die Durchführung des „von dem Reichspräsidenten v. Hindenburg begonnenen Reformwerkes" proklamierte, gingen aber sowohl Christlich-Sozialer Volksdienst wie auch DDP eigene Wege. Inzwischen war nämlich mit der für die Öffentlichkeit überraschenden Gründung der *Deutschen Staatspartei* ein neuer Versuch gemacht worden, durch eine weitgespannte bürgerliche Sammlungsbewegung, die auf die Mitarbeit am bestehenden Staat und die Koalitionsfähigkeit nach rechts wie nach links gerichtet war, den unverkennbaren Niedergang der einst so starken und neben dem Zentrum eigentlich staatstragenden DDP aufzuhalten. Die Urheber dieses Versuches hofften, durch eine Auflockerung der linksliberalen Physiognomie der Partei vor allem mittels einer Fusion mit der jungdeutschen Volksnationalen Reichsvereinigung den politischen Rahmen zu erweitern und eine echte Aufnahmefähigkeit für die zunehmend den nationalsozialistischen Werbungen erliegenden kleinbürgerlichen Mittelschichten zurückzugewinnen.

Der Versuch, der zunächst auch auf jüngere Anhänger der Partei eine gewisse Wirkung auszuüben schien, stieß freilich sogleich auf erheblichen Widerstand des altliberalen Flügels innerhalb der DDP. Im ersten Aufruf vom 28. Juli waren Formulierungen enthalten, die an die staatskonservativen oder autoritär-bürokratischen Parolen der Kritiker der Parteiendemokratie anklangen[86]. Doch stimmte der Parteiausschuß der DDP zwei Tage später der Neugründung zu und stellte die Parteiorganisation für den Wahlkampf zur Verfügung. Am linken Flügel kam es wohl zu Abspaltungen: der Abgeordnete Erkelenz schloß sich der SPD an, und eine radikaldemokratische Gruppe um den Pazifisten Quidde gründete ihre eigene Splitterpartei. Andere betont liberale Abgeordnete wie Oskar Meyer jedoch stellten ihre Zweifel schweren Herzens zurück. Die Überraschung, mit der selbst die führenden Mitglieder die von Lemmer und dem DDP-Generalsekretär Stephan eingeleiteten, von Gertrud Bäumer und dem Parteivorsitzenden Koch-Weser unterstützten Fusionsverhandlungen aufnahmen, zeigt zugleich die verzweifelte Hast und Kopflosigkeit, in die eine übereilte Reichstagsauflösung im Angesicht des wachsenden nationalsozialistischen Wählersogs auch entschiedene Republikaner stürzen mußte[87].

85 Nach den Aussagen Koch-Wesers und Wolfgang Stresemanns (Sohn) plante Stresemann noch kurz vor seinem Tod die Schaffung einer neuen Mittelpartei, die an das „Staatsvolk" appellierte; nach Annahme des Young-Planes wollte er sich in Zusammenarbeit mit Koch-Weser und Mahraun diesem Projekt ernsthaft widmen und setzte dabei auf den Jungdo besondere Hoffnungen, da er nur mit einem Teil der DDP und der DVP, dafür aber auch der Wirtschaftspartei und der DNVP rechnen zu können glaubte: dieser Komplex wurde erst bei den Auseinandersetzungen um die Staatspartei bekannt (vgl. *Hamburger Fremdenblatt* M, v. 30. Juli 1930, S. 1, und A, v. 2. August 1930, S. 2).

86 So, wenn es hieß, die bisherige Parteipolitik habe „den Volkswillen nicht zu packen" verstanden, seit Jahren stünden Millionen angewidert und ohne Vertrauen abseits vom politischen Leben; vor allem die junge Generation stehe „enttäuscht und abgestoßen beiseite oder falle den Lockungen eines negativen Radikalismus zum Opfer". So müsse eine Einigung „unabhängig von veralteten politischen Formen und sinnlos gewordenen Schranken, hinweg über den verhetzenden Kampf zwischen Schwarz-Weiß-Rot und Schwarz-Rot-Gold" geschaffen werden, eine „Gemeinschaft aller derer, die aus dieser unfruchtbaren Enge hinaus den Schacher der Interessengruppen verdrängen und die deutschen Menschen als Staatsvolk einigen wollten". Nach Egelhaaf, *1930*, S. 184.

87 Vgl. dazu besonders die Schilderung bei Oskar Meyer, *Von Bismarck zu Hitler, Erinnerungen und Betrachtungen*, 2. Aufl., Offenbach/M. 1948, S. 151 f. Auch Meyer will sich zunächst „aus einem instink-

Der Vorgang löste bei der SPD scharfe Kritik aus, während die DVP die eigenmächtige Fusionsinitiative der DDP als einen gegen sie gerichteten Spaltungsversuch betrachtete und sich sogleich wieder entschieden nach links abschloß. So blieben auch die weiteren Verhandlungen mit dem DVP-Vorsitzenden Scholz, der sich in seinen eigenen Fusionsbestrebungen um ein „Hindenburg-Programm" gestört fühlte, ohne Ergebnis. Zugleich zerschlug sich auch der Vermittlungsvorschlag Dietrichs und Höpker-Aschoffs, durch eine Wahl des alten Geheimrats Kahl (DVP) zum gemeinsamen Vorsitzenden die programmatischen und organisationstaktischen Differenzen beiseite zu räumen. Kahl selbst bestand darauf, daß eine sachliche Verständigung vorangehen müsse. Sie aber scheiterte schon an der Verschiedenheit der Einigungskonzepte, die nach Scholz' und Kahls Auffassung von Treviranus bis Koch-Weser reichen und auf einen „starken staatsbürgerlichen Block", eine „geschlossene Phalanx . . . für das . . . Rettungsprogramm des Reichspräsidenten" abzielen müßten[88]. Die damit gegebene Frontstellung gegen die SPD, besonders auch im Hinblick auf Preußen, konnte wiederum die DDP, die mit Höpker-Aschoff an der Regierung Otto Braun beteiligt war, ebensowenig billigen wie eine allzu enge Liierung mit den Westarp-Schiele-Treviranus-Gruppen.

Während so nur in Baden und Württemberg aus regional bedingten Gründen eine engere Zusammenarbeit zwischen der ehemaligen DDP und der DVP und schließlich Einheitslisten zustande kamen[89], schien der Ausbau der neuen Staatspartei zunächst doch gute Fortschritte zu machen. Die ersten Fusionsbesprechungen hatten schon vor den sächsischen Wahlen stattgefunden, waren durch deren alarmierenden Ausgang noch bestärkt worden und hatten über geheimgehaltene Vereinbarungen zu dem überraschenden Gründungsbeschluß vom 27. Juli geführt, hinter dem Mahraun und sein „Ordenskanzler" Otto Bornemann von der Volksnationalen Reichsvereinigung, Baltrusch, Adolph und Glimm von den christlichen Gewerkschaften (sie waren von den Deutschnationalen zur Staatspartei gestoßen), Koch-Weser, Lemmer, Dietrich, Höpker-Aschoff, Gertrud Bäumer, August Weber und auch Oskar Meyer von der DDP standen; dazu kamen die Jungliberalen Eschenburg und Winschuh sowie Rochus Frhr. v. Rheinbaben von der DVP[90]. Im provisorischen Aktionsausschuß vom 29. Juli saßen Mahraun, Koch-Weser, Winschuh und Glimm. Allen taktisch-ideologischen Schwierigkeiten zum Trotz schien sich das neue Gebilde zu stabilisieren und auch der Loyalität der volksnationalen Komponente sicher zu werden[91]. Seine gemeinsame, von jungdeutschen Gedanken beeinflußte Plattform fand es in dem Appell an die Jugend zur staatsbürgerlichen Mitarbeit in der Republik, in der Forderung von Wahl-, Reichs- und Verwaltungsreformen, in der Kritik an „parteiistischer" Politik (ausgedrückt im Listenwahlsystem), am Dualismus Reich — Preußen und an der Politisierung des Beamtentums. In den außenpolitischen Konzeptionen verdrängte dagegen der demokratische Erfüllungsrealismus die jungdeutschen Wunschvorstellungen von großdeutscher

tiven Mißtrauen gegen die romantische Ordensspielerei der Jungdeutschen" davon distanzieren: „Leider ließ ich mich umstimmen. So wurde ich, statt mit der Demokratischen Partei zu sterben, Geburtshelfer einer Partei, die vom ersten Tag an ein hoffnungsloser Zwitter war."

88 Besonders der von Frank Glatzel geleitete Vertretertag der Reichsgemeinschaft junger Volksparteiler in Kassel (3. August) sprach sich zwar für „eine neue Front der Parteien mit dem Ziel des großen Zusammenschlusses" aus, forderte aber zugleich, daß diese Bewegung nicht durch „einseitige Teillösungen", durch „Regiefehler und Mißgriffe" verdorben werde und keinen Versuch zur Spaltung der DVP darstelle. Nach Egelhaaf, *1930*, S. 185.

89 In Württemberg bestand gemeinsame Regierung, in Baden Arbeitsgemeinschaft der Landtagsfraktionen.

90 Schultheß, *1930*, S. 182.

91 So entschieden auch in dem Manifest vom 22. August: Artur Mahraun, *Die Deutsche Staatspartei, Eine Selbsthilfeorganisation deutschen Staatsbürgertums*, Berlin 1930, bes. S. 37 ff.

und kolonialer Revisions- und Siedlungspolitik. Auch im kulturpolitischen Sektor und in der Wirtschafts- und Sozialpolitik trug das Programm der Staatspartei den Stempel des DDP-Liberalismus, wobei der „soziale Kapitalismus" gegen sozialistische wie gegen monopolistische Intoleranz auf Erhaltung des Bestehenden gerichtet war.

Der alte, praktisch erprobte Gedankenkreis der DDP hatte so spürbar das Übergewicht über die formlosen, von militantem Idealismus oder spontaner Kritik bestimmten Auffassungen und Ziele des Jungdo erlangt, während als gemeinsame Basis der Wille zur Abwehr des Radikalismus von rechts und links sowie der Diktatur einer Minderheit auch nach Artikel 48 und zur Bewahrung der demokratischen Diskussionsgrundlage in allen politischen Entscheidungen festgestellt wurde[92]. Mahraun selbst hatte erhebliche Schwierigkeiten mit seinem Gefolge; nur Koch-Wesers Zusicherung, ihn als außerparlamentarischen Führer der neuen Partei anzuerkennen, vermochte die volksnationalen Widerstände zu überwinden. Einen Reibungspunkt bildete auch der „Arierparagraph" des Jungdo, der Juden den Eintritt in den Orden verwehrte. Nachdem in der ersten Augustwoche die weiteren Fusionsbesprechungen zwischen Scholz und Koch-Weser bzw. Höpker-Aschoff gescheitert waren — im Grunde an der traditionell gewordenen Verschiedenheit der politischen Lagerung von DVP und DDP, die schon in früheren Versuchen alle Einigungsbestrebungen vereitelt hatte und der Unversöhnlichkeit des neuen Rechtskoalitions- mit dem Weimarer Linkskoalitionsgedanken entsprach —, wuchsen auch die Differenzen zwischen den verschiedenartigen Elementen der Staatspartei zusehends. Dreiwöchige Kämpfe im Berliner Pressehaus gingen der Aufstellung der Kandidaten voraus, wobei es zu Unstimmigkeiten zwischen Höpker-Aschoff und den Befürwortern der Fusion, Koch-Weser und Lemmer, um die Konzessionen an volksnationale Kandidaten kam. Mit der verspäteten Veröffentlichung der Kandidatenlisten am 28. August war ein wirksamer Wahlkampf kaum mehr möglich, und auch die Zusammenarbeit der beiden Parteiträger in Kundgebungen und Werbekampagnen blieb problematisch. Die „antiplutokratischen" Jungdo-Ideologen etwa stießen sich an der Spitzenkandidatur des fünfzigfachen Aufsichtsratsmitgliedes Hermann Fischer (Köln), die Demokraten wiederum an antisemitischen und antipazifistischen Neigungen des Jungdo. Schon jetzt erwiesen sich die Elemente der neuen Partei trotz guten Willens zu verschieden nach ihrer politischen und ideologischen Herkunft[93].

Eine wirkungsvolle Blockbildung der Mitte war nicht geglückt, recht eigentlich, weil die DDP nicht ihre Bindungen nach links, die DVP, bei der jetzt auch v. Seeckt kandidierte, nicht ihre vermeintlichen Chancen nach rechts aufgeben oder auch nur taktisch zureichend modifizieren wollten, wenngleich sich beide Gruppen nachdrücklich gegen die NSDAP wandten. Fast ganz unterblieb der Versuch, auch das Zentrum und die BVP einzubeziehen. Die Wahlreden von Kaas und Brüning richteten sich — mit Anspielung auf mögliche Konsequenzen in Preußen — gegen die destruktive Opposition der SPD im Verein mit Hugenberg und Hitler, sie begrüßten die Umgruppierung und Neubildung auf der Rechten und verteidigten, natürlich mit dem oft strapazierten Hinweis auf Ebert, den Einsatz des Artikels 48. Insgesamt verbauten sie bewußt und entschieden, offensichtlich ohne die tatsächliche Tendenz der Wahlen und ihre Fol-

92 Vgl. dazu Vera Gebhardt, *Ideen und Politik des Jungdeutschen Ordens unter besonderer Berücksichtigung des Versuches zur Gründung einer neuen Mittelpartei: „Volksnationale Reichsvereinigung", „Deutsche Staatspartei"*, Diss. Hamburg 1952 (ungedr.), S. 39 ff.

93 *Ebda.*, S. 42 ff., die Nachweise zu dieser Entwicklung.

gen in Betracht zu ziehen, jede Zusammenarbeit mit der SPD[94], die doch so bald zur bitteren Notwendigkeit werden sollte.
Die Kampagne der SPD konzentrierte sich demgegenüber auf die verfassungswidrige „Diktatur der Notverordnungen“; mit ihr sah man gleichzeitig den Abbau der Sozialleistungen und eine willkürliche, weil jeder parlamentarischen Kontrolle entzogene Steuerpolitik angebahnt. Aber so scharf die sozialdemokratischen Wahlaufrufe gegen eine „unsoziale“, mit ihren Verordnungen die parlamentarische Demokratie erdrückende „Bürgerblockregierung Brüning“ gestimmt waren, so wenig vermochte die SPD-Führung eine parlamentarische Alternative aufzuweisen. Ihre schon traditionell gewordene Isolierung war nach rechts durch die Kluft verstärkt worden, die der mitverschuldete Sturz der Regierung Müller aufgerissen hatte. Zu ihrer Linken aber verharrte die ständig anwachsende KPD in unversöhnlicher Feindschaft gegenüber den „verräterischen Sozialdemokraten“; für diese Partei war alles „faschistisch“, was nicht ihr Signum trug, und ihr Kampf „für die Diktatur des Proletariats“ war jetzt nicht weniger gegen die Demokratie als zugleich in nationalistischer Demagogie gegen den „räuberischen Versailler Friedensvertrag“ gerichtet[95]. Das ging so weit, daß die Parole ausgegeben wurde, auch die „roten Sportler“ müßten mit allen Mitteln „die Verbürgerlichung und Republikanisierung des Arbeitersports durch die Sozialfaschisten verhindern“; sie sollten die „rote Sporteinheit“ herstellen und durch den „revolutionären Klassenkampf der Arbeitersportler . . . der Sowjetunion, dem sozialistischen Vaterlande“ dienen[96]. Gleichzeitig wendete die KPD sich jetzt und vor allem in den folgenden Monaten an die bedrohten Kleinbauern, ohne mit ihren Forderungen nach sowjetischer Kollektivwirtschaft[97] allerdings mit der nationalsozialistischen Agitation Schritt halten zu können. Gerade die verlustreichen Grenzkämpfe nach links aber manövrierten die SPD-Führung noch stärker in jene zögernde Unentschlossenheit hinein, die sie — aus Konkurrenzfurcht vor der radikal sozialistischen wie zugleich nationalistischen Propaganda der Kommunisten und aus Sorge um den Bestand der Demokratie selbst in der gegenwärtigen Form — nach beiden Seiten bewegungsunfähig machte. Die größte Partei der Republik war in der Tat endgültig in die Defensive gedrängt; sie hat auch keinen ernsthaften Versuch unternommen, sich durch eigene Initiative und interparteiliche Strategie noch einmal aktiv in die Geschichte der Weimarer Republik einzuschalten.
Die Wahl vom 14. September 1930 quittierte schließlich den erbitterten Kampf von 25 Parteien und Splittergruppen mit einer Entscheidung, deren verhängnisvolles Ausmaß nur wenige Beobachter, kaum aber ihre Urheber in Regie-

94 Dies war besonders die Stimmung bei Brünings Auftreten auf dem Katholikentag von München (4. September ff.): vgl. Egelhaaf, *1930*, S. 189.

95 Wahlaufruf der KPD: „Programm-Erklärung zur nationalen und sozialen Befreiung des deutschen Volkes“ v. 24. August 1930 (nach Mommsen und Franz, *Die deutschen Parteiprogramme 1918–1930*, Leipzig 1931, S. 119 ff.). Die taktisch-demagogische Wendung zum Nationalismus wird deutlich in der Schlußaufforderung an „alle Arbeiter, die noch mit der verräterischen Sozialdemokratie gehen, . . . mit dieser Partei der Koalitionspolitik, des Versailler Friedens, des Young-Plans, der Knechtung der werktätigen Bevölkerung Deutschlands zu brechen. Nieder mit dem Young-Plan! Nieder mit der Regierung der Kapitalisten und Junker! Nieder mit Faschismus und Sozialdemokratie! Es lebe die Diktatur des Proletariats! Es lebe Sowjetdeutschland!“ Die nationalistische Taktik als Kampfmittel gegen die nationalsozialistische Agitation wird dann recht ungeschminkt von Ernst Thälmann in seiner Rede auf dem XI. Plenum der Kommunistischen Internationale entwickelt (Mai 1931): „Die Freiheitspolitik des Kommunismus in Deutschland“, in: Thälmann, *Kampfreden* (Anm. II/11), S. 90 ff.

96 Ernst Thälmann, „An die roten Sportler!“ Begrüßungsrede auf der Massenkundgebung des Kampfkongresses der roten Arbeitersportler in Erfurt am 8. Juni 1930 (*ebda.*, S. 66 f.).

97 Z. B. Ernst Thälmann, Rede über das „Bauernhilfsprogramm der Kommunistischen Partei“ in Oldenburg (Mai 1931): *ebda.*, S. 68 ff.

rung und Parlament erwartet hatten[98]. Der meteorhafte Aufstieg der NSDAP war wohl weithin befürchtet, aber von keiner Seite ernsthaft gehindert, von keinem Berater der für die Wahl Verantwortlichen sorgfältig genug analysiert worden. Auf solche Mittel der politischen Sicherung und Führung einer Demokratie hatte man verzichtet: nicht aus Unkenntnis oder prinzipiellen Bedenken heraus, sondern auch, weil man vom transitorischen Charakter dieser form- und substanzlosen Massenbewegung überzeugt war, ihre demagogische Niveaulosigkeit verachtete oder sie gar als Werkzeug und Vorspann für die eigenen Ziele benützen zu können glaubte[99].

Zum ersten Mal erlebte die Öffentlichkeit die volle Entfaltung der nationalsozialistischen Propaganda- und Agitationsmittel, die jahrelang im Rahmen der militanten Kaderpartei sorgfältig zubereitet, nun auf verbesserter finanzieller Grundlage — denn die Partei war nicht nur schnell gewachsen, sondern ebenso prompt von den verschiedenen Interessengruppen umworben — ihre Wirksamkeit erweisen konnten. In einer fieberhaften Versammlungskampagne, die Entfernung zwischen den einzelnen „Einsatzfronten" oft mit dem Flugzeug überbrückend, peitschten Hitler und seine erste Rednergarnitur erregte Massen in Städten und Dörfern vorwärts, ohne mit unqualifizierten Argumenten und Versprechungen zu sparen. Zwar wurde auch die Forderung auf Regierungsbeteiligung nach der Wahl erhoben. Dafür schob sich Wilhelm Frick in den Vordergrund, dessen Tätigkeit als Innen- und Volksbildungsminister in der thüringischen Rechtsregierung seit Januar 1930 einen ersten Vorgeschmack von nationalsozialistischer Staatspolitik gegeben und zu ständigen Konflikten mit der Reichsregierung geführt hatte[100]. Aber der Anspruch auf Besetzung des Innen- und des Reichswehrministeriums, mit dem sich die NSDAP vor ihrem Wahlsieg noch eine Machtbasis für die weitere Eroberung des Staates sichern zu können glaubte — denn er schloß die Verfügung über Polizei und Reichswehr, die unmittelbaren Machtinstrumente der Exekutive, in sich —, wurde sogleich durch weitergehende Forderungen überholt.

Die offiziellen Gegenmaßnahmen gegen die rücksichtslosen Kampfmethoden nationalsozialistischer Agitations- und Störtrupps vermochten dieser Einschüchterungskampagne kaum wirkungsvolle Zügel anzulegen. In einer später auch vom Staatsgerichtshof bestätigten Verordnung vom 3. Juli hatte die preußische Regierung allen Beamten und Angestellten des Staates die Teilnahme an nationalsozialistischen wie an kommunistischen Organisationen verboten und jede diesbezügliche Betätigung oder Unterstützung als umstürzlerische Aktivität unter Strafe gestellt. Dagegen konnte sich die Reichsregierung zu einer ähnlichen Maßnahme nicht entschließen: auch hier hatte der Dualismus Reich—Preußen die Wirkung, daß in Preußen der „reichseigene" Post-, Steuer- und Eisenbahnbeamte tun konnte, was dem Landesbeamten verwehrt war[101].

98 Auch der britische Botschafter Rumbold schätzte noch am 7. September 1930 in seinem Bericht an Henderson die nationalsozialistischen Aussichten auf 50–60 Abgeordnete: *Documents on British Foreign Policy* (Anm. II/53), 2nd series, vol. I, S. 504. Die deutschnationale Fehlbeurteilung geht auch aus den apologetischen Bemerkungen in: *Hugenbergs Ringen* (Anm. I/6), I, S. 13, hervor.

99 Bezeichnend für die Ahnungslosigkeit auch der SPD das freimütige Eingeständnis von Keil (Anm. I/3), II, S. 395, man habe die Nationalsozialisten „nach ihrer Niederlage von 1928 nicht recht ernst genommen. Um so überraschter war man, als sie nun stark organisiert in den Wahlkampf eingriffen".

100 Frick hatte dort ein die innere Struktur des Staates sowie die Unabhängigkeit der Beamten antastendes „Ermächtigungsgesetz" betrieben, bei der Übertragung einer Rassenprofessur an H. F. K. Günther das Vorschlagsrecht der Universität Jena verletzt und einer einseitigen Personalpolitik Vorschub geleistet – so vor allem auch in der Polizeibeamtenschaft, wo es zum Zusammenschluß nationalsozialistischer Polizeibeamter kam; besonderes Aufsehen erregte Fricks Empfehlung völkisch-nationalistischer Schulgebete – Übergriffe, denen erst am 30. Juni und 11. Juli der Spruch des Staatsgerichtshofs entgegentrat; vgl. auch Georg Witzmann, *Thüringen von 1918–1933*, Meisenheim 1958, S. 158 ff.

101 Vgl. Otto Braun (Anm. I/5), S. 327. Ebenso blieb das von preußischer Seite dem Reichsgericht in einer

Ferner hatte eine Denkschrift, die das Reichsinnenministerium anläßlich des Konflikts mit der nationalsozialistischen Koalitionsregierung in Thüringen dem Staatsgerichtshof eingereicht hatte, aus publizistischen und oratorischen Äußerungen die gewaltsamen Diktaturabsichten der NSDAP erschlossen und gleichzeitig festgestellt, daß der innere Aufbau dieser Partei undemokratisch und eindeutig auf die Unterhöhlung des bestehenden Staates gerichtet sei — ob dies nun mit parlamentarischen, außerparlamentarischen oder direkt terroristischen Mitteln geschehe. Aber mehr noch rechnete man mit nachhaltigen Konstitutionsstörungen der so unorganisch expandierenden, so wenig profilierten Massenbewegung bei ihrem ersten Auftritt auf der Bühne der komplizierten, ernüchternden großen Politik.

Manches in der jüngsten Entwicklung der NSDAP mochte tatsächlich für die Annahme sprechen, daß die Partei an ihren eigenen Schwierigkeiten und Widersprüchen bald zerbrechen würde. Auch der exzessive Führerkult schien die wachsenden Anhängermassen in ihren verschiedenartigen Interessen- und Vorstellungskreisen nur noch mit vergänglichen Fiktionen unter einem vagen, nie näher interpretierten Programm, unter einem politisch scheinbar ungebildeten Führerkorps, unter einer monoton wiederholten, destruktiven Oppositionspropaganda zusammenhalten zu können. Mit dem plötzlichen Sprung in die Massenpartei war vor allem die Frage des taktischen und strategischen Verhaltens in der parlamentarischen Demokratie aufgebrochen: das Problem der Machtbeteiligung, der Kooperation, der Machtergreifung, das für die revolutionäre Kaderpartei noch keine praktische Denkaufgabe bedeutet hatte. Die Tatsache, daß Hitler in der Wahlpropaganda und vor allem in seinem „Manifest-Aufruf an das deutsche Volk" kurz vor der Wahl die „sozialistische" Komponente stark zurücktreten ließ[102], deutete auf erhebliche innere Verschiebungen hin.

Im Sommer 1930 bahnte sich in der Tat eine Krise der Parteispitze an, die ebenso mit ihren politischen Weg- und Zielvorstellungen oder wenigstens ihrem propagandistischen Gesicht wie zugleich mit ihrer organisatorischen und führungstechnischen Struktur zusammenhing. Nach längeren Auseinandersetzungen schied am 3. Juli mit Otto Strasser ein führender Exponent des sozialrevolutionären Flügels aus[103]. Aber die Gruppe der *Revolutionären Nationalsozialisten*, die sich ihm anschloß, entfaltete wohl eine erhebliche publizistische Agitation gegen Hitler, vermochte jedoch weder eine Massenspaltung auszulösen, noch die Diskussion über die taktische Parteilinie im Hinblick auf die Wahl und ihre Konsequenzen spürbar zu beeinflussen. Mit ihrer *Schwarzen Front*[104] als Organ wirkte die NSKD (Nationalsozialistische Kampfgemeinschaft

umfangreichen Denkschrift übermittelte Material über die staatsfeindliche Betätigung der NSDAP ohne Wirkung auf den Toleranzkurs der Reichsbehörden. Die Denkschrift ist abgedruckt von Robert M. W. Kempner, „Blueprint of the Nazi Underground", in: *Research Studies of the State College of Washington* 13, No. 2 (June 1945), S. 56–130.

102 *Völkischer Beobachter*, Nr. 215 v. 10. September 1930. Allein die Besteuerung von Börsen und Warenhäusern ist hier – als Blickfang für den umworbenen Mittelstand – übrig geblieben. Dazu die scharfe Kritik des oppositionellen Strasser-Blattes: *Der Nationale Sozialist*, Nr. 173 v. 16. September 1930.

103 Dazu die wohl etwas dramatisierte Schilderung bei Otto Strasser, *Hitler und ich*, Konstanz 1948, S. 122 ff.

104 Die von Otto Strasser redigierte Wochenzeitung *Die Schwarze Front (Kampforgan für die deutsche Revolution)*, deren letzte Nr. am 12. Februar 1933 in Berlin erschien (8. Jahrgang, Nr. 6, dann von Karlsbad aus), war fast ausschließlich mit Front gegen Hitler, den „Kerenski" einer folgenden sozialistischen Revolution, gerichtet (so noch *ebda.* 8, Nr. 5 v. 5. Februar 1933, Schlagzeile). Vgl. die maßgebende programmatische Publikation der NSKD-Führung: *Wir suchen Deutschland, Ein freier Disput über die Zeitkrisis zwischen Gerhard Schultze-Pfaelzer und Otto Strasser, Major Buchrucker, Herbert Blank*, Leipzig-Zürich 1931, S. 13 ff.; S. 26 ff.; S. 37 ff.; S. 122 ff.; S. 137 ff.; S. 181 ff. Ferner: Otto Strasser, *Aufbau des deutschen Sozialismus*, Mit Vorwort von Weigand v. Miltenberg [Herbert Blank], Leipzig 1932, bes. S. 24 ff.; S. 57 ff. Zum Problem selbst jetzt die Bemerkung von Karl O. Paetel, „Gregor und Otto Strasser", in: *Politische Studien* 8, H. 92 (Dez. 1957), S. 269 ff.

Deutschlands) wohl noch bis 1933 als lebhaftes politisches Ferment, nicht aber als ernsthafter Konkurrent der Massenpartei fort. Hitlers opportunistische Taktik blieb durchaus bestimmend und hielt auch noch über zwei Jahre den Bruder Otto Strassers, Gregor Strasser, in ihrem Bann[105]. Wenig später, am 30. August, kam es wohl zu einem gefährlichen Konflikt des SA-Gausturms Berlin unter dem früheren Polizeihauptmann Walter Stennes mit der Goebbelsschen Gauleitung der NSDAP, der ungenügende finanzielle Unterstützung der SA und kapitalistische Interessenpolitik vorgeworfen wurden. Aber der Sturm auf das Gaubüro in der Berliner Hedemannstraße endete mit dem Eingreifen Hitlers, der der SA höhere Bezahlung und Rechtsschutz zusicherte, zugleich jedoch sich selbst an die Stelle des bisherigen obersten SA-Führers setzte, Röhm aus Bolivien als seinen SA-Stabschef herbeiholte und seine Kontrolle der Gesamtorganisation noch weiter befestigte[106]. Auch das spätere Ausscheiden Stennes' im April 1931 und die Begründung einer „Nationalsozialistischen Kampfbewegung" sollten ohne jene weiteren Folgen bleiben, auf die gerade die benachbarten Gruppen weiterhin ihre Hoffnungen setzten[107].

So ging der innerparteiliche Konflikt zwar weiter und brach immer wieder gefährlich auf, bis es zwei Jahre später zu einer letzten Kraftprobe kam. Aber auch dann sollte sich zeigen, daß nach dem Willen Hitlers allein sein von pseudolegaler Taktik diktierter Weg zur Macht das Gefüge, die Ideologie und das Verhalten der NSDAP innerhalb des demokratischen Gefüges bestimmte[108]; daß also zwar Parteigänger rebellierten, die nach Programm, Namen und ursprünglichem Konzept des „nationalen Sozialismus" und der „Arbeiterpartei" mehr an die konsequente Verwirklichung konkreter Ziele als an die Taktik einer nach allen Seiten ausgreifenden Massendemagogie mit dem Ziel der totalen, inhaltlich bindungslosen Machtergreifung dachten; daß aber die auf die Sache gerichteten Rebellen — wie immer schon in der KPD, wie inzwischen auch in der DNVP — einfach ausschieden, ohne durch eine bedeutende Gegenbewegung den weiteren Kurs ihrer in destruktiver Opposition verharrenden Stammpartei ändern oder gefährden zu können.

105 Gerade Gregor Strasser gibt wenig später (in seiner Reichstagsrede vom 13. Oktober 1930) einen geradezu klassischen Abriß jener „Legalitätspolitik", die jetzt die Demokratie mit demokratischen Mitteln zerstören sollte. Das Beispiel lohnt das Zitat: „Lassen wir es doch, solange diese Demokratie noch besteht, beim alten System. Sehen Sie, wenn Herr Löbe heute Verschärfungen der Geschäftsordnung ankündigt von einem bisher nie dagewesenen Ausmaße, so sagen wir: Bitte sehr, wissen Sie denn, wann sich diese Maßregeln nicht gegen Sie richten werden? Sie haben einmal das Republikschutzgesetz gemacht und Sie glauben damit Ihre Partei- und Bonzenherrschaft gesichert. Heute schon haben wir ein paar Länder in Deutschland, in denen wir das Republikschutzgesetz gegen Sie anwenden werden.
Wir sind jetzt für die Verfassung, wir sind für die Demokratie Weimars, wir sind für das Republikschutzgesetz, solange es uns paßt. Und so lange werden wir jede Machtposition auf der Grundlage dieser Demokratie verlangen und erhalten, solange wir wollen. Sie haben das alles geschaffen, nicht wir, und wenn es sich heute gegen Sie wendet, dann gehen Sie nur gegen die Verfasser aus Ihren Reihen vor!" (Gregor Strasser, *Kampf um Deutschland*, München 1932, S. 280 f.).

106 Zu dieser Organisation Bullock (Anm. I/123), S. 150 ff.

107 So schon zum Strasser-Konflikt Rolf Boelke, „Die Spaltung der Nationalsozialisten", in: *Die Tat* 22, Heft 5 (August 1930), S. 357 ff.: „Nun ist auch diese Partei ein Opfer des Auflösungsprozesses geworden, der sämtliche Parteien ergriffen hat. . . Daß diese Entwicklung auch einmal die Nationalsozialisten erfassen würde, war vorauszusehen. . ." Über die Stennes-Revolte auch der Bericht des damaligen Goebbels-Redakteurs Julius Lippert, *Im Strom der Zeit, Erlebnisse und Eindrücke*, Berlin 1942, S. 173 ff.

108 Dazu auch Theodor Heuss, *Hitlers Weg, Eine historisch-politische Studie über den Nationalsozialismus*, Stuttgart-Berlin-Leipzig 1932, S. 136 ff.

REGIERUNG DER KRISE

1. Die Wahl vom 14. September 1930

Die parlamentarische Machtverschiebung vom September 1930 wies in eine Richtung, die schon die regionalen Wahlen seit 1929 angebahnt hatten. Ihr Ausmaß und ihre Folgen traten aber erst jetzt mit plötzlicher Gewalt hervor. Ohne einer Analyse der Wahlbewegung insgesamt vorzugreifen[1], kann man die neue Lage in einige Punkte zusammenfassen, die den rapiden Machtverlust und die praktische Lähmung der parlamentarischen Demokratie an diesem 14. September 1930 schon eindringlich symbolisierten:

1. Die demokratische Mitte des Parteienfelds war schwer getroffen und ihrer Aufgabe, die gemäßigten Flügelparteien in arbeitsfähige, demokratische Kompromißmehrheiten hineinzuziehen, nicht länger gewachsen. Die DVP hatte ein Drittel und auch die Staatspartei trotz aller Hoffnungen ein Fünftel ihrer bisherigen Sitze verloren. In unaufhaltsamem Niedergang war der deutsche Liberalismus seit der Nationalversammlung (23 % der Mandate) immer mehr zusammengeschrumpft (1928: 13 %), bis seine beiden Parteien jetzt noch über 8,5 % der Mandate verfügten. Auch die Listenverbindung von DDP und DVP in Württemberg und Baden konnte diese Katastrophe nicht verhindern. Mit der BVP bewahrte allein das Zentrum seine traditionelle Stabilität, erzielte sogar mäßige Gewinne und widerlegte — als erster Träger unpopulärer Regierungsmaßnahmen — die These von der wahlpolitischen Einträglichkeit der Oppositionsstellung, auf die DNVP wie auch SPD zurückgefallen waren. Auf der traditionellen Beweglichkeit des Zentrums ruhten fast ausschließlich die schwachen Hoffnungen, in neuem Brückenschlag die noch verbliebene demokratische Mehrheit zu konstruktiver Arbeit heranzuziehen.

2. Die Linke hatte im ganzen ebenfalls Verluste aufzuweisen: sie ging von 42,2 % auf 38,2 % zurück, ohne daß jedoch der NSDAP ein nennenswerter Einbruch in die „marxistische Festung" gelungen wäre. Hier stand einem Schwund der sozialdemokratischen ein weiterer Zuwachs der kommunistischen Mandate gegenüber. Dadurch verschlechterte sich die Koalitionsbereitschaft der von der KPD-Konkurrenz bedrängten SPD[2], ohne die anderseits eine demokratische Majorität jetzt nicht mehr gegeben war. Selbst eine Stimmenthaltung der SPD mußte die Parteien der Mitte und die Splittergruppen der gemäßigten Rechten, auf die sich Brüning stützen zu können hoffte, mit 209:225 in die Minderheit gegen die Opposition der KPD, NSDAP und DNVP versetzen. Von der KPD selbst war parlamentarisch nichts zu erwarten. Für sie war nicht etwa der

1 Vgl. u. S. 565 ff. Über die (negative) Bedeutung der hohen Wahlbeteiligung und ihre Rückwirkung auf die politische Radikalisierung vgl. u. a. Herbert Tingsten, *Political Behavior*, London 1937, S. 225 f.

2 Dieser wesentliche Gesichtspunkt ist in Stampfers Wahlanalyse (Anm. I/4), S. 577 ff., wohl kaum zufällig nicht berührt.

Vormarsch des Rechtsradikalismus, sondern die Einbuße der „verräterischen" SPD und die eigene Zunahme das entscheidende Ergebnis der Wahl. Mit blinder Selbstgefälligkeit verkündete ihre Führung: „Der einzige Sieger bei den September-Wahlen ist die Kommunistische Partei." [3]

3. Die fluktuierenden konservativ-christlich-agrarischen Gruppen der gemäßigten Rechten erlitten eine vernichtende Niederlage; mit insgesamt 49 Mandaten erreichten sie nicht die Hälfte der nationalsozialistischen Sitze und nur wenig mehr als die zusammengeschrumpften Deutschnationalen. Besonders weit blieben die Volkskonservativen hinter den Erwartungen zurück; ihr Versuch einer Sammlung der „staatskonservativen Kräfte" war gescheitert, und nur ihrer Kandidatur auf der Landvolkliste verdankten sie vier Sitze[4]. Der Plan Brüning—Treviranus, mit ihrer Hilfe einer nach rechts angelehnten Fachregierung unter Ausschluß der SPD Dauer zu verschaffen, hatte sich damit ebenso zerschlagen wie die Absicht, in Neuwahlen den Bürgerblock zu stärken und wenigstens Hugenbergs Gefolge zu dezimieren[5].

4. Die DNVP selbst verlor die Hälfte ihrer Mandate, vermochte aber wenigstens den Stamm zu retten, den die verschiedenen Abspaltungen übrig gelassen hatten. Ihre Existenz war gleichwohl spürbar gefährdet: nicht freilich, wie man gehofft hatte, durch die Initiative einer kooperationswilligen Westarp-Gruppe, sondern fast ausschließlich durch den nationalsozialistischen Massensog. Trotzdem war nach Hugenbergs intransigenter Haltung nicht zu erwarten, daß diese Partei ihre Stimmen zugunsten der bekämpften Brüning-Lösung einsetzen oder sich wenigstens der Daueropposition an der Seite der NSDAP und der KPD enthalten würde. Zudem war eine Regierung gegen die SPD jetzt auch mit deutschnationaler Unterstützung nicht mehr möglich, wenn man nicht eine Einbeziehung der NSDAP ins Auge faßte: während vor den Wahlen die geplante Koalition von der DDP bis zur DNVP noch eine Mehrheit von 272 : 219 Mandaten gehabt hätte, wäre eine solche Kombination jetzt mit 250 : 327 Mandaten hoffnungslos in der Minderheit geblieben.

5. Diese gewaltige Verschiebung der parlamentarischen Machtverhältnisse, die zugleich eine Invasion parlamentarischer Neulinge in den vergrößerten Reichstag einschloß[6], ist ausschließlich zugunsten der extremen Flügelparteien, vor

3 Hermann Remmele, „Das Fazit der Septemberwahlen", in: *Die Internationale* 13 (1930), S. 548.

4 Vgl. *Westarp-Akten:* Brief Westarps an den ehemaligen DNVP-Reichstagsabgeordneten Graf Schulenburg (Mitbegründer der Konservativen Volkspartei in Mecklenburg) v. 28. Oktober 1930. Hier wird der Mißerfolg der Konservativen Volkspartei auf die Entschlußlosigkeit zahlreicher Hugenberg-Gegner zurückgeführt; vor allem habe die traditionelle Bindung an örtliche deutschnationale Körperschaften den Sprung in die neue Organisation erschwert. Doch glaubt Westarp trotz der öffentlichen Wirkung des eigenen Mißerfolgs noch immer an einen Umschwung, wenn sich „von Tag zu Tag mehr herausstellt, daß Hugenberg die Partei in eine einflußlose Gefolgschaft Hitlers hineingeführt hat". Für diesen Fall sei die Konservative Volkspartei weiterhin „als Aufnahmestellung zu erhalten und auszubauen". Gleichzeitig beobachtet Westarp in den benachbarten Gruppen jedoch den deutlichen Zug in Richtung Hitler—Hugenberg; besonders Hepp, v. Sybel und Wendhausen drängen die Landvolkpartei mit solchen Bestrebungen in innere Konflikte, verhindern die fraktionelle Zusammenarbeit mit gemäßigten Gruppen und bekämpfen Schiele und das Kabinett. Graf Schulenburg selbst (Brief an Westarp v. 30. Oktober 1930, *ebda.*) betont seine Erfahrungen, daß nur wenige vor der Wahl ein Bekenntnis zu den Volkskonservativen gewagt hätten, daß besonders die Herren auf dem Land ängstlich seien, nicht genannt werden wollten und ihn ständig auf die Zeit nach der Wahl vertröstet hätten. Jetzt sei die Situation natürlich noch trostloser, die Landwirtschaft teils Hugenberg, die Mehrzahl dem Landvolk und sehr viele auch der NSDAP zugefallen. Zusammenfassend weist Schulenburg eindringlich auf die brüningfeindliche Stimmung seiner ganzen engeren und weiteren Umgebung hin.

5 Die parlamentarische Isolierung der Volkskonservativen, die sich nach Scheitern aller Bemühungen um eine gemeinsame Fraktion der gemäßigten Rechten nur noch an die Christlich-Sozialen anlehnen können, ist auch das Fazit von Westarps Notizen: *Westarp-Akten*, „Meine Verhandlungen" (Anm. II/74).

6 Parlamentarische Neulinge in % der einzelnen Fraktionen:

NSDAP	88	DNVP	39
Christlich-Soziale	78	Zentrum—BVP	25
KPD	53	SPD	16

allem aber der NSDAP erfolgt. Ihre kühnsten, schon im Wahlkampf keineswegs bescheidenen Erwartungen waren übertroffen, als sie mit einer neunfach vermehrten Fraktion in den Reichstag zurückkehrte. Sie hatte an Stelle der nationalen Konservativen jene Massen in Bewegung gesetzt, die soziologisch zum krisenanfälligen Kleinbürger- und Bauerntum, psychologisch zu den sentimentalen oder ressentimentgesättigten Gläubigen monarchistischer oder autoritärer Herrlichkeit gehörten und, wie noch 1918 mit Ludendorffs und 1925 mit Hindenburgs Führung, so jetzt mit Hitlers Sendung ihre unbefriedigten Wünsche und Gefühle identifizierten. Es zeigte sich schon jetzt, daß nur die „marxistischen" und die „zentrumskatholischen" Bastionen dem Sturm der neuen Bewegung standzuhalten vermochten. Auch in diesem Fall waren Brünings Kalkulationen fehlgeschlagen, nach denen eine Wahl zu diesem Zeitpunkt dem erwarteten Anwachsen der nationalsozialistischen Stimmen zuvorkommen und auf vier Jahre eine arbeitsfähige parlamentarische Machtverteilung schaffen würde, bis dann Krise und Notregierung überwunden und die radikalen Fieberbewegungen auf der Rechten und Linken erschöpft wären[7]. Die gleichzeitige Landtagswahl in Braunschweig unterstrich die allgemeine Entwicklung; Thüringen folgten nun weitere Landesregierungen mit stark nationalsozialistischem Einschlag.

Der ungewöhnliche Charakter der Wahl manifestierte sich nicht zuletzt in der hohen Zahl gültiger Wählerstimmen, die bisher — zwischen 1919 (83 %) und 1928 (75,6 %) — relativ fast stetig abgesunken war. Während 1928 die Wahlbeteiligung in den einzelnen Wahlkreisen zwischen 61,7 % (Baden) und 84,5 % (Magdeburg) schwankte, war jetzt mit der höheren Durchschnittsbeteiligung von 82 % die Differenz zwischen dem relativ schwächsten (Niederbayern: 73,6 %) und dem stärksten Wahlkreis (Leipzig: 88,9 %) wesentlich geringer geworden[8]. Nach einer ständigen Zunahme der absoluten Nichtwählerziffern von 5,779 Millionen (1919) auf 10,057 Millionen (1928) — eine Zahl, die 167 Mandaten entsprach, während die SPD als stärkste Partei 1928 nur 152 Mandate erreichen konnte — war jetzt ein Rückgang auf 7,748 Millionen Nichtwähler eingetreten. Auch die Zahl der ungültigen Stimmen war erstmals erheblich zurückgegangen. Zwar hatte die Zersplitterung in kleine politische Gruppen angehalten: 1919 hatten sich 29, 1928 38 und jetzt 37 Parteien um die Stimmen beworben. Die für im Reichstag nicht vertretene Splitterparteien abgegebenen Stimmen betrugen aber, nachdem sie von etwa 130 000 (1919) über 243 000 (1920), 832 500 (Mai 1924), 599 000 (Dezember 1924) auf beinahe 833 000 (1928) angestiegen waren, jetzt nur noch etwa 413 000, wobei zweifellos der neu einziehende Christlich-Soziale Volksdienst neben der NSDAP einen wesentlichen Teil der Splitterstimmen absorbieren konnte. Dennoch war die Zahl der Zwergparteien, die sich nicht nur als Schwächung der Mitte, sondern überhaupt als Erschwerung der Mehrheitsbildung auswirkten, nicht wesentlich zurückgegangen. Eine Koalitionsbildung nach rechts, wie sie nach wie vor das Regierungskonzept Brünings zu bestimmen schien, mußte angesichts der Vielzahl der dabei einzuschließenden Gruppen ungleich schwieriger sein als jede von der SPD bis zur DVP reichende Große Koalition alten Stils, zumal Hu-

Vgl. Victor Engelhardt, „Die ‚Jugend' im neuen Reichstag", in: *Das Junge Deutschland* 25, Heft 1 (Januar 1931), S. 39.

7 „Brief" (Anm. I/9), S. 11 ff.; ähnlich Brünings Zuschrift an Brecht, *Vorspiel* (Anm. I/84), S. 54, Anm. 1. Vgl. auch u. S. 440 f.

8 Vgl. auch H. Zurkuhlen, „Ein Epilog zur Reichstagswahl", in: *Jahrbücher für Nationalökonomie und Statistik* 134, III. Folge 79 (1931), I, S. 103 ff.

genbergs starres Festhalten an der „Nationalen Opposition" sich ganz offensichtlich vom Wahlausgang nicht beeindrucken ließ.
Jedenfalls aber rechtfertigte der Ausgang der Wahl, die zugleich den „jüngsten" aller bisherigen Reichstage hervorbrachte[9], in nichts die Erwartungen ihrer Urheber. Von einer gemäßigten Rechtsmehrheit für den neuen Kurs war man weiter entfernt als zuvor. Eine konservativ-klerikale Koalition würde höchstens ein Viertel der Abgeordneten umfassen, und selbst eine Schwenkung Hugenbergs, so unwahrscheinlich sie war, würde daran jetzt nicht mehr viel ändern. Wozu die Wahl, da man noch mehr als zuvor auf eine Tolerierung durch die SPD angewiesen war? Zudem hatte sich auch der betonte Appell der Regierung an die Nichtwählerschaft eindeutig zu ihren Ungunsten ausgewirkt. Daß zu diesem Zeitpunkt, zwei Jahre vor Ablauf der regulären Legislaturperiode, ein neuer Reichstag inthronisiert wurde, in dem die totalitären Parteien die zweit- und die drittgrößte Fraktion stellten, war das Ergebnis einer Vernachlässigung aller Beobachtungs- und Berechnungsmöglichkeiten, die eine Analyse der Meinungsbildung und der regionalen Wahlentwicklung geboten hätte[10]. Indem die Träger der bedrohten Demokratie aus eigenen Motiven und in starrer Verfolgung ihres autoritären Krisenprogramms ungewollt den Wünschen der radikalen Parteien entsprochen und im Augenblick der gefährlichen Umschichtung, im Augenblick des Aufstiegs totalitärer und der Anpassungskrise demokratischer Parteien einen arbeitsfähigen Reichstag nach Hause geschickt hatten — nur um acht Wochen ungestört nach eigenem Konzept arbei-

9 Das Durchschnittsalter der Abgeordneten betrug etwas über 46 Jahre, wobei die radikalen Parteien die Masse der jungen Neulinge (davon 19 unter 30 Jahren) stellten: die NSDAP 72 (von 107), die KPD 55 (von 77) unter 40 Jahren; beide Parteien auch mit einem Gesamtdurchschnitt unter 40 Jahren. Vgl. die Analyse bei Engelhardt (Anm. III/6), S. 35 ff.; ferner Heinrich Geiger, „Streifzug im verjüngten Reichstag", in: *Die Tat* 22, Heft 10 (Januar 1931), S. 811 ff. Dort auch knappe parlamentssoziologische Übersichten. Zur Altersgliederung des vorangegangenen Reichstags ders., „Der Reichstag der alten Herren", *ebda.*, 22, Heft 4 (Juli 1930), S. 285 ff. Der Anteil der bis zu 40 Jahre alten Abgeordneten betrug jetzt 28,9 %; im Juli 1932 sollte er auf 39,4 %, im November 1932 sogar auf 54,4 % ansteigen. Interessant ist auch eine Analyse der *Corpsstudentischen Monatsblätter* 39 (1931), S. 384 f. Danach betrug der Anteil der Akademiker im neuen Reichstag von 1930 bei DDP (16) 80, KVP (3) 75, DVP (22) 73, DNVP (25) 61, Christlich-Sozialen (8) 57,1, Zentrum (34) 50, Landvolk (9) 42,9, NSDAP (38) 35,5, Deutsch-Hannoversche Partei (1) 33,3, BVP (8) 23,5, WP (5) 21,7, Bauernpartei (1) 16,7, SPD (23) 16,1, KPD (5) 6,5 %. Nach studentischen Verbindungen (Zahl der Reichstagsabgeordneten) u. a.:
Kösener SC: 19, davon DVP 8, DNVP 3, NSDAP 3, Landvolk 2, WP, DDP, Christlich-Soziale je 1
Weinheimer SC: 1 Bauernpartei
Rudolstädter SC: 2, davon Landvolk und DDP je 1
Auslanddeutsche Korps: 3, davon NSDAP 2, DNVP 1
Deutsche Burschenschaft: 10, davon NSDAP 3, DNVP 3, DDP 2, DVP und Christlich-Soziale je 1
Deutsche Landsmannschaft: 4, davon NSDAP 2, DNVP und DVP je 1.
Die zahlreichen Angehörigen katholischer Verbindungen fanden sich besonders in Zentrum und BVP.

10 Dies Versäumnis scheint nicht weniger beachtenswert als die Betrachtungen über die angeblich verhängnisvolle Rolle des Verhältniswahlrechts, dem man immer wieder die Schuld an der Auflösung der Weimarer Republik aufbürdet. Es war zweifellos eine der fragwürdigen Konsequenzen des strikt arithmetischen Verhältniswahlsystems, daß sich der Wandel der öffentlichen Meinung und der Stellung der Parteien ganz scharf auch in der Zusammensetzung des Reichstags und besonders verhängnisvoll in der Wahl von 1930 auswirkte. Aber die vehementen Verfechter des Mehrheitswahlrechts (besonders Ferdinand A. Hermens, *Mehrheitswahlrecht und Verhältniswahlrecht*, Berlin 1949; ders., *Demokratie oder Anarchie*, Frankfurt a. M. 1951; [Helmut Unkelbach], *Wahlverfahren und Demokratie, Ein Beitrag zur Diskussion der Wahlreform*, Bad Ems 1949; Friedrich Glum, *Das parlamentarische Regierungssystem in Deutschland, Großbritannien und Frankreich*, München-Berlin 1950, bes. S. 280 ff.; Brecht, Anm. I/84, S. 108 ff.; ferner die Publikationen der Wählervereinigung und des Kreises um Dolf Sternberger) bleiben den Beweis für ihre Behauptung am konkreten historischen Beispiel schuldig. Das Zweiparteiensystem mag wünschenswert sein: aber 1932 wäre ein solches Wahlrecht der NSDAP zugute gekommen. Dem Gesamtproblem war mit einem wahlrechtstechnischen Trick nicht beizukommen. Eine überaus treffende vergleichende Diskussion der Argumente am konkreten Gegenstand gibt jetzt Sten S. Nilson, „Wahlsoziologische Probleme des Nationalsozialismus", in: *Zeitschrift für die gesamte Staatswissenschaft* 110 (1954), S. 280 ff. Zur damaligen Diskussion vgl. auch die Verhandlungen des Staatsrechtslehrertags von 1931: *Veröffentlichungen der Vereinigung der deutschen Staatsrechtslehrer* 7, Berlin und Leipzig 1932, bes. S. 132 ff. (Heinrich Pohl), S. 159 ff. (Gerhard Leibholz) und S. 191 ff.; ferner schon Johannes Schauff, Hrsg., *Neues Wahlrecht*, Berlin 1929.

ten zu können —, inaugurierten sie nicht nur jenes negative Arbeitsverhältnis zwischen Regierung und Parlament, das der Endphase der Republik den Stempel aufdrücken und ihre Auflösung recht eigentlich besiegeln sollte. Sie riskierten auch eine Verschiebung der parlamentarischen Machtverhältnisse, deren — ungewollt und doch beschworen — plebiszitärer Charakter den Übergang von stabiler demokratischer Mehrheitsbildung zu labiler autoritärer Minderheitsregierung beschleunigte und darüber hinaus die Ablösung der parlamentarischen Demokratie durch die plebiszitäre Diktatur anbahnte.
Die Parolen, unter denen das Bürgertum in die Wahl gezogen war, hatten sich als unwirksam erwiesen. Der „Kampf gegen den Marxismus", dieser Popanz aller bürgerlichen und Rechtsparteien, resultierte in einer Zunahme der kommunistischen Stimmen, die Sammlung der Mitte war gründlich gescheitert. Es wurde ein „Triumph der Verantwortungslosen" [11]. Denn der Appell an die Nichtwähler hatte zu einer Mehrbeteiligung von fünf Millionen Deutschen geführt, die vorwiegend nationalsozialistisch stimmten. Man war wohl von der alten Vorstellung ausgegangen, daß dies den bürgerlichen Parteien gegenüber den besser disziplinierten Arbeiterparteien zugute kommen würde: die Wahl führte diesen Begriff der „Bürgerlichkeit" gründlich *ad absurdum*. In einem „Spartakusaufstand der politischen Dummheit" [12] war ein politisch interesseloser Bevölkerungsteil mobilisiert worden, nur um der stärksten Agitation anheimzufallen, besonders der hemmungslosen Agitation gegen Versailles, mit der die NSDAP einfach die Propaganda ihres „Volksbegehrens" fortsetzte; die sechs Millionen Stimmen jenes „Volksbegehrens" aber, das sich für die NSDAP — anders als für Hugenberg — als ein glänzendes Sprungbrett erwies und ihr vor den Parteien der Mitte und der Linken einen gewaltigen agitatorischen Vorsprung gab, sind wohl überwiegend bei Hitler geblieben.
Gleichzeitig war das Ausmaß der sozialen Krise, in deren Zeichen allein sich ein solcher Erdrutsch vollziehen konnte, falsch eingeschätzt worden. Neben der wachsenden Zahl der Arbeitslosen standen Millionen von schlecht bezahlten Kurzarbeitern und existenziell bedrohten Angestellten und Kleinunternehmern. Mehr als in den anderen von der Wirtschaftskrise betroffenen Ländern war der Mittelstand mit der Masse der Rentner und Kleinbürger, die in der Inflation schuldlos Ersparnisse und äußere wie innere Sicherheit verloren hatten, der Bauern, die auch durch Schieles Agrarpolitik keine Erleichterung zu spüren meinten, vor der drohenden Deklassierung in den politischen Radikalismus geflohen. Dazu kam das Votum der Jugend, der die „jungen Parteien" voraussetzungslose Gläubigkeit, eine irrationale Philosophie der „Tat" und die Protestideologie der Jugendbewegung boten — jetzt in politische Aktivität übersetzt [13].
Die tiefgehende Reaktion aber, die das Wahlergebnis und die ihm verbundenen Perspektiven im Ausland verursachten, konnte nur noch eine weitere Belastung des Brüning-Kurses bedeuten. In der Kreditkrise trat sogleich eine spürbare Verschärfung ein, als die Furcht vor weiteren Machtverschiebungen und Gerüchte über nationalsozialistische Putschabsichten zu umfangreichen Rück-

11 Keil (Anm. I/3), II, S. 396.
12 Gustav Stolper, „Notwahlen", in: *Der deutsche Volkswirt* 4 (1930), S. 1727 ff.; vgl. Theodor Geiger, „Panik im Mittelstand", in: *Die Arbeit* 7 (1930), S. 648.
13 Vgl. o. Teil I, S. 116 ff.; dazu auch Erik Reger, „Naturgeschichte des Nationalsozialismus" in: *Vossische Zeitung*, Nr. 207 v. 30. August 1931; Werner Kindt, „Der 14. September und die Jugend", in: *Das Junge Deutschland* 25, Heft 2 (Februar 1931), S. 58 ff., und die vorzügliche Analyse von Carlo Mierendorff, „Gesicht und Charakter der National-Sozialistischen Bewegung", in: *Die Gesellschaft* 7 (1930) S. 489 ff.

zugsbewegungen ausländischen Kapitals und zu Börsenstürzen führte[14]. Auch zeichnete sich im Verhältnis zu Frankreich, wo der Briand-Kurs des allmählichen Ausgleichs für den wachsenden Nationalismus in der deutschen Innenpolitik verantwortlich gemacht wurde, eine neue Versteifung der Fronten ab: besonders die Verhandlungen der Vollversammlung des Völkerbunds, die vom 10. September bis zum 4. Oktober in Genf tagte, wurden durch das Wahlergebnis spürbar kompliziert[15]. Gleichzeitig begrüßte freilich nicht nur die faschistische Presse Italiens, sondern auch der konservative englische Zeitungskönig Lord Rothermere im Sieg des Nationalsozialismus die Verstärkung der antibolschewistischen Kräfte[16] und gab im *Daily Mail* und *Sunday Expreß* Hitler Raum für propagandistische Erklärungen: hier begann die *policy of appeasement.* Noch wichtiger war die psychologische Rückwirkung des Wahlergebnisses auf die deutsche Szene. Mit den Opportunisten, die auf die neue Machtverteilung auf ihre Weise reagierten, suchten die Interessenverbände aller Schattierungen Anschluß an die geänderten Machttrends, und fast mühelos wuchsen der NSDAP jetzt Querverbindungen und Positionen zu, die ihrer weiteren Ausbreitung und Festigung erheblichen Vorschub leisteten. Statt der von vielen erwarteten inneren Krise der zur Massenbewegung gewordenen Kaderpartei und über die Anpassungsschwierigkeiten der totalitären Bewegung in einer demokratischen Gesellschaftsstruktur hinweg eröffneten sich jetzt die weiteren Expansionsräume, die eine desintegrierende demokratische Ordnung, eine in Auflösung begriffene oder nach autoritären Zwischenlösungen suchende Notregierung freigab.

2. *Die neue Lage in Parlament und Parteien*

Ganz eindeutig war jetzt die traditionelle Antithese von bürgerlicher und sozialistischer Politik, die noch den Sturz der Großen Koalition ausgelöst hatte, durch die übergreifende Alternative von demokratischer und totalitärer Politik abgelöst. Aber Brüning ließ schon zwei Tage nach der Wahl im Kabinett und wenig später in seinen formalen Besprechungen mit den Parteiführern[17] keinen Zweifel darüber, daß er seine semiparlamentarische Regierung auch unter den geänderten Umständen fortzuführen gewillt war. Auch Wirth äußerte sich in einer Rundfunkrede am 16. September in diesem Sinne; er lehnte aber jetzt einen umfassenden Rechtsblock, der ja nur durch Unterstützung von Zentrum und BVP politisch wirksam werden konnte, kategorisch ab. Immerhin steuerte auch Brüning jetzt nicht mehr den anfänglichen Kampfkurs; ebenso verzichtete die SPD darauf, die Regierung zur letzten Konsequenz ihrer Politik zu zwingen. So entwickelte sich mit stillschweigendem Einverständnis beider Teile ein „eigentümlicher Schwebezustand", ein System, das man als „Parlamentarismus mit Artikel 48 oder als parlamentarisch tolerierte Präsidialregierung" bezeichnet hat[18].

14 Vgl. die Kursentwicklung der wichtigsten Wertpapiere an der Berliner Börse: Tabelle bei Horkenbach, *1930*, S. 325.

15 Dies geht aus dem vertraulichen, durch v. Weizsäcker ausgefertigten *Runderlaß über die Tagung der XI. Völkerbundsversammlung* (Vbd. 3250) hervor, den das Auswärtige Amt am 10. Oktober 1930 an alle diplomatischen Vertretungen sandte (bes. S. 2; S. 8 f.); der uns vorliegende Abzug war an die deutsche Botschaft in Washington gegangen. Einen Eindruck von der negativen Wirkung des Wahlergebnisses auf die Stimmung im Völkerbund überhaupt vermittelt Curtius, *Sechs Jahre* (Anm. I/9), S. 170 ff.

16 Der Artikel Lord Rothermeres erschien am 25. September 1930 in der *Daily Mail* und im *Völkischen Beobachter* (Nr. 228) gleichzeitig. Er plädierte u. a. für einen Anschluß Österreichs an Deutschland, dem vielleicht auch bald Ungarn folgen werde. Vgl. auch Bullock (Anm. I/123), S. 145.

17 Am 1. Oktober mit Bredt, Westarp sowie Müller und Wels, am 5. Oktober mit Esser und Perlitius (Zentrum) sowie mit Frick, Göring und Hitler.

18 Stampfer (Anm. I/4), S. 579 ff.

Die ersten Äußerungen von sozialdemokratischer Seite, die für eine „Große Koalition der Vernünftigen" plädierten und den Schutz der Republik allen speziellen Parteibedenken voranstellten, schienen dem entgegenzukommen[19]. Freilich forderten sie nach wie vor eine Rückkehr vom Notverordnungskurs zur parlamentarischen Gesetzesarbeit, eine Umwandlung der apodiktischen Verordnungen in reguläre Gesetze. Doch wandte sich gerade Hermann Müller entschieden gegen die Meinung auch in seiner eigenen Partei, man müsse jetzt die Rechte einschließlich der NSDAP sich in der Regierung abwirtschaften lassen[20]; er sah die verhängnisvollen Konsequenzen für die preußische Koalition voraus und kritisierte damit auf seine Weise jenen demokratischen Aberglauben an die parteistärkende Wirkung einer Oppositionspolitik, der für den Rest der Weimarer Geschichte der noch immer stärksten Partei den entschiedenen Willen zur Macht rauben sollte, ohne ihr doch irgendeinen Gewinn zu bringen. Otto Braun wiederum setzte sich Brüning gegenüber für eine entschiedene Bekämpfung der NSDAP oder aber ihre Regierungsbeteiligung ein — also auch hier die „Abnutzungstheorie"! —, „solange sie noch zu schwach" sei, „ihre totalitären Machtansprüche durchzusetzen"[21]. Schon jetzt freilich zeigte sich, daß Brünings Position, seine Bindung an Hindenburg und seine vermeintlichen Chancen und Verpflichtungen nach rechts eine solche klare Entscheidung nicht zuließen. Die passive Zusammenarbeit mit der SPD bedeutete eine Vernunftehe, der sich beide Teile nur zu gerne entzogen hätten: Brüning durch Einschluß einer koalitionsbereiten Rechten, die SPD durch Opposition[22].

Auf der anderen Seite widersetzte sich die Wirtschaftspartei, die ihre 23 Sitze behauptet hatte, sogleich jeder Zusammenarbeit mit der SPD und zog ihren Justizminister Bredt schließlich aus der Regierung zurück, nachdem Hindenburg selbst unter Hinweis auf den außerparlamentarischen Charakter der Regierung diesen Schritt noch vorübergehend hatte verhindern können. Ebenso sprach sich die DVP gegen eine Einbeziehung der SPD, freilich auch nicht direkt für eine einseitige Rechtskoalition aus. Dahinter mochte auch die von höchster finanzpolitischer Seite vor dem Reichsverband der Deutschen Industrie geäußerte Erwägung stehen, daß gerade dieser Wahlausgang erst jenen parlamentarischen Notzustand geschaffen habe, der eine „feste Regierungslinie" rechtfertige[23] — eine bemerkenswert „eigenwillige" Umdeutung der Wahlniederlage für die Zwecke eines autoritären Verordnungsregimes!

Dagegen erörterte Graf Westarp in der — von Hugenberg noch unabhängigen — *Kreuzzeitung* die Möglichkeiten einer von Zentrum bis NSDAP reichenden Mehrheit[24], die freilich wiederum den Widerstand des Zentrums gegen

19 Otto Braun gegenüber dem Vertreter der United Press am 15. September und im *Vorwärts* (Egelhaaf, *1930*, S. 196). Ähnlich sogleich nach der Wahl Keil (Anm. I/3), II, S. 397 ff.

20 In einem Brief an Otto Braun (etwa Ende September 1930) sprach sich Hermann Müller in diesem Zusammenhang gegen den Sturz Brünings aus, wenn er auch die schwierige Lage sah, in die sich die SPD z. T. selbst hineinmanövriert hatte, und vertraulich hinzufügen mußte, eine Fühlungnahme mit Brüning habe dessen Entschluß erkennen lassen, „zunächst seine Regierung nicht nach rechts und – ich möchte fast sagen – erst recht nicht nach links [zu] erweitern". Auch Müller fordert hier (und Braun hat es wohl von ihm übernommen) eine „Zusammenarbeit aller Vernünftigen" und schiebt zugleich Otto Braun als „die stärkste unverbrauchte Kraft" in den Vordergrund solcher Erwägungen: abgedruckt bei Braun (Anm. I/5), S. 308 f.

21 *Ebda.*, S. 309, berichtet Braun von einem entsprechenden Gespräch mit Brüning, das wohl um diese Zeit stattgefunden habe, räumt freilich auch ein, daß eine Regierungsbeteiligung möglicherweise einen erheblichen Prestigegewinn für die NSDAP erbracht und die Abnutzung aufgewogen hätte.

22 So auch Stampfer (Anm. I/4), S. 598.

23 Reichsbankpräsident Hans Luther auf der Sitzung des Hauptausschusses am 27. November 1930, in: *Veröffentlichungen des Reichsverbandes der Deutschen Industrie*, Heft 55 (Dezember 1930), S. 19.

24 Kuno Graf Westarp, „Was nun?", in: *Kreuzzeitung*, Nr. 266 v. 17. September 1930. Der Artikel wurde nach Westarps Notizen („Meine Verhandlungen. . .", Anm. II/74) im Einvernehmen mit Treviranus, Lindeiner und Schiele verfaßt.

eine Einbeziehung der NSDAP außer acht ließ; auch herrschte bei anderen führenden Volkskonservativen eine allgemeine Skepsis vor, die sich vor allem auf die militant sozialistische Agitation der NSDAP berief und die Sicherung durch eine rechtsbürgerliche Einrahmung für ungenügend hielt, um „die notwendige Distanz zum Nationalsozialismus politisch und psychologisch zu wahren“ [25]. In privaten Äußerungen hat übrigens auch Westarp selbst nur wenige Monate später die auf eigenen „zuverlässigen Informationen“ und auf Treviranus' Erfahrungen beruhende Feststellung getroffen, Hitler habe damals keineswegs Bereitschaft zur Mitwirkung an einer neuen Regierung gezeigt, in der die NSDAP das Innen- und das Reichswehrministerium besetzen würde. Er habe vielmehr erklärt, „ihm liege nichts an der Regierungsbeteiligung und an der Sanierung der Steuern, sondern zunächst nur an einem weiteren Machterwerb durch Zuwachs an Mandaten“ [26]. Noch im September 1930 suchte Westarp im Verein mit Landvolk, Wirtschaftspartei und DVP wenigstens formal eine solche Regierungsbeteiligung der Nationalsozialisten in die Diskussion zu werfen: sie sei zwar faktisch unwahrscheinlich, der Versuch müsse aber „nach dem jetzigen Wahlergebnis gemacht werden“, schon um die gemäßigte Rechte vor dem Vorwurf SPD-freundlicher Politik zu bewahren [27]. Auch Westarp betont in diesem Zusammenhang, daß Hugenberg jedenfalls schon jetzt sich in eine Zwangslage hineinmanövriert habe: weder für Brünings Sturz noch für eine Rechtsregierung (Zentrum, DVP, NSDAP) sei seine Fraktion nötig, und gleichzeitig sei er zwangsläufig noch enger an die Nationalsozialisten gekettet. Die NSDAP selbst aber müsse auf jeden Fall aus ihrer bequemen Oppositionsstellung in die desillusionierende politische Verantwortung gezogen werden: „Können sie ungehemmt und ohne der Verantwortung ausgewichen zu sein in Opposition agitieren, so ist ihnen auch noch weiterer Erfolg sicher.“ [28]

Die Mission der Staatspartei war mit empfindlicher Deutlichkeit gescheitert. Nach dem eklatanten Mißerfolg der Wahl verließen am 7. Oktober schon die sechs volksnationalen Abgeordneten, deren Forderung nach Ausschaltung des „linken“ Parteiflügels (Höpker-Aschoff und Oskar Meyer) abgelehnt worden war, aus „weltanschaulichen“ Gründen Fraktion und Partei [29]. Der Gegensatz zwischen Partei und Bund, in strukturellen wie in taktischen Momenten begründet, konnte auch in diesem ersten und einzigen Fall nicht überwunden werden. Während das Sammlungskonzept der Volksnationalen letztlich die Schaffung von überparteilichen Querverbindungen angestrebt hatte, war das

25 So Walther Rademacher, „Voraussetzungen einer Rechtskoalition“, in: *Leipziger Neueste Nachrichten*, Nr. 312 v. 8. November 1930 (Rademacher war als Abgeordneter des Industrieflügels der DNVP wie Reichert am 22. Juli 1930 mit Westarp abgesprungen). Vgl. auch den kritischen Artikel „Nationalsozialisten“ in: *Konservative Stichworte*, hrsgg. von der Konservativen Volkspartei, Berlin o. J., nur als Handschrift gedruckt für den Wahlkampf 1930.

26 *Westarp-Akten:* Rademacher hatte in einem Brief an Westarp v. 28. Februar 1931 Gerüchte über Hitlers Koalitionsneigungen vorgetragen: „Aus Mitteilungen des mir nahestehenden Leiters eines sehr großen Industriekonzerns entnehme ich, daß Hitler im Kreise der westlichen Schwerindustrie diese Behauptung mit aller Präzision aufgestellt hat.“ Nur wenn festzustellen sei, daß Hitlers „Stellungnahme nicht ganz aufrichtig und klar ist“, sei die Unterstützung einer links angelehnten Regierung zu rechtfertigen. In seiner Antwort vom 4. März 1931 betont Westarp, daß niemals ein präzises Angebot „dieser oder ähnlicher Art“ und ebensowenig eine verantwortliche Erklärung der Bereitschaft zur Mitwirkung an einer Rechtsregierung bestanden hätte. In diesen Zusammenhang gehört die zitierte Erklärung Hitlers.

27 *Westarp-Akten:* Antwortbrief Westarps an den ehemaligen deutschnationalen sächsischen Justizminister Arthur v. Fumetti v. 20. September 1930. Westarp betont, das Scheitern eines solchen Versuches entlaste seine Freunde „von der Verantwortung für ein Hinübergleiten Brünings zur ausdrücklichen oder stillschweigenden Großen Koalition“ und beweise zugleich, „daß die Methoden des Zwanges und erbitterten Kampfes gegen das Zentrum, wie sie von Herrn Hugenoerg und den Nationalsozialisten angewandt worden sind, den Erfolg, das Zentrum in Preußen von den Sozialdemokraten zu lösen, nicht erbracht, sondern es in die Arme der Sozialdemokraten getrieben haben“.

28 *Ebda.*, Schluß des Briefes.

29 Einzelheiten bei Gebhardt (Anm. II/92), S. 65; S. 72 ff.

Bemühen der Demokraten auf Fusion fertiger Parteiapparate gerichtet. Dieser Gegensatz erwies sich als unvereinbar, und keiner Seite gelang die Verwirklichung des gemeinsamen Zieles: die Sammlung einer staatstragenden demokratischen Mitte — ob nun als staatsbürgerliche Bewegung oder als große liberale Bürgerpartei. Der weitere Weg des Jungdo führte nach diesem vergeblichen Versuch in politisch-parlamentarischer Aktivität, der an dem bürokratisch-zweckgerichteten Charakter der modernen Partei gescheitert war, wieder ganz in die alten bündischen Formen zurück. Man nahm wohl Stellung zu einigen politischen Tagesfragen, forderte eine „neue Nationalversammlung" zur Überwindung der Notstandsdiktatur oder warb 1932 für Hindenburgs Wiederwahl[30]. Man bekämpfte auch die nationalsozialistische Massendemagogie und die Praxis der SA und SS, kritisierte noch am 12. Februar 1933 Hitlers Reden als „ein gewaltig tönendes Nichts" und forderte eine „neue nationale Opposition" gegen den „Terror der Kreise, die das Wort national für sich allein in Anspruch nehmen"[31]; im Juni 1933 folgten gewaltsame Unterdrückung und Auflösung. Die zurückgebliebene DDP aber besaß nicht einmal Fraktionsstärke; sie war eine deutliche Widerlegung der Hoffnung, durch Gründung einer „Staatspartei" dem allgemeinen Mißmut gegenüber dem bestehenden Staat, dem man die Schuld an der Krise beimaß, entgegenwirken zu können: der Rücktritt Koch-Wesers war unvermeidlicher Ausdruck dieser Einsicht.

Die große Frage galt jetzt der Haltung der NSDAP. Hitler selbst, der als „Staatenloser" kein Wahlrecht besaß, machte aus der Not eine Tugend: er blieb dem Reichstag fern und distanzierte sich damit bewußt vom Brauch der demokratischen Parteien und von jeder persönlichen Konzession an den verhaßten Parlamentarismus, ohne jedoch auf eine straffe Kontrolle der Fraktion — die im übrigen ein getreues Abbild des bedrohten, radikalisierten Mittelstandes war[32] — und auf den rücksichtslosen Einsatz auch dieses neuen Machtmittels der Demokratie gegen die Demokratie zu verzichten. Durch diese geschickte Taktik entzog sich die oberste nationalsozialistische Führung auch weiterhin nicht nur jeder Festlegung oder Verantwortung im Rahmen des bestehenden Staates; mit ihr vermochte sie zugleich den mystischen Glanz noch zu steigern, der von ihrer fast unnahbaren, den gängigen politischen Begriffen entzogenen Stellung ausging. Sie widerlegte schließlich die beliebte Meinung auch ausländischer Beobachter, die NSDAP könne ihre plötzlichen Gewinne nicht verdauen und werde sich jetzt durch die Übernahme parlamentarischer Verantwortung gleichsam von selbst beruhigen müssen[33].

30 Vgl. Artur Mahraun, zitiert *ebda.*

31 *Ebda.*, S. 92.

32 Die Zusammensetzung der neuen Fraktion ist um so aufschlußreicher, als man auch in der NSDAP die Aussichten unterschätzt und nur etwa die Hälfte der Gewählten ernsthaft kandidiert hatte. Fast ein Drittel (einschließlich der Parteischriftsteller) sind als Berufspolitiker anzusprechen; nahezu ebensoviele gehören nominell der Angestellten- und Arbeiterschaft an, wobei jedoch große Unterschiede und vor allem die Tatsache festzustellen ist, daß die Berufs- hinter der Agitationsexistenz schon seit Jahren zurückgetreten war; etwa ein Fünftel der Abgeordneten (23) sind Beamte, darunter 10 Lehrer; dazu kommen 15 pensionierte Offiziere. Schließlich sind unter den 25 Selbständigen die Landwirte am stärksten, freie Berufe, Handel und Gewerbe am schwächsten vertreten. Erheblich ist der Anteil des „entwurzelten Mittelstands": unter den Arbeitnehmern und Parteifunktionären befinden sich viele, die durch geschäftlichen Zusammenbruch u. ä. eine prestigemäßig „angemessene" zivile Existenz verloren hatten oder zu verlieren fürchteten. Vgl. dazu die Angaben des *Reichstagshandbuchs* 1930 sowie Werner Stephan, „Entwurzelter Mittelstand, Zur Berufsstatistik der nationalsozialistischen Reichstagsfraktion", in: *Die Hilfe* 36, Heft 52 v. 27. Dezember 1930. Vgl. auch die Zusammenstellung der damals schwebenden Strafverfahren nationalsozialistischer Reichstagsabgeordneter in: *Die Nationalsozialisten im neuen Reichstag*, Berlin 1931, S. 34 ff., sowie die ns-amtlichen Statistiken: Heinrich Himmler, *Der Reichstag 1930, Das sterbende System und der Nationalsozialismus* (NS-Bibliothek, Heft 25), München 1931, S. 16 ff.

33 So der britische Botschafter Rumbold an Henderson, 25. September 1930: *Documents on British Foreign Policy* (Anm. II/53), 2nd series, vol. I, S. 512.

Zunächst distanzierte sich die NSDAP erneut von Hugenberg, der ihr noch ein Jahr vorher so unschätzbare Dienste geleistet hatte und ihr ein Jahr später in der Harzburger Front noch einmal zu Prestige verhelfen sollte[34]. Mit der Forderung nach Brünings Rücktritt dementierte man zwar alle Koalitionsgespräche und präzisierte erneut die prinzipielle Kampfstellung gegen die Republik, betonte aber zugleich — wie Hitler im Ulmer Reichswehrprozeß dieser Tage[35] —, daß die Partei ihre Ziele auf legalem Wege zu erreichen suche, daß Otto Strasser gerade wegen seiner revolutionären Pläne aus der Partei ausgeschlossen worden sei, daß die NS-Propaganda nur „die geistige Revolutionierung des deutschen Menschen" erstrebe und daß erst auf der Grundlage einer zukünftigen parlamentarischen NS-Mehrheit die nationalsozialistische Revolution durchgeführt werde. Auch die ersten Initiativen der nationalsozialistischen Fraktion stellten eine geschickte Mischung von revolutionären, weder juristisch noch praktisch greifbaren Agitationsanträgen und pseudolegaler parlamentarischer Taktik dar: sie verlangten Aufhebung des Versailler Vertrags und der daraus fließenden Verpflichtungen, hohe Bestrafung des Zinswuchers und der Kapitalverschiebung, Aufhebung des börsenmäßigen Handels mit Wertpapieren, entschädigungslose Enteignung des gesamten Vermögens der „Bank- und Börsenfürsten", der seit 1. August 1914 zugezogenen „Ostjuden" und sonstigen „Fremdstämmigen" sowie der Kriegs-, Revolutions-, Inflations- und Deflationsgewinnler, Verstaatlichung aller Großbanken[36].
Für Koalitionsgespräche wären auf dieser Basis freilich nicht einmal die Kommunisten in Frage gekommen. Auch hat Hitler selbst die Fraktion veranlaßt, die von den „Sozialisten" des Feder-Strasser-Flügels beeinflußte Initiative sogleich wieder zurückzunehmen[37], sobald sie ihre propagandistische Wirkung getan und bevor die hoffnungsvoll angebahnte semikapitalistische Umorientierung der Parteiführung dadurch in ihrem Eindruck auf neue Gönner in Wirtschaft und Industrie beeinträchtigt würde[38]. Einen gleichen Antrag der KPD ließ Hitler denn auch sogleich niederstimmen. In Wirklichkeit hatten solche Agitationsanträge, die der gesamten künftigen Tätigkeit der nationalsozialistischen Fraktion das Gepräge geben, wenig mit der konkreten Aktivität der Parteiführung zu tun. Für sie waren nicht die parlamentarische Arbeit, sondern die finanziellen und juristischen Vergünstigungen in Gestalt von Diäten, Freifahrkarten und Immunität das Wesentliche, waren die Abgeordneten nicht MdR (Mitglied des Reichstags), sondern IdI, „Inhaber der Immunität"[39]. Wäh-

34 Vgl. Stampfer (Anm. I/4), S. 585: „Diese Sorte ließ sich trefflich als Leiter benützen, die man erst umstieß, wenn man oben war."

35 Ausführlich jetzt Wheeler-Bennett, *Nemesis* (Anm. I/159), S. 213–220; vgl. K. D. Bracher, „Auflösung einer Demokratie, Das Ende der Weimarer Republik als Forschungsproblem", in: *Faktoren der Machtbildung, Wissenschaftliche Studien zur Politik* (Schriften des Instituts für politische Wissenschaft, Bd. 2), Berlin 1952, S. 80–83. Zu Schleichers Stellungnahme jetzt die Niederschrift über eine Befehlshaberbesprechung v. 25. Oktober 1930 bei Thilo Vogelsang, „Neue Dokumente zur Geschichte der Reichswehr 1930–1933", in: *Vierteljahrshefte für Zeitgeschichte* 2 (1954), S. 400 ff. Vgl. Groener-Geyer (Anm. I/51), S. 268 ff., sowie o. Teil I, S. 249 ff.

36 *Reichstagsprotokolle* v. 17. Oktober 1930, S. 58 ff. Zur Analyse der parlamentarischen Tätigkeit und besonders der Anträge auch: *Die Nationalsozialisten im neuen Reichstag* (Anm. III/32), S. 7 ff.

37 Vgl. Bullock (Anm. I/123), S. 155.

38 Besonders die *DAZ* (Nr. 484 v. 16. Oktober 1930) hatte sogleich scharfe Kritik an den NS-Anträgen geübt. Man vgl. auch den kaum verhüllten Opportunismus der Legalitätsdiskussion bei Joseph Goebbels, „Die Legalität", in: *Der Angriff* v. 11. Mai 1931.

39 So schon der zynische Artikel von Joseph Goebbels, „IdI", in: *Der Angriff* v. 28. Mai 1928 (in: *Der Angriff, Aufsätze*, Anm. I/124, S. 80 ff.): „Ich bin kein Mitglied des Reichstags. Ich bin ein IdI. Ein IdF. Ein Inhaber der Immunität, ein Inhaber der Freifahrkarte ... Wir sind gegen den Reichstag gewählt worden, und wir werden auch unser Mandat im Sinne unserer Auftraggeber ausüben. . . Ein IdI hat freien Eintritt zum Reichstag, ohne Vergnügungssteuer zahlen zu müssen. Er kann, wenn Herr Stresemann von Genf erzählt, unsachgemäße Zwischenfragen stellen, zum Beispiel, ob es den Tatsachen entspricht, daß besagter Stresemann Freimaurer und mit einer Jüdin verheiratet ist." Er beschimpft

rend die Fraktion sich mit Erfolg um die Lähmung der parlamentarischen Arbeit sowie die Verhinderung einer normalen legislativen Tätigkeit und konstruktiven Mehrheitsbildung bemühte, konnte die Parteiführung jetzt fast ungestört im Schutz der parlamentarischen Privilegien operieren und die wachsenden Schwierigkeiten, die mit der Aufrechterhaltung einer unpopulären Notverordnungsregierung ohne sicheren parlamentarischen Rückhalt verbunden waren, zur weiteren Diskreditierung des „Systems" und seiner parlamentarischen Kompromißstruktur, zum weiteren Abbau der demokratischen Funktionsverhältnisse, zur Zerstörung der Demokratie mit den Mitteln der Demokratie ausnützen[40].

Wenn der Nationalsozialismus nach Meinung vieler Interpreten aus der Notlage Deutschlands erwachsen ist, so verdankt er seinen Aufstieg doch noch viel wesentlicher der skrupellosen Technik politischer Destruktion. Durch sie verstand er im Reichstag und auf der Straße die Gegensätze zu vertiefen[41], die Zerrissenheit der öffentlichen Meinung zu intensivieren, den Schwierigkeiten der wirtschaftlichen und politisch-parlamentarischen Lage den Anschein des Ausweglosen zu geben. Wohl haben — verschuldet teils und auch unverschuldet — die Umstände der deutschen Situation von 1930 den Aufstieg dieser Bewegung ermöglicht. Doch hat diese selbst erst in den folgenden Jahren die entscheidende Krise beschworen, in der es aus dem Terror der Straße, der Lähmung des Parlaments, der wirtschaftlichen Notlage — für deren Behebung die nationalsozialistischen Abgeordneten nicht die geringste Initiative zur konstruktiven Kooperation ergriffen — nur noch die Flucht in die Diktatur zu geben schien. Denn wenn überhaupt von Regierungsbeteiligung die Rede war, dann betrafen die nationalsozialistischen Forderungen nicht etwa die Finanz- oder Wirtschaftsressorts — wo man doch die vielbesprochenen Reformen hätte einleiten können —, sondern die Verfügung über Heer und Polizei, die Mittel also des gewaltsamen Umsturzes.

Mit dem (aus Protest gegen das preußische Uniformverbot)[42] uniformierten Einzug der nationalsozialistischen Riesenfraktion in den Reichstag am 13. Oktober[43], der von einem beschämenden, unmißverständlichen zukunftsweisenden Pogrom gegen jüdische Geschäfte und Passanten begleitet war, begann diese Periode strikt befohlener, allen praktischen Gesichtspunkten der direkten Hilfe für die gequälte Bevölkerung unzugänglicher Destruktionspolitik. Inmitten der größten Lärm- und Tumultmacher[44] saß der SA-Führer, Raufbold

das „System" und empfängt dafür „den Dank der Republik in Gestalt von siebenhundertfünfzig Mark Monatsgehalt – für treue Dienste. . ."

40 Unmißverständlich Joseph Goebbels, „Was wollen wir im Reichstag?", in: *Der Angriff* v. 30. April 1928 (Anm. I/124, S. 71 ff.): „Wir gehen in den Reichstag hinein, um uns im Waffenarsenal der Demokratie mit deren eigenen Waffen zu versorgen. Wir werden Reichstagsabgeordnete, um die Weimarer Gesinnung mit ihrer eigenen Unterstützung lahmzulegen. Wenn die Demokratie so dumm ist, uns für diesen Bärendienst Freifahrkarten und Diäten zu geben, so ist das ihre eigene Sache. . . Uns ist jedes gesetzliche Mittel recht, den Zustand von heute zu revolutionieren. Wenn es uns gelingt, bei diesen Wahlen [1928] sechzig bis siebzig Agitatoren unserer Partei in die verschiedenen Parlamente hineinzustecken, so wird der Staat selbst in Zukunft unseren Kampfapparat ausstatten und besolden. . . Auch Mussolini ging ins Parlament. Trotzdem marschierte er nicht lange darauf mit seinen Schwarzhemden nach Rom . . . Man soll nicht glauben, der Parlamentarismus sei unser Damaskus. . . Wir kommen als Feinde! Wie der Wolf in die Schafherde einbricht, so kommen wir. Jetzt seid ihr nicht mehr unter euch!"

41 Vgl. z. B. den nationalsozialistischen Bericht über die Straßen- und Saalschlachten in Hamburg: Hermann Okraß, *„Hamburg bleibt rot", Das Ende einer Parole,* Hamburg 1934, S. 197 ff. u. a.

42 Die Abgeordneten hatten sich – demagogische Komödie – im Reichstagsgebäude umgezogen: vgl. Otto Braun (Anm. I/5), S. 310, der die Schwächlichkeit der Gegenmaßnahmen auch in diesem – nur scheinbar unerheblichen – Fall kritisiert.

43 *Reichstagsprotokolle* v. 13. Oktober 1930, S. 1 ff.

44 Vgl. die Zusammenstellung der Lärm- und Obstruktionsszenen in: *Die Nationalsozialisten im neuen Reichstag* (Anm. III/32), S. 27 ff.

und „Fememörder" Heines, der seinen Stolz auf diese Bezeichnung nicht verheimlichte und lebhaft praktizierte, bis ihn am 30. Juni 1934 der Mordterror seines eigenen Führers traf. Zunächst zwar trug sein späterer Leidensgenosse Gregor Strasser in seiner ersten großen Reichstagsrede[45] dem „Legalitätskurs" Rechnung, beteuerte die Verfassungsmäßigkeit der nationalsozialistischen Politik und betonte mit zynischer Dialektik, man wolle „keine Judenverfolgung, sondern lediglich die Ausschaltung der Juden aus dem deutschen Leben"[46]. Er ließ aber zugleich den eigentlichen Sinn der nationalsozialistischen Destruktionstaktik erkennen, indem er alle Sanierungsmaßnahmen mit der Begründung ablehnte, sie dienten nur der Erfüllungspolitik und verhinderten die Revisionen: „Es ist geradezu ein Verbrechen, wenn man heute die deutsche Öffentlichkeit aufpeitscht, Opfer zu bringen, zu ‚sanieren'"[47]. Aus einer dergestalt mit allen Mitteln genützten, ja, geförderten Not der verzweifelten Massen erst wuchsen — tragischer Widerspruch! — die Erfolge Hitlers. Besser noch, als es die kommunistische Verelendungstheorie lehrte, verstand man den düsteren Kontrast zu schaffen für das Paradies, das die totale Machtergreifung der Partei verhieß.

3. Der Machtverlust des Reichstags

Nach Lage der Dinge konnte sich Brüning, der doch durch die Reichstagsauflösung seine Regierung nicht zuletzt von der SPD hatte unabhängig machen wollen, nun in der Tat nur noch durch sozialdemokratische Duldung behaupten. Die schwachen interparteilichen Sondierungen nach der Wahl hatten erwartungsgemäß keine andere Kombinationsmöglichkeit zu erschließen vermocht. Auch entsprach es Brünings Konzept, die weiteren Revisionsverhandlungen, für die er noch etwa drei Jahre rechnete, ohne die Einbeziehung der NSDAP in die Regierung durchzustehen; offenbar glaubte Brüning sogar im agitatorischen Erstarken der Rechtsopposition eine indirekte Unterstützung seines Revisionskurses sehen zu können[48]. Eine erste Fühlungnahme mit Hitler war gänzlich negativ verlaufen, und die Fortsetzung des Notverordnungskurses hing allein von der Bereitschaft einer parlamentarischen Mehrheit ab, auf die Aufhebung der nach Artikel 48 erlassenen Gesetze zu verzichten. Mit dieser rein passiv tolerierenden Haltung aller demokratischen Fraktionen zwischen KPD einerseits, DNVP und NSDAP anderseits, die nun für eineinhalb Jahre das Gesicht der deutschen Politik bestimmte, war zwar eine durch diesen ganzen Zeitraum stabile Grundlage für die Notverordnungsregierung gegeben. Frei-

45 *Reichstagsprotokolle* v. 13. Oktober 1930, S. 56 ff. Abgedr. in: Gregor Strasser (Anm. II/105), S. 256 ff.

46 *Reichstagsprotokolle* v. 13. Oktober 1930, S. 58; Gregor Strasser (Anm. II/105), S. 262. Es entsprach der nationalsozialistischen „Legalitäts"-Taktik, daß gleichzeitig Hitler sich dem Ausland gegenüber von den Pogromen distanzierte und sie „kommunistischen Provokateuren", Rowdies und Ladendieben zuschrieb – so lange sie eben seine Machtambitionen kompromittieren mochten. Zur Legalitätstaktik auch Heuss (Anm. II/108), S. 136 ff., und Bullock (Anm. I/123), S. 145 ff.

47 *Reichstagsprotokolle* v. 13. Oktober 1930, S. 58; Gregor Strasser (Anm. II/105), S. 264 f.: „Meine Herren, wenn wir saniert sind, dann pfeift uns die Welt auf Revision. Nützen Sie doch die heutige Verzweiflung der deutschen Nation! Hissen Sie doch einmal die schwarze Fahne der Verzweiflung einer durch diese Verträge in eine grauenvolle Zukunft, in den Tod gehetzten Nation und operieren Sie damit. Dann erhalten Sie Verbesserungen. Wenn Sie saniert sind, nie mehr."

48 Westarp („Meine Verhandlungen. . .", Anm. II/74) berichtet von einer ausführlichen Parteiführerbesprechung bei Brüning am 2. Oktober 1930, in der Brüning den Widerstand des Zentrums gegen ein Zusammengehen mit der NSDAP betonte und überdies ein agitatorisches Erstarken der NSDAP in der Opposition „für gar nicht ungünstig" im Hinblick auf die kommenden Revisionsverhandlungen hielt. Man vgl. dazu jetzt auch eine entsprechende allgemeine Feststellung Brünings in einem Vortrag vor dem Rhein-Ruhr-Klub Düsseldorf (zitiert u. Anm. III/141): Heinrich Brüning, *Die Vereinigten Staaten und Europa*, Stuttgart 1954, S. 4.

lich begab sich das Parlament auch in seiner demokratischen Mehrheit damit endgültig der positiven legislativen Rechte und Pflichten und behielt nur noch eine schwache Kontrollfunktion zurück. Immerhin hat diese in keinem wichtigen Fall versagt und der Regierung bis zum 12. Mai 1931 — der letzten Abstimmung vor Brünings Entlassung — stets eine beruhigende parlamentarische Majorität von 30 bis 40 Stimmen gewährt. Während Brüning selbst seinen Notverordnungskurs sogleich in verstärkter Form fortsetzte, verhinderte sie, unfähig, sich auf eine positive Mehrheit zu einigen, zunächst durch Ablehnung der Aufhebungs- und Mißtrauensanträge von rechts und links eine erneute Auflösung, erteilte der Regierung die geforderte Zollermächtigung und nahm das Osthilfegesetz an, um sich dann im Februar 1931 auf ein halbes Jahr zu vertagen und mit dieser *De-facto*-Ermächtigung den bürokratischen Maßnahmen der Regierung ganz das Feld zu überlassen.

Auch dies System des Semiparlamentarismus war freilich nicht nur in der theoretischen Kritik am parlamentarischen Aufbau der Republik, sondern ebenso in den ständigen Funktionsstörungen des deutschen Parlamentarismus begründet. Immer wieder hatten sich die republikanischen Regierungen nur auf abgelehnte Mißtrauensvoten an Stelle von konstruktiven Vertrauensvoten zu stützen vermocht, immer wieder waren sie nach kurzer Dauer daran gescheitert, daß ihre Erklärungen nur zur Kenntnis genommen, nicht aber auf längere Sicht gestützt wurden[49]. So hatten sie ihre Zuflucht zu Ermächtigungsgesetzen mit Verordnungsgewalt genommen, die ein Mindestmaß an Stabilität gewährten, ohne die Parteien in ihrer Kritik einzuschränken. Nun freilich wurde dieser Brauch entscheidend fortentwickelt. Brüning regierte fürderhin mehr mit halbabsolutistischen als mit parlamentarischen Methoden und beschränkte das Parlament gewissermaßen auf die Funktionen des kaiserlichen Reichstags, d.h. auf eine bloße Stellungnahme zu den Regierungsgesetzen[50]. Verordnungen, die auf Grund des Artikels 48 erlassen wurden, traten an die Stelle der vom Reichstag zu beschließenden Gesetze und ersetzten sogar die parlamentarische Verabschiedung des Haushalts: auch die älteste und wichtigste Grundlage des Parlamentarismus zerfiel damit in den Händen des Präsidialsystems. Dem Reichstag selbst blieb nur noch die Wahl, auf die Gefahr neuer Regierungskrisen und Wahlen hin — wie es die radikalen Parteien wünschten — diese Verordnungen aufzuheben oder aber, als tolerierende Mehrheit, ihre Aufhebung abzulehnen. Weniger parlamentarische und allgemein politische Verantwortung für den Regierungskurs konnten die Parteien dieser Pseudomehrheit nicht übernehmen[51].

Und doch behauptete sich diese Zwischenlösung so lange und — auf ihre

49 Dazu bes. Glum (Anm. III/10), S. 223 ff.

50 So Theodor Eschenburg, „Die Richtlinien der Politik im Verfassungsrecht und in der Verfassungswirklichkeit", in: *Aus Politik und Zeitgeschichte*, Beilage zur Wochenzeitung *Das Parlament* XXII/54 v. 9. Juni 1954, S. 282. Der Anteil der Reichswehrführung an dieser Tendenz kann kaum hoch genug eingeschätzt werden. Vgl. die offenen Worte Schleichers auf der Befehlshaberbesprechung v. 25. Oktober 1930: Vogelsang (Anm. III/35), S. 407.

51 Über diesen Modus auch Keil (Anm. I/3), II, S. 399: „Im Plenum [des Reichstags] war ein sachliches Verhandeln unmöglich. . . Man verwies deshalb alle Gegenstände, die einer sachlichen Prüfung bedurften, an die Ausschüsse. Aber auch die Ausschußverhandlungen hatten meistens nur formalen Zweck. Die wirklichen Verhandlungen fanden in vertraulichen Besprechungen [eben Brünings Modus!] mit dem Reichskanzler und den Ressortministern statt. Da die Regierung die Auffassung vertrat, der Reichstag sei nur zur Aufhebung, nicht zur Abänderung der Notverordnungen zuständig, wurden die Ergebnisse der Besprechungen in die Form eines Ersuchens an die Regierung, bestimmte Änderungen an den Notverordnungen vorzunehmen, gekleidet, was dann vom Reichstag beschlossen und durch neue Notverordnungen erfüllt wurde." Eben damit aber hatte Brünings bürokratischer Stil die echte politische Willensbildung im Parlament endgültig verdrängt. Zur schwindenden Macht des Reichstags auch Poetzsch-Heffter (Anm. I/128), S. 101 f.

Weise — stabil, daß sie die Reste der Demokratie vielleicht über die Periode des krisenbedingten *Machtverlustes* hinübergerettet hätte, wären ihr nicht im Mai 1932 die präsidialen Initiatoren selbst in den Rücken gefallen. Ihre Tolerierung durch die SPD während dieser eineinhalb Jahre aber geschah — allen innerparteilichen Widerständen zum Trotz — nicht nur in der Hoffnung, als unentbehrlicher Partner doch einen gewissen Einfluß auf die Notverordnungslegislatur zu behalten. Sie war in erster Linie durch die Einsicht bestimmt, daß die Alternative eine offen antiparlamentarische Präsidialregierung, eine Rechtsregierung sein würde, die auch unter Führung Hugenbergs schnell in die nationalsozialistische Alleinherrschaft nach italienisch-faschistischem Muster einmünden würde. Daß diese Diktatur entweder den Bürgerkrieg der Linken gegen Reichspräsidenten, Reichswehr und NSDAP oder das Ende auch der semiparlamentarischen Autoritätsdemokratie bedeutet hätte, war das Hauptargument eines Memorandums, in dem die SPD-Fraktion den künftigen Tolerierungskurs politisch zu rechtfertigen suchte[52]. Demgegenüber schien ihr eine kritische Duldung des Brüning-Experiments in gewohnter Zusammenarbeit mit der demokratischen Mitte noch immer einige wichtige Machtstützen zu verbürgen, ohne sie in das gefährliche Bündnis mit der KPD zu drängen, das als *ultima ratio* in einer Bürgerkriegssituation übriggeblieben wäre.

Noch war die SPD die stärkste Partei, und noch einmal hatte trotz der nationalsozialistischen Agitation gegen den „Marxisten und Kriegsdienstverweigerer Löbe" dieser bewährte sozialdemokratische Reichstagspräsident im zweiten Wahlgang die Mehrheit gewonnen. Die KPD hatte Pieck aufgestellt. Damit war zugleich der letzte, von der DVP ausgehende Versuch zur Erzwingung einer antisozialistischen Rechtskoalition zerschlagen: die SPD hatte für den Fall der Wahl von Scholz, den auch die Nationalsozialisten unterstützten, mit dem Übergang in die Opposition gedroht. Freilich saß neben Löbe schon ein nationalsozialistischer Vizepräsident (Stöhr). Auch der äußere Gang der Verhandlungen, Tumulte, Schlägereien und wiederholter Ausmarsch der Nationalsozialisten erschwerten die parlamentarische Tätigkeit von Anfang an und schändeten die Tradition des Reichstags: die ständigen Störaktionen der „Nationalen Opposition" und der KPD ergänzten sich darin. Die Parteien der ehemaligen Großen Koalition, die sich schließlich (unter Einschluß der gemäßigten Rechten) in drei Abstimmungsphasen[53] den radikalen Parteien gegenüber für eine Tolerierung der Notverordnungsregierung als des kleineren Übels entschieden[54], gerieten damit lediglich von einer Schwierigkeit in die andere, büßten noch mehr parlamentarischen Bewegungsraum, Entschlußkraft und politische Wir-

52 Es ist zitiert bei Stampfer (Anm. I/4), S. 580 f. Das Memorandum geht davon aus, daß auch eine Hugenberg–Hitler-Regierung keine parlamentarische Mehrheit hätte: „Aber die Nationalsozialisten wollen gar nicht parlamentarisch regieren. Sie wollen sich aller Machtmittel des Reiches bemächtigen, vor allem die Reichswehr und die Polizei unter ihr Kommando stellen und die maßgebenden Beamtenstellen mit ihren Anhängern besetzen. Eine verschleierte oder unverschleierte Hitler-Regierung hat die vollständige Ausschaltung des Reichstags und darüber hinaus die Zerschlagung aller demokratischen Rechte des Volkes zum Ziel. Die Folge einer Hugenberg–Hitler-Regierung wäre nicht etwa eine Entlarvung der nationalsozialistischen Partei. Eine Hitler-Regierung würde sich die Wiederholung des italienischen Beispiels zum Ziel setzen. Also Zertrümmerung aller Organisationen der Arbeiterschaft, dauernder militärischer Belagerungszustand, Aufhebung aller Presse-, Versammlungs- und sonstiger politischer Freiheiten, ständige Gefahr des Bürgerkriegs im Innern und des Revanchekriegs nach außen."

53 Am 18. Oktober 1930 Nichtaufhebung der Notverordnung vom 26. Juli, Ablehnung der 12 nationalsozialistischen und deutschnationalen, von den Kommunisten unterstützten Mißtrauensanträge durch Übergang zur Tagesordnung (317 : 234 Stimmen) und Beschluß zur Vertagung des arbeitsunfähigen Reichstags; am 6. Dezember 1930 Duldung der präsidialen Notverordnung vom 1. Dezember (292 : 254 Stimmen) und Beschluß zu weiterer Vertagung (12. Dezember 1930); im Februar 1931 Beschluß einer verstärkten Osthilfe und entsprechende Zollermächtigung für die Regierung sowie eine Vertagung auf sechs Monate.

54 *Reichstagsprotokolle* v. 18. Oktober 1930, S. 186 ff.

kung ein und existierten nur noch neben den politischen Entwicklungen und Entscheidungen fort. Besonders fühlbar war weiterhin das Dilemma der SPD, in der sich Braun und Müller entschieden für den Tolerierungskurs einsetzten[55], ohne doch die stagnierende Partei zu irgendwelchen konstruktiven Umgruppierungen der parlamentarischen Szene, zu irgendeinem wirkungsvollen Einsatz ihres Gewichts führen zu können oder auch zu wollen[56].

Diese Entwicklung, in der sich die Verlagerung des politischen Entscheidungsorts, die Verschiebung der Machtfunktionen und der politisch gestaltenden Kräfte aus dem demokratischen Raum auf die schmale Ebene autoritärer Selbstregierung einerseits, in die staatsrechtlich amorphen, plebiszitären Organisationen und persönlichen Machtsphären des außerparlamentarischen Bereichs anderseits anbahnt, wurde durch die bürokratischen Notmaßnahmen Brünings weiter vorangetrieben. Freilich war der Reichstag in seiner jetzigen Form keineswegs mehr den schweren Anforderungen gewachsen, die die Krise an die Gesetzgebung stellte; sie hätten kaum — wie das gleichzeitige Beispiel anderer Länder wie England (MacDonald) und die USA *(New Deal)* bewies — von einem normal funktionierenden Parlament bewältigt werden können. So gewann die Notverordnungspraxis jetzt auch in den Augen der SPD-Führung die innere Berechtigung, die ihre Tolerierung erleichterte. Denn inzwischen hatte die Finanzlage eine neuerliche Verschlechterung erfahren: die Einnahmen gingen weiter zurück, die Arbeitslosigkeit stieg unaufhaltsam, und schon zum 6. Oktober 1930 ordnete die Regierung eine Erhöhung der Beiträge zur Arbeitslosenversicherung um 2 % auf 6½ % an. Schon jetzt waren die Mindestforderungen der SPD wie der DVP, an denen noch im März 1930 die Große Koalition gescheitert war (Erhöhung auf 4 %), weit unterboten. Erhebliche Gehalts- und Pensionskürzungen der Beamten (aber auch des Reichspräsidenten sowie der Minister und Abgeordneten), Herabsetzung der Überweisung an Länder und Gemeinden, auch an die Arbeitslosenversicherung, Fortdauer der Ledigensteuer und des Zuschlags zur Einkommensteuer, Vereinfachung der Finanzverwaltung, zugleich Erleichterungen für Landwirtschaft und Kleingewerbe, gehörten zu den auf allgemeine Senkung des Lohn- und Preisniveaus und genaue Deckungspolitik abzielenden Sanierungsplänen, die in Notverordnungen — ohne positive Beteiligung des Parlaments und der demokratischen Träger politischer Willensbildung — der wenig vorbereiteten Öffentlichkeit vorgesetzt wurden.

Indem diese Pläne in den wenigen Reichstagssitzungen sowie in den Ausschüssen wohl diskutiert, aber nicht auf dem ordentlichen legislativen Wege verwirklicht, sondern in der Notverordnungsform von der demokratischen Mehrheit toleriert wurden, war von vornherein jede Alternativlösung vom Raum der politischen Entscheidung verbannt. Daß Brüning an jenem Kurs festhielt, den man mit dem etwas groben Begriff der „Deflationspolitik" bezeichnet[57], hatte viele plausible Gründe. Noch war die Theorie von der Kaufkraftvermehrung zur Ankurbelung der Wirtschaft praktisch unerprobt; es erschien unmöglich, in Deutschland öffentliche Anleihen unterzubringen; vor allem aber bedeutete die herrschende Angst vor einer Inflation ein schweres Hindernis;

55 Otto Braun (Anm. I/5), S. 310, begründet sein Eintreten für eine Stützung Brünings vor der Fraktion mit der bezeichnenden Äußerung: „War man im März 1930 ohne zwingenden Grund aus dem Reichskarren ausgestiegen und hatte Brüning die Zügel in die Hand gespielt, so mußte man nun neben dem Karren hertrotten und verhüten, daß er in den reaktionären Abgrund glitt. Solche Tolerierungspolitik war nicht bequem, aber unter den gegebenen Verhältnissen das kleinere Übel."

56 Vgl. bes. die scharfe Kritik Lebers (Anm. I/37), S. 234 ff.

57 Brecht (Anm. I/84), S. 58; bes. S. 60 ff. Vgl. etwa auch die Kritik des „Tat-Kreises" bei Ferdinand Fried, „Die Sackgasse", in: *Die Tat* 22, Heft 9 (Dezember 1930), S. 657 ff.

schließlich konnte Brüning darauf hinweisen, daß die Reparationsgläubiger die Senkung der Ausgaben und den Ausgleich des Haushalts verlangten und demgegenüber allen Anleihen für solche öffentlichen Arbeiten widersprachen, die sich nicht selbst tragen konnten[58]. Dieser Kurs wurde aber verhängnisvoll durch den autoritär-technokratischen, echte politische Kompromißbildung ausschließenden Modus der Durchsetzung, mit dem sich die Regierung noch weiter aus dem Raum der psychologischen Wirklichkeit auf die präsidiale Stütze zurückzog[59]. Ihre Maßnahmen waren nicht nur unpopulär, sie wurden zudem noch mit einem bedrückenden heroischen Pessimismus begründet. Auch der Reichsbankpräsident fiel in seinen Äußerungen auf jenes Pathos rücksichtsloser Ehrlichkeit zurück, das allen Gesetzen politischer Psychologie widersprach: „Daß das Regieren in der jetzigen Zeit nicht geht, ohne daß persönliches Leid hervorgerufen wird, ist — so schmerzlich es ist — unvermeidlich[60]."

Um so mehr profitierten auch weiterhin die radikalen Parteien und Gruppen von dem Mißmut der breiten Bevölkerung, die den unkontrollierbaren bürokratischen Maßnahmen mit Empörung und Verständnislosigkeit gegenüberstand. Der Anfang Oktober in Koblenz veranstaltete Stahlhelmtag fand den gewaltigen Zulauf von über 100 000 Teilnehmern — unter ihnen der Kronprinz und Seeckt. Er gipfelte in einer überaus scharfen Rede Seldtes gegen die „marxistische" preußische Regierung, die „Tributlasten" und für militärische Gleichberechtigung. „Der nationale Erfolg des 14. September war Euer Erfolg . . . Die Saat geht auf" —, das war die illusionistische Meinung der Stahlhelmführung[61]. Inzwischen kamen die Nationalsozialisten zu neuen Wahlerfolgen: in Bremen vermochten sie am 30. November 1930 ihre Stimmenzahl (25,4 %) gegenüber dem 14. September fast zu verdoppeln, während alle anderen Parteien verloren; dieselbe Entwicklung zeigten die Gemeindewahlen in Baden und in den beiden Mecklenburg (16. November); in Sachsen vermochte sich bei der Wahl des Landtagspräsidenten der sozialdemokratische Kandidat nur mit einer Stimme Mehrheit gegen seinen nationalsozialistischen Konkurrenten durchzusetzen. Ein weiteres Symptom war der Triumph, den das Kesseltreiben der „nationalen" Verbände gegen die preußische Regierung mit dem Verbot des Remarque-Films *Im Westen nichts Neues* erreichte[62]. Schließlich wurde auch in dem langen Konflikt Reich—Thüringen am 22. Dezember ein Vergleich geschlossen, in dem das Reichsgericht unter Bumke die Frage, ob die NSDAP umstürzlerische oder strafbare Ziele verfolge, bewußt aus der Verhandlung herausnahm: ein weiteres Verfahren, das sich damit beschäftigen sollte, ist dann auch vom Reich nicht mehr beantragt worden.

58 Vgl. Miller (Anm. I/40), S. 380 f.

59 Vgl. den Brief Groeners an v. Gleich v. 28. Dezember 1930 (Phelps, Anm. I/51, S. 1015): „Mit dem Kanzler ist es ausgezeichnet zu arbeiten. . . Ich habe mit ihm einen festen Pakt geschlossen, und solange der Reichspräsident mit uns geht, werden wir mit dem Parlament so oder so fertig werden."

60 Hans Luther auf der o. Anm. III/23 zitierten Sitzung des „Reichsverbandes" in: *Veröffentlichungen des Reichsverbandes der Deutschen Industrie*, Heft 55 (Dezember 1930), S. 15.

61 „Entschließung des Bundesvorstandes" in: *Der Stahlhelm* 12, Nr. 41 v. 12. Oktober 1930.

62 Dazu Severing (Anm. I/18), II, S. 266 ff.; Braun (Anm. I/5), S. 313 ff. Atmosphärisches über die Diskussion des Werkes in Reichswehrkreisen bei Adolf Heusinger, *Befehl im Widerstreit, Schicksalsstunden der deutschen Armee 1923–1945*, Tübingen-Stuttgart 1950, S. 15 ff. Symptomatisch für die Kampagne gegen Remarque die Hetzsatire: Emil Marius Requark, *Vor Troja nichts Neues*, Berlin 1930; ähnlich Gottfried Nickl, *Im Westen nichts Neues und sein wahrer Sinn*, Graz-Leipzig o. J. [1930] (Ludendorff nahestehend). Demgegenüber wurde das Verbot, das am 12. Dezember 1930 die Filmprüfstelle über den Film von der Koblenzer Stahlhelmkundgebung mit der Begründung erlassen hatte, er gefährde Ruhe und Ordnung sowie die Beziehungen zum Ausland (da man in ihm „die militärische Bereitschaft Deutschlands zum Kriege erkennen" könne), schon am 18. Dezember 1930 von der Oberfilmprüfstelle wieder aufgehoben. Vgl. auch die triumphierende NS-Version bei Joseph Goebbels, „In die Knie gezwungen", in: *Der Angriff* v. 12. Dezember 1930.

Gleichzeitig bedrängte die „Grüne Front“ mit dem Reichslandbund (Graf Kalckreuth)[63], dem Landwirtschaftsrat (Brandes), den Bauernvereinen (Fehr) und dem Bauernbund (Hermes) seit Anfang November Brüning mit weiteren Unterstützungs- und Zollwünschen, die in einer Audienz dann auch Hindenburg betont vorgetragen wurden. Nachdem die Zölle schon am 25. Oktober erneut erhöht worden waren[64], drang aber Schiele dieses Mal mit seinen Vorschlägen im Kabinett nicht durch, da die Industrie schwerwiegende handelspolitische Störungen befürchtete. Auch hier war die Stimmung weiter abgesunken, obgleich sich der „Reichsverband“ zunächst noch grundsätzlich hinter Brünings Regierungsprogramm stellte und vom Kanzler nur eine noch beständigere und straffere Verordnungspolitik erwartete[65]. Es ist nicht uninteressant, daß bei dieser Gelegenheit zum ersten Mal ein Reichskanzler selbst in der Sitzung des „Reichsverbandes“ das Wort ergriff[66] und auch damit der Verlagerung der Regierungsbasis von der parlamentarischen Ebene in den Bereich der Interessenverbände und der Bürokratie Ausdruck gab. Es war dieselbe Sitzung, auf der Fritz Thyssen — im Anschluß an Brüning! — für eine Einbeziehung „aller nationaler Kreise“ angesichts des von ihm begrüßten nationalsozialistischen Wahlerfolgs plädierte[67]. Noch hielt die Mehrheit des „Reichsverbandes“ allerdings an Brüning fest und ignorierte diesen Fanfarenstoß. Der Mißmut der Industrie fand im ganzen nur indirekt Ausdruck in Ausfällen gegen die Wirtschafts- und Erfüllungspolitik aller vorangegangenen republikanischen Regierungen[68] und gegen die Abschließungsbestrebungen der Landwirtschaft sowie in der Forderung nach Senkung der Löhne und Gehälter[69]; und auch hier suchte im Dezember eine Abordnung des Reichsverbandes der Deutschen Industrie Hindenburg — wenige Tage nach der Intervention der „Grünen Front“ — von den Gefahren einer überhöhten Zollpolitik zu überzeugen, während sie gleichzeitig die allgemeine Kampagne gegen den Young-Plan forcierte[70]. Dazu kam der Widerstand der Beamtenschaft gegen die Gehaltskürzung[71], der Tabakindustrie gegen die Steuererhöhung, der Länder gegen die

63 Der Bundesvorstand des Reichslandbundes hatte schon in einer Entschließung vom 23. September 1930 die Umgestaltung der Reichs- wie der preußischen Regierung und die Ablösung der „Parteiregierung“ durch „Berufung unabhängiger, willensstarker, tatbereiter nationaler Führer durch den Reichspräsidenten“ gefordert. Am 11. Oktober 1930 gab Schiele, der zuvor schon auf sein Landvolkmandat verzichtet hatte, im Zusammenhang damit auch den Posten des Präsidenten des Landbunds an Graf Kalckreuth ab, gegen dessen ostelbisch-deutschnationalen Kurs freilich sogleich Proteste des Landvolks laut wurden. Vgl. Horkenbach, *1930*, S. 320 f. und S. 329.

64

	Juni 1929	April 1930	jetzt
Z. B. Weizen	6,5 RM	15 RM	25 RM
Braugerste	5 RM	15 RM	20 RM
Futtergerste	2 RM	10 RM	12 RM

(nach Egelhaaf, *1930*, S. 207).

65 So Duisberg und (Bankdirektor) Melchior in der Sitzung des Hauptausschusses vom 27. November 1930, in: *Veröffentlichungen des Reichsverbandes der Deutschen Industrie*, Heft 55 (Dezember 1930), S. 7 und S. 13.

66 Brüning, *ebda.*, S. 23 ff.

67 Thyssen, *ebda.*, S. 27.

68 So bezeichnete Geheimrat Kastl als geschäftsführendes Präsidialmitglied Brünings Programm als „ersten Anfang einer Umkehr nach einer Zeit von zehn Jahren falscher Wirtschafts- und Finanzpolitik“ (*ebda.*, S. 19).

69 So in den Reden von Springorum, Müller-Oerlinghausen, Poensgen (und auch des preußischen Handelsministers Schreiber) auf der Versammlung des Langnamvereins und der Nordwestgruppe des Vereins deutscher Eisen- und Stahlindustrieller in Düsseldorf (4. November); bei dieser Gelegenheit warnte anderseits Bankdirektor Kehl vor den nationalsozialistischen Wirtschaftsexperimenten (nach Egelhaaf, *1930*, S. 208). Vgl. vorher schon (8./9. Oktober) die Stellungnahme des Präsidiums des Reichsverbandes der Deutschen Industrie und des Deutschen Industrie- und Handelstages zu Brünings Wirtschafts- und Finanzplan.

70 Vgl. G. E. Heinecke, „Revision des Youngplans! Ein Überblick über den Inhalt der gegenwärtigen Reparationsregelung und eine Darstellung der Revisionsgrundlagen und -möglichkeiten“ in: *Veröffentlichungen des Reichsverbandes der Deutschen Industrie*, Heft 56 (Januar 1931), bes. S. 33 ff.

71 Vgl. die einstimmige Entschließung des Bundestages des deutschen Beamtentums (24. Oktober 1930),

Kürzung der Überweisungen, der Gewerkschaften gegen die Lohnsenkungen[72] und nicht zuletzt die ständigen Angriffe, die der grollende, nun deutlich nach rechts schwenkende Schacht gegen Brünings Finanzpolitik und den Sozialismus führte[73].

Es zeigte sich schon jetzt deutlich, daß auch ein bürokratisches Verordnungsregime die Widerstände und Interessenkonflikte nicht ausschalten konnte, die hinter den nun zurückgedrängten oder ausgeschalteten Parteien und hinter den parlamentarischen Gruppierungen standen, daß vielmehr diese Widerstände für eine solche Regierung noch unübersichtlicher und schwerer zu fassen, die Mittel und Wege der Interessenpolitik viel verschlungener waren und der Ausgleich der Konflikte sich noch schwieriger und unsicherer gestaltete. Aber in Hindenburgs Umgebung dachte man eher an eine weitere Verengung des Kabinetts und erwog schon jetzt die Ersetzung Wirths durch Geßler, Curtius' durch Neurath oder — wie Groener und Schleicher — die Personalunion von Reichswehr- und Innenministerium, von Kanzleramt und Außenministerium[74]. Und Brüning selbst entzog sich auch am 3. Dezember, als seine große, 28 Gesetze umfassende Gesamtvorlage vor den Reichstag kommen sollte und eine Zustimmung der Mehrheit nach seinen interfraktionellen Verhandlungen nicht wahrscheinlich erschien, der normalen parlamentarischen Auseinandersetzung über die legislativen Aspekte seines Programms: zwei Tage zuvor schon hatte Hindenburg die umfangreiche Notverordnung „zur Sicherung von Wirtschaft und Finanzen" auf Grund des Artikels 48 in Kraft gesetzt[75]. So war jetzt der Oktroyierung des Haushalts für 1930 auf dem Verordnungswege (26. Juli) die Notverordnung über den Haushalt für 1931 gefolgt. Mit einer Gesamtsumme von 10,4 Milliarden RM enthielt er Einsparungen (in Einnahmen und Ausgaben) von 1,152 Milliarden RM gegenüber 1930. Auch das sollte freilich nicht nur für die Deckungspolitik nicht ausreichen, sondern zugleich — die Kehrseite des „Plans" — Absatzkrise und Arbeitslosigkeit noch weiter verschärfen.

Wirtschaftspartei[76] und Landvolkpartei[77] schlugen sich jetzt — vor allem an-

die in den Kürzungen wie in der Notverordnungsreform das Berufsbeamtentum bedroht sieht (Horkenbach, *1930*, S. 330).

72 Er findet einen ersten Höhepunkt im Berliner Metallarbeiterstreik (15.–28. Oktober 1930), in den sich auch die NSDAP agitatorisch einschaltet: die Forderung der Arbeitgeber auf 15prozentige Lohnsenkung wird schließlich vom Schiedsgericht wenigstens auf 3 %, ab Januar 1931 auf 5 % ermäßigt. Dem folgen Ende des Jahres umfangreiche Tarifkündigungen und Lohnsenkungen im Ruhrbergbau sowie in der sächsischen und rheinischen Textilindustrie. Zur Polemik um den Reichsarbeitsminister vgl. Deutz (Anm. II/1), S. 140 ff.

73 Besonders in einer Rede (7. Dezember 1930) auf der Jahresversammlung des Wirtschaftsbeirats der BVP: „Die Grundfrage deutscher Wirtschaft und Politik". Dabei tritt Schacht für den Schutz der größeren Vermögen im Interesse von Kultur und Wirtschaft, für die Gewinnung von „Lebensraum (stürmischer Beifall)" zur Behebung der Arbeitslosigkeit und – ganz im Sinne solchen sozialen Imperialismus – für die These ein, daß man auf die Dauer nicht gegen die nationalsozialistische Wählerschaft, ihren Willen zu Leben und Lebensraum, regieren könne. Vgl. Schultheß, *1930*, S. 239 ff. Der scharfen Kritik an der „Erfüllungspolitik" der Regierung galten auch Schachts Vortragsreisen in den USA – ihr Resultat war seine Streitschrift *Das Ende der Reparationen* (Anm. I/9) –, in Rumänien, der Schweiz, Dänemark und Schweden: vgl. Schacht, *76 Jahre* (Anm. I/9), S. 337 ff.

74 So Groeners Ankündigung von Kabinettsänderungen in seinem Brief an v. Gleich v. 28. Dezember 1930 (Phelps, Anm. I/51, S. 1015): „Unser Schmerzenskind Joseph [Wirth] ist dabei, sich totzulaufen, als Nachfolger ist Geßler gedacht, nachdem vorübergehend der Gedanke aufgetaucht war, Wehr- und Innenministerium in einer Hand zu vereinigen. Mit Curtius geht das Barometer auf und ab, sein größter Feind ist die eigene Partei. . . . Als Nachfolger nennt man Neurath, den der Reichspräsident schätzt, der aber selbst gar nicht will, oder Hoesch, der angeblich der beste Diplomat sei, den wir zur Zeit besitzen. Nach meiner Ansicht wäre es das beste, Br. würde nun zum Kanzleramt auch das Auswärtige Amt übernehmen, wenigstens für die nächste Zeit, bis zur Revision des Young-Planes."

75 *RGBl.*, *1930*, I, Nr. 47. Dazu Mühlich (Anm. I/37a), S. 114 ff.

76 *Reichstagsprotokolle* v. 5. Dezember 1930, S. 294 ff. (Drewitz).

77 *Ebda.*, v. 4. Dezember 1930, S. 280 ff. (Gereke).

gesichts der sozialdemokratischen Tolerierung der Regierung[78] — zur Opposition: erstere zog ihren Justizminister Bredt endgültig zurück, letztere gab der zunehmenden Abwendung der Landwirtschaft Ausdruck[79]. In der DVP hatten sich dagegen auf der Tagung des Reichsausschusses und des Zentralvorstandes im November, wo Dingeldey an die Stelle des zurückgetretenen Scholz gerückt war, noch einmal die vermittelnden Tendenzen durchgesetzt. Obwohl starke Bedenken gegen eine (wenn auch nur negative) Abstimmungsgemeinschaft mit der SPD, die praktisch ein stillschweigendes Fortbestehen der Großen Koalition bedeutete, erhoben wurden, konnte Dingeldey doch unter Beifall betonen, ein Programm verliere deshalb nicht an Unterstützungswürdigkeit, weil andere aus irgendwelchen Motiven heraus dieser Regierung ebenfalls ihre Unterstützung leihen[80]. Die wichtigste These blieb freilich, der Lebensstandard des deutschen Volkes müsse so weit herabgedrückt werden, daß der Anschluß an den Weltmarkt wiederhergestellt sei. Dazu kam jedoch die bezeichnende interessentaktische Befürchtung, der Sozialismus könne jetzt „in Verbindung mit dem vaterländischen Gedanken" auftreten: eine Warnung an die Wirtschaftsführer, auf die Überwindung des Sozialismus durch eine — die „sozialistischen" Tendenzen dieser Partei ausschaltende — Unterstützung der NSDAP zu hoffen. In den vorsichtigen Worten Dingeldeys, die ganz offenbar auf den pronazistischen Opportunismus in der Wirtschaft abgestellt waren, klang die Befürchtung durch, die DVP könnte wie Hugenbergs Partei zum übertölpelten Mitläufer der NSDAP werden[81]. Dem stand aber weiterhin das Eintreten für präsidiale Machterweiterung und — in deutlicher Abkehr von Stresemann und als Warnung an Curtius, der schon einige Mißtrauensvoten knapp durchgestanden hatte — die Forderung nach einer stärkeren Außenpolitik gegenüber[82].

In diesem Zusammenhang wurde auch die alte Kampagne gegen die preußische Koalition, jetzt deutliches Symptom des zunehmenden Rechtskurses der DVP, wiederaufgenommen. Sie war freilich nach wie vor durch die Mehrheitsverhältnisse im preußischen Landtag zum Scheitern verurteilt. Nachdem schon die agrarischen Interessenverbände eine Kette von Vorstößen unternommen hatten, schaltete sich nun der Stahlhelm ein, der damit, ein Jahr nach dem Fehlschlag des „Freiheitsgesetzes", erneut zur direkten politischen Aktivität überging. Am 24. Dezember 1930 kündigte er, nachdem schon die Reden des Koblenzer Stahlhelmtags davon gesprochen hatten[83], die Einreichung eines Volksbegehrens zur Auflösung des preußischen Landtags an, am 4. Februar 1931 erfolgte der offizielle Antrag, der von den Rechtsparteien bis zur DVP un-

78 Der Reichsausschuß der Wirtschaftspartei verurteilte einstimmig Brüning – mit der Begründung, er suche seine Politik „in Anlehnung an die Sozialdemokratie unter Preisgabe lebenswichtiger Interessen des deutschen Volkes und der deutschen Wirtschaft durchzuführen" (Horkenbach, *1930*, S. 335).

79 Sie wird auch in der Kritik deutlich, die der Zentrums-Agrarführer Hermes seit 1931 der Regierungspolitik entgegensetzte. Vgl. Reichardt (Anm. I/13), S. 125 ff.: die Regierung habe, so wird von dieser Seite auch heute resumiert, von ihrer „Ermächtigung und Verpflichtung ... nicht den erforderlichen Gebrauch" gemacht. Dort weitere zolltechnische Einzelheiten.

80 Eduard Dingeldey, *Die Deutsche Volkspartei seit dem 14. September 1930*, Berlin o. J. [1930] (Rede vor dem Reichsausschuß der DVP am 2. November 1930), S. 3 ff.

81 Ähnlich auch schon die vorsichtigen Ausführungen in: *Stichworte für den Wahlkampf 1930*, hrsgg. im Auftrage der Reichsgeschäftsstelle der DVP, Berlin 1930, S. 95 ff. Freilich spricht sich wenig später Seeckt auf eine Rundfrage der *DAZ* erneut für eine Regierungsbeteiligung der NSDAP aus (25. Dezember 1930).

82 Schultheß, *1930*, S. 230 f.: „In der Außenpolitik hat die Deutsche Volkspartei die Politik Stresemanns mit der Erkenntnis unterstützt, daß sie damit ihre Parteiinteressen in weitem Maße opfere. Nun brauchen wir nicht mehr bloß die Sprache der Zurückhaltung und diplomatischen Vernunft zu sprechen. . ."

83 Seldte: „Mit allen gesetzlichen Mitteln, auch mit der Waffe des Volksbegehrens, werden wir den Kampf um die Macht in Preußen fortsetzen. Wer Preußen hat, hat Deutschland. Der Reichspräsident als Reichsverweser [hier die monarchisch-autoritäre Spitze] soll in Zukunft auch das Amt des preußischen Staatspräsidenten innehaben" (Horkenbach, *1930*, S. 324).

terstützt wurde[84]. Als die Abstimmung im April die erforderliche Stimmenzahl erbrachte und der Landtag das Volksbegehren seinerseits ablehnte (229:190), wurde für den 9. August der Volksentscheid anberaumt. An ihm beteiligte sich nun auch die KPD, deren Führung hier einen Hebel zur weiteren Radikalisierung erblickte[85], nachdem Severing ihre erpresserischen Forderungen abgelehnt hatte[86] — eine Tatsache, die freilich einen Teil der DVP (mit Kahl und Curtius) zur Nichtbeteiligung bestimmte. An die Spitze setzte sich die NSDAP: ihre Propaganda- und Versammlungsaktivität übertraf auch die der KPD ganz beträchtlich[87]. Mit einem Votum von beinahe 37 % der Wähler war dann diesem Plebiszit ein psychologischer Erfolg beschieden. Er wog um so schwerer, als die preußische Regierung mit neuen Notverordnungen[88] die Pressefreiheit erheblich eingeschränkt, am 7. August von allen Zeitungen den Abdruck einer scharfen Kundgebung gegen den Volksentscheid verlangt und gleichzeitig einen entschiedenen Appell an die Beamtenschaft gerichtet hatte. Letztlich leisteten diese Maßnahmen den Meinungsverschiedenheiten innerhalb der preußischen Koalition wie den allgemeinen Angriffen gegen das Preußenregime nur weiteren Vorschub[89].

Während so das neue Jahr noch verstärkt im Zeichen der nationalistischen, auch von den Kommunisten in ihrem Sinne unterstützten Agitation stand, während die Revisionsideologen von der fortschreitenden Krise einen revolutionären „Umbau der Welt" erwarteten[90], trat das Parlament als aktiver Faktor der Politik nun ganz zurück. Auch der Entschluß der SPD, mit ihrer Tolerierung der Notverordnungen einer ausgeprägten Rechtsregierung und einer Einbeziehung der NSDAP entgegenzuwirken, beförderte die Selbstausschaltung des Reichstags. Im übrigen verschärfte sich auch dort nach einer erneuten Intervention der „Grünen Front" bei Brüning (27. Januar 1931), der eine entschiedene Kampfansage des Reichslandbundes gegen die Brüningsche Zollpolitik und jetzt auch gegen Schiele folgte, die rechtsoppositionelle Obstruktionstaktik[91]. Die gemäßigten Parteien beantworteten dies mit einer Straffung der parlamentarischen Geschäftsordnung angesichts der hemmungs-

84 Nach: *Der Stahlhelm* 13, Nr. 5 v. 8. Februar 1931.

85 So Ernst Thälmann, „Über den roten Volksentscheid am 9. August 1931", Rede in der Funktionärsversammlung der revolutionären Massenorganisationen am 24. Juli 1931 in Berlin, in: *Kampfreden* (Anm. II/11), S. 53 ff. In der neueren Darstellung der KP-Politik von SED-Seite wird die ganze Problematik einfach verschwiegen: Lothar Berthold, *Das Programm der KPD zur nationalen und sozialen Befreiung des deutschen Volkes*, Berlin 1956; Joachim Petzold, „Der Staatsstreich vom 20. Juli 1932 in Preußen", in: *Ztschr. f. Geschichtswissenschaft* 4 (1956), S. 1146 ff., vermerkt lediglich in einer kleinen Fußnote, die KPD habe in diesem Fall ihre „revolutionäre Hauptaufgabe" verkannt.

86 Der antidemokratische Zickzackkurs der KPD wird hier unmißverständlich sichtbar. Man paktierte mit den echten Faschisten, um die SPD-Regierung zu stürzen, nachdem man Brüning im Dezember 1930 mit der Parole bekämpft hatte: „Der Faschismus ist da!" Heinz Neumann bei Ossip K. Flechtheim, *Die Kommunistische Partei Deutschlands in der Weimarer Republik*, Offenbach/M. 1948, S. 164. Einige Monate später definierte man Brünings Kabinett als „Regierung der Durchführung der faschistischen Diktatur": vgl. *Die Internationale* 15 (1932), S. 223, und die weitere Faschismus-Diskussion der KPD-Führung bei Flechtheim (Anm. III/86), S. 165 ff.

87 Ein Beispiel ist die Provinz Hessen-Nassau, wo zwischen dem 1. April und dem 30. August 1931 insgesamt 4135 Versammlungen abgehalten wurden. Davon entfielen auf die:

NSDAP	1910	DVP	30
KPD	1129	Christlich-nationale Bauern- u. Landvolkpartei	25
Stahlhelm u. a.	467	Staatspartei	12
SPD	447	Deutsche Bauernpartei	11
DNVP	73	Wirtschaftspartei	7
Zentrum	50		

(„Politische Zahlen und Tatsachen" in: *Frankfurter Zeitung*, Nr. 903 v. 4. Dezember 1931).

88 Vom 28. März und 17. Juli 1931. *RGBl., 1931*, I, S. 79 ff.

89 *Der Stahlhelm* 13, Nr. 33 v. 16. August 1931 (Aufruf der Bundesführung).

90 So Ferdinand Fried, „Der Umbau der Welt", in: *Die Tat* 23, Heft 2 (Mai 1931), S. 81–126.

91 Einzelheiten: *Die Nationalsozialisten im neuen Reichstag* (Anm. III/32), S. 42 ff.; S. 65 ff.

losen Agitationsanträge der NSDAP und DNVP: Vorschläge zur Änderung des Haushalts sollten danach nur noch eingebracht werden können, wenn sie gleichzeitig mit entsprechenden Deckungsvorschlägen verbunden wären. Obwohl Goebbels der Reichstagsrede Brünings (5. Februar 1931) die Erklärung entgegengesetzt hatte, seine Partei werde in ihrer „trotzigen" Oppositions- und Kampfstellung verbleiben[92], und obwohl die DNVP sich ähnlich äußerte, wurde der nationalsozialistische Mißtrauensantrag am 7. Februar mit den Stimmen der SPD (292:220) erneut abgelehnt und zwei Tage später die geänderte Geschäftsordnung angenommen.

Die radikalen Parteien, die sich so um die Möglichkeiten innerparlamentarischer Obstruktion gebracht sahen, verließen demonstrativ den Reichstag[93], um erst im Oktober wiederzukehren und sich inzwischen der Aktivität auf der Straße und der Kampagne gegen die „Gesäßparteien" zu widmen[94]: der NSDAP folgte zunächst die KPD (die freilich wiederkehrte), dann die DNVP und ein Teil des Landvolks als sichtbarer „Schwanz der Opposition"[95] unter dem Diktum der NSDAP, worauf die Reform der Geschäftsordnung — von Vizepräsident Stöhr beschimpft als „Verfassungsbruch" der „Organisationsmaschinerie des internationalen Tributkapitalismus, wie er in den Young-Verträgen seinen praktischen Ausdruck gefunden hat"[96] — mit 303:0 Stimmen beschlossen wurde. Hugenbergs Kurs der „sinnlosen Obstruktion" hatte, wie gerade auch von konservativer Seite entschieden betont wurde, die Deutschnationalen nun in „die unbedingte Gefolgschaft der Nationalsozialisten verstrickt"[97]. Und diese selbst sperrten sich gegen jede Beteiligung an einer Koalitionsregierung, um nicht in diesem Stadium die Verantwortung übernehmen zu müssen oder wenigstens zuerst durch Neuwahlen ihre Zahl zu vermehren[98]. Dafür verstärkten sie ihre antiparlamentarische Agitation und ließen sogar — frühes Vorspiel von Harzburg — durch ihren thüringischen Minister Frick den „phantastischen Plan"[99] verkünden, sie würden in Weimar ein Parlament der nationalen Opposition konstituieren. Selbst entschiedene Gegner der Republik wie Kapitän Ehrhardt notierten in diesem Augenblick den Selbstmord der „Nationalen Opposition", die das Parlament der Linken ausgeliefert habe[100].

Tatsächlich hatte sich damit das Gewicht der SPD vorübergehend beträchtlich verstärkt. Doch sie stützte weiter die Regierung, stimmte sogar einen kommunistischen Mißtrauensantrag gegen Schiele nieder, tolerierte durch Enthaltung (mit Ausnahme von 9 Abgeordneten) Wehrhaushalt und Bauprogramm für das

92 *Reichstagsprotokolle* v. 5. Februar 1931, S. 692.

93 *Ebda.*, v. 10. Februar 1931, S. 873. Details zu diesem Exodus in: *Die Nationalsozialisten im neuen Reichstag* (Anm. III/32), S. 74 ff.

94 So die Terminologie von Goebbels, besonders in dem gleichnamigen Artikel: „Gesäß-Parteien", in: *Der Angriff* v. 19. Februar 1931.

95 Stampfer (Anm. I/4), S. 600.

96 *Reichstagsprotokolle* v. 10. Februar 1931, S. 874. Vgl. Stöhr im *Völkischen Beobachter*, Nr. 43 v. 12. Februar 1931. Stöhr wurde jetzt durch v. Kardorff (DVP) ersetzt.

97 Graf Westarp in der *Täglichen Rundschau* (nach Egelhaaf, *1931*, S. 100).

98 Dagegen polemisierte auch Graf Westarp: „Regierung Hitler", in: *Volkskonservative Stimmen* v. 10. Januar 1931 (auf eine Umfrage der *DAZ*).

99 So Wirth am 5. März vor dem Reichstag; der Reichsinnenminister drohte Frick mit einer Reichsexekution, wie sie schon einmal gegen Thüringen stattgefunden habe: nach Poetzsch-Heffter (Anm. I/128), S. 128 f.

100 In der *DAZ*, bei Egelhaaf, *1931*, S. 100. Damit gab auch dieser militante Nationalist die Hoffnungen auf, die er noch im Sommer 1930 auf die NSDAP gesetzt hatte: vgl. seinen Aufsatz („Das Problem ‚Nationalsozialismus'") in: *Deutsche Zukunft* 11, Nr. 13 v. 5. Juli 1930, S. 97 f., mit dem Schlußsatz: „Der Nationalismus muß von vornherein den Mut haben, Dinge zu sagen, die im Augenblick bei der Masse unpopulär sein mögen." Dies eben sah der aristokratische Nationalist durch den opportunistisch-demagogischen Kurs der NSDAP verletzt. Hitler war auch ihm der erfolgreiche „Massentrommler", nicht aber der rettende „Diktator": Hermann Ehrhardt in der (der Reichswehr nahestehenden) *Berliner Börsenzeitung* v. 4. Januar 1931 sowie in den *Volkskonservativen Stimmen* v. 10. Januar 1931.

Panzerschiff B, das sie im Verein mit der KPD hätte torpedieren können[101], und verhalf schließlich dem Haushalts-, dem Zollermächtigungs- und dem Osthilfegesetz[102] zur Verabschiedung. Auch in diesem Fall meinte die SPD in Groener die Regierung Brüning halten und so die drohende Rechtsdiktatur verhindern zu müssen, ohne aber selbst — wie auch die übrigen demokratischen Parteien — die Grundlagen für eine echte Alternative zu schaffen.

4. Stellung der Parteien zur Regierung der Krise

Die Regierung Brüning, der das Parlament damit eine lange, wenngleich wenig geruhsame Atempause gewährte, sah sich indessen nach einjähriger Amtszeit einer vielfach gesteigerten Krisensituation gegenüber. Nicht nur hatten die rigorosen Einsparungsmaßnahmen ihre psychologische Position erheblich verschlechtert; sie vermochten auch die steigenden Finanzschwierigkeiten keineswegs mehr auszugleichen. Mit der allgemeinen Verschärfung der Weltwirtschaftskrise wuchs die Arbeitslosigkeit weiterhin in sprunghafter Weise und mit ihr wiederum die Absatzkrise. Alle Bemühungen, diesen *circulus vitiosus* zu durchbrechen, schienen vergeblich. Auch wurde immer deutlicher, daß von einem einheitlichen Brüning-Plan keine Rede mehr sein konnte, daß vielmehr das Universalmittel der Notverordnung jetzt überwiegend zur schnellen Einleitung dringender wirtschaftlicher Überbrückungs- und politischer Abwehrmaßnahmen eingesetzt wurde[103].

So sehr damit die ursprüngliche Legitimierung des autoritären Kurses wegfiel, so wenig war noch an einen Verzicht auf seine Mittel zu denken — da nun einmal die notdürftig zusammengehaltene Ordnung auf Maßnahmen beruhte, die der Reichstag, nachdem er mit dem Verzicht auf konstruktive Mehrheitsbildung sich selbst seiner Macht entäußert hatte, zwar nicht sanktioniert, aber doch toleriert hatte. Denn jetzt war allerdings eingetreten, was die SPD schon ein halbes Jahr vorher zu einer damals noch verfrühten Politik der Tolerierung wider Willen veranlaßt hatte, während Brüning im Vertrauen auf die Wirkung seiner Sanierungs- und Revisionspolitik die Gefahr noch immer unterschätzte[104]: der Aufmarsch der radikalen Parteien beschränkte die Entschlüsse auf einen schmalen Raum, der ein Wechselspiel zwischen Regierung und demokratischer Opposition, den Austrag interessenpolitischer Gegensätze im Rahmen einer demokratischen Ordnung weitgehend ausschloß. Dies hatten nicht nur die letzten parlamentarischen Abstimmungsergebnisse bewiesen. Es traf noch mehr für die außerparlamentarische Frontbildung zu, wo alles, was Kritik an der Brüningschen Notverordnungspolitik sein mochte, von der Agitation der radikalen Parteien und Gruppen absorbiert wurde.

Auch die regionalen Abstimmungen von 1931 indizierten aufs deutlichste den weiteren Schrumpfungsprozeß des demokratischen Bewegungsraums. In den Wahlen zum Oldenburger Landtag (17. Mai) wurde die NSDAP schon zur weitaus stärksten Partei[105]. Dann rückte sie auch in den Hamburger Bürgerschafts-

101 Dazu Keil (Anm. I/3), II, S. 349.

102 *RGBl., 1931*, I, Nr. 14.

103 Das soll freilich nicht heißen, daß die zeitlich meist nicht beschränkten Notverordnungen nicht eine deutliche Tendenz zeigten, als Gesetze zu normalem Dauerrecht zu gelangen: vgl. die Beispiele bei Poetzsch-Heffter (Anm. I/128), S. 132 f.

104 Vgl. seine optimistische Stellungnahme zum nationalsozialistischen Problem: o. Anm. III/48.

105 Zur Radikalisierung Oldenburgs, wo die Landbevölkerung schon jetzt überwiegend der NSDAP zufiel, vgl. auch Emil Kraft, *80 Jahre Arbeiterbewegung zwischen Meer und Moor, Ein Beitrag zur Geschichte der politischen Bewegungen in Weser-Ems*, Wilhelmshaven 1952, S. 91 ff.

wahlen (27. September) knapp hinter die stark verlierende SPD[106], um sie bei den Anhalter Kommunalwahlen zu überflügeln und schließlich bei den Landtagswahlen in Hessen (15. November), wo bisher ständig die Weimarer Koalition geherrscht hatte, ihren größten Sieg zu erringen; nur die KPD hielt auch hier mit, während von der SPD bis zur DNVP die Verluste überall katastrophal, selbst beim Zentrum empfindlich waren. Eine vorzeitige Reichstagsauflösung mußte also unter allen Umständen vermieden werden. Gegen die Verlegung des Machtkampfes auf die Straße wurde wieder und wieder der Artikel 48 mobilisiert; selbst die SPD konnte und wollte, wie ihr auf eine Notverordnung gestütztes Vorgehen im Falle des preußischen Volksentscheids bewies, diesem Mittel nicht länger ihre Zustimmung versagen.

Stellung und Verhalten der demokratischen Parteien bestimmten sich weiterhin durch diese Zwangslage, in die sie das Experiment der Notverordnungsregierung schon nach einjähriger Dauer gebannt hielt. Während aber das Zentrum bei seiner ablehnenden Haltung gegenüber der NSDAP verharrte und die Spannung zwischen den Koalitionsverhältnissen in Preußen und im Reich weiterhin durchhielt[107], wurde in der DVP die seit Stresemanns Tod wachsende Tendenz zum Ausbruch nach rechts immer stärker, wobei die Oppositionshaltung ihrer preußischen Landtagsfraktion dauernd auf die Reichspolitik der Partei zurückwirkte. Zwar bestätigte der Zentralvorstand der DVP im April 1931 noch einmal die Unterstützung der Regierung: er berief sich dafür auf die privatwirtschaftlichen, die Reichsreform- und die präsidial-autoritären Ziele und forderte, der Reichspräsident solle Oberhaupt auch Preußens werden. Doch forcierte die Fraktion wenig später (11. Juni) mit einer freilich nur knappen Mehrheit die gegen den Young-Plan gerichteten Revisionswünsche, verlangte eine entsprechende Umbildung der Regierung und reihte sich mit der Forderung nach vorzeitiger Einberufung des Reichstags in die Front derer ein, die den Sturz des Kabinetts betrieben. Brüning ließ seinerseits deutlich erkennen, daß er zurücktreten werde, falls der Ältestenrat jenem Wunsche stattgeben würde. Noch einmal vermochte eine Unterredung zwischen Brüning und Dingeldey diese Drohung zu bannen — allerdings nur unter Hinweis auf den unveränderten Obstruktionskurs der beiden Rechtsparteien. Mit den Stimmen der NSDAP, DNVP, Wirtschaftspartei, Landvolkpartei und KPD blieb der Einberufungsvorstoß in der Minderheit, war eine drohende Regierungskrise abgewendet. Bald sollte es freilich, nachdem schon die Einstellung zum preußischen Volksentscheid zu ernsten, auf der Parteivorstandstagung vom 24. August nur knapp beigelegten Differenzen geführt hatte, zu neuen, folgenschweren Positionsschwankungen der DVP kommen.

Am entschiedensten hielt neben dem Zentrum nach wie vor die verkleinerte Staatspartei ihren konstruktiven Vermittlungskurs. Mit der entschiedenen Ablehnung aller Angriffe auf die — freilich mühselige, auf der Grundlage des Völkerbunds oft enttäuschende — internationale Versöhnungs- und Ausgleichspolitik[108] verband diese Partei das Bekenntnis zu einem demokratisch mode-

106 Dazu von nationalsozialistischer Seite Okraß (Anm. III/41), S. 237 ff.

107 Besonders scharf ist die Kritik, die Kaas anläßlich einer Aussprachetagung der Parteibeamten in Kassel (4. Januar 1931) an der Obstruktionspolitik der NSDAP übt. Einem gegnerischen Zwischenruf erwidert er: „Wenn uns nicht die Verantwortung hielte, würden wir aus pädagogischen Gründen den Nationalsozialisten Platz machen, damit das deutsche Volk ihre blutige Ignoranz erkenne. Aber das Experiment scheint uns gewagt, denn ich glaube nicht, daß es nachher noch etwas zu retten gäbe" (nach Schultheß, *1931*, S. 5).

108 So Gertrud Bäumer auf der Landestagung der Partei in Stuttgart (6./7. Januar). Sie betont hier die Bedeutung der Auseinandersetzung mit dem verlorenen Krieg gerade für die gegenwärtigen innerpolitischen Konflikte, beklagt die geringe Wirkungsmöglichkeit des Völkerbundgedankens, erörtert die

rierten und sozial verantwortlichen Kapitalismus. Ihre Überlegungen kreisten vor allem um die Frage, ob nicht die ungeheuren Ausgaben für Arbeitslosenunterstützung zugleich einer produktiven Funktion zugeführt werden könnten[109]; jedenfalls aber kehrten sie sich gegen alle leichtfertigen Wunderprediger, die das Volk mit unverantwortlichen Rezepten aufpeitschten: „Wir hatten nicht die Absicht", so präzisierte der Parteivorsitzende, Reichsfinanzminister und Vizekanzler Dietrich, die Haltung der Regierung wie der unter dem Ansturm des Radikalismus zusammengeschrumpften Partei, „das Steuer des Staates aus der Hand zu geben, wir sind entschlossen, uns durch den ungeheuren Irrsinn, der in großen Teilen des Volkes umgeht, nicht irre machen zu lassen, sondern den Kampf ebenso mit Ruhe wie mit Energie zu führen in dem Bewußtsein, daß es nicht auf die Anerkennung in der Gegenwart, sondern darauf ankommt, wie unsere Arbeit in der Zukunft sich auswirkt[110]." In solchen Worten spiegelte sich freilich zugleich die beharrliche Nichtachtung jener psychologischen Potenzen, mit denen eine demokratische Staatsführung auch und gerade in der Krise rechnen muß. Die gleichsam „heroische" Unterordnung der Gegenwart unter die Zukunft war ein Komplement jener Selbsttäuschung, in deren Schutz die Regierung, distanziert von allen Stimmungen und Meinungen der gegenwartsgerichteten „Masse", ihrem Durchhalteprogramm nachging. Im übrigen bemühte sich die Staatspartei — freilich mit wenig Erfolg — weiterhin um eine Zusammenführung aller Kräfte der bürgerlichen Mitte zwischen Zentrum und Hugenberg[111] und hielt an ihrem Gedanken einer Reichsreform zur Stärkung der demokratischen Verwaltung wie eines wirksamen Parlamentarismus fest, wenn die Ansichten über den Weg und die Rolle Preußens auch differierten[112].

In der schwierigsten Situation befand sich nach wie vor die SPD. Ihr mit Spannung erwarteter Parteitag, der — zum letzten Mal vor dem „Dritten Reich" — vom 31. Mai bis 5. Juni in Leipzig stattfand, stand im Zeichen erheblicher innerparteilicher Spannungen, so sehr ein demonstrativer Massenaufmarsch noch einmal die ungebrochene Stärke der Millionenpartei dartun konnte[113]. Nur mit Mühe vermochten die Vertreter des Tolerierungskurses jener Opposition Herr zu werden, die ein Jahr zuvor die Partei aus der Koalition gedrängt, ihren inzwischen (am 20. März) im Alter von 55 Jahren verstorbenen Kanzler Müller desavouiert und das Tolerierungsdilemma damit recht eigentlich heraufbeschworen hatte[114]. Schon bei der Abstimmung über den Panzerkreuzer

Idee eines nationalen Pazifismus und bezeichnet die Remarque-Affäre als Symptom derselben verhängnisvollen Illusionsstimmung, die schon 1918 das Volk hilflos dem Zusammenbruch gegenübergestellt habe: symptomatisch sei eben, daß dieselben Kreise, die ihre Anhänger zum Kriege erziehen wollten, ihnen den Anblick der tatsächlichen Gestalt des letzten Krieges vorenthielten und dafür in die friderizianischen Kriege zurückflüchteten (*ebda.*, S. 7 f.).

109 Neben die Kritik an der Verdrängung des selbständigen Unternehmers durch die Konzerne usw. stellt Dietrich bei derselben Tagung die Forderung nach Verkoppelung von Arbeitslosenhilfe und Wirtschaftsankurbelung – etwa durch Kreditgewährung aus Unterstützungsgeldern an produktive Betriebe, die dafür eine entsprechende Zahl von Arbeitslosen einzustellen hätten (*ebda.*, S. 8 f.).

110 *Ebda.*, S. 9. Vgl. auch Dietrichs Ausführungen über die Notverordnung vom 5. Juni auf dem badischen Parteitag der Staatspartei in Überlingen (14. Juni), die im wesentlichen den Mittelstand über den unpopulären Kurs der Finanz- und Wirtschaftspolitik beschwichtigen wollten und dabei gegen sozialistische wie gegen extrem individualistisch-kapitalistische Forderungen Front machten (*ebda.*, S. 139 f.). Ähnlich auch seine Rede auf der Reichstagung der Staatspartei in Berlin (15. August): *ebda.*, S. 182 ff.

111 So der Vorsitzende der Reichstagsfraktion, August Weber, auf dem ersten a. o. Parteitag in Berlin (26./27. September): *ebda.*, S. 206.

112 Ministerialdirektor Poetzsch-Heffter in seinem Referat über „Reichsreform und Preußen" und (in der Aussprache) der preußische Finanzminister Hoepker-Aschoff (*ebda.*, S. 206 f.).

113 Stampfer (Anm. I/4), S. 60 f., der das Maß der Spannungen etwas bagatellisiert, beziffert den Mitgliederstand auf über 1 Million.

114 Zu den Gegnern des Tolerierungskurses neigte damals auch Kurt Schumacher (vgl. Keil, Anm. I/3, II, S. 403), während u. a. besonders Julius Leber scharf gegen diese doktrinäre Opposition Stellung nahm,

hatte das Abspringen von 9 Abgeordneten der Fraktionsdisziplin einen merklichen Schlag versetzt. Aber nicht nur die Abgrenzung gegen die in sozialdemokratische Wählerschichten einbrechende KPD, sondern vor allem die Verhinderung einer bürgerlich-nationalsozialistischen Koalition bezeichnete Breitscheid in seinem Referat („Die Überwindung des Faschismus") als die Aufgabe der sozialdemokratischen Taktik gegenüber dem Kabinett Brüning: er befürwortete seine Stützung, „solange es entschlossen und imstande ist, die faschistischen Aspirationen abzulehnen"[115]. Nachdem schon der Parteivorsitzende Wels die Haltung der SPD mit der Feststellung begründet hatte, daß Sozialismus die Erhaltung der Demokratie voraussetze[116], und Breitscheid — als Warnung vor neuen Spaltungen — seine einstige Zugehörigkeit zur USPD als einen Fehler bekannt hatte, wurde das Verhalten der 9 Neinsager mit großer Mehrheit mißbilligt; die Oppositionsreden von Seydewitz und Rosenfeld[117] fanden ihren Hauptbeifall auf den stark mit Jugend besetzten Tribünen. Auch für die sozialistischen Gewerkschaften befürwortete Tarnow den Tolerierungskurs: der Übergang vom Kapitalismus zum Sozialismus sei nur auf dem Wege der Entwicklung und Fortbildung, nicht durch Spekulationen auf den Zusammenbruch der kapitalistischen Wirtschaft oder durch den Glauben an ein Generalrezept zur Verwirklichung des Sozialismus zu erreichen[118]; Nöltings Ausführungen sekundierten diesem kooperationswilligen Reformismus, der zugleich eine vernehmliche Absage an die kommunistische Verelendungs- und Katastrophenideologie[119] bedeutete.

Die Entschließung des Parteitages bestätigte mit der Forderung nach Schutz der Demokratie und der sozialen Rechte den antirevolutionären Tolerierungskurs der Parteiführung gegenüber der Regierung Brüning, ohne freilich die Partei zu einer konstruktiven, die im Abwehrkampf erstarrten Fronten auf-

die ebenso den verhängnisvollen Rücktritt Müllers betrieben hatte, wie sie jetzt in Verkennung der politischen Lage die „zwangsläufige Folge des 27. März 1930", die Tolerierung Brünings, bekämpfte: Leber (Anm. I/37), S. 182 f.

115 *Sozialdemokratischer Parteitag in Leipzig 1931, Protokoll*, Berlin 1931, S. 103. Breitscheid hielt sich in diesem noch immer reichlich illusionistischen Referat (S. 87 ff.), das die nationalsozialistische Gefahr sichtlich unterschätzte, im wesentlichen an Hermann Heller, *Europa und der Faschismus*, Berlin-Leipzig 1931. Die besten Einsichten in das Problem kamen aus dem Kreis des SPD-Nachwuchses. Vgl. besonders Mierendorff (Anm. III/13), S. 489 ff. Die parteioffizielle Interpretation der Tolerierungspolitik in: *Jahrbuch der Deutschen Sozialdemokratie für das Jahr 1930*, hrsgg. vom Vorstand der SPD, Berlin 1931, S. III f.; S. 392 ff. u. a.

116 *Parteitag Leipzig* (vorige Anm.), S. 19; S. 14. So auch Breitscheid: *ebda.*, S. 174 f.

117 Sie gründen am 2. Oktober die Sozialistische Arbeiterpartei (SAP, die am 4. Oktober 1931 ihre erste Reichskonferenz abhält), in der sich unter sechs Reichstagsabgeordneten ein kleiner Teil der oppositionellen SPD-Gruppen zusammenfindet.

118 *Ebda.*, S. 45 ff. Gleichzeitig wenden sich die Gewerkschaften freilich wiederholt gegen die unzulängliche Behandlung der Arbeitslosigkeit, die beunruhigende Lohnsenkungspolitik (mit der die Preissenkung keineswegs Hand in Hand gehe) und die exzessiven Schutzzollmaßnahmen und fordern Verkürzung der Arbeitszeit, ausreichende Unterstützung der Sozialversicherung und Sicherung der tarifvertraglichen Regelung der Arbeitsverhältnisse. So vor allem Leipart als Vorsitzender des ADGB in einer Unterredung mit Hindenburg am 26. Februar 1931 (der Brüning beiwohnte); ähnlich auch die Forderungen der GdA, die am 19. August 1931 in der Presse erscheinen, und des 14. Kongresses des ADGB in Frankfurt a. M. am 31. August / 4. September 1931, wo eine düstere Rede des Reichsarbeitsministers Stegerwald eine scharfe, gegen die rücksichtslose Lohnpolitik der Arbeitgeber und auch der Regierung gerichtete Erwiderung Leiparts findet. Vgl. Deutz (Anm. II/1), S. 140 ff. Auch der Gesamtvorstand der Christlichen Gewerkschaften wendet sich in einer Tagung vom 2. September 1931 (Hannover) gegen die Überspannung des Lohndrucks und der Zollpolitik und fordert beschleunigte Preissenkungen. Zur politischen Problematik des gewerkschaftlichen Dilemmas auch Franz L. Neumann, *Behemoth, The Structure and Practice of National Socialism*, New York, 2. Aufl. 1944, S. 13 ff.; Adolf Sturmthal, *The Tragedy of European Labor 1918–1939*, New York 1943, S. 83 ff.

119 *Parteitag Leipzig* (Anm. III/115)), S. 68 ff. Ähnlich auch die Linie der sozialistischen Angestellten (AfA-Bund): vgl. Siegfried Aufhäuser, *Ideologie und Taktik der Angestelltenbewegung* (Referat auf dem 4. AfA-Gewerkschaftskongreß, Leipzig 1931), Berlin 1931, S. 20 f. Zur KPD-Theorie vor allem das Referat Ernst Thälmanns vor dem ZK der KPD im Januar 1931: „Der Charakter der Weltwirtschaftskrise", in: Thälmann, *Kampfreden* (Anm. II/11), S. 36 ff.

lockernden Initiative über die Brüningsche Notregierung hinausführen und dadurch die fortschwelende innerparteiliche Opposition absorbieren zu können[120]. Eine Rundfunkrede des Parteivorstandsmitglieds Vogel am 18. Juni stand nicht minder im Zeichen des Schwankens zwischen Tolerierung und Kritik als eine Kundgebung, die Parteivorstand, Parteiausschuß und Kontrollkommission der SPD am 14. Juli, offenbar auch unter dem Eindruck radikaler Strömungen innerhalb der Partei, gegen die „kapitalistische Wirtschaftsanarchie" erließen[121]. Auch dieser letzte Parteitag der SPD in der Weimarer Republik hatte keine neuen Impulse zu entfachen vermocht. Obwohl die Tatsache einer vieljährigen Kooperation mit den bürgerlichen Parteien längst eine neue Situation geschaffen hatte, blieb die SPD in der alten Kontroverse über „radikale" oder „reformistische" Taktik befangen. Sie verharrte weiterhin in der zwiespältigen Unentschlossenheit, die ihre Einstellung zu der bürgerlichen Republik seit je bestimmt und ihre Entscheidungsfreiheit jetzt — und das sollte sich nicht mehr ändern — aufs äußerste eingeschränkt hatte. Die Partei blieb wohl gefestigt nach innen, aber ohne die starke Wirkung und Werbekraft nach außen, mit der sie die krisenbetroffenen Schichten hätte aufnehmen und noch aktiv in diese kritische Phase hätte eingreifen können. Daran änderten auch die Forderungen nach Verjüngung der Partei nichts, mit denen Ollenhauer in seinem Parteitagsreferat hervorgetreten war[122]. Ein Jahr später war dann die Möglichkeit einer Großen Koalition endgültig vorüber, und die größte republikanische Partei sah sich aus allen staatlichen Machtpositionen hinausmanövriert, noch ehe die Republik selbst untergegangen war.

Auch die Stellungnahme der übrigen Parteien der Brüning-Mehrheit zeigte keine wesentliche Änderung, wenngleich eine wachsende Skepsis gegen die Wirkung der Notverordnungen auf die einzelnen Interessenbereiche erkennbar wurde. Überdies beschwor das Stagnieren der außenpolitischen und weltwirtschaftlichen Initiativen der Regierung neue Schwierigkeiten an einer Stelle, wo Brüning am ehesten einen erheblichen Prestigegewinn erhofft hatte: das Schicksal des deutsch-österreichischen Zollunionplanes sollte der außenpolitischen Agitation der radikalen Parteien und Gruppen neuen Auftrieb geben, um schließlich mit Curtius' Rücktritt nicht nur eine Umgruppierung des Kabinetts, sondern auch weitere Schwankungen auf dem rechten Flügel der Brüning-Mehrheit auszulösen. So sprach sich die Reichstagung der Christlich-Sozialen Vereinigung, die am 19./20. September in Gegenwart von Treviranus in Leipzig stattfand, für eine weitere Unterstützung Brünings, aber gegen Curtius und für einen entschiedeneren Revisionskurs aus[123]. Dem entsprach schon ein Brief vom 17. Juli, in dem Simpfendörfer für den Christlich-Sozialen Volksdienst und Westarp für die Volkskonservativen Brüning ihre weitere Unterstützung versprachen, jedoch eine feste Haltung in der Reparationsfrage forderten[124].

Die Verbände der Arbeitgeberschaft ihrerseits waren mit dem zögernden Revi-

120 Sprachrohr der innerparteilichen Kritik an der Tolerierungspolitik ist besonders die Halbmonatsschrift *Der Klassenkampf*, so etwa die Aufsätze von Karl Böchel, F. Petrich, Max Seydewitz, August Siemsen, O. Jensen und Fritz Lewy, *ebda.*, 5, Nr. 12 (15. Juni 1931), S. 354 ff.; vgl. den „Mahnruf an die Partei", *ebda.*, Nr. 13 (1. Juli 1931), S. 385 ff., und Max Seydewitz, „Der Mahnruf und seine Wirkung", *ebda.*, Nr. 14 (15. Juli 1931), S. 417 ff.; ders., „Wie lange noch Tolerierung", *ebda.*, Nr. 17 (1. September 1931), S. 513 f. Zur strukturellen und taktischen Problematik der SPD-Politik in der Endphase vgl. auch Lewis J. Edinger, „German Social Democracy and Hitler's ‚National Revolution' of 1933: A Study in Democratic Leadership", in: *World Politics* 5, Nr. 3 (April 1953), S. 333 ff.

121 Schultheß, *1931*, S. 158 f.: in diesem Zusammenhang wird auch gegen radikale Spaltungsversuche von seiten der *Marxistischen Büchergemeinde* und des *Klassenkampf* scharf Stellung genommen.

122 *Parteitag Leipzig* (Anm. III/115), S. 190 ff.

123 Vgl. die Entschließung: Schultheß, *1931*, S. 204.

124 *Ebda.*, S. 161.

sionskurs der Regierung ebensowenig zufrieden wie mit den sozialen Zugeständnissen; soweit nicht schon Einbrüche der rechtsradikalen Agitation sichtbar[125] und jetzt auch durch Schachts Beihilfe die Verbindungen mit der NSDAP verstärkt wurden[126], sah man doch in der Schwere der Wirtschaftskrise eine Folge sozialistischer oder kommunalpolitischer „Kollektivierung" der Wirtschaft und forderte aus diesem Grund eine Restabilisierung der Privatwirtschaft sowie radikale Eingriffe in den Kreis der öffentlichen Aufgaben und in die Arbeitslosenversicherung[127]. Neben dem deutlichen Streben nach Ausnutzung der Situation zur Veränderung der wirtschaftspolitischen Machtverteilung wirkte sich auch hier jene Vernachlässigung der eigentlichen politisch-psychologischen Gegebenheiten und Erfordernisse, jene Unterschätzung des politischen Charakters der Krise aus, in der auch die Politik der Regierung verharrte. Die Notverordnungen als Mittel zur Durchsetzung von lange verfolgten Zielen, die durch die Mehrheitsverhältnisse im Parlament blockiert waren: dies war eine Hoffnung, die in Industrie wie Landwirtschaft immer stärker wurde und einen Teil ihrer Exponenten bald nach Harzburg, dann ins Papen-Experiment und schließlich halben oder ganzen Herzens auf die nationalsozialistische Seite, in die gewerkschaftslose Diktatur führen sollte.

Neben dem Landvolk verharrte auch die Wirtschaftspartei in ihrer Kritik am Brüning-Kurs; innere Konflikte hatten zu einem Führungswechsel in dieser Partei geführt, die nun, als letzte der bürgerlich-liberalen Parteien, ebenfalls beträchtliche Rückgangserscheinungen zeigte. Deutlicher noch war, während Westarp weiterhin seinen persönlichen Einfluß auf alle gemäßigten konservativen Gruppen für eine Unterstützung Brünings einsetzte[128], der endgültige Niedergang der Volkskonservativen als politische Potenz besiegelt. Diese „Offiziere ohne Soldaten" [129] hatten inzwischen auch die Unterstützung der *Kreuz-*

125 So schon bei der Tagung des Langnamvereins in Düsseldorf (3. Juni 1931).

126 Schon im Dezember 1930 traf Schacht bei seinem Freund v. Stauß (Vorstandsmitglied der Deutschen Bank) mit Göring zusammen; am 5. Januar 1931 folgte er Görings Einladung, in dessen Wohnung er und Thyssen sich mit Hitler und Goebbels trafen: auch hier war er „von der ganzen Atmosphäre angenehm berührt" (Schacht, *76 Jahre*, Anm. I/9, S. 350 ff.). Von da an drängte er nach eigenem Geständnis auf eine Beteiligung der NSDAP an der Regierung. Vgl. *Nürnberger Dokumente*, Bd. XXXII, S. 549 ff. Fritz Klein, „Neue Dokumente zur Rolle Schachts bei der Vorbereitung der Hitlerdiktatur", in: *Ztschr. f. Geschichtswissenschaft* 5 (1957), S. 818 ff.

127 Erklärung des Präsidiums des Hansabunds über die wirtschaftspolitische Lage (5. Mai 1931) (nach Schultheß, *1931*, S. 112); vgl. die Vorstandstagung des Reichsverbands der Deutschen Industrie (29. Juli 1931) mit der scharfen Stellungnahme Silverbergs sowie der Kritik an dem Finanzgebaren der Reichsbank unter Luther, ferner die an Brüning gerichtete Erklärung desselben Verbandes vom 29. September 1931, die eine scharfe Kampfansage an jede Art von Sozialismus enthält. Einzelheiten zitiert Schultheß, *1931*, S. 213 ff.

128 *Westarp-Akten:* Brief Westarps an Wallraf v. 24. Februar 1931: „Ich kann mich auch durch den Vorwurf der ‚Front von Westarp bis Crispien' nicht veranlaßt sehen, die Politik preiszugeben, durch welche ich seit dem April vorigen Jahres der Regierung Brüning die Fortsetzung ihrer Arbeit ermöglicht habe. Daß ich noch im November und Dezember persönlich dafür den Ausschlag gegeben habe, ist keine Übertreibung. Die Entscheidungen hingen damals an den Stimmen des Volksdienstes und der Konservativen. Simpfendörfer, Rippel machten ihre Haltung von der unseren abhängig. Die Verantwortung hierfür glaube ich um so mehr auch weiter tragen zu können, weil ich mir von der andernfalls erstrebten Wahl nur Schaden versprechen kann. Mein persönliches Verhältnis zu den Deutschnationalen ist sehr scharf zugespitzt. Hergts Verhalten ist uns allen besonders schwer verständlich. Ich habe auch mit ihm eine klärende Aussprache nicht haben können. Die Vorhaltungen in meinen Artikeln, daß er früher eine andere Politik getrieben, glaubte ich ihm nicht ersparen zu können. Oldenburg hat nämlich den Ausmarsch nur sehr widerstrebend mitgemacht und verbürgt geäußert, daß er Brüning für den besten Kanzler seit Bismarck halte, sowie, daß er nicht bei Osthilfe und Wehretat fehlen könne. Ob er sich schließlich nicht doch fügt, bleibt trotzdem zweifelhaft. Er ist der einzige, der persönliche, freundschaftliche Beziehungen zu mir, und zwar ostentativ, aufrechterhält."

129 *Ebda.* Vgl. hier auch den Brief Westarps an Karl Protze (Vors. der DNVP Berlin-Schöneberg) v. 24. Februar 1931: „Nach wie vor halte ich es für richtig, der Regierung Brüning, so wie ich es im April vorigen Jahres getan, im Juli versucht und im November und Dezember vorigen Jahres durchgesetzt habe, die Fortsetzung ihrer Arbeit zu ermöglichen. Ich sehe darin einen erheblich größeren Nutzen für das Vaterland als in dem von der Front Hitler–Hugenberg–Thälmann erstrebten Sturz des Kabi-

zeitung verloren, die als letzte altkonservative Bastion Hugenbergs wirtschaftlichem Druck erlegen war[130]. Wenngleich die stärkere Rechtstendenz der DVP neue Hoffnungen auf jene Sammlung der gemäßigten Rechten zwischen Zentrum und DNVP (mit ihren etwa 100 Abgeordneten) erwecken mochte, um die sich Westarps Gruppe noch immer bemühte[131], so raubte doch die weitere Expansion der NSDAP solchen wie den vom späteren Papen-Mentor Edgar Jung betriebenen Bemühungen um einen aus den Notverordnungen herauswachsenden „entscheidenden Gestaltwandel" vom Parteiparlamentarismus zum konservativen, „organischen Führerstaat"[132] alle Voraussetzungen.

In der Tat war das Deutschland von 1931 schon fast ohne Gegenwehr der aggressiven Aktivität der radikalen Parteien und Gruppen ausgeliefert. Besonders die Jugendlichen wurden, während die gemäßigten Jugendverbände von der Krise erfaßt waren[133], in großer Zahl von den geistlos-brutalen „Taten", den allsonntäglichen Straßenschlachten angezogen, ohne zu wissen, wofür sie prügelten oder schossen, geprügelt oder erschossen wurden. Es ging jedenfalls, so oder so, zu Lasten des „Systems" und kam dadurch am meisten den Nationalsozialisten zugute. Nach den Toten von 1923 wurden neue „Helden" kreiert, die wie Horst Wessel in diesen zwei Jahren der sinnlosen Entfesselung aggressiver Instinkte und Abenteurerlust erlagen. Der Mythos der „Bewegung" reicherte sich um die Opfer der Straßenkämpfe gegen die „marxistischen", „reaktionären" oder „spießbürgerlichen" „Volksgenossen" an. Erst die nationalsozialistische Machtergreifung beendete die Epoche des Straßenkampfs und rühmte sich dann einer Ordnung, die das „System" nicht habe schaffen können. Dies war freilich eine „Ordnung", die durch offenen staatlichen Terror herbeigeführt worden war und das Vielfache an Opfern kostete — die „Ordnung" einer Partei, die auf Wehrlose schießen und dann alle Kritik unterdrücken konnte, die sie jetzt noch in so exzessivem Maße gegen das „System" und den politischen Gegner üben durfte.

So gewann ein mit allen emotionalen Mitteln vorangetragener, freilich recht rational ausgenützter Radikalismus auf den verschiedensten Ebenen der innen-

netts. Der von den vereinigten Deutschnationalen und Nationalsozialisten erstrebte Sturz der Regierung soll nach ihrer ausdrücklichen, ausgesprochenen Absicht nicht etwa dahin führen, daß sie unter den gegenwärtigen Verhältnissen an die Regierung gelangen, sondern die Auflösung und die Wahl erzwingen. Sie selbst rechnen mit einem anderthalb- bis zweijährigen Kampf, bevor sie an die Regierung gelangen. So lange kann das Land nicht in immer steigende Erregung der Agitation gestürzt und auf dasjenige, was praktisch durchgeführt werden muß, warten. Die Wahl selbst würde wahrscheinlich noch ein Anwachsen der Nationalsozialisten unter starker Schwächung der Deutschnationalen Volkspartei bringen. Den Erfolg, daß beide zusammen so stark werden, um ohne Kompromiß mit dem Zentrum regieren zu können, erwarte ich von ihr nicht. Die psychologische Voraussetzung für ein solches Zusammengehen wird durch die ständigen gehässigen Frontalangriffe gegen das Zentrum vollends zerstört."

130 *Ebda.*: Der Chefredakteur Georg Foertsch begründet dies in seinem Brief an Maltzahn (6. März 1931) mit dem einfachen Selbsterhaltungstrieb der *Kreuzzeitung*, die ihre Abonnenten verloren habe, ohne von den Volkskonservativen Zuwachs zu bekommen.

131 *Ebda.*, Brief Westarps an Lewald v. 16. April 1931 auf dessen Frage nach einem hugenbergfreien Sammelbecken für die heimatlose Rechte und enttäuschte Nationalsozialisten; in ähnlichem Sinn ein Brief Westarps an Graf Otto Pückler v. 13. August 1931.

132 *Ebda.*, Brief Edgar J. Jungs an Westarp v. 17. August 1931 (Anschreiben zu einem Offenen Brief von „100 führenden Männern aus dem nationalen Lager" an Brüning). Vgl. auch das *Konservative Manifest*, veröffentlicht in: *Volkskonservative Flugschriften* Nr. 4 (März 1931). In ähnliche Richtung zielt auch die publizistische Initiative des Tat-Kreises, der um seine Parole des „Antiliberalismus" eine „dritte Front" zwischen der Rechten und Linken versammeln will. So etwa Hans Zehrer, „Rechts oder links", in: *Die Tat* 23, Heft 7 (Oktober 1931), S. 505–559. Überhaupt bezieht auch diese publizistische Gruppe eine Oppositionsstellung, die durch die These gekennzeichnet ist, die gegenwärtige Krise sei eine echte „Revolution" gegen das System von 1918/19: so der anonyme Leitaufsatz „Wohin treiben wir?" in: *Die Tat* 23, Heft 5 (August 1931), S. 329 ff.

133 Dazu besonders die Sammlung von Äußerungen aus allen größeren Jugendbünden, die unter dem Titel „Jugendverbände in der Krise der Gegenwart" in: *Das Junge Deutschland* 26 (Heft 5, 6, 7, Mai–Juli 1932, S. 125 ff.; S. 165 ff.; S. 197 ff.) veröffentlicht wurden.

politischen Auseinandersetzung die Oberhand. Schon bei einer Reise in die agrarischen Krisengebiete des Ostens, besonders nach Ostpreußen und Schlesien, hatten Brüning im Januar 1931 die lärmenden Kundgebungen der Extremisten begleitet. Dann gab die Kampagne für den Sturz der preußischen Regierung der Agitation gegen Regierung und Republik verstärkten Auftrieb. Brünings Gegenmaßnahmen stützten sich auf eine weitere Notverordnung „zur Bekämpfung politischer Ausschreitungen" vom 28. März[134], die starke Kontrollen und Einschränkungen von politischen Versammlungen, im Uniformgebrauch und in der publizistischen Agitation ankündigte. KPD, NSDAP und DNVP antworteten mit wütenden Angriffen, die auch vor Hindenburg nicht haltmachten: eine deutschnationale Parteiversammlung in Nürnberg kritisierte sogleich (29. März), daß er sich damit, obwohl doch von den „nationalen Parteien" gewählt, gegen die „Nationale Opposition" mißbrauchen lasse. Der Stahlhelm feierte den Tag der Skagerrak-Schlacht (31. Mai) mit einem riesigen Aufmarsch von 150 000 Mitgliedern in Breslau, den salutierend auch der Kronprinz und der Generalfeldmarschall v. Mackensen abnahmen[135]. Mit dieser monarchistischen Demonstration wurde eine radikal nationalistische Kampagne verbunden: als zentrale Parole des Treffens proklamierte Seldte die „Erlösung der Ostmark" und löste damit erhebliche Erregung vor allem in Polen aus. Die nationalsozialistische Fraktion schließlich beantwortete am 27. April die Notverordnung mit einem Protest gegen die „unerhörten Verfassungsbrüche" der Regierung und forderte Hindenburgs Rücktritt[136].

Nachdem sie so wesentlich zu seiner Ausschaltung beigetragen hatten, verlangten die radikalen Parteien nun wieder die Einberufung des Reichstags und vor allem Neuwahlen: freilich ohne Erfolg[137]. Dabei waren doch die ständigen Einbußen der DNVP an die NSDAP nicht zu übersehen. In einem Ende Juli bekanntwerdenden Parteirundschreiben versuchte Hugenberg seinen starren Oppositionskurs damit zu begründen, daß die DNVP „bewußt aufs Spiel gesetzt" werden müsse, um aus dem Schlepptau demokratischer Kompromißpolitik herauszukommen, dem sie sich zwischen 1924 und 1928 ausgeliefert habe[138]. Gegen solche politische Logik vermochten auch Besprechungen, die Brüning und Kaas mit Hugenberg und Quaatz Ende August aufnahmen, nichts auszurichten. Wenig später bestätigte der deutschnationale Parteitag in Stettin erneut den Kurs der bedingungslosen „Nationalen Opposition", die in Hugenbergs Forderung nach Autarkie, nach Kolonien und Lebensraum im Osten, nach Sturz der „marxistischen" Regierung Brüning den Weg aus der Krise proklamierte, um sich schließlich im Oktober zur größten gemeinsamen Kundgebung gegen Brüning und „System" zusammenzufinden.

134 *RGBl.*, *1931*, I, S. 79 ff.

135 Nach dem Tod Stresemanns (der dem Kronprinz unter dem Versprechen, er werde sich von allen politischen Unternehmungen fernhalten, die Rückkehr nach Deutschland ermöglicht hatte) war der Kronprinz – wie seine Brüder – von der inneren Sympathie für die „Nationale Opposition" rasch zu offenem Bekenntnis fortgeschritten. Seine Rückkehr in die Politik wurde nicht erst auf diesem Stahlhelmtag offenbar, und sie führte bald in die Nähe der NSDAP selbst; obwohl nur sein Bruder August Wilhelm vom Stahlhelm zur SA übertrat (1930), hat doch auch der Kronprinz schon im Frühsommer persönlichen Kontakt mit Hitler aufgenommen, von dem er sich viel versprach. Dazu jetzt Paul Herre, *Kronprinz Wilhelm, Seine Rolle in der deutschen Politik*, München 1954, S. 196 ff., und (für die Kontakte 1932/33) die u. Anm. XI/121 zitierten Briefe an Schleicher (*Schleicher-Nachlaß*).

136 Die in München tagende Fraktion „ermahnt" Hindenburg, „die Grundrechte der Verfassung gegen die Gesetzesbrüche der parlamentarischen Mehrheitskoalition zu verteidigen oder aber, wenn er das nicht kann oder will, zurückzutreten und den Schutz seiner ehemaligen Wähler einem neu zu bestimmenden nationalen Reichspräsidenten zu überlassen" (Schultheß, *1931*, S. 109).

137 *Deutscher Reichsanzeiger und Preußischer Staatsanzeiger* v. 7. Mai, 10. Juni, 17. Juni, 18. Juli, 24. Juli und 5. September 1931.

138 Egelhaaf, *1931*, S. 131.

Diese letzte Phase der Brüning-Ära ist freilich nicht allein von der fortschreitenden innenpolitischen Machtverlagerung und von der Aushöhlung der demokratischen Stützen des Staates her zu verstehen. Ihr Ablauf war auch von der Entwicklung der außenpolitischen und der weltwirtschaftlichen Situation Deutschlands bestimmt, die der politischen Radikalisierung neue Impulse vermittelte. Daß diese wachsende Gefahr durch deutliche äußere Erfolge der Regierung gebannt werden könne, wie Brüning meinte, war nicht von der Hand zu weisen. Aber Brüning verschmähte eine Politik propagandistischer Scheinerfolge und spannte alle Kräfte zu ausschließlich für einen großen, echten Verhandlungserfolg in der Revisionspolitik an, der dem in Versailles geborenen deutschen Minderwertigkeitskomplex seine bitteren Antriebe nehmen und den Ausbruch der Katastrophe in letzter Minute verhindern würde. Nur einmal glaubte die Regierung, einen direkten Vorstoß riskieren zu können. Sie mußte jedoch erfahren, daß in dieser Lage jedes Land nur an sich selbst dachte.

5. *Das Scheitern der Zollunion mit Österreich*

Seit den alarmierenden Wahlen vom September 1930 hatte das deutsch-französische Verhältnis, von dessen Entwicklung so vieles abhing, eine merkliche Verschlechterung erfahren. Es ist schwer abzuschätzen, wie weit Brüning tatsächlich den Plan einer wirtschaftlichen Integration verfolgte, der dann, wie Brüning jetzt betont, am Veto des französischen Generalstabs scheiterte[139]. Schon die nationalistischen Begleitumstände der Rheinlandbefreiung hatten Verstimmung in Frankreich hervorgerufen[140]; die Unruhe wuchs, als eine gewaltig vergrößerte „nationale Rechte“ alle ihre Argumente auf eine rücksichtslose Revisionspolitik abstellte und nicht nur die Verweigerung der Reparationszahlungen, sondern die vollständige Aufhebung des Versailler Vertrags mit allen territorialen und militärischen Bestimmungen verlangte[141]. Zugleich verstärkten der Fortgang der Wirtschaftskrise und die Intensivierung autarkistischer Bestrebungen das nervöse Mißtrauen zwischen den Ländern. Auch im Völkerbund, der geeigneten Stelle zur Koordinierung der Maßnahmen gegen die Krise und zum Abbau der Spannungen, stagnierten die Verhandlungen, wenngleich die Bemühungen um Briands Europaplan wenigstens gewisse Fortschritte versprachen und Curtius — anders als seine Partei — eine durchaus positive Einstellung zur Völkerbundidee Stresemannscher Prägung bekundete[142]. So zeichnete sich in Genf auch schon zu Beginn des Jahres 1931 das Scheitern der Bemühungen um eine allgemeine Handelskonvention ab, die der zollpolitischen Abschließung der einzelnen Länder entgegenwirken sollte[143].

139 Brüning, *Die Vereinigten Staaten* (Anm. III/48), S. 14. Zur Kritik vgl. aber Dietrich Mende, „Deutschland zwischen West und Ost', Betrachtungen zum Vortrag des Reichskanzlers a. D. Dr. Brüning über ‚Die Vereinigten Staaten und Europa'“, in: *Europa-Archiv* 9, 15 (1954), S. 677 ff.

140 Vgl. o. S. 308 f.

141 Es muß darum verwundern, wenn Brüning auch heute auf der allgemeinen Feststellung besteht (vgl. o. S. 334): „Wenn sich eine Regierung in schwierigen Verhandlungen mit dem Ausland befindet, so ist sie dafür dankbar, wenn sie von der Opposition scharf kritisiert wird. In gewissen Fällen erbittet eine kluge Regierung von der Opposition eine eingehende Kritik, um so die eigene Verhandlungsbasis gegenüber dem Ausland zu verstärken“ (*Die Vereinigten Staaten*, Anm. III/48, S. 4).

142 Über die Bemühungen zur Schaffung einer „Europäischen Union“ der *Runderlaß über die Tagung der XI. Völkerbundsversammlung* (Anm. III/15), S. 3 ff.; dort auch (Anlage II zu Vbd. 3250) Wortlaut der Rede Curtius' (auch schon mit einer Andeutung der Notwendigkeit von Zollunion und der ausdrücklichen Erwähnung der Schober-Initiative: S. 10 ff.). Vgl. auch die Grundthese vom Völkerbund als *clearinghouse* bei Paul Guggenheim, *Der Völkerbund in seiner politischen und rechtlichen Wirklichkeit*, Berlin-Leipzig 1932, S. 272 f.

143 Vgl. die Einzelheiten bei M. Margaret Ball, *Post-War German-Austrian Relations, The Anschluß Movement, 1918–1936*, London 1937, S. 100 ff.

Der nationale Protektionismus drohte zu einem allgemeinen Wirtschaftskrieg zu führen.
Während auch die Verhandlungen über die Abrüstung keine Fortschritte machten[144], förderte demgegenüber ein Besuch Curtius' in Wien (Anfang März) den Plan einer Zollunion wenigstens zwischen Deutschland und Österreich, der wenige Wochen später in der Form von Richtlinien „über einen Vertrag zur Angleichung der zoll- und handelspolitischen Verhältnisse" (datiert vom 19. März) bekannt wurde[145]. Regionale Teillösungen der festgefahrenen europäischen Zollverhandlungen waren wohl schon im Herbst 1930 im Völkerbund erörtert und in ihrer Bedeutung für die Förderung des europäischen Zusammenschlusses gewürdigt worden. Curtius hatte damals in Genf mit dem österreichischen Außenminister Schober entsprechende Gespräche geführt[146], die durch das kurze Intermezzo Seipel im österreichischen Außenministerium unterbrochen, seit dem Dezember 1930 aber verstärkt betrieben wurden. In der Form vom 19. März kam die Nachricht freilich für die Öffentlichkeit völlig überraschend. Schon wenige Tage später protestierten Frankreich, Italien und die Tschechoslowakei bei Schober, obgleich der Plan ausdrücklich im Sinne der bisherigen zollpolitischen Bemühungen gehalten war, die autonome Wirtschaftspolitik der beiden Staaten durchaus unberührt ließ und und die Teilnahme weiterer Länder postulierte[147]. Für seine Gegner wurde aber nicht nur die Furcht vor einem weiteren Anwachsen der deutschen Wirtschaftskonkurrenz in Südosteuropa[148], sondern vor allem der Blick auf mögliche politische Konsequenzen maßgebend. Besonders die erwähnten drei Länder fürchteten die Auswirkungen, die eine zollpolitische Fusion im Hinblick auf die 1918/19 mit Mühe gedrosselte „Anschlußbewegung" haben mochte[149]; die Erinnerung an die historische Rolle des Deutschen Zollvereins als Vorläufer der deutschen Einigung und die Furcht vor einer expansiven „Raumpolitik" schien nicht ganz unberechtigt[150]. Auf der anderen Seite konnte eine solche, zunächst doch rein handelstechnische Entwicklung, anders als sieben Jahre später im Zeichen zweiseitiger, demokratisch legitimierter Bestrebungen vollzogen, vom Standpunkt der völkerrechtlichen Billigkeit wie der wirtschaftstechnischen Zweckmäßigkeit kaum bestritten werden[151]. Auch der britische Botschafter, der am 13. März von Staatssekretär Bülow unterrichtet worden war und seinen Bericht

144 Dazu Henry R. Winkler, „Arthur Henderson", in: *The Diplomats* (Anm. II/53), S. 334 ff., und Karl Schwendemann, *Abrüstung und Sicherheit, Handbuch der Sicherheitsfrage und Abrüstungskonferenz*, Bd. I (2. Aufl., Leipzig o. J. [1933]), S. 158 ff.

145 Ball (Anm. III/143), S. 267 ff.; der Text auch in: *Europäische Gespräche* 9 (1931), S. 180–185. Zum Gang der Ereignisse: Arnold J. Toynbee, *Survey of International Affairs, 1931*, London 1932, S. 305 ff.; Walter Goldinger und Adam Wandruszka, in: *Geschichte der Republik Österreich*, München 1954, S. 177 ff.; S. 401; Oswald Hauser, „Der Plan einer deutsch-österreichischen Zollunion von 1931 und die europäische Föderation", in: *HZ* 179 (1955), S. 45 ff.

146 Vgl. vor allem Curtius, *Sechs Jahre* (Anm. I/9), S. 188 ff.

147 Vgl. Hans Kelsen, „Zollunion und Völkerrecht", in: *Der deutsche Volkswirt* v. 24. April 1931, S. 995 ff.

148 Zu diesem Gesamtproblem Antonin Basch, *The Danube Basin and the German Economic Sphere*, New York 1943, S. 35 ff. u. a.

149 Ball (Anm. III/143), S. 122 ff. u. a.

150 Das aggressive Echo in nationalistischen Kreisen konnte diesen Eindruck nur verstärken. So etwa auch Giselher Wirsing, „Vorstoß Zollunion", in: *Die Tat* 23, Heft 3 (Juni 1931), S. 212 ff., der scharfe Angriffe gegen Frankreichs Haltung mit der Proklamation eines „Innereuropa" (S. 220), mit der Forderung einer „neuen Raumpolitik" verbindet (S. 225 ff.). Im Sinne dieses „Raumdenkens" auch (anonym) „Deutschlands Weg aus der Einkreisung", *ebda.* 22, Heft 12 (März 1931), S. 932 ff., und vorher schon „Deutschlands neue Einkreisung", *ebda.* 22, Heft 10 (Januar 1931), S. 756 ff.; Giselher Wirsing, „Richtung Ost-Südost!", *ebda.* 22, Heft 8 (November 1930), S. 628 ff.

151 Vgl. J. L. Kunz, „Das österreichisch-deutsche Zollangleichungsprojekt vor dem Haager Gerichtshof", in: *Friedenswarte*, Juli 1931, S. 198 ff.

durchaus positiv hielt[152], betonte nachdrücklich die Gefahr, die eine sichtbare Niederlage für die Brüning-Regierung bedeuten mußte[153]. Denn, so faßte er seine verschiedenen Berichte und Urteile zusammen: Brüning „has to show the country some results“[154].

Etwas anderes war es freilich mit der Art und Weise, wie dieser Plan in Szene gesetzt wurde. Der Gegenstand war diffizil genug, um zu sorgfältiger Vorbereitung, vorsichtiger Sondierung nach allen Seiten und äußerster Zurückhaltung in der Publizierung Anlaß zu geben. Auch hätten langsamere partielle Angleichungen eine bessere Ausgangslage geschaffen. Die Überraschung vom 19. März hingegen zerschlug die diplomatischen Ansätze, aus denen heraus das Projekt in einem nervösen Europa hätte entwickelt und Schritt für Schritt, in sorgfältiter Abgrenzung der ökonomischen von den eigentlich politischen Aspekten, verwirklicht werden können. Ohne Fühlungnahme mit Frankreich oder dem Völkerbund und entgegen der bisherigen, von Stresemann geübten Verhandlungstaktik hatte man Schritte unternommen, die deutlich von dem innenpolitischen Druck der Rechtsopposition beeinflußt waren[155]. Wohl hatten Curtius — der unter dem Revisionsdruck seiner Partei stand — ebenso wie sein österreichischer Partner in eingehenden Untersuchungen ihrer Sachbearbeiter und Rücksprachen mit ihren Botschaftern die rechtlichen und politischen Umstände geprüft; auch der Pariser Botschafter v. Hoesch glaubte, eine tolerierende Haltung Frankreichs versprechen zu können[156]. Über solche internen Erwägungen aber gingen die politischen Vorbereitungen nicht hinaus, und die klare Einsicht, daß die Aktion ein „Wagnis“[157] sei, bestimmte auch Curtius, allein nach Wien zu reisen und Brüning nicht dem Risiko eines Fehlschlags auszusetzen. Die vorschnelle Veröffentlichung durch Wiener Indiskretionen gab dem Plan dann jenen sensationellen Akzent, der bei der unvorbereiteten europäischen Diplomatie sogleich betont politische Reaktionen auslöste. Die schnelle offizielle Unterrichtung am 21. März kam schon zu spät, und als der scharfe Ton der französischen Presse und des französischen Parlaments[158] wieder etwas abklang, aus Amerika vielfache Zustimmung kam[159] und der englische Außenminister Henderson als Präsident des Völkerbundsrats sich einschaltete[160], blieb doch eine Akzentverlagerung und mit ihr eine fühlbare Verstimmung zurück. Die temperamentvollen Diskussionen im Völkerbundsrat führten zu keiner Lösung[161]. Und die betont politische Interpretation fand ihren Ausdruck schließlich in der mit 8:7 Stimmen, auch den näheren Umständen und Begrün-

152 Rumbold an Henderson, 13. März 1931: *Documents on British Foreign Policy* (Anm. II/53), 2nd series, vol. I, S. 587.

153 Rumbold an Tyrell (für Henderson), 26. März 1931: *ebda.*, vol. II, S. 16.

154 Rumbold an Henderson, 27. März 1931: *ebda.*, S. 21.

155 Auch Meißner (Anm. I/156, S. 198) bestätigt aus dem Präsidentenpalais, man habe „durch die Verfolgung einer mehr nationalen Politik und durch einen Erfolg in der in allen Parteien Deutschlands und Österreichs bejahten Frage des Anschlusses Österreichs die Stellung der Regierung zu stärken" gehofft. Und aus den Berichten Rumbolds an Henderson wird deutlich, wie sehr selbst die Regierungspolitik von Revisionsgedanken, besonders im Hinblick auf die deutsche Ostgrenze, bewegt wurde: *Documents on British Foreign Policy* (Anm. II/53), 2nd series, vol. I, S. 490 f.; S. 563.

156 Curtius, *Sechs Jahre* (Anm. I/9), S. 190 f., bestreitet insoweit mit Recht die französische These (François-Poncet, *Als Botschafter*, Anm. I/80, S. 18 f.), daß politische Motive im Vordergrund der deutsch-österreichischen Aktion gestanden hätten.

157 Curtius, *Sechs Jahre* (Anm. I/9), S. 191.

158 *Débats parlamentaires, Annales de la Chambre des Députés, Annales du Sénat*, 2e séance du 28 mars 1931, S. 767 ff.

159 Vgl. *The Memoirs of Herbert Hoover, The Great Depression, 1929–1941*, London 1953, S. 62 ff.

160 *Documents on British Foreign Policy* (Anm. II/53), 2nd series, vol. II, S. 12 ff.; vgl. auch Winkler (Anm. III/144), S. 338 f.; Ball (Anm. III/143), S. 111 ff.

161 *League of Nations, Official Journal, Minutes of the Sixty-Third Session of the Council, May 18–23 1931*, Genf 1931, S. 1069 ff.

dungen nach keineswegs eindeutig gefällten Entscheidung des Haager Gerichtshofes[162], nach der das Protokoll vom 19. März 1931 mit Artikel 88 des Vertrages von St. Germain[163] und mit dem Genfer Protokoll vom 4. Oktober 1922[164] nicht zu vereinbaren sei[165].

In Wirklichkeit war schon vor dieser Entscheidung der Plan gescheitert, der nach Anlage und wirtschaftstechnischer Berechtigung kaum anfechtbar erschien und für die kritische Wirtschaftslage vor allem Österreichs viel bedeutete[166], zugleich politisch-psychologisch zu einer wichtigen Stütze der Regierung Brüning hätte werden können. Mangelnde politische Vorbereitung und unglückliche Publizierung hatten ihm ungewollt jenen politischen Akzent gegeben, den Europa erst sieben Jahre später unter dem Eindruck der Hitlerschen Drohungen — und da bedingungslos — hinzunehmen bereit war. Dabei war nicht zu verkennen, wie kritisch man in England den französischen Widerstand gegen eine deutsch-österreichische Annäherung schon damals beurteilte, bevor noch Hitlers Gewaltmaßnahmen eine Politik der vollendeten Tatsachen verwirklichten[167]. Entscheidend wurde, daß der Zusammenbruch der Österreichischen Kreditanstalt jetzt Wien von der französischer Zustimmung unterworfenen Völkerbundshilfe abhängig machte[168], obgleich Curtius zunächst einen kurzfristigen englischen Kredit hatte vermitteln und so vorübergehend den Druck mildern können. So mußte Österreich das Projekt schon im August, unbeschadet der Haager Entscheidung, seinerseits fallenlassen[169]. Der diplomatische Rückzug der deutschen Vertreter rettete wohl Brüning, hatte aber schließlich Curtius' Rücktritt zur Konsequenz[170].

162 Vgl. Curtius, *Sechs Jahre* (Anm. I/9), S. 294 ff.; Ball (Anm. III/143), S. 157 ff. Die Fragwürdigkeit dieser Entscheidung verdeutlicht auch die Tatsache, daß für die Vereinbarkeit neben dem deutschen Vertreter (Schücking) auch die der Vereinigten Staaten (Kellogg), Englands, Japans, Chinas, Hollands und auch Belgiens (das wirtschaftspolitisch ursprünglich starke Bedenken angemeldet hatte), gegen die Vereinbarkeit aber neben Frankreich Italien, Spanien, Polen, Rumänien, Cuba, San Salvador und Columbien stimmten. Der politische Charakter der juristischen Entscheidung wurde in dieser Gruppierung sichtbar. Zur Beurteilung der Zusammensetzung des Gerichtshofs, der auf der Vollsitzung des Völkerbunds im Herbst 1930 für 9 Jahre neu gewählt worden war, vgl. den *Runderlaß über die Tagung der XI. Völkerbundsversammlung* (Anm. III/15), S. 14 ff.

163 Danach ging Österreich die Verpflichtung ein, „sich außer mit Zustimmung des Völkerbundsrats jeder Handlung zu enthalten, die mittelbar oder unmittelbar auf irgendwelchem Wege seine Unabhängigkeit gefährden könnte".

164 Darin war die Garantie Frankreichs, Englands, Italiens und der Tschechoslowakei für eine Sanierungsanleihe von der folgenden Verpflichtung abhängig gemacht worden: „Österreich wird sich jeder Verhandlung und jeder wirtschaftlichen und finanziellen Verbindung enthalten, die geeignet wäre, diese Unabhängigkeit direkt oder indirekt zu beeinträchtigen." Zwar stellt das Protokoll fest, daß diese Verpflichtung Österreich seine Freiheit lasse in bezug auf Zolltarife, Handels- und Finanzabkommen, fügt indes hinzu: „Vorausgesetzt ist jedoch, daß Österreich seine wirtschaftliche Unabhängigkeit nicht dadurch antastet, daß es irgendeinem Staat ein Sondersystem oder ausschließlich Vorteile zugesteht, die geeignet wären, diese Unabhängigkeit zu gefährden."

165 Permanent Court of International Justice, *Customs Régime between Germany and Austria,* Series A/B, No. 11, S. 45 ff.; die Meinung der Gerichtsminderheit: *ebda.*, S. 74 ff. Vgl. Series C, No. 53, S. 54 ff. Zur Analyse der Entscheidung Franz Vali, *Die deutsch-österreichische Zollunion vor dem ständigen Internationalen Gerichtshof,* Wien 1932.

166 Er kam vor allem dem in der ökonomischen Zwangslage begründeten Streben Österreichs nach Integration in größere Wirtschaftsräume entgegen, das schon 1922 Seipels Plan eines wirtschaftlichen Anschlusses an Italien bestimmt hatte und damals nur durch die erwähnte Anleihe (Anm. III/164) abgewendet wurde.

167 Aus den o. Anm. III/152 zitierten Äußerungen Rumbolds wird dies deutlich. Auch hat der spätere britische Botschafter in Berlin, Nevile Henderson, am 28. Mai 1937 dem österreichischen Gesandten Tauschitz gegenüber geäußert, „daß nach seiner Ansicht es doch am besten gewesen wäre, wenn man im Jahre 1931 zwischen Österreich und Deutschland eine Zollunion zugelassen hätte" (abgedr. in: *Der Hochverratsprozeß gegen Dr. Guido Schmidt vor dem Wiener Volksgericht*, Wien 1947, S. 494).

168 Dazu Ball (Anm. III/143), S. 142 ff. Curtius, *Sechs Jahre* (Anm. I/9), S. 198 und S. 210, setzt dies Ereignis nicht ohne Grund mit sehr bestimmten, politisch gemeinten Manipulationen der französischen Finanz in Beziehung.

169 Zu den verhängnisvollen Folgen dieses Rückzugs auch auf die österreichische Innenpolitik vgl. Karl Renner, *Österreich von der Ersten zur Zweiten Republik,* Wien 1953, S. 98 ff.

170 Das vorsichtige englische Entgegenkommen wird auch aus Rumbolds Bericht an Henderson v. 17. Juli

So beschloß eine deutliche Niederlage, die zudem Brünings reparationspolitischen Hauptintentionen schaden mochte, die parlamentsfreie Regierungsperiode. Zu der Verschärfung der inneren Lage war ein weiterer, von den radikalen Gegnern weidlich genutzter Prestigeverlust[171] auch auf außenpolitischem Gebiet gekommen, und die Wiedereröffnung des Reichstags stand zugleich mit der Umbildung der Regierung im Zeichen einer neuerlichen Verschärfung der wirtschaftlichen so gut wie der politischen Krise. Denn die Lage auf dem Arbeitsmarkt hatte inzwischen katastrophale Formen angenommen. Sinkende Kaufkraft der Bevölkerung und fortschreitende, konkurrenzbedingte Rationalisierung ließen die Zahl der Arbeitsuchenden bis Anfang 1932 auf über sechs Millionen anschwellen[172]. Dies erschütterte nicht nur die Stabilität der Gewerkschaften, von deren Mitgliedern in der Arbeiterschaft zu diesem Zeitpunkt nur noch ein Viertel voll beschäftigt, fast die Hälfte ganz erwerbslos und das letzte Viertel auf Kurzarbeit angewiesen war. Es beeinträchtigte auch den Wert der tariflich gesicherten Nominallöhne, die überdies durch die um die Krisensteuer auf über 20 % angestiegenen Sozialbeiträge vermindert wurden. Mehr und mehr ging die Initiative auf die Arbeitgeber über, die den Berliner Metallarbeiterstreik vom Oktober 1930 zum Scheitern bringen und seit dem Ausscheiden der SPD aus der Regierung steigenden Einfluß auf das staatliche Schlichtungswesen gewinnen konnten. So war auch die sozialistische Kritik nicht ganz unberechtigt, die den Unternehmern vorwarf, sie wollten „frei" sein und zugleich doch die staatliche Stützung gegen die Krisenerscheinungen, sie wollten „die Privatisierung der Gewinne und die Sozialisierung der Verluste"[173].

Freilich hatte die Krise inzwischen alle Schichten und Stände in Mitleidenschaft gezogen. Auch die großkapitalistischen Unternehmer standen vor schwerer Bedrohung und großen Verlusten; die Großgrundbesitzer waren trotz einschneidender Schutzzollmaßnahmen von der landwirtschaftlichen Absatz- und Investitionskrise erfaßt und verlangten Staatshilfe; schlimmer noch stand es um die verschuldeten Bauern, um die kleinen Unternehmer, Handwerker, Ladenbesitzer, die sozial besonders vernachlässigt waren. Selbst die Beamten seufzten unter mehreren Gehaltskürzungen, während die Masse der Erwerbslosen von der Arbeitslosenversicherung zunächst auf die öffentliche Krisenfürsorge zurücksanken, um schließlich vor dem Nichts zu stehen. Vor allem aber die Jugendlichen wuchsen von Anbeginn in eine dauernde Arbeitslosigkeit hinein, die sie der Verzweiflung und dann allen revolutionär-demagogischen Versprechungen auslieferte[174]. Sie hatten Zeit, den radikalen Weltverbesserern nachzulaufen, und sie fielen mehr noch dem begeisternden sozialen Imperialismus der NSDAP als den engen, außenpolitisch diskreditierten Klassenkampfparolen der KPD zu. Und die Regierung tat wenig, um ihren Notverordnungskurs der breiten Öffentlichkeit verständlich zu machen[175].

1931 deutlich, nach dem der Botschafter die deutsche Regierung zu einem diskreten Rückzug unter Wahrung des Gesichts bewogen hatte: *Documents on British Foreign Policy* (Anm. II/53), 2nd series, vol. II, S. 210. Schon vorher hatte er alles darangesetzt, um einen offenen Bruch zwischen Brüning und Laval zu vermeiden (Rumbold an Henderson, 30. März 1931: *ebda.*, S. 24), wie er dann auch den Rücktritt von Curtius bedauerte (Rumbold an Reading, 6. Oktober 1931: *ebda.*, S. 278).

171 So z. B. Joseph Goebbels, „Wie lange noch, Herr Curtius?", in: *Der Angriff* v. 14. September 1931.

172 Vgl. die Tabellen: Horkenbach, *1932*, S. 506 ff.

173 Stampfer (Anm. I/4), S. 592.

174 Vgl. dazu Hermann Maaß, „Hilfe für die erwerbslose Jugend", in: *Das Junge Deutschland* 25, Heft 1 (Januar 1931), S. 1 ff., sowie zahlreiche andere Aufsätze dieser „überbündischen Zeitschrift des Reichsausschusses der Deutschen Jugendverbände".

175 Ihre publizistischen Verlautbarungen waren ebenso nüchtern wie unpopulär bzw. schwer verständlich gehalten. So z. B. *Die Krise im Zahlungsverkehr und ihre Überwindung*, Richtlinie Nr. 218 der Reichs-

Über die politischen und massenpsychologischen Konsequenzen dieser Entwicklung konnte auch der Teilerfolg nicht hinwegtäuschen, den Brünings Bemühungen um eine Lösung des Reparationsproblems inzwischen erreicht hatten. Eine einschneidende Notverordnung „zur Sicherung von Wirtschaft und Finanzen" vom 6. Juni[176] hatte wohl zur weiteren Verschärfung der innenpolitischen Gegensätze geführt, nicht aber zur Abwendung des von Österreich übergreifenden finanzpolitischen Zusammenbruchs genügt. Doch war mit ihr die Revision des Young-Plans, d. h. die in ihm vorgesehene Anpassung der Reparationsbestimmungen an die veränderte wirtschaftliche Situation durch ein Moratorium so nachdrücklich in die Diskussion geworfen, daß nach dem Besuch, den Brüning und Curtius dem englischen Premierminister wenige Tage später in seinem Landsitz Chequers bei London abstatteten, die Initiative Präsident Hoovers vom 20. Juni auf keinen nachhaltigen Widerstand mehr traf.

Das Hoover-Moratorium, das den Aufschub aller zwischenstaatlichen Zahlungsschulden ab 1. Juli 1931 auf ein Jahr vorschlug, bedeutete in der Tat einen entscheidenden Einschnitt in der Reparationsgeschichte[177]. Während Deutschland von einem einjährigen Aufschub aller Zahlungen am meisten profitieren mochte, lagen dem Plan doch zugleich und vor allem weltwirtschaftliche Gesichtspunkte zugrunde. Nicht zuletzt kam er auch dem amerikanischen Interesse an einer Wiedergesundung der europäischen Kaufkraft und Aufnahmefähigkeit, die durch die gegenseitigen Schuldenverflechtungen blockiert war, wesentlich entgegen; er suchte einen Zusammenbruch der deutschen Kreditfähigkeit, an dem das noch immer stark liierte amerikanische Kapital kein Interesse haben konnte, in letzter Stunde zu verhindern[178]. Die Börsen antworteten auf die Veröffentlichung der Hoover-Erklärung denn auch mit steigenden Kursen[179]. Auch der begreifliche Widerstand Frankreichs, des größten europäischen Reparationsgläubigers, wurde in schwierigen Kompromißverhandlungen auf amerikanischen Druck hin so weit abgebogen[180], daß dem alarmierenden Zusammenbruch der Danat-Bank und der Dresdner Bank[181] schließlich auf den Konferenzen von Paris und London (19./20. Juli) eine Einigung über Hoovers „Stillhalte-Vorschlag" folgen konnte. Zudem schienen die schonungslose Analyse der deutschen Zahlungskrise im „Layton-Bericht"[182] sowie der persönliche Meinungsaustausch, den Brüning-Curtius' Besuche in Chequers, Paris und Rom, die Gegenbesuche MacDonald-Hendersons und Laval-Briands in Berlin ermöglichten[183], endlich zu später Stunde zu einer Lockerung der europäischen Spannungen und einer erneuten Überprüfung der Reparationsprobleme zu führen.

zentrale für Heimatdienst, August 1931. Vgl. auch die Konflikte Stegerwalds mit den Gewerkschaften: Deutz (Anm. II/1), S. 142 ff.

176 *RGBl., 1931,* I, S. 279 ff.

177 Vgl. *The Memoirs of Herbert Hoover* (Anm. III/159), S. 67 ff.; Ball (Anm. III/143), S. 146 ff. Dazu auch Ronde (Anm. I/9), S. 162 f.

178 Die Kampagne der Opposition setzt natürlich gerade an diesem Punkt – der entwertenden Verdächtigung der amerikanischen Motive – ein. So auch Ferdinand Fried, „Weltmoratorium – Weltbankrott", in: *Die Tat* 23, Heft 4 (Juli 1931), S. 267 ff.

179 Vgl. *The Times* v. 23. Juni 1931.

180 Curtius, *Sechs Jahre* (Anm. I/9), S. 216 ff.

181 Mühlich (Anm. I/37a), S. 141 ff. Interessant ist, daß Brüning und – durch Meißner – auch Hindenburg bei diesem Anlaß auf Schacht zurückzugreifen versuchten, der sich jedoch entzog. Seine Abwendung von der Republik war schon endgültig, bevor er drei Monate später in Harzburg erschien; vgl. die Szene bei Schacht, *76 Jahre* (Anm. I/9), S. 358 ff.

182 Zum Gang der Verhandlungen Ronde (Anm. I/9), S. 163 ff.; S. 170 ff. (Text des Berichts des Beratenden Sonderausschusses u. a.).

183 Dazu die Berichte von Curtius, *Sechs Jahre* (Anm. I/9), S. 221 ff.; François-Poncet, *Botschafter* (Anm. I/80), S. 20 ff.

Aber die Politik der mutigen Offenheit („*courageous frankness*"), der auch der britische Botschafter seine Anerkennung zollte[184], wurde gerade mit den politischen Folgen der Krise nicht fertig. Denn der weithin sichtbaren und keineswegs erfolglosen Aktivität, die auch in einer Unzahl von Gesetzentwürfen und Notverordnungen ihren Niederschlag fand und von dem gewissenhaften Fleiß der Regierung zeugte, fehlte doch die breite innenpolitische Grundlage, von der aus die Regierung der Masse der Bevölkerung ihre Ziele und den „Verlauf der Sanierung" hätte verständlich machen können. Brünings Aufrufe zu einer alle Gegensätze überbrückenden „schöpferischen Synthese" verhallten ohne Wirkung[185]. Diese Regierungsform, auch in den Augen ihrer Träger eine „verschleierte Diktatur mit Zustimmung des Parlaments"[186], stand im Zwielicht zwischen parlamentarischem und autoritär-diktaturstaatlichem Regierungsmodus, zwischen halb mißglückter Anlehnung nach rechts und unwilligem Rückgriff auf die unumgängliche Tolerierung von links, die sie zunächst abzuschütteln gesucht hatte, und auch ihre Sozial- und Wirtschaftspolitik schwankte zwischen gemäßigt kapitalistischen, staatswirtschaftlichen und gemäßigt sozialistischen Lösungen, ohne einen konstruktiven Kurs allgemein verständlich und verbindlich machen zu können. Ihr beherrschender Grundgedanke war die Verbilligung in allen Bereichen der Wirtschaft: der Preissturz, mit dem die Krise begonnen hatte, sollte zur Reinigung und Gesundung ausgenützt werden. Daß dieser Plan letztlich scheiterte und einem entgegengesetzten nationalsozialistischen Rezept Platz machen mußte, lag nicht nur an seinem deflationistischen Grundgedanken, sondern auch an der gegebenen Wirtschaftsstruktur und ihren inneren und äußeren Belastungen. Gerade die unumgängliche Zollpolitik zum Schutz der Landwirtschaft, die sich freilich wiederum auf Kosten der Industrie übersteigerte und zu Zöllen von zwei- bis dreifacher Höhe (verglichen mit dem Importwert) führte, mußte eine wirksame Preissenkung verhindern. Soweit die Lebenshaltungskosten wirklich zurückgingen, blieb dies doch beträchtlich hinter dem Rückgang der Einkommen zurück, und auch die Bestellung eines Preiskommissars zur Forcierung des Deflationsplans vermochte an diesem negativen Verhältnis nichts Wesentliches zu ändern[187]. Wie in der Wirtschaft, so führte auch der Sparkurs in der Verwaltung, im Unterstützungs- und Kassenwesen zu wachsenden Konflikten mit Interessenvertretungen und ganzen Bevölkerungsgruppen. Direkte Maßnahmen gegen die Arbeitslosigkeit blieben, getreu dem deflationistischen Grundkonzept, auch in Kredit- und Investitionsfragen und gemäß dem Glauben an eine automatische Erholung nach gesetzmäßigem Krisenablauf, ganz in Anregungen und sektiererischen Einzelversuchen stecken[188]. Inflationsangst band hier in ganz besonderem Maße der Regierung die Hände.

Demgegenüber hoffte Brüning mit der Lösung der Reparationsfrage wenigstens die äußere Belastung abbauen und das Kreditproblem mildern zu können.

184 So Rumbold an Henderson, 4. März 1931: *Documents on British Foreign Policy* (Anm. II/53), 2nd series, vol. I, S. 573.

185 Rundfunkrede vom 4. August 1931, nach: *Vossische Zeitung*, Nr. 364 (A 185) v. 5. August 1931.

186 So Groener in seinem Brief an v. Gleich v. 26. April 1931: Phelps (Anm. I/51), S. 1015.

187 Dieses Amt wurde am 10. Dezember 1931 dem konservativen Oberbürgermeister Carl Goerdeler übertragen. Ausführlich und mit vielen wertvollen Quellenhinweisen zu Goerdelers Rolle auch am Ausgang der Weimarer Republik jetzt Gerhard Ritter, *Carl Goerdeler und die deutsche Widerstandsbewegung*, Stuttgart 1954, S. 27 ff.; S. 43 ff.

188 Arbeitsbeschaffungsprojekte wurden von den verschiedensten Seiten vorangetrieben und auch in die politische Auseinandersetzung agitatorisch einbezogen: darüber sind eingehende Untersuchungen im Gang. Vgl. auch das Sammelwerk: *Arbeitsbeschaffung, Eine Gemeinschaftsarbeit*, Berlin 1933; Heinrich Dräger, *Arbeitsbeschaffung durch produktive Kreditschöpfung*, Berlin 1932, Neudruck 1954; Mühlich (Anm. I/37a), S. 243 ff.

Wie er sich dies dachte, hat er wenige Monate später offen ausgesprochen, als er den konsequenten Sparkurs und die rückhaltlose finanzpolitische Ehrlichkeit als den Schlüssel zu allen außenpolitischen Erfolgen, zumal zur Lösung der Reparationsfrage, aber auch zur Entradikalisierung der Innenpolitik bezeichnete:

„Ich werde mich bis zum letzten dagegen wehren, irgendeine inflatorische Maßnahme irgendeiner Art zu treffen, und zwar nicht nur aus Gerechtigkeit, nicht nur zum Schutze der Schwachen, sondern weil ich der Ansicht bin, daß die ehrliche Bilanz in der deutschen Wirtschaft trotz aller Bitternisse unbedingt wiederhergestellt werden muß und daß jeder Versuch und jedes Verlangen nach inflatorischen Maßnahmen letzten Endes nur den Zweck haben kann, diesen Prozeß der klaren Bilanz der gesamten deutschen Wirtschaft zuschanden zu machen und wiederum einen Schleier über die Fehler der Vergangenheit zu ziehen. Erfolge in der Außenpolitik sind um so eher zu erreichen, wenn wir die Bilanz der deutschen Finanzen und der deutschen Wirtschaft klar und ehrlich jedermann in der Welt zur Einsicht vorlegen. Das ist die stärkste und durchschlagendste Waffe, die die Reichsregierung haben konnte, und diese Waffe zu schmieden, war die Aufgabe des ersten Jahres der Tätigkeit dieser Reichsregierung. Das hat mit dazu geführt, daß die Frage der Reparationen durch die Öffentlichkeit in der ganzen Welt ohne Ausnahme völlig anders beurteilt wird als in früheren Jahren. So muß es auch nach innen sein. Viele soziale und berufliche Spannungen würden nicht die Schärfe angenommen haben, auch der politische Radikalismus würde nicht so hoch gekommen sein, wenn man früher gewisse Heilungsprozesse betrieben und in der Privatwirtschaft wie in der öffentlichen Wirtschaft das Messer des Chirurgen rechtzeitiger und radikaler angesetzt hätte[189]."

Mit der ihm eigenen einseitigen Zähigkeit hat Brüning weiterhin diesen Kurs verfolgt, der seiner Überzeugung nach schließlich die innerwirtschaftlichen Probleme und mit ihnen die krisenhafte Verkrampfung der politischen Verhältnisse Deutschlands lösen würde. Noch immer hielt er an einem weitgesteckten, mit wissenschaftlicher Unbedingtheit verfolgten Sparplan fest, dem alle direkten politischen Notmaßnahmen untergeordnet wurden. Er führte schließlich über die schonungslos realistischen Berichte des BIZ-Sonderausschusses zum Erfolg von Lausanne[190]. Aber dies wurde — nach einem letzten verhängnisvollen Aufschub der zunächst auf Januar 1932 angesetzten Schlußkonferenz — ein Erfolg, der erst Papen und im weiteren Sinne Hitler zugute kam. Denn er ging von Voraussetzungen aus, die Brünings Vernachlässigung einer demokratischen Innenpolitik aufhob und die sein kritikloses Vertrauen auf die schmale Basis der präsidialen Autorität, nachdem es ihn gänzlich manövrierunfähig gemacht hatte, schließlich dem Gegner im eigenen Parteilager zuspielte. So warf Stresemanns und Brünings mühevolle Politik der Verständigung ihre Früchte erst ab, als ihre beharrlichen Träger abgetreten waren.

189 Rede vor dem Reichsausschuß des Zentrums am 5. November 1931: Schultheß, *1931*, S. 246 ff. Programmatisch auch die zentrumsnahe Auseinandersetzung mit Inflationsprojekten (z. B. des „Tat-Kreises"): *Hände weg von der Währung, Aufsätze aus der Kölnischen Zeitung*, Köln [September 1931], S. 6 ff.; S. 20 ff. Zum Deflationskurs Mühlich (Anm. I/37a), S. 208 ff.

190 Vgl. u. S. 485 ff.

PRÄSIDIALKABINETT UND „NATIONALE OPPOSITION"

Die zweite Phase der Regierung Brüning begann im Zeichen eines großen Generalangriffs der „Nationalen Opposition" auf die letzten Stützen der Republik. Sie endete jäh mit dem Einsturz jener machtpolitischen Stütze, durch die Brüning seine Gratwanderung unter allen Umständen gesichert glaubte: der Treue Hindenburgs.

1. Die Harzburger Front

Die halbjährige Atempause, die das ratlose Parlament der experimentierenden Regierung gewährt hatte, war weder der Stabilisierung der allgemeinen wirtschaftlichen Verhältnisse noch einer Klärung der politischen Machtverteilung zugute gekommen. Sie endete nach dem Krisensommer 1931 mit einem agitatorischen Paukenschlag der Rechtsopposition. Zwar war die heterogene, nur durch den Kampf gegen die Republik zusammengehaltene „Front von Hitler bis Hugenberg" seit der Kampagne gegen den Young-Plan mehrfach erschüttert worden. Doch hatte die zweijährige Allianz wenigstens ihrer negativen Wirkung nach wachsende Bedeutung für die Konstellation und Bündnisfähigkeit der politischen Elemente der Republik gewonnen. Alle Meinungsverschiedenheiten, alle ideologischen und soziologischen Differenzen innerhalb der Rechtsopposition hinderten nicht, daß seit den Wahlen von 1930 eine demokratische Mehrheit nur mit knapper Not und von Fall zu Fall noch zustande kam und daß — angesichts der indirekten und oft auch direkten Unterstützung jener Opposition durch den starren Destruktionskurs der KPD — ein Abschwenken der SPD nach links oder ein noch stärkeres Hinübergleiten der DVP nach rechts jeden Augenblick die völlige Lähmung der Republik in ihrer verfassungsmäßigen Machtstruktur herbeiführen mochte.
Während aber die SPD manchen inneren Konflikten zum Trotz und über alle Abspaltungstendenzen hinweg an ihrer Politik des „Lieber noch Brüning als die NS-Diktatur" festhielt, gewannen in der DVP die rechtsoppositionellen Kräfte entschieden an Boden. Beim preußischen Volksentscheid und in der Frage der Einberufung des Reichstags war es noch einmal zum Kompromiß gekommen. Nun aber verhalfen der Rücktritt von Curtius und Brünings Verzicht auf einen forcierten Revisionskurs jenem Flügel zum Übergewicht, der gegen jede Zusammenarbeit mit SPD und Gewerkschaften, gegen weitere sozialpolitische Konzessionen und gegen stärkere Kampfmaßnahmen nach rechts eintrat. Die Partei fiel — gegen den Protest einer Minorität von wirklichen

Liberalen[1] — auf ihre antirepublikanische Ausgangsposition zurück, aus der sie Stresemann in langem, opfervollen Bemühen in den demokratischen Staat zu führen gesucht hatte. Man erinnerte sich, wenn nicht des monarchischen, so doch des schwarz-weiß-roten Bekenntnisses aus der Gründungszeit, als die DVP die deutschnationale Kampfgemeinschaft gesucht, gegen die Weimarer Verfassung protestiert, die „nationale Revolution" gefordert und gelobt hatte, nie an einer parlamentarischen Regierung teilzunehmen[2].

Damit verstärkte sich jene Umorientierung der DVP, die in der Unterstützung des Papen-Experiments ihren Höhepunkt finden sollte. Zwar wirkten wahltaktische und opportunistische Beweggründe bei dieser Schwenkung mit, den Ausschlag scheinen aber wirtschafts- und sozialpolitische Gesichtspunkte gegeben zu haben. In der Tat gingen die Interessentrends vor allem der großindustriellen Vertreter und ihre Stellung der „Nationalen Opposition" gegenüber dem weiteren Kurs der DVP weitgehend parallel, und nach den scharfen Ankündigungen des Reichsverbandes der Deutschen Industrie in den vergangenen Monaten bedeutete es kaum eine Überraschung mehr, daß nun nicht nur über den industriellen Flügel der DNVP und die verschämten großkapitalistischen Parteigänger von Stahlhelm und NSDAP, sondern auch über den rechtsgerichteten Arbeitgeberflügel der DVP gewichtige Exponenten der „Wirtschaft" zur Opposition gegen die Republik stießen[3].

Am 11. Oktober, zwei Tage vor dem Wiederzusammentritt des Reichstages und einen Tag nach dem ersten Empfang Hitlers und Görings durch Hindenburg, hielt die „Nationale Opposition" ihre erste gemeinsame Heerschau. Die Initiative fiel Hugenberg zu; er hatte auch hier keine Anstrengungen gescheut, um durch Nachgiebigkeit Hitler zu gewinnen, dem er sich auf Grund seiner Verbindungen, seiner publizistischen und finanziellen Mittel noch immer überlegen glaubte[4]. Als Ort der Demonstration war mit Bedacht Bad Harzburg im Land Braunschweig gewählt: dort regierte neben dem Deutschnationalen Küchenthal der nationalsozialistische Lehrer Dietrich Klagges, der seinen nach mancherlei Skandalen zurückgetretenen Parteigenossen Franzen am 15. September mit der knappen Landtagsmehrheit von 20:19 Stimmen abgelöst hatte.

In der „Harzburger Front" waren alle Gegner der Weimarer Republik, mit Ausnahme der Kommunisten, unter sich. Neben den politischen Führern standen die Antirepublikaner und Monarchisten aus Offizierkorps und Wehrver-

1 Ein Beispiel ist der Brief, den der preußische DVP-Abgeordnete und dritte Vizepräsident des Landtags Hans v. Eynern anläßlich der demonstrativen Niederlegung seines Landtagsmandats an seine Wähler richtete: bei Severing (Anm. I/18), I, S. 307 f.

2 *Die Deutschnationalen und Wir, Flugschriften der Deutschen Volkspartei*, Folge 44, Berlin 1920, S. 12. Noch im selben Jahr 1920 stellte die DVP allerdings zwei Minister und den Vizekanzler im Kabinett Fehrenbach, um ab November 1922 – vor allem dann durch Stresemann – ununterbrochen Regierungspartei zu bleiben.

3 Wie bewußt dies auch von Hitlers Seite im Verfolg seiner Annäherung an die Großunternehmerschaft – dem wirtschaftspolitischen Analogon zum „Legalitätskurs" – betrieben wurde, zeigt eine Notiz seines Pressechefs, Otto Dietrich, *Mit Hitler in die Macht, Persönliche Erlebnisse mit meinem Führer*, München 1934, S. 45: „Im Sommer 1931 faßte der Führer in München dann plötzlich [?] den Entschluß, die im Zentrum des Widerstandes stehenden maßgebenden Persönlichkeiten der Wirtschaft und der von ihnen getragenen bürgerlichen Mittelparteien systematisch zu bearbeiten, um hier Stein für Stein aus dem Regierungsgebäude herauszubrechen . . . Dem plötzlichen Entschluß folgte die Durchführung auf dem Fuße. In den folgenden Monaten durchquerte der Führer mit seinem Mercedes-Kompressor ganz Deutschland. Überall tauchte er auf zu vertraulichen Besprechungen mit führenden Persönlichkeiten . . . Vertraulichkeit war dringend geboten, um der Presse keinen Stoff zur Hetze zu liefern. Die Wirkung blieb nicht aus. Es begann im Regierungsgebälk zu knistern . . . Die Deutsche Volkspartei distanzierte sich. . ." Der „Sozialismus" war in der höchsten NS-Führung endgültig zur Fiktion geworden.

4 Hugenberg hat in seiner nachträglichen Apologie behauptet, er habe in Harzburg versucht, die NSDAP an eine besonnene Politik zu binden: *Hugenbergs Ringen* (Anm. I/6), I, S. 18 f.; vgl. u. Anm. IV/22.

bänden, und diesen Exponenten der äußeren Macht sekundierten die Wirtschaftsführer, die sich jetzt mit den führenden Interessenverbänden gegen die bestehende bürgerlich-sozialdemokratische Kompromißordnung und auch gegen die zunächst begrüßte autoritäre Notlösung Brünings entschieden hatten[5]. DNVP, NSDAP, Stahlhelm, Reichslandbund, Wirtschaftsverbände, DVP, Wirtschaftspartei, Alldeutsche und einzelne Fürstenhäuser waren vertreten. Die prominente Reihe umfaßte Hugenberg und Hitler mit ihren Reichstags- und preußischen Landtagsfraktionen, Seldte und Duesterberg mit dem Führerstab des Stahlhelms, ferner Graf Kalckreuth mit der Führung des Reichslandbunds (v. Gayl, Wendhausen, v. Sybel, Sieber, Bethge, Lind, Kriegsheim, v. Wangenheim, v. Münchhausen und v. Helmholt-Hessen): dies dokumentierte die endgültige Abwendung des Reichslandbunds von ihrem Minister und ehemaligen Präsidenten Schiele. Daneben stand die Elite der Alldeutschen mit Justizrat Claß, v. Vietinghoff-Scheel, Graf v. Brockdorff, v. Hertzberg. Zu den fünfzehn pensionierten Offizieren im Generals- oder Admiralsrang, die — wie v. d. Goltz, v. Dommes, v. Lüttwitz, v. Einem, v. Gallwitz, v. Hutier, v. Möhl, v. Falkenhausen, v. Levetzow — ausgeprägt antirepublikanisches Profil besaßen, gesellte sich auch v. Seeckt, der hier nicht nur seine eigene politische Einstellung als „überparteilich-unpolitischer" Diener der Republik, sondern als Reichstagsabgeordneter zugleich den Kurswechsel der DVP demonstrierte. Dynastisch-monarchische Interessen vertraten in diesem bunten Lager die Prinzen zu Lippe[6], zu Salm-Horstmar sowie Eitel Friedrich und August Wilhelm v. Hohenzollern. Vor allem aber fanden sich neben namhaften Repräsentanten der akademischen Schicht prominente Wirtschaftsführer ein, unter denen Schacht[7], der einstige Demokrat und Unterzeichner, dann Gegner des Young-Plans, Fritz Thyssen, der langjährige Förderer der NSDAP, Poensgen von den Vereinigten Stahlwerken, Schlenker vom Langnamverein, Ravené vom Eisengroßhandelsverband, Generaldirektor Krieger-Wintershall, Geheimrat Kreth, Generaldirektor Gottstein, Hüttendirektor Quebier und die Direktoren der größten deutschen Schiffswerft, Gok und Blohm aus Hamburg herausragten. Dazu kamen noch die Bankiers v. Stauß, Regendanz, Lubarsch, Sogemeyer und zahlreiche andere.

Es zeigte sich freilich sogleich, daß wohl eine geschlossene Opposition gegen die Weimarer Republik, nicht aber ein gemeinsamer Nenner für konstruktive Reform- oder Revolutionspläne, ja nicht einmal eine sichere Basis für gemeinsame politische Aktionen in der Gegenwart vorhanden war. Diese Tatsache

5 Die Wendung wird schon deutlich sichtbar in der Erklärung, die die führenden wirtschaftlichen Interessenverbände am 29. September 1931 Brüning übergaben (Text in: *DAZ*, Nr. 449 v. 30. September 1931. Ebenso in: *Wofür wir kämpfen. Die Gemeinschaftserklärung deutscher Wirtschaftsverbände*, Druckschriften des Hansabundes Nr. 9, Berlin 1931, S. 5 ff.). Sie verlangte in ultimativer Schärfe die Erfüllung der alten Forderungen auf Lohnsenkungen, Reduktion der Sozialversicherung, Steuervergünstigungen und war unterzeichnet vom „Reichsverband", vom Zentralverband des Bankgewerbes, vom Handwerks- und Gewerbekammertag, vom Industrie- und Handelstag, vom Hansabund, von der Hauptgemeinschaft des Einzelhandels, vom Reichsgrundbesitzerverband, den Verbänden der Privatversicherung, des Groß- und Überseehandels, des Handwerks und von der Vereinigung der deutschen Arbeitgeberverbände.

6 Besonders aktiv war hier Friedrich Christian Prinz zu Schaumburg-Lippe, der (als Student) über Baldur v. Schirach und das Verlegerpaar Bruckmann zu Hitler gefunden hatte, sich dann vor allem auch finanziell am Aufbau der nationalsozialistischen Pressemaschine im Rheinland beteiligte und daneben als Parteiredner auftrat; er arbeitete, worauf er noch heute stolz ist, schließlich besonders eng mit Goebbels zusammen. Vgl. seine Erinnerungen: *Zwischen Krone und Kerker*, Wiesbaden 1952, S. 74 ff. Zu diesen noch heute nicht kurierten adlig-konservativen Illusionisten unter den „alten Kämpfern" gehört z. B. auch der Hindenburg nahestehende Kreisleiter von Potsdam, der ehemalige Berufsoffizier und spätere Gaujägermeister Brandenburgs, Otto Frhr. v. Dungern; vgl. seine Erinnerungen: *Unter Kaiser und Kanzlern*, Coburg 1953, S. 66 ff. (mit zahlreichen falschen oder irreführenden Behauptungen).

7 Vgl. Schacht, *76 Jahre* (Anm. I/9), S. 366: „Ich trug keine Bedenken, der Einladung zu folgen" (die von dem DNVP-Abgeordneten Schmidt-Hannover ausging).

sollte der schwankenden Unentschlossenheit und den wechselseitigen Fluktuationen innerhalb der „Nationalen Opposition" weiterhin so stark das Gepräge geben, daß sich die folgende Phase des *Machtvakuums* im Zeichen der Regierungen Papen und Schleicher recht eigentlich schon in diesem Augenblick abzeichnete. Schon der Verlauf der Tagung selbst erwies den rein negativen Charakter der Demonstration[8]. Um die hier vereinigten Kräfte zusammenzuhalten, mußten vor allem die Vertreter eines restaurativen Monarchismus von Anfang an stark zurücktreten. Hugenbergs Bemühungen um die „Einheitsfront" gegen Weimar gingen jetzt so weit, daß der eigentliche Inhalt der deutschnationalen Politik dem taktischen Zweckbündnis weitgehend geopfert schien. Der Hugenberg-Kurs, der die Partei gesprengt und viele Konservative alten Stils in die Zersplitterung und schließlich in die Wüste geschickt hatte, erreichte damit einen neuen Höhepunkt auf dem Weg zu jenem verhängnisvollen Pakt von 1933, der mit der Weimarer Republik die restaurativen Hoffnungen ebenso zerschlagen sollte wie ihr demokratisch-parlamentarisches Hindernis. So viele überzeugte Monarchisten oder Anhänger eines konservativ-patriarchalischen Ständestaates mit autoritärer Spitze in Harzburg auch auftraten, sie kommandierten nicht länger die Macht der Zahl und des Massengefolges; auf ihr beruhte jetzt vielmehr gerade der nationalsozialistische Führungsanspruch.

Wieder erwies sich die verhängnisvolle Zwiespältigkeit der deutschnationalen Führung, die der Spannung zwischen konservativem Elitekonzept und demokratischer Massenpartei nicht mehr Herr zu werden vermochte und sich — ungeachtet des persönlichen Gewichts ihrer Anhänger und Fürsprecher — mehr und mehr von Hitler das Gesetz des Handelns diktieren lassen oder eben die Idee der „nationalen Einheitsfront" aufgeben mußte. Während Hugenberg den Sitzungen präsidierte und mit der Nachgiebigkeit des führungsgewissen Hochmuts Konzessionen um Konzessionen machte, bestimmte Hitler die Entschlüsse, und eine Parade der SA unterstützte nachdrücklich sein souveränes Auftreten. Man hatte die Gewalt der „nationalen Erregung" für sich in Anspruch genommen, und man mußte jetzt noch eindeutiger als ein Jahr zuvor erleben, daß die NSDAP sie auf ihre Seite zu bringen und daraus ihre eigenen Machtansprüche zu erheben verstand. War dieser Hitler noch der „Trommler" unter prominenterem Kommando? Man glaubte es kaum mehr, auch Hugenberg begann diese Lieblingsvorstellung für ein gutes Jahr zu verdrängen. Dann freilich feierte sie im Kopf Papens, der damit zunächst ebensowenig Glück gehabt hatte, noch einmal fröhliche Urständ.

Der Tag von Harzburg war eine deutliche Warnung. Er bedeutete darum zunächst auch viel eher das Ende einer aufregenden und aufreibenden Zusammenarbeit als den Beginn eines letzten Siegeszugs der vereinigten „Nationalen Opposition". Mancherlei Unstimmigkeiten hatten 1930 den „Reichsausschuß

8 So auch Joseph Goebbels in einer Kritik an den deutschnationalen Führungsansprüchen: „Man wollte [in Harzburg] Brüning stürzen und weiter nichts. Man wollte eine feindliche Macht zur Auflösung bringen und überließ die Sorge darüber, was danach kommen mußte, einer näheren und ferneren Zukunft" („Die nationale Opposition" in: *Der Angriff* v. 19. Dezember 1931). Und besonders deutlich schon zwei Monate zuvor: „Die große Kundgebung der nationalen Opposition in Harzburg war ein Bekenntnis zu gemeinsamem Vorgehen zum Zwecke der Erreichung eines Teilziels. In dieser Beziehung ging ihr Sinn nicht über taktische Bedeutung hinaus ... Da die nationalsozialistische Bewegung auf dem Legalitätsprinzip steht und keinerlei Veranlassung vorhanden ist, davon abzuweichen, kann es keinem Zweifel unterliegen, daß die Eroberung der Macht vorerst nur in einer Koalition möglich ist. Die Machteroberung aber unterscheidet sich wesentlich und grundsätzlich vom Machtziel ... Das Programm des Nationalsozialismus ist festliegend und unabänderlich ... Es ist aber ein anderes, eine Regierung zu stürzen oder ein Programm zu verwirklichen. . ." (Joseph Goebbels, „Von Harzburg nach Braunschweig", in: *Der Angriff* v. 21. Oktober 1931).

gegen den Young-Plan" zerbrochen; dann war der Volksentscheid in Preußen gescheitert, bei dem sich die Nationalsozialisten nur aus taktischem Zwang der Führung des verachteten Stahlhelms untergeordnet hatten, und auch die Koalition der NSDAP mit dem rechtsbürgerlichen Block in Braunschweig war erst nach monatelanger Krise mit der Wahl eines neuen NS-Ministers im Sinne der NS-Führung gefestigt worden. Nach keineswegs freundlichem Briefaustausch zwischen Hitler und Hugenberg hatte jedoch eine Vertretertagung der Rechtsopposition am 9. Juli 1931 in Berlin erneut „den Entscheidungskampf zur Niederringung des heutigen Systems" proklamiert[9]. Auch der 10. Parteitag der DNVP in Stettin (19./20. September), an dem Feldmarschall v. Mackensen und Prinz Oskar v. Preußen teilnahmen, hatte neben dem Postulat des „nationalen Kapitalismus" (anstelle des für die Krise verantwortlich gemachten „internationalen Kapitalismus")[10] der „verfassungswidrigen" Blockierung des Umschwungs der Machtverhältnisse durch die „Diktatur des Zentrums" den Kampf angesagt, mit Brünings Rücktritt den der Preußenregierung gefordert und — hier plötzlich unter Berufung auf Verfassung und Parlament! — sich mit dem Willen der „Mehrheit des deutschen Volkes" identifiziert[11].

Harzburg selbst sollte nach Hugenbergs späteren Auslassungen vor allem auch zu einer Einigung der Rechtsopposition auf einen gemeinsamen Präsidentschaftskandidaten führen[12]. Auch in diesem Fall hoffte Hugenberg offenbar noch immer, Hitler vor seinen Wagen spannen zu können; er war dafür bereit, die Abneigung seiner genuinen Verbündeten, des „nationalen Bürgertums" und der Wirtschaft mit dem demagogischen Treiben der Nationalsozialisten nach Kräften auszusöhnen. Darüber hinaus glaubte er in naivem Selbstbewußtsein, die Entscheidung über die weitere deutsche Politik fällen zu können, bei der es ihm nur darauf anzukommen schien, wie „neben der DNVP und den Nationalsozialisten auf der anderen Seite auch die Vielzahl von Parteien zwischen Deutschnationalen und Zentrum in paralleler Richtung taktisch angesetzt werden" könnten[13].

Doch steuerten in Harzburg die Nationalsozialisten noch deutlicher als zuvor ihren eigenen Kurs. Ihre Reichstagsfraktion hielt vor Beginn der Tagung bewußt eine geschlossene Sitzung ab, in der Frick als Vorsitzender die Machtergreifung als den Zweck des gegenwärtigen Zusammenschlusses bezeichnete; er beruhigte die Stimmen im eigenen Lager, die das Paktieren mit dem „bürgerlichen Mischmasch" der „Nationalen Opposition" kritisiert hatten, durch den Hinweis auf Mussolinis Anfänge: nach seinem Beispiel, so erklärte Frick freimütig, arbeite man mit einer nationalen Koalition zusammen, beanspruche aber darin die Führung, wenn nach Wiedereröffnung des Reichstags die vereinten Kräfte den Sturz Brünings erreicht hätten. Dem entsprach auch das Programm der Fraktion: Mißtrauensvotum sowie Forderung nach Reichstags-

9 Kommuniqué der Konferenz bei Schultheß, *1931*, S. 156.

10 Hugenberg wettert in seinem Referat (19. September) mit geradezu kommunistischen Argumenten gegen die „kolonialwirtschaftliche" Ausbeutung Deutschlands, in der er die ganze Krise begründet sieht; er verknüpft freilich auch diese Ausführungen mit dem traditionellen Angriff, indem er mit seltsamer Logik den „internationalen Kapitalismus" als das Werk „marxistischer Gehirne" bezeichnet, ohne auf der anderen Seite auf die Problematik seines „nationalen Kapitalismus" angesichts der weltwirtschaftlichen Verflechtungen einzugehen. Dafür fordert er wieder ein deutsches Kolonialreich in Afrika und Siedlungsraum im Osten für das „Volk ohne Raum" (*ebda.*, S. 203).

11 In diesem 2. Referat (20. September) glaubt Hugenberg behaupten zu können, er habe durch die Septemberwahl 1930 die SPD in der Verantwortung für den Young-Plan halten können (!) und zugleich die Gefahr des Nationalbolschewismus gebannt (*ebda.*, S. 203 f.).

12 Vgl. *Hugenbergs Ringen* (Anm. I/6), I, S. 19, sowie seinen Brief an Borchmeyer v. 6. Dezember 1948 (*ebda.*, II, S. 14 ff.): Hugenbergs stiller Kandidat war der Kandidat von 1925, Jarres, der damals im 2. Wahlgang von Hindenburg abgelöst worden war.

13 *Ebda.*, S. 17 f. Zum Verlauf der Harzburger Tagung Schultheß *1931*, S. 224 ff.

auflösung und Neuwahlen am 8. November, dem 13. Jahrestag der „nationalen Schmach“. Den mit dem gewohnten psychologischen Geschick gewählten Schlußeffekt bildete der Augenblick, in dem Hitler mit Begleitung den Saal betrat und alle Abgeordneten in Form einer feierlichen Kundgebung verpflichtete.

Nun erst konnte Hugenberg die Tagung selbst im Kursaal eröffnen. Er ließ seinen braunschweigischen Ministerpräsidenten Küchenthal als Zeichen deutschnationaler Macht auftreten und versicherte nach entsprechenden Ausfällen gegen die preußische Polizei — die hier nicht stören könne —, daß in Harzburg die Mehrheit des deutschen Volkes vertreten sei. Nach dieser Selbstversicherung entwickelte er ein Regierungsprogramm der „Nationalen Opposition“, präzisierte erneut sein starres Entweder-Oder und verlas dann eine Entschließung der „Nationalen Front, einig in ihren Parteien und Gruppen, von dem Willen beseelt, gemeinsam und entschlossen zu handeln“. Vor dem Hintergrund der Schlagworte vom „marxistischen Blutterror“, vom „fortschreitenden Kulturbolschewismus“, von der Ausschaltung der „nationalen Kräfte“, von der „Entmannung Deutschlands“ stellte diese Entschließung den Anspruch auf „national geführte Regierungen“ im Reich und in Preußen, die Brünings „national getarnte Regierung“ ablösen sollten; sie verlangte Neuwahlen der „überalterten Volksvertretungen“ in Reich und Ländern und wendete sich mit offener Drohung des Bürgerkriegs an Hindenburg:

„Geächtet ist jeder, der unsere Front zerreißen will. Wir beschwören den durch uns gewählten Reichspräsidenten v. Hindenburg, daß er dem stürmischen Drängen von Millionen vaterländischer Männer und Frauen, Frontsoldaten und Jugend entspricht und in letzter Stunde durch Berufung einer wirklichen nationalen Regierung den rettenden Kurswechsel herbeiführt...“ Vorangegangen war die Drohung, daß es „die in der nationalen Opposition stehenden Verbände bei kommenden Unruhen ... ablehnen, die heutige Regierung und das heute herrschende System zu schützen“ [14].

Das parlamentarische Programm entsprach den Forderungen der nationalsozialistischen Fraktion, ergänzt durch Anträge auf Aufhebung aller Notverordnungen und auf Sistierung der Zuschüsse an die gefürchtete preußische Polizei.

Es folgte die Rede Hitlers, die langatmigen Betrachtungen über die Aufgaben des Staatsmannes gewidmet war, einen radikalen Neubau des Staates postulierte und mit dem Fanfarenstoß: „Kommunismus oder Nationalismus“ schloß. Dann feierte Seldte den Stahlhelm als den „treuen Ekkehart im deutschen Dasein“ und konstatierte, es seien Männer gefunden, die die Macht im Staate übernehmen könnten. Während Duesterberg „deutsche Wehrhaftigkeit“ forderte, erklärte Graf Kalckreuth die Abwendung des Landbunds von Brüning. Einen Höhepunkt bildeten schließlich die Ausführungen Schachts, der sein Auftreten als einen Beweis für den überparteilichen Charakter der Tagung bezeichnete und dann in scharfen Worten die Forderung der Wirtschaft nach „Rettung von diesem System“, nach einer nationalen Regierung formulierte [15]. Dieser merkwürdigen „Überparteilichkeit“ entsprach Schachts Agitation gegen „die falschen inneren Grundlagen des bisherigen Systems, seine Unaufrichtigkeit, seine Rechtsunsicherheit und seinen Mangel an Handlungsfreiheit“.

14 *Der Stahlhelm* 13, Nr. 42 v. 18. Oktober 1931.

15 Wörtlich: „In der Tat hat die deutsche Wirtschaft an dem Enderfolg der nationalen Bewegung das brennendste Interesse“ (Schacht, *76 Jahre*, Anm. I/9, S. 367). Und: „Darum wünsche ich, daß der nationale Sturmwind, der durch Deutschland fegt, nicht ermatten möge, bis die Wege zur Selbstbehauptung und zum Enderfolg wieder freigemacht sind“ (S. 368).

Schachts Kritik richtete sich besonders gegen seinen Nachfolger Hans Luther, dem er vorwarf, die Ausweise der Reichsbank ließen nicht die wahre Lage des Instituts erkennen[16]. Schließlich gab Justizrat Claß noch die alldeutsche Parole, Graf v. d. Goltz die Erwartungen der Vereinigten Vaterländischen Verbände an die „Nationale Opposition" bekannt.

Viel bedeutsamer als die programmatischen Verlautbarungen von Harzburg war jedoch das tatsächliche Profil der „Nationalen Opposition", das sich aus dieser Demonstration herausschälen läßt. Daß die NSDAP das Bündnis nur unter jenem taktischen Gesichtspunkt betrachtete, den Frick mit dem Hinweis auf Mussolinis Weg zur Macht in den Vordergrund geschoben hatte[17], zeigte sich bei der groß aufgezogenen Abschlußparade: als dem Vorbeimarsch seiner SA die Formationen des Stahlhelms folgten, verließ Hitler demonstrativ die gemeinsame Tribüne der Verbündeten, nachdem er zuvor schon in einer Reihe von Zwischenfällen selbstbewußt den Unmut seiner Gönner provoziert hatte[18]. Die Hugenberg-Apologetik hat schon recht, wenn sie feststellt, daß das Ziel von Harzburg nicht erreicht wurde. Aber es ist eben bezeichnend und folgenschwer, daß „die Rücksicht auf die allen Beteiligten unerwünschten Presseauswirkungen ... einen Bruch auf offener Szene verhinderten": daß es also zu aggressiven, gemeinsamen Entschließungen kam, obwohl „für die Rechte eine wirkliche Loyalität Hitlers ebenso fragwürdig war wie für die Linke und die Mitte"[19]. Wenn dies richtig ist, dann hat Mangel an Zivilcourage Hugenberg wider bessere Einsicht zu einem Verbündeten Hitlers gemacht. Die Wirkung war dieselbe.

Das Echo im In- und Ausland war denn auch erheblich[20]. Besonders an die Ausführungen Schachts knüpften sich Kontroversen, in die selbst Reichsfinanzminister Dietrich eingriff. In der Tat mußte der deutschen Kreditfähigkeit aus solcher Kritik nur noch weiterer Schaden erwachsen. Hier wie in den politischen Fragen erwies der Tag von Harzburg erneut die verderbliche Taktik der „Nationalen Opposition", die durch rücksichtslose Destruktionspolitik wider besseres Wissen und ganz nach den Lehren der kommunistischen Verelendungstheorie sich den Weg zur Macht zu ebnen suchte[21]. Und wieder war ein deutschnationales Unternehmen zu einem nationalsozialistischen Propagandaerfolg geworden[22], ohne daß Hugenbergs selbstgefälliges Machtbewußtsein sich auch

16 *Ebda.*, S. 367 ff. Da Schacht zu diesem Zeitpunkt schon in direkter Verbindung mit der NSDAP stand und deren naive Wirtschaftstheorien durchschaute – wie er heute beteuert –, liegt in dieser Rede ein politischer Zynismus ohnegleichen: als ob von dieser Seite Rechtssicherheit und Aufrichtigkeit zu erwarten waren! Sie starben eben mit dem „System".

17 Auch Goebbels versichert nachträglich noch einmal auf das entschiedenste, „daß dieses Zusammengehen rein taktischer Natur sei und mit Weltanschauung gar nichts zu tun habe" („Die nationale Opposition", Anm. IV/8).

18 Daran schloß sich ein recht unfreundlicher Briefwechsel zwischen der Führung des Stahlhelms und der der NSDAP an, der bis in den Dezember 1931 hineinreichte und sehr wesentlich die Zersplitterung der Rechten in der Präsidentschaftsfrage bewirkte: abgedruckt bei Theodor Duesterberg, *Der Stahlhelm und Hitler*, Wolfenbüttel-Hannover 1949, S. 15–33.

19 So *Hugenbergs Ringen* (Anm. I/6), I, S. 18, sowie Hugenbergs Brief an Borchmeyer v. 6. Dezember 1948 (*ebda.*, II, S. 15).

20 Vgl. auch den Bericht des britischen Botschafters Rumbold an Reading, 14. Oktober 1931: *Documents on British Foreign Policy* (Anm. II/53), 2nd series, vol. II, S. 295.

21 Dem entsprach denn auch Hugenbergs Rede im Berliner Sportpalast am 19. November 1932. Die Aufforderung, „den politischen Kurswechsel rechtzeitig" zu erzwingen, wird mit der machiavellistischen Wendung begründet: „Deutschlands handelspolitische Lage ist, rechtzeitig ausgespielt, ausgezeichnet. Die Weltwirtschaftskrise, richtig gesehen und benutzt [!], kann Deutschlands Rettung werden" (*Hugenbergs Ringen*, Anm. I/6, I, S. 63 f.).

22 Hugenbergs nachträgliche Darstellung, die für die apologetischen Zwecke seines Entnazifizierungsverfahrens bestimmt war, gibt zwar zu, daß die „Zähmung" Hitlers im deutschnationalen Sinn in Harzburg nicht gelungen sei, schiebt die Schuld aber Hindenburg zu, der durch den Empfang Hitlers dessen Eitelkeit und „Totalitätshoffnungen" ins Maßlose gesteigert habe (*Hugenbergs Ringen*, Anm. I/6, I, S. 18). Dem ist

nur taktisch darauf einzustellen vermochte[23]. Seine einzige Befürchtung war, daß Zentrum und Gewerkschaften jetzt „mit den Nationalsozialisten in ähnlicher Weise ihren Sonderpakt" machen könnten „wie früher mit den damaligen Deutschnationalen" [24]. Hitler dagegen hatte seinen Vorstoß in die deutschnationale Machtdomäne weiter voranzutreiben vermocht: Harzburg hat seine Fühlung mit den großindustriellen, agrarischen und militärischen Stützen des antirepublikanischen Nationalismus entscheidend intensiviert.

2. *Umbildung der Regierung Brüning und Verschärfung des autoritären Kurses*

Der Reichstag, der zwei Tage später zusammentrat, sah sich ohnehin einer veränderten Situation gegenüber. Weder außenpolitische Initiativen und Teilerfolge — wie die Annahme des Hoover-Moratoriums — noch eine Kette von Notverordnungen hatten eine weitere fühlbare Verschlechterung der deutschen Verhältnisse aufzuhalten vermocht. Schon im September hatten vielfältige Gerüchte über Regierungswechsel, ja über ein Kabinett Geßler[25] oder sogar v. Gayl unter Einschluß der gesamten Rechtsopposition die Presse beschäftigt. Solche Vermutungen schossen freilich, wenn sie auch symptomatische Veränderungen im Klima des Präsidialsystems richtig einkalkulierten, erheblich über die Tatsachen hinaus. Immerhin stellte die wachsende Abwendung der „Wirtschaft" Brüning vor eine neue Lage. Schon kurz nach der ultimativen Erklärung der Interessenverbände wurde von dieser Seite eine nachhaltige Umbildung der Regierung und eine Abkehr vom Tolerierungskurs gefordert, der „durch die Ereignisse überholt" sei. Das „große Rettungswerk" erfordere eine Rückkehr zu dem „politischen Grundgedanken, mit dem Dr. Brüning sein Amt antrat" [26] — zum Gedanken der Vorbereitung einer „nationalen Diktatur" und im Hinblick auf diktatorisch regierende Nachfolger[27]. Es ist zugleich vernehmliche Begleitmusik zum Harzburger Treffen, wenn mit deutlicher Drohung festgestellt wird, daß „maßgebende Kräfte der deutschen Politik und Wirtschaft" im Begriffe seien, sich von Brüning zu lösen[28].

aber entgegenzuhalten, daß das aggressive Manifest von Harzburg schon vor jenem 10. Oktober von Hugenberg vorbereitet und also nicht erst durch Hitlers gesteigertes Selbstbewußtsein bestimmt worden ist.

23 So bemühte sich Hugenberg auch wenig später auf einer Wahlkundgebung am 8. November 1931 in Darmstadt, die Zweifel an der Einigkeit der „Nationalen Opposition" durch neue Angriffe auf Brüning zu widerlegen, um schließlich selbstbewußt zu behaupten: „Das ist auch der Grund, weshalb dieser Bund nicht wieder auseinanderbrechen kann. Da aber in der Politik ein System nur dann gestürzt werden und gestürzt bleiben kann, wenn ein neues System und Programm und eine neue Macht an die Stelle der alten tritt, so bedeutet die gemeinsame Negation des Bestehenden selbstverständlich auch die gemeinsame Bejahung eines Künftigen. Die Harzburger Kundgebung läßt darüber keinen Zweifel . . . Daß im übrigen über manche Frage die Auffassungen der Deutschnationalen und der Nationalsozialisten auseinandergehen, ist oft betont. Wir Deutschnationalen sind nicht Sozialisten, sondern ausgesprochene Anhänger der Privatwirtschaft. Wir haben auch nicht die Absicht, uns als ‚Mischmasch' zu fühlen, als Vorspann benützen zu lassen und uns dann einen Fußtritt geben zu lassen" (Schultheß, *1931*, S. 250 f.).

24 Hugenberg (*ebda.*, S. 251) glaubte zu wissen, „daß Zentrumsleute sagen: Wenn wir uns nicht über den Kopf der Deutschnationalen hinweg mit den Nationalsozialisten verständigen, wird das Zentrum auseinanderbrechen". Angesichts dieser festgefügten Partei eine Spekulation, die kaum mehr politische Einsicht verrät, als Hugenbergs Kurs der „Nationalen Opposition" und seine beständige Forderung nach Neuwahlen angesichts des Niedergangs der eigenen Partei.

25 Zur Beurteilung des (demokratischen) früheren Reichswehrministers ist interessant, daß er nicht nur zu den Verfechtern präsidialer Machtsteigerung, sondern auch zu den Anhängern Carl Schmitts gehörte: vgl. Otto Geßler, *Die Träger der Reichsgewalt*, Hamburg 1931, S. 3; S. 78 f.

26 Leitartikel der *DAZ*, Nr. 458 v. 5. Oktober 1931.

27 Leitartikel der *DAZ*, Nr. 457 v. 4. Oktober 1931: „Brünings politische Tätigkeit kann man nur dahin zusammenfassen, daß sie, mit einem Wort Bismarcks, die Vorfrucht der nationalen Diktatur bedeutet, d. h. er gewöhnt das Volk an die Diktatur und ermöglicht es seinen Nachfolgern, sich zu behaupten unter Hinweis auf ihren Vorgänger." Was denn auch Papen (und mit ihm Meißner) in ihren Apologien reichlich tun.

28 *Ebda.*, Nr. 459 v. 6. Oktober 1931. Zu den weiteren konkreten Initiativen von dieser Seite vgl. u. S. 387 ff.

Der Rücktritt von Curtius am 3. Oktober[29] gab Brüning denn auch Gelegenheit zu einer schon länger geplanten Umgruppierung seiner Regierung. Daß nicht nur Abgeordnete des Landvolks und des Landbunds, sondern auch Wirtschaftspartei und DVP endgültig aus der passiven Regierungsmehrheit auszubrechen drohten, bewog den Reichskanzler zu einem Schritt, der zugleich zur weiteren Straffung der autoritären Regierung beitragen sollte[30]. Nach schwierigen Vorbesprechungen mit Hindenburg (5. Oktober) trat Brüning am 7. Oktober offiziell zurück; Hindenburg betraute ihn sogleich mit der Neubildung des Kabinetts[31], nun mit der ausdrücklichen, über die bisherige Grundlage hinausführenden Weisung, eine völlig „unabhängige" Regierung „ohne parteimäßige Bindungen" zu bilden, nachdem die Zersplitterung des Reichstags in gegensätliche Fraktionen die Bildung einer echten Koalition oder einer festen Mehrheit unmöglich gemacht habe[32]. Damit war endgültig das Bekenntnis zum Präsidialkabinett ausgesprochen, das vor zwei Jahren inmitten der Krisen der Großen Koalition erste Gestalt, dann mit der Bildung der Regierung Brüning vorläufige politische Erprobung, mit der Durchsetzung eines autoritären Notverordnungskurses praktische Wirklichkeit gewonnen hatte. Die Regierungsform der Republik in ihrer letzten Phase, das autoritäre „Fachkabinett", trat jetzt schon deutlicher in Erscheinung, obgleich Brüning in streng rechtlicher Auffassung bis zuletzt an der wenigstens passiven Zustimmung des Reichstags festhielt: erst Papen tat dann den weiteren, entscheidenden Schritt zur Selbstregierung gegen das Parlament.

In den Tagen der Regierungsumbildung empfing Hindenburg neben anderen Parteiführern am 10. Oktober zum ersten Mal auch Hitler und Göring: der Pour-le-mérite-Träger war etwas, das Hindenburg beeindrucken mochte. Auch der Reichspräsident erreichte freilich keinerlei Zusagen für eine positive Einstellung der NSDAP zur Regierungspolitik: er gewann überdies keinen günstigen Eindruck von der Fähigkeit und Zuverlässigkeit des „böhmischen Gefreiten", dem er — wie damals das geflügelte Wort ging — höchstens das Postministerium überlassen wollte[33]. Hitlers „längere Ausführungen" waren ausweichend gehalten, beriefen sich erneut auf die im Leipziger Reichswehrprozeß geleisteten Legalitätsbeteuerungen und entschuldigten nationalsozialistische Gewalttaten mit Notwehr gegen kommunistische Angriffe[34]. Weitere Versuche einer echten demokratischen Koalitionsbildung wurden offensichtlich

29 Näheres bei Curtius, *Sechs Jahre* (Anm. I/9), S. 207 ff.

30 Man vgl. dazu Brünings Andeutungen in einer Rede vor dem Reichsausschuß des Zentrums vier Wochen später (5. November 1931): „Auch die Krise des Oktobers, die ich vorher gefühlt habe, hat ihr Gutes gehabt, denn es sind für gewisse Stimmungen Ventile geschaffen worden, und die Reichsregierung ist sehr viel stärker für die außenpolitischen Verhandlungen, als wenn sie die Entscheidungen, die in der Oktoberwoche gefallen sind, auf den November oder Dezember vertagt hätte" (Schultheß, *1931*, S. 247). Dieser wie auch der in der Anm. IV/49 zitierte Satz fehlt bezeichnenderweise in der zentrumsamtlichen Sammlung der *Reden* Brünings (Anm. IV/99), S. 44 ff. Noch ein Jahr zuvor hatte sich Brüning bei der o. Anm. III/48 zitierten Besprechung mit den Parteiführern der gemäßigten Rechten gegen ein „von den Parteien noch mehr losgelöstes Kabinett" ausgesprochen. Schon damals war übrigens der Rücktritt von Curtius und Wirth ein – allerdings zurückgestellter – Diskussionspunkt gewesen: vgl. *Westarp-Akten*, „Meine Verhandlungen. . ." (Anm. II/74).

31 Wie schwierig es freilich war, Hindenburg zu einer weiteren Stützung des Kabinetts zu bewegen, bezeugt Brüning selbst („Brief", Anm. I/9, S. 7 f.); nur den „verzweifelten" Bemühungen Groeners und Schleichers sei dies gegen die „Opferung" von Curtius und Wirth schließlich gelungen. Auch die bei Görlitz (Anm. I/66), S. 344 ff., wiedergegebenen Einzelheiten und Ereignisse lassen erkennen, wie stark schon jetzt der Druck gegen Brüning war, den vor allem die ostpreußischen Freunde auf Hindenburg ausübten.

32 *DAZ*, Nr. 462 v. 7. Oktober 1931. Vgl. Meißner (Anm. I/156) S. 206. Den bestimmenden Einfluß Schleichers bei der Regierungsumbildung betont bes. Severing (Anm. I/18), II, S. 304 f.

33 Vgl. Meyer (Anm. II/87), S. 154; Ernst v. Weizsäcker, *Erinnerungen*, München 1950, S. 103, berichtet als gängige Anekdote den Nachsatz: „Da kann er mich auf den Briefmarken – von hinten."

34 Meißner (Anm. I/156), S. 207.

von Brüning wie von Hindenburgs Umgebung nur mit Zurückhaltung betrieben: die Idee des Präsidialkabinetts hatte schon ihr ausgeprägtes Eigenleben entwickelt. So war auch trotz der gern geduldeten Kooperationswilligkeit der SPD nur ein schwacher, sofort wieder abgeblasener Versuch zur Erweiterung des Kabinetts nach links unternommen worden[35]. Trotz vielen Enttäuschungen ließ Brüning, nachdem ihn die politische Logik im vergangenen Jahr nach links gewiesen hatte, doch nicht von dem vagen Plan einer gemäßigten Rechtsregierung ab. Dem entsprach der noch bis zum 8. Oktober festgehaltene Gedanke, dem Londoner Botschafter v. Neurath das Außenministerium, dem ehemaligen Reichswehrminister Geßler und nach dessen Ablehnung dem früheren DVP-Vorsitzenden Scholz das Innenministerium zu übertragen; auch Gerüchte von einer Kandidatur Albert Vöglers für das Wirtschaftsministerium, Silverbergs für das Verkehrsministerium tauchten vorübergehend auf[36], während Brüning selbst an den der DNVP nahestehenden Oberbürgermeister Goerdeler dachte.

Schließlich wurde mit der Berufung des „Fachmanns" Warmbold ins verwaiste Wirtschaftsministerium, das seit Moldenhauers Rücktritt Staatssekretär Trendelenburg verwaltet hatte, ein der DVP nahestehender Vertreter der Großindustrie (I. G. Farben) gewonnen, während sich weitere Versuche nach rechts entgegen den Forderungen der „Wirtschaft" auch dieses Mal zerschlugen. Dafür bedeutete der Abgang der beiden Zentrumsminister Wirth und v. Guérard — den Treviranus ersetzte — eine Konzession an den Vorwurf von der „Diktatur des Zentrums" und zugleich an die Unbeliebtheit Wirths bei der Rechten: sein Kampf gegen den inzwischen gestürzten Frick hatte die nationalsozialistischen Angriffe erneut auf sich gezogen, sowenig man ihm schon die Maßnahmen gegen die „nationale Rechte" vergessen konnte, mit denen er den Rathenau-Mord quittiert hatte[37].

Die Geschäfte des Innenministeriums übernahm mit Groener allerdings ein Minister, der sich inzwischen bei der Rechten kaum mehr beliebt gemacht hatte, als er allen Versuchen zur rechtsradikalen Beeinflussung der Reichswehr nach Kräften entgegengetreten war. Mit der Verbindung von militärischer und polizeilicher Gewalt, die durch die Personalunion von Reichswehr- und Innenministerium erreicht wurde, schien eine stabile Abwehr gegen die innenpolitischen Spannungen und den Aufmarsch der politischen Privatarmeen aufgebaut. Dies spielte freilich gleichzeitig Schleicher, dem engsten Mitarbeiter Groeners und Verbindungsmann zu Hindenburg, weitere Machtpositionen in die Hand[38] und sollte — wenigstens indirekt — ein halbes Jahr später den endgültigen Sturz Brünings auslösen. Zunächst aber mochte man hoffen, das Innenministerium sei damit nicht länger eine Institution ohne Unterbau, der angesichts der

35 Vgl. u. Anm. IV/64.

36 Severing (Anm. I/18), II, S. 305; Schultheß, *1931*, S. 223. Vgl. auch Mühlich (Anm. I/37a), S. 189 ff.

37 Daß ihm auch Hindenburg seine damalige Haltung („Der Feind steht rechts") nach wie vor verübelte, betont selbst Meißner (Anm. I/156), S. 207. Auch aus den Groener-Dokumenten (Phelps in: *Deutsche Rundschau* 77, 1951, S. 19) geht hervor, daß Wirth nicht zuletzt auf Hindenburgs Wunsch immer mehr zurückgedrängt und sein Ausscheiden schon im Dezember 1930 erwogen worden war. Wirths Ausspruch (1922) in: Joseph Wirth, *Reden während der Kanzlerzeit*, Berlin 1925, S. 406.

38 Meißner (Anm. I/156, S. 207) bezeugt, daß es Brüning nur dank Schleichers Unterstützung bei Hindenburg gelang, Groener gegen Geßler durchzusetzen. General v. Noeldechen, damals Adjutant Schleichers, bestätigt dies ausdrücklich in seinen Bemerkungen zu Meißners Memoiren v. 24. Februar 1951; abgedruckt bei W. C. [Werner Conze], „Zum Sturz Brünings", in: *Vierteljahrshefte für Zeitgeschichte* 1 (1953), S. 273. Schleicher habe freilich „seine Möglichkeiten, dann auch auf die Linie des Innenministeriums Einfluß zu nehmen", überschätzt. Zum damaligen engen Verhältnis Groener–Schleicher vgl. z. B. den von Ergebenheit und Freundschaft überfließenden Brief Schleichers an Groener v. 5. August 1931: „Briefe Schleichers" (Anm. I/34), S. 128.

Rechte der Länder im Polizeiwesen die Machtmittel zur Durchsetzung ihrer verfassungsschützenden Ordnungsaufgaben fehlten[39].

Im ganzen jedenfalls bedeutete die Umbildung des Kabinetts, in dem der Reichskanzler selbst das Ressort des Äußeren übernahm[40], keine Erweiterung, sondern eine Verengung der Regierung und eine noch stärkere Ausprägung der autoritären Regierungsstruktur: die wichtigsten Ressorts — Kanzlerschaft und Außenpolitik sowie Reichswehr und Innenpolitik — wurden fürderhin in Personalunion gesteuert. Das Kabinett besaß zugleich eine innere Geschlossenheit und Festigkeit wie kaum eine Regierung der Weimarer Republik. Aber es war auch jetzt nicht zu jener „Union der bürgerlichen Parteien" gekommen, die ausländische Beobachter als situationsgerecht empfunden hätten[41]. Vielmehr hielt Brüning ganz offensichtlich mit Nachdruck am bisherigen Modus fest und gedachte sich nach wie vor nach links auf die Tolerierung der SPD, nach rechts auf die Sicherung durch Reichswehr und Reichspräsidenten zu verlassen[42]. Und nach wie vor war die Haltung der konservativen Splittergruppen zur Rechten sowie der Wirtschaftspartei und in verstärktem Maße auch der DVP[43] das ständig offene Problem, da die neue „Harzburger Front" trotz ihren inneren und äußeren Spannungen Brüning den Ausbruch nach rechts mit starrer, demonstrativer Entschiedenheit von allem Anfang an verlegte[44].

Die Reichstagssitzung vom 13./16. Oktober war unter diesen Umständen nicht mehr als eine symptomatische Episode, die den tatsächlichen Charakter der Präsidialpolitik nur noch eindeutiger hervortreten ließ. Brünings Regierungserklärung, die in Abwesenheit der Rechtsopposition verlesen wurde, faßte noch einmal die wesentlichen Gründe der Kabinettsumbildung zusammen, betonte in entschiedener Wendung gegen die Rechtsagitation die weitere Verhandlungsbereitschaft der deutschen Außenpolitik zu einer besonnen-schrittweisen Lösung des Reparationsproblems und suchte das begonnene Spar- und Deflationsprogramm in seinen weiteren Stationen zu umreißen. Wieder klang der

39 Groener selbst sah seine Hauptaufgabe darin, Brüning „den Rücken im Innern zu stärken, damit er nach außen Handlungsfreiheit behält": Brief an Gleich v. 1. November 1931 in: Phelps (Anm. I/51), S. 1017.

40 Zur allgemeinen Bedeutung dieser Personalunion gerade auch für die Gestaltung der Innenpolitik im Sinne einer „Politik der einsamen Entschlüsse" – einer von Bismarck begründeten Tradition – vgl. jetzt auch Theodor Eschenburg, „Kanzler und Außenminister, keine Adenauersche Erfindung", in: *Frankfurter Allgemeine Zeitung*, Nr. 106 v. 8. Mai 1954, S. 14 (Auszug aus seiner Tübinger Antrittsvorlesung v. 11. Februar 1954: vgl. o. Anm. III/50, S. 284 ff.).

41 So der britische Botschafter Rumbold an Reading, 7. Oktober 1931: *Documents on British Foreign Policy* (Anm. II/53), 2nd series, vol. II, S. 280.

42 Zur Kabinettsumbildung in diesem Sinne vgl. auch Stampfer (Anm. I/4), S. 602 ff. Die Stellungnahme der SPD war wieder einmal durch den Gedanken des „kleineren Übels" bestimmt und suchte die Tolerierung des Kabinetts, das „die Zeichen der Unentschiedenheit trägt", weiterhin durch den Hinweis zu begründen, welche bedenklichen Personalveränderungen vermieden worden seien. Der Leitartikel des *Vorwärts* v. 9. Oktober 1931 trug die Unterüberschrift: „Weder Neurath noch Voegler noch Geßler".

43 Schon am Tag der Kabinettsumbildung hatte Dingeldey Brüning das Desinteresse der DVP erklärt.

44 So erklärte Hugenbergs *Lokalanzeiger* v. 9. Oktober 1931 Brünings Versuch einer „Rechtstarnung" für mißglückt, während die *Deutsche Tageszeitung* zur gleichen Zeit die Ablehnung der „Grünen Front" verkündete. Auch die Blätter der gemäßigten Rechten (*Berliner Börsenzeitung* und *DAZ*) kritisierten Brünings Versäumnis, endlich die Rechte an die Verantwortung zu lassen: Schultheß, *1931*, S. 224. Westarp selbst hielt in einem Brief an den damaligen deutschnationalen Abgeordneten Rademacher v. 12. Oktober 1931 (*Westarp-Akten*) weiterhin an Brüning fest. Rademacher hatte betont (Brief an Westarp v. 7. Oktober 1931, *ebda.*), man müsse jetzt der äußersten Rechten die Verantwortung aufzwingen und sie endlich vor die unangenehme Alternative stellen: Ablehnung = Prestigeverlust und Ruhe für Brüning oder aber Annahme = noch größerer Prestigeverlust (vgl. auch Walther Rademacher, „Heraus aus der Sackgasse", in: *Leipziger Neueste Nachrichten* v. 19. September 1931). Demgegenüber vertrat Westarp die Ansicht, Brüning könne mit Rücksicht auf die Krisenlage noch nicht auf ein Experiment mit der „Nationalen Opposition" eingehen. Die gefürchteten Folgen seien: „Zerplatzen des Stillhalteabkommens, neue Kreditentziehungen, Inflationspsychose, Konkurse, Stillegungen, Arbeitslosigkeit, Hinausdrängen der Sozialdemokratie und der Gewerkschaften auf die Straße auf die Seite der Kommunisten". Sein Fazit: „Die Christen [Christlich-Soziale] und wir stimmen für Brüning." Dies ist auch Westarps Antwort an viele andere Aufforderungen zum Bruch mit Brüning in diesen Wochen (*Westarp-Akten*).

Hinweis auf die Notwendigkeit einer Änderung des „verfassungsmäßig verbrieften Mitbestimmungsrechts", einer elastischen Auflockerung des Tarifgedankens und einer Anpassung der ganzen Sozialpolitik an die „finanziellen und wirtschaftlichen Notwendigkeiten" vernehmlich an[45], wieder war damit der neuralgische Punkt berührt, der mit dem Bruch der Großen Koalition die wirtschaftliche Krise zu einer politischen Dauerkrise ausgeweitet hatte. Brüning suchte der politischen Seite der Krise zwar mit der Ankündigung weiterer strenger Maßnahmen auf dem Notverordnungswege gerecht zu werden, er vermochte dieser Drohung aber nichts als den Appell an „Vaterlandsliebe und Opferwilligkeit" hinzuzufügen[46].

Als an dieser Stelle kommunistischen Störversuchen vereinzelter Beifall der Mitte und auch der SPD entgegentrat, ging Brüning in freier Rede auch auf die innenpolitische Situation selbst ein. Er verwies darauf, daß das weltwirtschaftliche Gewicht der Krise jetzt auch von der Rechtsopposition nicht mehr geleugnet und der Regierung unterschoben werden könne, daß also der Notverordnungskurs gerechtfertigt sei: „Außergewöhnliche Situationen machen außergewöhnliche Maßnahmen notwendig" [47]; dies bewiesen auch analoge Maßnahmen in anderen betroffenen Ländern, denen Deutschland jetzt in der Mobilisierung seiner Abwehrmittel entschieden voraus sei. Brüning erklärte sein Verharren auf dem „wohlüberlegten Plan" und versicherte seinen „Mut zu unpopulärer Politik", wenn sich schon keine „Regierung aller verantwortungsvollen und verantwortungsbereiten Parteien zusammenfinde" [48]. Nach dem Scheitern aller Bemühungen in dieser Richtung bleibe nur der Weg zu einer Regierung, „die noch unabhängiger von den Parteien ist als das bisherige Kabinett" [49]. Mit einer scharfen Kritik an dem Destruktionskurs der neuen Harzburger Front und besonders an Schachts hemmungslosen Angriffen verband Brüning schließlich noch einmal einen Überblick über die falsche Kreditpolitik der öffentlichen Hand und eines Teils der Privatwirtschaft während der vergangenen sechs Jahre, die zu untragbaren Verpflichtungen geführt habe und die Bewegungsfähigkeit der ganzen deutschen Politik jetzt entscheidend lähme.

Inzwischen waren die in Harzburg angekündigten Mißtrauensanträge der „Nationalen Opposition" ebenso eingegangen wie Initiativen der KPD zur Auflösung des Reichstags und zum Austritt aus dem Völkerbund. In der folgenden parlamentarischen Diskussion (14./16. Oktober) wandte sich zunächst Breitscheid[50] für die SPD gegen Schachts destruktive Äußerungen und entlastete Brüning von der Verantwortung für die Wirtschaftskrise, die er der „Erschütterung des privatwirtschaftlichen Systems" zuschob[51]. Seine Kritik richtete sich vornehmlich gegen eine einseitig interessenpolitische Ausnutzung der Notverordnungspolitik und gegen das Mißverhältnis von Lohnsenkung und fast unverändertem Preisniveau. Aber gleichzeitig forderte er die weitere Tolerierung Brünings, um das zu verhindern, was nach ihm komme[52]. Frick (NSDAP) und Remmele

45 *Reichstagsprotokolle* v. 13. Oktober 1931, S. 2071 f.
46 *Ebda.*, S. 2073.
47 *Ebda.*
48 *Ebda.*, S. 2074.
49 *Ebda.* Seiner eigenen Partei gegenüber versicherte Brüning allerdings wenig später, daß dieser Notverordnungskurs nur eine Übergangslösung sein dürfe: „Ich möchte hier ganz klar aussprechen, daß ich nicht beabsichtige, das Parlament etwa dauernd oder auf längere Zeit auszuschalten" (Rede vor dem Reichsausschuß des Zentrums am 5. November 1931: Schultheß, *1931*, S. 247).
50 *Reichstagsprotokolle* v. 14. Oktober 1931, S. 2079 ff.
51 *Ebda.*, S. 2081.
52 *Ebda.* Über die innerparteiliche Opposition gegen den Tolerierungskurs, auch in den Gewerkschaften (Naphtali) und bei den Angestellten (Aufhäuser) Keil (Anm. I/3), II, S. 406 f.

(KPD) kündigten dann die Opposition der radikalen Parteien, Oberfohren die der DNVP an[53]. Neben dem Zentrum, das sich gegen jede Tolerierung des in Harzburg in Aussicht genommenen Rechtskabinetts ausgesprochen hatte[54], traten für Brüning zunächst Volksnationale (Baltrusch), Christlich-Soziale (Simpfendörfer), BVP (Leicht), Staatspartei (Weber) und schließlich am 16. Oktober auch die Wirtschaftspartei (Mollath) ein[55].

Dies bedeutete praktisch schon die Mehrheit, und die Stellungnahme der bis zuletzt schwankenden DVP war nun nicht mehr entscheidend. Zum Zeitpunkt der Erklärung ihres Vorsitzenden Dingeldey (15. Oktober)[56] war dies freilich noch nicht sicher, und so fiel dieses Mal der Wirtschaftspartei die Verantwortung zu. Denn Dingeldey kündigte die oft diskutierte Schwenkung der DVP an — einen Schritt, der sich zugleich gegen die Anwendung des Artikels 48 und die Präsidialregierung wandte. Es mußte überraschen, nun gerade von dieser Seite kritisiert zu hören, daß ein solcher Regierungsbrauch die Parteien zwar ausschalte, zugleich aber im Zuge der Tolerierung immer wieder mit der Verantwortung für Entwicklungen und Maßnahmen belaste, auf deren Gestaltung sie keinen Einfluß besäßen. Indem er mit solchen, für sich durchaus treffenden Gründen den Notverordnungskurs ablehnte und seine verfassungsrechtliche Basis bezweifelte, schob Dingeldey nicht nur — wie die „Nationale Opposition", der er sich deutlich näherte — die traditionellen verfassungspolitischen Bestrebungen seiner Partei taktisch beiseite, sondern überging auch ihre bestimmende Rolle bei der Ersetzung der Großen Koalition durch das Experiment einer überparlamentarischen Präsidialregierung. Was er an die Stelle setzte, unterschied sich von den Sammlungsparolen der Rechtsopposition nur noch durch die stärkere Betonung der kapitalistischen Interessen an einer forcierten Revisionspolitik. Die wirtschafts- und sozialpolitische Kompromißfeindlichkeit, in die nach Stresemanns Tod die DVP hineingewachsen war, hatte zum Sturz der letzten Mehrheitsregierung, dann Moldenhauers und nun auch Curtius' geführt und die Partei immer stärker gegen eine von der SPD tolerierte Regierung getrieben; sie wurde jetzt unter dem Eindruck der agitatorischen Erfolge der „Nationalen Opposition" und unter dem Druck der Industrie zur politischen Kampfstellung ausgeweitet. Dingeldey gab dem in seinen Schlußworten Ausdruck: da die DVP nicht überzeugt sei, daß man „auf diesem Wege der immer weiter schwindenden politischen Basis den schweren Winter überstehen" könne, wolle sie in der Opposition wenigstens ihre Existenz retten[57].

Die Abstimmungen, die einem Schlußappell Brünings an alle Parteien folgten, ergaben dank der zögernden Zustimmung der Wirtschaftspartei in allen Punkten eine Regierungsmehrheit. Zwar wurden die Mißtrauensanträge gegen das Gesamtkabinett nur knapp niedergestimmt (295 : 270), da sich neben dem Landvolk (außer Schlange-Schöningen)[58] auch die Mehrheit der DVP der Opposition anschloß; nur Kahl, Kalle, v. Kardorff, Thiel und Glatzel traten für Brüning ein, Schneider und Moldenhauer verließen vor der Abstimmung den Saal. Dagegen war die Niederlage der Opposition in den Abstimmungen über die gegen einzelne Minister (Groener, Schiele, Stegerwald) gerichteten Mißtrauensanträge recht empfindlich. Dasselbe Schicksal erlitten die rechtsoppositionellen

53 *Reichstagsprotokolle* v. 14. Oktober 1931, S. 2087 ff. (Frick); S. 2090 ff. (Remmele); S. 2096 ff. (Oberfohren).
54 Joos (Zentrum), *ebda.*, S. 2106 ff.
55 *Ebda.*, S. 2190 ff.
56 *Ebda.*, S. 2128 ff.
57 *Ebda.*, S. 2135 f.
58 Mit ihm hatte Brüning schon am 9. Oktober Besprechungen über seinen Eintritt ins Kabinett als Ostkommissar geführt: vgl. Schlange-Schöningen (Anm. I/78), S. 48 ff.; u. Anm. IV/110.

Anträge auf Außerkraftsetzung aller seit dem Ausmarsch vom 10. Februar erlassenen Notverordnungen (335:233), auf Auflösung des Reichstags (319:250), auf Aufhebung der letzten Notverordnung vom 16. Oktober (302:246). Als ihre Niederlage feststand, veranstaltete die „Nationale Opposition" einen neuen Auszug aus dem Reichstag, bevor noch ihre letzten Agitationsanträge, die gegen alle weiteren Schuldenzahlungen an das Ausland und für Deutschlands Austritt aus dem Völkerbund plädierten, zur Abstimmung gekommen waren. So trat zuletzt noch das Kuriosum ein, daß eine von der KPD beantragte „Entschließung" zur Einstellung der Panzerkreuzerbauten, dieses alten Agitationsobjektes, von einer aus KPD und SPD bestehenden Mehrheit angenommen wurde.

Wieder vertagte sich der Reichstag auf vier Monate bis zum 23. Februar 1932[59] und ließ mit dem Verzicht auf parlamentarische Lösungsversuche dem Notverordnungskurs und zugleich einer weiteren Ausschaltung der noch verbliebenen demokratischen Machtinstrumente freien Lauf. Zu einer zusammenhängenden Sitzungsperiode sollte es nun überhaupt nicht mehr kommen. Zwar hatte die neue Regierung noch einmal die parlamentarische Tolerierung erreicht, sie war aber jetzt zum ersten Mal als Präsidialkabinett ohne parlamentarische Vorverhandlungen zustande gekommen[60] und hatte auf ein parlamentarisches Vertrauensvotum von vornherein verzichtet. Das zweite Kabinett Brüning leitete formal und *de facto* seine Legitimation ganz aus der Gewalt des volksgewählten Reichspräsidenten ab, und die Duldung einer Reichstagsmehrheit ermöglichte und beschleunigte nur noch diese Entwicklung. Eine legale Notlösung wurde so zur Vorstufe der Papenschen Selbstregierung und schließlich zum machtpolitischen Hebel einer Diktatur, die die Reste des parlamentarischen Regierungssystems dann ohne sonderliche Mühe zur Seite schieben konnte.

Mehr denn je zuvor trat jetzt die auf den Artikel 48 gestützte legislative Vollmacht des zugleich als Haupt der Exekutive amtierenden Reichspräsidenten in den Vordergrund. Während zwischen 1925 und 1930 alle Gesetze auf parlamentarischem Wege verabschiedet worden waren und auch 1930 fünf Notverordnungen noch eine Mehrzahl ordentlicher Gesetze gegenüberstand, schnellte die Zahl der Notverordnungen 1931 auf 44, 1932 sogar auf 60 empor[61]. Vor allem die größeren Verordnungen nach Artikel 48 faßten in weitester Auslegung des Notstandsbegriffs die heterogensten Gesetze zusammen. Sie glichen geradezu kleinen Gesetzbüchern, deren zahlreiche Einzelbestimmungen sich bei einer Gesamtbetrachtung als sinnvolle Notmaßnahmen erweisen mochten, eher aber Ausdruck einer pauschalen bürokratischen Erledigung der ganzen Gesetzgebung waren. Dem entsprach der schnelle Rückgang der parlamentarischen Aktivität: 1930 hatte der Reichstag noch 94 Sitzungen abgehalten, 1931 waren es weniger als die Hälfte (41) und 1932 gar nur 13 Sitzungen, die zuletzt

59 Einen kommunistischen Antrag zur Einberufung lehnte der Ältestenrat am 26. November 1931 gegen die Stimmen der KPD und der DNVP ab.

60 Es nimmt auch nichts von dieser Feststellung, wenn Brüning betont, daß er im ständigen Gedankenaustausch mit „sehr zuverlässigen und diskreten Mitgliedern der die Regierung stützenden Parteien" gestanden habe, und dabei neben Dietrich Hilferding, Kaas, Pünder (Reichskanzlei) und v. Bülow (AA) nennt: „Brief" (Anm. I/9), S. 8. Auch hier wird doch zugleich die unbedingte Distanz der Regierung von der Öffentlichkeit deutlich, die noch durch Brünings Sorge um die Wirkung irgendwelcher Gerüchte auf die wirtschaftliche Situation verstärkt wurde und so weit ging, daß selbst einzelne Minister nicht über Brünings Verhandlungen mit Hindenburg unterrichtet wurden.

61 Vgl. Poetzsch-Heffter (Anm. I/128), S. 127. Einzelheiten einer eingehenden Untersuchung der parlamentarischen Tätigkeit der Fraktionen, die im Rahmen des vorliegenden Buches angestellt worden ist, können hier nicht abgedruckt werden; Teile sind wiedergegeben bei Wolfgang Bruhn, *Die NSDAP im Reichstag 1930–1933, Eine Studie zur parlamentarischen Wirksamkeit einer politischen Partei*, Diss. Berlin 1952 (ungedr.), S. 13 ff.

nur noch von Demonstrationen der äußersten Konfliktsituation oder von pauschalen Tolerierungs-, Vertagungs- und Protestbeschlüssen ausgefüllt waren. Um so mehr gewannen neben dem Reichspräsidenten, der die verfassungsmäßig nicht vorgesehene Fülle legislativer Aufgaben an nachgeordnete Behörden delegierte, Regierung, Kommissare, Bürokratie als „Diktaturhilfsorgane" in der Notverordnungspraxis an Einfluß und Macht. Die Übertragung der aus der präsidialen Diktaturgewalt fließenden Befugnisse führte allmählich zu einer Umstrukturierung der faktischen Machtverteilung, die in der Verfügung einer konsequent antiparlamentarischen Staatsführung zum bequemen Ausgangspunkt und Werkzeug einer grundlegenden Änderung des gesamten Staatsaufbaus werden mochte.
Denn die faktische Ausschaltung des parlamentarischen Mechanismus verlagerte das politische Schwergewicht endgültig auf jene Instanzen, die aus der strukturellen Fehlentwicklung der Weimarer Republik herausgewachsen waren. Neben die Steigerung der nie genau begrenzten Befugnisse des Reichspräsidenten, neben das stärkere Hervortreten der Interessenverbände und ihrer Querverbindungen auch im Vordergrund der praktischen Politik, neben das Vordringen der bürokratischen gegenüber der parlamentarischen Ordnung, neben den Einbruch der totalitären Bewegungen in das demokratische Parteiensystem, neben das Aufleben und die revolutionäre Übersteigerung einer nur scheinbar verdrängten obrigkeitsstaatlichen Tradition in fast allen Schichten der Bevölkerung, im politischen Gefühl und Denken der „Elite" so gut wie der „Masse" — neben solche potentiellen Stützen eines autoritären Staatsgefüges trat nun wirksamer denn je zuvor die Aktivität einzelner Personen. Sie erfüllte den freien Raum, der zwischen den widerstreitenden Machtgruppen und durch das Zurücktreten des Parlaments entstanden war, und sie entfaltete sich zum beherrschenden Faktor in den folgenden Regierungsversuchen und politischen Kombinationsexperimenten. Die Phase des *Machtvakuums* bereitete sich vor. Noch freilich schienen die verzweifelten Anstrengungen Brünings nicht aussichtslos, noch hatte er Hindenburgs Unterstützung und die Hilfe der Reichswehr, und noch waren die Unternehmungen, die Schleicher von seiner zwischen Hindenburg und der Reichswehr aufgebauten Machtposition aus unternahm, nicht offen gegen die Pläne „seines" Kanzlers gerichtet.

3. *Schleichers „Zähmungsplan"*

Harzburg hatte die Hoffnungen seiner Initiatoren nicht erfüllt, aber doch eine wichtige Wirkung gezeitigt: die Aufmerksamkeit der Öffentlichkeit und vor allem der Akteure von Einfluß um die Regierung und um Hindenburg richtete sich noch mehr denn je zuvor nach rechts. Zwar versuchte die republikanische Linke ihrerseits eine militante Sammlungsbewegung einzuleiten und mit verstärkter Propaganda und demonstrativem Auftreten auf der Straße dem fortschreitenden Abbau ihrer politischen wie psychologischen Machtpositionen Einhalt zu gebieten. Da weitere Verordnungen gegen politische Ausschreitungen[62] und polizeiliche Maßnahmen zu zögernd oder zu spät kamen, um die Verschärfung des Kampfes wirksam hindern zu können, steuerten die verschiedenen Gruppen scheinbar unaufhaltsam einem Bürgerkrieg zu. Es war klar — und darauf beruhte der wachsende Einfluß Schleichers auf alle innen-

62 Besonders die Notverordnungen v. 6. Oktober (*RGBl., 1931,* I, S. 516 ff.) und v. 8. Dezember (*RGBl., 1931,* I, S. 742 ff.). Zu Brünings Kampfmaßnahmen zusammenfassend auch Brecht (Anm. I/84), S. 70 ff.

politischen Sondierungen —, daß dabei der Reichswehr entscheidende Bedeutung zukam. Zwar nahm auch im Bereich der Sozialdemokratie der Gedanke der Selbsthilfe wirksamere organisatorische Formen an: Reichsbanner, Arbeitersportvereine, Teile der Gewerkschaften und andere rupublikanische Verbände schlossen sich am 16. Dezember 1931 zur „Eisernen republikanischen Front zur Abwehr des Faschismus“ zusammen. Ihre Kundgebungen und Umzüge stärkten in zahlreichen Zusammenstößen mit den militanten Verbänden der Rechten noch einmal das schwindende Selbstbewußtsein der sozialdemokratischen Anhänger[63]. Doch beschränkte die vorwiegend „konservative“ Zielsetzung — Erhaltung eines von allen Seiten angegriffenen Regierungssystems, Abwehr einer NS-Machtergreifung und Vorbereitung für die drohende Auseinandersetzung — die politische Wirkung solcher Unternehmungen, deren Rekrutierungsbereich überdies mit Fortschreiten der Arbeitslosigkeit immer mehr eingeengt wurde. Ein schwacher Versuch Brünings, Braun und Severing ins Kabinett aufzunehmen und so eine engere Liierung der preußischen und der Reichsregierung mit einer positiven Einbeziehung der SPD zu verbinden, war schon vor der Umbildung des Präsidialkabinetts definitiv gescheitert[64]; auf der anderen Seite konnten die kommunistischen Aufrufe zu einer „roten Einheitsfront“ nur als demagogisches Manöver verstanden werden, zumal sie mit einer hemmungslosen Agitation gegen den „tiefen Verrat der Sozialdemokratie an allen Interessen der Arbeiter und des werktätigen Volkes“ gekoppelt waren[65].

Demgegenüber nahmen die Sondierungsversuche regierungsnaher Kreise nach rechts ihren Fortgang. Wenngleich sie in ihren Einzelheiten schwer zu verfolgen sind, so steht doch fest, daß sie sich teilweise der Kontrolle Brünings entzogen haben. Nach Hindenburgs erster Vororientierung — der Empfang Hitlers am 10. Oktober fand bezeichnenderweise ohne die sonst durchaus übliche Anwesenheit des Reichskanzlers statt[66] — führte vor allem Schleicher weitere Gespräche mit Hitlers und Hugenbergs Umgebung[67], in denen die Möglichkeit einer Annäherung der Rechtsopposition an die regierende Mitte oder auch einer Koalition vom Zentrum bis zur NSDAP abgetastet wurde. Dies entsprach zunächst auch noch Groeners innenpolitischem Kurs. Entgegen allen propagandistischen Parolen machten ihm „die Kommunisten am wenigsten Sorge“, wäh-

63 Vgl. Leber (Anm. I/37), S. 239 ff.

64 Severing (Anm. I/18), II, S. 303 f., berichtet, daß dieser über den SPD-Parteivorstand (Wels) herangetragene Wunsch wohl dessen zögernde Zustimmung gefunden hätte, jedoch sogleich auf den Widerstand der DVP traf und auch schon am nächsten Tage von Staatssekretär Pünder widerrufen worden sei. Nach Wissen des preußischen Zentrumsführers Heß habe hier Schleicher mit der Begründung interveniert, man müsse die preußischen Landtagswahlen abwarten, um die wirkliche Tragfähigkeit einer solchen Erweiterung feststellen zu können. Auch in einem Brief an den Verfasser vom 30. Oktober 1951 bestätigt Severing, daß der Plan, Braun als preußischen Ministerpräsidenten in Personalunion mit der Vizekanzlerschaft, Severing als preußischen Innenminister zugleich mit dem Reichsinnenministerium zu beauftragen, am Veto der Reichswehr – durch Schleicher – gescheitert sei.

65 So Ernst Thälmann, „Schmiedet die Rote Einheitsfront“, in: *Die Rote Fahne* v. 29. November 1931 (abgedr. in: Thälmann, *Kampfreden*, Anm. II/11, S. 39 ff.).

66 Vgl. Meyer (Anm. II/87), S. 154, der darin ein „Abweichen von konstitutionellen Grundregeln [sieht], das selbst in der wilhelminischen Ära ein Ding der Unmöglichkeit gewesen wäre“.

67 Vgl. die Version des Schleicher-Kreises bei Noeldechen in: Conze (Anm. IV/38), S. 273: „Diese Verhandlungen führte Schleicher nicht aus Sympathie für Hugenberg oder Hitler, sondern aus der zwingenden Notwendigkeit heraus, zu einer Lösung zu kommen. Ferner aus der Riesenverantwortung heraus, die er als *der* politische Berater trug, eine Rolle, um die er sich nicht beworben hatte, sondern die sich einfach aus dem bestehenden Vertrauensverhältnis zum alten Herrn ergab. In Zeiten politischer Spannung verging daher kaum ein Tag, an dem nicht Oskar v. Hindenburg bei uns erschien oder daß telephoniert und Rat eingeholt wurde... Brüning war seiner ganzen Einstellung nach gegen eine derartige Koalition.“ Die Kontakte Schleichers zu Hitler seit 1930, die vor allem über Röhm liefen, sind jetzt – aber nicht durchweg zuverlässig belegt – untersucht bei Wheeler-Bennett, *Nemesis* (Anm. I/159), S. 226 ff.; vgl. auch *Die Memoiren des Stabschefs Röhm*, Saarbrücken 1934, S. 170; S. 107.

rend seine Hauptintention darauf ausging: „Die Nazis wollen wir einfangen, die Sozis aber nicht in die Opposition drängen[68].“

Wenn auch solche Initiativen nicht ohne Brünings Wissen eingeleitet wurden und seinen ursprünglichen Konzeptionen wie auch seinen eigenen Versuchen wenig später nicht zu widersprechen schienen, so wurde doch der weitere Fortgang dieser Fühlungnahme gleichzeitig von erheblichem Einfluß auf die Konstellation, die den Sturz Brünings einleitete. Schleicher betrieb das halboffizielle Unternehmen mit den ihm eigenen Mitteln persönlicher Verbindungen und schwer greifbarer, oft gleichsam spielerisch lancierter Angebote, und er konnte sich jedenfalls auf Hindenburgs Einverständnis stützen, der zwar nach wie vor eine führende Regierungsposition der NSDAP nicht billigte, aber ihre verantwortliche Beteiligung in einem nach rechts erweiterten Kabinett erwog[69]. Dazu trat die weitere Absicht des Generals, die wehrfreudige „nationale“ Massenpartei als zusätzliches militärisches Arsenal auszunützen, während eine zuverlässige Reichswehr unter der Autorität Hindenburgs gefährliche politische Konsequenzen eines solchen Kooperationsplans jederzeit abbiegen würde: es war die ins Militärische gewendete „Trommler“-Konzeption, die den Kern des Schleicher-Plans bildete. Die Kehrseite war eine Nervosität gegenüber der noch immer anwachsenden nationalsozialistischen Massenbewegung, die seit dem Sturmzeichen des Leipziger Prozesses im Offizierkorps teils verdeckte, teils deutliche Resignation geweckt hatte. „Es ist die Jugendbewegung, man kann's nicht aufhalten“[70]: das war schon im Herbst 1930 die Stimmung in maßgeblichen Reichswehrkreisen.

Der allgemeine Gesichtspunkt einer Pazifizierung der Rechtsradikalen durch praktische Verpflichtungen, der auch alle kommenden Versuche zur Lösung des politischen Dilemmas beherrschen sollte, besaß freilich wenig realistischen Gehalt. Numerische Stärke und politischer Anspruch der NSDAP waren Realitäten, die einen taktischen Abnutzungsplan dieser Art höchst fragwürdig machen mußten. Die NSDAP brachte als stärkste Komponente ein so starkes Eigengewicht mit, daß ihre „Zähmung“ außerordentliche, kaum vorhandene Sicherungen vorausgesetzt hätte. Man mochte zwar hoffen, daß diese Partei, die so offensichtlich ein Produkt der von vergänglichen Protest- und Krisenstimmungen bedrohten Schichten, kaum aber ein homogenes Politikum von Dauer war, im Augenblick der praktischen Bewährung sich in ihre verschiedenartigen Bestandteile auflösen werde. Doch hielten sich auch Brüning und Groener eher an eine vorläufige Eingrenzung der NSDAP mit polizeilichen Mitteln und arbeiteten auf eine Verzögerung der Rechtskoalitionsprojekte hin — eine Tatsache, die ihr Verhältnis zu Hindenburg schon jetzt zunehmend belastete. Groener selbst war allerdings davon überzeugt, daß Hitler „jetzt doppelt und dreifach an den Legalitätspfahl gebunden“ sei: „Er will mit der Regierung Brüning gut stehen und denkt nicht daran, dem Hugenbergvolk etwa zur Macht zu verhelfen[71].“

68 Brief Groeners an v. Gleich v. 11. November 1931 bei: Phelps (Anm. I/51), S. 1017. Vgl. aber Groener-Geyer (Anm. I/51), S. 263 ff., die eine allmähliche Entfremdung zwischen Groener und Schleichers eigenwilligen Plänen schon ab März 1930 ansetzt.

69 Dies bezeugt ausdrücklich Meißner (Anm. I/156), S. 212, dessen Angaben über Schleichers Aktivität freilich durch das Bestreben, sich selbst von allen Intrigen um Hindenburg zu entlasten, deutlich beeinflußt sind. Psychologisch einleuchtend ist der Deutungsversuch von Groener-Geyer (Anm. I/51), S. 286: „Schleicher plante ein ähnliches Vorgehen gegenüber der NSDAP wie einst Groener gegenüber der Revolution 1918: durch Bündnis mit den gemäßigten Elementen die Radikalisierung abzufangen und erstere durch Bindung an die Verantwortung von ihrem revolutionären Kurs abzudrängen.“

70 „It is the ‚Jugendbewegung', it can't be stopped“, war die Bemerkung, die der britische Militärattaché von Gesprächen mit deutschen Offizieren anläßlich der Herbstmanöver 1930 registrierte: *Documents on British Foreign Policy* (Anm. II/53), 2nd series, vol. I, S. 512, Anm. 2.

71 Brief Groeners an v. Gleich v. 1. November 1931 bei: Phelps (Anm. I/51), S. 1016 f.

Der Plan einer Einspannung und Abnutzung der rechtsradikalen Sturmbewegung im Rahmen der sorgfältig gesicherten autoritären Präsidialregierung stand und fiel mit den Möglichkeiten, die sich einem geschickten, halbverbindlichen Abtasten der schwachen Stellen, der zentrifugalen Einzelinteressen, der Chancen zu persönlicher Beeinflussung oder Drohung, einem risikoreichen Spiel mit der vielgesichtigen Dynamik und der tatsächlichen Selbstbeurteilung der NSDAP angesichts der problematischen Situation der ganzen Innenpolitik bieten mochten. Dies war das Rückgrat der Bemühungen, mit denen Schleicher — in wiederholter Fühlungnahme besonders mit Röhm — nun mehr und mehr zum bestimmenden Träger der Versuche um eine gewaltlose Lösung des nationalsozialistischen Problems im Rahmen der autoritär fortgebildeten Weimarer Republik wurde: zunächst mit, dann gegen Brüning, wiederum mit, dann gegen Papen, und zum Schluß dann, nach dem Scheitern aller indirekten Aktionen, in einer offenen Aktion gegen den nationalsozialistischen Führungskern selbst. Schleichers endgültiger Mißerfolg erst setzt die Vorgänge der folgenden Monate in ein Licht, das die wirklichen Konturen der politischen Szene hervortreten läßt: auf die Phase des *Machtverlusts* aller demokratischen Instanzen folgte das düstere Schauspiel eines Kampfes um die Macht, der sich abseits der verfassungsmäßigen Entscheidungsbereiche in einem vom unversöhnlichen Widerstreit der Gruppen neutralisierten *Machtvakuum* vollzog. In Hindenburg und der Reichswehr, die dann zu den einzigen Festpunkten der Macht wurden, glaubte Schleicher den sicheren Rückhalt für seinen Plan zu besitzen, bis schließlich auch er selbst aus den Verhandlungen hervortreten und eine lange verfolgte Illusion in seinem eigenen Sturz begraben mußte.

In diesen Oktoberwochen 1931 jedoch zeigte sich schon deutlich, daß die Bemühungen um die NSDAP unter den Bedingungen, die Brünings Kanzlerschaft bot, keine entscheidenden Fortschritte machen würden. Daß Hindenburgs Wunsch, mit einer Rechtsregierung der Verantwortung für die Gesetzgebung wenigstens formal wieder ledig zu werden[72], mit Schleichers Unternehmungen auch dieses Mal ebenso übereinstimmte wie zwei Jahre zuvor seine Gedanken an ein Präsidialkabinett, mochte Brünings Position darum schon jetzt nicht unproblematisch erscheinen lassen. Brüning selbst beschäftigte sich freilich zur selben Zeit viel nachdrücklicher mit den Problemen, die die Reichspräsidentenwahl im Hinblick auf die allgemeine Lage und seine eigene Stellung aufwerfen würde. Er glaubte sein Präsidialkabinett so fest in Hindenburgs Vertrauen verankert, daß er einen Alternativplan zur Fortführung der bisherigen Zusammenarbeit mit seinem Marschall nie ernstlich ins Auge faßte. Und zweifellos rechnete er kaum mit der Möglichkeit einer parlamentarischen Lösung, die eine Zusammenarbeit von Zentrum und NSDAP voraussetzte. Vor allem konnte er von seiner eigenen Partei nicht eine entsprechende Kursänderung im Reich und in Preußen erwarten[73], so wenig er selbst Pläne jener Art grundsätzlich ablehnen mochte.

72 Dem entsprach auch die Auffassung der gemäßigten Rechten, man dürfe die Rechtsopposition nicht länger aus der schwierigen Situation profitieren lassen. Vgl. Brief des Verbandes Westsachsen (Leipzig) der Volkskonservativen an Westarp v. 13. Oktober 1931 (*Westarp-Akten*): „Der Vorstand des Wahlkreisverbandes Westsachsen der KV nimmt zu der jüngsten politischen Entwicklung folgende Stellung: Er hält es für ausgeschlossen, daß eine andere politisch-parlamentarische Konstellation in der Lage wäre, die Struktur unserer politischen wie wirtschaftlichen Lage wesentlich zu verändern. Das Verantwortungsbewußtsein der die Regierung bisher unterstützenden Parteien kann nicht so weit gehen, daß es anderen großen Gruppen ermöglicht wird, sich dieser Verantwortung zu entziehen. Aus diesen wie noch weiteren wichtigen Gründen richten die Versammelten an die Parteispitzen das dringende Ersuchen, sich von der Regierung Brüning II zu distanzieren und mit allen Mitteln, selbst denen der Vertrauensverweigerung für das Kabinett, dahin zu wirken, daß die Kreise der sogenannten nationalen Opposition zur Mitarbeit, gegebenenfalls selbst zur Übernahme der Regierung, veranlaßt oder gezwungen werden."

73 So hatte sich auch Kaas auf der Tagung des Reichsausschusses des Zentrums (5. November 1931) für

Als nun Schleicher Ende Oktober von Hitler erneut die Achtung der politischen Neutralität der Reichswehr erwirkte, ging er einen Schritt weiter, als Brünings Einstellung entsprechen konnte. Er unterrichtete Hindenburg ohne erweislichen Anhalt von Hitlers grundsätzlicher Verhandlungsbereitschaft, schuf damit eine Basis für weitere Kontaktversuche und erweckte gleichzeitig in Hindenburg die Meinung, daß Brünings Bindung an die sozialdemokratische Tolerierung die Erweiterung des Kabinetts zur „nationalen" Mehrheitsregierung erschweren könnte[74]. Davon scheint auch die Haltung Groeners auf der ersten Konferenz mit den Innenministern der Länder bestimmt, wo zwar das Verbot der KPD und der Schutz von Reichswehr und Polizei gegen Zersetzung, nicht aber das Problem NSDAP und SA besprochen wurde; auf der nächsten Konferenz am 14. Dezember kam es über das Referat eines Vertreters des Reichsinnenministeriums[75], das eine Aktion gegen die NSDAP mit dem Hinweis auf Hitlers Legalitätsversicherungen abzubiegen suchte, zu ernsten Meinungsverschiedenheiten, wobei besonders der preußische Vertreter, Ministerialdirektor Klausener, scharfen Einspruch gegen den Tolerierungskurs erhob[76]. Brüning seinerseits zog sich nach dem vorläufigen Scheitern der Sondierungen auf seinen Präsidialkurs zurück, um die Verhandlungen nach rechts erst unter einem wesentlich anderen Gesichtspunkt wieder aufzunehmen.

Für Hindenburgs geänderte Einstellung hat Brüning nachträglich auch ausländische Einflußnahme verantwortlich gemacht, ohne daß seine vagen Andeutungen vorläufig irgendwelche sicheren Anhaltspunkte geben[77]. Jedenfalls be-

eine feste Unterstützung des gegenwärtigen Kurses der Mitte und gegen das „koalitionspolitische Gerede", die Spekulationen auf die „Möglichkeit anderer koalitionspolitischer Forderungen" ausgesprochen, die nur die stabile Aktionsfähigkeit des Kabinetts beeinträchtigen und die Gefahr einer Aufspaltung des Volkes „in zwei gleich starke, den gegenseitigen Vernichtungskampf proklamierende Lager" beschwören würde. Zwar bezeichnete auch er als genuines Ziel des Zentrums eine „Volkssammlung", die Linke und Rechte „zu gemeinsamem, wenn auch nur auf Zeit begrenzten Zweckhandeln" zusammenführt. Doch beschränkte er sich unter gegebenen Umständen auf den Appell, „das zu bewahren, was ist und es nicht in Experimenten zu opfern, deren Ausgang niemand berechnen und darum auch niemand verantworten kann" (Schultheß, *1931*, S. 246). Noch deutlicher sprach es bei dieser Gelegenheit (*ebda.*, S. 250) Stegerwald aus, indem er eine „moralische Verbreiterung der Regierungsfront" forderte. Eine koalitionspolitische Verbreiterung hingegen sei nicht möglich: nach links würde sie keine Mehrheit sichern, nach rechts die schwebenden außenpolitischen Verhandlungen gefährden und überdies zu innenpolitischen Störungen führen. Vgl. Deutz (Anm. II/1), S. 142 ff.

74 So auch Meißners Bericht (Anm. I/156), S. 213. Dazu die Interpretation im Sinne Schleichers bei Noeldechen in: Conze (Anm. IV/38), S. 274: „Sicher ist wohl, daß Schleicher trotz seiner starken Bedenken gegen Hugenberg–Hitler in einer Erweiterung der Regierung nach rechts schließlich die einzige Lösung der Dauerkrise sah und andererseits zu der Überzeugung kam, daß Brüning nicht der geeignete Mann war, diese Koalition zu bilden und erfolgreich zu führen. Brüning wäre an eine derartige Aufgabe nur mit starken inneren Vorbehalten herangegangen und hätte sicher bald den Widerstand der Rechten gespürt. So war Schleichers Handeln weder ‚treulos' noch sonst was, sondern staatsnotwendig bedingt."(!)

75 Dazu Phelps (Anm. IV/37), S. 19 f.: Regierungsrat Kunze erklärte: „Hitler hat die Legalität der Partei feierlich beschworen und öffentlich erhärtet. Gegen die Aufrichtigkeit seines Wollens können durch Tatsachen belegte Zweifel nicht vorgebracht werden. Solange Hitlers Führerschaft unangetastet bleibt und er mit seiner Autorität die straffe Disziplin in der Partei aufrecht erhält, liegt kein Anlaß vor, Befürchtungen wegen illegaler Haltung und Betätigung der Partei zu hegen. Eine innerpolitische Entwicklung, die den Zerfall der Partei wegen Unerfüllbarkeit oder Unerreichbarkeit der Parteiziele zur Folge hat, könnte sich in illegalen Handlungen auswirken."

76 *Ebda.*: „Allgemein müsse er erklären, daß die jetzige Art der Behandlung von Fragen der NSDAP im Rm. d. I. unerträglich geworden sei." Auch Klausener wurde am 30. Juni 1934 erschossen.

77 Brüning, „Brief" (Anm. I/9), S. 5: „Während seines Aufenthalts in Dietramszell im August 1931, und sogar schon vorher, war Hindenburg darüber informiert worden, daß gewisse Persönlichkeiten französischen und polnischen Ursprungs sich Hitler genähert hätten mit dem Wink, daß eine Einbeziehung der Nazipartei in die Regierung Deutschlands Stellung bei internationalen Verhandlungen bessern könnte. Das machte augenscheinlich einen so tiefen Eindruck auf Hindenburg, daß er mich drängte, mit Hugenberg und Hitler zu sprechen..." Die Tendenz dieser höchst undeutlichen Angaben geht dahin, auch in diesem Zusammenhang Deutschlands innenpolitisches Dilemma von ausländischen Interventionen abhängig zu machen, wie Brüning überhaupt – beeinflußt durch die Befürchtungen der Reichswehrführung – die deutsche Bürgerkriegssituation vor allem durch die gleichzeitig polnisch-französische Bedrohung der Ostgrenzen entscheidend erschwert sieht (*ebda.*, S. 2 f.; S. 21 f. usw.). Bis jetzt sind diese öfters wiederholten Andeutungen jedenfalls noch nicht schlüssig beweisbar. Dazu Hermann Lutz, „Fälschungen zur Auslandsfinanzierung Hitlers", in: *Vierteljahrshefte für Zeitgeschichte* 2 (1954), S. 386 ff.

stätigt Brüning selbst, daß seine Verhandlungen mit Hugenberg und Hitler auf Hindenburgs Drängen zurückgingen, daß sie aber weder für eine Einbeziehung der Rechten noch für eine Regelung der Wiederwahl Hindenburgs einen gangbaren Weg aufzeigten. Ferner deutet er an, daß ein „Mittelsmann" Hindenburg demgegenüber „überredet" habe, Brüning habe „mit voller Absicht auf der Unterstützung seiner Wiederwahl bestanden, um der Rechten eine Teilnahme an der Regierung unmöglich zu machen" [78]. Diese Vorgänge, die sich offenbar schon Ende August 1931, also entgegen Meißners Angaben vor der Umbildung des Kabinetts abspielten, veranlaßten Brüning damals zu eiligen Besprechungen mit Schleicher und Hammerstein, die zur Kur in Wildbad weilten. Er erhielt ihre Versicherung, daß die Reichswehrführung nach wie vor einen Regierungswechsel im nationalsozialistischen Sinne ablehne und General v. d. Bussche bei seinem bevorstehenden Vortrag den in Dietramszell (Allgäu) weilenden Reichspräsidenten entsprechend unterrichten werde [79]. Es ist nicht klar, wie weit Brüning dann um die Unterredung wußte, die Hammerstein am 12. September mit Hitler auf dessen Wunsch hatte — eine Unterredung, die in Hammersteins Feststellung ausklang, daß Hitler bis auf das Tempo eigentlich dasselbe wie die Reichswehr wolle [80]. Dem folgte das erste Treffen Schleichers mit Hitler, das dann auch der ersten Audienz bei Hindenburg den Weg bahnte.

Auch aus Brünings vorsichtigen Ausführungen wird jedenfalls deutlich, daß Hindenburgs Einstellung zum Brüningkurs und zugleich zum Problem des Nationalsozialismus sich von diesem Zeitpunkt an zu ändern begann. Man mag dies zum Teil — wie Meißner — auf die Abneigung gegen eine zur Dauereinrichtung gewordene Notverordnungspolitik [81], zum Teil — wie Brüning — auf das Widerstreben gegen eine mögliche Militär- oder Polizeiaktion zur Niederhaltung der NSDAP zurückführen [82]. Jedenfalls schuf es schwerwiegende Unsicherheitsmomente in den Beziehungen und Plänen der Machtträger. Hindenburg geriet mehr und mehr unter den Einfluß von „außerverfassungsmäßigen Beratern" [83], deren Aktivität sich mit Ausschaltung der verfassungsmäßigen Machtbildungsprozesse und Kontrollorgane im Zeichen der autoritären Präsidialregierung ungehemmt entfalten konnte. Da waren die Liebhaber einer diktatorisch vorgehenden, alle Parteien auflösenden Präsidialregierung letzter Konsequenz, die dann im Papen-Experiment praktischer Verwirklichung zustreben sollte. Daneben standen jene wirtschaftlich einflußreichen Befürworter einer Industrie und Bankiers umfassenden „Fachmanns"-Regierung, die schon vor dem Harzburger Treffen sich von Brüning abgewendet und bei Hinden-

78 Brüning, „Brief" (Anm. I/9), S. 5 f. Der genaue Ablauf der Ereignisse wird hier ebensowenig klar wie die Rolle Schleichers, der von Brüning offensichtlich geschont wird, während ihn Meißner (Anm. I/156, S. 212) mit aller Bestimmtheit in die Rolle jenes „Mittelsmannes" versetzt.

79 Brüning, „Brief" (Anm. I/9), S. 6. Dabei waren auch die machtpolitischen Aspekte der bevorstehenden Harzburger Tagung erörtert worden; man hatte festgestellt, daß gewaltsame Unternehmungen nach dem Vorbild von Mussolinis Marsch auf Rom mit militärischen Mitteln ohne weiteres unterdrückt werden könnten. Auch Schleicher bestätigt in einem Brief an Groener (v. 28. August 1931) das Treffen mit Brüning und die Einwirkung auf Hindenburg via Bussche: Craig, „Schleichers Briefe" (Anm. I/34), S. 129.

80 Befragung des Majors a. D. Eberhardt durch Kunrat v. Hammerstein, Winter 1946/47. Eberhardt war Schriftführer der Vereinigung ehemaliger Offiziere des 3. Garderegiments zu Fuß, dem auch Hammerstein, Schleicher und die beiden Hindenburg angehört hatten; er hatte auf Ersuchen des Hauptmanns a. D. Wagener das Gespräch in seiner Wohnung vermittelt.

81 Meißner (Anm. I/156), S. 212 f. Brüning betont hingegen, es sei „in steigendem Maße notwendig" geworden, „Präsident Hindenburg von Zeit zu Zeit daran zu erinnern, daß den Notstandsbefugnissen aus Artikel 48 vom Reichstag Grenzen gesetzt wurden": „Brief" (Anm. I/9), S. 8.

82 Brüning, „Brief" (Anm. I/9), S. 6. Ähnlich auch Hermann Dietrich, *Auf dem Wege zum neuen Staat, Die deutsche Aufgabe*, Stuttgart 1951, S. 19.

83 Brüning, „Brief" (Anm. I/9), S. 6.

burg interveniert hatten[84]. Hier zeichneten sich die Lösungsversuche ab, die das kommende Jahr bewegen sollten. Und hier trat schon die verhängnisvolle Unentschlossenheit Hindenburgs hervor, der noch anderthalb Jahre lang vor der Alternative zwischen Regierungsbeteiligung oder konsequenter Niederhaltung der NSDAP von Fall zu Fall zurückwich, um sich schließlich das Gesetz des Handelns ganz aus der Hand nehmen zu lassen. Brünings Anstrengungen fanden jetzt wachsenden Widerstand, zumal sie von einer höchst pessimistischen, im einzelnen reichlich unklaren und jedenfalls wenig konstruktiven Beurteilung der Lage ausgingen.

Dies zeigte sich in den Besprechungen, die im September und Oktober zwischen Hindenburg und Brüning stattfanden[85]. Brünings Ausführungen gingen dahin, daß eine Änderung der Regierung entweder auf der Basis der Unterdrückung oder aber der Einbeziehung der NSDAP geschehen könne. Im letzteren Fall[86] sei wohl ein Prestigeverlust Hitlers zu erwarten, müsse aber auch mit einer neuerlichen Erschwerung der schwebenden internationalen Verhandlungen gerechnet werden, und schließlich sei es durchaus möglich, daß nationalsozialistische Wähler dann nicht zu den gemäßigten Parteien zurückkehren, sondern sich der aufsteigenden KPD zuwenden würden. Hindenburg habe demgegenüber, betont Brüning, jeden Gedanken an eine Regierungsbeteiligung Hitlers während seiner Amtszeit ebenso abgelehnt wie eine gewaltsame Unterdrükkung der NSDAP — und zwar mit einer Starrsinnigkeit, die sich Brüning mit einem „geistigen Zusammenbruch" des 84jährigen Reichspräsidenten während der folgenden zehn Tage zu erklären sucht[87]. Es ist aber wohl eher anzunehmen, daß schon jetzt der Plan eines gänzlich „unabhängigen" Diktaturkabinetts der Rechten unter Ausschluß der NSDAP an die Stelle jener Alternative trat, daß also Hindenburg sich für eine Beibehaltung des Brüningschen *status quo* nur deshalb entschied, um den Weg zu einer Präsidiallösung letzter Konsequenz nicht zu verbauen.

Dieser Gedanke fehlt in Brünings Überlegungen, obwohl er doch schon in den ersten Planungen eines Notverordnungskabinetts zwei Jahre zuvor und bei den folgenden Machtverschiebungen im Parteienfeld eine greifbare Rolle gespielt hatte. Waren nicht die Initiatoren der damaligen Brüning-Lösung inzwischen in noch wichtigere Positionen gelangt? Und boten nicht der Aufstieg des Nationalsozialismus, die fortschreitende Lähmung des demokratischen Mechanismus, die Monopolstellung des Reichspräsidenten und der Reichswehr im

84 Die Andeutungen Brünings *(ebda.)* finden eine Stütze in dem Umstand, daß schon am 5. Oktober 1931 der ehemalige Reichskanzler und Hapag-Direktor Cuno im Namen der ihm nahestehenden Schwerindustrie Hindenburg (durch Vermittlung Oskars v. H.) die Wünsche der „Wirtschaft" für eine Umgruppierung der Regierung vorlegte. Die Vorgänge sind greifbar aus den Akten der *DAZ*-Redaktion, wenn man den Angaben von Klein (Anm. II/12), S. 897 ff., folgen darf. Dort auch Einzelheiten zur geplanten Personal- und Wirtschaftspolitik. Auf Cunos Liste blieben nur Brüning, Stegerwald und Groener erhalten, dazu traten v. Neurath oder v. Hassell (Äußeres), Bracht (Inneres), Vögler und Springorum (Wirtschaft), v. Schlieben oder Schmitz von der IG. Farben (Finanzen), Schiele oder v. Lüninck (Landwirtschaft), Gürtner oder Scholz (Justiz), Graf Rödern („Für organische Umbildung der Verhältnisse von Reich und Ländern. . .").

85 Brüning, „Brief" (Anm. I/9), S. 7 f.

86 An dieser Stelle betont Brüning ausdrücklich seine Weigerung, in einer solchen Regierung mitzuarbeiten.

87 Brüning spricht im englischen Original von einem „temporary black-out", bedient sich also eines wesentlich schwächeren Ausdrucks als die deutsche Übersetzung: vgl. Görlitz (Anm. I/66), S. 347 f., dessen reichlich naive Erklärungsversuche (Beleuchtungsverhältnisse in Hindenburgs Zimmer usw.) allerdings kaum Berücksichtigung verdienen. Meißner (Anm. I/156), S. 213 f., hat dies „Gerücht" auf das entschiedenste zu dementieren und auf eine „vorübergehende Grippeerkrankung" zu reduzieren gesucht: Hindenburg sei „bis wenige Tage vor seinem Tode im Vollbesitz seiner geistigen Fähigkeiten gewesen". Auch ist Brünings eigener Plan einer neuen Kandidatur Hindenburgs (der auch von Löbe unterstützt wurde) wenig verständlich, wenn tatsächlich „die geistigen Fähigkeiten des Präsidenten im Abnehmen begriffen waren" und die Verantwortlichen – also auch er selbst – dies „sorgfältig geheimhalten mußten". Brüning, „Brief" (Anm. I/9), S. 7 f.

zerfallenden Gefüge der Republik eine willkommene Gelegenheit, jetzt konsequenter noch als zuvor den Gedanken der autoritären Ordnung zu verfolgen, den Brüning mit einer bürokratischen Notverordnungspolitik zwar aufgenommen, nach einem ersten Konflikt mit dem Reichstag aber noch immer parlamentarisch abzustützen gesucht hatte? Es sollte sich zeigen, daß Schleicher zwar noch nicht eindeutig den Schritt über Brüning hinaus betrieb, daß aber die Sondierungen dieser Monate im Verein mit den Umständen der Präsidentenwahl und mit der folgenden ersten großen Aktion der Regierung gegen die NSDAP die Voraussetzungen für jene Übersteigerung des Präsidialkonzepts schufen, der Brüning zum Opfer fallen sollte. Dabei ist die psychologische Seite der an Hindenburg herangetragenen Suggestionen nicht weniger wichtig als die interessenpolitische Motivierung, die mit dem verstärkten Druck der industriellen und agrarischen *pressure agents* schließlich den letzten Schlag auslöste.

4. Das Boxheimer Dokument

Inzwischen war freilich der NSDAP selbst eine Panne passiert, die wohl der aufmerksame Beobachter kaum als Sensation empfinden konnte, die aber den mit Rechtskoalitionen und Zähmungsplänen liebäugelnden Regierungskreisen die Augen über den wahren Charakter des nationalsozialistischen „Legalitätskurses" öffnen mußte. Mitten hinein in die Bürgerkriegssymptome einer aufgewühlten politischen Szene platzte das Dokument, das am 25. November 1931 ein nationalsozialistischer Überläufer — der hessische Landtagsabgeordnete und Kreisleiter von Offenbach, Wilhelm Schäfer — dem Frankfurter Polizeipräsidenten übermittelte. Es war zehn Tage nach den hessischen Landtagswahlen, in denen die NSDAP mit 38,5 % der Mandate zur weitaus stärksten Partei emporgestiegen war; die Affäre mußte um so mehr Aufsehen erregen, als das hessische Zentrum gerade Regierungsverhandlungen mit der NSDAP führte, die sich dann in der Folge allerdings zerschlugen.

Das „Boxheimer Dokument" [88] stellte eine Ausarbeitung von praktischen Plänen für den Fall einer nationalsozialistischen Machtergreifung dar. Sofortige Haussuchungen bestätigten nicht nur die Echtheit des Dokuments, sondern auch seinen parteioffiziösen Charakter. Es war das Ergebnis von Besprechungen, die über einen längeren Zeitraum zwischen nationalsozialistischen Funktionären geführt worden waren. Unter ihnen, die alle in der hessischen Gauleitung tätig waren, befand sich mit drei anderen Landtagsabgeordneten auch der stellvertretende Gauleiter, Hauptmann a. D. Wassung [89]. Verantwortlich zeichnete derselbe Gerichtsassessor Werner Best, der als Leiter der Rechtsabteilung der Gauleitung in den hessischen Staatsgerichtshof gewählt wurde, um dann im „Dritten Reich", zuletzt als „Reichskommissar" des besetzten Dänemark, zu hohen Würden aufzusteigen.

Das Dokument nahm an [90], daß erst einem Umsturz der bestehenden Staatsordnung durch die Kommunisten die nationalsozialistische Machtergreifung folgen werde. „Nach dem Wegfall der seitherigen obersten Staatsbehörden und nach Überwindung der Kommune" sei dann durch öffentlichen Anschlag sowie durch

88 So gemeinhin genannt nach dem bei Worms gelegenen Boxheimer Hof, wo die Besprechungen der Verfasser stattgefunden hatten. Dr. Schäfer selbst wurde kurz nach der „Machtergreifung" durch nationalsozialistische Funktionäre ermordet. Ein Sühneverfahren gegen die Mörder ist noch immer anhängig.

89 Feststellungen der hessischen amtlichen Pressestelle: Schultheß, *1932*, S. 263.

90 *Ebda.*, S. 262 f.; jetzt auch abgedruckt in: *Das Parlament* 3, Nr. 11 v. 18. März 1953, S. 2.

Zustellung an alle Behörden der „neue Rechtszustand" bekanntzumachen. Weiter heißt es: „SA, Landeswehren" oder ähnliche Gebilde ergreifen als einzige Träger der Ordnung „die verwaiste Staatsgewalt" und übernehmen die Funktion der Ministerien, sie garantieren durch „außerordentliche Maßnahmen" jene „schärfste Disziplin der Bevölkerung", die durch „rücksichtsloses Durchgreifen der bewaffneten Macht" (d. h. SA und Landeswehren) erreicht wird. Dem entsprechen die Befehle der örtlichen „Befehlshaber", deren Nichtbefolgung „grundsätzlich mit dem Tode bestraft" wird. Die höchste Strafe — Erschießung „ohne Verfahren auf der Stelle" — steht auf Nichtablieferung irgendeiner Schußwaffe; die Todesstrafe trifft auch den öffentlichen Beamten, Angestellten und Arbeiter, der nicht sofort seinen Dienst wiederaufnimmt. Alle von der Führung (SA und Landeswehren) erlassenen Notverordnungen, deren Richtlinien im Entwurf mitgeteilt werden, haben durch Anschlag sofortige Gesetzeskraft; ihre Verletzung kann ebenfalls mit dem Tode bestraft werden. Sie betreffen vor allem die Ablieferung sämtlicher Lebensmittel an die oben umrissenen NS-Behörden sowie Kollektivspeisung und Lebensmittelrationierung durch Karten, sie unterstellen alles Eigentum der neuen Führung und sistieren alle Zinsverpflichtungen: „Es gibt bis zu anderweitiger Regelung kein Privateinkommen mehr." Sie verfügen schließlich neue Verwaltungseinrichtungen, besonders Feldgerichte zur vereinfachten und beschleunigten Aburteilung von Verstößen gegen die erlassenen Befehle, und sie verkünden eine „nationale Arbeitsdienstpflicht" — mit Ausschluß der Juden — vom 16. Lebensjahr an, deren Erfüllung allein „Anspruch auf Ernährung" verbürgt.

Dieser „Entwurf der ersten Bekanntmachung unserer Führung" gestattete einen aufschlußreichen Blick in die konkreten Vorstellungskreise nationalsozialistischer Funktionäre, die entgegen den opportunistischen Kundgebungen der obersten Führung an den totalitären Herrschaftskonzeptionen festhielten und in ihren regionalen Einfluß- und Aktionsbereichen einen radikal totalitären Kurs verfolgten. Wenn aber die verhandlungsgeneigten Kreise im Bereich der Präsidialregierung von diesem Ereignis eine weitere Reinigung und Milderung der nationalsozialistischen Bewegung erwarteten, so mußten sie doch ihre Erwartungen auf neue Ausschluß- und Abspaltungsvorgänge analog der Otto-Strasser-Stennes-Affären bald aufgeben. Hitler selbst, der eben erst in den Besprechungen mit Schleicher die Legalität seiner Partei besonders im Hinblick auf die Unabhängigkeit der Reichswehr versichert hatte[91], lehnte zwar in Erklärungen an englische und amerikanische Pressevertreter die Verantwortung für private Ausarbeitungen von Parteigenossen ab und bekräftigte erneut den Legalitätskurs der Partei, in der sein Wille allein entscheide. Doch dabei blieb es: außer einer vorübergehenden Suspendierung Werner Bests — in seiner Eigenschaft als Gerichtsassessor — durch den hessischen Justizminister verlief die juristische Verfolgung des Hochverratsfalles im Sande, während die politischen Konsequenzen von der NS-Führung geschickt umgangen, von den republikanischen Instanzen kaum ausgenützt wurden[92].

Zwar drängte Severing, dem der Fall sogleich von seinem hessischen Kollegen Leuschner[93] unterbreitet worden war, zunächst auf eine öffentliche Hochverratsverhandlung zur allgemeinen Aufklärung über die wahren Ziele der

91 Vgl. o. S. 378.

92 Severing (Anm. I/18), II, S. 311 f.

93 Es handelt sich um den späteren Führer der gewerkschaftlichen Widerstandsbewegung im „Dritten Reich", der nach dem 20. Juli 1944 hingerichtet wurde. Vgl. dazu auch Annedore Leber, Willy Brandt und K. D. Bracher, *Das Gewissen steht auf, 64 Lebensbilder aus dem deutschen Widerstand 1933–1945,* Berlin-Frankfurt a. M. 1954, S. 97 f.

NSDAP. Er scheiterte aber einmal mehr an der Renitenz des zuständigen Oberreichsanwalts, der — wieder als „Fachmann" — im Interesse der Untersuchung zunächst sogar eine Unterrichtung der Presse ablehnte, obwohl er selbst gleichzeitig der Hugenbergschen Nachrichtenagentur T. U. beschwichtigende Informationen gab. Wenngleich die Bemühungen Severings und Leuschners bei der Reichsregierung Erfolg hatten und eine Voruntersuchung wegen Vorbereitung zum Hochverrat eingeleitet wurde, so unterblieben doch auch jetzt konkrete Schritte gegen die NS-Führung selbst.

Es bedeutet kaum eine Entlastung der Verantwortlichen, wenn man — wie Severing — eine entsprechende Feststellung Pechels[94] mit der notorischen Verschleppungstaktik der Justiz bei allen Verhandlungen gegen rechtsradikale Gruppen zu widerlegen sucht und die Behinderung jeder wirksamen Polizeiaktion durch die bürokratische Obstruktionshaltung höchster Rechtsinstanzen gegen die Republik[95] beklagt. Freilich wurde auch hier — wie dann in der Märzaktion gegen die SA[96] — die juristische Untersuchung weit über den politisch-relevanten Zeitraum hinausgezögert und schließlich mit einem politisch nicht ganz unbestechlichen Achselzucken einfach eingestellt. Denn am 12. Oktober 1932 endlich erklärte das Reichsgericht lakonisch: „Durch einen nach nicht öffentlicher Beratung gefaßten Beschluß des vierten Strafsenats des Reichsgerichts ist der Verfasser der Boxheimer Dokumente, Dr. Best, aus Gründen mangelnden Beweises hinsichtlich der Anschuldigung des versuchten Hochverrats außer Verfolgung gesetzt worden[97]." Aber die Berufung auf eine höchstrichterliche Entscheidung, der sich auch der preußische Justizminister und seine Polizeigewalt unterordnen mußten, läßt eben den politischen Kern des Problems unberührt. Severing selbst mag daraus kaum ein Vorwurf gemacht werden, obgleich sein amtsbedingter Respekt vor der bürokratischen Ordnung auch der politischen Angelegenheiten noch mehrmals in den folgenden Monaten bis zum schwarzen 20. Juli 1932 solche Übergriffe der Justiz in den genuin politischen Bereich, solche Jurifizierung der Politik hinnahm.

Um so mehr frappiert die Tatsache, daß die Reichsregierung selbst keine fühlbaren Versuche unternahm, um in letzter Stunde diese Gelegenheit zur Stärkung ihrer Autorität gegenüber dem Radikalismus auszunützen, daß sie auch die Beurteilung der politischen Aspekte dem politisch so schwankenden Gutdünken der Justizbürokratie überließ und darüber hinaus gerade jetzt die Sondierungen nach rechts, ihre Bemühungen um Hugenberg wie Hitler verstärkte. Ihre sichtbare Reaktion ging über Verordnungen gegen Waffenmißbrauch und Uniformtragen durch politische Vereinigungen[98] nicht hinaus, und eine Rundfunkrede Brünings am 8. Dezember enthielt zwar treffende Einsichten in den wahren Charakter der nationalsozialistischen Legalitätstaktik,

94 Rudolf Pechel, *Deutscher Widerstand*, Zürich 1947, S. 20: Pechels Vorwurf gegen Severing bezieht sich ganz allgemein auf das Zögern der preußischen Regierung (aber auch Schleichers), Hitler mit der ganzen Führergefolgschaft auf Grund des „völlig ausreichenden belastenden Materials gegen die NSDAP" verhaften und ihm den Prozeß machen zu lassen. Zusammenfassend über die preußischen Maßnahmen gegen die NSDAP Brecht (Anm. I/84), S. 67 ff.

95 Vgl. auch o. Teil I, S. 172 ff. Beispiele schildert Keil (Anm. I/3), II, S. 478–487. Als die *Schwäbische Tagwacht*, Keils Stuttgarter SPD-Organ, die Verschleppung der Boxheim-Affäre kritisierte, wurde sie von dem zuständigen Polizeipräsidenten Klaiber kurzerhand beschlagnahmt und der unglaubliche Übergriff dieses *fellow traveller* auch vom Innenminister und Staatspräsidenten Bolz (Zentrum) gedeckt: die nationalsozialistische Infiltration in die Staatsorgane war auch in diesem „Musterland" Ende 1931 schon erheblich fortgeschritten. *Ebda.* weitere Beispiele zur einseitigen Polizeipraxis in Württemberg.

96 Vgl. u. S. 424 f.; Severing (Anm. I/18), II, S. 371.

97 *Ebda.*

98 Vierte Verordnung zur Sicherung von Wirtschaft und Finanzen und zum Schutze des inneren Friedens v. 8. Dezember 1931: *RGBl., 1931*, I, S. 742 ff.

begnügte sich aber erneut mit ernsten Warnungen[99]. Hitlers Antwort an Brüning zeigte schon wieder das volle Selbstbewußtsein des „nationalen" Massenführers, der sich angesichts der schmerzlosen Erledigung der Boxheimer Affäre der bequemen, unverbindlichen Möglichkeiten seiner Legalitätstaktik sicher wußte und auch Drohungen für den Fall seiner diktatorischen, über die Verfassung endgültig hinwegschreitenden Machtergreifung nicht zu unterdrücken brauchte, ja sich indirekt vor die Boxheimer Pläne stellte[100].

Als die Regierung wenige Monate später das Steuer endlich herumzuwerfen suchte, war es zu spät. Vielleicht freilich war der *spiritus rector* des Zähmungskonzepts, Schleicher, und mit ihm die einzige Stütze der Regierung Brüning, Hindenburg, dafür schon jetzt nicht mehr zu gewinnen. Dann war das Schicksal des letzten semiparlamentarischen Kabinetts der Weimarer Republik vorzeitig besiegelt, ohne daß es einer offen ausgetragenen Machtprobe zwischen Regierung und NSDAP noch bedurfte. Denn die politische Handschrift des Boxheimer Dokuments lag klar lesbar und aufschlußreich genug auch vor Schleicher und Hindenburg. Ihr Tenor mußte allerdings auch den oft überspielten Partnern der „Nationalen Opposition" verständlich sein. Vieles deutete darauf hin, daß der Riß, den die Harzburger Tagung spürbar gemacht und noch erweitert hatte, sich nun noch verstärken würde. Aber obwohl die deutschnationale Presse wie auch Hugenberg selbst die „radikal bolschewistischen" Bestrebungen innerhalb der NSDAP[101] sogleich nach der Veröffentlichung des Boxheimer Dokuments scharf kritisierten, war doch der weitere Kurs der DNVP kaum von diesen grundsätzlichen Bedenken, viel eher von der berechtigten Konkurrenzfurcht angesichts der Wirksamkeit der nationalsozialistischen Propaganda bestimmt.

So blieben neben den strafrechtlichen auch die greifbaren politischen Konsequenzen dieses Ereignisses nach jeder Seite aus, und die nützliche Fiktion des nationalsozialistischen „Legalitätskurses" geleitete die allenthalben wachsende Partei in eine Phase noch größerer Erfolge über die resignierenden Träger der Republik, noch wirkungsvollerer Kontrolle über die psychologisch-propagandistischen Machtmittel einer „Nationalen Opposition", in der das scheinbare Gleichgewicht der Kräfte längst zugunsten Hitlers zerstört war, so sehr sich Hugenberg an die Illusion seiner Unabhängigkeit, „überparteiliche" Strategen wie Schleicher und Papen aber mit Unterstützung Hindenburgs an den Plan einer Zähmung der NSDAP durch politische Abnutzung klammern mochten.

99 Schultheß, *1931*, S. 264 f.: Brüning warnt hier vor „nur gefühlsmäßiger Betrachtung der Politik, so sehr sie auch in der Tiefe der deutschen Seele wurzeln mag", vor dem kritiklosen Glauben an unerreichbare Ziele. „Für jeden, der in der Verzweiflung solchen Zielen nachjagt, muß ein schreckliches Erwachen folgen." Er betonte gleichzeitig den unbedingten Willen zum Schutz der Verfassung, drohte ihren Gegnern mit dem Ausnahmezustand und wies Hitler auf die Diskrepanz zwischen seinen Legalitätsbeteuerungen und der Wirklichkeit hin: „Wenn man erklärt, daß man, auf legalem Wege zur Macht gekommen, die legalen Schranken durchbrechen werde, so ist das keine Legalität, und sie ist es noch weniger, wenn zu gleicher Zeit im engeren Kreise Rachepläne verfaßt und vorgetragen werden." Auch diese Ausführungen sind in den *Reden* Brünings (*Zwei Jahre am Steuer des Reichs, Reden aus Brünings Kanzlerzeit*, Köln 1932) gestrichen oder abgeschwächt.

100 Im *Völkischen Beobachter* v. 16. Dezember 1931 verwahrte sich Hitler dagegen, daß eine vor dem Sieg stehende Bewegung, die „nationalpolitisch . . . den einzigen Aktivposten Deutschlands" darstelle, vor der Welt als illegale Räuberbande diffamiert werde, und erklärte zu dem zitierten Schlußsatz Brünings: Wenn die deutsche Nation die NSDAP legitimiere, „eine andere Verfassung als die heutige zum Gesetz werden zu lassen", könne Brüning es nicht hindern. Die NS-Bewegung habe den „Geist der heutigen Verfassung" richtiger erfaßt als das derzeitig herrschende System.

101 Egelhaaf, *1931*, S. 148 f.: die Rede Hugenbergs auf der deutschnationalen Vertretertagung (2. Dezember 1931) wies den Vorwurf der „sozialreaktionären" Haltung zurück und setzte sich entschieden mit dem nationalsozialistischen „Sozialismus" auseinander. Die Wandlung seiner Position innerhalb der „Nationalen Opposition" mochte er selbst empfunden haben, wenn er sein einstiges: „Macht mir den rechten Flügel stark", das viele im nationalsozialistischen Sinn mißverstanden hätten, jetzt in den Schlachtruf präzisierte: „Macht mir die Deutschnationale Partei stark!"

5. Die Abwendung der Industrie

Unterdessen verschärfte sich die wirtschaftliche Krise; ihre katastrophalen Auswirkungen griffen auf alle Gebiete des öffentlichen und des privaten Lebens über. Gewiß eröffneten Brünings zähe Bemühungen um eine Revision der internationalen Beziehungen den Ausblick auf eine endgültige Entlastung Deutschlands von dem Druck der Reparationszahlungen. Das Hoover-Moratorium hatte zwar nur als eine vorübergehende Notmaßnahme Anerkennung gefunden; es hatte aber einen Vorgang geschaffen, der die allgemeine Einsicht in die Notwendigkeit einer endgültigen Lösung rasch wachsen ließ. Das Vertrauen, das Brünings korrekte und ehrliche Finanzpolitik der Sparsamkeit im Ausland erwarb, war ein wesentlicher Faktor in den sich anbahnenden Verhandlungen über eine vernünftige Gesamtregelung der wirtschaftlichen wie der rüstungstechnischen Probleme. Im November 1931 rief Brüning den für die Reparationsfrage zuständigen Sonderausschuß der BIZ an, der einen Monat später die Zahlungsunfähigkeit Deutschlands feststellte, und im Januar 1932 forderte er aus Anlaß der Verhandlungen über eine Verlängerung des Moratoriums die endgültige Beendigung der Zahlungen. Die dafür angesetzte Konferenz von Lausanne versprach im entscheidenden Augenblick den großen Erfolg, dem Brüning seine ganze Politik untergeordnet hatte. Gleichzeitig wuchsen auch die Hoffnungen, daß die bevorstehende Abrüstungskonferenz zur prinzipiellen Anerkennung der militärischen Gleichberechtigung Deutschlands führen, die Reichswehrbasis der Regierung stärken und zugleich ein wesentliches Propagandastück der „Nationalen Opposition“ abbauen würde.

Doch die nüchterne Sachlichkeit, mit der Brüning sich auch im Angesicht der allgemeinen Not allen weiter ausgreifenden Finanzexperimenten widersetzte, tat inzwischen seiner geringen Popularität in Deutschland selbst nur noch weiteren Abbruch und führte schließlich dazu, daß, als die Reparationskonferenz auf April und dann auf Juni 1932 verschoben, die Beschlüsse der Abrüstungskonferenz gar bis Dezember 1932 verzögert wurden, erst seine Nachfolger und vor allem dann Hitler selbst die Früchte der sorgfältigen Planungen und unermüdlichen Bemühungen in den eigenen Korb pflücken konnten. Wieder übersah Brünings eingleisige Politik die unmittelbare Tatsache, daß der allmähliche Umschwung der wirtschaftlichen wie der internationalen Verhältnisse für die betroffene Bevölkerung zunächst weder spürbar noch auch nur erkennbar wurde. Die Lagerung der Machtverhältnisse und die Selbstdistanzierung einer fast nur noch von oben — und da auch schon mit Einschränkungen — gestützten Präsidialregierung waren strukturelle Faktoren, die durch die bürokratische Unterordnung des Politischen unter das hartnäckig verfolgte Fernziel zu erster Bedeutung aufstiegen und jede beschwichtigende Erklärung über eine absehbare Verbesserung der Verhältnisse unwirksam machten. Mit der Vernachlässigung dieser Faktoren seit Beginn seiner Regierung hatte Brüning sich der Ansatzpunkte für jene politische Aufklärung begeben, mit deren Hilfe die schwerwiegendsten politischen Folgen seines unerbittlichen Programms der *austerity* hätten abgewendet werden müssen. Was nützten alle mühsam erarbeiteten wirtschafts- und außenpolitischen Teilerfolge, wenn ihre allmähliche Auswirkung auf die Lebensbedingungen des einzelnen Bürgers durch die Sturmflut des politischen Radikalismus und die Versprechungen bedenkenloser Agitatoren überholt wurde!

Brünings Präsidialkabinett ging wohl mit exakten volkswirtschaftlichen Methoden und mit international spürbarem Erfolg den Wurzeln der Krise und der allgemeinen Not zu Leibe, kam aber aus dem technischen Laboratorium vor lauter Arbeit nicht heraus in die weitere Wirklichkeit der politisch wirksamen Gefühle und Tendenzen[102]. Er unterschätzte jene tatsächlichen Auswirkungen der Krise auf das politische Leben und seine spontanen Äußerungen, über die doch nur ein totalitärer Polizeistaat auf längere Zeit hinweggehen kann. Er glaubte seine Autorität auf die Leidenschaft für die „Sache" allein gründen zu können, nach der Überzeugung: „Es gibt nur den einen Weg der Ergreifung sachlich notwendiger Maßnahmen[103]."

So sehr eine Bekämpfung der Ursachen der „Sache" nützen mag, so wenig genügt sie im politischen Raum einer Demokratie, wo der Mensch die Freiheit der unmittelbaren Reaktion auf seine Verhältnisse und Eindrücke besitzt und für seine Kritik, wird sie nicht von der Regierung und von einem aktionsfähigen Parlament berücksichtigt oder im politischen Sinne zu kompromißfähiger kollektiver Willensbildung umgeformt, einen Ausweg außerhalb der bestehenden machtpolitischen Ordnung sucht[104]. Wirksame Gegenmaßnahmen gegen die unmittelbar spürbaren Folgen des Sparkurses hätten die Regierung zu weiteren schmerzlichen Abstrichen an ihrem Programm gezwungen, das ohnehin durch schwer berechenbare internationale Faktoren der Krise ständig durchkreuzt und dezimiert wurde. Solche Maßnahmen mochten überdies die Dauer des Notstandes verlängern und eine exakte Behandlung seiner Ursachen erschweren; sie hätten aber auch jetzt noch den Fortgang der politischen Radikalisierung mildern und damit wenigstens notdürftig die Verhältnisse bewahren können, um deren Wiedergesundung willen allein ein ehrlicher Kampf gegen die Wirtschaftskrise Sinn hatte.

Die inflationistische Arbeits- und Kreditbeschaffungspolitik, die in bequemer Bedenkenlosigkeit das „Dritte Reich" mit Schachts Hilfe wenig später inaugurierte, ging freilich einen allzu einfachen Weg allzu skrupellos. Aber vorübergehende Konzessionen an die katastrophalen äußeren Erscheinungsformen der Krise mußte ein Blick auf ihre politischen Auswirkungen, die die Voraussetzungen und Machtgrundlagen des Brüningkurses selbst bedrohten, doch nachdrücklich fordern. Noch einmal war das Prinzip des Kompromisses, das in der Geschichte der Weimarer Republik seine Leidensgeschichte erlebt hatte, den Trägern der politischen Macht zur Aufgabe und zum Prüfstein geworden. Und noch einmal setzte sich das Prinzip bürokratischer Eingleisigkeit und quasiwissenschaftlicher Gründlichkeit über die Gesetze des politischen Zusam-

102 So war Brünings Klage über das Unverständnis der Interessengruppen, die schon Dietrich am verhängnisvollen 18. Juli 1930 beschworen hatte – „Die Frage ist jetzt die, ob die Deutschen ein Haufen von Interessenten oder ein Staat sind" –, das einzige Fazit einer ebenso treffenden wie bitteren Analyse der wirtschaftspolitischen Lage für die Innenpolitik: „Hier aber fehlt es an dem Verständnis für die Zusammenhänge wirtschaftlicher Art, namentlich im deutschen Volke, ganz außerordentlich." Rede vor dem Reichsausschuß des Zentrums am 5. November 1931: Brüning, *Reden* (Anm. IV/99), S. 45; Schultheß, *1931*, S. 247. Vgl. auch die Diskussion bei Grotkopp (Anm. I/12), S. 43 ff.

103 Die hier umschriebene Einstellung geht aus derselben Rede hervor, die wesentlich von dem zitierten Satz getragen wurde. So richtig die sachliche Analyse der deutschen Gesamtsituation auch sein mochte, sie beschied sich doch mit einem Appell an den Willen zum Durchhalten: auf daß nicht „im letzten Augenblick, wo man so weit ist, daß man die Aussichten in eine bessere Zukunft hat, das deutsche Volk die Nerven verliert". Brüning, *Reden* (Anm. IV/99), S. 46; etwas abweichend Schultheß, *1931*, S. 250.

104 Dagegen eben verstieß der „bürokratische" Grundgedanke Brüningscher Regierungspolitik: „Was soll denn eine Reichsregierung partei- und koalitionspolitisch machen, wo die Weltwirtschaftsentwicklung Deutschland von Monat zu Monat vor immer neue Situationen stellt?" Obwohl Brüning gleichzeitig betonte, daß auch die Notverordnungspolitik „ein Programm, das man sich ausgedacht hat", erst auf langem mühsamem Weg zur „Vollendung" führen kann, so blieb sein Verhältnis zur Innenpolitik allen treffenden Einsichten zum Trotz letztlich doch im Stadium des Postulats stecken: „Das Volk muß in seinem Verstehen langsam mitwachsen, damit eine Regierung, die immer getragen sein muß von einer Stimmung im Volke, die lange Kette dieser harten Maßnahmen überhaupt aushalten kann." Bei Schultheß, *1931*, S. 246 (auch dieser Satz fehlt in den *Reden*, Anm. IV/99, S. 44).

menlebens, über die bedrohliche Dynamik der sozialen Empfindungen und Existenzwünsche hinweg[105].

Demgegenüber war einem schwachen Versuch der Regierung, an einer auch politisch tragfähigen Kompromißlösung wenigstens Teile der widerstreitenden wirtschafts- und sozialpolitischen Gruppen zu beteiligen und so dem eigenen Kurs die Unterstützung der Interessenverbände zuzuführen, kein politisch wirksamer Erfolg beschieden. Am Tag der Regierungserklärung (13. Oktober) wurde ein Briefwechsel veröffentlicht, in dem Hindenburg Brüning die Einsetzung eines „Wirtschaftsbeirats der Reichsregierung“ vorschlug. Ein „kleiner Kreis führender Sachverständiger aus den verschiedenen Zweigen des wirtschaftlichen Lebens, auch Vertreter der Arbeitnehmer“, sollte hier „das gesamte Gebiet der wirtschafts- und sozialpolitischen Probleme“ im Hinblick auf „einheitliche Vorschläge“ erörtern, wobei Hindenburg sich für den Vorsitz zur Verfügung stellte[106]. Daß Brüning in seiner offiziellen Antwort den Kreis „so eng wie möglich“ ziehen und vor allem mit Sachverständigen arbeiten wollte, beschränkte den Versuch von vornherein auf die schmale Basis des Präsidialgedankens und minderte die schwachen Aussichten auf eine politisch wirksame Erweiterung der Regierungsgrundlage.

Das Experiment hatte eine bezeichnende Vorgeschichte. Die „Wirtschaft“ hatte ihre Forderungen für die Regierungsumbildung in eine Denkschrift gefaßt, die im Anschluß an die Intervention Cunos Anfang Oktober Hindenburg durch seinen Sohn zugestellt worden war[107]. Es handelte sich um ein wirtschaftspolitisches Programm von konsequenter Einseitigkeit, das vor allem auf die Ersetzung parteimäßig bestimmter Beamter durch „sachverständige Kräfte“, auf eine Revision der Tarifverträge anstelle „bolschewistischer Gleichmacherei“ (!), auf einen weitgehenden Abbau des Apparates der Sozialversicherung, auf Senkung der Zinssätze und Revision der Osthilfe, auf Rettung der Währung durch „Herabminderung der Unkosten in Löhnen, Steuern, sozialen Lasten usw.“ abzielte. Nur notdürftig war dies reine Unternehmerprogramm getarnt durch die — in Hindenburgs Erklärung wörtlich wiederkehrende — Forderung nach einer Regierung, „die unabhängig von jeder parteimäßigen Bindung und frei von jeder klassenmäßigen Bevorzugung als sachverständig vom Vertrauen des Volkes getragen wird“. Im Sinne dieses nachgerade wohlbekannten Tenors schloß die Eingabe mit der Feststellung, „eine verantwortungsbewußte Regierung [sei] auf die Unterstützung und Beratung durch die führenden Kräfte der Wirtschaft angewiesen“. Zu diesem Zweck hatte Cuno eine Liste von prominenten Wirtschaftsführern zusammengestellt[108], die dann zwar nicht bei der Regierungsumbildung selbst, aber — wie das Programm — unter Papen (und schließlich in Hitlers „Generalrat der Wirtschaft“ vom Juli 1933) wieder auf-

105 Anfang 1932 erschien ein Sammelband, der den Titel: *Krisis, Ein politisches Manifest* (Weimar 1932) trug und durch einen Aufsatz Brünings zur politischen Lage eingeleitet wurde. Das Buch sollte nach dem Vorwort des Herausgebers, Ministerialdirektor Oskar Müller (S. VII f.) mit einer Darstellung der „brennendsten Probleme der deutschen Gegenwart“ nicht ein neues Programm den zahlreichen schon vorhandenen zur Seite stellen, sondern vielmehr die Überzeugung fördern, daß man sich jetzt „*einem* Programm, dem der Staatsleitung, anvertrauen und unterwerfen muß“ (Auszeichnung im Original): die Unmittelbarkeit und Veränderlichkeit der Probleme lasse die zu normalen Zeiten übliche kritische Programmauslese und Programmkontrolle nicht zu. Gesicht und Tendenz des Buches – mit Beiträgen von vielen republikfreundlichen Politikern – weisen nachdrücklich auf die Situation hin, in der sich die deutsche Politik faktisch und psychologisch befand.

106 Wortlaut der Briefe bei Schultheß, *1931*, S. 230; vgl. *DAZ*, Nr. 487 v. 22. Oktober 1931.

107 Redaktionsarchiv der *DAZ*, bei Klein (Anm. II/12), S. 897 ff.

108 *Ebda.*, S. 899: genannt sind von der Industrie Vögler, Reusch, Thyssen, Krupp (der jetzt die Führung des „Reichsverbandes“ übernommen hatte), Bosch, Klöckner, Siemens, Springorum; von der Landwirtschaft v. Wilmowsky, Abraham Frowein (Textil), Heinrich Grünfeld (Einzelhandel). Es ist also anzunehmen, daß die entscheidende Anregung für den „Wirtschaftsbeirat“ überhaupt von Cuno ausging.

tauchte. In modifizierter Form fand jenes Projekt jetzt auch in Brünings „Wirtschaftsbeirat“ seinen Niederschlag.

Die Mitglieder des „Wirtschaftsbeirats“ wurden am 21. Oktober von Hindenburg ernannt, der auch der konstituierenden Sitzung acht Tage später präsidierte. Aber die geheimgehaltenen Verhandlungen dieses Gremiums, das nach Vorschlägen der Regierung fünf Vertreter der Industrie, je drei Exponenten von Banken und Versicherungen, der Landwirtschaft und des Handwerks, fünf Repräsentanten der Kleinunternehmerschaft und sechs Vertreter der verschiedenen Gewerkschaften zusammenführte, nahmen einen durchaus mageren, alle beteiligten Gruppen enttäuschenden Verlauf. Daß man dem Ausgleich der Interessengegensätze nicht näherkam, erwies bald (19. November) das Ausscheiden der landwirtschaftlichen Vertreter aus dem Beirat[109], in dem sich auch die Unzufriedenheit der agrarischen Verbände West- und Süddeutschlands mit der betonten Osthilfepolitik des neuen Kommissars Schlange-Schöningen dokumentierte[110]. Die in der Schlußsitzung (23. November) von Brüning zusammengefaßten Entschließungen des Beirats richteten sich im Sinn der Regierungsmaßnahmen gegen alle „inflationistischen Lösungsversuche“; sie forderten erneut Herabsetzung der öffentlichen Lasten und Hebung einer „gesunden Privatwirtschaft... auf dem Boden einer gesunden Staatswirtschaft“, „Klärung der Reparationsfragen“ und der internationalen Kreditprobleme „rechtzeitig vor Ablauf des Stillhalteabkommens“, den verminderten Löhnen angemessene Preissenkungen, Erhaltung der Unabdingbarkeit der Tarifverträge auch bei notwendigen Lohnsenkungen und weitere finanzielle Erleichterungen für Wirtschaft und Verbraucher[111].

Auch hier schloß Brüning mit dem Grundgedanken seiner Deflationspolitik, daß die Krise nur durch eine Herabsetzung aller Aufwendungen überwunden werden könne[112], und wieder wurde in diesen Schlußbemerkungen deutlich, daß die Regierung vielleicht eine sachverständige Unterstützung, nicht aber eine breitere politische Fundierung ihrer Pläne erreichen konnte. Schon zwei Tage später (25. November) protestierte der ADGB gegen die Leitsätze des Wirtschaftsbeirats, soweit sie weder Pläne zur Arbeitsbeschaffung enthielten,

109 Es waren nicht nur Holtmeier, v. Oppen und Brandes, der Präsident des Deutschen Landwirtschaftsrates. Diesem destruktiven deutschnationalen Protestschritt schloß sich vielmehr auch Andreas Hermes als Präsident der christlichen Bauernvereinigung an: in diesem Fall erwiesen sich die interessenpolitischen Bindungen stärker als die Integrationskraft selbst der Zentrumspartei. Vgl. dazu Reichardt (Anm. I/13), S. 127 ff.

110 Mit Schlange-Schöningen war ein weiterer abtrünniger Deutschnationaler der gemäßigten agrarischen Rechten in die Regierung einbezogen worden. Am 7. November 1931 hatte er als Reichsminister ohne Geschäftsbereich das bisher von Treviranus und Hirtsiefer wahrgenommene Osthilfekommissariat übernommen; damit wurde der Dualismus Reich–Preußen auf diesem Sektor beseitigt und dem ostdeutschen Großgrundbesitz scheinbar ein Übergewicht in der künftigen Gesetzgebung des Kabinetts eingeräumt. Seine erste „Verordnung zur Sicherung der Ernte und landwirtschaftlichen Entschuldung im Osthilfegebiet“ (17. November: *RGBl., 1931,* I, S. 675 ff.) enthielt zwar schon einschneidende Reformgedanken zur Lösung der Schulden- und Hypothekenfrage und zur Rationalisierung der Betriebe, löste jedoch sogleich heftige Proteste der landwirtschaftlichen Genossenschaften (Raiffeisen) aus. Im weiteren Verlauf dieser Maßnahmen kehrte sich aber dann gerade die Empörung des ostdeutschen Großgrundbesitzes gegen Schlanges „Agrarbolschewismus“ und trug ihr Teil zum Sturz Brünings bei. Dazu Hans Schlange-Schöningen (Anm. I/78), S. 48 ff. und bes. S. 56 ff.: „Der Kampf vollzog sich auf der ganzen Linie mit verkehrter Front. Die, um deren Existenz es ging, markierten Ablehnung, wenigstens ein großer Teil ihrer Führerschaft . . ., und vollbracht wurde das Werk mit Hilfe derer, die am wenigsten persönlich daran interessiert waren“ (S. 60). Schlange nennt hier auch die Bank für Industrieobligationen (Silverberg) und „selbst die Sozialdemokratie“.

111 Schlußbericht bei Schultheß, *1931,* S. 250–261.

112 Auch damit ist (wie in vielen anderen Fällen) die nachträgliche Behauptung Brünings widerlegt, er habe keine Deflationspolitik betrieben: „Brief“ (Anm. I/9), S. 5. Man vgl. noch die Argumente der o. Anm. III/189 zitierten Rede, in der die Deflationspolitik als einziger Weg zur Wiederherstellung eines ehrlichen Finanzgebarens und damit auch zur Erreichung einer Revision der ganzen Reparationsfrage bezeichnet worden war.

noch dem Mißverhältnis von Lohn- und Preissenkung zu Leibe gingen[113]. Ihm folgte auf der anderen Seite ein Beschluß der ostpreußischen Landwirtschaftskammer in Königsberg (15. Dezember), Hindenburg wie die Regierung sollten den Weg frei machen für „Männer, die, aus Kampf und Glauben zusammengeschweißt, jetzt nur noch allein in der Lage sind, nicht nur die Landwirtschaft, sondern auch das ganze Volk zu retten". Mit dem Grundsatz aller Interessengruppen, das eigene Anliegen mit dem der Gesamtheit zu identifizieren, verband sich hier ein neuerliches Abgleiten in die „Nationale Opposition", an dem auch nachträgliche Dementis nichts ändern[114].

Nicht weniger enttäuscht fühlten sich die Exponenten der Industrie. Sie hatten mit ihrem Projekt einen „Kronrat beim Reichspräsidenten" erstrebt, der als Dauereinrichtung „nicht unter der Regierung, sondern eher über der Regierung" fungieren sollte. Und sie hatten gerade gefordert, daß er „unter keinen Umständen paritätisch zusammengestellt wird, also nicht auf dem Begriff der Arbeitsgemeinschaft besteht. Er kann nur zusammengesetzt sein überwiegend aus wohlunterrichteten, erfahrenen Wirtschaftsführern"[115]. Zusammensetzung und Verhandlungen des „Wirtschaftsbeirats" wurden so zu einem weiteren Faktor in der wachsenden Abwendung der „Wirtschaft" von Brüning, den man beschuldigte, er habe damit nur „die Schäden und Schwächen seiner Regierung zu verbergen gesucht"[116]. Die Kritik an der Demokratie wurde auch von dieser Seite zum Ruf nach dem Diktator übersteigert: „Wir werden mit diesen demokratischen Methoden, d. h. Methoden, in denen grundsätzlich alle mitreden und die sogenannte Parität herrscht, immer mehr ins Unglück kommen. Es wird nicht eher besser, als bis endlich ein Kerl kommt, der mit rücksichtsloser Energie das als richtig Erkannte durchführt..."[117]

Fast gleichzeitig nahm auch Carl Friedrich v. Siemens in einer Rede vor amerikanischen Industriellen gegen den angeblich sozialistisch-gewerkschaftsfreundlichen Kurs der Regierung, gegen Tarifrecht und Sozialpolitik Stellung. Er betonte die Bedeutung der nationalsozialistischen Gegenbewegung gegen die „logische Konsequenz des Sozialismus", den Kommunismus. Indem er „die Bekämpfung des Sozialismus" als das „Hauptziel" der NSDAP bezeichnete, sie als ein „ideelles" Bollwerk gegen die „materialistischen Bestrebungen" pries und ihre Legalitätspolitik kommunistischer Revolutionsdrohung entgegensetzte[118], gab auch dieser durchaus gemäßigte Exponent der Schwerindustrie der wachsenden Rechtsentwicklung der „Wirtschaft" und ihren verhängnisvollen Illusionen über Charakter und Bedeutung des Nationalsozialismus Ausdruck. Im Dezember folgte ein massiver Vorstoß des rheinisch-westfälischen Bergbaus, der Stegerwald die Massenentlassung von Bergarbeitern androhte[119]. Es war kein weiter Weg mehr zum 27. Januar 1932, jenem „denkwürdigen Tag ... in der Geschichte der NSDAP", an dem Hitler „der Durchbruch bei den

113 Schultheß, *1931*, S. 261.

114 So betont der Präsident der Landwirtschaftskammer (Brandes) gegenüber den Pressekommentaren in einem Schreiben an Hindenburg, man erkenne Hindenburgs Verdienste um die ostpreußische Landwirtschaft an und wünsche nur eine Änderung des Systems dahingehend, daß durch eine Steigerung der präsidialen Macht diese Bemühungen noch größere Wirksamkeit erhielten (*ebda.*, S. 271).

115 So die brieflichen Äußerungen Dr. Brandis (an Rechtsanwalt Bernhard) v. 19. und 20. Oktober 1931, die im Redaktionsarchiv der *DAZ* aufbewahrt und bei Klein (Anm. II/12), S. 900 f., zitiert sind.

116 *Ebda.* Wie bitter auch die Kritik der liberalen Vertreter von Gewerbe und Handel wurde, erweist der *Jahresbericht 1931 des Hansa-Bundes* (Flugschriften des Hansa-Bundes, Heft 29), S. 8 ff.

117 Brief Dr. Brandis an Rechtsanwalt Bernhard v. 23. Oktober 1931; vgl. Klein (Anm. II/12), S. 901.

118 Carl Friedrich v. Siemens, *Die gegenwärtige Lage Deutschlands*, Rede, gehalten auf dem Frühstück des Bond-Club in New York am 30. Oktober 1931, S. 10 f.: Hitler hat „seine wirklichen Anhänger zu starker Disziplin erzogen, um revolutionäre Bewegungen des Kommunismus zu verhindern".

119 Adam Stegerwald, *Wohin gehen wir?*, Würzburg 1946, S. 46.

westdeutschen Industriekapitänen" gelang[120]. Daß dies die offizielle nationalsozialistische Version war, zeigte, auf welchem Weg sich der „Antikapitalismus" dieser Partei befand. Aber der Erfolg, den Hitler mit einer zweistündigen Rede[121] im Düsseldorfer Industrieklub vor der „Elite der deutschen Wirtschaft" — an ihrer Spitze Thyssen — erzielte, zeugte zugleich von der Wandlung, die sich auf diesem wichtigen Machtsektor seit Sommer 1931 vollzogen hatte. Ihre Bedeutung für Hitlers weiteren Weg ist im einzelnen schwer zu präzisieren, sicher aber kaum zu überschätzen[122].

Die Front gegen Brüning hatte jetzt auch im Raum der Interessengruppen eine bedrohliche Stärke erreicht. Und schon warf auch das Problem der bevorstehenden Reichspräsidentenwahl spürbare Schatten voraus. Der Kampf gegen die Weimarer Republik, für den die „Nationale Opposition" auch in der öffentlichen Meinung der USA Unterstützung zu gewinnen suchte[123], entwickelte sich zu einem Kampf um Hindenburg.

120 So Otto Dietrich (Anm. IV/3), S. 46 ff., mit einer parteiamtlichen, doch zugleich instruktiven Schilderung der Hitler-Rede und ihres Eindrucks. Vgl. auch Bullock (Anm. I/123), S. 177 ff., und „Dr. Lehr stellt richtig" in: *Westfalenpost*, Nr. 11 v. 7. Februar 1947.

121 *Vortrag Adolf Hitlers vor westdeutschen Wirtschaftlern im Industrie-Klub zu Düsseldorf am 27. Januar 1932*, München o. J. [1932]. Der Vortrag erschöpfte sich in einer scharfen Polemik gegen jede Form der Demokratie: ihr entspreche auf wirtschaftlichem Gebiet der Kommunismus. Dem Leistungsprinzip der Privatwirtschaft sei vielmehr eine autoritäre Regierung des „Herrensinns" angemessen, die gleichzeitig dafür sorge, daß zur Rettung der weißen Rasse „die Verschiedenartigkeit des Lebensstandards in der Welt aufrechterhalten bleibt" (S. 13 f.). So vernehmlich der Beifall an allen Stellen aufklang, wo dem Versagen der Demokratie die Forderung nach „neuem Lebensraum mit Ausbau eines großen Binnenmarktes oder Schutz der deutschen Wirtschaft nach außen unter Einsatz der zusammengeballten deutschen Kraft" entgegengesetzt wurde (S. 31), so geschickt vermied Hitler jede konkrete Diskussion des Sozialismus; er beschränkte sich auf den gängigen Gemeinplatz (S. 23), daß „der deutsche Arbeiter . . . sich nach 1914 in intensiver Erkenntnis vom Marxismus abgewendet und gegen seine Führung den Weg zur Nation gefunden" habe („Starker Beifall!"), und er versicherte erneut seinen Gönnern zu Gefallen, daß er „nur der Trommler des nationalen Deutschlands" sei (S. 30).

122 Vgl. auch Otto Dietrich (Anm. IV/3), S. 49: „Die Wirkung bei den Wirtschaftlern . . . war tief und zeigte sich in den nächsten schweren Kampfmonaten. Am nächsten Tage sprach Hitler mit demselben Erfolg vor den Krefelder Seidenindustriellen in Godesberg. Später vor dem National-Club in Hamburg. Überall das gleiche Bild . . . der Einbruch in die Wirtschaft [war] gelungen. Der Plan war geglückt. . . Die Wolken um Brüning zogen sich zusammen." Der nachträgliche Rechtfertigungsversuch, den Louis P. Lochners Buch *Tycoons and Tyrant* (deutsch: *Die Mächtigen und der Tyrann, Die deutsche Industrie von Hitler bis Adenauer*, Darmstadt 1955, S. 21 ff.; S. 98 ff.) enthält, ist wissenschaftlich nicht haltbar.

123 Ein Beispiel ist das zweisprachige Sammelwerk *Deutschland und Amerika, Germany and USA, The Steuben Memorial*, hrsgg. im Auftrage der Deutschen Steuben-Gesellschaft Potsdam von Kurt Schomburg. Berlin 1932. Das Buch steht ausdrücklich auf dem „Standpunkt derjenigen Geistesrichtung . . ., die als das ‚Nationale Deutschland', als das ‚Deutschland von morgen' mit Macht in den politischen Vordergrund drängt" (S. IX). Es will als „geschichtliches Dokument" gewertet sein, insofern es „die erste in Deutschland erschienene Druckschrift darstellt, an der führende Persönlichkeiten der zur ‚Nationalen Opposition' gehörenden Organisationen gemeinsam mitgearbeitet haben" (S. X), beruft sich auf das „vorbildliche nationale Werk Mussolinis in Italien und die Freiheitsbewegung des rasseverwandten vlamischen Volkes" (S. XI) und bedient sich der Gestalt v. Steubens für eine dezidiert nationalistische, militaristische und rassistische Propaganda. Zu erwähnen sind besonders die Aufsätze des nationalsozialistischen Geschichtsprofessors Richard Suchenwirth, „Vom ersten zum Dritten Reich" (S. 46 ff.), der Hitler als Vollender der deutschen Geschichte feiert und mit „Deutschland erwache!" schließt; von Rüdiger Graf v. d. Goltz, „Das Wesen des preußischen Militarismus" (S. 57 ff.); von Heinrich Driesmans, „Die preußische Staatsidee in ihrer Bedeutung für die Rassen- und Gesellschaftsbiologie" (S. 68 ff.): „In Brandenburg-Preußen wurde die Menschenzucht wie die Pflanzenzucht zu einer Wissenschaft ausgebildet"; von Ritter v. Epp, „Deutsche Wehrlage und Volkserziehung – Die Schicksalsfrage des deutschen Volkes" (S. 85 ff.); sowie entsprechende Aufsätze über den Stahlhelm (Franz Seldte und Friedrich Everling), über großdeutsche Raumpolitik, über Hitler, Mussolini, Rosenbergs *Mythos des 20. Jahrhunderts* u. a. m.

DIE WAHL DES REICHSPRÄSIDENTEN

Brünings Regierung war nach der Kabinettsumbildung noch entschiedener denn zuvor von der Unterstützung abhängig, die ihr die Ausnahmebefugnisse des Reichspräsidenten gewährten. Zusammen mit der Reichswehr, deren Loyalität durch die brüningfreundliche Einstellung Groeners, Schleichers und Hammersteins verbürgt schien, mochte die ungeschwächte Popularität Hindenburgs einen weiteren Machtverlust der geschwächten Notstützen der Republik verhindern. Die Aufmerksamkeit aller Gruppen — ob sie nun die Erhaltung und Neubelebung oder die endgültige Überwindung der demokratischen Republik erstrebten — konzentrierte sich darum schon seit dem Sommer 1931 mit steigendem Nachdruck auf die Aspekte und die Kombinationsmöglichkeiten, die die bevorstehende Reichspräsidentenwahl eröffnete. Es begann ein verwirrendes Spiel der Meinungen und Pläne, der Bündnisse und Konflikte, das die bestehenden Spannungen beträchtlich verschärfte und zugleich eine neue Dynamik in die zeitweilig zur Bewegungsunfähigkeit erstarrten Fronten hineintrug. Das innenpolitische Schicksal der zweiten Regierung Brüning mußte sich an dieser Frage, auf die jetzt ihre Existenz gestellt war, unweigerlich entscheiden.

1. Pläne um Hindenburg

Die Situation war in der Tat überaus verworren. Hindenburg, 1925 als Kandidat der Rechtsparteien gewählt, jetzt zur Stütze einer von der „Nationalen Opposition" wütend bekämpften Präsidialregierung geworden, sah sich für die verschiedensten politischen Pläne in Anspruch genommen. Zunächst mußte sich vor allem die „Nationale Opposition" mit dem Projekt seiner Wiederwahl auseinandersetzen. Es war Hugenbergs Wunsch gewesen, in Harzburg eine Klärung dieser Frage herbeizuführen, nachdem der Stahlhelm allen Bedenken zum Trotz anfangs noch geglaubt hatte, an seinem Ehrenpräsidenten Hindenburg festhalten zu müssen; traditionalistische und agrarische Kreise der DNVP hatten ihn darin unterstützt. Auch Harzburg hatte die Auffassungen innerhalb der verschiedenen Rechtsgruppen nicht zu klären vermocht — ein Umstand, den die gemäßigten Konservativen noch einmal zur Rettung ihrer mißglückten Sonderbewegung gegen Hitler und Hugenberg ausnützen zu können hofften. So gingen auch die Bemühungen des Kreises um Westarp davon aus, daß der Stahlhelm „selbstverständlich für diese Kandidatur eintreten" und damit endlich der Zusammenarbeit zwischen Stahlhelm und NSDAP ein Riegel vorgeschoben werde[1].

1 So *Westarp-Akten,* Brief Rademachers an Westarp v. 5. Oktober 1931 mit dem Text einer schriftlichen Mitteilung aus der Bundesleitung nahestehenden Stahlhelmkreisen: eine offizielle Stellungnahme des Stahlhelms in diesem Sinne sei nur aufgeschoben worden, bis sich Hindenburg selbst entschieden habe.

Während man aber mit einem zugkräftigen nationalsozialistischen Kandidaten rechnen mußte, waren die Möglichkeiten der „Brüningmehrheit", eine Alternative zu Hindenburg zu finden, nicht sehr aussichtsreich. Die SPD mochte Otto Braun oder Paul Löbe in den Vordergrund schieben, konnte aber angesichts der unveränderten kommunistischen Obstruktionspolitik an keine profilierte Linkskandidatur denken[2]. Die demokratische Mehrheit insgesamt sah sich an Hindenburgs Popularität gebunden, wollte sie nicht einem Sieg des Radikalismus den Platz räumen. Auch hatte der „alte Herr" die Befürchtungen von 1925 angenehm enttäuscht und war — wie er schon 1916 neben Ludendorff gesessen und repräsentiert hatte — nicht als Diktator, sondern eher wie ein rechtschaffener konstitutioneller Monarch aufgetreten.
Vor der schwierigsten Entscheidung stand Brüning. Wohl steuerte er ohne Rücksicht auf das schwindende Ansehen seiner Regierung jenen konsequenten Kurs, der die kritische Zeitspanne überbrücken sollte, die Deutschland noch von einer befreienden Lösung der Reparations- und Gleichberechtigungsfrage, von einer Überwindung der Wirtschaftskrise trennte. Aber dies Durchhaltekonzept war mehr denn je gebunden an die innenpolitische Absicherung der Präsidialregierung gegen die ständig wachsende Radikalisierung der Massen, gegen die Labilität der wirtschaftlichen Machtträger, gegen den Nationalsozialismus. Hindenburgs zentrale Rolle in diesem Konzept ging allerdings über diese Funktion noch hinaus. Wie stark sich inzwischen in Brüning selbst der Gedanke einer autoritären Umgestaltung der Republik festgesetzt hatte, wie weit die Erfahrungen der Präsidialregierung nach eineinhalb Jahren ihr Eigengewicht entwickelt und die autoritäre Tradition innerhalb der geschwächten Republik verstärkt hatten, ist schwer abzuschätzen. Jedenfalls aber löste die bevorstehende Entscheidung eine Reihe von Plänen und Experimenten aus, die in diese Richtung zielten.
Im konservativen Lager waren schon im Februar 1931 Gedanken an eine Verlängerung der Reichspräsidentschaft Hindenburgs auf Lebenszeit aufgetaucht[3]. Dies erforderte eine Ausschaltung des Artikels 41 der Weimarer Verfassung durch eine Zweidrittelmehrheit des Reichstags. Man war sich angesichts der Intransigenz der Hitler—Hugenberg-Opposition freilich der Schwierigkeit eines solchen Vorhabens bewußt[4]. Überdies stellte neben der Aktivität der Harzburger Front auch die Komplizierung des Verhältnisses Hindenburg—Brüning ein ernstes Hindernis dar. Und doch begann Brüning selbst, als er keine andere politisch sichere und populär wirksame Alternative zu einer Präsidentschaft Hitlers oder eines Kandidaten der „Nationalen Opposition" zu sehen glaubte[5], gegen Ende des Jahres 1931 diesen Plan in Besprechungen mit

2 Das Verhältnis zwischen SPD und KPD hatte trotz manchen Sondierungsversuchen eine weitere Versteifung erfahren. Obwohl der *Vorwärts* seine Polemik nach links zeitweise dämpfte und in einer Rede Breitscheids vom November 1931 Gedanken an eine Kooperation gleichberechtigter Verteidigung der Arbeiterrechte auftauchten, blieb die KPD bei ihrem Konzept von der Einheitsfront gegen den „Brüningschen Faschismus", der „um kein Haar besser [sei] als der Hitlersche Faschismus" (*Die Rote Fahne* v. 16. November 1931). Sie richtete im übrigen ihre Hauptangriffe weiterhin gegen die SPD, in der sie Konkurrenz und Rekrutierungsfeld sah, und sie hegte dogmengläubig die Geschichtsphilosophie von der Weltrevolution, die erst nach einem faschistischen Intermezzo kommen werde. Vgl. Stampfer (Anm. I/4), S. 608 f.; Flechtheim (Anm. III/86), S. 177 ff.

3 *Westarp-Akten*, Brief v. Maltzahns an Westarp v. 18. Februar 1931: Westarp (besser noch als Treviranus oder Brüning) soll im Herbst dem Reichstag einen entsprechenden Antrag vorlegen und dazu Hindenburgs Einverständnis erwirken, der wohl Maltzahns Regimentskommandeur gewesen sei, vielleicht aber nicht mit einem Nichtparlamentarier verhandeln wolle.

4 *Ebda.*: Antwort Westarps an Maltzahn v. 12. März 1931: Dieser Gedanke „scheint auch in manchen Kreisen des Reichstags bereits an Boden zu fassen"; man könne jetzt noch nichts tun und habe mit dem Widerstand der Rechtsopposition zu rechnen, doch müsse „der Gedanke ernst geprüft werden".

5 Pläne zur Gewinnung eines anderen populären Kandidaten, wie sie angesichts der problematischen Bindungen Hindenburgs vor allem von sozialdemokratischer Seite vorangetragen wurden, blieben in den

den Parteiführern voranzutreiben. Er gab ihm sogar eine weitere Nuance, in der die prinzipielle Reformkonzeption deutlich wird, die nun auch Brüning über die ursprüngliche Notlösung des Präsidialkabinetts hinauszuführen schien. Tatsächlich scheint Brüning in diesen Wochen den Plan nachträglich erwogen zu haben, durch eine Verlängerung der Reichspräsidentschaft den Übergang zu einer Regentschaft und schließlich zur Wiedererrichtung einer konstitutionellen Monarchie vorzubereiten[6].

Die verfassungsmäßige Verwirklichung eines solchen Planes setzte freilich, da man mit einer Unterstützung der KPD unter keinen Umständen rechnen konnte, die Zustimmung aller übrigen Parteien, womöglich auch eines Teiles der NSDAP, voraus: jedenfalls mußten mindestens die Abgeordneten der DNVP, wenn schon die der NSDAP und KPD nicht in Frage kamen, gewonnen werden. Das Projekt hing überdies von einer Zustimmung Hindenburgs ab, der nach Lage der Dinge allein zum Platzhalter einer künftigen Monarchie geeignet erschien. Und hier tauchten sogleich die ersten Schwierigkeiten auf. Mochte es schon mehr als optimistisch erscheinen, eine Zweidrittelmehrheit auf ein so umstrittenes Ziel hin einigen und neben Hugenberg gar Hitler in eine politische Kalkulation einbeziehen zu wollen, die deutlich genug gegen ihn selbst, gegen seine totalen Machtansprüche und auf eine konstitutionelle Bewahrung der demokratischen Grundstruktur gerichtet war, so versagte sich überraschenderweise auch Hindenburg seinerseits den Plänen Brünings.

Es ist schwer zu entscheiden, welche Rangfolge die persönlichen wie die sachlichen Motive besaßen, die Hindenburg jetzt erstmals zum Widerstand gegen Brünings Kurs veranlaßten. In diesem Augenblick erwies sich jedenfalls die geringe politische Beweglichkeit des kaiserlichen Marschalls, der den schwarzen November 1918 nicht vergessen konnte und einer neuerlichen Verfassungsänderung nicht zustimmen wollte, sofern sie nicht eine gänzliche Revision der demokratisch-konstitutionellen Entwicklung versprechen würde. Während Brüning der drohenden nationalsozialistischen Diktatur durch eine konservative Reform der Demokratie zuvorkommen wollte, scheint Hindenburg schon in der ersten Unterredung Anfang November 1931 die geplante konstitutionelle Lösung nach englischem Muster abgelehnt und auf einer konsequenten Restauration der Monarchie alten Stils, als deren Verwalter er sich betrachtete[7], bestanden zu haben.

Diese weniger verfassungsrechtlich als psychologisch fundierten Einwände liefen wiederum den politischen Sondierungen zuwider, die Brüning anschei-

Anfängen stecken. So wurde z. B. Severings Absicht (*Lebensweg*, Anm. I/18, II, S. 314 f.), den bekannten Chefingenieur der Zeppelinwerke, Eckener, als unabhängigen Kandidaten an Hindenburgs Stelle zu setzen, durch Brünings Festhalten am Verlängerungsprojekt überholt. Über den vorübergehend von Schleicher betriebenen und von Hindenburg gebilligten Plan einer Kandidatur Groeners: Groener-Geyer (Anm. I/51), S. 287. Als ein Beispiel für die zahlreichen Broschüren, die sich damals mit der Kandidatenfrage beschäftigten, sei erwähnt: *Wer wird Reichspräsident?, Das Wahlverfahren, die Kandidaten und ihre Aussichten*, Stalling, Oldenburg o. J. (anonym), S. 21 ff.

6 Zum Gang dieser Projekte vgl. bes. Wheeler-Bennett, *Hindenburg* (Anm. I/81), S. 353 ff.; ders., *Nemesis* (Anm. I/159), S. 230 ff.; sein Bericht stützt sich auf Gespräche mit Brüning nach dessen Flucht nach England 1934/35.

7 Einzelheiten bei Wheeler-Bennett, *Hindenburg* (Anm. I/81), S. 355 ff. Brüning bestätigt diesen Sachverhalt in einem Brief an Walter H. Kaufmann (Anm. I/89), S. 286: „What Mr. Wheeler-Bennett reports about the persons in question and Hindenburg's rejection of the whole idea is correct. But the idea was rejected not only by Hindenburg but also by the leaders of the Army. They were highly sceptical of the possibility of realizing the idea by constitutional means, that is, by a plebiscite. Any unconstitutional means would have been rejected by the leaders of the Army as sharply as by me." Brüning denkt hier offensichtlich nicht nur an Groener und Hammerstein, sondern vor allem auch an Schleicher, dessen aktive politische Rolle er auch in diesem Zusammenhang in ein günstiges Licht zu rücken oder aber abzuschwächen sucht. – Zur Bedeutung des Traumas vom 9. November 1918 für Hindenburgs Denken Kuno Graf Westarp, *Das Ende der Monarchie am 9. November 1918*, Stollhamm-Berlin 1952.

nend mit einigem Erfolg schon eingeleitet hatte. Er glaubte, für den Reformplan, wenn er als einzige Alternative zum weiteren Machtzuwachs der NSDAP plausibel gemacht werde, nicht nur seine parlamentarische Mehrheit gewinnen zu können, sondern rechnete auch auf eine, wenngleich widerwillige, deutschnationale Unterstützung: der Wiederherstellung einer gemäßigten Monarchie, deren Thron nach Hindenburgs Tod einer der Kronprinzensöhne besetzen sollte, würden selbst die konservativen Teile der NSDAP nicht entgegentreten können, ohne das Gesicht zu verlieren. Eine Tolerierung seitens der SPD war jedoch höchstens dann zu erwarten, wenn sowohl Wilhelm II. als auch der durch seine Bindungen an die Rechtsopposition belastete Kronprinz außer Diskussion blieben. Aber eben für sie fühlte sich Hindenburg als verantwortlicher Platzhalter, wenn er schon 13 Jahre zuvor ihrem Sturz hatte zustimmen müssen. Und so blieb der Plan einer allmählichen, auf die legale Reichsverweserschaft Hindenburgs gegründeten Restauration, die im Verein mit der für 1932 erwarteten außen- und wirtschaftspolitischen Entlastung der nationalsozialistischen Flut einen festen Damm entgegenstellen und ihren weiteren Aufstieg brechen sollte, gleich in seinen Anfängen stecken.

Um so mehr wuchs die Überzeugung, daß allein Hindenburg die Regierung gegen den politischen Radikalismus abschirmen und mit seinem Prestige durch die gefährlichen Monate der Krise noch hindurchtragen könne. Zwar leistete Hindenburg starken Widerstand gegen eine Neuwahl, die ihn in den zu erwartenden Wahlschlachten den Beschimpfungen seiner eigenen Freunde auf der Rechten aussetzen und im höchsten Alter noch einmal für Jahre im unerwünschten Amt halten würde. Dafür dachte man nun, da mit einer weiteren siebenjährigen Amtsperiode des 84jährigen Hindenburg nicht zu rechnen war, an eine Verlängerung der Amtszeit um zwei Jahre durch verfassungsändernden Reichstagsbeschluß. Gleichzeitig bemühten sich mit Brüning und Braun[8] und den Politikern aller demokratischen Parteien auch die gemäßigt konservativen Freunde des Reichspräsidenten wie die Reichswehrführung um den Widerstrebenden. Auch Brüning beschränkte seine Pläne jetzt auf eine einfache Verlängerung der präsidialen Amtszeit, mit der Hindenburg und der aufgewühlten Öffentlichkeit ein Wahlkampf erspart, den radikalen Bewegungen eine weitere Gelegenheit zur Entfaltung ihrer Agitation und zur Erzielung neuer Wahlerfolge genommen würde.

Tastende Verhandlungen, die deswegen mit Hugenberg und Hitler aufgenommen wurden, führten zunächst zwar zu keinen praktischen Ergebnissen, deckten aber die schwache Stelle der „Nationalen Opposition" auf. Jede direkte Ablehnung des Hindenburg-Planes mußte sie vor schwere psychologische Probleme stellen; die hinhaltende Stellungnahme aber, auf die sowohl Hitler[9] wie Hugenberg und der Stahlhelm sich zurückzogen, führte zu einer Verstärkung der Spannung und des wachsenden Mißtrauens zwischen den Partnern der „Nationalen Opposition". Brüning mochte hoffen, auf diesem Weg wenigstens die Gefahr einer geschlossenen Front der Rechtsopposition in der Präsidentenwahl vermeiden zu können, wenn schon eine Einigung auf den Verfassungsplan mißlingen sollte. Aber auch die zögernde Zustimmung Hindenburgs, die er schließlich erlangte, konnte ihn kaum von den allmählich aufsteigenden Zweifeln befreien. Vor allem setzte sich in der nächsten Umgebung des Reichspräsidenten der seit Oktober angebahnte Wandel in der Einstellung Brüning gegenüber fort. Der Reichskanzler mochte sich fragen, ob seine vielfältigen Anstren-

8 Vgl. Otto Braun (Anm. I/5), S. 368.

9 Hitler verlangte vor allem vorherige Neuwahlen zum Reichstag: Meißner (Anm. I/156), S. 216.

gungen unter solchen Bedingungen überhaupt noch sinnvoll seien, ob eine Fortsetzung des Präsidialregimes in Hindenburg noch immer die verläßliche Stütze besitzen werde[10].

Die Bemühungen traten um die Jahreswende 1931/32 in ihr entscheidendes Stadium. Noch einmal, wenn auch unter veränderten Vorzeichen, drängte hier der ursprüngliche Brüning-Plan von 1929/30 zur Verwirklichung. Freilich hatte sich die Situation grundlegend geändert. An die Stelle einer Einbeziehung der Rechten in die Regierung war die gewaltige Expansion des Rechtsradikalismus gerückt, dessen heterogene Bestandteile zwar gerade jetzt wieder merklich auseinanderstrebten, ohne jedoch den innenpolitischen Druck auf Regierung und Demokratie zu erleichtern. Auch war an ein Abdrängen der SPD in die Opposition — bei Gefahr der vollständigen Lähmung der Demokratie oder der Kapitulation des Staatsapparates vor der Diktatur — jetzt nicht mehr zu denken[11]. Immerhin wurden in diesen Tagen wie zwei Jahre zuvor direkte Versuche zur Heranziehung der Rechtsopposition unternommen.

Wieder war es besonders Schleicher, der seine inzwischen gefestigten Kontakte mit nationalsozialistischen Führern[12] auszunützen suchte. In den ersten Januartagen 1932 fanden im Innenministerium bzw. in der Reichskanzlei mehrere Besprechungen statt, in denen zunächst Groener-Schleicher, dann auch Brüning Hitler und Röhm zu gewinnen suchten, indem sie die Anerkennung der nationalsozialistischen „Legalität" versprachen[13]. Hitler ließ bis zur Rücksprache mit den Partnern der „Nationalen Opposition" seine Entscheidung noch offen; er zog sich, während Brüning am Abend des 7. Januar seinen Plan noch Hilferding und Wels von der SPD darlegte, in parteiinterne Besprechungen zurück, von denen besonders Schleicher auf Grund seiner Vorbereitungen ein günstiges Ergebnis erwartete. Aber neben Goebbels[14] bestärkte auch Röhm, auf den Schleicher seine Hoffnungen gesetzt hatte, Hitler in seiner ablehnenden Haltung gegen alle jene, die mit Gregor Strasser eine Tolerierung des Brüning-Planes befürworteten. Inzwischen war auch Hugenberg in Berlin eingetroffen (9. Januar) und hatte am selben Tag eine mehrstündige Unterredung mit Hitler[15], die freilich zunächst ebensowenig Klärung brachte wie Hugenbergs Besprechungen mit Brüning am nächsten Tag. Doch konnte man schon am 11. Januar den Plan einer parlamentarischen Regelung als gescheitert betrachten[16].

10 Es scheint, daß sich jetzt vor allem Oskar v. Hindenburg, möglicherweise, weil er seine Pläne zur Erweiterung des Gutes Neudeck vom Präsidialkabinett nicht unterstützt sah, einen aktiven Einfluß auf seinen Vater zu verschaffen begann: Wheeler-Bennett, *Hindenburg* (Anm. I/81), S. 361.

11 Die SPD-Führung selbst hielt mehr denn je am Tolerierungskurs fest, um jede Möglichkeit auch einer nationalsozialistischen Koalitionsregierung zu verhindern. Dazu programmatisch Rudolf Hilferding, „Unter der Drohung des Faschismus", in: *Die Gesellschaft* 9, Heft 1 (Januar 1932), S. 3 ff.

12 Die Kontakte mit Röhm, dem Chef der als militärische Massenorganisation für Schleichers militärpolitische Überlegungen besonders interessanten SA, gehen auch aus einem bei Severing (Anm. I/18, II, gegenüber S. 321) im Faksimile wiedergegebenen Brief v. 4. November 1931 hervor. Darin bescheinigt Schleicher der NSDAP die Glaubwürdigkeit ihres Legalitätskurses, von der er sich durch das von Röhm übersandte Material „einwandfrei überzeugen konnte". Der bevorstehende Reichswehrerlaß, der die Einstellung von Nationalsozialisten genehmigte (u. S. 410), erscheint deutlich als ein Ergebnis der Schleicherschen Sondierungen. Neben Röhm werden auch die Offiziere a. D. Göring und v. Epp genannt: Kurt Caro und Walter Oehme, *Schleichers Aufstieg, Ein Beitrag zur Geschichte der Gegenrevolution*, Berlin 1933, S. 221 f.

13 Joseph Goebbels, *Vom Kaiserhof zur Reichskanzlei*, Berlin 1934, S. 22 f. Vgl. auch „Der Kampf um die Reichspräsidentenwahl" in: *Der Zeitspiegel* 1, Nr. 2 (21. Januar 1932), S. 18.

14 Goebbels (*Kaiserhof*, Anm. V/13, S. 18 ff.) spricht sich in seinen Niederschriften vom 8.–10. Januar 1932 entschieden gegen die „Burgfrieden"-Pläne Groeners und Brünings aus: „Das Schachspiel um die Macht beginnt... Hauptsache ist, daß wir ... keine Kompromisse schließen."

15 Groener meint (Brief an Gleich v. 24. Januar 1932, bei Phelps, Anm. I/51, S. 1017 f.), Hugenberg habe Hitler gerade in dem Augenblick noch umgestimmt, wo er „zum Einlenken geneigt war". Hitler selbst habe ihm, Groener, versichert, „die Opposition in seiner Partei ohne weiteres überwinden zu können".

16 Westarp berichtet in einem Brief an seinen Schwiegersohn Berthold Frhr. Hiller v. Gärtringen v. 14. Januar 1932 (*Westarp-Akten*), Meißner habe ihm in einem Gespräch am 13. Januar Hitler als „schwankend,

Auch Hugenbergs Einstellung zu Brünings Kontaktversuchen blieb allerdings zunächst noch hinhaltend gestimmt. Ganz offensichtlich fürchtete er — wie Hitler seinerseits — die Konkurrenz des Bündnispartners im Falle einer bindenden Entscheidung für oder wider das Hindenburg-Projekt. Deshalb verhandelten am 11. Januar die beiden Träger der „Nationalen Opposition" ihrerseits über festere gegenseitige Vereinbarungen. Entsprechend dem rein negativen Charakter ihres Bündnisses und ihrer ganzen bisherigen gemeinsamen Politik gelangten sie freilich nicht über den Beschluß hinaus, dem Verlängerungsplan Brünings ihre Zustimmung zu verweigern. So enthielten Hugenbergs wie Hitlers offizielle Antworten vom 12. Januar eine Absage. Hugenberg begründete sie in einem scharfen Brief an Brüning mit der Ablehnung aller Maßnahmen der bestehenden Regierung und ihrer Stützung durch Hindenburg. Hitler seinerseits vermied zunächst alle Angriffe auf die Regierung und appellierte direkt an Hindenburg, wobei er sich mit einer propagandistisch und taktisch ebenso überraschenden wie zynischen Wendung auf die Verfassung berief und in langen Ausführungen juristische Einwände gegen eine Verlängerung der Präsidentschaft erhob. Er ließ jedoch die Möglichkeit einer Unterstützung Hindenburgs durch die NSDAP durchaus offen[17]. Vier Tage später (16. Januar) überreichte Göring dem Reichskanzler die schon am 12. Januar angekündigte Denkschrift Hitlers, die auch diese Möglichkeit unwahrscheinlich machte und mit der Forderung nach Rücktritt der Regierung, Auflösung des Reichstags und Beseitigung des „Systems" schnell wieder zur konkurrierenden Hugenberg-Propaganda aufschloß[18]. Damit stand auch Brünings zweiter Plan ganz offensichtlich vor dem Scheitern; die Aufmerksamkeit richtete sich jetzt auf die Bemühungen der „Nationalen Opposition", trotz zunehmenden Unstimmigkeiten in den eigenen Reihen Hindenburg, der durch ihre Ablehnung ins Lager der demokratischen Parteien abgedrängt wurde[19], einen zugkräftigen gemeinsamen Kandidaten entgegenzustellen. Zugleich aber führten Brünings Mißerfolge in dieser Frage zu Verschiebungen innerhalb der Verhandlungsfronten und zu Veränderungen des psychologischen Klimas in der Umgebung des Reichspräsidenten: durch ihre Einwirkung sollte der persönliche Erfolg eines Wahlsiegs Hindenburgs, den Brüning zur Festigung der inneren

empfindlich und eitel und von Augenblickseindrücken beeinflußt" geschildert: „Nachdem er erst weitgehende Zusagen gemacht hatte, hat er sich von Hugenberg und dem eigenen intransigenten Flügel umwerfen lassen." Vgl. Brief an denselben (*ebda.*) v. 26. Januar 1932: „Hitler war an sich geneigt, den parlamentarischen Weg zu gehen, und hat Schleicher und Groener, wie diese behaupten, weitgehende Zusagen gemacht. Auch in der ersten Unterredung mit Brüning verhielt er sich mindestens abwartend. Darauf stiegen ihm seine Leute aufs Dach; er spielte, weil Brüning so kalt und zurückhaltend gewesen sei, pikierte Primadonna. Dann kam die Unterhaltung mit Hugenberg. Hugenberg soll eingesehen haben, daß Hitler alles andere als fester Politiker ist. Es muß ihm gelungen sein, einige der Diadochen, Goebbels, Strasser [!], vor allem Frick auf seine Seite zu ziehen und durch sie Hitler zur Ablehnung des parlamentarischen Weges zu veranlassen."

17 Nach der Auskunft Meißners vom 13. Januar 1932, die Westarp (*ebda.*) einen Tag später mitteilt, plante Hitler am 11. Januar zunächst eine Denkschrift über die Unzulässigkeit der vorgeschlagenen parlamentarischen Regelung, mit der er Hindenburg zur Annahme eines Kandidaten der Rechten veranlassen wollte. Damit seien aber Brüning wie Groener nicht mehr zu halten gewesen, und Hindenburg habe abgelehnt. Darauf: „Hitler ist als pikierte Primadonna abgereist, Göring hat Dienstag abend (12. 1.) Meißner offiziell mitgeteilt, daß die Nazis jetzt auch die Kandidatur nicht wollten und daß das in dem Brief stehen würde. Letzterer ist nicht eingetroffen; der am Mittwoch früh eingegangene (13. 1.) Brief enthält Ergebenheitsfloskeln, auch nicht so scharfe Angriffe auf Brüning wie der von Hugenberg, aber kein ausdrückliches Wort über die Kandidatur." Briefwechsel und andere Äußerungen auch in: *Der Zeitspiegel* 1, Nr. 2 (21. Januar 1932), S. 18 f.

18 Brünings ausführliche Antwort an Hitler (22. Januar) weist dessen verfassungsrechtliche Einwände zwar mit treffenden Argumenten zurück, zieht aber implicite ebenfalls das politische Fazit, daß sein Plan damit gescheitert sei (Schultheß, *1932*, S. 16–18).

19 Vgl. Goebbels' Eintragung zum 12. Januar 1932 (*Kaiserhof*, Anm. V/13, S. 24): „Hindenburg hat abgelehnt. Wir haben die erste Partie verloren. Brüning triumphiert noch einmal. . . Die Schlappe muß sofort ausgeglichen werden."

Lage auszuwerten gedachte, sich zum ersten Schlußstein der Katastrophe wandeln.

2. Hindenburgs Wiederkandidatur

Der Wahlkampf war nun unvermeidlich geworden. Aber die Aussicht einer Kandidatur Hindenburgs verstärkte die Unstimmigkeiten nicht nur — wie man gehofft hatte — innerhalb der „Nationalen Opposition", sondern auch zwischen den Trägern des Präsidialsystems. Fast zwei Jahre lang war es stabil geblieben, bis mit der Umbildung der Regierung im Herbst 1931 erste Schwierigkeiten innerhalb des präsidialen Machtgefüges und zwischen seinen Trägern auftraten. Sie verdichteten sich zu einer latenten Konfliktsituation, als Brünings Bemühungen um eine Festigung des Präsidialsystems in Richtung auf eine monarchische Lösung zur Fühlungnahme mit der „Nationalen Opposition" führten. Sie nahmen im Augenblick des Scheiterns dieser Bemühungen einen so bedrohlichen Charakter an, daß Groener sogar Brünings Stellung unmittelbar in Gefahr sah[20]. Denn die Einleitung von Besprechungen mit Hugenberg und vor allem mit Hitler erwies sich als ein Schritt, der sogleich über Brünings begrenzte Absichten hinauswies. In ihnen war, teils ungewollt, teils mit Unterstützung Schleichers und der Umgebung Hindenburgs, schon jenes Experiment einer optimistisch angelegten Einbeziehung des Rechtsradikalismus in ein autoritäres Präsidialsystem angebahnt[21], das nach Brünings Sturz zum Papen-Plan führen und schließlich mit Schleichers Scheitern den Zerfall der Republik besiegeln sollte.

Vieles spricht dafür, daß der Plan einer „Zähmung" der NSDAP in einer Koalitionsregierung von Anfang an in Schleicher seinen Hauptvertreter hatte[22]. Aber auch Groener blieb noch nach dem Scheitern der Verhandlungen von der Kontrollierbarkeit der NSDAP durch eine zuverlässige Reichswehr unter Hammerstein so überzeugt[23], daß er in diesen Tagen den Nationalsozialisten den seit 1930 verwehrten Weg in die Reichswehr wieder öffnete[24]. Und nicht nur Hindenburg, sondern auch Brüning hatte ja dem Plan einer breiten

20 Brief Groeners an Gleich v. 24. Januar 1932 (Phelps, Anm. I/51, S. 1017): „Unsere Niederlage in der Präsidentenwahlfrage war in der Tat sehr schlimm, und wir müssen jetzt alles tun, um die Position Br.'s zu sichern. Denn er *muß* bleiben. Dafür kämpfe ich aus sachlichen und persönlichen Gründen... Die Erschütterung Br.'s kam leider nicht *nur* von außen. Der Alte vom Berge will sich nicht küren lassen, wenn nicht auch die Rechtser mitmachen." Ebenso entschieden setzt sich Groener für Brüning auf einer Befehlshaberbesprechung v. 11./12. Januar 1932 ein: Vogelsang (Anm. III/35), S. 415 ff.

21 Es ist nicht uninteressant, daß auch der englische Botschafter Rumbold in einem Bericht an seinen Außenminister v. 19. Januar 1932 sich durchaus nicht pessimistisch zeigte: „A coalition of the Right, including the Hitlerites, might prove more amenable in matters of Foreign Policy than the outer world suspects, and it would probably contain some of the ablest men and the best brains in the country" (!): *Documents on British Foreign Policy* (Anm. II/53), 2nd series, vol. II, Doc. Nr. 317, § 13. Nicht minder wichtig sind die zeitgenössischen amerikanischen Berichte, nach denen Paris seit Anfang 1932 beabsichtigte, „to bring as much political pressure on Germany as possible"; deshalb sei möglicherweise die Konferenz von Lausanne verzögert worden (vgl. dazu aber Brünings eigenes Verzögerungsinteresse: u. Anm. VII/137): denn von einer Machtübernahme Hitlers hätten sich die französischen Rechtskreise eine günstige Wirkung auf die bevorstehenden Kammerwahlen und „on American debt cancellation too" versprochen (*Papers relating to the Foreign Relations of the United States*, Washington 1945 ff., vol. II, 1932, S. 286 f.). Zu den Rückwirkungen auf Brünings Sturz u. Anm. VI/198.

22 Vgl. o. S. 374 ff.; dies ist auch die These Meißners (Anm. I/156), S. 212 f.

23 Vgl. den o. Anm. V/20 zitierten Brief an Gleich v. 24. Januar 1932: Ein NS-Putsch sei nicht zu erwarten, „weil Hitler und seine Ratgeber sich wohl bewußt sind, daß jeder gewaltsame Versuch den rücksichtslosen Einsatz der Machtmittel des Staates zur Folge hätte". (In einer Randbemerkung: „Hammerstein ist der Mann, *brutal* zuzuschlagen, ganz anders als Seeckt 1923/24".) Ferner Brief an Gleich v. 26. Januar 1932, *ebda.*, S. 922: „Die Reichswehr ist so in unserer Hand, daß sie in *diesem* Fall niemals versagen würde. Wenn der Wolf aber im Schafskleid der Legalität kommt, ist er für die Reichswehr viel gefährlicher." Ähnlich die Beurteilung in der o. Anm. V/20 zitierten Befehlshaberbesprechung.

24 Vgl. u. Anm. V/88.

Rechtskoalition positiv gegenübergestanden. Sie sahen sich erst durch die obstinate Haltung Hugenbergs und Hitlers auf die Ausgangsposition zurückgedrängt, ohne daß Schleicher seine Pläne endgültig aufgegeben hätte: selbst Groener glaubte noch immer, auf die Unstimmigkeiten in der NSDAP, wo sich die Legalität „als Sprengpulver erwiesen" habe und verschiedene taktische Auffassungen beständen[25], rechnen zu können. Freilich wurde jetzt, im Januar 1932, zugleich eine deutliche Veränderung im Verhältnis Hindenburgs zu Brüning spürbar[26]. Der „alte Herr" mochte es Brüning übelnehmen, daß er ihn durch seine Projekte in eine Situation hineinmanövriert hatte, die ihm keine Wahl mehr ließ und die neue Kandidatur auferlegte. Er mochte gleichzeitig — wie seine Ratgeber — Zweifel hegen, ob Brüning die Verhandlungen geschickt genug geführt hatte[27]. Er mochte schließlich sogar glauben, daß einer „vernünftigen" Lösung mit der Rechten vor allem, wie die „Nationale Opposition" ihm klarzumachen suchte, die unpopuläre Person Brünings entgegenstand[28].
Darauf deutet auch die Tatsache hin, daß Meißner in den ersten Januartagen noch vor dem endgültigen Scheitern des Verlängerungsplanes von Hitler in sein Quartier, das Berliner Hotel Kaiserhof, gebeten und dort im Beisein Görings und Fricks darüber aufgeklärt wurde, daß die Unterstützung Hindenburgs durch die Hitler-Hugenberg-Stahlhelm-Front abhängig sei von der Entlassung Brünings, der Bildung einer „nationalen Regierung" und der Neuwahl des Reichstags wie des preußischen Landtags, „die zweifellos nationale Mehrheiten ergeben würde"[29]. Hindenburg sollte nach diesem letzten „kalten" Plan also unter Ausschaltung Brünings und seiner Tolerierungsmehrheit als Kandidat der „Nationalen Opposition" gewonnen und — ein Jahr vor dem 30. Januar 1933 — als Platzhalter der „nationalen Machtergreifung" toleriert werden. Kein Zweifel, daß man im nationalsozialistischen Lager mit seinem baldigen Ableben rechnete und dann auch die Schwierigkeiten des Harzburger Bündnisses einfach lösen zu können glaubte. Doch lehnte Hindenburg die Forderungen dieser indirekten Sondierung ebenso ab wie die Vorschläge, die Göring wenige Tage später in einer Unterredung mit Meißner machte[30]: in ihnen war von Brünings Entlassung nicht mehr die Rede; man glaubte sie wohl durch das Ergebnis der geforderten Neuwahlen im Reich und in Preußen ohnehin gesichert.
Jedenfalls vollzog sich Hindenburgs Entschluß, sich zur Wiederwahl zu stellen, im Zeichen bedenklicher Gefühlsschwankungen auch auf seiten der Träger des Präsidialsystems. Als er nach einer Unterredung mit Brüning (27. Januar) diesen ersuchte, den schon zwei Wochen vorher aufgegebenen Plan zur Amts-

25 Groener (Brief an Gleich v. 24. Januar 1932: Phelps, Anm. I/51, S. 1018) spricht in diesem Zusammenhang von einer neuen Operation, die „ohne amtliche Beteiligung" anlaufe: „Der Kardinal [Schleicher] ist hinter den Kulissen der Regisseur, streng geheim... Es muß mit allen Mitteln erreicht werden, daß die Nazis nicht an die Posten des Reichspräsidenten und Reichskanzlers herankommen."

26 So auch Otto Braun (Anm. I/5), S. 371: „Das Verhältnis zwischen den beiden hatte den ersten Knax [!] erhalten, denn Hindenburg fühlte sich durch Brüning, der ihm das Gelingen des Planes in Aussicht gestellt hatte, düpiert."

27 In der erwähnten Unterredung mit Meißner (*Westarp-Akten*, Brief an Hiller v. Gärtringen v. 14. Januar 1932) erfährt Westarp: „Hindenburg ist mißgestimmt über den Mißerfolg Brünings und über die Behandlung der Frage, die dazu geführt hat. Die Mißstimmung geht aber nicht so weit, daß er sich, besonders vor Lausanne, von Brüning trennen würde, und er ist u. U. bereit, zu kandidieren."

28 Wie wenig dies der „grundsätzlichen" Oppositionsstrategie der NSDAP Rechnung trug, beweist Goebbels' Notiz zum 3. Februar 1932 (*Kaiserhof*, Anm. V/13, S. 37): „Nachricht aus Berlin: es geht die Tendenz, Brüning zu opfern. Groener soll vorgeschickt werden, um das System zu retten. Sie werden sich täuschen, wenn sie glauben, daß wir darauf hereinfallen."

29 Meißner (Anm. I/156), S. 216 f., dementiert in diesem Zusammenhang entschieden jeden Gedanken an eine Trennung Hindenburgs von Brüning, ohne jedoch den Fortgang der Sondierungen nach rechts in Abrede zu stellen.

30 *Ebda.*

verlängerung auch offiziell abzusagen und die Wahl vorzubereiten, sah Hindenburg sich zugleich in den Kampf gegen einen großen Teil jener politischen Gruppen verwickelt, die sieben Jahre zuvor seine Wahl durchgesetzt hatten. Statt dessen konnte er zwar mit der Unterstützung aller demokratischen Parteien der Mitte und der Linken[31], nicht aber ohne weiteres mit einem Sieg rechnen[32]. Mit einer vertraulichen Darlegung der Umstände, die zu seiner Kandidatur geführt hatten, suchte Hindenburg nach dem Aufmarsch aller Kandidaten vier Wochen später wenigstens die Führer der gemäßigten Rechten an seiner Seite zu halten[33]. In diesem zeitgenössischen Dokument fanden die Zwiespältigkeit der Gefühle, die politische Unsicherheit und die wachsende Entfremdung von Brüning und seiner Tolerierungsmehrheit ihren deutlichen Ausdruck. Es bestätigte zunächst die Tatsache, daß der Gedanke einer Regierungsumbildung zur Einbeziehung der Rechtsopposition ständig erwogen und versucht worden war. Wohl hätten, so betonte Hindenburg, Brünings Arbeitskraft und „Vaterlandsliebe" außenpolitische Erfolge angebahnt, die auch eine anders zusammengesetzte Regierung nicht übertroffen hätte. Aber: „Trotz dieser menschlichen Hochachtung und politischen Anerkennung hätte ich mich auch von Brüning getrennt und wäre bereit gewesen, eine andere, nach rechts verlagerte Regierung zu bilden, *wenn* eine solche Umbildung mit Aussicht auf Erfolg möglich gewesen wäre[34]."

In der Tat stand, wie auch Hindenburgs Denkschrift betont, Brüning solchen Absichten nicht mehr im Wege, nachdem einmal Hindenburgs Kandidatur gesichert war: der Kanzler bot in diesen Wochen mehrmals seinen Rücktritt an und trug damit demonstrativ dem veränderten Klima in der Umgebung des Reichspräsidenten Rechnung[35]. Man muß sich freilich fragen, ob unter diesen Umständen von der Wiederwahl Hindenburgs überhaupt noch ein Fortbestehen oder gar eine Festigung des Brüning-Kurses erwartet werden durfte. Die Vorgänge um den Sturz Brünings kaum vier Monate später verlieren manches von ihrer Dramatik, wirken weit weniger überraschend, wenn die Vorgeschichte der Präsidentenwahl in diesem Licht gesehen wird.

Dafür sind wiederum Hindenburgs eigene Darlegungen aufschlußreich. Sie legten den gefürchteten Angriffen von rechts gegenüber Wert auf die Tatsache, daß selbst „persönliche Fühlungnahme" und „eingehende Verhandlungen ... zwischen den Führern der drei Gruppen der sogenannten Harzburger Front" — also DNVP, Stahlhelm und NSDAP — durch Hitlers Forderungen blockiert worden seien: die NSDAP habe Ansprüche erhoben, „die auf die Errichtung

31 Vgl. die Pressestimmen in: *Der Zeitspiegel* 1, Nr. 2 (21. Januar 1932), S. 19 ff. Früh ergriff auch Severing als Innenminister des größten deutschen Landes die Initiative. Durch seinen Pressereferenten Hirschfeld lud er Mitte Januar Vertreter der demokratischen Parteien und der Presse zu Besprechungen ein, die der bevorstehenden Kampagne für einen republikanischen Einheitskandidaten galten: Severing (Anm. I/18), II, S. 318 ff. Zugleich wird freilich über die oft destruktive Zurückhaltung der preußischen Finanzbürokratie lebhaft Klage geführt.

32 Groener schätzte in einem Brief an Gleich v. 26. Januar 1932 (Phelps, Anm. I/51, S. 1018) die Aussichten für Hitler und Hindenburg gleich ein (je 35 %), während er (bezeichnende Überschätzung!) der KPD 20 % einräumte.

33 *Westarp-Akten:* „Persönliche Darlegung des Herrn Reichspräsidenten über die Vorgänge und Vorgeschichte seiner Wiederkandidatur vom 25. 2. 1932" (Vertraulich). Die Niederschrift wird auch von Görlitz (Anm. I/66), S. 254 und S. 356 ff., erwähnt, ohne daß hier ihre Datierung oder ihr Zweck ermittelt ist; auch wird sie sorglos den übrigen Quellen beigemischt. Nach Vogelsang (Anm. III/35), S. 421, Anm. 85, sandte Schleicher am 5. März 1932 auch ein Exemplar an Oberst v. Reichenau.

34 „Persönliche Darlegung" (Anm. V/33), Abschnitt 1 (Auszeichnung i. Orig.).

35 Brüning, „Brief" (Anm. I/9), S. 9 f., mit dem ausdrücklichen Hinweis auf das Treiben „außerverfassungsmäßiger Berater" bzw. „Familienangehöriger" Hindenburgs. Vgl. auch Keil (Anm. I/3), II, S. 434 f., nach dessen Aufzeichnungen ein Gespräch zwischen Wels und Groener in diesen Tagen die bedrohte Stellung Brünings gezeigt und zugleich ergeben habe, daß dabei das Reichswehrministerium beteiligt war.

einer rein nationalsozialistischen Parteidiktatur hinausgehen — für dieses Experiment sind aber die Zeiten zu ernst". Zum anderen seien sie gescheitert „an dem Verlangen Hugenbergs, dem wiederum Hitler sich nicht unterordnen wollte, nach der persönlichen Führung in einer neugebildeten, auf zu schmaler Basis stehenden Regierung. Selbst die Versuche des Stahlhelms, auf *seiner* Linie Deutschnationale und Nationalsozialisten zu einigen, sind ergebnislos geblieben". So bedeute die Harzburger Front „nur noch eine Fiktion", ja, habe „de facto nie bestanden"; sie sei sich nur in der Ablehnung Brünings einig, zur Regierungsbildung aber unfähig.

Bezeichnend ist vor allem Hindenburgs abschließende Feststellung, obwohl die „von einseitig parteiehrgeizigen Führern den Weg der Einflußlosigkeit und Selbstzerstörung" geführte Rechte durch ihre Zerrissenheit selbst eine Einigung verhindert habe, hätten sich weder er noch Brüning einer Rechtsregierung widersetzt. Mehr noch! Er rückte dies gerade jetzt als sein eigentliches Ziel mit aller Entschiedenheit in den Mittelpunkt aller politischen Bestrebungen: „Trotz aller Nackenschläge werde ich dennoch meine Bemühungen um eine gesunde Entwicklung nach rechts nicht einstellen, in der Hoffnung, daß es nötig sein wird, nach den Preußenwahlen, die unbedingt spätestens im Mai stattfinden *müssen*, neue Verhandlungen zur Bildung einer Konzentrationsregierung aufzunehmen[36]." Nicht nur die Verlagerung der Präsidialregierung nach rechts und die Bildung einer „Konzentrationsregierung", sondern auch die Ablösung der wichtigsten regionalen Stütze des Brüning-Systems, der preußischen Regierung, war also — durchaus im Sinne der „Nationalen Opposition" — in die politische Planung des Reichspräsidentenpalais einbezogen. Aus solchen Plänen, und nicht so sehr aus direkten Überraschungsaktionen, entwickelten sich die Ereignisse, die den *Machtverlust* der republikanischen Organe besiegeln sollten: der Sturz Brünings und die Gewaltaktion gegen die preußische Regierung.

Hindenburgs Äußerungen waren freilich — und dies darf bei der Beurteilung ihrer Tragfähigkeit nicht übersehen werden — vor allem auf die Vorwürfe zugeschnitten, die ihm als dem Kandidaten des „schwarz-rot-goldenen" Lagers auch aus den Reihen seiner gemäßigt konservativen Freunde entgegentönten. In reger Aufklärungs- und Propagandatätigkeit suchten die Kreise um Westarp solche Argumente zu entkräften, um Hindenburgs Wahl nicht allein dem disziplinierten Votum der republikanischen Linken zu überlassen und zugleich Brünings Position gegenüber den Vorwürfen der Rechtsopposition, die auf die Dauer ihre Wirkung auf Hindenburg nicht verfehlen konnten, durch ein Votum des konservativen Bürgertums auch nach rechts abzustützen. Schon am 12. Januar, einen Tag nach dem Scheitern der Verhandlungen mit Hitler, hatte Westarp im Verein mit Treviranus eine Kampagne zur Einigung der „Mitte" auf eine Kundgebung für Hindenburg eingeleitet. Sogleich waren freilich ernste Schwierigkeiten mit den Christlich-Sozialen wie mit der DVP und dem Landvolk aufgetreten. Vor allem die Führung der beiden letzteren Gruppen erwartete zunächst noch eine positive Stellungnahme Hitlers und wollte sich offensichtlich die Fühlung mit der NSDAP nicht verbauen. Einen Tag später sah Westarp zwar in einer Unterredung mit Meißner seine Ansicht bestätigt, daß solche Hoffnungen trügerisch seien. Doch entschloß man sich nach Besprechungen mit Vertretern der DVP, der Staatspartei und der Reichswehr (v. Hammerstein) vorläufig zum Abwarten, um wenigstens dem Stahl-

36 Hindenburg, „Persönliche Darlegung" (Anm. V/33), Abschnitt 1, Schluß (Auszeichnung i. Orig.).

helm und einem Teil der DNVP den Weg zu Hindenburg offenzuhalten[37]. Während aber diese Anstrengungen, zu denen auch das Projekt eines überparteilichen Ausschusses unter Geßler zählt, zunächst nicht ohne Erfolg blieben, vertiefte der nun einsetzende Wahlkampf rasch die unversöhnlichen Gegensätze in verhängnisvollem Maße.

Unterdessen verfolgten die Gruppen der republikanischen Linken argwöhnisch die ebenso dramatischen wie unübersichtlichen Sondierungen und Verhandlungen dieser Januarwochen. Nicht minder spürbar war das Dilemma, in dem sich ihre politischen Entschlüsse wie ihre Agitation gefangen sahen. Als die Bemühungen Brünings um Hitler ihren Höhepunkt erreicht hatten, präzisierte der sozialdemokratische Redner einer Kundgebung der „Eisernen Front" in Berlin (8. Januar)[38] die militant ablehnende Haltung seiner Gesinnungsfreunde gegenüber allen schwebenden Konzessionen an den Rechtsradikalismus. Die scharfen Ausführungen richteten sich gegen den offiziellen Empfang Hitlers durch Brüning und Groener und forderten die Verhinderung einer Hitlerschen Machtergreifung mit allen Mitteln: nur die politische Zwangslage verbiete es den Republikanern, wie 1925 eine Kandidatur Hindenburgs — der damals indirekt die KPD zum Sieg verholfen habe — kategorisch abzulehnen. In diesem Zusammenhang wurde allerdings bekannt, daß der Bundestag des Reichsbanners schon am 24. September 1931 durch Beschluß festgestellt hatte, nur durch eine Wiederaufstellung Hindenburgs sei, wenn man einen Bürgerkrieg vermieden sehen wollte, eine nationalsozialistische Präsidentschaft zu verhindern. Eine ähnliche Stimmung herrschte auch im sozialdemokratischen Parteiausschuß, der am 5. Februar über das Problem beriet. Hier erklärte Wels, daß bei einem Kampf Hitler gegen Hindenburg die Stellung der SPD eindeutig sei; er konnte sich dabei auch auf die Meinung Fritz Adlers, des Sekretärs der Sozialistischen Internationale, berufen. Ihm schloß sich auch Löbe an, nicht ohne die ebenso notwendige wie paradoxe Entscheidung zu bedauern: „Sei Brüning der einzige Kanzler, der Hugenberg verhindern könne, so sei Hindenburg der einzige Reichspräsident, der Hitler verhindern könne[39]."

Währenddessen war schon am 27. Januar, nachdem die BVP mit dem Plan einer Kandidatur Brünings selbst nicht durchgedrungen war[40], ein überparteilicher Ausschuß mit einem Aufruf zur Wiederwahl Hindenburgs an die Öffentlichkeit getreten. Dem folgte am 1. Februar die Bildung großangelegter bürgerlicher „Hindenburgausschüsse", die sich besonders von Berlin aus unter dem Vorsitz des Berliner Oberbürgermeisters Sahm sowie Westarps und Gerekes der Unterstützung namhafter Persönlichkeiten des öffentlichen und kulturellen Lebens versicherten; in ihre von der Presse unterstützten Einzeichnungslisten trugen sich ohne Hilfe der Parteiorganisationen schon bis zum 13. Februar über drei Millionen Wähler ein[41]. Gleichzeitig veröffentlichte eine große Anzahl rechtsgerichteter Persönlichkeiten unter Führung Westarps einen Aufruf für Hindenburg. In schwierigem Lavieren zwischen links und rechts gelang hier eine gewisse Sammlung der gemäßigten Rechten, wobei vor allem der Nachweis erstrebt wurde, „daß nationale Wähler von 1925 auch heute hinter der Wahl" Hindenburgs stehen und der Anschein beseitigt wird, „als gehe sie

37 *Westarp-Akten,* Brief Westarps an Berthold Hiller v. Gärtringen v. 14. Januar 1932.
38 Schultheß, *1932,* S. 5.
39 Dazu Keil (Anm. I/3), II, S. 435: „Nur einige Unentwegte meinten, daß man ‚wenigstens für den ersten Wahlgang' einen eigenen Kandidaten aufstellen solle. Sie fanden kein Echo."
40 Vgl. Karl Schwend, *Bayern zwischen Monarchie und Diktatur, Beiträge zur bayerischen Frage in der Zeit von 1918 bis 1933,* München 1954, S. 418 f.
41 Meißner (Anm. I/156), S. 217; Severing (Anm. I/18), II, S. 320 f.; Hindenburg, „Persönliche Darlegung" (Anm. V/33), Abschnitt 2.

von den schwarz-roten Parteien aus" [42]. Es war eine Initiative, die der Regierung einen Teil des verfassungsrechtlich wie politisch-psychologisch schwierigen Vorgehens in dieser Frage abnahm und dabei vor allem auf eine entschiedene Stellungnahme gegen den Nationalsozialismus abgehoben war [43]. Darauf erklärte Hindenburg am 16. Februar auch offiziell seine Zustimmung zur Kandidatur [44].

Wie stark gerade die Anstrengungen der konservativen und „überparteilichen" Hindenburg-Anhänger diesen Entschluß bestimmten, wie wenig er zugleich ein Bekenntnis Hindenburgs zur Republik oder auch nur zu Brünings Präsidialkabinett einschloß, wie greifbar sich schließlich hier schon die Schwenkung Hindenburgs abzeichnete, erhellen die fast gleichzeitigen Erklärungen seiner erwähnten Denkschrift [45]. Da war die Rede von der „vaterländischen Pflicht", angesichts der Zersplitterung der bürgerlichen Parteien den Erfolg einer rechtsradikalen oder einer im zweiten Wahlgang geeinigten kommunistisch-sozialistischen Koalition zu verhindern. Dahinter müsse auch, betonte Hindenburg, die Befürchtung zurücktreten, „von der Rechten und vielen meiner alten Kameraden mißverstanden zu werden". Bezeichnend für Hindenburgs psychische Situation ist sein Protest gegen die „Lüge", er „hätte eine Kandidatur aus den Händen der Linken oder einer ‚schwarz-roten Koalition' einseitig entgegengenommen". Sie sei ihm vielmehr — und hier setzte sich noch einmal mit fast verzweifelter Emphase die gescheiterte Koalitionsidee von 1930 in Szene — „von den zwischen dem Zentrum und den Deutschnationalen stehenden Parteien des Landvolks, der Wirtschaftspartei, des Christlich-Sozialen Volksdiensts, der Volkskonservativen Vereinigung und der DVP" angetragen worden. Dazu seien „Verbände und Vereinigungen wie der Jungdeutsche Orden, der Gesamtverband der Christlichen Gewerkschaften, der Evangelische Volksdienst, die Christlichen Bauernvereine, der Deutsche Reichskriegerbund ‚Kyffhäuser', Universitäten und Hochschulen u. a. m." gekommen.

Hier liegt auch das entscheidende psychologische Argument, mit dem Hindenburg seine konservativen Wähler wie sich selbst über die sozialdemokratische und linksrepublikanische Unterstützung seiner Kandidatur zu beruhigen suchte: „In diesen Parteien und Verbänden steckt aber ein sehr großer Teil der

42 So Westarp in einem Brief an Krupp v. 20. Februar 1932 *(Westarp-Akten)*, in dem er sich für dessen Unterschrift unter den Aufruf bedankte. Die *Westarp-Akten* enthalten eine Fülle von Briefmaterial *pro* und *contra* die Kandidatur Hindenburgs, das auch für die Schwenkung der „heimatlosen Rechten" und der von Hugenberg enttäuschten Monarchisten hin zu Hitler sowie für die ambivalente Haltung einflußreicher Exponenten des kulturellen Lebens (besonders Dichter, Schriftsteller, Professoren) aufschlußreich ist. Erwähnt sei der Brief des volkskonservativen Exponenten in München, Karl Graf Spreti, an Westarp (v. 21. Februar 1932), in dem der Verlauf der Unterschriftenaktion im monarchistischen Lager geschildert ist *(Westarp-Akten)*: „Ihrer Aufforderung gemäß versuchte ich mit einigen Persönlichkeiten Rücksprache zu nehmen, um ihre Zusage zu einer Unterschrift zu erhalten. Zufällig hätte sich dazu eine sehr geeignete Gelegenheit geboten, da gestern Abend eine große Monarchie-Kundgebung gehalten wurde und zu diesem Anlaß sich alle bedeutenden Persönlichkeiten zusammenfanden. Leider habe ich bei dieser Gelegenheit traurige Erfahrungen machen müssen, daß nämlich die Herren, die hier gleichsam la crème de la Société sein möchten, vielleicht auch sind, alle gegen eine Wiederaufstellung von Hindenburg sind. Man hört Einwendungen wie: Hindenburg sei im Bündnis mit der Sozialdemokratie; Hindenburg soll ‚verschwinden', er ist zu alt; Hindenburg hätte nur das größte Durcheinander angerichtet, dadurch daß er seine Einwilligung zur Wiederwahl gab, denn es sei noch eine Kabinetts-Frage, ob nicht Brüning gestürzt wird, und dann hätte man eine Einheitsfront errichten können, so aber hätten das Zentrum und die bayerische VP ihren Aufruf erlassen, der Reichspräsident sei nun dadurch eine Parteiangelegenheit geworden."

43 So vor allem die beiden Flugschriften: Kuno Graf Westarp, *Hindenburg und seine Wähler von 1925* (zum 1. Wahlgang), und Graf Westarp, Dr. v. Dryander, Dr. Rademacher, *Hindenburg und seine Wähler von 1925, Zum zweiten Wahlgang* (besonders G. v. Dryander, „Die Reichspräsidentenwahl im Kampf der Weltanschauungen" [S. 13 ff.], und Dr. Rademacher, „Die wirtschaftliche Lehre des Nationalsozialismus" [S. 18 ff.]).

44 Vgl. den Text der Erklärung Hindenburgs bei Poetzsch-Heffter (Anm. I/128), S. 112 f.

45 Die folgenden Zitate in: Hindenburg, „Persönliche Darlegung" (Anm. V/33), Abschnitt 2.

Wähler, die mich 1925 ins Amt des Reichspräsidenten berufen haben." In diesem Sinne legte Hindenburg den größten Wert darauf, seinen Entschluß in erster Linie mit dem allgemeinen Wunsch seiner treuen Anhänger, nicht mit der Unterstützung der Linken zu motivieren. Indem er sich von der SPD vernehmlich distanzierte[46], bekundete Hindenburg zugleich seine prinzipielle, in seinen alten Anschauungen wie in seiner Vergangenheit begründete Hinneigung zu den schwarz-weiß-roten Restaurations- oder Reformzielen der gemäßigten Rechten — freilich nicht im Zeichen der Harzburger Front[47].

Indessen blieb das Verhältnis zu Brüning, so sehr sich die ersten Bruchstellen erweitert hatten, noch stabil genug, um dann während des Wahlkampfes selbst alle Sprengungsversuche von rechts zu überdauern. Dabei scheint wiederum Schleicher eine wichtige Rolle gespielt zu haben, so wenig Sicheres bis jetzt darüber zu ermitteln ist; Brüning selbst übergeht diese Vorgänge ebenso bewußt wie alle Schleicher betreffenden Einzelheiten. Eine gewisse Wahrscheinlichkeit kommt dem Bericht eines Brüning nahestehenden Beobachters zu[48], demzufolge Schleicher nach dem Scheitern seiner über Röhm laufenden Zähmungspläne seine Unterstützung vorübergehend wieder ganz Brüning zuwendete, von dem er eine sichere Durchsetzung der Wiederwahl Hindenburgs erwarten mochte. So lange wenigstens mußte der Kanzler gehalten, mußten seine Verbindungen nach links benützt werden. Dann erst würden andere Pläne, etwa eine Auflösung des Reichstags auf unbestimmte Zeitdauer und eine Alleinregierung des von der Reichswehr gestützten Reichspräsidenten, greifbare Gestalt gewinnen können: jene Pläne vom Herbst 1931, für die Brüning jetzt wie damals als ein unübersteigliches Hindernis erschien[49]. Zunächst aber unterstützte Schleicher noch einmal Groener bei der Verteidigung Brünings vor Hindenburg. Erst die Wochen nach der Wahlentscheidung würden die Wende bringen.

Es war freilich eine andere Frage, ob Schleicher selbst seine eigenen Möglichkeiten realistisch einschätzte, ob seine Lagebeurteilung tragfähig war. Nicht nur schien er sich beständig über seinen wirklichen Einfluß auf die NS-Führung zu täuschen, die über Groener und Brüning wie auch über Schleicher hinweg ihren Weg zur Macht zu gehen entschlossen war[50]. Er überschätzte auch seine Stellung unter den „außerverfassungsmäßigen Ratgebern" Hindenburgs, deren gegenseitige Rivalitäten persönlicher Art noch verstärkt wurden durch interessenpolitische Motive — besonders im Hinblick auf die Osthilfekontro-

46 *Ebda.*: „Wenn die Sozialdemokraten davon absehen, einen eigenen Kandidaten aufzustellen, und es ihren Anhängern gern freistellen, ebenfalls mich zu wählen, so kann ich das nicht verhindern; es würde auch meinem Ziele, das deutsche Volk in den großen Fragen der Politik zusammenzubringen, zuwiderlaufen, wenn ich diese Wähler zurückstoßen würde."

47 *Ebda.*: Ich will „auf der Basis meiner alten Anschauungen und meiner Vergangenheit Deutschland uneigennütziger ... dienen, als ehrgeizige Parteiführer, die gegen besseres Wissen die nicht bestehende Harzburger Front als Aushängeschild für unsere ehrwürdigen Farben schwarz-weiß-rot in Anspruch nehmen. Das Endurteil überlasse ich getrost der Geschichte."

48 Wheeler-Bennett, *Hindenburg* (Anm. I/81), S. 364 ff. Dafür spricht auch die entschiedene Unterstützung Brünings durch Groener und Schleicher auf der Befehlshaberbesprechung v. 11./12. Januar 1932: o. Anm. V/20.

49 Vgl. Severing (Anm. I/18), II, S. 336: „Am 2. März, schon vor der Reichspräsidentenwahl, hatte mir Schleicher gelegentlich eines Abendessens in der russischen Botschaft gesagt, daß man die Arbeit des ‚guten Heinrich' doch nicht mehr lange mitansehen könne. ‚Der Mann' käme ja zu keinen Entschlüssen, und unter seiner Amtsführung strömten immer mehr Arbeitslose auf die Straße."

50 Joseph Goebbels, *Kaiserhof* (Anm. V/13), S. 40 (4. Februar 1932): „Um es auf die einfachste Formel zu bringen: Groener muß fallen, dann Brüning, dann Schleicher. Eher werden wir niemals die ganze Macht bekommen." Es ist interessant, demgegenüber aus einem Brief Schleichers an Groener (v. 25. März 1932) zu erfahren, wie unwohl sich Schleicher über die sozialdemokratische Unterstützung der Hindenburg-Kandidatur fühlte und wie willkommen ihm das „Gegengewicht" der Nazis war, „die ja auch keine guten Brüder und mit äußerster Vorsicht zu genießen sind... Wenn sie nicht da wären, müßte man sie geradezu erfinden": Craig (Anm. I/34), S. 130.

verse, in der Schleicher einen durchaus „unjunkerlichen" Kurs verfolgte. Innerhalb der Kamarilla erwuchs ihm besonders in der wachsenden Aktivität Oskar v. Hindenburgs in personal- wie agrarpolitischen Fragen eine ernsthafte Konkurrenz. Und bald sollte er sich mit seiner ureigenen politischen Schöpfung, Franz v. Papen, einen weiteren Konkurrenten im innersten Kreis des Reichspräsidenten heranziehen.

Es mag offen bleiben, ob in diesen Wochen vor der Wahl wirklich Hindenburg den Gedanken einer Ausschaltung Schleichers erwog und nun wiederum von Brüning, der davon eine Schwenkung der Reichswehr und einen Prestigeerfolg der Nationalsozialisten befürchten mochte, nur mit Mühe umgestimmt werden konnte[51]. Jedenfalls beschwor das Hin und Her um Hindenburg und die Weiterentwicklung der Präsidialregierung schon jetzt eine Kette von persönlichen Intrigen, Aktionen und Gegenaktionen, deren schwer überschaubare Verflechtungen kaum mehr zu entwirren sind, deren Gesamtcharakter aber aufs deutlichste die innere Auflösung des Präsidialsystems Brüningscher Prägung anzeigt. Vor allem sind die Rückwirkungen auf das Verhältnis Hindenburg—Brüning selbst kaum zu überschätzen. Die im Herbst 1931 angerührten Probleme der dynamischen Weiterentwicklung des Präsidialsystems gerieten nun endgültig in Fluß und mündeten in eine neue Bewegungsphase der politischen Gruppen besonders auf der Rechten ein, die erst mit der gewaltsamen Zerschlagung der Republik, mit der Aufhebung aller politischen Bewegungsfreiheit im totalen Staat ihr Ende finden sollte.

3. Die Spaltung der Harzburger Front

Nach Lage der Dinge mußten die Entschlüsse der Rechtsopposition jetzt darüber entscheiden, in welcher Form sich der Aufmarsch zum Wahlkampf und seine endgültige Frontbildung vollziehen würden. Nachdem Brünings Bemühungen um Hugenberg und Hitler endgültig gescheitert waren, erschienen die Verhältnisse innerhalb der „Nationalen Opposition" ungeklärter denn je. Als Hindenburg sich zur Kandidatur entschloß, tat er dies unter der Bedingung, „daß die Wahl *absolut* sicher sein muß und daß *nicht* die Harzburger Front geschlossen dagegen ist"[52]. So richteten sich seit Mitte Januar die Anstrengungen der konservativen Hindenburg-Anhänger auf eine partielle Gewinnung der rechtsgerichteten Wählerschaft. Die seit Harzburg andauernden Unstimmigkeiten zwischen Hitler, Hugenberg und dem Stahlhelm in der Frage eines Kandidaten der Rechten schienen solchen Bemühungen Vorschub zu leisten. So gingen Westarps Hoffnungen zunächst dahin, „daß der Stahlhelm für Hindenburgs Kandidatur ist und ... daß dann Hugenberg die Kandidatur Hindenburgs mitmacht", daß die Sozialdemokraten trotzdem nicht abspringen und „unter solchen Umständen die Nazis das Risiko einer eigenen Kandidatur" vielleicht nicht auf sich nehmen würden. Im Einvernehmen damit bemühte sich Dingeldey um den Stahlhelm, nahm die DVP auch vorübergehend wieder Fühlung mit Hitler[53], während gleichzeitig die Unterstützung Hindenburgs durch führende Deutschnationale wie den ostpreußischen Spitzenkandidaten Oldenburg-Januschau gesichert erschien[54].

51 Wheeler-Bennett, *Hindenburg* (Anm. I/81), S. 366.
52 Gespräch Westarps mit Meißner (*Westarp-Akten*, Brief Westarps an Berthold Hiller v. Gärtringen v. 14. Januar 1932; Auszeichnung i. Orig.).
53 Goebbels berichtet am 21. Januar 1932 (*Kaiserhof*, Anm. V/13, S. 27) vom Besuch einiger DVP-Politiker bei Hitler, der ihre Sondierungen ablehnt.
54 *Westarp-Akten:* Brief Westarps an Hiller v. Gärtringen v. 14. Januar 1932.

In der Tat war die Harzburger Front inzwischen in eine weitere Krise geraten. So sehr ihre Träger in der negativen Zielsetzung übereinstimmten und die bevorstehende Wahl als den Hebel zum Sturz des Weimarer Systems betrachteten, so wenig besaßen sie eine gemeinsame positive Zielvorstellung. Besonders widerstrebte Hugenberg, der als Inspirator von Harzburg nach wie vor seine hoffnungslose Position dem nationalsozialistischen Partner gegenüber nicht erkennen wollte[55], einer Präsidentschaft Hitlers und schlug statt dessen eine Reihe von Kompromißkandidaten vor. Dies wiederum entsprach weder den nationalsozialistischen Ansprüchen, noch schien es die massenpsychologischen Voraussetzungen für einen Sieg über die populäre Gestalt Hindenburgs zu garantieren. Möglicherweise tauchte schon jetzt der Plan einer Kandidatur des Kronprinzen auf, auf dessen gute Beziehungen zu Hitler Hugenberg baute[56]. Das wäre nicht nur ein Appell an die monarchistischen Gefühle weiter Kreise, sondern zugleich auch eine ernste innere Bedrohung des Entschlusses zur Wiederkandidatur gewesen, den Hindenburg inzwischen gefaßt hatte. Der Plan blieb jedoch auch bei seiner ernstlichen Verfolgung im zweiten Wahlgang in den Anfängen stecken, als Wilhelm II. vom Doorner Exil aus sein Veto einlegte. Hugenbergs weitere Vorschläge, den am rechten Flügel der DVP stehenden Großindustriellen Albert Vögler oder den Prinzen Oskar von Preußen als gemeinsamen Kandidaten der Rechten aufzustellen[57], scheiterten an dem sich versteifenden Widerstand Hitlers[58].

Auch die NSDAP hatte freilich zunächst keine klare Stellung bezogen; sie hatte nach offensichtlichen Entschlußhemmungen zunächst Frick, dann Epp als Kandidaten der „Nationalen Opposition" vorgeschoben[59], während Hitler selbst trotz einer drohenden Ankündigung Meißner gegenüber[60] noch bis Mitte Februar im Hintergrund blieb. Dafür mochten allgemeine taktische Gründe, aber auch ganz konkrete Spannungen und Schwankungen innerhalb der NS-Führungsgremien verantwortlich sein, wie sie anläßlich der Verhandlungen mit Brüning und Schleicher wie im Verhältnis zu Hugenberg während der ersten Januarwochen aufgetreten waren[61]. Angesichts der öffentlichen Ankündigung

55 Vgl. Goebbels schon am 10. Januar 1932 (*Kaiserhof*, Anm. V/13, S. 23) anläßlich der Verhandlungen mit Brüning (o. S. 394 ff): „Hugenberg ist nur das fünfte Rad am Wagen."

56 Nach der saloppen Reportage eines *participant observer*, die neben treffenden Intimitäten flotte Kombinationen und viele unbewiesene Viertelwahrheiten enthält, ist dieser Plan allerdings erst nach dem ersten Wahlgang konkreter ins Auge gefaßt worden: Julius Friedrich, *Wer spielte falsch?, Hitler, Hindenburg, der Kronprinz, Hugenberg, Schleicher, Ein Tatsachenbericht aus Deutschlands jüngster Vergangenheit nach authentischem Material*, Hamburg o. J. [etwa 1950], S. 10 f. Hinter der Broschüre steht – zugleich als ihr „Held" – Joachim v. Ostau, der als „enttäuschter" Nationalsozialist an den Sondierungen innerhalb der „Nationalen Opposition" und besonders an den entsprechenden Verhandlungen mit Hitler beteiligt gewesen sein soll. Vgl. u. S. 420.

57 Stampfer (Anm. I/4), S. 56; vgl. Wheeler-Bennett, *Hindenburg* (Anm. I/81), S. 367; Edgar v. Schmidt-Pauli, *Hitlers Kampf um die Macht*, Berlin 1933, S. 147.

58 Vgl. dazu Goebbels' Kommentar v. 21. Februar 1932 (*Kaiserhof*, Anm. V/13, S. 49): „Hugenberg war beim Führer. Er schlägt als Kandidaten Vögler und Prinz Oskar v. Preußen vor. Merkwürdig, wie wenig er mit der Volksseele vertraut ist! Die Deutschnationale Partei ist und bleibt doch die Organisation aller reaktionären Kräfte. Wir müssen uns zum Kampf mit ihr stellen."

59 Vgl. *Westarp-Akten*, Brief Rademachers an Westarp v. 31. Januar 1932.

60 Um seiner Forderung nach Entlassung Brünings Nachdruck zu geben, hatte Hitler Anfang Januar im „Kaiserhof" (vgl. o. S. 396) Meißner erklärt: „Wenn der Feldmarschall die Kandidatur eines Linksblocks annehmen will, so werde ich, den Wünschen der hinter mir stehenden nationalen Bewegung folgend, ihm notgedrungen als Gegenkandidat für die Präsidentschaft entgegentreten, und ich zweifle nicht daran, aus diesem Wahlkampf als Sieger hervorzugehen" (Meißner, Anm. I/156, S. 216).

61 In einem Brief an Berthold Hiller v. Gärtringen v. 26. Januar 1932 (*Westarp-Akten*) mißt Westarp noch Ende Januar diesen Differenzen und Hitlers Furcht vor einer Spaltung im Fall einer eigenen Kandidatur entscheidendes Gewicht bei. Nach Goebbels' Notizen (*Kaiserhof*, Anm. V/13, S. 36) stand die Kandidatur Hitlers freilich schon am 2. Februar 1932 fest; nur sollte die Bekanntgabe verzögert werden, bis sich der Gegner enthüllt hatte. Auch die „Deutschnationalen und der Stahlhelm werden vorläufig hingehalten. Unser Kandidat kommt erst im letzten Augenblick an die Öffentlichkeit. Eventuell tritt im ersten Wahl-

der Hindenburg-Kandidatur am 16. Februar, der sogleich nicht nur das Zentrum, sondern mit dem General v. Horn auch der Präsident des Kyffhäuserbunds, ferner der Vorstand des Landvolks zustimmten, war allerdings die Entscheidung nicht länger aufzuschieben. Die „Nationale Opposition" hatte keine Einigung erzielt, und Hitler entschloß sich, selbst Hindenburg entgegenzutreten und so wenigstens einen Teil der zögernden DNVP und des Stahlhelms auf seine Seite zu ziehen, bevor die Partner zu eigenen Entschlüssen kommen mochten.

Dafür mußte er freilich noch die deutsche Staatsangehörigkeit erwerben. Was vielen nach 1918 Zugewanderten versagt geblieben war, wurde jetzt dem künftigen Zerstörer Deutschlands in letzter Minute durch einen pseudolegalen Trick in den Schoß geworfen. Bisher hatte Hitler als Staatenloser — er war 1925 von den österreichischen Behörden ausgebürgert worden — weder passives noch aktives Wahlrecht besessen. Doch waren alle Erwägungen, diese Sachlage zu einer Ausschaltung des Demagogen aus dem politischen Leben Deutschlands auszunützen, immer wieder zurückgestellt worden, seit das unbegreiflich milde Urteil von 1923/24 Hitlers Ausweisung versäumt und die nationalsozialistischen Legalitätsbeteuerungen, zuletzt im Leipziger Prozeß von 1930, im Verein mit Hitlers geschicktem pseudolegalem Lavieren eine solche Entscheidung erschwert hatten. Zudem wirkte sich die moralische Verachtung, die man von republikanischer Seite der demagogischen „Bewegung" entgegenbrachte, noch immer in einer politischen Unterschätzung aus[62].

Inzwischen war es allerdings fragwürdig geworden, ob Maßnahmen dieser Art die Massenbewegung noch ernsthaft treffen und nicht vielmehr in weiten Kreisen der Öffentlichkeit einen gegenteiligen psychologischen Effekt haben würden. Solche Überlegungen bewogen z. B. auch Severing noch im Dezember 1931 zur Aufgabe eines Plans, Hitler aus einer Pressekonferenz im „Großen Hauptquartier"[63], dem Hotel Kaiserhof, heraus polizeilich nach München abzuschieben und wenigstens aus Preußen offiziell auszuweisen[64]. Dieser Mann war immerhin schon zwei Monate zuvor von Hindenburg wie von Schleicher empfangen und von einflußreichen Politikern und Wirtschaftspotentaten nicht nur der „Nationalen Opposition" mehr als einmal als erste Größe im politischen Deutschland direkt oder indirekt anerkannt worden. Dementsprechend widersetzte sich auch Brüning selbst — zumal angesichts der Hoffnung auf eine Gewinnung Hitlers für den Verlängerungsplan — Aktionen dieser Art, die er formal für begründet, psychologisch aber für schädlich hielt. Solches Zögern, das alle Entschlüsse Brünings bei der direkten Bekämpfung der NSDAP kennzeichnete und die Durchführung der verschiedenen Teilmaßnahmen, die Handhabung der Uniformverbote, die unglückliche Geschichte des SA-Verbots, schließlich auch noch die Stellungnahme der Zentrumsführung zum Ermächtigungsgesetz von 1933 bestimmte, ist für die inneren Schwierigkeiten sym-

gang ein anderer an die Stelle des Führers, so daß wir die entscheidende Chance erst im zweiten Wahlgang wahrnehmen (*ebda.*, S. 37).

62 Ein kleines, aber bezeichnendes Beispiel dafür nennt der damalige preußische Kultusminister Adolf Grimme in einem Gespräch mit O. H. v. d. Gablentz v. 21. Juni 1951: Als sich Grimme über die Kürzung der Lehrergehälter beklagte und meinte, es werde eine Bewegung unter den Lehrern geben, sagte Otto Braun verächtlich: „Hitler nennt seinen Laden auch eine Bewegung."

63 So Goebbels, *Kaiserhof* (Anm. V/13), S. 43.

64 Severing (Anm. I/18), II, S. 316 f. Zum Problem einer aktiven polizeilichen Bekämpfung der NSDAP auch Brecht (Anm. I/84), S. 176 ff. Brecht weist auf den tragikomischen Umstand hin, daß die Urheber der Weimarer Verfassung bewußt darauf verzichtet hatten, analog zur amerikanischen Verfassung nur in Deutschland geborene Staatsbürger als Präsidentschaftskandidaten zuzulassen, um — Österreicher nicht auszuschließen (S. 180, Anm. 1).

ptomatisch, die Brünings Stellung zum Problem einer entschiedenen Verteidigung der Demokratie behinderten[65].

So ernannte nun, nachdem schon 1930 Frick in einer geheimgehaltenen Aktion geplant hatte, Hitler durch Bestellung zum thüringischen Gendarmeriekommissar von Hildburghausen einzubürgern[66], der braunschweigische NS-Minister Klagges gegen den schwachen Widerstand seines deutschnationalen Kollegen den „Führer" kurzfristig zum Regierungsrat und ließ ihn zum ersten Mal am 26. Februar den Eid auf die Weimarer Verfassung schwören. Noch einmal, am 30. Januar 1933, sollte sich dieser Schwur wiederholen, bevor der Weg frei war für Mißbrauch und Zerstörung eben dieser Verfassung. Das Amt brachte keine Arbeit, wohl aber endlich die Wählbarkeit. In dieser sachfremden, willkürlichen Ernennung zum Parteibuchbeamten[67], die alles übertraf, was die „Nationale Opposition" mit der vorgeblichen Mißwirtschaft des „Systems" identifizierte, warf die nationalsozialistische Beamtenpolitik von 1933 schon ihre warnenden Schatten voraus.

Vom nationalsozialistischen Standpunkt aus freilich war es die höchste Zeit zu solchen Wahlvorbereitungen. Denn inzwischen begannen sich, drei Wochen vor dem vorgesehenen Wahltermin, endlich die Fronten zu klären. Am 10. Februar empfing Hindenburg Seldte und Duesterberg, während die Beratungen innerhalb des Stahlhelms und die gleichzeitigen Besprechungen zwischen Stahlhelm, Reichslandbund, Kyffhäuserbund und DNVP sowie die Fühlungnahme dieser Gruppen mit der NSDAP fortgingen[68]. Die öffentliche Ankündigung von Hindenburgs Kandidatur in einer Kundgebung des Reichspräsidenten vom 15. Februar[69] löste letzte fieberhafte Verhandlungen innerhalb der Rechtsopposition aus. Einen Tag später schon erschien Hitlers Ablehnung in der Presse. Ihm folgte Hugenberg. Gleichzeitig sprach sich auch Graf Kalckreuth als Präsident des Reichslandbundes — anders als die Landvolkpartei — in einem Schreiben an die Führer der „Nationalen Opposition" gegen Hindenburg aus, nachdem der Bundesvorstand zwei Wochen zuvor auf einer großen Kundgebung die Wirtschaftspolitik Brüning-Schieles erneut aufs schärfste angegriffen hatte; eine ähnliche Erklärung gab für die Vereinigten Vaterländischen Verbände Graf v. d. Goltz ab[70].

Am 22. Februar wurde aber auch das Scheitern der Verhandlungen bekannt,

65 Severing (Anm. I/18), II, S. 317, berichtet aus seiner Unterredung mit Brüning, dessen entscheidendes Argument gegen solche Vorschläge sei der Hinweis auf Hitlers Kriegsdienst in deutschen Truppeneinheiten gewesen: „Die Bloßstellung durch eine Sistierung und einen Abschub dürfe man ihm darum nicht zufügen."

66 Dies wurde erst jetzt bekannt gemacht, als am 3. Februar die thüringische Regierung der Reichsregierung das entsprechende Material überreichte. Danach hatte Hitler Fricks entsprechende Vorbereitungen im Juli 1930 abgeblasen, „da er nicht gewillt sei, auf diesem Wege die deutsche Staatsangehörigkeit zu erwerben".

67 Bezeichnend die zynische Feststellung Goebbels' zum 4. Februar 1932 (*Kaiserhof*, Anm. V/13, S. 39 f.): „Klagges wird damit beauftragt, diese Frage zu lösen. Es ist geplant, den Führer zum außerordentlichen Professor in Braunschweig zu ernennen."

68 Goebbels notiert schon zum 19. Januar 1932 (*ebda.*, S. 26): „Zwei wichtige Besuche: Ein führender Herr vom Reichslandbund will in der Reichspräsidentschaftsfrage aushorchen. Der Reichslandbund versucht, eine konsequente Linie einzuhalten. Der Stahlhelm will schlapp machen. Das wäre gar nicht so übel. Dann bekommen wir die alleinige Führung in der nationalen Front." Und noch am 9. Februar 1932 (*ebda.*, S. 43): „Der Stahlhelm ist unschlüssig. Wir warten ab."

69 *Leipziger Neueste Nachrichten*, Nr. 47 v. 16. Februar 1932.

70 Er machte noch einmal die Ablehnung des Young-Plans für diesen Entschluß verantwortlich. Dagegen richteten sich wohl die bitteren Äußerungen in Hindenburgs „Persönlicher Darlegung" (Anm. V/33), die den Zwischencharakter und die konstruktive weitere Wirkung dieses Plans auf dem Weg zu einer Befreiung der Rheinlande und zu einer endgültigen Sistierung der Reparationsverpflichtungen betonten: „Die ganze Agitation, die damals mit der Behauptung betrieben wurde, zwei deutsche Generationen würden 65 Jahre lang tributpflichtig sein, ist somit gegenstandslos geworden; der Young-Plan existiert de facto heute nicht mehr, aber er muß immer noch dazu herhalten, für Angriffe von sogenannter nationaler Seite gegen mich das Material zu liefern. Würden wir so weit sein, wenn ich dem Propagandaapparat Hugenbergs gefolgt wäre und nicht unterschrieben hätte?"

die über eine Sammelkandidatur der Harzburger Front geführt worden waren. Deutschnationale und Stahlhelm-Politiker haben wenig später betont, daß dafür Hitlers diktatorische Forderungen verantwortlich gewesen seien; er habe neben der Präsidentschaft noch die Posten des Reichskanzlers sowie des Außen-, Innen- und Reichswehrministers beansprucht, Hugenberg dagegen lediglich das Finanzministerium konzediert[71]. Am Abend desselben Tages, noch drei Tage vor Hitlers Einbürgerung, verkündete Goebbels auf der Berliner Generalmitgliederversammlung der NSDAP des „Führers" Kandidatur und prophezeite in pathetischen Worten seinen Sieg[72]. Und am 23. Februar erließen DNVP und Stahlhelm einen Aufruf für Duesterberg, den Kandidaten ihres neugebildeten „schwarzweißroten Kampfblocks"[73]. Sie konnten mit einem Wahlerfolg unter gegebenen Umständen nicht rechnen, hofften aber mit Grund, dadurch einen zweiten Wahlgang erzwingen und dann eine „neue, nicht parteigebundene Persönlichkeit" aufstellen zu können[74]. Vielleicht doch den Kronprinzen?

Der Stahlhelm hatte sich, entgegen den Hoffnungen und Bemühungen der gemäßigten Konservativen, schon von der Aktivität der Hindenburg-Ausschüsse distanziert. Während Westarp noch Ende Januar auf das Festhalten dieser Gruppe an ihrem Ehrenpräsidenten v. Hindenburg baute, ungleich seinen politischen Freunden freilich eine Beeinflussung Hugenbergs auf diesem Wege nicht für möglich hielt, mußte er sich doch schon fragen, „ob der Stahlhelm nicht schließlich auf die Naziseite fallen wird"[75]. Am 14. Februar, nachdem die Einzeichnungslisten der Hindenburg-Ausschüsse geschlossen waren, stellte schließlich eine Konferenz der Stahlhelmlandesführer an die Adresse Hindenburgs einmütig fest, daß ihre Unterstützung der Hindenburg-Kandidatur von einem „Kurswechsel" abhängig sei; die Brücken waren damit endgültig abgebrochen.

Am schwersten traf diese Stellungnahme des Stahlhelms Hindenburg selbst. Man geht kaum fehl, wenn man seine Verbitterung über diese für ihn doch in erster Linie persönliche Enttäuschung noch mit zu den Gründen für sein wachsendes Mißtrauen gegen Brüning rechnet, dessen Politik solche Entscheidungen nötig gemacht hatte. Zunächst freilich beklagte er sich bitter über die Illoyalität des Stahlhelms, über den er „im Gefühl der Treue, die ich meinen alten Kriegskameraden bewahre, von Anfang meiner Präsidentschaft an schützend die Hand ... gehalten" habe[76]. In diesem Zusammenhang klingt die innere Problematik an, in die Hindenburg angesichts seiner alten, immer festgehaltenen Bindungen und Loyalitäten geraten war. Wenn er trotz klarer Erkenntnis der Tatsache, daß die Tätigkeit des Stahlhelms seit je gegen die Republik gerichtet

71 Nach Egelhaaf, *1932*, S. 82; vgl. Meißner (Anm. I/156), S. 217.

72 Goebbels, *Kaiserhof* (Anm. V/13), S. 49 f. Daß Hitlers Kandidatur schon lange festgelegt war und nur aus taktischen Gründen geheimgehalten wurde, geht schon aus Goebbels' Notiz zum 15. Februar 1932 hervor (*ebda.*, S. 46): „Jetzt haben wir also freie Hand... Nun brauchen wir mit unserer Entscheidung nicht mehr hinter dem Berg zu halten."

73 *Der Stahlhelm* 14, Nr. 8 v. 28. Februar 1932. Der – nach seinen nachträglichen Versicherungen unfreiwillige – Kandidat hatte wenig Freude an seiner Aufstellung: Die Nationalsozialisten entdeckten einen jüdischen Großvater und hatten damit Stoff für ihre Kampagne gegen die „nationale" Konkurrenz. Vgl. auch Duesterberg (Anm. IV/18), S. 34 f. Hinter ihn – und gegen Hindenburg – stellte sich auch der Kronprinz: vgl. Herre (Anm. III/135), S. 202.

74 *Hugenbergs Ringen* (Anm. I/6), I, S. 19.

75 *Westarp-Akten*, Brief Westarps an Berthold Hiller v. Gärtringen v. 26. Januar 1932.

76 Hindenburg, „Persönliche Darlegung" (Anm. V/33), Abschnitt 3: „Ich habe es von mir gewiesen, die Ehrenmitgliedschaft beim ‚Stahlhelm' niederzulegen, als mir dies seinerzeit regierungsseitig aus politischen Gründen nahegelegt wurde, und habe die ganzen Jahre hindurch mit dem ‚Stahlhelm' und seinen Führern kameradschaftlich und persönlich Fühlung gehalten."

war, den Konflikt der Loyalitäten bisher zurückgedrängt hatte[77], so bedrängte ihn jetzt die Frage, ob er der politischen Einsicht folgen und einen Bruch mit seinen gefühlsmäßigen Bindungen riskieren oder aber doch — mit der Berufung einer Rechtsregierung — diesen höchst persönlichen Konflikt auf Kosten der letzten republikanischen Machtstützen im Sinne seiner innersten Neigungen beenden sollte. Zunächst schien er sich aus dem Gefühl der Verbitterung heraus für den ersten Weg zu entscheiden, wobei er dem deutschnationalen Gegenkandidaten vor allem das Bekenntnis zum „schwarz-weiß-roten Gedanken" streitig zu machen suchte[78]. Doch nach seiner Wiederwahl, die er nicht zuletzt jener nach außen hin objektiv scheinenden Entscheidung verdankte, drängten sich den eigentlichen Gefühlen entsprechend mehr und mehr die subjektiven Motive des zweiten Weges in den Vordergrund; sie fanden ihre Unterstützung in lange verfolgten Plänen wie in plötzlich ausbrechenden Gegensätzen der intrigenreichen Umgebung Hindenburgs, und sie führten in wenigen Wochen die Katastrophe des Brüning-Systems und das Intermezzo des Papen-Experiments herauf.

4. *Reichstag und Reichspräsidentenwahl*

Inzwischen kam der Tag, an dem nach einer Pause von vier Monaten der Reichstag wieder zusammentrat — ein Umstand, der den Ereignissen dieser Woche vom 16. zum 23. Februar so dramatische Beschleunigung auferlegt hatte. Auch die viertägigen Aussprachen im Parlament waren ganz von der bevorstehenden Präsidentenwahl bestimmt. In bewegten, oft äußerst scharfen Auseinandersetzungen prallten erneut die Fronten aufeinander, wobei die Tatsache der Doppelkandidatur der Rechtsopposition ständige Verschiebungen und Differenzierungen innerhalb der großen Frontbildung zur Folge hatte. Am 23. Februar schon eröffnete Goebbels[79] den Generalangriff der NSDAP auf das Kabinett Brüning, dem er Verfälschung des großen Wendepunkts der jüngsten Geschichte, der neuen Machtverteilung nach der Septemberwahl von 1930 und — unter dem Gelächter der demokratischen Parteien — terroristische Nichtachtung der demokratisch-parlamentarischen Machtverhältnisse vorwarf. Er lenkte darüber hinaus seine Polemik besonders auch gegen Hindenburg selbst, der die nationale Sache seiner ehemaligen Wähler im Stich gelassen habe. Die Unruhe steigerte sich zum Tumult, als Goebbels fortfuhr: „Sage, wer dich lobt, und ich sage dir, wer du bist! Hindenburg wird gelobt von der Berliner Asphaltpresse, gelobt von der Partei der Deserteure..."[80] Goebbels erhielt einen Ordnungsruf, und nach erregtem Protest der SPD[81] unterbrach Löbe die

77 *Ebda.*: „Wäre im Jahre 1925 ein anderer zum Reichspräsidenten gewählt worden, so wäre der ‚Stahlhelm' nach all den Erfahrungen, die selbst ich in den letzten Jahren gemacht habe, schon längst aufgelöst worden. Ich habe es vor ca. 1½ Jahren als Selbstverständlichkeit angesehen, mich mit meiner ganzen Person für den ‚Stahlhelm' einzusetzen, als er im Rheinland und in Westfalen bereits verboten war" (vgl. auch o. S. 308).

78 *Ebda.*: „Ich vermag nicht den Gedankengängen der ‚Stahlhelm'-Leitung zu folgen, die einerseits in Veröffentlichungen behauptet, mir die Treue zu halten, sich andererseits aber im Wahlkampf gegen mich stellt und dies auch noch ganz besonders dadurch zum Ausdruck bringt, daß sie zusammen mit der DNVP den zweiten Bundesführer des ‚Stahlhelm' als Gegenkandidat präsentiert, dabei behauptend — ausgerechnet gegen mich —, den schwarz-weiß-roten Gedanken vertreten zu müssen. Sie können es daher wohl verstehen", schließt die Darlegung an die konservativen Freunde, „daß das jetzige Verhalten des ‚Stahlhelm' mir gegenüber nur Verbitterung bei mir auslösen muß. Jedenfalls hat es mit meiner Auffassung über den Begriff ‚Treue' nichts gemein."

79 *Reichstagsprotokolle* v. 23. Februar 1932, S. 2245 ff.

80 *Ebda.*, S. 2250.

81 Den nationalsozialistischen Heilrufen traten die Proteste der SPD entgegen: „Wir Kriegsteilnehmer lassen uns von diesem Heimkrieger nicht beschimpfen" (*ebda.*).

Sitzung und suchte im Ältestenrat eine Klärung des Zwischenfalls herbeizuführen. Da dies nicht gelang, Goebbels aber seinen Angriff nicht zurücknahm[82], wurde er wegen Beleidigung des Staatsoberhauptes unter stürmischem Beifall der Mehrheit von der Sitzung ausgeschlossen und verließ unter Heilrufen seiner Parteigenossen den Saal.

Die folgende Lärmobstruktion der nationalsozialistischen Fraktion ließ nur einer antisemitischen Dolchstoßrede Gregor Strassers Raum[83]. Der Tumult steigerte sich, als der junge, schwerkriegsverletzte SPD-Abgeordnete Kurt Schumacher in einer denkwürdigen Stegreifrede, die ihm lange KZ-Haft einbringen sollte, zu einem energischen Gegenangriff gegen die „moralische und intellektuelle Verlumpung" des Nationalsozialismus ausholte und dessen Agitation als einen „dauernden Appell an den inneren Schweinehund im Menschen" brandmarkte: „Wenn wir irgend etwas beim Nationalsozialismus anerkennen, dann dies, daß ihm zum ersten Mal in der deutschen Politik die restlose Mobilisierung der menschlichen Dummheit gelungen ist[84]."

Auch die Sitzung des folgenden Tages war erfüllt von leidenschaftlichen Auseinandersetzungen über die Goebbels-Rede. Zunächst verwahrte sich Groener als Reichswehrminister in aller Schärfe und unter dem Beifall der Mehrheit gegen die Beleidigung Hindenburgs durch einen Mann, „der selber den Krieg nur vom Hörensagen kennt"[85]. Als der SPD-Fraktionsvorsitzende Breitscheid die tolerierende Haltung seiner Partei gegenüber Hindenburg präzisierte, dessen Amtsführung trotz allen Vorbehalten „angenehm enttäuscht" habe[86], machte die NS-Fraktion Anstalten zum Auszug aus dem Reichstag; von einem ihrer Führer zurückgehalten, verlegte sie sich wieder auf Lärmobstruktion. Breitscheids Rede stieß tief in die schwachen Stellen der „Harzburger Front" hinein und nahm die Tricks um die bevorstehende Einbürgerung Hitlers so wirkungsvoll aufs Korn, daß die Nationalsozialisten, gefolgt von den Deutschnationalen (zuletzt Oldenburg-Januschau), nun doch den Ausmarsch vorzogen. Auch in den brillanten Formulierungen Breitscheids war freilich das Dilemma spürbar, in dem sich die SPD nicht nur angesichts der bevorstehenden Wahl, sondern auch in ihrem Verhältnis zur Regierung Brüning befand. Da war die klare Einsicht: „Daß die Nationalsozialisten mit Gewalt ihre Herrschaft aufrichten wollen, daran können auch alle Legalitätsbeteuerungen Hitlers nichts ändern." Und zur Regierung gewandt: „Ich bewundere die Toleranz, die Sie gegen die Nationalsozialisten üben[87]." Breitscheids weitere Kritik an der illusionistischen Beschwichtigungspolitik gegenüber der rechtsradikalen Gefahr richtete sich vor allem gegen jenen jüngsten Erlaß des Reichswehrministers, der im Zuge der schwebenden Verhandlungen mit der „Nationalen Opposition" das Verbot der Einstellung von Nationalsozialisten in die Reichswehr aufgehoben hatte[88]. Auch Breitscheids Schlußwort kam jedoch über die rein defensive

82 Es war ein kleines Musterbeispiel von Zweck-Dialektik, wenn Goebbels schließlich zwei Tage später aus taktischen Rücksichten auf die gefährliche Hindenburg-Propaganda seine Äußerung „ergänzte" und nun in fast umgekehrter Form verstanden wissen wollte. Er habe sagen wollen: „. . . gelobt von der Partei der Deserteure, gelobt aber auch von den Nationalsozialisten, das kann es nicht geben". Dies wurde freilich mit Gelächter oder gar als „jüdischer Dreh" – so sozialdemokratische Zwischenrufer – quittiert; zu dem Vordersatz konnte es kaum passen.

83 *Reichstagsprotokolle* v. 23. Februar 1932, S. 2253 f.

84 *Ebda.*, S. 2254.

85 *Ebda.*, S. 2270 f.

86 *Ebda.*, S. 2271. Die Rede ist auch abgedruckt bei Rudolf Breitscheid, „Abrechnung, Eine Reichstagsrede", in: *Wider den Nationalsozialismus, Republikanische Bibliothek*, Bd. II, Berlin o. J. [1932], S. 98 ff.

87 *Reichstagsprotokolle* v. 23. Februar 1932, S. 2277.

88 In diesem Erlaß vom 29. Januar 1932 (Nr. 600/32 W Ia) über die Wehrverbände und die Richtlinien bei der Einstellung in die Wehrmacht waren die gegen nationalsozialistische Angehörige und Angestellte der Reichswehr gerichteten Erlasse vom 16. Juli 1929 und vom 10. April 1930 (Entlassung nationalsozialistisch

Erklärung nicht hinaus, die SPD werde für den Präsidentschaftskandidaten stimmen, der die meiste Aussicht habe, die Mehrheit der Stimmen gegen den Faschismus zu sammeln.

Groeners folgende Antwort zeigte deutliche Spuren jener optimistischen Projekte, mit denen Schleicher offenbar jetzt mehr denn je umging. Auch hier wird eine gerade Linie zur Krise um das SA-Verbot und zum Sturz Brünings sichtbar. Wieder war es der Gedanke, zwei Probleme durch eine einzige Patentlösung zu bereinigen: durch Einbeziehung und Ausnützung der „militärisch wertvollen Elemente" in den nationalsozialistischen Massenformationen die Reichswehr zu stärken und zugleich der NSDAP selbst die Zügel anzulegen, ihrer politischen Spitze den konkreten militanten Unterbau zu nehmen[89]. Jedenfalls rechtfertigte Groener seinen Entschluß mit dem Versprechen aller Wehrverbände, des Reichsbanners wie insbesondere auch der SA-Führung, sich illegaler militärischer Betätigung zu enthalten und nur „körperliche und geistige Jugendertüchtigung" zu betreiben. Die Zulassung von Nationalsozialisten zur Reichswehr sei keine „Vorleistung" der Reichswehrführung, sondern bedinge eine solche der NSDAP, die durch Hitler feierlich ihren „Verzicht auf jegliche Zersetzungsarbeit in der Wehrmacht" ausgesprochen habe[90]. Wieder einmal hatte mit dieser Folgerung Groeners, die sich über den wahren Charakter der NSDAP trotz besserem Wissen[91] noch einmal hinwegsetzte, die nationalsozialistische Legalitätstaktik einen bezeichnenden, wenn auch vielleicht weniger militärisch als politisch-psychologisch bedeutsamen Erfolg errungen. Drei Monate nur nach dem Bekanntwerden der Boxheimer Dokumente, dieses Zeugnisses der nationalsozialistischen Umsturzbestrebungen, versprach die höchste Instanz republikanischer Militär- und Innenpolitik zwar ein scharfes Vorgehen gegen alle Offizierskandidaten von umstürzlerischer Gesinnung, hielt jedoch gleichzeitig eine Einstellung von Nationalsozialisten für unbedenklich. Drei Monate später stürzte Groener selbst über den Versuch, diese Illusion wiedergutzumachen.

Im weiteren Verlauf der Reichstagssitzung kehrte die scharfe Diskussion zu den anfänglichen Themen zurück. Während für das Zentrum Eugen Bolz, der württembergische Ministerpräsident, die alle Grundlagen parlamentarischer Politik untergrabende nationalsozialistische Obstruktion entschieden verurteilte[92] und im Hinblick auf die Präsidentenwahl das rein destruktive Machtstreben der Rechtsopposition bedauerte[93] — wobei eine gewisse Koalitionsbereitschaft des Zentrums auch nach rechts durchklang[94] —, faßte v. Freytagh-Loringhoven noch einmal die nationalistischen Vorwürfe der Hugenbergianer gegen das „System" zusammen, wobei er sich vor allem auf die

organisierter Arbeiter und Verbot der Teilnahme an NS-Versammlungen) aufgehoben und mit elastischen Formulierungen *implicite* die Hitlerschen Legalitätsbeteuerungen anerkannt worden; „Entgleisungen einzelner Führer oder Mitglieder von [Wehr-]Verbänden können daher kein Grund zum Ausschluß aller Mitglieder derartiger Verbände oder Parteien sein" (Schultheß, *1932*, S. 20). Vgl. auch Anm. V/23 sowie die o. Anm. V/20 zitierte Befehlshaberbesprechung.

89 Darüber ausführlicher im Zusammenhang mit der Geschichte des SA-Verbots: u. S. 425 ff.

90 *Reichstagsprotokolle* v. 23. Februar 1932, S. 2279 f.

91 In den zahlreichen privaten Äußerungen Groeners aus diesen Wochen, die in Kap. V und VI angeführt sind, haben nur noch wenige Illusionen über die NSDAP und ihre Ziele Platz. Auch zeigt die Niederschrift einer Befehlshaberbesprechung Hammersteins v. 27. Februar 1932 eine deutliche Ernüchterung der reichswehr-offiziellen Beurteilung: Vogelsang (Anm. III/35), S. 418 ff.

92 *Reichstagsprotokolle* v. 24. Februar 1932, S. 2280 ff.: „Die Kritik der Nationalsozialisten ist grenzenlos, gewissenlos, rein negativ, ohne Inhalt, sie ist nichts als Verhetzung, Vergiftung, Zerstörung."

93 *Ebda.*: „Der Ruf nach dem Sturz des alten Systems wird ausgestoßen, ohne daß die Propagandisten des neuen Systems sagen können, wie sie es anders oder besser machen können. Sie wollen nur unter allen Umständen an die Macht, ohne daß sie sagen, was sie mit dieser Macht anfangen wollen."

94 *Ebda.*: „Den Nationalsozialisten sagen wir: Das Zentrum ist zur Zusammenarbeit mit jeder Partei bereit, die auf dem Boden der Verfassung aufbauende Arbeit leisten will."

Außenpolitik konzentrierte und scharfe Angriffe gegen Brünings Nachgiebigkeit gegenüber Frankreich sowie gegen die polnische Drohung im Osten richtete. Seine Kritik machte auch vor Hindenburg nicht halt[95]. Demgegenüber erklärten Bredt für die Wirtschaftspartei und Westarp für die Volkskonservativen ihre Zustimmung zu Brüning-Kurs und Hindenburg-Kandidatur[96]. Ihrer entschiedenen Kritik am vernunftwidrigen Destruktionskurs der Rechtsopposition schloß sich August Weber von der Staatspartei an; er mißbilligte darüber hinaus Groeners Reichswehrerlaß, um sich nach einer Anprangerung der zahlreichen rechts- und linksradikalen Bluttaten den drohend zur Rednertribüne vorgestürmten NS-Abgeordneten gegenüberzusehen[97]. Wieder mußte die Sitzung unterbrochen werden, bevor Simpfendörfer für die Christlichsozialen der rechtsradikalen „Versündigung gegen die nationale Führeridee und gegen den konservativen Staatsgedanken" entgegentreten und ein religiös getöntes Bekenntnis zum Hindenburg-Mythos und zum autoritären Präsidialregime ablegen konnte[98]; ihm folgte zwei Tage später sein Parteifreund Bausch mit einer scharfen Verurteilung der nationalsozialistischen Obstruktion gegen Brüning[99].

Der ganze Diskussionsverlauf zeigte freilich, wie weit auch innerhalb der Hindenburg-Mehrheit die Ansichten über die Verteidigung oder die Reform des zerbrechenden demokratisch-parlamentarischen Staatsgefüges, zugleich die Hoffnungen, Erwartungen und Planungen im Hinblick auf eine neue Amtsperiode Hindenburgs auseinandergingen. Dies wurde besonders deutlich bei der ambivalenten Stellungnahme der DVP am folgenden Tag, als Dingeldey wohl für Hindenburg eintrat, es in Erinnerung an seine gescheiterten Vermittlungsversuche jedoch nachdrücklich beklagte, daß Brüning die Einordnung „der in der nationalsozialistischen Bewegung steckenden Kräfte" in eine „breite nationale Front" versäumt habe[100].

Diese Sitzung vom 25. Februar brachte eine weitere Steigerung, als nach der positiven Stellungnahme der BVP[101], die sich auf eine Verlesung der Kandidaturerklärung Hindenburgs stützte, der Reichskanzler selbst sich zu Wort meldete. Brünings großangelegte, besonnen abwägende Rede, die abends auch über den Rundfunk verbreitet wurde, umriß die gespannte außenpolitische und wirtschaftliche Lage[102]. Mit der bezeichnenden sachlichen Einseitigkeit, die den verantwortungsbewußten Fachmann vor den realistisch-vielseitigen Politiker stellt, behauptete er auch jetzt seinen Standpunkt: ohne Rücksicht auf innenpolitische Agitation und Prestigebedürfnisse eine sachgerechte Außenpolitik zu treiben[103]. Wieder zeigte sich die Fragwürdigkeit einer solchen Prämisse, die den Primat der Außenpolitik im Augenblick einer Staatskrise ins Unrealistische übertrieb und der politischen Führung mit der innenpolitischen Grundlage Legitimierung und Machtbasis ihrer Herrschaft überhaupt entzog. Wenn Brüning hier gleichzeitig eine Kampagne gegen den lähmenden Pessimismus

95 *Ebda.*, S. 2285 ff.: „Der Sturz dieses Systems ist unser Ziel im Wahlkampf, der jetzt beginnt. Es ist die tragische Schuld des Reichspräsidenten v. Hindenburg, daß er dieses System gestützt hat."

96 *Ebda.*, S. 2291 ff.; S. 2297 ff.

97 *Ebda.*, S. 2300 ff.

98 *Ebda.*, S. 2303: Hindenburg sei der gottgeschenkte Führer, der in den Tiefen christlichen und reformatorischen Glaubens wurzele, in dem das System von 1918 und der überspitzte Parlamentarismus tatsächlich überwunden sei, wie viel auch die verfassungsrechtliche Sanktionierung dieser Wirklichkeit (besonders mit Hilfe der Art. 48 und 54) noch zu wünschen übrig lasse.

99 *Ebda.*, v. 26. Februar 1932, S. 2380 ff.

100 *Ebda.*, v. 25. Februar 1932, S. 2356 ff.

101 *Ebda.*, S. 2318 ff. (Prälat Leicht).

102 *Ebda.*, S. 2323 ff.

103 Dem entsprechen dann auch Brünings Schlußsätze: „Mein System ist, daß ich die sachlich notwendige Linie rücksichtslos beschreite. . ."

der Bevölkerung forderte, so widerlegte er im Grunde selbst seine These von der nüchternen Durchhaltepflicht der Innenpolitik zugunsten einer ungestörten Außen- und Wirtschaftspolitik. Zum Schluß geriet er in eine tumultreiche Auseinandersetzung mit den Nationalsozialisten, die er wohl vor Verfassungsverletzungen entgegen den Legalitätsbeteuerungen Hitlers warnte, denen er aber — unter Hinweis auf den Reichswehrerlaß — „bei aller Festigkeit eine gerechte Behandlung" zusicherte. Zeitweise überschrien von den Abgeordneten der Rechten, forderte Brüning noch einmal innenpolitische Mäßigung, protestierte unter Hinweis auf seine militärische Haltung am 9. November 1918 — und auf die damalige Tätigkeit etwa eines Alfred Rosenberg — gegen den Vorwurf des Landesverrats und stellte schließlich die Schuld der maßlosen Rechtsopposition am Scheitern der Verhandlungen für eine Sammelkandidatur Hindenburgs klar: er selbst habe sogar angeboten, sie oder eine Rechtskoalition durch seinen Rücktritt zu ermöglichen.

In seinen abschließenden Bemerkungen zur Lage der „Nationalen Opposition" und zur Unwirklichkeit ihrer Machtansprüche stieß Brüning doch noch zu einer treffenden Analyse der Situation durch. In ihr war zugleich der Übergang von der Phase des *Machtverlusts* zur Situation des *Machtvakuums* getroffen, wenn Brüning sarkastisch feststellte, daß die Rechtsopposition das „System" anklage deswegen, weil sie zwar an die Macht wollte, aber nicht an die Macht könnte[104]. Möglichkeiten zu einer Rechtsregierung hätten sich zwar wieder und wieder geboten, doch habe das politische Verständnis gefehlt. Obstruktion freilich bedeute Selbstausschaltung, und er selbst könne demgegenüber seine Politik auf eine stärkere Tatsache stützen: „daß ich einem Mann dienen konnte, wie dem Reichspräsidenten v. Hindenburg"[105]. Unter dem stürmischen Beifall der Mehrheit berief sich Brüning hier wie in der folgenden Wahlkampagne noch einmal — drei Monate nur, bevor er ihm selbst zum Opfer fiel — auf den Hindenburg-Mythos, der seine Regierung getragen, seinen konsequenten Kurs ermöglicht und die ständige Bedrohung durch eine verdrängte innenpolitische Krise, durch den allgemeinen Machtverlust des demokratischen Gefüges immer wieder neutralisiert und abgewendet hatte. Es war ein philosophisches Idealbild, nicht das Bild des historischen Hindenburg, das er wider manche eigene Erfahrung und geschichtliche Kenntnis beschwor: „Vergessen Sie nicht: von der Wiederwahl des Reichspräsidenten von Hindenburg hängt es ab, ob die Welt glauben soll, daß im deutschen Volke noch Ehrfurcht und Achtung vor der Geschichte, vor der Tradition und vor der Größe eines Mannes vorhanden ist[106]."

Der letzte Sitzungstag (26. Februar) gipfelte in einer großen Abrechnung des Fraktionsvorsitzenden der Staatspartei, August Weber, mit dem Mordterror des Rechtsradikalismus. Mit einem Überblick über die Schattenseite der republikanischen Geschichte seit der Ermordung Erzbergers und Rathenaus, dieser „Schande für unser Vaterland", begründete Weber die Notwendigkeit zu schärferen Gegenmaßnahmen der Regierung und der Justiz zum Schutz der Reichswehr gegen Zersetzung; der Appell an das Rechtsbewußtsein erstand aus einer schonungslosen Analyse der rechtsradikalen Terroratmosphäre, deren Erbe die NSDAP übernommen hatte. Beispiel folgte auf Beispiel: ein Höhepunkt der Fememord des SA-Führers und Reichstagsabgeordneten Heines, ein anderer

104 „Das geht in der objektiven Handhabung meines Amtes zu weit", fügte hier Brüning mit einiger Selbsterkenntnis unter Heiterkeit hinzu, „wenn ich nun jeder Partei auch noch die Rezepte dafür geben sollte, wie sie zur Macht gelangt."

105 *Ebda.*, S. 2333.

106 *Ebda.*

die Glorifizierung politischer Gewalttaten durch Goebbels und die Parteipresse[107]. Die „Nationale Opposition" freilich entzog sich erneut der parlamentarischen Auseinandersetzung; die samt DNVP ausmarschierende NSDAP ließ nur Frick und Göring im Saal zurück.

Nachdem sich mit dem Zentrumsabgeordneten Marx noch der demokratische Präsidentschaftskandidat von 1925 für seinen damaligen Rivalen Hindenburg ausgesprochen hatte[108], fanden die gesamten Mißtrauensanträge eine gemeinsame Ablehnung (288 : 264), wobei sich zur radikalen Opposition von rechts und links auch wieder die DVP[109], das Landvolk und die neue Splittergruppe der SAP hielten. Noch eindeutiger scheiterten die Mißtrauensanträge gegen Groener (303 : 246) und Dietrich (289 : 247) sowie die Anträge auf Auflösung des Reichstags (319 : 226)[110] und auf Neuwahl des Reichstagspräsidenten (319 : 226 bei 1 Enthaltung)[111]. Auf weitere Abstimmungsniederlagen reagierten die Nationalsozialisten mit einem neuerlichen Auszug, so daß kommunistische Anträge auf Sperrung der Polizeikostenzuschüsse für das nationalsozialistische Braunschweig (232 : 158 bei 43 Enthaltungen), sowie auf unverzügliche Aufhebung des umkämpften Reichswehrerlasses (220 : 169 bei 37 Enthaltungen) mit Unterstützung der SPD die Zustimmung der Mehrheit fanden. Über 100 weitere Anträge wanderten in die Ausschüsse. Wieder hatte sich die Regierung behauptet, wieder schien die nationalsozialistische Obstruktionspolitik eine schwere Niederlage erlitten zu haben. Die Präsidentschaftswahl mußte erweisen, ob dieser neuerliche Erfolg der Brüning-Mehrheit endlich den Weg zur Gewinnung einer stabileren Regierungsbasis bahnen würde.

5. *Der Wahlkampf*

Drei Wochen vor der Wahl erst lief so die eigentliche Kampagne an — nun allerdings mit verstärkter Intensität. Während die nationalsozialistische Presse- und Versammlungstätigkeit die gewaltig vermehrten Agitations- und Finanzmittel der ständig wachsenden Partei demonstrierte[112], sahen sich freilich ihre einstigen deutschnationalen Gönner erneut in die hoffnungslose Lage des „gemäßigten Radikalen" versetzt, der mit dem engen Spielraum zwischen zwei beherrschenden Konkurrenten vorliebnehmen mußte[113]. Nicht nur richtete der offizielle Wahlaufruf der NSDAP vom 1. März schärfste Angriffe gegen „die namenlose Bonzenwirtschaft der volksverräterischen SPD", die „unerhörte

107 *Ebda.*, v. 26. Februar 1932, S. 2400 f. Abgedruckt auch bei August Weber, „Die Nationalsozialisten sind auf dem Wege des politischen Mordes vorangegangen! Zwei mutige Reden", in: *Wider den Nationalsozialismus* (Anm. V/86), S. 70 ff.; bes. 90 ff.

108 *Reichstagsprotokolle* v. 26. Februar 1932, S. 2411 ff.

109 Der darin ausgedrückte anhaltende Rechtskurs der DVP führte freilich zu ständigen innerparteilichen Krisen. Als für das Votum gegen die Regierung Fraktions- und Anwesenheitszwang verfügt wurde, entzogen sich mit Curtius und v. Kardoff zwei führende Abgeordnete durch Abwesenheit dem Destruktionskurs Dingeldeys. Sie wurden aus der Fraktion ausgeschlossen, während gleichzeitig jedoch prominente Vertreter des rechten Flügels aus Protest gegen die Hindenburg-Parole zur DNVP übergingen.

110 Auch daran beteiligte sich – in Verkennung ihrer geschwächten Position – die DNVP.

111 Abstimmung über die geschäftsordnungsmäßige Zulässigkeit der gegen den Präsidenten des Reichstags eingebrachten Mißtrauensanträge Dr. Frick u. Gen. sowie Dr. Oberfohren u. Gen.

112 Man vgl. die Notizen Goebbels' (*Kaiserhof*, Anm. V/13, S. 35 ff.) über die Organisation der Propaganda zu diesem Wahlkampf „mit Dimensionen ohnegleichen" und seine Berichte vom nationalsozialistischen Versammlungstaumel: so etwa über eine Hitlerrede vom 27. Februar 1932 (*ebda.*, S. 54): „Der Sportpalast rast und tobt eine ganze Stunde in einer Art Besinnungslosigkeit." Und (*ebda.*, S. 56): „Unsere Redner-Tourneen sind wahre Triumphzüge."

113 Bezeichnend ist dafür auch das Hin und Her im Stahlhelm selbst. In den *Westarp-Akten* findet sich z. B. ein Briefwechsel innerhalb der Führung des Luisenbundes (Elisabeth Wecks – Bundesführerin Marie Nelz), aus dem die schwankende Unentschiedenheit vieler Mitglieder deutlich wird. Die Bundesführerin Nelz selbst spricht sich entschieden für Duesterberg aus und erklärt im Hinblick auf den 2. Wahlgang, sie werde noch eher für Hitler als für Hindenburg eintreten.

Mißwirtschaft der schwarzroten Novemberparteien", das „volksfremde" Zentrum, die „jüdische Pseudodemokratie", die „feigen, spießbürgerlichen Geldsack-Patrioten", den Wahlbetrug mit Hindenburg, den man „auf dem Umweg über getarnte Ausschüsse" zur Kandidatur gedrängt habe, „statt ihm den wohlverdienten Ruhestand zu gönnen"[114]. Die NS-Presse schlug zugleich einmal wieder sozialistische Töne an und zog mit aller Schärfe den Trennungsstrich gegenüber den „sozialreaktionären" Deutschnationalen, die sich solcher „Exzesse der Wahlkampfpsychose" nur schlecht zu erwehren vermochten. Zwar hielt Duesterberg Hitler entgegen, der deutsche Freiheitswille könne nicht cäsarisch gebrochen werden. Aber durch den Appell an einen Frontsozialismus war die Idealkonkurrenz mit der Massendemagogie des „nationalen Sozialismus" für die zusammengeschrumpfte DNVP trotz Stahlhelm nicht zu gewinnen[115].

Zugleich erwies sich aber erneut die geringe Bewegungsfähigkeit der Regierung und ihr Verlust an tatsächlichen Machtpositionen. So blieben die Versuche etwa des preußischen Innenministeriums, der Demonstration nationalsozialistischer Machtansprüche wenigstens jetzt noch zu später Stunde alle verfügbaren Mittel entgegenzuwerfen, nach wie vor in den Anfängen stecken. Severings persönliche Besprechungen mit Groener[116] und seine Bemühungen um Unterstützung durch die Finanzministerien[117] deckten nur wieder die schwere innere Krise auf, in der sich die Träger der Macht nach ihrer psychischen Abwehrbereitschaft wie nach ihren politischen Möglichkeiten und Erwartungen befanden.

Wohl stürzte sich Brüning nun selbst mit Energie in den Wahlkampf. Wohl setzte sich nach einem Aufruf des Parteivorstands mit Braun auch die Elite der SPD, indem sie mit spürbarer innerer Reserve aus ihrer halb gezwungenen, halb erwünschten Passivität heraustrat, trotz der schwierigen Position gegenüber einer bedenkenlosen KPD-Propaganda für das kleinere Übel einer Wiederwahl Hindenburgs ein[118]. Wohl war neben den Parteien und Gruppen der Mitte[119] die von konservativen Politikern wie Westarp betriebene Mobilisierung der gemäßigten Rechten nicht ohne Widerhall[120], während es selbst im

114 *Völkischer Beobachter*, Nr. 63 v. 3. März 1932.

115 Vgl. Egelhaaf, *1932*, S. 87, und die Pressestimmen in: *Der Zeitspiegel* 1, Nr. 6 (18. März 1932), S. 82 ff.

116 Severing berichtet (Anm. I/18, II, S. 321 ff.), daß er Groener bei mehreren Spaziergängen etwa zur „Alten Fischerhütte" bei Berlin beweglich auf die „Passivität des Reiches" hingewiesen habe, Groener habe demgegenüber beklagt, daß das Innenministerium „zu wenig Mittel habe, um eine großzügigere Propaganda zu betreiben". Seine Einstellung zur NSDAP und zu Hitler („den er einen ‚wilden Schizophrenen' nannte") sei zwar eindeutig gewesen; um so mehr habe der verlegene Hinweis auf die notwendigen Bemühungen um Nazimitläufer, mit dem Groener Severings Kritik an dem Reichswehrerlaß vom 29. Januar 1932 zu beschwichtigen suchte, die Urheberschaft Schleichers und den Zusammenhang dieser Maßnahmen mit den Schleicherschen Plänen und Sondierungen bewiesen. Der Beginn dieser Gespräche ist mit Anfang Februar zu datieren.

117 Severing (Anm. I/18, II, S. 319 f.) beklagt sich in einem Rückblick auf seine schon seit Herbst 1930 angestellten Bemühungen um besondere Mittel zur Abwehr von staatsfeindlichen Bestrebungen vor allem über die bürokratische Unbeweglichkeit und Skrupelhaftigkeit des preußischen Finanzministeriums: „Eine schleimige Resignation, die vom demokratischen Kampfgeist nicht das mindeste verspüren ließ, hatte sich bereits weiter Kreise der Bürokratie bemächtigt." So blieb es trotz der Hilfestellung Brauns auch im Januar und Februar 1932, bis endlich Reichsfinanzminister Dietrich am 27. Februar 1932 mit Severing konkrete Maßnahmen zur Unterstützung des Wahlkampfs und zur Abschirmung der demokratischen Ordnung gegen radikale Putschpläne vereinbarte und dafür auch die nötigsten Mittel versprach (*ebda.*, S. 323 f.).

118 Der maßgebliche Aufruf erschien im *Vorwärts* v. 27. Februar 1932 unter der bezeichnenden negativen Parole: „Schlagt Hitler, darum wählt Hindenburg". Vgl. auch Otto Braun (Anm. I/5), S. 372.

119 Auch Oskar Meyer (Anm. II/87), S. 155, erinnert sich mit Bitterkeit, daß er selbst „in Dutzenden von Versammlungen" der Staatspartei für Hindenburg gesprochen habe.

120 Am 24. Februar hatte Westarp einen von führenden konservativen Persönlichkeiten unterzeichneten Wahlaufruf veröffentlicht, dessen interessante Korrespondenz-Unterlagen sich bei den *Westarp-Akten* befinden (vgl. Anm. V/42).

Bereich der evangelischen Kirche zu erheblichen Auseinandersetzungen kam, in deren Verlauf der starke Einfluß der „Nationalen Opposition" auf die Kirchenleitungen sichtbar wurde[121]. Aber die wirksamen Maßnahmen liefen nur langsam und zögernd an. Noch am 1. März kam eine Chefbesprechung in der Reichskanzlei, an der neben Brüning, Dietrich, Groener, Schleicher die Staatssekretäre Pünder und Kempner (a. D.) sowie Severing teilnahmen, zu keinerlei Ergebnissen, und erst Dietrichs selbständiger Entschluß verschaffte am 4. März — 9 Tage vor der Wahl — dem preußischen Innenministerium einige Mittel zur kontrollierten Ausgabe an die Träger der Hindenburg-Propaganda[122]. Daneben empfahl das preußische Innenministerium am 27. Februar auf einer Konferenz der Ober- und Regierungspräsidenten die weitgehende Anwendung der Presse-Notverordnung.

Zu den Höhepunkten der Auseinandersetzung, die sich ganz auf ein Duell zwischen Hitler und Hindenburg zuspitzte und so zum ersten Mal für alle sichtbar Anspruch und Stärke einer dem Rahmen der Harzburger Koalition entwachsenen NSDAP manifestierte, gehörte ein scharfer Offener Brief an Hindenburg vom 28. Februar, den Hitler auf einem Empfang englischer und amerikanischer Journalisten im „Kaiserhof" bekanntgab: er wies darin die Mißdeutung seiner innen- wie außenpolitischen Ziele „entrüstet" zurück, drohte sie „von jetzt ab persönlich in der geeigneten Weise abzuwehren" und protestierte gegen die Ordnungsmaßnahmen der Regierungen. Die Antwort Groeners vom 5. März verwahrte sich nicht nur gegen die Art, wie der Brief vor Absendung an Hindenburg in einem propagandistischen Appell an das Ausland publiziert worden war, sondern stellte auch den Begriff der „Wahlfreiheit" klar, mit dem Hitler seine hemmungslose Agitation motivierte: „Wahlfreiheit" fordere gerade einen Schutz der Wahlentschließung gegen Beeinflussung durch jenen Terror und Zwang, auf den sich die nationalsozialistische Agitation stütze; die aggressiven und unklaren programmatischen Äußerungen der NSDAP aber seien am wenigsten dazu angetan, in- und ausländische Befürchtungen zu zerstreuen[123].

Auch die erste große Wahlrede, die Brüning zwei Tage später in Essen hielt, stand im Zeichen einer scharfen Auseinandersetzung mit dem Nationalsozialismus, die — wie Brüning betonte — von Regierungsseite eineinhalb Jahre lang vermieden worden war. In bitteren Worten, die kaum die Enttäuschung verbargen, kritisierte der Reichskanzler die destruktive Verantwortungsscheu der „Nationalen Opposition" vom Sommer 1930 bis zur Ablehnung des Verlängerungsplans: diesen „Dolchstoß" in den Rücken einer um die Revision der Versailler Politik ringenden Regierung, der man die Verhandlungsfähigkeit abgesprochen habe, statt — wieder der einseitige Grundgedanke Brüningscher Politik — ihre außen- und wirtschaftspolitischen Bemühungen durch eine konstruktive Innenpolitik zu stützen. Die Rede, in der mit nüchternem Appell an die allgemeine Opferfreudigkeit erneut der Deflationskurs allen inflationistischen Projekten entgegengestellt wurde, mündete mit romantischem Aufschwung in einen Vergleich Hindenburgs mit Wilhelm I., „der — selbst bescheiden und von ähnlich starkem und geradem Charakter — den größten Wert darauf gelegt hat, sich selbst zurückzustellen und geeignete Männer um

121 Interessantes Material in der zeitgenössischen Schrift von Horst Michael und Karl Lohmann, *Der Reichspräsident ist Obrigkeit!, Ein Mahnruf an die evangelische Kirche*, Hamburg 1932, S. 6 ff.

122 Severing (Anm. I/18), II, S. 324 ff., nennt 1,8 Mill. RM. Diese Gelder mußten freilich über eine Kürzung der Polizeikostenzuschüsse dem Reich wieder zugehen, und auch weitere Vorstöße in dieser Richtung kamen nicht weit.

123 Bei Schultheß, *1932*, S. 50 f.; S. 52 f.

sich zu sammeln, um mit ihnen die Größe des Deutschen Reiches zu begründen"[124].

Zwei Tage vor der Wahl wiederholte der Reichskanzler diese Gedanken in einer auch über den Rundfunk übertragenen Rede im Berliner Sportpalast. Den Vorwürfen gegen die „Parteipolitik" des „Systems" stellte er hier die Tatsache gegenüber, daß sowohl die Bemühungen um Vermeidung des Wahlkampfs durch die Bildung einer nationalen Zweidrittelmehrheit — für deren Gelingen er seinen Rücktritt angeboten habe — wie dann die Einheitskandidatur der „Nationalen Opposition" selbst gerade an den parteipolitischen Egoismen der Rechtsparteien gescheitert sei. Auch diese Ausführungen kreisten vor allem um die Währungsfrage und stützten sich auf die Feststellung, daß eine Erfüllung der von rechts verkündeten Versprechungen an alle Schichten und Berufe, an Arbeiter wie Wirtschaftsführer nur Inflation bedeuten könne. Sie mündeten erneut in ein romantisch, ja religiös überhöhtes Bekenntnis zu dem Hindenburg von Tannenberg, zu seinem festen Charakter, zu seiner Fähigkeit, „die Dinge scharf und schnell zu durchschauen", sie als Generalstäbler Moltkescher Tradition in klassischer Einfachheit zu formulieren und Krisen wie die gegenwärtige durchzuhalten[125]. Mit dieser Philosophie vom rettenden Durchhalten verlegte Brüning freilich nur jene politische Grundanschauung, die seine Politik jetzt angesichts naher außen- und wirtschaftspolitischer Erfolge noch mehr denn zuvor trug, in die idealtypische Gestalt Hindenburgs. Darin lag der tiefste Sinn seines so ungewöhnlich energischen, keineswegs mehr nüchternen Eintretens für einen Mann, dessen Unterstützung er schon seit Monaten nicht mehr sicher sein konnte.

Zurückhaltender, aber kaum weniger eindeutig in seiner Stellungnahme für Hindenburg war der Aufruf, den Otto Braun gleichzeitig an die sozialdemokratischen Wähler richtete[126]. Um so entschiedener bezeichnete er die Auseinandersetzung mit Hitler, dem „Prototyp des politischen Abenteurers", als den eigentlichen Tenor der Wahl. In einer Wahl Hitlers ahnte er „politische Unterdrückung und Bürgerkrieg ... und schließlich die Gefahr des Zerfalls des Reiches" voraus. Hitlers „aus dunklen Geldquellen gespeiste demagogische Agitation [habe] alle Desperados, Massen Verzweifelter und Hoffnungsloser, wie alle jene Kreise, die aus kapitalistischer Profitgier und reaktionärer Gesinnung oder politischem Unverstand dem heutigen Volksstaat totfeindlich gegenüberstehen, um sich geschart und für sein nebelhaftes Drittes Reich gewonnen ..., das allen Volksteilen alles, was sie wünschen, und zwar immer auf Kosten des anderen Teiles, verspricht". Da die notorische kommunistische Sondertour eine sozialistische Kandidatur verhindere, bleibe nur die Entscheidung für Hindenburg, den man wenigstens — bei allen weltanschaulich-politischen Gegensätzen — „als einen Menschen reinen Wollens und abgeklärten Urteils" achten, „auf dessen Wort man bauen kann"[127].

Hindenburg selbst setzte den wütenden Zuschriften und Reden befreundeter Generale, Stahlhelmer, Großgrundbesitzer, deutschnationaler und national-

124 *Ebda.*, S. 53 f.

125 *Ebda.*, S. 58 f.: „Nicht diejenigen, die immer wieder mit neuen Vorschlägen und wechselnden Plänen und mit tönenden Worten sich hinstellen können vor die Massen, sind wirkliche Führer, sondern nur die von Gott gesandten Männer, wie der Reichspräsident, der in tiefer Gottesfurcht, in seiner Demut vor Gott, in allen entscheidenden Stunden in und nach dem Kriege den Mut hatte, durchzuhalten und die richtigen, aber schweren Entschlüsse zu treffen."

126 Otto Braun, „Ich wähle Hindenburg", in: *Vorwärts* v. 10. März 1932; abgedr. auch bei Brecht (Anm. I/84), S. 73 ff.

127 Ähnlich die Aufrufe und Reden Keils (Anm. I/3), II, S. 436 ff. Zur Kampagne berichtet Keil auch von einer gewissen Zusammenarbeit mit bürgerlichen Hindenburggruppen. Die SPD habe auch „namhafte Beiträge von demokratischen Industriellen zur Bekämpfung der Kandidatur Hitler" erhalten (S. 438).

sozialistischer Politiker verbittertes Schweigen entgegen und trat — wie schon 1925 — nur in einer Rundfunkansprache am 10. März hervor[128]. Er begründete seine Kandidatur mit der Gefahr eines Sieges der radikalen Rechten oder Linken und — hier klang wieder der folgenschwere Zwiespalt an — mit der „Uneinigkeit der Rechten". Er protestierte gegen die politischen Verleumdungen und bedauerte besonders, daß sein Entschluß „von einem Teile meiner alten Wähler, darunter leider manchen alten Kameraden, mißverstanden" und angefeindet werde. Noch einmal betonte er den für ihn wichtigsten Gesichtspunkt, daß nicht eine „schwarz-rote" Koalition, sondern eine überparteiliche Bewegung ihm die Kandidatur angetragen und der erste Anstoß überhaupt „von Gruppen der Rechten" ausgegangen sei. Er trete darum gerade als überparteilicher Kandidat solchen entgegen, „die nur Kandidaten einer Partei sind". Die Argumente der Rede deckten sich im wesentlichen mit den „persönlichen Darlegungen" vom 25. Februar[129], soweit sie sich auf die Unterzeichnung des Young-Plans und der Notverordnungen bezogen. In Vermeidung aller Polemik beschwor Hindenburg zuletzt den „Geist von 1914" — eine pathetische Wendung, mit der die präsidialen Verfasser der Rede die propagandistische Alternative der Republik, das „System" auf der einen, die „Frontgesinnung" auf der anderen Seite, in einer politisch irrationalen Schlußsynthese aufzuheben suchten.

6. *Die Wiederwahl Hindenburgs*

Der 13. März eröffnete die Reihe von aufwühlenden Wahlen, die, drohende Zeichen der krisenhaften Zuspitzung der seit 1930 angebahnten Entwicklung, dem politischen Geschehen des folgenden Jahres fast ausschließlich das Gepräge geben sollten. Statt zur beruhigenden Konsolidierung der demokratischen Machtverteilung zu führen, bewirkten diese Wahlen recht eigentlich die Vernichtung der Demokratie mit demokratischen Mitteln. Sechs große Abstimmungstage — 13. März, 10. April, 24. April, 31. Juli, 6. November 1932 sowie 5. März 1933 — beherrschten mit ihren Vor- und Nachwirkungen das öffentliche Leben Deutschlands und spiegelten die scheinbar ausweglose Zerissenheit der innenpolitischen Kräftegruppen und Machttendenzen. Hier begann recht eigentlich schon jene Phase des *Machtvakuums,* des negativen Kampfes um eine Macht, die sich Wahl für Wahl dem Zugriff der antagonistischen Gruppen entzog, bis sie endlich, durch Intrigen, Verführung und Terror aus dem demokratischen Funktionskreis ganz vertrieben, in der *Machtergreifung* den bewußten Zerstörern der Republik zufiel. Die Reichspräsidentenwahl wurde ein erster Markstein dieser Entwicklung, sowenig ihr Ergebnis dies zunächst ahnen lassen mochte. Schon ihre Vorgeschichte, der Aufmarsch der Fronten und die enge Alternative des Wahlkampfes haben das Dilemma der Demokratie widergespiegelt und Entwicklungs- und Gruppierungsmomente angebahnt, die für alles Kommende von größter Bedeutung werden sollten: kein einziger der fünf Kandidaten für das höchste Amt der Republik war nach voller Überzeugung und innerer Bedeutung, nach soziologischem und parteitraditionellem Stand Republikaner im demokratisch-parlamentarischen Sinne.
Immerhin erfüllte der eindeutige Sieg Hindenburgs über Hitler (49,6 : 30,1 %) den ersten Zweck der demokratischen Sammelkandidatur, verwies den wach-

128 Text bei Schultheß, *1932,* S. 55—57; Poetzsch-Heffter (Anm. I/128), S. 113 f.
129 Vgl. o. S. 399 ff.

senden nationalsozialistischen Machtanspruch noch einmal in seine Grenzen und versetzte die Hochstimmung der NS-Führung in eine schwere, für den Bestand der Partei nicht ungefährliche Depression[130]. Gleichzeitig entschied die vernichtende Niederlage Duesterbergs (6,8 %) die Rivalität innerhalb der „Nationalen Opposition" eindeutig und endgültig zuungunsten Hugenbergs. Zweifellos hatten DNVP, Stahlhelm und andere „nationale Verbände" weiterhin eine erhebliche Wählerzahl an die wirkungsvollere radikale Propaganda der NSDAP verloren, wenngleich die Zahl der trotz allen offiziellen Parolen bei Hindenburg verbliebenen Konservativen nicht unterschätzt werden sollte. Die nationalsozialistische Stimmenzahl war wohl, gemessen an der Reichstagswahl von 1930 wie an den folgenden regionalen Wahlen, weiterhin gestiegen, blieb aber nicht nur hinter den eigenen Erwartungen, sondern auch hinter den Schätzungen aufmerksamer Beobachter um einiges zurück. Gleichzeitig erreichte auch Thälmann (13,2 %) nicht die erhoffte oder befürchtete Wählerzahl. Eine Entscheidung gegen Weimar war nicht gefallen.

Trotzdem mußte eine Gesamtbeurteilung des Ergebnisses, soweit sie auf eine Abschätzung der Machtverteilung im parteipolitisch-parlamentarischen Sinne ausging, recht zwiespältig ausfallen[131]. Die Parteien der ehemaligen Großen Koalition hatten mit Einschluß einiger rechter Splittergruppen — und unter Zurechnung der Sonderkandidatur Winter (0,3 %) — gerade 50 % der Wählerstimmen zusammenzufassen vermocht, während sie im Reichstag noch eine Mehrheit von über 61 % an Mandaten auf sich vereinigten. Dabei hatten sich mit dem Landvolk und der DVP noch Parteien für Hindenburg ausgesprochen, die auf parlamentarischer Ebene nicht mehr zum „Brüning-Block" gerechnet werden konnten und seit dem Sommer 1931 mehr und mehr in den Sog der „Nationalen Opposition" geraten waren. Auch hatten charakteristischerweise wesentlich mehr Frauen für Hindenburg gestimmt, während auf seiten Hitlers und besonders Thälmanns die männlichen Wähler in der Überzahl waren[132]. So besehen, konnte der Wahlsieg Hindenburgs doch eine weitere empfindliche Schwächung der innenpolitischen Grundlagen des Brüning-Kurses nicht verdecken. Der Fortbestand dieses Kurses war abhängig davon, ob es gelang, alle die Zusammensetzung der Parlamente in Reich und Ländern verändernden

130 Vgl. den ständigen Wechsel von Optimismus und Pessimismus in Goebbels' zeitgenössischen Notizen (*Kaiserhof*, Anm. V/13, bes. S. 55 ff. und S. 62 v. 13. März 1932): „Es steht sehr faul... Wir sind geschlagen; furchtbare Aussichten. Wir haben uns nicht so sehr getäuscht in der Einschätzung unserer Stimmen als in der Einschätzung der Chancen für die Gegenseite . . . KPD hat vollkommen versagt" (!).

131 Vgl. die Erklärungen und Pressestimmen in: *Der Zeitspiegel* 1, Nr. 2 (18. März 1932), S. 84 ff.; Nr. 7 (8. April 1932), S. 100 ff.

132 Vgl. Hans Beyer, *Die Frau in der politischen Entscheidung*, Stuttgart 1933; ferner bes. Heinrich Zurkuhlen, „Die Reichspräsidentenwahl und die Frauen", in: *Jahrbücher für Nationalökonomie und Statistik* 138, III, F. 83 (1933), S. 95–100. Das Bild in zahlreichen Wahlbezirken mit gesonderter Stimmenauszählung zeigt bei schematischer Gegenüberstellung folgende Relationen (in Wirklichkeit haben die Frauen wohl absolut mehr gültige Stimmen, prozentual aber eine geringere Wahlbeteiligung aufzuweisen):

	Duesterberg	Hindenburg	Hitler	Thälmann
1. Wahlgang				
männlich	100	100	100	100
weiblich	101,2	115,5	94	70,9
2. Wahlgang				
männlich	—	100	100	100
weiblich	—	115	93,7	67,2

Für Hindenburg dürfte vor allem die starke weibliche Anhängerschaft von Zentrum und BVP ins Gewicht gefallen sein, während Thälmann hier wesentlich schlechter abschnitt als die KPD in den Reichstagswahlen. Vgl. dazu Zurkuhlens Analysen der Parlamentswahlen: für die Reichstagswahl von 1928 *ebda.*, 74 (1928), S. 730 ff.; für 1930 in: *Die Tat* 22 (Februar 1931). Zusammenfassend ders., „Wie wählen die Frauen?, Religiös, national und konservativ", in: *Die Tat* 24 (Oktober 1932), S. 544 ff. Danach ist das Übergewicht der weiblichen Stimmen weitaus am größten im Christlich-Sozialen Volksdienst; es folgen Zentrum–BVP sowie DNVP und DVP. Am schwächsten: KPD und NSDAP. Dies gegen die Legenden vom Radikalismus der weiblichen Wähler!

vorzeitigen Wahlen zu verhindern. Während aber die ordentliche Reichstagsperiode erst im September 1934 ablief, waren in mehreren großen Ländern gerade jetzt die Wahlen fällig geworden.

Zunächst freilich stand nach den Bestimmungen der Verfassung, die für den ersten Wahlgang die von Hindenburg knapp verfehlte absolute Mehrheit forderte, ein zweiter Gang der Präsidentschaftswahl am 10. April bevor. Die Entscheidung konnte, nachdem weitere Versuche um die Gewinnung eines anderen zugkräftigen Einheitskandidaten der Rechten wie auch neue Bemühungen der DVP um Hitler gescheitert waren[133], nur noch zwischen Hindenburg und Hitler liegen. Bemühungen um den Kronprinzen[134], an denen man neben notorischen Monarchisten auch die nationalsozialistische Führung beteiligt glaubte[135] und die auch Hitler selbst vorübergehend nicht abzulehnen schien, sahen sich nicht nur dem von der Kaiserin Hermine erteilten Veto aus Doorn, sondern auch der fortdauernden Rivalität Hindenburg—Hitler gegenüber. Man mag im Kronprinzenplan überhaupt viel eher ein Zweckmanöver erblicken, das auf die psychologische Beeinflussung vor allem Hindenburgs selbst und die Ausnützung seiner gespaltenen Loyalität abzielte. Jedenfalls erklärte kurz danach auch der Kronprinz öffentlich, er werde Hitler wählen[136]. Er erregte damit größtes Aufsehen und, neben der Entrüstung der Linken über den Vertrauensbruch, vor allem den Zorn Schleichers, der vermutlich eine Kandidatur des Kronprinzen gerade mit dem Zweck erwogen hatte, Hitler zu schlagen[137]. Da gleichzeitig mit einem ähnlichen Bekenntnis prominenter Vertreter von Kultur und Wissenschaft[138] der Stahlhelm seine aussichtslose Kandidatur zurückzog, gab Hugenberg, während sich Reichslandbund und Vereinigte Vaterländische Verbände jetzt für Hitler erklärten[139], die Entscheidung seiner Anhänger frei; er plädierte wohl für Abstinenz, suchte auch Hitler zum Rücktritt von der Kandidatur zu bewegen[140] und kämpfte gegen eine Gleichschaltung von „Nationaler Opposition" und NSDAP[141], konnte aber die Folgen seiner un-

133 Nach Goebbels (*Kaiserhof*, Anm. V/13, S. 68) am 19. März 1932.

134 Sie wurden in aller Publizität eröffnet durch den groß aufgemachten Leitartikel des Herausgebers einer vielgelesenen nationalistischen Wochenschrift: F. C. Holtz, „Unser Reichspräsident Kronprinz Wilhelm", in: *Fridericus*, 4. Märzausgabe, wiederholt in der 1. Aprilausgabe 1932. Vgl. dazu auch Herre (Anm. III/135), S. 203 ff.

135 Während nach dem *Fridericus* ein „Nationalsozialistischer Propagandaleiter, ein Stahlhelmführer und eine dritte Persönlichkeit" Wilhelm die Kandidatur angetragen hätten, findet sich bei Goebbels (*Kaiserhof*, Anm. V/13, S. 72) folgende verschlüsselte Notiz zum 30. März 1932: „Der Führer erhält die Nachricht, daß durch eine Zwischenkandidatur eine ganz neue Lage geschaffen werden könnte... Wir fahren gleich zum Braunen Haus... Mit einem Kurier eine wichtige Unterredung fertiggemacht." Nach Friedrich (Anm. V/56), S. 13 ff., handelte es sich bei dem „Kurier" um jenen v. Ostau, der nach einer Konferenz mit dem Kronprinzen dessen Bereitschaft zur Kandidatur (mit Zustimmung Hugenbergs) Hitler überbracht haben soll: Hitler sei (mit Goebbels, Frick und Strasser) sofort von Berchtesgaden nach München gekommen und habe zunächst positive Zusagen gemacht. Nachdem Hindenburg sich geweigert hatte, seinerseits von der Kandidatur zurückzutreten und so den Weg für einen Wahlsieg des Kronprinzen freizumachen, der dann allein noch Thälmann gegen sich gehabt hätte, sei auch Hitler mit einer beharrlichen Weigerung hervorgetreten. Dies – und nicht das von Kaiserin Hermine inszenierte kaiserliche Veto – sei der Grund für den Rückzug des Kronprinzen gewesen, mit dem „die letzte Chance einer legalen Rückkehr für das Hohenzollernhaus . . . verpaßt" war (*ebda.*, S. 17). Einzelheiten zu diesen Vorgängen auch bei Herre (Anm. III/135), S. 205 ff.

136 Am 1. April 1932 verfaßt, am 3. April in der Presse veröffentlicht, forderte die Erklärung des Kronprinzen die Wahl Hitlers im Interesse einer geschlossenen nationalen Front Harzburger Angedenkens.

137 Brief Groeners an Gleich v. 18. Juni 1932 (Phelps, Anm. I/51, S. 1022).

138 Goebbels, *Kaiserhof* (Anm. V/13), S. 73 (zum 31. März 1932): „Der Dichter Hans Grimm bekennt sich offen zum Führer" – ebenso sieben Universitätsprofessoren.

139 *Ebda.*, S. 64 (zum 15. März 1932): „Ich telephoniere mit Darré. Der Reichslandbund hat sich für uns entschieden."

140 *Ebda.* In der Presse sprach sich Hugenberg gleichzeitig dafür aus, den ersten Wahlgang für endgültig zu erklären und statt des zweiten Wahlgangs Reichstagswahlen abzuhalten – ein Handel, dem freilich selbst die NSDAP nicht zustimmte: vgl. Poetzsch-Heffter (Anm. I/128), S. 115.

141 Vgl. seine Rede in Nürnberg am 5. April 1932: „Ich habe in diesem Augenblick die oberste Pflicht, nicht

beweglichen Politik seit der Regierungskrise 1930 und seit Harzburg nicht mehr verhindern, die jetzt noch mehr als zuvor Hitler zugute kam. Die folgenden Monate sollten noch einmal im Zeichen illusionistischer deutschnationaler Selbständigkeitsbestrebungen stehen[142], bis diese sich dann mit der ganzen „Nationalen Opposition" der nationalsozialistischen Machtergreifung überlieferten, um zuletzt das Schicksal aller anderen politischen Gruppen zu teilen. Freilich vermochte selbst der Appell des Kronprinzen ganz offensichtlich nur einen Teil der Monarchisten, Hugenbergianer und Stahlhelmer Hitler zuzuführen. So fieberhaft die nationalsozialistische Agitation nach dem von Hindenburg angeordneten „Osterburgfrieden"[143] die Massenversammlungen der letzten Woche[144] mit Drohungen und Versprechungen, mit Haß- und Bürgerkriegsparolen überschwemmte[145], so wenig entsprach dann der Wahlausgang den Hoffnungen auf eine Machteroberung. Bei etwas geringerer, aber noch immer ungewöhnlich hoher Wahlbeteiligung[146] erreichte Hitler (36,8 %) zwar einen absolut höheren Stimmenzuwachs als Hindenburg (53 %) — 6,7 : 3,4 % —, vermochte sein Lager auch entsprechend Goebbels' Hoffnung „um die Stimmen der Reaktion zu vermehren"[147], war aber mit der Verkündung einer nahen „Machtergreifung" wie mit der Erwartung von 20 bis 30 Millionen Stimmen, der zahlreiche Wahlreden Ausdruck gegeben hatten[148], eindeutig gescheitert. Hitler hatte am 13. März in Wahlkreisen wie Pommern, Schleswig-Holstein, Chemnitz-Zwickau Hindenburg hinter sich gelassen, dem damals nur in 17 der 35 Wahlkreise die absolute Mehrheit zugefallen war[149]. Nun, am 10. April, waren es 21 Wahlkreise, in denen mehr als 50 % der Wähler für Hindenburg stimmten[150]. Bedeutsam war auch der Rückgang der kommunistischen Wähler um 3 % auf 10,2 % — eine Tatsache, die das vielbeschworene „rote Gespenst" als ein propagandistisches Zweckgebilde der Rechtsopposition enthüllte.

die falsche Vorstellung aufkommen zu lassen, als sei nationale Opposition gleichbedeutend mit Hitler und Nationalsozialismus" (*Hugenbergs Ringen*, Anm. I/6, I, S. 65).

142 Ein erstes Zeichen war der Brief, den Hugenberg am 20. März 1932 an Hitler richtete, obgleich er noch immer von jenem selbstgefälligen Überheblichkeitsgefühl des politischen Gönners diktiert erscheint, das längst seine realen Grundlagen eingebüßt hatte: „Zur Klugheit gehört auch Mäßigung. Man konnte und kann bei der heutigen Gesamtlage nicht erwarten – das habe ich Ihnen in München schon am 4. Februar gesagt und später wiederholt –, daß der Generalfeldmarschall von Hindenburg alle eigentlichen Machtpositionen in die Hände *einer* Partei legt, insbesondere also auch die mühsam aufgebaute und aufrechterhaltene Reichswehr. Wenn Sie alle Machtpositionen in Ihrer Hand, in der Hand Ihrer Partei oder Bewegung vereinigen wollen – eine Sache, die es bisher unter keinem Kaiser und König in germanischen Landen gegeben hat –, so sage ich Ihnen vorher, daß Sie um dieses Ziel das Blut Ihrer Besten vergeblich verspritzen werden. Was sich dagegen zusammenballt, wird immer stärker sein als Sie" (*ebda.*, S. 21; Auszeichnung i. Orig.). Vgl. auch Hugenbergs Rede im Berliner Sportpalast vom 21. April 1932: „Wir sind es der Jugend und unseren Kindern schuldig, in diesem Wahlkampf [preußischer Landtag] laut und ehrlich zu betonen, daß wir nicht Nationalsozialisten sind und daß die Nationalsozialisten für sich allein und ohne uns die Aufgaben unserer Zeit nicht lösen können" (*ebda.*, S. 65).

143 *RGBl.*, *1932*, I, S. 133 (17. März). Dadurch wurden zwischen dem 20. März und dem 3. April 1932 politische Versammlungen sowie Plakat- und Flugblattpropaganda verboten.

144 Goebbels, *Kaiserhof* (Anm. V/13), S. 67 u. a.

145 Beispiel ist ein Aufsatz Alfred Rosenbergs im *Völkischen Beobachter*, zitiert bei Egelhaaf, *1932*, S. 90 f.: „Jetzt geht es weiter, mit einer Erbitterung, einer Rücksichtslosigkeit, die Deutschland noch nicht erlebt haben soll... Grund unseres Kämpfens ist der Haß gegen alles, was gegen uns steht... Jetzt wird kein Pardon gegeben."

146 Es ist bezeichnend, daß die Hauptbefürchtungen der NS-Führung einer Verminderung der Wahlbeteiligung gelten: so Goebbels, *Kaiserhof* (Anm. V/13), S. 76.

147 *Ebda.*, S. 67 (zum 18. März 1932). Vgl. die Notiz zum 10. April 1932 (*ebda.*, S. 78): „... wir haben fast die gesamten Stimmen der Reaktion auf unsere Seite gezogen."

148 So Hitler noch am 8. April in Münster: Egelhaaf, *1932*, S. 91 f.

149 In allen süddeutschen Wahlkreisen außer der Pfalz, sowie in Rheinland, Westfalen, Ost- und Südhannover, Dresden, Leipzig, Hamburg und Oberschlesien.

150 An der Spitze lag Niederbayern mit 72,3 % Hindenburg-Stimmen: die kirchlich gebundene katholische Bevölkerung, die der Wahlparole der BVP folgte, erwies sich auch hier als besonders immun gegenüber der nationalsozialistischen Propaganda. Vgl. dazu die Analysen u. S. 565 ff. sowie Schwend (Anm. V/40), S. 419 f.

Noch einmal hatten die Bemühungen, denen Brüning auch in der zweiten, kurzen, aber heftigen Wahlkampagne seine gewohnte innenpolitische Zurückhaltung geopfert hatte[151], einen Erfolg errungen. Wie tragfähig er war, mußte noch mehr denn zuvor von jener Zusammenarbeit zwischen Brüning und Hindenburg abhängig sein, deren Funktionieren allmählich fast ausschließlich die Machtausübung und Regierungsfähigkeit des Präsidialsystems garantiert hatte. Hindenburgs Wiederwahl, zu einem großen Teil getragen von den Gruppen, die ihn 1925 bekämpft hatten[152], stand jetzt überwiegend im Zeichen umgekehrter Erwartungen. Hatte man 1925 von ihm die antirepublikanische Korrektur des Weimarer „Systems" von 1918/19 erwartet, so trug das Votum von 1932 die Hoffnung einer klaren Mehrheit auf Behauptung und Wiederherstellung stabiler demokratischer Verhältnisse in sich — ob dies nun in liberalem, sozialistischem oder konservativem Sinn verstanden wurde[153]. Schutz der Verfassung und der persönlichen Freiheit gegen revolutionäre und totalitäre Bestrebungen von links wie von rechts und Stützung einer schwer ringenden Regierung auf dem Höhepunkt einer Krise waren die konkreten politischen Ziele, an denen sich fast alle Befürworter der Hindenburg-Kandidatur orientiert hatten. Es war deshalb nicht ohne Bedeutung, daß Hindenburg das routinemäßige Rücktrittsangebot des Reichskabinetts am 11. April wohl erwartungsgemäß ablehnte und die Glückwünsche Brünings entgegennahm, gleichzeitig in Wort und Ton aber dem Reichskanzler, der seine Wahl in erster Linie durchgesetzt hatte, eine mögliche Veränderung der Regierungsverhältnisse, die Ernennung eines Rechtskabinetts in naher Zukunft andeutete[154].

Im Angesicht einer Wahl, die ihm das Vertrauensvotum vor allem auch der demokratischen Linken gebracht hatte, begann Hindenburg seinen tieferen Neigungen und Bindungen wie vor allem den Plänen seiner engsten Umgebung nachzugeben und die lange angebahnte Schwenkung zu vollziehen, die die Republik ihrer letzten Notstützen berauben und ihren alten und neuen

151 Besonders mit einer scharfen Wahlrede in Karlsruhe (4. April) gegen „das nationalsozialistische System rücksichtslosester und verantwortungslosester Demagogie", das undurchführbare Versprechungen mache und gleichzeitig die ausländische Presse mit Dementis beruhige. Ähnlich Brünings letzte Wahlrede in Königsberg (9. April).

152 Von seinen ehemaligen Wählern hatte Hindenburg vor allem die BVP — die 1925 in starkem Gegensatz zum Zentrum und seinem Kandidaten Marx gestanden hatte — sowie die DVP behalten. Exaktere Feststellungen über das Votum der gemäßigten Rechten werden durch die Aufsplitterung in vielfältig fluktuierende und von zahlreichen Querverbindungen auch zur Rechtsopposition bestimmte Gruppen erschwert. Vgl. einen Brief an Robert Haerdter (Heidelberg) v. 11. April (*Westarp-Akten*), in dem sich Westarp noch einmal gegen die Behauptung verwahrte, Hindenburg sei *trotz* den konservativen Anhängern — und nur dank der politischen Einsicht der demokratischen Linken — gewählt worden; er betonte, daß die Wähler Hindenburgs aus zwei Gruppen stammten, „die aus z. T. entgegengesetzten Motiven handelten und sich beiderseits darüber klar waren, daß sie den zwischen ihnen bestehenden Gegensatz bei anderen Wahlen, die von Parteiinteressen beherrscht sind, durchkämpfen würden. In Preußen, Bayern, Württemberg hat dieser neue Kampf am 11. April eingesetzt, und es hätte weder Zweck gehabt noch wäre es loyal gewesen, diesen Tatbestand zu verschleiern. Meine Aufgabe war es, gegen die Parteien der Herren Hitler und Hugenberg Wähler von rechts der überparteilichen Wahl Hindenburgs zuzuführen. Ihre Annahme, daß ich dabei keinen Erfolg gehabt hätte, ist irrtümlich. Am 13. März haben 5,3 Millionen, am 10. April 6 Millionen Rechtswähler für Hindenburg gestimmt."

153 Vgl. die Aufrufe und Pressekommentare in: *Der Zeitspiegel* 1, Nr. 8 (21. April 1932), S. 114 f.

154 Nach Wheeler-Bennett (*Hindenburg*, Anm. I/81, S. 372), dessen Informationen auf persönlichen Mitteilungen Brünings beruhen, beschränkte sich Hindenburg auf die kalte Bemerkung: „You may issue a statement that I have asked you to remain temporarily in office. I may consider the appointment of a government of the Right." Auch Otto Braun erinnert sich (Anm. I/5, S. 373), es sei Hindenburg, als er ihm die Glückwünsche der preußischen Regierung überbrachte, anzumerken gewesen, „daß er sich in der Rolle des vornehmlich von der demokratischen Linken gewählten Reichspräsidenten nicht recht wohl fühlte. Geflissentlich betonte er mir gegenüber, daß man jetzt nicht eine Politik im Sinne jener Parteien, die ihn unterstützt hätten, von ihm erwarten dürfe." Ähnliches berichtet Erich Kordt (*Nicht aus den Akten..., Die Wilhelmstraße in Frieden und Krieg, Erlebnisse, Begegnungen und Eindrücke 1928–1945*, Stuttgart 1950, S. 47 f.), der sich auf ein zeitgenössisches Gespräch mit dem nachmaligen Staatssekretär Papens und Schleichers, Erwin Planck, stützt.

Gegnern überliefern sollte. Dahinter stand jetzt auch Schleicher, der für den 11. April eine Abrechnung mit allen denen angekündigt hatte, die ihre Unterstützung Hindenburgs von Maßnahmen gegen die Rechte abhängig gemacht hatten[155]. Am Ende einer stürmischen Entwicklung, die, auf sechs Wochen zusammengedrängt, das Ergebnis aus den Sondierungen und Projekten der Hindenburg-Kamarilla zog, stand mit dem Sturz Brünings der Verrat des neugewählten Reichspräsidenten an seinen Wählern. Nicht viel mehr als ein Jahr später waren auch die Parteien, die Hindenburg erneut zur Macht verholfen hatten, eben jenen Bestrebungen zum Opfer gefallen, denen er jetzt seine Unterstützung zuwandte. Umstände und Ausgang der Präsidentenwahl sind ein Markstein in der Auflösung der Republik geworden, mochte sie auch als ein letzter Sieg der Republik erscheinen. Hindenburg war an allen großen Aufgaben gescheitert: als er den ersten Weltkrieg gewinnen, dann die Republikaner schlagen, jetzt ihre Gegner besiegen, zuletzt die Hitlerregierung zähmen wollte. Und doch war sein Mythos von Mal zu Mal gestiegen: Sinnbild der politischen Urteilskraft eines Volkes.

155 So der Brief Schleichers an Groener v. 25. März 1932: Craig (Anm. I/34), S. 130.

DER STURZ BRÜNINGS

1. Geschichte des SA-Verbots

Die große Wendung, die für den rückblickenden Beobachter mit der Nachgeschichte der Präsidentschaftswahlen verknüpft ist, wurde durch eine Reihe greifbarer Ereignisse, mehr noch durch deren unerwartete politisch-psychologische Folgen ausgelöst. Zunächst lag es nahe, den errungenen Sieg für eine Stärkung der Regierung und ihre Abschirmung gegen die übergreifenden rechtsradikalen Ambitionen auszunützen. So hatten sich nach dem 13. März die Stimmen verstärkt, die entschiedenere Maßnahmen zur Abwehr des Radikalismus forderten.

Eine Polizeiaktion der preußischen Regierung hatte bei der Durchsuchung nationalsozialistischer Geschäftsstellen und Gauleitungen am 17. März Material zutage gefördert, das zwar keine Umsturzaktion großen Stils, wohl aber die Alarmbereitschaft zahlreicher SA-Formationen für den Fall eines Hitlerschen Wahlsiegs und die Planung einzelner Gewaltakte durch die SA-Führung erwies[1]. Freilich endete die Verhandlung der Klage der NSDAP gegen Severings Aktion am 24. März vor dem Staatsgerichtshof in Leipzig mit einem formalen, für die NSDAP nicht ungünstigen Kompromiß, ohne das sachliche Problem in irgendeiner Weise zu fördern oder zu klären. Die höchste verfassungsrechtliche Instanz der Republik verzichtete auch hier auf eine konstruktive Entscheidung; ihr verhängnisvolles Versagen sollte wenige Monate später im Prozeß um den Papen-Putsch einen letzten Höhepunkt finden, bevor dann das „Dritte Reich" auch diese Institution zur politischen Bedeutungslosigkeit degradierte.

Inzwischen wurde bekannt, daß die Maßnahmen nicht ohne Groeners Wissen veranlaßt worden waren[2], der sich nun offenbar doch zu schärferem Vorgehen

1 Einzelheiten bei Severing (Anm. I/18), II, S. 328 f.; vgl. auch Groener-Geyer (Anm. I/51), S. 291 ff. Hitler selbst hatte Groener sogleich durch Röhm versichern lassen, seine Maßnahmen hätten lediglich der Vermeidung von Zusammenstößen auf der Straße gedient; auch überreichten NS-Reichstagsabgeordnete Groener am 18. März eine neue, von allen Abgeordneten und hohen SA-Führern unterzeichnete Legalitätserklärung.

2 Ein entsprechendes Schreiben Groeners ans preußische Innenministerium wurde schon anläßlich der Verhandlung vor dem Staatsgerichtshof von dem preußischen Vertreter, Ministerialrat Dr. Badt, bekannt gemacht: „Eine Person, die mit den Vorgängen bei den Nationalsozialisten und insbesondere bei den Sturmabteilungen vertraut ist, hat mir mitgeteilt, in den Sturmabteilungen seien in letzter Zeit Beobachtungen zu machen, die zu besonderer Vorsicht Anlaß geben. Zunächst habe man mit auffälligem Interesse dafür gesorgt, daß für alle SA-Leute die vorgeschriebene Ausrüstung beschafft würde. Dann habe man sich, besonders in Schlesien, mit großem Eifer bemüht, die Waffenlager der Reichswehr zu erfahren.... Zwar habe die Reichswehr besondere Vorsichtsmaßregeln getroffen, wie z. B. die getrennte Lagerung von Gewehren und Schlössern. Aber auch das zur Überwindung dieser Schwierigkeiten Gebotene sei veranlaßt worden. Besonders bedenklich mache die Feststellung, daß an wichtigen Stellen die Führer, die nicht ehemalige Offiziere waren, plötzlich durch ehemalige Offiziere ausgewechselt wurden. Alles lasse darauf schließen, daß mit einem Handstreich zu rechnen sei. Frick, Goebbels und Strasser hätten Hitler die letzte Chance bewilligt, sich legal in den Sattel zu setzen. Sollte sich nach Beendigung der Wahlen herausstellen, daß der Sieg Hitlers ausgeschlossen sei, so sei mit einem Losschlagen zu rechnen. Ich gebe davon Kenntnis mit der Bitte um entsprechende Veranlassung" (Schultheß, *1932*, S. 61).

entschlossen hatte. Die offiziellen Mitteilungen an die Presse, in die Severing am 5. April das Ergebnis der preußischen Haussuchungen zusammenfaßte[3], ließen umfassende Vorbereitungen zu einer nationalsozialistischen „Machtergreifung" für den Fall eines Wahlsieges erkennen. Man hielt zwar an dem internen preußischen Charakter der Maßnahmen fest und dementierte eine Verantwortung Groeners, gab aber zu verstehen, daß auch die Regierungen von Bayern[4], Württemberg, Baden, Sachsen und Hessen — also alle größeren deutschen Länder — die preußische Beurteilung der Lage teilten.

Für die Öffentlichkeit war es dennoch eine große Überraschung, als am 13. April, drei Tage nach der Wahl, durch eine präsidiale Notverordnung „zur Sicherung der Staatsautorität" SA, SS und sämtliche sonstigen „militärähnlichen Organisationen" der NSDAP im gesamten Reichsgebiet verboten wurden. Das amtliche Kommuniqué betonte zur Begründung, daß schon die Existenz eines „Privatheeres", einer „Kampforganisation, die einen Staat im Staate bilde, eine Quelle steter Beunruhigung für die friedliche Bürgerschaft" darstelle; überdies seien die Legalitätsbeteuerungen der Führung durch zahlreiche Übergriffe widerlegt worden — eine Tatsache, die auch nach der Meinung der meisten Länderregierungen die Stabilität der staatlichen Verhältnisse ernstlich gefährde[5]. Es gab nur eine Deutung: die Träger der Präsidialregierung hatten endlich zu dem lange erwarteten, oft erwogenen entscheidenden Schlag gegen den Nationalsozialismus ausgeholt. Doch wenige Tage später schon änderte sich das Gesicht dieser Maßnahmen: sie wurden zum Hebel jener Bestrebungen, die das bestehende Machtgefüge zerbrachen und neuen Aspekten der innenpolitischen Entwicklung Raum gewährten.

Das SA-Verbot vom 13. April 1932 hat eine ebenso lange wie komplizierte Vorgeschichte. Es bildete den Kulminationspunkt aller Erwägungen und Projekte, die um das Problem der „kalten" Bewältigung der nationalsozialistischen Gefahr, der Zähmung des wachsenden Rechtsradikalismus im Rahmen eines semiparlamentarischen Präsidialsystems kreisten. Mit ihm schloß sich jener *circulus vitiosus* seit Ablösung der Großen Koalition durch ein nach rechts strebendes Notverordnungsregime und durch eine stete Steigerung des autoritären Kurses, der die machtpolitischen Grundlagen der Regierung mehr und mehr auf die „überparteilichen" Stützen des Reichspräsidenten und der Reichswehr verlagert hatte. Die Einbeziehung der Rechten, die zu den ursprünglichen Voraussetzungen und Zielen der Brüning-Lösung in den Augen ihrer Urheber gehörte, war gänzlich mißlungen. Auch die verstärkt betriebenen Sondierungen vom Herbst 1931 und die Bemühungen um eine Unterstützung des Präsidentschaftsplanes durch die „Nationale Opposition" hatten so wenig Erfolg gezeigt, daß die Regierung sich nun ratloser denn zuvor — hatten sich doch die Kräfteverhältnisse in Reich und Ländern inzwischen nachhaltig geändert — einem ausweglosen parlamentarischen wie allgemein psychologischen Dilemma gegenübersah.

3 Danach hatte die NSDAP einen ausgedehnten „Nachrichtendienst" mit Brieftauben- und Funkverkehr organisiert, durch den der Einsatz der feldmarschmäßig mobilisierten SA und SS zentral gelenkt werden sollte. Die Maßnahmen vom 17. März waren durch konkrete Berichte der Oberpräsidenten von Schleswig, Hildesheim und Magdeburg veranlaßt worden: *ebda.*, S. 63 f.; vgl. Otto Braun (Anm. I/5), S. 381; Severing (Anm. I/18), II, S. 328 f.

4 Am 4. April hatte auch die amtliche Pressestelle Bayerns einen Bericht über nationalsozialistische Putschpläne am 13. März veröffentlicht, drei Tage später kam es im bayerischen Landtag zu Auseinandersetzungen, in deren Verfolg der amtierende Ministerpräsident Held energisch auf die Umtriebe hinwies, mit denen die NSDAP besonders die Beamten unter Druck zu setzen suche. Vgl. auch Schwend (Anm. V/40), S. 419.

5 *RGBl., 1932*, I, S. 175 ff.

Der Entschluß, endlich den Knoten zu zerhauen und einen ersten Schlag gegen die nationalsozialistische Bürgerkriegsarmee zu führen, war immer wieder verschoben worden. Hindenburg selbst hatte Brünings entsprechenden Vorschlägen vor allem im Herbst 1931 beharrlichen Widerstand entgegengesetzt, um den Vorwürfen der Rechten zu entgehen und die vermeintliche Gefahr eines Bürgerkriegs nicht zu beschwören. Er befürchtete, daß die Reichswehr gleichzeitigen Aufständen der NSDAP und der KPD nicht gewachsen sei, solange ihr nicht eine Vermehrung gestattet und zugleich durch internationale Vereinbarungen der Schutz der Ostgrenzen gesichert sein würde[6]. Den Hauptanteil an der Verschiebung einer Initiative hatten aber die hinter dem Schlagwort der „Überparteilichkeit" kaschierten Interessenerwägungen innerhalb der Reichswehr, wo man die SA-Formationen wie die übrigen „nationalen" Gruppen und Verbände der Rechten als Reservoir für eine erhoffte und — mit dem Fortschritt der internationalen Verhandlungen — erwartete Erweiterung des militärischen Potentials anzusehen pflegte, wobei die Organisation der Reichswehr Vorbereitung und Rahmen für ein Volksheer darstellen sollte. Das waren Vorstellungen, die keineswegs allein einem deutschen „Militarismus" entsprangen, die vielmehr auch im Kopf des britischen Militärattachés Platz hatten[7]. Erste Voraussetzung schien Schleicher allerdings jene Bewahrung des „unpolitischen" Charakters der Reichswehr gegen „parteipolitische" Einfluß- und Zersetzungsversuche, die seit Hitlers Legalitätserklärungen von 1930[8] den Tenor aller Verhandlungen und Fühlungnahmen mit der NSDAP gebildet hatte.

Schon im Frühjahr 1931 hatte zwar Groener dem Gedanken einer Auflösung der SA durch Notverordnung Raum gegeben. Dagegen standen jedoch Erwägungen rechtlicher wie psychologischer Art: diese Auflösung würde auch Reichsbanner und Stahlhelm treffen und darum bei Hindenburg schwer durchzusetzen sein. Vor allem aber glaubte die Reichswehrführung eine solche Aktion erst dann sinnvoll, wenn der Rahmen für eine Aufnahme der freiwerdenden Kräfte geschaffen sei. In diesem Zusammenhang erwartete sie eine entscheidende Beihilfe von der außenpolitischen Initiative der Präsidialregierung, die den Widerstand der Signatarmächte des Versailler Vertrags schließlich ausräumen und eine Erweiterung der Reichswehr sowie die Zusammenfassung der halbmilitärischen Organisationen in einen großen, der Reichswehr unterstehenden Wehrsportverband ermöglichen sollte. Erst dann, so glaubten mit Schleicher zunächst auch Groener und Brüning, konnte der große Schlag so geführt werden, daß mit den innenpolitischen auch die militärischen Belange gefördert würden und das Problem nicht einfach durch ein negatives Verbot, sondern durch eine positive Alternative gelöst werden könne[9].

Schleichers Bemühungen um die Rechte im Herbst 1931[10] und Groeners tolerierende Haltung gegenüber den Wehrverbänden der Rechten im Dezember

6 Vgl. die entsprechenden Ausführungen Brünings o. S. 380 u. a.

7 So stellte Colonel Marshall-Cornwall in einem Bericht vom 9. Dezember 1931 (den Rumbold an Simon weiterleitete) fest, daß viel für eine Förderung des deutschen „Wehrgeistes" zur Abwehr des Bolschewismus spreche. Er fügte hinzu: „most decent Britons, were they Germans today, would be Stahlhelmers" (!), *Documents on British Foreign Policy* (Anm. II/53), 2nd series, vol. II, Appendix IV.

8 Vgl. o. S. 332.

9 Wilhelm Groener, „Chronologische Darstellung der Vorkommnisse, die zu meinem Rücktritt als Reichswehr- und Reichsinnenminister geführt haben" (Oktober 1932): bei Craig, „Reichswehr" (Anm. I/79), S. 211 ff.; vgl. Friedrich Meinecke, *Die deutsche Katastrophe*, Wiesbaden 1946, S. 72 f.; S. 100. Zu diesen Plänen auch Walter Görlitz, *Der deutsche Generalstab, Geschichte und Gestalt 1657–1945*, Frankfurt a. M. 1950, S. 384 f.

10 Vgl. o. S. 375 ff.

1931[11] und gegenüber Hitler selbst noch im Januar 1932[12] hatten in diesem Zusammenhang jedoch zu ernsten Meinungsverschiedenheiten mit der Mehrheit der Länder geführt, die schon in den Konferenzen vom 15. November und vom 14. Dezember 1931 den Reichsinnenminister zu entschiedenen Maßnahmen gegen die wachsende Bürgerkriegsgefahr zu drängen suchten. Gerade jetzt wurde von Groener in erster Linie eine energische Innenpolitik erwartet, die sich der Machtmittel der Reichswehr bedienen, nicht aber ihren Interessenerwägungen sich beugen sollte. Um die Tolerierung des Brüning-Kabinetts zumal durch die SPD nicht zu gefährden, mußte Groener dem Rechnung tragen[13]. Schon hier wurden die Schwierigkeiten offenbar, in die Groener als Haupt zweier nach ihren politisch-strategischen Konzeptionen verschiedener Ministerien zunehmend geriet. Als nun die Reichspräsidentenwahl den politischen Verhandlungen mit der NSDAP ein Ende setzte, ohne jedoch die militärpolitischen Erwägungen ganz auszuschalten, entwickelte sich diese Situation zu einem ernsten Dilemma. Die Verhandlungen um die Präsidentschaft hatten das Vorgehen gegen die NSDAP noch einmal verzögert. Aber seit März 1932 schien Groener der Plan, durch Unterstellung der SA und anderer Wehrverbände unter staatlich-militärische Kontrolle die NSDAP zu reinigen und koalitionsfähig zu machen, vorläufig gescheitert, und das Drängen der Länderregierungen, an ihrer Spitze Preußen, veranlaßte ihn endlich zum Handeln. Als auf den 5. April erneut eine Konferenz der Innenminister der größeren Länder anberaumt wurde, schien die Situation durch das preußische Vorgehen vom 17. März endlich entscheidungsreif[14], obgleich ein außenpolitischer Erfolg Brünings, der das Kabinett gestärkt und die militärpolitischen Pläne vorwärtsgebracht hätte, noch immer ausblieb.

In einem privaten Brief an den Freund hat Groener drei Tage vor der Konferenz die Pläne und Erwartungen angedeutet, die ihn in diesem Augenblick bewegten[15]. Während er ein SA-Verbot jetzt technisch und taktisch für durch-

11 In einem amerikanischen Presseinterview vom 14. Dezember (Schultheß, *1931*, S. 269) hatte Groener den im Ausland erörterten militärischen Wert der sogenannten Wehrverbände (Stahlhelm, Reichsbanner, SA) energisch dementiert, auf den sportlichen Charakter ihrer Ausbildung hingewiesen und vor allem das Fehlen von Waffen betont: auch die Reichswehrbestände, die nur eine Ausstattung enthielten, kämen dafür nicht in Frage. Selbst für innenpolitische Zwecke sei ein Einsatz der Wehrverbände als Reserve für Polizei oder Wehrmacht indiskutabel. Auf dieser Überzeugung beruhe, so erklärte Groener, sein Kampf gegen jede parteipolitische Beeinflussung der Reichswehr; ihre Vermischung mit den antagonistischen Wehrverbänden würde auch die staatlichen Machtmittel innerlich schwächen und zersetzen.

12 Vgl. o. S. 411. Nach dem auszugsweisen Protokoll einer Führerbesprechung im Reichswehrministerium am 11. Januar 1932 hatte Groener unter dem Eindruck der damaligen Bemühungen Brünings um die „Nationale Opposition" Hitler und seine Bestrebungen folgendermaßen beurteilt: „... bescheidener, ordentlicher Mensch, der Bestes will. Im Auftreten Typ des strebsamen Autodidakten. Minister hat klar zum Ausdruck gebracht, daß er legale Bestrebungen Hitlers mit allen Mitteln stützen wird, andererseits wird gegen Unruhestifter aus Nazikreisen weiter bekämpfend vorgegangen werden." Hitlers Absicht und Ziele seien gut, „ist aber Schwarmgeist, glühend, vielseitig. Minister hat ihm voll zugestimmt, seine Absichten zum Guten des Reiches fördern zu helfen. Minister hat auch Ländern gegenüber schärfstens zum Ausdruck gebracht, Nazis gegenüber Gerechtigkeit walten zu lassen, nur Auswüchse dürften bekämpft werden, nicht die Bewegung als solche... Wehrmacht ist höchste Institution im Vaterland, kann durch keine Vereine oder Verbände ersetzt werden. Kein Beeinflussen der Wehrmacht von außen dulden. Ergänzen der Wehrmacht durch Miliz ist spätere Sorge. Das Gute aus den Verbänden an uns heranziehen, jedoch nicht, wie Italien, Wehrmacht in Gefolgschaft politisch eingestellter Miliz bringen." Bei Phelps (Anm. IV/37), S. 20 f. Groener-Geyer (Anm. I/51), S. 285 f., sucht allerdings diese von Groeners sonstiger Beurteilung abweichende Äußerung durch Zweifel an der Authentizität des Protokolls abzuschwächen. Dagegen spricht die inhaltsgleiche Niederschrift des Generals Liebmann bei Vogelsang (Anm. III/35), S. 413 ff., bes. S. 417.

13 „Chronologische Darstellung" bei Craig (Anm. I/79), S. 216 ff.

14 Dazu mochte noch die Tatsache kommen, daß Hitler zum Schrecken der Reichswehrführung auf einer Versammlung in der pommerschen Grenzstadt Lauenburg erklärt hatte, „daß er seine Kämpfer nicht für das System opfern wolle, sondern die Grenzen erst dann schützen werde, wenn zuvor die Träger des heutigen Systems vernichtet seien". Otto Braun (Anm. I/5), S. 381, erklärt dazu, daß auch das am 17. März beschlagnahmte Material landesverräterische Anweisungen solcher Art enthalten habe.

15 Brief an Gleich v. 2. April 1932 bei Phelps (Anm. I/51), S. 1019 f.

führbar hielt, glaubte Groener das alte Ziel, „die Nazis regierungsfähig zu machen", nachdem „wir ihnen die Giftzähne ausgebrochen haben", nur noch mit gedämpftem Optimismus betrachten zu können. Dagegen stand zwar noch immer die Überzeugung, daß — zumal im Hinblick auf die bevorstehenden Landtagswahlen — „die sicherlich noch mehr anwachsende Bewegung durch Gewalt nicht mehr unterdrückt werden kann": da Groener ein „Antinazigesetz nach Art des alten Sozialistengesetzes" für unglücklich hielt, sah er nach wie vor in einer vorsichtig eingeschränkten Regierungsbeteiligung die wünschenswerte Lösung des Problems[16]. Aber er war jetzt doch entschlossen, die SA unter allen Umständen zu beseitigen. Freilich dachte auch er in diesem Zusammenhang zugleich an ein Verbot der „Eisernen Front" — eine Assoziation, die sich schon wenige Tage später gegen ihn selbst auswirken sollte. Mit dem folgenden Brief[17] war die Aktion schon in greifbare Nähe gerückt; als psychologisch günstiger Augenblick für den „großen Schlag" erschienen jetzt die Tage unmittelbar nach der Präsidentenwahl vom 10. April.

Die Besprechungen vom 5. April, die neben Preußen vor allem Bayern angeregt hatte[18], standen im Schatten der bevorstehenden Landtagswahlen. Das verlieh dem geplanten Schlag gegen die SA, den die meisten Länder jetzt ultimativ forderten, erste politische Bedeutung. Nach seiner Darstellung vom Herbst 1932[19] gab Groener, der Separatmaßnahmen der Länder vermeiden und die SPD-Tolerierung nicht aufs Spiel setzen wollte, den anwesenden Innenministern von Preußen, Bayern, Sachsen, Württemberg, Baden und Hessen jetzt seine Absicht bekannt, Hindenburg in der folgenden Woche das Verbot von SA und SS durch Notverordnung vorzuschlagen; die in den nationalsozialistischen Organisationen vorhandenen „wertvollen Kräfte der Jugend" sollten dann „für den Staat nutzbar" gemacht werden. Auch Schleicher, der zunächst die preußische Haussuchungsaktion mißbilligt und vor durchgreifenden Maßnahmen gewarnt hatte, da er gerade im Zusammenhang mit der Präsidentenwahl in den „Nazis" wieder ein willkommenes „Gegengewicht" gegen die SPD und besonders gegen das Drängen Severings erhalten zu müssen glaubte[20], begrüßte am 6. April das Ergebnis der Besprechungen und gab dieser Auffassung wenig später (8. April) bei der Unterrichtung der Chefs der Heeresleitung und der Marineleitung Ausdruck. Während Hammerstein, der Hitler bestenfalls als eine „durchaus mittelmäßige Persönlichkeit" zu bezeichnen pflegte[21], „in derben Ausdrücken" seine rückhaltlose Zustimmung äußerte, regte aber Raeder schon bei dieser Gelegenheit „wegen des Eindrucks auf die Wehrmacht" ein gleichzeitiges Verbot des Reichsbanners an — ein Vorschlag, den Schleicher ebenso „rundweg" ablehnte, wie er gleichzeitig in einem Telephongespräch mit Pünder, dem Staatssekretär Brünings, den „psychologischen Augenblick" zum Zuschlagen jetzt — „gleich in der nächsten Woche nach der Präsidentenwahl" — für gekommen hielt[22]. So durfte die Durchführung für gesichert gel-

16 *Ebda.*: „Die Nazis dürfen selbstverständlich nirgends allein an die Regierung gelassen werden, schon gar nicht im Reich. Aber in den Ländern wird der Versuch hier oder dort gewagt werden müssen, die Nazis in eine Koalition miteinzuspannen und sie durch positive Regierungsarbeit von ihren Utopien abzubringen."

17 Begonnen am 6.–8. April, abgeschlossen am 13. April 1932: *ebda.*, S. 1020.

18 Zu Bayerns Haltung auch Severing (Anm. I/18), II, S. 330.

19 „Chronologische Darstellung", Auszüge bei Phelps (Anm. IV/37), S. 22–30; Craig (Anm. I/79), S. 219 f.; vgl. die Zusammenfassung bei Groener-Geyer (Anm. I/51), S. 294 ff.

20 Brief Schleichers an Groener v. 25. März 1932: Craig, „Briefe Schleichers" (Anm. I/34), S. 130.

21 So auch dem britischen Botschafter gegenüber: Rumbold an Simon, 1. März 1932: *Documents on British Foreign Policy* (Anm. II/53), 2nd series, vol. III, S. 101.

22 Memorandum Pünders vom 30. Mai 1932 bei Phelps (Anm. IV/37), S. 22 f.; Craig, „Reichswehr" (Anm. I/79), S. 220 f.

ten, da mit der Zustimmung der höchsten Generale auch die erwartete Kritik aus der Reichswehr ungefährlich schien.

Da brachte der 9. April — noch 4 Tage vor Veröffentlichung des SA-Verbotes — die ersten Anzeichen einer dramatischen Wendung. Zunächst teilte der Leiter der Pressestelle des Reichswehrministeriums, Major Marcks, Groener seine Einwände mit; dann trug Schleicher selbst ihm seine plötzlichen Bedenken vor — sie waren ihm angeblich über Nacht gekommen —, die vor allem eine ungünstige Wirkung des SA-Verbots auf die bevorstehenden Landtagswahlen betrafen[23]. Er schlug Groener eine Taktik vor, die das psychologisch-propagandistische Risiko vermindern sollte und Hitler selbst die Auflösung der SA zuschieben würde: Groener sollte Hitler brieflich die befristete Erfüllung einer Reihe von konkreten Forderungen zur Entmilitarisierung der SA auferlegen. Groener, der darin trotz manchen vorangegangenen Warnungen nur eine der üblichen taktischen Finten seines „alten Freundes" erblickte, ließ, so wenig er von dem Plan hielt, Schleicher einen solchen Brief entwerfen. Während auch Hindenburg zu diesem Zeitpunkt für ein direktes Verbot von SA und SS eintrat und einen Brief jener Art für überflüssig hielt, entfaltete Schleicher jedoch eine Aktivität, die selbst die Reichskanzlei einbezog. Nicht ohne Schuld Groeners, der mit seinem ständigen Rückgriff auf militärische Gesichtspunkte und Anliegen die Reichswehr im Sinne Schleichers aus der Rolle des reinen Exekutivorgans der Regierung in die politische Arena einbezogen hatte, rückte jetzt die Aktion des Innenministeriums in den Interessenbereich der Reichswehrführung, die unter Schleichers Regie sogleich eine betont eigene Initiative entfaltete.

Noch am 9. April versuchte Schleicher die Vorbereitungen für das SA-Verbot aufzuhalten, indem er telephonisch der Reichskanzlei mitteilte, „die Auflösungsnotverordnung werde wohl noch nicht gleich kommen", da „man den Nazis zunächst eine Art Ultimatum stellen werde"[24]. Er distanzierte sich mit dieser Intervention schon so deutlich von Groeners Vorgehen, daß Pünder dem von der Wahlkampagne zurückkehrenden Brüning am Morgen des 10. April sogleich „über den Stand der Angelegenheit" berichtete[25]. Brüning war offenbar während seiner Abwesenheit nicht laufend orientiert worden; er betrachtete Groeners Schritt als voreilig[26], setzte sich aber nun, da er die Existenz des Kabinetts damit verknüpft sah, mit aller Energie für die weitere Durchführung

23 Schleicher habe, wie Groener berichtet, in diesem Zusammenhang die Bestürzung Dingeldeys und Gerekes geschildert, die ihm am Abend zuvor erklärt hätten, „daß durch das SA-Verbot ihre Parteien bei den Preußenwahlen aufs schwerste geschädigt würden": „Chronologische Darstellung" (zum 9. April) bei Phelps (Anm. IV/37), S. 23.

24 Memorandum Pünders zum 9. April, *ebda.*, S. 24: Schleicher rief nicht Pünder selbst, sondern den Oberregierungsrat Erwin Planck an, seinen Vertrauensmann in der Reichskanzlei, der dann im Papen- und Schleicher-Kabinett an Pünders Stelle rücken sollte.

25 *Ebda.*, S. 25.

26 Brüning, „Brief" (Anm. I/9), S. 4. In Gesprächen mit Groeners Tochter hat jetzt Brüning auch berichtet, der ihn begleitende Oberregierungsrat Planck habe ihm noch am 9. April trotz ausdrücklicher Frage nichts von der bevorstehenden Aktion gesagt, eine Tatsache, die ihn nach seiner Unterrichtung durch Pünder am nächsten Tag sogleich eine Intrige gegen Groener habe vermuten lassen: Groener-Geyer (Anm. I/51), S. 300. Auch hier wird im übrigen jene außenpolitisch akzentuierte Grundkonzeption sichtbar, die Brünings Tragödie beschleunigte. Er hatte möglicherweise geplant, einen Konferenzerfolg mit dem von der französischen Politik gewünschten SA-Verbot zu verkoppeln. Nun war im Verfolg der Kammerwahlen Ministerpräsident Laval gestürzt und die Konferenz weiter verschoben worden, das SA-Verbot also allein geblieben, das unter diesen Umständen als isolierte politische Maßnahme unbalanciert erschien. Für einen solchen Verkoppelungsplan spricht auch die Tatsache, daß Brüning im Einverständnis mit Laval die preußischen Landtagswahlen auf einen Zeitpunkt nach den französischen Kammerwahlen festsetzen ließ. So eine Äußerung Staatssekretär Bülows gegenüber Rumbold, der dies seinem Außenminister (Simon) am 18. Dezember berichtete: *Documents on British Foreign Policy* (Anm. II/53), vol. II, Doc. Nr. 317, § 3; vol. III, Doc. Nr. 288, § 3; vgl. auch: *Papers relating to the Foreign Relations* (Anm. V/21), vol. I, 1932, S. 639.

ein. Noch am Abend desselben Tages (10. April) trafen sich Groener, Schleicher, Reichsjustizminister Joël sowie die Staatssekretäre Zweigert, Meißner und Pünder beim Reichskanzler. Mit der Verlesung einer Denkschrift an Brüning wiederholte hier Groener seine Auffassung, „daß der psychologische Augenblick zur Auflösung der militärähnlichen Organisationen der NSDAP gekommen" und der Plan, sie in einen „großen allgemeinen Wehrsportverband" unter Reichsaufsicht aufzunehmen, vorläufig zurückzustellen sei. Groener nannte dafür innen- und außenpolitische Gründe und bezog sich besonders auf die dringende Kritik, die die Regierungen der größeren Länder an Groeners Toleranz der NSDAP gegenüber geübt hätten. Wenn die Reichsregierung jetzt keine Maßnahmen ergreife, so sei ein eigenes Vorgehen besonders der preußischen und der bayerischen Behörden gegen die NSDAP zu erwarten, dem sich wohl auch Sachsen, Württemberg, Baden und Hessen anschließen würden. Indem er auf den jüngsten Schleicher-Plan anspielte, bezweifelte Groener zugleich die politische Zweckmäßigkeit einer weiteren Verzögerung, die der nationalsozialistischen Führung nur wieder taktische Ausweichmöglichkeiten einräumen und die Wirkung auf die Öffentlichkeit beeinträchtigen würde. An diesen Vortrag knüpfte sich eine Diskussion, in der nach Pünders Zeugnis nun auch Meißner im Namen Hindenburgs für ein befristetes Ultimatum an Hitler eintrat: „Der Herr Reichspräsident habe einige Sorge wegen der zu erwartenden Angriffe gegen ihn[27]." Schleicher griff diesen Gedanken sofort auf, unterbreitete wohl auch — nach Groeners Darstellung — den Entwurf eines ultimativen Briefes, erklärte sich aber schließlich nach einigem Hin und Her doch mit sofortigen Maßnahmen einverstanden.

Nachdem am nächsten Tag Brüning auch Hindenburgs Zustimmung zu der geplanten Notverordnung erwirkt hatte, fand mittags eine neue Besprechung in der Reichskanzlei statt. Man vermißte aber nicht nur Schleicher, sondern auch Meißner; gleichzeitig teilte Zweigert Groener telephonisch mit, Meißner habe ihm, als sie zum Frühstück bei Treviranus zusammentrafen, erzählt, „der Reichspräsident sei auf Einwirkung des Generals von Schleicher über den Sohn Hindenburgs umgefallen". Wieweit nun die Initiative von Schleicher selbst, wieweit sie von Oskar v. Hindenburg ausging und welche Rolle Meißner dabei spielte, ist schwer zu entscheiden[28]. Jedenfalls traf einen Tag später (12. April) auch Groener selbst Hindenburgs Sohn in großer Erregung an, wobei er den Eindruck gewann, daß es weniger sachliche als vielmehr gefühlsmäßige Argumente waren, die seine Stellungnahme bestimmten[29]: er habe in einer solchen Notverordnung unmittelbar nach der Wiederwahl eine Zumutung für seinen Vater erblickt, die ihn bei der Rechten noch mißliebiger machen würde.

Die Lage war nun so verworren, die Verhältnisse zwischen den Hauptträgern

27 Memorandum Pünders zum 10. April bei Phelps (Anm. IV/37), S. 25. Groeners Denkschrift jetzt u. a. abgedr. bei Groener-Geyer (Anm. I/51), S. 402 f.

28 „Chronologische Darstellung" zum 11. April (*ebda.*, S. 26): Schleicher habe sich Groener gegenüber noch am Abend für „desinteressiert" erklärt, aber erzählt, Hindenburgs Sohn sei „am Vormittag in großer Bestürzung wegen des SA-Verbots zu ihm gekommen, er habe aber jegliche Äußerung abgelehnt und auch erklärt, daß er das Haus des Reichspräsidenten vorläufig nicht betreten werde. Es kann keinem Zweifel unterliegen, daß Oberst von Hindenburg durch das passive Verhalten des Generals von Schleicher darin bestärkt wurde, seinen Vater zur Änderung des Entschlusses zu bewegen. . ." Meißner (Anm. I/156), S. 222, dementiert freilich entschieden seine wie Oskar v. Hindenburgs Beteiligung. Ebenso auch noch Schleicher in einem Brief an Groener v. 13. April 1932: Craig (Anm. I/34), S. 131.

29 „Chronologische Darstellung" zum 12. April bei Phelps (Anm. IV/37), S. 26: „Es bestand aber für mich kein Zweifel, daß seine Auffassung rein auf naiver und sentimentaler Empfindung beruhte. Auf seinem Schreibtisch lag der Bismarck-Roman von Beumelburg. Indem er auf das Buch hinwies, meinte er, der Kanzler solle das Buch lesen und daraus sich eine Lehre ziehen, wie in solcher Zeit zu regieren sei. Er hatte dabei die Konfliktszeit der 60er Jahre im Auge. Mehrfach wiederholte Oberst von Hindenburg, man solle doch bis nach den Preußenwahlen warten."

des Präsidialsystems hatten sich so kompliziert, daß Brüning und Groener den Plan am nämlichen 12. April erneut überprüften — dieses Mal unter Beiziehung Brauns und Severings. Da aber von dieser Seite der Erlaß der Notverordnung dringend gefordert und ein selbständiges Vorgehen der Länder schon für den folgenden Tag angekündigt wurde, bestimmte Brüning Groener endgültig zur Durchführung des SA-Verbots. Noch am selben Nachmittag trug Brüning dem Reichspräsidenten in Gegenwart Groeners und Meißners ausführlich die Begründung vor; nachdem Groener versichert hatte, er werde die volle Verantwortung für das SA-Verbot vor dem Reichstag übernehmen, unterzeichnete Hindenburg schließlich die Notverordnung[30], wenngleich er die negative Stellungnahme seines Sohnes erwähnte[31].

Auch die Schlußbesprechungen des 13. April im Kabinett[32] und mit den Länder-Innenministern verliefen planmäßig; selbst der protestierende NS-Minister aus Braunschweig, Klagges, verpflichtete sich zu loyaler Durchführung der Verordnung. Der Veröffentlichung des SA-Verbots, das sich auch auf die SS sowie auf alle dazugehörigen Stäbe und Einrichtungen, die SA-Reserven, Motor-, Marine- und Reiterstürme, Flieger-, Kraftfahr- und Sanitätskorps, Führerschulen, SA-Kasernen und Zeugmeistereien bezog, folgten am 14. April die polizeilichen Maßnahmen. Sie trafen auf keinen Widerstand, obgleich sie nicht nur Haussuchungen und umfangreiche Beschlagnahmen, sondern auch die vorübergehende Besetzung der NS-Zentrale, des „Braunen Hauses" in München, einschlossen. Ihr Verlauf legte den Schluß nahe, daß man auf nationalsozialistischer Seite — wie auch Goebbels' Notizen zeigen — durchaus vorbereitet war und überdies mit baldigen Gegenaktionen von Schleichers Seite rechnen zu können glaubte[33]. Hitler selbst richtete an seine SA-Leute — er bezifferte sie auf 400 000 — einen neuerlichen legalitätstaktischen Appell, in dem er sie als „von jetzt an nur noch Parteigenossen" bezeichnete und auf die bevorstehenden Landtagswahlen als den „Tag der Vergeltung" verwies[34].

In diesem Augenblick zog sich schon das Netz der „außerverfassungsmäßigen" Projekte und Intrigen zusammen, das vier Wochen später Groener, dann auch Brüning und das ganze System des republikanischen Präsidialregimes endgültig stürzen sollte. Das SA-Verbot war gelungen, aber seine politischen Auswirkungen enthüllten wenige Tage später, wie wenig die wirklichen Machtverhältnisse Brünings Berechnungen und Erwartungen nach zwei Jahren bürokratischer Notverordnungsregierung noch entsprachen.

30 Groener (*ebda.*) versichert lediglich, Hindenburg habe keine wesentlichen Einwände gemacht und „in keiner Richtung eine grundsätzlich ablehnende Haltung" gezeigt. Dagegen hebt Meißner (Anm. I/156, S. 218 f.) Hindenburgs starken Widerstand hervor: er habe erst nachgegeben, „als in einem gemeinsamen Vortrag beim Reichspräsidenten Brüning und Groener mit ihrem Rücktritt drohten, falls SA und SS unbehelligt blieben". Dies bestätigt auch Brüning („Brief", Anm. I/9, S. 4). Gleichwohl ist ein schlüssiges Bild von Hindenburgs eigener Haltung nicht zu gewinnen: Meißner mußte ebenso an der Betonung von Hindenburgs Widerstand wie Groener an dem gegenteiligen Eindruck gelegen sein.

31 „Chronologische Darstellung" bei Phelps (Anm. IV/37), S. 27: „Zum Schlusse meinte der Reichspräsident, man dürfe es seinem Sohne nicht übelnehmen, wenn er sich schützend vor seinen Vater stelle, er sei bereit, wenn Kanzler und Reichsinnenminister die Notverordnung für erforderlich hielten, sie zu unterzeichnen..." Vgl. Craig (Anm. I/79), S. 222 ff.

32 Meißners apologetische Behauptung (Anm. I/156, S. 219), auch im Reichskabinett seien die Meinungen „geteilt" gewesen, findet im übrigen Material keine Stütze.

33 Goebbels (*Kaiserhof*, Anm. V/13, S. 66) notiert schon zum 17. März Befürchtungen; am 11. April (S. 79) teilt er Hitler Groeners auch schon zur Presse durchgesickerte Absichten mit, nicht ohne die Möglichkeit eines Generalangriffs auf Groener anzudeuten; am 12. April: „Das SA-Verbot rückt in greifbare Nähe" (S. 80); 14. April: „Das ist Groeners Geschoß. Vielleicht aber wird er darüber zu Fall gebracht. Uns wird mitgeteilt, daß Schleicher seinen Kurs nicht billigt" (S. 80). Und: „Anruf einer bekannten Dame, die mit General Schleicher befreundet ist. Der General will zurücktreten. Vielleicht aber ist es auch nur ein Manöver" (S. 81).

34 „Das SA-Verbot" in: *Der Zeitspiegel* 1, Nr. 8 (21. April 1932), S. 120 ff. mit weiteren Pressestimmen.

2. Der Sturz Groeners

Die greifbaren Nachrichten lassen keinen Zweifel darüber, daß in diesem Augenblick Schleicher zur entscheidenden Aktivität durchstieß oder mindestens die Dinge gegen Groener und Brüning laufen ließ[35]. Die Reichswehr als Stütze der Präsidialregierung war nach den bisherigen Plänen ihrer Führung wie nach ihrer ganzen inneren Struktur wohl für die Abwehr eines nationalsozialistischen Putsches, nicht aber für eine gewaltsame Aktion der Regierung gegen die NSDAP gerüstet: so bedingten die Maßnahmen des Innenministers Groener einen Kurswechsel des Reichswehrministers Groener. Und hier erwies sich sogleich, daß Schleicher — und mit ihm Hammerstein — Groeners Entschluß, dem innenpolitischen Teil seiner Aufgaben den Vorrang vor den taktischen und interessenpolitischen Erwägungen des Reichswehrministeriums zu geben, nicht nur nicht unterstützte, sondern mit wirksamen Mitteln bekämpfte. Was im weiteren von Groener als Treubruch Schleichers empfunden wurde, war für Schleicher und Hammerstein eine „notwendige Auswirkung der Interessen der Reichswehr" [36].

Diese Erklärung genügt freilich nicht. Die Abwendung Schleichers von Groener und dann auch von Brüning gehört in einen weiteren politischen Zusammenhang. Sie ist nicht ohne jene Weiterentwicklung des Präsidialkonzepts zu verstehen, die in Hindenburgs unmittelbarer Umgebung schon seit Monaten vorangetrieben wurde. Wenn auch Groeners zeitgenössische Beobachtungen die verschlungenen Zusammenhänge der nun einsetzenden Intrigen gegen das Kabinett Brüning nicht zu entwirren vermögen, so lassen sie doch deutlich die wichtige Rolle erkennen, die neben Schleicher vor allem auch Meißner und Hindenburgs Sohn gespielt haben: in ihnen glaubte Groener, der bis zuletzt an seinem freundschaftlichen Vertrauen in Schleicher festhielt[37], sogar die Hauptdrahtzieher der nun folgenden Kampagne gegen das SA-Verbot und sich selbst sehen zu müssen[38].

35 Conze, „Zum Sturz Brünings" (Anm. IV/38, S. 263), betont treffend, daß Schleicher Groener „auflaufen" ließ. Die schärfste Kritik an Schleicher findet sich schon in diesem Fall bei Franz v. Papen, *Der Wahrheit eine Gasse*, München 1952, S. 175 f.

36 So Schleichers Mitarbeiter Eugen Ott, „Ergänzende Bemerkungen zu den Akten des Instituts für Zeitgeschichte" (München, 18. Februar 1952, ungedr.), S. 15. Vgl. auch Brünings Urteil in einem Brief an Kunrat v. Hammerstein, 1946: „Schleicher war temperamentmäßig das Gegenteil von Hammerstein. Daher – wie so oft im Leben – verstanden sich beide sehr gut. Hammerstein war der Politik abgeneigt, soweit sie rein parteitaktischer Art war. Er verließ sich in dieser Beziehung auf Schleicher, der sich in der Politik wie ein Fisch im Wasser fühlte, oft allerdings auf eine klare und ruhige Bahn von Hammerstein zurückgeführt werden mußte.. . . Schleicher war sehr sensitiv, hatte eine schnell bewegliche Phantasie, war leicht verletzt, und ebenso leicht durch Marcks, Planck und andere beeinflußbar. So machte er oft kaum vorherzuberechnende Sprünge. Er witterte jede Gefahr, litt unter der Vorstellung solcher Gefahren im stillen. Nach außen, namentlich dem Offizierkorps gegenüber, verbarg er das alles hinter einem zur Schau getragenen Zynismus."

37 Es wird freilich von verschiedenen Seiten bestätigt, daß eine Abkühlung des engen Vertrauensverhältnisses schon seit Monaten merkbar gewesen sei. Dies wird auch mit allerlei privaten Zusammenhängen begründet. Dazu Craig (Anm. I/79), S. 225; Reibnitz (Anm. I/80), S. 152. Auch v. Carlowitz (u. Anm. VI/72): „An sich war das Verhältnis zwischen Groener und Schleicher so eng wie kaum je zwischen einem Minister und seinem ersten Berater. Es war aber eine Trübung durch die zweite Ehe Groeners eingetreten, so daß das Vertrauensverhältnis in diesem kritischen Zeitpunkt gefährdet war. . ." Braun (Anm. I/5, S. 384) spricht besonders vom „weiblichen Teil" der Kreise um Hindenburg, die Groeners „unstandesgemäße Heirat" übelgenommen hätten, während Hindenburg selbst „es ihm schwer verzeihen [konnte], daß das dieser neuen Ehe entsprossene Kind früher als herkömmlich das Licht der Welt erblickte". Groener hatte im Sommer 1931 eine beträchtlich jüngere Frau geheiratet.

38 Brief an Gleich v. 25. April 1932 bei Phelps (Anm. I/51), S. 1020: „Ausgegangen ist die Sache vermutlich vom Sohn und von Meißner. Der Sohn hatte sich schon vorher gegen die Notverordnung gesträubt mit sentimentalen Gründen, um seinen Vater zu schützen vor dem Vorwurf, er betreibe die Geschäfte der Sozialdemokratie." Auf Anfrage hat Oskar v. Hindenburg den Verfasser in einem Brief v. 4. Februar 1955 ganz allgemein auf Görlitz, *Hindenburg* (Anm. I/66) verwiesen, der aber dies Problem bezeichnenderweise offen läßt.

Die Ereignisse überstürzten sich jetzt. Während in einer Mehrzahl der deutschen Länder, darunter Preußen, Bayern und Württemberg, der Wahlkampf praktisch ohne Pause fortging und mit der Ablösung der dortigen Landtage neue regionale Machtverschiebungen von allgemeiner Bedeutung für die Machtverteilung im Reich heranrückten, holten die Gegner des SA-Verbots zu einem ersten Schlag aus. Am 15. April schon wies Schleicher beim Vortrag Groener darauf hin, „daß im Hause des Reichspräsidenten und im Reichswehrministerium gegen die Notverordnung Sturm gelaufen werde", ohne freilich auf Einzelheiten einzugehen[39]; statt dessen betonte er erstmals, er fürchte, da „die Reichswehr ... das Verbot nicht ruhig hinnehmen" werde, unmittelbar für Groeners Stellung[40]. Wie weit die Dinge schon gediehen waren, wurde deutlich, als Schleicher in diesem Zusammenhang auch Groeners Feststellung, „daß die Reichswehr zu gehorchen habe", nicht gelten ließ.

Groener selbst nennt als Haupttreiber in der „nun gegen mich einsetzenden Intrigue" neben der präsidialen Kamarilla den Reichstagsabgeordneten Schmidt-Hannover aus der Umgebung Hugenbergs und die Hintermänner der Scherlpresse. Tatsächlich verstärkten die „nationalen" Zeitungen ihre Angriffe auf das Vorgehen Groeners, forderten ein Verbot des Reichsbanners und leisteten den Gegenmaßnahmen der nationalsozialistischen Führung wertvolle psychologisch-propagandistische Hilfe. Gleichzeitig schrieb der Kronprinz einen Protestbrief an Groener, in dem er von dem Mißtrauen gegen Groener seit dem November 1918 sprach und die Maßnahme als einen schweren Fehler und eine außerordentliche Gefahr für den inneren Frieden bezeichnete: es sei ihm unverständlich, daß der Reichswehrminister das „wunderbare Menschenmaterial, das in der SA und SS vereinigt ist und das dort eine wertvolle Erziehung genießt", zerschlagen helfe — und das angesichts der Gefährdung der Ostgrenze. Der Brief gipfelte in einer offenherzigen Stellungnahme für die NSDAP[41]. Er beweist zugleich des Kronprinzen engen Kontakt mit den Erwägungen Schleichers, der in diesem Augenblick selbst seine Fühlung mit der NSDAP wieder verstärkt zu haben scheint. Mit dem Angebot einer Aufhebung des SA-Verbots glaubte er, der sich seines Einflusses auf den Kreis um Hindenburg sicher war, einen Trumpf in der Hand zu haben, der die im Regierungslager wie auf nationalsozialistischer Seite seinem Zähmungsplan entgegenstehenden Hindernisse beseitigen würde.

Die Öffentlichkeit erfuhr noch am selben Tage (15. April) von den Unstimmigkeiten, die zwischen den Trägern des Präsidialkabinetts ausgebrochen waren. Obwohl die Bundesleitung des Reichsbanners schon tags zuvor den Abbau der erhöhten Alarmbereitschaft angeordnet und sich erneut zur rückhaltlosen Unterstützung des bestehenden Staates bekannt hatte, forderte Hindenburg in einem gleichzeitig der Presse übergebenen frostigen Schreiben Groener auf, „ähnlich geartete Organisationen" wie die verbotenen SA und SS „auch bei

39 „Chronologische Darstellung" zum 15. April bei Phelps (Anm. IV/37), S. 27. Nach Schleichers „vorsichtigen Äußerungen waren dabei beteiligt der frühere Kommandeur der 3. Division, v. Stülpnagel, jetzt bei der Börsenzeitung, dessen Hinneigung zu den Nationalsozialisten allgemein bekannt war, General Horn vom Kyffhäuserbund und der Kommandeur der 2. Division, v. Bock. Weitere Namen nannte General v. Schleicher nicht."

40 Dazu bemerkt auch Ott (Anm. VI/36), S. 15, als enger Mitarbeiter Schleichers, „daß unmittelbar nach Bekanntwerden des Verbots die Chefs der Stäbe der Divisionen in großer Beunruhigung anriefen und nach dem Grund dieser einseitigen Maßnahme fragten... Aus gleicher Unruhe erbat auch General Reinhardt einen sofortigen aufklärenden Vortrag für seine Führergehilfen".

41 Brief des Kronprinzen an Groener v. 14. April 1932, abgedr. in: *Telegraf* (Berlin) v. 21. Dezember 1947 und (mit Groeners Antwort) bei Groener-Geyer (Anm. I/51), S. 311 ff. Vgl. Herre (Anm. III/135), S. 200 f.; Craig (Anm. I/79), S. 223. Der bei den Groener-Papieren befindliche Brief ist unzweifelhaft echt, obwohl der Kronprinz in den letzten Jahren davon abzurücken versuchte.

anderen Parteien zu verbieten"[42]. Das beigelegte Material machte deutlich, daß Hindenburg an eine Auflösung des Reichsbanners — nicht dagegen des Stahlhelms! — dachte und dafür Unterlagen aus den Akten des Reichswehrministeriums bekommen hatte. Groener sah sich jetzt nicht nur einer direkten Gegenaktion seines politischen Vormannes Schleicher gegenüber, der über diese aus der Wehrmachtsabteilung des Reichswehrministeriums stammenden Akten verfügte; er mußte überdies mit Hindenburg rechnen, dem — wie eine spätere Meldung Schleichers an Groener erkennen ließ — am Nachmittag jenes 15. April das im Reichswehrministerium gesammelte Material über das Reichsbanner zugeleitet worden war[43].

Während Groener, sekundiert von Treviranus, sogleich öffentlich betonte[44], daß kein Anlaß zu einem Verbot von Reichsbanner und Stahlhelm — eine geschickte Warnung an Hindenburg — vorliege[45], suchte er noch einmal Schleicher im persönlichen Gespräch zu stellen. Der versicherte ihm bei einem Spaziergang am 17. April, er sei an der Aktion vom 15. April gänzlich unbeteiligt, und erklärte sich mit einer gemeinsamen demonstrativen Wendung an Wehrmacht und Öffentlichkeit zur Beseitigung aller Gerüchte einverstanden[46]. Doch erfolgte auch in den nächsten Wochen nichts. Vielmehr machte Schleicher nun, während er den „falschen Gerüchten" über seinen Chef freien Lauf ließ, ganz konkrete Anstrengungen, um gegen Groener „eine gemeinsame Aktion der Chefs der Heeres- und Marineleitung beim Reichspräsidenten" herbeizuführen[47].

Groener war nun unversehens in die schwierigste Lage geraten. Er hatte in seiner Eigenschaft als Innenminister einen Weg beschritten, auf dem er nach dem Scheitern aller Zähmungsversuche auch der legalen Unterstützung der Reichswehr sicher zu sein glaubte. Dabei hatte er nicht nur die Pläne seines engsten Mitarbeiters und die Stimmung in der Reichswehrführung, sondern auch die Reaktion des Hindenburg-Kreises und vor allem Hindenburgs selbst[48] falsch eingeschätzt oder übergehen zu können geglaubt. Wohl hatte er die Kritik pensionierter hoher Offiziere erwartet, nicht aber mit der Opposition der Reichswehrführung selbst gerechnet. Indem ihm die großen Stützen, Reichspräsident und Reichswehr, zu entgleiten drohten, gefährdete sein Vorgehen jetzt die Basis der Regierung Brüning selbst. Denn eine Zurücknahme des SA-Verbots, die schon aus psychologischen Gründen unmöglich war, mußte mit der Tolerierung der SPD zugleich den noch verbliebenen parlamentarischen Rückhalt der Regierung gefährden. Auch die Alternative, ein Verbot des Reichsbanners, konnte keine andere Wirkung haben: Groener sprach sich denn auch in einem weiteren Vortrag bei Hindenburg (26. April) entschieden dagegen aus[49].

42 Text bei Schultheß, *1932*, S. 68; Horkenbach, *1932*, S. 115.

43 Groener, „Chronologische Darstellung" zum 17. April bei Phelps (Anm. IV/37), S. 28; Craig (Anm. I/79), S. 224. Zusammenfassend auch Groener-Geyer (Anm. I/51), S. 307 ff.

44 In einem durch WTB verbreiteten Artikel: „Mein Standpunkt" (Schultheß, *1932*, S. 68).

45 Auch ein enger Mitarbeiter Schleichers bestätigt: „Das Material gegen das Reichsbanner (von Bredow zusammengestellt) war sehr dünn." So die „Bemerkungen des (verstorbenen) Generals v. Noeldechen zu Meißners Memoiren" (24. Februar 1951), abgedr. in: Conze (Anm. IV/38), S. 274.

46 „Chronologische Darstellung" bei Phelps (Anm. IV/37), S. 28.

47 *Ebda.*, S. 28 f., läßt Groener durchblicken, daß dies „an der Loyalität des Admirals Raeder und seiner Mitarbeiter" gescheitert sei; von Hammerstein, der ganz offenbar auf Schleichers Seite stand, ist nicht die Rede.

48 Groeners Einschätzung Hindenburgs war nach Brünings Zeugnis von der Überzeugung bestimmt, „daß Hindenburg in letzter Instanz immer seinen Rat annehmen würde, da er, um Hindenburgs Ansehen zu retten, in den Jahren seit 1918 seinen eigenen unbescholtenen Ruf im Interesse der Nation geopfert hätte": Brüning, „Brief" (Anm. I/9), S. 3.

49 Einzige Konzession Brünings an Hindenburg waren die Notverordnungen vom 3. Mai, in denen die

Wenn die Fronten aber so blieben, wie sie sich jetzt, wenige Tage nach der Wiederwahl Hindenburgs, innerhalb des Präsidialsystems herausgebildet hatten, dann mußte die lange zusammengehaltene Kombination von präsidial-militärisch-autoritärer und parlamentarisch-demokratischer Regierungsform einem schnellen Zusammenbruch zutreiben. Der einzige, unter normalen Umständen natürliche Ausweg wäre gewesen, Hindenburg um die Entlassung Schleichers und Hammersteins zu ersuchen. Dem standen aber Hindenburgs Abneigung gegen die ganze Aktion Groeners und — damit verbunden — kabinettspolitische Erwägungen entgegen: Groener selbst war überzeugt, daß ein solches Vorgehen seinen eigenen Rücktritt zur Folge gehabt und zugleich den Sturz der ganzen Regierung Brüning besiegelt hätte, nachdem Hindenburg selbst schon im Winter gegen Groeners Widerspruch Kritik an Brüning geübt und Schleicher sich „seit längerer Zeit" mit dem Gedanken an einen Kanzlerwechsel beschäftigt hatte[50].

Die weiteren Vorgänge bis zum Rücktritt Groeners als Reichswehrminister sind in ihren Einzelheiten noch immer schwer greifbar. Groener glaubte besonders an eine Aktivität der „Hugenbergler" bei Hindenburg, der „eine noch mehr nach rechts orientierte Regierung" wolle: Brüning sei darum stark gefährdet, man habe nur noch keinen neuen Kanzler[51]. Nach außen sichtbar erreichte die Krise ihren Höhepunkt am 10. Mai, als Groener — ohnehin als mäßiger Redner bekannt[52] — die Verteidigung des SA-Verbots vor dem Reichstag so wenig wirkungsvoll führte, daß mit ihm auch die Sache eine psychologische Niederlage erlitt. In dieser ersten Sitzung des Reichstags nach den Präsidentenwahlen ging Groeners Antwort auf die nationalsozialistischen Angriffe, die besonders Göring vortrug, in lärmenden Tumulten unter[53]. Sein Protest gegen den nationalsozialistischen „Staat im Staat", den „Staat gegen den Staat"[54], seine Verteidigung des staatstreuen, „überparteilichen" Reichsbanners, seine Darlegung der völlig verschiedenen Zielsetzung der SA einerseits, des Reichsbanners anderseits kam über Ansätze nicht hinaus, wenn er auch großen Beifall für die Feststellung erhielt: „Ohne die SA hätten wir seit Jahren Ruhe und Ordnung[55]." Schließlich mußte Polizei die Ordnung im Sitzungssaal wiederherstellen und mehrere nationalsozialistische Abgeordnete festnehmen. Es entstand der Eindruck, daß Groener — der dies freilich nachträglich entschieden dementiert hat[56] — indisponiert sei oder bereits resigniert habe[57].

Überwachung und eventuelle Auflösung aller die „Staatsautorität" gefährdenden Organisationen sowie die Auflösung der kommunistischen Gottlosenverbände verfügt wurde: *RGBl., 1932*, I, S. 185 ff.

50 Phelps (Anm. IV/37), S. 29; Craig (Anm. I/79), S. 225; vgl. o. S. 375 f.

51 Brief an Gleich v. 25. April 1932: Phelps (Anm. I/51), S. 1020 f.

52 Vgl. Otto Braun (Anm. I/5), S. 383: „Groener war eine ehrliche, gerade Soldatennatur, der intellektuell den Offiziersdurchschnitt wohl überragte, aber ohne jede rednerische Begabung, von so schwerfälliger Dialektik, daß er selbst in internen Besprechungen Mühe hatte, seine Argumente klar zum Ausdruck zu bringen."

53 *Reichstagsprotokolle* v. 10. Mai 1932, S. 2545 ff. Groener selbst („Chronologische Darstellung", Anm. VI/9, zum 10. Mai 1932) hatte den Eindruck, das Ganze sei ein abgekartetes Spiel; man habe die Nationalsozialisten vorgeschickt, die dann der Reichswehr die Rücktrittsforderung Groeners erleichtern würden.

54 *Reichstagsprotokolle* v. 10. Mai 1932, S. 2548.

55 *Ebda.*, S. 2550.

56 „Chronologische Darstellung" bei Phelps (Anm. IV/37), S. 29; Craig (Anm. I/79), S. 225 f.

57 So mit der Presse und den zeitgenössischen Beobachtern Schlange-Schöningen (Anm. I/78), S. 69, Stampfer (Anm. I/4), S. 623 ff., Severing (Anm. I/18), II, S. 335, sowie Braun (Anm. I/5), S. 383, der hierzu noch bemerkt: „Obwohl ihm dazu die preußische Polizei ein für die Nationalsozialisten niederschmetterndes Material zur Verfügung gestellt hatte, gelang es diesen, ihn durch Pfuirufe, Gelächter und Lärm so aus dem Konzept zu bringen, daß seine Ausführungen völlig wirkungslos blieben, ja, er zeitweise einen fast hilflosen Eindruck machte." Braun erwähnt auch die „mangelnde Energie des Reichtstagsvizepräsidenten Esser" (Zentrum). Dagegen allerdings die Darstellung bei Groener-Geyer (Anm. I/51), S. 314 f.

Nach diesem neuerlichen Mißerfolg kam die Gegenaktion der Reichswehrführung zum entscheidenden Durchbruch. Der damalige Major Ott als Schleichers Beobachter bei der Reichstagsdebatte behauptete, daß ihn sogleich nach der Rede zahlreiche Abgeordnete bestürmt hätten, auf Groeners Rücktritt hinzuwirken. Er „unterrichtete Schleicher, der seinerseits Hammerstein aus einer Reise zurückrief und, nach Beratung mit ihm, Groener die Notwendigkeit des Rücktritts erklärte“ [58]. Gegen Schleichers Vorschlag, Groener solle Urlaub nehmen oder sich krank melden, bäumte sich dieser noch einmal auf: er wolle nicht „feige Fahnenflucht mitten im Kampfe“ üben und werde nur einem Mißtrauensvotum des Reichstags oder des Reichspräsidenten weichen. Doch lehnte er die Hilfestellung Brünings [59], der selbst von Hindenburg unverzüglich die Belassung Groeners in beiden Ämtern verlangen wollte, mit dem Hinweis auf die Gefährdung des ganzen Kabinetts ab und kündigte noch am 12. Mai seinen Rücktritt als Reichswehrminister an [60]. Er entschloß sich aber gleichzeitig, in Verfolgung seiner jetzigen Politik das Innenministerium weiterzuführen — also nur die enge Verbindung der innenpolitischen Maßnahmen mit den wehrpolitischen Projekten endgültig fallen zu lassen. Man mußte jetzt freilich damit rechnen, daß die Reichswehrführung sich nach neuen politischen Wegen zur Verwirklichung dieser Pläne umsehen würde. Die Weigerung Schleichers, das vakante Reichswehrministerium zu übernehmen, ließ darauf schließen, daß diese Wege schon jetzt außerhalb der Brüning-Regierung verliefen.

Daß die Reichswehrführung selbst, statt Groener in dieser Zwangslage zu stützen, seinen Sturz herbeigeführt hat, ist nach den heute verfügbaren Nachrichten nicht mehr zu bezweifeln [61]. Zwar liegen von Schleicher und Hammerstein keine direkten Zeugnisse vor, doch haben Mitarbeiter Schleichers eindeutig bestätigt, daß mit dem Primat der Planungen des Innenministeriums „die Reichswehr“ ihre eigenen militärpolitischen Erwartungen und Ziele gefährdet und den ursprünglichen Sinn einer Verbindung beider Ministerien verletzt sah. Auf einer Befehlshaberbesprechung am 21. Mai wies Hammerstein selbst darauf hin [62], daß Groener seinerzeit mit Unterstützung der Heeresleitung das Innen- und Wehrministerium übernommen habe, um die nötige Ablösung der militärischen Organisationen durch staatliche Institutionen zu betreiben und besonders die lange vorangegangenen Verhandlungen zur Schaffung überparteilicher Sportorganisationen zu fördern. Statt dessen sei Groener von den „suspekten Leuten“ im Innenministerium — statt sie zu entlassen — einge-

58 Ott (Anm. VI/36), S. 15.

59 Brüning war unmittelbar nach Groeners Mißerfolg auch von Westarp und Lindeiner gebeten worden, auf Groeners Rücktritt hinzuwirken, damit wenigstens das übrige Kabinett nicht in seinen Sturz hineingezogen werde. Sie brachten ihn „in Übereinstimmung mit Pünder“ wenigstens dahin, daß er nicht am selben Tag noch Groener im Reichstag verteidigte; Groeners Erklärung zum SA-Verbot selbst aber glaubte Brüning unter allen Umständen decken zu müssen. Am 11. Mai wurde Westarp zu Hindenburg bestellt und wiederholte dort seine Auffassung, daß zwar Groener sich „als nicht felddienstmäßig für seinen Posten erwiesen“ habe, daß aber Brüning um der Außenpolitik willen gehalten werden müsse. Gerade zum letzteren Punkte habe Hindenburg „zustimmend“ genickt. So Kuno Graf Westarp, „Zu Brünings Rücktritt“, diktiert Mittwoch, 1. Juni 1932, in: *Westarp-Akten;* jetzt abgedr. bei Conze (Anm. IV/38), S. 282.

60 Die Darstellung Meißners (Anm. I/156, S. 220 f.) ist ebenso irreführend wie falsch: Groener *blieb* zunächst Innenminister, und Hindenburg hat keineswegs versucht, „ihn wenigstens im Amte des Reichswehrministers zu halten“. Wenn Schleicher (auf den Meißner alles abzuschieben pflegt) auf Hindenburg tatsächlich in diesem Augenblick den entscheidenden Einfluß ausgeübt hat, so ist doch die Voraussetzung falsch, daß Groener schon zu diesem Zeitpunkt von beiden Ministerien zurückgetreten sei.

61 Hermann Foertsch, *Schuld und Verhängnis, Die Fritsch-Krise im Frühjahr 1938 als Wendepunkt in der Geschichte der nationalsozialistischen Zeit,* Stuttgart 1951, S. 19, berichtet allerdings, daß das Offizierkorps selbst in dieser Frage „durchaus nicht voll hinter Schleicher stand“.

62 Besprechung des Chefs HL auf Führerreise 21. Mai 1932, jetzt abgedr. bei Vogelsang (Anm. III/35), S. 423 ff.

wickelt worden[63]: die erhoffte „Förderung der militärischen Belange kam nicht zustande". Nach der unglücklichen Reichspräsidentenwahl, die Verwirrung unter der Rechten und in den Reihen auch der alten Offiziere angerichtet habe, sei Groeners Entschluß zum SA-Verbot zwar eine Woche vorher der Reichswehrführung mitgeteilt worden, doch habe Groener deren vermittelnde Anregungen nicht akzeptiert und die Aktion übermäßig beschleunigt. Hammerstein zeigte sich überzeugt, daß ein Ultimatum an Hitler angesichts der „verschiedenen Strömungen in der NSDAP" durchaus Erfolg gehabt und Hindenburgs Prestige nach rechts geschont hätte[64]. Groener hatte damit — dies ist Hammersteins Fazit — den eigentlichen Zweck der Verbindung beider Ministerien, die auch nach Schleichers späterer Einsicht ein Fehler war, endgültig verfehlt und zugleich die „Überparteilichkeit der Wehrmacht ... verletzt". Darum mußte jetzt die „Verkoppelung des hochpolitischen und des überpolitischen Ministeriums" gelöst werden — ein Vorgang, den Groeners Mißerfolg im Reichstag noch beschleunigte. Und Schleicher selbst hatte sich schon Ende März für eine Bewahrung der „Überparteilichkeit", d.h. für äußerste Vorsicht in der Frage des SA-Verbots ausgesprochen und Groener zum Widerstand gegen das Drängen der Länderminister — besonders Severings — gemahnt[65].

Diese Sicht beherrscht auch die übrigen Bekundungen aus Schleichers Umgebung. Überdies wird betont, daß wegen der Schonung des Reichsbanners „aus nationalen Kreisen bei Hindenburg Sturm gegen ihn [Groener] gelaufen" wurde, daß Schleicher ihn nicht verteidigte, weil er gegen seinen „und Hammersteins ausdrücklichen Rat und Bitte gehandelt hatte", daß schließlich bei Groeners Sturz „der Sohn Hindenburgs eine maßgebende Rolle gespielt" habe[66]. Entscheidend aber für den Bruch mit Groener wurde nach den vorliegenden Zeugnissen nicht so sehr die nationalsozialistische Infizierung des jüngeren Offizierkorps, die allerdings den „sensitiven" Schleicher[67] erheblich beeindruckt haben mag[68]; schwerer wog die Tatsache, daß Schleicher seinen Lieblingsplan, durch Entpolitisierung der Wehrverbände das Problem einer gefahrlosen Einbeziehung der Rechten und damit die innenpolitische Krise lösen, zugleich aber auch eine Verstärkung der staatlich kontrollierten militärischen Kräfte erreichen zu können, durch das innenministerielle SA-Verbot akut gefährdet sah[69].

Denn über allem stand ihm der Anspruch der Reichswehr, einziger Träger des Wehrgedankens zu sein: ihre außenpolitische Wirksamkeit als Grenzschutz[70]

63 Hier wirkte das traditionelle Ressentiment der Reichswehr gegen das „republikanische" Innenministerium noch aus der Amtszeit Severings und Wirths nach – ein gegenseitiges Mißtrauen, das für das ganze Problem der Behandlung der Reichswehr in der Weimarer Republik symptomatisch ist.

64 *Ebda.*: „Zeitpunkt kompromittiert Feldmarschall (mußte als Bezahlung nach links aussehen)".

65 Brief Schleichers an Groener v. 25. März 1932: Craig (Anm. I/34), S. 130: „Die SA-Frage können wir nur mit feiner Hand lösen, nicht diese parteigebundenen Länderminister ohne das nötige Fingerspitzengefühl. Ich habe für den Auflösungsfall schon eine ganze Menge Material gesammelt. Falls Braunschweig nicht gehorcht hätte [Klagges!], war bei uns die militärische Exekution durch Geyer vorbereitet."

66 Besprechung Hammerstein (Anm. VI/62), Anmerkung v. d. Bussche v. 26. November 1951.

67 So Brünings Beurteilung: „Brief" (Anm. I/9), S. 2.

68 So auch Conze (Anm. I/9), S. 660.

69 Zur folgenden Feststellung der Position und der Pläne Schleichers vgl. noch die – in Einzelheiten natürlich apologetisch gefärbten – Bekundungen seiner Mitarbeiter: Generalmajor a. D. H. v. Holtzendorff, „Die Politik des Generals von Schleicher gegenüber der NSDAP 1930–1933, Ein Beitrag zur Frage Wehrmacht und Partei" (auszugsweiser Abdruck einer Niederschrift vom 22. Juni 1946); „Aus einem Interview des Dr. von zur Mühlen mit Dr. Adolf v. Carlowitz", langjähriger Mitarbeiter Schleichers und Zivilreferent für juristische Spezialfragen in der Wehrmachtabteilung bis Juli 1932, vom 7. Februar 1949. Beides abgedruckt in: Conze, „Zum Sturz Brünings" (Anm. IV/38), S. 267–270; S. 270–272. Zusammenfassend über die Entwicklung der Schleicherschen Wehrpläne im Zusammenhang mit dem nationalsozialistischen Problem seit 1931 jetzt auch Wheeler-Bennett, *Nemesis* (Anm. I/159), S. 227 ff.; S. 235 ff.

70 Dazu auch v. Holtzendorff, Stellungnahme zum Interview des Dr. v. Carlowitz vom 7. Februar 1949 (gegeben am 16. März 1953), in: Conze (Anm. IV/38), S. 273: Schleicher habe das SA-Verbot auch deshalb

wie ihre innenpolitische Schlüsselstellung als Stütze der Präsidialregierung suchte er, nachdem eine endgültige Revision der militärischen Einschränkungen noch nicht abzusehen und Sondierungen wegen einer Verkürzung der Dienstzeit schon ein Jahr zuvor am englischen Widerspruch gescheitert waren[71], durch Ausnützung und Kontrolle der Wehrverbände zu erhöhen. Er betrachtete deshalb zwar alle „militärisch sein wollenden Organisationen" mit Reserve und lehnte besonders die zunehmende Politisierung des Stahlhelms entschieden ab[72]. Nichtsdestoweniger galt seine ganze realpolitische Aufmerksamkeit vor allem dem Aufstieg der NSDAP, deren positive Einstellung zur Wehrpolitik er als Gegengewicht gegen die radikale, reichswehrfeindliche Linke in seine Kalkulation einbeziehen[73], deren Umsturzabsichten er mit einer intakten Reichswehr neutralisieren, deren politischen Siegeszug er durch die Belastung mit der Verantwortung noch während der Wirtschaftskrise — und solange der betagte Hindenburg noch den sicheren Rückhalt für solche Experimente verbürgte — dämpfen zu können glaubte.

An dieser Grundkonzeption[74], die er „durch Groeners Vorprellen" gefährdet sah, hielt Schleicher nach dem Zeugnis seiner Mitarbeiter auch in diesen Wochen wie in den folgenden Monaten fest[75]: er stellte sich gegen das SA-Verbot, weil es „die Möglichkeit verbaute, alle Wehrverbände, Reichsbanner, SA in gleicher Weise zu verbieten oder in eine aufzubauende Miliz einzufügen", also die „fehlerhafte Entwicklung der Wehrverbände zu bremsen und dadurch den radikalen Rechtsparteien u. a. einen wesentlichen Macht- und Propagandafaktor zu entziehen"[76]. Von diesem Plan, der auch die „Zustimmung Hindenburgs" hatte, war jetzt nach Schleichers und Hammersteins Eindruck Groener entscheidend abgerückt: „sein Sondergefecht gegen einen Teil der Wehrverbände (SA)" drohte „den ganzen Schlachtplan zunichte" zu machen[77] und mochte dazu angetan sein, die NSDAP noch zu stärken, „weil es Märtyrer schuf"[78].

In diesem Licht sind auch die Verhandlungen zu sehen, die Schleicher jetzt mit seinen nationalsozialistischen Verbindungsmännern Röhm, Helldorf und

für einen Fehler gehalten, weil die Reichswehr besonders in Ostpreußen „nicht ohne einen bodenständigen Grenzschutz aus der ansässigen und wehrwilligen Bevölkerung", also auch „der gerade in Ostpreußen zahlreichen SA" ihre Verteidigungsaufgabe erfüllen zu können glaubte. Demgegenüber war, wie besonders Ott (Anm. VI/36), S. 11, betont, das Verhältnis zum Reichsbanner wegen dessen Zurückhaltung in Grenzschutzfragen von einem traditionellen Mißtrauen bestimmt — besonders im Offizierkorps der Grenzprovinzen.

71 Auf die Fühlungnahme der deutschen Regierung im Januar 1931 hatte der britische Außenminister Henderson durch Rumbold Curtius mitteilen lassen, „that the attitude implied in such remarks . . . does a great disservice to the cause of disarmament, which the German government profess to have at heart": *Documents on British Foreign Policy* (Anm. II/53), 2nd series, vol. I, Doc. Nr. 348.

72 Interview v. Carlowitz im Archiv des Instituts für Zeitgeschichte, München, ungedr. (dieser Teil ist bei Conze, Anm. IV/38, nicht abgedruckt).

73 Vgl. auch Schleichers Äußerung vom März 1932, er sehe die Nationalsozialisten als ein Gegengewicht gegen die Sozialisten an: bei Craig (Anm. I/79), S. 217, Anm. 70; ebenso der unter Anm. VI/20 zitierte Brief Schleichers an Groener. Nach Otts offenherzigen „Bemerkungen" (Anm. VI/36), S. 13, waren die politischen Angriffe der Weltbühne, Foersters, Gerlachs usw. in unangenehmer Weise „den Sachverständigen des Reichswehrministeriums, die den Tatbestand nicht voll darstellen konnten, überlegen". Gegen diese auch „für das Reichsgericht unerfreuliche Lage" (!) wurde bis 1933 keine „gesetzliche Abhilfe" erreicht, obwohl der damalige Staatssekretär Bumke (Justizministerium) bei den Beratungen des Reichstagsausschusses für die Strafrechtsreform in scharfer Auseinandersetzung mit Paul Levy (SPD) u. a. sich für eine Verschärfung der Landesverratsgesetze eingesetzt hatte.

74 Ordnung des Wehrgedankens „unter staatlichen Gesichtspunkten", um so der Rechten den Wind aus den Segeln zu nehmen: Interview v. Carlowitz, ungedruckter Teil (Anm. VI/72).

75 Interview v. Carlowitz (Conze, Anm. IV/38, S. 272): „Das blieb unverändert: Stärkung der Staatsautorität und Herausholen der NSDAP aus der für sie bequemen und dem Staat gefährlichen Opposition."

76 *Ebda.*, S. 270: „Ziel war die Umwandlung der Reichswehr in eine Miliz. Vorbereitend sollte in dieser Richtung das unter Leitung des Generals v. Stülpnagel errichtete ‚Reichskuratorium für Jugendertüchtigung' wirken, das völlig unpolitisch aufgezogen war. Nach der Abrüstungskonferenz sollte dann die Umbildung in die Miliz erfolgen."

77 *Ebda.*, S. 271.

78 Holtzendorff in: Conze (Anm. IV/38), S. 273.

Himmler in verstärktem Maße aufnahm[79]. Von nationalsozialistischer Seite aus sind sie freilich anders verstanden und genützt worden, mochte Schleicher mit Helldorf noch so verbindliche Gespräche über seine „Organisation Stülpnagel" als Aufnahmebecken für alle Wehrverbände führen. Wenn auch die Quellen, aus denen Goebbels seine Informationen bezog, reichlich trübe fließen[80], so wird doch deutlich, wie Schleichers Absicht, das SA-Verbot in seinem Sinne auszunützen und den ursprünglichen Plan nun *gegen* Groener und Brüning durchzuführen, von seinen Partnern nur aus unmittelbar taktischen Gründen und nur insoweit ernst genommen wurde, als davon der Sturz Brünings, die Auflösung des Reichstags und die Aufhebung aller Polizeimaßnahmen gegen die NSDAP erwartet werden konnte[81].

Schleicher hatte gehofft, daß seine Bemühungen um eine Verbreiterung der Regierungsbasis nach rechts über „seinen" Kanzler Brüning zum Erfolg geführt werden könnten. Als diese Hoffnung gescheitert schien, trieb er die Fühlungnahme mit der NSDAP auf eigene Faust voran und stellte sie nun auf den Sturz nicht nur Groeners, sondern auch Brünings ab[82]. „Wir bekommen Nachricht von General Schleicher: die Krise geht programmäßig weiter" — diese triumphierende Grundnote beherrschte jetzt Goebbels' hektische Aufzeichnungen[83]. Brünings Sturz schien kaum mehr abwendbar, und die Frage war nur noch, wer aus der Ablösung der letzten parlamentarisch tolerierten Regierung der Weimarer Republik den größeren Nutzen ziehen würde: die autoritären Reformer oder die totalitären Gegner der Demokratie.

3. *Die Machtverschiebung in den Ländern*

Wenn das SA-Verbot auch tatsächlich zum „Angelpunkt der ganzen innerpolitischen Entwicklung" geworden war[84] und die Krise jetzt einer schnellen

79 Carlowitz in: Conze (Anm. IV/38), S. 272. Auch die im Institut für Zeitgeschichte gesammelten Briefe an Schleicher (*Schleicher-Nachlaß*), S. 31 ff., zeigen, daß viele Freunde (besonders aus Stahlhelm und Adel) schon vor der Präsidentenwahl auf eine Verbindung mit Hitler und zum Sturz Brünings drängten. Z. B. schlägt der Stahlhelmführer v. Stephani sich in einem Brief vom 13. Mai 1932 selbst zum Nachfolger Groeners vor.

80 Carlowitz in: Conze (Anm. IV/38), S. 272, nennt besonders Werner v. Alvensleben, dessen Geltungssucht als Zwischenträger auch fürderhin bei der Verbreitung von unqualifizierbaren Gerüchten im Zusammenhang mit Schleicher eine Rolle spielte (so zuletzt noch beim Putschgerücht vom Januar 1933: vgl. u. S. 630 ff.): „Alvensleben hat damals viel Unheil mit dieser Methode angerichtet, denn er war kein Mittelsmann von Schleicher."

81 So sind die Bemerkungen von Goebbels zu verstehen (*Kaiserhof*, Anm. V/13), der zum 14. April schon die Opposition Schleichers gegen das SA-Verbot (S. 80 f.), am 23. April eine Unterredung Helldorfs mit Schleicher notiert (S. 84: „Aber verstehen kann er [Schleicher] uns selbstverständlich nicht"), desgleichen am 26. April (S. 88: Schleicher „will eine Kursänderung vollziehen"). Zum 28. April (S. 89): „Der Führer ist bei Schleicher gewesen. Das Gespräch verlief gut." Am 3. Mai über die beginnende Regierungskrise (S. 91: „Es fängt also schon an. Man hat so eine richtige Freude daran. Nun muß in der Partei eisern geschwiegen werden. Wir müssen die Desinteressierten spielen"). Am 4. Mai (S. 92: „Von Berlin kommt die Meldung, daß Hitlers Minen zu springen beginnen... Als erster muß Groener und nach ihm Brüning fallen"). Am 6. Mai (S. 92: „Die Bombe ist geplatzt. Der Reichswirtschaftsminister hat seinen Rücktritt erbeten, Groener und Brüning wackeln").

82 *Ebda.*, S. 93 (zum 8. Mai): „Der Führer hat eine entscheidende Unterredung mit General Schleicher; einige Herren aus der nächsten Umgebung des Reichspräsidenten sind dabei... Brüning soll in den nächsten Tagen schon fallen. Der Reichspräsident wird ihm sein Vertrauen entziehen. Der Plan geht dahin, ein Präsidialkabinett zu installieren; der Reichstag wird aufgelöst, alle Zwangsgesetze sollen fallen, wir bekommen Agitationsfreiheit und liefern dann ein Meisterstück an Propaganda... Wenn's gelingt, dann haben unsere Unterhändler, an ihrer Spitze Stabschef Röhm, ein Meisterstück gemacht." Die Motive für Schleichers Wendung werden auch deutlich aus einem späteren Gespräch mit Paul Löbe, *Erinnerungen eines Reichstagspräsidenten*, Berlin 1949, S. 142. Hier bezeichnete Schleicher sich selbst, die Reichswehr und Hindenburgs Autorität als die einzig wirksamen Gegengewichte gegen Hitler. Denn: „Die Welle ist so groß geworden, daß wir sie nicht aufhalten können. Spannen wir Hitler mit Brüning zusammen, so ist der zweite einige Monate später erledigt. Er wird beiseite geschoben, wie Mussolini die Populari beiseite schob."

83 Goebbels, *Kaiserhof* (Anm. V/13), S. 97 (zum 13. Mai).

84 *Ebda.*, S. 95 (zum 11. Mai).

Entscheidung zutrieb, so bestimmte doch eine Reihe anderer Faktoren kaum weniger ihren Verlauf und die Art ihrer Lösung. Vor allem bedeutete das Ergebnis der Landtagswahlen vom 24. April[85], das im ganzen gesehen die Stimmenverteilung der 2. Reichspräsidentenwahl bestätigte, eine Machtverschiebung in den Parlamenten der größten, über drei Viertel der deutschen Bevölkerung umfassenden Länder. Dort hatte bislang die demokratische Mehrheit von 1928 eine Stütze für die Durchhaltepolitik der Reichsregierung gebildet und darüber hinaus dem widerstrebenden Reichsinnenminister schärfere Maßnahmen zum Schutz der Republik direkt auferlegt. War dies doch ein wesentlicher Antrieb zu Groeners schwerwiegendem Entschluß gewesen, mit dem SA-Verbot die früheren Pläne aufzugeben und den verhängnisvollen Bruch mit Schleicher, der an seinen Hoffnungen nach wie vor festhielt, ohne genügende Sicherung bei Hindenburg und der Reichswehr zu riskieren.

Nach dem 24. April war in allen Landtagen mit Ausnahme Bayerns[86] die NSDAP zur führenden Position aufgestiegen — eine Tatsache, die Brüning bei der Auflösung des Reichstags 1930 und bei der optimistischen Beurteilung der Chancen für seine Durchhaltepolitik nicht genügend einkalkuliert hatte. Es zeigte sich jetzt, daß es für die Abwehr der Machtbestrebungen der totalitären Parteien selbst dann, wenn eine Neuwahl des Reichstags vor 1934 verhindert werden konnte, nicht — wie Brüning rechnete — gleichgültig sein würde, „welche Erfolge sie auch immer in der Zwischenzeit bei Länderwahlen erringen würden"[87]. Es war vielmehr kein Zufall, daß Hindenburg schon wenige Wochen später den Reichstag gerade mit der Begründung auflöste, er entspreche nach dem Ergebnis der letzten Landtagswahlen nicht mehr dem „politischen Willen des deutschen Volkes"[88]. Auch in diesem Fall waren nicht nur die psychologischen und propagandistischen Faktoren, sondern auch die direkten und indirekten machtpolitischen Auswirkungen der neuen Situation und die problematische Stellung der geschwächten Geschäftsregierungen in den Ländern falsch eingeschätzt worden[89].

Brünings Erwartungen waren nur insoweit gerechtfertigt, als die NSDAP trotz manchen Bemühungen um Koalitionsbündnisse auch weiterhin in keinem größeren deutschen Land an die Regierung kam und erst über die Machtergreifung im Reich dann fast ein Jahr später auch die „Gleichschaltung" der Länder mit Gewalt erzwang. Sie übersahen jedoch, daß die Aktivität der Länderregierungen durch die neue parlamentarische und regierungstechnische Situation schwerwiegend beeinträchtigt und im Hinblick auf die nationalsozialistischen Ambitionen — die Ansprüche der stärksten Partei — fast gänzlich lahmgelegt war. Denn die seit über zwei Jahren andauernde Wahlentwicklung

85 Vgl. die Aufrufe zum Wahlkampf in: *Der Zeitspiegel* 1, Nr. 8 (21. April 1932), S. 117 ff. Zur außenpolitischen Bedeutung des Wahltermins, der sich durch die Machtverschiebung in den französischen Kammerwahlen und die Verzögerung der erwarteten Konferenzerfolge jetzt gegen Brüning auswirkte, vgl. o. Anm. VI/26.

86 Auch hier blieb die NSDAP nur um 2 Mandate hinter der BVP zurück. Zur Wahlanalyse Gustav Stolper, „Der 24. April", in: *Der deutsche Volkswirt* 6 (1932), II, S. 1011 ff.

87 Brüning, „Brief" (Anm. I/9), S. 12 f.; vgl. o. S. 325.

88 Vgl. u. S. 480.

89 Die im Vergleich zur Reichsregierung allerdings größere Stabilität der Länderkabinette in der Weimarer Republik wird auch bei einem Blick auf die Zahl der Regierungsneubildungen 1919–1933 sichtbar:

Hessen	4	Mecklenburg-Schwerin	9
Württemberg	6	Thüringen	9
Oldenburg	6	Lippe	9
Bremen	7	Braunschweig	10
Bayern	8	Preußen	10
Anhalt	8	Mecklenburg-Strelitz	14
Hamburg	9	Sachsen	15
Durchschnitt	9,5	Reichsregierungen	21

hatte angehalten und sich z.T. noch beschleunigt: die SPD war in allen Ländern mit Ausnahme Hamburgs beträchtlich zurückgegangen[90], während die KPD weitere Gewinne machte; Zentrum und BVP erwiesen sich weiterhin widerstandsfähig; die DVP und besonders alle Gruppen der gemäßigten Rechten sanken zu bedeutungslosen Splitterparteien herab; nicht anders erging es der Staatspartei, die sich nur in Hamburg mit Gewinn behauptete; aber auch die DNVP bezahlte den illusionistischen Hugenberg-Kurs mit schweren Verlusten.

Um so deutlicher wurde die Koalitionsunfähigkeit der „Nationalen Opposition", die in den größeren Ländern um einiges hinter der erhofften absoluten Mehrheit zurückgeblieben und nun auf eine Zusammenarbeit besonders mit dem Zentrum hingewiesen war. In Bayern war die Lage schon seit August 1930 blockiert. Da es zu keiner konstruktiven Mehrheitsbildung kam, obgleich sich die BVP auch jetzt noch knapp vor der NSDAP zu behaupten vermochte, blieb das seit fast zwei Jahren geschäftsführende Kabinett Held (BVP-DNVP) weiterhin im Amt[91]. Überdies wurde die stattliche nationalsozialistische Fraktion in der Folge für fünf Monate von den Landtagssitzungen ausgeschlossen, als sie trotz Uniformverbot zur Parlamentseröffnung am 17. Juni im Braunhemd erschien und schwere Tumulte hervorrief, die ein polizeiliches Eingreifen erforderlich machten[92]. Ähnlich war die Lage in Württemberg, wo die NSDAP als stärkste Partei wohl in dem rabiaten Studienrat Mergenthaler den Landtagspräsidenten stellte, bei der Wahl des Ministerpräsidenten (24. Mai) aber ebenfalls, nachdem sich die Koalitionsverhandlungen mit den Mittelparteien zerschlagen hatten, nicht die erforderliche absolute Mehrheit erreichte. Auch hier kam es, als die NSDAP samt Landtagspräsident in voller Uniform anrückte, zu erregten Auseinandersetzungen. Und auch hier blieb das geschäftsführende Kabinett Bolz weiterhin an der Regierung, nachdem der Antrag, die Wahl des Staatspräsidenten durch relative Mehrheit zu ermöglichen, einem Ausschuß überwiesen worden war: da gleichzeitig beschlossen wurde, bis zur Entscheidung provisorisch am Grundsatz der absoluten Mehrheit festzuhalten, bedeutete die Regierung Bolz ein doppeltes Provisorium[93]. Nur in einigen kleineren Ländern gelang den Nationalsozialisten der Sprung in eine Rechtsregierung: so in Anhalt und in Mecklenburg-Strelitz zusammen mit der DNVP, nach der Wiederwahl des nach Anfechtung der Wirtschaftspartei aufgelösten Landtags (31. Juli) auch in Thüringen zusammen mit dem Landbund. In zwei Fällen allerdings — Oldenburg und Mecklenburg-Schwerin — gelangte die NSDAP auch schon zur absoluten Mehrheit und zur Alleinregierung — ein Ereignis, an das sich sogleich wieder überschwengliche Hoffnungen und Prognosen auf einen Gesamtsieg knüpften[94].

Von größter Bedeutung für die weitere Entwicklung mußte die Situation in Preußen werden. Die Regierung dieses größten Landes war trotz manchen Meinungsverschiedenheiten zur stärksten Stütze einer zwischen den Extremen lavierenden Brüning-Regierung geworden. Die Zusammenarbeit mit ihr hatte auch die existenznotwendige Tolerierung des Präsidialkabinetts durch die SPD auf Reichsebene verbürgt. Nun drohte die erwartete Niederlage der Weimarer Koalition, die seit Jahren das stabile Kabinett Braun getragen hatte, neben

90 Auch dort freilich rückte die NSDAP jetzt an die erste Stelle. Zum Wahlkampf die nationalsozialistische Reportage in: Okraß (Anm. III/41), S. 267 ff.

91 Vgl. dazu Schwend (Anm. V/40), S. 421 ff. – auch über die Möglichkeiten, die eine Koalition der BVP mit der SPD für die Stabilisierung der demokratischen Position in Bayern hätte eröffnen können.

92 *Ebda.*, S. 441 f.

93 Dazu Keil (Anm. I/3), II, S. 484 ff.; vgl. auch Miller (Anm. I/40), S. 408 ff.

94 So etwa Joseph Goebbels, „Die absolute Mehrheit", in: *Der Angriff* v. 31. Mai 1932.

Reichswehr und Reichspräsident eine weitere Grundlage der Reichsregierung zu erschüttern. Immer wieder war es gelungen, die Auflösungsanträge der „Nationalen Opposition“ abzuschlagen, zu der hier neben der KPD auch die DVP gehörte: der Landtag war in seiner arbeitsfähigen Zusammensetzung bis zum Ablauf der ordentlichen Legislaturperiode intakt geblieben und nicht — wie vor allem in den kleineren Ländern — vorzeitig aufgelöst worden.
Daß die neue parlamentarische Machtverteilung in Preußen nach dem 24. April die Weimarer Regierungskoalition mit 162 : 261 in die Minderheit versetzte, war keine Überraschung: der Ausgang der Wahl entsprach eher noch den Befürchtungen der regierenden Weimarer Koalition als den Hoffnungen der „Nationalen Opposition“, die hinter der absoluten Mehrheit um einiges zurückblieb[95]. Zwar waren an die Stelle von 8 jetzt 162 Abgeordnete der NSDAP getreten, der neben den Jungwählern vor allem die bürgerliche Mitte mit Ausnahme der Zentrumswähler fast vollständig zufiel. Doch zerschlug der starke Rückgang der DNVP, die bisher hinter der SPD und mit dem Zentrum die zweitstärkste Fraktion gestellt hatte, jetzt aber nach einem Verlust von mehr als 56 % der Mandate auf den fünften Platz zurückfiel, alle Berechnungen um eine Regierung der „Nationalen Opposition“. Selbst unter Einschluß der schwer dezimierten DVP und der letzten Reste der gemäßigten Rechten[96] mußte sie mit 203 : 220 Mandaten in der Minderheit bleiben. Der vielpropagierte Einbruch in den „Marxismus“ war auch hier nicht gelungen. Dies an die Kommunistenfurcht appellierende Schlagwort blieb bis zuletzt eine Fiktion, durch die der NSDAP lediglich die gänzliche Aufreibung fast aller Parteien der Mitte und der gemäßigten Rechten gelang.
In Erwartung der ausweglosen parlamentarischen Situation hatten die preußischen Regierungsparteien kurz vor der Wahl (12. April) mit knapper Mehrheit eine Änderung der Geschäftsordnung durchgesetzt, die für den zweiten Wahlgang zur Ermittlung des Ministerpräsidenten für die Zukunft ebenfalls die absolute Mehrheit vorschrieb, während dies bisher nur für den ersten Wahlgang vorgesehen war. Wie immer die Einzelheiten dieses von Braun selbst nicht gewünschten Beschlusses[97] beurteilt werden mögen, der nach dem Wunsch der Initiatoren Brüning wenigstens für seine entscheidenden außenpolitischen Verhandlungen noch den Rücken decken sollte[98]: die Folge war jedenfalls ein Fortbestehen der zurückgetretenen Regierung Braun als „geschäftsführend“, da die stattliche KPD-Fraktion weder die eine noch die andere Lösung unterstützte; sie bekämpfte nach wie vor die SPD als „Hauptfeind“[99] und begnügte sich damit — getreu dem Diktum ihrer Führung, man müsse „die SPD prinzipiell schlagen“ —, in der NSDAP einfach eine „außerparlamentarische Stütze der bürgerlichen Diktatur“ zu erblicken[100]. Nach einer wüsten Schlägerei, mit

95 Vgl. die Pressestimmen in: *Der Zeitspiegel* 1, Nr. 9 (5. Mai 1932), S. 130 ff.

96 Auch diesmal hatte sich Westarp vergeblich um eine Sammlung der Gruppen zwischen Hugenberg und Zentrum „unter Nutzbarmachung des Hindenburg-Zusammenschlusses“ bemüht. Sie scheiterte besonders an der Renitenz der jetzt brüningfeindlichen DVP, aber auch der Christlich-Sozialen. So *Westarp-Akten:* Brief Westarps an v. Richthofen vom 22. März 1932; ebenso (am selben Tag) Brief an v. Puttkamer.

97 Braun (Anm. I/5), S. 380. An dem Beschluß hatte auch Adenauer als Präsident des Preußischen Staatsrats maßgeblich mitgewirkt: vgl. *Der Bundeskanzler, Der Weg Konrad Adenauers*, Freiburg-Frankfurt a. M. 1953, S. 61. Brauns Bedenken waren verständlicherweise vor allem psychologischer Art. In der Tat zeigte sich das preußische Kabinett in der Folge – und besonders bei der entscheidenden Auseinandersetzung mit Papens Eingriffen – auf Grund dieser Situation als geschäftsführende Regierung psychologisch wie machtpolitisch besonders gehandicapt. Vgl. u. S. 504 ff.

98 So auch die Begründung des preußischen Zentrumsabgeordneten Jakob Diel, „Das Ermächtigungsgesetz“, in: *Die Freiheit* 1, Nr. 5 (1. Oktober-Heft 1946), S. 26 f.

99 Severing (Anm. I/18), II, S. 333.

100 So Ernst Thälmann, „Einige Fehler in unserer theoretischen und praktischen Arbeit“, in: *Die Internationale* 14, Heft 11/12 (1931), zitiert nach: *Kampfreden* (Anm. II/11), S. 82 f.: „In der Frage des Hauptstoßes gegen die SPD steckt das Kernproblem der kommunistischen Politik in Deutschland. . .“

der NSDAP und KPD die neue Sitzungsperiode eröffneten[101], scheiterten auch in der Folge mehrfache Versuche zur Wahl einer neuen Regierung. Die Rechte hätte dazu eine Einigung mit dem Zentrum erzielen müssen[102]; doch standen alle Fühlungnahmen dieser Art jetzt unter dem dunklen Schatten, den der konzentrische Angriff gegen das Kabinett Brüning auf die Regierungstätigkeit der letzten stabilen Mittelpartei auch im Reich warf.

So war auch dieser Landtag, der drei Fünftel der deutschen Bevölkerung repräsentierte, in den lähmenden Bann einer negativen „Sperrmehrheit"[103] koalitionsunfähiger Rechts- und Linksblöcke geraten: er hatte nicht einmal die knappe Hindenburg-Mehrheit gehalten, die zwei Wochen zuvor noch einige Hoffnungen erweckt hatte. Jetzt verfügten die „Nazikommunisten"[104] über eine absolute Mehrheit von 52% der Sitze; eine demokratische Mehrheitsbildung war endgültig blockiert, während NSDAP und KPD mit zahllosen Mißtrauens- und Agitationsanträgen — vielzitiertes Bollwerk gegen den Bolschewismus die einen, gegen den Faschismus die anderen! — gemeinsame parlamentarische Siege ohne jeden konkreten Inhalt errangen. Die NSDAP spielte die KPD gegen die Regierung aus, die KPD wiederum antwortete auf alle Vorhaltungen von demokratischer Seite mit der stereotypen Erwartung, daß der Weg zur bolschewistischen Machtergreifung gerade über ein faschistisches Zwischenregime führe[105]. Dies Spiel, in dem sich die feindlichen Brüder wechselseitig die Bälle zuwarfen, legte jetzt in allen deutschen Parlamenten die Funktionsfähigkeit des demokratischen Mechanismus lahm, ohne irgendeine Aussicht auf positive Nutzung der neuen Machtverteilung zu eröffnen[106] — konsequente Negativität einer zur Machtübernahme unfähigen Mehrheit, *Machtvakuum*.

Nur noch der Reichstag war vor einer solchen Situation geschützt, wenn seine vorzeitige Auflösung vor Überwindung der Krise vermieden werden konnte. Brüning war dazu entschlossen[107], und es hing alles davon ab, ob er gegen die

101 Vgl. Braun (Anm. I/5), S. 379 f.: bezeichnenderweise verhinderten beide Parteien, nachdem die numerische Überlegenheit der NS-Fraktion den Platz behauptet hatte, in der anschließenden Sitzung des Ältestenrats mit negativer „Solidarität" die Klärung der Schuldfrage.

102 Zunächst gingen Gerüchte um, die von einem Ausscheiden der SPD-Minister Braun, Severing und Grimme und einer provisorischen Fortführung der Geschäfte durch die Minister des Zentrums berichteten. Severing (Anm. I/18, II, S. 334) dementiert allerdings alle weitergehenden Kombinationen und betont, daß Hirtsiefer den Plan wohl einmal erwähnt habe, daß aber weder sein Ausscheiden noch die Einbeziehung der NSDAP irgendwelche greifbaren Formen angenommen habe und daß auch deren Besprechungen mit dem Zentrum nicht über das „Stadium einer losen Fühlungnahme" hinausgekommen seien. Auch die Notizen Goebbels' gehen über polemisch verbrämte Andeutungen nicht hinaus: *Kaiserhof* (Anm. V/13), S. 87; S. 89; S. 91 f. usw. Der damalige Generalsekretär des Zentrums, Dr. Vockel, bestätigte dem Verfasser in einem Gespräch vom 13. Juni 1951 in Berlin diese Fehlanzeige ebenso wie Severing in einem Gespräch vom September 1951 in Bielefeld.

103 Der Ausdruck bei Carl Misch, „Betrachtungen zur Zeit", in: *Die Neue Rundschau* 62 (1952), S. 145.

104 So der Sprachgebrauch der SPD-Führung: Keil (Anm. I/3), II, S. 440.

105 Ein Beispiel ist das Gespräch, in dem der preußische Zentrumsabgeordnete Jakob Diel damals seinen kommunistischen Kollegen (Rechtsanwalt Obuch) darauf hinwies, daß die Taktik der KPD nur die NSDAP an die Macht bringen werde. Obuchs Antwort: „Kollege Diel, das wollen wir gerade! Wir Kommunisten sind uns darüber klar, daß wir niemals eine Chance haben werden, zur Macht zu kommen, solange die in der Freien und in der Christlichen Gewerkschaft organisierten Arbeiter hinter der Regierung stehen. Wir müssen darum so taktieren, daß zunächst einmal die Rechte zur Macht kommt. Gegen diese Regierung wird dann die gesamte Arbeiterschaft geschlossen in Opposition gehen. Die Herrschaft der Nazis wird nicht lange dauern. Sie wird bald zusammenbrechen, und die Erben, die sind dann wir!" Diel (Anm. VI/98), S. 27 f., auch über ähnliche Äußerungen im Reichstag.

106 Am preußischen Beispiel: in der Landtagssitzung vom 2. Juni 1932 forderte der Führer der NS-Fraktion die KPD zum Mißtrauensantrag gegen die geschäftsführende Regierung Braun auf: „Begründen Sie das, wie Sie wollen; stellen Sie den Antrag, und wir stimmen sofort zu" — was auch sogleich geschah. Das ganze war ein sinnloses Agitationsmanöver, ohne verfassungsrechtliche Wirkung, nachdem die Regierung längst zurückgetreten war. Braun entzog sich der anschließenden „Abrechnung", indem er entgegen der Geschäftsordnung nicht im Landtag erschien und so auch von seiner Seite die Verhältnisse nicht gerade klärte. Vgl. Otto Braun (Anm. I/5), S. 393 ff.; Severing (Anm. I/18), II, S. 333 f. und u. S. 504.

107 Brüning, „Brief" (Anm. I/9), S. 13: „Für mein Kabinett gab es vor dieser Zeit [d. i. Herbst 1934] keine

fieberhaften Anstrengungen der „Nationalen Opposition“ auch Hindenburg in dieser Frage hinter sich hatte. Aber dies eben war der Punkt, wo die Groener-Krise in die Brüning-Krise einmündete. Indem die Exponenten einer SA-freundlichen Reichswehrführung einerseits, die nach rechts blickende Umgebung Hindenburgs anderseits jenes ungleiche Bündnis mit der „Nationalen Opposition“ in Betracht zogen, das die heterogensten Interessen auf eine gemeinsame politische Resultante bringen sollte, entzogen sie mit der geplanten Auflösung des Reichstags der Republik die letzten parlamentarischen Stützen, ihrer künftigen Regierung aber zugleich jede politisch relevante Anlehnungschance. Unter solchen Umständen konnte auch das Vertrauen des Reichspräsidenten und der Reichswehr nicht mehr genügen.
Inzwischen war ein weiterer Faktor ins Spiel gekommen, der die verhängnisvollen Ereignisse des Mai 1932 noch beschleunigte und zu den persönlichen Aktionen Schleichers noch die nicht minder persönlichen Motive Hindenburgs fügte und gegen Brüning selbst in Bewegung setzte: das Interesse der Großgrundbesitzer, die sich von der Agrar- und Osthilfepolitik der Regierung nicht befriedigt, von ihren konstruktiven Siedlungsplänen aber akut bedroht fühlten. Bevor sie den Schlußakt des Kabinettssturzes auslösten, schien Brüning noch einmal inmitten der vorwärtstreibenden Intrigen Fuß fassen zu können. Ein erster großer Erfolg seiner beharrlichen Außenpolitik rückte in greifbare Nähe. In letzter Minute mochte seine These vom Primat der Außenpolitik über eine rigoros beschnittene Innenpolitik doch noch eine erfolgreiche Wendung der Krise ankündigen und die zähe Arbeit von zwei Jahren lohnen. Denn gleichzeitig siegte Brüning noch einmal in einer großen Reichstagsdebatte über die innenpolitischen Gegner, die Groener zu Fall gebracht hatten.

4. *Brünings letzter Erfolg*

Obgleich der Ausgang der Landtagswahlen Brünings Stellung erheblich geschwächt hatte, schien die Lage des Kabinetts noch bis zur letzten Maiwoche keineswegs aussichtslos. Eine erste Erschütterung bedeutete der Rücktritt des Wirtschaftsministers Warmbold, der sich am 6. Mai unter Bekanntgabe von Meinungsverschiedenheiten in wirtschaftlichen Fragen aus der Regierung zurückzog. Er berief sich auf seine Differenzen mit Finanzminister Dietrich in Etatfragen und seinen Widerstand gegen eine zur Milderung der Arbeitslosigkeit geplante Verkürzung der Arbeitszeiten[108]. Schwerer wogen die politischen Gesichtspunkte. Mit dem Ausscheiden des einzigen Vertreters der Großindustrie aus dem Kabinett wurde dessen Basis noch schmaler, die Front gegen Brüning noch breiter und einflußreicher. Ganz offensichtlich war in den Augen der Industrie jetzt auch das im Herbst 1931 noch wirksame Argument entfallen, man müsse Brüning um der schwebenden Revisionsverhandlungen willen halten[109]. Als kaum vier Wochen später derselbe Warmbold seinen Ministerposten

Frage einer Reichstagsauflösung, und die Vermeidung von Parlamentswahlen zu einem früheren Termin, wenn die Wirtschaftskrise noch auf ihrem Höhepunkt sein konnte, war grundlegend für unsere ganze Politik.“

108 Otto Braun hatte noch sechs Tage vorher dem Reichskanzler namens der preußischen Regierung ein Arbeitsbeschaffungsprogramm vorgelegt, das eine neue Verteilung der vorhandenen Arbeit durch systematische Arbeitszeitverkürzung und Rückführung der Arbeitslosen auf die dadurch freiwerdenden Stellen vorsah; dies sollte durch Siedlung in den östlichen Gebieten ergänzt, gleichzeitig eine organisierte Vereinfachung der Arbeitslosenfürsorge durch Vereinigung von Krisen- und Wohlfahrtsfürsorge bei den Gemeinden herbeigeführt werden (Schultheß, *1932*, S. 70; *Der Zeitspiegel* 1, Nr. 8 v. 21. April 1932, S. 122 ff.). Er stieß damit freilich auf starken (gewerkschaftlichen) Widerstand: Keil (Anm. I/3), II, S. 440.

109 Dazu ist auch die bei Klein (Anm. II/12, S. 902, Anm. 87) zitierte Aktennotiz interessant, die ein Ge-

in der neuen Regierung wieder bezog, konnte es kaum mehr zweifelhaft sein, welche Verschiebung sich auch von seiten der Großindustrie in jenem Ereignis symptomatisch angekündigt hatte. Bemühungen um andere Persönlichkeiten scheiterten[110]. Daß dies zeitlich zusammenfiel mit dem Abfall der Reichswehrführung von ihrem Minister und mit der Weigerung seines potentiellen Nachfolgers Schleicher, in das Kabinett Brüning einzutreten und so die Reichswehr wieder an die Regierung zu binden, war eine bedenkliche Koinzidenz verschiedener Entwicklungen. Die Bedrohung der Regierung wuchs, doch es blieb nicht der einzige Ausdruck ihres Machtverlusts.

Gerade in diesem Augenblick aber kam Brüning wenigstens von der Seite, die er zu Beginn seiner Herrschaft in entschiedenem Rückgriff auf die neuen Möglichkeiten einer Präsidialregierung beiseite geschoben und in lähmender Entschlußlosigkeit belassen und bestärkt hatte, eine neuerliche Bestätigung seiner Politik zu Hilfe. Jetzt spätestens wurde der tragische Widerspruch der „Brüning-Lösung" sichtbar. Ihre eigensten Machtstützen, mit denen sie 1930 und nachher so energisch den vielgeschmähten parlamentarischen Unzulänglichkeiten der Republik entgegengetreten war, zerbröckelten unter dem Ansturm und den Intrigen der Republikgegner. Dagegen hielten die legitimen, wenngleich oft totgesagten und nicht ohne eigene Schuld geschwächten parlamentarischen Stützen noch immer hinlänglich stand, um der Durchhaltepolitik einer Regierung, die sie nicht gewählt und nie positiv bestätigt hatten, doch weiterhin den nötigsten Raum und Rückhalt zu gewähren. Für die Gegner Brünings sollte dies freilich nur ein weiterer Grund sein, mit ihm auch dies wenigstens noch beschränkt arbeitsfähige Organ der Demokratie zu stürzen, um über neue Wahlkämpfe auch im Reich jene Lähmung aller parlamentarischen Funktionsreste herbeizuführen, die in den meisten Ländern schon zur warnenden Wirklichkeit geworden war.

Nur sie auch mochten wissen, daß die Sitzung vom 9. bis 12. Mai der letzte Akt im Drama des 1930 gewählten Reichstags war. In der Tat bekundete ihr Ergebnis zum letzten Mal in der Geschichte der Weimarer Republik die bewußte parlamentarische Tolerierung einer Reichsregierung, bevor fortgesetzte Auflösung und schließlich Terror die Beschlüsse des Reichstags zur Farce erniedrigten. Der mit Hilfe der schwankenden Wirtschaftspartei erfochtene eindrucksvolle Sieg Brünings (286 : 259) in der Abstimmung über die traditionellen Mißtrauensanträge der Rechts- und Linksopposition (NSDAP, DNVP, Teile des Landvolks, DVP, KPD) erwies noch einmal die relative Festigkeit der Machtkombination[111], die über zwei Jahre lang eine Minderheitsregierung getragen hatte. Daß sie wenig später zerbrach, lag an den eigentlichen Partnern des Bündnisses von 1930. Der Schatten ihrer Abwendung von Brüning lastete freilich schon über den stürmischen Debatten jener Reichstagssitzung, die kurz vor Groeners Sturz, dem ersten Glied in der Kette außerparlamentarischer Manipulationen, Brüning noch einen letzten Erfolg brachte.

Da die Tagesordnung als einzigen Punkt die erste Lesung zum Schuldentilgungsgesetz vorsah, wurde die Sitzung am 9. Mai mit einem umfassenden

spräch zwischen Klöckner, Papen und dem Chefredakteur der *DAZ* vom 14. Oktober 1931 wiedergibt. Klöckner hatte danach Vögler „aufs dringendste geraten", wenigstens unter dem Gesichtspunkt des kleineren Übels das Kabinett Brüning zu unterstützen. Die sofortige Herbeiführung einer Rechtsregierung sei vom wirtschaftlichen Standpunkt aus und insbesondere im Hinblick auf die Stillhalteverhandlungen gegenwärtig unmöglich. Vgl. auch o. S. 387 ff.

110 Meißner (Anm. I/156), S. 221, nennt u. a. den Preiskommissar Goerdeler.

111 Unzutreffend Meißner (*ebda.*), der Brüning nur 20 Stimmen Mehrheit konzediert und mit der Behauptung von einer unmittelbaren Gefährdung der parlamentarischen Grundlage den Intrigencharakter des folgenden Regierungswechsels zu verschleiern sucht.

finanzpolitischen Überblick Dietrichs eröffnet[112]. Aus seinen Angaben ging hervor, daß die schwebende Schuld des Reiches seit dem Regierungsantritt 1930 zwar um beinahe 17 % reduziert, die geplante Tilgungshöhe aber infolge des krisenbedingten Defizits in den ordentlichen und außerordentlichen Haushalten von 1930 und 1931 trotz scharfen Sparmaßnahmen nicht erreicht worden war. Auch die fundierten Schulden, die vor allem auf Krieg und Reparationen zurückgingen, waren in den vergangenen zwei Jahren etwas verkleinert worden, ohne daß für die angespannte Kreditlage, besonders auch angesichts der schweren Arbeitslosigkeit, vor 1933/34 eine entscheidende Besserung erhofft werden konnte. Die Regierung verlangte darum über den Artikel 48 erneute Kreditermächtigungen[113], um ihren Sanierungskurs weiter steuern zu können. Dietrich wies besonders auf die Möglichkeit hin, durch Siedlungsmaßnahmen im Osten eine Teillösung für Arbeitslosen- und Ernährungsprobleme zugleich zu schaffen: in der Tatsache, daß der letzte Teil seines Gesetzentwurfs Kreditforderungen für diesen Zweck enthielt, lag zugleich ein deutlicher Hinweis auf die geplanten Maßnahmen in der Frage des verschuldeten und unrentablen Großgrundbesitzes, die für das Schicksal der Regierung Brüning sogleich von einschneidender Bedeutung werden sollten[114].

Nachdem Breitscheid im Namen der SPD die weitere Tolerierung mit der Forderung verbunden hatte, die Sanierung der Arbeitslosenversicherung als das wichtigste politische Problem der nächsten Zeit zu betrachten und jeden weiteren Unterstützungsabbau zu vermeiden[115], kündigte die NSDAP ihr gewohntes Nein an. Am folgenden Tag entwickelte Gregor Strasser unter üblichem polemischem Aufwand — aber doch spürbarer Mäßigung im Vergleich mit Goebbels — sein nationalsozialistisches Wirtschaftsprogramm[116]. Er sprach mit Pathos von der „großen, antikapitalistischen Sehnsucht, die durch unser Volk geht" und eine neue Zeit ankündigte[117]. Dabei gelangte er zu überraschend versöhnlichen Äußerungen über die Arbeitsbeschaffungsprojekte der sozialistischen Gewerkschaften und betonte insbesondere, daß jetzt eine umfassende Arbeitspolitik auch auf die Gefahr deckungsloser Ausgaben hin den Vorrang vor allen finanzpolitischen Erwägungen besitzen müsse. Der traditionelle Angriff des Federprogramms auf eine mißgedeutete Goldwährung mündete einmal mehr in das vielmißbrauchte Schlagwort: Statt „Kapital schafft Arbeit" — „Arbeit schafft Kapital!". Noch einmal schob sich damit die pseudosozialistische Komponente der NS-Ideologie in den Vordergrund. Auch war der Ton gegenüber Brüning bemerkenswert mild: Strasser warf ihm nicht etwa Versagen, sondern nur eine falsche Koalitionspolitik vor. Für den aufmerksamen Beobachter konnte durchaus der Eindruck entstehen, daß hier ein Vertreter des koalitionswilligen Flügels der NSDAP Fühlung suchte[118], so primitiv auch die wirtschaftspolitischen Grundanschauungen erscheinen mochten[119]. Der Eindruck verwischte sich freilich sogleich wieder, als Görings An-

112 *Reichstagsprotokolle* v. 9. Mai 1932, S. 2468 ff.

113 Der Gesetzentwurf umfaßte Kreditermächtigungen, die aus früheren Jahren beibehalten werden mußten, sowie solche, die zur Fortführung der Notverordnungen bzw. zur Finanzierung des Haushaltsplans 1932/33 notwendig waren; dazu traten Ermächtigungen zur Tilgung der schwebenden Schuld und zur Finanzierung von Arbeitsbeschaffungs- und Siedlungspolitik.

114 Vgl. u. S. 449 ff.

115 *Reichstagsprotokolle* v. 9. Mai 1932, S. 2473 ff. (Breitscheid).

116 *Ebda.*, v. 10. Mai 1932, S. 2510 ff.

117 *Ebda.*, S. 2511. Die Rede ist auch abgedruckt in Gregor Strasser (Anm. II/105), S. 345 ff.

118 Dafür mögen auch die laufenden wütenden Angriffe gegen Strasser sprechen, die Goebbels seinem Tagebuch einverleibt; wieweit sie freilich als zuverlässiges zeitgenössisches Zeugnis gelten dürfen und nicht viel eher eine *constructio post eventum* – nämlich nach Strassers Abfall von der Partei – darstellen, ist nicht mehr zu entscheiden.

119 Vgl. die scharfe Kritik von Gustav Stolper, „Die antikapitalistische Sehnsucht", in: *Der deutsche Volks-*

griff auf Groener anschließend jenen allgemeinen Tumult heraufbeschwor, in dem Groener seine schwerwiegende psychologische Niederlage erlitt[120].

Doch gelang es am folgenden Tag (11. Mai) Brüning noch einmal, das Steuer herumzureißen, indem er zum Mißvergnügen der Opposition[121] in geschickter taktischer Wendung auf die eigentliche Grundlage seiner Politik zurückgriff: die konsequente Verfolgung eines kurz vor endgültigen Erfolgen stehenden außenpolitischen Revisionskurses. Nachdem die DVP ihre Opposition, BVP und Christlich-Soziale ihre Zustimmung angekündigt und Heuss für die Staatspartei die autarkistischen Inflationsprojekte des Strasserschen Wirtschaftsprogramms kritisiert hatte, faßte Brüning in seiner letzten großen Rede als Reichskanzler noch einmal die Gedanken, Erwartungen und Tatsachen zusammen, die seine Bemühungen vor allem seit der Übernahme des Außenministeriums trugen und die Zurückstellung der Innenpolitik rechtfertigen sollten[122]. In Ausführungen, die Brüning kurz zuvor auf einer Konferenz des Berliner Verbands der auswärtigen Presse angedeutet hatte[123], beschwor er das große Ereignis der bevorstehenden Lausanner Konferenz; er beklagte ihre Verzögerung, aber auch die destruktive Beurteilung der schwierigen Verhandlungen durch Presse und Öffentlichkeit. Reparationen und Abrüstung, diese beiden Grundprobleme auf dem Weg zu internationaler Verständigung und katastrophensicherer Wirtschaftspolitik, glaubte Brüning vor einer absehbaren Lösung. So wenig Begeisterung seine Ausführungen wecken konnten, so geschickt nahm doch die konkrete Darstellung der mühevollen, Schritt für Schritt geförderten Verhandlungen den vagen Argumenten der Opposition den sachlichen Rückhalt. Brünings Aufruf zur internationalen Solidarität angesichts der wachsenden Nervosität der Völker, seine Warnung vor dem drohenden „Zuspät" der lange vorbereiteten Entschlüsse[124], seine Aufforderung zur Streichung der politischen Schulden, deren Bedeutung mit einfachen finanztechnischen Maßstäben inzwischen nicht mehr zu erfassen war, seine Warnung vor einer Fortsetzung der autarkistischen Maßnahmen in allen Ländern mit ihren verhängnisvollen Folgen für Waren-, Devisen- und Kreditverkehr, sein betonter Entschluß, „die deutsche Währung unter allen Umständen zu halten"[125] — dies mündete immer wieder in die von kommunistischen Zurufen begleitete Feststellung, daß jeder weitere Aufschub von internationalen, über regionale Einzelaktionen hinausgehende Gegenmaßnahmen „die Welt in eine Situation hineinbringt, aus der dann vielleicht keiner mehr einen Ausweg finden kann"[126].

Es war dieser Grundtenor seiner Durchhaltepolitik, der mit dem inzwischen geflügelten Satz: „Nur nicht in den letzten fünf Minuten weich werden[127]!" Brünings Stellung zur Innenpolitik noch einmal unmißverständlich kennzeichnete. In wiederholter Wendung an die Rechtsopposition kritisierte er die unverantwortliche Propagierung von inflatorischen Allheilmitteln und die destruktive Agitation, „die keine Rücksicht auf die Erhaltung der Widerstandskraft des deutschen Volkes und auf die außenpolitische Situation Deutschlands

wirt 6 (1932), II, S. 1147 ff. Dagegen findet Strasser seitens des in der Studiengesellschaft für Geld- und Kreditwirtschaft aktiven Vertreters einer expansiven Wirtschaftspolitik viel Sympathie: dazu jetzt Grotkopp (Anm. I/12), S. 77 ff.

120 *Reichstagsprotokolle* v. 10. Mai 1932, S. 2536 ff.; vgl. o. S. 435.

121 Vgl. etwa Goebbels, *Kaiserhof* (Anm. V/13), S. 95.

122 *Reichstagsprotokolle* v. 11. Mai 1932, S. 2593 ff.

123 Am 8. Mai: vgl. Schultheß, *1932*, S. 71 f.

124 *Reichstagsprotokolle* v. 11. Mai 1932, S. 2595.

125 *Ebda.*, S. 2596.

126 *Ebda.*, S. 2597.

127 *Ebda.*

nimmt"[128], und die Politiker, „die mit dieser Not allein Agitation treiben wollen"[129]. Mit dem zynischen Zwischenruf, Brünings Maßnahmen, zuletzt das SA-Verbot, hätten arbeitslose SA-Leute auf die Straße gesetzt, trafen die nationalsozialistischen Proteste an dieser Stelle bei aller Sinnwidrigkeit des politischen Arguments doch erneut die schwache Stelle des Brüning-Kurses: den Aufschub einer konstruktiven Innenpolitik. Was nützten die greifbar nahen außenpolitischen Erfolge, wenn die innere Krise noch in letzter Minute das Kabinett zu Fall brachte[130]? Dieser sachgerichteten Beschränkung mußte es Brüning zuschreiben, wenn sich seine düstere Ahnung dann tatsächlich erfüllte: daß die Nationalsozialisten die Regierung stürzen, um dann, „wenn die Situation für außenpolitische Erfolge und damit für den Wiederaufstieg bereinigt ist, sagen zu können: jetzt ist das Schlechte alles vorbei"[131]. Wohl deckte er — ohne Groener zu erwähnen — ausdrücklich das SA-Verbot, wohl warnte er die Nationalsozialisten beweglich vor maßloser Agitation: „Denn die Hoffnungen, die Sie geweckt haben, werden Sie nie erfüllen können. Die Hoffnungen..., die man so weckt, sie gehen sehr leicht über in einen Rückschlag nach der anderen Seite[132]."

Noch immer zeigte sich Brüning hier bestimmt von dem politischen Glauben, durch einen Appell an die sachliche Einsicht von den innenpolitischen Machtgruppen und ihren Trägern jenen Verzicht auf die machtpolitischen Chancen der Krise und die Agitationsmittel der Pauschalversprechungen zu erwirken, mit dem Brüning selbst seine außenpolitische Aktivität erkauft hatte. Daß der Glaube an Lausanne nicht genügte, sollte nicht nur er selbst, sondern auch sein Nachfolger erfahren. Mit einem außenpolitischen Erfolg war die lange verschleppte innere Krankheit nicht mehr zu heilen. Vor dem allgemeinen Kampf um die Macht war die Reparationsfrage als echtes politisches Problem längst zurückgetreten, war noch weniger als zuvor Gegenstand des wachen politischen Bewußtseins, noch mehr eines von vielen bewußtseinslöschenden Agitationsstücken geworden. So eindrucksvoll Brünings beschwörende Schlußworte sein, so sehr sie den stürmischen Beifall der Mehrheit ernten mochten — sie gingen doch von einem Anspruch auf politische Vernunft und Einsichtsfähigkeit aus, den nur eine Minderheit der deutschen Bevölkerung noch erfüllen konnte. Die Wahlen bewiesen das nicht minder als die Pläne und Intrigen jener einflußreichen Personen und Machtgruppen, die jetzt gerade den entscheidenden Schlag gegen Brüning betrieben. Der Engpaß, in den Brünings Verzicht auf eine breitere Fundierung seiner Regierung geführt hatte, eröffnete wohl den Blick auf die Überwindung der Krise. Aber er bot zugleich alle Gelegenheit für den konzentrischen Angriff der Gegner, denen man zwei Jahre lang fast ungestört das Feld der innenpolitischen Aktivität überlassen hatte. Zu spät war die Teilmaßnahme des SA-Verbots gekommen; sie hatte — gleichsam ein Scheingefecht — die Allianz der ungleichen Gegner nur noch gestärkt und ihr neue Impulse und Motive zugeführt. Und auch jetzt weigerte sich Brü-

128 Wie dies mit Brünings heutiger Feststellung übereinstimmt, eine scharfe Kritik der Opposition – geradezu von der Regierung bestellt! – könne „die eigene Verhandlungsbasis gegenüber dem Ausland ... verstärken", ist eine andere Frage: Brüning, *Die Vereinigten Staaten und Europa* (Anm. III/48), S. 4; vgl. o. Anm. III/141.

129 „Die Geister scheiden sich allerdings in der Finanzierungsfrage. Ich für meine Person werde es unter allen Umständen ablehnen, und zwar aus innen- und aus außenpolitischen Gründen, irgend etwas zu tun, was vorübergehend eine kleine Erleichterung bringen und populär machen könnte, was aber die Währung in schwerste Gefahr bringen würde" (*Reichstagsprotokolle* v. 11. Mai 1932, S. 2598).

130 Auch Schlange-Schöningen (Anm. I/78), S. 61 f., betont, daß er in häufigen Unterhaltungen mit Brüning gerade in jenen Tagen auf die unmittelbaren Gefahren einer solchen eingleisigen Politik hingewiesen habe.

131 *Reichstagsprotokolle* v. 11. Mai 1932, S. 2598.

132 *Ebda.*, S. 2602.

ning mit heroischer Geste, die unvermeidliche, lange vermiedene Auseinandersetzung aufzunehmen, aus dem sachgerichteten Schweigen herauszutreten, die Gefahren deutlich — auf Kosten der Fiktion einer längst unwirklichen „Ruhe" — zu markieren und so die „letzten hundert Meter vor dem Ziel" freizukämpfen. Es blieb bei der klaren Erkenntnis, beim beschwörenden Appell: „Ich habe sehr lange zu vielen Dingen geschwiegen. Es spielt auch gar keine Rolle, was Sie über mich im Lande ... verbreiten. Wenn ich mich dadurch beeindrukken ließe, dann würde ich damit den schwersten politischen Fehler begehen: ... ich würde die *Ruhe* auch innenpolitisch verlieren, die an den letzten hundert Metern vor dem Ziel das absolut Wichtige ist[133]."
Neunzehn Tage nach seinem eindrucksvollen parlamentarischen Erfolg verzichtete Brüning auf den weiteren Weg. Lausanne war greifbar nahe. Der Reichstag hatte noch am 12. Mai das Mißtrauensvotum der Opposition zurückgewiesen. Aber es waren andere Dinge als die Reparationsfrage, die die aufgewühlte politische Öffentlichkeit bewegten. Und Hindenburgs Wort genügte, um dem Glauben an den Primat der Außenpolitik seine konkrete Basis zu rauben.

5. *Hindenburgs Abkehr von Brüning*

Am nämlichen Tag, an dem Brüning seinen letzten parlamentarischen Erfolg erkämpft hatte, verließ Hindenburg das Reichspräsidentenpalais in Berlin und begab sich auf sein ostpreußisches Gut Neudeck. Wenn es ein Zufall war, dann traf er in seltsamer Weise mit den Kombinationen zusammen, die jetzt über das Schicksal der Regierung entschieden. Ihre Geschichte ist noch immer schwer zu entwirren, obwohl die Memoiren einiger Hauptgestalten, gewollt teils, teils ungewollt, manches Licht auf die Motiv- und Ereignisverknüpfungen geworfen haben[134]. Neuerdings ist auch durch die apologetischen Bemühungen einer dem Papen-Kreis nahestehenden Gruppe manches interessante dokumentarische Material zutage gefördert und zum Teil veröffentlicht worden[135]. Es sucht den in den meisten Veröffentlichungen der damaligen wie der heutigen Zeit erhobenen Vorwurf[136] zu widerlegen, ein Kreis von „ostelbischen Junkern" hätte die engen Beziehungen zu Hindenburg ausgenützt, um im interessenpolitischen Gegenmanöver gegen die verschärften Siedlungsmaßnahmen des Ostkommissars Schlange-Schöningen das ganze Kabinett Brüning zu Fall zu bringen und durch eine den agrarischen wie den politischen Intentionen des deutschnationalen Großgrundbesitzes ergebene Präsidialregierung zu ersetzen.

133 *Ebda.* (Auszeichnung i. Orig.). Auch Mühlich (Anm. I/37a), S. 290 ff., leitet den Sturz Brünings wesentlich vom Mißerfolg der Deflationspolitik ab und von Brünings Zögern, einen neuen Weg zu beschreiten.

134 Am wichtigsten vorweg Papen (Anm. VI/35), S. 174–191; Meißner (Anm. I/156), S. 221–231; Schlange-Schöningen (Anm. I/78), S. 61–77.

135 Henning Graf v. Borcke-Stargodt hat zunächst in einem „Vertraulichen Bericht über Brünings Entlassung" 1947 eine Fülle von Eindrücken und Thesen der verschiedensten politischen Seiten gesammelt und diese umfangreiche Kollektion anschließend (bis 1953) durch weitere persönliche Bekundungen Beteiligter, Dokumente, Auszüge und Ausschnitte ergänzt. Abschriften dieses Materials, auf das sich vor allem Papens vehemente Apologetik (Anm. VI/35, S. 176 ff.) ganz einseitig stützt, befinden sich jetzt im Institut für Zeitgeschichte, München. Einige für unseren Zusammenhang wichtige Stücke sind neuerdings gedruckt bei Conze (Anm. IV/38), S. 275–281; auch die einleitenden Bemerkungen Conzes (S. 264–266) sind zur Quellenkritik und allgemeinen Beurteilung wichtig.

136 Z. B. Braun (Anm. I/5), S. 390; Severing (Anm. I/18), II, S. 336 f.; Meyer (Anm. II/87), S. 155; Schlange-Schöningen (Anm. I/78), S. 69 f.; Meinecke (Anm. VI/9), S. 103; François-Poncet, *Botschafter* (Anm. I/80), S. 38; Rudolf Olden, *Hindenburg oder der Geist der preußischen Armee,* Nürnberg 1948; Wheeler-Bennett, *Hindenburg* (Anm. I/81), S. 380 (mit falscher Datierung); Miller (Anm. I/40), S. 412 f.; Stegerwald (Anm. IV/119), Vortrag 13. Oktober 1945, S. 47 f.

So schwierig eine abgewogene Gesamtbeurteilung des Problems noch heute ist, so sicher läßt sich doch feststellen, daß zwar eine stattliche Reihe heterogener Bestrebungen und Aktionen sich zu dem einen Zweck des Regierungswechsels zusammenfand, daß aber ein wesentlicher — wenngleich vielleicht auch nicht der wichtigste und letzte — Anstoß aus der großagrarischen Umgebung des Reichspräsidenten kam und das folgenschwere Ereignis vom 30. Mai auslöste. Freilich schießen Gegner wie Vertreter der These von der Schuld der „ostelbischen Junker" erheblich übers Ziel hinaus. Den ersteren kommt die unbestreitbare Tatsache zugute, daß dann mit Papen wieder ein Vertrauter Schleichers mit der Regierung betraut wurde, die letzteren können mit Recht darauf hinweisen, daß das Gesicht des neuen Kabinetts und die Umstände seines Zustandekommens von der maßgeblichen Mitwirkung einer agrarisch-restaurativen *pressure group* zeugt.

Versucht man von daher, Verlauf und Motivstruktur der Regierungskrise zu rekonstruieren, so stößt man zunächst auf die vorherrschende These, Hindenburg sei bei seinem Aufenthalt in Neudeck zwischen dem 12. und 28. Mai von seinen agrarischen Freunden zur endgültigen Abkehr von Brüning bewogen worden. Besonders Meißner, der vorübergehend (24.—26. Mai) selbst auf Neudeck weilte, behauptet mit aller Bestimmtheit, Hindenburg sei damals durch einen „gut organisierten Vorstoß" von ostpreußischen Großgrundbesitzern „wie v. Oldenburg-Januschau, v. Batocki, v. Rohr-Demmin u. a." entscheidend beeinflußt worden[137]; er weist damit zugleich jeden Gedanken an eine eigene Beteiligung wie an eine Rolle Oskar v. Hindenburgs bei der Aktion gegen Brüning zurück. Diese Version ist inzwischen von Papen[138] wie 1936 schon von Oldenburg-Januschau und anderen Beteiligten kategorisch dementiert worden[139]. Das zu diesem Zwecke beigeschaffte Material erscheint freilich nicht ganz schlüssig und bestätigt nur noch einmal, „daß 1932 in den Kreisen der Großgrundbesitzer, deren Güter nach den vorgesehenen Bestimmungen zu liquidieren waren, große Erregung herrschte"[140]. So schwierig eine Analyse der direkten Verknüpfung ist, so deutlich weist doch der darin berührte Zusammenhang auf Fakten hin, die Hindenburgs endgültigen Entschluß bestim-

137 Meißners Feststellung (Anm. I/156, S. 223) ist deshalb so schwerwiegend, weil der Staatssekretär in diesen Wochen mehrmals Hindenburg in Neudeck besuchte; sie kann wohl durch den Hinweis auf sein eigenes apologetisches Bedürfnis abgeschwächt, sicher aber bis zum Vorliegen echter Gegenbeweise – und das sind die folgenden Bekundungen nicht! – nicht gänzlich ignoriert werden.

138 Papen (Anm. VI/35), S. 177; in diesem Sinne jetzt auch Görlitz, *Hindenburg* (Anm. I/66), S. 368 ff., und demnach Oskar v. Hindenburg selbst (vgl. o. Anm. VI/38).

139 Zur Widerlegung des Vorwurfs hat Papens künftiger Innenminister v. Gayl in einer Niederschrift vom 7. September 1936 die Gespräche zusammengefaßt, die er darüber im Sommer 1936 mit den angeblich Beteiligten geführt hat („Zum Sturz des Kabinetts Brüning", in: Conze, Anm. IV/38, S. 278 f.). Danach dementierte Graf v. Brünneck-Bellschwitz „als nächster Nachbar von Neudeck" alle Gerüchte von Besuchen und Aktionen „politischer Persönlichkeiten" bei Hindenburg in der fraglichen Zeit (im ungedruckten Borcke-Material befindet sich auch ein Brief Brünnecks an Brüning v. 8. Juli 1948, der mit einer Fülle persönlicher direkter Erinnerungen diese Behauptung zu begründen sucht; Borcke, „Vertraulicher Bericht", Anm. VI/135, S. 32–37). Dasselbe versicherte v. Oldenburg-Januschau: er habe Hindenburg in diesen Monaten weder besucht, noch mit ihm über politische Dinge gesprochen. Ähnliche Auskünfte erhielt Gayl von dem ostpreußischen Stahlhelmführer Graf zu Eulenburg-Wicken und von dessen Vetter (Graf zu Eulenburg-Prassen). Er dehnte das Dementi auch auf den Führer der ostpreußischen Landwirtschaft, Dr. Brandes-Zaupern, und auf sich selbst aus, wobei er interessanterweise seine eigene Aktion vom 24. Mai (vgl. u. Anm. VI/143) verschweigt: diese Tatsache sowie die offensichtliche Unrichtigkeit der Oldenburgschen Beteuerungen (vgl. u. Anm. VI/185) machen das ganze Dementi fragwürdig. Dasselbe gilt auch von dem Brief des Papen-Ernährungsministers v. Braun an Graf Borcke vom 23. Januar 1953 (*ebda.*, S. 281), in dem der großagrarische Standpunkt so einseitig verteidigt wird, daß die Zurückweisung spezieller Nachrichten über eine Beeinflussung Hindenburgs gegenüber der *implicite* enthaltenen Bestätigung der großagrarischen Empörung nichts bedeutet (vgl. jetzt auch Magnus Frhr. v. Braun, *Von Ostpreußen bis Texas*, Stollhamm [Oldb.] 1955, S. 217 ff.). Darum ist es auch keine überzeugende Widerlegung, wenn Papen (Anm. VI/35, S. 177) feststellt, daß v. Rohr-Demmin, tatsächlich pommerscher Großgrundbesitzer, „nie in seinem Leben in Neudeck war".

140 Papen (Anm. VI/35), S. 179.

mend mitgestaltet haben. Ihre erstrangige Bedeutung erhielten sie allerdings erst durch die Bestrebungen, die gleichzeitig von Schleicher, von Hugenberg und von nationalsozialistischer Seite aus — überaus heterogen und doch in diesem Augenblick mehrfach ineinander verflochten — auf Hindenburg gerichtet wurden. Jedenfalls erscheint die Annahme, daß Meißner und Schleicher förmlich eine Neudeck-Kamarilla konstruiert haben, um einen Druck auf Brüning auszuüben, keinesfalls befriedigend[141]. Denn zur gleichen Zeit verstärkte auch der Reichslandbund die Attacken gegen seinen ehemaligen Präsidenten, Reichsernährungsminister Schiele: Graf Kalckreuth wandte sich mit dringenden Forderungen der Landwirtschaft erneut an Hindenburg[142].

Mit gewissen Einschränkungen kann nach dem Stand der Kenntnisse jedenfalls nicht bezweifelt werden, daß eine erhebliche Beeinflussung Hindenburgs durch die Gegner des Siedlungsprogramms stattgefunden hat, die nicht nur auf psychologische Wirkung, sondern auch auf ganz konkrete Maßnahmen abzielte. In welcher Form sie sich vollzog, muß noch weitgehend dahingestellt bleiben. Sie trat aber eine Woche vor Brünings Sturz in einem erst jetzt zugänglichen Protestschreiben in Erscheinung, das einer der Interessenten, der damalige Direktor der Ostpreußischen Landgesellschaft, Frhr. v. Gayl, Mitglied des Reichsrats und Preußischen Staatsrats und kommender Papen-Innenminister, am 24. Mai 1932 an Hindenburg richtete[143]. Diesem Dokument gegenüber treten die literarischen Beteuerungen zurück, die sich für und wider die These vom Komplott der „Großagrarier" seither erhoben haben. Der Brief Gayls bezog sich auf den Entwurf einer Verordnung zur Zwangsversteigerung nicht mehr entschuldungsfähiger Grundstücke im Osten, dessen Beratung im Kabinett nach Gayls Meinung „weite Kreise des Ostens und der deutschen Wirtschaft" schwer beunruhigt hätte. Er erblickte darin „ein neues Abgleiten in den Staatssozialismus" und prophezeite — nach deutlicher Anspielung auf das in voller Krise befindliche Problem der Wehrverbände, vielleicht auch auf Schleichers parallele Aktivität — eine weitere „Zermürbung" der „Widerstandskraft der Kreise, welche bisher Träger des nationalen Wehrwillens gegenüber Polen sind"[144]. Die dringend geforderte Intervention Hindenburgs bei Brüning wurde Gayl denn auch in der Antwort Meißners zugesichert, der ihm gleichzeitig erklärte, dieselben Bedenken seien Hindenburg „auch von anderer Seite" vorgetragen worden[145]. Selbst wenn man also Gayls spätere Versicherung akzeptierte, daß die von Meißner behauptete Aktion Neudeck von keinem der angeblich Beteiligten in irgendeiner Weise bestätigt worden sei[146], so bleibt doch die Tatsache, daß gleichzeitig oder wenig später eine direkte Einwirkung auf Hindenburg stattfand. Auch die Vermutung, daß der zitierte Siedlungsentwurf noch kaum in „weiten Kreisen des Ostens" bekannt gewesen sein könne[147], ändert daran nichts; sie unterstreicht nur noch den Ein-

141 So Borcke, „Vertraulicher Bericht" (Anm. VI/135), S. 38–42, der sich dazu auch auf eine Korrespondenz mit Oskar v. Hindenburg (1948) stützt.

142 Egelhaaf, *1932*, S. 100.

143 Bei Conze (Anm. IV/38), S. 276 f., ist Gayls Konzept zu diesem Brief vom 24. Mai 1932 abgedruckt, der im Reichsratszimmer auf Reichsratsbogen abends noch Meißner übergeben und von diesem am selben Tage nach Neudeck mitgenommen wurde.

144 *Ebda.*, S. 276: „Diese Beobachtung ist auch den militärischen Stellen nicht entgangen." Daß die Opposition gegen Brüning in Ostpreußen stark und zugleich die Anfälligkeit für nationalsozialistische Argumente gerade auch unter dem dortigen Offizierkorps fühlbar gewesen sei, betont auch Goebbels, *Kaiserhof* (Anm. V/13), S. 25. Vgl. auch u. S. 458.

145 Antwort Meißners an v. Gayl vom 26. Mai 1932, abgedr. bei Conze (Anm. IV/38), S. 277. Der kurze Brief ist wieder in Berlin verfaßt.

146 In der o. Anm. VI/139 zitierten Niederschrift vom 7. September 1936.

147 So Conze, *ebda.*, S. 276, Anm. 8, und S. 265.

druck, daß der Protest gegen das vermeintliche „Siedlungsgesetz höchst radikaler Art“[148], dem sich auch Papen anschloß, in einem Augenblick in den Vordergrund geschoben wurde, als nach mancherlei Vorspielen der konzentrische Angriff auf das Brüning-Kabinett endgültig in Gang gekommen war. Aus diesem Grund kann auf eine ausführliche Erörterung des ominösen Entwurfs selbst verzichtet werden. Die nachträgliche Stellungnahme des maßgebenden Minsterialbeamten aus dem zuständigen Reichsarbeitsministerium[149] läßt keinen Zweifel darüber, daß das im Nachlaß Gayls — wohl kaum unabsichtlich — als „Entwurf der Brüningschen Verordnung vom Mai 1932[150]“ bezeichnete Schriftstück lediglich einen Referenten-Vorentwurf darstellte, der keineswegs im Kabinett beraten oder gar als Notverordnung ausgearbeitet wurde: weder das Ministerium Stegerwald noch Schlange-Schöningens Ostkommissariat war direkt an diesem unmaßgeblichen, nie in Kraft getretenen „Entwurf“ beteiligt[151]. Politisch wichtiger erscheint, daß er den Weg aus dem Ministerium sowohl zu Gayl wie zu einer „anderen Seite“ gefunden, daß er von da über eindeutig interessenpolitische Kanäle zu Hindenburg geleitet wurde und dessen Mißstimmung gegen Brüning noch erheblich verstärkt hat[152]. Dabei fiel die kritische Haltung, die der Großgrundbesitz allen Osthilfe- und Siedlungsmaßnahmen der Regierung Brüning in wachsendem Maße entgegenbrachte, viel schwerer ins Gewicht als jede partielle Einzelkritik.

Seit 1930, als Teile der deutschnationalen Gutsbesitzer den Brüning-Schiele-Kurs begrüßt und in Abwendung von Hugenbergs prinzipieller Opposition auch unterstützt hatten, war die Agrarkrise im Rahmen der Gesamtkrise immer bedrohlicher geworden[153]. Die NSDAP hatte auf entsprechende Versicherungen Hitlers hin[154] auch von dieser Seite erheblichen Zulauf gewonnen, soweit man nicht zu Hugenbergs „gemäßigtem“ Radikalismus zurückfand: das Schicksal der Westarp-Bewegung ist dafür beredtes Zeugnis[155]. Es war vor allem die Tatsache, daß man die durchaus großzügige Osthilfeaktion Preußens

148 Papen (Anm. VI/35), S. 177.

149 Ministerialdirektor a. D. E. Reichard, „Es war kein Stegerwald-Plan“, in: *Die Welt* v. 12. September 1952: „Auch Freiherr v. Gayl . . . hat nie den in seinem Nachlaß vorgefundenen Brief mir gegenüber erwähnt, obwohl wir sehr viel über landwirtschaftliche Siedlungsfragen verhandelten. . .“ Reichard war der mit der Ausarbeitung des Gesetzes über die Osthilfe beauftragte Vertreter des für die landwirtschaftliche Siedlung zuständigen Reichsarbeitsministers.

150 Teilweise abgedr. bei Conze (Anm. IV/38), S. 275 f.

151 Dazu Conze, *ebda.*, S. 266. Im ungedruckten Borcke-Material (Anm. VI/135), S. 90 f., befindet sich auch ein Brief des Reichstagsabgeordneten und Geschäftsführers des oberschlesischen Entschuldungsverbandes, Baur, an Schlange-Schöningen (vom 17. Februar 1949): Baur bezieht sich darin auf eine briefliche Vermutung Brünings ihm gegenüber, daß der Entwurf von „Radikalinskis“ in Schlanges Ministerium Schleicher in die Hände gespielt sein könne.

152 In diesem Sinne jetzt auch Gottfried R. Treviranus (Anm. I/77), S. 1 f.

153 Vgl. auch die Übersicht über die Osthilfemaßnahmen 1930/33 bei Max Sering, *Deutsche Agrarpolitik*, Leipzig 1934, S. 116 ff. Ferner Mühlich (Anm. I/37a), S. 63 ff.

154 Nach dem *Berliner Tageblatt*, Nr. 162 v. 7. April 1931 („Hitler wirbt um den Großgrundbesitz“) äußerte Hitler zum Fürsten v. Eulenburg: „Ich habe auch nicht die Absicht, in breitem Umfang auf deutschem Boden zu siedeln. . . Zweckmäßig siedeln können und werden wir erst, wenn uns der entsprechende Raum zur Verfügung steht. . .“

155 Der Kreis um Westarp hatte seinerseits im Juli 1931 eine „Nationalpolitische Arbeitsgemeinschaft“ gegründet, die durch ein vertraulich redigiertes Organ, die *Briefe nach Ostdeutschland*, auf Grundbesitzer, höhere Beamte, Industrielle, Geistliche, Lehrer, öffentliche Körperschaften und Wirtschaftsorganisationen Ostdeutschlands im Sinne einer „Versachlichung in der Behandlung der politischen Probleme“ und eines „stärkeren Verständnisses der Bedingungen unserer Lage“ wirken wollte. In „vertrauensvoller Fühlung mit der Regierung“ und vor allem mit Schlange-Schöningen wurden die *Briefe* zweiwöchentlich an fast 8000 ausgesuchte Adressaten gesandt; Schriftleiter war der auch am *Ring* und den *Volkskonservativen Stimmen* tätige Georg Schroeder. In den *Westarp-Akten* befinden sich Aufzeichnungen über Aussprache-abende des verantwortlichen Gremiums am 30. Oktober und 9. November 1931, die zugleich einen Einblick in die Situation gewähren: danach war die Stimmung unter den politisch vor allem durch Reichslandbund und Stahlhelm beeinflußten ostdeutschen Grundbesitzern überaus erbittert. Die *Briefe* scheinen denn auch wenig Wirkung gehabt zu haben (sind aber als Indiz für die Bemühungen Brünings nach rechts und ihr Scheitern im Bereich des großagrarischen Konservatismus nicht uninteressant).

und dann des Reichs von einer Rentabilitätsprüfung abhängig machte, die zu massiven Vorwürfen gegen Brüning führte[156]: er wolle, so ging die Agitation der deutschnationalen Presse, durch Zerschlagung des ostelbischen Großgrundbesitzes auch dessen politischen Einfluß beseitigen. Hier setzte sich, wie schon bei der Agitation gegen die preußische Regierung, das interessenpolitische Argument sogleich in ein politisches um.

Das energische Eingreifen des neuen Ostkommissars Schlange-Schöningen[157] nahm indes auf politisch-taktische Gesichtspunkte wenig Rücksicht; es hatte die Mißstimmung nur noch verstärkt. Wohl hatte er als erfahrener konservativer Gutsbesitzer noch zuletzt mit seinem Entschuldungsgesetz vom 6. Dezember 1931[158] das Mögliche im Rahmen der Osthilfeaktion getan; durch Entschuldungsbriefe wurden zahlreiche Güter gerettet[159]. Es blieben aber Fälle, in denen eine Sanierung nicht mehr gerechtfertigt sein konnte; sie mußten einer großzügigen Siedlungsaktion zur Milderung der Arbeitslosigkeit geopfert werden, wollte man nicht gegen alle Grundsätze sozialer Billigkeit verstoßen. Hier knüpfte das Projekt eines Siedlungsgesetzes an, das Stegerwald im Verein mit Schlange-Schöningen vorwärtstrieb. Es war am 21. Mai im Kommuniqué einer Kabinettssitzung erwähnt worden. Die fühlbare interessenpolitische Reaktion der agrarischen Opposition gegen diesen „Agrarbolschewismus" hatte freilich schon längst eingesetzt. Daß sie — auf dem gegebenen Weg über Hindenburg — mehr und mehr Brüning selbst bedrohte, war Ausdruck der in der Umbildung des Kabinetts sichtbaren Veränderung des Klimas, dem das Präsidialsystem ursprünglich seine Festigkeit verdankt hatte. Jetzt stellten die rührigsten Vertreter des ostdeutschen Gutsbesitzes ihre persönlichen Beziehungen zu Hindenburg in verstärktem Maße unter jene Forderung nach einer Rechtsregierung, die seit dem Herbst 1931 im präsidialen Umkreis, in den Sondierungen Schleichers, zeitweise sogar in den Alternativplänen Brünings an Raum gewonnen hatte und erst wieder durch die Präsidentschaftswahlen zurückgedrängt worden war.

Vor diesem politischen Hintergrund gewann Hindenburgs eigene Reaktion auf die neuerliche Pression seiner agrarischen Standesgenossen unmittelbare Bedeutung; sie war vielleicht nur noch ein zusätzlicher Faktor[160], hat aber durchaus greifbar zu seinem Entschluß beigetragen, sich jetzt gänzlich von Brüning zu trennen[161]. Vermutlich kurz nachdem Gayls Brief — von dem Meißner

156 Vielleicht auch die Furcht vor der Aufdeckung einiger Unregelmäßigkeiten in der Manipulierung der Osthilfe durch Hindenburg nahe Kreise: dieser Punkt wurde in der folgenden Polemik oft berührt, ohne daß bis heute Klarheit geschaffen wäre. Der einzige konkrete Fall, den Otto Braun (Anm. I/5, S. 387 f.) anführen kann, hat sich allerdings als stichhaltig erwiesen: der Osthilfekommissar von Pommern (1930/31), Jürgen v. Dewitz, hatte seine Sanierungspolitik recht ungeniert einem eigenen Verwandten zugute kommen lassen, nachdem er sich durch eine gleiche Aktion bei Hindenburgs Verwandtschaft gedeckt hatte. Als sich Komplikationen ergaben, sprach er über Meißner direkt bei Hindenburg vor — eine Tatsache, die zu Dewitz' Sturz und zu Verdächtigungen Hindenburgs führte. Auch Dewitz' Brief an v. Zitzewitz vom 7. März 1950 (Borcke, „Vertraulicher Bericht", Anm. VI/135, S. 61—64) kann diesen Sachverhalt nicht befriedigend klären.

157 Vgl. o. S. 388.

158 *RGBl., 1932,* I, S. 59 ff.; S. 71 ff.; S. 130; S. 143 ff.

159 Dazu Schlange-Schöningen (Anm. I/78), S. 57 ff.; S. 66 ff. Besonders naiv und typisch für Papens politische Einsicht ist die Tatsache, daß er die Gerüchte über Unregelmäßigkeiten in der Ausnützung der Osthilfe durch die Großgrundbesitzer mit einem Hinweis auf den Bericht eines seit Februar 1933 unter Hugenberg tagenden parlamentarischen Untersuchungsausschusses vom 25. März 1933 (!) abtut: Papen (Anm. VI/35), S. 179.

160 So Conze (Anm. IV/38), S. 265.

161 Die Behauptung Meißners (Anm. I/156, S. 223 f.), daß Hindenburg bei einem Vortrag in Neudeck damals ihm gegenüber seine Besorgnis über die Mißstimmung der Landwirtschaft geäußert und hinzugefügt habe, er werde „von allen Kreisen Ostpreußens gedrängt . . ., nationale und landwirtschaftsfreundliche Männer in die Regierung zu berufen", kann bei allen Vorbehalten gegenüber der apologetischen Befangenheit des Autors keinesfalls als widerlegt gelten.

nichts erwähnt — seine Wirkung getan hatte, riet Meißner nicht nur Brünings Staatssekretär Pünder zu einer Intervention Brünings bei Hindenburg; er teilte auch Schlange-Schöningen telephonisch mit, „der Reichspräsident sei stark beunruhigt über meine Siedlungspläne — die er im Grundsatz lange kannte! —, er würde mir vorschlagen, mich zum Vortrag anzumelden“ [162]. Der Brief vom 27. Mai, den Schlange-Schöningen sofort an Hindenburg richtete[163], trug die Zeichen ehrlicher Empörung über die indirekte Einflußnahme, durch die „mit Blindheit geschlagene Kreise“ wie zu Zeiten des Freiherrn vom Stein die notwendige siedlungspolitische Entwicklung aufhalten und ihren Interessen unterordnen wollten; er schloß mit der Drohung des Rücktritts[164]. Vermutlich am selben Tage noch[165] erschien der Präsident des Reichslandbundes, Graf Kalckreuth, in Schlanges Amt. Seine vorsichtigen Sondierungen gaben wohl nur indirekt die Hintergründe des Besuches zu erkennen, sie ließen aber darauf schließen, daß hier an der Zusammenstellung einer neuen Regierung gearbeitet wurde, während das alte Kabinett noch keinerlei offizielle Kenntnis von Hindenburgs Kurswechsel hatte.

Die nachdrückliche und auch wirksame Intervention des Großgrundbesitzes gegen Brüning, an der sich demnach auch der Reichslandbund beteiligte, kann nach diesen Zeugnissen — bei allen Einschränkungen — doch kaum als eine „Legende“ [166] abgetan werden. Sie wird schließlich durch Äußerungen Hindenburgs selbst bestätigt. In einer schon am 1. Juni diktierten Niederschrift hat Graf Westarp mit der ihm eigenen minutiösen Genauigkeit die Vorgänge zwischen dem 28. und 31. Mai wiedergegeben, soweit sie in seinen Gesichtskreis getreten waren[167]. Sein Bericht von der Besprechung mit Hindenburg (31. Mai) bestätigt den Eindruck, daß die großagrarischen Argumente ein wesentliches Motiv des Stimmungsumschlags waren und Hindenburgs Hauptinteresse in diesem Augenblick dem „bolschewistischen Enteignungsrecht des Siedlungsentwurfs“ galt[168]. So wenig Zweifel also trotz manchen Unklarheiten im einzelnen über diesen allgemeinen Zusammenhang bestehen können, so sicher ist aber zugleich, daß die agrarisch-interessenpolitische Aktivität nur eine bedeutsame Komponente des Geschehens darstellte. Die andere kristallisierte sich, während auch Meißners Rolle als geschäftiger Zwischenträger durchaus im Zwielicht bleibt, um die Intentionen Schleichers, der die Aktionen des Großgrundbesitzes wohl auszunützen wußte[169]. Er kreierte in diesem Augenblick

162 Schlange-Schöningen (Anm. I/78), S. 70. Vgl. Meißner (Anm. I/156), S. 226.

163 Text bei Schlange-Schöningen (Anm. I/78), S. 70–72.

164 Nach Meißners unbestätigtem Bericht (Anm. I/156, S. 226) versetzte dieser etwas temperamentvolle Brief Hindenburg, der darin eine „recht ungewöhnliche Form des Vorgehens eines jungen Ministers“ erblickte, in eine recht ungünstige Stimmung und beschleunigte noch den Gang der Dinge.

165 Schlange-Schöningen (Anm. I/78, S. 72) gibt dafür zwar den 7. Juni an, setzt das Gespräch aber ausdrücklich in den hier angenommenen Zusammenhang und betont an anderer Stelle (S. 77), daß es „wenige Tage vor Brünings Sturz“ stattgefunden habe (in den Datierungen ist dies offensichtlich ganz aus dem Gedächtnis geschriebene Buch auch sonst nicht durchweg zuverlässig). Vgl. auch die Schilderung der Szene durch Schlange-Schöningen vor dem *Wirtschaftsrat des Vereinigten Wirtschaftsgebietes, Wörtlicher Bericht über die 27. Vollversammlung am 2./3. Dezember 1948 in Frankfurt a. M.*, 2. Sitzung (3. 12. 1948), S. 1223, Sp. 2: hier ist die Unterredung auf den „Abend vor dem Sturz des Kabinetts Brüning“ datiert.

166 So auch noch Conze, „Die Weimarer Republik“ (Anm. I/9), S. 660.

167 Westarp, „Zu Brünings Rücktritt“ (Anm. VI/59), S. 282–288.

168 *Ebda.*, S. 287.

169 Meißner (Anm. I/156), S. 224, berichtet, daß Schleichers damaliger Besuch in Neudeck durchaus von der massiven Intervention der „Großagrarier“ bei Hindenburg ausging, allerdings unabhängig davon auf eine Ablösung Brünings in seinem Sinne abzielte. Brüning selbst belastet dagegen in einem noch ungedruckten Brief an Graf v. Brünneck vom 12. Oktober 1948 (Borcke, Anm. VI/135, S. 43–48), der einen erschütternden Eindruck von dem Hexenkessel der Intrigen vermittelt, neben Schleicher am meisten Meißner. Dies bestätigt auch Groener: „Während der Abwesenheit des Reichspräsidenten in Neudeck, wo der Sturz Brünings beschlossen wurde, stand General von Schleicher dauernd in telephonischer Verbindung mit dem Sohne Hindenburgs“ (Phelps, Anm. IV/37, S. 29).

nicht nur den neuen Kanzler, sondern führte auch die konkreten Verhandlungen zur Bildung einer an die „Nationale Opposition" angelehnten und auf die Reichswehr gestützten Präsidialregierung neuen Stils.

6. Von Brüning zu Papen

Der Sturz der Regierung Brüning vollzog sich mit einer solchen Schnelligkeit und Reibungslosigkeit, daß er nicht nur für die weitere Öffentlichkeit, sondern auch für die unmittelbar Betroffenen trotz vielen warnenden Vorzeichen durchaus überraschend kam. Man hatte nicht damit gerechnet, daß Hindenburgs schwindende Loyalität so unvermittelt und vor allem noch vor Zusammentritt der Lausanner Konferenz den Einwirkungen der Brüning-Opposition erliegen würde. Freilich wußten nur unbestätigte Gerüchte von der fieberhaften Aktivität, mit der neben der bestehenden und eben wieder vom Reichstag indirekt bestätigten Regierung die Bemühungen um eine neue Regierung betrieben wurden. Auch heute sind wir für die Beurteilung der Schleicherschen Initiative noch weitgehend auf die unzuverlässigen Notizen Goebbels' angewiesen. Danach ging am 18. Mai „die geheime Aktion" gegen Brüning „unentwegt weiter". Einen Tag später traten „Sendboten vom General Schleicher" auf: „... man ist schon dabei, die Ministerliste aufzustellen. Für den Übergang ist das nicht so wichtig." Am 23. Mai: „Die Krise läuft programmgemäß weiter." Und am folgenden Tag konnte Goebbels schon Papen als neuen Kanzler, Neurath als Außenminister und Brünings Sturz für den 29. Mai notieren[170].
Während die wachsenden Verständigungsschwierigkeiten innerhalb des Präsidialsystems mit jedem Tag spürbarer wurden, blieb doch die Tatsache verborgen, daß der Alternativplan schon eine konkrete Form angenommen hatte. Erst dadurch aber gerieten die Ereignisse in jene beschleunigte Bewegung, die jede Gegenaktion von seiten Brünings, des Parlaments, der Parteien oder besonnenerer Persönlichkeiten ausschloß. Anders als in den kritischen Tagen des Herbstes 1931 oder des Jahres 1932 war jetzt nach Groeners Sturz die Reichswehrführung für den Abfall von Brüning endgültig frei geworden; vor allem aber konnte jetzt ein Kandidat präsentiert werden, dessen Herkunft, Lebensart und politische Anschauung Hindenburg die oft erwogene Trennung von Brüning leichter machte.
Franz v. Papen war der Kandidat Schleichers. Es mochten vor allem drei Motivkreise sein, denen diese Wahl entsprang. Der dreiundfünfzigjährige Papen gehörte zu den extremen Vertretern eines antiparlamentarischen, monarchistisch-ständisch gerichteten Flügels, zu den deutschnationalen Grenzgängern des Zentrums[171] und war schon 1925 gegen den Kandidaten seiner eigenen Partei für Hindenburgs Wahl zum Reichspräsidenten eingetreten[172].

170 Goebbels, *Kaiserhof* (Anm. V/13), S. 98–102. Im Zuge dieser Verhandlungen wurde z. B. am 19. Mai ein nationalsozialistischer Journalist, der im Hamburger Parteiblatt einen „unzeitgemäßen Vorstoß gegen Schleicher" machte, aus der NSDAP ausgeschlossen (*ebda.*, S. 99).

171 Vgl. dazu schon Franz v. Papen, „Die Parteien", in: *Die Einheit der nationalen Politik*, Stuttgart 1925, S. 230 f. Eine vorzügliche kritische Charakter- und Standortanalyse Papens an Hand seiner Erinnerungen (mit einer Liste der zahlreichen unlogischen oder wahrheitswidrigen Behauptungen) gibt Theodor Eschenburg, „Franz v. Papen", in: *Vierteljahrshefte für Zeitgeschichte* 1 (1953), S. 153 ff.

172 Für Papen galt es damals, „die durch den Fortfall der Krone unterbrochene Tradition wiederherzustellen. Ich war nicht einen Augenblick zweifelhaft, wem meine Unterstützung gehörte": Papen (Anm. VI/35), S. 133. Er stellte sich deshalb in einem Aufruf der Hindenburgkampagne zur Verfügung und sandte dem neuen Präsidenten nach dem Wahlsieg ein Glückwunschtelegramm (vgl. auch Wheeler-Bennett, *Hindenburg*, Anm. I/81, S. 267 f.). „Hindenburg bedankte sich in einem persönlichen Schreiben für meine Unterstützung, die vielleicht ausschlaggebend geworden war." Und in der Zeit bis 1932 hatten sich ihm dann „andere Möglichkeiten erschlossen, um auch außerhalb der Partei meine politische Linie verfolgen zu

Als Abgeordneter des preußischen Landtags hatte er, indem er gegen die Änderung der Geschäftsordnung dieses Landtags stimmte[173], einmal mehr der Koalitionspolitik seiner Partei mit der SPD grundsätzlichen Widerstand entgegengesetzt[174] und empfand den von links tolerierten Mittelkurs des ursprünglich nach rechts angelegten Brüning-Kabinetts als eine Enttäuschung[175]. Erst Ende April hatte er in der Zeitschrift des Herrenklubs, dem er als beziehungsreicher Aristokrat angehörte, einen entsprechenden Leitartikel veröffentlicht[176]. Darin wurde die „Heranziehung der wertvollen Elemente an den Staat ..., die sich in dem großen Sammelbecken der Rechten befinden", als die vordringlichste politische Aufgabe bezeichnet, die dem Zentrum als der traditionellen Vermittlungspartei jetzt gestellt sei. Auch damit scheint Schleicher Hindenburg beeindruckt zu haben[177].
Dazu kamen persönliche Berührungspunkte. Papen war als Angehöriger des katholischen westfälischen Landadels agrarisch-monarchistisch orientiert; er hatte überdies in die saarländische Industrie eingeheiratet, und den ehemaligen Ulanenoffizier und Generalstäbler von freilich umstrittener Weltkriegsvergangenheit wußte man auch für die Anliegen der Reichswehr aufgeschlossen[178]: mit Schleicher und Hammerstein hatte er einst im gleichen Generalstabskurs gesessen und war als gewandter Aristokrat dem „alten Herrn" verwandter und zweifellos bequemer als Brüning. Papen hatte schließlich als passionierter Reiter seine erheblichen Nebeninteressen und erschien politisch ebenso anpassungsfähig wie harmlos, so daß er als Übergangsexponent für die weitergehenden Pläne Schleichers und als lenksamer „Sprechminister" des öffentlichkeitsscheuen Generals wohl geeignet erschien[179]. Daß sein internationales Renommee durch die leichtsinnigen Sabotageunternehmungen des Militärattachés Papen beschädigt war, der 1916 aus den Vereinigten Staaten ausgewiesen worden war und bei der Rückfahrt die Beweise seiner diplomatiewidrigen Tätigkeit in die Hände der britischen Kontrolle und in ein Weißbuch

können": Papen (Anm. VI/35), S. 133 f. Zu Papens Rolle als einflußreicher Exponent jener westfälischen Agrarfronde innerhalb der preußischen Zentrumspartei, die besonders seit 1925 den Sturz der Braunschen Koalitionsregierung und die entschiedene Rechtsentwicklung der Partei betrieb, vgl. Helga Grebing, *Zentrum und katholische Arbeiterschaft 1918–1933, Ein Beitrag zur Geschichte des Zentrums in der Weimarer Republik,* Diss. Berlin 1952 (ungedr.), S. 153 ff. Tatsächlich ist die Niederlage Marx' gegen Hindenburg in der 2. Präsidentschaftswahl von 1925 nicht nur durch den Abfall der BVP und der thüringischen und sächsischen SPD, sondern auch durch die auffallend geringe Wahlbeteiligung in den zentrum-günstigen Bezirken des Rheinlands und Westfalens herbeigeführt worden.

173 Vgl. o. S. 442. Papen hatte es weder in der Preußenfraktion seiner Partei zu großem Einfluß gebracht, noch je Berücksichtigung in den Kandidatenlisten der Reichstagsfraktion gefunden. Für die Wahl vom 24. April 1932 war er nicht wieder aufgestellt worden.

174 Noch heute glaubt Papen (Anm. VI/35, S. 181), die von ihm „stets bekämpfte enge Zusammenarbeit mit der SPD – besonders in Preußen" habe die Beseitigung der „parlamentarischen Auswüchse" verhindert und wesentlich zum Untergang der Weimarer Republik beigetragen.

175 Am entschiedensten in der bekannten Rede auf der Generalversammlung des Landwirtschaftlichen Ortsvereins in Dülmen bei Münster: „Die versteckte Diktatur des Kanzlers muß sich der parlamentarischen Verbrämung entledigen. Der Kanzler soll und muß ein nationales Kabinett, eine Regierung, eine Diktatur auf nationaler Grundlage führen." Zitiert nach Gert Buchheit, *Franz v. Papen, Eine politische Biographie,* Breslau 1933, S. 31.

176 *Der Ring,* Heft 16 v. 16. April 1932, S. 258. Auch als Aktionär und Aufsichtsratsvorsitzender des Berliner Zentrumsblattes *Germania* seit 1923 (Papen, Anm. VI/35, S. 136 ff.) besaß er wichtige publizistische Möglichkeiten. Am 4. Juni 1932 löste ihn hier der Großindustrielle Florian Klöckner ab.

177 Meißner (Anm. I/156), S. 231.

178 Papen selbst (Anm. VI/35, S. 141) sieht noch heute in seiner Berufung „mehr oder weniger ein Votum der Armee".

179 Bezeichnend ist die Szene, die Friedrich K. v. Zitzewitz-Muttrin in einem Gespräch mit O. H. v. d. Gablentz vom 1. Oktober 1951 geschildert hat. Als er mit Freunden vom Pommerschen Landbund Ende Mai vom Rheinland nach Berlin gefahren sei, hätten sie Papen getroffen und von seiner bevorstehenden Berufung – durch Vermittlung Schleichers – erfahren. Verblüffung und Anfrage bei Schleicher: „Der Papen ist doch kein Kopf." Darauf Schleicher: „Das soll er ja nicht sein, aber er ist ein Hut." Zur Beurteilung auch François-Poncet, *Botschafter* (Anm. I/80), S. 13 ff.; Bonn (Anm. I/80), S. 338 f.

geraten ließ[180], wurde der deutschen Öffentlichkeit erst durch die Pressekommentare offenbar, die dem gelungenen Coup von 1932 folgten.

Wenn wir den Angaben Papens selbst glauben dürfen, dann hatte er sich wohl publizistisch wie in Gesprächen mit Schleicher erst jüngst für eine Verbreiterung der Regierung nach rechts eingesetzt, die entscheidenden Wochen aber ohne nähere Verbindung mit den unmittelbaren politischen Vorgängen auf dem Landgut seiner Frau im Saargebiet verbracht. Dort erreichte ihn am 26. Mai der Anruf Schleichers, den Papen darauf — angeblich „nichts ahnend, um was es sich handeln könne" [181] — am 28. Mai in seinem Berliner Büro in der Bendlerstraße aufsuchte[182]. In der folgenden Unterredung präsentierte ihm Schleicher das vorläufige Fazit seiner Verhandlungen und Pläne.

Nach Papens ausführlichem Bericht[183] gingen Schleichers Gedanken ganz von Hindenburgs prononciertem Wunsch nach „einem von den Parteien unabhängigen, aus Fachmännern zusammengesetzten Kabinett" aus. Brünings Sturz betrachtete er als Notwendigkeit, nachdem das SA-Verbot jede Lösung der nationalsozialistischen Frage in einem für die Reichswehr „tragbaren" Sinne — also durch positive Einordnung statt negativer Bekämpfung — blockiert habe und die NSDAP nur noch tiefer in den Radikalismus treibe. Dagegen ging Schleicher interessanterweise auf das Osthilfeproblem kaum ein und betonte nur generell die Mißstimmung der östlichen Landwirtschaft gegen Brüning. Alle weiteren Gedanken über die Notwendigkeit einer autoritären Überwindung des Parteiensystems entsprachen auch der Papenschen Idee[184], durch eine „Regierung der nationalen Konzentration" mit der Personalunion zwischen Reichskanzler und preußischem Ministerpräsidenten „nach Bismarcks Rezept" Ordnung und Stabilität wiederherzustellen. Sie zeigten aber vor allem, welche bestimmte Form die Pläne um den Regierungswechsel schon gewonnen hatten. Papen war Hindenburg, der an diesem Tag erst aus Neudeck zurückkam, schon fest vorgeschlagen, und auch „das Kabinett von Fachleuten" besaß seine konkreten Umrisse.

Wieweit dies nun wirklich gänzlich Schleichers Werk war — Papen behauptet es mit aller Bestimmtheit —, wird sich wohl nie befriedigend klären lassen. Zweifellos hatte der General umfangreiche Verhandlungen mit der Rechtsopposition geführt, ständigen Kontakt mit Hindenburg gehalten und die Krise weitgehend unter seine Kontrolle gebracht. Aber gleichzeitig gibt es ganz konkrete Indizien dafür, daß die deutschnationale Umgebung Hindenburgs im Verein mit den „Großagrariern" eines Regierungswechsels in ihrem Sinne sicher war. Die Verstimmung über die verkehrten Fronten der Präsidentschaftswahlen hatte einer neuen Zusammenarbeit Platz gemacht, die sich gerade gegen Hindenburgs Wahlmacher richtete. Dafür ist ein Brief aufschlußreich[185], in dem v. Oldenburg-Januschau in Beantwortung einer entsprechenden

180 Auch jetzt vermag Papens (Anm. VI/35, S. 53–77) breite Apologetik diesen Vorgängen keine neuen Aspekte abzugewinnen. Sie beweist nur die Inkompetenz, widerlegt aber nicht die Tatsache der Papenschen „Unternehmungen".

181 Dagegen bestätigt Brüning („Brief", Anm. I/9, S. 10), daß ihm der mit Schleicher in Verbindung stehende französische Botschafter (François-Poncet) schon eine Woche vor dem 30. Mai „in einer privaten Unterhaltung" Papen als seinen Nachfolger genannt habe.

182 Papen (Anm. VI/35), S. 182.

183 *Ebda.*, S. 182–188. Bei der Beurteilung ist freilich besondere Vorsicht geboten, da keine Möglichkeit zur Überprüfung besteht und Papen hier noch nachdrücklicher als sonst die ganze Verantwortung für die entscheidenden Intrigen Schleicher zuzuschieben bemüht ist.

184 Papen (*ebda.*, S. 183) betont selbst, er habe mit Schleicher „über dieses Problem schon oft gesprochen"; er glaubt noch betonen zu müssen, „wie oft" er auch Brüning dazu beschworen habe.

185 „Schreiben des Kammerherrn v. Oldenburg-Januschau an Freiherrn v. Gayl vom 21. Mai 1932", abgedr. bei Conze (Anm. IV/38), S. 277 f.

Äußerung v. Gayls schon am 21. Mai, also noch drei Tage vor Gayls Intervention bei Hindenburg[186], seiner Überzeugung von einer bevorstehenden Diktatur der Rechten Ausdruck gegeben hatte. „Das Brüning-Kabinett ist erledigt“: mit dieser recht eindeutigen Ankündigung, die Papen trotz Kenntnis des Borcke-Materials bewußt verschweigt, sind nicht nur Oldenburgs nachträgliche Beteuerungen, er habe in der fraglichen Zeit keinerlei politischen Kontakt mit Hindenburg gehabt, eindeutig widerlegt[187]. Es wird auch deutlich, wie unmittelbar die Intervention Gayls vom 24. Mai an politische Vorsondierungen anknüpfte, um dann im günstigsten Augenblick des allgemeinen Stimmungsumschwungs in Neudeck mit dem Argument des „agrarbolschewistischen Entwurfes“ nachzustoßen und Hindenburgs Entschluß endgültig zu machen.

Daß diese Aktionen von Schleicher nur wahrgenommen und nicht unmittelbar herbeigeführt worden waren, wird dadurch bestätigt, daß Oldenburg in seinem Brief noch keinerlei Angaben über den künftigen „Diktator“ zu machen wußte und den Namen Papens nicht nannte, zu diesem Zeitpunkt sogar recht nachdrücklich an Hugenberg dachte, daß er ferner die Aktivität der „politisierenden Generäle“ durchaus mißbilligte, so sehr er natürlich Groener „dieses wenig schöne Ende seiner Laufbahn“ gönnte. Dazu paßt schließlich auch die — vielleicht von Gayl selbst angeregte — Versicherung Oldenburgs, sein häufiges Eintreten für ihn sei immer wieder daran gescheitert, daß Hindenburg v. Gayl für „ultrarechts“ hielt. Gleichzeitig scheint übrigens neben Schleicher und Hammerstein besonders auch Oberst v. Reichenau, der Chef des Stabes beim Wehrkreiskommando von Ostpreußen (Befehlshaber v. Blomberg), auf eine Beteiligung der NSDAP an der Regierung gedrängt zu haben: er „könne [sonst] Reichswehr und Bevölkerung in Ostpreußen nicht halten“[188].

Jetzt allerdings, im Augenblick der Rückkehr Hindenburgs nach Berlin, hatte sich offenbar doch Schleichers Papen-Plan durchgesetzt. Er griff auf die alten Ideen eines nach rechts angelehnten, „überparteilichen“ Präsidialkabinetts zurück, bezog das oft ventilierte Zähmungsprojekt ein und schien in bezug auf die NSDAP tatsächlich gewisse konstruktive Möglichkeiten zu eröffnen, nachdem Hitler durch Schleicher eine Reihe von Erstforderungen zugestanden hatte. *In concreto* freilich bedeutete die politische Linie, auf die Papen jetzt verpflichtet wurde, lediglich eine Karikatur des Brüning-Kurses: an die Stelle der sozialdemokratischen Tolerierung sollte die Kooperation mit der NSDAP treten. Schleicher berief sich dafür auf die Zusicherung Hitlers, das neue Kabinett zu tolerieren, wenn ihm die Aufhebung des SA-Verbots und Neuwahlen zum Reichstag konzediert würden. Dies schien durch die Erwartung gerechtfertigt, daß ein neues Parlament mit einer starken Rechten die Tätigkeit einer „nationalen Regierung“ nicht stören werde. Vielmehr könnte die „Nationale Opposition“ dann ihre prinzipielle Kritik am Parlamentarismus endlich zur Beseitigung der parlamentarischen Hindernisse einsetzen.

Während Schleicher sich am 30. Mai erneut mit Erfolg um Papen bemühte, zerschlug sich freilich angesichts der schroffen Entlassung Brünings die Hoffnung,

186 Vgl. o. S. 451 ff.

187 Oldenburg-Januschau erwähnt wohl die Verstimmung Hindenburgs wegen seines Eintretens für Duesterbergs Kandidatur, erklärt aber, jetzt sei es doch ein Glück, daß Hindenburg statt Hitler wiedergewählt sei. Er habe ihm im 2. Wahlgang selbst seine Stimme gegeben, denn: „Die Verbindung mit der Rechten darf nicht abreißen in der Wilhelmstraße.“ An die Versicherung: „Wir haben uns wieder vertragen“ knüpft Oldenburg schließlich die Ankündigung, er werde Hindenburg sehen, wenn dieser am 28. nach Berlin zurückgefahren sei. Damit erledigt sich seine spätere Behauptung, er habe mit Hindenburg in dieser ganzen Zeit nichts zu tun gehabt (vgl. o. Anm. VI/139).

188 Gespräch Westarps mit Treviranus vom 29. Mai 1932: Westarp, „Zu Brünings Rücktritt“ (Anm. VI/59), S. 284. Vgl. auch die o. Anm. VI/144 zitierte Äußerung Goebbels'.

mit dem Zentrum auch die Mittelparteien der neuen Sammlung zuzuführen und ihr so den Charakter einer Mehrheitsfront gegen die Linke zu geben. Sogleich nach seiner Rückkehr aus Neudeck hatte Meißner am 26. Mai Brüning, der zuvor schon vergeblich einen sofortigen Besuch in Neudeck erstrebt hatte, von der geänderten Stimmung und den neuen Forderungen Hindenburgs unterrichtet: sie bezogen sich auf personalpolitische wie auf legislative Pläne und richteten sich in der Tat besonders gegen die Siedlungsprojekte des Kabinetts. Die Gerüchte um einen bevorstehenden Regierungswechsel verdichteten sich jetzt schnell. Schon am 28. Mai betrachtete Brüning selbst nach dem Zeugnis von Treviranus die Lage des Kabinetts als äußerst ernst und erwartete, daß seine negative Reaktion auf den Druck Schleichers und der Reichswehr schon durch den bevorstehenden Vortrag bei Hindenburg zum Rücktritt führen könne[189].

Die weiteren Ereignisse spielten sich in so überstürzter Form ab, auch war Hindenburgs Haltung so schroff und bestimmt, daß die folgenden Verhandlungen nur noch als Formsache erscheinen konnten. Über die erste einstündige Unterredung Brünings mit dem aus Neudeck zurückgekehrten Hindenburg am Vormittag des 29. Mai ist wenigstens so viel bekannt, daß die Forderungen, die man Hindenburg angeblich auf ein großes Blatt mit großen Buchstaben geschrieben hatte[190], nicht nur die vielgenannten Siedlungspläne, sondern auch die entschiedene Erweiterung des Kabinetts nach rechts, also einen radikalen innenpolitischen Kurswechsel und weitgehende Änderungen in der Zusammensetzung der Regierung betrafen. Auch Meißner bestätigt, daß Hindenburgs Vorschläge in einer „weniger konzilianten Form" als sonst gehalten waren[191]. Brünings eigener Bericht[192] erklärt die Veränderung in Hindenburgs Stimmung mit einer neuerlichen geistigen Schwäche des Präsidenten[193] und bestätigt, daß Hindenburg mit Nachdruck die Auflösung des Reichstags und die Aufhebung des SA-Verbots gefordert hätte: Hindenburg begründete dies damit, daß ihm dafür über einen Mittelsmann[194] die Unterstützung einer nach rechts erweiterten Regierung Brüning durch Hugenberg und Hitler zugesichert worden sei. Gleichzeitig weigerte sich Hindenburg, noch irgendeine nicht parlamentarisch verabschiedete Verordnung zu unterzeichnen, solange Brüning auf seinem alten Kurs beharre. Damit war Brüning im entscheidenden Augenblick das Fundament entzogen: es zeigte sich, daß der Reichskanzler in einem Präsidialsystem die schwächste Position besaß.

Für Brüning gab es keine Alternative zu dem oft beschworenen „Vertrauen" des Reichspräsidenten. Zugleich mußte ihm klargeworden sein, wie weit die

189 Telephonische Nachricht von Treviranus an Westarp vom 28. Mai 1932, bei Westarp, *ebda.*, S. 282. Brüning war allerdings bemüht, am nämlichen Tag in einer Rede auf dem Jahresbankett des Vereins der ausländischen Presse in Berlin alle Gerüchte von einer Regierungskrise zu dementieren: Horkenbach, *1932*, S. 159 f.

190 Schlange-Schöningen (Anm. I/78), S. 73.

191 Meißner (Anm. I/156), S. 226 f.; ebenso Treviranus bei Westarp (Anm. VI/59), S. 283. Man vgl. dazu auch Adam Stegerwald, *Wo stehen wir?*, Würzburg 1946 (Rede am 21. August 1945), S. 17. Danach forderte Hindenburg von Brüning: Einstellung der Reparationszahlungen, verstärkte Aufrüstung, Rückkehr zur Monarchie und Zerschlagung der Parteien und Gewerkschaften.

192 „Brief" (Anm. I/9), S. 8 f. Die Datierung auf den 30. Mai (statt 29.) ist ein Irrtum, ebenso der folgende Ansatz der letzten Audienz Brünings statt 30. auf den 31. Mai und Schlange-Schöningens Datierung (Anm. I/78, S. 73) der letzten Kabinettssitzung statt 30. auf 31. Mai.

193 Auch Westarp (Anm. VI/59, S. 287) schildert Hindenburg als „stark angegriffen und teilnahmslos" und hat den Eindruck, daß er über den Inhalt des abgelehnten NVO-Entwurfs, soweit er über Siedlungspläne und Kürzung der Kriegsrenten hinausging, gar nicht unterrichtet war. Dies läßt vermuten, daß Meißner, der Hindenburg am 25. Mai in Neudeck Vortrag darüber gehalten hatte, nicht so unbeteiligt war, wie er heute betont.

194 Nach Meißner (Anm. I/156, S. 226) war dies Schleicher. Auch Brüning, „Brief" (Anm. I/9, S. 13), glaubt an entsprechende Vereinbarungen zwischen Schleicher und Hitler noch vor der Ernennung v. Papens.

Dinge, die gänzlich außerhalb seiner Kontrolle lagen, schon gediehen waren. Das Kabinett beschloß sogleich seine Gesamtdemission in einer Sitzung, die von empörten Äußerungen Groeners begleitet war[195]. Brüning freilich hoffte demgegenüber noch immer, da er schon mehrere Krisen dieser Art erlebt und nach der letzten Unterredung bei Hindenburg Spuren einer Sinneswandlung zu erkennen glaubte, auf eine Rettung der Situation durch Wiedergewinnung des präsidialen „Vertrauens“[196]. Wenigstens rechnete er mit der Möglichkeit, anstelle Papens Goerdeler oder auch Westarp als seinen Nachfolger bei Hindenburg durchzubringen und so einen Bruch der Regierungskontinuität und taktisch verhängnisvolle Konzessionen an den Rechtsradikalismus zu vermeiden[197]. So widersetzte er sich auch in diesem Augenblick jeder öffentlichen Protestaktion, um die vermeintlichen letzten Chancen nicht zu durchkreuzen.

In diesem Augenblick schien noch eine dramatische Wendung möglich, als Brüning am Morgen des 30. Mai, nur eine Stunde vor der über den Rücktritt entscheidenden Audienz beim Reichspräsidenten, endlich die lange erwartete Nachricht erhielt, daß auf die Bemühungen des amerikanischen Sonderbotschafters Hugh Gibson hin nach den USA, Großbritannien und Italien jetzt auch Frankreichs neuer Ministerpräsident Herriot, der den widerspenstigen Tardieu abgelöst hatte, der Abrüstungsformel im Prinzip zugestimmt habe. Damit glaubte Brüning, der zugleich zu sofortigen Verhandlungen nach Genf gerufen wurde, neben der sicher bevorstehenden Lösung des Reparationsproblems „die letzte noch ausstehende größere Frage der auswärtigen Beziehungen“ im Stadium einer endgültigen Regelung[198]. Die fieberhaften Verhandlungen, die ihn in den vergangenen Wochen fast ständig in Genf gehalten hatten,

195 Schlange-Schöningen (Anm. I/78, S. 73) berichtet, daß Groener in seiner Empörung über die Art des Kurswechsels einige Klarstellungen über Personen und Vorgänge ankündigte, von Brüning aber mit der Begründung beschwichtigt wurde, Hindenburg bleibe trotz allem „der einzige Sammelpunkt, den das Volk noch hat“.

196 Brüning, „Brief“ (Anm. I/9, S. 9 f.), bestätigt wohl Schlange-Schöningens Bericht, weist aber darauf hin, daß er schon im Januar und Februar vor ähnlichen Situationen gestanden habe, durch eine direkte Aussprache aber den Intrigen „außerverfassungsmäßiger Berater“ habe entgegentreten und sein Verhältnis zu Hindenburg wieder festigen können. Er habe dies „fast jede Woche seit Januar 1932 . . . tun müssen, um die Regierung im Amt zu halten“.

197 Vgl. jetzt auch Ritter, *Carl Goerdeler* (Anm. III/187), S. 53 f. Gleichzeitig wurde vorübergehend im Kreis um Hindenburg und seit dem 28. Mai auch in der Presse der Name Westarps genannt – eine Möglichkeit, die auch Brüning (über Treviranus) unterstützte, während Meißner noch am 30. Mai nachmittags Löbe in Gegenwart Hindenburgs davon berichtete, bei Keil (Anm. I/3), II, S. 446; vgl. u. Anm. VII/7. Westarp selbst zeigte sich von Anfang an sehr skeptisch, da er nicht an eine Annahme seiner Bedingungen glaubte: verantwortliche Beteiligung nationalsozialistischer Minister nur unter der Bedingung einer kategorischen Ablehnung der Reichstagsauflösung, dagegen Vermeidung einer NS-freundlichen, aber ohne echte Verantwortung der NSDAP improvisierten Übergangsregierung. Schleicher, der offenbar zunächst auch eine Westarp-Kandidatur wenigstens für Preußen erwogen hatte, war inzwischen aber auf Papen festgelegt. Der Westarp-Plan war in diesem Stadium ganz offenbar nur noch ein Täuschungsmanöver. So kam es am 31. Mai lediglich zu dem routinemäßigen Empfang bei Hindenburg, wobei Westarp den Rücktritt Brünings in diesem Augenblick bedauerte: Westarp (Anm. VI/59), S. 283; S. 285 ff. mit sehr wichtigen Details.

198 Brüning, „Brief“ (Anm. I/9), S. 10. Es ist aber wohl möglich, daß die französische Verzögerungstaktik damals – wie dargelegt – einen Sturz Brünings durchaus einkalkuliert hatte, wie das ja auch bei der unbegreiflich optimistischen Lagebeurteilung des britischen Botschafters der Fall war: dazu o. Anm. V/21. Die Bitterkeit Brünings ist darum wohl verständlich. Vgl. jetzt auch Robert d'Harcourt, „Horizons allemands“, in: *Neue Zürcher Zeitung*, Nr. 91 (Bl. 9) v. 2. April 1953: „Wir haben ihn [Brüning] schlecht behandelt und dafür vor Hitler Bücklinge gemacht. Es war das Gegenteil von dem, was man hätte tun sollen. Brüning ist gestürzt, weil man ihn allein ließ. Hitler wurde möglich durch die Untätigkeit Europas.“ Brüning selbst betont jetzt, daß er eigens den (1926 geschlossenen) Vertrag mit Rußland im Winter 1931/32 nur um zwei Jahre verlängert habe; er wollte dadurch Frankreich „jede Möglichkeit nehmen, unsere Abrüstungsvorschläge, die im April 1932 von den Regierungen der USA, Englands und Italiens bereits angenommen waren, zu sabotieren“: Brüning, *Die Vereinigten Staaten und Europa* (Anm. III/48), S. 10 f. Daß damit aber entgegen Brünings Behauptung (*ebda.*, S. 12) die illegalen Militärbeziehungen mit Rußland keineswegs abgebaut wurden, beweist der Bericht von Helm Speidel, „Reichswehr und Rote Armee“, in: *Vierteljahrshefte für Zeitgeschichte* 1 (1953), S. 17 ff. Vgl. auch die Kritik an Brünings nachträglicher Darstellung des Rußlandproblems bei Mende (Anm. III/139), S. 6773 ff.

schienen endlich Früchte zu tragen[199]. Darauf setzte er, getreu seiner politischen Gesamtkonzeption, in letzter Stunde seine Hoffnungen. Nach seiner Ansicht scheiterten sie nur an der Tatsache, daß die Umgebung Hindenburgs seinen (auf 10.30 Uhr angesetzten) Empfang „in Kenntnis hiervon" so lange verzögerte, bis er unter äußerstem Zeitdruck in dreieinhalb Minuten abgemacht werden mußte[200]. Dabei gelang es Brüning nicht mehr, unter Hinweis auf den jüngsten Erfolg Hindenburg zu der erhofften und erwarteten Sinnesänderung zu bewegen. Die Nachricht war einen Tag zu spät gekommen. Hindenburg drängte mit aller Eile noch einmal auf die Bildung einer Rechtsregierung und beendete dann das um 11.55 Uhr begonnene Gespräch. Brüning setzte dem nichts entgegen, denn er stand jetzt wieder, wie vor der Bildung seiner Regierung, dem Generalfeldmarschall gegenüber: am Mittag des 30. Mai begann die Woche zum Gedenken der Skagerrak-Schlacht, und Hindenburg nahm mit notorischer Exaktheit um 12 Uhr das Aufziehen der Marinewache ab. Militärische Pünktlichkeit und soldatische Erinnerungen des Staatsoberhauptes hatten den Vorrang vor der Erwägung eines politischen Entschlusses, der über das Schicksal der Republik entschied.

Noch wichtiger bleibt freilich die Tatsache, daß in diesem Augenblick Hindenburg schon endgültig auf Papen festgelegt war. Obgleich irgendwelche bindenden Zusagen der Rechtsopposition allen Bemühungen zum Trotz nicht vorlagen und die Bildung einer „breiteren Rechtsregierung" keineswegs gesichert war, betraute Hindenburg wenige Stunden später Papen mit der Bildung jener Regierung, die in den Einzelheiten schon Tage vorher unter Schleichers Beihilfe zusammengestellt worden war. Die breite Basis, die man von Brüning gefordert hatte, besaß sie noch viel weniger. Sie befreite nur von den lästigen demokratischen Bindungen. Brünings Sturz wurde nicht herbeigeführt, weil man einer solchen Lösung sicher war, sondern weil man erst ihre vermeintlichen Voraussetzungen schaffen wollte und dafür der Rechtsopposition das oft geforderte Opfer anbot[201]. Auch glaubte man vor allem in Wirtschaftskreisen, daß der Zeitpunkt für diesen Coup durchaus günstig sei: Brüning hatte durch einen Winter der Arbeitslosigkeit und Monate schwierigster Verhandlungen hindurch noch die Verantwortung getragen; der neuen „nationalen Regierung" würde eine saisonbedingte Milderung der Krise und ein lange vorbereiteter reparations- und außenpolitischer Erfolg zugute kommen.

Solche Erwägungen erwiesen sich freilich als eine Fehlkalkulation größten Stils. Vor allem war mit der Serie von großen Konzessionen an Hitler, Hugenberg, die „Großagrarier", die den Beginn der Regierung Papen kennzeichnete, dem Schleicher-Plan keineswegs ein Dienst erwiesen: es waren Vorleistungen, die von den Begünstigten ebenso bedenkenlos ausgenützt wurden wie sie dar-

199 Die dramatische Darstellung, die Wheeler-Bennett, *Hindenburg* (Anm. I/81, S. 397 ff.), von der „Tragödie" dieser Verhandlungen gibt, ist allerdings in den Details nicht ganz stichhaltig.

200 Brüning, „Brief" (Anm. I/9), S. 10 f. Daß – entgegen seinen Beteuerungen – auch Meißner entschieden die Papen-Lösung befürwortete, geht glaubhaft aus Westarps unmittelbarer Schilderung seiner Audienz bei Hindenburg (31. Mai nachmittags) hervor. Meißner habe dabei „in gereiztem Ton" geleugnet, daß Hitler die Reichstagsauflösung zugesichert worden sei: „Der Wechsel sei nötig geworden, um eine festere und klarere nationale Politik zu ermöglichen, auch um das Kabinett von dem Einfluß der Gewerkschaften zu entlasten"(!). Brüning habe „nicht das geringste Entgegenkommen" für Hindenburgs Wünsche (Entlassung Groeners auch als Innenminister, Milderung der radikalen Pläne Schlange-Schöningens und des gewerkschaftlichen Einflusses) gezeigt. Westarp, „Zu Brünings Rücktritt" (Anm. VI/59), S. 287. Zur Beurteilung Hindenburgs, besonders in diesem Punkt, vgl. Otto Heinrich v. d. Gablentz, „Person und Typus. Von der Größe und den Grenzen des Offizierskorps", in: *Zeitwende* 25 (1954), S. 622 ff.

201 Vgl. den Querschnitt durch die Pressestimmen zum Ereignis des 30. Mai bei Horkenbach, *1932*, S. 161 ff. Dazu dann bes. Gottfried R. Treviranus, „Weshalb Brüning ging", in: *Vossische Zeitung*, Nr. 437 v. 11. September 1932; ferner Gustav Stolper, „Staatskrise", in: *Der deutsche Volkswirt* 6 (1932), II, S. 1179 ff.

geboten worden waren. Keiner der Partner dachte daran, die eigenen Versprechungen einzulösen. Die Weimarer Republik wurde unter einer Regierung, die keine der großen politischen Gruppen mehr an sich zu binden vermochte, ganz dem Antagonismus der mächtigen Blockbildungen ausgeliefert. Der letzten passiven Majorität war die Wirkungsmöglichkeit entzogen, und der Kampf um die Macht verlagerte sich noch mehr denn zuvor in außerparlamentarische Bezirke, während im Parlament eine riesige, in sich zerspaltene Opposition einem kleinen Häuflein Deutschnationaler gegenüberstand.
Wo war die Macht, um die alle kämpften? Nachdem sie dem Kabinett Brüning Stück für Stück verlorengegangen war, um schließlich der demokratischen Kontrolle endgültig entzogen zu werden, schien sie jetzt ganz in den Händen der allmächtigen Umgebung Hindenburgs. Aber ringsum erhoben die Träger des Wählerwillens, die Protagonisten der „öffentlichen Meinung", ihre Ansprüche. Würde es gelingen, sie in einem gigantischen *Machtvakuum* zu neutralisieren und einem „überparteilichen", überparlamentarischen Autoritätsregime zum Durchbruch zu verhelfen? Eben dies hofften die Ideologen des Papen-Staates: der Reichstag war entmachtet, der Artikel 48 hinlänglich erprobt für das autoritäre Regime eines neuen Präsidialkabinetts reinster Konsequenz. Oder war das ganze nur ein kurzes Intermezzo, das einer neuen Lösung den Weg bereiten würde? Mit dieser Hoffnung begrüßten, tolerierten, bekämpften, fürchteten und stürzten die Kontrahenten einer nationalsozialistischen Diktatur den „Neuen Staat".

B. PHASE DES MACHTVAKUUMS: DIE ÄRA PAPEN—SCHLEICHER

DER „NEUE STAAT"

Mit dem Sturz Brünings war die Machtverfügung ganz in die Hände eines kleinen Kreises um Hindenburg geraten; dies Ereignis bedeutete das Ende der parlamentarischen Demokratie in Deutschland. Wohl war seit 1930 der Begriff der Präsidialregierung auch zu einer verfassungsrechtlichen Realität geworden, doch hatte Brüning — wie immer man die in seine Regierung gesetzten Erwartungen beurteilen mag — bis zum Schluß an einem parlamentarischen *modus vivendi* seiner Herrschaft festgehalten. Sein Nachfolger Papen jedoch muß auch heute, so betont er sich im Kontrast zu seinen zeitgenössischen Proklamationen als bloßen Fortsetzer der autoritären Regierung Brüningschen Stils bezeichnet, „einen erheblichen Unterschied" zwischen Brünings Kabinett und dem seinen einräumen: „Solange er [Brüning] sich der Duldung der Sozialisten erfreute, kann man sagen, daß er die Unterstützung des Parlaments genoß. Mir hingegen entzog das Zentrum sofort diese Unterstützung und beraubte mich auf diese Weise von Anbeginn der Möglichkeit einer parlamentarischen Majorität, ohne auch nur den Versuch einer Zusammenarbeit zu machen[1]." Und Papens Reaktion: Zerschlagung der letzten potentiellen demokratischen Mehrheit in Neuwahlen, deren radikales Ergebnis nach Lage der Dinge und nach dem Verlauf der Landtagswahlen nicht zweifelhaft sein konnte.

1. Anfänge der Regierung Papen

Während Brüning die letzten Amtshandlungen hinter sich brachte, machte Papen, von Schleicher für das neue Experiment schon gewonnen, wider besseres Wissen noch einen Versuch zur Gewinnung des Zentrums. Selbst wenn man ihm die ehrliche Überzeugung konzediert, er habe Brünings Taktik wiederholen wollen — mit dem beträchtlichen Unterschied, daß er hoffte, „eine Mehrheit für die Notverordnungen auf der Rechten zu finden"[2] —, dann bleibt doch die Tatsache, daß dies gegen den Willen der eigenen Parteiführung geschah — und überdies unter intrigenhaften Umständen, die einen Vergleich mit der Vorgeschichte der Brüningschen Regierungsbildung keineswegs rechtfertigen. Papen war die Schöpfung und der Kandidat einer politischen Gruppierung, der nicht eine vorübergehende Behebung parlamentarischer Engpässe, sondern eine bewußte Ausschaltung des parlamentarischen Systems überhaupt und seine Ersetzung durch irgendeine Form des autoritären Ständestaats am Herzen lag. Daß dies Papens eigenen politischen Vorstellungen entsprach, wird

1 Papen (Anm. VI/35), S. 159.
2 *Ebda.*

aus seiner nachträglichen Apologetik kaum weniger deutlich[3] als aus seinen zeitgenössischen Äußerungen und Taten.

Unter solchen Umständen hatte Papen schon am 30. Mai Schleichers Vorschlag zugestimmt und sich nur noch eine Rücksprache mit seiner Partei vorbehalten. Ob man in seinem Besuch beim Zentrumsvorsitzenden Kaas am Mittag des 31. Mai[4] nur politische Naivität oder doch bewußte Taktik sehen mag: das Ergebnis konnte, wenngleich sich Papen einiges auf seine Unterstützung des Kaasschen Rechtskurses gegen den Stegerwaldschen Gewerkschaftskurs zugute halten mochte, keinesfalls zweifelhaft sein. Um so bezeichnender ist die Tatsache, daß Papen eine Viertelstunde später sein Kaas gegebenes Versprechen, die vom Zentrum mißbilligte und darum parlamentarisch völlig aussichtslose Kandidatur aufzugeben, dem präsidialen Appell an Patriotismus und persönliches Mitgefühl widerstandslos opferte. Seine Gönner glaubten offensichtlich zu wissen, daß sie mit Papens Ehrgeiz[5] und Leichtfertigkeit unter allen Umständen rechnen konnten. Daß einen Tag später das ganze Kabinett schon fertig an die Öffentlichkeit treten konnte, war ein Beweis mehr für diesen Zusammenhang.

Da auch die Tolerierung durch die „Nationale Opposition" gesichert schien, kam Hindenburgs routinemäßigen Besprechungen[6] mit den Parteiführern nur noch formale Bedeutung zu: der vielgeschmähte parlamentarische Parteienstaat sollte ja gerade durch das neue Experiment überwunden werden. Am 30. Mai erörterte Hindenburg zunächst mit dem Reichstagspräsidenten Löbe, der auch für die Bildung einer Rechtsregierung den verfassungsmäßigen Weg forderte, die Frage einer Einberufung des Reichstags — obwohl doch die sofortige Auflösung des Reichstags das längst konzedierte Pfand der Verhandlungen mit der Rechtsopposition war. Dann empfing er Wels und Breitscheid von der SPD und versicherte ihnen auf ihre Anfrage in indigniertem Ton das verfassungsmäßige Verhalten „seiner" Regierung[7]. Schließlich konferierte er ausführlich mit Hitler und Göring, um ihre Forderung nach Reichstagsauflösung und Aufhebung des SA-Verbots einmal mehr zur Kenntnis zu nehmen[8]. Am 31. Mai fand der Empfang der Zentrumsvertreter Kaas und Perlitius statt, die vor einer Zwischenlösung warnten und eine klare Übernahme der Verantwortung durch die Rechtsparteien forderten, für jeden Fall aber die Opposition des Zentrums ankündigten. Ihnen folgten Hugenberg und v. Winterfeld sowie Dingeldey, die für die DNVP und die DVP eine begrenzte Mitarbeit an einer „Regierung der Rechten" zusagten, freilich bezüglich Hitlers Zuverlässigkeit starke Bedenken äußerten. Den Beschluß bildeten die Vertreter der Wirt-

3 Vgl. die Analyse der Memoiren bei Eschenburg (Anm. VI/171), S. 153 ff. Zur Kritik auch Erich Eyck, „Papen als ‚Historiker'", in: *Deutsche Rundschau* 78 (1952), S. 1224 ff.

4 Papen (Anm. VI/35), S. 188 f.

5 So hatte Papen wiederholt den Staatssekretär Brünings, Pünder, um Vermittlung für einen Posten im diplomatischen Dienst gebeten. Pünder konnte sich aber mit dieser „Lösung" beim AA-Staatssekretär Schubert nicht durchsetzen: Gespräch O. H. v. d. Gablentz' mit Pünder am 1. Oktober 1951.

6 Einzelheiten bei Görlitz, *Hindenburg* (Anm. I/66), S. 373 f.

7 Vgl. Stampfer (Anm. I/4), S. 625. Zu den gleichzeitigen Sitzungen des SPD-Fraktionsvorstands vgl. die Notizen von Keil (Anm. I/3), II, S. 445 ff., die vor allem Löbes Unterredung mit Hindenburg ausführlicher wiedergeben. Danach habe zunächst Meißner ihm, Löbe, SA-Verbot und Osthilfefrage als wesentlichste Differenzpunkte angegeben. Auch bei Hindenburg habe Meißner das Gespräch geführt: „Hindenburg machte den Eindruck des Geschobenen." Er hoffte noch, „Brüning als Außenminister halten zu können". Im übrigen habe Meißner versichert, man werde wohl eine Rechtsmehrheit bekommen, wobei die NSDAP sogar ohne Ministerposten zur Tolerierung bereit sei. Als Kanzler denke man nicht an Gayl, sondern „an Westarp oder eine ähnlich gefärbte oder auch an eine parteimäßig nicht gebundene Persönlichkeit".

8 Goebbels, *Kaiserhof* (Anm. V/13), S. 104, übermittelt Hitlers Bericht, nach dem Hindenburg in der Besprechung die Auflösung des Reichstags sowie die Aufhebung des SA- und Uniformverbots zugesichert hatte.

schaftspartei, der BVP und der gemäßigten Rechten, wobei besonders Westarp den Sturz Brünings beklagte[9]. Auch Westarps Niederschrift läßt aber wenig Zweifel über den rein formalen Charakter der Besprechungen, bei denen selbst Meißner deutlich den neuen Kurs steuerte: „da ja alles fertig war"[10].
So sehr die Vorgänge auch mit Geheimnis umgeben wurden, so „absolut" Meißner allen Fragen „über die voraussichtliche Haltung der Nazi und über die mit ihnen getroffenen Abreden ... auswich[11]" — als Hindenburg am späten Nachmittag des 31. Mai Franz v. Papen empfing, zerriß der Schleier der Gerüchte und Dementis rasch und gab den Blick auf die neue Situation endgültig frei. Sie stand nicht, wie man auch auf konservativer Seite vermutet hatte, im Zeichen eines „Übergangs-Kabinetts Schleicher"[12]. Vielmehr war es der abtrünnige Zentrumsabgeordnete, Vertreter des westfälischen Agrar-Adels im preußischen Landtag, der nach kurzer Unterredung den Auftrag Hindenburgs zur Bildung einer — schon feststehenden — „Regierung der nationalen Konzentration" annahm, nachdem er eben noch Kaas seine Ablehnung versprochen und eingesehen hatte: „... ein Mann, der nicht das Vertrauen der Mittelparteien besaß, würde nichts ausrichten können[13]." Leichtfertiger war noch kein Reichskanzler ins Amt gekommen; selbst die Ernennung von Michaelis 1917, der immerhin lange Jahre als Beamter in leitender Stellung gewirkt hatte, ist damit nicht vergleichbar[14].
Papens eigene Schilderung seines Umfalls ist ein bemerkenswertes Zeugnis der ganz auf persönlichen Geschmack zugerichteten Atmosphäre im Präsidentenpalais, die einen Tag zuvor Brüning zu Fall gebracht hatte[15]. Hindenburg empfing den Kandidaten „wie immer ... mit väterlicher Güte: ‚Nun, mein lieber Papen, werden Sie mir in dieser schwierigen Lage helfen?'" Auch in *dieser* Lage sprach Hindenburg nur von seinen eigenen Gefühlen, von seiner Abneigung gegen „diese Notverordnungen", gegen ein einseitiges Verbot der SA, gegen seine Wahl durch die Linke — „während die Rechte, meine eigenen Leute, diesen Gefreiten gegen mich aufgestellt haben": er wolle „endlich einmal" ein Kabinett von ihm persönlich bekannten Männern, die nicht von „Parteihändeln" abhängig seien. Und Papen sekundierte ihm mit seiner „innersten Überzeugung von der Notwendigkeit eines Kurswechsels"; er gehorchte, als Hindenburg über seinen Hinweis auf die Gegnerschaft des Zentrums hinwegging und, indem er seine Hände ergriff, an das „vaterländische Pflichtgefühl" einem „alten Manne" gegenüber appellierte, dem „beschwörenden" Wort: „Ich will endlich von den Parteien unabhängige Männer um mich sehen." Hindenburg war hier nicht der Reichspräsident, der den Kanzler suchte, sondern der Generalfeldmarschall, der sich selbst mit dem „Vaterland" identifizierte und dem jüngeren Offizier seinen Befehl auferlegte: „In Preußen kennen wir nur Gehorsam, wenn das Vaterland ruft!" Papens Reaktion paßte trefflich in dies Schauspiel, das den Staat mit einer Armee, politisches Leben

9 Wie sehr er Brüning schätzen gelernt hatte, zeigt sein noch vor dem Regierungswechsel verfaßter Artikel: Kuno Graf Westarp, „Die letzten hundert Meter vor dem Ziele", in: *Preußische Jahrbücher* 229 (1932), S. 195 ff.
10 Westarp, „Zu Brünings Rücktritt" (Anm. VI/59), S. 287. Auch Breitscheid erklärte im Anschluß an seine Audienz vor der Fraktion, „die Gespräche Hindenburgs mit den Parteiführern seien Komödie gewesen": Keil (Anm. I/3), II, S. 447.
11 Westarp, „Zu Brünings Rücktritt" (Anm. VI/59), S. 288. Nach Goebbels, *Kaiserhof* (Anm. V/13), S. 104 ff., hatte Hitler am selben 31. Mai eine Unterredung mit Papen, in der seine Forderungen noch auf gewissen Widerstand stießen. Am 1. Juni aber lagen die entsprechenden Zusicherungen schon vor.
12 So auch Hans Zehrer, „Der Entscheidung entgegen", in: *Die Tat* 24, Heft 3 (Juni 1932), S. 198 ff.
13 Papen (Anm. VI/35), S. 189 f.
14 Vgl. Eschenburg (Anm. VI/171), S. 159.
15 Papen (Anm. VI/35), S. 189 f. für die folgende Szene.

mit dem Schlachtfeld, Verantwortung mit Kasernengehorsam verwechselte: „Vor dieser Berufung auf Gehorsam und Loyalität strich ich die Segel. Gab es nicht höhere Interessen als Parteidisziplin? Ich schlug in die mir dargebotene Hand des Marschalls."
Eine einzigartige, für den Zustand der Republik ungemein bezeichnende Szene! Ihr entsprach Papens Abgang: Schleicher hatte als sein Betreuer im Nebenzimmer gewartet und war der erste Gratulant[16]. Die Reichswehrführung, Staat im Staat seit der Begründung der Republik, hatte die politischen Schlüsselstellungen unterwandert; sie glaubte die Republik zu ihrem Appendix degradiert zu haben und jetzt auch die plebiszitäre Kraft der politischen Massenbewegungen mit ihrem intakten Befehlsapparat zügeln zu können. Das war die „Lösung", für die in der politischen Sphäre Papen vorgeschoben wurde, und diese Illusion hatte letztlich Brüning zu Fall gebracht. Oben aber saß der Marschall, der eben noch mit den Stimmen der demokratischen Parteien wiedergewählt worden war, nun jedoch der letzten demokratischen Mehrheit der Weimarer Republik den Rücken kehrte und zu „seinen Leuten", die ihn nicht gewählt hatten, überging. Der erste Versuch, Brünings „Kabinett der Frontkämpfer", war nicht genug gewesen. Die Reichswehrführung desavouierte ihren eigenen Chef, weil er mit den Funktionen des Innenministers zivile Anliegen der Republik zu erfüllen und scheinbar interessenwidrige Maßnahmen zum Schutz der Demokratie zu ergreifen gesucht hatte. Im „Nebenzimmer" aber saß der General, der die neue Regierung zusammen mit Hindenburgs „Leuten" entworfen hatte. Eine Regierung, die „endlich" jene „unabhängigen Männer" mit guten militärischen, agrarischen und familiären — will sagen: adligen — Bindungen an die Spitze des Staates brachte, die nur deshalb keine „parteipolitische" Wahl verkörperten, weil sie ohnehin alle einer Richtung von betonter politischer Prägung angehörten und Hindenburg umstanden wie Offiziere ihren General. Eine bequeme Regierung sicherlich in den Augen Hindenburgs wie Schleichers, aber weder eine demokratische Vertretung der Bevölkerung noch eine Notregierung aus „unabhängigen Fachleuten".
Mit militärischer Schnelligkeit und Präzision präsentierte sich das von Schleicher inaugurierte Kabinett[17] einen Tag später der erstaunten oder bestürzten Öffentlichkeit. Entweder war dies eine höchst gefährliche Notlösung, die jeden Weg zurück zur demokratischen Republik erschweren mußte. Oder es war etwas Neues: der transdemokratische Übergang zu einem Experiment, das auf die „gemäßigte" Diktatur abzielte, um die nationalsozialistische Parteidiktatur auf halbem Wege abzufangen und die „Nationale Opposition" einem bürokratisch-feudalen Absolutismus monarchischen Angedenkens dienstbar zu machen. Von den revolutionären Schlacken gereinigt, so rechnete man, würde die „nationale Bewegung" ihre positiven Züge entfalten und dem Intermezzo von Weimar ein unblutiges Ende setzen, ohne doch die politische Machtverschiebung zum demagogischen Abenteuer Hitlers werden zu lassen.
In der Tat war eine neue Ära angebrochen[18]. Die Ministerliste zeigte mehr neue Namen als jede andere Kabinettsliste der Weimarer Republik. Sie sollte denn auch, als Zeichen einer Kontinuität der „nationalen Konzentration", im „Dritten Reich" nur an der Spitze wesentliche Veränderungen erfahren, wäh-

16 *Ebda.*
17 *Ebda.*, S. 192: „Schleicher hatte schon weitgehende personelle Sondierungen vorgenommen, und so bedurfte es meinerseits nurmehr der Billigung. . ."
18 Vgl. die anregende zeitgenössische Zusammenfassung der politischen Szene, die das Buch von Kurt Reibnitz (Anm. I/80) gibt (bes. S. 129 ff.). Als neuere Gesamtdarstellung ist zu nennen: Z. R. Dittrich, *Hitler's weg naar de macht, De Regering-Von Papen,* Utrecht 1951, S. 29 ff.

rend fünf von acht Mitgliedern des Papen-Kabinetts auch unter Hitler weiterdienten. Noch am Abend des 1. Juni wurde jener Frhr. v. Gayl, der sich so tatkräftig und erfolgreich für die Interessen der ostpreußischen Gutsbesitzer eingesetzt hatte, zum Minister des Innern ernannt: daß ihm dabei mehr die Umwälzung der Regierungsverhältnisse auch in Preußen als der Schutz der demokratischen Ordnung am Herzen lag, würde bald seine Gewaltaktion gegen die preußische Regierung erweisen[19]. Freiherr v. Neurath, den Hindenburg seit 1929 wiederholt aus der Londoner Botschaft in die Regierung zu „versetzen“ gesucht hatte, zog jetzt auf ausdrücklichen Wunsch Hindenburgs ins Außenministerium ein[20], nachdem der Versuch gescheitert war, Brünings außenpolitisches Prestige auch für die neue Regierung zu gewinnen oder ihn doch auf Neuraths Posten in London zu setzen[21]. Dietrichs Platz nahm, nicht ohne Mitwirkung Schachts[22], der bisherige Ministerialdirektor im Finanzministerium, Graf Schwerin v. Krosigk ein: auch er erst nach einem „Appell“ Hindenburgs[23]. Als Reichswehrminister trat zum ersten Mal General v. Schleicher aus dem Hintergrund heraus, um seine Pläne jetzt aktiv in „seinem“ Kabinett zu fördern. Ernährungsminister und Ostkommissar wurde der frühere Regierungspräsident Frhr. v. Braun, der als Generaldirektor der Raiffeisengenossenschaft kaum weniger interessenpolitisches Gesicht besaß und jedenfalls bequemer als Schlange-Schöningen und auch Schiele erschien[23a]. Das Justizministerium schließlich übernahm mit Gürtner der langjährige deutschnationale Justizminister Bayerns, der schon beim „Hitler-Prozeß“ 1923/24 eine zweifelhafte Rolle gespielt hatte, Post und Verkehr Papens Freund Frhr. v. Eltz-Rübenach, bisher Präsident der Reichsbahndirektion Karlsruhe. Ein einziger Name ist nicht neu: Warmbold wurde wieder Wirtschaftsminister, er hatte zeitig genug das Kabinett Brüning hinter sich gelassen und war nicht in seinen Sturz verwickelt worden. Es kennzeichnete das gewerkschaftsfeindliche Profil des neuen Kabinetts, daß Stegerwalds Platz nach dem Scheitern der Verhandlungen mit Goerdeler leer blieb und zunächst ausgerechnet von demselben Warmbold, einem Vertreter der Großindustrie also, verwaltet wurde[24]. In die unmittelbare Nähe Papens aber rückten mit Erwin Planck als Nachfolger

19 Es ist nach der heutigen Kenntnis der Querverbindungen Gayl–Oldenburg-Januschau–Hindenburg bezeichnend für die bewußte Verschleierungstaktik der Papen–Schleicher-Gruppe, wenn Gayl bei seiner Vorstellung im Reichsrat versicherte: „Ich war um so überraschter von diesem Ruf, als ich genau seit einem Jahr nicht mehr die Ehre und die Freude gehabt hatte, den Reichspräsidenten zu sehen und zu sprechen...“ (Schultheß, *1932*, S. 102). Ähnlich sind auch die wiederholten Dementis Schleichers hinsichtlich seiner Beteiligung am Sturz Brünings zu bewerten.

20 Gleichzeitig mit der Besprechung zwischen Hindenburg und Westarp (vgl. o. S. 287 f.) war Neurath zweimal vom Reichspräsidenten um die Übernahme des Außenministeriums gebeten worden. Nach den Aussagen in Nürnberg nahm Hindenburg ihm das Versprechen ab, im Notfall einzuspringen. Am 31. Mai 1932 telegraphierte dann Hindenburg selbst nach London und bewog Papen wie Neurath zu der Regelung vom 2. Juni. Vgl. das Telegramm und die entsprechenden Aussagen in: *Nürnberger Dokumente*, Bd. XL, S. 445–463. Ähnlich auch die zeitgenössischen Informationen des britischen Außenministeriums: *Documents on British Foreign Policy* (Anm. II/35), 2nd series, vol. III, S. 149 ff.

21 Vgl. auch *Nürnberger Dokumente*, Bd. XL, S. 464.

22 Vgl. Schacht, *76 Jahre* (Anm. I/9), S. 371.

23 In einem Affidavit vom 27. Juli 1946 erklärt Schwerin-Krosigk, daß sein Eintritt in das Kabinett Papen auf Druck Hindenburgs erfolgt sei: vgl. Lutz Graf Schwerin-Krosigk, *Es geschah in Deutschland, Menschenbilder und Zeitkräfte unseres Jahrhunderts*, Tübingen-Stuttgart 1951, S. 142 f. Auch Frhr. K. v. Zitzewitz-Muttrin bestätigt in einem Brief an O. H. v. d. Gablentz v. 4. August 1951, daß Schwerin-Krosigk noch zur Ablehnung entschlossen war, als er (mit Zitzewitz) zu Hindenburg fuhr: „Nachdem kam es ganz anders“, so sehr ihm Zitzewitz abgeraten habe.

23a Vgl. die bezeichnenden Umstände seiner Berufung (durch Vermittlung Kalckreuths): v. Braun (Anm. VI/139), S. 208 ff.; dort auch eine sehr positive Charakteristik des Kabinetts (S. 228 ff.).

24 Am 6. Juni übernahm dann der Präsident des Reichsversicherungsamts und ehemalige Direktor bei Krupp, Hugo Schäffer, das Arbeitsministerium.

Pünders[25], ab August mit Major Marcks[26] als Reichspressechef und ab September mit v. Carlowitz als preußischem Pressechef Vertrauensleute Schleichers. Entstehung und Gestalt der Regierung Papen, deren Mitglieder fast durchweg deutschnational profiliert waren, wenn sie jetzt auch ihre parteipolitischen Bindungen nach außen hin lösten, konnten von den demokratischen Parteien nur als eine brüske Provokation empfunden werden. Kein Vertreter des Mittelstands und der Arbeiterschaft gehörte ihr an: dies wies deutlich genug hinter die Republik zurück auf das adlig-bürokratische Regiment der wilhelminischen Zeit[27] und zugleich voraus auf die Ambitionen der wirtschaftlichen Machtgruppen. Während die Presse der Linken sogleich mit handfesten Argumenten gegen das „Kabinett der Barone", das „Kabinett der reaktionären Konzentration" aufwartete, war die Reaktion der Mittelparteien kaum weniger heftig. Die Staatspartei[28] lehnte mit aller Bestimmtheit ein Kabinett ab, das, gegen den Geist der Verfassung gebildet, nur die Weisungen der rechtsradikalen Parteien ausführen könne, ohne daß diese selbst an der Verantwortung formell beteiligt sein wollten. Auch die Christlich-Sozialen distanzierten sich merkbar und forderten wenigstens die formale Eingliederung der Nationalsozialisten in die Verantwortung. Und selbst die DNVP bestand auf der Feststellung, daß sie an der Bildung und Zielsetzung der neuen Reichsregierung unbeteiligt sei, ihr gegenüber also keinerlei Bindungen habe[29].

Vor allem antwortete das Zentrum, dessen Unterstützung doch für jeden ernstgemeinten Versuch einer Rechtskoalition oder auch nur einer Präsidialregierung mit „rechter" Tolerierung unentbehrlich war, schon am 1. Juni mit der Ankündigung des Ausschlusses aller an der neuen Regierung beteiligten Parteimitglieder[30]. Eine überaus scharfe Entschließung der Reichstagsfraktion

25 Pünder selbst hatte Planck, den damaligen aktiven Offizier, 1923 bei Seeckt kennengelernt und als Beamten in die Reichskanzlei geholt (Gespräch O. H. v. d. Gablentz' mit Pünder vom 1. Oktober 1951). Planck entschuldigte sich später schriftlich bei Brüning und fiel dann dem 20. Juli 1944 zum Opfer.

26 Vorher Leiter der Nachrichtenstelle des Reichswehrministeriums.

27 Noch heute kann Papen (Anm. VI/35, S. 193) seinen Stolz darüber nicht verhehlen: „Seit der kaiserlichen Zeit hatte keine Regierung so schnell gebildet werden können. So war denn dieser erste Eindruck offenbar nicht schlecht. Es war das Verdienst Schleichers."

28 Vgl. bes. die scharfe Kritik bei Gustav Stolper, „Bilanz", in: *Der deutsche Volkswirt* 6 (1932), II, S. 1211 f., sowie den Aufruf von Hermann Dietrich, *An die Freunde im Lande*, Berlin (Juni) 1932, S. 1: „Verfassungsmäßig nicht zuständige Kräfte haben die Regierung Brüning zu Fall gebracht und die Auflösung des Reichstags herbeigeführt. Gleichviel, ob die neue Regierung v. Papen die Macht in Deutschland kraft eigenen reaktionären Willens auszuüben gedenkt oder sie nach den Wahlen an die Nationalsozialisten abtreten will – sie ist in jedem Falle ein Werkzeug Hitlers und sie hat Gefahren für das deutsche Volk und Reich heraufbeschworen, die wir eben durch die Präsidentenwahlen gebannt glaubten. Ein Sieg des Nationalsozialismus, der seinem innersten Wesen nach unduldsam und unfähig ist, bedeutet Terror gegen Andersdenkende, Unterdrückung der politischen Freiheit, unübersehbare wirtschaftliche Experimente.
Die bisherige Regierung ist über ihre Absicht gefallen, die verschuldeten Güter des Ostens aufzuteilen und so die Grundlage des Bauerntums zu verbreitern... Aus den Vorarbeiten für die Befreiung von den Reparationen und aus den Aufgaben zur Bewältigung der Sorgen des nächsten Winters wurde das Kabinett herausgerissen und an seine Stelle auf einem verfassungsmäßig nicht einwandfreien Wege ein Kabinett von Angehörigen des Adels und des Militärs gesetzt, das schon in seinen ersten Anfängen zeigt, mit wie wenig Verständnis und Einfühlungsvermögen es die Politik betreibt. Die Spekulation, mit der katholischen Kandidatur v. Papen das Zentrum zu fesseln, erwies sich als verfehlt. Die Drohung mit einem Reichskommissar für Preußen hat alle süddeutschen Staaten geschlossen gegen die Reichsregierung aufgebracht. Die Kapitulation vor Hitler in der Frage der Aufhebung des SA-Verbotes erfüllt alle deutschen Länder, die sich für die Ruhe und Ordnung verantwortlich fühlen, mit schwersten Sorgen."

29 Dazu noch die Presseübersicht in: *Der Zeitspiegel* 1, Nr. 11 (9. Juni 1932), S. 162 ff.

30 Bezeichnend für die Richtung der Papenschen Apologetik ist die Geschichte seines Austritts aus dem Zentrum, den er einem jener Streiche des „Schicksals" zuschreibt, „die so häufig entscheidend in unsere Zukunft eingreifen". In der Indiskretion eines Unbekannten, der die Nachricht von Papens Ernennung sogleich telephonisch der unter Kaas tagenden Zentrumsfraktion zukommen ließ, erblickt Papen die Ursache für den „übereilten Bruch", ohne aber für sich selbst und für die Aussichten seines politischen Unternehmens irgendwelche Folgerungen abzuleiten. Er hält es noch heute für möglich, daß er durch eine persönliche Unterredung mit Kaas – hätte dieser nicht vorschnell seinen Umfall erfahren – den Bruch hätte vermeiden können, macht also auch in diesem Fall andere Leute für sein Scheitern verantwortlich

verurteilte ferner „das monatelang geübte System unkontrollierbarer Treibereien" bis zu Brünings Sturz, die „leichtfertigen Intrigen verfassungsmäßig unverantwortlicher Personen" im Augenblick außenpolitischer Erfolge sowie die Gefährdung innen- und außenpolitischer Kontinuität durch politische Experimente[31]. Die „nationale Konzentration" als der hilflose Versuch, eine negative „Nationale Opposition" durch Verwandlung des Begriffs ins Positive konservativ-restaurativen Zielen gefügig zu machen — sie stellte sich schon diesen Kritiken als eine verhängnisvolle Zwischenlösung dar, die nach Entstehung und Gestalt endgültig alle Brücken für eine Rückkehr zur parlamentarischen Regierungspraxis abgebrochen und doch die bisherige Opposition nicht zur verantwortlichen Mitarbeit gewonnen hatte.
Papens Abschiedsbrief an seine ehemalige Partei war voll der Versicherungen, daß ihm als Voraussetzung aller Bemühungen um die „Wiedergenesung der Nation die rücksichtslose [!] Geltendmachung der unveränderlichen Grundsätze unserer christlichen Weltanschauung" ebenso wie dem Zentrum am Herzen liege: er erstrebe darüber hinaus aber eine „Synthese aller wahrhaft nationalen Kräfte — aus welchem Lager auch immer sie kommen mögen — nicht als Parteimann, sondern als Deutscher"[32]. Dies war der Tenor des „Neuen Staates", dem nun, inmitten der überwältigenden Mißfallenskundgebungen einer teils tief beunruhigten, teils lebhaft enttäuschten Öffentlichkeit, ein kleiner Kreis pseudokonservativer Theoretiker in utopischem Bemühen jene geistige Fundierung und positive Autorität zu geben suchte, die ihm von allem Anfang an nach Anlage wie Gesicht gänzlich fehlten.

2. *Ideologie des „Neuen Staates"*

Die Theoretiker des „Neuen Staates" Papenschen Stils hatten sich im aristokratischen Berliner Herrenklub zusammengefunden. Dieser politischen Diskussions- und — vor allem! — Verbindungsstelle Heinrich v. Gleichens gehörten neben Papen selbst v. Braun und v. Gayl an, und auch Schleicher und Schwerin-Krosigk waren häufige Gäste[33]. Während aber Schleicher die Zähmung der NSDAP im Rahmen des bestehenden Machtgefüges erstrebte und dabei nur an taktische Akzentverschiebungen dachte, war der Kreis um Papen um eine Ausnützung solcher Maßnahmen zur grundsätzlichen „Reform", zur Schöpfung des autoritären Staates bemüht[34]. Man hatte dort zwei Jahre zuvor Brünings ersten Schritt zur aparlamentarischen Präsidialregierung begrüßt[35]. Man stellte sich nun, nachdem Brüning enttäuschenderweise an einer echten, von den demokratischen Parteien tolerierten Notverordnungsregierung festgehalten und auf alle weitergehenden Experimente ohne oder gegen das Par-

und verschweigt noch die Tatsache, daß seinem Austritt am 2. Juni die Ausschlußankündigung des Parteivorstandes vom 1. Juni vorangegangen war: Papen (Anm. VI/35), S. 190 f.

31 Abgedr. bei Georg Schreiber, *Brüning, Hitler, Schleicher, Das Zentrum in der Opposition*, Köln 1932, S. 22 f. Diese Schrift ist die wichtigste programmatische Begründung des neuen Zentrumskurses.

32 Abgedr. *ebda.*, S. 17 ff., mit der Antwort Kaas' vom 3. Juni 1932, der besonders die Einengung des Begriffs einer nationalen „Synthese" auf die alle Kräfte der Mitte und der Linken ausschließende Papen-Lösung scharf kritisiert.

33 Zum Herrenklub vgl. o. S. 314 f. sowie Reibnitz (Anm. I/80), S. 202 ff.

34 Vgl. Eschenburg (Anm. VI/171), S. 161. Eine eigene papenfeindliche Nuance entwickelten demgegenüber die nicht weniger verstiegenen Reformentwürfe des „Tat-Kreises". Programmatisch Hans Zehrer, „Der Umbau des Staates", in: *Die Tat*, Sonderdruck zu dem Septemberheft 1932, S. 433—476.

35 Zum ideologischen Ratgeber Papens rückte besonders (durch Vermittlung Humanns und Pechels) Edgar J. Jung (vgl. o. Anm. II/84) auf, der auch noch 1934 Papens berühmte Marburger Rede verfaßte, bevor er dem 30. Juni 1934 zum Opfer fiel und dabei von Papen im Stich gelassen wurde. Zu diesem Zusammenhang jetzt Rudolf Pechel, „Die Wahrheit in der Sackgasse", in: *Deutsche Rundschau* 78 (1952), S. 1232 ff.; ders., *Deutscher Widerstand* (Anm. IV/94), S. 75 ff.

lament verzichtet hatte, mit allen Einflußmöglichkeiten dem neuen Experiment zur Verfügung. Von ihm erwartete man eine durchgreifende „Reform" des Staates, die aus der parteienparlamentarischen Republik ein „überparteilich"-autoritäres, persönliches Regiment machen, an die Stelle des Prinzips demokratischer Gleichheit das Ideal einer „organisch" gestuften Ordnung setzen, statt einer parlamentarisch verantwortlichen Regierung einer autoritären Führung durch den „selbstverantwortlichen" Reichspräsidenten (natürlich Hindenburg) und der Regierung allein seines Vertrauens (natürlich eines rechtsgerichteten Kabinetts) die ganze Macht zusprechen würde. Der Gedanke der „Dritten Front", einer „autoritär fundierten Obrigkeit" jenseits von Parlamentarismus wie von totalitärer Diktatur[36] glaubte sich der Verwirklichung nahe.

Es waren Utopien von einer politischen Naivität, Verworrenheit, Leichtfertigkeit, die eine Betrachtung kaum verlohnten, hätten sie nicht ein weiteres Sprungbrett für die nationalsozialistischen Machtaspirationen bereitet. Denn den Bemühungen um eine „rechtsstaatliche" Diktatur gelang nicht etwa jene Zähmung der terroristischen Diktaturgelüste des Rechtsradikalismus, die Schleicher gleichzeitig vom Standpunkt der wehrpolitischen Reichsinteressen betrieb. Sie erleichterten nur dem Nationalsozialismus die Verschleierung seiner letzten Ziele und den Einbruch in die konservativen und nationalbürgerlichen Schichten, die durch das Mißlingen des Papenschen Experiments noch mehr verwirrt und dann von dem Schein einer konservativen Kontinuität auch im Kabinett Hitler zunächst gefesselt werden sollten. Hier liegt die historische Bedeutung des „Neuen Staates".

Dem Versuch, im Kabinett Papen nicht eine Übergangsregierung zur Diktatur oder ein exklusives Restaurationsexperiment, sondern das „Grundsätzlich Neue" zu erblicken, war vor allem eine im Herbst 1932 erscheinende Schrift des konservativen Publizisten Walter Schotte gewidmet[37]. Dieser ehemalige Herausgeber der *Preußischen Jahrbücher* und führende Mitarbeiter der Herrenklubzeitschrift *Der Ring* entwickelte hier ein Programm des „Neuen Staates", das durch Papens Vorwort legitimiert wurde; die offiziöse Orientierung der Schrift wird noch unterstrichen durch den Abdruck von Gesprächen mit jenen Politikern, deren Namen nach Papens Meinung ein „konservatives Programm überparteilicher Fachleute" repräsentierten[38]. Schon hier muß zwar betont werden, daß Schleicher dies Programm nie ernst nahm und sich dann im entscheidenden Augenblick unmißverständlich von ihm distanzierte[39]. Noch aber glaubte er sich Papens und seiner Ideologen bedienen zu können.

Ihre These: die Regierung Papen will sich nicht mehr einfach als Präsidialkabinett, sondern als „autoritäre Regierung", als „Regierung Hindenburg" begriffen wissen. Dadurch grenzt sie sich gegen die Ära Brüning, die „parteipolitisch noch nicht frei" war, als ein „Grundsätzlich Neues" ab. Sie verwirk-

36 Für den „Tat-Kreis" war dies die Essenz schon der Brüning-Ära. So Hans Zehrer, „Die dritte Front", in: *Die Tat* 24, Heft 2 (Mai 1932), S. 100: „die heutige Regierung . . . entspricht innerlich dem Charakter des Deutschen derartig, daß die bleibenden zukünftigen Züge einer autoritär fundierten Obrigkeit bereits heute in ihr überwiegen. Der Weg wird nicht zurückführen zum Stimmzettel, zu den alten Parteien und den alten Parlamenten. . . Er wird in dieser Richtung, in die Brüning gedrängt wurde, weiterführen. Deutschland befindet sich auf dem Wege zu einer nichtliberalen, autoritären Regierungsform, die sich abseits des Weges bildet, den bisher die westlichen und romanischen Prinzipien des Parlamentarismus oder der Diktatur bestimmt haben."

37 Walter Schotte, *Der neue Staat*, Berlin 1932. Das Buch ist in seinen ideologischen Teilen besonders an Moeller van den Bruck orientiert.

38 Papen (Anm. VI/35), S. 187.

39 Vgl. u. S. 578 ff.; dazu auch Eschenburg (Anm. VI/171), S. 161 ff. Zur Kritik der „neuen" obrigkeitsstaatlichen Ideologie besonders Samuel Saenger, „Autoritäre Staatsführung", in: *Die neue Rundschau* 43 (1932), S. 553 ff.

licht den „Gedanken der von den Parteien unabhängigen Regierung“, wenn sie ihn auch noch nicht gesichert hat. Sie kämpft darum „gegen die Parteien des alten Staats“, aber auch „gegen diesen Staat selbst ... für einen neuen Staat“. Sie besteht „allein durch die Staatsautorität“, handelt „aus der Verantwortung ihrer eigenen Gewalt (potestas) ...: Dieser neue Staat, der aus dem Willen von Handelnden wird, muß sich durch sich selbst erklären“ [40]. So wird Papens Aufruf erläutert, der den „Neuen Staat“ als „Widerspruch gegen den liberalistischen Staat des 19. Jahrhunderts“ schon 1914 aufbrechen, aber im Zusammenbruch von 1918/19, der „zunächst alle Möglichkeiten der Staatsbildung aus dem Staatswillen einer Generation von Frontkämpfern“ verschüttete, dann wieder „in die Romantik der Träume vom Dritten Reich“ flüchten sieht. Papens Absage an die Weimarer Republik verbindet sich mit der Verkündung eines „neuen Staatswillens“, der in einer „selbstverantwortlichen“ Regierung endlich seine Verwirklichung findet [41]. Zwar wird die Verfassung noch anerkannt, doch nur als Rahmen der „grundsätzlich neuen Richtung der Staatsführung“ [42].

Entkleidet man diese Ideologie ihres bombastischen Beiwerks, so bleibt Papens Absicht übrig, endlich jene Verfassungsreform zu verwirklichen, die man von der Wahl Hindenburgs 1925 schon erhofft hatte. Die Periode der Stabilisierung hatte die Chancen vermindert, jetzt aber schien die Gelegenheit gekommen, vielleicht die letzte: denn nur bei Lebzeiten Hindenburgs und im Zeichen der Krise hatte der Restaurationsplan Aussicht auf Erfolg [43]. Seinen Kern bildeten die politisch-verfassungsrechtlichen Grundzüge einer Staatsordnung, die sich in Anlehnung an Carl Schmitts Kritik der parteienparlamentarischen Demokratie die Überwindung der pluralistischen Interessenherrschaft durch einen „konstitutionellen [d. h. bis zur Wirkungslosigkeit eingeschränkten] Parlamentarismus“ [44] zum Ziel setzte. Die Forderung nach dem „präsidialautoritativen“ Staat [45] bedeutete einen — angesichts der Situation der Regierung Papen verständlichen — Angriff auf den Artikel 54 der Weimarer Verfassung, nach dem die Regierung des Vertrauens des Reichstags bedurfte und im Fall eines Mißtrauensvotums zurücktreten mußte. Sie bedeutete *in principio* einen Rückgriff auf den monarchischen Semi-Absolutismus: das der parlamentarischen Kontrolle nur noch beschränkt ausgesetzte Staatsoberhaupt sollte sich sein Kabinett aus eigener, „überparteilicher“ Einsicht wählen und die Regierung so von allen partiellen Interessenströmungen unabhängig machen.

Diese Konzeption, die im Munde des „Innenministers von Oberost“ [46] v. Gayl, des tatkräftigen Exponenten der ostpreußischen Gutsbesitzerinteressen, kaum an Wirklichkeitsgehalt gewann, ergänzte sich durch den Glauben, daß man endlich die vielgeschmähten Parteien selbst, den interessenpolitischen „Kuh-

40 Schotte (Anm. VII/37), S. 15–18.

41 *Ebda.*, Vorwort v. Papens, S. 5; vgl. Buchheit (Anm. VI/175), S. 77 ff.

42 So betonte Papen auch auf einer Festsitzung des Deutschen Landwirtschaftsrats in Berlin (11. Juni), „daß die Bildung der neuen Regierung wenig zu tun hat mit dem gewohnten, üblichen Wechsel parlamentarischer Kabinette, sondern daß es sich hier um die Dokumentierung einer grundsätzlich neuen Richtung der Staatsführung, selbstverständlich im Rahmen der Reichsverfassung, handelt“: Schultheß, *1932*, S. 105.

43 Vgl. auch Eschenburg (Anm. VI/171), S. 161.

44 Schotte (Anm. VII/37), Gespräch mit v. Gayl, S. 21.

45 *Ebda.*, S. 33.

46 So Fritz Hirschner, *Köpfe der Zeit*, Königsberg 1932, S. 51 ff., in Anspielung auf v. Gayls Wirken als Verwaltungschef beim AOK Oberost unter Hindenburg 1916/18. In dieser Sammlung von Porträts zeitgenössischer Politiker, Generäle und Wirtschaftler ist v. Gayls Wirken wohl unter die „Idee der nationalen Sammlung“ gestellt; aber „der getreue Eckart Ostpreußens“ hatte neben den Bindungen an seinen Generalfeldmarschall von damals inzwischen auch seine betonte interessenpolitische Gegnerschaft gegen die Brüningschen Siedlungsgedanken tatkräftig dokumentiert: vgl. o. S. 451 ff.

handel“ der Regierungsbildung ausgeschaltet habe, indem man erstmals in knapp zwei Tagen eine allein vom Reichspräsidenten und seinem Vertrauen in bestimmte Persönlichkeiten getragene Regierungsbildung erlebte. Dies war die Idee der Präsidialregierung neuen Stils: „... bei ihrer Auswahl ist an die Parteien überhaupt nicht gedacht worden“ [47]. So wenig dies der Wirklichkeit, den Verhandlungen mit der „Nationalen Opposition“ insbesondere, entsprechen mochte, so bezeichnend war es für die Tatsache, daß die Regierung Papen sich krampfhaft um eine ideologische Verschleierung ihres Übergangscharakters bemühte. Wenn ihre Theoretiker, denen „Papen Wortsprecher der Wiedergeburt des Reiches ist“ [48], mit bemerkenswertem Nachdruck betonten, daß „das Prinzip dieser Regierungsbildung von Anfang an ein anderes und dem des parlamentarisch-parteipolitischen Staates entgegengesetztes gewesen ist“ [49], waren sie sich des tatsächlichen Fortbestehens der Parteien wie der Bünde und Gewerkschaften als politischer Bewegungseinheiten durchaus bewußt [50]; sie hofften höchstens im Einklang mit der Schleicherschen Zähmungskonzeption auf eine Absorbierung der NSDAP als einer Bewegung des Nationalismus, „die nur durch den unnatürlichen Zwang unseres Wahlrechtes im Rahmen einer parteipolitisch-parlamentarischen Demokratie zur Partei entarten konnte“ [51]. Aber im „Neuen Staat“ sollten die Parteien „auf drei, allenfalls vier Kraftzentren“ beschränkt werden. Sie sollten nicht mehr direkt als Träger der Regierung fungieren, sondern kraft ihrer „Einsicht“ der Regierung, der „wahren Staatskunst der selbstrichterlichen Entscheidung“ (!) [52] Zeit und Raum geben.

So wenig freilich die Aufgabe solcher Parteien positiv formuliert wurde, so dürftig waren auch die tatsächlichen Ansatzpunkte für die proklamierte Lösung *zwischen* Demokratie und totalitärer Diktatur [53]. Da war die Rede von einer Änderung des Wahlrechts, obwohl man gleichzeitig die Gefahren eines Mehrheitswahlrechts im Hinblick auf die nationalsozialistische Massenbewegung durchaus sah: an die Stelle des Verhältniswahlrechts, in dem Schotte-Papen die Übertragung der Interessenzersplitterung auf die politische Ebene erblickten, sollte also im Zuge einer Verfassungsreform das relative Mehrheitswahlrecht in Einerwahlkreisen die Integration der Interessen, Gruppen und Klassen durch einen echten politischen Akt verbürgen [54]. Da wurde die föderalistisch-ständische Tradition des Reiches beschworen und daran anknüpfend die Frage der Staatsform mit der vorsichtigen Feststellung beantwortet, daß dies ein wichtiges weltanschauliches Anliegen, gegenwärtig aber noch nicht politisch diskutabel sei [55]. Erst wenn der „Neue Staat“ gesichert war, durfte man nach der von Papen autorisierten Auffassung Schritte zur Wiederherstellung der Monarchie tun: „Meine Freunde und ich — sagte mir der Kanzler — haben nie einen Hehl daraus gemacht, daß wir unserer inneren Überzeugung nach

47 Schotte (Anm. VII/37), S. 26.
48 *Ebda.*, S. 35.
49 *Ebda.* Vgl. die Rede Papens vom 11. Juni: Schultheß, *1932*, S. 105 f.
50 Schotte (Anm. VII/37), S. 135, Erklärungen Seldtes und Höltermanns.
51 *Ebda.*, S. 26 f.
52 Buchheit (Anm. VI/175), S. 63.
53 Bezeichnend dafür sind auch die verworrenen, freilich nicht in Papens Experiment einmündenden Ideen von Zehrer, „Die dritte Front“ (Anm. VII/36), S. 97 ff.
54 Schotte (Anm. VII/37), S. 57; vgl. Papen (Anm. VI/35), S. 183 f.
55 Vgl. das vorsichtige Interview Papens mit der *United Press* vom 29. Juli: „Wir haben andere Probleme zu lösen, die weit wichtiger sind, und die gesamte in Deutschland herrschende Stimmung schließt heute diese Frage von der Diskussion aus. Damit will ich aber nicht sagen, daß nicht jedermann das Recht auf seine eigene Ansicht habe. Ich z. B. bin mein ganzes Leben lang Monarchist gewesen. . . “ Nach Schultheß, *1932*, S. 133.

Monarchisten sind[56].“ Es sollte allerdings nicht übersehen werden, daß Papen mit dieser Stellungnahme weitergehende Gerüchte dementierte, die damals seine Maßnahmen gegen Preußen und sein Entgegenkommen gegenüber Bayern ausgelöst hatten. Von dem Bekenntnis zur Republik jedenfalls war diese Regierung aufs entschiedenste abgerückt[57].

So deutlich das Profil des „Neuen Staates“ nach den Seiten abgegrenzt erscheint, die der negativen Kritik verfielen, so ideologisch verschwommen waren dagegen die positiven Entwürfe gehalten. Die Reform des Staates und die „Loslösung der Führung von den Fesseln parteipolitischen Denkens und parteipolitischer Doktrinen“[58] war als allgemeines Leitbild vorangestellt, aber was darunter zu verstehen sei, trat nirgends in praktikabler Gestalt hervor. Stärkung der präsidialen Gewalt: aber „innere Verständigung“ mit den Parteien, die sich gleichzeitig eine Minderung ihres Einflusses auf die allein vom „Vertrauen“ des Präsidenten getragene Regierung gefallen lassen[59] und sich einer „neuen, einheitlichen Willensbildung der Nation“ unterordnen sollten[60].

Errichtung eines stabileren Zweikammersystems, wobei die erste Kammer „aus dem Berufungsprinzip abgeleitet werden soll“: aber die „technischen“ Einzelheiten dieser Institution, die nach dem Plan Gayls das Recht des parlamentarischen Mißtrauensvotums einschränken soll, wurden nicht erörtert[61].

Ausgleich der föderalistischen und der zentralistischen Tendenzen und Bedürfnisse Deutschlands in einem *„sacrum imperium“*, im mystisch gefaßten, aristokratischen Reichsgedanken[62]: aber die Stellungnahme zur Reichsreform blieb in Andeutungen stecken, die auf die Personalunion zwischen Reich und Preußen nach Bismarckschem Vorbild und auf eine Ablösung „formalistisch-mechanistisch“ organisierter parlamentarischer Länderregierungen durch ständisch getragene Selbstverwaltung, der kommunalen Demokratie durch das „Führerprinzip“ zielten[63].

Maßnahmen gegen den „Radikalismus des parlamentarischen Systems“: aber auf Bismarcks Gegengewicht — Fürsten und Städte — konnten auch die Theoretiker des „Neuen Staates“ nach dem Siegeszug der Massendemokratie nicht mehr zurückgreifen[64].

Wiedererrichtung eines „antiliberalen“, konservativ-aristokratischen Ständestaats[65], in dem eine herrschende Minderheit im Sinn des „Ausleseprinzips“ unbedingte Autorität beanspruchen darf: aber der Pluralismus der Interessen würde sich darin nur einen neuen Tummelplatz schaffen, und die Bestimmung und Abgrenzung der Stände in ihrer wachsenden Differenzierung und ihrem verschiedenen Gewicht bedeutete auch theoretisch ein kaum lösbares Problem[66].

Reform des Wahlrechts noch über die Einführung der Mehrheitswahl hinaus,

56 Schotte (Anm. VII/37), S. 37 f.

57 So betonte Gayl in seiner Festrede zur Verfassungsfeier der Republik am 11. August, daß die Weimarer Verfassung die Deutschen nicht einige, sondern trenne, diese Feier also nur zur stillen Einkehr auffordern könne. Die Verfassung bleibe wohl trotz allem der Ausgangspunkt, sei aber abänderungsbedürftig: Schultheß, *1932*, S. 139.

58 Rede Papens vor dem Deutschen Landwirtschaftsrat am 11. Juni: *edba.*, S. 105.

59 Schotte (Anm. VII/37), S. 45 ff.

60 Rede Papens am 11. Juni: Schultheß, *1932*, S. 106.

61 Schotte (Anm. VII/37), Erklärungen v. Gayls, S. 48 f.

62 Dazu die Belege bei Buchheit (Anm. VI/175), S. 110 ff.

63 Schotte (Anm. VII/37), Erklärungen v. Papens, S. 53 f.; vgl. S. 72 ff.

64 *Ebda.*, S. 54 f.

65 Buchheit (Anm. VI/175), S. 95 ff. Zur soziologischen Wechselbeziehung zwischen Ständeideologie und konservativem Denken Karl Mannheim, „Das konservative Denken“, in: *Archiv für Sozialwissenschaft und Sozialpolitik* 57 (1927), Hefte 1 und 2.

66 Schotte (Anm. VII/37), S. 55 f.

indem das direkte durch das indirekte, das allgemeine durch das begrenzte Wahlrecht ersetzt wird: aber seine Beschränkung „auf die politisch mündige Generation" und seine Differenzierung „nach dem Grade der politischen Leistung" schuf wohl „kleine organische Wahlkreise", weckte aber bittere Erinnerungen an das Pluralwahlrecht vordemokratischen Stils und verletzte zu schroff jenes Gerechtigkeitsgefühl, das nach Gayls Meinung „das Idol verführter Massen, die Demokratie in ihrer Herrlichkeit" war[67].

Leitgedanke blieb die Entmachtung des Parlamentarismus: in wichtigen Angelegenheiten durch die direkte Entscheidung des Plebiszits, in laufenden Geschäften aber vor allem durch eine zweite Kammer, die das Parlament kontrollieren, seinen die Regierungskontinuität bedrohenden „Exzessen" steuern und auch die Anwendung des Artikels 48, des bislang einzigen Korrektivs gegen das Versagen des Reichstags, überflüssig machen sollte[68]. Als Oberhaus oder Herrenhaus würde sie zwischen Volksvertretung und Regierung stehen, würde parlamentarische Rechte besitzen, ohne von Volkswahlen abhängig zu sein. Vielmehr sollte die lebenslängliche Berufung ihrer Mitglieder durch das Staatsoberhaupt Unabhängigkeit verbürgen und damit — nach Papens Erklärung — „die innere Unabhängigkeit der Regierung auf der einen und die moralische Stabilität des Parlamentarismus auf der andern Seite" sichern[69]. Auf der parlamentarischen Ebene stünden sich so zu ergänzender Tätigkeit „das Haus der Gewählten und das Haus der Berufenen" gegenüber[70]. Aber die „technische Frage" einer sachgerechten Durchführung solcher Pläne[71] wurde auch hier mit großer Geste beiseite geschoben.

Alle sonstigen, am Primat der Außenpolitik orientierten Programmpunkte — militärische und außenpolitische Gleichberechtigung, Revision der Ostgrenzen, die deutsche „Führermission" in Europa — entsprachen der deutschnationalen Programmatik[72]: aber die bewußte Abgrenzung gegen die nationalsozialistischen Herrschaftsansprüche blieb ebenso unscharf wie die Interpretation des konkreten politischen Gehalts der Führungsideologie, die den Aufbau des „Neuen Staates" bestimmen sollte.

Wichtiger für das Verständnis der interessenpolitischen Orientierung des „Neuen Staates" ist die Wirtschaftsideologie. Vor allem wurde in traditioneller konservativer Wendung gegen den Liberalismus der Vorrang des Staates vor der Wirtschaft proklamiert und betont, „daß der Staat das Schicksal der Wirtschaft bestimmt und bestimmen muß". Zwar setzte man der befürchteten Entwicklung über den „Staatskapitalismus zum Staatssozialismus" sogleich den Anspruch einer freien, kapitalistischen Privatwirtschaft entgegen, umging also die jungkonservative Forderung nach „nationaler Planwirtschaft"[73] und modifizierte damit zugleich, trotz allem Entgegenkommen gegenüber den Schutz-

67 Mit dieser zynischen Bemerkung wird als pseudodemokratischer Ersatz für das allgemeine Wahlrecht die Vertretung des Wahlrechts aller Unmündigen durch Vater oder Vormund oder Ehemann gefordert, die so ihr „höheres Maß von Interesse und damit zugleich Verantwortung" im Wahlakt wirksam werden lassen und der „Festigung der Familie" Ausdruck geben können: *ebda.*, S. 57–62, mit den Erklärungen v. Gayls; vgl. auch dessen Rede bei der Verfassungsfeier am 11. August: nach Schultheß, *1932*, S. 139 und u. S. 553; S. 576 f.

68 So Papen in der Rede vom 12. Oktober, wo die neue Instanz sogar als „erste Kammer" bezeichnet wird: Schultheß, *1932*, S. 179.

69 Schotte (Anm. VII/37), Erklärungen v. Papens, S. 68 ff.

70 *Ebda.*, S. 135.

71 Vgl. auch die zusammenfassende Darstellung der Reformgedanken durch den Papen-Ideologen Buchheit (Anm. VI/175), S. 45 ff.

72 Schotte (Anm. VII/37), Erklärungen v. Schleichers, S. 81 ff.; Erklärungen v. Neuraths, S. 86 f.

73 So etwa Ernst Wilhelm Eschmann, „Nationale Planwirtschaft: Grundzüge", in: *Die Tat* 24, Heft 3 (Juni 1932), S. 225 ff.

forderungen der Landwirtschaft, den Autarkiegedanken[74]. Der Weg „zurück zum Kapitalismus, zur Privatwirtschaft, zur freien Initiative des einzelnen“ über den Abbau des Wohlfahrtsstaates[75], der „staatlichen Bewirtschaftung des Lohnes im sozialistischen Sinne seit der Revolution“ sollte aber nicht zu einer Renaissance des Liberalismus, sondern zur „Verantwortung des einzelnen wie ... des Staates“ im konservativen Sinne führen, aus der „sich die Grenzen des freien Handelns von selbst ergeben“[76]. Auch hier verdeckten also vage ideologische Aussagen, die durch unbekümmerte Verkoppelung gegensätzlicher Begriffe das Problem zu lösen vorgaben, leichtfertig über alle Schwierigkeiten und Widersprüche hinwegturnten[77] und sich mit dem Schlagwort von der Bindung des einzelnen an die Gemeinschaft zufrieden gaben, den konkreten interessenpolitischen Zusammenhang. Sie lösten die konservative Idee in unbestimmte Proklamationen auf und verzichteten auf jede Präzisierung eines Prozesses, der sich — ganz im liberalen Sinne — eben „von selbst“ vollziehen sollte. Es ging doch um die Zerschlagung des Tarif- und Schlichtungswesens und, politisch gesehen, in erster Linie um jene Ausschaltung der SPD aus Regierungsbildung und Gesetzgebung, die dann Papen — im Einklang mit der industriellen und agrarischen Interessenpolitik — zum Staatsstreich in Preußen veranlaßte[78].

Im übrigen lebte die ganze Ideologie des „Neuen Staates“ von der Einsicht, daß der Tiefpunkt der Krise überwunden, die Klärung der Schuldverpflichtungen erheblich vorangeschritten sei und darum die Brüningsche Sparpolitik durch Maßnahmen zur Ankurbelung der Wirtschaft und Arbeitsbeschaffung, aber auch durch Abschaffung der „sozialistischen“ Arbeitslosenversicherung[79] aufgelockert werden könnte. Mit einem Appell an das „Vertrauen“ inaugurierte die Regierung dann im September 1932 einen „Zwölfmonateplan“[80], der nicht nur weitere Fortschritte des Staatssozialismus verhindern, sondern auch ihre politische Basis gegen die drohende Einparteidiktatur stabilisieren sollte. Denn nach Papen konnte dies nur „der autoritäre Staat, der Rechtsstaat, der Staat unserer großen geschichtlichen Tradition“, der Staat, der die Gesellschaft auf ihre „ständischen Grundlagen“ zurückführt und die „sogenannten Errungenschaften der Revolution“ beseitigt[81].

74 Schotte (Anm. VII/37), Erklärungen v. Papens, S. 94 ff.; Erklärung Luthers, S. 106 ff.; v. Brauns, S. 90 ff.; des Grafen Schwerin-Krosigk, S. 103 f., und die Gegenerklärungen der „Grünen Front" und des Grafen Kalckreuth, S. 102 ff. Vgl. auch die Rede v. Brauns vor dem Deutschen Landwirtschaftsrat am 11. Juni: Schultheß, *1932*, S. 106 f.; ebenso die Rede Papens vor dem Bayerischen Industriellen-Verband in München am 12. Oktober: *ebda.*, S. 176 f. Demgegenüber beharrte der Konservatismus des „Tat-Kreises" auf der Forderung nach strikter Autarkie: So Ferdinand Fried, „Der Übergang zur Autarkie", in: *Die Tat* 24, Heft 2 (Mai 1932), S. 120 ff.; ders., *Autarkie*, Jena 1932; vgl. auch die scharfe Polemik gegen Fried bei Wilhelm Röpke, „Autarkie – ein abgenutztes Schlagwort", in: *Der deutsche Volkswirt* 7 (1932/33), II, S. 437 ff.

75 So Papen in der erwähnten Rede vom 12. Oktober (Schultheß, *1932*, S. 178), wo er allerdings in geschickter psychologischer Wendung den Begriff des „Wohlfahrtsstaates" durch den des „Versorgungsstaates" ersetzt wissen will. Etwas deutlicher in der ideologisch aufgebauschten Schrift von Alfred Hugenberg, *Die soziale Frage in Deutschland*, Berlin 1932. Bezeichnend auch die scharfe Wendung gegen die bisherige Sozialpolitik, die „eine demoralisierende Unterstützung von Simulanten finanziert" (S. 7) – und diese Bemerkung im Augenblick der größten Not der arbeitslosen Massen!

76 Schotte (Anm. VII/37), S. 97; Rede Papens am 11. Juni: Schultheß, *1932*, S. 106.

77 Vgl. etwa auch Papen (Anm. VI/35), S. 237: „Es war ein Vorzug, daß wir eines der wesentlichsten Prinzipien der freien Wirtschaft wiederherzustellen suchten: Den Grundsatz der freien Lohnbemessung, neben der Sorge, daß die Arbeiterschaft dabei nicht geschädigt würde" (!).

78 Vgl. u. Kap. VIII; dazu Eschenburg (Anm. VI/171), S. 161 f.

79 Schotte (Anm. VII/37), S. 153 ff. Sehr optimistisch auch die Beurteilung des Papenschen Wirtschaftskurses im Kreise der expansionistischen Theoretiker um Grotkopp (Anm. I/12, S. 73 ff.), die hier geradezu einen „Umbruch" sehen.

80 Vgl. u. S. 547; dazu die Kritik von Ferdinand Fried, „Das Papen-Programm ist keine Tat", in: *Die Tat* 24, Heft 7 (Oktober 1932), S. 606 ff.

81 Schotte (Anm. VII/37), S. 110–124 mit den programmatischen Erklärungen v. Papens. Daß in dieser

Die Ideologie des „Neuen Staates" gipfelte schließlich in der Proklamation neuer Autoritätsverhältnisse. Dem nationalsozialistischen Führerbegriff wurde in bewußter Anknüpfung an die monarchische Ideologie eine „revolutionär-konservative"[82] Herrschaftskonzeption gegenübergestellt, nach der Hindenburg als der „Herrscher" des Staates Hitler als dem „Führer" einer partiellen Bewegung übergeordnet war. Darum sollte eine durchgreifende Verfassungsreform „eine machtvolle und überparteiliche Staatsgewalt schaffen, die nicht als Spielball von den politischen und gesellschaftlichen Kräften hin- und hergetrieben wird, sondern über ihnen unerschütterlich steht wie ein *rocher de bronce*"[83]. Diese Ordnung erfuhr ihre Legitimierung von den geistig-moralischen, nicht etwa von den verfassungsrechtlichen „Lebensbedingungen der Herrschaft". Sie durfte „niemals ausgehandelt werden" und nicht beschränkt sein, war „ihrem Wesen nach absolut, d. h. unabhängig, weil allein Gott verantwortlich": „Der Führer ‚wird', der Herrscher ‚ist'", ist „übernatürlich" gerechtfertigt[84] und „beruft" — jenseits des demokratischen Wahlverfahrens — die Mitglieder der zweiten Kammer. Denn das Werden des „Neuen Staates" war ganz aus der gottgesandten Gestalt Hindenburgs entwickelt[85].
Diese metaphysisch gefaßte Absage an den nationalsozialistischen Herrschaftsanspruch zugunsten einer „konservativen" Diktatur alldeutscher Prägung[86] war freilich ebenso abstrakt und literarisch gehalten wie alle positiven Konzepte der Papen-Ideologie. Sie erwies ihre politische Unverbindlichkeit und ihre logische Unklarheit dann in jener verhängnisvollen Koppelung zwischen Hindenburg-Mythus und Hitler-Führung, durch die — symptomatisch für den *De-facto*-Kniefall der Papen-Ideologie vor dem realistischen Machtkonzept des Nationalsozialismus — das „Dritte Reich" in den Sattel gehoben und mit den Insignien des Pseudokonservatismus oder des „revolutionären Konservativismus"[87] geschmückt und legitimiert wurde, bis es allein reiten konnte. Unter anderen Vorzeichen freilich, als es die Ideologen prophezeiten, ist der Durchbruch zum „Neuen Staat" dann mit der Gestalt Papens für immer verbunden worden: „Wir sind . . . sicher, daß er die Führung nur dann abgeben wird, wenn auch er sicher ist, daß — ohne ihn — der neue Staat wird. Mit einem Satz: daß

Restaurations-Ära auch das bekannte Bauhaus in Dessau geschlossen wurde, fällt freilich nicht Papen, sondern einer engherzigen Gemeindepolitik zur Last. Immerhin trägt dies reaktionäre Ereignis das Signum der allgemeinen Entliberalisierung. Für die Erhaltung der fortschrittlichen Kunstschule stimmte nur der Oberbürgermeister und – die KPD. Vgl. dazu auch Hans Pflug, „Der Fall Bauhaus", in: *Die Tat* 24, Heft 7 (Oktober 1932), S. 572 ff.

82 Buchheit (Anm. VI/175), S. 6.

83 Papen in der Rede vom 12. Oktober: Schultheß, *1932*, S. 178 f. (Auszeichnung i. Orig.).

84 Schotte (Anm. VII/37), S. 128–133. Dem entspricht auch, bei allen sonstigen Verschiedenheiten, der stark von Carl Schmitt beeinflußte präsidentielle Autoritätsbegriff des „Tat-Kreises". Vgl. bes. Hans Zehrer, „Revolution oder Restauration", in: *Die Tat* 24, Heft 5 (August 1932), S. 353 ff. Die Abgrenzung gegenüber Papen liegt jedoch in der Forderung nach einer „dynamischen" Regierung und in der Ablehnung einer monarchistisch-legitimistischen Restaurationspolitik begründet (S. 365 ff.): „Das Kabinett Papen . . . ist eine Repräsentation der alten Wirklichkeit. . . Es ist absolut notwendig, daß es nach dem 31. Juli verschwindet" (S. 391). Hier bahnt sich für einen publizistischen Hintermann des Generals schon der Schleicher-Plan vom Dezember 1932 an; vgl. u. Anm. X/83.

85 „Nur alle Jahrtausende kommt einmal der Heros, der Held: der große, der primitive, der einfache Mensch, der Mensch, der alle Abhängigkeiten abgestreift hat und doch gütig bleibt, verstehend, helfend; der zugleich harte und weiche Mann, der eherne Charakter, Träger unbedingter Verantwortung, letzter Treue im Werk, der Mann, an den das Volk glauben muß, ob es will oder nicht. Das ist Hindenburg" (Schotte, Anm. VII/37, S. 161). Der Versuch Waldemar Gurians („Totalitarian Religions", in: *The Review of Politics* 14 [1952], S. 4 ff.), die totalitäre Herrschaft auf Grund ihrer quasi-religiösen Exklusivität von den „gemäßigteren" autoritären Experimenten – zu denen Gurian auch Mussolinis Faschismus rechnet – prinzipiell abzugrenzen, findet in solchen ideologischen Ambitionen des Papen-Kreises seine Widerlegung.

86 Zu dieser Komponente Kruck (Anm. I/103), S. 178 ff.: auf die konkreten Diktaturvorschläge der Alldeutschen gingen freilich weder Papen noch Gayl ein; dem entsprach die alldeutsche Kritik (*ebda.*, S. 179).

87 Vgl. die Zusammenstellung entsprechender Papen-Äußerungen bei Buchheit (Anm. VI/175), S. 77 ff. („Revolutionärer Konservativismus").

ihm der Durchbruch in den neuen Staat bereits gelungen ist[88]." Die Abgrenzung gegen die Weimarer Republik gelang, nachdem die „Legitimität des status quo" zur Genugtuung der antirepublikanischen Theoretiker schon in der Brüning-Ära zerbrochen war[89]. Aber die Alternative einer von der nationalsozialistischen Diktatur scharf abgehobenen konservativ-ständischen Autoritätsdemokratie erwies sich als eine unbegründete Fiktion[90]. Es gab keine dritte Lösung zwischen Demokratie und Diktatur, und die Abwendung von Weimar bereitete nur der totalen Herrschaft der einzigen Partei den Weg.

3. Der Kurs der Vorleistungen

Die ersten Maßnahmen, mit denen diese — nach gespreizter Selbstbekundung — „erste Regierung grundsätzlichen Wandels aller staatlichen Verhältnisse"[91] an die Öffentlichkeit trat, bestätigten schon ihren gespaltenen, intermediären Charakter. Der forsche Ton aller offiziellen Verlautbarungen und die rasche, unbedenkliche Art des Vorgehens standen wohl in bewußtem Kontrast zu dem vorsichtigen Lavieren der Brüning-Regierung, konnten aber nicht über die tatsächliche Zwitterstellung hinwegtäuschen, in der sich dies Präsidialkabinett neuen Stils befand. So betonte zwar auch der frisch vereidigte Kanzler in seinen ersten Äußerungen vor der Presse seinen Willen zur Fortsetzung des Brüningschen Regierungskurses. Doch rechtfertigte er, bevor er schon in seiner ersten Notverordnung vom 14. Juni die Sozial- und Fürsorgeleistungen beträchtlich herabsetzte[92] und damit den Sturm aller Arbeitnehmerorganisationen heraufbeschwor, zugleich das neue Kabinett als Ausdruck der politischen Umschichtungen in Deutschland[93]. Damit aber konnte nur das gewaltige Anwachsen der NSDAP gemeint sein — einer Partei, die an diesem Kabinett weder beteiligt noch ihm durch mehr als vage Zusagen verbunden war, die sich vielmehr in ihrer parteioffiziellen Verlautbarung auf die scharfe Wiederholung ihrer Forderungen beschränkte[94]:

„Allen bisherigen Meldungen über den Inhalt der Unterredung unseres Führers Adolf Hitler mit dem Herrn Reichspräsidenten, die angeblich von ‚nationalsozialistischer Seite' kommen sollen, steht die NSDAP fern. Ihre grundsätzliche Auffassung über die Lage nach dem Sturz des Kabinetts Brüning ist bekannt und in der ‚Nationalsozialistischen Parteikorrespondenz' dahingehend zum Ausdruck gebracht worden, daß ein Kabinett des besonderen Vertrauens vorerst die Aufgabe zu lösen habe, den Reichstag nach Hause zu schicken, Neuwahlen auszuschreiben, die Organisations-, Propaganda- und Demonstrationsfreiheit für die bisher so maßlos unterdrückte nationalsozialistische Bewegung wiederherzustellen und durch den Appell an die Nation Übereinstimmung zu schaffen zwischen dem Willen des Volkes und seiner parlamentarischen Vertretung. Die Lösung einer solchen, ebenso notwendigen wie staatspolitisch bedeutsamen Aufgabe als Voraussetzung einer grundlegenden wirtschaftlichen und politischen Neugestaltung würde durchaus auf der Linie der großen Zielsetzung liegen, die die nationalsozialistische Freiheitsbewegung dem deutschen Volke gegeben hat und die sie auf dem schnellsten Wege durchzuführen entschlossen ist. Die Stellungnahme der Partei zum neuen Kabinett und seinen Maßnahmen wird zu gegebener Zeit erfolgen."

88 Schotte (Anm. VII/37), S. 159.

89 Mit diesem Ausdruck Carl Schmitts operiert auch Zehrers Polemik gegen die Weimarer Republik: „Revolution oder Restauration" (Anm. VII/84), S. 377 ff.

90 Diese Fiktion wurde besonders in der Schule Othmar Spanns gepflegt. Als ein Beispiel aus unserer Periode vgl. Walter Heinrich, „Ständische Ordnung und Diktatur", in: *Jahrbücher für Nationalökonomie und Statistik* 136, 3. F. 81 (1932), S. 868 ff.

91 Schotte (Anm. VII/37), S. 159.

92 *RGBl.*, *1932*, I, S. 273 ff.

93 Vgl. Schultheß, *1932*, S. 94 f.

94 *Völkischer Beobachter*, Nr. 155 v. 3. Juni 1932.

In der Tat beeilte sich Papen sogleich, die geforderten Vorleistungen an die „Nationale Opposition“ zu erbringen. Ohne Zweifel war dabei auch der Kronprinz, der nach seinem offenen Heraustreten aus der einst versprochenen Zurückhaltung sich seit der Reichspräsidentenwahl eindeutig für die NSDAP einsetzte, nicht unwesentlich beteiligt: die neue Regierung tat nichts, um seinen öffentlichen Eskapaden entgegenzutreten, sie steuerte im Gegenteil auf eine letztlich monarchische Lösung zu[95]. Am 3. Juni schon, drei Tage vor der festgesetzten nächsten Reichstagssitzung, beschloß das Kabinett, Hindenburg die Auflösung des Reichstags vorzuschlagen: dies geschah am nächsten Tag durch eine von Papen und Gayl gegengezeichnete Verordnung Hindenburgs mit der verfassungsrechtlich fragwürdigen Begründung, der Reichstag entspreche nach dem Ergebnis der letzten Landtagswahlen nicht mehr dem politischen Willen des deutschen Volkes[96]. Für die neue Regierung freilich traf dies noch weniger zu, und so war ihre Existenz von vornherein nur durch eine gänzliche Ausschaltung des Parlaments zu sichern. Was Brüning zwei Jahre zuvor versucht, dann aber zugunsten einer indirekten Zusammenarbeit mit der Reichstagsmehrheit aufgegeben hatte, das war nun als letzte Konsequenz eines „überparteilichen“, nur noch auf Reichspräsidenten und Reichswehr gestützten Präsidialkabinetts übriggeblieben: die Kontrollmöglichkeiten des Reichstags ganz abzubauen und allein mit autokratischer und bürokratischer Selbstlegitimierung, mit einem Appell an „Einsicht und Vertrauen“ zu regieren. Daß allerdings die Parteien der Linken und der Mitte sich damit nicht abfinden würden und überdies die NSDAP die Reichstagsauflösung aus ganz anderen Gründen forderte, war unverkennbar. Der „Legalitätskurs“ wies die NSDAP mehr denn je auf das Mittel der parlamentarischen Obstruktion hin. Zertrümmerung des Systems durch ein Inferno von Wahlen[97]: so konnte das Gewicht der Partei innenpolitisch am fühlbarsten zur Wirkung gebracht und jener Weg zur Macht gebahnt werden, den vorläufig noch immer Reichspräsident und Reichswehr durch eine Regierung von eigenen Gnaden verstellten.
So trafen auch in der Reichstagsauflösung vom 4. Juni, wie schon bei den vorangegangenen Fühlungnahmen zwischen präsidialen Zähmungsbestrebungen und nationalsozialistischen Machtansprüchen, zwei verschiedene Motiv- und Intentionsströme zusammen. Das Ergebnis dieses „Kniefalls der Staatsautorität vor der kommenden neuen Macht“[98] war der Untergang des letzten mehrheitsfähigen republikanischen Reichstags, nicht aber die von Papen erhoffte Beseitigung der parlamentarischen Hindernisse für eine eigenmächtige Präsidialregierung oder die von Schleicher geplante kontrollierte Mitregierung einer gezähmten NSDAP[99]. Auch Hugenbergs Hoffnungen, die zwischen der Forde-

95 Dazu jetzt auch Herre (Anm. III/135), S. 210 ff.: danach nahm der Kronprinz jetzt an NS-Veranstaltungen teil, empfing Parteiführer bei sich und beteiligte sich sogar am NSKK. Auch die Kronprinzessin zeigte solche Neigungen und machte ihren Einfluß auf Schleicher entsprechend geltend. Zur monarchischen Grundkonzeption der neuen Regierung o. S. 474 f. und Papen (Anm. VI/35), S. 277.

96 *RGBl., 1932*, I, S. 255. Die Kritik richtete sich vor allem gegen den subjektiven Charakter der Begründung für die Auflösung, die nicht etwa nach der Ablehnung einer Regierungsvorlage, sondern in der Erwartung auf neue Mehrheitsverhältnisse erfolgte und überdies lediglich dem Reichstagspräsidenten schriftlich mitgeteilt, nicht aber vor dem Plenum bekanntgemacht wurde. Vgl. etwa *Kölnische Volkszeitung* v. 8. Juni 1932 und *Germania* v. 11. Juni 1932.

97 Vgl. Goebbels, *Kaiserhof* (Anm. V/13), zum 30. Mai (S. 104): „Von Papen ist als Reichskanzler vorgesehen. Aber das interessiert uns nicht so. Wählen, wählen! Heran ans Volk. . .“ Die vom Papenschen Standpunkt aus verständliche späte Ansetzung der Reichstagswahlen (31. Juli) war deshalb auch nicht nach dem Geschmack der NSDAP (*ebda.*, S. 108).

98 So Stampfer (Anm. I/4), S. 628.

99 Papen (Anm. VI/35), S. 194 f.: „Mir gegenüber hatte Schleicher die Abmachung so dargestellt, als ob der vorläufigen Tolerierung nach der Wahl eine Beteiligung der NSDAP an der Regierung bestimmt folgen werde. Erreichen wir dieses Ziel, dann wäre die Auflösung nicht umsonst gewesen.“

rung nach einem völlig „unabhängig"-autoritär gestalteten Präsidialkabinett und der Erwägung einer Koalitionsregierung mit Hitler schwankten[100], zerschlugen sich abermals. Allein der nationalsozialistische Kontrahent des Auflösungsgeschäfts spekulierte erneut mit beträchtlichem Gewinn und konnte den erhofften Sprung vorwärts auf dem „legalen" Wege zur Macht tun, indem sein augenblickliches quantitatives und psychologisches Gewicht ausgerechnet im Zeitpunkt seiner größten Entfaltung auch vollen parlamentarischen Ausdruck gewann.

Die Regierungserklärung[101], die Papen als erster Kanzler der Republik über den Kopf des aufgelösten Reichstags hinweg der Öffentlichkeit vorlegte, stand freilich noch ganz im Zeichen der Papenschen Kalkulationen. Sie gipfelte in Anklagen gegen die „Mißwirtschaft der Parlamentsdemokratie" und berief sich auf die negative Bilanz der vorangegangenen Regierungen, die „keine der notwendigen grundlegenden Reformen" verwirklicht, durch „steigenden Sozialismus" die Krise verschärft und „die moralischen Kräfte der Nation verbraucht" habe. Die Neuwahl zum Reichstag aber rechtfertigte sie auf ihre Weise mit dem Bestreben zur „Herbeiführung der innerpolitischen Klarheit". Es verdeutlichte die innere Verworrenheit des Papen-Experiments, wenn diese Regierung von einer Wahl, die doch zwischen den Parteien ausgefochten werden mußte, eine klare und eindeutige Entscheidung erwartete[102], gleichzeitig aber betonte, daß sie „unabhängig von den Parteien den Kampf ... für die Wiedergeburt des neuen Deutschland führen" wolle. Verstärkte Proteste Brünings, seines gestürzten Kabinetts[103], seiner Partei, der christlichen Gewerkschaften sowie des Führers der BVP, Fritz Schäffer — der auch vor Hindenburg nicht haltmachte —, zogen jetzt den endgültigen Trennungsstrich zwischen Papen und jener politischen Gruppe, die den Rückhalt aller Regierungen der Weimarer Republik gebildet hatte. Auch darin war ein entscheidender Einschnitt erreicht, obwohl natürlich im Zentrum selbst die strikte Oppositionsparole der Führung Kaas-Brüning keineswegs unangefochten blieb[104].

Tags darauf errang die NSDAP einen neuen Sieg: bei den Landtagswahlen von Mecklenburg-Schwerin fiel ihr die absolute Mehrheit aller Mandate zu[105]. Wahlsiege in anderen Ländern folgten, während der NS-Führung jetzt auch der Rundfunk für ihre Propaganda geöffnet wurde[106]. Gleichzeitig kündigte der neue Innenminister v. Gayl die Neufassung sämtlicher Bestimmungen über die Aufrechterhaltung von Ruhe und Ordnung an. Mit der Begründung, daß

100 So ausdrücklich in seinem Sinne: *Hugenbergs Ringen* (Anm. I/6), I, S. 16. Das Dilemma, in das die DNVP angesichts der wachsenden nationalsozialistischen Gegenpropaganda geriet, wird auch in Hugenbergs Kritik an dem NS-Radikalismus sichtbar: Rede v. 26. Juni 1932 auf der Führertagung der DNVP in Berlin (*ebda.*, S. 61).

101 Schultheß, *1932*, S. 98 f.; *Der Zeitspiegel* 1, Nr. 11 (9. Juni 1932), S. 166 f. mit dem Presseecho.

102 Noch heute verteidigt Papen (Anm. VI/35, S. 194) diese seltsame politische Logik mit der Berufung auf die „einmütige Auffassung" des Kabinetts, „auch ohne das Versprechen an Hitler sei es notwendig, das Parlament aufzulösen, um vom deutschen Volke ein Mandat für die von uns geführte neue Politik zu erhalten".

103 Vgl. auch den o. Anm. VII/28 zitierten Aufruf Hermann Dietrichs.

104 Dazu ist ein Brief interessant, in dem Kurt Frhr. v. Lersner am 7. Juli 1932 Schleicher von gewissen Möglichkeiten zur Gewinnung oppositioneller Zentrumskreise berichtet (*Schleicher-Nachlaß*, S. 88): „Gestern aß ich in Köln mit Oberbürgermeister Adenauer. Er sagte vertraulich: ‚Wir glauben nicht, daß Kaas Zentrumsvorsitzender bleibt. Er hat sich persönlich zu sehr mit der Reichsregierung festgezogen. Aus allem, was er sagte, ging der Wunsch hervor, das Zentrum möge sich mit der Regierung vertragen. Adenauer behauptete, immer ein Gegner Brünings gewesen zu sein. —
Adenauer hat den dringenden Wunsch, Sie kennen zu lernen. Ich versprach ihm, das gelegentlich zu vermitteln bei einem Essen bei mir. . ." Der Brief trägt in Schleichers Hand die Notiz: „ja".

105 Goebbels hatte freilich noch mehr erwartet und erblickte in dem Ereignis einen „gewissen Rückschlag auf Grund der Tolerierungspolitik gegenüber Papen": *Kaiserhof* (Anm. V/13), S. 107.

106 Dies wurde am 14. Juni durch eine Rede Gregor Strassers über „Die Staatsidee des Nationalsozialismus" eröffnet (abgedr. in: *Kampf um Deutschland*, Anm. II/105, S. 378 ff.).

die ungerechte Behandlung der „nationalen Bewegung" beseitigt werden müsse, wurde jetzt sogleich die zweite Vorleistung, die Aufhebung des SA-Verbots, vorbereitet[107]. Schon am 30. Mai hatte der Oberreichsanwalt das Landesverratsverfahren gegen die SA eingestellt. Am 16. Juni fiel dann nach einigem Hin und Her und ständigen Interventionen Hitlers, Goebbels' und Görings bei Schleicher und Gayl[108] durch präsidiale Verordnung[109] auch offiziell das SA-Verbot, dem Papen so wesentlich seine Kanzlerschaft verdankte. Seine weitere Durchführung hatte ohnehin den organisatorischen Zusammenhalt der NSDAP wohl behindert, aber nicht wesentlich beeinträchtigt[110]. In seinem Begleitschreiben an Gayl rechtfertigte Hindenburg die Milderung oder Aufhebung der bisherigen politischen Einschränkungen mit der Erwartung, daß der politische Meinungskampf sich künftig in ruhigeren Formen und ohne Gewalttätigkeiten abspielen werde[111]. Sofort ordnete Hitler die Wiederaufstellung der SA durch Röhm und der SS durch Himmler an, sofort auch traten die militanten Verbände der anderen politischen Richtungen wieder in Aktion.

So wenig die gleichzeitig anlaufende Kampagne für die auf den 31. Juli angesetzte Reichstagswahl[112] von Hindenburgs Ermahnungen zur Mäßigung berührt wurde, so wenig dachte auch Hitler daran, endlich seine „Verpflichtungen" zur entschiedenen Tolerierung der Papen-Regierung einzulösen. Es ist freilich nicht festzustellen, ob und in welcher Form die Verhandlungen zwischen Schleicher und Hitler verbindlich fixiert wurden, die schon vor der Ernennung Papens im wesentlichen abgeschlossen waren. Schleicher glaubte nach Brünings Bericht an ein feierliches Versprechen Hitlers, der dies ebenso entschieden dementierte[113]. Sicher scheint, daß sich Schleicher noch in den ersten Junitagen um eine schriftliche Zusicherung Hitlers bemühte[114]. Doch die nationalsozialistische Taktik blieb auch nach allen Vorleistungen: „Wir müssen ohne Verantwortung in die Wahl gehen[115]." Das Kabinett Papen hatte vom nationalsozialistischen Standpunkt nur die eine Aufgabe zu erfüllen, „daß aufgelöst und gewählt wird"[116], und die vorherrschende Meinung war schon jetzt, daß man sich „von dem bürgerlichen Übergangskabinett so schnell wie möglich absentieren" müsse, ohne daß freilich Klarheit über die Art der „Machtergreifung" bestand. Unter solchen Umständen konnte auch Papens angeblich erstes Treffen mit Hitler, das am 9. Juni im Haus des Schleicherschen Mittelsmanns Werner v. Alvensleben stattfand, keine konkreten Ergebnisse zeitigen[117]. Hitler ging über vage Verbindlichkeiten nicht hinaus und verschob die Frage der Regierungsbeteiligung auf einen Zeitpunkt nach der Reichstagswahl. Auch Gregor Strasser als Exponent eines „gemäßigten" Flügels, mit dem Papen offenbar ins Gespräch zu kommen trachtete, blieb durchaus auf dieser

107 Schultheß, *1932*, S. 99.

108 Besonders noch am 13. und 14. Juni: Goebbels, *Kaiserhof* (Anm. V/13), S. 190 f.

109 *RGBl.*, *1932*, I, S. 302. Die vorbereitete Verordnung des Reichspräsidenten gegen politische Ausschreitungen (*ebda.*, S. 279 ff.; S. 306 ff.) ist datiert vom 14. Juni. Am selben Tag hatte auch Goebbels eine Unterredung mit Schleicher, der angeblich recht unsicher auf die kategorischen Forderungen reagierte (*Kaiserhof*, Anm. V/13, S. 40). Vgl. die Pressestimmen in: *Der Zeitspiegel* 1, Nr. 12 (23. Juni 1932), S. 180 ff.

110 So Goebbels, *ebda.*, S. 85; S. 87: „Die SA besteht in der Organisation selbstverständlich weiter. . ."

111 Schultheß, *1932*, S. 111.

112 *RGBl.*, *1932*, I, S. 257.

113 Brüning, „Brief" (Anm. I/9), S. 13: Brüning selbst neigt „zu der Auffassung, daß keiner von beiden diesen Pakt für bindend angesehen hat".

114 Vgl. auch Holtzendorff in: Conze (Anm. IV/38), S. 270.

115 Goebbels, *Kaiserhof* (Anm. V/13), S. 105.

116 *Ebda.* Dort auch Notizen über weitere Unterredungen Hitlers mit Schleicher (S. 106 f.).

117 Papen (Anm. VI/35), S. 195, schildert diese Unterredung nicht nur als sein erstes Treffen mit Hitler; er beteuert sogar, ihn vorher nie gesehen zu haben. Wie dies mit Goebbels' Notiz zusammenstimmt, nach der Hitler schon am 31. Mai Papen gesprochen habe, muß dahingestellt bleiben (*Kaiserhof*, Anm. V/13, S. 104).

Linie, wenn er einem Mittelsmann erklärte, die NSDAP könne sich nicht „im Wahlkampf durch die Schwäche oder Halbheit dieser Regierung kompromittieren lassen“; seine Zwischenstellung wird allerdings darin sichtbar, daß er von der Wahl keine Rechtsmehrheit erwartete und „spätestens im Herbst“ mit einer nationalsozialistischen Regierungsbeteiligung rechnete[118]. So verstärkte sich schon in diesen Tagen der Eindruck eines *Machtvakuums*, über das auch Reichspräsident und Reichswehr nur eine unzureichende Kontrolle besaßen, während nicht nur die demokratischen Parteien, sondern auch die NSDAP[119] wie gelähmt dem Lavieren einer Übergangsregierung gegenüberstanden, von deren Ende die einen die Rettung der Demokratie, die anderen die endgültige Chance zur Errichtung der Diktatur erhofften.

Auch im Bereich der Regierung nahm der politische Bewegungsraum rasch ab. Selbst Schleichers rastlose Bemühungen zeitigten in diesen Wochen keine konkreten Ergebnisse mehr[120]. Die Aufhebung des SA-Verbots brachte die jetzt schon zunehmenden nationalsozialistischen Angriffe auf das Papen-Kabinett, besonders auf Gayl, nicht mehr zum Schweigen. Auf der anderen Seite führte jene Maßnahme sogleich zu entschiedenen Gegenmaßnahmen einiger, vor allem süddeutscher Länderregierungen, die, nachdem sie sich schon durch ihre Ministerpräsidenten am 12. Juni bei Hindenburg gegen die Papen-Pläne ausgesprochen hatten[121], sofort für ihren Bereich die Beibehaltung des Uniformverbots proklamierten — eine Maßnahme, die das Reichsinnenministerium zunächst trotz wütendem nationalsozialistischem Protest anerkennen mußte. Auch eine Konferenz der Innenminister der Länder unter Vorsitz Gayls am 22. Juni führte nicht darüber hinaus[122]. Und nach einer vom amtierenden preußischen Ministerpräsidenten einberufenen Länderkonferenz am 27. Juni stellte das amtliche preußische Kommuniqué eine „erfreuliche Übereinstimmung“ in der Frage der Uniformverbote innerhalb der Länder fest[123]. Darauf wiederum antwortete das Papen-Kabinett am 28. Juni mit zwei Verordnungen[124], die alle Sondermaßnahmen der Länder aufhoben, die allgemeine Zulassung von Uniformen und öffentlichen Demonstrationen verfügten und der Polizeihoheit der Länder nur noch „Maßnahmen zur Sicherung von Ruhe und Ordnung im Ein-

118 So der Brief von Hans Humann [Fregattenkapitän a. D., enger persönlicher Freund Papens („mein lieber Franz!“), der auch bei seinem Entschluß zur Reichskanzlerschaft mitgewirkt hatte: Papen, Anm. VI/35, S. 185 f.] v. 24. Juni 1932 (*Schleicher-Nachlaß*, S. 62 f.): „Gestern abend hatte ich Gelegenheit, Gregor Strasser zu hören. Und zwar in einem privaten Kreis von wenigen Herren. Strasser äußerte sich sehr kühl und skeptisch zu der neuen Regierung. Er versteht nicht, daß Frhr. von Gayl sich vom ‚Vorwärts' beschimpfen läßt (ich verstehe das auch nicht); er versteht nicht, daß die Regierung Papen nicht Gebrauch macht von den Machtmitteln, die ihr die Regierung Brüning in Gestalt von verschiedenen Verordnungen doch hinterlassen hat; er fürchtet, daß dies als Schwäche ausgelegt werden würde, und erklärt: Wir müssen es uns überlegen, ob wir nicht einen sehr deutlichen Strich machen; denn wir können doch nicht unsere Bewegung im Wahlkampf durch die Schwäche oder Halbheit dieser Regierung kompromittieren lassen. Verpflichtungen gegenüber der Regierung Papen als solche bestünden nicht. Herr von Schleicher habe das Vertrauen Hitlers; das hieße aber doch nicht, daß das ganze Kabinett Papen von den Nationalsozialisten unterstützt werden müsse. Das könne man von ihnen nicht verlangen, wenn nicht anders regiert werde als bisher.
Strasser rechnet nicht mit einer Rechtsmehrheit nach dem 31. Juli. Er scheint aber mit dem Eintritt der Nazis in die Reichsregierung, wenn nicht geradezu mit der Übernahme der Reichsregierung durch die Nazis, spätestens im Herbst zu rechnen.“

119 Bezeichnend dafür ist Goebbels' Mißbehagen über die fast täglichen Fühlungnahmen zwischen Hitler und Schleicher bzw. Papen und seine Befürchtungen, die NSDAP könne ihrerseits getäuscht und eingespannt werden. Zum 9. Juni: „Es machen sich vielfach Zweifel gegen den Schleicherkurs geltend.“ Aber: „Es blieb uns nichts anderes übrig, wenn wir Brüning zum Sturz bringen wollten“ (*Kaiserhof*, Anm. V/13, S. 108 f.).

120 Stampfer (Anm. I/4), S. 622, berichtet von Fühlungnahmen Schleichers mit der SPD auch in dieser Zeit.

121 Horkenbach, *1932*, S. 182 f. Vgl. bes. den Bericht über die Besprechungen bei Miller (Anm. I/40), S. 415 ff., und u. S. 505; zu Bayerns Haltung Schwend (Anm. V/40), S. 436 ff.

122 Vgl. Poetzsch-Heffter (Anm. I/128), S. 49.

123 Schultheß, *1932*, S. 111; S. 113.

124 *RGBl.*, *1932*, I, S. 339 f. Einzelnes bei Schwend (Anm. V/40), S. 441 ff.

zelfalle" zugestanden. Aus Gayls Begründung ging hervor, daß dennoch „einige Länder", besonders Süddeutschlands, trotz allen Verhandlungen auf Reichsebene an ihren allgemeinen Verboten festgehalten hatten und deshalb auf Gayls Vorschlag Hindenburg selbst eingriff[125].

Auch jetzt noch, nachdem der Wahlkampf mit dem Wiederaufleben der militanten Organisationen schon zu bürgerkriegsmäßigen Auseinandersetzungen auf der Straße geführt[126] und die Verhandlungen mit Hitler kein Ergebnis gebracht hatten, hielt man mit altem Optimismus am Zähmungskonzept fest. Man gab dem besorgten britischen Botschafter zu erkennen, daß jenes zeitbedingte Wiederaufleben des Nationalsozialismus von den richtigen Leuten unschwer kontrolliert und ausgenützt werden könne[127]. Auch versicherte die Regierung leichthin, daß lediglich „in der Übergangszeit hier und da Schwierigkeiten eintreten würden, bis die Öffentlichkeit sich an die veränderten Verhältnisse gewöhnt hat"[128]. Proteste, die auch der SPD-Parteivorstand bei dem inzwischen wieder in Neudeck weilenden Reichspräsidenten erhob, beantwortete Gayl mit dem zynischen Hinweis auf die Verantwortlichkeit derselben Länderregierungen, denen er doch eben alle wirksamen Kompetenzen entzogen hatte[129]. Aber nach neuen blutigen Zusammenstößen zwischen NSDAP und KPD, besonders am 17. Juli in Altona, mußte Gayl schon am 18. Juli zugeben, daß sich die Hoffnungen nicht erfüllt hätten, und daher ein Demonstrationsverbot für das gesamte Reichsgebiet erlassen[130].

So, zwischen Erlaß und Aufhebung hin- und hergerissen, verbrauchte die Regierung ihr schmales Prestige weiterhin im illusionistischen Bemühen um die Patentlösung einer „nationalen Konzentration", von der der nationalsozialistische Hauptkontrahent längst wieder in seine eigensten Interessensphären abgerückt war. Für ihn gab es jetzt nur noch die fieberhafte Versammlungskampagne, mit der sein riesiger Propagandaapparat erneut über alle Städte und Dörfer herfiel. Für Goebbels' Eitelkeit war es nach den triumphierenden Aufzeichnungen „eine phantastische Masse"[131] — politisch verwirrte, verzweifelte Menschen waren es. Denn die Arbeitslosigkeit umfaßte Ende Juni mit fünfeinhalb Millionen fast 25 % Personen mehr als ein Jahr zuvor. Die Erbitterung über die einschneidenden Unterstützungskürzungen richtete sich mit allem Nachdruck gegen die Regierung, deren schwache Bemühungen um einen schon unter Brüning inaugurierten freiwilligen Arbeitsdienst[132] keine Abhilfe versprachen und die gleichzeitig das Vertrauen keiner einzigen Partei besaß. Auf der anderen Seite polemisierten die agrarischen Interessengruppen gegen die unzureichenden landwirtschaftlichen Schutzmaßnahmen, der Reichsver-

125 In der Tat wurde von verschiedenen Seiten eine gemeinsame Opposition der süddeutschen Länder gegen den Papen-Kurs überhaupt erwogen, wobei sogar der Gedanke einer süddeutschen Monarchie unter Kronprinz Rupprecht aufgetaucht war: dazu jetzt auch Kurt Sendtner, *Rupprecht von Wittelsbach, Kronprinz von Bayern*, München 1954, S. 547 ff. (mit den Aussagen Beteiligter). Selbst einige SPD-Abgeordnete scheinen damit sympathisiert zu haben. So Wilhelm Högner in einem Gespräch mit Keil noch vor dem 4. Juni: Keil (Anm. I/3), II, S. 448. Vgl. auch Schwend (Anm. V/40), S. 516 ff.

126 Diese blutigen Wochen forderten allein in Preußen 99 Tote und zahllose Verletzte: vgl. Stampfer (Anm. I/4), S. 629; Braun (Anm. I/5), S. 404.

127 Rumbolds Bericht an Simon, 28. Juni 1932 (*Documents on British Foreign Policy*, Anm. II/53, 2nd series, vol. IV, S. 3), spricht von „those many better class people who regard the Nazi movement as a timely revival of nationalism which will not be difficult for the right people to control and exploit."

128 Schultheß, *1932*, S. 116 f.

129 Vgl. Braun (Anm. I/5), S. 403 f.

130 *RGBl., 1932*, I, S. 385.

131 Goebbels, *Kaiserhof* (Anm. V/13), S. 108.

132 *RGBl., 1932*, S. 352 ff.; vorher *ebda.*, S. 251 ff. Vgl. auch den Bericht des zuständigen Reichskommissars Friedrich Syrup, „Der freiwillige Arbeitsdienst für die männliche deutsche Jugend", in: *Reichsarbeitsblatt*, Nr. 27 v. 25. September 1932 und die laufenden Nachrichten in: *Das junge Deutschland* 25/26 (1931/32), z. B. 26, Heft 10 (Oktober 1932), S. 332 ff. usw.

band der Deutschen Industrie wiederum gegen die Autarkiebestrebungen der Regierung.
Nicht bei den Verhandlungen um eine Rechtsregierung, auch nicht bei den autoritären Maßnahmen, die das Präsidialkabinett während der kurzen „Schonzeit“ zwischen Auflösung und Neuwahl des Reichstags inaugurierte, sondern bei der bevorstehenden Wahlentscheidung mit ihrer erwarteten Machtverschiebung lag jetzt der entscheidende politische Hebel zur Überwindung des *Machtvakuums:* bei den Vorleistungen also, während die damit verbundenen Pläne der Papen-Initiatoren mehr und mehr in den Hintergrund gedrängt wurden. Von zwei Seiten mochten diese Pläne freilich noch Hilfe erwarten: von einem außenpolitischen Erfolg, den Brünings zweijährige Bemühungen vorbereitet hatten, und von einer innenpolitischen Aktion, die die Position der Regierung — in Ausnützung der alten Reichsreformbestrebungen — um die Machtmittel und das politische Prestige der preußischen Herrschaft verstärken sollte.

4. Das Ende der Reparationen

Mit großen Hoffnungen konnte Papen schon zwei Wochen nach Regierungsantritt in Begleitung Neuraths, Schwerin-Krosigks und Warmbolds nach Lausanne fahren. Der Sturz Brünings bedeutete wohl eine Schwächung der deutschen Verhandlungsposition, machte aber zugleich für Deutschland die Dringlichkeit einer außen- und finanzpolitischen Erleichterung der deutschen Republik sichtbar. Während die Abrüstungsfrage sich allen Bemühungen zum Trotz noch immer im Diskussionsstadium befand[133], wurde nach mehrfacher Verschiebung am 16. Juni, zwei Wochen vor Ablauf des Hoover-Moratoriums, endlich die Reparationskonferenz von Lausanne eröffnet. Den Verhandlungen der 18 beteiligten Staaten war am 11./12. Juni eine Besprechung zwischen dem englischen und dem französischen Ministerpräsidenten in Paris vorangegangen, die freilich noch keine Übereinstimmung zu erbringen und Frankreichs grundsätzliches Festhalten am Reparationsanspruch noch nicht ganz abzubauen vermocht hatte[134]. Unter diesen Umständen kam den englischen Vermittlungsversuchen entscheidende Bedeutung zu. Sie gingen von der Einsicht aus, daß ein Abschluß der ganzen Reparations- wie der interalliierten Kriegsschuldenfrage jetzt nicht mehr aufgeschoben werden dürfe. Der Eröffnungsrede MacDonalds, der der Konferenz mit rastloser Energie präsidierte, folgten zunächst zögernde Konzessionen der ehemaligen Alliierten. Die erste forsche Ansprache Papens freilich provozierte einen deutlichen Hinweis Herriots, des französischen Ministerpräsidenten, auf den wirtschaftlich wie politisch bedingten Widerstand seines Landes gegen eine „brutale Streichung“ der Reparationen[135].
Zweifellos waren die französischen Einwände nicht von der Hand zu weisen, soweit sie von der Beurteilung nicht nur der gegenwärtigen Krise, sondern der wirtschaftsstrukturellen Gesamtposition Deutschlands ausgingen. Das fast reibungslose Anlaufen der nationalsozialistischen Wirtschaftspolitik hat wenig später die französische These wenn nicht bestätigt, so doch keinesfalls widerlegt. Auch hatte die neue französische Regierung, die nicht viel älter als das Papen-Kabinett und von Brüning noch mit so großen Hoffnungen erwartet

133 Dazu jetzt auch Winkler (Anm. III/144), S. 340 ff.
134 Dazu Edouard Herriot, *Jadis, D'une guerre à l'autre, 1914–1936*, Paris 1952, S. 316 ff.
135 *Ebda.*, S. 324 ff.

worden war, mit kaum weniger schwierigen innenpolitischen Verhältnissen zu rechnen[136]. Etwas anderes war es mit den politischen Aspekten der französischen Haltung. Sie hatte mit der Verzögerung der Verhandlungen, vor allem seit dem ursprünglichen Termin vom Januar 1932[137], ihr Teil zu der Tragödie der Brüning-Regierung wie schon der Stresemann-Ära beigetragen, um endgültig erst in dem Augenblick — notgedrungen und zwangsläufig — einzulenken, als nicht mehr Verhandlungen, sondern Furcht und Drohung den Gang der internationalen Ereignisse um Deutschland bestimmten. Schon jetzt bedeutete die über Brünings Sturz hinaus verzögerte Teillösung ein Ereignis, das nicht mehr der Weimarer Republik und der beharrlichen Verhandlungspolitik ihrer legitimen Vertreter, sondern einem Übergangsregime und hinter ihm dem Siegeszug der rechtsradikalen Revisionisten zugute kommen sollte. Ihre Auswirkungen schließlich wurden voll spürbar erst zu einem Zeitpunkt, als die deutschen Partner endgültig von totalitären Nachfolgern verdrängt, ihre Politik der Verständigung von einer Strategie der Gewalt abgelöst war.

Auch jetzt schien eine Woche nach Konferenzbeginn eine Einigung erneut in Frage gestellt. Frankreichs Zugeständnisse an Deutschland gingen zunächst nicht über gewisse Zahlungspausen bzw. eine Restsumme von etwa 7 Milliarden RM, Hoovers Angebote an die alliierten Schuldnerstaaten der USA nicht über vorübergehende Zahlungserleichterungen für den Fall einer Lösung des Reparationsproblems hinaus. So empfahl MacDonald, der sich um eine Vermittlung auf der Grundlage einer deutschen Schlußzahlung bemüht hatte, direkte Verhandlungen zwischen Frankreich und Deutschland. Es ist auch heute noch schwer, übersichtliche Ordnung in das verwirrende Hin und Her der Konferenzen, Sachverständigenberatungen und Einzelverhandlungen der Staatsmänner zu bringen. Solange wir allein auf die veröffentlichten britischen Dokumente und auf die Erinnerungen vor allem Papens, Herriots und des deutschen Chefdolmetschers zurückgreifen können[138], bleiben manche Fragen offen. Sicher ist, daß Papen die politisch weitgehend bedeutungslos gewordene, sachlich eigentlich schon durch die von Brüning angeregten Berichte des Beratenden Sonderausschusses vom Herbst und Winter 1931 gelöste Reparationsfrage[139] mittels einer kühnen diplomatischen Aktion zu einem ersten außenpolitischen Erfolg für seine innenpolitisch geschwächte Regierung ausnützen wollte.

Brüning hatte schon am 8. Januar mit dem Hinweis auf die deutsche Zahlungsunfähigkeit alle weiteren Modifikationen der Reparationszahlungen, am 19. Januar auf englische Anfrage auch eine Verlängerung des Hoover-Moratoriums abgelehnt und auf einer endgültigen Lösung der Reparationsfrage bestanden. Diese Linie schien zunächst auch Papen zu verfolgen. Als aber die deutsch-französischen Verhandlungen trotz MacDonalds Drängen keine we-

136 *Ebda.*, S. 287 ff.

137 Auch dies muß insofern eingeschränkt werden, als Brüning im Januar 1932 selbst für eine Verschiebung der Lausanner Konferenz eingetreten war; er hatte gehofft, daß die bevorstehenden französischen Kammerwahlen eine verhandlungswilligere Regierung ans Ruder bringen würde. Dazu Max Ehrhardt, *Deutschlands Beziehungen zu Großbritannien, den Vereinigten Staaten und Frankreich von Mai 1930 bis zum Juni 1932*, Diss. Hamburg 1952 (ungedr.), S. 98: Mitteilung Brünings an M. Ehrhardt v. 10. Januar 1950. Auch hatte der französische Botschafter François-Poncet damals seinem britischen Kollegen gegenüber der Befürchtung über die deutschen Versuche Ausdruck gegeben, sich der Reparationsfrage völlig zu entziehen: Tyrell an Simon, 12. Januar 1932, *Documents on British Foreign Policy* (Anm. II/53), 2nd series, vol. III, S. 23.

138 *Ebda.*, vol. III.; Papen (Anm. VI/35), S. 198–214; Herriot (Anm. VII/134), S. 307–334; Paul Schmidt, *Statist auf diplomatischer Bühne 1923–45, Erlebnisse des Chefdolmetschers im Auswärtigen Amt mit den Staatsmännern Europas*, Bonn 1950, S. 241–252.

139 Die einschlägigen Dokumente zu den einzelnen Stufen der Reparationsgeschichte sind abgedruckt bei Ronde (Anm. I/9), bes. S. 126 ff. („Das Ende der Reparationen").

sentlichen Fortschritte machten, operierte die deutsche Seite (Schwerin-Krosigk) plötzlich mit Vorschlägen zu handels- und zollpolitischer Zusammenarbeit, dann sogar mit dem Angebot eines deutschen Beitrags zu einem gemeinsamen Unterstützungsfonds für die Donauländer. Dies bedeutete eine entschiedene Inkonsequenz: es widersprach der letztlich erfolgreichen Brüningschen These von der Zahlungsunfähigkeit Deutschlands und drohte den entsprechenden Berichten der Sonderausschüsse, auf denen der Entschluß zu einer Beendigung der Reparationszahlungen aufbaute, in letzter Minute die Grundlage zu entziehen. Als Herriot erwartungsgemäß bitter reagierte, schien das Werk Brünings ernstlich in Gefahr[140]. Nicht zuletzt infolge dieser ersten Eskapade fuhren sich die Verhandlungen fest. Nachdem einmal die konsequente Linie verlassen war, blockierten die Versuche, einen Ausgleich für die Reparationslösung auf handelspolitischem Gebiet zu suchen, den gesamten Gang der Konferenz.

Da kam der nächste Papensche Vorstoß mit dem plötzlichen deutschen Vorschlag, gegen Streichung der Versailler Kriegsschuldparagraphen und der einseitigen Abrüstungsbestimmungen eine Schlußsumme von 2 Milliarden RM anzuerkennen. Erwartungsgemäß wurde diese politische Ausweitung des Problems von Frankreich und England sofort mit dem Hinweis auf die in Genf laufenden Abrüstungsverhandlungen, die erneute Diskussion des Kriegsschuldproblems selbst besonders von französischer Seite abgelehnt, während hier die Engländer ein gewisses Entgegenkommen vermuten ließen, aber gleichzeitig auch ihr Befremden über das deutsche Zahlungsangebot äußerten. Papens forscher politischer Vorstoß scheiterte, nicht ohne Zweifel an der Vertrauenswürdigkeit der so schnell operierenden deutschen Delegation zu hinterlassen. Übrig blieb allein das finanzielle Angebot, mit dem die deutsche Delegation erneut Brünings These von der Zahlungsunfähigkeit Deutschlands aufgegeben hatte.

Gleichzeitig hatte Papen aber noch ein weiteres politisches Unternehmen gestartet, das nach Anlage und Durchführung die deutsche Position und den allgemeinen Konferenzverlauf nicht weniger gefährdete, ohne irgendwelche konkreten Ergebnisse zu zeitigen. Denn während in langwierigem Tauziehen zahlungstechnisch schließlich am 8. Juli, dem Schlußtag der Konferenz, eine Einigung auf die — vorläufig für drei Jahre aufgeschobene — Schlußzahlung von 3 Milliarden RM, also ein Elftel der nach dem Young-Plan vorgesehenen Gesamtsumme, zustande kam[141], endeten auch Papens Exkurse in die Außenpolitik mit einer deutlichen Enttäuschung. Auf dieser ersten Konferenz seiner Laufbahn hielt es der gewandte „Herrenreiter in der Politik“[142] für richtig, „entgegen den Meinungen des klugen und erfahrenen Staatssekretärs des AA, Herrn von Bülow, ... aus dem Geleise behutsam tastenden diplomatischen Anfühlens zu einer drastischeren Methode überzugehen“[143].

Es ist müßig, Erwägungen über ein Vorgehen Brünings in dieser Lage anzustellen. Aber sicherlich hätten die Erfahrungen des kaum ein Jahr zurücklie-

140 Schmidt (Anm. VII/138, S. 247) schildert Herriots Reaktion: „Dann habe ich wohl vorher immer falsch verstanden, wenn die deutsche Delegation erklärt hat, sie könne nichts zahlen. Jetzt sind Sie, Herr Minister, auf einmal bereit, doch etwas zu zahlen, und zwar an diesen Hilfsfonds. Logischerweise hätten Sie vorher sagen müssen, ‚Deutschland will nicht zahlen‘, und nicht ‚Deutschland kann nicht zahlen‘.“

141 Text des Vertrages zusammengefaßt bei Schultheß, *1932*, S. 410–416.

142 So Lutz Graf Schwerin-Krosigk (Anm. VII/23), S. 143 ff., der Papens Auftreten auf der Konferenz nicht gerade geschickt nennt. Aber Papen selbst sieht noch immer mit Stolz auf seinen Ruf als Herrenreiter (Anm. VI/35, S. 28 f.): Da dieser Sport „Entschlußfreudigkeit, Ausdauer, Härte gegen sich selbst und – keine Sorge um zerbrochene Knochen voraussetzt, sollte er auch zuträglich für die Charakterbildung sein. Ist es etwa im politischen Leben anders als im reiterlichen [!], daß man oft für einen schweren Entschluß zunächst das Herz über das Hindernis werfen muß?“

143 Papen (Anm. VI/35), S. 202; vgl. Eschenburg (Anm. VI/171), S. 160.

genden Zollunionplans und seines Scheiterns wenigstens eine neue deutsche Separataktion verhindern und Anlaß zu einer realistischeren Beurteilung der zwischenstaatlichen Verhältnisse und besonders der europäischen Position Frankreichs einerseits, Englands anderseits sein müssen. Der „konservative" Reichskanzler hingegen hatte schon bewußt darauf verzichtet, die sorgfältigen Berichte und Aktenvermerke seines Vorgängers zu studieren[144]. Jetzt schlug er auch den Rat Bülows, des einzigen Mitarbeiters von sachlicher und technischer Erfahrung, in den Wind. Seine „drastischere Methode" setzte sich über alle historischen oder außenpolitischen Rücksichten auf den europäischen Gesamtzusammenhang und seine traditionellen Konstellationen und Tendenzen mit der aus der amerikanischen Tätigkeit des Militärattachés Papen bekannten Leichtfüßigkeit hinweg. Papen verließ sich einfach auf eine forsche Improvisation, und er unterschätzte dabei die politische Einsicht der Gegenseite, wenn er — der nur der Auflösung des Reichstags seine Existenz verdankte — immer wieder von der Stärke seiner Position ausging und die Fiktion verkündete, er spreche auch im Namen der „Nationalen Opposition". Man möchte sich fast an die Versprechungen und „Garantien" erinnern, die Hitler einige Jahre später wahllos und ohne Rücksicht auf internationale Zusammenhänge — und im Falle Schuschnigg-Österreichs nicht ohne die tatkräftige Mithilfe Papens — seinen Nachbarn anbot, wenn plötzlich durch die Idee eines „Bündnisses" mit Frankreich[145] die schwierigen Einzelverhandlungen und die politischen Gegebenheiten einer langen Entwicklung beiseite geschoben wurden.

Nach seiner eigenen Erzählung schlug Papen Ende Juni Herriot eine Art „gemeinsamen Generalstabes" in der Form eines Austauschs der französischen und deutschen Generalstabsoffiziere vor und verband die geforderte Streichung der gegen Deutschland gerichteten Versailler Kriegsschuld- und Abrüstungsbestimmungen mit dem Projekt eines verbindlichen Konsultativvertrags zwischen Deutschland und Frankreich, dann auch mit England und Italien[146]. Papen glaubte Herriot zunächst beeindruckt und ging so weit, seinen plötzlichen Plan mit Herriots Staatssekretär in einem schriftlichen Entwurf zu konkretisieren. Nun freilich „geschieht etwas sehr Unerwartetes"[147]. Papen findet es noch heute unbegreiflich, daß sein wider alle Warnungen und Bedenken einsichtiger Mitarbeiter vorgetragener Vorstoß bei der britischen Delegation auf scharfen Widerstand traf. Unbegreiflicher scheint es, daß Papen eine deutsch-französische Sonderaktion ohne Wissen des englischen Partners unternahm, dessen rastlose Vermittlungstätigkeit allein Bestehen und Erfolg der Konferenz garantierte.

Noch bevor MacDonald über das deutsche Angebot unterrichtet war — plötzliche Zahlungswilligkeit und Bündnis mit Frankreich gegen Streichung der

144 Papen (Anm. VI/35), S. 164.

145 Zur Kritik Papens in diesem Punkt vgl. besonders Otto Heinrich v. d. Gablentz, „Zur Geschichte des Nationalsozialismus", in: *Merkur* 7 (1953), S. 879 ff.; in der anschließenden Kontroverse zwischen Papen und Gablentz (*ebda.*, S. 1178 ff.) bestreitet Papen den Terminus „Bündnis" (entgegen den Andeutungen seiner Erinnerungen: Anm. VI/35, S. 204 f.), ohne freilich sagen zu können, inwiefern der Austausch von Generalstabsoffizieren nicht als Vorstufe eines Bündnisses gelten sollte. Einzelheiten zu Papens Verhalten auch in der scharfen, wirtschaftspolitisch freilich abwegigen Kritik von Ferdinand Fried, „Die heilige Allianz von Lausanne", in: *Die Tat* 24, Heft 5 (August 1932), S. 394 ff., sowie jetzt in den Erinnerungen eines damaligen Delegierten der deutschen Abrüstungskommission: Werner Frhr. v. Rheinbaben, *Viermal Deutschland, Aus dem Leben eines Seemanns, Diplomaten, Politikers 1895–1954*, Berlin 1954, S. 245 f.

146 Zu Italiens ambivalentem Verhalten in diesem Stadium, das eine neue Phase italienischer Aggressivität eröffnete und vor allem einer Verständigung zwischen Frankreich und Deutschland entgegenarbeitete, vgl. auch H. Stuart Hughes, „The early Diplomacy of Italian Fascism: 1922–1932", in: *The Diplomats* (Anm. II/53), S. 231 ff.

147 Papen (Anm. VI/35), S. 204.

Versailler Kriegsschuld- und Abrüstungsbestimmungen —, machte Papen überdies seinen Plan einem französischen Korrespondenten zugänglich, der natürlich postwendend alle Welt von einem bevorstehenden „deutsch-französischen Militärbündnis“ unterrichtete. MacDonalds Reaktion auf die „geheimen Angebote, die er [Herriot] MacDonald nicht hätte mitteilen sollen“ (!)[148], konnte einen Kenner der englischen Europapolitik nicht überraschen, und man muß sich fragen, warum der Außenminister v. Neurath mit seinen Erfahrungen als Londoner Botschafter das Debakel nicht verhindert hat. Papen mußte jetzt einsehen, daß Frankreich das Verhältnis mit England nicht zugunsten seines vagen Bündnisprojekts aufzugeben gewillt sein konnte, wenn ihm auch der Grund für die traditionelle englische Haltung bis heute nicht verständlich erscheint. Die deutsche Position aber hatte eine weitere Schwächung erfahren. Für Papen war es: „ein harter Schlag für meine Hoffnungen“[149]. Für die deutsche Delegation aber bedeutete es eine gefährliche Erschwerung der sachlichen Verhandlungen. Außenpolitisch endlich beschleunigte es den Abschluß eines englisch-französischen Konsultativ-Abkommens gegen ähnliche deutsche Unternehmungen in der Zukunft.

So war wenige Monate vor dem Ende der Weimarer Republik zwar das Trauma der Reparationen von Europa genommen. Aber die Hoffnung Brünings, daß dies Ereignis auch eine innenpolitische Wendung bedeuten würde, konnte sich unter Papen nicht mehr erfüllen. Die scharfe Kritik des Zentrums, dessen Führung an Brünings Glauben festhielt, wurde zwar weder von demokratischer noch von sozialdemokratischer Seite geteilt. Doch der erhoffte Prestigegewinn des Präsidialkabinetts blieb aus. Ungleich stärker noch als Brüning mußte Papen jetzt erfahren, daß eine selbstherrliche Minderheitsregierung ohne Bindeglied zur breiten Bevölkerung trotz autoritärer Pose auch einen echten Erfolg nicht populär und politisch wirksam zu machen vermochte, wenn zudem die wirtschaftliche Entlastung erst allmählich allgemein fühlbar werden konnte. Besonders auch die Stellungnahme der Rechtsparteien war ganz von dem Wahlkampf bestimmt, der jetzt zum vierten Mal innerhalb von vier Monaten die innenpolitische Szene beherrschte. Während die NSDAP ihre Kritik an der Regierung täglich verstärkte, fand sich auch die DNVP zu keiner öffentlichen Stützung der Regierung bereit. Papens erste Hoffnung war gescheitert, die Basis des Kabinetts noch schmaler geworden. Von der Reichstagswahl konnte unter diesen Umständen keine Erleichterung erwartet werden, und auch die langsamen Fortschritte der Genfer Abrüstungs- und Gleichberechtigungsverhandlungen waren ohne Einfluß auf diese Situation.

Schon nach sechs Wochen befand sich der „Neue Staat“ in einem hoffnungslosen Engpaß. Seine Entwürfe und Proklamationen hatten nicht die geringste Wirkung auf die Öffentlichkeit, die „Unabhängigkeit“ seiner Exponenten dokumentierte sich in einer allgemeinen politischen Isolierung der Regierung, und das forsche Auftreten des Kanzlers konnte nicht darüber hinwegtäuschen, daß ihm die Kontrolle des nach Brünings Sturz herrschenden *Machtvakuums* schon mit der Reichstagsauflösung und der Aufhebung des SA-Verbots entglitten war. Allein Reichspräsident und Reichswehr waren — neben einer moderierten Sympathie der DNVP — die Stützen, die Papen im Angesicht

148 *Ebda.*, S. 210.

149 *Ebda.*, S. 207. Papen geht in seiner Entrüstung so weit zu behaupten, die Haltung der Westmächte in Lausanne habe „zu dem Aufstieg Hitlers geführt“ (S. 212). Erreichte aber nicht das Anwachsen der NSDAP gerade in diesen Wochen einen Wendepunkt, der zu den ersten Verlusten und dann zu jener Krise der Partei führte, aus der sie nicht zuletzt die Beihilfe desselben Papen – dann Vizekanzler Hitlers – in die Machtergreifung hinüberrettete? Lausanne hat damit nur noch wenig zu tun.

eines fast einhellig gegen seine Herrschaft geführten Wahlkampfes noch geblieben waren. Auf sie griff er jetzt zurück, als er in einer plötzlichen Gewaltaktion den Ring der politischen Zwangsläufigkeiten zu sprengen und die machtpolitische Basis seines autoritären Regimes demonstrativ zu verstärken suchte. Am 20. Juli wurde die preußische Regierung abgesetzt, Berlin unter militärischen Ausnahmezustand gestellt und die staatliche Organisation Preußens dem Papen-Regime gleichgeschaltet. Das System totalitärer Gleichschaltung, die Degradierung aller politischen Organe zu gehorsamen Verwaltungsträgern, der Führerstaat, warf seine Schatten voraus. Aber auch dies letzte Entgegenkommen an die Forderungen der Rechtsopposition konnte dem „Neuen Staat" keinen Weg zwischen Demokratie und Diktatur bahnen, keine neuen Möglichkeiten zur Stabilisierung der autoritären Rechtsregierung eröffnen.

PAPENS STAATSSTREICH IN PREUSSEN

Die präsidiale Notverordnung vom 20. Juli 1932, mittels der die geschäftsführende preußische Regierung abgesetzt und Preußen der kommissarischen Gewalt des Reichskanzlers unterstellt wurde, steht in einem doppelten Zusammenhang. In dieser Maßnahme trafen geschichtliche und verwaltungspolitische Überlegungen, Bestrebungen, Entwürfe, die seit Bestehen der Weimarer Verfassung vorangetrieben worden waren, mit aktuellen machtpolitischen Auseinandersetzungen zusammen. Wenn also die Betrachtung von der Geschichte der verfassungsrechtlichen Bemühungen um eine Reichsreform ausgeht, so wird sie doch stets an den primär politischen Motiven, an dem unmittelbar machtpolitischen Zweckcharakter dieser staatsstreichförmigen „Reichsexekution gegen Preußen" festhalten müssen.

1. Das Problem der Reichsreform

Durch die Weimarer Verfassung war der Bismarcksche Staat zwar entsprechend den revolutionären Ereignissen von 1918 seiner monarchischen Einzelsouveränitäten entkleidet, nach seiner Grundstruktur aber nicht verändert worden. Die territoriale Gliederung blieb bis auf geringfügige Ausgleiche erhalten, und die Umwandlung des monarchischen Bundesstaats in einen Bund parlamentarisch-republikanischer Freistaaten brachte nicht jene politisch tragfähige Neugliederung mit sich, die Hugo Preuß in seinem Vorentwurf zur Reichsverfassung vom 9. Dezember 1918 gefordert hatte[1]. Preußen umfaßte trotz beträchtlichen Gebietsverlusten durch die Bestimmungen des Versailler Vertrags noch mehr als drei Fünftel der Bevölkerung und des Raumes auch im neuen Staat, obwohl gleichzeitig die Bismarcksche Personalunion zwischen deutschem Kaiser und preußischem König, zwischen Reichskanzler und preußischem Ministerpräsidenten der parlamentarischen Neuordnung weichen mußte. In der Tatsache, daß der alte föderalistische Aufbau beibehalten, die spezifische Führungsfunktion Preußens jedoch aufgehoben[2] und auch sein Übergewicht im alten Bundesrat für den neuen Reichsrat nicht beibehalten wurde[3], lag ein staatsrechtliches Problem begründet, das mit den Schlagwor-

1 Abgedr. bei Heinrich Triepel, *Quellensammlung zum deutschen Reichsstaatsrecht*, 3. Aufl., Tübingen 1922, S. 7 ff. Hier auch (S. 18 ff.; S. 28 ff.) die weiteren, im endgültigen Artikel 18 der Weimarer Verfassung kaum berücksichtigten Entwürfe. Vgl. Gerhard Anschütz, *Die Verfassung des Deutschen Reiches*, 13. Aufl., Berlin 1930, S. 16 ff.; Fritz Stier-Somlo, *Deutsches Reichs- und Landesstaatsrecht*, Bd. I, Berlin 1924, S. 236 ff.; Hugo Preuß, *Reich und Länder, Bruchstücke eines Kommentars zur Verfassung des Deutschen Reiches*, Berlin 1928, S. 193; S. 217. Zum ganzen Willibalt Apelt, *Geschichte der Weimarer Verfassung*, München 1946, S. 136 ff., sowie Gerhard Anschütz u. a., „Die Geschichte des deutschen Staatsrechts. . .", in: *Handbuch des Deutschen Staatsrechts*, Bd. I, Tübingen 1930, S. 17 ff.

2 Daran knüpft vor allem die destruktive Kritik Carl Schmitts an: „Reichs- und Verfassungsreform", in: *Deutsche Juristenzeitung* 36 (1931)), Sp. 8 ff.

3 So bewirkte Preußens unproportionale Vertretung im Reichsrat, daß Bayern z. B. gegenüber der bevölke-

ten von „Unitarismus“ und vom „Föderalismus“ die verfassungspolitische Frontbildung bestimmte und in wachsendem Maße auch für den politischen Machtkampf selbst an Bedeutung gewann.

Unter den in der Verfassung von 1919 angelegten Strukturproblemen der Weimarer Republik rückte denn auch das Verhältnis zwischen Reich und Ländern sogleich in den Vordergrund der Kontroverse, soweit die Kritik sich nicht von vornherein gegen den demokratischen Grundcharakter der Neuordnung richtete[4]. Wenn man berücksichtigt, daß keine Verfassung der politischen Dynamik ganz und auf die Dauer entsprechen und genügen kann, dann mußte eine sinnvolle Weiterbildung und Ergänzung der niedergelegten Grundsätze gerade in diesem Fall imperativ erscheinen. Die Diskussion, die darum entbrannte, stieß aber auf Verfassungsbestimmungen von äußerst allgemeinem und unentschiedenem Charakter. Das Erbgut der Bismarckschen Verfassung von 1871 war den veränderten Voraussetzungen von 1918/19 nicht hinreichend angepaßt worden, die Auseinandersetzung zwischen Tradition und Neuordnung blieb — wie auch bei der Bestimmung der präsidialen Machtbefugnisse — in den Anfängen stecken. So behielten der Dualismus zwischen Reich und Preußen wie die Problematik der verwaltungsmäßig schwer lebensfähigen Zwergstaaten auch unter neuen verfassungsrechtlichen und politischen Vorzeichen ihre verhängnisvolle Bedeutung.

Auf der politischen Ebene bestärkte dies die Zentralgewalt in der natürlichen Tendenz, durch Errichtung reichseigener Behörden innerhalb der Länder die Macht der Exekutive zu sichern, während die Länder ihrerseits in solchen Bestrebungen eine Unterhöhlung ihrer Verwaltungsmacht erblicken mußten. Für die verfassungsrechtliche Auseinandersetzung tat sich gleichzeitig ein weites Betätigungsfeld auf. Eine fast unübersehbare Fülle von Schriften erfüllte den Raum der öffentlichen Diskussion, der hier nur nach den Haupttendenzen abgesteckt werden kann. Gegen den einheitsstaatlichen Grundtenor der Neuordnung erhoben sich in den Ländern zunächst die Befürworter der föderalistischen Staatsstruktur. Ihren Entwürfen antwortete die militante Gegenbewegungen derer, die eine noch konsequentere Verwirklichung der unitarischen Ordnung der Republik forderten. Zwischen diesen Fronten operierte eine vermittelnde Richtung, die einer „differenziert-staatlichen“ Lösung des Problems das Wort redete. Der Ruf nach der Reichsreform beherrschte die ganze Geschichte der Republik; er beschränkte sich keineswegs auf die Gegner der parlamentarischen Demokratie, ging vielmehr quer durch die politischen Fronten und war ein wichtiges Symptom für das Mißlingen der Kompromißordnung, der die Weimarer Verfassung Raum schaffen wollte.

Bei einem Überblick über die zahllosen Variationen der drei Grundrichtungen, an denen sich die Reformwünsche orientierten, tritt zunächst neben der regionalen die politische Bedingtheit der föderalistischen Tendenzen hervor. Einem Föderalismus des Gleichgewichts, der besonders im Rheinland, in Süddeutschland und in christlich-konservativen Kreisen seine Befürworter hatte und in deutlicher Wendung gegen Preußen ein organisches Bündnis gleicher Gliedstaaten anstrebte[5], stellte sich ein hegemonialer Föderalismus restaurativ-

rungsgleichen preußischen Rheinprovinz ein achtfaches Mehrstimmrecht besaß. Dieselbe Benachteiligung traf die übrigen preußischen Provinzen.

4 So besonders die Kritik an den Grundrechten: vgl. etwa Carl Schmitt, *Legalität und Legitimität*, München-Leipzig 1932, S. 40 ff.

5 Die Vertreter dieser Auffassung bestanden auf der Rangfolge der „natürlichen Sozialbildung“, dem Primat der engeren Ordnung und der Selbstverwaltung, etwa: Individuum – Familie – Gemeinde – Landschaft – Berufsstände – Staat – abendländischer Bund – Weltbund. Sie hielten an der Gültigkeit des

deutschnationaler Prägung entgegen, der für die Rückkehr zur Bismarckschen Staatsstruktur und zum Übergewicht Preußens eintrat[6]. Diese deutlich politisch bedingte Auffassung wandte sich besonders gegen den einzelstaatlichen Individualismus, glaubte die Gefahr von Partikularismus wie Unitarismus gleichermaßen durch eine starke Reichsgewalt gebannt und nahm zugleich gegen eine angebliche Überspannung des Einheitsgedankens durch Negation des einzelstaatlichen Lebenswillens, besonders Preußens, polemisch Stellung. Am entschiedensten aber trat zunächst in Theorie und Praxis der bayerische Föderalismus auf[7], der sich auch allein auf wirklich konkrete Vorschläge stützen konnte[8]: die Rückkehr zum Bundesstaat von 1871, eine starke Einschränkung der Reichsgesetzgebung, das Recht der Länder auf eigene diplomatische Vertretungen, die Verpflichtung der Truppen auf die Landesregierung und die Verstärkung der Kompetenzen des Reichsrats analog der Stellung des früheren Bundesrats waren die stark auf bayerische Sonderwünsche zugeschnittenen Thesen dieser föderalistischen Spielart, die stärker als die letztlich doch zentripetalen Tendenzen der übrigen Föderalisten zentrifugale Züge zeigte[9] und auf eine weitgehende Revision der Weimarer Verfassung abzielte. Demgegenüber bemühte sich eine gemäßigte Gruppe um eine Vermittlung zwischen den Extremen, vor allem um die Umgestaltung des Reichsrats in ein regionales Staatenhaus nach amerikanischem Vorbild: darin sollten öffentliche Körperschaften und privatrechtliche Vereinigungen als Interessenvertretung aller Volksschichten nach landsmannschaftlichen wie wirtschaftspolitischen Gesichtspunkten repräsentiert sein. Dies Gremium sollte gewählt, nicht von der Regierung ernannt werden, es sollte die Funktionen des Reichswirtschaftsrats mit übernehmen und das zentralistische Übergewicht des Reichstags einschränken[10].

Die einheitsstaatlichen Vorschläge zeigten ein wesentlich geschlosseneres Gesicht. Aus den zahlreichen publizistischen Äußerungen[11] ragen zunächst die Versuche hervor, den gemäßigten Einheitsstaat durch eine allmähliche Erwei-

Subsidiarprinzips fest: die weitere Ordnung tritt in die Aufgabe der engeren nur dann ein, falls das Leistungsvermögen der letzteren nicht ausreicht, also nur hilfsweise. Vgl. die zahlreichen Zeugnisse bei Günter Weber, *Die wichtigsten Reformpläne der Weimarer Reichsverfassung betreffend das Verhältnis Reich – Länder,* Diss. Köln 1947 (ungedr.), S. 20 ff.

6 Besonders Karl Bilfinger, „Der deutsche Föderalismus in Vergangenheit, Gegenwart und Zukunft", in: *Veröffentlichungen der Vereinigung deutscher Staatsrechtslehrer* 1 (1924), S. 35 ff. Vgl. die deutschnationale Entschließung v. 9. Dezember 1927 in: *Der nationale Wille, Werden und Wirken der Deutschnationalen Volkspartei 1918–1928,* Hrsg. Max Weiß, Essen 1928, S. 153, sowie u. S. 500. Ferner Otto Koellreutter, *Der deutsche Staat als Bundesstaat und als Parteienstaat,* Tübingen 1927, S. 34 ff.; ders., *Integrationslehre und Reichsreform,* Tübingen 1929, S. 26.

7 So schon in Bayerns Widerstand gegen die nach Erzbergers sowie nach Rathenaus Ermordung erlassenen Schutzbestimmungen, an deren Stelle die bayerische Regierung ihre eigenen Verordnungen setzte; in diesen Zusammenhang gehört auch der Konflikt über die Kahr–Hitler-Affäre 1923/24. Dazu jetzt Schwend (Anm. V/40), S. 172 ff.; S. 188 ff.; S. 215 ff.

8 Z. B. Hans Nawiasky, *Grundprobleme der Reichsverfassung,* Teil I *(Das Reich als Bundesstaat),* Berlin 1928, *passim,* bes. S. 111 ff.; S. 185 ff.; Konrad Beyerle, „Reich und Länder", in: *Volk und Reich der Deutschen,* Bd. II, Berlin 1929, S. 244 ff.; Schwend (Anm. V/40), S. 315 ff.; Werner Gabriel Zimmermann, *Bayern und das Reich 1918–1923, Der bayerische Föderalismus zwischen Revolution und Reaktion,* München 1953, S. 150 ff. Vgl. die Literatur bei Weber (Anm. VIII/5), S. 41 ff.

9 Heinrich Triepel, „Zweierlei Föderalismus", in: *Süddeutsche Juristenzeitung* 1947, S. 150 f. Für den süddeutschen Föderalismus sei noch auf das Sammelheft „Gegen den Einheitsstaat" der *Süddeutschen Monatshefte* 25 (1928), S. 233 ff., hingewiesen.

10 Z. B. Willibalt Apelt, *Vom Bundesstaat zum Regionalstaat,* Berlin 1927, S. 48 ff.; ders., „Staatstheoretische Bemerkungen zur Reichsreform", in: *Festgabe für Richard Schmidt,* Leipzig 1932.

11 Vgl. die Zusammenstellung aus der Tages- und Fachpresse in der Zeitschrift *Reich und Länder* 2 (1928), S. 2 ff.; S. 129 ff.; S. 257 ff. Ferner etwa: *Welche Wege führen zum deutschen Einheitsstaat?,* Verhandlungsberichte der Führertagung des deutschen republikanischen Reichsbundes vom 25. und 26. September 1926, Frankfurt a. M. 1927. Ein besonders aggressives Beispiel der Propaganda für einen preußisch gelenkten Einheitsstaat bietet die ausgerechnet in Bayern erschienene Schrift von R. W. Konrad, *Das deutsche Volk will den Einheitsstaat,* München 1925, S. 4 ff.

terung der Reichszuständigkeit zu befestigen; die Verwaltung sollte wohl dezentralisiert werden, aber nicht einer länderautonomen Verantwortung überlassen bleiben, so daß sich Gliedstaatlichkeit und Zentralismus ergänzen würden[12]. Dieser Gedanke des „dezentralisierten Einheitsstaats" fand in einer Fülle von Vorschlägen zur Neugliederung der Republik und zur Neuverteilung der Aufgaben zwischen Reich und Ländern seinen Ausdruck[13]. Man verwies auf den Selbstverwaltungsgedanken des Freiherrn vom Stein und erwartete davon eine Erneuerung der Bürokratie[14]; man suchte dabei möglichst viele einzelstaatliche Aufgaben der Reichshoheit zu unterstellen und durch eine Reduzierung der Souveränitätsbedürfnisse in der Bürokratie und den Parlamenten der Länder überflüssige und kostspielige Doppelinstanzen zu vermeiden[15]; man machte aber vor dem Problem einer „Zerschlagung Preußens" halt, weil man darin gerade eine Gefährdung des Unitarismus erblicken mochte[16]. Ein anderer Vorschlag dieser Gruppe forderte eine verfassungstechnische Umgestaltung, die aus den Ländern große Kommunalverbände mit finanziell eigenverantwortlicher und an der Willensbildung des Reiches beteiligter Selbstverwaltung machen sollte: wie die Kreise und Bezirke sollten auch die Länder einfach als große Verwaltungskörper begriffen werden[17].

Gemeinsam war allen diesen Projekten der Gedanke der Rationalisierung des Reichsaufbaus und zugleich der Einschränkung des Parlamentarismus[18], wobei die Ansichten über das Problem Preußen am weitesten auseinandergingen. In den Mittelpunkt rückten es besonders jene „differenziert-staatlichen" Reformpläne[19], die für die Zeit des Übergangs zunächst eine reichsunmittelbare Verwaltung Norddeutschlands neben die eigenstaatliche Gliederung Süddeutschlands sowie Sachsens stellen wollten. So dachte man an die Erhebung der preußischen Provinzen zu „freien Reichsländern", die, den süddeutschen Ländern wohl gleichgestellt, aber ohne deren Staatsgefühl, zwischen kommunalen Selbstverwaltungskörpern und Staaten stehen und den Unterbau des Reiches bilden sollten[20]. Nach einer angemessenen Übergangszeit sollten dann alle Staaten als „freie Reichsländer" reichsunmittelbar werden: der Reichspräsident würde die parlamentarisch nicht gebundenen Mitglieder des Landesdirektoriums und den Landeskanzler ernennen, während der Landtag seine legislativen Funktionen zwar behielt, aber das erweiterte Gesetzgebungsrecht des Reiches anerkennen mußte[21]. Demgegenüber knüpfte der mit viel publi-

12 Dazu besonders Hans Peters, *Zentralisation und Dezentralisation*, Berlin 1928; Otto Frielinghaus, *Der dezentralisierte Einheitsstaat*, Berlin 1928, S. 38 ff.

13 Literatur zur Neugliederung in: *Die Reichsreform*, hrsgg. vom Bund zur Erneuerung des Reiches, Bd. I, Berlin 1933, S. 216 ff.; S. 429 ff. Ferner das reiche Kartenmaterial bei Walther Vogel, *Deutsche Reichsgliederung und Reichsreform in Vergangenheit und Gegenwart*, Leipzig 1932, sowie jetzt: W. Münchheimer, „Die Versuche zur Neugestaltung der deutschen Länder von 1919 bis 1945", in: *Die Bundesländer, Beiträge zur Neugliederung der Bundesrepublik*, Frankfurt a. M. 1950, S. 119 ff.; S. 147 ff. und die Kartenbeilagen.

14 So Hans Lohmeyer, *Zentralismus oder Selbstverwaltung?*, Berlin 1928, S. 4 ff.

15 Besonders in der Diskussion der Verbände der Wirtschaft und Selbstverwaltung standen die finanziellen Gesichtspunkte im Vordergrund: vgl. die Entschließung des Wirtschaftsverbandes Mitteldeutschland, Halle, v. 3. Dezember 1927 und die Forderungen der Spitzenverbände der deutschen Wirtschaft, bei Walter Becker, *Föderalistische Tendenzen im deutschen Staatsleben seit dem Umsturz der Bismarckschen Verfassung*, Breslau 1928, S. 173 ff.; *Der deutsche Städtetag, Sonderheft Reichspolitik und Städte*, Oktober 1927.

16 So Erich Koch-Weser, *Einheitsstaat und Selbstverwaltung*, Berlin o. J. [1928], S. 6 ff.; S. 39 ff.; S. 55 ff.

17 Richard Thoma, „Die Forderung des Einheitsstaates", in: *Heidelberger Universitätsreden* 3 (1928), S. 17 ff.

18 Einzelheiten bei Günter Weber (Anm. VIII/5), S. 62 ff.

19 Dieser Terminus wollte den Unterschied betonen, der zunächst bei der Behandlung der norddeutschen gegenüber den süddeutschen Ländern gemacht werden sollte.

20 So Erwin Ritter, *Freie Reichsländer*, Köln 1927, S. 51; die neuen Einheiten bezeichnet Ritter als „ländergleiche" Provinzen (S. 87).

21 *Ebda.*, Artikel 70–75 des Vorschlags. Vgl. zu diesem Ideenkreis auch Fritz Poetzsch-Heffter, *Grundgedanken der Reichsreform*, Berlin 1931, S. 31 ff.

zistischem Aufwand vorgetragene Vorschlag des einflußreichen, unter dem Vorsitz des ehemaligen Reichskanzlers, nachmaligen Reichsbankpräsidenten Luther stehenden „Bundes zur Erneuerung des Reiches", der vor allem nationalliberale, der DVP und der Schwerindustrie angenäherte Züge zeigte, an das Organisationsprinzip des Bismarck-Staates an. Er kam wohl zu ähnlichen Ergebnissen: Preußen solle Reichsland werden, ihm würden sich allmählich die anderen Länder anschließen[22]. Dabei war aber auf Preußen selbst insofern mehr Rücksicht genommen, als *ein* norddeutsches Reichsland angestrebt[23] und die Reichsgesetzgebung nicht so stark betont[24], vielmehr die Entwicklung des Reichsrats zu einer echten zweiten Kammer gefordert wurde[25].
Die zuletzt erwähnten Reformpläne kamen auch den Vorschlägen am nächsten, die der Verfassungsausschuß der nach langen Vorverhandlungen 1928 einberufenen und bis 1930 tagenden Länderkonferenz vorlegte[26]. Die von den Vertretern des Reichs wie der Länder mit großer Mehrheit begrüßten Entschließungen sahen eine Aufgliederung Preußens vor, dessen Provinzen den Status als Länder neuer Art erhalten, legislativ vom Reich abhängig und nur in Einzelfällen auf ihre Landtage angewiesen sein sollten. Freilich gerieten die weiteren Verhandlungen in dieser Richtung[27] erneut ins Stocken, als Brünings Krisenregierung mit Rücksicht auf ihre Unterstützung durch Preußen alle einschneidenden Reformmaßnahmen verschieben mußte.
Einem Überblick stellt sich nicht so sehr die theoretische Kontroverse zwischen den bundesstaatlichen und den einheitsstaatlichen Ideologien als vielmehr die Frage der Zuständigkeit, der Abgrenzung bestimmter Materien als das beherrschende Problem dar. Das spezifische Staatsgefühl einzelner Gebiete war ein Faktor, der jenseits aller juristisch-begrifflichen oder verwaltungstechnischen Überlegungen ein bestimmendes Gewicht besaß und — etwa durch die Existenz der BVP für Bayern — seine politische Stärke und Bedeutung ganz real fühlbar machte. Unter den daraus fließenden konkreten Problemen stand das Verhältnis Preußen—Reich an erster Stelle. Eine Wiederherstellung der preußischen Hegemonie mußte auf den entschiedenen Widerstand Bayerns und der süddeutschen Staaten stoßen, die auf allen Länderkonferenzen ihrer einheitlichen Auffassung in diesen Fragen Ausdruck gaben. Ebensowenig aber kam es zu jener Neugliederung durch „Zerschlagung" Preußens, durch die Papens rein machtpolitische Maßnahmen hätten verhindert werden können. Das Problem der Reichsreform blieb, obwohl auch auf bayerischer Seite eine bemerkenswerte Selbstbeschränkung an Raum gewann[28], ebenso ungelöst wie

22 So schon Wilhelm Kitz, *Reichsland Preußen*, Düsseldorf 1926, S. 13 ff.; S. 23 ff.; S. 32 ff. Vgl. Hermann Höpker-Aschoff, *Deutscher Einheitsstaat, Ein Beitrag zur Rationalisierung der Verwaltung*, Berlin 1928, S. 20 ff.

23 *Reich und Länder, Vorschläge, Begründung, Gesetzentwürfe*, hrsgg. vom Bund zur Erneuerung des Reiches, Berlin 1928, S. 8 ff. Dazu jetzt auch Hans Luther, *Weimar und Bonn* (Schriftenreihe der Hochschule für Politische Wissenschaften München, Heft 11), München 1951, S. 12 ff. Die bayerische Opposition war entsprechend stark: vgl. Schwend (Anm. V/40), S. 385 ff.

24 *Die Reichsreform* (Anm. VIII/13), I, S. 319 ff.

25 *Reich und Länder* (Anm. VIII/23), S. 15 f.; S. 70 ff.

26 Abgedr. bei Franz Albrecht Medicus, *Reichsreform und Länderkonferenz*, Berlin 1930, S. 65 ff. Vgl. auch Gerhard Krebs, *The Länderkonferenz and the Problem of Federal Reform in Germany*, University of California 1937 (zitiert nach Arnold Brecht, *Federalism and Regionalism in Germany, The Division of Prussia*, New York 1945, S. 73); Nawiasky (Anm. VIII/8), S. 132 ff.; *Die Bundesländer* (Anm. VIII/13), S. 124 ff.; Schwend (Anm. V/40), S. 396 ff.

27 Vgl. dazu die laufenden Kommentare und Berichte von Arnold Brecht in: *Reich und Länder* 2 (1928), S. 349 ff.; 3 (1929), S. 70 ff. und S. 265 ff.; 4 (1930), S. 67 ff.

28 Man vgl. die *Denkschriften der bayerischen Staatsregierung*: die erste Denkschrift von 1924 *(Zur Revision der Weimarer Reichsverfassung)* war ganz auf verfassungsrechtliche Autonomie der Länder abgestellt, und die zweite Denkschrift von 1926 beklagte sich noch *über die fortschreitende Aushöhlung der Eigenstaatlichkeit der Länder*, während die dritte Denkschrift von 1928 *(Material zur Verfassungsreform)* sich

die Frage der Länderkompetenzen — besonders im Hinblick auf die Polizei- und Justizhoheit. Papen fand allerdings nicht nur eine Fülle verfassungsrechtlicher und verwaltungstechnischer, sondern auch eine ausgeprägte Frontbildung partei-, gruppen- und interessenpolitischer Stellungnahmen vor, als er seine gewaltsame „Lösung" des Problems mit autoritärer Schnelligkeit in Szene setzte.

2. *Reichsreform-Diskussion im politischen Raum*

Der Streit um die Auslegung und Umgestaltung der Weimarer Verfassung, die dem Problem der länderstaatlichen Struktur der Republik ausgewichen war, spiegelte sich in den politischen Gruppierungen aller Richtungen wider. Am schwersten faßbar war die Stellungnahme der Zentrumspartei, in der sich zunächst stark föderalistische Tendenzen äußerten. Schon in der Nationalversammlung aber gewann der Einheitsgedanke bestimmenden Einfluß auf den Kurs der Partei; besonders Erzberger, der als Finanzminister damals die Notwendigkeit einer zentralen Finanzpolitik zur Abwicklung der Verpflichtungen des Versailler Vertrags betonte[29], wirkte auf diese Kursänderung hin. Damit war freilich die Abspaltung des bayerischen Flügels und die Konsolidierung des bayerischen Föderalismus in der neuen BVP nicht mehr aufzuhalten.
Das Zentrum selbst verharrte des weiteren in elastischer Gesamthaltung bei dem Gedanken bundesstaatlicher Einheit mit Betonung der Selbstverwaltung und einer leicht antipreußischen Tendenz[30]. Es vertrat zwar eine weitgehende kultur- und wirtschaftspolitische Dezentralisation[31], betrachtete die Neuordnung aber doch als einen Fortschritt gegenüber der Bismarckschen Verfassung[32]. Die Interessenlage war deutlich: der politische Katholizismus konnte ein besonderes Interesse an der Betonung der Länderautonomie nur in Bayern und Baden haben, während er in den übrigen Ländern eher durch eine zentrale Sammlung seiner Anhänger — also über eine starke Reichsgewalt — politisches Gewicht erlangte. Die Gegenstellung gegen die preußisch-protestantische Staatsführung, die den Föderalismus des Zentrums im Kaiserreich bedingt hatte, wich in der Weimarer Republik einer ständigen aktiven Beteiligung an der Reichspolitik. Hier lag jetzt, zumal nach der Abspaltung der föderalistischen BVP, das Schwergewicht der Zentrumsinteressen[33].
Um so entschiedener sprachen sich allerdings die maßgebenden Vertreter des Zentrums gegen jede Erneuerung der preußischen Hegemonie in der Form einer Personalunion zwischen Reichskanzler und preußischem Ministerpräsidenten aus; auch in diesem Punkt mußte also ihr abtrünniger Abgeordneter Papen mit seiner restaurativen Preußenpolitik, die den deutschnationalen

fast ganz mit der Forderung nach der Beschränkung des Wahlrechts auf „Landeskinder" beschied. Dazu Schwend (Anm. V/40), S. 315 ff.; S. 338 ff.; S. 376 ff.

29 Z. B. Mathias Erzberger in: *Stenographische Berichte über die Verhandlungen der verfassunggebenden Deutschen Nationalversammlung 1919/20,* Berlin 1920, S. 2376; S. 3803 f.; S. 3807; S. 4459.

30 Dazu Curt Bloch, *Die Reichsgestaltungstendenzen in Deutschland von 1918 bis zur Gegenwart,* 1931; vgl. die Sammlung von Äußerungen bei Max Schulemann, *Parteien und Reichsreform,* Diss. Tübingen 1946 (ungedr.), S. 99 ff. Diese Arbeit steht zwar nicht nur im Banne Carl Schmitts und seiner scharfen Kritik an der Weimarer Verfassung insgesamt, sondern auch noch gewisser nationalsozialistischer Parolen, ist aber als Materialquelle nützlich.

31 So schon Karl Trimborn, der damalige Vorsitzende der Partei und Fraktion, in: *Reichstagsprotokolle,* 345, S. 824 u. a., sowie auf dem 1. Reichsparteitag (19.–22. Januar 1920), in: *Offizieller Bericht des 1. Reichsparteitages der Deutschen Zentrumspartei,* Berlin 1920, S. 9.

32 So Eugen Bolz in: *Reichstagsprotokolle,* 330, S. 2989.

33 Dazu Nawiasky (Anm. VIII/8), S. 79 f.; S. 83. Belege im einzelnen bei Schulemann (Anm. VIII/30), S. 119 ff.

Vorstellungen entgegenkam, die schärfste Opposition erwarten. Die Aufgliederung Preußens wurde nicht zuletzt im Hinblick auf das katholische Rheinland und Westfalen zur beherrschenden Konzeption der Partei, obwohl auch der Gedanke eines „Reichslandes Preußen“ [34] erwogen und zugleich auf alle Fälle die Stärkung der Reichsgewalt betrieben wurde [35]. Es war dieser Gedanke des „föderalistischen Einheitsstaates“, der auch Brünings Forderung nach einer Fortentwicklung der Ansätze der Weimarer Verfassung zugrunde lag [36], zugleich freilich ein neuerliches Einschwenken des Zentrums auf eine stärker föderalistische Linie bezeichnete. Die Zusammenarbeit mit der BVP war seit 1927 wieder besser geworden, und damit gewann auch der süddeutsche Flügel mit seiner Kritik am Unitarismus von Weimar wieder gesteigerten Einfluß auf den Zentrumskurs [37]. In offiziösen Stellungnahmen wurde wohl an Erzbergers Entscheidung festgehalten, jetzt aber doch wieder mehr Nachdruck auf einen gemäßigten Föderalismus gelegt [38] — eine Kompromißhaltung, die auch in der Einstellung zur vielerörterten Reform des Parlamentarismus zum Ausdruck kam [39] und den verschiedenen Strömungen innerhalb der Partei Rechnung zu tragen wußte. Selbst die Vorschläge des „Bundes zur Erneuerung des Reiches“ erfuhren in ihren gemäßigt föderalistischen Teilen eine freundliche Beurteilung, soweit man nicht — wie vor allem in der BVP — die Konstruktion eines „Großpreußen“ dahinter vermutete. Es ist nicht uninteressant, daß damals gerade Papen mit großer Geste solchen Befürchtungen entgegentrat [40].

Nach dem unverbindlichen Ende der Länderkonferenz 1930 und mit der verantwortlichen Rolle des Zentrums in der Krisenregierung Brünings verschwanden freilich hinter dem neuen Problem des Nationalsozialismus alle Überlegungen dieser Art. Die preußische Regierung, an der das Zentrum so wesentlichen Anteil hatte, war zur unentbehrlichen Stütze auch Brünings geworden. Ihre Niederlage bei den Wahlen vom 24. April 1932, ihre gewaltsame Entfernung durch denselben abtrünnigen Papen, der kurz zuvor Brüning gestürzt hatte, mußte endlich den alten Widerstand des Zentrums gegen eine Preußenlösung nach deutschnationalem Bismarck-Rezept zur prinzipiellen Opposition werden lassen.

Dagegen war die SPD, obwohl sie in dieser letzten Phase einer machtpolitischen Denaturierung der Reformbestrebungen als Träger der preußischen Regierung an der Seite des Zentrums stand, von Anfang an konsequent für den „dezentralisierten Einheitsstaat“ eingetreten [41]. Daß hier einer ihrer zentralen Programmpunkte lag, erklärt sich aus der sozial- und wirtschaftspolitischen

34 So Kitz (Anm. VIII/22), S. 15 ff.; S. 37. Diesen von der Parteimehrheit und auch Brüning (vgl. u. Anm. VIII/36) abgelehnten Plänen mag auch Papen nahegestanden haben.

35 Friedrich Grebe, „Preußen und das Reich“, in: *Das Zentrum*, 1922, S. 250 f. Ähnlich Adam Stegerwald, der in einer Kompetenzerweiterung der Provinzen den besten Weg zum Aufgehen Preußens im Reich erblickte: *Zusammenbruch und Wiederaufbau*, Berlin 1922, S. 27 f.

36 Heinrich Brüning auf dem Parteitag der Rheinischen Zentrumspartei 1927 (nach: *Kölnische Volkszeitung*, Nr. 240 v. 9. Mai 1927).

37 Dabei trat neben dem Vorsitzenden der württembergischen Landtagsfraktion (vgl. *DAZ*, Nr. 519 v. 6. November 1927) besonders der spätere Staatspräsident Eugen Bolz hervor (vgl. *Kölnische Volkszeitung*, Nr. 901 v. 7. Dezember 1927).

38 Vgl. etwa den Artikel „Zentrum und Föderalismus“, in: *Kölnische Volkszeitung*, Nr. 960 v. 30. Dezember 1927. Zu den Verhandlungen und den Variationen der Stellungnahme G. Senger, *Die Politik der Deutschen Zentrumspartei zur Frage Reich und Länder, 1918–1932*, Hamburg 1932, S. 13 ff.

39 Dazu besonders die Erklärungen von Georg Schreiber, der für die Fraktion einer Reform des Parlamentarismus im Sinne seiner Verbesserung durch Wahlreform und Erziehung zur politischen Verantwortung zustimmt: *Reichstagsprotokolle*, 392 (1927), S. 9633; 395 (1928), S. 13 641; 425 (1929), S. 2179; ders., *Zentrum und Reichspolitik*, Köln 1930, S. 32.

40 Franz v. Papen, „Reichsreform“, in: *Germania* v. 12. Oktober 1928: „Wir sind Föderalisten und als solche auch gegen eine Reichsreform über Großpreußen!“

41 So im Görlitzer Programm von 1921 wie im Heidelberger Programm von 1925.

Interessenstruktur der Partei. Die weitgehende Uniformität der Arbeits- und Lebensbedingungen ihrer Anhängermassen drängte konsequent auf eine Konzentrierung der gesamten politischen, gesellschaftlichen und wirtschaftlichen Willensbildung auf Reichsebene, wo die SPD auch das Gewicht ihrer zentralistischen Organisation am besten einsetzen konnte. Solche Erfahrungen hatte schon der Kampf unter dem Kaiserreich vermittelt; jetzt bildeten sie die Grundlage des Mißvergnügens an dem Kompromiß der Weimarer Verfassung, durch den die SPD ihre führende Stellung im neuen Staat erheblich behindert sah. Manche Kritiker glaubten in der Weimarer Ordnung das gestürzte Kaiserreich, nur ohne die monarchischen Spitzen, wiederzufinden[42]. Demgegenüber führte die Verteidigung der sozialistischen Machtposition in der preußischen Regierung zu recht zwiespältigen, oft rein taktisch zu wertenden Urteilen innerhalb der SPD-Führung. Die unmittelbaren politischen Gesichtspunkte, die das preußische Problem angesichts der von der unitarischen Konzeption abweichenden Stellungnahme Brauns und Severings auferlegte[43], modifizierten die sozialdemokratische Einheitsstaatstheorie in der Richtung auf eine Erhaltung Preußens und — von Fall zu Fall — auf einen regionalen Föderalismus hin[44]. Besonders Braun selbst widersetzte sich keineswegs dem Gedanken einer späteren Personalunion Reich—Preußen, was dann Papens Eingriff zweifellos erleichterte[45].

So stark also die sozialdemokratische Stellungnahme durch praktisch-politische Erwägungen bedingt war, prinzipiell verharrte sie doch bei der Vorstellung von einem auf dezentralisierte Selbstverwaltung gegründeten Einheitsstaat[46], wobei weniger die Reform des Weimarer Parlamentarismus, etwa durch die Einführung des Mehrheitswahlrechts[47], als vielmehr die Erhaltung der unter Brüning noch verbliebenen Machtpositionen und die Vermeidung eines Entscheidungskampfes, eine „konservative" Haltung, den Kurs der Partei in der Schlußphase bestimmte. Die skeptische Beurteilung der Länderkonferenz[48] steigerte sich zu allgemeiner Resignation angesichts einer Entwicklung, die die SPD in eine passive Kompromißstellung hineintrieb und sie schließlich ganz in die Defensive drängte, die parlamentarische Demokratie auf außerparlamentarische Hilfsmittel verwies[49]. Die Wahrung des *status quo* in Preußen und im Reich auf Kosten der unitarischen Ausgangsstellung der Partei war zum beherrschenden Gesichtspunkt geworden, bis Papens Gewaltstreich endlich zu einer Neubesinnung und zu einem Wiederaufleben konstruktiver Reformpläne führte, die freilich nur noch theoretische Form gewinnen konnten.

Konsequenter vertrat die DDP, auch als Staatspartei, die einheitsstaatliche Tradition des Fortschrittsliberalismus, während in der DVP taktische Über-

42 So etwa M. Cohen in: *Sozialistische Monatshefte* 1919, S. 773; H. Kranold, *ebda.*, S. 835 ff.; *ebda.*, 1920, S. 835 f.

43 Z. B. Otto Braun, *Deutscher Einheitsstaat oder Föderativsystem?*, Berlin 1927, S. 9; S. 14; S. 31. Carl Severing, „Einheitsstaat oder Reichsverfassung?", in: *Jahrbuch der deutschen Sozialdemokratie 1928*, S. 309. Dazu auch Schulemann (Anm. VIII/30), S. 189 ff.

44 So trat auch der badische Staatspräsident Adam Remmele (SPD) für eine Erhaltung der Länder und gegen den „Einheitsstaat als Wahlparole" ein: „Gegen den Einheitsstaat, Der Standpunkt der süddeutschen Staatsoberhäupter", in: *Süddeutsche Monatshefte* 25 (Januar 1928), S. 242 ff. (dort auch die ähnlichen Stellungnahmen der württembergischen und bayerischen Regierungsspitze); vgl. auch Adam Remmele in: *Karlsruher Zeitung*, Nr. 290 v. 13. Dezember 1927.

45 Otto Braun, *Von Weimar* (Anm. I/5), S. 354 f.: „Angleichung Preußens an das Reich auf dem Wege der Personalunion in den leitenden Ämtern. . ."; vgl. u. S. 507.

46 „Dezentralisierte Selbstverwaltung als Weg zum Einheitsstaat" in: *Leipziger Volkszeitung* v. 27. Februar 1928.

47 Dafür tritt z. B. Walter Pahl ein: „Politische Willensbildung und Parlamentsreform" in: *Sozialistische Monatshefte* 1929, S. 292 ff.

48 Z. B. *Vorwärts* v. 17. bis 21. Januar 1928.

49 Dazu Gregor Bienstock, *Kampf um die Macht, Zur neuen Politik der Sozialdemokratie*, Berlin 1932, S. 5 ff.

legungen — je nach der Machtverteilung in den Ländern, in denen sich das Großbürgertum vielfach stärker zur politischen Geltung zu bringen vermochte als auf Reichsebene — das Eintreten für den Einheitsstaat deutlich behinderten [50]. Hier wurde für die Stärke der „unitarischen" Front nicht nur der engere Zusammenhalt der Weimarer Koalition, sondern vor allem auch die Wirksamkeit soziologisch-beruflicher Interessengruppierungen bedeutsam. Neben dem Reichstag insgesamt, dessen gesamtstaatliche Funktion ohnehin den Fraktionen — im eigensten Interesse — unitarische Gesichtspunkte auferlegte, trat hier besonders die Reichs-Ministerialbeamtenschaft in Erscheinung; ihr Streben nach Vermehrung des Einflusses, der Zuständigkeiten und Befugnisse schloß ganz natürlich den Wunsch nach subordinierender Vereinfachung des Instanzenzuges und Minderung der Landespotenzen ein [51], den sie mit vielerlei bürokratischen Mitteln zu verwirklichen strebte. Dasselbe mußte für die Reichsminister gelten, die in ihrer befristeten Amtszeit auf prompte und sichtbare Erfolge angewiesen waren. Dazu kamen die Interessenverbände, die für ihre Wirksamkeit in einem einheitlich geregelten, gesamtstaatlichen Einfluß- und Wirtschaftsgebiet die technische Vereinfachung und Rationalisierung auch der politischen Struktur verlangten und mit ihren zentralen Spitzenorganisationen auf ihre Weise die unitarische Tendenz verstärkten.

Auf der Seite des Föderalismus entsprach dieser Gruppierung die Aktivität, die Parlamente, Regierungen und Bürokratie der Länder bei der Verteidigung ihrer spezifischen, historisch-regional bedingten Zuständigkeiten entfalteten. Dies galt besonders für die Beamtenschaft der Länder, die das wachsende Hereinregieren der Reichsbehörden als ebenso überflüssig wie aufreizend empfinden mußten [52]. Aber auch in dem Gegenüber der Landtags- und Reichstagsfraktionen fand es seinen deutlichen Ausdruck; alle Parteien standen im Zeichen solcher Spannungen, die eine wesentliche Ursache für die Richtungsschwankungen auch im Zentrum und in der SPD bildeten, ohne allerdings mehr als gelegentliche Variationen — wie im Falle der sozialdemokratischen Einstellung zu Preußen — hervorzurufen. Dagegen besaß die föderalistische Richtung eine konsequente politische Vertretung einerseits in den regionalen Parteien, besonders in der BVP und der Deutschhannoverischen Partei, andererseits — auf Reichsebene und mit gänzlich verschiedenen Motiven und Zielen — in der DNVP. Ihr Ideal war die grundsätzliche Wiederherstellung der Bismarckschen Verfassung und ihrer ersten Voraussetzung, der preußischen Hegemonie. Daran hielt sie denn auch, im Unterschied zu der ausgesprochen opportunistischen, verschwommenen Einheitspropaganda der totalitären Parteien und auch der „Nationalen Opposition" insgesamt [53], mit unerschütterlicher Folgerichtigkeit fest.

50 Vgl. Nawiasky (Anm. VIII/8), S. 79 ff.

51 So etwa der Vorschlag von (Ministerialrat) Frielinghaus (Anm. VIII/12), S. 39 f.: „Was uns not tut, ist eine einheitliche Verwaltung in Deutschland, die dafür sorgt, daß in den großen Fragen des Reiches sich ein einheitlicher Wille, nötigenfalls bis zur untersten Instanz [!], durchsetzen kann. Wir bedürfen deshalb eines einheitlichen Verwaltungsstaates, an dessen Spitze der Reichspräsident mit der Reichsregierung steht und dem in den Ländern ein Landespräsident mit einer Landesregierung unterstellt ist." Ein Musterbeispiel für die Ausdehnung reichsbürokratischen Subordinationsdenkens auf den politischen Bereich! Vgl. auch Karl Bilfinger, *Der Einfluß der Einzelstaaten auf die Bildung des Reichswillens*, Tübingen 1923, S. 39 ff.; S. 13 ff. (über das Einflußproblem im wilhelminischen Staat).

52 So sind etwa die o. Anm. VIII/28 zitierten bayerischen Denkschriften wesentlich durch Vertreter der bayerischen Ministerialbürokratie ausgearbeitet worden: dazu Nawiasky (Anm. VIII/8), S. 86 f. Vgl. auch Gustav Otto Müller, „Gegen den Einheitsstaat, Die Fragen des Beamtentums", in: *Süddeutsche Monatshefte* 25 (1928), S. 250 ff.

53 Die Schwierigkeiten der in ihrer positiven Zielsetzung so heterogenen „Nationalen Opposition" traten auch in diesem Punkt klar zutage. Der konsequenten Preußenideologie standen in ihrem Rahmen ein großdeutscher Nationalismus und vor allem eine wütende, radikal unitarisch gerichtete Polemik gegen den

Dieser hegemoniale Föderalismus der DNVP, in dem der Gedanke der fortdauernden Mission Preußens Ausdruck fand, trat mit seiner Betonung des machtstaatlichen, militärischen und monarchischen Momentes von Anfang an in einen viel schärferen Gegensatz zum Weimarer Staat als der „echte", oft weltbürgerlich-pazifistisch gefärbte Föderalismus bayerischer Prägung. So fühlbar die Hoffnung auf eine monarchische Restauration verblaßte[54], so betont hielt die DNVP an der Führerrolle Preußens als Grundlage einer starken Reichsgewalt in einem föderalistisch aufgebauten Bundesstaat fest[55]. Mit der Wahl Hindenburgs erschien dann der Reichspräsident als der gegebene Garant dieses kryptomonarchischen Staatsaufbaus. Über Preußen ins Reich[56]: dies war die Parteiparole der DNVP, auf diesem Weg hoffte sie die 1918 verlorenen Machtpositionen wiederzugewinnen. Mit der zeitweiligen Beteiligung an der parlamentarischen Regierungspolitik nahm die Partei in den mittleren Jahren der Republik zwar eine etwas konstruktivere Haltung gegenüber den aktuellen Verfassungs- und Reformproblemen ein. Auch die Wahl „ihres" Hindenburg zum Staatsoberhaupt verhalf den Hoffnungen auf eine allmähliche Entwicklung zeitweilig zum Übergewicht über die Umsturzgedanken. Aber die scharfe Kritik an der Weimarer Staatsstruktur blieb, und mit dem Sieg des Hugenbergflügels über die gouvernementale Richtung wurde der Sturm auf Preußen erneuert. Hier mußte der Schlüssel zur Eroberung der Macht liegen, die für die DNVP über eine Restauration der Bismarckschen Staatsstruktur und über eine grundlegende Einschränkung des Parlamentarismus führte[57]. Die Verfassungsfrage wurde in diesem Sinne als Hebel der Reichsreform betrachtet; der Parlamentarismus, dies entscheidende Hindernis, sollte durch eine Stärkung des Führerprinzips, durch den Machtzuwachs des Reichspräsidenten ausgeschaltet und über diesen — Hindenburg — der Weg zur Herrschaft in Preußen gebahnt werden[58].

Deshalb mußte auch die unitarische Propaganda des Erneuerungsbundes, die an der Frage des „alles vernichtenden Parlamentarismus" vorbeiging und Preußens Verwandlung in ein Reichsland forderte, auf die deutschnationale Opposition treffen[59]. „Kernfrage der Reform" war und blieb die „Beseitigung der Überparlamentarisierung unseres öffentlichen Lebens und ... die Einschränkung der absoluten Alleinherrschaft wechselnder Parlamentsmehrheiten"[60] — nicht aber eine Reform, die durchsetzen wollte, „was nicht einmal der Revolution gelang: das Bismarckreich auseinanderzusprengen"[61]. Kaum

Partikularismus, die traditionelle „deutsche Zwietracht" gegenüber. Ein Beispiel für die Art, wie gerade die Forderung nach einer „starken Außenpolitik", nach einer Durchkreuzung besonders der französischen Hoffnungen auf den deutschen Föderalismus in diesem Lager zu einer höchst inkonsistenten Vermischung von Preußen- und Reichsideologie führte, ist die Schrift des Feme-Verteidigers Friedrich Grimm, *Reichsreform und Außenpolitik*, Hamburg 1933, S. 7 ff.; S. 39 ff.

54 Ein Beispiel dafür liefern auch die Bemerkungen des deutschnationalen Hauptgeschäftsführers Max Weiß, „Verfassungsfragen", in: *Politisches Handwörterbuch*, Berlin 1928, S. 938; vgl. S. 921 ff. Dazu auch Kaufmann (Anm. I/89), S. 117 ff u. a.

55 So etwa Paul Baecker, *Die deutsche Frage* (Rede auf dem 2. Parteitag am 29. Oktober 1920 in Hannover), Berlin 1920, S. 11 ff. u. a.; Axel Frhr. v. Freytagh-Loringhoven, „Verfassungsfragen", in: *Der nationale Wille* (Anm. VIII/6), S. 145.

56 Oskar Hergt, *Unser Ziel* (Rede auf dem 2. Parteitag am 25. Oktober 1920 in Hannover), Berlin 1920, S. 15.

57 Vgl. die zahlreichen Belege bei Schulemann (Anm. VIII/30), S. 53 ff.

58 So z. B. *Politisches Handwörterbuch* (Anm. VIII/54), S. 944 ff.; Friedrich Everling, *Reichszerstörung oder Reichsreform*, Berlin 1928, S. 34; S. 36.

59 So Hugenbergs Ablehnung der Leitsätze des Bundes (die auch ihm vor der Veröffentlichung zur Unterzeichnung vorgelegt worden waren) in: *Kölnische Zeitung*, Nr. 362 a v. 4. Juli 1928. Die offizielle Ablehnung erfolgte am 9. April 1929 in einer Entschließung des Parteivorstands: *Wege zur Reichsreform, Deutschnationale Schriftenvertriebsstelle*, Flugblatt Nr. 518; vgl. auch *Deutsche Zeitung*, Nr. 87 v. 14. April 1929.

60 Äußerung der deutschnationalen Pressestelle in: *Deutsche Tageszeitung*, Nr. 374 v. 4. August 1928.

61 *Deutsche Zeitung* v. 7. August 1928 (Schultheß, *1928*, S. 169); vgl. *Kreuzzeitung*, Nr. 557 v. 25. November

weniger heftig wurden auch die Bemühungen der Länderkonferenz abgelehnt, denen Hugenberg und mit ihm der Parteivorstand ein föderalistisch-antiparlamentarisches Konzept zur „Beseitigung des Dualismus zwischen Reich und Preußen" durch eine „Wiederbetrauung Preußens mit der Verantwortung für das Reich" entgegensetzten[62].

Die Schlußphase stand ganz im Zeichen des wütenden Kampfes einer geschwächten DNVP gegen die Machtstellung der SPD in Preußen: „Befreit Preußen vom Marxismus!"[63], war die Parole, die zugleich der Zerschlagung der preußischen Stütze der Brüning-Regierung galt[64]. Für eine Beseitigung des „antipreußischen Preußen der Marxisten, Zentrums-Demokraten und Juden-Demokraten"[65] wurden jetzt in taktischer Kehrtwendung auch verfassungsrechtliche Argumente mobilisiert, während man seit je schon die Konkurrenz einer sozialdemokratischen „Preußen-Schwärmerei" bekämpft hatte[66] und immer von neuem die Rechte der Länder betonte. Längst schwamm die DNVP im nationalsozialistischen Kielwasser, und doch glaubte sie an ihren preußischen Weg zur Macht: „Ohne Preußen keine Rettung!" Auch nach der vernichtenden Niederlage bei den Preußenwahlen von 1932, die ganz den Nationalsozialisten zugute kam, blieb dies der Kurs, und als wenig später Hindenburg, dessen Wiederwahl die DNVP bekämpft hatte, einer Reichsregierung nach deutschnationalem Geschmack seine diktatorischen Vollmachten zur Verfügung stellte, schien eine Bismarck-Lösung in greifbare Nähe gerückt. Konnte nicht der außerparlamentarische Staatsstreich Papens, des verhinderten Deutschnationalen, mit der Machtergreifung in Preußen auch auf Reichsebene der Bismarckschen Staatsstruktur über das Intermezzo der Republik zum Siege verhelfen?

3. Auf dem Weg zum Preußen-Putsch

Die weitgespannte Auseinandersetzung über das Problem der Reichsreform war im Zeichen der Krise nach den Ansätzen der Länderkonferenz nur scheinbar wieder in ein theoretisches Stadium zurückgesunken. Vielmehr hatte gerade die präsidiale Notverordnungspolitik des Kabinetts Brüning ein ständiges Vordringen der Reichsgesetzgebung in den Bereich der Länderzuständigkeiten bewirkt. Während sich diese allgemeine Tendenz vor 1930 im wesentlichen auf dem Wege ordentlicher parlamentarischer Beschlußfassung durchgesetzt hatte, wurde auch sie nun durch die außerordentlichen Maßnahmen nach Artikel 48 vorangetragen. Damit erfuhr sie eine erhebliche Beschleunigung und Ausweitung, die allen Bedenken und Protesten zum Trotz weder praktisch noch juristisch wesentlich eingeschränkt wurde. So stellte am 5. Dezember 1931 der Staatsgerichtshof in zwei Entscheidungen fest, daß der Reichspräsident Rechtsnormen auch auf den der Zuständigkeit der Länder unterworfenen Gebieten erlassen könne[67]. Schon zuvor hatte der Reichsinnenminister eine Verordnung

1928; Everling (Anm. VIII/58), S. 11 ff.; Axel Frhr. v. Freytagh-Loringhoven, „Dr. Luthers Reichsreform", in: *Der Tag* v. 13. Oktober 1928.

62 Alfred Hugenberg, in: *Der Tag*, Nr. 37 v. 12. Februar 1929; vgl. *Unsere Partei* 1929, S. 79; „Entschließung. . ." in: *Deutsche Zeitung*, Nr. 87 v. 14. April 1929.

63 Rede Alfred Hugenbergs am 25. März 1931 in Marienburg.

64 Rede Hugenbergs auf dem 10. Reichsparteitag am 20. September 1931 in Stettin, in: *Unsere Partei* 1931, S. 232.

65 So Eduard Stadtler, *Preußen wider preußisch*, Kirchhain 1931, S. 46 f.

66 Z.B. *Deutsche Tageszeitung*, Nr. 511 v. 29. Oktober 1928 zum *Vorwärts*-Interview Severings v. 28. Oktober 1928.

67 Hans-Heinrich Lammers und Walter Simons, *Die Rechtsprechung des Staatsgerichtshofs für das Deutsche Reich*, Bd. V, S. 154, Ziff. 4e; S. 202, Ziff. 3a.

zur Sicherung der Haushalte von Ländern und Gemeinden vom 24. August 1931 mit der Feststellung begründet, der Reichspräsident sei „bei Ausübung der ihm auf Grund des Artikels 48 zustehenden Befugnisse ... an die normale verfassungsmäßige Zuständigkeitsabgrenzung zwischen Reich und Ländern nicht gebunden“ [68]. Die Landesregierungen wurden dadurch zwar ihrerseits zum Erlaß von Verordnungen für den Ausgleich ihrer Haushalte ermächtigt [69]. Praktisch aber wurde mit der Gewöhnung an die Notverordnungsgesetzgebung die außerordentliche Befugnis des Reichspräsidenten mehr und mehr zur einzigen Quelle einer Gesetzgebung, der die Länder auch über den Reichsrat nur unvollkommen ihre eigenen Ansprüche entgegensetzen konnten. Wurde doch gerade der Reichsrat als wirkendes Organ der Legislative in allen föderativen Angelegenheiten durch die außerparlamentarische Präsidialgesetzgebung weitgehend ausgeschaltet, ohne daß verfassungsrechtlich überhaupt eine Mitwirkung der Länder bei den Notverordnungen nach Artikel 48 gesichert war [70]. Dieser Entwicklung entsprach seit 1930 ein weiteres Vordringen der Reichsgewalt auf den Gebieten der Landwirtschafts- und der Arbeitsschutzgesetzgebung sowie in den Fragen, die das Verhältnis der Länder zu ihren Gemeinden im Bereich der Haushalts-, Finanz-, Arbeitslosen- und Sozialpolitik betrafen [71]. Eine bedeutungsvolle Ergänzung fand dies in der Errichtung reichseigener Behörden. So wurde durch präsidiale Verordnung eine dem Reichskanzler unterstellte Oststelle geschaffen, die zunächst von Preußen und dem Reich gemeinsam besetzt [72], dann aber ausschließlich durch einen Reichskommissar für die Osthilfe (Schlange-Schöningen) verwaltet wurde [73]. Dem folgte am 16. Juni 1932 die Bestellung eines dem Reichsarbeitsminister unterstehenden Reichskommissars für den Arbeitsdienst (mit Bezirkskommissaren) [74]. Hier war eine Entwicklung angebahnt, die schließlich dem Zentralismus des „Dritten Reiches“ zugute kommen sollte. Die vor allem auf wirtschaftspolitischem Gebiet praktizierte Ausdehnung der Reichsverwaltung durch Kommissare [75] wurde noch gestützt durch die Einsetzung zahlreicher Ausschüsse der Reichsverwaltung, die besonders der agrarpolitischen Zuständigkeit der Länder wachsende Beschränkungen auferlegten und nicht selten zur Verdoppelung des Instanzenzugs führten. Überall griff die Tendenz zur „Verreichlichung“ um sich, so im Sparkassen-, Giro- und Bankwesen wie in der Fürsorgegesetzgebung. Noch einschneidender war, daß auch die Polizeihoheit der Länder durch die Neufassung [76] des 1922 beschlossenen Gesetzes zum Schutze der Republik [77] und durch die präsidiale Notverordnung zur Bekämpfung politischer Ausschreitungen vom 28. März 1931 [78] *de facto* in wachsendem Maße den Anweisungen des Reichsinnenministers unterstellt wurde. Einen Höhepunkt erreichte diese Tendenz,

68 *RGBl.*, *1931*, I, S. 453: Der Reichspräsident „vereinigt also die Zuständigkeit sowohl des einfachen Reichsgesetzgebers wie auch des Landesgesetzgebers in sich. Soweit er danach Maßnahmen trifft, die sonst zur Zuständigkeit des Landesgesetzgebers gehören, gehen sie den abweichenden Bestimmungen des Landesrechts vor."

69 *Ebda.*

70 Vgl. dazu Poetzsch-Heffter, „Vom Staatsleben" (Anm. I/128), S. 136 ff. mit entsprechenden Beispielen aus der Praxis der Notverordnungsgesetzgebung.

71 Eine Zusammenstellung der betreffenden Verordnungen *ebda.*, S. 15 ff.

72 Erlaß des Reichspräsidenten v. 14. August 1930: *RGBl.*, *1930*, I, S. 434; vgl. Otto Braun (Anm. I/5), S. 386 ff.

73 Erlaß des Reichspräsidenten v. 5. November 1931: *RGBl.*, *1931*, I, S. 665; vgl. o. Anm. IV/110 und Schlange-Schöningen (Anm. I/78), S. 48 ff.; S. 56 ff.

74 Verordnung über den freiwilligen Arbeitsdienst: *RGBl.*, *1932*, I, S. 352.

75 Vgl. die Aufstellung bei Poetzsch-Heffter, „Vom Staatsleben" (Anm. I/128), S. 25.

76 Gesetz zum Schutze der Republik v. 25. März 1930: *RGBl.*, *1930*, I, S. 91.

77 Vom 21. Juli 1922: *RGBl.*, *1922*, I, S. 585.

78 *RGBl.*, *1931*, I, S. 79.

als der Widerstand der Länder gegen die von Papen-Gayl veranlaßte Aufhebung des Uniform- und Demonstrationsverbots durch eine präsidiale Verordnung gebrochen wurde, die zwei Wochen später durch eine zweite Verordnung ausdrücklich für die Länder verbindlich gemacht wurde[79]: auch ihre neuerliche Aufhebung (18. Juli) nach den blutigen Zusammenstößen, die sie ermöglicht hatte, machte jene Entwicklung keineswegs rückgängig.

Aber alle diese Symptome, so bedenklich sie besonders angesichts der gleichzeitigen Zurückdrängung der parlamentarischen Legislative zugunsten einer *De-facto*-Legislation der Bürokratie erscheinen mußten, mochten auch jetzt noch kaum über spezifische verfassungsrechtliche Erwägungen hinausführen[80]. Entsprachen sie doch nicht nur den gemäßigt einheitsstaatlichen Vorstellungen republikanischer Theoretiker und Gruppen, sondern auch den zentralistischen Notmaßnahmen anderer Staaten dieser Zeit, die der verfassungsrechtlichen Ordnung starke Modifikationen auferlegten, ohne sie doch in gewaltsamer Durchsetzung einseitig politischer Intentionen zu durchbrechen. Da hoben die Ereignisse um den Sturz Brünings das wichtigste Teilproblem — Preußen — auf die Ebene konkreter politischer Entscheidung: der jahrelange Ansturm der „Nationalen Opposition" gegen die „schwarz-rote" Regierung Braun verstärkte sich jetzt, da ein zur positiven Mehrheit unfähiger Landtag einem Kabinett gegenüberstand, das er wohl stürzen, aber nicht ersetzen konnte, zum direkten außerparlamentarischen Angriff; dem Kabinett Papen, das ohnehin im Fahrwasser seiner rechtsradikalen und deutschnationalen Partner segelte, mußte an einer schnellen, sein Autoritätsbedürfnis befriedigenden Ausschaltung jener größten Länderregierung liegen, die neben ihr in Berlin noch im Geist der alten Weimarer Koalition amtierte; die innenpolitischen Erwägungen der Reichswehrführung endlich richteten sich zusätzlich noch besonders auf die Kontrolle der preußischen Polizei. Aus diesen vielfältigen Motivreihen entwickelte sich die staatsstreichförmige Aktion, mit der die beengte Präsidialregierung sich im letzten Augenblick — elf Tage vor der Wahl, die ihren hoffnungslosen Übergangscharakter endgültig bestätigen sollte — Raum und Prestige zu schaffen suchte.

In Preußen hatte die Regierung Braun bei der ersten Sitzung des neuen Landtags am 24. Mai ihren Rücktritt erklärt. Einen Tag später war der nationalsozialistische Abgeordnete Kerrl zum Landtagspräsidenten gewählt worden — in jener Sitzung, die nach Angriffen Freislers auf die republikanische Justiz[81] und Ausfällen des KPD-Abgeordneten Pieck gegen die Terrorkonkurrenz der Nationalsozialisten mit einer blutigen Schlägerei der beiden totalitären Fraktionen endete[82]. Während in der Folge alle Versuche scheiterten, durch eine Annäherung zwischen Zentrum und NSDAP eine Regierungsmehrheit in Preußen zustande zu bringen, verstärkten sich in der Presse die Gerüchte über Eingriffsabsichten der neuen Regierung Papen[83]. Preußen war mit den zwei kurzen Unterbrechungen der Kabinette Stegerwald und Marx seit 1919 durch die

79 Verordnungen des Reichspräsidenten gegen politische Ausschreitungen: *RGBl., 1932*, I, S. 297 (14. Juni); S. 339 (28. Juni). Vgl. o. S. 483 f.

80 Dazu zusammenfassend auch Ernst Hamburger, „Dialektik der staatsrechtlichen Entwicklung in der Wirtschaftskrise", in: *Die Gesellschaft* 9, Heft 1 (Januar 1932), S. 20 ff.

81 Der berüchtigte spätere Präsident des Volksgerichtshofs stützte sich dabei vor allem auf die einseitig antirepublikanische Skandalchronik von Gottfried Zarnow [Pseud.], *Gefesselte Justiz, Politische Bilder aus deutscher Gegenwart*, 2 Bde., München 1931/32, der es nicht um juristische Klärung, sondern um politische „Enthüllung" im rechtsoppositionellen Sinn ging.

82 Vgl. o. S. 442 f.

83 Vgl. Carl Severing, „20. Juli 1932", in: *Die Gegenwart* 2, Nr. 13/14 (v. 31. Juli 1947), S. 15: „Schon am 2. Juni wurde in den Zeitungen das Gerücht verbreitet, daß der zum Reichsinnenminister ernannte Freiherr von Gayl zugleich zum Reichskommissar für Preußen bestellt werden sollte."

Weimarer Koalition unter sozialdemokratischer Führung regiert worden. Die politische Situation war hier, wo eine kompromißbereitere SPD sich nicht von einem „Bürgerblock" hatte ausschalten lassen, das Zentrum entschlossener an einer konsequent demokratischen Politik festhielt[84], wesentlich stabiler gewesen als im Reich selbst. Nun aber hatte die allgemeine Machtverschiebung auch diese wichtigste Bastion der Weimarer Ordnung erfaßt und isoliert. Otto Braun blieb zwar Chef der geschäftsführenden Regierung, gegen die wohl Mißtrauens-, aber keine Ablösungsmehrheiten zustande kamen[85], er zog sich jedoch schon am 6. Juni resigniert in einen Urlaub zurück „mit der festen Absicht, nicht mehr in das Amt zurückzukehren" [86]. Ihn vertrat der dienstälteste Minister Hirtsiefer (Zentrum).

Jetzt kamen die Dinge sichtbar ins Rollen. Der „starke Mann", der „rote Zar" Preußens hatte freiwillig das Feld geräumt, um nicht länger den Exzessen einer destruktiven Landtagsmehrheit ausgesetzt zu sein[87]. Er mußte freilich, da an eine parlamentarische Lösung der Regierungskrise unter diesen Umständen nicht zu denken war, „weiter ein Schattendasein als preußischer Ministerpräsident führen" [88]. Aber einen Tag später schon, am 7. Juni, forderte Papen nach Besprechungen mit Hugenberg und Vertretern der NSDAP den nationalsozialistischen Landtagspräsidenten Kerrl schriftlich auf, umgehend die geschäftsführende durch eine ordentliche preußische Regierung zu ersetzen. Symptomatisch war, daß dies Schreiben nicht nur wider alle Regeln ohne vorherige Fühlungnahme mit der geschäftsführenden Regierung abging, sondern daß es von papenfreundlichen Pressekommentaren begleitet war, die für den Fall des Scheiterns der Koalitionsverhandlungen die Einsetzung eines Reichskommissars in Preußen in Aussicht stellten. Die Reaktion der Presse auf diese erste Ankündigung[89] schien selbst auf deutschnationaler Seite keineswegs einheitlich. Während man dort Auswirkungen auf die föderalistische Grundstruktur des Reiches befürchtete, wurde von demokratisch-sozialistischer Seite die politische Begründung einer solchen Maßnahme überhaupt energisch angezweifelt.

In der Tat unterschied sich die Situation in Preußen nicht wesentlich von der in den übrigen großen Ländern. Auch in Bayern und Sachsen (seit Sommer 1930), in Hessen (seit Dezember 1931), Württemberg (seit März 1932) und Hamburg (seit Oktober 1931) standen geschäftsführende Regierungen den mehrheitsunfähigen Landtagen gegenüber. Man konnte darin ein „Versagen des Parlamentarismus", zugleich „ein Stück automatischer Reichsreform und Vorbereitung der zukünftigen autoritären Gestaltung" sehen[90], wenn man vor der eigentlichen Ursache dieser Erscheinung, der intransigenten Koalitionsunfähig-

84 Der historische Grund für diese Einstellung lag nicht zuletzt in der Tatsache, daß die dominierende Rolle des protestantischen Elements in der preußischen Politik der Kaiserzeit das preußische Zentrum früh in eine „progressive" Richtung gedrängt und die Republik Preußen dann zum Träger der politischen Emanzipation auch des Katholizismus gemacht hatte. Die bedeutendste Ausnahme war auch hier jene Gruppe des katholischen Landadels, der Papen entstammte. Am 4. Februar 1932 war allerdings mit Heß, dem Führer der Landtagsfraktion, der entschiedenste Verfechter der Weimarer Koalition gestorben, so daß jetzt auch hier mit Kaas und Brüning die Rechtsentwicklung des Zentrums an Einfluß gewann; vgl. jetzt auch Schwering, „Joseph Heß" (Anm. II/8), S. 5.

85 So nahm eine Mehrheit des preußischen Landtags am 3. Juni zwar einen kommunistischen Mißtrauensantrag gegen die geschäftsführende Regierung (!) an, lehnte aber einen deutschnationalen Antrag auf Aufhebung der Mehrheitsbestimmung (vgl. o. S. 442) ab.

86 Otto Braun (Anm. I/5), S. 396; vgl. auch Heiden (Anm. I/16), S. 305, und die Charakterskizze Brauns bei Siegfried Marck, *Große Menschen unserer Zeit, Portraits aus drei Kulturkreisen*, Meisenheim am Glan 1954, S. 68 ff.

87 So Brauns eigene Begründung: Otto Braun (Anm. I/5), S. 394 ff.

88 *Ebda.*, S. 397.

89 Vgl. Horkenbach, *1932*, S. 175.

90 So auch Poetzsch-Heffter (Anm. I/128), S. 38.

keit der stärksten „parlamentarischen" Partei, die Augen verschloß. Um so mehr bemühte sich das preußische Kabinett, Papen keinen rechtlichen Anlaß für ein Eingreifen in Preußen zu geben. Ein solches Eingreifen mochte vor allem mit einer „Gefährdung der öffentlichen Sicherheit und Ordnung" begründet werden, die eine Anwendung des Artikels 48 — nach dem vielzitierten Vorbild der Reichsexekution gegen Sachsen und Thüringen neun Jahre zuvor[91] — rechtfertigen würde. Da in dieser Beziehung zunächst für Preußen keineswegs besondere Umstände aufzuweisen waren, dementierte Papen auf den Protest Hirtsiefers hin schon am nächsten Tag (8. Juni) alle entsprechenden Gerüchte[92]. Und am 9. Juni wiederholte Gayl vor dem Reichstag die Versicherung, daß es ihm nur auf das Zustandekommen einer verfassungsmäßigen Regierung in Preußen ankomme, die „in den großen Fragen der Nation mit der Reichsregierung übereinstimmt und in lebendiger Fühlung mit uns arbeiten wird". Reichs- und Verfassungsreform, so notwendig sie seien, müßten noch hinter „dringenderen Aufgaben" zurücktreten; dies gelte auch für die Bemühungen um die Monarchie, wenn er persönlich sie auch für die „angemessenste Staatsform" halte[93]. Als dennoch am selben Tage demonstrativ die in Karlsruhe tagenden Ministerpräsidenten von Bayern, Württemberg und Baden den Reichspräsidenten telegraphisch um einen Empfang in Berlin ersuchten, wurde dieser süddeutsche Vorstoß gegen die Papenschen Interventionspläne durch ein weiteres Dementi abgefangen, das Hindenburg in Gegenwart Papens den drei Länderchefs am 12. Juni persönlich bestätigte, nachdem Held der Beunruhigung über drohende Eingriffe in die Länderrechte Ausdruck gegeben und auf die unhaltbare Situation hingewiesen hatte, in die der Vorgang einer Gleichschaltung Preußens die restlichen zwei Fünftel des Reiches versetzen würde[94].

Inzwischen ging jedoch die Kampagne gegen die preußische Regierung weiter. In einem Protestschreiben an Hirtsiefer (am 10. Juni) bestand Kerrl auf seinem angeblichen Recht, in Verhandlungen mit Papen die Neubildung der preußischen Regierung zu betreiben. Wie sich diese Querverbindung mit Papens öffentlichen Versicherungen vertrug, sollte sich sechs Wochen später erweisen. Gleichzeitig forderte auch Goebbels Papen auf, in Preußen „neue Wege zu suchen"[95]. Eine negative Mehrheit des preußischen Landtags setzte ihre Politik der Durchlöcherung der noch bestehenden Ordnungsverhältnisse fort, verlangte am 15. Juni die Entlassung des sozialdemokratischen Polizeipräsidenten Grzesinski sowie die gerichtliche Aburteilung des Polizeikommandeurs Heimannsberg mit einigen seiner Offiziere und verfehlte nur knapp die Zweidrittelmehrheit, die für eine Anklage gegen die sozialdemokratischen und staatsparteilichen Minister vor dem preußischen Staatsgerichtshof erforderlich war. Dagegen mußten die Bemühungen um eine Koalition NSDAP—Zentrum jetzt als endgültig gescheitert betrachtet werden: da die destruktive Majorität (NSDAP, DNVP, DVP, KPD) zwar ihre negativen Beschlüsse gegen die bestehende Ordnung durchsetzte, zur Regierungsbildung aber unfähig war, bedeutete die scharfe Absage des NS-Fraktionsführers Kube an das Zentrum am 16. Juni das

91 Auch damals hatte es sich bezeichnenderweise um Linksregierungen gehandelt, während gleichzeitig ähnlich scharfe Maßnahmen gegen die rechtsgerichteten Diktaturbestimmungen Kahrs in Bayern unterblieben waren.

92 Dazu Severing, *Lebensweg* (Anm. I/18), II, S. 339.

93 Horkenbach, *1932*, S. 178 f.

94 Vgl. o. S. 483. Auch bei dieser Gelegenheit betonte Papen, er werde in Preußen nur eingreifen, wenn eine Gefahr für die Aufrechterhaltung der Ruhe und Ordnung bestehe: *ebda.*, S. 182; Severing, „20. Juli" (Anm. VIII/83), S. 15; Miller (Anm. I/40), S. 415 ff.; Schwend (Anm. V/40), S. 439; „Der Konflikt zwischen Reich und Ländern" in: *Der Zeitspiegel* 1, Nr. 13 (7. Juli 1932), S. 194 ff. mit Pressestimmen.

95 Joseph Goebbels, „Die Frage Preußen", in: *Der Angriff* v. 11. Juni 1932.

Ende aller Versuche zur regulären Regierungsbildung. Als fünf Tage später Kerrl vom Zentrum die Unterstützung eines nationalsozialistischen Ministerpräsidenten forderte, der an keine Abmachungen gebunden sein dürfe und völlig freie Hand bei der Bildung des Kabinetts haben müsse (!), stieß er auf die erwartete Ablehnung. Die Wahl eines neuen Ministerpräsidenten wurde auf einen Zeitpunkt nach den Reichstagswahlen vertagt.
Inzwischen gaben die schweren Zusammenstöße und Gewalttaten, denen das Kabinett Papen durch seine Vorleistungen an die Rechtsopposition die Tür geöffnet hatte, den aufgeschobenen Interventionsplänen einen neuen wirksamen Hintergrund. Im Zusammenhang mit den Meinungsverschiedenheiten über die Aufhebung des SA- und Demonstrationsverbots verlangte die rechtsoppositionelle Presse schärfstes Vorgehen gegen die Regierungen Preußens, Bayerns, Badens und Hessens, die ihre Maßnahmen gegen das Auftreten der NSDAP aufrechterhalten hatten: *Der Tag* forderte nötigenfalls ein Eingreifen mit Gewalt, die *Deutsche Zeitung* Verhängung des Ausnahmezustandes, die offizielle nationalsozialistische Korrespondenz „die Verhängung des Ausnahmezustandes im gesamten deutschen Staatsgebiet, ein rücksichtslos durchgeführtes Verbot der KPD und ihrer Deckorganisationen, Säuberung der schwarz-roten Polizeikräfte, insbesondere in Preußen“[96]. Mit ganz ähnlichen Ermahnungen trat auch der Kronprinz in diesen Tagen einmal mehr an Schleicher heran[97]. Auf der Gegenseite konnte man sich kaum mehr unklar sein über die bevorstehenden Aktionen einer Regierung, die so offensichtlich auf solche Wünsche zu hören geneigt und genötigt war. Der Ausgang der Länderkonferenz machte deutlich, in welchem Maße die ersten Schritte des neuen Regimes schon nach drei Wochen die Bürgerkriegssituation in Deutschland verschärft und einen akuten Konflikt zwischen Reich und Ländern heraufbeschworen hatten[98].
Während auf den Versammlungen der „nationalen“ Rechten mit zunehmender Schärfe die Einsetzung eines Reichskommissars in Preußen gefordert wurde, wobei sich DNVP und NSDAP trotz manchen Meinungsverschiedenheiten einmal mehr die Bälle zuwarfen[99], sorgte Kerrl als Landtagspräsident dafür, daß auch das preußische Parlament nach der Ablehnung des nationalsozialistischen Amnestieantrages[100] und nach erneuten Forderungen Freislers auf gerichtliche Verfolgung der höchsten Polizeibeamten Grzesinski, Weiß und Heimannsberg endgültig beschlußunfähig auseinanderging. Diese Sitzung vom 8. Juli, mit der recht eigentlich die Geschichte Preußens als eines parlamentarischen Staates ihr Ende fand, schloß damit, daß die NS-Fraktion — wie immer bei solchen Gelegenheiten — ihr dreifaches Heil-Hitler ausbrachte und das Horst-Wessel-Lied sang: als die Kommunisten mit dem Gesang der Internationale antworteten, verließ Kerrl seinen Präsidentensitz. Nachdem der Landtag so auf unbestimmte Zeit beschluß- und formlos auseinandergegangen war, ergriff nun die

96 Horkenbach, *1932*, S. 206 f.; S. 211.
97 In einem Brief vom 24. Juni 1932 (*Schleicher-Nachlaß*, S. 66 f.) begrüßt er „mit allen nationalen Kreisen“ das Kabinett Papen: eine solche Lösung müsse jetzt auch in Preußen kommen. Vor allem solle man innenpolitisch energisch „durchgreifen“, „indem die Länder entweder durch Notverordnungen oder einen Reichskommissar zum Gehorsam gezwungen werden, wenn sie auf ihrem Widerstand gegen die Aufhebung des Uniformverbots verharren“. So geschah es denn auch. Man müsse, mahnt der Brief weiter, schärfste Maßnahmen gegen die KPD ergreifen (ihr Verbot sei „das einzige und beste Mittel“); ferner sei ein „energisches Durchgreifen gegenüber der Linkspresse ... durch rücksichtslose Verbote“ nötig.
98 Vgl. o. S. 483 f.
99 So forderten auf der DNVP-Reichsführertagung in Berlin am 25. Juni sowohl der Preußen-Fraktionsvorsitzende v. Winterfeld wie Hugenberg „Taten“ gegen das Preußenkabinett, nachdem Hitler schon drei Tage zuvor in einem Aufruf jeden Pakt mit dem Zentrum abgelehnt hatte. Vgl. den Artikel „Her mit dem Reichskommissar für Preußen!“, in: *Der Tag*, Nr. 165 v. 10. Juli 1932 (deutschnational).
100 Der Antrag erreichte nicht die wegen des Einspruchs des Preußischen Staatsrats notwendige Zweidrittelmehrheit.

deutschnationale Fraktion ihrerseits die Initiative. Sie forderte auf Grund der durch ihre kräftige Beihilfe geschaffenen Lage das unverzügliche Eingreifen der Reichsregierung; ihr Fraktionsführer v. Winterfeld führte noch am selben Tag entsprechende Gespräche mit Gayl und mit Papens Staatssekretär Erwin Planck. Die Ausgangslage war erreicht. Wie das Kabinett Papen durch seine einseitigen Vorleistungen an die Rechte erst die Voraussetzungen für diese Situation geschaffen hatte, so war nun auch auf preußischer Seite durch die pseudo-parlamentarischen Manöver einer „unechten" Landtagsmehrheit einer verfassungsrechtlichen Begründung der geplanten machtpolitischen Verschiebungen Raum und Richtung gewiesen.

Es bedurfte also kaum mehr des Rückgriffs auf die alten Projekte der Reichsreform. Immerhin wurde auch von dieser Seite die pseudolegale Vorbereitung des Staatsstreichs vorangetrieben. Noch im Juni fühlte Gayl bei Severing in einer Richtung vor[101], die sich schon Anfang November 1931 in Otto Brauns Gesprächen mit Brüning über die Frage einer Personalunion Reich—Preußen abgezeichnet hatte[102]. Was damals nach Brauns Angaben an Hindenburg gescheitert war, gewann freilich unter den politischen Vorzeichen der Papen-Ära ein völlig neues Gesicht. So durfte sich Severing auch nicht wundern, daß — durch eine wohl kaum zufällige Indiskretion Gayls — seine vertrauensseligen Äußerungen der nationalsozialistischen Presse zu willkommenen Argumenten wurden für die Behauptung, Severing selbst habe Gayl die Übernahme der preußischen Polizei angeboten und ihn um Einsetzung eines Reichskommissars ersucht. Auch Dementis konnten nicht verhindern, daß dieser Gedanke dadurch auch von den alten Preußenplänen her politische Unterstützung und scheinbare Legitimierung gewann.

Das entscheidende Argument freilich, auf das die verfassungsrechtliche Begründung des Preußenputschs zurückgreifen sollte, war einmal mehr die vielbeschworene kommunistische Gefahr. Die alte, noch nach dem Reichstagsbrand von 1933 geübte Taktik der Rechten, durch eine Gleichsetzung von kommunistischem und sozialdemokratischem „Marxismus" — was immer man darunter verstand — jede die SPD einschließende Koalitionsregierung als „bolschewistisch" zu diffamieren, feierte in dem Sieg über die letzten Bedenken Papens und Hindenburgs einen neuen Triumph. Es ging um das Problem einer Geschäftsregierung, für die ein radikalisiertes Parlament keine ordentliche Nachfolge zu bestellen vermochte. Aber die „staatspolitische" Begründung für einen Regierungswechsel, den die „Nationale Opposition" als parlamentarische Minderheit nur durch Gewalt zu erreichen hoffen konnte, mußte einmal mehr die Behauptung von der kommunistischen Infiltration der Preußenregierung liefern.

Diese Behauptung, die von deutschnationaler Seite schon Ende Juni verfochten[103], dann in einem Schreiben der DNVP-Fraktion an Papen wiederholt[104] und später von der Reichsregierung aufgenommen wurde, bezog sich auf eine Unterredung, die der Regierungsrat und spätere erste Chef der Gestapo Rudolf Diels für Severings Staatssekretär Abegg mit den kommunistischen Abgeordneten Kasper (preußischer Landtag) und Torgler (Reichstag) am 4. Juni arran-

101 Severing (Anm. I/18), II, S. 340 f.
102 Otto Braun (Anm. I/5), S. 354 f.
103 So v. Winterfeld auf der Reichsführertagung der DNVP am 25. Juni 1932.
104 Schreiben vom 8. Juli 1932, abgedr. in: *Unsere Partei* 1932, S. 210: „Hohe preußische Beamte halten es für richtig, mit diesen Landesfeinden, d. h. den Kommunisten zu verhandeln. . . Die preußische Staatsmacht ist nicht mehr Herrin der Lage. . . Her mit dem Reichskommissar für Preußen!"

giert hatte. Die nachträglichen Angaben Abeggs und Diels'[105] gehen so weit auseinander, daß abschließende Feststellungen schwierig erscheinen. Zunächst ist die Wahrscheinlichkeit sehr gering, daß — wie Diels behauptet — Abegg ohne Wissen Severings und bei klarer Kenntnis der antikommunistischen Haltung der SPD und vor allem ihres Partners, des Zentrums, ernstlich den utopischen Plan einer Tolerierung der Weimarer Koalition in Preußen durch die KPD betrieben habe[106]. Überdies geht aus den für die Verhandlung vor dem Staatsgerichtshof bereitgestellten Berichten deutlich hervor, daß es sich bei der ganzen Affäre wesentlich um das Manöver eines ehrgeizigen Beamten handelte, der das sinkende Schiff der Regierung Braun zeitig genug verlassen und durch einen wertvollen Beitrag zur Papenschen Begründung des Preußenputsches den Anschluß an die neuen Machthaber gewinnen wollte[107]. Auch an dieser Affäre war nach Papens Angaben Schleicher wesentlich beteiligt[108]. Die kommenden Ereignisse wie besonders die Verhandlung vor dem Staatsgerichtshof erweisen, daß dieser Fall Diels durchaus seine Parallele in dem zwielichtigen Verhalten anderer preußischer Beamter hatte[109], die den gefürchteten Personal-

105 Abeggs Darstellung wird in dem u. Anm. VIII/122 zitierten Schriftsatz der preußischen Regierung gegeben; Rudolf Diels' Bericht bildet das Kernstück der *ebda.* herangezogenen Begründung der Reichsregierung; vgl. seine Selbstrechtfertigung in: *Lucifer ante portas, Es spricht der erste Chef der Gestapo*, Stuttgart 1950, S. 150.

106 So Severing (Anm. I/18), II, S. 342; vgl. schon Arnold Brecht in: *Preußen contra Reich vor dem Staatsgerichtshof*, Berlin 1933, S. 24 f.

107 Diels wurde nach dem 20. Juli überraschend schnell zum Oberregierungsrat befördert, um dann auch ein halbes Jahr später im Übergang zu Görings Preußenpolitik vor und nach dem Reichstagsbrand als erster Chef der Gestapo eine zwielichtige Rolle zu spielen. Der Zusammenhang ist so offensichtlich, daß auch Arnold Brecht vor dem Staatsgerichtshof Diels' Beförderung („aus Gründen, die schwer erklärlich sind, unter Überspringung einer Reihe von älteren Beamten – aus welchen Gründen?") als bemerkenswertes Indiz nicht nur für die einseitigen Personalveränderungen anführen konnte: *Preußen contra Reich* (Anm. VIII/106), S. 91.

108 Papen (Anm. VI/35, S. 216) erzählt, daß ihm Schleicher nach seiner Rückkehr aus Lausanne von den „Verhandlungen" Abeggs mit Kasper Mitteilung gemacht habe, die ihm „ein hoher Beamter des preußischen Innenministeriums" hinterbracht habe. Er hält auch heute an dieser Version von einer drohenden „Einheitsfront" der Linken und von einer „Zersetzung" der SPD durch kommunistische „Infiltration" fest, die sein Handeln ausgelöst habe. Vgl. auch seine Aussage in: *Nürnberger Dokumente*, Bd. XVI, S. 276. Schleichers Rolle in diesem Zusammenhang – und bei der Beeinflussung Hindenburgs durch dies Argument – wird besonders auch von Meißner (Anm. I/156), S. 235 f., betont.

109 Neben dem u. S. 558 f. besprochenen Schriftwechsel zwischen preußischer und Reichsregierung, der sich weitgehend auf die Bekundungen loyaler oder aber zeitig ausgewechselter Beamter stützte, machte auch das plötzliche Drängen auf Verbot von Linksblättern, dem sich Severing besonders am 16. Juli ausgesetzt sah, die Wirkung der gegen die preußische Regierung gerichteten Drohungen und Planungen auf Teile der Beamtenschaft und das Maß ihrer Zersetzung deutlich: vgl. Severing (Anm. I/18), II, S. 347, und seinen Brief an den Verfasser vom 30. Oktober 1951: „Ich habe es in der Zeit meiner Amtsführung immer beklagt, daß in den Reichsressorts auf die politische Zuverlässigkeit der Beamten nicht genügend Gewicht gelegt worden ist und daß die charakterlichen Qualitäten der einzelnen Beamten bei ihrer Beurteilung viel zu wenig ins Gewicht fielen. So kam es, daß in den größten Verwaltungszweigen des Reiches, besonders in der Post und in der Finanzverwaltung, sich schon Ende der 20er Jahre Zellen bilden konnten, die nahezu ungehindert ihre Tätigkeit ausübten. Ich habe mit dem Reichsverkehrsminister v. Guérard einmal einen Zusammenstoß um deswillen gehabt, weil ich nicht alle die vom Reich eingestellten Beamten des Reichswasserschutzes in die preußische Polizei übernehmen wollte. Zu einer solchen summarischen Übernahme konnte ich mich nicht entschließen, weil ich von der republikanischen Zuverlässigkeit mehrerer der in Betracht kommenden Beamten nicht überzeugt war. . .
Nach dem ersten großen Wahlerfolg der Nationalsozialisten im September 1930 setzte bekanntlich ein wahres Trommelfeuer ein, mit dem die Nationalsozialisten versuchten, die Beamtenschaft einzuschüchtern und ihren Widerstand gegen das Vordringen nationalsozialistischer Ideen zu verringern. Insbesondere auf dem Lande wurde ein wilder Terror in dieser Beziehung geübt, dem schwächere Charaktere, auch solche, die sich bis dahin zu den Linksparteien zählten, nach und nach erlagen. Es hat zwar nicht an tapferen und loyalen Beamten gefehlt, die sich auf ihre Dienstverpflichtung und ihren Diensteid stützten, aber die ständigen Bedrohungen auch dieser Beamten haben schließlich zur Resignation, in einigen Fällen sogar zur schnellen Wandlung geführt. Die Maßregelungen, die von der Regierung Papen im Sommer 1932 durchgeführt wurden, haben dieser Versumpfung den wirksamsten Vorschub geleistet. Eine besondere Erwähnung verdient die Haltung eines Teiles der Polizeioffiziere, die in einem besonderen Verband unter Führung des Polizeiobersten Dillenburger organisiert waren. Dieser Verband, der mehrfach von mir zur Ordnung gerufen werden mußte, hatte es besonders darauf abgesehen, die gesamte Polizeibeamtenschaft nach rechts zu biegen, was ihm jedoch in dem gewünschten Maße nicht gelungen ist. Jedenfalls wäre die Berliner Schutzpolizei im Juli 1932 bereit gewesen, für den Schutz der Verfassung zu kämpfen."

veränderungen des neuen Regimes durch einen schnellen Kurswechsel vor oder nach der gewaltsamen Absetzung ihrer eigenen Regierung zu entgehen suchten. So waren auch die spärlichen Anhaltspunkte, die Papen am 20. Juli und in der folgenden Auseinandersetzung für seine Behauptung von dem kommunistenfreundlichen Kurs des preußischen Innenministeriums und seiner Polizeiabteilung noch zusätzlich anführen konnte, auf den zufälligen Eindrücken solcher keineswegs unbefangenen Beamten begründet. Sie wurden denn auch in den nachträglichen Verhandlungen[110] unzweideutig widerlegt.

In Wirklichkeit stand Papens Regierung angesichts der bevorstehenden Reichstagswahl einmal mehr unter dem verstärkten Druck ihrer totalitären Partner, deren Aktivität jetzt weit aktueller war als die Gefahr eines kommunistischen Umsturzes. Das Verbot des Rotfrontkämpferbundes bestand seit 1929 fort, der SA jedoch hatte man nach zwei Monaten wieder volle Aktionsfreiheit gegeben. Es ist müßig, einen Vergleich über den Anteil der beiden totalitären Parteien an dem Terror und den Bluttaten anzustellen, die im Juli 1932 einen Höhepunkt erreichten. Fest steht, daß die Präsidialregierung ihre Maßnahmen ganz einseitig gegen *eine* Spielart des Radikalismus richtete und noch immer mit dem nationalsozialistischen Antikommunismus in Idealkonkurrenz treten, dem Rechtsradikalismus das Wasser von der Mühle nehmen zu können hoffte, während sie jeden Vergleich der beiden totalitären Varianten zugunsten der rechtsradikalen Partner entschied. Selbst als Papen nach dem Blutbad von Altona die Maßnahmen widerrufen mußte, durch die er dem Straßenterror erst Tür und Tor geöffnet hatte, boten ihm die blutigen Ergebnisse seiner Politik der einseitigen Vorleistungen nur die Begründung für einen weiteren Akt parteiischer Willkür[111].

Am 14. Juli berichtete Papen in Neudeck Hindenburg über Lausanne und besprach dann unter Hinzuziehung Gayls seine innenpolitischen Pläne. Inzwischen war ihm von Schleicher auch das Dielssche Material zugeleitet worden, das er jetzt Hindenburg vorlegte[112]. Die Vorbereitungen nahmen sogleich konkrete Formen an. Eine wesentliche Rolle scheint Papens Staatssekretär Planck gespielt zu haben, der neben staatsrechtlichen Fragen die Formulierung der Erlasse bearbeitete. Dazu kamen Diels, der das Material für den Nachweis der kommunistischen Kontakte der Preußen-Regierung zubereitete, sowie Schleichers Oberstleutnant Ott, der den militärischen Ausnahmezustand bearbeitete. Ferner scheint man zur Beurteilung der Begründungen Carl Schmitt beigezogen zu haben, um Hindenburgs Bedenken begegnen zu können[113]. Während gleichzeitig die Regierung noch einmal alle Gerüchte um den Reichskommissar und um die Verhängung des Ausnahmezustandes dementierte, kündigte nun auch Kerrl öffentlich an, er werde in einem Schreiben an Papen eine Änderung der Verhältnisse in Preußen fordern[114]. Einen Tag später drohte Hindenburg mit der Absage seiner Rheinreise, falls die preußische Regierung ihr für das

110 Vgl. u. S. 558 ff.

111 In diesem Zusammenhang ist interessant, daß Diels von Berlin aus sogleich noch mitten in der Nacht den Polizeipräsidenten von Altona anrief und sich für Details interessierte, allerdings hier unvermuteterweise mit seinem gerade anwesenden Chef – Severing – verbunden wurde. Severing (Anm. I/18), II, S. 346. Zweifellos ging es dabei, drei Tage vor der Aktion gegen Preußen, um jene politische Begründung der geplanten Maßnahmen, zu der Diels durch seine Zwischenträgereien schon einen wesentlichen Beitrag geleistet hatte.

112 So Papen (Anm. VI/35), S. 216; vgl. o. Anm. VIII/108.

113 Auszug aus einem Brief Eugen Otts an den Sohn Papens vom 26. Dezember 1949 (bestätigte Abschrift im Institut für Zeitgeschichte, München). Ott betont, daß Hindenburg erst nach Vorlegung des Materials der Anwendung des Artikels 48 zugestimmt habe: er „hatte zuvor ausdrücklich erklärt, daß er gegen die preußische Regierung nur vorgehen werde, wenn er sich auf einwandfreie Tatbestände stützen könne, die ihn nötigenfalls vor dem Staatsgerichtshof rechtfertigen würden".

114 Horkenbach, *1932*, S. 243.

Rheinland bestehendes Stahlhelm-Verbot nicht aufhebe. Hatte nicht die Führung desselben Stahlhelms immer wieder gegen die „marxistische Diktatur in Preußen" agitiert und unter der Parole: „Wer Preußen hat, hat Deutschland!" gefordert, „der Reichspräsident als Reichsverweser soll in Zukunft auch das Amt des preußischen Staatspräsidenten innehaben"[115]? Am 18. Juli forderte auch Hugenberg in einer Rede in Siegen erneut die Beseitigung des „marxistischen Spuks" in Preußen und die Ersetzung der Regierung Braun — die er allein für die Unruhen verantwortlich machte — durch einen Reichskommissar: nur so könne die Reichsregierung sich Autorität verschaffen und das Übel an der Wurzel packen[116]. Auch auf nationalsozialistischer Seite war man vom Bevorstehenden unterrichtet, wußte jetzt sogar um die Person des kommenden Reichskommissars[117].

So war es auch kein Zufall, daß am 19. Juli Landtagspräsident Kerrl sein angekündigtes Schreiben veröffentlichte, in dem Papen das Scheitern aller Koalitionsverhandlungen mitgeteilt wurde[118]. Es forderte den Reichskanzler zur Beseitigung des „Notstands" in Preußen auf, der durch den Landtag nicht geändert werden könne, „zur Herstellung wahrer verfassungsmäßiger Zustände" aber unbedingt geändert werden müsse. Dabei scheute Kerrl nicht die Feststellung, daß eine Mehrheitsbildung an der Weigerung des Zentrums, einem nationalsozialistischen Ministerpräsidenten „völlige Freiheit in der Bildung des Kabinetts und der Festlegung des Regierungsprogramms"(!) zuzugestehen, gescheitert sei. Indem auch er die geschäftsführende Regierung für alle politischen Exzesse verantwortlich machte, verlangte er, daß auf Grund des Artikels 48 „dieser unwürdige, dem Willen der Mehrheit des preußischen Volkes nicht entsprechende Zustand" abgeändert und zugleich die preußische Polizeigewalt auf das Reich übernommen werde. Hinter der machtpolitischen Realität zeichnete sich hier zugleich eine verfassungsrechtliche Konsequenz von größter Bedeutung ab: wenn die Präsidialregierung, selbst nur außerparlamentarisch sanktioniert, eine geschäftsführende Landesregierung durch präsidialen Akt ablösen konnte, nur weil der zuständige Landtag dazu nicht in der Lage war, dann mußte dies für fast alle größeren Länder, ja für die ganze politische Struktur der Weimarer Republik sogleich von unabsehbarer Bedeutung werden.

4. Der 20. Juli 1932

Die Gleichschaltung Preußens ist nicht als Höhepunkt der Reichsreformbestrebungen, sondern als entscheidender Wendepunkt im Prozeß der von der Demokratie zur Diktatur führenden Machtverschiebung in die Geschichte eingegangen. Sie bedeutete den Verlust der politischen Selbständigkeit für ein deutsches Land mit der Bevölkerungszahl Frankreichs, recht eigentlich den Untergang Preußens. Sie dokumentierte zugleich die leichtfertige Selbstherrlichkeit, mit der Papens Präsidialkabinett seine politische Abhängigkeit zu tarnen und die aller demokratisch-parlamentarischen Begriffe entkleidete Machtverfügung auf

115 „Entschließung des Bundesvorstandes" (Anm. III/61).
116 Horkenbach, *1932*, S. 248. Bezeichnenderweise verschweigt die Hugenberg-Apologetik den deutschnationalen Anteil am Papen-Putsch vollständig, behauptet vielmehr sogar, dies sei ein Sieg Hitlers gewesen(!!): *Hugenbergs Ringen* (Anm. I/6), I, S. 20 f. Ihr Grundtenor: „Für keinen einzigen unter den zahlreichen für Hitler in diesem entscheidenden Jahr vorteilhaften Vorgängen kann man aber bei einwandfreier Klärung der Zusammenhänge Hugenberg irgendeine Verantwortlichkeit [!] aufbürden" (*ebda.*, S. 21).
117 Goebbels, *Kaiserhof* (Anm. V/13), S. 130, nennt zum 18. Juli den Namen Brachts.
118 Abgedr. bei Poetzsch-Heffter (Anm. I/128), S. 39–41.

eine „neue" Basis zu stellen suchte. Sie war ein Schritt auf jenem Weg zur gänzlichen Ausschaltung der SPD aus Regierungsbildung und Gesetzgebung, der in der Papen-Ideologie und ihrer interessenpolitischen Verwurzelung in Industrie- und Agrarwünschen begründet war[119]. In seiner schrankenlosen Auslegung wurde hier der Artikel 48 zur alleinigen Stütze einer die Verfassung ausschaltenden „Reform", zur Grundlage der „neuen Legitimität" eines autoritären Regierungssystems, das nur noch dem Reichspräsidenten und seinen eigenen Vorstellungen verantwortlich sein wollte.

Am 18. Juli hatte Papen den amtierenden preußischen Ministerpräsidenten Hirtsiefer sowie Severing zu einer Besprechung für den 20. Juli eingeladen. Auf Severings Nachfrage[120] wurden als Verhandlungsgegenstände finanz- und agrarpolitische Angelegenheiten angegeben und deshalb auch noch Finanzminister Klepper geladen: von einer Erörterung innenpolitischer Fragen war nur beiläufig die Rede. Auf preußischer Seite wurden auf diesen schlecht getarnten Überraschungsversuch hin wohl allgemeine rechtliche und sachliche Überlegungen angestellt, jedoch keine Vorbereitungen zur Abwehr des drohenden, jetzt weithin erwarteten Eingriffs getroffen[121]. Die Interpretation der folgenden Vorgänge durch Severing ist eine einzige Bestätigung des psychologischen Dilemmas, in dem sich die geschäftsführende preußische Regierung nach aufreibendem achtwöchigen Lavieren zwischen einer destruktiven Landtagsmehrheit und einer den Konflikt suchenden Reichsregierung befand. Man fühlte sich im Recht, und man zog sich auf die Meinung zurück, eine Verletzung der „Legalität" würde auf die Urheber selbst zurückfallen und dürfe nicht von den Betroffenen ihrerseits mit gewaltsamem Widerstand beantwortet werden. Erst zwölf Jahre später fand dieser Standpunkt auch in Deutschland — dann unter ungleich tragischeren Umständen — seine Korrektur.

So schlossen sich am 20. Juli morgens um 10 Uhr die Türen der Reichskanzlei hinter Hirtsiefer, Severing und Klepper. Am Konferenztisch saßen ihnen Papen, Gayl und Planck gegenüber, während auf preußischer Seite unvermuteterweise noch Ministerialdirektor Nobis vom Ministerium Otto Brauns erschien. Nach der Begrüßung erklärte Papen sogleich ohne Rücksicht auf die vorgebliche Tagesordnung — nur deshalb hatte doch Kleppers Anwesenheit einen Sinn! —, „die Dinge in Preußen hätten sich nicht so gestaltet, wie er es für richtig hielt"[122]. Nachdem die Reichsregierung dies seit einiger Zeit mit Sorge beobachtet habe, sei sie bei Hindenburg deswegen vorstellig geworden. Da die „öffentliche Sicherheit und Ordnung in Preußen nicht mehr gewährleistet erscheine"[123], habe Hindenburg auf Grund des Artikels 48, Absatz 1 und

119 Vgl. auch Eschenburg (Anm. VI/171), S. 161 f.

120 So Severing (Anm. I/18), II, S. 348, der zu diesem Zweck Brauns Ministerialdirektor Nobis in die Reichskanzlei geschickt hatte, ohne zu wissen, daß auch dieser Beamte sich eben jetzt zu den künftigen Machthabern schlug. Vgl. u. S. 514.

121 Polizeipräsident Grzesinski selbst (*Inside Germany*, New York 1939, S. 155) war auf seine Vorstellungen hin von Severing zurückgewiesen und sogar mit Entlassung bedroht worden. Nachträglich hat Klepper berichtet, er habe am 19. Juli von der Einsetzung Brachts gehört und daraufhin seine Kollegen zu gewaltsamen Gegenmaßnahmen alarmiert: *Die Gegenwart* 2, Nr. 42/43, (30. September 1947). Diese Behauptung wird von Severing (Anm. I/18, II, S. 352 f.; *Die Gegenwart* 3, Nr. 56/57, 1. April 1948) entschieden dementiert, von Papen dagegen (Anm. VI/35, S. 217 f.) noch nachträglich zur weiteren Stützung seiner These verwendet, nach der in Preußen Ruhe und Ordnung gestört gewesen seien und nun noch „dieser vollendete Hochverratsplan" hinzukam. Übrigens folgt auch Görlitz (Anm. I/66, S. 380) in diesem Punkt wie in großen Teilen seiner Darstellung ziemlich kritiklos Papen.

122 „Aufzeichnung des Staatsministers Hirtsiefer" in: *Anlageheft zu der Erklärung des preußischen Staatsministeriums* v. 10. August 1932, Anlage 1, S. 1 (Manuskript zur Verhandlung vor dem Staatsgerichtshof, dem Verfasser im Herbst 1951 von Severing zugänglich gemacht).

123 „Aufzeichnung des Staatsministers Severing", *ebda.*, S. 3 f. Die Niederschriften Hirtsiefers und Severings stimmen bis auf unwesentliche Ergänzungen überein mit der von seiten des Reichs entworfenen „Darstellung der Durchführung der Verordnung des Reichspräsidenten betreffend die Wiederherstellung der

2, eine Verordnung erlassen[124], die den Reichskanzler zum Reichskommissar Preußens bestelle. Kraft dieser Vollmacht, so erklärte Papen, enthebe er Braun und Severing ihrer Ämter und betraue mit der Führung des Innenministeriums den Essener Oberbürgermeister Bracht[125]. Nach dieser abrupten Eröffnung widersprach Severing sofort entschieden der mit der Heranziehung des Artikels 48 gegebenen Behauptung, Preußen habe Verfassung oder Gesetze verletzt und weniger als andere Länder für die öffentliche Sicherheit und Ordnung gesorgt: dies sei nicht in einem Fall nachzuweisen, obwohl Preußen die meisten und größten Gefahrenzonen besitze. Auf Severings Erklärung, das Vorgehen der Reichsregierung sei verfassungswidrig, versicherte Papen jedoch nur, man habe die Schritte „reiflich erwogen" und werde „sie nun auch ausführen". Die Frage Papens, ob er freiwillig die Geschäfte an Bracht übergeben werde, beantwortete Severing mit dem Hinweis auf die geschichtliche Bedeutung dieses Verfassungsbruchs und auf die Pflicht eines republikanischen Ministers, sich nicht durch freiwilligen Rückzug mit dem „Makel der Desertion" zu beflecken: „er weiche nur der Gewalt"[126].

Diesem vielzitierten Wort folgte zunächst die Anregung Kleppers, in einer kurzen Sonderbesprechung der preußischen Vertreter über eine gemeinschaftliche Erklärung zu beschließen[127]; Severing widersprach diesem Vorschlag mit der Versicherung, er werde seine Haltung nicht ändern. Darauf versuchte Papen, „Kavalier auch im Staatsstreich"[128], in verbindlicher Weise auf Severing „einzuwirken"[129], indem er ihm eine „Vereinbarung" anbot, durch die das Gesicht gewahrt würde[130]. Severings neuerlichem scharfen Protest schloß sich nun auch Hirtsiefer an: dies Vorgehen sei „so unerhört", daß er „dafür in der ganzen Geschichte kein Beispiel wüßte. Ohne daß uns irgendwie mitgeteilt worden sei, was in Preußen nicht richtig sei, ohne daß uns irgendwie Gelegenheit gegeben worden sei, etwaige Beanstandungen in Preußen zu beseitigen, würden wir hier gewissermaßen zum Befehlsempfang kommandiert. Wie insbesondere ein Reichsinnenminister, der Freiherr von Gayl heiße und der über ein Jahrzehnt lang im Reichsrat die Interessen der Länder vertreten habe, ... diese Dinge überhaupt mitmachen könne, das sei mir absolut unerfindlich[131]." Selbst ein Angeklagter, so schloß Hirtsiefer, werde „vor seiner Verurteilung wenigstens gehört" — ein Vergleich, gegen den Severing und Klepper Einspruch erhoben.

öffentlichen Sicherheit und Ordnung im Gebiet des Landes Preußen vom 20. Juli 1932" in: *Anlageheft zu der Gegenerklärung der Reichsregierung* v. 5. August 1932, Anlage 1, S. 17 (Manuskript zur Verhandlung vor dem Staatsgerichtshof, dem Verfasser von Severing im Herbst 1951 zugänglich gemacht). Am ausführlichsten ist die Aufzeichnung Severings, der jetzt auch seine Memoiren folgen (Anm. I/18, II, S. 348 ff.).

124 *RGBl.*, *1932*, I, S. 377; vgl. u. Anm. VIII/136; VIII/148.

125 Bracht war ein konservativer Katholik, der vom rechten Zentrumsflügel kam. 1923 war er (unter Marx) Staatssekretär in der Reichskanzlei gewesen.

126 „Aufzeichnung des Staatsministers Severing" (Anm. VIII/123), S. 5; vgl. Severing (Anm. I/18), II, S. 349; Severings Aussage in: *Nürnberger Dokumente*, Bd. XIV, S. 286 f.; „Aufzeichnung des Staatsministers Hirtsiefer" (Anm. VIII/122), S. 2; Papen (Anm. VI/35), S. 217; „Darstellung der Durchführung" (Anm. VIII/123), S. 2.

127 Klepper (Anm. VIII/121) behauptet nachträglich, er habe diese Pause zum „Losschlagen" benutzen wollen, bevor noch die Reichsregierung dazu ihrerseits Gelegenheit gehabt hätte; dies sei nur daran gescheitert, daß ihm Hirtsiefer zwar zur Türe gefolgt, Severing aber sitzen geblieben sei. Severing dementiert diese Darstellung nachdrücklich, meint vielmehr, Klepper habe in diesem Augenblick einen Kompromiß erreichen und Severing zum freiwilligen Rücktritt veranlassen wollen: Anm. I/18, II, S. 351. Kleppers Behauptung findet auch in der „Aufzeichnung des Staatsministers Hirtsiefer" (Anm. VIII/122, S. 3) keinen Anhalt.

128 Stampfer (Anm. I/4), S. 630.

129 „Aufzeichnung des Staatsministers Hirtsiefer" (Anm. VIII/122), S. 2.

130 „Aufzeichnung des Staatsministers Severing" (Anm. VIII/123), S. 6; Severing (Anm. I/18), II, S. 349. Papens geschmeidiger Kommentar (Anm. VI/35, S. 27): „Mein Appell an seine [Severings] staatsmännische Einsicht [!] unter Hinweis [wohl: „und der Hinweis"], daß der Eingriff in seine Kompetenzen [!] nichts mit der Hochachtung zu tun habe, die ich ihm immer entgegengebracht, blieben ohne Erfolg."

131 „Aufzeichnung des Staatsministers Hirtsiefer" (Anm. VIII/122), S. 2 f.; vgl. Severing (Anm. I/18), II, S. 349 f.

Aber Papen beendete[132] die in gewohnt forscher Schnelligkeit erledigte Besprechung kurzerhand mit der großzügigen Feststellung, „es handele sich doch schließlich um einen Akt der Staatsraison“ [133].
Damit war endlich auch ganz offen dem Vorrang des machtstaatlichen vor dem verfassungsrechtlichen Denken Ausdruck gegeben: die „Reichsexekution“ war ein kaum getarnter Staatsstreich, gestützt von der mobilisierten Reichswehr und gerechtfertigt durch jene „situationsgemäße Auslegung der Verfassung“, mit der dann Carl Schmitt, der Kronjurist der Diktatur, den Papen-Putsch vor dem Staatsgerichtshof zu verteidigen wußte[134]. Mit der verfassungsrechtlichen hatte Papen aber auch indirekt schon die sachliche Begründung preisgegeben, auf die er sein Vorgehen dann vor der Öffentlichkeit, in Presse, Rundfunk und Gerichtssaal stützte. Jetzt waren es zwei Artikel der Weimarer Verfassung[135], gegen die die „Staatsräson“ mobilisiert wurde. Ein halbes Jahr später hatte Papen auch darin seinen Meister gefunden, dem er im Verein mit Schleicher jetzt noch mit einem forschen Teilputsch den Rang ablaufen zu können glaubte. Als Vizekanzler Hitlers würde er dann zusehen, wie dieser „Staatsräson“ und „nationales Interesse“ zu eigenen Gunsten gegen eine ganze Verfassung einsetzen konnte.
Zunächst beantwortete Papen Severings Weigerung auf seine Weise. Als das Wort von der „Gewalt“ fiel, trat die Reichskanzlei sogleich mit dem Reichswehrministerium in Verbindung, dessen wohlvorbereitete Unterstützung unverzüglich durch eine zweite Präsidialverordnung sanktioniert wurde[136]. Noch in den Vormittagsstunden des 20. Juli wurde über Berlin und Brandenburg der militärische Ausnahmezustand verhängt und damit auch die preußische Polizei gleichgeschaltet[137]. Zum Träger der vollziehenden Gewalt ernannte Schleicher den Kommandanten des zuständigen Wehrkreises, jenen Generalleutnant v. Rundstedt, den man wenige Tage zuvor in Essen beim Gespräch mit Bracht gesehen hatte[138]. An allen wichtigen Punkten Berlins zogen bewaffnete Truppen auf. Daß der Reichsregierung „die Anwendung eines gewissen Zwanges notwendig erschien“ [139], bestätigte nur noch einmal den staatsstreichförmigen

132 Papen (Anm. VI/35, S. 217): „Ich erhob mich, und die kurze Sitzung war beendet.“
133 „Aufzeichnung des Staatsministers Severing“ (Anm. VIII/123), S. 7; Severing (Anm. I/18), II, S. 350.
134 Als Vertreter der Reichsregierung vor dem Staatsgerichtshof hat Carl Schmitt dann seine Lehre von der „situationsgemäßen“ Auslegung der Verfassung (besonders in: *Deutsche Juristenzeitung* 1931, Heft 1) auf den 20. Juli 1932 angewendet, indem er in einer „Bürgerkriegslage“, wie er sie für diesen Zeitpunkt behauptet, Preußen „das Recht auf seine eigene Politik“ einfach aus machtpolitisch-nationalen Erwägungen heraus abstreitet und dabei jede verfassungsrechtliche Realität durch den Artikel 48 aufgehoben wissen will: *Preußen contra Reich* (Anm. VIII/106), S. 39 ff. Vgl. u. Anm. IX/170.
135 Artikel 17, Abs. 1: „Jedes Land muß eine freistaatliche Verfassung haben. Die Volksvertretung muß in allgemeiner, gleicher, unmittelbarer und geheimer Wahl von allen reichsdeutschen Männern und Frauen nach den Grundsätzen der Verhältniswahl gewählt werden. Die Landesregierung bedarf des Vertrauens der Volksvertretung.“
Artikel 63, Abs. 1: „Die Länder werden im Reichsrat durch Mitglieder ihrer Regierungen vertreten. . .“
136 „Darstellung der Durchführung“ (Anm. VIII/123), S. 2. Vgl. die „Verordnung des Reichspräsidenten, betreffend die Wiederherstellung der öffentlichen Sicherheit und Ordnung in Groß-Berlin und Provinz Brandenburg“ in: *RGBl., 1932,* I, S. 377 ff. Papen (Anm. VI/35, S. 217) bemerkt dazu heute noch stolz: „Schleicher und ich hatten einen solchen Verlauf vorausgesehen, und wir hatten Vorkehrungen getroffen, damit nicht etwa Severing jetzt seine preußische Polizei gegen die Reichsregierung mobilisiere.“
137 Grzesinski selbst wurde schon kurz nach 11 Uhr von Rundstedt der Befehl zum Rücktritt übermittelt. Es gelang ihm zwar eine Verzögerung der Durchführung, doch verzichtete Severing auch auf mehrmalige Rückfragen Grzesinskis hin auf alle Weisungen: Grzesinski (Anm. VIII/121), S. 157 ff. Auch der damalige preußische Kultusminister Grimme hat in einem Gespräch mit O. H. v. d. Gablentz v. 21. Juni 1951 bestätigt, daß Grzesinski Severing telephonisch seine bevorstehende Verhaftung mitgeteilt habe. Severing habe Hirschfeld gerade eine Rechtsverwahrung für die Mittagszeitung diktiert (die dann nicht mehr erschienen sei); er ließ Grzesinski sagen, er habe jetzt eine dringende Sitzung und könne nichts entscheiden. Dazu jetzt den *Bericht Heimannsbergs,* u. Anhang S. 641 ff.
138 Severing (Anm. I/18), II, S. 350, nach einer Mitteilung von Paul Löbe, der Bracht und Rundstedt im Gespräch in einem Essener Restaurant gesehen hatte. Vgl. ähnlich Grzesinski (Anm. VIII/121), S. 155 f.
139 „Darstellung der Durchführung“ (Anm. VIII/123), S. 2.

Charakter der Planungen. Die Erwartung der neuen Herren freilich, daß „mit der Möglichkeit eines Widerstandes gerechnet werden mußte“[140], zeugte von einer Überschätzung der inneren und äußeren Machtreserven der demokratischen Gegenkräfte. Severing hatte die Reihe der wirkungslosen Proteste eröffnet. Was nun folgte, war eine Demonstration des allgemeinen *Machtverlusts*, in den Krise, Zweifel, Pessimismus auch die bislang militanten Träger der parlamentarischen Demokratie gestürzt hatten.

Von der Reichskanzlei begaben sich die drei preußischen Minister um 11 Uhr unverzüglich in Severings Innenministerium, um „die notwendigen Schritte“ zu beraten. Ministerialdirektor Nobis allerdings blieb bei Papen zurück: da dieser preußische Beamte nach Hirtsiefers Darstellung[141] ohne Weisung seiner Vorgesetzten an der Sitzung teilgenommen hatte und wenig später mit Material gegen die preußische Regierung offen in den Dienst der Papenschen „Enthüllungs“-Kampagne trat[142], darf sein Beitrag zur Vorbereitung und Begründung des Staatsstreichs nicht gering eingeschätzt werden. Die Beratung im preußischen Innenministerium, zu der alle Minister sowie die Reichsratsbevollmächtigten Brecht und Badt hinzugezogen wurden, befaßte sich inzwischen mit der Abfassung und Absendung des Antwortschreibens an Papen[143]. Hier war schon entschieden — und auch Klepper scheint dem keineswegs widersprochen zu haben —, daß die preußische Regierung auch ihre weiteren Maßnahmen strikt in den Grenzen der „Legalität“ halten werde. Auf einstimmigen Kabinettsbeschluß hin wurde die Entscheidung des Staatsgerichtshofs angerufen und dort zugleich der Erlaß einer einstweiligen Verfügung gegen Papens Vorgehen beantragt[144]. Im übrigen erklärten sich die noch nicht abgesetzten Mitglieder des preußischen Kabinetts — also alle Minister außer Braun und Severing — zwar zu einer Zusammenarbeit mit Papen bereit, weigerten sich aber, an einer auf 17 Uhr anberaumten Sitzung teilzunehmen, zu der Papen inzwischen als „Ministerpräsident“ — nicht als „Reichskommissar“ — eingeladen hatte[145]. Ihr Schreiben an Papen beschuldigte die Reichsregierung der „Verletzung der Reichsverfassung wie der preußischen Verfassung“, gab die Anrufung des Staatsgerichtshofs bekannt und betonte, daß die preußische Regierung die Absetzung und Ernennung neuer Minister entgegen dem Artikel 17 sowie die Neubesetzung der Reichsratssitze entgegen dem Artikel 63 der Weimarer Verfassung als Eingriff und daher als „ungültig und nicht vorhanden ansehen“ werde: darin finde auch die präsidiale Anwendung des Artikels 48 ihre Grenzen. Die Minister müßten im übrigen die Einladung ablehnen, da „eine Sitzung der Staatsregierung ... nur unter Vorsitz eines preußischen Ministers gehalten werden“ könne[146]. Eine ähnliche Erklärung — ohne den Schlußsatz — machten sie wenig später auch öffentlich bekannt.

In der Reichskanzlei hatte gleichzeitig mit diesen Besprechungen bei Severing, die von 11 bis 12 Uhr dauerten, Staatssekretär Planck in der „üblichen Presse-

140 *Ebda.*

141 „Aufzeichnung des Staatsministers Hirtsiefer“ (Anm. VIII/122), S. 3.

142 Vgl. u. S. 530. Zu Nobis auch Braun (Anm. I/5), S. 446.

143 So auch Arnold Brecht in: *Preußen contra Reich* (Anm. VIII/106), S. 48. Abwesend waren nur Braun und Steiger, die aber ihr Einverständnis erklärten.

144 Severing (Anm. I/18), II, S. 351.

145 Dazu ausführlich Brecht in: *Preußen contra Reich* (Anm. VIII/106), S. 46 ff. Das ausgefüllte Formblatt der Einladung, die als betreibenden Ressortchef den „Ministerpräsidenten“, als Thema „politische Lage“ und „Personalveränderungen“ auswies, ist im *Anlageheft zu der Gegenerklärung der Reichsregierung* (Anm. VIII/123, Unteranlage b, S. 6) enthalten. Papens abschwächende Angabe (Anm. VI/35, S. 219), die Sitzung sei auf den 21. Juli angesetzt gewesen, ist demnach falsch.

146 „Schreiben der preußischen Staatsregierung vom 20. Juli 1932 an den Reichskanzler“, *ebda.* (Unteranlage c), S. 7 f.; abgedr. auch in: *Preußen contra Reich* (Anm. VIII/106), S. 48.

konferenz" das Kommuniqué zu den Maßnahmen Papens bekanntgegeben. Es war auch den preußischen Ministern bis zu diesem Zeitpunkt vorenthalten worden; jetzt erst erfuhren sie zugleich mit der Presse durch Otto Brauns Pressechef Hirschfeld[147] die amtliche Begründung der präsidialen Verordnung. Darin beteuerte die Reichsregierung den vorübergehenden Charakter ihrer Maßnahmen. Sie seien dadurch notwendig geworden, daß „die blutigen, von kommunistischer Seite hervorgerufenen Unruhen" in Preußen „nicht in dem notwendigen Umfang" bekämpft würden, daß hier die „Planmäßigkeit und Zielbewußtheit der Führung gegen die kommunistische Bewegung fehlten" und daher die Reichsregierung „von sich aus für Ruhe und Sicherheit im größten Land Deutschlands zu sorgen" habe. Dieser allgemeinen, rein politischen Begründung, die den einseitig parteiischen Charakter der Verordnung kaum verhüllt, war als einziger konkreter Anhaltspunkt die Beschuldigung beigegeben, daß die kommunistische Aktivität gerade in Preußen „kein Zufall" sei, sondern der „begründete Verdacht" bestehe, „daß hohe preußische Dienststellen in Berlin und an anderen wichtigen Punkten nicht mehr die innere Unabhängigkeit besitzen, die zur Erfüllung ihrer Aufgabe notwendig ist". Diese Erschütterung der staatlichen Autorität in Preußen werde noch begleitet von „ungezügelten, scharfen Angriffen" Severings und anderer hoher Beamter gegen die Reichsregierung. Es fehle die „notwendige vertrauensvolle Zusammenarbeit: ... unter diesen unerträglichen Umständen ist die vorübergehende Zusammenfassung der Machtmittel des Reiches und Preußens in der Hand des Reichskanzlers als Reichskommissar für Preußen der einzige Weg zur raschen Befriedung des größten deutschen Landes"[148]. Anschließend betonte noch „ein Vertreter des Reichsministeriums des Innern" die Bereitschaft Papens, „mit den noch im Amte befindlichen sechs preußischen Staatsministern zusammenzuarbeiten und mit ihnen gemeinschaftlich die Geschäfte des Landes Preußen zu führen"[149]. Als aber deren ablehnendes Schreiben eintraf, wurden auch sie noch am Abend des 20. Juli abgesetzt und ihre Ministerien am folgenden Tag den preußischen Staatssekretären Scheidt, Lammers, Hölscher, Schleusener, dem Staatssekretär im Reichsernährungsministerium Mussehl und dem Reichskommissar für das Bankgewerbe Ernst übertragen.

Otto Braun war die Nachricht von der Amtsenthebung nach Berlin-Zehlendorf in sein Haus überbracht worden, wo er seinen Krankheitsurlaub verbrachte. Auf die äußerst lakonische Mitteilung hin, der keinerlei Begründung beigefügt war[150], telephonierte Braun sogleich mit seinem Amt. Er erfuhr, daß Reichswehr soeben das Gebäude besetzt und den Befehl hätte, ihn nicht einzulassen. Als er auch mit Severing und den anderen Ministern keine Verbindung bekam, schrieb Braun einen Protestbrief an Papen, den dieser am folgenden Tag unter

147 Hirschfeld wurde dabei eine Gegenäußerung verwehrt. Vgl. Brecht in: *Preußen contra Reich* (Anm. VIII/106), S. 53.

148 „Amtliche Begründung zur Verordnung des Reichspräsidenten, betreffend die Wiederherstellung der öffentlichen Sicherheit und Ordnung im Gebiete des Landes Preußen, vom 20. Juli 1932" in: *Anlageheft zu der Gegenerklärung der Reichsregierung* (Anm. VIII/123), Unteranlage a, S. 4 f. Anschließend abgedr. in: *RGBl., 1932,* I, S. 377. Auch Carlowitz, der als Schleichers Vertrauensmann an der „unglücklichen Begründung" mit der „aus den Fingern gesaugten Behauptung der kommunistischen Gefahr" mitgearbeitet hatte, betont heute entschieden, daß die Tatsache des Dualismus allein die Anwendung des Artikels 48 nicht rechtfertigen konnte: Interview v. Carlowitz, ungedruckter Teil (Anm. VI/72), S. 97.

149 „Darstellung der Durchführung" (Anm. VIII/123), S. 2.

150 „An den preußischen Ministerpräsidenten, Herrn Dr. h. c. Dr. e. h. Braun, Berlin-Zehlendorf, Dessauer Straße 3. Nachdem der Herr Reichspräsident mich durch die Verordnung vom 20. Juli 1932 (Reichsgesetzblatt I, S. 377) zum Reichskommissar für das Land Preußen bestellt hat, enthebe ich Sie Ihres Amtes als preußischer Ministerpräsident, gez.: von Papen." Nach: *Preußen contra Reich* (Anm. VIII/106), S. 19. Die Verordnung war zu diesem Zeitpunkt noch nicht veröffentlicht und die auf Brauns Protest folgende Antwort Papens war dann bereits an den „Herrn Ministerpräsidenten a. D. [!] Braun" gerichtet.

Hinweis auf seine öffentlichen Erklärungen beantwortete. Weitere Proteste blieben ohne Antwort, ebenso die Forderung nach einer Möglichkeit, zu Papens Begründung ebenfalls im Rundfunk Stellung zu nehmen. Die Presse brachte seine Proteste, aber Brauns Haltung war so definitiv von der Niederlage vom 24. April bestimmt, daß er jeden Gedanken an Widerstand ablehnte[151]. Nach Brüning war nun auch er, der sich nicht minder entschieden in Preußen und in seiner Partei für Hindenburgs Wiederwahl eingesetzt hatte, der launischen Treue des Marschalls zum Opfer gefallen.

Im weiteren Verlauf des 20. Juli wurde die Machtübernahme „programmäßig und ohne Zwischenfälle“[152] verwirklicht. Bracht ließ Severing um eine Unterredung bitten und erschien gegen 16 Uhr, um Severing zu einer freiwilligen Übergabe der Geschäfte zu veranlassen. Auf Severings Weigerung hin, die noch einmal vom Gedanken an die Legalität[153], nicht aber an die politische Verpflichtung seiner Stellung diktiert war, erschien dann um 20 Uhr der neue Berliner Polizeipräsident Melcher (vormals Brachts Polizeipräsident in Essen) mit zwei Polizeioffizieren in Severings Amtszimmer und gab auf Anfrage seine Anweisung zur gewaltsamen Entfernung Severings bekannt, der darauf sein Ministerium verließ. Schon um 17 Uhr waren der Polizeipräsident Grzesinski, der Vizepräsident Weiß und der Kommandeur der Schutzpolizei Heimannsberg unter militärischer Gewaltandrohung durch den neuen Polizeipräsidenten von ihren Posten entfernt und in die Offiziersstrafanstalt übergeführt worden; sie wurden nach Severings Abgang wieder entlassen[154], mußten aber schriftlich auf die Ausübung weiterer Amtshandlungen verzichten. Den Beschluß bildete die Absetzung der preußischen Staatssekretäre Abegg, Staudinger, Weismann und Krüger[155].

So war die republikanische Festung Preußen schon ohne einen wirksamen Versuch des Widerstands gefallen, als Papen am Abend des 20. Juli in einer Rundfunkrede die Vorwürfe und Argumente wiederholte, mit denen er seinen Akt der machtpolitischen Staatsräson — wie er sie verstand — begründet hatte. Er ging wohl von der Mehrheitsunfähigkeit des preußischen Landtags aus, führte sie aber auf die vieldiskutierte Änderung seiner Geschäftsordnung[156], nicht etwa auf die Intransigenz der NSDAP zurück. Bezeichnend für die Richtung der Argumentation war die Tatsache, daß Papen diesen Landtag in drei Gruppen zerlegte und es beklagte, daß NSDAP und DNVP mit 47 % der Stimmen gegenüber 37 % der „übrigen Parteien“ nicht die Wahl eines Ministerpräsidenten durchsetzen könnten. Dadurch, so meinte er, sei den Kommunisten (16 %) eine Schlüsselstellung zugefallen[157]. Er verschwieg die gewohnte Zusammenarbeit der totalitären Parteien zur Rechten wie zur Linken bei allen negativen Beschlüssen. Für ihn gab es und gibt es noch heute nicht jene Antithese von demokratischer und totalitärer Politik[158], die seit 1930 und erst recht seit den Präsidentschaftswahlen von 1932 so sichtbar die alten Gruppierungen

151 Vgl. Otto Braun (Anm. I/5), S. 407–411. Dazu Papen (Anm. VI/35), S. 218.

152 So Papen, *ebda.*

153 So Severing (Anm. I/18), II, S. 352: Freiwilligen Rücktritt „habe ich abgelehnt, weil ich den Schleicher, Papen und Genossen nicht ersparen wollte, den Weg des Verfassungsbruchs zu Ende zu gehen“. Aber dabei blieb es.

154 Vgl. die detaillierte Schilderung Grzesinskis (Anm. VIII/121), S. 157 ff.

155 Vgl. Severing (Anm. I/18), II, S. 352; Papen (Anm. VI/35), S. 218; Horkenbach, *1932*, S. 249 f.

156 Vgl. o. S. 442.

157 Amtlicher Text der Rede in: *Anlageheft zu der Gegenerklärung der Reichsregierung* (Anm. VIII/123), Unteranlage d, S. 9 f.; mit einigen Kürzungen bei Schultheß, *1932*, S. 121–123. Nachträglich hat Papen (Anm. VI/35, S. 218) seine Rede natürlich um alle Stellen verkürzt, die ein Kompliment an die NSDAP enthielten, dagegen um eine Bemerkung erweitert, die dem koalitionswilligen Zentrum die Schuld an dem Nichtzustandekommen einer ordentlichen Regierung zuschiebt.

158 Z. B. Papen (Anm. VI/35), S. 181 u. a.

abgelöst hatte. Dem entsprach auch, daß Papen die lebhafte Beschwörung der kommunistischen Zersetzungs- und Umsturztätigkeit in den Mittelpunkt seiner Rede stellte und es der preußischen Regierung geradezu zum Vorwurf machte, daß sie „die politische und moralische Gleichsetzung von Kommunisten und Nationalsozialisten" vertrat. Mehr noch: sie habe „die staatsfeindlichen Kräfte des Kommunismus in eine Einheitsfront gegen die aufstrebende Bewegung der NSDAP" eingereiht[159]. Dieser dramatisch verdichteten Anspielung auf den fragwürdigen Bericht des Überläufers Diels folgten Angriffe auf die antifaschistischen Bekundungen und Maßnahmen hoher SPD-Beamter. Wenn Papen auch den vorübergehenden Charakter der Maßnahmen beteuerte und die „Herstellung eines ordnungsmäßigen Rechtszustandes" zu seinem einzigen Ziel erklärte[160], so konnte doch kein Zweifel sein, wessen Gunst er mit dieser Begründung des Staatsstreichs erstrebte.

Die einzige Machtbasis dieser Regierung, die Reichswehr, war jetzt um die preußische Polizei verstärkt. So konnte sie hoffen, der „aufstrebenden NSDAP" in ihrem Sinne propagandistisch entgegenkommen und sie doch noch, wenn schon die bevorstehende Wahl keine Chance versprach, für die eigenen Ziele einspannen zu können. Der Schlag gegen Preußen, so mochte man gerechnet haben, würde Hindenburgs Sympathie verstärken und zugleich die schon wieder aufsässige NSDAP besänftigen, die einem Angriff auf die Linke kaum ihre Anerkennung versagen könnte und so in die Tolerierungspolitik zurückfallen müßte. Goebbels' Notizen zeigen, daß die nationalsozialistische Opposition gegen den Tolerierungskurs ständig wuchs[161], und es mag auch sein, daß Papen und vor allem Schleicher die zu erwartende Besetzung preußischer Schlüsselministerien durch Nationalsozialisten — und damit deren Verfügung über die Polizei — verhindern wollten[162]. Nach diesem gelungenen Coup gegen den Rechtsstaat meinte die Präsidialregierung, die jetzt ein weiteres verfassungsmäßiges und politisches Hindernis genommen hatte, mit stolzer Selbstherrlichkeit verkünden zu können: „Die Reichsregierung wird auf dem von ihr als richtig erkannten Wege unbeirrt fortschreiten[163]."

Die „Säuberung" Preußens, Vorspiel zu den weiterreichenden Vorgängen von 1933, setzte denn auch sogleich ein. Nach wenigen Tagen schon waren zahlreiche höchste Verwaltungsträger in den Provinzen durch genehmere Beamte ersetzt. Die stattliche Liste umfaßte neben den Ministerialdirektoren Badt und Brecht und der Spitze der Berliner Polizei die Oberpräsidenten von Niederschlesien (Lüdemann), Sachsen (Falck), Schleswig-Holstein (Kürbis), Hessen-Nassau (Haas), die Regierungspräsidenten in Frankfurt a. O. (Fitzner), in Liegnitz (Hans Simons), in Magdeburg (Weber), in Merseburg (Ernst v. Harnack), in Lüneburg (Herbst), in Münster (Amelunxen) und in Königsberg (v. Bahrfeldt) sowie die Vizepräsidenten in Oppeln und Schleswig. Gleichzeitig wurden die Polizeipräsidenten von Königsberg, Kiel, Köln, Elbing, Hagen, Kassel, Oppeln, Altona, Magdeburg sowie Polizeidirektoren in Wilhelmshaven und Schneidemühl verabschiedet; ihnen folgten zahlreiche Landräte[164]. Im ganzen wurden

159 *Anlageheft zu der Gegenerklärung der Reichsregierung* (Anm. VIII/123), S. 11.
160 *Ebda.*, S. 13.
161 Goebbels, *Kaiserhof* (Anm. V/13), S. 122; S. 124 ff. usw.
162 Dies behauptet Papen (Anm. VI/35, S. 216), obgleich seine Rundfunkerklärung doch eine andere Sprache spricht. Eher ist es für Schleicher im Hinblick auf seine weitergehenden politischen und militärpolitischen Absichten bezüglich der NSDAP wahrscheinlich. Auch Brüning („Brief", Anm. I/9, S. 13) erblickt darin Schleichers Hauptmotiv.
163 *Anlageheft zu der Gegenerklärung der Reichsregierung* (Anm. VIII/123), S. 14.
164 Vgl. die Zusammenstellung bei Horkenbach, *1932*, S. 253 f.; S. 262. Dazu Severing (Anm. I/18), II, S. 359 f.

94 Beamte zur Disposition gestellt, 11 weitere zwangsweise beurlaubt. Dem stand die z. T. kommissarische Berufung von 64 höheren Beamten gegenüber, von denen 33 auch endgültig ernannt wurden — die meisten bemerkenswerterweise endgültig erst kurz vor der Verhandlung des Staatsgerichtshofs im Oktober[165].

Die ersten Maßnahmen Papens zielten unzweideutig über die Einsetzung von Reichskommissariaten hinaus auf die Errichtung einer verhandlungs- und entscheidungsfähigen Regierung eigenen Geschmacks ab. Erst als sich hier wenig später erhebliche politische und verfassungsrechtliche Schwierigkeiten auftaten und wie der Reichsrat, so auch der Staatsgerichtshof ungünstig zu reagieren schien, wichen die Verantwortlichen erheblich zurück. Zunächst aber wurden alle Minister als förmlich abgesetzt behandelt[166]. Schon am 22. Juli ernannte Papen die als Reichskommissare mit der Leitung der Ministerien beauftragten Staatssekretäre zu kommissarischen Ministern und verpflichtete sie durch Ministereid. Dies Vorgehen sollte die laut Geschäftsordnung des preußischen Kabinetts nur Ministern zustehende Durchführung der Personalveränderungen in der Beamtenschaft erleichtern, aber vor allem auch die zunächst viel weitergehenden Gleichschaltungspläne auf höchster Ebene vorantreiben. Jedenfalls übernahmen die Kommissare sogleich sämtliche Ressortgeschäfte der Minister, allem voran die Absetzung und Ernennung der Beamten. Die innenpolitische Verwirrung wurde dadurch noch vielfältig gesteigert. In Preußen bestanden fortan zwei „gesetzliche" Regierungen, die eine von der Reichsregierung, die andere von den Ländern gestützt, und in einer treffenden Karikatur waren die beiden Exponenten an einen durch ein Gitter getrennten Tisch placiert — mit der Unterschrift: „Brecht hat das Recht, Bracht die Macht[167]."

Es war der Höhepunkt der Papen-Ära. Schon nach wenigen Tagen sollten die Illusionen, die Papen emporgetragen und Schleicher zur Schlüsselfigur der innenpolitischen Szene, zum Dirigenten des *Machtvakuums* gemacht hatten, Stück für Stück der Wirklichkeit eines Machtkampfs zum Opfer fallen, der mit solchen Methoden nur noch vorübergehend kontrolliert werden konnte. Es blieb allein die Wahl zwischen dem demokratischen Weg, den man verachtete und — um des eigenen Einflusses willen — fürchtete, und dem totalitären Umsturz, den man mit den traditionellen Mitteln der militärischen Autokratie absorbieren zu können glaubte. Die einseitige Kampagne gegen den Kommunismus aber, soweit sie nicht als bloßes taktisches Propagandamittel verwendet wurde, führte dem Rechtsradikalismus nur noch weitere Kräfte zu, ohne dem Ansturm der totalitären Instinkte gegen den demokratischen Rechtsstaat insgesamt noch einen dauerhaften *point de résistance* entgegenzusetzen. Denn der 20. Juli 1932 war ein Beweis dafür, wie wenig es noch zur Überwindung der Demokratie bedurfte.

5. *Die Niederlage der Demokratie und das Problem des Widerstands*

Die Diskussion über Ereignisse, Hintergründe und Folgen des 20. Juli setzte sogleich ein. Sie hat mit einer Fülle von Deutungs- und Erklärungsversuchen die verfassungsrechtlichen wie die politischen und persönlichen Probleme auszumessen gesucht. Nicht zuletzt steht dabei noch heute die über das Einzelgeschehen hinausgreifende Frage im Vordergrund, wieweit ein Widerstand

165 Dazu Brecht in: *Preußen contra Reich* (Anm. VIII/106), S. 90 ff.; vgl. u. S. 556 ff.
166 Vgl. die Beispiele und Nachweise *ebda.*, S. 88 ff.
167 François-Poncet, *Von Versailles* (Anm. I/9), S. 166.

gegen den kalten Staatsstreich Papens und Schleichers möglich und sinnvoll war. Es ist zugleich die Frage nach den Machtmitteln und der psychologischen Lage der politischen Kräfte, die einer Verteidigung der verfallenden Republik gegen diktaturförmige Übergriffe hätten Rückhalt geben können. Es ist noch einmal, eigentlich zum letzten Mal, die Frage nach der Chance einer demokratischen Alternative gegenüber den autokratischen und totalitären Tendenzen, die sich in den Vordergrund der deutschen Innenpolitik geschoben hatten[167a].

An spontanen Protesten, Beratungen, Plänen hat es nicht gefehlt. Während die Papen und der DNVP nahestehende Presse sowie der Parteivorstand der DVP die Aktion begrüßten und der *Völkische Beobachter* seine Anerkennung mit der Forderung nach noch weitergehenden Maßnahmen verband, richteten die Zeitungen der Mitte und der Linken sogleich heftige Angriffe gegen Papens Experiment der Gewalt. Gleichzeitig übten Aufrufe der SPD, der Staatspartei, des Zentrums, der sozialistischen und christlichen Gewerkschaften, des Beamtenbunds schärfste Kritik an dem verfassungswidrigen Schlag gegen Preußen. In mehreren Schreiben an Reichskanzler und Reichspräsidenten protestierte das abgesetzte preußische Kabinett auch weiterhin gegen Papens Begründungen. Ferner erhoben Bayern und Baden beim Staatsgerichtshof Klage gegen die Reichsregierung, deren Vorgehen sie als eine unmittelbare Bedrohung aller Länder auffaßten. Der Protest, dem sich auch die württembergische Regierung in einem Schreiben an Reichspräsidenten und Reichskanzler anschloß[168], richtete sich vor allem gegen die Absetzung und Ernennung von Landesministern, Landesbeamten, Reichskommissaren mit Regierungs- und Vertretungsbefugnis. Aber über diese publizistischen und verfassungsrechtlichen Proteste hinaus[169] kam keine Gegenbewegung zustande, die der Empörung politisch wirksamen Ausdruck und dem Widerstand eine konkrete Basis gegeben hätte. Es mutet fast komisch an, wenn Severing versichert, der SPD-Vorsitzende hätte „unmittelbar nach dem 20. Juli" (!) in einer Umfrage bei Gewerkschaften, Partei und Reichsbanner allgemeine Abneigung gegen eine Widerstandsaktion festgestellt[170]. Viel wichtiger als die Reaktion auf dies Ereignis schien der SPD-Führung die Vorbereitung der Reichstagswahl, von der sie gerade jetzt einen wesentlichen Aufschwung ihrer Anhängerschaft erwarten zu können glaubte. Diese höchst unbegründete Hoffnung war die einzige politische Antwort der SPD in ihren Protest und Beschwichtigung verbindenden Stellungnahmen zum 20. Juli[171]. Mit ihr begründete der Parteivorstand sein Festhalten an der „Legalität", sein Bemühen um strikte Einhaltung der Verfassung.

Eigentlich hatte der Staatsstreich eine echte Bürgerkriegssituation geschaffen. Auf der einen Seite stand die Hindenburg und Schleicher ergebene Reichswehr, auf der anderen Seite nicht nur die preußische Polizei als Organ ihrer Regierung, sondern auch die Parteien der Weimarer Koalition, das Reichsbanner und die Gewerkschaften mit ihrem wirksamsten Kampfmittel, dem Generalstreik; zwischen beiden verharrten in gespannter, auf ihre eigenen Machtziele gerichteter Erwartung die nationalsozialistischen und kommunistischen Kampforganisationen. Aber der nicht unberechtigte Respekt vor der Reichswehr genügte, um von vornherein alle Aktionsabsichten zu blockieren, obwohl die Führung der Polizei besonders in Berlin selbst sich durchaus für den

167a Zum folgenden vgl. auch die Kontroverse mit Arnold Brecht in: *Zeitschrift für Politik* 2 (1955), H. 4; 3 (1956), H. 2 u. 3.

168 Vgl. Miller (Anm. I/40), S. 420 f., und bes. Schwend (Anm. V/40), S. 454 ff.

169 Einzelheiten bei Horkenbach, *1932*, S. 251–255; „Einsetzung des Reichskommissars in Preußen", in: *Der Zeitspiegel* 1, Nr. 14 (28. Juli 1932), S. 216 ff. Vgl. *Der Bundeskanzler* (Anm. VI/97), S. 61 f.

170 Severing (Anm. I/18), II, S. 355 f.

171 Stampfer (Anm. I/4), S. 631 f.

Widerstand eingesetzt zu haben scheint[172]. Dazu trat eine Reihe von Inhibitionen, die sowohl in der fortdauernden wirtschaftlichen Krise wie in der Gewöhnung an die Eigenwilligkeit der Präsidialregierung und nicht zuletzt in einer zur deutschen Tradition gewordenen Abneigung gegen „Unordnung", einer vom Obrigkeitsstaat überkommenen Scheu vor revolutionärem Widerstand gegen eine scheinbar übermächtige und erfolgreiche Staatsgewalt begründet waren. Es ist noch heute schwierig, die Kräfteverhältnisse objektiv abzuwägen und die Konsequenzen eines Aufstandes gegen den Papen-Putsch nüchtern zu beurteilen. Gewiß standen schon 1932 gewichtige Umstände und Motive einer Wiederholung jener republikanischen Widerstandsaktion entgegen, die zwölf Jahre zuvor gegen den Kapp-Putsch so erfolgreich gewesen war — bis dann wieder zwölf Jahre später die Tragödie des Widerstandes ihren letzten Akt erlebte.

Das Kabinett Papen hatte von allem Anfang an seine Ziele nur schlecht getarnt. Daß es die Beseitigung der parlamentarischen Republik auf dem Weg einer völligen Ausschaltung des Reichstages erstrebte, bezeichnete ja gerade seinen stolz verkündeten neuartigen Charakter. Daß es seine schmalen Grundlagen auf Kosten legitimer Machtträger erweitern wollte und dabei vor allem an die den Ländern unterstehende polizeiliche Exekutivgewalt dachte, verstand sich von seinem autoritären Ausgangspunkt und von seinen machtpolitischen Anschauungen her. Um so weniger konnte es auch überraschen, daß der erste Zugriff der stark erschütterten, aber als Machtfaktor noch immer unbequemen Preußenregierung galt, von deren Beseitigung die Philosophen des „Neuen Staates" nach ihren einfachen, von der vielfältigen Problematik der modernen Massendemokratie kaum berührten Vorstellungen eine entscheidende Machtverschiebung zu ihren Gunsten erwarten mochten — im Stile jener alten Intrigenpolitik, die im Papen-Experiment eine Wiederauferstehung feierte. Aber die Preußenregierung hatte, nachdem einmal der von Brüning, Braun und Severing 1930/31 betriebene Plan zur Personalunion Preußen—Reich[173] an Hindenburgs Widerstand gescheitert war, allen Einsichten und Warnungen zum Trotz auf die Vorbereitung möglicher Gegenmaßnahmen verzichtet[174]. Sie hatte sich auf Aushilfen von Fall zu Fall beschränkt und schien auf die drohenden Vorzeichen nur mit der Resignation einer „geschäftsführenden Regierung" zu reagieren, die angesichts ihres bevorstehenden Abgangs keine aktive Ver-

172 Jakob Diel (Anm. VI/98, S. 28) berichtet, Ministerialdirektor Klausener, Grzesinski und Heimannsberg hätten Severing vorgeschlagen: „den sofortigen rücksichtslosen Einsatz der Berliner Polizei, die Ausrufung des Generalstreiks, die sofortige Verhaftung der Reichsregierung und des Präsidenten, dessen Unmündigkeitserklärung und seine Ersetzung durch den Reichsgerichtspräsidenten Dr. Simons, des gesetzlichen Stellvertreters, sowie die Durchführung des Kampfes mit allen Mitteln. Der Innenminister hat – zweifellos im Einvernehmen mit anderen Mitgliedern des Kabinetts, vor allem mit Braun – den vorgeschlagenen Weg abgelehnt und jede Maßnahme verboten." Diese Bemerkungen bedürfen zwar weiterer Nachprüfung, zumal nicht Simons, sondern Bumke Reichsgerichtspräsident und überdies nach Art. 51 RV der Reichskanzler gesetzlicher Stellvertreter war; sie werden aber auch durch den *Bericht Heimannsbergs* gestützt (u. Anhang S. 641 ff.).

173 Vgl. o. S. 498. Dazu jetzt auch Walter Menzel (Schwiegersohn Severings), „Carl Severing und der 20. Juli 1932", in: *Die Gegenwart* 7, Nr. 168 (8. November 1952), S. 734 f. – Hindenburg hatte bis zu Brünings Entlassung die Unterschrift unter einen Erlaß verweigert, „der die Entscheidung der Länderkonferenz von 1930 verwirklichte, Preußen in seine Provinzen aufzuteilen und die Kontrolle der Gerichts- und Polizeiverwaltung von Norddeutschland dem Reich zu übertragen für den Fall, daß die Nazis nach den preußischen Wahlen im Frühling 1932 intransigent in ihren Forderungen auf Posten in der preußischen Regierung sein sollten": Brüning, „Brief" (Anm. I/9), S. 9. Jetzt wurde dies Papen für seinen Plan zur Überlistung der NSDAP und zur Stärkung der eigenen Stellung bewilligt. Auch hier hat Papen auf seine Weise von Brünings Vorarbeiten unbedachten Gebrauch gemacht.

174 Nicht nur für den Bereich der Polizei bestätigt dies Grzesinski (Anm. VIII/121), S. 154 ff. Auch der damalige preußische Kultusminister Grimme hat in einem Gespräch mit O. H. v. d. Gablentz v. 21. Juni 1951 Grzesinskis wiederholte Warnungen (schon 4 Wochen vorher) erwähnt: die Polizei sei nicht mehr zuverlässig.

antwortung für den Schutz der parlamentarischen Regierungsform mehr empfand. Sie beruhigte sich bei dem Gedanken, daß „die republikanische Macht in Preußen praktisch bereits am 24. April verlorengegangen" und „der Herrschaftswechsel nur eine Frage der Zeit" war[175], daß man jetzt „nicht mehr ‚die Macht', sondern die Illusion einer Macht [verlor], die in Wahrheit lange nicht mehr bestand"[176]. Nur so ist es jedenfalls zu erklären, daß die Verantwortlichen um die „große weltpolitische Bedeutung" des Ereignisses wußten, sich aber schließlich mit der Begründung zurückzogen, daß dies eben „von den Massen noch nicht erkannt" worden war[177].

Es gab wohl eine Reihe mehr oder minder greifbarer Ansätze und Pläne zur Mobilisierung der beträchtlichen Widerstandskräfte inner- und außerhalb Preußens. Die süddeutschen Staaten waren einer Protestaktion nicht abgeneigt[178]. In Preußen selbst besaßen die Parteien der Weimarer Koalition nach fast 14jähriger Regierungsdauer die wichtigsten politischen und exekutiven Schlüsselstellungen. Wenn man dem reichlich dramatisierten Bericht eines Beteiligten glauben will, dann waren auch im Reichsbanner starke Kräfte am Werk, die sich für eine Straffung der Organisation und für die aktive Bekämpfung aller antirepublikanischen Bestrebungen, für die Verkündigung eines „permanenten republikanischen Notwehrzustandes" einsetzten[179]. Doch die Bewaffnung war höchst unzulänglich, und die Entscheidung lag bei einem vorsichtigen Vorstand und bei jenen republikanischen Ministern, Partei- und Gewerkschaftsführern, die am 20. Juli mit verfassungsrechtlichem Protest, aber nicht mit einem konkreten Beweis des politischen Verantwortungsbewußtseins reagierten, zu dem sie ihre demokratisch legitimierte Stellung verpflichtet hätte. In diesem Ereignis sammelten sich wie in einem Brennpunkt die Symptome und Erscheinungen, aus denen die Krise der Republik und die bedrohliche Stärke ihrer künftigen Überwinder gewachsen waren. Daß die Bewahrung der Legalität ihre Grenzen dort hatte, wo sie von den autoritären und totalitären Gegnern der Verfassung in eine einseitig genützte „situationsgemäße" Pseudolegalität verwandelt wurde, blieb eine theoretische Einsicht. Der Furcht vor einer direkten Auseinandersetzung, die das Risiko des Verlustes der letzten demokratischen Machtstellungen enthielt, wurden solche weiterreichenden Erwägungen wieder und wieder untergeordnet.

Severing hatte am 16. Juli dem SPD-Vorstand in einer Besprechung, an der neben Wels auch Breitscheid, Hilferding, Vogel, Crispien und Stampfer teilnahmen, die deutlichen Anzeichen für einen Eingriff Papens in Preußen noch vor der Reichstagswahl mitgeteilt. Er vertrat dabei die Auffassung, man müsse abwarten, in welcher Form die Einsetzung des Reichskommissars geschehe. Wie er mit der Möglichkeit rechnen konnte, daß „die verfassungsmäßigen Bestimmungen gewahrt blieben"[180], erscheint seltsam genug. Noch bemerkens-

175 Auf diesen Grundgedanken in einem Aufsatz Carlo Mierendorffs in den *Sozialistischen Monatsheften* 1932 (Heft 8) bezieht sich Severings Apologie (*Lebensweg*, Anm. I/18, II, S. 359) ebenso zustimmend wie auf das in der folgenden Anmerkung notierte Zitat (*ebda.*, S. 257). Dies wird ergänzt durch Otto Brauns resignierende Feststellung: „Bei der Landtagswahl im April 1932 hatte die Mehrheit des preußischen Volkes mit dem Stimmzettel mir die Macht aus der Hand geschlagen" (Anm. I/5, S. 410).

176 So von gewerkschaftlicher Seite Franz Josef Furtwängler, *Bedeutung und zukünftige Aufgaben der Arbeiterbewegung*, Frankfurt/M. 1947.

177 So die Rechtfertigung Severings (Anm. I/18), II, S. 356.

178 Vgl. auch Miller (Anm. I/40), S. 420 f.; zu Bayern Sendtner (Anm. VII/125), S. 547 ff.; Schwend (Anm. V/40), S. 454 ff.

179 Dazu die Darstellung und die Entwürfe des damaligen Jungbannerführers Hubertus Prinz zu Löwenstein, *Die Tragödie eines Volkes, Deutschland 1918–1934*, Amsterdam 1934, S. 135 ff. Die Schilderung seiner abenteuerlichen Bemühungen um eine Unterstützung der Widerstandsaktion durch die süddeutschen Länder (S. 143 f.) bedarf jedoch kritischer Nachprüfung.

180 Severing (Anm. I/18), II, S. 347.

werter ist, daß auf Severings Frage, „ob gegen ein ungesetzliches, von der Reichswehr gedecktes Vorgehen ein Einsatz der Polizei, gestützt von den Massen der Eisernen Front, möglich und geboten sei", Friedrich Stampfer einwarf, Severing habe kein Recht, auf Kosten seiner Polizeibeamten tapfer zu sein. Obgleich er die Zuverlässigkeit der Berliner Polizei „trotz aller Zersetzungsversuche" betonte und — bei aller Unterlegenheit ihrer Gefechtsstärke gegenüber der Reichswehr — doch wenigstens die Möglichkeit einer „Demonstration von kurzer Dauer", also eines beschränkten Widerstandes oder doch des sichtbaren Protestes festgestellt hatte, machte sich jetzt auch Severing sogleich diesen Standpunkt zu eigen: „Das war auch meine Meinung".

So kam das höchste Gremium der SPD, vier Tage noch vor dem 20. Juli, „einmütig zu dem Ergebnis, bei allem, was kommen möge, die Rechtsgrundlage der Verfassung nicht zu verlassen"[181]. Falls also Papen und Schleicher dasselbe nicht zu tun gedachten, wie man erwarten mußte, war jedem Widerstand von vornherein die Grundlage entzogen. Die durchaus zutreffende Feststellung, daß „Hindenburg, Papen und Schleicher durch ihre Tat vom 20. Juli ihren Eid auf die Verfassung gebrochen" haben[182], hat weder Stampfer noch Braun und Severing von der bis heute mit Erbitterung und Bitterkeit zugleich festgehaltenen Verteidigung ihres verhängnisvollen Entschlusses abzubringen vermocht[183]. Papen und Schleicher, die ähnliche Skrupel nicht hatten, konnten dies von vornherein als wichtigsten Faktor bei der Berechnung des mit ihrem Vorgehen verbundenen Risikos einkalkulieren. Sie jedenfalls und mit ihnen Reichsregierung, Reichswehrführung und Reichspräsident scheuten nicht die Gefahr des Bürgerkriegs[184], vor der die verantwortlichen Verteidiger von Verfassung und Demokratie wider bessere Einsicht und legitime Verpflichtung zurückwichen. Wie immer die Verfassung verletzt würde, ihre Verteidiger würden ein Gleiches zu ihrem Schutz nicht tun.

So verlief denn der 20. Juli zum Erstaunen selbst der Drahtzieher in Papens Sinn „programmäßig und ohne Zwischenfälle"[185]. Die sachlichen Umstände, die neben den psychologischen Hemmungen der republikanischen Führung für einen Verzicht auf jeden konkreten Widerstand sprachen, sind wohl schwerwiegend, doch nicht von politisch wirklich durchschlagender Überzeugungskraft. Ihre Beurteilung war letztlich eben doch nur durch Erfolgserwägungen bestimmt. Eine eindrucksvolle Demonstration für jene moralische Substanz der Republik, die mit der offenen Verletzung der Verfassung durch einen einseitig machtpolitisch legitimierten Gewaltstreich entscheidend getroffen wurde, hatte demgegenüber keinen Platz in den Überlegungen der Verantwortlichen[186]. Gewiß war die Situation nicht mit der Lage zu vergleichen, die einst die Niederschlagung des Kapp-Putsches ermöglicht hatte. Während damals ein Reichspräsident wie Friedrich Ebert den Kampf gegen die Verfassungsbrecher anführte und dabei nicht nur von der Arbeiterschaft, sondern auch von der

181 *Ebda.*

182 Stampfer (Anm. I/4), S. 631.

183 Braun (Anm. I/5), S. 409–411; Severing (Anm. I/18), II, S. 352–359; Stampfer (Anm. I/4), S. 631–633. Vgl. auch Grzesinski (Anm. VIII/121), S. 160–162 (sein Tenor ist: zu spät!); Wilhelm Gerviens [Severing]: *Der 20. Juli in Wahrheit und Dichtung*, Bielefeld 1946, *passim*. Für viele Kritiker: Georg Bernhard, *Die deutsche Tragödie, Der Selbstmord einer Republik*, Prag 1933, S. 298: „Die volle Verantwortung für diese Kapitulation im Vollbesitz aller Machtmittel trifft die Sozialdemokratie."

184 Bezeichnend ist dafür auch Meißners Bemerkung (Anm. I/156, S. 237), der Verzicht auf Widerstand habe „starke Verwunderung" erregt, sei „man" doch in Erwartung aktiver Protestaktionen „vorsorglich" für ein militärisches Eingreifen gerüstet gewesen.

185 So Papen (Anm. VI/35), S. 218.

186 So lehnt Otto Braun einen solchen Einsatz mit der bitteren Bemerkung ab: „Als ob es damals um Überzeugungen ging" (Anm. I/5, S. 411).

Beamtenschaft und einem Großteil der Reichswehr und der Polizei entschieden unterstützt wurde, war jetzt nur mit unbewaffneten Arbeitern und vielleicht einem Teil der Polizei und Beamtenschaft, auf der anderen Seite aber mit der Gegnerschaft eines Reichspräsidenten v. Hindenburg, seiner Regierung und der gesamten bewaffneten Macht zu rechnen, die jeden Widerstand als Meuterei und Aufruhr behandeln würde.

Zudem war die preußische Regierung in ihren Entschlüssen keineswegs frei. Sie glaubte in Verkennung der Lage noch an die friedliche, verfassungsmäßige Alternative, die eine Anrufung des Staatsgerichtshofs zu versprechen schien. Sie stand ferner, als wiederholt gestürztes, geschäftsführendes Minderheitskabinett ohnehin geschwächt, dem Gedanken einer Lösung des preußisch-deutschen Dualismus durch eine Reichsreform selbst grundsätzlich mit Sympathie gegenüber, sofern dies auf verfassungsmäßigem Wege geschah. Sie war sich auch nicht ohne weiteres der Unterstützung des Zentrums sicher. Und sie scheute nicht zuletzt den Gedanken an eine Rebellion gegen Hindenburg, den sie nach wie vor nur in der Hand schlechter Ratgeber glaubte und als Autorität oder Mythos verehrte und fürchtete. Die Schatten der tragischen Präsidentschaftswahlen verdunkelten auch diese Entscheidung noch. Heute wissen wir, daß Papens Verfassungsbruch die letzte offene Gelegenheit zu berechtigtem Widerstand bot: bis zur erzwungenen Auflösung der Parteien ein Jahr später sollte es, vor allem dank Hitlers geschickter pseudolegaler Taktik, zu einer ähnlich klaren Verletzung der Verfassung nicht mehr kommen. Aber damals war über der Verwirrung der Fronten eine solche Einsicht weitgehend verschüttet. Der Kampf gegen Papen wurde durch den Kampf gegen Hitler beeinträchtigt. Denn Papen wiederum richtete seine Anstrengungen in erster Linie zwar gegen die Linke, stellte aber zugleich auch Hitlers Streben nach unbedingter Gewalt das Zähmungskonzept entgegen. Von der preußischen Regierung aus gesehen ging es deshalb vor allem um die Bewahrung der verfassungsmäßigen Ordnung überhaupt und um die Sicherstellung ihrer auch für Papen und Hindenburg gültigen Grenzen. Dies aber wurde nicht von einer wenig aussichtsreichen, bürgerkriegsförmigen Auseinandersetzung, sondern von einem Spruch des höchsten Verfassungsgerichts erwartet, den man durch eigene Gewaltanwendung nicht gefährden wollte[187].

In der Tat schienen die konkreten Machtverhältnisse am 20. Juli entschieden gegen einen Erfolg zu sprechen, nachdem einmal alle Vorbereitungen versäumt waren. Selbst wenn man von der waffen- und kräftemäßigen Unterlegenheit des Polizeiapparats gegenüber der Reichswehr[188] und von der unvermeidlichen Zersetzung auch der Polizeibeamtenschaft absieht[189], war es kaum zu bestreiten, daß der Artikel 48 Hindenburg für den Fall wirklicher Unruhen zur Übernahme der preußischen Polizei ermächtigte: dafür bot Eberts Präsidentschaft mehrere Beispiele. Dementsprechend hatte schon die präsidiale Verordnung über den Ausnahmezustand die Polizei Rundstedt unterstellt[190], der dann auch in einem scharfen Erlaß energischen, schnellen und „vollständigen" Waffengebrauch zur „Wahrung der Staatsautorität" sowie bedingungslose Erfüllung

187 Vgl. in diesem Sinne vor allem Brecht, *Vorspiel* (Anm. I/84), S. 98–101.

188 Nach Severing (Anm. I/18, II, S. 354) waren von den 85 000–90 000 preußischen Polizeibeamten laut alliierten Bestimmungen nur 30 000 kaserniert und kampfbereit für einen bewaffneten Einsatz.

189 So ist es auch Grzesinskis Überzeugung, daß die Polizei nach Lage der Dinge am 20. Juli dem Befehl zum Widerstand keine Folge mehr geleistet hätte (Anm. VIII/121, S. 161). Der nach dem 20. Juli 1932 suspendierte Regierungspräsident von Liegnitz, Hans Simons, hat 1951 in einem Gespräch mit dem Verfasser dazu noch betont, gerade die ländlichen Gendarmen hätten in Erwartung eines Umschwungs keine Lust mehr gehabt, „sich zu kompromittieren".

190 *RGBl., 1932,* I, S. 377 ff. (§ 2).

der Pflicht auch von der Polizei verlangte[191]. Gerade hier hatte Severing nichts getan, um dem vorauszusehenden Abfall einer „nicht geringen Anzahl von hohen Polizeioffizieren"[192] zuvorzukommen. Am 21. Juli verbot Rundstedt dann auch noch jede Art von Aufforderung zum Generalstreik.

So hätten denn Reichswehr, Polizei, SA, Stahlhelm, vermutlich auch die Beamtenschaft, einem Aufstand des Reichsbanners und einem Generalstreik der Gewerkschaften gegenübergestanden. Mehr noch: die KPD verharrte auch jetzt, wie schon im Kampf gegen die „Brüningregierung und ihre Braun-Severing-Filiale in Preußen"[193], bei ihrer intransigenten Taktik; sie begrüßte den Sturz Brauns und Severings und wäre auf jeden Fall — wie die Abstimmungen im Landtag und ihre öffentlichen Bekundungen bewiesen[194] — ihre eigenen Wege gegangen. Ihre Aufrufe zum Generalstreik hatten jetzt wie auch später nicht die geringste Wirkung[195]. Die „Rote Einheitsfront", die sie proklamierten, war nicht weniger auf die Vernichtung der Demokratie abgestellt: „Faschismus und Demokratie sind nur zwei Formen ein und derselben Sache"[196].

Fast am stärksten aber war bei alledem die Zurückhaltung der Gewerkschaften selbst[197]. Ihre Schwächung durch die Auswirkungen der Wirtschaftskrise hatte gerade jetzt einen Höhepunkt erreicht. Nur eine Minderheit ihrer Mitglieder besaß noch einen festen Arbeitsplatz, und ein Generalstreik drohte unter den gegebenen Umständen zu einer Umschichtung der Beschäftigungsverhältnisse zum Schaden der organisierten Arbeiter und zugunsten der arbeitslosen nationalsozialistischen Anhänger zu führen. So war, wenn man einmal von der interessenpolitischen Färbung dieses Arguments absieht[198], die politische Wir-

191 Horkenbach, *1932*, S. 254.

192 Severing (Anm. I/18), II, S. 354. Derselbe in einem Brief an den Verfasser vom 30. Oktober 1951: „Die Polizei war im allgemeinen absolut zuverlässig. Aber [!] es hatten schon im Jahre 1931 gewisse Vorkommnisse gezeigt, daß rechtsgerichtete Polizeioffiziere nur auf den Zeitpunkt warteten, um ihrer oppositionellen Einstellung praktischen Ausdruck zu verleihen." Vgl. o. Anm. VIII/109 sowie den *Bericht Heimannsbergs* (u. Anhang S. 641 ff.).

193 So z. B. Thälmann, „Schmiedet die Rote Einheitsfront" (Anm. IV/65).

194 Vgl. etwa Ernst Thälmann, *Der revolutionäre Ausweg und die KPD*, Berlin [Februar] 1932, S. 23: „Niemand wird heute mehr daran zweifeln, daß wir es bei dem Kurs der Brüning–Groener-Regierung und ihrer Braun–Severing-Filiale in Preußen mit einem faschistischen Kurs zu tun haben. . ." Und derselbe im Dezember 1931 (*Die Internationale* 14, S. 499 f.): „Eine sozialdemokratische Koalitionsregierung, der ein kampfunfähiges, zersplittertes, verwirrtes Proletariat gegenüberstände, wäre ein tausendmal größeres Übel als eine offene faschistische Diktatur [!], der ein klassenbewußtes, kampfentschlossenes, in seiner Masse geeintes Proletariat gegenübertritt." Oder: „Ohne im Kampf gegen die Sozialdemokratie zu siegen, können wir nicht den Faschismus schlagen" (*ebda.*, S. 492). Die badische KPD-Landtagsfraktion ging so weit, einen Antrag auf Verbot der Eisernen Front, des Reichsbanners und aller sonstigen SPD-Organisationen einzubringen: vgl. Flechtheim (Anm. III/86, S. 170 ff.) mit Nachweisen auch zum Kampf der KPD gegen die sozialdemokratischen Gewerkschaften. Auch die materialreiche Studie von Petzold (Anm. III/85) vermag dies nicht zu widerlegen.

195 Dazu auch Franz L. Neumann, *European Trade Unionism and Politics*, New York 1936, bes. S. 28 ff.

196 Thälmann, „Schmiedet die Rote Einheitsfront" (Anm. IV/65), S. 40. In diesem Sinne auch, dem Titel entsprechend, die Broschüre des Menschewisten Mark Abramowitsch, *Diktatur oder Demokratie? nein: Diktatur durch Demokratie!*, Berlin 1932, S. 8 ff.

197 Der damalige preußische Kultusminister Grimme (SPD) hat in einem Gespräch mit O. H. v. d. Gablentz vom 21. Juni 1951 besonders auch den geringen Kontakt zwischen Braun und Leipart betont (obwohl diese Haus an Haus wohnten). Diese Feststellung wird allerdings von Severing in seinem Brief an den Verfasser vom 30. Oktober 1951 abgestritten. Auf der anderen Seite hat sich besonders Schleicher bemüht, die Gewerkschaften sogleich wieder in gute Laune zu versetzen. Dem diente auch sein (in Gegenwart Papens und Gayls geführtes) Gespräch mit Theodor Leipart am 30. Juli (vgl. Keil, Anm. I/3, II, S. 455), in dem sich Schleichers späterer Plan einer „Gewerkschaftsachse" abzeichnet (u. S. 587 ff.).

198 Daß es vor allem die jungen Arbeitslosen ohne gewerkschaftliche Erziehung waren, die dem Radikalismus zufielen, verkoppelte die politische Auseinandersetzung zugleich mit einem Konkurrenzkampf innerhalb der Arbeiterschaft. Die streikfeindliche Stimmung, die aus diesem Grund die Gewerkschaften beherrschte, beweist einmal mehr jenen tatsächlichen Vorrang der lohn- und arbeitspolitischen vor den genuin politischen Anliegen, der schon den Bruch der Großen Koalition 1930 wider alle politische Vernunft verursacht hatte (vgl. o. S. 269 f.). Dazu im Sinne der Gewerkschaftsapologetik Furtwängler (Anm. VIII/176). Vgl. noch Severing in einem Brief an den Verfasser vom 30. Oktober 1951: „Es ist nicht richtig, von einer

kung eines Generalstreiks durchaus zweifelhaft: eine Reservearmee von Arbeitslosen hätte die stillgelegten Arbeitsplätze in kürzester Frist besetzt. So wurde der 20. Juli zu einer Demonstration jenes *Machtvakuums* im demokratischen Raum, das zum Gewaltstreich, zur endgültigen Überwindung der Republik und ihrer vielfach durchlöcherten Verfassung geradezu herausfordern mußte[199].

Man kann den für eine funktionierende Demokratie selbstverständlichen Motiven und Bedenken der verantwortlichen Preußen-Politiker die menschliche Achtung schwerlich versagen. Den gegebenen politischen Notwendigkeiten aber konnten sie nicht entsprechen. Es blieb doch die Möglichkeit einer nachhaltigen Demonstration, einer Bekundung des ungebrochenen Selbstbehauptungswillens der Demokratie auch gegen zeitweilig überlegene Gewaltaktionen. Dies hätte über alle berechtigten sachlichen Erwägungen hinweg aus dem psychologisch-moralischen Zusammenbruch der republikanischen Kräfte doch noch ein demokratisches Selbstbewußtsein retten, den neuen Machthabern ihren Weg erschweren, die künftigen Entwicklungen verzögern und einschränken können. So hat das Verhalten der Führung der inneren Festigkeit und dem politischen Glauben besonders auch der SPD-Anhänger einen Schlag versetzt, der die Partei entscheidend lähmte und ihre Passivität gegenüber der Hitlerschen Machtergreifung, schließlich — kaum 11 Monate später — ihre Auflösung besiegelte[200]. Wenn es richtig ist, daß die nationalsozialistische Machtergreifung in letzter Minute, im Augenblick wachsender Zerfallserscheinungen innerhalb der NSDAP und des Abklingens der Wirtschaftskrise zum Ziel kam[201], dann dürfen solche Erwägungen nicht als müßige Spekulationen abgetan werden. Und wenn es kaum zweifelhaft ist, daß der 20. Juli 1932 der Republik und dem Glauben nicht nur an ihre äußere, sondern vor allem an ihre innere Kraft an entscheidender Stelle das Rückgrat gebrochen hat, dann muß die Diskussion über die Erfolgsaussichten wenigstens einer beschränkten Widerstandsaktion heute auf jeden Fall hinter der grundsätzlichen Feststellung zurücktreten, daß das sachliche Risiko wohl groß, die möglichen Konsequenzen aber für eine Verhinderung oder doch für eine Einschränkung der ungleich opfervolleren Ereignisse des folgenden Duodezenniums viel größer waren[202].

Als genau zwölf Jahre später die Widerstandsbewegung ihren letzten verzweifelten Versuch zum Sturz Hitlers wagte, hatte sich schon eine Katastrophe vollendet, deren erste Anfänge damals allen Ahnungen zum Trotz mit legalistisch

Korrumpierung durch nationalsozialistische Elemente zu sprechen. Ausschlaggebend für das Verhalten der Gewerkschaften war lediglich die wirtschaftliche Lage, die durch eine ungeheure Arbeitslosigkeit gekennzeichnet war. Die Überlegungen, daß bei der Ausrufung eines Generalstreiks die arbeitslosen Nationalsozialisten in alle Stellen der frei-gewerkschaftlich organisierten Arbeiter gedrungen wären, waren begründet, so daß die Gewerkschaftsleitungen besorgt sein mußten, nicht nur ihre gewerkschaftliche Position überhaupt, sondern auch die Arbeitsplätze ihrer Mitglieder bei einem Generalstreik zu verlieren." Zur Problematik auch Sturmthal (Anm. III/118), S. 83 ff.

199 Dem entspricht es auch, daß die mit Papens „Reformideen" sympathisierenden Staatsrechtler in der widerstandslosen Ablösung der Preußenregierung „die Macht und Überlegenheit des Reichsstaates mit aller Eindeutigkeit hervorgehoben" und — unabhängig von der Frage der „stärkeren Formationen" — das unwiderstehliche Ergebnis einer langen „inneren Entwicklung" sahen: so Poetzsch-Heffter, „Vom Staatsleben" (Anm. I/128), S. 51.

200 Vgl. die scharfe Selbstkritik bei Julius Leber (Anm. I/37), S. 190 f.; S. 242.

201 Vgl. u. Anm. IX/115.

202 Eben deshalb ist auch der pauschale Vergleich mit dem blutigen Zusammenbruch der sozialdemokratischen Partei in Österreich nach ihrem Widerstandsversuch gegen das autoritäre Dollfuß-Regime, auf den sich Otto Brauns Apologetik (Anm. I/5, S. 409) zu beziehen scheint, völlig nichtssagend. In Preußen ging es nicht um eine Partei, sondern um den Widerstand einer legitimen Regierung gegen die Gewalt. Auch besitzen die österreichischen Vorgänge für eine differenzierende Betrachtung bei allen Parallelen in Voraussetzung und Wirkung ein völlig eigenes Gesicht: vgl. dazu jetzt auch den intimen Lebensbericht von Joseph Buttinger, *Am Beispiel Österreichs, Ein geschichtlicher Beitrag zur Krise der sozialistischen Bewegung*, Köln 1953, S. 7 ff.

verbrämter Resignation hingenommen worden waren. Am 20. Juli 1944 endlich wurde mit jenem Legalitätsbedürfnis gebrochen, das den Widerstand gegen den Papen-Putsch so entscheidend gelähmt hatte. Wohl stand Papen selbst und mit ihm auch Rundstedt bis zuletzt im bequemen Dienste des Stärkeren. Aber viele gerade seiner damaligen Helfer — Militärs, Beamte, Großgrundbesitzer —, nicht zuletzt auch Papens Staatssekretär Erwin Planck, gaben dann in entschiedener Wendung gegen die Illusionen von 1932, die ihnen die Verteidiger der Demokratie so leicht gemacht hatten, ihr Leben für die Bewahrung und Wiedergewinnung einer echten Legalität im Aufstand gegen die viel bedenkenlosere, konsequentere Gewaltpolitik des „Dritten Reiches". Neben ihnen standen nun die republikanischen Gegner von damals: Demokraten, Gewerkschaftler, Sozialdemokraten. Der Kreis hatte sich geschlossen nach 12 Jahren der Zerstörung, für die beide Seiten — die einen für ihre Bedenklichkeit und Passivität, die anderen für machtpolitische Verblendung und autoritäre Experimente — eine schmerzliche Verantwortung tragen mußten.

DIE ISOLIERUNG DER REGIERUNG PAPEN

Die Aktion gegen Preußen wurde zum Höhepunkt der Ära Papen. Nur wenige Tage später zerstoben die Illusionen, als die Wahl vom 31. Juli einen Reichstag konstituierte, der sich mit erdrückender negativer Mehrheit den selbstherrlichen Regierungsplänen des Präsidialkabinetts entgegenstellte. Die achtwöchige Frist, die Papen durch Auflösung des Reichstags und durch äußerstes Hinausschieben des Wahltermins für seinen Start gewonnen hatte, war damit zu Ende. Dies Ereignis, auf das die Erwartungen und Befürchtungen aller Parteien gerichtet waren, überschattete auch das Geschehen des 20. Juli. Wie es die Zurückhaltung der Betroffenen bestimmt hatte, so beeinträchtigte es jetzt den Prestigegewinn, den sich die Akteure von ihrem erfolgreichen Unternehmen erhofft, mit dem sie Republikaner wie „Nationale Opposition" zu beeindrucken und ihre eigene Kontrolle des *Machtvakuums* zu festigen gesucht hatten. Denn sogleich zeigte sich, daß die Aktion nicht nur verfassungsrechtlich fragwürdig war, sondern auch politisch eine weitere Belastung des Papen-Kurses bedeutete. Indem sie die Schwäche der republikanischen Kräfte bloßlegte, verstärkte sie zugleich die Machterwartung der NSDAP und leistete dem Selbstbewußtsein der totalitären Bewegung entscheidende Schrittmacherdienste. So begann in diesen Tagen der Abstieg des „Neuen Staates": statt zum Ausdruck einer gestärkten Staatsautorität zu werden, hatte die gewaltsame und geräuschvolle Gleichschaltung Preußens nur die Abneigung der demokratischen Parteien verfestigt und gleichzeitig dem widerspenstigen nationalsozialistischen Partner ein Beispiel für seine weitergehenden Machteroberungspläne aufgerichtet.

1. Vor der Reichstagswahl

Der Aufmarsch der Parteien zum Wahlkampf zeigte sich von den Einfluß- und Kontrollversuchen des Präsidialkabinetts wenig beeindruckt. Zunächst suchte Papen am 23. Juli auf einer Konferenz in Stuttgart, zu der er am 20. Juli eingeladen hatte, die Ministerpräsidenten der Länder mit der Zusicherung zu beruhigen, daß die Einsetzung des Reichskommissars eine vorübergehende, auf Preußen beschränkte Maßnahme sei und die Reichsregierung durchaus auf föderalistischem Boden stehe[1]. Zwei Tage später konnte er sich eines weiteren Erfolgs rühmen, als der Staatsgerichtshof Preußens Antrag auf Erlaß einer einstweiligen Verfügung abwies und damit Brachts umfangreichen „Reformen" in Preußen freien Raum gab[2]. Papen enthob die preußischen Minister jetzt

1 *DAZ*, Nr. 343/44 v. 26. Juli 1932; Poetzsch-Heffter, „Vom Staatsleben" (Anm. I/128), S. 49 f. Vgl. auch Miller (Anm. I/40), S. 421 f.; Schwend (Anm. V/40), S. 461 ff.

2 Diese formalistische, auf die Unzulässigkeit einer Vorwegnahme des Urteils gestützte Entscheidung des Staatsgerichtshofs vom 25. Juli ist ein Musterbeispiel für das politische Versagen der deutschen Verfassungsgerichtsbarkeit. Der Wortlaut in: *Preußen contra Reich* (Anm. VIII/106), S. 487 ff. Als dann drei Monate später der endgültige Spruch erging (vgl. u. S. 557 ff.), hatte Papen in Preußen „Tatsachen" ge-

auch ihrer Funktionen als Bevollmächtigte Preußens im Reichsrat und übertrug diese Vollmachten ebenfalls Bracht und seinen kommissarischen Ministern. Bei der Tagung der Vereinigten Ausschüsse des Reichsrats am 27. Juli kam es darauf zu erneuten Protesten fast aller Länder. Als Hirtsiefer demonstrativ zu einer der Ausschußsitzungen erschien, protestierte nun seinerseits Gayl, und der inzwischen zum kommissarischen Staatssekretär und Vertreter der preußischen Kommissariatsregierung avancierte Ministerialdirektor Nobis, der am 20. Juli eine so zwielichtige Rolle gespielt hatte, sprach dem Reichsrat das Recht auf Nachprüfung der präsidialen Notverordnung ab[3]. Auch hier blieben die Dinge in der Schwebe, konnten sich die einseitigen Maßnahmen Papens *de facto* behaupten.

Aber gleichzeitig regten sich jetzt neben der wachsenden Kampagne der Parteien, die sich zu großen Teilen gegen die Regierung Papen richtete, auch wieder die lange verdrängten parlamentarischen Organe: der kommende Generalangriff eines oppositionellen Reichstags warf schon vor den Wahlen seine Schatten voraus. Wochenlang waren die Bemühungen der demokratischen Parteien, den Überwachungsausschuß des Reichstags (Ausschuß zur Wahrung der Rechte der Volksvertretung) einzuberufen, an der Weigerung des Ausschußvorsitzenden, Gregor Strasser, gescheitert[4]: noch hielt die NSDAP in diesem Punkt wenigstens an dem Tolerierungsabkommen mit Papen fest. Schließlich hatte am 11. Juli Reichstagspräsident Löbe das älteste Mitglied des Ausschusses — den SPD-Abgeordneten Heimann — um Einberufung ersucht. Doch blieben die Rechtsparteien (einschließlich Landvolk, Wirtschaftspartei und DVP) der auf den 25. Juli anberaumten Sitzung fern, so daß von 28 Mitgliedern nur 16 anwesend waren. Zu diesem Zeitpunkt konnte also Papen, der mit Gayl und Schleicher selbst an den Ausschußverhandlungen teilnahm, sich noch immer einen gewissen parlamentarischen Rückhalt ausrechnen. Er reichte freilich auch jetzt, im besten Augenblick des Papen-Regimes, nicht aus, um eine Annahme der Anträge auf Aufhebung aller bis zum 20. Juli erlassenen Notverordnungen zu verhindern[5]. Zwar hatte diese Demonstration, der sich die anwesenden Regierungsmitglieder nach Kräften widersetzten, nur formale Bedeutung. Aber die Wahl war nahe, und überdies schloß die für Papen nicht ungünstige Kräftegruppierung keineswegs aus, daß sich die nationalsozialistische Wahlkampagne offen gegen die „tolerierte" Regierung richtete. Zumal die nationalsozialistischen Angriffe gegen Gayl, die seit Ende Juni nicht mehr zum Schweigen gekommen waren, hatten sich nach der wunschgemäßen Durchführung der Preußenaktion schnell wieder verstärkt. Für die einen tat Papen zu wenig, andere NS-Führer fürchteten, „daß diese Regierung zu viel tue und uns nichts mehr übrig bliebe"[6].

So hatte sich an dem gegenseitigen Mißtrauen, der Furcht vor der gefürchteten Macht der „anderen" nichts geändert. Die charakteristische Situation des *Machtvakuums*, dies verzweifelte: „Wir müssen an die Macht", hilflos fast in den von widerstreitenden Gruppierungen neutralisierten Raum hineingerufen — sie beherrschte die letzten Tage vor der Wahlentscheidung und blieb

schaffen, die nur schwer wieder rückgängig zu machen waren und schon deshalb das Urteil modifizieren mußten. Freilich erhellt daraus auch die Schwäche der „Alternative", für die sich die Vertreter der Demokratie am 20. Juli entschieden hatten.

3 Nach Schultheß, *1932*, S. 131 f.; Horkenbach, *1932*, S. 362.

4 Der Schriftwechsel bei Poetzsch-Heffter (Anm. I/128), S. 94 ff.

5 Angenommen wurden die Anträge auf Aufhebung der Notverordnungen vom 14. und 28. Juni und vom 20. Juli, ferner die Forderung eines Parteiuniformverbots für den 30. und 31. Juli; vgl. Schultheß, *1932*, S. 126–128.

6 Goebbels, *Kaiserhof* (Anm. V/13), S. 133 (zum 22. Juli).

auch nach der Machtverschiebung des 31. Juli in unverminderter Weise bestehen. Sie findet in Goebbels' Notizen ihren lebhaften Ausdruck[7], bestimmte aber auch die Kundgebungen, mit denen die Regierung ihre unsichere Haltung gegenüber der bevorstehenden Wahl zu verschleiern suchte: wen sollten die Anhänger Papens wählen, wenn selbst die DNVP sich mit seinem unpopulären Kurs nicht zu identifizieren wagte[8], obwohl Hugenberg doch mit allen Prinzipien und Interessen an sie gekettet war[9]? Es war eine seltsame Situation: eine „überparteiliche" Regierung mit scharfem Kurs gegen die Parteien der Linken und der Mitte, aber mit unklaren Verbindungen nach rechts stand zwischen politischen Fronten, die wohl um eine Entscheidung für oder wider die parlamentarische Republik, nicht aber um das Problem Papen kämpften. Der ephemere Charakter dieses Regimes konnte sich kaum deutlicher offenbaren. Trotzdem glaubten seine Träger, auch die bevorstehende Wahl, die so eindeutig im Zeichen der Antithese von Demokratie und Diktatur stand, für den vagen autoritären Sonderweg des „Neuen Staates" in Anspruch nehmen zu können.

Noch vor der Wahl suchte sich auch Schleicher zum ersten Mal in die öffentliche Diskussion einzuschalten. Am 26. Juli, wenige Stunden nach der Aufhebung des Ausnahmezustands über Berlin und Brandenburg[10], hielt der Reichswehrminister seine erste Rede über den Rundfunk[11]. Er dementierte mit launigen Worten seinen öffentlichen Ruf als Spezialist in Militärdiktatur, forderte eine Beschleunigung der erneut festgefahrenen Genfer Abrüstungsverhandlungen und kündigte für den Fall ihrer weiteren Verzögerung einen effektvollen „Umbau" der Reichswehr an. Wohl betonte Schleicher nachdrücklich den traditionell unpolitischen Charakter und hielt vor allem der SA den Anspruch der Reichswehr vor, mit keiner „privaten Organisation" militärischen Charakters „die ihm im Staate zugewiesene Stellung" zu teilen. Er begrüßte aber die Wehrverbände, soweit sie sich der durch den Versailler Vertrag blockierten „Ertüchtigung der Jugend" widmeten, erwartete vom freiwilligen Arbeitsdienst ähnliches und betrachtete auch die Siedlungstätigkeit[12] als Mittel der Landesverteidigung. Was er abschließend über seinen „Sozialismus" äußerte, entsprach der unverbindlichen Ideologie vom „Frontsozialismus" Stahlhelmscher Prägung. Die Rede klang aus mit einer Beurteilung der Lage, die jeden Gedanken an eine „diktatorische Regierung der Wehrmacht" zurückwies: auch eine auf die Bajonette der Reichswehr gestützte Regierung würde „im luftleeren Raum sich schnell abnutzen und letzten Endes zum Mißerfolg führen". Eben von der Einsicht her, daß die Regierung „von einer breiten Volksströ-

7 Z. B. *ebda.*, S. 134 f.; S. 137.

8 So forderte Hugenberg in einem Brief an Papen vom 27. Juli u. a. eine Neufassung der Notverordnung vom 14. Juli: Horkenbach, *1932*, S. 261.

9 So mit entwaffnender Naivität auch die Hugenberg-Apologetik: „Hugenberg konnte trotz sachlicher und personeller Bedenken die Zusammensetzung des Kabinetts v. Papen und später des Kabinetts v. Schleicher nicht beanstanden, wenn er den Grundsatz der nichtparteigebundenen Berufung durch den Reichspräsidenten bejahte" (*Hugenbergs Ringen*, Anm. I/6, I, S. 20).

10 *RGBl.*, *1932*, I, S. 387.

11 Schultheß, *1932*, S. 128–131.

12 Auf diesem für die interessenpolitische Stützung des Kabinetts Papen *ex origine* so wichtigen Gebiet waren jedoch alle weitergehenden Pläne erwartungsgemäß zurückgestellt worden. In einer Rundfunkrede am 23. Juli begründete Reichsernährungsminister v. Braun dies entsprechend der großagrarischen Ideologie mit dem ohnehin „stark bäuerlichen Einschlag" der ostdeutschen Landwirtschaft und den „keineswegs unbeschränkten" Siedlungsmöglichkeiten in diesem Raum, die die städtische Arbeitslosigkeit kaum entlasten würden. Grundtenor war die Vermeidung von Siedlungen, „die von vornherein lebensunfähig seien und nur die Zahl der wirtschaftlich Schwachen im deutschen Osten vermehren würden" (*ebda.*, S. 124 f.). Dazu paßte es, daß durch Kabinettsbeschluß am 3. Juni das Siedlungswesen vom Reichsarbeitszum Reichsernährungsministerium überging, damit also die agrarpolitischen Aspekte des Problems ganz offen den sozialpolitischen vorangestellt wurden.

mung getragen sein" müsse, wollte Schleicher auch seine Bemühungen „gerade in den letzten Wochen" verstanden wissen. Drei Wochen später freilich waren solche Pläne an einem Wendepunkt angelangt, der ihre neuerliche Revision zur Folge hatte[13].

Die Illusionen des Präsidialkabinetts über den bevorstehenden Wahlgang, in den sich die Träger der Macht nicht ernsthaft einzuschalten vermochten, erreichten einen letzten Höhepunkt mit Papens Wahlaufruf vom 30. Juli. Während er gleichzeitig in Presseinterviews und in einer Rede über den amerikanischen Rundfunk seinen autoritären Sonderweg zur Wiederherstellung der „Ordnung" auch dem Ausland nahezubringen suchte, dabei erneut alle Diktaturgerüchte dementierte und besonders den großen Unterschied zwischen dem revolutionären Kommunismus und dem eine „nationale Wiedergeburt" erstrebenden Nationalsozialismus betonte, konzentrierte sich Papen bei dieser Gelegenheit auf die Forderung nach größter Wahlbeteiligung. Es ist schwer einzusehen, welche Hoffnungen er mit der Betonung der „Wahlpflicht" aller Deutschen verband, wenn er nicht — wie er es heute leugnet[14] — eine analog den Ergebnissen der Präsidentschafts- und Landtagswahlen vergrößerte NS-Reichstagsfraktion erwartete. Zwar betonte er mit Stolz seine „völlig überparteiliche Staatsführung", die die „bisherigen parteipolitisch zusammengesetzten Reichsregierungen" abgelöst habe, aber er sprach zugleich von der notwendigen „vertrauensvollen Zusammenarbeit mit dem Reichstag". Noch also saß die Illusion von der Gewinnung einer tolerierungswilligen Rechtsmehrheit in Papens Denken fest. Was anders konnte die Regierung von jener leichtfertig verfügten parlamentarischen Machtverschiebung des 31. Juli erwarten, die auch im Reichstag die ausweglosen Mehrheitsverhältnisse der Länderparlamente schaffen würde? Statt dessen hielt Papen bis zuletzt an der Illusion einer Tolerierungsmehrheit fest: „Deutschland muß daher einen Reichstag haben, der nicht nur die Willensmeinung des Volkes widerspiegelt, sondern der fähig und willig ist, im Rahmen der ihm durch die Verfassung zugewiesenen Obliegenheiten mit einer starken Regierung Hand in Hand zu arbeiten[15]."

Dem entsprachen auch die Versuche, in letzter Minute die Parteien der Weimarer Koalition, insbesondere die SPD zu diskreditieren, indem neue Beschuldigungen gegen die beseitigte Preußen-Regierung erhoben wurden. Dies bestätigte noch einmal, daß Wahlpropaganda ein wesentlicher Zweck des Staatsstreiches war. Am 27. Juli tauchte in verschiedenen rechtsgerichteten Zeitungen die Nachricht auf, in Preußen seien Staatsgelder für Parteizwecke verwendet worden. Dies bezog sich auf die Gelder, die zum Schutz von Ordnung und Verfassung sowie zur Hindenburg-Kampagne bereitgestellt worden waren[16]. Auch bei der Enthüllung dieser reichlich entstellten Zusammenhänge, die Papen sogleich aufgriff und noch nachträglich in seine Begründung der Preußenaktion einbaute, spielten die Zwischenträgerdienste des Ministerialdirektors Nobis eine wichtige Rolle: er wußte seinen neuen Herrn jetzt mit entsprechenden Aussagen ebensogut zu dienen, wie er vordem bei allen Sitzungen der preußischen Regierung bürokratisches Schweigen bewahrt hatte[17]. Die Beschuldigung, die strittigen Mittel seien „zum Zwecke der Wahlpropaganda bei den bevorstehenden Landtagswahlen im Interesse eines Erfolges der derzeitigen Koalition"

13 Vgl. u. S. 536 ff.
14 Papen (Anm. VI/35), S. 220.
15 Text des Wahlaufrufs der Regierung bei Poetzsch-Heffter (Anm. I/128), S. 77.
16 Vgl. o. S. 416.
17 Vgl. dazu Severing (Anm. I/18), II, S. 360 f.; danach ließ sich Nobis zu diesem Zweck am 30. Juli ausdrücklich von seiner dienstlichen Schweigepflicht entbinden.

verwendet worden, wurde denn auch sowohl publizistisch wie für die Verhandlung vor dem Staatsgerichtshof eifrig aufgegriffen[18]. Obwohl sie dann in der Verhandlung selbst keine Rolle mehr spielte und schließlich von Nobis selbst als Mißverständnis dementiert wurde[19], sollte sie zuguterletzt in der Diffamierungskampagne nach der nationalsozialistischen Machtergreifung unter der Propagandarubrik: „Braun-Severing 2 Millionen gestohlen", eine vergröberte Wiederauferstehung feiern[20].

Auch der rückschauende Betrachter dieses wohl erbittertsten Wahlkampfes der Weimarer Republik steht unter dem Eindruck, daß die Parteien, nicht zuletzt infolge der irrealen Wahlpolitik der Regierung, in Parolen und Erwartungen die innere Unsicherheit, ja Ausweglosigkeit des *Machtvakuums* widerspiegelten. Die äußere Lage hatte sich nicht gebessert, der eigenwillige Regierungskurs die politische Erregung nur gesteigert, und auch die günstigere Saison brachte kaum einen Rückgang der Arbeitslosigkeit. Diesem zentralen Agitationsargument, das natürlich besonders die Regierung selbst belasten mußte, stellten die einzelnen Parteien ihre spezifischen Wünsche und Proteste zur Seite. Die DNVP war trotz ihrer engen Bindungen kaum weniger als die NSDAP darum besorgt, sich von der Verantwortung für den Regierungskurs zu entlasten; sie war allerdings unter dem Eindruck der überlegenen Propagandakonkurrenz der NSDAP darum bemüht, einen provisorischen Trennungsstrich zwischen ihrem gehobenen monarchischen Nationalismus und der sozialistisch verbrämten Demagogie des Harzburger Verbündeten zu ziehen[21]. Die DVP stand nach den Landtagswahlen vor einer neuen Katastrophe; Dingeldey lehnte wohl Fricks Angebot einer Listenverbindung mit der NSDAP ab, ging aber schon am 2. Juli ein Wahlabkommen mit der DNVP ein, in dem er sich zur Ablehnung jeder an Zentrum oder SPD angelehnten Koalitionsregierung verpflichtete. Diese „liberale" Partei hatte damit das Erbe Stresemanns aufgegeben und sich endgültig in die Front gegen die parlamentarische Demokratie eingereiht, nachdem Dingeldey noch Mitte Juni für die Sammlungsbestrebungen der bürgerlichen Mitte eingetreten war.

Auf der anderen Seite scheiterten alle weiteren Bemühungen, die einer schweren Niederlage zusteuernden kleineren Mittelparteien durch ein Wahlbündnis oder einen Zusammenschluß zu stärken[22]. Graf Westarp und die Volkskonservativen traten jetzt, nachdem die gemäßigte Brüning-Lösung gescheitert war und der Papen-Kurs sich zum politischen Abenteuer entwickelte, endgültig von der politischen Bühne ab[23]. Gleichzeitig trieben die schlechten Aussichten der

18 Das entsprechende Material ist ausgebreitet in der Denkschrift der Reichsregierung für den Staatsgerichtshof: „Feststellungen des Reichskommissars Dr. Bracht", in: *Anlageheft zu der Gegenerklärung* (Anm. VIII/123), S. 42–52. Die Darstellung beruft sich ausdrücklich auf das Zeugnis von (unter anderen) Nobis.

19 Die entsprechende Stelle aus Nobis' nachträglichem Brief an Arnold Brecht ist abgedruckt bei Braun (Anm. I/5), S. 447.

20 Vgl. Severing (Anm. I/18), II, S. 379 ff.; Braun (Anm. I/5), S. 446 ff.

21 So kritisierte Hugenberg am 17. Juli auf einer Tagung der deutschnationalen Jugendorganisation in Mülheim/Ruhr das Streben, „nach römischem, faschistischem Muster die Dinge von oben her zu ordnen, statt Saaten auszustreuen und sie von unten her wachsen zu lassen". Sein Vorwurf galt in scharfer Kritik an der NSDAP denen, die „banausisch alles auf die Kraft und die organisierte Zahl stellten" und mit dem Sozialismus ein Spiel trieben, das dies „zerstörende Gift in unzählige Seelen träufle, die bisher dagegen immun waren". Egelhaaf, *1932*, S. 117; *Hugenbergs Ringen* (Anm. I/6), I, S. 65. Schon auf der Führertagung der DNVP in Berlin drei Wochen vorher hatte Hugenberg seinen Monarchismus energisch dem Hitlerschen „Sozialismus" entgegengesetzt, der Befürchtung einer die DNVP ausschaltenden Verbindung zwischen NSDAP und Zentrum Ausdruck gegeben und hinzugefügt: „Eine ungeheure Gefahr sehe ich auch in einem etwaigen alleinigen Regimente der Nationalsozialisten" *(ebda.)*.

22 So blieben auch die Bestrebungen um eine neue Partei der Mitte, die mit einer Gründungsversammlung in Berlin am 14. Juni und mit der Wahl eines Arbeitsausschusses an die Öffentlichkeit getreten waren, ohne sichtbaren Erfolg: vgl. Horkenbach, *1932*, S. 192.

23 *Westarp-Akten:* Brief Westarps an Rademacher v. 7. Juni 1932 über die letzten Bemühungen zur Sammlung. Schon Anfang Mai hatte Westarp in einer Besprechung mit Dingeldey dessen Zustimmung zur

Staatspartei manchen dem nationalsozialistischen Sog widerstehenden protestantischen Demokraten in die Zentrumspartei[24]. Dort war die Stellungnahme gemäßigter: das Zentrum, erstmals in der Geschichte der Weimarer Republik Oppositionspartei, betrachtete sich als Ordnungsblock der Mitte und trat für Versöhnung und sachliche Politik ein; es hielt mit seinem Spitzenkandidaten Brüning freilich an einer konservativen Lösung, an der autoritären Demokratie als Alternative zur Diktatur fest[25] und ließ damit die Möglichkeit einer Rechtskoalition im erweiterten Sinne des ursprünglichen Brüning-Planes offen. Schärfer gegen Papen und den Rechtsradikalismus wandten sich die Führer der BVP: die antinazistische Aktivität Schäffers, der den Gedanken eines bayerischen Selbstschutzes ventilierte, bestätigte zuletzt der bayerische Ministerpräsident Held in einer Rede in Köln am 27. Juli[26].

Die SPD bekämpfte neben den sozialen Härten der neuen Verordnungen mit allem Nachdruck die preußische Politik Papens und war weithin geneigt, von der Wahl einen neuen Aufschwung ihrer seit 1928 absinkenden Wählerziffern zu erwarten[27]: hier wirkte noch immer der Glaube an die stärkende Wirkung einer eindeutigen Oppositionsstellung nach, für die diese Partei nach langer Zwischenstellung jetzt — ohne eigenes Zutun — freigeworden war. Gleichzeitig kamen aber auch von dieser Seite konstruktive Vorschläge zur Verfassungsreform, nachdem die Katastrophe vom 20. Juli die Partei von der preußischen Bürde befreit hatte: sie richteten sich zwar gegen die Projekte eines reaktionären Pluralwahlrechts und Oberhauses, empfahlen aber eine Korrektur des Parlamentarismus und eine freiere politische Beweglichkeit gegenüber der verbesserungsbedürftigen Konstruktion von Weimar[28].

Gründung einer „national-bürgerlichen" oder „staatsbürgerlich-nationalen" Partei in Gegenstellung zur NSDAP erlangt. Dazu sollten sich DVP, Wirtschaftspartei und Landvolk auflösen und ihre Organisation zur Verfügung stellen. Auch Mahraun hatte seine Unterstützung zugesagt. Man würde sich wohl um die DNVP bemühen, aber nicht warten, bis das Hindernis Hugenberg beseitigt sei. Die weiteren Verhandlungen stießen aber auf die Zurückhaltung Dingeldeys, auch entstanden neue Differenzen zwischen Wirtschaftspartei und Landvolk, das nach Gerekes Bericht zur Rückkehr in die DNVP neigte. Da auch Simpfendörfer sich versagte, versprach sich Westarp von seiner Initiative keinen Erfolg mehr, „zumal da ich nicht wußte, ob nicht bei einem Teil der DVP gleichfalls der Anschluß an Hugenberg betrieben werde". So distanzierte sich Westarp auch von den weiteren Verhandlungen im Juni 1932, die zeitweise um eine Fusion der Mitte mit der DNVP unter Goerdelers Führung gingen. Er verzichtete auf eine Kandidatur in der kommenden Wahl, für die er keine sachliche Plattform mehr sah: „Es wird ein primitives und brutales Ringen um die Frage sein, ob Zentrum oder Sozialdemokratie die Macht erobern, oder ob die Regierung Papen, mit der Aussicht, über kurz oder lang an die Nationalsozialisten überzugehen, sich hält. Daß ich, obwohl ich in den letzten zwei Jahren Brüning gestützt habe, der Front des Zentrums nicht beitreten kann, ist klar. Aber auch ein eindeutiges Eintreten für die Entwicklung über Papen zum Nationalsozialismus ist mir unmöglich. In dem Getöse des jetzt bevorstehenden radikalen Wahlkampfes wird die Parole eines nationalen bürgerlichen Zusammenschlusses, so begründet und zukunftsreich sie ist, und so sehr ich es für eine Aufgabe halten könnte, dafür einzutreten, kein Gehör finden."
Noch am selben Tag beschloß die Volkskonservative Vereinigung, sich an den Wahlen nicht mehr zu beteiligen: *Börsen-Curier*, Berlin, Nr. 261 v. 7. Juni 1932; *Volkswacht für Schlesien*, Breslau, Nr. 131 v. 7. Juni 1932. Westarp selbst blieb weiterhin sehr kritisch gegenüber dem Papen-Experiment; er trat schließlich sogar gegen eine Ausweitung der Ausnahmegesetzgebung und für die Rechte des Parlaments ein. So Kuno Graf Westarp, „Reichspräsident und Reichstag als Gesetzgeber", in: *Preußische Jahrbücher* 230, Heft 3 (Dezember 1932), bes. S. 204.

24 Z. B. trat der liberale Publizist Paul Rohrbach öffentlich für eine solche Schwenkung ein: Horkenbach, *1932*, S. 118. Vgl. auch den Brief eines führenden protestantisch-demokratischen Kommunalpolitikers an Bolz: Miller (Anm. I/40), S. 422 ff.

25 Bei Horkenbach, *1932*, S. 227.

26 In diesem Zusammenhang wurde seit Mitte Juli die Aufstellung bayerischer Kampf- und Selbstschutzverbände unter Ritter v. Lex (BVP) zur Abwehr des nationalsozialistischen Straßenterrors betrieben: vgl. Schwend (Anm. V/40), S. 447 f.

27 Für den Parteivorstand berichtet dies Stampfer (Anm. I/4), S. 631 f.; S. 633 f. Vgl. auch Carlo Mierendorff, „Sommer der Entscheidungen", in: *Sozialistische Monatshefte* 1932, Heft 8 (29. Juli), S. 656 ff.

28 Dafür plädierte besonders eine Reihe jüngerer sozialistischer Staatsrechtler, z. B. Otto Kirchheimer, *Die Verfassungslehre des Preußenkonflikts*, Berlin 1932, S. 207; ders., *Weimar – und was dann?*, Berlin 1930, S. 44 ff.; Ernst Fraenkel, „Verfassungsreform und Sozialdemokratie", in: *Die Gesellschaft* 9 (1932), S. 492 ff. Fraenkel, der sich wie Kirchheimer um eine sozialistisch-demokratische Modifikation der Carl-Schmitt-Kritik bemüht, erhebt die Forderung, man solle sich nicht mit der ohnehin transitorischen Lösung

An der Spitze des Wahlkampfs aber marschierte die NSDAP. Ihre wütenden Angriffe machten auch vor dem „Kabinett der Barone" längst nicht mehr halt. Sie wendeten sich scharf gegen die DNVP[29] und verschonten nur eine politische Gestalt, die nicht in den eigenen Reihen stand: Schleicher[30]. Zu ihm, der ihre Stellung zum Kabinett Papen so wesentlich beeinflußt hatte, führten noch immer wichtige Verbindungsfäden. Von ihm erwartete die NS-Führung Hilfestellung zur Überwindung der letzten Hindernisse auf dem Wege zur Machtergreifung: der Reichswehr und Hindenburgs. Der Ausgang der Wahl sollte Schleicher in der Tat vor eine Entscheidung stellen, die von großer Bedeutung für das weitere Schicksal seiner politischen Konzeption und seiner taktischen Pläne wurde. Denn während Papen inzwischen seinen Sonderweg zwischen den Parteien entwickelt hatte, sah sein kühl rechnender Berater das Zentralproblem noch immer in jener Zähmung der Massenpartei, die sein realistischer Sinn von den ideologischen Eigenkonstruktionen eines machtlosen Pseudokonservatismus nicht zu erwarten vermochte.

2. *Die Wahl vom 31. Juli 1932*

Die Reichstagswahl vom 31. Juli 1932 vollzog sich in einer Atmosphäre höchster Spannung und Erregung, die sich trotz der Verordnung innenpolitischen Burgfriedens und Versammlungsverbots[31] in blutigen Zusammenstößen austobte. Man darf allgemein sagen, daß ihr Ergebnis in sämtlichen Lagern Enttäuschung auslöste. Bei einer gegenüber 1930 noch gesteigerten Wahlbeteiligung gelang der NSDAP wohl eine reichliche Verdoppelung ihrer Reichstagsmandate und eine Angleichung ihrer Fraktion an die Größenverhältnisse der Landtage, jedoch keine erhebliche Steigerung über die bei der zweiten Präsidentschaftswahl erreichte Stimmenzahl hinaus. Dasselbe gilt auch für die gleichzeitig veranstaltete Wahl zum thüringischen Landtag. Ein absoluter Endpunkt der nationalsozialistischen Ausdehnung im Zeichen freier, demokratischer Wahlbedingungen war erreicht. Ihre obere Grenze lag bei 37,2 %, während also 62,8 % der deutschen Wähler sich selbst zu diesem Zeitpunkt gegen eine nationalsozialistische Herrschaft entschieden. Die NSDAP war noch unter dem Wähleranteil geblieben, den die SPD (ohne USPD) bei den Wahlen zur Weimarer Nationalversammlung 1919 auf sich vereint hatte, ohne damals den Anspruch auf die alleinige Macht zu erheben.

Eine zusammenfassende Betrachtung der Wahlentwicklung wird an anderer Stelle die Bedeutung dieses Ergebnisses beleuchten. Hier sei zunächst nur auf die parlamentarischen Rückwirkungen des Wahlergebnisses hingewiesen[32].

von 1919 in so verhängnisvoller Starrheit identifizieren: man müsse sich von der Verfassung trennen können, sofern sie durch die Selbstausschaltung des Parlaments gelähmt und krank sei. Eine Verfassungsreform solle die Kongruenz zwischen Legalordnung und tatsächlicher Machtausübung wiederherstellen, dürfe freilich die bestehende undemokratische Herrschaftsverteilung nicht legalisieren. Dagegen entschieden für Bewahrung und Restituierung der parlamentarischen Demokratie (insofern sie allein die Grundrechte gewähren und sichern kann): Martin Drath, „Regierung und Grundrechte", in: *Die Arbeit* (Dezember 1932), S. 724 ff.

29 Zahlreiche Beispiele in: *Hugenbergs Ringen* (Anm. I/6), I, S. 69 ff.

30 Diese Tatsache führte zu wilden Spekulationen, vor allem in Otto Strassers Blättern. In *Die Schwarze Front*, Nr. 24 v. 31. Juli 1932 erscheint Hitler im Schlepptau Schleichers; es wird zur Wahlenthaltung aufgerufen, denn: „wer wählt, wählt Schleicher". Und *ebda.*, Nr. 25 v. 7. August 1932 werden unter der Schlagzeile: „Geheimabkommen Schleicher–Hitler" entsprechende Informationen über die Mai-Juni-Verhandlungen spekulativ ausgebaut: Hitler würden für die Tolerierung eines Schleicher-Kabinetts die Länder überlassen und die Präsidentschaft gesichert werden.

31 *RGBl.*, *1932*, I, S. 389. Die Verordnung war bis zum 10. August befristet.

32 Dazu Sidney L. W. Mellen, „The German People and the Postwar World, A Study Based on Election Statistics, 1871–1933", in: *The American Political Science Review* 37 (1943), S. 601; S. 621. Eine über-

1. Mit 230 Mandaten (37,8 %) stellte die NSDAP nun auch im Reichstag die weitaus stärkste Fraktion. Da aber die DNVP eine neuerliche Enttäuschung erlebte und es bei einem Verlust von 4 Sitzen gegenüber 1930 nur auf 37 Abgeordnete brachte (6,1 % gegen 7,1 % von 1930), blieb die Gesamtstärke der „Nationalen Opposition" erheblich hinter den Erwartungen zurück. Wie in den Parlamenten der größeren deutschen Länder, so war man auch im Reichstag mit insgesamt 43,9 % der Sitze (267 : 341) von einer konstruktiven Mehrheit noch immer weit entfernt. Selbst mit Einschluß der DVP — die auch das Wahlbündnis mit der DNVP nicht vor katastrophalen Verlusten bewahrt hatte — und der nicht minder dezimierten gemäßigten Rechten (Christlich-Soziale, Landbund, Wirtschaftspartei und Bauernpartei) blieb eine Rechtskoalition mit 46,5 % der Abgeordneten (283 : 325) eindeutig in der Minderheit. Eine klare parlamentarische Entscheidung war nicht gefallen, so nachhaltig sich auch die innere Gewichtsverschiebung Ausdruck verschafft hatte.
2. Die Verlagerung der parlamentarischen Machtverhältnisse ging erwartungsgemäß vor allem auf Kosten der liberalen und gemäßigt konservativen Parteien der bürgerlichen Mitte. Während Zentrum und BVP sich auch als Oppositionsparteien behaupten, ja von der größeren Wählerzahl sogar einiges gewinnen konnten, erlebten jene Gruppen nun auf der Ebene des Reichstags den in den Regionalwahlen längst angebahnten Zusammenbruch. 1930 hatten sie mit insgesamt 122 Abgeordneten noch über 21 % der Sitze zu retten und eine wichtige Rolle im Rahmen der parlamentarischen Tolerierungstaktik zu spielen vermocht; jetzt verfügten sie mit 22 Abgeordneten nur noch über 3,6 % der Mandate. Es steht außer Frage, daß die NSDAP ihren wichtigsten Zuzug von dieser Seite erhielt; erst in zweiter Linie dürften — wie noch 1930 — bisherige Nichtwähler und Neuwähler dafür verantwortlich gewesen sein[33]. Die demokratische Brüning-Mehrheit von 1930/32 verfügte jetzt, selbst wenn man die DVP und Wirtschaftspartei einrechnen wollte, nur noch über knapp 42,7 % der Sitze und war endgültig ausgeschaltet.
3. Denn auch die SPD mußte entgegen ihren Hoffnungen weitere Verluste hinnehmen. Mit einem Rückgang der Abgeordnetenzahl auf 21,8 % (1928: 31 %, 1930: 24,8 %) büßte sie ihre schon 1930 bedrohte Stellung als stärkste Reichstagsfraktion, die sie seit 1912 behauptet hatte, endgültig ein. Der Rückgang, den auch die entschiedene Opposition gegen das Kabinett Papen nicht aufzuhalten vermocht hatte, war nur zu einem kleinen Teil durch den Rechtsradikalismus indirekt beeinflußt — vor allem durch den geringen Anteil an Neuwählern und bisherigen Nichtwählern. Eher griff das Anwachsen der KPD, die ihre Hauptkampagne nach wie vor gegen die „sozialfaschistische" Konkurrenz richtete, auf die ungefestigten Randgebiete der SPD über, wie dies etwa in der zahlenmäßig allerdings bedeutungslosen Abspaltung der SAP zum Ausdruck gekommen war. Da aber auch die KPD ihren Abgeordnetenblock entgegen den zweckbedingten Schreckensprognosen von Regierungs- und rechtsradikaler Seite nur auf 14,6 % (1928: 11 %, 1930: 13,3 %) zu steigern vermochte[34], hielt zugleich der Rückgang der Linksparteien insgesamt an. Die Zahl ihrer Mandate war von 42 % (1928) über 38,1 % (1930) auf 36,5 % gesunken, blieb also noch hinter der parlamentarischen Stärke der NSDAP zurück (222 : 230).

schauende Deutung der Wahltrends gewinnt erst durch Einbeziehung der Reichstagswahl vom 6. November 1932 den passenden Maßstab. Vgl. darum dort: u. S. 565 ff.

33 Vgl. auch Reinhard Bendix, „Social Stratification and Political Powers", in: *The American Political Science Review* 46 (1952), S. 368 ff., bes. Anm. 29.

34 Wie bei den Wahlen von 1930 (vgl. o. S. 323 f.), so bezeichnete sich auch jetzt die KPD in blinder Selbstgefälligkeit als „die einzige siegreiche Partei" der Wahl: Ernst Thälmann, „Die neue Etappe der Bolschewisierung der KPD", in: *Die Internationale* 15 (1932), S. 309.

4. Wichtiger als diese Entwicklung, die angesichts der klaren, nur von einer summarischen „antimarxistischen" Propaganda verwischten Scheidung zwischen SPD und KPD ohne praktische Bedeutung war, ist die Tatsache, daß die beiden totalitären Parteien nun auch im Reichstag eine „unechte Mehrheit" besaßen. Die Fraktionen der NSDAP und der KPD (52,5 %) konnten jede demokratische Mehrheitsbildung verhindern, selbst wenn diese von der DNVP unterstützt würde (319 gegen 289 Sitze der übrigen Parteien). Ihrem im preußischen Landtag praktizierten Zusammenspiel in allen negativen Beschlüssen war nun auch der Reichstag ausgeliefert. Wie dort, gab es auch hier nur noch eine Möglichkeit zur positiven Mehrheitsbildung: die Koalition zwischen Zentrum und NSDAP. Selbst in dieser extremen Situation hatte das Zentrum, das zusammen mit der BVP nahezu unverändert über fast 16 % (1928: 15,95 %, 1930: 15,1 %) der Mandate verfügte, die traditionelle Schlüsselstellung behalten, die es für eine traditionelle Mehrheitsbildung nach rechts wie nach links unentbehrlich machte. Erst das Ergebnis der Terrorwahlen vom 5. März 1933 sollte auch mit dieser jahrzehntelangen Zentralposition des Zentrums, gegen die einst Friedrich Naumann seine Front von Bebel bis Bassermann zu mobilisieren gesucht hatte[35], zugleich der Geschichte des deutschen Parlamentarismus seit Bismarck ein Ende setzen.

5. Auf der anderen Seite war nach den Mehrheitsverhältnissen des 31. Juli 1932 die DNVP als parlamentarischer Faktor deutlicher denn je zum Anhängsel der NSDAP degradiert. Sie hatte den absoluten Tiefpunkt ihrer Geschichte erreicht und besaß nicht die geringste Bedeutung für irgendeine politische Kombination nach rechts oder nach links. Hugenbergs Kurs hatte der einst so gewichtigen Rechtspartei nur noch eine Alternative zur völligen Unterwerfung unter den Harzburger Partner gelassen: die Isolierung im Fahrwasser eines antiparlamentarischen Präsidialkabinetts. Als dieser Weg mit dem Scheitern des Papen-Experiments in eine Sackgasse geführt hatte, blieb denn Hugenberg auch nur noch die verhängnisvolle Notlösung, auf die erste Möglichkeit zurückzufallen.

Im ganzen war aber doch dem Fluß der letzten Wahlen mit der Versteifung und Abgrenzung der einzelnen Parteilager ein Damm gesetzt. Die bürgerliche Mitte war verschwunden, zwischen dem „nationalen" und dem „marxistischen" Block stand unerschüttert das Zentrum, während nach der Verfestigung dieser Gruppen eine weitere Expansion der NSDAP unwahrscheinlich erschien[36]. In dieser Versteifung und Sättigung der einzelnen Parteilager konnte man das Ende der Parteien erblicken. Sie hoben sich jetzt gegenseitig auf, ohne noch auf einen Zuwachs hoffen zu können, der ihnen die Durchsetzung ihres Willens oder einen günstigen Kompromiß — soweit er überhaupt in Frage kam — eröffnet hätte[37]. Das Wahlergebnis bedeutete aber vor allem eine schwere Niederlage des Präsidialkabinetts. Seine einzigen sicheren parlamentarischen Stützen, DNVP und DVP, waren so dezimiert, daß sie durch eine Kombination Zentrum—NSDAP ohne weiteres ausgeschaltet werden konnten[38]. Eine solche

35 Friedrich Naumann, *Die politischen Parteien*, Berlin 1910, S. 47 ff.

36 So auch der Bericht Rumbolds an Simon v. 3. August 1932, in: *Documents on British Foreign Policy* (Anm. II/53), 2nd series, vol. IV, No. 8.

37 In dieser Richtung verliefen natürlich besonders die Deutungen der antiparlamentarischen Gruppen. So etwa Otto Strasser, „Mit der politischen Kamera durch Deutschland und die Welt", in: *Die Schwarze Front* 7, Nr. 25 v. 7. August 1932.

38 Ein vernichtendes Urteil über seine eigene Politik bedeutet darum Papens nachträgliche, apologetisch gemeinte Bemerkung, das (doch in erster Linie gegen ihn selbst gerichtete) Wahlergebnis habe „einen weiteren Beweis" erbracht, „daß die Nation mit der langen Reihe von Regierungen zu brechen wünschte, die von den Weimarer Koalitionsparteien gebildet worden waren": Papen (Anm. VI/35), S. 220.

positive Mehrheit konnte die Papen-Regierung auf verfassungsmäßigem Wege ausmanövrieren. Es gab nur zwei Möglichkeiten zur Verhinderung dieser Eventualität: eine Kooperation Papens mit Hitler oder eine erneute Auflösung des Reichstags.

So spielte sich die fieberhafte Aktivität der folgenden Wochen auf drei verschiedenen Ebenen ab. Während die großen Gruppen nach wie vor unter dem Bann einer innenpolitischen Lähmung standen, die durch die Wahl noch versteift worden war, suchte die Präsidialregierung ihre durch außerparlamentarische Machtmittel gestützte Kontrolle des *Machtvakuums* zu behaupten oder doch den alten Zähmungsplan in ihrem Sinne einzusetzen. (1) Auf der einen Ebene bahnte sich eine zögernde, durch Mißtrauen und Unentschlossenheit gekennzeichnete Fühlungnahme zwischen NSDAP und Zentrum an. (2) Dem setzte Schleicher zunächst den Versuch zur Einbeziehung der NSDAP in ein gut abgesichertes Präsidialkabinett entgegen: ein Wendepunkt der zweijährigen Bemühungen um die sanfte und zugleich vorteilhafte Bändigung der „nationalen Bewegung" war erreicht. (3) Dahinter aber stand die *ultima ratio* einer langfristigen Ausschaltung des oppositionellen Reichstags und der Plan einer einschneidenden Verfassungsreform mit Hilfe des Artikels 48, die das Präsidialkabinett im Sinne der Papen-Ideologen von jeder parlamentarischen Abhängigkeit befreien würde: nach dem Scheitern der beiden ersten Initiativen schob sich dieser Gedanke in den Vordergrund der Papenschen Politik.

3. *Der Bruch mit Hitler*

Im nationalsozialistischen Lager waren die Kommentare keineswegs auf Triumph gestimmt. Der Durchbruch zur absoluten Mehrheit war nicht geglückt; man war kaum über die Wahlerfolge vom Frühjahr hinausgekommen. Schon zeichnete sich in den Überlegungen der Führung die Einsicht ab, daß auch jener „legale" Weg zur Macht über die Eroberung des Parlaments, den man nach dem Scheitern des Putsches von 1923 eingeschlagen hatte, nicht zum Ziel führen würde. Seinen Aufruf vom 1. August schloß Hitler mit dem beschwörenden Satz: „Es kann angesichts dieses größten Erfolges unserer Bewegung für niemanden einen Dank geben, sondern für uns alle nur die Pflicht, den Kampf nunmehr mit erneuter und erhöhter Kraft aufzunehmen und fortzuführen[39]." Und im Hauptquartier der NSDAP in München notierte Goebbels unter dem zwiespältigen Eindruck der neuen Lage, die ihm in seinem Berliner Revier sogar einige Verluste gebracht hatte: „Wir müssen an die Macht . . . Wir müssen jetzt an die Macht[40]." Seine Aufzeichnungen vermitteln einen lebhaften Eindruck von der Ratlosigkeit der NS-Führung, von ihrem Warten auf irgendeinen Anstoß, ein Angebot der vielzitierten „Macht", der sie sich auch jetzt fast hilflos, passiv gegenübersahen[41]. Der Weg zu ihr schien über den Vertrauensmann der Reichswehr und des Reichspräsidenten, die „graue Eminenz" des Präsidialkabinetts, den geschickten Vermittler der die Macht kontrollierenden Querverbindungen zu führen.

Schleicher war nicht zufällig von allen nationalsozialistischen Angriffen verschont geblieben. Jetzt näherten sich noch einmal, wie beim Sturz Brünings,

39 Horkenbach, *1932*, S. 280, und die Pressestimmen in: *Der Zeitspiegel* 1, Nr. 15 (13. August 1932), S. 230 ff.
40 Goebbels, *Kaiserhof* (Anm. V/13), S. 135; S. 137.
41 *Ebda.* Z. B. S. 136: „In dieser Stunde kann man keine Entschlüsse fassen. . . Wir müssen also wachsam sein." S. 137: Hitler „steht vor schweren Entschlüssen. Legal? Mit dem Zentrum. . . Der Führer überlegt mit uns, kommt aber noch zu keinem endgültigen Ergebnis. Die Situation muß erst ausreifen. . : Also aufpassen. . . Irgend etwas muß ja geschehen" (31. Juli–2. August).

die Bemühungen der beiden Kontrahenten: die eine Seite im verzweifelten Verlangen nach der „Macht", die andere in nüchterner Berechnung des richtigen Zeitpunkts zur Verwirklichung einer Lösung, die aus einer politischen Gefahr einen „nationalen" Gewinn machen würde. Der lange verfolgte Plan, „Hitlers Machtanspruch abzufangen"[42] und seine Massenbewegung in ihrem „positiven" Nationalismus einer starken, von der Reichswehrführung kontrollierten Präsidialregierung zuzuführen, trat nun in sein entscheidendes Stadium. Er war allerdings nach dem Bruch Schleichers mit Brüning modifiziert und zugleich schärfer präzisiert worden. Nach der Bekundung eines engen Mitarbeiters[43] suchte Schleicher zunächst seinen Grundgedanken — „Wie fange ich die Welle auf?" — in einer ersten, bis Mitte Juli 1932 reichenden Phase durch Bemühungen um die stillschweigende nationalsozialistische Tolerierung des Papen-Kabinetts zu verwirklichen. Der 31. Juli leitete eine neue Phase ein, deren Ergebnis die Berufung Hitlers zum Kanzler einer durch Fachleute abgesicherten Regierung sein sollte[44]. Noch erlaubten in Schleichers Augen die Umstände einen solchen Schritt: Reichswehr und Staatsapparat schienen intakt, Schleichers und Hindenburgs Stellung verbürgten eine zuverlässige Kontrolle, ein starkes Gegengewicht gegen parteidiktatorische und totalitäre Ambitionen[45]. Als dieser Plan dann gescheitert war, blieb — als dritte Phase — nur der Versuch einer Spaltung der NSDAP. Es wurde die Überzeugung Schleichers und seiner Umgebung, daß die entscheidende Chance zur Lösung des nationalsozialistischen Problems im August 1932 verpaßt wurde und die Wiederaufnahme des Schleicher-Plans durch Papen im Januar 1933 sich auf ähnlich günstige Sicherungsmöglichkeiten nicht mehr stützen konnte[46].

Jedenfalls zwang die Wendung seiner Pläne im Juli und August 1932 Schleicher auf Gebiete, wo er nicht über ausreichende Erfahrungen verfügte und wo auch die Machtbasis der Reichswehr nicht mehr ausreichte[47]. Die Verhandlungen mit Hitler, die in ihren Einzelheiten noch nicht ausreichend geklärt sind, setzten offenbar am 4. August ein: an diesem Tag fuhr Hitler nach Berlin, „um bei General Schleicher seine Forderungen anzumelden"[48]. Am 6. August glaubte man sich der fieberhaft erwarteten Entscheidung nahe, die nach den Forderungen der NS-Führung Hitler die Kanzlerschaft und den Posten des preußischen Ministerpräsidenten, der Partei das Reichs- und preußische Innenministerium, „ein neu zu gründendes Volkserziehungs- und Propagandaministerium" — Goebbels' Lieblingsplan —[49], ferner das Landwirtschafts- und Justizministerium einbringen sollte[50]. Dann würde der Reichstag Hitler ein

42 So, im Sinne Schleichers, Noeldechen (Anm. IV/38), S. 274.

43 Interview Carlowitz, ungedruckter Teil (Anm. VI/72), S. 96.

44 Vgl. dazu auch die Niederschrift v. Holtzendorffs, ungedruckter Teil, im Institut für Zeitgeschichte, München, S. 106 ff.; S. 110. Für die damalige Beurteilung der Lage in der weiteren Umgebung Schleichers ist kennzeichnend Hans Zehrer, „An der Wende", in: *Die Tat* 24, Heft 6 (September 1932), S. 453 ff.

45 Paul Löbe (Anm. VI/82, S. 142) berichtet aus dieser Zeit eine „Unterredung zu Zweien", in der Schleicher eine Verbindung Hitler–Brüning als unkontrollierbar abgelehnt und statt dessen gefordert habe, man müsse Hitler „in die Mitte" nehmen und ihm zwei verläßlichere Gewichte anhängen: „Auf der einen Seite mich [Schleicher] und die Reichswehr, auf der anderen den alten Herrn und seine Autorität. . ." Dem entsprechen auch die Gedanken eines am 21. August 1932 verfaßten Privatbriefes, in dem der Generalstäbler und spätere Generalmajor Helmuth Stieff (nach dem 20. Juli 1944 hingerichtet) die Erwartungen der Reichswehr im Hinblick auf den Schleicher-Plan ausdrückte: H. R. [Hans Rothfels], „Ausgewählte Briefe von Generalmajor Helmuth Stieff", in: *Vierteljahrshefte für Zeitgeschichte* 2 (1954), S. 296 f.

46 Niederschrift v. Holtzendorffs, ungedruckter Teil (Anm. IX/44), S. 110.

47 Interview Carlowitz, ungedruckter Teil (Anm. VI/72), S. 96.

48 Goebbels, *Kaiserhof* (Anm. V/13), S. 138.

49 So *ebda.*, S. 140, über den mit Hitler beratenen „neuen Volkserziehungsplan", der „alle Mittel der geistigen Beeinflussung der Nation in einer Hand" vereinigen soll: „Die Propaganda muß zu einer staatspolitischen Kunst entwickelt werden. . . Das ist eine Arbeit für mich."

50 *Ebda.*, S. 139.

Ermächtigungsgesetz zubilligen müssen — oder nach Hause geschickt werden: „Haben wir die Macht, dann werden wir sie nie wieder aufgeben, es sei denn, man trägt uns als Leichen aus unseren Ämtern heraus. So sieht eine ganze Lösung aus[51]." Mit dieser Vision des „Dritten Reiches", seiner totalitären Herrschaftsweise und seines Endes, wurden also von nationalsozialistischer Seite die Bemühungen Schleichers beantwortet. Es leuchtet ein, daß nicht nur Hindenburgs Widerstand gegen eine Kanzlerschaft Hitlers[52], sondern auch die in einer Verkennung der nationalsozialistischen Machterwartungen liegenden Voraussetzungen des Schleicher-Plans dem Erfolg der Verhandlungen entgegenstanden. Argwohn und Skepsis bestimmten auch jetzt die Atmosphäre des „vor den Toren der Macht" stehenden Hauptquartiers[53]. Man wollte vorwärts, aber man fürchtete, düpiert zu werden: denn der Schleicher-Plan war längst kein Geheimnis mehr[54].

Auf der anderen Seite hatte Papen selbst schon am Tag nach der Wahl erklärt, seine Regierung werde sich keinesfalls um die Bildung einer Koalition im Reichstag bemühen, sondern erwarte ein Einlenken des Zentrums auf Tolerierungspolitik und eine Mitwirkung der NSDAP an den Bemühungen des Präsidialkabinetts; er denke ferner an eine Verfassungsreform, die ein Zweikammersystem schaffen und ein neues Wahlsystem einführen werde[55]. Während Papen dann einen kurzen Urlaub im Saargebiet verbrachte, erreichten die Verhandlungen zwischen Hitler und Schleicher ihren Höhepunkt. Die Hoffnungen im nationalsozialistischen Lager wuchsen: „Die ganze Partei hat sich bereits auf die Macht eingestellt." SA und Funktionäre erwarteten den großen Tag, man besprach schon die Verschmelzung von Partei und Staat, man suchte die Wilhelmstraße durch Mobilisierung der Kampfverbände unter Druck zu setzen[56], ohne freilich ernstlich an einen „Marsch nach Berlin" nach Mussolinis Vorbild zu denken. In diesem Augenblick — wohl am 10. August — kam die Wendung.

Es scheint, daß Schleicher jetzt zum ersten Mal auf den entschiedenen Widerstand Hindenburgs traf, wenn auch die näheren Umstände noch nicht geklärt sind. Hatte Hindenburgs nächste Umgebung diesen Entschluß gefördert? Hatte Papen selbst Schleichers Plan, der ihn die Kanzlerschaft kosten würde, in letzter Minute torpediert? Oder war es die alte Zwiespältigkeit in Hindenburgs Stellung zum nationalsozialistischen Problem, die schon Brüning die Hände gebunden hatte, als er im Sommer 1931 den Reichspräsidenten vergeblich vor die Alternative zu stellen suchte: Bekämpfung der NSDAP oder aber ihre Belastung mit der politischen Verantwortung[57]? Am wahrscheinlichsten scheint ein persönliches Motiv: Hindenburg war einfach nicht gesonnen, den liebenswürdigen Papen, an den er sich inzwischen so wohl gewöhnt hatte, gegen den unsympathischen Fanatiker Hitler einzutauschen.

51 *Ebda.*

52 Dies ist das Hauptargument Carlowitz': Interview, ungedruckter Teil (Anm. VI/72), S. 96. Ebenso Niederschrift v. Holtzendorff, ungedruckter Teil (Anm. IX/44), S. 106.

53 Goebbels, *Kaiserhof* (Anm. V/13, S. 139): „Nur mit einem gewissen Argwohn stellt man sich vor, daß wir jetzt vor den Toren der Macht stehen könnten. Es ist gut, wenn man die weitere Entwicklung mit Skepsis betrachtet!" S. 148 f.: „In all dem Hin und Her der Intrigen ist es unmöglich, durchzuschauen. So viele ziehen an verschiedenen Strängen, daß man von der Gegenseite nicht weiß, wer betrügt, und wer betrogen wird." Vgl. auch *ebda.*, S. 141.

54 S. *ebda.*, S. 136: „Man würde uns Handfesseln anlegen und uns kirre zu machen versuchen. Wir müssen also wachsam sein wie die Schießhunde. Auf niemanden vertrauen als nur auf die eigene Kraft. . ." S. 144: „Es besteht also die Absicht, ihn [Hitler] und die Partei abzunützen."

55 Interview für *Associated Press:* Schultheß, *1932*, S. 136; vgl. Papen (Anm. VI/35), S. 220 f.

56 Goebbels, *Kaiserhof* (Anm. V/13), S. 140 f.

57 Vgl. o. S. 379 f.; Brüning, „Brief" (Anm. I/9), S. 6.

Gewiß schien auch Papen selbst, der am 9. August nach Berlin zurückgekehrt war, Hitlers Forderung nach der Kanzlerschaft zunächst nicht abzulehnen und ihre Erfüllung nur von einschränkenden Bedingungen abhängig zu machen. Nachdem auf Papens Vortrag hin am Vormittag des 10. August jedoch Hindenburg, der aus Neudeck eingetroffen war, Hitler nur die Vizekanzlerschaft anzuvertrauen bereit war und erklärt hatte, ein Präsidialkabinett als eine „von den Parteien und dem Parlament sich abhebende und unabhängige Regierung" könne nicht von dem Parteiführer Hitler geführt werden[58], stellte auch Schleicher seine Pläne zurück. Ein halbes Jahr später ließ Hindenburg diesen Einwand widerstandslos fallen. Aber dann gehörte eben Papen selbst zu den ersten Befürwortern eines Hitlerschen Präsidialkabinetts. Selbst wenn man die persönlichen Motive vorsichtig beurteilt, dann bleibt es doch wahrscheinlich, daß Hindenburgs Entschluß vom 12. August 1932 — gleich dem entgegengesetzten vom 30. Januar 1933 — in Papens Ambitionen eine wesentliche Stütze fand[59]. Auch die Kabinettssitzung am Nachmittag des 10. August ließ die Dinge freilich offen, so instruktive Einblicke sie in die Reform- und Staatsstreichpläne Gayls gewährt[60].

Doch kam nach Hindenburgs Vorentscheidung den Besprechungen vom 12. und 13. August[61] nur noch formale Bedeutung zu. Hitler ließ zunächst auf sich warten[62] und schickte am 12. August seinen SA-Chef Röhm und den SA-Führer von Berlin, Graf Helldorf, — die beiden wichtigsten Kontaktmänner Schleichers — zu Papen, während er selbst noch einmal mit Schleicher verhandelte. Erst nachdem Papen die nationalsozialistischen Ansprüche abgelehnt und Schleicher unter dem Eindruck der Haltung Hindenburgs ein gleiches getan, seinen Plan also aufgegeben hatte, traf Hitler in Begleitung Fricks auch mit Papen zusammen. Nach seiner eigenen Darstellung gab Papen in einer langen, erregten Unterredung Hitler die Vorbehalte Hindenburgs und zugleich dessen Forderung nach einer Beteiligung der NSDAP an der *bestehenden* Regierung bekannt. Er selbst suchte Hitler diese Lösung durch das Versprechen schmackhaft zu machen, daß er ihm seinen Posten abtreten werde, „wenn nach einer vertrauensvollen und fruchtbringenden Zusammenarbeit mit seiner Bewegung der Reichspräsident ihn besser kennengelernt haben werde"[63]. Auch dieser Vorbehalt sollte ein halbes Jahr später Papens persönlich getönter Sinneswandlung zum Opfer fallen, obgleich die Voraussetzungen dann noch ungünstiger geworden waren. Jetzt blieb Hitler bei seiner Ablehnung, auch als Papen — mit ähnlicher Kavaliersgeste wie am 20. Juli Severing gegenüber — Rücksicht auf das Prestige des „Führers" zu nehmen versprach, deshalb die Betrauung eines anderen Nationalsozialisten mit der Vizekanzlerschaft anbot und

58 Schultheß, *1932*, S. 138. Ähnlich auch eine offiziöse Verlautbarung vom 11. August: „Der Reichspräsident hält absolut an der Linie fest, nach der die bisherige Regierung gebildet worden ist, d. h. eine vom Parlament unabhängige Regierung. Das gilt nicht nur für heute, das gilt für die jetzigen Verhandlungen überhaupt, und von dieser Linie geht der Reichspräsident nicht ab" (Horkenbach, *1932*, S. 286). Vgl. auch Görlitz, *Hindenburg* (Anm. I/66), S. 381.

59 Auch Carlowitz hält (in einem Gespräch mit O. H. v. d. Gablentz, Mitte Dezember 1950) daran fest: der Schleicher-Plan scheiterte nicht nur an Hindenburgs Abneigung gegen Hitler, sondern am Ehrgeiz Papens, der sowohl für den Übergang wie für die eigentliche Gestaltungsaufgabe die Rolle des Kanzlers spielen wollte.

60 Niederschrift und weiteres Material bei [Thilo Vogelsang], „Zur Politik Schleichers gegenüber der NSDAP 1932", in: *Vierteljahrshefte für Zeitgeschichte* 6 (1958), S. 93 ff. Tags zuvor hatte Gayl die (letzte) „Verfassungsfeier" zu einem Angriff auf die Weimarer Verfassung benutzt: vgl. o. Anm. VII/57.

61 Ihre genaue Datierung ist schwierig, da sich Papens Angaben (Anm. VI/35, S. 222 ff.) mit den bei Schultheß, *1932*, S. 140 f., und Horkenbach, *1932*, S. 285 ff., zusammengefaßten zeitgenössischen Berichten sowie mit Goebbels' und Dietrichs Notizen im Widerspruch befinden.

62 Vgl. Goebbels, *Kaiserhof* (Anm. V/13), S. 142 (zum 11. August): „Der Führer entschließt sich, nach Berlin zu fahren, aber dort rar zu bleiben." Ähnlich Dietrich (Anm. IV/3), S. 116 f.

63 Papen (Anm. VI/35), S. 222 f.

gleichzeitig an Hitlers „eigenes Interesse" appellierte, indem er ihn auf die Abnutzung der nationalsozialistischen Propaganda im Fall einer fortdauernden Oppositionsstellung hinwies. Obwohl er abschließend die volle Freiheit der Opposition für seine Partei feststellte, erklärte Hitler sich doch noch zu einem Gespräch mit Hindenburg bereit[64] — ein Schritt, dessen psychologische Folgen für die Stellung der NSDAP in der öffentlichen Meinung recht nachteilig werden sollten.

Am Nachmittag des 13. August empfing Hindenburg, der sich zuvor mit Papen und Schleicher[65] noch einmal über seine Haltung verständigt hatte, Hitler und Göring im Beisein Papens und Meißners zu einer knapp halbstündigen Unterredung. Als zuletzt auch jener Appell an den Patriotismus, mit dem der Marschall seinen politischen Wünschen Kanzlern und Ministern gegenüber Nachdruck zu geben pflegte, ohne Erfolg blieb, endete das Gespräch mit einem „eisigen Abschied"[66]. Der 13. August war eine Niederlage für beide Seiten. Für die NSDAP, die sofort zu schärfster Opposition in Wort und Tat überging, bedeutete es nicht nur ein Ende der hochgestellten Hoffnungen von Funktionären und Opportunisten, sondern verursachte auch einen erheblichen Prestigeverlust bei der nichtorganisierten Anhänger- und Mitläuferschaft[67], mochte sich die Kritik nun — grundsätzlich — gegen den Hindenburg entgegengesetzten Totalitätsanspruch Hitlers oder — opportunistisch — gegen den Mißerfolg seiner machtpolitischen Taktik richten. Für die Präsidialregierung besiegelte der Bruch mit Hitler den seit Wochen drohenden Verlust ihrer ursprünglichen Grundlage, den Verzicht auf die scheinbar wohlgefügten Pläne, die den Sturz Brünings ausgelöst hatten und dem Papen-Experiment seine Existenz zwischen den übermächtigen Fronten der Parteien verbürgen sollten. Wie das Tolerierungsabkommen, so hatte auch das Zähmungskonzept Schleichers sich als eine Illusion erwiesen, die von einer Unterschätzung des nationalsozialistischen Machtanspruchs, von einer Überschätzung der machtpsychologischen Möglichkeiten eines auf Hindenburg und die Reichswehr allein gestützten Kabinetts ausgegangen war. Umsonst schienen die Vorleistungen der vergangenen zehn Wochen, die Lösungsversuche eines ganzen Jahres, denen Curtius, Wirth, Groener, Brüning, Braun, ein mehrheitsfähiger Reichstag und die Sicherheit der Straße geopfert worden waren; sie hatten die politische Krise nur verhängnisvoll verschärft. Alle Maßnahmen waren zuletzt in dieser Richtung gesteuert worden. Sie endeten in einer Sackgasse — zu einem Zeitpunkt, als sie den Rückweg in eine demokratische Lösung verbaut und selbst die Brücken zu einer Notlösung Brüningschen Stils hinter sich abgebrochen hatten. Es sollte sich zeigen, daß trotz Schleichers und sogar Papens weiteren Bemühungen um die NSDAP[68] nur noch eine Wahl blieb: Gewalt oder Kapitulation. Hindenburg

64 Angeblich, nachdem Frick telephonisch von Planck versichert worden war, Hindenburgs Entscheidung sei noch nicht gefallen: Dietrich (Anm. IV/3), S. 117. Nach Meißners Aussage im Nürnberger Prozeß dagegen erfolgte die Aussprache auf Hitlers dringenden Wunsch („request"), der durch Hitlers Adjutanten Brückner an Meißner übermittelt worden war. Affidavit Meißners vom 28. November 1945, in: *Nürnberger Dokumente*, Bd. XXXII, S. 148 (Dokument Nr. PS-3309).

65 Wenn wir Papen (Anm. VI/35, S. 223) glauben dürfen, dann trat gerade Schleicher zu diesem Zeitpunkt am entschiedensten für eine Ablehnung der Hitlerschen Forderungen ein, hatte also seinen ursprünglichen Plan demonstrativ aufgegeben und hoffte jetzt auf eine Abnützung der NSDAP in der Opposition.

66 *Ebda.*, S. 224. Im Unterschied dazu betont Meißner (Anm. I/156, S. 239 f.), Hitler habe zunächst „in ausführlichen Darlegungen" seine Ziele bekanntgegeben und auch im weiteren Verlauf der Unterredung mehrmals das Wort ergriffen, seinen Legalitätskurs beteuert und seiner Zuversicht Ausdruck gegeben, daß seiner Partei im Fall einer Berufung bald eine parlamentarische Mehrheit zufallen werde: „Die lange [!] Besprechung endete ohne praktisches Ergebnis mit der gegenseitigen höflichen Erklärung, weiter miteinander in Verbindung zu bleiben und das Gespräch bei späterem Anlaß wieder aufzunehmen."

67 Vgl. Goebbels, *Kaiserhof* (Anm. V/13), S. 143; S. 145 f.; S. 148.

68 *Ebda.*, S. 146 (zum 13. August): „General Schleicher ist bemüht, die Brücke nicht endgültig abbrechen zu

versagte sich dem ersten Weg. Darüber stürzte Papen, dann Schleicher. So blieb die Kapitulation: der gescheiterte Papen machte sie Hindenburg leichter.

4. *Front gegen Papen*

Die neue Lage fand schon in der allgemeinen Beurteilung des 13. August ihren deutlichen Ausdruck. Das offizielle Kommuniqué der Präsidialkanzlei gab bekannt, daß Hitler vom Reichspräsidenten die Führung der Regierung und die Übertragung der „gesamten Staatsgewalt" gefordert habe. Hindenburg habe demgegenüber erklärt, „daß er es vor seinem Gewissen und seinen Pflichten dem Vaterlande gegenüber nicht verantworten könne, die gesamte Regierungsgewalt ausschließlich der nationalsozialistischen Bewegung zu übertragen, die diese Macht einseitig anzuwenden gewillt sei. Er bedauerte, daß Herr Hitler sich nicht in der Lage sehe, entsprechend seinen vor den Reichstagswahlen abgegebenen Erklärungen eine vom Vertrauen des Herrn Reichspräsidenten berufene Nationalregierung zu unterstützen"[69]. Gegenüber dieser absichtlich scharf zugespitzten Wiedergabe der Besprechung, die den Bruch in einer psychologisch wirksamen, das präsidiale Machtbewußtsein betonenden Form publik machte[70], gerieten die nationalsozialistischen Beteuerungen, Hitler habe nur die „eindeutige Führung der Regierung" beansprucht[71], fühlbar in die Defensive. Auch ein neuerlicher Streit über das Tolerierungsabkommen zwischen Papen—Schleicher—Hindenburg und der NSDAP, auf das sich Hindenburg berief, förderte zwar keine neuen „Enthüllungen" zutage, kam aber der NSDAP gerade jetzt, im Augenblick ihres Übergangs zur entschiedenen Opposition, höchst ungelegen. Während Hindenburg schließlich feststellte, daß „nunmehr Klarheit über die politische Lage geschaffen sei" und sogleich nach Neudeck zurückkehrte, machte sich das Kabinett ohne weitere Verhandlungen mit den Parteien an ein Arbeitsbeschaffungsprogramm, mit dem es vor den Reichstag treten wollte: obwohl er so offensichtlich „an einem toten Punkt angelangt" war, hoffte Papen doch auf „eine Majorität für die nun zu ergreifenden Maßnahmen" im Reichstag[72].

Eine solche Hoffnung war durch nichts gerechtfertigt. Die Beurteilung der neuen Lage auch in der weiteren Öffentlichkeit war nicht günstiger als die bisherigen Kommentare zum Papen-Kabinett. Die Regierungsbasis war noch schmaler geworden; sie umfaßte eigentlich nur die DNVP, die sich jetzt von dem rechtsradikalen Partner distanzierte. Die NS-Presse dagegen empörte sich in scharfer Wendung gegen den Schleicher-Plan über den wohlüberlegten aber durchsichtigen Trick, die NSDAP durch eine Belastung mit der Verantwortung ohne gleichzeitige Führungsmöglichkeit gewissermaßen auf „kaltem Wege" zu erledigen[73]. Goebbels eröffnete wütende Angriffe gegen die „feudalen Kava-

lassen. . ." S. 147 (zum 16. August): Papen „will die Verbindung zum Führer nicht abreißen lassen. Er bedauert die ganze Entwicklung, die voll von tragischen Mißverständnissen sei".

69 Text bei Poetzsch-Heffter (Anm. I/128), S. 161.

70 Vgl. Papen (Anm. VI/35), S. 224: „Schleicher und ich hatten sehr absichtlich dem Kommuniqué diesen Wortlaut gegeben, weil Hitler darauf hingewiesen hatte, man müsse ihm die gleiche Stellung zubilligen wie Mussolini nach seinem Marsch auf Rom. Hitler war nicht in Berlin einmarschiert, und solange Schleicher und ich die Regierung führten, würde es bestimmt auch keine Nachahmung des Marsches auf Rom geben."

71 Erklärung der Pressestelle der NSDAP: Poetzsch-Heffter (Anm. I/128), S. 161; sowie *Völkischer Beobachter*, Nr. 229 a v. 16. August 1932; Nr. 230 v. 17. August 1932.

72 Papen (Anm. VI/35), S. 225. Die an einen „Umbruch" der Wirtschaftspolitik unter Papen geknüpften Hoffnungen stehen im Mittelpunkt des Buches von Grotkopp (Anm. I/12), das die Bestrebungen um eine „aktive Konjunkturpolitik" sehr pointiert zusammenfaßt.

73 Nationalsozialistische Korrespondenz v. 16. August 1932: Horkenbach, *1932*, S. 287; *Der Zeitspiegel* 1, Nr. 16 (27. August 1932), S. 249 ff. (mit weiteren Pressestimmen).

liere vom Herrenklub", gegen die „konservative Staatsautorität" und ihre „Herrenreiterei", gegen dies volksfremde „Gesinnungspack", das die NSDAP mit einem „dummpfiffigen, bauernschlauen Plänchen… von der Macht fernzuhalten" versuche [74].

Die NSDAP fiel denn auch sogleich in die alte Destruktionstaktik zurück. Die blutigen Zusammenstöße häuften sich, obwohl Schleichers Warnung an Göring und Röhm genügte, um etwaige Aufstandspläne der SA zu drosseln [75]. Schon am 1. August mußte Bracht gegen vorwiegend nationalsozialistische Ausschreitungen in Königsberg und in anderen Teilen Preußens vorgehen. Am 9. August sah sich nach weiteren Gewalttaten, vor allem gegen Angehörige des Reichsbanners und der SPD, die Reichsregierung selbst gezwungen, entgegen ihren ursprünglichen Absichten nicht nur den kommunistischen Unruhestiftern, sondern auch ihren rechtsradikalen Konkurrenten Einhalt zu tun. Durch drei Verordnungen wurde der „Burgfrieden" bis zum 31. August verlängert, für politische Gewalttaten verschärfte Strafdrohung bis zur Todesstrafe verfügt und eine Anzahl von Sondergerichten zur Aburteilung im abgekürzten Verfahren — also ohne Berufungs- und Revisionsinstanz — eingesetzt [76]. In der folgenden Nacht drangen fünf uniformierte SA-Männer in Potempa (Oberschlesien) in die Wohnung eines kommunistischen Arbeiters ein und prügelten ihn im Bett vor den Augen seiner Mutter zu Tode, während sie seinen Bruder durch ähnliche Mißhandlungen schwer verletzten.

Der Mord von Potempa war mehr als ein symptomatisches Ereignis des latenten Bürgerkrieges. Er mußte der Öffentlichkeit endlich die Augen öffnen, die NS-Führung zu einer eindeutigen Stellungnahme zwingen und damit auch Papens Verhältnis zur NSDAP unmißverständlich klären. Am 22. August verurteilte das Sondergericht in Beuthen auf Grund der neuen Verordnung die fünf Mörder zum Tode. Dieser Spruch führte in dem vorwiegend von Nationalsozialisten besetzten Gerichtssaal zu erregten Szenen. Der in voller Uniform erschienene schlesische SA-Führer Heines, der zwei Jahre später dann von Hitler selbst „liquidiert" wurde, drohte in lauten Zwischenrufen mit den Gerichten einer nationalsozialistischen Zukunft, und Hitler persönlich richtete an die Verurteilten ein Telegramm, in dem er sie als seine „Kameraden" der „unbegrenzten Treue" versicherte und ihre Freiheit als „eine Frage unserer Ehre", den Kampf gegen eine Regierung, „unter der dieses möglich war", als „unsere Pflicht" bezeichnete [77]. Im *Völkischen Beobachter* veröffentlichte Hitler am selben Tag einen großen Aufruf, der die Mordtat als Station im Kampf der NSDAP „für die ewigen Rechte unseres Volkes" rechtfertigte und zugleich mit einem scharfen Angriff auf Papens „blutige Objektivität" dem Präsidialkabinett „Kampf und wieder Kampf" ankündigte. Mit dem Versprechen, daß er — der sich mit dem „nationalen Deutschland" identifizierte — den Begriff des Nationalen von der Umklammerung durch diese „Objektivität" befreien werde, ließ Hitler einen tieferen Blick in das Wesen seiner Legalitätspolitik und in das wahre Gesicht einer künftigen NS-Diktatur tun [78]. Zwei Jahre zuvor schon

74 Joseph Goebbels, „Politische Erbschleicherei", in: *Der Angriff* v. 9. September 1932; „Die Macht an Hitler", *ebda.*, v. 15. August 1932.

75 Vgl. Foertsch (Anm. VI/61), S. 21.

76 Verordnung des Reichspräsidenten gegen politischen Terror (*RGBl.*, *1932*, I, S. 403 f.) und zur Sicherung des inneren Friedens (*RGBl.*, *1932*, I, S. 407), Verordnung der Reichsregierung über die Bildung von Sondergerichten (*RGBl.*, *1932*, I, S. 404 ff.).

77 Schultheß, *1932*, S. 142; vgl. jetzt auch Paul Kluke, „Der Fall Potempa", in: *Vierteljahrshefte für Zeitgeschichte* 5 (1957), S. 279 ff.

78 Vgl. auch Joseph Goebbels, „Die Juden sind schuld", in: *Der Angriff* v. 24. August 1932: „Es wird die Stunde kommen, da der Staatsanwalt andere Aufgaben zu erfüllen hat, als die Verräter am Volk vor der

hatte er seinen Legalitätsschwur mit der Bemerkung versehen, daß nach der nationalsozialistischen Machtergreifung „die Köpfe rollen" würden[79]. Zwei Jahre später war Deutschland von Rechtlosigkeit, totalitärem Terror, Konzentrationslagern erfüllt, erlebte am 30. Juni 1934 das Schauspiel eines tausendfachen gerichtslosen Mordes. Dann war die juristische „Objektivität" ganz im „nationalen Interesse", im Willen Hitlers verankert, der staatliche Mord durch einen gleichgeschalteten Reichstag nachträglich gebilligt und von dem Professor des Rechts Carl Schmitt gefeiert: „Der Führer schützt das Recht[80]."
Im August 1932 endlich mußte für ein intaktes Rechtsbewußtsein der wahre Charakter des Nationalsozialismus deutlich werden. Die Begriffe waren klar, die Illusionen um die „nationale Bewegung" durch Hitlers eigenes Zutun beseitigt. Auch Papen, der zwei Jahre später — freilich auch dann, ohne die Konsequenzen zu ziehen — an sich selbst und seinem nächsten Freundeskreis den nationalsozialistischen Rechtsbegriff erfahren sollte, war sich der politischen und moralischen Tragweite der Entscheidung bewußt, die ihm als Vermittler des Gnadenweges auferlegt war[81]. Wenn er aber „keinesfalls ... den Eindruck zu erwecken" wünschte, „die Regierung werde dem Druck der Nationalsozialisten weichen"[82], dann durfte er als Haupt einer Regierung, deren Mitglieder nach ihrer konservativen Herkunft durchweg Anhänger der Todesstrafe waren, Hitlers Terrordrohungen nicht mit dem Gnadenakt beantworten. Hier handelte es sich nicht um die vereinzelte Entgleisung irregeleiteter Nationalsozialisten, sondern um eine eindeutige, von der offiziellen Parteileitung legitimierte Demonstration des Terrors. Aber die zwiespältige Haltung, die seit je auch Hindenburgs Einstellung zum Nationalsozialismus bestimmt und schon Brünings Maßnahmen behindert hatte, kennzeichnete selbst nach dem entschiedenen Bruch mit Hitler den Weg des Präsidialkabinetts. Obwohl Papen gerade in diesen Tagen (28. August) in seiner großen Programmrede auf der „erhebenden" Kundgebung des Westfälischen Bauernvereins in Münster der „Verwilderung der politischen Moral" die konservativ-rechtsstaatliche Idee seiner autoritären Regierung entgegenstellte, sich zu dem „Glauben an ewige Rechtsnormen" bekannte und starke Worte gegen die nationalsozialistischen Bürgerkriegs- und Diktaturpläne fand[83], folgte er den Argumenten seines Justizministers Gürtner, der den Mördern Unkenntnis der erst am Tage zuvor erlassenen Verordnung zubilligen zu können glaubte. Er empfahl Hindenburg die Umwandlung der Todesstrafe in lebenslängliches Zuchthaus: es sollte nur wenige Monate dauern, bis die Betroffenen entlassen und als verdiente alte Kämpfer gefeiert wurden.
Heute ist Papen selbst überzeugt, „daß in diesem Fall Gnade ein politischer Irrtum war"[84]. Aber damals glaubte er, die Androhung einer exemplarischen Strafe genüge, ihre Durchführung dagegen liefere dem Radikalismus nur neuen Propagandastoff. In einem Augenblick, wo die NSDAP sich unmißverständlich in ihrer Gesamtheit gegen den Rechtsstaat gestellt hatte, waren seine autoritären Träger zurückgewichen. Papen hatte eine psychologische Chance

Wut des Volkes zu beschützen. Vergeßt es nie, Kameraden! Sagt es euch hundertmal am Tage vor, so daß es euch bis in eure tiefsten Träume verfolgt: Die Juden sind schuld!"

79 Vgl. o. S. 332 ff.

80 Carl Schmitt, „Der Führer schützt das Recht", in: *Deutsche Juristenzeitung* 39, Heft 15 (1. August 1934), S. 945 ff.; abgedruckt in: ders., *Positionen und Begriffe im Kampf mit Weimar–Genf–Versailles 1923–1939*, Hamburg 1940, S. 199 ff.

81 So Papen (Anm. VI/35), S. 227: „Es war klar, daß hier von mir mehr eine politische Entscheidung denn eine juristische getroffen werden mußte."

82 *Ebda.*

83 Bei Schultheß, *1932*, S. 144–149; gekürzt auch bei Horkenbach, *1932*, S. 296–298.

84 Papen (Anm. VI/35), S. 227.

verpaßt, eine wichtige Machtprobe verloren. Denn darum ging es Hitler, als er diese Selbstenthüllung seiner Legalitätsideologie riskierte. Es bleibt freilich die Vermutung, daß Papen eben auch jetzt noch nicht alle Brücken nach rechts abbrechen wollte. Wenn er sich nachträglich darauf beruft, daß seine Beurteilung der politischen Wirklichkeit eben „den Gesetzen der bürgerlichen Welt entsprach, in der wir damals noch lebten“[85], dann vergißt er die eindeutigen Bekundungen und Taten der kommenden Machthaber, die ihm schon damals — und jedenfalls wenig später — solchen Optimismus hätten verbieten müssen. An dieser Verkennung des Wesens totalitärer Bewegungen, an der optimistischen Beurteilung ihres Pseudolegalismus sind nicht nur Papen, Schleicher und Hindenburg, sondern die legalistischen Träger der Weimarer Republik insgesamt gescheitert. Aber Papen bleibt dazu noch die Antwort schuldig, warum er sich nach dem Erlebnis von Potempa trotz seiner oft beteuerten christlich-konservativen Rechtsauffassung Hitler auch in der Folge so maßgeblich zur Verfügung stellte.

Damals freilich wandte sich die Aufmerksamkeit des Präsidialkabinetts und der hinter ihm stehenden DNVP sogleich der neuen Aktivität zu, die von nationalsozialistischer Seite nach dem Scheitern des Schleicher-Plans auf einer zweiten Ebene entfaltet wurde. Die größte Gefahr drohte dem Papen-Regime im Reich und in Preußen nicht von der verstärkten Oppositionstätigkeit der NSDAP, sondern von den Koalitionsverhandlungen Hitlers mit dem Zentrum. So verschieden die Ausgangspunkte und die Zielvorstellungen der beiden Partner sein mochten, so ähnlich waren doch die taktischen Überlegungen, die die wochenlangen Kontaktversuche trugen. Wenn Hindenburg mit aller Zähigkeit an seinem Kabinett festhielt, obgleich es weder in der Öffentlichkeit noch im Reichstag auf namhafte Unterstützung rechnen konnte, dann blieb doch die Möglichkeit, es durch jene parlamentarische Mehrheit zu stürzen, über die eine Kombination Zentrum-BVP—NSDAP verfügte. Diese Möglichkeit wurde zum Angsttraum des Präsidialkabinetts wie der DNVP, die durch eine solche parlamentarische Lösung glatt ausmanövriert werden konnte[86].

Es ist schwer zu sagen, wieweit die Versuche wirklich ernst gemeint waren. Die Vermutung liegt nahe, daß ihre Befürworter in erster Linie wirksame Opposition machen und einen direkten Druck auf die aller politischen Kontrolle entzogenen Träger der Macht ausüben wollten. Auch hier freilich ging es eher um ein vages Oppositionsbedürfnis als um einen wirksamen Versuch zur Überwindung des lähmenden *Machtvakuums*[87]. Die Verhandlungen, an denen sich neben Bolz, Joos und Schäffer vorübergehend sogar Brüning beteiligte, kamen denn auch trotz gewissen Illusionen von Zentrumsseite[88] über vage Anfänge nicht hinaus. Auch die parteioffiziellen Äußerungen des Zentrumsführers Kaas bezeugen, daß die Überlegungen des Zentrums vor allem auf Protest gestimmt waren. Wenn Kaas immer wieder die Herstellung klarer, verfassungsrechtlich haltbarer politischer Verantwortlichkeit forderte[89], dann meinte er damit die

85 *Ebda.*

86 Papen äußert seine erbitterte Gegnerschaft gegen diesen Plan etwa in seinem Artikel „Konservative Staatsführung“, in: *DAZ*, Nr. 410 (Abendausgabe) v. 1. September 1932 – ohne sich daran bei seinem Pakt mit Hitler vier Monate später noch zu erinnern.

87 Bezeichnend ist dafür die Äußerung Vockels in dem u. Anm. IX/92 zitierten Gespräch mit dem Verfasser, sie hätten verhandelt, weil sie eben alle in der Opposition gewesen seien.

88 Vgl. den Brief von Eugen Bolz an seine Frau vom 31. August 1932: „Gestern vormittag waren wir (Joos, Schäffer und ich) bei Hitler. Mein Eindruck über Hitler ist ein besserer als ich vermutete. Seine Ausführungen waren konsequent und klar und seine Auffassungen decken sich im allgemeinen mit den unseren“ (Miller, Anm. I/40, S. 425). Über den Anteil der BVP an den Verhandlungen Schwend (Anm. V/40), S. 485 ff.

89 Vgl. etwa auch *Germania* v. 13. August 1932.

Bildung einer Koalitionsregierung unter maßgeblicher Einbeziehung der NSDAP. Die schon durch Brünings Berufung angebahnte Rechtswendung des Zentrums hatte jetzt einen deutlichen Höhepunkt erreicht, nachdem sich Kaas noch ein Jahr zuvor gegen jedes nationalsozialistische Experiment ausgesprochen hatte[90].

In der NSDAP waren offenbar die Meinungen geteilt. Während der Gedanke einer „schwarz-braunen" Koalition — wie Hitlers Legalitätstaktik überhaupt — von Goebbels und von den radikalen Vertretern der nationalsozialistischen Machtkonzeption nur unwillig und als taktisches Mittel der Drohung hingenommen wurde[91], scheint vor allem Gregor Strasser als beargwöhnter Verfechter eines Kompromißkurses diese praktische Möglichkeit zur konstruktiven Machtbeteiligung und zum Sturz des „reaktionären", auf die Ausschaltung der Parteien überhaupt hinarbeitenden Präsidialkabinetts auch von der Sache her befürwortet zu haben[92]. Dafür spricht auch die Tatsache, daß er ja schon im Juni einem Freund Papens gegenüber geäußert hatte, er glaube nicht an eine Rechtsmehrheit nach dem 31. Juli, rechne aber „mit dem Eintritt der Nazis in die Reichsregierung, wenn nicht geradezu mit der Übernahme der Reichsregierung durch die Nazis, spätestens im Herbst"[93]. Strasser fand aber mit seinen Vorschlägen, die eine Einschaltung des ihm nahestehenden DHV sowie der Gewerkschaften ins Auge faßten, auch bei Hitler keine ernsthaft gemeinte Unterstützung[94]. Vielmehr bestand Hitler, sekundiert von Goebbels und ermutigt durch namhafte Exponenten der Wirtschaft[95], nach wie vor auf seinem Anspruch, mit der Führung eines Präsidialkabinetts einschließlich allen politi-

90 So in seiner Rede auf der Tagung der Reichsparteibeamten in Kassel: „Der Nationalsozialismus im deutschen Kultur-, Staats- und Wirtschaftsleben" (in: *Volkswohl* 22, Heft 9, Juni 1931): „Wenn uns nicht die Verantwortung abhielte, dann würden wir aus pädagogischen Gründen den Nationalsozialisten Platz machen, damit das deutsche Volk ihre blutige Ignoranz erkennt. Aber das Experiment erscheint uns zu gewagt, denn ich glaube nicht, daß es nachher noch etwas zu retten geben würde."

91 So Goebbels, *Kaiserhof* (Anm. V/13), S. 142 (zum 11. August): „Es bleibt uns dann immer noch die Drohung mit dem Zentrum." Vgl. S. 136; S. 149 (zum 25. August): „Wir haben Verbindungen zum Zentrum anknüpfen lassen, wenn auch nur als Druckmittel der Gegenseite gegenüber. Im Ernst kommt das ja kaum in Frage. . . In Berlin stelle ich fest, daß General Schleicher bereits von unseren Fühlern mit dem Zentrum erfahren hat. Das ist ein sehr praktisches Druckmittel. Ich lasse ihn in dieser Meinung bestärken. Vielleicht kommen wir dann eher bei der ersten Lösung [nationalsozialistische Präsidialregierung] zu einem Ergebnis." Vgl. u. Anm. IX/94.

92 Über Goebbels' subjektiv verzerrte Angaben hinaus bestätigt auch der damalige Generalsekretär des Zentrums, Vockel, in einem Gespräch mit dem Verfasser (13. Juni 1951), daß die Gregor-Strasser-Gruppe vor allem über die Gewerkschaften verschiedentlich Verbindung mit Zentrumsvertretern gesucht habe. Dies sei aber von Hitler geduldet und gefördert worden – mit dem beschränkten Zweck, Papen zu stürzen. Vockel erinnert sich an zwei bis drei Besprechungen mit der NS-Führungsgruppe (Hitler, Göring, Strasser, Frick, Goebbels), an denen von Zentrumsseite Joos und Dessauer, vielleicht auch v. Guérard, nicht aber Kaas teilgenommen hätten. Vockel selbst war bei einer Besprechung zugegen, in der Hitler in langatmigen Monologen über den Hindenburg-Empfang vom 13. August berichtete und das Zentrum mit einer scharfen Polemik gegen die Ostelbier zu gewinnen versuchte. Man habe eine gewisse Annäherung erreicht, von außen auch den Eindruck gehabt, daß die Gegensätze nicht unüberbrückbar seien. Doch sei man sich über den eigentlichen Zweck, den die NSDAP mit ihrer taktischen Verhandlungsbereitschaft verfolgte, in der Zentrumsführung nicht im unklaren gewesen.

93 Brief Humanns an Papen v. 24. Juni 1932 (*Schleicher-Nachlaß*, S. 163), zit. o. Anm. VII/118.

94 Goebbels, *Kaiserhof* (Anm. V/13), S. 149 f.: „Eine gewisse Stelle in der Partei [Strasser] tritt stark für die Zentrumslösung ein. Der Führer ist für die weitere Fortsetzung der alten Linie. Ich pflichte ihm darin vollkommen bei."

95 So sprach Schacht in einem Brief vom 29. August Hitler Trost für die letzten Rückschläge zu und riet ihm, auf seinem bisherigen Standpunkt zu beharren und nicht „falschen Idolen" nachzulaufen. Insbesondere warnte er ihn vor dem Entwurf eines detaillierten Wirtschaftsprogramms, auf das sich die 14 Millionen Anhänger doch nicht einigen könnten. Der Brief schloß mit der Versicherung, daß Hitler auf ihn, Schacht, als „zuverlässigen Helfer" zählen könne. In: *Nürnberger Dokumente*, Bd. XXXVI, Dok. Nr. EC–457, S. 536 f. Auf dieselbe Zeit muß sich auch Schachts Aussage beziehen, er habe Papen zum Rücktritt zugunsten Hitlers zu bewegen versucht: *ebda.*, Bd. XII, S. 621. Ebenso hatte Schacht in Briefen vom 12. 4. 32 und 7. 10. 32 Hitler emphatisch seiner Unterstützung versichert: jetzt veröff. bei Klein, „Neue Dokumente" (Anm. III/126), S. 818 ff. Heute geht er darüber mit kurzer Beteuerung hinweg (*76 Jahre*, Anm. I/9, S. 353 ff.); er habe Hitler seine Mitarbeit nur angeboten, um naive Wirtschaftsexperimente à la Gottfried Feder zu verhindern (S. 372).

schen und psychologischen Sonderrechten, die damit verbunden waren, betraut zu werden. Damit allein, und also allein über Hindenburg, konnte die NSDAP in der Tat zu ihrem Ziel kommen. Sie brauchte jenen legalen „Geruch der Illegalität", der jeder Präsidiallösung anhaftete[96] und die psychologischen Voraussetzungen für eine revolutionäre Umwandlung der Staats- und Gesellschaftsordnung auf legalem Wege bot, wenn schon ein revolutionärer Umsturz nach Mussolinis Vorbild durch Hindenburg und die Reichswehr blockiert wurde.

Daß trotzdem die Träger der Macht ihre Präsidiallösung durch das Koalitionsprojekt bedroht sahen[97], beweisen nicht nur Papens nachträgliche Vorwürfe gegen das Zentrum[98], sondern auch sein Entschluß, sich durch die Vorbereitung einer neuerlichen Auflösung des eben erst gewählten Reichstags zu sichern. Damit verschob sich, während Schleicher auf dem Umweg über die christlichen Gewerkschaften seinerseits nach neuen Alternativen suchte[99], der innenpolitische Machtkampf auf eine dritte Ebene. In der letzten Augustwoche nahm der Plan zur Auflösung des Reichstags, mit dem die Präsidialregierung erneut Zeit und Raum für die Festigung ihres autoritären Kurses zu gewinnen und jede parlamentarische Alternative auszuschalten suchte, sichtbare Formen an. Am 26. August kündigte Papen in demonstrativer Offenheit einen diesem Zweck geltenden Besuch in Neudeck an; noch heute begründet er sein Vorgehen mit der Behauptung, das Hitler-Regime habe bewiesen, „wie richtig ich das Verlangen unseres Volkes empfunden hatte, aus der nicht mehr funktionierenden Demokratie zu einer autoritären Regierung zu kommen"[100]. Am 30. August besprachen Papen, Gayl und Schleicher mit Hindenburg und Meißner in Neudeck die neuen, weitreichenden Wirtschafts- und Verfassungspläne. Bei dieser Gelegenheit wurde endgültig die Verordnnug zur Auflösung des Reichstags beschlossen und auch ernstlich der Plan erwogen, den „Staatsnotstand" zu verkünden, die Neuwahlen um einige Monate zu verschieben und in der Zwischenzeit die große Verfassungsreform auf dem Verordnungsweg durchzuführen. Papen und Gayl hatten dabei Hindenburg mehr denn je hinter sich[101].

96 Goebbels, *Kaiserhof* (Anm. V/13), S. 150: „Ich bleibe bei der Meinung, daß die Lösung eines Präsidialkabinetts die einzige Möglichkeit ist. Sie hat wenigstens den Geruch der Illegalität an sich."

97 Vgl. *ebda.*, S. 150 (zum 26. August): „Nachmittags habe ich eine Unterredung mit General Schleicher. Er tut nach außen hin sehr sicher, in Wirklichkeit ist er aber voll Angst über eine mögliche Einigung zwischen dem Führer und dem Zentrum. . . Wir sollen warten. . . Eine Koalition wird er akzeptieren, aber selbst nicht mitmachen. Das Präsidialkabinett sei seine Idee, falle sie, dann wolle er resignieren." Vgl. S. 151; S. 159 f.

98 Papen (Anm. VI/35), S. 236.

99 Dies geht indirekt auch aus einem Brief Hermann Henselers (Internationales Arbeitsamt Genf, Zentrum, mit guten Beziehungen zum christlichen Gewerkschaftsflügel) an Papen v. 19. August 1932 (weitergeleitet an Schleicher) hervor: *Schleicher-Nachlaß*, S. 131 ff. Henseler schildert Papen die christlichen Gewerkschaften als annäherungsbereit – mit Ausnahme der Bergarbeiter unter Imbusch, „welche in einer Kombination Hitler, Schleicher, Stegerwald hoffen, gewisse Wünsche in Bezug auf die Verstaatlichung des Bergbaus durchsetzen zu können"; ähnliche Neigungen zeige auch der DHV. Diese Kreise hätten wohl schon gute Beziehungen zu Schleicher. (Hier werden Konstellationen sichtbar, auf denen das spätere Schleicher-Experiment aufbaut.) Henseler betont die überwiegende Kompromißneigung der christlichen Gewerkschaftsführer Papen gegenüber, erwähnt allerdings Jakob Kaiser als strikten Gegner solcher Tendenzen.

100 Papen (Anm. VI/35), S. 225.

101 Meißners Niederschrift (vertraulich an Schleicher: *Schleicher-Nachlaß*, S. 138–147) über die Besprechung vom 30. August 1932 in Neudeck. Danach stimmten Hindenburg wie auch Schleicher Papens Auflösungsplan zu, Schleicher mit dem Hinweis, man müsse dann „eine Präsidial-Partei, ähnlich dem früheren Deutschen National-Verein organisieren". Papen seinerseits plädierte für ein Hinauszögern der Neuwahlen: dies sei „formell eine Verletzung", aber durch den staatlichen Notstand zu rechtfertigen, den die Terrorakte einer Neuwahl beschwören würden (!). Dem stimmte auch Gayl zu. Er bat Hindenburg um Blankovollmacht für seine Pläne, die man ohne zuviel Rücksicht auf den Wortlaut der Verfassung durchführen müsse: „die Begründung könnte dann nach telephonischer Verständigung eingesetzt und im gegebenen Moment die Verordnung veröffentlicht werden. Wenn der Reichstag aufgelöst ist, wird es auch dem Volksempfinden entsprechen, wenn eine alsbaldige Neuwahl nicht erfolgt." Hindenburg stimmte allem

Am nämlichen 30. August wurde der neue Reichstag durch eine Agitationsrede der eigens aus Moskau beigeholten kommunistischen Alterspräsidentin Clara Zetkin eröffnet[102]. Die NS-Fraktion verhielt sich dieses Mal musterhaft, um jetzt die „Arbeitsfähigkeit" des Reichstags zu beweisen und der drohenden Auflösung vorzubeugen. Mit der Wahl Görings statt Löbes zum Reichstagspräsidenten und dem Ausschluß der SPD auch vom Präsidium und allen Schriftführerämtern kündigte sich schon die geänderte Lage an. Der neue Präsident demonstrierte auch sogleich die taktische Wendung der NSDAP, indem er, der Vertreter der parlamentsfeindlichen „Bewegung", das Parlament nun gegen die Präsidialregierung ausspielte und im Protest gegen die beabsichtigte Ausschaltung des Reichstags dessen Mehrheits- und Arbeitsfähigkeit betonte, die schon durch die Präsidentenwahl bewiesen worden sei. Dem folgte zwei Tage später eine gemeinsame Erklärung von Zentrum und NSDAP, in der die Fortsetzung der Koalitionsverhandlungen bekanntgegeben wurde[103]. Die Regierung fand sich nun fast gänzlich isoliert und von vielen Seiten gleichzeitig bedroht. Im Reichstag mußte sie mit der Opposition aller Parteien außer DNVP und DVP rechnen. Die SPD war darauf trotz aller Unsicherheit im einzelnen von vornherein festgelegt[104]. In ihren vorbereitenden Fraktionssitzungen tauchte zwar wiederholt — so von seiten Hilferdings — der Gedanke auf, man solle sich mit Papen als dem „kleineren Übel" abfinden; ein radikalerer Flügel dagegen vertrat die Auffassung, man müsse einer Koalition NSDAP—Zentrum vor Papen den Vorzug geben, da sie leichter zu beseitigen sei[105]. Aber die allgemeine Oppositionsstimmung blieb. Gegen das neue Wirtschafts- und Arbeitsbeschaffungsprogramm, das durch große Sammelnotverordnungen vom 4. und 5. September vorangetrieben wurde[106], protestierten vor allem die Gewerkschaften; aber auch der Reichslandbund sah seine Interessen erneut bedroht. Das Programm umfaßte eine weitere Auflösung des Tarifrechts[107] und scharfe Eingriffe in die Sozialpolitik, während die Privatwirtschaft durch wesentliche Steuerbegünstigungen umworben wurde, ihrerseits aber gegen „uferlose" Arbeitsbeschaffungspläne Stellung nahm[108]. Im Reichsrat wurde Papen durch die fortgesetzten Proteste der meisten Länder gezwungen, auf die Besetzung der preußischen Sitze mit Vertretern seiner Kommissariatsregierung zu verzichten. Gleichzeitig kritisierten die nationalsozialistischen

zu, die Verordnung wurde sogleich vollzogen. Abschließend forderte Gayl im Sinne seiner weitergehenden Pläne für die parlamentslose Zwischenzeit eine Verfassungs- und Verwaltungsreform, die man dann, sobald sich die wirtschaftliche Situation gebessert habe, dem Volksentscheid unterwerfen könne. Während dies Projekt noch offen blieb, wurde zuguterletzt eine weitere Verordnung über die Unterstellung der preußischen Polizei unter Gayl beschlossen. Vgl. dazu jetzt auch Görlitz, *Hindenburg* (Anm. I/66), S. 384.

102 *Reichstagsprotokolle* v. 30. August 1932, S. 1 ff.

103 Schultheß, *1932*, S. 151.

104 Vgl. Keil (Anm. I/3), II, S. 454 ff.: in den Fraktionsvorstand rückten jetzt mit Kurt Schumacher und Friedrich Ebert junior (jetzt SED-Bürgermeister Ost-Berlins) jüngere Kräfte nach, die sich „der politischen Richtung nach" gegenseitig aufhoben.

105 *Ebda.*, S. 456 f.

106 „Verordnung des Reichspräsidenten zur Belebung der Wirtschaft": *RGBl., 1932*, I, S. 425 ff.; „Verordnung der Reichsregierung zur Vermehrung und Erhaltung der Arbeitsgelegenheit": *RGBl., 1932*, I, S. 433 ff. Auch Hans Luther hatte als Reichsbankpräsident starke Bedenken gegen das finanzielle Risiko dieses „Zwölfmonatsplans", bis Papen ihm mit der Konsequenz drohte, „auf seine guten Dienste zu verzichten" (Papen, Anm. VI/35, S. 236). Dagegen fand er die weitgehende Zustimmung der expansionistischen Theoretiker: Grotkopp (Anm. I/12), S. 80 ff. Vgl. dazu jetzt aber den *Brief Luthers* (u. Anhang, S. 644).

107 Papen (Anm. VI/35, S. 237) nennt das: „den Grundsatz der freien Lohnbemessung" wiederherstellen. Ein Beispiel für die fortschreitenden Angriffe gegen das Tarifvertragssystem ist Hermann Mönch, „Die Tarifvertragsdiskussion", in: *Jahrbücher für Nationalökonomie und Statistik* 137, 3. F. 84 (1932), S. 355 ff.

108 Vgl. die Stellungnahme des Präsidiums des Reichsverbands der Deutschen Industrie vom 17. August zu den „inflatorischen" Plänen, die Gereke als Präsident des Deutschen Landgemeindetages mit Unterstützung auch der Gewerkschaften ausarbeitete: Horkenbach, *1932*, S. 289, und das Presseecho in: *Der Zeitspiegel* 1, Nr. 17 (10. September 1932), S. 265 ff.

Länderregierungen — auch in Thüringen war mit Unterstützung der DNVP und des Landbunds jetzt wieder eine NS-Regierung an die Macht gekommen — in gemeinsamen Erklärungen Papens Wirtschaftspolitik.
In Preußen selbst, wo eben jetzt unter scharfem Protest der SPD neue personalpolitische Veränderungen in der Beamtenschaft vorgenommen wurden, flammte der Streit um die Kommissariatslösung erneut auf. Auch dort schlug sich die NSDAP jetzt zu Papens Gegnern und überließ der DNVP allein die Verteidigung der Aktion vom 20. Juli. So verwahrte sich Kerrl in einer Unterredung mit Bracht und in einem Schreiben an Papen (26. August) gegen die fortwährende Ausschaltung des preußischen Landtags bei der Durchführung der Reformmaßnahmen[109], während der Gemeindeausschuß gleichzeitig auf nationalsozialistischen Antrag hin die Aufhebung jener Maßnahmen verlangte. Die Kommissariatsregierung berief sich demgegenüber, von Papen sekundiert, auf die Auffassung, sie sei allein Hindenburg verantwortlich. Sie lehnte gleichzeitig die Aufhebung derselben Geschäftsordnungsänderung ab, die sie zur Begründung ihres Eingriffs vom 20. Juli angeprangert hatte[110]: jetzt war sie — situationsgemäße Auslegung! — zur Behauptung der eigenen Stellung nützlich. Am 30. August nahm der preußische Landtag gegen die Opposition der DNVP einen nationalsozialistischen Antrag an, der dem Reichskommissar Papen die Mißbilligung aussprach. Die gleiche überwältigende Mehrheit billigte ferner einen Antrag auf Aufhebung der Notverordnung vom 20. Juli und auf beschleunigte Entscheidung des Staatsgerichtshofs. Auch in weiteren Entschließungen gegen Papens Preußen-Politik wurde die geänderte Situation der Präsidialregierung deutlich, die nun auch in ihrer preußischen Politik gänzlich isoliert war. Der 20. Juli hatte die Stellung Papens nicht gestärkt, sondern nur noch verwundbarer gemacht. Gleichzeitig kamen aus vielen Ländern und Interessenverbänden Protest- oder Hilferufe, während Bayern seinem fortgesetzten Mißtrauen gegen Papens Reformpläne lebhaften Ausdruck gab.
Auf der anderen Seite verstärkten DNVP, Stahlhelm, Alldeutsche ihre Aufforderung an Papen, er solle den „Staatsnotstand" zu einer durch das „Staatsnotrecht" gerechtfertigten Beseitigung des parlamentarischen Systems ausnützen, bevor sich Deutschland zu Tode wähle[111]. Auffallend und bezeichnend war, daß sich die NSDAP mit ihrer neuen parlamentsfreundlichen Taktik von dieser Agitation jetzt sichtbar distanzierte. Während Hitler in mehreren Reden Papen aufs schärfste angriff und dabei auch offen auf einen baldigen Tod Hindenburgs spekulierte[112], suchte die Regierung, sehr zum Mißvergnügen der NSDAP[113], beim Stahlhelm die fehlende Massenbasis. Sie entsandte Papen und mehrere

109 Das Schreiben Kerrls und die Antwort Papens (v. 28. August) sind abgedruckt bei Poetzsch-Heffter (Anm. I/128), S. 44 ff.

110 Vgl. die Stellungnahme der alten preußischen Regierung auf den Vorwurf der Pflichtverletzung durch die Änderung der Geschäftsordnung, in: *Anlageheft zu der Erklärung* (Anm. VIII/122), S. 57–73.

111 So der Führer der Alldeutschen, Justizrat Claß, in: *Deutsche Zeitung*, Nr. 198 b und 199 v. 24. und 25. August 1932. Ferner der Alldeutsche Verbandstag v. 8. bis 11. September (Rudolstadt). Pressestimmen zur Verfassungsreform-Diskussion zusammengefaßt in: *Der Zeitspiegel* 1, Nr. 16 (27. August 1932), S. 246 ff.; Nr. 17 (10. September 1932), S. 262 ff. Vgl. noch *Berliner Börsenzeitung* v. 25. August 1932: „Wir wissen nicht, mit welchen Plänen sich die Regierung trägt, wir könnten es uns aber sehr wohl vorstellen, daß das Interesse von Volk und Wirtschaft, mit einem Wort, die Staatsräson, ein zeitweises Regieren ohne Parlament, einen von oben diktierten Umbau des Staates, eine Reform der Verfassung auch gegen ihre bisherigen Träger zur unbedingten Notwendigkeit machen könnte. . . Das Leben der Nation ist schließlich wichtiger als der tote Buchstabe des Gesetzes." Vgl. auch *Der Stahlhelm* und die *Mitteilungen der DNVP* in ähnlicher Weise: bei Horkenbach, *1932*, S. 292 f.

112 So etwa in einer Rede am 7. September im Zirkus Krone, Berlin: „Der Reichspräsident ist 85 Jahre alt, ich bin 43 Jahre alt. Ich fühle mich ganz gesund, das kann ich den Herren versichern. . . Und bis ich einmal 85 Jahre alt bin, lebt Hindenburg schon längst nicht mehr." Nach: *Berliner Nachtausgabe*, Nr. 211 v. 8. September 1932.

113 Vgl. Goebbels, *Kaiserhof* (Anm. V/13), S. 156 f.

Minister zu dem Anfang September in Berlin veranstalteten Stahlhelmtag, zu dem auch der Kronprinz, die Prinzen Eitel Friedrich und Oskar v. Preußen sowie der österreichische Heimwehrführer Fürst Starhemberg erschienen[114]. Die Fronten waren seltsam verschoben, als der Massenaufmarsch der 150 000 Stahlhelmer als ausdrückliche Demonstration gegen Weimar und seine Verfassung, ja als ein kaum verhülltes Bekenntnis zur Monarchie dem Parlamentarismus entgegengestellt wurde, mit dessen Hilfe die NSDAP jetzt Papen zu stürzen suchte.

5. Der Konflikt mit dem Reichstag

Alles deutete darauf hin, daß die Auseinandersetzung um das Kabinett Papen jetzt einer Entscheidung zusteuerte. Am 8. September griffen Zentrum und NSDAP in einer gemeinsamen Erklärung die jüngsten Notverordnungen scharf an und gaben gleichzeitig als Ergebnis ihrer Verhandlungen bekannt, daß eine arbeitsfähige, vom Vertrauen des Volkes getragene Mehrheit vorhanden sei. Diese vorläufige Einigung mag dadurch erleichtert worden sein, daß nach den jüngsten Konjunkturberichten[115] der Tiefpunkt der Wirtschaftskrise beträchtlich überwunden und die Tage einer Notregierung ohnehin gezählt schienen. So konnte der Ausgang der auf den 12. September anberaumten ersten Arbeitssitzung des neuen Reichstags nicht zweifelhaft sein. Am 9. September empfing Hindenburg, der einen Besuch des Reichstagspräsidiums in Neudeck abgelehnt hatte, jetzt aber nach Berlin zurückgekehrt war, Göring und die Vizepräsidenten Esser (Zentrum), Graef (DNVP) und Rauch (BVP) zum Vortrag. Göring verwahrte sich energisch gegen die Pläne zur neuerlichen Auflösung eines Reichstags, der eine durchaus arbeitsfähige Mehrheit besitze. Auch hier kam es zu einem Zusammenstoß der einstigen Harzburger Verbündeten, als Graef[116] im Sinne Papens Göring widersprach, der hier von Esser und Rauch unterstützt wurde. Vor allem aber Hindenburg selbst, der Görings Äußerungen als „politisch" zurückwies, verweigerte eine feste Zusage auf Essers Bitte, vor der Entscheidung noch einmal die Parteiführer zu empfangen und eine Auflösung des Reichstags zu vermeiden. Es war deutlich: Papen sollte unter allen Umständen gegen den Reichstag gehalten werden[117].

Am Nachmittag des 12. September eröffnete Göring unter allgemeiner Spannung und vor überfüllten Tribünen die Sitzung des Reichstags. Vor Eintritt in

114 Schleicher scheint sich allerdings schon bei dieser Gelegenheit von Papen distanziert und durch seine Zurückhaltung gegenüber dem Stahlhelmtag die Tür zur NSDAP offengehalten zu haben. Vom Organ Otto Strassers („Der Stahlhelm marschiert, Nachdenkliches zum Stahlhelmtag", in: *Die Schwarze Front* 7, Nr. 30 v. 11. September 1932) wird dies nachdrücklich als Geste Schleichers gegenüber Hitler interpretiert, zugleich freilich vermutet, daß der Massenaufmarsch das Reichswehrministerium dann doch wieder stärker für den Stahlhelm eingenommen habe.

115 Der Vierteljahresbericht des Instituts für Konjunkturforschung vom 27. August glaubte, „nachhaltig und in breiter Front Ansätze zu einem Tendenzumschwung in der Weltwirtschaft" zu erkennen: Horkenbach, *1932*, S. 295 f.; *Der Zeitspiegel* 1, Nr. 17 (10. September 1932), S. 265; dazu auch Gustav Stolper, „Krisenwende", in: *Der deutsche Volkswirt* 6 (1932), II, S. 1635 ff. (v. 9. September 1932). Diese optimistische Prognose bezeichnet in der Tat den Wendepunkt der Krise. Daß die Auswirkungen nur allmählich und erst *nach* der nationalsozialistischen Machtergreifung allgemein spürbar wurden, war wirtschaftspolitisch gesehen natürlich, hat jedoch nicht zuletzt die Tragödie der Weimarer Republik besiegelt.

116 Der Bericht Graefs ist abgedruckt in: *Unsere Partei*, Nr. 18 v. 15. September 1932, S. 273; ebenso in: *Hugenbergs Ringen* (Anm. I/6), I, S. 62.

117 Nach Meißners Niederschrift (*Schleicher-Nachlaß*, S. 158–162) stellte Hindenburg dem Reichstag frei, ein verfassungsmäßiges Mißtrauensvotum zu beschließen, fügte jedoch hinzu: „Aber auch in diesem Falle bin ich nicht entschlossen, mich von der Reichsregierung zu trennen." Auch Schleicher schien sich nach dem Scheitern seiner ursprünglichen Pläne dafür stark zu machen, wenn er am 10. September entgegen seiner Rede vom 26. Juli (vgl. o. S. 529 f.) erklären ließ, er halte unbedingt am Gedanken des unabhängigen Präsidialkabinetts und speziell an der bestehenden Regierung fest und lehne ein von den Parteien gebildetes Kabinett ab: Schultheß, *1932*, S. 158.

die Tagesordnung, auf der allein eine Erklärung der Reichsregierung stand[118], verlangte der kommunistische Abgeordnete Torgler das Wort zur Geschäftsordnung. Er machte sogleich einen Vorstoß, aus dem sich, entgegen den Absichten der überwiegenden Mehrheit — Vermeidung einer Reichstagsauflösung —, die entscheidende Wendung entwickeln sollte. Mit der Begründung, daß die vor zwei Wochen festgelegte Tagesordnung durch die neuen Notverordnungen überholt sei, beantragte er eine sofortige Abstimmung über deren Aufhebung sowie über einen Mißtrauensantrag gegen die Regierung Papen. Für den Fall des erwarteten (und im Ältestenrat von Oberfohren angekündigten) Widerspruchs der DNVP beantragte er, die Sitzung zu schließen und eine neue Sitzung mit der gewünschten Tagesordnung einzuberufen[119]. Nach einem Vorschlag der SPD, die Aufhebungsanträge wenigstens als zweiten Punkt der Tagesordnung vorzumerken[120], stellte Göring unter allgemeinem Erstaunen fest, daß gegen den kommunistischen Antrag kein Widerspruch erhoben werde, die Tagesordnung also im Sinne Torglers geändert sei[121]. Die Spannung löste sich erst, als Frick unter Mißfallenskundgebungen der Linken eine halbstündige Unterbrechung der Sitzung forderte, die dann — Ausdruck ihrer Verlegenheit — mit den Stimmen der NSDAP und des Zentrums auch beschlossen wurde[122].

Die kurze Pause war von einer fieberhaften Aktivität erfüllt. Während die nationalsozialistische Fraktion, die sich mit dem Zentrum über das Mißtrauensvotum gegen Papen verständigt hatte[123], von ihrem im Kaiserhof residierenden „Führer" den Befehl zur Unterstützung der KPD-Anträge entgegennahm[124], ließ Papen, der wohl mit einer mehrtägigen Debatte über seine geplante Rede gerechnet und deshalb die wichtigsten Papiere vergessen hatte, in größter Eile die vorbereitete Verordnung über die Auflösung des Reichstags aus der Reichskanzlei holen[125]. „Gerade noch rechtzeitig" glaubte sich Papen durch die berüchtigte rote Mappe, diese wichtigste Waffe seines antiparlamentarischen Kurses, gesichert. Zum ersten Mal in der deutschen Parlamentsgeschichte war hier eine Auflösung verfügt, bevor der Reichstag zu seiner ersten Arbeitssitzung zusammentrat[126]. Aber als er, der bezeichnenderweise als einziger Kanzler der Weimarer Republik nicht *ein* Mal im Reichstag das Wort ergreifen sollte, sich jetzt zu einer Erklärung meldete, hatte Göring reaktionsschnell die Abstimmung über sämtliche Anträge schon eröffnet[127]; er rächte sich auf seine Weise für die deutschnationale Überraschung und ignorierte, indem er auf die laufende Abstimmung verwies, die wiederholten Versuche, mit denen Papen und Planck ihn zur Verlesung des auf sein Pult gelegten Auflösungsdekrets

118 Papen (Anm. VI/35, S. 234) beabsichtigte bei dieser Gelegenheit vor allem, sein großes Wirtschaftsprogramm zu entwickeln.

119 *Reichstagsprotokolle* v. 12. September 1932, S. 13 f. Nach der Geschäftsordnung für den Reichstag (§ 71, Abs. 3) war die Erweiterung der Tagesordnung gegen den Widerspruch eines Mitgliedes nicht möglich: *Reichstags-Handbuch, V. Wahlperiode*, Berlin 1930, S. 99.

120 *Reichstagsprotokolle* v. 12. September 1932, S. 14 (Löbe).

121 *Ebda.* Oberfohren hat nachher erklärt, er habe damit bewußt den Reichstag „auffliegen" lassen wollen, um die gefürchtete Koalition zwischen NSDAP und Zentrum zu verhindern: vgl. Egelhaaf, *1932*, S. 139.

122 *Reichstagsprotokolle* v. 12. September 1932, S. 15.

123 Auskunft von Vockel am 13. Juni 1951 (vgl. o. Anm. IX/92).

124 Goebbels, *Kaiserhof* (Anm. V/13), S. 162. Vgl. S. 153: „Der Führer spielt seine Partie vom Kaiserhof aus. . . Auch Dietrich (Anm. IV/3, S. 131) preist den „meisterhaften Schachzug, den der Führer in jener denkwürdigen zwanzigminutigen Sitzungspause des 12. September vom benachbarten Reichstagspräsidentenpalais aus blitzschnell dirigierte."

125 Papen (Anm. VI/35), S. 235.

126 Das Auflösungsdekret war schon in Neudeck ausgefertigt worden (vgl. o. Anm. IX/101). Erst nachträglich war „Neudeck" durchstrichen und durch „Berlin" ersetzt, das Dokument auf den 12. September datiert worden (vgl. Schultheß, *1932*, S. 159).

127 *Reichstagsprotokolle* v. 12. September 1932, S. 15.

veranlassen wollten[128]. Papen blieb nur übrig, unter großer Erregung mit dem gesamten Kabinett den Saal zu verlassen, bevor seine vernichtende Niederlage bekanntgegeben wurde. Mit 512 : 42 Stimmen (bei 5 Enthaltungen)[129] hatte das Haus in einer seltenen „Einmütigkeit" die Illusion des „Neuen Staates" zerstört, von der „nationalen Konzentration" waren nur DNVP und DVP übriggeblieben: beim lange verzögerten Debüt eine parlamentarische Niederlage, wie sie noch keine deutsche Regierung erlebt hatte. Anschließend erklärte Göring in unbekümmerter Unkenntnis der Bestimmungen das Auflösungsdekret für ungültig, da es von einer gestürzten Regierung gegengezeichnet sei. Er erhielt dafür den stürmischen Beifall der Mehrheit, während nun auch die Fraktion der DNVP den Saal verließ[130].

Da Göring für den nächsten Tag eine weitere Reichstagssitzung vorschlug, deren Tagesordnung sogleich vom Ältestenrat festgelegt werden sollte, schien für den Augenblick ein offener Konflikt zwischen Parlament und Regierung durchaus möglich. Würden die Träger der Macht einen Zusammentritt des Reichstags mit Gewalt verhindern und den Ausnahmezustand verfügen? Sogleich wies Papen in einem scharfen Schreiben an Göring darauf hin, daß der Reichstag auf jeden Fall aufgelöst und die Abstimmung ungültig sei, auch wenn Göring die Verlesung der Verordnung verhindert habe. In der Tat hätte auch eine gestürzte — also geschäftsführende — Regierung das Recht zur Gegenzeichnung des Auflösungsdekrets besessen. Um so fragwürdiger war freilich die Begründung der neuerlichen Auflösung: „Weil die Gefahr besteht [!], daß der Reichstag die Aufhebung meiner Notverordnung vom 4. September des Jahres verlangt"[131]. Damit konnte also die einzige Kontrolle der präsidialen Diktaturgewalt von dieser selbst beliebig ausgeschaltet werden. Der verfassungsrechtliche wie politische *circulus vitiosus*, auf den eine unbeschränkte Anwendung des Artikels 48 hinführte, konnte nicht krasser in Erscheinung treten.

Inzwischen setzte eine erregte Diskussion über die Vorgänge des 12. September ein. Da die SPD — durch einen Brief Löbes an Göring — von vornherein die Auflösung des Reichstags anerkannte, beteiligte sie sich nicht an der vorgesehenen Sitzung des Ältestenrats; statt dessen berief Löbe den dafür zuständigen Ausschuß zur Wahrung der Rechte der Volksvertretung ein, dem er präsidierte und der von der Auflösung nicht betroffen wurde. Als sich auch das Zentrum auf diesen Standpunkt stellte, verzichtete Göring auf die vorgesehenen Sitzungen des Ältestenrats und des Plenums, während die SPD, freilich ohne Erfolg, sogleich bei Gayl die Zulassung eines Volksbegehrens zur Aufhebung des sozialpolitischen Teils der Notverordnung vom 4. September beantragte[132]. Die deutschnationale Reichstagsfraktion beschuldigte NSDAP und Zentrum in

128 Vgl. auch Löbe (Anm. VI/82), S. 101 f. Nach seiner Aussage in Nürnberg war es Görings Absicht, mit Hilfe des angekündigten KPD-Mißtrauensantrags die Regierung Papen zu stürzen, um „den Reichspräsidenten zu veranlassen und zu zeigen, daß mit solchen Kabinetten, ohne irgendeine starke Rücklage, nicht regiert werden konnte": *Nürnberger Dokumente*, Bd. IX, S. 278 f.

129 Für Papen stimmten (*Reichstagsprotokolle* v. 12. September 1932, S. 15 f.) 35 Abgeordnete der DNVP und 7 der DVP, der Stimme enthielten sich die 3 Christlich-Sozialen, 1 Deutschnationaler und der Abgeordnete der Volksrechtspartei; die Vertreter der Staatspartei nahmen an der Abstimmung nicht teil. Das Abstimmungsergebnis ist in den meisten Darstellungen falsch wiedergegeben.

130 *Ebda.*, S. 16; vgl. auch die Schilderung der Sitzung bei Keil (Anm. I/3), II, S. 460 ff.

131 *RGBl.*, *1932*, S. 441. Bezeichnend für die bürokratische Verselbständigung der Notverordnungspolitik gegenüber allen parlamentarischen Kontrollen war auch die am Abend des 12. September von Gayl im Rundfunk vorgetragene Begründung: die Auflösung sei unvermeidlich geworden, weil es für die Wirtschaft einfach unerträglich gewesen wäre, wenn das von der Regierung von langer Hand vorbereitete und am 4. September in Kraft gesetzte Programm plötzlich außer Kraft gesetzt worden wäre – eine Gefahr, die unzweifelhaft bestanden habe (Schultheß, *1932*, S. 162).

132 Vgl. Poetzsch-Heffter (Anm. I/128), S. 201.

einer Erklärung der „offenen Revolte gegen die Staatsführung" und trat „nach wie vor für die autoritäre Staatsführung des Reichspräsidenten v. Hindenburg gegen Parlament und Parteiherrschaft" ein, während alle anderen Parteien — jede auf ihre Weise — diesem extrem oligarchischen Kurs des Präsidialkabinetts den Kampf ansagten[133]. Der Punkt war erreicht, wo eine regierungsnahe Zeitung offen den uneingeschränkten autoritären Staat proklamieren konnte: da der Reichstag die Regierung bei der Verfolgung ihrer Ziele nicht unterstütze, müsse das Kabinett Papen seinen Weg folgerichtig allein weitergehen; es habe jetzt die große Gelegenheit, zu beweisen, daß die Idee der autoritären Staatsführung fruchtbarer sei als der Parlamentarismus[134]. Gleichzeitig schienen sich die Wege der Verbündeten von Harzburg endgültig zu trennen. Jedenfalls änderten die erregten Auseinandersetzungen in der Öffentlichkeit und vor dem Ausschuß zur Wahrung der Rechte der Volksvertretung sowie Görings Papierkrieg[135] nichts an der Tatsache, daß nach der kürzesten Reichstagsperiode der deutschen Geschichte die Bevölkerung in einen neuen Wahlkampf — den fünften des Jahres — gestürzt wurde: dies nur, um den selbstherrlichen Reformplänen eines hoffnungslos isolierten Präsidialkabinetts Raum zu geben.

Diese letzte Phase der Regierung Papen ist dadurch gekennzeichnet, daß der Reichskanzler wieder, wie schon drei Monate zuvor, seine Regierungserklärung im Rundfunk statt vor dem Reichstag abgab. Die Programmrede, die am Abend des 12. Septembers über alle deutschen Sender ging[136], betonte in starken Worten, daß die Regierung den Weg der neuen unabhängigen Staatsführung, den Weg aus einer alten in eine neue Epoche unbeirrt fortsetzen werde und sich für ihre Bemühungen um die deutsche Gleichberechtigung allen parlamentarischen Obstruktionen zum Trotz „der Unterstützung des gesamten deutschen Volkes" sicher wisse. Die Fiktion des „Neuen Staates" hatte ihren letzten Höhepunkt erreicht: mit der Berufung auf Hindenburg und auf die Außenpolitik suchte Papen noch einmal über ihre innenpolitische Isolierung hinwegzutäuschen. Erneut hatte er sich sieben Wochen Handlungsfreiheit — die Neuwahl wurde auf den 6. November angesetzt[137] — für den „Umbau des staatlichen Lebens" in seinem Sinne verschafft. Weder eine Koalitions- noch eine Einparteienregierung, sondern eine „wahrhaft unparteiische nationale Staatsführung" von Hindenburgs Gnaden sollte nach Papens Versicherung in Zukunft über die politische Macht verfügen[138].

Während ein neuer Wahlkampf anlief, den alle Parteien und Gruppen links und rechts der deutschnationalen Enklave gegen Papens Regierung der „dün-

133 Vgl. die Erklärungen und Presseauszüge bei Horkenbach, *1932*, S. 321 ff.

134 *Berliner Börsen-Zeitung* v. 13. September 1932.

135 Die Ausschußverhandlungen begannen schon am 13. September und führten zunächst zur Anerkennung der Reichstagsauflösung durch Göring, der aber auf der Gültigkeit der Abstimmung bestand. Als sich Papen und Gayl weigerten, vor dem Ausschuß zu erscheinen, appellierte eine Mehrheit seiner Mitglieder an Hindenburg, der seinerseits den Vorwurf des Verfassungsbruchs zurückwies. Im ganzen richtete Göring zwei Briefe an Papen und drei an Hindenburg, der schließlich durch Meißner (14. September) erklären ließ, er erkenne das Votum des Reichstags nicht an (abgedr. bei Poetzsch-Heffter, Anm. I/128), S. 68 ff.; S. 84 ff.; vgl. *Der Zeitspiegel* 1, Nr. 18, 24. September 1932, S. 285 ff.). Die weiteren Verhandlungen brachten zwar Papen und Gayl, die sich dann doch zum Erscheinen gezwungen sahen, auch hier eine psychologische Niederlage. Die NS-Führung blies die parlamentarischen „Spiegelfechtereien" aber bald ab, als sie mit Goebbels feststellte: „Der Reichstagsausschuß ist vollkommen unbrauchbar für einen prinzipiellen Kampf" *(Kaiserhof*, Anm. V/13, S. 164). Denn darum allein, nicht um Parlament und Verfassung, ging es ihr. Zu den Ausschußverhandlungen: *Deutscher Reichsanzeiger und Preußischer Staatsanzeiger* v. 23. und 28. September 1932.

136 *Kölnische Zeitung*, Nr. 501 v. 13. September 1932.

137 *RGBl.*, *1932*, I, S. 485.

138 Papen beruft sich dabei selbstbewußt auf seinen „Vorgänger Bismarck". Die Rede (abgedr. auch bei Horkenbach, *1932*, S. 323 ff.) ist im übrigen eine Zusammenfassung der Ideologie des „Neuen Staates".

nen Oberschicht" und ihren „allerprimitivsten Dilettantismus"[139] führten, brüskierte Neurath, von dem Papen jetzt einen Prestigeerfolg verlangte, durch energisches Auftreten in der Abrüstungsfrage[140] die ohnehin stagnierende Genfer Konferenz und vor allem die französischen wie die englischen Partner[141]. Auch Papen sollte dann die bittere Erfahrung machen, daß dem Nachfolger am 10. Dezember der Erfolg einer grundsätzlichen Einigung auf Abrüstung und militärische Gleichberechtigung Deutschlands zufiel[142]. Aber auch innenpolitisch scheiterten alle Versuche, wenigstens für die kommende Wahl günstigere Voraussetzungen zu schaffen. Der Plan einer breit angelegten, auf Hindenburg und Papen zugeschnittenen „Präsidialpartei" blieb in den ersten Anfängen stecken. Dieser Versuch konnte auf keine Breitenwirkung hoffen; er erweckte begreiflicherweise sogleich den Konkurrenzneid der DNVP und stand überdies im Widerspruch zu der „überparteilichen" Selbstlegitimierung des Papen-Regimes[143]. Wenn also unleugbar die Sympathien für Papen im selben Maße zunahmen, wie die Schlappe vom 13. August dem Siegeszug der NSDAP Abbruch tat, dann blieb doch die Tatsache bestehen, daß der Wähler auch bei der bevorstehenden Reichstagswahl wohl eine Entscheidung gegen, nicht aber für Papen treffen konnte, sofern er nicht für die DNVP eines Hugenberg stimmen wollte. Denn die Änderung des Wahlrechts im Sinne Gayls[144] war nur durch eine Zweidrittelmehrheit des Reichstags zu erreichen, und den Gedanken an einen „Verfassungsbruch" zur Schaffung eines in seinem Sinne „arbeitsfähigen Parlaments" vertagte Papen schließlich doch auf einen Zeitpunkt nach den Wahlen[145].

In der Tat blieb die Drohung mit der Verfassungsreform und einem „Umbau des staatlichen Lebens" trotz den vorangegangenen Planungen[146] auch jetzt im Zustand des Postulats stecken. Um so leichtfertiger freilich war es, daß sie in

139 So Stegerwald in einer scharfen Rede gegen die Papen-Regierung auf dem 13. Kongreß des Gesamtverbands der Christlichen Gewerkschaften: Horkenbach, *1932*, S. 331. Vgl. die Wahlaufrufe der Parteien in: *Der Zeitspiegel* 1, Nr. 21 (5. November 1932), S. 326 f.

140 Vgl. Papen (Anm. VI/35), S. 22 ff.: „Ich gab daher [um der innenpolitischen Schwierigkeiten willen] Neurath die Weisung, die Frage unserer Gleichberechtigung in Genf mit allen Mitteln [!] voranzutreiben." Die Vorgänge von Lausanne wiederholten sich: Papen machte einen „vertraulichen" Vorstoß bei der französischen Regierung, um sogleich enttäuscht feststellen zu müssen, daß seine Drohung – Zurückziehung der deutschen Delegation aus Genf – sogleich zu einer scharfen Reaktion Frankreichs wie auch Englands führte. Diese Reaktion war im Licht der späteren Erfahrungen wohl überaus kurzsichtig, aber die Art der Papenschen Vorstöße konnte den Westmächten ihren Entschluß zur Liquidierung der überfälligen Diskriminierungen von Versailles gewiß nicht erleichtern. Vgl. auch: *Documents on British Foreign Policy* (Anm. II/53), 2nd series, vol. III, S. 589; vol. IV, S. 178; S. 195 f.; S. 201; S. 285 f.; S. 328 ff., und Gordon A. Craig, „The German Foreign Office from Neurath to Ribbentrop", in: *The Diplomats* (Anm. II/53), S. 410 ff.

141 Der französische Botschafter François-Poncet beklagte sich in diesen Tagen seinem englischen Kollegen gegenüber, Deutschland wolle sich die Gleichberechtigung gewaltsam holen: Rumbold an Simon, 19. September 1932: *Documents on British Foreign Policy* (Anm. II/53), 2nd series, vol. IV, S. 178. Weiteres in: *Der Zeitspiegel* 1, Nr. 17 (10. September 1932), S. 270 ff.; Nr. 18 (24. September 1932), S. 278 ff.

142 Sich selbst billigt Papen zu (Anm. VI/35, S. 233), was er Brüning bestritten und aus der Hand geschlagen hatte: „Als meine Bemühungen endlich ihr Ziel erreichten, war ich nicht mehr im Amt. . . Was als Erfolg der Lausanner Konferenz die Position meiner Regierung entscheidend hätte stärken können, kam wieder einmal zu spät." Vgl. die französische Version zu den Verhandlungen bei François-Poncet, *Botschafter* Anm. I/80), S. 52 ff.

143 Vertrauliche Auskünfte Beteiligter an den Verfasser (1951). Auch Papen (Anm. VI/35, S. 238) erwähnt den Versuch: er habe ihn aber als dem Grundsatz der Überparteilichkeit widersprechend fallen gelassen.

144 Vgl. o. S. 475 f. sowie Gayls Rede auf dem Bankett des Vereins Berliner Presse am 28. Oktober 1932: „Wir halten es aber für richtig, das aktive und passive Wahlalter um etwa fünf Jahre heraufzusetzen und den selbständigen Familienernährern . . . und den Kriegsteilnehmern eine Zusatzstimme zu gewähren. . . (Poetzsch-Heffter, Anm. I/128, S. 76). Vgl. die folgende amtliche Erklärung der Reichsregierung: „Bei Zusammentreffen der Eigenschaften eines Kriegsteilnehmers und Familienoberhauptes finde eine Häufung bis zu drei Stimmen statt" (*Frankfurter Zeitung*, Nr. 816/18 v. 1. November 1932).

145 Papen (Anm. VI/35), S. 238. Immerhin führte Papen entsprechende Verhandlungen mit Länderchefs: vgl. Miller (Anm. I/40), S. 426.

146 Besonders auf der Neudeck-Konferenz v. 30. August 1932: o. Anm. IX/101. Ferner *Der Zeitspiegel* 1, Nr. 20 (22. Oktober 1932), S. 310 ff.

vielen Äußerungen der Regierung wiederholt, in vehementen Forderungen der deutschnationalen Führung unterstrichen wurde[147] und dadurch die Auflösung der letzten verfassungsrechtlichen Stützen der Republik weiter vorantrieb, ohne auch jetzt über die vagen Theorien und Proklamationen eines „Neuen Staates" hinauszuführen. Die NSDAP hatte sich inzwischen so eindeutig auf die Opposition festgelegt, daß die alten Zähmungspläne, wollte Papen selbst an der Macht bleiben, nicht mehr in Frage kamen. Die Hoffnung ruhte also, wenn wir Papen folgen, auf der Erwartung, daß die Wahlentscheidung die NSDAP aus ihrer Schlüsselstellung vertreiben würde. Dies war nicht nur eine kaum glaubhafte Illusion, die zudem auf die Einsicht verzichtete, daß ein arbeitsfähiger Reichstag nicht zustande kommen würde[148]; Papen widerspricht auch seiner eigenen Präsidialideologie und seinem Reformprogramm, wenn er heute plötzlich — in zeitgemäßer Selbstrechtfertigung — die Bildung einer nichtnationalsozialistischen Mehrheitsregierung unter Ausschluß der NSDAP und der KPD als ein Ziel seiner damaligen Wahlerwartungen bezeichnet[149].

Die NSDAP befand sich, nachdem die Austragung ihres Konflikts mit Papen am 12. September keiner Seite Vorteile gebracht hatte, in einer schwierigen Situation. Zwar wurde der Potsdamer „Reichsjugendtag" am 2. Oktober zu einer neuen propagandistischen Schaustellung ausgenützt: die ungebrochene Anziehungskraft der Partei auf die Jugend demonstrierte sich in einem Marsch von 70 000 Hitler-Jungen. Aber die Zeichen mehrten sich, daß die erneute Schwenkung der Partei in die Opposition, ihre Zusammenstöße mit Hindenburg und den Harzburger Verbündeten[150] und das vorläufige Scheitern überspannter Machtergreifungsansprüche nicht spurlos an den Anhängermassen vorbeigegangen waren. Manche Erwartung auf eine schnelle Änderung aller Dinge, mancher Glaube an die bombastischen Versprechungen der Parteiführung, manche Hoffnung auf eine Erfüllung interessenpolitischer Wünsche erlosch, und manche opportunistische Einstellung auf die künftigen Träger der Herrschaft, die sich selbst „vor den Toren der Macht" geglaubt hatten, mochte jetzt doch verfrüht erscheinen. Die Verbindung von Legalitäts- und Revolutionsparolen hatte die Partei in ein ernstes Dilemma geführt[151].

Auch in der nationalsozialistischen Führung sah man dem Ausgang der Wahl, die man gerne vermieden hätte, mit einem seit 1929 nicht mehr gewohnten Skeptizismus entgegen. Daß sie jetzt wieder stärker als in den vergangenen zwei Jahren die Parole „gegen die Reaktion"[152] an die Spitze ihrer Propaganda stellte, konnte der Partei auf der Linken schwerlich Gewinne, auf der Rechten nur Verluste einbringen. Vor allem riefen ihre Angriffe auf Papens Wirtschaftspolitik, ihr Schwanken zwischen sozialistischen und wirtschaftskon-

147 So erklärte der Reichstags-Vizepräsident Graef in einer Rede am 27. September in Breslau, daß nach Meinung der DNVP das System von Weimar nicht ohne einen Bruch der Verfassung beseitigt werden könnte, aber: „Herr von Papen wird das schon besorgen" (*BZ am Mittag*, Nr. 233 v. 29. September 1932). Ähnlich Hugenberg auf der Reichsführertagung des DNVP in Berlin am 26. Oktober: vgl. Georg Schreiber, *Regierung ohne Volk*, Köln 1932, S. 120.

148 So auch der Schleicher nahestehende Hans Zehrer, „Worum geht es?", in: *Die Tat* 24, Heft 7 (Oktober 1932), S. 530 ff.

149 Papen (Anm. VI/35), S. 238 f.

150 Belege für Hugenbergs scharfe Anti-Hitler-Kampagne in: *Hugenbergs Ringen* (Anm. I/6), I, S. 65 ff. Vgl. auch die scharfe Flugschrift des Scherl-Verlags: *Der Nationalsozialismus und wir, Weg und Kampf des Scherl-Verlags*, Berlin, 29. September 1932, S. 4 ff.

151 Zehrer (Anm. IX/148), S. 532 ff. – mit einer deutlichen Aufforderung an die NSDAP, „Fuß zu fassen innerhalb dieses Staates und sich an seinen Arbeiten zu beteiligen"; einen Monat später knüpfte hier Schleicher an.

152 So Hitler vor seiner Reichstagsfraktion am 13. September und Goebbels' Grundtenor: *Kaiserhof* (Anm. V/13), S. 163 ff.; S. 183 ff. Dazu gehört auch ein großangelegter, durch Millionen von Flugblättern propagierter Boykott gegen die bürgerlich-deutschnationale Presse (S. 168 ff.).

servativen Parolen, das ergebnislose Hin und Her der Verhandlungen und das Zurückfallen der NSDAP in eine scheinbar ausweglose parlamentarische Opposition neuerliche Bedenken innerhalb der großindustriellen Unternehmerschaft hervor[153]. Fast verzweifelt klangen jetzt die Forderungen nach der „Macht", so hartnäckig der Totalanspruch aufrechterhalten wurde[154]. Die neuerliche Wahlkampagne wurde zwar wieder mit allen Mitteln — so erschien jetzt der Goebbelssche *Angriff* sogar zweimal täglich —, aber nicht ohne Seufzen betrieben: auch die finanzielle Situation der Partei war durch die Großpropaganda der vergangenen Monate kritisch geworden[155].

Aus der Kette von Wahlen, mit denen Papen den Parlamentarismus *ad absurdum* zu führen und seine Herrschaft zu behaupten suchte, ohne sich um die schweren innen- und wirtschaftspolitischen Folgen zu kümmern, hatte sich jetzt eine Zermürbungsschlacht entwickelt. Ihr Ende war nicht abzusehen, nachdem die präsidialen Träger der Macht zur Blockierung jeder potentiellen Mehrheitsbildung entschlossen schienen und für ihre Reformpläne doch die notwendige Basis nicht zu gewinnen vermochten. Wie schon am 13. August und 12. September dachte Papen nicht daran, sein Monopol auf Regierung und Regierungsbildung aus der Hand zu geben[156]. Wieder und wieder waren seine Vorstöße gescheitert, in der Innen- wie in der Außenpolitik. Auch im Kabinett selbst verstärkten sich die sachlichen und taktischen Meinungsverschiedenheiten[157]. Und überdies erwies sich der Staatsstreich in Preußen eben jetzt erneut als ein Pyrrhus-Sieg, der den autoritären Reformplänen ein weiteres Hindernis entgegensetzte. Noch mochte Papen sich der Macht sicher fühlen, solange Hindenburg hinter ihm stand — und Schleicher.

153 Im *Schleicher-Nachlaß* (S. 153 ff.) befindet sich eine auch Hitler zugeleitete Aufzeichnung des betriebsamen Zwischenträgers Werner v. Alvensleben vom Herrenklub über eine Unterhaltung am 31. August 1932 mit Silverberg. Der vom 2. September datierte Bericht läßt erkennen, wie stark „die Wirtschaft" (und auch Silverberg) schon für Hitler eingenommen war. Silverberg habe jedoch erklärt, die Wirtschaft brauche jetzt „Ruhe, Ordnung und eine gleichbleibende politische Linie". Weiter heißt es (wobei die zweifelhafte Zuverlässigkeit des Gewährsmanns in Rechnung gestellt werden muß): „Die Wirtschaft war bereit, mit der nationalsozialistischen Bewegung, deren nationalem Elan sie sich sofort anschloß, zusammenzugehen. Die Bewegung hat aber das Ordnungsbedürfnis der Wirtschaft bisher nicht genügend berücksichtigt, und es besteht daher die Möglichkeit, daß sie sich vom Nationalsozialismus abwendet und der Parole der Regierung Papen folgt, weil deren Wirtschaftsprogramm ihr die Hoffnung auf die Sicherung der Ordnung und die entschiedene Abkehr vom Sozialismus und Marxismus gebracht hat. Es wird für diejenigen Persönlichkeiten der Wirtschaft, die von jeher (Silverberg-Rede 1926 in Dresden) der Meinung waren, daß das deutsche Unternehmertum mit der Arbeiterschaft und auch einer großen politischen Vertretung der Arbeitnehmerschaft zusammengehen müsse, daher immer schwerer, für das Zusammengehen der Wirtschaft mit den Nationalsozialisten einzutreten. Ohne das Unternehmertum und die Wirtschaft aber wird der Nationalsozialismus außerstande sein, die Millionen Erwerbslosen in die Betriebe zu bringen, dem Volk Arbeit und Brot zu geben und damit die Voraussetzung für die Durchführung der nationalen Ziele zu schaffen."

154 So Hitler am 17. Oktober in Königsberg: „Ich will nur die Macht. Wenn wir einmal die Macht bekommen, dann werden wir sie, so wahr uns Gott helfe, behalten. Wegnehmen lassen wir sie uns dann nicht mehr" (Horkenbach, *1932*, S. 346).

155 Goebbels, *Kaiserhof* (Anm. V/13), S. 165; S. 167; S. 181; S. 200.

156 Dagegen wendet sich Kaas in seiner bekannten scharfen Rede gegen Papen, in der er am 17. Oktober die Bildung einer „deutschen Not- und Mehrheitsgemeinschaft" durch ein Bündnis der verschiedenen politischen Lager – offenbar in Fortsetzung der Koalitionsverhandlungen mit der NSDAP – forderte: Horkenbach, *1932*, S. 346 f. Vgl. den ähnlichen Tenor bei Miller (Anm. I/40), S. 428.

157 Hier standen sich besonders die freiwirtschaftlichen Forderungen der Industrie und die autarkistischen Sanierungspläne der Landwirtschaft, also Warmbold und v. Braun, gegenüber, die in Kabinettsverhandlungen wie in öffentlichen Reden vor ihren jeweiligen Interessengruppen recht gegensätzliche Auffassungen vertraten, die sachliche wie taktische Beweglichkeit der Regierung weiter einengten und damit auch die Fiktion von der „unabhängigen Staatsführung" der Fachmänner *ad absurdum* führten. Diese Gegensätze waren auch im Zwölfmonateprogramm vom 4. September nicht überbrückt worden und setzten die Regierung den scharfen Angriffen nicht zuletzt jener *pressure groups* aus, die sie durch ihre unsoziale Tarifpolitik zu gewinnen gesucht hatte.

6. Preußenproblem und Staatsgerichtshof

Seit jenem 13. August, der die ursprüngliche Basis und Zielsetzung der Papen-Regierung bloßgelegt und zugleich an wichtigen Punkten zerstört hatte, war die Stellung des Präsidialkabinetts immer unhaltbarer geworden. Dies gilt in mehrfacher Beziehung. Denn neben der feindlichen Front der Parteien bestanden die alten Gegensätze, die Papens Gewaltakt gegen Preußen auch für das spannungsreiche Verhältnis zwischen Reich und Ländern aufgeworfen hatte, in unverminderter Stärke fort. Die Politik der Regierung war durch das Bestreben gekennzeichnet, durch fortwährende Beschwichtigungen den Angriffen der Länder, voran Bayerns, den Boden zu entziehen, gleichzeitig aber in Preußen die einmal errungene Machtstellung weiter auszubauen und für die von allen Seiten beengte Reichspolitik nutzbar zu machen. Aber auch diesen Bemühungen blieb letztlich der Erfolg versagt.

Allen verfassungsrechtlichen und politischen Protesten der Länder, dann auch des ausmanövrierten preußischen Landtags zum Trotz trieben Papen und Bracht ihre personal- und verwaltungspolitischen „Reformen" in Preußen vorwärts. Zahlreiche Landkreise und Amtsgerichte wurden aufgehoben, die Beamten durch weitere Entlassungen bzw. Neubesetzungen unter Druck gesetzt und die Befugnisse der Ober- und Regierungspräsidenten sowie der unteren Verwaltungsinstanzen im zentralistischen Sinn von oben reglementiert und „vereinfacht"[158]. Gleichzeitig wiederholte die Regierung aber ihre Versicherungen besonders an die Adresse Bayerns, daß diese „Reformen" nur Preußen beträfen und lediglich auf eine sparsame Verwaltung abzielten.

Die ausgesprochen machtpolitische Bedeutung der Papenschen Preußenpolitik, die der lange verzögerten verfassungsrechtlichen Klärung durch den Staatsgerichtshof vollendete Tatsachen entgegenstellte, war dadurch zwar nur notdürftig verschleiert. Doch ließ man sich durch die Entsendung eines Papenschen Vertrauensmannes nach Süddeutschland[159], durch einen Staatsbesuch des Kanzlers in München (11. Oktober), durch Reden und vertrauliche Konferenzen beruhigen und begnügte sich mit der Feststellungsklage Bayerns und Badens vor dem Staatsgerichtshof, mit der auch die übrigen Länder gegen die Einsetzung von Reichskommissaren auf Grund des Artikels 48 gesichert werden sollten. Zum Problem der vielerörterten Verfassungsreform selbst wurde von bayerischer Seite der föderalistische Weg über den Reichsrat empfohlen[160] — eine Lösung, die zwar der Zweikammer-Theorie des „Neuen Staates", nicht aber den machtpolitischen Intentionen der Papen-Regierung entsprach. *Ihre* Verfassungsreform konnte nur über den Artikel 48 Wirklichkeit werden, der nun mehr denn je zum Grundpfeiler der Herrschaft geworden war.

Am 27. September gingen die Machthaber einen Schritt weiter. Obwohl das Nebeneinander der alten und der neuen Regierung in Preußen noch andauerte und erst die jetzt bevorstehende Verhandlung vor dem Staatsgerichtshof die

158 Dazu gehörte auch, daß am 29. September sämtlichen Staatsangestellten im Wohlfahrts-, Landwirtschafts- und Handelsministerium zum 1. April 1933 vorsorglich gekündigt wurde, um für die weitere Verwaltungsreform freie Hand zu schaffen: Horkenbach, *1932*, S. 338.

159 Am 9. September war zum Reichsvertreter in Süddeutschland – Vertrauensmann der Reichsregierung bei den süddeutschen Regierungen und Sachsen – Frhr. v. Lersner bestellt worden: ein Diplomat aus der Umgebung Schleichers. Vgl. auch die Mitteilung der amtlichen bayerischen Pressestelle in: *Frankfurter Zeitung*, Nr. 676/78 v. 10. September 1932; Poetzsch-Heffter (Anm. I/128), S. 50.

160 So der Vorsitzende der BVP (Fritz Schäffer) auf der Jahrestagung der christlichen Bauernvereine in Tuntenhausen am 18. September: der Reichsrat sei die einzige noch funktionierende gesetzgebende Körperschaft (Horkenbach, *1932*, S. 330 f.). Vgl. auch seine Rede vom 3. Oktober im Landesausschuß der BVP: Schultheß, *1932*, S. 172. Über die schwankende Haltung Bayerns gegenüber der Beschwichtigungspolitik Papens ausführlich Schwend (Anm. V/40), S. 463 ff.

Frage der Kompetenzen verbindlich klären konnte, wurden im Vorgriff auf die verfassungsrechtliche Entscheidung neue Vertreter Preußens im Reichsrat ernannt — an ihrer Spitze der frisch beförderte Staatssekretär Nobis[161]. So war das machtpolitische Gewicht der beiden Parteien von vornherein recht verschieden, als am 10. Oktober unter der vorsichtigen Leitung des Reichsgerichtspräsidenten Bumke die Verhandlungen über die Maßnahmen vom 20. Juli vor dem Staatsgerichtshof in Leipzig begannen.

In diesem größten Verfassungsstreit der neueren deutschen Geschichte standen der Reichsregierung die alte preußische Regierung sowie die Landtagsfraktionen der SPD und des Zentrums gegenüber, während gleichzeitig Bayern und Baden die Unzulässigkeit der vollzogenen Reichsexekution grundsätzlich festgestellt wissen wollten. Die sechstägigen Verhandlungen haben zugleich über ihren begrenzten Anlaß hinaus einer letzten großen Auseinandersetzung um die demokratisch-rechtsstaatlichen Grundlagen der Weimarer Ordnung, um die Probleme des Parteienstaats und die Tendenzen einer autoritären Reform Raum gegeben, bevor dann der nationalsozialistische Machtstaat alle verfassungsrechtlichen Diskussionen dem einseitigen Diktum seiner totalitären „Staatsräson" unterwarf. Noch einmal wurde vor der höchsten Verfassungsinstanz der Streit um Rechts- oder Machtstaat, um die legalen Grenzen der Politik bzw. die politischen Grenzen der Legalität ausgetragen. Neben der Frage der Reichsreform und ihrer Mittel war in diesem Grenzfall das Problem der parlamentarischen Demokratie überhaupt aufgeworfen, rückte der Ansturm ihrer totalitären Gegner die verfassungsrechtliche Auseinandersetzung in den politischen Raum.

Es ging um einen Höhepunkt der Reichsreformbestrebungen. Es ging aber mehr noch um eine der stärksten Äußerungen der präsidialen Diktaturgewalt mit Hilfe des Artikels 48. Hier standen sich zum letzten Mal jene Staatstheorien und Verfassungsinterpretationen gegenüber, deren Antagonismus die Entwicklung der Weimarer Republik, besonders in ihrer Endphase, begleitet und beeinflußt hatte. Aber nicht nur als Brennpunkt der verfassungsrechtlichen Fronten, sondern auch als Forum der politischen Diskussion wurde der Prozeß wichtig. Die Verhandlungen förderten eine Fülle von konkreten Verknüpfungen zwischen Gruppen, Personen, Ereignissen zutage, und ihr schriftlicher Niederschlag ist als historisch-politische Materialquelle nicht weniger wichtig denn als Unterlage für verfassungsrechtliche Überlegungen[162]. Diese Verbindung macht den Prozeß „Preußen contra Reich" zu einem einzigartigen Beispiel für den untrennbar engen Zusammenhang von verfassungsjuristischen und politischen Ursachen, Urteilen und Bestrebungen. Er trat vor allem — wenn man den Gesamtverlauf und das Ergebnis des Prozesses so zusammenfassen darf — in jenen politischen Implikationen in Erscheinung, deren faktisches Übergewicht die prozeßtechnische Prozedur wie die juristische Entscheidung ganz wesentlich zugunsten der Träger der tatsächlichen Macht bestimmte.

Obwohl es den Vertretern Preußens gelang, die sachlichen Anschuldigungen zu widerlegen, mit denen Papen in seiner Rundfunkrede zum 20. Juli und Bracht in seinem aus Vernehmungen opportunistischer Beamter und willkürlichen

161 Neben dieser wichtigsten Veränderung wurden gerade in den letzten zwei Wochen vor Beginn des Prozesses noch etwa 30 wichtige Ernennungen von Beamten vorgenommen; vgl. Arnold Brecht in: *Preußen contra Reich* (Anm. VIII/106), S. 91 ff. Zum ganzen Komplex nach Ernst Hamburger, „Die personelle und organisatorische Verwaltungspolitik der neuen Machthaber", in: *Der Beamte* 1932, Heft 4, S. 216 ff.

162 Der Protokollband *Preußen contra Reich* (Anm. VIII/106) ist darum eine wahre Fundgrube für staatsrechtliche, politisch-wissenschaftliche und historische Überlegungen.

Akteninterpretationen nachträglich zusammengetragenen Memorandum das Vorgehen gegen die preußische Regierung begründet hatte[163], verzichtete das Gericht in seinem Spruch auf eine tiefergehende Kritik an der Reichsexekution selbst (politisch) und an der Anwendung des Artikels 48 (verfassungsrechtlich)[164]. Es verzichtete vor allem auf die von Preußen geforderte Vernehmung maßgebender Akteure und Verbindungsmänner der Reichsregierung[165] und lehnte eine Diskussion aller Hindenburg selbst betreffenden Fragen mit der Begründung ab, daß die Staatsautorität nicht gefährdet werden dürfe und dem „Ermessen" des Reichspräsidenten beim Einsatz der Diktaturgewalt deshalb ein beträchtlicher Spielraum vorbehalten sein müsse[166]. So unterblieb eine Überprüfung der Rechtmäßigkeit der präsidialen Verordnung selbst. Nicht minder bedeutsam als Einbruchsstelle autoritär-machtstaatlicher Überlegungen in die juristische Argumentation erwies sich die Tatsache, daß die Maßnahmen des Reichskommissars auf personal- und verwaltungspolitischem Gebiet *de facto* schon eine neue Situation geschaffen hatten. Gewiß hätte eine *de jure* getroffene Gegenentscheidung erhebliche politische Folgen gehabt. Aber eben diese Rücksichtnahme auf Prestige und Aktivität der Reichsregierung samt Reichspräsident entsprang Zweckmäßigkeitserwägungen, ausgesprochen politischen Grundüberlegungen.

Da so die von Preußen angefochtenen Rechtsgrundlagen der Notverordnung vom 20. Juli bewußt der Diskussion entzogen waren, konnte sich der Spruch des Gerichts lediglich gegen Teile der Durchführung, nicht aber gegen ihre Vorbereitung und Begründung richten. Er unterstellte eine Gefährdung der öffentlichen Sicherheit als ausreichenden Beweis dafür, daß etwaige andere Motive die Aktion gegen Preußen nicht in erster Linie bestimmt hätten, ein Ermessensmißbrauch also beim Einsatz des Artikels 48 nicht gegeben sei. In Ausführungen, die dem Primat der Staatsräson und bürokratischer Effektivität unverblümten Ausdruck gaben[167], wies das Gericht in seiner Begründung die Betroffenen darauf hin, daß das darin ausgedrückte Interesse der Allgemeinheit auf jeden Fall vorgehe. Die Philosophie des bürokratischen Obrigkeitsstaats wurde damit auf einen Fall angewendet, wo es in keiner Weise um

163 „Feststellungen des Reichskommissars Dr. Bracht" in: *Anlageheft zu der Gegenerklärung* (Anm. VIII/123), Anlage 4, S. 21–52; vgl. o. S. 531.

164 Die Begründung stellte nur fest, daß eine Pflichtverletzung Preußens gegenüber dem Reich (Art. 48, Abs. 1), wie sie von der Regierung behauptet wurde, nicht gegeben war, ließ aber mit einem vagen: „es ist offenkundig" (!) die Berufung der Notverordnung auf die Gefährdung der öffentlichen Ordnung und Sicherheit gelten (Art. 48, Abs. 2) und erkannte damit die Berechtigung des Vorgehens selbst summarisch an: *Preußen contra Reich* (Anm. VIII/106), S. 511 ff.; vgl. das Urteil u. Anm. IX/169.

165 Preußen hatte, besonders im Zusammenhang mit der Feststellung von Vorverhandlungen der Papen-Regierung mit der NSDAP, ohne Erfolg die Vernehmung v. Gleichens, Hitlers, v. Papens, v. Schleichers, Plancks und Fricks beantragt: *ebda.*, S. 65 f.; S. 73 ff.

166 In Analogie zum Verwaltungsrecht wurde hier unterstellt, daß die Gefährdung und Zerstörung der Staatsautorität auch dann nicht riskiert werden dürfe, wenn damit unsachliche und unrechtmäßige Motive aufgedeckt werden könnten. Demgemäß begnügte sich das Gericht mit der Versicherung des Reichsvertreters, durch die es – ohne jede sachliche Nachprüfung – die detaillierten Beweise für eine Zusammenarbeit zwischen der Regierung Papen und der NSDAP bei der Vorbereitung der Preußenaktion kurzerhand als widerlegt ansah: vgl. *ebda.*, S. 514.

167 Auch hier wurde in Analogie zum Verwaltungsrecht damit argumentiert, daß diese Motive – der subjektive Tatbestand also – juristisch so lange irrelevant seien, als ein ausreichender objektiver Tatbestand das subjektive Ziel nicht erkennen lasse, sich also nicht verrate: solche Ungerechtigkeit sei immer noch eher hinzunehmen als der Schaden, der dadurch entstände, daß man einer staatlichen Behörde Verlogenheit vorwerfen könne. In diesem Sinne ließ das Gericht auch einen Brief Papens an den Landtagspräsidenten Kerrl vom 27. August 1932 als juristisch irrelevant und gerichtlich nicht nachprüfbar unberücksichtigt, der deutlich den reinen Vorwandcharakter der offiziellen Begründung des 20. Juli, also den Ermessensmißbrauch dartat: „Ich kann auch nicht Ihrer Auffassung zustimmen", hatte hier Papen geschrieben, „daß es Pflicht der reichskommissarischen preußischen Regierung sei, sich lediglich auf die Wiederherstellung verfassungsmäßiger Zustände und auf die Wiederherstellung von Ruhe und Ordnung zu beschränken." Nach: *Preußen contra Reich* (Anm. VIII/106), S. 93 f.

den Vorrang der Allgemeinheit vor dem einzelnen, sondern um die Existenz des größten deutschen Staates im Rahmen des verfassungsrechtlich festgelegten Bundessystems ging. Handelte es sich doch, anders ausgedrückt, um das Prinzip eines politisch gefährdeten Rechtsstatus, dessen Bewahrung keine geringere Bedeutung zukam als etwa der richterlichen Bestätigung einer präsidialen Notverordnung der Öffentlichkeit gegenüber. Aber eben an diesem Punkt trat das Dilemma der Verfassungsgerichtsbarkeit offen zutage. Sie ist nicht nur juristische, sondern auch politische Instanz, sucht das Prinzip der Gerechtigkeit mit dem der Nützlichkeit für Staat und Gesellschaft zu verbinden. Sie rechnet überdies mit der Wirkung ihres Spruches auf die Öffentlichkeit, mit der politischen Reaktion der öffentlichen Meinung, und sie nimmt auf die innerstaatliche Spannung zwischen den verschiedenen Machtgruppen und Machtfaktoren Rücksicht[168]. Daß dies mit der Tradition eines obrigkeitsstaatlichen Autoritätsbewußtseins zusammentraf, verstärkte noch das Zurückweichen des Staatsgerichtshofs vor der Notverordnungsgewalt eines Reichspräsidenten, der so persönlich nach Herkunft und Prestige auf jene Tradition hinwies.

Unter diesen Umständen gelangten nur die Durchführungsmaßnahmen des Reichskommissars in den Bereich des Urteils, das der Staatsgerichtshof am 25. Oktober fällte. In ihm wurde zwar die endgültige Absetzung der preußischen Minister, also auch Brauns und Severings, für ungültig erklärt und nur eine vorübergehende Verschiebung sachlicher Zuständigkeiten auf den Reichskommissar — also die Machtverschiebung selbst — anerkannt; sie reichte jedoch nach der Meinung des Gerichts zur Rechtfertigung der personal- und verwaltungspolitischen Veränderungen aus. Auf der anderen Seite wurde dem Reichskommissar allerdings das Recht auf Entsendung eigener Bevollmächtigter in den Reichsrat als Vertreter Preußens mit der Begründung abgesprochen, daß die verfassungsmäßige Struktur des Reiches die eigenständige Vertretung der Länder im Reichsrat fordere und dies Sache der rechtmäßigen Minister sei[169]. Es war ein Urteil von grotesker Zwiespältigkeit: sein rechtlicher Teil sprach für den preußischen Standpunkt, während sein politischer Grundtenor mit der Anerkennung des einmal Geschehenen dem staatsstreichförmigen Belieben einer nur auf die Autorität des Reichspräsidenten und die Machtmittel der Reichswehr gestützten Regierung entgegenkam. Der *de facto* geschaffene Zustand war durch das höchste Gericht auch *de jure* gerechtfertigt. An dieser Grundtatsache änderten die verfassungsrechtlichen Einschränkungen nichts, durch die der theoretische Rechtsstand der preußischen Minister wohl gewahrt, zugleich aber die tatsächliche Lage nur noch verwickelter wurde.

Im ganzen gesehen bewies dieser Prozeß, wie wenig durchgebildet die Theorie der Verfassungsgerichtsbarkeit selbst und wie unzureichend die Zuständigkeit des Staatsgerichtshofs bestimmt war. Die Verhandlung einer schweren politischen Krise im Gerichtsverfahren hatte sich nur scheinbar auf die Auslegung der Rechtsnormen zu beschränken vermocht. In Wirklichkeit stand sie dem politischen Machtkampf zweier in ihren politischen Grundanschauungen prin-

168 Vgl. Apelt, *Geschichte der Weimarer Verfassung* (Anm. VIII/1), S. 285 f.

169 Das Urteil: „Die Verordnung des Reichspräsidenten vom 20. Juli 1932 zur Wiederherstellung der Sicherheit und Ordnung im Gebiet des Landes Preußen ist mit der Reichsverfassung vereinbar, soweit sie den Reichskanzler zum Reichskommissar für das Land Preußen bestimmt und ihn ermächtigt, preußischen Ministern vorübergehend Amtsbefugnisse zu entziehen und diese Befugnisse selbst zu übernehmen oder anderen Personen als Kommissaren des Reichs zu übertragen. Diese Ermächtigung durfte sich aber nicht darauf erstrecken, dem preußischen Staatsministerium und seinen Mitgliedern die Vertretung des Landes Preußen im Reichstag, im Reichsrat oder sonst gegenüber dem Reich oder gegenüber dem Landtag, dem Staatsrat oder gegenüber anderen Ländern zu entziehen." *Preußen contra Reich* (Anm. VIII/106), S. 493; Lammers-Simons (Anm. VIII/67), V (1933), S. 24; S. 30 ff.

zipiell verschiedenen Regierungen gegenüber. Daß beide Seiten durch namhafte Staatsrechtler vertreten wurden, ließ die Tragödie der Verfassungsgerichtsbarkeit, die diesem konkreten politischen Dilemma nicht gewachsen war, zu einer Tragödie der Staatsgerichtstheorie überhaupt werden[170]. Der Staatsgerichtshof suchte sich durch eine vorsichtige, nach beiden Seiten vermittelnde Entscheidung aus der Affäre zu ziehen, vermochte dadurch aber weder einer konstruktiven Klärung der verfassungsrechtlichen Probleme noch einer praktisch wirksamen Lösung des machtpolitischen Konflikts den Weg zu bereiten. Sein Urteil war ebenso unpraktisch wie unlogisch: es teilte die Staatsgewalt, obwohl doch der Staatsgerichtshof selbst drei Monate zuvor gerade mit dem Hinweis auf ihre Unteilbarkeit eine einstweilige Verfügung abgelehnt hatte[171].

Vielleicht muß gerechterweise eingeräumt werden, daß ein Gerichtshof dies gar nicht leisten konnte, daß also auf die Betroffenen des 20. Juli 1932 nur ihre eigene Fehlentscheidung zurückfiel, als sie einen politischen Akt allein mit der Anrufung der Justiz beantworteten. Wie hilflos ein Gerichtshof solchen politischen Machtkämpfen gegenüberstehen mußte, die nur seine eigene Autorität gefährdeten, ohne sich ihr unterzuordnen, ist mit dem auch heute geläufigen Schlagwort von der justizförmigen Politik angedeutet. Daß aber nur noch dieser Weg zum Ausgleich der politischen Gegensätze geblieben schien, daß Reichsrat, Reichstag und andere Instrumente einer funktionierenden Demokratie dafür nicht mehr einsatzfähig waren — dies war ein weiteres Zeichen für die tiefe Krise der Republik selbst. Und daß diesmal gerade das demokratische Lager gegen eine autoritäre Machtpolitik jenes richterliche Prüfungsrecht in Anspruch nahm, mit dessen Hilfe bislang die Gegner des Parteienstaats die legislative Macht eines demokratischen Parlaments abzubauen gesucht hatten —[172] dies machte zugleich die hoffnungslose Defensivstellung der einstigen Machtträger deutlich. Die Berufung auf die „Legalität", die das Verhalten der Betroffenen vom 20. Juli 1932 bestimmt hatte, enthüllte sich als eine Selbsttäuschung, die symptomatisch war für den Verfall des demokratischen Selbstbewußtseins und seiner Machtstellungen in der politischen Wirklichkeit.

Mochte darum auch im Sinne der Kläger die Begründung der Papen-Aktion widerlegt sein, so blieben doch fast alle daraus entwickelten Maßnahmen in Kraft. Der moralische Sieg Preußens fiel demgegenüber nicht ins Gewicht. Durch eine ungemein weite Auslegung des Artikels 48 (Abs. 2), die sich von dem Vorgang von 1923/24 grundsätzlich unterschied[173], war Papen die machtpolitische Verfügung über die gesamte preußische Verwaltung bestätigt wor-

170 Dazu auch Apelt (Anm. VIII/1), S. 284 f. Auf der Seite des Reiches tat sich besonders Carl Schmitt hervor. Vgl. seine Schlußrede (17. Oktober 1932) in: *Positionen und Begriffe* (Anm. IX/80), S. 180 ff.: „Wo ist denn dieses alles, die Dignität und die Ehre Preußens, besser aufgehoben: bei den am 20. Juli ihres Amtes enthobenen, geschäftsführenden Ministern ... (Zuruf: Situationsjurisprudenz!) oder bei dem Reichspräsidenten von Hindenburg? [!]." Weitere Äußerungen Carl Schmitts: „Die Verfassungsmäßigkeit der Einsetzung eines Reichskommissars für das Land Preußen", in: *Deutsche Juristen-Zeitung* 37, Heft 15 (1932), S. 953 ff.; *Staat, Bewegung, Volk*, Hamburg 1933, S. 31; *Staatsgefüge und Zusammenbruch des Zweiten Reichs*, Hamburg 1934, S. 47 ff.

171 Hermann Höpker-Aschoff, „Das Urteil von Leipzig", in *Der deutsche Volkswirt* 7 (1932/33), II, S. 105 ff. (v. 28. Oktober 1932).

172 Vgl. Teil I, o. S. 173 ff. und im Rahmen des Prozesses die Diskussion in: *Preußen contra Reich* (Anm. VIII/106), S. 366–391.

173 Damals war wohl Seeckt vorübergehend zum Inhaber der vollziehenden Gewalt ernannt worden, der staatliche Verwaltungsapparat der betroffenen Gebiete aber unangetastet geblieben. Vor allem aber fiel der Artikel 129 der Weimarer Verfassung (wohlerworbene Rechte der Beamten) nicht unter die Verfassungsbestimmungen, die durch die Präsidialdiktaturgewalt außer Kraft gesetzt werden konnten. Vgl. Joachim Kampfer, „Die Ereignisse vom 20. Juli in ihrer Bedeutung für das Verfassungsleben", in: *Der Beamte* 1932, Heft 4, S. 210 ff.

den. Daß der Verfassungsnotstand zum Verfassungswandel mißbraucht, die Verfassung nicht wieder lebensfähig gemacht, sondern der Notstand verbreitert wurde, fand in dem Spruch des Gerichts keine Berücksichtigung. Der eigentliche Grund für diese Kapitulation der verfassungsrechtlichen vor den *De-facto*-Argumenten lag in dem allgemeinen Bemühen aller Beteiligten, den Reichspräsidenten zu schonen[174]. Wie selbst die Betroffenen deshalb bei allen Protesten bewußt „eine gewisse Zurückhaltung“ geübt hatten, „die naturgemäß zu ihrem Nachteil ausschlug“[175], so wagte auch der Staatsgerichtshof trotz besserer Einsicht nicht über kleine Korrekturen der präsidialen Notverordnung hinauszugehen, scheute sich aus politischen Gründen vor einer klaren Entscheidung. Auch hier wurde der Mythos Hindenburg zum Schicksal der Republik. Denn da der Staatsgerichtshof sich vor der — für seine Mitglieder unlösbaren — Alternative fand, entweder die Autorität Hindenburgs oder seine eigene zu zerstören[176], blieb nur der Weg des unechten Kompromisses, der mit einer gewaltigen Erweiterung der präsidialen Befugnisse die zwischen den Zeilen ausgedrückte Hoffnung verband, daß Hindenburg jetzt von sich aus die Tragweite und die Konsequenzen seiner Verordnung mildern möge[177].

Die Folgen dieser zwar „salomonischen“, aber keineswegs eindeutigen Entscheidung waren denn auch nicht dazu angetan, das Problem Preußen einer wirklichen Lösung näherzubringen. Beide Seiten suchten sogleich unter Berufung auf „ihren“ Teil des Urteils die Zweiteilung der preußischen Kompetenzen voranzutreiben, wobei natürlich wiederum Papen, gestützt durch die im Urteil anerkannte Autorität und Ermessensfreiheit des Reichspräsidenten und im Besitz der tatsächlichen Exekutiv- und Legislativmacht, eindeutig im Vorteil war. Obwohl aber die Regierung ihre Bemühungen um Befestigung und Ausnützung der kommissarischen Machtstellung in Preußen sogleich in verstärktem Maße wiederaufnahm, stand ihr jetzt doch das in seiner verfassungsrechtlichen Stellung anerkannte Kabinett Braun gegenüber, das noch am 25. Oktober zusammentrat und Schritte bei Papen und Hindenburg zur Wiederherstellung seiner anerkannten Rechte ankündigte. Vier Tage später empfing Hindenburg in Gegenwart Papens und Meißners Otto Braun. Auch dies Gespräch, in dem Braun eine Aufhebung der Notverordnung oder doch eine klare Abgrenzung der Befugnisse des Reichskommissars auf die „Erhaltung der Ruhe und Ordnung“ forderte, Papen dagegen mit dem vagen Hinweis auf „staatspolitische Erwägungen“ auf der weiteren Durchführung seiner „Reform“ bestand und auch Hindenburg die Vereinigung der Machtmittel Preußens und des Reichs weiterhin für notwendig erklärte, endete mit der lakonischen Bekanntmachung: „Eine Einigung wurde nicht erzielt[178].“ Noch am selben Tag wurden die einschneidenden „Reformen“ wiederaufgenommen und ausgerechnet jetzt, im Angesicht der anhaltenden sozialen Krise, das preußische Wohlfahrtsministerium Hirtsiefers aufgelöst und seine Aufgaben auf die verschiedensten Ministerien verteilt[179]. Scharfe Proteste auch der bayerischen

174 An unzähligen Stellen in *Preußen contra Reich* (Anm. VIII/106) von den Prozeßpartnern wie vom Reichsgerichtspräsidenten selbst angedeutet. Vgl. auch Hans Krüger, „Der Staatsgerichtshof und der Preußen-Konflikt“, in: *Der Beamte* 1932, Heft 4, S. 287 ff.

175 So auch Otto Braun (Anm. I/5), S. 447.

176 So Kaas in seiner Rede zu Münster am 17. Oktober 1932: o. Anm. IX/156.

177 Krüger (Anm. IX/174), S. 287 ff. Zur Beurteilung des Spruches auch Schwend (Anm. V/40), S. 472 ff.

178 Vgl. die Schilderung bei Braun (Anm. I/5), S. 415–417; Hindenburg erschien Braun bei dieser letzten Unterredung so wenig informiert über den tatsächlichen Sachverhalt und zugleich so greisenhaft hinfällig, daß nur das Mitleid mit einem Mann blieb, der von einer unverantwortlichen Umgebung so offensichtlich mißbraucht wurde.

179 Die ganze alte preußische Regierung mußte sich mit einigen Zimmern in diesem geräumten Ministerium abfinden.

Regierung[180] hinderten Papen nicht, diese Politik der Tatsachen ohne Fühlungnahme mit der preußischen Regierung zwei Tage später (31. Oktober) durch die kommissarische Betrauung des Staatssekretärs Popitz mit dem Finanz-, des Reichsernährungsministers v. Braun mit dem Landwirtschafts-, des Professors Kähler mit dem Kultusministerium fortzusetzen und gleichzeitig Bracht und Popitz zu Reichsministern ohne Geschäftsbereich zu ernennen. „Das Provisorium wurde auf Dauerzustand eingerichtet[181]", die kontrollfreie Herrschaft über Preußen als erste Stufe zur Verwirklichung des „Neuen Staates" nachdrücklich befestigt.

Weitere Proteste Otto Brauns an Hindenburg und in Besprechungen mit Papen blieben erfolglos, scheinen vielmehr das durch neue präsidiale Notverordnungen legalisierte Vorgehen Papens noch beträchtlich beschleunigt zu haben[182]. Die unhaltbare Lage wurde dadurch bewußt und ohne jede Rücksicht auf politische Vernunft auf die Spitze getrieben: daß Minister und Ministerialbeamte, die von der praktischen Politik in Preußen gänzlich ausgeschaltet waren, sie vor Landtag, Staatsrat, Reichstag und Reichsrat vertreten „durften", kam dem autoritären Prinzip der Verantwortungslosigkeit nur noch entgegen. Es kam zu dem Kuriosum, daß Gerhart Hauptmann zur Feier seines 70. Geburtstages am 15. November vormittags von Grimme, abends noch einmal von Bracht die preußische Staatsmedaille verliehen wurde, wobei freilich nur Bracht über Staatssiegel und Medaille verfügte. Aber auch Papens Tage waren jetzt gezählt. Daran vermochte die beschleunigte Aktivität in Preußen nichts mehr zu ändern. Der eigentliche Zweck des Staatsstreiches vom 20. Juli war die Verbreiterung und Sicherung einer autoritären Regierung gewesen, die im politischen Raum der Demokratie so hoffnungslos isoliert blieb. Wohl besaß man jetzt die institutionelle Kontrolle über die preußische Polizei und Beamtenschaft und verstärkte die Reichsreformpropaganda im Sinne der eigenen Herrschaftskonzepte. Aber die politischen Auswirkungen blieben ebenso aus wie der Prestigegewinn, den eine Unterstützung und Exekution der rechtsradikalen Kampagne gegen Preußen einst versprochen hatte.

Alle forschen Unternehmungen des Präsidialkabinetts hatten sich gegen die Urheber selbst gewendet: Reichstagsauflösungen und Pakt mit Hitler, Aufhebung des SA-Verbots und Drohung mit der Verfassungsreform. Das fast durchweg gegen Papen gerichtete Echo auf den Spruch des Staatsgerichtshofs[183] bewies, daß auch die Gewaltaktion gegen Preußen in den Händen dieser über

180 Poetzsch-Heffter (Anm. I/128), S. 62; Schwend (Anm. V/40), S. 475 ff. Held berief sich auch hier ausdrücklich auf die Unterstützung seines Protestes durch Württemberg und Baden.

181 Severing (Anm. I/18), II, S. 369.

182 Einzelheiten bei Braun (Anm. I/5), S. 418 ff. Hindenburg stützte sich dieses Mal auf Art. 48, Abs. 2, den ihm der Staatsgerichtshof für den 20. Juli noch um der Erhaltung der „Staatsautorität" willen zugebilligt hatte, ohne freilich daran zu denken, daß für die unmittelbare Gegenwart – und unter dem Reichskommissar! – nicht noch einmal die Gefährdung der öffentlichen Sicherheit und Ordnung behauptet werden konnte. Dies eben diente aber zur Begründung des weiteren Vorgehens: die durch den Spruch des Staatsgerichtshofs entstandene Teilung der Befugnisse sei eine solche Gefahr! Die Verordnung in: *Deutscher Reichsanzeiger und Preußischer Staatsanzeiger* v. 18. November 1932.

183 Vgl. die Pressestimmen bei Horkenbach, *1932*, S. 351 f.; „Um die Grenzen von Politik und Recht" in: *Der Zeitspiegel* 1, Nr. 21 (5. November 1932), S. 327 ff. Die papenfeindliche Front umfaßte auch hier alle Parteien mit Ausnahme der DNVP und jener Gruppen, die als Antwort auf das zwiespältige Urteil von Papen rücksichtsloses Handeln, die Schaffung von „Tatsachen", den Übergang der Reichsregierung aus ihrer „Verteidigungsstellung" zum „Angriff" forderten (vor allem *Deutsche Zeitung, Berliner Lokalanzeiger, DAZ*). Bezeichnend dafür der deutschnationale *Tag*, Nr. 258 v. 27. Oktober 1932: „Zupacken, nicht paktieren! Die Stunde fordert Entschlossenheit und keine Pakte auf einer schlüpfrigen juristischen Grundlage." Vgl. *Unsere Partei*, 1932, S. 412, und Hugenberg im *Berliner Lokalanzeiger*, Nr. 510 v. 27. Oktober 1932: „Dieses Notstandsrecht ist an die Erkenntnisse von Staatsgerichtshöfen nicht gebunden. Das Vorgehen des Reichspräsidenten und der jetzigen Regierung ist gerechtfertigt durch die Lebensbedürfnisse des deutschen Volkes" (!).

der Bevölkerung und den Parteien schwebenden, trotzdem nichts weniger als „unabhängigen" Regierung von Hindenburgs und Reichswehr-Gnaden wirkungslos zerrinnen würde. Die rücksichtslose Personalpolitik wurde zwar mit allem Nachdruck im Sinne des „Neuen Staates" fortgesetzt. Aber dies kam weder Papen noch seinem Mentor und Nachfolger Schleicher zustatten. Es erleichterte nur die endgültige Zerstörung der demokratischen Staatsordnung und die fast reibungslose Übernahme der Macht durch ein Regime, das seine Vorstellung vom „Neuen Staat" totalitärer Prägung auf einer breiteren Basis zu entwickeln und konsequenter durchzuführen verstand. Auch dann wirkte Papen noch als Reichskommissar für Preußen. Aber er hatte seinen Meister gefunden und verlor dies Amt, sobald die Schwierigkeiten des Übergangs überwunden und die Gleichschaltung wirklich vollzogen war, auf deren politischen Effekt Papen in der Zeit seiner eigenen Kanzlerschaft so große Hoffnungen gesetzt hatte.

VON PAPEN ZU SCHLEICHER

Die Reichstagswahl vom 6. November 1932 eröffnete die letzte Phase der Weimarer Republik. Sie wurde von einem Ereignis begleitet, das zwar nur regionalen Charakter besaß, zugleich aber symptomatisch war für den Engpaß, in dem sich mit Papen jetzt alle politischen Gruppen befanden. Am 3. November hatten entgegen dem Beschluß der Gewerkschaften die Nationalsozialisten im Verein mit den Kommunisten die Belegschaften der Berliner Verkehrsbetriebe zum Streik aufgerufen[1]. Wohl endete diese gemeinsame Aktion der beiden totalitären Konkurrenten, die einander an pseudosozialistischem Radikalismus aus demagogischen Gründen nichts nachgeben wollten[2], sachlich mit einem Mißerfolg. Sie führte aber nicht nur zu einer fünftägigen Lahmlegung der Berliner Verkehrsmittel gerade im Augenblick der Wahl, sondern erhellte zugleich schlaglichtartig die politische Situation. Die KPD hatte wieder einmal ihre Führung „gereinigt" und ihren „ultralinken" Kurs verstärkt[3]. Die politische Taktik der NSDAP befand sich in einer sichtbaren Krise: vorübergehend schienen auch hier die revolutionär-sozialistischen Elemente ein Übergewicht über jene legalistisch-antibolschewistischen Postulate zu erlangen, mit denen der Nationalsozialismus einen beträchtlichen Teil der gewerkschaftsfeindlichen Wirtschaft und des antisozialistischen Bürgertums gewonnen hatte. Es war eine Krise der gesamten Partei, die bis zur „Machtergreifung" andauern sollte. Gleichzeitig wurde aber auch die Schwäche der Gewerkschaften, der Parteien und vor allem der Regierung selbst offenbar, die mit der Reichswehrführung von einem solchen Zusammenwirken des Links- und Rechtsradikalismus auf der Straße ihre Kontrolle des *Machtvakuums* ernstlich bedroht sah[4]. Auch die Wahl vom 6. November und ihre unmittelbaren Folgen konnten die Lage zwar nicht entwirren, schienen aber doch Papens, dann Schleichers letzten Lösungsversuchen noch eine Chance zu gewähren. In Wahrheit führten sie die Phase des *Machtvakuums* bis in ihre äußerste Konsequenz. Eine zusammenfassende Betrachtung der Wahlentwicklung ist darum hier einzuschalten.

1 In der Urabstimmung wurde die für einen Streikbeschluß erforderliche Dreiviertelmehrheit nicht erreicht, da nur 66,9 % für den Streik stimmten.

2 Goebbels, *Kaiserhof* (Anm. V/13), S. 191 ff., und von kommunistischer Seite das Sammelheft, „Das Ende der Hitlerpsychose", in: *Der Rote Aufbau* 5, Heft 21 (1. November 1932), S. 963 ff.

3 In der KPD war nach jahrelangen Cliquenkämpfen am 20. Oktober Heinz Neumann mit seiner Gruppe durch Thälmann bzw. das Zentralkomitee und die Reichsparteikonferenz gestürzt worden, angeblich, weil sie Gruppen- und Massenpolitik betrieben hatten, in Wirklichkeit, weil man für die Mißerfolge in der Einheitsfrontagitation einen Sündenbock brauchte. Vgl. Flechtheim (Anm. III/86), S. 163 ff.; S. 180 f.

4 Bezeichnend ist die wachsende Nervosität Schleichers, aber auch z. B. die Tatsache, daß Bracht seinen Oberregierungsrat Diels zu Göring schickte, um diesen über den Einsatz der Berliner Polizei beim Verkehrsstreik zu „beschwichtigen" und einen Generalstreik, dem sich auch die Reichswehr nicht gewachsen glaubte, abzuwenden. Vgl. Diels (Anm. VIII/105), S. 173 f.: „Meine Unterredung mit Göring, die im Reichstag stattfand, hatte den gewünschten Erfolg. . ."

1. Die Wahl vom 6. November 1932

Der Reichstag, der am 6. November 1932 gewählt wurde, bot keine neuen Koalitionsmöglichkeiten. Nach wie vor stand eine negative Mehrheit der totalitären Parteien (50,7 % der Sitze) dem einstigen Brüningblock (39,5 %) gegenüber. Nach wie vor war weder eine „Große Koalition" von SPD bis DVP (38,2 %) noch die „Harzburger Front" (42,3 %) regierungsfähig. Aber innerhalb dieser Grundverhältnisse war eine Gewichtsverschiebung eingetreten, die nun auch theoretisch eine Koalition zwischen Zentrum—BVP und NSDAP allein (48,8 %) unmöglich machte und der DNVP (8,7 %) ihre am 31. Juli verlorene Schlüsselstellung zurückgab. Die Lösung von dem rechtsradikalen Partner und die Unterstützung der Papen-Regierung hatte der Partei Hugenbergs nach jahrelangem Niedergang endlich wieder einen zahlenmäßig und politisch fühlbaren Auftrieb gegeben[5].

Parlamentarische Kombinationen (in Prozent der Reichstagssitze)[6]

	Mai 1928	Sept. 1930	Juli 1932	Nov. 1932
Harzburger Front (NSDAP—DNVP)	18,4	25,8	43,9	42,3
Hitler—Kaas (Zentrum—BVP—NSDAP)	18,4	33,6	*53,8*	48,8
Brüning-Block (Zentrum, BVP, DDP, SPD, DVP, WP, gemäßigte Rechte)	89,2	*56,15*	42,7	39,55
Große Koalition (SPD, DDP, Zentrum, BVP, DVP)	*61,2*	*50,4*	39,6	38,2
Weimarer Koalition (SPD, DDP, Zentrum)	48,6	40,0	34,9	33,05
Linksparteien (SPD—KPD)	42,0	38,1	36,5	37,8
Negative Kooperation der totalitären Parteien (NSDAP—KPD)	13,5	31,9	*52,5*	*50,7*

Nach wie vor standen sich also große, koalitionsunfähige Blöcke gegenüber, die man nach ihrem ideologischen Ort und ihren Staatskonzeptionen auch in die folgenden vier Gruppen gliedern könnte:

Ideologische Gruppierungen (in Prozent der Reichstagssitze)

	Parteien	Mai 1928	Sept. 1930	Juli 1932	Nov. 1932
Demokratie	SPD, Zentrum—DVP, Staatspartei—Wirtschaftspartei	56,7	47,3	38,8	36,6
Faschismus	NSDAP	2,5	18,5	37,8	33,6
Kommunismus	KPD	11,0	13,3	14,6	17,1
Konservativ-autoritär-monarchistisch	DNVP, DVP, Splitter[7]	29,4	20,8	8,5	12,7

5 Die Zunahme stand freilich in keinem Verhältnis zu den langjährigen Verlusten der DNVP an die NSDAP. Selbst wenn man die der DNVP nahestehenden Gruppen berücksichtigt, die früh aus interessenpolitischen Gründen abgesplittert waren oder sich 1928/30 von Hugenbergs Führung losgesagt hatten, dann bleibt doch mit dem schweren Niedergang der Partei die Tatsache bestehen, daß auch die relative Erholung im Zeichen der Papen-Regierung die an die NSDAP verlorenen Wähler nicht zurückzuführen vermochte:

Partei	Mai 1924	Dez. 1924	Mai 1928	Sept. 1930	Juli 1932	Nov. 1932	
DNVP	19,5	20,5	14,3	7,0	5,9	8,3	% der gültigen Stimmen
Landbund	2,0	1,6	0,6	0,6	0,3	0,3	"
Landvolk	—	—	1,9	3,2	0,2	0,1	"
Kons. Volkspartei	—	—	—	0,8	—	—	"
Insgesamt	21,5	22,1	16,8	11,6	6,4	8,7	"

6 Kombinationen mit parlamentarischer Mehrheit in Kursiv.

7 Christlich-Nationale Bauern- und Landvolk-Partei, Deutsche Bauernpartei, Deutsch-Hannoversche Partei, Christlich-Sozialer Volksdienst, Konservative Volkspartei.

So ausweglos nach dieser Überschau die neue parlamentarische Machtverteilung erscheinen mochte, sie zeigte doch zugleich eine innere Dynamik an, die sich zum ersten Mal seit dem Aufstieg der NSDAP zur Massenpartei gegen diese Bewegung selbst richtete. Von ihr profitierten die Papen nahestehenden Gruppen und die KPD, während gleichzeitig aber auch der vierjährige Rückgang der bürgerlichen Parteien zum Halten kam. Ganz offensichtlich war dafür nicht nur die geringere Wahlbeteiligung gegenüber den Juliwahlen (80,6 % : 84,0 %), nicht nur die Ermüdung der durch fünf große Abstimmungen gejagten Bevölkerung verantwortlich. Ein möglicher Wendepunkt der politischen Entwicklung kündigte sich an, der Mythos von der Unaufhaltsamkeit des nationalsozialistischen Aufstiegs hatte einen schweren Schlag erlitten. Dies zeigt ein Blick auf den Anteil der abgegebenen Stimmen (in %), wobei von dem Abschneiden der jeweiligen Partei in der Novemberwahl 1932 ausgegangen wird:

Stimmenzahl

		Nov. 1932	Juli 1932	Sept. 1930	Mai 1928
Am 6. Nov. 1932 hatten Verluste:	NSDAP	33,1	37,2	18,3	3,5
	Zentrum—BVP	15,0	15,7	14,9	15,2
	SPD	20,7	21,6	24,5	29,8
blieb gleich:	Staatspartei (DDP)	1,0	1,0	3,8	4,9
machten Gewinne:	DNVP	8,3	5,9	7,0	14,3
	DVP	1,9	1,2	4,5	8,7
	KPD	16,9	14,3	13,1	10,6

Dieser Trend hatte zwar seine regionalen Nuancen. Doch war besonders der Rückgang der NSDAP überall fast gleichmäßig eingetreten: auch die kleinsten Wahlbezirke spiegelten die Bewegung wider, die den stürmischen Siegeszug des totalitären Rechtsradikalismus in eine rückläufige Erscheinung verwandelte. Es schien darin eine Reaktion auf die Vorgänge des vergangenen Sommers, eine Besinnung und Ernüchterung zum Ausdruck zu kommen, die bewies, daß eine große Mehrheit der Bevölkerung jetzt noch entschiedener denn zuvor den totalen Herrschaftsanspruch Hitlers im Sinne der Verhandlungen vom August und der jüngsten Wahlpropaganda ablehnte. Höchstens die Hälfte der nationalsozialistischen Verluste konnte auf die geringe Wahlbeteiligung zurückgeführt werden, ein größerer Teil war zweifellos dem rechtsbürgerlichen oder dem kommunistischen Lager zugute gekommen.

Eine Übersicht über die Stärke der NSDAP in den einzelnen Wahlkreisen nach der Rangordnung vom November 1932 beweist, daß der Rückgang des Rechtsradikalismus zwar differierte, aber als durchgängige Erscheinung auftrat (s. S. 567). Die Übersicht macht deutlich, daß sich die Entwicklung der NSDAP im großen zwar gleichmäßig vollzog, daß aber die regionalen Unterschiede erheblich ins Gewicht fielen. Diese Tatsache erleichtert die Bestimmung der politischen und sozialen Voraussetzungen, von denen sowohl der Aufstieg der NSDAP wie der Widerstand gegen diese Bewegung in der Endphase der Republik getragen wurde. Schon bei einer Betrachtung der Wahlkreise ergibt sich eine Reihe von Gesichtspunkten, die dann an einigen Beispielen der lokalen Wahlstatistik noch näher präzisiert werden sollen.

1. Mit der einzigen Ausnahme der Pfalz im November 1932 stellt Norddeutschland die sieben Wahlkreise mit dem höchsten nationalsozialistischen Anteil; diese Gruppe umfaßt zugleich — abgesehen von Osthannover — durchweg grenznahe Wahlkreise: ein Beweis für die Wirksamkeit der nationalsozialistischen Revisionspropaganda.

Prozentualer Anteil der NSDAP[8]

Wahlkreis	[9])	[10])	1924 Mai	1924 Dez.	1928 Mai	1930 Sept.	1932 Juli	1932 Nov.	Rückgang Juli—Nov. 1932
Am 6. November 1932 über dem Reichsdurchschnitt									
1. Schleswig-Holstein	+	ev.	7,4	2,7	4,0	*27,0*	*51,0*	*45,7*	10,4
2. Chemnitz-Zwickau	—	ev.	7,7	4,2	4,3	23,8	47,0	43,4	7,7
3. Pommern	+	ev.	7,3	4,2	1,5	24,3	47,9	43,1	10,0
4. Osthannover	+	ev.	8,6	4,4	2,6	20,6	49,5	42,9	13,3
5. Frankfurt/O.	+	ev.	5,0	3,2	1,0	22,7	48,1	42,6	11,4
6. Pfalz	+	k.	5,1	1,9	5,6	22,8	43,7	42,6	2,5
7. Liegnitz	+	ev.	1,5	1,5	1,2	20,8	48,1	42,1	12,5
8. Hessen-Nassau	+	ev.	5,6	2,5	3,6	20,8	43,6	41,2	5,5
9. Südhannover-Braunschweig	—	ev.	7,6	3,4	4,4	24,3	46,1	40,6	11,9
10. Breslau	+	k.	4,0	1,4	1,0	24,2	43,5	40,4	7,1
11. Hessen-Darmstadt	+	ev.	2,9	1,3	1,9	18,5	43,1	40,2	6,7
12. Ostpreußen	+	ev.	8,6	6,2	0,8	22,5	47,1	39,7	15,7
13. Magdeburg	+	ev.	4,9	3,0	1,7	19,5	43,8	39,0	11,0
14. Thüringen	—	ev.	9,9	5,4	3,7	19,3	43,4	37,1	14,5
15. Mecklenburg	+	ev.	*20,8*	*11,9*	2,0	20,1	44,8	37,0	17,4
16. Franken	+	k.	20,7	7,5	*8,1*	20,5	39,9	36,4	8,8
17. Merseburg	—	ev.	8,7	4,3	2,7	20,5	42,6	34,5	19,0
18. Potsdam I	+	ev.	5,8	2,8	1,6	18,8	38,1	34,1	10,5
19. Baden	+	k.	4,8	1,9	2,9	19,2	36,9	34,1	7,6
20. Dresden-Bautzen	—	ev.	4,5	1,5	1,8	16,1	39,3	34,0	13,5
Unter dem Reichsdurchschnitt									
15. Weser-Ems	+	ev.	7,4	4,8	5,2	20,5	38,4	31,9	16,9
14. Leipzig	—	ev.	7,9	1,8	1,9	14,0	36,1	31,0	14,1
13. Potsdam II	—	ev.	6,5	2,9	1,8	16,7	33,0	29,1	11,8
12. Hamburg	—	ev.	6,0	2,3	2,6	19,2	33,7	27,2	19,3
11. Düsseldorf-Ost	—	k.	3,9	1,6	1,8	17,0	31,6	27,0	14,6
10. Oppeln	+	k.	2,6	1,5	*1,0*	9,5	29,3	26,8	8,5
9. Württemberg	+	k.	4,1	2,1	1,9	*9,4*	30,3	26,2	13,5
8. Koblenz-Trier	+	k.	*1,3*	—	2,1	14,9	28,8	26,1	9,4
7. Westfalen-Süd	—	k.	1,5	1,1	1,6	13,9	27,2	24,8	8,8
6. Oberbayern-Schwaben	+	k.	17,0	4,8	6,2	16,3	27,1	24,6	9,2
5. Düsseldorf-West	—	k.	2,6	0,9	1,2	18,6	27,0	24,2	10,4
4. Berlin	—	ev.	3,1	1,6	1,4	12,8	24,6	22,5	8,5
3. Westfalen-Nord	—	k.	3,5	1,3	1,0	12,0	25,7	22,3	13,2
2. Niederbayern	+	k.	10,2	3,0	3,5	12,0	20,4	18,4	9,8
1. Köln-Aachen	—	k.	1,5	*0,6*	1,1	14,5	*20,2*	*17,4*	13,9
Deutsches Reich			6,6	3,0	2,6	18,3	37,2	33,1	11,0

2. Am widerstandsfähigsten erweisen sich auf der anderen Seite die vorwiegend katholischen Wahlkreise, sogar dann, wenn sie, wie Köln-Aachen, Koblenz-Trier, Oppeln usw. selbst Grenzlage haben. Allein Berlin nimmt dabei eine Sonderstellung ein: während sonst die katholischen Parteien (Zentrum, BVP) dem nationalsozialistischen Sog den Hauptwiderstand entgegensetzen, ist es hier eine stabile Linksmehrheit, die fast nur Verschiebungen zwischen SPD und KPD zuläßt.

3. Weitere Gesichtspunkte vermittelt ein Blick auf Berufs- und Wirtschaftsstruktur der einzelnen Regionen. Mit der einen Ausnahme von Chemnitz-

8 Die höchsten sowie die niedrigsten Wählerziffern der NSDAP sind jeweils kursiv gesetzt.
9 Landwirtschaftliche Bevölkerung über (+) oder unter (—) Reichsdurchschnitt.
10 Vorwiegende Konfession (über Reichsdurchschnitt).

Zwickau zeigen die nationalsozialistischen Spitzenwahlkreise (Gruppe I) einen überdurchschnittlich landwirtschaftlichen Charakter. Die agrarischen Grundlagen des militanten Nationalismus treten hier deutlich hervor[11]. Demgegenüber finden sich unter den widerstandsfähigsten Wahlkreisen (Gruppe II) zwar mit Oppeln, Oberbayern-Schwaben, Niederbayern und Württemberg ebenfalls stark landwirtschaftlich bestimmte Gebiete, doch überwiegen in jener Gruppe die industriellen Wahlkreise bedeutend. Eine vergleichende Zusammenstellung der Wahlkreise (November 1932) ergibt demnach folgendes Bild:

Verhältnis der Konfessions- und Wirtschaftsstruktur zur Wahlstruktur

	I. NS-Anteil überdurchschnittlich	II. NS-Anteil unterdurchschnittlich
Ev. : kath.	16 : 4	5 : 10
landwirtschaftlich : industriell	15 : 5	6 : 9
grenznah : Binnenlage	11 : 9	8 : 7

2. *Zur Wahlentwicklung 1928—1932*

Verfolgt man diese Gesichtspunkte im kleineren Rahmen der Wahlbezirke und richtet dabei den Blick auf die Wechselwirkung von Wahl- und Sozialstruktur[12], so bestätigt sich, daß die Widerstandsfähigkeit der demokratischen Parteien in erster Linie von der konfessionellen, in zweiter Linie von der wirtschaftlichen und sozialen Struktur und erst dann von individuellen, im einzelnen schwer zu beurteilenden Bedingungen der betreffenden Bezirke — Kandidaten, lokale Organisation und Propaganda — bestimmt wurde. Der folgende Überblick beschränkt sich auf verschiedene städtische Typen und bemüht sich in diesem Rahmen um eine Würdigung der Gegenkräfte gegen die nationalsozialistische Expansion. Über die Ausbreitung der NSDAP in einzelnen agrarischen Gebieten liegen schon verschiedene Studien vor[13].

1. Im vorwiegend katholischen, stark industriellen Stadtkreis *Hagen* in Westfalen (104 086 Wahlberechtigte) ergibt sich folgendes Bild[14]:

11 Dazu allgemein noch Carl J. Friedrich, „The Agricultural Basis of Emotional Nationalism", in: *Public Opinion Quarterly* 1 (1937), S. 50 ff.; Gerd Wolfgang, „Die Bauern vor den Toren des Staates", in: *Die Tat* 24, Heft 10 (Januar 1933), S. 862 ff.

12 Es wurden zu diesem Zweck eine Reihe von klein- und großstädtischen Wahlbezirken nach den Angaben der *Statistik des Deutschen Reiches*, Bd. CCCCIII–CCCCVI (mit der Berufszählung von 1925) analysiert, deren wesentliche Ergebnisse hier mitgeteilt werden, ohne daß die Aufrechnung im einzelnen ausgebreitet werden kann. Bei der statistischen Arbeit wirkte zeitweilig Wolfgang Bruhn mit.

13 Dafür sei noch auf die umfassende Regionalstudie hingewiesen, in der Günther Franz die politischen Entwicklungslinien im niedersächsischen Raum seit dem ersten (norddeutschen) Reichstag untersucht hat: *Die politischen Wahlen in Niedersachsen 1867–1949*, 2. ergänzte Aufl., Bremen-Horn 1953. Die Untersuchung läßt leider die wirtschaftlichen und sozialen Voraussetzungen der Wahlentwicklung außer acht. Dagegen liegt eine zwar knappe, aber mustergültige Analyse der Wechselwirkung von Sozial- und Wahlstruktur im nationalsozialistischen Spitzenwahlkreis Schleswig-Holstein vor: Rudolf Heberle, *From Democracy to Nazism, A Regional Case Study on Political Parties in Germany*, Baton Rouge 1945, S. 32 ff.; bes. S. 92 ff. Die Studie erbringt wichtiges Material zur Untersuchung der agrarischen Komponente der nationalsozialistischen Expansion, überschätzt allerdings deren Bedeutung und übersieht z. B. (*ebda.*, S. 32), daß der hochindustrielle Wahlkreis Chemnitz-Zwickau an zweiter Stelle hinter Schleswig-Holstein rangiert. Hier wirkt sich die Beschränkung auf eine einzelne Region nachteilig aus. Auch bricht die Untersuchung mit den Juliwahlen 1932 ab und umgeht eine Würdigung der folgenden Wahl mit der fragwürdigen Begründung, sie sei kein freier Ausdruck der öffentlichen Meinung mehr gewesen (S. 33). Vgl. noch Charles P. Loomis und J. Allen Beagle, „The Spread of German Nazism in Rural Areas", in: *American Sociological Review* 11 (1946), S. 724 ff.

14 (+) bedeutet über, (–) unter dem Reichsdurchschnitt; die soziale Gliederung (nach Berufen) ist nach der Zählung von 1925 zusammengestellt, die Zahl der Wahlberechtigten nach dem Stand vom 6. November 1932 gegeben.

Wahlentwicklung (in % der gültigen Stimmen)

	Mai 1928	Sept. 1930	Juli 1932	Nov. 1932
NSDAP	2,1 (—)	21,8 (+)	32,6 (—)	28,6 (—)
DNVP	9,3 (—)	3,2 (—)	4,8 (—)	6,5 (—)
DVP	9,6 (+)	3,0 (—)	0,7 (—)	1,6 (—)
Zentrum	17,3 (+)	16,2 (+)	17,8 (+)	17,7 (+)
DDP	9,5 (+)	4,5 (+)	1,4 (+)	1,2 (+)
SPD	22,7 (—)	14,1 (—)	13,0 (—)	11,1 (—)
KPD	18,9 (+)	25,0 (+)	25,7 (+)	28,3 (+)

Soziale Gliederung (in %)

	Hagen	Reich
Land- und Forstwirtschaft	0,7	30,5
Industrie und Handwerk	53,0	41,4
Handel und Verkehr	27,4	16,5
Verwaltung und freie Berufe	7,6	6,5
Häusliche Berufe und ohne Erwerb	3,5	5,1
Selbständige	14,5	17,3
Beamte und Angestellte	28,9	16,5
Arbeiter	52,5	45,1

Wesentlich schärfer treten diese Züge im Stadtkreis *Köln* zutage (547 775 Wahlberechtigte):

Wahlentwicklung

	Mai 1928	Sept. 1930	Juli 1932	Nov. 1932
NSDAP	1,7 (—)	17,6 (—)	24,5 (—)	20,4 (—)
DNVP	5,5 (—)	1,7 (—)	3,1 (—)	5,6 (—)
DVP	12,0 (+)	6,7 (+)	1,4 (+)	2,8 (+)
Zentrum	29,1 (+)	24,9 (+)	28,3 (+)	27,3 (+)
DDP	4,2 (—)	4,4 (+)	0,3 (—)	0,4 (—)
SPD	24,8 (—)	19,4 (—)	18,4 (—)	17,5 (—)
KPD	14,4 (+)	17,0 (+)	22,0 (+)	24,5 (+)

Soziale Gliederung

	Köln	Reich
Land- und Forstwirtschaft	1,1	30,5
Industrie und Handwerk	44,6	41,4
Handel und Verkehr	32,3	16,5
Verwaltung und freie Berufe	9,2	6,5
Häusliche Berufe und ohne Erwerb	4,0	5,1
Selbständige	17,1	17,3
Beamte und Angestellte	30,1	16,5
Arbeiter	48,0	45,1

Mit geringen Verschiebungen auf der Linken entspricht dem auch — als bayerisches Gegenstück — die Wahl- und Sozialstruktur von *Augsburg* (121 549 Wahlberechtigte). Hier in ihrem Ursprungsland besitzt die NSDAP zwar einen größeren Stamm, hat aber ein wesentlich geringeres Expansionsgebiet: eine Beobachtung, die für das katholische südliche Bayern insgesamt gilt, nicht dagegen für Franken und die Pfalz[15].

Wahlentwicklung

	Mai 1928	Sept. 1930	Juli 1932	Nov. 1932
NSDAP	7,0 (+)	12,5 (—)	23,1 (—)	23,0 (—)
DNVP	7,2 (—)	4,0 (—)	4,2 (—)	6,2 (—)
DVP	2,8 (—)	1,0 (—)	0,5 (—)	0,5 (—)
BVP	29,6 (+)	32,3 (+)	30,3 (+)	28,2 (+)
DDP	3,2 (—)	3,5 (—)	0,5 (—)	0,5 (—)
SPD	37,0 (+)	27,0 (+)	26,7 (+)	25,0 (+)
KPD	5,7 (—)	11,6 (—)	12,8 (—)	14,6 (—)

Soziale Gliederung

	Augsburg	Reich
Land- und Forstwirtschaft	1,6	30,5
Industrie und Handwerk	55,6	41,4
Handel und Verkehr	19,3	16,5
Verwaltung und freie Berufe	8,8	6,5
Häusliche Berufe und ohne Erwerb	3,0	5,1
Selbständige	15,7	17,3
Beamte und Angestellte	27,1	16,5
Arbeiter	52,5	45,1

2. Wenn ein sozial ähnlich strukturierter mittelstädtischer Wahlkreis vorwiegend evangelische Bevölkerung umfaßt, ergibt sich eine stärkere Widerstandsfähigkeit der SPD, die überhaupt in solchen Fällen an die Stelle des Zentrums rückt. Ein Beispiel ist die Stadt *Rüstringen* in Oldenburg (32 216 Wahlberechtigte).

15 Vgl. dazu ausführlich und mit detaillierten Wahlanalysen Meinrad Hagmann, *Der Weg ins Verhängnis, Reichstagswahlergebnisse 1919 bis 1933, besonders aus Bayern*, München 1946, S. 20 ff. Der verdienstvollen Zusammenstellung fehlt leider eine ausreichende Interpretation sowie eine genauere Analyse der Wechselwirkung von Wahl- und Sozialstruktur; auch ist sie etwas einseitig auf die Absicht zugeschnitten, Bayern von dem Vorwurf besonderer Anfälligkeit gegenüber der NSDAP zu befreien. Es zeigt sich, daß die evangelischen Landbezirke Frankens mit Abstand an der Spitze liegen (*ebda.*, Karte 10), wobei der Verwaltungsbezirk Rothenburg/Tauber-Land es im Juli 1932 auf 83,0 %, im November 1932 auf 76,4 % nationalsozialistische Stimmen bringt, während in den katholischen Bezirken vornehmlich Südbayerns der nationalsozialistische Anteil noch in den Wahlen von 1932 teilweise unter 10 % verbleibt. Interessant ist auch die Feststellung, daß die kleinen ehemaligen Reichsstädte Frankens (z. B. Dinkelsbühl, Nördlingen) sowie Orte mit großem Fremdenverkehr und einer verhältnismäßig hohen Zahl von Stimmscheinen (also ambulanten Wählern) auch im katholischen Oberbayern eine stärkere Anfälligkeit für die nationalsozialistische Expansion zeigen (*ebda.*, S. 22 f.; S. 25): so vor allem Bad Reichenhall, Tölz, Berchtesgaden, Sonthofen, Garmisch, Lindau, Miesbach, Füssen, Bad Kissingen.

Wahlentwicklung

	Mai 1928	Sept. 1930	Juli 1932	Nov. 1932
NSDAP	3,5 (+)	20,4 (+)	33,3 (—)	26,7 (—)
DNVP	5,5 (—)	4,7 (—)	6,6 (+)	9,2 (+)
DVP	7,7 (—)	3,5 (—)	0,4 (—)	1,0 (—)
Zentrum	2,5 (—)	2,3 (—)	2,6 (—)	2,4 (—)
DDP	5,8 (—)	2,4 (—)	0,5 (—)	0,4 (—)
SPD	58,9 (+)	51,5 (+)	46,4 (+)	47,7 (+)
KPD	5,0 (—)	8,0 (—)	9,0 (—)	11,3 (—)

Soziale Gliederung

	Rüstringen	Reich
Land- und Forstwirtschaft	1,3	30,5
Industrie und Handwerk	21,8	41,4
Handel und Verkehr	14,9	16,5
Verwaltung und freie Berufe	48,9	6,5
Häusliche Berufe und ohne Erwerb	3,1	5,1
Selbständige	12,0	17,3
Beamte und Angestellte	24,7	16,5
Arbeiter	59,5	45,1

Das entsprechende Gegenbild von katholischer Seite bietet z. B. die Struktur des Stadtkreises *Regensburg* (53 949 Wahlberechtigte):

Wahlentwicklung

	Mai 1928	Sept. 1930	Juli 1932	Nov. 1932
NSDAP	4,1 (+)	16,0 (—)	20,1 (—)	17,1 (—)
DNVP	6,0 (—)	2,5 (—)	2,1 (—)	3,9 (—)
DVP	2,3 (—)	0,9 (—)	0,6 (—)	0,7 (—)
BVP	44,8 (+)	40,6 (+)	45,1 (+)	46,3 (+)
DDP	8,7 (+)	6,0 (+)	1,6 (+)	1,6 (+)
SPD	24,9 (—)	22,7 (—)	19,8 (—)	19,8 (—)
KPD	3,0 (—)	6,2 (—)	9,1 (—)	9,1 (—)

Soziale Gliederung

	Regensburg	Reich
Land- und Forstwirtschaft	3,4	30,5
Industrie und Handwerk	33,6	41,4
Handel und Verkehr	31,5	16,5
Verwaltung und freie Berufe	11,4	6,5
Häusliche Berufe und ohne Erwerb	4,1	5,1
Selbständige	19,3	17,3
Beamte und Angestellte	34,8	16,5
Arbeiter	40,6	45,1

Auch die evangelische Großstadt *Magdeburg* (229 473 Wahlberechtigte) neigt zu einer Wahlstruktur dieser Art. Wenngleich hier der NSDAP der Einbruch eher gelungen ist, bleibt doch die SPD trotz ihrer Verluste nach links ein ausgleichendes Gegengewicht. Gleichzeitig zeigt sich auch die bürgerliche Mitte etwas widerstandsfähiger:

Wahlentwicklung

	Mai 1928	Sept. 1930	Juli 1932	Nov. 1932
NSDAP	1,6 (—)	19,2 (+)	37,6 (+)	32,6 (—)
DNVP	9,6 (—)	5,5 (—)	6,5 (+)	9,7 (+)
DVP	14,9 (+)	9,2 (+)	1,8 (+)	3,3 (+)
Zentrum	1,8 (—)	2,0 (—)	2,4 (—)	2,3 (—)
DDP	8,4 (+)	4,9 (+)	1,5 (+)	1,2 (+)
SPD	44,8 (+)	38,0 (+)	36,3 (+)	34,3 (+)
KPD	10,4 (—)	12,6 (—)	12,5 (—)	15,1 (—)

Soziale Gliederung

	Magdeburg	Reich
Land- und Forstwirtschaft	1,3	30,5
Industrie und Handwerk	43,6	41,4
Handel und Verkehr	30,9	16,5
Verwaltung und freie Berufe	9,5	6,5
Häusliche Berufe und ohne Erwerb	3,5	5,1
Selbständige	16,3	17,3
Beamte und Angestellte	31,5	16,5
Arbeiter	48,0	45,1

3. Dagegen zeigt sich die kleinere evangelische Stadt, in der zwar Handwerk, Handel und Industrie vorherrschen, in stärkerem Maße aber von Selbständigen sowie Angestellten und Beamten ausgefüllt wird, im weiteren Verlauf der Krise viel anfälliger für die nationalsozialistischen Bemühungen. Sie setzen sich hier allein auf Kosten der liberalen Parteien durch. Dafür sei die Statistik der Kleinstadt *Vegesack* bei Bremen angeführt (3273 Wahlberechtigte):

Wahlentwicklung

	Mai 1928	Sept. 1930	Juli 1932	Nov. 1932
NSDAP	1,6 (—)	15,5 (—)	42,5 (+)	37,0 (+)
DNVP	20,7 (+)	11,1 (+)	15,8 (+)	16,9 (+)
DVP	20,8 (+)	19,3 (+)	4,1 (+)	7,4 (+)
Zentrum	2,2 (—)	2,1 (—)	2,5 (—)	2,5 (—)
DDP	7,4 (+)	6,4 (+)	0,8 (—)	0,8 (—)
SPD	32,9 (+)	24,0 (—)	24,9 (—)	24,2 (+)
KPD	5,8 (—)	9,2 (—)	8,3 (—)	9,6 (—)

Soziale Gliederung

	Vegesack	Reich
Land- und Forstwirtschaft	1,3	30,5
Industrie und Handwerk	49,8	41,4
Handel und Verkehr	27,1	16,5
Verwaltung und freie Berufe	8,6	6,5
Häusliche Berufe und ohne Erwerb	3,9	5,1
Selbständige	26,7	17,3
Beamte und Angestellte	28,4	16,5
Arbeiter	37,8	45,1

Ein freilich durch den stärker agrarisch bestimmten Charakter unterschiedenes katholisches Gegenbeispiel stellt die oberbayerische Stadt *Freising* dar (10 856 Wahlberechtigte). Hier bricht sich der Radikalismus von rechts bis zuletzt an der Stabilität der BVP, während sich auch die SPD im wesentlichen gegenüber der KPD zu behaupten vermag.

	Wahlentwicklung			
	Mai 1928	Sept. 1930	Juli 1932	Nov. 1932
NSDAP	4,9 (+)	12,2 (—)	16,5 (—)	14,7 (—)
DNVP	4,6 (—)	1,9 (—)	2,0 (—)	3,7 (—)
DVP	1,9 (—)	0,7 (—)	0,5 (—)	0,5 (—)
BVP	44,7 (+)	44,9 (+)	44,1 (+)	45,1 (+)
DDP	2,7 (—)	0,6 (—)	0,2 (—)	0,2 (—)
SPD	28,7 (—)	29,5 (+)	24,6 (+)	23,9 (+)
KPD	2,9 (—)	2,5 (—)	9,6 (—)	9,5 (—)

Soziale Gliederung	Freising	Reich
Land- und Forstwirtschaft	11,9	30,5
Industrie und Handwerk	43,6	41,4
Handel und Verkehr	12,3	16,5
Verwaltung und freie Berufe	9,5	6,5
Häusliche Berufe und ohne Erwerb	3,4	5,1
Selbständige	23,0	17,3
Beamte und Angestellte	20,1	16,5
Arbeiter	49,1	45,1

Wenn man allerdings die politischen Auswirkungen dieser agrarisch-industriellen Mischlage in einem evangelischen Gebiet betrachtet, so bietet sich ein geradezu entgegengesetztes Bild: hier fehlt die bürgerliche Mitte, während die extremen Flügel weit überdurchschnittlich ausgebildet sind. Landkreis *Arnstadt*/Thüringen (60 386 Wahlberechtigte):

	Wahlentwicklung			
	Mai 1928	Sept. 1930	Juli 1932	Nov. 1932
NSDAP	3,6 (+)	19,4 (+)	44,4 (+)	38,0 (+)
DNVP	5,1 (—)	2,0 (—)	3,1 (—)	5,2 (—)
DVP	8,5 (—)	4,1 (—)	1,2 (±)	1,6 (—)
Zentrum	0,5 (—)	0,3 (—)	0,8 (—)	0,4 (—)
DDP	2,2 (—)	1,8 (—)	0,5 (—)	0,2 (—)
SPD	34,6 (+)	28,5 (+)	19,2 (—)	19,9 (—)
KPD	21,4 (+)	24,9 (+)	25,5 (+)	28,4 (+)

Soziale Gliederung	Arnstadt	Reich
Land- und Forstwirtschaft	19,1	30,5
Industrie und Handwerk	57,5	41,4
Handel und Verkehr	10,0	16,5
Verwaltung und freie Berufe	4,5	6,5
Häusliche Berufe und ohne Erwerb	1,3	5,1
Selbständige	20,4	17,3
Beamte und Angestellte	11,1	16,5
Arbeiter	56,0	45,1

4. In der evangelischen Millionenstadt *Berlin* heben sich vor allem drei Typen von Bezirken voneinander ab und beweisen den engen Zusammenhang von sozialer und politischer Struktur. Berlin-Wedding als überwiegender Arbeiterbezirk und Berlin-Mitte als stark industriell, vor allem jedoch durch Handel und Verkehr bestimmter Bezirk behaupten eine sichere Linksmehrheit, wobei die KPD über die SPD dominiert; Berlin-Zehlendorf dagegen ist als Villenvorort viel stärker von Beamten, Angestellten und Selbständigen, von Handel und Verwaltung bestimmt und zeigt eine relativ widerstandsfähige rechtsbürgerliche Wahlstruktur. Auch hier blieb die NSDAP stets unter ihrem Reichsdurchschnitt — ein weiterer Beweis, daß auch gute Organisation und ein ausgebauter Propagandaapparat (Goebbels!) die strukturellen Bedingungen nicht auszuschalten vermochten. *Berlin-Wedding* (273 725 Wahlberechtigte):

	Wahlentwicklung			
	Mai 1928	Sept. 1930	Juli 1932	Nov. 1932
NSDAP	0,8 (—)	9,0 (—)	19,3 (—)	18,0 (—)
DNVP	4,1 (—)	8,7 (+)	4,6 (—)	6,0 (—)
DVP	2,6 (—)	1,6 (—)	0,2 (—)	0,3 (—)
Zentrum	2,6 (—)	2,7 (—)	3,4 (—)	3,2 (—)
DDP	4,6 (—)	3,0 (—)	0,9 (—)	0,8 (—)
SPD	34,0 (+)	27,0 (+)	27,8 (+)	23,4 (+)
KPD	40,3 (+)	42,9 (+)	42,6 (+)	47,1 (+)

Soziale Gliederung	Berlin-Wedding	Reich
Land- und Forstwirtschaft	0,4	30,5
Industrie und Handwerk	58,6	41,4
Handel und Verkehr	23,7	16,5
Verwaltung und freie Berufe	7,1	6,5
Häusliche Berufe und ohne Erwerb	2,3	5,1
Selbständige	13,0	17,3
Beamte und Angestellte	22,3	16,5
Arbeiter	61,9	45,1

Berlin-Mitte (218 733 Wahlberechtigte):

	Wahlentwicklung			
	Mai 1928	Sept. 1930	Juli 1932	Nov. 1932
NSDAP	1,8 (—)	14,9 (—)	28,4 (—)	25,9 (—)
DNVP	17,9 (—)	13,2 (+)	7,4 (+)	9,8 (+)
DVP	5,0 (—)	2,9 (—)	0,4 (—)	0,6 (—)
Zentrum	3,7 (—)	3,9 (—)	5,0 (—)	4,5 (—)
DDP	9,0 (+)	5,4 (+)	1,4 (+)	1,2 (+)
SPD	31,3 (+)	25,5 (+)	26,1 (+)	22,2 (+)
KPD	25,8 (+)	29,8 (+)	30,2 (+)	34,4 (+)

Soziale Gliederung	Berlin-Mitte	Reich
Land- und Forstwirtschaft	0,3	30,5
Industrie und Handwerk	40,9	41,4
Handel und Verkehr	34,6	16,5
Verwaltung und freie Berufe	10,2	6,5
Häusliche Berufe und ohne Erwerb	5,0	5,1
Selbständige	23,7	17,3
Beamte und Angestellte	26,8	16,5
Arbeiter	43,5	45,1

Berlin-Zehlendorf (50 387 Wahlberechtigte):

	Wahlentwicklung			
	Mai 1928	Sept. 1930	Juli 1932	Nov. 1932
NSDAP	1,8 (—)	17,7 (—)	36,4 (—)	29,4 (—)
DNVP	30,1 (+)	21,1 (+)	19,4 (+)	26,7 (+)
DVP	18,5 (+)	11,7 (+)	3,0 (+)	4,8 (+)
Zentrum	3,7 (—)	4,0 (—)	7,4 (—)	5,9 (—)
DDP	10,7 (+)	8,9 (+)	3,2 (+)	2,8 (+)
SPD	23,2 (—)	19,7 (—)	21,2 (—)	18,5 (—)
KPD	5,8 (—)	7,4 (—)	8,5 (—)	10,4 (—)

Soziale Gliederung	Berlin-Zehlendorf	Reich
Land- und Forstwirtschaft	2,6	30,5
Industrie und Handwerk	24,1	41,4
Handel und Verkehr	23,9	16,5
Verwaltung und freie Berufe	22,3	6,5
Häusliche Berufe und ohne Erwerb	13,8	5,1
Selbständige	30,5	17,3
Beamte und Angestellte	34,4	16,5
Arbeiter	22,2	45,1

5. Auffallend ist an dem letztgenannten Beispiel die traditionell starke Stellung der DNVP, die ganz offensichtlich auf Kosten der NSDAP geht. Sie führt zwar 1932 eine absolute Mehrheit der Harzburger Parteien herbei, erfährt aber gerade nach dem Bruch Hitlers mit der Papen-Regierung eine besonders auffällige Stärkung. Dies wird in ähnlicher Weise auch in der Wahlentwicklung anderer evangelischer Großstädte sichtbar, die vorwiegend von Handel und Verkehr bestimmt sind und neben einer betont bürgerlichen Parteitradition eine verhältnismäßig stabile SPD besitzen. Dafür sei *Bremen* genannt (234 050 Wahlberechtigte):

	Wahlentwicklung			
	Mai 1928	Sept. 1930	Juli 1932	Nov. 1932
NSDAP	1,1 (—)	11,6 (—)	30,0 (—)	20,4 (—)
DNVP	6,5 (—)	6,3 (—)	12,4 (+)	17,4 (—)
DVP	19,3 (+)	17,6 (+)	4,5 (+)	8,9 (+)
Zentrum	2,4 (—)	2,5 (—)	2,8 (—)	2,5 (—)
DDP	10,0 (+)	6,1 (+)	1,2 (+)	1,2 (+)
SPD	41,8 (+)	32,8 (+)	34,0 (+)	30,6 (+)
KPD	10,5 (—)	12,4 (—)	13,8 (—)	17,2 (+)

Soziale Gliederung	Bremen	Reich
Land- und Forstwirtschaft	1,1	30,5
Industrie und Handwerk	40,1	41,4
Handel und Verkehr	36,6	16,5
Verwaltung und freie Berufe	9,9	6,5
Häusliche Berufe und ohne Erwerb	4,0	5,1
Selbständige	19,7	17,3
Beamte und Angestellte	30,2	16,5
Arbeiter	44,5	45,1

6. Wenn festgestellt wurde, daß die Widerstandsfähigkeit gegenüber der NSDAP zugleich mit der Stärke des katholischen Anteils an der Bevölkerung, also des Zentrums bzw. der BVP wächst, dann bedarf auch dies gewisser Einschränkung, die nicht nur in lokalen Unterschieden, sondern auch in Differenzen der Sozialstruktur begründet erscheint. Hier ist ein Vergleich von Leipzig und Frankfurt a.M. instruktiv. Er macht deutlich, wie in einer betont industriellen Großstadt (Leipzig) eine starke Linksmehrheit dem nationalsozialistischen Einbruch eine Grenze setzt, während in der stärker durch Handel und Verkehr bestimmten Großstadt (Frankfurt a.M.) ein stabiles, aber nicht aus-

dehnungsfähiges Zentrum und eine fluktuierende bürgerliche Mitte nicht ausreichen, um eine überdurchschnittliche Expansion der NSDAP zu verhindern.

Leipzig (531 740 Wahlberechtigte):

	Wahlentwicklung				
	Mai 1928	Sept. 1930	Juli 1932	Nov. 1932	[Gemeindewahlen 13. Nov. 1932]
NSDAP	2,3 (—)	13,8 (—)	23,3 (—)	27,7 (—)	24,3
DNVP	7,4 (—)	3,7 (—)	4,5 (—)	7,4 (—)	13,4 (DNVP und DVP)
DVP	16,6 (+)	13,0 (+)	2,9 (+)	4,4 (+)	
Zentrum	0,8 (—)	0,8 (—)	1,5 (—)	1,4 (—)	—
DDP	6,7 (+)	3,4 (—)	2,0 (+)	1,5 (+)	1,9
SPD	37,7 (+)	34,9 (+)	34,1 (+)	33,3 (+)	32,0
KPD	17,1 (+)	18,5 (+)	30,3 (+)	21,7 (+)	23,1

Soziale Gliederung	Leipzig	Reich
Land- und Forstwirtschaft	0,6	30,5
Industrie und Handwerk	47,7	41,4
Handel und Verkehr	30,1	16,5
Verwaltung und freie Berufe	8,9	6,5
Häusliche Berufe und ohne Erwerb	2,8	5,1
Selbständige	19,1	17,3
Beamte und Angestellte	33,4	16,5
Arbeiter	45,1	45,1

Frankfurt a. M. (430 049 Wahlberechtigte):

	Wahlentwicklung			
	Mai 1928	Sept. 1930	Juli 1932	Nov. 1932
NSDAP	4,5 (+)	20,7 (+)	38,7 (+)	34,2 (+)
DNVP	8,5 (—)	2,2 (—)	2,6 (—)	3,8 (—)
DVP	12,0 (+)	8,7 (+)	2,3 (+)	5,3 (+)
Zentrum	11,1 (—)	10,8 (—)	13,9 (—)	11,8 (—)
DDP	8,3 (+)	5,8 (+)	0,7 (—)	1,4 (+)
SPD	33,9 (+)	27,2 (+)	25,9 (+)	23,0 (+)
KPD	12,5 (+)	15,0 (+)	13,6 (—)	18,0 (+)

Soziale Gliederung	Frankfurt	Reich
Land- und Forstwirtschaft	1,5	30,5
Industrie und Handwerk	28,9	41,1
Handel und Verkehr	35,0	16,5
Verwaltung und freie Berufe	9,8	6,5
Häusliche Berufe und ohne Erwerb	6,3	5,1
Selbständige	19,1	17,3
Beamte und Angestellte	34,6	16,5
Arbeiter	40,7	45,1

Solche Züge sind noch stärker in der benachbarten Verwaltungsstadt Wiesbaden ausgeprägt:

Wiesbaden (121 630 Wahlberechtigte):

	Wahlentwicklung			
	Mai 1928	Sept. 1930	Juli 1932	Nov. 1932
NSDAP	8,8 (+)	28,4 (+)	43,4 (+)	36,9 (+)
DNVP	5,5 (—)	2,9 (—)	3,9 (—)	6,8 (—)
DVP	15,4 (+)	10,6 (+)	3,0 (+)	5,7 (+)
Zentrum	11,0 (—)	9,9 (—)	12,1 (—)	10,6 (—)
DDP	7,1 (+)	4,3 (+)	1,3 (+)	2,2 (+)
SPD	28,3 (—)	22,6 (—)	21,6 (±)	19,7 (—)
KPD	10,8 (+)	12,6 (—)	12,4 (—)	15,7 (—)

Soziale Gliederung	Wiesbaden	Reich
Land- und Forstwirtschaft	1,7	30,5
Industrie und Handwerk	32,7	41,4
Handel und Verkehr	30,0	16,5
Verwaltung und freie Berufe	14,3	6,5
Häusliche Berufe und ohne Erwerb	6,1	5,1
Selbständige	24,3	17,3
Beamte und Angestellte	30,8	16,5
Arbeiter	38,1	45,1

7. Diese Bedeutung der industriellen Struktur, die Widerstandskraft also der Arbeiterschaft nicht gegen den Links-, aber gegen den Rechtsradikalismus fällt in den evangelischen Städten mittlerer Größe nicht minder ins Gewicht. Sie ist — wie man zusammenfassend feststellen kann — neben dem politischen Katholizismus und (in geringerem Maße!) der bürgerlich-liberalen Tradition einiger Städte wie Hamburg, Bremen, Stuttgart wohl das wichtigste Hindernis für eine nationalsozialistische Expansion über die 30%-Grenze hinaus. Dafür sei noch vergleichsweise die stark nationalsozialistisch bestimmte Stadt Weimar (relativ wenig Arbeiterbevölkerung, stärker Beamte, Angestellte und Selbständige) der Arbeiter- und Universitätsstadt Jena gegenübergestellt, wo gleichzeitig mit der Linken eine überraschend stattliche bürgerliche Parteiengruppe den Zusammenbruch vom Juli 1932 überdauert hat.

Weimar (34 842 Wahlberechtigte):

	Wahlentwicklung			
	Mai 1928	Sept. 1930	Juli 1932	Nov. 1932
NSDAP	11,0 (+)	28,2 (+)	44,7 (+)	38,9 (+)
DNVP	9,3 (—)	5,3 (—)	8,5 (+)	13,3 (+)
DVP	18,6 (+)	10,1 (+)	5,4 (+)	7,7 (+)
Zentrum	2,0 (—)	1,8 (—)	3,0 (—)	2,2 (—)
DDP	8,0 (+)	6,5 (+)	1,8 (+)	1,6 (+)
SPD	27,7 (—)	26,5 (+)	22,1 (+)	19,3 (—)
KPD	9,3 (—)	8,9 (—)	11,8 (—)	13,9 (—)

Soziale Gliederung	Weimar	Reich
Land- und Forstwirtschaft	3,0	30,5
Industrie und Handwerk	35,0	41,4
Handel und Verkehr	23,5	16,5
Verwaltung und freie Berufe	17,3	6,5
Häusliche Berufe und ohne Erwerb	5,1	5,1
Selbständige	23,3	17,3
Beamte und Angestellte	33,4	16,5
Arbeiter	35,5	45,1

Das Gesamtbild ähnelt auffallend dem Wiesbadens (s. o.). Dagegen *Jena* (42 236 Wahlberechtigte):

	Wahlentwicklung				
	Mai 1928	Sept. 1930	Juli 1932	Nov. 1932	[Gemeindewahlen 4. Dez. 1932]
NSDAP	2,3 (—)	12,3 (—)	31,5 (—)	24,0 (—)	22,3
DNVP	6,7 (—)	3,7 (—)	6,6 (+)	10,4 (+)	6,5
DVP	20,0 (+)	9,6 (+)	4,3 (+)	6,6 (+)	} 12,3
Zentrum	1,3 (—)	1,4 (—)	2,1 (—)	1,6 (—)	}
DDP	10,4 (+)	9,6 (+)	6,0 (+)	5,7 (+)	9,5
SPD	33,1 (+)	36,2 (+)	28,8 (+)	27,4 (+)	25,8
KPD	14,9 (+)	15,0 (+)	17,7 (+)	21,2 (+)	22,1

Soziale Gliederung	Jena	Reich
Land- und Forstwirtschaft	2,2	30,5
Industrie und Handwerk	51,7	41,4
Handel und Verkehr	16,8	16,5
Verwaltung und freie Berufe	11,8	6,5
Häusliche Berufe und ohne Erwerb	2,5	5,1
Selbständige	16,6	17,3
Beamte und Angestellte	25,6	16,5
Arbeiter	52,7	45,1

Noch stärker betont sind diese Züge in der evangelischen Mittelstadt *Pirna*/Sachsen (22 969 Wahlberechtigte), wo sich das Übergewicht der Arbeiterbevölkerung zugunsten einer konstanten, kommunistisch bestimmten Linksmehrheit auswirkt:

	Wahlentwicklung			
	Mai 1928	Sept. 1930	Juli 1932	Nov. 1932
NSDAP	0,5 (—)	15,6 (—)	33,5 (—)	28,2 (—)
DNVP	13,9 (+)	4,9 (—)	5,3 (—)	7,8 (—)
DVP	11,4 (+)	7,4 (+)	4,5 (+)	4,8 (+)
Zentrum	1,8 (—)	1,7 (—)	2,0 (—)	1,9 (—)
DDP	6,3 (+)	7,5 (+)	1,4 (+)	1,4 (+)
SPD	18,7 (—)	26,5 (+)	24,2 (+)	24,2 (+)
KPD	23,5 (+)	24,2 (+)	26,4 (+)	27,0 (+)

Soziale Gliederung	Pirna	Reich
Land- und Forstwirtschaft	2,1	30,5
Industrie und Handwerk	58,7	41,4
Handel und Verkehr	15,5	16,5
Verwaltung und freie Berufe	9,5	6,5
Häusliche Berufe und ohne Erwerb	2,6	5,1
Selbständige	14,3	17,3
Beamte und Angestellte	23,5	16,5
Arbeiter	57,7	45,1

Im Rahmen dieser knappen Übersicht ist es nicht möglich, die erheblichen Differenzierungen zu berücksichtigen, die regionale und lokale politische Tradition diesen sozialen und konfessionellen Elementen der Wahlentwicklung auferlegte. Um so überzeugender wirkt die Tatsache, daß die gemeinsamen Züge und die großen Gesichtspunkte, die der Wechselwirkung zwischen sozialer und politischer Struktur zugrunde liegen, in allen herangezogenen Beispielen bestimmend hervortreten. Zugleich zeigt sich aufs deutlichste, daß die angebahnte Rückwärtsbewegung der NSDAP, die sich wenige Tage später bei den Gemeindewahlen in Sachsen und den Bürgerschaftswahlen in Lübeck fortsetzte [16], eine durchgängige, in allen Wahleinheiten sichtbare Erscheinung ist, die selbst auf den Universitäten in der Wahlhaltung der Studenten ihren Ausdruck findet [17].

16 Vgl. etwa das Wahlergebnis in Leipzig in der Tabelle o. S. 573. Auch in Dresden (29,9 %), Lübeck (33,3 %) und selbst in Chemnitz (33,9 %) hatte die NSDAP starke Verluste.

17 Vgl. den Exkurs Teil I, o. S. 132 ff.

Es war eine Erkenntnis, die vor allem auch den Stimmungen und Erwägungen innerhalb der NSDAP selbst ihren Stempel aufprägte. Der totale Machtanspruch Hitlers sah sich jetzt einer schweren Belastung ausgesetzt, die nicht zuletzt in der nationalsozialistischen Parteiführung Zerfalls- und Spaltungserscheinungen hervorrief. Dies war die Situation, die einen neuen, letzten Zähmungsversuch zuerst Hindenburg-Papens, dann Schleichers auslöste. Gerade der Ausgang der letzten Wahl, die so deutlich die Grenzen nationalsozialistischer Expansionsfähigkeit erwiesen hatte, verführte die Verfechter des Zähmungskonzepts zu einer neuerlichen Unterschätzung des nationalsozialistischen Machtbewußtseins und seiner organisatorischen Grundlagen.

3. Der Rücktritt Papens

Inhalt des Votums vom 6. November war nicht eine Entscheidung über die Regierung Papen. Für sie konnte der Wähler nur auf dem Umweg über die DNVP und die DVP stimmen, und selbst ein größerer Gewinn dieser Parteien hätte an der parlamentarischen Situation wenig geändert. Es bedurfte keiner Wahl, um die Minderheitsposition der Regierung zu beweisen. Aber auch im Kampf um Demokratie und Parlamentarismus waren die Fronten so verwirrt, daß man darin nicht den eigentlichen Sinn der Wahlentscheidung erblicken konnte. Seit Görings Reichstagspräsidentenschaft und den Scheinverhandlungen mit dem Zentrum spielte die NSDAP die groteske Rolle eines Verteidigers des Parlamentarismus, und auf der anderen Seite hatte in der Zentrumsführung die durch Brüning und sein Notverordnungsregime zur politischen Gewohnheit erhobene Idee der „autoritären Regierung" ein zwielichtiges Eigenleben entfaltet. Die Prinzipientreue der SPD aber war nach wie vor durch jene drohende Alternative zum Präsidialkabinett behindert, die seit den Septemberwahlen 1930 die parlamentarische Aktivität lähmte: die nationalsozialistische Machtergreifung.

So stand ein Zweck im Mittelpunkt der Wahl: die Blockierung der nationalsozialistischen Expansion. Er wurde erreicht. Die absolute Grenze des Rechtsradikalismus blieb, selbst bei Einbeziehung der DNVP, weit hinter der Mehrheitsgrenze zurück; der Glaube an die Unabwendbarkeit der nationalsozialistischen Herrschaft, der schon bei den Spitzenwahlen vom 31. Juli einen Stoß erlitten hatte, war zum ersten Mal sichtbar widerlegt[18]. Damit schien eine erste Stufe erreicht auf dem Weg, der — während die autoritäre Zwischenform noch beibehalten werden mußte — über den endgültigen Niedergang der NSDAP zu einer Restituierung der parlamentarischen Demokratie führen konnte. Statt einer Mehrheitsbildung in diesem — verfrühten — Augenblick mochten eine Verstärkung der Zermürbungspolitik und vielleicht sogar weitere Wahlen diese Entwicklung fördern, jedenfalls eine neuerliche Konsolidierung der schwer getroffenen NSDAP verhindern.

Die Wahl hatte wichtige Ansätze zu einer Änderung, freilich keine Klärung der politischen Situation gebracht. In den ersten publizistischen Stellungnahmen spiegelte sich eine weitere Versteifung der politischen Fronten wider. Während Hitlers Aufruf und die Kommentare der nationalsozialistischen Presse eine neue Kampfansage an Papen mit der unveränderten Forderung nach der Reichskanzlerschaft verbanden[19], machte sich die DNVP nach ihrem Teilerfolg, den sie als Sieg über die schwarz-braune Mehrheit feierte, für ein entschiede-

18 Vgl. z. B. Gustav Stolper, „Der 6. November", in: *Der deutsche Volkswirt* v. 11. November 1932, S. 167 ff.
19 Hitlers Aufruf in: *Völkischer Beobachter*, Nr. 313 v. 8. November 1932; vgl. Joseph Goebbels, „Der Kanzler ohne Volk", in: *Der Angriff* v. 7. November 1932.

nes Festhalten am Papen-Kurs stark. In der *DAZ* wurde die Tatsache betont, „daß der Nationalsozialismus, ohne im geringsten in die sogenannte marxistische Front einbrechen zu können, die proletarischen Elemente behalten, nur bürgerliche Mitläufer an die nationalen Rechtsparteien oder an die Nichtwähler verloren hat": damit glaubte man die Hoffnungen auf ein Einlenken der NSDAP noch weiter geschwunden. Sehr scharf blieb weiterhin die Opposition des Zentrums, vor allem aber der SPD gegen „diese Regierung", deren neuerliche Niederlage und hoffnungslose Isolierung das Gerede von der „Autorität" des Präsidialkabinetts widerlegt hatte und auf dem besten Weg war, auch die Autorität des Reichspräsidenten endgültig zu diskreditieren[20]. Sozialdemokratische Beobachter mußten feststellen, daß gerade in ihrer Partei „das Anti-Papen-Sentiment stärker war als die Feindschaft gegen Hitler"[21].

Zunächst beschloß das Präsidialkabinett in seiner Sitzung am 9. November die unveränderte Fortführung des bisherigen Kurses und dementierte alle Rücktrittsgerüchte. Papen selbst mußte aber am folgenden Tag in einer Besprechung mit Hindenburg feststellen, daß der Reichspräsident zwar am Gedanken der nationalen Konzentration festhielt, von ihm jedoch erwartete, daß in Besprechungen mit den Parteiführern eine breitere Unterstützung der Regierung versucht werde[22]. Während die autoritären Maßnahmen mit verstärktem Nachdruck fortgesetzt wurden — eben jetzt beantwortete man die zweideutige Entscheidung des Staatsgerichtshofs mit einem neuen Massenabbau preußischer Ministerialbeamter —, hielt auch im Reichsrat der Widerstand der Länder, vor allem Bayerns, Württembergs, Sachsens, Hessens, Badens, Hamburgs und der Rheinprovinz, gegen Papens Reformpläne an[23].

Es war in der Tat unverkennbar, daß die Regierung gerade jetzt entschiedener denn zuvor die Konsequenzen des „Neuen Staates" zur Stützung ihrer schwindenden Autorität einzusetzen suchte. In diesen Tagen eben erschien die programmatische Schrift des Herrenklub-Ideologen Walter Schotte[24], und schon die Wochen vor der Wahl hatten im Zeichen grundsätzlicher Erklärungen Papens und Gayls gestanden, die bei aller taktischen Vorsicht doch die Grundzüge der geplanten Verfassungsreform durchblicken ließen. So hatte Papen am 12. Oktober in München erneut scharfe Kritik an der Weimarer Verfassung geübt: die „machtvolle und überparteiliche Staatsgewalt", die jetzt durch den Artikel 48 gestützt werde, müsse ihre dauernde Sicherung durch ein „neues Verfassungswerk" finden, welches das Verhältnis zwischen Staat und Volk und zwischen Reichsgewalt und Ländern in klarer Erkenntnis der Notwendigkeit der Zukunft und „in Würdigung der historischen Staatspersönlichkeiten neu bestimmt". Befreiung der Regierung von der Übermacht des Parlaments und Personalunion Reich—Preußen sind die Grundgedanken dieses Reformplans, den Papen dem neuen Reichstag vorzulegen versprach — nicht ohne seine Ideen zum selbstherrlichen Maßstab für die Tauglichkeit dieses kommenden Reichstags zu machen[25]. Ähnlich hatte Gayl am 28. Oktober auf dem Jahres-

20 Vgl. die Zusammenfassung der Aufrufe und Kommentare bei Horkenbach, *1932*, S. 372 f.; *Der Zeitspiegel* 1, Nr. 22 (19. November 1932), S. 342 ff. Gerade die sozialdemokratische Beurteilung der Wahl stellte in Verkennung ihres eigentlichen Charakters einmal mehr das Problem Papen in den Vordergrund und ließ die Bedeutung der nationalsozialistischen Niederlage dahinter zurücktreten: vgl. die berechtigte Kritik Keils (Anm. I/3), II, S. 467 f.

21 *Ebda.*, S. 468.

22 Amtliches Kommuniqué über die Besprechung Papen—Hindenburg am 10. November 1932: Poetzsch-Heffter (Anm. I/128), S. 162.

23 Schwend (Anm. V/40), S. 479 ff.

24 Vgl. o. S. 472 f. Die folgenden Bemerkungen gehen auf die dort dargelegte Konzeption nur soweit ein, als sie in konkreten Zusammenhängen mit der Schlußphase der Papen-Regierung stehen.

25 *Der Zeitspiegel* 1, Nr. 20 (22. Oktober 1932), S. 310 ff.; Schultheß, *1932*, S. 176—180: „Möge er [der Reichs-

bankett der Berliner Presse sich zwar gegen die Gerüchte von einer überstürzten und einseitig auf die herrschende Regierung zugeschnittenen Reform verwahrt, die Gleichschaltung Preußens jedoch als ersten Schritt zu einer raschen und „gedeihlichen Lösung" der Staats- und Verfassungskrise interpretiert[26]. Erneut kündigte er die Errichtung einer zweiten Kammer an, die er sich als Verbindung von Länderrat und berufsständischer Vertretung vorstellte: von ihr sowie von der Einschränkung des Mißtrauensvotums — also der in Artikel 54 der Weimarer Verfassung festgelegten Verantwortung der Regierung gegenüber dem Reichstag — erwartete er die Befreiung vom „überspitzten Parlamentarismus" und eine stabile „vom Parteigetriebe unabhängige Regierungsgewalt"[27].

Wie diese Pläne jedoch durchgeführt werden sollten, auf welche Mittel sich die Regierung bei ihrer viel erörterten Verfassungsreform stützen könne — das war nach dem 6. November in nichts klarer geworden. Die demokratischen Parteien versagten sich entschiedener denn je Papens selbstherrlichem Anruf, der keine Alternative zur eigenen Politik anerkennen wollte. Papen macht es der Zentrumsführung noch heute zum Vorwurf[28], daß sie damals energisch eine Mehrheitsregierung, also eine Regierungsbeteiligung Hitlers forderte. Was er selbst anstrebte, die Zähmung Hitlers in einem Präsidialkabinett, hatte sich aber inzwischen nicht nur als eine von nationalsozialistischer Seite längst durchschaute Illusion erwiesen. Es setzte auch unzweifelhaft eine Reihe von Sicherungen voraus, die Armee und Reichspräsident allein nicht mehr gewähren konnten. Daß Papen sich zwei Monate später schon zur Vorbereitung eines Hitlerschen Präsidialkabinetts ohne diese Sicherungen bereitfand, widerlegt diese Fiktionen wie Papens nachträgliche Beteuerungen aufs deutlichste. Eine parlamentarische Mehrheitsregierung mit Einschluß des Zentrums wäre — selbst unter der Kanzlerschaft Hitlers — das kleinere Übel gewesen. Daß dies auch die NSDAP keineswegs wünschte, ist ein Beweis mehr für die Tatsache, daß eine parlamentarische Lösung Hitlers Machtergreifungsplänen höchst ungelegen gekommen wäre und das Dilemma der zwischen totalitären Zielen und parlamentarischer Taktik hin- und herschwankenden Partei erheblich verstärkt hätte. Goebbels' Aufzeichnungen machen es deutlich genug, daß die NS-Führung trotz der Furcht vor einem zweiten 13. August nur auf dem Weg über die außerordentlichen Befugnisse einer Präsidialregierung glaubte, die totale Kontrolle des Staates erringen zu können[29] — nun einmal der Weg über eine parlamentarische Mehrheit, der nur in einigen kleinen Ländern zum Erfolg geführt hatte, durch das Ergebnis des 6. November endgültig blockiert war.

Papens Selbsttäuschung war jedenfalls größer als die Illusionen der Zentrumsführung, die immerhin an den demokratisch-parlamentarischen Kontrollmöglichkeiten festhielt. „Den Historiker wird es interessieren, daß das Zentrum

tag] beweisen, daß er dieser großen Aufgabe gewachsen ist!" Auch bei dieser Gelegenheit verbindet Papen die Kritik am Totalitätsanspruch der NSDAP mit dem fortdauernden Werben um die „große und verdienstvolle Bewegung des Nationalsozialismus".

26 *Ebda.*, S. 189–191. Nach Gayls Argumentation hatte gerade der Spruch des Staatsgerichtshofs die Verankerung des neuen Verhältnisses Reich–Preußen in beiden Verfassungen nahegelegt. Der Umstand also, daß die Papensche Politik der vollendeten Tatsachen zu verfassungsrechtlichen Schwierigkeiten geführt hatte, wird nicht etwa zu einer Überprüfung dieser „Tatsachen", sondern – in Umkehrung aller rechtsstaatlichen Begriffe – zur Rechtfertigung der erstrebten Verfassungsreform benützt.

27 Recht offenherzig kündigte Gayl bei dieser Gelegenheit auch die Einführung des Pluralwahlrechts (der Familienväter) an: vgl. o. Anm. IX/144.

28 Papen (Anm. VI/35), S. 239 f.

29 Goebbels, *Kaiserhof* (Anm. V/13), S. 201 ff.; S. 207 ff., und immer wieder: „Der 13. August darf nicht wiederholt werden. Alles andere, nur das nicht" (S. 205). Vgl. u. S. 581.

mit Billigung des Parteiführers Dr. Brüning eine von Hitler geführte Mehrheitsregierung als den einzigen Ausweg betrachtet“ [30]: gewiß! Aber weit mehr als diese Möglichkeit interessiert ihn das wirkliche Geschehen, und das wurde bestimmt durch Papens Festhalten an der Präsidiallösung um jeden Preis — um den Preis schließlich einer Kanzlerschaft Hitlers ohne parlamentarische Sicherungen und mit einem hitlerfreundlichen Reichswehrminister. Hitler lehnte denn auch Papens Bitte um eine Besprechung, in der die Möglichkeiten zur Bildung einer „nationalen Konzentration“ erörtert werden sollten, mit dem entschiedenen Hinweis auf den 13. August ab: die Erinnerung an diesen schwarzen Tag und seine Folgen scheint überhaupt Hitlers vorsichtig-zögernde und zugleich unnachgiebige Haltung in den folgenden Verhandlungen ganz wesentlich bestimmt zu haben [31].

Da Papen auch bei allen anderen Oppositionsparteien auf eisige Ablehnung stieß [32] und auch im neuen Reichstag nur die leicht gestärkten Fraktionen der DNVP, der DVP sowie — als Ergebnis seiner intensiven Beschwichtigungspolitik Bayern gegenüber — möglicherweise einen Teil der BVP, nicht aber das Zentrum hinter sich wissen durfte [33], stand er nach wie vor einer riesigen parlamentarischen Übermacht gegenüber. So wenig klar es schon immer gewesen war, *wie* diese Regierung die große Reform herbeiführen wollte, die ihre Existenz erst sichern und legalisieren mochte — nach dem Scheitern der Verhandlungen mit Hitler und Kaas mußte sie jede Hoffnung auf eine parlamentarische Legitimierung ihrer Pläne aufgeben. Es blieb nur eine Alternative: mit der erneuten Auflösung des eben gewählten Reichstags das Interim zum dritten Male zu verlängern oder aber den Weg gegen die Verfassung zu gehen und die präsidialen Machtmittel gegen die Existenz des Parlaments selbst einzusetzen.

Papen wie Gayl hatten diese radikale Lösung, deren erste Phase ein Verbot der NSDAP und der KPD samt ihren Organisationen einschloß, offenbar schon wiederholt erwogen. Dies setzte allerdings für den Fall eines Widerstands die Einsatzfähigkeit der Reichswehr, also die Zustimmung Schleichers, voraus. Und hier war seit dem 13. August eine Änderung eingetreten, die bei der Sitzung des Kabinetts am 17. November sichtbar wurde. Da Papen Hindenburg an diesem Tag das negative Ergebnis seiner Verhandlungen mitteilen mußte, bestand Schleicher gegen den Willen seines Kanzlers darauf, daß die Regierung

30 Papen (Anm. VI/35), S. 239 f. Daß Papen hier fälschlich Brüning an Stelle von Kaas zum Parteiführer macht, läßt überdies erkennen, wie sehr es ihm in erster Linie um eine Diskreditierung seines Vorgängers zu tun ist.

31 Papens Brief vom 13. November und Hitlers Antwort vom 16. November sind abgedruckt in: *Nürnberger Dokumente*, Bd. XXXV, Dok. Nr. D-633 und 634, S. 223 ff. Hitler stellt fest, daß Papen falsche Schlüsse aus seinen Zusagen im Mai 1932 gezogen habe, und lehnt darum für die Zukunft mündliche Verhandlungen ab, da er mit dem Gedächtnis seiner Partner „schlechte Erfahrungen gemacht“ habe. Für die schriftlichen Verhandlungen aber verlangt er als sichernde Voraussetzung eine Zusage Hugenbergs, der sich so energisch gegen das Zentrum gestellt habe. Eine Abschrift des Briefes, der auch sofort von der NS-Führung veröffentlicht wurde (*Adolf Hitlers Offener Brief an Herrn von Papen*, Berlin 1932), ging übrigens an Schleicher.

32 Neben der SPD-Führung lehnte auch Kaas Papens Einladung zu einer Besprechung rundweg ab. Vgl. dazu die heftige Kritik, die Keil (Anm. I/3, II, S. 469 f.) an dem taktisch wenig sinnvollen Entschluß der SPD-Führung übt. Er habe die Verbindung mit Reichskanzler und Reichspräsidenten völlig unterbrochen und so die Möglichkeit durchkreuzt, daß Papen in seinem jetzt naturgegebenen Kampf gegen Hitler fortfahren und vielleicht durch eine neuerliche Reichstagsauflösung, die Hindenburg nur ihm zugestanden hätte, den weiteren Rückgang der NSDAP hätte beschleunigen können: „diesen Plan hatte Hitler zu fürchten, nicht aber die demokratischen Parteien“. Die doktrinäre Unbeweglichkeit der sozialdemokratischen Taktik scheint richtig beurteilt, wenn auch Papen selbst zu optimistisch bewertet ist.

33 Dies hätte theoretisch ein Verhältnis von 62 : 522 Sitzen (11,8 %) bzw. – einschließlich der BVP – 81 : 503 Sitzen (16,1 %) bedeutet, während die Regierung bei der Abstimmung vom 12. September (vgl. o. S. 551) mit 42 : 512 (8,2 %) in der Minderheit geblieben war. Zu den Verhandlungen Papens mit der BVP vgl. Schwend (Anm. V/40), S. 491 f.

durch ihren Rücktritt Hindenburg selbst den Weg zu weiteren politischen Besprechungen frei machen müsse[34]. Gleichzeitig scheint Schleicher zwar nicht seinem Kanzler, aber mehreren Kabinettsmitgliedern mitgeteilt zu haben, daß die Reichswehr für einen Einsatz im Bürgerkrieg nicht fähig sei[35]. So konnte Papen anschließend Hindenburg nur mitteilen, daß eine parlamentarische Behandlung des Reformprogramms und der Plan einer „Konzentrationsregierung" angesichts der Haltung der Parteien seiner Person gegenüber keine Aussichten auf Erfolg biete, daß im Gegenteil ein Mißtrauensvotum zu erwarten sei und das Kabinett durch seine Demission Hindenburgs weitere Verhandlungen erleichtern wolle. Hindenburg nahm den Rücktritt wohl an, bekundete dabei aber seine Entschlossenheit, „auf keinen Fall auf eine Präsidialregierung zu verzichten und zu den früheren parlamentarischen Methoden zurückzukehren"[36]. Auch versicherte er Papen seines unveränderten Vertrauens und suchte ihn zu einer erneuten Regierungsbildung zu gewinnen, indem er eine neue Einwirkung auf Hitler versprach und sich sogar zu einer erneuten Reichstagsauflösung bereit erklärte[37]. Er hatte sich jetzt ebensogut an Papen wie an den neuen, bequemen Zustand gewöhnt, der so viel eher seinen kaiserzeitlichen Reminiszenzen entsprach und alle politischen Entscheidungen in den Bereich seiner Umgebung, seiner Freunde und Bekannten zog.

Die Gründe für Schleichers Haltung sollten bald deutlicher werden. Man muß sich erinnern, daß seine Wahl auf Papen gefallen war, weil er in ihm einen lenksamen, gewandten und verbindungsreichen Vertreter des rechten Zentrumsflügels gesehen hatte, dem die Pazifizierung der NSDAP in einer Rechtskoalition gelingen mochte. Das war am 13. August sichtbar und — wie auch die jüngsten Verhandlungen bewiesen — endgültig gescheitert. Auf der anderen Seite hatte Papen aber eine kaum erwartete eigene Aktivität entwickelt, mit unrealistischen Reformplänen die schmale Basis der Präsidialregierung noch zusätzlich belastet[38] und nun diese Situation geschaffen, die nur noch durch die eigenmächtige Änderung der Verfassung mit Hilfe einer präsidialen Militärdiktatur zu überwinden war. Dazu aber wollte Schleicher weder seine Reichswehr eingesetzt wissen[39], noch mochte er „seinen" Kanzler für den geeigneten Anführer eines solchen Abenteuers halten. Nicht der „Neue Staat", sondern die taktische Bändigung der NSDAP war unverändert das Ziel seiner Politik. Dies um so eher, als er gerade jetzt eine neue Möglichkeit sah, seinen

34 Papen (Anm. VI/35), S. 241. Papen scheint sich bei seiner Entrüstung über Schleicher nicht daran zu erinnern, daß der Rücktritt des Kabinetts nach Neuwahlen eine Gepflogenheit war, mit der erst seine Regierung gebrochen hatte.

35 Vgl. u. S. 589 f. Meißner (Anm. I/156, S. 245 f.) scheint auch hier, wie an anderen Stellen seiner Darstellung, die Ereignisse durcheinandergebracht zu haben, wenn er den entscheidenden Vortrag von Oberstleutnant Ott vom 2. Dezember auf den 17. November vordatiert und schon für den Rücktritt, nicht erst für die endgültige Entlassung Papens verantwortlich macht.

36 Papen (Anm. VI/35), S. 241. Die amtliche Meldung des Rücktritts in: *Kölnische Zeitung*, Nr. 631 v. 18. November 1932.

37 Dies habe der über Schleicher verärgerte Papen aber abgelehnt, berichtet Meißner (Anm. I/156, S. 246) von dieser Unterredung.

38 Foertsch war – etwa im September 1932 – Zeuge eines Telephongesprächs zwischen Schleicher und Papen gewesen, nach dessen Ende der General äußerte: „Was sagen Sie nun, Fränzchen hat sich selbst entdeckt." Bei anderen Gelegenheiten habe er über das Papen-Kabinett gesagt: „Auf einem Rasiermesser kann man nicht sitzen." Unterredung Wolfgang Sauers mit Hermann Foertsch am 28. und 31. Januar 1953. Vgl. Schleichers bittere Bemerkungen über die Art, wie Papen „unser Prinzip verraten" hat, im Winter 1933/34: Vogelsang (Anm. III/35), S. 450, Anm. 118.

39 Zweifellos ist dies der entscheidende Gesichtspunkt. Auch zwei Monate später, als er jeden Versuch einer militärischen Intervention gegen die Regierung Hitler–Papen zurückwies, wurde Schleicher durch die unüberwindliche Scheu der Reichswehrführung bestimmt, ihr Instrument in seiner militärischen Bereitschaft durch politischen Einsatz, durch „Politisierung", zu gefährden. Daß man die Reichswehr als Mittel des Einflusses und der Drohung benützte, ändert nichts an dieser grundsätzlichen Einstellung. Vgl. u. S. 630 ff.

alten, von Papen verfehlten Plan auf andere Weise doch noch zu verwirklichen.

Die Stellungnahme der Parteien zum Rücktritt der Regierung zeigte keine neuen Wege[40]. Während die NSDAP die Berufung Hitlers forderte[41], während Zentrum[42] und demokratische Presse eine echte Mehrheitsregierung, die SPD eine — nicht mögliche — demokratische Linksregierung, die KPD ihre proletarische Einheitsfront postulierte — die auch in der Minderheit bleiben und also als Diktatur gedacht werden mußte —, gaben DNVP und Stahlhelm zugleich mit ihrem Bedauern über Papens Rücktritt der Erwartung Ausdruck, daß Hindenburg das von ihnen verfochtene antiparlamentarisch-autoritäre Prinzip der Staatsführung weiterhin dem „Weimarer Mehrheitswahn" vorziehen werde. Es konnte also von den weiteren Verhandlungen kaum eine verfassungsmäßige Lösung der politischen Dauerkrise erwartet werden, wenn nicht die erstarrten Fronten überhaupt ausgeschaltet oder aber doch noch durch ein überraschendes Ereignis aufgelockert werden konnten. Eben diese letztere Möglichkeit glaubte Schleicher jetzt erneut, wie ein halbes Jahr zuvor, in den Bereich seiner Pläne und Verbindungen gerückt.

4. *Die Verhandlungen mit Hitler*

Mit Papens Rücktritt begann ein zweiwöchiges Interregnum; Hindenburg übernahm jetzt selbst die Verhandlungen um eine „nationale Konzentration", von denen die SPD jedoch grundsätzlich ausgeschlossen blieb. Am 18. November empfing er als ersten Parteiführer Hugenberg. Nach Meißners vertraulicher Niederschrift für Schleicher, die entgegen den nachträglichen Beteuerungen Meißners die enge Zusammenarbeit dieser beiden „Berater" Hindenburgs beweist, sprach sich Hugenberg bei dieser Gelegenheit entschieden gegen eine Betrauung Hitlers aus: er habe die Hoffnung von Harzburg aufgegeben, könne jetzt nur zu einer Präsidialregierung nach Art des Papen-Kabinetts raten und erkläre sich gegen eine Zusammenarbeit mit den radikalisierten Nationalsozialisten[43]. Anschließend entwickelte Kaas in einer halbstündigen Besprechung sein Konzept von einer starken Regierung, die er auf den „Treue-Pakt" von drei bis vier „mutigen Parteiführern" gegründet sehen wollte. Zwar trat er für eine Mehrheitsregierung ein und glaubte, daß „das Ziel einer nationalen Konzentration einschließlich der Nationalsozialisten eine Notwendigkeit" sei, doch distanzierte er sich gleichzeitig vom Parlamentarismus überhaupt[44] und wendete sich vor allem gegen Papen und seinen „Kurzschluß" vom 13. August. Die

40 Vgl. die Zusammenfassung bei Horkenbach, *1932*, S. 380 f.; *Der Zeitspiegel* 1, Nr. 23 (3. Dezember 1932), S. 358 f.

41 So Joseph Goebbels, „Eine Betrachtung der Lage", in: *Der Angriff* v. 17. November 1932.

42 Dagegen sprach sich die „Bayerische Volkspartei-Korrespondenz" jetzt deutlich gegen eine parlamentarische und für eine präsidiale Initiative zur Bildung der „nationalen Konzentration" aus: Horkenbach, *1932*, S. 381.

43 *Schleicher-Nachlaß*, S. 227–230 (Niederschrift Meißners). Hugenbergs Ausführungen gegen die NSDAP waren sehr scharf gehalten und drückten vor allem die Enttäuschung über Hitler aus: „Im Prinzip habe ich *vor* Harzburg mit Hitler auf der Grundlage verhandelt, daß er, Hitler, weder Reichspräsident noch Reichskanzler werden, sondern nur der Führer seiner Bewegung bleiben wolle. Dann ist Hitler umgeschwenkt und hat erst die Präsidentschaft, dann die Kanzlerschaft verlangt. Ich habe nicht viel Vertragstreue bei Hitler gefunden; seine ganze Art der Behandlung politischer Dinge erschwert es außerordentlich, daß Hitler die politische Führung übertragen bekommen könne; ich hätte sehr große Bedenken dagegen. . ." (Auszeichnung i. Orig.). Vgl. auch die Schilderung der Gespräche (offenbar nach dem Hindenburg-Nachlaß) bei Görlitz, *Hindenburg* (Anm. I/66), S. 387–391; sie sind hier allerdings stark zugunsten Hindenburgs interpretiert.

44 *Schleicher-Nachlaß*, S. 219–222: „Wir wollen nicht wieder zurückfallen in den Parlamentarismus, sondern wir wollen dem Reichspräsidenten einen politischen und moralischen Rückhalt schaffen für eine autoritäre Regierung, die vom Reichspräsidenten inspiriert und instruiert wird."

Rechtsentwicklung des Zentrums unter diesem Vorsitzenden hatte einen bemerkenswerten Höhepunkt erreicht, wenn man nicht ganz allgemein den traditionellen Drang dieser Partei zur Regierung für Kaas' Äußerungen verantwortlich machen will. Ebenso lange unterhielt sich Hindenburg schließlich noch mit Dingeldey, der für die DVP die Beteiligung an einer „nationalen Konzentration" zusagte, sofern dabei die Interessen der „Wirtschaft" gewahrt würden; er erhob freilich starke Bedenken gegen die Person eines Reichskanzlers Hitler und schloß mit der Versicherung, die DVP habe gegen eine Wiederbetrauung Papens, die eine Art Waffenstillstand garantieren könnte, nichts einzuwenden[45].

Am nächsten Tag traf Hitler, der tags zuvor mit Frick und Strasser aus München gekommen war[46], zunächst mit Schleicher zusammen und wurde dann von Hindenburg empfangen, der ihm auf seinen ausdrücklichen Wunsch vorweg eine Unterredung unter vier Augen gewährte[47]. Hindenburg stellte anschließend in Meißners Gegenwart fest, daß er am Grundsatz der überparteilichen Regierung festhalte, Hitlers Forderung nach der Kanzlerschaft in einem Präsidialkabinett ablehne und ihm dafür einige Ministerposten anbiete, jedenfalls aber kein „Parteikabinett" wolle. Hitler beanspruchte demgegenüber die Führung eines Präsidialkabinetts und erklärte sich dafür zu Konzessionen in der Ministerfrage bereit. Auch Verhandlungen mit anderen Parteien wollte Hitler erst dann aufnehmen, wenn er den Auftrag zur Regierungsbildung habe[48]: dann erst sei der Augenblick gekommen, in dem eine parlamentarische Basis für sein geplantes Ermächtigungsgesetz hergestellt werden könne. Den Beschluß bildete ein kurzer Empfang Fritz Schäffers, der für die BVP die erste, stereotype Frage Hindenburgs nach der „nationalen Konzentration" positiv beantwortete und auch Hitler „nicht ungünstig" beurteilte. Die Gefahr liege „weniger in der Person Hitlers als in seiner Umgebung", die auf den Mißbrauch der Macht durch eine „Parteidiktatur" hindränge. Schäffer forderte deshalb starke Persönlichkeiten als Gegengewicht in einer Regierung Hitler, von der die BVP allerdings überhaupt „nicht sehr erfreut" wäre[49].

Wieder einmal überstürzten sich die Gerüchte. Besonders auf nationalsozialistischer Seite wechselten Erwartung und Unsicherheit, Drang zur Macht und Furcht vor einer neuen Düpierung nach Art des 13. August; am meisten mißtraute man Schleichers neu erwachter Aktivität[50]. Hitler selbst saß wieder einmal im Kaiserhof, sprungbereit zwar und umjubelt von den Massen bei seinen Fahrten zu Hindenburg, jedoch zu äußerster Vorsicht entschlossen. So verfaßte er, anstatt sich auf mündliche Verhandlungen einzulassen, eine Denkschrift, während gleichzeitig Göring im Palais des Reichstagspräsidenten die Besprechungen mit Vertretern des Zentrums und der BVP fortführte; Hugenberg allerdings erklärte sich nur zu einer Unterredung mit Hitler selbst bereit[51].

Am folgenden Tag wurde Hitler dann zum zweiten Mal zu Hindenburg geladen, der zunächst selbst — entgegen seiner Gewohnheit — seinen Standpunkt

45 *Ebda.*, S. 223–225.

46 Goebbels, *Kaiserhof* (Anm. V/13), S. 205.

47 *Schleicher-Nachlaß*, S. 232–235 (Niederschrift Meißners). Die Unterredung dauerte nach Meißners Angabe insgesamt 65 Minuten.

48 Vgl. übernächste Anmerkung.

49 *Schleicher-Nachlaß*, S. 237 f. (Niederschrift Meißners). Vgl. auch Schwend (Anm. V/40), S. 493.

50 Goebbels, *Kaiserhof* (Anm. V/13), S. 205 f., notiert dazu (20. November) die Vermutung, daß „General Schleicher die Verhandlungen nur benutzt, um uns endgültig auszuschalten. Man verlangt vom Führer, daß er vor seiner Betrauung die Parteien sondiert, immer mit dem Hintergedanken, daß die Deutschnationalen sich sperren und damit eine Mehrheitsbildung unmöglich machen."

51 Vgl. auch Hugenbergs eidesstattliche Versicherung vom 25. Mai 1946 über seine Verhandlungen mit Papen und Hitler während der Regierungskrise in: *Nürnberger Dokumente*, Bd. XXXX, Dok. Nr. Pa-87, S. 575 ff.

darlegte. So sehr er weiterhin für ein Präsidialkabinett sei, erklärte Hindenburg, so bestimmt müsse er daran festhalten, daß die Berufung eines Parteiführers nur möglich sei, wenn dieser über eine sichere Reichstagsmehrheit verfüge. Als Antwort überreichte Hitler darauf seine vorsorglich bereitgehaltene Denkschrift und erkundigte sich auch nach Hindenburgs Bedingungen. Der Reichspräsident verlangte auf alle Fälle das Festhalten an der Preußenlösung und für sich die volle Verfügung über den Artikel 48; ferner machte er die Berufung Hitlers von seiner präsidialen Zustimmung zur Ministerliste überhaupt und von seinem persönlichen Recht auf Besetzung des Außenministeriums und des Reichswehrministeriums abhängig[52]. Die ganze Unterredung, in der Hitler kaum das Wort ergriff, dauerte nur zwanzig Minuten.

Hitlers Denkschrift hatte eine Diskussion verhindern sollen, die dann wie am 13. August vom Verhandlungspartner ausgenützt werden könnte[53]. Dieser erste Zweck war erreicht. Hinter den gewundenen Darlegungen der Hitlerschen Denkschrift stand zwar ein recht eindeutiger Tenor: Hitler lehnte für sich und seine Partei die Bildung einer Mehrheitsregierung, mit der er seit dem August gedroht, die nicht zuletzt Göring Hindenburg als den Willen des Reichstags entgegengehalten hatte[54], jetzt — da ihr Zweck, der Sturz Papens, erreicht schien — grundsätzlich ab und forderte seine Betrauung mit der Führung einer Präsidialregierung. Gleichzeitig hielt er sich durch diese neue Art der Verhandlung um die Regierungsbildung nicht nur die vielgewandte Umgebung Hindenburgs vom Leib, sondern konnte zugleich hoffen, dieses Mal auch publizistisch nicht den Kürzeren zu ziehen. Der folgende Schriftwechsel zwischen Kaiserhof und Reichspräsidentenpalais, der dann auch wenige Tage später publik gemacht wurde[55], erbrachte keine neuen Gesichtspunkte.

In einer kurzen Erklärung wiederholte Hindenburg zunächst noch am 21. November seine Argumente in bestimmtem Ton und setzte Hitler für die Vorbereitung einer Mehrheitsregierung einen knappen Termin — den Abend des 24. November. Während sich die Presse in Spekulationen und Forderungen erging, die von der Sammlung aller Kräfte rechts der SPD bis zur Wiedererweckung der Harzburger Front reichten[56], während sich auch die großindustriellen Interessenverbände vernehmlich in die Diskussion einschalteten[57], hielt aber Hindenburg in Wirklichkeit sowohl am Präsidialkabinett wie an der Person Papens entschieden fest[58]. Das machte der Briefwechsel deutlich, der jetzt zwischen Hitler und Meißner fortgesetzt wurde. Hitler hatte sich darauf berufen, daß auch Brüning als Parteimann eine Präsidialregierung geführt

52 *Schleicher-Nachlaß*, S. 240–246 (Niederschrift Meißners).

53 Wie schon bemerkt, hatte Papen nach seiner eigenen Angabe (Anm. VI/35, S. 224) mit Schleicher zusammen das offizielle Kommuniqué „sehr absichtlich" stark pointiert abgefaßt: vgl. o. Anm. IX/70.

54 Vgl. o. S. 549.

55 Der Schriftwechsel zwischen Hitler und Hindenburg bzw. Meißner ist mehrfach abgedruckt: zunächst in der zeitgenössischen Presse sowie in einer um 5 Pfennige verkauften NS-Broschüre: *Die Wahrheit über Hitlers Verhalten und Vorgehen in der Regierungskrise*, Berlin 1932, S. 9 ff. Dann auch bei Horkenbach, *1932*, S. 384–392, Poetzsch-Heffter (Anm. I/128), S. 166–173; Teile bei Meißner (Anm. I/156), S. 248 f., Schultheß, *1932*, S. 207–213, und in *Der Zeitspiegel* 1, Nr. 23 (3. Dezember 1932), S. 359 ff. (mit den Pressestimmen.

56 So z. B. die *Berliner Börsen-Zeitung* v. 22. November 1932.

57 So meldete der Langnam-Verein auf seiner Mitgliederversammlung am 23. November seine Forderungen zur Reichs- und Verfassungsreform an, die sich nach den Ausführungen des Vorsitzenden, des Großindustriellen Springorum, im wesentlichen mit Papen-Gayls Plänen (Wahlrechtsreform und zweite Kammer) deckten. Auch hier trat übrigens Carl Schmitt mit seiner prinzipiellen Polemik gegen den Parteienstaat auf, nicht ohne allerdings von Reichsbankpräsident Luther scharfen Widerspruch zu erfahren: vgl. Horkenbach, *1932*, S. 387.

58 Daran scheiterte zunächst auch Meißners Vorschlag (der allerdings nur von seinem Urheber berichtet wird), Goerdeler oder aber Schleicher selbst als den *spiritus rector* auch dieser Krise mit der Führung eines neuen Präsidialkabinetts zu betrauen: Meißner (Anm. I/156), S. 247.

habe. Meißner betonte demgegenüber am 22. November, daß „der Führer einer die Ausschließlichkeit seiner Bewegung fordernden Partei nicht Führer eines Präsidialkabinetts sein" könne; Brüning habe seinerzeit „ein ausgesprochen parlamentarisches, auf die Parteien gestütztes Kabinett gebildet", das „erst allmählich" auf Wunsch Hindenburgs zu einem vom präsidialen Vertrauen getragenen Präsidialkabinett umgewandelt worden sei; dies eben sei auch für eine parlamentarische Regierung Hitlers möglich, nicht aber ein „reines Präsidialkabinett" Papenschen Stils. Am folgenden Tag antwortete Hitler in weitschweifigen Ausführungen mit dem — nicht ganz unbegründeten — Hinweis auf den zwiespältigen Charakter, den eine parlamentarisch tolerierte, aber gleichzeitig auf die Anwendung des Artikels 48 gestützte Regierung besitze. Er betonte die Notwendigkeit eines Ersatzes dieser Notermächtigung durch ein reguläres Ermächtigungsgesetz, das doch er als Führer der stärksten Partei wesentlich leichter im Parlament durchbringen könne als die hoffnungslos isolierte Papen-Regierung. Er lehnte gleichzeitig den Auftrag zur Bildung einer regulären Koalitionsregierung mit der Begründung ab, daß in diesem Fall die Vorbehalte Hindenburgs ein verfassungswidriges Hindernis bildeten und eine solche Regierung überdies nicht die selbstherrlichen Maßnahmen des Papen-Kabinetts legitimieren könnte.

Damit hatte Hitler zweifellos einen psychologisch-publizistisch geschickten Ausweg aus dem Dilemma gefunden, in das ihn Hindenburgs Widerstand und der Machtbehauptungswille der präsidialen Umgebung versetzt hatten. Zugleich war ihm eine wirkungsvolle Formulierung seiner eigenen Machteroberungspläne gelungen: Ersetzung des strapazierten Artikels 48 durch ein verfassungsmäßig verabschiedetes Ermächtigungsgesetz oder aber — Drohung mit erneuerten Attacken auf die Übergriffe der Regierung Papen, also auf die fragwürdige Ausweitung der präsidialen Diktaturgewalt, auf Hindenburg selbst. Dieser indirekten Drohung, die zwei Monate später die Kapitulation des Reichspräsidenten tatsächlich beschleunigen sollte, folgten dann Hitlers konkrete Vorschläge: Hindenburg solle ihn zunächst mit der Ausarbeitung eines kurzen Programms, nach dessen Billigung mit der Aufstellung einer Ministerliste beauftragen, in die „neben anderen aus der derzeitigen Regierung zu übernehmenden Ministern" Schleicher und Neurath aufgenommen würden, dann dies Kabinett ernennen und ihm die Vollmachten einer Präsidialregierung geben. Hier war zum ersten Mal die Lösung vom 30. Januar 1933, die „legale" nationalsozialistische Machtergreifung, in ihren Grundzügen umrissen. Nur war mit Schleichers Anerkennung die Reichswehr noch ausdrücklich jener nationalsozialistischen Kontrolle entzogen, die den reibungslosen Ablauf der Revolution dann erst sicherte und — am 30. Juni 1934 — vollendete.

Aber noch widerstrebte Hindenburg, noch glaubten seine Ratgeber, bevor sie Hitlers Vorschlägen Raum gewährten und dann sogar die sichere Verfügung über die Reichswehr aus der Hand gaben, die Möglichkeiten des „überparteilichen" Präsidialkabinetts nicht erschöpft. Die Weigerung Hitlers, sein Ermächtigungsgesetz über eine parlamentarische Mehrheitsregierung zu erreichen[59], war jetzt noch bestimmend für den ablehnenden Schlußbrief Meißners (24. November): er hielt an der Befürchtung fest, „daß ein von Ihnen [Hitler] geführtes Präsidialkabinett sich zwangsläufig zu einer Parteidiktatur . . . entwickeln würde". Zwei Monate später waren solche Befürchtungen vergessen.

59 Hitler gab hier, wie gesagt, nur in vagen Wendungen seiner Absicht Ausdruck, nach der Betrauung dann auch ein Ermächtigungsgesetz parlamentarisch durchzubringen – wie es dann auch unter Lüge und Terror geschah.

Jetzt aber brach Hitler mit einer energischen Antwort seinerseits die schriftlichen Verhandlungen ab, in die auch Schleicher am 23. November vergeblich einzugreifen gesucht hatte[60].

Damit war der letzte, freilich ohne echte Bemühung von beiden Seiten unternommene Versuch zu einer Rückkehr hinter die Ära der Präsidialregierung endgültig gescheitert. Zwar empfing Hindenburg noch am 24. November erneut Kaas und unterrichtete ihn über die Verhandlungen mit Hitler. Der Zentrumsvorsitzende bedauerte seinerseits die ungenügende Klärung der Mehrheitslösung, lehnte erneut die Papen-Lösung ab und schlug vor, jetzt Brüning mit weiteren Sondierungen zu beauftragen — ein Plan, den wiederum, angeblich mit Rücksicht auf die Öffentlichkeit, Meißner und auch Hindenburg ablehnten[61]. Am folgenden Tag fand eine letzte Besprechung statt: Kaas übergab Hindenburg eine Notiz zur Veröffentlichung in der Presse, nach der er in neuerlichen Verhandlungen mit Hitler, Hugenberg, Schäffer und Dingeldey festgestellt hatte, daß neben dem Zentrum allein BVP und DVP zur Bildung einer Mehrheitsregierung bereit seien. Im übrigen machte Kaas die für das doppelgleisige Vorgehen des Reichspräsidentenpalais bezeichnende Bemerkung, daß seine Verhandlungen mit der NSDAP durch die gerüchtweise bekanntgewordene Aktivität von Vertretern verschiedener Ministerien gestört worden seien: bei der nationalsozialistischen Führung habe der Eindruck geherrscht, sein (Kaas') eigener Auftrag sei vom Reichspräsidenten nicht ernst gemeint. Der beleidigte Hindenburg beantwortete dies einmal mehr mit jener stereotypen Rücktrittsdrohung, die seit Brüning immer wieder der politischen Entschlußfassung einen psychologischen Riegel vorgeschoben hatte: sie verfehlte auch diesmal nicht ihre Wirkung und bewog Kaas, der jetzt Hindenburg als letzten Einigungspunkt pries, ihm sogar die Unterstützung einer vernünftigen neuen Präsidialregierung in Aussicht zu stellen[62].

Wie verworren die Lage jetzt war, wie brüchig in der Umgebung des Reichspräsidenten selbst die Stellung Papens wurde, klang schon in Hindenburgs mißmutiger Schlußbemerkung durch: „Ich komme in eine immer schwierigere Situation. Man will mir den Mann meines Vertrauens wegnehmen und mir einen Kanzler aufzwingen[63]." In der Tat bereitete sich jetzt ein Schlag gegen seinen Lieblingskanzler vor, der für Hindenburg seiner Einstellung nach schwerer wog als alle parlamentarischen, parteitaktischen und eigentlich politischen Überlegungen. Während Meißner seine Kontakte zur NSDAP vor allem über Göring und dessen Vertrauensmann Körner besaß[64], hatte Schleicher, der in diesen Tagen Hindenburg seinen neuen Plan zur Zähmung der NSDAP in der künftigen Regierung nahezubringen suchte, vor allem seine Verbindun-

60 Goebbels, *Kaiserhof* (Anm. V/13), S. 209. Auf diesen ausdrücklich mit Hindenburgs Wissen unternommenen Versuch Schleichers verweist auch Meißner in seinem Schlußbrief an Hitler vom 24. November (Absatz 3). Nach offizieller Version lehnte Hitler bei dieser Unterredung mit Schleicher, die in der Nacht vom 23. zum 24. November stattfand, jede Art von Mitarbeit in einer nicht von ihm geführten Regierung sowie ihre Tolerierung brüsk ab: Horkenbach, *1932*, S. 392. Dies bezog sich auch auf den vorübergehend aufgetauchten Plan einer Regierung Schacht: Schultheß, *1932*, S. 204.

61 *Schleicher-Nachlaß*, S. 276–278 (Niederschrift Meißners).

62 *Ebda.*, S. 279–283. Hindenburgs Drohung fand dieses Mal folgenden Ausdruck: „Ich bin gern bereit, jederzeit zu gehen, wenn ich im Inland und Ausland das Vertrauen nicht habe, das ich verlangen muß. . ." Zur Beurteilung der recht eigenmächtigen politischen Linie von Kaas überhaupt vgl. auch Brüning, „Im Januar 1933", in: *Deutsche Zeitung* v. 28. Mai 1952: Herr Prälat Kaas hat bekanntlich Deutschland im Juli 1932 verlassen und ist erst vor den Septemberwahlen [falsch: gemeint ist wohl die Reichstagssitzung!] zurückgekehrt. Er hat es abgelehnt, irgendeine Verantwortung zu übernehmen ebenso wie sein Parteiführeramt niederzulegen. Ebenso hat er wenige Tage nach dem Ermächtigungsgesetz Deutschland verlassen, sich aber wiederum geweigert, seine Stellung als Parteiführer aufzugeben."

63 *Schleicher-Nachlaß*, S. 283 (Niederschrift Meißners).

64 Affidavit Otto Meißners vom 28. 11. 1945 in: *Nürnberger Dokumente*, Bd. XXXII, Dok. Nr. PS-3309, S. 149. Körner ist der spätere Staatssekretär für den Vierjahresplan.

gen zu Gregor Strasser intensiviert. So kritisch man die täglichen Haßausbrüche in Goebbels' Aufzeichnungen beurteilen muß, in denen Strasser — einst Goebbels' Lehrmeister — jetzt für alle Kompromißströmungen und für jeden Einbruch von Pessimismus im nationalsozialistischen Parteigefüge verantwortlich gemacht wurde, so sichtbar war doch der scheinbar so mächtige Organisationsleiter, dessen Bruder mit seiner revolutionären Sekte schon seit zwei Jahren als unversöhnlicher Streiter gegen Hitlers „Verrat am Sozialismus" auftrat[65], zum gefürchteten Exponenten des verhandlungsbereiten Parteiflügels geworden. Besonders seit Strassers Reichstagsrede vom 10. Mai 1932 erblickte man in diesem zweiten Mann der Parteihierarchie einen Verfechter jener antikapitalistischen Volksfront, die jetzt Schleicher seinem Lösungsversuch dienstbar machen wollte.

Wieder und wieder hatte Hitler die bloße Teilnahme an der Macht abgelehnt. Aber sie ganz zu erobern, war ihm ebensooft mißlungen: bei der Reichspräsidentenwahl, in Preußen, nach Brünings Sturz, am 13. August, in den Koalitionsverhandlungen mit dem Zentrum, bei den jüngsten Angeboten Hindenburgs. Die Zahl der Ungeduldigen in der Partei und unter ihren Mitläufern wuchs. Erste Wahlniederlagen verbanden sich mit der ungünstigen Wirkung des Berliner Streiks auf jene Gruppen in der Wirtschaft und im Bürgertum, die in der NSDAP ein Gegengewicht gegen Gewerkschaften und Sozialismus unterstützt hatten. Zwar hielten mit Schacht finanz- und einflußkräftige Exponenten jener Gruppen an ihrer Sympathie fest und verstärkten gerade jetzt ihre Forderung nach einer Berufung Hitlers[66]: Papen hatte ihre Hoffnungen enttäuscht, Hitler ihnen Erhebliches versprochen und mancher auch zuviel schon investiert. Aber die Finanzen der NSDAP waren durch die pausenlosen Wahlkampagnen inzwischen unerträglich angespannt. Gleichzeitig sprachen

65 Besonders laufend in seinem Organ *Die Schwarze Front*, das jetzt Schleichers Bemühungen um Gregor Strasser mit einer scharfen Kampagne gegen Hitler sekundierte.

66 Eben in diesen Tagen der politischen und finanziellen Depression (21. November) notiert Goebbels (*Kaiserhof*, Anm. V/13, S. 208): „In einer Unterredung mit Dr. Schacht stelle ich fest, daß er absolut unseren Standpunkt vertritt. Er ist einer der wenigen, die ganz konsequent zum Führer stehen." Schacht nahm unter allgemeinem Aufsehen an den Beratungen der NS-Führung im Hotel Kaiserhof teil; dabei trat ihm als Vermittler zwischen Stahlhelm–DNVP und NSDAP der eigens nach Berlin gereiste Herzog von Sachsen-Coburg-Gotha zur Seite. Vorausgegangen war ein Brief Schachts an Hitler (v. 12. November), in dem er den „Führer", wie schon nach den beiden vorangehenden Wahlen (vgl. Klein, „Neue Dokumente", Anm. III/126, S. 818 ff., sowie o. S. 623, Anm. 95) zu der festen Haltung auch nach der Wahl beglückwünschte und den Glauben ausdrückte, daß eine Kanzlerschaft Hitlers unvermeidlich sei und der Versuch gelingen werde, durch eine Sammlung von Unterschriften Industrieller auf Hindenburg entsprechend einzuwirken; deshalb könne die NS-Kampagne jetzt ruhig auch zu „vornehmeren Methoden übergehen" und die – offenbar in Kreisen der Wirtschaft mißliebigen – „kleinen Unebenheiten der Propaganda" ausgleichen: *Nürnberger Dokumente*, Bd. XXXVI, Dok. Nr. EC-465, S. 535. Von der erwähnten Eingabe an Hindenburg wurde 1945 ein Entwurf im Tresor des (Schröderschen) Bankhauses J. H. Stein in Köln, kürzlich auch das an den Reichspräsidenten gelangte Exemplar gefunden: *Ztschr. f. Geschichtswissenschaft* 4 (1956), S. 366 ff. Zur Unterzeichnung waren u. a. vorgesehen die Großindustriellen und Finanziers Helfferich, Krogmann, R. Slomann, Witthoeft, Cuno, Kiep, Albert, Muck, Kurt Woermann, Kalckreuth, Schacht, Reinhart, Schröder, Fink, Kurt, v. Eichborn, v. Oppen, Keudell, Hecker, Vögler, Rosterg, Silverberg, Thyssen, Reusch, Haniel, Krupp, Siemens, Springorum, Rabbethge, Tischbein, Jänicke, Bosch, Ullrich, Lubbert, Reindorf. Die in den *Nürnberger Dokumenten*, Bd. XXXIII, Dok. Nr. PS–3901, S. 531 ff., abgedruckte Erklärung bekundet die Zustimmung zu Hindenburgs Politik eines vom Parlament unabhängigen Präsidialkabinetts und verlangt ihre Fortführung auf der breiteren Basis, die die Wahl vom 6. November geschaffen habe. Insbesondere drückt sie den Wunsch nach einer „Umgestaltung des Reichskabinetts" aus, „die die größtmögliche Volkskraft hinter das Kabinett bringt", sieht in der „Nationalen Bewegung ... den verheißungsvollen Beginn einer ... Überwindung des Klassengegensatzes" und fordert, daß „die größte Gruppe dieser nationalen Bewegung führend an der Regierung beteiligt wird". Die Schlußfolgerung: „Die Übertragung der verantwortlichen Leitung eines mit den besten sachlichen und persönlichen Kräften ausgestatteten Präsidialkabinetts an den Führer der größten nationalen Gruppe [also Hitlers Forderung!] wird die Schlacken und Fehler, die jeder Massenbewegung notgedrungen anhaften, ausmerzen und Millionen Menschen, die heute abseits stehen, zu bejahender Kraft mitreißen" (S. 233). Man vgl. dazu auch den Brief, den Krupp als Vorsitzender des Reichsverbandes der Deutschen Industrie am 25. April 1933 an Hitler richtete (*ebda.*, Bd. XXXV, S. 26): „Die politische Entwicklung begegnet sich mit Wünschen, die ich selbst und das Präsidium seit langem gehegt haben."

die Sachverständigen und mit ihnen der Wirtschaftsminister selbst jetzt schon viel zuversichtlicher von einem allmählichen Rückgang der Wirtschaftskrise, standen weitere außenpolitische Entlastungen bevor[67]. Würde nicht das Wiederansteigen der Wirtschaftskonjunktur notwendig den Rückgang der nationalsozialistischen Konjunktur im Gefolge haben, die Voraussetzungen abbauen, auf denen der Aufstieg des Radikalismus so wesentlich beruhte? Würde die Partei nicht den richtigen Augenblick verpassen, zu dem sie sich endlich in die Staatsführung einschalten, an die „Macht" kommen oder wenigstens an ihr teilhaben mußte, bevor die Zeichen drohender wurden und eine Einbeziehung der NSDAP den Inhabern der Macht nicht mehr notwendig erscheinen würde?

Es ist schwer abzuschätzen, wie stark die Kräfte innerhalb der NSDAP waren, die hinter solchen Überlegungen und Tendenzen standen. Da waren die Opportunisten, die den Anschluß endgültig zu verpassen fürchteten. Sie bekamen Zuzug von Vertretern vor allem des „sozialistischen" und gewerkschaftsnahen Parteiflügels, an deren Spitze schon bei den früheren Auseinandersetzungen um den Parteikurs Gregor Strasser gestanden hatte[68]. Da Hitler und vor allem Goebbels nach der Ausschaltung von Otto Strasser den nationalsozialistischen Presseapparat beherrschten, fanden jene Bestrebungen zwar keinen publizistischen Ausdruck. Die NS-Presse sekundierte einhellig Hitlers starrem Machtanspruch. Aber in der Organisation der NSDAP, in ihrem machthungrigen, enttäuschten, nach Autorität im Staat drängenden Funktionärkorps mußte Gregor Strasser nach Ansicht Schleichers einen gewaltigen Anhang besitzen. Mit ihm einen großen Teil der Partei auf seine Seite zu bringen oder die „Bewegung" durch eine Spaltung im Augenblick der wachsenden Krise zu zähmen: dies war Schleichers neuer Plan, der jetzt in überstürzter Schnelligkeit konkrete Form annahm.

5. *Papens Diktaturplan scheitert*

Nach dem Scheitern der Verhandlungen mit Hitler und Kaas ließ Hindenburg eine mehrtägige Pause eintreten, die vielfältigen Gerüchten Raum bot. Man sprach von Neurath, Goerdeler und Geßler, rechnete noch häufiger mit einer Wiederbetrauung Papens. Aber die Sondierungen dieser Tage führte Schleicher. Auf ihn verlagerte sich, nun mehr und mehr auch nach außen sichtbar, die politische Initiative, die Papen am 17. November einem nicht minder ratlosen Reichspräsidenten überlassen hatte. Ende November wurde bekannt, daß Schleicher inzwischen nicht nur mit Vertretern der Parteien, sondern auch mit den freien Gewerkschaften Fühlung aufgenommen hatte[69]. Eine Besprechung

67 Vgl. Hermann Warmbold, *Rückzug aus der Weltwirtschaft*, nach einem Vortrag in der Deutschen Weltwirtschaftlichen Gesellschaft am 18. November 1932, Berlin o. J.

68 Man sollte freilich diese „sozialistische Komponente auch bei Gregor Strasser nicht zu hoch einschätzen (wie es nicht nur damals geschah). Daß Strasser Bismarck einmal einen „Reaktionär" nannte („Sozialreaktion?" [15. November 1931], in: *Kampf um Deutschland*, Anm. II/105, S. 310) und immer wieder die „antikapitalistische Sehnsucht" beschwor, machte seine Demagogie kaum inhaltsvoller als den Rest der NS-Propaganda. Nicht minder vage waren die „gewerkschaftlichen Querverbindungen", über die er fast nur in der haßerfüllten Einbildung von Goebbels verfügte. „Sozialismus" ist für Gregor Strasser auch im Juli 1932 eine vage Phrase, ist „das Leistungsprinzip des preußischen Offiziers, des deutschen unbestechlichen Berufsbeamten, die Mauern, das Rathaus, der Dom, das Spital einer Freien Reichsstadt, das alles. . ." (*ebda.*, S. 381). Vgl. auch Strassers zynische Interpretation der „Legalitätstaktik": o. Anm. II/105.

69 Vgl. Schultheß, *1932*, S. 214; Horkenbach, *1932*, S. 408; Keil (Anm. I/3), II, S. 470 f. (über eine Unterredung mit Leipart Anfang Dezember). In den Rahmen dieser Fühlungnahmen gehört auch ein Artikel von Martin Drath, „Regierung und Grundrechte" (Anm. IX/28), bes. S. 730. Nach einem Brief Draths an den Verfasser (v. 18. Dezember 1954) war dieser Aufsatz auf Wunsch des Herausgebers der *Arbeit*, des Organs der freien Gewerkschaften, geschrieben worden. Er deutete Schleicher die Kooperationswilligkeit des ADGB an – unter der Bedingung, daß nicht nur formal die Grundrechte gewahrt und ihre Vor-

am 28. November mit dem Vorsitzenden des ADGB (Leipart) und mit dessen Experten für Fragen der Arbeitsbeschaffung (Eggert) galt den vordringlichsten wirtschafts- und sozialpolitischen Fragen und führte zu einer schriftlichen Fixierung der Gewerkschaftsforderungen, die im wesentlichen der Aufhebung der großen Notverordnung vom 5. September und der damit verbundenen Minderung der Sozialleistungen, der Verwirklichung eines großzügigen öffentlichen Arbeitsbeschaffungsprogramms statt einer einseitigen Unterstützung der Wirtschaft sowie der Einführung der 40-Stunden-Woche galten. Es waren Forderungen, die schon in einen weitgespannten Wirtschaftsplan der SPD für den vergangenen Reichstag Aufnahme gefunden hatten, ohne daß damals an „mehr als propagandistische Bedeutung" zu denken war[70]. Denn die „sozialistische Offensive", mit der die seit Jahren lahmgelegte demokratische Linke jetzt wieder politisch aktiv zu werden sich bemühte, war von vornherein durch den Destruktionskurs der KPD, aber auch durch ständige Konflikte der SPD mit der praktisch denkenden Gewerkschaftsführung behindert[71]. Nicht einmal das nach dem 14. September angemeldete Volksbegehren gegen Papens Wirtschaftsverordnung[72] kam in Gang.

Schleichers Kontakte mit den freien Gewerkschaften wiesen deutlich über den Papen-Kurs und die Utopie des restaurativen „Neuen Staates" hinaus. Sie waren begleitet von Besprechungen mit Exponenten der christlichen Gewerkschaften und gleichzeitig der Arbeitgeberverbände, schließlich mit Gereke, dem durch Arbeitsbeschaffungspläne hervorgetretenen Präsidenten des Landgemeindetags. Der Gedanke der „nationalen Sammlung" schien eine neue Form zu suchen, die in gewissem Sinn eine Rückkehr zu Brünings Regierungspraxis einschloß[73]. Hitler freilich war, nachdem sein Pressechef Dietrich, unterstützt von Goebbels, in aller Eile die schriftlichen Verhandlungen mit Hindenburg der Öffentlichkeit präsentiert hatte[74], wieder zur demonstrativen Oppositionshaltung zurückgekehrt. Er war nach München zurückgefahren und wich allen Versuchen Schleichers, das Rezept vom Mai 1932 zu wiederholen oder für die bevorstehende Eröffnung des Reichstags eine Tolerierungsmehrheit zu sichern, in der Folge beharrlich aus. Am 30. November bat Schleicher erneut Hitler, der inzwischen — aus Anlaß der bevorstehenden thüringischen Gemeindewahlen — nach Weimar gekommen war, um eine weitere Unterredung in Berlin. Aber schon einen Tag später beschloß der engste nationalsozialistische Führungskern, Schleichers Projekte abzulehnen. Wenn man Goebbels glauben darf, der auf dieser Weimarer Besprechung mit Göring und Frick (?) Hitlers Standpunkt unterstützte, dann setzte sich Gregor Strasser allein offen und betont für echte Verhandlungen mit Schleicher ein und begründete dies mit einer überaus pessimistischen Beurteilung der Parteisituation[75].

aussetzung, die parlamentarische Demokratie, nicht angetastet wurde, sondern daß dies durch soziale Reformen unterbaut werde.

70 Stampfer (Anm. I/4), S. 640.

71 *Ebda.*, S. 638 f.

72 Vgl. o. S. 551.

73 Vgl. auch Brüning, „Brief" (Anm. I/9, S. 44): „Zu diesem kritischen Zeitpunkt kam ein Herr vom Reichspräsidenten zu mir, um mich zu fragen, ob ich irgendeinen Ausweg sähe. Ich riet zur Ernennung des Generals v. Schleicher zum Reichskanzler und zu einer Rückkehr zu meiner Politik der Zusammenarbeit zwischen den Mittelparteien und der SPD."

74 Mit der Veröffentlichung des gesamten Briefwechsels noch am 24. November (*Die Wahrheit über Hitlers Verhalten*, Anm. X/55) kam die nationalsozialistische Seite der Wilhelmstraße dieses Mal – anders als am 13. August – zuvor: Goebbels, *Kaiserhof* (Anm. V/13), S. 210; Otto Dietrich (Anm. IV/3), S. 147 f.

75 Goebbels, *Kaiserhof* (Anm. V/13), S. 212 f. (zum 1. Dezember). Nach Duesterberg (Anm. IV/18, S. 36) waren es vor allem Göring und Goebbels, die, weil sie nicht als Minister in Aussicht genommen waren, Hitlers Konflikt mit Strasser herbeiführten. Die gegnerische Presse verdichtete diese Vermutungen zu dem Gerücht, Hitler sei von den beiden auf der Fahrt nach Berlin abgefangen worden. Auch Otto Dietrichs

Auch als Schleicher daraufhin Oberstleutnant Ott als bewährten Unterhändler noch am selben Tag nach Weimar schickte, blieb Hitler bei seiner Ablehnung und warnte beweglich vor einer Kanzlerschaft Schleichers. Das Argument, ein solches Unternehmen würde auch noch die Reichswehr „verbrauchen", war geschickt auf Schleicher zugeschnitten; es ließ zugleich freilich Hitlers Furcht vor einer eigenen Lösung des vielgewandten Generals durchblicken. In einer zweieinhalbstündigen Unterredung, die Hitler gewohnheitsgemäß zwei Stunden lang allein bestritt, bot ihm Ott in Schleichers Auftrag die Vizekanzlerschaft und einige Ministerien an. Es war der Plan vom August, aber mit der betonten Nuance, die NSDAP nicht nur „zur parlamentarischen Verantwortung zu bringen", sondern zugleich „den Hunger seiner Mitarbeiter gegen Hitler auszuspielen"[76]. Nach Otts Schilderung verlangte Hitler zwar unverändert die ganze Macht, doch bot Göring anschließend Ott seinen Einfluß auf Hitler an, wenn man ihn selbst zum preußischen Ministerpräsidenten und zum Luftfahrtminister machen und ihm „die Straße freigegeben würde gegen die Marxisten[77]. Allerdings: Kandidat für die preußische Ministerpräsidentschaft war bisher Gregor Strasser gewesen. Hier werden weitere parteiinterne Wurzeln des Strasser-Konfliktes sichtbar.

Als aber Göring am folgenden Tag nun doch zur weiteren Fühlungnahme mit Schleicher nach Berlin fuhr, war dort die Entscheidung schon gefallen. Am Abend des 1. Dezember hatte Hindenburg in Gegenwart seines Sohnes und Meißners Papen und Schleicher zur Aussprache empfangen. Er wandte sich zunächst an Papen, der nun mit allem Nachdruck den Standpunkt vertrat, daß Hitlers unnachgiebige Haltung — mehr noch als am 13. August — einen echten Staatsnotstand heraufbeschworen habe. Er, der ausschließlich gegen den Reichstag und allein mit dem fast grenzenlos ausgeweiteten Artikel 48 regiert hatte, ging nun einen Schritt darüber hinaus und erklärte, daß „die Weimarer Verfassung für einen solchen Zustand keine Vorsorge getroffen" habe. Er plädierte dafür, die bisherige Regierung beizubehalten und ihre Pläne unter seiner Kanzlerschaft gegen alle Widerstände notfalls mit Gewalt durchzusetzen. Ausschaltung des widerstrebenden Reichstags, Unterdrückung aller Parteien und halbpolitischen Organisationen durch die Reichswehr und die Polizei[78] und Verfassungsreform mit Billigung durch eine Volksabstimmung oder eine „neuzuberufende Nationalversammlung" — dies war der auch stark von seiten Hugenbergs[79] inspirierte Vorschlag, um deswillen Papen „gegebenenfalls einen Bruch der Weimarer Verfassung" gewagt wissen wollte[80]. Nicht

gewundene Gegenerklärung (Anm. IV/3, S. 161 ff.) klingt nicht ganz überzeugend: danach hatte Hitler in München „versehentlich" den durchgehenden Zug nach Berlin bestiegen und war „erst im letzten Augenblick" in den Zug nach Jena gewechselt, während ein Teil der Begleitung aus Mangel an Schlafwagenplätzen im Berlin-Zug blieb; dies habe die Fehlmeldung ausgelöst. Hitler sei dagegen „anordnungsgemäß" am Bahnhof Jena vom nationalsozialistischen Polizeidirektor von Weimar im Wagen abgeholt worden.

76 Eugen Ott, „Eidesstattliche Erklärung über Maßnahmen Schleichers gegen Nationalsozialisten, vom 12. 1. 49" (bestätigte Abschrift im Institut für Zeitgeschichte, München).

77 *Ebda.* Unsere Kenntnis dieser Sondierungen stützte sich bisher nur auf eine kurze Notiz bei Otto Dietrich und auf Goebbels' Aufzeichnungen, die auch hier um die ständige Beteuerung einer ungetrübten Einheitstaktik Hitler–Goebbels–Göring–Frick gegen Strasser bemüht sind. Auf der anderen Seite ergeben sich auch keine weiteren Anhaltspunkte für das erwähnte Gerücht, Hitler sei auf der Fahrt zu Schleicher von Göring und Goebbels in Jena abgefangen und dann erst umgestimmt worden (vgl. die vorletzte Anm.). Es ist nicht klar, wieweit Görings Aussage in Nürnberg über seine Verhandlungen mit Schleicher damit zusammenhängt. Göring behauptet, sein Angebot einer Mehrheitsregierung sei von Schleicher zurückgewiesen worden: vgl. *Nürnberger Dokumente,* Bd. IX, S. 279. Jedenfalls ist danach die bisher akzeptierte Version Goebbels', nur Strasser und allenfalls noch Frick seien zum Einlenken geneigt gewesen, erheblich einzuschränken.

78 So auch Brüning, „Brief" (Anm. I/9), S. 14.

79 Vgl. Interview v. Carlowitz, ungedruckter Teil (Anm. VI/72), S. 97.

80 Papen (Anm. VI/35), S. 243 f. Dazu auch Papens Aussage in Nürnberg: *Nürnberger Dokumente,* Bd. XVI,

ohne historisch verkleidete Selbstgefälligkeit suchte Papen Hindenburgs Bedenken schließlich noch durch den anachronistischen Hinweis auf Bismarcks Kampf gegen preußischen Landtag und Verfassung zu überwinden.
Aber die Technik der staatsstreichförmigen „Verfassungsreform" war nur so lange erfolgreich gewesen, als es — wie am 20. Juli 1932 — um den Abbau der demokratischen Stützen ging. Sie erwies ihren illusionistischen Charakter in dem Augenblick, als sie gegen eine drohende nationalsozialistische Diktatur hätte eingesetzt werden können. Denn jetzt warf Schleicher seinen Alternativplan in die Debatte[81]. Er entwickelte Hindenburg sein neues Zähmungskonzept, durch das eine Verletzung der Verfassung vermieden und zugleich die Intransigenz der Parteien, voran der NSDAP, gebrochen werden könnte: mit Gregor Strasser, den er mit seinen Leuten an der Regierung beteiligen wollte, die NSDAP zu spalten, eine beträchtliche Anzahl von nationalsozialistischen Abgeordneten zu gewinnen[82] und durch eine „Gewerkschaftsachse", Ausnützung also der politischen Querverbindungen, alle bürgerlichen Parteien und die SPD zu erfassen oder wenigstens zur Tolerierung eines Kabinetts Schleicher zu veranlassen[83]. Papen unterbrach diese Ausführungen mit dem grundsätzlichen Einwand, daß Schleichers Plan wieder zu jener Politik provisorischer Aushilfen zurückführe, die man mit dem großen autoritären Reformprogramm gerade endgültig habe überwinden wollen. Jetzt erst griff Hindenburg ein und erklärte sich ohne jede weitere Begründung für Papens Vorschlag. Auch Schleichers Hinweis auf den Verfassungseid des Reichspräsidenten schien die Vorliebe für Papen und zugleich für die autoritäre Präsidialregierung nicht überwinden zu können. Papen erhielt den Auftrag zur Bildung der Regierung[84].
Schleichers Plan schien gescheitert. Als aber Papen sich nach Beendigung der Besprechung der Unterstützung seines Reichswehrministers für das „es muß gehandelt werden"[85] versichern wollte, traf er eine veränderte Situation an. In einer anschließenden Unterredung mit Gürtner und Eltz-Rübenach fand er zwar Zustimmung für sein neues Vorhaben, erfuhr aber gleichzeitig von einem entscheidenden Hindernis[86]. Schleicher hatte „in den letzten zwei Wochen mit der Mehrzahl der Kabinettsmitglieder" Besprechungen geführt und sie darauf aufmerksam gemacht, daß eine Wiederbetrauung Papens die Gefahr eines Bürgerkriegs in sich schließe. Er hatte dabei betont, daß die Reichswehr angesichts der wachsenden nationalsozialistischen Infiltration diesem Fall nicht gewachsen sei und überdies nicht in einem innenpolitischen Einsatz von solcher

S. 284 ff., und die (allzu kurze) Aktennotiz von Meißner in: „Zur Politik Schleichers" (Anm. IX/60), S. 105 f.

81 Falsch sind die Datierungen Meißners (Anm. I/156, S. 245 f.), der die entscheidende Auseinandersetzung zwischen Schleicher und Papen auf den 17. November statt auf den 1./2. Dezember ansetzt. Auf der anderen Seite übertreibt Görlitz (*Hindenburg*, Anm. I/66, S. 392 f.), dessen Darstellung auch hier ohne jede kritische Anmerkung Papen folgt, die Rolle Schleichers und vergißt darüber die notwendige Beurteilung der allgemeinen politischen Position Papens. Es ist mehr als unwahrscheinlich, daß Papen allein – wie er glaubhaft machen möchte – auch nach dem 6. November und nach seinem Rücktritt von seiner hoffnungslosen Isolierung nichts gemerkt und eine Kandidatur Schleichers, die doch schon im Mai 1932 vor der Papens in vieler Munde war, nicht erwartet haben sollte.

82 Nach Papen (Anm. VI/35, S. 244) sprach Schleicher von „einigen 60 Abgeordneten".

83 Vgl. auch Görlitz, *Generalstab* (Anm. VI/9), S. 391. Interessant ist, daß der Schleicher nahestehende Herausgeber der *Tat* schon im August 1932 die imperative Möglichkeit eines Bündnisses von Gewerkschaften und NSDAP (besonders um Gregor Strasser) erörtert hatte: Hans Zehrer, „Revolution oder Restauration" (Anm. VII/84), S. 386 ff. Zehrer war seit dem 1. September 1932 auch Herausgeber der Schleicher nahestehenden *Täglichen Rundschau*: vgl. *Die Tat* 24, Heft 6 (September 1932), S. 518.

84 Papen (Anm. VI/35), S. 245.

85 *Ebda.*, sowie Meißners Aktennotiz (Anm. X/80), S. 106.

86 Im Sinne Papens und scharf gegen Schleicher ist auch schon die etwas abweichende Schilderung dieser Vorgänge bei Gerhard Rossbach, *Mein Weg durch die Zeit, Erinnerungen und Bekenntnisse*, Weilburg 1950, S. 123 ff., gehalten.

Tragweite verbraucht werden dürfe. Ganz offensichtlich war dadurch in der Regierung selbst der Rückhalt gefährdet, dessen Papen für seine Gewaltreform bedurfte[87].

Dies erwies sich in der Kabinettssitzung, die Papen eilends für den folgenden Tag, den 2. Dezember, einberufen hatte. Hier erklärte Schleicher den neuen Regierungsplan für undurchführbar und verwies dazu auf eine Studie, die unter Leitung von Oberstleutnant Ott zu diesem Zweck und unter dem Eindruck des Berliner Verkehrsstreiks veranstaltet worden war[88]. Die Erklärung, in die Ott anschließend vor dem Kabinett die Ergebnisse dieser Studie zusammenfaßte, ging von der Frage aus, „ob die Wehrmacht einem zukünftigen Ausnahmezustand gewachsen sein würde, der gegen den Terror von rechts und links durchzuführen wäre"[89]. In einem dreitägigen Kriegsspiel vor „Vertretern aller Staatseinrichtungen, die für einen Ausnahmezustand von Wichtigkeit waren"[90], war die voraussichtliche Situation in jedem Teil des Reiches erwogen und dabei festgestellt worden, daß die militärischen Möglichkeiten „überall gleich unzulänglich" waren. Im isolierten Ostpreußen glaubte man mit der Gefahr eines Zweifrontenkrieges rechnen zu müssen: die Drohung einer polnischen Intervention — Schleichers wie Brünings Angsttraum — würde nur durch eine Heranziehung der wehrfreudigen Jugend gebannt werden können. Da hier aber die NSDAP einen besonders großen Einfluß besitze, müsse auch die Truppe in einen „inneren Konflikt" geraten. Denn zudem sei es gerade auch in Ostpreußen „am wenigsten gelungen, sie [die Truppe] von den nationalsozialistischen Einflüssen fernzuhalten". In Hamburg stehe ein Generalstreik der Hafenarbeiter, der die deutsche Nahrungsversorgung gefährden würde, im Mittelpunkt der Erwägungen. Truppe und Polizei seien dagegen hilflos, und die Technische Nothilfe habe durch ihren Leiter auf die ungenügende Ausrüstung sowie auf die Tatsache verwiesen, daß „die Mehrheit der freiwilligen Nothelfer" als Nationalsozialisten „mit Sicherheit ausfallen" würde. Für das Rhein-Ruhr-Gebiet sei vor allem mit einer Lahmlegung des Bergbaus, der Schwerindustrie, der Schiffahrt sowie mit einem Wiederaufleben des Separatismus zu rechnen, während gerade hier die entmilitarisierte Zone alle Gegenmaßnahmen auf eine schon bei früheren Unruhen unzulängliche Polizei beschränke. Auch im ganzen gesehen sei es unmöglich, „irgendwo Ordnungskräfte auszusparen und an den Schwerpunkten der Krise zusammenzuziehen", und man habe Schleicher melden müssen, „daß die Ordnungskräfte des Reiches und der Länder in keiner Weise ausreichten, um die verfassungsmäßige Ordnung gegen Nationalsozialisten und Kommunisten aufrechtzuerhalten und die Grenzen zu schützen. Es sei daher die Pflicht des Reichswehrministers, die Zuflucht der Reichsregierung zum militärischen Ausnahmezustand zu verhindern"[91].

87 Papen (Anm. VI/35), S. 246. Vgl. die Aussage Papens in: *Nürnberger Dokumente*, Bd. XVI, S. 286 ff.

88 Es läßt sich schwer feststellen, welcher Anlaß an erster Stelle stand. Ott (nächste Anm.) denkt eher an Papen, während Foertsch (Anm. VI/61, S. 19; S. 21) die Aufregung der Reichswehr über eine mögliche Zusammenarbeit zwischen NSDAP und KPD in den Vordergrund rückt. Vgl. auch die Ausführungen Schleichers bei Vogelsang (Anm. III/35), S. 427. Nach Aussagen Jodls in Nürnberg war die Reichswehrführung 1932 ständig mit der Ausarbeitung von Plänen (und Kriegsspielen) für den Einsatz bei innenpolitischen Konflikten beschäftigt: *Nürnberger Dokumente*, Bd. XV, S. 315.

89 Eugen Ott, Auszug aus der 1946 verfaßten Aufzeichnung *Wehrmacht und Nationalsozialismus*, gegeben zu Nürnberg am 15. 12. 47, bestätigte Abschrift im Institut für Zeitgeschichte, München (Teile abgedr. bei Papen, Anm. VI/35, S. 247–249). Dazu und zu Schleichers weiterer Konzeption als Reichskanzler vgl. seine Ausführungen vor den Gruppen- und Wehrkreiskommandeuren am 13./15. Dezember 1932: Vogelsang (Anm. III/35), S. 426 ff.

90 Ott nennt neben Offizieren der sieben Reichswehrdivisionen und der Marine Beauftragte des Reichswehrministeriums, Preußens, der Polizei sowie den Leiter der Technischen Nothilfe.

91 Ott (Anm. X/89), Schluß. Als unmittelbare Konsequenz dieser Feststellungen verzeichnet Ott die Tatsache, daß der Technischen Nothilfe – die doch eben als nationalsozialistisch durchsetzt geschildert worden

Wieweit diese Erklärungen, die Schleicher sogleich nachhaltig unterstützte, einen gegen Papen gerichteten politischen Zweck verfolgten, wieweit sie tatsächlich in der objektiven Situation begründet waren, wird sich nicht mehr eindeutig feststellen lassen[92]. Dahinter stand Schleichers Befürchtung, daß die weitere Stützung eines so schmalen, nur von der DNVP getragenen Kabinetts „sein ganzes Lebenswerk, die überparteiliche Rolle der Reichswehr, gefährdet" hätte[93]. Dies Machtinstrument jedenfalls wollte er nicht für eine gewaltsame Restaurationspolitik einsetzen. Gleichzeitig mußte er ohne Zweifel mit dem „inneren Zwiespalt in der Reichswehr" rechnen, der eine Gewaltaktion gegen Hitler riskant erscheinen ließ[94]. Die unmittelbare Wirkung der Schleicherschen Argumente auf das Kabinett war so eindeutig, daß Papen nichts übrigblieb, als „unverzüglich" zu Hindenburg zu eilen und ihm von der durch die Kabinettssitzung geschaffenen neuen Lage zu berichten. Er glaubte, trotz Schleichers und seiner Ministerkollegen Haltung an seinem Plan festhalten zu können, wenn er das Reichswehrministerium neu besetzen würde. Dagegen freilich sträubte sich nun auch der realistische Sinn Hindenburgs, und wenn Papen heute die Angst vor dem Bürgerkrieg für seinen Sturz verantwortlich macht[95], so vergißt er hinzuzufügen, daß sein eigenes Kabinett und die hinter ihm stehenden Kräfte ihm in dies Abenteuer zu folgen nicht mehr bereit waren[96]. Noch einmal hatte Schleicher mit jenem allmächtigen Argument vom „Vertrauen der Reichswehr", das in den vergangenen Jahren immer wieder das letzte Wort gehabt hatte, der Politik eine entscheidende Wendung zu geben verstanden[97].

war! – vom Finanzministerium eine Sonderbeihilfe „von mehreren Millionen RM" bewilligt wurde. Bei Georges Castellan, „Von Schleicher, von Papen et l'avènement de Hitler", in: *Cahiers d'histoire de la guerre,* 1 (Januar 1949), ist noch weiteres Material zu Otts Bericht zusammengetragen. Vgl. auch den Bericht des britischen Botschafters Sir Horace Rumbold vom 7. Dezember 1932 in: *Documents on British Foreign Policy* (Anm. II/53), 2nd series, vol. IV, S. 92–99.

92 Vor allem die Frage nach der nationalsozialistischen Zersetzung des Offizierkorps, die eine unzweifelhafte Überlegenheit der Reichswehr auch gegenüber einem Aufstand von rechts illusorisch gemacht hätte, ist mit Sicherheit nicht zu beantworten. Man muß sich freilich fragen, worauf Schleicher dann noch seinen Widerstand gegen Hitler gründen wollte. Auch vom Strasser-Plan durfte doch eine so weitgehende Entlastung im konkret machtpolitischen Raum kaum erwartet werden. Mehr als Schleicher war Hammerstein schon im Sommer mit scharfen Äußerungen gegen die nationalsozialistischen Ambitionen hervorgetreten; man schlug auch vor, „radikale Elemente, vor allem Goebbels, zu verhaften": vgl. Foertsch (Anm. VI/61), S. 19 f., und o. Teil I, S. 250 ff.

93 So Interview Carlowitz, ungedruckter Teil (Anm. VI/72), S. 97; vgl. Foertsch (Anm. VI/61), S. 20 f.

94 Conze, „Die Weimarer Republik" (Anm. I/9), S. 662.

95 Papen (Anm. VI/35, S. 250) berichtet als Hindenburgs letzte Worte bei seinem rührseligen Abschied: „Sie werden mich, lieber Papen, für einen Schuft halten, wenn ich jetzt meine Meinung ändere. Aber ich bin zu alt geworden, um am Ende meines Lebens noch die Verantwortung für einen Bürgerkrieg zu übernehmen. Dann müssen wir in Gottes Namen Herrn von Schleicher sein Glück versuchen lassen."

96 Von den Ministern erklärten sich vor allem Bracht, Schwerin-Krosigk, Warmbold und Popitz gegen eine Wiederbetrauung Papens, während nun auch einflußreiche rechtsbürgerliche Zeitungen *(DAZ* und *Berliner Börsen-Zeitung)* die Vermeidung einer Gewaltlösung forderten: vgl. Horkenbach, *1932,* S. 408 f. Ebenso natürlich Hans Zehrer, „Die Etappe Papen", in: *Die Tat* 24, Heft 8 (November 1932), S. 627 ff.: „Der erste Vorstoß der Präsidialgewalt ist gescheitert, weil sie keinen Anschluß an den Volkswillen fand. . ." Carlowitz betont in seinem „Interview", ungedruckter Teil (Anm. VI/72, S. 98), daß nach Otts Vortrag die Mehrzahl der Minister, besonders die in Verwaltungsproblemen erfahrenen Minister Bracht, Schwerin-Krosigk, Popitz und Neurath, Hindenburg zum Aufgeben des Planes und zum Rücktritt Papens veranlaßt haben, während nur Gayl auf Papens Seite blieb. Entschieden hielt allerdings auch Hugenberg an Papen fest: vgl. Hugenbergs schriftliche Aussage in: *Nürnberger Dokumente,* Bd. XXXX, Dok. Nr. Pa-87, S. 575 ff. Meißner bestätigt in seinem Affidavit, daß Papen schon vor Otts Vortrag nur noch einige Minister auf seiner Seite gehabt habe: *ebda.,* Bd. XXXXII, S. 150.

97 Vgl. Wheeler-Bennett, *Nemesis* (Anm. I/159), S. 263 f. Die einseitige These Wheeler-Bennetts, nach der Schleicher gerade auch in diesem Fall die Politisierung der Reichswehr auf die Spitze getrieben und dadurch erst die verhängnisvolle Entwicklung beschworen habe, stellt allerdings die Dinge geradezu auf den Kopf. Sie setzt insbesondere das Problem des Nationalsozialismus in ein schiefes Licht: ein Vergleich mit der – fiktiven – „Überparteilichkeit" der Seecktschen Reichswehrpolitik ist nicht nur sinnlos, sondern auch historisch falsch. Schleichers Niederlage am 30. Januar 1933 beweist gerade, daß das Überparteilichkeitskonzept nie aufgegeben wurde, daß das Zuviel, nicht das Zuwenig dieser Einstellung den Fall der Republik beschleunigte. Dementsprechend auch Hans Zehrer, „Die Revolution von rechts", in: *Die Tat* 25,

So entließ der „alte Herr" den Kanzler, der ebenso schnell sein Herz zu gewinnen wie die letzten Chancen einer besonnenen Überbrückung der politischen Krise zu verspielen vermocht hatte. Mit ihm verließ auch Gayl sein Amt: damit waren die weitreichenden Reformpläne nach außen hin sichtbar aufgegeben[98]. Aber das Wunschbild des „Neuen Staates" blieb und verband sich jetzt einem schweren Groll gegen den Nachfolger, der einst Papen emporgehoben, jetzt aber mit ihm auch Hindenburg empfindlich getroffen hatte. Vier Regierungskrisen hatte der gewandte General zu kontrollieren vermocht, die jüngste trug den halb Widerstrebenden[99] selbst auf den Posten des Reichskanzlers. Aber jetzt blieb im Reichspräsidentenpalais eine Verstimmung zurück, die sich dann in einer letzten Regierungskrise Luft schaffen und mit Schleicher und seinem Plan die sorgfältig errichteten Dämme gegen den Nationalsozialismus hinwegschwemmen sollte.

Der neue Reichskanzler war sich über solche Aspekte nicht im unklaren. Er mußte wissen, daß die Umstände der Regierungsübernahme seine Handlungsfreiheit von Anbeginn psychologisch einschränken würden[100], und er suchte darum Papen sogleich zur Annahme des Botschafterpostens in Paris zu bewegen. Aber wie er selbst einst Brüning, dann Papen als präsidialer Vertrauensmann begleitet hatte, so mußte er jetzt seinem Vorgänger diese wichtige Stelle im Präsidentenpalais einräumen. Hindenburg bereitete seinem Lieblingskanzler nicht nur einen rührenden Abschied[101]. Er sprach auch den ausdrücklichen Wunsch aus, Papen weiterhin in seiner unmittelbaren Nähe zu behalten[102], und so hatte Schleicher nicht nur mit Meißner und Oskar v. Hindenburg, sondern auch mit seinem grollenden Vorgänger zu rechnen, wenn er sich jetzt auch für die schwerste Aufgabe seiner ereignisreichen Laufbahn noch auf Hindenburg stützen wollte[103].

6. *Anfänge der Regierung Schleicher*

Soweit die Öffentlichkeit mit dem neuen Kabinett Schleicher, um dessen Entstehung und Absicht die verschiedensten Vermutungen kreisten, überhaupt positive Erwartungen verknüpfte, mußte sie schon sein äußeres Gesicht mit Enttäuschung quittieren. Wie immer die Ministerliste vom 3. Dezember zu-

Heft 1 (April 1933), S. 3: „Der General v. Schleicher scheiterte daran, daß er als Kanzler überhaupt keine aktive Politik trieb, weil er die Neutralität der Armee zwischen links und rechts nicht durch Taten gefährden wollte. Denn jede Maßnahme hätte ihn mit einem Teil des Volkes in Konflikt gebracht. . ." Zur Kritik Wheeler-Bennetts vgl. auch die Besprechung von Otto-Ernst Schüddekopf, „Wehrmacht und Politik in Deutschland", in: *Politische Literatur* 3, Heft 3/4 (1954), S. 232 ff.

98 Der neuen Richtung entsprach es auch, daß zugleich der von den Gewerkschaften schwer bekämpfte Arbeitsminister Hugo Schäffer verabschiedet wurde.

99 Nach Interview Carlowitz, ungedruckter Teil (Anm. VI/72, S. 97) suchte Schleicher zunächst Bracht für die Neubildung des Kabinetts zu gewinnen. Schacht berichtet, Schleicher sei in diesen Tagen auch an ihn herangetreten (*76 Jahre*, Anm. I/9, S. 374 f.).

100 Vgl. Meißners Affidavit in: *Nürnberger Dokumente*, Bd. XXXII, S. 151.

101 Vgl. Papen (Anm. VI/35, S. 250): „Zwei dicke Tränen rollten über seine [Hindenburgs] Wangen, als der große starke Mann mir seine Hände zum Abschied reichte." Wenige Stunden später überreichte ihm Hindenburg sein Bild mit der Unterschrift: „Ich hatt' einen Kameraden!" (*ebda.*, gegenüber S. 225). Und am folgenden Tag schickte er ihm noch ein bewegtes Abschiedsschreiben (*ebda.*, S. 251).

102 *Ebda.*, S. 251; vgl. Rossbach (Anm. X/86), S. 126. Es ist schwer festzustellen, wo die Initiative für diesen ungewöhnlichen Schritt lag, den Kreis der „außerverfassungsmäßigen Berater" Hindenburgs um den entlassenen Reichskanzler zu erweitern. Papen selbst blieb daran schwerlich unbeteiligt. Die Tatsache ist jedenfalls bezeichnend für das Gewicht, das die Kamarilla entgegen allen Verfassungsbestimmungen längst in der Sphäre der politischen Entscheidungen gewonnen hatte. Nach einer Bemerkung bei Görlitz (*Hindenburg*, Anm. I/66, S. 394), deren Herkunft allerdings nicht genannt ist, erwog Hindenburg sogar, Papen den Platz Meißners anzubieten.

103 Etwas schief – vielleicht aus der Sicht des konservativen Engländers verständlich – ist die durchgängig milde Beurteilung Papens gegenüber Schleicher bei Bullock (Anm. I/123), S. 190 ff.; S. 210 ff. u. a. Das Werk war vor Erscheinen der Papenschen Memoiren abgeschlossen.

stande gekommen war, sie versprach keine wesentlichen Änderungen der politischen Linie. Schleicher behielt selbst erwartungsgemäß das Reichswehrministerium bei, Neurath, Schwerin-Krosigk, Gürtner und Eltz-Rübenach blieben — wie dann auch unter Hitler — auf ihren Posten; Schäffer wurde durch den Präsidenten der Reichsanstalt für Arbeitsvermittlung und Arbeitslosenversicherung und Reichskommissar für den freiwilligen Arbeitsdienst, Syrup, ersetzt, während an Gayls Stelle Bracht trat. Am folgenden Tag wurden auch Warmbold und v. Braun, nachdem sie ihre Differenzen notdürftig bereinigt hatten, in ihren Ämtern bestätigt. Da Popitz ebenfalls seine Stellung im Kabinett behielt und Schleicher selbst auch als Reichskommissar für Preußen Papen ablöste, schien dessen Erbschaft in aller Form bewahrt, und einzig die Bestellung Gerekes zum Kommissar für Arbeitsbeschaffung deutete auf einen neuen Ansatz hin.

Zunächst trat jedoch neben der KPD nur die SPD, die vor allem der offensichtlichen Erhaltung der Papenschen Preußenlösung den Kampf ansagte, in entschiedene Opposition zu dem neuen Kabinett. Dagegen bezogen die Parteien der Mitte und der Rechten eine abwartende Haltung, und auch die Stellungnahme der NSDAP war, wenngleich parteiamtlich die Tolerierung eines Kabinetts Schleicher abgelehnt wurde, wesentlich unsicherer und zwiespältiger als Papen gegenüber[104]. Dies war einmal in der Person des neuen Kanzlers begründet. Schleicher verfügte über die gefürchtete Reichswehr, und überdies hatte die Partei in ihm bislang immer einen wertvollen Mittelsmann zu Hindenburg gesehen, hatte Hitler ihn eben noch für sein eigenes Kabinett als Reichswehrminister vorgeschlagen[105]. Zum andern hing es mit der schwierigen Lage der Partei zusammen, die sich einer neuen Reichstagswahl im Augenblick nicht gewachsen glaubte. Gerade jetzt erlitt sie bei den Thüringer Gemeindewahlen einen neuerlichen Rückschlag[106], während die innere Krise im selben Augenblick ihren Höhepunkt erreichte. Nach Goebbels' Notizen kam es bei einer Führertagung im Hotel Kaiserhof am 5. Dezember, auf der die nationalsozialistische Parteilinie gegenüber Schleicher festgelegt werden sollte, zu einer scharfen Auseinandersetzung zwischen Hitler und Strasser, der nun mit allem Nachdruck für eine Tolerierung der neuen Regierung eintrat. Ob Schleicher ihm tatsächlich tags zuvor die Vizekanzlerschaft und das Arbeitsministerium angeboten und Strasser seinerseits für den Fall einer Neuwahl die Aufstellung einer eigenen Liste[107], also die Sprengung der NSDAP zugesagt hatte, ist schwer zu überprüfen. Jedenfalls mußte Strasser schon in diesem Augenblick und bei der anschließenden Fraktionssitzung erkennen, daß Hitler dank seiner rhetorischen Überlegenheit die Situation in der Hand hatte, mochte Schleicher ihm durch Strasser auch eine erneute Auflösung des Reichstags androhen.

So trat am 6. Dezember der neue Reichstag zusammen, ohne daß Schleicher auf den ersten Versuch hin eine Klärung in seinem Sinne gelungen war. Trotzdem war die Situation der des 12. September zunächst nicht vergleichbar, schien

104 So auch der auf verlegene Ironie gestimmte Kommentar von Joseph Goebbels, „Der General hat eine gute Presse", in: *Der Angriff* v. 6. Dezember 1932. Vgl. die weiteren Pressestimmen bei Horkenbach, *1932*, S. 409 f.; *Der Zeitspiegel* 1, Nr. 24 (17. Dezember 1932), S. 374 ff.

105 Foertsch (Anm. VI/61), S. 21 und S. 227, Anm. 75, berichtet in diesem Zusammenhang, daß sich Göring vergeblich um die Vermittlung „größerer Beträge" durch Schleicher bemüht habe: Schleicher habe ihm dies mit der Bemerkung mitgeteilt, daß Göring ihm wohl nicht verzeihen würde, daß er ihn einmal „schwach und weinend" gesehen habe. Der 30. Juni 1934 war die Antwort.

106 Vgl. etwa die Wahlziffern von Jena o. S. 574. Dazu Goebbels, *Kaiserhof* (Anm. V/13, S. 215): „Diese Niederlage kommt im Augenblick sehr ungelegen." S. 217 f.: „Die Lage im Reich ist katastrophal. In Thüringen haben wir seit dem 31. Juli nahezu 40 % Verluste erlitten."

107 So *ebda.*, S. 216; ebenso Meißner (Anm. I/56), S. 251.

dem neuen Kanzler ein Schritt aus der Isolierung seines Vorgängers hinaus noch durchaus möglich. Weder wagte die nationalsozialistische Fraktion, in der die Strasser-Tendenz nicht ohne Widerhall war, einen sofortigen Angriff auf Schleicher, noch reichte dazu die Oppositionshaltung der Linksparteien aus[108]. Neben der Furcht vor Neuwahlen im Augenblick einer bedrohlichen Parteikrise mag die NS-Führung vor allem die Überlegung bestimmt haben, daß eine neue Regierungskrise jetzt zu einer Machtübernahme noch keinerlei Ansatzpunkte bieten würde, die von den Novemberverhandlungen wesentlich verschieden wären. Auch so noch mag der Verlauf dieser viertägigen Reichstagssitzung, der letzten der Weimarer Republik, seltsam genug anmuten. Sie wurde diesmal durch eine nationalsozialistische Agitationsrede eröffnet, in der General a. D. Litzmann als Alterspräsident die Enttäuschungen vom 13. August und 25. November Hindenburg zur Last legte und nach scharfen persönlichen Angriffen[109] ihn aufforderte, endlich Hitler als Retter vor dem Bolschewismus mit der Führung der Regierung zu betrauen. Anschließend setzte sich Göring, der — diesmal nur mit knapper Mehrheit — wieder zum Reichstagspräsidenten gewählt wurde, für die Respektierung des Parlaments ein und wandte sich gegen die neue Regierung, die die Gefahr einer Politisierung der Wehrmacht beschwöre[110]. Bei der Wahl der Vizepräsidenten brach der Konflikt der ehemaligen Harzburger Partner noch einmal auf: während schließlich Esser (Zentrum), Rauch (BVP) und auch Löbe (SPD) gewählt wurden, weigerten sich die Nationalsozialisten, für eine Wiederwahl von Graef (DNVP) einzutreten[111]. Auch in der folgenden Geschäftsordnungsdebatte zeigte sich die veränderte Situation. Dieses Mal wurde der kommunistische Antrag auf Behandlung der Mißtrauensvoten gegen die Regierung niedergestimmt und in den folgenden Tagen (7.—9. Dezember) zunächst ein nationalsozialistischer Gesetzentwurf behandelt, demzufolge an Stelle des Reichskanzlers[112] der Reichsgerichtspräsident den Reichspräsidenten im Fall einer Verhinderung oder seines Todes bis zur Neuwahl vertreten sollte[113]. Obwohl nicht klar erschien, was die NSDAP zu dieser Initiative bewogen haben konnte[114] — die Befürchtung vielleicht, die gegenwärtige Präsidialregierung möchte auf diesem Weg Dauer gewinnen oder gar über ein Testament Hindenburgs einer Restaurierung der Monarchie Platz machen[115] —, fand das Gesetz gegen den Widerstand der DNVP und der KPD die notwendige Zweidrittelmehrheit[116]. Auch für den nächsten Antrag, die Notverordnung vom 4. September in ihrem sozialpolitischen Teil aufzuheben, setzte sich mit Zentrum, BVP, SPD und NSDAP eine Mehrheit gegen DNVP und DVP durch[117]. Dagegen versagte die NSDAP nach erregten Debatten mit SPD und KPD einer Aufhebung der gesamten Notverordnungen vom 14. Juni, 4. und 5. September ihre Zustimmung und setzte die Überweisung der

108 Die Regierung selbst wohnte den Sitzungen gar nicht bei, und gegen die Anträge von SPD und KPD verzichtete die Mehrheit darauf, Schleicher herbeizurufen bzw. seine Regierungserklärung im Parlament zu hören.

109 *Reichstagsprotokolle* v. 6. Dezember 1932, S. 1 ff. Litzmann behauptete, der entscheidende Sieg in Polen vom November 1914, der Hindenburg den Marschallstab eingebracht habe, sei in Wirklichkeit durch seine Infanteriebrigade herbeigeführt worden.

110 *Ebda.*, S. 8 ff.

111 *Ebda.*, S. 10 f.

112 So der Artikel 51 der Weimarer Verfassung.

113 *Reichstagsprotokolle* v. 7. Dezember 1932, S. 23 ff.

114 Die NSDAP hatte ihren Antrag nicht begründet.

115 Daß diese von Breitscheid (SPD) geäußerte Vermutung nicht unbegründet war, bewies der von Freytagh-Loringhoven vorgebrachte deutschnationale Gegenantrag: „Der Reichspräsident bestimmt seinen Vertreter für den Fall einer Verhinderung. . ." – also testamentarisch.

116 Abstimmungsergebnis 403 : 126. Die Verfassungsänderung trat am 17. Dezember in Kraft. *RGBl.*, *1932*, I, S. 547.

117 295 : 204. Vgl. *Reichstagsprotokolle* v. 7. Dezember 1932, S. 30 ff.

Anträge an die Ausschüsse durch (296 : 203). Den Abschluß bildete die Annahme einer weitergehenden Amnestievorlage durch die interessierten Flügelparteien (NSDAP, KPD, SPD)[118], und nach der Ankündigung einer besonderen Winterhilfe beschloß der Reichstag gegen den Einspruch von SPD und KPD eine unbefristete Vertagung bis zu einem Einberufungsbeschluß des Ältestenrats und des Reichstagspräsidiums[119].

Der relativ friedliche, nur durch eine Schlägerei zwischen Nationalsozialisten und Kommunisten gestörte Verlauf dieser letzten Reichstagssitzung der Weimarer Republik schien Schleichers Optimismus Recht zu geben. Nicht nur die bürgerliche Mitte, sondern auch die NSDAP hatte alles vermieden, was eine neue Regierungskrise oder eine nochmalige Auflösung des Reichstags veranlassen konnte[120]. Schleicher seinerseits kam dem Reichstag entgegen und distanzierte sich sogleich von dem Wirtschaftsprogramm Papens, indem er wenige Tage später die Verordnung vom 5. September aufhob[121], mit der Streichung des sozialpolitischen Teils der Notverordnung vom 4. September die Tarifsicherheit wiederherstellte[122] und gleichzeitig neue Maßnahmen zur Arbeitsbeschaffung vorbereiten ließ[123]: damit wurde der neue Reichskommissar für Arbeitsbeschaffung betraut, der in einer Rede am 4. Dezember vor allem die Bereitstellung von Darlehen für umfangreiche öffentliche Arbeiten ankündigte[124]. Schließlich wurde auch das geplante Winterhilfsprogramm gegen mancherlei Widerstände seitens der Wirtschaft und des Finanzministeriums vorangetrieben. Mit solchen Maßnahmen schien Schleicher auf dem Weg zu jener Politik der sachlichen Vernunft, die nicht ohne sein Zutun mit Brünings Sturz einer Periode des Abenteuers geopfert worden war. Die Hoffnung wuchs, daß es noch nicht zu spät sei, und selbst Groener und Brüning unterstützten durch versöhnliche Äußerungen den Kurs des neuen Kanzlers[125], der seine Regierungserklärung in einer Rundfunkrede am 15. Dezember mit der Aufforderung zur Mitarbeit nach allen Seiten verband. Praktische Arbeitsbeschaffung und Siedlung, nicht theoretische Verfassungsreformen, verkündete das Programm, das Schleicher hier — zwar wenig detailliert und mit gewohnter Forschheit, doch nicht ohne taktische Vorsicht — jenseits von Kapitalismus oder Sozialismus zu entwickeln versuchte[126].

Die politische Schonzeit, die Schleicher durch seine Verhandlungen mit Parteien und quergelagerten Interessengruppen erreicht hatte und nun durch eine

118 Abstimmungsergebnis 395 : 143. In Kraft gesetzt am 20. Dezember: *RGBl., 1932,* I, S. 559 ff.

119 *Reichstagsprotokolle* v. 9. Dezember 1932, S. 111.

120 So auch der Tenor von Joseph Goebbels, „Vertagte Krise", in: *Der Angriff* v. 15. Dezember 1932. Vgl. das Presseecho in: *Der Zeitspiegel* 1, Nr. 24 (17. Dezember 1932), S. 376 ff.

121 14. Dezember: „Verordnung über die Aufhebung der Verordnung zur Vermehrung und Erhaltung der Arbeitsgelegenheit": *RGBl., 1932,* I, S. 545.

122 17. Dezember: „Gesetz zur Änderung der Verordnung des Reichspräsidenten zur Belebung der Wirtschaft": *RGBl., 1932,* I, S. 547. Damit war auch das sozialdemokratische Volksbegehren vom 12. September 1932 vgl. o. S. 551) überholt: vgl. den entsprechenden Brief Brachts an den SPD-Vorstand (*Frankfurter Zeitung,* Nr. 14/16 v. 6. Januar 1933).

123 15. Dezember: „Verordnung des Reichspräsidenten über die Maßnahmen zur Förderung der Arbeitsbeschaffung und der ländlichen Siedlung": *RGBl., 1932,* I, S. 543 ff.

124 Vgl. Horkenbach, *1932,* S. 423. Dagegen lehnte Syrup die nationalsozialistische Forderung nach Arbeitsdienstpflicht unter Hinweis auf die Finanzlage ab: *ebda.,* S. 413.

125 Vgl. Brüning, „Brief" (Anm. I/9, S. 14): „General Groener, der hochherzig die schwere Beleidigung vergaß, die Schleicher ihm im Mai 1932 zugefügt hatte, schrieb für eine Berliner Zeitung einen Artikel, der feststellte, daß Schleicher zu der politischen Linie zurückkehren würde, die bis zu meinem Rücktritt verfolgt worden war." Vgl. auch die Briefe Schleichers an Groener seit dem 21. November 1932. Nach einer temperamentvollen, aber großzügigen Antwort Groeners, der die „Reitpeitschmanieren" Papens im Fall Preußen scharf kritisierte, wurde die Korrespondenz wieder im alten Ton aufgenommen: Craig (Anm. I/34), S. 131 ff.; Groener-Geyer (Anm. I/51), S. 330 ff.

126 *Kölnische Zeitung,* Nr. 687 v. 16. Dezember 1932; Schultheß, *1932,* S. 223–231; vgl. auch den ironisch-gemäßigten Kommentar von Joseph Goebbels, „Das Programm ohne Programm", in: *Der Angriff* v. 21. Dezember 1932.

Lockerung auch der politischen Verbote sowie durch die Aufhebung der Sondergerichte noch psychologisch zu unterbauen suchte[127], brachte ihn freilich in seinem Hauptanliegen nicht weiter. Die Bemühungen um eine Sprengung der NSDAP zwangen zwar die stark erschütterte Partei zunächst zur indirekten Tolerierung des Kabinetts Schleicher, erzielten jedoch nicht die erhoffte positive Wirkung auf längere Sicht. Schon am 8. Dezember erreichten sie ihren kritischen Punkt. Am Mittag dieses Tages platzte mitten hinein in die gedrückte Stimmung der Parteiführung[128] der Brief, durch den Gregor Strasser Hitler seinen Rücktritt von sämtlichen Ämtern erklärte und auch sein Reichstagsmandat niederlegte. Dies Ereignis nahm sogleich in den öffentlichen Diskussionen den ersten Platz ein, während es von nationalsozialistischer Seite zunächst dementiert bzw. in einen Krankheitsurlaub Strassers umgedeutet wurde[129].

Aber bald zeigte sich, daß Schleicher den Augenblick wohl gut gewählt, aber doch die organisatorischen und psychologischen Möglichkeiten unterschätzt hatte, die Hitler auch jetzt zur Verfügung standen[130]. So schwer nach Goebbels' erstem Eindruck die Parteiorganisation getroffen schien, so rasch wurde das entstandene Vakuum ausgefüllt. Am 8. Dezember jagten sich die Hiobsbotschaften aus Partei und Fraktion, drohte Hitler mit seinem Selbstmord[131], trat auch der Wirtschaftsideologe der Partei, Gottfried Feder, einen „mehrwöchigen Urlaub" an. Aber die groß aufgemachte propagandistische Auswertung des Ereignisses besonders in der Schleicher nahestehenden *Täglichen Rundschau* konnte nicht darüber hinwegtäuschen, daß weder Strassers Machtapparat in der Partei noch seine Verbindungen in der Fraktion dem schnellen Zugriff Hitlers widerstehen konnten, der vor allem durch Goebbels, Göring, Röhm, Himmler und Ley unterstützt wurde. Die Vertagung des Reichstags gab die Gelegenheit, „die Partei nach innen wieder in Ordnung zu bringen"[132], und auch die Hoffnungen, die Schleicher auf Frick gesetzt zu haben scheint, wurden durch eine große Kundgebung der Reichstagsfraktion gemeinsam mit Gauleitern und Inspekteuren noch am 9. Dezember im Amtssitz des Reichstagspräsidenten zunichte gemacht. Während Hitler die Funktionäre nach einer großen Rede auf sich verpflichtete, seine diktatorische Kontrolle über die gesamte parlamentarische Aktivität der NSDAP verstärkte[133] und auch Strassers Amt — nach bewährtem Brauch — selbst übernahm, war der einst so mächtige Reichsorganisationsleiter tatsächlich in Urlaub gefahren und hatte damit auf jede direkte politische Einwirkung von vornherein verzichtet. Offenbar

127 *RGBl.*, *1932*, I, S. 548 ff. und S. 550 (19. Dezember).

128 Vgl. Goebbels, *Kaiserhof* (Anm. V/13), S. 218 (zum 8. Dezember): „In der Organisation herrscht schwere Depression. Die Geldsorgen machen jede zielbewußte Arbeit unmöglich."

129 Verlautbarung der Pressestelle der NSDAP vom 9. Dezember: „Parteigenosse Gregor Strasser tritt mit Genehmigung des Führers einen Krankheitsurlaub von drei Wochen an. Alle weiteren daran geknüpften Gerüchte und Kombinationen sind unzutreffend und entbehren jeglicher Grundlage" (Schultheß, *1932*, S. 220).

130 Auch Schleichers Mitarbeiter Holtzendorff (Anm. IX/44, ungedruckter Teil, S. 107) bestätigt, daß man sich damals über die Machtverhältnisse innerhalb der NSDAP getäuscht habe.

131 Goebbels überliefert Hitlers Diktum vom Abend des 8. Dezember: „Wenn die Partei einmal zerfällt, dann mache ich in drei Minuten mit der Pistole Schluß" (*Kaiserhof*, Anm. V/13, S. 220).

132 *Ebda.*, S. 221.

133 Vgl. die Anordnung der Politischen Zentralkommission der NSDAP in: *Völkischer Beobachter* v. 25./27. Dezember 1932: „Die nationalsozialistischen Vertretungen in den Länderparlamenten und in den Kommunen sind verpflichtet, Anträge von grundsätzlicher Bedeutung vor der Einreichung sowie die beabsichtigte Stellungnahme zu Anträgen grundsätzlicher Art anderer Parteien der Reichsleitung vorzulegen. Die nationalsozialistischen Fraktionen des Reichstags sowie des Preußischen und Bayerischen Landtags werden davon nicht berührt; sie unterstehen direkt dem Führer der Bewegung. Für die übrigen nationalsozialistischen parlamentarischen und kommunalen Vertretungen ist die ‚Politische Zentralkommission' zuständig."

vermochte er die leidenschaftlichen Beschuldigungen, er verrate seinen „Führer" um den Preis eines Ministerpostens, nur mit der Resignation zu beantworten; dabei blieb es denn auch, da Hitler einen vollständigen Bruch mit Rücksicht auf Strassers Anhänger vermied und ihn in der Partei beließ[134]. Auch Schleicher hatte, wie viele andere wohlunterrichtete Beobachter[135], die Machtstellung und die politischen Fähigkeiten Strassers überschätzt. Er gab seinen Plan freilich noch nicht verloren, obwohl sich schon jetzt zeigte, daß Strasser kein Treviranus oder Westarp und die NSDAP auch in dieser Krise der DNVP von 1929 nicht vergleichbar war. Er hatte von vornherein sein Kabinett nur als vorläufige Lösung betrachtet und glaubte es weiterhin für eine Erweiterung offenhalten zu können[136]. Weitergehende Gerüchte wußten von einer Umbildung der Regierung, die neben Strasser dann auch die Gewerkschaftsführer Stegerwald und Leipart sowie Hugenberg umfassen würde[137] — eine allerdings unwahrscheinliche, nie konkret verfolgte Kombination. Nun war der erste Coup zwar mißlungen, doch hatte die nationalsozialistische Führung keinen Anlaß zum Triumph. In fieberhafter Tätigkeit gelang es ihr zwar, auch die schwankenden unteren Parteiinstanzen auf die kompromißfeindliche Hitler-Linie zu verpflichten, während sich die Konkurrenten Strassers, voran Goebbels, in die Erbschaft seiner Organisation teilten[138]. Dann aber konnte die schwierige Lage der NSDAP nur wieder aufs neue in der verzweifelten Feststellung Ausdruck finden: „Es wird höchste Zeit, daß wir an die Macht kommen. Vorläufig allerdings bietet sich nicht die geringste Aussicht[139]." Kritische Beobachter vermerkten „die Tatsache der Entzauberung der NSDAP" und schlossen einen Rückblick auf das Jahr 1932 mit der überzeugten Feststellung: „Der gewaltige nationalsozialistische Angriff auf den Staat ist abgeschlagen[140]." Und in der publizistischen Umgebung des Generals selbst bewegten sich die Betrachtungen in ähnlichen Bahnen[141].

Gerade hier mochte Schleicher weiterhin hoffen, seinen Plan am Leben zu erhalten und, indem er fest blieb, die NSDAP zu zermürben. Noch besaß Strasser Fühlung mit seiner Partei und bot eine mögliche Alternative für den Fall weiterer Mißerfolge des Hitler-Goebbels-Kurses, der zu diesem Zeitpunkt noch keinerlei Aussichten auf eine nahe Machtergreifung eröffnete. Und noch war Schleicher selbst die entscheidende Instanz, über die der Weg zu Hindenburg und zur Macht führte. Viele Gerüchte gingen um über seine Verhandlungen mit Parteien und Gewerkschaften, über weitreichende Siedlungs- und Soziali-

134 Im *Schleicher-Nachlaß*, S. 310, befindet sich der an den Kronprinzen gerichtete Brief eines (ungenannten) Mittelsmannes zwischen Strasser und dem Kronprinzen (v. 13. Dezember 1932), der zugleich dessen aktives Interesse an der Spaltung, seine positive Einstellung zu Schleichers Plänen zeigt. Der Briefschreiber berichtet über eine zweistündige Unterredung mit Frick (am 12. Dezember 1932), der mit Strasser „in extremis" zu gehen bereit sei und heute (am 13. Dezember) noch zu Schleicher geäußert habe: „Sie wissen, daß ich jederzeit mit leichtem Gepäck losziehen kann. . ." Er spricht ferner von einer allgemeinen Gärung in der NSDAP; mit Strasser in Rom stehe man in telephonischer Verbindung: er werde nach Weihnachten „die ausschlaggebende Unterredung mit Hitler haben, deren Resultat früher oder später sein Ausschluß aus der Partei sein wird". Dann sei, auch im Hinblick auf eine neue Wahl, die Gelegenheit günstig für den Aufruf der „staatspositiven nationalsozialistischen Elemente" und für ein Abdrängen Hitlers nach links. In dieser Richtung scheinen sich die Bestrebungen des Kronprinzen bewegt zu haben.

135 Auch Rumbold hatte Strasser schon am 13. August 1932 in einem Bericht an Simon als „the ablest of the National Socialist leaders and a strong man" bezeichnet: *Documents on British Foreign Policy* (Anm. II/53), 2nd series, vol. IV, S. 28.

136 Vgl. Meißner (Anm. I/156), S. 250.

137 Vgl. Stampfer (Anm. I/4), S. 660.

138 Goebbels, *Kaiserhof* (Anm. V/13), S. 223 ff.

139 *Ebda.*, S. 225.

140 So der Leitartikel Rudolf Kirchers in der *Frankfurter Zeitung* v. 1. Januar 1933.

141 So z. B. Rolf Boelke, „Der Weg des Nationalsozialismus", in *Die Tat* 24, Heft 10 (Januar 1933), S. 876 ff. Der Aufsatz ist ein einziges Plädoyer für Gregor Strasser als den Vertreter und Retter des „wahren" Nationalsozialismus jenseits der Hitlerschen Katastrophentaktik.

sierungsprojekte, über Pläne zur Intensivierung der deutsch-russischen Beziehungen[142] und vor allem zum Ausbau einer Miliz[143], die nun, da am 10. Dezember endlich Deutschland im Grundsatz die militärische Gleichberechtigung zuerkannt worden war, in praktische Nähe gerückt schienen[144]. Aber so reiche Vermutungen dazu bis heute angestellt wurden, so wenig Konkretes ist tatsächlich greifbar. Auch die Bekundungen der Mitarbeiter Schleichers führen nur an die taktischen Erwägungen und Absichten heran, und es erscheint nicht statthaft, darüber hinaus phantastischen Überlegungen über die „eigentlichen" Ziele dieses letzten Kanzlers der Republik und über seine Möglichkeiten, die Krise des demokratischen Rechtsstaats in letzter Minute zu bannen, Raum zu geben[145]. Einziges Zeugnis bleibt eine Rundfunkrede vom 15. Dezember, und in ihr drängt taktisches Kompromißdenken alle Ansätze zu einer über den Augenblick hinausreichenden Konzeption auf vage Andeutungen zurück[146]. Schleichers taktische Vorstellungen dagegen treten in den geschilderten Vorgängen deutlich hervor. Sie waren auf Annäherung und Zusammenarbeit aller erreichbaren Parteien und Gruppen gerichtet und verzichteten auf eine grundsätzliche Reformpropaganda Papenschen Stils. Tatsächlich scheint der General an die Möglichkeit gedacht zu haben, bis zur endgültigen Konsolidierung der jetzt sichtlich wieder aufsteigenden wirtschaftlichen und politischen Entwicklung doch zu jenem Regierungsmodus zurückzukehren, den er ein halbes Jahr zuvor durch den kurzsichtigen Sturz Brünings desavouiert hatte. Allerdings war mit einer Unterstützung durch die SPD, in der auch jetzt die Angst vor der kommunistischen Konkurrenz und das Mißtrauen gegen den politisierenden General stärker war als die Einsicht in die drohende Katastrophe der Republik, nicht zu rechnen. Dies zeigte sich erneut, als Schleicher Mitte Dezember 1932 dem Parteivorstand der SPD durch General v. Bredow, seinen Chef des Ministeramts, konkrete Vorschläge zu einer Zusammenarbeit in letzter Stunde unterbreitete[147]. Schleicher dachte dabei an eine Sistierung des Parla-

142 Den Zusammenhang mit der traditionellen Rußlandpolitik der Reichswehr betont besonders Rossbach (Anm. X/86), S. 127.

143 Schleicher selbst betonte in seiner Neujahrsadresse an Hindenburg den Wunsch, daß bald die militärische Erziehung der Jugend im Rahmen der Miliz geregelt werden könne: Schultheß, *1933*, S. 1. Ebenso in seiner Rede bei der Reichsgründungsfeier des Kyffhäuserbunds am 15. Januar: *ebda.*, S. 19 f. Gleichzeitig erschien im Berliner Militärverlag Mittler und Sohn eine anonyme Broschüre (*Die deutsche Miliz der Zukunft*, Berlin 1933), in der vormilitärische Jugendausbildung, Arbeitsdienstpflicht, sechsmonatige Rekrutenschule und jährliche Übungen gefordert wurden. Görlitz, *Generalstab* (Anm. VI/9, S. 392) vermutet, daß Schleicher mit solchen Plänen auch in der Generalität Mißtrauen erweckte. Das galt vor allem für die Seeckt-Anhänger; vgl. Friedrich von Rabenau, *Seeckt, Aus seinem Leben 1918–1936*, Leipzig 1940. Dagegen betont Foertsch (Anm. VI/61, S. 20) die Billigung des Schleicher-Kurses „in weiten Kreisen der Wehrmacht".

144 Daß dieser späte Erfolg vor allem der Bemühungen Brünings gerade Schleicher zufiel, mußte der NSDAP sehr ungelegen kommen. Vgl. Kordt, *Nicht aus den Akten* (Anm. V/154), S. 50: „Die Nationalsozialisten waren über diesen Erfolg Schleichers, der gerade mit der großen inneren und äußeren Krise der Nazipartei zusammenfiel, recht unzufrieden. Frick, als Vorsitzender des Auswärtigen Ausschusses des Reichstags, schrieb einen anmaßenden Brief an das Auswärtige Amt und forderte die sofortige Vorlage aller Unterlagen. Da ich das Abrüstungs- und Völkerbundsreferat in Abwesenheit des Leiters verwaltete, mußte ich in den Weihnachtstagen eilig ein Weißbuch zusammenstellen."

145 Am weitesten ausgesponnen in dem Buch von Hans Rudolf Berndorff, *General zwischen Ost und West, Aus den Geheimnissen der deutschen Republik*, Hamburg 1951, bes. S. 210 ff. Der Autor stützt sich zwar auch auf Bekundungen der Schleicherschen Familie, verzichtet aber auf saubere Quellenkritik und verfährt recht willkürlich mit seinem Material. So enthält das recht salopp aufgezogene Buch nicht nur eine Menge faktischer Fehler, sondern auch eine Fülle phantastischer Vermutungen, die zwar seinem Helden, nicht aber der historischen Wahrheit zugute kommen. Zur Kritik vgl. Hermann Foertsch, „Schleicher und die Politik, in: *Frankfurter Allgemeine Zeitung* v. 13. Februar 1952. Noch weniger brauchbar ist die zeitgenössische Literatur über das „Geheimnis Schleicher", so vor allem Caro-Oehme, *Schleichers Aufstieg* (Anm. V/12). Am aufschlußreichsten sind noch Schleichers Ausführungen in der o. Anm. X/89 zitierten Befehlshaberbesprechung v. 13./15. Dezember 1932.

146 Auch *Die Tat* beschränkt sich auf allgemeine Hoffnungen: so Hans Thomas, „Der Mensch in dieser Zeit", in: *Die Tat* 24, Heft 10 (Januar 1933), S. 821, u. a. Aufsätze dieses Heftes.

147 Die Einzelheiten des Schleicher–Bredow-Vorschlags und der sozialdemokratischen Stellungnahme wurden

ments (ohne Neuwahlen); Reichsbanner und Stahlhelm sollten zu einem einheitlichen Reichskriegerbund vereinigt und alle anderen Organisationen dieser Art aufgelöst, die Gewerkschaften zu einer Einheitsgewerkschaft vereinigt, die NSDAP insgesamt verboten werden; dafür sollten zwei Sozialisten bzw. Gewerkschaftler in die Regierung Schleicher aufgenommen werden.
Auch dieser Plan zerschlug sich, als der SPD-Vorstand nach einem Vortrag von Wels jedes Paktieren ablehnte[148]. Noch gab ihn Schleicher nicht auf, während er gleichzeitig mit Reichsgerichtspräsident Bumke über die Ausarbeitung einer Notlösung größeren Stils verhandelte[149]. Denn er behielt nach wie vor Fühlung mit den christlichen und auch den freien Gewerkschaften, deren Führer selbst der sozialdemokratischen Reichstagsfraktion angehörte. Und er gewann eine weitere Atempause, als der Ältestenrat am 20. Dezember die von der SPD und KPD geforderte sofortige Einberufung des Reichstags ablehnte. Er hatte nur die beiden Faktoren außer acht gelassen, die schließlich seinen Sturz und den Sieg einer „ungezähmten" NSDAP in erster Linie herbeiführten: die Aktivität seines verstimmten Freundes Papen, der hinter seinem Rücken die Brücke zwischen Hitler und Hindenburg errichtete, und die Abwendung der DNVP, die jenem Vorhaben ihre Unterstützung lieh.

bestätigt durch einen Brief des damaligen SPD-Funktionärs Rudolf Rothe (Leipzig) an A. R. L. Gurland v. 23. Juni 1954.

148 Stampfers dürftige Verteidigung der sozialdemokratischen Bewegungslosigkeit macht deutlich, wie wenig diese größte demokratische Partei die außerordentliche Situation begriffen hatte und wie wenig sie bereit oder fähig war, die gewohnten Maßstäbe mit der praktischen politischen Vernunft in Einklang zu bringen: „Das Verhältnis eines Staatsmanns zu einer Partei hängt davon ab, wie er sich zu ihren Bestrebungen stellt. Einstweilen [!] hatte die Sozialdemokratie keinen Grund, aus der Opposition herauszugehen, wenn auch der neue Kurs nicht ganz so schlecht war wie der alte" (Stampfer, Anm. I/4, S. 656). Stampfer reißt in seinen Betrachtungen der Schleicher-Ära nur die Kluft zwischen links und rechts auf und gibt sich mit den unversöhnlichen Gegensätzen zufrieden, ohne eine wirkliche Lösungsmöglichkeit zu diskutieren.

149 Brief von Rudolf Rothe (Anm. X/147).

AUF DEM WEG ZUR „MACHTERGREIFUNG“

Am Ausgang des ereignisreichen und doch so ergebnisarmen Jahres 1932 stand die politische Szene noch immer im Zeichen jenes *Machtvakuums,* das durch die teils erzwungene, teils selbsttätige Ausschaltung der demokratischen Mechanismen, durch die Erstarrung der politischen Fronten, durch die vielgeschäftige Aktivität der Mittelsmänner und Intriganten um das Reichspräsidentenpalais bestimmt wurde. Da waren die Kommunisten, die von ihrer nahen Machtergreifung nach einem kurzen faschistischen Intermezzo träumten. An sie hatten die Sozialdemokraten, eingeklemmt zwischen proletarischen Einheitsfront- und demokratisch-parlamentarischen Sammlungsparolen und bedrängt von den praktischen Wünschen der Gewerkschaften, beträchtlich an Boden und Bewegungsfreiheit verloren. Im Zentrum waren die Bindungen nach links weitgehend dem Gedanken einer breiten Rechtsregierung geopfert worden, in der Kaas die verlorene Schlüsselposition wiederzugewinnen hoffte. Der deutsche Liberalismus war politisch tot, die gemäßigte Rechte zerrieben, die deutschnationale Spielart des republikfeindlichen Konservatismus durch den Sturz Papens in neue innere Konflikte geraten. Die Nationalsozialisten endlich befanden sich in einer unverkennbaren Krise, deren Ende nicht abzusehen war.

Noch immer standen Hindenburg und die Reichswehr als die einzigen Kontroll- und Lenkungsinstanzen über diesem stagnierenden Kräftefeld, und Schleichers elastische Taktik schien sie gerade jetzt einer neuen Wirkungsmöglichkeit zuzusteuern. Aber vier Wochen später war die Machtverteilung entscheidend geändert. Hitler erreichte sein Ziel, als ein verwirrendes Zusammen- und Widerspiel im Durchbruch der Harzburger Front durch die letzten Verteidigungsstellungen der zerfallenden Republik gipfelte. Dabei wirkten mit: die nächste Umgebung Hindenburgs, das Drängen wirtschaftlicher Interessengruppen, die Schwenkung der DNVP, eine letzte verzweifelte Anstrengung der NS-Führung, Schleichers optimistische Fehlkalkulation und — Papens gekränkter Ehrgeiz. Es wirkten nicht mehr mit: die alten demokratischen Parteien und Gruppen der sterbenden Weimarer Republik.

1. Papens Weg zu Hitler

In seiner Programmrede vom 15. Dezember hatte der neue Reichskanzler eine Reihe von Gedanken geäußert, die den Ausgleich der Gegensätze erleichtern und helfen sollten, die schmale Regierungsbasis zu erweitern. Aber Arbeitsbeschaffungspläne und Landwirtschaftszölle waren für die Industrie, Siedlungsprogramme für den Großgrundbesitz Punkte des Anstoßes, und Schleichers Kritik an Kapitalismus und Sozialismus zugleich vermittelte wenig Anhaltspunkte für die tatsächlichen Absichten des Kabinetts. Der General warb um alle, und er machte alle mißtrauisch. Er behielt Papens Preußenlösung bei und bemühte sich gleichzeitig um ein besseres Verhältnis zum Parlament. Er trat für die Belange der Sozialversicherung ein und verhandelte mit den Gewerkschaften, versprach aber auch den Forderungen des Reichsverbands der Deutschen Industrie seine Unterstützung. Er lehnte eine autoritäre Militärdiktatur von oben ab, betonte aber als General und Reichswehrminister, daß sich das Präsidialkabinett seine „überparteiliche" Linie durch parteipolitische Interessen nicht stören lassen werde[1].

Unter diesen Umständen begann sich die Lage der neuen Regierung bald doch fühlbar zu verschlechtern. Wie immer man die letzten, noch immer nicht klar faßbaren Absichten Schleichers beurteilen mag: jetzt war seine politische Aktivität von dem Gedanken bestimmt, die provokatorische Dynamik der Ära Papen durch eine Periode der Befriedung und Sicherung abzulösen. In ihr könnte die aufsteigende Weltkonjunktur sich voll auswirken und gleichzeitig die Fieberkurve des politischen Radikalismus abklingen, während die NSDAP entweder sorgfältig abgeschirmt mit ihren kooperationswilligen Kräften in die Verantwortung eingespannt oder aber in einer wirkungslosen Opposition dem Niedergang überlassen werden sollte, den die letzten Wahlen angekündigt hatten. Es war ein klares Konzept, im Grunde das Konzept Brünings. Es war auch nicht unbegründet, denn die saisonbedingte winterliche Zunahme der Arbeitslosigkeit war schon wesentlich geringer als um dieselbe Zeit des Vorjahrs[2]; gleichzeitig konnte der Finanzminister Schwerin-Krosigk vor dem Haushaltsausschuß des Reichstags am 10. Januar auf eine Minderung des Fehlbetrags hinweisen[3]. Keinem aufmerksamen Beobachter durfte zweifelhaft sein, daß man sich — endlich, und vor dem 30. Januar! — „bereits jenseits des Wendepunktes" befand[4]. Und Hindenburg selbst erklärte auch schon beim Neujahrsempfang, „daß die härteste Notzeit überwunden, und der Weg aufwärts nunmehr für uns frei wird"[5].

Manches sprach dafür, daß Schleichers Ära der „Versöhnung" in letzter Minute doch noch jenes politische Abenteuer verhindern könnte, das im Jahr der tiefsten Krise so oft schon nahegerückt war. Die Voraussetzungen für eine Wendung waren greifbar nahe. Aber Schleichers Übergangskurs war ungenügend vorbereitet, folgte allzu jäh Papens Kampfkurs. So weckte er sofort das Mißtrauen der Kräfte, auf deren Unterstützung ein autoritäres Kabinett vorerst nicht verzichten konnte, ohne doch jenes Mißtrauen der lange verdrängten demokratisch-parlamentarischen Kräfte, das seit Brünings Sturz der Rückkehr zu einem gemäßigten Präsidialkurs im Weg stand, ebenso rasch beseitigen zu können. Der scheinbar unbekümmerte Optimismus, mit dem Schleicher seine eigene Schöpfung, die Ära Papen, ungeschehen zu machen suchte, kam zu unvermittelt für alle Parteien und Gruppen. Annäherung an die Gewerkschaften,

1 Hans Zehrer, „An der Wende der Innenpolitik", in: *Die Tat* 24, Heft 10 (Januar 1933), S. 822 ff., propagiert dementsprechend wohl das autoritäre Regime des Reichspräsidenten und der Armee, will es aber verbreitert wissen: zunächst durch Reneutralisierung von Polizei und Beamtenschaft, Justiz und Schule, dann durch Förderung föderalistischer Eigenverantwortung, Organisation der Jugend und Rückgriff auf die Berufsstände statt auf das Parlament, schließlich durch Vermeidung von Wahlen.

2 Die Zunahme der Arbeitslosen im Dezember 1932 blieb um über ein Drittel hinter der vom Dezember 1931 zurück; vgl. auch (schon am 21. Oktober 1932) Carl Landauer, „Gebesserter Arbeitsmarkt", in: *Der deutsche Volkswirt* 7 (1932/33), I, S. 73 ff.

3 Schultheß, *1933*, S. 8–11.

4 So der Leitartikel von Rudolf Kircher in der *Frankfurter Zeitung* v. 1. Januar 1933.

5 Schultheß, *1933*, S. 2. In diesem Sinne auch das Neujahrsrundschreiben des Reichsverbands der Deutschen Industrie, *ebda.*, S. 2 f. Nach Versicherungen der Umgebung Schleichers hatte Hindenburg gleichzeitig dem Kanzler einen Brief geschickt, in dem er dem „lieben jungen Freund" für seine Amtsführung und besonders das politisch ruhige Weihnachtsfest seine „warme Anerkennung und größte Zufriedenheit" aussprach und ihn bat, ihn nie zu verlassen: bei Berndorff (Anm. X/145), S. 224.

planwirtschaftliche Ideen im Sinne des „Tat-Kreises", Aufhebung der innenpolitischen Sonderverordnungen und Strafbestimmungen, Bemühungen um die Wiederherstellung parlamentarischer Zustände: all diese unvermittelten Ansätze zogen ihm nicht nur den Widerstand der Wirtschaft, sondern zugleich auch die Feindschaft derer zu, die das Konzept des autoritären Staates verfochten[6].

Am schwerwiegendsten aber war die Fehlrechnung, die seinem zum Spaltungsplan gewandelten Zähmungskonzept und seinem Verhältnis zu Papen und Hindenburg zugrunde lag. Während der Kreis um Schleicher allein einen Tod Hindenburgs fürchtete[7], bahnte sich schon eine neue Konstellation an. Es gelang Schleicher zwar noch, Strasser Anfang Januar mit einigem Erfolg auch bei Hindenburg einzuführen[8], aber weiter gedieh dies Unternehmen nicht mehr. Sein Aufstieg in einem totalitären Parteiapparat hatte Gregor Strasser zu einer selbständigen Aktion gegen den „Führer" unfähig gemacht; daß damit aber die NSDAP trotzdem an ihrer empfindlichsten Stelle getroffen war, bewies die späte Rache Hitlers, die anderthalb Jahre später beiden das Leben kosten sollte. Und während nicht nur der Strasser-Coup, sondern auch Schleichers Pläne um eine Heranziehung Hugenbergs, Stegerwalds und Leiparts sich als Illusion erwiesen, entwickelte Papen und mit ihm die engste Umgebung Hindenburgs ihrerseits eine Aktivität, die über Schleicher hinausführen sollte. Für diese jüngsten Gegner des Kanzler-Generals, die dem neuen Kurs der „Versöhnung" unverändert ihr Konzept des autoritären Staates entgegensetzten, blieb jetzt freilich nur noch ein Weg zum Wiedergewinn der Macht: das Bündnis mit Hitler, der unter dem Eindruck der Strasser-Krise und aus Furcht vor weiteren Aktionen Schleichers endlich kompromißbereiter schien.

Zwei Wochen nach seinem Sturz schon, am 16. Dezember, hatte Papen als Ehrengast auf der Jahresversammlung des Herrenklubs eine Rede gehalten[9], in der er mit deutlicher Spitze gegen Schleichers Ausgleichstaktik seine abgebrochenen Reformpläne entwickelte. Nicht wenige der über 300 prominenten Gäste gewannen dabei den Eindruck, daß Papen von sich aus für neue Verhandlungen mit der angeschlagenen NSDAP plädierte[10]. Bei dieser Gelegenheit wurde er auch von dem Leiter des Herrenklubs in Köln, dem Bankier Kurt Frhr. v. Schröder angesprochen. Dieser ehemalige aktive Offizier besaß nach einem durch verwandtschaftliche und angeheiratete Beziehungen geförderten Aufstieg in zahlreichen Aufsichtsräten der rheinisch-westfälischen Industrie und seit 1932 zudem als Ehrenpräsident der Kölner Börse nicht nur einen erheblichen Einfluß in Wirtschafts- und Finanzkreisen[11]. Er war im Som-

6 Auch die DNVP zeigte sich bald sehr reserviert: vgl. Alfred Hugenberg, „Das Präsidial-Kabinett", in: *Der Tag*, Nr. 298 v. 13. Dezember 1932.

7 So Hans Zehrer, „Deutschland ohne Hindenburg", in: *Die Tat* 24, Heft 9 (Dezember 1932), S. 725 ff.

8 Schleicher hatte dies sogar vor seinem Kabinett geheimzuhalten gesucht und vermutlich einen Zeitpunkt gewählt, zu dem auch Meißner in Urlaub war; es gelangte aber durch eine Indiskretion der Umgebung Hindenburgs an die Öffentlichkeit: vgl. Gustav Stolper, „Umsturz", in: *Der deutsche Volkswirt* 7, (1932/33), I, S. 563 ff. (3. Februar 1933).

9 Ihr (wahrscheinlich nicht ganz authentischer) Text in: *Der Ring*, Heft 52 (1932), S. 894 ff.

10 Dies wird ausdrücklich von Eschenburg, „Franz von Papen" (Anm. VI/171, S. 163), bestätigt, der die Rede selbst angehört hat und die Erregung vieler Zuhörer betont. Der anwesende Staatssekretär Planck nahm die Eskapade allerdings ebensowenig ernst wie Schleicher selbst, der bis zuletzt denkbar unbesorgt blieb. Vgl. dazu auch Görlitz, *Hindenburg* (Anm. I/66), S. 396.

11 Die Angaben stammen aus den umfangreichen Akten, die für die verschiedenen Spruchkammerverhandlungen gegen Schröder (1947, 1948 und 1950) gesammelt wurden und jetzt im *Archiv des Spruchgerichts Bielefeld* aufbewahrt sind (ungedruckt). Nach seinem eigenen Lebenslauf (Bd. I, S. 3 f.) hatte Schröder 1908/1909 drei Semester Jura studiert (Bonn), war dann aktiver Offizier geworden und 1918 als Rittmeister abgegangen. Nach seiner Heirat mit Edith von Schnitzler wurde er durch seinen Schwiegervater Teilhaber beim Bankhaus J. H. Stein sowie Aufsichtsratsmitglied bei den Mitteldeutschen Stahlwerken AG und besetzte weiterhin eine stattliche „Reihe anderer Aufsichtsratsposten, was sich aus dem Geschäfts-

mer 1932 auch aus der DVP ausgetreten, der er seit 1928 angehört hatte, und stand — wenn man den im nationalsozialistischen Parteiarchiv aufbewahrten Angaben folgen darf — schon seit 1930 mit Robert Ley, dem damaligen Gauleiter von Köln, sowie mit dem Wirtschaftsbeauftragten Hitlers, dem Ingenieur und Betriebsleiter Wilhelm Keppler, in Verbindung[12]. Nach einer parteiamtlichen Beurteilung, die vermutlich von Ley selbst stammt[13], hatte damals Keppler seiner nationalsozialistischen Einstellung wegen Schwierigkeiten in den beiden chemischen Firmen bekommen, in denen er tätig war; er versuchte sie daraufhin kurzerhand selbst zu erwerben. Bei den Finanzierungsverhandlungen waren Keppler und Ley, der ursprünglich ebenfalls Chemiker war, „in nähere Berührung" mit Schröder gekommen und durch dessen aktive nationalsozialistische Gesinnung überrascht worden. Obwohl die wirtschaftlichen Pläne scheiterten, blieb eine enge Verbindung, wobei Schröders rührige Aktivität seit 1931 „wegen des Ansehens, welches er im Rheinland genoß, außerordentlich nützlich" für die NSDAP war. Vor allem hatte er auf Kepplers Anregung hin als „Gegengewicht gegen die Wirtschaftsutopisten Feder und Ley" — also im Sinne der Zähmung der NSDAP für die Wünsche der Großindustrie — ein Gremium von Wirtschaftssachverständigen zusammengebracht, in dem Vorschläge und Maßnahmen für den Fall der Machtübernahme Hitlers besprochen wurden[14]. Nach Schröders eigener Bekundung hatte Hitler ihm und diesem „Kreis" im Juli 1932 bei einem Treffen im Hotel Kaiserhof seinen Dank ausgesprochen. Im weiteren gelang es ihm, „der Partei und meinem Führer, den ich inzwischen persönlich kennengelernt hatte, nützliche Dienste zu leisten"[15]. Er sorgte im Sommer und Herbst 1932 für Kontakte zwischen seinem Herrenklub-Kollegen Papen und der NSDAP, wobei er selbst durchaus die nationalsozialistischen Machtansprüche vertrat. Es lag in der Linie dieser Bemühungen, daß er im Verein mit Schacht[16] jene Sammlung von Unterschriften Industrieller veranlaßte, durch die im November 1932 Hindenburg zur Betrauung Hitlers gedrängt werden sollte[17].

verkehr meiner Bank im Laufe der Zeit ergeben hat". Es wird ferner festgestellt, daß Schröder 1921 mit 500 000 Papiermark bei Stein eintrat, 1924 dort 900 000 Goldmarkanteil (mit 5 % verzinst und 25 % Gewinnanteil) und 1930 rund eine Million RM Vermögen hatte. Es stieg nach 1933 noch erheblich an, betrug 1939 2 Millionen RM (bei 30 % Gewinnbeteiligung, 50 000 RM Fixum) und 1945 etwa 2,5 Millionen RM und ein jährliches Einkommen von 300 000 RM.

12 In seiner Verhandlung (*ebda.*, I, S. 25) hatte Schröder als Zeitpunkt zunächst den Sommer 1932 angegeben, räumte aber später, als ihm Gegenbeweise aus dem NS-Parteiarchiv vorgelegt wurden, die diese Vorgänge auf 1930 festlegten (I, S. 298), sogar die Möglichkeit ein, daß die Bekanntschaft mit Keppler auf „1928 oder 1929" (II, S. 66) zurückginge. Interessant ist, daß auch Schacht seit Juli 1932 mit Keppler in Verbindung stand: *76 Jahre* (Anm. I/9), S. 355.

13 *Schröder-Akten* (Anm. XI/11), I, S. 292 (Photokopie des Document Center Berlin). Diese amtliche Beurteilung war offensichtlich zu dem Zweck verfaßt, Vorwürfe gegen Schröders „undurchsichtige" Rolle in der sogenannten Separatistenbewegung von 1919 durch Hervorhebung seiner Verdienste um die „Machtergreifung" zu neutralisieren.

14 *Ebda.*, II, S. 81–89, werden nähere Angaben über diesen „Kreis" gemacht, in dem Keppler bis 1933 der einzige PG war; nach 1933 wandelte Himmler ihn in einen „Fördererkreis" um, um schließlich auch Schröder zum SS-Gruppenführer zu befördern. Als Mitglieder des Kreises werden u. a. genannt: Schacht, Rosterg (Wintershall-Konzern), Ewald Hecker (Präsident der Handelskammer Hannover und Aufsichtsratsvorsitzender der Ilseder Hütte), O. Steinbrinck (Mitteldeutsche Stahlwerke), Fr. Reinhart (Vorstandsvorsitzender der Commerzbank) usw.

15 *Ebda.*, I, S. 298 (Photokopie aus dem Document Center Berlin: eigenhändiger Lebenslauf Schröders für die nationalsozialistische Parteiführung). Über finanzielle Transaktionen zugunsten der NSDAP haben auch die Spruchkammerverhandlungen keine schlüssigen Angaben gebracht, obwohl verschiedene Zeugen Schröder der Sammlung hoher Summen für die Partei und SS beschuldigten.

16 Schacht hatte schon am 4. Dezember bei einer neuerlichen Unterredung im Kaiserhof Hitler seiner Unterstützung auch in der Schleicher-Ära versichert. Vgl. Goebbels, *Kaiserhof* (Anm. V/13, S. 215): Schacht „ist immer auf unserer Seite".

17 Vgl. o. Anm. X/66; ferner zwei unveröff. Briefe Kepplers an Schröder vom 13. u. 28. 11. 32: *Nürnberger Dokumente*, NI–209; 211 (*Hauptarchiv Berlin*, Rep. 335, Fall 11, Nr. 630, S. 1–6); *Schröder-Akten* (Anm. XI/11), I, S. 292. Die Beweisaufnahme insgesamt vermittelt den Eindruck eines ehrgeizigen, rücksichtslosen Opportunisten. Dies ergibt sich z. B. aus der Art, wie Schröder, der am 1. Februar 1933 (!) in die

Papen wußte also durchaus um die Bedeutung des Vorschlags, den Schröder ihm an jenem 16. Dezember 1932 unterbreitete. Er kam nicht so zufällig zustande, wie Papen es jetzt darzustellen versucht: Hitler konnte sich in Papens Rede von Hindenburg angesprochen fühlen und im Augenblick der Krise auf eine neue Chance hoffen[18]. Wenn Schröder Papen, dem Politiker ohne Amt und Auftrag, ein Gespräch mit Hitler nahelegte, das der „Verständigung mit den Nationalsozialisten" den Weg bereiten sollte[19], dann konnte dies nur einen Sinn haben: jenseits von Schleicher eine neue Basis für eine Einbeziehung der NSDAP zu gewinnen. Dem entspricht auch die Tatsache, daß Papen Schleicher von seiner Vereinbarung nicht die geringste Mitteilung machte, Weihnachten auf seinem Gut im Saargebiet verbrachte und, als er am 28. Dezember auf Schröders telefonische Anfrage hin ein Gespräch mit Hitler in Schröders Kölner Wohnung vereinbarte, dies ebenso geheimhielt wie es verständlicherweise die Gesprächspartner taten. So kam es am 4. Januar zu jenem Treffen in Köln, das recht eigentlich zur Geburtsstunde des „Dritten Reiches" geworden ist und dann nachträglich — in einem Akt ausgleichender Gerechtigkeit — Papen „mehr Ungelegenheiten bereitet hat als sonst irgend etwas in meinem Leben"[20].

Papen will freilich auch heute noch nicht einsehen, daß es eines ist, als verantwortlicher Kanzler oder Parteichef mit Hitler über eine Regierungsbildung zu verhandeln, ein anderes aber, dies als entlassener Kanzler hinter dem Rücken des verantwortlichen Regierungschefs, als eigenmächtiger Vertrauensmann des vorläufig ebenfalls nichtsahnenden Reichspräsidenten[21] zu tun. Daß Schleichers Spaltungspläne damals bereits gescheitert waren, kann Papen schon deshalb nicht geltend machen, weil Hindenburg einige Tage später noch eine Besprechung mit Strasser hatte, in der er sich durchaus mit Schleichers Vorschlägen einverstanden erklärte[22]; erst Mitte Januar trat hier die Wendung ein. Völlig unbegründet ist schließlich Papens Behauptung, er habe Hitler zu einer Beteiligung in Schleichers Kabinett gewinnen wollen. Daran war nach der Strasser-Affäre nicht mehr zu denken, auch wurden die Verhandlungen ganz bewußt hinter Schleichers Rücken begonnen; Papens Apologie wird auch nicht überzeugender durch den beleidigten Hinweis auf die Verhandlungen zwischen Ott und Hitler am 1. Dezember, mit denen Schleicher ohne Papens Wissen, ähnlich wie bei Brünings Sturz, vollendete Tatsachen zu schaffen gesucht hatte[23].

Der General mochte sich selbst zuschreiben, daß in der politischen Intrige des

NSDAP eintrat, wenig später telephonisch in brüskem Ton Silverberg seine Enthebung ankündigte (II, S. 72), aber auch, wie er nachträglich seine Unschuld überhaupt mit der Begründung beteuerte, er habe den Abtransport der Juden „nur als Sicherheitsmaßnahme des Staates angesehen" und vom KZ Dachau bei einem Besuch 1935 den „besten Eindruck" gewonnen (I, S. 4).

18 Vgl. Eschenburg (Anm. VI/171), S. 163 f.

19 Papen (Anm. VI/35), S. 254. Dabei ist nicht einmal vollständig klar, ob die Initiative von Schröder oder nicht doch von Papen ausgegangen war: auch in Nürnberg schoben sich Schröder und Papen gegenseitig die Verantwortung zu. Die Angaben Schröders (*Schröder-Akten*, Anm. XI/11, I, S. 4) gehen dahin, Papen habe eine Rücksprache mit Hitler gesucht und dafür um seine und Kepplers Vermittlung gebeten. Das Interesse hat wohl auf beiden Seiten – und nicht zuletzt auf seiten der Wirtschaft – gelegen.

20 Papen (Anm. VI/35), S. 254.

21 Hitler selbst – und das was das Entscheidende – konnte allerdings den Eindruck gewinnen, daß gerade Hindenburg durch Papen mit ihm Fühlung genommen „und in der bekannten Kölner Unterredung gleichsam das Terrain habe sondieren lassen": *Hitlers Tischgespräche*, hrsgg. von Henry Picker und Gerhard Ritter, Bonn 1951, S. 428. Für diese nachträgliche Behauptung liegen zwar keine weiteren Beweise vor; sie bleibt jedoch psychologisch wichtig, mag sie auch in die Reihe der Gedächtnisfehler gehören, an denen das Buch so reich ist.

22 Meißner (Anm. I/156), S. 251 f. Vgl. Meißners Aussage im *Wilhelmstraßen-Prozeß*, Protokoll v. 4. Mai 1948, S. 4607. Auch Goebbels (*Kaiserhof*, Anm. V/13, S. 230; S. 233 ff.) notiert noch zum 28. Dezember 1932 und 3. bzw. 4. Januar 1933 Strassers baldigen Eintritt in das Kabinett Schleicher.

23 Papen (Anm. VI/35), S. 255. Vgl. o. S. 588 f.

einstigen Freundes, der ihm Kanzlerschaft und Sturz verdankte, seine eigenen Methoden sich gegen ihn wandten. Aber es bleibt die Tatsache, daß der 4. Januar 1933 und seine politischen Folgen sehr wesentlich aus einem Racheakt Papens erklärt werden müssen. Wie anders ist es zu erklären, daß er die NSDAP im Augenblick der akuten Krise wieder ins politische Spiel brachte? Die allgemeinen historischen und politischen Voraussetzungen sind damit nicht geleugnet: aber wenige Ereignisse lassen so deutlich die persönlichen, subjektiven Faktoren erkennen, die sie letzthin in Gang gesetzt haben. Wie oft im Laufe des Jahres 1932 war die Konstellation ganz ähnlich gewesen! Im August und im November, als Papen selbst an der Macht gewesen war, hatte er jede Konzession an Hitler abgelehnt und Schleichers Pläne entschieden zurückgewiesen. Jetzt aber suchte er, der zum gekränkten Privatmann degradiert war, seinerseits den Weg zur Macht zurück über Hitler. Papens Darstellung gibt freilich dem Kölner Gespräch noch einen ganz unverbindlichen Anstrich und sucht gleichzeitig zu beweisen, wie wenig er selbst Hitler dabei entgegengekommen sei[24].

Papen erreichte Schröders Haus um die Mittagszeit des 4. Januar und fand hier neben Hitler auch Heß, Himmler und Keppler vor. Er versichert heute, die Unterredung habe unter vier Augen stattgefunden, wobei Hitler zunächst seinen üblichen Monolog gehalten, sich aber dann auf Papens Vorschlag, „eine Art Duumvirat" Schleicher—Hitler zu schaffen, für eine „gewisse Entspannung" bereit gezeigt habe. Ferner zitiert Papen einige Briefe Kepplers an Schröder zur Stützung seiner These, daß die „Bildung eines Hitler-Kabinetts als einer Alternative zu der Schleicher-Regierung... nicht mit einem Wort erörtert"[25] worden sei und das ganze Gespräch nur informatorischen Charakter gehabt habe. Demgegenüber hat Schröder in Nürnberg versichert, daß das Gespräch durchaus in seiner Gegenwart — also unter sechs Augen — stattgefunden und Papens Duumvirats-Plan sich auf eine Koalition NSDAP—DNVP unter gleichberechtigter Führung von Hitler und Papen in der am 30. Januar verwirklichten Form bezogen habe; daß darüber „ein prinzipielles Abkommen" erzielt worden sei, dessen nähere Einzelheiten dann die Gespräche Ende Januar bestimmt hätten[26]. Wieweit die verschiedenartigen zeitgenössischen Pressemeldungen diesen Sachverhalt im einzelnen getroffen haben, fällt dieser nicht weniger authentischen Schilderung gegenüber kaum ins Gewicht. Entscheidend bleibt doch, daß Papens Versicherung, es sei ihm „ausschließlich um eine Besserung der Atmosphäre" gegangen, im Licht der

24 Aus unerfindlichen Gründen wird Papens Apologetik von Paul Sethe („Januar 1933: Wen trifft die Schuld?", in: *Frankfurter Allgemeine Zeitung* v. 22. September 1952) unterstützt.

25 Papen (Anm. VI/35), S. 256. Ebenso seine Aussage in Nürnberg: *Nürnberger Dokumente*, Bd. XVI, S. 384.

26 *Ebda.*, Dok. Nr. PS-3337 (abgedr. bei Erwin Wickert, *Dramatische Tage in Hitlers Reich*, Stuttgart 1952, S. 22 f.): „Hitler, von Papen und ich begaben uns in mein Studierzimmer, wo wir uns während einer ungefähr zwei Stunden langen Besprechung einschlossen. Heß, Himmler und Keppler nahmen nicht an dieser Besprechung teil, befanden sich aber im nächsten Zimmer. . . Die Aussprache fand nur zwischen Hitler und von Papen statt. Ich persönlich hatte dabei nichts zu sagen. . . Papen erzählte Hitler, daß es ihm als Bestes erschien, die Konservativen und die Nationalisten, welche ihn unterstützt hatten, mit den Nazis zusammenzutun und eine Regierung zu gründen. Er schlug vor, daß diese neue Regierung, wenn möglich, von Hitler und von Papen in gleichberechtigter Weise geleitet werden soll. Dann hielt Hitler eine lange Rede, in welcher er sagte, daß, wenn er zum Kanzler gemacht würde, es für ihn notwendig sein würde, an der Spitze der Regierung zu stehen, aber daß die Anhänger Papens in seine (Hitlers) Regierung als Minister eintreten könnten, wenn sie willens wären, mit ihm seinen Richtlinien entsprechend vorzugehen. . . Von Papen und Hitler erzielten ein prinzipielles Abkommen. . . Soviel ich weiß, trafen sie sich später mit von Ribbentrop und arbeiteten die näheren Einzelheiten aus." In diesem Sinne auch Meißner (Anm. I/156, S. 261), der sich auf eine persönliche Mitteilung Kepplers stützt. Das Affidavit Schröders wurde von Papen schon in Nürnberg und neuerlich in einer scharfen Zuschrift an *Das Parlament* 3, Nr. 14 v. 8. April 1953, S. 8, zurückgewiesen. Es ist aber nicht einzusehen, weshalb Schröder eine solche — ihn nicht minder belastende — Aussage machen sollte; viel eher ist anzunehmen, daß Schröder wie Meißner ihre Aussagen später modifizierten, um Papen zu entlasten.

folgenden Ereignisse und der allgemeinen Auffassung der Öffentlichkeit wenig glaubhaft erscheint. Auch heute verzichtet Papen darauf, zu begründen, warum er das Treffen ausgerechnet vor Schleicher geheimzuhalten suchte, der doch in seinem höchst abenteuerlichen Duumvirats-Plan angeblich die Hauptrolle spielen sollte.

Dazu kommt noch ein zweites Moment, und dies gibt dem Kölner Treffen erst sein historisches Gewicht. Papen könnte tatsächlich keine weitergehenden Vorschläge gemacht, die kommende Allianz wirklich noch nicht konkret umrissen haben. Daß sich aber Hitler überhaupt zu einem vertraulichen Gespräch unter diesen Umständen bereitfand[27], nachdem er noch wenige Wochen zuvor jeden direkten Kontakt mit Papen abgelehnt hatte[28], muß die Vermutung verstärken, daß es keineswegs so unverbindlich improvisiert war, wie uns Papen glauben zu machen sucht. Es legte auch damals schon den Gedanken nahe, daß Strassers Ausscheiden das letzte Hindernis beseitigt habe, das Hitlers lange angebahntem Pakt mit der „Wirtschaft" noch entgegenstand[29]. Es beweist jedenfalls, wie schwierig nach wie vor die Lage der NSDAP war und wie ratlos ihre Führung Schleichers Verzögerungs- und Zermürbungstaktik gegenüberstand, die Hitler gänzlich auszumanövrieren dachte[30]. Dies war „eine neue Chance"[31], die Partei in das Spiel wieder einzuschalten, und es sollte sich sogleich zeigen, wie sehr sie den gesunkenen Hoffnungen der Funktionäre und vor allem Hitler selbst neuen Auftrieb vermittelte[32]. Es ist nicht zu widerlegen, daß das Treffen von Köln, in dem sich zum ersten Mal die Konstellation vom 30. Januar abzeichnete und zugleich etwas von der sonst so schwer greifbaren Rolle der Wirtschafts- und Finanzinteressen hinter Hitlers Machtstreben sichtbar wurde[33], der NSDAP nach einer monatelangen Krise neues Selbstver-

27 Selbst vor dem engsten Kreis seiner Mitarbeiter hatte Hitler das Treffen geheimgehalten, für das ihm ein „geschlossener Wagen" nach Godesberg entgegengeschickt worden war, während sein Gefolge ihn 3 Kilometer hinter Köln wieder erwartete: „Niemand weiß einen Anhaltspunkt, niemand hat eine Ahnung von der Bedeutung dieser Trennung" (Dietrich, Anm. VI/3, S. 169 f.).

28 In seinem Brief v. 16. November 1932: vgl. o. S. 578.

29 So auch Rumbold in seinem Bericht an Simon, 11. Januar 1933: *Documents on British Foreign Policy* (Anm. II/53), 2nd series, vol. IV, S. 385.

30 Nicht zuletzt darauf bezieht sich Hitlers spätere Bemerkung, „in der Kampfzeit der Bewegung – insbesondere in den Tagen der Machtübernahme – habe er zwischen ganz anderen Abgründen hindurch müssen und mehr als einmal vor der Alternative des Seins oder Nichtseins gestanden": *Hitlers Tischgespräche* (Anm. XI/21), S. 427.

31 So hatte Goebbels schon am 29. Dezember 1932 notiert: „Es besteht die Möglichkeit, daß der Führer in einigen Tagen eine Unterredung mit Papen hat. Da eröffnet sich eine neue Chance (*Kaiserhof*, Anm. V/13, S. 231). Am 5. Januar 1933: „Wenn dieser Coup gelingt, dann sind wir nicht mehr weit von der Macht entfernt" (*ebda.*, S. 236). Goebbels verschweigt freilich verschämt die weiteren, nicht gerade „sozialistischen" Zusammenhänge und vor allem den Namen Schröders (*ebda.*, S. 235).

32 Vgl. Otto Dietrich über Hitlers Stimmung unmittelbar nach dem Kölner Treffen: „Auch spürte ich irgendwie, daß er mit dem Erfolg seines geheimnisvollen Abstechers außerordentlich zufrieden war" – obwohl noch niemand ahnte, „daß der Führer in Köln an diesem Tage den Gang der Ereignisse beschleunigt und die bevorstehende Entscheidung näher herangerückt hatte" (Anm. IV/3, S. 170 ff.).

33 Wenn Papen (Anm. VI/35, S. 257 ff.) betont, daß von einer finanziellen Unterstützung der NSDAP während der Unterhaltung in Schröders Haus nicht die Rede war, und fragwürdige Veröffentlichungen über dies Thema zurückweist (vor allem die apokryphe Schrift *De Geldbronnen van het Nationaal-Socialisme, Deie Gesprekken met Hitler door Sidney Warburg,* Verstaald door J. G. Schoup, Amsterdam 1933; dazu jetzt die kritische Untersuchung von Lutz, „Fälschungen zur Auslandsfinanzierung Hitlers", Anm. IV/77, S. 386 ff.), dann ändert das nichts an der Tatsache, daß sein Gespräch selbst von einer Seite betrieben wurde, die, wenn nicht für solche Transaktionen, so doch für massive wirtschaftliche Interessen stand. Es ist eine Zumutung an den gesunden Menschenverstand, wenn Papen dies mit der (höchst unwichtigen) Beteuerung zu verdecken sucht, er persönlich habe der NSDAP nie einen Pfennig gegeben und sich auch nie für Subventionen von dritter Seite eingesetzt. Wichtiger als alle einschränkenden Bemerkungen Papens (Anm. VI/35, S. 259: „Schröder, Thyssen und andere mögen Beiträge gezahlt haben") bleibt es, daß er sich hier zum Vorspann für Interessen machen ließ, die schon seit Monaten eindeutig auf Hitlers Machtergreifung und eine nationalsozialistische Wirtschaftspolitik zuliefen und dabei – Thyssen und Schacht sind hier ehrlicher als Schröder und Papen – einiges investiert hatten, was sie nicht aufzugeben gewillt waren. Auch aus Goebbels' Notizen geht übrigens hervor, daß sich die finanzielle Lage der NSDAP gerade in diesen Tagen erheblich besserte (*Kaiserhof*, Anm. V/13, S. 235; S. 243), nachdem noch

trauen und auch finanziellen Auftrieb verlieh, der Regierung Schleicher jedoch einen entscheidenden Schlag versetzte. Vor allem in dieser weiteren Wirkung aber, und nicht nur in den einzelnen Gesprächsthemen, liegt die historische Bedeutung des Kölner Treffens.

2. Hindenburgs Abwendung von Schleicher

Es war Papen freilich nicht gelungen, die Anfänge seiner neuerlichen Initiative geheimzuhalten. Wenn man tatsächlich, wie Papen betont, die Unterrichtung Schleichers nur vergessen hatte, dann konnte man eigentlich auch nicht — wie Papen — „höchst erstaunt" sein, daß, als man vor Schröders Haus dem Taxi entstieg, „ein neben der Haustüre postierter Mann — offenbar ein Detektiv — eine photographische Aufnahme von mir machte"[34]. Schleicher hatte sich noch einmal — es war das letzte Mal — dazwischen zu schalten vermocht, nachdem er trotz aller Vorsichtsmaßnahmen der Gegenseite von der drohenden neuen Konstellation Wind bekommen hatte[35]. Als ihm wenige Stunden nach dem Treffen Photos vorgelegt wurden, die Papen sowie Hitler mit Gefolgschaft bei der Ankunft und vor allem beim gemeinsamen Verlassen des Schröderschen Hauses zeigten, mobilisierte er unverzüglich die Presse und beschwerte sich anschließend bei Hindenburg. Die Nachricht wirkte als Sensation[36].
Jetzt beeilte sich Papen verständlicherweise, Schleicher brieflich von seinem Treffen zu unterrichten — eine Tatsache, die er heute zu seiner Entlastung anführt[37]. Aber nicht nur kam diese Mitteilung reichlich verspätet, sie war auch, was Papen hinzuzufügen vergißt, kaum freiwillig erfolgt, vielmehr schon dadurch unumgänglich geworden, daß das Auftauchen von Photoreportern eine weitere Geheimhaltung des Gesprächs unwahrscheinlich machte. Papen konnte nur noch versuchen, die Umstände seiner Extratour abzuschwächen und eine Gegenaktion Schleichers in letzter Minute abzubiegen: zu Entrüstung hat Papen jedenfalls keinen Anlaß. Es schien, daß Schleicher gerade zur rechten Zeit noch der heranziehenden Verschwörung Herr werden und endlich dem Papenschen Treiben die Zügel anlegen konnte.
Aber gerade in diesen Tagen begann sich das Netz der Intrigen, an dem er so lange mitgesponnen hatte, auch von anderer Seite um den vielgewandten General selbst zuzuziehen. Zunächst gelang es Schleicher nicht, Papen von Hindenburg fernzuhalten. Mit öffentlichen Dementis waren Schröder, Hitler und Papen, die letzteren auch in einem gemeinsamen Kommuniqué, sogleich

am 2. Januar ein Steuerberater der NSDAP bei einem Berliner Finanzamt zu Protokoll gegeben hatte, eine Zahlung der rückständigen Steuern sei unmöglich und würde die Unabhängigkeit der Partei vernichten (Louis P. Lochner, Hrsg., *Goebbels, Tagebücher aus den Jahren 1942–43*, Zürich 1948, S. 9). Vgl. schließlich noch Thyssen (Anm. II/12), S. 132, über die finanzielle Auswirkung des Kölner Treffens: „. . . a number of large contributions flowed from the resources of heavy industry into the treasures of the National Socialist Party"; und jetzt Hallgarten, „Adolf Hitler and German Heavy Industry" (Anm. I/16), S. 242 f. (auch nach Vernehmungen Schröders im Krupp-Prozeß). Dem entsprechen Hitlers wütende öffentliche Dementis; die Gerüchte, er habe die Partei an die Wirtschaft verkauft, seien „erstunken und erlogen" (*Völkischer Beobachter*, Süddeutsche Ausgabe, v. 14. Januar 1933).

34 Papen (Anm. VI/35), S. 255.

35 Es ist freilich noch nicht geklärt, auf welchem Weg ihm das gelungen war. Während Papen (*ebda.*, S. 260) meint, Schleicher habe sein Telephon überwachen lassen, behauptet Berndorff (Anm. X/145, S. 225 f.; S. 239), Journalisten der von Schleicher kontrollierten *Täglichen Rundschau* (wo Berndorff selbst arbeitete), vor allem Oertzen und Zehrer, hätten die Nachricht durch einen bestochenen Angehörigen des Hitlerschen Sicherheitsdienstes beschafft, ohne freilich zunächst Schleichers Optimismus erschüttern zu können. Gegen Papens Version steht auch die Mitteilung Eugen Otts (ungedruckter Brief an den Sohn Papens v. 26. Dezember 1949, S. 7 f.), Schleicher sei bei der üblichen Presse- und Beraterkonferenz am Morgen des 5. Januar *ehrlich* überrascht gewesen über die sensationelle Pressemeldung – eine Reaktion, die bei seiner Offenheit sicher echt gewesen sei.

36 Vgl. besonders die *Kölnische Zeitung*, Nr. 10 v. 6. Januar 1953, S. 5 f.

37 Papen (Anm. VI/35), S. 260.

den Presseberichten über das Kölner Treffen entgegengetreten[38]. In der Zwischenzeit verhandelte Papen in Düsseldorf und Dortmund mit deutschnationalen Funktionären und besonders mit den großindustriellen Generaldirektoren Springorum und Vögler, die ihm ihre Sorge über den Wirtschaftskurs Schleichers und besonders die Gereke-Pläne mitteilten und demgegenüber das alte Papensche Wirtschaftsprogramm forderten. Nach diesen Sondierungen erschien er dann am 9. Januar wieder in Berlin und begab sich zunächst zu Schleicher, dem jetzt nichts übrigblieb, als in einer Pressenotiz nach außen hin ihre beiderseitige Übereinstimmung bekanntzugeben[39]. Dies war eine erste Niederlage Schleichers; er konnte freilich in dieser Lage kaum anders reagieren, wollte er nicht schon jetzt einen Kampfkurs beziehen, der seinen ganzen politischen Absichten und Plänen widersprach. Im übrigen ist aus Papens lakonischen Bemerkungen der wirkliche Verlauf jener Besprechung nicht zu entnehmen; vor allem bleibt das Loyalitätsversprechen, das Schleicher zweifellos von Papen erhalten hatte, ganz im Dunkel.

Anschließend begab sich Papen „unmittelbar" zu Hindenburg, um „ihn aufzuklären"[40]. Hier bahnte sich eine zweite Niederlage Schleichers an, und sie war noch schwerwiegender. Wenn Papen heute „die engen Beziehungen zwischen dem Reichspräsidenten und mir" betont und darauf stolz ist, „wie schwer es Hindenburg gefallen war, sich von mir zu trennen"[41], dann gibt er uns selbst den einzig plausiblen Hinweis auf den Sinn jenes Gesprächs, in dem er jetzt Hindenburg für seine neue Initiative und damit gegen Schleicher einzunehmen suchte, der Papens Ausschaltung gefordert oder doch Hindenburg gebeten hatte, Papen nur noch in seiner, Schleichers, Gegenwart zu empfangen[42]. So beiläufig Papen dies Gespräch erwähnt, in dem ihn Hindenburg „persönlich und streng vertraulich"[43] mit der Fortführung seiner Sondierungen beauftragte, so sehr er sich hier wie bei den folgenden Unternehmungen hinter Hindenburg zu verstecken sucht, es war ein Wendepunkt: das Reichspräsidentenpalais begann zu Papen hinüberzuschwenken, statt den intrigierenden Privatmann in seine Grenzen zu verweisen. Jetzt ersuchte Hindenburg Meißner sogar, „da er meine freundschaftlichen Beziehungen zu Herrn von Schleicher kannte, auch diesem gegenüber Stillschweigen [über Papens Auftrag] zu wahren"[44], und dies in einem Augenblick, da von einer Entlassung des Kanzlers noch keine Rede war.

Die wachsende Entfremdung zwischen Hindenburg und Schleicher wurde sogleich fühlbar, als in diesem Augenblick die Papen-Opposition durch den Zuzug neuer, wichtiger Kräfte deutlichere Gestalt und größeres Gewicht gewann. Während sich Schleicher trotz den Befürchtungen seiner Mitarbeiter[45]

38 Bei Schultheß, *1933*, S. 6. Am weitesten treibt der *Völkische Beobachter* in seinem Leitartikel vom 7./8. Januar 1933 (Süddeutsche Ausgabe) das Ablenkungsmanöver, wenn er schreibt, „daß Herr von Papen das Bedürfnis fühlte, dem Führer der größten deutschen Partei gewisse interessante Einzelheiten über den Sturz der Regierung von Papen mitzuteilen".

39 Papen (Anm. VI/35, S. 260 f.) ist naiv genug, seinen Lesern noch heute dies offizielle Dementi, das doch nach Bismarcks Wort eine Sache am sichersten bestätigt, als Beweis seiner Unschuld zuzumuten.

40 *Ebda.*, S. 261. Hindenburgs Kommentar nach Papen: „Das habe ich mir ja gleich gedacht, daß diese Darstellung [Schleichers] nicht stimmen könnte. Es ist doch selbstverständlich, daß diese Angelegenheit unser Verhältnis zueinander nicht im mindesten stört." Demnach enthält Meißners Behauptung, Hindenburg habe noch Mitte Januar nichts von der Kölner Besprechung gewußt, eine weitere Fehldatierung des ungenauen Staatssekretärs: *Nürnberger Dokumente*, Bd. XXXII, Dok. Nr. PS-3309, S. 151 f.; Bd. XVI, S. 386 f.

41 Papen (Anm. VI/35), S. 260.

42 Vgl. Meißner (Anm. I/156), S. 261.

43 *Ebda.*

44 Aussage Meißners im *Wilhelmstraßen-Prozeß*, Protokoll v. 4. Mai 1948, S. 4612.

45 Vgl. Ott, „Ergänzende Bemerkungen" (Anm. VI/36), S. 17: „Die Verhandlungen des Kanzlers um die Gewinnung einer Parlamentsmehrheit, die uns angesichts ihrer undurchsichtigen Vielzahl und offenbaren

mit sinkender Zuversicht noch immer um Strasser, die Gewerkschaften, die Parteien bemühte, führte die Ungeduld der agrarischen Interessengruppen, die sich von den Wirtschafts- und Siedlungsplänen der Regierung und wohl auch von einer neu eingeleiteten parlamentarischen Überprüfung der Osthilfe bedroht fühlten, zu einer scharfen Entschließung des Reichslandbunds, die mit einer massiven Intervention bei Hindenburg gekoppelt war[46]. Man muß sich erinnern, daß in der Ära Papen alle jene Pläne, die so wesentlich zum Sturz Brünings beigetragen hatten, bewußt zurückgestellt worden waren. Jetzt rückten sie — ob mit oder ohne Willen Schleichers — erneut in den Bereich der Diskussion. Dem verspäteten Nachfolger Brünings drohte eine Konstellation ähnlich jener, die die Vorgänge vom Mai 1932 beeinflußt und damals ihm, Schleicher selbst, in die Hände gespielt hatte. Der Vorstoß gewann noch an Bedeutung dadurch, daß der Reichslandbund keine deutschnationale Domäne mehr, in wesentlichen Teilen vielmehr nationalsozialistisch beherrscht war; er konnte gleichsam als Klammer für jene Neubelebung der Harzburger Front wirken, die jetzt nach langen Monaten des Zerwürfnisses zwischen Hugenberg und Hitler in Papens Aktivität eine von Hindenburg selbst sanktionierte Neubelebung erfahren sollte.

Während Schleicher noch mit Hugenberg verhandelte und eine Beteiligung des deutschnationalen Parteiführers am bestehenden Kabinett erwog, erschien am 11. Januar das Präsidium des Reichslandbundes[47] bei Hindenburg, um über die angebliche Untätigkeit der Regierung besonders in der Schutzzollpolitik Klage zu führen. Hier zeigte sich zum ersten Mal in unmißverständlicher Weise, daß der Reichspräsident selbst inzwischen von Schleicher abgerückt war, nachdem er seinen „lieben jungen Freund" in einem persönlichen Neujahrsbrief noch seiner „größten Zufriedenheit mit der Regierungsführung" versichert hatte[48]. Er ergriff sogleich die Partei der großagrarischen Interessenvertreter und erklärte seinem Kanzler, der mit den zuständigen Ministern v. Braun und Warmbold erschienen war, die Sache müßte unverzüglich in Ordnung gebracht werden, „und wenn es bis morgen früh um 5 Uhr dauert". Im Anschluß an die Berichte des Präsidenten (Graf Kalckreuth) und mehrerer Vorsitzender der örtlichen Landbünde begründete der Gutsbesitzer Heinrich v. Sybel als wirtschaftspolitischer Direktor des Reichslandbunds die interessenpolitischen Vorschläge. Nach Sybels nachträglicher Schilderung[49] antwortete Schleicher auf seine Beschwerden, die gegen die Zoll-, Handels-, Steuer- und Finanzpolitik, vorsichtigerweise aber nicht direkt gegen die Siedlungspläne des Kabinetts

Erfolglosigkeit beunruhigten, veranlaßten mich, mit dem Pressechef der Wehrmachtsabteilung Foertsch ein Memorandum zu formulieren." Auf diesen Schritt hin, den Ott für Neujahr 1933 ansetzt, habe Schleicher die Kritik seiner Mitarbeiter als „noch viel zu mild" bezeichnet und die mangelnde Unterstützung durch Hindenburg als die entscheidende Schwäche seiner Kanzlerschaft bezeichnet. Dagegen berichtet Kordt (*Nicht aus den Akten*, Anm. V/154, S. 50), Staatssekretär Planck und General v. Bredow, Schleichers Nachfolger im Ministerium, hätten sich ihm und seinem Bruder gegenüber bei einem Treffen kurz nach Neujahr durchaus optimistisch ausgesprochen: „Die Nationalsozialisten würden nicht an die Regierung kommen."

46 „Der Vorstoß des Reichslandbundes" in: *Der Zeitspiegel* 2, Nr. 2 (22. Januar 1933), S. 24 ff. mit den verschiedenen Erklärungen.

47 Dabei befand sich Hindenburgs ostpreußischer Freund v. Rohr-Demmin, der schon in der Brüning-Krise in Erscheinung getreten war und unter Hitler dann Staatssekretär Hugenbergs werden sollte: auch hier die unzweideutige Verbindung.

48 Bei Berndorff (Anm. X/145), S. 224. Vgl. o. Anm. X/5.

49 Heinrich v. Sybel, Brief v. 2. Februar 1951, in: *Borcke-Akten* (ungedruckt, Anm. VI/135), S. 124 f. Die Darstellung, die wenig überzeugend die Nichtbeteiligung der agrarischen *pressure groups* an der Machtergreifung Hitlers nachzuweisen sucht, entspricht dem bei Görlitz, *Hindenburg* (Anm. I/66, S. 398 f.), wiedergegebenen Protokoll der Reichspräsidialkanzlei. Daß Sybel zunächst (ab 1928) Reichstagsabgeordneter des Landvolks gewesen war, seit Juli 1932 aber der NS-Fraktion angehörte, demonstriert zugleich die politische Entwicklung des Reichslandbunds.

gerichtet waren, nur mit „ganz allgemeinen Redensarten". Als auch v. Braun Rohr-Demmins Kritik nicht mit bindenden Zusagen beantwortete, habe Hindenburg mit der Faust auf den Tisch geschlagen und die Unterhaltung mit dem brüsken Ultimatum beendet: „Ich ersuche Sie, Herr Reichskanzler von Schleicher, und als alter Soldat wissen Sie ja, daß das Ersuchen nur die höfliche Form eines Befehls ist, daß noch heute nacht das Kabinett zusammentritt, Gesetze in dem dargelegten Sinne beschließt und mir morgen vormittag zur Unterschrift vorlegt." Eine keineswegs unglaubhafte Szene[50]! Sie erinnert an jenen Befehlsempfang, der Brünings Kanzlerschaft beendete, sie zeigt den schwachen Punkt einer Regierung, deren Chef als General dem Marschall gegenüberstand, und sie enthüllt in seltener Eindringlichkeit die Stimmung Hindenburgs, der seinen neuen Freund Papen dem alten Ratgeber vorgezogen hatte. Daß der Bruch nicht jetzt schon eintrat, verdankte Schleicher nur der Tatsache, daß noch nicht — wie beim Sturz Brünings — ein neues Kabinett verfügbar war. Denn noch schwankte Hugenberg, noch war Hindenburg für eine Kanzlerschaft Hitler nicht gewonnen, noch war die alte Harzburger Front nicht regierungsfähig.

Wenn es auch zu einfach ist, aus Schleichers Weigerung, in diesem Sinne mit dem Reichslandbund weiter zu verhandeln, direkt den Sturz der Regierung abzuleiten[51], so bildet diese Unterredung doch — gewissermaßen als zweite Phase der im Kölner Gespräch begonnenen Entwicklung — den Auftakt zu einer fieberhaften Aktivität jetzt auch auf deutschnationaler Seite. Als Schleicher am 13. Januar dem „Reaktionär" Hugenberg das Wirtschaftsministerium verweigerte und an seinen eigenen wirtschafts- und sozialpolitischen Plänen, an seiner Politik des Ausgleichs demonstrativ festhielt, bereitete auch die DNVP die Schwenkung zur Opposition vor[52]. Der Zusammenhang mit dem Vorstoß des Landbunds ist so deutlich, daß heute selbst Papen diese wirkungsvolle politische Ausweitung eines Interessenkonflikts nicht verschweigen kann[53]. Schleicher selbst scheint die Dinge in jenen Tagen freilich noch immer optimistisch beurteilt zu haben[54]. Er gab dem Druck nicht nach und beharrte auf seinen Bemühungen vor allem um die Gewerkschaften und die Spaltung der NSDAP. Die Gerüchte jagten sich, als am folgenden Tag, dem 14. Januar, Hugenberg von Hindenburg empfangen wurde. Aber während die Öffentlichkeit dies noch mit den Plänen Schleichers verband und an eine Erweiterung des Kabinetts durch Strasser, Hugenberg und einen Zentrumsminister

50 Daß sie nur von Sybel, nicht aber im Protokoll wiedergegeben wird, hat wenig zu bedeuten. Vielleicht irrt sich Sybel in Einzelheiten und vor allem in seinen Schlußfolgerungen, kaum aber ist die Skepsis von Görlitz (*ebda.*, S. 399) gerechtfertigt, der um seines Hindenburg-Bildes willen den ganzen Bericht anzweifelt und seine Folgerungen kurzerhand für „abwegig" erklärt. Die enttäuschenden Erinnerungen v. Brauns (Anm. VI/139), die durchweg auf Entlastung Papens und Belastung Schleichers abgestellt sind, schweigen sich darüber gänzlich aus.

51 So Sybel (Anm. XI/49, S. 125): „Damit hatte er [Schleicher] sein Todesurteil als Kanzler unterschrieben." In Wirklichkeit lösten die scharfen Forderungen des Reichslandbunds nun wieder einen öffentlichen Protest des Reichsverbands der Deutschen Industrie aus, der damit zeitweilig wieder auf Schleicher zurückzufallen schien; sein Präsident Krupp hatte am 12. Januar eine Aussprache mit dem Reichskanzler: vgl. Schultheß, *1932*, S. 12 f.

52 Das Verhältnis Schleichers zur DNVP war nie besonders gut gewesen, hatte sich bei der Diskussion um Gayls Verfassungspläne noch verschlechtert und war schließlich durch die Entlassung und Abwendung Papens kritisch geworden, mochte die Zusammensetzung des Kabinetts Schleicher den deutschnationalen Wünschen auch weitgehend entsprechen: vgl. auch Ott, Brief an Papens Sohn v. 26. Dezember 1949 (Anm. XI/35), S. 8.

53 Papen (Anm. VI/35, S. 262): „Es ist möglich, daß die Angriffe auf agrarpolitischem Gebiet mit Hugenberg vereinbart sind."

54 Als ihn am 15. Januar, dem Tage der Lippe-Wahlen (u. S. 612 ff.), Kurt v. Schuschnigg besuchte, versicherte er, das nationalsozialistische Problem sei durch den Niedergang der Partei gelöst: Kurt v. Schuschnigg, *Farewell Austria*, London 1938, S. 165 f.

glaubte[55], gehörte diese Unterredung wahrscheinlich schon zu der Entwicklung, die nun mit gewaltiger Beschleunigung über alle Feindschaften und Vorsätze der Beteiligten hinweg auf den Sturz Schleichers ging. Sie wurde durch zwei Ereignisse noch gefördert.

Die Verhandlungen mit den freien Gewerkschaften hatten bisher zwar zu keinen konkreten Ergebnissen geführt; doch hatte sich Leipart schon in seinem Neujahrsaufruf grundsätzlich zur Zusammenarbeit mit Schleicher bereit erklärt. Jetzt aber wiederholte sich unter umgekehrten Vorzeichen jener Vorgang vom Frühjahr 1930, der zum Sturz der letzten demokratischen Mehrheitsregierung geführt hatte. Waren es damals die Gewerkschaften gewesen, die ihre Interessen gegen den Willen des sozialdemokratischen Reichskanzlers und wider alle bessere politische Einsicht durchsetzten, so behielt nun die politisch begründete Oppositionsparole der SPD-Führung gegenüber der interessenmäßig bedingten Kompromißbereitschaft der Gewerkschaftsführung die Oberhand. 1930 war man in die Opposition geflüchtet, um sich der Verantwortung für die fortschreitende Wirtschaftskrise zu entziehen: die Folge dieses Entschlusses war ein Übergang zur autoritären Regierungsform gewesen, die man nicht mehr kontrollieren konnte, aber tolerieren mußte, um Schlimmeres zu verhüten. Nun, da Hitler so offensichtlich vor der Tür stand, versagte man sich dem Rettungsversuch eines Kanzlers, der zwar nicht ohne Grund schlecht beleumundet und vor allem — ein autoritärer General war, dessen Wille, Hitler nicht oder nicht ohne stabile Sicherungen an die Regierung zu lassen, jedoch über jeden Zweifel erhaben war. Auch von den Gewerkschaften, die überdies durch eine erhebliche kommunistische und nationalsozialistische Infiltration noch mehr als in der Zeit um den 20. Juli 1932 geschwächt waren, konnte ein Widerstand gegen die Diktatur, wie er 1920 den Kapp-Putsch zerschlagen hatte, nicht mehr erwartet werden. Vor allem aber versagte die politische Taktik der Führung selbst.

Die Unterredung vom 6. Januar, in der Breitscheid Leipart weitere Verhandlungen mit Schleicher ausredete[56], hat in diesem Sinne Papens Plan einen weiteren Dienst geleistet. Die größte demokratische Partei versagte sich auch in dieser Lage jeder Initiative, sie verharrte in der Opposition gegen Schleicher, auch als dieser „Reaktionär" und eine „größere Koalition"[57] die einzige Alternative zur Diktatur der Harzburger Front, zur totalen Herrschaft des bekämpften, aber so deutlich unterschätzten „Faschismus" bot[58]. Sie wurde ein Opfer ihrer starren Begriffe und Vorstellungen, ihres traditionellen Mißtrauens gegen die Reichswehr und gegen einen Staat, der nicht ihren demokratischen Vorstellungen entsprach, der aber doch ihre freie Existenz nicht

55 Die Ablehnung Hugenbergs durch Schleicher wurde öffentlich erst am 25. Januar im Augenblick des offenen Konflikts bekannt.

56 Die Szene ist von Noske, *Erlebtes* (Anm. I/38, S. 310 f.), geschildert, der in diesem Fall die scharfe Kritik an der Politik seiner Partei mit begründeter Überzeugungskraft zu formulieren weiß. Vgl. auch Pechel, *Widerstand* (Anm. IV/94), S. 20 f. Auch heute glaubt sich die damalige Gewerkschaftsführung freilich noch hinter den SPD-Beschluß stellen und ihren Rückzug mit dem Hinweis auf die gewiß fragwürdigen politischen Methoden Schleichers begründen zu müssen. So Franz Josef Furtwängler, „Schleicher und die Arbeiter", in: *Die Zeit* 8, Nr. 19 v. 7. Mai 1953, S. 20. Diese Schilderung der Schleicher-Leipart-Affäre bekundet aber nur noch einmal, wie sehr sich die größten republikanischen Organisationen durch einen verengten Blick auf Einzelheiten der Krise die Sicht auf die eigentliche Aufgabe, die Abwehr des drohenden und oft genug angekündigten Totalitarismus verbaut hatten.

57 In diesem Sinne auch Flechtheim, *Die KPD* (Anm. III/86), S. 182 f., und Neumann, *Behemoth* (Anm. III/118), S. 31.

58 Vgl. dazu besonders die Neujahrsbetrachtung des SPD-Vorsitzenden Otto Wels im *Vorwärts* v. 1. Januar 1933. Hier wird Schleicher beschuldigt, die geschlossene Front der Arbeiterbewegung spalten zu wollen; gleichzeitig wird die Unterstützung der Regierung durch christliche Gewerkschaften und Zentrum scharf kritisiert.

antastete. Die SPD — und mehr noch die KPD — vermochte mit ihrer Erwartung, eine Kanzlerschaft Hitlers müßte in wenigen Monaten „abwirtschaften" und einem neuen Aufschwung des Sozialismus Platz machen, der machtpolitischen Dynamik der nationalsozialistischen Bewegung noch immer nicht gerecht zu werden, war ihr jedenfalls kaum besser gewachsen als die durchsichtigen Kalkulationen der Konservativen und Militärs, die Hitler zähmen und seine „nationale" Bewegung für sich verbuchen zu können hofften. Ihre Taktik war darum die konsequente Opposition gegen den eigenwilligen, wenngleich nicht unsympathischen General. Daß sein Nachfolger die Parteien überhaupt zerschlagen und jeder Oppositionstaktik ein Ende setzten könnte — dieser Gedanke hatte auf die politischen Erwägungen der SPD-Führung nicht den gebotenen Einfluß. Man verharrte in der selbstgefälligen Ratlosigkeit: „... daß ich nicht wüßte, wie wir es anders hätten machen sollen"[59]. Seit der Rede Breitscheids auf dem letzten Parteitag von 1931 war die Einschätzung des Nationalsozialismus nicht realistischer, die politische Taktik nicht elastischer, die Hilflosigkeit gegenüber dem doppelten Druck des Rechts- und Linksradikalismus nicht geringer geworden. Der 20. Juli 1932 hatte die Schwächen bloßgelegt und vor allem auch dem Gegner eindringlich sichtbar gemacht. Jetzt, wo es nicht um die Existenz einer Geschäftsregierung, sondern um den Bestand der Republik ging, entwickelte man mehr Entschlossenheit; aber sie richtete sich nicht gegen die Verschwörer, sondern gegen den Bedrohten, dem so eine weitere Hoffnung zerbrach[60].

Leipart gehorchte seinem Parteivorstand. Hugenberg löste sich von Schleicher und wandte sich jetzt ganz Papen zu, den er ohnehin nur ungern hatte gehen sehen. Strasser aber war kaum noch eine Hoffnung, nachdem Hitlers „neue Chance" die Krise der NSDAP auch nach außen sichtbar milderte und schließlich in einen neuen Aufstieg verwandelte[61]. Seit dem Juli 1932 waren die Wahlziffern der Partei zwar gesunken. Jetzt aber trat ein zweites Ereignis ein, das sachlich wohl ohne Interesse, propagandistisch und psychologisch aber von größter Bedeutung war, ja, recht eigentlich die letzte Phase des Schlußangriffs einleitete.

3. *Um die Wahl von Lippe*

Es waren die regulären Landtagswahlen in dem Zwergstaat Lippe, die in diesem Augenblick als eine letzte demokratische Machtprobe unverhältnismäßige Bedeutung in den Augen der Öffentlichkeit erlangten. Vor allem die NS-Führung sah darin eine Möglichkeit, ihr gesunkenes Selbstvertrauen und Prestige, den bedrohten Zusammenhalt der schwankenden Anhängermassen wiederherzustellen[62]. Sie warf denn auch alle verfügbaren Mittel, die Elite ihrer Agitatoren und Propagandaspezialisten in einen Wahlkampf, der sich auf kleinstem, vorwiegend landwirtschaftlich bestimmtem Raum, in Dörfern und klei-

59 So Wolfgang Heine in seinem Neujahrsbrief 1933 an Severing, *Lebensweg* (Anm. I/18, II, S. 375): „Es ist überflüssig, zu sagen, daß ich mit diesen Darlegungen völlig einverstanden war", fügt Severing selbst noch hinzu (S. 376).

60 Dazu auch die scharfe Kritik bei Leber, *Ein Mann* (Anm. I/37), S. 242 ff.

61 Vgl. Goebbels, *Kaiserhof* (Anm. V/13), S. 236 (schon am 6. Januar): „In Anbetracht der erfreulich fortschreitenden politischen Entwicklung findet man kaum noch Lust, sich um die schlechte Finanzlage der Organisation zu kümmern. Kommen wir diesmal zum Streich, dann spielt das alles keine Rolle mehr."

62 Eben jetzt kam es zu neuen Rebellionen innerhalb der NSDAP; am 12. Januar enthob Röhm mit Zustimmung Hitlers den SA-Gruppenführer von Mittelfranken, den Reichstagsabgeordneten Wilhelm Stegmann, wegen Unbotmäßigkeit seines Postens; da sich zunächst die ganze SA Mittelfrankens hinter Stegmann stellte, schwelte die Krise noch länger fort.

nen Städten abspielte[63]. Von dem Ausgang dieses „Endspurts", der mit Hilfe von Versammlungszelten auch die entlegensten ländlichen Gegenden erfaßte[64], wußte man die psychologische Stellung der Partei innerhalb der neuen Oppositionsfront gegen Schleicher, ihren Bündniswert für Papen, Hugenberg, die wirtschaftlichen Interessengruppen, ihre Unwiderstehlichkeit schließlich auch für den widerstrebenden Hindenburg[65] abhängig. Nicht zuletzt auch die Behebung der noch immer akuten Strasser-Krise war damit eng verbunden[66]. Zwar mochten die Hoffnungen auf Spaltung oder fortschreitende Desintegration der NSDAP, die das Verhalten der demokratischen Parteien und mehr noch die Kalkulationen der zunehmend isolierten Regierung bestimmten, durch ein Ereignis von — quantitativ — so untergeordnetem Rang weder bestätigt noch widerlegt werden. Aber seiner symptomatischen Bedeutung würden sich auch die, die einen geringen Stimmenaufschwung der nationalsozialistischen Stimmenzahl erwarteten und darum vor einer Überschätzung warnten, nicht entziehen können. Die nervöse Aufmerksamkeit, mit der die gesamte Öffentlichkeit auf jenen 15. Januar blickte, übersteigerte das Votum der 100 000 lippischen Wähler zu einer Entscheidung auch über das Schicksal des Schleicher-Experiments und die politische Zukunft eines 68-Millionen-Volkes.
Das Ergebnis ihres wohl intensivsten Wahlkampfes brachte die NSDAP zwar nicht mehr auf den Gipfel vom 31. Juli 1932. Vielmehr hielt sich der Stimmenzuwachs durchaus in mäßigen Grenzen. Aber es war doch der erste Wahlerfolg seit jenem 31. Juli 1932, und seine psychologischen Rückwirkungen wogen schwerer als selbst die nationalsozialistische Führung erwartet hatte. Die Betrachtung dieser letzten Wahl der Weimarer Republik ist aber auch lehrreich, weil sie Ansätze zu einer Entwicklung aufweist, die bei Fortbestand des Schleicher-Kabinetts im Zeichen der allmählichen Erholung auch einer politischen Konsolidierung im demokratischen Sinne Raum schaffen konnte.

Wahlen in Lippe

in % der gültigen Stimmen[67]

Wahl vom	Abgegebene Stimmen	NSDAP	DNVP	DVP	Zentrum	Staatspartei	SPD	KPD	Sonstige
6. November 1932 (Reichstag)	82,2	34,7	9,9	3,8	2,6	0,6	27,1	15,4	5,9
15. Januar 1933 (Landtag)	85,1	39,5	6,1	4,4	2,6	0,8	30,1	11,2	5,4
Zunahme (+)	+ 3,5	+ 13,8		+ 15,8	± 0,0	+ 33,3	+ 11,1		
Abnahme (—)			— 38,4					— 27,3	— 8,5

Die nationalsozialistische Zunahme ist — als Folge der intensiven Wahlpropaganda — einesteils auf das Votum der bisherigen Nichtwähler zurückzuführen; zum anderen Teil ging sie wohl auf Kosten der DNVP, deren Wähler aber

63 Vgl. *ebda.*, S. 234 (zum 3. Januar): „Der Lippische Wahlkampf setzt nun ein. Es ist uns mit Mühe gelungen, die dafür nötigen Gelder zusammenzubringen. Wir werden alle Kraft auf dieses kleine Land konzentrieren, um einen Prestigeerfolg herbeizuführen. Jetzt muß die Partei wieder zeigen, daß sie noch siegen kann." S. 236: „Alle bekannten Parteigenossen stehen mit in der Agitation. Es muß ein Erfolg werden." S. 237 f.: „Am ersten Abend [9. Januar] rede ich dreimal zum Teil in ganz kleinen Bauerndörfern. . ."

64 Dietrich (Anm. IV/3), S. 173 ff. Hitler hatte sein „Hauptquartier" im Schloß des Barons Oeynhausen aufgeschlagen; von da aus schwärmte die Rednerelite jeden Tag nach allen Richtungen aus.

65 Vgl. Goebbels (Anm. V/13, S. 238): „Alles hängt nunmehr vom Ausgang der Lipper Wahl ab. Wenn es uns gelingt, dort zum Erfolg zu kommen, dann wird das Kabinett stürzen."

66 *Ebda.*, S. 238; S. 240 f.

67 Vgl. auch Hagmann (Anm. X/15), S. 36 f.

offensichtlich auch zu DVP und Staatspartei abwanderten. Zeigte sich hier schon eine weitere Stabilisierung der Mitte, deren Niedergang die Novemberwahl 1932 erstmals aufgehalten hatte, so verstärkt sich dieser Eindruck noch durch die beträchtlichen Gewinne, die die SPD auf Kosten der KPD buchen konnte. Nicht nur ist damit im kleinen Rahmen die Legende widerlegt, daß erst die nationalsozialistische Machtergreifung den weiteren Vormarsch der KPD oder gar einen „Sieg des Bolschewismus" verhindert habe. Es wird auch deutlich, daß die rechtsradikale Gruppe insgesamt, also die ehemalige, jetzt eben neu belebte Harzburger Front, die kommende „Nationale Konzentration", trotz einer überdimensionalen Propagandaanstrengung auf engstem Raum und hoher Wahlbeteiligung keine weiteren Wählerschichten mehr gewinnen und nur in sich noch Machtverschiebungen erzielen konnte. Bei einer Zusammenstellung der großen Gruppen ergibt sich folgendes Bild (in %):

Wahl vom	NSDAP—DNVP (Harzburger Front)	Große Koalition (demokratische Parteien)	KPD
6. November 1932	44,6	34,1	15,4
15. Januar 1933	45,6	38,0	11,2
Zunahme (+)	+ 2,2	+ 11,4	
Abnahme (—)			— 27,3

Wie immer man das Wahlergebnis auslegen mochte, sein objektiver Wert war für die NSDAP keineswegs besonders positiv. Die Ziffern vom 31. Juli 1932 wurden bei weitem nicht erreicht, die Anstrengung konnte in diesem Maße bei einer allgemeinen Wahl nicht wiederholt werden, und wenn man dem Ereignis überhaupt repräsentativen Charakter zubilligen wollte, dann war die Erholung der demokratischen Parteien, insbesondere der SPD, wesentlich bemerkenswerter. Wie diese Partei, die mit derselben Zahl von Abgeordneten wie die NSDAP (9) in den Landtag von Lippe einzog, den seit 1928 anhaltenden Vormarsch der linksradikalen Konkurrenz aufgehalten hatte, so war es auch der Mitte und der gemäßigten Rechten gelungen, dem Rechtsradikalismus einen gegenüber dem 6. November noch wesentlich verstärkten Damm entgegenzusetzen und sogar ihrerseits Gewinne zu machen[68]. Aber die subjektiven politischen Auswirkungen wurden, wie sich sogleich zeigen sollte, von solchen Erwägungen nicht berührt: auch in der nicht-nationalsozialistischen Beurteilung verstärkte sich vielmehr die Meinung, daß der Niedergang der NSDAP aufgehalten und die drohende Spaltung endgültig abgewendet sei. In Wirklichkeit bedeutete es einen weiteren Glücksfall, daß der NSDAP in diesem kritischen Augenblick ein Einsatz geboten worden war, für den ihre strapazierten Mittel eben noch ausreichten. Einer neuerlichen Reichstagswahlkampagne dagegen wäre sie kaum gewachsen gewesen.

Der „Sieg" wurde überschwenglich gefeiert: nach einem halben Jahr der Niederlagen konnte die NS-Reichspressestelle jetzt eine neue Aufwärtsentwicklung der Bewegung ankündigen[69], gleichzeitig gelang es Hitler, auf einer Gauleitertagung am 16. Januar in Weimar die Strasser-Krise endgültig in seinem Sinne zu bereinigen[70]. Die Partei stand wieder „hoch im Kurs", triumphierend notierte Goebbels: „Das Kabinett Schleicher ist von allen Vernünftigen bereits

68 Dies gilt besonders für die DVP, die ihre Stimmenzahl gegenüber dem 31. Juli 1932 nahezu verdoppeln konnte.

69 Schultheß, *1933*, S. 20. Vgl. auch die Pressestimmen (besonders aus Lippe selbst) in: *Der Zeitspiegel* 2, Nr. 2 (22. Januar 1933), S. 267.

70 Vgl. Goebbels (Anm. V/13), S. 242 f.

aufgegeben[71].“ In der Tat war Schleichers Taktik jetzt vor schwere Entscheidungen gestellt. Mit Strasser war kaum mehr zu rechnen. Der Reichslandbund verschärfte seine Oppositionsstellung, aber auch das Präsidium des Reichsverbands der Deutschen Industrie verstärkte erneut seine Forderung nach einer „stabilen Regierung“. Vor allem bahnte sich nun von seiten der DNVP selbst eine offene Wendung an. Angesichts dieser Entwicklung vergewisserte sich Schleicher noch am 16. Januar in einer längeren Unterredung mit Kaas der weiteren Unterstützung des Zentrums, das jetzt seine Hoffnungen auf eine Verständigung mit der NSDAP aufgab. Gleichzeitig scheint sich Schleicher entschlossen zu haben, nun doch den Weg über eine Auflösung des Reichstags zu gehen, um so einen neuen Druck auf die NSDAP auszuüben und gleichzeitig den bedrohlichen Verhandlungen hinter seinem Rücken zuvorzukommen.
Schon am 4. Januar hatte er dem Ältestenrat des Reichstags durch Planck erklären lassen, daß die Regierung jederzeit vor dem Plenum erscheinen, dann jedoch im Anschluß an ihre Erklärung auf einer Klärung der politischen Lage, also auf einer Abstimmung über die Mißtrauensanträge gegen das Kabinett bestehen werde und eine weitere Vertagung ablehne. Die nächste Sitzung des Reichstags war daraufhin auf den 24. Januar anberaumt worden, wobei sich die nationalsozialistischen Vertreter bezeichnenderweise der Stimme enthalten hatten. Am 20. Januar trat jetzt der Ältestenrat erneut zusammen und beschloß die Verschiebung der Sitzung auf den 31. Januar[72]. Das Kuriosum war eingetreten, daß das Präsidialkabinett auf einer Auseinandersetzung mit dem Reichstag bestand, während das Parlament sich dem durch weitere Vertagungen zu entziehen suchte. Vor allem die NSDAP (Frick) und mit ihr die DNVP plädierten für einen unbefristeten Aufschub des Konflikts, während das Zentrum sich schließlich noch einmal zu Verhandlungen um eine Mehrheitsregierung mit den Rechtsparteien bereit erklärte. Es war offensichtlich, daß Schleicher jetzt unter bewußtem Verzicht auf weitere Vertagungsversuche auf die Auflösung des Reichstags und die Erklärung des Staatsnotstands hinsteuerte[73], ebenso offensichtlich aber, daß die neue Gruppierung hinter seinem Rücken noch nicht so weit war, um einer solchen Aktion, die auch ihre Ausschaltung bedeutet hätte, zuvorkommen zu können.
Inzwischen hatte Hitler wieder einmal sein Hauptquartier vor den Toren der belagerten Festung im Hotel Kaiserhof aufgeschlagen: dafür reichten die Finanzen noch immer aus[74]. Aber nun wartete er nicht mehr auf die Macht, wie

71 *Ebda.*, S. 243.
72 *Deutscher Reichsanzeiger und Preußischer Staatsanzeiger* v. 5. Januar und 21. Januar 1933.
73 Vgl. *Germania* v. 24. Januar 1933. Dazu liegt jetzt eine Erklärung Brünings vor („Im Januar 1933“, Anm. X/62), nach der vor allem Kaas dem Vertagungsplan widerstrebte, während er von Leicht (BVP) und Brüning unterstützt wurde. Die Verhandlungen seien zwar durchaus vorangekommen, von Schleicher selbst aber in keiner Weise gefördert worden, der – wie sich bei einer Besprechung mit der SPD im Fraktionszimmer des Zentrums zur allgemeinen Bestürzung herausgestellt habe – jedem eine andere Antwort gegeben habe. „Ich bat daraufhin Dr. Perlitius, nach alter Gewohnheit im Ältestenrat zu verhindern, daß es zu irgendeiner Abstimmung kam, bevor der Kanzler seine eigene Auffassung klar den Parteiführern mitgeteilt habe.“ Auf Brünings Bitte um einen gemeinsamen Empfang der Parteiführer habe Schleicher vier Tage vor seinem Sturz durch Planck mitteilen lassen, daß er „beim Reichspräsidenten bereits erledigt sei und es daher für die Parteien keinen Zweck habe, zu versuchen, den Dingen eine andere Wendung zu geben“. Er schwieg daher auch auf Brünings erneute Versicherung, „daß der Kampf gegen Hitler noch nicht verloren sei“. Brüning zeigt sich freilich in dieser Zuschrift, die einen Blick in die zweifelhafte Rolle von Kaas tun läßt, von Gedächtnisfehlern nicht frei: so, wenn er von den „Septemberwahlen“ 1932 schreibt (und damit wohl die denkwürdige Reichstagssitzung vom 12. September meint).
74 Nach Hitlers eigenen Angaben kostete das Leben seines Stabes in diesem Luxushotel wöchentlich 10 000 RM: *Hitlers Tischgespräche* (Anm. XI/21), S. 437. Von der gegnerischen Propaganda oft aufgegriffen, war die Wahl des „Kaiserhofs“ als Hauptquartier der NS-Führung doch zweifellos vor allem taktisch bedingt. Es besaß „repräsentativen“ Charakter auch für die Verhandlungen mit der Prominenz, dann symbolisierte sich darin eindrucksvoll das *ante portas* des Prätendenten, der der Reichskanzlei direkt

so oft im vergangenen Jahr: er kam ihr entgegen. Nach dem 17. Januar traf er mit Hugenberg zusammen: ihr Gespräch über eine gemeinsame Opposition gegen Schleicher und die Bildung einer Regierung der Harzburger Front bezeichnete schon den Beginn der letzten Phase. Fast jede Stunde brachte jetzt neue Verhandlungen, Gerüchte, Pläne: die am 4. Januar begonnene Entwicklung war in vollen Fluß gekommen. Am 18. Januar wurde von einer neuen Unterredung Hitlers mit Papen gesprochen, die nach nationalsozialistischen Berichten eine weitere Annäherung für die kommende Regierungsbildung vermittelte[75], von Papen selbst allerdings nicht erwähnt wird. Durch große Demonstrationen im Sportpalast und vor dem kommunistischen Hauptquartier hielt die NSDAP die öffentliche Meinung der Reichshauptstadt mit verstärkten Macht- und Siegesansprüchen unter Druck, und am 21. Januar kündigte auch die deutschnationale Reichstagsfraktion Schleicher die offene Opposition an. In einer Entschließung[76] forderte sie „eine vollständige Neubildung des Kabinetts" und eine Beendigung der „Politik des Hinhaltens und Zauderns", warf der Regierung in der Wirtschaftspolitik „ein neues Abgleiten in sozialistisch-internationale Gedankengänge" vor, malte „die Gefahr eines Bolschewismus auf dem flachen Lande" an die Wand und verdächtigte Schleicher vor allem der „Liquidation des autoritären Gedankens" Papenschen Stils und der „Zurückführung der deutschen Politik in das Fahrwasser, das dank dem Erstarken der nationalen Bewegung verlassen schien". Der deutliche Hinweis auf Hindenburg und auf eine kommende „starke Staatsführung" ließ keinen Zweifel, daß man sich der neuen Lösung nahe fühlte und Schleicher dem Schicksal Brünings entgegenging. Der nationalsozialistische Partner eröffnete den Generalangriff gleichzeitig mit einer scharfen Rede des Reichstagspräsidenten Göring in Dresden, die einen Schlußpunkt hinter alle Hoffnungen setzte, die NSDAP in letzter Stunde doch noch an der Regierung Schleichers beteiligen oder für ihre Tolerierung gewinnen zu können[77].

Die entscheidenden Ereignisse spielten sich freilich jetzt noch mehr denn zuvor unter Ausschluß der Öffentlichkeit ab, der auf diesem Gipfelpunkt der Intrigenpolitik der präsidialen Ära nur vielfältige Gerüchte und Vermutungen blieben[78]. Sie galten nun, da die endgültige Frontstellung und ihre möglichen Konsequenzen sich schon unmißverständlich abzeichneten, in erster Linie dem fieberhaften Betrieb um das Reichspräsidentenpalais und vor allem der Stellungnahme Hindenburgs selbst. Würde er Schleichers Kurs auch unter den veränderten Umständen unterstützen? Würde er zu Papen zurückkehren? Oder würde die neue Lage ihn tatsächlich dazu bewegen, seinen mehr als zweijährigen Widerstand aufzugeben und einem von Hitler geführten Präsidialkabinett der Harzburger Front, also ohne parlamentarische Mehrheit, seine Zustimmung zu geben?

Nach Brünings Sturz war der jetzt 86jährige Hindenburg so ausschließlich unter den Einfluß seiner engsten Umgebung geraten, daß tatsächlich das Schlagwort von der „Kamarilla" ein Faktum von erster politischer Bedeutung

gegenübersaß, schließlich war man damit im Bereich der Bannmeile und nicht durch gegnerische Demonstrationen, „Kommunistenhorden", gestört: vgl. Dietrich (Anm. IV/3), S. 149 ff.

75 Schultheß, *1933*, S. 21; vgl. u. S. 618 f.

76 Sie wurde allerdings erst am 24. Januar veröffentlicht: abgedr. *ebda.*, S. 26.

77 Gleichzeitig stimmte auch die NS-Propaganda in diesen Tenor ein. So z. B. Joseph Goebbels, „Schleichers Bilanz", in: *Der Angriff* v. 20. Januar 1933.

78 Treffend der *Vorwärts* v. 20. Januar 1933: „Hitler bei Papen, Strasser bei Schleicher, Hugenberg bei Hitler, Papen bei Hugenberg, Hugenberg bei Hindenburg. Alvensleben schiebt vorne, Thyssen schiebt hinten. Strasser wird Vizekanzler, Hitler will das Reichswehrministerium, Schleicher ist für dieses geneigt, Hindenburg für jenes. Wer findet sich noch durch in der Geheimpolitik, die ohne das deutsche Volk getrieben wird."

erfaßte. Der neue Stern unter den vier Vertrauten war Papen, während Schleichers Einfluß, sicherlich nicht ohne Zutun auch Oskar v. Hindenburgs und Meißners, sichtbar zurückging[79]. Nach Meißners Zeugnis intensivierte Papen in der zweiten Januarhälfte seine Besuche im Reichspräsidentenpalais[80]; er wohnte ganz in der Nähe und konnte ohne Aufsehen zu Hindenburg gelangen[81]. Es kann kein Zweifel bestehen, daß auch vor der entscheidenden sachlichen Auseinandersetzung mit Schleicher eine Wiederbetrauung Papens in Hindenburgs Wünschen den ersten Platz einnahm. Dies besonders in dem Augenblick, da Papen ihm nach seinen jüngsten Verhandlungen die Tolerierung eines solchen Kabinetts durch die NSDAP versprach. Es war der Gedanke, der auch die erste Berufung Papens getragen, dasselbe Treiben, das zur Ausschaltung Brünings geführt hatte[82], und es entsprach zugleich jener zwiespältigen Einstellung Hindenburgs zum Problem des Nationalsozialismus, die schon Brünings Lösungsversuche behindert hatte[83]: die Unfähigkeit, zwischen einer Bekämpfung und einer Berufung Hitlers zu wählen, und die Hoffnung, durch einen Mann seines Vertrauens die NSDAP ins Lager seiner „nationalen“ Freunde zu führen.

Noch ein weiteres, rein negatives Moment mag Hindenburg den neuen Plänen zugänglich gemacht haben. Die Siedlungsprojekte der Regierung waren zwar wieder in ihren Anfängen steckengeblieben. Dafür entwickelten sich die Debatten, die der Haushaltsausschuß des Reichstags am 18. und 19. Januar über eine betont anti-autarkistische Erklärung Warmbolds führte, zu einer Aussprache über die Osthilfefrage[84]. Ein Zentrumsantrag verlangte detaillierte Auskünfte über die Durchführung der Osthilfe, und der Abgeordnete Ersing begründete dies mit der Feststellung, daß die hinter dem Reichslandbund stehenden Großgrundbesitzer die Osthilfe mißbrauchten und eine parlamentarische Untersuchung heute ebenso zu verhindern suchten, wie sie diese Aussicht seinerzeit mit dem Sturz Brünings beantwortet hätten. Auch die zurückhaltende Antwort v. Brauns leistete der Forderung nach einer gründlichen Klärung der Korruptionsfälle keinen Widerstand, so daß eine Reihe alter Freunde Hindenburgs, unter ihnen auch Oldenburg-Januschau, sich von Skandalen bedroht sah[85]. So wenig eine direkte Verbindung bewiesen werden kann, so sicher ist doch, daß diese Aussichten das Mißtrauen gegen Schleicher noch verstärkten. Dem Kanzler, der sich als „sozialer General“ apostrophieren ließ und mit den Gewerkschaften verhandelte, traute man jetzt nicht mehr als seinerzeit Brüning und jedenfalls weniger als — Papen.

79 Während bei Meißner neben opportunistischen Motiven auch Befürchtungen über eine Aufdeckung geschäftlicher Unregelmäßigkeiten eine Rolle gespielt haben mögen (vgl. die eidesstattliche Aussage Papens in Nürnberg: *Wilhelmstraßen-Prozeß*, Dokument NG-169, ausgeführt bei Wickert, Anm. XI/26, S. 364, Anm. 55), hatte sich Oskar v. Hindenburgs Verhältnis zu seinem Regimentskameraden Schleicher durch einen persönlichen Zwischenfall verschlechtert. Schleicher hatte sich im Sommer 1932 über eine Bemerkung des Präsidentensohnes lustig gemacht, die offenbar recht intimen Charakter besaß und jedenfalls von den Mitwissern noch heute rücksichtsvoll verschwiegen wird.

80 *Nürnberger Dokumente*, Bd. XVI, S. 387; Bd. XXXII, Dok. Nr. PS-3309, S. 152.

81 „Reichspräsidentenpalais“ ist bildlich zu verstehen: dies Gebäude wurde renoviert, und Hindenburg residierte seit Sommer 1932 im Reichskanzlerpalais, während Papen damals die Wohnung des Innenministers im Hintergebäude des AA (Wilhelmstraße 74) bezog. Dort war er auch nach seinem Rücktritt wohnen geblieben.

82 Auch Brüning („Brief“, Anm. I/9, S. 9) weist darauf hin, daß es unter denselben Umständen Schleicher im Januar 1933 „unmöglich gemacht wurde, wie es mir acht Monate vorher unmöglich gemacht worden war, ungestört mit Präsident Hindenburg zu sprechen“.

83 Vgl. o. S. 380.

84 Schultheß, *1933*, S. 21–24.

85 Es kam noch hinzu, daß die NSDAP mit der Nachprüfung der Gelder für die Hindenburg-Wahl drohte und so jedenfalls die Umgebung Hindenburgs beunruhigte, mochte die Sache auch gänzlich unbegründet sein: vgl. Otto Braun (Anm. I/5), S. 439.

4. *Front gegen Schleicher*

In diesem Stadium des Geschehens liefen die beiden Richtungen der politischen Aktivität, die seit dem 4. Januar nur noch bei Hindenburg einen Berührungspunkt hatten, endgültig auseinander. Scheinbar war der Ausgang ihres Konflikts noch unentschieden. Während aber Papens Aktivität täglich zunahm, erlosch der Widerstandswille Schleichers in einer letzten Anstrengung. Und auch Hitler trat aus seiner mißtrauischen Zurückhaltung, die noch immer an der Enttäuschung vom 13. August trug, mehr und mehr heraus. Gleichzeitig erschienen einige neue Akteure auf der Szene, die freilich keine sichtbare Bühne und der Öffentlichkeit gänzlich entzogen war. Zum ersten Mal spielte Joachim v. Ribbentrop eine wichtige Rolle. Der ehemalige Offizier, eingeheiratete Teilhaber der Sektfirma Henkell, später Besitzer einer eigenen „Firma", war mit Papen seit dem türkischen Feldzug von 1918 bekannt. Er hatte schon nach dem 13. August 1932 zwischen Hitler und Papen zu vermitteln versucht — mit dem einzigen Erfolg, daß er selbst in die NSDAP eintrat[86].

Jetzt aber war es soweit, daß der im August 1932 von beiden Seiten verschmähte Pakt in den Mittelpunkt der Kalkulationen rückte, die auf den Sturz Schleichers zielten. Man erinnerte sich der alten Verbindungen, und am 10. Januar erschienen Himmler und Keppler, die Initiatoren des Kölner Gesprächs, bei Ribbentrop und baten ihn um die Vermittlung eines weiteren Treffens zwischen Hitler und Papen[87]. Wenn man den Angaben Ribbentrops und seiner Frau glauben darf, dann hatten die beiden schon in der Nacht vom 10. zum 11. Januar, also einen Tag nur nach Papens vorgeblicher Wiederversöhnung mit Schleicher[88], in Ribbentrops Arbeitszimmer in Berlin-Dahlem eine Unterredung unter vier Augen, die freilich wiederum an Hitlers Forderung nach der Kanzlerschaft zu scheitern drohte. Die streng geheimgehaltenen Besprechungen[89] wurden durch Hitlers Wahlfeldzug in Lippe unterbrochen, der auch in dieser Beziehung einen Wendepunkt bedeutete. Am 12. Januar sagte Hitler ein Essen bei Ribbentrop ab; es erschien nur Papen, der von dem erwarteten nationalsozialistischen Wahlerfolg eine Erschwerung der weiteren Verhandlungen befürchtete. Am Tag der Wahl selbst hatte Ribbentrop eine lange Unterredung mit Hitler in dessen Hauptquartier in Oeynhausen. Auch die auf den 16. und 17. Januar geplanten Treffen fielen aus. Erst am 18. Januar fanden sich in Ribbentrops Haus neben Papen auch wieder Hitler mit Gefolge (Röhm

86 Nach den Angaben von Frau v. Ribbentrop lehnte Hitler damals Papen ab und vertraute eher Schleicher, während Ribbentrop von Anfang an nur eine Zusammenarbeit mit Papen für möglich hielt: Joachim v. Ribbentrop, *Zwischen London und Moskau, Erinnerungen und letzte Aufzeichnungen*, Aus dem Nachlaß hrsgg. von Annelies von Ribbentrop, Leoni/Starnberger See 1953, S. 36. Nicht nachweisbar ist dagegen die weitergehende Rolle, die Ribbentrop später offiziös zugeschrieben wurde. So Schultheß, *1934*, S. 110: „v. Ribbentrop ... hat sich bereits 1932 bemüht, zwischen den Gruppen der nationalen Opposition und der damaligen Regierung Papen vermittelnd zu wirken. Auf seine Bemühungen ging auch die Zusammenkunft zurück, die Anfang Januar 1933 zwischen Hitler und Papen in Köln stattfand." Möglicherweise eine *constructio post eventum*, die zu diesem Zeitpunkt (24. April 1934, also noch *vor* dem 30. Juni 1934) eben noch opportun erschien.

87 Zum folgenden das Tagebuch Ribbentrops (Anm. XI/86), S. 37 ff. Papen (Anm. VI/35, S. 265) betont allerdings ausdrücklich, daß er am 22. Januar zum ersten Mal nach dem Kölner Gespräch – und hier nach Rücksprache mit Hindenburg – Hitler wieder getroffen, Ribbentrops Vermittlungsaktion also erst in diesem Augenblick eingesetzt habe. Aber Ribbentrops wesentlich detailliertere Angaben über die Vorgeschichte erscheinen in diesem Fall zuverlässiger, zumal ihnen zeitgenössische Tagebuchnotizen zugrunde liegen und Papen auch Meißners (Anm. I/156, S. 262) allgemeine Angaben widersprechen.

88 Dies bestätigt die auch von Meißner (Anm. I/156, S. 261 f.) behauptete Vermutung, daß Hindenburg Papen nach seinem vertraulichen Bericht über das Kölner Treffen (9. Januar) beauftragt hat, „persönlich und streng vertraulich auf dieser Basis mit Hitler in Fühlung" zu bleiben.

89 Nach Angaben von Frau v. Ribbentrop wurde Papen durch Ribbentrops Fahrer abgeholt, während Hitler auf ihrem Garagengrundstück abstieg, „um unser Haus durch den Garten unbemerkt zu erreichen": Ribbentrop (Anm. XI/86), S. 38.

und Himmler) ein. Erneut kreiste die Debatte um die Kanzlerschaft Hitlers, und noch einmal versicherte Papen, „das durchzusetzen übersteige seinen Einfluß bei Hindenburg"[90]. Angesichts des drohenden Abbruchs schlug darauf Ribbentrop ein Gespräch Hitlers mit Hindenburgs Sohn vor und verhandelte darüber an den folgenden Abenden mit Papen, der schließlich Ribbentrop für den 22. Januar das Erscheinen Oskar v. Hindenburgs und Meißners ankündigte. Daraufhin sagt auch Hitler zu, der zwar mit seiner Umgebung noch immer voll Mißtrauen war[91], aber doch neue Hoffnungen auf Hindenburgs Sohn setzte. Darin sollte er sich nicht täuschen. Oskar v. Hindenburg, der — nach einem Spottwort der Zeit — „in der Verfassung nicht vorgesehene" Sohn des Reichspräsidenten, hatte bisher zusammen mit Meißner den Widerstand seines Vaters gegen eine Kanzlerschaft Hitlers auch dann noch unterstützt, als Papen selbst schon diese Lösung betrieb. Es ist eine fragwürdige Halbwahrheit, wenn Papen heute behauptet, er habe von Hindenburg die Begleitung dieser beiden „Berater" nur zu dem Zweck erwirkt, um sein eigenes Urteil in den Verhandlungen mit Hitler kontrolliert zu wissen[92]. Der Verlauf des Treffens vom 22. Januar spricht eine andere Sprache. Um 9 Uhr abends erschien Papen bei Ribbentrop, eine Stunde später fanden sich Hitler und Frick, Göring[93] und Körner ein, während Meißner und Hindenburg junior zur besseren Geheimhaltung von der Oper aus mit einer Taxe vorfuhren[94]. Aber Hitler begann seine Unterhaltung nicht mit Papen, sondern steuerte direkt auf Oskar v. Hindenburg zu: in einer etwa zweistündigen Unterredung unter vier Augen, von der auch Meißner ausgeschlossen blieb, wußte er ihn für sich zu gewinnen[95]. In seiner folgenden Aussprache mit Hitler beeilte sich nun auch Papen zu versichern, er wolle jetzt Hitlers Kanzlerschaft durchsetzen[96]. Als er freilich am nächsten Morgen bei Hindenburg vorsprach, mußte er feststellen, daß dessen Widerstand gegen diesen Plan noch immer nicht gebrochen war[97]. Die fieberhaften Verhandlungen gingen also weiter, obwohl Papen jetzt wußte, daß eine Lösung weder mit Schleicher noch unter seiner eigenen Kanzlerschaft möglich war: es konnte also

90 *Ebda.*, S. 39.

91 Vgl. Goebbels, *Kaiserhof* (Anm. V/13), S. 246 (21. Januar).

92 Papen (Anm. VI/35), S. 265. Vgl. dagegen Meißner (Anm. I/156, S. 263): „Da Hitler durch von Papen wußte, daß der Reichspräsident ... in seinen Bedenken gegen eine Reichskanzlerschaft Hitlers sowohl von mir als auch seinem Sohn und militärischen Adjutanten ... unterstützt wurde, setzte er auch hier mit seiner Einwirkung ein"; deshalb habe er Oskar v. Hindenburg durch Papen „zu einer vertraulichen Unterredung" in Ribbentrops Haus bitten lassen. Dieser Sachverhalt wird auch durch Ribbentrops Notizen (Anm. XI/86, S. 39) und vor allem durch den tatsächlichen Verlauf des Treffens bestätigt.

93 Nach Görings Aussage (*Nürnberger Dokumente*, Bd. IX, S. 280) hatte Hitler ihn an diesem Tag telephonisch nach Berlin gerufen und angekündigt, Hindenburg lehne jetzt eine Regierungsbildung durch die NSDAP nicht mehr ab. „In einem längeren Gespräch" erklärte Oskar v. Hindenburg dann auch Göring, daß sein Vater Hitler berufen wolle, wenn er die DNVP und den Stahlhelm in die Regierung hineinnehme: „Denn er wolle dann eine klare nationale Basis sehen. . . Ich sagte dem Sohne Hindenburgs, daß ich das zweifellos zustande bringen würde."

94 Vgl. Meißners Aussage: *Nürnberger Dokumente*, Bd. XXXII, Dok. Nr. PS-3309, S. 152.

95 Dazu die spätere Aussage Meißners, *Wilhelmstraßen-Prozeß*, Protokoll v. 4. Mai 1948, S. 4607: Auf dem Heimweg habe ihm Oskar v. Hindenburg erzählt, nach seinem Eindruck von Hitlers Entschlossenheit sei er jetzt der Meinung, „es gebe keine andere Möglichkeit mehr", besonders, „da nämlich der Herr von Papen selber damit einverstanden sei, nur Vizekanzler zu werden". Bullock (Anm. I/123, S. 223) vermutet, daß Hitler auch in diesem Gespräch mit der Enthüllung von Osthilfeskandalen gedroht habe.

96 Ribbentrop (Anm. XI/86), S. 39. Auch nach Goebbels, *Kaiserhof* (Anm. V/13, S. 247 f.), wurde in diesem Augenblick auf beiden Seiten Übereinstimmung über Hitlers Kanzlerschaft und Papens Vizekanzlerschaft erzielt. Gänzlich abwegig ist hingegen Papens Behauptung, er habe noch bei dieser Gelegenheit Hitler für eine Beteiligung am Kabinett Schleicher zu gewinnen versucht und mit keinem Wort von der Möglichkeit einer Kanzlerschaft Hitlers gesprochen. Es ist nur zu offensichtlich, daß Papen mit einer Umdatierung seiner Pläne nur die mit dem Kölner Treffen begonnene Apologetik zu unterbauen und die Schuld auf Schleichers letzte „verfassungswidrige" Initiative zu schieben sucht. Vgl. u. S. 630 ff.

97 Meißner (Anm. I/156, S. 263) bemerkt ausdrücklich, daß Papen damals schon Hitlers Kanzlerschaft befürwortet habe, allerdings auf Hindenburgs Weigerung gestoßen sei – eine Feststellung, auf die Papen selbst trotz seiner ständigen Polemik gegen Meißner auffälligerweise nicht eingeht.

nur noch darum gehen, Hindenburg für die Hitler-Lösung zu gewinnen. Am 23. Januar konferierte Ribbentrop mit Hitler, der nach wie vor jede Alternativlösung, auch ein Kabinett Schacht ablehnte, am nächsten Tag besprachen Frick, Göring und Papen bei Ribbentrop die Formierung einer „nationalen Front mit Unterstützung Papens beim alten Hindenburg", am 25. Januar schließlich erschien Oskar v. Hindenburg erneut in Dahlem und deutete Ribbentrop an, „daß eine Kanzlerschaft Hitler unter den Auspizien einer neuen Nationalen Front nicht ganz aussichtslos sei" [98].

Mit dieser Wendung, die den auf Hindenburg ausgeübten Druck erkennen läßt, steuerten die Papen-Hitler-Verhandlungen der endgültigen Konstellation zu. Hindenburg war nun völlig isoliert, auch seine nächste Umgebung hatte sich mit der Lösung Hitler vertraut gemacht, wobei offenbar Papen jetzt vor allem von Oskar v. Hindenburg unterstützt wurde [99]. „Der Gedanke der Harzburger Front taucht aufs neue auf", so konnte Goebbels zum 25. Januar notieren [100]. Noch waren freilich die Hindernisse auch außerhalb des Reichspräsidentenpalais nicht ganz überwunden. Man mußte, wollte man Hindenburg auf dem Umweg über eine „Nationale Front" für Hitlers Kanzlerschaft gewinnen, die DNVP jetzt verstärkt in die Vorbereitungen einbeziehen und dazu vor allem mit Hugenbergs Vorbehalten fertigwerden. Man mußte aber auch noch mit Schleicher rechnen, der sich allen Vorkehrungen zum Trotz doch über das Treffen vom 22. Januar zu orientieren gewußt hatte [101] und jetzt endlich die Überzeugung gewann, daß nicht nur sein Spaltungsplan gescheitert und eine Reichstagsmehrheit nicht zu gewinnen war, sondern daß auch der Gegenangriff Papens bei den Rechtsparteien wie in Hindenburgs nächster Umgebung bedrohliche Fortschritte machte.

Mit der frischen Nachricht von dem vertraulichen Treffen bei Ribbentrop in Händen, eilte Schleicher am 23. Januar zu Hindenburg, erklärte ihm das Scheitern des Spaltungsplans und ersuchte ihn um die Vollmachten zur Auflösung des Reichstags. Dann sollte der Staatsnotstand erklärt, die Neuwahl des Reichstags vorläufig ausgesetzt und ein allgemeines Verbot der NSDAP und der KPD erlassen werden. Nur so konnte er jetzt noch hoffen, Papen zuvorzukommen. Als Hindenburg sogleich an jenes Gespräch vom 2. Dezember erinnerte, in dem Papen ein Einsatz der Reichswehr verweigert worden war, versicherte Schleicher, daß die Aussichten jetzt viel günstiger seien: er könne im Unterschied zu Papen mit einer Duldung des militärischen Ausnahmezustands durch SPD, Gewerkschaften und Reichsbanner rechnen und habe insbesondere einen Generalstreik nicht zu befürchten; auch verbürge die Personalunion von Kanzlerschaft und Reichswehrführung einen einheitlichen Einsatz der politischen und militärischen Mittel, und es sei bei dem günstigen Stand der Abrüstungsbesprechungen kein Widerspruch der Westmächte zu befürchten, wenn die Reichswehr durch Freiwillige verstärkt und so der SA und SS überlegen werde [102].

98 Ribbentrop (Anm. XI/86), S. 39 f.

99 Meißner behauptet, er selbst sei bei den letzten Verhandlungen entgegen dem bisherigen Brauch von Papen völlig ausgeschaltet worden: *Nürnberger Dokumente*, Bd. XXXII, Dok. Nr. PS-3309, S. 152 f. Oskar v. Hindenburg hat den Verfasser auf Anfrage in einem Brief v. 4. Februar 1955 nur allgemein auf Görlitz, *Hindenburg* (Anm. I/66), hingewiesen, der diese Zusammenhänge jedoch kaum zu widerlegen sucht.

100 Goebbels, *Kaiserhof* (Anm. V/13), S. 248.

101 Schon in der Frühe des 23. Januar hatte Schleicher bei Meißner angerufen und ihn gefragt, was zwischen Hitler und Oskar v. Hindenburg gesprochen worden sei. Meißners Aussage, *Nürnberger Dokumente*, Bd. XXXII, Dok. Nr. PS-3309, S. 152.

102 Am ausführlichsten wiedergegeben bei Meißner (Anm. I/156), S. 253 ff. Hier sind zwar die Daten wieder einmal gründlich durcheinandergeraten (bes. S. 255), auch ist die Behauptung, Schleicher habe Hindenburg

Hindenburg blieb aber nach Rücksprache mit Meißner dabei, daß die Erklärung des Staatsnotstands unter gegebenen Umständen verfassungswidrig sei[103], und er verweigerte Schleicher sogar als einzigem Kanzler eines Präsidialkabinetts die Auflösung des Reichstags, die er ihm wenige Wochen zuvor noch zugesichert hatte[104]. Gerüchte über diese Unterredung drangen sogleich an die Öffentlichkeit, und der scharfe Protest, den Zentrum, Staatspartei und besonders SPD gegen Schleichers Pläne bei Hindenburg wie bei Schleicher erhoben, war keineswegs angetan, diese zu fördern[105]. Noch immer hatten die demokratischen Kräfte den Ernst der Situation nicht erkannt und beschränkten sich auf den Kampf gegen Schleicher und seinen Alternativplan, um wenige Tage später die Hitler-Lösung fast protestlos hinzunehmen — da sie eben den Schein der Verfassung zu wahren schien[106]. Die Gegner Hitlers fanden sich nicht mehr zusammen. Und Schleicher blieb auch hier nur ein Dementi. Am 24. Januar ließ er durch die Reichspressestelle offiziell erklären, daß er sich die Theorie des „staatlichen Notstandes" nicht zu eigen gemacht habe und die Regierung mit allen Mitteln die Verfassung aufrechterhalten werde[107]. Ein Putsch in letzter Stunde hätte jedenfalls, selbst wenn Schleicher wirklich daran gedacht hätte — was er nicht tat —, auch auf demokratischer Seite kein Verständnis gefunden. Papens nachträgliche Selbstrechtfertigung beruft sich auf die Tatsache, daß jetzt auch Schleicher nur noch die Gewaltlösung geblieben war. Sie verschweigt den fundamentalen Unterschied: Schleicher wollte nicht die umwälzende Staatsrestauration unter einem unpopulären Kanzler, sondern die Überbrückung der Krise in Zusammenarbeit mit den verschiedensten

schon einmal „Mitte Januar" jene Notlösung vorgeschlagen, nicht überprüfbar. Dies gilt aber nicht weniger von der Darstellung Papens (Anm. VI/35, S. 266) sowie Berndorffs (Anm. X/145, S. 259 ff.), der auch entsprechende Fühlungnahmen Schleichers mit dem französischen Botschafter François-Poncet erwähnt (S. 249 ff.), ohne daß darüber Näheres zu ermitteln ist. Zuverlässiger die kurze Zusammenfassung bei Wickert (Anm. XI/26), S. 38 f. Hier ist auch der Vorschlag zu erwähnen, den Otto Braun (Anm. I/5, S. 437 f.) bei seiner letzten Unterredung am 6. Januar Schleicher gemacht haben will: Schleicher solle die Verordnung vom 20. Juli 1932 aufheben und Braun wieder einsetzen, dann würde man Reichstag und Landtag auflösen, die Wahlen „bis weit in das Frühjahr hinausschieben" und gemeinsam mit Verordnungen in scharfer Wendung gegen die nationalsozialistischen Machtansprüche regieren; eine Wahlniederlage der NSDAP sei dann ganz sicher. Aber Schleicher hatte damals seinen Spaltungsplan noch nicht aufgegeben, auch war er sich zweifellos über den Widerstand im klaren, den Hindenburg gegen eine Revision der Preußenlösung – die ihn nachträglich ins Unrecht setzen mußte – leisten würde. Brauns nachträgliche Beschuldigungen sind jedenfalls, zumal wenn man sich seiner Haltung vom 20. Juli 1932 erinnert, reichlich einseitig. Auch mutet es im Licht dieser Behauptung recht merkwürdig an, Braun sogleich in der vordersten Front derer zu finden, die sich aufs schärfste schon gegen das Gerücht eines Schleicherschen Diktaturplans wendeten: vgl. u. Anm. XI/105.

103 Meißners Argumente waren im wesentlichen: Schleichers Vorschlag sei verfassungswidrig, er gebe daher der NSDAP den Weg in die Illegalität frei – ihre „Legalität" war freilich viel erfolgreicher! –, und er fordere eine Blankovollmacht, die den Reichspräsidenten praktisch ausschalte: Aussage Meißners im *Wilhelmstraßen-Prozeß*, Protokoll v. 4. Mai 1948, S. 4600; vgl. Meißner (Anm. I/156), S. 254.

104 Interview v. d. Bussche-Ippenburg am 30. März 1951: dieser Teil ist abgedruckt bei Foertsch (Anm. IV/61), S. 228, Anm. 2: Schleicher hatte Bussche schon damals erklärt, er habe seine Ernennung nur unter dieser Bedingung angenommen. Wenn man jedoch Goebbels glauben darf, dann wußte Hitler schon lange vorher (wohl von Papen), daß Schleicher keine Auflösungsorder bewilligt würde: *Kaiserhof* (Anm. V/13), S. 238 (9. Januar).

105 Vgl. „Staatsnotstand und Staatsnotrecht" in: *Der Zeitspiegel* 2, Nr. 3 (5. Februar 1933), S. 34 f. mit den Pressestimmen. Otto Braun selbst erklärte wenig später derartige Pläne als „offenen Hochverrat": *Vorwärts* v. 29. Januar 1933. Einen Tag zuvor polemisierte das SPD-Organ gegen die „unredlichen Menschen", die den „redlichen" Hindenburg zu Handlungen verleiten wollten, die nicht nur gegen die Verfassung und das Staatsgesetz verstoßen, sondern auch politisch betrachtet ein Frevel am deutschen Volk sind: *ebda.*, v. 28. Januar 1933. Ebenso entschieden äußerten sich Kaas und Otto Braun dann auch in Briefen an Schleicher: *Germania* v. 29. Januar 1933; abgedr. auch bei Poetzsch-Heffter (Anm. I/128), S. 141 f.

106 Vgl. auch den bitteren Hinweis Noskes (Anm. I/38, S. 311), daß seine Partei bis zuletzt in sturer Opposition über die Verfassungsmäßigkeit des Schleicher-Kabinetts gewacht habe. „Dann kam Hitler! Namhafte sozialdemokratische Führer versicherten seelenruhig, das bedeute keine große Gefahr für die Zukunft, denn dieser Kanzler werde niemals die erforderliche Zweidrittelmehrheit im Reichstage für eine Änderung der Weimarer Verfassung erhalten."

107 *Deutscher Reichsanzeiger und Preußischer Staatsanzeiger* v. 25. Januar 1933.

politischen Kräften[108]. Aber die Sympathie des Reichspräsidenten war auch jetzt auf der Seite Papens. Es ist schwer zu sagen, wie Hindenburgs folgenschwerer Entschluß, der praktisch schon jetzt den Sturz Schleichers bedeutete, im einzelnen zustande kam. Jedenfalls traf sich die neue Aktivität der Kamarilla mit jener alten Abneigung gegen eine entschiedene Abwehr des Radikalismus, die sich hinter dem Schlagwort vom „drohenden Bürgerkrieg" verbarg. Dazu kam Hindenburgs „Papen-Komplex" und nicht zuletzt der Eindruck, den die öffentlichen Drohungen in der Osthilfefrage und die Gerüchte, die NSDAP wolle Hindenburg wegen der Maßnahmen vom 20. Juli 1932 vor dem Staatsgerichtshof anklagen, hinterließen[109]. Wie viel oder wie wenig immer an diesen Gerüchten sein mochte, die auch von demokratischer Seite in fortdauernder Verkennung der Lage unterstützt wurden, sie sorgten doch dafür, daß der Widerstand sowohl Hindenburgs wie der DNVP gegen eine Kanzlerschaft Hitlers jetzt rasch zusammenbrach. Schleicher war der allgemeine Feind, er konnte allenfalls mit dem Zentrum rechnen.

Er wußte aber vor allem nicht, daß man Hindenburg schon über seine größte Sorge beruhigt hatte und er inzwischen auch als Reichswehrminister entbehrlich geworden war. Die Reichswehr als zuverlässigstes Mittel zur Zähmung Hitlers würde Hindenburg, so rechnete er bis zuletzt, unter seiner Führung belassen müssen. Wenn schon der Reichspräsident schwankte, so glaubte Schleicher sich doch des zweiten Pfeilers seiner Politik, der Reichswehr, sicher. Einzig Seeckt hielt er für einen möglichen Nachfolger; ihm, der Schleicher seit seinem Sturz feindlich gesinnt und der schon bei der Reichspräsidentenwahl von 1932 für Hitler eingetreten war[110], schenkte er sorgfältige Beachtung. Statt dessen aber war Hindenburg in diesen Tagen ohne Wissen Schleichers ein General zugeführt worden, der nach einem Unfall als nicht mehr voll einsatzfähig galt und deshalb der Abrüstungsdelegation in Genf zugeteilt worden war, allerdings schon mehrmals Sympathien für die NSDAP gezeigt hatte[111]. Generalleutnant Werner v. Blomberg war als Wehrkreiskommandeur in Ostpreußen durch seinen Wehrkreispfarrer, den späteren nationalsozialistischen „Reichsbischof" Müller[112], in Verbindung mit der NSDAP gekommen, nachdem er seinerzeit schon im großagrarischen Agitationsmaterial gegen Brüning eine Rolle gespielt hatte[113]. Noch bekannter als überzeugter Nationalsozialist war sein Stabschef, Oberst v. Reichenau, der in diesen Tagen ebenfalls überraschend in Berlin auftauchte, ohne daß seine Rolle im einzelnen geklärt ist[114].

108 Vgl. auch Eschenburg, „Franz von Papen" (Anm. VI/171), S. 162 f.

109 Vgl. besonders Brüning („Brief", Anm. I/9, S. 15): „Erwin Planck, der mich im Krankenhaus eines Abends vier Tage vor Schleichers Rücktritt als Reichskanzler besuchte, erzählte mir von den Schwierigkeiten, die sich für die Regierung aus Hindenburgs Furcht vor einer Anklage ergaben, und man hat mir versichert, daß dies ein Grund für Hindenburgs schließliche Zustimmung war, Hitler zum Reichskanzler zu ernennen und ihm die Genehmigung zur Auflösung des Reichstags zu geben."

110 Vgl. Rabenau (Anm. X/143), S. 665.

111 Es ist möglich, daß Schleicher Blomberg auch deshalb auf diesen Außenposten delegiert hatte: so jedenfalls Berndorff (Anm. V/145), S. 233. Die gegenseitige Abneigung wird auch von Foertsch (Anm. VI/61, S. 29) betont.

112 Vgl. auch Goebbels schon ein Jahr zuvor (16. Januar 1932): „Bei Divisionspfarrer Müller zu Gast. Offiziere der Reichswehr. Sie denken in Ostpreußen vielfach anders, also sonstwo im Lande" (*Kaiserhof*, Anm. V/13, S. 25).

113 Zur Beurteilung auch die Aussage v. Rundstedts in: *Nürnberger Dokumente*, Bd. XXI, S. 59: „Blomberg war uns immer etwas fremd. Er schwebte in anderen Regionen. Er war Anhänger der Steinerschen Richtung, etwas theosophisch und so weiter; es konnte ihn eigentlich niemand recht leiden." Auch Fritsch hat 1938 in einer Niederschrift Blombergs „zu romantisch-phantastischen Auffassungen neigendes Wesen" hervorgehoben und hinzugefügt: „Dabei ist er impulsiv, schwankend in seinen Auffassungen, immer nach Neuerungen strebend und jeder Beeinflussung von außen zugänglich" (nach Friedrich Hossbach, *Zwischen Wehrmacht und Hitler 1934–1938*, Wolfenbüttel-Hannover 1949, S. 68). Ähnlich das Urteil von Bussche in: Brief an Foertsch v. 15. Oktober 1951 (Institut für Zeitgeschichte, München).

114 Vgl. u. S. 630. Reichenau wurde als nächster Vertrauter Blombergs nach der „Machtergreifung" Chef des Ministeramts. Zu seiner Beurteilung Foertsch (Anm. VI/61), S. 31 f.

Blombergs Kandidatur wurde sorgfältig geheimgehalten[115]: sie gehörte zu den wichtigsten Faktoren des letzten Angriffs auf den Widerstand Hindenburgs. Denn beide, Hindenburg und Hitler, brauchten einen General gegen Schleicher — wenn auch aus verschiedenen Gründen. Hitler mußte auf jeden Fall mit dem Widerstand einer „unpolitischen“ Reichswehrführung und ihrem traditionell engen Zusammenhang mit dem zweiten beherrschenden Machtfaktor, dem Reichspräsidenten und Feldmarschall, rechnen, wenn er seine weiteren politischen Pläne verwirklichen wollte. Daran änderten auch die pronationalsozialistischen Strömungen im mittleren und unteren Offizierkorps nichts. Eine Betrauung Blombergs mit dem Reichswehrministerium bot die entscheidende Einbruchsstelle in den geschlossenen Machtkörper dieses „Staats im Staate“, der allein einer künftigen nationalsozialistischen Diktatur noch gefährlich werden, den Zähmungsplänen der Harzburger Partner Rückhalt gewähren mochte. Auf der anderen Seite konnte man hoffen, durch ein Vorschieben Blombergs Hindenburg, der den General auch von Ostpreußen her kannte, schneller von Schleicher zu trennen und ihm zugleich die Befürchtungen zu nehmen, um derentwillen er einer Kanzlerschaft Hitlers noch immer widerstrebte. Blomberg war der Garant dafür, daß Hindenburgs Forderungen bezüglich der Reichswehr Hitler nicht zu stören brauchten, daß also die NSDAP eine Kontrolle von dieser Seite nicht zu befürchten hatte[116]. Die Absicht gelang: mit der Berufung dieses Generals war der eigenständige Einfluß der Reichswehr auf Hindenburg und zugleich ihr Widerstandswert gegen Hitler gebrochen. Indem er sie in geschickter psychologischer Anpassung an die Militärideologie zum einzigen Waffenträger deklarierte[117], hat Hitler in der Folge in ihr vielmehr eine wichtige Stütze seiner Stellung gewonnen. Dies erwies sich an jenem 30. Juni 1934, an dem Schleicher und v. Bredow ohne jeden Widerstand der Militärs von den Machthabern ermordet und die Wehrmacht endgültig gleichgeschaltet werden konnte, bevor noch Hindenburg die Augen geschlossen hatte.

Als am 26. Januar Schleicher erneut bei Hindenburg erschien und ihn unter Hinweis auf die bevorstehende Reichstagssitzung um die erbetenen Vollmach-

115 Weder über das Datum der Unterredung noch über die Art der Vermittlung existieren ganz zuverlässige Nachrichten. Meißner (Anm. I/156, S. 254; S. 266) verlegt sie auf einen Zeitpunkt kurz vor Schleichers Entlassung. Dagegen spricht Berndorff (Anm. X/145, S. 233 f.) davon, daß Blomberg schon während seines Weihnachtsurlaubs mit Hitler und mit Hindenburg verhandelte – dies bleibt fraglich. Seine Version ist, daß der spätere Staatssekretär und Reichswirtschaftsminister Walther Funk, der als einziger nationalsozialistischer Führer mit Hindenburg gut bekannt war und – ohne daß dies Schleicher wußte – fast familiär verkehrte (Funks Aussage: *Nürnberger Dokumente*, Bd. XIII, S. 90 ff.; S. 105; S. 154 f.), Blomberg eingeführt hat, wie er auch gleichzeitig (*ebda.*, S. 161) Unterredungen zwischen Hitler und Industriellen vermittelte. Am wahrscheinlichsten ist die auf Aussagen Bussches gestützte Darstellung von Foertsch (Anm. VI/61, S. 29 und Anm. 11, S. 228), nach der Hitler zunächst den ehrgeizigen Reichenau vorgesehen hatte. Da aber nicht zu erwarten war, daß Hindenburg einen so jungen Obersten zum Reichswehrminister ernennen werde, habe Reichenau seinen Befehlshaber, eben Blomberg, genannt. Dafür spricht auch, daß Hindenburg Blomberg von sich aus bei den Regierungsbesprechungen Papen vorschlug: Papen (Anm. VI/35), S. 271. Vgl. auch *Hitlers Tischgespräche* (Anm. XI/21), S. 430, und einen Brief Bussches an Kunrat v. Hammerstein v. Ende Februar 1953: „Blomberg, der seit dem Tode seiner ersten Frau nicht mehr auf der Höhe war, stand vollkommen unter dem Einfluß Reichenaus, der seinerseits mit der Partei konspirierte und zweifellos Blomberg präsentiert hat, vermutlich nach Vortrag bei Hitler durch Oskar v. Hindenburg (am 22. Januar); alles hinter dem Rücken Ihres Vaters, der Reichenau trotz meiner sehr ernsten Warnung Vertrauen schenkte.“

116 Vgl. auch Brünings Urteil über Blomberg („Brief“, Anm. I/9, S. 18): Als „der einzige aktive General, der die Nazis an der Macht zu sehen wünschte“, habe er durch seine Berichte aus Genf schon im April 1932 Hindenburg, der ihm „hartnäckige persönliche Unterstützung“ gewährte, mißtrauisch gemacht und so „unmittelbar zu dem endgültigen Bruch zwischen Hindenburg und mir“ beigetragen.

117 So Adolf Hitler, Rede am 14. Oktober 1933 in Berlin: „Es gibt in Deutschland nur *einen* Waffenträger, und dies ist die Armee“ (Werner Siebarth, *Hitlers Wollen, Nach Kernsätzen aus seinen Schriften und Reden*, München 1935, S. 66; Auszeichnung i. Orig.). Eine ähnliche Wirkung hatte auch das überschwengliche Lob, mit dem er den Aufbau und die bisherige Arbeit der Reichswehr sogleich bedachte (*ebda.*, S. 64 ff.).

ten bedrängte, wußte er nicht, daß Blomberg dem Reichspräsidenten schon erklärt hatte, eine nationale Konzentration unter Hitlers Führung sei die beste Lösung und werde auch von der Reichswehr begrüßt, daß er ferner Schleichers Pläne als aussichtslos und vor allem als eine unerträgliche Zumutung namentlich an das jüngere Offizierkorps bezeichnet hatte, das für die „nationale Einstellung" der NSDAP Sympathien hege[118]. Die Besprechung vollzog sich jedoch in Formen, die wenig Zweifel darüber ließen, daß Hindenburg das Kabinett schon aufgegeben hatte. Schleicher beschwor den Reichspräsidenten, dann wenigstens Hitler mit voller parlamentarischer Verantwortung zu berufen, wenn schon der Plan einer gewaltsamen Unterdrückung der NSDAP abgelehnt werde[119]. In der Tat galt seine größte Befürchtung der Erneuerung eines Kabinetts Papen; weder jetzt noch in den folgenden Tagen war ihm und seiner Umgebung klar, wie weit die Dinge gediehen und wie die wirkliche „Lösung" aussehen würde, die jetzt Papen mit allen Mitteln vorantrieb. Ganz unrecht hatte er freilich nicht, so sehr ihn seine Kalkulationen bezüglich der Reichswehr täuschten: in den Verhandlungen trat eben jetzt eine neue Krise ein. Denn noch immer stellte Hindenburg ein Präsidialkabinett Papen-Hugenberg, also gegen neun Zehntel des Reichstags, vor eine Berufung Hitlers.

5. *Die Wiederkehr der Harzburger Front*

Schleichers Politik der Zurückhaltung war für die Gruppen der Rechten und für die Wirtschaft eine Enttäuschung, die sie endgültig in die Arme Hitlers trieb. Der General hatte nicht die Hoffnungen erfüllt, die man mit dem Ruf nach dem Diktator verband: er hatte auf ein schnelles Zugreifen verzichtet und diesen Ruf Hitler überlassen[120]. Auch den Erwartungen, mit denen die Verfechter einer monarchischen Restauration, an ihrer Spitze der Kronprinz selbst, nach Papens Scheitern auf Schleicher geblickt hatten[121], war der General nicht entgegengekommen. Wohl waren seit Papens Regierungsantritt die Bemühungen um eine Repatriierung sogar des Kaisers wieder stärker geworden. Sie hatten im Oktober 1932 zur Gründung einer Kaiserpartei geführt, waren dann aber von Schleicher bewußt hinter die Taktik des Tages zurückgestellt worden[122].

118 Meißner (Anm. I/156), S. 266; vgl. S. 254. Diese Tatsache hatte ja schon 1929 die ernstesten Befürchtungen Schleichers erregt: Brüning, „Brief" (Anm. I/9), S. 2.

119 So Meißner (Anm. I/156), S. 255. Auch hier stimmen einige Daten nicht: die Sitzung des Ältestenrats wird auf den 24. (statt 20.), die des Reichstags auf den 30. (statt 31.) Januar angesetzt; auch hatte Plancks Antrag gerade eine Klärung der Lage, nicht eine Vertagung des Reichstags gefordert: vgl. o. S. 615.

120 Vgl. Interview Bussche vom 30. März 1951 (Institut für Zeitgeschichte, München).

121 In einem persönlichen Brief an Schleicher (*Schleicher-Nachlaß*, S. 305) hatte der Kronprinz am 3. Dezember 1932 den neuen Kanzler begrüßt und zugleich den Wunsch ausgesprochen, Schleicher möge sich nicht, wie Papen, vorzeitig verbrauchen. Daß seine Gedanken allerdings über Schleicher hinaus und auf die spätere Lösung Hitler–Papen wiesen, geht aus der Bemerkung hervor, Schleicher sei ihm immer „die wertvollste Brücke" zum Nationalsozialismus, „dieser wertvollen, aber auch sehr schwierigen Volksbewegung" gewesen: damit rechtfertigt er es auch, daß er in einem Brief „an den alten Herrn" Bedenken gegen eine Kanzlerschaft Schleichers geäußert habe. Tatsächlich hatte der Kronprinz, der das Papen-Kabinett mit so großen Erwartungen begrüßt hatte (vgl. o. S. 480), schon am 1. Oktober 1932 Schleicher seinen eigenen Briefwechsel mit Hitler übersandt, durch den er sich als Vermittler zwischen Papen und Hitler im Sommer 1932 versucht hatte; in seinem Anschreiben an Schleicher bedauert er den Fehlschlag (vom 13. August): „... aber die Einstellung Hitlers mir gegenüber, die in dem Brief doch zwischen den Zeilen zu lesen ist, wird vielleicht bei anderer Gelegenheit doch noch einmal nützlich gemacht werden können für eine Einigung aller nationalen Kräfte Deutschlands" (!). Dazu Schleichers Randnotizen: „Sehr optimistisch" – „Ich finde H.s. [Hitlers] Brief denkbar überheblich." Das Verhältnis der beiden Duzfreunde war in der Tat durch Schleichers Skepsis bezüglich einer monarchischen Restauration und nicht zuletzt auch durch die kritiklose Einstellung des Kronprinzen zu Hitler merklich kühler geworden; Papens neuer Plan fand mehr Anklang.

122 Dazu Kaufmann (Anm. I/89), S. 210 ff.; vgl. auch Helmuth Klotz, *The Berlin Diaries*, New York 1934, Bd. I, S. 105 ff.; S. 192 ff.; S. 236 (im einzelnen nicht nachprüfbar).

Überdies war er sich durchaus klar darüber, daß die jüngeren Offiziere der Reichswehr eher der nationalsozialistischen als der monarchistischen Lösung der Krise zuneigten[123].

Auf der anderen Seite hatte die NS-Führung die Möglichkeit einer monarchischen Restauration im Anschluß an eine nationalsozialistische Revolution durchaus offengelassen[124], und es scheint nicht ausgeschlossen, daß Papen wirklich Hindenburg mit dem Hinweis auf eine solche Lösung zu beeindrucken vermochte[125] — anders als Brüning, der ja eine Rückkehr Wilhelms II. abgelehnt hatte. Der gezähmte Nationalsozialismus als Brücke zur Monarchie: das war ein Gedanke, der — im Blick auf Mussolinis Lösung — auch unter bayerischen Monarchisten eben jetzt neuen Auftrieb gewann[126], in den Kalkulationen diplomatischer Kreise schon Monate vorher erwogen worden war[127], die Hoffnungen großindustrieller Geldgeber bewegte[128] und nicht zuletzt auf die prominente Rolle des Prinzen „Auwi", des Kaisersohns August Wilhelm, innerhalb der NSDAP baute[129].

Solche Hoffnungen schob Hitler bald beiseite, nachdem er einmal die Macht gewonnen hatte[130]. Jetzt aber kamen sie Papens Bündnisversuch mit einem — wie er glaubte — zuverlässig von Konservativen umstellten Hitler entgegen. Denn die Verhandlungen zur Formierung einer „Nationalen Front", mit deren Hilfe endlich auch Hindenburg für eine Kanzlerschaft Hitler gewonnen werden sollte, hatten inzwischen eine dramatische Zuspitzung erfahren. Papen selbst benützte seine engen Beziehungen zur Stahlhelmführung, um zunächst Duesterberg einen Ministerposten anzutragen und — nach dessen Weigerung — Seldte dafür zu gewinnen. Am 26. Januar, also vor der Zustimmung Hindenburgs, entwickelte er nach weiteren Sondierungen in einer Besprechung mit Hugenberg, Seldte und Duesterberg „die zwingende Notwendigkeit einer neuen Regierung unter Hitler als Reichskanzler", der sich auch der Stahlhelm nicht verschließen dürfe; er wurde — gegen Duesterbergs Widerspruch — von Hugenberg unterstützt, der darauf hinwies, „daß ja nichts passieren könne", wenn Hindenburg Oberbefehlshaber der Wehrmacht bleibe, Papen Vizekanzler werde, er, Hugenberg selbst, die ganze Wirtschaft einschließlich der Landwirtschaft und Seldte das Arbeitsministerium übernehme: „Wir rahmen also

123 Vgl. auch Meinecke (Anm. VI/9), S. 69.

124 Z. B. Joseph Goebbels, *Das kleine ABC des Nationalsozialisten*, Berlin 1929, S. 8; *Der Nazi-Sozi, Fragen und Antworten für den Nationalsozialisten*, München 1931, S. 9; S. 20.

125 So Wheeler-Bennett, *Hindenburg* (Anm. I/81), S. 434.

126 So Max Buchner, „Deutsche Freiheitsbewegung und monarchischer Staatsgedanke", in: *Gelbe Hefte* 9, 1 (Oktober 1932). Daß Mussolini den Monarchen schon vorgefunden hatte, entging diesen Träumern. Über die Versuche um den bayerischen Kronprinzen Rupprecht, die schon im Mai 1932 einsetzten und im Februar 1933 noch einmal einen Höhepunkt erreichten, vgl. jetzt Sendtner (Anm. VII/125), S. 547 ff.; Schwend (Anm. V/40), S. 518 ff. Zu diesen Zusammenhängen im ganzen neuestens die aufschlußreichen Memoiren eines führenden Vorkämpfers des bayerischen Monarchismus und Beraters von Kronprinz Rupprecht: Erwein v. Aretin, *Krone und Ketten, Erinnerungen eines bayerischen Edelmannes*, hrsgg. von Karl Buchheim und Karl Otmar v. Aretin, München 1955, bes. S. 41 ff.; S. 142 ff. (mit interessanten Details über Personen und Querverbindungen). Das Buch enthält außerdem bemerkenswerte Aufzeichnungen zur Beurteilung des Kabinetts Papen.

127 Schon im Sommer 1932 war in der französischen und amerikanischen Presse von Äußerungen François-Poncets berichtet worden, nach denen vor dem Frühjahr 1933 wieder ein Hohenzoller, vielleicht sogar Wilhelm II., auf dem Thron und so der Friede für die nächsten 10 Jahre gesichert sein würde: *New York Times* v. 30. August 1932.

128 Vgl. Thyssen (Anm. II/12), S. 110 f.: danach hatte Hitler vor einer Reihe von Industriellen in Thyssens Haus sich im September 1932 als „merely a pacemaker for the monarchy" bezeichnet, während zur selben Zeit angeblich Göring den Kaiser in Holland besuchte.

129 Hermann Rauschning, *The Voice of Destruction*, New York 1940, S. 59. Gegen Hitlers zwiespältige, rein taktisch bestimmte Haltung auch in dieser Frage wurde immer wieder Kritik unter den revolutionären Parteianhängern laut: vgl. etwa Richard Billung, *Rund um Hitler*, München 1931, S. 162 ff.

130 Dazu Kaufmann (Anm. I/89), S. 217–226. Ribbentrop (Anm. XI/86, S. 23) behauptet allerdings, daß sich Hitler auch 1933 und 1934 mehrmals für die monarchische Restauration ausgesprochen und dabei besonders an den Kaisersohn August Wilhelm gedacht habe.

Hitler ein“[131]. Hier bahnte sich auch schon jene Spaltung der Stahlhelmführung an, die bald die völlige Gleichschaltung der Organisation und den Rückzug des Duesterberg-Flügels in die innere Opposition bewirkte, während Seldte bis zuletzt an Hitlers Seite verblieb.

Aber in diesem Augenblick trat eine Reihe neuer Hindernisse auf. Hitlers Mißtrauen war durch die Verzögerung der Verhandlungen seit dem 22. Januar und durch den unveränderten Widerstand Hindenburgs neu geweckt worden. Scheinbar vergeblich bemühten sich Göring, Frick und Ribbentrop am 26. und 27. Januar, durch forcierte Verhandlungen mit den Deutschnationalen, in die auch Prinz Oskar v. Preußen eingeschaltet wurde, die Kluft zwischen Hitler und Hindenburg taktisch zu überbrücken. Hitler selbst lehnte weiterhin in Erinnerung an den 13. August 1932 ein Zusammentreffen mit Hindenburg ab[132], erklärte sich lediglich zu einem weiteren Gespräch mit Papen bereit und überließ im wesentlichen Göring die Verhandlungsführung. Als er dann erfuhr, daß von Hindenburg wie von deutschnationaler Seite seine Kanzlerschaft noch immer angefochten wurde[133], sagte er auch das Treffen mit Papen ab und drohte mit einer sofortigen Abreise: eine Panne in vorletzter Minute, die nur durch die energischen Einwände Görings und Ribbentrops verhindert werden konnte[134]. So mußte sich am Abend des 27. Januar Ribbentrop allein um Papen bemühen, der eilends versicherte, „daß die Hugenbergsche Sache nur eine untergeordnete Rolle spiele“ und „er sich jetzt voll und ganz zur Kanzlerschaft Hitlers bekenne“[135]. Die Entscheidung war damit praktisch gefallen: Papen hatte sich Hindenburgs Wunsch entzogen und jene Position aufgegeben, die am 13. August zu Hitlers Niederlage geführt hatte — die Chance nämlich, mit Hindenburg im letzten Augenblick doch noch gegen Hitler Front zu machen. Er war zu dem „ehrlichen Makler“ Hitlers geworden, als den ihn die nationalsozialistische Führung jetzt und in der Folge mit herablassender Anerkennung verzeichnete[136].

Wie sehr sich Papen damit in Widerspruch zu Hindenburgs Intentionen setzte, beweist die Tatsache, daß noch an diesem Tage Hammerstein, der aus der Sorge des Augenblicks heraus entgegen dem Brauch Bussche-Ippenburg bei seinem routinemäßigen Vortrag begleitete und Hindenburg seine Bedenken gegen ein Kabinett Hitler äußerte, die ungehaltene Antwort wurde: „Sie werden mir doch nicht zutrauen, meine Herren, daß ich diesen österreichischen Gefreiten zum Reichskanzler berufe“[137]. Noch also stand, wie auch Schleicher

131 Duesterberg (Anm. IV/18), S. 38 f. Duesterbergs Haltung wird auch von Rossbach (Anm. X/86, S. 138) bestätigt, von Papen (Anm. VI/35, S. 272) dagegen verschwiegen, der die Unterredung im übrigen aus durchsichtigen Gründen auf den 29. Januar verlegt.

132 Es ist allerdings möglich, daß Hitler damit rein taktisch operierte und – wie er später erklärte – nur den Überoptimismus dämpfen wollte, den seine Besprechungen mit Hindenburg innerhalb der NSDAP zu erzeugen pflegten: *Hitlers Tischgespräche* (Anm. XI/21), S. 429.

133 Nach Meißner (Anm. I/156, S. 262) hatte Papen zu diesem Augenblick von Hindenburg nur die Zustimmung zu einer Vizekanzlerschaft Hitlers – allerdings mit „weitgehender Beteiligung an der Führung“ – in einem Kabinett Papen erwirken können. Zu den wechselvollen Verhandlungen zwischen der NS-Führung und dem widerstrebenden Hugenberg: Goebbels, *Kaiserhof* (Anm. V/13), S. 249, sowie: *Hugenbergs Ringen* (Anm. I/6), I, S. 25 f.

134 Zu diesen Verhandlungen Ribbentrop (Anm. XI/86), S. 40 f.

135 *Ebda.*, S. 41, persönliches Diktat Ribbentrops: „Papen wird sich nun restlos klar, daß er jetzt unter allen Umständen Hitlers Kanzlerschaft durchsetzen muß und nicht wie bisher glauben darf, sich Hindenburg auf jeden Fall zur Verfügung halten zu müssen. Diese Erkenntnis Papens ist meines Erachtens der Wendepunkt der ganzen Frage. Papen ist am Sonnabendvormittag [28. Januar] für 10 Uhr bei Hindenburg angesagt.“

136 So Dietrich (Anm. IV/3), S. 181.

137 General v. d. Bussche-Ippenburg in: *Frankfurter Allgemeine Zeitung* v. 5. Februar 1952. Bussche besteht entgegen dem *Bericht Hammersteins* (Anhang S. 639 f.) darauf, der Vortrag habe am 27. Januar vormittags stattgefunden. So auch in einem Brief an Kunrat v. Hammerstein v. 17. Februar 1953: „Der Vortrag

selbst bis zum 30. Januar glaubte, die Idee eines Kabinetts Papen an erster Stelle. Die jetzt folgende Schwenkung Hindenburgs ist im einzelnen schwer zu analysieren. Eine wichtige Rolle spielte ohne Zweifel Papens Eintreten für Hitler sowie die Schwenkung Meißners und Oskar v. Hindenburgs[138]. Ebenso scheinen die Drohungen der NSDAP eine gewisse Wirkung gehabt zu haben[139]. Aber auch die wachsende Zahl von Interventionen, in denen sowohl Freunde wie Oldenburg-Januschau als auch einflußreiche Personen, Gruppen und Verbände — nicht zuletzt der Reichslandbund[140] — sich bei Hindenburg für ein Kabinett Hitler im Rahmen der Harzburger Front einsetzten, konnten nicht ohne Eindruck bleiben[141]. Dazu kam die Tatsache, daß allein Schleicher eine Alternativlösung anbot, die freilich den von Hindenburg gefürchteten Bruch der Verfassung bedeutete und viel eher gegen die Rückkehr eines Reichskanzlers Papen als gegen eine Berufung Hitlers gerichtet war, — daß jedoch auch die Parteiführer, die Hindenburg jetzt noch einmal konsultierte, sich ebenso dagegen wie gegen ein neues Papen-Experiment aussprachen und mehr oder minder deutlich zu verstehen gaben, man solle eben Hitler mit aller Vorsicht die Verantwortung überlassen und die NSDAP auf diese Weise *ad absurdum* führen[142].

Auch die NS-Führung, die die Lage täglich optimistischer beurteilte[143], bemühte sich jetzt sehr, Hindenburg zu beruhigen. Noch am 27. Januar ließ ihm Göring durch Meißner versichern, daß man stets die verfassungsmäßigen Rechte des Reichspräsidenten und Oberbefehlshabers der Wehrmacht sowie die Befugnisse von Reichstag und Reichsrat respektieren werde[144]. Und auch in seinen von Hitler sanktionierten Angeboten und Forderungen war Göring bewußt maßvoll, bestand nur entschieden auf der Berufung Blombergs, durch die Hitler jede mögliche Schwierigkeit von seiten Schleichers bzw. Hammersteins von

beim Reichspräsidenten war am Freitag, den 27. Januar 1933 11⁰ vorm. Es war ‚mein' allmonatlicher Personalvortrag, an dem nie ein dritter teilnahm. Ihr Vater schloß sich mir – ohne besondere Anmeldung – an, um den Reichspräsidenten ohne Aufsehen zu sprechen.
Ihr Vater warnte den Reichspräsidenten sehr ernst vor Hitler und der Maßlosigkeit seiner Ziele. Er äußerte starke Befürchtungen, die Reichswehr könne nationalsozialistischen Einflüssen unterliegen und zum Ungehorsam verleitet werden. Die Abschlußerklärung des Reichspräsidenten, die mir unauslöschlich im Gedächtnis geblieben ist: ‚Sie werden mir doch nicht zutrauen, meine Herren, daß ich diesen österreichischen Gefreiten zum Reichskanzler berufe', zeigt deutlich, von wem die Rede war. . ." Es bleibt im übrigen freilich die von Foertsch (Anm. VI/61, S. 27) geäußerte Vermutung, daß Hindenburg „geistig gar nicht mehr in der Lage war, zu übersehen, was vorging".

138 Meißners gesprächige Erklärungsversuche sind ganz offensichtlich von dem Bestreben diktiert, alle Verantwortung auf Hindenburg abzuwälzen; sie stellen ihn auch hier voll entschlußfähig dar und verschweigen den Einfluß der allernächsten Umgebung, der erst Hindenburgs scharfe instinktive Abneigung gegen Hitler überwand. Vgl. Bussche in einem Brief an Foertsch v. 27. September 1951 (Institut für Zeitgeschichte, München): „Wer wie ich den alten Herrn seit 1916 genau gekannt hat, der weiß, daß Hindenburg sich schon im ersten Weltkrieg nur auf den Rat seiner berufenen Ratgeber stützte und sich deren Vorschlägen fügte. Es ist im engsten Kreis der Operationsabteilung kein Fall bekannt geworden, in dem Hindenburg auch nur den Versuch gemacht hätte, eine von Ludendorff, später von Groener getroffene Entscheidung zu ändern oder umzustoßen. Und nun sollte 15 Jahre später der Reichspräsident aktiver = energischer gehandelt haben als der Feldherr! Das ist ausgeschlossen!" Zu Oskar v. Hindenburg vgl. auch o. Anm. XI/99.

139 Vgl. o. S. 618; S. 622.

140 Vgl. Goebbels, *Kaiserhof* (Anm. V/13), S. 249 (27. Januar 1933): „Besprechung mit maßgebenden Herren vom Reichslandbund. Jetzt steht alles gegen Schleicher auf. . ."

141 Meißner (Anm. I/156, S. 264 ff.) erwähnt ausdrücklich die Eingabe „namhafter Großindustrieller und Finanzmänner" vom November 1932 (vgl. o. Anm. X/66) und „zahllose Eingaben" agrarischer Berufsverbände und Interessenorganisationen, verweist besonders aber auf Oldenburg-Januschaus Besuch Ende Januar. Vermutlich hat auch der Kronprinz entsprechend seiner eindeutigen Stellungnahme und im Zusammenhang mit der Stahlhelm-Initiative bei Hindenburg interveniert: vgl. Herre (Anm. III/135), S. 213.

142 Dazu Görlitz, *Hindenburg* (Anm. I/66), S. 402.

143 Vgl. Goebbels, *Kaiserhof* (Anm. V/13), S. 248 (26. Januar 1933): „Die gute und erfolgversprechende Entwicklung macht alle wieder frisch und aktionsfähig."

144 Meißner (Anm. I/156), S. 263 f.: „Görings Zusicherungen blieben nicht ohne Eindruck auf den Reichspräsidenten, doch äußerte er immer noch Zweifel, ob Hitler und Göring ihrer Partei gegenüber stark genug wären, sie zu halten" (!).

vornherein ausschalten wollte[145]. Gleichzeitig sprach Papen bei Hindenburg vor und erklärte ihm, ein neues Kabinett Papen sei unmöglich[146]. So ging zwar auch der 27. Januar hin, ohne daß eine Entscheidung gefallen war; doch war Hindenburgs Widerstand nun so isoliert und zugleich untergraben, daß es nur noch eines letzten Anstoßes bedurfte.

Er kam am folgenden Tage. Nachdem der Ältestenrat eine Verschiebung der auf den 31. Januar angesetzten Reichstagssitzung abgelehnt hatte[147], machte Schleicher am 28. Januar einen letzten Versuch. Er ließ durch seine Presse ankündigen, daß er Hindenburg um die Vollmacht zur Auflösung des Reichstags ersuchen oder zurücktreten werde, und warnte gleichzeitig vor einem „Diktatur-Kabinett" Papen-Hugenberg, das die Position des Reichspräsidenten erschüttern und die Reichswehr in eine unmögliche Lage bringen werde[148]. Auch jetzt rechnete Schleicher offenbar nicht mit einer Lösung Hitler-Papen und wußte vor allem nicht, daß er auch als Reichswehrminister abgelöst werden sollte. Er wiederholte seine Argumente in einer letzten Unterredung mit Hindenburg und erklärte dann, als seine Forderungen erneut abgelehnt wurden, am Mittag des 28. Januar seinen Rücktritt. Das offizielle, von Schleicher und Meißner gemeinsam gefaßte Kommuniqué verschwieg die weitergehenden Pläne, erwähnte aber die Verweigerung der Auflösungsvollmacht und enthielt Schleichers Alternativvorschläge, mit denen Hindenburg noch einmal vor dem vermeintlichen Diktaturkabinett Papen gewarnt wurde[149]. Daß gleichzeitig bekanntgegeben wurde, Hindenburg habe Papen den Auftrag „zur Klärung der politischen Lage" erteilt, gab solchen Befürchtungen noch weiteren Auftrieb.

Schleicher scheint zwar noch immer nicht mit seinem endgültigen Sturz gerechnet zu haben[150]. Unterdes war die Lage im Reichspräsidentenpalais schon weitgehend geklärt. Papen hatte Hindenburg sogleich nach Schleichers Abgang in einer längeren Aussprache, bei der ihn Oskar v. Hindenburg und Meißner unterstützten, die Bildung einer Rechtsregierung unter Hitler — mit möglichst starken Gegengewichten — erneut als die einzige verfassungsrechtliche Lösung der Krise dargestellt. Darauf endlich, nach langem, respektablem Widerstand, gab Hindenburg nach und beauftragte Papen mit den Regierungsverhandlungen auf dieser Grundlage[151]. Sein *„homo regius"* [152] reagierte mit gewohnter Schnelligkeit. Er ließ sogleich Hitler suchen, der allen Drohungen zum Trotz noch im Hotel Kaiserhof und nicht abgereist war. Wieder vermittelten Göring

145 Vgl. auch *Hitlers Tischgespräche* (Anm. XI/21, S. 430), wo Hitler betont, er habe Göring besonders eingeschärft, „als Reichswehrminister nur einen General zu akzeptieren, der, wie der ihm von Ostpreußen her empfohlene General von Blomberg, sein Vertrauen habe".

146 Papen (Anm. VI/35), S. 267.

147 *Deutscher Reichsanzeiger und Preußischer Staatsanzeiger* v. 28. Januar 1933.

148 *Tägliche Rundschau* v. 28. Januar 1933.

149 Die amtliche Mitteilung bei Poetzsch-Heffter (Anm. I/128), S. 174; vgl. die Pressestimmen in: *Der Zeitspiegel* 2, Nr. 2 (5. Februar 1933), S. 36, sowie Meißner (Anm. I/156), S. 266 f. Die wichtigsten Alternativpunkte Schleichers: Entweder eine parlamentarische Mehrheitsregierung, die voraussichtlich nur unter Hitler möglich sei; oder eine nationale Koalitionsregierung, für die dasselbe zutreffe; oder aber erhöhte Vollmachten für das bestehende Präsidialkabinett.

150 Ein Beispiel für Schleichers merkwürdige Sorglosigkeit bei Eschenburg (Anm. VI/171), S. 163, Anm. 34: Noch nach Schleichers Demission beauftragte Planck auf Schleichers Weisung einen Nationalökonomen mit der Erstattung eines Gutachtens über die Verstaatlichung der Kohlen- und Eisenindustrie zum 1. April (!). Planck beschwichtigte alle Zweifel und betonte, Schleicher bleibe noch viel länger, er lasse Hindenburg jetzt nur zwei Monate zappeln; über die Pressemeldung sollte man sich nicht aufregen. „Der betreffende Nationalökonom hat mir das Gespräch eine Stunde später wiedererzählt", bemerkt Eschenburg.

151 Meißner (Anm. I/156), S. 266. Wenn man Papen (Anm. VI/35, S. 269) glauben darf, dann waren es „offenbar" Schleichers jüngste Drohungen (durch die *Tägliche Rundschau*), „die den letzten Rest seines [Hindenburgs] früher so großen Vertrauens zu Schleicher erschüttert" haben. Zum ganzen Zusammenhang auch Papens Aussage in: *Nürnberger Dokumente*, Bd. XVI, S. 294 ff.

152 Papen (Anm. VI/35), S. 269.

für Hitler, Ribbentrop für Papen. Nach Görings Vorverhandlungen war als einzige Streitfrage der Anspruch Hitlers auf das Amt des Reichskommissars für Preußen übriggeblieben[153], das Hindenburg gerade jetzt auf alle Fälle in den Händen eines Vizekanzlers Papen wissen wollte[154]. Noch einmal wurde Hitler mißtrauisch, doch dieses Mal setzten sich Ribbentrop und sogar Göring für Papen ein und erreichten es nach langen Bemühungen, daß Hitler sich für den Vormittag des folgenden Tages (29. Januar) zu den Schlußverhandlungen mit Papen bereit erklärte.

Papen war inzwischen ebenfalls ungeduldig geworden[155], als er sich zwar Hugenbergs Unterstützung endgültig sichern konnte, Hitler jedoch bei seiner Forderung nach dem preußischen Reichskommissariat blieb, obwohl er sich im übrigen mit dem Anspruch auf Reichs- und preußisches Innenministerium zufrieden gab. Da Papen sich jetzt aber auch Hindenburg gegenüber festgelegt hatte und im übrigen aus verständlichen Gründen Hitlers Anspruch auf die Führung eines Präsidialkabinetts unterstützte, kamen die Versuche der BVP und des Zentrums, sich in letzter Minute noch in die Regierungsbildung einzuschalten, zu spät. Am 13. August hatte Papen Hitler gegen Schleichers Rat ein Präsidialkabinett verweigert und Hindenburg veranlaßt, Hitler nur als Kanzler einer Mehrheitsregierung zu akzeptieren, dann hatte er dem Zentrum bewegliche Vorwürfe wegen seiner Koalitionsverhandlungen mit der NSDAP gemacht[156], und nun warf er dem BVP-Vorsitzenden Schäffer vor, Zentrum und BVP hätten den Entschluß zur Zusammenarbeit mit Hitler „zu spät“ gefaßt, „als daß er noch realisierbar sei“[157]. Der Mangel an politischer Logik ist entwaffnend; es bleibt kaum eine andere Erklärung als Papens beleidigter Ehrgeiz, und keinesfalls ist seine Versicherung glaubhaft, erst jetzt habe Hindenburg ihm, dem „*homo regius*“, gegen seinen Widerstand eröffnet, daß er ihn auf den Posten des Vizekanzlers wünsche[158].

Der 29. Januar, ein Sonntag, begann mit einer langen Aussprache zwischen Papen und Hitler, der Göring und Frick als seine Minister präsentierte, seinen Widerstand in der Kommissariatsfrage aufgab, dafür jedoch Neuwahlen verlangte. Wieder eilte Papen zu Hindenburg, der zunächst widerstrebte, dann aber mit Hitlers — in ihrer Weise prophetischen — Versicherung, „daß dies die letzten Wahlen seien“[159], sich zufriedengab. Nach weiteren Besprechungen

153 Nach Görings Aussage (*Nürnberger Dokumente*, Bd. IX, S. 280 ff.) waren ihm als Hitlers autorisiertem Verhandlungsführer folgende Forderungen Hindenburgs präsentiert worden: Papen sollte Vizekanzler und Reichskommissar für Preußen, Blomberg Reichswehrminister, Seldte Arbeitsminister werden, Neurath, Eltz-Rübenach und Schwerin-Krosigk Minister bleiben. Er selbst habe seine Kandidatur auf das preußische Innenministerium durchgesetzt, „da Preußen ja doch letzten Endes Ausgangsposition für die innere Machtergreifung war“. Damit hatte er ebenso recht wie Papens Einrahmungsversuch auch in diesem wichtigsten Teil scheiterte: „Die Tätigkeit Görings als kommissarischer preußischer Innenminister hoffte ich als kommissarischer Ministerpräsident in den gewünschten Grenzen halten zu können“ (Papen, Anm. VI/35, S. 272).

154 Dazu auch Ribbentrop (Anm. XI/86), S. 41 f.

155 *Ebda.*

156 Papen (Anm. VI/35), S. 239 f.; vgl. o. S. 577 f.

157 *Ebda.*, S. 270. In einer Zuschrift „Hitler- oder Papen-Kabinett?“, in: *Die Welt* v. 19. September 1952 dementiert Schäffer im übrigen energisch diese Version und betont, daß er sich mit Kaas und Brüning allen Bedenken zum Trotz bereit erklärt habe, an einer Regierung Papen mitzuarbeiten, gerade um eine Regierung Hitler zu vermeiden. Papen habe Hindenburg aber entgegen seiner Zusage davon nicht unterrichtet und statt weiterer Verhandlungen das Zentrum und die BVP mit dem Hitler-Kabinett überrascht. Papens Antwort (*ebda.*, v. 29. September 1952) macht unter Hinweis auf die Entnazifizierungsakten allerdings wahrscheinlich, daß es dem Zentrum in erster Linie um die Verhinderung des Kabinetts der Harzburger Front ging, das dann tatsächlich zustande kam. Tatsache bleibt jedoch, daß Papen nicht daran dachte, seinen Plan jetzt noch zu modifizieren und Hindenburg, der mit aller Mühe endlich dafür gewonnen war, von den Vorschlägen des Zentrums und der BVP auch nur zu unterrichten. Zu Schäffers Aktivität in diesen Tagen Schwend (Anm. V/40), S. 504 f.

158 Papen (Anm. VI/35, S. 271): Besprechung Hindenburg–Papen am Abend des 28. Januar.

159 Ribbentrop (Anm. XI/86, S. 42) als Zeuge, während Papen diese Vorgänge verschweigt.

mit Hugenberg[160] und Seldte, die vor allem der Frage der Sicherung der neuen Konstellation durch die „bewährte Organisation“ des Stahlhelm gewidmet waren, trat eine weitere dramatische Beschleunigung ein. Hindenburg schien von neuem zu schwanken[161]. Da verbreiteten sich in den Nachmittagsstunden des 29. Januar Gerüchte, Schleicher wolle eine bevorstehende nationalsozialistische Machtübernahme mit Gewalt verhindern, Hammerstein habe die Potsdamer Garnison alarmiert, und man werde den Reichspräsidenten nach Ostpreußen abschieben, um die freie Verfügung über die Reichswehr auch gegen den Willen ihres Oberbefehlshabers zu behalten. Dies entschied über Hindenburgs letzte Bedenken.

Es ist heute kein Zweifel mehr möglich, daß die Behauptung von einem drohenden Putsch Schleichers oder Hammersteins keine konkreten Hintergründe besitzt[162]. Zwar hatten sich noch am 28. Januar oder doch am Morgen des 29. Januar Schleichers engste Mitarbeiter im Reichswehrministerium versammelt, unter ihnen Hammerstein, Bussche, Marcks und Ott. Doch hatte Schleicher jeden Gedanken an einen Widerstand, der im übrigen nur gegen die vermutete Papen-Hugenberg-Lösung gerichtet war[163], mit dem Hinweis auf die Autorität Hindenburgs und die Gefahr eines Bürgerkrieges abgelehnt[164]. Es ist möglich, daß durch Reichenau, der sich aus durchsichtigen Gründen in der Nähe befand[165], jene Erwägungen nach außen drangen und so dem Sekretär des Herrenklubs, Werner v. Alvensleben, bekannt wurden. Dieser undurchsichtige Verbindungsmann, der Goebbels so manche Intimissima schon zugetragen hatte[166], erschien am frühen Nachmittag des 29. Januar in Goebbels' Wohnung, wo Hitler mit seinen Getreuen die eben von Göring überbrachte Erfolgsmeldung feierte, und gab die Hiobsbotschaft kund[167] — angeblich mit dem Zusatz, Hitler müsse jetzt mit Schleicher zusammengehen und Papen außer Gefecht setzen. Sogleich rief Göring Papen an, der ihm das Gerücht bestätigte; als er wenig später auch Meißner traf, ließ er sich noch einmal versichern, daß Hindenburg an den Vereinbarungen festhalte[168]. Hitler ließ indessen durch Graf Helldorf die Berliner SA alarmieren und Vorbereitungen zur Besetzung der Wilhelmstraße treffen[169]. Papen selbst eilte zu Hindenburg, fand ihn aber bereits unterrichtet; man beschloß, sogleich Blomberg aus Genf herbeizurufen, um Schleicher noch vor dem Kabinettswechsel auszuschalten[170].

160 Nach Fabian v. Schlabrendorff, *Offiziere gegen Hitler*, Zürich 1951, S. 26, versuchte eine Reihe von deutschnationalen Politikern, darunter Heinrich Claß und Ewald v. Kleist, Hugenberg bis zuletzt umzustimmen, ohne seiner Sturheit beikommen zu können.

161 Vgl. Brüning, „Im Januar 1933“ (Anm. X/62): Es „war ... mir möglich, eine Reihe von Persönlichkeiten, die dem Reichspräsidenten durch persönliche Freundschaften verbunden waren, zu bewegen, Hindenburg aufzusuchen und ihm die Gefahren der Lage klarzumachen. Der Reichspräsident hat in seinen Entscheidungen bis wenige Stunden vor der Ernennung Hitlers geschwankt.“

162 Dazu jetzt der *Bericht Hammerstein:* Anhang u. S. 639 f.

163 So Ott, „Ergänzende Bemerkungen“ (Anm. VI/36), S. 17 f.; vgl. Wickert (Anm. XI/26), S. 40 f. Entgegen Otts Angaben besteht Bussche darauf, die Unterredung habe am 29. Januar morgens 10 Uhr stattgefunden: Brief an Kunrat v. Hammerstein v. 17. Februar 1953; vgl. u. Anm. XI/171.

164 So auch Holtzendorff, ungedruckter Teil (Anm. IX/44), S. 108.

165 Nach einem Brief des Generals Adolf Kuntzen (an Kunrat v. Hammerstein v. 28. Januar 1953), der damals als Major 1. Adjutant Hammersteins war, hatte Reichenau in diesen Tagen auch – ohne Erfolg – Hammerstein für den Nationalsozialismus zu gewinnen versucht und im übrigen seine und Blombergs Interessen wahrgenommen.

166 Interview Carlowitz (Anm. VI/72), S. 172; vgl. o. Anm. VI/80.

167 Goebbels, *Kaiserhof* (Anm. V/13), S. 250 f.; *Hitlers Tischgespräche* (Anm. XI/21), S. 430.

168 Meißner (Anm. I/156), S. 268; vgl. seine Aussage im *Wilhelmstraßen-Prozeß*, Protokoll v. 4. Mai 1948.

169 *Hitlers Tischgespräche* (Anm. XI/21), S. 430; Meißner (Anm. I/156, S. 268): Meißners Behauptung (S. 267 f.), noch am 28. Januar abends hätten Hammerstein und Stülpnagel bei Hindenburg gegen Schleichers Ablösung protestiert, wird durch Hammersteins und Bussches Schilderungen widerlegt; Meißner ist entweder einem seiner häufigen Gedächtnisfehler oder aber dem Bedürfnis nach einer dramatisierenden Rechtfertigung des Entschlusses von 30. Januar erlegen.

170 Papen (Anm. VI/35), S. 273; auch Göring scheint nach seiner Aussage bei Hindenburg darauf gedrängt zu haben: *Nürnberger Dokumente*, Bd. IX, S. 283.

Nach einer anderen Version war Schleicher mit Planck, Bredow und Bussche am Morgen des 29. Januar in Hammersteins Amtsräumen erschienen, wobei auch die Frage einer militärischen Aktion gestreift, freilich sofort fallengelassen wurde. Eine entsprechende Antwort wurde auch Reichenau, der im Vorzimmer auftauchte und in einer wohl provokatorisch gemeinten Bemerkung die Verhaftung Hindenburgs forderte, in Wirklichkeit aber als Zwischenträger fungierte[171].

Wie dem auch sei: so verständlich ein Protest der Umgebung Schleichers gewesen wäre, so wenig hat er doch irgendeine konkrete Form gewonnen. Erst durch die Einzelaktion eines ehrgeizigen Herrenklub-Intriganten erlangte er politische Bedeutung. Die zu erwartende Wirkung dieses Gerüchts läßt aber auch die Möglichkeit offen, daß es der noch immer umzweifelten Regierungsbildung nachhelfen und insbesondere die letzten Hemmungen Hindenburgs ausräumen sollte. Gerade Oskar v. Hindenburg schien davon so beeindruckt, daß er sich sogar einen Posten vor sein Zimmer stellte und persönlich auf eine äußerste Beschleunigung der — wie er meinte — von Schleicher gefährdeten Hitler-Lösung drängte[172]. Nach anderen Berichten hat Göring das Gerücht sogar zur Motivierung einer Verhaftung Schleichers auszunützen gesucht[173]. Papen bemüht sich zwar, glaubhaft zu machen, daß er dies Manöver damals nicht durchschaut habe: er hielt tatsächlich bis zur Vereidigung daran fest und nützte es für die Überwindung der letzten Schwierigkeiten[174]. Seine Verbindungen zu Alvensleben waren aber eng genug, um ihm Einblick in die Affäre zu verschaffen, und jedenfalls entbehrt sein Versuch, auch heute noch Hammerstein zum Urheber eines tatsächlichen Putschplans zu stempeln, jeder Grundlage[175].

Es bedeutet eine ungerechtfertigte Verschiebung der historischen Akzente, wenn noch heute — aus der Sicht der folgenden Ereignisse heraus — eine ernsthafte Opposition der Reichswehrführung gegen die Berufung Hitlers behauptet wird[176]. Wenn überhaupt an Widerstand gedacht wurde, dann richtete er sich lediglich gegen die Ablösung Schleichers als Reichswehrminister bzw. gegen den vermeintlichen Plan eines Diktaturkabinetts Papen—Hugenberg[177]. Nach seiner eigenen Darstellung hatte Schleicher bei seinem Vortrag am 28. Januar Hindenburg von einer Wiederbetrauung Papens abgeraten und erklärt, daß ein „auf parlamentarischer Mehrheitsgrundlage beruhendes Zusammengehen mit der nationalsozialistischen Partei die beste Lösungsmöglichkeit wäre“[178]. Er rechnete allerdings damit, daß ihm oder einem seiner Vertreter das Reichs-

171 So Berndorff (Anm. X/145), S. 262 ff.; desgleichen Bussche, *Frankfurter Allgemeine Zeitung* v. 5. Februar 1952. Auch Hammerstein bestätigt die Tatsache der Konferenz, besteht im übrigen aber darauf, daß es nicht um einen Putsch, sondern nur um die Verhinderung eines Kabinetts Papen–Hugenberg gegangen sei; Hammerstein hatte deswegen noch am Nachmittag des 29. Januar eine Unterredung mit Hitler im Haus Bechstein: *Bericht Hammerstein*, Anhang u. S. 639.

172 Vgl. dazu u. S. 633 mit der von Duesterberg (Anm. IV/18, S. 39) geschilderten Szene.

173 Vgl. Diels, *Lucifer* (Anm. VIII/105), S. 385.

174 Vgl. u. S. 632 f.

175 Papen (Anm. VI/35), S. 274. Sein Beweis ist ebenso einfach wie naiv: da nach Bussches Bericht (Anm. IX/171) Hammerstein oder Adam die Aktion vorgeschlagen hätten, Adam aber nach Mitteilung seiner Frau sich zu diesem Zeitpunkt in Urlaub befand, könne nur Hammerstein der Urheber sein (!). Widerspricht aber nicht gerade die Tatsache, daß Hammerstein mit Adam seinen wichtigsten Mitarbeiter – Chef des Truppenamtes, also des Generalstabs – noch am 27. Januar in Urlaub fahren ließ, der Behauptung eines Aktionsplans? Dazu *Bericht Hammerstein:* Anhang u. S. 639 f.

176 So z. B. Gerhard Ritter, „Als die Freiheit lautlos starb“, in: *Neuburger Rundschau* v. 17./18. Januar 1953 (auch in: *Der Tagesspiegel* v. 30. Januar 1953). Dieser Artikel, in dem auch das Kölner Treffen als eine „Legende“ bezeichnet wird, sucht überhaupt die Verantwortung von den agierenden Intriganten und Hindenburg einseitig auf die „kurzsichtige Selbstsucht der Parteien“ und „das deutsche Volk“ zu verschieben.

177 Vgl. auch Schleichers Dementi in der *BZ am Mittag*, das zusammen mit anderen Dementis im *Völkischen Beobachter* v. 2. Februar 1933 wiedergegeben ist.

178 *Ebda.*

wehrministerium und damit die wirkungsvollste Kontrollinstanz bleiben würde. Noch am 29. Januar scheint Hitler wider besseres Wissen Hammerstein angedeutet zu haben, er werde Schleicher in sein geplantes Kabinett aufnehmen[179]. Daß die Entscheidung schon gefallen war, wurde dem Schleicher-Kreis erst am 30. Januar bewußt, als überraschend Blomberg eintraf und sich nicht zu Schleicher, sondern zu Hindenburg begab[180].

Damit fand sich Schleicher einer völlig neuen Situation gegenüber. Sein Zähmungsplan, der sich noch in der Aktivität vom 28. und 29. Januar einseitig gegen eine Papen-Lösung orientiert hatte, war endgültig gescheitert. Papen war der Sieger des Tages; sein Kabinett der „Einrahmung", hinter dem Rücken des einstigen Freundes entworfen und in fast vierwöchigen Bemühungen realisiert, besiegelte das Schicksal der Weimarer Republik. Der 30. Januar 1933 bedeutet zwar eine Durchbrechung des permanenten *Machtvakuums*, erschien als eine kaum vermeidbare Notlösung der Republik; ihr Oberhaupt, die Reichswehr, die demokratischen Parteien sahen keine echte Alternative mehr zu dem Experiment Hitler. Daß seine „Einrahmung" aber Papen überlassen und seine Absicherung Blomberg anvertraut wurde, machte den Regierungswechsel zu einem Umsturz[181], zu einer Kapitulation der Republik, verlieh ihm den Charakter einer nationalsozialistischen Machtergreifung.

6. Der 30. Januar 1933

Noch am Abend des 29. Januar hatte Papen Hindenburg die neue Ministerliste vorgelegt[182]. Sie entsprach den Vorverhandlungen, wobei sich Göring als Ressortchef eines neu zu schaffenden Luftfahrtministeriums sowie — auch dies eine Neuschöpfung — als stellvertretender Reichskommissar für Preußen einen Platz im Kabinett zu sichern vermochte, während Goebbels vorläufig leer ausging[183]. Das geplante „Duumvirat" wurde scheinbar sicher befestigt: Hitler mußte sich damit abfinden, daß Papen seinen Vorträgen bei Hindenburg beiwohnte und die oberste Kontrolle über Preußen besaß. Die Vereidigung wurde für den 30. Januar, 11 Uhr, festgelegt.

Das Putschgerücht hatte diesen letzten Akt erheblich beschleunigt. Auch die Presse war sich darüber sogleich klar[184], und Werner v. Alvensleben hat wenige Tage später eine Erklärung gegeben, die einen Blick in die Hintergründe seiner Aktion tun läßt[185]. Dennoch vertritt Papen noch heute ganz unbekümmert

179 Foertsch (Anm. VI/61), S. 29. Dies bestätigt Ludwig v. Hammerstein in einem Interview mit O. H. v. d. Gablentz v. 1. Oktober 1951 (Bonn): „Hammerstein hat Hitler am 29. Januar bei Bechstein getroffen und dabei die Zusage erhalten, Hitler habe nichts gegen einen Reichswehrminister Schleicher." Ebenso Brief Adolf Kuntzens an Kunrat v. Hammerstein v. 28. Januar 1953.

180 Die Ahnungslosigkeit Schleichers geht aus dem *Bericht Hammerstein* hervor: Anhang u. S. 640. Zu Blombergs Ankunft u. S. 633.

181 Dazu auch die treffende zeitgenössische Würdigung bei Stolper, „Umsturz" (Anm. XI/8), S. 563 ff.

182 Einzelheiten bei Meißner (Anm. I/156), S. 268 f.

183 Seine Enttäuschung gewinnt Ausdruck in: *Kaiserhof* (Anm. V/13), S. 251.

184 Vgl. die *Kölnische Zeitung* v. 1. Februar 1933.

185 Abgedr. im *Vorwärts* v. 3. Februar 1933: „Mir persönlich wurde in den Tagen von maßgebender Seite die Situation so dargestellt, als ob Herr Hitler die Vorschläge des Herrn von Papen zur Bildung einer Regierung Hugenberg–Papen–Hitler nicht akzeptieren würde und daß der Reichspräsident entschlossen sei, noch am Montag ein autoritäres Kabinett Papen–Hugenberg zu ernennen.
In einer derartigen Lösung erblickte ich eine ungeheure Gefahr für unser Vaterland und glaubte darauf hinwirken zu müssen, daß Herr Hitler mit der Kanzlerschaft betraut werden würde. Ich habe in diesem Sinne mehrere hervorragende Persönlichkeiten der NSDAP gesprochen und bei der Gelegenheit auch meiner Auffassung Ausdruck gegeben, daß man Menschen, die den Feldmarschall zu einem solchen Schritt drängen wollten, unter Ausschaltung der NSDAP ein rein deutschnationales Kabinett zu ernennen, am besten verhaften sollte.
Ich habe meiner Meinung Ausdruck gegeben, daß die Armee, wenn sie gegen 90 Prozent des Volkes

die Ansicht, daß er „das neue Kabinett so schnell als möglich auf die Beine stellen“ mußte[186]. Zwar nicht „in einer Viertelstunde“, wie sich später Göring rühmt, aber doch in verdächtiger Eile wurde so die Kabinettsbildung „erledigt“[187]; ihre Schnelligkeit überraschte die Öffentlichkeit — und Schleicher. Am frühen Morgen des 30. Januar wurde Duesterberg telephonisch zu Papen gerufen und traf in dessen Arbeitszimmer noch Seldte und Hugenberg an. In größter Erregung eröffnete ihnen Papen, nur durch eine sofortige Ernennung der Regierung könne die drohende Militärdiktatur Schleicher—Hammerstein verhindert werden[188]. Und das, obwohl Meißner noch am Abend zuvor Göring versichert hatte, alle derartigen Gerüchte seien „erfunden“[189].
Wenn man trotzdem nicht annehmen will, daß Papen damit bewußt auf alle Verhandlungspartner einen letzten Druck auszuüben suchte[190], dann muß man darin seine Befürchtung erblicken, daß Schleicher ihn und seine deutsch-nationalen Partner in letzter Minute doch noch düpieren und eine eigene Lösung mit Hitler und gegen Papen durchführen könnte; wohl deshalb hatte er Hugenberg und Seldte so früh am Morgen zu sich geholt. Diese Deutung findet in den weiteren Vorgängen eine gewisse Stütze. Als sich nämlich Duesterberg jetzt nach der Quelle des Putschgerüchts erkundigte, verwies ihn Papen mit nervöser Gereiztheit an Oskar v. Hindenburg und zeigte sich selbst jeder vernünftigen Erörterung der Lage unfähig[191]. Oskar v. Hindenburg, vor dessen Zimmer ein Posten aufgezogen war, schien nicht weniger erregt; er begnügte sich mit ausweichenden Bemerkungen und schimpfte im übrigen auf den „Verräter Schleicher“, dem er es „heimzahlen“ werde[192]. Dann begab er sich eilends zum Potsdamer Bahnhof, um wenig später mit Blomberg zurückzukehren. Auch die letzte Befürchtung war jetzt zerstreut: Blomberg war zwar zwischen 8 und 9 Uhr am Bahnhof vom Adjutanten Schleichers, Major Kuntzen, in die Bendlerstraße gewiesen worden, hatte sich aber entgegen dem Befehl seines direkten Vorgesetzten mit dem in Zivil erschienenen Oskar v. Hindenburg zum Reichspräsidenten begeben[193], der ihn sogleich als den neuen Reichswehrminister vereidigte[194]. Jetzt endlich verstand Schleicher; er war auch von dieser Seite her überspielt worden.
Inzwischen hatten sich alle Ministerkandidaten in Papens Zimmer eingefunden. Besonders betont wurde Blomberg begrüßt: der *„homo regius“* beglückwünschte ihn zu dem Entschluß, der ihn in die Wilhelmstraße und nicht in die Bendlerstraße gehen ließ, und er wiederholte noch einmal seine Behauptung,

auftreten müsse, zerrieben würde und daß die Armee unter keinen Umständen in eine derartige Lage gebracht werden dürfe. Aus diesen meinen Unterhandlungen sind unrichtige Schlüsse gezogen worden, die zum Teil so aufgefaßt wurden, als hätte ich die Idee gehabt, eine Regierungsbildung Hitler–Papen–Hugenberg zu verhindern. Genau das Gegenteil ist der Fall. Wenn durch diese meine Unterhandlungen der Entschluß des Reichspräsidenten, Herrn Hitler zum Reichskanzler zu ernennen, gefördert worden ist, so ist in der Tat das erreicht worden, was meiner Überzeugung nach erreicht werden mußte.“

186 Papen (Anm. VI/35), S. 275.
187 So Hermann Göring, *Aufbau einer Nation*, München 1934, S. 178.
188 Duesterberg (Anm. IV/18), S. 39.
189 Meißner (Anm. I/156), S. 268; vgl. o. S. 630.
190 Bei Papen selbst (Anm. VI/35, S. 274 f.) fehlen nähere Erklärungen, obwohl seine Darstellung an der „Drohung eines möglichen Staatsstreiches“ festhält.
191 Duesterberg (Anm. IV/18), S. 39; ders. auch in: *Telegraf* v. 25. Januar 1947; *Mannheimer Morgen* v. 30. Januar 1947; vgl. noch Bernhard Schwertfeger, *Rätsel um Deutschland*, Heidelberg 1948, S. 219.
192 Duesterberg (Anm. IV/18), S. 39.
193 Brief Adolf Kuntzens an Kunrat v. Hammerstein v. 28. Januar 1953.
194 Papen (Anm. VI/35, S. 274 f.) behauptet in diesem Zusammenhang, auch Hindenburg hätte zur Vereidigung gedrängt („dem gegenwärtigen Zustand müsse sofort Einhalt geboten werden“) und Blomberg befohlen, „die Reichswehr jeder politischen Diskussion zu entziehen und Schluß mit der Methode Schleichers zu machen“. Ebenso betont Göring, Blomberg sei zwei Stunden früher ernannt worden, „um damit jedes falsche Eingreifen der Reichswehr auszuschalten“: *Nürnberger Dokumente*, Bd. IX, S. 283.

Schleicher und Hammerstein hätten eine Militärdiktatur geplant[195]. Papen schien am Ziel. Auf dem ihm so wohlvertrauten Weg durch die Ministergärten, der für die Ereignisse dieser letzten Wochen seine eigene Bedeutung gehabt hatte, führte er „sein" Kabinett ins Reichspräsidentenpalais und begrüßte dort, im Büro Meißners, feierlich Hitler als den neuen Reichskanzler[196]. Noch war freilich seine Vermittlerrolle nicht beendigt. Denn in diesem Augenblick trat eine letzte Komplikation ein, die das ganze Unternehmen in Frage stellte und die nationalsozialistische Machtergreifung einer wichtigen Voraussetzung zu berauben drohte.

Hitler dankte wohl Papen, betonte aber noch einmal, wie schwer ihm der Verzicht auf das preußische Reichskommissariat falle. Dafür verlangte er in höchst eigenwilliger Umkehrung aller politischen Gewohnheiten, daß das deutsche Volk nun durch allgemeine Wahlen die vollzogene Regierungsbildung „bestätigen" müsse. Der machtpolitische Sinn dieser Forderung war klar: Hitler würde dadurch für die ersten Wochen freie Hand bekommen, konnte auf weitere Koalitionsverhandlungen verzichten und hatte die Chance, mit Hilfe der staatlichen Machtmittel das Ergebnis vom 6. November zu korrigieren. Der weitere Gang der „Machtergreifung" zeichnete sich ab, und die Reichstagsauflösung war eine entscheidende Vorbedingung[197]. Hitler hatte einen — von seinem Standpunkt — schweren Fehler begangen, darauf jetzt schon hinzuweisen. Hugenberg erhob denn auch — wie gleichzeitig Schmidt-Hannover — entschiedenen Protest gegen diese nicht unerwartete Forderung und bestand darauf, daß die jetzige Regierungsbildung als eine „zwangsläufige demokratische Folge" der letzten Wahlen anzusehen sei. Er blieb auch bei seinem Nein, als Hitler ihm feierlich versicherte, die Neuwahl würde nichts an der personellen Zusammensetzung der Regierung ändern[198] — ein ebenso undemokratisches wie unglaubhaftes Versprechen. In letzter Minute mochte er, der seine Erfahrung mit Hitlers Ehrenworten gemacht hatte[199], den weiteren Gang der Dinge ahnen und fürchten, dann nicht länger seine Rolle als Zünglein an der Waage spielen zu können. Er blieb jedoch schon bei dieser ersten Probe des Einrahmungskabinetts allein und isoliert. Papen, unterstützt von Neurath, Schwerin-Krosigk, Eltz-Rübenach und Seldte, machte vielmehr verzweifelte Überredungsversuche und beschwor Hugenberg mit sentimentalem Pathos, Hitler zu vertrauen und „die unter solchen Erschwernissen vollzogene nationale Einigung" nicht zu gefährden. Schon jetzt vergaß er seine Sicherungsaufgabe und schlug sich auf Hitlers Seite, nur um „sein" Kabinett zustande zu bringen — ein Vorgang, der sich in der Folge oft wiederholen sollte, bis alle Sicherungen gefallen waren.

In der Tat stand die ganze Regierungsbildung und mit ihr die größte und vielleicht letzte Chance Hitlers auf dem Spiel. Hugenberg, der „Wirtschaftsdiktator" des neuen Kabinetts, galt als das entscheidende Glied in der Kette der „nationalen" Männer, die Hitler „einrahmen" sollten. Ohne ihn würde Hindenburg vermutlich dem ganzen Experiment seine Zustimmung verweigert haben. Auf der anderen Seite konnte Papen nicht sagen — und sagt es auch heute nicht —, daß Hitlers Forderung schon tags zuvor grundsätzlich akzeptiert

195 Duesterberg (Anm. IV/18), S. 40. Daß mit dem Gerücht tatsächlich noch immer gearbeitet wurde, wird auch von Ludwig v. Hammerstein bestätigt (Gespräch mit O. H. v. d. Gablentz v. 1. Oktober 1951): „Nachdem seine Ernennung besprochen ist, will er [Blomberg] zu Hammerstein, worauf Oskar v. Hindenburg ihm sagt: ‚Da werden Sie verhaftet!'."

196 Papen (Anm. VI/35), S. 275; Duesterberg (Anm. IV/18), S. 40.

197 Dazu und zum folgenden: *Hugenbergs Ringen* (Anm. I/6), I, S. 27 ff.

198 Duesterberg (Anm. IV/18), S. 40 f.; Papen (Anm. VI/35), S. 275 f.; Meißner (Anm. I/156), S. 269 f.

199 Vgl. Hugenbergs Äußerungen bei seinem Gespräch mit Hindenburg im November 1932: o. Anm. X/43.

und offenbar nur Hugenberg darüber im unklaren gelassen worden war[200]. Eine halbe Stunde lang ging die Diskussion erregt hin und her, da stürzte Meißner mit der Uhr in der Hand in den Raum, und es bewährte sich noch einmal das alte Argument, mit dem in der Schlußperiode der Republik die Entscheidungen erzwungen, die Kabinette gestürzt und eingesetzt worden waren: der Appell des Hindenburg-Mythos. Dieses Mal war es Meißners dringende Mahnung, man könne den Reichspräsidenten nicht länger warten lassen, die sich stärker als alle vernünftigen Überlegungen und Bedenken erwies[201]. Hugenberg gab endlich nach; auch so glaubte er die Sicherungen gegen nationalsozialistische Ansprüche doch ausreichend[202]. Mit Hitler an der Spitze präsentierten sich die neuen Männer, eingerahmt von den Partnern von Harzburg und den Vertretern des „Neuen Staates“ Papenschen Angedenkens, dem ungeduldigen Hindenburg. Papen hatte sein Ziel erreicht: „das Hitler-Kabinett war geboren“[203]. Niemals werde er den „böhmischen Gefreiten“ zum Reichskanzler machen, hatte Hindenburg Brüning immer wieder, seinen Generalen erst vor drei Tagen versichert. Jetzt vertraute er ihm die Führung eines Präsidialkabinetts an, das er im November noch mit der Begründung verweigert hatte, es werde sich „zwangsläufig zu einer Parteidiktatur ... entwickeln ..., die herbeigeführt zu haben er vor seinem Gewissen nicht verantworten könne“[204]. Er begnügte sich damit, Hitler zugleich mit dem Eid auf die Weimarer Verfassung schwören zu lassen, daß er die „Geschäfte unparteiisch und gerecht gegen jedermann erfüllen“ werde[205].

Einem schärferen Beobachter konnte kaum entgehen, wer der Sieger des Tages war, so wenig vor allem auch im Ausland die Tragweite des Ereignisses begriffen wurde[206]. Der Rest des 30. Januar gehörte Hitler. Im Hotel Kaiserhof warteten seine Getreuen: ungeduldig, noch immer voll Mißtrauen und Befürchtungen, „hin- und hergerissen zwischen Zweifel, Hoffnung, Glück und Mutlosigkeit“[207], so starrten sie auf den Ausgang der Reichskanzlei. Als erster stürzte Göring heraus und verkündete, daß „das große Wunder“[208] nun doch noch geschehen sei. Die Mittagsnachrichten des Rundfunks brachten die Neuigkeit. Die „nationalen“ Zeitungen feierten wohl den Sieg der gesamten Rechten, die „nationale Erhebung“[209]. Aber das Übergewicht hatte schon jetzt der frenetische Jubel der nationalsozialistischen Massen. Er galt nur dem „Führer“, und ihm galt auch der Fackelzug, der dann stundenlang — von 7 Uhr abends

200 Daß Papen Hitlers Forderung schon am 29. Januar bei Hindenburg durchgesetzt hatte, bestätigen Meißner (Anm. I/156, S. 269) sowie Ribbentrop (Anm. XI/86, S. 42); vgl. auch o. S. 629.

201 Duesterberg (Anm. IV/18), S. 41; Papen (Anm. VI/35), S. 276; etwas abweichend die Schilderung Meißners (Anm. I/156, S. 270), der den Anteil seiner Intervention zu vermindern sucht und behauptet, Hugenberg sei schon durch Hitlers Versprechungen umgestimmt worden und habe die Entscheidung dann Hindenburg anheimgestellt. Vgl. auch Görings Aussage (*Nürnberger Dokumente*, Bd. IX, S. 283): „Es war ein reiner Zufall, daß in diesem Augenblick der Reichspräsident die Vereidigung der neuen Minister vornahm, und so war das Kabinett gebildet.“ Ähnlich die spätere Schilderung (1935) Hitlers selbst: bei Erich Kordt, *Wahn und Wirklichkeit*, Stuttgart 1947, S. 27 f.

202 Vgl. seine entsprechende Erklärung in: *Nürnberger Dokumente*, Bd. XXXX, Dok. Nr. Pa-87, S. 575 ff.

203 Papen (Anm. VI/35), S. 276.

204 Vgl. o. S. 583 f.

205 Reichsministergesetz vom 27. März 1930, § 3. Zur Frage der „Legalität“: Brecht, *Vorspiel* (Anm. I/84), S. 106 ff.; vgl. William Ebenstein, *The Nazi State*, Washington 1943, S. 1 ff.
18. März 1953, S. 8.

206 Vgl. dazu G. R. Halkett, „Die ‚Machtübernahme‘ in englischer Sicht“, in: *Das Parlament* 3, Nr. 11 v.

207 Goebbels, *Kaiserhof* (Anm. V/13), S. 252.

208 Joseph Goebbels, „Das große Wunder“, in: *Der Angriff* v. 2. Februar 1933. Dazu auch die sentimentale Schilderung Görings (Anm. XI/187, S. 79), der in Hindenburg jetzt plötzlich das „Werkzeug Gottes“ sieht, weil er „am 13. August 1932 und im November sich gegen die Berufung Adolf Hitlers wendete, nur um, im richtigen und entscheidenden Augenblick, seine Berufung durchzuführen“.

209 Vgl. die amtliche Bekanntmachung und die Pressestimmen in: *Der Zeitspiegel* 2, Nr. 2 (5. Februar 1933), S. 37 ff.

bis 1 Uhr nachts — vor der neuen Reichskanzlei vorbeizog. Oben standen Hitler, Göring, Goebbels, Heß, einige Fenster weiter Hindenburg. Unten marschierten die Kolonnen der SA, dann, begleitet von Militärkapellen, der Stahlhelm, dann wieder SA. Gegen den Protest der Verantwortlichen ließ Goebbels das Rundfunkprogramm unterbrechen und der Kundgebung angleichen. Aber zugleich mit dem „sinnlosen Taumel der Begeisterung“ [210] floß Blut, und erste staatlich sanktionierte Terroraktionen markierten den Weg ins „Dritte Reich“.
Auch in seinem Kabinett dominierte Hitler. Drei Nationalsozialisten standen zwar neun Konservativen gegenüber, und Papen selbst sowie Hugenberg besetzten scheinbar wichtige Stellungen: es war keine nationalsozialistische Regierung, und Papen, der sich offenbar der Bedeutungslosigkeit des Vizekanzleramts in der ganzen Geschichte der Republik nicht bewußt war, konnte seinen Warnern versichern: „Sie irren sich, wir haben ihn uns engagiert“ [211]. Aber die Ereignisse sprachen eine andere Sprache. Hitler standen Beamte ohne machtpolitischen Rückhalt, keine erfahrenen Politiker gegenüber. In einer sofortigen Besprechung im „Kaiserhof“ versicherte sich der neue Kanzler sogleich Blombergs. Denn alle Aufmerksamkeit galt jetzt der Vollendung der Machtergreifung [212]. Und auf der ersten Kabinettssitzung schon, die nachmittags um 5 Uhr stattfand, wurde die Auflösung des Reichstags beschlossen, Hugenberg zum zweiten Mal überstimmt und auch Hindenburgs Bedenken am folgenden Tag beseitigt. Damit war mit Papens eigenster Unterstützung ein wichtiger Eckpfeiler des Zähmungsplans gefallen [213]. Die Initiative lag von jetzt an bei Hitler: er fand weder bei den „konservativen Fachleuten“ noch bei Hindenburg ernsthaften Widerstand und konnte bald auch Papen abschütteln [214], der die Einflußlosigkeit seines Postens sogleich einsehen [215] und schließlich auch seine preußische Ministerpräsidentschaft abtreten mußte. Wenn man ihm überhaupt den Willen zur Verhütung einer Diktatur zugestehen und die bombastischen Reden übersehen will, mit denen Papen nach dem Übergang zum totalitären Einparteienstaat als „Wegbereiter der nationalen Erhebung“

210 So Goebbels, *Kaiserhof* (Anm. V/13), S. 254. Zur Bedeutung des Rundfunks: Heinz Pohle, *Der Rundfunk als Instrument der Politik*, Hamburg 1955, S. 154 ff.; Hans Bausch, *Der Rundfunk im politischen Kräftespiel der Weimarer Republik 1923–1933*, Tübingen 1956.

211 Schwerin-Krosigk (Anm. VII/23), S. 147; vgl. auch Schwerin-Krosigks Affidavit in: *Nürnberger Dokumente*, Bd. XXXXII, S. 410 f. Vor allem in der Außenpolitik glaubte man sich im Verein mit Hindenburg auf die Überlegenheit der diplomatischen „Fachleute“ verlassen zu können. Dies bestätigt die vertrauliche Mitteilung Neuraths an Sir Horace Rumbold, den britischen Botschafter, v. 4. Februar 1933: Hitler habe sich „reasonable“ und Neuraths Anregungen zugänglich gezeigt. Und überdies: Hindenburg „had made a point of his [Neuraths] included in the new government, and . . . he had only accepted on condition that he was given a free hand and that no experiments in foreign policy were to be tried. He knew that he had the President's full support“ (*Documents on British Foreign Policy*, Anm. II/53, 2nd series, vol. IV, S. 406 f.). Hugenbergs Illusionen sind wiederholt in: *Hugenbergs Ringen* (Anm. I/6), I, S. 24 ff. Beste Zusammenfassung der Illusionen um den 30. Januar und der machtpolitischen Wirklichkeit bei Hermann Mau und Helmut Krausnick, „Hitler und der Nationalsozialismus, 1933–1945“, in: *Deutsche Geschichte im Überblick, Ein Handbuch*, hrsgg. von Peter Rassow, Stuttgart 1953, S. 668 ff.

212 Vgl. Goebbels, *Kaiserhof* (Anm. V/13, S. 253): „Nun liegt die Etappe des Kampfes um die Macht hinter uns; nun müssen wir weiterarbeiten, um die Macht zu behaupten.“

213 Nach *Hitlers Tischgespräche* (Anm. XI/21, S. 431) sowie Kordt, *Wahn und Wirklichkeit* (Anm. XI/201, S. 27), unterstützten Papen und Meißner dabei nachdrücklich Hitlers Forderung; sie überwanden Hindenburgs Bedenken, indem sie psychologisch geschickt Hugenbergs Widerstand auf die Hindenburg so verhaßten „parteipolitischen Erwägungen“ zurückführten. Meißner (Anm. I/156, S. 270) beschränkt sich verständlicherweise darauf, die Unterstützung Hitlers durch Papen hervorzuheben. Papen selbst motiviert seine Rolle mit der recht zweifelhaften Hoffnung, daß die Wahlen einen großen Rechtsblock ergeben würden (Anm. VI/35, S. 276).

214 Schon im April bat Hindenburg Papen, „von dem am 30. Januar verabredeten gemeinsamen Vortrage Hitlers und mir [*sic!*] abzusehen. Er sagte mir, Hitler empfinde dies als Mißtrauen gegenüber seiner Person, und er wolle ihn nicht beleidigen“: Papen (Anm. VI/35), S. 295. Vgl. *Hitlers Tischgespräche* (Anm. XI/21), S. 410: „Eines Tages war Papen verreist, ich ging allein hin. ‚Wieso ist denn immer Herr von Papen dabei? Ich will doch Sie sprechen!‘, sagte Hindenburg.“

215 Vgl. noch Papen (Anm. VI/35), S. 311; S. 326.

auftrat[216], dann bleibt nur das Verdikt der politischen Unfähigkeit. Papen wußte so wenig wie seine Kollegen von dem Rezept einer totalitären Machtergreifung: durch Infiltration und Manipulierung des alten Staatsapparats von wenigen Schlüsselstellungen aus die Diktatur auch von innen her zu konsolidieren und zugleich alle entgegenstehenden rechtsstaatlichen Sicherungen zu isolieren und auszuhöhlen. Der Besetzung des Innenministeriums im Reich und in Preußen sowie der indirekten Kontrolle der Reichswehr, nicht der Besetzung des Wirtschafts- und Außenministeriums kam deshalb die entscheidende Bedeutung zu. In Papens Augen hatte Hitler Mäßigung gezeigt bei der Festlegung der künftigen Machtverteilung. Und Schacht, der sich eilends dem Kreis der „Fachleute" um Hitler beigesellte, war gerade jetzt der selbstbewußten Meinung, „daß dieser Mann auf den rechten Weg zu bringen war" [217]. Aber man übersah, daß es Hitler nicht um Sachprobleme und Wirtschaftsinteressen, sondern zunächst um das Machtproblem ging[218]. Dafür hatte Hitler seine Forderungen mit sicherem politischem Instinkt präzisiert. Mit der inneren Verwaltung und der preußischen Polizei kontrollierte er den entscheidenden Teil der Exekutive, die eigentliche Regierungsgewalt. Und seiner „Machtergreifung" kam so auch der Staatsstreich vom 20. Juli 1932 zugute, während Papen offenbar ganz vergessen hatte, daß er mit diesem Coup — angeblich! — gerade die Gefahr einer nationalsozialistischen Kontrolle der preußischen Polizei ausschalten wollte[219].

Wohl war es „keine Volksbewegung, die Hitler in den Sattel setzte. Es war wiederum ein ganz kleiner Kreis geschäftiger Anwälte, wie im Monat Mai 1932" [220], aber dieses Mal ohne Schleicher und mit Hitler. Denn auch dies ist deutlich: Hindenburg hatte im Verlauf des Jahres 1932 noch mehr denn zuvor in seinem langen Leben das Bedürfnis gezeigt, sich an seine „Ratgeber" zu klammern, wenn immer seinen unerhört gewachsenen Machtfunktionen eine echte Entscheidung auferlegt war. Zuerst Schleicher, dann Brüning, dann wieder Schleicher, dann Papen—Schleicher—Papen, und immer Meißner und Oskar v. Hindenburg. Auf das Drängen der drei letzten hin hat er schließlich den oft erwogenen, aber immer wieder verworfenen Schritt getan. Es kann nicht der geringste Zweifel bestehen, daß Papen den letzten Anstoß gegeben und durch ein ausgeklügeltes, aber politisch wirkungsloses System der „Einrahmung", unterstützt von Meißner und Oskar v. Hindenburg, den bis zuletzt schwankenden Greis beruhigt und für seine Scheinlösung gewonnen hat.

Hindenburg ist auf solche Weise „zum tragischen Platzhalter zwischen Wilhelm II. und Hitler geworden" [221]. Es war weder sein Entschluß noch das Votum des Volkes, das sich am 30. Januar 1933 vollzog. Strukturfehler der Republik, Wirtschaftskrise, politische Radikalisierung und geschickte Demagogie, vor allem die Schwäche des freiheitlich-demokratischen Staatsbewußtseins in

216 So etwa in seiner Rede in Essen am 3. November 1933: „Seitdem die Vorsehung mich dazu berufen hatte, der Wegbereiter der nationalen Bewegung und der Wiedergeburt unserer Heimat zu werden, habe ich versucht, das Werk der nationalsozialistischen Bewegung und ihres Führers mit allen meinen Kräften zu stützen" (*Nürnberger Dokumente*, Bd. XVI, S. 378). Andere Äußerungen solcher Art in: Franz v. Papen, *Appell an das deutsche Gewissen, Reden zur nationalen Revolution*, Oldenburg 1933 („Dem Baumeister des Dritten Reiches, Reichskanzler Adolf Hitler zugeeignet").

217 Schacht, *76 Jahre* (Anm. I/9), S. 379.

218 *Hugenbergs Ringen* (Anm. I/6), I, S. 25.

219 So Papen bei seiner Rechtfertigung des 20. Juli 1932 (Anm. VI/35, S. 216). Schleicher mag man dies Motiv eher glauben.

220 Treviranus, „Die Wurzeln des Übels" (Anm. I/77), S. 2. Dies ist gegen Papen und die ihn stützenden Betrachtungen von Ritter („Als die Freiheit lautlos starb", Anm. XI/176) und Sethe („Januar 1933", Anm. XI/24) entschieden festzuhalten.

221 So Werner Conze, „Hindenburg", in: *Das Parlament* 3, Nr. 11 v. 18. März 1953, S. 3.

Deutschland hatten die Voraussetzungen geschaffen[222]. Eine zwielichtige, längst nicht mehr demokratisch kontrollierte Machtstellung der Reichswehr hatte die Auflösung der Weimarer Republik wenn nicht beschleunigt, so doch nicht zu verhindern vermocht. Die geschichtliche Entscheidung jedoch fiel in einem Augenblick und unter Bedingungen, die keine einfache „Notwendigkeit" begründeten. Sie wurde durch eine Einzelaktion ausgelöst, die auf einer Fehlkalkulation grandiosen Stils beruhte. Es war die leichtfertige Pervertierung des Zähmungskonzepts, die Hitler an die Macht brachte. Ein halbes Jahr später schon waren alle wirksamen Sicherungen beseitigt und die Träger der Demokratie ausgeschaltet: Parteien, Parlament, Länder, Gewerkschaften, Wirtschaft, Presse und Kultur verschwanden im Sog der „Gleichschaltung", während die Reichswehr unter sichere Kontrolle gebracht wurde[223]. Ein Jahr länger noch währte die Scheinkontinuität der autoritären Präsidialdemokratie. Dann starb Hindenburg, und die Wehrmacht sanktionierte das Blutbad vom 30. Juni 1934 und ließ sich widerstandslos auf Hitler vereidigen. Am Ende dieser Periode der Konsolidierung der nationalsozialistischen Herrschaft stand die unumschränkte Alleinherrschaft Hitlers und seines totalitären Apparats, in dem zwar die Reste der Papenschen Konstruktion der „Einrahmung" fortdauerten, jetzt aber zur Tarnung und Selbstrechtfertigung eines totalitären Einparteienstaats verkehrt waren.

Auch heute noch geistert durch die Apologien trotziger oder enttäuschter Beteiligter die Behauptung, Hitler sei am 30. Januar 1933 völlig „legal" nach den Grundsätzen der parlamentarischen Republik zur Macht gekommen: der Republik also, auf die er seinen dann tausendfach gebrochenen Eid geschworen hat. Die Berufung auf den formalen Vorgang verfälscht den wahren Charakter dieses Regierungswechsels. Es waren durchaus unverantwortliche, außerverfassungsmäßige Exponenten politischer und wirtschaftspolitischer Bestrebungen und Illusionen, die Hitler die Macht in die Hände spielten. Die rechtmäßig politisch verantwortlichen Instanzen dagegen, vor allem die Parteien, der Reichstag und der Reichspräsident, ließen sich von diesen Vorgängen ausschalten oder irreführen. Der Geist dieses Regierungswechsels war dem Sinne der Verfassung gänzlich zuwider. Man war sich gerade auf nationalsozialistischer Seite jetzt und in der Folgezeit mit zynischer Offenheit klar, daß die Legalität „nur die äußere Ordnungsmäßigkeit der Ereignisse" betreffe und „ihren wahrhaft revolutionären Charakter nicht in Frage" stelle. Denn Hitlers „Ernennung war selbstverständlich ‚legal' im Sinne der äußeren Buchstabentreue, aber niemand wird behaupten, daß es dem inneren Sinn der Weimarer Verfassung entsprochen hätte, daß hier ihr geschworener Feind an die Spitze des Reiches gestellt würde"[224]. Hier, und nicht erst mit Reichstagsbrand, Tag von Potsdam und Ermächtigungsgesetz begann die nationalsozialistische Revolution, die der Auflösung der Weimarer Republik die Zerstörung Deutschlands und seiner europäischen Nachbarn in einem Inferno von Gewalt und Vernichtung folgen ließ.

222 Vgl. auch die zusammenfassende Betrachtung bei Friedrich C. Sell, *Die Tragödie des deutschen Liberalismus*, Stuttgart 1953, S. 414–448.

223 Der *Konsolidierung der nationalsozialistischen Herrschaft 1933/34* gilt eine Untersuchung, die der Verfasser im Anschluß an die vorliegende Arbeit vorbereitet. Vgl. K. D. Bracher, „Stufen totalitärer Gleichschaltung. Die Befestigung der nationalsozialistischen Herrschaft 1933/34", in: *Vierteljahreshefte für Zeitgeschichte* 4 (1956), S. 32 ff.

224 Ernst Rudolf Huber, *Verfassungsrecht des Großdeutschen Reiches*, Hamburg 1939, S. 44 f.

Niederschrift des Generalobersten Kurt v. Hammerstein *

Berlin, den 28. Januar 1935

Der Artikel „Schleichers Putschplan am 29. Januar 1933“ im „Völkischen Beobachter“ vom 27./28. Januar 1935 ** veranlaßt mich, meine persönlichen Erlebnisse bei dem Regierungswechsel Schleicher—Hitler festzulegen, weil ein Schleicherscher Putschplan mit der Armee ohne mein Wissen und meine Teilnahme nicht möglich gewesen wäre.
Während der 56tägigen Regierung des Reichskanzlers, gleichzeitig Reichswehrministers von Schleicher, hatte ich als Chef der Heeresleitung keine Veranlassung, mich mit Politik zu befassen.
Etwa vom 20. Januar 1933 ab verdichteten sich Gerüchte, daß die Stellung des Reichskanzlers von Schleicher erschüttert sei, weil ihm der Reichspräsident von Hindenburg unter dem Einfluß Papens, Hugenbergscher Hinterleute und des Sohnes Hindenburg sein Vertrauen entziehen wolle. Es wurde von einem Kabinett Papen—Hugenberg mit nationalsozialistischer Beteiligung geredet. Als zukünftige Wehrminister wurden General von Stülpnagel oder Herr Schmidt-Hannover genannt mit der Einschränkung, daß evtl. auch die Nationalsozialisten das Wehrministerium verlangen und erhalten könnten.
Alles das war unwahrscheinlich, weil die Nationalsozialisten keinesfalls in ein Kabinett Papen—Hugenberg eingetreten wären. Die Gerüchte blieben trotzdem und verstärkten sich.
Am 26. 1. vormittags ging ich zu Schleicher und frug ihn, was an den Gerüchten über einen Regierungswechsel wahr sei. Schleicher bestätigte, daß der Reichspräsident ihm so gut wie sicher heute oder morgen sein Vertrauen entziehen und er zurücktreten werde. Ich ging von Schleicher zu Staatssekretär Meißner, frug ihn, was nach dem Rücktritt Schleichers werden sollte, und sagte klar und deutlich, die Nationalsozialisten würden nie in ein Kabinett Papen—Hugenberg eintreten. Ein solches Kabinett würde auf der einen Seite die Nationalsozialisten, auf der anderen die Linke von Dingeldey bis Thälmann zu Feinden, und so eine verschwindend kleine Basis haben. Die Armee müsse dann für diese 7-prozentige Basis gegen 93 Prozent des deutschen Volkes auftreten. Das wäre im höchsten Maße bedenklich; ob es sich nicht noch vermeiden ließe?
Meißner sah die Lage offenbar ähnlich und veranlaßte mich, meine Sorgen sofort dem Herren Reichspräsidenten vorzutragen. Ich habe das getan. Hindenburg verbat sich äußerst empfindlich jede politische Beeinflussung, sagte dann aber, anscheinend um mich zu beruhigen, „er dächte gar nicht daran, den österreichischen Gefreiten zum Wehrminister oder Reichskanzler zu machen“ (wörtlich am 26. Januar 1933 um 11.30 Uhr vormittags vor einem Zeugen).
Meine Sorge, daß die Armee in einen Kampf Papen—Hugenberg gegen Nationalsozialisten und gesamte Linke geraten bzw. für einen solchen Kampf mißbraucht werden könnte, verstand Hindenburg nicht. Ich verließ ihn mit verstärkter Sorge, denn Schleichers Rücktritt war beschlossen. Was danach kommen sollte, war offenbar völlig unklar.
Am 29. Januar fand in meinem Büro eine Aussprache zwischen dem zurückgetretenen, aber noch die Geschäfte führenden Reichskanzler von Schleicher und mir statt. Wir waren uns beide klar, daß nur Hitler als zukünftiger Reichskanzler möglich sei. Jede andere Wahl müsse zum Generalstreik, wenn nicht zum Bürgerkrieg führen und damit zu einem äußerst unerwünschten Einsatz der Armee im Innern gegen zwei Seiten, gegen die Nationalsozialisten und die Linke. Wir prüften beide, ob wir noch Mittel wüßten, um einzig und allein die Lage im Hinblick auf die Vermeidung dieses Unglücks zu beeinflussen. Das Resultat unserer Überlegungen war negativ. Wir sahen keine Möglichkeiten, noch irgendeinen Einfluß beim Reichspräsidenten

* Von Kunrat Frhr. v. Hammerstein dem Verfasser freundlicherweise zur Verfügung gestellt.
** Der Artikel wiederholte die Gerüchte über die Absichten Schleichers und Hammersteins, auch auf die Gefahr eines Bürgerkriegs hin durch einen Putsch in die Ereignisse von Ende Januar 1933 einzugreifen.

auszuüben. Schließlich entschloß ich mich im Einvernehmen mit Schleicher, eine Aussprache mit Hitler zu suchen. Diese hat am Sonntag zwischen 3.00 und 4.00 Uhr nachm. im Bechsteinschen Hause stattgefunden. Ich habe in ihr Herrn Hitler meine Sorgen erklärt und ihn gefragt, ob er glaube, daß vom Reichspräsidenten-Palais her mit ihm über Regierungsübernahme ernsthaft oder nur *zum Schein* verhandelt würde. Wenn letzteres der Fall sei, so wolle ich, um schweres Unglück für das Vaterland zu verhindern, noch einmal versuchen, die Dinge zu beeinflussen. Hitler konnte zu dieser Zeit (29. Januar 1933 um 4.00 Uhr nachm.) noch nicht sagen, ob mit ihm ernsthaft verhandelt würde. Er versprach mir eine Mitteilung, sobald er klar sähe.
Zwischen 9.00 und 10.00 Uhr abends ging ich vom Reitturnier kommend an Schleichers Wohnung vorüber, sah in seinem Wohnzimmer Licht, ging herauf und fragte ihn, ob er Neues über die Lösung der Regierungskrise wisse. Schleicher wußte nichts. Ich sagte ihm, daß Hitler mir eine Mitteilung zukommen lassen wolle, wenn er klar sähe. In diesem Augenblick wurde Werner von Alvensleben, ebenfalls zufällig vorbeikommend, gemeldet. Schleicher und ich schickten ihn zu Hitler in die Goebbelssche Wohnung mit der Frage, ob Hitler noch in ernsthaften Verhandlungen über Regierungsübernahme oder -beteiligung stehe, oder nicht mehr. Er brachte keine klare Antwort zurück. Ich habe dann noch mit Herrn Hitler telefoniert und meiner Sorge Ausdruck gegeben, daß man am anderen Morgen vor unglücklichen vollzogenen Tatsachen stehen könne, d. h. vor einer vollzogenen Ernennung der Regierung Papen—Hugenberg ohne Nationalsozialisten. Dann haben wir drei, Schleicher, W. v. Alvensleben und ich uns getrennt und sind nach Hause gegangen. Eine Putschabrede hat nicht stattgefunden. Trotzdem ist in dieser Nacht das wahnsinnige und verlogene Gerücht aufgekommen, die Garnison Potsdam marschiere gegen Berlin, um den Reichspräsidenten abzusetzen. Mir ist später glaubwürdig mitgeteilt worden, das Putschgerücht sei dadurch entstanden, daß Werner v. Alvensleben am 29. abends in der Goebbelsschen Wohnung zu Hitler gesagt habe: „Wenn die Gesellschaft in der Wilhelmstraße nur Scheinverhandlungen mit Ihnen führt, so müßte doch der Reichswehrminister und der Chef der Heeresleitung die Garnison Potsdam alarmieren und den ganzen Saustall aus der Wilhelmstraße rausfegen." Diese Alvenslebensche Äußerung sei gehört und an die Wilhelmstraße berichtet worden. Dort ist in der Nacht zum 30. geglaubt worden, die Wache würde abrücken und die Garnison Potsdam feindlich anrücken. Letzteres wird dadurch bestätigt, daß dem General v. Blomberg am 30. Januar früh im Reichspräsidentenpalais gesagt worden ist, er solle nicht ins Reichswehrministerium gehen. Er riskiere dort, verhaftet zu werden.
Wie man heute nach zwei Jahren noch von einem „Schleicherschen Putschplan am 29. Januar 1933" sprechen kann, ist mir nicht verständlich. Schleicher hat an einen solchen nicht gedacht. Schleicher konnte auch mit der Reichswehr nicht putschen ohne mich. Und ich wäre nicht dafür zu haben gewesen. Wohl aber wäre ich bereit gewesen, mich beim Herrn Reichspräsidenten noch einmal sehr energisch einzusetzen, wenn er die 7-prozentige Regierung ernannt hätte und nicht die nationalsozialistische Regierung. Das gleiche wollte Schleicher.

Bericht des ehemaligen Berliner Polizeikommandeurs, Magnus Heimannsberg*

Am 20. 7. 1932 wurde ich vormittags, die Zeit kann ich nicht mehr genau angeben — es war aber zwischen 9 und 10 Uhr —, von dem damaligen Polizeipräsidenten Grzesinski zu einer Besprechung nach dem Polizeipräsidium am Alexanderplatz gebeten. Schon am Telefon sagte mir der Polizeipräsident, daß die Absicht bestünde, die jetzige Preußische Regierung zu stürzen und durch eine neue Regierung von Papens zu ersetzen. Ich fuhr von meinem Kommando, Weidendamm 3, zum Polizeipräsidium, wo ich auch einige Abteilungsleiter und Regierungsräte traf.
Gegen 10 Uhr erschien der Polizeipräsident Dr. Melcher von Essen als Beauftragter des Staatskommissars für Preußen, des ehemaligen Oberbürgermeisters Bracht, mit einem Schreiben, in dem dem Polizeipräsident, dem Polizeivizepräsident und mir die Ausübung der Amtsgeschäfte verboten wurde und in dem Herrn Dr. Melcher das Amt des Polizeipräsidenten und Polizeivizepräsidenten und dem Polizeioberst Poten mein Amt übertragen wurde. Gegen diese Verfügung wurde sofort protestiert und darauf hingewiesen, daß Bracht nicht berechtigt sei, eine neue Stellenbesetzung vorzunehmen. Da Dr. Melcher seine Vollmacht nicht als ausreichend ansah, ging er zum Preußischen Innenministerium zurück, um den Vorgang nochmals juristisch zu prüfen. Es wurde verabredet, daß Dr. Melcher um 13 Uhr zu einer neuen Besprechung wieder zurückkommen sollte.
Kurz nach 13 Uhr kam Dr. Melcher, Oberst Poten und ein Hauptmann der Reichswehr namens Berthold und brachte nun Briefe, die von Generalleutnant Rundstedt unterschrieben waren und aus denen ersichtlich war, daß Rundstedt zum Inhaber der vollziehenden Gewalt für den Bereich von Groß-Berlin und der Provinz Brandenburg ernannt und ihm die gesamte Polizei unterstellt worden war. In der Zwischenzeit von 12 bis 13 Uhr hat Polizeipräsident Grzesinski telefonisch wiederholt versucht, den Innenminister Severing zum Einsatz und Gebrauch seiner Polizei und seiner Macht zu veranlassen. Alle Bitten von Grzesinski wurden von Innenminister Severing abgelehnt. Als der Innenminister Severing sich auf Bitten von Grzesinski bereiterklärte, mich anzuhören, blieb Severing, nachdem ich ihm meine Ansichten, jetzt noch die Zeit auszunutzen, bevor der Belagerungszustand erklärt wurde, bei seinem Entschluß, daß unter keinen Umständen Widerstand geleistet werden dürfe, weil er die Opfer, die aus diesem Widerstand entstehen können, nicht verantworten könne.
Innenminister Severing blieb bei seinem Entschluß, alles laufen zu lassen und die Aktion Papen nicht zu stören, obwohl damals Zeit genug war, die gesamte Polizei in Berlin, die 16 000 Mann stark und gut bewaffnet war, einzusetzen. Dr. Melcher mit seinem Anhang ging wieder fort, kam aber gegen 15 Uhr mit mehreren Offizieren der Reichswehr wieder und nahm den Polizeipräsidenten Grzesinski, den Polizeivizepräsidenten Dr. Weiß und mich in Haft. Das Polizeipräsidium war um diese Zeit von der Reichswehr vollständig umstellt. . .
Unsere Überlegungen gingen dahin, daß durch eine sofortige Besetzung der gesamten Telefonleitungen Berlins von außerhalb keine Hilfe herbeigeholt werden konnte, die Polizei aber stark genug war, für Ruhe und Ordnung zu sorgen und auch im Notfalle die Auseinandersetzung mit dem Wachbatl. Berlin, die einzige militärische Organisation, die in Berlin stand, wenn es in Berlin wirklich zum Kampf kam, erfolgreich aufzunehmen. Ich bin aber nach wie vor der Auffassung, daß es zu diesem Kampf gar nicht gekommen wäre, weil der Reichspräsident v. Hindenburg bei richtiger Orientierung niemals den Belagerungszustand verhängt hätte und auch sicherlich den Kampf zwischen Polizei und Armee vermeiden hätte wollen. Wäre damals von seiten des Innenministeriums oder der damaligen Regierung ein Abgeordneter oder ein im öffentlichen Dienst stehender Mann, nachdem alle Telefonverbindungen auch zum Reichspräsidenten abgeschnitten waren, zu ihm hingegangen, wäre der Vorgang sicherlich ohne Blutvergießen erledigt worden. Denn es war bekannt, daß der Reichsbanner und auch in den Fabriken die Arbeiter alle bereit-

* Von Bibl.-Dir. i. R. Dr. Leo Schwering, dem der Bericht am 23. September 1957 zuging, freundlicherweise zur Verfügung gestellt.

standen und auf das erlösende Wort von Minister Severing gewartet hatten. Die Heranziehung anderer Truppenteile aus Preußen wäre schon dadurch, daß wir Post- und Telefonverbindungen in der Hand hatten, unmöglich gewesen.
Interessant ist nämlich, daß die Reichswehr, bevor der Belagerungszustand noch nicht unterschrieben war, also in der Zeit von vormittags 12 Uhr bis 13 Uhr, nichts unternommen hatte und auch nicht unternehmen konnte, was uns bei der Besetzung von Post und Telefon und selbst der Reichskanzlei hätte stören können.
Eine Heranziehung anderer Truppenteile wäre vor allen Dingen dann unmöglich gewesen, wenn die Preußische Regierung den Mut gehabt hätte, die Polizei einzusetzen und mit den Gewerkschaften einen Generalstreik angekündigt hätte. Anscheinend ist aber von Innenminister Severing damals nach dieser Richtung hin nichts getan worden.
Soweit mir bekannt, wäre der preuß. Ministerpräsident Braun, der m. W. Ostpreuße war und eine gute Verbindung mit dem Herrn Reichspräsidenten als Jäger hatte, der geeignete Mann gewesen, zumindesten zu versuchen, den Belagerungszustand und den damaligen Streit in irgendeiner Form zu legalisieren. Der preuß. Ministerpräsident Braun war aber seit der letzten Preußenwahl an seinem Amt nur noch am Rande interessiert. Außer Ministerpräsident Braun waren aber, wenn Minister Severing nicht selbst beim Reichspräsidenten vorsprechen wollte, genügend Herren da, die Einfluß genug hatten, um dem Reichspräsidenten die Lage vorzustellen, die entstehen mußte, wenn die Polizei sich den Anordnungen Papens nicht gefügt hätte.
Ich kann mich des Eindrucks nicht verwehren, daß Minister Severing, den ich als Menschen sehr hoch schätze, damals versagt hat und dadurch Herrn v. Papen und dem Militär geholfen hat. Es ist ja auch eigenartig, daß die Untergebenen von Minister Severing bei dieser Affaire eingesperrt worden sind, während Herr Severing während der ganzen Papen-Regierung unbelästigt geblieben ist. Ich bin nach wie vor der Auffassung, daß der 20. Juli 1932 eine ganz andere Auswirkung gehabt hätte, wenn Männer der Regierung pflichtbewußt und bis zum letzten versucht hätten, mit dem Reichspräsidenten in ein Gespräch zu kommen. Mir ist auch, so wie ich die damalige Lage heute noch sehen kann und wenn ich an den Reichspräsidenten denke, ganz klar, daß der Reichspräsident niemals, wenn er bei der Preußen-Regierung auf Widerstand gestoßen wäre, den Belagerungszustand verhängt hätte. Nur die Schwäche der führenden Leute und besonders die Schwäche des trotzdem von mir sehr verehrten Ministers Severing, ist schuld daran, daß die Entwicklung des 20. Juli 1932 so vor sich gehen konnte, wie es nachher der Fall gewesen ist. Ich darf zum Schluß noch hinzufügen, daß die Reichswehr in ganz Deutschland nur 100 000 Mann hatte. Während wir allein in Preußen 65 000 gut organisierte, gut ausgebildete und prachtvolle, frische Polizeioffiziere und Beamte hatten. Wenn das alles in Verbindung mit der Drohung eines Generalstreiks und des Widerstandes aller demokratischen Parteien dem Reichspräsidenten durch einen vertrauenswürdigen Mann — ich denke hier an den Preuß. Min.-Präsidenten Braun — vorgetragen worden wäre, wäre sicherlich das Ergebnis ein ganz anderes gewesen.
Sollte aber ein Empfang der Preuß. Regierung gewünscht und von der Reichskanzlei abgelehnt worden sein, dann hätte die Reichskanzlei sicher um den Besuch der Preuß. Regierung selbst gebeten, wenn Post, Bahn, öffentliche Gebäude und auch die Reichskanzlei von der Berliner Schutzpolizei besetzt und vollständig von der Öffentlichkeit abgeschlossen worden wäre. Ich habe damals die Auffassung vertreten, Papen und seine Mithelfer in Haft zu nehmen. Hier hat die Preuß. Regierung, besonders der Ministerpräsident und der Preuß. Innenminister, die über eine wunderbare und verläßliche Polizei verfügten, es an Mut, Geschick und Verantwortungsgefühl fehlen lassen. Sie hat nicht einmal den *Versuch* gemacht, sich in diesem Rechtskampf zu wehren und ihre Macht einzusetzen. Ich bin heute, nach 25 Jahren, noch der Auffassung, daß Polizei, Generalstreik, demokratische Parteien und öffentliche Meinung den Herrn Reichspräsidenten gezwungen hätten, den Belagerungszustand nicht zu verhängen, wenn er rechtzeitig über den sich entwickelnden Kampf orientiert worden wäre. An dieser Auffassung muß ich heute noch besonders festhalten, weil ich glaube, den Herrn Reichspräsidenten, dem ich oft Vortrag gehalten habe, so zu kennen, daß er den Belagerungszustand unter Druck von Papen unter-

schrieben hat, weil man wahrscheinlich mit Absicht versucht hat, die Gegenseite, also die Preußische Regierung nicht zum Wort kommen zu lassen.
Warum die Preuß. Regierung damals m. E. so unverantwortlich gehandelt hat, kann ich nicht sagen. Es sträubt sich aber bei mir das Gefühl anzunehmen, daß eigene Vorteile der Verantwortlichen zu diesem Verhalten geführt haben.

gez.: M. Heimannsberg

Brief des ehemaligen Reichsbankpräsidenten Luther zur Finanzierung des Papenschen Arbeitsbeschaffungsprogramms *

„Ich selbst kann mich an den Vorgang** überhaupt nicht erinnern. Sollte v. Papen in dann wahrscheinlich so verklausulierter Form, daß ich es überhört habe, eine derartige Bemerkung gemacht haben, so wäre sie nicht nur dem aktiven Reichsbankpräsidenten gegenüber von erheblicher Ungehörigkeit gewesen, sondern hätte auch vollkommen in der Luft gehangen. Ich war damals auf vier Jahre gewählt und hätte nur durch einen völlig ungesetzlichen Gewaltakt aus meiner Stellung entfernt werden können, woran von Papen wahrscheinlich gerade dem Reichsbankpräsidenten gegenüber, dessen Stellung ja in gewissem Sinne inernational gesichert war, nicht gedacht hat; Papen war ja kein Hitler.
Um Ihnen als dem Schöpfer des ungemein tatsachenreichen Werkes über die Auflösung der Weimarer Republik ein klares Bild zu vermitteln, so trifft es durchaus zu, daß ich zunächst als Reichsbankpräsident Bedenken namentlich gegen den finanziellen Umfang des Papen-Plans gehabt und selbstverständlich pflichtgemäß auf das ihm innewohnende Risiko hingewiesen habe. Tatsächlich hat sich dann aber folgendes ergeben: Zunächst sprang die Reichsbank mit dem Gedanken der Steuergutscheine ein, dessen Urheber der ausgezeichnete damalige Reichsbank-Vizepräsident Fritz Dreyse war. Später hat dann die Reichsbank, selbstverständlich in der für sie ja allein möglichen Form von Wechseln, die immer wieder verlängert werden sollten, auf fünf Jahre, mithin langfristig, einen Kredit von zunächst einer Milliarde RM, also nach heutigem Realwert von mindestens etwa 2,5 Milliarden DM zur Verfügung gestellt. Die Reichsregierung (von Papen) konnte trotz ihres Regierungsplans diese Summe gar nicht bewältigen, sodaß das Reichsbankdirektorium zunächst mündlich und dann auch schriftlich die Regierung an Ausnutzung des Kredits erinnert hat. Die Verwaltungsschwierigkeiten bei der Unterbringung auch bei den mit heranzuziehenden Ländern waren eben viel größer, als sich von Papen das in seiner Begabung eines furchtlosen Kavalleristen hatte träumen lassen. Ich aber habe mich dann angesichts der drohenden Ergreifung der Staatsgewalt durch Hitler entschlossen, trotz der in keiner Weise adäquaten Ausnutzung der bereits zur Verfügung gestellten einen Milliarde eine weitere halbe Milliarde bereitzustellen, und zwar durch eine Erklärung in einer Versammlung der Freunde der Technischen Hochschule in München am Tage nach dem Übergang der Papen-Regierung auf von Schleicher. Mein Ziel hierbei, dem das Reichsbankdirektorium ebenso zugestimmt hatte wie seinerzeit meinem Vorschlag betreffend die eine Milliarde, ging dahin, vermittels der Öffentlichkeit einen Druck auf die Reichsregierung im Sinne einer mehr zügigen Ausnutzung des Reichsbankkredits auszuüben. Die Presse verhielt sich gerade bei der Erweiterung im allgemeinen ablehnend wegen der bankmäßigen, besonders auch mit dem zweiten Schritt verbundenen Gefahren und erkannte, soweit sie zustimmte, den Schritt nur als einmalige Überbrückungsmaßnahme an. Daten stehen mir nicht zur Verfügung. Charakteristisch ist übrigens, daß der Reichsbank-Jahresbericht für 1932, der nicht mehr von mir, sondern von Schacht gezeichnet war, nach meiner Erinnerung den ganzen Vorgang unerwähnt läßt. So also sieht in Wirklichkeit das Verhalten der Reichsbank unter meiner Präsidentschaft aus, das an den von mir eingangs bezeichneten Stellen als irgendwie unter einer Drohung des Reichskanzlers von Papen zustandegekommen eingeführt wird. . ."

* Aus einem Brief des Reichskanzlers a. D. Dr. Hans Luther an den Verfasser v. 2. Juli 1957.
** Der Brief bezieht sich auf den o. S. 547, Anm. IX/106, erwähnten Zusammenhang.

Zwei Dokumente zur geheimen Aufrüstung[1]

I.

T 2[2]
Nr. 51/27 geh. Kdos. „Z“ T 2 III 18. 1. 27

Betr.: Rechtslage auf dem Gebiet
der Mobilmachungsvorarbeiten.

An
T. A.

Zur Zeit schweben bei mehreren Dienststellen der Heeresleitung Erwägungen darüber, wie es zu ermöglichen ist, die *Landesschutzarbeiten* unter einer neuen Regierung und nach Beginn des neuen Haushaltsjahres weiterzuführen. Soweit es sich um Landesschutzarbeiten erlaubter Art handelt, bestehen keine besonderen Schwierigkeiten. Anders liegt es bei den Landesschutzarbeiten, die *„Mobilmachungsvorarbeiten“** im Sinne des Versailler Vertrages sind. Die Dienststellen des Hauses betonen im allgemeinen immer die Schwierigkeiten, die auf dem Gebiet der inneren Politik und des Heereshaushalts entstehen können. Diese Schwierigkeiten liegen tatsächlich vor. Sie sind aber im Urgrund nur Ausfluß der Tatsache, daß Mobilmachungsvorarbeiten Deutschland durch einen aufgezwungenen Staatsvertrag verboten sind, und dadurch, daß dieser Staatsvertrag als ein deutsches Reichsgesetz auch innerstaatlich Geltung hat. Die Tatsache, daß der Vertrag von Versailles für Deutschland Gesetzeskraft erhalten hat, hat zur Folge, daß *Mobilmachungsvorarbeiten in keiner Beziehung irgend eine Rechtsgrundlage haben.*
Diese Tatsache wird häufig vergessen. Innerhalb des Heeres hat sie bisher überhaupt keine äußerlich erkennbare Rolle gespielt. Die Arbeiten werden nur in erhöhtem Maße geheim gehalten, im übrigen aber genau wie andere erlaubte Arbeiten behandelt.
Als man vor Jahren mit Mobilmachungsvorarbeiten begann, beschritt man nach Klärung der völkerrechtlichen und staatsrechtlichen Seite der Angelegenheit und in voller Würdigung des Umstandes, daß in keiner Weise eine Rechtsgrundlage vorhanden war, bewußt und planmäßig einen anderen Weg. Man befragte einige aktive Offiziere, ob sie bereit seien und es mit ihrem Gewissen vereinbaren könnten, an einer vom vaterländischen Standpunkt aus notwendigen, aber *gesetzwidrigen* Arbeit teilzunehmen. Die militärischen Dienststellen blieben als solche ausgeschaltet. Höhere Vorgesetzte wurden bewußt nicht beteiligt, um sie nicht mit dem Odium einer bewußten Gesetzesverletzung zu belasten. In großen grundlegenden Fragen gaben sie hinter den Kulissen an einzelne Vertraute Direktiven. Erlaubte dienstliche Arbeiten wurden streng geschieden von den gesetzwidrigen Mobilmachungsvorarbeiten, denen man bewußt und planmäßig das Gepräge einer *freiwillig übernommenen Privatarbeit* gab.
Rein rechtlich betrachtet, war dieses Verfahren vom staats- wie vom privatrechtlichen Standpunkt aus das einzig Mögliche, vor allem dasjenige, das sich auf die Dauer durchhalten ließ. *Sachlich* war das Verfahren von Anfang an mangelhaft. Die Mängel sachlicher Art traten mit jedem Jahr schärfer hervor. Die Erkenntnis der Mängel *sachlicher* Art führte dazu, daß man die Organisation der Mobilmachungsvorarbeiten und die Arbeitsmethoden dauernd verbesserte. Schließlich brachte man sie fast zu einem Grade der Vollkommenheit wie in Staaten, in denen völkerrechtliche oder staatsrechtliche Bindungen auf dem Gebiet der Rüstungen und Mobilmachungsvorarbeiten nicht vorliegen. Der hiermit erreichte Grad der Mobilmachungsbereitschaft entsprach allerdings dem Aufwand an Zeit und Kraft nicht. Einzelheiten gehören nicht in den Rahmen dieser Betrachtung.

* Anmerkung: In der deutschen amtlichen Übersetzung des Versailler Vertrags als „Mobilmachungsmaßnahmen“ bezeichnet.

Überblickt man die Entwicklung der letzten Jahre, so erkennt man, daß wir in der Organisierung der Mobilmachungsvorarbeiten und in den Arbeitsmethoden erstaunliche Fortschritte rein militärischer Art gemacht haben. Die Lage ist jetzt folgende: *Alles ist auf rein dienstliche Grundlage gestellt*, und zwar bis herunter zu den Verwaltungsbestimmungen. Gesetzwidrige Mobilmachungsvorarbeiten unterscheiden sich von erlaubten anderen Arbeiten nur noch dadurch, daß man sie tarnt und vor dem Inland und Ausland geheim hält. Dieses *sachlich* in *höchstem* Maße zu begrüßende Ergebnis war dadurch möglich geworden, daß man die rechtliche *Seite* der Frage bewußt unbeachtet ließ. Bis jetzt hat diese Nichtbeachtung der Rechtslage wesentliche Nachteile oder Schwierigkeiten nicht gebracht. Dies kann sich jederzeit ändern. Schon die nächste Zeit kann erhebliche Schwierigkeiten bringen.

Die bevorstehenden Verhandlungen mit dem neuen Reichskabinett über Art und Umfang der künftigen Mobilmachungsvorarbeiten, der geplante Antrag des Reichswehrministeriums auf Schaffung eines Reichsverteidigungsrates und die Verhandlungen im Haushaltsausschuß des Reichstages werden mit Sicherheit die Frage der völkerrechtlichen und staatsrechtlichen Grundlage etwaiger Mobilmachungsvorarbeiten anschneiden. Hier wird gründliche Prüfung stattfinden. Sehr wahrscheinlich wird auch die verwaltungs- und privatrechtliche Seite der Mobilmachungsarbeiten untersucht werden.

Schon aus diesem Grunde ist genaue Prüfung der Rechtslage nötig. Sie ist aber noch aus anderen Gründen erforderlich, und zwar aus rein militärischen, insbesondere disziplinaren.

Ein Vergleich zwischen der Zeit, als die Mobilmachungsvorarbeiten nach dem Krieg wieder in Angriff genommen wurden, und der Gegenwart wird dies am ausdrucksvollsten erläutern.

Bei Wiederaufnahme der Mobilmachungsvorarbeiten waren die Arbeiten ausgesprochen freiwillig übernommene Privatarbeiten. Da sie jeder rechtlichen Grundlage entbehrten, streng geheim und scharf getrennt von den erlaubten Arbeiten gehalten werden mußten, so stellte die Gesamtheit der an ihnen beteiligten aktiven Offiziere eine freiwillige Gesinnungsgemeinschaft, eine freiwillige Arbeitsgemeinschaft zu gleichem Ziele dar. Im rechtlichen Sinne handelte es sich um einen Zusammenschluß von Personen zum Zwecke einer gemeinsamen Gesetzesverletzung. Freiwillige Unterordnung unter die Befehle der Vorgesetzten wurde gefordert. Freiwilliger Gehorsam wurde geleistet, da jeder Mitbeteiligte (Mitverschwörer) sich durch die „heilige Sache" gebunden fühlte und wußte, daß den Vorgesetzten die Rechtsgrundlage fehlte, zu befehlen, und daß der Untergebene weder auf Grund des Militär-Strafgesetzbuches noch der Disziplinarstrafordnung bei Ungehorsam zur Verantwortung gezogen werden konnte. Das Ganze war eine auf dem heiligen Eifer und der Gesinnung eines Ordens aufgebaute Gemeinschaft. Sinngemäß galt für die zu den Mobilmachungsvorarbeiten herangezogenen Beamten und Angestellten (ehemalige Offiziere, Zeichnerinnen, Registratorinnen, weibliche Schreibkräfte) [dasselbe].

Heute sind Mobilmachungsvorarbeiten offizielle Dienstangelegenheiten wie andere auch. Es ist zu bewundern, in welchem Grade es gelungen ist, den vorhandenen fundamentalen Unterschied zwischen den gesetzlich zulässigen Arbeiten des Heeres und den gesetzwidrigen, auf keinem Gebiet auf dem Boden des Gesetzes ruhenden Mobilmachungsvorarbeiten zu verwischen. Aber die Kluft ist da und wir werden sie in der Zukunft mit Sicherheit empfindlich spüren. Regierung und Parlament werden sie uns täglich zeigen.

Aber auch im Alltagsleben des Heeres kann der Unterschied der Rechtslage zwischen beiden Aufgabengebieten plötzlich in krasser Form in Erscheinung treten. Es wird leider bei vielen Offizieren als störend und gefährlich empfunden, über die Frage offen zu sprechen. Trotzdem soll es hier geschehen. *Rein vom rechtlichen Standpunkt* aus betrachtet ist die Lage folgendermaßen:

a) Jeder Soldat oder Beamte, der Mobilmachungsvorarbeiten anordnet, leitet oder ausführt, macht sich der Verletzung eines Reichsgesetzes und damit auch der ihm obliegenden Dienst- oder Amtspflichten schuldig. Ein übelwollender Beurteiler könnte ihm sogar den Vorwurf der Verletzung des Soldaten- oder Beamteneides machen. Der Beamteneid enthält ausdrücklich die Verpflichtung zum Gehorsam gegen die Gesetze. Im Soldateneid ist dies zwar nicht wörtlich ausgesprochen, aber auch in ihm ist das Gelöbnis enthalten: „die gesetzmäßigen Einrichtungen zu schützen", worunter im weiteren Sinne auch die Gesetze selbst verstanden werden können.

b) Jeder Vorgesetzte, der eine Mobilmachungsarbeit befiehlt, mißbraucht seine Dienstgewalt, da ein Befehl nicht auf ein ungesetzliches Tun gerichtet sein kann. Der Untergebene hat also gegenüber einem solchen ungesetzlichen und daher rechtsunverbindlichen Befehl keine Gehorsamspflicht und kann mithin wegen Nichtbefolgung oder Verweigerung der Gehorsamspflicht weder disziplinarisch noch strafrechtlich zur Verantwortung gezogen werden. Er hätte vielmehr sogar die Pflicht, dieses ungesetzliche Verhalten seines Vorgesetzten oder auch ein von ihm sonst beobachtetes ungesetzliches Verhalten anderer Vorgesetzter und Kameraden dienstlich zur Meldung zu bringen.

c) Da, wie unter b ausgeführt, eine dienstlich verbindliche Anordnung bezüglich der Mobilmachungsvorarbeiten überhaupt nicht gegeben werden kann, so folgt hieraus ferner, daß auch die Anwendung militärischer Dienst- und sonstiger Verwaltungsvorschriften auf diese Arbeiten nicht dienstlich befohlen werden kann. Anordnungen dieser Art sind, wie Ausführungsbefehle überhaupt, rechtlich unverbindlich, da sie ungesetzliche Maßnahmen betreffen und daher der Rechtsgrundlage entbehren.

Vorstehende Darlegungen sind nicht das Ergebnis neugewonnener Erkenntnisse. Schon bei Wiederaufnahme der Mobilmachungsvorarbeiten im Winter 1920/21 haben die zuständigen Rechtssachverständigen die Rechtslage entsprechend beurteilt und den dringenden Rat gegeben, die Mobilmachungsvorarbeiten als *reine Privatarbeiten* zu behandeln.

Um sicher zu gehen, hat T 2 die hier vorliegende Ausarbeitung vom Justitiar 1 mitprüfen lassen[3]. Er tritt den Ausführungen vom rechtlichen Standpunkt in jeder Beziehung bei.

T 2 wird Vorschläge machen für eine Änderung in der Organisation der Mobilmachungsvorarbeiten. T 2 glaubt, daß man *im Prinzip* zurückkehren muß zu dem Verfahren, das bei Wiederaufnahme der Mobilmachungsvorarbeiten nach dem Kriege in Anwendung gebracht wurde. Auch die Landesschutzorganisation bedarf aus rein rechtlichen Gründen einer Änderung, da sie sich in ihrer jetzigen Form *rechtlich* auf die Dauer nicht halten läßt. Auch hierfür werden Vorschläge vorgelegt werden.

gez. ... Bonin, Oberstleutnant 18./1.

II.

Reichswehrministerium
Justitiar I

Berlin, den 7. 1. 1927

Rechtsgutachten über die Frage ob Mobilmachungs-Maßnahmen auf eine gesetzliche Basis gestellt werden können

Der Friedensvertrag von Versailles enthält in den Artikeln 159—202 genaue Vorschriften über die Stärke und Einstellung der deutschen Wehrmacht, über ihre Bewaffnung und Ausrüstung mit Munition und Material, sowie über ihre Ergänzung und Ausbildung. Diese Bestimmungen sind durch Sonderabmachungen in verschiedenen Punkten noch ergänzt. Die Beschaffenheit der deutschen Wehrmacht ist hiernach bis in das Kleinste genau geregelt. Auch ihr Zweck ist vertraglich festgelegt, denn Artikel 160, Absatz 2 Satz 2 des Versailler Vertrages lautet, daß das Heer nur für die Erhaltung und Ordnung innerhalb des deutschen Gebietes und zur Grenzpolizei, bzw. Grenzschutz, bestimmt ist. Alle Mobilmachungs-Maßnahmen oder solche, die auf eine Mobilmachung hinzielen, sind im Artikel 178 ausdrücklich untersagt, wobei besonders hervorgehoben ist, daß in keinem Falle bei Truppenteilen, Behörden oder Stäben Stämme für Ergänzungsformationen vorhanden sein dürfen. Was unter „Mobilmachung" zu verstehen ist, wird im Vertrage nicht weiter ausgeführt.

Nach dem Zusammenhang wird man aber davon auszugehen haben, daß es sich hierbei um Maßnahmen handelt, die auf eine zahlen- oder auch nur ausrüstungsmäßige Verstärkung der im Vertrage genau festgelegten militärischen Machtmittel hinauslaufen.

Das Verbot aller Mobilmachungs-Maßnahmen befindet sich im Teil V, Kapitel 3 des Versailler Vertrages, das mit „Heeresergänzung und militärische Ausbildung" überschrieben ist, also sich nur mit rein militärischen Fragen befaßt. Auch das im Artikel 178 selbst — im 2. Absatz — beigefügte Beispiel (Ergänzungsformationen) spricht für diese Auslegung. Es muß allerdings mit der Möglichkeit gerechnet werden, daß die Vertragsgegner versuchen, dem Verbot des Artikels 178 eine erweiterte Auslegung zu geben dahin, daß auch auf wirtschaftlichen oder anderen nichtmilitärischen Gebieten* liegende Maßnahmen, die der Vorbereitung eines Krieges dienen sollen, von dem Verbot der Mobilmachungs-Maßnahmen erfaßt werden. Andererseits wird sich nicht bestreiten lassen, daß die nach dem Friedensvertrage zugestandene militärische Macht in der *vertragsmäßigen Beschaffenheit*, mit den *vertragsmäßigen Mitteln* und zu dem *vertraglich festgesetzten* Zwecke „mobil", d. h. gefechtsbereit gemacht werden darf und dementsprechend Vorbereitungen getroffen werden dürfen. Das Verbot der Mobilmachungs-Maßnahmen auch hierauf auszudehnen, wäre sinnwidrig, da dann selbst die vertragsmäßig zugestandenen Machtmittel nicht zur Verwendung kommen könnten (vgl. auch den Par. 39, Abs. 2 des Wehrgesetzes, der von den Vertragsgegnern unbeanstandet geblieben ist, obwohl hier ausdrücklich von einer „mobilen Verwendung" der Wehrmachtsangehörigen die Rede ist). Für die vertragsmäßig zugestandene Wehrmacht würden hiernach also auch Mobilmachungs-Maßnahmen wirtschaftlicher oder ähnlicher Art unter Beobachtung der im Versailler Vertrag festgelegten Bindungen getroffen werden können. Die vorgesehenen Mobilmachungs-Maßnahmen gehen jedoch über eine Mobilmachung der vertragsmäßigen Wehrmacht hinaus. Ihr Ziel ist eine Verstärkung dieser vertragsmäßigen Machtmittel, sie fällt also zweifellos unter das Verbot des Artikels 178 des Versailler Vertrages. Es fragt sich also, welche Folgerungen sich aus dieser Verletzung ergeben können.

Der Friedensvertrag von Versailles ist zunächst ein völkerrechtlicher Vertrag. Als solcher bindet er das Deutsche Reich. Für Verletzung der völkerrechtlichen Verpflichtungen hat also das Reich einzustehen.

* Diese scheinen mir auf Grund der 4 obersten Zeilen von Seite 2 eo ipso verboten zu sein. Soweit die mobile Verwendung des *vorhandenen* Heeres in Frage kommt, genügen nach Ansicht der Entente die zugelassenen Firmen.

Diese Verantwortung hat aber zur Voraussetzung, daß den Organen, die das Reich im völkerrechtlichen Verkehr vertreten, eine solche Verletzung zur Last gelegt werden kann. Diese Voraussetzung würde aber hier nur erfüllt sein, sobald diese Organe (Reichspräsident, Reichsregierung) sich an der Einrichtung des Landesschutzes irgendwie *handelnd* beteiligen würden. Solange dies nicht geschieht, kann ein völkerrechtliches Einschreiten gegen das Reich erfolgreich bekämpft werden, da das Reich nur für Handlungen seiner verfassungsmäßigen Organe einzutreten hat. In dem Augenblick jedoch, wo für diese, den Friedensvertrag verletzende Ausnahme irgendeine gesetzliche Basis geschaffen wird, was ohne Beteiligung der das Reich vertretenden Organe nicht möglich ist, würde sich das Reich seiner völkerrechtlichen Verantwortung für diese Verletzung nicht mehr entziehen können. Die sich hieraus ergebenden Gefahren lassen sich nicht übersehen, sind jedoch zweifellos sehr groß und könnten zu Ergebnissen führen, die mit dem Vorteil, den die Mobilmachungs-Maßnahmen möglicherweise haben können, in keinem Verhältnis ständen.

Der Friedensvertrag von Versailles ist aber ferner auch ein Reichsgesetz und bindet als solches auch innerstaatlich alle Reichsangehörigen. Diese Bindung geht sogar den Bestimmungen der deutschen Reichsverfassung vor, denn Par. 178, Abs. 2 Satz 2 dieser Verfassung schreibt vor: „Die Bestimmungen des am 28. Juni 1919 in Versailles unterzeichneten Friedensvertrages werden durch die Verfassung nicht berührt."

Mitglieder der Reichsregierung, die sich an der Vorbereitung der Mobilmachung einer Wehrmacht beteiligen, die über die vertragsmäßig festgelegte Wehrmacht hinausgeht, würden sich also innerstaatlich einer Verletzung des als Reichsgesetz verkündeten Friedensvertrages schuldig machen und wegen dieser schuldhaften Verletzung ihrer Amtspflichten nach Artikel 59 der Verfassung vor den Staatsgerichtshof auf Verlangen des Reichstages in den Anklagezustand versetzt werden können. Bei dem häufigen Wechsel der Regierungen und den unsicheren innerpolitischen Verhältnissen wird auch mit dieser Möglichkeit ernsthaft gerechnet werden müssen.

gez. Semler

1 Dokumente Nr. NIK-12023 und NIK-12057, *Hauptarchiv Berlin*, Rep. 335, Fall 12, Nr. 288, S. 67–83. Auszeichnungen im Original. Anmerkungen mit Stern stehen ebenfalls im Original. – Zum historischen Hintergrund der Dokumente gehören Ereignisse wie die Entlassung Seeckts (8. 10. 1926) mit den anschließenden Entspannungstendenzen (vgl. die Denkschrift Bonins v. 16. 11. 1926, o. S. 240), die Reichstagsrede Scheidemanns vom 16. 12. 1926 über die geheimen militärischen Kontakte mit Sowjetrußland und die bevorstehende Aufhebung der alliierten Militärkontrolle (dazu o. S. 243 f.).

2 Die „T 2" war die Organisationsabteilung des Truppenamts im Reichswehrministerium. In ihr wurden die Mobilmachungs- und Rüstungsfragen organisatorisch bearbeitet.

3 Vgl. das nächste Dokument.

BIBLIOGRAPHIE

A. Darstellungen und Untersuchungen

1. Albrecht, Gerhard, Die sozialen Klassen, Leipzig 1926.
2. Anderson, Eugen N., „Freedom and Authoritarianism in German History", in: Gabriel A. Almond, ed., The Struggle for Democracy in Germany, Chapel Hill, N. C., 1949.
3. Anschütz, Gerhard, „Die Geschichte des deutschen Staatsrechts...", in: Handbuch... (D 27), I.
4. Die Verfassung des Deutschen Reiches, 13. Aufl., Berlin 1930, 14. Aufl., Berlin 1933.
5. Anschütz, Gerhard, und Karl Glockner, „Die politische Betätigung der Beamten", Sonderdruck der Badischen Schulzeitung, Nr. 50/51/52 (1930).
6. Apelt, Willibalt, Vom Bundesstaat zum Regionalstaat, Berlin 1927.
7. „Staatstheoretische Bemerkungen zur Reichsreform" in: Festgabe für Richard Schmidt, Leipzig 1932.
8. Geschichte der Weimarer Verfassung, München 1946.
9. Arendt, Hannah, The Origins of Totalitarianism, New York 1951.
10. Bachem, Karl, Vorgeschichte, Geschichte und Politik der deutschen Zentrumspartei, 8 Bde., Köln 1927/31.
11. Ball, Margaret M., Post-War German-Austrian Relations, The Anschluß Movement, 1918—1936, London 1937.
12. Basch, Antonin, The Danube Basin and the German Economic Sphere, New York 1943.
13. Baumont, Maurice, La Faillité de la Paix, 2 Bde., Paris 1951.
14. Bausch, Hans, Der Rundfunk im politischen Kräftespiel der Weimarer Republik 1923—1933, Tübingen 1956.
15. Becker, Howard, German Youth — Bond or Free, Oxford 1947.
16. Vom Barette schwankt die Feder, Die Geschichte der deutschen Jugendbewegung, Wiesbaden 1949.
17. Becker, Walter, Föderalistische Tendenzen im deutschen Staatsleben seit dem Umsturz der Bismarckschen Verfassung, Breslau 1928.
18. Beckerath, Erwin v., Wesen und Werden des faschistischen Staates, Berlin 1927.
19. Beckmann, Fritz, Die Kreditwirtschaft, Bd. I, Leipzig 1927.
20. „Landwirtschaftliche Absatzfragen" in: Strukturwandlungen... (D 68), I.
21. „Landwirtschaftliche Kreditfragen" in: ebda.
22. Behrend, Hans-Karl, „Zur Personalpolitik des preußischen Ministeriums des Innern", in: Jahrbuch für die Geschichte Mittel- und Ostdeutschlands VI (1957).
23. Bendix, Reinhard, „Social Stratification and Political Power", in: The American Political Science Review 46 (1952).
24. Benoist-Méchin, Jacques, Histoire de l'armée allemande, Bd. I, Paris 1936; Bd. II, Paris 1938.
25. Geschichte des deutschen Heeres seit dem Waffenstillstand, 1918—1938, hrsgg. von Carl Henke, Bd. I, Berlin 1939.
26. Berber, Fritz, Das Diktat von Versailles, Entstehung — Inhalt — Zerfall (Veröffentlichungen des Deutschen Instituts für Außenpolitische Forschung, Bd. III), Essen 1939.

27. Bergsträßer, Ludwig, Geschichte der politischen Parteien in Deutschland, 7. Aufl., München 1952.
28. Berthold, Lothar, Das Programm der KPD zur nationalen und sozialen Befreiung des deutschen Volkes, Berlin (Ost) 1956.
29. Bettelheim, Charles, L'Economie Allemande sous le Nazism, Un Aspect de la Décadence du Capitalisme, Paris 1946.
30. Beyer, Hans, Die Frau in der politischen Entscheidung, Stuttgart 1933.
31. Beyer, Justus, Die Ständeideologie der Systemzeit und ihre Überwindung (Forschungen zum Staats- und Verwaltungsrecht, hrsgg. von Reinhard Höhn, Bd. VIII), Darmstadt 1941.
32. Bieberstein, Fritz Frhr. Marschall v., „Die Verantwortlichkeit der Reichsminister", in: Handbuch... (D 27), I.
33. Bilfinger, Karl, Der Einfluß der Einzelstaaten auf die Bildung des Reichswillens, Tübingen 1923.
34. „Der deutsche Föderalismus in Vergangenheit, Gegenwart und Zukunft" in: Veröffentlichungen... (D 76), 1.
„Der Reichsrat, Bedeutung und Zusammensetzung" in: Handbuch... (D 27), I.
35. Bischke, Margarete, Entwicklungstendenzen der modernen deutschen Gewerkschaftsbewegung, 1930.
36. Borch, Herbert v., Obrigkeit und Widerstand, Zur politischen Soziologie des Beamtentums, Tübingen 1954.
37. Borkenau, Franz, The Communist International, London 1938.
38. Bracher, K. D., „Auflösung einer Demokratie, Das Ende der Weimarer Republik als Forschungsproblem", in: Faktoren der Machtbildung, Wissenschaftliche Studien zur Politik (Schriften des Instituts für politische Wissenschaft, Bd. II), Berlin 1952.
39. „Zum Verständnis der Weimarer Republik" in: Politische Literatur 1, Heft 1 und 2 (1952).
40. „Das ‚Phänomen' Adolf Hitler" in: Politische Literatur 1, Heft 5/6 (1952).
41. „Die Weimarer Republik im Spiegel der Memoiren" in: Politische Literatur 2, Heft 9 (1953).
42. „Wege zum Kommunismus" in: Politische Literatur 3 (1954).
43. „Stufen totalitärer Gleichschaltung, Die Befestigung der nationalsozialistischen Herrschaft 1933/34" in: Vierteljahrshefte für Zeitgeschichte 4 (1956).
44. Brady, Robert A., The Rationalization Movement in German Industry, Berkeley (Calif.) 1933.
45. The Spirit and Structure of German Fascism, New York 1937.
46. Business as a System of Power, New York 1943.
47. „Policies of National Manufacturing Spitzenverbände" in: Political Science Quarterly 56 (1941).
48. Brecht, Arnold, „Bureaucratic Sabotage", in: Annals of the American Academy of Political Science, Jan. 1937.
49. Brecht, Arnold, und Comstock Glaser, The Art and Technique of Administration in German Ministries, Cambridge (Mass.) 1940.
50. Brecht, Arnold, Federalism and Regionalism in Germany, The Division of Prussia, New York 1945.
51. Vorspiel zum Schweigen, Das Ende der Deutschen Republik, Wien 1948.
52. Das deutsche Beamtentum von heute (Deutsche Gesellschaft für Personalwesen e. V.), 1951.
53. „How Bureaucracies Develop and Function" in: The Annals of the American Academy of Political and Social Science 292, March 1954.
54. Bretton, Henry L., Stresemann and the Revision of Versailles, Stanford 1953.
55. Brinkmann, Carl, „Die Aristokratie im kapitalistischen Zeitalter", in: Grundriß der Sozialökonomik, Bd. IX, 1, Tübingen 1926.
56. „Presse und öffentliche Meinung" in: Verhandlungen des 7. Deutschen Soziologentages 1930, Tübingen 1931.

57. Bruhn, Wolfgang, Die NSDAP im Reichstag 1930—1933, Eine Studie zur parlamentarischen Wirksamkeit einer politischen Partei, Diss. Berlin 1952 (ungedr.).
58. Brunzel, Hans Paul, Die „Tat“ 1918—1933, Ein publizistischer Angriff auf die Verfassung von Weimar innerhalb der „konservativen Revolution“, Diss. Bonn 1952 (ungedr.).
59. Buchheim, Hans, Glaubenskrise im Dritten Reich, Drei Kapitel nationalsozialistischer Religionspolitik, Stuttgart 1953.
60. Buchheim, Karl, Leidensgeschichte des zivilen Geistes — oder die Demokratie in Deutschland, München 1951.
61. Geschichte der christlichen Parteien in Deutschland, München 1953.
62. Bühler, Ottmar, „Die geistige Lage des neuen deutschen Länderparlamentarismus“, in: Die Wandlung 1948.
63. „Finanzgewalt im Wandel der Verfassungen“ in: Festschrift für Richard Thoma, Tübingen 1950.
64. Bullock, Alan, Hitler, A Study in Tyranny, London 1952.
65. Burns, Delisle, „Militarism“, in: Encyclopedia of the Social Sciences, Bd. IX, New York 1950.
66. Calker, Fritz van, Wesen und Sinn der politischen Parteien (Recht und Staat in Geschichte und Gegenwart), 2. Aufl., Tübingen 1930.
67. Carlé, Wilhelm, Weltanschauung und Presse, Eine soziologische Untersuchung, Leipzig 1931.
68. Carr, Edward Hallet, German-Soviet Relations between the Two World Wars 1919—1939, Baltimore 1951.
69. Caspar, Gustav Adolf, Die Sozialdemokratische Partei Deutschlands und das deutsche Wehrproblem in den Jahren der Weimarer Republik, Diss. Berlin 1954 (ungedr.).
70. Cassau, Theodor, Die Gewerkschaftsbewegung, ihre Soziologie und ihr Kampf, Halberstadt 1925.
71. Castellan, Georges, „Von Schleicher, von Papen et l'avènement de Hitler“, in: Cahiers d'histoire de la guerre, 1 (Januar 1949).
72. Le réarmement clandestin du Reich 1930—1935, Vu par le 2e Bureau de l'Etat-Major Français, Paris 1954.
73. Castillon, Richard, Les Réparations Allemandes, Deux Expériences 1919—1932, 1945—1952, Paris 1953.
74. Coker, Francis W., Recent Political Thought, New York-London 1934.
75. Conze, Werner, „Die Weimarer Republik“, in: Deutsche Geschichte im Überblick, Ein Handbuch, hrsgg. von Peter Rassow, Stuttgart 1953.
76. „Hindenburg“ in: Das Parlament 3, Nr. 11 v. 18. März 1953.
77. „Zum Sturz Brünings“ in: Vierteljahrshefte für Zeitgeschichte 1 (1953).
78. „Die Krise des Parteienstaates in Deutschland 1929/30“ in: HZ 178 (1954).
79. Craig, Gordon A., „Reichswehr and National Socialism, The Policy of Wilhelm Groener“, in: Political Science Quarterly 63 (1948).
80. „Briefe Schleichers an Groener“ in: Die Welt als Geschichte 11 (1951).
81. „The German Foreign Office from Neurath to Ribbentrop“ in: The Diplomats, 1919—1939, ed. by Gordon A. Craig and Felix Gilbert, Princeton 1953.
82. The Politics of the Prussian Army 1640—1945, Oxford 1955.
83. Darstellungen aus den Nachkriegskämpfen deutscher Truppen und Freikorps, im Auftrage des Oberkommandos des Heeres hrsgg. von der Kriegsgeschichtlichen Forschungsanstalt des Heeres, Bd. VI, Berlin 1940.
84. Dau-Lin, Hsü, Die Verfassungswandlung, Berlin 1932.
85. De Geldbronnen van het Nationaal-Socialisme, Deie Gesprekken met Hitler door Sidney Warburg, Verstaald door J. G. Schoup, Amsterdam 1933.
86. Dehio, Ludwig, Gleichgewicht oder Hegemonie, Betrachtungen über ein Grundproblem der neueren Staatengeschichte, Krefeld 1948.
87. „Um den deutschen Militarismus“ in: HZ 180 (1956).
88. Delbrück, Hans, Regierung und Volkswille, 1914.

89. Demeter, Karl, Das deutsche Offizierkorps in seinen historisch-soziologischen Grundlagen, Berlin 1930.
90. Dempf, Alois, Demokratie und Partei im politischen Katholizismus, Wien 1932.
91. Deneke, J. F. Volrad, „Das Parlament als Kollektiv", in: Zeitschrift für die gesamte Staatswissenschaft 109 (1953).
92. Deuerlein, Ernst, „Die informatorischen Aufzeichnungen des Auswärtigen Amtes 1918—1933, Eine bisher unbekannte Geschichtsquelle", in: Außenpolitik 4, Heft 6 (Juni 1953).
93. Die Bundesländer, Beiträge zur Neugliederung der Bundesrepublik, Frankfurt/M. 1950.
94. Dittrich, Z. R., Hitler's weg naar de macht, De Regering-Von Papen, Utrecht 1951.
95. Drath, Martin, „Die Grenzen der Verfassungsgerichtsbarkeit", in: Veröffentlichungen... (D 81), 9.
96. Duverger, Maurice, Les partis politiques, 2. Aufl., Paris 1954.
97. Ebenstein, William, The Nazi State, Washington 1943.
98. Edinger, Lewis J., „German Social Democracy and Hitler's ‚National Revolution' of 1933: A Study in Democratic Leadership", in: World Politics 5, Nr. 3 (April 1953).
99. Eggmann, Emil, Der Staat und die Kartelle, Eine internationale vergleichende Untersuchung (Züricher volkswirtschaftliche Forschungen, Bd. XXXV), Zürich 1945.
100. Ehmke, Horst, Grenzen der Verfassungsänderung, Berlin 1953.
101. Ehrenstein, Walter, Dämon Masse, Frankfurt/M. 1952.
102. Ehrhardt, Max, Deutschlands Beziehungen zu Großbritannien, den Vereinigten Staaten und Frankreich von Mai 1930 bis zum Juni 1932, Diss. Hamburg 1952 (ungedr.).
103. Eisermann, Gottfried, „Parlament, Parteien und Verbände, Ein Beitrag zur politischen Soziologie", in: Kölner Zeitschrift für Soziologie 6 (1953/54).
104. Erfurth, Waldemar, Die Geschichte des deutschen Generalstabes 1918—1945, Göttingen 1957.
105. Ertel, Christoph, Der Kollektivmensch, Eine Auseinandersetzung mit den totalitären Systemen, Limburg/Lahn 1949.
106. Eschenburg, Theodor, Der Beamte in Partei und Parlament, Frankfurt/M. 1952.
107. „Franz v. Papen" in: Vierteljahrshefte für Zeitgeschichte 1 (1953).
108. „Die Richtlinien der Politik im Verfassungsrecht und in der Verfassungswirklichkeit" in: Die öffentliche Verwaltung 7, Heft 7 (April 1954).
109. „Kanzler und Außenminister, keine Adenauersche Erfindung" in: Frankfurter Allgemeine Zeitung, Nr. 106 v. 8. Mai 1954.
110. Die improvisierte Demokratie der Weimarer Republik, Laupheim 1954.
111. Euler, Heinrich, Die Außenpolitik der Weimarer Republik 1918—1923, Aschaffenburg 1957.
112. Eyck, Erich, „Papen als ‚Historiker'", in: Deutsche Rundschau 78 (1952).
113. Geschichte der Weimarer Republik, Bd. I, Erlenbach-Zürich-Stuttgart 1954.
114. Fick, Heinz-Erich, Der deutsche Militarismus der Vorkriegszeit, Ein Beitrag zur Soziologie des Militarismus, Potsdam 1932.
115. Fijalkowski, Jürgen, Die Wendung zum Führerstaat. Ideologische Komponenten in der politischen Philosophie Carl Schmitts (Schriften des Instituts für politische Wissenschaft, Bd. XII), Köln-Opladen 1958.
116. Finer, Herman, The Theory and Practice of Modern Government, New York 1949.
117. Fischer, Paul Th., und Horst Wagenführ, Kartelle in Europa, Nürnberg 1929.
118. Flechtheim, Ossip K., Die Kommunistische Partei Deutschlands in der Weimarer Republik, Offenbach/M. 1948.
119. „Der Weltkommunismus — gestern und heute" in: Politische Literatur 2 (1953).
120. Fleiner, Fritz, Die Institutionen des deutschen Verwaltungsrechts, Freiburg 1928.

121. Foertsch, Hermann, Schuld und Verhängnis, Die Fritsch-Krise im Frühjahr 1938 als Wendepunkt in der Geschichte der nationalsozialistischen Zeit (Veröffentlichungen des Instituts für Zeitgeschichte, Nr. 1), Stuttgart 1951.
122. Ford, Franklin L., „Three Observers in Berlin: Rumbold, Dodd, and François-Poncet", in: The Diplomats (A 81).
123. Franz, Günther, Die politischen Wahlen in Niedersachsen 1867—1949, 2. ergänzte Aufl., Bremen-Horn 1953.
124. Franz, Ludwig, Der politische Kampf an den Münchener Hochschulen von 1929 bis 1933 im Spiegel der Presse, Diss. München 1949 (ungedr.).
125. Fried, Hans Ernest, The Guilt of the German Army, New York 1943.
126. Friedensburg, Ferdinand, Die Weimarer Republik, Berlin 1946.
127. Friedrich, Carl Joachim, „The Development of Executive Power in Germany", in: American Political Science Review XXVII (1933).
128. „The Agricultural Basis of Emotional Nationalism" in: Public Opinion Quarterly 1 (1937).
129. Friesenhahn, Ernst, „Die Staatsgerichtsbarkeit", in: Handbuch. . . (D 27), I.
130. Gablentz, Otto Heinrich v. d., „Industriebürokratie", in: Schmollers Jahrbuch 50 (1926).
131. Gablentz, Otto Heinrich v. d., und Carl Mennicke, Hrsg., Deutsche Berufskunde, Ein Querschnitt durch die Berufe und Arbeitskreise der Gegenwart, Leipzig 1930.
132. Gablentz, Otto Heinrich v. d., Politische Parteien als Ausdruck gesellschaftlicher Kräfte (Schriftenreihe der Deutschen Hochschule für Politik, Berlin), Berlin 1952.
133. „Zur Geschichte des Nationalsozialismus" in: Merkur 7 (1953).
134. „Person und Typus, Von der Größe und den Grenzen des Offizierskorps" in: Zeitwende 25 (1954).
135. Gatzke, Hans W., Stresemann and the Rearmament of Germany, Baltimore 1954.
136. „Russo-German Military Collaboration During the Weimar Republic" in: The American Historical Review 63 (1958).
137. Gebauer, Werner, „Wirtschaftspolitische Probleme der Weimarer Republik in neueren Darstellungen", in: Jahrbuch für Sozialwissenschaft 2 (1951).
138. Gebhardt, Vera, Ideen und Politik des Jungdeutschen Ordens unter besonderer Berücksichtigung des Versuches zur Gründung einer neuen Mittelpartei: „Volksnationale Reichsvereinigung", „Deutsche Staatspartei", Diss. Hamburg 1952 (ungedr.).
139. Geiger, Theodor, Die soziale Schichtung des deutschen Volkes, Stuttgart 1932.
140. Gerber, Hans, „Entwicklung und Reform des Beamtenrechts", in: Veröffentlichungen. . . (D 79), 7.
141. Gerth, Hans H., „The Nazi Party: Its Leadership and Composition", in: American Journal of Sociology 14 (1940).
142. Geschichte der Republik Österreich, hrsgg. von Heinrich Benedikt, München 1954.
143. Giese, Friedrich, Die Verfassung des Deutschen Reiches, 2. Aufl., Berlin 1920.
144. Das Berufsbeamtentum im deutschen Volksstaat, Berlin 1929.
145. Gildemeister, Johann, Die Politik der Deutschnationalen Volkspartei vom Oktober 1929 bis Mai 1932 mit besonderer Berücksichtigung der Abspaltung der Volkskonservativen, Universität Hamburg, Oktober 1951 (ungedr.).
146. Glum, Friedrich, Der deutsche und der französische Reichswirtschaftsrat (Beiträge zum ausländischen öffentlichen Recht und Völkerrecht 12), Berlin-Leipzig 1929.
147. Das parlamentarische Regierungssystem in Deutschland, Großbritannien und Frankreich, München-Berlin 1950.
148. Philosophen im Spiegel und Zerrspiegel, Deutschlands Weg in den Nationalismus und Nationalsozialismus, München 1954.
149. Görlitz, Walter, Der deutsche Generalstab, Geschichte und Gestalt 1657—1945, Frankfurt/M. 1950.

150. Goldinger, Walter, „Der geschichtliche Ablauf der Ereignisse in Österreich von 1918 bis 1945“, in: Geschichte der Republik Österreich (A 142).
151. Goldscheid, Rudolf, „Staat, öffentlicher Haushalt und Gesellschaft vom Standpunkt der Soziologie“, in: Handbuch der Finanzwissenschaft (D 26), I.
152. Gordon, Harold J., The Reichswehr and the German Republic 1919—1926, Princeton (N.J.) 1957.
153. Gouldner, Alvin, „The Problem of Succession and Bureaucracy“, in: Studies in Leadership, New York 1950.
154. Grabowsky, Adolf, „Das Problem der Parteiumbildung“, in: Die Tat 21, Heft 10 (Januar 1930).
155. Grau, Richard, „Die Diktaturgewalt des Reichspräsidenten“, in: Handbuch. . . (D 27), II.
156. Grebing, Helga, Zentrum und katholische Arbeiterschaft 1918—1933, Ein Beitrag zur Geschichte des Zentrums in der Weimarer Republik, Diss. Berlin 1952 (ungedr.).
157. Grewe, Wilhelm, „Zum Begriff der politischen Partei“, in: Um Recht und Gerechtigkeit, Festgabe für Erich Kaufmann, Stuttgart 1950.
158. „Parteienstaat — oder was sonst?“ in: Der Monat 3 (1951).
159. Griebel, Alexander, „Geschichte — Geheime Kommandosache“, in: Deutsche Rundschau 78 (1952) und 79 (1953).
160. Grosser, Alfred, L'Allemagne de l'occident, Paris 1954.
161. Western Germany from Defeat to Rearmament, London 1955.
162. Grotkopp, Wilhelm, Die große Krise, Lehren aus der Überwindung der Wirtschaftskrise 1929—32, Düsseldorf 1954.
163. Grünberg, Emil, Der Mittelstand in der kapitalistischen Gesellschaft, Eine ökonomische und soziologische Untersuchung, Leipzig 1932.
164. Gurian, Waldemar, „Totalitarian Religions“, in: The Review of Politics 14 (1952).
165. Gurland, A. R. L., „Technological Trends and Economic Structure in National Socialism“, in: Studies in Philosophy and Social Science 9, No. 2, New York 1941.
166. „Politische Wirklichkeit und politische Wissenschaft“ in: Faktoren der Machtbildung (A 38).
167. Gurland, A. R. L., Otto Kirchheimer, Franz L. Neumann, The Fate of Small Business in Nazi Germany (Senate Committee Print No. 14), Washington 1943.
168. Hagmann, Meinrad, Der Weg ins Verhängnis, Reichstagswahlergebnisse 1919 bis 1933, besonders aus Bayern, München 1946.
169. Halkett, G. R., „Die ‚Machtübernahme‘ in englischer Sicht“, in: Das Parlament 3, Nr. 11 v. 18. März 1953.
170. Hallgarten, George W. F., „Adolf Hitler and German Heavy Industry 1931—1933“, in: The Journal of Economic History 12 (1952).
171. Hitler, Reichswehr und Industrie, Frankfurt/M. 1955.
172. Halperin, William, Germany tried Democracy, New York 1946.
173. d'Harcourt, Robert, „Horizons allemands“, in: Neue Zürcher Zeitung, Nr. 91 v. 2. April 1953.
174. Hasbach, Wilhelm, Die moderne Demokratie, 2. Aufl., Jena 1921.
175. Hausen, Horst, Das Präsidialkabinett, Eine staatsrechtliche Betrachtung der Kabinette von Brüning bis Hitler, Erlangen 1933.
176. Hauser, Oswald, „Der Plan einer deutsch-österreichischen Zollunion von 1931 und die europäische Föderation“, in: HZ 179 (1955).
177. Heberle, Rudolf, From Democracy to Nazism, A Regional Case Study on Political Parties in Germany, Baton Rouge 1945.
178. Social Movements, New York 1951.
179. Heckel, Johannes, „Die Entwicklung des parlamentarischen Budgetrechts und seiner Ergänzungen“, in: Handbuch. . . (D 27), II.
180. „Diktatur, Notverordnungsrecht, Verfassungsnotstand mit besonderer Rücksicht auf das Budgetrecht“ in: Archiv des öffentlichen Rechts, N. F. 22 (1932).

181. Heffter, Heinrich, Die deutsche Selbstverwaltung im 19. Jahrhundert, Geschichte der Ideen und Institutionen, Stuttgart 1950.
182. Heinig, Kurt, Das Budget, 3 Bde., Tübingen 1949/51.
183. Helbig, Herbert, Die Träger der Rapallo-Politik, Göttingen 1958.
184. Heller, Hermann, Die politischen Ideenkreise der Gegenwart, Breslau 1926.
185. Die Souveränität, Berlin-Leipzig 1927.
186. „Der Begriff des Gesetzes in der Reichsverfassung" in: Veröffentlichungen. . . (D 77), 4.
187. „Das Berufsbeamtentum in der Deutschen Demokratie" in: Neue Rundschau 1930.
188. Rechtsstaat oder Diktatur?, Tübingen 1930.
189. Europa und der Fascismus, Berlin-Leipzig 1931.
190. Sozialismus und Nation, 2. Aufl., Berlin 1931.
191. Staatslehre, Leiden 1934.
192. Hellpach, Willy, Der deutsche Charakter, Bonn 1954.
193. Heneman, Harlow James, The Growth of Executive Power in Germany, A Study of the German Presidency, Minneapolis 1934.
194. Hennis, Wilhelm, Das Problem der Souveränität, Ein Beitrag zur Literaturgeschichte und gegenwärtigen Problematik der politischen Wissenschaften, Diss. Göttingen 1951 (ungedr.).
195. Hermens, Ferdinand A., Mehrheitswahlrecht und Verhältniswahlrecht, Berlin 1949.
196. Demokratie oder Anarchie, Frankfurt/M. 1951.
197. Herrfahrdt, Heinrich, Das Problem der berufsständischen Vertretung von der Französischen Revolution bis zur Gegenwart, Stuttgart-Berlin 1921.
198. Die Kabinettsbildung nach der Weimarer Verfassung unter dem Einfluß der politischen Praxis, Berlin 1927.
199. „Tragweite der Generalklausel im Artikel 19 Abs. 4 des Bonner Grundgesetzes" in: Veröffentlichungen. . . (D 80), 8.
200. Herzfeld, Hans, Die deutsche Sozialdemokratie und die Auflösung der nationalen Einheitsfront im Weltkriege, Leipzig 1928.
201. Das Problem des deutschen Heeres 1919—1945 (Geschichte und Politik, Heft 6), Laupheim/Württbg. o. J. [1952].
202. Die moderne Welt 1789—1945, 2. Teil: Weltmächte und Weltkriege, Die Geschichte unserer Epoche 1890—1945, Braunschweig 1952.
203. „Staat und Nation in der deutschen Geschichtsschreibung der Weimarer Zeit" in: Veritas. . . (D 75).
204. „Das deutsche Heer als geschichtliches Problem" in: Zeitschrift für Politik 1 (1954).
205. „Zur neueren Literatur über das Heeresproblem in der deutschen Geschichte" in: Vierteljahrshefte für Zeitgeschichte 4 (1956).
206. Heuss, Theodor, Hitlers Weg, Eine historisch-politische Studie über den Nationalsozialismus, Stuttgart-Berlin-Leipzig 1932.
207. Heydte, Friedrich August Frhr. v. d., „Stiller Verfassungswandel und Verfassungsinterpretation", in: Archiv für Rechts- und Sozialphilosophie 39 (1950/1951).
208. Hintze, Otto, „Staatsverfassung und Heeresverfassung", in: Gesammelte Abhandlungen, Bd. II, Leipzig 1942.
209. Hippel, Ernst v., „Das richterliche Prüfungsrecht", in: Handbuch. . . (D 27), II.
210. Höhn, Reinhard, Sozialismus und Heer, 3 Bde., Bad Homburg v. d. H.-Berlin-Zürich (Bd. I und II: 1959).
211. Hövel, Philipp, Grundfragen deutscher Wirtschaftspolitik, Berlin 1935.
212. Hoover, Calvin B., Germany enters the Third Reich, New York 1933.
213. Hornung, Klaus, Der Jungdeutsche Orden, Düsseldorf 1958.
214. Hossbach, Friedrich, Zwischen Wehrmacht und Hitler 1934—1938, Wolfenbüttel-Hannover 1949.
215. Höhn, Reinhard, Verfassungskampf und Heereseid, Der Kampf des Bürgertums um das Heer (1815—1850), Leipzig 1938.

216. „Wehrordnung und moderne Gesellschaft“ in: Menschenführung, Personalauslese, Technik in Wirtschaft und Armee (Lebendige Wirtschaft, Veröffentlichungen der Volkswirtschaftlichen Gesellschaft e. V., Bd. IV), Darmstadt 1954.
217. Huber, Ernst Rudolf, Das Deutsche Reich als Wirtschaftsstaat (Recht und Staat in Geschichte und Gegenwart, Heft 85), Tübingen 1931.
218. Heer und Staat in der deutschen Geschichte, 2. Aufl., Hamburg 1938.
219. Hue de Grais, Robert Graf, Handbuch der Verfassung und Verwaltung, 23. Aufl., Berlin 1926.
220. Hughes, H. Stuart, „The early Diplomacy of Italian Fascism: 1922—1932“, in: The Diplomats (A 81).
221. Isenburg, Wilhelm Karl Prinz zu, „Zur Statistik des deutschen Adels“, in: Deutsches Adelsblatt 55 (1937).
222. Jellinek, Georg, Allgemeine Staatslehre, 3. Aufl., Berlin 1929.
223. Jellinek, Walter, „Kabinettsfrage und Gesetzgebungsnotstand nach dem Bonner Grundgesetz“, in: Veröffentlichungen. . . (D 80), 8.
224. Jerusalem, Franz W., Die Staatsgerichtsbarkeit, Tübingen 1930.
225. Josephson, Eric, „Irrational Leadership in Formal Organisations“, in: Social Forces 31 (1952).
226. Jovy, Ernst Michael, Deutsche Jugendbewegung und Nationalsozialismus, Versuch einer Klärung ihrer Zusammenhänge und Gegensätze, Diss. Köln 1952 (ungedr.).
227. Kahler, Erich v., „Das Problem der Demokratie“, in: Synopsis, Festgabe für Alfred Weber, Heidelberg 1948.
228. Kaufmann, Erich, Grundfragen der künftigen Reichsverfassung, Berlin 1919.
229. Kaufmann, Walter H., Monarchism in the Weimar Republic, New York 1953.
230. Kelsen, Hans, Die politischen Parteien im modernen Staat, 1926.
231. Vom Wesen und Wert der Demokratie, 2. Aufl., Tübingen 1929.
232. Kempner, Robert M. W., „Blueprint of the Nazi Underground“, in: Research Studies of the State College of Washington 13, No. 2 (June 1945).
233. Klein, Fritz, „Zur Vorbereitung der faschistischen Diktatur durch die deutsche Großbourgeoisie (1929—1932)“, in: Zeitschrift für Geschichtswissenschaft 1 (1953) (Ost-Berlin).
234. „Neue Dokumente zur Rolle Schachts bei der Vorbereitung der Hitlerdiktatur“ in: Zeitschrift für Geschichtswissenschaft 5 (1957).
235. Kluke, Paul, „Der Fall Potempa“, in: Vierteljahrshefte für Zeitgeschichte 5 (1957).
236. Knight, Maxwell E., The German Executive, 1890—1933 (Hoover Institute Studies, Series B: Elites, No. 4), Stanford (Calif.) 1952.
237. Köttgen, Arnold, „Beamtenrecht und Arbeitsrecht“, in: Mitteilungen des Jenaer Instituts für Wirtschaftsrecht 16 (November 1928).
238. Das deutsche Berufsbeamtentum und die parlamentarische Demokratie, Berlin-Leipzig 1928.
239. „Die Entwicklung des deutschen Beamtenrechts und die Bedeutung des Beamtentums im Staat der Gegenwart“ in: Handbuch. . . (D 27), II.
240. „Sonstige Sonderregelungen der Rechtsverhältnisse von Berufsbeamten“ in: Handbuch. . . (D 27), II.
241. Kraus, Herbert, Hrsg., Die im Braunschweiger Remerprozeß erstatteten moraltheologischen und historischen Gutachten nebst Urteil, Hamburg 1953.
242. Krausnick, Helmut, „Vorgeschichte und Beginn des militärischen Widerstands gegen Hitler“, in: Das Parlament, Beilage „Aus Politik und Zeitgeschichte“, B. XXXXVII/54.
243. Krauße, Karl, Die Jugendbewegung im Spiegel deutscher Dichtung, Würzburg 1939.
244. Krebs, Gerhard, The Länderkonferenz and the Problem of Federal Reform in Germany, University of California 1937.

245. Kruck, Alfred, Geschichte des Alldeutschen Verbandes 1890—1939 (Veröffentlichungen des Instituts für Europäische Geschichte Mainz, Bd. III), Wiesbaden 1954.
246. Lammers, Hans Heinrich, „Parlamentarische Untersuchungsausschüsse", in: Handbuch. . . (D 27), II.
247. Lange, M. G., Totalitäre Erziehung, Das Erziehungssystem der Sowjetzone Deutschlands (Schriften des Instituts für politische Wissenschaft, Bd. III), Frankfurt/M. 1954.
248. Lasswell, Harold D., „The Psychology of Hitlerism as a Response of the Lower Middle Class to Continuing Insecurity", in: The Analysis of Political Behavior, London 1949.
249. Layer, Max, und Ernst v. Hippel, „Überprüfung von Verwaltungsakten durch die ordentlichen Gerichte", in: Veröffentlichungen. . . (D 78), 5.
250. Lederer, J.-J., „La sidérurgie européenne et les cartels avant le plan Schuman", in: Politique Etrangère 16 (1951).
251. Leibholz, Gerhard, Die Gleichheit vor dem Gesetz, Berlin 1925.
252. Das Wesen der Repräsentation unter besonderer Berücksichtigung des repräsentativen Systems (Beiträge zum ausländischen öffentlichen Recht und Völkerrecht 13), Berlin 1929.
253. „Die Reform des Wahlrechts" in: Veröffentlichungen... (D 79), 7.
254. Die Auflösung der liberalen Demokratie in Deutschland und das autoritäre Staatsbild, München-Leipzig 1932.
255. „Volk und Partei im neuen deutschen Verfassungsrecht" in: Deutsches Verwaltungsblatt 1950.
256. „Der Parteienstaat des Bonner Grundgesetzes" in: Recht, Staat, Wirtschaft, Bd. III, Düsseldorf 1951.
257. „Verfassungsrechtliche Stellung und innere Ordnung der Parteien" in: Verhandlungen... (D 74).
258. Der Strukturwandel der modernen Demokratie, Karlsruhe 1952.
259. Lerner, Daniel, et alii, The Nazi Elite (Hoover Institute Studies, Series B: Elite Studies, No. 3), Stanford (Calif.) 1951.
260. Levy, Hermann, Industrial Germany, A Study of its Monopoly Organizations and their Control by the State, Cambridge 1935.
261. Lewinsohn, Richard, Die Umschichtung der europäischen Vermögen, Berlin 1925.
262. Lewis, Cleona, America's Stake in International Investments, Washington 1938.
263. Liefmann, Elisabeth, „Der Sündenbock und der Schatten", in: Frankfurter Hefte 8, Heft 10 (Oktober 1953).
264. Liefmann, Robert, Konzerne, Kartelle, Trusts, 8. Aufl., Stuttgart 1930.
265. Linnebach, Karl, Deutsche Heeresgeschichte, 2. Aufl., Hamburg 1943.
266. Lippmann, Walter, U. S. Foreign Policy, Shield of the Republic, New York 1943.
267. Lochner, Louis P., Die Mächtigen und der Tyrann, Die deutsche Industrie von Hitler bis Adenauer, Darmstadt 1955.
268. Löwenstein, Hubertus Prinz zu, Die Tragödie eines Volkes, Deutschland 1918 bis 1934, Amsterdam 1934.
269. Deutsche Geschichte, Frankfurt/M. 1950.
270. Loewenstein, Karl, „Government and Politics in Germany", in: Government of Continental Europe, New York 1948.
271. Lohmann, Karl, „Parlamentarismus und Publizistik", in: Tymbos für Wilhelm Ahlmann, Berlin 1951.
272. Loomis, Charles P., und J. Allen Beagle, „The Spread of German Nazism in Rural Areas", in: American Sociological Review 11 (1946).
273. Luther, Hans, Weimar und Bonn (Schriftenreihe der Hochschule für Politische Wissenschaften München, 11), München 1951.
274. Lutz, Hermann, „Fälschungen zur Auslandsfinanzierung Hitlers", in: Vierteljahrshefte für Zeitgeschichte 2 (1954).
275. MacIver, Robert Morrison, Regierung im Kräftefeld der Gesellschaft, Frankfurt/M. 1952.

276. Malaparte, Curzio, Der Staatsstreich, Leipzig 1932.
277. Mann, K. F., „The Fiscal Component of Revolution, An Essay in Fiscal Sociology“, in: The Review of Politics 1947.
278. „Die Finanzkomponente der politischen Revolutionen“ in: Kölner Zeitschrift für Soziologie 4 (1951/52).
279. Mannheim, Karl, „Das konservative Denken“, in: Archiv für Sozialwissenschaft und Sozialpolitik 57 (1927), Hefte 1 und 2.
280. Freedom, Power, and Democratic Planning, London 1951.
281. Ideology and Utopia, London 1951.
282. Marcks, Erich, „Das Reichsheer von 1919 bis 1935“, in: Karl Linnebach (A 265).
283. Markmann, Heinz, „Traktat vom Fraktionszwang“, in: Der Wähler 3, Nr. 4.
284. Mason, John Brown, „The Judicial System of the Nazi Party“, in: The American Political Science Review, February 1944.
285. Masters, R. D., „The Relation of International Law to the Law of Germany“, in: Political Science Quarterly 45 (1930).
286. Matthias, Erich, Sozialdemokratie und Nation, Zur Ideengeschichte der sozialdemokratischen Emigration 1933—1938, Stuttgart 1952.
287. Mau, Hermann, „Die deutsche Jugendbewegung, Rückblick und Ausblick“, in: Zeitschrift für Religions- und Geistesgeschichte 1 (1948).
288. Mau, Hermann, und Helmut Krausnick, „Hitler und der Nationalsozialismus, 1933—1945“, in: Deutsche Geschichte... (A 75).
289. Mau, Hermann, „Die ‚Zweite Revolution‘ — Der 30. Juni 1934“, in: Vierteljahrshefte für Zeitgeschichte 1 (1953).
290. Maus, Hans, Die soziologischen Formkräfte und Auswirkungen der deutschen Bürokratie als Sozialgebilde, Diss. Heidelberg 1950 (ungedr.).
291. Mayer, C., „On the Intellectual Origin of National Socialism“, in: Social Research 9 (1942).
292. Medebach, Friedrich, Das Kampfplakat, Aufgabe, Wesen und Gesetzmäßigkeit des politischen Plakats, nachgewiesen an den Plakaten der Kampfjahre von 1918—1933 (Zeitung und Zeit, Neue Folge, Reihe A, Bd. 19), Berlin 1941.
293. Meier-Welcker, Hans, Deutsches Heerwesen im Wandel der Zeit, Arolsen 1954.
294. „Die Stellung des Chefs der Heeresleitung in den Anfängen der Republik“ in: Vierteljahrshefte für Zeitgeschichte 4 (1956).
295. Meinecke, Friedrich, Die Idee der Staatsraison in der neueren Geschichte, München-Berlin 1924.
296. „Die Revolution, Ursache und Tatsachen“, in: Handbuch... (D 27), I.
297. Die deutsche Katastrophe, Wiesbaden 1946.
298. Mellen, Sidney L. W., „The German People and the Postwar World, A Study Based on Election Statistics, 1871—1933“, in: The American Political Science Review 37 (August 1943).
299. Mende, Dietrich, „Deutschland zwischen West und Ost, Betrachtungen zum Vortrag des Reichskanzlers a. D. Dr. Brüning über ‚Die Vereinigten Staaten und Europa‘“, in: Europa-Archiv 9, 15 (1954).
300. Mende, Helmuth, „Die Rechtsverhältnisse der übrigen Amtsträger des Reichs und der Länder“, in: Handbuch... (D 27), II.
301. Merriam, Edward Charles, Prologue to Politics, 1939.
302. Merton, Robert K., „Bureaucratic Structure and Personality“, in: Social Forces 18 (1940).
303. Michels, Robert, Zur Soziologie des Parteiwesens in der modernen Demokratie, Untersuchungen über die oligarchischen Tendenzen des Gruppenlebens, 2. Aufl., Leipzig 1925.
304. Sozialismus und Faschismus in Italien, München 1925.
305. „Psychologie der antikapitalistischen Massenbewegungen“, in: Grundriß der Sozialökonomik, IX. Abt., Teil I, Tübingen 1926.
306. „Die internationalen Trusts und Kartelle“, in: Jahrbücher für Nationalökonomik und Statistik 137, 3. F. 82 (1932).
307. „Zur Soziologie der Bohème und ihrer Zusammenhänge mit dem geistigen Proletariat“, in: Jahrbücher für Nationalökonomik und Statistik 136 (1932).

308. Umschichtungen in den herrschenden Klassen nach dem Kriege, Stuttgart-Berlin 1934.
309. „Historisch-politische Untersuchungen zum politischen Verhalten der Intellektuellen“, in: Schmollers Jahrbuch 57 (1953).
310. Misch, Carl, „Betrachtungen zur Zeit“, in: Die Neue Rundschau 62 (1952).
311. Mises, Ludwig v., Bureaucracy, New Haven 1944.
312. Mohl, Robert v., Staatsrecht, Völkerrecht und Politik, II, I. Bd., 1862.
313. Das Repräsentativsystem, seine Mängel und die Heilmittel, Politische Briefe, abgedr. in: Staatsrecht... (A 312), I.
314. Mohler, Armin, Die Konservative Revolution in Deutschland 1918—1932, Grundriß ihrer Weltanschauungen, Stuttgart 1950.
315. Mosca, Gaetano, Die herrschende Klasse, Grundlagen einer politischen Wissenschaft, München 1950.
316. Mühlich, Ludwig, Die Reichsfinanzpolitik in der Weltwirtschaftskrise 1929—32, Diss. Tübingen 1950 (ungedr.).
317. Mueller-Hillebrand, Burkhart, Das Heer 1933—1945, Bd. I: Das Heer bis zum Kriegsbeginn, Darmstadt 1954.
318. Münchheimer, W., „Die Versuche zur Neugestaltung der deutschen Länder von 1919 bis 1945“, in: Die Bundesländer... (A 93).
319. Nachtsheim, Hans, „Biologie und Totalitarismus“, in: Veritas... (D 75).
320. Naef, Werner, Die Epochen der neueren Geschichte, Bd. II, Aarau 1946.
321. Naumann, Friedrich, Demokratie und Kaisertum, Ein Handbuch für innere Politik, Berlin-Schöneberg 1904.
322. Die politischen Parteien, Berlin 1910.
323. Nawiasky, Hans, „Das Durchführungsgesetz zum Artikel 48 der Reichsverfassung“, in: Das Recht (September 1924).
324. Die Zukunft der politischen Partei, 1924.
325. „Die Auslegung des Artikels 48 der Reichsverfassung“ in: Archiv des öffentlichen Rechts 9 (1925).
326. Die Stellung der Regierung im modernen Staat, Tübingen 1925.
327. Die Stellung des Berufsbeamtentums im parlamentarischen Staat, München 1926.
328. Grundprobleme der Reichsverfassung, Teil I (Das Reich als Bundesstaat), Berlin 1928.
329. Neumann, Franz L., European Trade Unionism and Politics, New York 1936.
330. Behemoth, The Structure and Practice of National Socialism, 2. Aufl., New York 1944.
331. „Approaches to the Study of Political Power“ in: Political Science Quarterly 65 (1950).
332. Neumann, Sigmund, Die deutschen Parteien, Wesen und Wandel nach dem Kriege, Berlin 1932.
333. Nilson, Sten S., „Wahlsoziologische Probleme des Nationalsozialismus“, in: Zeitschrift für die gesamte Staatswissenschaft 110 (1954).
334. Nollet, Charles, Une expérience de désarmement, cinq ans de contrôle militaire en Allemagne, Paris 1932.
335. Norden, Albert, Lehren deutscher Geschichte, Zur politischen Rolle des Finanzkapitals und der Junker, (Ost-)Berlin 1947.
336. [Osthold, P.], „Hitler und die Unternehmer“, in: Der Arbeitgeber 23 (Dezember 1951).
337. Paetel, Karl O., „Gregor und Otto Strasser“, in: Politische Studien 8 (1957).
338. Pechel, Rudolf, Deutscher Widerstand, Zürich 1947.
339. „Die Wahrheit in der Sackgasse“ in: Deutsche Rundschau 78 (1952).
340. Perels, Kurt, „Der Reichstag, Geschäftsgang und Geschäftsformen“, in: Handbuch... (D 27), I.
341. Peters, Hans, Zentralisation und Dezentralisation, Berlin 1928.
342. „Ehrenbeamte“ in: Handbuch... (D 27), II.
343. Petzold, Joachim, „Der Staatsstreich vom 20. Juli 1932 in Preußen“, in: Zeitschrift für Geschichtswissenschaft 4 (1956).

344. Peuckert, Herbert, Grundlagen neuzeitlicher Finanzkontrolle, Göttingen 1952.
345. Phelps, Reginald H., „Aus den Groener-Dokumenten", in: Deutsche Rundschau 76 (1950).
346. „Aus den Groener-Dokumenten" in: Deutsche Rundschau 77 (1951).
347. „Aus den Seeckt-Dokumenten" in: Deutsche Rundschau 78 (1952).
348. Pikart, Eberhard, „Preußische Beamtenpolitik 1918—1933", in: Vierteljahrshefte für Zeitgeschichte 6 (1958).
349. Poetzsch-Heffter, Fritz, „Vom Staatsleben unter der Weimarer Verfassung", in: Jahrbuch für öffentliches Recht 13 (1925); 17 (1929); 21 (1933).
350. „Übersicht über die in den Jahren 1924—1928 gestellten Vertrauens- und Mißtrauensanträge" in: Jahrbuch für öffentliches Recht 17 (1929).
351. „Organisation und Geschäftsformen der Reichsregierung" in: Handbuch... (D 27), I.
352. Grundgedanken der Reichsreform, Berlin 1931.
353. Pohl, Heinrich, Die Auflösung des Reichstags, Stuttgart 1921.
354. „Die Zuständigkeiten des Reichspräsidenten" in: Handbuch... (D 27), I.
355. Pohle, Heinz, Der Rundfunk als Instrument der Politik, Hamburg 1955.
356. Popitz, Johannes, in: Handwörterbuch... (D 28), III.
357. „Die Wandlungen in den Aufgaben und im Zuständigkeitsverhältnis von Reich und Ländern auf Grund der Weimarer Verfassung" in: Recht und Staat... (D 51), I.
358. Der Finanzausgleich und seine Bedeutung für die Finanzlage des Reichs, der Länder und Gemeinden, Berlin 1930.
359. Posse, Ernst H., Die politischen Kampfbünde Deutschlands, 2. Aufl., Berlin 1931.
360. Prager, Eugen, Geschichte der USPD, Berlin 1922.
361. Predöhl, Andreas, „Die Epochenbedeutung der Weltwirtschaftskrise von 1929 bis 1931", in: Vierteljahrshefte für Zeitgeschichte 1 (1953).
362. Preller, Ludwig, Sozialpolitik in der Weimarer Republik, Stuttgart 1949.
363. Radbruch, Gustav, „Die politischen Parteien im System des deutschen Verfassungsrechts", in: Handbuch... (D 27), I.
364. Rauschning, Hermann, The Voice of Destruction, New York 1940.
365. Die Revolution des Nihilismus, 4. Aufl., Zürich 1938.
366. Reichmann, Eva G., Hostages of Civilization, The Social Sources of National Socialist Antisemitism, Boston 1951.
367. Reif, Hans, „Verfassungsrechtliche Stellung und innere Ordnung der Parteien", in: Verhandlungen... (D 74).
368. Reitlinger, Gerald, The Final Solution, The Attempt to Exterminate the Jews of Europe 1939—1945, London 1953.
369. Revermann, Klaus H., Die stufenweise Durchbrechung des Verfassungssystems der Weimarer Republik in den Jahren 1930—1933, Diss. Köln 1958 (ungedr.).
370. Richter, Lutz, Arbeitsrecht als Rechtsbegriff, Leipzig-Erlangen 1923.
371. Grundverhältnisse des Arbeitsrechts, Berlin 1928.
372. Riebicke, Otto, Was brauchte der Weltkrieg? Tatsachen und Zahlen aus dem deutschen Ringen 1914/18, Leipzig 1936.
373. Ritter, Gerhard, „Allgemeiner Charakter und geschichtliche Grundlagen der politischen Parteibildung in Deutschland", in: Volk und Reich... (D 94), II.
374. Die Dämonie der Macht, 6. Aufl., München 1948.
375. Europa und die deutsche Frage, München 1948.
376. „Ursprung und Wesen der Menschenrechte" in: HZ 169 (1949).
377. „Als die Freiheit lautlos starb" in: Neuburger Rundschau v. 17./18. Januar 1953.
378. „Das Problem des Militarismus in Deutschland" in: HZ 177 (1954).
379. Staatskunst und Kriegshandwerk, Bd. I, München 1954.
380. „Zur Frage der militärischen Widerstandspflicht" in: Merkur 8 (1954).
381. Rogers, Lindsay, et alii, „Aspects of German Political Institutions", in: Political Science Quarterly 47 (1932).
382. Rohde, Hans, „Die Umstellungsdauer der Industrie", in: Rolf Wagenführ, Kriegswirtschaft (A 495).

383. Rohden, Peter Richard, „Deutscher und französischer Konservatismus", in: Die Dioskuren, Jahrbuch für Geisteswissenschaften, Bd. III, München 1924.
384. Ronde, Hans, Von Versailles bis Lausanne, Der Verlauf der Reparationsverhandlungen nach dem ersten Weltkrieg, Stuttgart-Köln 1950.
385. Rosenberg, Arthur, Die Entstehung der deutschen Republik 1871—1918, Berlin 1928.
386. Geschichte der deutschen Republik, Karlsbad 1935.
387. Rosendorff, Richard, Die rechtliche Organisation der Konzerne, Berlin-Wien 1927.
388. Rosinski, Herbert, The German Army, Washington 1944.
389. Rossi, André, A Communist Party in Action, New Haven 1949.
390. Rossitter, Clinton L., Constitutional Dictatorship, Crisis Government in the Modern Democracies, Princeton 1941.
391. [Rothfels, Hans], „Ausgewählte Briefe von Generalmajor Helmuth Stieff", in: Vierteljahrshefte für Zeitgeschichte 2 (1954).
392. Saemisch, Ernst Moritz, „Das Kontrollwesen und die Entlastung", in: Handbuch... (D 27), II.
393. Salvadori, Massimo, The Rise of Modern Communism (Berkshire Studies in European History), New York 1952.
394. Saposs, David J., „The Rôle of the Middle Classes in Social Development: Fascism, Populism, Communism, Socialism", in: Economic Essays in Honor of Wesley C. Mitchell, New York 1935.
395. Sauer, Wolfgang, „Militarismus", in: Ernst Fraenkel und Karl Dietrich Bracher, Hrsg., Staat und Politik, Frankfurt/M. 1957.
396. „Armee und Politik in Deutschland" in: Neue Politische Literatur 4 (1) 1959.
397. Schalldach, Elisabeth, Rationalisierungsmaßnahmen der Nachinflationszeit im Urteil der Freien Gewerkschaften, Jena 1930.
398. Scheele, Godfrey, The Weimar Republic, Overture to the Third Reich, London 1946.
399. Schmoller, Gustav, Der deutsche Beamtenstaat vom 16. bis 18. Jahrhundert, Leipzig 1894.
400. Was verstehen wir unter dem Mittelstande?, Göttingen 1897.
401. Schnabel, Franz, Zehn Jahre nach dem Kriege, Rede, gehalten bei der Neujahrsfeier der Badischen Staatsregierung am 1. Januar 1929, Karlsruhe 1929.
402. Schneider, Hans, „Kabinettsfrage und Gesetzgebungsnotstand nach dem Bonner Grundgesetz", in: Veröffentlichungen... (D 80), 8.
403. Schneider, Peter, Ausnahmezustand und Norm, Stuttgart 1957.
404. Schoenhorn, Walther, „Notverordnungen", in: Handbuch... (D 27), II.
405. „Sonstige außerordentliche Ermächtigungen" in: Handbuch... (D 27), II.
406. Schreiner, Gerth, Die Republik der vierzehn Jahre, Bilthoven (Holland) 1939.
407. Schüddekopf, Otto-Ernst, „Wehrmacht und Politik in Deutschland", in: Politische Literatur 3, Heft 3/4 (1954).
408. Heer und Republik, Quellen zur Politik der Reichswehrführung 1918—1933, Hannover-Frankfurt/M. 1955.
409. Schulemann, Max, Parteien und Reichsreform, Diss. Tübingen 1946 (ungedr.).
410. Schultes, Karl, Die Jurisprudenz zur Diktatur des Reichspräsidenten nach Art. 48 Abs. II der Weimarer Verfassung, Bonn 1934.
411. Schulz, Gerhard, Die deutsche Sozialdemokratie und die Entwicklung der auswärtigen Beziehungen vor 1914, Diss. Berlin 1952 (ungedr.).
412. Schulze-Sysmank, Paul, Das deutsche Studententum von der ältesten Zeit bis zur Gegenwart, München 1931.
413. Schumpeter, Joseph A., „Das soziale Antlitz des Deutschen Reiches", in: Bonner Mitteilungen, Nr. 1 (1929).
414. „Der Unternehmer in der Volkswirtschaft von heute" in: Strukturwandlungen... (D 68), I.
415. Kapitalismus, Sozialismus und Demokratie, 2. Aufl., München 1950.
416. Aufsätze zur Soziologie, Tübingen 1953.

417. Schwend, Karl, Bayern zwischen Monarchie und Diktatur, Beiträge zur bayerischen Frage in der Zeit von 1918 bis 1933, München 1954.
418. Schwertfeger, Bernhard, Rätsel um Deutschland, Heidelberg 1948.
419. Sell, Friedrich C., Die Tragödie des deutschen Liberalismus, Stuttgart 1953.
420. Sering, Paul, Jenseits des Kapitalismus, Lauf bei Nürnberg 1946.
421. Sethe, Paul, „Januar 1933: Wen trifft die Schuld?“, in: Frankfurter Allgemeine Zeitung v. 22. September 1952.
422. Siegfried, André, Tableau politique de la France de l'Ouest sous la Troisième République, Paris 1913.
423. Sinzheimer, Hugo, Grundzüge des Arbeitsrechts, Jena 1921.
424. Smend, Rudolf, Verfassung und Verfassungsrecht, München-Leipzig 1928.
425. Snell, John L., „German Socialists in the last Imperial Reichstag“, in: Bulletin of the International Institute of Social History Amsterdam 1952, Nr. 3.
426. Spahn, Martin, Das deutsche Zentrum, Mainz 1907.
427. Spanner, Hans, Die richterliche Prüfung von Gesetzen und Verordnungen, Wien 1951.
428. Specht, Karl Gustav, Die Nationalsozialistische Arbeiterpartei als organisiertes soziales Gebilde, Diss. Köln 1948 (ungedr.).
429. Speidel, Helm, „Reichswehr und Rote Armee“, in: Vierteljahrshefte für Zeitgeschichte 1 (1953).
430. Speier, Hans, „Verbürgerlichung des Proletariats?“, in: Magazin der Wirtschaft 7 (1931).
431. „The Salaried Employee in Modern Society“ in: Social Research 1934.
432. „Militarism in the Eighteenth Century“ in: Social Order... (A 433).
433. Social Order and the Risks of War, New York 1952.
434. Stadelmann, Rudolf, „Deutschland und die westeuropäischen Revolutionen“, in: Deutschland und Westeuropa, Laupheim 1948.
435. Soziale und politische Geschichte der Revolution von 1848, München 1948.
436. Moltke und der Staat, Krefeld 1950.
437. Stahl, F. J., bei H. Wagener, Artikel „Budget“, in: Staats- und Gesellschaftslexikon IV, Berlin 1860.
438. Stammer, Otto, „Das Elitenproblem in der Demokratie“, in: Schmollers Jahrbuch 71 (1951).
439. „Herrschaftsordnung und Gesellschaftsstruktur“ in: Schmollers Jahrbuch 71 (1951).
440. Stampfer, Friedrich, Die vierzehn Jahre der ersten deutschen Republik, Offenbach 1947.
441. Stechert, Kurt, Wie war es möglich?, Der Ursprung des Dritten Reiches in historischer und soziologischer Beleuchtung, Stockholm 1945.
442. Steffani, Winfried, Entwicklung, Funktion und politische Bedeutung parlamentarischer Untersuchungsausschüsse, Diss. FU Berlin 1958 (ungedr.).
443. Stein, Lorenz v., Finanzwissenschaft, Bd. I, Leipzig 1885.
444. Die Verwaltungslehre, Teil I, Abtlg. 1, Die vollziehende Gewalt, 2. Aufl., 1889.
445. Stier-Somlo, Fritz, Die Verfassung des Deutschen Reichs vom 11. August 1919, Bonn 1920.
446. Deutsches Reichs- und Landesstaatsrecht, Bd. I, Berlin 1924.
447. „Übersicht über die Zuständigkeit des deutschen Reichstages“ in: Handbuch... (D 27), I.
448. Stolper, Gustav, Deutsche Wirtschaft 1870—1940, Stuttgart 1950.
449. Strüder, Rolf, Der ökonomische Konzentrationsprozeß im deutschen Zeitungswesen unter besonderer Berücksichtigung der Provinzpresse, Ein wirtschaftsgeschichtlich-soziologischer Versuch, Diss. Heidelberg 1933.
450. Stücken, Rudolf, Deutsche Geld- und Kreditpolitik 1914—1953, Tübingen 1953.
451. Sturmthal, Adolf, The Tragedy of European Labor 1918—1939, New York 1943.
452. Taylor, Telford, Sword and Swastika, The Wehrmacht in the Third Reich, London 1953.

453. Teschemacher, Hermann, Die geistesgeschichtliche Linie in der Entwicklung des finanzwirtschaftlichen Denkens, Tübingen 1931.
454. Der Berufsstand im Lichte der Staatslehre und die Rechtsstellung der berufsständischen Organisation im Rahmen des Artikels 165 Reichsverfassung, München 1933.
455. Thoma, Richard, „Das richterliche Prüfungsrecht", in: Archiv für öffentliches Recht 43 (1922).
456. „Der Begriff der modernen Demokratie in seinem Verhältnis zum Staatsbegriff" in: Hauptprobleme der Soziologie, Erinnerungsgabe für Max Weber, Bd. II, München-Leipzig 1923.
457. „Die Regelung der Diktaturgewalt" in: Deutsche Juristenzeitung 17/18 (1924).
458. „Zur Frage des richterlichen Prüfungsrechts" in: Deutsche Juristenzeitung 1924 und 1925.
459. „Staat" in: Handwörterbuch... (D 28), VII.
460. „Die Forderung des Einheitsstaates" in: Heidelberger Universitätsreden 3 (1928).
461. „Sinn und Gestaltung des deutschen Parlamentarismus" in: Recht und Staat im Neuen Deutschland, Bd. I, Berlin 1929.
462. „Das Reich als Demokratie" in: Handbuch... (D 27), I.
463. „Das Staatsrecht des Reiches" in: Handbuch... (D 27), I.
464. „Die rechtliche Ordnung des parlamentarischen Regierungssystems" in: Handbuch... (D 27), I.
465. „Grundbegriffe und Grundsätze" in: Handbuch... (D 27), II.
466. Über Wesen und Erscheinungsformen der modernen Demokratie, Bonn 1948.
467. Thomée, Gerhard, Der Wiederaufstieg des deutschen Heeres 1918—1939, Berlin 1939.
468. Timm, Helga, Die deutsche Sozialpolitik und der Bruch der Großen Koalition im März 1930 (Beiträge zur Geschichte des Parlamentarismus und der politischen Parteien 1), Düsseldorf 1953.
469. Tingsten, Herbert, Les Pleins-Pouvoirs, Paris 1934.
470. Political Behavior, London 1937.
471. Tönnies, Ferdinand, „Demokratie und Parlamentarismus", in: Soziologische Studien und Kritiken, III, Jena 1929.
472. Triepel, Heinrich, Staatsrecht und Politik, Berlin 1927.
473. Die Staatsverfassung und die politischen Parteien, Berlin 1928.
474. Triepel, Heinrich, und Hans Kelsen, „Wesen und Entwicklung der Staatsgerichtsbarkeit", in: Veröffentlichungen... (D 78), 5.
475. Triepel, Heinrich, „Zweierlei Föderalismus", in: Süddeutsche Juristenzeitung 1947.
476. Trumpler, Hans, Der Kampf um die Seele des Menschen, Eine kritische Studie über die Ideen als innere Kräfte des menschlichen Zusammenlebens, Heidelberg 1952.
477. Tschierschky, Siegfried, Kartellorganisation, Berlin-Wien 1928.
478. [Unkelbach, Helmut], Wahlverfahren und Demokratie, Ein Beitrag zur Diskussion der Wahlreform, Bad Ems 1949.
479. Vagts, Alfred, A History of Militarism, Romance and Realities of a Profession, London 1938.
480. Valentin, Veit, Geschichte der deutschen Revolution, 1848/49, Bd. I, Berlin 1930.
481. Das Hambacher Nationalfest, Berlin 1932.
482. Vali, Franz, Die deutsch-österreichische Zollunion vor dem ständigen Internationalen Gerichtshof, Wien 1932.
483. Valjavec, Fritz, Die Entstehung der politischen Strömungen in Deutschland 1770—1815, München 1951.
484. Vermeil, Edmond, L'Allemagne contemporaine, sociale, politique et culturelle, Teil II: La République de Weimar et le Troisième Reich (1918—1950), Paris 1953.

485. „The Origin, Nature and Development of German Nationalist Ideology in the 19th and 20th Centuries“ in: The Third Reich (D 69).
486. Vialon, Friedrich Karl, Haushaltsrecht, Berlin-Frankfurt/M. 1953.
487. „Die Stellung des Finanzministers“ in: Vierteljahrshefte für Zeitgeschichte 2 (1954).
488. Vogelsang, Thilo, „Neue Dokumente zur Geschichte der Reichswehr 1930 bis 1933“, in: Vierteljahrshefte für Zeitgeschichte 2 (1954).
489. „Zur Politik Schleichers gegenüber der NSDAP 1932“ in: Vierteljahrshefte für Zeitgeschichte 6 (1958).
490. Volkmann, Erich Otto, Revolution über Deutschland, Oldenburg i. O. 1930.
491. Wacker, Wolfgang, Der Bau des Panzerschiffes „A“ und der Reichstag, Tübingen 1959.
492. Wagemann, Ernst, Struktur und Rhythmus der Weltwirtschaft, Berlin 1931.
493. Wagenführ, Horst, Kartelle in Deutschland, Nürnberg 1931.
494. Wagenführ, Rolf, Konjunktur und Kartelle, Berlin 1932.
495. Kriegswirtschaft, hrsgg. von Rolf Wagenführ, Berlin 1935.
496. Waite, G. L., Vanguard of Nazism, The Free Corps Movement in Postwar Germany 1918—1923, Cambridge (Mass.) 1952.
497. Walker, E. Ronald, Von der Wirtschaftstheorie zur Wirtschaftspolitik, Wiesbaden 1951.
498. Waltershausen, August Sartorius v., Die Umgestaltung der zwischenstaatlichen Wirtschaft, Ein geschichtlicher Überblick 1914—1932, Jena 1935.
499. Wandruszka, Adam, „Österreichs politische Struktur, Die Entwicklung der Parteien und politischen Bewegungen“, in: Geschichte der Republik Österreich (A 142).
500. Watkins, Frederick M., The Failure of Constitutional Emergency Powers under the German Republic, Cambridge (Mass.) 1939.
501. Weber, August, „Unternehmertum und Kapitalismus“, in: Veröffentlichungen des Reichsverbandes der Deutschen Industrie, Heft 48 (Oktober 1929).
502. Weber, Günter, Die wichtigsten Reformpläne der Weimarer Reichsverfassung betreffend das Verhältnis Reich—Länder, Diss. Köln 1947 (ungedr.).
503. Weber, Max, Gesammelte politische Schriften, München 1921.
504. Wirtschaft und Gesellschaft, 2 Bde., 3. Aufl., Tübingen 1947.
505. Weber, Werner, „Parlamentarische Zusammenarbeit“, in: Archiv des öffentlichen Rechts, N.F. 19 (1930).
506. Weimarer Verfassung und Bonner Grundgesetz, Göttingen 1949.
507. Weigert, Oskar, „Die Organisation des Arbeitsmarkts“, in: Strukturwandlungen... (D 68), I.
508. Wertheimer, Rudolf, Der Einfluß des Reichspräsidenten auf die Gestaltung der Reichsregierung, Wertheim 1929.
509. Wheeler-Bennett, John W., The Nemesis of Power, The German Army in Politics 1918—1945, London 1953.
510. Wickert, Erwin, Dramatische Tage in Hitlers Reich, Stuttgart 1952.
511. Wiedenfeld, Kurt, Kartelle und Konzerne (Moderne Wirtschaftsgestaltung, Heft 10), Berlin-Leipzig 1927.
512. Kapitalismus und Beamtentum, Berlin-Leipzig 1932.
513. Winkler, Henry R., „Arthur Henderson“, in: The Diplomats (A 81).
514. Winkler, Theodor, Johann Gottfried Frey und die Entstehung der Preußischen Selbstverwaltung, Stuttgart-Berlin 1936.
515. Wittmayer, Leo, Die Weimarer Reichsverfassung, Tübingen 1923.
516. Demokratie und Parlamentarismus, Breslau 1928.
517. Wittram, Reinhard, Nationalismus und Säkularisation, Beiträge zur Geschichte und Problematik des Nationalgeistes, Lüneburg 1949.
518. Wolfers, Arnold, „Das Kartellproblem im Lichte der deutschen Kartelliteratur“, in: Schriften des Vereins für Sozialpolitik, Bd. CLXXX (Das Kartellproblem, Teil II), hrsgg. von Emil Lederer, München-Leipzig 1931.

519. Zahn, Friedrich, „Die Entwicklung der räumlichen, beruflichen und sozialen Gliederung des deutschen Volkes seit dem Aufkommen der industriell-kapitalistischen Wirtschaftsweise“, in: Volk und Reich... (D 94), I.
520. Ziegler, Heinz-Otto, Autoritärer und totaler Staat, Tübingen 1932.
521. Zimmermann, Ludwig, Deutsche Außenpolitik in der Ära der Weimarer Republik, Göttingen 1958.
522. Zimmermann, Werner Gabriel, Bayern und das Reich 1918—1923, Der bayerische Föderalismus zwischen Revolution und Reaktion, München 1953.
523. Zwoch, Gerhard, Die Erfüllungs- und Verständigungspolitik der Weimarer Republik und die deutsche öffentliche Meinung, Diss. Kiel 1950 (ungedr.).

B. *Memoiren und Biographien*

1. Aretin, Erwein v., Krone und Ketten, Erinnerungen eines bayerischen Edelmannes, hrsgg. von Karl Buchheim und Karl Otmar v. Aretin, München 1955.
2. Baden, Prinz Max v., Erinnerungen und Dokumente, Stuttgart 1927.
3. Beer, Rüdiger Robert, Brüning, Berlin 1931.
4. Bergsträßer, Ludwig, „Textkritisches zu den Erinnerungen von Otto Braun“, in: HZ 171 (1951).
5. Berndorff, Hans Rudolf, General zwischen Ost und West, Aus den Geheimnissen der deutschen Republik, Hamburg 1951.
6. Böckmann, Herbert v., Die Wandlung des deutschen Soldaten, Berlin 1951.
7. Bonn, Moritz J., So macht man Geschichte, Bilanz eines Lebens, München 1953.
8. Braun, Magnus Frhr. v., Von Ostpreußen bis Texas, Stollhamm (Oldenburg) 1955.
9. Braun, Otto, Von Weimar zu Hitler, 2. Aufl., New York 1940; 3. Aufl., Hamburg 1948.
10. Brüning, Heinrich, „Ein Brief“, in: Deutsche Rundschau 70 (1947).
11. Die Vereinigten Staaten und Europa, Stuttgart 1954.
12. Buchheit, Gert, Franz v. Papen, Eine politische Biographie, Breslau 1935.
13. Buttinger, Joseph, Am Beispiel Österreichs, Ein geschichtlicher Beitrag zur Krise der sozialistischen Bewegung, Köln 1953.
14. Choltitz, Dietrich v., Soldat unter Soldaten, Konstanz-Zürich-Wien 1951.
15. Curtius, Julius, Sechs Jahre Minister der deutschen Republik, Heidelberg 1948.
16. Der Young-Plan, Entstellung und Wahrheit, Stuttgart 1951.
17. Deutz, Josef, Adam Stegerwald, Gewerkschaftler, Politiker, Minister 1874—1945, Ein Beitrag zur Geschichte der christlichen Gewerkschaften in Deutschland, Köln 1952.
18. Diel, Jakob, „Das Ermächtigungsgesetz“, in: Die Freiheit 1, Nr. 5 (1. Oktober-Heft 1946).
19. Diels, Rudolf, Lucifer ante portas, ...es spricht der erste Chef der Gestapo..., Stuttgart 1950.
20. Die Memoiren des Stabschefs Röhm, Saarbrücken 1934.
21. Dietrich, Hermann, Auf dem Wege zum neuen Staat, Die deutsche Aufgabe, Stuttgart 1951.
22. Dietrich, Otto, Mit Hitler in die Macht, Persönliche Erlebnisse mit meinem Führer, München 1934.
23. „Dr. Lehr stellt richtig“ in: Westfalenpost, Nr. 11 v. 7. Februar 1947.
24. Duesterberg, Theodor, Der Stahlhelm und Hitler, Wolfenbüttel-Hannover 1949.
25. Dungern, Otto Frhr. v., Unter Kaiser und Kanzlern, Coburg 1953.
26. Ebeling, H., The Caste, The Political Role of the German General Staff between 1918 and 1933, London 1948.

27. Ebert, Friedrich, Schriften, Aufzeichnungen, Reden, 2 Bde., Dresden 1926.
28. Ein Gott, der keiner war, Konstanz-Zürich-Wien 1950.
29. Ernst, Fritz, Hrsg., „Aus dem Nachlaß des Generals Walther Reinhardt", in: Welt als Geschichte 18 (1958).
30. Faber du Faur, Moriz v., Macht und Ohnmacht, Erinnerungen eines alten Offiziers, Stuttgart 1953.
31. Fischer, Rudolf, Schleicher, Mythos und Wirklichkeit, Berlin 1932.
32. Fischer, Ruth, Stalin und der deutsche Kommunismus, Der Übergang zur Konterrevolution, Frankfurt/M. 1950.
33. Foertsch, Hermann, „Schleicher und die Politik", in: Frankfurter Allgemeine Zeitung v. 13. Februar 1952.
34. François-Poncet, André, Als Botschafter in Berlin 1931—1938, Mainz 1949.
35. Von Versailles bis Potsdam, Mainz-Berlin 1949.
36. Friedrich, Julius, Wer spielte falsch?, Hitler, Hindenburg, der Kronprinz, Hugenberg, Schleicher, Ein Tatsachenbericht aus Deutschlands jüngster Vergangenheit nach authentischem Material, Hamburg o. J. [etwa 1950].
37. Furtwängler, Franz Josef, Bedeutung und zukünftige Aufgaben der Arbeiterbewegung, Frankfurt/M. 1947.
38. „Schleicher und die Arbeiter" in: Die Zeit 8, Nr. 19 v. 7. Mai 1953.
39. Gerviens, Wilhelm [Severing], Der 20. Juli in Wahrheit und Dichtung, Bielefeld 1946.
40. Geyr v. Schweppenburg, Leo, Gebrochenes Schwert, Berlin 1952.
41. Görlitz, Walter, und Herbert A. Quint, Adolf Hitler, Eine Biographie, Stuttgart 1952.
42. Görlitz, Walter, Hindenburg, Ein Lebensbild, Bonn 1953.
43. Groener-Geyer, Dorothea, „Groeners Entwurf", in: Die Gegenwart 9 (1954).
44. General Groener, Soldat und Staatsmann, Frankfurt/M. 1955.
45. Groener, Wilhelm, Lebenserinnerungen, Jugend, Generalstab, Weltkrieg, Göttingen 1957.
46. Grzesinski, Albert, Inside Germany, New York 1939.
47. Heiden, Konrad, Adolf Hitler, Zürich 1936.
48. Herre, Paul, Kronprinz Wilhelm, Seine Rolle in der deutschen Politik, München 1954.
49. Herriot, Edouard, Jadis, D'une guerre à l'autre, 1914—1936, Paris 1952.
50. Heusinger, Adolf, Befehl im Widerstreit, Schicksalsstunden der deutschen Armee 1923—1945, Tübingen-Stuttgart 1950.
51. Hielscher, Friedrich, Fünfzig Jahre unter Deutschen, Hamburg 1954.
52. Hilger, Gustav, und Alfred G. Mayer, The Incompatible Allies, A Memoir-History of German-Soviet Relations 1918—1941, New York 1953.
53. Hillard, Gustav [d. i. Gustav Steinbömer], Herren und Narren der Welt, München 1954.
54. Hirschner, Fritz, Köpfe der Zeit, Königsberg 1932.
55. Hitlers Tischgespräche, hrsgg. von Henry Picker und Gerhard Ritter, Bonn 1951.
56. Hohenzollern, Kronprinzessin Cecilie v., Erinnerungen an den Kronprinzen, Biberach 1952.
57. Hugenbergs Ringen in deutschen Schicksalsstunden, hrsgg. von Borchmeyer, Detmold 1951.
58. Keil, Wilhelm, Erlebnisse eines Sozialdemokraten, Bd. II, Stuttgart 1948.
59. Kesselring, Albert, Soldat bis zum letzten Tag, Bonn 1953.
60. Koestler, Arthur, Pfeil ins Blaue, Bericht eines Lebens, 1905—1931, Wien-München-Basel 1953.
61. Kordt, Erich, Wahn und Wirklichkeit, Stuttgart 1947.
62. Nicht aus den Akten... Die Wilhelmstraße in Frieden und Krieg, Erlebnisse, Begegnungen und Eindrücke 1928—1945, Stuttgart 1950.
63. Kraft, Emil, 80 Jahre Arbeiterbewegung zwischen Meer und Moor, Ein Beitrag zur Geschichte der politischen Bewegungen in Weser-Ems, Wilhelmshaven 1952.

64. Kriegk, Otto, Hugenberg, Leipzig 1932.
65. Leber, Annedore, Willy Brandt und K. D. Bracher, Das Gewissen steht auf, 64 Lebensbilder aus dem deutschen Widerstand 1933—1945, Berlin-Frankfurt/M. 1954.
66. Leber, Julius, Ein Mann geht seinen Weg, Schriften, Reden und Briefe, hrsgg. von seinen Freunden, Berlin 1952.
67. Lippert, Julius, Im Strom der Zeit, Erlebnisse und Eindrücke, Berlin 1942.
68. Lochner, Louis P., Hrsg., Goebbels, Tagebücher aus den Jahren 1942—43, Zürich 1948.
69. Löbe, Paul, Erinnerungen eines Reichstagspräsidenten, Berlin 1949.
70. Lüttwitz, Walther Frhr. v., Im Kampf gegen die November-Revolution, Berlin 1934.
71. Manstein, Erich v., Aus einem Soldatenleben 1887—1939, Bonn 1958.
72. Marck, Siegfried, Große Menschen unserer Zeit, Portraits aus drei Kulturkreisen, Meisenheim am Glan 1954.
73. Meinecke, Friedrich, Straßburg, Freiburg, Berlin, 1901—1919, Stuttgart 1949.
74. Meißner, Otto, Staatssekretär unter Ebert, Hindenburg, Hitler, Hamburg 1950.
75. Menzel, Walter, „Carl Severing und der 20. Juli 1932", in: Die Gegenwart 7, Nr. 168 (8. November 1952).
76. Meyer, Oskar, Von Bismarck zu Hitler, Erinnerungen und Betrachtungen, 2. Aufl., Offenbach/M. 1948.
77. Miller, Max, Eugen Bolz, Staatsmann und Bekenner, Stuttgart 1951.
78. Müller, Hermann, Die November-Revolution, Erinnerungen, Berlin 1928.
79. Nobel, Alphons, Brüning, Leipzig 1932.
80. Noske, Gustav, Von Kiel bis Kapp, Zur Geschichte der deutschen Revolution, Berlin 1920.
81. Erlebtes aus Aufstieg und Niedergang einer Demokratie, Offenbach/M. 1947.
82. Okraß, Hermann, „Hamburg bleibt rot", Das Ende einer Parole, Hamburg 1934.
83. Olden, Rudolf, Hindenburg oder der Geist der preußischen Armee, Nürnberg 1948.
84. Papen, Franz v., Der Wahrheit eine Gasse, München 1952.
85. Peterson, Edward N., Hjalmar Schacht, For and against Hitler, A Political Economic Study of Germany 1923—1945, Boston 1954.
86. Rabenau, Friedrich v., Seeckt, Aus seinem Leben 1918—1936, Leipzig 1940.
87. Radbruch, Gustav, Der innere Weg, Stuttgart 1951.
88. Raumer, Hans v., „Unternehmer und Gewerkschaften in der Weimarer Zeit", in: Deutsche Rundschau 80, Heft 5 (Mai 1954).
89. Reichardt, Fritz, Andreas Hermes, Neuwied 1953.
90. Reinhard, E., „Es war kein Stegerwald-Plan", in: Die Welt v. 12. September 1952.
91. Renner, Karl, Österreich von der Ersten zur Zweiten Republik, Wien 1953.
92. Rheinbaben, Werner Frhr. v., Viermal Deutschland, Aus dem Leben eines Seemanns, Diplomaten, Politikers 1895—1954, Berlin 1954.
93. Ribbentrop, Joachim v., Zwischen London und Moskau, Erinnerungen und letzte Aufzeichnungen, Aus dem Nachlaß hrsgg. von Annelies v. Ribbentrop, Leoni/Starnberger See 1953.
94. Ritter, Gerhard, Carl Goerdeler und die deutsche Widerstandsbewegung, Stuttgart 1954.
95. Rossbach, Gerhard, Mein Weg durch die Zeit, Erinnerungen und Bekenntnisse, Weilburg 1950.
96. Salomon, Ernst v., Die Geächteten, Berlin 1933.
97. Der Fragebogen, Hamburg 1951.
98. Schacht, Hjalmar, Abrechnung mit Hitler, Hamburg 1948.
99. 76 Jahre meines Lebens, Bad Wörishofen 1953.
100. Schäffer, Fritz, „Hitler- oder Papen-Kabinett?", in: Die Welt v. 19. September 1952.
101. Schaumburg-Lippe, Friedrich Christian Prinz zu, Zwischen Krone und Kerker, Wiesbaden 1952.

102. Scheidemann, Philipp, Memoiren eines Sozialdemokraten, 2 Bde., Dresden 1928.
103. Schiffer, Eugen, Ein Leben für den Liberalismus, Berlin 1951.
104. Schlabrendorff, Fabian v., Offiziere gegen Hitler, Zürich 1951.
105. Schlange-Schöningen, Hans, Am Tage danach, Hamburg 1946.
106. Schmidt, Paul, Statist auf diplomatischer Bühne 1923—45, Erlebnisse des Chefdolmetschers im Auswärtigen Amt mit den Staatsmännern Europas, Bonn 1950.
107. Schreiber, Georg, Zwischen Demokratie und Diktatur, Persönliche Erinnerungen an die Politik und Kultur des Reiches (1919—1944), Münster 1949.
108. Schützinger, Hermann, „Die ‚Machtergreifung'", in: Deutsche Rundschau 70 (1947).
109. Schuschnigg, Kurt v., Farewell Austria, London 1938.
110. Schwerin-Krosigk, Lutz Graf, Es geschah in Deutschland, Menschenbilder und Zeitkräfte unseres Jahrhunderts, Tübingen-Stuttgart 1951.
111. Schwering, Leo, „Carl Bachem", in: Deutsches Monatsblatt, September 1958.
112. Sendtner, Kurt, Rupprecht von Wittelsbach Kronprinz von Bayern, München 1954.
113. Severing, Carl, „20. Juli 1932", in: Die Gegenwart 2, Nr. 13/14 v. 31. Juli 1947.
114. Mein Lebensweg, 2 Bde., Köln 1950.
115. Silverberg, Paul, Reden und Schriften, hrsgg. von Franz Mariaux, Köln 1951.
116. Stegerwald, Adam, Wohin gehen wir?, Würzburg 1946.
117. Wo stehen wir?, Würzburg 1946.
118. Strasser, Otto, Hitler und ich, Konstanz 1948.
119. Teske, Hermann, Die silbernen Spiegel, Heidelberg 1952.
120. The Memoirs of Herbert Hoover, The Great Depression, 1929—1941, London 1953.
121. Thyssen, Fritz, I paid Hitler, London 1941.
122. Treviranus, Gottfried R., „Weshalb Brüning ging", in: Vossische Zeitung, Nr. 437 v. 11. September 1932.
123. „Die Wurzeln des Übels", in: Das Parlament 3, Nr. 4 v. 28. Januar 1953.
124. Wegener, Leo, Hugenberg, Eine Plauderei, Berlin 1930.
125. Weizsäcker, Ernst v., Erinnerungen, München 1950.
126. Westarp, Kuno Graf, Das Ende der Monarchie am 9. November 1918, Stollhamm-Berlin 1952.
127. Wheeler-Bennett, John W., Hindenburg, The Wooden Titan, London 1936.
128. Witzmann, Georg, Thüringen von 1918—1933, Meisenheim 1958.

C. *Zeitgenössische Literatur*

1. Abramowitsch, Mark, Diktatur oder Demokratie? nein: Diktatur durch Demokratie, Berlin 1932.
2. Acht Jahre politische Justiz, Das Zuchthaus — die politische Waffe, Eine Denkschrift der deutschen Liga für Menschenrechte e. V., Berlin 1927.
3. Adolf Hitlers Offener Brief an Herrn von Papen, Berlin 1932.
4. Arbeitsbeschaffung, Eine Gemeinschaftsarbeit, Berlin 1933.
5. Aufhäuser, Siegfried, Ideologie und Taktik der Angestelltenbewegung (Referat auf dem 4. AfA-Gewerkschaftskongreß, Leipzig 1931), Berlin 1931.
6. „Aufstieg oder Niedergang" in: Veröffentlichungen des Reichsverbandes der Deutschen Industrie, Heft 49 (Dezember 1929).
7. Aust, Oskar, Die Reform der öffentlichen Verwaltung in Deutschland, Berlin 1928.

8. Axhausen, Günther, Organisation Escherich, Leipzig-Berlin 1921.
9. Baecker, Paul, Die deutsche Frage (Rede auf dem 2. Parteitag am 29. Oktober 1920 in Hannover), Berlin 1920.
10. Bäumer, Gertrud, Grundlagen demokratischer Politik, Karlsruhe 1928.
11. Bank für Internationalen Zahlungsausgleich, Das dem beratenden Sonderausschuß aus amtlichen deutschen Quellen zur Verfügung gestellte Material, Basel, Dezember 1931.
12. Bauer, Otto, Die Nationalitätenfrage und die Sozialdemokratie, 2. Aufl., Wien 1924.
13. Below, Georg v., „Deutschnationale Köpfe", in: Charakterbilder aus Vergangenheit und Gegenwart der rechtsstehenden Parteien, Hrsg. Hans v. Arnim und Georg v. Below, 2. Aufl., Leipzig-Wien 1928.
14. Benary, Albert, Unsere Reichswehr, Das Buch von Heer und Flotte, Berlin 1932.
15. Bernhard, Georg, Wirtschaftsparlamente, Von den Revolutionsräten zum Reichswirtschaftsrat, Wien-Leipzig 1923.
16. Die deutsche Tragödie, Der Selbstmord einer Republik, Prag 1933.
17. Bernhard, Ludwig, Der „Hugenberg-Konzern", Psychologie und Technik einer Großorganisation der Presse, Berlin 1928.
18. Beyerle, Konrad, Föderalistische Reichspolitik, München 1924.
19. „Reich und Länder" in: Volk und Reich... (D 94), II.
20. Bienstock, Gregor, Kampf um die Macht, Zur neuen Politik der Sozialdemokratie, Berlin 1932.
21. Billung, Richard, Rund um Hitler, München 1931.
22. Bissing, W. M. Frhr. v., Der Realkredit der deutschen Landwirtschaft, Berlin 1930.
23. Bitter, Friedrich Wilhelm, und Arnold Zelle, Die Krankheit Europas, Handbuch für die deutsche Freiheitspolitik, Freiburg i. Br. 1932.
24. Bloch, Curt, Die Reichsgestaltungstendenzen in Deutschland von 1918 bis zur Gegenwart, 1931.
25. Blüher, Hans, Die deutsche Wandervogelbewegung als erotisches Phänomen, Berlin 1912.
26. Die Rolle der Erotik in der männlichen Gesellschaft, 2 Bde., Jena 1919.
27. Führer und Volk in der Jugendbewegung, Jena 1919.
28. Der Charakter der Jugendbewegung, Lauenburg 1921.
29. Boelke, Rolf, „Die Spaltung der Nationalsozialisten" in: Die Tat 22, Heft 5 (August 1930).
30. „Die Krise der Nationalsozialisten" in: Die Tat 23, Heft 2 (Mai 1931).
31. „Der Weg des Nationalsozialismus" in: Die Tat 24, Heft 10 (Januar 1933).
32. Bölling, Hatto Gynther, „Die Krise der Bürokratie", in: Die Tat 24, Heft 7 (Oktober 1932).
33. Bonn, Moritz J., Das Schicksal des deutschen Kapitalismus, Berlin 1930.
34. Brammer, Karl, Verfassungsgrundlagen und Hochverrat, Beiträge zur Geschichte des neuen Deutschlands, Berlin 1922.
35. Braun, Otto, Deutscher Einheitsstaat oder Föderativsystem?, Berlin 1927.
36. „Ich wähle Hindenburg" in: Vorwärts v. 10. März 1932.
37. Brauns, Heinrich, „Zentrum und evangelischer Volksteil", in: Der Zusammenschluß, Heft 11 (Februar 1927).
38. „Das Zentrum" in: Volk und Reich... (D 94), II.
39. Brauweiler, Heinz, Generäle in der deutschen Republik, Groener, Schleicher, Seeckt, Berlin 1932.
40. Bredt, J. Victor, Der Geist der deutschen Reichsverfassung, 1924.
41. Breitscheid, Rudolf, „Abrechnung, Eine Reichstagsrede", in: Wider den Nationalsozialismus (C 546).
42. Brentano, Bernard v., Kapitalismus und schöne Literatur, Berlin 1930.
43. Brill, Hermann L., „Kämpfe um den Rechtsstaat", in: Die Justiz 6 (1930).
44. Brüning, Heinrich, Zwei Jahre am Steuer des Reichs, Reden aus Brünings Kanzlerzeit, Köln 1932.
45. „Im Januar 1933" in: Deutsche Zeitung v. 28. Mai 1952.

46. Buchner, Hans, Grundriß einer nationalsozialistischen Volkswirtschaftslehre (Nationalsozialistische Bibliothek, Heft 16), 4. Aufl., München 1932.
47. Buchner, Max, „Deutsche Freiheitsbewegung und monarchischer Staatsgedanke", in: Gelbe Hefte 9, 1 (Oktober 1932).
48. Buchrucker, Ernst, Im Schatten Seeckts, Die Geschichte der Schwarzen Reichswehr, Berlin 1928.
49. Buddeberg, Theodor, „Das soziologische Problem der Sozialdemokratie", in: Archiv für Sozialwissenschaft 49 (1922).
50. Buttmann, Rudolf, Bayerische Politik 1924—1928 (Nationalsozialistische Bibliothek, Heft 5), München 1928.
51. Caro, Kurt, und Walter Oehme, Schleichers Aufstieg, Ein Beitrag zur Geschichte der Gegenrevolution, Berlin 1933.
52. Cassel, Gustav, Neuere monopolistische Tendenzen in Industrie und Handel (Memorandum für die Weltwirtschaftskonferenz in Genf 1927), Berlin 1927.
53. Chevallerie, Otto de la, Die Gewerkschaften als Unternehmer, Berlin 1930.
54. Cordier, Leopold, „Jugendbewegung und Protestantismus", in: Süddeutsche Monatshefte 23, Heft 9 (Juni 1926).
55. „Das Ende der Hitlerpsychose" in: Der Rote Aufbau 5, Heft 21 (1. November 1932).
56. Das Erbe der Väter, Wegweiser zum Geistesvermächtnis deutschen Führertums, hrsgg. von Karl August Walther und Albert Böhme, Stuttgart o. J.
57. Das Recht der jungen Völker, Sammlung politischer Aufsätze, hrsgg. von Hans Schwarz, Berlin 1932.
58. Das Reichsbanner Schwarz Rot Gold, Beiträge von Paul Löbe, Philipp Scheidemann, Wilhelm Sollmann, Fritz Koch, Robert Breuer, Arno Scholz u. a., Magdeburg o. J. [1924].
59. „Das SA-Verbot" in: Der Zeitspiegel 1, Nr. 8 (21. April 1932).
60. Delmar, Alfred, „Richterliche Unabhängigkeit und politische Justiz", in: Die Justiz 4 (1928).
61. Denkschrift des Reichsjustizministeriums zu: Vier Jahre politischer Mord, hrsgg. von E. J. Gumbel, Berlin 1924.
62. Der Jud ist schuld...?, Diskussionsbuch über die Judenfrage, Teil I und II, Basel 1932.
63. „Der Kampf um die Reichspräsidentenwahl" in: Der Zeitspiegel 1, Nr. 2 (21. Januar 1932).
64. „Der Konflikt zwischen Reich und Ländern" in: Der Zeitspiegel 1, Nr. 13 (7. Juli 1932).
65. Der Nationalsozialismus und wir, Weg und Kampf des Scherl-Verlags, Berlin, 29. September 1932.
66. „Der Stahlhelm marschiert, Nachdenkliches zum Stahlhelmtag" in: Die Schwarze Front 7, Nr. 30 v. 11. September 1932.
67. Der vorläufige Reichswirtschaftsrat 1927—1932, Berlin 1933 (1920—1926, Berlin 1926).
68. „Der Vorstoß des Reichslandbundes" in: Der Zeitspiegel 2, Nr. 2 (22. Januar 1933).
69. „Der Weg der Tat" in: Die Tat 24, Heft 6 (September 1932).
70. Dessauer, Friedrich, Recht, Richtertum und Ministerialbürokratie, Mannheim-Berlin-Leipzig 1928.
71. Deutsche Sozialpolitik 1918—1928, Erinnerungsschrift des Reichsarbeitsministeriums, Berlin 1929.
72. „Deutsche Wirtschafts- und Finanzpolitik" in: Veröffentlichungen des Reichsverbandes der Deutschen Industrie, Heft 29 (Dezember 1925).
73. „Deutschlands neue Einkreisung" in: Die Tat 22, Heft 10 (Januar 1931).
74. „Deutschlands Weg aus der Einkreisung" in: Die Tat 22, Heft 12 (März 1931).
75. Deutschnationale Flugschrift, Nr. 268, Berlin 1926; Nr. 328, Berlin 1928; Nr. 339, Berlin 1929; Nr. 342, Berlin 1929; Nr. 345, Berlin 1930.
76. Deutschnationales Rüstzeug, Nr. 16, Berlin 1930.

77. „Dezentralisierte Selbstverwaltung als Weg zum Einheitsstaat“ in: Leipziger Volkszeitung v. 27. Februar 1928.
78. Die Abtrünnigen, Geschichte einer Absplitterung, die die Festigung der Partei brachte (Deutschnationales Rüstzeug, C 76).
79. „Die Aufgaben der Armee“ in: Die Tat 24 (März 1933).
80. Die Deutschnationalen und Wir, Flugschriften der Deutschen Volkspartei, Folge 44, Berlin 1920.
81. Die Entstehung der Deutschen Volkspartei, hrsgg. von der Reichsgeschäftsstelle der DVP, 3. Aufl., Berlin 1920.
82. „Die kommunistische Jugendbewegung“, von einem Kommunisten, in: Süddeutsche Monatshefte 23, Heft 9 (Juni 1926).
83. Die Krise im Zahlungsverkehr und ihre Überwindung, Richtlinie Nr. 218 der Reichszentrale für Heimatdienst, August 1931.
84. Die Nationalsozialisten im neuen Reichstag, Berlin 1931.
85. Die neue Jugend (Forschungen zur Völkerpsychologie und Soziologie, Bd. IV), hrsgg. von Richard Thurnwald, Leipzig 1927.
86. Die Not der peußischen Ostprovinzen, hrsgg. von den Landeshauptleuten der Provinzen Ostpreußen, Grenzmark Posen-Westpreußen, Pommern, Brandenburg, Niederschlesien und Oberschlesien (als Handschrift gedruckt).
87. Die Organisation im Klassenkampf (Rote Bücher 2), unter Mitarbeit von F. Bieligk, E. Eckstein, O. Jenssen, K. Laumann, H. Wagner, Berlin 1931.
88. Die Rechte des deutschen Reichspräsidenten nach der Reichsverfassung, Berlin 1929.
89. Die Reichsreform, hrsgg. vom Bund zur Erneuerung des Reiches, Bd. I, Berlin 1933.
90. Die SPD eine bürgerliche Partei, hrsgg. von der KPD, Sektion der Kommunistischen Internationale, Berlin 1924.
91. Dietrich, Hermann, Ein Jahr Agrarpolitik, Berlin 1929.
92. An die Freunde im Lande, Berlin [Juni] 1932.
93. Dietze, Konstantin v., Die gegenwärtige „Agrarkrise“, Berlin 1930.
94. Die Wahrheit über Hitlers Verhalten und Vorgehen in der Regierungskrise, Berlin 1932.
95. Dingeldey, Eduard, Die Deutsche Volkspartei seit dem 14. September 1930, Berlin o. J. [1930] (Rede vor dem Reichsausschuß der DVP am 2. November 1930).
96. Dingräve, Leopold, „Warum sind die Studenten so?“, in: Die Tat 21, Heft 11 (Februar 1930).
97. Dirks, Walter, „Der Nationalismus der Nationalsozialisten“, in: Rhein-Mainische Volkszeitung, Nr. 91 v. 21. April 1931.
98. Doeberl, Michael, „Hochschule und auswärtige Politik“, in: Das akademische Deutschland, Bd. III, Berlin 1930.
99. Dohna, Alexander Graf zu, „Das Werk von Weimar“, in: Recht und Staat... (D 51), I.
100. Dovifat, Emil, „Neue Aufgaben der deutschen Publizistik“, in: Krisis... (D 38).
101. Dräger, Heinrich, Arbeitsbeschaffung durch produktive Kreditschöpfung, Berlin 1932, Neudruck 1954.
102. Drahn, Ernst, „Sozialdemokratie“, in: Handwörterbuch... (D 28), VII.
103. „Die sozialistische Arbeiterjugend“ in: Süddeutsche Monatshefte 23, Heft 9 (Juni 1926).
104. „Zur Quellenkunde für eine Geschichte der deutschen Gewerkschaftspresse“ in: Jahrbuch für Nationalökonomik und Statistik 136, 3. F. 81 (1932).
105. Drath, Martin, „Regierung und Grundrechte“, in: Die Arbeit, Dezember 1932.
106. Drews, Bill, „Probleme der Verwaltungsreform“, in: Recht und Staat... (D 51), II.
107. Dreyfuß, Karl, Beruf und Ideologie der Angestellten, München-Leipzig 1933.
108. Ebers, Godehard Josef, Hrsg., Katholische Staatslehre und volksdeutsche Politik, Freiburg i. Br. 1929.

109. Eggeling, Erich, Partei oder Bewegung, Der jungdeutsche Kampf um die Staatspartei, Berlin 1930.
110. Ehrhardt, Hermann, „Das Problem ‚Nationalsozialismus'", in: Deutsche Zukunft 11, Nr. 13 v. 5. Juli 1930.
111. Eichhorn, K., „Die Parteien und die Verfassung", in: Die Reichsreform, März 1930.
112. Einige Stimmen aus der durch den Aufsatz von Walther Lambach, MdR., in Gang gebrachten öffentlichen Aussprache, als Manuskript gedr., 20. Juli 1928.
113. „Einsetzung des Reichskommissars in Preußen" in: Der Zeitspiegel 1, Nr. 41 v. 28. Juli 1932.
114. Engelhardt, Victor, Die deutsche Jugendbewegung als kulturhistorisches Phänomen, Berlin 1923.
115. „Die ‚Jugend' im neuen Reichstag" in: Das Junge Deutschland 25, Heft 1 (Januar 1931).
116. „Entschließung des Bundesvorstandes" in: Der Stahlhelm 12, Nr. 41 v. 12. Oktober 1930.
117. Eschmann, Ernst Wilhelm, „Nationale Planwirtschaft: Grundzüge", in: Die Tat 24, Heft 3 (Juni 1932).
118. Eulenburg, Franz, „Außenhandel und Außenhandelspolitik", in: Grundriß der Sozialökonomie VIII, Tübingen 1929.
119. „Die deutsche Industrie auf dem Weltmarkte" in: Strukturwandlungen. . . (D 68), I.
120. Everling, Friedrich, Reichszerstörung oder Reichsreform, Berlin 1928.
121. Fallada, Hans, Bauern, Bonzen, Bomben, Berlin 1931.
122. Feder, Gottfried, Der deutsche Staat auf nationaler und sozialer Grundlage, Neue Wege in Staat, Finanz und Wirtschaft, München 1924; 17. veränderte Aufl. 1933.
123. Das Programm der N.S.D.A.P. und seine weltanschaulichen Grundgedanken (NS-Bibliothek, Heft 1), 66.—70. Aufl., München 1932.
124. Kampf gegen die Hochfinanz, München 1934.
125. Feine, Hans Erich, Das Werden des deutschen Staates, Stuttgart 1936.
126. Felgen, Friedrich, et al., Die Femelüge, München 1928.
127. Fiedler, Johann, Konzentrationsbewegung der Gewerkschaften, Wien 1924.
128. Fiehler, Karl, Nationalsozialistische Gemeindepolitik (NS-Bibliothek, Heft 10), München 1929.
129. Fischer, F., Die Angestellten, ihre Bewegung und ihre Ideologien, Diss. Heidelberg 1931.
130. Fischer, Josepha, „Entwicklungen und Wandlungen in den Jugendverbänden", in: Das Junge Deutschland, Jahrgänge 24—27 (1930—1933).
131. Fraenkel, Ernst, Zur Soziologie der Klassenjustiz, Berlin 1927.
132. „Die Krise des Rechtsstaates und die Justiz" in: Die Gesellschaft 8, Heft 10 (Oktober 1931).
133. „Die politische Bedeutung des Arbeitsrechts" in: Die Gesellschaft 9, Heft 1 (Januar 1932).
134. „Verfassungsreform und Sozialdemokratie" in: Die Gesellschaft 9 (1932).
135. Frank, Helmut, Wir brechen die Bahn, Leipzig 1926.
136. Franke, Hans, „Der Wesenswandel der Gewerkschaften", in: Jahrbücher für Nationalökonomik und Statistik 133, 3. F. 78 (1930).
137. Franke, Helmut, Staat im Staate, Aufzeichnungen eines Militaristen, Magdeburg 1924.
138. Freyer, Hans, Revolution von rechts, Jena 1931.
139. Freytagh-Loringhoven, Axel Frhr. v., „Dr. Luthers Reichsreform", in: Der Tag v. 13. Oktober 1928.
140. „Verfassungsfragen" in: Der nationale Wille (D 14).
141. „Deutschnationale Volkspartei" in: Die geistige Struktur der politischen Parteien Europas, Berlin 1931.

142. Frick, Wilhelm, Die Nationalsozialisten im Reichstag 1924—1928 (NS-Bibliothek, Heft 4), München 1928.
143. Fried, Ferdinand, „Der mittlere Unternehmer", in: Die Tat 21, Heft 11 (Februar 1930).
144. „Zusammenbruch der Weltwirtschaft" in: Die Tat 22, Heft 8 (November 1930).
145. „Die Sackgasse" in: Die Tat 22, Heft 9 (Dezember 1930).
146. Das Ende des Kapitalismus, Jena 1931.
147. „Kapital und Masse" in: Die Tat 22, Heft 10 (Januar 1931).
148. „Der Umbau der Welt" in: Die Tat 23, Heft 2 (Mai 1931).
149. „Weltmoratorium — Weltbankrott" in: Die Tat 23, Heft 4 (Juli 1931).
150. Autarkie, Jena 1932.
151. „Der Übergang zur Autarkie" in: Die Tat 24, Heft 2 (Mai 1932).
152. „Die heilige Allianz von Lausanne" in: Die Tat 24, Heft 5 (August 1932).
153. „Das Papen-Programm ist keine Tat" in: Die Tat 24, Heft 7 (Oktober 1932).
154. Friedländer, Otto, „Die ideologische Front der nationalen Opposition", in: Sozialistische Monatshefte 35 (1929), Heft 1.
155. Frielinghaus, Otto, Der dezentralisierte Einheitsstaat, Berlin 1928.
156. Fritzsching, Leonhard, „Der Mittelstand als Klasse, Zur Wirtschaft des nichtkapitalistischen Unternehmers", in: Schmollers Jahrbuch 1930, Heft 4.
157. „Gegen den Einheitsstaat" in: Süddeutsche Monatshefte 25 (1928).
158. Geiger, Heinrich, „Die Stoßkraft der Angestellten", in: Die Tat 21, Heft 10 (Januar 1930).
159. „Was verdient heute der Angestellte" in: Die Tat 21, Heft 11 (Februar 1930).
160. „Der Reichstag der alten Herren" in: Die Tat 22, Heft 4 (Juli 1930).
161. „Streifzug im verjüngten Reichstag" in: Die Tat 22, Heft 10 (Januar 1931).
162. Geiger, Theodor, „Panik im Mittelstand", in: Die Arbeit 7 (1930).
163. „Zur Kritik der arbeitspsychologischen Forschung" in: Die Gesellschaft 8 (1931).
164. „Zur Kritik der Verbürgerlichung" in: Die Arbeit 8 (1931).
165. Gerhart, Walter [d. i. Waldemar Gurian], Um des Reiches Zukunft, Nationale Wiedergeburt oder politische Reaktion?, Freiburg i. Br. 1932.
166. Geßler, Otto, „Der Aufbau der neuen Wehrmacht", in: Zehn Jahre deutsche Geschichte... (D 96).
167. Die Träger der Reichsgewalt, Hamburg 1931.
168. Gleichen, Heinrich v., „Kein Bruderkrieg", in: Der Ring 3, Heft 30 v. 27. Juli 1930.
169. Goebbels, Joseph, „Was wollen wir im Reichstag?", in: Der Angriff v. 30. April 1928.
170. „IdI" in: Der Angriff v. 28. Mai 1928.
171. „Warum sind wir Nationalsozialisten?" in: Der Angriff v. 9. Juli 1928.
172. „Warum sind wir Sozialisten?" in: Der Angriff v. 16. Juli 1928.
173. „Warum Arbeiterpartei?" in: Der Angriff v. 23. Juli 1928.
174. „Revolutionäre Forderungen" in: Der Angriff v. 6. August 1928.
175. „Die Aufgeregten" in: Der Angriff v. 8. Oktober 1928.
176. „Wenn Hitler spricht" in: Der Angriff v. 19. November 1928.
177. Das kleine ABC der Nationalsozialisten, Berlin 1929.
178. „Literaten" in: Der Angriff v. 29. April 1929.
179. „Gegen die Reaktion" in: Der Angriff v. 13. Mai 1929.
180. „Einheitsfront" in: Der Angriff v. 27. Mai 1929.
181. „Kapitalismus" in: Der Angriff v. 15. Juli 1929.
182. „Der Führer" in: Der Angriff v. 22. August 1929.
183. „Der Kampf beginnt?" in: Der Angriff v. 27. Oktober 1929.
184. „Sozialismus und Eigentum" in: Der Angriff v. 14. November 1929.
185. „Kommunalpolitik" in: Der Angriff v. 1. Dezember 1929.
186. „Maulhelden" in: Der Angriff v. 6. Juli 1930.
187. „In die Knie gezwungen" in: Der Angriff v. 12. Dezember 1930.

188. „1931“ in: Der Angriff v. 31. Dezember 1930.
189. Der Nazi-Sozi, Fragen und Antworten für den Nationalsozialisten, München 1931.
190. „Gesäß-Parteien“ in: Der Angriff v. 19. Februar 1931.
191. „Die Legalität“ in: Der Angriff v. 11. Mai 1931.
192. „Hinein in die Betriebe!“ in: Der Angriff v. 29. August 1931.
193. „Wie lange noch, Herr Curtius?“ in: Der Angriff v. 14. September 1931.
194. „Von Harzburg nach Braunschweig“ in: Der Angriff v. 21. Oktober 1931.
195. „Die nationale Opposition“ in: Der Angriff v. 19. Dezember 1931.
196. „Die absolute Mehrheit“ in: Der Angriff v. 31. Mai 1932.
197. „Die Frage Preußen“ in: Der Angriff v. 11. Juni 1932.
198. „Die Macht an Hitler“ in: Der Angriff v. 15. August 1932.
199. „Die Juden sind schuld“ in: Der Angriff v. 24. August 1932.
200. „Politische Erbschleicherei“ in: Der Angriff v. 9. September 1932.
201. „Der Kanzler ohne Volk“ in: Der Angriff v. 7. November 1932.
202. „Eine Betrachtung der Lage“ in: Der Angriff v. 17. November 1932.
203. „Der General hat eine gute Presse“ in: Der Angriff v. 6. Dezember 1932.
204. „Vertagte Krise“ in: Der Angriff v. 15. Dezember 1932.
205. „Das Programm ohne Programm“ in: Der Angriff v. 21. Dezember 1932.
206. „Schleichers Bilanz“ in: Der Angriff v. 20. Januar 1933.
207. „Das große Wunder“ in: Der Angriff v. 2. Februar 1933.
208. Vom Kaiserhof zur Reichskanzlei, Berlin 1934.
209. Der Angriff, Aufsätze aus der Kampfzeit, München 1935.
210. Göring, Hermann, Aufbau einer Nation, München 1934.
211. Goltz, Rüdiger Graf v. d., „Die vaterländischen Verbände“, in: Volk und Reich... (D 94), II.
212. Tribut-Justiz, Ein Buch um die deutsche Freiheit, Berlin 1932.
213. Grebe, Friedrich, „Preußen und das Reich“, in: Das Zentrum, 1922.
214. Grimm, Friedrich, Reichsreform und Außenpolitik, Hamburg 1933.
215. Gründel, Günther, Die Sendung der jungen Generation, München 1932, 2. Aufl. 1933.
216. Grueneberg, Horst, „Warum Diktatur?“, in: Die Tat 22, Heft 5 (August 1930).
217. „Mittelstandspolitik — Staatspolitik“ in: Die Tat 23, Heft 3 (Juni 1931).
218. Grzesinski, Albert, „Republik und Beamter“ (Rede auf dem mitteldeutschen Beamtentag des ADB in Magdeburg am 1. Dezember 1929), in: Das Beamtentum im neuen Staat, Berlin 1930.
219. Guggenheim, Paul, Der Völkerbund in seiner politischen und rechtlichen Wirklichkeit, Berlin-Leipzig 1932.
220. Gumbel, Emil Julius, Vier Jahre politischer Mord, Berlin 1922.
221. „Landesverratsstatistik“ in: Die Justiz 3 (1927).
222. „Feme-Literatur“ in: Die Justiz 4 (1928).
223. „Strafvollzugsstatistik“ in: Die Justiz 5 (1929).
224. Verräter verfallen der Feme, Berlin 1929.
225. Laßt Köpfe rollen, Faschistische Morde 1924—1931, Berlin 1931.
226. Gurland, Arkadij, Das Heute der proletarischen Aktion, Berlin 1931.
227. Gutmann, Franz, „Auslandskredite und Auslandsverschuldung“, in: Wirtschaftsprobleme der Gegenwart 8, Berlin 1930.
228. Hände weg von der Währung, Aufsätze aus der Kölnischen Zeitung, Köln [September 1931].
229. Hamburger, Ernst, „Dialektik der staatsrechtlichen Entwicklung in der Wirtschaftskrise“, in: Die Gesellschaft 9, Heft 1 (Januar 1932).
230. „Die personelle und organisatorische Verwaltungspolitik der neuen Machthaber“ in: Der Beamte 1932, Heft 4.
231. Hartz, Gustav, Irrwege der deutschen Sozialpolitik und der Weg zur sozialen Freiheit, Berlin (Scherl) 1928.
232. Hedemann, Justus W., „Die geistigen Strömungen in der heutigen deutschen Studentenschaft“, in: Das akademische Deutschland, Bd. III, Berlin 1930.

233. Die Flucht in die Generalklauseln, Eine Gefahr für Recht und Staat, Tübingen 1933.
234. Heimann, Eduard, „Der Sinn der Arbeitslosenversicherung", in: Soziale Praxis 37, Heft 25 (Juni 1927).
235. „Was will der Nationalsozialismus?" in: Neue Blätter für den Sozialismus 2, Heft 4 (April 1931).
236. Heinecke, G. E., „Revision des Youngplans! Ein Überblick über den Inhalt der gegenwärtigen Reparationsregelung und eine Darstellung der Revisionsgrundlagen und -möglichkeiten", in: Veröffentlichungen des Reichsverbandes der Deutschen Industrie, Heft 56 (Januar 1931).
237. Heinrich, Walter, „Ständische Ordnung und Diktatur", in: Jahrbücher für Nationalökonomik und Statistik 136, 3. F. 81 (1932).
238. Hergt, Oskar, Unser Ziel (Rede auf dem 2. Parteitag am 25. Oktober 1920 in Hannover), Berlin 1920.
239. Herle, Jakob, und Max Metzner, Neue Beiträge zum Kartellproblem, Berlin 1929.
240. „Her mit dem Reichskommissar für Preußen!" in: Der Tag, Nr. 165 v. 10. Juli 1932.
241. Herrmann, Wolfgang, „Das Schicksal des deutschen Kommunismus", in: Die Tat 23, Heft 11 (Februar 1932).
242. Hesse, Kurt, Miliz, Hamburg 1933.
243. Heuss, Theodor, Die neue Demokratie, Berlin 1920.
244. Heyde, Ludwig, „Rationalisierung und Arbeiterschaft", in: Strukturwandlungen... (D 68), I.
245. „Frau und Gewerkschaft" in: Internationales Handwörterbuch des Gewerkschaftswesens, Berlin 1930/32.
246. Hierl, Konstantin, Grundlagen einer deutschen Wehrpolitik, München 1931.
247. Hieronimi, Hermann, Berufsbeamtentum und Politik, Würzburg 1933.
248. Hilferding, Rudolf, „Die Aufgaben der Sozialdemokratie in der Republik", in: Protokoll Sozialdemokratischer Parteitag Kiel... (D 46).
249. „Unter der Drohung des Faschismus" in: Die Gesellschaft 9, Heft 1 (Januar 1932).
250. Himmler, Heinrich, Der Reichstag 1930, Das sterbende System und der Nationalsozialismus (NS-Bibliothek, Heft 25), München 1931.
251. Hirche, Kurt, „Der Faschismus der Studentenschaft", in: Die Hilfe 37, Heft 5 v. 31. Januar 1931, und in: Die Tat 23, Heft 1 (April 1931).
252. „Nationalsozialistischer Hochschulsommer" in: Die Hilfe 37, Heft 33 v. 15. August 1931.
253. Hirsch, Julius, „Wandlungen im Aufbau der deutschen Industrie", in: Strukturwandlungen... (D 68), I.
254. Hitler, Adolf, Mein Kampf, München 1925 ff.
255. Höfchen, Karl, Der Stand angestellter Akademiker in Volk und Wirtschaft, Eine soziologische Denkschrift (Sozialpolitische Schriften des Bundes angestellter Akademiker technisch-naturwissenschaftlicher Berufe, 1. Folge, Heft 8), Berlin 1925.
256. Höpker-Aschoff, Hermann, Deutscher Einheitsstaat, Ein Beitrag zur Rationalisierung der Verwaltung, Berlin 1928.
257. „Das Urteil von Leipzig" in: Der deutsche Volkswirt 7 (1932/33), II.
258. Hörsing, Friedrich Otto, „Das Reichsbanner Schwarz-Rot-Gold", in: Volk und Reich... (D 94), II.
259. Hoffmann, P. Theo, S. J., „Katholische Jugendbewegung", in: Süddeutsche Monatshefte 23, Heft 9 (Juni 1926).
260. Holtz, F. C., „Unser Reichspräsident Kronprinz Wilhelm", in: Fridericus, 4. Märzausgabe und 1. Aprilausgabe 1932.
261. Huber, Ernst Rudolf, Verfassungsrecht des Großdeutschen Reiches, Hamburg 1939.
262. Hugenberg, Alfred, „Block oder Brei", in: Berliner Lokalanzeiger v. 26. und 28. August 1928.

263. „Die politische Lage Deutschlands und unsere Aufgaben" in: Deutschnationale Schriftenvertriebsstelle, Flugblatt Nr. 503 (Rede am 21. Oktober 1928 auf der Parteivertretertagung).
264. Rede auf dem 10. Reichsparteitag am 20. September 1931 in: Unsere Partei 1931.
265. Die soziale Frage in Deutschland, Berlin 1932.
266. „Das Präsidial-Kabinett" in: Der Tag, Nr. 298 v. 13. Dezember 1932.
267. Illustrierte Geschichte der Deutschen Revolution, Heft 4, o. J. [1927—1930].
268. Jellinek, Walter, „Die Wandlungen in den Aufgaben und im Zuständigkeitsverhältnis von Reich und Ländern, Von der Reichsgründung bis zum Jahre 1919", in: Recht und Staat im Neuen Deutschland, Bd. I, Berlin 1929.
269. Joos, Josef, Die politische Ideenwelt des Zentrums, Karlsruhe 1928.
270. Jostock, Paul, Der Ausgang des Kapitalismus, München 1928.
271. „Jugendverbände in der Krise der Gegenwart" in: Das Junge Deutschland 26, Hefte 5—7 (Mai—Juli 1932).
272. Jung, Edgar J., Die Herrschaft der Minderwertigen, ihr Zerfall und ihre Ablösung durch ein Neues Reich, Berlin 1929 (2. Aufl. 1930).
273. Kaas, Ludwig, „Der Nationalsozialismus im deutschen Kultur-, Staats- und Wirtschaftsleben", in: Volkswohl 22, Heft 9, Juni 1931.
274. Kaasch, W., „Die soziale Struktur der KPD 1928", in: Die Kommunistische Internationale 9 (1929).
275. Kahl, Wilhelm, Friedrich Meinecke, Gustav Radbruch, Die deutschen Universitäten und der heutige Staat (Referate auf der Weimarer Tagung deutscher Hochschullehrer am 23. und 24. April 1926), Tübingen 1926.
276. „Der Liberalismus der Deutschen Volkspartei" in: Volk und Reich... (D 94), II.
277. Kalveram, Wilhelm, „Rationalisierung der kaufmännischen Betriebsorganisation", in: Strukturwandlungen... (D 68), I.
278. Kampfer, Joachim, „Die Ereignisse vom 20. Juli in ihrer Bedeutung für das Verfassungsleben", in: Der Beamte 1932, Heft 4.
279. Kantorowicz, Alfred, „Zwischen den Klassen", in: Die Tat 21, Heft 10 (Januar 1930).
280. Katte, „Die Aufgaben der Industrie im öffentlichen und kulturellen Leben der Nation", in: Veröffentlichungen des Reichsverbandes der Deutschen Industrie, Heft 48 (Oktober 1929).
281. Kehl, Werner, „Die Bedeutung des internationalen Kapitalmarktes für Deutschland", in: Veröffentlichungen des Reichsverbandes der Deutschen Industrie, Heft 48 (Oktober 1929).
282. Keiser, Günter, „Der Nationalsozialismus, eine reaktionäre Revolution", in: Neue Blätter für den Sozialismus 2, Heft 6 (Juni 1931).
283. Kelsen, Hans, „Zollunion und Völkerrecht", in: Der deutsche Volkswirt v. 24. April 1931.
284. Kemmer, Ernst, „Deutsche Jugendbewegung", in: Süddeutsche Monatshefte 23, Heft 9 (Juni 1926).
285. Kessler, Gerhard, „Die Lage der deutschen Arbeiterschaft seit 1914", in: Strukturwandlungen... (D 68), I.
286. Kindt, Werner, „Der 14. September und die Jugend", in: Das Junge Deutschland 25, Heft 2 (Februar 1931).
287. „‚Bund oder Partei?' in der Jugendbewegung" in: Das Junge Deutschland 26, Heft 12 (Dezember 1932).
288. Kirche und Völkerversöhnung, Dokumente zum Halleschen Universitätskonflikt, Mit Nachwort von D. Günther Dehn, Berlin o. J. [1931].
289. Kirchheimer, Otto, Weimar — und was dann?, Berlin 1930.
290. Die Verfassungslehre des Preußenkonflikts, Berlin 1932.
291. Kitz, Wilhelm, Reichsland Preußen, Düsseldorf 1926.
292. Kleinau, Wilhelm, Soldaten der Nation, Die geschichtliche Sendung des Stahlhelms, Berlin 1933.

293. Kleinstück, Erwin, Vom Wesen des deutschen Beamtentums (Einzelschriften zu Politik und Wirtschaft 7), Berlin 1927.
294. Klotz, Helmuth, The Berlin Diaries, New York 1934.
295. Klug, Oskar, Das Wesen der Kartell-, Konzern- und Trustbewegung, Jena 1930.
296. Koch-Weser, Erich, Einheitsstaat und Selbstverwaltung, Berlin o. J. [1928].
297. Koellreutter, Otto, Der deutsche Staat als Bundesstaat und als Parteienstaat, Tübingen 1927.
298. Integrationslehre und Reichsreform, Tübingen 1929.
299. Der deutsche Führerstaat, Tübingen 1933.
300. Deutsches Verfassungsrecht, 2. Aufl., Tübingen 1936.
301. Konrad, R. W., Das deutsche Volk will den Einheitsstaat, München 1925.
302. Kracauer, Siegfried, Die Angestellten, Aus dem neueren Deutschland, Frankfurt/M. 1930.
303. Kremer, Willy, Der soziale Aufbau der Parteien des deutschen Reichstags von 1871 bis 1918, Emsdetten 1934.
304. Kronheimer, W., „Der Streit um den Artikel 48 der Reichsverfassung", in: Archiv des öffentlichen Rechts 7 (1924).
305. Krüger, Hans, „Der Staatsgerichtshof und der Preußen-Konflikt", in: Der Beamte 1932, Heft 4.
306. Küstermeier, Rudolf, „Die Proletarisierung des Mittelstandes und die Verwirklichung des Sozialismus", in: Die Arbeit (1931), Heft 10.
307. Kuhlo, Alfred, Die Organisation der deutschen Industrie, Berlin 1928.
308. Kunz, J. L., „Das österreichisch-deutsche Zollangleichungsprojekt vor dem Haager Gerichtshof", in: Friedenswarte, Juli 1931.
309. Lambach, Walther, „Monarchismus", in: Politische Wochenschrift 4, Nr. 24 v. 14. Juni 1928.
310. Landauer, Carl, „Das nationalsozialistische Wirtschaftsprogramm", in: Der deutsche Volkswirt 4 (1930).
311. „Neue nationalsozialistische ‚Wirtschaftstheorien'" in: Der deutsche Volkswirt 5 (1931).
312. „Gebesserter Arbeitsmarkt" in: Der deutsche Volkswirt 7 (1932/33), I.
313. Landmann, J., „Kurzfristige Auslandsverschuldung — ein Problem der inneren Kapitalpolitik", in: Archiv für Sozialwissenschaft und Sozialpolitik 65 (1930).
314. Lassar, Gerhard, „Reichseigene Verwaltung unter der Weimarer Verfassung", in: Jahrbuch für öffentliches Recht 14 (1926).
315. Laumann, Kurt, „Organisation und Apparat", in: Die Organisation im Klassenkampf (C 87).
316. Laun, Rudolf, „Der Staatsrechtslehrer und die Politik", in: Archiv für öffentliches Recht 43 (1922).
317. Lederer, Emil, Technischer Fortschritt und Arbeitslosigkeit, Tübingen 1931.
318. Wirkungen des Lohnabbaus, Tübingen 1931.
319. Lederer, Emil, und Jakob Marschak, „Der neue Mittelstand", in: Grundriß der Sozialökonomik, Bd. IX, 1, Tübingen 1926.
320. Leinert, Martin, Volksstaat oder Diktatur, Eine Untersuchung auf dem Grunde der deutschen Tradition, Gotha 1930.
321. Leinweber, Fritz, „Der Kapitalismus der Gewerkschaften", in: Die Tat 22, Heft 5 (August 1930).
322. Leyen, Friedrich v. d., Die Forderung des Tages — Das neue Reich, Eine Übersicht über die deutsche Dichtung der letzten Zeit (1925/30), Jena 1931.
323. Lindeiner-Wildau, Hans Erdmann v., „Konservatismus", in: Volk und Reich... (D 94), II.
324. Wir und die deutsche Volkspartei (Deutschnationale Flugschrift, Nr. 77), Berlin 1921.
325. Lloyd George, David, Die Wahrheit über Reparationen und Kriegsschulden, Berlin 1932.
326. Loewenfeld, Philipp, Das Strafrecht als politische Waffe, Berlin 1933.
327. Lohmeyer, Hans, Zentralismus oder Selbstverwaltung?, Berlin 1928.

328. Luetgebrune, Walther, Wahrheit und Recht für Feme, Schwarze Reichswehr und Oberleutnant Schulz, München 1928.
329. Maaß, Hermann, „Hilfe für die erwerbslose Jugend“, in: Das Junge Deutschland 25, Heft 1 (Januar 1931).
330. Mahraun, Artur, „Die Arbeit des Jungdeutschen Ordens“, in: Rüstzeug 1, Kassel o. J. [1921].
331. Das Jungdeutsche Manifest, Berlin 1927.
332. Gegen getarnte Gewalten, Weg und Kampf einer Volksbewegung, Berlin 1928.
333. Die neue Front, Hindenburgs Sendung, Berlin 1928.
334. Der Aufbruch, Sinn und Zweck der volksnationalen Reichsvereinigung, Berlin 1929.
335. Die Deutsche Staatspartei, Eine Selbsthilfeorganisation deutschen Staatsbürgertums, Berlin 1930.
336. Man, Hendrik de, Untersuchung zur Psychologie des Sozialismus, Jena 1927; 2. Aufl. 1931.
337. Sozialismus und Nationalfascismus, Potsdam 1931.
338. Mann, Heinrich, Das öffentliche Leben, Berlin-Wien-Leipzig 1932.
339. Marbach, Fritz, Kartelle, Trusts und Sozialwirtschaft, Berlin 1932.
340. Martin, Hermann, „Purifikation des Beamtenstandes“, in: Die Justiz 5 (1929).
341. Mendelssohn-Bartholdy, A., „The Political Dilemma in Germany“, in: Foreign Affairs 8 (1930).
342. Metzner, Jakob, „Kostensenkung durch organisierte Betriebsstillegung“, in: Wirtschaftsdienst 16, Heft 23 (5. Juni 1931).
343. Metzsch, Horst v., Wehrwende?, Ein Buch für Soldaten und Nichtsoldaten, Berlin 1930.
344. Meusel, Alfred, „Die Abtrünnigen“, in: Kölner Vierteljahrshefte für Soziologie 3 (1923).
345. Meyer, Ernst, „Kommunismus“, in: Volk und Reich... (D 94), II.
346. Michael, Horst, und Karl Lohmann, Der Reichspräsident ist Obrigkeit!, Ein Mahnruf an die evangelische Kirche, Hamburg 1932.
347. Mierendorff, Carlo, „Gesicht und Charakter der National-Sozialistischen Bewegung“, in: Die Gesellschaft 7 (1930).
348. „Was ist Nationalsozialismus?“ in: Neue Blätter für den Sozialismus 2, Heft 4 (April 1931).
349. „Sommer der Entscheidungen“ in: Sozialistische Monatshefte 1932, Heft 8 (29. Juli).
350. Miltenberg, Weigand v. [Herbert Blank], Adolf Hitler Wilhelm III., Berlin 1931.
351. Schleicher, Hitler? — Cromwell!, Der Rhythmus in der Geschichte, Leipzig 1932.
352. Moeller van den Bruck, Arthur, Das Dritte Reich, Berlin 1923.
353. Mönch, Hermann, „Die Tarifvertragsdiskussion“, in: Jahrbücher für Nationalökonomik und Statistik 137, 3. F. 84 (1932).
354. Müller, Gustav Otto, „Gegen den Einheitsstaat, Die Fragen des Beamtentums“, in: Süddeutsche Monatshefte 25 (1928).
355. Muhr, Fritz, „Die wirtschaftliche Diktatur des Reichspräsidenten“, in: Zeitschrift für Politik 13 (1924).
356. „Nationalsozialisten“ in: Konservative Stichworte, hrsgg. von der Konservativen Volkspartei, Berlin o. J. (als Handschrift gedruckt).
357. Neumann, Gerhardt, „Die geistige Krise“, in: Das Junge Deutschland 26, Heft 9 (September 1932).
358. Nickl, Gottfried, Im Westen nichts Neues und sein wahrer Sinn, Graz-Leipzig o. J. [1930].
359. Nörpel, Clemens, „Schlichtungswesen und Rechtspolitik“, in: Gewerkschaftszeitung 39 (1929), Nr. 7.
360. Nuschke, Otto, „Wie die DDP wurde, was sie leistete und was sie ist“, in: Zehn Jahre deutsche Republik (D 97).

361. Oehme, Walter, und Kurt Caro, Kommt „Das Dritte Reich"?, Berlin 1930.
362. Oertzen, Friedrich Wilhelm v., Die deutschen Freikorps 1918—1923, 6. Aufl., München 1939.
363. Oertzen, Karl Ludwig v., „Das Abrüstungsproblem", in: Zehn Jahre Versailles (C 444), II.
364. Olszewski, Joseph, Bürokratie, Würzburg 1904.
365. Organisationsfrage der Beamten und Sozialdemokratische Partei, Berlin 1930 (Schrift des ADB).
366. Oschilewsky, Walter G., „Der Hofgeismarkreis der Jungsozialisten", in: Süddeutsche Monatshefte 23, Heft 9 (Juni 1926).
367. Otte, Bernhard, „Die Krise der Sozialpolitik", in: Krisis (D 38).
368. Pahl, Walter, „Politische Willensbildung und Parlamentsreform", in: Sozialistische Monatshefte 1929.
369. Papen, Franz v., „Die Parteien", in: Die Einheit der nationalen Politik, Stuttgart 1925.
370. „Reichsreform" in: Germania v. 12. Oktober 1928.
371. „Konservative Staatsführung" in: DAZ, Nr. 410 (Abendausgabe) v. 1. September 1932.
372. Appell an das deutsche Gewissen, Reden zur nationalen Revolution, Oldenburg 1933.
373. Passow, Richard, Kartelle, Jena 1930.
374. Pastenaci, Kurt, „Der Jungdeutsche Orden und die deutsche Jugendbewegung", in: Süddeutsche Monatshefte 23, Heft 9 (Juni 1926).
375. Pesl, Ludwig D., Nationalsozialismus und Bodenreform, Berlin 1932.
376. Pfeiffer, Anton, Gedankenwelt und Tätigkeit der Bayerischen Volkspartei, München 1922.
377. Pflug, Hans, „Der Fall Bauhaus", in: Die Tat 24, Heft 7 (Oktober 1932).
378. Pinner, Felix [Frank Fernland], Deutsche Wirtschaftsführer, Berlin-Charlottenburg 1924.
379. Preuß, Hugo, „Die Improvisierung des Parlamentarismus", in: Norddeutsche Allgemeine Zeitung v. 26. Oktober 1918, abgedr. in: Staat. . . (C 383).
380. „Zum parlamentarischen Parteienstaat: Parlamentarische Regierungsbildung" in: Berliner Tageblatt 50, Nr. 476 v. 9. Oktober 1921, abgedr. in: Staat. . . (C 383).
381. „Die ‚undeutsche' Reichsverfassung" in: Vossische Zeitung, Nr. 80 v. 16. Februar 1924, abgedr. in: Staat. . . (C 383).
382. „Reichsverfassungsmäßige Diktatur" in: Zeitschrift für Politik 13 (1924).
383. Staat, Recht und Freiheit, Tübingen 1926.
384. Reich und Länder, Bruchstücke eines Kommentars zur Verfassung des Deutschen Reiches, aus dem Nachlaß hrsgg. von Gerhard Anschütz, Berlin 1928.
385. Quabbe, Georg, Tar a Ri, Variationen über ein konservatives Thema, Berlin 1927.
386. Rademacher, Walther, „Voraussetzungen einer Rechtskoalition", in: Leipziger Neueste Nachrichten, Nr. 312 v. 8. November 1930.
387. „Heraus aus der Sackgasse" in: Leipziger Neueste Nachrichten v. 19. September 1931.
388. Rauch, Karl, Schluß mit „junger Generation"!, Leipzig 1933.
389. Reger, Erik, „Naturgeschichte des Nationalsozialismus", in: Vossische Zeitung, Nr. 207 v. 30. August 1931.
390. Reibnitz, Kurt v., Im Dreieck Schleicher—Hitler—Hindenburg, Männer des deutschen Schicksals, Dresden 1933.
391. Reise, Otto, „Die weibliche Angestellte", in: Das Junge Deutschland 25, Heft 2 (Januar 1931).
392. Remmele, Adam, „Gegen den Einheitsstaat, Der Standpunkt der süddeutschen Staatsoberhäupter", in: Süddeutsche Monatshefte 25 (Januar 1928).
393. Remmele, Hermann, „Das Fazit der Septemberwahlen", in: Die Internationale 13 (1930).

394. Requark, Emil Marius, Vor Troja nichts Neues, Berlin 1930.
395. Reupke, Hans, Der Nationalsozialismus und die Wirtschaft, Berlin 1931.
396. Unternehmer und Arbeiter in der faschistischen Wirtschaftsidee, Berlin 1931.
397. Rheinbaben, Rochus Frhr. v., Liberale Politik im Neuen Reiche, Karlsruhe 1928.
398. Rheinländer, Anton, Zentrum und Schulpolitik seit Weimar, Berlin 1924.
399. Rist, Walter, „Die KPD in der Krise", in: Neue Blätter 2, September 1931.
400. Ritter, Erwin, Freie Reichsländer, Köln 1927.
401. Röpke, Wilhelm, „Autarkie — ein abgenutztes Schlagwort", in: Der deutsche Volkswirt 7 (1932/33), II.
402. Rothe, Carl, Die Front der Gewerkschaften, Jena 1932.
403. Rothe, Max, „Adolf Hitler", in: Die Tat 21, Heft 10 (Januar 1930).
404. Rüstow, Alexander, „Selbstkostensenkung, Lohnabbau und Preisabbau" (11. Juli 1930), in: Der deutsche Volkswirt 4 (1930).
405. Sabel, Ludwig, „Wirtschaftliche Gewerkschaftsunternehmungen", in: Jahrbücher für Nationalökonomik und Statistik 136, 3. F. 82 (1932).
406. Saemisch, Ernst, „Wer vertritt das Volk?", in: Die Tat 21, Heft 12 (März 1930).
407. Saenger, Alwin, „Sozialismus", in: Volk und Reich... (D 94), II.
408. Saenger, Samuel, „Autoritäre Staatsführung", in: Die neue Rundschau 43 (1932).
409. Salin, Edgar, „Standortverschiebungen der deutschen Wirtschaft", in: Strukturwandlungen... (D 68), I.
410. Schacht, Hjalmar, Nicht reden — handeln!, Rede vor der Bremer Handelskammer, 3. Dezember 1930.
411. Das Ende der Reparationen, Oldenburg 1931.
412. Grundsätze deutscher Wirtschaftspolitik, Oldenburg 1932.
413. Schäffer, Hans, „Kartelle und Konzerne", in: Strukturwandlungen... (D 68), I.
414. Schauff, Johannes, Die deutschen Katholiken und die Zentrumspartei, Eine politisch-statistische Untersuchung der Reichstagswahlen seit 1871, Köln 1928.
415. Neues Wahlrecht, hrsgg. von Johannes Schauff, Berlin 1929.
416. Schiffer, Eugen, Die deutsche Justiz, Berlin 1928.
417. Schiffrin, Alexander, „Parteiapparat und Parteidemokratie", in: Die Gesellschaft 7 (1930).
418. „Kritik an der Organisation" in: Die Gesellschaft 8 (1931).
419. Schlange-Schöningen, Hans, Acker und Arbeit, Oldenburg 1932.
420. Schmalenbach, Hermann, „Die soziologische Kategorie des Bundes", in: Die Dioskuren, Jahrbuch für Geisteswissenschaften, Bd. I, München 1922.
421. „Die Betriebswirtschaftslehre an der Schwelle der neuen Wirtschaftsverfassung" (Vortrag v. 3. August 1928) in: Zeitschrift für Handelswissenschaft und handelswissenschaftliche Forschung, 1928.
422. Grundlagen der Selbstkostenrechnung und Preispolitik, 5. Aufl., Leipzig 1930.
423. Schmidt, R., „Volksstaat und Obrigkeitsstaat", in: Zeitschrift für Politik 15 (1926).
424. Schmidt-Pauli, Edgar v., Hitlers Kampf um die Macht, Berlin 1933.
425. Geschichte der Freikorps 1918—1924, Stuttgart 1936.
426. Schmitt, Carl, Politische Theologie, München 1922.
427. „Der Begriff der modernen Demokratie in seinem Verhältnis zum Staatsbegriff" in: Archiv für Sozialwissenschaft und Sozialpolitik 51 (1924).
428. Die geistesgeschichtliche Lage des heutigen Parlamentarismus, 2. Aufl., München 1926.
429. „Demokratie und Finanz" (1924) in: Positionen und Begriffe... (C 442).
430. Die Diktatur, Von den Anfängen des modernen Souveränitätsgedankens bis zum proletarischen Klassenkampf, 2. Aufl., München-Leipzig 1928.
431. Verfassungslehre, München 1928.
432. Der Hüter der Verfassung, Tübingen 1931.

433. „Die Wendung zum totalen Staat“ (1931) in: Positionen und Begriffe... (C 442).
434. „Reichs- und Verfassungsreform“ in: Deutsche Juristenzeitung 36 (1931).
435. Legalität und Legitimität, München-Leipzig 1932.
436. „Die Verfassungsmäßigkeit der Einsetzung eines Reichskommissars für das Land Preußen“ in: Deutsche Juristenzeitung 37, Heft 15 (1932).
437. „Weiterentwicklung des totalen Staats in Deutschland“ in: Positionen und Begriffe... (C 442).
438. Staat, Bewegung, Volk, Hamburg 1933.
439. „Der Führer schützt das Recht“ in: Positionen und Begriffe... (C 442).
440. Staatsgefüge und Zusammenbruch des Zweiten Reichs, Hamburg 1934.
441. „Der Gegensatz von Parlamentarismus und moderner Massendemokratie“ (Einleitung zu: Die geistesgeschichtliche Lage..., C 428) in: Positionen und Begriffe... (C 442).
442. Positionen und Begriffe im Kampf mit Weimar—Genf—Versailles 1923 bis 1939, Hamburg 1940.
443. Schmitt, Carl, und Erwin Jakobi, „Die Diktatur des Reichspräsidenten“, in: Verhandlungen der Vereinigung der Deutschen Staatsrechtslehrer 1, Berlin 1924.
444. Schnee, Heinrich, und Hans Draeger, Hrsg., Zehn Jahre Versailles, Bd. II, Berlin 1929.
445. Schotte, Walter, Das Kabinett Papen, Schleicher, Gayl, Leipzig 1932.
446. Der neue Staat, Berlin 1932.
447. Schramm, Wilhelm v., Radikale Politik, Die Welt diesseits und jenseits des Bolschewismus, München-Leipzig 1932.
448. Schreiber, Georg, Deutsche Kulturpolitik und der Katholizismus, Freiburg i. Br. 1922.
449. Zentrum und Reichspolitik, Köln 1930.
450. Brüning, Hitler, Schleicher, Das Zentrum in der Opposition, Köln 1932.
451. Regierung ohne Volk, Köln 1932.
452. Schultz, Edmund, und Friedrich Georg Jünger, Das Gesicht der Demokratie, Leipzig 1931.
453. Seeckt, Hans v., Die Zukunft des Reiches, Urteile und Forderungen, Berlin 1929.
454. Landesverteidigung, Berlin 1930.
455. Deutschland zwischen West und Ost, Hamburg 1933.
456. Die Reichswehr, Leipzig 1933.
457. Gedanken eines Soldaten, 2. Aufl., Leipzig 1935.
458. Senger, Gerhard, Die Politik der Deutschen Zentrumspartei zur Frage Reich und Länder, 1918—1932, Hamburg 1932.
459. Sering, Max, Deutschland unter dem Dawes-Plan, 1928.
460. Die Weltkrise und die Neuordnung Europas, Berlin 1932.
461. Deutsche Agrarpolitik auf geschichtlicher und landeskundlicher Grundlage, Leipzig 1934.
462. Severing, Carl, „Einheitsstaat oder Reichsverfassung?“, in: Jahrbuch der deutschen Sozialdemokratie (D 33), 1928.
463. Seydewitz, Max, „Der Mahnruf und seine Wirkung“, in: Der Klassenkampf 5, Nr. 14 (15. Juli 1931).
464. „Wie lange noch Tolerierung“ in: Der Klassenkampf 5, Nr. 17 (1. September 1931).
465. Siemens, Carl Friedrich v., Die gegenwärtige Lage Deutschlands, Rede, gehalten auf dem Frühstück des Bond-Club in New York am 30. Oktober 1931.
466. Silone, Ignazio, Der Faschismus, Zürich 1934.
467. Smend, Rudolf, „Hochschule und Parteien“, in: Das akademische Deutschland, Bd. III, Berlin 1930.
468. Sonderausgabe 6 der Sozialdemokratischen Parteikorrespondenz [1930].
469. „Sozialdemokratisches Lob für den Münchener Waffenring“ in: Völkischer Beobachter, Nr. 281 v. 2. Dezember 1929.

470. „Staatsnotstand und Staatsnotrecht“ in: Der Zeitspiegel 2, Nr. 3 (5. Februar 1933).
471. Stadler, Willy, Kartelle und Schutzzoll, Berlin 1933.
472. Stadtler, Eduard, Preußen wider preußisch, Kirchhain 1931.
473. Stallmann, Kurt, Der Stahlwerksverband in seinen internationalen Beziehungen, Diss. Berlin 1935.
474. Stegerwald, Adam, Zusammenbruch und Wiederaufbau, Berlin 1922.
475. Stephan, Werner, „Die Organisation der Demokratischen Partei“, in: Zehn Jahre Deutsche Republik (D 97).
476. „Entwurzelter Mittelstand, Zur Berufsstatistik der nationalsozialistischen Reichstagsfraktion“ in: Die Hilfe 36, Heft 52 v. 27. Dezember 1930.
477. Sternberg, Fritz, Der Niedergang des deutschen Kapitalismus, Berlin 1932.
478. Steuermann, Carl, Weltkrise — Weltwende, Kurs auf Staatskapitalismus, Berlin 1931.
479. Stichworte für den Wahlkampf 1930, hrsgg. im Auftrage der Reichsgeschäftsstelle der DVP, Berlin 1930.
480. Stolper, Gustav, „Kapitulation“, in: Der deutsche Volkswirt 4 (1929/30), I.
481. „Verantwortung“ in: Der deutsche Volkswirt 4 (1929/30), I.
482. „Resignation“ in: Der deutsche Volkswirt 4 (1930).
483. „Planlosigkeit“ in: Der deutsche Volkswirt 4 (1930).
484. „Notprogramm?“ in: Der deutsche Volkswirt 4 (1930).
485. „Wie lange noch?“ in: Der deutsche Volkswirt 4 (1930).
486. „Notwahlen“ in: Der deutsche Volkswirt 4 (1930).
487. „Der 24. April“ in: Der deutsche Volkswirt 6 (1932), II.
488. „Die antikapitalistische Sehnsucht“ in: Der deutsche Volkswirt 6 (1932), II.
489. „Staatskrise“ in: Der deutsche Volkswirt 6 (1932), II.
490. „Bilanz“ in: Der deutsche Volkswirt 6 (1932), II.
491. „Krisenwende“ in: Der deutsche Volkswirt 6 (1932), II.
492. „Der 6. November“ in: Der deutsche Volkswirt v. 11. November 1932.
493. „Umsturz“ in: Der deutsche Volkswirt 7 (1932/33), I.
494. Strasser, Gregor, „Macht Platz, ihr Alten!“ (8. Mai 1927), in: Kampf um Deutschland (C 497).
495. „Gegen Marxismus und Reaktion“ (21. Oktober 1928) in: Kampf um Deutschland (C 497).
496. „Sozialreaktion?“ (15. November 1931) in: Kampf um Deutschland (C 497).
497. Kampf um Deutschland, München 1932.
498. Strasser, Otto, Aufbau des deutschen Sozialismus, Mit Vorwort von Weigand v. Miltenberg [Herbert Blank], Leipzig 1932.
499. „Mit der politischen Kamera durch Deutschland und die Welt“ in: Die Schwarze Front 7, Nr. 25 v. 7. August 1932.
500. Stuhlmann, Friedrich, Deutsche Wehrmacht, Berlin 1933.
501. „Sturm auf die Hochschulen“ in: Central-Verein-Zeitung, Nr. 48 v. 29. November 1929.
502. Suhr, Susanne (Bearb.), Die weiblichen Angestellten, Eine Umfrage des Zentralverbandes der Angestellten, Berlin 1930.
503. Syrup, Friedrich, „Der freiwillige Arbeitsdienst für die männliche deutsche Jugend“, in: Reichsarbeitsblatt, Nr. 27 v. 25. September 1932.
504. Tarnow, Fritz, Warum arm sein?, Berlin 1929.
505. Tarrasch, Steffi M., Die weiblichen Angestellten, Das Problem ihrer Organisation, Diss. Heidelberg 1931.
506. Teipel, Heinrich, Wir müssen aus dem Turm heraus, Gedanken zur Krise des deutschen Parteiwesens, Berlin 1925.
507. Thälmann, Ernst, „Fünf Jahre Roter Frontkämpferbund“ (1928), in: Kampfreden und Aufsätze (C 516).
508. „An die roten Sportler“ in: Kampfreden und Aufsätze (C 516).
509. „Die Freiheitspolitik des Kommunismus in Deutschland“ in: Kampfreden und Aufsätze (C 516).

510. „Einige Fehler in unserer theoretischen und praktischen Arbeit" in: Die Internationale 14, Heft 11/12 (1931).
511. „Über den Volksentscheid am 9. August 1931" in: Kampfreden und Aufsätze (C 516).
512. „Der Charakter der Weltwirtschaftskrise" in: Kampfreden und Aufsätze (C 516).
513. „Schmiedet die Rote Einheitsfront" in: Die Rote Fahne v. 29. November 1931, auch in: Kampfreden und Aufsätze (C 516).
514. Der revolutionäre Ausweg und die KPD, Berlin [Februar] 1932.
515. „Die neue Etappe der Bolschewisierung der KPD" in: Die Internationale 15 (1932).
516. Kampfreden und Aufsätze, hrsgg. von der KPD [Berlin 1932].
517. Thomas, Hans, „Der Mensch in dieser Zeit", in: Die Tat 24, Heft 10 (Januar 1933).
518. Tiburtius, Joachim, „Umsatzbewegung und Wettbewerbsregelung im Einzelhandel", in: Wege zur Arbeit 1, Heft 2 v. 25. Mai 1932.
519. Troeltsch, Ernst, Spektator-Briefe, Aufsätze über die deutsche Revolution und die Weltpolitik 1918—1922, Berlin 1924.
520. Ullmann, Hermann, Die Rechte ist tot — es lebe die Rechte, Berlin 1929.
521. Durchbruch zur Nation, Jena 1933.
522. „Um die Grenzen von Politik und Recht" in: Der Zeitspiegel 1, Nr. 21 (5. November 1932).
523. Victor, M., „Verbürgerlichung des Proletariats und Proletarisierung des Mittelstands", in: Die Arbeit (1931).
524. Völter, Hans, „Berufsbeamtentum und ADB", in: Das Beamtentum im neuen Staat, Berlin 1930.
525. Vogel, Walther, Deutsche Reichsgliederung und Reichsreform in Vergangenheit und Gegenwart, Leipzig 1932.
526. „Von Gott gesandt" in: Berliner Tageblatt, Nr. 281 v. 17. Juni 1931.
527. Vortrag Adolf Hitlers vor westdeutschen Wirtschaftlern im Industrie-Klub zu Düsseldorf am 27. Januar 1932, München o. J. [1932].
528. Warmbold, Hermann, Rückzug aus der Weltwirtschaft, Nach einem Vortrag in der Deutschen Weltwirtschaftlichen Gesellschaft am 18. November 1932, Berlin o. J.
529. Weber, August, „Die Nationalsozialisten sind auf dem Wege des politischen Mordes vorangegangen!, Zwei mutige Reden", in: Wider den Nationalsozialismus (C 546).
530. „Weder Neurath noch Voegler noch Geßler" in: Vorwärts v. 9. Oktober 1931.
531. Wege zur Reichsreform, Deutschnationale Schriftenvertriebsstelle, Flugblatt Nr. 518.
532. Weiß, Max, „Verfassungsfragen" in: Politisches Handwörterbuch (D 44).
533. Welche Wege führen zum deutschen Einheitsstaat?, Verhandlungsberichte der Führertagung des deutschen republikanischen Reichsbundes vom 25. und 26. September 1926, Frankfurt/M. 1927.
534. Welter, Erich, Die Ursachen des Kapitalmangels in Deutschland, Tübingen 1931.
535. Wentz, Hermann, „Die Auflockerung der Fronten", in: Die Tat 21, Heft 12 (März 1930).
536. Wer wird Reichspräsident?, Das Wahlverfahren, die Kandidaten und ihre Aussichten, Oldenburg o. J.
537. Westarp, Kuno Graf, Am Grabe der Parteienherrschaft, Bilanz des deutschen Parlamentarismus von 1918 bis 1932, Berlin 1932.
538. „Das Kabinett Brüning und die Deutschnationalen" in: Neue Preußische Kreuzzeitung v. 6. April 1930.
539. „Agrarprogramm und Steuervorlagen" in: Neue Preußische Kreuzzeitung, Nr. 108 v. 17. April 1930.
540. „Was nun?" in: Kreuzzeitung, Nr. 266 v. 17. September 1930.
541. „Regierung Hitler" in: Volkskonservative Stimmen v. 10. Januar 1931.

542. „Reichspräsident und Reichstag als Gesetzgeber“ in: Preußische Jahrbücher 230, Heft 3 (Dezember 1932).
543. Hindenburg und seine Wähler von 1925 [Berlin 1932].
544. „Die letzten hundert Meter vor dem Ziele“ in: Preußische Jahrbücher 229 (1932).
545. Westarp, Kuno Graf, Gottfried v. Dryander und Walther Rademacher, Hindenburg und seine Wähler von 1925, Zum zweiten Wahlgang [Berlin 1932].
546. Wider den Nationalsozialismus, Republikanische Bibliothek, Bd. II, Berlin o. J. [1932].
547. Wie würde ein neuer Krieg aussehen?, Zürich-Leipzig 1932.
548. Wirsing, Giselher, „Richtung Ost-Südost!“ in: Die Tat 22, Heft 8 (November 1930).
549. „Vorstoß Zollunion“ in: Die Tat 23, Heft 3 (Juni 1931).
550. Wir suchen Deutschland, Ein freier Disput über die Zeitkrisis zwischen Gerhard Schultze-Pfaelzer und Otto Strasser, Major Buchrucker, Herbert Blank, Leipzig-Zürich 1931.
551. Wirth, Joseph, Reden während der Kanzlerzeit, Berlin 1925.
552. Woertz, Franz, „Die Verschwörung der Offiziere“, in: Die Tat 22 (1930).
553. Wofür wir kämpfen, Die Gemeinschaftserklärung deutscher Wirtschaftsverbände, Druckschriften des Hansabundes, Nr. 9, Berlin 1931.
554. „Wohin treiben wir?“ in: Die Tat 23, Heft 5 (August 1931).
555. Woldt, Richard, „Die deutschen Gewerkschaften in der Nachkriegszeit“, in: Strukturwandlungen. . . (D 68).
556. Wolfgang, Gerd, „Die Bauern vor den Toren des Staates“, in: Die Tat 24, Heft 10 (Januar 1933).
557. Wunderlich, Wilhelm, „Die Spinne“, in: Die Tat 23, Heft 10 (Januar 1932).
558. Zarnow, Gottfried [Pseud.], Gefesselte Justiz, Politische Bilder aus deutscher Gegenwart, 2 Bde., München 1931/32.
559. Zehrer, Hans, „Grundriß einer neuen Partei“, in: Die Tat 21, Heft 9 (Dezember 1929).
560. „Rechts oder links“ in: Die Tat 23, Heft 7 (Oktober 1931).
561. „Die dritte Front“ in: Die Tat 24, Heft 2 (Mai 1932).
562. „Der Entscheidung entgegen“ in: Die Tat 24, Heft 3 (Juni 1932).
563. „Revolution oder Restauration“ in: Die Tat 24, Heft 5 (August 1932).
564. „Der Umbau des Staates“ in: Die Tat, Sonderdruck zu dem Septemberheft 1932.
565. „An der Wende“ in: Die Tat 24, Heft 6 (September 1932).
566. „Worum geht es?“ in: Die Tat 24, Heft 7 (Oktober 1932).
567. „Die Etappe Papen“ in: Die Tat 24, Heft 8 (November 1932).
568. „Deutschland ohne Hindenburg“ in: Die Tat 24, Heft 9 (Dezember 1932).
569. „Das Ende der Parteien“ in: Die Tat 24 (1932).
570. „An der Wende der Innenpolitik“ in: Die Tat 24, Heft 10 (Januar 1933).
571. „Die Revolution von rechts“ in: Die Tat 25, Heft 1 (April 1933).
572. „Zentrum und Föderalismus“ in: Kölnische Volkszeitung, Nr. 960 v. 30. Dezember 1927.
573. Zurkuhlen, H., „Ein Epilog zur Reichstagswahl“, in: Jahrbücher für Nationalökonomik und Statistik 134, 3. F. 79 (1931), I.
574. „Wie wählen die Frauen?, Religiös, national und konservativ“ in: Die Tat 24, Heft 7 (Oktober 1932).
575. „Die Reichspräsidentenwahl und die Frauen“ in: Jahrbücher für Nationalökonomik und Statistik 138, 3. F. 83 (1933).
576. Zur Sozialisierungsfrage, Die Arbeitsgemeinschaft der industriellen und gewerblichen Arbeitgeber und Arbeitnehmer Deutschlands (vier Referate, erstattet auf dem zehnten Deutschen Gewerkschaftskongreß zu Nürnberg), Sonderdruck Berlin 1919.
577. Zweigert, Erich, „Der Beamte im neuen Deutschland“, in: Volk und Reich. . . (D 94), II.

D. Handbücher, Sammelwerke, Protokolle u. ä.

1. Ausschuß zur Untersuchung der Erzeugungs- und Absatzbedingungen der deutschen Wirtschaft (Enquête-Ausschuß), III. Unterausschuß, 8. Gruppe, Hrsg., Das Deutsche Handwerk, Bd. I, Berlin 1930.
2. Brecht, Arnold, Hrsg., Preußen contra Reich vor dem Staatsgerichtshof, Stenogrammbericht der Verhandlungen vor dem Staatsgerichtshof in Leipzig vom 10.—14. und vom 17. Oktober 1932, Berlin 1933.
3. Bumke, Erwin, Ausgewählte Entscheidungen der Staatsgerichtsbarkeit, I.
4. Das akademische Deutschland, Berlin 1930.
5. Das Kommunistische Manifest, Mit Vorreden von Karl Marx und Friedrich Engels, Vorworten von Karl Kautsky und Johannes Schult, Hamburg 1946.
6. Das Problem der Wirtschaftsdemokratie, Zur Düsseldorfer Tagung des Reichsverbandes der Deutschen Industrie, hrsgg. von der Deutschen Bergwerkszeitung, Düsseldorf 1929.
7. Das Reparationsproblem, Verhandlungen und Gutachten der Konferenzen von Pyrmont und Berlin 1928, hrsgg. von Edgar Salin, 2 Bde., Berlin 1929.
8. Denkschriften der bayerischen Staatsregierung: Zur Revision der Weimarer Reichsverfassung, München 1924; Die fortschreitende Aushöhlung der Eigenstaatlichkeit der Länder, München 1926; Material zur Verfassungsreform, München 1928.
9. Der deutsche Außenhandel unter Einwirkung volkswirtschaftlicher Strukturwandlungen (Veröffentlichungen des deutschen Enquête-Ausschusses, bearbeitet und hrsgg. vom Institut für Weltwirtschaft und Seeverkehr an der Universität Kiel 20, 1932).
10. Der deutsche Städtetag, Sonderheft Reichspolitik und Städte, Oktober 1927.
11. Der Dolchstoßprozeß in München Oktober—November 1925, München 1925.
12. Der Friedensvertrag von Versailles nebst Schlußprotokoll und Rheinlandstatut, Neue durchgesehene Ausgabe in der durch das Londoner Protokoll vom 30. August 1924 revidierten Fassung, Berlin 1925.
13. Der Hochverratsprozeß gegen Dr. Guido Schmidt vor dem Wiener Volksgericht, Wien 1947.
14. Der nationale Wille, Werden und Wirken der Deutschnationalen Volkspartei 1918—1928, Hrsg. Max Weiß, Essen 1928.
15. Der Prozeß gegen die Hauptkriegsverbrecher vor dem Internationalen Militärgerichtshof Nürnberg 14. November 1945—1. Oktober 1946, Nürnberg 1947.
16. Deutscher Reichsanzeiger und Preußischer Staatsanzeiger, 1928 ff.
17. Deutsche Wirtschaftskunde, Statistisches Reichsamt, Berlin 1930.
18. Deutschland und Amerika, Germany and USA, The Steuben Memorial, hrsgg. im Auftrage der Deutschen Steuben-Gesellschaft Potsdam von Kurt Schomburg, Berlin 1932.
19. Die Angestellten in der Wirtschaft, Eine Auswertung der amtlichen Berufszählung von 1925, hrsgg. vom Allgemeinen Freien Angestelltenbund [Schriftleitung Otto Suhr].
20. Dienstalterliste der Generale und Stabsoffiziere, Berlin 1922.
21. Dienstalterliste der Hauptleute und Rittmeister, Oberleutnante und Leutnante, Berlin 1922.
22. Die wirtschaftliche und soziale Lage der Angestellten — Ergebnisse und Erkenntnisse aus der großen sozialen Erhebung der GdA, Berlin 1931.
23. Documents on British Foreign Policy, 1919—1939, ed. by E. L. Woodward and Rohan Butler, London 1949 ff.
24. Egelhaafs Historisch-politische Jahresübersicht für 1929 ff., Stuttgart.
25. Handbuch der deutschen Jugendbewegung, hrsgg. von Karl O. Paetel, Flarchheim/Thür. 1930.
26. Handbuch der Finanzwissenschaft, Bd. I, Tübingen 1926.
27. Handbuch des deutschen Staatsrechts, Bd. I, Tübingen 1930; Bd. II, Tübingen 1932.
28. Handwörterbuch der Staatswissenschaft III, 4. Aufl., 1926.

29. Heilfron, Eduard, Hrsg., Die Deutsche Nationalversammlung im Jahre 1919 in ihrer Arbeit für den Aufbau des neuen deutschen Volksstaates, Bd. I, Berlin 1921.
30. Horkenbach, Cuno, Hrsg., Das Deutsche Reich von 1918 bis heute, Berlin 1930 ff.
31. Hotzel, Curt, Hrsg., Deutscher Aufstand, Die Revolution des Nachkriegs, Stuttgart 1934.
32. Huber, Ernst Rudolf, Quellen zum Staatsrecht der Neuzeit, Bd. II: „Deutsche Verfassungsdokumente der Gegenwart (1919—1951)", Tübingen 1951.
33. Jahrbuch der Deutschen Sozialdemokratie, hrsgg. vom Vorstand der SPD, Berlin 1926 ff.
34. Jahresbericht 1931 des Hansa-Bundes (Flugschriften des Hansa-Bundes, Heft 29).
35. Jeserich, Kurt, Das kommunal-wissenschaftliche Institut der Universität Berlin, Berlin 1936.
36. Konzerne, Interessengemeinschaften und ähnliche Zusammenschlüsse im Deutschen Reich Ende 1926, hrsgg. vom Statistischen Reichsamt, Berlin 1927.
37. Kreppel, J., Handwörterbuch für Politik und Wirtschaft der Gegenwart, Bd. I, Wien 1930.
38. Krisis, Ein politisches Manifest, Weimar 1932.
39. Lammers, Hans-Heinrich, und Walter Simons, Die Rechtsprechung des Staatsgerichtshofs für das Deutsche Reich, Berlin 1924 ff.
40. Medicus, Franz Albrecht, Reichsreform und Länderkonferenz, Berlin 1930.
41. Mommsen und Franz, Die deutschen Parteiprogramme 1918—1930, Leipzig 1931.
42. Offizieller Bericht des 1. Reichsparteitages der Deutschen Zentrumspartei, Berlin 1920.
43. Papers relating to the Foreign Relations of the United States, Washington 1945 ff.
44. Politisches Handwörterbuch, Berlin 1928.
45. „Politische Zahlen und Tatsachen" in: Frankfurter Zeitung, Nr. 903 v. 4. Dezember 1931.
46. Protokoll Sozialdemokratischer Parteitag Kiel 1927, Berlin 1927.
47. Protokoll Sozialdemokratischer Parteitag Magdeburg 1929, Berlin 1929.
48. Protokolle der Verhandlungen des 13. Kongresses der Gewerkschaften Deutschlands, Hamburg 1928.
49. Prozeß der Diktatur, hrsgg. von Otto Forst de Battaglia, Zürich-Leipzig-Wien 1930.
50. Rangliste des deutschen Reichsheeres, Berlin 1923—1932.
51. Recht und Staat im Neuen Deutschland, 2 Bde., Berlin 1929.
52. Reichsgesetzblatt, Berlin 1928 ff.
53. Reichstags-Handbuch, Berlin 1912 ff.
54. Reich und Länder, Vorschläge, Begründung, Gesetzentwürfe, hrsgg. vom Bund zur Erneuerung des Reiches, Berlin 1928.
55. Salomon, Ernst v., Das Buch vom deutschen Freikorpskämpfer, Berlin 1938.
56. Schreiber, Georg, Hrsg., Politisches Jahrbuch, München-Gladbach 1925 ff.
57. Schultheß' Europäischer Geschichtskalender 1929 ff., München 1930 ff.
58. Schwendemann, Karl, Abrüstung und Sicherheit, Handbuch der Sicherheitsfrage und der Abrüstungskonferenz, 2. Aufl., Bd. I, Leipzig o. J. [1933].
59. Siebarth, Werner, Hitlers Wollen, Nach Kernsätzen aus seinen Schriften und Reden, München 1935.
60. Sozialdemokratischer Parteitag in Leipzig 1931, Protokoll, Berlin 1931.
61. Sozialistische Dokumente: Das Erfurter Programm, Sein Werden und seine Kritik, Offenbach/M. 1947.
62. Sozialrevolutionärer Nationalismus (Schriften der „Kommenden"), hrsgg. von Karl O. Paetel, ohne Ort und Jahr [1930].
63. Stahlhelm-Handbuch, Im Auftrage des Bundesamts auf Grund amtlichen Materials hrsgg. von Walter Kettner und Heinrich Hildebrand, Berlin 1927.
64. Statistisches Jahrbuch für das Deutsche Reich, Berlin 1928 ff.

65. Stellenbesetzung für das Reichsheer (100 000-Mann-Stärke), Berlin 1920 und 1921.
66. Stenographische Berichte über die Verhandlungen der verfassunggebenden Deutschen Nationalversammlung 1919/20, Berlin 1920.
67. Stenographische Berichte über die Verhandlungen des Deutschen Reichstags, Berlin 1928 ff.
68. Strukturwandlungen der Deutschen Volkswirtschaft, hrsgg. von Bernhard Harms, 2. Aufl., Berlin 1929.
69. The Third Reich, London 1955.
70. The Wiener Library, From Weimar to Hitler, Germany 1918—1933, Catalogue Series No. 2, London 1951.
71. Toynbee, Arnold J., Survey of International Affairs, 1931, London 1932.
72. Trautmann, Joseph, Organisationshandbuch der Zentrumswähler, 2. Aufl., Hildesheim 1925.
73. Triepel, Heinrich, Quellensammlung zum deutschen Reichsstaatsrecht, 3. Aufl., Tübingen 1922.
74. Verhandlungen des 38. Deutschen Juristentages, Staatsrechtliche Abteilung, Tübingen 1951.
75. Veritas, Justitia, Libertas, Festschrift zur 200-Jahrfeier der Columbia University New York, Berlin 1953.
76. Veröffentlichungen der Vereinigung der deutschen Staatsrechtslehrer 1, Berlin 1924.
77. dto. 4, 1928.
78. dto. 5, 1929.
79. dto. 7, 1932.
80. dto. 8, 1950.
81. dto. 9, 1951.
82. Veröffentlichungen des Reichsverbandes der Deutschen Industrie, Heft 1 (Mai 1919).
83. dto. Heft 25 (Mai 1925).
84. dto. Heft 28 (Juli 1925).
85. dto. Heft 29 (Dezember 1925).
86. dto. Heft 30 (April 1926).
87. dto. Heft 32 (September 1926).
88. dto. Heft 48 (Oktober 1929).
89. dto. Heft 49 (Dezember 1929).
90. dto. Heft 50 (Januar 1930).
91. dto. Heft 55 (Dezember 1930).
92. dto. Heft 56 (Januar 1931).
93. Volksnationale Reichsvereinigung, Der 1. Reichsvertretertag am 5./6. April 1930, Berlin 1930.
94. Volk und Reich der Deutschen, hrsgg. von Bernhard Harms, 2 Bde., Berlin 1929.
95. Wirtschaftsdemokratie, ihr Wesen, Weg und Ziel, hrsgg. im Auftrag des Allgemeinen Deutschen Gewerkschaftsbundes von F. Naphtali, 1928.
96. Zehn Jahre deutsche Geschichte 1918—1928, 2. Aufl., Berlin o. J. [1928?].
97. Zehn Jahre deutsche Republik, Ein Handbuch für republikanische Politik, hrsgg. von Anton Erkelenz, Berlin 1928.
98. Zwischenspiel Hitler (Berichte zur Kultur- und Zeitgeschichte), Wien-Leipzig 1932.

E. Unveröffentlichte Quellen

Nachstehend wird lediglich der Ort ihres ersten Zitats (Kapitel und Nummer der Anmerkung) angegeben.

Teil I

III/108
IX/17
IX/60
IX/67
IX/80
IX/88
IX/94
IX/99
IX/101
IX/163
IX/178
IX/191

Teil II

I/75
I/89
I/91
I/94
I/98
I/109
I/110
I/111
I/112
I/126
I/127
I/133
I/135
I/144
I/153
I/169
I/175
I/176
I/181
I/182
II/8
II/37
II/38
II/40
II/59
II/60
II/61
II/62
II/63
II/64
II/65
II/67
II/69
II/74
II/76
II/77
III/4
III/15
III/26
III/27
III/128
III/129
III/130
III/131
III/132
IV/44
IV/73
IV/80
V/1
V/3
V/4
V/16
V/42
V/59
V/62
V/113
V/120
V/152
VI/36
VI/38
VI/59
VI/66
VI/72
VI/79
VI/96
VI/102
VI/135
VI/155
VI/179
VII/5
VII/23
VII/118
VIII/97
VIII/109
VIII/113
VIII/121
VIII/123
VIII/189
IX/23
IX/44
IX/60
IX/99
IX/101
IX/153
X/38
X/69
X/76
X/89
X/134
X/147
XI/11
XI/121
XI/137
XI/138
XI/163
XI/165
XI/179
XI/223

Ergänzung zur Bibliographie (6. Auflage 1978)

Allen, William Sheridan, Das haben wir nicht gewollt. Die nationalsozialistische Machtergreifung in einer Kleinstadt 1930—1935, Gütersloh 1966.

Aretin, Karl Otmar Frhr. von, „Prälat Kaas, Franz von Papen und das Reichskonkordat von 1933", in: VZG 14 (1966), S. 252—279.

—, „Die Verfassungsuntreue am Ende der Weimarer Republik", in: Frankfurter Hefte 22 (1967), S. 161—169.

Badia, Gilbert, La fin de la république Allemande (1929—1933), Paris 1958.

Bahne, Siegfried, „Zur Vorgeschichte der Volksfront. Die kommunistische ‚Einheitsfrontpolitik' gegenüber der Sozialdemokratie in den Jahren 1933—1935", in: Zeitschrift für Politik 7 (1960), S. 168—178.

Beck, Earl R., The Death of the Prussion Republic. A Study of Reich—Prussian Relations, 1932—1934, Tallahassee 1959.

Becker, Josef, „Brüning, Prälat Kaas und das Problem einer Regierungsbeteiligung der NSDAP 1930 bis 1933", in: HZ 196 (1963), S. 74—111.

—, „Heinrich Brüning in den Krisenjahren der Weimarer Republik", in: Geschichte in Wissenschaft und Unterricht 17 (1966), S. 201—219.

Bennecke, Heinrich, Hitler und die SA, München-Wien 1962.

Bennett, Edward W., Germany and the Diplomacy of the Financial Crisis 1931, Cambridge 1962.

Benz, Wolfgang, Papens „Preußenschlag" und die Länder, in: VZG 18 (1970), S. 320—338.

Berghahn, Volker R., „Die Harzburger Front und die Kandidatur Hindenburgs für die Präsidentschaftswahlen 1932", in: VZG 13 (1965), S. 64—82.

—, Der Stahlhelm. Bund der Frontsoldaten 1918—1935 (Beiträge zur Geschichte des Parlamentarismus und der politischen Parteien, Bd. 33), Düsseldorf 1966.

Besson, Waldemar, Württemberg und die deutsche Staatskrise 1928—1933. Eine Studie zur Auflösung der Weimarer Republik, Stuttdart 1959.

Beyer, Hans, „Die Landvolkbewegung Schleswig-Holsteins und Niedersachsens 1928—1932", in: Jahrbuch der Heimatgemeinschaften des Kreises Eckernförde 15 (1957), S. 173—202.

Born, Karl Erich, Die deutsche Bankenkrise 1931. Finanzen und Politik, München 1967.

Bracher, Karl Dietrich, Deutschland zwischen Demokratie und Diktatur. Beiträge zur neueren Politik und Geschichte, Bern-München-Wien 1964.

—, Die deutsche Diktatur. Entstehung, Struktur, Folgen des Nationalsozialismus, Köln-Berlin 1969.

Bracher, Karl Dietrich, Wolfgang Sauer, Gerhard Schulz, Die nationalsozialistische Machtergreifung. Studien zur Errichtung des totalitären Herrschaftssystems in Deutschland 1933/34, 2. Aufl., Köln-Opladen 1962 (Ullstein Taschenbuch, 3 Bände, 1974).

Bracher, K. D., Die deutsche Diktatur, Köln 1969 (1976^{5}).

—, Das deutsche Dilemma, München 1971.

—, Die Krise Europas 1917—1975, Frankfurt-Berlin 1976.

—, Zeitgeschichtliche Kontroversen, München 1976.

—, „Zeitgeschichte im Wandel der Interpretationen", in: HZ 225 (1977), S. 635—655.

Brecht, Arnold, „Die Auflösung der Weimarer Republik und die Politische Wissenschaft", in: Zeitschrift für Politik 2 (1955), S. 291—308.

—, Aus nächster Nähe. Lebenserinnerungen 1884—1927, Stuttgart 1966.

—, Mit der Kraft des Geistes, Lebenserinnerungen 1927—1967, Stuttgart 1967.

Brüning, Heinrich, Memoiren 1918—1934, Stuttgart 1970.

Bußmann, Walter, „Politische Ideologien zwischen Monarchie und Weimarer Republik", in: HZ 190 (1960), S. 55—77.

Carsten, Francis Ludwig, Reichswehr und Politik 1918—1933, Köln-Berlin 1964.

Conze, Werner, „Brünings Politik unter dem Druck der Großen Krise", in: HZ 199 (1964), S. 529—550.

Conze, Werner, und Hans Raupach (Hrsg.), Die Staats- und Wirtschaftskrise des Deutschen Reichs 1929/33 (Industrielle Welt, Bd. 8), Stuttgart 1967.

Dickmann, Fritz, „Die Regierungsbildung in Thüringen als Modell der Machtergreifung. Ein Brief Hitlers aus dem Jahre 1930. Dokumentation", in: VZG 14 (1966), S. 454—464.

Diehl-Thiele, Peter, Partei und Staat im Dritten Reich, München 1971².

Dederke, Karlheinz, Reich und Republik. Deutschland 1917—1933, Berlin 1973².

Dorpalen, Andreas, Hindenburg and the Weimar Republic, Princeton 1964.

Drechsler, Hanno, Die Sozialistische Arbeiterpartei Deutschlands (SAPD). Ein Beitrag zur Geschichte der deutschen Arbeiterbewegung am Ende der Weimarer Republik (Marburger Abhandlungen zur Politischen Wissenschaft, Bd. 2), Meisenheim/Glan 1965.

Entscheidungsjahr 1932. Zur Judenfrage in der Endphase der Weimarer Republik. Ein Sammelband, hrsgg. von Werner E. Mosse unter Mitwirkung von Arnold Paucker (Schriftenreihe wissenschaftlicher Abhandlungen des Leo-Baeck-Instituts, Bd. 13), Tübingen 1965.

Erdmann, Karl Drietrich, Die Zeit der Weltkriege (Gebhardt, Handbuch der deutschen Geschichte, Bd. IV, 1), Stuttgart 1973⁹.

Eschenburg, Theodor, Die improvisierte Demokratie, Gesammelte Aufsätze zur Weimarer Republik, München 1963.

Fetscher, Iring, „Faschismus und Nationalsozialismus. Zur Kritik des sowjet-marxistischen Faschismusbegriffes", in: Politische Vierteljahresschrift 3 (1962), S. 42 bis 63.

Fischer, Wolfram, Die Wirtschaftspolitik Deutschlands 1918—1945 (hrsgg. von der Niedersächsischen Landeszentrale für Politiche Bildung), Lüneburg 1961.

Fraenkel, Ernst, Deutschland und die westlichen Demokratien, Stuttgart 1964.

Gies, Horst, R. Walther Darré und die nationalsozialistische Bauernpolitik in den Jahren 1930 bis 1933. Phil. Diss., Frankfurt/M. 1966.

Granzow, Brigitte, A Mirror of Nazism. British Opinion and the Emergence of Hitler 1929—1933, London 1964.

Goßweiler, Kurt, „Karl Dietrich Brachers Auflösung der Weimarer Republik", in: Zeitschrift für Geschichtswissenschaft (1958), S. 508—557.

Grünthal, Günther, Reichschuldgesetz und Zentrumspartei in der Weimarer Republik (Beiträge zur Geschichte des Parlamentarismus und der politischen Parteien, Bd. 39), Düsseldorf 1968.

Heiber, Helmut, Die Republik von Weimar (dtv-Weltgeschichte des 20. Jahrhunderts Bd. 3), München 1968³.

Helbich, Wolfgang J., Die Reparationen in der Ära Brüning. Zur Bedeutung des Young-Planes für die deutsche Politik 1930—1932 (Studien zur europäischen Geschichte aus dem Friedrich-Meinecke-Institut der Freien Universität Berlin, Bd. V), Berlin-Dahlem 1962.

Hiller von Gaertingen, „Dolchstoß"-Diskussion und „Dolchstoß-Legende" im Wandel von vier Jahrzehnten, in: Geschichte und Gegenwartsbewußtsein. Festschrift für Hans Rothfels, Göttingen 1963, S. 122—160.

Hoegner, Wilhelm, Die verratene Republik. Geschichte der deutschen Gegenrevolution, München 1958.

Horn, Wolfgang, Führerideologie und Parteiorganisation in der NSDAP (1919—1933) (Geschichtliche Studien zur Politik und Gesellschaft, Bd. 3), Düsseldorf 1972.

Hüttenberger, Peter, Die Gauleiter. Studie zum Wandel des Machtgefüges in der NSDAP (Schriftenreihe der VZG Nr. 19), Stuttgart 1969.

Jasper, Gotthard, Der Schutz der Republik. Studien zur staatlichen Sicherung der Demokratie in der Weimarer Republik 1922—1930 (Tübinger Studien zur Geschichte und Politik, Nr. 16), Tübingen 1963.

—, (Hrsg.), Von Weimar zu Hitler, 1930—1933, Köln-Berlin 1968.

Jonas, Erasmus, Die Volkskonservativen 1928—1933. Entwicklung, Struktur, Standort und staatspolitische Zielsetzung (Beiträge zur Geschichte des Parlamentarismus und der politischen Parteien, Bd. 30), Düsseldorf 1965.

Kaltefleiter, Werner, Wirtschaft und Politik in Deutschland. Konjunktur als Bestimmungsfaktor des Parteiensystems (Demokratie und Frieden, Bd. 2), Köln-Opladen 1966.
Klemperer, Klemens von, Konservative Bewegungen. Zwischen Kaiserreich und Nationalsozialismus, München-Wien 1962.
—, Ignaz Seipel, Princeton 1972.
Köhler, Henning, Arbeitsdienst in Deutschland. Pläne und Verwirklichungsformen bis zur Einführung der Arbeitsdienstpflicht im Jahre 1935 (Schriften zur Wirtschafts- und Sozialgeschichte, Bd. 10), Berlin 1967.
Krebs, Albert, Tendenzen und Gestalten der NSDAP. Erinnerungen an die Frühzeit der Partei (Quellen und Darstellungen zur Zeitgeschichte, Bd. 6), Stuttgart 1959.
Kroll, Gerhard, Von der Weltwirtschaftskrise zur Staatskonjunktur, Berlin 1958.
Laqueur, Walter Z., Die deutsche Jugendbewegung. Eine historische Studie, Köln 1962.
Lepsius, M. Rainer, Extremer Nationalismus. Strukturbedingungen vor der nationalsozialistischen Machtergreifung (Veröffentlichungen der Wirtschaftshochschule Mannheim, Bd. 15), Stuttgart 1966.
Lindheim, Hermann von, „Zu Papens Staatsstreich vom 20. Juli 1932“, in: Geschichte in Wissenschaft und Unterricht 11 (1960), S. 154—164.
Lipset, Seymour Martin, Soziologie der Demokratie, Neuwied 1962.
Luther, Hans, Vor dem Abgrund. 1930—1933 Reichsbankpräsident in Krisenzeiten. Mit einer Einführung von Edgar Salin, Berlin 1964.
Malanowski, Wolfgang, „Die deutsche Politik der militärischen Gleichberechtigung von Brüning bis Hitler“, in: Wehrwissenschaftliche Rundschau 5 (1955), S. 351—364.
Marcon, Helmut, Arbeitsbeschaffungspolitik der Regierungen Papen und Schleicher, Bern-Frankfurt/M. 1974.
Matthias, Erich, „Hindenburg zwischen den Fronten. Zur Vorgeschichte der Reichspräsidentenwahlen 1932. Dokumentation“, in: VZG 8 (1960), S. 75—84.
Matthias, Erich, und Rudolf Morsey (Hrsg.), Das Ende der Parteien 1933 (Veröffentlichung der Kommission für Geschichte des Parlamentarismus und der politischen Parteien), Düsseldorf 1960.
Menges, Franz, Reichsreform und Finanzpolitik. Die Aushöhlung der Eigenstaatlichkeit Bayerns auf finanzpolitischem Wege in der Zeit der Weimarer Republik, Berlin 1971.
Mennekes, Friedhelm, Die Republik als Herausforderung, Berlin 1972.
Milatz, Alfred, Wähler und Wahlen in der Weimarer Republik (Schriftenreihe der Bundeszentrale für politische Bildung, H. 66), Bonn 1968².
Mommsen, Hans, D. Petzina, B. Weisbrod (Hrsg.), Industrielles System und politische Entwicklung in der Weimarer Republik, Düsseldorf 1974.
Morsey, Rudolf, Der Untergang des politischen Katholizismus, Stuttgart 1977.
—, „Hitler als Braunschweigischer Regierungsrat. Dokumentation“, in: VZG 8 (1960), S. 419—448.
—, Protokolle der Reichstagsfraktion und des Fraktionsvorstands der Deutschen Zentrumspartei 1926—1933, Mainz 1969.
—, „Zur Geschichte des ‚Preußenschlags‘ am 20. Juli 1932. Dokumentation“, in: VZG 9 (1961), S. 430—439.
—, Die deutsche Zentrumspartei 1917—1923 (Beiträge zur Geschichte des Parlamentarismus und der politischen Parteien, Bd. 32), Düsseldorf 1966.
Nationalsozialismus und die deutsche Universität (Universitätstage der Freien Universität Berlin), Berlin 1966.
Newman, Karl J., Zerstörung und Selbstzerstörung der Demokratie. Europa 1918—1938, Köln-Berlin 1965.
Nicholls, A. J., Weimar and the Rise of Hitler, London 1968.
—, and Erich Matthias (ed.), German Democracy and the Triumph of Hitler, London 1971.
Niclauß, Karlheinz, Die Sowjetunion und Hitlers Machtergreifung, Bonn 1966.

Noakes, Jeremy, The Nazi Party in Lower Saxony 1921—1933, Oxford 1971.

Nolte, Ernst, Der Faschismus in seiner Epoche, München 1963.

Opitz, Günter, Der christlich-soziale Volksdienst (Beiträge zur Geschichte des Parlamentarismus und der politischen Parteien, Bd. 37), Düsseldorf 1969.

Orlow, Dietrich, The History of the Nazi Party: 1919—1933, Pittsbourgh 1969.

Parsons, Talcott, „Demokratie und Sozialstruktur in Deutschland vor der Zeit des Nationalsozialismus", in: T. Parsons, Beiträge zur soziologischen Theorie. Hrsgg. und eingeleitet von Dietrich Rüschemeyer (Soziologische Texte, Bd. 15), Neuwied-Berlin 1964, S. 256—281.

Petzina, Dieter, „Hauptprobleme der deutschen Wirtschaftspolitik 1932/1933", in: VZG 15 (1967), S. 18—55.

Petzold, Joachim, „Der Staatsstreich vom 20. Juli 1932 in Preußen", in: Zeitschrift für Geschichtswissenschaft 4 (1956), S. 1140—1186.

Pünder, Hermann, Politik in der Reichskanzlei. Aufzeichnungen aus den Jahren 1929—1932. Hrsgg. von Thilo Vogelsang (Schriftenreihe der VZG, Nr. 3), Stuttgart 1961.

Raabe, Felix, Die Bündische Jugend. Ein Beitrag zur Geschichte der Weimarer Republik, Stuttgart 1961.

Revermann, Klaus, Die stufenweise Durchbrechung des Verfassungssystems der Weimarer Republik in den Jahren 1930 bis 1933. Eine staatsrechtliche und historisch-politische Analyse, Münster 1959.

Rohe, Karl, Das Reichsbanner Schwarz-Rot-Gold. Ein Beitrag zur Geschichte und Struktur der politischen Kampfverbände zur Zeit der Weimarer Republik (Beiträge zur Geschichte des Parlamentarismus und der politischen Parteien, Bd. 34), Düsseldorf 1966.

Roloff, Ernst-August, Bürgertum und Nationalsozialismus 1930—1933. Braunschweigs Weg ins Dritte Reich, Hannover 1961.

Runge, Wolfgang, Politik und Beamtentum im Parteienstaat. Die Demokratisierung der politischen Beamten in Preußen zwischen 1918 und 1933, Stuttgart 1965.

Saldern, Adelheid von, Hermann Dietrich. Ein Staatsmann der Weimarer Republik (Schriften des Bundesarchivs 13), Boppard/Rh. 1966.

Sanmann, Horst, „Daten und Alternativen der deutschen Wirtschafts- und Finanzpolitik in der Ära Brüning", in: Hamburger Jahrbuch für Wirtschafts- und Gesellschaftspolitik 10 (1965), S. 109—141.

Schaap, Klaus, Die Endphase der Weimarer Republik im Freistaat Oldenburg 1928 bis 1932, Düsseldorf 1978.

Schäfer, Wolfgang, NSDAP. Entwicklung und Struktur der Staatspartei des Dritten Reiches (Schriftenreihe des Instituts für wissenschaftliche Politik, Marburg, Nr. 3), Hannover-Frankfurt 1956.

Schiffers, Reinhard, Elemente direkter Demokratie im Weimarer Regierungssystem (Beiträge zur Geschichte des Parlamentarismus und der politischen Parteien 40), Düsseldorf 1971.

Schulz, Gerhard, Aufstieg des Nationalsozialismus. Krise und Revolution in Deutschland, Frankfurt/M.-Berlin-Wien 1975.

—, Zwischen Demokratie und Diktatur. Verfassungspolitik und Reichsreform in der Weimarer Republik. Bd. I: Die Periode der Konsolidierung und der Revision des Bismarckschen Reichsaufbaus 1919—1930, Berlin 1963.

Schulze, Hagen, Freikorps und Republik, Boppard 1975[2].

—, Anpassung oder Widerstand? Aus den Akten des Parteivorstands der deutschen Sozialdemokratie 1932/33, Bad Godesberg 1977[2].

—, Otto Braun oder Preußens demokratische Sendung, Frankfurt-Berlin-Wien 1978[2].

Schumacher, Martin, Erinnerungen und Dokumente von Johann Victor Bredt, 1914 bis 1933, Düsseldorf 1970.

Schweitzer, Arthur, Die Nazifizierung des Mittelstandes (Bonner Beiträge zur Soziologie 9), Stuttgart 1970.

Sontheimer, Kurt, Antidemokratisches Denken in der Weimarer Republik. Die poli-

tischen Ideen des deutschen Nationalismus zwischen 1918 und 1933, München 1968.
Staat, Wirtschaft und Politik in der Weimarer Republik. Festschrift für Heinrich Brüning, hrsgg. von Ferdinand A. Hermens und Theodor Schieder, Berlin 1967.
Stambrook, F. G., „The German-Austrian Customs Union Project of 1931. A Study of German Methods and Motives", in: Journal of Central European Affairs 21 (1961/62), S. 15—44.
Stephan, Werner, Aufstieg und Verfall des Linksliberalismus 1918—1933. Geschichte der Deutschen Demokratischen Partei, Göttingen 1973.
Stoltenberg, Gerhard, Politische Strömungen im schleswig-holsteinischen Landvolk 1918—1933. Ein Beitrag zur politischen Meinungsbildung in der Weimarer Republik (Beiträge zur Geschichte des Parlamentarismus und der politischen Parteien, Bd. 24), Düsseldorf 1962.
Struve, Walter, Elites against Democracy, Princeton 1973.
Stürmer, Michael, Koalition und Opposition in der Weimarer Republik 1924—1928 (Beiträge zur Geschichte des Parlamentarismus und der politischen Parteien, Bd. 36), Düsseldorf 1967.
Tjaden, K. H., Struktur und Funktion der „KPD-Opposition" (KPO). Eine organisationssoziologische Untersuchung zur „Rechts"-Opposition im deutschen Kommunismus zur Zeit der Weimarer Republik (Marburger Abhandlungen zur politischen Wissenschaft, Bd. 4), Meisenheim/Glan 1964.
Treue, Wilhelm, Deutschland in der Weltwirtschaftskrise in Augenzeugenberichten, Düsseldorf 1967.
Treviranus, Gottfried Reinhold, Das Ende von Weimar, Heinrich Brüning und seine Zeit, Düsseldorf-Wien 1968.
Trumpp, Thomas, Franz von Papen, der preußisch-deutsche Dualismus und die NSDAP in Preußen. Ein Beitrag zur Vorgeschichte des 20. Juli 1932, Marburg 1963.
Tyrell, Albrecht, Führer befiehl ... Selbstzeugnisse aus der ‚Kampfzeit' der NSDAP, Düsseldorf 1969.
—, Vom Trommler zum Führer, München 1975.
Winkler, Heinrich August, Extremismus der Mitte? Sozialgeschichtliche Aspekte der nationalsozialistischen Machtergreifung, in: VZG 20 (1972), S. 175 ff.
—, Mittelstand, Demokratie und Nationalsozialismus. Die politische Entwicklung von Handwerk und Kleinhandel in der Weimarer Republik, Köln 1972.
Wright, J. R. C.: "Above Parties": The Political Attitudes of the German Protestant Church Leadership 1918—1933, Oxford 1974.
Vernekohl, Wilhelm, (Hrsg.), Heinrich Brüning. Ein deutscher Staatsmann im Urteil der Zeit. Reden und Aufsätze, Münster-Regensburg 1961.
Vogelsang, Thilo, Reichswehr, Staat und NSDAP. Beiträge zur deutschen Geschichte 1930—1932 (Quellen und Darstellungen zur Zeitgeschichte, Bd. 11), Stuttgart 1962.
Der Weg in die Diktatur, 1918 bis 1933. 10 Beiträge, München 1962.
Ziemer, Gerhard, Inflation und Deflation zerstören die Demokratie. Lehren aus dem Schicksal der Weimarer Republik, Stuttgart 1971.

PERSONENREGISTER

ERLÄUTERUNGEN

1. Zitierweise der Anmerkungen

Im Interesse einer schnellen Orientierung wird einer mehrfach zitierten Schrift in Klammern der Ort des ersten, vollständigen Zitats beigefügt. Dabei gibt die römische Ziffer das Kapitel, die arabische Ziffer die Anmerkung selbst an. Die Anmerkungen des Ersten und des Zweiten Teils sind jedoch unabhängig voneinander eingerichtet.

2. Wichtigste Abkürzungen

ADB	Allgemeiner Deutscher Beamtenbund
ADGB	Allgemeiner Deutscher Gewerkschaftsbund
AfA	Allgemeiner freier Angestelltenbund
BHST	Bayerisches Hauptstaatsarchiv
BVP	Bayerische Volkspartei
DBB	Deutscher Beamtenbund
DDP	Deutsche Demokratische Partei
DGB	Deutscher Gewerkschaftsbund
DHV	Deutschnationaler Handlungsgehilfen-Verband
DNVP	Deutschnationale Volkspartei
DVP	Deutsche Volkspartei
Egelhaaf	*Egelhaafs Historisch-politische Jahresübersicht für 1929* ff., Stuttgart 1930 ff.
Horkenbach	Cuno Horkenbach, Hrsg., *Das Deutsche Reich von 1918 bis heute*, Berlin 1930 ff.
HVBl	*Heeres-Verordnungsblatt*
HZ	*Historische Zeitschrift*
KPD	Kommunistische Partei Deutschlands
KVP	Konservative Volkspartei
NSDAP	Nationalsozialistische Deutsche Arbeiterpartei
NSDStB	Nationalsozialistischer Deutscher Studentenbund
Nürnberger Dokumente	*Der Prozeß gegen die Hauptkriegsverbrecher vor dem Internationalen Militärgerichtshof Nürnberg 14. November 1945 — 1. Oktober 1946*, Nürnberg 1947
Reichstags-protokolle	*Stenographische Berichte über die Verhandlungen des Deutschen Reichstags*
RGBl.	*Reichsgesetzblatt*
RGStr.	*Entscheidungen des Reichsgerichts in Strafsachen*, Berlin-Leipzig
SAP	Sozialistische Arbeiterpartei
Schultheß	*Schultheß' Europäischer Geschichtskalender 1929* ff., München 1930 ff.
SPD	Sozialdemokratische Partei Deutschlands